Patrick Halbeisen
Margrit Müller
Béatrice Veyrassat (Hg.)

Wirtschaftsgeschichte der Schweiz im 20. Jahrhundert

Schwabe Verlag Basel

Die folgenden Institutionen und Stiftungen haben die Publikation unterstützt:

Die *Schweizerische Nationalbank*, die *Vontobel-Stiftung* und der *Gerold-und-Niklaus-Schnitter-Fonds für Technikgeschichte der ETZ Zürich* haben den Entstehungsprozess mit grosszügigen Beiträgen und Beitragszusagen unterstützt. Damit konnten die Koordinationsarbeiten in der Anfangsphase, die Arbeitstagungen der Autorinnen und Autoren sowie die aufwendige, in einigen Teilen des Buches besonders umfangreiche Erarbeitung und Aufbereitung der statistischen Grundlagen finanziert werden.
Die *Schweizerische Akademie für Geistes- und Sozialwissenschaften SAGW* ermöglichte die Durchführung der beiden Tagungen mit den in- und ausländischen Experten im Juni 2010.

Namhafte Druckkostenbeiträge leisteten:

Schweizerische Nationalbank, Zürich
Jubiläumsstiftung der Schweizerischen Mobiliar Genossenschaft, Bern
ERNST GÖHNER STIFTUNG, Zug
Gerold-und-Niklaus-Schnitter-Fonds, Oberrieden
MIGROS kulturprozent Migros-Kulturprozent, Zürich
Nestlé Good Food, Good Life NESTLÉ SA, Vevey
UBS Kulturstiftung

Beiträge an die Übersetzungskosten leisteten folgende Universitäten und Stiftungen:

Université de Genève – Fonds Général
Université de Lausanne, Faculté des lettres
Université de Neuchâtel, Faculté des lettres et sciences humaines
Università della Svizzera italiana – Laboratorio di Storia delle Alpi (LabiSAlp)
Oertli-Stiftung, Zürich

Wissenschaftliche Trägerschaft

Unter der Ägide der Schweizerischen Gesellschaft für Wirtschafts- und Sozialgeschichte SGWSG hat eine Gruppe bestehend aus dreizehn Wirtschaftshistorikerinnen und -historikern das Konzept für eine nach modernen wissenschaftlichen Grundsätzen konzipierte Wirtschaftsgeschichte der Schweiz im 20. Jahrhundert erarbeitet. Die zu einem grossen Teil von ihnen selbst sowie weiteren acht Autoren verfassten Kapitel wurden an mehreren Arbeitstagungen präsentiert und kommentiert.

Konzept und Inhalt der Kapitel entstanden somit in einem intensiven Dialog, wobei die Autorinnen und Autoren bei ihrer Interpretation die völlige Freiheit behielten und für ihre Kapitel verantwortlich sind. Alle Autorinnen und Autoren haben ihre Beiträge unentgeltlich verfasst.

Thomas David, Prof. Dr., Université de Lausanne (Präsident der SGWSG 2009–)
Bernard Degen, Dr., Universität Basel
Sébastien Guex, Prof. Dr., Université de Lausanne (Vorstandsmitglied der SGWSG bis 2008)
David Gugerli, Prof. Dr., ETH Zürich
Patrick Halbeisen, Dr., Schweizerische Nationalbank
Luigi Lorenzetti, Dr., Università della Svizzera Italiana
Margrit Müller, Dr., Universität Zürich (Präsidentin des SGWSG 1999–2005; Vorstandsmitglied bis 2009)
Tobias Straumann, Dr., Universität Zürich (Vorstandsmitglied der SGWSG)
Brigitte Studer, Prof. Dr., Universität Bern (Vorstandsmitglied der SGWSG)
Jakob Tanner, Prof. Dr., Universität Zürich (Vorstandsmitglied der SGWSG)
Laurent Tissot, Prof. Dr., Université de Neuchâtel (Präsident der SGWSG 2005–2009; Vorstandsmitglied der SGWSG)
Béatrice Veyrassat, Dr., Université de Genève (Vorstandsmitglied der SGWSG bis 2008)
Ulrich Woitek, Prof. Dr., Universität Zürich

Wissenschaftliche Gutachter

Zu allen Kapiteln wurden von renommierten in- und ausländischen Wissenschaftlern je zwei Gutachten erstellt und zusammen mit den Autorinnen und Autoren im Rahmen zweier wissenschaftlicher Tagungen diskutiert. Die folgenden Experten haben mit ihren kenntnisreichen Kommentaren neue Akzente gesetzt sowie hilfreiche Anregungen beigesteuert und damit wesentlich zum guten Gelingen der Abschlussarbeiten beigetragen:

Christoph Conrad, Prof., Université de Genève, Schweiz
Patrick Fridenson, Prof., Ecole des hautes études en sciences sociales EHESS, Paris, Frankreich
Harold James, Prof., Princeton University, USA
Peter Kugler, Prof., Universität Basel, Schweiz
Harm G. Schröter, Prof., Universität Bergen, Norwegen
Hansjörg Siegenthaler, Prof. em., Universität Zürich, Schweiz
Jan Luiten van Zanden, Prof., Universität Utrecht, Niederlande
Patrick Verley, Prof. em., Université de Genève, Schweiz

Redaktion und Koordination

Die Herausgeberschaft – *Patrick Halbeisen, Margrit Müller* und *Béatrice Veyrassat* – hat die Kapitel redigiert, mit kapitelübergreifenden Verweisen versehen und insbesondere das in den verschiedenen Kapiteln verwendete statistische Datenmaterial aufeinander abgestimmt. Sie wurde dabei von *Manuel Hiestand* unterstützt, der als wissenschaftlicher Mitarbeiter die in den verschiedenen Kapiteln anfallenden statistischen Arbeiten betreut und einen grossen Teil der Grafiken erstellt und bereinigt hat. Die Datenreihen, die im Rahmen der Publikation neu berechnet bzw. erhoben oder ergänzt wurden, werden in die *Historische Statistik der Schweiz Online (HSSO)* integriert und dort auch dokumentiert. Damit werden die verwendete Datenbasis leicht zugänglich gemacht und die neuen Datenreihen der Öffentlichkeit zur breiten Nutzung zur Verfügung gestellt.

Übersetzungsarbeiten

Die Wirtschaftsgeschichte der Schweiz im 20. Jahrhundert ist ein Gemeinschaftswerk, an dem Autorinnen und Autoren aus allen Sprachregionen mitgewirkt haben. Mehrere Kapitel wurden in französischer Sprache verfasst und für die deutschsprachige Ausgabe aus dem Französischen übersetzt von:

Reto Furter
Alice Holenstein-Beereuter
Kerstin Martinez Griese
Christoph Rüegger

MIX
Aus verantwortungsvollen Quellen
FSC
www.fsc.org
FSC® C068066

Lektorat: Nana Badenberg, Schwabe
Layout und Satz der Grafiken: Manuel Hiestand, Zürich
Umschlaggestaltung unter Verwendung einer Grafik, die die jährlichen Wachstumsraten des realen Bruttoinlandprodukts pro Kopf der Schweiz wiedergibt: Thomas Lutz, Schwabe
Schrift: Adobe Caslon Pro und Syntax LT Std
Papier: Munken Lynx naturweiss matt satiniert, holzfrei, 80 g / m²
Gesamtherstellung: Schwabe AG, Druckerei, Muttenz/Basel
Printed in Switzerland
ISBN Printausgabe 978-3-7965-2815-6
ISBN Flipping Book 978-3-7965-2816-3

rights@schwabe.ch
www.schwabeverlag.ch

Inhalt

Teil 3: Wohlstandsverteilung und regionale Entwicklung

Anhang

I. Vorwort

Unter allen Industrieländern der westlichen Welt erzielte die Schweiz vor dem Ersten Weltkrieg die höchste Wirtschaftsleistung je Arbeitskraft. Zu Beginn des 21. Jahrhunderts standen ihre Einwohnerinnen und Einwohner immer noch im Genuss eines hohen Wohlstandes, aber sie teilten ihn mit den Einwohnerinnen und Einwohnern vieler anderer Länder. Das sollte uns nicht erstaunen: Was im Wirtschaftsraum unseres Landes geschieht, gehorcht den Spielregeln einer Kultur, die individuelle und kollektive Bemühungen um wachsende Wirtschaftsleistungen in grossen Teilen der Welt honoriert. Die Schweiz hat Teil an einem globalen Wirkungszusammenhang, in dem sich Grundlagen wirtschaftlichen Wachstums über nationale Grenzen hinaus gefestigt haben. In diesem globalen Wirkungszusammenhang hat sie sich im 20. Jahrhundert erfolgreich behauptet. Und das nicht als ein nationaler Sonderfall, sondern als Prototyp einer modernen Wirtschaftsgesellschaft, der in der jüngsten Geschichte viele Länder angehörten und angehören. Und genau als ein solcher Prototyp findet sie das Interesse der Autorinnen und Autoren dieses Buches, als Prototyp verdient sie das Interesse der internationalen Fachwelt und aller Leserinnen und Leser, die wissen wollen, wie ein Land seinen Wohlstand behauptet, wie es seine institutionellen Regeln an die vielfältigen Folgen des Wachstums anpasst, wie es während schwerer Wirtschaftskrisen und im Zeitalter der Weltkriege um zukunftsfähige Lösungen ringt, wie seine individuellen und kollektiven Akteure sowohl lernfähig als auch handlungsfähig bleiben und wie sich in der jüngsten Vergangenheit die Pfade entwickelt haben, auf denen sich individuelle und kollektive Akteure bewegen und denen sie auf Gedeih und Verderb verhaftet bleiben.

Die Schweiz ist ein reiches Land, aber sie ist nicht eben reich an wirtschaftshistorischer Forschung. Das vorliegende Werk schliesst Forschungslücken, die auch und gerade im Interesse international vergleichender Analysen zu schliessen waren. Sehr zu Recht bemüht es sich um ein quantitatives Bild der wirtschaftlichen Entwicklung, und dieses Bild korrigiert manche der Vorstellungen, mit denen wir bisher gelebt haben: Die Schweiz ist – um ein Beispiel zu nennen – nicht einfach deshalb ein reiches Land, weil sie im 19. und 20. Jahrhundert von Kriegen verschont blieb. Ob wir bereit sein werden, uns von statistischen Daten belehren zu lassen? Auf jene Häme zu verzichten, mit der wir den «Lügen der Statistik» so gerne begegnen? Gewiss liefert uns keine statistische Beschreibung etwas, das man für eine «historische Wahrheit» halten darf. Sie führt uns wohl nicht näher an die «historische Wahrheit» heran, als dies andere Formen historischer Erzählung tun. Aber sie unterwirft sich klaren Regeln des Umgangs mit verfügbaren Informationen, und wo sie die Regeln verletzt, liefert sie ebenso klare Ansatzpunkte für Kritik. Die Daten, auf die sie sich stützt, warten darauf, durch zusätzliche Forschung ergänzt und korrigiert zu werden. Im Grunde stellt uns jede statistische Beschreibung vor die Wahl, uns entweder von liebgewordenen Vorstellungen zu verabschieden, wenn sie sich mit den Daten nicht vertragen, oder uns der Mühe zu unterziehen, andere und besser begründete statistische Beschreibungen zu entwerfen. So oder so wird unsere Lernbereitschaft und unsere Lernfähigkeit auf die Probe gestellt. Selbst wenn statistische Beschreibungen nichts anderes leisten, leisten sie damit schon sehr viel.

Wer allein die Wirtschaft ins Visier nimmt, versteht auch die Wirtschaft nicht. Selbst wenn man davon ausgeht, dass sich menschliches Handeln an Güter- und Faktorpreisen orientiert, muss man der Tatsache Rechnung tragen, dass Preise interpretationsbedürftig sind. Sie leiten uns nicht zu guten Lösungen hin, solange wir nicht über ihre mittel- und langfristige Bedeutung Bescheid wissen. Dabei stützt sich die Interpretation der Preise auf das sehr prekäre Wissen, das die Menschen von der Welt und vom mutmasslichen Gang der Dinge in naher und ferner Zukunft haben. So thematisiert diese Wirtschaftsgeschichte aus guten Gründen auch die Frage, wie die Menschen zu dem gelangen, was sie als «Wissen» betrachten. Und mit ebenso guten Gründen kümmert sie sich um die institutionellen Rahmenbedingungen, unter denen die Menschen über ökonomische Belange entscheiden: um die Regeln, die der Staat in seine Bestimmungen der Verfassung und der Gesetze aufnimmt, aber auch um Regeln, Fairnessstandards zum Beispiel, die im einen oder anderen sozialen Milieu Geltung haben, ob sie nun ins staatliche Recht gefasst sind oder nicht. Selbst wenn man nicht ganz ohne Selbstironie auf den seinerzeit von Fernand Braudel geprägten Begriff der «histoire totale» schwören möchte: Die Wirtschaftsgeschichte hat gar keine andere Wahl, als sich zu einer allgemeinen Strukturgeschichte auszuweiten.

Natürlich gilt auch für Historikerinnen und Historiker, was wir für die Akteure der Wirtschaft festgestellt haben: Sie interpretieren relative Preise und alle übrigen Fakten, die sie für wichtig halten, auf der Grundlage von Überzeugungen, die sich nicht umstandslos aus den Fakten gewinnen lassen. Vielleicht ziehen sie aus dieser Tatsache den Schluss, es sei für ihre Arbeit und für das Verständnis ihrer Leserinnen und Leser hilfreich, über solche Überzeugungen nachzudenken, sie explizit zu formulieren, in «Theorien» zu verdichten und damit klar zu machen, dass ihre historische Arbeit von solchen theoretischen Ansätzen nicht unabhängig ist. Vielleicht halten sie es für richtig, in einer Gesamtschau sehr unterschiedliche mentale Dispositionen und Perspektiven historischen Denkens in ein wechselseitiges Gespräch zu bringen, um so irrtumsträchtige individuelle Dispositionen wenn auch nicht gänzlich um ihre Wirkung zu bringen, so doch für aufmerksame Leserinnen und Leser sichtbar zu machen. Genau dies unternimmt die wissenschaftliche Trägerschaft des vorliegenden Werkes, indem sie Vertreterinnen und Vertreter verschiedener historiographischer Traditionen zusammenführt, die während der letzten Jahrzehnte an Schweizer Universitäten an Bedeutung gewonnen haben. Sie verdienen hohe Anerkennung für dieses erfolgreiche Bemühen um eine Synthese.

Hansjörg Siegenthaler Juni 2012

II. Einführung

Patrick Halbeisen, Margrit Müller und
Béatrice Veyrassat

Seit den globalen Umwälzungen der 1990er Jahre und den anhaltenden Verschiebungen im weltwirtschaftlichen Gefüge ist die Unsicherheit über die Folgen dieser Entwicklungen für die Schweiz allgegenwärtig und hat sich mit der im europäischen Raum besonders ausgeprägten Finanz- und Staatsschuldenkrise noch verstärkt. Unsere Wirtschaft ist eng mit dem europäischen Umfeld verflochten. Unser Verhältnis zur Europäischen Union befindet sich jedoch in einer Art Dauerprovisorium. Wichtige Problembereiche bleiben politische Baustellen, sie binden einen grossen Teil der politischen Kräfte, ohne zu tragfähigen, d.h. sowohl von breiten Bevölkerungsteilen im Inland wie auch von den ausländischen Vertragspartnern akzeptierten, Vereinbarungen zu führen. Bereits abgeschlossene Verträge können jederzeit infrage gestellt werden und das gesamte Verhältnis der Schweiz zu ihrem nach wie vor wichtigsten Wirtschaftsraum gefährden. Hinzu kommt, dass tragende Stützen des schweizerischen Wirtschaftssystems, wie die starke eigene Währung, erneut zum Problem geworden sind. Der seit dem Übergang zu flexiblen Wechselkursen in den frühen 1970er Jahren latent stets vorhandene Interessenkonflikt zwischen Finanzplatz und Werkplatz wird spürbar, wobei nicht mehr nur die Exportwirtschaft, sondern ebenso die Binnenwirtschaft dem verschärften Konkurrenzdruck ausgesetzt sind. Weil direkte Schutzmassnahmen aufgrund internationaler Verträge kaum noch möglich sind, rekurriert man auf alternative Mechanismen, etwa durch die Festlegung von Mindestlöhnen in vom Lohndruck besonders stark betroffenen Branchen. Doch solche Regelungen lassen sich im Inland nur schwer durchsetzen und gegenüber dem Ausland kaum rechtfertigen. Die Anbindung des Schweizer Frankens an den Euro im Herbst 2011 war als kurzfristiger Eingriff zwar durchaus geeignet, den Konkurrenzdruck im Inland zu mildern und die Wettbewerbsfähigkeit im Ausland zu stärken, doch längerfristig muss der Handlungsspielraum der Geldpolitik wiederhergestellt werden.

In von Unsicherheit geprägten Zeiten entsteht das Bedürfnis nach einem Rückblick in die Geschichte, einerseits, um sich der insgesamt doch recht erfolgreichen Vergangenheit zu vergewissern, und andererseits, um vor dem Hintergrund der historischen Erfahrung neue Einsichten für die Gegenwart zu gewinnen. Gleich mehrere Bücher zur Schweizer Geschichte sind in den letzten Jahren erschienen.[1] Es handelt sich dabei teils um breit angelegte Synthesen, die jedoch nur wenige Aussagen zur wirtschaftlichen Entwicklung enthalten, teils um auf ökonomische Fragen fokussierte Darstellungen, die sich jedoch auf die Jahrzehnte vor und nach der Wende zum

1 Maissen 2010; Volker 2010; Walter 2009–2010; Andrey 2007; Widmer 2007.

21. Jahrhundert bzw. auf besondere Aspekte dieser Entwicklung konzentrieren.[2] Die Autoren neigen dazu, von der erfolgreichen Vergangenheit auf Erfolge in der Zukunft zu schliessen, doch so direkt und selektiv lassen sich aus der Geschichte keine Lehren ziehen. Eine Gesamtdarstellung der wirtschaftlichen Entwicklung der Schweiz fehlte bisher.

Die vorliegende breit angelegte, den Zeitraum ab Ende des 19. bis Anfang des 21. Jahrhunderts thematisierende Wirtschaftsgeschichte der Schweiz kann dazu beitragen, vor dem Hintergrund der historischen Entwicklung den Blick auf bestehende Probleme zu schärfen. Vergleichbar sind nicht die konkreten, sich immer wieder anders stellenden Probleme, sondern die Art und Weise, wie man in der Schweiz damit umgegangen ist. Voraussetzung ist allerdings, dass neben der auch in dieser Publikation dominierenden nationalen Perspektive Entwicklungen im Umfeld einbezogen werden. Denn wirtschaftlich war die Schweiz stets eng mit anderen Ländern verflochten. Deshalb macht es wenig Sinn, eine Wirtschaftsgeschichte der Schweiz nur aus der Binnenperspektive zu verfassen und dabei wichtige Interdependenzen auszublenden. Die vergleichende Perspektive ist in dieser Publikation zentral: Es geht um das Ausmass, in dem die eigene Volkswirtschaft am übergreifenden weltwirtschaftlichen Trend partizipieren konnte und um die Gründe für mehr oder weniger ausgeprägte Vorsprünge und Rückstände. Die Schweiz gehörte während des gesamten 20. Jahrhunderts zu den kleinen europäischen Ländern, denen die Partizipation am wachsenden Wohlstand gut gelungen ist, wobei sie in der ersten Hälfte des 20. Jahrhunderts und insbesondere im späten 19. Jahrhundert vergleichsweise besser abschnitt als im Zeitraum nach 1950. Relative Auf- und Abstiege gemessen an zentralen Indikatoren der wirtschaftlichen Leistungsfähigkeit sind der Normalfall in der Wirtschaftsgeschichte Europas und anderer Weltregionen im 20. Jahrhundert.

Entstehung des Projekts

Mehrere Gründe haben dazu geführt, dass eine Gruppe von Wirtschaftshistorikerinnen und Wirtschaftshistorikern dieses Buchprojekt in Angriff genommen und schliesslich zu einem erfolgreichen Abschluss geführt hat.

- Am Anfang stand der Befund, dass es für die Schweiz, im Unterschied zu den meisten anderen europäischen Ländern, keine Gesamtdarstellung der wirtschaftlichen Entwicklung im 20. Jahrhundert gab, sieht man von einigen wenigen Darstellungen aus den frühen 1980er Jahren ab. Die Autoren konnten sich damals zwar auf eine Vielzahl von Studien über Teilperioden oder spezielle Themen der wirtschaftlichen, sozialen und politischen Entwicklung stützen, doch internatio-

2 Breiding/Schwarz 2011 konzentrieren sich auf erfolgreiche Unternehmen oder Wirtschaftszweige; Kappeler 2011 vermittelt einen Rückblick auf zentrale Wachstumstreiber seit den 1950er Jahren; Strahm 2008 betont einige als besonders vorteilhaft eingeschätzte Institutionen, insbesondere die berufliche Ausbildung.

nale Vergleiche waren aufgrund des damaligen Forschungsstands kaum möglich.[3] Für eine vergleichende Darstellung fehlten die statistisch-empirischen Grundlagen; die verfügbaren Daten waren überaus lückenhaft, schwer zu überblicken und kaum zu überprüfen. Zudem konzentrierte sich die Geschichtsschreibung nicht nur in der Schweiz, sondern auch in anderen Ländern stark auf den nationalen Raum. Sogar die verschiedenen, in den 1980er Jahren erschienenen Handbücher zur europäischen Wirtschaftsgeschichte beschränkten sich weitgehend darauf, den einzelnen Nationalgeschichten eine gemeinsame Struktur zu geben und sie in einem Band zusammenzuführen.[4]

Als die konkrete Arbeit an der nun vorliegenden Publikation vor einigen Jahren begonnen wurde, hatten sich die Voraussetzungen sowohl in der Schweiz wie auch im internationalen Umfeld stark verbessert. Mit der 1996 in Buchform publizierten *Historischen Statistik der Schweiz* und der auf dieser Grundlage zwischen 2003 und 2005 erstellten *Historischen Statistik der Schweiz Online* stand ein umfangreicher, gut dokumentierter und leicht zugänglicher Datenbestand für langfristige Beschreibungen und Analysen zur Verfügung.[5] Zudem lagen dank neuer Schätzungen der Bruttowertschöpfung nach Branchen[6] sowie der vom Bundesamt für Statistik ab 1990 erstellten Volkswirtschaftlichen Gesamtrechnung zentrale Datenreihen für die Analyse der Wirtschaftsentwicklung der Schweiz vor. Diese statistische Datenbasis spielt in verschiedenen Kapiteln dieses Buches eine zentrale Rolle und bildet für alle Kapitel eine gemeinsame Grundlage, sodass ein gewisses Mass an Kohärenz zwischen den Kapiteln gewährleistet ist. Darüber hinaus waren im Laufe der 1990er Jahre auch international vergleichbare Daten zur wirtschaftlichen Entwicklung einer Vielzahl von Ländern verfügbar geworden.[7] Auf dieser Basis entstanden mehrere Publikationen zur europäischen Wirtschaftsgeschichte, die eine vergleichende Darstellung der Wirtschaftsgeschichte der Schweiz erheblich erleichterten.[8] Seit den 1990er Jahren hatte sich in der Schweiz ferner der Forschungsstand im Bereich der international immer wichtiger werdenden und an Fragestellungen sowohl der Wirtschafts- wie der Sozialgeschichte sich orientierenden Unternehmensgeschichte stark verbessert.[9]

3 Bergier 1983 deckt einen langen Zeitraum ab und behandelt verschiedene, für die wirtschaftliche Entwicklung der Schweiz besonders relevante Themen; die Beiträge von Gilg und Jost zur *Geschichte der Schweiz und der Schweizer* (1986) thematisieren neben der politisch-gesellschaftlichen auch die wirtschaftliche Entwicklung.

4 Siehe die Beiträge von Hansjörg Siegenthaler zur Wirtschaftsgeschichte der Schweiz 1850–1914 und 1914–1984 im *Handbuch der Europäischen Wirtschaftsgeschichte* (1985 und 1987).

5 Siehe dazu Ritzmann-Blickenstorfer 1996 und 2010, 286–295, sowie zur Historischen Statistik der Schweiz Online (HSSO) Hiestand/Kammerer 2010, 296–299.

6 Siehe den Anhang A.2 von Heiner Ritzmann in diesem Buch.

7 Maddison 1995, 2001 und 2004 sowie das 1992 zur Weiterfühung der Maddison Historical Statistics gegründete The Groningen Growth and Development Center.

8 Hansen 2001; Berend 2006; Broadberry/O'Rourke 2010.

9 Diese Form der Unternehmensgeschichte distanziert sich klar von der «Festschriften»-Literatur (siehe dazu Pierenkemper 2012). Die nach wissenschaftlichen Kriterien betriebene Unternehmensgeschichte

- Eine zweite, besonders wichtige Voraussetzung für das Gelingen dieses Buchprojekts war personeller und institutioneller Art. Denn es handelt sich um das Gemeinschaftswerk einer Gruppe von zuerst dreizehn Autorinnen und Autoren, welche die wissenschaftliche Trägerschaft bildeten; im Verlauf der Projektarbeiten wurden weitere acht Autoren beigezogen. Von Beginn an waren Wissenschaftler und Wissenschaftlerinnen verschiedener Schweizer Universitäten aus allen Sprachregionen beteiligt. Die breite Autorschaft ergab sich nicht aus irgendeinem Streben nach regionaler Ausgewogenheit, sondern schlicht aus der Notwendigkeit, die im Bereich der Wirtschaftsgeschichte äusserst knappen Forschungskapazitäten in dieses umfassende Projekt einzubinden. Denn die Wirtschaftsgeschichte ist in der Schweiz seit langem institutionell eher schwach verankert. Als interdisziplinärer sowohl zur Ökonomie wie zur Geschichte gehörender Forschungsbereich ist sie an den Universitäten in gewisser Weise ein «heimatloses Fach». Hinzu kommen die in der interdisziplinären Forschung unvermeidlichen Ausdifferenzierungen in eine Vielzahl von Forschungsrichtungen und -schwerpunkten mit unterschiedlichen theoretischen Zugängen und Methoden der historischen Beschreibung.[10] Dieser schwach dotierte und gleichzeitig überaus vielfältige Forschungsbereich hat jedoch einen tragfähigen institutionellen Rahmen gefunden: die Schweizerische Gesellschaft für Wirtschafts- und Sozialgeschichte (SGWSG). Unter der Ägide dieser Gesellschaft wurde das Projekt denn auch in Angriff genommen. Ihre Jahrestagungen sind ein wichtiger Treffpunkt für Wirtschafts- und Sozialhistorikerinnen und -historiker aus der ganzen Schweiz. Sie gehen Forschungslücken an, greifen neue Forschungsschwerpunkte auf und vermitteln ihre Ergebnisse durch deren Veröffentlichung in Jahresbänden einem breiten Leserkreis. Zu erwähnen ist in diesem Zusammenhang zudem die Zeitschrift *Traverse,* die ebenfalls regelmässig Forschungsbeiträge zu wichtigen Themen publiziert und damit die Forschung sowohl im Bereich der Sozial- wie der Wirtschaftsgeschichte der Schweiz fördert.[11]
- Mehrere Mitglieder der wissenschaftlichen Trägerschaft waren im Vorstand der Gesellschaft aktiv. Mit solch einer guten Forschungsbasis und der Bereitschaft zur Zusammenarbeit über vielfältige Grenzziehungen hinweg waren die zentra-

dient nicht der Selbstdarstellung der Firmen und der Betonung ihrer Erfolge, sondern sie trägt zum besseren Verständnis der wirtschaftlichen und sozialen Entwicklung bei. Denn Unternehmen sind zentrale Akteure dieser Entwicklung. In der Schweiz gibt es eine beachtliche Zahl von Unternehmen, die dafür ihre Archive zur Verfügung stellen, auch wenn sie wegen ihrer starken Zukunftsorientierung an den Ergebnissen solcher Forschungen häufig wenig interessiert sind (siehe dazu Schweizerisches Wirtschaftsarchiv Basel / Verein Schweizerischer Archivarinnen und Archivare 2006). Sie leisten damit einen Dienst für die Öffentlichkeit. Besonders erfreulich ist, dass auch Firmenschriften zunehmend den wissenschaftlichen Standards entsprechen, von renommierten Verlagen herausgegeben werden und somit in der wirtschaftshistorischen Forschung berücksichtigt werden können.

10 Jost 2010, 254–263; *Historisches Lexikon der Schweiz*, «Wirtschaftsgeschichte».

11 Zu erwähnen sind hier vor allem die historiographischen Übersichten zum Stand der Wirtschafts-, Sozial- und Kulturgeschichte in der Schweiz: Bott et al. 2010; Hürlimann et al. 2011; Crousaz et al. 2012.

len Voraussetzungen für das Verfassen einer sich an modernen Kriterien orientierenden Wirtschaftsgeschichte der Schweiz erfüllt. Das von der wissenschaftlichen Trägerschaft erarbeitete Buchkonzept überzeugte schliesslich die im Impressum erwähnten Institutionen und Unternehmen, die zu Beginn des Projekts die finanziellen Mittel für die aufwendigen statistisch-empirischen Arbeiten sowie für mehrere Koordinationstagungen zur Verfügung stellten und nach Abschluss der Arbeiten die für die Publikation benötigten Druckkostenbeiträge gewährten.

Thematische Gliederung und Methodenvielfalt

Die Darstellung der schweizerischen Wirtschaftsgeschichte im 20. Jahrhundert ist bewusst breit angelegt und greift auch zentrale Aspekte der sozialen Entwicklung auf. Das nach ausgiebigen Diskussionen von der gesamten Trägerschaft unterstützte Konzept sieht anstelle einer zunächst ebenfalls in Erwägung gezogenen chronologischen Gliederung eine thematische Strukturierung vor. Die verschiedenen Kapitel sind zwar primär als Beitrag zur Wirtschaftsgeschichte der Schweiz verfasst worden, sie richten sich jedoch im Rahmen ihres Schwerpunkts auch an die jeweilige Forschungsgemeinschaft. Dementsprechend variieren die theoretische Fundierung und die Methode der historischen Beschreibung.

Durch die gewählte thematische Gliederung wurde die international vergleichende Perspektive wesentlich erleichtert. Jedes Land hat seine Besonderheiten, seine je eigene Geschichte, und Historikerinnen und Historiker tendieren dazu, diese Geschichte als Sonderfall zu beschreiben und sie so dem internationalen Vergleich zu entziehen. Vergleiche innerhalb bestimmter thematischer Schwerpunkte sind hingegen viel einfacher, auch weil innerhalb der Schwerpunkte die Forschung seit langem international vernetzt erfolgt. Unterschiede und Parallelen zeigen sich in dem Ausmass, in dem sie von den Autorinnen und Autoren der verschiedenen Kapitel berücksichtigt wurden. Detaillierte internationale Vergleiche waren allerdings nicht möglich, weil dies den für die Publikation vorgesehenen, mit rund 1200 Seiten überaus grosszügigen Rahmen gesprengt hätte und weil in dieser Wirtschaftsgeschichte die Binnenperspektive ausgiebig zum Zug kommen sollte. Die thematische Gliederung lässt es auch zu, dass die Entwicklung der Schweiz mit der unterschiedlicher Länder und Ländergruppen verglichen wird, je nachdem, welche Aspekte im Zentrum stehen. Innerhalb Europas gehörte die Schweiz beispielsweise zu den besonders früh industrialisierten kleinen Volkswirtschaften. Ein zentraler Aspekt ist deshalb die Abhängigkeit eines grossen Teils der Schweizer Wirtschaft von ausländischen Märkten und damit von den im Verlauf des 20. Jahrhunderts stark wechselnden weltwirtschaftlichen Rahmenbedingungen. In dieser Hinsicht lässt sich die Schweiz gut mit anderen kleinen europäischen Volkswirtschaften wie Belgien, Dänemark, den Niederlanden, Norwegen und Schweden vergleichen. Gerade ein solcher Vergleich macht deutlich, dass auch in kleinen Ländern die wirtschaftlichen und politischen Entscheidungsträger über einen beachtlichen Handlungsspielraum verfügen, der durchaus unterschiedlich genutzt werden kann. In anderen Kapiteln, etwa zur internationalen Verflechtung, stehen die Beziehungen zu den direkten Konkurrenten, zu den wichtigsten Abnehmern, und damit vor allem zu den grossen Nachbarstaaten, im Zentrum. Betrachtet man die Entwicklung im Zeitverlauf, so dehnte sich die für die schweizerische Wirtschaft relevante Welt aus, die Abhängigkeit von bestimmten Wirtschaftsräumen wurde kleiner, andere Weltregionen nahmen an Bedeutung zu. In einigen Kapiteln, insbesondere in Teil 3, der sich stark auf die Verhältnisse im Inland konzentriert, dominiert hingegen dem Gegenstand entsprechend die Binnenperspektive besonders stark.

Mit dem Entscheid für eine thematische Gliederung ergaben sich allerdings auch einige Koordinationsprobleme. Zum einen werden in einzelnen Kapiteln Themen angesprochen, die in anderen Kapiteln ebenfalls relevant sind, dort jedoch wegen der gewählten Struktur nicht weiter ausgeführt werden können. Um solche Beziehungen für die Leserinnen und Leser deutlich zu machen, sind jeweils spezielle, mit einem Pfeil gekennzeichnete Verweise auf Textabschnitte, Grafiken und Tabellen in anderen Kapiteln eingefügt worden. Die schwierigere und im Voraus kaum zu beantwortende Frage war, ob die zu bestimmten Themen verfassten Kapitel mit ihrer je eigenen Perspektive völlig unterschiedliche, sich allenfalls auch stark widersprechende Geschichten erzählen würden. In dieser Hinsicht vertrauten die Beteiligten auf die koordinierende Kraft einer den wissenschaftlichen Kriterien verpflichteten Geschichtsschreibung, die danach strebt, sich der grundsätzlich nie zu rekonstruierenden «wahren Geschichte» anzunähern. Dieser «wahren Geschichte» nähern sich die Autorinnen und Autoren aus unterschiedlicher Perspektive, mit verschiedenen Methoden und theoretischen Konzeptionen: Im Ergebnis vermitteln ihre je eigenen Geschichten sich ergänzende Sichtweisen der historischen Entwicklung. Die regelmässig durchgeführten Arbeitstagungen im Verlauf der Projektarbeiten unterstützten den Koordinationsprozess ebenfalls.

Die *Wirtschaftsgeschichte der Schweiz im 20. Jahrhundert* gliedert sich in fünf thematische Schwerpunkte. Eine Einleitung zu jedem Themenbereich verweist auf zentrale Inhalte und verdeutlicht die Bezüge zwischen den jeweils drei Kapiteln des Schwerpunkts.

- Der einführende *Teil III* beschreibt die Ausgangslage im späten 19. Jahrhundert und die Entwicklung bis zum Ersten Weltkrieg. In diesem Zeitraum wurden wichtige institutionelle Voraussetzungen für die weitere Entwicklung im Verlauf des 20. Jahrhunderts geschaffen. Im Rahmen der fünf Schwerpunkte konzentrieren sich die Autorinnen und Autoren daher auf den Zeitraum nach 1914, d.h. auf das «kurze 20. Jahrhundert», wobei sie jedoch häufig auch auf die Zeit vor dem Ersten Weltkrieg zurückgreifen.
- In *Teil 1* werden aufgrund neuer quantitativer Schätzungen die Bestimmungsfaktoren des Wohlstands, des Wachstums und des Konjunkturverlaufs analysiert und Perioden aufgezeigt, in denen der Vorsprung zu andern Ländern ausgebaut,

beibehalten oder abgebaut wurde. Ein zentraler Aspekt der wirtschaftlichen Entwicklung der Schweiz und anderer kleiner europäischer Länder war die starke Orientierung eines Teils ihrer Wirtschaft auf ausländische Märkte und damit die Frage nach der Erhaltung der internationalen Wettbewerbsfähigkeit. Besondere Schwerpunkte bilden die in der Schweiz stärker als in anderen europäischen Ländern von der Immigration beeinflusste demographische Entwicklung sowie der hohe Stellenwert der Forschung und Ausbildung, wie er in den Aufwendungen der Unternehmen sowie der Wissenschaftspolitik und dem Bildungswesen zum Ausdruck kommt.

- In *Teil 2* wird die wirtschaftliche Entwicklung auf der Ebene der Sektoren, Branchen und Unternehmen untersucht. Wesentlich sind die für kleine, offene Volkswirtschaften typische duale Struktur mit einerseits international stark verflochtenen und andererseits primär auf den Binnenmarkt ausgerichteten Branchen sowie die besonderen Verhältnisse, welche die Entstehung eines international bedeutenden Finanzplatzes begünstigten.
- In *Teil 3* liegt der Schwerpunkt auf der Verteilung des Wohlstands und der regionalen Entwicklung im Inland. Thematisiert werden die Partizipation der verschiedenen Bevölkerungsgruppen am wachsenden Wohlstand, die regionale und kantonale Wirtschaftsentwicklung und die dabei festzustellenden Tendenzen zur Konvergenz und Divergenz sowie der für die landesweite Partizipation am wachsenden Wohlstand unerlässliche Ausbau der Verkehrsinfrastruktur und die mit dem starken Wirtschaftswachstum einhergehenden Kosten der Umweltnutzung.
- *Teil 4* befasst sich mit der Frage nach der schweizerischen Variante der im Verlauf des 20. Jahrhunderts sich herausbildenden unterschiedlichen Formen des Kapitalismus. In Anlehnung an den von Ökonomen und Politologen entwickelten Ansatz der «Varieties of Capitalism» lässt sich die alte Frage nach der Bedeutung der Beziehungen zwischen Arbeit und Kapital – zwischen Arbeitnehmern, Kapitalgebern und Management im Unternehmen oder zwischen Arbeitnehmer- und Arbeitgeberorganisationen – sowie nach der Rolle des Staates in der Ausgestaltung dieser Beziehungen neu stellen.
- *Teil 5* thematisiert die für das schweizerische Staatswesen zentralen institutionellen Rahmenbedingungen sowie den Einfluss der wechselnden aussenwirtschaftlichen Regimes und der innenpolitischen Kräfteverhältnisse auf die Wirtschaftspolitik. Ein besonderes Merkmal ist die starke Präferenz für die Selbstregulierung: Die relativ schwache Stellung des Bundes im föderalistischen Staat begünstigte die Abtretung von Regulierungskompetenzen an die Privatwirtschaft und deren Interessenorganisationen; sie stärkte zudem die Position der Schweizerischen Nationalbank und damit die Rolle der Geld- und Währungspolitik, der sich andere wirtschaftspolitische Massnahmen in der Regel unterordnen mussten. Im dritten Kapitel dieses Schwerpunkts werden die Beziehungen der Schweiz zu internationalen Organisationen thematisiert: Die bis in die 1930er Jahre hier stark enga-

gierte Schweiz befand sich in der zweiten Hälfte des 20. Jahrhunderts im Vergleich zu anderen europäischen Staaten häufig in einer Aussenseiterposition und war deshalb darauf angewiesen, dass ihr andere, indirekte Formen der Beteiligung ermöglicht wurden.

Zentrale Ergebnisse

Im Folgenden werden in knapper Form einige aus unserer Sicht besonders relevante Bezüge zwischen den verschiedenen Themenbereichen aufgezeigt. Dazu teilen wir den gesamten Zeitraum in vier Perioden ein, versuchen jedoch stets, die Bedeutung dieser Periodisierung für die verschiedenen Themenbereiche zu berücksichtigen. Dabei geht es um folgende Fragen: In welchen Perioden schneidet die Schweiz im internationalen Vergleich besonders gut ab und warum? Worauf gründete dieser Erfolg bzw. wo lagen die Ursachen für das schlechtere Abschneiden? Gab es Schlüsselperioden, in denen sich die Schweizer Wirtschaft auf breiter Front neu ausrichtete? In welchen Bereichen ist eine starke, periodenübergreifende Kontinuität festzustellen? Welche Bedeutung hatten die beiden Weltkriege und die Krisenphasen der 1930er, 1970er und 1990er Jahre für die Entwicklung der schweizerischen Wirtschaft?

Wachstum und Wohlstand vor dem Ersten Weltkrieg

Der Überblick über die Ausgangslage Ende des 19. Jahrhunderts macht deutlich, dass die Schweiz gemessen am BIP pro Kopf im internationalen Vergleich bereits damals über ein besonders hohes Wohlstandsniveau verfügte. Die häufig betonte Rohstoffarmut war kein begrenzender Faktor für das Wachstum der schweizerischen Volkswirtschaft. Dieser Nachteil wurde durch eine die vorhandenen Standortvorteile nutzende Exportspezialisierung und durch den Rückgriff auf Importe kompensiert. Zudem war die Schweiz relativ gut mit Kapital ausgestattet, baute im Inland die Infrastruktur im Verkehrs- und Kommunikationsbereich stark aus, und einige dieser Grossprojekte waren attraktive Kapitalanlagen für ausländische Investoren. Die geographische Lage mit den angrenzenden grossen Nachbarstaaten Deutschland, Frankreich, Italien und Österreich war günstig für die starke Exportorientierung und die frühe Entstehung einer im internationalen Vergleich besonders grossen Zahl multinationaler Unternehmen. Einer gegenüber ausländischen Einflüssen überaus offenen Unternehmerschaft gelang es, in mehreren Industriezweigen internationale Wettbewerbsfähigkeit zu erreichen und auch in neuen Dienstleistungsbereichen, im Tourismus und in der Finanzwirtschaft, beachtliche Erfolge zu erzielen. Hinzu kam, dass die Schweiz über eine Landwirtschaft verfügte, die sich rasch an die infolge sinkender Transportkosten veränderten Wettbewerbsverhältnisse anpasste, und dem Arbeitsmarkt standen gut ausgebildete inländische Arbeitskräfte zur Verfügung, während zugleich der Immigration bis zum Ersten Weltkrieg kaum Grenzen gesetzt wurden.

Offene Märkte für Güter, Kapital, Personen und Informationen, geringe zentralstaatliche Interventionen, einschliesslich des Verzichts auf eine eigene Währung mit dem Beitritt zur Lateinischen Münzunion, das war ein mögliches Erfolgsmodell innerhalb der damaligen Welt. Doch bereits Anfang des 20. Jahrhunderts stiess diese Wirtschaftsform an die Grenzen ihrer Leistungsfähigkeit: Der Zentralstaat übernahm zunehmend Aufgaben im Bereich der Infrastruktur, mit der Gründung der Schweizerischen Nationalbank wurde das Geldwesen zentralisiert und damit die Voraussetzung für eine eigenständige Geld- und Währungspolitik geschaffen, erste Schritte in Richtung einer Sozialgesetzgebung, insbesondere zur landesweiten Regelung der Fabrikarbeit, wurden eingeleitet. Der wirtschaftliche Erfolg hatte nämlich beträchtliche Schattenseiten: Die Teilhabe der verschiedenen Bevölkerungsgruppen bzw. der Kantone und Regionen am wachsenden Wohlstand war sehr unterschiedlich; die fragmentarischen, von der Bereitschaft der Entscheidungsträger in den Unternehmen, Gemeinden und Kantonen abhängigen Fürsorgeleistungen, die zunehmenden Konflikte zwischen Arbeitnehmer- und Arbeitgeberschaft, kurz die durch regulierende Eingriffe kaum abgefederten sozialen Folgekosten des Wachstums waren hoch. Im historischen Rückblick ist somit zu bedenken, dass in diesem Zeitraum hoher Reichtum mit extremer Armut und äusserst schwierigen Arbeits- und Lebensverhältnissen für viele einherging, die sich allerdings schrittweise verbesserten. Denn die Schweiz gehörte zu den europäischen Ländern, in denen die demokratischen Strukturen sicherstellten, dass sich die Betroffenen für bessere Verhältnisse einsetzen konnten, auch wenn es manchmal Jahrzehnte dauerte, bis wesentliche Reformen im sozialen Bereich durchgesetzt werden konnten.

Schritt halten mit wechselnden Trends: die Kriegs- und Zwischenkriegszeit

Die wichtigsten Bezüge zwischen den verschiedenen Themenbereichen aufzuzeigen, ist für diesen Zeitraum deshalb besonders schwierig, weil die einzelnen Kapitel sich in ihren grundlegenden Thesen auch dort unterscheiden, wo sie auf gleiche Tatbestände Bezug nehmen, etwa hinsichtlich der Bedeutung der beiden Weltkriege für die wirtschaftliche Entwicklung oder hinsichtlich der Vor- und Nachteile protektionistischer Massnahmen im Inland während der Zwischenkriegszeit. Die Möglichkeiten der staatlichen Wirtschaftspolitik während der Grossen Depression der 1930er Jahre werden ebenfalls unterschiedlich eingeschätzt, wobei es sich nicht um eigentliche Widersprüche handelt; die verschiedenen Darstellungen zeigen lediglich auf, wie stark diese Einschätzungen abhängig sind vom Wirtschaftsbereich, den sie jeweils beschreiben. Wer die Landwirtschaft oder die Binnenwirtschaft thematisiert, konzentriert sich auf die besonderen Probleme und Reaktionsmöglichkeiten der Akteure in diesen Wirtschafsbereichen und beurteilt wirtschaftspolitische Eingriffe anders als wenn diese aus der Sicht der Exportwirtschaft beschrieben werden, und wer die Finanzpolitik ins Zentrum rückt, übersieht Restriktionen seitens der Währungspolitik.

Der Erste Weltkrieg traf die Schweiz, ähnlich wie die anderen europäischen Länder, weitgehend unvorbereitet. Der Krieg wird denn auch häufig als eigentliche Zäsur, welche die Welt in jeder Hinsicht radikal veränderte, wahrgenommen. Wie die Kapitel in diesem Buch deutlich machen, verstärkte der Krieg jedoch in vielen Bereichen lediglich Bestrebungen – etwa nach dem Schutz der Landwirtschaft vor ausländischer Konkurrenz oder den Kampf um bessere Arbeitsbedingungen –, die bereits vor dem Ersten Weltkrieg eingesetzt hatten. Der Krieg wirkte sich hier somit weniger als Zäsur aus, denn als Katalysator für erste Korrekturen in der Verteilung des Wohlstands auf breitere Bevölkerungskreise, messbar an den steigenden Löhnen und der sinkenden Arbeitszeit in den 1920er Jahren sowie an den Ausgaben der Haushalte für Konsum. Starke politische Spannungen prägten die Kriegs- und Nachkriegsperiode, doch das Staatswesen wurde dadurch nicht destabilisiert. Im Unterschied zu anderen Notenbanken gelang es der Schweizerischen Nationalbank, nach anfänglichen Schwierigkeiten mit der starken Inflation im Ersten Weltkrieg, überaus rasch eine stabilisierende Funktion zu übernehmen und in gewisser Weise den engen Handlungsspielraum des Bundes im föderalen Staat zu kompensieren. Für das internationale Währungssystem und den Welthandel bedeutete der Erste Weltkrieg hingegen tatsächlich eine Zäsur. Trotz grosser internationaler Anstrengungen gelang es nicht mehr, auf breiter Ebene zum Goldstandard zurückzukehren und viele Staaten führten eine ihren nationalen Markt schützende Wirtschaftspolitik ein.

Während der Zwischenkriegszeit und besonders in den 1920er Jahren schnitt die Schweizer Wirtschaft im internationalen Vergleich gut ab, jedoch nicht primär deshalb, weil das Land vom Ersten Weltkrieg verschont geblieben war – das traf für andere kleine europäische Länder ebenfalls zu –, sondern weil die wirtschaftlichen Voraussetzungen und die politischen Verhältnisse für eine flexible Anpassung an den starken Rückgang des Welthandels und den zunehmenden Protektionismus günstiger waren als in anderen europäischen Staaten. Besonders vorteilhaft war die rasche Rückkehr zu stabilen Währungsverhältnissen in den frühen 1920er Jahren, die hohe Flexibilität der auslandsorientierten Unternehmen und ihre Bereitschaft, im Kontext der Grossen Depression ihre Exportspezialisierung am Standort Schweiz an die neuen Wettbewerbsverhältnisse anzupassen. Zum starken Wachstum trug ferner der Finanzsektor bei, der die sich bietenden Wachstumschancen der 1920er Jahre zu ergreifen vermochte und von der Bankenkrise der 1930er Jahre trotz seiner teilweise starken internationalen Ausrichtung nicht nachhaltig geschwächt wurde. Die Eingriffe der Politik in die Binnenwirtschaft waren zwar beträchtlich, jedoch kaum stärker als in anderen europäischen Staaten. Zukunftsträchtig war sicher die starke Förderung der auf technologische Innovationen und Rationalisierung der Produktionsprozesse ausgerichteten Forschung, insbesondere auch in binnenwirtschaftlichen Bereichen wie der Landwirtschaft, dem Transport- und Kommunikationswesen sowie der Energieversorgung.

Der Zweite Weltkrieg traf im Unterschied zum Ersten eine Schweiz, die im Verlauf der politischen Auseinandersetzungen während der Grossen Depression und im direkten Vorfeld des Kriegs zu einem neuen Konsens gefunden hatte. Die Auswirkungen des Kriegs auf die längerfristige wirtschaftliche Entwicklung, auf die Ausgestaltung der Institutionen im Inland und auf die Leitlinien der Wirtschafts- und Währungspolitik blieben entsprechend gering. Die während des Kriegs gemachten Erfahrungen dürften in Teilbereichen der schweizerischen Variante des Kapitalismus eine besondere Prägung gegeben haben – etwa im Bereich der Corporate Governance, doch auch hier wie im Bereich der Beziehungen zwischen Arbeitnehmern und Arbeitgebern oder bei der Einführung der ersten Alters- und Hinterbliebenenversicherung, waren die Weichen bereits in der Zwischenkriegszeit gestellt worden. Eine deutliche Zäsur lässt sich dagegen in den aussenpolitischen Beziehungen feststellen, sie wirkte sich auch auf die aussenwirtschaftlichen Verhältnisse aus und auf die Beziehungen der Schweiz zu den internationalen Organisationen. Doch sollte diese Zäsur nicht überschätzt werden, denn der Schweiz gelang es, teilweise im Rahmen spezieller institutioneller Arrangements, ihren Einfluss auf der internationalen Bühne geltend zu machen.

Besondere Vor- und Nachteile während den «Trente Glorieuses»

In der langen Aufschwungphase nach dem Zweiten Weltkrieg verzeichneten alle westeuropäischen Staaten ein starkes Wachstum, einige Staaten holten ihren anfänglichen Rückstand rascher auf als andere, einige blieben deutlich zurück, doch alle nahmen am Wachstum teil. Die Besonderheit dieser Periode besteht darin, dass der Spielraum für die Ausgestaltung der Beziehungen innerhalb der Wirtschaft – etwa zwischen Binnen- und Exportwirtschaft, zwischen Arbeitgeber- und Arbeitnehmerorganisationen oder zwischen Wirtschaft und Staat – besonders gross war. In den meisten Staaten, insbesondere in den skandinavischen Ländern und in den grossen Nachbarstaaten der Schweiz, aber auch in Grossbritannien, veränderten sich diese Beziehungen nach dem Krieg ziemlich stark und führten zu recht unterschiedlichen «Varianten des Kapitalismus». In der Schweiz gab es in diesem Gefüge hingegen kaum Veränderungen. Ein sich später als entscheidender Vorteil der Schweiz erweisender Umstand war, dass die Exportindustrie im Unterschied etwa zu jener der nordeuropäischen Länder wegen der starken innenpolitischen Dominanz der Binnenwirtschaft keine Niedriglohnpolitik betreiben konnte. Dadurch stand der Werkplatz Schweiz im Wettbewerb mit anderen Standorten, insbesondere mit Standorten in den grossen Nachbarstaaten und in Nordamerika. Die Unternehmen in den exportorientierten Branchen verstärkten ihre internationale Verflechtung, zugleich entwickelte sich die Binnenwirtschaft infolge der vielfältigen Schutzmechanismen und der primär diese Branchen begünstigenden Einwanderungspolitik besonders stark. Sie verlor jedoch gegenüber der ausländischen Konkurrenz zunehmend an Wettbewerbsfähigkeit, ein Verlust, der erst viel später als Nachteil sichtbar werden sollte. In der Schweiz hatte die lange Wachstumsperiode besonders günstige Auswirkungen auf die breitere Teilhabe am wachsenden Wohlstand, sowohl was die Bevölkerung insgesamt betrifft als auch bezogen auf die verschiedenen Regionen und Kantone. Diese Entwicklung mag erklären, warum der Ausbau der sozialen Sicherheit bei der politischen Mehrheit seinerzeit an Dringlichkeit verlor, während der Schutz der Umwelt zumindest zu einem intensiv diskutierten Thema wurde. Zu Beginn der 1970er Jahre befand sich die Schweiz im internationalen Wohlstandsvergleich etwa in der gleichen Position wie zu Beginn der 1950er Jahre. Langfristig hatten somit die beiden Weltkriege bzw. die unterschiedliche Betroffenheit der Staaten durch diese Kriege keine anhaltenden Unterschiede zur Folge.

Von der Divergenz zur Konvergenz (1970–2005)

In diesem Zeitraum verzeichnete die Schweiz, wie andere europäische Staaten auch, deutlich niedrigere Wachstumsraten, die Wachstumsschwäche war hier jedoch besonders ausgeprägt. Die Schweiz verlor gegen Ende des Jahrhunderts ihren Wohlstandsvorsprung gemessen am BIP pro Kopf und wurde von einigen skandinavischen Ländern überholt. Bis Ende der 1980er Jahre trifft die Vorstellung einer Schweiz, die innerhalb Europas verschiedene Sonderwege beschreitet, in mancher Hinsicht zu, und zwar einerseits, weil der Reformbedarf in der Schweiz nach dem Übergang zu flexiblen Wechselkursen und der Liberalisierung der Kapitalmärkte in den frühen 1970er Jahren kleiner war als in anderen Ländern, und andererseits, weil der Reformdruck im Bereich des Binnenmarkts deutlich schwächer war als in Staaten, die bereits zur Europäischen Union gehörten oder sich auf einen Beitritt vorbereiteten. Hinzu kam, dass die multinationalen Unternehmen die Chancen der Marktöffnungen vornehmlich durch den Ausbau ihrer Produktionskapazitäten im Ausland wahrnahmen und so den Wettbewerbsnachteilen im Binnenmarkt leicht ausweichen konnten. Die spezifische Entwicklung der Schweiz kommt auch in den Beziehungen zu den internationalen Institutionen zum Ausdruck. Die Schweiz war weder Mitglied der Europäischen Gemeinschaft noch der UNO und sie fehlte im Kreis der Länder des Internationalen Währungsfonds. Doch im Vorfeld der Schaffung des Europäischen Wirtschaftsraums (EWR) Ende der 1980er Jahre wurde klar, dass die Schweiz diese Position auf Dauer nicht ohne beträchtliche Nachteile würde aufrechterhalten können. Bei einem allfälligen Beitritt zum Europäischen Wirtschaftsraum hätte der Binnenmarkt nicht wie bis anhin aus dem Prozess der Marktöffnung herausgehalten werden können, Kartelle wären nicht mehr tragbar gewesen und auch Bereiche des öffentlichen Sektors hätten sich den im EU-Raum vorherrschenden Verhältnissen anpassen müssen. Eine Schweiz ausserhalb des EWR war angesichts seiner wirtschaftlichen Bedeutung kaum vorstellbar, und als diese Situation trotzdem eintrat, ging es in erster Linie darum, die Teilnahme am gemeinsamen Markt in anderer Form sicherzustellen.

Doch das war nicht der einzige Grund, warum sich die Verhältnisse in der Schweiz in den 1990er Jahren wieder stärker an die Verhältnisse in den anderen europäischen Staaten anglichen. Hinzu kam, dass sich auch die wirtschaftlichen und sozialen Probleme der Schweiz denjenigen in anderen europäischen Staaten annäherten; dazu gehörten insbesondere die im Vergleich zu früher deutlich höhere Arbeitslosenrate, die niedrigere Arbeitsplatzsicherheit und die zunehmende Instabilität der Arbeitsverhältnisse ganz generell. So musste die Schweiz in den 1990er Jahren ihr im Vergleich zum europäischen Standard eher schwaches System der sozialen Sicherheit ausbauen, während andere Staaten die Sozialausgaben in dieser Zeit kürzten. Entsprechend näherte sich auch die Fiskalquote unter Einbeziehung der staatlichen Sozialleistungen den Quoten anderer europäischer Staaten an.

Im Verlauf der 1990er Jahre und vermehrt nach der Jahrhundertwende verloren einige der schweizerischen Besonderheiten ihre Bedeutung. Die Schweiz trat sowohl dem IWF als auch der UNO bei und integrierte sich durch die Übernahme europäischen Rechts und den Abschluss bilateraler Abkommen immer stärker in den Europäischen Wirtschaftsraum. Der Binnenmarkt öffnete sich vermehrt der ausländischen Konkurrenz, auch die internationale Verflechtung verlief, wegen der starken Zunahme sowohl der Direktinvestitionen schweizerischer Unternehmen im Ausland wie auch der Direktinvestitionen ausländischer Unternehmen in der Schweiz, ähnlich wie in anderen kleinen europäischen Staaten. Der Finanzsektor expandierte überaus stark, jedoch ohne im Inland das Wachstum anderer Wirtschaftsbereiche, insbesondere der Exportindustrie, zu beeinträchtigen. Die in diesem Bereich geltenden gesetzlichen Sonderbestimmungen wurden jedoch zunehmend zum Gegenstand internationaler Kritik. Dies war zwar schon früher immer wieder der Fall gewesen, doch im neuen weltwirtschaftlichen Kontext erwiesen sie sich als nicht mehr durchsetzbar.

Schlussbetrachtungen

Die Publikation vermittelt differenzierte Einsichten in die Stärken und Schwächen der schweizerischen Volkswirtschaft. Die Entwicklung der Schweizer Wirtschaft bleibt auch in dieser Darstellung eine Erfolgsgeschichte, doch eine solche Einschätzung ist im internationalen Vergleich stark zu relativieren. Einmal war dieser Erfolg nur dadurch gewährleistet, dass es immer wieder gelang, die Voraussetzungen des Wohlstands – wirtschaftliche Wettbewerbsfähigkeit, politische Stabilität, sozialer Ausgleich – herzustellen, neu auszurichten und gesellschaftlich zu verankern. Eine Daueraufgabe, die in den verschiedenen Perioden unterschiedlich gut gelöst wurde und die auch in Zukunft unter ganz anderen Bedingungen gelöst werden muss.

Die wirtschaftliche Entwicklung eines Landes vollzieht sich im Spannungsfeld zwischen äusseren, insbesondere von einem kleinen Land kaum zu beeinflussenden Zwängen und inneren Voraussetzungen und Gestaltungsmöglichkeiten. Jede Volkswirtschaft ist Teil eines grösseren Wirtschaftsraumes, gewisse Besonderheiten können erfolgreich sein, bis sich die Verhältnisse in diesem Wirtschaftsraum ändern und Anpassungen notwendig werden. Der formelle Alleingang der Schweiz innerhalb Europas hat dem Land vor allem deshalb nicht allzu stark geschadet, weil seine Wirtschaft faktisch in diesen Raum integriert war.

Das Leitmotiv aller Kapitel war die Frage nach dem spezifisch schweizerischen Weg durch das 20. Jahrhundert. Die Schweiz weist hier – wie jedes andere Land auch – einige Besonderheiten auf. Doch trotz der Unterschiede war das europäische Umfeld für die wirtschaftliche und soziale Entwicklung der Schweiz von zentraler Bedeutung. Am grössten war der Spielraum für Sonderentwicklungen vermutlich in der Zeit von 1950 bis Mitte der 1980er Jahre. Doch selbst in diesem Zeitraum gleicht die Entwicklung in der Schweiz in manchen Bereichen auffallend derjenigen anderer europäischer Länder. In der langfristigen Perspektive, das zeigt die Analyse, treten somit die Parallelen stärker hervor als die Unterschiede.

Wenn wir uns fragen, wodurch sich die Schweiz gegenüber anderen Staaten auszeichnete, dann fällt im historischen Rückblick vor allem die grössere Stabilität der wirtschaftlichen Entwicklung auf. Zentrale Voraussetzung dafür war, dass die Schweiz – nicht zuletzt dank ihrer stabilitätsorientierten Wirtschaftspolitik – im Unterschied zu den meisten anderen europäischen Staaten von starken Vermögensvernichtungen und Währungseinbrüchen verschont blieb, auch von den mit den Kriegen zusammenhängenden hohen sozialen Kosten und politischen Verwerfungen. Starke Verschiebungen der Wirtschaftsstruktur, etwa zugunsten einer Branche und zulasten anderer, sind ebenfalls nicht auszumachen. Es gibt im gesamten Zeitraum keine Anzeichen dafür, dass der starke Finanzplatz die Wettbewerbsfähigkeit des Industriesektors am Standort Schweiz beeinträchtigt hätte. Die Diversifikation blieb trotz der unvermeidlichen Spezialisierung im Rahmen der internationalen Arbeitsteilung insofern hoch, als die Schweiz stets über international besonders wettbewerbsfähige Industrie- wie Dienstleistungsbranchen verfügte. Der Wirtschaftsstandort Schweiz blieb also attraktiv – gegen Ende des 20. Jahrhunderts zunehmend auch für ausländische Unternehmen. Innerhalb des Landes blieben alle Kantone und Regionen insofern am Wachstum beteiligt, als kein Kanton über einen langen Zeitraum zu den relativen «Verlierern» gehörte. In dieser Hinsicht spielte der Föderalismus und die in diesem Rahmen gewährte kantonale Autonomie vermutlich eine zentrale Rolle, allerdings ergänzt durch den Ausbau der diese Autonomie überhaupt erst ermöglichenden, alle Landesteile erschliessenden Infrastruktur.

Die Sicherheit der Arbeitseinkommen, der Ersparnisse und der Rentenzahlungen war durchwegs hoch und damit die erfahrene, jedoch mit den üblichen Wohlstandsindikatoren nicht unbedingt zu messende Wohlfahrt. Das im Vergleich zu den meisten europäischen Ländern während des gesamten 20. Jahrhunderts geringere Ausmass an sozialen Konflikten ist ein guter Indikator dafür, dass die Verteilung im Sinne einer breiten Partizipation am wachsenden Wohlstand in der Schweiz relativ gut gewährleistet war. Zugleich aber waren die niedrigen Arbeitslosenraten auch in Krisenphasen bis Ende der 1970er Jahre vor allem darauf zurückzuführen, dass die Zahl der ausländischen Arbeitskräfte in Krisenperioden stark zurückging. Die Stabilität der Beschäftigung im Inland war somit keine besondere Leistung der Schweizer Wirtschaft, sondern das Ergebnis der damaligen Einwanderungsbestimmungen. Ein besonderer

Vorteil der starken Immigration war darüber hinaus der im Vergleich zu anderen europäischen Ländern relativ hohe Anteil der Bevölkerung im erwerbsfähigen Alter.

Auch wenn sich die Schweiz im europäischen Vergleich durch einige Eigenheiten auszeichnet, so zeigt uns die Wirtschaftsgeschichte doch vor allem, dass die Entwicklung in einem Land aufgrund solcher Besonderheiten nicht gänzlich anders verläuft als die Entwicklung im jeweiligen wirtschaftlichen Umfeld; das gilt zumindest solange die Beziehungen zwischen den Staaten nicht nachhaltig gestört werden wie etwa diejenigen zu Osteuropa nach dem Zweiten Weltkrieg. Zunehmende gegenseitige Abhängigkeit ist Voraussetzung und Folge wirtschaftlicher Entwicklung.

Bibliographie

Datenbanken

HSSO: Historische Statistik der Schweiz Online, Kammerer, Patrick et al. (Hg.), www.fsw.uzh.ch/histstat/main.php

Maddison GGDC, The Groningen Growth and Development Centre, www.ggdc.net

Literatur

Andrey, Georges 2007: *L'histoire de la Suisse pour les nuls,* Paris: First.

Breiding, James R. / Schwarz, Gerhard 2011: *Wirtschaftswunder Schweiz. Ursprung und Zukunft eines Erfolgsmodells,* Zürich: NZZ Verlag.

Berend, Ivan T. 2006: *An Economic History of Twentieth Century Europe,* Cambridge / [etc.]: Cambridge University Press.

Bergier, Jean-François 1983: *Die Wirtschaftsgeschichte der Schweiz. Von den Anfängen bis zur Gegenwart,* Zürich / Köln: Benziger.

Bott, Sandra et al. 2010: Wirtschaftsgeschichte der Schweiz: eine historiographische Skizze, *Traverse. Zeitschrift für Geschichte* (2010/1).

Broadberry, Stephen / O'Rourke, Kevin H. (eds.) 2010: *The Cambridge Economic History of Modern Europe,* Volume 2: *1870 to the Present,* Cambridge / [etc.]: Cambridge University Press.

Crousaz, Karine et al. 2012: Kulturgeschichte in der Schweiz: eine historiographische Skizze, *Traverse. Zeitschrift für Geschichte* (2012/1).

Gilg, Peter / Hablützel, Peter 1986: Beschleunigter Wandel und neue Krisen (seit 1945), in: *Geschichte der Schweiz und der Schweizer,* Band 3, Basel / Frankfurt a. M.: Helbing & Lichtenhahn, 821–968.

Hansen, Damsgård E. 2001: *European Economic History. From Mercantilism to Maastricht and Beyond,* Copenhagen: Copenhagen Business School Press.

Hiestand, Manuel / Kammerer, Patrick 2010: «Historical Statistics of the Future». Das Projekt «Online-Datenbasis zur Wirtschafts- und Sozialgeschichte der Schweiz (2003–2005)», *Traverse. Zeitschrift für Geschichte* (2010/1), 296–299.

Historisches Lexikon der Schweiz, Basel: Schwabe.

Hürlimann, Katja et al. 2011: Sozialgeschichte der Schweiz: eine historiographische Skizze, *Traverse. Zeitschrift für Geschichte* (2011/1).

Jost, Hans Ulrich 1986: Bedrohung und Enge (1914–1945), in: *Geschichte der Schweiz und der Schweizer,* Band 3, Basel / Frankfurt a. M.: Helbing & Lichtenhahn, 731–819.

Jost, Hans Ulrich 2010: Du caractère paradoxal de l'histoire économique en Suisse, *Traverse. Revue d'Histoire* (2010/1), 253–267.
Kappeler, Beat 2011: *Wie die Schweizer Wirtschaft tickt. Die letzten 50 Jahre, und die nächsten ... protokolliert von Beat Kappeler,* Zürich: NZZ Verlag.
Maddison, Angus 1995, 2000: *Monitoring the World Economy 1820–1992,* Development Centre Studies, Paris: OECD.
Maddison, Angus 2001: *The World Economy. A Millenial Perspective,* Paris: OECD.
Maddison, Angus 2004: *The World Economy: Historical Statistics,* Paris: OECD.
Maissen, Thomas 2010: *Die Geschichte der Schweiz,* Baden: hier + jetzt.
Pierenkemper, Toni 2012: «Moderne» Unternehmensgeschichte auf vertrauten (Irr-)Wegen?, *Zeitschrift für Unternehmensgeschichte* 1 (2012), 70–85.
Ritzmann-Blickenstorfer, Heiner (Hg.) 1996: *Historische Statistik der Schweiz,* Zürich: Chronos.
Ritzmann-Blickenstorfer, Heiner 2010: Historische Statistik der Schweiz, *Traverse. Zeitschrift für Geschichte* (2010/1), 286–295.
Schweizerisches Wirtschaftsarchiv / Verein Schweizerischer Archivarinnen und Archivare 2006: *Unternehmensarchive – ein Kulturgut? Beiträge zur Arbeitstagung Unternehmensarchive und Unternehmensgeschichte,* Baden: hier + jetzt.
Siegenthaler, Hansjörg 1985: Die Schweiz 1850–1914, in: Fischer, Wolfram et al. (Hg.), *Handbuch der Europäischen Wirtschafts- und Sozialgeschichte,* Band 5, Stuttgart: Klett-Verlag, 443–473.
Siegenthaler, Hansjörg 1987: Die Schweiz 1914–1984, in: Fischer, Wolfram et al. (Hg.), *Handbuch der Europäischen Wirtschafts- und Sozialgeschichte,* Band 6, Stuttgart: Klett-Verlag, 482–512.
Strahm, Rudolf H. 2008: *Warum wir so reich sind. Wirtschaftsbuch Schweiz,* Bern: hep verlag.
Volker, Reinhardt 2010: *Die Geschichte der Schweiz: von den Anfängen bis heute,* München: Beck.
Walter, François 2009–2011: *Histoire de la Suisse,* 5 Bände, Neuchâtel: Alphil.
Widmer, Paul 2007: *Die Schweiz als Sonderfall: Grundlagen – Geschichte – Gestaltung,* Zürich: NZZ Verlag.

III. Wirtschaft und Gesellschaft an der Wende zum 20. Jahrhundert

Béatrice Veyrassat

Unter den europäischen Staaten war die moderne Schweiz institutionell gesehen ein *latecomer*, genau wie das Deutsche Reich, dessen Einigung 1871 erfolgte, oder das 1861 vereinigte Königreich Italien. Eine Besonderheit des schweizerischen Weges ist allerdings zu betonen: die enge Wechselbeziehung zwischen der Organisation des 1848 entstandenen Bundestaats und dem raschen wirtschaftlichen Wandel in den folgenden Jahrzehnten. Die Lernprozesse im Zusammenhang mit der Zentralisierung, die unter den Bedingungen eines föderalistischen Systems und einer direkten Demokratie stattfand, die Neugestaltung der politischen und administrativen Strukturen ab den 1870er Jahren sowie die Ausarbeitung neuer politischer und wirtschaftlicher Institutionen waren von tiefgreifenden Umwälzungen begleitet. Dabei konnte der entstehende Nationalstaat diese Aufbauphase nutzen: Konfrontiert mit den sozialen Spannungen, die aus der Modernisierung von Landwirtschaft und Industrie resultierten, sowie mit den Auswirkungen, welche die Internationalisierung der Märkte auf die Wettbewerbsfähigkeit der Wirtschaft zeitigte, gelang es der Schweiz, die politischen und institutionellen Bedingungen so anzupassen, dass die Voraussetzungen für eine nachhaltige Entwicklung gegeben waren.

In diesem einleitenden Kapitel wird das historische Profil der Epoche zwischen 1870 und 1914 herausgearbeitet; es geht dabei insbesondere um all jene Eigenheiten der Schweiz, die in dieser Zeitspanne entstanden und die Beziehungen zwischen Wirtschaft, Staat und Gesellschaft im ganzen 20. Jahrhundert kennzeichnen sollten. Gewissermassen ein Scharnier zum 20. Jahrhundert bildend, erfolgten in dieser Periode die entscheidenden politischen und wirtschaftlichen Zäsuren. Im Verlaufe des Jahrhunderts wurden die damals eingeführten Neuerungen lediglich konsolidiert und weiterentwickelt; einige innovative Gesellschaftsprojekte fielen allerdings der Referendumsdemokratie und politischen Koalitionen zum Opfer und konnten erst viel später verwirklicht werden.

Eines der herausragenden Merkmale in der Schweiz des ausgehenden 19. Jahrhunderts ist das im internationalen Vergleich überdurchschnittliche, von weitreichenden strukturellen Änderungen begleitete Wirtschaftswachstum (siehe Tabelle III-6). Parallel dazu erfolgten eine Intensivierung der Aussenbeziehungen und ein bedeutender Ausbau des Bundesstaats. Zentral ist dabei die Frage nach den Wechselwirkungen zwischen dem Wirtschaftswachstum und der Offenheit einer kleinen Volkswirtschaft im Kontext einer ersten Globalisierungsphase. Und wie wirkte sich dieses Zusammenspiel auf jene wirtschafts- und sozialpolitischen Entscheide aus, welche die Weichen für die zukünftige Entwicklung stellten?

Ein erster Teil skizziert die wichtigsten Veränderungen der Schweizer Wirtschaft, die eng mit ihrer Eingliederung in die internationalen Märkte verbunden waren. Diese Entwicklungen stehen zwar in einer jahrhundertealten Tradition der Weltoffenheit, doch zwischen 1870 und 1914 gingen sie mit einem stark beschleunigten Strukturwandel einher. In diesem Zusammenhang stellt sich auch die Frage nach der Relevanz einiger Entwicklungstheorien: Profitieren die offenen Volkswirtschaften tatsächlich von der immer engeren internationalen Verflechtung, wie es die ricardianische Theorie der komparativen Vorteile postuliert? Und in welcher Relation stand dann die Öffnung der Schweiz gegenüber der internationalen Wirtschaft zum Wirtschaftswachstum des Landes? Oder waren protektionistische staatliche Massnahmen für das Wachstum verantwortlich, wie dies – nicht als Einziger – Paul Bairoch postuliert, der, gestützt auf empirische Grundlagen, in Europa eine Parallelität zwischen Phasen des Protektionismus und des rapiden, industriellen und landwirtschaftlichen Wachstums beobachtet?[1] Ist demnach eine der Triebkräfte der wirtschaftlichen Entwicklung nicht im Freihandel, sondern in der Abstimmung der zollpolitischen Massnahmen auf die ausländische Konkurrenz zu suchen?

Der zweite Teil dieses Einleitungskapitels erörtert die Frage, inwieweit das demokratische System der Schweiz fähig war, den Wandel zu steuern. Es geht dabei in erster Linie um die politisch-institutionellen Neuerungen, die nach 1874 und vor allem ab den 1880er Jahren zu langfristig tragfähigen institutionellen Strukturen führten. Zahlreich sind heute die Volkswirtschaftler und Wirtschaftshistoriker, die den Verlauf des nationalen Wirtschaftswachstums mit der institutionellen Entwicklung in Zusammenhang bringen und untersuchen, in welchem Mass wirtschaftsrelevante Institutionen die Marktmechanismen korrigieren oder sich an deren Stelle setzen. Sie halten die Art und Qualität der politischen Institutionen eines Landes («governance structure») sowie die gesellschaftlichen Lenkungsmechanismen für entscheidende Faktoren hinsichtlich der wirtschaftlichen Effizienz, aber auch im Hinblick auf die Beeinflussung des allgemeinen Entwicklungsniveaus (M. Abramovitz spricht von «social capability»). In diesem theoretischen Rahmen[2] wird gezeigt, wie die politischen Akteure der Schweiz dank der Herausbildung der nötigen Instrumente selektiv ins wirtschaftliche und soziale Geschehen eingreifen und so erfolgreich zwischen internationalen Zwängen und nationalen Herausforderungen vermitteln konnten.

1 Bairoch 1995, 66–76. O'Rourke 2000 postuliert ebenfalls eine positive Korrelation zwischen protektionistischen Tarifen und Wirtschaftswachstum am Ende des 19. Jahrhunderts.

2 Abramovitz 1986. Zur Schweiz vgl. im Besonderen die Arbeiten von Thomas David und André Mach, welche die institutionalistische Perspektive in ihre Überlegungen zu den Interaktionen zwischen politischen Institutionen, Wirtschaftsordnung und Wachstumsdynamik einbeziehen: David/Mach 2006.

III.i Weltoffenheit – Abhängigkeit – Interdependenz

Die Jahrzehnte zwischen 1870 und 1914 waren geprägt von einer beschleunigten Internationalisierung, die von zahlreichen Historikern in einer geschichtlichen Langzeitperspektive als erste, durch den Ersten Weltkrieg abrupt unterbrochene Globalisierungswelle verstanden wird. Charakteristisch für die Schweiz am Vorabend der Feindseligkeiten war ein hohes Mass an Eingliederung in die Weltwirtschaft; gemessen an den Aussenhandelsquoten war es nach den Niederlanden das höchste in Europa – ein Beweis für die Fähigkeit des Landes, die geringe Grösse seines Binnenmarkts mit der Expansion ins Ausland zu kompensieren (→ 2.1.1.1, Tabelle 2.1-1). Die Offenheit und vor allem die Abhängigkeit eines Grossteils der produktiven Tätigkeit vom internationalen Umfeld führten zu einer gewissen, den kleinen Volkswirtschaften inhärenten Verletzlichkeit,[3] boten aber auch Anreize zur strukturellen Erneuerung.

III.i.1. Äussere Zwänge und interne Lösungen: zwischen Herausforderungen und Möglichkeiten

Die starke Integration der Schweiz in den internationalen Handel war kein Phänomen, das erst zu Beginn des 20. Jahrhunderts aufgetreten wäre; doch im letzten Drittel des 19. Jahrhunderts nahmen die wirtschaftlichen, finanziellen und diplomatischen Beziehungen mit dem Ausland in einem bis anhin unbekannten Ausmass zu. Gleichzeitig ist auch eine Umorientierung des Aussenhandels in Richtung Europa festzustellen,[4] das nun zum aussenwirtschaftlichen Schwerpunkt wurde und es während des gesamten 20. Jahrhunderts blieb (→ 2.1.1.3, Grafiken 2.1-4 und 2.1-5). Ob man für die Jahre 1910 bis 1913 nun den Warenexport (meist Fertigprodukte) oder den Import ins Auge fasst – Letzterer zeugt von der grossen Abhängigkeit von Rohstoffen und Nahrungsmitteln –, oder ob man die Auslandinvestitionen, den Anteil der in die Schweiz eingewanderten Arbeitskräfte oder gar die Zahl der registrierten Hotelübernachtungen zugrunde legt: Immer findet man die Schweiz auf den ersten Rängen der entwickelten Nationen.

Die sowohl im internationalen wie im zeitlichen Vergleich aussergewöhnlich starke Aussenorientierung der Schweiz in jenen Jahren ist also hervorzuheben. Ein Blick auf die Entwicklung des Aussenhandels zeigt, dass die Jahrzehnte vor dem Ersten Weltkrieg jene der grössten Offenheit waren: Zwischen 1891 und 1913 machte der Anteil der Ein- und Ausfuhren von Gütern etwa 70% des BIP aus, um dann in der Zwischenkriegszeit massiv zurückzugehen. Erst gegen Ende des 20. Jahrhunderts erreichte die Aussenhandelsquote wieder das damalige Niveau (→ 2.1.1.1, Grafik 2.1-1).

3 Gemäss der Interpretation von Peter J. Katzenstein (1984, 1985) betreffend die *small open economies*.
4 Der interkontinentale Handel der Schweiz hatte hingegen in der ersten Hälfte des 19. Jahrhunderts stärker zugenommen als der innereuropäische: Veyrassat 1990, 304–311.

Wenn auch der komparative Vorteil der Schweiz im 19. Jahrhundert auf ihrer stark entwickelten Exportwirtschaft beruhte, vor allem auf dem Export von Industriegütern mit hoher Wertschöpfung, so wurde sie doch durch ihre generell defizitäre Handelsbilanz – bedingt durch Rohstoffmangel und Nahrungsmitteldefizit – sehr früh dazu veranlasst, mit Dienstleistungsexporten einen Ausgleich herzustellen. An der Wende vom 19. zum 20. Jahrhundert konnte sich die Schweiz mit dem Ausbau des Fremdenverkehrs und der Internationalisierung der Bankgeschäfte neue komparative Vorteile verschaffen. Der hohe Devisenzufluss durch den Tourismus und die Nettoeinkünfte aus den Finanzoperationen mit dem Ausland generierten Überschüsse in der Dienstleistungsbilanz.[5]

Während die neoklassischen Theorien den Aussenhandel und die daraus folgende Spezialisierung als zentrale Voraussetzungen für die internationale Wirtschaftsentwicklung betrachten, zeigt der historische Blick auf den damaligen Wandel, dass das Zusammenspiel von externen und internen – sozialen, politischen und kulturellen – Faktoren ebenso eine Rolle spielt. Zudem muss die Analyse der Veränderungen, die sich Ende des 19. Jahrhunderts abzeichneten, eine neue, dann um die Jahrhundertwende immer deutlicher zutage tretende Wachstumslogik einbeziehen. Während es in der früheren Phase der Industrialisierung vor allem darum ging, die Produktionsentscheidungen und -kapazitäten der Nachfrage anzupassen, zeigte sich nun eine andere Dynamik. Sie wurde gerade von den Angebotsfaktoren in Gang gebracht, vom Fortschritt in Wissenschaft und Technik angeregt und durch professionalisiertes Wissen und einen erhöhten Kapitaleinsatz vorangetrieben. Dieser Umbruch, den insbesondere Patrick Verley für die sich industrialisierenden Länder Europas aufzeigt,[6] lässt sich in vielen Sektoren beobachten, deren Expansion immer stärker von den Angebotsstrategien bestimmt wurde – bei den Investitionsgütern früher als bei den Konsumgütern. Manchmal ist der Befund allerdings nicht eindeutig. So im Fall der Schweizer Landwirtschaft, bei der sich zu Beginn des 20. Jahrhunderts Faktoren von Angebot und Nachfrage, Interessen der Produzentenorganisationen und solche von Agronomen und einer organisierten Konsumentenschaft in wechselseitiger Abhängigkeit verwoben. Während zunächst noch ein auf die Produktion zentrierter Diskurs vorherrschte, nahm zunehmend eine neue, auf den Konsum ausgerichtete Agrar- und Ernährungspolitik Gestalt an (→ 2.3.5.1).

5 In der Literatur wird meistens angenommen, dass der Ausgleich der stets defizitären Handelsbilanz (mit einigen Ausnahmen) nur durch Überschüsse der Dienstleistungsbilanz und der Bilanz der Kapitaleinkommen möglich war (Fremdenverkehr, Privatversicherungen, Transithandelsgeschäfte, Kapitalerträge aus dem Ausland), auch wenn es dazu keine zuverlässigen Schätzungen gibt. Nach Wilhelm Bickel (1973, 416) hatte Traugott Geering schon 1899 zu zeigen versucht, dass der Passivsaldo der Handelsbilanz durch die übrigen Posten der Ertragsbilanz mehr als ausgeglichen wurde. Über den Kapitalverkehr mit dem Ausland vor dem Ersten Weltkrieg weiss man nur, dass die Kapitalanlagen im Ausland bedeutend höher waren als die ausländischen Kapitalanlagen in der Schweiz. Vgl. Bairoch 1984, 481–482 und Anmerkung 22 unten; Bosshardt/Nydegger 1964. Vgl. auch Kap. 1.1.4.3, Grafik 1.1-47, Schätzungen der Dienstleistungsbilanz.

6 Verley 1997, 105–109, 623–624.

III.i.2. Rascher sozioökonomischer Wandel

Um die wichtigsten intrasektoralen Veränderungen umreissen zu können und zu zeigen, wie sich der Wandel auf die internen Strukturen auswirkte, müssen zunächst die Gesamtveränderungen skizziert werden, die ab den 1870er Jahren ihre Wirkung zu entfalten begannen. Auffallend sind die Geschwindigkeit und die Intensität der sektoralen Verlagerungen, die sich während kaum mehr als einer Generation vollzogen (Tabelle III-1).[7]

Tabelle III-1: **Entwicklung der Erwerbsstruktur nach Sektoren und sektorale Verteilung des BIP(BWS) zu Preisen von 1926/1929 (1870–1910)**

	Zunahme der Erwerbstätigen			Sektorale Verteilung der Erwerbstätigen		
	1870–1910	1870–1888	1888–1910	1888	1900	1910
Erwerbstätige Bevölkerung	491 145	12 784	478 361			
1. Sektor: Landwirtschaft	–72 189	–60 777	–11 412	37 %	31 %	26 %
2. Sektor: Industrie	295 926	38 407	257 519	41 %	44 %	45 %
3. Sektor: Dienstleistungen	267 408	35 154	232 254	22 %	25 %	29 %
	Durchschnittliche jährliche Zunahme			Anteile am BIP(BWS)		
Erwerbstätige Bevölkerung	12 279	710	21 744	1890	1900	1910
1. Sektor: Landwirtschaft	–1 805	–3 377	–519	29 %	23 %	17 %
2. Sektor: Industrie	7 398	2 134	11 705	41 %	43 %	45 %
3. Sektor: Dienstleistungen	6 685	1 953	10 557	30 %	34 %	38 %

Quellen: Erwerbstätige: HSSO Tab. F.2a; BIP(BWS): HSSO Tab. Q.17b.

Trotz der statistischen Verzerrungen, die diese Tabelle enthält – die um die Jahrhundertwende noch verbreitete Mehrfachbeschäftigung erschwert die Unterteilung des Arbeitsmarkts in primären, sekundären und tertiären Sektor –, ist doch eine tiefgreifende Veränderung der Beschäftigungsstruktur festzustellen. Sie erklärt sich zum Teil aus dem Rückgang der protoindustriellen Organisationsformen, die durch eine Aufteilung der individuellen Arbeitszeit und der Einkünfte zwischen Landwirtschaft und

7 Die sektorale Gliederung ist möglich dank den Statistiken der eidgenössischen Volkszählungen, hier jener von 1870, 1888 und 1910. Die Veränderungen in Bezug auf die Erhebungsweise, die Definition der Erwerbstätigkeit und die Nomenklatur der Wirtschaftszweige erschweren eine langfristige Längsstudie. Von 1888 an wird die Zuverlässigkeit grösser. Korrektur- und Harmonisierungsversuche wurden von verschiedenen Autoren unternommen, sodass ihre Zahlen differieren. Zur Kritik dieser Quellen: Ritzmann-Blickenstorfer 1996, 389–393; *Historischer Strukturatlas* 2001, 90–91, 120–121, 143–145.

gewerblicher Produktion gekennzeichnet waren. Die hinsichtlich der Zahlen spektakuläre Veränderung der bäuerlichen Welt vollzog sich zwischen 1870 und 1888 – zu Tausenden verliess die Landbevölkerung damals die Scholle, um irgendwo in der Schweiz oder im Ausland einer anderen Beschäftigung nachzugehen. Neue Stellen entstanden dagegen zwischen 1888 und 1910 hauptsächlich im sekundären Sektor (Industrie und Gewerbe, Bergbau, Bauwirtschaft, Wasser, Gas, Elektrizität) und bei den Dienstleistungen (Handel, Banken, Versicherungen, Hotellerie, Transportwesen, Kommunikation, Verwaltung, Bildung, Gesundheit); beide Bereiche konnten dabei, auch aufgrund der starken Immigration, aus einem rasch steigenden Bestand an Arbeitskräften schöpfen (→ 1.1.2.2, Grafik 1.1-11).

III.i.3. Die strukturellen Herausforderungen der Landwirtschaft

Am Vorabend des Ersten Weltkriegs hatte sich die relative Position des Agrarsektors in der Volkswirtschaft radikal verändert, während zugleich langsame, aber markante Verschiebungen innerhalb des Sektors – sie hatten schon vier oder fünf Jahrzehnte zuvor eingesetzt – die Kulturlandschaft zwischen Jura und Voralpen ebenso einem starken Wandel unterwarfen wie die Wirtschaftsweise einer Vielzahl einzelner Betriebe (→ 2.3.5.2). Nachdem die Zahl der Erwerbstätigen im Primärsektor zwischen 1870 und 1880 ihren Höchststand erreicht hatte, war sie infolge der Konkurrenz durch billigere Produkte aus Amerika (Getreide, tiefgekühltes Fleisch) von den 1880er Jahren bis zum Beginn des 20. Jahrhunderts rapide gesunken; der Anteil der Landwirtschaft am BIP war von 29 % (1890) auf 17 % (1910) zurückgegangen (Tabelle III-1). Dies bedeutete allerdings einen nur relativen Substanzverlust, denn trotz der schwierigen Verhältnisse in den Krisenjahren Ende des 19. Jahrhunderts konnte die Landwirtschaft von den Fortschritten bei der Umstellung auf Viehwirtschaft und von den Wachstumsmöglichkeiten profitieren, die ihr die industrielle Herstellung der Produktionsmittel bald zu bieten hatte.

Der Grund für den Wandel in der Landwirtschaft war die Entwicklung des Getreidemarkts, der infolge der Veränderung der Ernährungsgewohnheiten und der Transportbedingungen schrumpfte. Die neu geschaffenen kontinentalen und interkontinentalen Verkehrswege für schwere Güter – Eisenbahnnetze und Seeschifffahrt – senkten die Transportkosten, verstärkten die Konkurrenz zwischen den Regionen und förderten die weltweite Integration der Märkte für Basisprodukte. Diese bereits in den 1820er Jahren in Gang gekommene Entwicklung in Richtung Globalisierung lässt sich gemäss Historikern wie Kevin O'Rourke und Jeffrey Williamson als ein Prozess der beständigen Verringerung des internationalen Preisgefälles charakterisieren, wobei sich die Preise nach unten anglichen.[8] In der Schweiz machte sich von den 1830er Jahren an eine relative Verschlechterung der Kornpreise im Vergleich

8 O'Rourke/Williamson 2002.

zu jenen der tierischen Produkte bemerkbar,[9] und das, obwohl der – spät erfolgte – Bau der Eisenbahnen seine Wirkungen erst nachträglich zeitigte. Aber das Fuhrwesen für die Beförderung von billigerem Getreide aus dem Ausland hatte sich merklich verbessert, ebenso die Transportinfrastruktur in den Nachbarländern (erste Eisenbahnlinien in Deutschland und Frankreich, europäisches Schifffahrtsnetz).[10] Für die Schweizer Bauern war eine Erhöhung des Einkommens nur möglich durch den Übergang zu einer lukrativeren Produktionsweise, zu Viehzucht und vor allem zur Milchwirtschaft. Dies umso mehr als die veränderte Binnennachfrage spürbar wurde: Im Zusammenhang mit der Urbanisierung (→ 3.2.1.1) und dem starken Anstieg der Reallöhne ab den 1870er Jahren (siehe unten, III.i.6, Grafik III-1) verlagerte sich der Konsum von den traditionell stark nachgefragten pflanzlichen Lebensmitteln auf Erzeugnisse der Viehzucht. Angesichts des Aufschwungs dieser gleichzeitig rentabler gewordenen Produktionszweige springt der Rückgang der Getreideproduktion ins Auge (Tabelle III-2).[11]

Tabelle III-2: **Getreideproduktion und Getreideimporte (1850–1910)**

	Durchschnittliche Jahresproduktion		Durchschnittliche Importe pro Jahr	
	in 1000 t	in % des Verbrauchs	in 1000 t	in % des Verbrauchs
1851–1860	446	79 %	121	21 %
1861–1870	476	74 %	165	26 %
1871–1880	394	58 %	284	42 %
1881–1890	342	48 %	369	52 %
1891–1900	300	37 %	501	63 %
1901–1910	263	29 %	645	71 %

Quelle: Historischer Strukturatlas 2001, 106.

Zwischen 1850 und 1910 verfünffachte sich der Getreideimport, während sich die Getreideanbaufläche in der Schweiz um mehr als die Hälfte verringerte. Die Spezialisierung auf eine fast monokulturelle Milchwirtschaft betraf – wenn auch mit regional unterschiedlichen Umstellungsmodalitäten – die gesamte bäuerliche Welt und

9 Siegenthaler 1985, 461–462.

10 Duc 2010, 28–33, 65–66. Zum Import von ausländischem Getreide in die Schweiz und zur Einführung von Spezialbahntarifen ab 1863, die eine Preisangleichung auf dem ganzen Binnenmarkt erwirkten: Duc 2010, 123–126.

11 Vor Ausbruch des Ersten Weltkriegs war der Selbstversorgungsgrad der Schweiz beim Getreide der tiefste aller entwickelten Länder. Zum Vergleich: Der Deckungsgrad (Binnenproduktion in Prozent des Binnenkonsums) betrug um 1909/13 in der Schweiz 22 %, in den Niederlanden 33 %, in Norwegen 36 %, im Vereinigten Königreich 38 %, in Belgien 41 %, in Finnland 64 %, in Deutschland 83 %, in Frankreich 88 %, in Österreich-Ungarn 97 % und in Russland 118 % (Bairoch 1999, 14).

war um 1885 praktisch abgeschlossen: Der Anteil der pflanzlichen Produktionszweige am landwirtschaftlichen Bruttoertrag – 36 %, wobei das Getreide nur noch 7 % ausmachte – wurde zu diesem Zeitpunkt von der Vieh- und Milchwirtschaft weit übertroffen – von deren 64 % entfielen allein 33 % auf die Milchprodukte. 1911 betrug das Verhältnis 26 % zu 74 %, und es veränderte sich in der Folge kaum mehr.[12] Damit waren die Grundlagen für das bäuerliche Einkommen im 20. Jahrhundert gelegt. Auch der Milchüberhang im Verhältnis zur inländischen Nachfrage – ein chronisches Übel im 20. Jahrhundert – war bereits im letzten Drittel des 19. Jahrhunderts Realität. Dank neuer Herstellungsverfahren, zu denen dann noch die Techniken der Massenproduktion kamen, vermochte eine innovative Industrie, aus der später einige multinationale Firmen hervorgingen, diese Überschüsse in Form von Fertigprodukten ins Ausland zu exportieren.[13] Dazu zählten Kondensmilch, «Kindermehl», Milchschokolade und die boomende Käseproduktion. Die Angebotsstrategien entfalteten hier ihre volle Wirkung. Und die das Angebot fördernden Institutionen standen nicht zurück: Schon ab den 1870er Jahren bemühten sich zahlreiche landwirtschaftliche Forschungsanstalten, Versuchs- und Kontrollstellen sowie Landwirtschaftsschulen um die Umsetzung der wissenschaftlichen und technischen Erkenntnisse im bäuerlichen Betrieb und trugen damit zur qualitativen Verbesserung und zur Rationalisierung der Primärproduktion bei (→ 2.3.5.3.5).

Welche Bilanz lässt sich aus dem Wandel im Agrarsektor ziehen? Im Verlauf der von regionalen Wachstums- und Krisenphasen geprägten Umstellungsperiode hatten sich die komparativen Vorteile der Schweizer Landwirtschaft vom Getreidebau auf die Milchproduktion verlagert, ein Phänomen, das jedoch keineswegs nur auf die Schweiz zutrifft. Wie später gezeigt wird, expandierte im Rahmen dieser Entwicklung die mittelländische Agrarzone, die stark auf die wachsende Inlandnachfrage, aber auch auf ausländische Absatzmärkte ausgerichtet war. Diese Neuorientierung löste die frühere Arbeitsteilung ab, die zwischen einer ackerbautreibenden Landwirtschaft mit Schwerpunkt Getreide für den lokalen Konsum und einer Viehzucht treibenden, exportorientierten, aber zunehmend stagnierenden Berglandwirtschaft bestanden hatte (→ 2.3.5.3.3).

Zu Beginn des 20. Jahrhunderts entstanden im Primärsektor keine Arbeitsplätze mehr, er wurde vielmehr Zulieferer der neuen Lebensmittelunternehmen, die sich im nachgelagerten Bereich entwickelten und ihre Produkte sowohl in der Schweiz als auch im Ausland absetzten. Im vorgelagerten Bereich wurde der primäre Sektor nun zum Kunden der Industrie (Landmaschinen, Agrochemie usw.), was den Bedarf an Kapital erhöhte. Ein neues Agrosystem nahm Gestalt an, in dem die verschiedenen Elemente miteinander verbunden waren und die namentlich auf den Export ausgerichtete Milchproduktion und ihre für den heimischen Markt bestimmten Nebenpro-

12 *Historisches Lexikon der Schweiz*, «Landwirtschaft».
13 Frey 2008.

dukte – die für die Aufzucht (vor allem die Schweinemast) verwendet wurden – ein komplementäres Verhältnis eingingen. Mit dem Eintritt in eine stärker kapitalistisch ausgerichtete Entwicklungsphase wurde der Bauernstand gezwungen, die Rationalisierungslogik der Industriegesellschaft zu übernehmen.

III.i.4. Tourismus und Finanzdienstleistungen: neue Wachstumspfade

Gestützt auf eine starke Zunahme und Diversifizierung der Beschäftigung war es der Dienstleistungssektor, der als treibende Kraft das Wachstum anstiess – zwischen 1900 und 1913 war der Beitrag dieses Sektors zum Wachstum des Bruttoinlandprodukts leicht höher als jener des Industriesektors (→ 1.1.2.4, Tabelle 1.1-8). Zwischen 1870 und 1910 verzeichneten innerhalb des tertiären Sektors (+2.5 % im jährlichen Durchschnitt) der Tourismus und das Verkehrswesen den spektakulärsten Zuwachs an Arbeitsplätzen (+3.3 % bzw. +4.1 %).[14]

Die Arbeiten von Laurent Tissot zeichnen sowohl die Geschichte der Eroberung und Vermarktung der schweizerischen Ferienorte und Landschaften durch die britischen Reiseagenturen nach – 1863 organisierte Thomas Cook für seine Landsleute die erste Gesellschaftsreise in die Schweiz – als auch die Bedeutung dieser ausländischen Nachfrage als zunächst treibende Kraft beim Aufbau der Infrastrukturen (Hotels, Reiseagenturen, Transporteinrichtungen usw.), für die Bedürfnisse einer wohlhabenden Kundschaft.[15] Mit dem Auftreten einer längeren Depression wie der internationalen Krise der Jahre 1870–1890 veränderte sich allerdings die Lage dieser besonders exponierten Branche (→ 2.3.4.2). Die hart getroffene Schweizer Fremdenindustrie, die aus der Initiative der britischen Pioniere in Zusammenarbeit mit Schweizer Transportgesellschaften entstanden war, musste sich radikal ändern, und die lokalen Akteure, die nun führend wurden, hatten Einfallsreichtum zu beweisen: Sie mussten aktiver nach ausländischen (später dann einheimischen) Gästen suchen und das Angebot entsprechend umgestalten; sie mussten neue Bedürfnisse wecken und kohärente Verkaufsförderungsstrategien entwickeln. Dazu gehörte der Bau der Bergbahnen, vor allem nach 1890, mit denen die Tourismusbranche das Gebirge erschloss, nachdem sie zuerst Seen und Voralpen angeboten hatte, um dort als Reaktion auf das neue Phänomen, das einige Autoren zu Recht oder zu Unrecht als «Massentourismus» bezeichnen, Qualitätsdienstleistungen zu höheren Preisen anzubieten. Die Entwicklung der Winterkurorte, verbunden mit dem Aufkommen des Wintersports, bot eine Alternative zur allzu kurzen Sommersaison und trug zudem zur Auslastung der kostspieligen Hotelinvestitionen der vergangenen Jahrzehnte bei.

14 Handel, Banken und Versicherungen: +2.2 %; öffentliche Verwaltung, Bildung und Gesundheit: +2 % (nach *Historischer Strukturatlas* 2001, 144).

15 Tissot 2000. Zu den strukturellen und konjunkturellen Aspekten: Frey/Vogel 1997, 333–356; zur wirtschaftlichen Bedeutung des Tourismus zur Zeit der Belle Epoque: Püntener 1994, 51–59; für internationale Vergleiche: Bairoch 1990, 123–126.

Zwischen 1900 und 1913 erreichte die Tourismusbranche in der Schweiz mit einem Anteil von rund 6% des BIP einen historischen, später nie mehr überschrittenen Höhepunkt, d.h., sie erwirtschaftete das Doppelte der Jahre 1870–1880.[16] Am Vorabend des Ersten Weltkriegs hatte der Tourismus in der Schweiz, bis anhin ein Konsumgut fast ausschliesslich für Ausländer – der Anteil der einheimischen Feriengäste betrug um die Jahrhundertwende nur rund 20% –, eine eigentliche Exportindustrie hervorgebracht. Und dies mit nicht unerheblichen Folgen symbolischer Art: Die alpine Bilderwelt, deren Verbreitung ein authentisches Markenzeichen der Schweizer Tourismusbranche war, diente noch lange als Werbeträger auch für andere Exportprodukte.

Doch es stellt sich vor allem die Frage nach dem Einfluss des Tourismus auf die Wirtschaft der touristisch erschlossenen Regionen. War er ein Entwicklungsfaktor? Sicherlich, denn solange er in der Belle Epoque Reisende in die Schweiz führte, leistete er einen bedeutenden Beitrag zum Wirtschaftswachstum, und dies sowohl durch die dabei generierten Einnahmen als auch durch seine indirekten nachgelagerten Effekte, indem er anderen Branchen vielfache Impulse gab. Zu denken ist hier an die Bauwirtschaft, das Transportgewerbe, die Elektrifizierung der Ferienorte, die Erstellung von Telegrafieanlagen, das Gastgewerbe, den Detailhandel usw. Doch trotz seines dauerhaft positiven Beitrags zur Zahlungsbilanz war der Tourismus später kein allgemeiner Entwicklungsmotor mehr, sondern vermochte diese Funktion höchstens noch lokal auszüben, in den alpinen Gebieten zum Beispiel, wo er die wirtschaftliche Lebensfähigkeit einiger Randregionen sicherstellte. Dies war eine ebenso soziale wie wirtschaftliche Gegebenheit und als solche auch von den politischen Akteuren anerkannt. So entstanden um die Jahrhundertwende die ersten institutionellen Strukturen zur Förderung dieses Sektors und zur Erhebung statistischer Informationen durch die Branchenverbände (→ 2.3.4.1).

Ebenfalls um die Jahrhundertwende, als die *crème de la crème* der kosmopolitischen Touristen in die Schweizer Luxushotels strömte, veränderte sich die Bankenlandschaft von Grund auf. Malik Mazbouri situiert den internationalen Aufschwung der Schweizer Finanzwelt zeitlich nach dem Ersten Weltkrieg. Doch die Voraussetzungen dazu wurden bereits Ende des 19. Jahrhunderts geschaffen: In den zwei Jahrzehnten vor Kriegsausbruch gelang in der Schweiz jenen neuen Akteuren der Aufstieg, die als Universalbanken operierten und später als «Grossbanken» bezeichnet wurden (→ 2.2.2.1).[17] Ihre nationale Bedeutung, sowohl wirtschaftlich als auch politisch, vor allem aber ihre internationale Tätigkeiten sollen hier besonders hervorgehoben werden. Denn in dieser Gründerzeit lag den Wachstumsstrategien des Finanzsektors, der durch eine beispiellose Zunahme der Kapitalbewegungen alimentiert wurde, die gleiche Logik zugrunde, die schon für den Tourismus festgestellt wurde. Diese Strategien zielten darauf ab, sich vom finanziellen Ausseneinfluss zu emanzipieren und im In-

16 David 2003, 160. Vgl. Einleitung Teil 2, Tabelle 2-2 und HSSO Tab. Q.17b.
17 Auch Mazbouri 2005. Eine nützliche Synthese: Cassis/Tanner 1992.

nern neue Organisationslösungen zu schaffen, ohne dabei jedoch auf starke Partnerschaften mit dem Ausland zu verzichten. Gleichzeitig wurden damit die Strukturen der Schweizer Bankenwelt und des Kreditwesens neu gestaltet.

Auch in diesem Fall ist also ein Zusammenspiel von äusseren Zwängen und im Innern ansetzenden Lösungen zu beobachten. Denn hier ging es einerseits um die finanzielle und monetäre Abhängigkeit der Schweiz von Frankreich – eine grosse Herausforderung – und andererseits um zwei politische Reformen, die entscheidend waren für die Umgestaltung des Finanzplatzes Schweiz: die Verstaatlichung der schweizerischen Eisenbahnen (siehe unten, III.ii.6) sowie die Zentralisierung des Geldsystems und der Notenemission. Der Rückkauf der wichtigsten Privatgesellschaften des schweizerischen Eisenbahnnetzes durch die Eidgenossenschaft, der 1898 begann und gigantische Kosten von nahezu 1.5 Milliarden Schweizer Franken verursachte, machte den damals geschaffenen Bundesbetrieb zum grössten Kapitalnehmer der Schweiz. Dadurch entstand ein Markt für Staatsanleihen, wie es ihn bis anhin praktisch nicht gegeben hatte und den sich nun die grossen Geldgeber streitig machten. Dieser Kapitalmarkt wurde schrittweise von heimischen Kartellen beherrscht,[18] die der ausländischen Konkurrenz die Stirn boten, vor allem den stark präsenten Pariser Agenten, die sich aufgrund der attraktiveren Zinskonditionen auf dem französischen Markt bei den Platzierungen der eidgenössischen Anleihen als Intermediäre durchgesetzt hatten. Zur Verstaatlichung der Eisenbahnen kam zwischen 1905 und 1907 mit der – im Vergleich zum Ausland späten – Gründung der Schweizerischen Nationalbank ein weiteres Ereignis von grosser Wichtigkeit hinzu. Denn damit wurde das dezentrale Banknotenwesen beendet. Neben der entscheidenden Rolle, die die Nationalbank für die Regulierung der Kreditversorgung und des Geldumlaufs spielte, vermochte sie – ein weiteres Element von essentieller Bedeutung – die Schweiz aus ihrer Abhängigkeit vom Ausland zu lösen. Das lange Hin und Her um die Einführung eines schweizerischen Notenmonopols hatte «einen progressiven Bruch mit den alten, aus dem Münzparasitismus der Schweiz herrührenden Abhängigkeiten»[19] zur Folge. Das heisst, dass sich die Schweiz vom instabilen Geldsystem der Lateinischen Münzunion, der die Schweiz 1865 beigetreten war und in der die Banque de France als Versorgerin mit liquiden Mitteln faktisch die Funktion einer Zentralbank innehatte, emanzipieren konnte. Die Übernahme einer modernen und autonomen Geld- und Währungspoli-

18 1897 schlossen sich verschiedene Grossbanken für die gemeinsame Übernahme öffentlicher Anleihen zu einem Kartell der Schweizer Banken zusammen; 1907 waren es die Kantonalbanken, die sich, durch die Gründung der Schweizer Nationalbank ihres Rechts zur Notenausgabe beraubt, im Verband Schweizerischer Kantonalbanken zusammenfanden. Diese beiden zunächst konkurrierenden Kartelle rückten allmählich näher zusammen und gründeten 1911 das Emissionssyndikat der Schweizer Banken, um den französischen Einfluss auf den schweizerischen Markt zurückzudrängen. Den Abschluss dieses internen Umstrukturierungsprozesses markierte schliesslich 1912 die Gründung der späteren Schweizerischen Bankiervereinigung. Nach dem Vorbild des Schweizerischen Handels- und Industrievereins wurde dieser Dachverband der Schweizer Bankeninteressen zu einem gewichtigen Ansprechpartner der Regierung, der namentlich die Einmischung des Staates ins Bankengeschäft verhindern wollte.

19 Mazbouri 2005, 156, 483.

tik durch die eigene Zentrallbank befreite die Schweizer Wirtschaft von den Zwängen, die auf der Solidität des Schweizer Frankens lasteten, und machte den Weg frei für ein stabileres Währungssystem (→ 5.1.3).[20]

Aus diesem Modernisierungs- und Umstrukturierungsprozess zogen die Grossbanken beachtlichen Gewinn. Nachdem sie einmal aus der Eisenbahnfinanzierung ausgestiegen waren, für die sie sich ab den 1850er und 1860er Jahren in ihrer ursprünglichen Form als Crédit-Mobilier-Banken engagiert hatten, begannen sie, ihre Geschäftstätigkeit neu auszurichten. Gleichzeitig zur Entwicklung ihrer internationalen Geschäfte vertieften sie die Beziehungen zur Inlandindustrie, deren Finanzbedarf am Ende des Jahrhunderts immer grösser wurde, insbesondere in den aufstrebenden Sektoren Investitionsgüter, Elektrotechnik und Chemie. Die jeweilige Eroberung des Binnenmarkts von einem zunächst zentralen Stammsitz aus ging einher mit beeindruckenden grenzüberschreitenden materiellen und organisatorischen Investitionen, die für den nationalen wie internationalen Aufbau der neuen, von den Spitzentechnologien der zweiten Industrialisierung hervorgebrachten Märkte unabdingbar waren. Es darf nicht übersehen werden, dass trotz der Errichtung eines dichten Netzes von Bankfilialen auf nationalem Gebiet der heimische Markt begrenzt blieb. Seine Fragmentierung, die harte Konkurrenz unter den Banken und die Unterstützung der Kantonalbanken durch die Politik bremsten den landesweiten Konzentrationsprozess. Für die Geschäftsbanken waren dies lauter *innere Zwänge,* zu denen die Möglichkeit internationaler Zusammenarbeit im Bereich der Elektrizitätsnutzung eine attraktive Alternative bot, wenn auch nicht ohne das Risiko neuer Abhängigkeiten. Die Internationalisierung der Schweizer Grossbanken wurde mittels Finanzgesellschaften – Zusammenschlüsse von bedeutenden Industriellen und einflussreichen Kreditinstituten – vorangetrieben, die in einen spezifischen Industriezweig oder in eine bestimmte Region der Welt investierten. Ganz speziell waren es Kundenunternehmen in den Bereichen Beleuchtung, Strassenbahn und Elektrochemie, die diese Finanzgesellschaften im Auftrag der in ihrem Besitz befindlichen Elektrotechnikfirmen kauften oder gründeten. Die neuen Unternehmen gaben dann bei den Elektrotechnikfirmen Investitionsgüter in Auftrag. Initiatoren dieser unter der Bezeichnung «Unternehmergeschäft» bekannten Strategie zur Eroberung und Kontrolle des Marktes waren bis 1914 mit wenigen Ausnahmen die grossen deutschen Elektrokonzerne und ihre in- und ausländischen Finanzpartner (zum Beispiel Schweizer Banken); sie errichteten den juristischen Sitz ihrer Finanzgesellschaften vorzugsweise auf neutralem Gebiet in Belgien beziehungsweise der Schweiz, wo sich ab der zweiten Hälfte der 1890er Jahre überwiegend in Zürich und Basel niederliessen.[21] Im Schatten der internationalen diplomatischen Spannungen konnten sie so ihren Marktanteil vergrössern. Im Kontext der

20 Auch Guex 1993; Halbeisen/Müller 1998.

21 In einigen Fällen übernahmen die Finanzgesellschaften sogar die Kontrolle der Konzerne: Hertner 1987; Paquier 1993, 2001; Gugerli 1996, 239–245.

imperialistischen Rivalitäten zur Jahrhundertwende erwies sich die politische Neutralität der Eidgenossenschaft als ein Trumpf, zu dem die Vorteile einer holdingfreundlichen Gesetzgebung und einer günstigen Besteuerung hinzukamen. In diesem neuen Marktsegment, einem eigentlichen Experimentierfeld, in dem sich einige Schweizer Banken engagierten, zeichnete sich – auch dank der damit verbundenen Beteiligungen am Kapital ausländischer Banken und an der Emission ausländischer Wertpapiere auf dem Schweizer Finanzmarkt – das Profil des zukünftigen Finanzplatzes Schweiz als einer Drehscheibe des internationalen Kapitals ab.[22]

In den zwei oder drei Jahrzehnten vor dem Ersten Weltkrieg verzeichneten die finanziellen Aktiven des Bankensektors eine starke Zunahme (→ 2.2.1.2), wobei zu klären wäre, welchen Anteil daran das Auslandgeschäft hatte und welcher auf die Aktivitäten im Inland zurückzuführen ist. Damit verbunden ist die Frage, welche Rolle die Banken für das Wirtschaftswachstum in der Schweiz und insbesondere für die Entwicklung der am Ende des Jahrhunderts entstehenden neuen Leitsektoren mit ihrem grossem Kapitalbedarf spielten. Auch wenn man den gesamten Umfang nicht kennt, so wird doch deutlich, dass die Expansionseffekte, die durch die Kreditvergabe der Banken ausgelöst wurden, von entscheidender Bedeutung für den damaligen Modernisierungsprozess waren.[23]

Die Geschäftsbanken, die nach 1850 als institutionelle Antwort auf die Schwierigkeiten bei der Finanzierung der einheimischen Eisenbahninfrastrukturen entstanden waren, bauten ihre Beziehungen zur Grossindustrie und zum Handel beträchtlich aus und intensivierten sie, sei es durch direkte Engagements oder als Verbindungsglied zum Finanzmarkt. Dennoch hatten die Schweizer Elektrotechnikunternehmen und einzelne öffentliche Körperschaften – paradoxerweise gerade in der dynamischsten Phase der Geschichte dieser zu Universalbanken mutierten Finanzinstitute – grosse Mühe, die gigantischen Summen zusammenzubringen, die für den Bau von Elektrizitätswerken und Verteilernetzen nötig waren. Tatsächlich war hier auch in der Schweiz ein Markt mit extrem hohem Kapitalbedarf entstanden, da sich in den 1890er Jahren eine grossflächige Nutzung der nun ausgereiften elektrischen Technologien abzeichnete. Ungeachtet der Errichtung von Elektro-Holdings in Zürich, Basel und Genf erwies sich das Kapitalangebot meistens als relativ unelastisch.[24] Offensichtlich wandten

22 Berücksichtigt man die Gesamtheit der Kapitalanlagen und Investitionen im Ausland, war die Schweiz am Vorabend des Ersten Weltkriegs, pro Einwohner gerechnet, der weltgrösste Kapitalexporteur; das Gesamtvolumen wird für diese Zeit auf 7.5 Milliarden Franken geschätzt (5.6 Milliarden in Wertpapieren und 1.2 Milliarden in Direktinvestitionen). Die ausländischen Investitionen in der Schweiz werden demgegenüber auf 1.8 Milliarden geschätzt: Walter 1982, 446; Bairoch 1984, 481–482.

23 Hervorzuheben ist die wirtschaftliche Bedeutung der sogenannten kundennahen Banken (Kantonal- und Lokalbanken) sowie der Hypothekar- und Bodenkreditbanken, welche die technische Modernisierung der Landwirtschaft und den Hoch- und Tiefbau in einer Zeit beispiellosen Aufschwungs von Städtebau und Tourismus finanzierten.

24 Gugerli 1996 gibt mehrere Beispiele für das mangelnde Interesse der Schweizer Banken bzw. ihr Zögern gegenüber den Elektrifizierungsprojekten in der Schweiz (231–238, 244); siehe auch Paquier 2000a, 153–165.

sich die spezialisierten Finanzintermediäre – mit Ausnahme der Motor AG für elektrische Unternehmungen, einer von Brown Boveri & Cie. errichteten Finanzgesellschaft – vom schweizerischen Markt ab und trugen fortan über ihre Verbindungen mit wichtigen ausländischen Partnern mehr zur Entwicklung der Elektroindustrie in Deutschland, Frankreich, Italien, Spanien, Russland, den Vereinigten Staaten und Lateinamerika bei als zu der im Inland. Man muss allerdings auch bedenken, dass das Ende des 19. Jahrhunderts wachsende Engagement der öffentlichen Hand (siehe unten, III.ii.6) bei der Erstellung von Infrastrukturen im Energiebereich zur Folge hatte, dass dieser Markt für private, von ausländischen Konstrukteuren und Geldern dominierte Konzerne eng wurde. Die Finanzierung der erforderlichen Investitionen musste folglich von den öffentlichen Körperschaften, Gemeinden und/oder Kantonen übernommen werden. Diese Tendenz zu einem protektionistischen Interventionismus spiegelte sich auch in der öffentlichen Meinung wider, denn, dass die internationale Verflechtung von Finanzinteressen, Bankenverbindungen und Elektrounternehmen den grossen Industriekonzernen jenseits des Rheins mehr zugutekam als den Schweizer Produzenten, löste bald Abwehrreflexe im Namen der Verteidigung der nationalen Interessen aus.[25]

III.i.5. Die Erneuerung der industriellen und technischen Strukturen

Die Expansion der Industrie wurde weder durch das internationale Engagement der Schweizer Banken beeinträchtigt noch durch das Fehlen einer Zentralbank, die erst 1907 eingerichtet wurde – 1901 gab es noch 36 Notenbanken.

Mitten im Wirtschaftsboom der Belle Epoque verwandelte sich die Schweiz in eine der am stärksten industrialisierten Gesellschaften Europas. Sie lag bezüglich der industriellen Produktion pro Einwohner in den Jahren 1909–1911 an vierter Stelle hinter Belgien, Grossbritannien und Deutschland.[26] Dies war zum Teil eine Folge der Exportspezialisierung in Branchen mit hohem Arbeitskräfteeinsatz (Textil- und Uhrenindustrie). So wies der schweizerische Industriesektor Ende des 19. Jahrhunderts im europäischen Vergleich überdurchschnittlich viele Arbeitsplätze auf.[27] Gemessen am Bruttoinlandprodukt je Arbeitsstunde verzeichnete die Schweiz jedoch bereits 1913 die höchste Arbeitsproduktivität, vor Grossbritannien und den Niederlanden. (→ 1.1.4.1.2, Tabelle 1.1-17).

Kann man in Bezug auf die Industrialisierungsprozesse, auf Branchenstrukturen, Wachstum der industriellen Produktion und die damit verbundene Zunahme der Produktivität von einem typischen Schweizer Modell sprechen? Als Nation, deren Industrialisierung zeitlich zwischen dem Pionierland Grossbritannien und den später industrialisierten Ländern wie Deutschland und Schweden anzusiedeln ist, positioniert sich

25 Paquier 2000b, 14–15.
26 Bairoch 1998, 47, 54.
27 Bairoch 1991, 254–255. Vgl. auch Kaelble 1989, 75–76 und Kaelble 1998, 17–19.

die Schweiz um 1900 an der Schnittstelle zweier historischer Entwicklungsmodelle: zwischen dem britischen, nachhaltig durch seine anfängliche Spezialisierung geprägten Modell mit einer lang andauernden Vorherrschaft der Konsumgüterindustrien, und dem deutschen (oder kontinentaleuropäischen), das von vornherein auf einer Spezialisierung in Zukunftsbranchen beruhte und in dem die eisenverarbeitenden Basisindustrien dominierten. Nach Jean-Charles Asselain zeigt sich diese Position auch beim Vergleich der Produktivitätszuwächse: Zwischen 1890 und 1913 stieg in der Schweiz die Arbeitsstundenproduktivität (in der Gesamtwirtschaft und in realen Werten ausgedrückt) um 1.4% pro Jahr, gegenüber 1.1% in Grossbritannien, 2% in Deutschland und 2.5% in Schweden.[28] Diese Schätzungen sind mit Vorsicht zu interpretieren, und die Unterschiede müssen selbstverständlich im Zusammenhang mit den verschiedenen Industriestrukturen und mit der ungleichen Dynamik der verschiedenen Sektoren gesehen werden. 1913 lagen die grössten Stärken der Schweiz noch deutlich in den Branchen, die aus der ersten Industrialisierungsphase hervorgegangen waren, d.h. in den arbeitsintensiven Luxus- und Halbluxusgüterindustrien mit ihren Baumwoll- und Seidenstoffen, Stickereien und Uhren (→ 2.1.2.1.2, Tabelle 2.1-6). Diese exportorientierten Branchen mit Ausfuhranteilen zwischen 70% und 90% (→ Einleitung Teil 2, Tabelle 2-1) verzeichneten bis zum Beginn des Ersten Weltkriegs kräftige regionale Beschäftigungsschübe in der Ostschweiz und im Jura.[29] Dies vor allem deshalb, weil der internationale Handel zwischen den entwickelten Ländern insbesondere mit Fertigwaren expandierte und so das Wachstum nicht nur dieser Branchen anregte, sondern dank der dadurch ausgelösten Impulse auch jenes der Schweizer Wirtschaft insgesamt.

Die treibenden Kräfte verlagerten sich allmählich in Richtung neuer Industrien, Firmen und Produkte (Tabelle III-3). Zwar wies die Beschäftigungsstruktur in Industrie und Gewerbe noch um die Jahrhundertwende traditionelle Züge auf wie die verbreitete, obschon im Niedergang begriffene Heimarbeit. Doch die zukunftsgerichteten, kapital- und forschungsintensiveren Branchen wie der Maschinenbau und die Elektrotechnik, die Feinmechanik und die Chemie liessen deutlich sichtbar ihre Dynamik erkennen. Die Schwergewichte des abgelaufenen Jahrhunderts, die Textil- und die Uhrenindustrie, wiesen ihnen gegenüber eine niedrigere Produktivität auf, konnten aber ebenfalls zulegen (→ Einleitung Teil 2, Tabelle 2-4). Auch dank Institutionen, die mit der Wirtschaftstätigkeit in Verbindung standen, wie der Eidgenössischen Technischen Hochschule in Zürich, und einem wachsenden universitären Angebot (→ 1.3.4) entwickelte die Schweiz rasch ihre komparativen Vorteile in jenen Indus-

28 Für die drei letztgenannten Länder bezieht sich die Zuwachsrate auf die Jahre 1880–1913: Asselain 1998, 42.

29 Allein in dem Dreieck St. Gallen/Thurgau/Appenzell, dem Stammgebiet der Stickerei und der Feingewebe, hat sich die Zahl der Erwerbstätigen zwischen 1870 und 1910 fast verdoppelt, während sie in der gesamten Textilindustrie, die zu zwei Dritteln weibliche Arbeitskräfte beschäftigte, von rund 150000 (1870) auf 178000 (1910) anstieg (*Historischer Strukturatlas* 2001, 122, 128).

trien, die hohe technische Kompetenz verlangten.[30] Die neuen Spezialisierungen mit hoher Wertschöpfung und einem starkem Anteil an Forschung und Entwicklung (F & E) kündeten schon Ende des 19. Jahrhunderts die industrielle Struktur der Schweiz des 20. Jahrhunderts an.

Tabelle III-3: **Entwicklung der verschiedenen Industriebranchen zwischen 1888 und 1910**

	Anteil am BIP(BWS) zu Preisen von 1926/29		Beschäftigungsanteil	
	1890	1910	1888	1910
«Moderne» Branchen insgesamt	**5.9 %**	**12.0 %**	**5.0 %**	**8.8 %**
Maschinen, Fahrzeuge und Apparate	3.9 %	6.8 %	2.9 %	5.5 %
Metalle und Metwallwaren	1.3 %	2.4 %	1.6 %	2.3 %
Chemie	0.5 %	1.7 %	0.3 %	0.5 %
Wasser, Gas, Elektrizität	0.2 %	1.1 %	0.2 %	0.5 %
«Traditionelle» Branchen insgesamt	**10.3 %**	**10.3 %**	**16.2 %**	**13.0 %**
Textilien	7.8 %	7.0 %	12.7 %	9.9 %
Uhren, Schmuck	2.5 %	3.3 %	3.5 %	3.1 %

Quellen: Erwerbstätige: HSSO Tab. F.2a; BIP(BWS): HSSO Tab. Q.17b.

In der Realität verbanden sich traditionelle und moderne Züge auf differenzierte Art und Weise: Im Sog der Zukunftsindustrien vollzog etwa die Uhrenindustrie, eine Branche der frühen Industrialisierung, um die Jahrhundertwende eine Umwälzung, die durch amerikanische Produktionsmethoden (Standardisierung, Mechanisierung und Serienfabrikation für die unteren Segmente) angeregt wurde, und erneuerte so ihr technologisches Potential durch eine entschieden wissenschaftlichere Herstellungsweise.[31] Und dass die Textilbranche, ein stagnierender Sektor im Welthandel, zu diesem Zeitpunkt noch einen dominierenden Platz bezüglich der Beschäftigtenzahl in der Industrie einnahm und auch 1913 weiterhin den wichtigsten, wenngleich abnehmenden Anteil am Export hatte, zeigt, dass es gerade nicht die mangelnde Anpassung ihres Produktionsapparats an die Entwicklung der internationalen Nachfrage war, die zu einem relativen Niedergang dieser Industrie geführt hätte. Am Vorabend des Ersten Weltkriegs waren die komparativen Vorteile, die sich die Textilindustrie in einigen Nischen der Exportmärkte (Spezialitäten, feine Garne) in langen Jahren erworben hatte, noch fast vollständig intakt (→ 2.1.2.1.2, Tabelle 2.1-6). Und einige Industrielle bauten sie sogar mit Erfolg aus, indem sie neue Techniken anwandten wie die

30 Veyrassat 2010c.
31 Veyrassat 1997, 201f., 216–237.

mechanische Stickerei, chemische Verfahren oder die neu entwickelte Kunstseide und so ihre Produktionsmethoden modernisierten.

Obwohl die Umstrukturierung hin zu Branchen mit raschem Wachstum eher langsam vor sich ging,[32] expandierte die Industrie immer weiter: Ende des 19. Jahrhunderts zeigte sich eine steigende Tendenz sowohl zu Grossunternehmen (Tabelle III-4) als auch zu Firmen mit multinationalem Charakter. Auch wenn die Schweiz zu Beginn des 20. Jahrhunderts nur wenige «Riesenfirmen» (mehr als 1 000 Angestellte) zählte, so waren sie verglichen mit denen des Auslands doch von beachtlicher Grösse (Tabelle III-5).

Tabelle III-4: **Industriekonzentration in der Schweiz (1888–1905)**

	Industriebetriebe mit 500 und mehr Beschäftigten	Beschäftigte insgesamt	Beschäftigte pro Betrieb
1888	23	16683	725
1905	58	55517	957

Quelle: Gruner I, 1987, 95, 138–143.

Bemerkung: 1888 zählte die Schweiz 3 776 Industriebetriebe mit insgesamt 160526 Beschäftigten; 1905 waren es 7853 Betriebe bzw. 328841 Beschäftigte. Während der Anteil der Fabriken mit 500 und mehr Beschäftigen gemessen am schweizerischen Total nur von 0.6 % auf 0.9 % anstieg, nahm der Prozentsatz der dort beschäftigten Arbeiter von 10.4 % auf 16.9 % zu.

Tabelle III-5: **Industriebetriebe mit 1 000 oder mehr Beschäftigten zu Beginn des 20. Jahrhunderts, im internationalen Vergleich**

	Betriebe	Beschäftigte	Beschäftigte/Betrieb
Schweiz 1905	17	28350	1668
Belgien 1910	27	46913	1738
Deutschland 1907	350	718428	2053
Frankreich 1906	162	296625	1831
Italien 1911	98	156422	1596
Schweden 1913	22	30982	1408
USA 1909	302	623888	2066

Quelle: Hannah 2008, Table 2, 63; Schweiz: Gruner I, 1987, 143.

Die Betriebe mit der höchsten Konzentration von Arbeitskräften befanden sich sowohl in den aufstrebenden Sektoren der Maschinenindustrie und der Elektrotechnik als auch in den gefährdeten oder stabilen Branchen der Nahrungsmittel- und Uhrenindustrie, der Stickerei sowie der Seiden- und Schuhproduktion. Der Konzentrationsprozess ging

32 Erst 1941 wurden die wichtigsten regressiven Branchen (Textil-, Bekleidungsindustrie) wie auch die stabilen (Uhrmacherei) in Bezug auf die Beschäftigtenzahlen von den aufstrebenden Branchen (Metall- und Maschinenbau, Chemie) überholt: Bairoch 1984, 483.

mit einer Dezentralisierung aufgrund der Verlegung bestimmter Fertigungsschritte ins Ausland einher. Als die wichtigsten Handelspartner der Schweiz in den 1880er Jahren zu einer Schutzzollpolitik übergingen, nahmen die Direktinvestitionen im Ausland zu.[33] Eine Entwicklung, welche die Uhrenindustrie allerdings nicht erfasste.

Hervorzuheben sind schliesslich noch die unterschiedlichen Auswirkungen dieser Expansionsstrategien: Während einerseits die Konzentration des Industriekapitals zu ausländischen Direktinvestitionen führte – und dies mit Unterstützung der Schweizer Grossbanken –, so war andererseits die Arbeit ausländischer Herkunft ein signifikanter Input für die Inlandproduktion. Im ausgehenden 19. Jahrhundert beschäftigten Schweizer Unternehmen zunehmend Arbeitskräfte aus dem Ausland, deren Zahl von den 1880er Jahren an rasch wuchs (→ 1.1.2.2).[34] Zu diesem Zeitpunkt vollzog sich eine Umkehr der Migrationsströme, deren Saldo bis in die 1880er Jahre für die Schweiz negativ ausfiel, da das Land nicht in der Lage war, alle Einwohner ausreichend zu ernähren, und daher die Bedürftigsten zur Auswanderung drängte. Von nun an aber wurde in Zeiten der Expansion der Ruf nach ausländischen Arbeitskräften eine ökonomische Notwendigkeit und die Fremdarbeit zu einem Dauerthema in der politischen Debatte.

III.i.6. Internationale Integration und Wachstumsregime: Interpretationsansätze

Am Vorabend des Ersten Weltkriegs war die Schweiz bezüglich des Bruttoinlandprodukts pro Kopf eine der leistungsfähigsten Volkswirtschaften Westeuropas.[35] Obwohl die Industrie Mühe hatte, sich von den alten Branchen und Spezialisierungen zu lösen, wuchs die Wirtschaft zwischen 1870 und 1913 kräftiger und schneller als in den meisten andern westlichen Ländern (Tabelle III-6).

Tabelle III-6: **Vergleich der jährlichen Wachstumsraten des BIP je Einwohner (in 1990 Int.GK $) (1870–1913)**

	CH	BE	DE	DK	FI	FR	GB	IT	NL	NO	SE	US
1870–1913	**2.1%**	1.1%	1.6%	1.6%	1.4%	1.5%	1.0%	1.3%	0.9%	1.3%	2.0%	1.8%
1870–1890	**2.6%**	1.2%	1.4%	1.2%	1.0%	1.2%	1.1%	0.5%	0.9%	1.1%	1.3%	1.7%
1890–1913	**1.7%**	0.9%	1.8%	1.9%	1.9%	1.7%	0.9%	1.9%	0.9%	1.5%	2.6%	2.0%

Quelle: GGDC, Madison Historical Statistics; Schweden: Krantz 1995; Schweiz, neue Schätzung 2010, → Anhang A.1.1.7.

33 Schröter 1993.

34 Zwischen 1900 und 1910 nahm die Zahl an ausländischen Arbeitskräften um 40% zu, die Zahl an Schweizer Arbeitern demgegenüber um 10%. Am Vorabend des Ersten Weltkriegs stellten die ansässigen Ausländer in der Schweiz 14.7% der Wohnbevölkerung (17.3% inklusive Saisonniers), während ihre Zahl in Frankreich und Deutschland 3% betrug; in Belgien 3.1%; in den Niederlanden 1.2% (Head-König 2008, 210; *Historischer Strukturatlas* 2001, 26; Bairoch 1984, 471).

35 Man hat daraus gefolgert, dass der Lebensstandard ebenfalls der höchste gewesen sei. Zum Lebensstandard im internationalen Vergleich: siehe weiter unten und Kap. 1.1.1.

Es wurde bereits dargelegt, dass und wie die Impulse von aussen auf die inneren Triebkräfte der Schweizer Wirtschaft gewirkt und wie sich diese wiederum verstärkend auf die Teilnahme am internationalen Austausch ausgewirkt haben. Bleibt die Frage, ob und in welchem Mass die Öffnung als Wachstumsverstärker wirkte, und dies vor allem vor dem Hintergrund einer erheblichen Veränderung der Zollregimes in Europa. Das schweizerische Wachstum vollzog sich in einer Periode wirtschaftlicher und politischer Turbulenzen, in der sich gegensätzliche Entwicklungen manifestierten: So liess sich seinerzeit ein beispielloser Aufschwung des weltweiten Handels beobachten, dessen Volumen sich im Vergleich der Jahre zwischen 1876 und 1880 mit jenen zwischen 1911 und 1913 verdreifachte. Ab den 1880er Jahren verschlechterte sich die internationale Konjunktur, was zu einem Wiederaufkommen des Protektionismus in Europa beitrug. In der Schweiz bekämpften sich eine freihändlerische Wirtschaftselite, die den liberalen Status quo verfocht, die Anhänger einer Kampfzollpolitik, die gegenüber dem Ausland Exportzugeständnisse zu erreichen suchten, und schutzzöllnerische Koalitionen, die immer engagierter für den Schutz des nationalen Markts eintraten. Die verstärkte ausländische Konkurrenz führte schliesslich zu einer Anpassung der Zollpolitik. Auf die traditionellen Prinzipien des Freihandels folgte ab Mitte der 1880er Jahre ein «selektiver und gemässigter Protektionismus»[36] und um die Jahrhundertwende dann eine deutlich aggressivere Zollpolitik (→ 5.1.3). Doch wie wirkten sich diese Veränderungen auf die verschiedenen Wirtschaftsbereiche aus? Kann man sich dem Argument von Paul Bairoch anschliessen, der einen direkten Zusammenhang sieht zwischen protektionistischen Strategien und wiederanziehendem Wirtschaftswachstum?

Der Wachstumsprozess in einer offenen Volkswirtschaft ist von vielfältigen Bedingungen abhängig. Im Fall der Schweiz war er die Folge von sich in raschem Rhythmus erneuernden Konstellationen, die nur zum Teil das Ergebnis der Integration in die internationale Wirtschaft waren. Das heisst, dass die Zusammenhänge in Wirklichkeit sehr komplex sind. Wir beschränken uns auf die folgenden Erklärungen.

Agrarfreihandel und Umverteilung der Arbeitskräfte: ein struktureller Big Bang

Die durch den Import grosser Mengen von billigem Getreide aus Übersee verursachte Krise der Landwirtschaft – der Agrarsektor blieb bis in die 1880er Jahre ohne Zollschutz[37] – bewirkte eine spektakuläre Verlagerung der Arbeitskräfte in andere Wirtschaftstätigkeiten (siehe oben, Tabelle III-1). Der Rückgang der Landwirtschaft führte einerseits zu einem kräftigen Emigrationsschub zwischen 1880 und 1884,[38]

36 Humair 2004, 46.

37 Der Freihandelstarif von 1849 und 1851, der bis 1884 in Kraft blieb, besteuerte die Nahrungsmittel nur wenig. Die ersten Zölle zum Schutz der Landwirtschaft wurden 1887 in einem neuen Tarif erlassen: Humair 2004, 537.

38 Zwischen 1881 und 1890 verlor der Sektor insgesamt 90 000 Personen gegenüber 35 000 in den zwei vorausgehenden Jahrzehnten.

andererseits zur Abwanderung vor allem in die Industrie und in geringerem Ausmass in den Dienstleistungsbereich. Diese Dynamik setzte eine positive Spirale in Gang, die durch den Zustrom ausländischer Arbeiter noch verstärkt wurde.

In diesem Fall beschleunigte also der bis 1887 fehlende Zollschutz den Strukturwandel. Man muss jedoch hinzufügen, dass für diesen Umstrukturierungsprozess nicht alleine die Abwanderung der ländlichen Bevölkerung verantwortlich war. Die demographische Veränderung war eine zusätzliche Komponente im Umstrukturierungs- und Wachstumsprozess, in dem Industrie und Dienstleistungen ihre Arbeitnehmer in den heranwachsenden Generationen rekrutierten, deren Beruf oft nicht mehr der ihrer Eltern war. Denn die Bedingungen, die dem ökonomischen Wandel zugrunde lagen, wurden durch die Bildung von Humankapital, durch die Modernisierung der technisch-organisatorischen Produktionsmittel wie auch durch die wachsende Differenzierung der produktiven Aktivitäten neu modelliert. Dieser strukturelle, durch die steigende Arbeitsproduktivität geförderte Umbau führte zu einem Wirtschaftswachstum, das ebenso sehr auf internen Veränderungsfaktoren als auf Impulsen von aussen beruhte.

Die aggregierten Daten zum Wirtschaftswachstum sind nicht geeignet, uns über die dynamisierenden (oder hemmenden) Potentiale der verschiedenen Branchen Aufschluss zu geben. Da ein Grundzug der kleinen offenen Volkswirtschaften just der unterschiedliche Grad an Offenheit der verschiedenen Branchen ist, muss die Analyse des Wachstumsprozesses die duale Struktur der Schweizer Wirtschaft berücksichtigen (→ Einleitung Teil 2), also die Koexistenz – und Asymmetrie – eines «internationalen», durch seine Importe und Exporte stark aussenorientierten und nicht durch Zölle oder andere administrative Massnahmen geschützten Sektors, und eines «heimischen», hauptsächlich auf den Inlandmarkt ausgerichteten und aufgrund seiner Nähe zum Konsumenten relativ wenig exponierten Binnensektors. Zur Exportwirtschaft gehörten die Textil-, Uhren- und Maschinenindustrie sowie die Chemieindustrie, die vor allem künstliche Farbstoffe herstellte, und gewisse Dienstleistungen. Zum Binnensektor zählten die Landwirtschaft, die Nahrungsmittel- und Bekleidungsindustrie, Möbel, Papier, Karton, bestimmte Investitionsgüter, die Bauwirtschaft sowie der Infrastrukturbereich. Dieser Sektor liess sich mittels Marktregulierungen, Kartellabsprachen, Schutzzöllen oder staatlichen Monopolen weitgehend vor der ausländischen Konkurrenz abschirmen (→ 2.3.1.1).[39]

War – wie von vielen behauptet wurde – der auf den Weltmarkt ausgerichtete Sektor eher in der Lage, der Gesamtwirtschaft Impulse zu geben, oder der für die lokalen und regionalen Märkte produzierende Sektor, zu dem auch Teile der Industrie,

39 Kartelle, Trusts und Syndikate nahmen in der Schweiz von den 1880er Jahren an zu, insbesondere in der Baumaterialbranche (Zement- und Holzindustrie usw.), in bestimmten Zweigen der Nahrungsmittel- und der Textilindustrie sowie im Eisenbahn- und im Bankenbereich. Zur Institutionalisierung einer kartellierten Wirtschaft vor 1914 und denVoraussetzungen ihres Aufschwungs zwischen den beiden Kriegen vgl. Gruner 1987, I, 96f. Bezüglich der Regiebetriebe (Energie-, Verkehr- und Fernmeldewesen,) vgl. unten, III.ii.6.

das Baugewerbe, die Wasser-, Gas- und Elektrizitätversorgung sowie verschiedene Dienstleistungen zählten? Was die Beschäftigung und Wertschöpfung betrifft, lässt sich schnell feststellen, dass die auf den Binnenmarkt ausgerichteten Branchen viel gewichtiger waren. Wenn man jedoch die Bedeutung von Konsum, Exporten, Importen und Investitionen für den Wachstumsprozess in Rechnung stellt, wird die Analyse komplizierter, sofern diese Fragen für das ausgehende 19. Jahrhundert überhaupt zu beantworten sind.

Die Asymmetrie zwischen aussen- und binnenorientiertem Sektor

Der relative Beitrag der binnen- bzw. exportorientierten Branchen zum Wachstum in kleinen offenen Volkswirtschaften ist von Wirtschaftswissenschaftlern und Historikern wiederholt untersucht worden. Schon im Verlauf der 1930er Jahre stellten belgische Volkswirtschaftler (Ecole de Louvain) Überlegungen an, um zwischen geschützten und nichtgeschützten Industrien zu unterscheiden und deren ungleiche Reaktionen auf exogene Einflüsse zu bestimmen. Sie setzten die ersten Wegmarken für die empirische wie theoretische Erarbeitung der sogenannten *modèles sectoriels*, die dann in der Nachkriegszeit von skandinavischen Wissenschaftlern für ihre Erforschung der Gleichgewichtsmechanismen weiterentwickelt wurden, wobei nicht mehr eine internationale Krise, sondern der Wachstumspfad interessierte.[40]

In der Schweizer Forschung war die sektorale Unterteilung der Industrie schon einige Zeit vor den ersten Studien über das Wirtschaftswachstum Thema. In einer minutiösen Untersuchung von 1931, die auf Fabrikstatistiken beruht und Exportindustrie und Inlandindustrie (Branchen, die mindestens 75 % ihrer Produktion auf dem Binnenmarkt absetzen) miteinander vergleicht, hebt Hans Gürtler den fulminanten Aufschwung der exportorientierten Branchengruppe um die Jahrhundertwende hervor und untermauert gleichzeitig das wirtschaftliche Gewicht der Binnenindustrie (Tabelle III-7).[41]

Tabelle III-7: **Sektorale Verteilung der Fabrikarbeiter und der erforderlichen PS (1895–1911)**

	Arbeiter je Fabrik 1911	Beschäftigung Zunahme 1895–1911	Antriebskraft PS je Fabrik 1911	Antriebskraft Zunahme 1895–1911
Gesamte Fabrikindustrie	42	64 %	38	178 %
Exportindustrie	61	52 %	45	297 %
Inlandindustrie	31	81 %	33	123 %

Quelle: Gürtler 1931, 74. «Fabrik» wie ab 1891 definiert: mehr als 10 Beschäftigte in Betrieben ohne Einsatz von Motoren bzw. mehr als 6 in Betrieben mit Motoren.

40 Vgl. Cassiers 1989, 32–34 und ihr Exposé über die historischen Anfänge der «sektoralen Modelle».
41 Gürtler 1931.

Die Konzentration von Beschäftigten, Technik und Finanzen vollzog sich vor allem in den Exportbranchen, die auch den höchsten Produktivitätszuwachs verzeichneten. Gemäss Thomas David waren die exportorientierten Industriezweige gemessen am Wachstum der realen Wertschöpfung und der Produktivität zwischen 1890 und 1910 erfolgreicher als die Binnenindustrie und die Industrie im Allgemeinen.[42] Trotzdem rührte in der Expansionsphase der Jahre 1890 bis 1913 der Beitrag zum Wirtschaftswachstum in der Schweiz zu etwa zwei Dritteln[43] von der Binnenwirtschaft (Industrie und Dienstleistungen) und nur zu ungefähr einem Drittel vom Exportsektor her, allerdings machte Letzterer auch lediglich 21–25 % des BIP aus (→ 1.1.2.4, Tabelle 1.1-9).

Welches waren letztlich die relevanten Faktoren, die das Wachstum des Bruttoinlandprodukts antrieben – etwa der Aussenbeitrag, also hauptsächlich die ausländische Nachfrage? Seit dem letzten Drittel des 19. Jahrhunderts wurde die Vorstellung propagiert, dass die Prosperität der Schweiz vor allem auf der Exportwirtschaft beruhte.[44] Demgegenüber zeigt Michael Bernegger in seiner Studie über die Konjunkturzyklen und das Wirtschaftswachstum in der Schweiz von 1850 bis 1913, dass die Abhängigkeit des Landes von den Aussenmärkten zwar gross war, der Wachstumsprozess jedoch nicht von der weltweiten Nachfrage gesteuert wurde. Das Wachstum sei zwar *exportorientiert, aber nicht exportgeleitet* gewesen – zumindest nicht vor 1895, als die sinkenden Exportpreise infolge der Produktivitätsgewinne den Aussenhandel ankurbelten. Der Motor des Wirtschaftswachstums wäre demnach eher auf der Investitionsseite zu suchen (innovative Rationalisierungen, Konzentrationen usw.) und zwar sowohl was die Aktivitäten für den Binnenmarkt betrifft als auch bezüglich der Produktion für das Ausland.[45] Die jüngsten Forschungen zeigen tatsächlich, dass neben der Zunahme der Beschäftigung auch das starke Wachstum des Faktors Kapital und mehr noch der technische Fortschritt (Residualfaktor) im Jahrzehnt vor und nach der Jahrhundertwende zur Gesamtdynamik beitrugen (→ 1.1.2.3, Tabelle 1.1-6). Dieser Befund stützt die eingangs dieses Kapitels aufgestellte These, dass die Entwicklung auf Veränderungen grossen Ausmasses aufseiten der Produktionsfaktoren (neue Technologien, bedeutende Kapitalanlagen, neue Organisationstypen der Produktion) beruht, aber auch auf unternehmerischen Strategien zur Beeinflussung der Kundenbedürfnisse, also der Nachfrage *(nachfrageorientiert, aber angebotsgeleitet)*.

Zwei Dinge sind hier festzuhalten: Erstens ist die Internationalisierung der wirtschaftlichen Aktivitäten für kleine Länder mit hoher Exportrate wie der Schweiz unzweifelhaft ein Entwicklungsmotor. Und ganz offensichtlich hat die Verschärfung des europäischen Protektionismus um die Jahrhundertwende, die im Übrigen viel stärker die Landwirtschaft als die Industrie betraf, den Investitionsrhythmus in den export-

42 David 2009, 265, 286–287.
43 72 % zwischen 1890 und 1900, 61 % zwischen 1900 und 1913.
44 Veyrassat 2010b, 107–108; Müller 2010, 121–123.
45 Bernegger 1983, 130–135, 143–144, 162–164 und Bernegger 1990, 460–462.

orientierten Branchen nicht gebremst. Für Letztere schuf die Zollpolitik der Eidgenossenschaft, wie noch zu zeigen ist, die Bedingungen für einen relativ günstigen Zugang zu den europäischen Märkten. Zweitens wäre es falsch, die Vitalität der binnenorientierten Industriezweige und ihre Widerstandsfähigkeit gegenüber der Importkonkurrenz zu unterschätzen.[46] Dies ist jedoch nicht nur mit der Expansion des Binnenmarkts – die Bevölkerung wuchs zwischen 1988 und 1910 um ein Drittel – zu erklären, sondern auch mit den staatlichen Schutzmassnahmen.

Wie die nationale Politik auf die Entwicklung des internationalen Umfelds antwortete und welchen Einfluss die zwangsläufig unterschiedlichen wirtschaftlichen Interessen auf die Handelspolitik ausübten, wird im Folgenden untersucht. Es geht zudem um die Frage, wie sich dann wiederum die Handelspolitik auf die internationale Wettbewerbsfähigkeit der Schweiz sowie auf die Lebenshaltungskosten ihrer Einwohner auswirkte.

Zollpolitik und Wettbewerbsfähigkeit

Die destabilisierende Wirkung der langen Depression der 1870er und 1880er Jahre, die Abkehr Kontinentaleuropas vom Freihandel und die Hinwendung zum Protektionismus führten dazu, dass sich die Bedingungen für den internationalen Austausch verschlechterten. In der Schweiz zeichnete sich im Verlauf der Debatten und Auseinandersetzungen immer deutlicher eine neue zollpolitische Ausrichtung ab.[47] Die bis zu Beginn der 1880er Jahre von fiskalischen Motiven und vom Freihandel geprägte Zollpolitik griff bei der Erneuerung der Handelsverträge zunehmend zu robusteren Praktiken und setzte auf sogenannte Kampfzölle. Im Falle des «Zollkriegs» mit Frankreich von 1893 bis 1895 ergriff die Eidgenossenschaft sogar Retorsionsmassnahmen. Die Erhöhung des Generaltarifs 1887 (erster protektionistischer Schub vor allem zugunsten der Landwirtschaft) und dann in den Jahren 1891 und 1902 legte das Fundament für eine schlagkräftigere Verhandlungsstrategie im Umgang mit den wichtigsten Handelspartnern der Schweiz. Um 1900 exportierte die Schweiz rund 55 % ihrer Ausfuhren nach Deutschland, Frankreich und Italien, die eine protektionistische Politik verfolgten.[48] Die exportorientierten Schweizer Unternehmer unterstützten die neue Strategie tatkräftig und setzten sich damit für eine Handelspolitik ein, die in erster Linie den Zugang zu den ausländischen Märkten garantieren und die Handelsbedingungen stabilisieren wollte. Gleichzeitig sollte jenen Branchen ein selektiver Schutz gewährt werden, die am sensibelsten auf die Importkonkurrenz reagierten.

46 Gürtler 1931, 49, 61–73; Humair 2004, 31.
47 Humair 2004, 41–48, 473–616.
48 Humair 2004, 697.

Obwohl die Zölle zwischen 1880 und 1913 von einer Verhandlungsrunde zur nächsten beträchtlich anstiegen, figurierte die Schweiz zwischen 1909 und 1913 unter den Staaten, die mit 4.4% durchschnittlich die niedrigste Zollbelastung im Verhältnis zum Wert der Einfuhren aufwiesen.[49] Das bedeutet allerdings nicht, dass die Eidgenossenschaft bis zum Ersten Weltkrieg eine entschieden freihändlerische Politik verfolgt hätte. Tatsächlich zeigt eine Analyse der Zollbelastung verschiedener Güter, dass die binnenorientierten Produktionszweige zunehmend geschützt wurden: Von 1887 an waren die Textil- (Baumwolle) und Maschinenindustrie, die Metallverarbeitung und die Chemie die wichtigsten Nutzniesser dieser Entwicklung, ebenso die Viehzucht und die Weinproduktion.[50] Dies widerspiegelt das Erstarken einer politischen Gruppierung auf der rechten Seite, die protektionistisch ausgerichtet war und den Einfluss der liberalen Kreise zurückdrängte. Um die Jahrhundertwende festigte sich die Allianz zwischen Grossindustriellen, Gewerbekreisen und Landwirtschaft mit der Bildung eines «Bauern- und Bürgerblocks».[51] Diese neue Allianz verteidigte ihre gemeinsamen Interessen gegen die freihändlerischen Forderungen lohnabhängiger Konsumenten und gegen die «feindlichen» Kräfte des aufstrebenden Sozialismus, die sich mit einer am Ende des 19. Jahrhunderts zunehmenden Streikbewegung bemerkbar machten. Der Einfluss dieses Blocks war bei der Erneuerung der Handelsverträge zu Beginn des 20. Jahrhunderts und bei der Verstärkung des Binnenmarktschutzes beträchtlich.[52]

Im internationalen Vergleich lässt sich das Modell der schweizerischen Handelspolitik vor 1914 zwischen Freihandel und Protektionsimus einordnen. Was den Import von Fertigwaren betrifft, so teilte die Schweiz ihre relativ liberale Politik mit Grossbritannien, den Niederlanden und Belgien. Bei den Landwirtschaftsprodukten hingegen stand sie den am stärksten abgeschotteten Ländern Frankreich, Norwegen, Italien, Spanien und Portugal nahe. Gemessen am Zollschutzniveau von 18 europäischen Ländern lag die Schweiz 1913 ähnlich wie Deutschland im Mittelfeld.[53]

Welchen Nutzen konnte die Schweizer Wirtschaft aus der von der Handelspolitik eingeschlagenen Richtung ziehen? Aussagekräftiger als eine einfache, quasimechanische Korrelation zwischen Zollschutz und Entwicklung zu unterstellen, sei sie nun positiv oder negativ,[54] ist es, die subtile Tarifarchitektur der in den drei Jahrzehnten

49 Humair 2004, 23, 44.

50 Zwischen 1887 und 1907 stieg beispielsweise der Steuersatz für Garne und Baumwollstoffe von 2–3% auf 7–12%, jener für Farbstoffe von 2–3% auf 12% und diejenigen für Kälber von 2.5% auf 13%, für Spanferkel von 3% auf 37% und für Fassweine von 10% auf 33%: Humair 2004, 44–48, 363–384, 745–748. Für Getreide und Rohstoffe blieben die Ansätze niedrig (1.4–1.6% auf Weizen, keine für Baumwolle).

51 Die bürgerlich-bäuerliche Allianz, die in den drei ab 1870 entstandenen Dachverbänden verwurzelt war (Schweizerischer Handels- und Industrieverein 1870, Schweizerischer Gewerbeverband 1879, Schweizerischer Bauernverband 1879), prägte das politische Leben der Schweiz bis zum Ausbruch des Zweiten Weltkriegs.

52 Humair 2004, 656–718.

53 Gemäss den Zusammenstellungen von O'Rourke/Williamson 1999, 97–99.

54 Zu dieser schon seit langem diskutierten Frage vgl. David 2009.

vor 1914 abgeschlossenen Verträge zu betrachten: ein Gebäude mit variabler Geometrie, welche die jeweils ausgehandelten Konzessionen entsprechend der spezifischen Forderungen der Wirtschaftsakteure und der Vertragsstaaten widerspiegelt. Ein Punkt sticht besonders hervor, dass es nämlich der Schweiz gelang, gerade gegenüber der dynamischsten Wirtschaft in Europa besonders vorteilhafte Bedingungen auszuhandeln: Mit Deutschland konnte sie die ersten positiven Ergebnisse ihrer Kampfpolitik erzielen. Die mit dem Kaiserreich 1891 und 1904 abgeschlossenen Verträge förderten dank einer substantiellen Verbesserung der Zollreziprozität und der Erleichterung des bilateralen Veredelungsverkehrs die Komplementarität der beiden Volkswirtschaften.[55] Sie waren für die hochtechnisierten Industrien (Maschinen- und Metallindustrie, elektrische Anlagen, Chemie) von grossem Nutzen und trugen so zur Umstrukturierung in Richtung der sogenannten motorischen Branchen und ihren impulsgebenden Wirtschaftsaktivitäten bei. Mit dem grossen Nachbarn im Norden, der entgegenkommender war als Frankreich, wuchs auch der Handel am raschesten:[56] Deutschland wurde zum wichtigsten Handelspartner der Schweiz, zum vorrangigen Anbieter- und Abnehmerland von zahlreichen Produkten.[57]

Die Handelspolitik, welche die Schweiz im Verlauf der Kampagnen zur Erneuerung der Handelsverträge am Ende des 19. und zu Beginn des 20. Jahrhunderts umsetzte,[58] führte zu folgenden Ergebnissen. Erstens: Die Kampfpolitik diente den Interessen der Exportindustrie und ermutigte sie zu Investitionen. Nachdem sich ihre Wettbewerbsfähigkeit auf den zum Protektionismus übergegangenen Nachbarmärkten verschlechtert hatte, gelang es der chemischen Industrie nun, ihr Aussendefizit zu verringern, und die Maschinenindustrie verzeichnete zwischen 1892 und 1913 sogar stark steigende Exportüberschüsse.[59]

Zweitens: Dank ihres Zuwachses an politischem Einfluss profitierten die binnenmarktorientierten Industrien und Landwirtschaftszweige von zunächst zwar massvollen, mit der Zeit jedoch verschärften Schutzzöllen. Das eröffnete den Klein- und Mittelbetrieben neue Perspektiven und stimulierte die Investitionen der hochkapitalisierten Unternehmen.

Und drittens schliesslich gab der Übergang vom Laisser-faire-Prinzip zu einer interventionistischen Zollpolitik dem Bundesrat ein neues Instrument zur Wirtschaftsregulierung in die Hand, das zwar nicht sehr flexibel war, aber doch zur Unterstüt-

55 Humair 2004, 39, 580–616.

56 So erreichten die Ausfuhren nach Deutschland zwischen 1892 und 1913 beinahe eine wertmässige Verdoppelung und die Einfuhren aus diesem Land eine Verdreifachung (HSSO Tab. L.17). Um 1900 machte der Handel mit dem Kaiserreich 28.3% des schweizerischen Aussenhandels aus (Humair 2004, 697). Zwischen 1870 und 1914 war Deutschland auch das vorrangige Zielland der Direktinvestitionen, die Schweizer Multis im Ausland tätigten (Schröter 1993, 76). Zur geographischen Verteilung der Exporte und Importe sowie der Direktinvestitionen (→ 2.1.1.3).

57 HSSO Tab. L.28a bis L.31b.

58 Verträge über neue Zolltarife wurden neben Deutschland mit Österreich-Ungarn, Italien und Frankreich unterzeichnet.

59 HSSO Tab. L.10b4 und L.11b3.

zung der industriellen Entwicklung des Landes und zur Rentabilitätssicherung in der Landwirtschaft beitrug, insbesondere in deren tragenden Zweigen der Fleisch- und Milchproduktion.[60]

Zollpolitik, Konsumbelastung und Lebenshaltungskosten

Wie steht es jedoch mit den Lebenshaltungskosten; haben sich diese infolge der erhöhten Zollbelastung auf den Grundnahrungsmitteln verteuert? Dem ersten Anschein nach wirkt die These plausibel. In Deutschland betrug der unter dem Einfluss einer mächtigen Agrarpartei durchgesetzte Schutzzoll auf Weizen im Jahr 1913 36 %: Er war Ausdruck einer Politik, die den Konsumenten massive Transferleistungen zugunsten der Getreidebauern auferlegte, die so in der Lage waren, ihre Produktion zu höheren als den Weltmarktpreisen abzusetzen.[61] Die Schweiz, deren Zollpolitik gegenüber Getreideimporten offen geblieben war und den Weizen nur mit 2 % belastete – der Getreideanbau war infolge des Vormarschs der lohnenderen Viehzucht stark zurückgegangen (siehe oben, Tabelle III-2) –, hatte 1902, unter dem Druck des Schweizerischen Bauernverbands und seiner Verbündeten in der Industrie, beschlossen, die Zölle auf bestimmten tierischen Produkten anzuheben, um insbesondere das Angebot an günstigem Fleisch aus dem Ausland einzuschränken. Nach heftigen Debatten wurde der neue Generaltarif 1902 angenommen, im folgenden Jahr vom Volk akzeptiert und 1906 implementiert. Allerdings vereinte dieser Tarif eine Menge Gegner – freihändlerische Kreise, darunter Arbeitnehmervertreter, Ligen gegen das teure Leben, Konsumentenverbände, Schweizerischer Städteverband usw. –, die alle eine Verteuerung der Lebenshaltungskosten und eine Verschlechterung der Kaufkraft befürchteten. Der Widerstand führte sogar zu einem regelrechten «Fleischkrieg», der ausbrach, nachdem der Bundesrat 1911 beschlossen hatte, die Zölle auf den Importen von gefrorenem und anderem Fleisch zu senken. Diese Massnahme war als politische Geste zugunsten der Konsumenten gedacht, sie wurde jedoch von den Vertretern der Landwirtschaft so stark bekämpft, dass sie 1913 wieder aufgehoben wurde.[62]

Haben die von der Bauernschaft errungenen Konzessionen tatsächlich dazu beigetragen, die Kaufkraft der Einkommensschwächsten, insbesondere der städtischen Lohnabhängigen und Gegner des Tarifs von 1902, auszuhöhlen, wie es nicht nur die heftigen Polemiken, die damals über die Ursachen der Preissteigerungen ausgetragen wurden, vermuten liessen? Eine 2008 erschienene Studie über Lebenshaltungskosten und Lebensstandards in Europa bringt die Verteuerung des Schweizer Waren-

60 Um ein vollständiges Bild der Massnahmen zur Verteidigung der nationalen Wirtschaftsinteressen zu erhalten, ist auch die eidgenössische Politik in Sachen Tarifgestaltung beim Eisenbahntransport zu berücksichtigen: Duc 2010, Kapitel 6.

61 O'Rourke/Williamson 1999, 97–101; Boch 2004, 38–41. Auf den andern Landwirtschaftsprodukten war die Belastung geringer.

62 Humair 2004, Kapitel 6.

korbs, die zwischen 1885 und 1913 stärker war als in irgendeinem anderen europäischen Land, in Zusammenhang mit dem seit den 1880er Jahren erhöhten Zollschutz auf inländische Agrarprodukte.[63] Und der Konsumentenpreisindex zeigt tatsächlich eine hohe jährliche Inflationsrate, jedoch nur für die Zeit zwischen 1904 und 1907.[64] Dennoch wäre es falsch, die Verantwortung dafür allein der Zollpolitik des Bundes zuzuschreiben. Denn die meisten der in dem zugrunde gelegten Warenkorb enthaltenen Produkte waren nicht von Schutzzöllen betroffen (Mehl, Eier, Butter), auf manchen gab es sogar Tarifsenkungen (Fette, Seife, Kerzen, Petroleum), und nur der Import von Fleisch und bestimmten Getränken (Wein, Most) erfuhr zu Beginn des 20. Jahrhunderts eine Zollerhöhung.[65] Auch wenn im Fall einiger Waren ein Zusammenhang der Preissteigerungen mit den Schutzzöllen nicht auszuschliessen ist, bleibt doch festzuhalten, dass die zwischen 1885 und 1913 beobachtete Preissteigerung (siehe Grafik III-1, Konsumentenpreisindex) zahlreiche Güter betraf, deren Verteuerung von andern Faktoren wie Kartellen, der starken Nachfrage in der milchverarbeitenden In-

Grafik III-1: **Entwicklung der Nominal- und Reallöhne in Preisen von 1913 (1830–1915)**

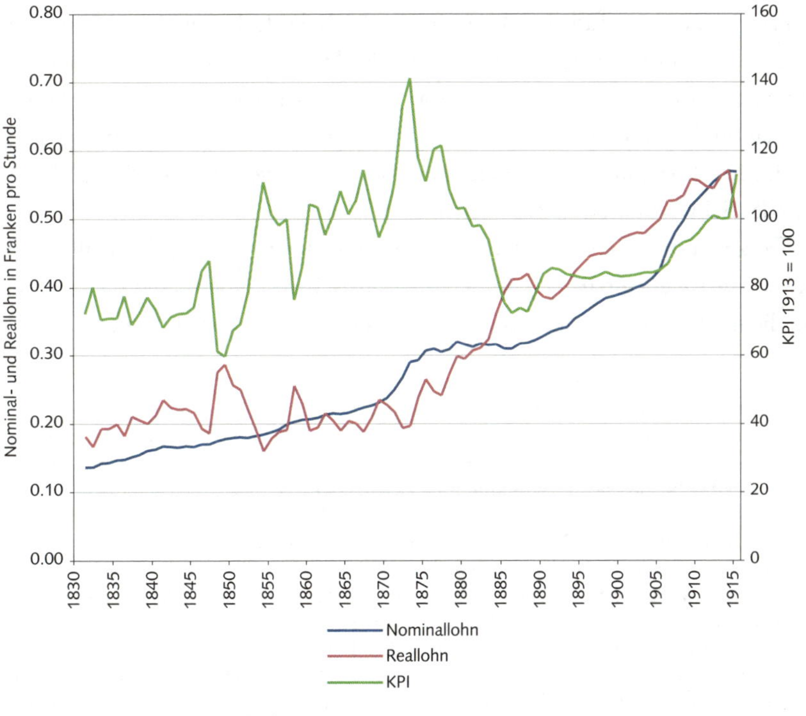

Quelle: Löhne: HSSO Tab. G.1; Preise: HSSO Tab. H. 39.

63 Studer 2008.
64 HSSO Tab. H.39.
65 Humair 2004, Anhang 6.

dustrie oder ähnlichem verursacht wurde.[66] Die damaligen Auseinandersetzungen hatten also weniger mit der Teuerung selbst zu tun als mit einer Instrumentalisierung der Tarifpolitik durch die Linke, um den Bürgerblock und die «kapitalistische Wirtschaftsordnung» in einer Atmosphäre des Klassenkampfs zu diskreditieren.[67] Wie Erich Gruner hervorhebt, müssen diese Auseinandersetzungen auch im Lichte der Reallohnentwicklung gesehen werden: Die Preissteigerung wurde mehr als kompensiert durch die Lohnerhöhungen, die den Arbeitnehmern nach den zahlreichen Streiks um die Jahrhundertwende und vor allem in den Jahren von 1905 bis 1907 zugestanden wurden (→ 4.2.2.4, Grafik 4.2-1). Zwischen 1890 und 1914 stieg die Kaufkraft um ein Drittel.

Der Lebensstandard der Arbeiter im internationalen Vergleich

Im Zusammenhang mit der Entwicklung der Reallöhne und des Lebensstandards in der Schweiz ist noch ein Forschungsergebnis zu erwähnen, das neue Fragen aufwirft und zusätzlicher wissenschaftlicher Untersuchungen bedarf: Zwar weisen die Schätzungen für die Schweiz zwischen 1870 und 1913 europaweit das höchste BIP pro Kopf aus (siehe oben, Tabelle III-6), ein Vergleich der Lohnentwicklung in mehreren Grossstädten Europas zeigt hingegen, dass das Niveau der Reallöhne in der Schweiz trotz ihres Anstiegs 1910 relativ niedrig war, wie es Roman Studer in der schon erwähnten Studie zu belegen versucht.[68] Jedoch dürfte bei dieser Berechnung die Teuerung im 19. Jahrhundert überschätzt und somit das Niveau der Reallöhne der Arbeiter in der Schweiz unterschätzt worden sein.[69]

Trotzdem stellt sich die Frage, ob es Hinweise dafür gibt, dass die Reallöhne in der Schweiz niedriger waren als in anderen europäischen Ländern, und daran anschliessend die nach der Lohnpolitik der Arbeitgeber. Sicher ist davon auszugehen, dass die

66 Die Preissteigerung betraf auch die Heizungs- und Beleuchtungskosten sowie die Mietpreise in bestimmeten Regionen. Zu berücksichtigen wären ferner die monetären Schwierigkeiten der Schweiz und die Schwäche des Frankens vor der Schaffung einer Zentralbank (vgl. Ruoss 1992, 13).

67 Zur Kraftprobe zwischen Bauernführern und Gewerkschafts-, Sozialisten- und Arbeiterkreisen im Streit um die Zollpolitik: Humair 2004, 718–730; zum Gegenstand dieser politischen Kämpfe siehe auch Gruner, 1987, I, 350–361 und Gruner 1988, II, 1405–1406.

68 Studer 2008. Für das 19. Jahrhundert benutzt er als Wohlstandsindikator nicht das BIP pro Kopf, sondern die Entwicklung der Lebenshaltungskosten (Warenkorb) und der Reallöhne; für den internationalen Vergleich greift er weitgehend auf die Methodologie von Allen und Williamson zurück (Entwicklung der Bauarbeiterlöhne in mehreren Städten Europas) und fokussiert seine Studie auf die Arbeiterlöhne der Stadt Zürich – laut Studer ein repräsentativer Indikator für den durchschnittlichen Arbeiterlohn in der Schweiz. Dabei kommt er zum Schluss, dass der Lebensstandard zwischen 1870 und 1913 im europäischen Vergleich zurückging und am Vorabend des Ersten Weltkriegs tiefer war als in anderen europäischen Städten – Grund dafür, dass dies trotz rascher steigender Nominallöhne geschah, war die stärkere Preissteigerung im Zeitraum 1885–1913.

69 Während gemäss der Grafik III-1 der KPI Mitte der 1880er Jahre wieder auf das zu Beginn der 1830er Jahre ausgemachte Niveau fiel, stiegen die in der erwähnten Studie berechneten *swiss consumer prices* zwischen 1831 und 1885 um 25 % an. Anzumerken ist ferner, dass die KPI-Reihe von Studer nur eine begrenzte Anzahl von Lebensmitteln und Gütern des täglichen Bedarfs berücksichtigt.

Arbeitgeber im ausgehenden 19. Jahrhundert mit Zurückhaltung auf die Forderungen der Lohnempfänger reagierten, um die internationale Wettbewerbsfähigkeit der schweizerischen Industrie in der ersten Phase der Globalisierung nicht zu gefährden. Ausserdem könnte die starke und anhaltende Immigration ausländischer, wenig qualifizierter Arbeitskräfte erklären, dass in der Schweiz ähnlich wie in grösseren Einwanderungsländern (Vereinigte Staaten, Argentinien, Australien) die Reallöhne nur mässig stiegen. Die Einwanderung dürfte den Anstieg der Löhne in einzelnen Branchen gedämpft haben, insbesondere im Baugewerbe, das in Studers Lohnvergleich eine wichtige Rolle spielt. Dass es überhaupt eine starke Immigration gab, ist jedoch eher ein Beleg dafür, dass die Reallöhne in der Schweiz besser waren als in den wichtigsten Herkunftsländern der Einwanderer wie Deutschland, Italien und Frankreich. Die Analyse der Lohnentwicklung im Kap. 1.1.4.1.2 zeigt, dass sich die Reallöhne ab 1890 etwa gleich entwickelten wie die reale Arbeitsproduktivität (vor 1890 sind keine Zahlen für die Arbeitsproduktivität vorhanden). Es ist also nicht davon auszugehen, dass von den Arbeitgebern im Durchschnitt zu niedrige Löhne bezahlt wurden.[70]

Es gibt somit kaum überzeugende Gründe für einen im internationalen Vergleich tieferen Lebensstandard von Arbeitern in der Schweiz bei einem überdurchschnittlich hohem Wachstum des BIP pro Kopf. Hingegen waren möglicherweise die Lohnunterschiede zwischen den Sektoren und Branchen – gerade wegen des ausgesprochen starken Wachstums und des durch protektionistische Massnahmen kaum gebremsten Strukturwandels – ausgeprägter als in anderen Ländern.

III.ii Institutionelle Reformen – Wirtschafts- und Sozialpolitik

Während des gesamten Aufbau- und Konsolidierungsprozesses des Bundesstaats hatte das Land als Folge starker Modernisierungsschübe mit sozialen Spannungen zu kämpfen, von denen der Bürgerkrieg von 1847 («Sonderbundskrieg») und die blutigen Auseinandersetzungen im Rahmen des Generalstreiks von 1918 nur die bekanntesten sind. Dazu kam die Verschlechterung der internationalen Konjunktur und deren Auswirkungen auf die Wirtschaft ab Mitte der 1870er Jahre. Gleichzeitig spalteten übersteigerte konfessionelle und sprachliche Sensibilitäten sowie heftige ideologische und politische Antagonismen das Volk und seine Repräsentanten.[71] Zentralistische Ideen stiessen auf föderalistische Reflexe, etatistische Interventionisten und Wirtschaftsliberale bekämpften sich, fortschrittliche Radikale stritten mit Katholisch-Konservativen und bürgerliche Eliten standen in Konfrontation mit Vertretern der Arbeiterbewegung. Trotz – oder gerade wegen – dieser vielfachen Polarisierungen erwiesen sich die wenigen Jahrzehnte zwischen 1870 und 1914 als entscheidend für die institutionelle

70 Vor dem Ersten Weltkrieg waren die industriellen Beziehungen auf Arbeitgeberseite vor allem durch Streikabwehr geprägt, (Lohn-)Verhandlungen mit Gewerkschaften waren eher selten (→ 4.2.2.3).

71 Vgl. *La Suisse: Pays du consensus?* 2001; Herrmann 2006; Studer 1998a.

Entwicklung. Genau in dieser Zeit wurde auf Bundesebene ein Instrumentarium für Verhandlungen und Konfliktlösungen ausgearbeitet und erprobt, das die politische Identität der Schweiz im 20. Jahrhundert begründete: die wichtigsten Instrumente einer partizipativen Demokratie, die einerseits auf den erweiterten Volksrechten und andererseits auf den institutionalisierten Beziehungen zwischen den Hauptakteuren der Politik und der Wirtschaft beruhte. Die ersten Konturen der neugeordneten Machtverhältnisse lassen sich als Wendepunkte im wechselhaften Verlauf des schweizerischen Wirtschaftswachstums ausmachen. Entscheidend waren die Wachstumsphase der 1860er Jahre und das damit einhergehende Aufflammen sozialer Spannungen im Zeichen der «Demokratischen Bewegung» sowie die traumatisierenden Auswirkungen der Depression von 1876 bis 1885.[72] Infolge dieser Krisenerfahrungen entstand eine veränderte Vorstellung von der Rolle des Staates, ein Bedürfnis nach wirtschaftlicher und sozialer Regulierung sowie Organisationen, die, zu Beginn noch unsicher sich vortastend, nach neuen Verständigungsprozessen und neuen Legitimationsformen der Machtausübung suchten.

III.ii.1. Anfechtung der liberalen Ordnung und institutioneller Wandel

Um die von der Hochkonjunktur der 1850er und 1860er Jahre (Eisenbahnboom) hervorgerufenen negativen Begleiterscheinungen zu beheben, den übermächtig gewordenen ideologischen Einfluss einer liberal-radikalen Wirtschaftselite zu bekämpfen und ein politisches System zu schaffen, das die Bedürfnisse der schwachen bzw. von der industriellen Modernisierung bedrohten Gesellschaftsschichten und Branchen berücksichtigen sollte, liessen sich ab den 1860er Jahren breite Teile der Bevölkerung mobilisieren. Die daraus entstandene politische Strömung ging als *Demokratische Bewegung* in die Geschichte ein und propagierte eine weitere Öffnung des politischen Systems. Der Übergang zu einer halbdirekten Demokratie – ein Prozess, der in einigen Kantonen genau in diesen Jahren in Gang kam – setzte sich, begleitet von heftigen Verfassungskämpfen, auf Bundesebene fort und kam erst mit der Revision der Bundesverfassung von 1874 zum Abschluss. Das durch diese Revision sanktionierte Instrument

72 Hansjörg Siegenthaler liefert einen wichtigen Beitrag zur Debatte über die theoretischen Grundlagen der «Modernisierungskrisen», indem er Zusammenhänge zwischen der Unregelmässigkeit des Wachstumsprozesses und dem Strukturwandel aufzeigt. Sein sequentielles Modell der Veränderungsdynamik beruht auf einer Abfolge verschiedener Phasen: von wirtschaftlicher und sozialer Stabilität über Destabilisierung und Krise hin zu einer möglichen Rückkehr zur Stabilität als Bedingung eines neuen Aufschwungs. Von diesem soll hier die Bedeutung der strukturellen Brüche oder «Orientierungskrisen» festgehalten werden, denn in ihnen kristallisieren sich die zentralen Aspekte kommender Veränderungen heraus; sie finden ihren Abschluss allerdings erst mit einer neuen politischen Legitimierung oder einer institutionellen Umbildung, die das soziopolitische System unwiederbringlich verändert. Siegenthaler 1980, 1981, 1993. Verwiesen sei auch auf die empirischen Arbeiten seiner Schüler, insbesondere auf Widmer 1992 und auf das Sammelwerk *Kontinuität und Krise* 1994. Vgl. auch Veyrassat 2010a. Auf der gleichen Interpretationslinie liegen die Theorien der «sozialen Regulierung»: Aglietta 1982; Boyer 1986.

des Referendums, das eine Artikulation unterschiedlichster Interessen im Entscheidungsprozess ermöglichte, wurde zum Eckpfeiler des politischen Systems der Schweiz und blieb dies auch während des gesamten 20. Jahrhunderts und darüber hinaus. Als Waffe in der Hand der nicht in der Regierung vertretenen Kräfte erlaubte das fakultative Referendum dem Volk als Souverän, seinen Willen – sein Veto – zu Gesetzesvorlagen des Parlaments auszudrücken und so den Wandel zu beeinflussen.

Die Institution des Referendums führte zu tiefgreifenden Veränderungen im Gleichgewicht der Gewalten, in den Beziehungen zwischen Staatsbürgern und Parlament bzw. zwischen Bundesstaat und den verschiedenen konstitutiven Gesellschaftskreisen, die von nun an über ein mächtiges Interventionsmittel verfügten. Als Folge davon verlor die alte Machtgarde – die «Bundesbarone»[73] und ihr Beziehungsgeflecht –, fortgerissen von der demokratischen Grundwelle, an Bedeutung. An die Stelle dieser alten und einflussreichen Netzwerke ohne eine formale Organisation traten von nun an die formalisierten Strukturen einer von privaten Interessengruppen gebildeten korporativen Organisation des politisch-wirtschaftlichen Bereichs.[74]

III.ii.2. Auf der Suche nach einem neuen Machtgleichgewicht

Schon vor der Gründung der ersten politischen Parteien auf nationaler Ebene zeigte sich eine Tendenz zur Institutionalisierung der wirtschaftlichen Einflussgruppen (→ 4.2.2.3). Während der zweiten Hälfte des 19. Jahrhunderts konstituierten sich Berufsverbände, die als eigentliche Selbstregulierungsinstanzen der privatwirtschaftlichen Industriezweige eine Koordinierung ihrer spezifischen Interessen auf nationaler Ebene sowie ihre Vertretung in Bundesbern anstrebten.[75] Die 1863 begründete Konferenz der schweizerischen Eisenbahnverwaltungen, die eine Art Kartell des Eisenbahntransportwesens war, spielte dabei eine Vorreiterrolle. Als die erste Investitionswelle im Bereich des Eisenbahnnetzes vorbei war, bildete sie eine mächtige Lobby, die ihren Einfluss im Bundesrat und in den beiden Kammern geltend machte.[76] Mit seiner Gründung im Jahr 1870 nahm der Schweizerische Handels- und Industrieverein (SHIV) die Interessenvertretung vor allem der Exportindustrien in die Hand und übte von da an einen massgeblichen Einfluss auf die Aussenhandelspolitik aus. Bald

73 Wehrli 1983.

74 Der Verbandskorporatismus ist ein Konzept, das im Allgemeinen jenem der parlamentarischen Demokratie gegenübergestellt und unterschiedlich benannt und konzipiert wird: als «Demokratie der Gruppen» (Ruffieux 1986, 634–641) oder Verbandsdemokratie, als «demokratischer Korporatismus» (Katzenstein 1985, 30f.) und in liberaler Variante in Bezug auf die Schweiz als «organisierter Kapitalismus», was im Deutschen auch als «korporative Marktwirtschaft» bezeichnet wird. Über die lang andauernde Kontroverse zum «schweizerischen» Korporatismus siehe weiter unten (→ 4.2.7).

75 Das theoretische Konzept, das diese Organisationsform bezeichnet, ist das des «liberalen Korporatismus», also der organisierten Privatinteressen, im Gegensatz zum «sozialen Korporatismus», der einer Logik des staatlichen Ausgleichs folgt (Katzenstein 1984, 1985).

76 Ihre Eingriffsmöglichkeiten wurden jedoch bald beträchtlich beschnitten, v. a. durch die Bildung einer Eisenbahnverwaltung des Bundes ab den 1870er Jahren (Duc 2010, 96–109, 159–173).

folgten andere Dachorganisationen. 1879 wurde der Schweizerische Gewerbeverband (SGV) gegründet, der Kleinindustrie und Handwerk umfasste und für den Schutz des Binnenmarkts kämpfte. 1880 trat der Schweizerische Gewerkschaftsbund (SGB) als Vertreter der Arbeitnehmer auf den Plan; er war aus dem 1873 entstandenen Schweizerischen Arbeiterbund hervorgegangen. Nicht zu vergessen sind das Arbeitersekretariat, 1887 eröffnet zur Ausarbeitung einer Sozialpolitik, und schliesslich der Schweizerische Bauernverband (SBV), 1897 gegründet zur Verteidigung der Landwirtschaft. Diese verschiedenen, ab den 1880er Jahren vom Bund subventionierten Körperschaften genossen einen halboffiziellen Status und waren bald in der Lage, durch die aktive Teilnahme ihrer Vertreter im politischen Prozess die wirtschaftlichen und sozialen Entscheidungen zu beeinflussen, wobei der Einfluss ungleich verteilt war. Konkurrenz und Rivalität aufgrund divergierender Wirtschaftsinteressen kamen häufig vor – ganz zu schweigen von den unüberwindbaren politischen Gegensätzen, durch die von den 1870er Jahren bis in die Mitte der 1880er Jahre die Gesetzesarbeit der freisinnig-radikalen Mehrheit mit Hilfe des Referendums erheblich gebremst wurde. Am Ende des 19. Jahrhunderts stabilisierten sich jedoch die Fronten, und Strategien zur Bildung von Allianzen und Kompromissen wurden zumindest im Ansatz erkennbar. Ihr Ziel war es, die Obstruktionskraft der Minderheiten und das Risiko von Volksabstimmungsniederlagen zu verringern. Der Wille zur Verständigung, der sich parallel zur Aufsplitterung der politischen Kräfte entwickelte, ging so weit, dass sogar Opponenten der freisinnigen Elite, der ehemaligen Hegemonialpartei, in den Gesetzgebungsprozess eingebunden wurden.[77] Die Neugestaltung der demokratischen Spielregeln, die darauf abzielte, Konflikte durch Kooperation zu entschärfen, kündigte die ersten Grundzüge einer Verhandlungsdemokratie an, in der allerdings die Arbeiterschaft nur schwach, die Frauen und ihre Interessen gar nicht vertreten waren.

Die zunächst informellen korporatistischen Arrangements und die daraus resultierenden Aushandlungs- und Entscheidungsprozesse, die um die Jahrhundertwende schon weitgehend ritualisiert abliefen, führten bald zur dauerhaften Einrichtung einer vorparlamentarischen Vernehmlassung, die schliesslich 1947 in den Wirtschaftsartikeln in der Verfassung verankert wurden.[78]

77 Eine Taktik, die den Gegner in einen solidarischen Mitgestalter des Mehrheitsprojekts zu verwandeln vermochte (Herrmann 2006, 140–156). Das Majorzprinzip des schweizerischen Wahlsystems, das den Freisinnigen lange die Vorherrschaft sicherte, wurde 1918 aufgehoben, als sich das Schweizer Volk für die proportionale Vertretung im Nationalrat aussprach – ein Erfolg der Sozialdemokraten, die ab 1919 eine bedeutendere politische Rolle spielten.

78 Es handelt sich um eine verfassungsrechtliche Kodifizierung der korporatistischen Praktiken. Schon bevor die Gesetzesvorlagen zur Beratung in die beiden Kammern gelangten, wurden sie allen referendumsfähigen Interessenorganisationen, insbesondere den grossen Wirtschaftsverbänden, zur Stellungnahme unterbreitet.

III.ii.3. Schranken für den Bundesstaat

Das Verbandswesen und die Aushandlungskultur, die für die Schweizer Wirtschaft und Politik des 20. Jahrhunderts so charakteristisch waren, haben also ihre Wurzeln im ausgehenden 19. Jahrhundert. Sie überdauerten Krisen- und Kriegszeiten nicht nur, sie gingen daraus sogar gestärkt hervor. Allerdings sind die Interventionsmöglichkeiten des Bundes am Ende des 20. Jahrhunderts insofern nicht vergleichbar mit jenen Ende des 19. Jahrhunderts, als sie damals wegen seiner bescheidenen finanziellen Mittel und der weitgehenden Autonomie von Kantonen und Gemeinden eng begrenzt waren. Die Verfassungsreform von 1874 hatte wohl die Kompetenzbereiche der Bundesregierung und ihrer Verwaltung erweitert, doch deren Handlungsspielraum blieb beschränkt und der zentralisierende Elan der Gründer von 1848 gebremst, vor allem durch die wiederholten Interventionen der (männlichen) Stimmbürger. Daraus resultierte eine gewisse Schwäche des Bundes oder zumindest eine Beschränkung seiner Gestaltungskraft, die allerdings durch die Tätigkeit und den Einfluss parastaatlicher Organisationen wettgemacht wurde, die «freiwillig aber nicht uneigennützig einen Teil der Staatsaufgaben übernahmen».[79]

Darin zeigt sich ein wesentlicher Zug des schweizerischen Modells der Interessenvertretung und der Politik. Angesichts einer (noch) wenig entwickelten Bürokratie und eines Milizparlaments wurde die Ausübung der politischen Gewalt in mehreren Bereichen mit einflussreichen Verbänden und ihren tonangebenden Vertretern geteilt, wobei diese Verbände eng mit der Bundesverwaltung zusammenarbeiteten und so in der Lage waren, den Entscheidungsprozess zu beeinflussen.

III.ii.4. Zwischen Intervention und Zurückhaltung: politische Anpassungsprozesse

Die Zentralgewalt war also bis zu Beginn des 20. Jahrhunderts begrenzt und die Souveränität der Kantone weitgehend intakt. Doch noch vor der Jahrhundertwende brachen ideologische Debatten über die Zweckmässigkeit eines verstärkten Engagements des Bundes und über seine Verantwortung in Sachen soziale Sicherheit und Service public aus. Sie führten zum Ausbau des politisch-administrativen Apparats und seiner Interventionsmöglichkeiten.

Ein zentrales Thema der schweizerischen Innenpolitik am Ende des 19. Jahrhunderts war die Suche nach einem ausgewogenen Verhältnis zwischen der liberalen Staatskonzeption und dem Wunsch, einen leistungsfähigen und den sozialen Fortschritt gewährleistenden Staat zu errichten, d.h., es ging darum, einen Kompromiss zu finden zwischen den divergierenden Interessen, zwischen den Verlierern und Gewin-

79 Ruffieux 1986, 670. Gemeint sind hier die Modalitäten der Partnerschaft zwischen dem Staat und der Privatwirtschaft: Als Gegenleistung für eine finanzielle Unterstützung durch den Bund erbrachten einige Berufs- und Wirtschaftsverbände diverse Dienstleistungen (Umfragen, Statistiken, Definition technischer Normen usw.).

nern im Industrialisierungs-, Wachstums- und Globalisierungsprozess. Ein subtiles Aushandeln der Interessen von Politik und Wirtschaft sowie denen einzelner Wirtschaftsregionen diente der Entschärfung der ständigen Spannungen und Konfrontationen und schliesslich der Verhinderung offener Konflikte und Brüche.

In der Periode von 1870 bis 1914 griffen die privatwirtschaftlichen Interessenverbände zwar vermehrt in die Sphären der Macht ein, es handelte sich aber auch um eine Phase, in der die Bedeutung des Staates in der Wirtschaft und im sozialen Bereich zunahm. Es kam zu einem *economic turn* der Politik, der den Zeitgenossen nicht verborgen blieb. Als Reaktion auf den Konjunkturabschwung der 1870er und 1880er Jahre und die explosive Politisierung der «Sozialen Frage» am Ende des 19. Jahrhunderts fand in dieser Zeit sogar eine interventionistische Wende statt, eine Abkehr vom «Nachtwächterstaat», der bei seiner Errichtung 1848 nur sehr wenige bundesstaatliche Kompetenzen zugesprochen bekommen hatte. Die folgenden Seiten behandeln allerdings weniger die neu eingeführten gesetzlichen und institutionellen Instrumente als vielmehr die Neuinterpretation der Aufgaben des modernen Staates durch die Zivilgesellschaft und die politische Führung sowie die Fähigkeit des direktdemokratischen Systems, den Wandel erfolgreich zu begleiten.[80]

III.ii.5. «Alle ersuchen um die Intervention der Zentralgewalt …»[81]

Ein Staat, der sich um die regionalen und sozialen Bedürfnisse kümmert, war in Umrissen schon in den Vorarbeiten zur Revision der Bundesverfassung in den Jahren 1870 bis 1874 zu erkennen. Die Bereiche, in denen der Bund zur Gesetzgebung berechtigt war, wurden neu definiert und gleichzeitig erweitert. Die eigentliche Wende kündigte sich jedoch ein Jahrzehnt später an, als sich im Verlauf der 1880er Jahre quer durch das ganze politische Spektrum die Rufe nach dem Bund mehrten. Denn unter dem Einfluss der weltweiten Rezession, die von 1876 bis 1885 Bauern, Handwerker und Industriearbeiter gleichermassen schwer traf, verbreitete sich das Gefühl, der Bund vernachlässige die sozialen Probleme und die wirtschaftlichen Interessen des von äusserem Konkurrenzdruck stark bedrängten Landes und seine Laisser-faire-Politik führe in eine Sackgasse. Innerhalb der politischen Führungsschicht reifte daher der Wille, die Ungleichheiten zu reduzieren und aus dem Staat «den Hüter und Regulator der wirt-

80 Konzeptionell fassen lässt sich dies etwa in dem aus der Institutionellen Ökonomie geläufigen Doppelbegriff der «Governanz», welche die sozialen Interaktionsprozesse ebenso meint wie die regulierende Rolle der Institutionen, die, über die Marktmechanismen hinaus, das Verhalten der Akteure lenkend beeinflussen und deren Handlungen zu koordinieren erlauben, und den Begriff der «Gouvernabilität», der sich auf die Anpassung der kollektiven Prozesse an ein sich veränderndes sozioökonomisches Umfeld bezieht.

81 Eine Bemerkung von Numa Droz, die der freisinnige Bundesrat an der Spitze des neugeschaffenen Handels- und Landwirtschaftsdepartements im Jahr 1882 machte: «Die Klagen über die wirtschaftliche Situation sind allgemein […]. Eine wahre Postulate- und Motionen-Epidemie grassiert in den Räten der Nation». (zitiert nach Widmer 1992, 505).

schaftlichen Kräfte des Landes» zu machen.[82] Im öffentlichen Diskurs über die Rolle des Bundes, in dem sich die veränderten Vorstellungen spiegelten, wurden die brennendsten Themen des vergangenen Jahrzehnts, der Verfassungs- und Kulturkampf, fallengelassen. Die Diskussion verlagerte sich auf die Fragen nach fruchtbareren wirtschaftlichen Programmen und einer «sozialen Wirtschaft», die ja auch die neuen politischen Schwerpunkte bildeten. Diese «neue Wirtschaftsära» wurde von einer zunehmenden Anzahl Zeitgenossen begrüsst, die an die Möglichkeiten einer interventionistischen, den Wirtschafts- und Sozialproblemen Priorität einräumenden Politik zu glauben begannen.[83] Sie wurde *ex post* auch als Strukturwandel begriffen, nicht zuletzt wegen des steigenden Einflusses der berufsspezifischen Interessen auf den politischen Entscheidungsprozess und der Notwendigkeit, in einer Referendumsdemokratie die Lösungsangebote der Einzelnen um jede neue Gesetzesvorlage herum zu bündeln.[84]

Unter den führenden Köpfen dieser Umorientierung traten besonders die Politiker der grossen freisinnigen Formation hervor (linke Mitte), die seit 1848 im politischen Räderwerk der Schweiz tonangebend waren, unter denen es aber spürbare ideologische (und kantonale) Nuancen gab. Zum Freisinn gehörten ganz verschiedene Strömungen, die von den Zentralisten, zugleich Verteidigern der Privatinitiative, bis zu den dezidiertesten Etatisten reichten, die das monarchische Deutschland um sein beeindruckendes Sozialversicherungssystem beneideten und einem *demokratischen* Sozialstaat das Wort redeten. Letztlich wurde aber der freisinnige Diskurs vom politischen Kalkül einer krisengeschüttelten Partei diktiert. Sie wurde von zentrifugalen Kräften auf die Zerreissprobe gestellt und befand sich seit den 1880er Jahren in der Defensive. Von den einen der allzu grossen Gefälligkeit gegenüber der Wirtschaft bezichtigt, von der linken Seite bedrängt durch die sich vermehrenden Arbeitergruppierungen und eine sozialistische Strömung, die allmählich der antikapitalistischen Radikalisierung zuneigte, aber auch von der Vorstellung beunruhigt, seitens der christlichsozialen Katholiken überholt zu werden, machte sich die Partei schliesslich zur Vorreiterin einer Politik sozialer Reformen. Die Reformdiskussion wurde um 1885 mit den ersten Parlamentsdebatten über die Einführung eines Sozialversicherungssystems eröffnet.[85]

So vollzog sich im Lauf eines halben Jahrhunderts der Umbau des traditionellen politischen Leitbilds: Der Manchesterstaat, der den Liberalen Mitte des 19. Jahrhunderts noch teuer war, wurde zugunsten der Vision eines Wohlfahrtsstaats verwor-

82 So der Genfer Radikale Georges Favon in seiner Schlussrede zum Ende der Parlamentssession 1884 (zitiert nach Humair 2004, 519).

83 Zur Tiefe der Krise und zur Erschütterung des Glaubens an die Selbstregulierung der Märkte vgl. die zahlreichen Presseausschnitte, Expertenberichte, offiziellen Reden, Pamphlete, Sonntagspredigten usw., die Widmer 1992, Kap. 17 zitiert.

84 Die Einmischung der Wirtschaft in die Politik wurde vom Schweizer Historiker Emil Dürr (1883–1934) thematisiert, der dafür 1928 den Ausdruck «Verwirtschaftlichung der Politik» prägte (vgl. Tanner 1998, 245–246).

85 Horvath/Kunz 1993.

fen[86] – bei einigen gingen die Ideen gar in Richtung Staatssozialismus. Die Vision des Wohlfahrtsstaats beschäftigte alle Parteien und am ausgeprägtesten den linken Flügel der Freisinnigen, der für ein soziales Programm kämpfte, um damit auch das politische Kapital der Partei zu stärken.

III.ii.6. Von der Rhetorik zu konkreten Interventionsmassnahmen: ein vorsichtiger Pragmatismus

Hier soll keinesfalls zwischen Wirtschaftspolitik und Sozialpolitik unterschieden werden, auch wenn den Zeitgenossen beides im umfassenderen Konzept der «materiellen Interessen des Landes» verschmolz, das zum Ausdruck brachte, dass jede Wirtschaftspolitik auch soziale Auswirkungen hat[87] und dass, umgekehrt, soziale Massnahmen auch eine wirtschaftliche Komponente aufweisen.[88] So sind zum Beispiel die Investitionen in Berufsbildung und Forschung eine Form von Wirtschafts- und Sozialpolitik (→ 1.3.4 und 2.3.5.3.5). Die Massnahmen im Umfeld der Gründung von Fachschulen, des landwirtschaftlichen Unterrichts und der Agrarforschung, mit denen sowohl Bund als auch Kantone das Gewerbe förderten, verbesserten die Rahmenbedingungen der Wirtschaft und boten jenen Gruppen Unterstützung an, die vom Strukturwandel besonders betroffen waren.

Man kann die nationalen Modernisierungs- und Anpassungsbestrebungen in groben Zügen zusammenfassen, indem man zunächst einmal hervorhebt, dass in den Jahren 1870–1914 nicht zu umfassenden, von der öffentlichen Hand finanzierten Massnahmen struktureller Natur gegriffen wurde; es lag vielmehr weiterhin am privaten Sektor, sich den veränderten Bedingungen anzupassen.[89] Auf die neuen äusseren Bedingungen reagierte die Politik mittels Zollgesetzgebung (siehe oben) und mit einem gezielten Angebot an Ausgleichsleistungen. Die Schweiz konnte zwar auf die Entwicklungen des Weltmarkts keinen Einfluss nehmen, aber sie konnte sich aktiv an der Gründung und der Tätigkeit internationaler Organisationen beteiligen – die Schweiz belegte eine Spitzenposition, was die Beherbergung von und die Beteiligung an Wirt-

86 Die Gegenüberstellung der Begriffe «Wohlfahrtsstaat» und «Manchesterstaat» taucht auf in der Rede eines Aargauer Politikers anlässlich der Revision der Kantonsverfassung (1884/85), siehe Widmer 1992, 506.

87 Zu nennen wäre hier die Schaffung von Energieinfrastrukturen im städtischen Umfeld (Unterstützung von Handwerk und Gewerbe) oder die Zollpolitik (Erhaltung des Lebensstandards der bäuerlichen Bevölkerung; Schutz der Kleinbetriebe des Binnenmarkts): siehe oben, III.i.6.

88 Hier kann das Beispiel des Arbeiterschutzes angeführt werden, der durch das erste Bundesgesetz über die Fabrikarbeit 1877 gesetzlich verankert wurde. Es hatte sich die Vorstellung durchgesetzt, dass eine Verbesserung der Arbeitsbedingungen die Produktivität erhöhen kann und dass, von einem umfassenderen Standpunkt aus betrachtet, Massnahmen zur Sicherung des physischen und materiellen Wohls der Arbeiter einen Vorteil für die internationale Wettbewerbsfähigkeit der Schweiz darstellten.

89 Es gibt jedoch auch manch ein Beispiel für die Innovationsförderung durch die öffentliche Hand: Siehe Humair 2009; Couchepin 1998; ferner → 1.3.3.

schaftsorganisationen und -konferenzen betrifft, die eine Zusammenarbeit zwischen den Staaten anstrebten (→ 5.3.1).[90]

Der dem Bund zugestandene Handlungsspielraum zur Umsetzung solcher flankierender Massnahmen beschränkte sich auf die Ausarbeitung des gesetzlichen Rahmens der Wirtschaftstätigkeit und vor allem auf eine Politik der selektiven Umverteilung öffentlicher Gelder mittels finanzieller Beiträge an die kantonalen Infrastrukturen und auf die Förderung von Wirtschaftsaktivitäten und -verbänden. Diese direkt Einfluss nehmende Politik übte bald eine Schutz- bzw. eine Anreizfunktion aus – wenn nicht gar die einer eigentlichen Wirtschaftslenkung –, und sie schaffte zugleich ein günstiges Investitionsklima, in dem sich private und öffentliche Unternehmen entwickeln konnten.

Subventionen: ein Hebel für mehr Bundeskompetenzen

Mit der Institutionalisierung der Subventionspolitik, die um 1880 herum erfolgte, wurde recht eigentlich ein Interventionsinstrument des Bundes geschaffen.[91] Auf das Bundesgesetz über die Gewährung von Subsidien an Alpenbahnen von 1878 folgten 1884 zwei Bundesbeschlüsse, die Beihilfen für den Berufsunterricht und die Landwirtschaft vorsahen und beide an Bedingungen geknüpft und vom Bund reglementiert waren. Dieser legte auch die Anwendungsnormen fest. Die bis anhin sporadisch gesprochenen Subventionen wurden nun in dauerhafte Unterstützungen umgewandelt. Zunächst musste allerdings die zu drei Vierteln aus den Zolleinnahmen alimentierte Bundeskasse nach den wiederholten Defiziten von 1865 bis 1877 wieder gefüllt werden. Erst die handelspolitische Wende zugunsten einer Verschärfung der Zolltarife seit den 1880er Jahren führte zu höheren Bundeseinnahmen, die den Subventionen und, allgemeiner, der Wirtschafts- und Sozialpolitik zugutekamen.[92] Die rasch wachsenden Zolleinkünfte des Zentralhaushalts (im Durchschnitt +5.1 % pro Jahr zwischen 1886 und 1913) verschafften dem Bund die Mittel, um aktiv zu intervenieren, und erlaubten ihm, seinen politischen Einfluss verstärkt auszuüben, ohne dabei den in Bezug auf ihre Souveränität sensiblen Kantonen zu nahe zu treten. So gelang es dem Bundesrat über seine Finanzpolitik, einige Ziele des innenpolitischen Programms, so, wie sie in den neuen Verfassungsartikeln von 1874 fixiert worden waren, effizient zu verwirklichen. Infolge der vertikalen Ressourcentransfers an die Kantone und an öffentliche oder private Unternehmungen – die Subventionen stiegen stark von 7.5 % der Gesamtausgaben im Jahr 1884 auf 21.5 % im Jahr 1913 – erfolgte eine gewisse Verlagerung der Macht zugunsten des Bundes.

90 Herren 2000.

91 Halbeisen/Lechner 1994; *Historisches Lexikon der Schweiz*, «Öffentlicher Haushalt».

92 Zum engen Zusammenhang zwischen den Diskussionen rund um den neuen Zolltarif von 1884 und dem Interventionsprogramm des Bundesrats (Unterstützung für das Gewerbe, Subventionen für die Berufsschulen und den landwirtschaftlichen Unterricht) siehe Humair 2004, 503–520.

In diesem neuen politisch-institutionellen Kontext mit seinen Subventionen und Schutzzöllen nahm eine nationale Politik der Landwirtschaftsunterstützung Gestalt an, die zur sozialen Integration des in Not geratenen Bauernstandes beitragen sollte: Tariferhöhungen ab 1887, eine starke Zunahme der Landwirtschaftsbeihilfen ab den 1890er Jahren sowie das Bundesgesetz zur Förderung der Landwirtschaft von 1893 zeichneten den Weg vor für einen – zunächst gemässigten – Agrarprotektionismus, der dann im 20. Jahrhundert zur Grundlage der Landwirtschaftspolitik in der Schweiz wie anderswo in Europa werden sollte.

Die Genese der sozialen Sicherheit – oder das Scheitern eines ambitiösen Gesellschaftsprojekts

Neben dem eidgenössischen Fabrikgesetz von 1877, der ersten Massnahme des schweizerischen Gesetzgebers zur Regelung der Industriearbeit und zum Arbeiterschutz, brachten die interventionistischen Vorstösse von 1884 eine verstärkte Wahrnehmung jener Ungleichheiten zum Ausdruck, die den nationalen Zusammenhalt bedrohten. Die «Soziale Frage» rückte in der Schweiz wie auch auf internationaler Ebene in den Mittelpunkt der politischen Auseinandersetzung. Indem sie bereits zwischen 1875 und 1887 die Haftpflicht der Fabrikbesitzer reglementierte, nahm die Schweiz mit ihren staatlichen Massnahmen zur Verbesserung der prekären Stellung der Industriearbeiter und zum Schutz vor den Gefährdungen in der Fabrik zunächst eine Vorreiterrolle ein,[93] baute dann allerdings nur schrittweise und mit deutlicher Verspätung im Vergleich zu anderen europäischen Ländern ein Programm kollektiver sozialer Sicherheit auf (→ 4.3.2.1).[94] Die Grundlagen für dieses im Laufe des 20. Jahrhunderts realisierte Programm wurden in den drei Jahrzehnten vor dem Ersten Weltkrieg gelegt: Es war die grösste gesetzgeberische Baustelle der Schweiz im ausgehenden 19. Jahrhundert. Zwischen den ersten parlamentarischen Vorstössen für eine staatlich garantierte obligatorische Kranken- und Unfallversicherung im Jahr 1885, der grossmehrheitlichen Annahme des ersten Verfassungsartikels im Jahr 1890, der Verabschiedung, dann der Verwerfung (per Referendum) einer sehr umfassenden, vom Bismarck'schen Modell inspirierten Gesetzgebung, der sogenannten «Lex Forrer», im Jahr 1900 und der äusserst knappen Annahme einer Versicherung ohne Obligatorium sollte es dreissig Jahre leidenschaftlicher Debatten, gesellschaftlicher Auseinandersetzungen und technischer Diskussionen brauchen, um das Prinzip eines Versicherungsschutzes vor den Gefährdungen durch Krankheit und Unfall gesetzlich zu verankern. Das Ergebnis war – abgesehen von der klaren Regelung der Arbeitsunfälle, die Sache einer Bundeskasse (Suva) wurde – ein nur minimales Rahmengesetz.

93 Tenfelde 1997.

94 Dazu auch: *Historisches Lexikon der Schweiz*, «Sozialversicherungen», «Sozialstaat»; Degen 1997 und 2006; Studer1998b; Leimgruber 2008 (Kapitel 1 und 2).

Die Verwerfung des «Systems Forrer» durch das Schweizer Volk kam umso überraschender, als seine Ausarbeitung von einer intensiv diskutierten Kampagne begleitet war. Neue Akteure, Einzelpersonen oder Gruppen, engagierten sich in der öffentlichen Debatte und verbreiteten ihre Ideen zu Fragen der Sicherheit am Arbeitsplatz, zur öffentlichen Gesundheit und zur sozialen Hygiene. Im Vordergrund standen gesunde Wohnverhältnisse sowie der Kampf gegen den Alkohol. Vertreter einer modernen Medizin, Beamte, Juristen, Statistiker, Mathematiker und Experten aus andern Bereichen stützten sich bei ihren Vorschlägen zur Problemlösung auf wissenschaftliche Untersuchungen der sozialen Verhältnisse, welche die öffentliche Hand ändern sollte. Gut vernetzt, beteiligten sie sich aktiv an der Formulierung einer Sozialpolitik, die bestrebt war, «kurativ» zu sein.[95] Reden und Reformvorschläge kamen auch von Berufsorganisationen, von Arbeiter- wie Unternehmerseite, den verschiedensten Verbänden, von Kirchen und akademischen Kreisen. Das Scheitern des Werks von Ludwig Forrer[96] kam auch deshalb unerwartet, weil die freisinnig-demokratische Elite, der er angehörte, unterstützt von den Katholisch-Konservativen und den Sozialdemokraten, die fortschrittliche Sozialpolitik zu einer zentralen Aufgabe des Bundesstaats machte. Sie sollte zugleich die soziale Polarisierung abbauen, die Legitimität des seit 1848 von den Freisinnigen getragenen politischen Systems stärken und einer Gruppierung neue Kraft verleihen, welche die Politik zwar noch beherrschte, die aber zunehmend an Einfluss verlor. Seit dem Ende der Depression Mitte der 1880er Jahre hatten die Freisinnigen auf dieses zukunftsträchtige Thema, die Gestaltung einer Sozialversicherung im Interesse der Allgemeinheit, gesetzt. Die Glaubwürdigkeit des demokratischen Regimes stand auf dem Spiel. Und gegenüber den paternalistischen Monarchien Europas, insbesondere dem deutschen Kaiserreich, das mit dem Aufbau seines Vorsorgesystems voranschritt, handelte es sich auch um eine Frage der Reputation.

Über der *Nationalisierung* der «Sozialen Frage» und ihrer Behandlung auf Bundesebene darf nicht vergessen werden, dass diese Problematik in einem globalen Kontext zu sehen ist, der die Entstehung der staatlichen Interventionspolitik im Bereich Unfallverhütung und Arbeitssicherheit in den Industriegesellschaften allgemein stark beeinflusste. In der Schweiz wie anderswo schufen die Industrialisierung, der gesteigerte Druck auf die Arbeiter, das Klima der Unsicherheit und die Arbeiterunruhen, die der wirtschaftliche Abschwung der 1880er Jahre hervorgerufen hatte, ein günstiges Terrain für Diskussionen über die Annahme nationaler Sozialversicherungssysteme. Die politischen Strategien, die sich damals abzeichneten, beruhten auf Erkenntnissen der aufkommenden Arbeitswissenschaften in Frankreich, Deutschland und den Vereinigten Staaten sowie auf einem grenzüberschreitenden Wissenstransfer. Denn im

95 Siegenthaler 1997.

96 Es wurde vor allem dem Widerstand der privaten Kassen, den Vorbehalten gegenüber einer staatlichen Bevormundung, den Kosten der obligatorischen Versicherungspflicht und auch zentrifugal wirkenden Kräften (Bauern, Föderalisten, Arbeiterbewegung) angelastet.

länderübergreifenden Wettbewerb beobachteten sich die Staaten gegenseitig und verglichen ihre Sozialpraktiken, um nach Interventionsmodellen und gemeinsamen Normen zu suchen. Von einem internationalen Kongress zum andern, aber auch innerhalb internationaler Organisationen – das Internationale Büro für Arbeit etwa wurde 1901 in Basel gegründet – nahm die Schweiz in der zweiten Hälfte des 19. Jahrhunderts aktiv an dieser gegenseitigen Beobachtung teil, integrierte sich in die internationale Gemeinschaft von Experten und Gelehrten der im ausgehenden 19. Jahrhundert entstandenen Sozialwissenschaften und tat sich bei der Beschaffung empirischer Daten und nutzbarem Wissens hervor. Dabei ging es um soziale und medizinische Statistiken, Umfragen über die Krankenkassen, den Pauperismus, die Erhebung von Unfällen usw.[97]

So haben in der Schweiz unter dem Einfluss mehrerer sich dynamisch entwickelnder und überschneidender Strömungen – internationaler wie nationaler, sozioökonomischer, politischer, aber auch kulturübergreifender Natur – die neuen Konzepte und Instrumente zur sozialen Intervention Gestalt angenommen. Die institutionellen Auswirkungen dieser Entwicklung lassen sich in zwei Punkten zusammenfassen. Erstens wurde die Errichtung einer Sozialversicherung, so embryonal sie am Vorabend des Ersten Weltkriegs auch war, von einer Institutionalisierung der Beziehungen zwischen Politik und wissenschaftlichem Sachverstand begleitet. Zur Lösung der «Sozialen Frage» mobilisierten Staat und Bundesverwaltung verschiedenstes Spezialwissen und Fachkompetenzen: Statistische, medizinische, versicherungsmathematische oder juristische Gutachten sollten die nötige Argumentation für Interventionen im sozialen Bereich liefern, die politischen Entscheidungen und die administrative Praxis des Staates legitimierten. Der Begriff «Verwissenschaftlichung des Sozialen» bringt diese Entwicklung gut zum Ausdruck. Der Sachverhalt war zwar nicht neu, da die politischen Behörden seit Bestehen des Bundes auf das Fachwissen aussenstehender Experten – zum Beispiel im Eisenbahnbau oder in den Handelsbeziehungen – zurückgegriffen hatten. Aber nun brach eine Epoche an, die Wissenschaft und Gutachten Autorität verlieh. In der Nachkriegszeit sollte dieses Modell einer wissenschaftlichen Legitimation politischer Entscheidungen dann zu einer ständigen Einrichtung werden, und den ausserparlamentarischen Expertenkommissionen wurde eine immer grössere Rolle in den Institutionen und der Arbeitsweise des Bundes eingeräumt. Der zweite Punkt betrifft die typisch schweizerische Ausgestaltung des entstehenden Sozialstaats und seiner Beziehung zum Markt: Da die staatliche Option einer obligatorischen Versicherung in der Abstimmung von 1900 vor dem Volk gescheitert war, blieb das Feld weitgehend dem marktwirtschaftlichen Sektor und den von seinen Lobbys entwickelten Strategien überlassen. So konnten sich die zahlreichen privaten Leis-

97 Egloff 2002; Widmer 1992, 434–438. Unter dem Einfluss namentlich eines internationalen Statistikernetzwerkes (Internationaler Statistikkongress) wurde in der Schweiz mit der Errichtung des Bundesamts für Statistik 1860 das Zusammentragen offizieller Statistiken institutionalisiert.

tungserbringer den wachsenden Versicherungsmarkt zunehmend unter sich aufteilen. Damit waren die Grundlagen gelegt für ein fragmentiertes, zweigleisiges System der sozialen Sicherheit, das sowohl auf staatliche Versicherung als auch auf private Vorsorge setzte. Diese Entscheidung hatte nachhaltige Auswirkungen, und die Bedeutung, welche die privaten Vorsorgeformen bald annahmen, erklärt zum Teil die begrenzte und späte Ausgestaltung der staatlichen Komponente im Sozialsystem der Schweiz.[98]

Private Option versus staatliche Option

Die Frage, welche Rolle dem Staat zukommen sollte, führte in der Schweiz am Ende des 19. Jahrhunderts zu einer Grundsatzdebatte. Ganz konkret lieferte die Tatsache, dass soziale und politische Ziele (Arbeitsinspektorate, Sozialversicherungen) verfolgt wurden, Stoff zu weiteren Auseinandersetzungen über die Rechtfertigung staatlicher Eingriffe in den privaten Bereich und über die Notwendigkeit staatlicher Regulierungen. Sollten die technologie- und kapitalintensiven Infrastrukturen des öffentlichen Dienstes (Energieversorgung, Verkehrs- und Fernmeldewesen) durch Private betrieben oder der *sichtbaren Hand* der öffentlichen Körperschaften anvertraut werden? Sollten Tätigkeiten und Ressourcen, die bisher der Initiative und dem Eigentum Privater überlassen waren, verstaatlicht werden? Sollten Bundesmonopole für die Getreideversorgung oder die Nutzung der Gewässer errichtet werden? In den drei Jahrzehnten vor dem Ersten Weltkrieg musste sich das Schweizer Volk verschiedentlich zu dieser Frage äussern. 1882 lehnte es das Prinzip eines Monopols des Erfinders auf seine Erfindung ab – es wurde als Behinderung der Handels- und Gewerbefreiheit empfunden –, um fünf Jahre später ein Bundesgesetz über den Erfindungsschutz doch anzunehmen; 1885 befürwortete es die Einrichtung einer Eidgenössischen Alkoholverwaltung, welche die Herstellung und den Verkauf von Alkohol reglementierte; 1880 verwarf es ein Banknotenmonopol, um es 1891 ebenso wie die Schaffung einer künftigen Zentralbank gutzuheissen; 1898 nahm es die Verstaatlichung der fünf wichtigsten Privateisenbahngesellschaften an, nachdem es sich 1891 noch gegen den Kauf der Schweizerischen Centralbahn durch den Bundesstaat ausgesprochen hatte. Auch wenn diese Kehrtwendungen der öffentlichen Meinung die Frage nach der «Gouvernabilität» einer direkten Demokratie aufwerfen, so lassen sie sich zum Teil doch mit der Notwendigkeit erklären, dass in einem Referendumssystem von Fall zu Fall Kompromisse gesucht werden müssen und dass in einem sich ändernden soziopolitischem Umfeld und in Kommissionen, die vielfache und gegenteilige wirtschaftliche wie politische Interessen vereinen,[99] immer wieder nach neuen Lösungen gesucht werden muss. Auch wenn die politischen Leidenschaften hochgingen, setzte sich in der Debatte *staatliche Op-*

98 Der Verlauf gleicht jenem in den Vereinigten Staaten; zur «amerikanischen Ausnahme» in Sachen soziale Sicherheit: Hacker 2002.

99 Konkret hatte dies oftmals eine Neutralisierung der allzu radikalen Ideen sozialistischer Färbung oder liberaler Prägung zur Folge.

tion gegen *private Option* doch der Pragmatismus durch – aus technischen ebenso wie aus wirtschaftlichen und finanziellen Gründen. Zentralisierende Eingriffe der Bundesbehörden konnten die Referendumshürde am besten in jenen Bereichen nehmen, in denen sich deutliche Unzulänglichkeiten gerade mangels einer regulierender Koordination gezeigt hatten. Dies war bei der Landesverteidigung der Fall, die 1870 zentralisiert wurde, ebenso bei den Netzindustrien, die neue Dienstleistungen anboten: In den Leitsektoren der Kommunikationstechnologien gelang es der Zentralgewalt, sich auf nationaler Ebene gut zu positionieren, wenngleich mit einer gewissen Verzögerung im Vergleich zu anderen Industrieländern. Zum eidgenössischen Regiebetrieb der Post, der 1849 die kantonalen Regalien ersetzte und 1852 auch die Telegrafie einschloss, kam 1878 das Telefonmonopol hinzu, mit dem die technischen Kompatibilitätsprobleme zwischen lokal verankerten privaten Leistungserbringern gelöst werden sollten. Der Erwerb der privaten Eisenbahngesellschaften durch den Bund, das grosse politische Thema seit den 1870er Jahren, hatte zum Ziel, der mangelnden Koordinierung der Linienführung, der Fahrpläne, der Anschlussprobleme usw., aber auch – und vielleicht in erster Linie – der Willkür der Eisenbahnverwaltungen in tarifarischer Hinsicht ein Ende zu setzen. Da sie systematisch den internationalen Transitverkehr über den Gotthard auf Kosten des internen Betriebs und der Exportfracht begünstigten, lieferten sie mit ihrer diskriminierenden Politik jenen Argumente, die während der Kampagne von 1898 eine stärkere Berücksichtigung der nationalen Wirtschaftsinteressen forderten.[100] Eine Kampagne, die im Übrigen stark nationalistisch gefärbt war: Indem die Verstaatlichungsanhänger den Einfluss des ausländischen Kapitals auf die nationale Infrastruktur anprangerten – die Aktienmehrheit einiger Gesellschaften war in deutscher und österreichischer Hand –, mobilisierten sie die Zustimmung des Volkes auch an der Urne.

Im Unterschied zum Verlauf der Eisenbahndebatte führte die Diskussion über die Verstaatlichung der Wasserkraft, die in den 1890er Jahren Schlagzeilen machte,[101] nicht zu einem Monopol der Zentralgewalt. Monopole entstanden hier hingegen auf kommunaler und kantonaler Ebene, und um die Jahrhundertwende erfolgte auch ein mächtiger Aufstieg öffentlicher Unternehmen, um eine Grundversorgung der Bevölkerung zu gewährleisten. Die Expansion der Städte sowie die Konzentration von Gewerbe und Industrie führten zu Auseinandersetzungen über Eigentum und Betriebsmodalitäten der lokalen Infrastrukturen – Beleuchtung (Gas, Elektrizität), Verteilung von Antriebskraft (Druckwasser, Elektrizität) und Transportangebot (elektrische Strassenbahnen). Ab den 1880er und 1890er Jahren wurden, mit einer leichten Verzögerung im Vergleich zu Deutschland, die wichtigsten Städte des Landes von einer Kommunalisierungswelle erfasst; dieses Phänomen zeigte sich, mit Ausnahme Frankreichs,

100 Duc 2010, Kapitel 4 und 5.

101 Diese Frage wurde 1891 aufgeworfen, nachdem die Gesellschaft *Frei-Land*, eine Gegnerin des Privatbesitzes des Bodens, dem Parlament eine Petition einreichte. Sie wurde 1895 verworfen: Gugerli 1996, 247–300; Paquier 1998, 924–945.

in ganz Europa. Entweder kauften die Gemeiden privaten Konzessionären die technischen Netze der ersten Generation ab (Wasser, Gas), in die nun noch die Herstellung und die Verteilung von Elektrizität integriert wurden, oder sie liessen auf eigene Regie neue Infrastrukturen erstellen. In der Schweiz waren zu Beginn des 20. Jahrhunderts praktisch alle städtischen Versorgungsnetze (die industriellen Betriebe) in öffentlicher Hand. Vor allem bei der Elektrifizierung, die sich bald von den Städten auf die Landgemeinden ausbreitete, übernahmen die Kantone die Kontrolle über die Versorgung und bestimmten die Tarifierung, das Enteignungsrecht usw., indem sie mit Unterstützung von Krediten der Kantonalbanken kantonale oder interkantonale Gesellschaften gründeten oder regionale Konzessionen an private Konzerne vergaben, die auf die Ausarbeitung, die Finanzierung und den Bau von Kraftwerken spezialisiert waren. Die Privaten hatten 1916 zwar 53 % der installierten Leistung in Händen, doch ihr Anteil am Markt war seit Beginn des Jahrhunderts stetig zugunsten der gemischtwirtschaftlichen Elektrizitätsgesellschaften, kommunaler und vor allem kantonaler, zurückgegangen; 1902 hatten sie noch 68 % der gesamten Kapazität bereitgestellt.[102]

Die – spektakuläre – Zunahme des öffentlichen Sektors, an der die Kommunalisierung und die Kantonalisierung der Infrastrukturen wesentlichen Anteil hatten, wurde von einer intensiven Politisierung der Energiewirtschaft begleitet.[103] Die Protestbewegung gegen den Privatbesitz der Gewässer, die sich auch gegen die stark kapitalisierten internationalen Trusts und deren Pläne zum Bau von Kraftwerken in der Schweiz richtete, trug wesentlich dazu bei, dass der Bund sich für eine staatliche Regulierung der hydraulischen Ressourcen und der Elektrifizierung des Landes entschied. Die institutionelle Konsolidierung der Energiewirtschaft auf Bundesebene[104] wurde dadurch unterstützt, dass sich alle Gruppen von Akteuren in einer «nationalistischen Ideologisierung der Stromerzeugung» (David Gugerli) zusammenfanden. Diese wurde um die Jahrhundertwende propagiert und verdichtete sich in einem Diskurs, der die hydraulischen Kräfte des Landes mit einem öffentlichen Gut gleichsetzte, einem nationalen, Wachstum versprechenden Reichtum, der das Fehlen von Kohle kompensierte und die energetische Unabhängigkeit der Schweiz sicherstellte – für den drohenden Krieg und die absehbare Elektrifizierung der Eisenbahnen war dies von entscheidender Bedeutung. Dieser Diskurs, der den einheimischen Herstellern von Elektrotechnik kaum missfiel, stimmte überein mit der protektionistischen Linie, die der Bund um 1900 zur Verteidigung der Binnenwirtschaft eingeschlagen hatte (siehe oben, III.i.6).

102 Zur Infrastrukturpolitik der Städte und zum kantonalen Interventionismus im Bereich der Energie: Paquier 1998, 345–382, 415–423, 540–559, 775–831; Gugerli 1996, 258–288.

103 Gugerli 1996, 245, 258, 290–300.

104 Eine Verfassungsänderung 1908, die dem Bund die Oberaufsicht über die Bewirtschaftung der hydraulischen Ressourcen übertrug und vom Volk mit grossem Mehr angenommen wurde, nahm im Bundesgesetz von 1916 konkrete Formen an, die dann den Bau von grossen interkantonalen Kraftwerken und die Elektrifizierung der Eisenbahn ermöglichten.

Fassen wir zusammen: Nachdem der Infrastrukturbereich lange Zeit fast ausschliesslich eine Angelegenheit der privaten Kapitalien gewesen waren, wurden sie in den letzten Jahrzehnten vor dem Ersten Weltkrieg zu einer legitimen Domäne des Interventionismus sowohl auf Bundes- als auch auf Kantonsebene. In seinem Bemühen, die Bedürfnisse der Allgemeinheit zu befriedigen, die Prinzipien des Wirtschaftsliberalismus zu respektieren und den Zwängen des Markts sowie der finanziellen Rentabilität gerecht zu werden, bahnte sich der öffentliche Wirtschaftssektor einen Weg. Er nahm in der Schweiz am Vorabend des Ersten Weltkriegs beachtlichen Raum ein, wobei er ein Nebeneinander von dezentralen, lokal verankerten öffentlichen Diensten und grossen nationalen Unternehmen in Form von Regiebetrieben und Monopolen erlaubte. Zudem beteiligten sich weite Teile der Privatwirtschaft an diesem Sektor, in dem die technischen und beruflichen Kompetenzen einer Vielzahl von Unternehmern, Ingenieuren und Finanzspezialisten, von Experten, Juristen und Verwaltern zusammenkamen.[105]

III.iii Schlussbetrachtungen

Dieses Kapitel nimmt als komprimierte Übersicht über die markantesten Entwicklungen in einer historisch vorgängigen Phase der Wirtschaftsgeschichte des 20. Jahrhunderts einen gesonderten Platz ein. Als Bilanz dieser Periode des raschen Globalisierungsprozesses vor dem Ersten Weltkrieg kann festgehalten werden, dass damals bereits die Grundlagen des wirtschaftlichen und sozialen Gebäudes des 20. Jahrhunderts gelegt worden sind. Die Schweiz integrierte sich in dieser Zeit vollständig im Kreis der fortgeschrittenen Volkswirtschaften Europas und der Vereinigten Staaten. Unser Überblick nimmt eine transnationale Perspektive ein, da er die für eine kleine offene Volkswirtschaft entscheidenden äusseren Einflüsse betont und die soziopolitische Entwicklung in dieser Zeit des Umbruchs darstellt. Es zeigt sich ein komplexes Zusammenspiel von äusserer und innerer Dynamik, wobei Letztere sich als abhängig erweist vom Verlauf der internationalen Konjunktur, des Welthandels, der Migrantenströme sowie der Entwicklung der Technik und der Wissenschaft. Sie hängt aber auch ab von der Fähigkeit der Akteure, mit der Unsicherheit und der Unstabilität umzugehen. Der politische Wille, die Volkswirtschaft in einem Umfeld von Wachstum und Krisen zu lenken, stiess wegen des Ausmasses und der Geschwindigkeit des Strukturwandels um die Jahrhundertwende an Grenzen. Und auf institutioneller Ebene wurde dieser Wille behindert oder gar durchkreuzt von einem Referendumssystem, das den Handlungsspielraum des Parlaments einschränkte, und durch die Kantone, deren Souveränität es zu respektieren galt. Dennoch waren Reformen und Umorientierungen dank dem Lobbying und dem kämpferischen Geist der Wirtschaftsorganisationen, aber auch dank dem politischen

105 Zur Verflechtung von privaten und öffentlichen Interessen und für ein Verzeichnis der Sektoren in öffentlicher Hand während der Zwischenkriegszeit: Jöhr 1927. Für vergleichende Perspektiven: Millward 2005 (ohne die Schweiz) und zur Entwicklung der öffentlichen Dienste in der Schweiz: Paquier 2004, 2007a und 2007b; Humair 2007.

Engagement starker Persönlichkeiten möglich. Es muss auch betont werden, wie vorteilhaft die damals getroffenen institutionellen Dispositionen für die Herausbildung einer Kompromisskultur waren und wie sie das politische System stabilisierten und so die Investitionen förderten. Im Verlauf dieser historischen Phase griff der Bund mehrfach zu Interventions- und Regulierungsmassnahmen. Sie waren pragmatische Antworten auf die jeweiligen Probleme, scheinbar ohne Kohärenz, aber sie gingen doch alle in Richtung von etwas Zukunftsträchtigem. Wie die Analyse des öffentlichen Diskurses quer durch das ganze Spektrum der politischen Strömungen ganz klar zeigt, bekam das Laisser-faire, Laisser-aller einen zunehmend negativen Beigeschmack. Und in die liberale Ordnung aus den Anfängen des Bundesstaats wurden immer mehr interventionistische Elemente eingebaut, die dem Wandel der Bedürfnisse und den Erwartungen von Wirtschaft und Bevölkerung entsprachen – eine Entwicklung, die mit der Verstaatlichung der Eisenbahnen und der Gründung der Nationalbank ihren Höhepunkt erreichte. Die Folge war eine verstärkte Berücksichtigung der auf den Binnenmarkt ausgerichteten Interessen und das Erwachen eines wirtschaftlichen Nationalismus. Das ist keineswegs ein Widerspruch: Die starke Internationalisierung der Weltwirtschaft – sie blieb den Zeitgenossen nicht verborgen – schärfte als Gegenreaktion das nationale Bewusstsein und legte den Keim zu einer wirtschaftlichen Abschottung, wie dies die protektionistischen Reaktionen zugunsten der schweizerischen Landwirtschaft belegen.[106]

So musste und konnte sich die Schweiz Veränderungen, die von aussen kamen, durch die Verabschiedung von Gesetzen und begleitenden Massnahmen anpassen. Die Neuorientierung der schweizerischen Handelspolitik als Reaktion auf den zunehmenden internationalen Protektionismus kam beispielsweise einer Politik des sozialen Ausgleichs im Inland zugute, da die steigenden Zolleinnahmen für Subventionen und gezielte Beihilfen verwendet werden konnten. Aber die Schweiz begnügte sich nicht damit, die äusseren Zwänge zu meistern, sie engagierte sich auch aktiv in den neuen Organisationen, die auf die Internationalisierung gestaltend Einfluss zu nehmen versuchten. Und zwar nicht nur durch ihre finanziellen Partnerschaften mit dem Ausland oder ihre grenzüberschreitende Zusammenarbeit in den fortgeschrittensten Bereichen der Netztechnologien, sondern auch durch ihre Integration auf dem Gebiet der internationalen Beziehungen, bei der geschickten Aushandlung von Handelsverträgen mit ihren wichtigsten Partnern, dem Abschluss internationaler Eisenbahnabkommen und Konventionen über die Alpentransversalen sowie durch ihre Teilnahme an multilateralen Konferenzen und Organisationen, denen sie oftmals einen ständigen Sitz in der Schweiz anbot.

Aus dem Französischen übersetzt von Alice Holenstein-Beereuter

106 Auch anderswo erhielt die liberale Ordnung, welche die Wirtschaftspolitik in Europa und der Neuen Welt prägte, schon vor der Zäsur des Ersten Weltkriegs die ersten Risse oder war gar Opfer der politischen Reaktion. Sie reichten vom Schutz der nationalen Märkte bis zur Einschränkung der Immigration oder der Ausarbeitung einer Sozialpolitik: O'Rourke/Williamson 1999, 93–117.

III.iv Bibliographie

Online-Datenbanken

GGDC: The Groningen Growth and Development Centre, Maddison Historical Statistics, www.ggdc.net.
HSSO: Historische Statistik der Schweiz Online, Kammerer, Patrick et al. (Hg.), www.fsw.uzh.ch/histstat/main.php

Literatur

Abramovitz, M. 1986: Catching up, forging ahead, and falling behind, *Journal of Economich History* 46 (1986), 385–406.
Aglietta, Michel 1982: *Régulation et crises du capitalisme*, Paris: Calmann-Lévy.
Asselain, Jean-Charles 1998: Les rythmes de l'industrialisation, in: Marseille, Jacques (dir.), *L'industrialisation de l'Europe occidentale 1880–1970*, Paris: ADHE, 7–43.
Bairoch, Paul 1984: L'économie suisse dans le contexte européen: 1913–1939, *Revue Suisse d'Histoire* 34 (1984), 468–497.
Bairoch, Paul 1990: La Suisse dans le contexte international aux XIXe et XXe siècles, in: Bairoch, Paul / Körner, Martin (éd.), *La Suisse dans l'économie mondiale (15e–20e s.)*, Zürich: Chronos, 103–140.
Bairoch, Paul 1991: L'industrie manufacturière suisse: succès et déboires. Une perspective internationale et historique (1830–1990), in: *Passé pluriel. En hommage au professeur Roland Ruffieux*, Fribourg: Editions universitaires, 247–276.
Bairoch, Paul 1995: *Mythes et paradoxes de l'histoire économique*, Paris: La Découverte.
Bairoch, Paul 1998: L'industrie manufacturière de l'Europe vers 1910. Production, productivité et commerce extérieur, in: Marseille, Jacques (dir.), *L'industrialisation de l'Europe occidentale 1880–1970*, Paris: ADHE, 45–72.
Bairoch, Paul 1999: *L'agriculture des pays développés, 1800 à nos jours. Production – Productivité – Rendements*, Paris: Economica.
Bernegger, Michael 1983: *Die Schweizer Wirtschaft 1850 bis 1913: Wachstum, Strukturwandel und Konjunkturzyklen*, Zürich: Lizenziatsarbeit, Universität Zürich.
Bernegger, Michael 1990: Die Schweiz und die Weltwirtschaft: Etappen der Integration im 19. und 20. Jahrhundert, in: Bairoch, Paul / Körner, Martin (Hg.), *Die Schweiz in der Weltwirtschaft (15.–20. Jh.)*, Zürich: Chronos, 429–464.
Bickel, Wilhelm 1973: *Die Volkswirtschaft in der Schweiz: Entwicklung und Struktur*, Aarau / Frankfurt a.M.: Sauerländer.
Boch, Rudolf 2004: *Staat und Wirtschaft im 19. Jahrhundert* (EDG 70), München: Oldenbourg.
Bosshardt, Alfred / Nydegger, Alfred 1964: Die schweizerische Aussenwirtschaft im Wandel der Zeiten, *Schweizerische Zeitschrift für Volkswirtschaft und Statistik* 100 (1964), 302–327.
Boyer, Robert 1986: *La théorie de la régulation: une analyse critique*, Paris: La Découverte.
Cassiers, Isabelle 1989: *Croissance, crise et régulation en économie ouverte. La Belgique entre les deux guerres*, Bruxelles: De Boeck.
Cassis, Youssef / Tanner, Jakob 1992: Finance and Financiers in Switzerland, 1880–1960, in: Cassis, Youssef (ed.), *Finance and Financiers in European History, 1880–1960*, Cambridge: Cambridge University Press, 293–316.
Couchepin, Benoît 1998: L'encouragement à l'innovation en Suisse aux XIXe et XXe siècles, *Revue d'Allemagne et des pays de langue allemande* 30 (1998), 457–467.
David, Thomas 2003: Croissance économique et mondialisation. Le cas de la Suisse (1870–1914), in: Gilomen, Hans-Jörg / Müller, Margrit / Veyrassat, Béatrice (éd.), *La Globalisation – chances et risques. La Suisse dans l'économie mondiale 18e–20e siècles*, Zürich: Chronos, 145–169.
David, Thomas 2009: Le paradoxe suisse? Croissance et régulation en économie ouverte (1870–1914), in: Blancheton, Bertrand / Bonin, Hubert (éd.), *La croissance en économie ouverte (XVIIIe – XXIe siècles). Hommage à Jean-Charles Asselain*, Bruxelles / Berne / [etc.]: Lang, 263–296.
David, Thomas / Mach, André 2006: *Institutions and Economic Growth. The Successful Experience of Switzerland (1870–1950)*, Helsinki, Unu-Wider, *Research Paper, n° 2006/101*.
Degen, Bernard 1997: Haftpflicht bedeutet den Streit, Versicherung den Frieden, in: Siegenthaler, Hansjörg (Hg.), *Wissenschaft und Wohlfahrt. Moderne Wissenschaft und ihre Träger in der Formation des schweizerischen Wohlfahrtstaates während der zweiten Hälfte des 19. Jahrhunderts*, Zürich: Chronos, 137–153.

Degen, Bernard 2006: Entstehung und Entwicklung des schweizerischen Sozialstaates, *Studien und Quellen* 31 (2006). *Geschichte der Sozialversicherungen*, Zürich: Chronos, 17–48.

Duc, Gérard 2010: *Les tarifs marchandises des chemins de fer suisses (1850–1913). Stratégies des compagnies ferroviaires, nécessités de l'économie nationale et évolution du rôle régulateur de l'Etat,* Bern / [etc.]: Lang.

Egloff, Rainer 2002: Schweizer Modelle im internationalen Diskurs sozialstaatlicher Expertise um 1900, in: Gilomen, Hans-Jörg / Guex, Sébastien / Studer, Brigitte (Hg.), *Von der Barmherzigkeit zur Sozialversicherung. Umbrüche und Kontinuitäten vom Spätmittelalter bis zum 20. Jahrhundert*, Zürich: Chronos, 287–295.

Frey, Thomas 2008: Der Strukturwandel der schweizerischen Landwirtschaft nach 1850 im Licht der Thünen'schen Kreise, *Traverse. Zeitschrift für Geschichte* (2008/1), 49–63.

Frey, Thomas / Vogel, Lukas 1997: *«Und wenn wir auch die Eisenbahn mit Kälte begrüssen ...». Verkehrsintensivierung in der Schweiz 1870–1910: Ihre Auswirkung auf Demographie, Wirtschaft und Raumstruktur,* Zürich: Chronos.

Gruner, Erich (Hg.) 1987, 1988: *Arbeiterschaft und Wirtschaft in der Schweiz 1880–1914. Soziale Lage, Organisation und Kämpfe von Arbeitern und Unternehmern, politische Organisation und Sozialpolitik,* Band I, 1987, Band II, 1988, Zürich: Chronos.

Guex, Sébastien 1993: *La politique monétaire et financière de la Confédération suisse 1900–1920,* Lausanne: Payot.

Gugerli, David 1996: *Redeströme. Zur Elektrifizierung der Schweiz 1880–1914,* Zürich: Chronos.

Gürtler, Hans 1931: *Der Einfluss der Handelspolitik auf die Schweizer Inlandindustrie und deren Entwicklung seit Anfang der 1890er Jahre,* Liestal: Buchdruckerei Lüdin & Co.

Hacker, Jakob S. 2002: *The Divided Welfare State. The Battle over Public and Private Social Benefits in the United States,* Cambridge / New York: Cambridge University Press.

Halbeisen, Patrick / Lechner, Roman 1994: Politik im Föderalismus: Die Rolle der Finanzen in der schweizerischen Bundespolitik von 1848 bis 1913, in: Ernst, Andreas et al. (Hg.), *Kontinuität und Krise. Sozialer Wandel als Lernprozess. Beiträge zur Wirtschafts- und Sozialgeschichte der Schweiz. Festschrift für Hansjörg Siegenthaler*, Zürich: Chronos, 33–50.

Halbeisen, Patrick / Müller, Margrit 1998: Die schrittweise Nationalisierung des Geldes: Von der Einführung der Schweizer Währung zur nationalen Kontrolle über das Geldwesen, in: Mosser, Alois (Hg.), *Österreichs Weg zum Euro*, Wien: Manz, 63–86.

Hannah, Leslie 2008: Logistics, market size and giant plants in the early 20th century: a global view, *The Journal of European Economic History* 68 (2008), 46–79.

Head-König, Anne-Lise 2008: The Process of Globalisation in the Swiss Labour Market Viewed in the Context of Three Major Export Industries (1880–1939), in: Müller, Margrit / Myllyntaus, Timo (eds.), *Pathbreakers. Small European Countries Responding to Globalisation and Deglobalisation*, Bern: Lang, 209–239.

Herren, Madeleine 2000: *Hintertüren zur Macht: Internationalismus und modernisierungsorientierte Aussenpolitik in Belgien, der Schweiz und den USA, 1865–1914,* München: R. Oldenburg.

Herrmann, Irène 2006: *Les cicatrices du passé. Essai sur la gestion des conflits en Suisse (1798–1918),* Berne / [etc.]: Lang.

Hertner, Peter 1987: Les sociétés financières suisses et le développement de l'industrie électrique jusqu'à la Première Guerre mondiale, in: Cardot, Fabienne (éd.), *1880–1980. Un siècle d'électricité dans le monde*, Paris: PUF, 341–355.

Historischer Strukturatlas 2001: Fritzsche Bruno et al., *Historischer Strukturatlas der Schweiz. Die Entstehung der modernen Schweiz,* Baden: hier + jetzt.

Historisches Lexikon der Schweiz, Basel: Schwabe.

Horvath, Franz / Kunz, Matthias 1993: Sozialpolitik und Krisenbewältigung am Vorabend des Ersten Weltkrieges, in: Imhof, Kurt / Kleger, Heinz / Romano, Gaetano, *Zwischen Konflikt und Konkordanz*, Zürich: Seismo, 61–107.

Humair, Cédric 2004: *Développement économique et Etat central (1815–1914). Un siècle de politique douanière suisse au service des élites,* Berne / [etc.]: Lang.

Humair, Cédric 2007: L'Etat fédéral comme prestataire de services à l'industrie. Faire face à la compétition économique internationale, in: Gilomen, Hans-Jörg / Müller, Margrit / Tissot, Laurent (éd.), *Les Services. Essor et transformation du «secteur tertiaire» (15ᵉ–20ᵉ siècles)*, Zürich: Chronos, 47–61.

Humair, Cédric 2009: *The Second Industrial Revolution, technology transfer and the role of public institutions: the Swiss case (1875–1939), Working Paper* (World Economic History Congress, Utrecht 2009).

Jöhr, Adolf 1927: *Staatwirtschaft und Privatwirtschaft in der Schweiz,* Zürich: Orell Füssli.

Kaelble, Hartmut 1989: Was Prometheus most Unbound in Europe? The Labour Force in Europe During the Late XIXth and XXth Centuries, *The Journal of European Economic History* 18 (1989), 65–102.

Kaelble, Hartmut 1998: Le changement structurel de l'emploi en Europe au XIXe et au XXe siècles, *Histoire – Economie – Société* 17 (1998), 13–37.

Katzenstein, Peter J. 1984: *Corporatism and Change: Austria, Switzerland and the Politics of Industry*, Ithaca / London: Cornell University Press.

Katzenstein, Peter J. 1985: *Small States in World Markets: Industrial Policy in Europe*, Ithaca / London: Cornell University Press.

Kontinuität und Krise 1994: Ernst, Andreas et al. (Hg.), *Kontinuität und Krise. Sozialer Wandel als Lernprozess. Beiträge zur Wirtschafts- und Sozialgeschichte der Schweiz. Festschrift für Hansjörg Siegenthaler*, Zürich: Chronos.

Krantz, Olle 1995: *Swedish historical national accounts 1800–1993. Aggregated output series,* Umeå University (mimeo).

La Suisse: Pays du consensus? 2001: numéro thématique de Traverse. Revue d'histoire (2001/3).

Leimgruber, Matthieu 2008: *Solidarity Without the State? Business and the Shaping of the Swiss Welfare State, 1890–2000,* Cambridge: Cambridge University Press.

Mazbouri, Malik 2005: *L'émergence de la place financière suisse (1890–1913). Itinéraire d'un grand banquier,* Lausanne: Antipodes.

Millward, Robert 2005: *Private and Public Enterprise in Europe. Energy, Telecommunications and Transport, 1830–1990,* Cambridge: Cambridge University Press.

Müller, Margrit 2010: Die Exportindustrien im Verlauf des 20. Jahrhunderts, *Traverse. Zeitschrift für Geschichte* (2010/1), *Wirtschaftsgeschichte in der Schweiz: eine historiographische Skizze,* 119–138.

O'Rourke, Kevin H. 2000: Tariffs and Growth in the late 19th Century, *Economic Journal* 110 (2000), 456–483.

O'Rourke, Kevin H. / Williamson, Jeffrey G. 1999: *Globalization and History. The Evolution of a Nineteenth-Century Atlantic Economy*, Cambridge, Massachusetts: The MIT Press.

O'Rourke, Kevin H. / Williamson, Jeffrey G. 2002: When did globalisation begin? *European Review of Economic History* 6 (2002), 23–50.

Paquier, Serge 1993: Banques, sociétés financières, industrie électrique de 1895 à 1914, in: Cassis, Youssef / Tanner, Jakob (éd.), *Banques et crédit en Suisse*, Zürich: Chronos, 241–266.

Paquier, Serge 1998: *Histoire de l'électricité en Suisse. La dynamique d'un petit pays européen 1875–1939,* 2 vol., Genève: Passé Présent.

Paquier, Serge 2000a: Le financement de l'industrie électrique suisse des années 1880 à la Première Guerre mondiale, in: Marguerat, Philippe / Tissot, Laurent / Froidevaux, Yves (éd.), *Banques et entreprises industrielles en Europe de l'Ouest, XIXe–XXe siècles: aspects nationaux et régionaux*, Genève: Droz, 153–173.

Paquier, Serge 2000b: Le mythe de l'industrie électrique nationale à l'épreuve des faits. Un subtil jeu d'ouverture et de fermeture d'un petit pays européen (1875-années vingt), *Relations internationales* 101 (2000), 5–20.

Paquier, Serge 2001: Swiss holding companies from mid-nineteenth century to the early 1930s: the forerunners and subsequent waves of creations, *Financial History Review* 8 (2001), 163–182.

Paquier, Serge 2004: L'évolution des services publics en Suisse – Pour une histoire du service public en Suisse (XIXe–XXe siècles), *Annales 2003*, tome I, Genève: Institut National Genevois, 13–26.

Paquier, Serge 2007a: Naissance et développement des services publics en Suisse. Le cas des deux réseaux charbonniers au 19e siècle, in: Gilomen, Hans-Jörg / Müller, Margrit / Tissot, Laurent (éd.), *Les Services. Essor et transformation du «secteur tertiaire» (15e–20e siècles)*, Zürich: Chronos, 201–213.

Paquier, Serge 2007b: La Suisse et ses industries de réseaux aux XIXe et XXe siècles: assimilation, valorisation et répartition, *Histoire – Economie – Société* 26 (2007), 67–80.

Püntener, Peter 1994: Der Beitrag des Fremdenverkehrs zur Entwicklung der Schweizer Wirtschaft (1850–1913), in: Ernst, Andreas et al. (Hg.), *Kontinuität und Krise. Sozialer Wandel als Lernprozess. Beiträge zur Wirtschafts- und Sozialgeschichte der Schweiz. Festschrift für Hansjörg Siegenthaler*, Zürich: Chronos, 51–59.

Ritzmann-Blickenstorfer, Heiner (Hg.) 1996: *Historische Statistik der Schweiz*, Zürich: Chronos.

Ruffieux, Roland 1986: Kapitel 7, in: *Geschichte der Schweiz und der Schweizer*, Basel: Helbing & Lichtenhahn.

Ruoss, Eveline 1992: *Die Geldpolitik der Schweizerischen Nationalbank 1907–1929. Grundlagen, Ziele und Instrumente,* [s.l.]: [s.n.].

Schröter, Harm G. 1993: *Aufstieg der Kleinen. Multinationale Unternehmen aus fünf kleinen Staaten vor 1914,* Berlin: Duncker & Humblot.

Siegenthaler, Hansjörg 1980: Ansätze zur Interpretation des Zusammenhangs von langfristigen Wachstumsschwankungen und sozio-politischem Strukturwandel, in: Schröder, Wilhelm-Heinz / Spree, Reinhard (Hg.), *Historische Konjunkturforschung*, Stuttgart: Klett-Cotta, 359–371.

Siegenthaler, Hansjörg 1981: Wirtschaftliche Entwicklung und Entwicklungskrisen als Gegenstand theoretischer Erklärung: Von der Fragestellung der fünfziger Jahren zu Kontroversen der Gegenwart, in: Krulis-

Randa, Jan S. / Schneebeli, Robert / Siegenthaler, Hansjörg (Hg.), *Geschichte in der Gegenwart. Festgabe für Max Silberschmidt*, Zürich: Europa-Verlag, 221–245.

Siegenthaler, Hansjörg 1985: Die Schweiz 1850–1914, in: Fischer, W. et al. (Hg.), *Handbuch der Europäischen Wirtschafts- und Sozialgeschichte*, Band 5, Stuttgart: Klett-Cotta, 443–473.

Siegenthaler, Hansjörg 1993: *Regelvertrauen, Prosperität und Krisen. Die Ungleichmässigkeit wirtschaftlicher und sozialer Entwicklung als Ergebnis individuellen Handels und sozialen Lernens*, Tübingen: J.C.B. Mohr.

Siegenthaler, Hansjörg 1997: Fridolin Schuler und die Anfänge des modernen Wohlfahrtsstaates, in: Siegenthaler, Hansjörg (Hg.), *Wissenschaft und Wohlfahrt. Moderne Wissenschaft und ihre Träger in der Formation des schweizerischen Wohlfahrtstaates während der zweiten Hälfte des 19. Jahrhunderts*, Zürich: Chronos, 9–33.

Studer, Brigitte (Hg.) 1998a: *Etappen des Bundesstaates. Staats- und Nationsbildung der Schweiz, 1848–1998*, Zürich: Chronos.

Studer, Brigitte 1998b: Soziale Sicherheit für alle? Das Projekt Sozialstaat, in: Studer, Brigitte (Hg.), *Etappen des Bundesstaates. Staats- und Nationsbildung der Schweiz, 1848–1998*, Zürich: Chronos, 159–186.

Studer, Roman 2008: When Did the Swiss Get so Rich? Comparing Living Standards in Switzerland and Europe, 1800–1913, *Journal of European Economic History* 2 (2008), 405–452.

Tanner, Jakob 1998: Staat und Wirtschaft in der Schweiz, in: Studer, Brigitte (Hg.), *Etappen des Bundesstaates. Staats- und Nationsbildung der Schweiz, 1848–1998*, Zürich: Chronos, 237–259.

Tenfelde, Klaus 1997: Schweizerische Sozialgeschichte in der Perspektive vergleichender Sozialgeschichte: ein Kommentar, in: Siegenthaler, Hansjörg (Hg.), *Wissenschaft und Wohlfahrt. Moderne Wissenschaft und ihre Träger in der Formation des schweizerischen Wohlfahrtstaates während der zweiten Hälfte des 19. Jahrhunderts*, Zürich: Chronos, 235–245.

Tissot, Laurent 2000: *Naissance d'une industrie touristique. Les Anglais et la Suisse au XIXe siècle*, Lausanne: Payot.

Verley, Patrick 1997: *L'échelle du monde. Essai sur l'industrialisation de l'Occident*, Paris: Gallimard.

Veyrassat, Béatrice 1990: La Suisse sur les marchés du monde, in: Bairoch, Paul / Körner, Martin (éd.), *La Suisse dans l'économie mondiale*, Zürich: Chronos, 287–316.

Veyrassat, Béatrice 1997: Manufacturing flexibility in nineteenth-century Switzerland: social and institutional foundations of decline and revival in calico-printing and watchmaking, in: Sabel, Charles F. / Zeitlin, Jonathan (eds.), *World of Possibilities. Flexibility and Mass Production in Western Industrialization*, Cambridge: Cambridge University Press, 188–237.

Veyrassat, Béatrice 2010a: Crises économiques et changement: contingences et structures, in: Bessin, Marc / Bidart, Claire / Grossetti, Michel (dir.), *Bifurcations. Les sciences sociales face aux ruptures et à l'événement*, Paris: La Découverte, 387–397.

Veyrassat, Béatrice 2010b: Les industries d'exportation de la première industrialisation, *Traverse. Revue d'histoire* (2010/1), *L'histoire économique en Suisse: une esquisse historiographique*, 103–118.

Veyrassat, Béatrice 2010c: La place de l'industrie suisse dans l'échange international de technologies. Une approche par les brevets (fin 19e– milieu du 20e siècle), *Traverse. Revue d'histoire* (2010/3), 97–111.

Walter, François 1982: Finance et politique à la Belle Epoque. La France et les emprunts de la Confédération helvétique (1890–1914), *Revue Suisse d'Histoire* 32 (1982), 421–450.

Wehrli, Bernhard 1983: *Die «Bundesbarone». Betrachtungen zur Führungsschicht der Schweiz nach der Gründung des Bundesstaates*, Zürich: Kommissionsverlag Beer AG.

Widmer, Thomas 1992: *Die Schweiz in der Wachstumskrise der 1880er Jahre*, Zürich: Chronos.

Teil 1: Wirtschaftliche Entwicklung, Demographie und Technologie

Einleitung

David Gugerli, Luigi Lorenzetti, Margrit Müller, Jakob Tanner und Ulrich Woitek

Bereits zu Beginn des 20. Jahrhunderts gehörte die Schweiz zu den Ländern mit besonders hoher Wirtschaftsleistung je Einwohner. Es folgten Perioden, in denen dieser relative Wohlstandsvorsprung gemessen mit dem BIP pro Kopf erhalten, ausgebaut oder teilweise auch wieder eingebüsst wurde. Gegen Ende des Jahrhunderts näherte sich das Wohlstandsniveau in der Schweiz dem westeuropäischen Durchschnitt an. Die wirtschaftliche Entwicklung der Schweiz ist somit keine ununterbrochene Erfolgsgeschichte, wie dies manche der älteren und auch neueren Darstellungen vermitteln möchten,[1] vor allem dann nicht, wenn man die Schweiz mit einigen anderen kleineren europäischen Ländern wie Dänemark, Finnland, den Niederlanden, Norwegen oder Schweden vergleicht. Diese Staaten verzeichnen, gemessen an ihrer Ausgangsposition zu Beginn des 20. Jahrhunderts, einen viel steileren Wachstumspfad. Es ist allerdings auch nicht die Geschichte eines Misserfolgs, denn für eine kleine, offene und damit stark der internationalen Konkurrenz ausgesetzte und von ausländischen Märkten abhängige Volkswirtschaft ist es keine leichte Aufgabe, ein im Vergleich zu ihrem Umfeld hohes Wohlstandsniveau über ein ganzes Jahrhundert aufrechtzuerhalten.

Im ersten Teil dieses Buches werden die zentralen Bestimmungsfaktoren der wirtschaftlichen Entwicklung thematisiert, wobei in Kapitel 1.1, gestützt auf teilweise neue Schätzungen des Bruttoinlandprodukts und seiner Komponenten, die für die Schweiz erstmalige Quantifizierung des Wohlstands, des Wachstums und des Konjunkturverlaufs während des gesamten 20. Jahrhunderts im Zentrum steht. Aufgezeigt wird, in welchen Perioden die Schweiz ihren Vorsprung innerhalb Europas zu erhalten vermochte, aber auch woran es liegen könnte, dass sie diesen streckenweise wieder einbüsste. Ein Ergebnis dieser Analysen ist die Feststellung, dass der relative Vorsprung gemessen mit dem BIP pro Kopf während der von Kriegen, Krisen und zunehmendem Protektionismus geprägten ersten Hälfte des 20. Jahrhunderts und auch während der anschliessenden langen Wachstumsperiode erhalten blieb; der schweizerische Wirtschaftsverlauf wies allerdings deutlich weniger starke Schwankungen auf als der anderer Länder, es kam nicht zu grossen Geld- und Vermögensentwertungen, und die Beschäftigungslage im Inland blieb wegen der sich der Konjunkturlage anpassenden Arbeitsimmigration ausgesprochen stabil. Die Wirtschaft vermochte sich flexibel an die neuen weltwirtschaftlichen Verhältnisse der Zwischenkriegszeit anzupassen, in-

1 Den Eindruck einer besonderen Leistungsfähigkeit der schweizerischen Wirtschaft vermittelt etwa die international vergleichende Studie von Bairoch 1990. Eine neuere Erfolgsgeschichte ohne Wenn und Aber beschreiben Weder/Weder 2009. Einen guten Überblick über die quantitative wirtschaftliche Entwicklung in Europa ab 1870, einschliesslich der Schweiz, vermitteln Broadberry/O'Rourke 2010.

dem sich einerseits eine relativ gewichtige Binnenwirtschaft etablierte und weil sich andererseits der damals eingeleitete Strukturwandel in der langen Wachstumsperiode nach dem Zweiten Weltkrieg als tragfähige Grundlage eines auch im internationalen Vergleich starken Wachstums erwies. Die seit den 1970er Jahren deutlich niedrigeren Wachstumsraten lassen sich auch in anderen westeuropäischen Ländern feststellen; sie gehen mit abnehmenden Anteilen des Industriesektors am Bruttoinlandprodukt und mit weitreichenden Verschiebungen innerhalb der Weltwirtschaft einher.[2] Im Kapitel 1.1 werden die möglichen Gründe für die in der Schweiz besonders ausgeprägte Wachstumsschwäche thematisiert und aufgezeigt, inwieweit diese zu Beginn des 21. Jahrhunderts noch nachwirkten oder überwunden werden konnten.

Die Kapitel 1.2 und 1.3 befassen sich mit zentralen Bestimmungsfaktoren der wirtschaftlichen Entwicklung: mit der demographischen Entwicklung und mit dem vereinfacht als «technischer Wandel» umschriebenen dritten Produktionsfaktor neben Arbeit und Kapital. Die Beziehungen zwischen Bevölkerungs- und Wirtschaftswachstum sind überaus komplex; zudem veränderten sie sich im Verlauf des 20. Jahrhunderts stark und das aus unterschiedlichen Gründen. Wie in anderen europäischen Ländern wurde das Bevölkerungswachstum in der Schweiz vom ersten demographischen Übergang (1870–1930) geprägt. In diesem Zeitraum nahm das natürliche Bevölkerungswachstum wegen sinkender Sterbe- und Geburtenraten ab, während der Alterungsprozess der Bevölkerung zunahm. Diese übergreifenden Tendenzen waren von vielfältigen kulturellen und ökonomischen Einflüssen abhängig, etwa von der Veränderung des Heiratsverhaltens oder von der Konjunkturlage. In der Schweiz war das Bevölkerungswachstum zudem stark mit der Immigration von Personen im erwerbsfähigen Alter verbunden. Dadurch wurde der Alterungsprozess der Bevölkerung insgesamt verlangsamt, und mit dem zunehmendem Anteil immigrierender Frauen sank tendenziell das Heiratsalter und die Geburtenrate stieg.

Die Bevölkerung im erwerbsfähigen Alter ist der zentrale Bestimmungsfaktor des aufgrund des Produktionsfaktors Arbeit bestehenden Wachstumspotentials einer Volkswirtschaft. Dieses Potential wird jedoch nur in dem Masse auch wirksam, als die Erwerbsfähigen tatsächlich erwerbstätig sind. Die Erwerbsquoten der männlichen Bevölkerung veränderten sich im Verlauf des Jahrhunderts nur geringfügig, ganz im Gegensatz zur Erwerbstätigkeit der Frauen. In der ersten Hälfte des 20. Jahrhunderts war die Erwerbsquote der Frauen noch stark von der Konjunkturlage abhängig, in der zweiten Hälfte lässt sich hingegen eine zunehmende Beteiligung der Frauen am Arbeitsmarkt unabhängig von der Konjunkturlage oder vom Heiratsalter bzw. von der Anzahl Kinder feststellen. Allerdings handelte es sich dabei vor allem um Teilzeitarbeit, die nicht den gleichen Beitrag zum Wirtschaftswachstum leisten konnte wie die meistens in Vollzeit beschäftigten männlichen Erwerbstätigen. Die Erwerbsquoten beider Geschlechter variierten in Abhängigkeit des Konjunkturverlaufs, wobei die

2 Houpt/Lains/Schön 2010, 346, 348–349.

ausländische Bevölkerung in den schweren Konjunktureinbrüchen von Erwerbslosigkeit stets stärker betroffen war; deren Erwerbstätigkeit nahm andererseits in den ausgesprochenen Wachstumsperioden auch besonders stark zu. Aufgrund der bestehenden Einwanderungsbestimmungen konnte die Zahl der ausländischen Erwerbstätigen flexibel an die Nachfrage im Arbeitsmarkt angepasst werden. Erst in den letzten Jahrzehnten des 20. Jahrhunderts war dies aufgrund der revidierten Immigrationsgesetzgebung nicht mehr im gleichen Ausmass möglich. Gleichzeitig nahm die Bedeutung der Grenzgänger als eine relativ flexibel sich der Konjunkturlage anpassende Kategorie ausländischer Arbeitnehmer stark zu.

Während die Entwicklung der natürlichen Reproduktionsfaktoren (Geburten- und Sterberaten) sowie der Alterungsprozess wegen der gegenläufigen Tendenzen der Immigration auf die erwerbsfähige Bevölkerung für den Wirtschaftsverlauf in der Schweiz eine eher geringere Rolle spielten als in den umliegenden europäischen Ländern, war der dritte Produktionsfaktor neben Arbeit und Kapital für die frühe Industrialisierung und die Erhaltung der internationalen Wettbewerbsfähigkeit der schweizerischen Wirtschaft im Verlauf des 20. Jahrhunderts von kaum zu unterschätzender Bedeutung. Dieser dritte Produktionsfaktor wurde in der ökonomischen Wachstumstheorie lange Zeit als «technischer Fortschritt» bezeichnet und später durch das Konzept des «Humankapitals» erweitert. Doch der dritte Produktionsfaktor ist im Wesentlichen ein Residualfaktor, der alle Einflüsse auf das Wirtschaftswachstum auffängt, die nicht mit dem Wachstum der Produktionsfaktoren Arbeit und Kapitel erklärt werden können.

Im Kapitel 1.3 wird aufgezeigt, wie sich im Verlauf des 20. Jahrhunderts die Wissensbasis der schweizerischen Volkswirtschaft – Wissenschaft, Forschung, Bildung und berufliche Ausbildung – einerseits erweiterte und andererseits zu einem eigenen gewichtigen Wirtschaftsbereich entwickelte. Der auf Forschung basierenden Technik wurde sowohl von Seiten der Wirtschaft wie auch seitens der Politik eine besondere Bedeutung beigemessen. Wissenschaftliche Forschung führte zu Innovationen, die wiederum völlig neue Industrien begründeten oder bestehende transformierten und die mit teils enormen Produktivitätssteigerungen verbunden waren. In den Jahrzehnten um 1900 intensivierten sich die Verwissenschaftlichungs- und Professionalisierungstendenzen ganz generell, und in der Schweiz etablierte sich ein gesellschaftlich breit abgestützter Konsens, dass technisches, kommerziell verwertbares Wissen für das moderne Wirtschaftswachstum von grosser Wichtigkeit sei und dass eine direkte Beziehung zwischen Bildungssystem und wirtschaftlicher Stärke bestehe. Produktivitätssteigerungen, Reallohnerhöhungen und neuartige Konsummöglichkeiten liessen die Bevölkerung teilhaben an den positiven Seiten des technisch-organisatorischen Wandels und erhöhten dadurch die Akzeptanz der damit ebenfalls einhergehenden Rationalisierungsprozesse in der Produktion und der Veränderung der Arbeitsabläufe.

Insbesondere interessiert hier, in welchem Ausmass es nationale Strukturen in den Bereichen Wirtschaft, Bildung und Wissenschaft waren, die diese Entwicklungen – im Sinne eines «nationalen Innovationssystems» – prägten. In einer international stark vernetzten Wirtschaft spielten nämlich stets auch externe Einflüsse eine wichtige Rolle. Die Möglichkeit, technisches Wissen und Know-how aus dem Ausland zu beziehen, Neuerungen zu imitieren und zu perfektionieren, aber auch eigene Innovationen zu schaffen und im Ausland in Form von Lizenzen zu vermarkten, leistete einen wesentlichen Beitrag zum Wirtschaftswachstum. Die Innovationsfähigkeit der schweizerischen Wirtschaft gründete zwar primär in der Bereitschaft der Privatwirtschaft, in Forschung und Entwicklung zu investieren und eine starke Innovationskultur zu fördern. Die Unternehmen stützten sich jedoch auf zentrale Vorleistungen von Bund und Kantonen in der Grundlagenforschung und im Ausbau des Bildungssystems, wobei der Kooperation zwischen Wirtschaft und staatlichen Behörden im Bereich der beruflichen Ausbildung eine besonders grosse Bedeutung zukam.

Der technisch-organisatorische Wandel galt bis in die 1970er Jahre hinein als wichtigster Produktionsfaktor, weil er gemäss der gängigen Wachstumsmodelle den grössten Beitrag zur gesamtwirtschaftlichen Wachstumsrate leistete. In der Folge liess dieser Beitrag jedoch rasch nach, und zwar in der Schweiz eher noch stärker als in anderen westeuropäischen Ländern. Gleichzeitig sank in allen hochentwickelten Staaten der Anteil des Industriesektors am Bruttoinlandprodukt. Da der technisch-organisatorische Wandel jedoch keineswegs nachgelassen, sondern sich im Gegenteil infolge der neuen Informationstechnologien noch beschleunigt hatte, dürfte der stark gesunkene Wachstumsbeitrag des Residualfaktors nicht nur auf dessen schwierige Quantifizierbarkeit zurückzuführen sein, sondern auch auf den mit weitreichenden technologischen Umwälzungen stets einhergehenden Prozess der «schöpferischen Zerstörung» (Schumpeter) sowie auf die im Teil 2 dieses Buches thematisierte Veränderung der Position der schweizerischen Wirtschaft innerhalb der internationalen Arbeitsteilung.

Die Schweiz war stets auf den Austausch mit anderen Ländern angewiesen, nicht nur auf den Aussenhandel mit Waren und Dienstleistungen, sondern auch auf die Immigration von Arbeitskräften mit unterschiedlichen, sich der Nachfrage anpassenden Qualifikationen, auf den grenzüberschreitenden Wissensaustausch und die internationale Zusammenarbeit in der Forschung und ganz besonders auf die Möglichkeit, Kapital im Ausland zu investieren und so Einkommen ausserhalb des eigenen Landes zu erzielen. Dieser internationale Austausch ist im Verlauf der letzten Jahrzehnte des 20. Jahrhunderts in jeder Hinsicht intensiver und ergiebiger geworden, aber auch anspruchsvoller und störungsanfälliger.

Bibliographie

Literatur

Bairoch, Paul 1990: La Suisse dans le contexte international aux XIXe et XXe siècles, in: Bairoch, Paul / Körner, Martin (éd.), *La Suisse dans l'économie mondiale (15e–20e s.)*, Zürich: Chronos, 103–140.

Broadberry, Stephen / O'Rourke, Kevin H. (eds.) 2010: *The Cambridge Economic History of Modern Europe, Volume 2: 1870 to the Present*, Cambridge / [etc.]: Cambridge University Press.

Houpt, Stefan / Lains, Pedro / Schön, Lennart 2010: Sectoral develoments, 1945–2000, in: Broadberry, Stephen / O'Rourke, Kevin H. (eds.), *The Cambrige Economic History of Modern Europe, Volume 2: 1870 to the Present*, Cambridge / [etc.]: Cambridge University Press, 333–359.

Weder, Beatrice / Weder, Rolf 2009: Switzerlands Rise to a Wealthy Nation, Competition and Contestability as Key Success Factors, *Research Paper No 2009/25*, UNU-WIDER.

1.1 Wohlstand, Wachstum und Konjunktur

Margrit Müller und Ulrich Woitek
(unter Mitarbeit von Manuel Hiestand)

Gestützt auf teilweise neue Schätzungen des Bruttoinlandprodukts und seiner Komponenten wird im Folgenden die wirtschaftliche Entwicklung der Schweiz beschrieben und aufgrund zentraler makroökonomischer Indikatoren und in international vergleichender Perspektive analysiert. Die quantitative Analyse auf gesamtwirtschaftlicher Ebene vermag, im Vergleich zur Entwicklung in anderen Ländern auffallende Unterschiede und Parallelen herauszuarbeiten und aufzuzeigen, welche Einflüsse und Zusammenhänge dafür besonders relevant waren. Um zu verstehen, warum gerade diese und keine anderen Entwicklungspfade eingeschlagen wurden, bedarf es jedoch des Rückgriffs auf die Ebene der Branchen und Unternehmen, auf die Art und Weise, wie die wirtschaftlichen und politischen Akteure ihre Handlungsspielräume wahrnahmen, auf die Ziele, die sie anstrebten, und wie sich ihre Entscheidungen auf die weitere wirtschaftliche Entwicklung auswirkten. Deshalb wird häufig auf andere Kapitel verwiesen, insbesondere auf die Kapitel in Teil 2, die sich auf der Ebene der Branchen und Unternehmen sowie unter Berücksichtigung der dualen Struktur der schweizerischen Wirtschaft mit dieser Entwicklung befassen. Enge Bezüge bestehen zudem zu den Kapiteln im Teil 5, welche die institutionellen Rahmenbedingungen und die wirtschaftspolitischen Einflüsse thematisieren. Verwiesen wird jeweils auch auf statistische Grundlagen und Methoden der quantitativen Analysen, die Gegenstand der Anhänge A.1 und A.2 sind.

Allgemeiner Zweck des Wirtschaftens ist die Erhaltung und Mehrung des Wohlstands, meistens gleichgesetzt mit Wachstum und gemessen am Bruttoinlandprodukt je Einwohner, wobei die Grenzen dieses Wachstums und die Unzulänglichkeiten des so definierten Wohlstandsindikators etwa seit den 1960er Jahren zwar immer wieder kontrovers diskutiert, aber nicht grundsätzlich in Frage gestellt wurden. Im Kapitel 1.1.1 wird denn auch als Erstes der Frage nachgegangen, wie sich das so gemessene Wohlstandsniveau der Schweiz im Vergleich mit anderen bereits zu Beginn des Jahrhunderts relativ hoch entwickelten Ländern in Europa und den USA verhielt. Dabei stützen wir uns für die erste Hälfte des 20. Jahrhunderts auf neue Schätzungen des Bruttoinlandprodukts und seiner Komponenten, die bisher in der historischen Forschung noch nicht systematisch und insbesondere nicht in der langen Frist verwendet wurden. Wir vermitteln somit ein neues quantitatives Bild der gesamtwirtschaftlichen Entwicklung, wobei tradierte Vorstellungen widerlegt, aber auch Ergebnisse neuerer Studien zur wirtschaftlichen Entwicklung der Schweiz revidiert werden müssen. Als weitere Wohlstandsindikatoren werden die Entwicklung der Einkommen und der Reallöhne sowie das Vermögen, eine häufig vernachlässigte Grundlage des Wohlstands, thematisiert. Zudem wird aufgezeigt, wie sich die im Ausland erwirtschafteten Kapital- und Arbeitseinkommen auf das Wohlstandsniveau der Schweiz auswirkten.

Im anschliessenden Kapitel 1.1.2 wird der Verlauf des Wirtschaftswachstums von der Produktionsseite aus betrachtet und nachgezeichnet, in welchen Perioden Wachstumsvorsprünge gegenüber andern Ländern begründet wurden oder verlorengingen. Schwerpunkt ist hier, die Bestimmungsfaktoren des Wachstums zu analysieren: Welche Beziehungen bestehen zwischen dem Wirtschaftswachstum und dem Wachstum der Bevölkerung, der Veränderung der Erwerbsquote und der Beschäftigung? Welchen Beitrag leisten die Produktionsfaktoren Arbeit, Kapital und technischer Fortschritt? Wie viel tragen die einzelnen Wirtschaftssektoren zum gesamtwirtschaftlichen Wachstum bei?

Im Kapitel 1.1.3, das sich mit dem Konjunkturverlauf beschäftigt, stützen wir uns auf teilweise neue Schätzungen sowie offizielle Erhebungen des BIP nach Verwendungsarten, im Folgenden als BIP(Verw) bezeichnet. Wie verteilt sich das gesamtwirtschaftliche Angebot, bestehend aus dem BIP und den Importen, auf die gesamtwirtschaftliche Nachfrage, d.h. auf Konsum, Investitionen und Exporte? Besondere Schwerpunkte bilden die Konjunkturperioden 1922–1939, 1960–1980 und 1980–2005, die geprägt waren von den schweren Rezessionen in den 1930er und 1970er Jahren und der anhaltenden Wachstumsschwäche der 1990er Jahre.

Abschliessend werden in Kapitel 1.1.4 die Entwicklung der Löhne, der Arbeitsproduktivität und der Preise sowohl im Inland als auch im Verhältnis zum Ausland thematisiert, davon Tendenzen zur Stärkung oder Schwächung der internationalen Wettbewerbsfähigkeit abgeleitet und der schwer zu quantifizierende Beitrag des Aussenhandels zu Wachstum und Wohlstand diskutiert. Zu Beginn des 21. Jahrhunderts war die Schweiz vom Ausland aus gesehen eine Hochpreis- und Hochlohninsel. Bei einem deutlich höheren Preis- und Lohnniveau sind in der Schweiz produzierte Güter tendenziell teurer als im Ausland produzierte, importierte Güter entsprechend billiger. Für ein international stark verflochtenes Land wie die Schweiz ist es wichtig festzustellen, wann sich deutliche Preis- und Lohnniveauunterschiede gegenüber dem Ausland etablierten und wie sich solche Ungleichgewichte auf die internationale Konkurrenzfähigkeit auswirkten.

1.1.1 Der Wohlstand der Schweiz im internationalen Vergleich

1.1.1.1 Das BIP pro Kopf als Wohlstandsindikator

Als Wohlstandsmass weist das BIP pro Kopf wegen systematischer Unter- und Überbewertungen einige Mängel auf. Im BIP werden alle Aktivitäten erfasst, unabhängig davon, ob sie der Gesellschaft einen zusätzlichen Nutzen bringen oder nicht. Viele Umweltschäden, die mit der Produktion von Gütern und Leistungen einhergehen, werden nicht als Kosten eingerechnet und die Produktionsleistungen der Haushalte bzw. deren Substitution durch die Marktproduktion werden nicht adäquat berücksichtigt.[1] Solche Einwände sind berechtigt, fallen jedoch bei Ländervergleichen umso weniger ins Gewicht, je ähnlicher der Entwicklungsstand sowie die politischen und sozialen Verhältnisse der miteinander verglichenen Länder sind. Ferner ist zu beachten, dass es sich beim BIP pro Kopf um ein *materielles Wohlstandsmass* handelt; als Indikator für *Wohlfahrt* im Sinn von *Lebensqualität* ist das BIP pro Kopf deshalb nur begrenzt geeignet. Bei tiefen, kaum das Lebensnotwendigste deckenden Einkommen sind Wohlstand und Wohlfahrt eng korreliert: Wer über ein höheres Einkommen verfügt, ist tendenziell besser ernährt, grösser, gesünder, gebildeter, hat bessere Aussichten im Beruf und lebt länger. Bei einem relativ hohen materiellen Lebensstandard sind die Beziehungen zwischen Wohlstand und Wohlfahrt weniger eindeutig. Daher eignet sich beispielsweise der von der UNO als Alternative zum BIP entwickelte «Human Development Index (HDI)» für den Vergleich der Lebensstandards von Gesellschaften mit sehr unterschiedlichem Entwicklungsstand und über einen langen Zeitraum besser als das BIP pro Kopf. Auch gemessen mit dem HDI gehörte die Schweiz zu den Ländern mit einem hohen Lebensstandard.[2] Im HDI werden zusätzlich zum BIP die durchschnittliche Lebenserwartung, die Lese- und Schreibfähigkeit und die Schulbildung der Bevölkerung berücksichtigt. Die Schweiz nahm nicht bei all diesen Wohlfahrtsindikatoren und nicht immer eine Spitzenstellung ein. Sie sticht allerdings im Jahr 1870 mit der höchsten Alphabetisierungsrate (85 %) und der höchsten Einschulungsquote (47.3 %) hervor, deutliche Hinweise auf den relativ hohen Entwicklungsstand des Landes bereits im späten 19. Jahrhundert.[3]

Von besonderer Bedeutung für die Unterscheidung zwischen der Entwicklung des Lebensstandards und der Lebensqualität im 20. Jahrhundert ist zudem, dass dasselbe BIP mit mehr oder weniger Arbeitszeit erwirtschaftet werden kann: Je grösser die freie Zeit, desto höher die Lebensqualität. In dieser Hinsicht bestanden zwischen den hochentwickelten Ländern Europas beträchtliche Unterschiede. Was die durchschnittlich geleisteten Arbeitsstunden je Arbeiter betrifft, so lag die Schweiz während der zweiten Hälfte des Jahrhunderts im europäischen Mittelfeld, hingegen gehörte sie, vermutlich wegen der höheren Erwerbsquote, bei den Arbeitsstunden je Einwohner stets zu den Ländern mit der höchsten Stundenzahl.[4] Der relativ hohe Wohlstand in der Schweiz dürfte zumin-

1 Der Verbrauch natürlicher Ressourcen wird über die Erstellung von Ökobilanzen erfasst und zunehmend als Kostenfaktor innerhalb des Produktionsprozesses berücksichtigt. Die Verdrängung der Haushaltsproduktion lässt sich korrigieren, indem beispielsweise die für die Marktproduktion aufgewendeten Arbeitsstunden bzw. die für andere Zwecke verfügbare freie Zeit in die erweiterte BIP-Berechnung einbezogen werden (Crafts 1997).

2 Leonard/Ljunberg 2010, 112–113; Milward/Baten 2010, 253–258; Baines/Cummins/Schulze 2010, 399–410.

3 Crafts 1997, 306. Legt man den HDI zugrunde, so war der durchschnittliche Lebensstandard von Staaten wie Grossbritannien mit einem besonders hohen realen BIP pro Kopf um 1870 kaum höher als der Lebensstandard der meisten Entwicklungsländer in den 1990er Jahren. Das hängt vor allem mit der auch in den ärmsten Ländern stark gestiegenen Lebenserwartung zusammen (305–313).

4 Der Beitrag der jeweiligen Arbeitsstunden oder der veränderten Lebenserwartung auf die Wohlfahrt lässt sich in entsprechenden Vergleichen als Reduktion oder Erhöhung des BIP berücksichtigen (Crafts 1997, 313–318).

dest teilweise auf diese grössere Gesamtarbeitsleistung im Verhältnis zur Bevölkerung und die stabile Beschäftigungslage zurückzuführen sein. Ein weiterer und besonders gewichtiger Kritikpunkt bezüglich der Verwendung des BIP pro Kopf als Wohlstandsmass besteht darin, dass es sich um Durchschnittswerte handelt; das Ausmass, in dem die verschiedenen Bevölkerungsgruppen und Landesteile am wachsenden Wohlstand partizipieren konnten oder davon ausgeschlossen blieben, wird nicht berücksichtigt. Die Wohlstandsverteilung, aber auch die Folgen des wachsenden Wohlstands für die Umweltnutzung und die Umweltschäden werden in Teil 3 dieses Buches thematisiert.

Internationale Vergleiche sind sinnvoll nur möglich, wenn die Grösse des Landes und die unterschiedliche Entwicklung der Kaufkraft in den einzelnen Ländern berücksichtigt werden und eine einheitliche Währung verwendet wird. Wir stützen uns deshalb im Ländervergleich auf die von Angus Maddison publizierten Reihen zur Entwicklung des BIP je Einwohner in kaufkraftbereinigten US-$.[5] Durch die Kaufkraftbereinigung erhöht sich das BIP von Ländern mit im Vergleich zum Durchschnitt niedrigerem Preisniveau, während sich dasjenige von Ländern mit höherem Preisniveau reduziert. Bei aller berechtigten Kritik an der Datenqualität handelt es sich bei den Maddison-Daten doch um die einzigen derzeit verfügbaren BIP-Reihen, die den internationalen Vergleich über einen langen Zeitraum hinweg erlauben.[6] Die Aussagekraft solcher Vergleiche hängt von der Qualität der Daten und von der Vergleichbarkeit der nationalen Schätzungen ab, auf die sich die Maddison-Reihen abstützen. Die Schweiz übernahm erst 1990 den OECD-Standard und erstellt seither eine vollständige Volkswirtschaftliche Gesamtrechnung (VGR). Für den Zeitraum 1948–1990 sind nachträglich erstellte offizielle Schätzungen verfügbar, auf die sich die Maddison-Reihe für die Schweiz abstützt; die vor 1948 verwendete Datenbasis ist hingegen sehr mangelhaft. Wir haben deshalb auf Basis der einleitend erwähnten neuen Schätzungen für den Zeitraum 1890–1947 eine neue, kaufkraftbereinigte BIP-Reihe (in 1990 Int. GK $) berechnet (→ Anhang A.1.1.7). Diese Berechnungen ergeben für den Zeitraum vor 1948 ein etwas höheres BIP, wodurch sich Differenzen zu den in anderen vergleichenden Studien, insbesondere in neueren Publikationen zur europäischen Wirtschaftsgeschichte verwendeten schweizerischen BIP-Daten ergeben.[7]

Verglichen mit den westeuropäischen und insbesondere mit den skandinavischen Ländern verkleinerte sich der Wohlstandsvorsprung der Schweiz ab etwa den 1970er Jahren (Grafik 1.1-1). Zu den unter dem Begriff «Westeuropa» zusammengefassten Ländern gehören alle Nachbarländer, Grossbritannien sowie einige weitere kleine europäische Nationen. Die Gegenüberstellung mit den kleinen Ländern ist deshalb besonders auf-

5 GGDC, Maddison Historical Statistics. Die Maddison-Daten basieren auf Int. Geary-Khamis-$ in Preisen von 1990, womit zusätzlich zur Umrechnung in eine einheitliche Währung, US-$, auch die unterschiedliche Entwicklung der Binnenkaufkraft berücksichtigt wird (→ Anhang A.1.6).

6 Siehe z.B. die Rezensionen von Clark 2010 und von Guinnane 2009.

7 Alle neueren Publikationen zur europäischen Wirtschaftsgeschichte stützen sich für die internationalen Vergleiche auf die Maddison-Daten, so z.B. Broadberry/O'Rourke 2010, Berend 2006, Hansen 2001.

Grafik 1.1-1: **BIP pro Kopf der Schweiz im internationalen Vergleich (1890–2005)**

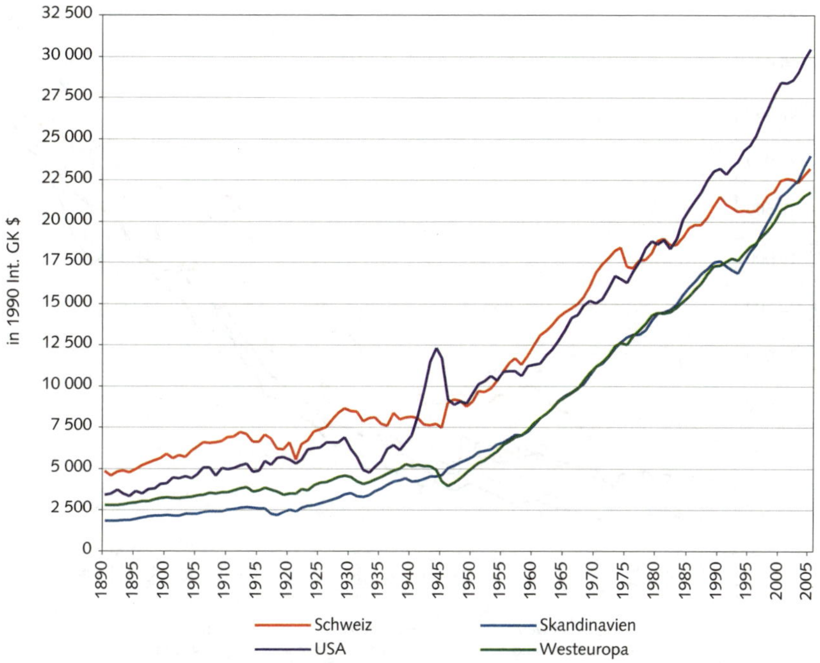

Quellen: GGDC, Maddison Historical Statistics (Sept. 2008); Schweiz 1890–1947: neue Schätzung 2010, siehe Anhang A.1.1.7. Westeuropa: Belgien, Dänemark, Deutschland, Frankreich, Grossbritannien (inkl. Nordirland), Italien, Niederlande, Österreich; Skandinavien: Finnland, Norwegen, Schweden.

schlussreich, weil diese in Bezug auf Grösse und wirtschaftliche Leistungsfähigkeit gut mit der Schweiz verglichen werden können und sich dabei zeigt, wie sie ihren zu Beginn des Jahrhunderts bestehenden Rückstand aufholten (Grafik 1.1-2). Mitte der 1990er Jahre verdrängte zuerst Norwegen, dann auch Dänemark die Schweiz von ihrer Spitzenposition, Schweden und die Niederlande erreichten um die Jahrhundertwende das gleiche Niveau wie die Schweiz. Diese Länder können somit als die im Verlauf des 20. Jahrhunderts wirtschaftlich besonders erfolgreichen bezeichnet werden. Ab Mitte der 1990er Jahre rückten alle hier in den Vergleich einbezogenen Länder näher zusammen, mit Ausnahme von Norwegen, nun mit Abstand in der Spitzenposition, sowie den deutlich im Rückstand liegenden Staaten Deutschland und Italien.

Wegen der unterschiedlichen Qualität der Daten und dem grundsätzlichen Problem der Vergleichbarkeit von langen BIP-Reihen zu konstanten Preisen sind solche Niveauvergleiche allerdings mit einiger Vorsicht zu interpretieren. Immerhin gehen auch ältere Schätzungen davon aus, dass sich die Schweiz gemessen am BIP pro Kopf um 1912 nach Grossbritannien und vor Belgien an zweiter Stelle befand.[8] Dass die Schweiz bereits im letzten Viertel des 19. Jahrhunderts ein besonders hohes Wohl-

8 Leonard/Ljungberg 2010, 112.

Grafik 1.1-2: **BIP pro Kopf kleiner europäischer Länder (1900–2005)**

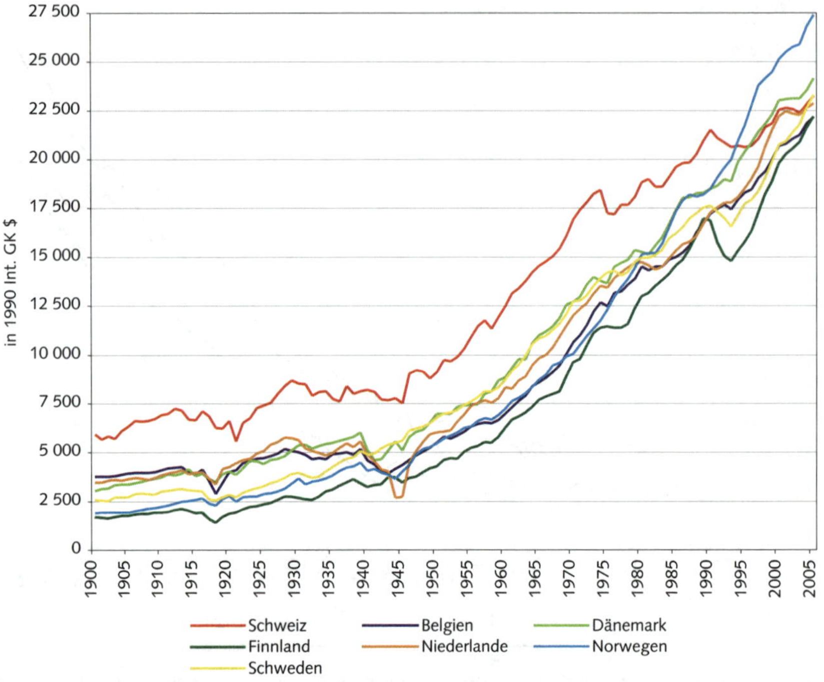

Quellen: GGDC, Maddison Historical Statistics (Sept. 2008); Schweiz 1890–1947: neue Schätzung 2010, siehe Anhang A.1.1.7.

standsniveau erreichte, erscheint auch aufgrund anderer Indikatoren durchaus plausibel. Die Schweiz gehörte im 19. Jahrhundert zu den früh industrialisierten Ländern mit einem besonders hohen Anteil Beschäftigter im Industriesektor[9] und zu den im internationalen Wettbewerb besonders erfolgreich agierenden kleinen Ländern.[10] Im Zuge des Industrialisierungsprozesses in der zweiten Hälfte des 19. Jahrhunderts und infolge der mit dem Ausbau der Verkehrsinfrastruktur der Bahnen stark sinkenden Transportkosten veränderte sich die Position der Schweiz in der internationalen Arbeitsteilung markant: Sie wurde von einem Emigrations- zu einem Immigrationsland (→ III.i.6) und sie verstärkte ihre Rolle als Nettokapitalexporteur insbesondere auch für Direktinvestitionen (→ 2.1.2.3). Im Zuge dieser Neupositionierung weg von traditionellen und hin zu den technologieintensiven Branchen erhielten Forschung und Entwicklung eine entscheidende Bedeutung (→ III.i.5). Gute Indikatoren für den bereits im späten 19. Jahrhundert einsetzenden Übergang von einem technologieimpor-

9 Gemäss Broadberry/Federico/Klein 2010, 61, Tab. 3.1, hatte die Schweiz in den Jahren 1870 und 1913 zusammen mit Grossbritannien die höchsten Anteile an Beschäftigten im Industriesektor, noch vor Belgien, dem dritten besonders früh industrialisierten Land in Europa.

10 Aufschlussreich für den durchaus plausiblen relativen Vorsprung der Schweiz ist die vergleichende Studie von Menzel 1988 über den Industrialisierungsprozess des 19. Jahrhunderts in mehreren kleinen europäischen Ländern (Schweiz, Dänemark, Schweden) und in Kanada.

tierenden zu einem technologieexportierenden Land sind die steigende Zahl der Patente (→ 1.3.2.2) und die Richtung des Technologietransfers in multinationalen Unternehmen: vom Schweizer Stammhaus zu den ausländischen Tochtergesellschaften (→ 2.1.2.3.2). Für einen relativ hohen Wohlstand spricht auch der hohe Selbstfinanzierungsgrad der Unternehmen und die verhältnismässig geringe Abhängigkeit von ausländischem Kapital (siehe Grafik 1.1-8 und → 4.1.1).

1.1.1.2 Einkommen, Lebenshaltungskosten und Reallohn

Wie in anderen hochentwickelten Ländern bestreitet ein Grossteil der Schweizer Bevölkerung seine Lebenshaltung hauptsächlich mit dem Arbeitseinkommen (Grafik 1.1-3). Auf dem Arbeitseinkommen gründen ab der zweiten Hälfte des 20. Jahrhunderts die Ansprüche an die meisten Sozialversicherungen und Altersvorsorgesysteme und damit auch das Einkommen der Nicht- oder Nicht-mehr-Erwerbstätigen (→ 4.3.3). Während ältere Statistiken zwischen verschiedenen Einkommensgruppen unterscheiden, wird das Volkseinkommen (VE) seit den 1990er Jahren nur noch in die beiden Kategorien Arbeitnehmerentgelt und Geschäftseinkommen aufgeteilt (→ A.1.1.4). Da ein grosser Teil der Einkommen von Selbständigerwerbenden als Arbeitseinkommen

Grafik 1.1-3: **Anteil der Einkommensarten am nominalen Volkseinkommen (1924–2005)**

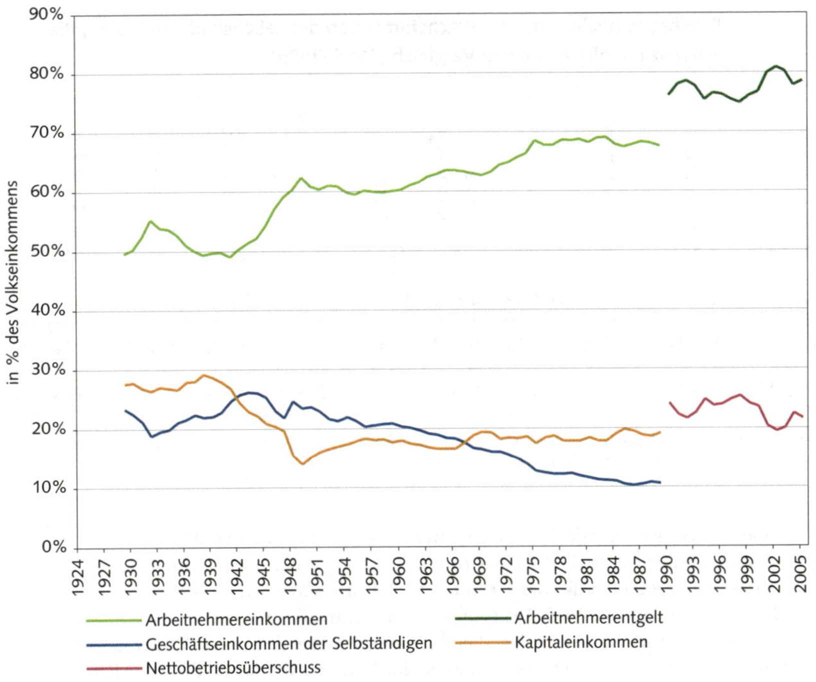

Quellen: 1924–1989: HSSO, Tab. Q.4a und Q.6b; 1990–2005: BFS online, Tab. 4.02.03.
Bemerkung: Das Arbeitnehmerentgelt enthält die Sozialbeiträge der Arbeitgeber.

aufgefasst werden kann,[11] dürfte der Anteil des Arbeitseinkommens bis in die 1990er Jahre bei steigender Tendenz etwa zwei Drittel bis drei Viertel des Volkseinkommens ausgemacht haben. Gegen Ende des Jahrhunderts stieg der Anteil des Arbeitseinkommens am Volkseinkommen sogar auf 80%. Dieser Verlauf ist insofern atypisch, als in der Literatur eher von einer gegenläufigen Entwicklung ausgegangen wird.[12]

Der Lebensstandard wird weitgehend von der wichtigsten Einkommenskategorie, den Löhnen, und von deren Kaufkraft bestimmt. Entscheidend ist somit das Verhältnis zwischen Löhnen und Lebenshaltungskosten, d.h. die Entwicklung der Reallöhne. Die Schweiz gehörte im hier betrachteten Zeitraum zu den Ländern mit einer ausgesprochen hohen Preisstabilität (ausführlicher zur Preisentwicklung siehe 1.1.4.2). Nur in Grossbritannien (1929–1948) sowie in Deutschland und Österreich (1965–1975) waren die durchschnittlichen Inflationsraten zeitweilig etwas niedriger als in der Schweiz (Tabelle 1.1-1).[13] Auch unter dem Regime flexibler Wechselkurse im letzten Viertel des Jahrhunderts war bei generell sinkenden Inflationsraten die durchschnittliche Wachstumsrate der Lebenshaltungskosten in der Schweiz am niedrigsten. In Kapitel 5.1, das sich mit der schweizerischen Wirtschaftspolitik beschäftigt, wird gezeigt, dass der Preisstabilität in der Geld- und Währungspolitik recht eigentlich Leitbildfunktion zukam: Die Geldwertstabilität wurde institutionalisiert im Sinne einer Regel, auf deren Durchsetzung man sich verlassen konnte. Diese Regel bestimmte nicht nur die Wirtschaftspolitik, sondern beeinflusste gleichzeitig das Verhalten der Wirtschaft und der Bevölkerung insgesamt.

Tabelle 1.1-1: **Durchschnittliche jährliche Wachstumsraten der Lebenshaltungskosten, die Schweiz im internationalen Vergleich (1914–2005)**

	Schweiz	Deutschland	Frankreich	Gross-britannien	Italien	Niederlande	Norwegen	Österreich	Schweden	USA
1914–1929	**3.1%**		12.5%	3.4%	10.6%	2.3%	3.5%		3.6%	
1929–1948	**1.7%**		16.0%	1.6%	22.5%	2.7%	2.6%		2.3%	
1965–1975	**5.5%**	4.3%	6.5%	8.7%	7.1%	6.7%	6.6%	5.3%	6.2%	5.5%
1975–2005	**2.3%**	2.6%	4.7%	5.4%	7.5%	3.0%	5.0%	3.2%	5.2%	4.4%

Quellen: 1914–1948: Mitchell (2003), 863–866; 1965–2005: OECD online, Price and Purchasing Power Parity, Prices and Price Indices, Consumer Prices (MEI); Grossbritannien inkl. Nordirland.

11 Das Geschäftseinkommen der Selbständigerwerbenden setzt sich zu je etwa einem Drittel aus Einkommen in der Landwirtschaft, in der Industrie und im Dienstleistungssektor zusammen.

12 Gemäss Cassiers 2000, 9, sank etwa der Anteil der Arbeitseinkommen am BIP in der EU-15 von 75.9% im Durchschnitt der Jahre 1975–1982 auf 70.9% im Zeitraum 1983–1998.

13 Die beiden Nachbarländer Deutschland und Österreich, die in den frühen 1920er Jahren eine Hyperinflation durchliefen und eine Währungsreform durchführten, wurden für die erste Hälfte des 20. Jahrhunderts nicht in den Vergleich einbezogen. Ebenso fehlen Angaben für die USA, weil sich die Statistiken von Mitchell auf die europäischen Länder beschränken.

Wie sich die Lebenshaltungskosten jeweils auf den Lebensstandard auswirkten, ist abhängig von der Entwicklung der Löhne. In der Schweiz ist ein deutlicher Anstieg der Reallöhne in den frühen 1920er Jahren festzustellen (nach einem markanten Rückgang während des Ersten Weltkriegs), dann wiederum nach dem Zweiten Weltkrieg und zwischen 1955 und 1975 (Grafik 1.1-4). Ab Mitte der 1970er Jahre und vor allem in den 1990er Jahren nahmen die Reallöhne insgesamt nur noch geringfügig zu. Der im Abschnitt 1.1.1 festgestellte Abbau des Wohlstandsvorsprungs der Schweiz ging somit mit einem deutlichen Abflachen des Reallohnwachstums einher.

Grafik 1.1-4: **Reallohnentwicklung der Schweiz (1890–2004)**

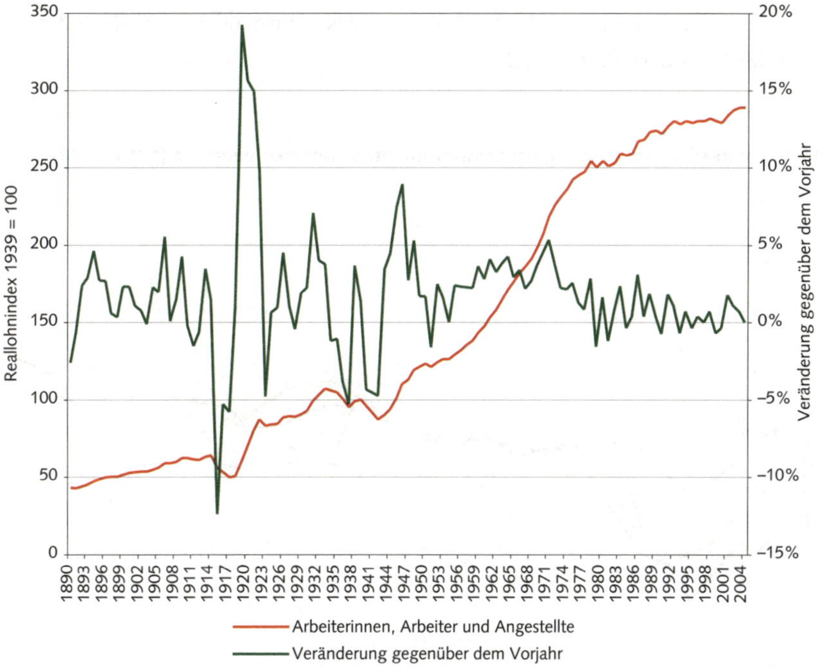

Quellen: bis 1939: HSSO Tab. G.1 (nur Arbeiter); ab 1939: G.17 (Arbeiter und Angestellte).

Die Grafiken 1.1-5 und 1.1-6 vermitteln einen Überblick über die verfügbaren Daten zur Reallohnentwicklung in verschiedenen Ländern mit relativ hohem Lebensstandard. Aufgrund dieser Indexreihen lässt sich die Lohnentwicklung vergleichen, nicht jedoch das Niveau der Löhne. Hinzu kommt, dass die Vergleichbarkeit der Daten wegen der unterschiedlichen statistischen Grundlagen nur mit Einschränkungen gegeben ist. Die Datenlage verbessert sich erst in den letzten Jahrzehnten des 20. Jahrhunderts.[14] Die Nominallöhne dürften in der Schweiz bereits zu Beginn des 20. Jahrhun-

14 In der Schweiz stützte sich die Lohnentwicklungsstatistik bis 1993 auf die im Rahmen der Schweizerischen Unfallversicherungsanstalt (SUVA) erhobenen Löhne. Zur Erhebung der Lohnstatistik seit 1994,

derts höher gewesen sein als in den umliegenden Ländern, doch möglicherweise traf das auch für das Preisniveau zu. Aufgrund der uns verfügbaren Daten gehen wir davon aus, dass die Reallöhne in der Schweiz im Durchschnitt bereits zu Beginn des 20. Jahrhunderts relativ hoch waren (→ III.i.6).[15] In den 1920er Jahren stiegen die Reallöhne in der Schweiz deutlich stärker als in den Vergleichsländern, und an diesem Wohlstand partizipierte, wie Untersuchungen zum Konsumverhalten zeigen, ein relativ grosser Teil der Bevölkerung (→ 3.1.3). In den 1930er Jahren setzte sich dieser Reallohnvorsprung fort, hauptsächlich wegen des vergleichsweise stärkeren Rückgangs des Preisniveaus und weil der Widerstand gegen einen Lohnabbau im öffentlichen Sektor und in der von der Krise weniger betroffenen Binnenwirtschaft besonders gross war (vgl. dazu 1.1.4.1.1). Auch in den Jahren unmittelbar nach dem Zweiten Weltkrieg dürfte der markante Reallohnanstieg in der Schweiz stärker ausgefallen sein als in den meisten Vergleichsländern (Grafik 1.1-5).

Grafik 1.1-5: **Reallohnentwicklung der Schweiz im internationalen Vergleich (1914–1948)**

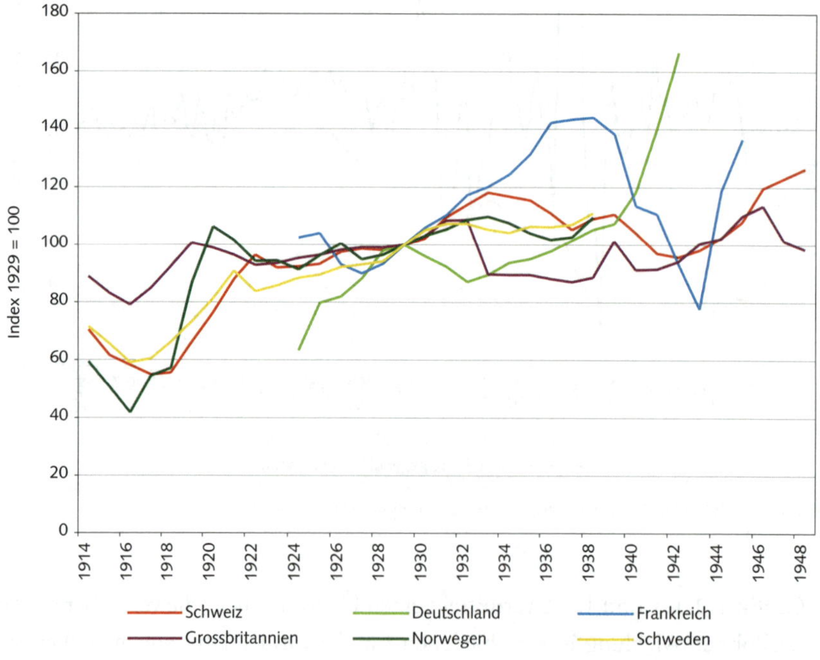

Quellen: Schweiz: HSSO Tab. G.18; übrige Länder eigene Berechnungen aufgrund von Mitchell 2003, Tab. B4, 186–191 und Tab. H2, 863–866 (Grossbritannien inkl. Nordirland).

die auf der Basis von Zufallsstichproben vorgenommen wurde, vgl. z. B. die kommentierten Ergebnisse der Lohnstrukturerhebung 2008 von Rouvinez Mauron 2010.

15 Gemäss Studer 2008 übertrafen die Nominallöhne in einigen Schweizer Städten zwar die Löhne in Städten der umliegenden Länder, doch waren die Reallöhne wegen des bedeutend höheren Preisniveaus in der Schweiz tiefer. Die Preisentwicklung wird in dieser Studie aufgrund der Preise einiger wichtiger Konsumgüter und nicht aufgrund des KPI emittelt und deswegen vermutlich überschätzt.

Grafik 1.1-6: **Reallohnentwicklung der Schweiz im internationalen Vergleich (1955–1993)**

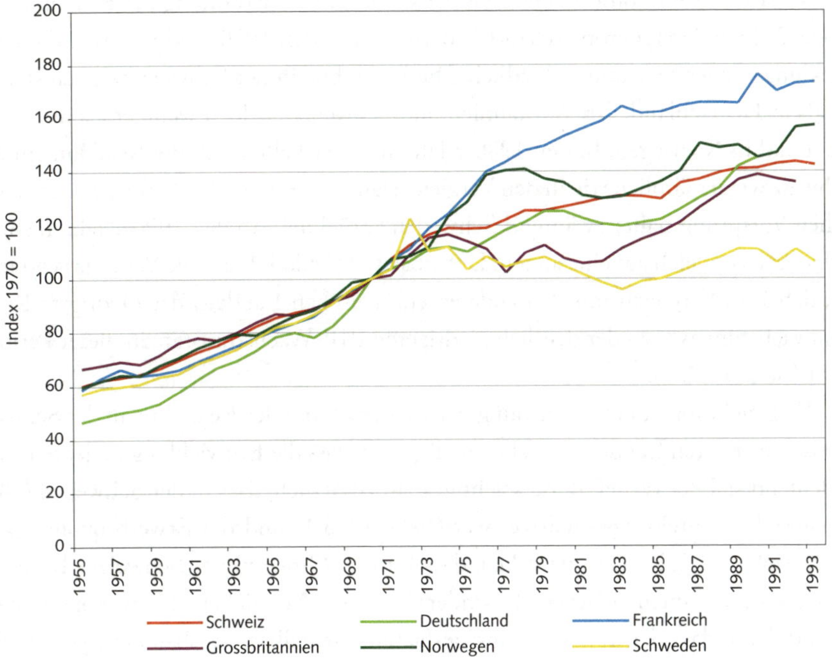

Quellen: Eigene Berechnungen aufgrund von Mitchell 2003, Tab. B4, 190–192 und Tab. H2, 865–868 (Grossbritannien inkl. Nordirland).

Tabelle 1.1-2: **Reallohnentwicklung (manufacturing index 1991 = 100), die Schweiz im internationalen Vergleich (1990–2008)**

	Schweiz	Deutschland	Gross-britannien	Frankreich	Norwegen	Schweden
1990	**95**		93	97	96	91
1995	**109**	112	114	107	108	115
2000	**112**	116	127	112	121	122
2005	**116**	125	139	121	131	132
2008	**122**	131	151	130	140	138

Quelle: OECD online, Hourly Earnings (MEI), Manufacturing Index (Grossbritannien inkl. Nordirland).

Seit den 1950er Jahren liegt die Reallohnentwicklung der Schweiz jedoch im europäischen Mittelfeld (Grafik 1.1-6). Die Reallöhne in den Vergleichsländern entwickelten sich ähnlich, lediglich in Deutschland nahmen sie stärker zu, wie dort auch das BIP pro Kopf als Folge des deutlich niedrigeren Niveaus zu Beginn der 1950er Jahre stärker zunahm.[16] Die Jahrzehnte raschen Wachstums bis zur Rezession Mitte der 1970er Jahre hatten somit in der Schweiz keine stärkere Erhöhung der Reallöhne zur Folge als in anderen europäischen Ländern. Erst in den 1970er Jahre verlief die Entwicklung wieder sehr unterschiedlich. Die Reallöhne in der Schweiz nahmen stärker zu als in Deutschland, Grossbritannien und Schweden, jedoch weniger als in Frankreich und in Norwegen. In den 1980er Jahren entwickelten sich die Reallöhne in der Schweiz wieder ähnlich wie in den Vergleichsländern; Frankreich konnte seinen deutlichen Vorsprung halten, während Schweden zurückfiel. Ab den 1990er Jahren stützt sich unser Vergleich auf eine andere Datenbasis (Tabelle 1.1-2). Die Schweiz verzeichnet dabei im Vergleich mit den anderen europäischen Ländern das niedrigste Reallohnwachstum, was zu der deutlich niedrigeren BIP-Wachstumsrate in dieser Periode passt (siehe 1.1.2.1).

Vergleicht man die Entwicklung der Kaufkraft und der Reallöhne in der Schweiz mit der in anderen Ländern, so fällt vor allem auf, dass die Entwicklung in der Schweiz bedeutend stabiler verlief. Berücksichtigt man zusätzlich, dass in der Schweiz die Arbeitslosigkeit durchwegs niedriger war (siehe 1.1.3.1) und die Erwerbsquote relativ hoch (siehe 1.1.2.2), dann wird klar, dass für den Grossteil der Schweizer Bevölkerung die Einkommenssicherheit besonders hoch war. Möglicherweise war dies mit ein Grund dafür, dass der in allen Industriestaaten feststellbare Ausbau der Systeme der sozialen Sicherheit in der zweiten Hälfte des 20. Jahrhunderts in der Schweiz nur sehr langsam vorankam. Erst in den 1990er Jahren wurde dieser auffällige Rückstand zu dem, was man den europäischen Sozialstandard nennen könnte, ein gutes Stück weit aufgeholt und zwar in einer Periode, in der andere europäische Staaten ihre Systeme tendenziell abbauten (→ 4.3.3). Dabei hatte sich in den 1990er Jahren – auch das eine Art von Normalisierungsprozess – trotz der im internationalen Vergleich immer noch relativ niedrigen Arbeitslosenrate die Einschätzung der Arbeitsplatzsicherheit in der Schweiz deutlich verschlechtert (siehe 1.1.3.1).

1.1.1.3 Sparen und Vermögen

Auch das Sparverhalten und das damit geschaffene Vermögen können zu den Wohlstandsindikatoren gezählt werden. Wer in der Lage ist zu sparen, kann Vermögenseinkommen generieren und über den Zeitpunkt bestimmen, an dem die gesparten Einkommensteile ausgegeben werden. Mit Vermögen wird nicht nur die Einkommensunsicherheit reduziert, sondern es werden auch neue Einkommensquellen geschaffen. Die volkswirtschaftliche Ersparnis setzt sich zusammen aus dem Sparen der Unternehmen und Haushalte sowie dem Sparen des Staates (Grafik 1.1-7). Da in der volks-

16 In Deutschland stiegen die Reallöhne zwischen 1955 und 1993 um 3.3% und in Frankreich um 3.2%, in der Schweiz dagegen mit 2.5% etwa im gleichen Ausmass wie in Norwegen (2.6%), jedoch etwas mehr als in Grossbritannien (2.1%) und Schweden (1.9%).

wirtschaftlichen Gesamtrechnung die Investitionen stets der volkswirtschaftlichen Ersparnis entsprechen, lässt sich Letztere auch indirekt als Summe aus den Investitionen im Inland und der Leistungsbilanz, also den Investitionen im Ausland, ermitteln. Ein Leistungsbilanzüberschuss entspricht dem Teil der Investitionen, der durch Überschüsse der Exporte über die Importe entsteht. Dadurch werden Guthaben im Ausland angehäuft, und das Ausland verschuldet sich gegenüber der Schweiz. Bis in die 1980er Jahre wies die Leistungsbilanz der Schweiz wechselnde Überschüsse und Defizite auf. Seither traten stets Überschüsse auf; gleichzeitig nahm die im nächsten Abschnitt thematisierte Ertragsbilanz, in der auch die im Ausland erwirtschafteten Nettoeinkommen enthalten sind, stark zu.

Aufgrund der positiven Leistungsbilanz und des sinkenden Anteils der Investitionen im Inland können wir folgern, dass ab den 1990er Jahren ein zunehmender Teil der Ersparnisse im Ausland investiert wurde. In Deutschland lässt sich ein ähnliches Phänomen feststellen, und es wird dort von führenden Ökonomen als Grund für das relativ niedrige Wirtschaftswachstum der 1990er Jahre ins Feld geführt. Was an laufenden Ersparnissen im Ausland investiert wird, so die Überlegung, fehlt als Investition im Inland und reduziert entsprechend das nationale Wachstum.[17] Die Schweiz

Grafik 1.1-7: **Volkswirtschaftliches Sparen und Investieren im In- und Ausland (1910–2000)**

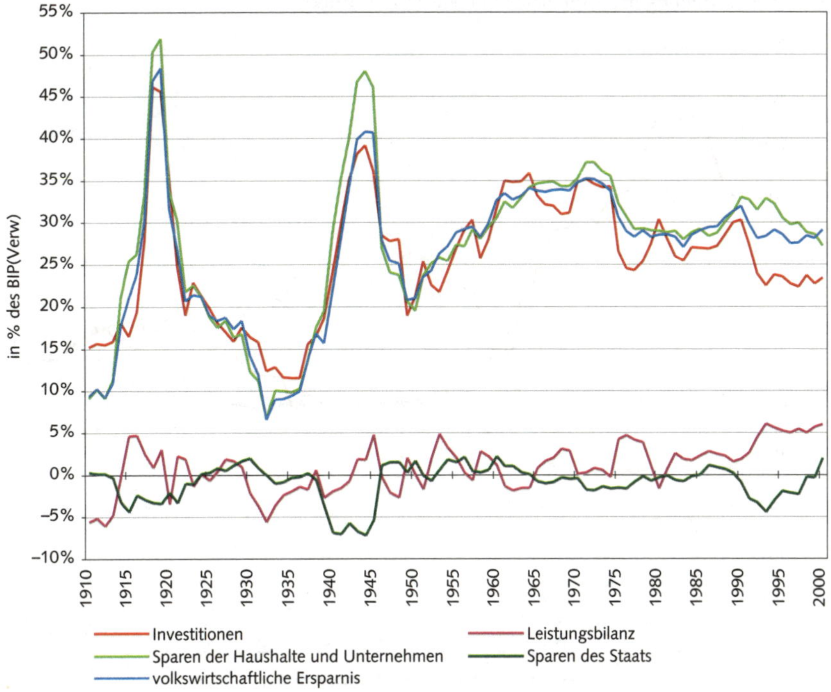

Quellen: Eigene Berechnung auf der Basis von HSSO Tab. Q.16a, Q.16b, U.44.

17 Vgl. z. B. Sinn/Carstensen 2010, 6–7, 17.

lag gemäss der zitierten Studie in den 1990er Jahren knapp vor Deutschland mit der niedrigsten Investitionsquote. Doch wenn wir die auf Deutschland bezogene Argumentation auf die Schweiz übertragen, fällt sofort auf, dass sie zu kurz greift: In einer kleinen offenen Volkswirtschaft kann man kaum davon ausgehen, dass gesparte Mittel primär im eigenen Land investiert werden. Wo investiert wird, ist abhängig von den Kapitalerträgen und den damit verbundenen Risiken. Die kleine offene Volkswirtschaft Schweiz begründete ihren Wohlstand immer auch auf Einkommenszuflüssen aus dem Ausland (siehe 1.1.1.4).

Aufgrund des relativ hohen BIP je Einwohner, der steigenden Löhne und der im internationalen Vergleich eher niedrigen Steuern (→ 5.2.1.5) verfügten die Unternehmen und die privaten Haushalte in der Schweiz über ein hohes Sparpotential. Die ausserordentlich hohen Sparquoten während der beiden Weltkriege dürften mit den infolge von Versorgungsengpässen eingeschränkten Konsummöglichkeiten zusammenhängen, doch auch in der zweiten Hälfte des 20. Jahrhunderts blieb die Sparquote hoch. Das Gros des privaten Sparens nach dem Zweiten Weltkrieg dürfte auf das Sparen der Unternehmen zurückzuführen sein, die einen wachsenden Anteil ihrer Gewinne zur Selbstfinanzierung zurückbehielten und nur einen relativ geringen Teil

Grafik 1.1-8: **Verteilung des Kapitaleinkommens (1929–1989)**

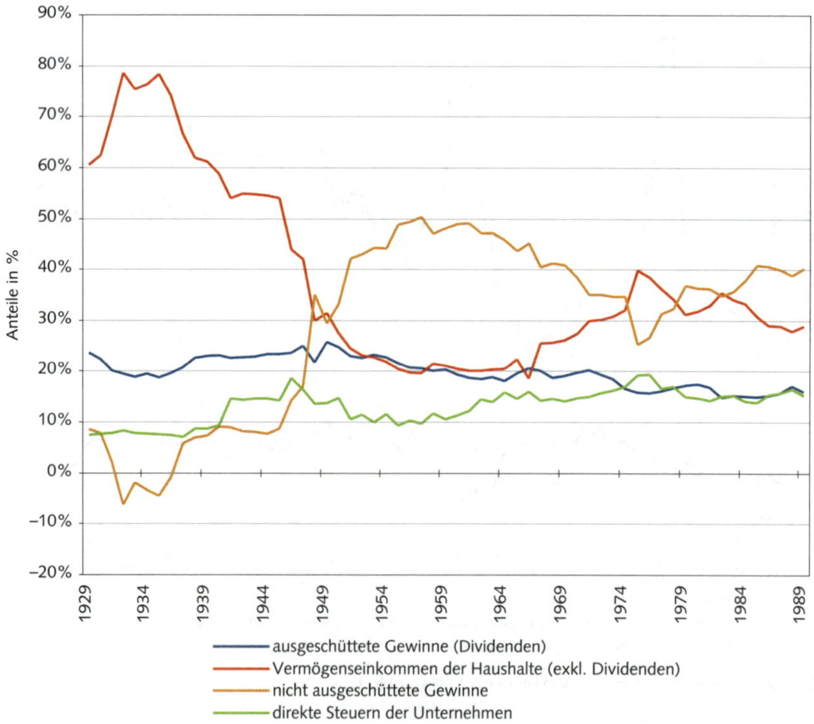

Quelle: HSSO Tab. Q.6b.

in Form von Dividenden an die Haushalte ausschütteten (Grafik 1.1-8).[18] Der Anteil der Vermögenseinkommen privater Haushalte war dementsprechend in der ersten Hälfte des Jahrhunderts deutlich höher als in der zweiten. Diese gegenläufige Entwicklung dürfte auch mit der starken Verbreitung von Aktiengesellschaften seit den 1950er Jahren und der besonderen Ausgestaltung des Aktienrechts zusammenhängen, welche die Selbstfinanzierung der Unternehmen mittels zurückbehaltener Gewinne begünstigte (→ Einleitung Teil 2, Grafik 2-1; 4.1.1). Mit dem zunehmenden Einfluss von ausländischem Kapital in den Schweizer Grossunternehmen, der steigenden Abhängigkeit vom internationalen Kapitalmarkt und der Aktienrechtsreform dürfte hingegen der Anteil der nicht ausgeschütteten Gewinne in den 1990er Jahren stark abgenommen haben.

Aussagen über das Sparverhalten der Haushalte stützen sich in der Regel auf die weit verbreitete Annahme, dass die Schweizer Bevölkerung per se besonders sparsam gewesen sei, empirische Untersuchungen oder internationale Vergleiche gibt es jedoch kaum.[19] Einerseits mag die wegen der bereits erwähnten Geldwertstabilität höhere Vermögenssicherheit die Anreize zum Sparen eher reduziert haben, andererseits könnte der eher schwache Ausbau der sozialen Sicherheit das Sparbedürfnis verstärkt haben.[20] Leider werden offizielle Daten zum Sparverhalten der Haushalte erst seit 1990 erhoben. Ausgewiesen werden das verfügbare Bruttoeinkommen, die Konsumausgaben der Einwohner, die Bruttoersparnis insgesamt und die Zunahme der betrieblichen Vorsorgeansprüche.[21] Die Ersparnis in Prozent des verfügbaren, vom Zwangssparen für die obligatorische betriebliche Vorsorge bereinigten Einkommens variiert in der Periode 1990–2007 zwischen 17.9 % (1995) und 14.4 % (2004). Zwischen 1995 und 2006 machte die Nettoersparnis der Schweizer Haushalte im Verhältnis zum verfügbaren Einkommen im Durchschnitt knapp 11 % aus und war damit vergleichbar mit derjenigen anderer europäischer Länder wie Frankreich, Belgien und Italien mit etwas höheren oder Deutschland und den Niederlanden mit etwas niedrigeren Sparquoten.[22] Demnach wäre das Sparverhalten der schweizerischen Haushalte ohne Be-

18 In der Literatur wird häufig auf den überaus hohen Selbstfinanzierungsgrad der Schweizer Unternehmen verwiesen, und zwar nicht nur bei der grossen Zahl kleinerer und mittlerer Unternehmen, sondern auch bei den Grossunternehmen. Vgl. etwa Kneschaurek 1952, 104.

19 Beispielsweise Kneschaurek 1952, 105–106; Kellenberger 1946 verweist in seiner detaillierten Untersuchung zur Spartätigkeit auf das relativ geringe Sparpotential der Lohn- und bescheidenen Gehaltsbezüger, das bedeutend höhere in der Landwirtschaft und im Gewerbe, die hohe Selbstfinanzierung der Unternehmen mittels zurückbehaltener Gewinne und insbesondere die Sparsamkeit der reichen Leute im allgemeinen, u. a. weil ein grosser Teil aus bescheidenen Verhältnissen stamme und weil es «beinahe eine heilige Tradition» sei, das ererbte Vermögen ungeschmälert und wenn möglich vermehrt den Nachkommen zu hinterlassen (306–308).

20 Zum Wachstum der Sozialausgaben in 16 europäischen Ländern einschliesslich der Schweiz im Zeitraum 1950–2000 vgl. Baines/Cummins/Schulze 2010, 393.

21 BFS online, Statistisches Lexikon der Schweiz, Tab. 4.02.04.

22 OECD Factbook 2009, Economic, Environmental and Social statistics, Macroeconomic trends – Economic growth – Household saving, Household net saving rates as a percentage of household disposable income.

rücksichtigung des Zwangssparens ähnlich wie in anderen europäischen Ländern. Das Zwangssparen macht jedoch in der Schweiz den grössten Teil der gesamten privaten Ersparnis aus (zwischen 55 % und 63 %). Internationale Vergleiche, die solche Unterschiede berücksichtigen, sind unseres Wissens nicht verfügbar.

Das Zwangssparen hat auch Auswirkungen auf die Vermögensverhältnisse. Detaillierte Daten zur Vermögensbildung und -verteilung werden von der Schweizerischen Nationalbank erst seit kurzem publiziert. Das mittels Zwangssparen akkumulierte Vermögen bzw. die zum grössten Teil mit individuell angespartem Kapital gedeckten Ansprüche gegenüber Versicherungen und Pensionskassen machten zu Beginn des 21. Jahrhunderts fast ein Drittel des Reinvermögens der privaten Haushalte aus, was ungefähr dem in Immobilien gebundenen Vermögen nach Abzug der Hypothekarschulden entsprach.[23] Damit kommen wir zu zwei weiteren Besonderheiten, welche die Vermögensverhältnisse in der Schweiz gegenüber den umliegenden Ländern auszeichnen: die niedrige Wohneigentumsquote und die hohe private Verschuldung.[24] Die im internationalen Vergleich bis gegen Ende des 20. Jahrhunderts ausgesprochen niedrige Eigenheimquote lässt sich nur schwer begründen. 1970 betrug die Wohneigentumsquote 26.4 %; im Jahr 2000 wohnten zwar bereits 38.3 % der Haushalte im eigenen Haus oder der eigenen Wohnung, doch war auch das noch die niedrigste Wohneigentumsquote aller westeuropäischen Länder.[25]

In der Schweiz waren breite Teile der Bevölkerung offenbar weniger als in anderen Ländern in der Lage oder willens, Wohneigentum zu erwerben, obwohl die Bedingungen dafür eigentlich besonders günstig waren: relativ hohe und sichere Einkommen (geringe Arbeitslosigkeit, hohe Geldwertstabilität) und generell niedrigere Zinsen. Häufig vorgebrachte Erklärungen wie höhere Bodenpreise und Baukosten können deshalb nicht überzeugen, weil diese sich auch in der Alternative zum Wohneigentum, den Mietwohnungen, niederschlagen. Entscheidender dürften institutionelle Bedingungen gewesen sein, im Sinne von Regeln für die Finanzierung und den Erwerb von Wohneigentum sowie die Opportunitätskosten anderer Vermögensanlagen und alternativer Wohnformen. In der Schweiz war Wohneigentum vermutlich auch deshalb mit geringeren Vorteilen verbunden als in anderen Ländern, weil auf-

23 SNB online, Vermögen der privaten Haushalte 2008.

24 Gemäss der Übersicht über die Verschuldung insgesamt sowie die Staats- und Privatverschuldung (basierend auf Daten, die vom McKinsey Global Institute zur Verfügung gestellt wurden) hatte die Schweiz 2010 eine der niedrigsten Staatsverschuldungsquoten (37 %), hingegen war die Privatverschuldung in der Schweiz mit 118 % des BIP eine der höchsten, höher als in Grossbritannien (103 %) und den USA (97 %). Bedeutend niedriger war die Privatverschuldung in Deutschland mit 64 % und in Frankreich mit 44 %. (www.economist.com/blogs/newsbook/2010/08/government_and_private_debt_after_crisis/print. Aug 24th 2010, 12:59).

25 Vgl. dazu Delbaggio/Wanzenried 2010 und Bourassa/Hoesli 2006. Delbaggio/Wanzenried verweisen zudem auf die markanten Unterschiede in den Wohneigentumsquoten der Kantone: besonders tiefe Quoten in den Kantonen Basel-Stadt (18 %) und Genf (22 %), besonders hohe Quoten von über 50 % im Wallis und im Jura. Die Wohneigentumsquote wird definiert als Anteil der Haushalte, die in der eigenen Wohnung oder dem eigenen Haus wohnen.

grund der Geldwertstabilität Investitionen in Sachvermögen generell weniger attraktiv waren. Für diese These spricht auch der hohe Anteil von Bargeld und Bankeinlagen am Gesamtvermögen.[26] Ein weiterer, relativ wichtiger Unterschied bei der Finanzierung von Wohneigentum besteht darin, dass in der Schweiz Hypotheken im Umfang von zwei Drittel bis drei Viertel des Verkehrswertes einer Immobilie nicht amortisiert werden mussten und häufig auch nicht freiwillig amortisiert wurden, weil die Rückzahlung der Hypothek steuerlich unattraktiv war.[27] Im Zeitraum 2000–2008 waren die Immobilien zu 40% bis 50% mit Hypotheken belastet, und diese machten etwa 90% der gesamten privaten Verpflichtungen aus.[28] Die Schweiz war also nicht nur eines der reichsten Länder, sondern auch ein Land mit besonders hoher Privatverschuldung und dies hauptsächlich wegen der hohen hypothekarischen Belastungen. Um das Ausmass der privaten Verschuldung bzw. das damit verbundene volkswirtschaftliche Risiko einschätzen zu können, müssen die Schulden jedoch ins Verhältnis gesetzt werden zum Vermögen: Vom gesamten privaten Vermögensbestand machten die Immobilien etwas weniger als 40% aus, die gesamten Schulden nur etwa 20%. Die hohe Verschuldung in Form von Hypotheken verursachte zumindest in der zweiten Hälfte des 20. Jahrhunderts kaum grössere Probleme.[29] Starke Wertschwankungen verstärkten nur ausnahmsweise den Konjunkturzyklus, z.B. als der Immobilienboom der späten 1980er Jahre zu Ende ging und die Preise zwischen 1990 und 1996 um mehr als ein Drittel einbrachen.[30]

Schliesslich gilt es noch die Alternative zum Wohneigentum, den Markt für Mietwohnungen zu berücksichtigen. Dieser funktionierte in der Schweiz ziemlich gut, weil der an sich starke Mieterschutz eine Anpassung der Mieten an die allgemeine Kostenentwicklung zuliess. Dadurch blieben Wohnbauten interessante Anlageobjekte, im Unterschied zur Situation auf dem Wohnungsmarkt in anderen Ländern mit starkem Mieterschutz. Die Folge war ein breites Angebot an Mietwohnungen unterschiedli-

26 Der Anteil der liquiden Mittel am Gesamtvermögen der Haushalte beträgt etwa 15%. SNB online, Vermögen der privaten Haushalte 2008. Die schweizerische Bevölkerung hielt auch im Vergleich zu anderen europäischen Ländern besonders hohe Bestände an Bargeld und Depositen. Gemäss dem im September 2010 publizierten *Allianz Global Wealth Report* des deutschen Versicherungskonzerns Allianz hatte kein Volk so viel Geld auf den Banken wie die Schweizer, die mit einem Pro-Kopf-Geldvermögen von knapp € 164000 deutlich vor den auf dem zweiten Platz folgenden Amerikanern (etwas über € 100000) lagen.

27 Zu den besonderen steuerlichen Regelungen im Zusammenhang mit Wohneigentum in der Schweiz im Unterschied zu den meisten westeuropäischen Ländern (Eigenmietwertbesteuerung) vgl. Barnetta/Gerber 2011, 57–68.

28 SNB online, Vermögen der privaten Haushalte 2008. Die Hypothekarverschuldung macht im Durchschnitt zwischen 44% und 49% des Immobilienvermögens aus. Ausgesprochen hoch war auch der Verschuldungsgrad in der Landwirtschaft, und zwar bereits zu Beginn des 20. Jahrhunderts. Gemäss Siegenthaler 1976, 554, betrug der Verschuldungsgrad 1911 bereits 43%, 1936 dann 49% und 1960 51%. Zur Verschuldung der bäuerlichen Betriebe als Folge der schweizerischen Landwirtschafts- und Kreditpolitik → 2.3.5.1.2 und 2.3.5.3.5.

29 Zu den gesamtwirtschaftlichen Folgen der hohen Privatverschuldung zwischen 1980 und 2000 in verschiedenen Ländern, jedoch nicht in der Schweiz, vgl. Debelle 2004.

30 Barnetta/Gerber 2011, 55.

cher Qualität und Preislage, sodass Miete statt Kauf auch bei relativ hohen Einkommen eine attraktive Wohnform blieb, was mit ein Grund dafür gewesen sein mag, dass das Stockwerkeigentum in der Schweiz erst 1965 eingeführt wurde. Gerade weil in der Schweiz gute Alternativen zum Wohneigentum vorhanden waren, mögen die mit Wohneigentum verbundenen Nachteile wie der Mobilitätsverlust oder die Bindung eines grossen Teils des Vermögens eine wichtigere Rolle gespielt haben als in anderen Ländern.[31] Im ersten Jahrzent des 21. Jahrhunderts führten die Knappheit des Angebots an Mietwohnungen und die steigenden Wohnungsmieten bei gleichzeitig sinkenden Hypothekarzinsen zu einer deutlichen Zunahme des Wohneigentums auch in der Schweiz. Wohneigentum scheint als Vermögensanlage dann attraktiv zu sein, wenn alternative Wohnformen teurer werden und andere Vermögensanlagen weniger rentieren. Weitere, speziell mit Wohneigentum häufig in Verbindung gebrachte Vorteile wie ein damit verbundener höherer gesellschaftlicher Status dürften hingegen in der Schweiz eine geringe Rolle gespielt haben.

1.1.1.4 Einkommen aus dem Ausland

Wenn wir das BIP pro Kopf als Indikator für das Wohlstandsniveau eines Landes verwenden, berücksichtigen wir nur die im Inland generierte Wertschöpfung und vernachlässigen die grenzüberschreitenden Arbeits- und Kapitalerträge.[32] Einerseits arbeiten jedoch im Ausland wohnende Personen in der Schweiz oder haben hier Investitionen getätigt, die einen Ertrag abwerfen, der ins Ausland transferiert wird, andererseits arbeiten in der Schweiz wohnhafte Personen im Ausland, legen ihr Kapital in anderen Ländern an und beziehen somit Einkommen aus dem Ausland. Bereits in der Zwischenkriegszeit war das Bruttonationalprodukt, bestehend aus dem Bruttoinlandprodukt und den Nettoeinkommen aus dem Ausland, deutlich höher als das BIP (Grafik 1.1-9; → A.1.1.5). In der langen Wachstumsperiode zwischen 1948 und 1970 blieb der Anteil der Nettoauslandseinkommen am BIP relativ stabil; er nahm erst in der Folge deutlich zu. Der Anteil erhöhte sich nochmals in den 1990er Jahren, allerdings bei starken Schwankungen.[33]

Aufgrund der im Vergleich zu anderen europäischen Ländern relativ hohen Bestände von Direktinvestitionen im Ausland gegenüber den ausländischen Direktinvestitionen in der Schweiz (→ 2.1.1.2, Tabelle 2.1-2) und aufgrund der zunehmenden Bedeutung des schweizerischen Finanzplatzes (→ 2.2.1.4, Grafik 2.2-4) ist davon

31 Vgl. dazu Delbaggio/Wanzenried 2010, 24 und 25: Wohneigentum gehe für viele Haushalte mit einer mangelnden Vermögensdiversifikation einher und stelle damit ein Klumpenrisiko dar.

32 Zu den grenzüberschreitenden Kapital- und Arbeitseinkommen gibt es unterschiedliche Schätzungen. Wir verwenden hier ab 1947 die von der SNB publizierten Daten und für den Zeitraum 1921–1939 die Kellenberger-Schätzungen (Kellenberger 1946).

33 Gemäss Kohli 2005 wäre das BNP der bessere Indikator für das Wohlstandsniveau eines Landes als das BIP, weil im BNP auch die Nettoeinkommen aus dem Ausland enthalten sind. Im Falle der Schweiz als «international net creditor» (61) war das BNP regelmässig höher als das BIP. Die OECD ist, so Kohli, nicht besonders präzis und verwendet für das BIP auch den Begriff Einkommen.

Grafik 1.1-9: **BNP pro Kopf in Prozent des BIP(Verw) pro Kopf (1921–2005)**

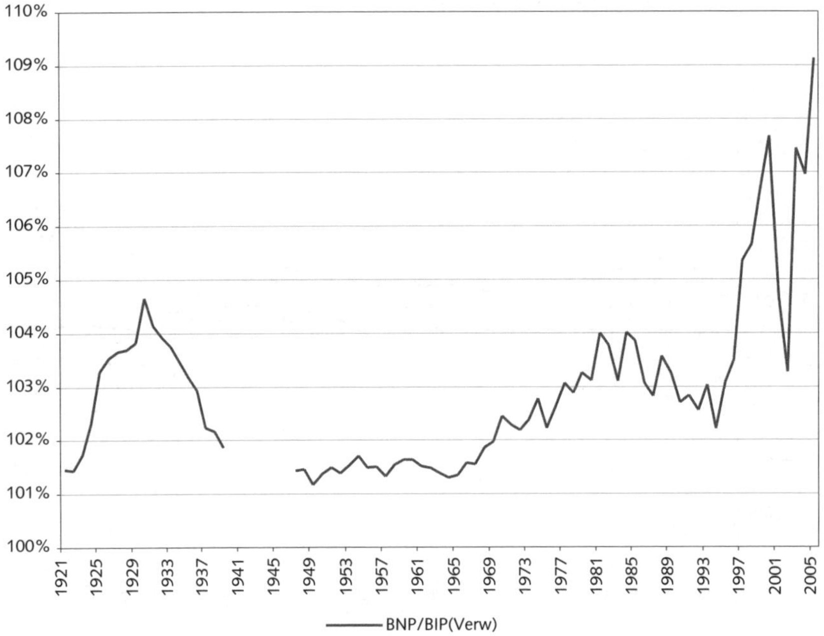

Quellen: BIP(Verw) nominal: HSSO Tab. Q.16a und Q.16b; Arbeits- und Kapitaleinkommen aus dem Ausland SNB, Zahlungsbilanz der Schweiz 2007.

auszugehen, dass die Kapitaleinkommen aus dem Ausland in der Schweiz einen grösseren Beitrag zum Gesamteinkommen leisteten als in anderen Ländern.[34] Die meistens negative Kapitalverkehrsbilanz (Grafik 1.1-10) lässt ebenfalls auf hohe Nettovermögen im Ausland schliessen.[35] Bei den Arbeitserträgen überwiegen hingegen die Abflüsse, und diese nahmen seit den 1970er Jahren zu, wobei die steigende Zahl der in der Schweiz beschäftigten Grenzgänger eine gewisse Rolle gespielt haben dürfte.[36] Bei einseitigen Übertragungen handelt es sich zumeist um Überweisungen von in der Schweiz wohnhaften ausländischen Arbeitskräften an ihre Familien im Ausland und um Beiträge ohne Gegenleistung an internationale Organisationen.

Im Zeitraum 1970–2000 stieg das BNP im Verhältnis zum BIP durchschnittlich um beinahe 0.1 % pro Jahr an. In diesem Zeitraum ging die relative Wachstumsschwäche der Schweiz mit einer starken Zunahme der Investitionen im Ausland und der

34 Dies ist zumindest seit Beginn der 1990er Jahre der Fall (siehe Jarrett/Letremy 2008).

35 Gemäss der erstmals per Ende 2003 publizierten Finanzierungsrechnung der SNB übertrafen die schweizerischen Forderungen gegenüber dem Ausland die Verpflichtungen um 530 Mrd. CHF. Mehr als ein Drittel des gesamten Finanzvermögens der Schweiz ist im Ausland investiert.

36 Zu Beginn der 1970er Jahre machten die Grenzgänger (Frauen und Männer) etwa 10% der erwerbstätigen Ausländer und Ausländerinnen aus (HSSO Tab. F.16a); dieser Anteil stieg bis 1991 auf 19%, ging anschliessend bis 1999 auf 14% zurück und erreichte 2011 wiederum 19% (BFS online, Tab. 3.02.01.40).

Grafik 1.1-10: **Bilanz der Arbeits- und Kapitaleinkommen, der laufenden Übertragungen sowie des Kapitalverkehrs (1921–2005)**

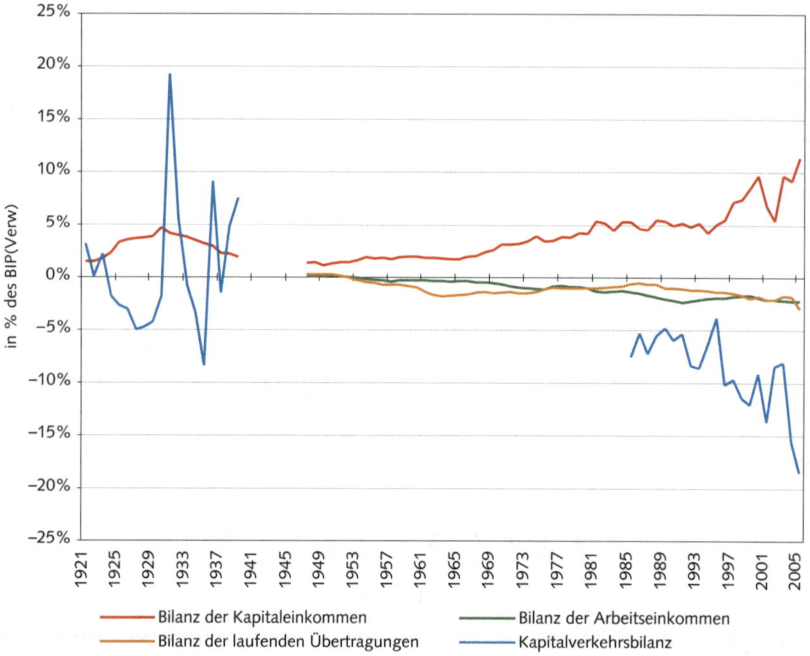

Quellen: SNB, Zahlungsbilanz der Schweiz 2007, Tab. 1.1; Kellenberger 1946; BIP(Verw) nom.: HSSO Q.16a und Q.16b.

Nettokapitaleinkommen aus dem Ausland einher, doch nahm auch in anderen Ländern diese Form der internationalen Verflechtung und damit die Bedeutung der Auslandseinkommen zu.[37] Deren Wachstumsbeitrag war zwar in der Schweiz stärker als in den Vergleichsländern, doch verändert sich dadurch die relative Position der Schweiz gemessen mit dem Wachstum des BIP pro Kopf kaum.[38]

Die Möglichkeit, im Inland generierte Ersparnisse und das aus dem Ausland zufliessende Kapital im Ausland anzulegen, war für eine kleine Volkswirtschaft mit begrenzten inländischen Investitionsmöglichkeiten stets von grosser Bedeutung. Der auch in schwersten Krisenlagen und während der beiden Weltkriege offene Kapitalmarkt war aus Sicht der Kapitalanleger notwendig, aber nicht unumstritten (→ 5.1.4.2). Die anderen europäischen Länder, mit Ausnahme von Grossbritannien und den Niederlanden, führten Kapitalkontrollen ein oder hatten bereits seit längerem solche Kontrollen eingeführt.

37 Ein Vergleich der Entwicklung des BNP mit anderen Ländern aufgrund von Daten der Weltbank (ab 1961) ist nicht überzeugend. Für die Schweiz sind die BNP-Zahlen in dieser Statistik häufig niedriger als die BIP-Zahlen, was gemäss schweizerischer Statistiken nie der Fall war. Immerhin ergibt sich für die Schweiz auch aufgrund dieser Zahlen ein höheres Verhältnis zwischen BNP und BIP als in anderen europäischen Ländern seit Mitte der 1990er Jahre (http://ddp-ext.worldbank.org/).

38 Mathias Binswanger, Wohlstand wird unterschätzt, *St. Galler Tagblatt*, 24. Februar 2005, zitiert in Dreher/Sturm 2005, 8.

In der Schweiz hingegen musste die inländische Nachfrage nach Investitionskapital stets mit den Anlagemöglichkeiten im Ausland konkurrieren bzw. vergleichbare Erträge abwerfen oder andere Vorteile verschaffen, also beispielsweise mit einem geringeren Risiko behaftet sein. Im 19. Jahrhundert genügten die Ersparnisse der schweizerischen Bevölkerung nicht, um den Bedarf der Industrie, des Handels und des Verkehrswesens (insbesondere während der Zeit des grossen Eisenbahnbaus) zu decken. Die Schweiz war damals im Gegensatz zum 20. Jahrhundert ein Land, das auf den Import von Kapital angewiesen war; gleichzeitig wurden grosse Kapitalbestände im Ausland angelegt. Zu Beginn des 20. Jahrhunderts gehörte die Schweiz zu den mehrheitlich kapitalexportierenden Ländern,[39] und vermutlich war das auch während des gesamten 19. und 20. Jahrhunderts der Fall.[40] Dass eine solche Konkurrenzsituation nicht zu einem verglichen mit dem Ausland höheren, sondern zu einem tieferen Zinsniveau führte und so die Aufrechterhaltung eines offenen Kapitalmarktes überhaupt erst ermöglichte, war eine der zentralen Voraussetzungen für die Entstehung des schweizerischen Finanzplatzes (→ 2.2) und eine Folge der schweizerischen Wirtschaftspolitik, insbesondere der Geld- und Währungspolitik (→ 5.1). Sie bewirkte, dass der Schweizer Franken, besonders in Krisenphasen, in denen wichtige Währungen unter Druck gerieten, als eine sichere Währung eingeschätzt wurde. Das geringere Risiko der Geldentwertung dürfte die Anleger dabei für die niedrigere Verzinsung entschädigt haben.[41] Dasselbe galt natürlich auch für die inländischen Anleger: Die grössere Sicherheit rechtfertigte eine niedrigere Verzinsung. Dämpfend auf die Kapitalnachfrage im Inland dürfte sich zudem der bereits erwähnte hohe Selbstfinanzierungsgrad der Unternehmen ausgewirkt haben. So kam es, dass, obwohl stets mehr Kapital exportiert wurde als importiert, die Schweiz im Vergleich zum europäischen Umfeld ab den 1920er Jahren ein deutlich niedrigeres Zinsniveau hatte (→ 5.1.4.2). Dieser Zinsvorteil für Investoren und Kreditnehmer reduzierte die Kapitalkosten und stützte damit die internationale Wettbewerbsfähigkeit der Schweizer Wirtschaft, er trug jedoch auch zur bereits erwähnten ausserordentlich hohen Verschuldung der Agrarwirtschaft und des Immobiliensektors bei und reduzierte die Kapitalerträge im Inland. Ein grosser Teil der Vermögen, auch jener der institutionalisierten Vorsorgesysteme, wurden im Ausland angelegt, weil dort höhere Erträge erwirtschaftet werden konnten.

39 Kellenberger 1946, 313–314. Perrenoud 2011, 55–127, vermittelt einen detaillierten Einblick in die Kapitalverflechtungen der Schweiz mit den wichtigsten ausländischen Staaten im Zeitraum zwischen 1938 und 1946, wobei allerdings wegen der schwierigen Informationslage die von Ausländern in der Schweiz angelegten und reexportierten Vermögenswerte nicht von denjenigen der einheimischen Bevölkerung getrennt werden können.

40 Im 18. und 19. Jahrhundert exportierten Schweizer Städte, Kantonsregierungen, Unternehmer, Bankiers, aber auch wohlhabende Bürger und Immigranten Kapital vor allem in die Nachbarländer und in die USA, wo die Anlagemöglichkeiten bedeutend attraktiver waren als in der Schweiz (Veyrassat 1977 und Veyrassat 1982). Von 1850 bis zum Ausbruch des Ersten Weltkriegs spielte das ausländische Kapital in der Schweiz in bestimmten Wirtschaftsbereichen (Finanzierung des Eisenbahnbaus, von Elektrizitätswerken und Handelsbanken) sowie für die Deckung der Finanzbedürfnisse von Bund, Kantonen und Gemeinden eine ziemlich wichtige Rolle (Peyer 1971, 41–90). Gleichzeitig führten diese neuen Investitionsmöglichkeiten im Inland dazu, dass weniger Kapital exportiert wurde.

41 Vgl. dazu Kugler/Weder 2002; Kugler/Weder 2004; Kugler/Weder 2005.

1.1.1.5 Fazit

Als Ergebnis können wir festhalten, dass sich das Wohlstandsniveau der Schweiz seit Mitte der 1970er Jahre dem westeuropäischen Durchschnitt annäherte, und zwar sowohl gemessen am BIP pro Kopf wie am Wachstum der Reallöhne als der wichtigsten Einkommenskomponente. Zu den markanten Unterschieden zwischen der Schweiz und anderen europäischen Staaten gehören die grössere Einkommenssicherheit und die hohe Geldwertstabilität der Schweiz, die das Sparverhalten und die Vermögensverhältnisse stark geprägt haben. Dieser Stabilitätsvorteil fällt vor allem in der von Kriegen und Wirtschaftskrisen geprägten ersten Hälfte des 20. Jahrhunderts ins Gewicht. Er begünstigte eine relativ früh einsetzende internationale Kapitalverflechtung mit hohen Kapitalzuflüssen und noch grösseren Kapitalabflüssen, mit niedrigen Kapitalkosten, aber auch niedrigen Kapitalrenditen im Inland. Der Stabilitätsvorteil hatte somit auch seine Schattenseiten: Niedrige Zinssätze dürften die Anreize zur Steigerung der Produktivität des Kapitaleinsatzes reduziert haben; sie begünstigten eine hohe Privatverschuldung und führten dazu, dass die alternativen Investitionsmöglichkeiten im Ausland, insbesondere in den letzten Jahrzehnten des 20. Jahrhunderts, attraktiver wurden. Die mit den hohen Nettovermögensbeständen im Ausland generierten Kapitaleinkommen leisteten regelmässig einen zwar nicht besonders grossen, jedoch stabilen Wohlstandsbeitrag. In der zweiten Hälfte der 1990er Jahren nahmen diese Einkommensbestandteile rasch zu, wurden gleichzeitig aber instabiler. Die Folge war eine zunehmende Abhängigkeit der Einkommen von stark schwankenden Kapitalerträgen aus dem Ausland.

1.1.2 Analyse des Wachstums und der Wachstumsfaktoren

In der wirtschaftshistorischen Literatur wird die gesamte Kriegs- und Zwischenkriegszeit häufig als eine Periode wirtschaftlicher Stagnation beschrieben, gefolgt von einer langen Wachstumsperiode bis zur Erdölkrise 1973 und einer Periode mit deutlich niedrigeren Wachstumsraten.[42] Eine solch grobe Periodisierung ist für die differenzierte Analyse des Wirtschaftswachstums eines Landes und den Vergleich mit anderen Ländern wenig aufschlussreich. Wir verwenden deshalb, in Anlehnung an neuere Publikationen zur europäischen Wirtschaftsgeschichte, eine differenzierte Gliederung in Wachstumsperioden, Rezessionsphasen, Kriegs- und Nachkriegsperioden.[43] Die Wachstumsperioden werden in den Tabellen fett markiert, die Rezessionsphasen in roter Farbe. Die Kriegs- und Nachkriegsjahre des Ersten Weltkriegs werden zusammengefasst, die von einem starken Wachstumseinbruch geprägten Kriegsjahre 1939–1945 und die Boomjahre 1945–1950 hingegen getrennt analysiert. Diese unterschiedliche Behandlung der

42 Vgl. z. B. Weder/Weder 2009 mit Bezug auf die Wirtschaftsentwicklung in der Schweiz; Ritschl/Straumann 2010 bezeichnen aufgrund der negativen Abweichung des Wirtschaftswachstums in Europa vom langfristigen Wachstumstrend den gesamten Zeitraum 1914–1945 als «Grosse Depression».

43 Siehe etwa Berend 2006 oder Broadberry/O'Rourke 2010.

beiden Kriegs- und Nachkriegsperioden drängt sich insofern auf, als der gesamte Zeitraum 1913–1922 von überaus starken positiven und negativen Ausschlägen des Bruttoinlandprodukts geprägt war. Die Analyse des Wirtschaftswachstums stützt sich auf zwei jeweils auf Sektor- und Branchenebene geschätzte Bruttowertschöpfungsreihen von 1890 bis 1960 (in Preisen von 1926/29) und von 1960 bis 2005 (in Preisen von 1990), die wir im Aggregat als BIP(BWS) bezeichnen. Damit liegen erstmals Reihen zur Bruttowertschöpfung nach Sektoren und Branchen vor, die das gesamte Jahrhundert abdecken, und eine die historische Analyse der wirtschaftlichen Entwicklung im 20. Jahrhundert bisher stark beeinträchtigende Forschungslücke kann geschlossen werden.[44] Die verwendeten Daten und die ihnen zugrundeliegenden Schätzungen werden in den Anhängen A.1.1.2 und A.2 detailliert beschrieben und erläutert.

Um die zentralen Bestimmungsfaktoren des Wachstums zu ermitteln, werden die periodenspezifischen durchschnittlichen Wachstumsraten des BIP(BWS) auf verschiedene Arten zerlegt. Wir zeigen im Folgenden den Einfluss des Bevölkerungswachstums und der Beschäftigung auf das Wirtschaftswachstum und gehen der Frage nach, in welchem Ausmass die Produktionsfaktoren zum gesamtwirtschaftlichen Wachstum beitrugen. Zudem interessiert, welchen Wachstumsbeitrag die verschiedenen Wirtschaftssektoren leisteten, wobei wir zwischen einem stark auf den Export und einem hauptsächlich auf den Binnenmarkt ausgerichteten Industrie- und Dienstleistungssektor unterscheiden. Damit berücksichtigen wir die für kleine hochentwickelte Länder typische duale Struktur ihrer Wirtschaft (→ Einleitung, Teil 2).

1.1.2.1 Das Wirtschaftswachstum der Schweiz im internationalen Vergleich

Vergleicht man die Wachstumsraten des BIP und des BIP je Einwohner in der Schweiz mit denjenigen in den Ländern und Ländergruppen, die auch im vorhergehenden Abschnitt herangezogen wurden, so fallen einige Besonderheiten des Wachstumsverlaufs der schweizerischen Wirtschaft auf (Tabelle 1.1-3):[45] Das sind einmal die ausgesprochen hohen Wachstumsraten in den 1890er und 1920er Jahren sowie die besonders niedrige Wachstumsrate in den Kriegs- und Nachkriegsjahren des Ersten Weltkriegs und in den 1930er Jahren. Während des Zweiten Weltkriegs wurde die Wachstumsrate der Schweiz im Unterschied zu jener der skandinavischen Länder nochmals negativ, jedoch weit weniger stark als im westeuropäischen Durchschnitt. Die hohen Wachstumsraten in den Nachkriegsjahren sind hingegen keine schweizerische Besonderheit, wie häufig angenommen wird, und in der langen Wachstumsperiode nach dem Zwei-

44 Auf diese Forschungslücke haben Wirtschaftshistoriker wiederholt hingewiesen: Kneschaurek 1952; Siegenthaler 1987; Bairoch 1990.

45 Die Tabelle 1.1-A1 im Anhang zu diesem Kapitel vermittelt einen Überblick über die unserer Wachstumsanalyse zugrunde liegenden durchschnittlichen realen BIP-Wachstumsraten insgesamt und je Einwohner und vergleicht diese mit den Wachstumsraten des für den internationalen Vergleich verwendeten kaufkraftbereinigten BIP pro Kopf.

ten Weltkrieg nimmt die Schweiz ebenfalls keine Sonderstellung ein. Die Wachstumsrate pro Kopf war bereits im Zeitraum 1960–1973 deutlich niedriger, doch trifft dies auch für andere Länder zu, die in den 1950er Jahren ein relativ höheres Wohlstandsniveau aufwiesen.[46] Besonders stark war in der Schweiz der Wachstumseinbruch in den 1970er Jahren, und auch in der von der Rezessions- und Stagnationsphase der 1990er Jahre geprägten letzten Periode waren die Wachstumsraten sowohl des BIP wie des BIP pro Kopf deutlich niedriger als in den Vergleichsländern. Berücksichtigt man zudem das schwächere Wachstum des BIP pro Kopf in den 1980er Jahren, so geht der in der ökonomischen Literatur häufig thematisierten Wachstumsschwäche der 1990er Jahre eine bedeutend längere Periode schwächeren Wachstums voraus. Die Frage, ob sich die Schweiz seit Beginn der 1990er Jahre in einer «Grossen Depression» befinde, greift deshalb zu kurz.[47] Zu fragen ist vielmehr, warum die Schweizer Wirtschaft die mit der zunehmenden Öffnung der Märkte seit den 1970er Jahren sich bietenden Wachstumschancen weniger gut nutzen konnte als andere europäische Länder. Die Wachstumsanalysen in diesem Kapitel sowie die folgenden Kapitel 1.1.3 und 1.1.4 sollen dazu beitragen, die kontrovers diskutierte Wachstumsschwäche der 1990er Jahre in eine langfristige Perspektive und einen grösseren Zusammenhang zu stellen.

Tabelle 1.1-3: **Vergleich der Wachstumsraten von BIP pro Kopf und BIP (in 1990 Int. GK $) (1890–2005)**

	Schweiz		Westeuropa *		Skandinavien **		USA	
	BIP pro Kopf	BIP	BIP pro Kopf	BIP	BIP pro Kopf	BIP	BIP pro Kopf	BIP
1890–1900	2.02 %	3.17 %	1.49 %	2.34 %	1.78 %	2.69 %	1.89 %	3.82 %
1900–1913	1.43 %	2.67 %	1.39 %	2.28 %	1.64 %	2.46 %	2.01 %	3.95 %
1913–1922	–0.99 %	–0.96 %	–0.31 %	–0.56 %	–0.25 %	0.51 %	0.49 %	1.88 %
1922–1929	4.17 %	4.73 %	2.83 %	3.51 %	3.94 %	4.50 %	3.18 %	4.69 %
1929–1939	–0.65 %	–0.20 %	1.39 %	1.96 %	2.57 %	3.09 %	–0.50 %	0.23 %
1939–1945	–1.31 %	–0.52 %	–3.66 %	–3.72 %	0.66 %	1.32 %	10.14 %	11.35 %
1945–1950	3.93 %	5.23 %	3.86 %	4.54 %	4.48 %	5.69 %	–3.97 %	–2.41 %
1950–1960	3.23 %	4.61 %	4.29 %	4.96 %	2.90 %	3.73 %	1.71 %	3.46 %
1960–1973	2.96 %	4.42 %	3.70 %	4.45 %	3.74 %	4.37 %	3.03 %	4.30 %
1973–1980	0.45 %	0.13 %	2.15 %	2.42 %	2.28 %	2.52 %	1.54 %	3.08 %
1980–1990	1.36 %	2.05 %	1.83 %	2.07 %	2.02 %	2.40 %	2.25 %	3.21 %
1990–2005	0.52 %	1.13 %	1.54 %	1.86 %	2.08 %	2.45 %	1.83 %	2.97 %
1890–2005	1.37 %	2.41 %	1.80 %	2.50 %	2.27 %	3.19 %	1.93 %	3.62 %

* Westeuropa: Belgien, Dänemark, Frankreich, Deutschland, Niederlande, Grossbritannien (inkl. Nordirland).
** Skandinavien: Finnland, Norwegen, Schweden.
Quellen: GGDC, Maddison Historical Statistics (Sept. 2008); Schweiz 1890–1947: neue Schätzung 2010, siehe Anhang A.1.1.7.

46 Vgl. dazu die Wachstumsraten des BIP pro Kopf der westeuropäischen Länder in den Perioden 1950–1973 und 1973–2005 in Crafts/Toniolo 2010, 301, Tab. 12.1.

47 Kehoe/Ruhl 2004.

1.1.2.2 Der Beitrag des Bevölkerungswachstums und der Beschäftigung zum BIP(BWS)

In Tabelle 1.1-4 wird ermittelt, welchen Beitrag das Bevölkerungswachstum und die Beschäftigung zur Wachstumsrate des BIP leisten. Die Wachstumsrate des BIP(BWS) real pro Kopf (Spalte I) resultiert aus dem Wachstumsbeitrag der Arbeitsproduktivität (Spalte II) und der Erwerbsquote (Spalten III + IV). Das Bevölkerungswachstum kann die Wachstumsrate des BIP pro Kopf senken oder erhöhen, je nachdem, wie es sich auf das Verhältnis der Erwerbstätigen zu den Erwerbsfähigen und zur Gesamtbevölkerung auswirkt.[48] In den Spalten III und IV wird der Wachstumsbeitrag der Erwerbsquote zerlegt in den Wachstumsbeitrag der Erwerbsquote der 18- bis 64-Jährigen und des Anteils dieser Altersgruppe

Tabelle 1.1-4: **Beitrag der Arbeitsproduktivität (II), des Beschäftigungseffekts (III) und des Bevölkerungsstruktureffekts (IV) zum Wachstum des BIP pro Kopf (I) (1890–2005)**

	Wachstumsraten				Wachstumsbeiträge			
	BIP (BWS)	Bevölkerung	Erwerbsfähige (18–64 Jahre)	Erwerbstätige	BIP pro Kopf I = II+III+IV	BIP/ Erwerbstätige II	Erwerbstätige / Erwerbsfähige III	Erwerbsfähige / Bevölkerung IV
1890–1900	**3.17 %**	**1.11 %**	**1.31 %**	**1.47 %**	**2.06 %**	**1.69 %**	**0.17 %**	**0.20 %**
1900–1913	**2.67 %**	**1.10 %**	**1.13 %**	**1.95 %**	**1.56 %**	**0.72 %**	**0.82 %**	**0.03 %**
1913–1922	–0.96 %	0.29 %	0.91 %	–3.02 %	–1.25 %	2.06 %	–3.92 %	0.62 %
1922–1929	**4.73 %**	**0.44 %**	**0.96 %**	**3.60 %**	**4.29 %**	**1.13 %**	**2.64 %**	**0.51 %**
1929–1939	**–0.20 %**	**0.48 %**	**0.71 %**	**0.02 %**	**–0.69 %**	**–0.22 %**	**–0.69 %**	**0.23 %**
1939–1945	–0.52 %	0.68 %	0.45 %	1.93 %	–1.20 %	–2.45 %	1.48 %	–0.22 %
1945–1950	5.62 %	1.27 %	0.96 %	1.12 %	4.35 %	4.50 %	0.16 %	–0.31 %
1950–1960	**4.47 %**	**1.29 %**	**1.02 %**	**1.64 %**	**3.18 %**	**2.82 %**	**0.62 %**	**–0.26 %**
1960–1973	**4.42 %**	**1.28 %**	**1.20 %**	**1.45 %**	**3.14 %**	**2.97 %**	**0.25 %**	**–0.08 %**
1973–1980	**0.43 %**	**0.02 %**	**0.33 %**	**–0.49 %**	**0.41 %**	**0.91 %**	**–0.81 %**	**0.31 %**
1980–1990	**2.04 %**	**0.64 %**	**1.11 %**	**1.90 %**	**1.41 %**	**0.14 %**	**0.78 %**	**0.48 %**
1990–2005	**1.04 %**	**0.67 %**	**0.64 %**	**0.63 %**	**0.37 %**	**0.40 %**	**0.00 %**	**–0.03 %**

Quellen: Eigene Berechnungen auf Basis: BIP(BWS): HSSO Tab. Q.17b und Q.18b; Bevölkerung: HSSO Tab. B. 42: Erwerbstätige: HSSO 29a; Erwerbsfähige: BFS online, Tab. su-d-01.01.01.05, su-d-01.01.01.08, su-d-01.01.01.01.

Bemerkung: BIP(BWS) 1890–1960 in Preisen von 1926/29; 1960–2005 in Preisen von 1990. Die Wachstumsperioden sind fett, die Rezessionsperioden rot markiert.

48 Das BIP pro Kopf (Y/POP) kann ausgedrückt werden als $\frac{Y}{POP} = \frac{Y}{N}\frac{N}{POP_W}\frac{POP_W}{POP}$, Y bezeichnet dabei das reale BIP, POP die Bevölkerung, N die Beschäftigung, und POP_W die Erwerbstätigen. In Wachstumsraten ausgedrückt ergibt sich die folgende Beziehung: $\frac{DY/POP}{Y/POP} = \frac{DY/N}{Y/N} + \frac{DN/POP_W}{N/POP_W}\frac{DPOP_W/POP}{POP_W/POP}$.

an der Gesamtbevölkerung.[49] Dadurch wird neben dem Einfluss des Bevölkerungswachstums auch die Veränderung der Altersstruktur der Bevölkerung berücksichtigt.

Der Wachstumsbeitrag der Erwerbsquote wird somit aufgeteilt in einen Beschäftigungseffekt und einen Bevölkerungsstruktureffekt. Wenn die Gesamtbevölkerung rascher wächst als die erwerbsfähige Bevölkerung, resultiert daraus ein negativer Wachstumsbeitrag. Das war im Zeitraum 1939–1973 trotz des starken Zustroms ausländischer Arbeitskräfte in den 1950er und 1960er Jahren der Fall und auch wieder in der letzten Periode, allerdings ist das Ausmass der negativen Beiträge im Verhältnis zur gesamtwirtschaftlichen Wachstumsrate in den 1960er und 1990er Jahren sehr gering. Es überwiegen die Perioden mit positiven Beiträgen, besonders ausgeprägt im Zeitraum 1913–1929 und 1980–1990. Auch eine an sich günstige Altersstruktur kann sich ganz unterschiedlich auswirken: Wenn die erwerbstätige Bevölkerung weniger stark wächst als die Zahl der Erwerbsfähigen, entsteht ein negativer Wachstumsbeitrag (Spalte III). Dies war in der Kriegs- und Nachkriegsperiode des Ersten Weltkriegs, in den 1930er Jahren und im Wachstumseinbruch der 1970er Jahre der Fall. In allen anderen Perioden, mit Ausnahme der letzten Periode, war der Wachstumsbeitrag positiv, d.h. die Wachstumsrate der Erwerbstätigen war grösser als die Wachstumsrate der Bevölkerung im erwerbsfähigen Alter. Perioden mit einem hohen Beitrag des BIP(BWS) je erwerbstätiger Person, d.h. der Arbeitsproduktivität (Spalte II), waren die 1890er Jahre, die Kriegs- und Nachkriegsjahre des Ersten Weltkriegs und die lange Wachstumsperiode nach dem Zweiten Weltkrieg 1945–1973. Zu der auch im internationalen Vergleich besonders hohen Wachstumsrate der 1920er Jahre trug hingegen vor allem der Wachstumsbeitrag der Erwerbsquote der 18- bis 64-Jährigen bei. In den 1980er Jahren wurde das im internationalen Vergleich eher schwache Wachstum des BIP pro Kopf ebenfalls hauptsächlich durch das Bevölkerungs- und Beschäftigungswachstum generiert, in den 1990er Jahren hingegen nur durch den Wachstumsbeitrag der Arbeitsproduktivität.

Während des gesamten Jahrhunderts schwankte der Beschäftigungseffekt (III) besonders stark, einerseits in Abhängigkeit von der im Konjunkturverlauf sich verändernden Arbeitsnachfrage, andererseits beeinflusst durch die stark variierende Zu- und Abwanderung ausländischer Arbeitskräfte (Grafik 1.1-11), die mehrheitlich im erwerbsfähigen Alter waren (→ 1.2.2.3; 1.2.3).[50] Im Folgenden wird deshalb die Beschäftigungsstruktur etwas genauer untersucht.

49 Das BFS (siehe BFS online, Definitionen/Glossar) unterscheidet zwischen der Bruttoerwerbsquote (gemessen an der Gesamtbevölkerung), der standardisierten Erwerbsquote (gemessen an der Bevölkerung ab 15 Jahren) und der Nettoerwerbsquote (gemessen an der Bevölkerung zwischen 15 und 64 Jahren). Wir definieren hier die Altersgrenzen für die Erwerbstätigen auf über 18 und unter 64 Jahren und setzen diese in Verhältnis zur Gesamtbevölkerung. Die Altersgruppe 18–64 Jahre entspricht eher der erwerbstätigen Bevölkerung der Schweiz als die in solchen Analysen übliche Altersgruppe 15–64 Jahre.

50 Zur ständigen Wohnbevölkerung gehören alle Personen, deren Wohnsitz ganzjährig in der Schweiz liegt. Die Wohnbevölkerung umfasst hingegen alle Personen, die zu einem bestimmten Zeitpunkt ihren Wohnsitz in der Schweiz haben, unabhängig von ihrer Staatsangehörigkeit, Anwesenheitsdauer und der Art ihrer Aufenthaltsbewilligung. Personen ohne offiziellen Wohnsitz in der Schweiz (Grenzgänger, Touristen) zählen nicht dazu. Vgl. dazu BFS online, Definitionen/Glossar.

Grafik 1.1-11: **Ständige Wohnbevölkerung und Ausländeranteil (1890–2005)**

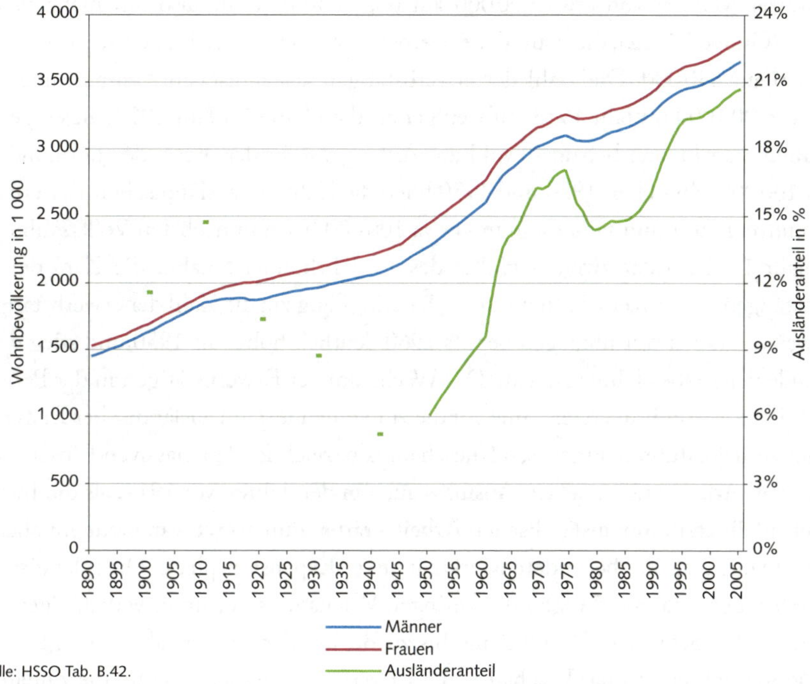

Quelle: HSSO Tab. B.42.

Grafik 1.1-12: **Erwerbstätige nach Herkunft und Geschlecht (1900–2005)**

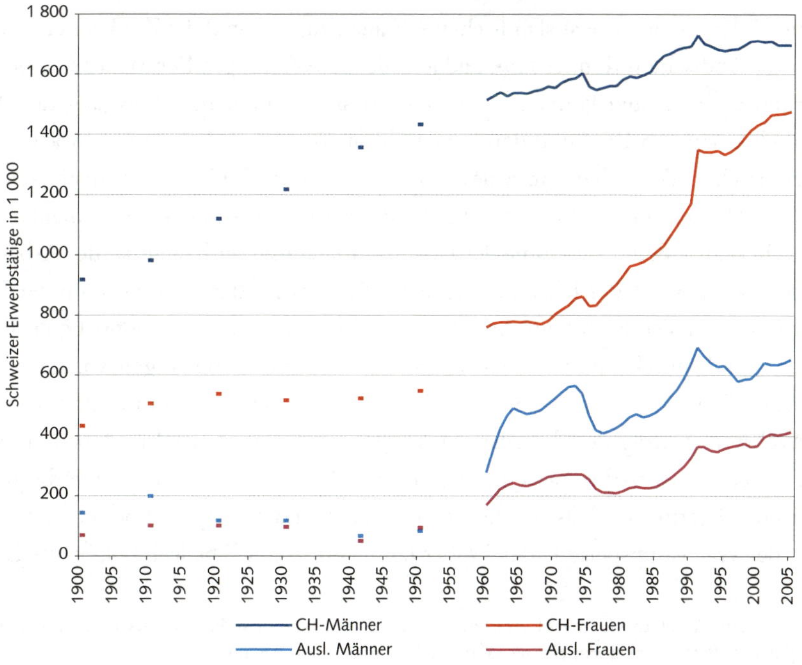

Quellen: 1900–1959: Ritzmann 1996, Tab. F.3, F.4, F.5, F.6; 1960–2000: BFS online, Erwerbstätige nach Aufenthaltsstatus und Geschlecht, Tab. 3.02.01.07.

Während der ersten Hälfte des 20. Jahrhunderts stieg die Zahl der erwerbstätigen Schweizer Männer von etwa 900 000 auf über 1 400 000 an, also um mehr als die Hälfte (Grafik 1.1-12), die Zahl der erwerbstätigen Schweizer Frauen stieg von etwa 500 000 auf 640 000. Die Zahl der erwerbstätigen ausländischen Männer hingegen sank von 200 000 im Jahr 1913 auf weniger als die Hälfte im Jahr 1950, diejenige der ausländischen Frauen betrug sowohl am Anfang wie in der Mitte des Jahrhunderts etwa 100 000. Zwischen 1920 und 1930 blieb die Zahl der ausländischen Erwerbstätigen unverändert und sank dann um etwa 100 000 bis zum nächsten Volkszählungsstichjahr 1941. In der zweiten Hälfte des 20. Jahrhunderts nahm die Zahl der erwerbstätigen Schweizer Männer nur noch geringfügig zu; die Zahl der erwerbstätigen Schweizer Frauen war hingegen bereits 1960 deutlich höher als 1950 und stieg dann ab Ende der 1970er Jahre rasch an. Das Wachstum der Erwerbstätigen in der Periode 1950–1973 ist somit in erster Linie auf die zunehmende Zahl ausländischer Erwerbstätiger zurückzuführen. Francesco Kneschaurek bezeichnet den massiven Einsatz ausländischer Arbeitskräfte, dessen Ausmass auch in den Jahren vor 1914, als die Industrie ebenfalls stark mit ausländischen Arbeitskräften durchsetzt war, nicht annähernd erreicht wurde, als das besondere Merkmal dieser Expansionsphase. Die inländischen Erwerbstätigen nahmen wegen des geringen Wachstums der im erwerbsfähigen Alter stehenden Schweizer Bevölkerung bis zu Beginn der 1960er Jahre kaum zu.[51] In den 1980er Jahren war das Wachstum der Erwerbstätigen nicht nur auf die Zunahme der ausländischen Erwerbstätigen, sondern auch auf die der erwerbstätigen Schweizer Frauen zurückzuführen. In den 1990er Jahren nahm nur noch die Zahl der erwerbstätigen – inländischen wie ausländischen – Frauen zu, während die Zahl der erwerbstätigen ausländischen Männer sank und jene der erwerbstätigen Schweizer stagnierte. Aufgrund dieser Daten können wir folgern, dass der markante Rückgang der Arbeitsproduktivität ab 1973 und damit auch die ausgeprägte Wachstumsschwäche der schweizerischen Wirtschaft trotz der stark wachsenden Zahl an Erwerbstätigen in den 1980er Jahren mit der Veränderung der Beschäftigungsstruktur zusammenhängt. Vergleicht man z.B. die Zunahme der Erwerbstätigen mit der Zunahme des Arbeitsvolumens seit den 1970er Jahren (Tabelle 1.1-5), so wird klar, dass die Zahl der Erwerbstätigen im Vergleich zum Arbeitsvolumen um mehr als das Doppelte anstieg. Dies ist darauf zurückzuführen, dass ein grosser Teil der Erwerbstätigen, vor allem der weiblichen Erwerbstätigen, nur in Teilzeit beschäftigt war. In diesem Zeitraum wäre der Wachstumsbeitrag der Arbeitsproduktivität gemessen als BIP je Arbeitsstunde somit höher als des BIP je Erwerbstätigen, der Wachstumsbeitrag der Erwerbsquote entsprechend geringer.[52] Das würde auch den auffallend niedrigen Produktivitätsbeitrag in der Wachstumsperiode der 1980er Jahren erklären (Tabelle 1.1-4, Spalte II).

51 Kneschaurek 1964, 154. Gemäss Lorenzetti (→ 1.2.2.3) wuchs die erwerbstätige Bevölkerung zwischen 1950 und 1970 nur zu einem Drittel aufgrund der vorteilhaften Altersstruktur.

52 Die Zunahme der Erwerbstätigen 1970–2000 lag bei 30%; die Zunahme des Arbeitsvolumens 1970–2000 bei 13%.

Im Verlauf des 20. Jahrhunderts veränderten sich die Erwerbsquoten der Erwerbstätigen insgesamt sowie nach Geschlecht und Herkunft (Tabelle 1.1-5).[53] Im Vergleich mit anderen westeuropäischen Ländern hatte die Schweiz in den Stichjahren 1973 (50.9 %), 1990 (52.4 %) und 1998 (54 %) die höchste Erwerbsquote.[54] Diese Spitzenstellung war jedoch vor allem eine Folge der hohen Erwerbsquote der ausländischen Bevölkerung. Diese nahm zwar nach dem Höchstwert von 87 % im Jahr 1960 – auch infolge einer Einwanderungspolitik, die den Familiennachzug erschwerte – bis Ende des Jahrhunderts ab, war jedoch im Jahr 2000 immer noch deutlich höher als die Erwerbsquote der einheimischen Bevölkerung.[55] Mit der Veränderung der Erwerbstätigkeit der Frauen im Verlauf des Jahrhunderts befasst sich

Tabelle 1.1-5: **Entwicklung der Erwerbstätigkeit und der Erwerbsquoten (1900–2000)**

	Wohn- bevölkerung	Erwerbstätige	Arbeitsvolumen in Mio. Std.	Erwerbsquote				
				insgesamt	Männer	Frauen	Schweizer	Ausländer
1900	3319000	1555247	4936	47 %	65 %	29 %	46 %	54 %
1910	3757000	1783195	5371	47 %	64 %	32 %	46 %	54 %
1920	3883000	1871725	4725	48 %	66 %	32 %	48 %	54 %
1930	4070000	1942626	4746	48 %	68 %	29 %	47 %	59 %
1941	4297000	1992487	4923	46 %	69 %	26 %	46 %	51 %
1950	4717000	2308500	4770	49 %	67 %	26 %	45 %	62 %
1960	5360000	2717100	5462	51 %	69 %	34 %	47 %	87 %
1970	6193000	3142500	6112	51 %	69 %	34 %	45 %	79 %
1980	6335000	3165922	5631	50 %	66 %	35 %	46 %	72 %
1990	6751000	3820661	6400	57 %	71 %	43 %	51 %	85 %
2000	7204000	4079858	6888	57 %	65 %	48 %	54 %	68 %

Quellen: Bevölkerung: HSSO Tab. B.42; Erwerbstätige: HSSO Tab. F.29a; Erwerbstätige nach Geschlecht und Herkunft 1900–1960: Ritzmann 1996, F.3, F.4, F.5 F.6; 1960–2000: BFS online, Tab. 3.02.01.08; Arbeitsvolumen: HSSO Tab. F.29b. Erwerbsquote: Erwerbstätige in Prozent der Bevölkerung.

53 Für die Zeit bis 1960 stützen sich die Zahlen zur Erwerbstätigkeit auf die Ergebnisse der etwa alle zehn Jahre durchgeführten Volkszählungen. Die Erwerbsquote nach Herkunft kann mangels Daten für den Anteil der Frauen an der gesamten ausländischen Bevölkerung nicht separat nach Geschlecht ausgewiesen werden. Zu den sich im Verlauf des Jahrhunderts mehrmals ändernden Kriterien zur Definition der erwerbstätigen Bevölkerung siehe → 1.2.2.3, Anmerkung 31 und 32.

54 Maddison 2001, 355.

55 Zur Fremdarbeiterpolitik nach dem Zweiten Weltkrieg, die bis 1963 geprägt war von einer liberalen Zulassungspraxis, dann jedoch von verschiedenen Formen der Beschränkung der Zahl der ausländischen Arbeitskräfte (betriebliche Plafonierung in den 1960er und kantonalen Kontingentierung in den 1970er und 1980er Jahren), vgl. Schwarz 1988, 11–67.

das Kapitel 1.2, insbesondere 1.2.4.3. Die Erwerbsquote der Frauen war im internationalen Vergleich zwar relativ hoch, doch 2008 arbeiteten in der Schweiz nur 40 % der Frauen Vollzeit, und damit etwas weniger als in Deutschland oder Grossbritannien und bedeutend weniger als in Schweden (etwa 70 %) oder in Frankreich (knapp 50 %). Der Anteil der in Teilzeit beschäftigten Frauen war hingegen etwa doppelt so hoch wie in den beiden letztgenannten Ländern und etwas höher als in Deutschland und Grossbritannien (inkl. Nordirland).[56]

1.1.2.3 Der Wachstumsbeitrag der Produktionsfaktoren

Der zentrale Impuls für das Wachstum des BIP ergibt sich gemäss Tabelle 1.1-4 aufgrund der Zunahme oder Abnahme des Outputs je beschäftigter Person, d.h. aufgrund der Arbeitsproduktivität. Die Entwicklung der Beschäftigung, der Bevölkerung und der Bevölkerungsstruktur können dieses Wachstum jedoch verstärken oder auch empfindlich schwächen. An der Erarbeitung des BIP(BWS) sind jedoch weitere Produktionsfaktoren beteiligt. «Growth Accounting» erlaubt eine Multifaktorproduktzerlegung (MFP), d.h., die Zerlegung der Wachstumsrate des Bruttoinlandprodukts in die Wachstumsbeiträge der Inputfaktoren. Damit lässt sich aufzeigen, in welchem Ausmass die Arbeitsleistungen und der verfügbare Kapitalstock zum Wachstum beitragen und welcher Anteil auf den dritten Produktionsfaktor, den Residualfaktor, entfällt, der alle Einflüsse auf das Outputwachstum auffängt, die nicht auf das Wachstum der beiden Inputfaktoren Arbeit und Kapital zurückzuführen sind. Unter sehr restriktiven Einschränkungen kann dieser Residualfaktor als technischer Fortschritt interpretiert werden.[57] Die angewandten Methoden sowie die verwendeten Daten, insbesondere zur Berechnung des Kapitalstocks und des Arbeitsvolumens, werden im Anhang A.1.4 erklärt; Tabelle 1.1-6 fasst die Ergebnisse dieser Berechnungen zusammen.

Der Wachstumsbeitrag des Faktors «Kapital» schwankte am wenigsten und war stets positiv. Der Wachstumsbeitrag der «Beschäftigung» schwankte hingegen stark und entspricht dabei den Erwartungen: hohe Beiträge in den Wachstumsperioden, niedrige bis negative in den Rezessionsphasen. Auffallend sind die unterschiedlichen Beiträge dieses Produktionsfaktors in den beiden Kriegs- und Nachkriegsperioden. Am stärksten schwankte der Beitrag des Residualfaktors (MFP). Dieser kann vorsichtig als «technischer Fortschritt» interpretiert werden, und zwar dann, wenn die Produktionskapazitäten ausgelastet sind, also in den Wachstumsperioden, oder in einer langfristigen Betrachtung, in der die periodenspezifischen Abweichungen ausgeglichen werden. Es zeigt sich denn auch, dass der «technische Fortschritt» in den beiden

56 Nach Baines/Cummins/Schulze 2010, 413, Tab. 15.7, ergeben sich folgende Anteile der in Vollzeit Erwerbstätigen (Teilzeit in Klammern): Schweiz 40 % (34 %), Schweden 69 % (15 %), Frankreich 49 % (15 %), UK 43 % (27 %), Deutschland 42 % (27 %).

57 Dazu zählen die Abwesenheit von Marktmacht und zyklischer Variation der Nutzung verfügbarer Produktionsfaktoren (siehe Anhang A.1.2 für Details).

Tabelle 1.1-6: **Wachstumsbeiträge der Produktionsfaktoren (Multifaktorproduktivität, MFP) (1890–2005)**

	Wachstumsraten			Beitrag zum BIP(BWS)-Wachstum		
	BIP(BWS)	Beschäftigung (Arbeitsstunden)	Kapital	Beschäftigung (Arbeitsstunden)	Kapital	Residualfaktor (MFP)
1890–1900	**3.17 %**	**1.15 %**	**2.99 %**	**0.81 %**	**0.90 %**	**1.47 %**
1900–1913	**2.67 %**	**1.51 %**	**2.19 %**	**1.06 %**	**0.66 %**	**0.96 %**
1913–1922	–0.96 %	–4.86 %	2.19 %	-3.40 %	0.66 %	1.79 %
1922–1929	**4.73 %**	**3.43 %**	**0.82 %**	**2.40 %**	**0.25 %**	**2.09 %**
1929–1939	**–0.20 %**	**–0.13 %**	**0.37 %**	**–0.09 %**	**0.11 %**	**–0.22 %**
1939–1945	–0.52 %	0.79 %	0.51 %	0.55 %	0.15 %	–1.22 %
1945–1950	5.62 %	–1.00 %	1.12 %	–0.70 %	0.34 %	5.99 %
1950–1960	**4.47 %**	**1.36 %**	**3.69 %**	**0.95 %**	**1.11 %**	**2.41 %**
1960–1973	**4.42 %**	**0.95 %**	**5.07 %**	**0.66 %**	**1.52 %**	**2.23 %**
1973–1980	**0.43 %**	**–1.31 %**	**3.16 %**	**–0.92 %**	**0.95 %**	**0.40 %**
1980–1990	**2.04 %**	**1.29 %**	**3.62 %**	**0.90 %**	**1.09 %**	**0.05 %**
1990–2005	**1.04 %**	**0.60 %**	**1.83 %**	**0.42 %**	**0.55 %**	**0.07 %**
1890–1960	2.24 %	0.31 %	1.89 %	0.22 %	0.57 %	1.46 %
1960–2005	2.68 %	0.53 %	4.14 %	0.37 %	1.24 %	1.07 %

Quellen: Eigene Berechnung auf Basis: BIP(BWS): HSSO Tab. Q.17b und Q.18b; Arbeitsvolumen (Arbeitsstunden Total): HSSO F.29b; Kapitalstock: eigene Berechnung gemäss Anhang A.1.2.

Bemerkung: BIP(BWS) 1890–1960 in Preisen von 1926/29; 1960–2005 in Preisen von 1990. Die Wachstumsperioden sind fett, die Rezessionsperioden rot markiert.

Wachstumperioden, jener der 1920er Jahre und der von 1950 bis 1973, kräftig zum Wachstum beigetragen hat. In der Literatur wird hingegen häufig von einer Verzögerung des technischen Fortschritts in der langen Wachstumsperiode nach dem Zweiten Weltkrieg ausgegangen, und zwar wegen der Zuwanderung billiger Arbeitskräfte aus dem Ausland. Tatsächlich förderte jedoch die ausgeprägte Arbeitskräfteknappheit in den 1950er und 1960er Jahren sowohl den technischen Fortschritt als auch die effizientere Nutzung der Produktionsfaktoren. In der Wachstumsperiode der 1980er Jahre bestimmten hingegen die Beschäftigung und das Kapital das Wachstum. Der besonders hohe Beitrag des Residualfaktors in den Jahren 1945–1950 ist als ausserordentlicher Effekt der Nachkriegsverhältnisse zu interpretieren, als im Krieg nicht genutzte Produktionskapazitäten wieder eingesetzt werden konnten. Die negativen Wachtumsbeiträge des Residualfaktors in der Rezessionsphase der 1930er Jahre und während des Zweiten Weltkriegs sind hingegen als Folge des Strukturwandels und der Unterauslastung der Produktionskapazitäten aufzufassen. In den Rezessionsphasen wird die Messung eines allfällig vorangetriebenen technischen Fortschritts von der ineffizienten Produktionsweise verfälscht. Solche Verzerrungen könnten auch den minimalen Beitrag des technischen Fortschritts in den 1990er Jahren erklären, einer ebenfalls nicht nur von einem starken Konjunktureinbruch, sondern auch von strukturellem Wandel geprägten Periode.

Insgesamt trug der technische Fortschritt in der ersten Periode von 1890 bis 1960 am meisten zum BIP(BWS)-Wachstum bei, in der zweiten Periode war hingegen der Beitrag des Kapitals am grössten. Ein seit den 1970er Jahren im Vergleich zur Wachstumsperiode 1950–1973 niedrigeres Produktivitätswachstum lässt sich in allen hochentwickelten Ländern feststellen. Es wird vor allem auf den niedrigeren Wachstumsbeitrag des Residualfaktors zurückgeführt und dürfte mit dem in den 1970er Jahren einsetzenden Wandel von der Industrie- zur Dienstleistungsgesellschaft zusammenhängen.[58] Dabei gilt es allerdings, wie im Folgenden aufgezeigt wird, zwischen einem Prozess der Deindustrialisierung und einem viel früher einsetzenden Prozess der Tertiärisierung zu unterscheiden.

1.1.2.4 Strukturwandel und Beitrag der Wirtschaftssektoren zum BIP(BWS)-Wachstum

In der wirtschaftshistorischen Literatur zur Schweiz wird der sektorale Strukturwandel wegen der fehlenden Produktionsstatistiken aufgrund der Beschäftigung beschrieben. Wir konzentrieren uns hier dagegen auf die sektorale Entwicklung der Bruttowertschöpfung. Industrie- und Dienstleistungssektor werden zudem in einen exportorientierten und einen binnenorientierten Sektor aufgeteilt (→ Einleitung Teil 2 und A.1.1.2.5). Wichtigstes Kriterium für die Zuordnung der Industriebranchen ist dabei der Anteil der Exporte am gesamten Produktionswert einer Branche. Nur drei Branchen gehörten während des gesamten 20. Jahrhunderts zur Exportindustrie: die Uhrenindustrie (einschliesslich Schmuck, später medizinische und optische Geräte), die Maschinenindustrie und die Chemieindustrie (einschliesslich pharmazeutischer Produkte). Die wichtigste Exportindustrie des 19. Jahrhunderts, die Textilindustrie, orientierte sich nach dem Zusammenbruch der Stickerei- und Seidenindustrie in der Zwischenkriegszeit vermehrt auf den Inlandsmarkt und wird erst ab den 1970er Jahren wieder zur Exportindustrie gezählt. In den 1990er Jahren richteten sich weitere, bisher am Binnenmarkt orientierte Industriebranchen auf den Export aus; ihr Anteil an der gesamten Bruttowertschöpfung blieb jedoch gering. Die gewichtigste inlandsorientierte Branche des zweiten Sektors war das Baugewerbe (einschliesslich der

58 Crafts/Toniolo 2010, 306–307: In diesen Analysen wird der dritte Faktor aufgeteilt in TFP und Humankapital.

Infrastrukturbereiche Wasser-, Gas- und Elektrizitätsversorgung). Ihr Beitrag zum gesamtwirtschaftlichen Wachstum wird in der folgenden Analyse denn auch separat ausgewiesen. Im dritten Sektor werden die Finanzdienstleistungen und das Gastgewerbe zur Exportwirtschaft gezählt, alle übrigen Branchen zur Binnenwirtschaft. Die Grafiken 1.1-A1 bis 1.1-A6 im Anhang zu diesem Kapitel vermitteln eine Übersicht über den Verlauf der realen Bruttowertschöpfung der einzelnen Branchen in den Perioden 1890–1960 und 1960–2005.

Der sektorale Strukturwandel spielte sich vor allem zwischen dem ersten und dem dritten Sektor ab (Grafik 1.1-13). Der Anteil der Landwirtschaft an der Bruttowertschöpfung nahm zu Beginn des 20. Jahrhunderts im Vergleich zu den 1890er Jahren etwa um ein Viertel ab und verharrte anschliessend bis Mitte der 1940er Jahre bei etwa 16%. Nach dem Zweiten Weltkrieg sank der Anteil der Landwirtschaft an der BWS zwar stark, in realen Werten ging die Bruttowertschöpfung während der Periode 1890–1960 jedoch kaum zurück, weil gleichzeitig die Produktivität stark zunahm. Aufgrund der international verfügbaren Daten zur sektoralen Beschäftigung erfolgte der Strukturwandel von der Landwirtschaft zur Industrie in der Schweiz früher als in den meisten europäischen Staaten; der Anteil der Beschäftigten im Industriesektor

Grafik 1.1-13: **Bruttowertschöpfung und Beschäftigte nach Sektoren (Stichjahre 1890–2005)**

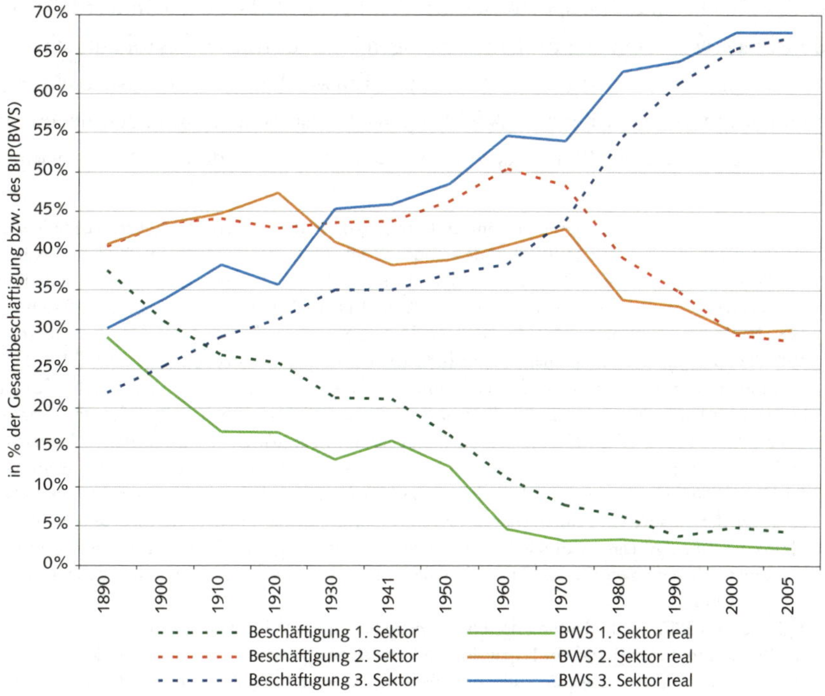

Quellen: Beschäftigung: HSSO Tab. F.28, F.30 und F.33 (bis 1960 ohne, ab 1960 mit Teilzeitarbeit; ab 1990 in VZAE); BIP(BWS): 1890–1960: HSSO Tab. Q.17a, Q.17b; 1960–2005: HSSO Tab.Q.2, Q.18a, Q18b.

Bemerkung: Beschäftigung 1890 = Wert von 1888. 1890–1960: BWS in Preisen von 1926/29; 1960–2005: BWS in Preisen von 1990.

machte bereits zu Beginn des 20. Jahrhunderts mehr als 40% aus und stieg bis zu den 1960er Jahren auf etwa 50% an.[59]

Wie in anderen europäischen Ländern ist auch in der Schweiz ab den 1970er Jahren ein markanter Rückgang der Beschäftigung im Industriesektor bei gleichzeitiger Zunahme der Beschäftigung im Dienstleistungssektor festzustellen. Dieser wird in der Literatur als Übergang von der Industrie- zur Dienstleistungsgesellschaft, als Deindustrialisierungsprozess oder Tertiärisierung thematisiert.[60] Gemessen mit der Bruttowertschöpfung war jedoch der Anteil des Dienstleistungssektors am BIP(BWS) bereits in der Zwischenkriegszeit höher als jener der Industrie. Der Industrialisierungsprozess ging bereits im 19. Jahrhundert mit einer stetigen Ausweitung des tertiären Sektors einher; der Anteil der Industrie an der gesamten Bruttowertschöpfung blieb aber in der Schweiz bis in die 1970er Jahre relativ stabil. Ein Prozess der Tertiärisierung hatte demnach schon viel früher eingesetzt. Die Bedeutung der Dienstleistungen für den Industrialisierungsprozess wurde in der Wirtschaftsgeschichtsschreibung lange Zeit unterschätzt.[61] Das hängt teilweise damit zusammen, dass den Dienstleistungen das Vorurteil anhaftete, sie seien im Unterschied zur Industrie oder zur Landwirtschaft wenig produktiv. Tatsächlich bereitet die Messung des Beitrags dieses überaus heterogenen Sektors zur gesamtwirtschaftlichen Produktion besondere Schwierigkeiten.[62] Zudem verleitet die übliche sektorale Gliederung dazu, die Beziehungen zwischen den Sektoren zu vernachlässigen. Sogar zentrale Dienstleistungsbereiche wie der Handel oder das Finanz- und Transportwesen wurden häufig als Folge der Industrialisierung und nicht als Voraussetzung für Entwicklungen im industriellen Sektor aufgefasst, obwohl stets enge Wechselwirkungen bestanden: Entwicklungen im Industriesektor gingen einher mit einer vermehrten Nachfrage nach bestehenden und nach neuen, häufig vom Staat bereitgestellten oder zumindest staatlich geförderten Dienstleistungen,

59 Die höchsten Beschäftigungsanteile im Industriesektor hatten gemäss Broadberry/Federico/Klein 2010, 61, Tab. 3.1, im Jahr 1870 folgende Länder (Zahlen für 1913 in Klammern): United Kingdom 42.4% (44.1%), die Schweiz 41.8% (45.7%) und Belgien 37.8% (45.5%); viel niedriger waren die entsprechenden Anteile in Frankreich 28% (33.1%) und Deutschland 29.1 (37.9%). Um 1930 und um 1950 hatten die gleichen drei Länder (Belgien, United Kingdom, Schweiz) mit Anteilen von 46% bis 49% die höchsten Beschäftigtenanteile im Industriesektor (Buyst/Franaszek 2010, 210, Tab. 9.1).

60 In der Schweiz war der Anteil der Beschäftigung in der Industrie zu Beginn der 1970er Jahre fast gleich hoch wie in Deutschland, er nahm jedoch bis zum Anfang dieses Jahrhunderts stärker ab (Crafts/Toniolo 2010, 318–319, Tab. 12.11). Von allen aufgeführten europäischen Staaten hatten Deutschland und die Schweiz 1974 mit 46.7% bzw. 44.3% besonders hohe Beschäftigungsquoten in der Industrie; für Deutschland gilt dies auch noch im Jahr 2004 (mit 31%). Die Schweiz gehörte hingegen 2004 mit 23.7% zu den Ländern mit einem eher niedrigen Anteil an Beschäftigten im Industriesektor. Die in der Grafik 1.1-14 aufgezeigte sektorale Verteilung der Beschäftigung wird ab 1990 in Vollzeitäquivalenten berechnet und zeigt daher etwas höhere Anteile im Industriesektor und niedrigere Anteile im Dienstleistungssektor.

61 Vgl. Carreras 2007 zur Bedeutung der Dienstleistungen in der Wirtschaftsgeschichte sowie die weiteren Beiträge in diesem Band zur Expansion und Transformation des Dienstleistungssektors.

62 Im Dienstleistungssektor werden alle Branchen zusammengefasst, die nicht der Industrie oder der Landwirtschaft zugeordnet werden können. Drechsel/Woitek 2007 zeigen die besonderen Probleme bei der Erfassung der BWS in den Dienstleistungsbranchen und schätzen für den Zeitraum 1960–2002 die Entwicklung der Arbeitsproduktivität im Dienstleistungssektor insgesamt und nach Branchen.

die sich wiederum auf das Entwicklungspotential des Produktionssektors auswirkten. Auch in der Schweiz bestanden seit Beginn der Industrialisierung enge Verflechtungen zwischen diesen beiden Sektoren, wobei der Ausbau der Dienstleistungen im Verkehrs- und Kommunikationswesen, im Finanzbereich, im Handel, im Bildungswesen usw. überhaupt erst die Voraussetzungen für eine florierende Industrie und für eine auch regional einigermassen ausgewogene wirtschaftliche Entwicklung schuf. In der Zwischenkriegszeit und während des Zweiten Weltkriegs ging der Anteil des Industriesektors an der gesamten Bruttowertschöpfung hauptsächlich wegen des Rückgangs der exportorientierten Industrieproduktion zurück und nahm anschliessend wieder zu (Tabelle 1.1-7). Ein eigentlicher Deindustrialisierungsprozess setzte erst in den 1970er Jahren ein. In den 1990er Jahren ist zudem ein markanter Strukturwandel innerhalb des Industriesektors festzustellen: Der Anteil der Binnenindustrie halbierte sich innert weniger Jahre, während der Anteil der Exportindustrie stieg, teilweise weil, wie oben erwähnt, mehrere zuvor auf den Inlandsmarkt ausgerichtete Branchen sich neu auf den Export spezialisierten. Vergleicht man die sektoralen BWS-Anteile in West- und Nordeuropa, so sank der Anteil der Industrie an der gesamten Bruttowertschöpfung (zu konstanten Preisen) in Westeuropa (Nordeuropa in Klammern) von 40 (33)%

Tabelle 1.1-7: **Anteile der Wirtschaftssektoren am BIP(BWS) real (1890–2005)**

	1. Sektor	2. Sektor: Industrie				3. Sektor: Dienstleistungen		
	Landwirtschaft	Industrie insgesamt	exportorientiert	binnenorientiert	Baugewerbe*	Dienstleistungen insgesamt	exportorientiert	binnenorientiert
1890–1900	24.4 %	43.2 %	14.4 %	20.7 %	8.1 %	32.3 %	6.6 %	25.8 %
1900–1913	18.2 %	44.3 %	16.6 %	19.4 %	8.3 %	37.5 %	8.6 %	28.9 %
1913–1922	18.8 %	43.5 %	14.7 %	20.8 %	8.0 %	37.7 %	7.6 %	30.1 %
1922–1929	16.3 %	40.7 %	13.0 %	18.6 %	9.0 %	43.1 %	9.6 %	33.5 %
1929–1939	16.0 %	35.3 %	9.7 %	17.3 %	8.2 %	48.7 %	9.6 %	39.1 %
1939–1945	15.7 %	37.1 %	4.2 %	24.2 %	8.8 %	47.1 %	7.8 %	39.4 %
1945–1950	12.5 %	39.8 %	6.4 %	24.6 %	8.8 %	47.7 %	9.1 %	38.6 %
1950–1960	10.6 %	41.2 %	8.5 %	23.7 %	9.1 %	48.2 %	8.9 %	39.3 %
1960–1973	3.7 %	39.5 %	11.7 %	14.3 %	13.5 %	56.8 %	7.1 %	49.6 %
1973–1980	3.4 %	35.4 %	13.1 %	11.6 %	10.8 %	61.1 %	8.8 %	52.3 %
1980–1990	3.1 %	32.6 %	12.3 %	10.1 %	10.2 %	64.3 %	10.2 %	54.1 %
1990–2005	2.5 %	31.0 %	16.4 %	5.5 %	9.1 %	66.5 %	13.0 %	53.5 %

* Baugewerbe einschliesslich Gas-, Elektrizitäts- und Wasserversorgung.

Quellen: HSSO Tab. Q.17b und Q.18b.
Bemerkung: 1890–1960: BWS in Preisen von 1926/29; 1960–2005: BWS in Preisen von 1990.

auf 30 (33)% und der Anteil der Dienstleistungen nahm von 58 (62)% auf 68 (65)% zu.[63] Der sektorale Strukturwandel in der Schweiz verlief somit ähnlich wie in Westeuropa, während in Nordeuropa der Anteil der Industrie an der gesamten BWS bereits um 1970 deutlich niedriger war und sich anschliessend nur noch wenig veränderte.

In der Schweiz nahm der Anteil der Dienstleistungen an der gesamten Bruttowertschöpfung im Verlauf des Jahrhunderts ziemlich kontinuierlich von etwa einem Drittel auf zwei Drittel zu, wobei sich sowohl der Anteil der inlandsorientierten wie jener der auslandsorientierten Dienstleistungen etwa verdoppelte.[64]

In Tabelle 1.1-8 wird die gesamtwirtschaftliche Wachstumsrate in die Beiträge der einzelnen Wirtschaftssektoren zerlegt. Ein Vergleich der Wachstumsbeiträge in den fett markierten Wachstumsperioden zeigt, dass die relativ hohen Wachstumsbei-

Tabelle 1.1-8: **Beiträge der Wirtschaftssektoren zur gesamtwirtschaftlichen Wachstumsrate (1890–2005)**

	1. Sektor	2. Sektor: Industrie				3. Sektor: Dienstleistungen			BIP (BWS)
	Landwirtschaft	Industrie insgesamt	exportorientiert	binnenorientiert	Baugewerbe*	Dienstleistungen insgesamt	exportorientiert	binnenorientiert	
1890–1900	**0.15 %**	**1.66 %**	**0.60 %**	**0.58 %**	**0.48 %**	**1.42 %**	**0.28 %**	**1.14 %**	**3.17 %**
1900–1913	**–0.03 %**	**1.33 %**	**0.66 %**	**0.48 %**	**0.19 %**	**1.41 %**	**0.39 %**	**1.03 %**	**2.67 %**
1913–1922	0.45 %	–1.60 %	–1.01 %	–0.41 %	–0.16 %	0.10 %	–0.02 %	0.12 %	–0.96 %
1922–1929	**–0.01 %**	**2.75 %**	**1.11 %**	**1.04 %**	**0.63 %**	**2.17 %**	**0.50 %**	**1.67 %**	**4.73 %**
1929–1939	**0.06 %**	**–0.47 %**	**–0.29 %**	**–0.03 %**	**–0.14 %**	**0.27 %**	**–0.17 %**	**0.44 %**	**–0.20 %**
1939–1945	–0.34 %	0.02 %	–0.58 %	0.92 %	0.25 %	–0.21 %	0.12 %	–0.34 %	–0.52 %
1945–1950	0.30 %	2.59 %	1.07 %	1.35 %	0.28 %	2.79 %	0.54 %	2.25 %	5.62 %
1950–1960	**0.23 %**	**2.19 %**	**0.63 %**	**1.05 %**	**0.52 %**	**2.07 %**	**0.41 %**	**1.66 %**	**4.47 %**
1960–1973	**0.04 %**	**1.85 %**	**0.60 %**	**0.60 %**	**0.65 %**	**2.54 %**	**0.40 %**	**2.14 %**	**4.42 %**
1973–1980	**0.04 %**	**–0.58 %**	**0.06 %**	**–0.28 %**	**–0.32 %**	**1.03 %**	**0.24 %**	**0.79 %**	**0.43 %**
1980–1990	**0.02 %**	**0.53 %**	**0.63 %**	**–0.43 %**	**0.17 %**	**1.50 %**	**0.33 %**	**1.18 %**	**2.04 %**
1990–2005	**–0.02 %**	**0.13 %**	**0.15 %**	**–0.01 %**	**–0.01 %**	**0.94 %**	**0.43 %**	**0.53 %**	**1.04 %**
1990–1998	–0.04 %	–0.12 %	–0.01 %	–0.05 %	–0.06 %	0.67 %	0.50 %	0.17 %	0.52 %
1998–2005	–0.01 %	0.39 %	0.32 %	0.02 %	0.04 %	1.26 %	0.31 %	0.95 %	1.64 %

*Baugewerbe einschliesslich Gas-, Elektrizitäts- und Wasserversorgung.

Quellen: Eigene Berechnungen auf Basis HSSO Tab. Q.17b und Q.18b. Die Summe der Beiträge stimmt aufgrund von Rundungsdifferenzen nicht völlig mit der letzten Spalte überein.

Bemerkung: 1890–1960: BWS real zu Preisen von 1926/29; 1960–2005: BWS real zu Preisen von 1990. Die Wachstumsperioden sind fett, die Rezessionsperioden rot markiert.

63 Houpt/Lains/Schön 2010, 346, ferner 348–349.
64 Crafts/Toniolo 2010, 316.

träge der Industrie bis 1973 in der Periode 1980–1990 auf gerade noch 0.53% und in der Periode 1990–2005 auf nur noch 0.14% sanken, wobei vor allem der exportorientierte Industriesektor zum Wachstum beitrug. Die Wachstumsbeiträge des Dienstleistungssektors nahmen im Vergleich zu denen des Industriesektors zu und waren ab 1945 meistens höher als diese. Negative Wachstumsbeiträge traten nur in den von den beiden Weltkriegen und von schweren Konjunktureinbrüchen geprägten Perioden auf. In den rot markierten Rezessionsperioden waren die Wachstumsbeiträge des Industriesektors in der Regel negativ, mit Ausnahme des niedrigen positiven Beitrags der exportorientierten Industrie in der letzten Periode; die Wachstumsbeiträge des dritten Sektors lagen hingegen stets im positiven Bereich.

Nach 1973 wurde das gesamtwirtschaftliche Wachstum ganz klar durch den dritten und nicht mehr durch den zweiten Sektor getragen. Der Wachstumsbeitrag der exportorientierten Dienstleistungen stieg von einem Viertel auf annähernd die Hälfte, und dieser Wachstumsbeitrag entfällt ausschliesslich auf den Finanzsektor, da die Bruttowertschöpfung des Gastgewerbes bis 1990 nur wenig anstieg und dann bis 2005 auf das Niveau von 1973 zurückfiel (siehe Grafik 1.1-A6). Trotz seines relativ niedrigen Anteils an der gesamten Bruttowertschöpfung und Beschäftigung avancierte der Finanzsektor in diesem Zeitraum zum Wachstumsmotor der schweizerischen Wirtschaft. In den letzten beiden Jahrzehnten des 20. Jahrhunderts nahm somit die Bedeutung des Finanzplatzes zu, während der Industriesektor und damit der Werkplatz an Bedeutung verlor. Ob und wie die beiden Aspekte des Strukturwandels zusammenhängen sind Fragen, auf die in den folgenden Abschnitten noch eingegangen wird. Der Wachstumsbeitrag des ersten Sektors war während des gesamten Jahrhunderts marginal, nimmt man die Zeit während des Ersten Weltkriegs und danach einmal aus, in denen die Landwirtschaft einen relativ grossen Wachstumsbeitrag leistete und so die insgesamt negative Wachstumsrate um etwa ein Drittel reduzierte.

Die ältere wirtschaftsgeschichtliche Literatur geht in der Regel davon aus, dass die Exportwirtschaft bzw. die Exportindustrie das Wachstum der schweizerischen Wirtschaft vorangetrieben habe. Einige neuere Arbeiten betonen hingegen die bereits in der zweiten Hälfte des 19. Jahrhunderts grosse Bedeutung der Binnenwirtschaft für den relativ hohen Entwicklungsstand und thematisieren die Beziehungen zwischen diesen beiden Wirtschafssektoren. Insbesondere wird dabei die Frage aufgeworfen, ob die teilweise bereits im späten 19. Jahrhundert einsetzende und in der Grossen Depression der 1930er Jahre zunehmende Regulierung und Kartellierung der Binnenwirtschaft die Exportwirtschaft benachteiligt oder allenfalls sogar begünstigt habe.[65] Dass die unterschiedliche Marktorientierung zu Interessenkonflikten führen konnte, wird im Teil 2 dieses Buches ausführlich thematisiert. Hier

65 Zur These der Komplementarität von liberalem Aussenhandel und Kapitalverkehr auf der einen und korporatistischer Abschottung sowie Selbstregulierung der binnenwirtschaftlichen Branchen auf der anderen Seite siehe Bernegger 1990, 462. Dieser Dualismus soll der schweizerischen Exportindustrie wichtige komparative Vorteile verschafft haben.

soll lediglich der Frage nachgegangen werden, welchen Wachstumsbeitrag die verschiedenen Sektoren im Verhältnis zu ihrem Anteil an der gesamten Bruttowertschöpfung leisteten (Tabelle 1.1-9).[66] In allen Wachstumsperioden vermittelte die Exportwirtschaft im Verhältnis zu ihrem Anteil am gesamten BIP(BWS) stärkere Wachstumsimpulse als die Binnenwirtschaft. In der Wachstumsperiode zu Beginn des 20. Jahrhunderts trug der exportorientierte Sektor mit nur 25 % BIP-Anteil etwa 40 % zum gesamtwirtschaftlichen Wachstum bei, in den 1920er Jahren mit 23 % Anteil am BIP ein Drittel und in der langen Wachstumsperiode nach dem Zweiten Weltkrieg, bei stark gesunkenem BIP-Anteil, noch etwa ein Viertel. Die hohen negativen Wachstumsbeiträge der Exportwirtschaft während der beiden Kriegsperioden und der Grossen Depression wurden durch die Beiträge der Binnenwirtschaft

Tabelle 1.1-9: **Wachstumsbeitrag des exportorientierten Sektors (1890–2005)**

	Industrie exportorientiert	Dienstleistungen exportorientiert	Exportorientierter Sektor insgesamt	BIP(BWS)	Wachstumsbeitrag in % des BIP(BWS)-Wachstums	Anteil des Exportsektors am BIP (BWS)
1890–1900	**0.60 %**	**0.28 %**	**0.88 %**	**3.17 %**	**28 %**	**21 %**
1900–1913	**0.66 %**	**0.39 %**	**1.05 %**	**2.67 %**	**39 %**	**25 %**
1913–1922	–1.01 %	–0.02 %	–1.03 %	–0.96 %	107 %	22 %
1922–1929	**1.11 %**	**0.50 %**	**1.60 %**	**4.73 %**	**34 %**	**23 %**
1929–1939	**–0.29 %**	**–0.17 %**	**–0.46 %**	**–0.20 %**	**229 %**	**19 %**
1939–1945	–0.58 %	0.12 %	–0.46 %	–0.52 %	89 %	12 %
1945–1950	1.07 %	0.54 %	1.61 %	5.62 %	29 %	15 %
1950–1960	**0.63 %**	**0.41 %**	**1.04 %**	**4.47 %**	**23 %**	**17 %**
1960–1973	**0.60 %**	**0.40 %**	**1.00 %**	**4.42 %**	**24 %**	**19 %**
1973–1980	**0.06 %**	**0.24 %**	**0.30 %**	**0.43 %**	**70 %**	**22 %**
1980–1990	**0.63 %**	**0.33 %**	**0.95 %**	**2.04 %**	**47 %**	**23 %**
1990–2005	**0.15 %**	**0.43 %**	**0.57 %**	**1.04 %**	**55 %**	**29 %**
1990–1998	–0.01 %	0.50 %	0.49 %	0.52 %	95 %	28 %
1998–2005	0.32 %	0.31 %	0.63 %	1.64 %	39 %	30 %

Quellen: Eigene Berechnungen auf Basis HSSO Tab. Q.17b und Q.18b. Die Summe der Beiträge stimmt aufgrund von Rundungsdifferenzen nicht völlig mit der letzten Spalte überein. Die Wachstumsperioden sind fett, die Rezessionsperioden rot markiert.

Bemerkung: 1890–1960: BWS real zu Preisen von 1926/29; 1960–2005: BWS real zu Preisen von 1990.

66 Es handelt sich somit um eine angebotsseitige Betrachtung, während in der Regel der Zusammenhang zwischen Aussenhandel und gesamtwirtschaftlichem Wachstum aufgrund der Wachstumseffekte der Nettoexporte als Nachfragekomponente untersucht wird. Siehe dazu 1.1.4.3.

teils abgeschwächt, teils geringfügig verstärkt. In der Krisenphase der 1970er Jahre fielen die negativen Wachstumsbeiträge der binnenwirtschaftlich orientierten Industrie am stärksten ins Gewicht. Der deutlich höhere Wachstumsbeitrag der Exportwirtschaft ab den 1970er Jahren ist vor allem auf den Beitrag der exportorientierten Dienstleistungen zurückzuführen. In der letzten Periode trägt der Exportsektor mit einem Anteil von knapp 30% an der Bruttowertschöpfung mehr als die Hälfte zur gesamtwirtschaftlichen Wachstumsrate bei: Der Wachstumsbeitrag des exportorientierten Dienstleistungssektors, der nur 13% des BIP(BWS) ausmachte, entsprach dabei beinahe dem Wachstumsbeitrag des binnenorientierten Dienstleistungssektors mit einem Anteil von über 60% am BIP(BWS). In der Literatur wird die letzte Periode häufig aufgeteilt in eine Rezessionsperiode 1990–1998 und eine Erholungsphase 1998–2005. Im Zeitraum 1990–1998 verdankte sich das gesamtwirtschaftliche Wachstum zu fast 100% dem exportorientierten Dienstleistungssektor, im Zeitraum 1998–2005 trugen die exportorientierten Industrie- und Dienstleistungssektoren etwa im gleichen Ausmass zum gesamtwirtschaftlichen Wachstum bei, den grössten Wachstumsbeitrag leistete aber die Binnenwirtschaft. Die Wachstumsrate war zwar immer noch niedrig, doch das Wachstumsmuster hatte sich insofern normalisiert, als es nun wieder von allen Wirtschaftsbereichen mitgetragen wurde.

1.1.2.5 Fazit

Die Zerlegungen der Wachstumsrate zeigen die wechselnde Bedeutung der verschiedenen Wachstumsfaktoren im Verlauf des 20. Jahrhunderts, wobei die 1970er Jahre stets als eine Periode besonders markanter Veränderungen auffallen. Der Wachstumsbeitrag der Arbeitsproduktivität gemessen mit dem BIP/Erwerbstätigen sank, und dabei dürfte die Beschäftigungsstruktur, insbesondere die Abnahme der ausländischen Beschäftigten, die Zunahme der Grenzgänger und des Beschäftigungsanteils der Frauen, eine wichtige Rolle gespielt haben. Gemäss der Zerlegung nach Produktionsfaktoren sind die generell niedrigeren Wachstumsraten nach 1973 und insbesondere während der Wachstumsperiode der 1980er Jahre primär eine Folge des fast völligen Verschwindens des Wachstumsbeitrags des Residualfaktors MFP, während die Wachstumsbeiträge der Beschäftigung und des Kapitals durchaus mit den Beiträgen in früheren Wachstumsperioden vergleichbar sind. Auch die Bedeutung der verschiedenen Wirtschaftssektoren für die Dynamik der wirtschaftlichen Entwicklung veränderte sich mit dem in den 1970er Jahren einsetzenden Deindustrialisierungsprozess auf besonders einschneidende Weise. Beunruhigend am relativen Abbau der Industrieproduktion ist, dass dadurch längerfristig auch das Wachstum der mit ihm zusammenhängenden Dienstleistungen gefährdet wird: Wird die Industrieproduktion ins Ausland verlagert, folgen ihr früher oder später auch Forschung und Entwicklung sowie die unternehmensnahen Dienstleistungen. In der Schweiz herrschte lange die Auffassung vor, dass sich die Interessen der Industrie und der Finanzwirtschaft nicht tangierten, sondern gegenseitig stützten.[67] Zudem wurde stets viel Wert auf eine Diversifikation der Wirtschaftsstruktur gelegt, auch innerhalb der Kantone und bis zu den 1990er Jahren sogar innerhalb der Unternehmen, um so auf die Konjunkturschwankungen der Weltwirtschaft flexibel reagieren zu können (→ 2.1.2.3; 2.1.3.4; 3.3.4). Doch wenn, wie etwa in den 1990er Jahren, die Wirtschaft insgesamt stagniert, während der Finanzsektor stark wächst, dank hoher Produktivität hohe Löhne bezahlt und damit die Industrie insbesondere auf dem Arbeitsmarkt konkurriert, lassen sich Interessensgegensätze kaum vermeiden (siehe 1.1.4.1.1).

1.1.3 Konjunkturverlauf und Konjunkturperioden

Bei den Untersuchungen zur Konjunktur konzentrieren wir uns im Unterschied zur Wachstumsanalyse, die sich auf die Entwicklung des BIP(BWS) abstützte, vor allem auf die Komponenten des BIP(Verw). Die beiden BIP-Reihen sind das Ergebnis unterschiedlicher Herangehensweisen bei der Schätzung des Bruttoinlandprodukts, das einmal von der Entstehungs- und einmal von der Verwendungsseite her betrachtet wird. Beim BIP(Verw) steht die Frage nach der Verteilung des BIP auf die Nachfragekomponenten Konsum, Investitionen und Aussenhandel im Zentrum. Dazu wurden auf der Basis der neuen Schätzungen des BIP(BWS) auch die Reihen des BIP(Verw) zwischen 1890 und 1947 neu geschätzt; ab 1948 stützen wir uns auf die vom Staatssekretariat für Wirtschaft SECO publizierten Reihen.[68] Der Konsum, d. h. die Ausgaben der privaten Haushalte und des Staates, die Investitionen der Unternehmen sowie der Aussenhandel, bestehend aus Exporten und Importen von Waren und Dienstleistungen, spielen bei der Beurteilung der Konjunkturlage eine zentrale Rolle. In der ersten Hälfte des 20. Jahrhunderts gab es zwar verlässliche Gesamtreihen über die Warenexporte und -importe, doch insgesamt war die Informationslage zum Konjunkturverlauf höchst rudimentär. Wir beschreiben somit in diesem Kapitel den Konjunkturverlauf im Nachhinein und aufgrund empirischer Daten, die den zeitgenössischen Beobachtern nicht zur Verfügung standen und teilweise auch noch im Konjunktureinbruch der 1970er Jahre fehlten. Die schweren Wirtschaftskrisen waren stets Perioden, in denen die mangelhafte Datenlage für die Konjunkturbeobachtung als Problem erkannt und die statistischen Grundlagen etwas ausgebaut wurden. Um zumindest ansatzweise die zeitgenössische Wahrnehmung des Konjunkturverlaufs thematisieren zu können, berücksichtigen wir Indikatoren zur Beschäftigungslage und beziehen in den Abschnitten zu den einzelnen Konjunkturperioden die Entstehungsseite des BIP wieder mit ein; so können wir aufzeigen, wie die verschiedenen

67 Verwiesen wird etwa auf die im Vergleich zum Ausland niedrigeren Zinsen bzw. Kapitalkosten (siehe 1.1.1.4).

68 Im Anhang A.1.1.3 werden die Datenbasis und deren Quellen (offizielle sowie eigene Schätzungen und Berechnungen) erklärt. Im Anhang A.1.1.6 werden die beiden Datensätze BIP(Verw) und BIP(BWS) miteinander verglichen.

Wirtschaftssektoren jeweils am Aufschwung partizipierten bzw. vom Konjunktureinbruch betroffen wurden. Dadurch gewinnen wir Informationen auch darüber, wie die Konjunkturlage von den Unternehmen, Arbeitgebern und Arbeitnehmern zu ihrer Zeit erfahren und eingeschätzt werden konnte.

Nach einem knappen Überblick über den Konjunkturverlauf während des gesamten Jahrhunderts (1.1.3.1) werden die schweren Konjunktureinbrüche, mit mehreren Jahren besonders niedriger oder sogar negativer Wachstumsraten, genauer analysiert (1.1.3.1 und 1.1.3.2). In der Schweiz sind solche Phasen gehemmter wirtschaftlicher Aktivität jeweils nach einer ausgesprochenen Wachstumsperiode in den 1930er, 1970er und 1990er Jahren festzustellen. Wir thematisieren deshalb drei Konjunkturperioden – 1922–1939, 1960–1980 und 1980–2005 –, die jeweils einen vollständigen Konjunkturzyklus (Auf- und Abschwung) umfassen. Der kurze schwere Konjunktureinbruch in den frühen 1920er Jahren lässt sich, wegen der besonderen Verhältnisse nach dem Ersten Weltkrieg nicht mit den schweren Konjunktureinbrüchen vergleichen und bildet deshalb keinen eigenen Schwerpunkt. Der Einbruch der frühen 1980er Jahre war in der Schweiz besonders schwach und verzögerte lediglich den ziemlich starken Konjunkturaufschwung der dritten Konjunkturperiode.[69]

Da sich die hier vorgenommenen Analysen teilweise auf Datensätze stützen, die in der wirtschaftshistorischen Forschung bisher nicht verwendet wurden, liegen neue empirische Grundlagen für die Diskussion der Ursachen der schweren Konjunktureinbrüche vor. In der Wirtschaftsgeschichtsschreibung lassen sich zwei gegensätzliche Positionen ausmachen: Einerseits wird aufgrund der Abhängigkeit der Schweizer Wirtschaft von ausländischen Märkten die Auffassung vertreten, der internationale Kontext bzw. die internationale Konjunktur bestimme den Konjunkturverlauf. Aus dieser Sicht, die beispielsweise Francesco Kneschaurek in seinen Darstellungen zum Konjunkturverlauf in der Zwischenkriegszeit vertritt,[70] werden die Möglichkeiten der nationalen Wirtschaftspolitik als gering eingeschätzt. Auch der hier in Kapitel 5.1 vertretene Ansatz, der das Festhalten an einem bestimmten Währungsregime als zentralen Bestimmungsfaktor der schweizerischen Wirtschaftpolitik thematisiert, kann dieser Position zugeordnet werden. Ein gewisser Handlungsspielraum der Politik und der Schweizerischen Nationalbank ist nach dieser Auffassung zwar vorhanden, wird jedoch durch das jeweilige Währungsregime stark eingeschränkt. Eine gegensätzliche Position nehmen jene Wirtschaftshistoriker ein, welche die Krise als «hausgemacht» verstehen und dementsprechend die internen Ursachen und die eigenständigen Möglichkeiten zu deren Überwindung oder Verschärfung ins Zentrum ihrer Betrachtungen stellen. Je nach Komplexität des Wirtschaftsmodells, auf das sich die Autoren stützen, spielen dabei vor

69 Eine Übersicht über die europäischen Rezessionen im Zeitraum 1950–2007 vermitteln Battilossi/Foreman-Peck/Kling 2010, 369, Tab. 14.3; in fast allen europäischen Ländern, auch in der Schweiz, ist eine kurze Rezession im Jahr 1958 festzustellen, die hier ebenfalls nicht als schwerer Konjunktureinbruch thematisiert wird.

70 Kneschaurek 1952.

allem die Politik und die Unternehmen, aber auch weitere Kreise von Entscheidungsträgern eine zentrale Rolle. Kapitel 5.2 zur Finanzpolitik geht von der Voraussetzung aus, dass die politischen Machtverhältnisse entscheidend waren für den politischen Handlungsspielraum; in den konjunkturtheoretischen und -historischen Arbeiten von Hansjörg Siegenthaler stehen dagegen die in Rezessionsphasen vorherrschende Unsicherheit und die zur Klärung der Interessen und Wiedergewinnung der Handlungsfähigkeit einsetzenden Lernprozesse im Zentrum.[71] Siegenthaler betont das in Krisenphasen bestehende Potential für eine Veränderung der Beziehungen zwischen den zentralen Akteuren, den politischen Parteien und wirtschaftlichen Interessensgruppen.

Von genereller Bedeutung ist zudem die Frage, ob das Ausmass der aussenwirtschaftlichen Verflechtung die Konjunkturschwankungen verstärkt oder abschwächt. Diese Zusammenhänge werden in der einschlägigen Literatur kontrovers diskutiert, und es gibt darauf unseres Erachtens auch kaum eine eindeutige Antwort, weil eben nicht die Abhängigkeit an sich, sondern die Art und Weise, wie damit umgegangen wird, ausschlaggebend ist.[72] So wird etwa in Kapitel 2.1, das sich mit der internationalen Verflechtung beschäftigt, die starke Abhängigkeit der schweizerischen Wirtschaft von ausländischen Märkten aufgezeigt; entscheidend für die mehr oder weniger erfolgreiche Überwindung von schweren Rezessionen und für die Nutzung von Wachstumschancen war jedoch stets, wie die wirtschaftlichen Entscheidungsträger ihre Handlungsspielräume wahrnahmen, welche Strategien sie verfolgten, inwieweit sie sich im politischen Prozess mit ihren Anliegen gegenüber anderen Interessengruppen durchsetzen konnten und wie sich intendierte und nichtintendierte Folgen institutioneller Veränderungen auf die weitere Entwicklung auswirkten.

1.1.3.1 Der Konjunkturverlauf im Überblick

Gemessen am langfristigen Wachstumstrend von nominal 4.8 % (1892–2005) sowie real 2.06 % (1892–1948) bzw. 2.58 % (1948–2005) verlief die wirtschaftliche Entwicklung alles andere als kontinuierlich. Starke Auf- und Abschwünge prägten ihren Verlauf vor allem in der von Kriegen, instabilen Währungsverhältnissen und einem starken Rückgang des Welthandels geprägten ersten Hälfte des 20. Jahrhunderts. In der Grafik 1.1-14 sind zusätzlich zu den jährlichen nominalen und realen Wachstumsraten die durchschnittlichen Wachstumsraten der drei im weiteren Verlauf näher untersuchten Konjunkturperioden eingezeichnet und die Umkehrjahre vermerkt. Die drei Konjunkturperioden 1922–1939, 1960–1980 und 1980–2005 weisen auffallende

71 Siegenthaler 1993; mit Bezug auf die Wachstumsperioden und Krisenphasen in der Schweiz (1850–1914) Siegenthaler 1978 sowie unter Einbezug der besonderen Aspekte der Finanzmarktkrise 2011 Siegenthaler 2012; vgl. zu den Krisenphase des 20. Jahrhunderts in der Schweiz und zu theoretischen Aspekten der Lernprozesse in Krisenphasen ferner die Beiträge in Ernst et al. 1994, die sich auf diesen theoretischen Ansatz beziehen.

72 Siehe den Literaturüberblick von Montalbano 2010.

Grafik 1.1-14: **Wachstumsraten des BIP(Verw) nominal und real (1892–2005)**

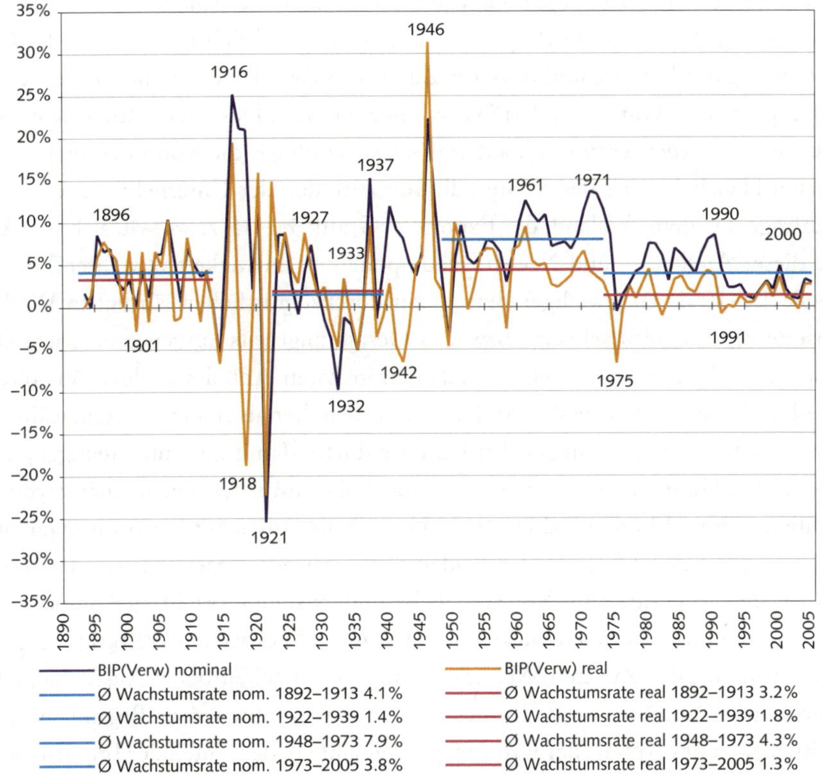

Quellen: HSSO Tab. Q.16a und Q.16b.
Bemerkung: BIP real 1892–1948 in Preisen von 1929 und 1948–2005 in Preisen von 1990.

Unterschiede in Bezug auf Verlauf, Dauer und Stärke des jeweiligen Konjunktureinbruchs auf. Die Grosse Depression hatte zwei Tiefpunkte, mit einem Zwischenhoch im Jahr 1933, der kurze Konjunktureinbruch Mitte der 1970er Jahre hatte nur einen, und im Konjunkturabschwung der 1990er Jahre schwankten die jährlichen Wachstumsraten während mehrerer Jahre um die Nullwachstumslinie. Ab 1997 war ein kurzer Aufschwung zu verzeichnen, der jedoch bereits 2001 wieder zusammenbrach. Starke Preisausschläge markierten den Verlauf der Kriegs- und Nachkriegsjahre, und während in der ersten Konjunkturperiode deflationäre Tendenzen vorherrschten, prägten anhaltende inflationäre Tendenzen vor allem die zweite Konjunkturperiode.

1.1.3.1.1 Die Verwendungskomponenten im Konjunkturverlauf

Zusätzlich zum im Inland erwirtschafteten BIP stehen einer Volkswirtschaft die aus dem Ausland importierten Waren und Dienstleistungen zur Verfügung. Um den jeweiligen Einfluss sowohl der von der ausländischen Nachfrage abhängigen Exporte als auch der vor allem durch die Nachfrage im Inland bestimmten Importe auf den Konjunkturverlauf unabhängig aufzeigen zu können, werden in unserer Analyse nicht nur die Nettoexporte (Exporte – Importe) berücksichtigt, sondern der Gesamtumfang der Exporte und Importe. Zu diesem Zweck werden die aus dem Ausland importierten Güter zum BIP(Verw) hinzugezählt. Das um die Importe erweiterte *Gesamtangebot* verteilt sich auf die *Gesamtnachfrage:* die Konsumausgaben der privaten Haushalte und des Staates, die Investitionen der Unternehmen sowie die Nachfrage aus dem Ausland, die Exporte.[73] Grafik 1.1-15 zeigt, wie sich die Anteile dieser Angebots- und Nachfragekomponenten entwickelten, während in der Tabelle 1.1-10 deren jeweiliger Beitrag zur durchschnittlichen jährlichen Wachstumsrate der Gesamtnachfrage bzw. des Gesamtangebots ausgewiesen wird. Der Konsum macht erwartungsgemäss stets den grössten Anteil aus, doch war dieser Anteil in der ersten Hälfte des 20. Jahrhunderts höher als in der zweiten, während es bei den Investitionen umgekehrt ist. Dies dürfte damit zusammenhängen, dass in der ersten Hälfte des Jahrhunderts nur die Anlageinvestitionen geschätzt werden konnten, während in den Zahlen ab 1948 auch die Ausrüstungsinvestitionen enthalten sind (→ A.1.1.3.2). In den beiden Kriegsperioden erwiesen sich die Investitionen im Gegensatz zum Konsum als besonders stabile Nachfragekomponente; die Exporte und Importe entwickelten sich während des Ersten Weltkriegs gegenläufig, während des Zweiten Weltkriegs hingegen brachen beide Aussenhandelskomponenten ein. Auch in der Depression der 1930er Jahre war zu Beginn ein starker Rückgang des Anteils der Exporte zu verzeichnen, der Anteil der Importe blieb jedoch praktisch konstant. Gemessen an den nominalen Werten sanken hingegen sowohl die Anteile der Exporte wie die der Importe bereits in den frühen 1930er Jahren (→ 2.1.1.1, Grafik 2.1-1). Dieser je nach Messung mit nominalen bzw. realen Werten unterschiedliche Verlauf des Aussenhandels ist darauf zurückzuführen, dass die Importpreise viel stärker einbrachen als die Exportpreise. Auch andere Preiskategorien entwickelten sich in den 1930er Jahren sehr unterschiedlich (siehe 1.1.4), was wiederum die Beurteilung der Konjunkturlage erschwerte: Die nominalen Veränderungen konnten die Entscheidungsträger in Wirtschaft und Politik unmittelbar feststellen, während die reale Entwicklung schwieriger abzuschätzen war. Im Unterschied zur Rezessionsperiode der 1930er Jahre blieben während der Rezessions- und Stagnationsphasen 1973–1980 und 1990–2005 die Anteile der Exporte an der Gesamtnachfrage und die der Importe am Gesamtangebot hoch und nahmen sogar weiter zu.

73 Die Differenzierung zwischen der Binnenabsorption (Konsum + Investitionen – Importe = heimische Nachfrage nach im Inland produzierten Gütern) und dem Aussenbeitrag (Exporte) gemäss Sachverständigenrat 2009, 67–69, erscheint uns im Falle der Schweiz wegen des relativ grossen und steigenden Importgehalts der Exporte keine zweckmässige Methode.

Grafik 1.1-15: **Komponenten der Gesamtnachfrage bzw. des Gesamtangebots zu konstanten Preisen (1895–2005)**

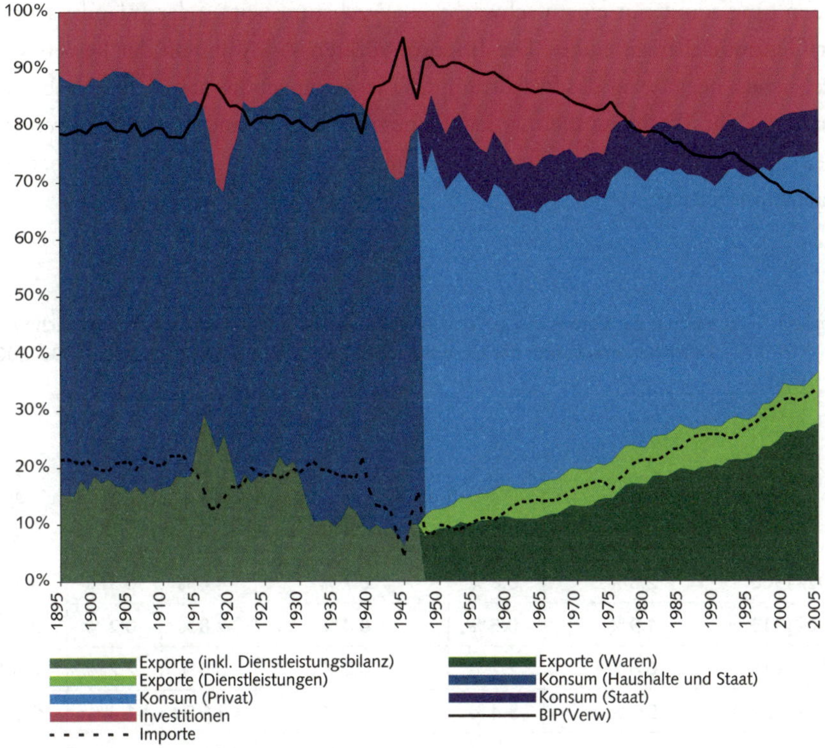

Quellen: HSSO Tab. Q.16a und Q.16b.
Bemerkungen: bis 1947 in Preisen von 1929, ab 1948 in Preisen von 1990; Importe: 1895–1947 Waren, ab 1948 Waren und Dienstleistungen.

In Tabelle 1.1-10 wird die Wachstumsrate der Gesamtnachfrage und des Gesamtangebots in die Wachstumsbeiträge der einzelnen Nachfrage- und Angebotskomponenten zerlegt. Die Beiträge des Konsums und der Investitionen zum Wachstum der Gesamtnachfrage blieben meistens im positiven Bereich, die Kriegs- und Nachkriegsjahre ausgenommen. Der Beitrag des Konsums war im Gegensatz zu dem der Investitionen in beiden Kriegsphasen negativ, in den unmittelbaren Nachkriegsjahren holte die Konsumnachfrage, unterstützt von einem hohen Beitrag der Importe zum Gesamtangebot, den durch die Versorgungsengpässe während des Krieges erzwungenen Konsumverzicht wieder auf. Im Vergleich zum Konjunktureinbruch der 1930er Jahre leistete die Inlandsnachfrage im Konjunkturabschwung der 1970er Jahre und 1990er Jahre einen bedeutend kleineren Wachstumsbeitrag, hingegen blieb der Wachstumsbeitrag der Exporte positiv und nahm im Zeitraum 1990–2005 sogar etwas zu. Auch in den beiden Konjunkturaufschwüngen waren die jeweiligen Beiträge der Nachfragekomponenten verschieden: In den 1980er Jahren war der durchschnittliche jährliche Wachstumsbeitrag der Inlandsnachfrage bedeutend niedriger als in den beiden anderen Konjunkturaufschwüngen, während der Beitrag der Auslandsnachfrage sich kaum veränderte.[74] Die ausgeprägte Wachstumsschwäche seit den 1970er Jahren ging somit mit einem schwächeren Wachstumsbeitrag der Inlandsnachfrage zur Gesamtnachfrage einher. Die Importe wirkten sich während der beiden Weltkriege stark negativ auf das Wachstum des Gesamtangebots aus, in den Nachkriegsjahren war ihr Wachstumsbeitrag jeweils besonders hoch und in allen anderen Perioden – sogar in den krisenhaften 1930er Jahren – leisteten sie stets einen positiven Wachstumsbeitrag.

Tabelle 1.1-10: **Beitrag der Verwendungs- und Angebotskomponenten zum durchschnittlichen jährlichen Wachstum der Gesamtnachfrage und des Gesamtangebots (1892–2005)**

	Konsum		Investitionen	Exporte		Wachstumsrate Gesamtangebot = Gesamtnachfrage	Importe Waren	BIP(Verw)
1892–1900	**2.8 %**		**0.8 %**	**0.7 %**		**4.4 %**	**0.3 %**	**4.1 %**
1900–1913	**1.9 %**		**0.5 %**	**0.4 %**		**2.8 %**	**0.2 %**	**2.6 %**
1913–1918	–6.8 %		2.2 %	–0.2 %		–5.0 %	–2.2 %	–2.8 %
1918–1922	5.7 %		–3.4 %	–0.5 %		1.9 %	1.4 %	0.6 %
1922–1929	**3.4 %**		**0.5 %**	**1.1 %**		**5.3 %**	**0.4 %**	**4.9 %**
1929–1939	**0.8 %**		**0.2 %**	**–0.7 %**		**–0.1 %**	**0.2 %**	**–0.4 %**
1939–1945	–3.7 %		1.5 %	–0.7 %		–3.5 %	–3.2 %	–0.2 %
1945–1948	12.6 %		0.3 %	2.9 %		16.3 %	5.0 %	11.3 %
	Haushalte	Staat		Waren	Dienstleistungen		Waren und DL	
1948–1973	**1.9 %**	**0.3 %**	**1.3 %**	**0.8 %**	**0.4 %**	**4.7 %**	**0.4 %**	**4.3 %**
1973–1980	**0.5 %**	**0.1 %**	**–0.1 %**	**0.6 %**	**0.1 %**	**1.1 %**	**0.7 %**	**0.5 %**
1980–1990	**0.8 %**	**0.3 %**	**0.6 %**	**0.9 %**	**0.2 %**	**2.8 %**	**0.6 %**	**2.2 %**
1990–2005	**0.5 %**	**0.1 %**	**0.0 %**	**0.9 %**	**0.3 %**	**1.8 %**	**0.8 %**	**1.1 %**

Quellen: Eigene Berechnungen auf Basis HSSO Tab. Q.16a und Q.16b. Die Summe der Beiträge stimmt aufgrund von Rundungsdifferenzen nicht völlig mit der Wachstumsrate des Gesamtangebots überein.

Bemerkungen: 1892–1948: in Preisen von 1929; 1948–2005 in Preisen von 1990; 1892–1948: Exporte Waren, inklusive Dienstleistungsbilanz. Die Wachstumsperioden sind fett, die Rezessionsperioden rot markiert.

74 Wachstumsbeitrag der Inlandsnachfrage (Auslandsnachfrage in Klammern): 1980–1990 = 1.7% (1.1%), 1922–1929 = 3.9% (1.1%), 1948–1973 = 3.5% (1.2%).

1.1.3.1.2 Die Beschäftigung als Konjunkturindikator

Schwere Konjunktureinbrüche lassen sich von kurzfristigen Schwankungen, sogenannten Business Cycles, am verlässlichsten aufgrund ihrer Auswirkungen auf die Beschäftigung unterscheiden, weil die Unternehmen beim Nachlassen der Konjunktur ihre Mitarbeiter nicht sofort entlassen, sondern mit reduzierter Arbeitszeit vorerst weiterbeschäftigen. Dies war zumindest bei einer grossen Zahl von Schweizer Unternehmen der Fall, die auf qualifizierte Mitarbeiter angewiesen und deshalb daran interessiert waren, das unternehmensspezifische Fähigkeitskapital nicht zu verlieren. Entlassungen in grösserem Umfang erfolgten erst dann, wenn der Konjunkturabschwung länger andauerte oder das Unternehmen seine Tätigkeit ganz einstellen musste.[75] Der Anteil der erwerbslosen, jedoch arbeitsfähigen und arbeitsuchenden Personen an der Gesamtzahl der Beschäftigten ist somit ein guter Indikator für die Schwere und die Dauer eines Konjunktureinbruchs, weil kurzfristige Schwankungen bereits herausgefiltert sind.[76] Dies trifft auch für ältere Statistiken zu, insbesondere Statistiken der Zwischenkriegszeit, in denen nur ein Teil der tatsächlich Erwerbslosen erfasst wird.[77]

Der Verlauf der Arbeitslosigkeit während des gesamten 20. Jahrhunderts weist deutliche Spitzen in den frühen 1920er, den 1930er und 1990er Jahren auf sowie zu Beginn des 21. Jahrhunderts (Grafik 1.1-16). Der Konjunktureinbruch Mitte der 1970er Jahre hatte hingegen nur einen geringen Anstieg der Arbeitslosenquote zur Folge. Unter Berücksichtigung des Wegzugs ausländischer Arbeitskräfte (→ 1.2.3.2, Grafik 1.2-13) wäre jedoch die «effektive Arbeitslosenquote» auf 3.3 % im Jahr 1974 und 3.4 % im Jahr 1976 gestiegen.[78] Auch für die 1930er Jahre dürfte die «effektive Arbeitslosenquote» unter Berücksichtigung der Rückwanderung ausländischer Arbeitskräfte um einiges höher gewesen sein.[79] In den 1930er Jahren stieg die Zahl der

75 Dieses Verhalten der Unternehmen lässt sich bereits im 19. Jahrhundert feststellen (Imfeld 1994) und auch in der Krise der 1930er Jahre (z. B. Müller 2001, 322).

76 Die Arbeitslosigkeit entspricht der Gesamtzahl der Stellensuchenden bzw. der aktiv eine Arbeit suchenden Erwerbslosen im erwerbsfähigen Alter in Prozent der erwerbstätigen Bevölkerung. Zur Definition der «aktiv eine Arbeit suchenden Erwerbslosen» oder der «Arbeitslosen gemäss internationalen Normen» vgl. BFS online, Definitionen/Glossar.

77 Damals war nur ein Teil der Beschäftigten rudimentär gegen Arbeitslosigkeit versichert und hatte somit auch einen Anreiz, sich als arbeitslos zu melden. Einen Einblick in die Konstruktion des Begriffs der «Arbeitslosigkeit» als einer Begleiterscheinung der Industrialisierung und deren Messung vermittelt Sauthier 2009. In der Zwischenkriegszeit gab es Zahlen zu den Stellensuchenden, den gänzlich Arbeitslosen und den teilweise Arbeitslosen. Gemäss Grafik 1.1-17 entspricht die Zahl der Arbeitslosen etwa der Zahl der Stellensuchenden und weist vor allem die gleichen Schwankungen auf. Eine quantitative Beschreibung der Arbeitslosigkeit in der Zwischenkriegszeit samt einer Übersicht über die damals diskutierten Massnahmen zu deren Bekämpfung vermittelt Rikli 1936.

78 Eigene Berechnungen aufgrund von HSSO F.3–F.6 (siehe Grafik 1.1-12). Vgl. zudem zur Entwicklung der Beschäftigung und der Arbeitslosigkeit, insbesondere der ausländischen Arbeitskräfte, Lalive d'Epinay 1991, 87–93.

79 Gemäss Rikli 1936, 11–14, war ein vom Staat geförderter Abbau ausländischer Arbeitskräfte nicht möglich, weil mit den meisten Staaten Niederlassungsverträge bestanden, in denen in der Regel eine Gleichbehandlung der niedergelassenen Ausländer mit den eigenen Staatsbürgern zugesichert wurde. Müller 2010, 278–280, bezeichnet hingegen den Export der Arbeitslosigkeit als das zentrale «instrument de lutte contre le chômage utilisé par les pouvoirs publics helvétiques» (276). Die Reduktion der

Arbeitslosen von rund 13 000 auf 93 000 im Jahr 1936,[80] gleichzeitig nahm zwischen 1930 und 1941 die Zahl der ausländischen Erwerbstätigen um 96 290 ab, insbesondere weil die Zahl der Aufenthaltsbewilligungen für ausländische Arbeitskräfte stark reduziert wurde (→ 1.2.3.1). Selbst unter Berücksichtigung dieser besonderen Form von Stellenabbau waren die Arbeitslosenraten in der Schweiz der 1930er Jahre niedrig im Vergleich mit anderen europäischen Ländern, deren Arbeitslosenquoten schon zu Beginn der Grossen Depression deutlich höher lagen und auf über 20 % anstiegen.[81] Im

Grafik 1.1-16: **Erwerbslose in % der Erwerbstätigen (1913–2005)**

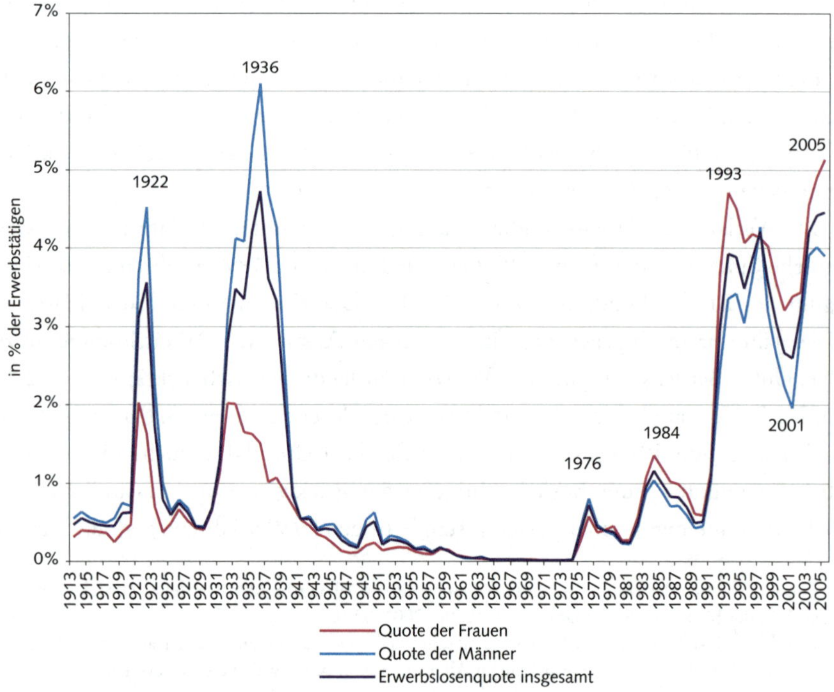

Quellen: 1913–1991: HSSO Tab. F.18; 1992–2005: BFS online, Tab. 3.03.02.12.
Bemerkungen: Die HSSO erfasst die Anzahl der Stellensuchenden, das BFS hingegen ab 1990 die Quote der Erwerbslosen gemäss OECD-Richtlinien.

ausländischen Arbeitskräfte wurde primär durch die Nichtgewährung von Aufenthaltsbewilligungen erreicht. Die Zahl der Aufenthaltsbewilligungen sank von einem Maximum von etwa 160 000 im Jahr 1931 auf knapp 40 000 im Jahr 1936; auch die Bewilligungen für Grenzgänger wurden stark reduziert.

80 Vgl. Müller 2010, 89–94, zum Ausmass der Arbeitslosigkeit während der 1930er Jahre und deren lückenhafter Erfassung, insbesondere was die partielle Arbeitslosigkeit betrifft.

81 Mitchell 2003, 163–171. Die höchsten Arbeitslosenraten in den 1930er Jahren hatten: Dänemark 1932 mit 31.7 %, Frankreich 1932 mit 30.1 %, die Niederlande 1936 mit 32.7 %, Norwegen 1934 mit 30.7 %, Schweden 1933 mit 23.7 %, Schweiz 1933 mit 10.8 %, Grossbritannien (inkl. Nordirland) 1932 mit 15.6 %. Diese Arbeitslosenraten der verschiedenen Länder sind jedoch aufgrund der unterschiedlichen Erhebungsmethoden nicht unbedingt auch vergleichbar. Gemäss Mitchell, 168–170, stieg die Arbeitslosenrate in der Schweiz in den 1930er Jahren auf ein Maximum von 13.2 % im Jahr 1936, was also deutlich höher wäre als die in den nationalen Statistiken ausgewiesene Rate. In der Statistik von Mitchell wurde die Zahl der registrierten Arbeitslosen ins Verhältnis gesetzt zur Zahl der versicherten Arbeiter; da nur ein Teil aller Arbeiter versichert war, fiel die so berechnete Arbeitslosenrate entsprechend höher aus.

internationalen Vergleich hatte die Schweiz auch im letzten Viertel des 20. Jahrhunderts deutlich tiefere Arbeitslosenquoten als die übrigen europäischen Länder, sogar tiefere als Österreich, Norwegen und Schweden, die ebenfalls niedrige Arbeitslosenraten aufwiesen. Mit der Einführung einer obligatorischen Arbeitslosenversicherung im Jahr 1977 und dem Kurswechsel in der schweizerischen Einwanderungspolitik, nahm auch die Flexibilität des Arbeitsangebots im Konjunkturverlauf deutlich ab (→ 1.2.3.2; 4.3.2.3). In den 1990er Jahren glichen sich denn auch die Arbeitslosenraten in der Schweiz denjenigen der erwähnten kleinen europäischen Länder an, allerdings stieg die Arbeitslosenquote in der Schweiz in diesem Jahrzehnt an, während sie in den Vergleichsländern sank.[82] Die Arbeitslosenquote nahm zwar ab 1997 in der Schweiz ebenfalls ab, doch sie stieg ab 2001 wieder steil an und erreichte 2005 ebenso hohe Werte wie Mitte der 1990er Jahre.

Die Zahl der offenen Stellen ist einerseits ein Mass für die Stärke der wirtschaftlichen Auftriebskräfte, andererseits signalisiert sie die wegen der Knappheit des Ar-

Grafik 1.1-17: **Stellensuchende, Arbeitslose und offene Stellen (Januar 1920 – Januar 2000)**

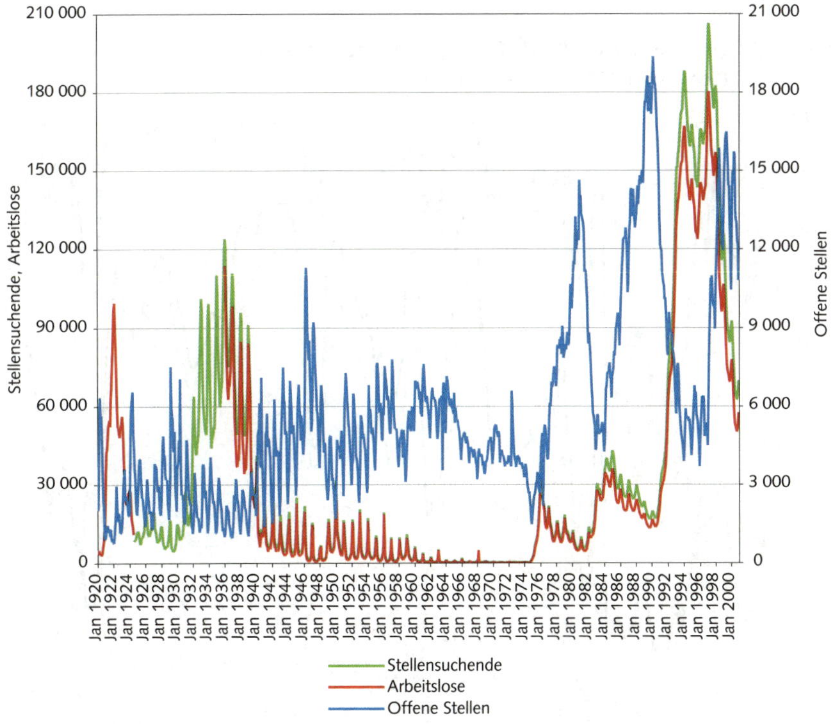

Quelle: Die Volkswirtschaft, div. Jahrgänge.
Bemerkung: Monatswerte.

82 Mitchell 2003, 169. Die Arbeitslosenrate veränderte sich zwischen 1990 und 1999 wie folgt: Niederlande von 5% auf 3.2%; Norwegen von 5.2% auf 3.2%; Österreich von 5.4% auf 3.8%; Schweiz von 0.6% auf 3.6%.

beitsangebots gegebenen Grenzen des Wachstums (Grafik 1.1-17). Im Vergleich zur Zahl der Stellensuchenden war die Zahl der offenen Stellen bis in die 1990er Jahre stets ausgesprochen niedrig. Während der langen Wachstumsperiode, als die Knappheit an Arbeitskräften insbesondere in den 1960er Jahren als gravierender Engpass thematisiert wurde und die Zahl der Arbeitslosen verschwindend gering war, blieb die Zahl der offenen Stellen weitgehend konstant. Die Einwanderung von Arbeitskräften führte somit dazu, dass die Differenz zwischen Arbeitsnachfrage und -angebot kaum grösser wurde. Ab den 1970er Jahren blieb die Zahl der offenen Stellen zwar niedrig, sie schwankte jedoch viel stärker. Das Arbeitsangebot reagierte offensichtlich weniger flexibel auf die Arbeitsnachfrage, eine Folge einerseits des wirtschaftlichen Strukturwandels und andererseits der Massnahmen zur Beschränkung der Arbeitsimmigration (siehe 1.1.3.3). Die Engpässe auf dem Arbeitsmarkt und damit die Anreize für die Unternehmen, Produktionsbereiche ins Ausland zu verlagern, nahmen zu (→ 2.1.3.3).

Grafik 1.1-18 thematisiert die zeitgenössische Einschätzung des Beschäftigungsgrades und bildet somit die kurzfristigen Erwartungen der Unternehmen und der Arbeitnehmer in Bezug auf den Konjunkturverlauf ab. In der Grossen Depression be-

Grafik 1.1-18: **Einschätzung der Beschäftigungslage in der Industrie (September 1924 – September 1980)**

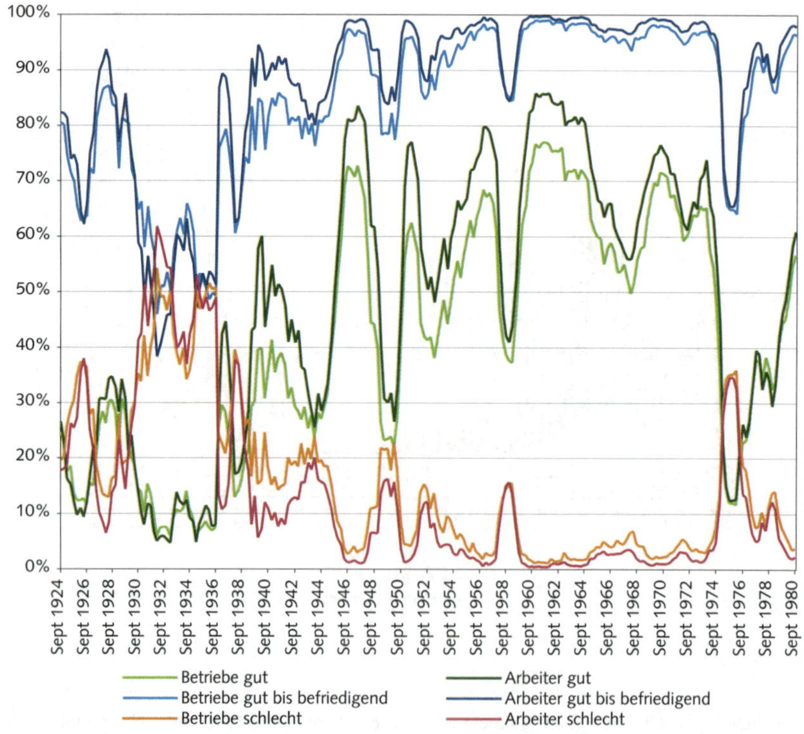

Quelle: Die Volkswirtschaft, div. Jahrgänge.
Bemerkung: Monatswerte.

zeichneten etwa die Hälfte der Betriebe und der Arbeiter den Beschäftigungsgrad als schlecht, wobei die Betriebe die Situation immer etwas negativer einschätzten als die Arbeitnehmer. Vermutlich bestand aufseiten der Arbeitgeber ein gewisser Informationsvorsprung. Auch bei diesem Indikator werden die beiden Phasen des Konjunktureinbruchs der 1930er Jahre kenntlich: ein deutlicher Umschwung der Erwartungen von gut zu schlecht in den frühen 1930er Jahren und eine leichte Aufhellung der Erwartungen in den Jahren 1933/34. In Bezug auf die Einschätzung der Beschäftigungslage besteht ein grosser Unterschied zwischen der Krise der 1930er Jahre und jener Mitte der 1970er Jahre. Der Anteil der Betriebe und Arbeitnehmer, die in den 1970er Jahren die Beschäftigungslage als schlecht einschätzten, war bedeutend geringer und sank innert weniger Jahre auf das Niveau vor der Krise zurück. Im Konjunkturtief der 1930er Jahre schätzte etwa die Hälfte der Arbeiter und der Betriebe die Beschäftigungslage als befriedigend und gut ein, im Konjunktureinbruch der 1970er Jahren taten dies beinahe 70%. Für die Zeit nach 1980 sind leider keine entsprechenden Daten verfügbar. Seit 1972 wird jedoch ein anderer Indikator zur Einschätzung der kurzfristigen Konjunkturerwartungen erhoben: die Konsumentenstimmung, basierend auf verschiedenen

Grafik 1.1-19: **Einschätzung der Konjunkturlage gemäss Konsumentenbefragungen (Oktober 1973 – Oktober 2005)**

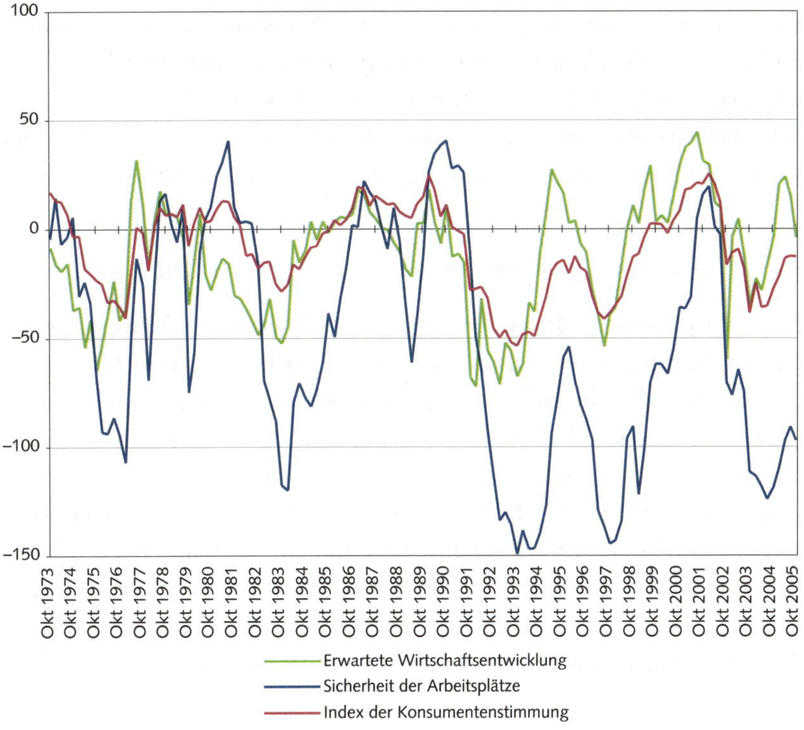

Quelle: SECO, www.seco.admin.ch/themen/00374/00453/index.html?lang=de.
Bemerkung: Monatswerte.

Teilreihen (Grafik 1.1-19).[83] Im Rahmen dieser Umfragen wird u. a. ermittelt, wie die Befragten auf einer Skala von +/– 200 die Wirtschaftsentwicklung und die Arbeitsplatzsicherheit einschätzen. Dabei ergibt sich ein aufschlussreiches Bild: Die Arbeitsplatzsicherheit wurde in den 1990er Jahren und auch im Anschluss an den kurzen Aufschwung nach der Jahrhundertwende deutlich schlechter eingeschätzt als in den 1970er und 1980er Jahren. Dies ist ein deutlicher Hinweis auf die zunehmende und anhaltende Unsicherheit der Beschäftigungslage im letzten Jahrzehnt des 20. Jahrhunderts und relativiert eine der zentralen, im Kapitel 1.1.1 thematisierten Grundlagen des Wohlstands: die im Vergleich zu anderen europäischen Staaten hohe Sicherheit und Stabilität der Arbeitseinkommen.

1.1.3.1.3 Fazit

Die verschiedenen Wachstums-, Kriegs- und Krisenphasen wirkten sich auf die einzelnen Komponenten der gesamtwirtschaftlichen Nachfrage und auf die Beschäftigung sehr unterschiedlich aus. Deren Verlauf in der Krise der 1930er Jahre hat wenig gemeinsam mit dem Verlauf in den beiden Konjunkturabschwüngen der 1970er und 1990er Jahre. Der Konjunktureinbruch Mitte der 1970er Jahre, der das Ende einer langen Wachstumsperiode nach dem Zweiten Weltkrieg markierte und der sowohl in der wirtschaftshistorischen Literatur wie in der zeitgenössischen Wahrnehmung aller hochentwickelten Länder als massiver Trendbruch thematisiert wurde, findet in diesen Konjunkturindikatoren nur einen kurzfristigen Niederschlag. Die niedrigeren Wachstumsraten, die abnehmenden Wachstumsbeiträge der Binnennachfrage zum Wachstum der Gesamtnachfrage und die Veränderungen auf dem Arbeitsmarkt können jedoch als Merkmale eines solchen Trendbruchs verstanden werden, der in der anschliessenden Wachstumsperiode nachwirkte und sich im zweiphasigen Konjunkturabschwung der 1990er Jahre verstärkte.

1.1.3.2 Der Aufschwung der 1920er Jahre und die Grosse Depression

Die Grosse Depression der 1930er Jahre wird in der Literatur als Weltwirtschaftskrise thematisiert, betroffen waren jedoch vor allem die hochentwickelten Länder in Europa und Nordamerika. Sie wirkte sich in diesen mehr oder weniger vom Ersten Weltkrieg und den monetären Turbulenzen der Folgejahre betroffenen Ländern, die auch die Wachstumschancen der 1920er Jahre in unterschiedlichem Ausmass hatten nutzen können, verschieden aus.[84] Die Schweiz befand sich Anfang der 1920er Jahre in einer vergleichsweise günstigen Position (→ 5.1.4.2). Im Zeitraum 1922–1929 war das Wirtschaftswachstum gemessen mit dem BIP und dem BIP pro Kopf deutlich stärker gewachsen als in Westeuropa und in Skandinavien, und im Vergleich mit den boomenden USA zumindest noch gemessen mit dem BIP pro Kopf (siehe 1.1.2, Tabelle

83 *Volkswirtschaft*, 2009.
84 Aldcroft 1997; Berend 2006, 42–91.

1.1-3). In den 1930er Jahren war die durchschnittliche Wachstumsrate hingegen bedeutend niedriger als in Westeuropa und Skandinavien und sogar noch etwas niedriger als in den USA, die von der Grossen Depression besonders stark betroffen waren. In dieser Periode verlor die Schweiz einen Teil ihres Wohlstandsvorsprungs (siehe Grafik 1.1-1). Welches waren die mit Hilfe der makroökonomischen Konjunkturanalyse feststellbaren Bestimmungsfaktoren des Konjunkturaufschwungs in den 1920er Jahren und des relativ starken Einbruchs in den 1930er Jahren? Aufgrund der eingangs erwähnten kontroversen Auffassungen über die Ursachen der Grossen Depression in der Schweiz, stellt sich vor allem die Frage, ob der Konjunkturverlauf hauptsächlich durch die ausländische Nachfrage bestimmt war oder ob die Ergebnisse der Konjunkturanalyse eher den Schluss zulassen, dass die wirtschaftlichen und politischen Entwicklungen im Inland von entscheidender Bedeutung waren.

1.1.3.2.1 Internationaler Konjunkturzusammenhang

Im Vergleich zum ausgesprochen starken Wachstum in den 1920er Jahren fiel der Wachstumseinbruch in den 1930er Jahren besonders drastisch aus (siehe Tabelle 1.1-3). Dies widerspricht der in der Geschichtsschreibung häufig anzutreffenden Aussage, dass die Grosse Depression in der Schweiz relativ moderat verlaufen sei. Vergleicht man den Konjunkturverlauf mit dem jener Länder, mit denen die Schweiz über ihren Aussenhandel besonders stark verflochten war, so zeigt sich, dass der Konjunktureinbruch in den USA, Deutschland und Frankreich bedeutend stärker war als in der Schweiz (Grafik 1.1-20). Die Konjunktur in der Schweiz verlief bis 1932 ähnlich wie in Grossbritannien, Schweden, den Niederlanden und Italien, alles Länder, die für den Aussenhandel der Schweiz eine geringere Rolle spielten und die zum Teil bereits Anfang der 1930er Jahre ihre Währung abwerteten. Ab 1935 näherte sich der Konjunkturverlauf der Schweiz hingegen dem Verlauf in den USA und in Frankreich an, und nach der Währungsabwertung in Frankreich, der Schweiz und den Niederlanden im Herbst 1936 ist auch in diesen Ländern, die am längsten am Goldstandard festhielten, ein markanter Aufschwung festzustellen.

Wenn der Konjunkturverlauf in der Schweiz vor allem auf die Veränderungen der Auslandsnachfrage reagiert hätte, so müsste der Konjunkturzusammenhang mit den grossen Nachbarländern am stärksten sein.[85] In Tabelle 1.1-11 wird mittels eines zyklenspezifischen (3–10 Jahre) Korrelationskoeffizienten (R^2) der Zusammenhang mit dem Konjunkturverlauf in den grossen Nachbarländern und den USA berech-

85 Wir gehen somit davon aus, dass das Ausmass der Handelsbeziehungen zwischen zwei Wirtschaftsräumen die Stärke des konjunkturellen Gleichlaufs bestimmt, weil gemeinsame Nachfrageschocks gegenüber länderspezifischen dominieren. Eine solche Regelmässigkeit wird in vielen empirischen Studien belegt, obwohl aus theoretischer Sicht der Abbau von Handelsschranken auch zu unterschiedlicher Spezialisierung und damit zu stärker divergierenden Konjunkturzyklen führen könnte (Frankel/Rose 1998, 1023). Siehe zum Zusammenhang zwischen internationaler Verflechtung und Konjunkturübertragung mittels verschiedener Nachfrage- und Angebotsschocks: Sachverständigenrat 2009, 6–11.

Grafik 1.1-20: **Internationaler Konjunkturzusammenhang (1922–1939)**

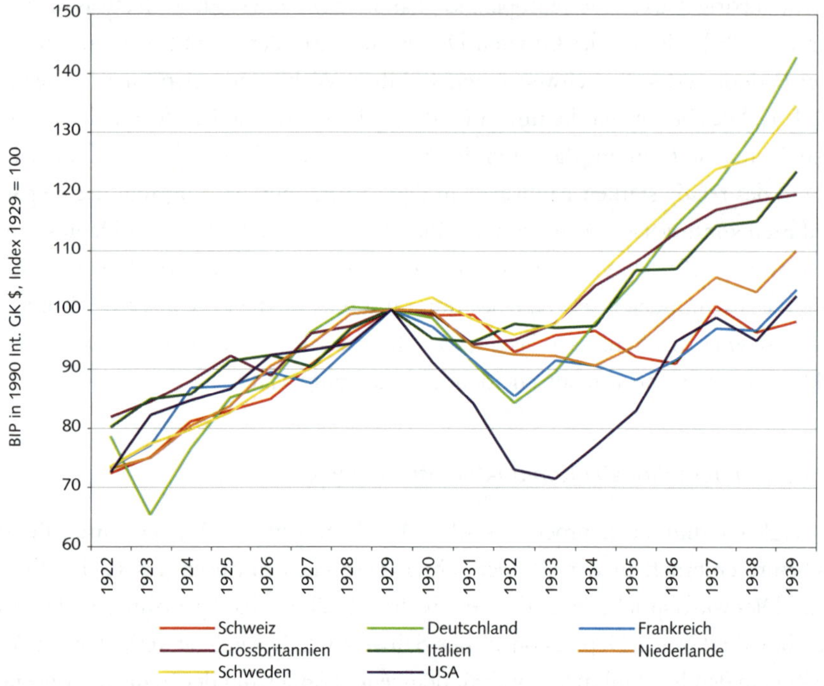

Quellen: GGDC, Maddison Historical Statistics (Grossbritannien inkl. Nordirland); Schweiz: neue Schätzung 2010, siehe Anhang A.1.1.7.

Tabelle 1.1-11: **Internationaler Konjunkturzusammenhang (1922–1939)**

	Deutschland		Frankreich		Italien		USA	
	R^2	Co	R^2	Co	R^2	Co	R^2	Co
1922–1939	0.53	0.32	0.56	0.32	0.32	0.20	0.52	0.34

Korrelation $R^2 = 0$: kein Zusammenhang; $R^2 = 1$: perfekter Zusammenhang.
Co = 0: Der Auslandszyklus verläuft antizyklisch zum Inlandszyklus; Co = 1: Auslands- und Inlandszyklus stimmen überein. Die Co-Werte messen den Anteil des R^2, der auf Teilzyklen (3–10 Jahre) mit zeitlich übereinstimmenden Wendepunkten entfällt.

Quellen: Eigene Berechnungen auf Grund von GGDC, Maddison Historical Statistics (Sept. 2008); Schweiz: neue Schätzung 2010, siehe Anhang A.1.1.7.

net (→ Anhang A.1.3). Für den gesamten Konjunkturzyklus lässt sich ein mittlerer Zusammenhang mit Frankreich, Deutschland und den USA und ein eher schwacher Zusammenhang mit Italien feststellen.[86] Der sowohl in der Wachstums- wie in der

86 Die USA, Deutschland und Frankreich bezogen bis zum Ersten Weltkrieg und in den Kriegsjahren etwa die Hälfte aller Schweizer Exporte, bis zu den 1970er Jahren noch etwa 35 %. Ende des Jahrhunderts war dieser Anteil auf 45 % gestiegen. Der Anteil der genannten Länder an den Importen schwankte zwischen 50 % und 55 %, mit einem Einbruch während des Zweiten Weltkriegs auf etwas über 30 % (HSSO Tab. L.17 bis L.26).

Krisenphase deutlich abweichende Konjunkturverlauf der Schweiz wird zudem durch die niedrigen Co-Werte (Comovement) bestätigt. Diese Werte messen den Anteil der Varianz der Schweizer Konjunkturzyklen, der durch die Varianz der Zyklen des Vergleichslandes erklärt werden kann. Der Vergleich des Konjunkturverlaufs in den verschiedenen Ländern weist somit bereits darauf hin, dass die Aussenhandelsbeziehungen zwar ein wichtiger, jedoch kaum der zentrale oder zumindest nicht der einzige Bestimmungsfaktor für den schweizerischen Konjunkturverlauf war.

1.1.3.2.2 Die Wirtschaftssektoren im Konjunkturverlauf

Einen Einblick in den Konjunkturverlauf von der Produktionsseite aus betrachtet vermittelt die Grafik 1.1-21. Sie zeigt, dass am Wachstumsaufschwung der 1920er Jahre alle Sektoren beteiligt waren, vom Konjunktureinbruch wurden sie hingegen sehr unterschiedlich betroffen. Der Einbruch in der Exportindustrie war bedeutend stärker als in der Binnenindustrie, doch die Lage stabilisierte sich bereits 1932, während das Baugewerbe Anfang der 1930er Jahre noch einen starken Aufschwung verzeichnete, anschliessend jedoch umso stärker einbrach und den Tiefpunkt erst 1935

Grafik 1.1-21: **Bruttowertschöpfung nach Sektoren und Marktorientierung (1922–1939)**

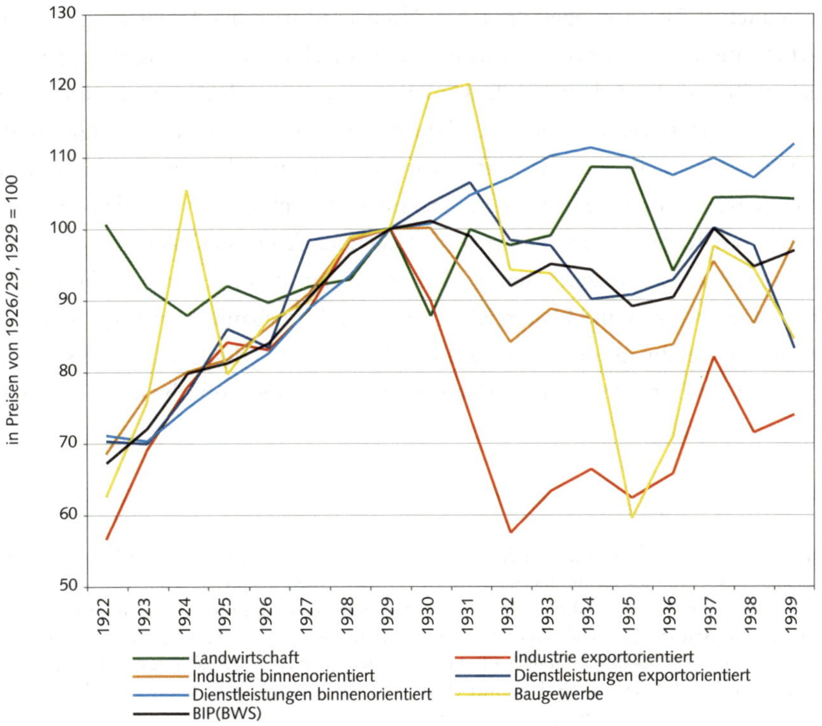

Quelle: HSSO Tab. Q.17b.
Bemerkung: Baugewerbe einschliesslich Gas-, Elektrizitäts- und Wasserversorgung.

erreichte. Die Landwirtschaft wiederum brach zu Beginn der 1930er Jahre ein, erholte sich jedoch rasch und verzeichnete in den schwersten Krisenjahren einen markanten Aufschwung. Bei den exportorientierten Dienstleistungen kam es nur zu einem mässigen Abschwung, und bei den binnenorientierten Dienstleistungen setzte sich der Aufschwung bis 1933 fort, dann verharrte die BWS etwa auf dem gleichen Niveau. Auch auf der Ebene der Branchen sind die Unterschiede in Bezug auf den Zeitpunkt und das Ausmass des Konjunktureinbruchs beträchtlich (vgl. zum Verlauf der realen Bruttowertschöpfung nach Branchen die Grafiken 1.1-A1, 1.1-A2, 1.1-A5 im Anhang zu diesem Kapitel). Alle exportorientierten Industrien partizipierten am Aufschwung in den 1920er Jahren, und mit Ausnahme der Chemieindustrie waren sie alle vom Konjunkturabschwung in den 1930er Jahren stark betroffen. Der anschliessende Aufschwung begann in der Uhrenindustrie bereits 1934 und damit etwas früher als in der Textil- und Maschinenindustrie. Die BWS der Chemieindustrie nahm während der 1930er Jahre nur leicht ab und brach erst in den Kriegsjahren stark ein.

Die Daten zu den Stellensuchenden bestätigen, dass vor allem Branchen des Industriesektors von der Grossen Depression der 1930er Jahre stark betroffen waren (Grafik 1.1-22).[87] Die vorliegenden Statistiken erfassen zwar das Ausmass der Arbeitslosigkeit in der Krise nur ungenau,[88] doch zusammen mit dem Verlauf der Bruttowertschöpfung ist die Zahl der Stellensuchenden ein guter Indikator für die unterschiedlichen Auswirkungen der Krise: Nach 1932 stieg die Arbeitslosigkeit in der exportorientierten Industrie nicht mehr an, in einzelnen Jahren ging sie sogar leicht zurück, während die Arbeitslosigkeit im Baugewerbe bis 1936 weiter zunahm. Im Primär- und Tertiärsektor blieb die Zahl der Stellensuchenden im Vergleich zum Industriesektor niedrig, doch dürfte in diesen beiden Sektoren die Arbeitslosigkeit tendenziell unterschätzt worden sein. Im Tertiärsektor war vor allem das Gastgewerbe vom Konjunkturrückgang und steigender Arbeitslosigkeit betroffen, aber auch ein Teil des schweizerischen Bankensystems, insbesondere die in die Bankenkrisen in Deutschland und Österreich involvierten Grossbanken (→ 5.1.4.3; 2.2.2.3). Insgesamt verzeichnete der schweizerische Finanzplatz (Banken und Versicherungen) in der Zwischenkriegszeit jedoch einen markanten Aufschwung (→ 2.2.1.1, Grafik 2.2-1; 2.2.2.2).[89]

87 Zu den besonderen Problemen bei der Erfassung der branchenspezifischen Arbeitslosigkeit vgl. BFS online, 150 Jahre Geschichte des Schweizerischen Bundesstates, Arbeitslosenquote nach Branchen, www.bfs.admin.ch/bfs/portal/de/index/dienstleistungen/history/03/00/01.Document.48806.pdf. Die Arbeitslosenstatistik ist nicht immer deckungsgleich mit der Erwerbsstatistik. Zudem gingen in der Schweiz bis Mitte des 20. Jahrhunderts Industriearbeiter, vor allem der Textilindustrie, häufig einer nebenberuflichen Tätigkeit in der Landwirtschaft nach, die dann in der Krise zur Hauptbeschäftigung wurde und so die Arbeitslosenquote in der Textilindustrie reduzierte.

88 Vgl. zur Erfassung der Arbeitslosigkeit in diesem Zeitraum Rikli 1936.

89 Siehe auch Bordo/James 2007, 76–80.

Grafik 1.1-22: **Anzahl Stellensuchende nach Sektoren (1921–1939)**

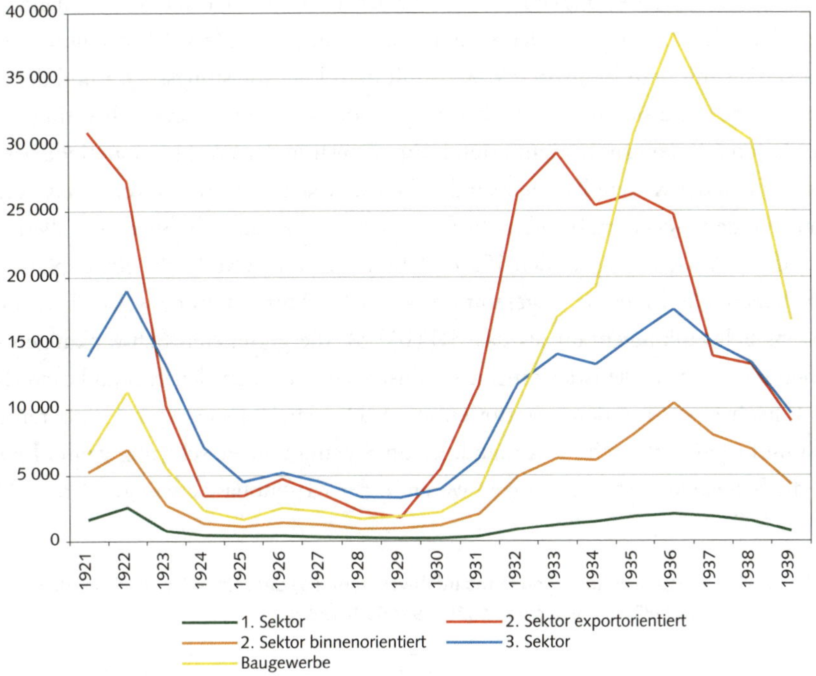

Quelle: HSSO Tab. F.19.

Wir können somit unterscheiden zwischen einer ersten Konjunkturphase 1929–1933, die gekennzeichnet war vom starken Einbruch einiger Exportindustrien, einem deutlich schwächeren der Binnenindustrien und einem anhaltenden Aufschwung im Baugewerbe, und einer zweiten Konjunkturphase 1932–1936, die sich mit der ersten überlagerte und vornehmlich vom Einbruch der Bauwirtschaft geprägt war.

Die Werte in Tabelle 1.1-12 spiegeln den Grad des konjunkturellen Gleichverlaufs der jeweiligen Reihen mit dem BIP(BWS) in den 1920er und 1930er Jahren wider (vgl. zur Berechnungsmethode den Anhang A.1.4). Bei einem Wert von eins würden die oberen und unteren Wendepunkte in beiden Reihen exakt zum selben Zeitpunkt erreicht, bei einem Wert von null besteht entweder überhaupt kein Zusammenhang oder die Reihen verhalten sich antizyklisch. Zu betonen ist allerdings, dass es sich dabei um eine statistische Korrelation handelt, mit der keine kausalen Aussagen begründet werden können. Eine weniger enge Korrelation kann auch die Folge von zeitverzögerten Übertragungsmechanismen sein. Inwieweit beispielsweise der Einbruch im Baugewerbe mit dem Einbruch der Produktion in der Exportindustrie oder mit einem Rückgang der inländischen Nachfrage zusammenhängt, lässt sich so nicht feststellen. Die Standardabweichungen (σ) vergleichen die Amplituden der Konjunkturzyklen der verschiedenen Reihen mit den Amplituden des BIP(BWS)-Zyklus. Ein Wert kleiner als eins bedeutet, dass der Konjunkturzyklus der entsprechenden Reihe eine kleinere Amplitude aufweist und sich somit im Konjunkturverlauf stabilisierend auswirkt, ein Wert grösser als eins weist auf stärkere Ausschläge und damit auf eine destabilisierende Wirkung hin. Der Konjunkturverlauf des BIP(BWS) korrelierte insgesamt stärker mit dem Industriesektor als mit dem Dienstleistungssektor und der Agrarproduktion, die sich in der Wachstumsperiode geradezu antizyklisch verhielt. Die Korrelation mit der exportorientierten Industrie war in der Wachstumsperiode besonders hoch, in der Krisenphase jedoch deutlich schwächer; im Baugewerbe war es hingegen gerade umgekehrt. Insofern dürfte die exportorientierte Industrie vor allem den Verlauf des Aufschwungs in den 1920er Jahren, das Baugewerbe die Krisenphase geprägt haben. Die Industrie insgesamt und nach Marktorientierung weisen bedeutend grössere Schwankungen auf als das BIP(BWS); die geringeren Schwankungen der binnenorientierten Dienstleistungen stabilisierten hingegen den Konjunkturverlauf. Der Gleichverlauf mit den exportorientierten Dienstleistungen lag im mittleren Bereich und veränderte sich im Konjunkturaufschwung und -abschwung kaum. Lediglich die Schwankungsabweichungen waren in der Krisenphase etwas grösser.

Tabelle 1.1-12: **Verlaufsvergleich und Standardabweichung (σ) der sektoralen BWS mit dem BIP(BWS) in Preisen von 1926/29 (1922–1939)**

	1922–1929		1929–1939	
BWS (real)	Verlauf	σ	Verlauf	σ
Landwirtschaft	0.15	1.07	0.62	1.24
Industrie insgesamt	0.94	2.47	0.94	2.34
exportorientiert	0.92	3.53	0.67	4.90
binnenorientiert	0.71	2.01	0.59	2.07
Baugewerbe usw.	0.54	2.81	0.89	4.22
Dienstleistungen insgesamt	0.83	0.56	0.76	0.48
exportorientiert	0.60	0.99	0.64	1.34
binnenorientiert	0.86	0.51	0.62	0.58

Verlauf = 1: konjunktureller Gleichverlauf (zeitgleiche Höhe- und Tiefpunkte in beiden Reihen).
Verlauf = 0: kein Zusammenhang oder antizyklischer Verlauf der beiden Reihen.
σ = 1: gleiche Amplitude wie der BIP(BWS)-Zyklus, enger Zusammenhang.
σ > 1: grössere Amplitude als der BIP(BWS)-Zyklus, destabilisierend.
σ < 1: kleinere Amplitude als der BIP(BWS)-Zyklus, stabilisierend.

Quelle: Eigene Berechnungen auf Basis HSSO Tab. Q.17b.

1.1.3.2.3 Die Verwendungskomponenten im Konjunkturverlauf

In der Grafik 1.1-23 und der Tabelle 1.1-12 wird der Zusammenhang zwischen den Komponenten des Endverbrauchs und dem BIP(Verw) im Konjunktuverlauf analysiert (vgl. zum Verlauf der realen Werte dieser Komponenten die Grafik 1.1-A7 im Anhang zu diesem Kapitel). Deutlich werden wiederum die beiden Phasen des

Konjunktureinbruchs: Zunächst ein starker Rückgang der Exporte von 1929 bis 1932 bei gleichzeitigem Anstieg der Investitionen und der Importe bis 1930 bzw. 1932; sodann ein Rückgang der Investitionen ab 1931, eine leichte Abnahme der Importe nach 1932 sowie ein leichter Anstieg der Exporte nach dem Tiefpunkt 1934 und Stagnation bis 1936. Erklärungsbedürftig ist insbesondere die bereits in der Grafik 1.1–15 festgestellte starke Abweichung des Verlaufs der realen Importe vom Verlauf der realen Exporte. Während die realen Exporte in den 1930er Jahren um jährlich durchschnittlich 0.7% sanken, betrug die durchschnittliche Wachstumsrate der realen Importe 0.3% (siehe Tabelle 1.1-10). Hierbei handelt es sich offenbar nicht nur um eine Besonderheit des schweizerischen Konjunkturverlaufs, sondern generell der kleinen europäischen Länder, deren Anteile am Weltimport in den Kriesenjahren stiegen (→ 2.1.1.1, Grafik 2.1-2).[90] Die im Krisenkontext eingeführten protektionistischen Massnahmen zum Schutz der Binnenwirtschaft vor der ausländischen Konkurrenz dürften somit in der Schweiz nicht besonders wirksam gewesen sein (→ 2.1.2.2).[91]

Grafik 1.1-23: **Komponenten der gesamtwirtschaftlichen Nachfrage im Konjunkturverlauf (1922–1939)**

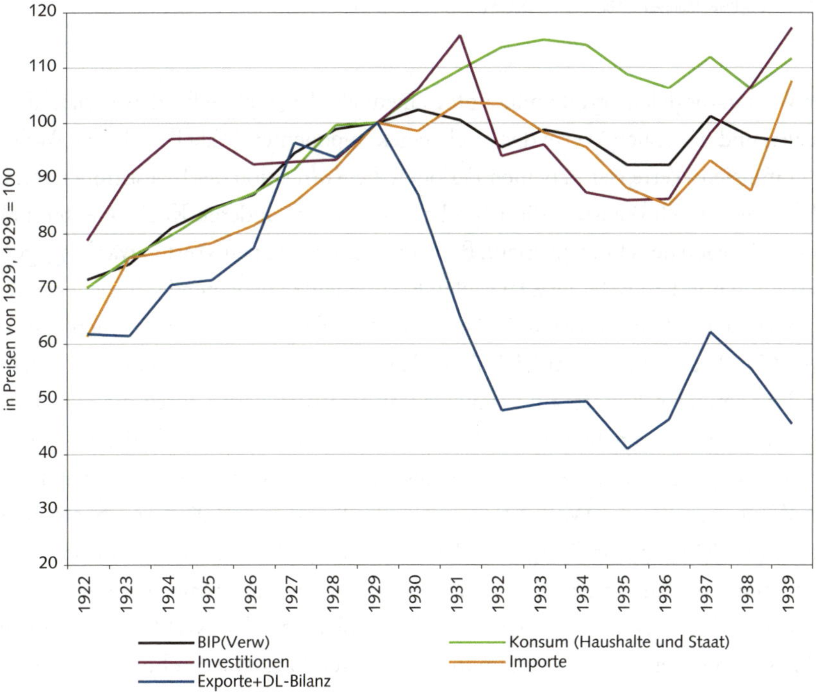

Quelle: HSSO Tab. Q.16a.

90 Auf die im internationalen Vergleich besonders hohe Importneigung in den 1930er Jahren verwies bereits Kneschaurek 1952, 106–107.

91 Dazu dürfte auch die Verbilligung eines Teils der Importe infolge der Aufwertung des Frankens beigetragen haben. Zudem sind Importe grundsätzlich schwer zu substituieren, vgl. dazu beispielsweise Horsewood/Sen/Voicu 2009.

Tabelle 1.1-13: **Verlaufsvergleich und Standardabweichung (σ) der Nachfrage mit dem BIP(Verw.) nominal und in Preisen von 1929 (1922–1939)**

	1922–1929		1929–1939	
Nachfrage nominal	Verlauf	σ	Verlauf	σ
Konsum (Haushalte und Staat)	0.95	0.53	0.87	0.69
Investitionen	0.66	2.08	0.58	2.74
Exporte	0.95	2.34	0.91	3.28
Importe	0.98	2.01	0.95	2.36
Nachfrage real				
Konsum (Haushalte und Staat)	0.77	0.28	0.51	0.74
Investitionen	0.44	1.78	0.62	2.46
Exporte	0.70	3.20	0.55	5.81
Importe	0.48	0.89	0.47	2.79

Verlauf = 1: konjunktureller Gleichverlauf (zeitgleiche Höhe- und Tiefpunkte in beiden Reihen).
Verlauf = 0: kein Zusammenhang oder antizyklischer Verlauf der beiden Reihen.
σ = 1: gleiche Amplitude wie der BIP(BWS)-Zyklus, enger Zusammenhang.
σ > 1: grössere Amplitude als der BIP(BWS)-Zyklus, destabilisierend.
σ < 1: kleinere Amplitude als der BIP(BWS)-Zyklus, stabilisierend.

Quellen: Eigene Berechnungen auf Basis HSSO Q.16a und Q.16b.

Der Verlaufsvergleich ergibt völlig unterschiedliche Ergebnisse für den Verlauf der nominalen und der realen Werte der Nachfragekomponenten (Tabelle 1.1-13). Aufgrund der nominalen Werte war in beiden Perioden die Korrelation der Investitionen mit dem BIP(Verw) am schwächsten, die Korrelationswerte der anderen Komponenten näherten sich dagegen dem Gleichverlauf. Berechnet mit den realen Werten war hingegen die Korrelation mit dem BIP(Verw) bei allen Komponenten bedeutend schwächer, und insbesondere in der Krisenphase weist keine der Nachfragekomponenten einen besonders engen Gleichverlauf mit dem BIP(Verw) auf. Vor allem aber wird der enge Gleichverlauf der nominalen Exporte und Importe mit dem BIP(Verw) durch die realen Werte nicht bestätigt. Eine naheliegende Interpretation wäre, dass zum BIP-Zyklus gegenläufige Bewegungen auftraten und den Zusammenhang schwächten. Aufgrund der realen Werte waren in der Wachstumsperiode der Konsum und die Exporte am engsten mit dem BIP(Verw) korreliert, in der Krisenphase traf dies für die Investitionen zu, die Korrelation mit den übrigen Komponenten lag im mittleren Bereich. Gemäss den mit der Standardabweichung σ gemessenen Schwankungen der Nachfragekomponenten wirkte sich nur der Konsum konjunkturstabilisierend aus, während die anderen Komponenten und insbesondere die Exporte die Konjunkturschwankungen verstärkten. In der Krisenphase entwickelte sich der Konsum denn auch bis 1933 gegenläufig und sank anschliessend nur geringfügig. Am aufschlussreichsten ist der drastische Einbruch der Investitionen zwischen 1931 und 1932, der zeitgleich mit der ersten, von Grossbritannien angeführten Abwertungsrunde stattfand und mit deutlicher Verspätung gegenüber dem Einbruch der Exporte. Der verspätete Investitionseinbruch bestätigt die in unternehmensgeschichtlichen Arbeiten wiederholt gemachte Feststellung, dass die Unternehmen erst zu diesem Zeitpunkt realisierten, dass es sich um eine schwere Rezession und nicht um einen kurzfristigen Konjunkturabschwung handelte, und ihre Investitionsprojekte stoppten.[92] Der Einbruch der Exporte ab 1929 wurde dagegen zunächst noch als kurzfristige Konjunkturschwankung interpretiert, wie es sie in den 1920er Jahren mehrfach gab (siehe Grafik 1.1-14). Gestützt wird diese Interpretation durch den in den Jahren 1931 und 1932 stark steigenden Anteil der Betriebe und Arbeitnehmer, welche die Beschäftigungslage als schlecht einschätzten (siehe Grafik 1.1-18).

Der starke Aufschwung ab 1936 wurde vor allem von den Investitionen getragen, die Importe schwankten zu dieser Zeit stark und die Exporte erholten sich nur mässig. Die wirtschaftliche Erholung nach der Abwertung ist somit in erster Linie darauf zurückzuführen, dass sich diese währungspolitische Massnahme positiv auf die Inlandsnachfrage auswirkte. Zugleich stellt sich die Frage, warum die Abwertung nur geringe Auswirkungen auf die Erholung der Exporte hatte. Vergleicht man den Verlauf der Wachstumsraten der schweizerischen Exporte mit den Wachstumsraten der Weltexporte (Grafik 1.1–24),

Grafik 1.1-24: **Jährliche Wachstumsraten der schweizerischen Warenexporte im Vergleich mit den Weltexporten (1910–1950)**

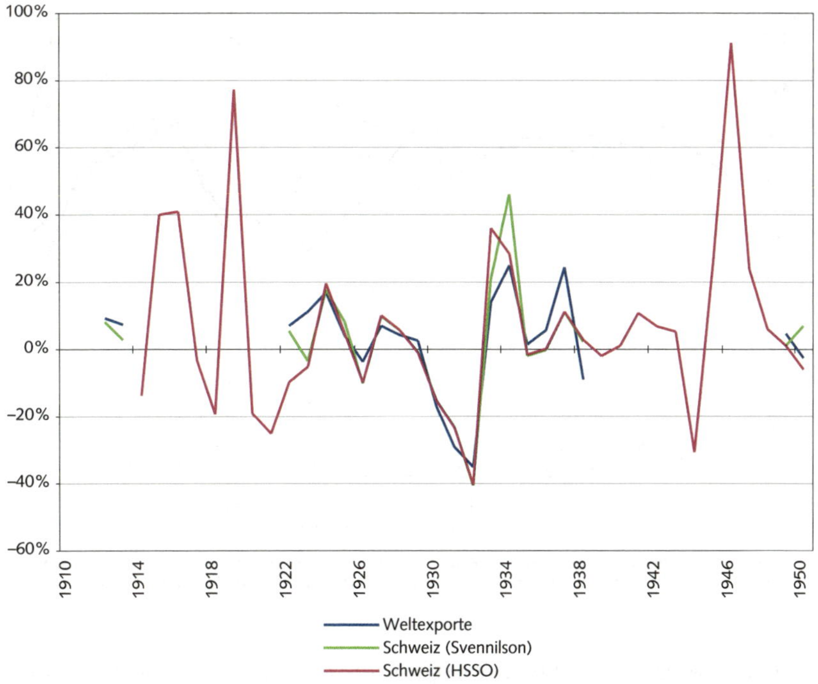

Quelle: Svennilson 1954; HSSO Tab L.11b1 bis L.11b3.

92 Zur Entwicklung der realen öffentlichen und privaten Bauinvestitionen im Zeitraum 1928–1938 vgl. Müller 2010, 82–85. Die Bauinvestitionen nahmen bis 1931 zu, stagnierten zwischen 1931 und 1932

so stimmen die Hoch- und Tiefpunkte genau überein. Dieser enge Zusammenhang deutet darauf hin, dass die schweizerischen Exporte vor allem von der «Weltnachfrage» bestimmt wurden und nicht vom Wechselkurs. Nach der Abwertung waren die Wachstumsraten der schweizerischen Exporte im Unterschied zur eigentlichen Krisenphase sogar niedriger als die Wachstumsraten der Weltexporte. Die in Kapitel 2.1.1.1 aufgezeigte stabile Entwicklung der Anteile der Schweiz am Weltexport stützt diese Interpretation (→ Grafik 2.1-2).

Die Entwicklung der realen Wechselkurse (Grafik 1.1-25) bestätigt diese Lesart ebenfalls (zur Entwicklung der nominalen Wechselkurse vgl. Grafik 1.1-A9). Der Wechselkurs wird ausgedrückt in Franken je ausländischer Währungseinheit bzw. Währungseinheiten. Ein Sinken des Wechselkurses bedeutet somit eine Aufwertung der Schweizer Währung, da die ausländische Währungseinheiten weniger kosten, und umgekehrt. Um die längerfristigen Auswirkungen von Wechselkursänderungen zu beurteilen, muss die unterschiedliche Preisentwicklung in den jeweiligen Ländern berücksichtigt werden.[93]

Grafik 1.1-25: **Reale Wechselkurse (1925–1940)**

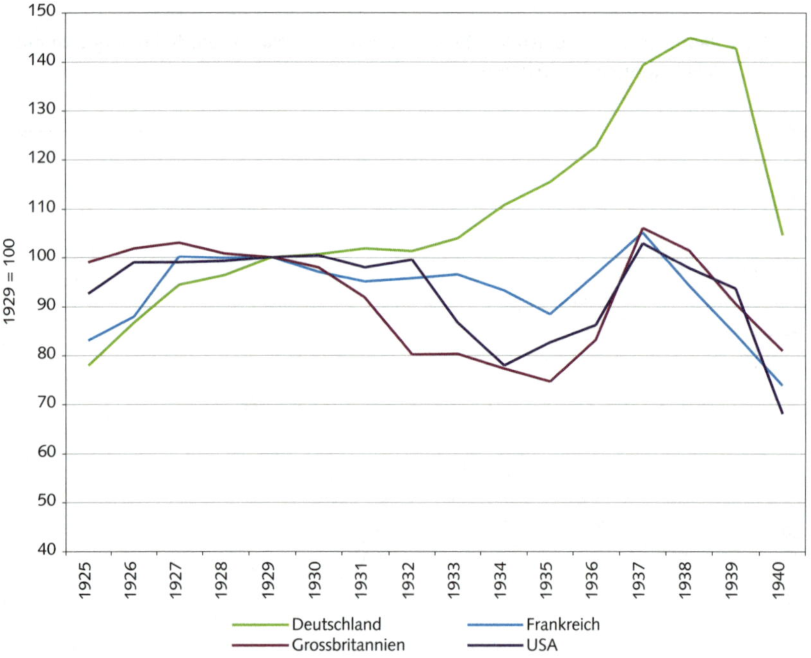

Quellen: Eigene Berechnungen. Wechselkurse: BFS online, Tab. 12.03.04.02; GPI CH: BFS online, Tab. 5.02.01; GPI USA: Bureau of Labour Statistics; GPI Deutschland, Frankreich, Grossbritannien (inkl. Nordirland): Mitchell 1975, 738–739.

und sanken anschliessend bis 1936 um etwa ein Drittel. Der Rückgang der öffentlichen Bauinvestitionen erfolgte etwas später und war insgesamt etwas geringer. Siehe zudem den Index der zwischen 1919 und 1939 neuerstellten Wohnungen in 26 Städten (1928 = 100) in Stebler 1946, Konjunkturtabellen.

93 Zur Berechnung der realen Wechselkurse (WK) wird die Differenz zwischen der Preisänderung im Inland und im Ausland berücksichtigt.

$$\textit{Realer Wechselkurs US-\$} = \textit{Wachstumsrate}_{(WK_{USA})} + \textit{Wachstumsrate}_{(GPI_{USA})} - \textit{Wachstumsrate}_{(GPI_{USA})}$$

Wir haben die Entwicklung der realen Wechselkurse mit den wichtigsten Handelspartnern auf Basis der Grosshandelspreise (GPI) berechnet, weil dieser Preisindex für die Folgen einer Wechselkursänderung auf die internationale Konkurrenzfähigkeit relevanter war als die mit dem Konsumentenpreisindex (KPI) gemessene Preisentwicklung der Konsumgüter im Inland (siehe 1.1.4.2). Gegenüber Grossbritannien betrug der reale Abwertungseffekt zwischen 1935 und 1937 etwa 30 %, gegenüber den USA 20 % und gegenüber Frankreich 15 %, obwohl dieses Nachbarland gleichzeitig mit der Schweiz abwertete. Gegenüber Deutschland zeigte der reale Wechselkurs bereits ab 1933 eine kontinuierliche Abwertung des Schweizer Frankens im Vergleich zur Reichsmark an; hier lag der reale Abwertungseffekt bei etwa 25 %. Doch spielte wegen der bestehenden Clearingabkommen der Wechselkurs im Handel mit Deutschland nur eine sekundäre Rolle. Auch der Umstand, dass der Schweizer Franken bereits nach 1937 eine Aufwertung erfuhr, dürfte zum insgesamt eher schwachen Abwertungseffekt auf die Exporte beigetragen haben.[94]

Grafik 1.1-26: **Reale effektive Wechselkurse (1925–1940)**

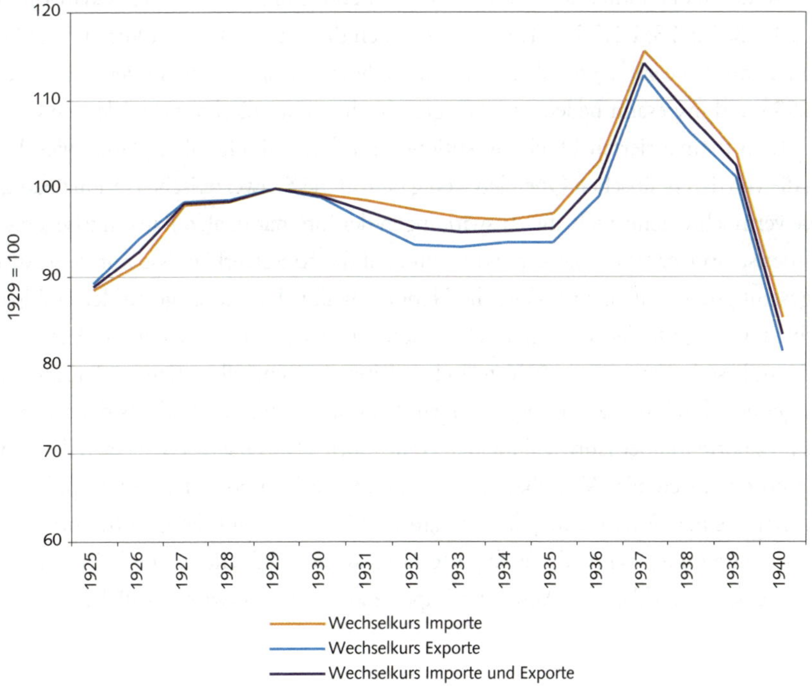

Quellen: Eigene Berechnungen. Wechselkurse: BFS online, Tab. 12.03.04.02; GPI CH: BFS online, Tab. 5.02.01; GPI USA: Bureau of Labour Statistics; GPI Deutschland, Frankreich, Grossbritannien (inkl. Nordirland): Mitchell 1975, 738–73; Importe und Exporte: HSSO Tab L.17-26.

94 Dieser Aufwertungseffekt ist in der Analyse von Bordo/James 2007, 61–63, für den Zeitraum 1926–1938 kaum sichtbar:

Realer effektiver Wechselkurs $= rWK_{USA}^{(g_{USA})} \times rWK_{D}^{(g_{D})} \times rWK_{F}^{(g_{F})} \times rWK_{GB}^{(g_{GB})}$;

es gilt: $g_{USA} + g_D + g_F + g_{GB} = 1$ rWK = realer Wechselkurs

Besonders deutlich wird dieser Aufwertungseffekt aufgrund des Verlaufs des realen effektiven Wechselkurses (Grafik 1.1-26), der zusätzlich zur Entwicklung der relativen Preise auch den Umfang der Exporte und Importe berücksichtigt.[95]

1.1.3.2.4 Fazit

Die grossen Abweichungen zwischen der realen und der nominalen Entwicklung sowie die unterschiedliche Betroffenheit der Branchen führten in den 1930er Jahren zwangsläufig zu verschiedenen Auffassungen über das Ausmass der Krise und die allenfalls zu treffenden konjunkturstützenden Massnahmen. Erschwert wurde die politische Meinungsbildung auch dadurch, dass die stark betroffenen Exportindustrien in einzelnen Regionen konzentriert waren und somit die Kantone ebenfalls sehr unterschiedlich von der Krise betroffen wurden (→ 3.3.4, Grafik 3.3-15). Die Einsicht in das Ausmass der Krise war bei den über den Grossteil der Investitionen entscheidenden Unternehmen spätestens 1931 vorhanden, doch über die zur Überwindung der Krise zu treffenden Massnahmen bestand weder in den führenden Kreisen der Politik noch in denen der Wirtschaft Einigkeit (→ 5.1.4.3; 5.2.2.3; 2.1.2.2).[96] Dazu mögen auch die wirtschaftlichen Vorteile des hohen Frankenkurses beigetragen haben, etwa die billigeren Importe, die in der Krise real erst ab 1933 und insgesamt bedeutend weniger abnahmen als die Exporte, oder die in Kapitel 2.1.2.3 thematisierten Direktinvestitionen im Ausland. Handlungsfähig blieb hingegen die von den politischen Querelen wenig betroffene Schweizerische Nationalbank, und diese vermochte denn auch, die Auswirkungen der internationalen Bankenkrise auf einen Teil des schweizerischen Bankensektors und auf die Kreditverhältnisse mit dem Ausland insgesamt gut aufzufangen.[97] Dass die Nationalbank jedoch so lange an der Goldparität festhielt, verzögerte den wirtschaftlichen Aufschwung (→ 5.1.4.3). Unsere Analysen bestätigen diese in der wirtschaftshistorischen Literatur generell vertretene Auffassung, sie wird jedoch durch den aufgezeigten engen Zusammenhang des Verlaufs der schweizerischen Exporte mit der Entwicklung der Weltexporte etwas relativiert.[98] Nach der Abwertung erholten sich alle Wirtschaftssektoren, und alle Komponenten der Nachfrage verzeichneten einen Aufschwung, der sich am nachhaltigsten auf die Investitionen und die Importe auswirkte, während die Exporte rasch wieder abflachten. Hierbei ist allerdings zu berücksichtigen, dass der Anteil der Exporte an der gesamtwirtschaftlichen Nachfrage

95 Der reale effektive Wechselkurs berechnet sich aus der Multiplikation der realen Wechselkurse gewichtet entweder mit dem Export- und dem Importanteil oder mit dem Mittelwert aus den beiden Werten der in die Berechnung einbezogenen Länder.

96 Müller 2010, 527–600.

97 Zu den Schwierigkeiten einiger Schweizer Banken infolge der Bankenkrisen im Ausland und zu den stabilisierenden Eingriffen der Schweizerischen Nationalbank vgl. Bordo/James 2007, 90–94.

98 Vgl. insbesondere die kontrafaktisch untermauerte Analyse zu den Auswirkungen der Beibehaltung des Golddevisenstandards auf den Konjunkturverlauf in den 1930er Jahren von Bordo/James 2007, 55–76.

inzwischen stark gesunken war.[99] Der Rückgang der Exportnachfrage als den Konjunkturverlauf bestimmender Faktor kann somit auf die erste Phase des Konjunktureinbruchs 1929–1932 eingeschränkt werden; dieser Einbruch wurde von der guten Konjunktur im Binnenmarkt überlagert und teilweise kompensiert. Das Festhalten am Goldstandard verzögerte zwar den Aufschwung der Exporte, doch wurden diese vor allem vom Verlauf der «Weltnachfrage» bestimmt. Die Abwertung wirkte sich hingegen günstig auf die Binnennachfrage aus, auf den Konsum ebenso wie auf die Investitionen und die Importe.

Die obige Analyse stützt somit in der Kontroverse zwischen der Deutung der Depression als importierter oder durch die Verhältnisse im Inland verursachter Depression beide Positionen. Wesentlich aber ist die Feststellung, dass auch ein kleines Land mit starker Auslandsabhängigkeit grundsätzlich einen wirtschaftlichen und politischen Handlungsspielraum hat. Wie dieser genutzt wird, haben die massgeblichen Entscheidungsträger in Wirtschaft und Politik dann eben auch selbst zu verantworten. Doch auch diese Aussage gilt es unter Berücksichtigung des eingeschränkten Erfahrungshorizontes der Akteure, fehlender Informationen und kontroverser theoretischer Positionen zu relativieren.[100] Es ist davon auszugehen, dass die starke Betonung des Einflusses der Exporte auf den Konjunkturverlauf in der Geschichtsschreibung zur Zwischenkriegszeit auf die besonders zuverlässigen Statistiken zum Aussenhandel, die fehlenden Produktionsstatistiken und die nur bis Mitte der 1920er Jahre zurückreichenden Daten zum Volkseinkommen zurückzuführen ist.[101] In der Zeit selbst waren allerdings auch die verfügbaren Zahlen zum Aussenhandel schwer zu interpretieren, weil die Preise stark schwankten und weil manche Preisstatistiken erst im Verlauf der Krise ausgebaut oder erstmals erstellt wurden.[102] Da auch die Staaten, mit denen die Schweiz Handel trieb und von deren Nachfrage ihre Exporte abhingen, keine vollständigen volkswirtschaftlichen Gesamtrechnungen oder ausführliche Preisstatistiken erstellten, liess die Beobachtung der internationalen Konjunkturlage viel Raum für unterschiedliche Interpretationen.[103]

99 Aldcroft 1997, 62, stellt fest, dass mit Ausnahme Grossbritanniens die wirtschaftliche Erholung eher auf die Nachfrage im Binnenmarkt abgestützt war als auf die Exporte.

100 Zum Stand der ökonomischen Theorie im Deutschland der 1920er Jahre und insbesondere zu den verschiedenen konjunkturtheoretischen Ansätzen (von Schumpeter, von Hayek, Mises, Spietoff, Röpke usw.) vgl. Köster 2011, 221–268. Die theoretischen und methodologischen Kontroversen in Deutschland dürften einen erheblichen Einfluss auf die Auseinandersetzungen mit dem Konjunkturphänomen in der Schweiz gehabt haben.

101 Das Fehlen einer Produktionsstatistik wird in der wirtschaftshistorischen Literatur immer wieder beklagt, siehe etwa Siegenthaler 1976, 535, oder Kneschaurek 1952, 81. Die bereits in den 1920er Jahren erhobenen statistischen Informationen zur Beschäftigungslage und zum Volkseinkommen liessen nur beschränkt Rückschlüsse auf konjunkturelle Schwankungen in der Industrie und deren Einfluss auf die Konjunkturlage zu (Stebler 1946, 12–14, 63). Vgl. zum Diskussionsstand in den 1930er Jahren: Jahresversammlung der Schweizerischen Statistischen Gesellschaft 1936, 147–189. Ein offizieller Produktionsindex wurde erst 1965 (rückwirkend ab 1958) veröffentlicht (Casconi/Lorenzo 2000, 281).

102 Ein Beispiel dafür ist der Ausbau der Preisstatistik in den 1930er Jahren, der Voraussetzung war für eine in Erwägung gezogene Preiskontrolle: *Volkswirtschaft* März 1932, 102–103; *Volkswirtschaft*, Dezember 1932, 482–484.

103 Einen guten Einblick in die damals verfügbaren Daten und Analysen zur Konjunkturlage vermittelt die Rekonstruktion des Konjunkturverlaufs zwischen 1919 und 1939 von Alexander Stebler, insbesondere

Im internationalen Vergleich griff man häufig auf Mengenzahlen zurück, doch war dies nur für eine beschränkte Anzahl von Gütern überhaupt möglich.[104] Die Industrieunternehmen beurteilten die Konjunkturlage vor allem aufgrund des Bestellungseingangs und stützten sich vermutlich stark auf die innerhalb der Branchen- und Dachverbände verfügbaren Informationen.[105] Verfügbare Statistiken auf der Produktionsseite waren die ab 1905 in jedem Jahrzehnt drei Mal durchgeführten Betriebszählungen und die zwischen 1895 und 1965 in unregelmässigen Abständen von etwa 5 bis 10 Jahren erstellten Fabrikstatistiken. Beide waren für die Konjunkturbeobachtung nicht geeignet.[106] Zu Beginn der 1920er Jahre wurde zwar die Wirtschaftsstatistik etwas ausgebaut, indem etwa vierteljährliche Berichte über den Beschäftigungsgrad in der Industrie erstellt und ab 1925 Quartalsdaten zu den Beschäftigungskoeffizienten erhoben wurden, jeweils getrennt nach den exportorientierten und inlandsorientierten Betrieben in den wichtigsten Industriegruppen.[107] Doch es fehlte, wie die 1932 gegründete Kommission für Konjunkturbeobachtung feststellte, eine Zusammenfassung der Ergebnisse und die Herstellung eines Gesamtbildes.[108] Diese Kommission publizierte in der Folge neben Spezialstudien (etwa zur Preislage, zur Exportlage, zu Produktionskosten und Produktionskostenvergleichen) wiederholt Mitteilungen über die allgemeine Wirtschaftslage, wobei sie dem Abschnitt über die Entwicklung in der Schweiz jeweils einen Abschnitt mit weltwirtschaftlichen Beobachtungen vorausschickte.[109] Eine eigentliche Forschungsstelle für die Konjunkturbeobachtung wurde erst 1937 eingerichtet, als die Krise bereits vorüber war.[110] Einen guten Einblick sowohl in den bisherigen Forschungsstand wie auch in die in der Zeit selbst verfügbaren Informationen vermittelt die ausführliche und sorgfältig dokumentierte Studie von Philipp Müller zur Grossen Depression.[111]

die Zusammenstellung aller von ihm verwendeten statistischen Reihen in den Konjunkturtabellen im Anhang (samt Erläuterungen und Quellenangaben): Stebler 1946, V–VII und 113–117.

104 Beispielsweise bei der Beurteilung der schweizerischen Exportlage, *Volkswirtschaft*, März 1922, 115–118.

105 Müller 2010, 44–60, und die dort zitierten unternehmensgeschichtlichen Studien.

106 Vgl. zu den Möglichkeiten und Grenzen, aufgrund der in grösseren Zeitabständen durchgeführten Betriebszählungen und Fabrikstatistiken Aussagen über den Strukturwandel der schweizerischen Wirtschaft zu machen, die Studie von Mangold 1934. Im Krisenjahr 1932 etwa waren die Ergebnisse der Betriebszählung von 1929 bereits veraltet.

107 Beispielsweise *Volkswirtschaft*, August 1932, 294–299.

108 *Volkswirtschaft*, Februar 1932, 54–55.

109 *Volkswirtschaft*, verschiedene Jahrgänge.

110 Zur Gründung der Gesellschaft für Wirtschaftsforschung im Rahmen des Betriebswirtschaftlichen Instituts der ETH Zürich und zur besonderen Rolle Eugen Böhlers vgl. Wiegner 1963 und den Jahresbericht der Gesellschaft für Wirtschaftsforschung der ETH Zürich, 1938/39, 1–3. Böhler orientierte sich offenbar am starken Ausbau der empirischen Konjunkturforschung im Ausland, insbesondere am Institut für Konjunkturforschung in Deutschland.

111 Müller 2010.

1.1.3.3 Der Konjunkturverlauf 1960–2005

Im Zeitraum 1973–2005 war das Wachstum der schweizerischen Volkswirtschaft sowohl gemessen am BIP wie auch am BIP pro Kopf deutlich schwächer als das Wachstum in Westeuropa, Skandinavien und den USA; dies gilt insbesondere für die Krisenphase 1973–1980 (siehe Tabelle 1.1-3). Bei der Analyse der beiden Konjunkturperioden 1960–1980 und 1980–2005 geht es deshalb vor allem darum, Entwicklungen aufzuzeigen, die zu dieser auffälligen Wachstumsschwäche geführt haben könnten. Aufgrund der verfügbaren Studien ist davon auszugehen, dass die Erdölpreiskrise 1973 in der Schweiz keine besonders gravierenden wirtschaftlichen Auswirkungen hatte.[112] Auf lange Sicht bedeutsamer waren hingegen die neue Einwanderungspolitik mit ihren Folgen für die demographische Entwicklung und die Beschäftigungsstruktur (siehe 1.1.2.2) sowie der ebenfalls 1973 erfolgte Übergang von fixen zu flexiblen Wechselkursen (→ 5.1.6.1). Zentral war bei diesem Systemwechsel nicht die Aufwertung des Schweizer Frankens – auch andere Währungen wurden im Vergleich zum US-$ aufgewertet, und der Franken galt damals als unterbewertet –, sondern die Tatsache, dass die Schweiz von den Folgewirkungen und der damit eingeleiteten Liberalisierung der Finanzmärkte weniger betroffen war als die anderen europäischen Staaten und deshalb einen Entwicklungspfad einschlagen konnte, der von dem ihres europäischen Umfelds zunehmend abwich. So bedeutete die internationale Liberalisierung der Kapitalmärkte für die Schweiz mit ihrem traditionell offenen Kapitalmarkt im Gegensatz zu den meisten anderen europäischen Staaten keine einschneidende Veränderung der wirtschaftlichen Rahmenbedingungen; sie löste hier keinen unmittelbaren Anpassungsbedarf aus, sondern vermittelte dem international bedeutenden Finanzplatz Schweiz starke Wachstumsimpulse (→ 2.2.1.1; 2.2.2.5). Trotzdem hielt die relative Wachstumsschwäche der schweizerischen Wirtschaft an und war in den 1990er Jahren sogar besonders ausgeprägt, in einem Zeitraum also, in dem die Handelsbeschränkungen im internationalen Warenverkehr weitgehend abgebaut waren und die Märkte zunehmend globaler wurden. Mit dem Zusammenbruch der Sowjetunion Ende der 1980er Jahre setzte ein wirtschaftlicher Integrationsprozess in Europa ein, insbesondere auch zwischen West- und Osteuropa, und die wirtschaftlichen Reformen in China, aber auch das starke Wachstum anderer asiatischen Staaten vermittelten neue, starke Wachstumsimpulse. An diesen verschiedenen Tendenzen zur

112 Gemäss der Analyse von Atukeren 2003, die den Zeitraum von 1960 bis 2004 abdeckt, führte die starke Erhöhung der Erdölpreise nur zu einer kleinen Reduktion des BIP. Etwas stärker waren einzelne Nachfragekomponenten betroffen, insbesondere die Importe (infolge der höheren Importpreise) und die Ausrüstungsinvestitionen. Hiestand 2004 vergleicht die Bedeutung der Erdölpreiskrise, des Übergangs zu flexiblen Wechselkursen und der Konjunkturdämpfungsmassnahmen des Bundes aus der Perspektive einiger Wirtschaftsverbände. Eine differenzierte Untersuchung der Ursachen des Erdölpreisschocks vermittelt Hohensee 1996; er betont, dass es sich nicht um eine Verknappung des Erdölangebots handelte, sondern um eine Preiserhöhung. Zudem wurden die Preise in US-$ erhöht, was gemäss Hammes/Wills 2003 auch als Reaktion auf die gemessen am Goldwert massive Abwertung des Dollars in den frühen 1970er Jahren aufgefasst werden kann.

Marktöffnung war die Schweizer Wirtschaft in hohem Mass beteiligt, auch wenn sie sich formell abseits der Europäischen Union positionierte. Müssen wir aufgrund der niedrigeren Wachstumsraten folgern, dass sie die damit verbundenen Chancen weniger gut nutzen konnte als andere europäische Länder?

1.1.3.3.1 Internationaler Konjunkturzusammenhang

Bereits in den 1960er Jahren war das Wachstum der Schweizer Wirtschaft im Vergleich zu ihren wichtigsten Handelspartnern und einigen kleinen europäischen Ländern etwas schwächer. Dies dürfte in erster Linie mit den vom Arbeitsmarkt herrührenden Wachstumsbeschränkungen zusammenhängen, die wegen der damit verbundenen Standortnachteile in manchen Branchen eine Expansion der Unternehmen im Ausland begünstigten (→ 2.1.3.4). Der Konjunktureinbruch in den 1970er Jahren wirkte sich deutlich stärker aus (Grafik 1.1-27), während der in den USA besonders ausgeprägte Konjunktureinbruch in den frühen 1980er Jahren in der Schweiz wie auch in den meisten anderen europäischen Ländern lediglich eine Verzögerung des kräftigen Aufschwungs der 1980er Jahre bewirkte (Grafik 1.1-28).[113] Der Konjunkturein-

Grafik 1.1-27: **Internationaler Konjunkturzusammenhang (1960–1980)**

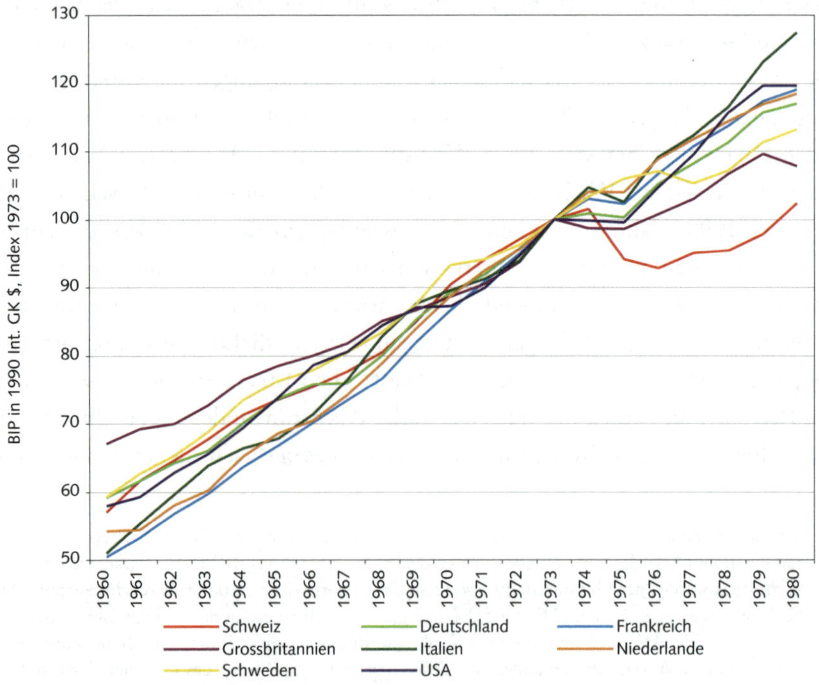

Quelle: GGDC, Maddison Historical Statistics (Grossbritannien inkl. Nordirland).

113 Battilossi/Peck/Kling 2010, 369.

Grafik 1.1-28: **Internationaler Konjunkturzusammenhang (1980–2005)**

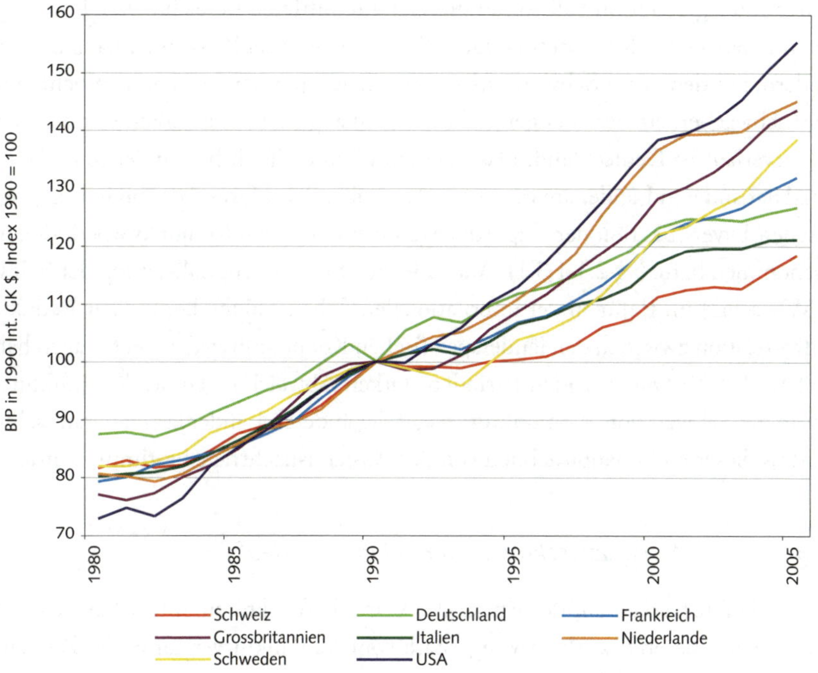

Quelle: GGDC, Maddison Historical Statistics (Grossbritannien inkl. Nordirland).

bruch zu Beginn der 1990er Jahre war in der Schweiz wiederum markant stärker; zudem partizipierte die Schweiz an dem in den späten 1990er Jahren einsetzenden wirtschaftlichen Aufschwung weniger als die anderen Staaten.

Tabelle 1.1-14: **Internationaler Konjunkturzusammenhang (1960–2000)**

	Deutschland		Frankreich		Italien		USA	
	R^2	Co	R^2	Co	R^2	Co	R^2	Co
1960–1980	0.56	0.33	0.51	0.41	0.43	0.09	0.33	0.09
1980–2000	0.65	0.31	0.53	0.51	0.34	0.29	0.39	0.13

Korrelation $R^2 = 0$: kein Zusammenhang; $R^2 = 1$: perfekter Zusammenhang.
Co = 0: Der Auslandszyklus verläuft antizyklisch zum Inlandszyklus; Co = 1: Zyklen stimmen überein.
Die Co-Werte messen den Anteil des R^2, der auf Teilzyklen (3–10 Jahre) mit zeitlich übereinstimmenden Wendepunkten entfällt.

Quellen: Eigene Berechnungen auf Grund von GGDC, Maddison Historical Statistics (Sept. 2008).

Der mit dem zyklenspezifischen Korrelationskoeffizienten (R^2) gemessene Konjunkturzusammenhang mit Frankreich und Deutschland lag in beiden Konjunkturperioden im mittleren Bereich, eher schwach war er hingegen mit Italien und den USA.

Die Co-Werte (Comovement), die den konjunkturellen Gleichlauf messen, waren niedrig und lagen nur im Fall von Frankreich im mittleren Bereich (→ A.1.3). Verglichen mit dem ersten Konjunkturzyklus 1922–1939 war der Zusammenhang mit jenen Ländern, mit denen die Schweiz aussenwirtschaftlich besonders eng verflochten war, somit schwächer; ein etwas engerer Zusammenhang bestand lediglich mit dem Konjunkturverlauf in Deutschland. Das mag zum Teil dadurch begründet sein, dass der Anteil der anderen Länder am gesamten Aussenhandel aufgrund der breiteren geographischen Diversifikation der Exporte gegenüber der ersten Konjunkturperiode etwas abgenommen hatte (→ 2.1.1.3.1). Auch die zunehmende Spezialisierung der Schweizer Wirtschaft im Rahmen der internationalen Arbeitsteilung könnte zur Reduktion der Korrelation zwischen den länderspezifischen Konjunkturzyklen beigetragen haben (→ 2.1.2.1.2).[114] Die in beiden Perioden starken Abweichungen des Konjunkturverlaufs in der Schweiz vom Konjunkturverlauf der anderen Länder lassen darauf schliessen, dass dieser nicht hauptsächlich von der Auslandsnachfrage bestimmt wurde.

1.1.3.3.2 Die Wirtschaftssektoren im Konjunkturverlauf

Der Konjunkturverlauf auf der Ebene der Wirtschaftssektoren unterscheidet sich vor allem in den Phasen des Abschwungs stark vom Konjunkturverlauf in der Zwischenkriegszeit (Grafik 1.1-29 und 1.1-30). In den 1960er Jahren verzeichneten die exportorientierten Industrien und Dienstleistungen einen deutlich stärkeren Aufschwung als die binnenwirtschaftlich orientierten. Ab den 1970er Jahren wurde der Konjunkturverlauf vom sektoralen Strukturwandel überlagert, messbar am steigenden Anteil des Dienstleistungssektors am BIP und an der Beschäftigung (siehe Grafik 1.1-13). Im Konjunktureinbruch der 1970er Jahre hielt der Aufschwung der exportorientierten Dienstleistungen an, und das war auch während der gesamten anschliessenden Konjunkturperiode der Fall. Besonders stark expandierten die Finanzdienstleistungen, während das Gastgewerbe nur einen leichten Aufschwung verzeichnete, der in den 1990er Jahren wieder abflachte (vgl. zum Verlauf der realen Werte der verschiedenen Branchen die Grafiken 1.1-A3 bis 1.1-A5). Die binnenorientierten Dienstleistungen verzeichneten im Konjunktureinbruch Mitte der 1970er Jahre und zu Beginn der 1990er Jahre zwar einen leichten Rückgang, insgesamt jedoch ein mässiges Wachstum; besonders stark expandierte das Verkehrs- und Nachrichtenwesen (→ 2.3.2.2; 3.2.1.3). Die Bruttowertschöpfung des exportorientierten Industriesektors verzeichnete vor dem Konjunktureinbruch Mitte der 1970er Jahre noch einen starken Aufschwung und verharrte anschliessend etwa auf dem zu Beginn der 1970er

114 Auf diesen möglichen Zusammenhang verweisen Bordo/Helbling 2010, 4 und 30–31, mit Bezug auf Krugmann 1993. Bordo/Helbling stellen im Zeitraum nach dem Zweiten Weltkrieg und insbesondere im Globalisierungsschub zwischen Ende der 1980er Jahre und bis 2007 ebenfalls keine Verstärkung des Konjunkturzusammenhangs zwischen den Industriestaaten fest. Stark synchronisiert war hingegen der Konjunktureinbruch im Jahr 2008.

Jahre erreichten Niveau; die Bauwirtschaft und die binnenorientierten Industrien waren hingegen vom Konjunktureinbruch besonders stark betroffen. Deren Bruttowertschöpfung brach um etwa ein Drittel ein und erreichte im Aufschwung der 1980er Jahre nicht mehr das Niveau von 1974.[115]

Am Aufschwung der 1980er Jahre waren wieder alle Branchen des zweiten Sektors beteiligt, wobei die exportorientierte Industrie zu Beginn der 1980er Jahre noch einen markanten Einbruch erlitt, vermutlich eine Folge des Rückgangs der Auslandsnachfrage im Konjunktureinbruch der frühen 1980er Jahre. In der Stagnationsphase der 1990er Jahre sank die Bruttowertschöpfung der Inlandsindustrien und insbesondere jene der Bauwirtschaft auf das Niveau von Mitte der 1980er Jahre, während die exportorientierte Industrie mit leichten Schwankungen stagnierte und erst am Ende des Jahrhunderts einen deutlichen Aufschwung verzeichnete. Insgesamt vermochte die Exportindustrie ihren Anteil an der BWS leicht auszubauen, während der Anteil der Binnenindustrien und der Bauwirtschaft weiter abnahm (siehe Tabelle 1.1-7).

Der Verlauf der Bruttowertschöpfung nach Branchen verdeutlicht, dass sich die exportorientierten Industrien sehr unterschiedlich und teilweise sogar gegenläufig entwickelten (1.1-A3). Im Konjunktureinbruch der 1970er Jahre lässt sich ein markanter Rückgang der BWS der Maschinenindustrie und der Uhrenindustrie feststellen. In der Uhrenindustrie sank die BWS zwischen 1974 und 1983 um etwa zwei Drittel, sie erholte sich bis zu Beginn der 1990er Jahre nur geringfügig. Dabei handelte es sich um eine besonders schwere Krise, die vielfältige Ursachen hatte (→ 2.1.3.4.1). Ein markanter Aufschwung setzte dann ausgerechnet im Konjunkturabschwung der 1990er Jahre ein, als die anderen exportorientierten Industriebranchen entweder stagnierten oder, wie die elektrotechnische Industrie, stark einbrachen. Die BWS der Maschinenindustrie erreichte mit starken Schwankungen erst zu Beginn der 1990er Jahre wieder das Niveau von 1974 und nahm anschliessend leicht ab. Die chemische Industrie war vom Abschwung 1974 nur kurz betroffen, ein relativ starker Einbruch erfolgte jedoch zu Beginn der 1990er Jahre. Erst gegen Ende des Jahrzehnts verzeichnete diese gemessen an ihrem Exportanteil wichtigste Exportindustrie wieder einen markanten Aufschwung. In den 1990er Jahren richteten sich mehrere Binnenindustrien vermehrt auf den Export aus, in der Textilindustrie war dies bereits in den 1970er Jahren geschehen. Die BWS dieser «neuen» Exportindustrien verharrte jedoch, mit Ausnahme der Kunststoffindustrie, der zweiten Industriebranche, die neben der Uhrenindustrie in den 1990er Jahren einen Aufschwung verzeichnete, auf niedrigem Niveau. Eine vertiefende Beschreibung der Entwicklung der Exportindustrien und der Wachstumsstrategien der führenden Unternehmen in dieser von überaus starken Veränderungen des weltwirtschaftlichen Kontextes geprägten Periode findet sich in Kapitel 2.1.3.4.

115 Zum Strukturwandel in den 1970er Jahren und zum zunehmenden Druck der Importkonkurrenz auf die stark binnenmarktorientieren Industriebranchen bei gleichzeitiger Zunahme der Exporte dieser Branchen vgl. Kneschaurek 1983, 69–75 und 103.

Grafik 1.1-29: **Bruttowertschöpfung nach Sektoren und Marktorientierung (1960–1980)**

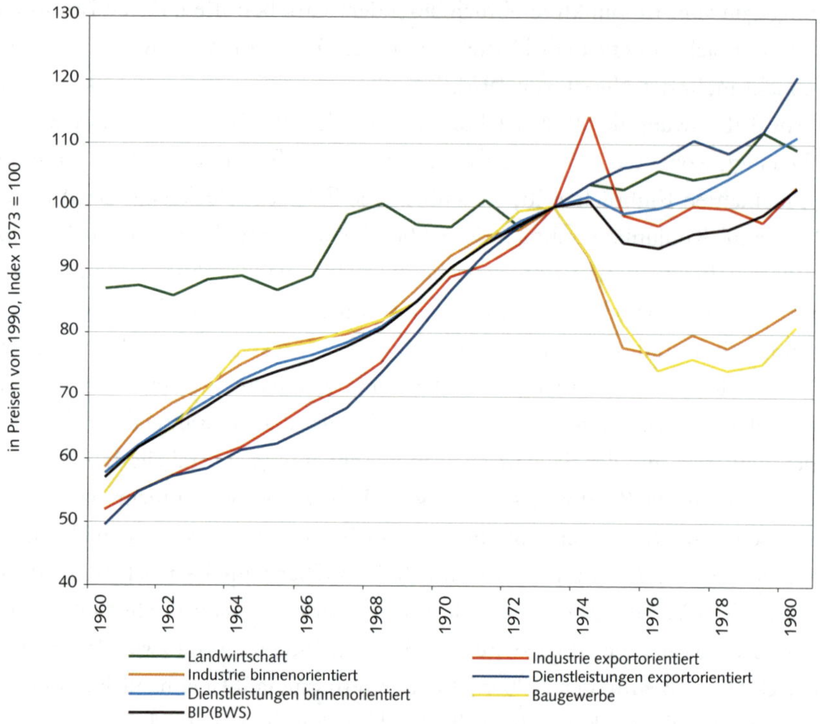

Quelle: HSSO Tab. Q. 18b.
Bemerkung: Baugewerbe einschliesslich Gas-, Elektrizitäts- und Wasserversorgung.

Sowohl der Industrie- wie der Dienstleistungssektor waren während der beiden Konjunkturperioden eng mit dem Verlauf des BIP(BWS) korreliert (Tabelle 1.1-15). Der Zusammenhang der exportorientierten Dienstleistungen mit dem BIP(BWS) war jedoch eher schwach und insbesondere in der letzten Periode geradezu antizyklisch. Was den binnenorientierten Industriesektor betrifft, so war der Gleichverlauf des Baugewerbes mit dem BIP(BWS) in der ersten Konjunkturperiode besonders eng, in der Krisenphase der zweiten Konjunkturperiode hingegen deutlich schwächer, und auch die Schwankungsabweichungen wurden kleiner: Die Bauwirtschaft hatte ihren prägenden Einfluss auf den Konjunkturverlauf verloren. Das gilt in einem etwas geringeren Ausmass auch für die binnenorientierte Industrie, deren Zusammenhang mit dem BIP(BWS) generell schwächer war als derjenige der Exportindustrie. Die Schwankungsabweichungen waren jedoch in der zweiten Konjunkturperiode besonders hoch, ein Hinweis auf die zunehmende Instabilität dieses Sektors. Auffallend ist die Veränderung des Verlaufs in der Landwirtschaft: von schwach bis antizyklisch in der ersten Periode zum annähernden Gleichverlauf in der Krisenphase und relativ starken Schwankungsabweichungen in der zweiten Periode. Im Reform- und Reregulierungsprozess der 1990er Jahre hatte der Primärsektor seine weitgehende Unabhängigkeit vom Wirt-

Grafik 1.1-30: **Bruttowertschöpfung nach Sektoren und Marktorientierung (1980–2005)**

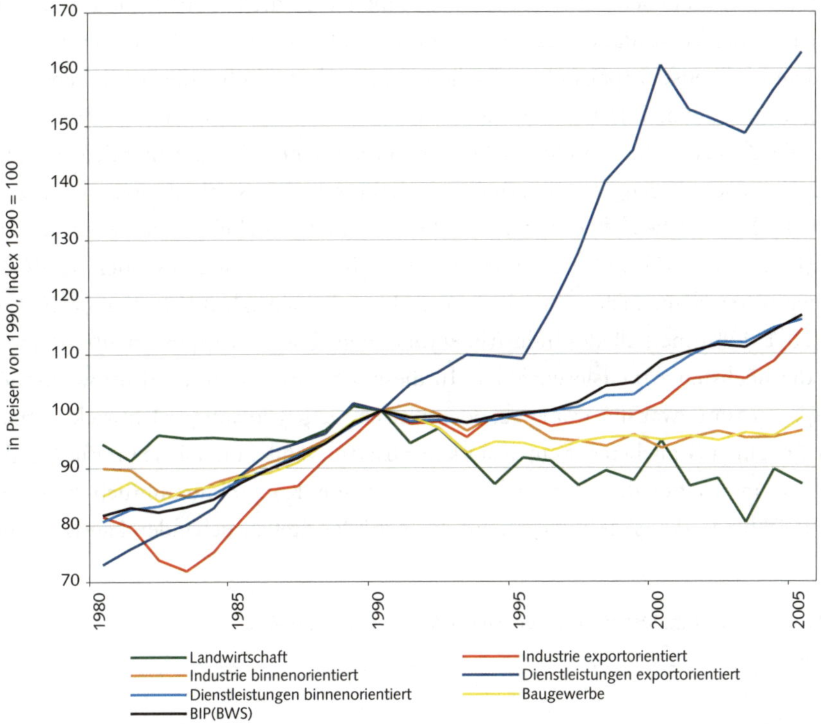

Quelle: HSSO Tab. Q. 18b.
Bemerkung: Baugewerbe einschliesslich Gas-, Elektrizitäts- und Wasserversorgung.

Tabelle 1.1-15: **Verlaufsvergleich und Standardabweichung (σ) der sektoralen BWS mit dem BIP(BWS) in Preisen von 1990 (1960–2005)**

	1960–1973		1973–1980		1980–1990		1990–2005	
BIP(BWS) real	Verlauf	σ	Verlauf	σ	Verlauf	σ	Verlauf	σ
Landwirtschaft	0.37	1.09	0.14	0.44	0.73	1.17	0.92	2.23
Industrie insgesamt	0.96	1.50	0.98	1.72	0.97	1.70	0.81	1.36
exportorientiert	0.77	0.98	0.87	1.49	0.73	4.27	0.76	4.00
binnenorientiert	0.87	1.77	0.83	2.05	0.57	5.84	0.71	3.89
Baugewerbe	0.91	2.11	0.91	2.16	0.82	1.19	0.58	1.35
Dienstleistungen insgesamt	0.94	0.81	0.94	0.61	0.96	0.70	0.98	0.98
exportorientiert	0.46	1.23	0.71	0.84	0.36	0.84	0.26	2.87
binnenorientiert	0.89	0.79	0.97	0.63	0.89	0.82	0.84	0.98

Verlauf = 1: konjunktureller Gleichverlauf (zeitgleiche Höhe- und Tiefpunkte in beiden Reihen).
Verlauf = 0: kein Zusammenhang oder antizyklischer Verlauf der beiden Reihen.
$\sigma > 1$ = grössere Amplitude als der BIP(BWS)-Zyklus.
$\sigma < 1$ = kleinere Amplitude als der BIP(BWS)-Zyklus.

Quelle: Eigene Berechnungen auf Basis HSSO Tab. Q.18b.

schaftsverlauf der Gesamtwirtschaft verloren. Insgesamt bestätigt die Verlaufsanalyse die Divergenzen in der Entwicklung der Komponenten des BIP(BWS) und eine starke Zunahme der Volatilität der exportorientierten Sektoren in den 1990er Jahren, insbesondere im Dienstleistungssektor. In diesem Jahrzehnt erhöhte die zunehmende Öffnung des Binnenmarkts auch die Instabilität der binnenorientierten Industrie.

Die Zahlen zu den Stellensuchenden verdeutlichen den anhaltenden Strukturwandel zwischen den und innerhalb der Sektoren. Im Konjunkturabschwung der 1990er Jahre war die Zahl der Stellensuchenden im dritten Sektor grösser als im zweiten (Grafik 1.1–31) und der Anteil der beschäftigten Frauen besonders hoch. Die Frauen waren denn auch am stärksten von der Arbeitslosigkeit betroffen (siehe Grafik 1.1–16).[116] Innerhalb des Industriesektors verzeichnete die exportorientierte Industrie die höchsten Arbeitslosenzahlen. In diesem Sektor nahm die Bruttowertschöpfung insgesamt zwar nur wenig ab, doch weisen die gegenläufigen Entwicklungen in den einzelnen Branchen auf einen starken Strukturwandel hin (siehe Grafik 1.1-A3). Der im internationalen Vergleich relativ schwere Konjunktureinbruch Mitte der 1970er Jahre wirkte sich hingegen auf die Zahl der Stellensuchenden kaum aus, weil

Grafik 1.1-31: **Anzahl Stellensuchende nach Sektoren (1960–2000)**

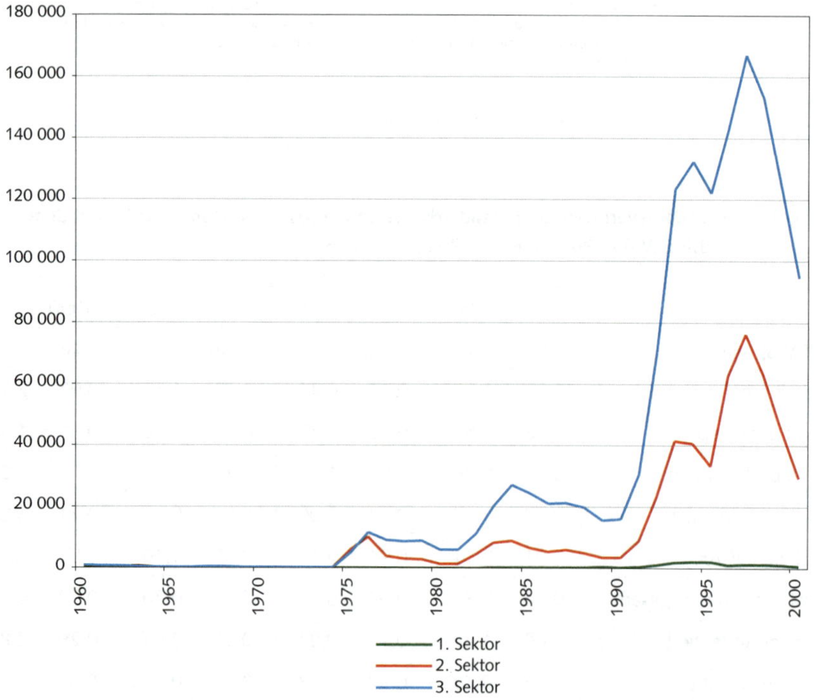

Quellen: 1960–1995: HSSO Tab. F.19; 1996–2001: AMSTAT online.

116 Vgl. zu den Arbeitslosenzahlen nach Branchen für 1960–1995: HSSO F.19, für 1995–2001: SECO.

ein grosser Teil der Arbeitslosigkeit «exportiert» wurde, wobei diese Bezeichnung den Sachverhalt insofern nicht ganz trifft, als der Rückgang der ausländischen Beschäftigten vor allem dadurch erzielt wurde, dass die saisonal begrenzten Bewilligungen nicht mehr erneuert wurden (→ 1.2.3.2).

1.1.3.3.3 Die Komponenten der Nachfrage im Konjunkturverlauf

In den Grafiken 1.1-32 und 1.1-33 wird der Verlauf der Nachfragekomponenten in den beiden Konjunkturperioden aufgezeigt (vgl. zum Verlauf der realen Werte dieser Komponenten Grafik 1.1-A8). In den 1970er Jahren brachen die Investitionen stark ein, während sich die Exporte und Importe nach einem kurzen Abschwung rasch wieder erholten. Der Konsum ging sowohl in den 1970er wie in den 1990er Jahren nur geringfügig zurück, und die Staatsausgaben waren überhaupt nicht betroffen. In den 1990er Jahren waren es wiederum die Investitionen, die deutlich einbrachen und erst gegen Ende der Periode das gleiche Niveau wie zu Beginn der 1990er Jahren erreichten. Die Importe und Exporte verzeichneten hingegen, nach einem kurzen Einbruch 1975, einen starken Aufschwung, und nahmen auch während der 1990er Jahre kontinuierlich zu, wobei die Dienstleistungsexporte besonders stark anstiegen.

Grafik 1.1-32: **Komponenten der gesamtwirtschaftlichen Nachfrage im Konjunkturverlauf (1960–1980)**

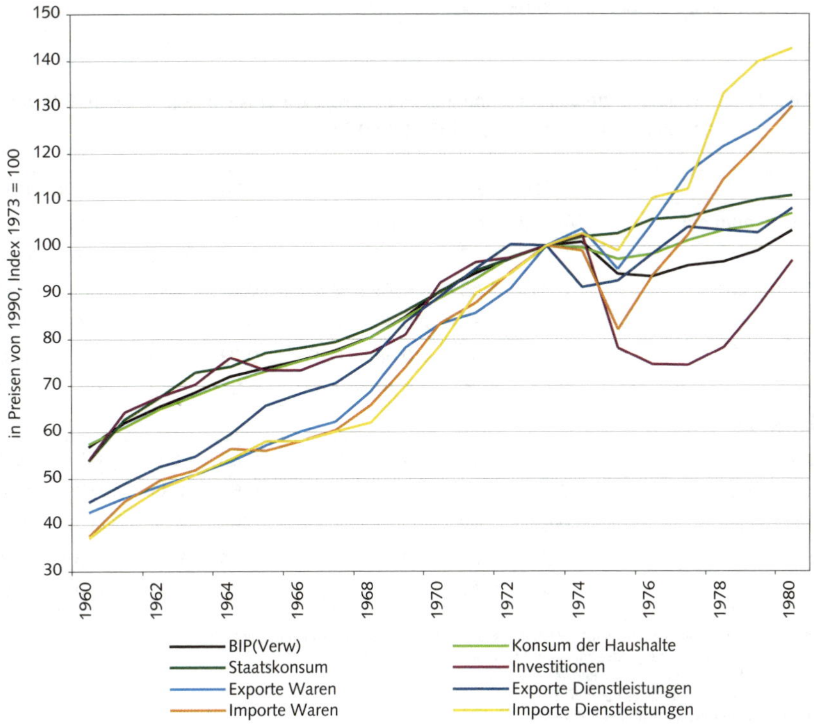

Quelle: Eigene Berechnung auf Basis von HSSO Tab. Q.16b.

Grafik 1.1-33: **Komponenten der gesamtwirtschaftlichen Nachfrage im Konjunkturverlauf (1980–2005)**

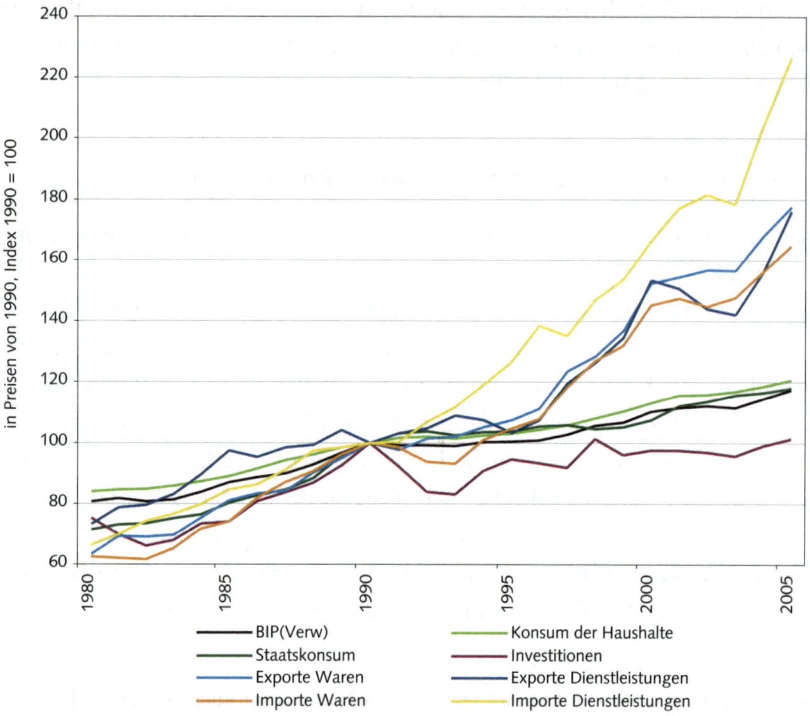

Quelle: Eigene Berechnung auf Basis von HSSO Tab. Q.16b.

Tabelle 1.1-16: **Verlaufsvergleich und Standardabweichung (σ) der Nachfrage mit dem BIP(Verw) nominal und in Preisen von 1990 (1960–2005)**

	1960–1973		1973–1980		1980–1990		1990–2005	
Nachfrage nominal	Verlauf	σ	Verlauf	σ	Verlauf	σ	Verlauf	σ
Konsum	0.87	0.79	0.88	0.73	0.71	0.53	0.80	0.73
Staatsausgaben	0.81	1.53	0.78	0.97	0.77	1.35	0.66	1.82
Investitionen	0.73	2.35	0.65	2.57	0.62	3.75	0.62	3.07
Exporte	0.77	0.59	0.88	0.83	0.73	1.65	0.63	1.95
Importe	0.64	1.58	0.43	1.67	0.31	2.62	0.60	2.67
Nachfrage real								
Konsum	0.95	0.87	0.76	0.62	0.88	0.67	0.93	0.70
Staatsausgaben	0.69	1.61	0.64	0.29	0.50	1.31	0.39	1.51
Investitionen	0.93	2.69	0.95	3.27	0.94	3.06	0.57	3.00
Exporte	0.74	1.27	0.64	1.11	0.74	1.16	0.89	2.30
Importe	0.91	2.37	0.71	2.25	0.86	1.93	0.82	2.46

Verlauf = 1: konjunktureller Gleichverlauf (zeitgleiche Höhe- und Tiefpunkte in beiden Reihen).
Verlauf = 0: kein Zusammenhang oder antizyklischer Verlauf der beiden Reihen.
σ = 1: gleiche Amplitude wie der BIP(Verw)-Zyklus, enger Zusammenhang.
σ > 1: grössere Amplitude als der BIP(Verw)-Zyklus, destabilisierend.
σ < 1: kleinere Amplitude als der BIP(Verw)-Zyklus, stabilisierend.

Quelle: Eigene Berechnungen auf Basis HSSO Q.16a und Q.16b.

Im Vergleich zur ersten Konjunkturperiode sind geringere Unterschiede zwischen den Berechnungen der Verlaufsanalysen aufgrund nominaler und realer Werte festzustellen (Tabelle 1.1-16). Dies ist möglicherweise eine Folge der im Vergleich zur Zwischenkriegszeit deutlich besseren Informationslage hinsichtlich der Preisentwicklung. Wir konzentrieren uns im Folgenden auf den Verlaufsvergleich der realen Werte. In den beiden Wachstumsperioden 1960–1973 und 1980–1990 war der Zusammenhang der Inlandsnachfrage (Konsum und Investitionen) sowie der Importe mit dem BIP(Verw) besonders eng, d.h., diese Komponenten prägten den Konjunkturaufschwung stärker als die Exporte oder die Staatsausgaben. In der Krisenphase der 1970er Jahre war der Zusammenhang mit den Investitionen besonders eng, alle anderen Nachfragekomponenten waren schwächer korreliert. In der Stagnationsphase von 1990 bis 2005 war der Zusammenhang mit dem Verlauf des Konsums am engsten und mit dem der Exporte und Importe ziemlich hoch, mit den Investitionen bestand hingegen nur ein mittlerer Zusammenhang. Die Schwankungsabweichungen vom Verlauf des BIP(Verw) waren beim Konsum am niedrigsten, bei den Investitionen am grössten und bei den Exporten deutlich grösser als in den anderen Wachstums- und Rezessionsperioden. Erstaunlich ist vor allem, dass die Einführung flexibler Wechselkurse 1973 entgegen den damaligen Befürchtungen nur einen kurzen Einbruch der Exporte zur Folge hatte, obwohl der Aufwertungseffekt als derart gravierend eingeschätzt wurde, dass drastische Massnahmen wie Devisenbewirtschaftung oder Beitritt zur Währungsschlange zumindest erwogen und weniger einschneidende wie Negativzinsen oder die Festlegung eine Wechselkursziels tatsächlich ergriffen wurden (→ 5.1.6.1).

Um den Aufwertungseffekt des Systemwechsels von fixen zu flexiblen Wechselkursen auf den Aussenhandel besser abschätzen zu können, werden die realen Wechselkurse unter Berücksichtigung der unterschiedliche Entwicklung der Kaufkraft im Inland und im Ausland berücksichtigt (siehe zum Verlauf der nominalen Wechselkurse Grafik 1.1-A9).[117] Gemäss der Kaufkraftparitätentheorie werden die realen Wechselkurse in der Regel auf Basis der Konsumentenpreise berechnet, auch deshalb, weil Grosshandelspreise nicht für alle Länder verfügbar sind. Wir beschränken uns jedoch, wie bereits in der ersten Konjunkturperiode auf die wichtigsten Welthandelswährungen, den US-Dollar und das britische Pfund, sowie auf die Währungen Deutschlands und Frankreichs, den beiden Ländern mit denen die Schweiz aussenwirtschaftlich besonders eng verflochten war, und berechnen den realen Wechselkurs auf der Basis der Grosshandelspreise. Der für die internationale Wettbewerbsfähigkeit relevante Verlauf der Export- und Importpreise stimmt besser mit dem Verlauf des Grosshandelspreisindexes (GPI) überein, insbesondere seit mit der Einführung flexibler Wechselkurse die beiden Preisreihen stark auseinanderdrifteten (siehe

117 Zur Berechnung der realen Wechselkurse (WK) wird die Differenz zwischen der Preisänderung im Inland und der im Ausland berücksichtigt: Realer Wechselkurs US-$ = Wachstumsrate$_{(WK_{USA})}$ + Wachstumsrate$_{(GPI_{USA})}$ – Wachstumsrate$_{(GPI_{CH})}$

Grafik 1.1–35). Gemäss der Grafik 1.1-A10 im Anhang zu diesem Kapitel sind grosse Unterschiede zwischen der realen Wechselkursentwicklung festzustellen je nachdem, ob diese mit dem KPI oder dem GPI berechnet wird.[118]

Die Aufwertung wirkte sich auf die verschiedenen Währungsverhältnisse recht unterschiedlich aus. Gemäss Grafik 1.1-34 weist der reale Wechselkurs zum britischen Pfund und zum US-Dollar grosse Schwankungen auf, die Wechselkursrelationen zum französischen Franc und zur Deutschen Mark sind dagegen stabiler: Nach der Aufwertung von etwa 30% gegenüber dem französischen Franc bis 1978, änderte sich der Wechselkurs nur noch geringfügig; gegenüber der DM schwankte der Wechselkurs im Bereich von +/–10% des Wertes vor der Einführung flexibler Wechselkurse.[119] Der mit den Handelsanteilen gewichtete effektive reale Wechselkurs lässt auf eine durchschnittliche Aufwertung von etwa 30% zwischen 1971 und 1978 schliessen, gefolgt von einer Ab-

Grafik 1.1-34: **Reale Wechselkurse (1960–2002)**

Quellen: Wechselkurse: BFS online, Tab. 12.03.04.02; GPI CH: HSSO Tab. H.39; GPI USA, Deutschland, Frankreich: OECD online, Prices and Purchasing Power Parities, Prices and Price Indices, Producer Prices (MEI).

118 Welche Preisbasis verwendet werden soll und ob allenfalls auch weitere Grössen (Produktivitätsdifferenzen, Zinsdifferenzen usw.) berücksichtigt werden müssen, ist eine offene Frage. Reale Wechselkurse sind Näherungswerte, mit denen versucht wird, besonders grosse Verzerrungen im System flexibler Wechselkurse zu eliminieren und allzu gravierende Fehlinterpretationen über das Ausmass von Auf- und Abwertungen zu vermeiden. Längerfristig entscheidet im System flexibler Wechselkurse stets der Markt über den Wechselkurs.

119 Zur Währungspolitik der SNB im Zeitraum zwischen 1973 und 1980 und insbesondere zur Einführung eines Wechselkursziels von über 80 CHF für 100 DM vgl. → 5.1.6.1.

Grafik 1.1-35: **Reale effektive Wechselkurse auf Basis GPI und KPI (1960–2000)**

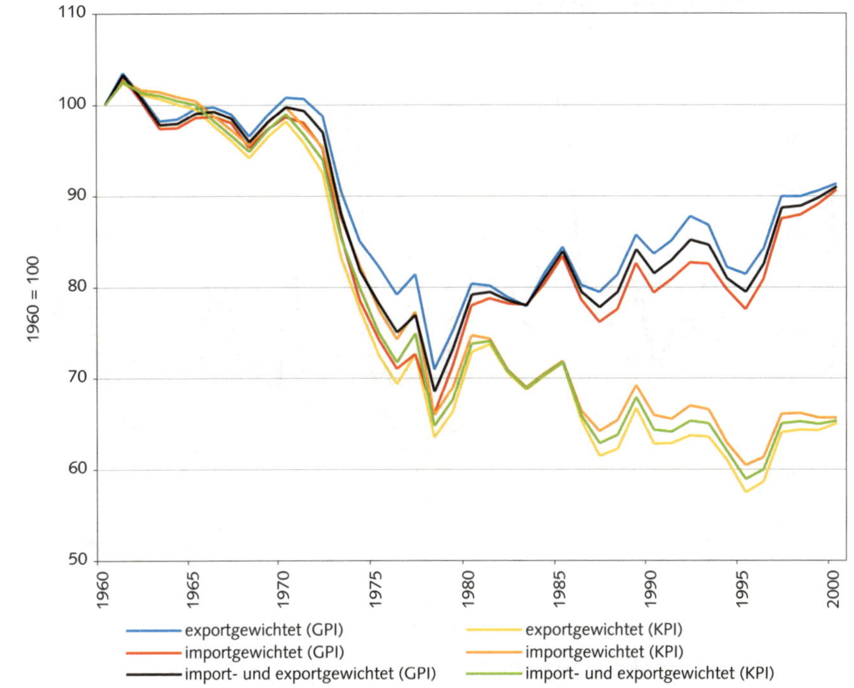

Quellen: Wechselkurse: BFS online, Tab. 12.03.04.02; KPI und GPI CH: HSSO Tab. H.39; KPI und GPI USA, Deutschland, Frankreich: OECD online, Prices and Purchasing Power Parities, Prices and Price Indices (MEI); Importe und Exporte: 1960–1989: HSSO Tab. L.17-L.26; 1990–2000: SNB, Stat. Monatsheft, 2006, Tab. I.3.

wertung, die bis 1980 andauerte.[120] Anschliessend verharrte der Wechselkurs mit leichten Schwankungen bei einer realen effektiven Aufwertung von etwa 20% im Vergleich zu 1971. Eine nochmalige Abwertung erfolgte nach einer kurzen Aufwertung erst gegen Ende der 1990er Jahre, also zu einem Zeitpunkt, als nach längerer Zeit wieder ein leichter Aufschwung der Bruttowertschöpfung der Exportindustrie zu verzeichnen war.[121] Die realen effektiven Wechselkurse auf Basis des KPI verliefen bis zu Beginn der 1980er Jahre ähnlich, danach war der so gemessene Aufwertungseffekt jedoch deutlich stärker.

Die Aufwertung im Übergang zu den flexiblen Wechselkursen reduzierte die Exporte insgesamt kaum. Ein Vergleich der Wachstumsraten der schweizerischen Warenexporte mit denjenigen der OECD macht deutlich, dass diese stark korreliert waren

120 Der reale effektive Wechselkurs berechnet sich aus der Multiplikation der realen Wechselkurse gewichtet entweder mit dem Export- und dem Importanteil oder mit dem Mittelwert aus den beiden Werten der in die Berechnung einbezogenen Länder:

Realer effektiver Wechselkurs $= rWK_{USA}^{(g_{USA})} \times rWK_{D}^{(g_{D})} \times rWK_{F}^{(g_{F})} \times rWK_{GB}^{(g_{GB})}$;

es gilt: $g_{USA} + g_D + g_F + g_{GB} = 1$ rWK = realer Wechselkurs

121 Vgl. zu den unterschiedlichen Wechselkursregimes in sechzehn europäischen Ländern zwischen 1950 und 2007 Battilossi/Foreman-Peck/Kling 2010, 365. Bis 1973 war der Schweizer Franken an den US-$ gebunden. Zwischen 1981 und 1988 lehnte er sich an die DM an.

Grafik 1.1-36: **Jährliche Wachstumsraten der Warenexporte der Schweiz im Vergleich mit den Exporten der OECD (1961–2006)**

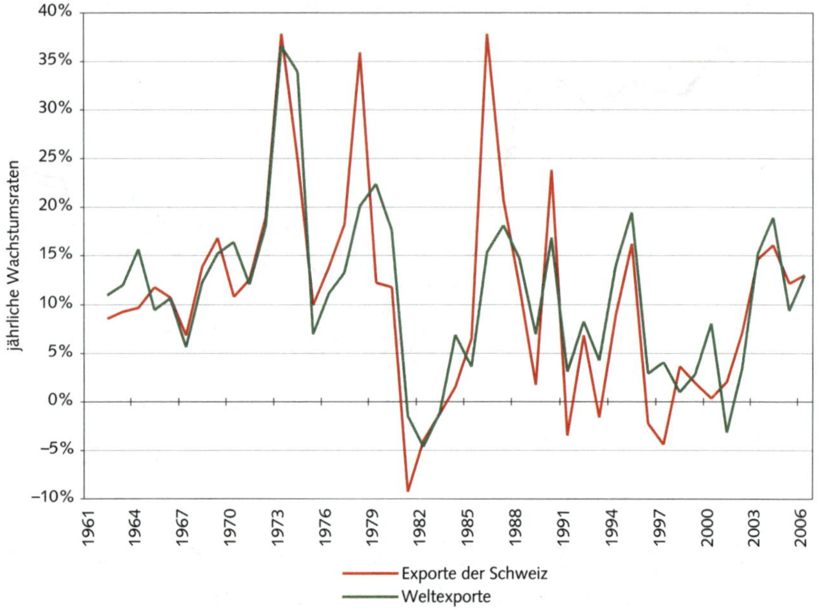

Quelle: OECD online, International Trade by Commodity, SITC Rev. 2.

Grafik 1.1-37: **Jährliche Wachstumsraten der schweizerischen und der weltweiten Dienstleistungsexporte (1980–2006)**

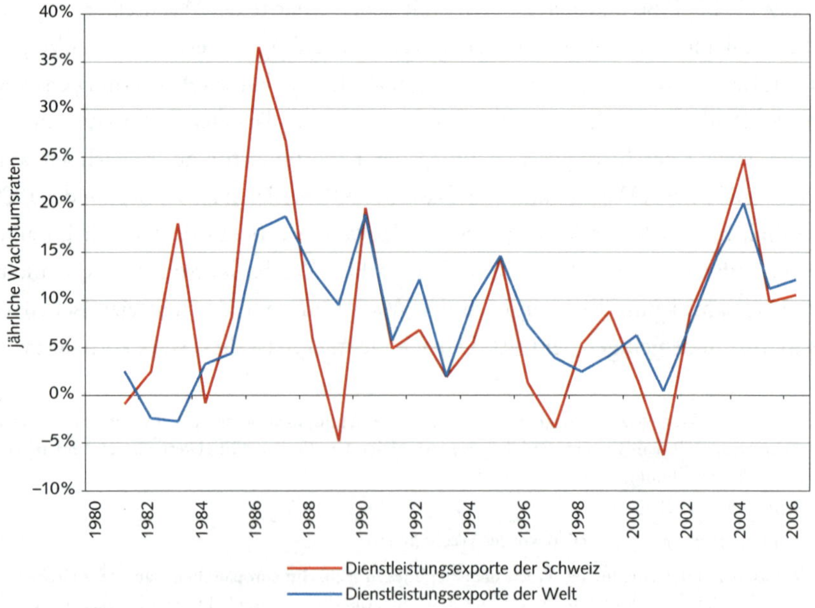

Quelle: WTO Statistics Database.

und mit wenigen Ausnahmen die gleichen Umkehrpunkte aufweisen (Grafik 1.1-36). Im Unterschied zum exportorientierten Industriesektor vermochte der Finanzsektor die veränderten weltwirtschaftlichen Verhältnisse ab den 1970er Jahren besonders gut zu nutzen. Ab 1980 lässt sich die Wachstumsrate der schweizerischen Dienstleistungsexporte mit der Wachstumsrate des von der WTO erfassten Weltexports vergleichen (Grafik 1.1-37). Die Schwankungsabweichungen dürften vor allem darauf zurückzuführen sein, dass sich die Dienstleistungsexporte der Schweiz auf einige wenige Leistungskategorien, insbesondere auf Finanzdienstleistungen, beschränkten (→ 2.1.3.1.2).

1.1.3.4 Fazit

Im Konjunkturüberblick 1.1.3.1 wurden vor allem die Unterschiede zwischen der ersten und den beiden späteren Konjunkturperioden aufgezeigt. Die Grosse Depression der 1930er Jahre unterscheidet sich hinsichtlich der Ausgangslage, dem Ausmass, der Dauer und dem weltwirtschaftlichen Umfeld von den Konjunktureinbrüchen in den 1970er und 1990er Jahren dramatisch. Zwar wird seither jeder schwere Konjunktureinbruch mit der Grossen Depression verglichen, doch die Lehren, die aus einem solchen Vergleich gezogen werden können, bleiben kontrovers, ebenso wie die Ursachen und Auswirkungen der Grossen Depression selbst. Obwohl es sich um eines der in Wirtschaftstheorie und -geschichte am meisten untersuchten Phänomene handelt, haben die vielen Forschungsarbeiten bisher vor allem die unerwartet hohe Komplexität des Forschungsgegenstandes erkennen lassen und zu keinen allgemein anerkannten Ergebnissen geführt.[122] Der in der Schweiz besonders starke Konjunktureinbruch Mitte der 1970er Jahre markierte, gemessen an verschiedenen Indikatoren, einen deutlichen Bruch gegenüber der vorhergehenden Wachstumsperiode. Er wurde im Unterschied zur Krise der 1930er Jahre rasch als Trendbruch interpretiert und breit diskutiert. Die mangelhaften statistischen Grundlagen und insbesondere die immer noch fehlende Volkswirtschaftliche Gesamtrechnung (VGR) wurden auch in dieser Krise zum Problem. Die Informationslage hatte sich zwar im Vergleich zur Zwischenkriegszeit erheblich verbessert, doch fehlte nach wie vor eine Entstehungsrechnung des BIP nach Sektoren und Branchen.[123] Erst in den 1990er Jahren erfolgte, wie bereits im Kapitel 1.1.1 erwähnt, eine Anpassung der VGR an den OECD-Standard, mit erheblicher Verspätung gegenüber den anderen europäischen Ländern. Seither wird neben der Verwendungsrechnung auch eine vollständige Produktionsstatistik erstellt und die

122 Siehe dazu Parker 2007, vii–ix und 1–28.

123 Seit 1965 wurde zwar ein Produktionsindex (rückwirkend bis 1958) veröffentlicht, doch liess sich der Beitrag der einzelnen Branchen zur gesamtwirtschaftlichen Produktion auf dieser Basis weniger klar darstellen als anhand der Beschäftigung (Expertengruppe Wirtschaftslage 1977/78, 50–52). Kneschaurek 1980 stützte seine Analysen zum Strukturwandel auf Schätzungen, die in den 1970er Jahren am Zentrum für Zukunftsforschung in St. Gallen in Angriff genommen wurden.

Bruttowertschöpfung nach Sektoren und Branchen ausgewiesen. Frühere Bestrebungen, die VGR zu vervollständigen, waren offenbar am Widerstand der Wirtschaftsverbände bzw. der Unternehmen gescheitert.[124] Zur Verbesserung der Informationslage setzte der Bundesrat in der Krise der 1970er Jahre eine Expertengruppe ein mit dem Auftrag, regelmässig Bericht über die Konjunkturlage zu erstatten. Der erste umfangreiche Bericht, der bis in die 1950er Jahre zurückreicht, erschien 1977, also zu einem Zeitpunkt, als die Krise bereits wieder am Abklingen war. In den folgenden Jahren wurden noch zwei Anschlussberichte erstellt, dann hatte die Expertengruppe offenbar ihre Schuldigkeit getan, und die in der Krise beschlossene regelmässige Berichterstattung wurde wieder eingestellt.[125]

Der erste Bericht dieser Expertengruppe ist für uns besonders aufschlussreich, weil er einerseits eine Rekonstruktion der wirtschaftlichen Entwicklung ab den 1950er Jahren aufgrund der damals verfügbaren Daten vermittelt und weil er andererseits einen Einblick in die zeitgenössische Interpretation des Konjunktureinbruchs erlaubt. Wiederholt wird etwa betont, dass die vorherrschende Unsicherheit keine Prognosen zulasse. Die Autoren zweifeln sogar an der grundsätzlichen Möglichkeit von Prognosen, ein für Ökonomen eher unüblicher Standpunkt,[126] denn das Erstellen von Prognosen auf der Basis allgemeingültiger Theorien und stabiler Wirkungszusammenhänge gehört zu den primären Aufgaben der Ökonomie. Doch in der Krise sind die Wirkungszusammenhänge samt den theoretischen Grundlagen in Frage gestellt, und das Vertrauen in die entsprechenden Konstrukte schwindet.[127] Man zweifelt an der Möglichkeit, aufgrund der verfügbaren Informationen auf zukünftige Entwicklungen schliessen zu können.[128] In diesem Misstrauen gegenüber Prognosen zeigt sich das Ausmass des Trendbruchs auf der quantitativ nicht messbaren, ideellen Ebene der Erwartungsbildung, vor allem wenn man bedenkt, dass seit etwa Mitte der 1960er Jahre eine eigentliche Prognoseeuphorie um sich gegriffen hatte und langfristige Planun-

124 David 1995, 112–114.

125 Expertengruppe Wirtschaftslage 1978/1979 und 1980.

126 In Anbetracht der Verärgerung über die Fehlprognosen und fortwährenden Revisionen der Prognosen seitens der für die Konjunkturpolitik verantwortlichen Instanzen und der sich auf diese Prognosen abstützenden Unternehmen betont die Expertengruppe Wirtschaftslage (1977/78, 125–128, hier 126) ihre Skepsis gegenüber der grundsätzlichen Möglichkeit kurzfristiger Prognosen. Es sei nicht nur «die *Ungewissheit bezüglich der exogenen Einflüsse* immer grösser geworden», die Krise habe auch dazu geführt, dass sich die Verhaltensweisen der Wirtschaftssubjekte wesentlich und unvorhersehbar verändert haben.

127 Konstatiert wird eine 25-jährige Forschungslücke in der Konjunkturtheorie und der empirischen Konjunkturforschung. In der langen Wachstumsperiode hatte man den klassischen Konjunkturzyklus als überwunden erachtet und offenbar auch den entsprechenden Ausbau der Wirtschaftsstatistik vernachlässigt, und dies trotz des in den späten 1930er Jahren gegründeten Konjunkturforschungsinstituts an der ETH (Expertengruppe Wirtschaftslage 1977/78, 93).

128 Zu einer rationalen Erwartungsbildung unter Bedingungen der Unsicherheit siehe Siegenthaler 1993, 85–106.

gen sowohl im privatwirtschaftlichen Bereich wie im öffentlichen Sektor sich grosser Beliebtheit erfreuten.[129]

Im Nachhinein ist klar ersichtlich, dass der konjunkturelle Einbruch der 1970er Jahre in der Schweiz rasch überwunden wurde. Die Erdölpreiskrise wirkt sich in den quantitativen Reihen allenfalls als kurzfristiger Einbruch der Exporte aus, doch längerfristige Effekte sind kaum auszumachen. Ein konjunktur- und sozialpolitischer Reformbedarf wurde zwar erkannt, doch blieben die meisten Anläufe, die Sozialgesetzgebung zu reformieren, mangels Dringlichkeit im politischen Evaluationsprozess stecken. Einige der geplanten Reformen wurden erst in der Rezession der 1990er Jahre wiederaufgegriffen und zumindest teilweise auch durchgesetzt.[130] Die rasche Erholung der Wirtschaft führte offenbar dazu, dass das Ausmass des Trendbruchs der 1970er Jahre, verstanden als nachhaltige Veränderung der wirtschaftlichen Rahmenbedingungen, von den Unternehmen schliesslich doch unterschätzt und Anpassungen hinausgezögert wurden (→ 2.1.3.4). Hansjörg Siegenthaler kam in den frühen 1980er Jahren zum Schluss, dass es keine überzeugenden Gründe für die These gebe, dass die Wachstumsstörung der 1970er Jahre als Trendwende zu verstehen sei. Die Voraussetzungen für weiteres Wachstum seien sowohl auf der Angebots- wie auf der Nachfrageseite erhalten geblieben. Voraussetzung für zukunftsorientiertes Handels sei allerdings, dass sich im Ausgang der siebziger und zu Beginn der achtziger Jahre ein Prozess struktureller Stabilisierung vollzogen habe.[131] Es gibt jedoch gute Gründe davon auszugehen, dass diese strukturelle Stabilisierung nur halbwegs realisiert wurde und insgesamt wenig wachstumsträchtig war, gerade weil die Wirtschaft nach dem starken Einbruch Mitte der 1970er Jahre rasch wieder Tritt fassen konnte.

Eine wesentlich nachhaltigere, aber eben auch langsamer sich entfaltende Wirkung hatten der Übergang von fixen zu flexiblen Wechselkursen und die Liberalisierung der Kapitalmärkte, weil dadurch sowohl der Strukturwandel zwischen den und

129 Kneschaurek 1980, 39–55, verweist auf die von ihm im Auftrag des Bundesrates verfassten Perspektivstudien seit Beginn der 1970er Jahre (insgesamt 13 Studien zu Landwirtschaft, Bildungswesen, Verkehr, Energie sowie zur demographischen, branchenmässigen und gesamtwirtschaftlichen Entwicklung), die sich im Nachhinein allesamt als Fehlprognosen erwiesen und die «sich in der Praxis verhängnisvoll ausgewirkt haben sollen, weil ihnen damals Wirtschaft und Politik blindlings folgten» (39–40). Kneschaurek betont, dass jede Prognose nur eine «bedingte Prognose» sein kann, d.h. eine an bestimmte Annahmen gebundene Prognose, und rechtfertigt die vor dem Konjunktureinbruch getroffenen Annahmen mit der vor dem Konjunktureinbruch weit verbreiteten Sicherheit der Erwartungen über die zukünftige Entwicklung (40–55). Inwieweit die Wissenschaft, wie von ihm ausgeführt, die Gefahren eines Trendbruchs tatsächlich rascher erkannte als die meisten Entscheidungsträger in Wirtschaft und Politik, bleibt eine offene Frage.

130 Patrick Halbeisen und Tobias Straumann betonen die Kontinuität der Wirtschaftspolitik bis Ende der 1980er Jahre (→ 5.2.6.1). Beispiele für in den 1990er Jahren vollzogene Reformen, die bereits in den 1970er Jahren und teils noch früher eingeleitet worden waren, sind die Revision des Aktiengesellschaftsrechts und die Neuausrichtung der Regionalpolitik (→ 3.3.2). Die Revision des Nationalbankgesetzes trat zwar 1978/79 in Kraft, entsprach jedoch bereits nicht mehr den neuen Währungsverhältnissen (→ 5.1.6.1). Die in den frühen 1970er Jahren in Angriff genommene Revision der Bundesverfassung scheiterte und wurde erst 1995 realisiert.

131 Siegenthaler 1987, 509–510.

innerhalb der Wirtschaftssektoren wie auch die internationale Verflechtung beeinflusst wurden. Doch gerade die Liberalisierung der Kapitalmärkte hatte in der Schweiz völlig andere Auswirkungen als in den meisten anderen europäischen Ländern. Der Schweiz, die im internationalen Vergleich seit den 1950er Jahren stets den maximalen Offenheitswert erreichte, blieben neue Liberalisierungsschritte erspart. Nur Deutschland erreichte seit den 1960er Jahren ähnliche Werte, in allen anderen westeuropäischen Ländern wurde die Liberalisierung des Kapitalverkehrs erst in den 1980er und 1990er Jahren vollzogen.[132]

Der starke Strukturwandel konnte in diesem Kapitel nur aufgrund der unterschiedlichen Entwicklung der Bruttowertschöpfung nach Sektoren und Marktorientierung thematisiert werden. Das anhaltende Wachstum der Exporte, die nach wie vor zum grössten Teil aus Waren bestanden, verdeckt die Tatsache, dass die Exportindustrien in der zweiten Konjunkturperiode nur noch einen kleinen Wachstumsbeitrag zum BIP(BWS) leisteten (siehe Tabellen 1.1-8 und 1.1-9). Einen besonders grossen Wachstumsbeitrag zum BIP(BWS) leisteten nur die exportorientierten Dienstleistungen. Wir können somit davon ausgehen, dass die wachsenden Warenexporte kein entsprechendes Wachstum der Bruttowertschöpfung und der Beschäftigung im exportorientierten Industriesektor zur Folge hatten. Eine tiefergehende Analyse der Veränderung der internationalen Wettbewerbsfähigkeit und der von den Unternehmen verfolgten Anpassungsstrategien erfolgt im Kapitel 2.1.3.4. Dort wird aufgezeigt, dass sich die exportorientierten Unternehmen auf höhere Produktionsstufen spezialisierten und sich somit vermehrt auf importierte Vorleistungen und Halbfabrikate stützten. Auf der Verwendungsseite fällt in der Konjunkturperiode 1980–2005 der relativ geringe Wachstumsbeitrag der inländischen Nachfrage, insbesondere der Investitionen und des Konsums, auf (siehe Tabelle 1.1-8). Es ist davon auszugehen, dass die zunehmende internationale Konkurrenz das Wachstum der Produktion im Inland reduzierte und dass die schwache Inlandsnachfrage diesen Effekt verstärkte. Zum starken Abschwung in den frühen 1990er Jahren dürfte auch die restriktive, politisch stark umstrittene Geldpolitik der Schweizerischen Nationalbank beigetragen haben (→ 5.1.6.2). Neben den Kontroversen über die richtige Geldpolitik wurde der Krisendiskurs der 1990er Jahre geprägt von der Frage nach den Folgen der Globalisierung für die Konkurrenzfähigkeit der Schweizer Wirtschaft sowie von den Auseinandersetzungen zwischen den Befürwortern und Gegnern eines Beitritts der Schweiz zum Europäischen Wirtschaftsraum EWR und – nach verlorener Abstimmung – von der Unsicherheit über die Auswirkungen auf die Beziehungen zur Europäischen Union.[133]

132 Battilossi/Foreman-Peck/Kling 2010, 366, Tab. 14.2, aufgrund des Quinn-Indexes der Kapitalliberalisierung. Die Schweiz ist das einzige Land, das bereits 1950 die volle Liberalisierung erreichte, Deutschland folgte 1957, Grossbritannien 1979, die Niederlande 1983, Belgien und Italien 1988, alle anderen Länder erst in den 1990er Jahren.

133 Straumann 2003.

1.1.4 Löhne, Preise und internationale Wettbewerbsfähigkeit

Der in den 1970er Jahren einsetzende Strukturwandel ging mit weitreichenden Veränderungen der Beschäftigungsstruktur einher und stand in einem Kontext sich verschärfender internationaler Konkurrenz, nicht nur zwischen den einzelnen Unternehmen, sondern auch zwischen den nationalen Wirtschaftsstandorten. In diesem Abschnitt interessiert, wie sich im Lauf des 20. Jahrhunderts die Lohnkosten und die Preise als zentrale Bestimmungsfaktoren der internationalen Wettbewerbsfähigkeit entwickelten und wie sie sich einerseits auf den Aussenhandel und andererseits auf die Binnennachfrage auswirkten.

Der hohe Lebensstandard in der Schweiz – dies die gängige Überzeugung – geht mit hohen Preisen und hohen Löhnen einher. Zwangsläufig ist ein solcher Zusammenhang nicht, doch lässt er sich auch für andere europäische Länder mit besonders hohem BIP pro Kopf beobachten. Am Ende des 20. Jahrhunderts galt die Schweiz innerhalb Europas als eine ausgesprochene Hochlohn- und Hochpreisinsel.[134] Trotz relativ hoher Preisstabilität und durchaus vergleichbarer Entwicklung der Reallöhne (siehe 1.1.1.2) müssen sowohl das inländische Preisniveau wie auch die Nominallöhne im Vergleich zu anderen Ländern – immer unter Berücksichtigung des Wechselkurses – stark gestiegen sein. Niveauunterschiede von Preisen und Löhnen wirken sich dann aus, wenn in einem Land produzierte Güter in einem anderen Land abgesetzt oder wenn erarbeitete Einkommen in einem anderen Land ausgegeben werden. Sie haben einen Einfluss auf die Konkurrenzfähigkeit der schweizerischen Exportgüter im Ausland und der ausländischen Importgüter in der Schweiz sowie auf die Kaufkraft der einheimischen Bevölkerung im Ausland bzw. der ausländischen Bevölkerung in der Schweiz. Wie und wann konnten in einer kleinen, international stark verflochtenen und damit auf Konkurrenzfähigkeit im Ausland angewiesenen Volkswirtschaft derartige Unterschiede des Lohn- und Preisniveaus überhaupt entstehen und aufrechterhalten werden und wie wirkte sich dieses Gefälle auf die internationale Wettbewerbsfähigkeit aus? Lohnniveauunterschiede wurden häufig als Grund einerseits für die Spezialisierung der Exportwirtschaft im Hochpreis- und Hochtechnologiesegment und andererseits für den notwendigen Schutz besonders wichtiger inländischer Wirtschaftsbereiche vor ausländischer Konkurrenz angeführt. Ursache und Wirkung werden dabei auf unklare Weise miteinander vermischt, denn ebenso gut liesse sich argumentieren, dass der Schutz der Binnenwirtschaft zu den überhöhten Preisen im Inland führte und dass die Spezialisierung der Exportwirtschaft die Aufrechterhaltung des geschützten Binnenmarktes überhaupt erst ermöglichte. Vor allem aber: Besteht ein Zusammenhang zwischen diesen Ungleichgewichten und der Wachstumsschwäche der Schweizer Wirtschaft seit den 1970er Jahren?

134 Zu Beginn des 21. Jahrhunderts war das Preisniveau in der Schweiz im Vergleich zu den Nachbarländern und dem EU-25-Durchschnitt deutlich höher. BFS März 2008, 6–7/12.

In den folgenden beiden Abschnitten wird die Entwicklung der Löhne in den verschiedenen Wirtschaftssektoren im Verhältnis zur Arbeitsproduktivität beschrieben und mit der Entwicklung in anderen Ländern verglichen, im Unterschied zum Kapitel 1.1.1.2, wo es um die Wohlstandseffekte der Reallohnentwicklung ging. Anschliessend wird der Verlauf verschiedener Preiskategorien thematisiert und aufgezeigt, wie sich die internationale Wettbewerbsfähigkeit, gemessen am Verhältnis zwischen Exporten und Importen und den Terms of Trade, entwickelte. Abschliessend gehen wir auf den möglichen Zusammenhang der hohen Löhne und Preise mit der seit den 1970er Jahren im Vergleich zu anderen europäischen Ländern auffallenden Wachstumsschwäche der schweizerischen Wirtschaft ein.

1.1.4.1 Die Entwicklung der Löhne, der Arbeitskosten und der Arbeitsproduktivität

1.1.4.1.1 Die Lohnentwicklung in der Schweiz

Die Lohnkosten sind ein wichtiger Bestimmungsfaktor der internationalen Wettbewerbsfähigkeit. Das gilt in besonderem Masse für die Schweiz, weil die Kapitalkosten wegen des im Kapitel 1.1.1.4 erwähnten Zinsvorteils stets relativ niedrig waren und deshalb als Wettbewerbsnachteil nicht in Betracht gezogen werden müssen. Erst die monetäre Integration Europas gegen Ende des 20. Jahrhunderts führte zu einer Angleichung der Realzinssätze innerhalb der EU, in deren Verlauf sich auch der Realzinssatz in der Schweiz dem europäischen Zinsniveau annäherte.[135] In kleinen Ländern sollte die duale Wirtschaftsstruktur dazu führen, dass die Lohnbildung im Inland durch die Exportwirtschaft bestimmt wird, weil die auf den Absatz im Ausland ausgerichteten Branchen dem internationalen Wettbewerb ausgesetzt sind und als «Preisnehmer» ihre Kosten dem internationalen Preisniveau anpassen müssen.[136] Die Binnenwirtschaft sowie der ebenfalls auf den Inlandsmarkt ausgerichtete öffentliche Sektor hätten hingegen einen grösseren Preissetzungsspielraum, doch sollte dieser nur in dem Mass ausgeschöpft werden, als dadurch die Konkurrenzfähigkeit der exportorientierten Branchen nicht beeinträchtigt wird. In den Niederlanden und in Schweden wurde denn auch ab den 1930er Jahren und bis zu den 1970er Jahren das inländische Lohnniveau mittels korporatistischer Absprachen tief gehalten.[137] In der Schweiz passte sich hingegen das in der Zwischenkriegszeit niedrigere Lohnniveau in

135 Dreher/Sturm 2005, 16–17. Die tieferen Realzinsen galten stets als Standortvorteil der Schweiz und waren ein wichtiges Argument gegen eine Anbindung des Frankens an den Euro (vgl. beispielsweise Economiesuisse 2010).

136 Zum «two-sector model with a competing sector ... and a sheltered sector» als einer theoretischen Basis der Lohnpolitik in Schweden zwischen 1950 und 1970 siehe Svensson 2008, hier 65.

137 Katzenstein 1985: zur Einkommenspolitik und zu den zentralisierten Lohnverhandlungen in den Niederlanden und in Schweden, die teilweise auch von Dänemark und Norwegen angewandt wurden, 51–53; im Unterschied dazu die als passiv charakterisierte Industriepolitik der Schweiz, 70–74.

der Exportwirtschaft tendenziell dem höheren Lohnniveau im Binnenmarkt an (Grafik 1.1-38).[138] Insbesondere während der Krise der 1930er Jahre wurden die Löhne in den Exportindustrien gesenkt, um die internationale Konkurrenzfähigkeit zu verbessern, und waren dementsprechend niedriger als in den Binnenindustrien und in der Bauwirtschaft.[139] Versuche der bürgerlichen Parteien, die Nominallöhne nicht nur in der Exportindustrie, sondern generell und insbesondere im öffentlichen Sektor mittels gesetzlicher Massnahmen zu senken, wurden in der Volksabstimmung 1933 abgelehnt, kurze Zeit später jedoch nur für das Bundespersonal und mittels Notrecht durchgesetzt (→ 5.2.2.3).[140]

Grafik 1.1-38: **Stundenverdienste männlicher Beschäftigter in der Industrie (1918–1982)**

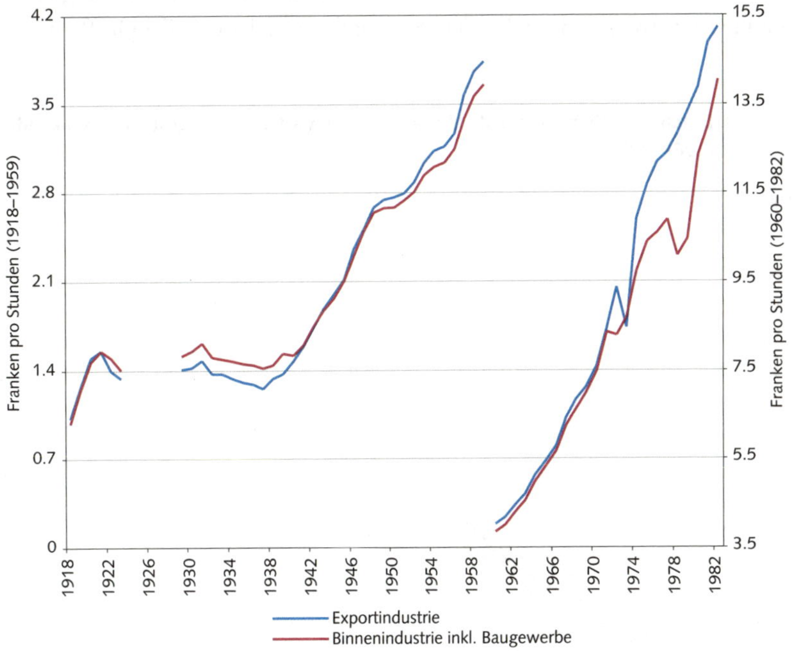

Quelle: HSSO Tab. G.4.

138 Bei den Löhnen in der Exportindustrie werden während des gesamten Jahrhunderts die Löhne in der Metall- und Maschinenindustrie, der Uhrenindustrie, der chemischen Industrie sowie bis 1940 und ab 1970 die Löhne in der Textilindustrie berücksichtigt. Alle übrigen Industrien und das Baugewerbe werden zur Binnenindustrie gezählt.

139 Im Zeitraum 1929–1939 waren die Stundenverdienste der Männer in der graphischen Industrie am höchsten, mit einem Abstand von etwa 25 % gefolgt von den etwa gleich hohen Löhnen im Baugewerbe, in der Nahrungs- und Genussmittelindustrie sowie in der chemischen Industrie. Die Stundenverdienste der Männer in der Metall- und Maschinen- sowie in der Uhrenindustrie waren hingegen etwas niedriger, und in der Textilindustrie machte die Differenz etwa 40–45 % aus. Vgl. HSSO Tab. G.4.

140 Vgl. zu Lohnsenkungen im Rahmen der Deflationspolitik der frühen 1930er Jahre Müller 2010, 159–257.

Ab den 1960er Jahren kehrte sich das Verhältnis um: Der Binnensektor geriet lohnmässig unter Druck, und die durchschnittlichen Löhne in der Exportindustrie lagen ab den 1970er Jahren deutlich über denjenigen in der Binnenindustrie. Es ist davon auszugehen, dass die Strategien der Unternehmen – Verlagerung der Produktion ins Ausland und Ausrichtung der Produktion im Inland auf qualitativ hochwertige, technologisch anspruchsvolle Produkte und insbesondere auf höhere Produktionsstufen, auf Innovation und damit auf Forschung und Entwicklung (→ 1.3.2; 2.1.3) – die Produktivität im exportorientierten Industriesektor erhöhte und schliesslich zu einer Umkehrung der Konkurrenz auf dem Arbeitsmarkt führten. Die Binnenwirtschaft wurde zunehmend von den tendenziell höheren Löhnen in der Exportwirtschaft konkurrenziert.[141] Durch die Immigrationspolitik wurde diese Konkurrenzsituation vor allem dadurch gemildert, dass die Mobilität der ausländischen Arbeitnehmer zwischen den Branchen und Regionen eingeschränkt war, besonders diejenige der «Saisonarbeiter», die vor allem in Branchen mit

Grafik 1.1-39: **Durchschnittliche nominale Monatsgehälter männlicher Angestellter in der Industrie (1968–2008)**

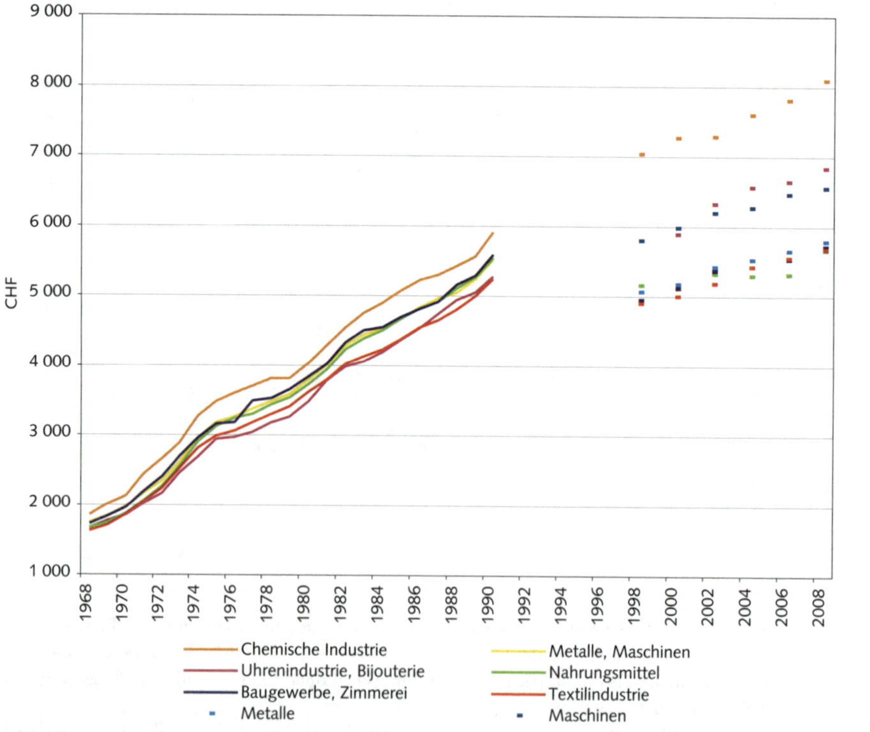

Quellen: 1968–1991: HSSO Tab. G.12; 1998–2008: BFS, Lohnstrukturerhebung.

141 Solche Wechselwirkungen zwischen der Lohnentwicklung in den auf den Export und den auf den Binnenmarkt ausgerichteten Wirtschaftssektoren sowie die damit zusammenhängenden Preis- und Wechselkursentwicklungen werden als «Balassa-Samuelson-Effekt» bezeichnet. Vgl. dazu für den Zeitraum 1992–2005 die Analyse der Economiesuisse 2010, 10–12.

niedrigen Löhnen und niedriger Produktivität eingesetzt wurden. Auf den Export von Massenprodukten ausgerichtete Unternehmen wussten zwar vorerst solche Mobilitätsbeschränkungen für ausländische Arbeitskräfte zu nutzen, sie mussten jedoch, als diese in den 1960er Jahren wegen der verschärften Konkurrenz auf dem Arbeitsmarkt und der Einschränkung der Arbeitsimmigration an Wirksamkeit einbüssten (→ 4.2.5.3; 5.1.5.3), ihre Produktion im Inland entweder nach und nach einstellen oder die Produktivität stark erhöhen, sich ebenfalls auf technisch und qualitativ anspruchsvollere Produkte spezialisieren und versuchen, sich vermehrt auf den Export auszurichten.[142]

Der Vergleich der Lohnentwicklung in den wichtigsten Branchen des Industrie- und Dienstleistungssektors in den Grafiken 1.1-39 und 1.1-40 zeigt, dass die Löhne bis gegen Ende der 1980er Jahre überall etwa im gleichen Ausmass stiegen. In den Industriebranchen lagen die Monatslöhne nahe beieinander, wobei sich die Löhne in den beiden wichtigsten Exportindustrien, Chemie und Maschinen, an die Spitze

Grafik 1.1-40: **Durchschnittliche nominale Monatsgehälter männlicher Angestellter im Dienstleistungssektor (1968–2008)**

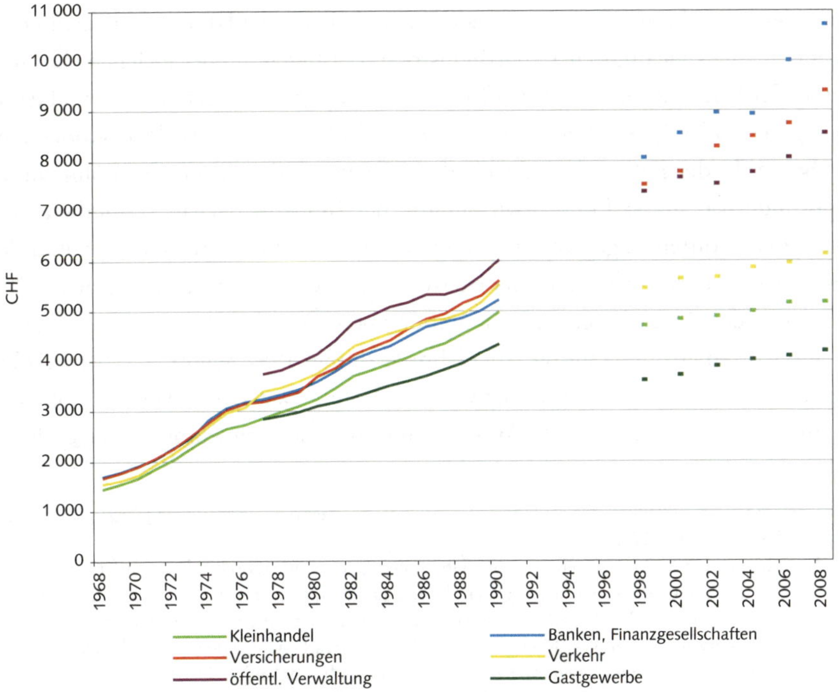

Quellen: 1968–1991: HSSO Tab. G.12; 1998–2008: BFS, Lohnstrukturerhebung.

142 Bis 1960 verzeichneten nur die wachstumsbenachteiligten Industriebranchen (Textil und Bekleidung, Holz und Leder) eine verstärkte Abwanderung einheimischer Arbeitskräfte in wachstumsbegünstigte Branchen mit höheren Löhnen. Sie füllten die entstehenden Lücken mit ausländischen Arbeitskräften. In den 1960er Jahren erfasste diese Abwanderungsbewegung alle Produktionszweige, und die ausländischen Arbeitskräfte nahmen in allen Branchen zu (Kneschaurek 1964, 154).

schoben, während die Löhne im Baugewerbe und in der Binnenindustrie etwas in Rückstand gerieten. Ab Mitte der 1980er Jahren drifteten die Löhne jedoch auseinander, und der Vorsprung der Exportbranchen wurde deutlicher. Im Dienstleistungssektor zeigte sich die unterschiedliche Lohnentwicklung bereits ab Ende der 1970er Jahre und war in den 1990er Jahren ausgeprägter als in der Industrie. Bis zu den 1990er Jahren waren die Löhne in der öffentlichen Verwaltung am höchsten, anschliessend übernahmen Banken und Versicherungen die Spitzenplätze. Parallel zu den zunehmenden Lohndifferenzen ist eine deutliche Niveauverschiebung zwischen den höchsten und tiefsten Löhnen in den Industrie- und Dienstleistungsbranchen festzustellen. Die Lohnentwicklung spiegelt dabei die unterschiedliche Entwicklung der Arbeitsproduktivität (siehe 1.1.4.1.2).

1.1.4.1.2 Die Entwicklung der Lohnkosten im internationalen Vergleich

Die Nominallöhne waren in der Schweiz vermutlich bereits im frühen 20. Jahrhundert höher als in den umliegenden europäischen Ländern.[143] Ein deutlicher Hinweis auf ein erhebliches Lohngefälle zum angrenzenden Ausland ist die damals weitverbreitete Praxis des grenzüberschreitenden Veredelungsverkehrs in der Uhren- und Textilindustrie, den damals wichtigsten Exportindustrien. Bei tieferem oder gleichem Lohnniveau in der Schweiz hätte es kaum Gründe für diese grenzüberschreitende und damit Transport- und Organisationskosten verursachende arbeitsteilige Produktionsweise gegeben.[144] In der Folge führte die oben aufgezeigte Orientierung der Löhne in der Exportindustrie an der Lohnentwicklung in der Binnenwirtschaft vermutlich dazu, dass die Lohndifferenz gegenüber den umliegenden Ländern erhalten blieb und sich in der Zwischenkriegszeit wegen der relativ günstigeren Wirtschaftslage in den 1920er Jahren und der eingeschränkten Immigration noch verstärkte.[145]

Gemäss einer Studie für die Stichjahre 1975 und 1992 gehörte die Schweiz bereits 1975 zu den Ländern mit relativ hohen Lohn- bzw. Arbeitskosten (Lohnkosten inkl. Lohnnebenkosten) je Arbeitsstunde im Industriesektor, ein eigentliches

143 Gemäss Studer 2008 übertrafen die Nominallöhne in der Schweiz die Löhne in den umliegenden Ländern.
144 Head-König 2008, 217–228.
145 Kneschaurek 1952, 124–125, geht von einer Überhöhung des schweizerischen Preis- und Kostenspiegels aus und stützt seine Aussage u. a. auf Daten der League of Nations. Ein Vergleich der mittleren Stundenverdienste in der Metall- und Maschinenindustrie basierend auf einer Erhebung des Arbeitgeberverbandes schweizerischer Maschinen- und Metall-Industriearbeiter bei den entsprechenden ausländischen Arbeitgeberorganisationen in Deutschland, Frankreich, England, Italien, Österreich und Belgien zeigt für die Jahre 1920, 1922 und 1923, dass die ausländische Industrie gegenüber der schweizerischen lohnkostenmässig erheblich im Vorteil war. Nur in England waren die Lohnkosten höher (Stebler 1946, 44–45). Eine nach Qualifikationen differenzierte Untersuchung in der gleichen Branche Ende 1933 weist ebenfalls grosse Differenzen zum Schweizer Lohn auf, und zwar in allen Kategorien. Nur in den USA waren die Stundenverdienste höher. Aufschlussreich ist der Kommentar, wonach «die interne Kaufkraft der betreffenden Löhne nicht in dem Masse von der Kaufkraft der schweizerischen Löhne absticht, […], weil die Preise im Innern jener Länder überhaupt nicht oder nicht im gleichen Masse gestiegen sind wie der Aussenwert des Geldes fiel.» (*Volkswirtschaft*, Januar 1935, 4–5.)

Lohngefälle bestand jedoch offenbar nicht.[146] Im Zeitverlauf spielen Änderungen der Wechselkurse eine wichtige Rolle, insbesondere seit dem Übergang zu flexiblen Wechselkursen im Jahr 1973. Die damit einhergehende starke Abwertung des US-Dollars senkte die Arbeitskosten in den USA relativ zu den Arbeitskosten in den europäischen Ländern. Im Jahr 2007 hatten 11 europäische Länder höhere Arbeitskosten im Industriesektor als die USA, und davon hatten drei Länder (Dänemark, Deutschland und Norwegen) deutlich höhere Arbeitskosten als die Schweiz. In mehreren Ländern (Schweden, Belgien, Frankreich Finnland, Niederlande, Grossbritannien) waren die Arbeitskosten etwa gleich hoch.[147]

Das Niveau der Arbeitskosten kann jedoch nicht direkt mit hoher oder niedriger internationaler Wettbewerbsfähigkeit gleichgesetzt werden. Entscheidend ist die

Grafik 1.1-41: **Relative Lohnstückkosten in der Industrie (1970–2006)**

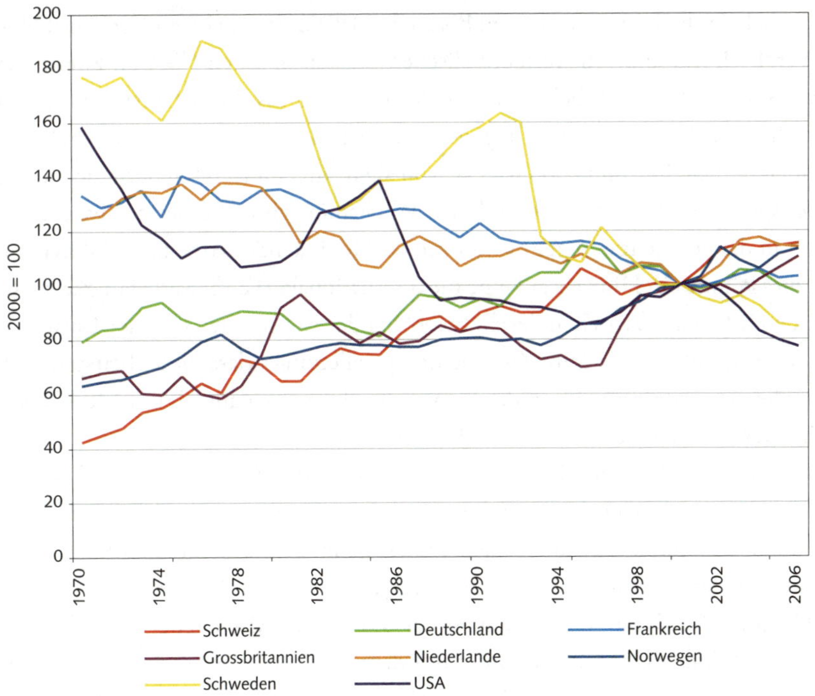

Quelle: OECD Factbook 2008: Economic, Environmental and Social Statistics, Relative Unit Labor Costs (RULC).

146 Gemäss Turner/Van't Dack 1993, 82, waren 1975 die Arbeitskosten je Stunde in US-Dollar in der Schweiz niedriger als in Schweden, den Niederlanden, Belgien, Deutschland und den USA; 1992 hatten alle G-10-Länder zwischen 20% und 60% höhere Arbeitskosten als die USA, mit Ausnahme von Grossbritannien. Die höchsten Arbeitskosten hatten – in dieser Reihenfolge – Deutschland, Schweden und die Schweiz.

147 KILM 17. Hourly compensation costs, Figure 17a, Relative hourly compensation costs for all employees in the manufacturing sector (US=100), 2007. Die Studie stützt sich auf Daten des United States Bureau of Labour Statistics (BLS).

Beziehung zwischen Lohnkosten und Produktivität, die anhand der Lohnstückkosten (Unit Labor Costs, ULC) gemessen werden kann. Die ULC werden als Verhältnis zwischen den totalen Arbeitskosten und dem gesamtwirtschaftlichen Output oder zwischen den durchschnittlichen Arbeitskosten und der Arbeitsproduktivität (als BIP je Arbeitsstunde oder je Beschäftigten) berechnet. Ein Vergleich der relativen Entwicklung der ULC im Industriesektor verschiedener europäischer Länder und der USA zeigt, dass die Lohnstückkosten in der Schweiz im Zeitraum zwischen 1970 und 2006 besonders stark gestiegen sind (Grafik 1.1-41).

Weil sie die Entwicklung der Löhne in Verhältnis setzen zur Entwicklung der Arbeitsproduktivität, sind die Lohnstückkosten ein häufig verwendeter Indikator für den Vergleich der Wettbewerbsfähigkeit verschiedener Volkswirtschaften. Wenn die Löhne im Ausmass der Arbeitsproduktivität steigen, bleiben die Lohnkosten konstant. Hohe Löhne sollten, damit die internationale Wettbewerbsfähigkeit nicht gefährdet wird, mit hoher Arbeitsproduktivität einhergehen. Dies scheint in der Schweiz tatsächlich der Fall gewesen zu sein: Bis zu den 1970er Jahren befand sich die Schweiz im Vergleich mit anderen westeuropäischen Staaten und den USA an zweiter, 1913 sogar an erster Stelle (Tabelle 1.1-17). Nach 1973 muss die Arbeitsproduktivität in der Schweiz jedoch relativ stark abgenommen haben: 1995 befand sich die Schweiz an zweitletzter Position, und 2005 wies sie von allen aufgeführten Ländern die niedrigste Arbeitsproduktivität auf.[148] Die relative Wachstumsschwäche der Schweizer Wirtschaft in diesem Zeitraum geht somit mit relativ sinkender Arbeitsproduktivität einher; dies könnte ein Hinweis auf eine die internationale Wettbewerbsfähigkeit schwächende Diskrepanz zwischen der Entwicklung der Lohnkosten und der Entwicklung der Arbeitsproduktivität sein. Zu beachten ist allerdings, dass die Arbeitsproduktivität in diesem Zeitraum auch in der Schweiz stark wuchs, nämlich um 140 %, der Zuwachs war in den anderen Staaten jedoch deutlich grösser.

Grafik 1.1-42 vermittelt einen Überblick über die Entwicklung der Löhne und der Arbeitsproduktivität in der Schweiz, und zwar aufgrund der jährlichen Wachstumsraten der nominalen und realen Durchschnittslöhne je Arbeitsstunde und der entsprechenden Arbeitsproduktivität (ARP), während in Tabelle 1.1-18 die Entwicklung der Reallohnposition, definiert als Differenz zwischen der Veränderung des Reallohns (Nominallohn deflationiert mit dem KPI) und der Wachstumsrate der realen Arbeitsproduktivität BIP(BWS)real/Arbeitsvolumen, im Verlauf des gesamten Jahrhunderts ausgewiesen wird.[149]

148 Ebenfalls verfügbar sind Daten zum BIP je beschäftigter Person für die gleichen Länder und die Jahre 1950, 1973, 1992: Maddison reprinted 2000 (1995), 250. Gemessen am BIP/beschäftigter Person steht die Schweiz 1950 und 1973 an zweiter Stelle nach den USA und 1992 an fünfter Stelle nach den USA, Frankreich, Dänemark und Belgien.

149 Die reale Arbeitsproduktivität je Arbeitsstunde wurde für zwei Teilperioden berechnet: BIP(BWS) von 1890 bis 1960 (in Preisen von 1926/29) und von 1960 bis 2005 (in Preisen von 1990), dividiert jeweils durch das Arbeitsvolumen. Zur Berechnung des Arbeitsvolumens vgl. Anhang A.1.2.

Tabelle 1.1-17: **Arbeitsproduktivität der Schweiz im internationalen Vergleich (1870–2005)**

	1870	1913	1929	1938	1950	1973	1995	2005
Schweiz*	2.39 (2)	5.40 (1)	7.34 (2)	7.36 (2)	8.75 (2)	18.88 (2)	23.33 (12)	26.82 (13)
Belgien	2.12	3.60	4.81	5.27	6.06	16.95	29.21	33.54
Dänemark	1.51	3.40	5.11	5.31	5.85	15.88	27.01	30.13
Deutschland	1.58	3.50	4.37	4.84	4.37	16.05	30.08	28.86
Finnland	0.84	1.81	2.57	3.07	4.00	11.61	22.20	28.13
Frankreich	1.36	2.85	4.15	5.35	5.65	15.73	29.13	35.24
Grossbritannien	2.61	4.40	5.54	5.98	7.86	14.05	24.06	29.62
Italien	1.03	2.09	2.89	3.79	4.28	16.16	27.61	28.94
Niederlande	2.33	4.01	6.32	6.26	6.50	18.01	27.47	31.87
Norwegen	1.09	2.19	3.42	4.30	5.41	15.70	31.67	39.78
Österreich	1.39	2.93	3.31	3.36	4.07	13.39	24.76	31.05
Schweden	1.22	2.58	3.29	4.27	7.08	17.15	23.47	30.01
USA	2.26	5.12	7.52	8.64	12.66	21.28	27.77	35.20

*Ranking der Schweiz in Klammern.
Arbeitsproduktivität: BIP (in 1990 Int. GK $) je Arbeitsstunde.

Quellen: 1870–1950: Maddison (1995), Table J-5 , 249; Schweiz 1870–1938: Eigene Berechnung auf Basis der neuen Schätzung 2010 des BIP (in 1990 Int. GK $) siehe Anhang A.1.1.7; Arbeitsvolumen: HSSO Tab. F.29b; 1973–2005: Broadberry/O'Rourke (2010), Tab. 12.12, 318.

Grafik 1.1-42: **Wachstumsraten der Löhne und der Arbeitsproduktivität (ARP = BIP je Arbeitsstunde) (1890–2005)**

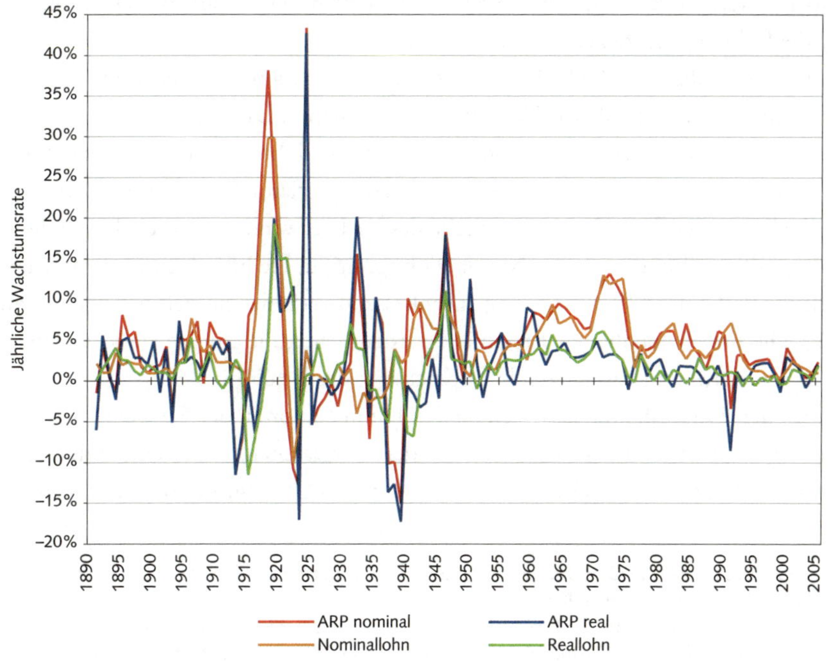

Quellen: Eigene Berechnungen auf Basis von: HSSO Tab. G.18, F.29b, Q.16a, Q.16b, Q.17b und Q.18b.

Bei starken positiven und negativen Ausschlägen der jährlichen Wachstumsraten von Reallöhnen und ARP beträgt die kumulierte Reallohnposition von 1890 bis 1922 nur 2.4%. Das Wachstum der Arbeitsproduktivität blieb somit nur wenig hinter dem Reallohnwachstum zurück, und das im Verlauf der Kriegsjahre deutlich niedrigere Wachstum der Reallöhne im Vergleich zur ARP wurde in den Nachkriegsjahren ausgeglichen. In der Wachstumsperiode 1922–1929 blieb das Wachstum der Reallöhne hinter dem Wachstum der ARP zurück, dafür übertraf in den krisenhaften 1930er Jahren und in den unmittelbaren Nachkriegsjahren umgekehrt das Wachstum der Reallöhne jenes der ARP. Auffallend ist der Unterschied zwischen der Kriegs- und Nachkriegsperiode des Ersten und jener des Zweiten Weltkriegs: Im ersten Fall wurden die hohen Lohnzurückhaltungen der Kriegsjahre in den Nachkriegsjahren kompensiert, im zweiten Fall blieben die Differenzen zwischen ARP-Wachstum und Reallohnwachstum relativ klein. Auch in der langen Wachstumsperiode nach dem Zweiten Weltkrieg erfolgte die Anpassung der Reallöhne an das Wachstum der ARP mit einer gewissen Verzögerung. Nach deutlich höheren Wachstumsraten der Arbeitsproduktivität in den 1950er Jahren folgte ein erkennbar stärkeres Wachstum der Reallöhne bis zum Konjunktureinbruch 1973. In den folgenden Perioden machten die negativen oder positiven Reallohnpositionen jeweils nur noch wenige Prozent aus. Die kumulierte Reallohnposition verharrte bei einer Reallohnzurückhaltung von etwa –20%, die in den 1950er Jahren aufgebaut und später nur noch geringfügig abgebaut wurde. Somit waren lediglich die 1920er und die 1950er Jahre Perioden, in denen die Lohnkosten relativ zur Arbeitsproduktivität deutlich sanken. In den Rezessionsphasen der 1930er, 1970er und 1990er Jahren hingegen gingen die Reallöhne stets weniger stark zurück als die ARP, d.h. die Lohnkosten stiegen.

Die ebenfalls in Tabelle 1.1-18 ausgewiesene Nominallohnposition zeigt, dass die Lohnzurückhaltung bis 1973 sogar stärker zunahm. Dies ist darauf zurückzuführen, dass zur Berechnung des Reallohns der Nominallohn mit dem KPI deflationiert wurde, das nominale BIP hingegen mit dem BIP-Deflator. Wird für die Berechnung der Reallöhne der BIP-Deflator an Stelle des KPI verwendet, entwickelt sich die Reallohnposition ähnlich wie die Nominallohnposition, bleibt jedoch insgesamt etwas niedriger und macht 1973 62% aus; anschliessend verändet sie sich nur noch geringfügig. Die unterschiedlichen Ergebnisse verdeutlichen die infolge stark variierender Preise nur schwer einzuschätzende Entwicklung der Reallöhne.[150]

Ab den 1980er Jahren lässt sich die Reallohnposition in der Schweiz mit der entsprechenden Entwicklung in anderen Ländern vergleichen.[151] Dabei fällt auf, dass in diesem Zeitraum in der Schweiz ähnlich wie in den USA und Grossbritannien keine

150 Im Zeitraum 1929–1973 ist die Preissteigerung, wenn sie mit dem BIP-Deflator gemessen wird, öfters höher als gemessen mit dem KPI.

151 Flassbeck/Spiecker 2000, 12–19, vergleichen die Entwicklung der Reallohnpositionen (Reallohnsteigerungen minus Produktivitätsfortschritt) für den Zeitraum 1980–2001 in Westdeutschland, Frankreich, Italien, den Niederlanden, Grossbritannien und den USA.

Tabelle 1.1-18: **Reallohn- und Nominallohnposition (1891–2005)**

	Reallohnposition	Reallohnposition kumuliert	Nominallohn-position	Nominallohnposition kumuliert
1891–1900	−2.1 %	−2.1 %	−7.7 %	−7.7 %
1901–1913	2.2 %	0.1 %	2.5 %	−5.2 %
1914–1918	−7.7 %	−7.6 %	−14.5 %	−19.7 %
1919–1922	10.0 %	2.4 %	14.2 %	−5.5 %
1923–1929	−14.0 %	−11.6 %	−13.7 %	−19.2 %
1930–1939	4.6 %	−7.0 %	−3.4 %	−22.5 %
1940–1944	−2.0 %	−9.0 %	1.5 %	−21.0 %
1945–1949	3.8 %	−5.2 %	−9.7 %	−30.7 %
1950–1960	−22.3 %	−27.5 %	−27.0 %	−57.7 %
1961–1973	6.9 %	−20.6 %	−8.3 %	−66.0 %
1974–1980	−3.6 %	−24.2 %	0.1 %	−66.0 %
1981–1990	2.2 %	−21.9 %	−3.0 %	−69.0 %
1991–1998	2.3 %	−19.7 %	6.1 %	−62.9 %
1999–2005	−2.5 %	−22.1 %	−2.6 %	−65.4 %

Lohnposition = Wachstumsrate Löhne abzüglich Wachstumsrate Arbeitsproduktivität.

Quellen: Eigene Berechnungen auf Basis HSSO Tab. G.18, F.29b, Q.16a, Q16b, Q.17b, Q.18b.
Bemerkung: Reallöhne deflationiert mit dem KPI; Arbeitsproduktiviät BIP(BWS) real/Arbeitsvolumen.

negativen Reallohnpositionen aufgebaut werden konnten, während in anderen europäischen Ländern die Wachstumsraten der Reallöhne deutlich tiefer waren als jene der Arbeitsproduktivität. Entweder stiegen die Reallöhne in den westeuropäischen Ländern weniger stark als in der Schweiz oder die Arbeitsproduktivität nahm dort stärker zu. Zutreffen dürfte wohl Letzteres, denn die Reallohnentwicklung in der Schweiz verlief ähnlich (siehe 1.1.1.2), die Arbeitsproduktivität hingegen nahm weniger stark zu (Tabelle 1.1-17). Die Lohnentwicklung entsprach in der Schweiz etwa der Entwicklung der Arbeitsproduktivität, sie war somit kostenneutral, aber im Vergleich zu anderen europäischen Ländern mit sinkenden Arbeitskosten entstand ein Wettbewerbsnachteil.

Müssen wir den Begriff der «Hochlohninsel» durch den Begriff der «Niedrigproduktivitätsinsel» ersetzen? Wohl kaum, denn dies würde nicht mit der im nächsten Abschnitt zu behandelnden durchaus intakten internationalen Wettbewerbsfähigkeit der Schweizer Wirtschaft zusammenpassen. Bei der oben aufgezeigten Produktivitätsentwicklung handelt es sich um Durchschnittswerte für die gesamte Volkswirtschaft, die Produktivität entwickelte sich jedoch in Übereinstimmung mit der Differenzierung der Löhne in den einzelnen Branchen unterschiedlich.[152] Zwischen 1990 und 2005 verzeichneten nur einige wenige, vor allem exportorientierte Branchen ein starkes Wachstum der Arbeitsproduktivität.[153] Zu diesen Branchen gehörten Kunststoffe, chemisch-pharmazeutische Produkte, Uhren, Schmuck und medizinische Geräte, Finanzdienstleistungen sowie Verkehrs- und Nachrichtenwesen (→ Einleitung Teil 2, Tabelle 2-4). Die mit ihrem Beitrag von über 50% zur Bruttowertschöpfung und zur Beschäftigung besonders gewichtigen übrigen binnenorientierten Dienstleistungen (Handel, öffentliche Verwaltung samt öffentlichem Schulwesen und privatem Unterrichtswesen sowie andere Dienstleistungen) verzeichneten hingegen zwischen 1990 und 2005 eine geringfügige Abnahme der Arbeitsproduktivität. Doch was sind die möglichen Ursachen für dieses unbefriedigende Ergebnis?

Im Übergang von der Wachstumsperiode der 1960er Jahre zur Krisenphase der 1970er Jahre veränderten sich die Beschäftigungsstruktur und die Erwerbsquote, insbesondere als Folge des bis zu Beginn der 1990er Jahre sinkenden Anteils der Ausländer an der Gesamtbeschäftigung (siehe 1.1.2.2). Die Zahl der beschäftigten Frauen nahm stark zu, wobei diese mehrheitlich im binnenorientierten Dienstleistungssektor mit sinkender Arbeitsproduktivität und in Teilzeitarbeit beschäftigt waren.[154] Die niedrigeren Frauenlöhne in Branchen mit besonders hohem Anteil beschäftigter Frauen und einem hohen Anteil an der gesamten Wertschöpfung könnten die gesamtwirtschaftliche Arbeitsproduktivität reduziert haben, weil die Anreize zur Steigerung der Produktivität geringer waren. Das gilt vor allem für die binnenorientierten Dienstleistungsbranchen, die keiner Importkonkurrenz ausgesetzt waren, und für den öffentlichen Sektor. Zudem reduzieren niedrige Frauenlöhne die Anreize für Frauen, sich

152 Dazu ausführlicher die Einleitung zu Teil 2. Für den Zeitraum zwischen 1992 und 2002 stellen Arvanitis/Hollenstein/Marmet 2005, 19–53, ebenfalls grosse Unterschiede in der Entwicklung der Arbeitsproduktivität auf Ebene der Sektoren (Industrie, Dienstleistungen, Landwirtschaft) und einzelner exportorientierter und binnenorientierter Branchen sowie Branchen mit öffentlichem Charakter fest. Sie berechnen zudem die relative Arbeitsproduktivität im Vergleich verschiedener Ländergruppen und thematisieren die Messproblematik bei internationalen Vergleichen auf Sektorenebene.

153 Für einige exportorientierte Industriebranchen lässt sich deren internationale Wettbewerbsfähigkeit mit dem Verlauf der Lohnstückkosten untermauern. Arvanitis/Hollenstein/Marmet 2005, 79–97, beschreiben die Entwicklung der Lohnstückkosten in der Schweiz im Vergleich zur Entwicklung in den besonders relevanten Absatzmärkten, handelsgewichtet und unter Berücksichtigung der Wechselkursentwicklung, für den Zeitraum 1990–2001 in folgenden Branchen: chemische Industrie, Kunststoffindustrie, Metallindustrie, Maschinen- und Fahrzeugbau, Elektrotechnik, Elektronik und wissenschaftliche Instrumente. Sie kommen zum Schluss, dass sich die Lohnstückkosten der Industrie über den gesamten Zeitraum betrachtet um rund 10% verbessern konnten, allerdings mit starken Schwankungen und aus unterschiedlichen Gründen (teils wechselkursbedingt, teils wegen sinkender Lohnkosten). Der Beitrag der Arbeitsproduktivität war eher gering. Die als besonders wettbewerbsfähig geltende Uhrenindustrie wird in dieser Studie nicht berücksichtigt.

154 Vgl. dazu den Frauenanteil in dreissig Branchen zwischen 1888 und 1990 in Ritzmann-Blickenstorfer 1998, 29, und den Vergleich der Reallöhne von Arbeitern und Arbeiterinnen im Zeitraum 1891–1995, 30. Es bestehen jedoch deutliche Unterschiede zwischen den Branchen. Vgl. dazu die Lohnstrukturerhebung für das Jahr 2008 von Rouvinez Mauron 2010, insbesondere zum Medianlohn nach Branchen insgesamt und für Frauen und Männer. Im Jahr 2008 war der mittlere Monatsbruttolohn (Median) der Frauen um etwa 20% niedriger als jener der Männer.

vermehrt mit gleichwertiger Ausbildung und Qualifikation und in vergleichbarem zeitlichen Umfang wie die Männer im Arbeitsmarkt zu engagieren. In dieser Hinsicht dürfte in der Schweiz, vor allem im Vergleich mit den nordeuropäischen Staaten und Frankreich, ein deutlicher Rückstand bestehen, der zunehmend auch erkannt und diskutiert wird.[155] Anstatt dabei stets die Lohndifferenzen zu thematisieren, wäre eine Diskussion über die viel grösseren Differenzen bei den Arbeitspensen und den damit verbundenen Qualifikationschancen überfällig. Die Teilzeitbeschäftigung ist in der Schweiz besonders hoch und zwischen den Geschlechtern sehr ungleich verteilt.[156]

1.1.4.2 Die Preisentwicklung im Inland und in den Handelsbeziehungen mit dem Ausland

Zu Beginn des 21. Jahrhunderts war die Schweiz eine ausgesprochene Hochpreisinsel innerhalb Europas.[157] Im Folgenden interessiert vor allem, seit wann dieses Preisgefälle zum europäischen Umfeld besteht und ob dessen Entstehung mit der Einführung flexibler Wechselkurse Anfang der 1970er Jahre zusammenhängt. Denn bei fixen Wechselkursen haben unterschiedliche Preis- und Lohnsteigerungen in den verschiedenen Ländern zwangsläufig keinen Einfluss auf die Wechselkurse, mit Ausnahme der sporadischen Auf- und Abwertungen, mit denen aufgestaute Ungleichgewichte abgebaut werden. Bei flexiblen Wechselkursen führen Preis- und Kostendifferenzen hingegen zu einer Anpassung der Wechselkurse, wobei der Zeitpunkt und das Ausmass einer solchen Preisübertragung allerdings stark variieren können (→ 5.1.1 zu den Unterschieden zwischen den beiden Währungssystemen). Von der Instabilität der internationalen Wettbewerbsverhältnisse infolge der flexiblen Wechselkurse war zwar nicht nur die Schweiz betroffen, möglicherweise war sie es aber in besonderem Masse.

Mit dem Übergang zu flexiblen Wechselkursen veränderte sich das mit den Kaufkraftparitäten (Purchasing Power Parity, PPP) gemessene relative Preisniveau in US-$ stark. Die PPP basiert darauf, dass die Preise von gleichartigen Gütern in verschiedenen

155 Vgl. dazu Jacquemart 2011 mit Bezug auf den Schillingreport zum Frauenanteil in Geschäftsleitungen und Verwaltungsräten, der seit 2006 jährlich erstellt wird. Jacquemart argumentiert, Frauen blieben in der Karrierefalle stecken, weil sie Teilzeit arbeiteten. Und viele Frauen arbeiteten Teilzeit, weil sich die Arbeit für gut ausgebildete Frauen wegen der Steuerprogression und der hohen Kosten der Kinderbetreuung oft nicht lohne. Die niedrigeren Frauenlöhne werden in diesem Artikel nicht erwähnt, dürften jedoch die Arbeitsanreize ebenfalls reduzieren.

156 Gemäss Jacquemart 2011 waren von den 26.2% Erwerbstätigen, die Teilzeit arbeiteten, 81.1% weiblich. Die Erwerbsquote der Frauen im Alter von 15 bis 64 Jahren war 2006 im internationalen Vergleich zwar relativ hoch, doch gilt dies nicht für den Anteil der in Vollzeit beschäftigten Frauen (Anteil Teilzeit in Klammern): Schweiz 40% (34%), Schweden 69% (15%), Frankreich 49% (15%), UK 43% (27%), Deutschland 42% (27%). Baines/Cummins/Schulze 2010, 413, Tab. 15.7.

157 Siehe *Volkswirtschaft*, 2003/7; BFS März 2008, Tab. 3, Preisvergleich für einen bestimmten Warenkorb mit identischem Nutzen im Jahr 2005: Schweiz 131 CHF, Deutschland 104 CHF, Frankreich 108 CHF, Italien 102 CHF, Österreich 102 CHF.

Ländern und in der jeweiligen Landeswährung verglichen werden.[158] Das relative Preisniveau eines Landes wird berechnet, indem die Kaufkraftparitäten in Verhältnis gesetzt werden zur Wechselkursparität des Referenzlandes oder einer entsprechenden Ländergruppe (OECD, EU). Das Verhältnis zwischen dem Preis für einen bestimmten Güterkorb in einem Land und dem entsprechenden Preis im Referenzland (hier den USA) entspricht der relativen PPP.[159] In allen europäischen Ländern stieg aufgrund des Kurszerfalls des US-Dollars das Preisniveau im Vergleich zu den USA. Doch die Zunahme des Preisniveaus in der Schweiz war bedeutend grösser als in anderen Staaten. Die Grafik 1.1-43 zeigt die relative Entwicklung des Preisniveaus in verschiedenen europäischen Ländern seit 1960. Die Hochpreisinsel Schweiz lässt sich offenbar – im Unterschied zum Phänomen der Hochlohninsel – seit den 1970er Jahren feststellen. Güter und Leistungen in oder aus der Schweiz müssten somit nach dem Übergang zu flexiblen Wechselkursen nicht nur

Grafik 1.1-43: **Relatives Preisniveau des BIP im internationalen Vergleich (1960–2005)**

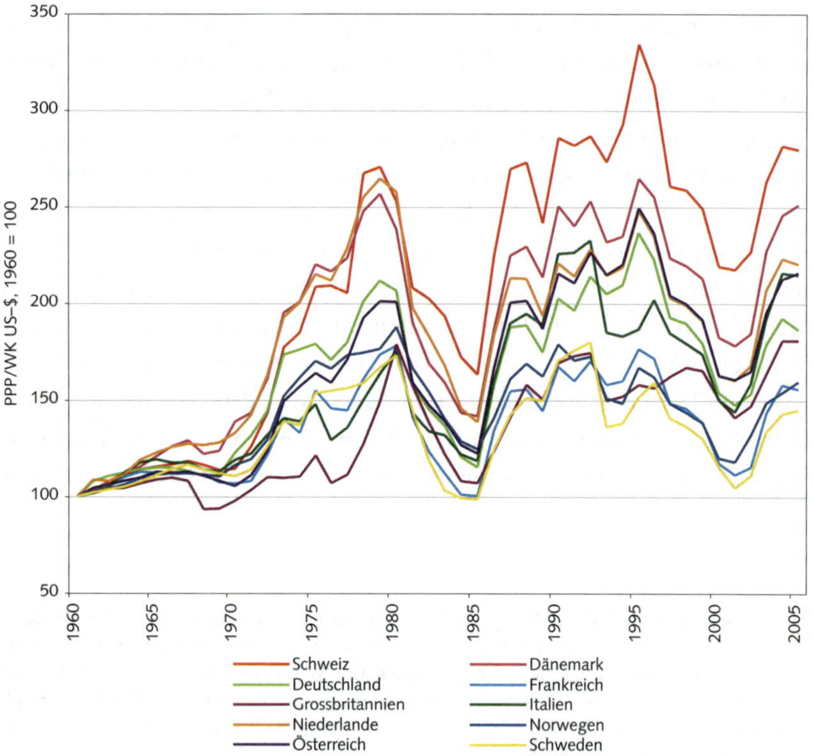

Quelle: OECD online, Prices and Purchasing Power Parities, Purchasing Power Parities (Grossbritannien inkl. Nordirland).
Bemerkung: Relatives Preisniveau: Kaufkraftparität (PPP)/Wechselkurs US-$.

158 Bekannt ist der Vergleich der Kaufkraftparitäten anhand des Big-Mac-Indexes, mit dem der relative Preis für ein identisches Produkt in verschiedenen Ländern verglichen werden kann.

159 Zum OECD/Eurostat-PPP-Programm zum internationalen Preisvergleich siehe www.oecd.org und http://europa.eu.int. Durch den Bezug auf die gleiche Währung (hier US-$) oder einen Währungskorb (z.B. OECD-Durchschnitt) wird die internationale Vergleichbarkeit der Preisentwicklung hergestellt.

im Vergleich zu den USA, sondern im Vergleich zu allen hier einbezogenen europäischen Ländern teurer geworden sein, und dementsprechend für die Bevölkerung in der Schweiz die vergleichbaren Güter im und aus dem Ausland billiger.

Die Grafiken 1.1-44 und 1.1-45 zeigen die Preisentwicklung im Inland und im Handel mit dem Ausland auf Basis der verschiedenen Preisindizes im Verlauf des gesamten Jahrhunderts. Es fällt auf, dass der Importpreisindex in der Zwischenkriegszeit stets niedriger war als der Exportpreisindex. Besonders gross war die Abweichung in den 1930er Jahren, als der Schweizer Franken gegenüber anderen Währungen tendenziell aufgewertet wurde. Die realen Importe gingen denn auch während der Grossen Depression bedeutend weniger stark zurück als die vom Preisrückgang stärker betroffenen realen Exporte (siehe 1.1.3.2, Grafik 1.1-25).[160] Auch die Grosshandels- und Konsumentenpreise schwankten stark und teilweise recht unterschiedlich. In der Krisenphase der 1930er Jahre war die Deflation gemessen am KPI niedriger als gemessen am GPI. Ab Beginn der 1960er Jahre und insbesondere nach der Einführung flexibler

Grafik 1.1-44: **Grosshandelspreisindex, Konsumentenpreisindex, Export- und Importpreisindex (1892–1948)**

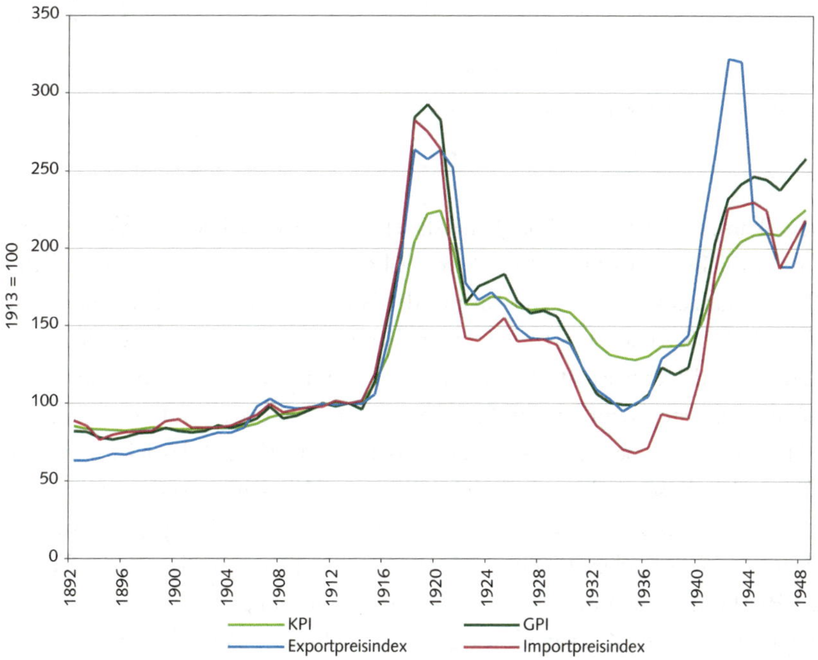

Quellen: KPI, GPI: HSSO Tab. H.39; Export- und Importpreisindex: Eigene Berechnungen basierend auf HSSO Importe Tab. L.10a1 bis L.10b4, Exporte Tab. L.IIa1 bis L.11b3.

160 Kneschaurek 1952, 125–126, geht aufgrund von Zollpositionen in der Handelsstatistik davon aus, dass die ständig sinkenden Preise der ausländischen Konkurrenzgüter zum Teil durch noch stärkere Preiskonzessionen der schweizerischen Exporteure unterboten wurden. Für die Zeit von 1929 bis 1939 war damals noch kein schweizerischer Exportpreisindex ermittelt worden.

Grafik 1.1-45: **Grosshandelspreisindex, Konsumentenpreisindex, Export- und Importpreisindex (1948–2004)**

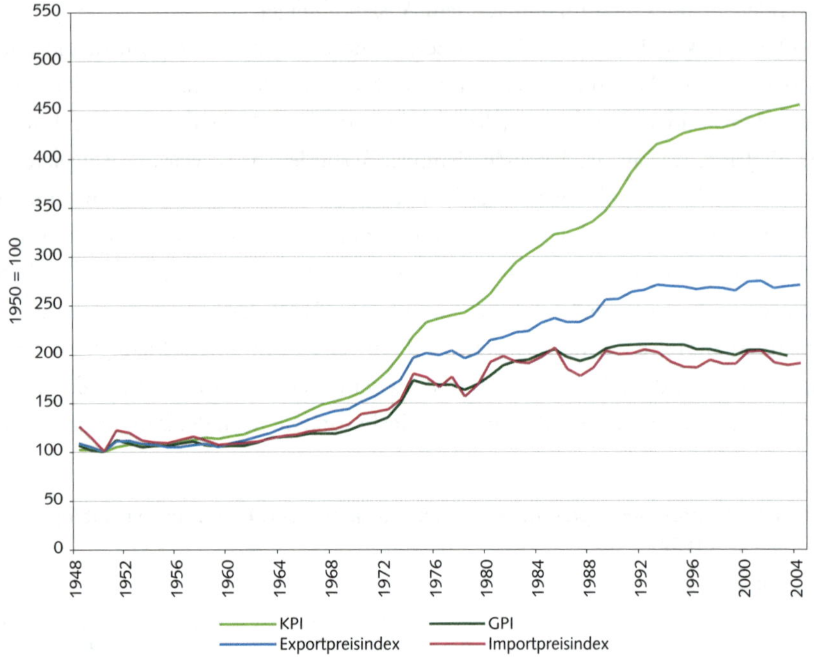

Quellen: KPI, GPI: HSSO Tab. H.39; Export- und Importpreisindex: HSSO Tab. Q.16b.

Wechselkurse Anfang der 1970er Jahre, die eine starke, jedoch je nach Währungsraum unterschiedliche Aufwertung des Schweizer Frankens zur Folge hatte, liefen KPI und GPI dann stark auseinander: Der Anstieg der Grosshandelspreise blieb moderat, während der KPI bis zu den 1990er Jahren deutlich höhere Wachstumsraten aufwies. Der Verlauf des GPI entspricht etwa demjenigen des Importpreisindexes, der Exportpreisindex liegt stets deutlich darüber, aber immer noch bedeutend tiefer als der KPI.

Handelt es sich bei der Diskrepanz zwischen dem Verlauf des KPI und dem des GPI um eine Besonderheit der schweizerischen Wirtschaft, und besteht ein Zusammenhang zwischen diesem Preisverlauf und der Entstehung der Hochpreisinsel Schweiz? Die beiden Tabellen 1.1-19 und 1.1-20 zeigen den Verlauf von KPI und PPI (Produzentenpreisindex) im Vergleich mit einigen europäischen Ländern und den USA in der Zwischenkriegszeit und ab 1965.[161] Auffällig ist, dass der KPI in der Schweiz in den 1930er Jahren stärker zurückging als in den Vergleichsländern, und zwar insbesondere zwischen 1934 und 1939. Die Deflationspolitik während der Grossen Depression zeigte somit durchaus Wirkung, und der GPI sank noch stär-

161 Wegen der starken monetären Turbulenzen konnte die Preisentwicklung in Deutschland und Österreich im Zeitraum 1914–1948 nicht in den Vergleich einbezogen werden.

Tabelle 1.1-19: **Entwicklung von KPI und PPI im internationalen Vergleich (1914–1948)**

	Schweiz		Frankreich		Gross-britannien		Italien		Niederlande		Schweden	
	KPI	PPI	KPI	PPI	KPI	PPI	KPI	PPI	KPI	PPI	KPI	PPI
1914	63	64	17	17	61	72	22	20	71	80	59	72
1919	138	195	44	58	131	181	60	93	126	212	154	236
1924	105	121	65	80	107	122	96	113	103	118	103	116
1929	100	100	100	100	100	100	100	100	100	100	100	100
1934	80	64	82	59	86	78	76	65	83	63	91	81
1939	66	79	122	108	96	90	100	104	80	73	101	99
1944	129	158	311	266	123	146	1187	857	120	114	143	172
1948	139	165	1664	1699	134	193	4734	5437	166	196	154	186
	Durchschnittliche Wachstumsrate											
1914–1929	3.1 %	3.0 %	12.5 %	12.5 %	3.4 %	2.2 %	10.6 %	11.3 %	2.3 %	1.5 %	3.6 %	2.2 %
KPI – PPI	0.1 %		0.0 %		1.1 %		–0.7 %		0.8 %		1.4 %	
1929–1948	1.8 %	2.8 %	16.9 %	17.0 %	1.6 %	3.7 %	23.9 %	24.9 %	2.9 %	3.8 %	2.4 %	3.5 %
KPI – PPI	–1.0 %		–0.1 %		–2.1 %		–1.0 %		–1.0 %		–1.1 %	

Quelle: Mitchell 2003, 858–859 (Grossbritannien inkl. Nordirland).

ker als der KPI. Die Produzentenpreise verhielten sich in der Schweiz ähnlich wie in Grossbritannien und in den Niederlanden, doch sie nahmen, vermutlich wegen des grösseren Gewichts der Importpreise, weniger stark zu als in Frankreich, Italien, Norwegen und Schweden. Die längerfristige Entwicklung der Konsumentenpreise und der Produzentenpreise weicht nur wenig voneinander ab, obwohl in einzelnen Perioden erhebliche Abweichungen festzustellen sind.

Im Zeitraum 1965–2005 ist der Unterschied zwischen der durchschnittlichen Wachstumsrate des KPI und des PPI in der Schweiz verglichen mit der Differenz dieser Werte in Deutschland, Grossbritannien und den USA besonders hoch, in Frankreich und Österreich verlaufen die beiden Preisreihen hingegen ähnlich. Auch in den Niederlanden ist die Abweichung der durchschnittlichen Wachstumsraten des KPI (3 %) und des GPI (2 %) zwischen 1975 und 2005 geringer. In der Schweiz kam es zu einer eigentlichen Spaltung der Preisentwicklung zwischen den Gütern der Endverbrauchskomponente Konsum und den Gütern, die im Produktionsprozess verwendet werden. Diese Kluft zwischen GPI und KPI zeichnete sich bereits in den 1960er Jahren ab, verstärkte sich mit dem Übergang zu flexiblen Wechselkursen in den 1970er Jahren und nahm erst in den 1990er Jahren markant ab (Grafik 1.1-46). Wir gehen davon aus, dass der anhaltend ausgetrocknete Arbeitsmarkt in den 1960er und bis zu

Tabelle 1.1-20: **KPI und PPI (verarbeitende Industrie) im internationalen Vergleich (1965–2005)**

	Schweiz		Deutschland		Frankreich		Gross-britannien		Österreich		USA	
	KPI	PPI	KPI	PPI	KPI	PPI	KPI	PPI	KPI	PPI	KPI	PPI
1965	84	93	89	93	81	84	80	83	85	88	81	87
1970	100	100	100	100	100	100	100	100	100	100	100	100
1975	145	135	135	133	152	149	184	185	142	152	139	148
1980	162	141	164	160	251	218	361	362	184	189	212	224
1985	200	164	198	190	397	337	510	520	233	226	277	266
1990	227	173	212	197	462	362	644	630	260	219	337	303
1995	265	176	253	210	516	368	774	758	305	224	392	329
2000	275	170	269	217	548	355	838	800	326	229	444	353
2005	287	173	291	232	602	370	901	833	361	252	503	399
	Durchschnittliche Wachstumsrate											
1965–1975	5.5 %	3.8 %	4.3 %	3.6 %	6.5 %	5.9 %	8.7 %	8.3 %	5.3 %	5.6 %	5.5 %	5.5 %
KPI – PPI	1.7 %		0.6 %		0.6 %		0.4 %		–0.3 %		0.0 %	
1975–2005	2.3 %	0.8 %	2.6 %	1.9 %	4.7 %	3.1 %	5.4 %	5.1 %	3.2 %	1.7 %	4.4 %	3.4 %
KPI – PPI	1.5 %		0.7 %		1.6 %		0.3 %		1.5 %		1.0 %	

Quelle: OECD online, Prices and Purchasing Power Paritis, Prices and Price Indices (MEI).

den 1980er Jahren sowie die im Vergleich zum europäischen Umfeld stärker steigenden Löhne die Binnennachfrage erhöhten und – verstärkt durch vielfältige Wettbewerbsbeschränkungen im Binnenmarkt – das mit dem KPI gemessene inländische Preisniveau in die Höhe trieben. Die Exportpreise nahmen hingegen deutlich weniger zu, weil die Preise für Produktionsgüter und Importe weniger anstiegen. Deshalb konnten allzu negative Auswirkungen des hohen inländischen Preisniveaus auf die internationale Wettbewerbsfähigkeit der Exporte vermieden werden.

Preise vermitteln in einem marktwirtschaftlichen System zentrale Informationen. Starke Preisschwankungen und insbesondere die unterschiedliche Entwicklung von Preisen im Inland und im Verhältnis zum Ausland führen zu Wettbewerbsverzerrungen, zu Fehlinterpretationen und Fehlinvestitionen, nicht nur seitens der Unternehmen, sondern auch seitens der Haushalte und des Staates. Ein im Vergleich zum Ausland höheres inländisches Preisniveau benachteiligt einerseits die Exportwirtschaft gegenüber den Konkurrenten in Ländern mit niedrigerem Preisniveau, andererseits aber auch die Binnenwirtschaft gegenüber den Importen, und diese Nachteile rechtfertigen dann wiederum ein Festhalten an protektionistischen, preistreibenden Abwehrmassnahmen im Inland. Im Vorfeld des geplanten Beitritts zum EWR in den frühen 1990er Jahren wurde das Problem solcher Ungleichgewichte im Verhältnis zum europäischen

Grafik 1.1-46: **Wachstumsraten Grosshandels- und Konsumentenpreisindex (1892–2003)**

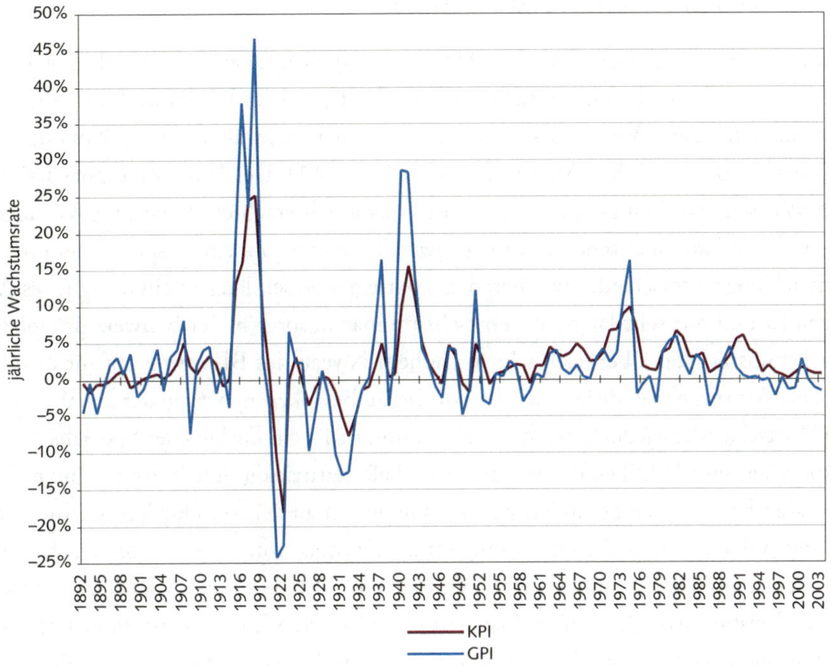

Quelle: HSSO Tab. H.39.

Umfeld besonders deutlich. Das Auseinanderdriften von KPI und GPI verlangsamte sich zwar in den 1990er Jahren, doch die Preisniveaudifferenzen wurden nur in Teilbereichen der Wirtschaft abgebaut. Ersichtlich wird dies aufgrund der Forschungsergebnisse verschiedener im Jahr 2003 publizierter Studien zur Hochpreisinsel Schweiz, die mit unterschiedlichen Schwerpunkten – Preisunterschiede der Konsumgüter, in der Produktion oder in den Netzsektoren (Telekommunikation, Post, Elektrizität, Eisenbahn) – das Ausmass, die verschiedenen Ausprägungen und die möglichen Ursachen der Preisdifferenzen zwischen der Schweiz und dem Durchschnitt einiger Vergleichsländer untersuchen.[162] Differenzen bei den Produktionskosten, insbesondere bei den Arbeitskosten, spielten offenbar eine geringere Rolle als die höheren Preise für importierte Güter und die geringe Intensität des Wettbewerbs im Binnenmarkt oder die wegen des kleinen Binnenmarkts geringere Effizienz der Produktion.[163]

162 Diese Studien und deren zentrale Forschungsresultate werden in *Volkswirtschaft*, 2003/7, präsentiert.
163 Die nur leicht überdurchschnittlichen Preise im Baugewerbe werden mit dem Wettbewerbsdruck in dieser früher stark regulierten Branche erklärt.

1.1.4.3 Internationale Wettbewerbsfähigkeit und der Beitrag des Aussenhandels zu Wachstum und Wohlstand

Seit dem Globalisierungsschub der 1990er Jahre spielen neue aufstrebende Volkswirtschaften im Weltmarkt eine immer wichtigere Rolle, und der Wettbewerb der Nationen bzw. der nationalen Wirtschaftsstandorte ist zu einem zentralen Thema ökonomischer und wirtschaftspolitischer Analysen geworden (→ 2.1). Der lange Zeit trotz Kriegen und Wirtschaftskrisen geradezu als selbstverständlich erachtete Vorsprung Westeuropas und Nordamerikas scheint in Frage gestellt, und obwohl ein Ausgleich der grossen Entwicklungsunterschiede zwischen den Weltregionen seit langem ein dringliches Anliegen ist und nur sehr langsame Fortschritte macht, sorgt in der Schweiz der relative Wachstumsrückstand bei nach wie vor hohem Niveau des BIP pro Kopf für eine besondere Art von Krisendiskurs, an dem die breite Bevölkerung wegen der anhaltend guten Wirtschaftslage jedoch kaum Anteil nimmt. Es ist ein Diskurs der Spezialisten, der Ökonomen und Politiker, der vor allem deshalb hartnäckig anhält, weil keine befriedigenden Erklärungen gefunden werden. Gemessen an den verschiedensten Indikatoren der «Global Competitiveness» rangiert die Schweiz trotz ausgeprägter Wachstumsschwäche nämlich stets auf den vorderen Plätzen.[164] Ein besonders wichtiger Indikator für die Leistungsfähigkeit einer Volkswirtschaft ist deren Innovationstätigkeit bzw. der Beitrag von Forschung und Entwicklung zum Wirtschaftswachstum. Auch in Bezug auf die Innovationsfähigkeit schneidet die Schweiz in der Regel besonders gut ab.[165] Doch der Beitrag der Innovationstätigkeit und des technischen Fortschritts zum gesamtwirtschaftlichen Wachstum lässt sich innerhalb einer quantitativen Wachstumsanalyse kaum erfassen und auch nicht erklären (siehe 1.1.2.3). Deshalb wird der Beitrag des komplexen Produktionsfaktors «Wissen» zur wirtschaftlichen Entwicklung in der Schweiz hier mittels anderer Indikatoren aufgezeigt und ist Gegenstand des Kapitels 1.3. Wie sich dieser Produktionsfaktor auf die Position der Schweiz in der internationalen Arbeitsteilung und auf die internationale Wettbewerbsfähigkeit der verschiedenen Branchen auswirkte, wird in Kapitel 2.1 aufgrund der Veränderung der komparativen Vorteile einerseits und der Anpassungsstrategien der Unternehmen an die sich verändernden internationalen Wettbewerbsverhältnisse andererseits untersucht.

In diesem Abschnitt konzentrieren wir uns auf die Wettbewerbsfähigkeit im engeren Sinn, wie sie aufgrund der Entwicklung des Aussenhandels, der Leistungsbilanz, der Terms of Trade (ToT) und der Entwicklung der Bruttowertschöpfung der

164 Bekannt sind etwa der «Global Competitiveness Report» des World Economic Forum (WEF) – dieser platzierte die Schweiz 2010 und 2011 an erster Stelle (Bauer 2011) – oder der KOF Index of Globalization, http://globalization.kof.ethz.ch/, der für 187 Staaten berechnet wird und den Zeitraum zwischen 1970 und 2009 abdeckt. Die Schweiz gehört gemessen an diesem Index regelmässig zu «The World's 15 Most Globalized Countries» (in den Jahren 1970 und 2010 an zehnter, 1980 an sechster, 1990 und 2000 an dritter Stelle).

165 Höltschi 2012, 27, mit Bezug auf den Summary-Innovation-Index, einen Indikator, der durch die Aggregation von 24 Einzelindikatoren gewonnen wird: www.proinno-europe.eu/page/summary-innovation-index-0.

Exportwirtschaft aufgezeigt werden kann. Die Grafik 1.1-47 zeigt die Leistungsbilanz, bestehend aus der Handels- und der Dienstleistungsbilanz, jeweils in Prozent des BIP(Verw). Die Schweiz importierte bis in die 1990er Jahre in der Regel mehr Waren, als sie exportierte. Die Handelsbilanz schwankte zwar stark, blieb jedoch mit Ausnahme der Kriegsjahre im negativen Bereich. Die Saldi der Dienstleistungsbilanz waren hingegen stets positiv. In der ersten Hälfte des 20. Jahrhunderts schwankten die Leistungsbilanzdefizite zwischen etwa –4% und –9% des BIP und machten kumuliert am Ende des Zweiten Weltkriegs etwas über 60% des BIP aus. Danach schwankten die jährlichen Leistungsbilanzen relativ stark und wiesen häufig auch Überschüsse auf. Bis Mitte der 1970er Jahre sanken die kumulierten Leistungsbilanzdefizite bei stark wachsendem BIP auf –4%. In der Folge war die Leistungsbilanz mit Ausnahme weniger Jahre positiv, und bis 2005 entstand ein kumulierter Leistungsbilanzüberschuss von über 80% des BIP. Seit den späten 1960er Jahren veränderte sich somit das Verhältnis zwischen Dienstleistungs- und Handelsbilanz nachhaltig und führte zu Überschüssen in der Leistungsbilanz; in den 1990er Jahren verstärkte sich das Aussenhandelsungleichgewicht, weil auch die Handelsbilanz häufig einen Überschuss aufwies.

Grafik 1.1-47: **Leistungs-, Handels- und Dienstleistungsbilanz in % des BIP(Verw) (1890–2005)**

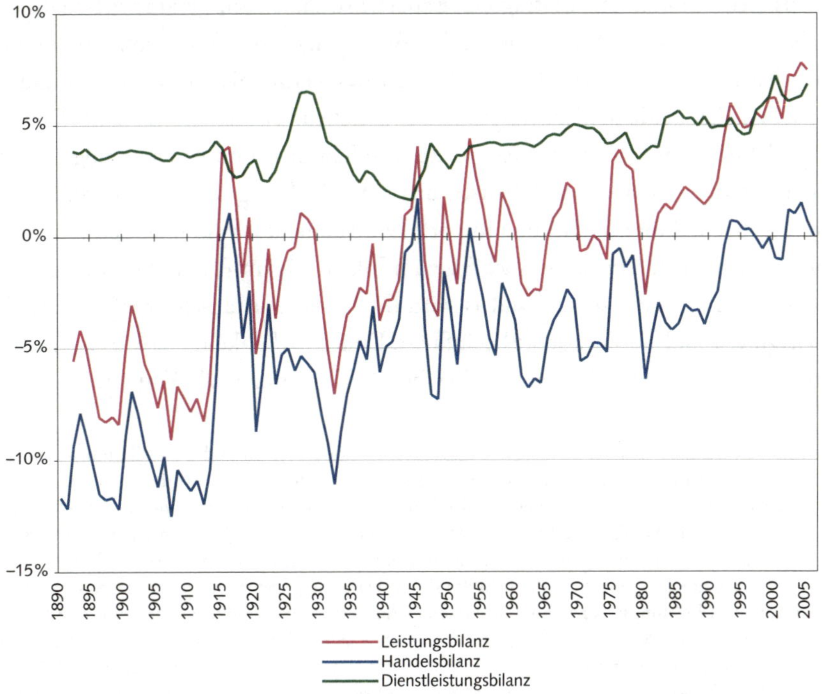

Quellen: HSSO Tab. Q.16a und Q.16b.

Diese Ergebnisse liessen den Schluss zu, dass die internationale Wettbewerbsfähigkeit der schweizerischen Wirtschaft, trotz relativem Produktivitätsrückstand und Wachstumsschwäche erhalten geblieben ist und sogar gestärkt werden konnte. Doch Exportüberschüsse sind kein eindeutiger Indikator für internationale Wettbewerbsfähigkeit oder für den Beitrag des Aussenhandels zum gesamtwirtschaftlichen Wachstum. Gemessen an den Nettoexporten (Exporte – Importe) ist der Wachstumsbeitrag des Aussenhandels zum BIP in der Regel klein, denn hohe Leistungsbilanzüberschüsse sind eher die Ausnahme und längerfristig gar nicht aufrechtzuerhalten, weil dem Leistungsbilanzüberschuss eines Landes stets entsprechende Defizite in anderen Ländern gegenüberstehen müssen.[166] Eine klare Zunahme der Wettbewerbsfähigkeit müsste sich nicht nur auf das Wachstum der Exporte, sondern auch auf das Wachstum der Bruttowertschöpfung der Exportwirtschaft auswirken, d.h. zu einem steigenden Wachstumsbeitrag auf der Angebots- und auf der Nachfrageseite führen. Dies lässt sich im Fall der Schweizer Wirtschaft jedoch nur im exportorientierten Dienstleistungssektor und innerhalb dieses Sektors nur bei den Finanzdienstleistungen feststellen. Im Bereich der Industrie insgesamt ist eine Gleichsetzung der Handelsbilanzüberschüsse mit internationaler Wettbewerbsfähigkeit hingegen weniger überzeugend, weil die Warenexporte als Teil der gesamtwirtschaftlichen Nachfrage zwar stark zunahmen, die Bruttowertschöpfung in der Exportindustrie hingegen nur geringfügig wuchs (siehe 1.1.3.3).

Das eigentliche Problem besteht jedoch darin, dass die Bedeutung des Aussenhandels weder durch den Beitrag der Exportwirtschaft zum gesamtwirtschaftlichen Wachstum (siehe 1.1.2.4) noch durch den Beitrag der Exporte zur gesamtwirtschaftlichen Nachfrage (siehe Tabelle 1.1-10) oder das Verhältnis von Importen und Exporten bzw. den Saldo der Leistungsbilanz hinreichend erfasst werden kann. Der Aussenhandel führt zu einer Verschiebung der Produktions- und Konsummöglichkeiten als Folge der internationalen Arbeitsteilung (→ 2.1). Das gesamte im Inland verfügbare Angebot an Gütern (BIP und Importe) wird dank des Aussenhandels grösser und kann somit auch eine grössere Nachfrage im Inland wie im Ausland befriedigen. Der Wachstumseffekt des Aussenhandels wird durch das Austauschverhältnis zwischen Importgütern und Exportgütern beeinflusst. Eine Möglichkeit, dieses Austauschverhältnis zu messen, sind die Terms of Trade (ToT), definiert als Verhältnis zwischen

166 Vgl. beispielsweise den Wachstumsbeitrag der Nettoexporte (Waren und Dienstleistungen) im Zeitraum 1991–2008 in Deutschland, Frankreich, Italien, Japan, Kanada, Grossbritannien und den USA. Nur Deutschland und Japan wiesen positive Nettoexporte und somit einen positiven Wachstumsbeitrag aus (Sachverständigenrat, Expertise 2009, 67). Die seit mehreren Jahren positive Leistungsbilanz Deutschlands wird denn auch international kritisiert und – wegen des fixen Wechselkurses des Euro – mit den Ungleichgewichten innerhalb der EU in Verbindung gebracht. In der Schweiz müssten die anhaltenden Leistungsbilanzüberschüsse zu einer Aufwertung des Frankens führen und würden damit die internationale Wettbewerbsfähigkeit der Exporte wieder schmälern. Zur Beziehung zwischen den Nettoexporten (insgesamt und jeweils für Waren und Dienstleistungen) im Zeitraum 1980–2006 vgl. etwa SECO 2006, 36–46. Gemäss dieser Studie lässt sich keine klare Beziehung zwischen den Nettoexporten und dem BIP-Wachstum feststellen.

Export- und Importpreisen. Das Austauschverhältnis verbessert sich, wenn die ToT steigen, d.h., wenn die Importpreise relativ zu den Exportpreisen sinken und somit für die gleiche Menge Exportgüter mehr Importgüter aus dem Ausland bezogen werden können. Gemäss Grafik 1.1–48 blieben die ToT im Warenhandel bis Anfang der 1930er Jahre ziemlich stabil, sieht man von einem starken Einbruch während des Ersten Weltkriegs ab, als die Importpreise fast doppelt so stark anstiegen wie die Exportpreise. Ab den 1930er Jahren stiegen die ToT tendenziell an, allerdings unterbrochen von einem deutlichen Einbruch nach der Abwertung des Schweizer Frankens 1936. Dieser Rückgang wurde bis 1939 ausgeglichen, weil zwischen 1937 und 1939 die Importpreise stagnierten, während die Exportpreise wieder anzogen. Starke Schwankungen sind dann wieder während des Zweiten Weltkriegs und in den unmittelbaren Nachkriegsjahren festzustellen. Es folgte ein ziemlich kontinuierlicher Anstieg in den 1960er Jahren, hauptsächlich wegen der steigenden Exportpreise. Im Übergang zu den flexiblen Wechselkursen stiegen die Exportpreise zwischen 1972 und 1980 zwar um etwa ein Viertel an, die Importpreise erhöhten sich jedoch noch etwas stärker, dementsprechend gingen die ToT bei starken Schwankungen leicht zurück. Eigentlich hätte die Aufwertung des Schweizer Frankens die Importpreise reduzieren und so zu einem Anstieg der ToT führen müssen, doch war das offensichtlich nicht der Fall. Es

Grafik 1.1-48: **Terms of Trade, Export- und Importpreisindex der Waren (1892–2008)**

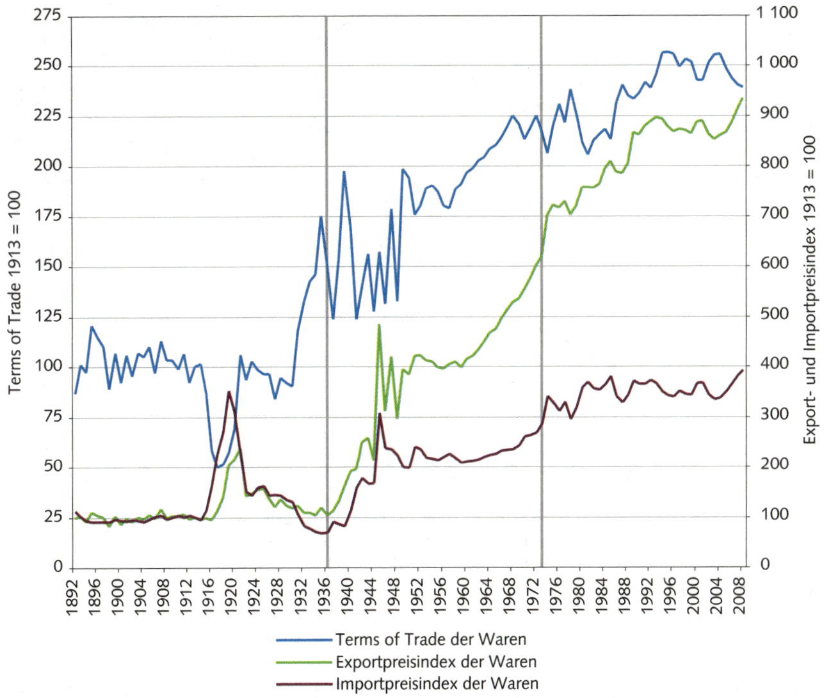

Quellen: 1892–1950: HSSO Tab. L.10ab und L.11ab.; 1950–2008: HSSO Tab. Q.16b.

ist davon auszugehen, dass einerseits die starke Erhöhung der Erdölpreise den Preisrückgang der Importe dämpfte und dass andererseits Aufwertungsgewinne nicht an die Verbraucher von Importgütern im Inland weitergegeben wurden. Eine deutliche Verbesserung der ToT ist erst in den 1980er Jahren und bis Anfang der 1990er Jahre festzustellen, weil in diesem Zeitraum die Importpreise stagnierten, während die Exportpreise weiter anstiegen. Die ToT für Dienstleistungen veränderten sich bis 1972 kaum, stiegen dann bis 1995 um etwa die Hälfte an und sanken anschliessend um etwa 10% (Grafik 1.1-49). Zur selben Zeit, ab Mitte der 1990er Jahre, verschlechterten sich auch die ToT im Warenhandel.

Verschiedene Studien bestätigen den relativ grossen Wachstumsbeitrag, der für die Schweiz in den letzten Jahrzehnten aus den Terms of Trade resultierte: Zwischen 1980 und 2000 erhöhten sich die ToT um rund 35%, d.h., dass im Jahr 2000 für das gleiche Exportvolumen 35% mehr Güter und Leistungen eingeführt werden konnten als 1980.[167] Im Vergleich mit einigen europäischen Staaten (Deutschland, Italien, Norwegen, Schweden), den USA und Japan entwickelten sich die ToT für die Schweiz

Grafik 1.1-49: **Terms of Trade, Export- und Importpreisindex der Dienstleistungen (1950–2005)**

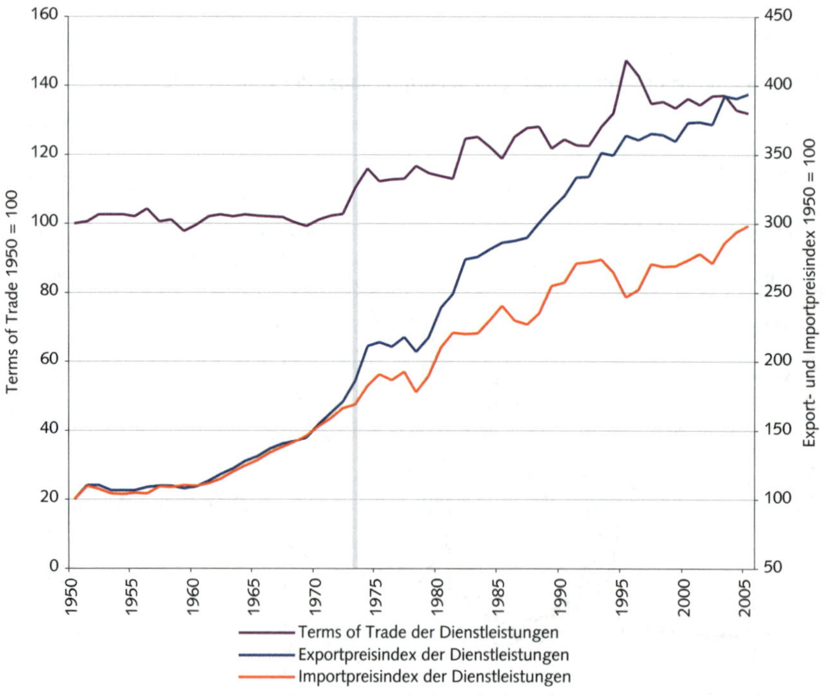

Quellen: HSSO Tab. Q.16b.

167 Kohli 2002, 55–56, schätzt, dass gemessen am realen BIP das Wirtschaftswachstum der Schweiz im Zeitraum 1980–2000 um ungefähr 0.6% pro Jahr unterschätzt wird.

besonders positiv.[168] Doch die Schweiz gehörte auch gemessen am um diesen Effekt korrigierten BIP in den letzten beiden Jahrzehnten des 20. Jahrhunderts zu den Ländern mit den tiefsten Wachstumsraten.[169]

Der ToT-Effekt kann somit die ausgeprägte Wachstumsschwäche der Schweizer Wirtschaft nicht erklären. Zudem kann der ToT-Effekt die Veränderung der Produktionsmöglichkeiten durch den Aussenhandel nicht adäquat erfassen und damit auch nicht dessen Wachstumsbeitrag. Wenn durch Importe Güter verfügbar werden, die im Inland überhaupt nicht oder nur zu viel höheren Preisen oder in geringerer Qualität hergestellt werden könnten, müsste man, um den tatsächlichen Aussenhandelseffekt zu erfassen, kontrafaktisch das Wachstum einer geschlossenen Volkswirtschaft schätzen. Im Absorptionsmodell wird beispielsweise das Wachstum des BIP aufgespalten in den Wachstumsbeitrag der Binnenabsorption (Konsum + Investitionen – Importe) und den Aussenbeitrag (Exporte). Dabei werden jedoch die Importe als Teil der Binnennachfrage aufgefasst, obwohl mit zunehmender internationaler Arbeitsteilung ein immer grösserer Teil der Importe als Vorleistungen für die Herstellung der Exporte verwendet wird. Im Absorptionsmodell wird somit der Wachstumsbeitrag der Binnennachfrage unterschätzt und jener der Exporte überschätzt.[170] In der Schweiz nahmen etwa die Warenimporte in den 1990er Jahren stark zu, obwohl die Binnennachfrage (Konsum und Investitionen) stagnierte. Ein beträchtlicher Teil dieser Importe dürfte deshalb als Vorleistungen für die Herstellung der Exporte verwendet worden sein. Dies würde auch erklären, warum in den 1990er Jahren das Wachstum der Warenexporte mit einem nur schwachen Wachstum der Bruttowertschöpfung der Exportindustrie einherging.

Das eigentliche Problem bei der Erfassung der Wirkungen des Aussenhandels auf das wirtschaftliche Wachstum besteht in einem Mangel der makroökonomischen Theorie, die diese Zusammenhänge nur unzureichend zu modellieren vermag.[171] In noch weit grösserem Masse gilt dies für andere Formen der internationalen Verflechtung, wie beispielsweise die Kapitalverflechtungen, insbesondere die stark gestiegenen Direktinvestitionen (→ 2.1.1.2). Wir können mit guten Gründen davon ausgehen, dass die gängige Auffassung, die Exporte hätten entscheidend zum Wirtschaftswachstum der Schweiz beigetragen, dem tatsächlichen Sachverhalt durchaus entspricht; allerdings unter der Prämisse, dass nicht die Exporte allein gemeint sind, sondern der Aussenhandel insgesamt, d.h. Exporte sowie Importe, welche die Produktionsmög-

168 SECO 2002–2003, 4–5. Die ToT für Deutschland und die USA stiegen um etwa 10 %, für Italien und Japan um etwa 25 %, während sie für Schweden um etwa 5 % sanken und für Norwegen zwischen 1988 und 1997 um etwa 25 % bis 33 % einbrachen und erst Ende des Jahrhunderts wieder anstiegen.

169 Schaltegger 2003. Die Schweiz rangiert gemessen am von 1980 bis 2000 kumulierten Wachstum des realen BIP, korrigiert um die Terms of Trade, nach Deutschland und vor Schweden an zweitletzter Stelle von 20 OECD-Staaten.

170 In der oben erwähnten Expertise wird die Binnenabsorption umschrieben als «heimische Nachfrage nach im Inland produzierten Gütern» (Sachverständigenrat, Expertise 2009, 65–67).

171 Einen Literaturüberblick zur internationalen Aussenhandelstheorie und -politik vermittelt Sen 2010.

lichkeiten im Inland, die Spezialisierung im Rahmen der internationalen Arbeitsteilung und damit das Niveau und das Wachstum des BIP beeinflussten. Allein durch den Import von Gütern im Austausch gegen im Inland hergestellten Gütern entstehen noch keine Wachstumsimpulse: Die statische Handelstheorie muss durch eine dynamische Entwicklungstheorie ergänzt werden.[172]

1.1.4.4 Fazit

Die «Hochlohninsel Schweiz» hat sich nicht erst mit dem Übergang zu flexiblen Wechselkursen und der Aufwertung des Schweizer Frankens in den 1970er Jahren herausgebildet. Sie bestand teilweise bereits zu Beginn des 20. Jahrhunderts, und es gibt gute Gründe, davon auszugehen, dass sich die Lohnunterschiede im Vergleich mit den anderen westeuropäischen Ländern in der Zwischenkriegszeit noch verstärkten. Die Währungsabwertungen in anderen Staaten hatten während der Krise der 1930er Jahre eine starke, aber nur vorübergehende Aufwertung des Frankens zur Folge, die durch dessen Abwertung 1936 weitgehend kompensiert wurde. Trotzdem veränderte sich die internationale Wettbewerbsfähigkeit der Schweizer Industrie nachhaltig. Wie im Kapitel 2.1 aufgezeigt wird, vermochten wichtige Exportindustrien ihre Konkurrenzfähigkeit auf dem Weltmarkt wiederherzustellen, während andere sich auf den Binnenmarkt zurückzogen oder ihre Produktion weitgehend ins Ausland verlagerten. In der langen Wachstumsperiode nach dem Zweiten Weltkrieg glichen sich die Löhne und damit auch der stark vom Arbeitseinkommen abhängige Lebensstandard in den verschiedenen westeuropäischen Ländern einander an (siehe 1.1.1.2). Zu Beginn der 1970er Jahre und auch zu Beginn des 21. Jahrhunderts waren die Arbeitskosten in der Schweiz nicht übermässig hoch, und sie dürften die internationale Wettbewerbsfähigkeit auch deshalb nicht allzu stark beeinträchtigt haben, weil die Produktivitätsentwicklung mit dem Lohnanstieg Schritt halten konnte. Doch seit den 1970er Jahren stiegen die Lohnstückkosten im internationalen Vergleich verhältnismässig stark an, wodurch ein relativer Kostennachteil entstanden ist. Die internationale Wettbewerbsfähigkeit der Schweizer Wirtschaft blieb jedoch erhalten, weil der in den späten 1970er Jahren einsetzende und in den 1990er Jahren sich verstärkende Strukturwandel mit einer Steigerung der Arbeitsproduktivität in den wichtigsten exportorientierten Branchen einherging, bei gleichzeitig stagnierender oder sinkender Produktivität in den meisten anderen Branchen.

172 Vgl. McCloskey 2009, 1–2. Der Handel fungiere nicht als Wachstumsmotor und könne deshalb nicht das Ausmass des Wachstums erklären, «the scale of growth that overcame the West and then the Rest 1800 to the present». Der internationale Handel allein schafft noch keine Arbeitsplätze im Inland, sondern tauscht lediglich im Inland produzierte Güter gegen im Ausland hergestellte. Dadurch wird die Produktionsmöglichkeitenkurve nicht massiv nach aussen verschoben. Notwendig sei, so McCloskey, eine Ökonomie der Entdeckungen (economics of discovery), nicht eine Ökonomie des Tauschs von Baumwolle gegen Tee; siehe auch McCloskey 2010.

Erste Anzeichen für die Entstehung einer «Hochpreisinsel Schweiz» lassen sich hingegen erst in den 1960er Jahren feststellen, und sie verstärkten sich mit der Einführung flexibler Wechselkurse zu Beginn der 1970er Jahre. Das inländische Preisniveau spielte für die internationale Wettbewerbsfähigkeit jener Branchen eine wichtige Rolle, die sich auf inländische Ressourcen abstützen mussten, weil Importe eingeschränkt oder preislich überhöht waren oder weil sie ihre Leistungen nur im Inland erbringen konnten, also insbesondere in der Agrarproduktion, der Lebensmittelindustrie und im Tourismus. Vom inländischen Preisniveau relativ unabhängig waren jene exportorientierten Industrien, die bei steigenden Preisen im Inland auf importierte Rohstoffe und Vorleistungen ausweichen konnten, weil der Preisunterschied zum Ausland in erster Linie die Konsumentenpreise betraf und weniger die Grosshandels- und Importpreise.

Von den Aufwertungstendenzen in den frühen 1970er Jahren waren auch die wichtigsten Handelspartner und Konkurrenten im Ausland betroffen, und die Wechselkurse zwischen den verschiedenen europäischen Währungen entwickelten sich recht unterschiedlich. Für die Anpassungsstrategien der exportorientierten Schweizer Unternehmen, insbesondere der grossen multinationalen Unternehmen, fielen die anhaltenden Währungsschwankungen und die damit verbundene Unsicherheit über die Produktionsbedingungen am Standort Schweiz vermutlich stärker ins Gewicht als die direkten Folgen der Aufwertung (→ 2.1.3.2).[173] Die inlandorientierten Branchen hingegen waren weiterhin daran interessiert, den engen Binnenmarkt zu regulieren, ihre Wettbewerbsfähigkeit gegenüber den Importen zu verteidigen und allenfalls deren Konkurrenz einzuschränken. Ein hohes inländisches Preisniveau barg zwar die Gefahr, dass das im Inland erwirtschaftete Einkommen aufgrund des Währungsanreizes vermehrt im Ausland ausgegeben würde; ein solches Ausweichen war jedoch nur begrenzt möglich, und deshalb war ein Hochschaukeln von Preisen und Löhnen im Inland, bei stagnierenden Reallöhnen und zunehmendem Lohn- und Preisgefälle gegenüber dem europäischen Umfeld, möglich. Das hohe inländische Preisniveau wirkte sich nachteilig auf das Wachstum der Inlandsnachfrage aus. Die Binnenkaufkraft blieb zwar wegen der ebenfalls höheren Arbeitseinkommen hoch, doch wäre diese bei einem geringeren Anstieg der Konsumentenpreise stärker gestiegen und hätte damit Wachstumsimpulse ausgelöst. Zudem begünstigte das hohe inländische Preisniveau auch für importierte Güter höhere Preise als in anderen Ländern: Durch die überhöhten Preise der Importe wurden wiederum Wachstums- und Wohlstandseffekte exportiert.

173 Kneschaurek 1983, 112, betont die besonders nachhaltige Auswirkung der Währungsunsicherheit auf den Strukturwandel der 1970er Jahre.

Dieser historische Rückblick führt zu der wesentlichen Einsicht, dass das BIP-Wachstum und der Wohlstandseffekt des Aussenhandels nicht primär durch ein Wachstum der Exporte, sondern durch ein Wachstum des Aussenhandels insgesamt, d.h. durch Exporte und Importe, gefördert wird. Die Bedeutung der Importe für das Wirtschaftswachstum wurde in der Schweiz nur selten explizit angesprochen.[174] In der Wirtschaftsgeschichte wird die Abhängigkeit von Importen häufig sogar als ein Nachteil thematisiert und nur ausnahmsweise als eine günstige Voraussetzung für wirtschaftliches Wachstum betrachtet.[175] In wirtschaftswissenschaftlichen Studien und in der medialen Berichterstattung zur Wirtschaftsentwicklung stehen stets die Exporte im Vordergrund, und wenn die Exporte die Importe übertreffen, wird das als positiv bewertet, im Gegensatz zu der in dieser Hinsicht unumstrittenen ökonomischen Theorie und aller mit ihr kompatiblen historischen Erfahrungen mit den Nachteilen sowohl längerfristig positiver wie negativer Leistungsbilanzen. In einem System flexibler Wechselkurse führen solche Ungleichgewichte zu ständigen Auf- und Abwertungen, und in einem System fester Wechselkurse zu sporadischen Auf- und Abwertungen, samt den damit einhergehenden Spekulationswellen. Dadurch werden die Leistungsbilanzüberschüsse oder -defizite zwar wieder abgebaut, aber eben nicht sofort, weil die Preisverhältnisse sich nicht unmittelbar anpassen können. Es entstehen Verzerrungen in der Produktionsstruktur, der Wachstumspfad verändert sich und zwar in der Regel nachhaltig, weil einmal eingeschlagene Entwicklungspfade sich nicht beliebig revidieren lassen. Anzustreben sind somit nicht Leistungsbilanzüberschüsse, sondern ausgeglichene Leistungsbilanzen.[176]

Hier gilt es nun, den bereits angesprochenen besonderen Aspekt der inländischen Preisentwicklung aufzugreifen, der im Aufwertungsschub der Eurokrise 2011 wieder aktuell geworden ist: Die im Vergleich zum europäischen Umfeld überhöhten Preise der Importe. Dieses besondere Preisgefälle wurde seit den 1990er Jahren im Zusammenhang mit der Wachstumsschwäche immer wieder thematisiert, es spielte jedoch

174 Dass die Importseite häufig vernachlässigt wird, macht auch der Schlussbericht des Nationalen Forschungsprogramms 28 von Kappel/Landmann 1997, 389–399, deutlich mit einem Verweis auf die Ergebnisse der Zeitreihenanalyse zum Zusammenhang zwischen Aussenhandel und Wachstumsrate der Volkswirtschaft von Kugler/Müller 1996: «Die populäre Auffassung, dass die Exporte das eigentliche Zugpferd der Schweizer Wirtschaft sind, findet sich nicht ohne weiteres bestätigt. Eher grösser ist überraschenderweise die Rolle der Importe.» Aus dieser Einsicht resultiert die bedeutsame Lektion, dass Wachstumsimpulse des Aussenwirtschaftssektors nicht nur auf die von der Aussenhandelsdiplomatie in erster Linie betriebene Förderung der Exporte abzielten, sondern auch auf das, was durch gut organisierte inländische Partikularinteressen erfolgreich verhindert werde, nämlich freie Bahn für Importe. Vgl. zur erwähnten Zeitreihenanalyse die Zusammenfassung der Ergebnisse dieser Studie auf S. 148–151.

175 Z.B. David 2003; Siegenthaler 1976, 546–547, betont die Verfügbarkeit ausländischer Inputs, insbesondere Rohstoffe, Energieträger und Vorleistungen, als wichtige angebotsseitige Voraussetzung des Wachstums im 20. Jahrhundert und verweist auf die trotz starker Schwankungen insgesamt günstige Entwicklung der Terms of Trade zwischen 1910 und 1973.

176 Solche Zusammenhänge thematisieren mit Bezug auf die wirtschaftliche Stagnation der 1990er Jahre Borner/Dietler/Mumenthaler 1997, siehe insbesondere 12–16 und 68–71.

vermutlich bereits seit den 1970er Jahren eine Rolle. Im Bereich der handelbaren Güter schränken im Vergleich zum Ausland überhöhte Preise den potentiellen Wachstumsbeitrag der Importe ein. Die Importe sind eine wichtige, jedoch häufig vernachlässigte angebotsseitige Voraussetzung des Wachstums, und es ist davon auszugehen, dass dieses Wachstumspotential in den letzten Jahrzehnten in der Schweiz in einem geringeren Ausmass genutzt wurde als in den anderen europäischen Ländern. Es ist somit durchaus möglich, dass die vielfältigen Regulierungen im Binnenmarkt dazu beitrugen, dass das Wachstumspotential der Marktöffnung ab den 1970er Jahren in der Schweiz weniger gut ausgeschöpft werden konnte als in anderen europäischen Ländern. Die in den 1990er Jahren eingeleiteten, den Binnenmarkt betreffenden institutionellen Reformen und der Abschluss der bilateralen Verträge mit der EU führten zwar dazu, dass die Regulierungsdichte in der Schweiz im internationalen Vergleich stark zurückging. Ob und in welchem Ausmass sich diese Neuerungen auf das Wachstum im Inland auswirkten und auswirken, ist jedoch noch kaum abzuschätzen.[177]

1.1.5 Schlussbetrachtungen

Die Schweiz verfügte bereits um 1890 über ein besonders hohes Bruttoinlandprodukt je Einwohner, sie wies allerdings für den gesamten Zeitraum von 1890 bis 2000 auch die niedrigste Wachstumsrate auf (Grafik 1.1-50).[178] Der linear fallende Trend zeigt eine klare Tendenz zur Annähung der mit dem BIP pro Kopf gemessenen Wohlstandsniveaus der verschiedenen westeuropäischen Länder und der USA im Verlauf des 20. Jahrhunderts. Dieser Aufhol- und Angleichungsprozess war in Westeuropa trotz Kriegen und Wirtschaftskrisen besonders ausgeprägt: Die Staaten mit einem relativ hohen Wohlstandsniveau zu Beginn des Jahrhunderts hatten relativ niedrige durchschnittliche Wachstumsraten im Verlauf des Jahrhunderts und umgekehrt. Häufig wird noch die Auffassung vertreten, die Schweiz sei im 19. und bis zum Beginn des 20. Jahrhunderts ein armes Land gewesen, und das hohe Wohlstandsniveau eine Folge ihres wirtschaftlichen Erfolgs im 20. Jahrhundert, insbesondere nach dem Zweiten Weltkrieg. Tatsächlich waren jedoch die durchschnittlichen Wachstumsraten während des gesamten Jahrhunderts besonders niedrig, und der hohe Wohlstand erweist

177 Arvanitis/Hollenstein/Marmet 2005, 185–189, vergleichen die Regulierung auf dem Arbeits- und Produktmarkt verschiedener Länder (11 europäische Länder, USA, Japan). Auf dem Produktmarkt wird die Regulierungsdichte in den Stichjahren 1998 und 2003 anhand der Aspekte staatliche Kontrolle, Unternehmertum, Handel und Investitionen ausgewiesen. Die Schweiz befindet sich in beiden Stichjahren auf dem siebten Rang. Da die Regulierungsdichte in allen Ländern zurückging, gelang es der Schweiz also zumindest, sie etwa im gleichen Ausmass zu reduzieren. Bei der Regulierungsdichte auf dem Arbeitsmarkt schneidet die Schweiz mit dem vierten Rang (1990 und 1998) bzw. dem dritten Rang (2003) deutlich besser ab.

178 Dies trifft auch dann zu, wenn weitere aussereuropäische Länder, wie Australien, Kanada oder Neuseeland, in den Vergleich einbezogen werden, die bereits um 1890 zu den Ländern mit einem hohem BIP pro Kopf gehörten.

Grafik 1.1-50: **Konvergenz der Wohlstandsniveaus in Westeuropa und den USA (1890–2000)**

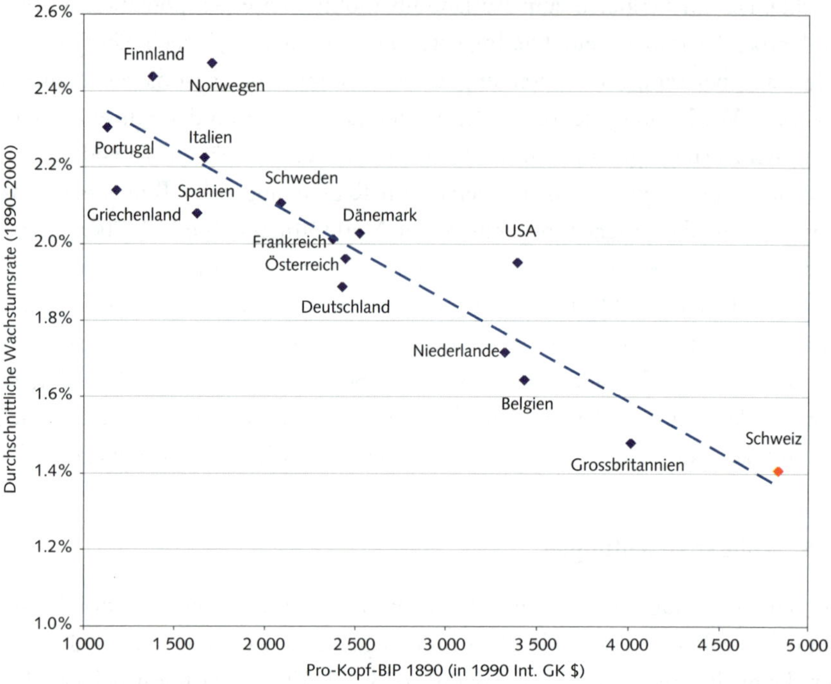

Quellen: GGDC, Maddison Historical Statistics (Sept. 2008) (Grossbritannien inkl. Nordirland); Schweiz 1890–1947: neue Schätzung 2010, siehe Anhang A.1.1.7.

sich so als Paradoxon.[179] Am Ende des Jahrhunderts platzierte sich die Schweiz im oberen Mittelfeld der westeuropäischen Länder. Die Wirtschaft der meisten anderen europäischen Staaten war somit von einem tieferen Niveau ausgehend stärker gewachsen als jene der Schweiz. Staaten mit einem besonders hohen Wohlstandsniveau, und dazu gehört die Schweiz nach wie vor, dürften auch im 21. Jahrhundert relativ niedrigere Wachstumsraten aufweisen als Staaten mit einem tiefen Entwicklungsstand. Im besten Fall werden dadurch die eklatanten wirtschaftlichen Ungleichgewichte und die damit verbundenen politischen und sozialen Spannungen reduziert und weitere Staaten in den Konvergenzprozess einbezogen. Wirtschaftliches Wachstum ist grundsätzlich kein Nullsummenspiel, d.h., das Wachstum der einen muss nicht auf Kosten der anderen erfolgen, sofern die Grundlagen des Wachstums erhalten bleiben, und dazu gehören nicht nur die natürlichen, sondern auch die geschaffenen wirtschaftlichen, sozialen und politischen Voraussetzungen. Die verschiedenen Grenzen der Wohlstandsgesellschaft sind seit einiger Zeit wieder ein zentrales Thema, sowohl im nationalen

179 Siehe etwa Abrahamsen et al. 2005 oder Schaltegger 2003, der die Frage stellt, ob es sich bei der Wachstumsschwäche der Schweiz um ein Messproblem handle; ebenso Kohli 2005, 63–64, zum «Swiss growth paradox».

Rahmen wie auf der Agenda der verschiedenen Foren der Weltgesellschaft, wobei die wohl am schwersten wiegende Knappheit – die begrenzte öffentliche Aufmerksamkeit – es kaum zulässt, dass ein Aspekt über längere Zeit oder mehr als ein Aspekt gleichzeitig zum Thema wird.[180]

Die wirtschaftliche Entwicklung eines Landes vollzieht sich im Spannungsfeld zwischen äusseren, insbesondere von einem kleinen Land kaum zu beeinflussenden Zwängen und internen Voraussetzungen und Gestaltungsmöglichkeiten. Zu Beginn des 20. Jahrhunderts verfügte die Schweiz über einen beachtlichen Entwicklungsstand. Während des Ersten Weltkriegs wurde das auf der Goldwährung beruhende internationale Währungssystem aufgehoben und damit auch eine wichtige Grundlage der schweizerischen Exportwirtschaft. Die Kriegsjahre waren geprägt von starken Schwankungen der Exporte und Importe, von extremen Preisfluktuationen und sinkenden Reallöhnen, doch war die Schweiz wie andere kleine europäische Länder nicht direkt in die kriegerischen Auseinandersetzungen involviert, und der Krieg der anderen führte nicht nur zu neuartigen Kontrollen und Einschränkungen im Bereich des Aussenhandels oder zu besonderen Problemen im Beschaffungswesen, sondern eröffnete für manche Unternehmen auch neue Marktchancen.[181] In den 1920er Jahren verfügte die Schweiz im Vergleich zu den meisten europäischen Ländern über besonders gute interne Voraussetzungen,[182] weil das Land nach dem Ersten Weltkrieg rasch zur monetären und sozialen Stabilität zurückgefunden hatte (→ 5.1.4.2), und die Wirtschaft konnte diese vorteilhaften Bedingungen zu starkem Wachstum im Inland und zur Festigung ihrer Position auf ausländischen Märkten nutzen. Der länger andauernde Konjunktureinbruch in den 1930er Jahren wurde durch das stärkere Wachstum in den 1920er Jahren weitgehend aufgefangen. Insgesamt vermochten die internationalen Verwerfungen im protektionistischen Umfeld der Zwischenkriegszeit und der starke Einbruch der Exportwirtschaft während der Grossen Depression bei gleichzeitiger Ausweitung und zunehmender Regulierung der Binnenwirtschaft, die Position der Schweiz innerhalb Europas nicht nachhaltig zu schwächen.

Zu Beginn der 1970er Jahre positionierte sich die Schweiz gemessen am BIP pro Kopf innerhalb der westeuropäischen Länder etwa so wie zu Beginn des 20. Jahrhunderts. Das erscheint auf den ersten Blick erstaunlich, weil die Schweiz zu den wenigen europäischen Staaten gehörte, die nicht direkt vom Zweiten Weltkrieg und seinen Verwüstungen betroffen worden war und somit über besonders günstige Bedingungen verfügte, den Wachstumsboom nach dem Krieg zu nutzen. Doch dieser Vorteil schwand in den von starkem Wachstum geprägten Nachkriegsjahrzehnten ziemlich

180 Zu Aufmerksamkeit als knapper Ressource vgl. Simon 1978, zur Aufmerksamkeitsökonomie (attention economy) Davenport/Beck 2001.

181 Rossfeld/Straumann 2008, insbesondere 48–59.

182 Siehe zu einem Vergleich der Entwicklung in der Schweiz und in anderen kleinen europäischen Ländern die Beiträge von Grytten (Norwegen), Halbeisen (Schweiz), Jakubec (Tschechoslowakei) und Klemann (Niederlande) in Müller/Myllyntaus 2008 sowie die Studie von Cassiers 1989 zur wirtschaftlichen Entwicklung Belgiens in der Zwischenkriegszeit.

rasch dahin, weil unter solchen Bedingungen in erster Linie die in einer Volkswirtschaft verfügbaren Produktivkräfte die jährliche Wirtschaftsleistung bestimmen. Und diese waren in allen westeuropäischen Ländern innert kurzer Zeit wieder intakt, wohl auch deshalb weil gemäss neueren Forschungen die Produktionskapazitäten durch den Krieg weniger stark reduziert wurden als bislang angenommen.[183]

Das letzte Viertel des 20. Jahrhunderts kann als eine Periode charakterisiert werden, während der die Schweizer Wirtschaft im Vergleich mit den erfolgreichsten kleinen europäischen Ländern weniger gut abschneidet und auch nicht viel besser als manche der grossen europäischen Staaten.[184] Die meisten Studien zur Wachstumsschwäche konzentrieren sich auf die 1990er Jahre oder auf den Zeitraum ab 1980, einige neuere Analysen setzen bereits in den 1970er Jahren ein.[185] Um diesen relativen Misserfolg zu verstehen, genügt es jedoch nicht, sich auf die letzten Jahrzehnte des 20. Jahrhunderts zu beschränken. Wirtschaftliche Entwicklung ist pfadabhängig, und entscheidende Weichen zum spezifisch schweizerischen Wachstumspfad der letzten Jahrzehnte wurden bereits viel früher gestellt. In der langen Wachstumsperiode nach dem Zweiten Weltkrieg hatten alle europäischen Staaten ein starkes Wirtschaftswachstum und einen grossen innenpolitischen Handlungsspielraum. Das zeigt sich besonders deutlich bei der unterschiedlichen Ausgestaltung der Institutionen innerhalb der einzelnen westeuropäischen Staaten, die sich zwar grundsätzlich und in Abgrenzung von Osteuropa als marktwirtschaftlich und kapitalistisch verstanden, doch diese privatwirtschaftlichen Ordnungsprinzipien wurden jeweils überlagert von kooperativ-korporatistischen Regelungen innerhalb der jeweiligen Volkswirtschaften, zwischen den Unternehmen, ihren Interessensorganisationen und dem Staat (→ Teil 4).

Die auffallende Konvergenz der wirtschaftlichen Entwicklung gemessen an den Wachstumsraten des BIP ging somit mit einer zunehmend unterschiedlichen Ausgestaltung der internen Regelsysteme bzw. der Institutionen der westeuropäischen Länder einher. Diese Unterschiede wurzeln teils in den 1930er Jahren, teils in den Erfahrungen, die während des Zweiten Weltkriegs und danach gemacht wurden.[186] In der Schweiz war der innenpolitische Handlungsspielraum in diesen knapp drei Jahrzehnten besonders gross, u.a. weil die Schweiz nicht in den Marschall-Plan und die ent-

183 Fremdling/de Jong/Smits 2001, 25–27, weisen darauf hin, dass die industrielle Kapazität der Bundesrepublik Deutschland um 1945 trotz aller Zerstörungen im Krieg grösser war als 1940. Auch für die Niederlande zeigen die Neuberechnungen von Klemann 2001, 65–74, dass die Industrieproduktion weniger stark geschrumpft war als früher angenommen. Eloranta/Harrison 2010 vermitteln einen Überblick über Parallelen und Unterschiede der wirtschaftlichen Auswirkungen der beiden Weltkriege in den europäischen Ländern und den USA; auffällig ist besonders die rasche wirtschaftliche Erholung in den europäischen Ländern nach dem Zweiten Weltkrieg.

184 Einen Überblick über zentrale Aspekte der Weltwirtschaftsentwicklung im Zeitraum1980–2005 vermitteln Ruoss/Zurlinden 2007, 215–229.

185 Kohli 2002; SECO 2002–2003; Schaltegger 2003; Kehoe/Ruhl 2004; Dreher/Sturm 2005; Gaillard/Trunz 2005.

186 Vgl. zur wirtschaftlichen Entwicklung anderer kleiner europäischer Länder und ihrer institutionellen Besonderheiten Krantz (Schweden im internationalen Vergleich), de Jong/Smits (die Niederlande) und Lange/Pharo (Norwegen) in Müller/Myllyntaus 2008.

sprechenden institutionellen Reformprozesse einbezogen wurde, und weil sie sich im Unterschied zu anderen europäischen Ländern schon sehr früh vom europäischen Integrationsprozess distanzierte. Gleichzeitig war der Handlungsbedarf wegen der stabilen monetären Situation (→ 5.1.6.1) und dem deutlichen Wohlstandsvorsprung geringer. Zudem war die Schweiz, insbesondere im Vergleich zu den vom Krieg stark betroffenen Staaten, mit weniger gravierenden sozialen Problemen konfrontiert.

Die je spezifischen Ausgestaltungen der Institutionen prägten den Wachstumsprozess der Nachkriegsjahrzehnte, doch erst in den 1970er Jahren dürften solche Unterschiede für die Schweiz zu einem Nachteil geführt haben, der sich in verglichen mit anderen westeuropäischen Staaten niedrigeren durchschnittlichen Wachstumsraten niederschlug. Für viele westeuropäische Staaten innerhalb und ausserhalb der Europäischen Wirtschaftsgemeinschaft war der als massive Veränderung der wirtschaftlichen Rahmenbedingungen wahrgenommene Strukturbruch der 1970er Jahre Anlass zu weitreichenden Reformen im Binnenmarkt und im Bereich ihrer Arbeits- und Kapitalmärkte. Für die Schweiz mit ihrem traditionell offenen Kapitalmarkt und nur schwach regulierten Arbeitsmarkt drängten sich derartige Reformen nicht auf, und im Bereich des Binnenmarktes wurden sie als weniger notwendig erachtet. Vom Deindustrialisierungsprozess war die Schweiz zwar in ähnlicher Weise betroffen wie andere europäische Länder, doch in Wirtschaft und Politik führte das rasche Abklingen der Krise der 1970er Jahre dazu, dass tiefgreifende Restrukturierungen und geplante binnenwirtschaftliche Reformen aufgeschoben wurden. Damit vergrösserten sich die Unterschiede insbesondere zu den in der Europäischen Wirtschaftsgemeinschaft zusammengeschlossenen Staaten.

Die besonders ausgeprägte Wachstumsschwäche der schweizerischen Wirtschaft in den 1990er Jahren kann somit in Zusammenhang gebracht werden mit einem verspätet einsetzenden Anpassungsprozess an die neuen internationalen Rahmenbedingungen und insbesondere an die im europäischen Binnenmarkt geltenden Regeln.[187] In diesem Jahrzehnt war der Handlungsbedarf aufgrund der weitreichenden Veränderungen im globalen und insbesondere im europäischen Umfeld besonders gross, der innenpolitische Handlungsspielraum war hingegen wegen der divergierenden Vorstellungen über die Positionierung der Schweiz innerhalb Europas stark eingeschränkt. In der wirtschaftshistorischen Literatur wird die These der Komplementarität eines liberalen Aussenhandels und Kapitalverkehrs mit der korporatistischen Abschot-

187 Anpassungsbedarf wird allerdings auch in Bezug auf andere, erfolgreiche kleine Länder festgestellt: De Jong/Smits 2008 betonen die nachteiligen Folgen des Festhaltens der führenden niederländischen Unternehmen an den herkömmlichen, stark auf Kostensenkung und zu wenig auf Innovation setzenden Wachstumsstrategien; gemäss Krantz 2008 war Schwedens Politik in der langen Wachstumsperiode nach dem Zweiten Weltkrieg «out of step with the world around» (55), auf die besonders schwere Wirtschaftskrise zu Beginn der 1990er Jahre reagierten jedoch sowohl Wirtschaft wie Politik überaus flexibel und erfolgreich; Andersen 2011 macht für Dänemark einen aufgestauten Anpassungsbedarf aus und befürchtet, der ausserordentliche wirtschaftliche Erfolg im Zeitraum 1980–2011 «could look a bit as a fairy tale with an unhappy ending» (144).

tung und Selbstregulierung der Binnenwirtschaft vertreten. Dieser Dualismus soll der schweizerischen Exportindustrie wichtige Vorteile verschafft haben.[188] Diese Komplementarität, falls sie tatsächlich bestanden haben sollte, war jedoch spätestens ab den 1970er Jahren nicht mehr gegeben: Die verspätete Öffnung des Binnenmarkts und damit auch die Anpassung an die neuen internationalen Rahmenbedingungen schwächten tendenziell die internationale Konkurrenzfähigkeit der Exportindustrie am Standort Schweiz. Gemessen an ihrem Anteil am Welthandel und im Vergleich mit anderen kleinen europäischen Ländern nahm die wirtschaftliche Integration der Schweiz in diesen Zeitraum ab (→ 2.1.1.1, Grafik 2.1–2).

In Schweden und Finnland erzielte die Wirtschaft nach einer viel stärkeren Rezession Anfang der 1990er Jahre in der zweiten Hälfte des Jahrzehnts wieder hohe Wachstumsraten.[189] In der Schweiz ging der wirtschaftliche Erholungsprozess, der sich erst um die Jahrhundertwende schwach abzuzeichnen begann, einher mit einer massiven Verstärkung der internationalen Verflechtungen, mit anhaltenden Leistungsbilanzüberschüssen und hohen Investitionen im Ausland bei gleichzeitig sinkenden Investitionen im Inland. Die Bedeutung des Aussenhandels für die wirtschaftliche Entwicklung kann mit den theoretischen Ansätzen der Makroökonomie nur mangelhaft erfasst werden, und das gilt in noch viel grösserem Masse für andere Formen der internationalen Verflechtung wie beispielsweise die Kapitalmarktverflechtungen und insbesondere die stark gestiegenen Direktinvestitionen der Schweizer Unternehmen im Ausland und der ausländischen Unternehmen in der Schweiz (→ 2.1.1.2). Diese teilweise neuartigen Formen der internationalen Verflechtung führten zu einer Veränderung, Lockerung und Aufhebung eingespielter Beziehungen im Inland, und zwar in den verschiedenen Bereichen der Wirtschaft, zwischen den wirtschaftlichen Interessenorganisationen sowie zwischen Wirtschaft und Staat.

Die niedrigen BIP-Wachstumsraten der 1990er Jahre erfassen nicht alles, was in der schweizerischen Volkswirtschaft tatsächlich vor sich ging. Während das gesamtwirtschaftliche Wachstum stagnierte, befand sich die Wirtschaft, wie die weiteren Kapitel in diesem Buch zeigen werden, im Um-, Ab- und Aufbau, und die institutionellen Rahmenbedingungen veränderten sich, auch wenn solche Prozesse in der Schweiz immer nur in kleinen Schritten und stets etwas langsamer erfolgten als in anderen europäischen Ländern. Innovation geht mit «schöpferischer Zerstörung» (Schumpeter) einher; der mit den Veränderungen im protektionistischen Kontext der Zwi-

188 Bernegger 1990, 462.

189 Die Wirtschaft Schwedens wie auch diejenige Finnlands war – im Unterschied zur Schweiz (→ 2.1.3.1.2) – besonders stark in der «new economy» bzw. in den Informations- und Kommunikationstechnologien (Mobiltelefonie, Internet usw.). Schweden konnte dabei seinen traditionellen Schwerpunkt in diesem Bereich nutzen (Krantz 2008, 60), während Finnland diesen neu aufbaute (Ojala/Eloranta/Jalavy 2006, 274–282). Erixon 2011, 316–318, verweist auf den Einfluss, neuer ökonomischer Ideen, aber auch auf die Bedeutung, welche die Integration Schwedens in die EU für den raschen Übergang zu einem neuen wirtschaftspolitischen Regime in den 1990er Jahren hatten. Das starke Wachstum im Zeitraum von 1998 bis 2011 ging in Schweden allerdings mit höheren Arbeitslosenraten einher.

schenkriegszeit eingeschlagene Wachstumspfad war bis in die 1970er Jahre relativ erfolgreich, inwieweit das für den Strukturwandel der 1990er Jahre ebenfalls zutrifft, ist eine offene Frage. Mit der zunehmenden internationalen Verflechtung hat sich auch die Anfälligkeit der Schweizer Wirtschaft für externe Schocks erhöht.[190] Nach wie vor besteht ein bedeutender Handlungsspielraum im Inland, doch die Anforderungen für eine angemessene Ausgestaltung der Institutionen und für die Nutzung von Wachstumschancen sind ebenfalls gestiegen.

Im ersten Jahrzehnt des 21. Jahrhunderts scheint die Schweizer Wirtschaft wieder Tritt gefasst zu haben. Nach Abschluss des ersten Pakets der Bilateralen Verträge klärte sich das Verhältnis der Schweiz zur EU. Die Arbeitsimmigration nahm stark zu, und die Wachstumsraten des BIP waren etwas höher als in den 1990er Jahren, im Vergleich zum EU-Durchschnitt allerdings immer noch niedrig. Die wirtschaftliche Erholung stützte sich weniger auf die traditionellen Stärken der schweizerischen Exportwirtschaft, d.h. auf die Stärken ihres Werkplatzes, sondern auf den besonders ausgeprägten Aufschwung ihres Finanzplatzes. Massive Divergenzen zum europäischen Umfeld blieben bestehen, sie wirkten sich teils positiv, teils negativ auf den Wirtschaftsstandort Schweiz aus. Das Verhältnis der Schweiz zur Europäischen Union verharrte in einem institutionalisierten Provisorium, das ständig von innen oder von aussen in einen Krisenzustand versetzt werden konnte. Die in der Schweiz stets besonders ausgeprägte Stabilität der wirtschaftlichen Verhältnisse, die Sicherheit des Arbeitsplatzes und des Arbeitseinkommens, die Sicherheit der Renten und der Sozialleistungen schienen langfristig gefährdet, weil sie zunehmend abhängig waren von den im Ausland generierten Kapitaleinkommen. Doch obwohl das BIP pro Kopf und die realen Arbeitseinkommen nun durchaus mit denjenigen in anderen europäischen Ländern vergleichbar waren, blieben grosse Unterschiede bestehen in Bezug auf die Stabilität und die Sicherheit dieser Einkommen und auch der Vermögensverhältnisse. In der Schweiz dürften diese zentralen Beiträge zum Wohlstand nach wie vor besonders hoch sein.

Im Vergleich zu den Wachstumsperioden des 20. Jahrhunderts ist das besondere Merkmal des schwachen Wachstums im ersten Jahrzehnts des 21. Jahrhunderts die andauernde Offenheit der Situation, die geprägt blieb von Unsicherheit und der ständigen Suche nach einem gangbaren Weg zwischen den zunehmenden Herausforderungen einer globalen Wirtschaft und der Erhaltung eines attraktiven Wirtschaftsstandorts für international wettbewerbsfähige Unternehmen im Inland. Internationale Wettbewerbsfähigkeit ist nicht mehr primär für die Exportwirtschaft von Bedeutung, sondern auch für die mit Importen konkurrierende Binnenwirtschaft. Zudem begünstigten offene, instabile und von Unsicherheit geprägte Verhältnisse Fehlinvestitionen in allen Lebensbereichen und Lebenslagen. Unter solchen Bedingungen ein hohes Wohlstandsniveau einigermassen zu halten, erfordert Flexibilität und Kreativität, Ei-

190 Vgl. dazu den Literaturüberblick von Montalbano 2010.

genschaften, die in der Regel nicht mit Begriffen wie Stagnation oder Grosser Depression (wie etwa bei Timothy Kehoe und Kim Ruhl) in Verbindung gebracht werden.[191] Wir haben einleitend verschiedene Vorbehalte gegenüber dem BIP pro Kopf als Wohlstandsmass vorgebracht. Ein Aspekt der wirtschaftlichen Globalisierung wird in Zukunft noch viel stärker ins Gewicht fallen: Die international stark verflochtenen Volkswirtschaften generieren Einkommen und damit Wohlstandsgewinne, die nicht in direkter Beziehung stehen zu der im Inland erbrachten jährlichen Wirtschaftsleistung bzw. dem BIP. Es geht dabei um die neuartigen Folgen etablierter Formen der Offenheit.[192] Solche wohlstandsrelevanten Auswirkungen der internationalen Verflechtung werden von den nationalen Statistiken nur mangelhaft und erst seit relativ kurzer Zeit erfasst. Sie lassen sich deshalb international nur schwer vergleichen oder in eine historische Perspektive rücken. International eng verflochtene Volkswirtschaften sind anfällig gegenüber aussenwirtschaftlichen Schocks, sie brauchen Zeit, um neue Wachstumspfade zu erschliessen und andere aufzugeben. Die Wachstumsraten des BIP und des BIP pro Kopf sind ein zwar wichtiger, aber eben nicht hinreichender Massstab für den Zustand einer Volkswirtschaft, weil wirtschaftliche Globalisierung auch bedeutet, dass den Wohlstand vermehrende oder reduzierende Vorgänge und insbesondere die Dynamik solcher Prozesse im Rahmen der traditionellen Volkswirtschaftlichen Gesamtrechnung nur unzureichend erfasst werden können.

191 Kehoe/Ruhl 2004 kommen zu dem Schluss, dass sich die schweizerische Volkswirtschaft im Zeitraum 1974–2000 in einer Grossen Depression befand, weil ihr Wachstum über längere Zeit niedriger war als das Potentialwachstum. Dies im Gegensatz zu Abrahamsen et al. 2005, welche die Wirtschaftsleistung der Schweiz im Zeitraum 1980–2000 für durchaus mit derjenigen der USA vergleichbar halten.

192 Einen Einblick in die Auswirkungen verschiedener Formen der internationalen Verflechtung (über den Handelskanal, den Finanzmarktkanal und den Unternehmenskanal) vermittelt mit Bezug auf Deutschland der Bericht des Sachverständigenrates 2009, 63–112. Die internationalen Verflechtungen der Schweiz dürften allerdings bedeutend höher sein, insbesondere hinsichtlich der Unternehmensverflechtungen, und damit eben auch die internationalen Konjunktureinflüsse sowie die damit verbundenen Risiken.

1.1.6 Bibliographie

Online-Datenbanken

AMSTAT: Arbeitsmarktstatistik, www.amstat.ch/
BFS: Bundesamt für Statistik, www.bfs.admin.ch/
GGDC: The Groningen Growth and Development Centre, Maddison Historical Statistics, www.ggdc.net
HSSO: Historische Statistik der Schweiz Online, Kammerer, Patrick et al. (Hg.), www.fsw.uzh.ch/histstat/main.php
OECD: http://stats.oecd.org/
SNB: Schweizerische Nationalbank, www.snb.ch.
WTO Statistic Database: http://stat.wto.org/

Veröffentlichte Quellen und amtliche Publikationen

Bundesamt für Statisitk (BFS)

BFS (Hg.): Statistik Schweiz, Die Geschichte des Bundesstaates, Arbeitslosenquote nach Branchen, www.bfs.admin.ch/bfs/portal/de/index/dienstleistungen/history/03/00/01.html
BFS (Hg.): Definitionen, www.bfs.admin.ch/bfs/portal/de/index/infothek/definitionen.html
BFS (Hg.): 150 Jahre schweizerischer Bundesstaat, Arbeitslosenquote nach Branchen 1848–1998, www.bfs.admin.ch/bfs/portal/de/index/dienstleistungen/history/03/00/01.Document.48806.pdf
BFS (Hg.): Schweizerische Lohnstrukturerhebung (LSE), verschiedene Jahrgänge.

Schweizerische Nationalbank (SNB)

SNB (Hg.): Schweizerische Nationalbank, Zahlungsbilanz der Schweiz (Jahresbericht), verschiedene Jahrgänge.
SNB (Hg.): Statistisches Monatsheft, verschiedene Jahrgänge.

Literatur

Abrahamsen, Yngve et al. 2005: The Swiss disease: facts and artefacts. A reply to Kehoe and Prescott, *Review of Economic Dynamics* 8 (2005), 749–758.
Aldcroft, Derek H. 1997: Depression and recovery in Europe in the 1930s, *Traverse. Zeitschrift für Geschichte* (1997/1), 49–67.
Andersen, Jørgen Goul 1911: From the edge of the abyss to Bonanza – and beyond. Danish economy and economic policies 1980–2011, in: Mjøset, Lars (ed.), *The Nordic Varieties of Capitalism*, Bingley: Emerald, 89–165.
Arvanitis, Spyros / Hollenstein, Heinz / Marmet, David 2005: *Internationale Wettbewerbsfähigkeit: Wo steht der Standort Schweiz? Eine Analyse auf sektoraler Ebene*, Zürich: Eidgenössische Technische Hochschule Zürich, Konjunkturforschungsstelle.
Atukeren, Erdal 2003: Oil Prices and the Swiss Economy, *KOF Arbeitspapiere/Working Papers, No. 77 (August)*, Zürich: Eidgenössische Technische Hochschule, Konjunkturforschungsstelle KOF, http://e-collection.ethbib.ethz.ch/show?type=incoll&nr=921.
Baines, Dudley / Cummins, Neil / Schulze, Max-Stephan 2010: Population and living standards 1945–2005, in: Broadberry, Stephen / O'Rourke, Kevin H. (eds.), *The Cambridge Economic History of Modern Europe, Volume 2: 1870 to the Present*, Cambridge / [etc.]: Cambridge University Press, 391–420.
Bairoch, Paul 1990: La Suisse dans le contexte international aux XIXe et XXe siècles, in: Bairoch, Paul / Körner, Martin (éd.), *La Suisse dans l'économie mondiale (15e–20e s.)*, Zürich: Chronos, 103–140.
Barnetta, Ines / Gerber, David S. 2011: Entwicklung des Schweizer Immobilienmarktes – und die Rolle des Staates, *Volkswirtschaft, Das Magazin für Wirtschaftspolitik* (Mai 2011), 54–58.
Battilossi, Stefano / Foreman-Peck, James / Kling, Gerhard 2010: Business cycles and economic policy, 1945–2007, in: Broadberry, Stephen / O'Rourke, Kevin H. (eds.), *The Cambridge Economic History of Modern Europe, Volume 2: 1870 to the Present*, Cambridge / [etc.]: Cambridge University Press, 360–389.
Berend, Ivan T. 2006: *An Economic History of Twentieth Century Europe*, Cambridge / [etc.]: Cambridge University Press.
Bernegger, Michael 1990: Die Schweiz und die Weltwirtschaft: Etappen der Integration im 19. und 20. Jahrhundert, in: Bairoch, Paul / Körner, Martin (Hg.), *Die Schweiz in der Weltwirtschaft (15.–20. Jh.)*, Zürich: Chronos, 429–464.

Bordo, Michael D. / Helbling, Thomas F. 2010: International business cycle synchronization in istorical perspective, *National Bureau of Economic Research,* Working Paper 16103, Cambridge Mass., www.nber.org/papers/w16103.

Bordo, Michael D. / James, Harold 2007: Die Nationalbank 1907–1946: Glückliche Kindheit oder schwierige Jugend?, in: *Die Schweizerische Nationalbank 1907–2007,* Zürich: NZZ Verlag, 29–118.

Borner, Silvio / Dietler, Frank / Mumenthaler, Stephan 1997*: Die internationale Wettbewerbsfähigkeit der Schweiz. Irrungen – Verwirrungen – Auswege,* Chur / Zürich: Rüegger.

Bourassa, Steven C. / Hoesli, Martin 2006: Why do the Swiss rent?, *Swiss Finance Institute, Research paper Series No 07-04,* SSRN, http://papers.ssrn.com/sol3/papers.cfm?abstract_id=964637.

Broadberry, Stephen / Federico, Giovanni / Klein, Alexander 2010: Sectoral developments 1870–1914, in: Broadberry, Stephen / O'Rourke, Kevin H. (eds.), *The Cambridge Economic History of Modern Europe, Volume 2: 1870 to the Present,* Cambridge / [etc.]: Cambridge University Press, 59–83.

Broadberry, Stephen / O'Rourke, Kevin H. (eds.) 2010: *The Cambridge Economic History of Modern Europe, Volume 2: 1870 to the Present,* Cambridge / [etc.]: Cambridge University Press.

Buyst, Erik / Franaszek, Piotr 2010: Sectoral Developments 1914–1945, in: Broadberry, Stephen / O'Rourke, Kevin H. (eds.), *The Cambridge Economic History of Modern Europe, Volume 2: 1870 to the Present,* Cambridge / [etc.]: Cambridge University Press, 208–231.

Carreras, Albert 2007: Les services dans l'histoire économique. Concepts, défis et tendances, in: Gilomen, Hans-Jörg / Müller, Margrit / Tissot, Laurent, *Les Services. Essor et transformation du «secteur tertiaire» (15ᵉ–20ᵉ siècles),* Zürich: Chronos, 25–38.

Casconi, Lorenzo 2000: Produktion, Umsätze und Wertschöpfung der Unternehmen, in: Bohley, Peter / Jans, Armin / Malaguerra, Carlo (Hg.*), Wirtschafts- und Sozialstatistik der Schweiz. Eine Einführung,* Bern / Stuttgart / Wien: Haupt, 279–297.

Cassiers, Isabelle 1989: *Croissance, crise et régulation en économie ouverte. La Belgique entre les deux guerres,* Bruxelles: De Boeck-Wesmael.

Cassiers, Isabelle (dir.) 2000: *Que nous est-il arrivé? Un demi-siècle d'évolution de l'économie belge,* Bruxelles: De Boeck & Larcier.

Clark, Colin ³1957: *The Conditions of Economic Progress,* London: Macmillan.

Clark, Gregory 2010: Rezension von Maddison, Angus 2007: Contours of the World Economy 1–2030 AD. Essays in Macro-Economic History. Oxford: Oxford University Press, in: *hsozkult.geschichte.hu-berlin.de/rezensionen/*2010-2-121.

Crafts, Nicholas F.R. 1997: The Human Development Index and changes in standards of living: Some historical comparisons, *European Review of Economic History* 1 (1997), 299–322.

Crafts, Nicholas F.R. / Toniolo, Gianni 2010: Aggregate growth, 1950–2005, in: Broadberry, Stephen / O'Rourke, Kevin H. (eds.): *The Cambridge Economic History of Modern Europe, Volume 2: 1870 to the Present,* Cambridge / [etc.]: Cambridge University Press, 296–332.

Davenport, Thomas H. / Beck, John C. 2001: *The Attention Economy: Understanding the New Currency of Business,* Boston, Mass.: Harvard Business School Press.

David, Thomas 1995: Un indice de la production industrielle de la Suisse durant l'entre-deux-guerres, *Revue Suisse d'Histoire* 45 (1995), 109–130.

David, Thomas 2003: Croissance économique et mondialisation. Le cas de la Suisse, 1870–1914, in: Gilomen, Hans-Jörg / Müller, Margrit / Veyrassat, Béatrice (éd.), *La globalisation – chances et risques. La Suisse dans l'économie mondiale 18ᵉ–20ᵉ siècles,* Zürich: Chronos, 145–169.

Debelle, Guy 2004: Verschuldung der privaten Haushalte und gesamtwirtschaftliche Folgen, *BIZ-Quartalsbericht* (März 2004), 59–73.

de Jong, Herman / Smits, Jan-Pieter 2008: Changing patterns of competitiveness in Dutch manufacturing during the twenieth century: factor or technology driven?, in: Müller, Margrit / Myllyntaus, Timo (eds.), *Pathbreakers. Small European Countries Responding to Globalisation and Deglobalisation,* Bern / [etc.]: Lang, 89–112.

Delbaggio, Katia / Wanzenried, Gabrielle 2010: Wohneigentum in der Schweiz, *Volkswirtschaft, Das Magazin für Wirtschaftspolitik* (Juli/August 2010), 22–25, www.dievolkswirtschaft.ch/editions/201007/Delbiaggio.html

Drechsel, Dirk / Woitek, Ulrich 2007: Produktivität im Dienstleistungssektor, in: Gilomen, Hans-Jörg / Müller, Margrit / Tissot, Laurent (Hg.), *Dienstleistungen. Expansion und Transformation des «dritten Sektors» (15.–20. Jahrhundert),* 155–176.

Dreher, Axel / Sturm, Jan-Egbert 2005: Wachstumsschwäche Schweiz: Ein Vergleich mit anderen (kleinen) europäischen Staaten, Diskussionsbeiträge Thurgauer Wirtschaftsinstitut an der Universität Konstanz, kops.ub.uni-konstanz.de/handle/urn:nbn:de:bsz:352-opus-16436.

Economiesuisse 2010: Der Frankenwechselkurs: eine Bedrohung für die Schweiz?, *Dossierpolitik* (7. Juni 2010).

Eloranta, Jari / Harrison, Mark 2010: War and disintegration, 1914–1950, in: Broadberry, Stephen / O'Rourke, Kevin H. (eds.), *The Cambridge Economic History of Modern Europe, Volume 2: 1870 to the Present,* Cambridge / [etc.]: Cambridge University Press, 133–155.

Erixon, Lennart 2011: Under the influence of traumatic events, new ideas, economic experts and the ICT revolution – the economic policy and macroeconomic performance of Sweden in the 1990s and 2000s, in: Mjøset, Lars (ed.), *The Nordic Varieties of Capitalism,* Bingley: Emerald, 265–330.

Ernst, Andreas et al. (Hg.) 1994: *Kontinuität und Krise. Sozialer Wandel als Lernprozess. Beiträge zur Wirtschafts- und Sozialgeschichte der Schweiz,* Zürich: Chronos.

Expertengruppe Wirtschaftslage 1977: *Lage und Problem der schweizerischen Wirtschaft 1977/78: Bericht der Expertengruppe «Wirtschaftslage»,* Bern: Eidg. Drucksachen- und Materialzentrale.

Expertengruppe Wirtschaftslage 1979: *Lage und Problem der schweizerischen Wirtschaft 1978/79: Bericht der Expertengruppe «Wirtschaftslage»,* Bern: Eidg. Drucksachen- und Materialzentrale.

Expertengruppe Wirtschaftslage 1980: *Lage und Problem der schweizerischen Wirtschaft 1979/80: Bericht der Expertengruppe «Wirtschaftslage»,* Bern: Eidg. Drucksachen- und Materialzentrale.

Flassbeck, Heiner / Spiecker, Friederike 2000: *Löhne und Arbeitslosigkeit im internationalen Vergleich. Eine Studie für die Hans-Böckler-Stiftung und den Bundesvorstand des DGB,* Berlin, flassbeck.com/pdf/2000/LoehneundArbeit.pdf.

Frankel, Jeffrey A. / Rose, Andrew K. 1998: The endogeneity of the optimum currency area criteria, *The Economic Journal* 108 (1998), Royal Economic Society, 1009–1025.

Fremdling, Rainer / de Jong, Herman / Smits, Jan Pieter 2001, Die Niederländische Wirtschaft während des zwanzigsten Jahrhunderts, in: *Jahrbuch für Wirtschaftsgeschichte. Die Niederländische Wirtschaft im 20. Jahrhundert* 1, 13–33.

Gaillard, Serge / Trunz, Christian 2005: Die mittlere Frist. Bemerkungen zum Verhältnis zwischen Konjunktur- und Wachstumspolitik, in: Steinmann, Lukas / Rentsch, Hans (Hg.), *Diagnose: Wachstumsschwäche. Die Debatte über die fehlende Dynamik der schweizerischen Volkswirtschaft,* Zürich: Avenir Suisse / NZZ Verlag, 131–148.

Grytten, Ola Honningdal 2008: A small country's policy response to global economic disintegration during the interwar years of crisis, in: Müller, Margrit / Myllyntaus, Timo (eds.), *Pathbreakers. Small European Countries Responding to Globalisation and Deglobalisation,* Bern / [etc.]: Lang, 271–296.

Guinnane, Timothy 2009: Maddison, Angus 2007: Contours of the World Economy 1–2030 AD. Essays in Macro-Economic History. Oxford: Oxford University Press, Book Reviews, *Journal of Economic Literature* Vol. XLVII (2009), 210–213.

Halbeisen, Patrick 2008: Open financial markets in Switzerland and their impact on monetary and financial policy, in: Müller, Margrit / Myllyntaus, Timo (eds.), *Pathbreakers. Small European Countries Responding to Globalisation and Deglobalisation,* Bern / [etc.]: Lang, 241–270.

Hammes, David / Wills, Douglas 2003: *The End of Bretton Woods and the Oil Price Shocks of the 1970's,* Working Paper, March 2003, http://ssrn.com/abstract=388283.

Hansen, Damsgård E. 2001: *European Economic History. From Mercantilism to Maastricht and Beyond,* Copenhagen: Copenhagen Business School Press.

Head-König, Anne-Lise 2008: The process of globalisation in the Swiss labour market viewed in the context of three major export industries (1880–1939), in: Müller, Margrit / Myllyntaus, Timo (eds.), *Pathbreakers. Small European Countries Responding to Globalisation and Deglobalisation,* Bern / [etc.]: Lang, 209–239.

Hiestand, Manuel 2004: *Der Konjunktureinbruch 1975/76 in der Schweiz: eine Ursachenanalyse auf Branchenebene,* Zürich: Lizentiatsarbeit Universität Zürich.

Hohensee, Jens 1996: *Der erste Ölpreisschock 1973/74: die politischen und gesellschaftlichen Auswirkungen der arabischen Erdölpolitik auf die Bundesrepublik Deutschland und Westeuropa,* Stuttgart: Steiner Verlag.

Höltschi, René 2012: Starke Schweizer Innovationskraft, Spitzenplatz im europäischen Vergleich erneut verteidigt, *Neue Zürcher Zeitung* 8.2.2012, Nr. 32.

Horsewood, Nicholas / Sen, Somnath / Voicu, Anca 2009: Beggar Thy Neighbour, British Imports during the Inter-War Years and the Effect of the 1931 Tariff, University of Birmingham, *Department of Economics Discussion Paper,* 10–31.

Houpt, Stefan / Lains, Pedro / Schön, Lennart 2010: Sectoral develoments, 1945–2000, in: Broadberry, Stephen / O'Rourke, Kevin H. (eds.), *The Cambrige Economic History of Modern Europe, Volume 2: 1870 to the Present,* Cambridge / [etc.]: Cambridge University Press, 333–359.

Imfeld, Daniel 1994: Lohnstarrheit und Beschäftigung im 19. Jahrhundert, in: Ernst, Andreas et al. (Hg.), *Kontinuität und Krise. Sozialer Wandel als Lernprozess. Beiträge zur Wirtschafts- und Sozialgeschichte der Schweiz,* Zürich: Chronos, 83–93.

Jacquemart, Charlotte 2011: Neun Mal mehr Ausländer als Frauen, *NZZ am Sonntag,* 29. Mai, 33.

Jahresversammlung der Schweizerischen Statistischen Gesellschaft 1936: Das Problem einer schweizerischen Produktionsstatistik, verschiedene Referate und Diskussionen, *Zeitschrift für Schweizerische Statistik und Volkswirtschaft* 72 (1936), 11–189.

Jakubec, Ivan 2008: Czechoslovak Industry 1918–1938/1939: Outlet problems for goods, in: Müller, Margrit / Myllyntaus, Timo (eds.), *Pathbreakers. Small European Countries Responding to Globalisation and Deglobalisation,* Bern / [etc.]: Lang, 65–88.

Jarrett, Peter / Letremy, Céline 2008: The Significance of Switzerland's Enormous Current Account Surplus, *OECD Economics Department Working Papers, No. 594,* OECD Publishing, http://dxdoi.org/10.1787/244253177344

Kappel, Rolf / Landmann, Oliver 1997: *Die Schweiz im globalen Wandel,* Zürich: NZZ Verlag.

Katzenstein, Peter J. 1985: *Small States in World Markets, Industrial Policy in Europe,* Ithaca / London: Cornell University Press.

Kehoe, Timothy J. / Ruhl, Kim J. 2004: *Is Switzerland in a Great Depression? Terms of Trade and Economic Growth,* www.econ.um.ed/~tkehoe/papers/switzerland.pdf.

Kellenberger, Eduard 1946: Spartätigkeit und Kapitalbildung, *Schweizerische Zeitschrift für Statistik und Volkswirtschaft* 4 (1946), 302–323.

KILM 17: Hourly compensation costs, kilm.ilo.org/KILMnetBeta/pdf/kilm17EN-2009.pdf.

Klemann, Hein A. M. 2001: Die niederländische Wirtschaft von 1938 bis 1948 im Griff von Krieg und Besatzung, in: *Jahrbuch für Wirtschaftsgeschichte. Die Niederländische Wirtschaft im 20. Jahrhundert* 1, 53–76.

Klemann, Hein A. M. 2008: Political development and international trade: The Netherlands 1929–1941, in: Müller, Margrit / Myllyntaus, Timo (eds.), *Pathbreakers. Small European Countries Responding to Globalisation and Deglobalisation,* Bern / [etc.]: Lang, 297–321.

Kneschaurek, Francesco 1952: *Der schweizerische Konjunkturverlauf und seine Bestimmungsfaktoren. Dargestellt auf Grund der Periode 1929–1939,* Zürich / St. Gallen: Polygraphischer Verlag.

Kneschaurek, Francesco 1964: Wandlungen der schweizerischen Industriestruktur, *Schweizerische Zeitschrift für Volkswirtschaft und Statistik* 100 (1964), 133–166.

Kneschaurek, Francesco 1980: *Der «Trendbruch» der siebziger Jahre und seine wirtschaftlichen Konsequenzen,* St. Galler Zentrum für Zukunftsforschung, Diessenhofen: Rüegger.

Kneschaurek, Francesco / Meier, P. 1983: *Der sektorale Strukturwandel in der Schweiz von 1960 bis 1980,* Diessenhofen: Rüegger.

Kohli, Ulrich 2002: Veränderung der Terms of Trade und reales BIP, *SNB, Quartalsheft* (2002/2), 54–63.

Kohli, Ulrich 2005: Switzerland's growth deficit: A real problem – but only half as bad as it looks, in: Steinmann, Lukas / Rentsch, Hans (Hg.), *Diagnose: Wachstumsschwäche. Die Debatte über die fehlende Dynamik der schweizerischen Volkswirtschaft,* Zürich: Avenir Suisse / NZZ Verlag, 61–75.

Köster, Roman 2011: *Die Wissenschaft der Aussenseiter. Die Krise der Nationalökonomie in der Weimarer Republik,* Kritische Studien zur Geschichtswissenschaft, Band 198, Göttingen: Vandenhoeck & Ruprecht.

Krantz, Olle 2008: Economic growth and economic policy in Sweden in the Twentieth Century: A comparative perspective, in: Müller, Margrit / Myllyntaus, Timo (eds.), *Pathbreakers. Small European Countries Responding to Globalisation and Deglobalisation,* Bern / [etc.]: Lang, 39–64.

Krugmann, Paul 1993: Lessons of Massachusetts for EMU, in: Torres, Franzisco / Giavazzi, Francesco (eds.), *Adjustment and Growth in the European Monetary Union,* Oxford / [etc.]: Oxford University Press.

Kugler, Peter / Müller, Urs 1996: *Die Schweiz vor den aussenwirtschaftlichen Herausforderungen der 1990er Jahre: Möglichkeiten und Grenzen von nachfrage- vs. angebotsorientierten wirtschaftspolitischen Strategien,* NFP-28-Synthese Nr. 28, Einsiedeln.

Kugler, Peter / Weder, Beatrice 2002: The Puzzle of the Swiss Interest Rate Island: «Stylized Facts and a New Interpretation», *Aussenwirtschaft* 57 (2002), 49–63.

Kugler, Peter / Weder, Beatrice 2004: International Portfolio Holdings and Swiss Franc Returns, *Schweizerische Zeitschrift für Volkswirtschaft und Statistik* 140 (2004), 301–325.

Kugler, Peter / Weder, Beatrice 2005: Why are Returns on Swiss Franc Assets so Low?, *Applied Economics Quarterly* (2005), 351-371.

Lalive d'Epinay, Christian 1991: *Die Schweizer und ihre Arbeit. Von Gewissheiten der Vergangenheit zu Fragen der Zukunft,* Zürich: Fachvereine an den schweizerischen Hochschulen.

Lange, Even / Pharo, Helge 2008: Have your cake and eat it too. National policy and private interest in a small open economy: The case of Norway, in: Müller, Margrit / Myllyntaus, Timo (eds.), *Pathbreakers. Small European Countries Responding to Globalisation and Deglobalisation,* Bern / [etc.]: Lang, 151–174.

Leonard, Carol / Ljungberg, Jonas 2010: Population and living standards, 1870–1914, in: Broadberry, Stephen / O'Rourke, Kevin H. (eds.), *The Cambrige Economic History of Modern Europe, Volume 2: 1870 to the Present,* Cambridge / [etc.]: Cambridge University Press, 108–129.

Liebeskind Sauthier, Ingrid 2009: Histoire de la définition du chômage, *Courrier des statistiques* No. 127 (mai-août 2009).

Maddison, Angus 1995, 2000: *Monitoring the World Economy 1820–1992,* Development Centre Studies, Paris: OECD.
Maddison, Angus 2001: *The World Economy. A Millenial Perspective,* Paris: OECD.
Maddison, Angus 2004: *The World Economy: Historical Statistics,* Paris: OECD.
Mangold, Fritz 1934: Strukturwandlungen in der schweizerischen Wirtschaft, *Zeitschrift für Statistik und Volkswirtschaft* 70 (1934), 214–242.
McCloskey, Deirdre N. 2009: Foreign Trade Was Not an Engine of Growth, *MPRA-Paper No. 19723,* http://mpra.ub.uni-muenchen.de/19723/
McCloskey, Deirdre N. 2010: *Bourgeois Dignity. Why Economics Can't Explain the Modern World,* Chicago / London: University of Chicago Press.
Menzel, Ulrich 1988: *Auswege aus der Abhängigkeit. Die entwicklungspolitische Aktualität Europas,* Frankfurt a.M.: Suhrkamp.
Milward, Robert / Baten, Joerg 2010: Population and living standards, 1914–1945, in: Broadberry, Stephen / O'Rourke, Kevin H. (eds.), *The Cambrige Economic History of Modern Europe, Volume 2: 1870 to the Present,* Cambridge / [etc.]: Cambridge University Press, 232–263.
Mitchell, Brian R. 1975: *European Historical Statistics, 1750–1970,* London: Macmillan.
Mitchell, Brian R. [5]2003: *International Historical Statistics, Europe 1750–2000,* Houndmills, Basingstoke: Palgrave Macmillan.
Montalbano, Pierluigi 2010: *Does Trade Openness Increase Vulnerability? A Survey of the Literature (January, 31 2012).* Available at SSRN: http://ssrn.com/abstract=1996810 or http://dx.doi.org/10.2139/ssrn.1996810.
Müller, Margrit 2001: Patterns of technical innovation, market relationships, and institutional change during the interwar period, in: Tissot, Laurent / Veyrassat, Béatrice (eds.), *Technological Trajectories, Markets, Institutions. Industrialized Countries, 19th–20th Centuries,* Bern / [etc.]: Lang, 297–329.
Müller, Philipp 2010: *La Suisse en crise (1929–1936). Les politiques monétaire, financière, économique et sociale de la Confédération helvétique,* Lausanne: Antipodes.
OECD iLibrary, OECD Factbook 2008 und 2009: Economic, Environmental and Social Statistics, http://www.oecd-ilibrary.org/economics/
Ojala, Jari / Eloranta, Jari / Jalava, Jukka (eds.) 2006: *The Road to Prosperity. An Economic History of Finland,* Helsinki: Suomalaisen Kirjallisuuden Seura.
Parker, Randall E. 2007: *The Economics of the Great Depression. A Twenty-First Century Look Back at the Economics of the Interwar Era,* Cheltenam UK / Northhampton, Mass. USA: Edward Elgar.
Perrenoud, Marc 2011: *Banquiers et diplomates suisses (1938–1946),* Lausanne: Antipodes.
Peyer, Kurt 1971: *Ausmass und Bedeutung des Auslandkapitals in der Schweiz,* Zürich: Juris Druck + Verlag.
Rikli, Erika 1936: Arbeitslosigkeit und Arbeitslosenhilfe in der Schweiz, in: Schweiz. Gewerkschaftsbund (Hg.), *Gewerkschaftliche Schriften,* Heft 10, Zürich: Kommissionsverlag der Genossenschaftsbuchhandlung.
Ritschl, Albrecht / Straumann, Tobias 2010: Business cycles and economic policy, 1914–1945, in: Broadberry, Stephen / O'Rourke, Kevin H. (eds.), *The Cambridge Economic History of Modern Europe, Volume 2: 1870 to the Present,* Cambridge / [etc.]: Cambrige University Press, 156–180.
Ritzmann-Blickenstorfer, Heiner (Hg.) 1996: *Historische Statistik der Schweiz,* Zürich: Chronos.
Ritzmann-Blickenstorfer, Heiner 1998: *150 Jahre schweizerischer Bundesstaat im Lichte der Statistik,* Bundesamt für Statistik BFS (Hg.), Zürich: NZZ Verlag.
Rossfeld, Roman / Straumann, Tobias 2008: Zwischen den Fronten oder an allen Fronten? Eine Einführung, in: Rossfeld, Roman / Straumann, Tobias (Hg.), *Der vergessene Wirtschaftskrieg. Schweizer Unternehmen im Ersten Weltkrieg,* Zürich: Chronos, 11–59.
Rouvinez Mauron, Antoinette 2010: *Schweizerische Lohnstrukturerhebung 2008, Kommentierte Ergebnisse,* Bundesamt für Statistik BFS (Hg.), Neuchâtel.
Ruoss, Eveline / Zurlinden, Mathias 2007: Die Entwicklung der Weltwirtschaft, in: *Die Schweizerische Nationalbank 1907–2007,* Zürich: NZZ Verlag, 215–237.
Sachverständigenrat zur Begutachtung der gesamtwirtschaftlichen Entwicklung 2009: *Deutschland im internationalen Konjunkturzusammenhang, Expertise im Auftrag der Bundesregierung,* Deutschland_im_internationalen_Konjunkturzusammenhang.pdf
Schaltegger, Christoph A. 2003: *Wachstumsschwäche der Schweiz: Ein Messproblem?* Bern: Eidgenössische Steuerverwaltung ESTV, 1.12.2003.
Schwarz, Heinrich 1988: *Volkswirtschaftliche Wirkungen der Ausländerbeschäftigung in der Schweiz,* Grüsch: Rüegger.
SECO Staatssekretariat für Wirtschaft 2002–2003: *Wachstumsrückstand der Schweizer Wirtschaft: ein statistisches Problem?,* Spezialthema, Wirtschaftspolitische Grundlagen – Konjunkturtendenzen Winter 2002–03.
SECO Staatssekretariat für Wirtschaft 2006: *Die Beziehung zwischen Aussenhandel und den Terms of Trade,* Konjunkturtendenzen Herbst 2006, 36–46.

Sen, Sunanda 2010: International Trade Theory and Policy: A Review of the Literature, *Levy Economics Institute, Working Paper No. 635.*

Siegenthaler, Hansjörg 1973: Grosse Depression und erfinderische Aktivität in der Schweiz, in: Winkel, Harald (Hg.), *Finanz- und wirtschaftspolitische Fragen der Zwischenkriegszeit,* Gesellschaft für Wirtschafts- und Sozialwissenschaften, Schriften des Vereins für Sozialpolitik, Neue Folge, Band 73, Berlin, 175–208.

Siegenthaler, Hansjörg 1976: Switzerland 1920–1970. Extent and rhythm of economic growth, in: Cipolla, Carlo M. (ed.), *The Fontana Economic History of Europe, Contemporary Economies,* Glasgow: Fontana/Collins, 530–576.

Siegenthaler, Hansjörg 1978: Kapitalbildung und sozialer Wandel in der Schweiz 1850–1914, *Jahrbücher für Nationalökonomie und Statitstik* 193 (1978), 1–29.

Siegenthaler, Hansjörg 1987: Die Schweiz 1914–1984, in: Fischer, Wolfram et al. (Hg.), *Handbuch der Europäischen Wirtschafts- und Sozialgeschichte,* Band 6, Stuttgart: Klett, 482–512.

Siegenthaler, Hansjörg 1993: *Regelvertrauen, Prosperität und Krisen. Die Ungleichmässigkeit wirtschaftlicher und sozialer Entwicklung als Ergebnis individuellen Handelns und sozialen Lernens,* Tübingen: J.C.B. Mohr.

Siegenthaler, Hansjörg 2012: Regelvertrauen, Prosperität und Krisen. Konjunkturgeschichte als Gegenstand der Wirtschafts- und Mentalitätsgeschichte, in: David, Thomas et al. (Hg.), *Krisen – Ursachen, Deutungen und Folgen,* Zürich: Chronos, 31–44.

Simon, Herbert A. 1978: Rationality as process and as product of thought, *The American Economic Review* 68 (1978/2), 1–16.

Sinn, Hans-Werner / Carstensen, Kai 2010: Ein Krisenmechanismus für die Eurozone, *Ifo Schnelldienst,* München: Ifo Institut für Wirtschaftsforschung.

Stebler, Alexander 1946: *Der industrielle Konjunkturverlauf in der Schweiz 1919–1939,* Diss. Basel, Immensee.

Straumann, Tobias 2003: Ökonomie und Diskurs. Globalisierung in der Schweiz während der 1990er Jahre, in: Gilomen, Hans-Jörg / Müller, Margrit / Veyrassat, Béatrice (Hg.), *Globalisierung – Chancen und Risiken. Die Schweiz in der Weltwirtschaft 18.–20. Jahrhundert,* Zürich: Chronos, 357–375.

Studer, Roman 2008: When did the Swiss get so rich? Comparing living standards in Switzerland and Europe, 1800–1913, *Journal of European Economic History* 2 (2008), 405–452.

Svensson, Lars 2008: Foreign competition and labour market institutions in a small open economy: Sweden during the short twentieth century, in: Müller, Margrit / Myllyntaus, Timo (eds.), *Pathbreakers. Small European Countries Responding to Globalisation and Deglobalisation,* Bern / [etc.]: Lang, 65–88.

Turner, Philip / Van't Dack, Jozef 1993: Measuring International Price and Cost Competitiveness, *BIS Economic Papers No. 39,* November 1993, Basel: Bank for International Settlements, Monetary and Economic Department.

Veyrassat, Beatrice 1977: Les investissements suisses en France à la fin du XVIIIe et au début du XIXe siècle, in: Lévy-Leboyer, Maurice (dir.), *La position internationale de la France. Aspects économiques et financiers, XIXe–XXe siècles,* Paris: Editions de l'Ecole des Hautes Etudes en Sciences Sociales, 145–159.

Veyrassat, Béatrice 1982: *Négociants et fabricants dans l'industrie cotonnière suisse, 1760–1840. Aux origines financières de l'industrialisation,* Lausanne: Payot.

Volkswirtschaft, Die: Eidgenössisches Volkswirtschaftsdepartement (Hg.), Bern, div. Jahrgänge.

Volkswirtschaft, März 1922: Zur Beurteilung der schweizerischen Exportlage, Mitteilung Nr. 4 der Kommission für Konjunkturbeobachtung, Wirtschaftliche und sozialstatistische Mitteilungen, 115–118.

Volkswirtschaft, Februar 1932: Eine Kommission für Konjunkturbeobachtung, Wirtschaftliche und sozialstatistische Mitteilungen, 54–55.

Volkswirtschaft, März 1932: Preiskontrolle, Wirtschaftliche und sozialstatistische Mitteilungen, 102–103.

Volkswirtschaft, August 1932: Die Lage der Industrie im II. Quartal 1932 (Vom Bundesamt für Industrie, Gewerbe und Arbeit), Wirtschaftliche und sozialstatistische Mitteilungen, 294–299.

Volkswirtschaft, Dezember 1932: Allgemeine Erwägungen betreffend die schweizerische Preislage, Wirtschaftliche und sozialstatistische Mitteilungen, 482–484.

Volkswirtschaft, Januar 1935: Über internationale Produktionskostenvergleiche, speziell in der Maschinenindustrie, Mitteilung Nr. 12 der Kommission für Konjunkturbeobachtung, 4–5.

Volkswirtschaft, 2003/7: Monatsthema: Hochpreisinsel Schweiz – neueste Forschungsresultate, Das Magazin der Wirtschaftspolitik, 4–29, www.seco.admin.ch.

Volkswirtschaft, 2009 1/2: Index der Konsumentenstimmung – die Messung des Nicht-Beobachtbaren, Das Magazin für Wirtschaftspolitik, 44–46, www.seco.admin.ch.

Weder, Beatrice / Weder, Rolf 2009: Switzerlands Rise to a Wealthy Nation, Competition and Contestability as Key Success Factors, *Research Paper No 2009/25,* UNU-WIDER.

Wiegner, Alfred 1963: Begegnungen mit Eugen Böhler, in: Schweizerische Gesellschaft für Konjunkturforschung (Hg.), *Kultur und Wirtschaft, Festschrift für Eugen Böhler,* Zürich: Polygraphischer Verlag, 17–22.

1.1.7 Anhang

Tabelle 1.1-A1: **Vergleich der Wachstumsraten des BIP(BWS) und des BIP (1990 Int. GK $) (1890–2005)**

	BIP (1990 Int. GK $) pro Kopf	BIP(BWS) pro Kopf	BIP (1990 Int. GK $)	BIP(BWS)
1890–1900	2.02 %	2.06 %	3.17 %	3.17 %
1900–1913	1.43 %	1.56 %	2.67 %	2.67 %
1913–1922	–0.99 %	–1.25 %	–0.96 %	–0.96 %
1922–1929	4.17 %	4.29 %	4.73 %	4.73 %
1929–1939	–0.65 %	–0.69 %	–0.20 %	–0.20 %
1939–1945	–1.31 %	–1.20 %	–0.52 %	–0.52 %
1945–1950	3.93 %	4.35 %	5.23 %	5.62 %
1950–1960	3.23 %	3.18 %	4.61 %	4.47 %
1960–1973	2.96 %	3.14 %	4.42 %	4.42 %
1973–1980	0.45 %	0.41 %	0.13 %	0.43 %
1980–1990	1.36 %	1.41 %	2.05 %	2.04 %
1990–2005	0.52 %	0.37 %	1.13 %	1.04 %

Quellen: Eigene Berechnungen auf Basis Maddison, www.ggdc.net/ (Sept. 2008)/; Schweiz 1900–1947: neue Schätzung 2010; Bevölkerung Schweiz HSSO Tab. B42.
Bemerkung: BIP(BWS) 1890–1960 real zu Preisen von 1926/29, 1960–2005 zu Preisen von 1990.

Grafik 1.1-A1 **Bruttowertschöpfung der exportorientierten Industrien (1890–1960)**

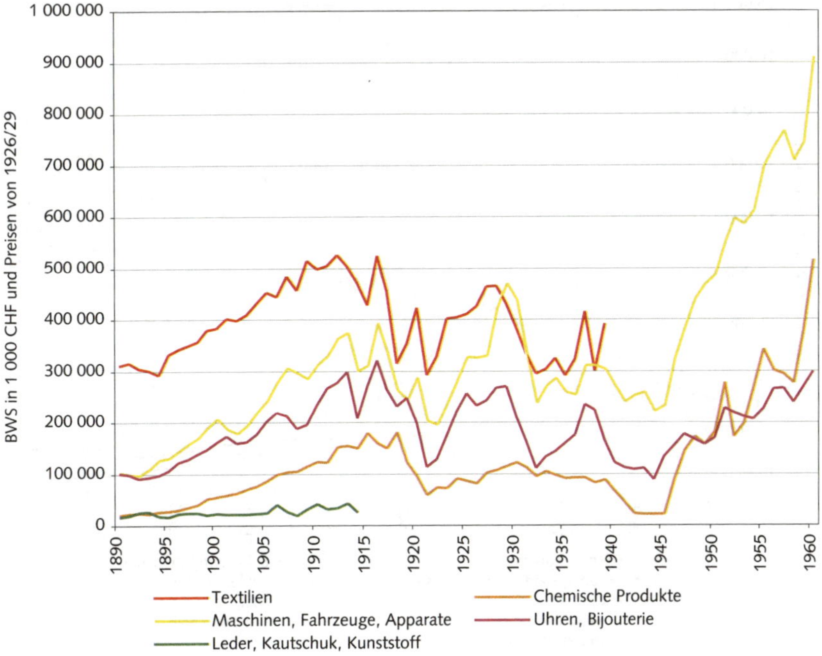

Quelle: HSSO Tab. Q.17b.

Grafik 1.1-A2: **Bruttowertschöpfung der binnenorientierten Industrien (1890–1960)**

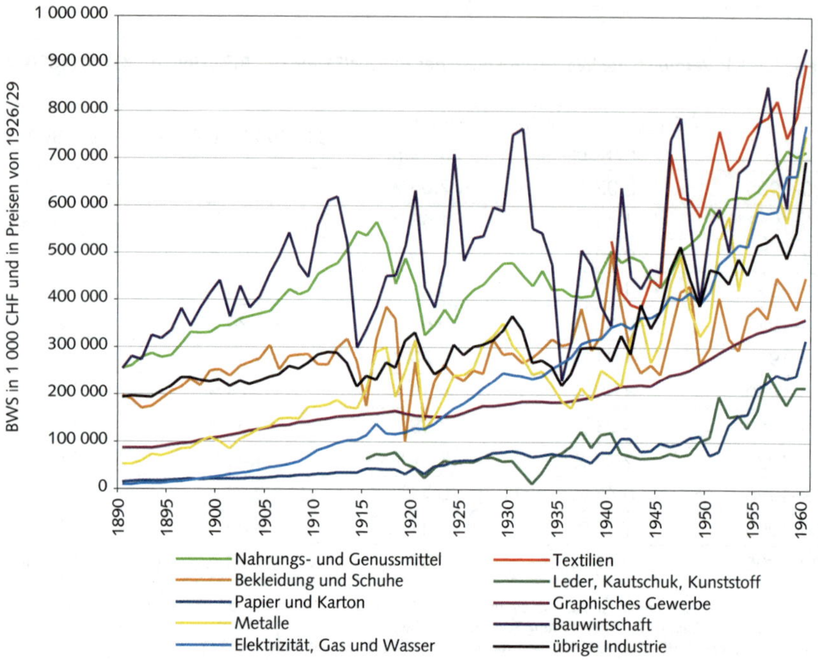

Quelle: HSSO Tab. Q.17b.
Bemerkung: Baugewerbe einschliesslich Gas-, Elektrizitäts- und Wasserversorgung.

Grafik 1.1-A3: **Bruttowertschöpfung der exportorientierten Industrien (1960–2005)**

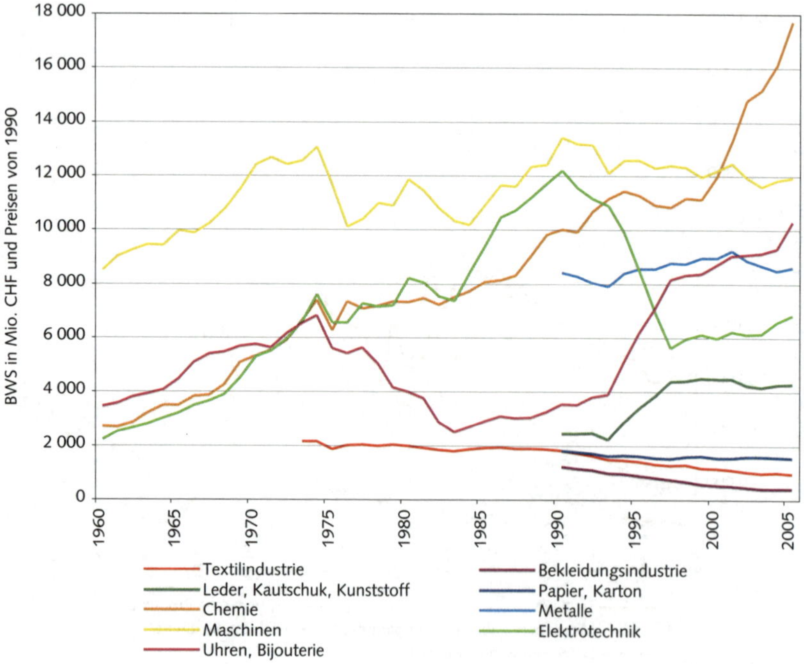

Quelle: HSSO Tab. Q.18b.

Grafik 1.1-A4: **Bruttowertschöpfung der binnenorientierten Industrien (1960–2005)**

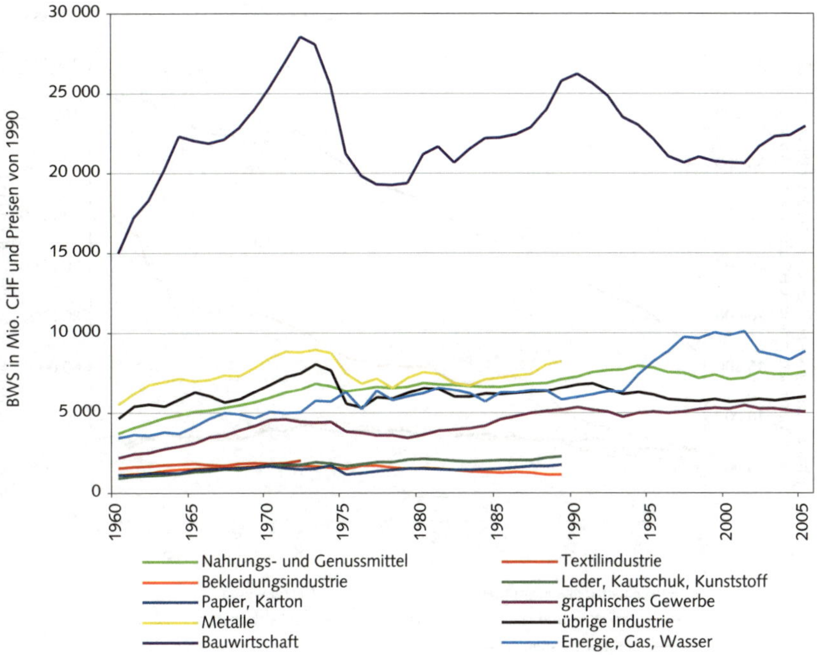

Quelle: HSSO Tab. Q.18b.
Bemerkung: Baugewerbe einschliesslich Gas-, Elektrizitäts- und Wasserversorgung.

Grafik 1.1-A5: **Bruttowertschöpfung der Dienstleistungen und der Landwirtschaft (1890–1960)**

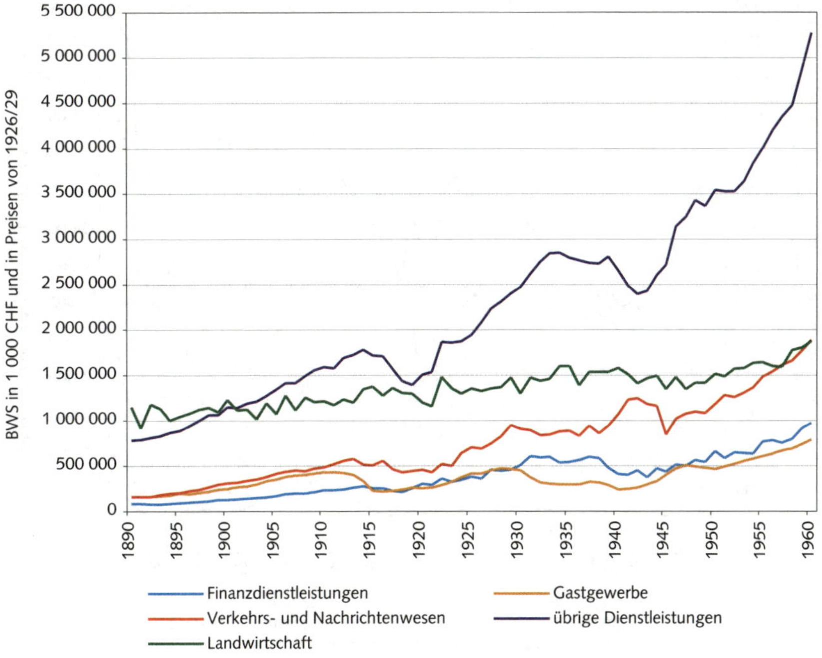

Quelle: HSSO Tab. Q.17b.

Grafik 1.1-A6: **Bruttowertschöpfung der Dienstleistungen und der Landwirtschaft (1960–2005)**

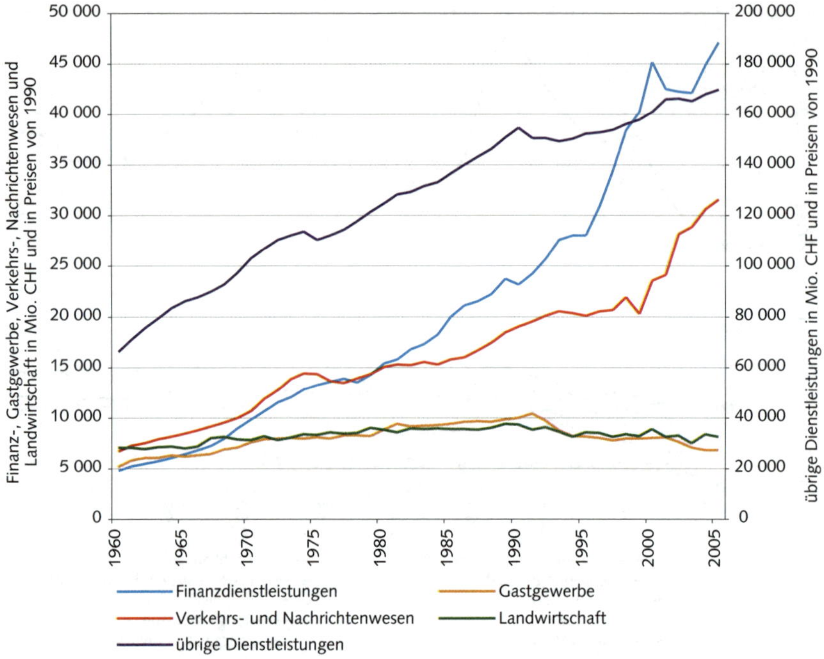

Quelle: HSSO Tab. Q.18b.

Grafik 1.1-A7: **BIP(Verw) und Nachfragekomponenten (1892–1948)**

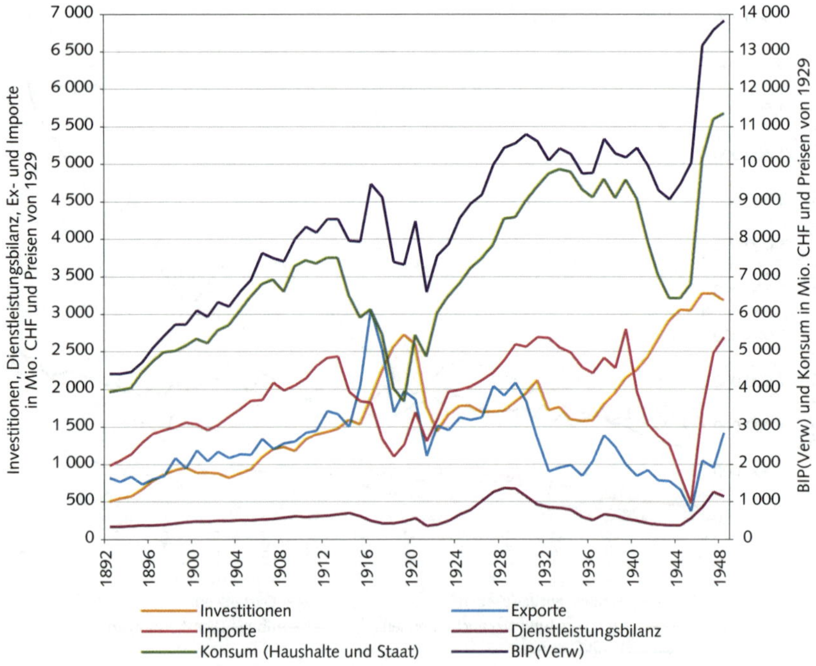

Quelle: Eigene Schätzungen, HSSO Tab. Q.16a.

Grafik 1.1-A8: **BIP(Verw) und Nachfragekomponenten (1950–2005)**

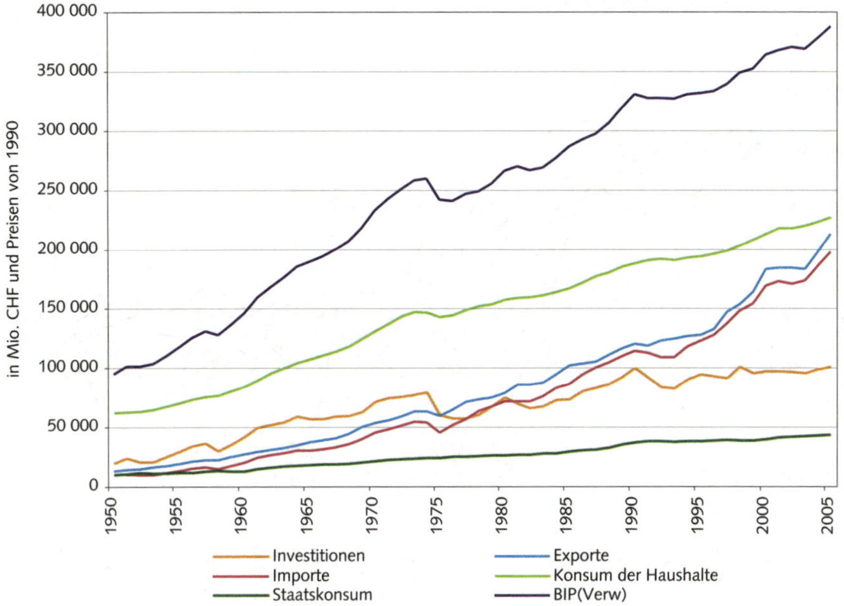

Quelle: HSSO Tab. Q.16b.

Grafik 1.1-A9: **Nominelle Wechselkurse (1907–2002)**

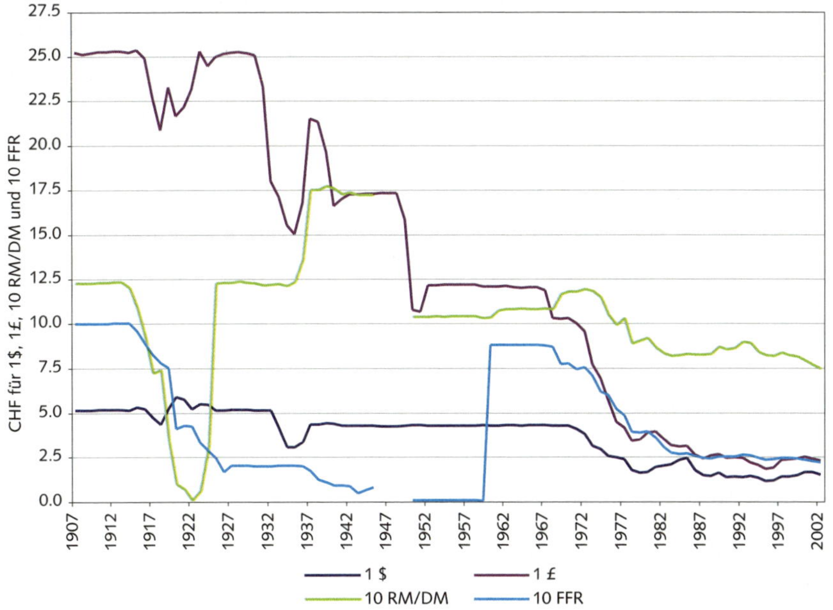

Quelle: BFS online, Tab. 12.03.04.02.

Bemerkung: In den Jahren 1936, 1971 und 1973 entspricht der Wechselkurs dem gewichteten Mittelwert im Zeitpunkt der Abwertung bzw. Aufwertung: Abwertung September 1936 (Gewichte 9 und 3 Monate); Aufwertungen im Juni und September 1971 (Gewichte 6, 3 und 3 Monate); Aufwertung im Januar 1973 (Gewichte 1 und 11 Monate).

Grafik 1.1-A10: **Vergleich der realen Wechselkurse auf Basis Grosshandels- und Konsumentenpreisindex (1960–2002)**

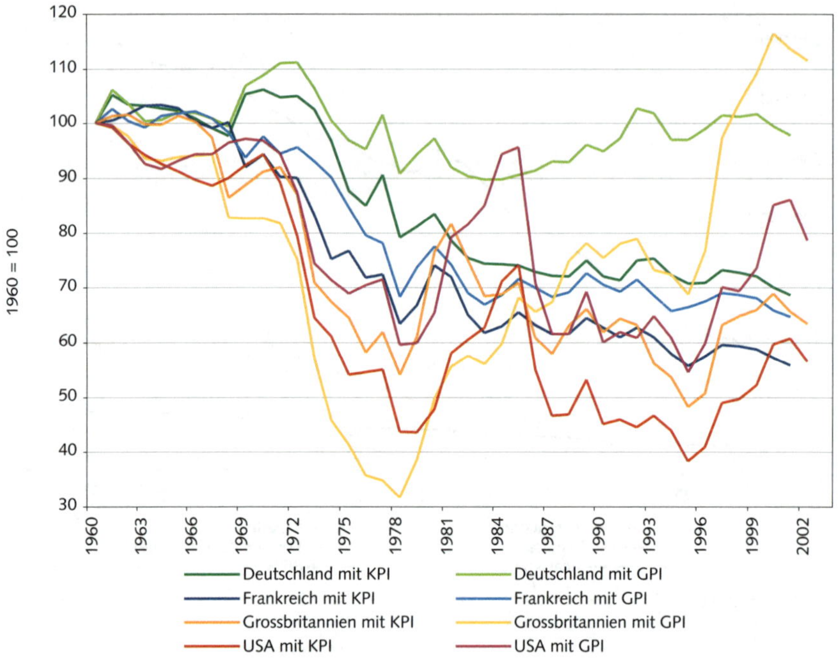

Quellen: Wechselkurse: BFS online, Tab. 12.03.04.02; CH: KPI und GPI HSSO Tab. H.39; USA, Deutschland, Frankreich, GB: OECD online, Prices and Purchasing Power Parities, Prices and Price Indices (MEI).

1.2 Demographie und Wirtschaftsentwicklung

LUIGI LORENZETTI*

Im 20. Jahrhundert war die Schweiz – wie auch andere europäische Länder – Schauplatz von tiefgreifenden demographischen Veränderungen. Die Bevölkerungszahl stieg von 3.31 auf 7.20 Millionen an, die durchschnittliche jährliche Wachstumsrate betrug über das ganze Jahrhundert 7.7‰. Begünstigt wurde diese Entwicklung unter anderem dadurch, dass die Schweiz nicht in die beiden Weltkriege involviert war; Letztere führten in den meisten anderen europäischen Ländern zu einem markanten Bevölkerungsrückgang.[1] Mit dem Erstarken der industriellen Produktion in der Schweiz wich das Überangebot an Humanressourcen zudem einem eigentlichen Mangel, dies im Einklang mit den europäischen Nachbarn. Der demographische Wandel hatte eine Reihe von wichtigen Folgen, etwa einen ununterbrochenen starken Anstieg der Lebenserwartung, einen Rückgang der Natalität auf ein Niveau, das die Sterberate der Vorgängergenerationen nicht mehr kompensierte, und damit einen beschleunigten Alterungsprozess der Bevölkerung mit entsprechenden wirtschaftlichen, sozialen und politischen Auswirkungen. Parallel dazu entstanden neue Familien- und Reproduktionsmodelle, die sich mehr und mehr von der Eheschliessung und der stabilen Zweierbeziehung entfernten. Grosse Auswanderungswellen blieben im 20. Jahrhundert aus, stattdessen erfolgte eine zunehmende Einwanderung, zuerst aus den europäischen Nachbarländern im Süden, in den letzten 25 Jahren dann vermehrt aus Drittweltländern, dem Balkan und Osteuropa.

Zahlreiche Studien haben die Auswirkungen dieser Veränderungen auf die Wirtschaftsentwicklung untersucht, hauptsächlich in Bezug auf das Arbeitskräfteangebot und auf die gesamtwirtschaftliche Nachfrage. Die Schweiz ist als Beispiel deshalb interessant, weil sie während des gesamten 20. Jahrhunderts stark in das internationale Wirtschaftssystem integriert war, aber von den Weltkriegen verschont wurde. Im Folgenden soll die demographische Entwicklung des Landes genauer beleuchtet werden, um die für das 20. Jahrhundert entscheidenden Elemente zu erkennen. Es geht dabei um zwei Transitionsprozesse innerhalb der Bevölkerung: die demographische Alterung und die Wanderungsphänomene.

* Ich danke Reto Schumacher für die kritische Lektüre und die sprachlichen Anregungen.

1 Die wichtigsten europäischen Länder wiesen im 20. Jahrhundert folgende durchschnittliche jährliche Wachstumsraten auf: Frankreich 3.7‰, Deutschland 3.8‰, Italien 5.4‰, Grossbritannien 4.9‰, Spanien 7.7‰, Finnland 6.5‰, Norwegen 6.9‰, die Niederlande 1.14‰, Schweden 5.5‰, Portugal 6.3‰.

1.2.1 Allgemeine demographische Entwicklungslinien

1.2.1.1 Der erste demographische Übergang: Gleichgewicht bei niedrigem Bevölkerungswachstum

Im ersten Drittel des 20. Jahrhunderts wurde in den meisten Ländern Europas der erste demographische Übergang endgültig vollzogen, dessen Anfänge im letzten Viertel des 19. Jahrhunderts lagen.[2] In der Schweiz sanken zwischen 1900 und 1930 die Sterbe- und Geburtenraten deutlich und zwar um 39.5 % im Fall der Mortalität (nämlich von 19.3 ‰ auf 11.6 ‰) beziehungsweise um 39.8 % im Fall der Natalität (von 28.6 ‰ auf 17.2 ‰). Diese Entwicklung zog auch die Aufmerksamkeit verschiedener zeitgenössischer Betrachter auf sich.[3] Der Rückgang der Sterbe- und Geburtenraten in der Schweiz gehörte zu den stärksten in Europa (Tabelle 1.2-1). Trotz grosser regionaler Unterschiede[4] war die Entwicklung schweizweit zu Beginn der 1930er Jahre nahezu abgeschlossen. Das demographische Gleichgewicht war nicht gefährdet; Geburten- und Sterberate waren auf tiefem Niveau ausgewogen, was zu einem geringen Bevölkerungswachstum führte (Grafik 1.2-1).[5]

Tendenziell setzte sich das niedrige Bevölkerungswachstum in den 1930er Jahren in der Schweiz wie in anderen westeuropäischen Ländern als Begleiterscheinung der Wirtschaftskrise und der ebenfalls sinkenden Heiratsrate fort.[6] Gegenüber den 1920er Jahren sank die Gesamtfruchtbarkeitsrate in den 1930er Jahren um 18.3 % oder durchschnittlich von 2.3 auf 1.88 Kinder je Frau. Der Rückgang war mit jenem in Deutschland vergleichbar (–18.0 %), aber deutlich stärker als jener in Frankreich (–10.0 %).[7]

Das Gleichgewicht zwischen Geburten- und Sterberate erwies sich nicht als stabil. Während des Zweiten Weltkriegs erreichte die Natalität mit fast 20 ‰ wieder einen Wert, den sie zuvor letztmals Ende des Ersten Weltkriegs erreicht hatte. Der Babyboom, der in den frühen 1940er Jahren einsetzte, schwächte sich im Jahrzehnt nach dem Zweiten Weltkrieg ab, dauerte aber insgesamt bis Mitte der 1960er Jahre.[8]

2 Chesnais 1986.

3 Vgl. zum Beispiel Ney 1921; Schmid 1925, 126–130.

4 1930 lag die Sterblichkeit in den Kantonen Zürich, Solothurn und Basel im Bereich von 10 ‰, in Glarus und im Wallis bei 14 ‰. Die Geburtenrate betrug in Genf, Neuenburg, Zürich, Basel-Stadt und Waadt über 15 ‰, in Uri, Nidwalden, Appenzell Innerrhoden und Wallis gar über 24 ‰. Für einen Überblick über den Rückgang der Fruchtbarkeit in den Kantonen vgl. Bickel 1947, 228–231; Schmid 1925; Wanner 2000, 243–253.

5 Bickel 1947; Van de Walle 1977.

6 Die Auswirkungen der Wirtschaftskrise der 1930er Jahre auf die demographische Entwicklung jener Zeit werden in den Publikationen des Bundesamtes für Statistik (BFS) wiederholt thematisiert. 1942 beispielsweise wird festgestellt: «Mitte der dreissiger Jahre lastete die wirtschaftliche Depression hart wie selten auf den volkserhaltenden demographischen Vorgängen, auf Ehe und Geburt. Bereits nach 1934 fiel die Heiratskurve sturzartig, was im entsprechend zeitlichen Abstand einen stark beschleunigten Geburtenrückgang zur Folge hatte […]»: BFS 1945, 9.

7 Stärker war der Rückgang hingegen in den zentral- und nordeuropäischen Ländern Österreich (–25.5 %), Belgien (–19.6 %), Dänemark (–20.5 %), den Niederlanden (–19.9 %), Schweden (–26.5 %) und Grossbritannien (–21.0 %): Chesnais 1999, 196.

8 BFS 1977.

Tabelle 1.2-1: **Rohe Geburtenrate und rohe Sterblichkeitsrate in einigen europäischen Ländern, 1900–1990 (in ‰)**

	1900		1930		1960		1990	
Land	Geburtenrate	Sterberate	Geburtenrate	Sterberate	Geburtenrate	Sterbe rate	Geburtenrate	Sterberate
Schweiz	28.6	19.3	17.2	11.6	17.6	9.7	12.5	9.5
Belgien	28.9	19.3	18.6	12.8	16.9	12.3	12.4	10.5
Dänemark	29.7	16.8	18.7	10.8	16.6	9.5	12.3	11.9
Deutschland	35.6	22.1	17.6	11.0	17.5	11.6	11.3	11.3
Frankreich	21.3	21.9	18.0	15.6	17.9	11.3	13.4	9.3
Grossbritannien	28.7	18.2	16.3	11.4	17.1	11.5	13.9	11.2
Italien	33.0	23.8	26.7	14.1	18.1	9.6	9.8	9.1
Niederlande	31.6	17.9	23.1	9.1	20.8	7.7	13.2	8.6
Norwegen	29.7	15.8	17.0	10.6	17.3	9.1	14.4	10.9
Österreich	35.0	25.2	16.8	13.5	17.9	12.7	11.6	10.7
Portugal	30.5	20.3	29.7	17.1	24.2	10.8	11.2	9.9
Schweden	27.0	16.8	15.4	11.7	13.7	10.0	14.5	11.1
Spanien	33.9	29.0	28.3	16.9	21.8	8.7	10.2	8.6

Quellen: 1900, 1930 und 1960: Chesnais 1986, 504–505, 530–531; 1990: vgl. die verschiedenen Kapitel in Bardet/Dupâquier 1999.

Ab diesem Zeitpunkt sank die Natalität und stabilisierte sich von Mitte der 1970er Jahre an bei 10–12 ‰.[9] Der allgemeine Rückgang der Geburtenhäufigkeit im 20. Jahrhundert wurde also vorübergehend unterbrochen – wir werden darauf zu sprechen kommen –, was die demographische Zusammensetzung des Landes veränderte und den Alterungsprozess der Bevölkerung verlangsamte.

Durch die Kriegswirren verzögert wurden auch die anderen europäischen Länder, wenngleich in unterschiedlichem Ausmass, vom Babyboom erfasst, der allerdings nicht einfach als Folge der verzögerten Rückkehr der Soldaten zu ihren Familien zu verstehen ist. Vielmehr handelt es sich beim Babyboom um ein dauerhaftes Phänomen, das auch Länder wie Schweden und – in einem geringeren Ausmass – Portugal betraf, die nicht in den Krieg involviert waren. Im Fall der Schweiz lässt sich der Babyboom zwischen 1941 und 1965 auf verschiedene Phänomene zurückführen, die zeitlich mit den beiden statistischen Spitzen des Booms (1941 und 1946 beziehungsweise 1960 bis 1965) übereinstimmen.[10]

Was den Anstieg der Fruchtbarkeit zwischen 1941 und 1946 anbelangt, so betrifft dieser vor allem die protestantischen Kantone[11] und ist vermutlich auf einen Nachhol-

9 Für eine Übersicht vgl. Höpflinger 1986.

10 Blanc 1990, Band 1, 226.

11 Eine markant höhere Fruchtbarkeit verzeichneten damals vor allem Kantone mit protestantischen Mehrheiten wie Neuenburg, Zürich, Schaffhausen, Thurgau und Basel-Stadt; daneben auch die ge-

Grafik 1.2-1: **Rohe Geburten- und Sterblichkeitsrate, Geburtenüberschuss- und Wanderungsbilanzrate (1895–2000)**

Quelle: Calot/OFS 1998, CD-Rom, Tab. 02.

bedarf derjenigen Generation von Frauen zurückzuführen, welche die Schwierigkeiten der Wirtschaftskrise in den 1920er Jahren hautnah miterlebt hatte,[12] sowie darauf, dass angesichts der unsicheren Lage in den Kriegsjahren vermehrt geheiratet worden war.[13] Zum zweiten starken Anstieg zwischen 1960 und 1965 hat hingegen der Trend hin zu früheren Eheschliessungen beigetragen, was zu einer Verlängerung der fruchtbaren Lebensphase führte, aber auch die höhere Geburtenrate der ab den 1950er Jahren in die Schweiz eingewandernden Bevölkerung. Zwischen 1960 und 1974 sank

mischtkonfessionellen Kantone Genf und Graubünden sowie der Kanton St. Gallen mit einer katholischen Mehrheit.

12 BFS 1977, 24. Besonders, nach der Meinung der damaligen BFS-Leitung: «Erst 1944 zeigte sich, dass auch eine wirkliche Regeneration vorliegt, denn grob lässt sich bestimmen, dass der Geburtenzuwachs seit 1941 zu je einem Drittel der Kompensation des früheren Ausfalls, der Heiratsbewegung und der erhöhten Fortpflanzungshäufigkeit zuzuschreiben ist.» Nach 1944 habe hingegen die höhere Zahl von Geburten in den Ehen dazu beigetragen. Die höhere Zahl der registrierten Geburten ab 1941 sei damit – gleichwertig – auf drei Faktoren zurückzuführen: auf eine Kompensation früherer Geburtendefizite, auf die Zunahme der Zahl der Eheschliessungen und auf die höhere Fruchtbarkeit innerhalb der Ehen. Vgl. BFS 1946, 6*.

13 Tatsächlich stieg die Zahl der Eheschliessungen von Militärangehörigen im Juli und August 1940 nach der zweiten Mobilmachung an. Familien von Soldaten profitierten zudem ab März 1940 von der wirtschaftlichen Unterstützung durch die damals neu geschaffenen Ausgleichskassen. Zudem wurden vorbeugende Massnahmen zur Bekämpfung der Arbeitslosigkeit von Soldaten, die aus dem Militärdienst ausgetreten waren, eingeleitet.

nämlich die Natalität der Schweizer Bevölkerung kontinuierlich von 17 ‰ auf 11 ‰, während jene der Ausländer zwischenzeitlich von 22 ‰ auf 35 ‰ im Jahr 1965 anstieg und dann bis 1974 wieder auf 24 ‰ zurückging.[14] Die durchschnittliche Kinderzahl je Frau stieg damit von 1.9 in den 1930er Jahren auf 2.4 zwischen 1943 und 1950 bzw. auf 2.4–2.7 zwischen 1957 und 1966.

Das generative Verhalten im 20. Jahrhundert war von mehreren Änderungen geprägt, die von je unterschiedlichen Altersgruppen der Gebärfähigen getragen wurden. Sie widerspiegeln den Wandel der Familienmodelle im Lauf des Jahrhunderts. Für den Rückgang der Fruchtbarkeit bis in die 1930er Jahre war vermutlich die Gesamtheit der gebärfähigen Frauen (die verheirateten 25- bis 44-Jährigen) verantwortlich. Das lässt sich indirekt aus der stark sinkenden Zahl der Familien schliessen.[15] Demgegenüber wurde die steigende Geburtenzahl in den Jahren des ersten Babybooms zwischen 1940 und 1946 fast ausschliesslich von den 35- bis 44-Jährigen hervorgerufen – in dieser Altersklasse erhöhte sich die Natalität um die Hälfte. Das lässt sich, wie erwähnt, möglicherweise auf einen gewissen Nachholeffekt zurückführen. Die wirtschaftlichen Schwierigkeiten der 1920er und 1930er Jahre veranlassten die jungen Frauen die Mutterschaft auf einen späteren Zeitpunkt zu verschieben (Grafik 1.2-2).[16]

In der zweiten Phase des Babybooms hingegen unterschied sich die Fruchtbarkeitsrate der jüngeren Frauen (unter 30 Jahre) deutlich von jener der älteren Frauen. Die unter 30-Jährigen waren wesentlich gebärfreudiger; ihre Fruchtbarkeit stieg stark an, und zwar wegen des sinkenden durchschnittlichen Heiratsalters und wegen der zunehmenden Zahl von Ausländerinnen, die im Unterschied zu den Schweizerinnen früher Kinder bekamen. Die Fruchtbarkeitsrate der älteren Frauen hingegen war in dieser Phase wieder rückläufig. Vermutlich hängt dies damit zusammen, dass der Nachholbedarf früherer Jahre inzwischen gedeckt war.

Im Jahrzehnt zwischen Mitte der 1960er und Mitte der 1970er Jahre ging der Babyboom zu Ende. Der Rückgang der Fruchtbarkeit betraf dabei fast alle Altersklassen.[17] Wie gleichförmig der Rückgang Ende der 1970er Jahre war, zeigt das Alter der Frauen zum Zeitpunkt der Mutterschaft, das gegenüber früheren Jahrzehnten anstieg,[18] eine Folge der grundlegenden Veränderungen der Rolle der Frauen in Wirtschaft und Gesellschaft und auch der zunehmenden Dauer der Schul- und Berufsbildung. Während der Rückgang bei den unter 25-jährigen Frauen in der Folge konstant blieb, erhöhte

14 Ab den 1960er Jahren konnte eine Rückkehr zu einer Situation wie vor dem Ersten Weltkrieg festgestellt werden, als die Geburtenrate der ausländischen Bevölkerung höher war als jene der Schweizer. Das erklärt sich einerseits durch die Altersstruktur der ausländischen Bevölkerung, andererseits durch ihr generatives Verhalten. Für eine genauere Analyse vgl. BFS 1975.

15 BFS 1977.

16 Frauen, die zwischen 1910 und 1914 geboren wurden, waren bei ihrer ersten Geburt knapp 28 Jahre alt; bei Frauen mit Jahrgängen zwischen 1920 und 1924 lag das durchschnittliche Alter bei der ersten Geburt ein Jahr tiefer bei weniger als 27 Jahren.

17 Die einzige Ausnahme bildeten die 15- bis 19-jährigen Frauen, bei denen die Fruchtbarkeitsrate bis 1970 noch leicht anstieg, später aber ebenfalls sank.

18 Wanner/Fei/Cotter 1997.

Grafik 1.2-2: **Fertilitätsraten nach Altersgruppen (1932–1996)**

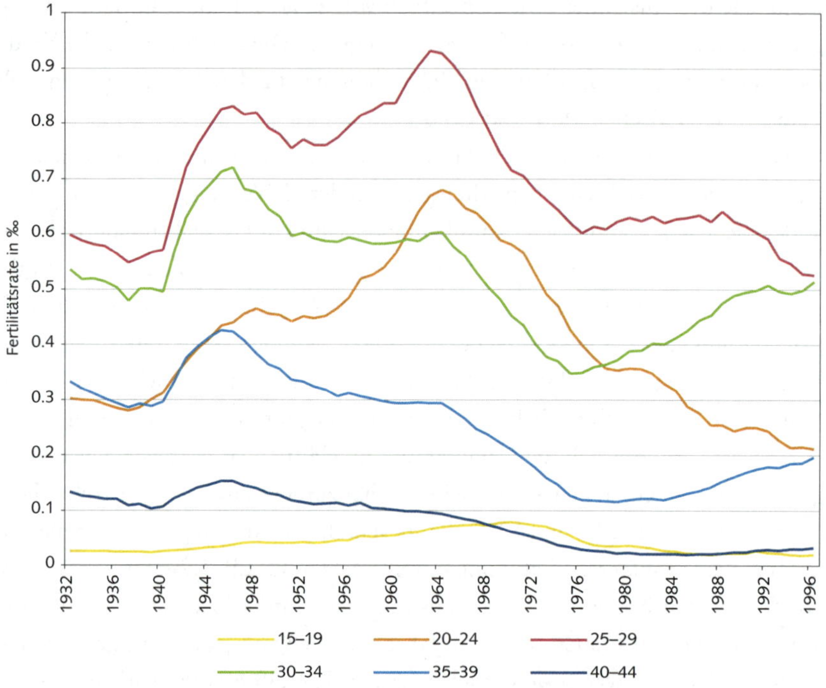

Quelle: Calot/OFS 1998, CD-Rom, Tab. 5-1.

sich die Fruchtbarkeitsrate der über 30-Jährigen erneut. Die Mutterschaft verschob sich daher im letzten Vierteljahrhundert innerhalb des gebärfähigen Alters der Frauen zunehmend nach hinten. Zu Zeiten des Babybooms in der ersten Hälfte der 1960er Jahre betrug das Alter der Frauen bei ihrer ersten Schwangerschaft weniger als 26 Jahre, am Ausgang des 20. Jahrhunderts lag es hingegen bei 28.5 Jahren.[19]

Trotz dieser europaweit feststellbaren Tendenz gilt es aber zu beachten, dass die Zahl ausserehelicher Geburten in der Schweiz auch noch am Ende des 20. Jahrhunderts zu den tiefsten gehörte.[20] Diese Besonderheit bestand bereits während den Babyboomjahren und dauerte bis ans Ende des Jahrhunderts (und darüber hinaus) fort. Darin manifestiert sich die Beständigkeit der kulturellen Reproduktionsmodelle, und das trotz der sozioökonomischen Entwicklung und der Änderung im Zeitpunkt der Mutterschaft (Grafik 1.2-3). Während also das tiefere Heiratsalter während der Jahre des Babybooms die Illegitimitätsquote nicht beeinflusste, ist unbestreitbar, dass die

19 Calot/OFS 1998, 79–80 und CD-Rom, Tab. 5-6.

20 Im Jahr 2000 betrug die Illegimitätsquote der Schweiz 10.6 %. Nur Italien wies mit 9.6 % eine tiefere Quote aus, während sie in Spanien 17.7 % betrug, in Portugal 22.2 %, in Deutschland 23.4 %, in den Niederlanden 24.9 %, in Österreich 31.2 %, in Grossbritannien 39.4 %, in Frankreich 42.6 %, in Dänemark 44.5 %, in Norwegen 49.5 % und in Schweden 55.3 %. Eurostat online, Taux d'illégitimité dans les pays européens, année 2000.

Grafik 1.2-3: **Durchschnittliches Erstheiratsalter der Frauen und Illegitimitätsquote (1950–1996)**

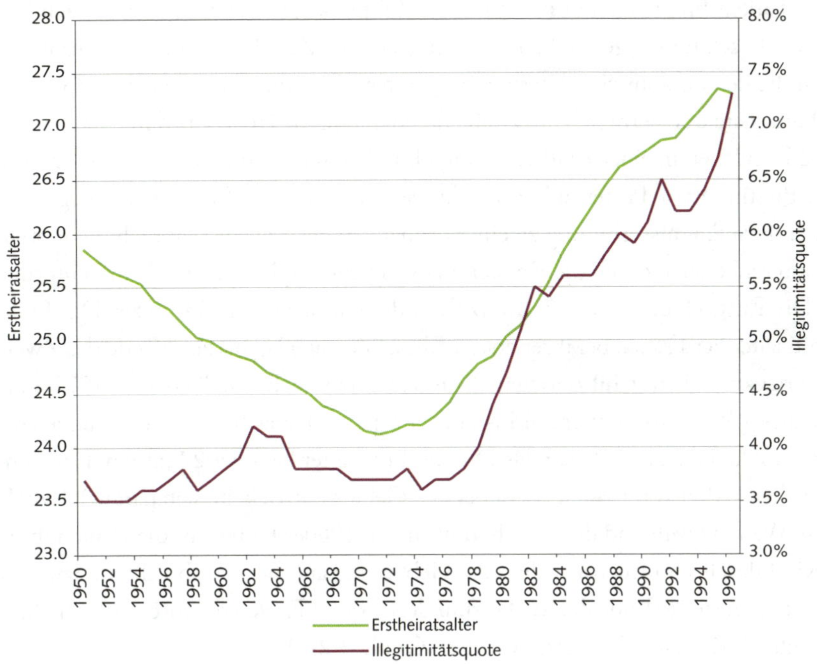

Quellen: Erstheiratsalter: Calot/OFS 1998, CD-Rom, Tab. 3-7; Illegitimitätsquote: HSSO Tab. C.16. und C.23.

Erhöhung des Heiratsalters im letzten Vierteljahrhundert von einer Erhöhung der ausserehelichen Fruchtbarkeit begleitet wurde, indem nämlich eine wachsende Zahl von Paaren darauf verzichtete, ihre Beziehung durch eine Heirat zu formalisieren.

1.2.1.2 Der zweite demographische Übergang

Die Bevölkerungsentwicklung in den letzten 25 Jahren des 20. Jahrhunderts trägt alle Anzeichen eines zweiten demographischen Übergangs. Verschiedene Autoren gehen davon aus, dass dieser Wandel das Resultat eines Werte- und Sozialnormenwandels ist. Während der erste demographische Übergang (zwischen 1870 und 1930) auf Altruismus beruhte – das generative Verhalten war auf das Wohlergehen der ganzen Familie ausgerichtet –, war der zweite demographische Übergang, der in den 1960er Jahren einsetzte, von der Individualisierung und Selbstverwirklichung einzelner Familienmitglieder geprägt.[21] Dieser zweite demographische Wandel war in einer ersten Phase zwischen 1970 und 1980 durch die Folgen des Babybooms der 1940er bis 1960er Jahre, das nicht weiter sinkende Heiratsalters und eine Zunahme der Scheidungen gekennzeich-

21 Für die Hintergründe des zweiten demographischen Übergangs vgl. Ariès 1980; Van de Kaa 1987; Lesthaeghe 1995. Zur Situation in der Schweiz: Wanner 1999, 491–506.

net. Ab den 1980er Jahren machten sich dann als Struktureffekte eine Verlagerung der Fruchtbarkeit hin zu älteren Frauen – der Zeitpunkt der Schwangerschaft wurde zunehmend nach hinten geschoben – und eine erneute Zunahme der rohen Sterblichkeit durch die demographische Alterung bemerkbar. Vom soziologischen Standpunkt betrachtet, charakterisierte sich der zweite demographische Übergang durch das häufigere Zusammenleben in einer Paarbeziehung ohne Trauschein, durch das Aufkommen von «selbstbestimmten» Paaren mit Einzelkindern, durch den Wechsel von einer vorbeugenden Empfängnisverhütung zu einer primär von der Selbstverwirklichung motivierten und schliesslich durch die Entstehung von neuen, «pluralitären» Familienformen.

Die Entwicklung in der Schweiz folgt diesem Schema recht präzis. Das Durchschnittsalter der Frauen bei ihrer ersten Eheschliessung lag bis zum Ende des Zweiten Weltkriegs ziemlich stabil zwischen 26 und 26.5 Jahren. Bis in die frühen 1970er Jahre sank dieser Wert kontinuierlich bis auf 24.1 Jahre. Danach kehrte die Tendenz, am Ende des 20. Jahrhunderts lag das Durchschnittsalter bei über 27 Jahren. Das durchschnittliche Alter von Frauen bei der ersten Geburt entwickelte sich parallel dazu. Der tiefste Wert lag während des Babybooms in den 1960er Jahren, als die Frauen ihr erstes Kind durchschnittlich vor dem 26. Geburtstag auf die Welt brachten, danach erhöhte er sich stetig. Ende des 20. Jahrhunderts waren Frauen durchschnittlich über 28 Jahre alt, als sie erstmals Mutter wurden (Grafik 1.2-4).

Grafik 1.2-4: **Durchschnittsalter der Frauen bei der Erstheirat und bei der ersten Geburt (1900–1996)**

Quelle: Calot/OFS 1998, CD-Rom, Ersttheiratsalter: Tab. 3.7; Alter bei der ersten Geburt: Tab. 5.5.

Die Erhöhung des Durchschnittsalters bei Eheschliessungen und bei Geburten war allerdings nicht der einzige Faktor, der sich auf das generative Verhalten in den letzten 25 Jahren des 20. Jahrhunderts auswirkte. Die zunehmende Anwendung empfängnisverhütender Methoden (hauptsächlich der Pille), die steigenden Kosten aufgrund längerer Schul- und Ausbildungszeiten, beengende und teure Wohnungen, die steigende Erwerbsquote der Frauen und die wachsenden Schwierigkeiten, die Arbeit mit Kinderbetreuung zu vereinbaren – diese Gründe werden üblicherweise angeführt, um zu erklären, weshalb die Fruchtbarkeitsrate unter die Schwelle sank, die nötig ist, um die Grösse der Gesamtbevölkerung aufrechtzuerhalten.

Anzufügen ist schliesslich, dass die Veränderungen im generativen Verhalten während des letzten Drittels des 20. Jahrhunderts auf komplementären Mechanismen beruhten. Zwischen 1964 und 1975 sank das Durchschnittsalter bei der ersten Geburt nur wenig; zusammen mit der Verbreitung der Antibabypille führte das zu einem Rückgang der Fruchtbarkeit. Zwischen 1976 und 1996 war die Situation hingegen umgekehrt: Die Fruchtbarkeit blieb relativ stabil, aber das Durchschnittsalter bei der ersten Geburt erhöhte sich und lag zu Beginn des 20. Jahrhunderts bei 30 Jahren.

1.2.2 Altersstruktur und erwerbstätige Bevölkerung

1.2.2.1 Die Strukturindikatoren

Die Altersstruktur enthält Informationen über die Vergangenheit und über die Zukunft der Bevölkerung. Die beiden Weltkriege, die Wirtschaftskrise der 1930er Jahre oder auch der Babyboom zwischen 1940 und 1965 hatten deutliche Auswirkungen auf die Gestalt der Schweizer Alterspyramide (Grafik 1.2-5).

Dass die Bevölkerungsentwicklung während der beiden demographischen Übergangsphasen (im Wesentlichen der Rückgang der Fruchtbarkeits- und der Sterberate) die Bevölkerungsstruktur generationenübergreifend veränderte, wurde bereits erwähnt.[22] Allerdings traten die Effekte jeweils mit einer gewissen Verspätung auf, was es oftmals schwierig macht, die sozialen und wirtschaftlichen Folgen als solche zu bestimmen.

Grundsätzlich hängt die Altersstruktur der Bevölkerung von der Fruchtbarkeit, der Lebenserwartung sowie der Aus- und Einwanderung ab. Bis zur Mitte des 20. Jahrhunderts war vor allem die Fruchtbarkeit der Parameter, der zunehmend an Einfluss gewann, und zwar mit kurzfristigen wie langfristigen Auswirkungen.[23] So erhöhte sich bis zum Einsetzen des Babybooms der Anteil der 20- bis 64-Jährigen kontinuierlich, gleichzeitig nahm jener der unter 20-Jährigen ab.[24] Verbunden mit dem

22 Für eine Übersicht vgl. Höpflinger 1995, 7–60.

23 Höpflinger 1995, 14–15; Laslett/Paillat 1999, 256–258.

24 Zwischen 1900 und 1941 stieg der Anteil der 20- bis 64-Jährigen von 53.5 % auf 61.4 %, während der Anteil der unter 20-Jährigen von 40.7 % auf 30.0 % sank. In absoluten Zahlen ausgedrückt nahm die Zahl der 20- bis 64-Jährigen in dieser Periode um 48.4 % zu (von 1.78 auf 2.64 Millionen), während die Zahl der unter 20-Jährigen um 4.5 % sank (von 1.35 auf 1.29 Millionen).

Grafik 1.2-5: **Alterspyramiden der ständigen Wohnbevölkerung (in 1000) (1900–2000)**

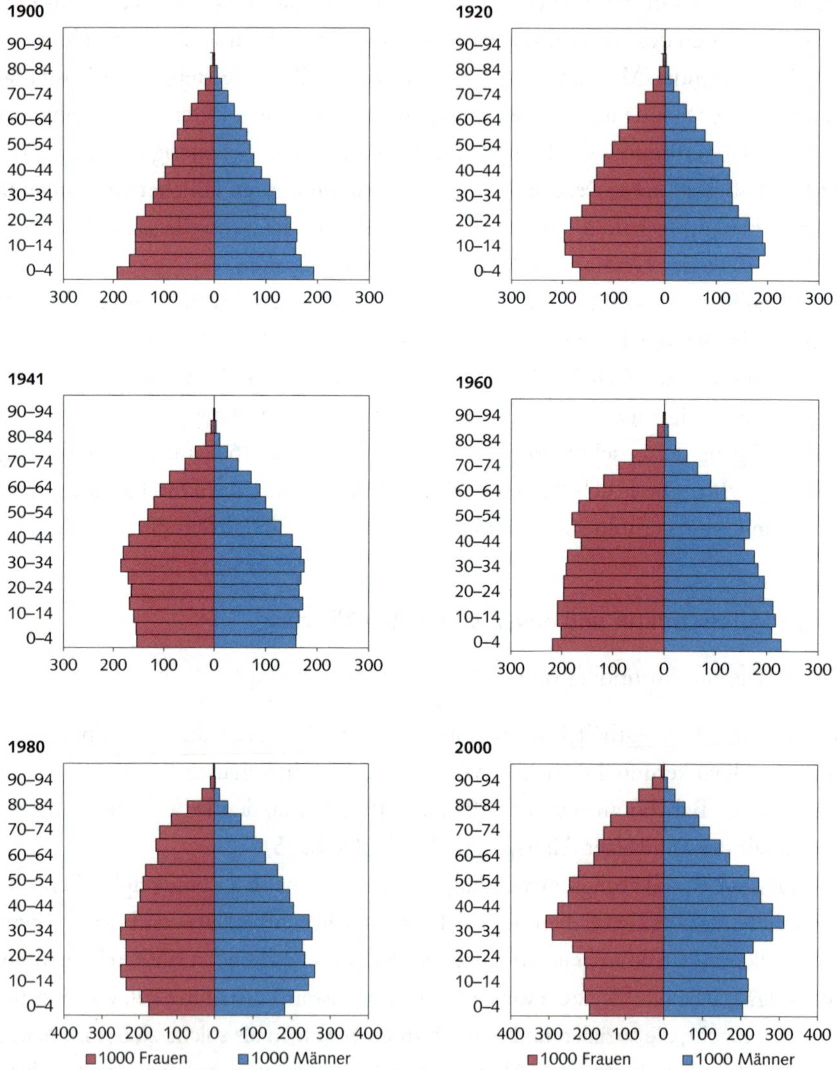

Quellen: BFS, Eidgenössische Volkszählungen, verschiedene Jahre.

schwachen Wachstum in der Gruppe der über 65-Jährigen erklärt sich daraus die Verringerung des Gesamtbelastungsquotienten, also des Verhältnisses der aktiven zur nichtaktiven Bevölkerung, der von 67–69 % zu Beginn des 20. Jahrhunderts auf 55 % in den 1930er Jahren sank (Grafik 1.2-6). Gleichzeitig ging aber die Bestandserhaltung der aktiven Bevölkerung – ausgedrückt im Verhältnis der 15- bis 19-Jährigen zu den 60- bis 64-Jährigen – abrupt zurück. Verantwortlich dafür war der starke Rückgang der Fruchtbarkeit im ersten Viertel des Jahrhunderts.

Grafik 1.2-6: **Indikatoren zur Bevölkerungsstruktur (1900–2000)**

Quellen: BFS, Eidgenössische Volkszählungen, verschiedene Jahre.

Aufgrund der erhöhten Lebenserwartung hätte sich der Prozess der demographischen Alterung bereits zwischen 1940 und 1965 bemerkbar machen müssen. Dass es nicht dazu kam, liegt daran, dass der Babyboom diese Entwicklung durch eine stärkere Gewichtung der Altersklasse der unter 20-Jährigen verlangsamte, deren Anteil von 30% 1941 auf 32.1% 1965 stieg. Gleichzeitig sank der Anteil der erwerbsfähigen Bevölkerung von 61.4% auf 57.1%, während jener der über 64-Jährigen von 8.6% auf 10.6% stieg. Diese Entwicklung führte bis etwa 1970 zu einer Erhöhung der Gesamtbelastungsquote, die von 54.6% auf 66.0% anstieg. Ab den ausgehenden 1960er Jahren zeigte sich aber trotz der zunehmenden demographischen Alterung – der Anteil der über 65-Jährigen stieg zwischen 1965 und 2000 von 10.6% auf 15.4% – ein Rückgang bei der Gesamtbelastungsquote. Verantwortlich dafür war der Eintritt der Babyboomgeneration ins erwerbstätige Alter und, damit einhergehend, eine sinkende Natalität, wodurch sich der relative Anteil der jüngsten Bevölkerungsschichten reduzierte. Mit dem Übertreten der Babyboomer der zweiten Phase, also der in der ersten Hälfte der 1960er Jahre Geborenen, ins erwerbsfähige Alter kam es zu einer – zwischenzeitlichen – Erholung des Bestandserhaltungsindexes (IRPA) zwischen 1970 und 1980. Der Trend kehrte allerdings wieder mit dem Älterwerden der Babyboomgeneration – im Jahr 2000 betrug die Quote der jungen Bevölkerung gegenüber den 60- bis 64-Jährigen nur mehr knapp über 1 (1.13). Im letzten Jahrzehnt des Jahrhunderts verbesserte sich die Gesamtbelastungsquote. Diese Quote wird sich jedoch wieder verschlechtern, wenn die Babyboomer der 1960er Jahre das Ende des erwerbstätigen Alters erreichen werden.

1.2.2.2 Die demographische Alterung und ihre Herausforderungen

Die immer schnellere Alterung der Bevölkerung in der Schweiz und den anderen europäischen Ländern während der letzten Jahrzehnte des 20. Jahrhunderts macht auf die Bedeutung der nicht mehr erwerbstätigen Gesellschaftsschichten aufmerksam (Tabelle 1.2-2). Während um 1900 nicht einmal jeder zehnte Einwohner über 60 Jahre alt war (8.6 % bei den Männern, 9.8 % bei den Frauen), war es 1950 schon jeder siebte (12.6 % bei den Männern, 15.2 % bei den Frauen) und 2000 jeder fünfte (17.6 % bei den Männern, 22.8 % bei den Frauen).

Tabelle 1.2-2: **Indikatoren zur demographischen Alterung in der Schweiz (1900–2000)**

	1900	1910	1920	1930	1941	1950	1960	1970	1980	1990	2000
Anteil der über 60-jährigen Männer in %	8.6	7.9	8.4	9.7	12.0	12.6	13.4	14.3	15.8	16.5	17.6
Anteil der über 60-jährigen Frauen in %	9.8	9.6	10.0	11.5	14.3	15.2	17.0	18.7	20.8	22.2	22.8
Lebenserwartung:											
Neugeborene Knaben	46.2	51.3	53.2	59.3	63.0	66.6	68.7	70.1	72.3	74.0	76.0
Neugeborene Mädchen	48.8	54.6	55.7	63.5	67.2	71.1	74.1	76.2	78.9	80.8	82.0
60-jährige Männer	12.5	12.7	13.2	14.2	14.9	15.9	16.2	16.7	17.8	19.0	20.3
60-jährige Frauen	12.7	14.2	14.2	15.9	16.8	18.0	19.0	20.3	22.3	23.7	24.6

Quellen: BFS, Eidgenössische Volkszählungen, verschiedene Jahre; Calot/OFS 1998, CD-Rom: Tab. F_06_04.

Neben den sozialen Auswirkungen (hoher Frauenanteil im nicht mehr aktiven Alter,[25] neuartige Probleme, was das Familienleben und den Wohnort alter Menschen betrifft[26]) hat diese Entwicklung auch ganz unbestreitbar Einfluss auf die Sozialversicherungen, die auf generationenübergreifender Solidarität basieren. Tatsächlich kamen zu Beginn des 20. Jahrhunderts zehn 18- bis 64-Jährige auf eine über 64-jährige Person. 100 Jahre später, im Jahr 2000, waren es pro Person im Ruhestand nur noch ungefähr vier 18- bis

25 Für eine demographische Analyse der zunehmenden Lebenserwartung der Schweizer Bevölkerung in diachroner Perspektive vgl. Cordazzo 2006.

26 Vgl. dazu Lalive d'Epinay 1991; Lalive d'Epinay 1998; Head-König 2010.

64-Jährige; der Anteil der über 64-Jährigen betrug 24.1%. Diese Entwicklung führte zu steigenden Kosten der Altersvorsorge[27] und zu einer gemessen am Bruttoinlandprodukt anteilsmässigen Erhöhung der Gesundheitsausgaben (→ 4.3.2.3 und 4.3.3); sie machte die finanziellen Grundlagen des heutigen Versicherungsmodells zusehends von den Finanzmärkten und von den Möglichkeiten, die Arbeitsproduktivität zu steigern, abhängig.

1.2.2.3 Demographische Struktur und Erwerbstätigkeit

Die Struktur der Bevölkerung im erwerbsfähigen Alter spiegelt nicht nur mehr oder weniger direkt die Folgen der natürlichen Bevölkerungsentwicklung und der Wanderungsbewegung wider, sie ist (aufgrund der Integration der Einzelnen in den Arbeitsmarkt) auch ein Abbild der wirtschaftlichen Konjunkturzyklen. So ist in wirtschaftlich schwierigen Zeiten die Wachstumsrate der erwerbsfähigen Bevölkerung (also der 18- bis 64-Jährigen) höher als jene der effektiv erwerbstätigen Bevölkerung. In Zeiten starken Wirtschaftswachstums lässt sich hingegen das Gegenteil beobachten: Die erwerbstätige Bevölkerung wächst dann nämlich schneller an als die Zahl der 18- bis 64-Jährigen insgesamt (Tabelle 1.2-3).

Auf diese ungleiche Entwicklung, die übrigens auch in den anderen westeuropäischen Ländern zu beobachten ist, kommen wir später noch genauer zurück.[28] An dieser Stelle ist lediglich anzumerken, dass sich die Parameter, welche die Erwerbsquoten beeinflussen (die demographische Struktur, das individuelle Verhalten und die Migra-

Tabelle 1.2-3: **Jährliches Wachstum der Gesamtbevölkerung, der erwerbsfähigen Bevölkerung (18- bis 64-Jährige) und der erwerbstätigen Bevölkerung (1900–2000)**

	Gesamtbevölkerung	18- bis 64-Jährige	Erwerbstätige Bevölkerung
1900–1913	1.10 %	1.13 %	1.17 %
1913–1922	0.29 %	0.91 %	0.46 %
1922–1929	0.44 %	0.96 %	0.37 %
1929–1939	0.48 %	0.71 %	0.24 %
1939–1945	0.68 %	0.45 %	0.66 %
1945–1950	1.27 %	0.96 %	0.88 %
1950–1960	1.29 %	1.02 %	1.54 %
1960–1973	1.28 %	1.20 %	1.42 %
1973–1980	0.02 %	0.33 %	0.24 %
1980–1990	0.64 %	1.11 %	1.77 %
1990–2000	0.65 %	0.52 %	1.17 %

Quellen: BFS, Eidgenössische Volkszählungen, verschiedene Jahre.

27 Zwischen 1970 und 1995 stieg die Zahl der über 65-Jährigen um 46.9% an; die Renten der Alters- und Hinterbliebenenversicherung (AHV) stiegen real auf den 2.6-fachen Wert an.

28 Vgl. vor allem Tabelle 14a bei Livi Bacci/Tapinos 1999, 108.

tion), unterschiedlich auswirkten. So erklärt sich das Anwachsen der erwerbstätigen Bevölkerung zwischen 1950 und 1970 zu zwei Dritteln durch hohe Wanderungssaldi und lediglich zu einem Drittel durch die um 1950 vorteilhafte Altersstruktur der Bevölkerung. Zwischen 1970 und 1990 hingegen wuchs die erwerbstätige Bevölkerung fast ausschliesslich aus strukturellen Gründen, weil die Babyboomgeneration ins Erwerbsleben drängte. Wanderungsbewegungen spielten entsprechend nur eine untergeordnete Rolle.[29] Anzumerken bleibt, dass sich die ausländische Bevölkerung durch höhere Erwerbsquoten auszeichnete als die Schweizer Bevölkerung, dass bei den Ausländern aber in konjunkturell schwachen Zeiten auch die Schwankungen stärker ins Gewicht fielen.[30] Das war in der Schweiz etwa zwischen 1971 und 1985 der Fall, als die relativ stabilen Erwerbsquoten – trotz des Rückgangs von 1974 bis 1975 – von einem starken Rückgang der Erwerbstätigkeit der ausländischen Bevölkerung (von 84% 1971 auf unter 72% 1985) begünstigt wurden (Grafik 1.2-7).

Grafik 1.2-7: **Standardisierte Erwerbsquote der über 15-jährigen schweizerischen und ausländischen Bevölkerung (1971–2001)**

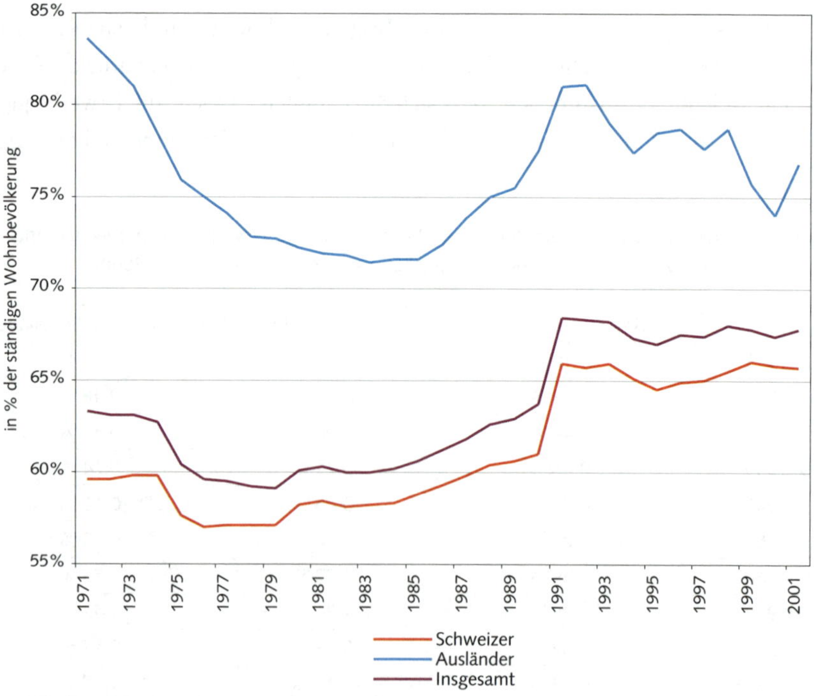

Quellen: BFS, Erwerbstätigenstatistik (ETS), Schweizerische Arbeitskräfteerhebung (SAKE), Statistik des jährlichen Bevölkerungsstandes (ESPOP).

29 Menthonnex 1996, 45.

30 Die sesshafte ausländische Bevölkerung umfasst Ausländer mit einer Niederlassungsbewilligung und solche mit einer Aufenthaltsbewilligung, die seit zwölf oder mehr Monaten in der Schweiz wohnen; bei den Werten zwischen 1991 und 2000 sind zudem ausländische Diplomaten und internationale Funktionäre eingeschlossen.

Diese Tendenz resultierte aus den Schwierigkeiten während der Wirtschaftskrise in der ersten Hälfte der 1970er Jahre. Sie kann aber auch in einen Zusammenhang gebracht werden mit der hohen Natalität der ausländischen Bevölkerung während des Babybooms in der ersten Hälfte des 1960er Jahre sowie mit der Verlängerung der Schuldauer auch für Ausländer, die in der Schweiz geboren wurden.

Die Grösse der erwerbstätigen Bevölkerung war zudem von den Fähigkeiten der Einzelnen abhängig, überhaupt am Arbeitsmarkt teilzunehmen. Schliesslich erschweren auch die fortwährenden Änderungen der Kriterien zur Definition der erwerbstätigen Bevölkerung[31] eine diachrone Analyse der Schweizer Erwerbsquote und erfordern eine äusserst nuancierte Interpretation der Resultate. Trotzdem lassen sich mittelfristige Tendenzen feststellen, bezogen auf jene Perioden, in denen die Definitionskriterien nur wenig voneinander abwichen (Tabelle 1.2-4).[32]

Tabelle 1.2-4 : **Erwerbsquote der über 15-Jährigen (1920–2000)**

	Männer	Frauen	Total
1920	92.7 %	42.8 %	66.5 %
1930	91.6 %	37.9 %	66.3 %
1941	89.9 %	32.8 %	60.0 %
1950	88.8 %	43.7 %	65.0 %
1960	87.6 %	42.5 %	64.4 %
1970	84.3 %	41.5 %	62.4 %
1980	79.3 %	42.1 %	60.1 %
1990	79.1 %	48.3 %	63.3 %
2000	79.9 %	57.8 %	68.5 %

Quellen: 1920–1990: Schumacher 2000, 14, 31, 50; 2000: BFS, Eidgenössische Volkszählung 2000.

31 Die erwerbstätige Bevölkerung kann mittels verschiedener Faktoren bestimmt werden: durch den wöchentlichen Zeitaufwand für die Arbeit, das Alter, den Grad der Entlohnung, die Art der Tätigkeit usw. Darüber hinaus können weitere Elemente den Grad der Erwerbstätigkeit in einer Volkswirtschaft beeinflussen: neben demographischen Entwicklungen (wie den Migrationsbewegungen oder der Alterung der Gesellschaft) sind dies soziale Erscheinungen (die etwa das angesetzte Rentenalter beeinflussen oder den Integrationsgrad der Frauen in den Arbeitsmarkt) sowie die Konjunktur selbst. In der Schweiz werden Personen, die sich ausschliesslich ohne Entlöhnung mit Haushaltsarbeiten im eigenen Haushalt beschäftigen, nicht zur erwerbstätigen Bevölkerung gezählt. Das Gleiche gilt für Frauen, die als Hilfskräfte in Landwirtschaftsbetrieben mitarbeiten. Aufgrund der Tatsache, dass in den meisten Schweizer Agrarbetrieben die anfallenden Arbeiten zu verschiedenen Betriebszweigen gehören, wird die Arbeit der Frauen in den verschiedenen Zählungen zudem unterschiedlich erfasst; Unterschiede gibt es ferner zwischen den einzelnen Kantonen als Folge einer unterschiedlichen Interpretation der Daten und der Stellung der Frauen, die zu einer Erhöhung ihrer Haushaltsbudgets beitragen. Schliesslich wurden bis 1920 Haushaltsangestellte nicht als Teil der erwerbstätigen Bevölkerung erfasst, was sich vor allem in den am stärksten urbanisierten Kantonen auf die Schätzungen zur Erwerbstätigkeit von Frauen auswirkte.

32 Für eine detaillierte Analyse der Definition der erwerbstätigen Bevölkerung und der Auswirkungen auf die Statistik vgl. Schumacher 2000.

Nach den Höchstständen in den 1920er Jahren ging die Erwerbstätigkeit in den 1930er Jahren deutlich zurück. Von dieser direkten Folge der Wirtschaftskrise und der zunehmenden Arbeitslosigkeit betroffen waren vornehmlich Frauen. Ihre Erwerbsquote nahm zwischen 1920 und 1941 um zehn Prozentpunkte ab. Dass der Rückgang hier allerdings so stark war, ist sicherlich auch darauf zurückzuführen, dass die erwerbstätige Bevölkerung ab 1941 anders definiert wurde: Neu wurden viele Hausfrauen (meist waren es Ehefrauen von Bauern) zur Kategorie der Personen gezählt, die nebenberufliche Tätigkeiten ausführen, und erscheinen nicht mehr in der Rubrik der erwerbstätigen Personen.[33] Unbestreitbar trugen jedoch auch die Konjunkturentwicklung und der Strukturwandel zu dieser Entwicklung bei. Der Rückgang der Erwerbsquote bei Frauen war nämlich im tertiären Sektor am stärksten und damit just dort, wo Massnahmen umgesetzt wurden, den Frauenanteil zu beschränken.[34] So gesehen scheint die Hypothese, dass die Tertiarisierung der Wirtschaft zu einer starken Integration der Frauen in die Arbeitswelt führte, für die Schweiz der Zwischenkriegszeit wenig plausibel, denn den Spannungen auf dem Arbeitsmarkt wurden gerade durch den Abbau von weiblicher (und ausländischer) Arbeitskraft begegnet. Zwischen 1941 und 1970 blieb die Erwerbsquote trotz Änderungen in der Definition der erwerbstätigen Bevölkerung[35] mehr oder weniger stabil. Lediglich in den 1960er Jahren kam es zu einem leichten Rückgang, der Frauen und Männer gleichermassen betraf. Diese Entwicklung war wahrscheinlich eine Folge des gemessen an der Zahl der über 15-Jährigen grösser werdenden Anteils an über 65-Jährigen. Denn mit der Einführung der obligatorischen Alters- und Hinterbliebenenversicherung (AHV) 1948 nahm die Beteiligung der alten Bevölkerung am erwerbstätigen Leben immer weiter ab. Tatsächlich sank der Grad an Erwerbstätigkeit bei den über 70-jährigen Männern von knapp 40% 1941 auf 30% 1960. Was die weibliche Bevölkerung betrifft, war der Rückgang der Erwerbsquote vermutlich eine Folge davon, wie die Gruppe der erwerbstätigen Bevölkerung definiert wurde.[36] Berücksichtigt man bei den Frauen allerdings nur die 15- bis 64-jährigen Frauen und korrigierte Schätzungen,[37] die auch weibliche Teilzeitarbeit miteinbeziehen, so erhöhte sich die Erwerbsquote der Frauen während der «Trente Glorieuses» sogar. Diese Erhöhung betrifft alle Altersklassen (Grafik 1.2-8 und 1.2-9) und zeigt sich noch deutlicher, wenn man die in jenen Jahren früher stattfindende Eheschliessung sowie die frühere Mutterschaft berücksichtigt.

Zwischen 1970 und 1990 erhöhte sich die Erwerbsquote leicht, was auf die wirtschaftliche Erholung in den 1980er Jahren zurückzuführen ist; dabei entwickelten sich die Erwerbsquoten von Männern und Frauen unterschiedlich. Wie in anderen

33 Schumacher 2000, 15.
34 Schoeni 2005.
35 Die Werte jener Jahre beziehen auch Personen mit Teilzeitarbeit oder Hilfspersonal ein.
36 Schumacher 2000, 32–33.
37 Diese führen zu einer Erwerbsquote zwischen 47 und 48% bei Frauen; Schumacher 2000.

Grafik 1.2-8: **Erwerbsquote der Männer nach Altersklassen (verschiedene Jahre)**

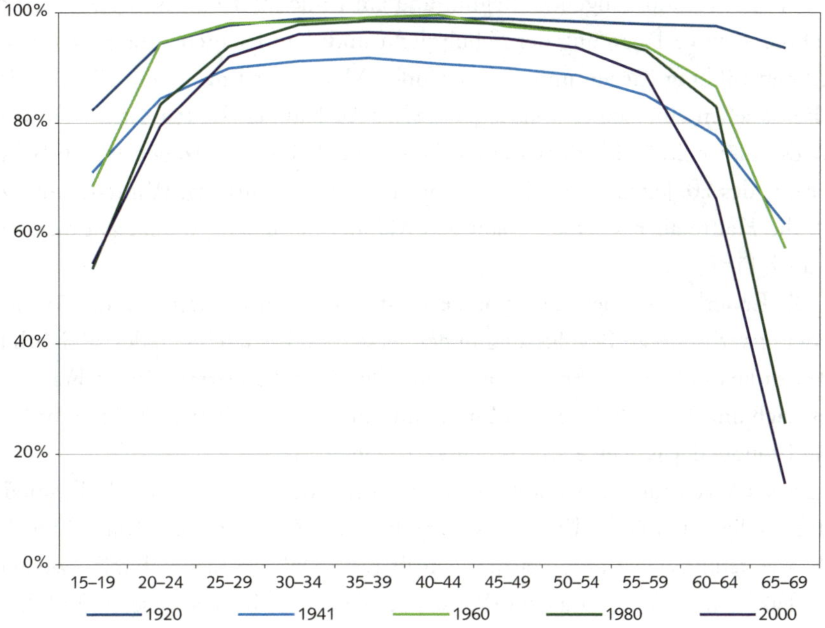

Quellen: BFS, Eidgenössische Volkszählungen, verschiedene Jahre.

Grafik 1.2-9: **Erwerbsquote der Frauen nach Altersklassen (verschiedene Jahre)**

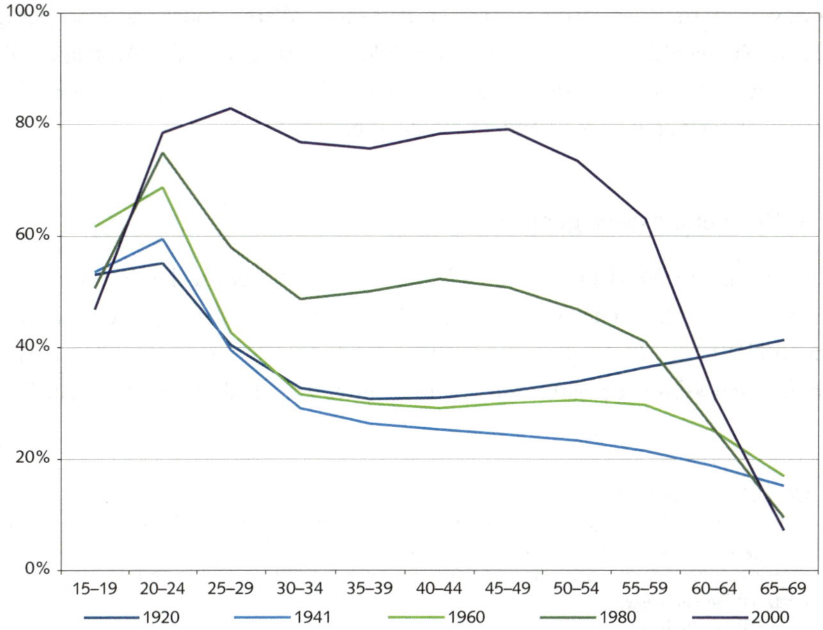

Quellen: BFS, Eidgenössische Volkszählungen, verschiedene Jahre.

westlichen Ländern[38] nahm die Erwerbsquote bei Männern ab, und zwar in erster Linie wegen Veränderungen zu Beginn und am Ende ihrer Berufstätigkeit. Mit der zunehmenden Verlängerung der Schulpflicht und dem leichteren Zugang zur universitären Bildung stiegen immer mehr junge Männer erst nach dem 25. Altersjahr ins Berufsleben ein. Zugleich ermöglichte der Ausbau der Rentensysteme ein frühzeitiges Ausscheiden aus dem Berufsleben; viele Männer vollzogen diesen Schritt am Ende des 20. Jahrhunderts bereits vor ihrem 65. Geburtstag. Während um 1970 noch die Hälfte aller 65- bis 69-jährigen Männer berufstätig waren, galt dies 1990 nur noch für 17%.

Die Erwerbsquote der Frauen hingegen stieg stark an. So waren für das Anwachsen der erwerbstätigen Bevölkerung in den letzten drei Jahrzehnten des 20. Jahrhundertes zu knapp 80% die Frauen zuständig. Die Zahl der erwerbstätigen Frauen erhöhte sich um fast 62%, jene der Männer nur um 8.5%. Im Jahr 2000 überschritt die Erwerbsquote der Frauen erstmals den Wert von 50%.[39]

Dieses Wachstum signalisiert einen Bruch mit dem traditionellen Rollenmodell, nach dem die Frau mit der Eheschliessung oder der Geburt des ersten Kindes (provisorisch oder definitiv) ihre Berufskarriere aufgab. Dieser Wandel lässt sich mit soziokulturellen Faktoren erklären, etwa dem Wunsch der Frauen nach einer besseren Ausbildung im Hinblick auf eine Berufskarriere.[40] Dadurch änderte sich auch das demographische Verhalten, vor allem hinsichtlich der Ehe und der Fruchtbarkeit. Die gesunkene Attraktivität von Ehe und Mutterschaft und die höheren Scheidungsraten schwächten zwar die wirtschaftliche Situation der Frauen; diese sahen sich deshalb ermutigt, ihre Lage durch ein eigenständiges Berufsleben und die damit erworbene wirtschaftliche Unabhängigkeit zu verbessern. Es ist davon auszugehen, dass dieser Wertewandel gegenüber der Ehe und dem Familienleben zwischen 1970 und 1990 zu etwa 30% für den Anstieg der Zahl erwerbstätiger Frauen im Alter zwischen 15 und 61 Jahren[41] verantwortlich war – damit näherte sich die Schweiz den Ländern Nordeuropas an.[42]

1.2.3 Wanderungsbewegungen

Demographisches Wachstum hat zwei Komponenten: die natürliche Bevölkerungsbewegung und den Saldo der Wanderungen. Den Wanderungsbewegungen kam in der zweiten Hälfte des 20. Jahrhunderts eine steigende Bedeutung zu (Grafik 1.2-1). Bis zum Zweiten Weltkrieg waren vor allem Geburten und Todesfälle für die jährlichen

38 Chesnais 1999, 245–247.

39 Ein entsprechender Anstieg ist bei ausländischen ebenso wie bei schweizerischen Frauen festzustellen, er war aber bei den Schweizerinnen ausgeprägter, was darauf hinweist, dass sich die Haltung der Schweizerinnen zum Berufsleben nachhaltig verändert hat. Vgl. Diserens/Briant 1996.

40 Chaze/Bilger/Schlesser 2005.

41 Chaze/Bilger/Schlesser 2005.

42 Vgl. vor allem Delsart/Richard/Vaneecloo 2004.

Grafik 1.2-10: **Anteil der Geburtenüberschüsse und Wanderungssaldi am Bevölkerungswachstum (1900–2000)**

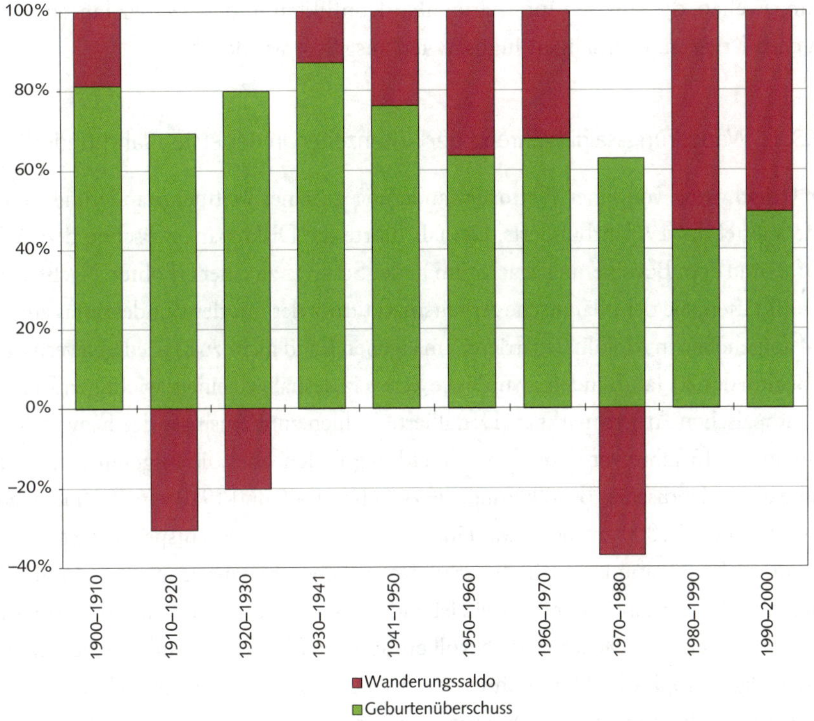

Quellen: BFS, Eidgenössische Volkszählungen, verschiedene Jahre; BFS, Die Bewegung der Bevölkerung in der Schweiz, verschiedene Jahre.

Bewegungen der Bevölkerungszahl verantwortlich,[43] nach 1945 wuchs der Einfluss der Nettowanderung auf die kurzfristige Entwicklung der Schweizer Bevölkerung. Vor allem in den letzten 20 Jahren des Jahrhunderts korrelierte das Bevölkerungswachstum direkt mit dem Pulsieren der Flüchtlingsströme, während die natürliche Bevölkerungsbewegung von einem Rückgang der Natalität gekennzeichnet war, die sich den Sterberaten zunehmend annäherte (Grafik 1.2-10).[44]

In den 1970er Jahren kam es zu einem starken Rückgang der Einwanderung und der Rückkehr zahlreicher Ausländer in ihre Heimatländer – zwischen 1975 und 1979 betrug die Nettoabwanderung 132 000 Personen; in den 1980er Jahren wurde die Einwanderung dann wieder zum Hauptfaktor für die jährlichen Bevölkerungsschwankungen in der Schweiz, Geburtenüberschüsse trugen nur noch wenig dazu

43 Für den Zeitraum zwischen 1900 und 1913 lassen sich 88.9 % des Bevölkerungswachstums auf die höhere Zahl der Geburten gegenüber jener der Sterbefälle zurückführen, der Einfluss der Wanderungssaldi betrug nur 11.1 %. In der Zwischenkriegszeit und während des Zweiten Weltkriegs war der Einfluss der Migration noch geringer; der Wanderungssaldo war während diesen Perioden negativ und die demographischen Schwankungen hingen hauptsächlich vom Geburtenüberschuss ab.

44 Zwischen 1980 und 2000 stieg die Bevölkerungszahl der Schweizer lediglich um 14 %, während die ausländische Bevölkerung um 56 % wuchs.

bei.[45] Zurückzuführen ist das direkt auf die schrittweise Öffnung des Schweizer Arbeitsmarkts, aber auch – wenngleich in einem geringeren Ausmass – auf die Einwanderungswellen, die von den internationalen Konflikten in den 1980er Jahren, vor allem dem Krieg im ehemaligen Jugoslawien ausgelöst wurden.[46]

1.2.3.1 Wanderungssaldi während der Krisenzeiten in der ersten Jahrhunderthälfte

Der Umschwung von einer Nettoauswanderung zu einer Nettoeinwanderung fällt ins letzte Viertel des 19. Jahrhunderts. Damals führte die Diskrepanz zwischen dem Wirtschafts- und dem Bevölkerungswachstum in der Schweiz zu einer erhöhten Nachfrage an Arbeitskräften, die der inländische Arbeitsmarkt trotz der mit der Bundesverfassung von 1874 aufgehobenen Mobilitätsbarrieren im eigenen Land nicht zu befriedigen vermochte. Zu Beginn des 20. Jahrhunderts wurde die Schweiz deshalb zu einem wichtigen Zentrum des europäischen Arbeitsmarkts.[47] Detaillierte Zahlen zum Ausmass der Einwanderung während der 15 Jahre vor dem Ersten Weltkrieg fehlen, aber die insgesamt starke Zunahme der ausländischen Bevölkerung, die zwischen 1900 und 1910 von 383 000 Niedergelassenen auf 552 000 anwuchs, was einer Steigerung von 44 % entspricht, zeigt klar die Bedeutung der Einwanderung in dieser wirtschaftlichen Expansionsphase.[48] 1914 zählte man 600 000 dauerhaft in der Schweiz lebende Ausländer und rund 90 000 Saisonarbeiter, die zusammen 17.3 % der Wohnbevölkerung ausmachten; das waren 15 Mal mehr als der damalige europäische Durchschnitt von 1.2 %.[49] Dies ist allerdings auch durch die bis zu den Kriegsjahren niedrige Einbürgerungsrate von 0.6 bis 0.8 % begründet.[50]

Der Erste Weltkrieg bereitete der Einwanderungswelle ein Ende, zahlreiche Ausländer verliessen die Schweiz.[51] Zudem verringerte sich die Zahl der Ausländer durch

45 Zwischen 1982 und 2000 bestand das Bevölkerungswachstum in der Schweiz zu 59 % aus dem positiven Wanderungssaldo und lediglich zu 41 % aus dem Geburtenüberschuss.

46 Wie sehr der Wanderungssaldo gegenüber dem Geburtenüberschuss an Bedeutung gewann, illustrieren die Korrelationswerte zwischen der jährlichen Wachstumsrate der Bevölkerung (P) und der Geburtenüberschussrate (GR) beziehungsweise zwischen der jährlichen Wachstumsrate der Bevölkerung (P) und der Wanderungsbilanzrate (WB). Die Korrelation zwischen P und GR betrug 1895–1917: 0.86; 1917–1939: 0.53; 1940–1974: 0.65; 1975–2000: 0.36. Die Korrelation zwischen P und WB betrug 1895–1917: 0.92; 1917–1939: 0.52; 1940–1974: 0.95; 1975–2000: 1.00. Diese Werte zeigen, dass mit Ausnahme der Jahre nach 1940 die jährlichen Schwankungen immer weniger synchron mit den jährlichen Geburtenüberschüssen waren, dafür immer mehr mit den Wanderungssaldi übereinstimmten.

47 Erich Gruner (1980) definiert die Schweiz sogar als Drehscheibe des europäischen Arbeitsmarkts.

48 Betrachtet man nur die Italiener, so erhöhte sich die Zahl der durchschnittlich pro Jahr Einreisenden von 25 600 in den Jahren 1896–1900 auf 54 200 in den Jahren 1901–1905, sodann auf 77 300 im Zeitraum von 1906 bis 1910 und schliesslich auf 71 600 in den Jahren zwischen 1911 und 1915. Die spektakuläre Zunahme wird durch Ausreisen nur teilweise wieder ausgeglichen. Vgl. Cf. ISTAT, *Annuario Statistico Italiano*, verschiedene Jahre; Boscardin 1962, 14.

49 Hagmann 1999, 583.

50 Die Einbürgerungsrate wird definiert durch das Verhältnis der Zahl der Einbürgerungen zur Zahl der ansässigen ausländischen Bevölkerung (vgl. Wanner 1998). Zur Entwicklung der Einbürgerungspraxis vgl. auch Argast/Studer/Arlettaz 2008.

51 Für Schätzungen über das Wanderungsverhalten der ausländischen Bevölkerung zwischen 1910 und 1920 vgl. Raymond-Duchosal 1929, 31–32.

vermehrte Einbürgerungen; die Einbürgerungsrate stabilisierte sich bei 1.5–2.5 %, wo sie bis 1950 blieb. Schätzungen gehen für die Jahre 1914 bis 1920 von einem negativen Wanderungssaldo von 127 000 ausländischen Personen aus.[52] In der zweiten Hälfte der 1920er Jahre nahm die Einwanderung dank des besseren Wirtschaftsklimas kurzfristig zwar wieder zu, sie wurde aber weiterhin beschränkt durch die restriktive Einwanderungspolitik, welche die Schweizer Behörden seit 1917 verfolgten.[53] Einwanderungsbewilligungen wurden so zu einem willkommenen Regulierungsinstrument für den fluktuierenden Schweizer Arbeitsmarkt. Während der wirtschaftlich florierenden Jahre zwischen 1926 und 1931 stieg die Zahl der Ausländer mit einer zeitlich begrenzten Arbeitsbewilligung von 51 000 auf ungefähr 90 000, sie verringerte sich nach 1932 aber – parallel zur Verschlechterung der wirtschaftlichen Lage – auf nur noch 16 000 im Jahr 1939.[54] Gleichzeitig nahm die Zahl der niedergelassenen Ausländer stark ab: Lebten 1910 noch 552 000 in der Schweiz, also 14.7 % der Gesamtbevölkerung, waren es 1941 nur noch 223 500, d.h. 5.2 % der Bevölkerung.[55]

Die veränderte Einwanderungspolitik der Eidgenossenschaft hatte auch Auswirkungen auf das demographische Profil der ausländischen Bevölkerung der Schweiz, und zwar sowohl hinsichtlich des Geschlechterverhältnisses als auch hinsichtlich der Altersstruktur der Einwanderer. Während vor dem Ersten Weltkrieg mehr ausländische Männer als Frauen in der Schweiz lebten – die *sex ratio* betrug 107–109 Männer auf 100 Frauen –, waren die Zwischenkriegszeit und die Jahre bis 1950 durch einen Überschuss ausländischer Frauen gekennzeichnet – die *sex ratio* schwankte jetzt zwischen 69 und 79 Männern je 100 Frauen (Tabelle 1.2-5). Und dies, obwohl eine beträchtliche Zahl von Ausländerinnen mit Schweizern Ehen schlossen und dadurch das Schweizer Bürgerrecht erhielten.[56]

Tabelle 1.2-5: **Geschlechterverhältnis (sex ratio: Anzahl Männer je 100 Frauen) der ausländischen, sesshaften Bevölkerung in der Schweiz, nach Altersklassen (1900–2000)**

	1900	1930	1950	1970	2000
0–14	100	100	101	103	107
15–29	113	72	53	120	99
30–49	121	75	82	162	118
50–69	95	85	67	126	142
70+	68	63	64	56	82
Insgesamt	109	79	69	127	113

Quellen: BFS, Eidgenössische Volkszählungen, verschiedene Jahre.

52 Blanc 1990, 210.
53 Eine Synthese findet sich bei Arlettaz 2004; vgl. ferner Jousson/Dellsperger 1978; Garrido 1987; Cerutti 1994, 11–104.
54 Mayer 1966, 70–71.
55 Überdies war zwischen 1930 und 1945 der Geburtenüberschuss der ausländischen Bevölkerung negativ.
56 Zwischen 1919 und 1945 heirateten 80 385 Ausländerinnen einen Schweizer, während im selben Zeitraum nur 29 313 Schweizerinnen einen Ausländer ehelichten.

Grafik 1.2-11: **Ausgestellte Arbeitsbewilligungen und Geschlechterverhältnis der ausländischen Erwerbstätigen (1926–1959)**

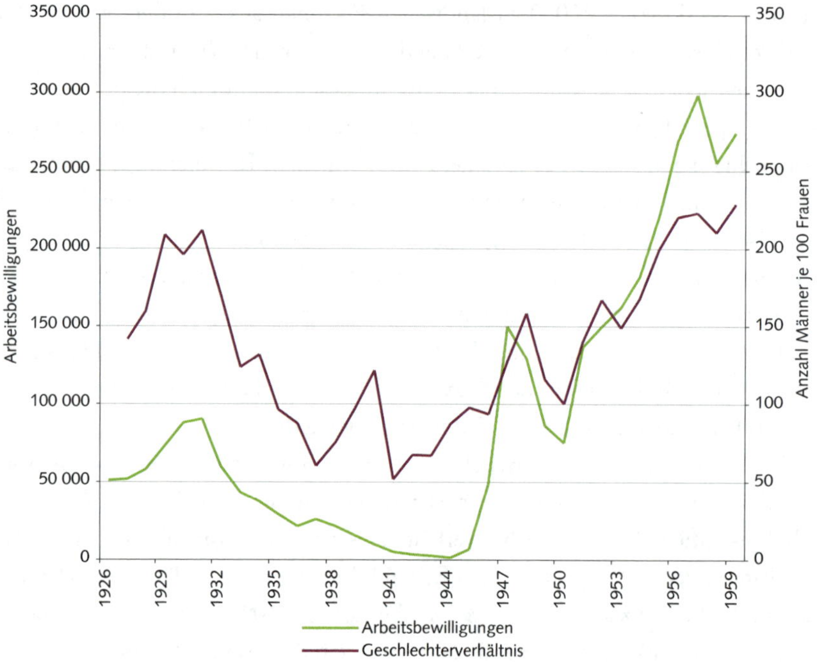

Quellen: Volkswirtschaft, verschiedene Jahre.

Die verschärfte schweizerische Einwanderungspolitik in der Zwischenkriegszeit (hauptsächlich während der Krise der 1930er Jahre) und während des Zweiten Weltkriegs hatte auch Auswirkungen auf die Arbeitsbewilligungen, die Ausländern ausgestellt wurden. Die Abnahme der Bewilligungen betraf vor allem die männlichen Beschäftigten (Grafik 1.2-11), sodass in den konjunkturell schwierigsten Jahren das Geschlechterverhältnis bei den Ausländern, die eine Arbeitsbewilligung erhielten, auf den tiefsten Stand sank.

In der ersten Jahrhunderthälfte hat vor allem die Zahl der nichterwerbstätigen Ausländer stark abgenommen. Zwischen 1910 und 1930 sank die Zahl der weniger als 15 Jahre alten Ausländer von nahezu 153 000 auf ungefähr 56 000, was einer Abnahme von 63 % entspricht.[57] Dieser Rückgang widerspiegelt die stark rückläufigen Eheschliessungen zwischen ausländischen Frauen und Männern oder zwischen ausländischen Männern und Schweizer Frauen: Vor dem Ersten Weltkrieg machten solche Verbindungen noch fast 18 % aller Eheschliessungen in der Schweiz aus, in der zweiten Hälfte der 1920er Jahre dann aber nur noch 6.5 % und zwischen 1935 und 1939

57 Die Anzahl der jungen Schweizer im gleichen Alter ging im selben Zeitraum von 1 020 000 auf 942 400 zurück, das bedeutet eine Abnahme von 7.6 %.

sogar weniger als 5 %. Vor 1914 unterschied sich die demographische Struktur der in der Schweiz lebenden ausländischen Bevölkerung dank der Niederlassungsmöglichkeit (und dank der sozioökonomischen Integration) kaum von jener der Schweizer Bevölkerung. In den 1920er und 1930er Jahren hingegen war die ausländische Bevölkerung stärker segmentiert, was sich an einer vermehrten Präsenz von Einzelpersonen im erwerbsfähigen Alter zeigte, deren Zahl sich nach der Konjunktur richtete und nach den jeweiligen gesetzlichen Bestimmungen zur maximalen Aufenthaltsdauer.

1.2.3.2 Neue Voraussetzungen und Wanderungsbewegungen nach dem Zweiten Weltkrieg

Der Kontrast zwischen der Zeit nach dem Ersten Weltkrieg und jener nach dem Zweiten Weltkrieg ist augenfällig.[58] Nach dem Kriegsende 1945 kam die Schweiz in eine vorteilhafte Lage. Da der industrielle Sektor von den Verwüstungen des Krieges verschont geblieben war, konnte er aktiv am Wiederaufbau und an der wirtschaftlichen Erholung Europas teilhaben.[59] Das starke, von den Schweizer Behörden nicht erwartete Wirtschaftswachstum führte zu einem Bedarf an Arbeitskräften, der nur mit Hilfe der Einwanderer gedeckt werden konnte. Ab 1948 wurde die italienische Einwanderung in die Schweiz durch ein Abkommen zwischen den beiden Ländern geregelt. Die Zahl der Einwanderer erhöhte sich trotz zweier milder Konjuktureinbrüche (1949/1950 bzw. 1958/1959) zwischen 1946 und 1960 von 40 000 auf 293 000 (Grafik 1.2-12).

Da in diesem Zeitraum, vor allem zwischen 1946 und 1963, Arbeitsbewilligungen an Ausländer liberal vergeben wurden, konnte die Schweizer Wirtschaft flexibel auf die starke Nachfrage nach Arbeitskräften reagieren und mit einem entsprechenden Rotationsrhythmus einen möglichen «Ausländerüberschuss» im Fall einer Abschwächung der Konjunktur auffangen.[60] Wie bereits vor dem Ersten Weltkrieg lebten nun wieder mehr ausländische Männer als Frauen in der Schweiz.[61] Dieses Ungleichgewicht zeigte sich vor allem bei den Altersklassen der Erwerbstätigen, allerdings mit Unterschieden je nach Art der Bewilligung. In der Gruppe der Saisonniers, die vorwiegend im zweiten Sektor und im Baugewerbe beschäftigt waren, wurden nur sehr wenige Bewilligungen an Frauen vergeben.[62] Unter den Einwanderern mit einer Jah-

58 Für die Einwanderung in die Schweiz nach dem Zweiten Weltkrieg vgl. Piguet 2005.

59 Hagmann 1966.

60 Widmer 1978, 45–50; Haug 1980.

61 Diese Überschüsse wurden durch eine eidgenössische Gesetzesänderung im Jahr 1953 begünstigt, die Schweizerinnen die Beibehaltung ihres schweizerischen Bürgerrechts zugestand, auch wenn sie mit einem Ausländer verheiratet waren. Zuvor verloren die Schweizerinnen mit der Eheschliessung ihre Schweizer Staatsbürgerschft. Vgl. Wanner 1998, 188–189.

62 Während der «Trente Glorieuses» wurde lediglich ein Zehntel aller Saisonarbeitsbewilligungen an Frauen ausgestellt.

Grafik 1.2-12: **Einwanderung von berufstätigen Ausländern (1943–2000)**

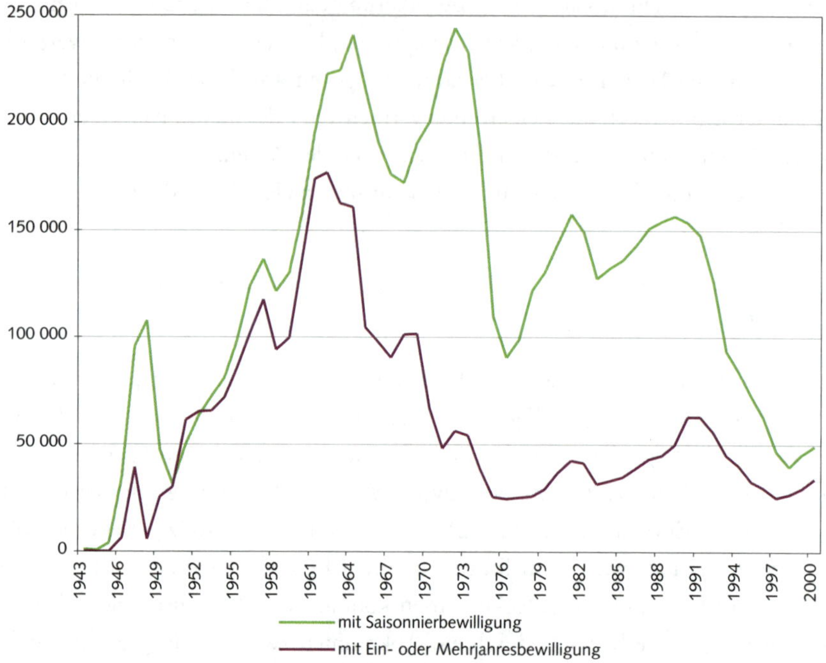

Quellen: Volkswirtschaft, verschiedene Jahre; BFS, Statistisches Jahrbuch der Schweiz, verschiedene Jahrgänge; seit 1981: BFS, Die Ausländer in der Schweiz.
Bemerkung: Aufgrund von Änderungen in der Gesetzgebung sind die Reihen nur als Trend zu interpretieren.

resaufenthalts- oder einer Grenzgängerbewilligung war das Geschlechterverhältnis ausgeglichener, aber es bestand auch hier ein Männerüberschuss.[63]

Je 100 ausgestellter Jahresbewilligungen für Frauen zählte man zwischen 1960 und 1972 163 Bewilligungen für Männer; das Verhältnis blieb mit 100 zu 165 Bewilligungen auch in den Folgejahren zwischen 1973 und 1980 stabil, da die Wirtschaftskrise besonders die ausländischen Arbeitnehmenden beider Geschlechter hart traf. Was die Bewilligungen für Grenzgänger betrifft, so veränderte sich das Geschlechterverhältnis von 204 Männern zu 100 Frauen (1960–1972) auf 171 Männer zu 100 Frauen (1973–1980). Angesichts der verhältnismässig stabilen Zahl ausgestellter Grenzgängerbewilligungen in der zweiten Hälfte der 1970er Jahre macht diese Tendenz deutlich, dass einzelne Wirtschaftssektoren – vor allem jene, die von den steigenden Lebenshaltungskosten betroffen waren – vermehrt auf weibliche Arbeitskräfte setzten, um so ihre Wettbewerbsfähigkeit zu bewahren.

Die Einwanderungsbewegungen und die Zunahme der ausländischen Bevölkerung in der Schweiz der 1950er Jahre führten verschiedentlich zu Spannungen in der

63 Forney/Robyr/Arbet 1993, 338–339.

eidgenössischen Einwanderungspolitik. Nebst der überhitzten Wirtschaft und dem Entstehen xenophober Tendenzen in der Bevölkerung sah sich die Regierung auch mit Forderungen der italienischen Behörden konfrontiert, die eine Verbesserung der Aufenthaltsbedingungen für ihre Landsleute sowie das Recht auf Familiennachzug verlangten.[64] Zwischen 1963 und 1967 versuchten die Behörden mittels Plafonierungsmassnahmen, fortlaufend die jährliche Zuwanderung sowie die Anzahl ansässiger Ausländerinnen und Ausländer herabzusetzen.[65] Ebenfalls wurde der Erwerb der Schweizer Nationalität erschwert, sodass die Einbürgerungsrate auf unter ein Prozent fiel.[66]

Grafik 1.2-13: **Struktur der ausländischen Bevölkerung nach Art der Aufenthaltsbewilligung (1964–2000)**

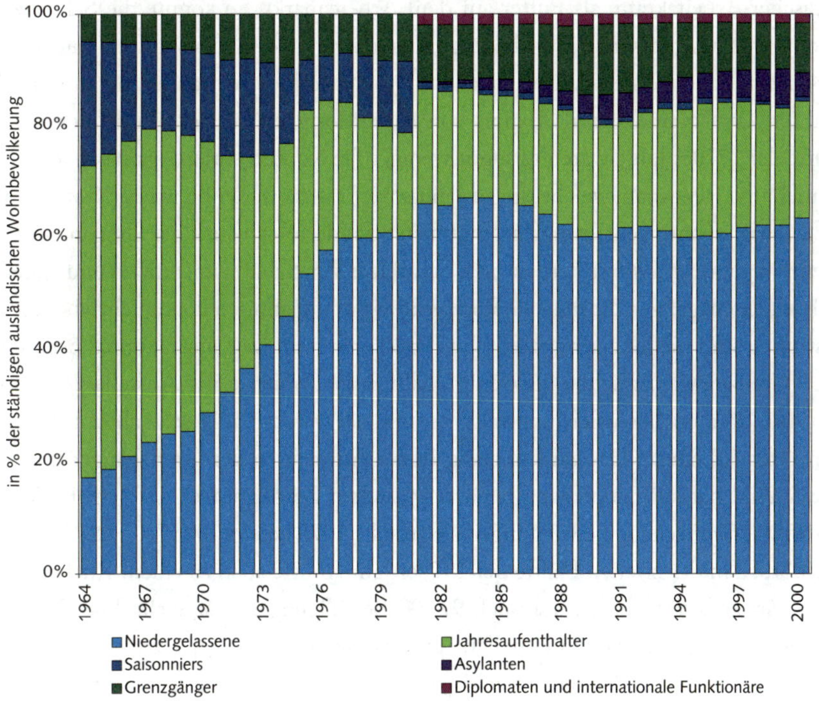

Quelle: BFS 2008.
Bemerkung: Ohne ausländische Kurzaufenthalter.

64 Piguet 2005, 29. Bis zu dieser Zeit war es Saisonarbeitern nicht möglich, die saisonalen Bewilligungen in eine dauerhafte Aufenthaltsgenehmigung umzuwandeln, um so auch die Familie in die Schweiz kommen zu lassen. Zu den Massnahmen zur Regulierung der ausländischen Arbeitskräfte zwischen 1963 und 1974 vgl. Widmer 1978, 50–74.

65 Die Auswirkungen dieser Massnahmen blieben allerdings moderat, weil durch die Verlagerung der Arbeitsplätze vom zweiten in den dritten Sektor einerseits viele Stellen mit Ausländern besetzt wurden und andererseits die Zahl der Rückwanderungen in die Heimatländer sank, was dazu führte, dass der Wanderungssaldo deutlich positiv blieb.

66 Wanner 1998, 189.

Ab 1965 zeigte sich eine Stabilisierung, später eine Reduktion der Zahl der ausländischen Jahresaufenthalter, die mit der progressiven Zunahme der Zahl jener Ausländer, die eine dauerhafte Aufenthaltsbewilligung (Bewilligung C) erhielten, einherging. (Grafik 1.2-13).

Die Kurswechsel in der eidgenössischen Einwanderungspolitik trugen dazu bei, die Aufenthaltsdauer der Ausländer in der Schweiz zu verlängern. 1955 lebten von den ganzjährig in der Schweiz beschäftigten Ausländern nur 25 % schon drei Jahre oder länger in der Schweiz. 1968 lag ihr Anteil bereits bei 56 %, 1973 dann bei 72 %.[67] Diese Entwicklung war auch eine Folge der wachsenden Zahl von in der Schweiz geborenen Ausländern (Ausländer der «zweiten Generation»), die noch nicht ins erwerbstätige Alter eingetreten waren, sich aber zusehends gesellschaftlich integrierten.

Allerdings bestätigen die rückläufigen Zahlen bei den Jahresaufenthaltsbewilligungen und die Stabilisierung bei jenen der Saisonniers auch den erfolgreichen Einsatz ausländischer Arbeitskräfte als Puffer auf dem Arbeitsmarkt. So konnte die Schweiz das durch die Wirtschaftskrise 1974 bedingte Überangebot an Arbeitskräften[68] auf Kosten der ausländischen Arbeitskräfte abbauen. Die verstärkte Auswanderung in den Folgejahren kann man daher als Export von Arbeitslosigkeit bezeichnen. In der zweiten Hälfte der 1970er Jahre waren es somit weniger die Kontingentierungsmassnahmen als vielmehr die Rezession, welche die ausländische Präsenz in der Schweiz reduzierten.[69]

Mit den Kontingentierungsmassnahmen veränderte sich auch der Umgang mit den Grenzgängern. Ab 1966 stützte sich die Schweizer Wirtschaft zunehmend und systematisch auf Grenzgänger, die man als Reservearbeitskräfte abrufen konnte, die aber die Infrastruktur und die innerschweizerische Bevölkerungsstruktur nur marginal beeinflussten.[70] Grenzgänger erhielten als wenig qualifizierte Arbeitskräfte Anstellungen in der Industrie oder im Dienstleistungssektor – und sie waren häufig schlechter bezahlt als Schweizer Arbeiter.[71] Das zahlenmässig starke Anwachsen der Grenzgänger lässt sich an der Zahl der auf nationaler Ebene ausgestellten Bewilligungen ablesen: 1955 wurden 30 000 Grenzgängerbewilligungen ausgestellt, 1973 bereits 104 573.[72] Der Konjunktureinbruch in der zweiten Hälfte der 1970er Jahre führte auch zu einem Rückgang der Grenzgänger; 1980 wurden nur noch 97 100 Bewilligungen ausgestellt. Die Zahl stieg allerdings parallel zum konjunkturellen Aufschwung in den Folgejahren wieder an, 1990 betrug sie 173 200. In den letzten zehn Jahren des 20. Jahrhunderts kam es schliesslich

67 *Volkswirtschaft*, Mai 1974, zitiert bei Hagmann 1975, 490.

68 Head-König/Lorenzetti 2002.

69 Piguet 2005, 33.

70 Die Grenzgänger wurden im Übrigen als jene ausländischen Arbeitskräfte bezeichnet, die vergleichsweise am wenigsten Probleme verursachten (vgl. Donzé/Ricq 1974).

71 Am Tessin als Nachbarregion Italiens lässt sich diese Entwicklung verfolgen: Die Pendlerbewegungen stiegen ab den 1960er Jahren an und erreichten in den 1970er Jahren mit über 40 000 täglichen Grenzübertritten ihr Maximum, und das bei einer Gesamtbevölkerung von etwa 250 000 Personen (vgl. USTAT, *Annuario Statistico ticinese*, verschiedene Jahre).

72 USTAT, *Annuario Statistico ticinese*, verschiedene Jahre.

wieder zu einem leichten Rückgang der Grenzgänger: Ausgestellt wurden nur noch rund 150 000 Bewilligungen, die Hälfte davon betrafen Angestellte des tertiären Sektors – ein weiteres Indiz für die zunehmende Tertiärisierung der Schweizer Wirtschaft.

Die Tertiärisierung trug auch dazu bei, dass sich das sozioökonomische Profil der in der Schweiz lebenden Ausländer veränderte. Einst als wenig qualifizierte Arbeiter in den am schlechtesten bezahlten Branchen beschäftigt, drängten die Ausländer zunehmend in spezialisierte und besser bezahlte Wirtschaftssektoren. 1990 beispielsweise betrug das durchschnittliche Haushaltseinkommen von Ausländern 83 332 Franken, jenes eines durchschnittlichen Schweizer Haushalts 77 235 Franken.[73] Der signifikante Unterschied zeigt die bessere Integration der Ausländer in den Schweizer Arbeitsmarkt, muss allerdings aufgrund der unterschiedlichen Bevölkerungsstruktur der Schweizer und Ausländer mit Vorsicht interpretiert werden. Beim Vergleich muss zudem die deutlich höhere Beschäftigungsquote bei ausländischen Männern und Frauen berücksichtigt werden (siehe Grafik 1.2-7).

Nach dieser Faktendarstellung sollen im Folgenden die Auswirkungen der demographischen Variablen auf die wirtschaftliche Entwicklung genauer untersucht werden. Die nächsten Seiten befassen sich mit der Frage, wie die demographischen Gegebenheiten die wirtschaftliche Leistungsfähigkeit und den Lebensstandard in der Schweiz beeinflusst haben. Eine detaillierte Untersuchung des Pro-Kopf-Einkommens sowie der Arbeitsproduktivität und der Bevölkerungsstruktur lieferte bereits Kapitel 1.1.2.2, Tabelle 1.1-4, sodass sich diese Analyse damit nur noch am Rand befassen wird. Tatsächlich entwickeln sich im heutigen demographischen System die weibliche Fruchtbarkeit oder die Zahl der Eheschliessungen weitgehend unabhängig von der wirtschaftlichen Konjunktur. Einzig die Migration reagiert in einem gewissen Ausmass direkt auf die nationale und internationale Konjunktur.

1.2.4 Zusammenhänge zwischen Demographie und Ökonomie

Zahlreiche Untersuchungen betonen, wie wichtig die industrielle Modernisierung seit dem 19. Jahrhundert war, damit sich die europäische Bevölkerung der von Malthus propagierten «Bevölkerungsfalle» entziehen konnte. Tatsächlich aber lassen sich aufgrund von synchronen Studien für die europäischen Länder keine signifikanten Zusammenhänge zwischen dem Bevölkerungs- und dem Wirtschaftswachstum während der letzten beiden Jahrhunderte nachweisen.

Bezieht man sich allerdings auf diachrone Zahlenreihen des 20. Jahrhunderts, scheinen positive Korrelationen vorhanden zu sein. Das gilt namentlich für die Schweiz, deren über das ganze Jahrhundert hinweg weitgehend regelmässiges Bevölkerungswachstum parallel mit dem Anstieg des Bruttoinlandprodukts je Einwohner verlief. Das Bevölkerungswachstum ging nur zeitweilig, in Phasen ökonomischer Rezession, zurück.

73 Straubhaar/Weber 1993, 324.

Das bedeutet jedoch nicht, dass zwischen den beiden Variablen eine direkte Verbindung bestünde, und auch nicht, dass das Bevölkerungswachstum über die erhöhte Nachfrage das Wirtschaftswachstum bestimmte. Interessant ist allerdings, dass die beiden Variablen in einer gewissen Beziehung zueinander stehen, deren Stärke (gemessen anhand der Elastizität) entsprechend den Konjunkturphasen schwankte (Tabelle 1.2-6).

Tabelle 1.2-6: **Elastizität (ε) des Bruttoinlandprodukts (BIP) und des BIP je Einwohner (BIP_{Einw}) bezüglich der Entwicklung der Gesamtbevölkerung (P) und der erwerbsfähigen Bevölkerung (P18–64) (1900–2000)**

	ε BIP/P	ε BIP/P18–64	ε BIP_{Einw}/P	ε BIP_{Einw}/P18–64
1900–1913	2.96	1.70	8.53	4.55
1913–1922	2.46	1.34	9.17	4.99
1922–1929	3.03	1.78	11.54	6.78
1929–1939	1.59	0.98	6.15	3.79
1939–1945	1.95	1.28	7.97	5.21
1945–1950	1.51	0.98	6.28	4.06
1950–1960	1.53	0.99	6.36	4.09
1960–1973	1.19	0.74	5.42	3.34
1973–1980	0.55	0.33	3.48	2.06
1980–1990	0.61	0.36	3.61	2.12
1990–2000	0.48	0.31	3.03	1.99

Quellen: Bevölkerungsdaten: Milojevic 2006 (Daten auf CD-Rom), Tab. T_01_01A2 (1900–1909), T_01_01D2 (1910–1959), T_01_01G2 (1960–2000); Bruttoinlandprodukt (BIP) und BIP je Einwohner: → 1.1.2.2, Tab. 1.1-4.

Die Auswertung der Tabelle zeigt, dass die Elastizität des Pro-Kopf-Einkommens durchgehend höher war als jene des gesamten Bruttoinlandprodukts (BIP), und zwar sowohl hinsichtlich der Gesamtbevölkerung wie auch in Bezug auf die erwerbsfähige Bevölkerung. So korrelierte ein Bevölkerungsanstieg von 1 % zwischen 1900 und 1913 mit einer Erhöhung des BIP um 2.96 % und einer des Bruttoinlandprodukts je Einwohner um 8.53 %. Die nämliche Beziehung lässt sich beobachten, wenn nur die 18- bis 64-Jährigen berücksichtigt werden: Auch in diesem Fall sind die Variationen des Bruttoinlandprodukts je Person erwerbsfähiger Bevölkerung grösser als jene des gesamten BIP.

Ferner zeigt sich, dass die Elastizität im Verlaufe des Jahrhunderts abnahm; alle Werte weisen einen Abwärtstrend auf. Nach dem Ende der «Trente Glorieuses» sank die Elastizität des BIP sogar unter den Schwellenwert 1, obwohl die Bevölkerungsentwicklung nur einen geringen (positiven) Einfluss auf die Entwicklung des Bruttoinlandprodukts hatte. Anders gesagt scheinen die Veränderungen in der Bevölkerungsentwicklung im Verlauf des 20. Jahrhunderts zunehmend weniger das wirtschaftliche Wachstum widerzuspiegeln. Das Wirtschaftswachstum wurde also von der Bevölkerungsentwicklung abgekoppelt, die ihrerseits mehr und mehr von den Möglichkeiten abhing, familiäre Projekte zu verwirklichen.

1.2.4.1 Bevölkerungsstruktur und Wirtschaftswachstum

Die empirischen Daten bestätigen den bescheidenen Einfluss der Bevölkerungsentwicklung auf das schweizerische Wirtschaftswachstum im 20. Jahrhundert (→ 1.1.2.2). Dieser Befund – er ist auch auf europäischer Ebene festzustellen – wird bestätigt durch den losen Zusammenhang zwischen der Entwicklung des Bruttoinlandprodukts und der Veränderung des Gesamtbelastungsquotienten bezüglich der Altersstruktur der Bevölkerung. Basierend auf dem Prinzip der Ressourceneffizienz sollte sich die Abnahme des Quotienten – also des prozentualen Rückgangs der nichterwerbsfähigen Bevölkerung unter 18 oder über 65 Jahre gegenüber der erwerbsfähigen Bevölkerung (18- bis 64-Jährige) – durch das beschleunigte Wachstum des Bruttoinlandprodukts erklären. Das sollte zu einer Reduktion der Ausgleichszahlungen zwischen den Generationen führen, die nötig sind, um den Lebensstandard über die verschiedenen Altersklassen hinweg auf dem gleichen Niveau zu halten. Tatsächlich führte die Verbesserung des Gesamtbelastungsquotienten im ersten Drittel des 20. Jahrhunderts – die Werte sanken von 74.2% um 1900 auf 57.8% 1930 – lediglich zu einem ziemlich bescheidenen Wachstum des Bruttoinlandprodukts (Grafik 1.2-14).

Obwohl der Gesamtbelastungsquotient während der Zeit des Babybooms zwischen 1940 und 1965 von 54.5% auf 65.4% anstieg, wuchs das Bruttoinlandprodukt

Grafik 1.2-14: **Gesamtbelastungsquotient und Bruttoinlandprodukt je Einwohner (1890–2005)**

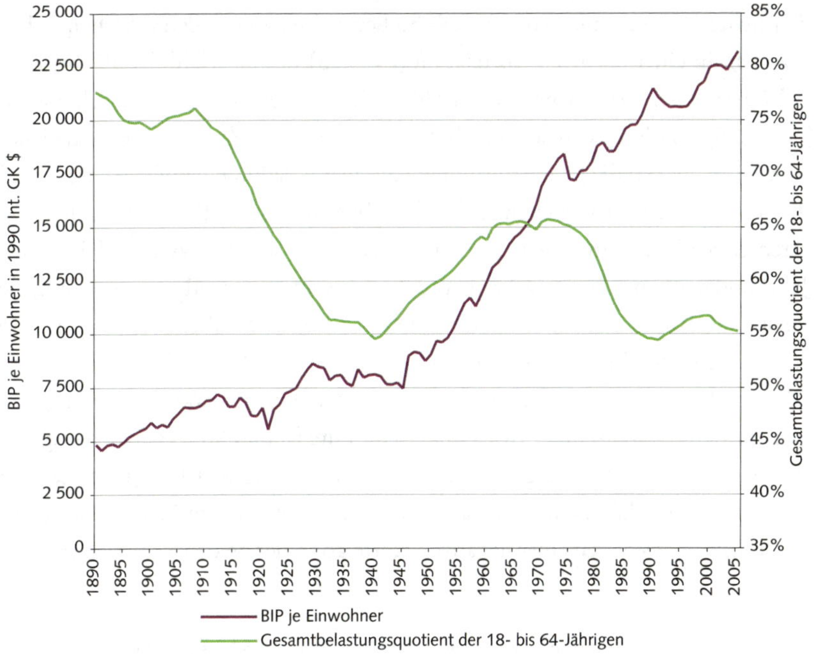

Quellen: BIP je Einwohner: 1890–1947, neue Schätzung 2010, → Anhang A.1.1.7; 1948–2005: GGDC, Maddison Historical Statistics.
Gesamtbelastungsquotienten: Milojevic 2006 Tab. T01_01A2, T01_01D2, T01_01G2.

je Einwohner in der gleichen Zeit um 131.3 %. Die im gleichen Zeitraum deutlich gestiegene Zahl der Erwerbstätigen (von 2.74 auf 3.55 Millionen, was einem Wachstum von 27.3 % entspricht) wurde vollständig in den schweizerischen Arbeitsmarkt integriert, der zudem zahlreiche Ausländer aufnahm. In den 1970er Jahren schliesslich verlief die Entwicklung des Bruttoinlandprodukts je Einwohner parallel zu jener des Gesamtbelastungsquotienten, dessen Abnahme mit der Zunahme des Durchschnittseinkommens korrelierte. Allerdings fiel die Abnahme des Gesamtbelastungsquotienten mit einer wirtschaftlichen Rezessionsphase zusammen, die höhere Arbeitslosenquoten verursachte. In jener Phase wurden also die Auswirkungen der schlechten Konjunktur durch die Bevölkerungsentwicklung ausgeglichen, und das trotz des Drucks, den die Babyboomer der Jahrgänge 1955 bis 1965 auf den Arbeitmarkt ausübten.

1.2.4.2 Bevölkerungsstruktur und Eintritt ins Erwerbsleben

Die komplexe und instabile Natur der Beziehungen zwischen den demographischen und ökonomischen Variablen zeigt sich auf dem Arbeitsmarkt. Tatsächlich wirken sich die jährlichen Schwankungen in der natürlichen Bevölkerungsbewegung und in der Geburtenzahl auf das Beschäftigungsniveau aus. So wurde die steigende Zahl von Arbeitssuchenden innerhalb der erwerbsfähigen Bevölkerung während der Wirtschaftskrise zu Beginn der 1920er Jahre wahrscheinlich noch dadurch in die Höhe getrieben, dass die Gruppe jener Menschen grösser wurde, die am Anfang ihres erwerbstätigen Lebens standen – also die an der Schwelle vom 19. zum 20. Jahrhundert Geborenen. Die jährlichen Abweichungen des Anteils Stellensuchender standen zwischen 1919 und 1926 zudem in einer positiven Korrelation ($r = 0.53$) mit der Zahl der 15- bis 24-Jährigen. Während der Krise Anfang der 1930er Jahre hingegen war die Korrelation negativ ($r = -0.45$); in dieser schwierigen Zeit wurde die starke Zunahme der Arbeitslosigkeit (→ 1.1.3.1.2, Grafik 1.1-16) also möglicherweise dadurch gemildert, dass die Zahl der 15- bis 24-Jährigen zurückging. Für die Abnahme dieses Bevölkerungsteils waren geburtenschwächere Jahrgänge verantwortlich, die sich seit dem zweiten Jahrzehnt des 20. Jahrhunderts bemerkbar machten, und die schweizerische Migrationspolitik, die zu einem starken Rückgang des Ausländeranteils führte, namentlich von jungen Ausländern, die am Beginn ihres erwerbstätigen Lebens standen (Grafik 1.2-15).[74]

Während der «Trente Glorieuses» löste sich der Arbeitsmarkt von der engen Bindung an die demographische Entwicklung, da die gute Konjunktur Vollbeschäftigung ermöglichte und die starken Jahrgänge des Babybooms der 1940er Jahrgänge absorbierte. Ab Mitte der 1970er Jahre hingegen kam es, möglicherweise verstärkt durch die damalige Wirtschaftskrise, wieder zu einer negativen Korrelation der beiden Variablen ($r = -0.44$).

74 Laut Hersch 1933, 1–16, war der Geburtenrückgang im ersten Drittel des 20. Jahrhunderts möglicherweise gar nicht verantwortlich für den Anstieg der Arbeitslosigkeit, der sich durch den schrumpfenden Anteil von «Konsumenten», gemessen an der Zahl der «Produzenten» innerhalb der Bevölkerung, ergab.

Grafik 1.2-15: **Stellensuchende im Verhältnis zu den Erwerbsfähigen und jährliche Veränderung der Zahl der 15- bis 24-Jährigen (1917–1940)**

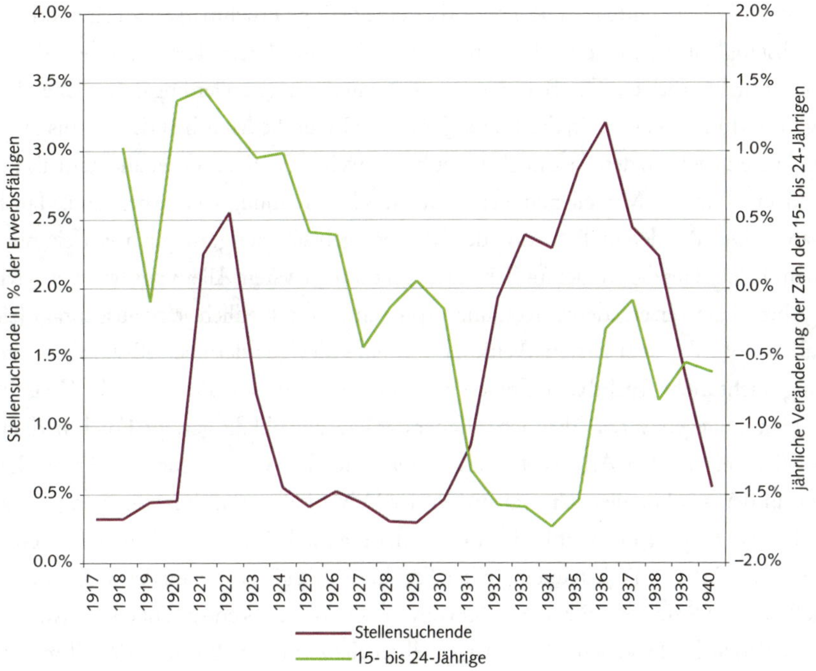

Quellen: Stellensuchende: HSSO Tab. F.18; jährliche Veränderung der Zahl der 15- bis 24-Jährigen: Milojevic 2006 (CD-Rom-Daten).
Bemerkung: Erwerbsfähige entsprechen den 15- bis 65-Jährigen.

Das Ende des Babybooms Mitte der 1960er Jahre führte zu einem Rückgang der geburtenstarken Jahrgänge, die in den 1980er Jahren ins erwerbsfähige Alter kamen. Allerdings konnte dieser Rückgang nicht verhindern, dass – bedingt durch die wirtschaftlichen Schwierigkeiten – der Anteil der Stellensuchenden an der erwerbstätigen Bevölkerung zu Beginn der 1990er Jahre stieg (→ 1.1.3.1.2, Grafik 1.1-16). Ähnlich, wenn auch nicht so deutlich wie in den 1930er Jahren zeigte sich, dass die zahlenmässigen Schwankungen innerhalb der Jahrgänge, die neu auf den Arbeitsmarkt drängten, die konjunkturellen Probleme nicht zu kompensieren vermochten und auch nicht zu einer Verbesserung der Arbeitsproduktivität beitragen konnten. Vielmehr erreichte die Zahl der registrierten Arbeitslosen neue Höchststände.

1.2.4.3 Erwerbstätigkeit und Fertilität

Als letzter Aspekt der Wechselwirkungen zwischen Demographie und Ökonomie soll die Beziehung zwischen Fruchtbarkeit und weiblicher Erwerbstätigkeit analysiert werden. Insbesondere gilt es zu prüfen, ob niedrige Fertilitätsraten zu einer Erhöhung des Anteils erwerbstätiger Frauen führen oder umgekehrt.

Auf den ersten Blick scheint es, als bestehe für das 20. Jahrhundert mehrheitlich keine signifikante Beziehung zwischen der Fertilitätsrate und der Erwerbquote von Frauen im Alter von 15 bis 49 Jahren.[75] Die These, dass eine geringe Fruchtbarkeit zu einer erhöhten Erwerbstätigkeit der Frauen geführt habe, lässt sich also durch die statistischen Befunde zunächst nicht erhärten. Die Befunde für die Schweiz zeigen allerdings, dass Eheschliessung und Mutterschaft bis in die 1980er Jahre hinein für die Mehrheit der 25- bis 29-jährigen Frauen zugleich den Ausstieg aus der Berufswelt bedeuteten, unter anderem als Folge von soziokulturellen Modellen, die eine Geschlechtertrennung von Arbeit und Haushalt vorsahen. Die Wiedereingliederung der Mütter blieb schwierig; möglich war sie nur für Frauen ab 40, wenn die Kinder ins Schulalter gekommen waren. Allerdings war dieses Muster während der verschiedenen Konjunkturphasen unterschiedlich stark ausgeprägt (siehe Grafik 1.2-9). Vor dem Ersten Weltkrieg trat ein guter Teil der über 40-jährigen, altersbedingt nicht mehr fruchtbaren Frauen wieder in den Arbeitsmarkt ein; in der Zwischenkriegszeit hingegen war das deutlich seltener der Fall, obwohl die geringe Fruchtbarkeit einen Wiedereinstieg ins Arbeitsleben erleichtert hätte. Die Gründe für diese Entwicklung liegen in den strukturellen Umwälzungen der Wirtschafts- und Beschäftigungsstruktur. Mit dem Niedergang der Textilindustrie und der Heimarbeit verloren Frauen in jenen Jahren wichtige Arbeitsmöglichkeiten. In der Textilindustrie ging die Zahl der weiblichen Angestellten von 98 700 um 1920 auf 47 000 um 1941 zurück; das entspricht einem Rückgang von über 50 %. Und von den 70 000 Angestellten, die zwischen 1905 und 1944 ihre Heimarbeitsstelle verloren, waren über 70 % Frauen.[76] Das Modell der durch Mutterschaft unterbrochenen weiblichen Erwerbstätigkeit machte sich im letzten Jahrzehnt des 20. Jahrhunderts weniger deutlich bemerkbar, eine wichtige Änderung, die sich bereits in den 1980er Jahren abgezeichnet hatte: Die weibliche Erwerbsquote ging nun bei den 25- bis 29-Jährigen ebenso wie bei den 35- bis 39-Jährigen weniger stark zurück und auch in der Altersgruppe der 45- bis 49-Jährigen zeigte sich eine Erholung. Erst ab einem Alter von 50 bis 54 Jahren verabschiedeten sich die Frauen zunehmend und endgültig vom Arbeitsleben. Anders gesagt: Die Geburt des ersten Kindes hatte noch immer einen grossen Einfluss auf das Berufsleben der Frauen, weitere Geburten aber weit weniger. Wie im restlichen Europa gaben immer weniger Frauen ihren Arbeitsplatz auf, um Kleinkinder aufzuziehen – ihr Erwerbsprofil glich damit zunehmend jenem von Männern. Mit diesen Veränderungen am Ende des 20. Jahrhunderts positionierte sich die Schweiz ganz neu in der Erwerbstätigkeitslandschaft Europas: Bis etwa 1980 entsprachen die Schweizer Frauen mit dem vorherrschenden Modell der unterbrochenen Erwerbstätigkeit Ländern wie Grossbritannien oder Deutschland. In der Folge näherten sich die Schweizerinnen mit ihrem Verhalten dem französischen[77] oder dänischen Modell einer ununterbrochenen Erwerbstätigkeit an.

75 Die Korrelationskoeffizienten zwischen der Fruchtbarkeitsrate und der Erwerbsquote der Frauen in den 5-Jahres-Altersklassen betragen: 1930: $r = -0.04$; 1960: $r = 0.18$; 1990: $r = 0.37$.

76 Châtelain 1975, 81–82, 89, 115–118.

77 Im Vergleich zu Frankreich, aber auch zu Österreich, Finnland und den südeuropäischen Ländern war Teilzeitarbeit bei den Schweizer Frauen allerdings weit stärker verbreitet.

Die Orientierung an der Fruchtbarkeit, die während langer Zeit und tiefgreifend das Berufsleben der Frauen beeinflusst hatte, verlor also an Bedeutung, da Frauen zunehmend ohne Unterbruch und unabhängig von der Mutterschaft im Erwerbsleben verblieben. Diese Tendenz steht im Zusammenhang mit dem Anstieg der Scheidungsraten in den letzten beiden Jahrzehnten des 20. Jahrhunderts, der viele Frauen dazu zwang, wegen der Änderung des Familienstandes wieder ins Arbeitsleben einzutreten. Gleichzeitig fand Teilzeitarbeit wachsende Verbreitung: 1960 waren nur 16.9% der Frauen teilzeitbeschäftigt, bis 1980 stieg dieser Anteil auf 32.5%, bis 2000 sogar auf 51%. Wie in den anderen europäischen Ländern ermöglichte Teilzeitarbeit den Frauen auch in der Schweiz, ihr Berufsleben mit den familiären Pflichten zu vereinbaren. Allerdings erscheint dadurch die Erhöhung der Frauenerwerbsquote in der Schweizer Wirtschaft des ausgehenden 20. Jahrhunderts in einem anderen Licht.[78]

Betrachtet man die Fragestellung aus der entgegengesetzten Perspektive, so sind die Resultate nicht weniger erwähnenswert. Demographische Theorien sind lange davon ausgegangen, dass die Integration der Frauen in den Arbeitsmarkt zu einer Verringerung der Fruchtbarkeit geführt habe. In der Schweiz war die Zunahme der Partizipationsrate der Frauen ab 1970 allerdings deutlich stärker als der Rückgang der Fruchtbarkeit. Es genügt an dieser Stelle der Hinweis, dass noch 1970 der Anteil Haushalte, in denen die 35- bis 39-jährigen Frauen keiner professionellen Berufstätigkeit nachgingen, bei 67% lag; 1990 war er auf 44% zurückgegangen. Die Statistiken der letzten Jahrzehnte zeigen zwar, dass die durchschnittliche Kinderzahl je Paar höher war, wenn die Frauen nicht berufstätig waren; allerdings verringert sich die Differenz, wenn die kinderlosen Paare bei der Berechnung nicht berücksichtigt werden. In diesem Fall nähert sich die durchschnittliche Kinderzahl von Paaren mit und ohne erwerbstätige Frauen stark an (Tabelle 1.2-7). Das deutet darauf hin, dass die Berufstätigkeit der Frau bei Paaren mit Kindern keinen Einfluss auf die Fruchtbarkeit hat.[79]

Tabelle 1.2-7: **Durchschnittliche Kinderzahl 35- bis 39-jähriger Frauen in Paarhaushalten nach Beschäftigungssituation (1970–1990)**

	1970	1980	1990
Ohne Erwerbstätigkeit	2.6	2.2	2.2
Vollzeiterwerbstätigkeit	2.0	2.0	1.9
Teilzeiterwerbstätigkeit	2.5	2.1	2.1
Erwerbstätig, ohne Anstellungsverhältnis	–	1.9	2.0
Insgesamt	2.5	2.2	2.1

Quelle: Diserens/Briant 1996, 74.
Bemerkung: ohne Berücksichtigung kinderloser Paarhaushalt

78 Chaze/Bilger/Schlesser 2005, 21–24; BFS 2007.

79 Diserens/Briant 1996, 60–69. Noch um 1990 arbeitete die Hälfte aller Frauen aus kinderlosen Paarbeziehungen zu 100%; bei Frauen mit Kindern in einer Paarbeziehung betrug der Anteil 14%.

1.2.5 Generationeneffekte und Ökonomie

Die demographische Entwicklung scheint allerdings mit der ökonomischen noch auf eine andere Art und Weise verbunden. So kann durch die zahlenmässige Grösse einer Generation die demographische Entwicklung die wirtschaftliche direkt beeinflussen. Auch die Generationenabfolge kann individuelle Verhaltensweisen ebenso wie das volkswirtschaftliche Gleichgewicht und jenes des Arbeitsmarkts beeinflussen.[80] Geht man von der These aus, dass die Fruchtbarkeit zyklisch schwankt, so lässt sich die Fertilitätsrate einer Generation definieren als das Resultat aus den vorgegebenen Aussichten und dem individuellen Verhalten.[81] Geht man von diesem Prinzip aus, würde jede Person in Abhängigkeit von ihrer Stellung im Arbeitsmarkts die eigene Zukunft abschätzen und ihr individuelles generatives Verhalten entsprechend anpassen. Individuen einer geburtenschwächeren Generation müssten demnach bei ihrem Eintritt in die Arbeitswelt ihre wirtschaftlichen Chancen (ceteris paribus) besser beurteilen als ihre Vorgängergeneration, weil mehr Arbeitsplätze zur Verfügung stehen. Sie wären daher geneigt, früher zu heiraten und Kinder zu haben. Umgekehrt stiege die Arbeitslosenquote, wenn eine geburtenstarke Generation ins Arbeitsleben träte. In der Folge würden sich die individuellen Ansprüche nach unten orientieren und die Geburtenhäufigkeit abnehmen.[82]

1.2.5.1 Ein angepasstes Reproduktionsverhalten

Empirisch untersucht wurde diese Hypothese noch nie, weil der Grad des Wohlbefindens und der individuellen Erwartungen schwierig zu erfassen ist,[83] aber vor diesem Hintergrund ist es interessant zu fragen, ob die individuellen Faktoren den Babyboom in den westlichen Ländern nach dem Zweiten Weltkrieg mit erklären können. Tatsächlich gehörten die verhältnismässig jungen Paare zwischen 1950 und 1960 relativ geburtenschwachen Jahrgängen an und integrierten sich entsprechend leicht in den Arbeitsmarkt. Da sie von einem gewissen Wohlstand profitierten, müssten gemäss der obigen These ihre positiven Zukunftserwartungen zu einer höheren Fruchtbarkeitsrate geführt haben, als dies bei der Generation ihrer Eltern der Fall war. In diesem Sinn gäbe es in Ländern, die den demographischen Übergang hinter sich haben, eine systematische Beziehung zwischen der Grösse eines Jahrgangs und der Fruchtbarkeitsrate.

Indizien zur Überprüfung dieses (vorerst hypothetischen) zyklischen Verhaltens der Fruchtbarkeit von Schweizer Paaren liefert ein Vergleich der Gesamtfrucht-

80 Vgl. vor allem Tapinos 1996; Hauser 1983.

81 Easterlin 1987. Für einen kritischen Kommentar vgl. Schumacher 2010, Kap. 4.2.

82 Easterlin 1976, 417–425.

83 Im Fall der Schweiz zeigt sich eine im Vergleich zur Entwicklung in den anderen westlichen Ländern zusätzliche Schwierigkeit darin, dass der Babyboom schon während des Zweiten Weltkriegs einsetzte, also in einer, wie man meinen müsste, ungewissen und unsicheren Zeit, die höhere Geburtenzahlen nicht begünstigte.

barkeitsrate TFR mit dem Verhältnis der 35- bis 64-jährigen Männer zu den 15- bis 34-jährigen Männern ($R_{35-64/15-34}$) (Grafik 1.2-16). Die Analyse zeigt, dass dem relativen Anstieg der Zahl der 15- bis 34-Jährigen in den 1930er Jahren mit einer gewissen Verspätung eine Erhöhung der Fertilitätsrate folgte. Diese Entwicklung zog sich bis in die 1950er Jahre hinein, als das Verhältnis M_{35-64}/M_{15-34} umschwang und, verzögert, von einem Rückgang der Fruchtbarkeit begleitet wurde.

Von einer solch verzögerten Reaktion abgesehen, scheinen sich die Fertilitätsraten zwischen 1930 und 1960 an die Generationsgrössen beziehungsweise an die davon abhängigen wirtschaftlichen Aussichten angepasst zu haben.[84] Ab 1970 allerdings änderte sich diese Beziehung: Obwohl die jungen Generationen mit guten Aussichten starteten, sank die Fruchtbarkeit und stabilisierte sich erst Anfang der 1980er Jahre. Die Beziehung zwischen den individuellen Vorstellungen und den wirtschaftlichen Möglichkeiten, welche die Entwicklung der Fertilität zur Zeit des Babybooms noch ziemlich gut erklärt und das Wirtschaftswachstum noch beschleunigte, kann für die Entwicklung der Fruchtbarkeitsrate im letzten Viertel des Jahrhunderts offenbar nicht mehr als Erklärung dienen.

Grafik 1.2-16: **Entwicklung der Gesamtfruchtbarkeitsrate und der Relation der 35- bis 64-jährigen zu den 15- bis 34-jährigen Männern (1910–2000)**

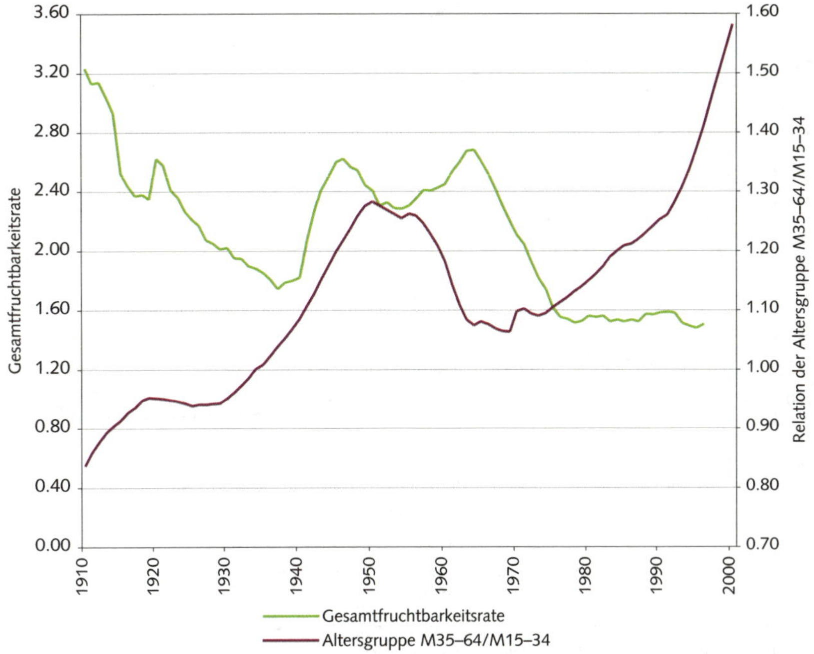

Quellen: Gesamtfruchtbarkeitsrate: Calot/OFS 1998 (CD-Rom, Tab. 5-9A); Verhältnis M35–64/M15–34: Milojevic 2006 (CD-Rom, Tab. T01_01A2, T01_01D2, T01_01G2).

84 Der Korrelationskoeffizient zwischen den beiden Variablen (*TFR* und $R_{35-64/15-34}$) betrug damals 0.84.

Die Analyse dieser letzten Periode ergibt übrigens auch, dass die beiden zeitlich begrenzten Wirtschaftskrisen – die Erdölkrise von 1973 bis 1978 und die Krise in der ersten Hälfte der 1990er Jahre – mit Wendepunkten der Fertilitätskurve zusammenfallen.[85] Das zeigt, dass sich die verschiedenen Generationen in ihrem Verhalten einander zunehmend anpassten. Oder anders gesagt: Ende des 20. Jahrhunderts hatte die wirtschaftliche Konjunktur nur noch einen marginalen Einfluss auf das generative Verhalten von Paaren, die ihre Kinderpläne unabhängig von den wirtschaftlichen Aussichten verwirklichten.[86]

1.2.5.2 Der Einfluss der Wanderungsbewegung

Ein Vergleich der effektiven Zahl der Personen im erwerbsfähigen Alter zwischen 15 und 64 Jahren und der aufgrund der Sterbetafeln geschätzten Zahl erlaubt es, über einen kurzen Zeitraum die Verflechtungen zwischen der konjunkturellen Lage und deren Auswirkungen auf den Arbeitsmarkt – in erster Linie Wanderungsbewegungen,

Grafik 1.2-17: **Verhältnis der jeweils in der Schweiz wohnhaften Männer im erwerbsfähigen Alter zu den Schätzwerten aufgrund der Sterbetafeln (x 100)**

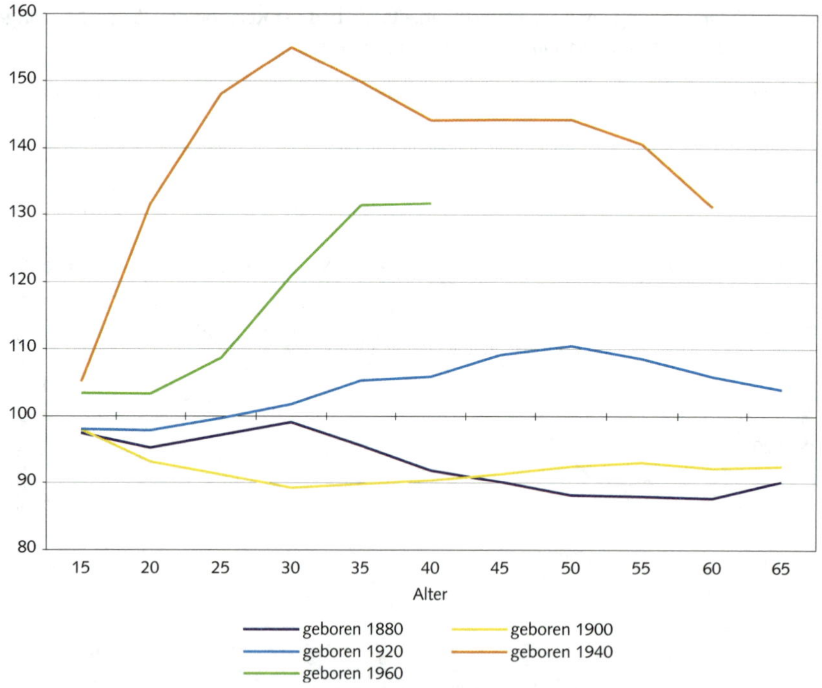

Quellen: In der Schweiz Geborene und Wohnhafte: Milojevic 2006 (CD-Rom-Daten, Tab. T01_01B2, T01_01C2, T01_01E2, T01_01F2, T01_01H2, T01_01_I2); Sterbetafeln: Menthonnex/Wanner 1998.

85 Anzumerken ist allerdings, dass eine kausale Verbindung zwischen den beiden Phänomen nicht zu belegen ist.

86 Wanner 1997.

Grafik 1.2-18: **Verhältnis der jeweils in der Schweiz wohnhaften Frauen im erwerbsfähigen Alter zu den Schätzwerten aufgrund der Sterbetafeln (x 100)**

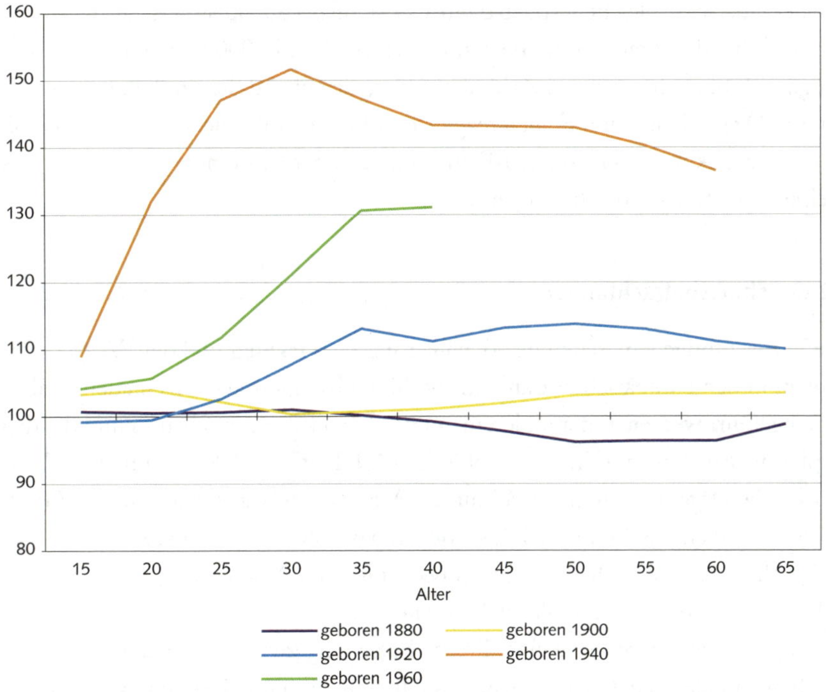

Quellen: In der Schweiz Geborene und Wohnhafte: Milojevic 2006 (CD-Rom-Daten, Tab. T01_01B2, T01_01C2, T01_01E2, T01_01F2, T01_01H2, T01_01_I2); Sterbetafeln: Menthonnex/Wanner 1998.

aber auch Ungleichheiten zwischen den Generationen – zu verdeutlichen (Grafik 1.2-17 und 1.2-18). Es zeigt sich, dass die effektive Zahl der zwischen 1880 und 1900 geborenen Männer im erwerbsfähigen Alter zwischen 15 und 64 Jahren kleiner war, als sie es aufgrund der Schätzung über die Sterbetafeln hätte sein sollen.

Die Kurve der 1880 Geborenen zeigt zum Beispiel, dass dieser Jahrgang ab dem 35. Altersjahr ein Defizit in der Jahrgangsgrösse aufwies. Dieses Defizit rührte von einer höheren Sterblichkeit her – nicht zuletzt wegen der Pandemie von 1918 – und vom Wegzug zahlreicher ausländischer Arbeiter nach Ausbruch des Ersten Weltkriegs. Und es vergrösserte sich in den 1930er Jahren als Folge der konjunkturellen Schwierigkeiten zusätzlich.

Anders war die Situation bei der Generation der nach dem Ersten Weltkrieg Geborenen. Der sterblichkeitsbedingte Rückgang wurde bei ihnen durch die Einwanderung kompensiert. Die Erholung der Wirtschaft und das Wiedereinsetzen der Migration bildeten die Basis für diese Entwicklung, die sich in den Folgejahren fortsetzte. Die Zahl der 1940 Geborenen lag 20 Jahre später, also 1960, mehr als ein Drittel höher, als es die Schätzungen aufgrund der Sterbetafeln vorhersahen. Sicherlich war dafür auch der Wirtschaftsboom der «Trente Glorieuses» verantwortlich; von ihm profitierten die 1940 Geborenen bis 1970, bis in ihr 30. Lebensjahr also. Erst zu jenem Zeitpunkt, als sie in das Alter kamen zu heiraten und Familien zu gründen, schwächte sich der Überschuss leicht ab, blieb dann aber stabil bei 30–40%. Das gleiche Bild zeigt sich auch bei den Frauen mit Ausnahme der 1880 und 1900 Geborenen. Bei diesen Jahrgängen blieb die effektive Zahl nahe jener, die anhand der Sterbetafeln zu erwarten war. Diese Generation Frauen reagierte wohl unempfindlicher auf die konjunkturellen Schwankungen, obwohl der Frauenanteil an der Einwanderung bis zum Ersten Weltkrieg nicht zu vernachlässigen war.

1.2.6 Schlussbetrachtungen

Die Verflechtungen zwischen der Bevölkerungsentwicklung und der Wirtschaftslage können in den europäischen Ländern im 20. Jahrhundert auf verschiedene Faktoren zurückgeführt werden, unter anderem auf das Bevölkerungswachstum und die demographische Struktur, auf die geographische Mobilität, die Rekrutierung von Arbeitskräften, die Organisation und Struktur des Arbeitsmarkts, aber auch auf den Grad der Erwerbstätigkeit, die Produktivität sowie auf das Volkseinkommen. Zu diesen Faktoren gesellen sich politische Steuerungsmechanismen (Wanderungspolitik, Sozialpolitik) und nicht zuletzt kulturelle Phänomene.

Gemäss der Theorie, die eine direkte Beziehung zwischen der Bevölkerungsentwicklung und der Wirtschaftslage unterstellt, müsste eine steigende Bevölkerungszahl über die damit verbundene erhöhte Nachfrage das Wirtschaftswachstum ankurbeln, während im Gegenzug eine Stagnation oder gar eine Abnahme der Bevölkerungszahl die gesamtwirtschaftliche Nachfrage verringern und damit das Volkseinkommen reduzieren müsste. Analysen zur Lage in der Schweiz und in den wichtigsten europäischen Ländern zeigen, dass die demographischen Faktoren sich entsprechend der wirtschaftlichen Öffnung und der Ausweitung der Märkte entwickelten. Im letzten Viertel des 20. Jahrhunderts scheint hauptsächlich die Globalisierung Einfluss ausgeübt zu haben auf die Entwicklung auch der jeweiligen nationalen Wirtschaften.[87] Einige Autoren betonen, dass die gesellschaftlichen Normen, die das generative Verhalten bestimmen, gegen Ende des 20. Jahrhunderts von einer «individuellen Rationalität» gelenkt wurden. Diese hätte mit ihrer «systemimmanenten Rationalität» die traditionelle wirtschaftsdemographische Regulation ersetzt.[88] Diese Blickweise betont das individuelle Verhalten mit den Wahlmöglichkeiten und Vorlieben von Paaren sowie den auf den ersten Blick paradoxen Bezug zwischen der zunehmenden gesetzlichen Regulierung des Familienlebens und dem gleichzeitigen Verschwinden des so-

87 Livi Bacci/Tapinos 1999, 93.

88 Livi Bacci/Tapinos 1999, 124. Diese Argumente werden in der Literatur auch zur Erklärung des ersten demographischen Übergangs (also des Geburtenrückgangs zwischen 1870 und 1930) vorgebracht; vgl. Wrigley 1978; Easterlin 1975.

zialen Drucks auf die Entscheidungen des Einzelnen.[89] Viele Beispiele belegen die Rationalität des demographischen Verhaltens, wenn es um die Erringung von wirtschaftlichen Vorteilen für Paare geht (beispielsweise bei der Einführung von Familienzulagen oder familiärer Unterstützung); gleichzeitig folgen die Verhaltensänderungen jedoch oft bestehenden Trends.[90] Die vorliegenden Untersuchungen sollten ergänzt werden durch qualitative Analysen, in denen etwa die Diskurse der Krisenzeiten untersucht werden. Das würde es erlauben, sich den konstatierten Änderungen im generativen Verhalten auch unter einem anderen Aspekt zu nähern und sie so besser zu verstehen.

Selbst wenn man sich darauf einigt, im Bevölkerungswachstum der «Trente Glorieuses» einen allgemeinen stimulierenden Faktor für die Nachfrage und für das Wirtschaftswachstum zu sehen, so bleiben die das Wirtschaftswachstum hemmenden Einflüsse des rückläufigen Bevölkerungswachstums unbestimmt und je nach Land verschieden. Im Fall der Schweiz wurden die Auswirkungen der inländischen Bevölkerungsentwicklung kompensiert durch eine stark aussenorientierte Wirtschaft und einen Arbeitsmarkt, der auf ausländische Arbeitskräfte zurückgreifen konnte. An diesem Punkt wird die schweizerische Eigenheit im Vergleich zu den anderen westeuropäischen Ländern am deutlichsten sichtbar.[91] Die Konzentration auf die nationale demographische Struktur sollte allerdings nicht ausser Acht lassen, dass gerade die zahlreichen Segmentierungen der Schweiz (etwa religiöser, kultureller, sprachlicher, territorialer Art) das Land charakterisieren und zu seiner Identität beitragen.

Aus dem Französischen übersetzt von Reto Furter

89 Festy 1994, 167.

90 Festy 1994, 168–171.

91 Im Jahrzehnt von 1976 bis 1985 wuchs die Zahl der erwachsenen Personen um 8.0 %, und die Erwerbstätigkeit nahm um 3.0 % zu – die Arbeitslosigkeit stieg im gleichen Zeitraum nur um 0.3 % an. Für andere Länder sehen diese drei Indikatoren anders aus: für Frankreich betragen die Zahlen +8.9 %, +3.3 % und +6.2 %; für Deutschland +7.9 %, +3.3 % und +4.5 %; für Italien +8.1 %, –0.4 % und +4.2 % (vgl. Festy 1994, 123).

1.2.7 Bibliographie

Online-Datenbanken

BFS: Bundesamt für Statistik, www.bfs.admin.ch/
EUROSTAT: http://epp.eurostat.ec.europa.eu
GGDC: The Groningen Growth and Development Centre, Maddison Historical Statistics, www.ggdc.net.
HSSO: Historische Statistik der Schweiz Online, Kammerer, Patrick et al. (Hg). www.fsw.uzh.ch/histstat/main.php

Veröffentlichte Quellen und amtliche Publikationen

Bundesamt für Statistik (BFS)

BFS (Hg.): Eidgenössische Volkszählungen.
BFS (Hg.): Statistisches Jahrbuch der Schweiz (Stat. Jb.), Zürich: NZZ Verlag, 1891–; Bern: Francke, 1891–; Neuchâtel: BFS.
BFS (Hg.) 1945: *Die Bewegung der Bevölkerung in der Schweiz 1942*, Statistik der Schweiz, Heft 144.
BFS (Hg.) 1946: *Bevölkerungsbewegung in der Schweiz 1943–1944*, Statistik der Schweiz, Heft 164.
BFS (Hg.) 1975: *Aspekte der Fruchtbarkeit: Vergleich zwischen Schweizerinnen und Ausländerinnen in der Schweiz: Jahresmittel 1959–1962 und 1969–1972*, Beiträge zur schweizerischen Statistik, Heft 39, Bern.
BFS (Hg.) 1977: *Die Entwicklung der Fruchtbarkeit in der Schweiz*, Beiträge zur schweizerischen Statistik, Heft 42, Bern.
BFS (Hg.) seit 1982: *Die Ausländer in der Schweiz. Bevölkerungsbewegung: Jahresergebnisse* (Bundesamt für Ausländerfragen).
BFS (Hg.) 2007: *Der Arbeitsmarkt im internationalen Vergleich: Frauen und Männer im Erwerbsleben, 3. Arbeit und Erwerb.*
BFS (Hg.) 2008: *Ausländerinnen und Ausländer in der Schweiz.*

Literatur

Argast, Regula / Studer, Brigitte / Arlettaz, Gérald 2008: *Das Schweizer Bürgerrecht. Erwerb, Verlust, Entzug von 1848 bis zu Gegenwart*, Zürich: NZZ Verlag.
Ariès, Philippe 1980: Two successive motivations for the declining birth rate in the West, *Population and Development Review* 6 (1980), 645–650.
Arlettaz, Gérald / Arlettaz, Silvia 2004: *La Suisse et les étrangers. Immigration et formation nationale (1848–1933)*, Lausanne: Antipodes.
Bickel, Wilhelm 1947: *Bevölkerungsgeschichte der Schweiz seit dem Ausgang des Mittelalters*, Zürich: Büchergilde Gutenberg.
Blanc, Olivier 1990: Populations, structure des établissements humains, in: Racine, Jean-Bernard / Raffestin, Claude (dir.), *Nouvelle géographie de la Suisse et des Suisses*, Lausanne: Payot, Vol. 1, 197–241.
Boscardin, Lucio 1962: *Die italienische Einwanderung in die Schweiz mit besonderer Berücksichtigung der Jahre 1946–1959*, Zürich: Polygraphischer Verlag.
Calot / OFS / Observatoire démographique européen 1998: Calot, Gérald (réd.), *Deux siècles d'histoire démographique suisse. Album démographique de la période 1860–2050*, Berne: OFS.
Cerutti, Mauro 1994: Un secolo di emigrazione italiana in Svizzera (1870–1970), *Studi e Fonti* 20 (1994), 11–104.
Châtelain, Dominique-Christiane 1975: *Le travail à domicile en Suisse entre 1900 et 1955*, Genève: Mémoire de licence, Université de Genève, Dépt. d'histoire économique.
Chaze, Jean-Paul / Bilger, Marcel / Schlesser, Caroline 2005: *Les générations face au marché du travail. Evolution de la vie active de 1970 à 2000*, Neuchâtel: OFS.
Chesnais, Jean-Claude 1986: *La transition démographique. Etapes, formes, implications économiques*, Paris: INED.
Chesnais, Jean-Claude 1999: La population active depuis 1913, in: Bardet, Jean-Pierre / Dupâquier, Jacques (dir.), *Histoire des populations de l'Europe. III. Les temps incertains, 1914–1998*, Paris: Fayard.
Cordazzo, Valérie 2006: Die Sterblichkeit der Schweizer Geburtsjahrgänge 1900 bis 2030, *Démos. Informationen aus der Demographie*, Bern: BFS.
Delsart, Virginie / Richard, Sébastien / Vaneecloo, Nicolas 2004: L'évolution de l'activité féminine dans l'Union Européenne, convergences et divergences, *Innovations* 20 (2004), 9–32.

Diserens, Marc-Etienne / Briant, Henri 1996: *Production et reproduction: la femme entre conjoint, enfants et activité professionnelle,* Berne: OFS.

Donzé, Robert / Ricq, Charles 1974: *Travailleurs frontaliers à Genève: analyse descriptive du flux migratoire frontalier en octobre 1973,* Genève: Service cantonal de statistique, Institut universitaire d'études européennes.

Easterlin, Richard A. 1975: An economic framework for fertility analysis, *Studies in Family Planning* 6 (1975), 54–63.

Easterlin, Richard A. 1976: The conflict between aspirations and resources, *Population and Development Review* 2 (1976), 417–425.

Easterlin, Richard A. 1987: *Birth and Fortune. The Impact of Numbers on Personal Welfare,* Chicago: Chicago University Press.

Festy, Patrick 1994: Effets du droit sur quelques variables démographiques: rationalité individuelle ou contrainte sociale?, in: *Les modes de régulation de la reproduction humaine. Incidences sur la fécondité et la santé. Colloque international de Delphes (6–10 octobre 1992),* Paris: AIDELF, 167–175.

Forney, Stéphanie / Robyr, Nancy / Arbet, Jérôme 1993: Etrangers et autochtones en Suisse: divergences et convergences démographiques, *Revue suisse d'économie politique et de statistique* 129 (1993), 331–355.

Garrido, Angela 1987: *Le début de la politique fédérale à l'égard des étrangers,* Lausanne: Section d'histoire de l'Université de Lausanne.

Gruner, Erich 1980: Immigration et marché du travail en Suisse au XIXe siècle, in: Conze, Werner et al., *Les migrations internationales de la fin du XVIIIème siècle à nos jours,* Paris: CNRS, 176–194.

Hagmann, Hermann Michel 1966: *Les travailleurs étrangers: chance et tourment de la Suisse,* Lausanne: Payot.

Hagmann, Hermann Michel 1975: L'influence des étrangers sur l'évolution démographique de la Suisse, *Revue suisse d'économie politique et de statistique* 111 (1975), 481–495.

Hagmann, Hermann Michel 1999: La population de la Suisse, in: Bardet, Jean-Pierre / Dupâquier, Jacques (dir.), *Histoire des populations de l'Europe. III. Les temps incertains 1914–1998,* Paris: Fayard, 583–589.

Haug, Werner 1980: *… und es kamen Menschen. Ausländerpolitik und Fremdarbeit in der Schweiz 1914–1980,* Basel: Z-Verlag.

Hauser, Jürg A. 1983: Der «Baby Boom» – demographische und demo-ökonomische Überlegungen für Wirtschaft, Politik und Verwaltung, in: Rupp, Sabine / Schwarz, Karl (Hg.), *Beiträge aus der bevölkerungswissenschaftlichen Forschung. Festschrift für Hermann Schubnell,* Boppart am Rhein: Boldt Verlag, 375–395.

Head-König, Anne-Lise 2002: Dynamique démographique, migrations, capital humain et secteurs d'activité. Le cas de la Suisse, 1870–1930, in: Barjot, Dominique / Faron, Olivier (dir.), *Migrations, cycle de vie & marché du travail,* Paris: SDH – AFHE, 447–462.

Head-König, Anne-Lise 2010: Populations âgées dans l'espace urbain suisse entre ségrégation et intégration (milieu 19e – milieu 20e s.), in: Lorenzetti, Luigi (a cura di), *Gli anziani e la città. (In)compatibilità, regolazioni sociali e ambiente costruito, sec. XVI–XX,* Roma: Carocci, 23–42.

Head-König, Anne-Lise / Lorenzetti, Luigi 2002: Immigration et dynamique démographique en Suisse, de la seconde moitié du 19e siècle à la crise des années 1970, in: Eiras Roel, Antonio / González Lopo, Domingo (coord.), *Mobilité et migrations internes de l'Europe latine,* Santiago de Compostela: Universidade de Santiago de Compostela, 259–281.

Hersch, Liebman 1933: Baisse de la natalité et politique sociale, *Revue internationale du travail* 2 (1933), 1–16.

Höpflinger, François 1986: *Bevölkerungswandel in der Schweiz: zur Entwicklung von Heiraten, Geburten, Wanderungen und Sterblichkeit,* Grüsch: Rüegger.

Höpflinger, François 1995: La structure par âge et par état civil de la population résidente de la Suisse: évolution et perspectives, in: *La population en Suisse. Structure et dynamique spatiale,* Berne: OFS, 7–60.

Jousson, Bernard / Dellsperger, Christine 1978: *Politiques suisses d'immigration et conséquences économiques de cette immigration 1880–1975,* Genève: Mémoire de licence, Université de Genève, Dépt. d'histoire économique.

Lalive d'Epinay, Christian 1991: Les personnes âgées et leurs familles, in: Fleiner-Gerster, Thomas / Gilliand, Pierre / Lüscher, Kurt (dir.), *Familles en Suisse,* Fribourg: Impr. Saint Paul, 351–372.

Lalive d'Epinay, Christian et al. 1998: *Atlas suisse de la population âgée,* Lausanne: Réalités sociales.

Laslett, Peter / Paillat, Paul 1999: Changements de structure: l'émergence du troisième âge, in: Bardet, Jean-Pierre / Dupâquier, Jacques (dir.), *Histoire des populations de l'Europe. III. Les temps incertains, 1914–1998,* Paris: Fayard, 255–283.

Lesthaeghe, Ron 1995: The Second Demographic Transition in Western Countries: An Interpretation, in: Oppenheim Mason, Karen / Jensen, An-Margritt (eds.), *Gender and Family Change in Industrialized Countries,* Oxford: Oxford University Press, 17–62.

Livi Bacci, Massimo / Tapinos, Georges 1999: Economie et population, in: Bardet, Jean-Pierre / Dupâquier, Jacques (dir.), *Histoire des populations de l'Europe. III. Les temps incertains, 1914–1998,* Paris: Fayard, 93–124.

Maddison, Angus 1995: *L'économie mondiale 1820–1922. Analyse et statistique,* Paris: Centre de développement de l'OCDE.
Mayer, Kurt B. 1966: The impact of postwar immigration on the demographic and social structure of Switzerland, *Demography* 3 (1966), 68–89.
Menthonnex, Jacques 1996: La population active en Suisse: une décomposition de son évolution selon trois facteurs. Perspective en regard des quarante dernières années, in: Blanc, Olivier / Gilliand, Pierre, *Suisse 2000. Enjeux démographiques,* Lausanne: Réalités sociales, 43–60.
Menthonnex, Jacques / Wanner, Philippe 1998: *Tables de mortalité longitudinales pour la Suisse. Générations 1880–1980,* Berne: OFS.
Milojevic, Smiljana (réd.) 2006: *Portrait démographique de la Suisse. Edition 2006,* Neuchâtel: OFS.
Ney, Marcel 1921: De la diminution de la natalité, *Journal de statistique suisse* 57 (1921), 297–305.
Piguet, Etienne 2005: *L'immigration en Suisse depuis 1948. Une analyse des flux migratoires,* Zürich: Seismo.
Raymond-Duchosal, Claire 1929: *Les étrangers en Suisse. Etude géographique, démographique et sociologique,* Paris: Librairie Félix Alcan.
Schmid, Robert 1925: *Der Geburtenrückgang in der Schweiz. Eine bevölkerungswissenschaftliche Studie,* Zürich: Druck der Hans A. Gutzwiller Aktiengesellschaft.
Schoeni, Céline 2005: La lutte contre les doubles salaires et l'emploi féminin dans les années 30, in: Christe, Sabine et al., *Au foyer de l'inégalité. La division du travail en Suisse pendant la crise des années 30 et la Deuxième Guerre mondiale,* Lausanne: Antipodes, 31–103.
Schumacher, Reto 2000: *Population active, changements structurels et mutations socioculturelles en Suisse de 1920 à 1990,* Genève: Mémoire de licence, Université de Genève, Dépt. d'histoire économique.
Schumacher, Reto 2010: *Structures et comportements en transition. La reproduction démographique à Genève au 19e siècle,* Berne: Lang.
Straubhaar, Thomas / Weber, René 1993: Qualitative Aspekte der Einwanderung in die Schweiz: Eine Strukturanalyse auf der Basis der Verbrauchserhebung 1990, *Schweizerische Zeitschrift für Volkswirtschaft und Statistik* 129 (1993), 313–330.
Tapinos, Georges 1996: Croissance démographique et dynamique économique, in: Blanc, Olivier / Gilliand, Pierre, *Suisse 2000. Enjeux démographiques,* Lausanne: Réalités sociales, 31–39.
USTAT, *Annuario Statistico ticinese*, verschiedene Jahre.
Van de Kaa, Dirk J. 1987: Europe's second demographic transition, *Population Bulletin* 42 (1987), 1–47.
Van De Walle, Francine 1977: *One hundred years of decline: the history of Swiss fertility from 1860 to 1960: first draft,* Philadelphia (dactyl.).
Volkswirtschaft, Die: Eidgenössisches Volkswirtschaftdepartement (Hg.), verschiedene Jahre.
Wanner, Philippe 1997: L'acquisition de la nationalité suisse: données historiques et tendances actuelles, *Démos* 2 (1997), 1–18.
Wanner, Philippe 1998: Les changements de nationalité des étrangers en Suisse, *Revue européenne des migrations internationales* 14 (1998), 185–201.
Wanner, Philippe 1999: Evolution de la fécondité en fonction de la conjoncture économique. Le cas de la Suisse 1969–1995, in: Tabutin, Dominique et al. (éd.), *Théories, paradigmes et courants explicatifs en démographie. Chaire Quetelet 1997,* Louvain-la-Neuve, Academia-Bruyland: L'Harmattan, 381–395.
Wanner, Philippe 2000: Caractéristiques des régimes démographiques des cantons suisses 1870–1996, in: Association internationale des démographes de langue française (éd.), *Régimes démographiques et territoires: les frontières en question. Colloque international de La Rochelle (22–26 septembre 1998),* Paris: PUF, 243–253.
Wanner, Philippe / Fei, Peng / Cotter, Stéphane 1997: Spatial and temporal changes in fertility in Switzerland since 1981: some possible explanations for observed trends, *Schweizerische Zeitschrift für Soziologie* 3 (1997), 491–506.
Widmer, Jean-Philippe 1978: *Le rôle de la main-d'œuvre étrangère dans l'évolution du marché suisse du travail,* Neuchâtel: [s.n.].
Wrigley, Edward A. 1978: Fertility strategy for the individual and the group, in: Tilly, Charles (ed.), *Historical studies of changing fertility,* Princeton: Princeton University Press, 135–154.

1.3 Wissen und Technologie

David Gugerli und Jakob Tanner

1.3.1 Materielle und immaterielle Ressourcen

1.3.1.1 Wissen als nationale Ressource

Die Schweiz ist – einem weit verbreiteten Topos zufolge – ein rohstoffarmes Land, das diesen Mangel an natürlicher Ressourcenausstattung durch geistige Kapazitäten ausgleichen muss. So erklärte beispielsweise der sozialdemokratische Bundesrat Hans Peter Tschudi 1972 zu den neuen Bildungs- und Forschungsartikeln in der Bundesverfassung: «Die Forschungsleistungen bedingen heute weitgehend die Stellung und das Ansehen eines Staates in der Welt. Die wirtschaftliche Entwicklung wird immer mehr durch eine auf Forschung basierende Technik beeinflusst. Die Schweiz, die über keine natürlichen Rohstoffe verfügt, muss Spitzenprodukte anbieten, wenn sie sich auf dem Weltmarkt behaupten will.»[1] Schon zu Beginn des 20. Jahrhunderts war es für Exponenten aus Wirtschaft und Politik eine logische Konsequenz, dass die rohstoffarme Schweiz ihre Wirtschaft auf technisch avancierte Produkte und Dienstleistungen mit hohem Wertschöpfungsanteil auszurichten habe.

Zwischen fehlenden natürlichen Ressourcen und innovativ erwirtschaftetem Reichtum besteht allerdings kein systematischer Zusammenhang. Zahlreiche Länder sind unabhängig davon, ob sie viele oder kaum Bodenschätze haben, arm geblieben. Hingegen ist evident, dass Wissen, Wissenschaft und Technik für das moderne Wirtschaftswachstum zentral sind. Bereits in den 1950er Jahren stellten Ökonomen und Wirtschaftshistoriker mittels Growth Accounting (Berechnung von Wachstumsbeiträgen) fest, dass sich mit den physischen Produktionsfaktoren Boden, Kapital und Arbeit nur ein Teil des Wirtschaftswachstums erklären lässt. Der weitaus grösste Teil ist dem sogenannten Residual bzw. der Multifaktorproduktivität (MFP) geschuldet. Diese lässt sich mit dem Grad an technisch-organisatorischem Fortschritt umschreiben.

Autoren der 1950er und 1960er Jahre setzten für das Residual Werte zwischen 68 und 90% an.[2] 1977 schätzte die «Expertengruppe Wirtschaftslage» den Beitrag des Residualfaktors in der Schweiz für den Zeitraum von 1950 bis Mitte der 1970er Jahre als gross ein.[3] Wie die Zerlegung der gesamtwirtschaftlichen Wachstumsrate in die Wachstumsbeiträge der einzelnen Produktionsfaktoren im Kapitel 1.1.2, Tabelle 1.1-6, zeigt, schwankt der Beitrag des Residualfaktors allerdings stark. In den beiden letzten

1 Tschudi 1972, 18; vgl. auch Honegger et al. 2007, 109.
2 Eine gute Zusammenfassung und einen Überblick über die Ergebnisse liefern Baier/Dwyer/Tamura 2002.
3 Vgl. *Wirtschaftslage* 1977, 72–73.

Jahrzehnten des 20. Jahrhunderts sank sein Anteil auf deutlich unter 10 %. Diese Entwicklung wird durch neuere Untersuchungen bestätigt – eine 145 Länder oder 98 % der Erdbevölkerung umfassende Studie aus dem Jahr 2002[4] korrigiert den Anteil des Residualfaktors ebenfalls nach unten, für die westlichen Industrieländer (Nordwesteuropa, USA, Australien und Neuseeland) auf 20 %. Die Bedeutung des Faktors Technologie wird dadurch aber nicht angefochten, da in dieser Berechnung das Humankapital und das im physischen Kapital (Maschinen, automatische Fertigungsanlagen) materialisierte Wissen zu den Inputs der Produktionsfaktoren in den Wachstumsprozess gezählt werden. Die Studie, deren Daten bis ins Jahr 1888 zurückreichen, zeigt, dass sich die Schweiz im westeuropäischen Mittelfeld bewegt und bei der Wachstumsrate des Humankapitals sogar etwas über dem Durchschnitt liegt.[5]

Wenn wir den historischen Kontext des wirtschaftlichen Wachstumsprozesses ins Auge fassen, lässt sich erkennen, dass das Zusammenspiel zwischen wissenschaftlicher Forschung und technologisch-arbeitsorganisatorischen Neuerungen Ende des 19. Jahrhunderts auf eine neue Grundlage gestellt wurde. Douglass C. North argumentiert in seiner Studie *Institutions, Institutional Change and Economic Performance*,[6] dass nicht die industrielle Revolution in den Jahrzehnten vor und – bezogen auf viele kontinentaleuropäische Länder – nach 1800, sondern erst die «Second Economic Revolution» ein Jahrhundert später den entscheidenden Wendepunkt markierte. Mit ihr sei das Wirtschaftswachstum auf den «Treiber» Innovation umgepolt worden, was völlig neuen Industriebranchen – Leichtmetall, Pharma, Elektrotechnik, Fahrzeuge – auf die Sprünge geholfen habe, aber auch neuen Entwicklungen in der schon älteren Chemie, im Maschinenbau und in der Uhrenindustrie. Diese Branchen begannen in den ersten Jahrzehnten des 20. Jahrhunderts, die schweizerische Industrielandschaft nachhaltig zu verändern (→ III.i.5). Ähnlich argumentiert der französische Wirtschaftshistoriker François Caron, der für den Zeitraum zwischen 1896 und 1914 eine «mutation d'un système» und «la naissance des technologies du XXe siècle» diagnostiziert.[7]

Die Technologien des 20. Jahrhunderts, ermöglichten präzedenzlose Produktivitätssteigerungen, die für die Wettbewerbsstärke von Volkswirtschaften und die Struktur ihrer Zahlungsbilanzen von herausragender Bedeutung waren. Die Dynamik dieser Technologien basierte einerseits auf Innovation und andererseits auf Transfer- und Diffusionsprozessen. Innovation meint die erstmalige kommerziell erfolgreiche Nutzung von Erfindungen bzw. von neuen Konzepten für bisher (so) nicht bekannte Produkte oder in Produktionsprozessen. Eine breite Definition begreift Innovationen als Lernprozesse, «welche die erworbenen Kenntnisse, Erfahrungen und Fähigkeiten in Frage stellen und gleichzeitig erneuern, auf der ständigen Suche der Unternehmen nach neuen Produkten, Prozessen und Organisationsformen und neuen wirtschaftli-

4 Baier/Dwyer/Tamura 2002.
5 Baier/Dwyer/Tamura 2002, Table 1: Average Growth of Output and Inputs by Country (Appendix).
6 North 1990.
7 Caron 1997, 31–35.

chen Aktivitäten ganz allgemein».[8] Da der Erfolg von Innovationen nicht antizipiert werden kann, ist ihre Finanzierung mit Risiken verbunden. Neue Produkte können durch andere Neuheiten verdrängt werden, neue Produktionsverfahren garantieren keinen *return on investment*. Dennoch ist nachhaltiges wirtschaftliches Wachstum auf das innovative Drehmoment angewiesen, sodass die Frage, wie und zu welchen Bedingungen Unternehmen zu Risikokapital kommen, von hoher Bedeutung ist.

Neben Innovation trägt auch die rasche Diffusion neuer Technologien innerhalb einzelner Branchen ebenso wie sektorenübergreifend zur effizienten Nutzung knapper Ressourcen bei. Technologietransfer heisst, dass erfolgreiche Lösungen für technische und arbeitsorganisatorische Probleme imitiert, kopiert, adaptiert und variiert werden und global zirkulieren. Dabei lassen sich Wechselwirkungen zwischen Innovation und Diffusion beobachten: Durch Innovationen gewonnene Vorteile werden durch Diffusions- und Aufholprozesse eingeebnet, was wiederum die Suche nach innovativen Produkten und Prozesstechnologien antreibt und die wirtschaftliche Produktionssteigerung voranbringt. In diesem Vorgang spielt nicht nur formalisiertes, explizites Wissen *(knowing that)*, sondern auch implizites Können *(knowing how)* eine Rolle. Die Imitations- und Kopierstrategien, die bis zu Beginn des 20. Jahrhunderts Produkt- und Prozesstechnik in verschiedenen wichtigen schweizerischen Industriezweigen massgeblich mitbestimmten, bauten neben dem auf vorgeprägten Ausbildungsparcours erworbenen Wissen auch auf stillen Fertigkeiten *(tacit skills)* auf.[9]

1.3.1.2 Verwissenschaftlichung und Technologisierung

In den Jahrzehnten um 1900 intensivierten sich die Verwissenschaftlichungs- und die schon seit längerem zu beobachtenden Professionalisierungstendenzen. Berufliches Wissen und Können wurden auf die Steigerung von Produktivitätsstandards hin ausgerichtet und an neue technologische Regimes angepasst. Das zeitgenössische Argument, dass technisch und kommerziell verwertbares Wissen für das moderne Wirtschaftswachstum von grosser Wichtigkeit sei, wurde häufig durch die These ergänzt, dass eine direkte Beziehung zwischen Bildungssystem und wirtschaftlicher Stärke bestehe. Neuere empirische Untersuchungen stufen allerdings die das Wirtschaftswachstum direkt fördernden Effekte von Bildungsinvestitionen zurückhaltender ein, als dies das euphorische Credo von der Beflügelung wirtschaftlicher Aktivität durch Wissenschaft und Technik bisher vermuten liess.[10] Diesen Forschungsresultaten zufolge sind die Zusammenhänge weit verwickelter, als es das monokausale Argument suggeriert, denn eine expandierende Volkswirtschaft ermöglicht wiederum eine Steigerung der

8 Müller 2001, 9; vgl. auch Foray 1999.
9 Polanyi 1985.
10 Fox/Guagnini 1993; Shinn 2003, 133–153; Foray 1987; Bardy 1974.

Bildungs- und Forschungsausgaben,[11] und die enge Korrelation zwischen den beiden Variabeln sagt nichts über die Kausalbeziehungen aus.

Dass die These von der überlebenswichtigen Bedeutung von Wissenschaft und Technik in der schweizerischen Gesellschaft auf eine starke Resonanz stiess, ist das Resultat von zwei Erfahrungen, die mit dem zunehmenden Konsumniveau zusammenhängen. Erstens wurde die Lebenswelt der meisten Menschen im Verlauf des 20. Jahrhunderts – und insbesondere in der konsumgesellschaftlichen Prosperitätskonstellation seit den 1950er Jahren – zunehmend von wissenschaftlich-technischen Artefakten geprägt. Das soziologische Faktum einer «technischen Gesellschaft» fand damit eine Entsprechung in alltäglichen Erfahrungsräumen.[12] Der Gebrauch neuer Massenmedien und Kommunikationstechnologien – vom Radio über das Fernsehen bis zum Internet – und vieler technisch anspruchsvoller Konsumgüter – vom Grammophon über die Stereoanlage bis zur Spielkonsole – veränderte zusammen mit der Massenmotorisierung den Alltag aller Bevölkerungsschichten. Zweitens hatte die durchschnittliche Produktivität der Volkswirtschaft einen direkten Einfluss auf die Reallohneinkommen und das Steuersubstrat. Der Hinweis auf eine gut ausgebildete, qualifizierte Arbeiterschaft war also nicht nur sozialpartnerschaftliche Rhetorik zur Valorisierung von Fähigkeiten auf dem Arbeitsmarkt. Das Humankapital stellte eine Produktivitätsressource dar, die an den Wachstumsleistungen der schweizerischen Volkswirtschaft im 20. Jahrhundert zentral beteiligt war und die den Einstieg breiter Bevölkerungsschichten in den *consumerism* mit seiner substantiellen Ausweitung von Kaufkraftspielräumen überhaupt erst ermöglichte.

Sobald wir den Blick von den allgemeinen Bedingungen zu den konkreten Institutionen lenken, offenbart sich die stark zerklüftete und unübersichtliche Topographie der Bildungs-, Wissenschafts- und Forschungslandschaft der Schweiz mit ihrer föderalistischen Staatsstruktur und Kraftfeldervielfalt. Verstärkt durch den grossen Einfluss organisierter Interessen und privatwirtschaftlicher Eliten hatte dies in wichtigen Bereichen eine Unterversorgung der politischen und wissenschaftlichen Institutionen mit handlungsrelevanter Information zur Folge. Obwohl die Erhebung statistischer Daten zum Kerngeschäft bundesstaatlicher Wissensproduktion zählt, weist die etwa in statistischen Jahrbüchern ausgewiesene Selbstbeobachtung der schweizerischen Gesellschaft gerade im Bereich der Volkswirtschaft[13] noch weit über den Zweiten Weltkrieg hinaus bemerkenswerte Lücken auf, die einem ostentativen politischen Desinteresse der privatwirtschaftlichen Akteure oder der Kantone entsprechen. So versuchte z.B. das in Genf ansässige Bureau international du travail, Ende der 1920er Jahre eine internationale Produktionsstatistik zu erstellen. Die Erhebung der Daten stiess in der Schweiz auf enorme Widerstände, sodass schliesslich das Ziel, die Wechselwirkungen zwi-

11 Gugerli/Kupper/Speich 2005, 71.

12 Gugerli/Kupper/Speich 2005, 102.

13 Wichtige Ausnahmen bilden die Statistik des Warenverkehrs mit dem Ausland (Stat. Jb. 1851f.) und die Statistik der Erfindungspatente (Stat Jb. 1889f.); siehe Grafik 1.3-5.

schen Kapitalinvestition, Arbeitsorganisation und Produktivitätsentwicklung zu analysieren, aufgegeben werden musste.[14] Auch in Erhebungsfeldern, welche die internationale Verflechtung der helvetischen Wirtschaft hätten erhellen können, zeigten sich massive Widerstände. Lange liessen sich weder eine Zahlungsbilanzstatistik noch eine diesen Namen verdienende volkswirtschaftliche Gesamtrechnung noch eine adäquate Bildungs- und Forschungsstatik verwirklichen. Die Schweiz verlor in der Zwischenkriegszeit «den Anschluss an den internationalen Standard». In vielen internationalen Übersichtswerken der OECD und weiterer Agenturen fehlte die Schweiz, was ihrem Selbstverständnis als «neutralem Sonderfall» entsprach. Während der Wirtschaftskrise, die Mitte der 1970er Jahre eine lang anhaltende Prosperitätskonstellation beendete, wurde dieses eitle Manko allerdings mit einem Mal als krisenhaftes Defizit wahrgenommen. Erst ab diesem Zeitpunkt konnte die föderalistisch-antiquierte Struktur der schweizerischen Statistik aufgebrochen und konnten in wichtigen Bereichen, insbesondere auch in Bildung und Wissenschaft, erstmals systematische und international vergleichbare Erhebungen realisiert werden. Es dauerte noch bis in die 1990er Jahre, bis mit dem neuen Bundesgesetz für Statistik von 1992 eine grundlegende Reform einsetzte, welche die Datenlage signifikant verbesserte.[15] In den 1990er Jahren wurden zudem mit mehreren Schätzungen des Bruttoinlandprodukts nach dem Produktionsansatz die Grundlagen gelegt für die erstmals das gesamte Jahrhundert abdeckenden Wachstums- und Konjunkturanalysen, die Kapitel 1.1 vornimmt.

1.3.1.3 Was ist «schweizerisch» in der Forschung?

Mit dem Ausbau statistischer Erhebungssysteme nahm das Sensorium für die Bedeutung nationaler Strukturen in den Bereichen Bildung und Wissenschaft just zu einem Zeitpunkt zu, als diese durch Globalisierungsprozesse und vor allem durch die Internationalisierung von Grossunternehmen und Universitäten erodierte. Wissenschafts- und wirtschaftshistorische Untersuchungen fokussierten vor allem auf zwei Bereiche: Erstens auf die Innovationskultur und das Technologieregime von privaten, gemischtwirtschaftlichen und öffentlichen Unternehmen und zweitens auf das «nationale Innovationssystem». Dieser Begriff «nationales Innovationssystem» kam in den 1980er Jahren in der Wirtschaftsgeschichtsschreibung auf.[16] Die theoretische Reichweite des Konzepts ist jedoch alles andere als klar. Einige Autoren gehen von einer weiten Definition aus, die sich auf die nationale Konkurrenzfähigkeit insgesamt bezieht und all das anspricht, was einen nationalen «Standort» kompetitiv macht. Demnach umfasst ein nationales Innovationssystem die «‹Kulturlandschaft› all jener Institutionen, die wissenschaftlich forschen, Wissen akkumulieren und vermitteln, die Arbeitskräfte ausbilden,

14 Honegger et al. 2007, 65.
15 Honegger et al. 2007, 159–160.
16 Nelson 1989; Nelson 1998; Nelson/Rosenberg 2000; Nelson 1992; Nelson 1993; Andersen/Lundvall 1988; Lundvall 1995.

die Technologien entwickeln, die innovative Produkte und Verfahren hervorbringen sowie verbreiten; hierzu gehören auch einschlägige regulative Regimes (Standards, Normen, Recht) sowie die staatlichen Investitionen in entsprechende Infrastrukturen».[17]

Während hier also die national lokalisierten Forschungsaktivitäten und die technologischen Innovationen von Unternehmen in der Definition enthalten sind, unterscheidet ein engeres Verständnis zwischen dem Innovationsstil von Unternehmen, die sich wenig und – vor allem in der Spitzenliga der Global Players – im Verlaufe des 20. Jahrhunderts immer weniger an nationalen Vorgaben orientierten, und einem national geprägten Innovationssystem, das auf den spezifischen Gestaltungsspielräumen und Förderungsmöglichkeiten eines Staatswesens beruhte. Dieses Konzept beschreibt die Innovationsdynamik eines territorial, d.h. national gefassten Wirtschaftssystems in einem Gestaltungskontext von langer Dauer, der in ersten Ansätzen mit der Intensivierung staatlicher Interventionen in die Volkswirtschaft Ende des 19. Jahrhunderts entstand und sich im Zuge des Liberalisierungs- und Privatisierungsschubes seit den ausgehenden 1970er Jahren wieder auflöste. Dieses nationale Innovationssystem, das in der Zwischenkriegszeit und in den «Trente Glorieuses» nach 1945 seine grösste institutionelle Integration und wirtschaftliche Wirkungskraft aufwies, kann als Element eines umfassenderen Dispositivs zur Kontrolle der Volkswirtschaft in einem nationalen Rahmen gesehen werden, in dem private Unternehmen und staatliche Agenturen zusammenwirkten und auf Synergien setzten. Unternehmerische Innovationskulturen, staatliche Forschungslenkung und mediale Öffentlichkeit wurden zu «Ressourcen füreinander».[18] Neben der gezielten Förderung technologischer Grundlagenforschung – ein Begriff, der sich mit dem Aufstieg des nationalen Innovationssystems etablieren konnte – zählten zu diesem Dispositiv auch die nationale Warenpropaganda mit der seit den 1920er Jahren geschaffenen Qualitätsmarke «Schweiz» und dem in den 1930er Jahren kreierten Armbrustsignet, die Aktiengesetzgebung mit ihren Massnahmen gegen eine «wirtschaftliche Überfremdung» der Schweiz (→ 4.1.3.2) sowie die Kartellstrukturen des Binnenmarkts (→ 2.3.1.1).[19] Dieses Miteinander von Nation und Wirtschaft, das in der Weltwirtschaftskrise der 1930er Jahre durch den vorrückenden Protektionismus und die Autarkiebestrebungen verstärkt wurde und das – im Aktien- und Kartellrecht besonders deutlich sichtbar – bis weit in die Nachkriegszeit hinein zu beobachten ist, darf nicht darüber hinwegtäuschen, dass die Beziehungen zwischen Unternehmen und Staat asymmetrisch sind. Der Nationalstaat, der auf der Gleichung «Volk = Staat = Territorium» aufbaut, folgt einer anderen Entwicklungslogik als private Firmen, die gerade im Fall der Schweiz ihr Wachstumspotential durch die internationale Wettbewerbsfähigkeit und die internationale Arbeitsteilung ausschöpfen und deren Aktionsradius damit weit über das Staatsgebiet hinausreicht (→ 2.1). Die Technologieregimes und die

17 Grimmer/Kuhlman 1999, 12–13.
18 Ash 2007; Nikolow/Schirrmacher 2007.
19 Lüpold 2008.

Corporate Governance international operierender Unternehmen sowie die Ziele eines nationalen Innovationssystems können in Konflikt geraten oder sich auseinanderentwickeln, bis schliesslich dem nationalen Innovationssystem die Grundlage entzogen wird. Eine solche Entwicklung zeichnete sich nach dem wirtschaftlich-politischen Strukturbruch Mitte der 1970er Jahre ab und verschärfte sich seit den 1990er Jahren.[20]

Die *raison d'être* eines nationalen Innovationssystems schweizerischer Prägung stützte sich auf die Überzeugung, dass die Innovationsdynamik, wie sie aus dem freien Spiel der Marktkräfte und innerhalb von privaten Unternehmen freigesetzt wird, gemessen an nationalen Politikvorstellungen nicht optimal ausgerichtet sei und deshalb einer staatlichen Beeinflussung bedürfe, ohne dass diese wiederum mit liberalen Ordnungsvorstellungen kollidieren dürfe.[21] Eine zusätzliche Schwierigkeit war die starke und sich im ausgehenden 20. Jahrhundert noch akzentuierende Diskrepanz zwischen dem nationalen Wirtschaftsraum und dem kommerziellen Aktionsradius der wichtigsten, international operierenden Unternehmen. 1980, als sich die (trans)nationale Fusionswelle und die Unternehmensinternationalisierung verstärkten, lieferten die fünfzehn grössten Schweizer Multis Angaben über ihre globale Allokation wichtiger Produktionsfaktoren. Der Schweizer Anteil betrug beim Personalbestand 24.9 %, beim Investitionsbestand 32.4 %, bei der Konzernproduktion 25.6 % und – als deutliche Abweichung nach oben – beim Forschungsaufwand 62 %.[22] Letzterer war auf globale Wettbewerbsfähigkeit ausgerichtet. Silvio Borner und Felix Wehrle schreiben in einer 1984 publizierten Studie zur *Sechsten Schweiz* (d. h. zum wirtschaftlichen Auslandsimperium der helvetischen Unternehmen): «Die Frage nach einer ‹nationalen Wettbewerbsfähigkeit› stellt sich für die Unternehmen nicht, ist aber für die politische Gemeinschaft Schweiz von hervorragender Bedeutung; primär im Hinblick auf die Beschäftigung und den Wohlstand, sekundär für die Wirtschafts- und Gesellschaftspolitik.»[23] Es lässt sich also zwischen internationaler Wirtschaft und nationaler Politik ein Gefälle konstatieren, aus dem einseitige Abhängigkeiten resultierten und – vor allem vonseiten privater Unternehmen – ein Drängen auf institutionelle Trennschärfe.

Unter diesen Bedingungen lag es am Staat, das nationale Innovationssystem adäquat zu strukturieren und zu institutionalisieren. Die dem Innovationssystem zugewiesenen Aufgaben, die von ihm erwarteten Leistungen sowie seine Funktionsweisen waren immer wieder Gegenstand von Aushandlungsprozessen und Debatten. Als Netzwerk von Institutionen war das nationale Innovationssystem einem permanenten Wandel unterworfen, es operierte stets zielorientiert und wurde seinen eigenen Ansprüchen dennoch nur selten gerecht. Wo es positive Folgen zeitigte, waren diese meist nicht intendiert – das System hatte nur in begrenzter Weise systematische Wirkung. Die Rolle,

20 Gugerli/Kupper/Speich 2005, 202–203.

21 Die Entstehung einer bundesstaatlichen Patentgesetzgebung in der Zeit um 1900 unterstützt diese Annahme. Tanner 1996; Veyrassat 2001.

22 Borner/Wehrle 1984, 150, Tabelle 20.

23 Borner/Wehrle 1984, 24.

welche die staatliche Forschungs-, Bildungs- und Wirtschaftspolitik für ein bestimmtes Innovationsziel spielte, dürfte ebenso wie die koordinierende Funktion staatlicher Institutionen häufig überschätzt worden sein. Der staatliche Wille, wirtschaftliche Prozesse zu fördern und zu lenken, stiess aufgrund der Skepsis der Privatwirtschaft[24] rasch an Grenzen und hatte oftmals paradoxe Effekte, die von den Zeitgenossen als ein Scheitern und Versagen wahrgenommen wurden, während sich *post festum* durchaus eine positive Wirkung auf bestimmte Gebiete der Volkswirtschaft feststellen lässt.

Wissen und Technologie haben sich im 20. Jahrhundert zu Gegenständen einer Vielzahl unterschiedlich motivierter wirtschaftspolitischer Strategien entwickelt, deren Auswirkungen weder für die Akteure noch für die historische Forschung einfach zu überprüfen sind. In den wenigsten Fällen können sie mit langen Zeitreihen einer quantitativen Beobachtung zugänglich gemacht werden. Noch seltener ist aufgrund der Datenlage ein internationaler Vergleich statthaft.[25] In der Regel liessen sich die Konsequenzen wirtschaftspolitischer Strategien sowie die Folgen institutioneller Entwicklungen nur argumentativ antizipieren oder ideologisch verteidigen. Für die Untersuchung der Bedeutung von Wissen und Technologie hat dies darstellerische Konsequenzen: Angesichts grosser Lücken bzw. angesichts einer fehlenden statistisch-systematischen Beschreibung der politikrelevanten Verhältnisse geht der folgende Problemaufriss zur volkswirtschaftlichen Bedeutung von Wissen und Technologie multiperspektivisch vor, was einen strengen chronologischen Aufbau verunmöglicht und notwendigerweise zu thematischen Überschneidungen führt. Die gewählte Darstellung hat dafür den Vorteil, über die handlungsleitenden Orientierungshorizonte damaliger Akteure hinaus auch die langfristigen Konsequenzen zu berücksichtigen und der Tatsache Rechnung zu tragen, dass viele Prognosen und zahlreiche wirtschaftspolitische Argumentationen einer Logik der Selbstbestätigung folgten. Der folgende Abschnitt zeigt die starke Dominanz der Privatwirtschaft und der international operierenden Grossunternehmen im Bereich der Forschung auf und evaluiert die Problemlagen, die sich daraus für die staatliche Wirtschaftspolitik ergeben. Die Konjunkturen des nationalen Innovationssystems, die sich von diesen Voraussetzungen her erklären lassen, werden im dritten Abschnitt geschildert und von den disparaten Anfängen bis zu ihrer Auflösung angesichts der Herausforderung der europäischen Integration untersucht. Der vierte Abschnitt zeichnet die zunehmende Formalisierung und Föderalisierung der Bildungs- und Wissenschaftspolitik des 20. Jahrhunderts nach. Das von der Forschung bislang immer nur sehr selektiv bearbeitete Thema der Bedeutung von Wissen und Technologie für die volkswirtschaftliche Entwicklung der Schweiz wird abschliessend im fünften Abschnitt beleuchtet.[26]

24 Gees 2006, 331–332.

25 Auf die Schwierigkeiten eines solchen Vergleichs verweisen verschiedene OECD-Studien (vgl. etwa OECD 1989).

26 Zum noch immer rudimentären Stand der Wissenschafts- und Technikforschung in der Schweiz vgl. Heintz/Nievergelt 1998.

1.3.2 Forschung und Entwicklung in der Privatwirtschaft

1.3.2.1 Allokationen von Forschungsmitteln

Wie Grafik 1.3-1 zeigt, gehört die Schweiz zu den forschungsintensivsten Ländern der Welt.[27] Der Anteil von Forschungsausgaben am Bruttoinlandprodukt ist vergleichsweise hoch und zwar aufgrund eines hohen Anteils von Ausgaben für Forschung und Entwicklung (F&E) am Umsatz von Grossunternehmen und einer Konzentration von Forschungsressourcen in privatwirtschaftlichen Unternehmen, was gleichbedeutend ist mit einem relativ niedrigen Anteil an staatlichen Forschungs- und Entwicklungsaufwendungen (Grafik 1.3-2).

Grafik 1.3-1: **Anteil der Aufwendungen für Forschung und Entwicklung am BIP nach Ländern (1963–2004)**

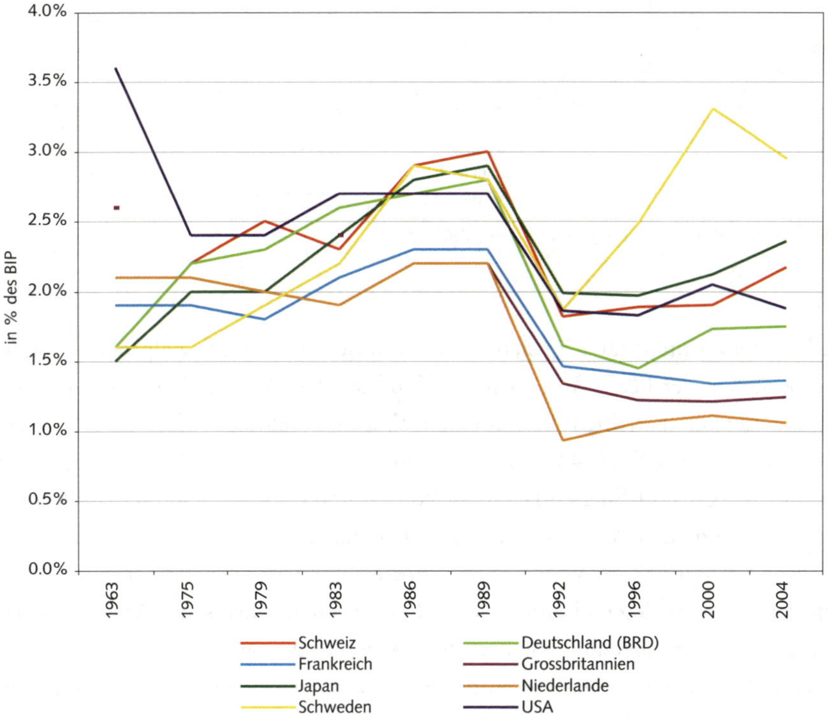

Quellen: Caluori/Schips 1991, 18; ab 1992 OECD online, Science, Technology and R & D Statistics.
Bemerkung: 1963 und 1986 in Prozent des BNP. Für die Jahre 1975, 1979, 1986 fehlen Angaben für Grossbritannien.

27 Die Stichjahre der Erhebungen variieren geringfügig: Japan 1974 statt 1975, 1982 statt 1983 und 1988 statt 1989; Schweden 1981 statt 1983 und 1987 statt 1986; Italien 1982 statt 1983, 1987 statt 1986 und 1990 statt 1989; BRD, Frankreich, USA 1987 statt 1986 und 1990 statt 1989; Niederlande 1988 statt 1989; Kanada 1990 statt 1989. Für die Jahre 1975, 1979, 1986 fehlen Angaben für Grossbritannien.

Grafik 1.3-2: **Anteil der privaten Aufwendungen für Forschung und Entwicklung am BIP (1987–2004)**

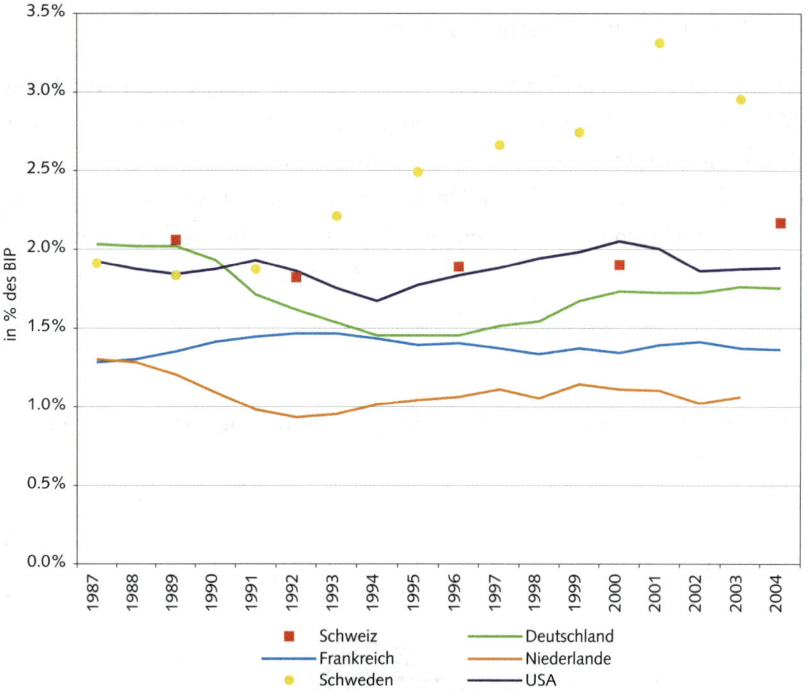

Quellen: BFS online, Wissenschaft und Technologie, Tab. ind20202d_v6.

Die Forschungsintensität zeigt sich nicht nur in Bezug auf das Sozialprodukt, sondern auch bezüglich der F&E-Ausgaben pro Kopf der Bevölkerung. Die Schweiz befand sich, was Letztere betrifft, 1996 mit einem Wert von 685 $ pro Kopf in der Spitzengruppe hinter den USA (742 $) und Schweden (691 $), aber noch vor Japan (673 $). Alle anderen OECD-Staaten lagen bei Werten unter 500 $.[28] Der gemäss Kennziffern vorgenommenen Positionierung im Spitzenfeld entsprechen jedoch in Bezug auf die absoluten Beträge im Vergleich mit grossen Ländern eher geringe Summen. Es stellt sich in einem kleinen Land rasch die Frage nach der «kritischen Masse» von Forschungsressourcen, aber auch die nach Schwerpunktbildungen.

Das Ressourcenvolumen, das in der Schweiz für Forschung verfügbar war, wurde weitgehend durch die Privatindustrie bereitgestellt und durch die entsprechenden Unternehmen kontrolliert. Bei der statistischen Erfassung der Allokation von Forschungsmitteln wurde unterschieden zwischen Finanzierungsquellen (Grafik 1.3-3), den Orten, an denen die Forschung durchgeführt wurde, sowie der Herkunft der Beschäftigten. Grosso modo stimmen die Zahlen der drei Bereiche überein: Die meisten Forschungsprojekte, die von Privatunternehmen finanziert wurden, wurden auch in firmeneigenen Laborato-

28 Stat. Jb. 2001, 651.

Grafik 1.3-3: **Finanzierungsquellen für Forschung und Entwicklung (1989–2004)**

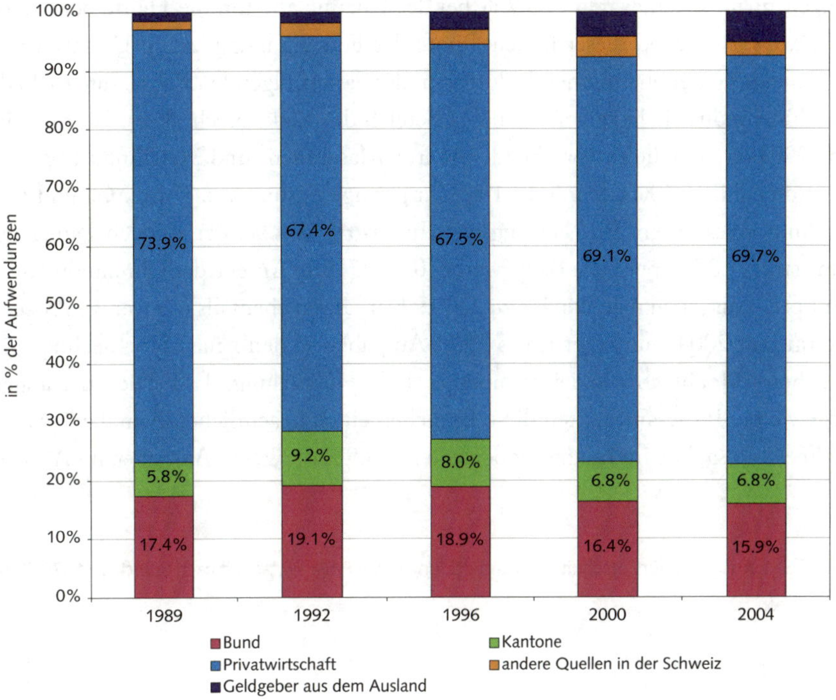

Quelle: BFS online, Wissensschaft und Technologie, Tab. ind20203d_v5.

rien und durch das eigene Personal durchgeführt. In den jüngstvergangenen Jahrzehnten sind die institutionellen Zuordnungen allerdings beweglicher geworden.[29]

Eine 2005 durch das SECO publizierte Studie zum Forschungs- und Technologiestandort Schweiz hielt fest, dass «der Beitrag des Unternehmenssektors zu den F&E-Aufwendungen» in der Schweiz «traditionell sehr hoch» sei. Der «Sonderfall», den frühere Studien konstatierten, bestehe allerdings in dieser Weise nicht mehr, denn «mittlerweile erreichen […] auch andere kleine europäische Länder […] etwa gleich hohe Anteile».[30]

Durchschnittlich flossen 4.4 Prozent des gesamten Unternehmensumsatzes in die Forschung. Dabei lassen sich deutliche Branchenunterschiede feststellen (Grafik

29 Zuverlässige empirische Grundlagen existieren erst seit 1965. Seit diesem Zeitpunkt wurden in der Schweiz die sogenannten Inputfaktoren (der Einsatz an Personal und Finanzen) in Forschung und Entwicklung erhoben. Diese Angaben waren jedoch über die Jahre hinweg nicht homogen. Deshalb kann erst ab 1983 eine Zeitreihe erstellt werden. 1986 realisierte der Bund Erhebungen in den Bereichen Wirtschaft und Staat, während die Hochschulen nur geschätzt wurden. Vgl. hierzu Schweizerischer Handels- und Industrie-Verein, diverse Jahrgänge in Zusammenarbeit mit dem Bundesamt für Statistik (Hg.): Forschung und Entwicklung in der schweizerischen Privatwirtschaft – Bericht zur Erhebung 2004, 2000, 1996, 1992, 1989, 1986, 1983, 1980, 1976, 1970, 1966; ferner eigene Berechnungen und Darstellungen.

30 Arvanitis et al. 2005, 11. Von «Sonderfall» sprach Heiniger 1990, 69.

1.3-4). Bei der Maschinen- und Metallindustrie, die 40 % der privaten F&E-Aufwendungen finanzierten, waren es 5.7 %, bei der Chemie, die um die Hälfte beisteuerte, gar 11.6 %. Aufgrund dieser hohen Quote der Forschungsgelder am Umsatz wuchs die Bedeutung der chemischen Industrie in der darauffolgenden Phase. Innerhalb der Maschinenindustrie legte vor allem der Bereich der Elektrotechnik zu. Für die Jahre um 1990 betrugen die entsprechenden Werte: Maschinen- und Metallindustrie 5.2 %, Elektrotechnik 7.7 %, Chemie 14.1 %. Nur geringe Summen in Forschung und Entwicklung investierten die Nahrungsmittelindustrie (1.4 %), der Bereich Papier und Kunststoff (1.3 %) sowie das Baugewerbe (0.8 %).[31] Die Anteile der Uhrenindustrie an den F&E-Ausgaben machten bis zu den 1990er Jahren ebenfalls nur wenige Prozente aus. Im Jahr 2004 wurden erstmals F&E-Ausgaben in den neuen Hochtechnologiebranchen (Hochtechnologieinstrumente, IKT-Herstellung, IKT-Dienstleisungen) ausgewiesen. Insgesamt hatten diese Branchen einen beachtlichen Anteil von 17.4 % der F&E-Ausgaben im Inland, jedoch von nur 3.9 % der F&E-Ausgaben im Ausland.

Grafik 1.3-4: **Ausgaben für Forschung und Entwicklung in der Privatwirtschaft nach Branchen (1975–2004)**

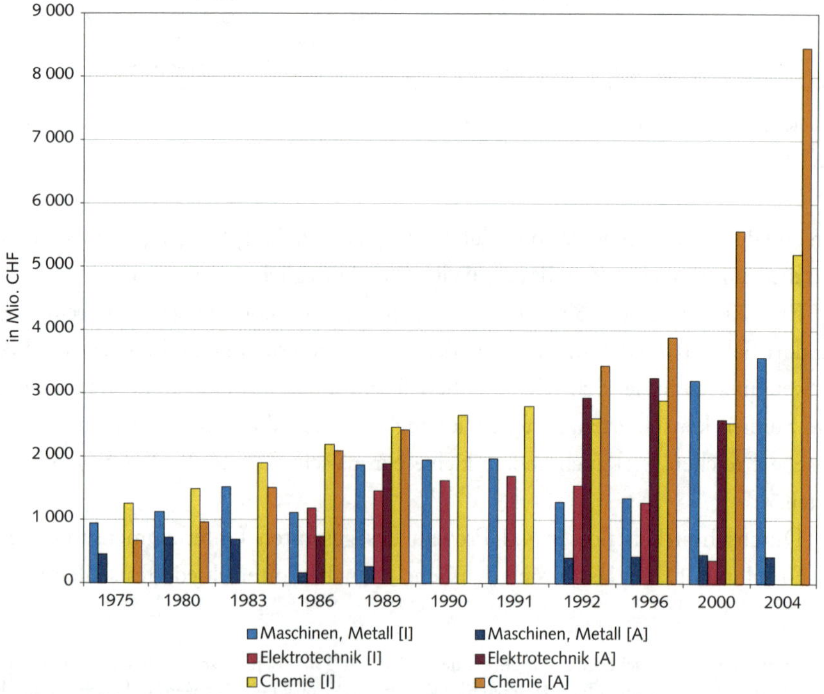

Quelle: HSSO Tab. Z.39ab.
Bemerkungen: [I] entspricht den Ausgaben im Inland, [A] denen im Ausland. Für 1990 und 1991 existieren keine Angaben bezüglich der Ausgaben im Ausland. Von 1975 bis 1983 bilden Maschinen/Metall und Elektrotechnik eine gemeinsame Kategorie.

31 Hotz-Hart/Mäder/Vock 1996, 329, Tabelle 18.

1.3.2.2 Firmeneigene Forschung

Ein beträchtlicher Teil des eingangs definierten Residuals war Resultat einer besseren Faktornutzung innerhalb von mechanisierten Produktionsbetrieben vor allem im Industriesektor. Die entscheidenden Innovationen in der Perfektionierung der Kostenrechnung innerhalb von Industrieunternehmen fielen Ende des 19. Jahrhunderts mit dem Aufstieg der modernen Aktiengesellschaft zusammen. Sie stellte mit der Trennung von Eigentum und Management den rechtlichen Rahmen für die *managerial enterprise* bereit.[32] Auch wenn der Manager in den traditionsreichen Schweizer Firmen lange einen schweren Stand hatte, wurde schon vor dem Ersten Weltkrieg ein neuer Typ von Rechnungswesen angewandt, der über die traditionellen Buchhaltungssysteme hinausging. Unter dem Leitbegriff der «Organisation» kam es zu einer «Formalisierung und Bürokratisierung des Produktionsablaufes»[33] und zu einer Transparenzsteigerung in der Rechnungslegung. Letztere fand zwar in der Schweiz mit ihren wenig entwickelten öffentlichen Publizitätsverpflichtungen und den vielen Manipulationsmöglichkeiten mittels stiller Reserven, Abschreibungen und Steuervermeidung kaum Anwendung bei den Unternehmensbilanzen oder Gewinn- und Verlustrechnungen. Sie wurde jedoch für die interne Kosten- und Leistungskontrolle systematisch ausgebaut.

Diese Entwicklung verlief weder gradlinig noch einheitlich. Nach 1895 wurde mit neuen betriebsorganisatorischen Modellen experimentiert. Das Ziel lag vor allem in einer Intensivierung des Arbeitsprozesses, d.h. im Versuch, «die Arbeiter systematisch zu andauernder Arbeit ohne Unterbrüche zu zwingen und zugleich die Arbeitsleistung zu stabilisieren», und das vor allem mit Hilfe von Stück- und Zeitakkordlohnsystemen, aber auch mittels der Reorganisation der Leitungsstruktur.[34] Während es in traditionellen Industriebranchen wie etwa der Textilindustrie, der Uhrenindustrie und im Eisenbahnbau darum ging, bereits bekannte Produkte und Prozesse zu rationalisieren,[35] entstanden in neuen Sektoren, insbesondere in der Elektro- und Pharmaindustrie, technische Artefakte wie Elektromotoren, Fahrzeuge und Arzneistoffe, die durch wissenschaftliche Forschung überhaupt erst vorstellbar und handhabbar wurden. Anders als in der Textilindustrie, deren Fabrikate mit viel weniger Zeitaufwand hergestellt werden konnten, und anders als bei der Eisenbahn, wo der Schienentransport von der Infrastruktur und dem Rollmaterial her fortschreitend perfektioniert wurde, wurden in der Elektro- und Pharmaindustrie Energien und Verfahren nutzbar gemacht, die präzedenzlos waren. Bald vermischten sich allerdings die Anwendungen: Die Textil- und weite Bereiche der Maschinenindustrie wurden nach 1900 von den bisherigen Zentralantriebssystemen auf eine dezentralisierte elektrische Energieversorgung umgestellt, der Weg zur Elektrifizierung der Eisenbahn wurde frei,

32 Miller 2003; Tanner 2007.
33 Jaun 1986, 509; Vetterli 1978.
34 Jaun 1986, 510.
35 Uhrenindustrie, siehe Pasquier 2008, 194–210.

und die Produkte einer verwissenschaftlichten Chemie – insbesondere die synthetischen Farben, die schon seit den 1860er Jahren verfügbar waren – revolutionierten die Serienherstellung standardisierter Massenware im Textilsektor.

Die Umstrukturierung und Neugründung wichtiger Schweizer Unternehmen, die in der Zeit vor 1914 ihren Aufschwung nahm, wurde in den Jahren des Ersten Weltkriegs fortgesetzt und teilweise konsolidiert. In firmeneigenen Forschungsabteilungen generierte Innovationen wurden zum unverzichtbaren Expansionselixier für exportorientierte Unternehmen. In der chemisch-pharmazeutischen Industrie lassen sich erste Ansätze für eine «hauseigene» Laborforschung bis ins ausgehende 19. Jahrhundert zurückverfolgen. Den Anfang machte die Ciba; Roche folgte auf dem Fuss. Sandoz wartete bis zum Ersten Weltkrieg, Geigy bis in die 1930er Jahre. So sehr die Verwissenschaftlichung im Zeichen der Systematisierung stand, so sehr wurde sie von einer «Zickzacklinie der Entwicklung»[36] beherrscht, die dem Zufall breiten Raum liess, aber dennoch von der Zwischenkriegszeit bis in die 1960er Jahre hinein einen steten Fluss von Produkt- und Prozessinnovationen auslöste.[37] Die Neuerungen gingen mit einem Techniktransfer durch die Gründung von Auslandsfilialen einher. Als Beispiel aus der Maschinen- und Elektroindustrie kann die Brown & Boveri Cie. in Baden gelten, die 1891 als Kommanditgesellschaft entstand, 1900 in eine Aktiengesellschaft umgewandelt wurde und daraufhin einen kometenhaften Aufstieg und eine rasche Transnationalisierung – mit Tochtergesellschaften in Mannheim, Paris, Mailand, Oslo, Wien, Budapest, Warschau und Prag – durchlief. Um den Absatz von neuartigen Dampfturbinen mit dazugehörigen Dynamos zu steigern, hatte das Unternehmen 1895 mit der Motor AG für elektrische Unternehmungen eine europäisch ausgerichtete eigene Finanzierungsgesellschaft gegründet, die 1913 durch die überseeorientierte AG Columbus ergänzt wurde (1923 fusionierten die beiden Gesellschaften zur Motor-Columbus AG). Solche Gesellschaften unterstützten die industrielle Expansion von Schweizer Unternehmen im In- und Ausland. Sie koordinierten den Kapital- und Techniktransfer und passten technische Lösungen (z. B. Kraftwerke) überall auf der Welt an die lokalen Bedingungen an.[38] Als nach 1914 durch Kriegshandlungen und Boykottmassnahmen viele Exportmärkte wegbrachen, fand das Unternehmen in der Rüstungsindustrie (Schiffsturbinen für die Marine) und mit der Elektrifizierung der Eisenbahnen neue Betätigungsfelder. Der Umstieg von der «schwarzen» auf die «weisse» Kohle, wie die in den Schweizer Bergen gewonnene Elektrizität genannt wurde, konnte nach 1915 innerhalb eines tiefengestaffelten Produktionssystems beschleunigt werden, das vom Stauwerkbau über die Turbinen und Dynamostationen bis hin zur Umrüstung der SBB-Fahrstrecken reichte.[39] Ein anderes Beispiel stellt die Actiengesellschaft vormals Joh. Jacob Rieter & Cie. dar. 1785 als Handelsunternehmen

36 Fleck 1980 [1935], 101.
37 Busset/Rosenbusch/Simon 1997.
38 Gugerli 1996, 225–245.
39 Bonadei 2006.

gegründet, stieg die Firma zunächst in die Spinnerei sowie in den 1820er Jahren in den Maschinenbau ein und expandierte nach der Bundesstaatsgründung in den Bereichen Spinnereimaschinen und Turbinenbau. 1891 wurde Rieter in eine Aktiengesellschaft umgewandelt. Ab 1910 kam es mit der Trennung von Spinnerei und Maschinenfabrik zu einer tiefgreifenden Reorganisation der Firmenstruktur, die 1916 auch zum Verkauf der Turbinenabteilung an Escher Wyss & Cie. führte.[40] Beide Unternehmen, die unterschiedlich gross waren – Brown & Boveri beschäftigte zwischen 1910 und 1925 vier- bis fünfmal so viele Arbeitskräfte wie Rieter –, bauten seit der Jahrhundertwende firmeneigene Forschungskapazitäten auf, kamen mit neuen Produkten auf den Markt und liessen durch die Deutsche Treuhand-Gesellschaft in Berlin ein betriebswirtschaftliches Organisationsgutachten erstellen, das auf eine Rationalisierung des Managements und auf die Kontrolle der Produktivität und Rentabilität durch die Abgrenzung und Strukturierung einzelner Verwaltungsbereiche abzielte.

Generell lässt sich sagen, dass sowohl Direktinvestitionen wie auch immaterielle Eigentumsrechte in Form von Patenten und Lizenzen für einen bedeutenden permanenten Finanzstrom Richtung Schweiz sorgten und hier die Finanzierung von Investitionen erleichterten.

Vor allem die Patente spielten für die kleine, offene Volkswirtschaft der Schweiz eine zentrale Rolle.[41] Sie sind in innovationstheoretischen Schriften als Indikatoren erfinderischer Aktivität genutzt worden[42] und bringen einen formalisierten Umgang mit wirtschaftlich relevantem geistigem Eigentum von Firmen zum Ausdruck. Patentschriften wurden im Verlauf des 20. Jahrhunderts zunehmend mit Referenzen auf wissenschaftliche Publikationen ausgestattet. Die Übernahme des europäischen Patentrechts in den späten 1970er Jahren führte nicht nur zu einem sprunghaften Anstieg in der Zahl der erteilten und geltenden Patente (Grafik 1.3-5). Man kann in diesem Zusammenhang auch von einem weiteren Formalisierungsschub patentierbaren Wissens sprechen.

Firmen, die in Forschungslabors grosse und für das Unternehmenswachstum strategisch wichtige Wissensbestände generierten, versuchten allerdings, neben diesen Verrechtlichungsprozessen auch durch Geheimhaltung eine effiziente Kontrolle über diese Wissensressourcen auszuüben. Entweder wurden *intellectual property rights* erworben, um Prozess- und Produktinnovation vor Imitation und Kopieren zu schützen, oder die Unternehmen gingen das Risiko ein, ihr firmeneigenes Wissen über die Fabrikation mittels Geheimhaltung vor dem Zugriff der Konkurrenz zu schützen. Diese Strategie scheint vor allem nach dem Zweiten Weltkrieg wieder an Attraktivität gewonnen zu haben.[43] Die Corporate Identity des Unternehmens lieferte den mentalen Rahmen für Treue und Verschwiegenheit von Mitarbeitern. Sie konnten allerdings mit kompetitiven Angeboten der Konkurrenz konfrontiert werden, etwa mit der Aus-

40 Stutz 2006.
41 Veyrassat 2010. Vgl. u.a. Cantwell/Barrera 1993.
42 Mensch 1975.
43 Tanner 1996, 296.

Grafik 1.3-5: **Jährlich erteilte sowie geltende Patente (1891–2005)**

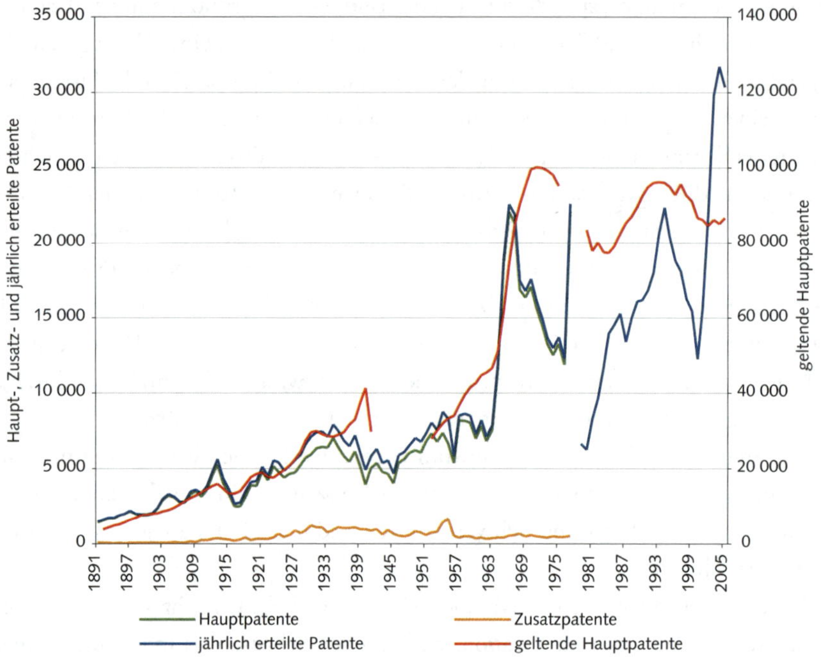

Quellen HSSO Tab. W.18a und W.19.
Bemerkung: Jährlich erteilte Patente entspricht der Summe aller jährlich erteilten Haupt- und Zusatzpatente; geltende Hauptpatente entspricht der Summe aller in einem bestimmten Jahr noch gültigen Hauptpatente.

sicht auf Mehrverdienst oder der Möglichkeit, in einer andern Firma rascher aufzusteigen. Diese exkludierende Verwertungslogik widersprach dem universellen Ethos der Wissenschaft, und sie wurde auch durch einen inkludierenden Techniktransfer, der eine rasche Diffusion neuer technisch-arbeitsorganisatorischer Lösungsansätze unterstützte, in Frage gestellt.

Innerhalb von Unternehmen, deren Strukturen immer komplexer wurden, entwickelten sich so in der Nachkriegszeit neue Mischlagen zwischen Innovationen, die als formalisiertes «geistiges Eigentum» geschützt wurden, und vielen kleinen, aber durchaus bedeutsamen Neuerungen, die an das Können von Mitarbeitern gebunden waren. Um diese heterogene Situation zu beschreiben, haben verschiedene Autoren vorgeschlagen, den Systembegriff durch jenen der «Innovationskultur» zu ersetzen.[44]

Der Kulturbegriff wurde auch konzeptionell auf die Unternehmen als Ganze bezogen. Die Innovationskraft eines Unternehmens und seine Fähigkeit, neue technische wie arbeitsorganisatorische Lösungen zu adaptieren, hängen wesentlich von einer solchen Unternehmenskultur ab, die sich in formalen Beschreibungskategorien nicht fassen lässt. Diese Einsicht darf allerdings nicht darüber hinwegtäuschen, dass

44 Wengenroth 2001.

sich zu Beginn des 20. Jahrhunderts eine Rhetorik der rationalen Gestaltung und rationellen Organisation von Unternehmen einspielte. Sie zielte auf systematische Produktivitätssteigerungen, war dabei allerdings weniger betriebswirtschaftlich relevant als auf die Lösung gesellschaftlicher Probleme ausgerichtet. Zum selben Zeitpunkt, als die organisierte Arbeiterbewegung den «wissenschaftlichen Sozialismus» zur politischen Leitmaxime erkor – die schweizerische Sozialdemokratie gab sich 1904 ein entsprechendes Programm –, wurde von bürgerlich-unternehmerischer Seite her versucht, die «wissenschaftliche Betriebsführung» für eine Überwindung der Klassenkampfkonstellation zu funktionalisieren. Nach dem Ersten Weltkrieg wurden die Vereinigen Staaten von Amerika zum Leitstern eines produktivistischen Industriesystems. Vergleichbar mit anderen kapitalistischen Industrieländern setzte auch in der Schweiz ein Rezeptionsschub amerikanischer Ideen ein. Amerika wurde zur Projektionsfläche für europäische Hoffnungen und Ängste. Insbesondere Taylorismus und Fordismus versprachen kurzfristig die Rückkehr zu wirtschaftlicher Prosperität und sozialer Stabilität und langfristig die Lösung der «sozialen Frage». Der *efficiency craze*, von Zeitgenossen auch als «industrielle Religion der Rationalisierung» apostrophiert, setzte allerdings in den Roaring Twenties kaum flächendeckende Diffusionsprozesse im technologischen und arbeitsorganisatorischen Bereich in Gang. Auf symbolischer Ebene zeichnete sich indessen ein wichtiger Durchbruch ab. Die durch Unternehmer gegründete SFUSA, die «Swiss Friends of the United States of America», und die ersten Rotary Clubs zeugten ebenso wie die sieben zwischen 1919 und 1930 stattfindenden personell hochkarätig besetzten Studienreisen zu industriellen Musterbetrieben in den USA davon, dass die Schweiz die Rationalisierungsbotschaft begriffen hatte. 1928 wurde die Commission romande de rationalisation gegründet.[45] 1929 entstand ein Betriebswirtschaftliches Institut an der ETH Zürich, 1931 wurde ein spezieller Lehrstuhl eingerichtet.[46] Neue arbeitswissenschaftliche, betriebswissenschaftliche und psychologische Problemlösungen wurden anvisiert und eine ganze Reihe von privaten Psychotechnischen Instituten nahm den Betrieb auf. Zeitstudien, die sich auf Frederick W. Taylors Stoppuhrmethode und Frank und Lilian Gilbreths «Chronocyclegraph Motion Devices» abstützten,[47] hatten Konjunktur. In der Weltwirtschaftskrise der 1930er Jahre geriet die Rationalisierungsbewegung allerdings in Misskredit. Parallel zum Aufstieg betriebsgemeinschaftlicher Ideologien kam es nun zu Versuchen einer «volkswirtschaftlichen Rationalisierung», die nicht mehr primär bei betrieblichen Verbesserungen ansetzten, sondern auf gesamtwirtschaftliche Planung abzielten. Die Unternehmen selbst setzten jedoch auch in den Krisenjahren ihre Anstrengungen fort, die Lohnsysteme zu reorganisieren und den Taylor'schen Pensumsakkord durchzusetzen.[48]

45 Jaun 1986, 67–68; Leimgruber 2001.
46 Vgl. dazu Honegger et al. 2007, 253–254 und 403.
47 Mehrtens 2003.
48 Jaun 1986, 513.

1.3.2.3 Technologiemanagement ab 1945

Im Überblick zeigt sich, dass bis zum Ende des Zweiten Weltkriegs keine systematische Verwissenschaftlichung der Industrieproduktion und der Dienstleistungssektoren zustande kam. Es gab zwar vereinzelt spektakuläre Durchbrüche, die aber in ihrer Reichweite beschränkt blieben. Dennoch wurden damals die mentale Disposition und die institutionellen Grundlagen geschaffen, die in den ausgehenden 1940er Jahren mit dem Übergang in das sogenannte Wirtschaftswunder der Produktivitätsmaxime eine Wendung ins Unternehmerisch-Praktische gaben. Resultat waren effektivere und effizientere Faktorkombinationen nicht nur im Industriesektor, sondern auch im Dienstleistungsbereich und vor allem in der Landwirtschaft. Für die Einführung neuer, rationeller Produktionsmethoden und Managementsysteme war der Technologietransfer aus den USA wichtig, der im Gefolge des Marshall-Plans durch amerikanische Direktinvestitionen in Europa ausgelöst wurde. Hier standen zunächst neue, für militärische Anwendungen entwickelte Analyse- und Entscheidungsverfahren wie Operations Research, Matrixorganisation und Kybernetik im Zentrum. Seit den 1960er Jahren schlugen dann der Computer und die elektronische Datenverarbeitung zu Buche. Produktionsverfahren und Unternehmensführung wurden durch die Digitalisierung der Datenströme einschneidend verändert. Damit erhielten auch technoide Schlagworte Konjunktur: Mit der Rede von der Atom- und Autogesellschaft über die Informations- und Wissensgesellschaft bis hin zur Netzwerk- und Risikogesellschaft setzten sich seit den 1960er Jahren gesellschaftliche Selbstbeschreibungen durch, die innovative Technologien ins Zentrum des kulturellen Selbstverständnisses rückten.

Im Überblick lassen sich vier Dimensionen privatwirtschaftlicher Aktivität unterscheiden, in denen Verwissenschaftlichungsprozesse und Forschungsorientierung längerfristig an Bedeutung gewannen. Erstens geht es um Produktionsorganisation, Leitungsstrukturen und Managementkonzepte in den Unternehmen. Die massive Bedeutungszunahme von kaufmännischen, betriebswissenschaftlichen, volkswirtschaftlichen, mathematischen und informationstechnischen Wissensbeständen ist hier unübersehbar. Zweitens verändern Normen und Standards die unternehmerischen Handlungslogiken. Drittens muss ein institutionelles Umfeld in Betracht gezogen werden, das sich auf die Versorgung von Firmen mit Rahmendaten (v.a. Konjunkturprognosen) sowie auf Unternehmensberatung spezialisiert hat. Viertens wurde die Marktforschung in dem Masse wichtig, in dem sich die Dynamik der Unternehmensentwicklung von angebotsseitigen Faktoren auf die Nachfrage verlagerte.

Verwissenschaftlichung der Produktion und des Managements: Für die 1970er Jahre sprechen industriesoziologische Untersuchungen vom Übergang von der fordistischen Massenproduktion, die dem Paradigma des hochmechanisierten Fliessbands verhaftet war, zu einer flexiblen Spezialisierung mit teilautonomen Fertigungsinseln. In der Schweiz mit einem starken Sektor innovativer und rasch auf Transferpotentiale im Technologiebereich reagierender Klein- und Mittelunternehmen verlief dieser Prozess verhaltener. Doch auch hierzulande waren die Umstellungen begleitet von Prozessen wie *downsizing* und *outsourcing*, die ebenfalls aus einer fortschreitenden Verwissenschaftlichung von Buchhaltungssystemen und der Unternehmensorganisation resultierten. In allen europäischen Industrieländern reagierte man angesichts der Verschärfung der nationalen Standortkonkurrenz mit forcierter elektronischer Datengewinnung und -verarbeitung, mit der Erweiterung kalkulatorischer Kapazitäten, mit neuen Eignungstests für das Führungspersonal und mit der Entwicklung und Ausdifferenzierung neuer Managementkonzepte. Auf dieser Grundlage konnten die variantenreichen Management-by-Ansätze («management by decision rules, by delegation, by exception, by motivation, by objective, by results, by systems») auf neue Anforderungen der Corporate Governance und distinktiver Corporate Identities hin ausgerichtet werden. Der grosse Trend lief in die Richtung dessen, was Charles M. Savage als «knowledge era enterprise» bezeichnet hat.[49] Über die Auswirkung der Verwissenschaftlichung des Personalmanagements auf die unternehmerische Produktivitätssteigerung ist allerdings bisher wenig bekannt. Seit Mitte der 1970er Jahre lassen sich ein informationstechnologisch gestütztes Personalmanagement und ein Enterprise-Ressource-Planning beobachten, die hinsichtlich ihrer Auswirkungen auf die Organisationsentwicklung zu befragen wären. In der Kaderrekrutierung hat sich in derselben Zeit eine verstärkte Nutzung psychodiagnostischer Instrumente durchgesetzt.[50] Unternehmensführung und Monitoring wurden eng aufeinander bezogen.[51]

Normen und Standards: Unterstützt wurden diese Bestrebungen zur Optimierung der Organisationsentwicklung durch ein hochdifferenziertes Normenwesen und einer Tendenz zur Standardisierung von Prozessen. Die Schweiz war an der Ausarbeitung und Durchsetzung auch internationaler Normenwerke stark beteiligt – die Normierungsaktivitäten erstreckten sich von den ausgefeilten Normenwerken des Schweizerischen Ingenieur- und Architektenvereins (SIA) über die Regulierung des globalen Finanzsektors (Basel I, II und III für den Banksektor sowie Swiss Solvency Test für die Versicherungsbranche) bis hin zu den Protokollen der digitalen Telekommunikation. Am Beispiel der Normierung von Produkten zeigt sich allerdings, dass die Integration in globale Märkte mit einer starken Abhängigkeit von europäischen bzw. von global agierenden, marktführenden Unternehmen mit ihren Industriestandards einherging. Während schweizerische Normen im Bereich der nationalen Umweltschutzgesetzgebung im Verhältnis zu denen der OECD und der EU einen grossen politischen Verhandlungsspielraum und -aufwand erlaubten, nahm gegen Ende des 20. Jahrhunderts die Kritik an Normen als nichttarifären Handelshemmnissen zu.[52]

Rahmendaten und Beratung: In diesem Bereich lässt sich kaum zwischen «Staat» und «Markt» unterscheiden, vielmehr ist privatwirtschaftliche Risikobereitschaft und Wett-

49 Savage 1997.
50 Imoberdorf 1998; siehe auch bereits Pulver/Lang/Schmid 1978.
51 Tanner 2007.
52 Vec 2006.

bewerbsfähigkeit auch an planende Voraussicht gebunden, wobei sich hier staatliche und privatwirtschaftliche Beobachtungsinstrumente parallel und in enger Wechselwirkung entwickelten. Viele Firmen – vor allem Banken und Versicherungen – publizieren periodisch volkswirtschaftliche Überblicksdarstellungen, die Orientierung bieten sollen angesichts oft hektischer Marktfluktuationen. Daneben existiert ein breitgefächertes Berichtswesen branchenspezifischer Verbände. In den vergangenen Jahrzehnten haben die Konjunkturforschungsstelle an der ETH, die volkswirtschaftliche Abteilung der SNB und die Basler Arbeitsgruppe für Konjunkturforschung (BAK) für gesamtwirtschaftliche Entscheidungsprozesse an Bedeutung gewonnen, dies vor dem Hintergrund eines reformierten und expandierenden staatlichen Statistikapparates. In dasselbe Kapitel gehören auch die Ausbildungsleistungen des Betriebswirtschaftlichen Instituts der ETH und des Bankeninstituts der Universität Zürich sowie die seit den 1960er Jahren steigende Präsenz von Abgängern der Hochschule St. Gallen und die damit zusammenhängende dynamisierte Bedeutung des Unternehmensberatungsgeschäfts im letzten Drittel des 20. Jahrhunderts. Zu erwähnen ist auch die rasante Durchsetzung der auf die amerikanische Overhead-Value-Analysis zurückgehende Gemeinkostenwertanalyse, die Firmen systematisch auf Kostenstellen hin durchleuchtet und Sparpotentiale sichtbar macht sowie die expandierenden professionellen Beratungsangebote in den Bereichen der Qualitätskontrolle, der Organisationsentwicklung und des Human-Resource-Managements.

Marktforschung: Mit der Herausbildung der Konsumgesellschaft wurde die Erforschung der Kundenwünsche und -motivationen sowie der Verbrauchsmuster zunehmend wichtig. Bezeichnenderweise entstand die Schweizerische Gesellschaft für Marktforschung 1941 inmitten einer staatlich gelenkten Kriegswirtschaft. Sie stellte sich die Aufgabe, den als schwierig prognostizierten Übergang in die Friedenswirtschaft der Nachkriegszeit wissenschaftlich zu begleiten. Auch andere Marketingagenturen nahmen ihren Ausgang in der Krisen- und Kriegsphase. In der Konsumgesellschaft der 1950er und 1960er Jahre verlagerte sich der Fokus der Marktforschung von den Konsumentenbedürfnissen und Absatzbedingungen auf die Aufmerksamkeitsökonomie und die Wunschenergien des *consumerism*, in denen nun zentrale Wachstumsressourcen gesehen wurden. Die Computertechnik setzte Unternehmen in die Lage, eine grosse Zahl von marktrelevanten Indikatoren und Kennziffern zu generieren, die wiederum durch firmeneigene oder in eigenen Instituten konzentrierte Marktforschung untersucht werden konnten. Heute bieten Grossverteiler integrierte Bonussysteme an, die Kundenbindung, Angebotsregulierung und Marktforschung vereinen. Dieser Prozess ging einher mit dem Wechsel von einer kostendegressiven, standardisierten Massenproduktion hin zu einer flexiblen Spezialisierung, die Kundenwünsche direkt in die Produktionsprogramme zu integrieren und differenzierte Spezialanfertigungen *just in time* anzubieten vermochte. Die Produktions- und Distributionssysteme wurden auf diese Weise selbst verwissenschaftlicht und brachten Datenströme hervor, die wiederum für unterschiedliche Optimierungsstrategien oder auch für Forschungsprojekte mit weiterem Problemhorizont genutzt werden konnten.

1.3.3 Konjunkturen und Kategorien der Forschung

1.3.3.1 Die «politische Ökonomie» der Wissensproduktion

Das nationale Innovationssystem[53] der Schweiz kann als Ensemble von unterschiedlichen Institutionen beschrieben werden, das über eine Bündelung von Wissen, Fähigkeiten, Verfahren und Artefakten zur Entwicklung und wirtschaftlichen Nutzung neuer Technologien im nationalen Wirtschaftsraum beitrug.[54] Es durchlief im 20. Jahrhundert eine bewegte Karriere. Grundsätzlich ging es darum, nationale Ressourcen unter Kontrolle zu behalten und sie für nationale Ziele einzusetzen und auszubauen. Mit anderen Worten, es wurde versucht, mit Hilfe einer sorgfältig austarierten «politischen Ökonomie» den Nationalstaat in die Lage zu versetzen, das volkswirtschaftliche Potential, das seinen fiskalischen, militärischen und politischen Möglichkeitsraum bestimmte, zu fördern und durch ressourcenbündelnde Projekte und angemessene Schwerpunktbildungen weiterzuentwickeln. Dieses politisch-institutionelle Arrangement stand im 20. Jahrhundert immer wieder im Zentrum der öffentlichen Aufmerksamkeit. Sowohl in Phasen wirtschaftlicher Prosperität als auch bei krisenhaften Einbrüchen wurde darüber debattiert, was im Rahmen bundesstaatlicher Politik für die wirtschaftliche Entwicklung geleistet werden konnte. Man kann dies als eine Ausdrucksform ständiger Verteilkämpfe deuten. Die Debatten illustrieren jedoch auch, dass wirtschaftliche Zukunft stets ungewiss bleibt. Das Handeln wirtschaftlicher Akteure ist immer begleitet von Ängsten vor einem bevorstehenden Konjunktureinbruch, vor mangelnder Voraussicht der Behörden, verschlafenen Gelegenheiten der Unternehmer, fehlender Leistungsfähigkeit des Systems – oder aber es wird beflügelt durch Hoffnungen auf technologische Durchbrüche und wissenschaftliche Neulanderschliessung.

Um die grundsätzliche Erwartungsangst wirtschaftlicher Akteure abzufedern, entwickelten politisch-ökonomische Diskurse den Anspruch, mit einer bestimmten Ordnung des politischen Systems ökonomische Wohlstandsgewinne für ein Land, eine Bevölkerung oder auch nur den Aufschwung eines besonders wichtigen Wirtschaftszweigs sichern zu können. Das ist keine historische Besonderheit. Die Behauptung, wirtschaftliches Wohlergehen sei zusammen mit Gerechtigkeit und Sicherheit ein Effekt der Politik, wurde von Politikern bereits in spätmittelalterlichen Städten, in frühneuzeitlichen Territorialstaaten, im Absolutismus des 18. Jahrhunderts und in der bürgerlich-liberal motivierten frühen Nationalstaatenbildung formuliert. Die Nation des späten 19. Jahrhunderts hat, in zunehmend korporatistischer Abwendung vom radikalen Liberalismus, die Verbindung von Politik und Wirtschaftswachstum auf neue Weise verstärkt und dafür dem die Nation repräsentierenden Staat erweiterte wirtschaftspolitische Kompetenzen eingeräumt – von der Zollpolitik über die Sozialge-

53 Andersen/Lundvall 1988; Lundvall 1992.

54 Für die Schweiz vgl. Hotz-Hart/Mäder/Vock 1996, 327.

setzgebung und die Infrastrukturpolitik bis hin zur gesetzlichen Regelung der Zusammenarbeit mit Wirtschaftsverbänden.[55] Im 20. Jahrhundert setzte sich diese Verdichtung wirtschaftspolitischer Kompetenz des Nationalstaats unter keynesianischen Vorzeichen fort und verlor erst mit der neoliberalen Wende im ausgehenden Jahrhundert an Dynamik.

Jede nationalstaatliche Wirtschaftspolitik, welche die wissenschaftlichen und technischen Bedingungen volkswirtschaftlichen Wachstums unterstützen will, muss solche allgemeinen Ansprüche in den konkreten historischen Kontext übersetzen. Auch der schweizerische Bundesstaat hat sich seit seiner Gründung von 1848 mit dem Problem befasst, die mit einem hohen Anspruch auf Allgemeingültigkeit ausgestattete wissenschaftlich-technologische Entwicklung den lokalen bzw. nationalen Bedingungen in der Schweiz anzupassen. Architekten sollten in der Schweiz nicht «königliche Etablissements», sondern Brücken und Fabriken bauen, Ingenieure sollten Bergbahnen konstruieren und Flüsse korrigieren.[56] Im Rahmen seiner von der Verfassung neu garantierten Kompetenz, eine eigenständige Infrastrukturpolitik zu betreiben, koordinierte der Bund die Verbreitung und die Anwendung verfügbarer technologischer Wissensbestände. Das prominenteste Beispiel dafür ist der Bau eines bundesstaatlichen Telegrafennetzes seit den frühen 1850er Jahren.[57] Gleichzeitig betrieb der Bundesstaat den Aufbau von Infrastrukturen des Wissens, die – aufgrund des Konkurrenzverhältnisses zu den umgebenden Nationalstaaten – von landesspezifischer Ausrichtung und Relevanz schienen, die aber wiederum den transnationalen Wissenstransfers stimulierten. Dazu zählten die Produktion zuverlässigen topographischen Materials (Dufourkarte 1832–1864[58]), die Publikation eines statistischen Jahrbuchs (seit 1891)[59] oder das Verfügbarmachen von Angaben über Niederschläge, Pegelstände und Wasserkraftpotentiale, wie sie das Eidgenössische Hydrometrische Zentralbureau unter der Leitung von Robert Lauterburg zusammengetragen hat (1876).[60] Das Kernstück dieser bundesstaatlichen Infrastruktur des Wissens war die Gründung des eidgenössischen Polytechnikums (1854/55), das 1908 in Eidgenössische Technische Hochschule ETH umbenannt wurde und während des ganzen 20. Jahrhunderts nicht nur als Kristallisationspunkt bundesstaatlicher Wissenspolitik wirkte, sondern auch als Vernetzungsagentur technologisch-industriellen Expertenwissens der Schweiz funktionierte.[61]

Die Förderung der Entwicklung und der industriellen Nutzbarmachung konkreter neuer Technologien zählte im 19. Jahrhundert nicht zu den Aufgaben des Bundes. Umso auffälliger ist die Tatsache, dass sich der ausdifferenzierte Bundesstaat des

55 Vec 2006.
56 Gugerli/Kupper/Speich 2005, 19.
57 Gugerli 1996, 138–141.
58 Vischer 1988.
59 Busset 1993.
60 Lauterburg 1876; Lauterburg 1891; Vischer 1988.
61 Gugerli/Kupper/Speich 2005; Burri/Westermann 2005.

20. Jahrhunderts schliesslich doch und mit zunehmendem Engagement einer Politik zuwandte, die zur Genese neuer Technologien führen sollte.[62] Unter den spezifischen politischen, wirtschaftlichen und gesellschaftlichen Bedingungen der Schweiz sollten im technologischen Bereich «genuin helvetische» Handlungsfelder geschaffen werden. Die Nation hatte die dafür verfügbaren Ressourcen sowie die bestehenden Institutionen zu mobilisieren. Rohstoffmangel sollte durch Wissen überwunden,[63] technologischer Rückstand durch geschickte Imitation wettgemacht, schwache bundesstaatliche Strukturen, politische Unübersichtlichkeit und lange Entscheidungsprozesse sollten durch Partizipation, Konsens und Engagement aufgewogen werden.

Das Neue am wirtschaftspolitischen Anspruch des Nationalstaats im 20. Jahrhundert war also sein Fokus auf industrialisierbare technologische Innovationen. Der Nationalstaat hatte sich, dies der minimale Konsens der Zeitgenossen, nicht nur um gute Karten, verlässliche Statistiken und umfangreiche Bibliotheken zu kümmern, sondern auch um technologische Entwicklungen, von denen sich behaupten liess, sie lägen im nationalen Interesse. Und er sollte die Anstrengungen von nationalen Akteuren und nationalen Institutionen bündeln, die solche wissenschaftlichen und technologischen Entwicklungen hervorzubringen versprachen. Unabhängig davon, ob das nationale Interesse mit Beschäftigung und Einkommen, mit Steuersubstrat und sozialer Sicherheit oder mit Landesverteidigung und Unabhängigkeit gleichgesetzt wurde, liess sich im 20. Jahrhundert eine auf Technologieförderung konzentrierte Wirtschaftspolitik als Beitrag zur nationalen Wohlfahrt rechtfertigen. Dies bedeutete nichts anderes, als dass einzelne Technologien sehr stark auf das nationalstaatliche Politikfeld ausgerichtet werden mussten und damit die Nation zum wichtigsten Referenzrahmen bestimmter Technologien wurde. Umgekehrt realisierte sich ein Teil dessen, was die Nation ausmachte, in der Entwicklung, Implementierung und Verwendung von Technologien. Prominente Beispiele dafür finden sich für das 20. Jahrhundert im Bereich der Transportsysteme, der Energieversorgung, der Telekommunikationsmittel und schliesslich der technischen Behandlung von Umweltproblemen. Sowohl der zu Beginn des 20. Jahrhunderts sich zuspitzende Wettbewerb unter den Nationen als auch die protektionistisch geprägte Phase der Deglobalisierung in der Zwischenkriegszeit erlaubten es dem Nationalstaat, seine wirtschaftspolitische Koordinationsfunktion weiter auszubauen. Institutionell abgesichert wurden die einschlägigen Handlungsfelder vor allem im Bildungs- und Forschungsbereich.

Seit Beginn des 20. Jahrhunderts engagierte sich der Bund erstmals im Bereich konkreter Technologien, indem er bislang divergierende Forschungs-, Entwicklungs- und Industrialisierungsbemühungen koordinierte, die Einschätzung von Wissensbeständen, von technologischen Trends und von zukünftigen Märkten vereinheitlichte

62 Benninghoff/Leresche 2003.

63 Ein Beispiel hierfür ist das «Emser Wasser», ein Treibstoffzusatz, der aufgrund von Versorgungsengpässen während des Zweiten Weltkriegs dem Benzin beigemischt wurde. Der Beimischungszwang wurde erst 1954 aufgehoben. Vgl. hierzu Rentsch 1985, 52–63 und Autogewerbe-Verband der Schweiz 1953.

und die dafür notwendigen Synergien gegenwärtigen Entscheidens und Handelns verschiedenster Akteure ermöglichte. An technologische Innovation gebundene volkswirtschaftliche Entwicklungen wurden in den Dienst der Nation gestellt.[64]

Unterstützt wurde dieser nationalistische Synergiediskurs durch die Redefigur von der bedrohten Unabhängigkeit einerseits und vom Zurückbleiben der Nation im internationalen Wettbewerb andererseits. Die Topoi der Rohstoffarmut, der Abhängigkeit und der Rückständigkeit durchziehen die im Bundesblatt publizierten Botschaften des Bundesrats zu Fragen der Technologieförderung, des Ausbaus der Bildung und der Forschung sowie der Subventionierung bestimmter Branchen während des ganzen 20. Jahrhunderts mit bemerkenswerter Konstanz. Der dazugehörige Diskurs hatte zwar eine unterschwellig paradoxe Struktur, er erwies sich aber gerade deshalb als besonders leistungsfähig, weil er sich immer wieder den verschiedensten wirtschaftspolitischen Konstellationen anpassen liess.[65] Das paradoxe Verhältnis von Unabhängigkeitsverlust und Rückständigkeitsgefahr ergab sich aus der Vorstellung eines «normalen», den aktuellen Fortschritt definierenden Modernisierungsverlaufs.[66] Obwohl das Ziel einer spezifisch nationalen und lokalen, eben: autonomen Ausprägung der wirtschaftlichen Entwicklung verfolgt wurde, sollte mit vereinten Kräften der Anschluss an die allgemeine wissenschaftlich-technische Entwicklung bei ausländischen Konkurrenten sichergestellt werden. Das Prestige, der Erfolg, die Wettbewerbsfähigkeit und die Legitimation der Nation stützten sich also auf jene Gewinne, die der «wissenschaftliche und technische Fortschritt» im Allgemeinen für die Nation im Besonderen abzuwerfen versprach.[67] «Die Wissenschaft ist nicht an nationale Grenzen gebunden. Eine wissenschaftliche Autarkie gibt es nicht», hielt Bundesrat Etter 1943, in einer vom Réduit-Gedanken nachgerade besessenen Zeit fest.[68] Die Zirkulation des Wissens, das diesen «Fortschritt» repräsentierte und das dank Kooperationen leichter verfügbar wurde, sollte den bedrohlichen Rückstand der Nation, die Erosion ihrer Autarkie verhindern. Die Übersetzung universellen Wissens in lokale Kontexte, seine Verbindung mit lokalen Wissensformen und seine Protektion als «eigenständige» Mischung wurden zum prominenten Ziel wirtschaftspolitischer Aktivitäten.[69] Dafür schien zahlreichen Akteuren, je nach wirtschaftspolitischem Credo, eine staatliche Koordination des Innovationsprozesses bzw. ein vom Staat geschaffener Anreiz für innovatives Verhalten entweder unabdingbare Voraussetzung oder notwendiges Übel.

64 Andersen/Lundvall 1988; Lundvall 1988; Lundvall 1992; Lundvall 1998; Nelson 1992; OECD 1997; zum Nationalen Innovationssystem der Schweiz aus normativer Sicht vgl. auch Hotz-Hart/Reuter/Vock 2001, 297–299.

65 Schweiz. Bundesrat 1910; Schweiz. Bundesrat 1946; Schweiz. Bundesrat 1951; Schweiz. Bundesrat 1982.

66 Zur Begriffsgeschichte des «technological gap» bzw. des «productivity gap» vgl. Godin 2005, 218–238.

67 Hagner/Laubichler 2006.

68 Zit. in Heiniger 1990, 64.

69 Jessen/Vogel 2002, 7–37.

1.3.3.2 Grundlagenforschung vs. angewandte Forschung?

In allen Debatten um das nationale Innovationssystem, unabhängig davon, ob sie gerade das Terrain für ein neues Projekt vorbereiteten oder aber ein gescheitertes zu bewältigen suchten, gab es im Verlauf des ganzen 20. Jahrhunderts zwei konsensfähige Grundannahmen, die jedoch in einem antagonistischen Verhältnis zueinander standen.[70] Einerseits gab es den unerschütterlichen Glauben an die positive Wirkung der Kooperation von Institutionen bzw. der Vernetzung von Akteuren, andererseits hielt man an einer klaren Arbeitsteilung zwischen Privatwirtschaft und öffentlicher Hand fest. Diskursiv verwaltet wurde das Kooperationsdogma durch einen traditionellen wirtschaftspolitischen Nationalismus. Das Arbeitsteilungsdogma hingegen liess sich in Anlehnung an eine diskursive Dichotomie strukturieren, die sich in der nationalstaatlichen Wissenschaftspolitik ausgebildet hatte: Seit den 1920er Jahren wurde in der Forschung immer häufiger ein anwendungsorientierter Bereich von einem Bereich der Grundlagenforschung unterschieden.[71] Diese Aufteilung wurde in der hochschulpolitischen Restrukturierungsarbeit der Schweiz in vielfältiger Weise argumentativ eingesetzt.[72] Sie hatte zudem wirtschaftspolitische Implikationen: Bei der anwendungsorientierten Forschung liess sich die Federführung der Industrie, bei der Grundlagenforschung den staatlich finanzierten Instituten der Hochschule zuweisen.[73] Die Vorstellung einer «grossen Kette des Wissens», die beispielsweise von der Mathematik über die theoretische und experimentelle Kristallographie in die Materialprüfung und von da in industrierelevante Patente und industrielle Anwendungen führte, sollte Grundlagenforschung, angewandte Forschung und industrielle Tätigkeit miteinander verklammern.[74]

Unter diesem rhetorischen Feuerschutz fand eine massive Zunahme staatlicher Interventionen in volkswirtschaftliche Prozesse statt. Insbesondere für die wissenschaftlich-technische Entwicklung der Schweiz entstand seit den späten 1920er Jahren eine ganze Reihe von Institutionen, welche die Innovationskultur stützen, den Wissenstransfer zwischen Hochschulforschung und Industrie fördern und die Industrialisierung von neuen Produkten erleichtern sollten.[75] Abgesehen vom Forschungsinstitut der Uhrenindustrie, das bereits 1921 in Neuenburg gegründet worden war, waren die meisten dieser gemischtwirtschaftlich finanzierten Institutionen im ETH-Bereich angesiedelt.[76] Unternehmerische, kantonale, private und bundesstaatliche Beiträge – etwa an das Betriebswissenschaftliche Institut (ab 1929), an die Versuchsanstalt für Wasserbau (1930) oder an das Institut für technische Physik (1937) – sollten

70 Exemplarisch dafür Schweizerischer Handels- und Industrie-Verein 1985.
71 Bowker 1995; Felt/Taschwer/Nowotny 1995; Calvert 2004.
72 Haller 2006.
73 Schweiz. Bundesrat 1951, 386–387.
74 Niggli 1929.
75 Gugerli/Kupper/Speich 2005.
76 Perret 2001; Pasquier 2008, 161–176.

wissenschaftlich sanktioniertes Wissen erzeugen, das sich industriell möglichst direkt verwerten liess. Zu dieser Form der Technologieförderung, die auch als Konjunkturstützungsmassnahme verstanden wurde, gehörten neben den genannten Instituten verschiedene Expertengremien wie die Kommission für Konjunkturbeobachtung (1932), die Konjunkturforschungsstelle an der ETH (1934), die Abteilung für Industrielle Forschung (1937) sowie die Kommission für Wissenschaftliche Forschung (1943).[77] «Die Wirtschaftskrise der Dreissigerjahre und besonders die damalige Notwendigkeit der Bekämpfung der Arbeitslosigkeit», so hielt der Bundesrat 1946 im Rückblick fest, hätten die schweizerische Wirtschaft gezwungen, «alle Massnahmen nicht nur zur Aufrechterhaltung bestehender Exportindustrien, sondern auch zur Einführung neuer Industrien zu prüfen. Bei der Schaffung neuer Arbeitsmöglichkeiten konnte es sich naturgemäss nur um solche handeln, für die unser Land günstige Voraussetzungen bot. Es galt in diesen Jahren, mit der Förderung der industriellen Qualität vor allem auch die Förderung unserer technischen Forschungs- und Bildungsanstalten anzustreben.»[78] Nach dem Zweiten Weltkrieg war es eine konsensfähige Behauptung, dass «die Bedeutung der wissenschaftlichen Forschung für die Entwicklung unserer Industrie und unseres Exportes» feststeht. «Bedenkt man, wie sehr mit der Beendigung des Krieges der internationale Wettbewerb wieder eingesetzt hat, ist es klar, dass wir uns nur mit Erzeugnissen, die auf der Höhe des technischen Fortschrittes stehen, auf dem Weltmarkte werden behaupten können. Die wissenschaftliche Forschung ist ein massgebendes Mittel, um diese Voraussetzung zu erfüllen und die fortschrittliche Entfaltung unserer industriellen Produktion zu ermöglichen. Hier geht es um entscheidende Interessen unseres Landes, die mit öffentlichen Mitteln fördern zu helfen unbedingt gerechtfertigt, ja dringend notwendig ist.»[79] Die diskursive Verbindung zwischen bundesstaatlicher Technologiepolitik, nationaler Unabhängigkeit und volkswirtschaftlichem Wachstum hatte sich verfestigt und liess sich problemlos auf wissenschaftliche Forschung übertragen. Diese argumentative Verschiebung zeitigte 1952 bei der Gründung des Schweizerischen Nationalfonds insofern Wirkung, als das neue forschungspolitische Instrument zwar mit den gleichen Argumenten verteidigt, aber komplementär zur bisher verfolgten politischen Strategie der Technologieförderung nun der Förderung der Grundlagenforschung verpflichtet wurde.[80]

Die Wirksamkeit des ausdifferenzierten Institutionenkonglomerats anwendungsorientierter Forschung ist schwer abzuschätzen, zumal einzelnen prominent präsentierten Entwicklungsprojekten kein kommerzieller Erfolg beschieden war.[81] Gleichwohl dürften viele kommerziell interessante Produkte von den neuen Formen der Zu-

77 Benninghoff/Leresche 2003; Gugerli/Kupper/Speich 2005, Freiburghaus et al. 1991, 153–177.
78 Schweiz. Bundesrat 1946, 765.
79 Schweiz. Bundesrat 1946, 773–774.
80 Fleury/Joye 2002. Vgl. auch Schweiz. Bundesrat 1951.
81 Dazu gehört das Eidophor, ein Projektor für Fernsehbilder auf Grossveranstaltungen; vgl. bereits Burri 2005a sowie ausführlich Meyer 2009.

sammenarbeit profitiert haben. Wenn die Gründung des Instituts für Aerodynamik an der ETH auch nicht den Effekt zeitigte, dass sich in der Schweiz eine grosse Flugzeugindustrie entwickeln konnte – Exportschlager blieben pikanterweise weit über den Zweiten Weltkrieg hinaus die in Oerlikon produzierten Fliegerabwehrkanonen –, so hat die Zusammenarbeit zwischen dem mit einem leistungsfähigen Windkanal ausgestatteten Institut für Aerodynamik und der im Bau von Kaplanturbinen weltweit tätigen Maschinenbaufirma Escher Wyss zur Entwicklung von verstellbaren Schiffspropellern geführt. Das war selbstredend weder ein Anlass für technophile Begeisterungsstürme noch die Grundlage für ungeahnte Exportgewinne. Aber Schiffe konnten damit schnell und langsam, vorwärts und rückwärts fahren, ohne die Drehzahl oder Laufrichtung der Maschine zu ändern, und sie konnten dies seit 1935 nicht nur auf dem Zürichsee.[82] Noch schwieriger zu beurteilen ist die Wirkung, welche die Eidgenössische Materialprüfungsanstalt (EMPA) auf jene Betriebe hatte, deren Produkte von ihr oft über Jahre hinweg geprüft, selektioniert und zertifiziert wurden. Sichtbarer, wenn auch nicht im eigentlichen Sinn messbar, waren im Vergleich dazu die Leistungen der Versuchsanstalt für Wasserbau (VAW). Sie förderte den Bau grosser hydroelektrischer Anlagen im In- und Ausland dadurch, dass sie beliebige Wasserkraftanlagen wissenschaftlich-experimentell modellierte. Kraftwerkunternehmungen konnten dank der aus dem Sandkasten der VAW gewonnenen Ergebnisse ihren Planungsaufwand reduzieren und die Planungssicherheit erhöhen.[83] Abgesehen von der Erweiterung des bundesstaatlichen Gestaltungsspielraums und abgesehen vom Abbau von Kooperationsbarrieren hatte die intensivierte Zusammenarbeit zwischen Hochschulforschung, universitärer Dienstleistung, industrieller Produktentwicklung und staatlichen Behörden aber auch Handlungsfolgen, die nicht intendiert waren. Die Anwendungsorientierung der gemischtwirtschaftlichen Institute wirkte sich indirekt auf die industrieferne Grundlagenforschung an der ETH aus. Denn dadurch wurde das Gesamtbudget der bundeseigenen Hochschule entlastet und mit den freigestellten Mitteln liessen sich Forschungstätigkeiten der ETH finanzieren, für die noch keine Anwendungsmöglichkeit zu erkennen war. Die ETH wurde damit wieder konkurrenzfähig gegenüber Forschungsinstituten wie denen der Kaiser-Wilhelm-Gesellschaft, noch bevor die Förderung der Grundlagenforschung 1952 vom Schweizerischen Nationalfonds übernommen wurde.[84]

Im Unterschied zu andern industrialisierten Ländern konnte sich das nationale Innovationssystem der Schweiz nicht auf einen grossen Heimmarkt stützen. Innovationsstrategen sahen sich mit einer äusserst heterogenen, kleinbetrieblich organisierten Binnenwirtschaft konfrontiert. Zudem gab es im Bereich der Wissenschafts- und Technologiepolitik bis in die 1960er Jahre keine ausdifferenzierte öffentliche Verwaltung. Ressortforschung begann ebenfalls erst im letzten Drittel des Jahrhunderts eine

82 Haller 2008.
83 Vischer 2005; Burri 2005b; Haag 1995.
84 Fleury/Joye 2002.

gewisse Rolle zu spielen.[85] Für manches Innovationsvorhaben kam erschwerend hinzu, dass sich die Armee durch einen geringen Professionalisierungs- und Technisierungsgrad auszeichnete und in der Schweiz deshalb kein militärisch-industrieller Komplex existierte, der Innovationen und wirtschaftliches Wachstum stimuliert hätte.[86] Umso mehr war das Innovationssystem auf das erfolgreiche Interagieren von Unternehmen und branchenspezifischen Verbänden, auf informelle gesellschaftliche Vernetzung, auf föderalistische Kooperation im Bildungswesen, auf Selbstkontrolle der Verbände sowie auf eine im Milizsystem organisierte Gremienarbeit in zahlreichen nationalen und internationalen Expertenkommissionen und Normierungsausschüssen angewiesen.

1.3.3.3 Aufstieg und Niedergang des nationalen Innovationssystems

Seit den 1960er Jahren entwickelte sich das nationale Innovationssystem unter neuen Kontextbedingungen. Der damals einsetzende Ausbau bundesstaatlicher Handlungsfelder war mit einem starken Anstieg der Staatsquote und einer Konjunktur ambitionierter Gesamtplanungen verbunden. In der Wissenschaftspolitik, der Sozialpolitik (→ 4.3.2.3), der Bildungspolitik, der Verkehrspolitik (→ 3.2.4.2) und im Gewässerschutz (→ 3.2.3.3) wurden ambitionierte Projekte und umfassende Konzepte ausgearbeitet. Gleichzeitig musste die schweizerische Wirtschaftspolitik einem sich verändernden europäischen Umfeld Rechnung tragen (→ 5.3.4). Hatte das Ende des Marshall-Plans eine wirtschaftspolitische Ausrichtung auf Produktivitätssteigerungen zur Folge gehabt, so wurde der *productivity gap* seit dem Sputnik-Schock von 1957 zunehmend durch einen *technology gap* ersetzt, der als Erklärungskategorie ungleicher Wirtschaftsentwicklung fungierte. Dies lässt sich besonders deutlich an der Rolle ablesen, welche die OECD als Technologiepopularisator gespielt hat. Seit den späten 1960er Jahren profilierte sich zudem die Europäische Gemeinschaft auf technologiepolitischem Feld; 1972 lancierte sie das erste europäische Kooperationsprogramm für Wissenschaft und Technologie (COST), an dem auch die Schweiz beteiligt war.[87]

Die Wirtschaftskrise Mitte der 1970er Jahre, die sich mit dem Zusammenbruch des Bretton-Woods-Systems und dem Erdölpreisschock von 1973 ankündigte, veränderte die technologiepolitischen Rahmenbedingungen erneut. Die bisher expandierenden Staatsausgaben gerieten unter Druck, Gesamtplanungen endeten in Politikruinen und die Wirtschaftspolitik schwenkte auch international von einer nachfrageseitigen auf eine angebotsseitige Orientierung um. Damit wurde der Faktor Technologie für die Po-

85 Eine Untersuchung der Genese der Ressortforschung in der Schweiz fehlt. Für Deutschland siehe Süss 2003 sowie Nützenadel 2005.

86 Gugerli/Kupper/Speich 2005, 226–231. Vgl. dazu auch Hug 2002; Hug/Meier 1992; Walker 1992. Zur Innovationsförderung durch den US-amerikanischen Bundesstaat vgl. US National Research Council 1999. Mit der Truppenordnung von 1960 setzte zwar eine schrittweise Motorisierung und Mechanisierung der Armee auch in der Schweiz ein (Miragebeschaffung, Helikopter, Funkgeräte, Geländewagen, Panzerhaubitzen), aber erst mit der Armeereform von 1995 wurde die Armee stärker professionalisiert.

87 Gees 2006, 270–271 und 338–339.

litik auf neue Weise relevant. Technologie wurde nun als ein Faktor betrachtet, mit dem sich gezielt auf eine Verbesserung der Wettbewerbsfähigkeit der schweizerischen Volkswirtschaft hinarbeiten liess. Allerdings war diese bundespolitische Aufwertung von Forschung und Entwicklung weiterhin konfrontiert mit einem begrenzten technologiepolitischen Handlungsspielraum, da industriepolitische Aktivitäten des Bundes von der Industrie selbst nach wie vor mit äusserster Skepsis beobachtet wurden und ihr höchstens als Innovationsförderung im KMU-Bereich akzeptabel schienen. Die technologiepolitische Offensive des Bundes wurde durch die 1980 eingesetzte Expertengruppe Risikokapital konkretisiert. Sie ortete unter der Leitung von Waldemar Jucker ein deutliches Koordinationsproblem – während sowohl technologisch-innovative Ideen verfügbar waren und auch genügend Kapital zur Finanzierung ihrer Umsetzung erhältlich gewesen wäre, fehlte es insbesondere bei den KMUs an kompetenter Beratung für die Nutzung der vorhandenen Ressourcen. Die vom Parlament ausgearbeitete Innovationsrisikogarantie scheiterte in der Referendumsabstimmung mit 57% Neinstimmen.[88]

Mit dem Ende des Kalten Krieges erlahmte in den 1990er Jahren die technologiepolitische Initiative des Bundes; mit Deregulierung, Privatisierung und Liberalisierung wurde nun die Sicherung von (nationalen) Standortvorteilen zum zentralen Anliegen der bundesstaatlichen Wirtschaftspolitik.[89] Für unternehmerische Aktivitäten sollten günstige Bedingungen geschaffen werden, zu denen die Rekrutierbarkeit hochqualifizierten Personals, die infrastrukturelle Sicherheit, die juristische Transparenz und die fiskalische Begünstigung zählten, kaum jedoch das Angebot einer genuin «helvetischen Technologie».[90]

In der schweizerischen Wirtschaftsgeschichte des 20. Jahrhunderts gibt es eine ganze Reihe von Projekten, die einen Einblick in die Erfolge, die Schwierigkeiten und das Ende des nationalen Innovationssystems der Schweiz vermitteln. An prominenter Stelle figurieren dabei drei Projekte, die im weitesten Sinne das technologische Muster des *secteur public* tangierten, also mit dem Bundesstaat und der Infrastruktur seiner Regiebetriebe verquickt waren: Die Bahnelektrifizierung, die Kernenergie und die Digitalisierung des Telefonnetzes. Die Rolle der bundesstaatlichen Akteure war dabei jedesmal eine andere. In allen drei Projekten spielten aber Argumente wie drohende Rückständigkeit und Autonomieverlust, infrastrukturpolitische Verantwortung des Bundes oder Kompensationszwang angesichts der Rohstoffarmut der Schweiz eine bedeutende Rolle. Alle drei Projekte sollten nach Meinung ihrer Befürworter die Konjunktur beleben, indem man sie zuerst für den Heimmarkt entwickelte und dort etablierte, um sie anschliessend in ein helvetisches Exportprodukt zu verwandeln.

Bahnelektrifizierung: Die Initiative für die Elektrifizierung des gesamten schweizerischen Bahnnetzes ging von den beiden wichtigsten Vertretern der elektrotechni-

88 Straumann 2001.
89 Freiburghaus et al. 1991.
90 Rossel 1995.

schen Ausrüstungsgüterindustrie aus: Sowohl die Maschinenfabrik Oerlikon (MFO) als auch Brown, Boveri & Cie. (BBC) investierten im Anschluss an die um 1900 spürbare Absatzkrise ihrer Branche beträchtliche Summen in zwei völlig unterschiedlich gelagerte Versuchsbetriebe zur elektrischen Traktion der Eisenbahn, während der Schweizerische Elektrotechnische Verein (SEV), deren Generalsekretär Walter Wyssling Professor für Elektrotechnik am Eidgenössischen Polytechnikum war, die Leitung einer wissenschaftlichen Studienkommission übernahm. Wyssling koordinierte die Kommunikation zwischen einem heterogenen Anbieterfeld und einer vor allem von der SBB dominierten, äusserst skeptischen Kundschaft und organisierte die Arbeit wissenschaftlich-technisch legitimierter Experten. Das bundesstaatliche Parlament unterstützte die Initiative lediglich mit einem symbolischen Beitrag. Technologieförderung war nicht Aufgabe des Bundes. Den Bundesbehörden war zwar klar, dass sich mit diesem Projekt im Erfolgsfalle eine schlagartige Erweiterung der Absatzmärkte für die elektrotechnische Ausrüstungsgüterindustrie ergeben würde; allerdings konnte man sich nicht vorstellen, dass der Bundeshaushalt dieses gewaltige Investitionsvorhaben kurz nach der Verstaatlichung der maroden Privatbahnen zu tragen in der Lage wäre. Zum Technologieförderer wurde der Bund bei der Bahnelektrifizierung erst in einer zweiten Phase, und wiederum nur als Anwender. Die ab 1908 dem Bund zugewiesene Oberaufsicht über die Nutzung der Wasserkräfte[91] sowie die Gründung zahlreicher staatlicher Elektrizitätsgesellschaften brachten das grosse Investitionsvorhaben voran. Der gewählte Finanzierungsmodus ermöglichte den sich zu einem nationalen Finanzplatz integrierenden Banken exzellente Wachstumschancen, sodass – ähnlich wie bei der sich damals ebenfalls formierenden Landwirtschaftspolitik – eine wirksame Allianz zwischen dem modernisierten Sektor, vielen zuliefernden Grossunternehmen, den Finanzinstituten und der staatlichen Administration zustande kam (→ 2.2.2.1 und 2.3.5).[92] Im Ersten Weltkrieg erleichterte der Anstieg der Preise für importierte Kohle die Verbindung des Bahnelektrifizierungsvorhabens mit einem populistischen Diskurs der nationalen Unabhängigkeit, der nationalen Einheit sowie der einheimischen «weissen Kohle». Diese Verschiebung der wirtschaftlichen und politischen Rahmenbedingungen führte 1916 zum Grundsatzentscheid zugunsten einer schrittweisen Elektrifizierung des SBB-Netzes, vorab der Gotthardstrecke. Selbst die technischen Parameter waren an nationalstaatlich überformten Zielvorgaben orientiert: Dank einer günstigen Frequenzwahl für den elektrischen Bahnbetrieb wurden technische Voraussetzungen für die Kooperation zwischen Elektrizitätswerken der Bahn und Elektrizitätswerken der Allgemeinversorgung geschaffen und damit die bereits bestehende Verbundwirtschaft, die der gegenseitigen Kompensation unterschiedlicher Kraftwerktypen und unterschiedlicher Nachfragestrukturen diente, weiter ausgebaut.[93]

91 Die Initiative unter dem Schlagwort «Die schweizerischen Wasserkräfte dem Schweizervolk» wurde 1906 eingereicht und 1908 in die Verfassung aufgenommen (vgl. Gugerli 1996, 288–300).

92 Mazbouri 2005.

93 Gugerli 1997.

Kernenergie: Der Zweite Weltkrieg und der Erfolg des Manhattan Projects zur Entwicklung einer Atombombe gelten allgemein als Übergang zur Big Science.[94] In der Schweiz wurden nur wenige Monate nach dem Abwurf der Atombomben über Hiroshima und Nagasaki in der Studienkommission für Atomenergie erste Anstrengungen zur Nutzung der Atomtechnologie geprüft (1945).[95] Vor allem seit der Lancierung des Atoms-for-Peace-Programms durch die US-amerikanische Regierung konnten die überbordenden Hoffnungen auf einen präzedenzlosen Technisierungsschub wissenschaftspolitisch kanalisiert und in nachhaltigere Forschungsprogramme des Bundes überführt werden. Während auf industrieller Seite insbesondere die Maschinenbaufirma Sulzer auf dem Gebiet der Reaktorentwicklung tätig wurde, bildeten sich in der zweiten Hälfte der 1950er Jahre drei verschiedene Konsortien, die sich nicht nur an der Reaktor AG (1955) beteiligten, sondern auch den Bau eines schweizerischen Referenzwerks beabsichtigten.[96] Die dafür erforderlichen Mittel überstiegen jedoch die finanziellen Möglichkeiten selbst der grössten Maschinenbaufirmen – für den Bund ergab sich hier eine günstige Gelegenheit, ein technologiepolitisches Tätigkeitsfeld aufzubauen und die verschiedenen Akteure zur Koordination ihrer Anstrengungen zu zwingen. Zwar sollten die interessierten Firmen der Maschinenbaubranche über Fragen des Standorts oder des Reaktortyps entscheiden, der Bund machte seine finanzielle Beteiligung aber davon abhängig, dass sich die Akteure auf ein gemeinsames Projekt einigten. Die Ausgangslage für eine Koordinationsrolle der Bundesbehörden war im Bereich der Kernenergienutzung besonders günstig, da der Bund für die einschlägigen internationalen Abkommen verantwortlich war. Gefestigt wurde diese Rolle einerseits durch die Überführung der Reaktor AG in das vom Bund finanzierte Eidgenössische Institut für Reaktorforschung (1960), andererseits durch die massive bundesstaatliche Beteiligung am Projekt der Nationalen Gesellschaft zur Förderung der Industriellen Atomtechnologie, einem schwachstrukturierten Verbund von rund 120 interessierten Firmen, von denen die meisten mögliche Trittbrettfahrergewinne ihrer Konkurrenten zu begrenzen suchten. Diese heterogene Interessengemeinschaft setzte sich zum Ziel, zunächst in Lucens einen schwerwassermoderierten Versuchsreaktor zu bauen und als Vorläufer einer schweizerischen Reaktorlinie zu betreiben, um in einem zweiten Schritt eine dem geplanten Reaktorexport dienende kommerzielle Referenzanlage zu erstellen. Als Lucens im Januar 1969 nach einer Bauzeit von sieben Jahren in Betrieb genommen wurde und wenige Tage später nach einem schweren Reaktorunfall stillgelegt werden musste, stand die nationale Kerntechnologieförderung vor einem industriepolitischen Debakel. Im Unterschied zu den nationalen Behörden hatten einige der industriellen und elektrizitätswirtschaftlichen Hauptakteure die Erfolgsaussichten des Versuchsreaktors schon Jahre zuvor als gering einge-

94 Gosling 1994; Price 1963; Galison/Hevly 1992.
95 Kupper 2003; Wildi 2003.
96 Wildi 2003, 81; zur Atoms-for-Peace-Offensive siehe Hewlett/Holl 1989.

stuft. Sprechendes Indiz dafür ist die Tatsache, dass die Unternehmen der Elektrizitätswirtschaft 1964 begonnen hatten, leichtwassermoderierte Reaktoren im Ausland einzukaufen, während sich die BBC auf den nichtnuklearen Teil von Kernkraftwerken zu konzentrieren begann und die Binnennachfrage nach Reaktoranlagen entgegen früherer Erwartungen schnell gedeckt war. Als bedeutendster Geldgeber hätte es der Bund in der Hand gehabt, Lucens zu stoppen. Stattdessen stopfte er die finanziellen Löcher mit Nachtragskrediten. Dass das inzwischen aussichtslose Projekt eines schweizerischen Versuchsreaktors bis zur verunglückten Inbetriebnahme vom Januar 1969 weiterverfolgt wurde, hatte mit der schwachen Rolle des Bundes und dem drohenden Gesichtsverlust bei frühzeitigem Abbruch zu tun. Der Bund hatte den nukleartechnologischen Innovationsprozess zwar zu koordinieren versucht, es aber verpasst, sein finanzielles Engagement in eine aktive Führungsverantwortung umzumünzen, wie das etwa in Frankreich geschah. Damit wurde Lucens zum industriepolitischen Grabstein der schweizerischen Reaktorentwicklung.[97]

Digitalisierung: Ende der 1960er Jahre entstand unter der Führung der Fernmeldeabteilung der PTT ein Forschungs- und Entwicklungsverbund, an dem auch drei grössere Unternehmen der Fernmeldebranche beteiligt waren. Unter dem Projekttitel «Integriertes Fernmeldesystem IFS» wurde seit 1969 an einem System gearbeitet, das sowohl Übertragung als auch Verbindung im Telefonnetz digitalisieren sollte. Angesichts einer starken konjunkturbedingten Zunahme des Gesprächsverkehrs und der Teilnehmerzahlen bei gleichzeitigem Reinvestitionsbedarf in bestehende Zentralen stiessen viele europäische Telekombetriebe in den 1960er Jahren an Wachstumsgrenzen, vor allem bei der kostspieligen Übertragungsleistung und bei der räumlichen Kapazität der elektromechanischen Zentralen, deren *hardwired intelligence* nicht beliebig schnell an die wachsenden Bedürfnisse angepasst werden konnte. Die Digitalisierung der Telekommunikation schien hier einen fast unbegrenzten Handlungsspielraum zu eröffnen und dramatische Einsparungen beim Leitungsnetz zu offerieren. 1976 schaffte das Team den eigentlichen Durchbruch: Es gelang, während dreier Monate eine digitalisierte Transitzentrale im Echtverkehr zu betreiben. Mitten in der Rezession, und durchaus im Rahmen ihrer antizyklischen Beschaffungs- und Entwicklungspolitik, entschieden sich die PTT für eine Scaling-up-Phase des Projekts. Mit jedem zusätzlichen Entwicklungsschritt wurde die Lage unübersichtlicher und kostspieliger, immer öfter musste festgestellt werden, dass früher getroffene Annahmen die bestehenden Möglichkeiten überschätzt oder die inzwischen erreichbaren mikroelektronischen Leistungsparameter unterschätzt hatten. Dies führte zu einem Teufelskreis von Verzögerungen, personellen Aufstockungen, Neudefinitionen der Teilziele und Terminproblemen. Das expandierende Projekt beschäftigte schliesslich über 200 Mitarbeiter, die zum Teil sehr unterschiedliche Kompetenzen und Selbstverständlichkeiten einbrachten, was wiederum zu organisatorischen Problemen führte. Die Geschichte des IFS demonstrierte ein gutes Jahrzehnt nach der Hava-

97 Wildi 2003.

rie des Reaktors in Lucens ein weiteres Mal die Grenzen einer staatlichen helvetischen Technologieentwicklung. Nicht die für das Projekt geeignetsten, sondern die industrie- und beschäftigungspolitisch erwünschten Partnerfirmen wurden von den PTT zur Teilnahme eingeladen und in einer am nationalen Milizsystemgedanken ausgerichteten Organisation so zusammengeführt, dass jede Zersplitterung der Kräfte möglichst vermieden wurde. Unter der Leitung der zukünftigen Kundin PTT sollten die Hasler AG, die Standard Telephon und Radio AG sowie die Siemens-Albis-Werke AG ein Übertragungs- und Vermittlungssystem entwickeln, das nicht nur einheitlich, sondern auch noch schweizerisch sein musste. Der Projektabbruch von 1983 wurde im Parlament zur Geburtsstunde einer vor allem auf Europa ausgerichteten bundesstaatlichen Technologiepolitik. «Elektronik kennt keine nationalen Grenzen», hielt Ulrich Bremi als einer der parlamentarischen Opinion Leaders damals fest.[98] Die nationale Unabhängigkeit war – so erkannte man nun – nicht von der Existenz einer genuin Schweizer Computertechnik abhängig; schweizerische Zielsetzungen konnten vielmehr mit einer auch wirtschaftlich universellen Maschine erreicht werden.

Das IFS läutete den Niedergang des nationalen Innovationssystems ein. Seit Mitte der 1980er Jahre verfolgte die Technologie- und Innovationspolitik der Schweiz im Rahmen des autonomen Nachvollzugs europäischer Entwicklungen eine Strategie der Kooperationsanreize zwischen Industrie und Hochschule, verzichtete aber weitgehend auf ein direktes Engagement bundesstaatlicher Akteure bei konkreten Entwicklungsprojekten. Die Innovationslandschaft der Schweiz verlor ihren nationalstaatlichen Bezug. Ihre Ausrichtung auf den nationalen Wirtschaftsraum wurde zugunsten internationaler Kooperationen aufgegeben. «Über eine bundesseitige Förderung sollen vor allem der Einbezug der Schweiz in die zusehends Gestalt annehmende europäische Forschungs- und Technologiepolitik sichergestellt, sowie dem wachsenden Bedarf nach internationaler Zusammenarbeit in strategisch wichtigen Technologiebereichen Rechnung getragen werden», erklärte der Bundesrat in seiner Botschaft über die Finanzierung der technologischen Zusammenarbeit in Europa von 1987.[99] Auch die seit den 1990er Jahren zu beobachtende Auslagerung von Forschungs- und Entwicklungsarbeiten der Privatwirtschaft ins Ausland bestätigt den Bedeutungsverlust des nationalen Handlungsraums für technologische Innovation (→ 2.1.3.4.1, 2.1.3.5).

1.3.3.4 Fazit

Die grossen technologischen Innovationsprojekte Bahnelektrifizierung, Kernreaktorentwicklung und Digitalisierung des Telefonnetzes vermitteln den Eindruck einer gewissen Erfolglosigkeit des nationalen Innovationssystems der Schweiz im 20. Jahr-

98 Amtliches Bulletin der Bundesversammlung, Nationalrat. Wintersession 1983, 8. Sitzung, 12.12.1983, 1755. Bächi 2002; Gugerli 2002; Ischer 2003; Ischer 2007.

99 Schweiz. Bundesrat 1987, 911.

hundert. Die vom Bund gestützten Innovationsagenturen spielten nie eine dominante Rolle. Technologieentwicklungen, an denen der Bund direkt oder indirekt beteiligt war, verzeichneten keinen durchschlagenden Erfolg. Tatsächlich sind diese Projekte entweder gescheitert oder waren, wie die Bahnelektrifizierung, vor allem aufgrund privatwirtschaftlichen Engagements im nationalen Wirtschaftsraum erfolgreich. Was an technologischer Innovation in der Schweiz des 20. Jahrhunderts passiert ist, lässt sich jedoch nicht darauf reduzieren. Aus drei Gründen sieht die technologieorientierte Innovationsbilanz der Schweiz im Endeffekt doch positiv aus.

Erstens unterschätzt ein Innovationsbegriff, der sich auf grosstechnische Entwicklungen konzentriert und gleichzeitig an Basisinnovationen orientiert ist, die Bedeutung von kleinen, inkrementellen Verbesserungen. Der weitaus grösste Teil an Wissen, das in technologische Veränderungen fliesst, betrifft aber gerade kleine und kleinste Veränderungen und Innovationen sowohl im Produktangebot als auch in den Prozessen ihrer industriellen Herstellung. Neben expliziten Einsichten, die in andere Nutzungsbereiche hinein zirkulieren, entsteht auch implizites Wissen, das im Können der Projektmitarbeiter gleichsam «verkörpert» ist und einen wichtigen Teil des menschlichen Fähigkeitskapitals ausmacht. Unspektakuläre Veränderungen und Neuerungen haben nicht zu unterschätzende Auswirkungen auf Betriebsstrukturen sowie auf Anwendungsformen und Distributionsweisen von Wissen.

Zweitens zeigen sich Wirkungen auch da, wo – wie bei der pharmazeutischen Industrie, die im 20. Jahrhundert zunehmend zur Exportleistung der Schweizer Wirtschaft beitrug – das nationale Innovationssystem nur sehr selektiv genutzt wurde. Die Basler Chemie war zwar stets an guten Beziehungen zu den Hochschulen und speziell zur ETH in Zürich interessiert, liess sich im Forschungs- und Entwicklungsbereich aber nie von nationalen Wissensproduzenten einschränken oder dominieren.[100] Die Reichstein-Synthese für künstliches Vitamin C, um hier nur ein Beispiel zu nennen, wurde von Roche zwar aus einem Labor der ETH «bezogen», in Basel industrialisiert und den patentrechtlichen, pharmakologischen, gesundheitspolitischen und militärärztlichen Rahmenbedingungen der Schweiz angepasst. Künstliches Vitamin C wurde in der Folge zu einem riesigen Verkaufserfolg der bis in die 1920er Jahre hinein noch auf Betäubungsmittel spezialisierten Roche.[101] Dennoch hat keine der vom Bundesstaat in den 1930er Jahren ins Leben gerufenen Innovationsförderungsagenturen einen wesentlichen Beitrag zur Synthese von Vitamin C geleistet. Die pharmazeutische Industrie vertraute der Leistungsfähigkeit ihrer eigenen Laboratorien und versuchte, deren Wissensproduktion durch universitäre Forschungsresultate ad hoc und sehr selektiv zu ergänzen. Das gleiche gilt für die Ciba, die enger mit der ETH zusammenarbeitete und darauf achtete, dass sie über einen exklusiven Zugang zur chemisch-pharmazeutischen Wissensproduktion der Hochschule verfügte.

100 Vgl. Bächi 2009 und Peyer 1996 über Roche; für Ciba siehe Ratmoko 2005.
101 Bächi 2005.

Drittens lassen sich für die Wirtschaftsgeschichte der Schweiz im 20. Jahrhundert auch Beispiele nennen, in denen eine Innovation trotz hervorragender Ausgangslage und grossem Engagement bundesstaatlicher Innovationsagenturen zwar gescheitert ist, das in die Entwicklungsarbeit investierte Wissen aber nicht vollständig abgeschrieben werden musste und in vielfältiger Form in anderen, weiterführenden Projekten genutzt werden konnte. Das IFS ist sicher ein Grund dafür, dass die Digitalisierung der Telekommunikation in den 1980er Jahren sehr umfassend und innert kürzester Zeit erfolgen konnte. Auch die gescheiterten Versuche zur Industrialisierung eines schweizerischen Personal Computers oder die fehlende Softwareindustrie bedeuten letztlich nicht, dass die Impulse der Informatik- und Elektrotechnikausbildung ungenügend gewesen wären. Zum einen wurde durch die Gründung der (privaten) Softwareschule Schweiz (1979) und durch den Einbau der Informatik in das Ausbildungsprogramm der ETH Zürich (1981) die Informatikausbildung in der Schweiz geradezu revolutioniert.[102] Zum andern kam das an Hochschulen produzierte und vermittelte informationstechnologische Wissen in der Maschinenindustrie (Werkzeugmaschinenbau, Verfahrenstechnik), im Dienstleistungssektor (Banken und Versicherungen), im Detailhandel und in der Telekommunikationsbranche zur Anwendung und hatte dort strukturbildende Wirkung.

Die schweizerische Volkswirtschaft des 20. Jahrhunderts wurde weder von grossindustriellen Betrieben der Automobil- oder Flugzeugindustrie dominiert, noch brachte sie eine blühende Kernreaktorindustrie hervor. Trotz erfolgreicher Experimente mit Gross- und Kleinrechnern an der ETH (Z4, ERMETH, Lilith und Ceres) kam es nicht zur Bildung eines von der ETH Zürich, dem Paul Scherrer Institut in Villigen, dem Technopark Zürich und dem IBM Forschungslaboratorium in Rüschlikon stimulierten und mit technologischem Know-how versorgten «Sihlikon Valley». Das lag jedoch nur zum Teil an der Organisationsschwäche des nationalen Innovationssystems der Schweiz. Es verdeutlicht vielmehr die Grenzen planwirtschaftlicher Inszenierungen und Programme sowohl im industriepolitischen wie auch im forschungspolitischen Bereich.[103]

1.3.4 Bildungs- und Wissenschaftspolitik

Soweit das nationale Innovationssystem explizite Ziele verfolgte, war es, wie beschrieben, relativ erfolglos. Wenn nach den nichtintendierten Innovations- und Diffusionsprozessen gefragt wird, lässt sich aber durchaus von einer positiven Bilanz sprechen. Die wichtigsten Wirkungen des nationalen Innovationssystems schienen im privatwirtschaftlichen Bereich zu verpuffen, wo sie allerdings ausgezeichnet mit den Erwartungen jener Branchen übereinstimmten, die weitgehend unbekümmert von bundesstaatlichen Anstrengungen im Bereich der Technologieförderung einen Erfolgskurs steuerten. Die wirtschaftspolitischen Überzeugungen der chemischen Industrie sind

102 Ischer 2007.
103 Daele/Krohn/Weingart 1979; Lengwiler 2005.

hier aufschlussreich. 1950 komprimierte Arthur Wilhelm, Präsident der Schweizerischen Gesellschaft für Chemische Industrie (SGCI) und Direktionsmitglied der Ciba, die Erwartungen seiner Branche an den Staat auf ein knappes Dreipunkteprogramm: Um die internationale Konkurrenzfähigkeit der schweizerischen chemischen Industrie zu sichern, brauche es erstens «einen gesunden Schweizerfranken», zweitens eine «freizügig organisierte Wirtschaft, die jeglichem Dirigismus abhold» sei, und drittens ein «hochqualifiziertes, alle Wissensgebiete umfassendes Erziehungssystem».[104]

Arthur Wilhelm formulierte ein Paradox: Einerseits forderte er in Übereinstimmung mit den wichtigsten politischen Akteuren ein «umfassendes Erziehungssystem», andererseits verwies er im Einklang mit anderen Verbänden den Gestaltungswillen der öffentlichen Hand in enge Schranken. Für das Bildungs- und Ausbildungssystem war die staatliche Initiative erwünscht, doch in der Kostenfrage schieden sich die Geister, sowohl was die Höhe der Ausgaben wie auch was ihre Verteilung auf die verschiedenen Ebenen des schweizerischen Staatswesens betraf. Die Bildungshoheit lag im Wesentlichen bei den Kantonen und bei den Gemeinden. Gegen Zentralisierungstendenzen wurde immerzu das Schreckgespenst eines «Dirigismus» oder eines «Schulvogtes» heraufbeschworen. Eine bundesstaatliche Dominanz des Bildungssystems blieb in weiter Ferne. Die grundsätzlich unangefochtene Arbeitsteilung zwischen «Markt» und «Staat» einerseits sowie zwischen den unterschiedlich motivierten Trägern der öffentlichen Hand andererseits bremste alle zentralistischen Lösungen aus und orientierte sich auch im 20. Jahrhundert an den engen Vorgaben der Bundesverfassung von 1874, die erst 1999 total revidiert wurde. Lediglich mit der ETH und der Maturitätsanerkennungsverordnung verfügte der Bundesstaat über bildungspolitische Instrumente von nationaler Bedeutung.

Nach dem Zweiten Weltkrieg stiegen die Ausgaben der öffentlichen Haushalte (Bund, Kantone und Gemeinden) für Bildung und Ausbildung allerdings fast ungebrochen an, wodurch sich der in den Forderungen von Arthur Wilhelm ausgedrückte Widerspruch zwischen den Wünschen nach Bildungsausbau und staatlicher Ausgabenkontrolle zuspitzte (Graphik 1.3-6). Die Ausgaben für strukturbildende und -erhaltende Massnahmen in Bildung und Forschung konnten über Jahrzehnte hinweg im Verhältnis zum gesamtwirtschaftlichen Wachstum gesteigert werden: von etwa 3% des BIP in den 1950er und 1960er Jahren auf über 5% in der Periode zwischen 1975 und 2000.[105] Das ist insofern bemerkenswert, als um die Mitte der 1970er Jahre die vordem herrschende öffentliche Bildungseuphorie zusammenbrach. Der Bildungsartikel von 1973 scheiterte in der Volksabstimmung; angenommen wurde lediglich ein Artikel zur Forschungsförderung. Die Schweiz verzeichnete trotzdem einen massiven institutionellen Ausbau und eine erhöhte bundesstaatliche Regulierungsdichte im Bildungswesen.[106] Parallel dazu

104 Archiv der SGCI: Protokoll der 70. ordentlichen Generalversammlung, 4. November 1950, 221–222.
105 Eigene Berechnungen auf Basis HSSO Tab. Q.16b und U.44.
106 Criblez 2008.

Grafik 1.3-6: **Wachstumsraten der nominalen Staats- und Bildungsausgaben (1913–2000)**

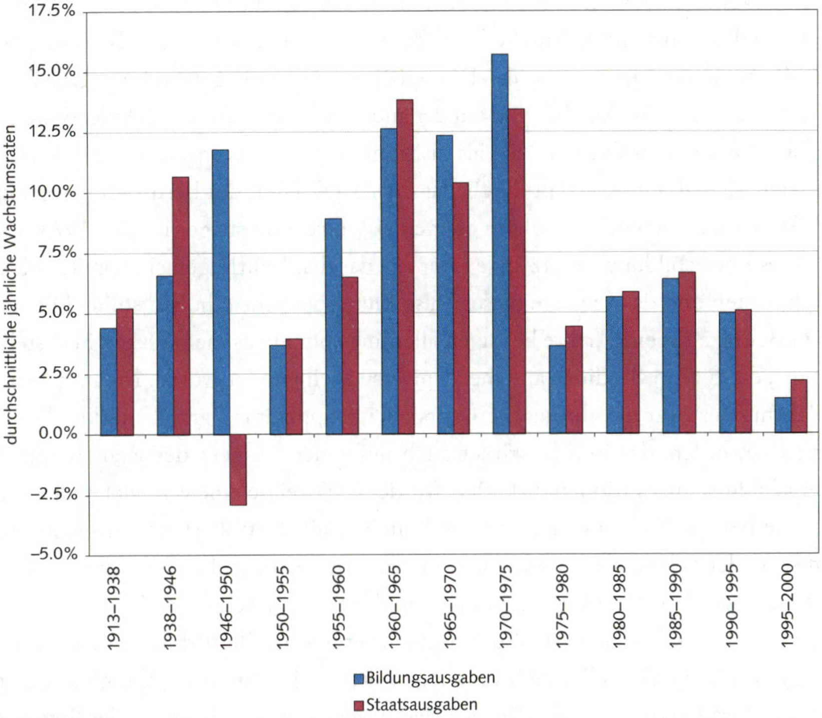

Quelle: HSSO Tab. U44.

kam es zu einer Steigerung der Forschungsausgaben, nicht zuletzt im Bereich der bundeseigenen Ressortforschung. 1984 trat das Forschungsgesetz in Kraft.

Wie Grafik 1.3-6 zeigt, war die Wachstumsrate der Bildungsausgaben in der Periode 1955–1975 (ausgenommen 1960–1965) deutlich höher als jene der Staatsausgaben und in der Periode 1980–1995 etwa gleich hoch (→ 5.2.1).

Die Schweiz weist im Vergleich zu andern OECD-Ländern eine relativ starke Trennung von Hochschulbildung und Berufsausbildung auf («Duales Bildungssystem»). Bei der Berufsausbildung lassen sich im Verlauf des 20. Jahrhunderts einschneidende Veränderungen konstatieren. Zunächst wurde sie noch als eine persönliche Angelegenheit des Einzelnen betrachtet. Seit Beginn des 20. Jahrhunderts mischten sich allerdings Staat und Verbände mit ihren Forderungen nach einer formalisierten, zertifizierbaren und obligatorischen Berufsausbildung zunehmend in diesen Bereich ein. 1918 stipulierte das Lehrlingsgesetz für jeden Lehrling eine dreijährige Lehre mit Abschlussprüfung, was letztlich eine offizielle Anerkennung der Lehre bedeutete. Aber erst 1930 kam ein Bundesgesetz über die berufliche Ausbildung zustande, das ein stärkeres staatliches Engagement vorsah. Es stützte sich auch auf neue Einrichtungen. Nachdem schon 1874 auf Initiative von Industrieunternehmen in Winterthur ein Technikum gegründet worden war, entstanden nach dem Ersten Weltkrieg ver-

schiedene Werkschulen, welche die Vermittlung von praktischem Können mit theoretischem Wissen zu kombinieren versuchten. In den 1960er Jahren wirkten arbeitsteilige Spezialisierung und kulturelle Veränderungen gleichermassen in Richtung einer Ausdifferenzierung der bislang als «Eintopf» betriebenen Berufsbildung. Es entstand auf der einen Seite die Anlehre und auf der anderen die Berufsmittelschule. Erstere erwies sich für ihre Absolventen bald als diskriminierend und verschwand wieder, Letztere setzte sich als ein Konzept durch, das die Attraktivität der Berufslehre gegenüber dem Studium an einem Technikum oder einer Universität steigern sollte. 1978 wurde ein neues Berufsbildungsgesetz angenommen, das den Lehrlingen eine breite Bildung gewährleisten und das Prestige dieses Ausbildungsbereichs erhöhen sollte. Die staatlichen Beiträge für eine Lehre betrugen allerdings nur etwas mehr als ein Sechstel der Summe, die für ein Studium an einer Universität eingesetzt wurde. Im ausgehenden 20. Jahrhundert war die chronische Lehrstellenknappheit ein arbeitsmarktpolitisches Thema geworden, das immer stärker auch unter dem Aspekt der Rentabilität dieser Ausbildungsinvestitionen diskutiert wurde. 2003 zeigte eine vergleichende Studie, dass eine Berufslehre in Deutschland im Durchschnitt Nettokosten verursachte, während sie in der Schweiz einen Nettogewinn generierte, was auf eine produktive Organisation dieser Ausbildungseinrichtungen in der Schweiz schliessen lässt.[107]
Graphik 1.3-7 stellt den Verlauf der Formalisierung der Berufsbildung dar. Er folgt den grossen konjunkturellen Schwankungen des 20. Jahrhunderts. Gemessen an der Zahl der Berufstätigen ist der Anstieg der ausgebildeten Lehrlinge allerdings nicht beeindruckend, was unter anderem mit der hohen Zahl von Arbeitsmigranten zusammenhängt. Die steigende Bedeutung der formalisierten Berufsausbildung ist sowohl das Ergebnis einer privatwirtschaftlichen Strategie der Sicherung von Wissensbeständen als auch das Resultat einer intensivierten öffentlichen Bildungs- und Ausbildungspolitik. Die Vermutung, dass eine systematische Arbeitskräfteausbildung in Betrieben die Voraussetzung für die Besetzung hochinnovativer KMU-Nischen gewesen sei, wird zu diskutieren sein.[108]

Im Hochschulbereich hat der Bund seinen bildungspolitischen Einfluss nicht selten indirekt ausgeweitet. Erst im Nachhinein versuchte man, diese *faits accomplis* auch gesetzlich zu regeln. Die normative Kraft des Faktischen entstand über verschiedene Formen der Subsidiarität, der Koordination, der Steuerung und Regulierung. Am auffälligsten ist die indirekte Ausweitung der Zuständigkeiten bei den kantonalen Hochschulen. Zwar kam es mit der Übernahme einer kantonalen Ingenieurschule in Lausanne und deren Umwandlung in eine zweite Ecole Polytechnique Fédérale (1969) auch zu einer direkten Ausdehnung des hochschulpolitischen Aktionsradius des Bundes, in allen anderen Fällen aber förderte der Bund kantonale Hochschulen zunächst

107 Wolter 2005, 20–21.

108 Zu Arbeits- und Bildungsqualität im Unternehmen vgl. Schöni/Wicki/Sonntag 1996; Schöni et al. 1997. Zur Entwicklung des Humankapitals in der Schweiz siehe Stocker et al. 1998.

Grafik 1.3-7: **Formalisierung der Berufsbildung (1900–1990)**

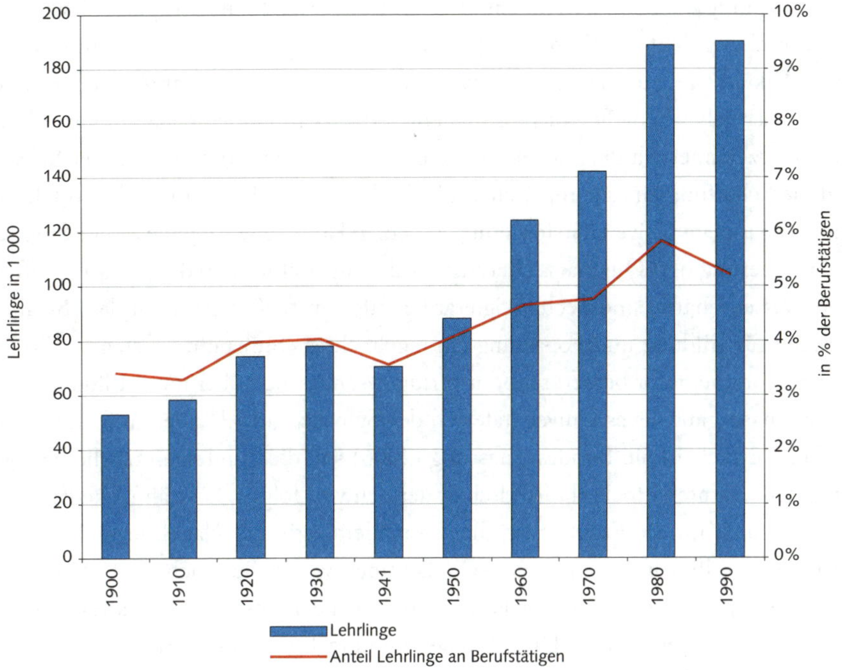

Quelle: HSSO Tab. F.7a und F.7b.
Bemerkung: Berufstätige ab 1960 inkl. Teilzeitbeschäftigte.

nur über den Schweizerischen Nationalfonds und mithin über den Forschungsetat dieser Einrichtung. Aufseiten der Universitäten operierte man seit den 1950er Jahren mit der Fiktion einer strikten Trennbarkeit von Lehre und Forschung, um so Mittel des SNF erhalten zu können, ohne den Primat der kantonalen Hoheit über Hochschulausbildung aufgeben zu müssen. In den 1960er Jahren entstand dann eine ganze Reihe von Institutionen, mit denen die Forschung an den Universitäten auf nationaler Ebene gesteuert werden sollte, darunter der Schweizerische Wissenschaftsrat (1965), die Kommissionen der beiden Räte des Parlaments zur Förderung der wissenschaftlichen Forschung (1967), die Abteilung für Wissenschaft und Forschung des Eidgenössischen Departement des Innern (EDI) (1968; zehn Jahre später in das Bundesamt für Bildung und Wissenschaft umgewandelt), die Schweizerische Hochschulkonferenz (1969) und der Interdepartementale Koordinationsausschuss für Wissenschaft und Forschung (ebenfalls 1969). 1968 ermöglichte ein Bundesgesetz über die Hochschulförderung die Finanzierung der in bundesrätlichen Forschungsbotschaften formulierten Organisations-, Planungs- und Koordinationsaspirationen. Als 1973 die Revision des Bildungsartikels in der Bundesverfassung am Ständemehr scheiterte (die Revision des Forschungsartikels wurde gleichzeitig angenommen) und dann 1977 eine Vorlage über die Förderung der Hochschulen abgelehnt wurde, erlitt auch die Vision einer «Hochschule Schweiz» Schiffbruch. Der Ausbau bürokratischer Wissenschaftssteuerung ging dennoch weiter. Seit 1990 gibt es im EDI eine Gruppe Wissenschaft und Forschung. Mit der Einführung von SNF-Förderprofessuren, deren Inhaber mit vollen Fakultätsrechten ausgestattet waren, wurde in den 1990er Jahren die Lehre von bundesstaatlicher Seite her auch formal tangiert. Als 1999 die Deklaration von Bologna unterzeichnet wurde, gingen die bundesstaatliche Zentralisation in der Schweiz und die Schaffung eines europäischen Hochschulraums Hand in Hand. Ein Jahr darauf trat das neue Universitätsförderungsgesetz in Kraft, eine Eidgenössische Stelle für Akkreditierung und Qualitätssicherung wurde eingerichtet und der Wissenschaftsrat zum Wissenschafts- und Technologierat heraufgestuft. 2005 kam mit dem Staatssekretariat für Bildung und Forschung ein regelrechtes «Superamt» zustande. Ein kritischer Kommentator bemerkte, Bern verfüge «schliesslich über mehr Bildungs- und Forschungsorgane als es Universitäten in der Schweiz gibt».[109] Der Aufnahme eines Bildungsartikels in die Bundesverfassung (2006) soll die bundesgesetzliche Neuordnung der gesamten Hochschullandschaft der Schweiz folgen. Eine ähnliche Entwicklung gilt auch für die Fachhochschulen. Nachdem es in der Nachkriegszeit zu einer Gründungswelle von neuen Technika gekommen war,[110] liess sich im 1995 in Kraft getretenen Bundesgesetz über die Fachhochschulen der Anstieg des bundesstaatlichen Finanzierungsanteils auf ein Drittel steigern und rechtlich absichern.[111]

Angesichts des Trends zur Ausdifferenzierung der schweizerischen Bildungslandschaft bei gleichzeitiger Erhöhung der Beiträge und der bundesstaatlichen Koordinationsleistungen ist es evident, dass die Investitionen im Bildungsbereich während des ganzen 20. Jahrhunderts ausserordentlich konsensfähig waren. Den gemeinsamen Nenner dieser Überzeugungen drückte der Bundesrat in seiner Botschaft über die Förderung von Bildung, Forschung und Technologie von 1998 aus. Er bezeichnete Wissen und Bildung als zentrale Produktionsfaktoren der Zukunft.[112] Umstritten waren nicht die Investitionen selbst, sondern die Frage, wer dafür zuständig sei. Unübersehbar ist, dass der Bundesstaat diese Zuständigkeit in immer stärkerem Umfang beanspruchen konnte. So unbestritten die politische Nützlichkeit war, so unbeantwortet bleibt die Frage nach der Wirkung von Bildungsausgaben auf das nationale Wirtschaftswachstum. Aufgrund höchst unterschiedlicher Zeitkonstanten in der Industrie bzw.

109 Honegger et al. 2007, 156.

110 Technika für ein Vollzeitstudium wurden in Lugano-Trevano (1950), Yverdon-les-Bains (1956), Luzern (1957), Muttenz (1963), Brugg-Windisch (1965), Buchs (SG, 1968), Le Locle (1971), Lausanne (Ecole suisse des ingénieurs des industries graphiques et de l'emballage, 1972) sowie Rapperswil (SG, 1972) gegründet. Abendtechnika entstanden in Luzern (1946), St. Gallen (1955), Genf (1958), Bern (1959), Chur (1963), Solothurn (1963) und Lausanne (1969). Noch während des Zweiten Weltkriegs wurde 1942 in Wädenswil das erste landwirtschaftliche Technikum eingerichtet; ähnliche Institutionen wurden in Changins (1948), Zollikofen (1967) und Lullier (1970) eröffnet. Die jüngsten Technika sind die Holzfachschule Biel (1985) sowie die Technika Sitten (1988) und Oensingen (1994). *Historisches Lexikon der Schweiz*, «Technikum».

111 Schweiz. Bundesrat 1994.

112 Schweiz. Bundesrat 1999, 297–443.

dem Dienstleistungssektor einerseits und dem Schulwesen andererseits sind die Auswirkungen der Investitionen auf Bildung und Ausbildung kaum zu messen, der Return-on-Investment bei der Produktion von Humankapital[113] also auch nicht zu bestimmen. Relativ leicht lässt sich hingegen die Beziehung zwischen den konjunkturbedingt steigenden Steuererträgen des Staates und dem erweiterten staatlichen Investitionsverhalten im Bildungssektor verstehen. Dass die Wachstumsraten der Bildungsausgaben in der Schweiz der Nachkriegszeit (ausser in den Jahren 1950–1955 und 1960–1965) höher lagen als jene der Staatsausgaben und in den letzten Jahrzehnten des Jahrhunderts etwa gleich hoch, belegt die Konsensfähigkeit dieser Investitionen besonders augenfällig. Seit dem letzten Drittel des 20. Jahrhunderts stand Weiterbildung als *life long learning* im Dienst der Produktion des flexiblen Menschen.[114] Der Zwang, sich unablässig den je geltenden oder möglicherweise bevorstehenden Bedingungen des Arbeitsmarkts anzupassen, ging mit einer zunehmenden Formalisierung der Ausbildungsgänge und ihrer Zertifikate einher. Die Formalisierung von Bildung und Ausbildung stellte bisher ungeahnte Substitutionschancen und Kombinationsgewinne in Aussicht. Dies gilt für die Berufsbildung und für den Hochschulabschluss gleichermassen.[115]

1.3.5 Orte der Wissensproduktion

Wissenschaftliches Wissen wird an spezifischen Orten produziert und die Analyse der Sozialtopographie und der institutionellen Verankerung der Erkenntnisgewinnung ist zentral für ein angemessenes Verständnis wissenschaftlich-technischer Innovationsprozesse. Unter «Ort» ist zunächst eine räumlich begrenzte Anordnung und Konzentration von Forschungsaktivitäten zu verstehen. Neben diesem organisatorisch-institutionellen Aspekt haben diese Orte aber auch eine epistemische Funktion, die für die Wissensproduktion von Bedeutung ist.

Orte der Wissensproduktion im Sinne einer räumlichen Bündelung von Forschungsaktivitäten lenken die Aufmerksamkeit vor allem auf das, was man in Anlehnung an Adolf von Harnack als «Grossbetriebe der Wissenschaft»[116] bezeichnen kann. Derek de Solla Price wies darauf hin, dass die heute dominierende «Grossforschung» noch immer Elemente der Little Science enthält, die ihrerseits bereits *in nuce* den Durchbruch ins Grosse enthielt.[117] So lassen sich Gemengelagen unterschiedlichster Einrichtungen konstatieren: Forschungslaboratorien, Versuchsanlagen und experimentelle Werkstätten in Industrie- und Dienstleistungsbetrieben, vor allem in Gross-

113 Becker 1964.

114 Sennett 1998; Graf/Henneberger/Schmid 2000.

115 Vgl. die Zunahme der gelernten Arbeitnehmerinnen und Arbeitnehmer in der zweiten Hälfte des 20. Jahrhunderts (1955: 81 675; 1965: 131 879; 1975: 145 804; 1985: 187 136; 1995: 147 046; 2000: 168 243) sowie die auf Mobilität, Flexibilisierung und Durchlässigkeit ausgerichteten modularisierten Hochschulstudiengänge des Bologna-Systems mit den dazugehörigen Kreditpunkten und Diplomanhängen.

116 Ritter 1992, 13.

117 Price 1963.

unternehmen der Privatwirtschaft, Experimentallabors und Forschungseinrichtungen an Hochschulen, Universitäten und Akademien sowie Spin-offs, kleine Talentschuppen und Entwicklungslabors. Mit Pilotprojekten, die von Staat und Privatwirtschaft als Joint Venture lanciert wurden, entstanden immer wieder neue, spezialisierte Orte des Forschens, von denen nicht wenige beträchtliche Ressourcen bündelten und die mit der Erfüllung des Projektauftrags nicht einfach verschwanden, sondern auf dauerhaften Betrieb gestellt wurden. Sowohl in der staatlichen wie in der – quantitativ dominierenden – privatwirtschaftlichen Domäne kann unterschieden werden zwischen Laboratorien, in denen nach neuen Prozessen und Produkten geforscht wird, und Konstruktionswerkstätten, in denen sich wissenschaftliches Wissen zusammen mit Erfahrungswissen und beruflichem Können im Bau von Prototypen oder Versuchsanlagen materialisiert. Dazu gehörten die Windkanäle für das Testen aerodynamischer Eigenschaften von Propellern und Tragflügelprofilen ebenso wie Maschinenlabors, in denen die Physik und Chemie mechanisierter Massenherstellung untersucht wurde. Dazu gehörten ferner das mit Schweizer Beteiligung 1954 in Genf gegründete CERN sowie die beiden kernphysikalischen Forschungseinrichtungen des Bundes, das 1960 gegründete Eidgenössische Institut für Reaktorforschung EIR und das 1968 gegründete Schweizerische Institut für Nuklearphysik, die 1988 zum Paul Scherrer Institut fusionierten.[118]

Bei der Vielzahl von – sowohl im staatlichen wie im privatwirtschaftlichen Kontext existierenden – «kleinen Orten des Wissens» zeigt sich, dass die hier gewonnenen Erkenntnisse oft erst in grösseren Zusammenhängen valorisiert werden. Kleine Forschungslabors machen Erfindungen, die dann von Grossunternehmen zur Produktionsreife entwickelt, patentiert und anschliessend erfolgreich vermarktet werden. Das erwähnte «Rezept» für die Vitamin-C-Synthese ist ein Beispiel für solch einen frappanten Erfolg. Es gab aber auch Beispiele von kommerziell schwierigen und dennoch langlebigen F&E-Artefakten; ein besonders instruktives ist das Fernsehgrossbildprojektionssystem Eidophor. Die technischen Grundlagen dafür wurden Ende der 1930er Jahre an der ETH Zürich entwickelt. Über 60 Jahre hinweg, d.h. bis zur Einstellung von Produktion und Wartung Ende der 1990er Jahre, sollte sich Eidophor im Spannungsfeld einer Schweizer Förderungs- und Produktionsbasis und inter- sowie transnationaler Nutzungskontexte weiterentwickeln und an je neue Bedürfnisse anpassen. Das polyvalente Gerät macht deutlich, wie die Erfindung einer Hochschule sich im Konjunkturaufschwung der Nachkriegszeit und in einem privatwirtschaftlichen Verwertungszusammenhang in immer neue Nutzungsnischen hinein entfalten konnte, gleichzeitig aber in ihren Entwicklungsmöglichkeiten von der Orientierung an internationalen Märkten abhängig war. So kaufte in den 1950er Jahren die amerikanische Filmfirma 20th Century Fox die Rechte auf den schweizerischen «Rolls-Royce of video projectors», den sie als Basis für das Kinofernsehen einsetzen wollte. Nach dem Scheitern dieses Projekts profilierte sich die Ciba Basel als Hauptaktionärin im Bereich

118 Wildi 2003; Krige 1996; Gugerli/Kupper/Speich 2005 .

der CCTV (Closed Circuit Television) und verband ihre geschäftlichen Interessen im medizinisch-pharmazeutischen Bereich mit neuen Visionen einer Direktübertragung weltbewegender Ereignisse – bis zu dem Punkt, als die Plasmatechnologie, auf der Eidophor basierte, mit der fortschreitenden Digitalisierung zum Auslaufmodell wurde.[119]

Weitere Orte konzentrierter Wissensproduktion sind Archive, Museen, Bibliotheken und Sammlungen, die über ihre Funktion der Tradierung von Artefakten hinaus auch der wissenschaftlichen Erkenntnisgewinnung dienen und diese Funktion systematisch ausgebaut haben. Wichtig für die topographische Entwicklung der schweizerischen Forschungslandschaft war eine im 20. Jahrhundert stark vorangetriebene Ausdifferenzierung von Institutionen, die wirtschaftliche Transaktionskosten durch Normensetzung reduzieren und verschiedene Typen von Risiken (gesundheitliche Nebenwirkungen, nichtintendierte Effekte usw.) durch Standardisierung und Regulierung zu minimieren versuchten (siehe 1.3.2.3). So unterhielten Bund und Kantone mit der KOF, EMPA, VAW, EAWAG und den landwirtschaftlichen Versuchsanstalten eine ganze Reihe von Einrichtungen, die sich um die Lösung wirtschaftlich, bautechnisch und gesundheitspolitisch relevanter Probleme auf wissenschaftlicher Basis bemühten. Die EMPA beispielsweise wurde 1880 im Zuge der verstärkten Oberaufsicht des Bundes als Anstalt für die Prüfung von Baumaterialien gegründet und weitete ihren Kompetenzbereich im Verlaufe des 20. Jahrhunderts zunehmend aus. Durch den Zusammenschluss von privaten Interessen entstanden Einrichtungen wie die 1952 gegründete UGRA, die sich als «Schweizerisches Kompetenzzentrum für Medien- und Druckereitechnologie» versteht und eigene Forschungslabors enthält. Vor allem auf Bundesebene gibt es eine den SNF ergänzende und auch konkurrierende Ressortforschung, die dem Bedürfnis von Verwaltungen entgegenkommt, beim Beschreiten neuer Wege zunächst «die wissenschaftlichen Grundlagen zu klären».

Im stark ausgebauten parastaatlichen System der schweizerischen Verhandlungsdemokratie spielen die Spitzenverbände der Volkswirtschaft als Akteure eine prägende – und seit 1947 durch die Annahme der Wirtschaftsartikel in der Bundesverfassung offizialisierte – Rolle. Auch von dieser Seite wurden also Anstrengungen unternommen, ihre partikulare Interessenpolitik wissenschaftlich zu fundieren. Ein prägnantes Beispiel ist das staatlich subventionierte Schweizerische Bauernsekretariat in Brugg, dem von 1908 bis 1939 Ernst Laur vorstand. Laur war zugleich Präsident des Schweizerischen Bauernverbandes und Ordinarius für landwirtschaftliche Betriebslehre an der ETH (→ 2.3.5.3.5). In seiner Autobiographie von 1942 hielt er fest: «Brugg wurde für mich zu dem, was dem Chemiker sein Laboratorium bedeutete. Ohne die Kombination von Professor und Bauernsekretär hätte ich weder in der einen noch in der andern Stellung das leisten können, was zur richtigen Erfüllung der Aufgabe notwendig war.»[120] Auch die anderen führenden Verbände der Wirtschaft versuchten, ihren

119 Meyer 2009.
120 Zit. nach Gugerli/Kupper/Speich 2005, 180.

politischen Anliegen mit «statistischer Munition» und zielgerichteten wissenschaftlichen Studien zum Durchbruch zu verhelfen. Dasselbe Verfahren wandten Einrichtungen des Gesundheitswesens (Spitäler und Kliniken) und des Bildungssektors (Schulen und Hochschulen) ebenso an wie die Schweizerische Nationalbank (SNB). Diese baute mit ihrer Volkswirtschaftlichen Abteilung ein hauseigenes Forschungsinstitut auf, das wissenschaftlich reputierte, auf internationalem Niveau anerkannte Studien zu Themen publizierte, die für die schweizerische Währungspolitik und den Kapitalmarkt unmittelbar relevant waren. In den 1930er Jahren war vor allem die Auseinandersetzung mit den forsch auftretenden «Freigeldlern» wichtig. Das Festhalten an der Goldparität des Schweizer Frankens wurde nicht nur währungspolitisch, sondern auch wirtschaftswissenschaftlich begründet.[121] In der Nachkriegszeit ging es dann vor allem um das Ausloten geldpolitischer Handlungsspielräume unter den Bedingungen des Währungssystems von Bretton Woods und – in den 1970er Jahren – um die Evaluation der Chancen und Risiken des sogenannten Floatings.

Es lässt sich am Beispiel der SNB zeigen, dass es über diesen ganzen Zeitraum hinweg eine produktive Verschränkung von Datenproduktion und entscheidungsrelevanter, theoretisch angeleiteter Forschung gab. So kann der empirische Test ökonometrischer Modelle eine wissenschaftliche Fundierung der nationalen Geldpolitik leisten, deren relativer Erfolg oder Misserfolg wiederum in Datenströme übersetzt wird, welche die künftige Forschung alimentieren. Die problemorientierte Aufbereitung von Daten in regelmässigen Publikationen und das Erarbeiten von Studien zu spezifischen Problemstellungen wirken sich auf die politischen Aushandlungsprozesse um die «Richtigkeit» und «Angemessenheit» der Geld- und Währungspolitik aus. Dieses Modell, das auf der Nutzung von funktional ausdifferenzierten Institutionen als «Labor» für die Generierung handlungsrelevanter und legitimationsstiftender Wissensgrundlagen basiert, lässt sich quer durch die Gesellschaft beobachten. Zu beobachten ist dies etwa auch bei den rhetorisch auf «Erhaltung des Ursprünglichen» ausgerichteten Projekten wie dem um die Jahrhundertwende sich formierenden Natur- und Heimatschutz und dem seit 1909 aufgebauten und 1914 offiziell gegründeten Schweizerischen Nationalpark, der neben einem «totalen Naturschutz» explizit der Forschung und Information verpflichtet ist.

Man kann die Orte des Wissens auf räumliche, institutionelle oder wirtschaftssektorielle Klassifizierungsraster beziehen. Differenziert man die wissenschaftliche Forschung nach Staat, Privatwirtschaft und gemischtwirtschaftlichen Unternehmen, so ergeben sich ebenfalls drei Felder, die in komplexen Wechselwirkungen zueinander stehen. Die Orte der Forschung lassen sich demnach zu Industriebranchen und Wissenschaftsdisziplinen gruppieren, und selbst geographische Regionen bilden mitunter eigenständige F&E-Orte, an denen sich Forschungsanstrengungen über den Arbeitsmarkt und die Kommunikationsverdichtung synergetisch verstärken, wodurch allerdings eine Zentrum-Peripherie-Polarität akzentuiert wird. In der Schweiz lassen sich mehrere solche

121 Baumann/Halbeisen 1999.

forschungsintensive Regionen identifizieren – insbesondere die Alpen, die urbanen Agglomerationen Basel, Zürich, St. Gallen und Genf, aber auch die industrielle Region des Jurabogens, der in den 1970er Jahren zwar einen dramatischen Beschäftigungseinbruch in der traditionellen Uhrenindustrie erlitten hat, dank technologischer Umrüstungen auf neue Industrien (Mikroelektronik, optische Geräte, Mikromaschinen, innovative Kunststoffe und neue Materialien) jedoch einen Wiederaufschwung schaffte.[122] Offensichtlich bot die regionale Konfiguration von Kapital und Können die Möglichkeit, aufgrund interner Integration, niedriger Transaktionskosten und hoher Synergien externe Effekte zu realisieren. Verschiedene Autoren haben die These formuliert, dass im Jurabogen durch ein konsequentes «making and breaking of affiliations» die Kontinuität des historischen Wachstumspfades über eine historische Bruchstelle hinweg gelang.[123] Während sich Qualifikationsprofile, Produktionsmethoden und Angebotssortimente völlig verändert haben, sind die Beziehungsnetze stabil geblieben, und damit auch das Wissen darum, dass ohne das Wagnis von Joint Ventures in kooperativen Initiativen und neuen Ausbildungsmodellen in der Region nichts zum Laufen kommt.[124]

Die Darstellung verschiedener Klassifikationsmuster von Orten des Wissens und von Transfers, die zwischen ihnen stattfinden, sind durchaus mit dem Postulat eines Practical Turn in der Wissenschaftsgeschichte kompatibel, der es nahelegt, Orte aus einer handlungs- und erkenntnistheoretischen Perspektive zu analysieren. Im Zentrum steht dabei die Frage, wieso an bestimmten Orten des Wissens im Spannungsfeld von «human agency» und festumschriebenen lokalen Kontexten überhaupt Neues entstehen kann.[125] Es geht also um jene Bedingungen der Wissensproduktion, die zwingend standortgebunden und im Gegensatz zur angenommenen Universalität wissenschaftlichen Wissens durchaus partikulär und kontingent sind. Praktische Forschungszusammenhänge sind immer lokalisiert. Sie hängen von einer materiellen Infrastruktur ab, in der viele Mediatoren am Werk sind; sie halten eine Wissensproduktion, -zirkulation und -nutzung in Gang, deren Input und Output nicht exakt bestimmt werden kann, sodass – als logische Konsequenz – Mediation immer ihre strukturellen Voraussetzungen überschreitet und in funktionierenden Forschungszusammenhängen einen Mehrwert an Erkenntnis kreiert, der gerade aus der Interaktion vor Ort resultiert und nicht einzelnen Akteuren zugeschrieben werden kann. «Orte» in diesem Sinne sind also räumlich begrenzte synergetische Zusammenhänge, in denen professionelle Routinen und absichtsvolles Handeln auch Unerwartetes und Überraschendes, eben neues Wissen freisetzen. Ein solches, den lokalen Kontext betonendes Verständnis von Wissensproduktion ist als Deutungsstrategie zu beschreiben, welche die von rechnergestützten Informations- und Kommunikationstechnologien suggerierte Ortlosigkeit des Wissens korrigiert.

122 Pasquier 2008.
123 Maillat et al. 1995.
124 Karrer-Rüedi 1992.
125 Hagner/Rheinberger 2003, 3.

Für das 20. Jahrhundert lassen sich – unter dem Aspekt der Verortung von Wissen und der Orte von Wissenschaft – zwei grosse Trends feststellen. Erstens fand eine Verschiebung von der institutionellen Verankerung – auch interdisziplinärer – Forschungsvorhaben hin zur transdisziplinären Projektförmigkeit wissenschaftlicher Forschung statt. Sie nahm an Attraktivität zu, je stärker sich Hochschulen und Industrieunternehmen seit 1900 aufeinander einstellten und je intensiver sich seit dem Zweiten Weltkrieg der Staat mit Fördermassnahmen in die Industrieforschung einmischte. Projektfinanzierung erlaubte die zielorientierte, zeitlich begrenzte und flexible Kombination von Apparaten, Wissensbeständen, Arbeitskräften und finanziellen Ressourcen, sie setzte für Innovationsprozesse also einen relativ geringen Institutionalisierungsgrad voraus. Auch in der Schweiz zeigte sich seit dem ausgehenden 20. Jahrhundert ein Trend weg von einer disziplinär organisierten Programm- hin zu einer interdisziplinär fusionierten Projektforschung. In der Privatwirtschaft führte dieser Trend u.a. zu einem zunehmenden Outsourcing von Funktionen, die dann je nach Bedarf *ad hoc* eingekauft wurden. Grossunternehmen schlossen etwa die firmeneigenen Bibliotheken, die mit ihrem breiten Angebot an wissenschaftlich-technischer Literatur eine unentbehrliche Informationsquelle für Forschungsaktivitäten waren, und stellten auf die Benutzung spezialisierter öffentlicher Wissenschaftsbibliotheken oder auf webbasierte Informationssysteme um.

Der zweite grosse Trend ergibt sich aus einer Verwissenschaftlichung und Experimentalisierung. Er führte vom Sammeln, Katalogisieren, Klassifizieren und Systematisieren als den Basistechniken der Zeit um 1900 hin zu einem flexiblen Daten- und Wissensmanagement im ausgehenden 20. Jahrhundert. Daten wurden technisch fungibel und *à la carte* kombinierbar. Analog dazu lässt sich ein Übergang feststellen von der Werkstatt, in der realmassstäblich an Verbesserungen von Produktionstechniken gearbeitet wurde, zum Labor, das zunehmend auf Simulation, Modellkonstruktion und virtuelle Lösungsansätze abstellt. Dies ermöglichte – nicht nur in Industrie- und Dienstleistungsbetrieben, sondern auch in Architektur, Urbanistik, Landschaftsplanung, Energieversorgung usw. – neue Formen eines «Probehandelns» und Ausprobierens von Lösungen, die, bevor sie kostenaufwendig materialisiert wurden, bereits verschiedenste Tests und Anpassungsschritte durchlaufen hatten. In manchen Bereichen, etwa bei der Atomenergie und der Gentechnik, liessen sich allerdings kaum explizite Tests anstellen, welche die Zuverlässigkeit des Projekts beweisen könnten. Es fanden hier vielmehr «Realexperimente» statt, welche die Gesellschaft selbst in ein Labor verwandelten, wobei die Politik bemüht war, die involvierten Gefahren in vertretbare Risiken zu transformieren. Durch ihre Risikobereitschaft trieb die Gesellschaft neue Formen ihrer eigenen Zukunft hervor. Wie die Volkswirtschaft wurde auch die Gesellschaft im Verlaufe des 20. Jahrhunderts von der «Verwissenschaftlichung des Sozialen»[126] erfasst und immer stärker als ein eigentliches Experimentierfeld begriffen.

126 Raphael 1996.

1.3.6 Bibliographie

Online-Datenbanken

BFS: Bundesamt für Statistik, www.bfs.admin.ch/bfs/
HSSO: Historische Statistik der Schweiz Online, Kammerer, Patrick et al. (Hg.), www.fsw.uzh.ch/histstat/main.php
OECD: http://stats.oecd.org/

Veröffentlichte Quellen und amtliche Publikationen

Amtliche Bulletins der Bundesversammlung, www.amtsdruckschriften.bar.admin.ch

Bundesamt für Statistik (BFS)

BFS (Hg.): Statistisches Jahrbuch der Schweiz (Stat. Jb.), Zürich: NZZ Verlag 1891–; Bern: Francke, 1891–; Neuchâtel: BFS.

Bundesblatt der Schweizerischen Eidgenossenschaft (BBl), Bundeskanzlei (Hg.), Bern, www.admin.ch/ch/d/ff/

Schweiz. Bundesrat 1910: Botschaft an die Bundesversammlung über den Bestand und die künftige Behandlung des Schulfonds der Eidgenössischen polytechnischen Schule, vom 29. August 1910, BBl 1910, 67–74.
Schweiz. Bundesrat 1946: Botschaft an die Bundesversammlung über die Gewährung eines jährlichen Beitrages an die Gesellschaft zur Förderung der Forschung an der Eidgenössischen Technischen Hochschule, vom 29. März 1946, BBl 1946, 765–776.
Schweiz. Bundesrat 1951: Botschaft an die Bundesversammlung, betreffend Gewährung von Bundesbeiträgen an die Stiftung «Schweizerischer Nationalfonds zur Förderung der wissenschaftlichen Forschung», vom 26. Oktober 1951, BBl 1951, 385–435.
Schweiz. Bundesrat 1982: Botschaft über die Massnahmen zur Förderung der technologischen Entwicklung und Ausbildung, vom 3. Februar 1982, BBl 1982, 1263–1320.
Schweiz. Bundesrat 1987: Botschaft über die Finanzierung der technologischen Zusammenarbeit in Europa 1988–1991, vom 1. Juni 1987, BBl 1987, 910–942.
Schweiz. Bundesrat 1994: Botschaft zu einem Bundesgesetz über die Fachhochschulen (Fachhochschulgesetz, FHSG), vom 30. Mai 1994, BBl 1994, 789–875.
Schweiz. Bundesrat 1999: Botschaft über die Förderung von Bildung, Forschung und Technologie in den Jahren 2000-2003, vom 25. November 1998, BBl 1999, 297–469.

Literatur

Andersen, Esben Sloth / Lundvall, Bengt-Åke 1988: Small national systems of innovation facing technological revolutions: an analytical framework, in: Freeman, Christopher / Lundvall, Bengt-Åke (eds.), *Small Countries Facing the Technological Revolution,* London / New York: Pinter Publishers, 9–36.
Arvanitis, Spyros et al. 2005: *Forschungs- und Technologiestandort Schweiz: Stärken-/Schwächenprofil im internationalen Vergleich,* Bern: SECO 2005.
Autogewerbe-Verband der Schweiz (AGVS) 1953: Das Ende der Benzinbeimischung, *Jahresbericht des Autogewerbe-Verband der Schweiz* (1953), 94–98.
Ash, Mitchell G. 2007: Wissenschaft(en) und Öffentlichkeit(en) als Ressourcen füreinander. Weiterführende Bemerkungen zur Beziehungsgeschichte, in: Nikolow, Sybilla / Schirrmacher, Arne, *Studien zur Wissenschaftsgeschichte im 20. Jahrhundert,* Frankfurt a.M.: Campus, 349–362.
Bächi, Beat 2002: *Kommunikationstechnologischer und sozialer Wandel: «Der schweizerische Weg zur digitalen Kommunikation» (1960–1985),* Zürich: ETH Zürich, Institut für Geschichte.
Bächi, Beat 2005: «Rein schweizerisches» Vitamin C aus Basel. Zur Kulturgeschichte einer soziotechnischen Innovation, *Basler Zeitschrift für Geschichte und Altertumskunde* 105 (2005), 79–113.
Bächi, Beat 2009: *Vitamin C für alle! Pharmazeutische Produktion, Vermarktung und Gesundheitspolitik (1933–1953),* Zürich: Chronos.

Baier, Scott L. / Dwyer, Gerald P. / Tamura, Robert 2002: *How Important Are Capital and Total Factor Productivity for Economic Growth?*, Atlanta: Federal Reserve Bank of Atlanta.

Bardy, Roland 1974: *Die Produktivität von Forschung und Entwicklung: eine ökonometrische Analyse der Abhängigkeit industrieller Wertschöpfung von Forschungs- und Entwicklungsausgaben aufgrund von Produktionsfunktionen mit empirischen Ergebnissen für die deutsche Chemiewirtschaft*, Meisenheim am Glan: Anton Hain Verlag.

Baumann, Jan / Halbeisen, Patrick 1999: *Die Internationalisierung des Finanzplatzes Schweiz und ihre Folgen für die Währungspolitik: Konsens und Konflikte zwischen der Nationalbank und den Geschäftsbanken 1919–1939.* Beitrag für das Kolloquium «Switzerland as a financial centre in international perspective (1913–1965)», Lausanne, 1./2. Oktober (unpubliziertes MS).

Becker, Gary Stanley 1964: *Human Capital. A Theoretical and Empirical Analysis, with Special Reference to Education*, New York: University of Chicago Press.

Benninghoff, Martin / Leresche, Jean-Philippe 2003: *La recherche, affaire d'Etat. Enjeux et luttes d'une politique fédérale des sciences*, Lausanne: Presses polytechniques et universitaires romandes.

Bonadei, Ivano 2006: *Aufstieg zum Weltkonzern. Die Entwicklung der AG Brown, Boveri & Cie. zwischen 1900 und 1925*, Zürich: Lizentiatsarbeit, Universität Zürich.

Borner, Silvio / Wehrle, Felix 1984: *Die sechste Schweiz: Überleben auf dem Weltmarkt*, Zürich: Orell Füssli.

Bowker, Geof 1995: Der Aufschwung der Industrieforschung, in: Serres, Michel (Hg.): *Elemente einer Geschichte der Wissenschaften*, Frankfurt a.M., 829–867.

Burri, Monika 2005a: *Der Eidophor: eine schweizerische Entwicklung der Fernseh-Grossprojektion*, Baden: hier+jetzt.

Burri, Monika 2005b: Die ETH als Dienstleisterin. Die Versuchsanstalt für Wasserbau, in: Burri, Monika / Westermann, Andrea (Hg.): *ETHistory 1855–2005. Sightseeing durch 150 Jahre ETH Zürich*, Baden: hier + jetzt, 89–92. Vgl. auch: www.ethistory.ethz.ch/besichtigungen/touren.

Burri, Monika / Westermann, Andrea 2005: ETHistory 1855–2005. Sightseeing durch 150 Jahre ETH Zürich, Baden: hier + jetzt.

Busset, Thomas 1993: *Zur Geschichte der eidgenössischen Volkszählung*, Hg. vom Bundesamt für Statistik, Bern: BFS.

Busset, Thomas / Rosenbusch, Andrea / Simon, Christian (Hg.) 1997: *Chemie in der Schweiz: Geschichte der Forschung und der Industrie*, Basel: Merian.

Caluori, Marco / Schips, Bernd 1991: *Internationalisierung der Forschungs- und Entwicklungsaktivitäten schweizerischer Unternehmen: Empirische Befunde und volkswirtschaftliche Konsequenzen*, Chur / Zürich: Rüegger.

Calvert, Jane 2004: The idea of ‹Basic Research› in language and practice, *Minerva* 42 (2004), 251–268.

Cantwell, John / Barrera, Pilar 1993: The Rise of Corporate R & D and the Technological Performance of the largest European Firms from the Interwar Period Onwards, *Discussion Papers in Economics 271*, Reading: University of Reading.

Caron, François 1997: *Les deux révolutions industrielles du XXe siècle*, Paris: Albin Michel.

Criblez, Lucien (Hg.) 2008: *Bildungsraum Schweiz. Historische Entwicklung und aktuelle Herausforderungen*, Bern / [etc.]: Haupt.

Daele, Wolfgang van den / Krohn, Wolfgang / Weingart, Peter (Hg.) 1979: *Geplante Forschung. Vergleichende Studien über den Einfluss politischer Programme auf die Wissenschaftsentwicklung*, Frankfurt a.M.

Felt, Ulrike / Taschwer, Klaus / Novotny, Helga (Hg.) 1995: *Wissenschaftsforschung. Eine Einführung*, Frankfurt / [etc.]: Campus.

Fleck, Ludwik 1980 [1935]: *Entstehung und Entwicklung einer wissenschaftlichen Tatsache. Einführung in die Lehre vom Denkstil und Denkkollektiv*, Frankfurt a.M.: Suhrkamp.

Fleury, Antoine / Joye, Frédéric 2002: *Die Anfänge der Forschungspolitik in der Schweiz. Gründungsgeschichte des Schweizerischen Nationalfonds zur Förderung der wissenschaftlichen Forschung 1934–1952*, Baden: hier + jetzt.

Foray, Dominique 1987: *Innovations technologiques et dynamique industrielle: l'exemple de la fonderie*, Lyon: Presses universitaires de Lyon.

Foray, Dominique / Mairesse, Jacques 1999: *Innovations et performances: approches interdisciplinaires*, Paris: Editions de l'Ecole des hautes études en sciences sociales.

Fox, Robert / Guagnini, Anna (eds.) 1993: *Education, technology and industrial performance in Europe, 1850–1939*, Cambridge: Cambridge University Press.

Freiburghaus, Dieter et al. 1991: *Technik-Standort Schweiz. Von der Forschungs- zur Technologiepolitik*, Bern / [etc.]: Haupt.

Galison, Peter / Hevly, Bruce (ed.) 1992: *Big science. The growth of large-scale research*, Stanford, California: Stanford University Press.

Gees, Thomas 2006: *Die Schweiz im Europäisierungsprozess. Wirtschafts- und gesellschaftspolitische Konzepte am Beispiel der Arbeitsmigrations-, Agrar- und Wissenschaftspolitik, 1947–1974,* Zürich: Chronos.
Godin, Benoît 2005: *Measurement and Statistics on Science and Technology. 1920 to the Present,* London: Routledge.
Gosling, Francis G. 1994: *The Manhattan Project: Making the Atomic Bomb,* Washington, DC: University Press of the Pacific.
Graf, Stefan / Henneberger, Fred / Schmid, Franz 2000: *Flexibilisierung der Arbeit: Erfahrungen aus erfolgreichen schweizerischen Unternehmen,* Bern / [etc.]: Haupt.
Grimmer, Klaus / Kuhlman, Martin 1999: *Innovationspolitik in globalisierten Arenen: neue Aufgaben für Forschung und Lehre: Forschungs-, Technologie- und Innovationspolitik im Wandel,* Opladen: Leske + Budrich.
Gugerli, David 1996: *Redeströme: Zur Elektrifizierung der Schweiz 1880–1914,* Zürich: Chronos.
Gugerli, David 1997: Von der Krise zur nationalen Konkordanz. Zur Geschichte der schweizerischen Studienkommission für elektrischen Bahnbetrieb, in: Schweiz. Verkehrshaus (Hg.): *Kohle, Strom und Schienen. Die Eisenbahn erobert die Schweiz. Katalog zur Ausstellung «Schienenverkehr» im Verkehrshaus Luzern,* Zürich: NZZ Verlag, 228–242, 336–337.
Gugerli, David 2002: Die Entwicklung der digitalen Telefonie (1960–1985): Die Kosten soziotechnischer Flexibilisierungen, in: Stadelmann, Kurt / Hengartner, Thomas (Hg.): *Telemagie: 150 Jahre Telekommunikation in der Schweiz,* Zürich: Chronos, 154–167.
Gugerli, David / Kupper, Patrick / Speich, Daniel 2005: *Die Zukunftsmaschine. Konjunkturen der Eidgenössischen Technischen Hochschule Zürich 1855–2005,* Zürich: Chronos.
Haag, Erich 1995: *Motor Columbus 1895–1995,* Baden-Dättwil: Motor-Columbus AG.
Hagner, Michael / Laubichler, Manfred D. (Hg.) 2006: *Der Hochsitz des Wissens. Das Allgemeine als wissenschaftlicher Wert,* Zürich / Berlin: Diaphanes.
Hagner, Michael / Rheinberger, Hans-Jörg 2003: Prolepsis. Considerations for histories of science after 2000, in: Joerges, Bernward (ed.): *Social Studies of Science and Technology: Looking Back, Ahead,* Dordrecht / Boston / London: Kluwer Academic Publishers, 211–228.
Haller, Lea 2006: *Reine und angewandte Forschung. Zur Praxis einer Grenzziehung. Eidgenössische Technische Hochschule Zürich (1918–1952),* Universität Zürich: Historisches Seminar.
Haller, Lea 2008: Weltpremiere auf dem Zürichsee, *Tec21* 134 (2008), 22–24.
Heiniger, Markus 1990: *Vorüberlegungen zu einer Geschichte der Forschung und Entwicklung (F&E) in der Schweiz 1930–1970,* Bern: BFS.
Heintz, Bettina / Nievergelt, Bernhard (Hg.) 1998: *Wissenschafts- und Technikforschung in der Schweiz. Sondierungen einer neuen Disziplin,* Zürich: Seismo.
Hewlett, Richard G. / Holl, Jack M. 1989: *Atoms for Peace and War, 1953–1961: Eisenhower and the Atomic Energy Commission,* Berkeley: University of California Press.
Historisches Lexikon der Schweiz, Basel: Schwabe.
Honegger, Claudia et al. 2007: *Konkurrierende Deutungen des Sozialen. Geschichts-, Sozial- und Wirtschaftswissenschaften im Spannungsfeld von Politik und Wissenschaft,* Zürich: Chronos.
Hotz-Hart, Beat / Mäder, Stefan / Vock, Patrick 1996: *Volkswirtschaft der Schweiz,* Zürich: vdf, Hochschulverlag AG, ETH.
Hotz-Hart, Beat / Reuter, Andrea / Vock, Patrick 2001: *Innovationen: Wirtschaft und Politik im globalen Wettbewerb,* Bern: Lang.
Hug, Peter 2002: *Schweizer Rüstungsindustrie und Kriegsmaterialhandel zur Zeit des Nationalsozialismus. Unternehmensstrategien – Marktentwicklung – politische Überwachung,* Zürich: Chronos.
Hug, Peter / Meier, Ruedi 1992: *Rüstungskonversion: die Umwandlung militärabhängiger Arbeitsplätze in zivile Beschäftigung,* Zürich: Rüegger.
Imoberdorf, Urs 1998: *Psychodiagnostik von Individuen, Gruppen und Organisationen, Beiträge des Zweiten Zürcher Diagnostik-Kongresses vom 21./22. August 1997 an der Universität Zürich,* Stuttgart / Dübendorf: S. Hirzel Verlag & Schweizerischer Verband für Berufsberatung.
Ischer, Philipp 2003: «Kein Anschluss ohne internationale Allianzen». Die ersten Schritte der Telecom PTT im offenen, internationalisierten Telekommunikationsmarkt, in: Gilomen, Hans-Jörg / Müller, Margrit / Veyrassat, Béatrice (Hg.): *Globalisierung – Chancen und Risiken. Die Schweiz in der Weltwirtschaft, 18.–20. Jahrhundert,* Zürich: Chronos, 317–337.
Ischer, Philipp 2007: *Umbau der Telekommunikation. Wechselwirkungen zwischen Innovationsprozessen und institutionellem Wandel am Beispiel der schweizerischen PTT (1970–1998),* Zürich: LIT-Verlag.
Jaun, Rudolf 1986: *Management und Arbeiterschaft. Verwissenschaftlichung, Amerikanisierung und Rationalisierung der Arbeitsverhältnisse in der Schweiz 1873–1959,* Zürich: Chronos.

Jessen, Ralph / Vogel, Jakob (Hg.) 2002: *Wissenschaft und Nation in der europäischen Geschichte,* Frankfurt a.M.: Campus.

Karrer-Rüedi, Erna 1992: *Der Trend zum Wirtschaftsstil der flexiblen Spezialisierung. Eine Diskussion am Beispiel der Schweizer Uhrenindustrie,* Bern: Lang.

Krige, John 1996: *Chapter 1 CERN from the mid-1960s to the late 1970s. History of CERN. North-Holland,* vol. 3, 3–38.

Kupper, Patrick 2003: *Atomenergie und gespaltene Gesellschaft: Die Geschichte des gescheiterten Projekts Kernkraftwerk Kaiseraugst,* Zürich: Chronos.

Lauterburg, Robert 1876: *Versuch zur Aufstellung einer allgemeinen Übersicht der aus der Grösse und Beschaffenheit der Flussgebiete abgeleiteten Schweizerischen Stromabflussmengen, gestützt auf die meteorologischen und hydrometrischen Beobachtungen der Schweiz, nebst Anleitung zur Behandlung dieser Aufgabe im allgemeinen, 2. sehr vermehrte und mit Formeln versehene Auflage,* Bern: [s.n.].

Lauterburg, Robert 1891: Die schweizerischen Wasserkräfte eingetheilt in grössere und kleinere Stromsektionen und berechnet nach der durchschnittlichen Wassermenge der Klein- und Mittel-Wasserstände, *Zeitschrift für Schweizerische Statistik* (1891), 197–225.

Leimgruber, Matthieu 2001: *Taylorisme et management en Suisse romande (1917–1950),* Lausanne: Antipodes.

Lengwiler, Martin 2005: Im Schatten Humboldts: Angewandte Forschung im Wissenschaftssystem Westdeutschlands (1945–1970), *Schweizerische Zeitschrift für Geschichte* 55 (2005), 46–59.

Lüpold, Martin 2008: *Der Ausbau der «Festung Schweiz»: Aktienrecht und Corporate Governance in der Schweiz, 1881–1961,* Zürich: Abschlussbericht Dissertationsprojekt, Universität Zürich.

Lundvall, Bengt-Åke 1988: Innovation as an interactive Process. From User-Producer Interaction to the national System of Innovation, in: Dosi, Giovanni et al. (eds.): *Technical Change and Economic Theory,* London / New York: Pinter Pub Ltd., 349–369.

Lundvall, Bengt-Åke 1992: *National Systems of Innovation. Towards a Theory of Innovation and Interactive Learning,* London / New York: Pinter Publishers.

Lundvall, Bengt-Åke 1995: *National Systems of Innovation. Towards a Theory of Innovation and Interactive Learning,* London / New York: Pinter Publishers.

Lundvall, Bengt-Åke 1998: Why study National Systems and National Styles of Innovation?, in: *Technology Analysis & Strategic Management* 10 (1998), 407–421.

Maillat, Denis et al. 1995: Technology district and innovation: the case of the Swiss Jura Arc, *Regional Studies* 29 (1995), 251–263.

Mazbouri, Malik 2005: *L'émergence de la place financière Suisse (1890–1913). Itinéraire d'un grand banquier,* Lausanne: Antipodes.

Mehrtens, Herbert 2003: Bilder der Bewegung – Bewegung der Bilder. Frank B. Gilbreth und die Visualisierungstechniken des Bewegungsstudiums, in: Bredekamp, Horst et al. (Hg.): *Bilder in Prozessen (Bildwelten des Wissens. Kunsthistorisches Jahrbuch für Bildkritik,* Bd. 1,1), 44–53.

Mensch, Gerhard 1975: *Das technologische Patt,* Frankfurt a.M.: Umschau Verlag.

Meyer, Caroline 2009: *Der Eidophor. Ein Grossbildprojektionssystem zwischen Kino und Fernsehen 1939–1999,* Zürich: Chronos.

Miller, Peter 2003: Management and Accounting, in: Porter, Theodore M. / Ross, Dorothy (eds.): *The Cambridge History of Science, Vol. 7: The Modern Social Sciences,* Cambridge: Cambridge University Press, 565–576.

Müller, Margrit 2001: Einleitung: Innovationen und Märkte – Organisation und Koordination, in: Gilomen, Hans Jörg et al. (Hg.): *Innovationen. Voraussetzungen und Folgen – Antriebskräfte und Widerstände,* Zürich: Chronos, 191–195.

Nelson, Richard R. 1989: What is private and what is public about technology?, *Science, Technology, & Human Values* 14 (1989), 229–241.

Nelson, Richard R. 1992: National innovation systems: A retrospective study, *Industrial and Corporate Change* 2 (1992), 347–374.

Nelson, Richard R. (ed.) 1993: *National Innovation Systems. A comparative Analysis,* New York/Oxford: Oxford University Press.

Nelson, Richard R. 1998: The co-evolution of technology, industrial structure, and supporting institutions, in: Dosi, Giovanni et al. (eds.): *Technology, Organization, and Competitiveness: Perspectives on Industrial and Corporate Change,* Oxford: Oxford University Press, 319–337.

Nelson, Richard R. / Rosenberg, Nathan 2000: Science, technological advance and economic growth, in: Chandler, Alfred D. / Hagström, Peter / Sölvell, Örjan (eds.): *The Dynamic Firm: The Role of Technology, Strategy, Organization, and Regions,* Oxford: Oxford University Press, 45–59.

Niggli, Paul 1929: Reine und angewandte Naturwissenschaft. Rektoratsrede, gehalten am 15. Oktober 1928 an der Eidgenössischen Technischen Hochschule, Zürich, in: *Sonderabzug aus Neue Schweizer Rundschau* 2 (1929), 1–16.

Nikolow, Sybilla / Schirrmacher, Arne (Hg.) 2007: *Wissenschaft und Öffentlichkeit als Ressourcen füreinander. Studien zur Wissenschaftsgeschichte im 20. Jahrhundert,* Frankfurt a.M: Campus.

North, Douglass C. 1990: *Institutions, Institutional Change and Economic Performance,* Cambridge / New York: Cambridge University Press.

Nützenadel, Alexander 2005: *Stunde der Ökonomen. Wissenschaft, Politik und Expertenkultur in der Bundesrepublik 1949–1974,* Göttingen: Vandenhoeck & Ruprecht.

OECD 1989: *Reviews of National Science and Technology Policy: Switzerland,* Paris: OECD Publications.

OECD 1997: *National Innovation Systems,* Paris: OECD Publications.

Pasquier, Hélène 2008: *La «Recherche et développement» en horlogerie. Acteurs, stratégies et choix technologiques dans l'arc jurassien suisse (1900–1970),* Neuchâtel: Alphil.

Perret, Thomas 2001: Un institut de recherche communautaire entre industrie et Etat. Le Laboratoire Suisse de Recherches Horlogères (LSRH) de Neuchâtel, 1921–1984, in: Gilomen, Hans Jörg et al. (Hg.): *Innovations. Incitations et résistances – des sources de l'innovations à ses effets.* Zürich: Chronos, 385–402.

Peyer, Hans Conrad 1996: *Roche. Geschichte eines Unternehmens 1896–1996,* Basel: Editiones Roche.

Polanyi, Michael 1985: *Implizites Wissen,* Frankfurt a.M.: Suhrkamp.

Price, Derek John de Solla 1963: *Little Science, Big Science,* New York: Columbia University Press.

Pulver, Urs / Lang, Alfred / Schmid, Fred W. (Hg.) 1978: *Ist Psychodiagnostik verantwortbar? Wissenschaftler und Praktiker diskutieren Anspruch, Möglichkeiten und Grenzen psychologischer Erfassungsmittel,* Bern / [etc.]: Huber.

Raphael, Lutz 1996: Die Verwissenschaftlichung des Sozialen als methodische und konzeptionelle Herausforderung für eine Sozialgeschichte des 20. Jahrhunderts, *Geschichte und Gesellschaft. Zeitschrift für Historische Sozialwissenschaft* 22 (1996), 165–193.

Ratmoko, Christina 2005: Hormone aus dem Industrielabor. Die Erforschung und Herstellung von Geschlechtshormonen bei der Ciba zwischen 1910 und 1940, *Schweizerische Zeitschrift für Geschichte* 55 (2005), 84–94.

Rentsch, Hans U. 1985: *Werner Oswald (1904–1979): Bürge der Treibstoffversorgung der Schweiz im Zweiten Weltkrieg,* Zürich: Verein für wirtschaftshistorische Studien.

Ritter, Gerhard Albert 1992: *Grossforschung und Staat in Deutschland: Ein historischer Überblick,* München: C.H. Beck.

Rossel, Pierre S. 1995: Survey of Swiss research on innovation and technological change, in: Cronberg, Tarja / Sorensen, Knut Holtan (eds.): *Similar Concerns, Different Styles? Technology Studies in Western Europe,* Brüssel: Office for Official Publications of the European Communities, 369–404.

Savage, Charles M. 1997: *Fifth Generation Management: Kreatives Kooperieren durch virtuelles Unternehmertum, dynamische Teambildung und Vernetzung von Wissen,* Zürich: vdf, Hochschulverlag, ETH.

Schöni, Walter / Wicki, Martin / Sonntag, Karlheinz 1996: *Arbeit und Bildungsqualität: Studien in der Textil- und Chemieindustrie,* Chur / Zürich: Rüegger.

Schöni, Walter et al. 1997: *Arbeit und Bildungsqualität im Unternehmen. Umsetzungsbericht. «Wirksamkeit unserer Bildungssysteme» (Schweiz),* Bern, Programmleitung Nationales Forschungsprogramm 33, Aarau: SKBF.

Schweizerischer Handels- und Industrie-Verein in Zusammenarbeit mit dem Bundesamt für Statistik (Hg.): *Forschung und Entwicklung in der schweizerischen Privatwirtschaft. Bericht zur Erhebung 1966, 1970, 1976, 1980, 1983, 1986, 1989, 1992, 2000, 2004,* Zürich: SSHIV.

Sennett, Richard 1998: *Der flexible Mensch. Die Kultur des neuen Kapitalismus,* Berlin: Berlin-Verlag.

Shinn, Terry 2003: The Industry, Research, and Education Nexus, in: Nye, Mary Jo (ed.): *The Modern Physical and Mathematical Sciences,* Cambridge: Cambridge University Press, 133–153.

Stocker, Eugen et al. 1998: *Indikatoren zum Humankapital der Schweiz,* Neuchâtel: BFS.

Straumann, Tobias 2001: Rezession, Technologiepolitik und Risikokapital. Das Scheitern der Innovationsrisikogarantie 1985, in: Gilomen, Hans Jörg et al. (Hg.): *Innovationen. Voraussetzungen und Folgen – Antriebskräfte und Widerstände,* Zürich: Chronos, 385–419.

Stutz, Sabine 2006: *Der Erste Weltkrieg als Chance. Die Entwicklung der «Actiengesellschaft vormals Joh. Jacob Rieter & Cie» von 1910–1925,* Zürich: Lizentiatsarbeit, Universität Zürich.

Süss, Winfried 2003: «Wer aber denkt für das Ganze?». Aufstieg und Fall der ressortübergreifenden Planung im Bundeskanzleramt, in: Frese, Matthias et al. (Hg.): *Demokratisierung und gesellschaftlicher Aufbruch. Die sechziger Jahre als Wendezeit der Bundesrepublik,* Paderborn: Schöningh, 349–377.

Tanner, Jakob 1996: Property rights, Innovationsdynamik und Marktmacht. Zur Bedeutung des schweizerischen Patent- und Markenschutzes für die Entwicklung der chemisch-pharmazeutischen Industrie (1907–1928), in: Ernst, Andreas / Wigger, Erich (Hg.), *Die neue Schweiz? Eine Gesellschaft zwischen Integration und Polarisierung (1910–1930)*, Zürich: Chronos, 273–303.

Tanner, Jakob 2007: Managementkonzepte im gesellschaftlichen Wandel, *i.o. new management* 6 (2007), 8–13.

Tschudi, Hans Peter 1972: Die neuen Bildungs- und Forschungsartikel der Bundesverfassung, *documenta* 3 (1972), 12–19.

US National Research Council (ed.) 1999: *Funding a Revolution: Government Support for Computing Research*, Washington D.C.: National Academy Press.

Vec, Miloš 2006: *Recht und Normierung in der Industriellen Revolution. Neue Strukturen der Normsetzung in Völkerrecht, staatlicher Gesetzgebung und gesellschaftlicher Selbstnormierung*, Frankfurt a.M.: Vittorio Klostermann.

Vetterli, Rudolf 1978: *Industriearbeit, Arbeiterbewusstsein und gewerkschaftliche Organisation, dargestellt am Beispiel der Georg Fischer AG (1890–1930)*, Göttingen: Vandenhoeck & Ruprecht.

Veyrassat, Béatrice 2001: De la protection de l'inventeur à l'industrialisation de l'invention, in: Gilomen, Hans Jörg et al. (Hg.): *Innovations. Incitations et résistances – des sources de l'innovation à ses effets*, Zürich: Chronos, 367–383.

Veyrassat, Béatrice 2010: La place de l'industrie suisse dans l'échange international de technologie. Une approche par les brevets, fin 19e – milieu du 20e siècles, *Traverse. Revue d'histoire* (2010/3), 97–111.

Vischer, Daniel 1988: 125 Jahre Hydrometrie auf Bundesebene. Die Rolle des Ingenieurs Robert Lauterburg, *Schweizer Ingenieur und Architekt* 43 (1988), 1184–1191.

Vischer, Daniel 2005: Versuchsanstalt für Wasserbau, Hydrologie und Glaziologie (VAW) an der ETH Zürich, *der bauingenieur* (2005/4), 18–22.

Walker, Paul 1992: U.S. Bombing: The myth of surgical bombing in the Gulf War, in: Clark, Ramsey (ed.): *War Crimes: A Report on United States War Crimes Against Iraq to the Commission of Inquiry for the International War Crimes Tribunal*, [s.l.]: [s.n.].

Wengenroth, Ulrich 2001: Vom Innovationssystem zur Innovationskultur. Perspektivenwechsel in der Innovationsforschung, in: Abele, Johannes et al. (Hg.): *Innovationskulturen und Fortschrittserwartungen im geteilten Deutschland*, Köln: Böhlau, 23–32.

Wildi, Tobias 2003: *Der Traum vom eigenen Reaktor: Die schweizerische Atomtechnologieentwicklung 1945–1969*, Zürich: Chronos.

Wirtschaftslage 1977: *Bericht der Expertengruppe «Wirtschaftslage»: Lage und Probleme der schweizerischen Wirtschaft – Gutachten 1977/78*, Bern: Eidgenössisches Volkswirtschaftsdepartement und Schweizerische Nationalbank.

Wolter, Stefan C. 2005: Ländervergleich: Kosten der beruflichen Grundbildung (2003), *panorama* 2 (2005) / www.ffb.unibe.ch/unibe/wiso/vwi/ffb/content/e2788/e2798/e2924/e2927/Wolter2005_ger.pdf.

Teil 2: Die Schweiz in der internationalen Arbeitsteilung

Einleitung

Margrit Müller

Wie andere kleine europäische Länder war auch die Schweiz wegen ihrer grossen Abhängigkeit vom Zugang zu ausländischen Märkten von den drastischen Änderungen der internationalen Wirtschaftsbeziehungen im Verlauf des 20. Jahrhunderts stark betroffen. Die wirtschaftsgeschichtliche Forschung hat der Exportwirtschaft stets eine zentrale Bedeutung für den Verlauf der ökonomischen Entwicklung beigemessen, während der Einfluss der auf den Binnenmarkt ausgerichteten Wirtschaftsbereiche lange Zeit unterschätzt wurde. Zu diesen zählten insbesondere jene Branchen, die ihre Leistungen aus technischen, organisatorischen oder institutionellen Gründen nur im Inland erbringen konnten. Die internationalen Beziehungen solcher Branchen – etwa im Bereich des Verkehrs und der Kommunikation – beschränkten sich auf die möglichst reibungslose Koordination mit den im Ausland erbrachten Anschlussleistungen. Zur Binnenwirtschaft gehörten jeweils auch jene Branchen, die im Ausland nicht oder nicht mehr konkurrenzfähig und somit daran interessiert waren, den Inlandsmarkt vor ausländischer Konkurrenz zu schützen. Wegen der möglichen negativen Auswirkungen protektionistischer Massnahmen auf die Absatzmöglichkeiten der Exportwirtschaft im Ausland entstanden Interessensgegensätze, welche die wirtschaftspolitischen Auseinandersetzungen vor allem in der Zwischenkriegszeit stark prägten.

In der Schweiz führten die starke Auslandsorientierung eines Teils ihrer Wirtschaft und der relativ grosse, zunehmend mittels verschiedenster Massnahmen regulierte binnenwirtschaftliche Sektor zu einer besonders ausgeprägten dualen Wirtschaftsstruktur. Im protektionistischen Umfeld der Zwischenkriegszeit und insbesondere während der Grossen Depression der 1930er Jahre waren die kleinen Staaten bestrebt, sich den Zugang zu ausländischen Märkten offenzuhalten. Sie konnten deshalb im Unterschied zu den grossen Staaten ihren Binnenmarkt nur insoweit schützen, als die dazu ergriffenen Massnahmen ihre eigenen Exportinteressen nicht beeinträchtigten. Der Anteil der kleinen Länder am gesamten Weltimport nahm in dieser Periode deutlich zu (→ 2.1.1.1). Statt offen Protektionismus zu betreiben, etwa mittels Zollerhöhungen oder Importquoten, wichen kleine Länder auf indirekte Formen des Protektionismus aus, insbesondere auf Kartellbildungen und andere Marktregulierungsmechanismen. In der Schweiz nahm die Bedeutung der Binnenwirtschaft, d. h. von Branchen, die primär für den Absatz im Inland produzierten, gemessen sowohl an ihrem Anteil an der Bruttowertschöpfung wie an der Beschäftigung zu (Tabellen 2-2 und 2-3). Nimmt man die Aussenhandelsquote zum Massstab, gehörte die Schweiz in der Zwischenkriegszeit nicht mehr zu den besonders stark mit dem Ausland verflochtenen Ländern (→ 2.1.1.1). Nach dem Zweiten Weltkrieg bis in die 1970er und teils noch bis in die 1990er Jahre ermöglichten die in Europa weitverbreiteten Regulierungen in der Landwirtschaft, der Infrastruktur (Verkehr, Kommunikation, Energiewirtschaft) und im Finanzbereich auch der Schweiz eine auf die Abschirmung des Binnenmarkts vor ausländischer Konkurrenz ausgerichtete Wirtschaftspolitik. Dabei spielte noch eine andere Art von Dualismus eine wichtige Rolle, nämlich die Aufteilung in einen öffentlichen und einen privaten Sektor, wobei auch diese Abgrenzung seit den 1970er Jahren zunehmend unscharf wurde, weil im öffentlichen Sektor privatwirtschaftliche Zielsetzungen, Führungsprinzipien und Kontrollmechanismen eingeführt und mit dem Leistungsauftrag des Service public vermischt wurden (→ 2.3.1). Der Forschungsstand zur Binnenwirtschaft erlaubt leider nur eine selektive, auf einzelne Branchen des privaten und des öffentlichen Sektors fokussierte Darstellung der wichtigsten Entwicklungstrends (→ 2.3.2; 2.3.3); spezielle Schwerpunkte bilden in unserer Darstellung hingegen der Tourismus (→ 2.3.4) und die Landwirtschaft (→ 2.3.5). Der Tourismus wird hier wegen seiner besonderen Bedeutung für die regionale Entwicklung im Rahmen der Binnenwirtschaft behandelt, obwohl dieser Sektor in der Regel zur Exportwirtschaft gezählt wird.

In den auslandsorientierten Branchen reagierten die Unternehmen mit unterschiedlichen Strategien auf den zunehmenden Protektionismus der Zwischenkriegszeit: Sie expandierten in neue Märkte, versuchten, sich im internationalen Wettbewerb mittels Diversifikation und Innovation neu zu positionieren, oder wichen den Standortnachteilen im Inland aus, indem sie einen Teil ihrer Aktivitäten ins Ausland verlagerten (→ 2.1.2.3). Für die Platzierung von Direktinvestitionen gab es in den Empfängerstaaten kaum Beschränkungen, hingegen regulierten die meisten europäischen Staaten im Gegensatz zur Schweiz den Kapitalexport. Bereits zu Beginn des 20. Jahrhunderts war der Bestand schweizerischer Direktinvestitionen im Ausland relativ hoch; in der Zwischenkriegszeit wurden auch in der Schweiz Forderungen nach einer Begrenzung der Kapitalexporte laut, liessen sich politisch jedoch nicht durchsetzen. Ende des 20. Jahrhunderts gehörte die Schweiz zu den Ländern mit den höchsten Direktinvestitionen im Ausland im Verhältnis zum Bruttoinlandprodukt. Hingegen blieb der Bestand ausländischer Direktinvestitionen in der Schweiz relativ niedrig und stieg erst in den späten 1990er Jahren deutlich an (→ 2.1.4).

Der offene Kapitalmarkt war eine notwendige Bedingung dafür, dass sich im Verlauf des 20. Jahrhunderts in der Schweiz ein international konkurrenzfähiger Finanzsektor überhaupt entwickeln konnte, doch spielten dabei eine Vielzahl weiterer Einflüsse, insbesondere die politische und monetäre Stabilität, eine wichtige Rolle (→ 2.2). Die wirtschaftliche Bedeutung des Finanzplatzes nahm seit den 1970er Jahren zu, und in den 1990er Jahren, einem von Rezession und Stagnation geprägten Jahrzehnt, gehörte der Finanzsektor zu den wenigen nicht nur im Ausland, sondern auch im Inland stark wachsenden Branchen (→ 1.1.3.3.2). Die duale Struktur ist typisch für die kleinen, hoch entwickelten europäischen Länder,[1] der internationale Finanzplatz hingegen ist eine schweizerische Besonderheit.

1 Müller/Myllyntaus 2008, 11–16.

Im Folgenden wird die duale Struktur der schweizerischen Wirtschaft quantitativ präzisiert und aufgezeigt, welche Branchen der Binnenwirtschaft oder der Exportwirtschaft zugeordnet werden können und wie sich diese Zuordnung im Verlauf des Jahrhunderts verändert hat. Der Strukturwandel wird aufgrund der Branchenanteile an der gesamten Bruttowertschöpfung und der Beschäftigung beschrieben. Zudem interessiert, wie sich die Arbeitsproduktivität entwickelt hat und ob auffallende Unterschiede zwischen der dem internationalen Wettbewerb ausgesetzten Exportwirtschaft und der mehrheitlich bis in die 1970er und teilweise noch bis in die 1990er Jahre kartellierten Binnenwirtschaft festgestellt werden können. Weitere besondere Merkmale der schweizerischen Wirtschaft sind die Dominanz der kleinen und mittleren Unternehmen, die durch diese Grössenstrukturen beeinflusste Entwicklung der Institutionen, etwa des Gesellschaftsrechts, und die dadurch begünstigten engen Beziehungen zwischen Unternehmen aller Grössenklassen, insbesondere auch innerhalb der Wirtschaftsverbände.

Duale Wirtschaftsstruktur: Definition und Bedeutung

Die Zuordnung einer Branche zur Export- bzw. zur Binnenwirtschaft kann aufgrund verschiedener Kriterien erfolgen. Wir verwenden hier wie bereits in Kapitel 1.1 das Kriterium der Marktorientierung und unterscheiden zwischen hauptsächlich auf ausländische Märkte und vornehmlich auf den Binnenmarkt ausgerichteten Branchen. Die auslandsorientierten Industrien werden aufgrund der Anteile der Exporte am Bruttoproduktionswert (BPW) bzw. der Summe der in einer Branche produzierten Güter ermittelt (Tabelle 2–1).[2] In wirtschaftshistorischen Arbeiten erfolgt die Zuteilung zur Exportindustrie wegen der fehlenden Produktionsstatistik häufig aufgrund des Anteils einer Industrie am gesamten Güterexport. Dabei können Industrien als exportorientiert charakterisiert werden, obwohl der grösste Teil der Produktion im Inland abgesetzt wird.[3] Der Anteil der Exporte an der Gesamtproduktion ist das zweckmässigere Abgrenzungskriterium, weil damit der unterschiedliche Grad der Abhängigkeit eines Wirtschaftsbereichs von ausländischen bzw. inländischen Märkten berücksichtigt wird. Dieser bestimmt auch die Interessenslage der jeweiligen Branche. Die von den Verbänden betriebene Wirtschaftspolitik und ihr Selbstverständnis als eine primär auf den Export oder eine auf den Absatz im Inland ausgerichtete Branche sind denn auch weitere Kriterien, die für die Zuordnung einer Branche zur Export- oder zur Binnenwirtschaft hilfreich sein können.[4] Die andere Seite der internationalen Verflechtung, der Grad der Importabhängigkeit einer Branche, bleibt somit unberücksichtigt. Dies lässt sich damit rechtfertigen, dass im Gegensatz zur Abhängigkeit des Absatzes vom Zugang zu ausländischen Märkten die Beschaffung der benötig-

2 Der Bruttoproduktionswert entspricht der Summe aller in einer Volkswirtschaft produzierten Güter und Dienstleistungen ohne Abzug der Vorleistungen (→ A.2.2).

3 Müller 2010, 119.

4 Vgl. beispielsweise Schmid 1983.

ten Importe nur ausnahmsweise, etwa während der beiden Weltkriege, besondere Probleme verursachte. In mehreren Branchen, insbesondere in der Nahrungsmittel- und der Energieproduktion, blieb jedoch nach den Erfahrungen mit der Verknappung vitaler Ressourcen während des Ersten Weltkriegs die Versorgungssicherheit und damit die Verminderung der Abhängigkeit von Importen weiterhin ein Ziel, das eine starke Ausrichtung auf den Binnenmarkt begünstigte und mit dem Massnahmen zur Beschränkung der Importe gerechtfertigt wurden.

Zu den am stärksten auf den Export ausgerichteten Industrien gehörten während des gesamten Jahrhunderts die *Uhrenindustrie* sowie die *chemische Industrie*. Für die chemische Industrie ergeben Schätzungen zum Anteil der Exporte am BPW bis 1959 regelmässig 90 %, 1970 und 1985 machte dieser Anteil deutlich weniger aus und dürfte vermutlich unterschätzt worden sein. Gegen Ende des 20. Jahrhunderts betrug der Exportanteil der Chemie gemäss offiziellen Statistiken wieder annähernd 90 %. Mit einem Exportanteil am BPW von etwa zwei Dritteln gehörte die *Textilindustrie* Anfang des 20. Jahrhunderts ebenfalls zu den stark exportorientierten Industrien.

Tabelle 2-1: **Anteil der Exporte am Bruttoproduktionswert (BPW) (1892–2005)**

	Nahrungsmittel	Textilien	Bekleidung, Schuhe	Leder, Kautschuk, Kunststoff	Papier, Karton	Chemische Produkte	Metalle	Maschinen, Fahrzeuge, Apparate*	Uhren**
1892–99	7 %	71 %	17 %	56 %	12 %	90 %	17 %	40 %	92 %
1900–13	8 %	66 %	18 %	51 %	12 %	90 %	24 %	41 %	87 %
1914–22	7 %	66 %	22 %	21 %	13 %	90 %	46 %	58 %	78 %
1923–29	6 %	57 %	17 %	28 %	12 %	90 %	31 %	55 %	92 %
1930–39	3 %	39 %	9 %	15 %	5 %	90 %	24 %	46 %	91 %
1940–45	2 %	15 %	4 %	3 %	4 %	90 %	16 %	38 %	90 %
1946–50	4 %	19 %	11 %	9 %	5 %	90 %	20 %	50 %	87 %
1951–59	5 %	23 %	18 %	18 %	5 %	90 %	20 %	58 %	91 %
1970	8 %	36 %	14 %	–	13 %	54 %	10 %	42 %	46 %
1985	8 %	51 %	42 %	–	33 %	67 %	40 %	59 %	84 %
1997/2005	13 %	84 %	92 %	51 %	52 %	87 %	48 %	63 %	83 %

* ab 1960 inkl. Elektrotechnik, ** bis 1985 inkl. Schmuck; ab 1990 inkl. optische und medizinische Geräte.

Quellen: 1890–1990: BPW: HSSO Tab. Q.17d, Q.3; BWS: HSSO Tab. Q.17a, Q.2. Exporte: HSSO Tab. L.11b1–3; 1997–2005: BPW und BWS: BFS online, Tab. 4.03.01; Exporte: BFS online, Tab. 6.05.04.

Bemerkung: Übrige Inlandindustrien (Exportanteil unter 10 %) sind Graphisches Gewerbe, Holz und Möbel, Steine und Erden, Baugewerbe, Energie- und Wasserversorgung.

Dieser Anteil sank bis Ende der 1930er Jahre auf etwa ein Drittel und auf weniger als ein Viertel in den 1950er Jahren. Gemessen am Anteil der Exporte am Bruttoproduktionswert wandelte sich die Textilindustrie insgesamt im Verlauf der 1930er Jahre von einer Export- zu einer Binnenindustrie, die Stickerei- und die Seidenindustrie blieben jedoch exportorientiert.[5] Ab den 1970er Jahren richtete sich die Textilindustrie wieder vermehrt auf den Export aus. Der Exportanteil der *Maschinenindustrie* (einschliesslich Fahrzeuge, Apparate und Elektrotechnik ab 1960) war zu Beginn des Jahrhunderts deutlich niedriger als derjenige der anderen Exportindustrien. Er nahm jedoch rasch zu und stieg – mit Ausnahme eines Rückgangs während der Depression der 1930er Jahre und des Zweiten Weltkriegs – auf über 50 %. Die *Leder-, Kautschuk- und Kunststoffindustrie* gehörte nur bis zum Ersten Weltkrieg und dann wieder ab den 1990er Jahren zu den Exportindustrien. Die *Nahrungsmittelindustrie* war bereits Anfang des Jahrhunderts stark auf den Binnenmarkt ausgerichtet, und nur einzelne Industriezweige wie die Schokoladenindustrie und die Käseproduktion blieben weiterhin exportorientiert. Ab den 1990er Jahren können mehrere, bisher auf den Binnenmarkt ausgerichtete Industrien – die *Metallindustrie*, die *Bekleidungs- und Schuhindustrie*, die *Papierindustrie* – aufgrund rasch steigender Exportanteile am BPW zur Exportindustrie gezählt werden.[6]

Für den Dienstleistungssektor ist wegen fehlender Daten keine quantitativ abgestützte Einteilung in aussenwirtschaftlich und binnenwirtschaftlich orientierte Branchen möglich.[7] In der ersten Hälfte des 20. Jahrhunderts werden in der Regel Tourismus, Banken und Versicherungen als exportorientierte Branchen bezeichnet. Der Tourismus ist jedoch keine Branche im Sinne der volkswirtschaftlichen Gesamtrechnung, sondern setzt sich aus BWS-Anteilen verschiedener Branchen zusammen (→ 2.3.4.1). In Übereinstimmung mit neueren Forschungsarbeiten zählen wir den Finanzsektor und das Gastgewerbe wegen ihrer starken Ausrichtung auf ausländische Kunden während der gesamten Periode zu den exportorientierten Branchen.[8]

Die relative Bedeutung der Export- und Binnenwirtschaft und deren Veränderung im Verlauf des 20. Jahrhunderts lassen sich aufgrund ihrer Anteile an der gesamten Bruttowertschöpfung (BWS) und der Beschäftigung verdeutlichen (Tabel-

5 Müller 2010, 124.

6 Aufgrund der ab 1997 verfügbaren offiziellen BPW-Statistiken lässt sich feststellen, dass in allen Branchen die Exportanteile im letzten Jahrzehnt des Jahrhunderts stark zunahmen, in der Energie- und Wasserversorgung beispielsweise von 1 % auf 13 %.

7 Vergleicht man die von 1997 bis 2005 verfügbaren Daten über die BPW im Dienstleistungssektor mit den von der OECD publizierten Daten zu den Exporten in diesem Sektor, so macht der durchschnittliche Exportanteil am BPW im Gastgewerbe 60 %, im Verkehrsbereich 28 %, in der Nachrichtenübermittlung 6 %, im Kreditgewerbe 22 % und im Versicherungsgewerbe 10 % aus. Die starke Aussenorientierung des Finanzsektors wird damit klar unterschätzt. (BFS online Tab. 4.03.01; OECD Services Statistics – Statistics on International Trade in Services: Detailed tables by Service Vol. 2006 release 02.)

8 Arvanitis/Hollenstein/Marmet 2005 zählen im Zeitraum 1992–2002 den Finanzsektor (Kredit- und Versicherungsgewerbe), das Gastgewerbe und die neue Branche «unternehmensnahe Dienstleistungen» zu den aussenwirtschaftlich orientierten Branchen.

Tabelle 2–2: **BWS-Anteile der Sektoren und Branchen zu konstanten Preisen (1890–2005)**

	1890	1910	1930	1950	1970	1990	2005
	in Preisen von 1926/29				in Preisen von 1990		
1. Sektor – Landwirtschaft	**29 %**	**17 %**	**14 %**	**13 %**	**3.4 %**	**2.9 %**	**2.2 %**
2. Sektor – Industrie	**41 %**	**45 %**	**41 %**	**39 %**	**40 %**	**33 %**	**30 %**
Binnenindustrie	*27 %*	*28 %*	*29 %*	*32 %*	*27 %*	*16 %*	*13 %*
Exportindustrie	*14 %*	*17 %*	*12 %*	*7 %*	*12 %*	*17 %*	*17 %*
Nahrungs-, Genussmittel	6.4 %	6.3 %	5.0 %	4.9 %	2.6 %	2.3 %	2.0 %
Textilien	7.8 %	7.0 %	4.0 %	5.5 %	0.8 %	0.5 %	0.2 %
Bekleidung, Schuhe	4.9 %	3.7 %	3.0 %	2.5 %	0.7 %	0.4 %	0.1 %
Leder, Kautschuk, Kunststoff	0.4 %	0.6 %	0.6 %	0.9 %	0.8 %	0.8 %	1.1 %
Papier, Karton	0.4 %	0.4 %	0.8 %	0.6 %	0.7 %	0.6 %	0.4 %
Graphisches Gewerbe	2.1 %	2.0 %	1.9 %	2.3 %	2.0 %	1.7 %	1.4 %
Chemie	0.5 %	1.7 %	1.3 %	1.5 %	2.3 %	3.1 %	4.7 %
Metalle	1.3 %	2.4 %	3.2 %	3.0 %	3.7 %	2.6 %	2.3 %
Maschinen, Fahrzeuge, Apparate	2.6 %	4.4 %	4.6 %	4.0 %	5.4 %	4.2 %	3.2 %
Elektrotechnik					2.3 %	3.8 %	1.8 %
Uhren*	2.5 %	3.3 %	2.2 %	1.4 %	2.5 %	1.1 %	2.7 %
Bauwirtschaft	6.4 %	7.8 %	7.8 %	4.6 %	11.0 %	8.1 %	6.1 %
Elektrizität, Gas, Wasser	0.2 %	1.1 %	2.5 %	3.5 %	2.2 %	1.9 %	2.4 %
Übrige Industrie	5.2 %	4.2 %	4.2 %	4.1 %	2.9 %	2.1 %	1.6 %
3. Sektor – Dienstleistungen	**30 %**	**38 %**	**45 %**	**49 %**	**57 %**	**64 %**	**68 %**
binnenorientiert	*24 %*	*29 %*	*35 %*	*39 %*	*49 %*	*54 %*	*53 %*
exportorientiert	*6 %*	*9 %*	*10 %*	*9 %*	*8 %*	*10 %*	*14 %*
Finanzdienstleistungen	2.1 %	3.2 %	5.3 %	5.5 %	4.2 %	7.2 %	12.5 %
Gastgewerbe	4.1 %	6.0 %	4.7 %	3.8 %	3.3 %	3.1 %	1.8 %
Verkehrs-, Nachrichtenwesen	4.1 %	6.8 %	9.5 %	9.8 %	4.6 %	5.9 %	8.4 %
Handel, öffentl. Verwaltung, Unterrichtswesen, übrige DL	19.8 %	22.2 %	25.9 %	29.4 %	44.7 %	48.0 %	45.1 %
2. und 3. Sektor – auslandsorientiert	**20 %**	**26 %**	**22 %**	**16 %**	**20 %**	**27 %**	**40 %**
Total BWS real (in Mio. CHF)	3962	7147	9560	12047	230558	322037	375900

* bis 1970 inkl. Schmuck, ab 1990 inkl. medizinische und optische Geräte.

Quellen: HSSO Tab. Q.17b und Q18.b.
Bemerkung: Die Anteile der exportorientierten Industrien und Dienstleistungen sind blau markiert.

Tabelle 2-3: **Beschäftigungsanteile der Sektoren und Branchen (1888–2005)**

	1888	1910	1930	1950	1970	1990	2005
1. Sektor – Landwirtschaft	**37 %**	**26 %**	**21 %**	**16 %**	**7.6 %**	**3.7 %**	**4.2 %**
2. Sektor – Industrie	**41 %**	**45 %**	**44 %**	**47 %**	**49 %**	**35 %**	**29 %**
Exportindustrie	*18 %*	*17 %*	*15 %*	*12 %*	*16 %*	*17 %*	*14 %*
Binnenindustrie	*24 %*	*28 %*	*30 %*	*35 %*	*33 %*	*18 %*	*15 %*
Nahrungs-, Genussmittel	3.3 %	3.8 %	4.2 %	4.5 %	3.7 %	2.0 %	1.7 %
Textilien	12.7 %	9.9 %	5.6 %	3.6 %	2.1 %	0.8 %	0.3 %
Bekleidung, Schuhe	7.3 %	7.1 %	6.1 %	5.3 %	2.7 %	0.4 %	0.1 %
Leder, Kautschuk, Kunststoff	0.0 %	0.0 %	0.0 %	0.1 %	0.6 %	0.9 %	0.8 %
Papier, Karton	0.3 %	0.4 %	0.5 %	0.7 %	0.7 %	0.5 %	0.4 %
Graphisches Gewerbe	0.6 %	1.0 %	1.4 %	1.7 %	2.1 %	1.8 %	1.2 %
Chemie	0.3 %	0.5 %	0.9 %	1.6 %	2.2 %	2.2 %	2.0 %
Metalle	1.6 %	2.3 %	3.8 %	4.7 %	6.1 %	3.3 %	2.9 %
Maschinen, Fahrzeuge, Apparate	1.3 %	3.2 %	4.9 %	7.5 %	10.5 %	6.7 %	5.1 %
Uhren, Bijouterie	3.5 %	3.1 %	3.1 %	3.0 %	2.9 %	2.1 %	2.4 %
Bauwirtschaft	4.7 %	7.0 %	7.5 %	7.7 %	9.4 %	9.9 %	8.5 %
Elektrizität, Gas, Wasser	0.2 %	0.5 %	0.7 %	0.8 %	0.8 %	0.8 %	0.7 %
Übrige Industrie	5.6 %	6.0 %	5.6 %	5.8 %	5.2 %	3.5 %	2.5 %
3. Sektor – Dienstleistungen	**22 %**	**29 %**	**35 %**	**37 %**	**43 %**	**61 %**	**67 %**
exportorientiert	*3 %*	*5 %*	*6 %*	*6 %*	*8 %*	*12 %*	*11 %*
binnenorientiert	*19 %*	*24 %*	*28 %*	*30 %*	*36 %*	*50 %*	*56 %*
Handel	4.1 %	5.6 %	7.9 %	9.3 %	12.9 %	16.8 %	14.9 %
Banken	0.6 %	0.5 %	1.1 %	1.0 %	2.0 %	3.8 %	3.8 %
Versicherungen	0.1 %	0.2 %	0.4 %	0.8 %	1.2 %	1.8 %	1.8 %
Gastgewerbe	2.5 %	4.3 %	4.8 %	4.3 %	4.4 %	6.1 %	5.4 %
Verkehrs-, Nachrichtenwesen	2.7 %	4.7 %	4.3 %	4.5 %	5.6 %	6.6 %	6.5 %
Öffentl. Verwaltung	0.8 %	1.0 %	1.4 %	2.3 %	3.1 %	3.8 %	4.4 %
Gesundheitswesen	0.8 %	1.3 %	2.0 %	3.6 %	4.4 %	7.4 %	10.1 %
Unterricht, Wissenschaft	1.3 %	1.9 %	1.7 %	1.8 %	3.4 %	4.1 %	5.2 %
Übrige Dienstleistungen	8.8 %	9.2 %	10.9 %	8.9 %	6.5 %	11.1 %	15.1 %
2.+ 3. Sektor – auslandsorientiert	**21 %**	**22 %**	**21 %**	**18 %**	**23 %**	**29 %**	**25 %**
Beschäftige insgesamt*	1320306	1808028	1967920	2174644	3025971	3365736	3283673

* 1970 inkl. Teilzeitbeschäftigte; 1990 und 2005 in VZÄ.

Quellen: HSSO Tab. F.28 und F.33.
Bemerkung: Die exportorientierten Industrien und Dienstleistungen sind blau markiert.

len 2-2 und 2-3). Zwischen 1910 und 1950 sank der Anteil der Exportindustrie um mehr als die Hälfte und machte erst 1970 wieder den gleichen Anteil aus wie um 1930. Bis Ende der 1980er Jahre blieb der Beitrag der Exportindustrien zur Bruttowertschöpfung stets niedriger als derjenige der Inlandsindustrien. Dies änderte sich in den 1990er Jahren, weil sich weitere Branchen neu auf den Export ausrichteten und weil der Anteil der Bauwirtschaft zurückging. Gemessen an der Beschäftigung war die Bedeutung der Inlandsindustrien ebenfalls deutlich grösser, und erst in den 1990er Jahren glichen sich die Beschäftigungsanteile an (Tabelle 2-3). Der Anteil der inlandsorientierten Dienstleistungen an der BWS und der Beschäftigung war während des gesamten Jahrhunderts bedeutend grösser als jener der exportorientierten, und erst zwischen 1990 und 2005 nahm der Anteil der Finanzdienstleistungen an der gesamten BWS stark zu. Der international bedeutende schweizerische Finanzplatz wurde somit gemessen an seinem Beitrag zum Bruttoinlandprodukt erst in den 1990er Jahren zu einer besonders gewichtigen Branche. Die auslandsorientierten Branchen des zweiten und dritten Sektors machten zusammen bis 1970 nur etwa einen Fünftel der gesamten BWS und Beschäftigung aus, im Jahr 2005 betrug ihr Anteil an der BWS knapp über 30% und an der Beschäftigung etwa ein Viertel.

Wie die Entwicklung der Produktivität in den inlands- und auslandsorientierten Branchen zeigt, darf Binnenwirtschaft nicht gleichgesetzt werden mit ineffizienter Produktion und niedriger Produktivität (Tabelle 2-4). Die Arbeitsproduktivität wird berechnet als Verhältnis zwischen BWS (Tabelle 2-2) und Beschäftigung (Tabelle 2-3); sie ist nicht nur abhängig vom Arbeitseinsatz, sondern auch von der Kapital- und Technologieintensität einer Branche. Ein Vergleich der Entwicklung der Arbeitsproduktivität aufgrund von Indexwerten ist deshalb aufschlussreicher als der Vergleich der realen BWS je Beschäftigten. Wegen der unterschiedlichen statistischen Erfassung der Beschäftigten (mit und ohne Teilzeitbeschäftigte, ab 1990 in Vollzeitäquivalenten) wird der gesamte Zeitraum in drei Teilperioden, 1890–1960, 1960–1990 und 1990–2005, mit jeweils kohärenter Definition der Beschäftigung aufgeteilt.

Auffallend ist die ausserordentlich starke Zunahme der Produktivität in der Landwirtschaft bis 1990 (Tabelle 2-4), und zwar ausgerechnet in einem Zeitraum, in dem dieser Sekor stark reguliert wurde: Während die Beschäftigung bis 1970 um etwa 60% und bis 1990 nochmals um 35% abnahm, stieg die reale BWS bis 1960 um etwa 50% und bis 1990 um ein Viertel. Die regulierenden Eingriffe in den Agrarsektor gingen in diesem Zeitraum mit der Förderung des wissenschaftlichen und technischen Fortschritts, mit der Intensivierung des Kapitaleinsatzes und einer Vielzahl von Rationalisierungsmassnahmen einher (→ 2.3.5.3). Erst mit der in den 1990er Jahren einsetzenden Agrarreform ist ein deutlicher Rückgang der Produktivität zu verzeichnen. Auch einige Binnenindustrien (Papier und Karton, Metalle) verzeichneten trotz Kartellierung markante Produktivitätssteigerungen. In der Bauwirtschaft war der Produktivitätszuwachs hingegen in allen Stichjahren klar unterdurchschnittlich. Sehr unterschiedlich entwickelte sich die Arbeitsproduktivität in den Exportindustrien: Eher gering bis negativ war der Produktivitätszuwachs in der ersten Periode, in der zweiten und dritten Periode erzielten vor allem die Uhren- und die Chemieindustrie starke Produktivitätssteigerungen, während die Maschinenindustrie stagnierte. Und auch die stärkere Exportorientierung der Metallindustrie seit den 1990er Jahren führte nur zu einer bescheidenen Produktivitätssteigerung. Das gilt mit Ausnahme der Kunststoffindustrie auch für die anderen «neuen» Exportindustrien.

Bei den Dienstleistungen nahm die Arbeitsproduktivität in der ersten Periode stärker zu als in der Industrie, jedoch weniger als in der Landwirtschaft. In der ersten und zweiten Periode war die Produktivitätszunahme im Verkehrs- und Nachrichtenwesen am stärksten, und sie blieb auch in der dritten Periode hoch. Die Arbeitsproduktivität in den beiden exportorientierten Dienstleistungsbranchen entwickelte sich in der ersten und zweiten Periode ähnlich, zwischen 1990 und 2005 hingegen war die Zunahme im Finanzsektor besonders hoch und vergleichbar mit dem Produktivitätszuwachs in der Chemieindustrie, während die Arbeitsproduktivität im Gastgewerbe um etwa ein Fünftel einbrach und in den übrigen Dienstleistungen ebenfalls leicht zurückging. Stagnierende und sinkende Arbeitsproduktivitäten im Dienstleistungssektor sind deshalb ein besonderes Problem, weil das Gewicht dieses Sektors seit den 1970er Jahren stark zugenommen hat. Ab 1990 sind detaillierte Daten für die in den übrigen Dienstleistungen zusammengefassten Branchen verfügbar. Zwischen 1990 und 2005 sank der Arbeitsproduktivitätsindex im (privaten) Unterrichtswesen und in den «sonstigen öffentlichen und persönlichen Dienstleistungen» um etwas über ein Drittel und in der Sammelbranche «Immobilien, Vermietung, Informatik, F&E» um ein Viertel.[9] Hinzu kommt, dass die Arbeitsproduktivität in den beschäftigungsmässig besonders gewichtigen Branchen nur mässig anstieg: im Bereich Handel und Reparaturen auf 118 Indexpunkte, im Gesundheits- und Sozialwesen sowie in der öffentlichen Verwaltung (inkl. öffentlichem Schulwesem) auf je 106 Indexpunkte.[10]

9 Warum in der Statistik des BFS Informatik und F&E mit Immobilien und Vermietung in einer Branche zusammengezogen werden, ist allerdings kaum nachzuvollziehen.

10 Arvanitis/Hollenstein/Marmet 2005, 21–29, stellen für den Zeitraum zwischen 1992 und 2002 ebenfalls grosse Unterschiede in der Entwicklung der Arbeitsproduktivität auf der Ebene der Sektoren und einzelnen Branchen fest. Die Industrie wird unter Ausschluss des Baugewerbes und der Energie gesamthaft als exportorientiert klassiert. Die durchschnittliche Wachstumsrate der Arbeitsproduktivität ist in der Industrie sowie im Versicherungs- und Kreditgewerbe am höchsten. Ebenfalls relativ hoch ist die Wachstumsrate der Arbeitsproduktivität im Bereich Verkehr und Kommunikation.

Tabelle 2-4: **Arbeitsproduktivität (1900–2005)**

	BWS/Beschäftigte (exkl. Teilzeitbesch.) in Preisen von 1926/29			BWS/Beschäftigte (inkl. Teilzeitbesch.) in Preisen von 1990			BWS/Beschäftigte Vollzeitäquivalente in Preisen von 1990		
	1900	1930	1960	1960	1970	1990	1990	2000	2005
					in 1000 CHF				
1. Sektor – Landwirtschaft	**2.5**	**3.1**	**6.7**	**24.9**	**33.8**	**63.9**	**74.2**	**55.5**	**58.8**
2. Sektor – Industrie	**3.5**	**4.6**	**6.2**	**46.6**	**66.9**	**97.3**	**90.4**	**107.8**	**120.1**
Binnenindustrie	3.7	4.9	6.9	46.3	67.8	103.6	85.1	100.1	105.1
Exportindustrie	3.2	4	4.6	47.3	65.1	88.7	96.1	115.7	135.8
3. Sektor – Dienstleistungen	**4.6**	**6.4**	**9.3**	**85.9**	**99.7**	**93.3**	**100.0**	**110.1**	**115.6**
binnenorientiert	4.5	6.1	9.0	58.7	75.6	92.0	103.6	103.6	108.9
exportorientiert	5.5	7.7	10.4	91.7	104.8	93.5	84.5	140.1	149.5
Insgesamt (exkl. 1. Sektor)	**3.5**	**4.9**	**7.4**	**59.1**	**78.6**	**88.1**	**95.7**	**106.8**	**114.5**
					Indexwerte				
1. Sektor – Landwirtschaft	**100**	**123**	**263**	**100**	**135**	**256**	**100**	**75**	**79**
2. Sektor – Industrie	**100**	**133**	**179**	**100**	**144**	**209**	**100**	**119**	**133**
Nahrungs-, Genussmittel	100	99	115	100	152	328	100	115	126
Textilien	100	150	484	100	145	301	100	125	139
Bekleidung, Schuhe	100	109	206	100	187	296	100	96	118
Leder, Kautschuk, Kunststoff	100	15	14	100	40	48	100	210	209
Papier, Karton	100	210	428	100	153	255	100	96	114
Graphisches Gewerbe	100	87	94	100	166	189	100	130	147
Chemie	100	74	107	100	149	262	100	145	206
Metalle (*1991)	100	136	159	100	129	243*	100	116	115
Maschinen, Fahrzeuge, Apparate	100	76	63	100	114	113	100	88	98
Uhren*	100	117	129	100	152	238	100	242	265
Bauwirtschaft	100	115	89	100	142	131	100	97	104
Elektrizität, Gas, Wasser	100	650	1329	100	137	164	100	184	162
Übrige Industrie	100	151	219	100	134	112	100	115	128
3. Sektor - Dienstleistungen	**100**	**137**	**200**	**100**	**116**	**109**	**100**	**110**	**116**
Finanzdienstleistungen	100	144	149	100	119	132	100	194	206
Gastgewerbe	100	109	159	100	124	139	100	86	79
Verkehrs-, Nachrichtenwesen	100	208	273	100	127	175	100	121	173
Übrige Dienstleistungen	100	122	186	100	112	94	100	97	98
1., 2. und 3. Sektor	**100**	**141**	**213**	**100**	**133**	**149**	**100**	**112**	**120**

* bis 1990 inkl. Schmuck, ab 1990 inkl. medizinische und optische Geräte.

Quellen: BWS: HSSO Tab. Q.17b und Q.18b; Beschäftigung und Vollzeitäquivalente: HSSO Tab. F.28, F.30 und F.33.
Bemerkung: Die exportorientierten Branchen sind blau markiert.

Der im internationalen Vergleich relativ starke Rückgang der Arbeitsproduktivität zwischen den 1970er und 1990er Jahren lässt sich somit als Ergebnis unterschiedlicher Tendenzen interpretieren, wobei einigen wenigen Branchen mit starkem Produktivitätszuwachs eine grössere Zahl von Branchen mit relativ niedrigem oder negativem Produktivitätszuwachs gegenüberstehen. In mehreren dieser Branchen (Gastgewerbe, Handel, Gesundheitswesen, Unterrichtswesen) war der Anteil der Frauen an der Gesamtbeschäftigung besonders hoch. Niedrige Frauenlöhne könnten dazu beigetragen haben, dass die Anreize zur Steigerung der Produktivität geringer waren als in Ländern mit tendenzieller Lohngleichheit (→ 1.1.4.1.2).

Dominanz der kleinen und mittleren Unternehmen (KMU)

Ein weiteres, die wirtschaftlichen Beziehungen stark prägendes Merkmal der schweizerischen Volkswirtschaft ist die Grössenstruktur der Unternehmen. Gemessen wird die Unternehmensgrösse anhand verschiedener Indikatoren wie Beschäftigung, Umsatz oder Kapital. Langzeitreihen zur Grössenstruktur der Unternehmen nach der Zahl der Beschäftigten sind für den zweiten und dritten Sektor ab 1929 verfügbar. Bis 1975 wurde nur die Zahl der Beschäftigten nach Arbeitsstätten erfasst, ab 1985 zusätzlich die Beschäftigten je Unternehmen. Die absoluten Zahlen lassen sich wegen der sich ändernden Erhebungskriterien nur schwer miteinander vergleichen, deshalb konzentrieren wir uns auf die Anteile der Grössenklassen an der Gesamtzahl der Arbeitsstätten bzw. Unternehmen. In der Schweiz dominierten die kleinen und mittleren Unternehmen (KMU) mit weniger als 500 Beschäftigten, und ihr Anteil blieb relativ konstant (Tabelle 2-5).

Der Anteil der ersten Grössenklasse (Arbeitsstätten mit weniger als 50 Beschäftigten) an der Gesamtzahl der Arbeitsstätten sank sowohl im zweiten wie im dritten Sektor nur geringfügig, und die Anzahl der grössten Arbeitsstätten mit 500 und mehr Beschäftigten betrug stets weniger als ein Prozent. Auch in Bezug auf die Beschäftigungsanteile dominierte bis 1955 die erste Kategorie, anschliessend waren die Anteile der ersten und zweiten Kategorie etwa gleich gross. In der Statistik der Unternehmen, die seit 1985 geführt wurde, dominierten sowohl im zweiten wie im dritten Sektor weiterhin die Kleinunternehmen mit weniger als 50 Beschäftigten; der Anteil der mittleren Kategorie war im zweiten Sektor etwas grösser als im dritten Sektor. Die durchschnittliche Beschäftigtenzahl der grössten Unternehmen mit 500 und mehr Beschäftigten ging tendenziell in beiden Sektoren leicht zurück.

Eine Analyse der Konzentrationstendenzen in der schweizerischen Industrie anhand der Unternehmens- und Beschäftigungsanteile nach Grössenklassen in den verschiedenen Industriebranchen für den Zeitraum von 1929 bis 1975 zeigt, dass der Anteil der KMU an der Gesamtbeschäftigung ausserordentlich hoch blieb und nur in wenigen Branchen, wie etwa der Chemieindustrie, stark abnahm.[11] Die grossen

11 HSSO Tab. K.28 mit Bezug auf Glatthard 1987.

Tabelle 2-5: **Anteile der Grössenklassen an der Gesamtzahl der Arbeitsstätten / Unternehmen und der Beschäftigten (1929–2005)**

	Arbeitsstätten / Unternehmen			Beschäftigte			
	1–49	50–499	> 499	1–49	50–499	> 499	> 499 im ø
Zweiter Sektor							
1929	97.8 %	2.1 %	0.1 %	47 %	34 %	19 %	1230
1939	98.1 %	1.8 %	0.1 %	54 %	29 %	16 %	1180
1965	94.8 %	4.9 %	0.3 %	36 %	39 %	25 %	1321
1975	95.4 %	4.3 %	0.3 %	39 %	37 %	25 %	1463
1985	94.2 %	5.5 %	0.3 %	39 %	39 %	22 %	1319
1995	95.4 %	4.3 %	0.3 %	44 %	38 %	19 %	1160
2005	95.9 %	3.9 %	0.3 %	45 %	37 %	18 %	1224
Dritter Sektor							
1929	99.4 %	0.6 %	0.0 %	67 %	15 %	18 %	2837
1939	99.3 %	0.6 %	0.0 %	69 %	14 %	17 %	2050
1965	98.6 %	1.3 %	0.1 %	62 %	23 %	15 %	1338
1975	98.5 %	1.5 %	0.1 %	56 %	24 %	19 %	1466
1985	98.6 %	1.3 %	0.3 %	55 %	19 %	27 %	2469
1995	98.5 %	1.4 %	0.3 %	49 %	21 %	30 %	2379
2005	98.4 %	1.4 %	0.3 %	50 %	22 %	29 %	2156

Quelle: BFS, Betriebszählung, verschiedene Jahre.
Bemerkung: bis 1975 Arbeitsstätten, ab 1985 Unternehmen.

Unternehmen (> 499 Beschäftigte) waren in der chemischen Industrie sowie in der Metall- und Maschinenindustrie am stärksten verbreitet. Gemessen an den Anteilen der Grössenklassen an der Gesamtzahl der Unternehmen dominierten im Zeitraum 1919–2005 in allen Branchen die Unternehmen mit weniger als 50 Beschäftigten. Ab 1995 sind offizielle Statistiken über die Anzahl Unternehmen nach Branchen und Grössenklassen verfügbar, wobei neu bereits Unternehmen mit 250 und mehr Beschäftigten zu den Grossunternehmen gezählt werden.[12] Klein- und Kleinstunternehmen dominierten sowohl in binnenwirtschaftlich wie in exportorientierten Branchen. Daten zur Verteilung der Beschäftigten auf die verschiedenen Grössenklassen und Branchen sind leider nicht verfügbar.

Zu den grössten Unternehmen gemessen an der Beschäftigtenzahl gehörten zu Beginn des 21. Jahrhunderts die nunmehr quasi-privatisierten Staatsbetriebe Post, SBB und Swisscom, die als Genossenschaften organisierten Detailhandelsunternehmen Migros und Coop sowie die beiden Grossbanken UBS und Credit Suisse Group.

12 Dies entspricht den von der EU festgelegten Grössenklassen. BFS, Betriebszählung, verschiedene Jahre.

Einen Personalbestand von mehr als 10 000 Beschäftigten im Inland hatten dann nur noch drei Unternehmen: der Pharmamulti Novartis, die Detailhandelsgruppe Manor und der Uhrenkonzern Swatch Group.[13] Die grosse Mehrheit der Unternehmen mit weniger als 50 Beschäftigten wird in der Regel von den Eigentümern selbst geführt und gehört somit zur Kategorie der Familienunternehmen. Die Kombination von relativ wenigen Grossunternehmen und einer Vielzahl von KMU und damit vor allem Familienunternehmen übte einen erheblichen Einfluss aus auf die Beziehungen zwischen den Unternehmen, zwischen Arbeitgebern und Arbeitnehmern, aber auch zwischen Wirtschaft und Politik (→ 4.1; 4.2).

Erklären lässt sich die generelle und andauernde Dominanz der KMU und die relativ geringe Beschäftigtenzahl der Grossunternehmen einmal damit, dass die Unternehmen in den exportorientierten Branchen Produktionsunternehmen im Ausland errichteten (→ 2.1.2.3 und 2.1.3.4). Zu Beginn des 21. Jahrhunderts beschäftigten die grössten multinationalen Unternehmen wie Nestlé oder ABB nur einen Bruchteil ihres Personals in der Schweiz (3 %–5 %), bei Roche waren es mit 13 % und bei Novartis mit 20 % etwas mehr.[14] Die bereits erwähnte Spezialisierung auf qualitativ und technisch anspruchsvolle Marktsegmente bedingte entweder eine extreme Spezialisierung in einem engen Markt kombiniert mit weltweitem Vertrieb oder eine Internationalisierung der Produktion mittels Direktinvestitionen. In den binnenwirtschaftlich ausgerichteten Branchen dürften bis zu den 1980er Jahren Kartelle und andere Formen der Regulierung das Wachstum der einzelnen Unternehmen eingeschränkt und Konzentrationstendenzen verlangsamt haben. Regulierung und Kartellbildung gingen zudem in der Zwischenkriegszeit mit zahlreichen Beschränkungen bei der Gründung neuer Unternehmen einher. Nachdem diese Einschränkungen aufgehoben worden waren, entstanden in der Nachkriegszeit im Kontext von Wachstum, Rationalisierung und Konzentration Branchen mit wenigen grossen Unternehmen und einer grösseren Anzahl KMU.

Die starke Präsenz der KMU in der Schweiz führte zu einer im internationalen Vergleich aussergewöhnlichen Wertschätzung dieser Unternehmenskategorie seitens der Politik und der Gesellschaft ganz allgemein. Sichtbar wird dies zum Beispiel darin, dass es in der Schweiz kaum grössenspezifische gesetzliche Regelungen gab. Zudem wurde im Rahmen von Gesetzesreformen stets auf die Bedürfnisse der KMU Rücksicht genommen. Die weitgehende Gleichbehandlung von KMU und Grossunternehmen im Rahmen des Rechts, insbesondere im Gesellschaftsrecht und im Arbeitsrecht, begünstigte deren gemeinsame Organisation in Branchenverbänden, und dies wiederum stärkte die Durchsetzungsmacht der Kartelle. Besonders deutlich wird die Gleichbehandlung der Grössenklassen in der starken Verbreitung der Gesellschaftsform der Aktiengesellschaft. Grafik 2-1 vermittelt einen Überblick über die von den

13 *Handelszeitung* 2002, 121.
14 *Handelszeitung* 2002, 21.

Unternehmen gewählten Rechtsformen. Auffallend ist dabei die stark steigende Zahl der Aktiengesellschaften als der von Unternehmen aller Grössenklassen klar bevorzugten Gesellschaftsform. Das schweizerische Aktiengesellschaftsrecht erleichterte den intergenerationellen Transfer von Familienunternehmen, aber auch die Transformation von Familienunternehmen in managergeführte Unternehmen ohne Verlust der familiären Kontrolle.[15] In der ersten Hälfte des 20. Jahrhunderts waren auch die Genossenschaften relativ stark vertreten.[16] Dabei handelte es sich hauptsächlich um landwirtschaftliche Genossenschaften.[17] Ferner waren es häufig Unternehmen im Detailhandel, welche die Gesellschaftsform der Genossenschaft wählten, einschliesslich der beiden grössten Unternehmen Migros und Coop, und vereinzelt auch im Wohnungswesen sowie im Kredit- und Versicherungsgewerbe tätige Unternehmen.[18]

Grafik 2-1: **Verteilung der Unternehmen nach Rechtsform (1883–2006)**

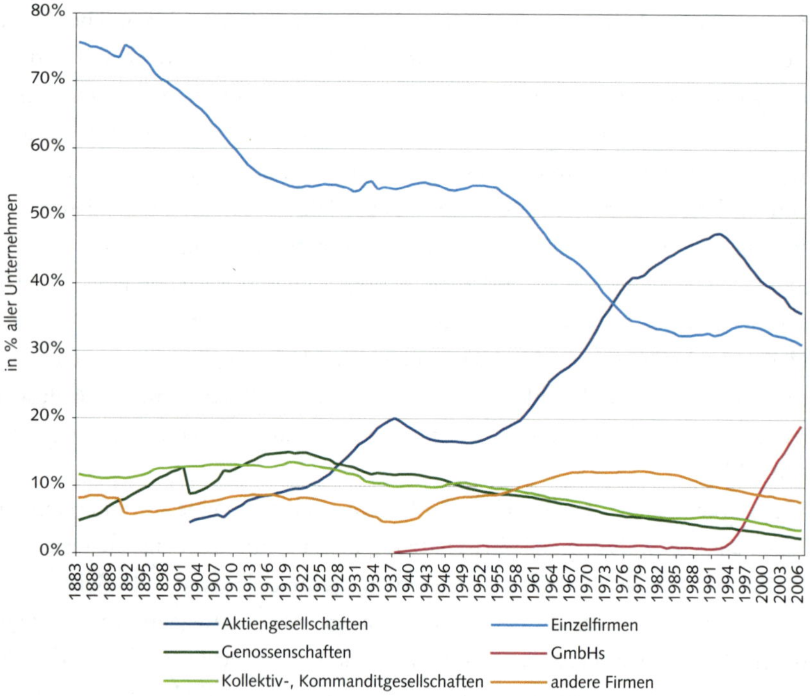

Quellen: 1883–1992: HSSO Tab. S.1; 1993–2006: BFS online, Tab. 6.02.02.01 und 6.02.03.01.

15 Zu den besonderen Merkmalen der schweizerischen Aktiengesellschaft und die zunehmende Bedeutung der GmbHs seit Mitte der 1990er Jahre → 4.1.1.

16 Vgl. zur grossen, jedoch auf einzelne Wirtschaftsbereiche, insbesondere auf den Detailhandel und den Agrarbereich, beschränkten Bedeutung dieser Gesellschaftsform in der Schweiz Degen 2005.

17 Insbesondere Käserei- und Viehzuchtgenossenschaften. Vgl. zu den im Handelsregister eingetragenen Genossenschaften 1917–1920: BFS, Statistische Jahrbücher, 1883–1957; ferner Brugger 1943.

18 Zur Bedeutung der Konsumgenossenschaften vgl. Degen 2005.

Hoher Organisationsgrad der Wirtschaft und enge Beziehungen zwischen Wirtschaft und Politik

Der hohe Organisationsgrad begünstigte einen insgesamt starken Einfluss der Wirtschaftsverbände auf die wirtschaftspolitischen Entscheidungen und den institutionellen Wandel. Die wirtschaftlichen Interessensorganisationen, insbesondere die einflussreichen Dachverbände, der Schweizerische Handels- und Industrieverein, der Schweizerische Gewerbeverband und der Schweizerische Bauernverband, übten als Scharniere zwischen Wirtschaft und Politik eine wichtige Funktion aus, doch waren sie – wegen der unterschiedlichen und oft gegensätzlichen Brancheninteressen – kaum in der Lage, eine Interessenspolitik im engeren Sinne, also im Interesse einer bestimmten Branche zu betreiben. Dies gelang nur wenigen Branchenverbänden: in der exportorientierten Industrie insbesondere der Uhrenindustrie, zeitweilig auch der Maschinenindustrie, im binnenwirtschaftlichen Bereich vor allem dem Baugewerbe und dem Ackerbau, der aus versorgungspolitischen Gründen am stärksten gefördert wurde. Starke Interessensvertretungen hatten zudem der Tourismus und, mit zunehmender Bedeutung des Schweizer Finanzplatzes, auch der Bankensektor.

Die Wirtschaftsverbände waren mit Ausnahme der 1942 gegründeten «Industrie-Holding» (der Organisation der multinationalen Unternehmen → 2.1.3.3) als Branchenverbände organisiert. Dabei fällt insbesondere auf, dass jeweils Unternehmen aller Grössenklassen zu den Mitgliedern zählten. Dass KMU und Grossunternehmen im gleichen Verband organisiert waren, dürfte damit zusammenhängen, dass es in jeder Branche nur eine geringe Zahl von Grossunternehmen gab. Im internationalen Vergleich waren zudem die grössten Unternehmen gemessen an der Beschäftigtenzahl im Inland eher klein. Für die kartellartigen Funktionen von Verbänden spielte diese Art von Organisationsstruktur eine wichtige Rolle, denn der alle Unternehmen unterschiedlicher Grösse integrierende Branchenverband erleichterte die Selbstorganisation und Marktregulierung innerhalb einer Branche.

In der ersten offiziellen Untersuchung über kartellartige Praktiken in der Schweiz, die im Jahr 1953 durchgeführt wurde, werden die Wirtschaftsverbände, die zu dieser Zeit kartellartigen Charakter hatten, ausgewiesen und zwar mit dem Datum ihrer Gründung. Das Bestehen von Verbänden sagt jedoch wenig über das Ausmass ihres Eingreifens in die Marktmechanismen aus oder darüber, ob sie mit ihren Strategien erfolgreich waren.[19] Eine Kartellierung wurde in einigen Branchen zwar bereits zu Beginn des Jahrhunderts angestrebt und sie beschleunigte sich während des Ersten Weltkriegs; wirksame marktregulierende Massnahmen liessen sich jedoch in den meisten Fällen erst in den 1930er Jahren durchsetzen (→ 2.3.1.1). In der Literatur wird die Schweiz oft als eines der höchstkartellierten Länder in Europa bezeichnet, doch muss diese Aussage aufgrund der aktuellen Kartellforschung relativiert werden:

19 Cortat 2009, 203–209.

Eine tolerante Haltung gegenüber Kartellen war in Europa weitverbreitet, allerdings aus durchaus unterschiedlichen Gründen. Kartellvereinbarungen wurden im freihandelsorientierten Grossbritannien als Teil des freien Wettbewerbs und unter dem Aspekt der Unverletzlichkeit von Verträgen respektiert. Deutschland ging hingegen bedeutend weiter: Kartelle wurden als positiv für die Gesamtwirtschaft erachtet und staatlich gefördert.[20] Staatlich unterstützte Kartellbildung lässt sich in der Schweiz erst in der Zwischenkriegszeit feststellen und sie blieb, wie erwähnt, auf wenige Branchen beschränkt. Die Bezeichnung «höchstkartelliertes Land» dürfte hingegen für die zweite Hälfte des 20. Jahrhunderts zutreffen, als in anderen Ländern unter dem Einfluss der USA und im Rahmen des Marshall-Planes das Wettbewerbsrecht reformiert und Kartelle verboten wurden.[21] Die Schweiz konnte sich diesem Einfluss entziehen und führte vergleichbare Kartellrechtsrevisionen erst ab den 1990er Jahren als schrittweise Anpassung an die in der EU geltenden Wettbewerbsbestimmungen durch.[22]

Ausblick auf die folgenden Kapitel und zentrale Ergebnisse

Die binnenorientierten und auslandsorientierten Branchen haben die Entwicklung der Volkswirtschaft im Verlauf des 20. Jahrhunderts in wechselndem Ausmass geprägt. Auf eine frühe Periode offener Märkte folgte in der protektionistischen Zwischenkriegszeit eine weitreichende, teilweise mit erheblichen Konflikten einhergehende Verschiebung der wirtschaftlichen Kräfteverhältnisse zugunsten der Binnenwirtschaft. Die auf den Binnenmarkt ausgerichteten Branchen waren bereits im 19. Jahrhundert bestrebt, sich vor Importkonkurrenz zu schützen, stiessen dabei jedoch stets auf den Widerstand der auslandsorientierten, an möglichst offenen Grenzen für Güter, Arbeit und Kapital interessierten Wirtschaftssektoren. Die Interessensgegensätze verstärkten sich in der Zwischenkriegszeit, weil die Exportwirtschaft geschwächt war und weil ein neuer Sektor, die Finanzwirtschaft, an wirtschaftlicher Bedeutung und an politischem Einfluss gewann. In der Folge wurde das Konfliktpotential durch die auf Interessensausgleich ausgerichteten wirtschaftspolitischen Eingriffe während der Grossen Depression der 1930er Jahre und die infolge vielfältiger Wechselwirkungen sich etablierenden komplementären Beziehungen gemildert. Aussenwirtschaftlich abgesichert wurde dieser Konsens durch die in Bezug auf den öffentlichen Sektor, den Agrarmarkt und die Infrastruktur (Energie, Verkehr, Kommunikation) in den meisten europäischen Ländern ähnliche Wirtschaftspolitik.

Die führenden Exportindustrien waren auf den Weltmarkt, primär auf den europäischen Markt ausgerichtet. Sie nutzten die Möglichkeiten der internationalen Arbeitsteilung, indem sie sich auf technisch und qualitativ anspruchsvolle Markt-

20 Keller 1979; Keller 1980.
21 Schröter 1994.
22 David/Mach/Straumann 2008, 454–461.

segmente spezialisierten und ins Ausland expandierten. Beide Strategien der Exportwirtschaft – Konzentration auf Hochpreissegmente und Multinationalisierung – reduzierten den Druck des aussenwirtschaftlichen Sektors auf die Wirtschaftspolitik und insbesondere auf die Währungspolitik. Die Ausrichtung des Exportsektors auf Hochpreis- und Hochlohnsegmente war jedoch besonders anspruchsvoll und nur mittels hoher Investitionen in Forschung und Entwicklung erfolgreich zu betreiben. Sie kann als Voraussetzung für die bis in die 1970er Jahre relativ harmonische Koexistenz einer auf internationale Wettbewerbsfähigkeit bedachten Exportwirtschaft und einer stark regulierten Binnenwirtschaft verstanden werden, die Wirtschaftshistoriker gar dazu verleitet hat, eine komplementäre Beziehung zwischen liberalem Aussenhandel und korporatistischer Abschottung bzw. Selbstregulierung der Binnenwirtschaft zu postulieren.[23] Tatsächlich haben es jedoch nur einige wenige Branchen der schweizerischen Industrie geschafft, sich im Strukturwandel der Zwischenkriegszeit am Standort Schweiz als exportorientierte neu zu positionieren, andere zogen sich auf den Binnenmarkt zurück oder verlagerten die Produktion weitgehend ins Ausland.

In der langen Wachstumsperiode nach dem Zweiten Weltkrieg ging das Erstarken der Exportindustrie mit der stetigen Ausweitung der Binnenwirtschaft einher, auch der Tourismus expandierte stark und sogar die Landwirtschaft vermochte ihre Bruttowertschöpfung noch etwas zu steigern. Der Finanzplatz Schweiz hatte sich bereits in der Zwischenkriegszeit zu einer der wichtigsten Drehscheiben des internationalen Kapitalverkehrs entwickelt, er erbrachte aber auch unentbehrliche Dienstleistungen für die anderen Wirtschaftszweige und etablierte sich damit als zentraler Sektor der schweizerischen Volkswirtschaft. Die Grundlagen dieses komplexen und über mehrere Jahrzehnte relativ stabilen Gleichgewichts zwischen den verschiedenen Wirtschaftsbereichen wurden erstmals in der Krise der 1970er Jahre in Frage gestellt, und dann erneut in den späten 1980er Jahren, im Gefolge des europäischen Integrationsprozesses und der beschleunigten Öffnung und Expansion der Weltmärkte. Diesen übergreifenden Tendenzen konnte sich auch die schweizerische Wirtschaft nicht entziehen.

In den 1990er Jahren veränderten sich die Bedingungen, die der Positionierung der schweizerischen Volkswirtschaft in der internationalen Arbeitsteilung zugrunde lagen, und in allen Bereichen kam es zu weitreichenden Prozessen der Anpassung und Neuausrichtung. Ein eigentliches Gegeneinander-Ausspielen oder Sich-Verdrängen – von Industrie- und Finanzplatz, von Binnen- und Exportwirtschaft – lässt sich jedoch nicht feststellen. Wie die branchenmässige Verteilung der Bruttowertschöpfung und der Beschäftigung in den Tabellen 2-2 und 2-3 zeigt, blieb die Diversifikation der schweizerischen Wirtschaft erhalten, und es kam nicht zu einer auffallenden Dominanz einzelner Industrie- oder Dienstleistungsbranchen, mit Ausnahme vielleicht der Finanzwirtschaft, die in den 1990er Jahren anteilsmässig stark zulegte und im Jahr 2005, nach einem beispiellosen Aufschwung in den 1990er Jahren, etwa 12% der ge-

23 Bernegger 1990, 462.

samten Bruttowertschöpfung und knapp 6% der Beschäftigung ausmachte. Doch gleichzeitig gingen die Anteile der Industrie nur wenig zurück und blieben zudem im internationalen Vergleich relativ hoch. In manchen Bereichen der Binnenwirtschaft blieben die Auswirkungen der mittels Privatisierung, Deregulierung und dem Abbau von Importbeschränkungen auf mehr Wettbewerb ausgerichteten Reformen allerdings erst einmal begrenzt; selbst in der Landwirtschaft führten die agrarpolitischen Reformen der 1990er Jahre nicht zu einer Aufhebung, sondern nur zu einer Veränderung der staatlichen Regulierungen. Trotzdem war ein kaum noch aufzuhaltender Prozess der Marktöffnung eingeleitet worden, der auch die bisher stark auf das Inland ausgerichteten Branchen der internationalen Konkurrenz aussetzte. Damit verringerten sich die Unterschiede in der Funktionsweise von Binnenwirtschaft und Exportwirtschaft, und das Konzept der dualen Wirtschaft verlor zunehmend an Bedeutung.

Bibliographie

Online-Datenbanken

BFS: Bundesamt für Statistik, www.bfs.admin.ch/
HSSO: Historische Statistik der Schweiz online, Kammerer, Patrick et al. (Hg.), www.fsw.uzh.ch/histstat/main.php
OECD: http://stats.oecd.org/

Amtliche Publikationen

Bundesamt für Statistik (BFS)

BFS (Hg.): Statistisches Jahrbuch der Schweiz (Stat. Jb.), Zürich: NZZ Verlag, 1891–; Bern: Francke, 1891–; Neuchâtel: BFS.
BFS (Hg.): Gewerbliche Betriebszählungen 1929 und 1939; Eidgenössische Betriebszählungen, 1965, 1975, 1985, 1995 und 2005.

Literatur

Arvanitis, Spyros / Hollenstein, Heinz / Marmet, David 2005: *Internationale Wettbewerbsfähigkeit: Wo steht der Standort Schweiz? Eine Analyse auf sektoraler Ebene,* Zürich: vdf Hochschulverlag, ETH Zürich.
Bernegger, Michael 1990: Die Schweiz und die Weltwirtschaft: Etappen der Integration im 19. und 20. Jahrhundert, in: Bairoch, Paul / Körner, Martin (Hg.), *Die Schweiz in der Weltwirtschaft (15.–20. Jh.),* Zürich: Chronos, 429–464.
Brugger, Hans 1943: *Die land- und forstwirtschaftlichen Vereinigungen der Schweiz,* Brugg (= Mitteilungen des Schweizerischen Bauernsekretariates Nr. 131).
Cortat, Alain 2009: *Un cartel parfait. Réseaux, R&D et profits dans l'industrie suisse des câbles,* Neuchâtel: Alphil.
David, Thomas / Mach, André / Straumann, Tobias 2008: The questioning of selective protectionism in Switzerland: Cartel law reform and corporate governance changes in the 1980s, in: Müller, Margrit / Myllyntaus, Timo (eds.), *Pathbreakers. Small European Countries Responding to Globalisation and Deglobalisation,* Bern / [etc]: Lang, 449–476.
Degen, Bernard 2005: Consumerism in capitalism: The Swiss consumers' cooperatives and politics, in: *Acta of the International Congress Consumerism versus Capitalism? Cooperatives seen from an International Comparative Perspective,* Ghent: Amsab-Institute of Social History, 243–259.
Glatthard, Alexander 1987: *Unternehmenskonzentration in der Schweiz: Stand und Entwicklung von 1929 bis 1983,* Bern / [etc.]: Lang.
Handelszeitung und Finanzrundschau AG (Hg.) 2002: Top 2002, Die grössten Unternehmen in der Schweiz, Zürich.
Keller, Morton 1979: Public policy and large enterprise. Comparative historical perspectives, in: Horn, Norbert / Kocka, Jürgen (Hg.), *Recht und Entwicklung der Grossunternehmen im 19. und frühen 20. Jahrhundert. Wirtschafts-, sozial- und rechtshistorische Untersuchungen zur Industrialisierung in Deutschland, Frankreich, England und den USA,* Göttingen: Vandenhoeck & Ruprecht, 515–534.
Keller, Morton 1980: Regulation of large enterprise. The United States experience in comparative perspective, in: Chandler, Alfrd D., Jr. et al., *Managerial Hierarchies: Comparative Perspectives on the Rise of the Modern Industrial Enterprise,* Cambridge (Mass.): Harvard University Press, 161–181.
Müller, Margrit 2010: Die Exportindustrien im Verlauf des 20. Jahrhunderts, *Traverse, Zeitschrift für Geschichte* (2010/1), 119–138.
Müller, Margrit / Myllyntaus, Timo (eds.) 2008, *Pathbreakers. Small European Countries Responding to Globalisation and Deglobalisation,* Bern / [etc.]: Lang.
Schmid, Hanspeter 1983: *Wirtschaft, Staat und Macht. Die Politik der schweizerischen Exportindustrie im Zeichen von Staats- und Wirtschaftskrise (1918–1929),* Zürich: Limmat Verlag.
Schröter, Harm G. 1994: Kartellierung und Dekartellierung, 1890–1990, *Vierteljahrschrift für Sozial- und Wirtschaftsgeschichte* 81 (1994), 457–493.

2.1 Internationale Verflechtung

Margrit Müller

Mit dem Globalisierungsschub der 1990er Jahre rückten die internationale Verflechtung der Volkswirtschaften und deren Wettbewerbsfähigkeit im Vergleich zu anderen Nationen vermehrt in den Fokus vergleichender Wirtschaftsanalysen. Mittels verschiedenster Globalisierungsindizes, die neben zentralen ökonomischen Indikatoren auch soziale und politische Aspekte berücksichtigen, wurde das Ausmass der Partizipation am stark wachsenden globalen Austausch von Gütern, Kapital, Personen und Informationen sowie die Funktionsweise der diese transnationalen Flüsse und Beziehungen regelnden Institutionen gemessen.[1] Die Schweiz positionierte sich in diesen verschiedenen Rangordnungen, zusammen mit einigen anderen kleinen europäischen Staaten, regelmässig auf den vorderen Plätzen, und die Wertung war klar: Je höher der so gemessene Globalisierungsindex, desto grösser die internationale Wettbewerbsfähigkeit einer Volkswirtschaft.

Zu den zentralen wirtschaftlichen Indikatoren der internationalen Verflechtung gehören der Aussenhandel mit Gütern und Dienstleistungen sowie die Direktinvestitionen, d.h. die von inländischen Unternehmen getätigten Investitionen im Ausland. Dabei kann es sich um die Neugründung von Firmen oder die Übernahme bereits bestehender Unternehmen handeln, wobei jedoch im Unterschied zu einer blossen Finanzbeteiligung (Portfolioinvestition) stets auch die Kontrolle über die Geschäftsführung der Auslandsgesellschaft ausgeübt wird. Diese Form der Verflechtung wirkt sich somit auf alle Bereiche der Geschäftstätigkeit aus und verändert die im Gesamtunternehmen verfügbaren Ressourcen sowie deren Weiterentwicklung.[2] Direktinvestitionen sind eine besondere Kategorie von Kapitalanlagen, die zwar nur einen Teil des internationalen Kapitalverkehrs ausmachen, aber eine besonders nachhaltige Wirkung auf den Wachstumspfad einer Volkswirtschaft entfalten. Sie können als das Ergebnis eines Standortwettbewerbs zwischen dem Herkunftsland (bzw. dem Geberstaat) und dem Zielland (bzw. dem Empfängerstaat) verstanden werden. Der Empfängerstaat erhält nicht nur ausländisches Kapital, sondern auch Zugang zu den technischen und organisatorischen Ressourcen des ausländischen Konzerns, insbesondere zu dessen Finanzierungs- und Führungskapazitäten. Die wirtschaftliche Entwicklung im Herkunftsland kann durch Direktinvestitionen im Ausland gestärkt, möglicherweise aber auch

1 Beispiele sind der « KOF Index of Globalization» der Konjunkturforschungsstelle der ETH Zürich, der Maastricht «Globalisation Index (MGI)» oder der «A.T. Kearney Foreign Policy Magazine Globalization Index». Diese Indizes basieren auf verschiedenen Teilindizes und umfassen eine unterschiedliche Anzahl von Ländern. Ihre Interpretation und Vergleichbarkeit ist entsprechend eingeschränkt (siehe dazu Dreher/Gaston/Martens 2008).

2 Zu den Besonderheiten des Wachstums eines Unternehmens mittels Direktinvestitionen im Ausland siehe Penrose 1956, 225–229.

geschwächt werden. Zudem haben Direktinvestitionen stets politische Implikationen: Ausländische Direktinvestitionen können durch staatliche Massnahmen gefördert oder eingeschränkt werden.

Die beiden Internationalisierungsformen – Aussenhandel und Direktinvestitionen im Ausland – waren für die wirtschaftliche Entwicklung der Schweiz von zentraler Bedeutung. Am Ende des 20. Jahrhunderts machten die Exporte von Gütern und Dienstleistungen etwa 50% des Bruttoinlandprodukts aus. Jeder zweite Franken wird im Ausland verdient, so lautete die eingängige Formel zur Charakterisierung der Exportabhängigkeit der schweizerischen Wirtschaft. Die Abhängigkeit von importierten Gütern und Dienstleistungen war etwa gleich gross, und ein bedeutender Teil der eingeführten Güter wurde als Vorleistung zur Herstellung der Exporte verwendet. Bereits im 19. Jahrhundert richteten sich einzelne Industrien, insbesondere die Uhren- und die Textilindustrie, aber auch einige Unternehmen der Nahrungsmittelindustrie stark auf den Export aus und stützten sich dabei auf importierte Rohstoffe und Halbfabrikate.[3] Zudem beschäftigte die Schweizer Wirtschaft eine wachsende Zahl ausländischer Arbeitskräfte und nutzte Technologien, die im Ausland entwickelt, von den inländischen Produzenten angewandt, weiterentwickelt, patentiert und in Form von innovativen Produkten im Ausland vermarktet oder dort auch hergestellt wurden (→ 1.3.1.3 und 1.3.2.2). Die offenen Grenzen für Güter, Arbeitskräfte, Wissen und Kapital führten zu einer von der schmalen Ressourcenbasis und der begrenzten inländischen Nachfrage weitgehend unabhängigen, auf die Möglichkeiten der Beschaffung und des Absatzes im Ausland ausgerichteten Spezialisierung und katapultierten das kleine Land zu einem ausserordentlich frühen Zeitpunkt in eine Spitzenposition im internationalen Wohlstandsvergleich (→ 1.1.1.1). Ein besonderer Standortvorteil der Schweiz war die geographische und sprachlich-kulturelle Nähe der verschiedenen Landesregionen zu den grossen Nachbarländern Deutschland, Frankreich, Italien und Österreich, welche die Expansion mittels Direktinvestitionen erleichterte und damit die Nutzung der unterschiedlichen Standortvorteile dieser Länder.[4]

Die theoretischen Konzepte zur Entstehung und Verbreitung multinationaler Unternehmen sind von der Vorstellung geprägt, dass Unternehmen zunächst ihre Wachstumsmöglichkeiten im Inland ausschöpfen und erst in einem zweiten Schritt ins Ausland expandieren. Begründet wird dies damit, dass es grundsätzlich schwieri-

3 Dementsprechend gering war das Interesse der exportorientierten Wirtschaftszweige an der mit der Gründung des Schweizerischen Bundesstaates 1848 angestrebten Aufhebung der Zölle und anderer Handelsbeschränkungen im Landesinnern. Die Vorteile eines freien Binnenmarkts konnten aus ihrer Sicht die Nachteile eines gemeinsamen Aussenzolls an der Landesgrenze nicht aufwiegen (Halbeisen/Müller 1998).

4 Gemäss Schröter 1990, 400–402, war der «near by»-Faktor für die Schweiz besonders ausgeprägt. In den Stichjahren 1900 und 1914 waren vier Fünftel bzw. drei Viertel aller Direktinvestitionen in den vier angrenzenden Ländern (Deutschland, Frankreich, Italien, Österreich-Ungarn) lokalisiert, und zwar insbesondere im grenznahen Raum. Zudem bevorzugten zwei Drittel bzw. drei Viertel der multinationalen Unternehmen (MNU) für ihre erste Direktinvestition im Ausland den ihnen gewohnten Sprachraum.

ger sei bzw. zusätzliche Kosten verursache, im Ausland statt im Inland zu wachsen. Um sich im fremden Markt trotz dieser Nachteile behaupten zu können, müssten Unternehmen über einen technischen, organisatorischen oder anders gearteten Vorsprung gegenüber den inländischen Unternehmen verfügen, und diese Vorteile eigneten sie sich zuerst im Wettbewerb mit ihren inländischen Konkurrenten an. Unterstellt wird damit ein enger Zusammenhang zwischen der Wettbewerbsfähigkeit der Unternehmen und der Wettbewerbsfähigkeit der Nationen bzw. der nationalen Umfelder dieser Unternehmen. Theoretische Konzepte und empirisch-historische Untersuchungen, die das Wachstum und die Wettbwerbsfähigkeit einer Volkswirtschaft mit der Grösse ihrer Unternehmen gleichsetzten, bestärkten diese Sichtweise.[5]

Grundsätzlich gilt es jedoch, zwischen der Wettbewerbsfähigkeit und dem Wachstum eines Unternehmens oder einer Volkswirtschaft klar zu unterscheiden. Dass das internationale Wachstum eines Unternehmens nicht parallel verlaufen muss zum wirtschaftlichen Wachstum des Herkunftslandes, scheint offensichtlich, trotzdem werden diese beiden Wachstumsformen häufig vermischt, was sogar dazu verleiten kann, die Expansion der Schweizer Unternehmen im Ausland mit der Expansion der Schweiz als Nation gleichzusetzen.[6] Direktinvestitionen im Ausland verändern den Wachstumspfad eines Unternehmens insgesamt, und sie haben nicht nur Auswirkungen auf die Entwicklung im Empfängerstaat, sondern auch Rückwirkungen auf die Entwicklung des Unternehmens im Herkunftsland. Die Entscheidung, ins Ausland zu expandieren, hängt damit zusammen, dass man sich am dortigen Standort Vorteile erwartet.[7] Wenn das Unternehmen seine Chancen richtig eingeschätzt hat, wird es erfolgreich sein und wachsen. Auf das Wachstum des Herkunftslandes können sich diese Investitionen jedoch unterschiedlich auswirken: Sie können zu einem komplementären Wachstum des Unternehmens im Herkunftsland führen oder aber dieses Wachstum schwächen.[8]

5 Alfred D. Chandler begründete die These eines engen Zusammenhangs zwischen der Grösse der Unternehmen und der Wirtschaftsleistung einer Volkswirtschaft in den 1960er und 1970er Jahren mit seinen zahlreichen Studien über den Aufstieg und die anhaltende Dominanz der grossen, von Managern geführten Unternehmen in den USA und in weiteren Staaten (Amatori/Colli 2011, 61–70). In den Publikationen von Michael Porter zum «competitive advantage of nations» wird der enge Zusammenhang zwischen der Wettbewerbsfähigkeit der Wirtschaft eines Landes und der internationalen Wettbewerbsfähigkeit seiner multinationalen Unternehmen betont (z.B. Porter 1990).

6 Breiding/Schwarz 2011, 388, zählen offenbar die Aktivitäten der Schweizer Unternehmen im Ausland zur schweizerischen Wirtschaft. Die Schweiz sei, wenn man deren «internationale Dimension» berücksichtige, wirtschaftlich eine mittlere Grossmacht. Doch das Wachstum der Schweizer MNU, beispielsweise in den USA, trägt zum Wirtschaftswachstum der USA und nicht zum Wachstum der Schweiz bei.

7 Dunning 1977 unterscheidet in seinem einflussreichen OLI-Paradigma zwischen «ownership advantages» (unternehmensspezifischen Vorteilen), «location advantages» (Standortvorteilen) und «internalization advantages», d.h. den Vorteilen der Integration ausländischer und inländischer Geschäftsbereiche im Unternehmen.

8 Siehe zu den komplexen Beziehungen zwischen den Direktinivestitionen multinationaler Unternehmen und der wirtschaftlichen Entwicklung in den Empfänger- und Herkunftsländern Cantwell 1992. Für eine ausführliche Diskussion des theoretischen Hintergrunds der Substitutionalitätshypothese, nach der

Um die Bedeutung von Direktinvestitionen für die wirtschaftliche Entwicklung der Schweiz zu verstehen, gilt es zu berücksichtigen, dass solche Investitionen für Unternehmen in kleinen Ländern eine andere Rolle spielten als für Unternehmen in grossen Staaten, auf die sich die theoretische und empirisch-historische Literatur in der Regel bezieht.[9] Für wachstumsorientierte, hochspezialisierte und technologieintensive Unternehmen aus kleinen Ländern bestanden bereits von Beginn der Geschäftstätigkeit an starke Anreize, mittels Direktinvestitionen ins Ausland zu expandieren. Welche Bedeutung hatte der Standortwettbewerb zwischen dem Herkunftsland und den grossen Nachbarländern für die vorteilhafte Positionierung der schweizerischen Volkswirtschaft in der internationalen Arbeitsteilung? Schweizer Unternehmen nutzten mittels ihrer Direktinvestitionen im Ausland neben Wachstums- vor allem auch Lernchancen. Direktinvestitionen im Ausland erleichterten den transnationalen Wissensaustausch, verschafften Zugang zu im Ausland betriebener Forschung und stärkten damit die Innovationsfähigkeit des gesamten Unternehmens. Zudem eigneten sich die Unternehmen das für die erfolgreiche Internationalisierung besonders wichtige Marktwissen an, eine Ressourcenkategorie, die häufig zu wenig beachtet wird. Die bereits zu einem frühen Zeitpunkt mit dem Betreiben von Tochtergesellschaften im nahen Ausland gemachten Erfahrungen erleichterten in der Folge die Expansion in weiter entfernte Länder.

Während in der Literatur, wie erwähnt, die Auffassung dominiert, dass die grossen multinationalen Unternehmen (MNU) die Stärken der Volkswirtschaft ihres Herkunftslandes widerspiegeln, wurde die Bedeutung von Direktinvestitionen für die Empfängerstaaten häufig überhaupt nicht oder unter sehr verschiedenen Aspekten thematisiert.[10] Die «Nationalität» eines Unternehmens, die vor 1914 in den meisten Staaten keinerlei Bedeutung hatte, wurde im Ersten Weltkrieg zu einem politischen Problem. In der Folge eigneten sich Unternehmen eine «nationale Identität» an, Eigentumsverhältnisse wurden kontrolliert und reguliert, der Zufluss ausländischer Direktinvestitionen tendenziell erschwert.[11] Die wirtschaftshistorische Forschung befasste sich auch mit dem Widerstand europäischer Staaten gegen die Übernahme einheimischer Unternehmen durch US-Firmen während der Zwischenkriegszeit und insbesondere nach dem Zweiten Weltkrieg oder mit dem starken Einfluss solcher Investitionen auf die wirtschaftliche und gesellschaftliche Entwicklung in den europäischen Ländern.[12] In den 1950er und 1960er Jahren warf man den gros-

Internationalisierung in Form von Direktinvestitionen im Ausland die wirtschaftliche Aktivität im Inland schwächt, sowie der Komplementaritätshypothese, nach der Direktinvestitionen im Ausland Exporte induzieren und sich auf das Wirtschaftswachstum im Inland positiv auswirken, siehe Arvanitis et al. 2001, 9–10 und 53–88. Analysiert werden hier die Auswirkungen von Direktinvestitionen auf die schweizerische Wirtschaft in den 1990er Jahren.

9 Schröter 1993; Dunning 2001.

10 Einen Überblick über die Entwicklung der multinationalen Unternehmen im Verlauf des 20. Jahrhunderts vermittelt Cantwell 1991.

11 Jones 2008, 147, betont im Vergleich zur Zeit vor 1914: «The world became, and remained, riskier for firms crossing borders.»

12 Siehe z.B. Schröter 2005, 17–60.

sen MNU vor, dass sie die Ressourcen der Entwicklungsländer ausbeuteten, ohne nachhaltig zur wirtschaftlichen Entwicklung dieser Staaten beizutragen. Die Haltung der Emerging Nations gegenüber ausländischen Direktinvestitionen hat sich seither stark verändert: Der Zufluss von Direktinvestitionen wird gezielt gefördert und umgekehrte Flüsse – von den «emerging» zu den «advanced» Nationen – nehmen ebenfalls zu. Solchen Investitionen dürften ähnliche Motive zugrunde liegen, wie sie bei den frühen Direktinvestitionen der Unternehmen aus kleinen europäischen Ländern eine wichtige Rolle spielten, nur dass sich der Wissenstransfer mittels Firmenkäufen heute viel einfacher gestaltet als die früher übliche Neugründung von Unternehmen im Ausland. Seit etwa den 1990er Jahren lässt sich auch in den westeuropäischen Ländern eine positivere Haltung gegenüber dem Zufluss ausländischer Direktinvestitionen feststellen.[13]

Die Schweiz gehörte während des gesamten 20. Jahrhunderts zu den Ländern mit hohen Direktinvestitionen im Ausland und vergleichsweise geringen Direktinvestitionen ausländischer Unternehmen im Inland. Für die schweizerische Wirtschaft waren die Direktinvestitionen im Ausland somit wichtiger, und sie werden daher in diesem Kapitel ausführlicher behandelt, auch deshalb, weil der Forschungsstand über ausländische Unternehmen in der Schweiz noch ziemlich lückenhaft ist. Diese Form der internationalen Verflechtung hat jedoch seit den 1990er Jahren in der Schweiz an Bedeutung gewonnen.

Die verschiedenen Formen der internationalen Verflechtung können das Wachstum einer Volkswirtschaft stärken oder auch schwächen. Bis zu Beginn der 1970er Jahre vermochte die Schweiz, ihren Wohlstandsvorsprung gegenüber anderen europäischen Ländern aufrechtzuerhalten und somit in etwa vergleichbarem Ausmass zu wachsen. In den letzten Jahrzehnten des 20. Jahrhunderts und insbesondere in den 1990er Jahren, also in einer Periode der weltwirtschaftlichen Öffnung und der Intensivierung des europäischen Integrationsprozesses, büsste sie diesen Vorsprung jedoch ein, und die Schweizer Wirtschaft verzeichnete eine auffallende Wachstumsschwäche. Es stellt sich die Frage, ob zwischen diesem Wachstumsverlauf und den allfälligen Veränderungen der internationalen Verflechtung in diesem Zeitraum ein Zusammenhang besteht.

Im Folgenden wird ein knapper Überblick über die Offenheit der Schweiz für den internationalen Handel und für Direktinvestitionen im Verlauf des gesamten 20. Jahrhunderts und im Vergleich mit anderen europäischen Ländern sowie den USA vermittelt (2.1.1). Anschliessend werden, jeweils gesondert für die erste und die zweite Hälfte des Jahrhunderts (2.1.2 und 2.1.3), aufgrund der strukturellen Entwicklung des Schweizer Aussenhandels relativ zur Entwicklung des Welthandels die Veränderung der Wettbewerbsfähigkeit aufgezeigt sowie, unter Berücksichtigung der wirtschaftspolitischen Einflüsse, die Anpassungsprozesse auf der Ebene der Branchen und Unternehmen beschrieben.[14] Diese Zweiteilung des Jahrhunderts ist wegen der unter-

13 Oxelheim/Ghauri 2004.

14 Mein Dank geht an Manuel Hiestand für seine Unterstützung beim Erstellen der Tabellen und Grafiken.

schiedlichen Datenlage unumgänglich, sie lässt sich allerdings auch gut begründen. In der wirtschaftshistorischen Literatur wird unterschieden zwischen einer frühen Periode der Globalisierung, die im letzten Viertel des 19. Jahrhunderts einsetzte und trotz einiger Einschränkungen bis zum Ersten Weltkrieg dauerte, gefolgt von einer Periode der wirtschaftlichen Desintegration bis Ende des Zweiten Weltkriegs. Darauf folgte eine Periode zwar langsamer, jedoch anhaltender weltwirtschaftlicher Integration, die sich in den 1980er Jahren und insbesondere seit dem Globalisierungsschub der frühen 1990er Jahre verstärkte. Innerhalb dieser beiden Perioden bilden die schweren Konjunktureinbrüche in den 1930er, Mitte der 1970er und in den 1990er Jahren besondere Zäsuren, weil in solchen Krisenphasen bisher verfolgte Ziele und Strategien grundlegend in Frage gestellt wurden und grössere Veränderungen in den Marktbeziehungen, insbesondere in den Beziehungen zwischen Binnenwirtschaft und Exportwirtschaft sowie zwischen Wirtschaft und Politik auftraten.

2.1.1 Die Offenheit der Schweiz im internationalen Vergleich

Die Schweiz versteht sich als stark exportorientierte Volkswirtschaft, die ihr Wachstum und ihren Wohlstand der internationalen Wettbewerbsfähigkeit ihrer Wirtschaft verdankt. Diesem tradierten, auch in der Geschichtsschreibung vorherrschenden Bild einer offenen Schweiz widersprechen vor allem neuere Studien, die das im Verlauf des 20. Jahrhunderts sich ausbreitende dichte Geflecht protektionistischer, den Wettbewerb sowohl im Inland wie aus dem Ausland einschränkender Massnahmen betonen: Demnach war die Schweiz ein Land mit einem weitgehend regulierten und kartellierten Binnenmarkt, ein Land der versteckten Importbeschränkungen und der Abwehrmassnahmen gegen den Einfluss ausländischer Investoren in Schweizer Unternehmen (→ 2.3 und 4.1). Wie offen war die Schweiz tatsächlich und wie können der Grad dieser Offenheit und die verschiedenen Formen und Dimensionen der internationalen Verflechtung erfasst und beurteilt werden?

Im Folgenden wird die Offenheit der Schweiz aufgrund der Handelsbeziehungen und der Direktinvestitionen schweizerischer Unternehmen im Ausland und ausländischer Unternehmen in der Schweiz gemessen und mit derjenigen anderer Länder verglichen. Das Ausmass der internationalen Verflechtung ist abhängig von der Grösse eines Landes und von seinem Entwicklungsstand. Kleine Länder sind stärker auf den Bezug von Ressourcen aus dem Ausland oder auf den Absatz ihrer Güter auf ausländischen Märkten angewiesen als grosse Staaten. Die Offenheit der Schweiz lässt sich deshalb am besten mit derjenigen anderer früh industrialisierter, kleiner europäischer Länder vergleichen, d.h. mit Belgien, den Niederlanden, Dänemark, Schweden und Norwegen. In den folgenden Darstellungen werden allerdings auch die grossen Nachbarländer Deutschland, Frankreich und Italien sowie Grossbritannien und die USA als wichtige Handelspartner in den Vergleich einbezogen. Die Aussenhandelsstatistiken gehören zu den wenigen, lückenlos geführten nationalen Statistiken. Es handelt sich dabei um detaillierte Wert- und Mengenstatistiken über den Warenhandel, sie gehen zurück bis ins Jahr 1884 und gelten als besonders zuverlässig.[15] Offizielle Daten über andere Formen der internationalen Verflechtung, insbesondere zu Direktinvestitionen, wurden erst viel später erhoben. Als weitere Dimension der Internationalisierung wird zudem die geographische Diversifikation der Exporte und Importe sowie der Direktinvestitionen aufgezeigt. Dieser quantitative Überblick soll die Grundlage schaffen für eine vertiefte Analyse der internationalen Verflechtung auf der Ebene der Branchen und Unternehmen in den darauffolgenden Abschnitten.

2.1.1.1 Aussenhandelsquoten und Anteile am Welthandel

Um die Bedeutung des Aussenhandels für Länder unterschiedlicher Grösse und wirtschaftlicher Leistungsfähigkeit zu vergleichen, wird der gesamte Aussenhandel (Exporte und Importe) ins Verhältnis zum Bruttoinlandprodukt (BIP) gesetzt. Diese Aussenhandelsquote ist der am häufigsten verwendete Indikator für die Offenheit einer Volkswirtschaft. In älteren wirtschaftshistorischen Studien wurden Aussenhandelszahlen oft ins Verhältnis gesetzt zur Einwohnerzahl, weil keine zuverlässigen BIP-Schätzungen für das gesamte Jahrhundert vorlagen. Gemessen mit diesem Indikator, war die Offenheit der Schweiz im internationalen Vergleich ausserordentlich hoch.[16] Dieser scheinbare Internationalisierungsvorsprung ist jedoch auf das höhere BIP zurückzuführen. Die Aussenhandelsquote ist daher ein aussagekräftigeres Mass für die relative Offenheit der Schweiz und lässt sich weiter differenzieren in Export- und Importquoten. Es ist allerdings zu beachten, dass Exportquoten kein Mass sind, um den Beitrag der Exportwirtschaft zum Wachstum des Bruttoinlandprodukts (BIP) bzw. zur gesamten Wirtschaftsleistung einer Volkswirtschaft abzuschätzen. Diese wird mit dem Wachstumsbeitrag der Exportwirtschaft zur Bruttowertschöpfung gemessen (→ 1.1.2.4). Der Einbruch der Exportquoten in der Zwischenkriegszeit führte denn auch nicht zu einem massiven Einbruch des BIP, ganz im Gegenteil: Die von zunehmendem Protektionismus geprägten 1920er Jahre waren trotz der deutlich niedrigeren Exportquoten als vor dem Ersten Weltkrieg eine ausgesprochene Wachstumsperiode.

Grafik 2.1-1 zeigt die Entwicklung des Aussenhandels sowie der Exporte und Importe im Verhältnis zum BIP – über den Verlauf des gesamten Jahrhunderts für Waren sowie ab 1948 auch für Dienstleistungen. Eine Aussenhandelsquote für Waren von über 60 % wie vor dem Ersten Weltkrieg wurde erst am Ende des Jahrhunderts wieder erreicht, und zwar hauptsächlich wegen der tieferen Importquoten, denn

15 Vgl. HSSO Kapitel L – Aussenhandel. Die Mengenstatistiken gehen bis ins Jahr 1851 zurück und wurden im Zusammenhang mit der Erhebung von Aussenzöllen nach der Gründung des Bundesstaates 1848 eingeführt (siehe Bairoch 1978).

16 Bairoch 1990.

die Exportquoten stiegen bereits in den 1970er Jahren wieder auf ein Niveau wie vor dem Ersten Weltkrieg. Die Aussenhandelsquoten für Dienstleistungen waren bedeutend tiefer als jene für Waren, nahmen jedoch stetig zu: von etwa 8 % im Jahr 1947 auf über 20 % am Ende des Jahrhunderts. Der in der zweiten Hälfte des 20. Jahrhunderts einsetzende Wandel von der Industrie- zur Dienstleistungsgesellschaft zeigt sich somit auch beim Aussenhandel, und zwar vor allem bei den Dienstleistungsexporten. Im Unterschied zum Warenhandel waren die Dienstleistungsexporte stets bedeutend höher als die -importe. Beim Warenhandel war dies nur während der beiden Kriegsperioden und dann seit den 1990er Jahren der Fall. Die Dienstleistungsexporte bestanden hauptsächlich aus Leistungen des Tourismus- und des Finanzsektors (Banken und Versicherungen). Die Grafik 2.1-1 vermittelt zudem einen ersten Eindruck über die unterschiedlichen Auswirkungen der beiden Weltkriege auf den Aussenhandel mit Waren: Während und nach dem Ersten Weltkrieg kam es zu starken Auf- und Abschwüngen, im Zweiten Weltkrieg brachen die Aussenhandelsquoten hingegen während der gesamten Kriegsdauer ein und nahmen erst in den Nachkriegsjahren stark zu.

Das Ausmass der internationalen Verflechtung ist abhängig von der Grösse eines Landes und von seinem Entwicklungsstand. Im Vergleich zu grossen Ländern sind kleine Länder stärker auf den Bezug von Ressourcen aus dem Ausland bzw. auf den

Grafik 2.1-1: **Aussenhandelsquoten (1891–2005)**

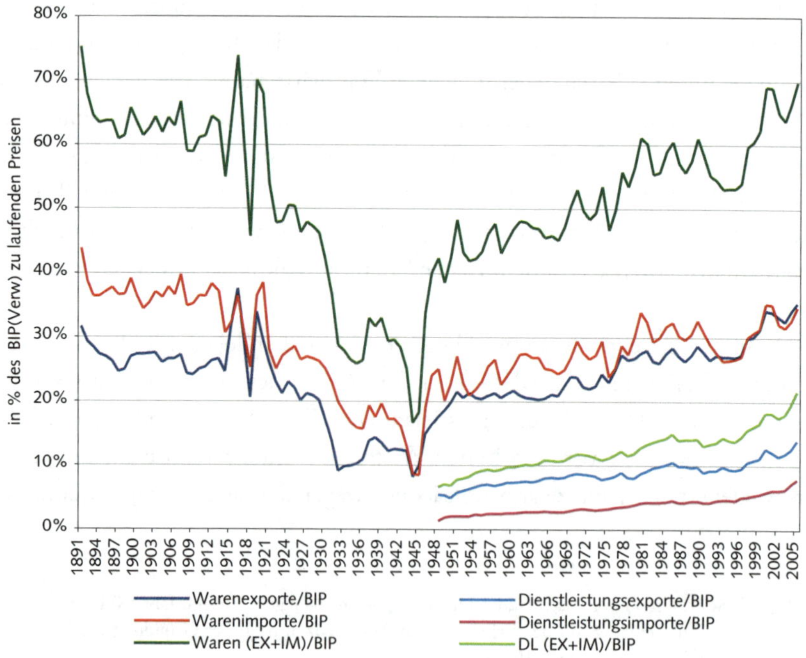

Quellen: BIP(Verw) HSSO Tab. Q.16a und Q.16b.

Absatz ihrer Güter auf ausländischen Märkten angewiesen. Wie erwartet, war die Aussenhandelsquote der kleinen Länder grösser als jene der grossen Länder, doch nahm auch die wirtschaftliche Offenheit der kleinen Länder während der Zwischenkriegszeit deutlich ab und verharrte bis zu den 1960er Jahren auf einem eher niedrigen Niveau. Innerhalb der zuerst fünf, später acht kleinen europäischen Länder, für die Schätzungen der Aussenhandelsquoten verfügbar sind, nahm die Schweiz vor dem Ersten Weltkrieg den zweiten und dritten Rang ein, allerdings mit grossem Abstand hinter den Niederlanden, und fiel danach auf den fünften Rang zurück. Die Aussenhandelsquote der Schweiz nahm nach dem Zweiten Weltkrieg wieder zu, jedoch nicht stärker als jene der anderen kleinen Länder. Das gilt auch für die Zeit nach 1973, d.h. nach dem Einbezug der Dienstleistungen in den internationalen Vergleich des Aussenhandels. Die geringere Offenheit der Schweiz nach 1913 trifft sowohl für die Exporte wie für die Importe zu (siehe Tabelle 2.1-A1 im Anhang zu diesem Kapitel). Gemessen an den Exportquoten befand sich die Schweiz in der Zwischenkriegszeit an vierter und fünfter Stelle, in den 1950er und 1960er Jahren an vierter und nach dem Einbezug der Dienstleistungen an fünfter und sechster Stelle. Erst im 21 Jahrhundert rückte die Schweiz wieder auf Platz 4 vor. Gemessen an den Importquoten war die relative Offenheit der Schweiz meistens etwas geringer.

Tabelle 2.1-1: **Aussenhandel in Prozent des BIP (1900–2006)**

	Waren						Waren und Dienstleistungen				
	1900	1913	1928	1938	1958	1966	1974	1982	1990	1998	2006
Belgien*	–	–	–	–	60	77	119	133	137	145	172
Dänemark	53	61	59	42	54	50	67	74	70	74	101
Finnland	48	56	52	34	36	36	56	58	46	68	84
Niederlande**	133	140	74	47	73	71	103	110	109	120	139
Norwegen	43	51	40	34	51	51	83	78	74	73	75
Österreich*	–	–	–	–	38	39	63	67	75	82	107
Schweden	41	42	36	33	37	37	65	66	60	80	95
Schweiz	**61 (2)**	**60 (3)**	**46 (5)**	**30 (7)**	**43 (5)**	**46 (5)**	**63 (6)**	**67 (5)**	**71 (5)**	**76 (5)**	**97 (5)**
Deutschland	32	40	11	31	29	32	40	48	50	56	85
Frankreich	27	31	32	19	18	21	42	46	44	50	55
Grossbritannien	49	60	49	29	35	34	59	51	50	54	60
Italien	23	29	26	14	20	26	42	45	38	47	56
USA**	12	11	10	6	7	7	17	18	21	24	28

*1958–1966: Importe und Exporte in Prozent des BNP;
**1928–1938: Importe und Exporte in Prozent des NNP

Quellen: 1900–1970: Schweiz: HSSO Tab. Q.16a und Q.16b; übrige Länder: Mitchell 2003; Aussenhandel und BIP Niederlande 1900 und 1913: Smits/Horlings/van Zanden 2000. 1970–2006: OECD online, National Accounts, Gross Domestic Product (November 2008).

Bemerkungen: Die Zahlen in Klammern geben den Rang der Schweiz an.

Die Anteile des Schweizer Aussenhandels am «Welthandel» bestätigen ebenfalls die vergleichsweise geringe Offenheit der Schweiz nach dem Ersten Weltkrieg. Für die erste Hälfte des 20. Jahrhunderts sind Schätzungen für einige Stichjahre zwischen 1911 und 1938 verfügbar, wobei die «Welt» aus einer Gruppe europäischer Länder und den Vereinigten Staaten besteht, die zusammen den grössten Teil des gesamten Welthandels ausmachten (Grafik 2.1-2). Der Anteil der Schweiz an diesem «Weltexport» schwankte zwischen 2% und 2.5%, die Anteile am «Weltimport» schwankten stärker: sie stiegen von 2.5 % vor dem Ersten Weltkrieg und 2.2% in den 1920er Jahren auf ein Maximum von 3.7% in den frühen 1930er Jahren und gingen erst ab 1934 zurück. Im Vergleich dazu nahmen die Export- und Importanteile der Vergleichsgruppe kleiner europäischer Staaten während der Zwischenkriegszeit deutlich zu: Zwischen 1929 und 1938 stieg der Anteil der acht kleinen europäischen Länder am «Weltexport» und «Weltimport» um etwa ein Viertel, während die schweizerische Exportwirtschaft zwar in der Lage war, ihren Anteil am «Weltexport» zu halten, jedoch nicht, wie die Vergleichsgruppe, ihn zu erhöhen. Der Anteil der Schweiz am Weltimport stieg hingegen zwischen 1929 und 1933 besonders stark und kehrte bis 1938 auf

Grafik 2.1-2: **Anteile der kleinen europäischen Länder (SEC) sowie der Schweiz (CH) an den Weltexporten und -importen (1911–2005)**

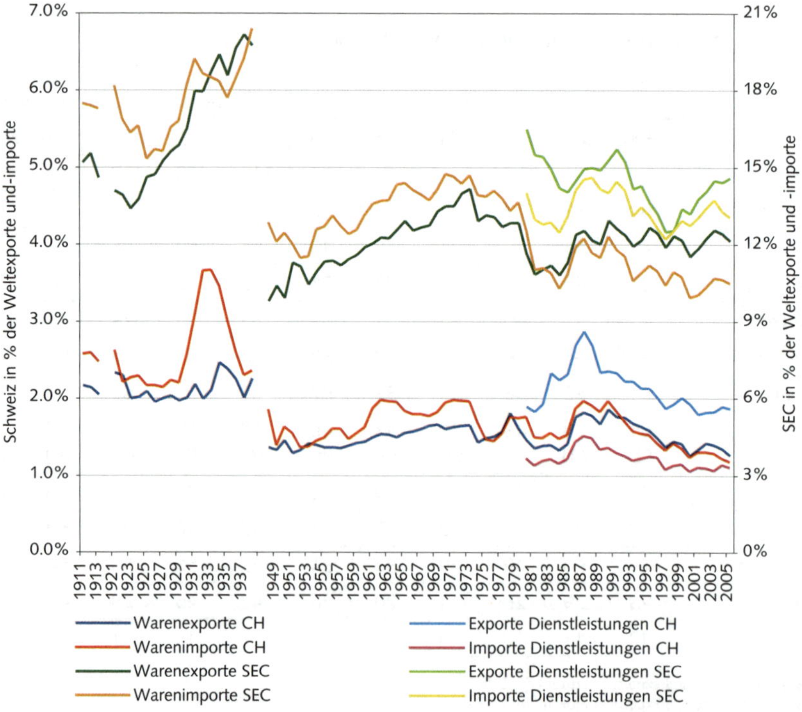

Quellen: Europa 1911–1948: Svennilson 1954; USA 1911–1948: Mitchell 2003; 1948–2007: Berechnungen von Manuel Hiestand im Rahmen des SNF-Forschungsprojekts Müller et al. 2013, basierend auf WTO Statistics Database online.

Bemerkungen: Die Weltexporte und -importe 1911–1948 entsprechen den Exporten und Importen von 22 europäischen Ländern sowie den USA. SEC (Small European Countries): Österreich, Belgien, Dänemark, Finnland, Niederlande, Schweden, Norwegen.

das Niveau von 1929 zurück. Damit zeigen sowohl die Export- wie die Importanteile der Schweiz am Welthandel in der Zwischenkriegszeit einen atypischen Verlauf, der auf den späteren Konjunktureinbuch in der Binnenwirtschaft und den verzögerten Konjunkturaufschwung in den 1930er Jahren zurückzuführen ist (→ 1.1.3.2).

Die ab 1948 verfügbaren WTO-Statistiken umfassen eine viel grössere Gruppe von Staaten; dementsprechend kleiner ist der Anteil der kleinen europäischen Länder am Welthandel. Die Anteile der Schweiz am Weltwarenexport schwankten zwischen 1.3% und 1.8%, die Importanteile zwischen 1.4% und 2%. Die Export- und Importquoten der Vergleichsgruppe kleiner Länder verliefen bis in die frühen 1980er Jahre ähnlich, anschliessend gingen die Schweizer Exportanteile für Waren kontinuierlich zurück, während sie sich in der Vergleichsgruppe kleiner Länder nach einem zunächst deutlichen Rückgang kaum veränderten. Ab 1980 sind Daten zu den Export- und Importanteilen am Welthandel unter Einbeziehung der Dienstleistungen verfügbar. Hier fällt besonders auf, dass die Dienstleistungsexporte der Schweiz etwa doppelt so hoch waren wie die Dienstleistungsimporte, während die Export- und Importanteile der Vergleichsgruppe kleiner europäischer Länder meistens etwa ausgeglichener waren. Gemessen an den Export- und Importanteilen lässt sich somit bei den Waren eine im Vergleich zum Durchschnitt der kleinen europäischen Ländern abnehmende Integration der Schweiz in die Weltwirtschaft feststellen, bei den Dienstleistungsexporten ist es hingegen gerade umgekehrt.

2.1.1.2 Direktinvestitionen schweizerischer Unternehmen im Ausland und ausländischer Unternehmen in der Schweiz

Daten über Direktinvestitionen schweizerischer Unternehmen im Ausland und ausländischer Unternehmen in der Schweiz wurden von der SNB erst seit den 1990er Jahren systematisch erhoben und reichen bis ins Jahr 1985 zurück. Erfasst werden die Flüsse und die Bestände von Direktinvestitionen schweizerischer Unternehmen im Ausland, die OFDI (outward foreign direct investments), sowie die Direktinvestitionen ausländischer Unternehmen in der Schweiz, die IFDI (inward foreign direct investments). Für die historische Analyse eignen sich die stark schwankenden Kapitalflüsse nicht, deshalb wird hier nur die Entwicklung der Direktinvestitionsbestände aufgezeigt. Aufgrund verschiedener Schätzungen lässt sich die Entwicklung des Gesamtbestands der ausländischen Direktinvestitionen zudem bis ins Jahr 1966 zurückverfolgen.[17] Die OFDI- und IFDI-Bestände nahmen während des gesamten Zeitraums kontinuierlich zu, mit einem geringfügigen Einbruch der OFDI im Krisenjahr 2001 (Grafik 2.1-3). In den 1990er Jahren war die Zunahme der Direktinvestitionsbestände der Schweiz im Ausland besonders stark und erreichte in einzelnen Jahren Wachstumsraten von über

17 Krägenau 1975, 1977, 1979, 1982, 1987 (siehe HSSO Q.9). Diese Schätzungen beruhen auf Ermittlungen der Schweizerischen Bankgesellschaft, bei denen es sich um Fortschreibungen der Studie von Iklé 1970 handelt. Die Angaben zu den ausländischen Direktinvestitionsbeständen in der Schweiz berücksichtigen zusätzlich die Ergebnisse der Umfrage von Peyer 1971.

25 %. In der Schweiz waren die frühen 1990er Jahre geprägt von einer Rezession, gefolgt von mehreren Jahren ausgesprochen schwachen Wachstums (→ 1.1.2). Die Investitionstätigkeit schweizerischer Unternehmen im Ausland wurde dadurch offensichtlich nicht gebremst, im Gegenteil: Standorte im Ausland wurden für Schweizer Unternehmen zunehmend attraktiver. Seit Mitte der 1980er Jahre nahmen die weltweiten Direktinvestitionen stark zu; der grösste Teil waren Direktinvestitionen von und nach hochentwickelten Ländern, häufig in der Form von transnationalen Fusionen und Übernahmen, die mit umfangreichen Restrukturierungen einhergingen.[18]

Der Umfang der Direktinvestitionen schweizerischer Unternehmen im Ausland war stets deutlich höher als jener der Direktinvestitionen ausländischer Unternehmen in der Schweiz, doch nahmen beide, wie das relativ stabile Verhältnis zwischen IFDI- und OFDI-Beständen zeigt, im hier betrachteten Zeitraum etwa gleich stark zu.[19] Die OFDI-Daten der SNB enthalten auch Direktinvestitionen ausländisch dominierter

Grafik 2.1-3: **OFDI- und IFDI-Bestände (1965–2005)**

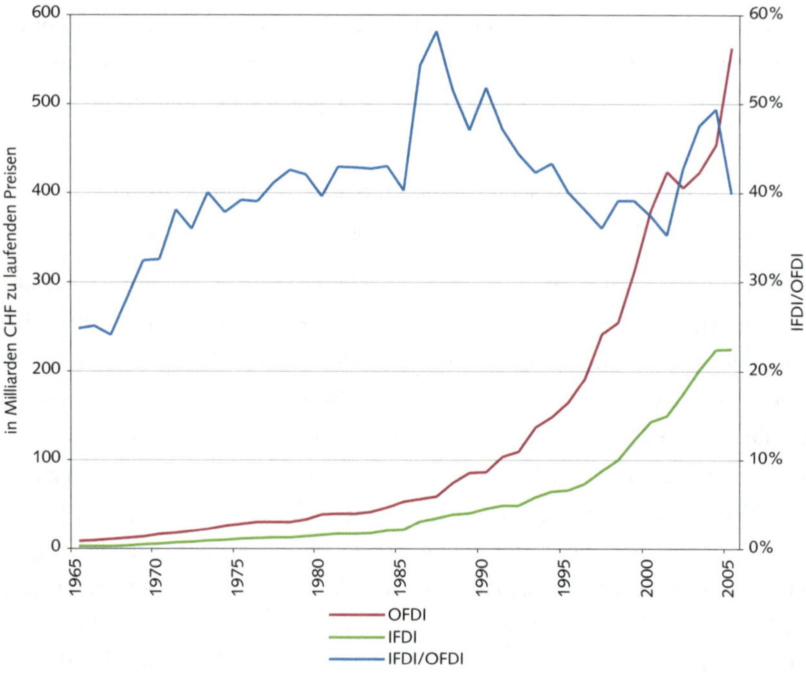

Quelle: HSSO Tab. Q.9.

18 Jones 2008, 150–152; Amatori/Colli 2011, 209–211.

19 Die durchschnittliche Wachstumsrate der IFDI-Bestände betrug 12.9 % und der OFDI-Bestände 12.6 %. Die von der SNB erhobenen und publizierten Daten über OFDI entsprechen dem internationalen Standard und sind auf www.snb.ch verfügbar. Für die Berechnung der OFDI erhebt die SNB Daten von Unternehmen mit Hauptsitz in der Schweiz und Direktinvestitionsbeständen von über 10 Millionen CHF oder vierteljährlichen Direktinvestitionsflüssen von mehr als 1 Million CHF. Für einen knappen Überblick über die Definitionen und Datenquellen siehe UNCTAD World Investment Report.

Holdinggesellschaften mit Hauptsitz in der Schweiz. Deren Anteil am Bestand der OFDI machte 1985 13% aus und nahm bis Ende des Jahrhunderts auf etwa 16% zu.[20] Der massive Anstieg der OFDI-Bestände in den 1990er Jahren war somit nicht auf die Investitionstätigkeit dieser besonderen Kategorie von Unternehmen zurückzuführen.

In Tabelle 2.1-2 wird die OFDI- und IFDI-Intensität (das Verhältnis der OFDI- und IFDI-Bestände zum BIP) der Schweiz mit jener in anderen Ländern verglichen. Die Schweiz befindet sich, was die OFDI-Intensität betrifft, bis 1990 hinter den Niederlanden an zweiter Selle und hat anschliessend die mit Abstand höchste OFDI-Intensität. Bei der IFDI-Intensität liegt die Schweiz hingegen deutlich hinter anderen kleinen Ländern zurück: 1965 erreichte die OFDI-Intensität der Schweiz 16% und die IFDI-Intensität nur etwa 5%; 2005 war die OFDI- gegenüber der IFDI-Intensität immer noch mehr als doppelt so hoch, während dieses Verhältnis bei den anderen Staaten ausgeglichener war. Der auffallende Unterschied zwischen der Schweiz und den anderen Ländern lässt den Schluss zu, dass in der Globalisierungsperiode der 1990er Jahre die Kapazität der Schweizer Unternehmen, mittels Direktinvestitionen ins Ausland zu expandieren, grösser war als jene der Unternehmen anderer Ländern. Als Standort für ausländische Direktinvestitionen nahm die Schweiz hingegen keine Spitzenstellung ein.

An Stelle der Direktinvesitionsbestände können als Ersatzindikatoren die Zahl multinationaler Unternehmen und der von ihnen betriebenen Auslandsgesellschaf-

Tabelle 2.1-2: **OFDI- und IFDI-Intensität (1980–2005)**

	OFDI-Bestände in Prozent des BIP						IFDI-Bestände in Prozent des BIP					
	1980	1985	1990	1995	2000	2005	1980	1985	1990	1995	2000	2005
Belgien*	5	11	19	27	74	106	6	21	27	33	74	135
Dänemark	3	3	5	14	46	49	6	6	7	13	46	45
Finnland	1	3	8	11	43	42	1	2	4	6	20	28
Niederlande	23	36	36	41	79	100	11	19	23	28	63	71
Norwegen	1	2	9	15	28	37	10	12	11	13	15	20
Österreich	1	2	3	5	13	22	4	5	7	8	16	23
Schweden	3	10	21	29	51	58	2	4	5	12	39	48
Schweiz	**20 (2)**	**25 (2)**	**28 (2)**	**45 (1)**	**94 (1)**	**116 (1)**	**8 (1)**	**10 (5)**	**15 (4)**	**18 (3)**	**35 (5)**	**46 (4)**
Deutschland	5	8	9	11	29	33	4	5	6	7	14	16
Frankreich	3	7	9	13	34	41	4	7	7	12	20	30
Italien	2	4	5	9	16	17	2	4	5	6	11	13
Spanien	1	3	3	6	29	33	2	5	13	18	27	33
UK	15	22	23	27	62	55	12	14	21	18	30	37
USA	8	6	7	10	13	17	3	4	7	7	13	13

* 1980–1990 Belgien und Luxemburg

Quelle: UNSTATS, http://unstats.un.org/; 08.02.2008.
Bemerkung: Die Zahlen in Klammern geben den Rang der Schweiz an.

20 SNB, Statistisches Monatsheft, Mai 2008.

ten herangezogen werden. Eine frühe Untersuchung über die industriellen Kapitalanlagen schweizerischer MNU im Zeitraum 1890–1920 zeigt eine zunehmende Zahl multinationaler Schweizer Unternehmen mit im Verhältnis zu den Kapitalinvestitionen im Inland stark wachsenden Kapitalanlagen im Ausland.[21] Verglichen mit anderen kleinen europäischen Staaten verfügte die Schweiz bereits zu Beginn des 20. Jahrhunderts über eine bedeutend grössere Zahl multinationaler Unternehmen und ausländischer Tochtergesellschaften.[22] Für die Zeit von 1910 bis Anfang der 1950er Jahre lässt sich die Entwicklung der Direktinvestitionen im Ausland aufgrund einer neuen Erhebung über die Anzahl multinationaler Unternehmen (MNU) und deren Tochtergesellschaften im Ausland abschätzen.[23] Im Gegensatz zum Verlauf des Aussenhandels, der während der Zwischenkriegszeit stark einbrach, setzten die Unternehmen diese Form der Expansion ins Ausland fort. Zwar stagnierte die Zahl der Schweizer MNU bzw. ging wegen Konzentrationstendenzen sogar leicht zurück, doch stieg die Zahl der Auslandsgesellschaften weiter an (siehe unten Tabelle 2.1-3). Die Direktinvestitionen ausländischer Unternehmen in der Schweiz (IFDI) waren auch in diesem Zeitraum von geringerer Bedeutung; sie werden im Kapitel 2.1.4 thematisiert.

2.1.1.3 Die geographische Diversifikation der Märkte

2.1.1.3.1 Export- und Importmärkte

Die geographische Dimension der internationalen Verflechtung ist ein weiteres Kriterium für die Offenheit einer Volkswirtschaft. Die Offenheit nimmt zu, wenn sich für die Wirtschaft eines Landes die für den Aussenhandel «relevante Welt» ausweitet. Einen Überblick über die geographische Diversifikation der schweizerischen Güterexporte und -importe vermitteln die Grafiken 2.1-4 bis 2.1-7.

21 HSSO Tab. Q.13a bis Q.13l, basierend auf Himmel 1922, 116–137. Erhoben wurden die Direktinvestitionen der Schweizer Unternehmen im Ausland und die industriellen Kapitalanlagen im Inland nach Ländern und Branchen für den Zeitraum 1898–1919. Zwischen 1900 und 1919 stieg die Zahl der berücksichtigten Unternehmen von 19 auf 87 und der Bestand der Kapitalanlagen im Ausland von rund 77 Millionen CHF auf 505 Millionen CHF. Im Jahr 1919 waren die Direktinvestitionsbestände im Ausland fast doppelt so hoch wie die industriellen Kapitalanlagen im Inland. Bereits zu Beginn des 20. Jahrhunderts betrug das Verhältnis 1:1.7.

22 Schröter 1993, 29–39, vergleicht die multinationalen Unternehmen in der Schweiz mit den MNU in Belgien, Dänemark, den Niederlanden und Schweden im Zeitraum 1870–1914.

23 Diese Erhebungen wurden von Martin Lüpold im Rahmen des Forschungsprojekts des Schweizerischen Nationalfonds «Switzerland as home and host country of direct investments and multinational enterprises» unter der Leitung von Margrit Müller erhoben. Die Publikation der Ergebnisse erfolgt in Müller/Hiestand/Lüpold 2013. Die wichtigste Quelle, das Schweizerische Finanz-Jahrbuch, enthält Informationen über 380 Unternehmen im Jahr 1919, 445 im Jahr 1930, 443 im Jahr 1937 und 442 im Jahr 1953. Erfasst wurden in fünf Stichjahren – 1910, 1919, 1929, 1937, 1953 – alle in den verfügbaren Quellen zu identifizierenden Unternehmen mit einer oder mehreren Tochtergesellschaften im Ausland, zudem einige Finanzgesellschaften mit grossen ausländischen Beteiligungen sowie einige, vor allem im Primärsektor tätige Free Standing Companies (FSC), d.h. Unternehmen mit Direktinvestitionen im Ausland ohne Geschäftstätigkeit in der Schweiz.

Grafik 2.1-4: **Geographische Verteilung der Exporte (1893–2005)**

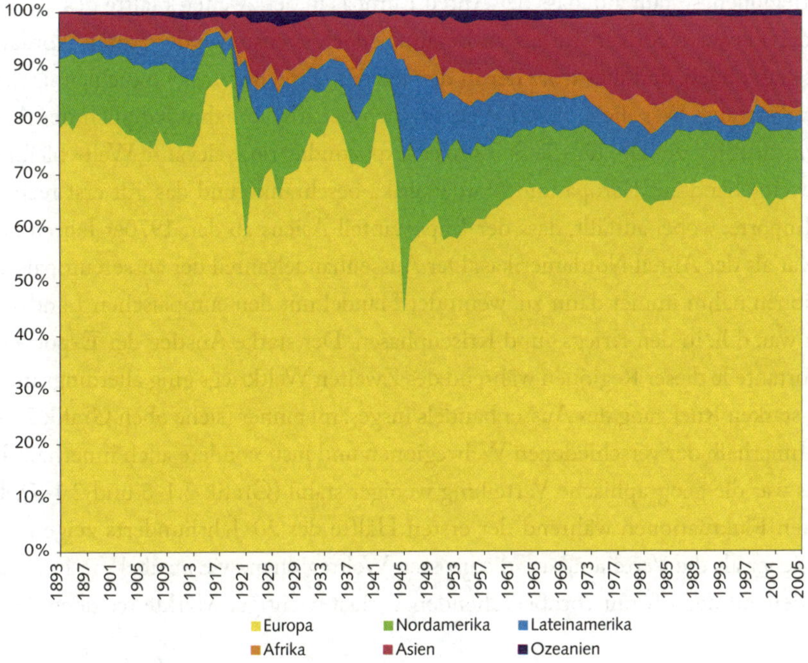

Quellen: 1893–1989: HSSO Tab. L.17–L.26; 1990–2005: SNB, Statistisches Monatsheft August 2006, Tab. I3.

Grafik 2.1-5: **Herkunftsregionen der Importe (1893–2005)**

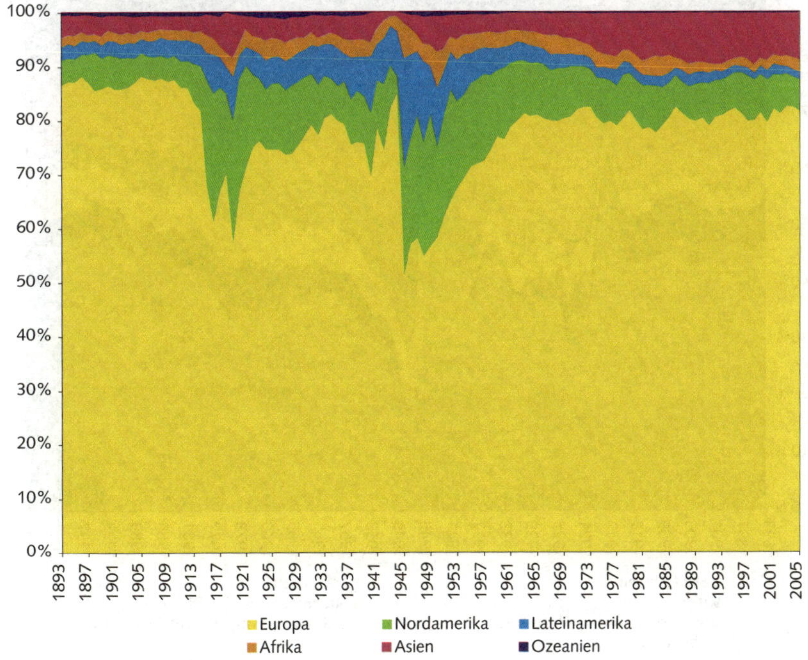

Quellen: 1893–1989: HSSO Tab. L.17–L.26; 1990–2005: SNB, Statistisches Monatsheft August 2006, Tab. I3.

Vergleicht man die anteilsmässige Entwicklung der Exporte in die verschiedenen Weltregionen, so fällt auf, dass der Anteil Europas in der zweiten Hälfte des 20. Jahrhunderts etwas niedriger war als zu Beginn, jedoch ebenso wie der Anteil Nordamerikas stabil blieb, und dies trotz der in den letzten Jahrzehnten sich beschleunigenden Globalisierung. Was die anderen Weltregionen betrifft, so nahm lediglich der Anteil Asiens deutlich zu. Die für die Schweizer Exportindustrie «relevante Welt» bleibt somit weitgehend auf Europa und Nordamerika beschränkt, und das gilt erst recht für die Importe, wobei auffällt, dass der Importanteil Asiens ab den 1970er Jahren grösser war als der Anteil Nordamerikas. Der Aussenhandelsanteil der aussereuropäischen Regionen nahm immer dann zu, wenn der Handel mit den europäischen Länder gestört war, d.h. in den Kriegs- und Krisenphasen. Der starke Anstieg der Export- und Importanteile dieser Regionen während des Zweiten Weltkriegs ging allerdings mit einem starken Rückgang des Aussenhandels insgesamt einher (siehe oben Grafik 2.1-1).

Innerhalb der verschiedenen Weltregionen und insbesondere auch innerhalb Europas war die geographische Verteilung weniger stabil (Grafik 2.1-6 und 2.1-7). Die starken Fluktuationen während der ersten Hälfte des 20. Jahrhunderts zeigen noch deutlicher als die Verteilung auf die grossen Weltregionen, wie flexibel die Exportindustrien auf den oft nur vorübergehenden Verlust wichtiger Märkte reagieren konn-

Grafik 2.1-6: **Geographische Verteilung der Exporte innerhalb Europas (1893–2005)**

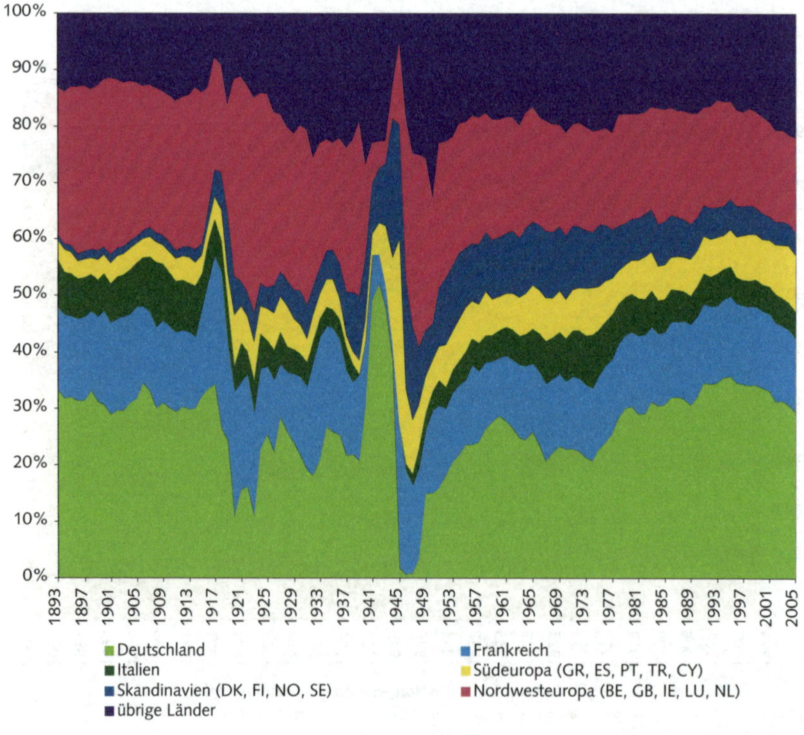

Quellen: 1893–1989: HSSO Tab. L.17 und L.18; 1990–2005: SNB, Statistisches Monatsheft August 2006, Tab. I3.

Grafik 2.1-7: **Herkunftsländer der Importe aus Europa (1893–2005)**

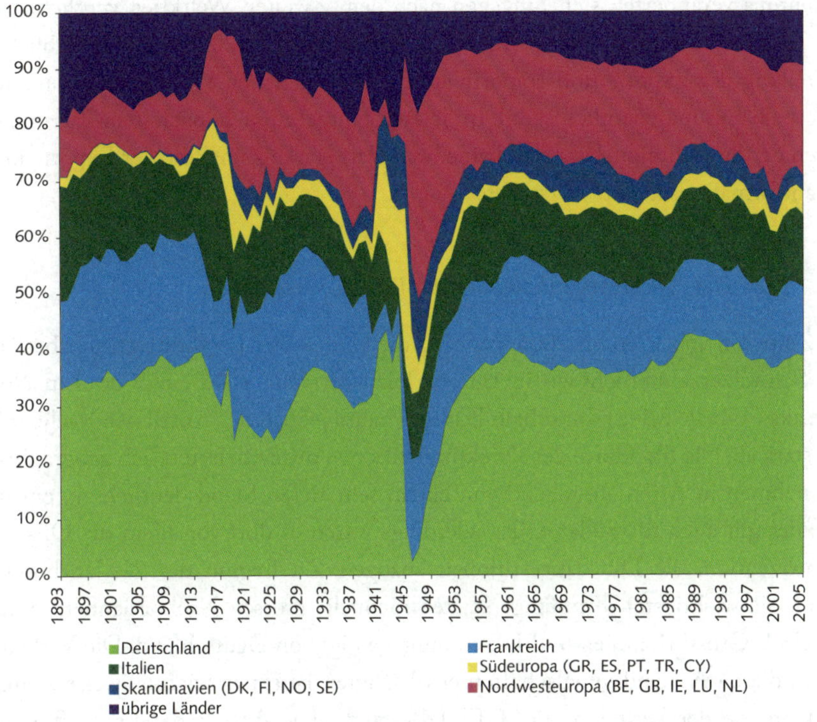

Quellen: 1893–1989: HSSO Tab. L.17 und L.18; 1990–2005: SNB, Statistisches Monatsheft August 2006, Tab. I3.

ten. Die geographische Diversifikation war stets eine wichtige Strategie im Umgang mit den aus der Abhängigkeit von ausländischen Märkten resultierenden Risiken (siehe 2.1.2 und 2.1.3). Auffällig sind vor allem die starken Schwankungen des Aussenhandels mit Deutschland. Dieser für die Schweiz wichtigste Absatzmarkt war gleichzeitig auch ein überaus unzuverlässiger, was die Schweizer Unternehmen darin bestärkt haben dürfte, ihre Vertriebsstrukturen auszubauen, um bei Bedarf flexibel in andere Märkte ausweichen zu können. Die beiden Grafiken verdeutlichen zudem, wie unterschiedlich sich die Aussenhandelsbeziehungen innerhalb Europas während des Ersten und des Zweiten Weltkriegs entwickelten.[24] Nach dem Krieg erfolgte jeweils eine rasche Wiederausrichtung auf die angestammten Märkte, mit Ausnahme jener Staaten, zu denen die Beziehungen nach dem Krieg gestört blieben, was nach

24 Meier et al. 2002 enthält detaillierte Darstellungen und Analysen der aussenwirtschaftlichen Beziehungen der Schweiz in der Zwischenkriegszeit und bis Ende der 1940er Jahre. Zum Export der schweizerischen Industrien während der Kriegsjahre vgl. Göldi 1949. Jerusalmi 1995 und Schaufelbuehl 2009 analysieren die wirtschaftlichen Beziehungen mit Frankreich, Gerardi 2007 die Handelsbeziehungen der Schweiz mit Italien. Bulliard 1998 gibt einen Überblick über die Wirtschaftsbeziehungen und die Entwicklung der Importe und Exporte mit den zum damaligen Ostblock gehörenden Staaten in den Jahren 1944–1954.

dem Ersten Weltkrieg insbesondere Russland betrifft. Die Anteile der Exporte nach Osteuropa veränderten sich hingegen nach dem Zweiten Weltkrieg verglichen mit der Zwischenkriegszeit kaum.[25] In der zweiten Hälfte des 20. Jahrhunderts blieb die Verteilung der Exporte und Importe auf die verschiedenen Weltregionen und auch innerhalb Europas ziemlich stabil. Im letzten Jahrzehnt, d. h. nach dem Zusammenbruch der Sowjetunion, lässt sich keine besonders starke Zunahme der Exporte in die «Transformationsländer» feststellen.[26]

2.1.1.3.2 Ziel- und Herkunftsländer der Direktinvestitionen

Im Zeitraum von 1986 bis 2006 war etwa die Hälfte aller Direktinvestitionsbestände der Schweizer Unternehmen in Europa lokalisiert und etwa ein Viertel in Nordamerika (Tabelle 2.1-3). Innerhalb Europas nahm jedoch der Anteil der Nachbarländer stark ab. Die Standorte der Direktinvestitionen diversifizierten sich geographisch: Sie nahmen in Asien ausgehend von einem sehr tiefen Stand deutlich zu; entsprechendes gilt auch für Südamerika, allerdings waren es dort vor allem die Offshore-Finanzzentren, die Direktinvestitionen anzogen. Zu Beginn des 21. Jahrhunderts waren die wichtigsten Empfängerstaaten nicht die grossen Nachbarländer, sondern die USA, Grossbritannien und Luxemburg, gefolgt von Deutschland. Die Verteilung der in diesen Auslandsgesellschaften beschäftigten Personen wich teilweise ziemlich stark ab von der Verteilung der OFDI-Bestände. Die Anteile der Beschäftigten in Asien, Osteuropa und den Nachbarländern waren markant höher, jene von Luxemburg, Grossbritannien und Südamerika mit ihren Finanzzentren deutlich tiefer. Als Produktionsstandorte im Ausland dürften die Nachbarländer und Europa insgesamt im Globalisierungsschub der Jahrhundertwende kaum an Bedeutung eingebüsst haben. Das gilt in noch stärkerem Ausmass für die Direktinvestitionsbestände europäischer Unternehmen und die Zahl der von diesen Unternehmen in der Schweiz Beschäftigten (IFDI).

Gemäss den Erhebungen von Ernst Himmel machten die Kapitalanlagen schweizerischer Unternehmen in Europa im Jahr 1910 etwa 78 % des Gesamtbestands aller Auslandsanlagen aus (davon 16 % in Deutschland, 28 % in Frankreich und 13 % in Italien) und in Nordamerika etwa 7 %. Im Jahr 1919 betrug der Anteil Europas noch rund 50 % (Deutschland 11 %, Frankreich 16 %, Italien 7 %) und der Anteil Nordamerikas

25 Vor dem Ersten Weltkrieg war Russland nach Frankreich und Deutschland der drittwichtigste Absatzmarkt für die schweizerische Maschinenindustrie (HSSO L.31b); die Anteile der Exporte nach Osteuropa variierten um etwa 8 % und brachen in den Kriegsjahren auf weniger als 1 % ein. Von Beginn der 1920er Jahre an machten die Exporte nach Osteuropa in der Regel etwa 5 % bis 6 % aus, wobei sich diese Anteile jeweils in den Krisenphasen der 1930er und 1970er Jahre mehr als verdoppelten. Besonders hoch waren die Anteile der Exporte nach Osteuropa in den Nachkriegsjahren von 1947 bis 1950 (HSSO Tab. L.17–L.26).

26 SNB, Statistisches Monatsheft, April 2012.

Tabelle 2.1-3: **Geographische Diversifikation der Investitionen und der Beschäftigten im Ausland (1986–2006)**

	OFDI-Bestände und -Beschäftigte						IFDI-Bestände und -Beschäftigte			
	1986		1996		2006		1986	1996	2006	
	OFDI	Besch	OFDI	Besch	OFDI	Besch	IFDI	IFDI	IFDI	Besch
Deutschland	11.4 %	20.8 %	7.3 %	13.0 %	6.8 %	10.4 %	14.1 %	13.0 %	8.6 %	25.1 %
Frankreich	8.5 %	8.5 %	6.7 %	9.4 %	4.8 %	7.8 %	10.0 %	14.4 %	11.4 %	10.4 %
Italien	5.0 %	5.2 %	3.5 %	3.9 %	2.2 %	3.2 %	14.3 %	6.5 %	1.8 %	3.1 %
Österreich	1.8 %	4.6 %	1.3 %	2.6 %	1.2 %	1.8 %	–	0.5 %	–	3.5 %
Nachbarländer	**26.7 %**	**39.0 %**	**18.8 %**	**28.8 %**	**15.0 %**	**23.2 %**	**38.5 %**	**34.4 %**	**21.8 %**	**42.0 %**
Belgien	1.6 %	2.1 %	1.9 %	1.7 %	1.5 %	1.2 %	k. A.	0.8 %	2.0 %	1.3 %
Luxemburg	1.8 %	0.1 %	4.4 %	0.1 %	9.5 %	0.2 %	3.1 %	2.6 %	6.5 %	5.0 %
Niederlande	8.3 %	2.5 %	5.9 %	2.1 %	4.1 %	1.7 %	6.9 %	21.4 %	24.8 %	14.1 %
Osteuropa	–	–	1.1 %	4.1 %	2.9 %	9.3 %	–	–	–	–
Skandinavien*	1.6 %	2.1 %	2.7 %	4.4 %	1.4 %	2.6 %	–	5.6 %	4.3 %	7.3 %
Grossbritannien**	5.6 %	6.7 %	10.3 %	6.5 %	9.2 %	5.1 %	6.0 %	3.1 %	5.7 %	5.6 %
Europa****	**50.7 %**	**59.8 %**	**49.0 %**	**54.1 %**	**47.2 %**	**49.9 %**	**57.9 %**	**69.1 %**	**73.9 %**	**79.2 %**
Kanada	2.4 %	2.0 %	2.6 %	1.7 %	2.8 %	1.5 %	1.9 %	0.4 %	0.4 %	0.9 %
USA	26.6 %	12.8 %	24.9 %	14.7 %	20.9 %	14.6 %	35.0 %	23.9 %	22.8 %	15.1 %
Nordamerika	**29.0 %**	**14.8 %**	**27.6 %**	**16.4 %**	**23.7 %**	**16.1 %**	**37.0 %**	**24.3 %**	**23.3 %**	**16.1 %**
Südamerika******	**11.2 %**	**14.0 %**	**13.5 %**	**10.1 %**	**17.9 %**	**10.1 %**	**0.3 %**	**0.3 %**	**1.6 %**	**2.6 %**
Asien	**1.4 %**	**5.5 %**	**6.7 %**	**13.6 %**	**8.4 %**	**18.5 %**	**4.8 %**	**6.2 %**	**1.2 %**	**2.2 %**
Afrika, Ozeanien	**9.0 %**	**5.9 %**	**3.2 %**	**5.8 %**	**2.8 %**	**5.4 %**				

* Skandinavien 1986 bis 1996: Dänemark, Finnland, Schweden, 2006 inkl. Norwegen; IFDI-Bestände 1996, 2001, 2006: Dänemark, Schweden; Beschäftige (IFDI) 2006: Dänemark und Schweden.
** Grossbritannien inkl. Nordirland.
*** Offshore-Finanzzentren in Europa: OFDI 2001 4.6 %, 2006 3.6 %; Beschäftigte (OFDI) 1996 0.2 %, 2001 0.1 %, 2006 0.1 %.
**** Offshore-Finanzzentren in Südamerika: OFDI 1996 7.8 %, 2001 10.8 %, 2006 14.8 %; Beschäftigte (OFDI) 1996 0.2 %, 2001 0.4 %, 2006 0.3 %; IFDI 2001 0.8 %, 2006 1 %; Beschäftigte (IFDI) 2006 2.5 %.

Quellen: SNB, Statistisches Monatsheft, Januar 2008.
Bemerkung: Die addierten Anteile der hier angeführten Länder ergeben in der Summe 100 %.

bereits 31 %.[27] Auch die Erhebungen von Martin Lüpold zeigen anfangs eine starke Konzentration der Auslandsgesellschaften in den grossen Nachbarländern – Deutschland, Frankreich, Italien – und in Grossbritannien (Tabelle 2.1-4). Die kleinen Nachbarländer, Österreich und das Fürstentum Liechtenstein, hatten einen Anteil von nur wenigen Prozenten. Vor dem Ersten Weltkrieg war Deutschland der bevorzugte Auslandsstandort, danach und bis 1953 war dies Frankreich. Der Nachbarschaftseffekt war anfangs mit rund zwei Dritteln aller Auslandsgesellschaften ziemlich stark, verlor dann jedoch zunehmend an Bedeutung: Grossbritannien war bereits in der Zwischenkriegs-

27 HSSO Tab. Q.13a, basierend auf den Erhebungen von Himmel 1922, 116–127 (64 multinationale Unternehmen im Jahr 1910, 87 Unternehmen im Jahr 1919).

zeit ein ebenso wichtiger Standort wie Italien, die übrigen europäischen Länder wurden als Standorte für Tochtergesellschaften ebenfalls attraktiver. Bei den produzierenden Auslandsgesellschaften war der Nachbarschaftseffekt ausgeprägter. Die Attraktivität der osteuropäischen Länder als Standort für Tochtergesellschaften nahm offenbar während der gesamten Zwischenkriegszeit stark zu, und zwar vor allem, was Produktionsgesellschaften betrifft, trotz des Verlusts aller Direktinvestitionen in Russland nach der Oktoberrevolution 1917. Alle Auslandsgesellschaften in Osteuropa mussten jedoch nach dem Zweiten Weltkrieg aufgegeben werden. Die Expansion in aussereuropäische Regionen war in dieser Periode beachtlich, wobei die Anzahl der Produktionsgesellschaften in Südamerika und Asien relativ stark zunahm, in Nordamerika hingegen nur noch marginal. Festzustellen ist somit eine Diversifikation der Standorte für Produktions- und Verkaufsgesellschaften innerhalb Europas wie auch in den Überseeregionen.

Tabelle 2.1-4: **Anzahl multinationaler Unternehmen (MNU) sowie Verteilung der Auslandsgesellschaften nach Ländern und Regionen (1910–1953)**

	1910	1919	1929	1937	1953	1910	1919	1929	1937	1953
	Anzahl MNU					Anzahl MNU mit Produktion im Ausland				
Insgesamt	105	123	123	118	159	72	83	77	71	72
	Anzahl Auslandsgesellschaften					Anzahl Auslandsges. mit Produktion				
Insgesamt	234	313	457	514	653	123	161	212	248	245
	Anteile der Länder und Regionen					Anteile der Länder und Regionen				
Deutschland	26.1 %	18.8 %	17.7 %	15.4 %	11.8 %	32.5 %	26.1 %	24.5 %	19.8 %	18.4 %
Frankreich	23.9 %	26.5 %	18.8 %	16.0 %	15.6 %	26.8 %	29.8 %	25.5 %	19.4 %	23.3 %
Italien	11.1 %	10.2 %	9.0 %	8.8 %	10.6 %	12.2 %	10.6 %	9.9 %	10.1 %	11.0 %
Nachbarländer DE, FR, IT, AT, LI	**65.8 %**	**60.7 %**	**50.8 %**	**45.3 %**	**42.4 %**	**77.2 %**	**72.0 %**	**65.1 %**	**54.0 %**	**56.3 %**
Belgien	1.3 %	2.9 %	5.9 %	5.3 %	5.4 %	0.0 %	0.0 %	1.8 %	1.4 %	1.4 %
Grossbritannien	8.1 %	9.3 %	9.2 %	8.6 %	8.4 %	3.3 %	5.6 %	5.7 %	6.9 %	8.6 %
Niederlande	0.9 %	1.0 %	2.6 %	2.9 %	3.1 %	0.4 %	0.6 %	0.9 %	1.0 %	0.9 %
Skandinavien	1.3 %	1.3 %	2.0 %	2.7 %	2.9 %	1.3 %	1.3 %	0.7 %	1.2 %	0.8 %
Osteuropa	4.3 %	5.8 %	6.1 %	8.8 %	0.2 %	2.4 %	3.1 %	5.7 %	10.9 %	0.0 %
übrige	3.0 %	3.2 %	4.2 %	4.3 %	4.6 %	4.0 %	4.9 %	6.6 %	7.4 %	9.6 %
Europa	**84.6 %**	**84.0 %**	**80.7 %**	**77.8 %**	**66.9 %**	**88.6 %**	**87.6 %**	**86.3 %**	**82.7 %**	**77.6 %**
Nordamerika	6.0 %	8.0 %	9.2 %	9.9 %	13.0 %	8.1 %	8.7 %	9.0 %	8.5 %	10.2 %
Südamerika	1.3 %	1.9 %	3.1 %	4.3 %	8.4 %	0.0 %	0.0 %	1.9 %	3.6 %	6.5 %
Asien, Afrika, Ozeanien	8.1 %	6.1 %	7.0 %	8.0 %	11.6 %	3.3 %	3.7 %	2.8 %	5.2 %	5.7 %

Quelle: Erhebungen von Martin Lüpold im Rahmen des SNF-Forschungsrojekts Müller/Hiestand/Lüpold 2013; Datenbasis: HSSO Tab. S.15a–S.15e.
Bemerkung: Skandinavien: Dänemark, Finnland, Norwegen, Schweden.
Die addierten Anteile der hier angeführten Länder ergeben in der Summe 100%.

2.1.1.3.3 Die wirtschaftliche Verflechtung mit der Europäischen Union

Die geographische Verteilung des Aussenhandels und der Direktinvestionen macht die Bedeutung der europäischen Länder als Handelspartner und als Standorte von Auslandsgesellschaften der schweizerischen Unternehmen sowie als Herkunftsländer für Direktinvestitionen in der Schweiz deutlich. Eine zunehmende Zahl dieser Länder beteiligte sich an der Europäischen Union (EU) bzw. ihren Vorläuferorganisationen. Damit stieg auch der Anteil der EU am Aussenhandel der Schweiz, vor allem an den Importen (Tabelle 2.1–5). Doch nahm der Anteil der Importe in den späten 1990er Jahren, trotz der EU-Erweiterung von 15 auf 27 Staaten, nur noch wenig zu, und die Exportanteile gingen in diesem Zeitraum sogar leicht zurück. Bedeutend stärker und sehr asymmetrisch veränderte sich die relative Bedeutung der EU bei den Direktinvestitionen: Während der Anteil der Investitionsbestände schweizerischer Unternehmen in der EU um etwa 20% sank, nahm der Investitionsbestand von EU-Unternehmen in der Schweiz um etwa 20% zu. Somit verlor die EU zwischen 1998 und 2008 als Standort für Direktinvestitionen und geringfügig auch als Absatzmarkt für schweizerische Unternehmen an Bedeutung.[28]

Tabelle 2.1-5: **Wirtschaftliche Verflechtung der Schweiz mit der EU (1968–2008)**

	EU 6	EU 9	EU 12	EU 15	EU 27
	1968	1978	1988	1998	2008
Aussenhandel					
Exporte in die EU	36.5 %	47.3 %	56.0 %	62.3 %	60.9 %
Importe aus der EU	59.5 %	68.0 %	71.4 %	76.7 %	78.8 %
Direktinvestitionsbestände					
von CH-Unternehmen in der EU			47.4 %	46.9 %	37.4 %
von EU-Unternehmen in der Schweiz			58.5 %	66.2 %	70.5 %

Quellen: Aussenhandel: 1968–1988: HSSO Tab. L. 18; 1998–2008: SNB, Statistisches Monatsheft August 2010, Tab. I3.
Direktinvestitionen: 1990–2008: SNB, Statistisches Monatsheft, September 2010.

Wie steht es mit der Bedeutung der Schweiz als Absatzmarkt für Waren und als Standort von Direktinvestitionen aus der EU? In der schweizerischen Wirtschaftspresse wird häufig betont, dass die Schweiz für die EU ein wichtiger Exportmarkt sei, der zweitwichtigste nach den USA. Zählt man die Exporte von Waren und Dienstleistungen aus der EU zusammen, so dürfte dies für die EU 27 tatsächlich zutreffen, aller-

28 Mitgliedstaaten der EU: 1968 Gründung der Europäischen Gemeinschaft: BRD, Belgien, Frankreich, Italien, Niederlande, Luxemburg; 1978 Norderweiterung: Irland, Grossbritannien, Dänemark; 1981/86 Süderweiterung: Griechenland, Spanien und Portugal; 1995 dritte Erweiterungsrunde: Schweden, Finnland, Österreich; 2004/2007 Osterweiterung: Polen, Rumänien, Tschechien, Ungarn, Bulgarien, Slowakei, Litauen, Lettland, Slowenien, Estland, Zypern, Malta.

dings ist der Abstand der Schweiz zum EU-Handelspartner USA gross. Zudem findet der Grossteil des Aussenhandels der EU-Mitgliedstaaten innerhalb des EU-Raumes selbst statt. Die Bedeutung der Schweiz für die einzelnen EU-Mitgliedstaaten dürfte somit in den meisten Fällen geringer sein als die Bedeutung anderer EU-Länder.[29] Besonders gross ist der Aussenhandel der Schweiz mit der EU jedoch im Bereich der Dienstleistungen, und auch als Standort für Direktinvestitionen wurde die Schweiz für Unternehmen aus dem EU-Raum deutlich attraktiver.[30]

2.1.1.4 Fazit

Gemessen an den Aussenhandelsquoten gehörte die Schweiz nur bis zum Ersten Weltkrieg zu den besonders offenen kleinen europäischen Volkswirtschaften; in der Folge traf das hingegen nicht mehr zu. Die Anteile am Aussenhandel mit Dienstleistungen lassen auf eine ziemlich starke Position der Schweiz bei den Exporten, die bedeutend niedrigeren Anteile bei den Dienstleistungsimporten hingegen auf eine geringere Offenheit dieses Sektors schliessen. Gemessen an den Export- und Importanteilen der Schweiz am Welthandel der Waren und Dienstleistungen nahm die Integration der Schweiz in die Weltwirtschaft im Unterschied zu der Vergleichsgruppe kleiner europäischer Länder tendenziell ab. Im Gegensatz zu den in der Kriegs- und Zwischenkriegszeit sinkenden und stark schwankenden Aussenhandelsquoten erfolgte die Expansion mittels Direktinvestitionen im Ausland, gemessen an der Zahl der Auslandsgesellschaften, kontinuierlich und nahm auch während der Zwischenkriegszeit weiter zu. Internationale Vergleiche sind mangels entsprechender Untersuchungen bis Mitte der 1980er Jahre nicht möglich. Ab diesem Zeitpunkt wies die Schweiz eine ausgesprochen starke, jedoch einseitige internationale Verflechtung auf: Die Bestände der Direktinvestitionen schweizerischer Unternehmen im Ausland waren stets viel höher als die Bestände ausländischer Unternehmen in der Schweiz.

Ein besonderes Merkmal der internationalen Verflechtung der Schweizer Wirtschaft ist deren breite, flexibel auf die sich verändernden weltwirtschaftlichen Verhältnisse reagierende geographische Diversifikation. Die grossen Nachbarländer und Europa insgesamt waren wichtige Absatzmärkte; deren Bedeutung für den Aussenhandel nahm jedoch in den Kriegs- und Krisenphasen des 20. Jahrhunderts jeweils stark ab. Zudem waren sie als Beschaffungsmärkte wichtiger als für die Exporte. Die starke Abhängigkeit von einigen wenigen Staaten war mit geringen Risiken verbunden, da für Importe kaum Beschaffungsrestriktionen des Auslands zu befürchten waren, die

29 Der Anteil der Schweiz am gesamten Warenhandel der EU machte 2008 7.5% der Exporte und 5.2% der Importe aus. Damit stand die Schweiz bei den Warenexporten an dritter Stelle (nach den USA und der Russischen Föderation und knapp vor China) und bei den Warenimporten an fünfter Stelle (nach China, den USA, der Russischen Föderation und Norwegen). Der Anteil Norwegens an den EU-Exporten machte 3.3% und an den EU-Importen 5.9% aus (Eurostat 2010).

30 Der Anteil der Schweiz an den Dienstleistungsexporten der EU betrug 12% (USA 28% und Asien 24%), an den Dienstleistungsimporten 11% (USA 31% und Asien 22%). Eurostat 2010.

beiden Kriegsperioden ausgenommen. Bei den Direktinvestitionen schweizerischer Unternehmen im Ausland lässt sich ein anhaltender Trend feststellen: Die Anzahl Auslandsgesellschaften und die ab Mitte der 1980er Jahre erhobenen Bestände der Direktinvestitionen nahmen in den aussereuropäischen Regionen ständig zu, während innerhalb Europas die Anteile der grossen Nachbarländer und der EU insgesamt zurückgingen, wobei allerdings der Anteil Europas am Anfang des 21. Jahrhundert immer noch sehr hoch war. Die meisten ausländischen Direktinvestitionen in der Schweiz wurden hingegen ganz klar von Unternehmen mit Sitz in den europäischen Staaten, insbesondere in den EU-Staaten getätigt; deren Anteil am Gesamtbestand der ausländischen Direktinvestitionen nahm deutlich zu.

2.1.2 Internationalisierung trotz weltwirtschaftlicher Desintegration und vielfältiger Handelsbarrieren: erste Hälfte des 20. Jahrhunderts

Die erste Hälfte des 20. Jahrhunderts war politisch und wirtschaftlich eine instabile Phase, geprägt vom zunehmenden Protektionismus, von Kriegen und Wirtschaftskrisen. Die Auswirkungen auf die internationale Wettbewerbsfähigkeit der Schweizer Wirtschaft werden im Folgenden anhand von Daten zum Aussenhandel (Importe und Exporte) aufgezeigt, die für den gesamten, nach Güterkategorien gegliederten «Weltwarenhandel» erhoben wurden und die somit international vergleichbar sind.[31] Anschliessend wird die so ermittelte veränderte Positionierung der schweizerischen Wirtschaft innerhalb der Weltwirtschaft auf der Ebene der Branchen und unter Berücksichtigung der wirtschaftspolitischen Einflüsse genauer untersucht. Im Zentrum steht dabei die Frage, wie sich die Unternehmen an die drastischen Veränderungen der Rahmenbedingungen anpassten: Welche Handlungsspielräume wurden wahrgenommen, wie wurden sie genutzt und welche Rolle spielte dabei die nationale Wirtschaftspolitik?

2.1.2.1 Internationale Wettbewerbsfähigkeit im schrumpfenden Weltmarkt

2.1.2.1.1 Die Entwicklung des Aussenhandels

Die Schweiz konnte in der ersten Hälfte des 20. Jahrhunderts ihren Wohlstandsvorsprung innerhalb Europas, gemessen am BIP je Einwohner, einigermassen beibehalten, jedoch kaum steigern (→ 1.1.1.1). In diesem Zeitraum nahm, wie in Abschnitt 2.1.1 aufgezeigt, die Offenheit der Schweizer Wirtschaft deutlich ab und damit auch das ökonomische und politische Gewicht der Exportwirtschaft. Der Anteil des auslandsorientierten Sektors an der gesamten realen Bruttowertschöpfung (Beschäftigungsanteile in Klammern) sank von 26% (22%) im Jahr 1910 auf 22% (21%) im Jahr 1930 und machte 1950 gerade noch 16% (18%) aus (→ Einleitung Teil 2, Tabellen 2-2 und 2-3). Betrof-

31 Baldwin 1958, Maizels 1963.

fen war jedoch nur die Exportindustrie, während sich der Anteil der auslandsorientierten Dienstleistungen kaum veränderte. Grafik 2.1-8 zeigt den Verlauf der Warenexporte nach Branchen. Den grössten Rückgang verzeichneten die Textilwarenexporte, die bereits nach dem Ersten Weltkrieg einbrachen und in den 1920er Jahren, als andere Industrien ihre Exporte wieder deutlich zu steigern vermochten, weiter abnahmen.

Der Strukturwandel in der Exportindustrie lässt sich auch anhand der Veränderungen in der Zusammensetzung der Handelsbilanzen aufzeigen (Grafik 2.1-9): Die Exportüberschüsse der Maschinen und der «verschiedenen Güter» (vor allem Uhren) nahmen tendenziell zu, während jene der Textilien stark abnahmen, und mit chemischen Produkten wurden bis Ende der 1930er Jahre nur sehr geringe Exportüberschüsse erzielt. Bei allen übrigen Industrien übertrafen die Importe die Exporte. Entsprechende Daten zum Aussenhandel mit Dienstleistungen sind in dieser Periode leider nicht verfügbar, hingegen liegen Schätzungen der schweizerischen Dienstleistungsbilanz vor. Demnach erbrachte der Aussenhandel mit Dienstleistungen in den ausgewiesenen Stichjahren jeweils ziemlich hohe, in den Stichjahren 1928 und 1952 sogar die höchsten Exportüberschüsse.[32]

Grafik 2.1-8: **Exporte nach Branchen (1892–1952)**

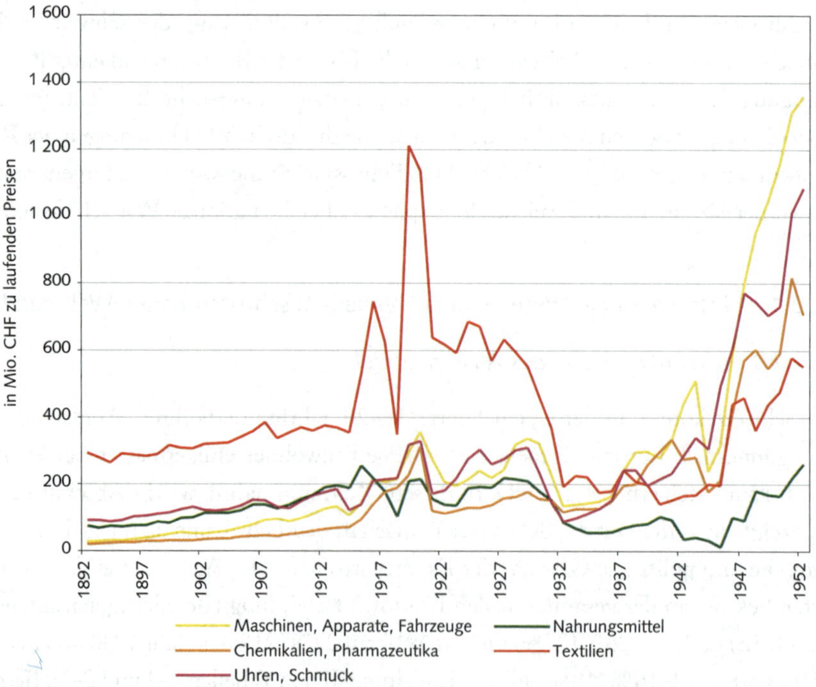

Quelle: HSSO Tab. L.11b1–L.11b3.

32 Vgl. zur Waren-, Dienstleistungs- und Leistungsbilanz im Zeitraum 1890–2005 → 1.1.4.3, Grafik 1.1-47.

Grafik 2.1-9: **Handelsbilanz nach Gütergruppen und Dienstleistungsbilanz (1900–1952)**

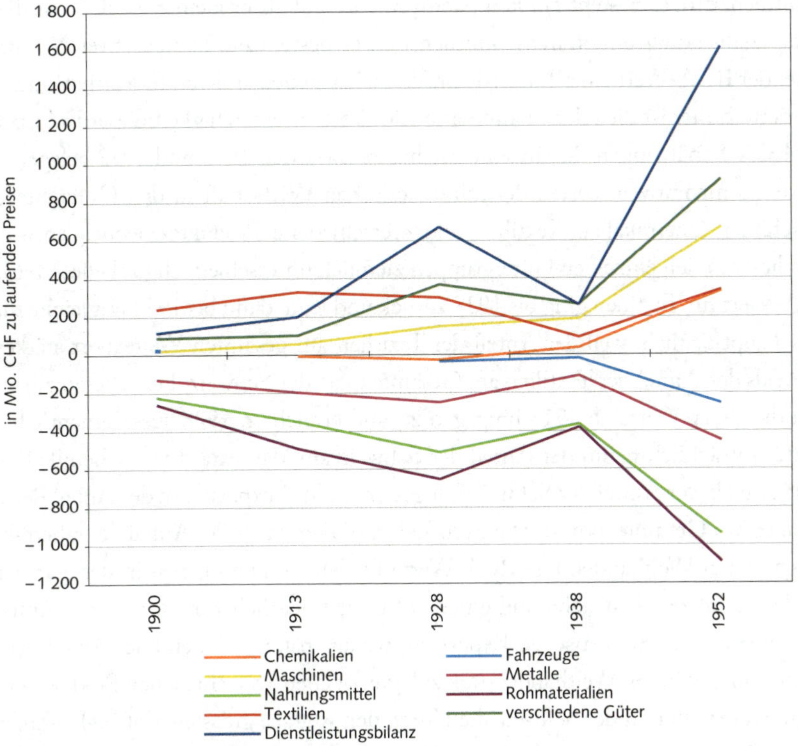

Quellen: Handelsbilanzen: Baldwin 1958, umgerechnet von US-$ in CHF; Dienstleistungsbilanz: HSSO Tab. Q.16a.

2.1.2.1.2 *Relative Exportspezialisierung und Importneigung*

Der am häufigsten verwendete Indikator zur Beurteilung der internationalen Wettbewerbsfähigkeit ist der «komparative Vorteil», ein Index, mit dem die *relative Exportspezialisierung* einer Volkswirtschaft in Bezug auf eine andere Staatengruppe gemessen wird.[33] Im Folgenden wird dafür die gebräuchliche englische Bezeichnung RCA (Revealed Comparative Advantage) verwendet. Der RCA einer bestimmten Industrie, z.B. der Textilindustrie, ergibt sich aus dem Verhältnis zwischen dem Anteil der Textilwarenexporte der Schweiz am weltweiten Textilwarenexport und dem Anteil des gesamten schweizerischen Exports am gesamten Weltexport. Die Umformung verdeutlicht, dass damit der Anteil der Textilexporte am Gesamtexport der Schweiz in Beziehung gesetzt wird zum Anteil der Textilexporte am Weltexport:

$$RCA = [X_i^{CH}/X_i]/[X^{CH}/X] = [X_i^{CH}/X^{CH}]/[X_i/X]$$

33 Laursen 1998 diskutiert den «revealed comparative advantage» sowie alternative Messmethoden der internationalen Spezialisierung; İnal 2003 vermittelt eine Übersicht über die verschiedenen Indikatoren zur Messung der Wettbewerbsfähigkeit auf der Ebene der Unternehmen und auf internationaler Ebene.

Bei einem Wert grösser als 1, ist die Exportspezialisierung eines Landes überdurchschnittlich, d.h. es besteht ein komparativer Vorteil, falls er kleiner ist als 1, ist die Exportspezialisierung unterdurchschnittlich und es besteht ein komparativer Nachteil. Je höher der RCA-Wert einer Industrie im Vergleich zu den anderen Industrien eines Landes, desto höher ist die relative internationale Wettbewerbsfähigkeit dieser Industrie.

RCA-Schätzungen für einzelne Stichjahre zwischen 1913 und 1952 belegen einen starken komparativen Vorteil der schweizerischen Wirtschaft in den Güterkategorien Maschinen, Chemikalien, Textilien und «verschiedene Produkte», jedoch entwickelte sich dieser in den einzelnen Gütergruppen ziemlich unterschiedlich (Tabelle 2.1-6). Der RCA-Wert für Textilien ging bis 1938 zurück und legte dann bis 1952 nur leicht zu, und zwar hauptsächlich, weil der Anteil der Textilien am gesamten Weltexport stärker abnahm als der Anteil der Textilien am Gesamtexport der Schweiz. Für Chemikalien nahmen die RCA-Werte ab 1913 hingegen zu und erreichten 1928 ausserordentlich hohe Werte. Tatsächlich nahm der Anteil der Schweiz am Weltexport von Chemikalien viel stärker zu als der Anteil der Schweiz am gesamten Weltexport bzw. der Anteil der Chemikalien am Gesamtexport der Schweiz nahm stärker zu als der Anteil der Chemikalien am gesamten Welthandel. Die RCA-Werte für Maschinen blieben in der ersten Jahrhunderthälfte ziemlich stabil und gingen erst 1953 deutlich zurück, weil der Anteil der Maschinen am schweizerischen Export nur wenig anstieg, während der Anteil der Maschinen am gesamten Welthandel stark zulegte. Bei den «verschiedenen Produkten» (unter ihnen machten in der Schweiz die Uhren den weitaus grössten Teil aus) nahmen die RCA-Werte mit Ausnahme des Jahres 1913 kontinuierlich zu und erreichten 1938 und 1951 ausserordentlich hohe Werte. Bei allen übrigen Güterkategorien sind mehr oder weniger ausgeprägte komparative Nachteile festzustellen. Die Gruppe «Nahrungsmittel, Getränke und Tabak» hatte im Jahr 1913 noch einen schwachen komparativen Vorteil, der jedoch anschliessend verlorenging. In der Gruppe «Fahrzeuge» bestand am Anfang des Jahrhunderts sogar ein starker komparativer Vorteil, dieser wurde jedoch bereits 1913 eingebüsst; in der Gruppe «Rohstoffe» waren die RCA-Werte während der gesamten Periode besonders niedrig, während bei der Gruppe «Metalle» die niedrigen RCA-Werte zu Beginn der Periode langsam anstiegen.[34]

Aufschlussreich ist ein Vergleich der Schweizer RCA-Werte mit den entsprechenden Werten anderer Länder, insbesondere mit den RCA-Werten ihrer wichtigsten europäischen Konkurrenten sowie der USA (Tabelle 2.1-A2 im Anhang zu diesem Kapitel). Die schweizerische Maschinenindustrie war in der Lage, ihre Position im internationalen Wettbewerb während des gesamten Zeitraums einigermassen zu halten: Die RCA-Werte entsprachen etwa den Werten für Grossbritannien und waren nur geringfügig niedriger als diejenigen für Deutschland und die USA. Bei den Produkten «Chemikalien» und «verschiedene Produkte» rückte die Schweiz auf den ersten Platz vor, während sie in der Gruppe «Textilien» vom ersten Platz vor dem Ersten Weltkrieg auf den vierten

34 Zur Zusammensetzung dieser Güterkategorien siehe Svennilson 1954, 335–336.

Tabelle 2.1-6: **RCA und RMA sowie Export- und Importanteile der wichtigsten Gütergruppen (1900–1952)**

Gütergruppe	Jahr	RCA	RMA	Anteil CH-Exporte	Anteil CH-Importe	Exporte / Importe	CH-Exporte / Weltexporte	CH-Importe / Weltimporte	Anteil der Gütergruppe am Welthandel
Nahrungsmittel, Getränke, Tabak	1900	0.6	0.9	12.4 %	29.3 %	0.3	1.7 %	2.8 %	21 %
	1913	1.0	1.0	15.5 %	29.4 %	0.4	2.4 %	2.9 %	16 %
	1928	0.7	0.8	10.8 %	27.0 %	0.3	1.6 %	2.3 %	15 %
	1938	0.5	0.8	6.3 %	27.8 %	0.2	1.2 %	2.3 %	13 %
	1952	0.5	0.8	5.9 %	22.9 %	0.2	1.2 %	2.5 %	11 %
Rohstoffe	1900	0.4	0.8	9.3 %	30.2 %	0.2	1.1 %	2.5 %	24 %
	1913	0.3	0.8	6.1 %	29.9 %	0.1	0.6 %	2.2 %	24 %
	1928	0.3	0.7	7.1 %	29.2 %	0.2	0.7 %	2.0 %	23 %
	1938	0.2	0.7	4.0 %	27.0 %	0.1	0.5 %	1.9 %	20 %
	1952	0.3	0.6	5.5 %	25.3 %	0.2	0.8 %	1.8 %	19 %
Metalle	1900	0.3	2.2	3.1 %	14.0 %	0.2	0.9 %	7.1 %	10 %
	1913	0.4	1.9	4.5 %	13.5 %	0.2	1.0 %	5.6 %	11 %
	1928	0.7	2.2	7.4 %	14.7 %	0.4	1.6 %	5.8 %	11 %
	1938	0.8	2.0	10.7 %	15.5 %	0.6	2.0 %	5.7 %	14 %
	1952	1.0	2.0	13.2 %	20.5 %	0.6	2.6 %	5.9 %	12 %
Maschinen	1900	1.4	1.6	6.2 %	2.8 %	1.7	3.9 %	5.0 %	4 %
	1913	1.3	1.3	8.0 %	2.7 %	2.1	3.1 %	3.8 %	6 %
	1928	1.5	1.3	11.6 %	3.4 %	2.6	3.4 %	3.4 %	8 %
	1938	1.6	1.2	19.7 %	4.4 %	3.7	4.0 %	3.5 %	12 %
	1952	1.1	1.1	20.8 %	6.5 %	2.9	3.0 %	3.2 %	18 %
Fahrzeuge	1900	1.7	1.0	3.7 %	0.5 %	6.0	4.7 %	3.3 %	2 %
	1913	0.4	0.9	1.1 %	0.8 %	1.0	0.9 %	2.7 %	3 %
	1928	0.4	1.8	2.2 %	3.0 %	0.6	0.9 %	4.8 %	6 %
	1938	0.3	2.0	2.7 %	3.3 %	0.7	0.8 %	5.6 %	8 %
	1952	0.1	2.0	1.0 %	5.7 %	0.2	0.3 %	5.7 %	9 %
Chemikalien	1900	n.a.	0.9	n.a.	3.3 %	n.a.	n.a.	2.8 %	4 %
	1913	1.1	0.8	4.5 %	3.5 %	0.9	2.7 %	2.4 %	4 %
	1928	1.5	2.4	6.4 %	5.8 %	0.8	3.4 %	6.5 %	4 %
	1938	2.0	2.4	12.0 %	7.4 %	1.3	5.0 %	6.7 %	6 %
	1952	2.8	2.8	14.8 %	7.3 %	1.8	7.5 %	8.2 %	5 %
Texitilien	1900	2.3	1.6	46.0 %	13.0 %	2.6	6.5 %	5.1 %	20 %
	1913	2.1	1.7	40.5 %	11.6 %	2.5	5.0 %	5.1 %	20 %
	1928	1.7	1.7	30.0 %	12.1 %	1.9	3.7 %	4.5 %	18 %
	1938	1.4	1.9	16.7 %	7.9 %	1.7	3.5 %	5.4 %	12 %
	1952	1.6	1.8	13.7 %	6.1 %	2.0	4.4 %	5.4 %	8 %
Verschiedene Produkte	1900	1.5	0.9	19.9 %	7.0 %	2.1	4.1 %	2.8 %	13 %
	1913	1.3	1.1	19.7 %	8.6 %	1.6	3.2 %	3.2 %	15 %
	1928	1.8	0.7	24.1 %	5.1 %	3.6	3.9 %	1.9 %	14 %
	1938	2.1	1.1	28.0 %	6.5 %	3.5	5.2 %	2.9 %	13 %
	1952	2.0	1.2	25.1 %	5.8 %	4.0	5.4 %	3.6 %	12 %

Quelle: Berechnungen von Mattia Regi im Rahmen des SNF-Forschungsprojekts Müller/Hiestand/Lüpold 2013, basierend auf den Daten in Baldwin 1958.

Bemerkung: Die «Welt» besteht aus Belgien/Luxemburg, Frankreich, Deutschland, Italien, Schweden, der Schweiz, Grossbritannien (inkl. Nordirland), Kanada, USA, Japan.

Platz zurückfiel (nach Japan, Italien und Grossbritannien); in der Gruppe «Fahrzeuge» fiel die Schweiz vom dritten auf den letzten Platz zurück und in der Gruppe «Nahrungsmittel, Getränke und Tabak» nahm sie in allen Stichjahren eine mittlere Position ein, weil die meisten anderen Länder ebenfalls niedrige RCA-Werte erzielten (ausgenommen Italien und die USA). Bei den «Rohstoffen» nahm die Schweiz stets die letzte Position ein; in der Gruppe «Metalle» war dies nur um 1900 der Fall (zusammen mit Italien), später befand sich die Schweiz dann in einer mittleren Position. Die Kategorie «verschiedene Güter» lässt sich international nur schwer vergleichen, da deren Zusammensetzung von Land zu Land stark variiert; die Schweiz rückte hier wegen ihrer starken Position in der Uhrenindustrie vom vierten auf den ersten Platz vor.

Die *relative Importneigung* – im Folgenden mit RMA (Revealed Import Propensity bzw. Advantage) abgekürzt – wird analog zur relativen Exportspezialisierung als Verhältnis zwischen dem Anteil der Importe der Schweiz an den Weltimporten einer Produktegruppe und dem Anteil der Gesamtimporte der Schweiz am gesamten Weltimport berechnet, oder, gemäss Umformung, indem beispielsweise der Anteil der Nahrungsmittelimporte am gesamten Import der Schweiz, ins Verhältnis gesetzt wird zum Anteil der Nahrungsmittel am gesamten Weltimport.[35]

$$RCA = [M_i^{CH}/M_i]/[M^{CH}/M] = [M_i^{CH}/M^{CH}]/[M_i/M]$$

Hohe RMA-Werte weisen darauf hin, dass ein Land stark von Importen abhängig ist. In einer offenen Weltwirtschaft, in der die internationale Konkurrenzfähigkeit die Folge unterschiedlicher Effizienz sein müsste, sollten hohe RCA-Werte mit niedrigen RMA-Werten einhergehen und umgekehrt. Diese Beziehung ist jedoch aus verschiedenen Gründen keineswegs eindeutig: Wenn sich ein Land auf Güterkategorien innerhalb einer Produktegruppe spezialisiert, sind hohe RCA-Werte für die gesamte Gruppe durchaus vereinbar mit hohen RMA-Werten. In der Tat war dies in der Schweiz für die wichtigsten Exportgüter – Textilien, Maschinen und Chemikalien – der Fall. Zudem lassen differenziertere Schätzungen der RCA- und RMA-Werte für Unterkategorien von «Chemikalien» und «verschiedene Produkte» darauf schliessen, dass sich die Schweizer Unternehmen zunehmend auf höhere Fertigungsstufen spezialisierten (Tabelle 2.1-7). Bei den «Chemikalien» lag der komparative Vorteil anfangs bei den Zwischenprodukten, verschob sich jedoch bis 1957 zu den Endprodukten; bei den «verschiedenen Produkten» beschränkte sich der komparative Vorteil stets auf Endprodukte.

Niedrige RCA-Werte können nicht immer gleichgesetzt werden mit fehlender internationaler Wettbewerbsfähigkeit, weil sie auch eine Folge von Importbeschränkungen seitens der Abnehmerländer sein können. Bei gleichzeitig tiefen RCA- und

35 OECD, Directorates for Science, Technology and Industry 2005. Der dort verwendete Begriff der «Revealed Import Propensity» entspricht dem häufiger verwendeten Begriff «Revealed Import Advantage». Verwendet wird in diesem Kapitel der Begriff der «relativen Importneigung», weil dieser den Sachverhalt, der hier angesprochen werden soll, besser trifft. Die Differenz zwischen RCA- und RMA-Werten entspricht dem «Revealed Trade Advantage» (RTA), der hier jedoch nicht thematisiert wird.

Tabelle 2.1-7: **RCA ausgewählter Güteruntergruppen (1899–1957)**

	1899	1913	1929	1937	1950	1957
Metalle, Maschinen, Fahrzeuge	0.3	0.4	0.6	0.7	0.7	0.6
Metalle	0.1	0.2	0.4	0.4	0.1	0.1
Maschinen	0.9	1.0	**1.2**	**1.1**	**1.4**	**1.2**
Personenwagen	–	–	0.2	0.3	0.1	0.1
Andere Transportmittel	–	0.7	0.1	0.1	0.1	0.1
Andere Metallwaren	0.1	0.3	0.7	0.9	0.6	0.9
Chemikalien	0.6	0.7	**1.2**	**1.6**	**1.5**	**1.6**
Halbfabrikate	0.6	0.8	**1.4**	**1.5**	**1.5**	**1.1**
Fertigprodukte	0.4	0.7	1.0	**1.6**	**1.5**	**2.5**
Textilien und Bekleidung	**1.5**	**1.5**	**1.2**	1.0	0.7	**1.3**
Garne	**1.7**	**1.8**	**1.8**	**1.4**	**1.0**	**1.6**
Stoffe	**1.8**	**1.7**	**1.0**	0.9	0.6	**1.1**
Fertigprodukte	0.8	0.8	**1.4**	0.9	0.9	**1.5**
Andere Industrieprodukte	**1.2**	**1.2**	**1.3**	**1.5**	**2.1**	**1.8**
Halbfabrikate	0.3	0.3	0.3	0.4	0.3	0.4
Fertigprodukte	**1.4**	**1.5**	**1.8**	**2.1**	**3.0**	**2.7**

Quelle: Berechnungen von Mattia Regi im Rahmen des SNF-Forschungsprojekts Müller/Hiestand/Lüpold 2013, basierend auf den Daten von Maizels 1963.
Bemerkung: Die «Welt» besteht aus Belgien, Frankreich, Deutschland, Italien, den Niederlanden, Schweden, der Schweiz, Grossbritannien (inkl. Nordirland), Kanada, USA, Indien und Japan.

RMA-Werten ist davon auszugehen, dass entweder der Heimmarkt vor Importen geschützt wurde oder die Inlandnachfrage besonders niedrig war. Die für die Schweiz festzustellende Kombination von tiefen RCA- und RMA-Werten für Rohstoffe leuchtet ein, weil die Schweizer Unternehmen sich zunehmend auf höhere Fertigungsstufen konzentrierten. Dementsprechend waren die Nachfrage nach Rohstoffen und – trotz grosser Importabhängigkeit – auch die RMA-Werte eher niedrig. Bei Nahrungsmitteln nahm die Importneigung nur geringfügig ab, obwohl die Importzölle auf Nahrungsmittel in der Schweiz erhöht wurden (siehe 2.1.2.2) und die Exportanteile sowie RCA-Werte sanken. Die tiefen RCA- bei gleichzeitig hohen RMA-Werten für «Fahrzeuge» und «Metalle» könnten mit geringerer ökonomischer Effizienz im Inland zusammenhängen, doch auch in diesem Sektor dürften Handelsbarrieren eine wichtige Rolle gespielt haben (siehe 2.1.2.3.3).

Die Anteile der verschiedenen Gütergruppen am gesamten Welthandel (Tabelle 2.1-6) entwickelten sich unterschiedlich. Zur Gruppe mit wachsenden Anteilen gehörten «Metalle», «Maschinen», «Fahrzeuge» und «Chemikalien», d.h. Produkte, die zu den modernen, technologieintensiven Industrien dieser Periode gehörten. Der Exportanteil der «modernen» Gütergruppen am Gesamtexport der Schweiz war verglichen mit anderen Ländern ziemlich hoch, doch der Anteil der Güter mit abnehmenden und stagnierenden Welthandelsanteilen machte zu Beginn der 1950er Jahre immer noch mehr als die Hälfte der Exporte aus.[36] Sinkende oder stagnierende Welthandelsanteile waren einerseits die Folge sich ändernder Nachfrage- und Angebotsstrukturen und andererseits Resultat der in einer grossen Zahl von Ländern eingeführten Importbeschränkungen sowie anderer Formen der Aussenhandelsregulierung, insbesondere seitens nationaler und internationaler Kartelle.

Die relative Wettbewerbsfähigkeit wurde somit ständig durch eine Vielzahl von externen Entwicklungen und Ereignissen beeinflusst, auf die jedoch in der Schweiz unterschiedlich reagiert werden konnte. Institutionen im Sinne von «Spielregeln»[37] sowie wirtschaftspolitische Massnahmen im In- und Ausland, aber auch die von den Unternehmen selbst verfolgten Strategien, deren Erfahrungen und Erwartungen sowie deren Möglichkeiten, die Wirtschaftspolitik zu beeinflussen und die Spielregeln zu verändern, hatten einen Einfluss auf die Ergebnisse. Im Folgenden wird zuerst eine knappe Übersicht über die in diesem Zeitraum besonders relevanten institutionellen Veränderungen und wirtschaftspolitischen Massnahmen gegeben und anschliessend aufgezeigt, wie die Unternehmen ihre Handlungsspielräume nutzten.

2.1.2.2 Die Optionen der Wirtschaftspolitik: Protektionismus oder Exportförderung?

In der Zwischenkriegszeit war die schweizerische Wirtschaftspolitik stark geprägt von den Interessengegensätzen zwischen Binnen- und Exportindustrie. Solche Divergenzen waren für hochentwickelte kleine Länder typisch, doch waren die Konfliktfelder wegen der unterschiedlichen wirtschaftlichen Verhältnisse jeweils anders gelagert.[38] In der Schweiz spielte der rasche Aufstieg des Finanzsektors (Banken und Versicherungen) zu einem international bedeutenden Wirtschaftszweig zwar eine wichtige Rolle, eigentliche Konfliktfelder sind hierbei jedoch kaum auszumachen, weil die Expansion des Finanzsektors die anderen Wirtschaftsbereiche nicht beeinträchtigte, sondern für Letztere eher mit Vorteilen verbunden war. Zwar gab es zeitweilig Klagen über die aufgrund des Kapitalexports der Grossbanken ins Ausland mögliche Verteuerung der Kredite im Inland, doch war diese Sorge wegen der starken Position der Regional- und Kantonalbanken im Inland sowie den zunehmenden Kapitalzuflüssen aus dem Ausland kaum ge-

36 In der Schweiz stieg der Exportanteil der modernen Gütergruppen von 10% um 1900 auf 37% im Jahr 1952, jener der traditionellen Güter sank hingegen von 81% auf 58%. Der Anteil der modernen Gütergruppen war doppelt so hoch wie in Belgien und etwa um die Hälfte höher als in Frankreich und Schweden, jedoch deutlich niedriger als in Deutschland mit 45% und Grossbritannien (inkl. Nordirland) mit 44%. Berechnungen von Mattia Regi im Rahmen des SNF-Forschungsprojekts Müller/Hiestand/Lüpold 2013, basierend auf den Daten in Baldwin 1958.

37 North 1990, 3–6.

38 Die duale Struktur der Volkswirtschaft kleiner Staaten und die sich daraus ergebenden besonderen Konfliktsituationen und Lösungsansätze werden in Müller/Myllyntaus 2008 angesprochen und in mehreren Beiträgen über Globalisierungs- und Deglobalisierungsprozesse in kleinen europäischen Ländern thematisiert (siehe dazu die Ausführungen dort in der Einleitung, 11–16).

rechtfertigt (→ 2.2.2.2). Besonders konfliktträchtig war hingegen die Abhängigkeit der Exportindustrien von importierten Rohstoffen und Halbfabrikaten. Im 19. Jahrhundert und bis in die 1920er Jahre war die Schweiz eine offene Volkswirtschaft mit ausgesprochen niedrigen Zöllen auf importierten Gütern. Jede Forderung nach Schutzzöllen wurde von den Vertretern der Exportindustrien, den Unternehmen und Wirtschaftsverbänden, bekämpft.[39] Diese waren daran interessiert, Rohmaterialien und Halbfabrikate möglichst frei zu importieren und die Preise für Agrarprodukte tief zu halten, um einen Anstieg der Löhne wegen steigender Lebensmittelpreise zu vermeiden. Die Schweiz war in dieser Hinsicht insofern keine Ausnahme, als die Zollbelastungen in den kleinen europäischen Ländern generell niedriger waren als in den grossen Staaten (siehe Tabelle 2.1-A3 im Anhang zu diesem Kapitel). In den 1920er Jahren wurden die Zölle auch in der Schweiz erhöht, teils aus protektionistischen (Agrarprodukte, Automobile), teils aus fiskalischen Gründen (Tabak, Benzin). Der eigentliche Grund bestand jedoch darin, den Rückgang der Zolleinnahmen infolge der Inflation während und nach dem Ersten Weltkrieg zu kompensieren, und führte deshalb nicht zu einer eigentlichen Erhöhung der Zollbelastung. Die Schweiz hatte, wie damals noch mehrere andere Länder, einen Gewichtszolltarif. Bei einem generellen Preisanstieg sank die Zollbelastung im Verhältnis zum Wert der importierten Güter und umgekehrt. Wegen der stark sinkenden Preise der importierten Güter, stieg die Zollbelastung auf dem Wert der Importe zwischen 1925 und 1935 um mehr als das Zweifache (Tabelle 2.1-8).[40] Dabei handelte

Tabelle 2.1-8: **Zollbelastung der Importe (1900–1954)**

	Importe insgesamt	Tabak, Brenstoffe	Metalle, Maschinen, Apparate	Fahrzeuge	Textilien, Bekleidung	Nahrungsmittel (ohne Tabak)	Importpreisindex (1929 = 100)
1900	4.3 %	4.1 %	2.9 %	0.0 %	2.5 %	4.1 %	42
1913	4.4 %	4.2 %	3.5 %	2.5 %	2.7 %	3.8 %	49
1918	1.7 %	1.6 %	1.4 %	1.6 %	0.9 %	2.5 %	195
1925	8.1 %	6.8 %	4.8 %	10.2 %	3.6 %	8.0 %	92
1930	11.3 %	8.7 %	5.6 %	24.7 %	5.8 %	9.5 %	80
1935	22.2 %	15.3 %	8.0 %	37.5 %	7.7 %	22.8 %	51
1938	16.9 %	11.9 %	4.9 %	24.2 %	5.8 %	19.6 %	67
1945	8.3 %	6.3 %	3.7 %	10.1 %	1.3 %	7.4 %	167
1949	9.9 %	6.0 %	3.0 %	15.9 %	3.8 %	8.3 %	128
1954	9.9 %	6.1 %	3.6 %	16.0 %	4.8 %	9.9 %	140

Quellen: Eigene Berechnungen aufgrund von HSSO Tab. L.10a, L.10b und L.3; Handbuch der Volkswirtschaft 1955, 676.

39 Fretz 1923, 50, 68–69; Gürtler 1931, 27–60; Marbach 1937, 11, 34–35; *Handbuch der schweizerischen Volkswirtschaft* 1955, 674; Schmid 1983; ferner → 5.1.3 und 5.1.4.2.

40 Gürtler 1931, 29; Lüthi 1947, 88–89.

es sich allerdings nicht um das Ergebnis einer Schutzzollpolitik, sondern um eine nichtintendierte Folge der Deflation. Trotzdem wurden damit einige Industrien tatsächlich vor ausländischer Konkurrenz geschützt, insbesondere vor billigen Waren, die vom Gewichtszoll stärker belastet wurden als teure Produkte.[41]
Neben Zöllen gehörte die Kartellbildung zu den wichtigsten Massnahmen zum Schutz der Binnenwirtschaft. Da es in der Schweiz keinerlei gesetzliche Einschränkungen für die Bildung von Kartellen gab, war es den einzelnen Unternehmen oder Branchenorganisationen überlassen, Marktregulierungen einzuführen und durchzusetzen.[42] Frühe Bestrebungen zur Kartellbildung waren wegen der grossen Zahl kleiner und mittlerer Unternehmen oder den oft divergierenden Interessen der Grossunternehmen wenig erfolgreich. In einigen exportorientierten Industrien kam es zur Bildung von nationalen Kartellen (→ 2.3.1.1.3), doch die Unternehmen waren primär am Zugang zu den Auslandsmärkten und nicht am Schutz des Binnenmarkts interessiert, obwohl die durch nationale Kartelle bewirkte Stabilisierung der Absatzpreise im Inland für die Expansion im Ausland durchaus nützlich sein konnte. Für auslandsorientierte Branchen wurde der Zollschutz im Inland dann zu einem erstrebenswerten Ziel, wenn der Aussenhandel eingeschränkt und die Unternehmen auf den Binnenmarkt zurückgedrängt wurden. In einem solchen Kontext war die Kartellierung im Inland eine notwendige Voraussetzung, um die Vorteile des Importschutzes auch ausschöpfen zu können, die durch eine Zunahme der Konkurrenz im Inland wieder zunichte gemacht worden wären.[43] Falls kein Zollschutz gewährt wurde, konnten nationale Kartelle selbst als Importschutz funktionieren. Schweizer Unternehmen beteiligten sich, wie im Abschnitt 2.1.2.3 ausgeführt wird, auch an internationalen Kartellen, eine Form der Marktregulierung, die in den 1920er Jahren vor allem von deutschen Unternehmen vorangetrieben wurde.[44]

Die Interessenkonflikte zwischen Binnen- und Exportindustrien verschärften sich in den Krisenphasen, in den frühen 1920er Jahren und insbesondere während der Grossen Depression der 1930er Jahre. Staatliche Massnahmen zur Förderung der Exportindustrien hatten sich stets weitgehend darauf beschränkt, die ausländischen Märkte möglichst offen zu halten.[45] In den 1920er Jahren aufkommende Forderungen

41 Gürtler 1931, 32–33, 46.

42 Ein Kartellgesetz existierte zu dieser Zeit nicht, deshalb war die Schweiz ein bevorzugter Standort für den Sitz internationaler Kartelle, auch in Branchen, in denen keine Schweizer Unternehmen zu dem Kartell gehörten (Luxbacher 2003, 377). Das erste Kartellgesetz trat 1964 in Kraft. Damit wurden Kartelle jedoch nicht wesentliche eingeschränkt, sondern waren weiterhin erlaubt, falls sie einen positiven Nettoeffekt für die allgemeine Wohlfahrt erzielten. Das Gesetz wurde 1985 revidiert, doch erst mit der Kartellrevision 1996 wurden Kartelle verboten. David/Mach/Straumann 2008.

43 Fretz 1923; Lüthi 1947, 86–87; Gürtler 1931, 56–57.

44 Siehe etwa Rauh 2011 zur Beteiligung der AIAG (später Alusuisse) am internationalen Aluminiumkartell der Zwischenkriegszeit. Der Nutzen des Kartells bestand darin, dass die AIAG in den 1930er Jahren das Recht hatte, ihre unverkäufliche Produktion zu fixen Preisen der Alliance Aluminium Company (AAC) abzutreten (316).

45 Zölle wurden zwar selektiv ab den 1880er Jahren eingeführt, jedoch primär um die schweizerische Verhandlungsposition gegenüber dem Ausland zu stärken, siehe *Historisches Lexikon der Schweiz*, «Freihandel».

nach staatlicher Unterstützung waren deshalb eher ungewohnt und schwer durchzusetzen. Ein erster Versuch, eine staatlich unterstützte Versicherung für Exportkredite zu schaffen, scheiterte damals. 1927 wurde die Schweizerische Zentrale für Handelsförderung (SZH) gegründet mit dem Ziel, die offiziellen Vertretungen der Schweiz im Ausland (Botschaften und Konsulate) zu stärken. Doch erst im Sommer 1936, annähernd zehn Jahre nach ihrer Gründung, bewilligte der Bund die notwendigen finanziellen Mittel, um Handelsagenturen in jenen Ländern einzurichten, in denen die offiziellen Vertretungen schwach dotiert waren.[46] Im Dezember 1931 wurden Importrestriktionen zur Abwehr von billigen Importen, insbesondere aus Deutschland, eingeführt. Die Vertreter der Exportindustrien widersetzten sich jedoch diesen Massnahmen, da sie eine Verteuerung der für die Weiterverarbeitung benötigten Rohmaterialen und Halbfabrikate befürchteten. Im Rahmen der bilateralen Clearingverträge wurde dann als Kompromisslösung die Importregulierung in den Dienst der Exportförderung gestellt.[47] In der Folge beklagten sich die Binnenindustrien und auch die von solchen bilateralen Handelsrestriktionen stark betroffenen Grosshandelsunternehmen darüber, dass ihre Anliegen den Interessen der Exportwirtschaft geopfert würden.[48] Die Exportindustrien konnten vom Clearingsystem profitieren, weil mit dem Clearing die Bezahlung der Exporte abgesichert wurde und weil die Exporte in diese Länder dadurch weniger stark zurückgingen als in die Länder mit freiem Zahlungsverkehr. Insgesamt nahm der Anteil der Exporte nach Deutschland in den Krisenjahren zu und ging nach der Abwertung des Schweizer Frankens 1936 wieder zurück; der Anteil der Exporte in die anderen Clearingländer blieb dagegen einigermassen stabil (Grafik 2.1-10).

Mit dem Fortschreiten der Krise wurden schliesslich doch Massnahmen zur Förderung der Exportindustrien ergriffen. Die beiden Wichtigsten waren die 1932 von Bund und Kantonen eingeführte «produktive Arbeitslosenbeihilfe» sowie die nun doch realisierte Exportrisikogarantie.[49] Erstere sollte es den Unternehmen ermöglichen, ihre Exporte mittels Preissenkungen konkurrenzfähiger zu machen, ihre Verkäufe im Ausland zu steigern und damit die Arbeitslosigkeit zu senken. Im Rahmen der vom Bund im März 1934 eingeführten Exportrisikogarantie konnten Exportkredite für Güter mit

46 Schweizerische Zentrale für Handelsföderung (SZH), Jahresbericht 1936. Die ersten Handelsvertretungen wurden in Westafrika, im Nahen Osten, im Norden Chinas und auf den Antillen errichtet, nicht gerade die attraktivsten Exportdestinationen.

47 Schweizerische Handelskammer, Vorortprotokolle 12.2.1932, 2–18; 29.4.1932, 16–20. Einen Überblick über die Auswirkungen des Clearings auf den schweizerischen Aussenhandel in den verschiedenen Ländern und im Vergleich zu den Ländern mit freiem Zahlungsverkehr vermittelt Schaad 1943, 210–234; ferner → 5.1.4.3.

48 Guex 1998, 154–155, betont, dass die Handelsfirmen von der Weltwirtschaftskrise der 1930er Jahre besonders stark betroffen wurden und dass die Clearingabkommen diese Krise verschärften. 1935 gründeten die Handelsfirmen einen Verband, mit dem Ziel, ihre Interessen in den späteren Abkommen besser einbringen zu können.

49 Zur Ausgestaltung der «produktiven Arbeitslosenbeihilfe» als Mittel der Krisenbekämpfung siehe Grimm/Rothpelz 1934; siehe zudem Head-König 2008.

Grafik 2.1-10: **Exporte nach Marktzugang in Europa (1921–1940)**

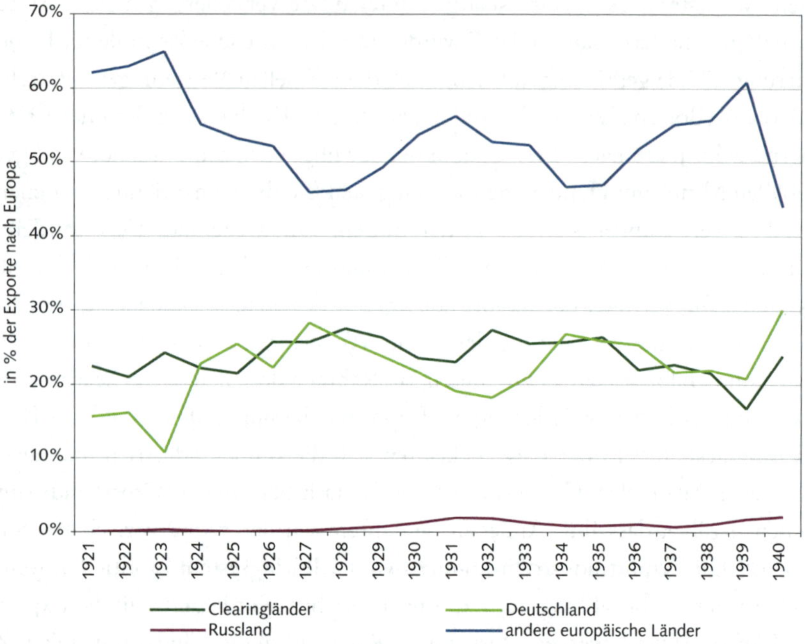

Quelle: HSSO Tab. L.22.

relativ langen Lieferfristen versichert werden. Verglichen mit ähnlichen, von anderen europäischen Ländern bereits in den 1920er und frühen 1930er Jahren eingeführten Versicherungen kam diese Massnahme ziemlich spät und war zudem auf Investitionsgüter beschränkt.[50] Die Exportrisikogarantie war vor allem von den Vertretern der Maschinenindustrie gefordert worden und sollte die mit den Exporten in die Balkanländer, nach Südamerika und in die Sowjetunion verbundenen Zahlungsrisiken abdecken. Doch nicht einmal die Unternehmen der Maschinenindustrie waren sich über die Vorteile einig, und ihre Erwartungen hinsichtlich der Exporte nach Russland wurden nicht erfüllt.[51] Die Vertreter der chemischen Industrie und der Uhrenindustrie waren daran

50 Killias 1947, 48, vermittelt einen Überblick über die in anderen europäischen Ländern eingeführte Exportversicherungen in den 1930er Jahren.

51 Gemäss Killias 1947, 145–159, wurde zwischen 1934 und 1938 die Versicherungsdeckung der Exportrisikogarantie (ERG) fast ausschliesslich für Maschinenexporte gewährt, hauptsächlich nach europäischen Ländern. Die gewährten Garantien stiegen in diesem Zeitraum von 1.2% auf 3.3% des Gesamtexports, die von der Versicherung gedeckten Exporte von 13.4 auf 55.5 Millionen CHF und die Verlustgarantie von 4.3 auf 31.7 Millionen CHF. Killias kommt zum Schluss, dass die ERG auf die Beschäftigungslage keinen grossen Einfluss haben konnte, dass sie jedoch in Einzelfällen sehr wirksam gewesen sei (151). Auch Weber 1936 betont die im Vergleich zum Ausland allzu bescheidenen wirtschaftspolitischen Eingriffe zur Stützung der schweizerischen Maschinenindustrie und macht bedeutend weitergehende Vorschläge, die allerdings nicht umgesetzt wurden.

nicht interessiert.[52] Mit zunehmender Dauer der Krise verlangten die Konsumgüterindustrien eine Ausdehnung der Garantie auf alle Industriezweige. Dies erfolgte 1939 mit dem Inkrafttreten des neuen Bundesgesetztes über die ERG, und der Umfang der von der Versicherung gedeckten Exporte nahm in der Folge stark zu.[53]

Wegen der unterschiedlichen Interessen war der an sich einflussreiche wirtschaftliche Dachverband, der Schweizerische Handels- und Industrieverein (SHIV), gar nicht in der Lage, eine klare Politik der Exportförderung zu verfolgen:[54] Nur Massnahmen wie die Exportrisikoversicherung, die einige Industrien begünstigten, ohne andere zu benachteiligen, hatten eine Chance, innerhalb des Verbands genügend Unterstützung zu erhalten. Einen grossen Einfluss auf den weiteren Internationalisierungsprozess hatten hingegen der Verzicht der Schweizerischen Nationalbank auf Kapitalmarktrestriktionen und die späte Abwertung des Schweizer Frankens. In der Frage der Abwertung kam es erstaunlicherweise nicht zu einem Interessenkonflikt zwischen Binnen- und Exportindustrien, auch nicht zwischen Industrie- und Finanzsektor (→ 5.1.4.3). Warum setzten sich der SHIV sowie die wichtigsten Branchenverbände und grossen Exportunternehmen nicht für die Abwertung ein? Es ist zwar davon auszugehen, dass die späte Abwertung des Frankens die internationale Wettbewerbsfähigkeit der schweizerischen Exportindustrien weniger stark beeinträchtigte, als dies bisher angenommen wurde, denn die schweizerischen Exporte blieben eng mit dem Weltexport korreliert (→ 1.1.3.2.3, Grafik 1.1-24). Doch entscheidend für die ergriffenen Krisenmassnahmen waren nicht die im Nachhinein quantifizierbaren Zusammenhänge, sondern die mit der starken Aufwertung des Schweizer Frankens verbundenen Erwartungen. Es lässt sich durchaus die These vertreten, dass die Politik bzw. die Nationalbank bei eindeutiger Interessenlage der Exportwirtschaft, wie etwa im Fall der engen wirtschaftlichen Verflechtung der nordeuropäischen Länder mit Grossbritannien, dem Druck der Exportwirtschaft kaum hätte widerstehen können und den Franken früher abgewertet hätte. Doch die Aussenhandelsverflechtung der Schweiz war komplexer als jene der nordeuropäischen Länder (Grafik 2.1-4 und 2.1-6): Der nach Deutschland zweitwichtigste Handelspartner Frankreich hielt ebenfalls am Goldstandard fest, und im Fall der Clearingländer, insbesondere Deutschlands, konnte man sich von einer Abwertung keine Verbesserung der Handelsabkommen erwarten.[55] In dieser Hinsicht war die Situation der Schweiz eher vergleichbar mit jener der Niederlanden, die 1936 kurz nach der Schweiz abwerteten und besonders enge Handelsbeziehungen mit Deutschland

52 Schweizerische Handelskammer, Vorortprotokoll, 26.9.1931, 19–27; die Vertreter der Maschinenindustrie waren nachdrücklich dafür, für die Uhrenindustrie kam diese Versicherung nicht in Frage, sie werde jedoch dagegen keine Opposition machen (20); C. Koechlin war in Vertretung der Chemieindustrie gegen die Exportrisikogarantie, es lag ihm jedoch fern, «irgendwelchen Widerstand zu leisten, falls durch die Exportkreditversicherung der schweizerischen Maschinenindustrie geholfen werden kann» (24). Die Konsumgüter sollten hingegen ausscheiden.

53 Killias 1947, 148.

54 Eine knappe Geschichte dieses Dachverbands vermittelt Wehrli 1970.

55 Müller 2002, 242.

hatten.[56] Eine Abwertung hätte auch dort den Marktzugang nicht verbessert, wo dieser durch andere staatliche Regulierungen, wie in Italien, oder durch internationale Kartelle eingeschränkt war. Die Schweizer Exportunternehmen befürchteten zudem, dass aufgrund einer Abwertung die Konsumentenpreise und in der Folge auch die Löhne sowie die stark gesunkenen Preise für importierte Rohstoffe und Halbfabrikate steigen würden. Kostensteigerungen, so wurde argumentiert, würden die Reduktion der Exportpreise wieder zunichte machen. Die Exportunternehmen verlangten also keine Abwertung, sondern beschwerten sich vor allem über die Unfähigkeit der Regierung, das hohe Preis- und Lohniveau im Inland, insbesondere im öffentlichen Sektor und in der Binnenwirtschaft zu senken und so die Wettbewerbsfähigkeit der Schweizer Wirtschaft auf dem Weltmarkt wiederherzustellen. Wichtig war vermutlich noch ein weiterer Aspekt, der in der Literatur zur Abwertungsfrage jedoch kaum thematisiert wird: Kombiniert mit einem offenen Kapitalmarkt begünstigte der starke Schweizer Franken nicht nur das Wachstum des Finanzsektors, sondern auch Direktinvestitionen schweizerischer Unternehmen im Ausland; er war somit für all jene Unternehmen vorteilhaft, die eine Strategie der Expansion mittels Direktinvestitionen, etwa in Form von Firmenkäufen oder Firmengründungen im Ausland, verfolgten. Diese Form der Internationalisierung brach, wie im nächsten Abschnitt aufgezeigt wird, im Unterschied zum starken Rückgang des Aussenhandels in der Zwischenkriegszeit nicht ein.

2.1.2.3 Strategien und Handlungsspielräume der Unternehmen

2.1.2.3.1 Überblick über die Expansion der Schweizer Unternehmen im Ausland

Den Absatzschwierigkeiten in der Zwischenkriegszeit, insbesondere wegen der starken Schwankungen der Exporte nach Deutschland (Grafik 2.1-6), begegneten die Unternehmen, indem sie sowohl ihre Exporte wie auch die Standorte ihrer Auslandsgesellschaften geographisch diversifizierten. Das zeigt sich anhand der zunehmenden Zahl von Auslandsgesellschaften insgesamt und dem gleichzeitig stark abnehmenden Anteil der Nachbarländer und insbesondere Deutschlands. Um Importrestriktionen (Importquoten und -zölle) zu umgehen, wurden in den Nachbarländern und vermehrt in anderen europäischen Ländern Produktionsgesellschaften betrieben.

Der Umfang der Direktinvestitionen im Ausland und die Anzahl multinationaler Unternehmen war bereits zu Beginn des 20. Jahrhunderts hoch, jedoch in den einzelnen Branchen sehr unterschiedlich.[57] Im Folgenden wird aufgrund der bereits erwähn-

56 Klemann 2009, 34–43. Gemäss Klemann mussten die Niederlande zwischen ihren Nachbarländern lavieren. In den 1930er Jahren hielt die Depression an, weil die Handelspartner abwerteten oder – wie Deutschland – zur Devisenkontrolle übergingen. Auch nach der Abwertung im Herbst 1936 erholten sich die Exporte nach Deutschland nicht.

57 Siehe dazu die Erhebungen von Himmel 1922, HSSO Tab. Q.13a. bis Q.13l, sowie Schröter 1993, 31, zur Anzahl der MNU in kleinen Staaten (Belgien, die Niederlande, Schweden, Schweiz, Dänemark) im Zeitraum 1870–1914 sowie zu den Direktinvestitionen schweizerischer Unternehmen: 70–84.

ten neuen Erhebung über die multinationalen Unternehmen (Tabelle 2.1-9) und deren Auslandsgesellschaften (Tabelle 2.1-10) aufgezeigt, wie sich diese Form der Internationalisierung im Zeitraum zwischen 1910 und 1953 in den verschiedenen Sektoren und Branchen entwickelte.[58] Dabei ist zu beachten, dass es sich bei den so ermittelten Ergebnissen um empirisch gut abgestützte Trendaussagen handelt: Aufgezeigt werden die relative Entwicklung der Auslandsgesellschaften auf der Ebene der Sektoren und Branchen sowie die Zu- oder Abnahmen im Zeitverlauf. Im Industriesektor wird zwischen Unternehmen insgesamt und solchen mit Produktionsstätten im Ausland unterschieden, weil – wie einleitend zu Kapitel 2.1 ausgeführt – die Funktionen der Auslandsgesellschaften innerhalb des Gesamtunternehmens Auswirkungen auf die Geschäftstätigkeit im Herkunftsland hatten. Auslandsgesellschaften ohne Produktion waren in der Regel Verkaufsgesellschaften, welche die Exporte aus der Schweiz fördern sollten, während Produktionsgesellschaften im Ausland die Fertigung in der Schweiz sowohl ergänzen als auch ersetzen konnten. In der Chemie- und Maschinenindustrie nahm die Anzahl multinationaler Unternehmen zu, in der Nahrungsmittel- und Metallindustrie veränderten sie sich nur geringfügig, in der Textilindustrie erfolgte hingegen ein starker Rückgang; bei den Uhrenproduzenten unterhielt nur ein Unternehmen einen Produktionsbetrieb im Ausland. Im Dienstleistungssektor, der vor dem Ersten Weltkrieg bedeutend weniger Auslandsgesellschaften aufwies als der Industriesektor, nahm die Zahl der MNU in der Folge stärker zu als im Industriesektor.

Die zeitgenössische Literatur geht davon aus, dass die Industrieunternehmen wegen der zunehmenden Importbarrieren in den wichtigsten Absatzmärkten zur Verlagerung ihrer Produktion ins Ausland geradezu gezwungen waren und analysiert die für jede Branche etwas anders gearteten externen Ursachen dieses Expansionsschrittes.[59] Wegen der besonders frühen Expansion ins Ausland ist jedoch davon auszugehen, dass diese Form der Internationalisierung für viele Schweizer Unternehmen eine gängige Wachstumsstrategie war, die parallel zum Ausbau des Unternehmens in der Schweiz erfolgte.[60] In die grossen Nachbarländer zu expandieren fiel den Schweizer Unternehmen wegen der geographischen und sprachlich-kulturellen Nähe sowie wegen der vielfältigen grenzüberschreitenden persönlichen Beziehungen nicht schwer und war bereits im 19. Jahrhundert durchaus üblich, auch für kleinere Unternehmen.

58 Siehe die Erhebungen von Martin Lüpold in Müller/Hiestand/Lüpold 2013 sowie HSSO S.15a bis S.15e. Erfasst wurden alle Unternehmen mit einer oder mehreren Auslandsgesellschaften im Industrie- und Dienstleistungssektor, zudem einige Finanzunternehmen mit bedeutenden ausländischen Beteiligungen, die Sociétés Financières (SF), sowie einige, vor allem im Primärsektor tätige Free Standing Companies (FSC), d.h. Unternehmen mit Tochtergesellschaften im Ausland, jedoch ohne Geschäftstätigkeit in der Schweiz. Besonders ausgeprägt war die Zunahme der FSC zwischen 1910 und 1919, vermutlich wegen der besonderen Verhältnisse im Ersten Weltkrieg, während die Zunahme der Finanzgesellschaften (SF) zwischen 1919 und 1937 auf die im Vergleich zum europäischen Umfeld besonders stabilen Kredit- und Währungsverhältnisse in der Schweiz zurückzuführen sein dürften.

59 Beispielsweise Masnata 1924.

60 Zur Internationalisierung von Unternehmen aus kleinen Staaten (Belgien, Dänemark, die Niederlande, Schweden, Schweiz) im Zeitraum vor 1914 siehe Schröter 1993.

Tabelle 2.1-9: **Entwicklung der Anzahl multinationaler Unternehmen (MNU) nach Sektoren und Branchen (1910–1953)**

	1910	1919	1929	1937	1953
MNU im Industriesektor insgesamt	86	96	99	88	110
mit Produktion im Ausland	68	75	73	68	70
Chemikalien und Pharmazeutika	12	12	14	13	19
mit Produktion	10	11	11	10	11
Nahrungsmittel	11	12	10	8	9
mit Produktion	11	11	10	8	9
Metalle	9	8	7	6	7
mit Produktion	6	5	5	5	5
Maschinen	16	16	24	25	30
mit Produktion	10	13	14	15	20
Textilien	28	34	28	20	25
mit Produktion	26	27	22	17	15
Uhren	2	3	2	1	4
mit Produktion	1	1	1	1	1
andere Industriegüter*	8	11	14	15	16
mit Produktion	4	7	10	12	9
MNU im Dienstleistungssektor insgesamt	20	29	26	30	50
Banken	2	2	1	1	5
Versicherungen	8	8	7	8	12
Handel	5	9	12	12	17
Transportwesen	3	4	3	4	12
andere Dienstleistungen	2	6	3	5	4
Finanzgesellschaften (SF)	14	21	34	39	24
«Free Standing Companies» (FSC)	8	17	10	8	4

* andere Industriegüter: Baumaterialien-, Papier- und Schuhindustrie.

Quelle: Erhebungen von Martin Lüpold im Rahmen des SNF-Forschungsprojekts Müller/Hiestand/Lüpold 2013, integriert in die HSSO Tab. S.15a bis S.15e.

Bemerkung: Maschinen einschliesslich elektrische Anlagen und Ausrüstung.

Die Anzahl MNU mit Produktion im Ausland nahm zwischen 1919 und 1937 zwar leicht ab, doch hauptsächlich weil Unternehmen mit wenigen Auslandsgesellschaften aus den Jahrbüchern verschwanden, häufig weil sie von grösseren schweizerischen MNU übernommen wurden. Im instabilen Umfeld der Zwischenkriegszeit war die Etablierung von Produktionsgesellschaften im Ausland für die bereits seit längerem dort tätigen Unternehmen viel einfacher als für Firmen, die mit dieser Internationalisierungsform noch kaum Erfahrungen hatten machen können. Zwischen 1937 und

1953 lässt sich wiederum ein deutlicher Anstieg der MNU, insbesondere im Industriesektor feststellen, doch die Gesamtzahl der MNU mit Produktionsstätten im Ausland veränderte sich kaum: In den 1930er Jahren hatte sich in allen Branchen eine Kerngruppe multinationaler Unternehmen etabliert, im Abschnitt 2.1.3 als «Core Companies» bezeichnet, deren Zusammensetzung bis Ende der 1980er Jahre in etwa gleich blieb: Diese Firmen tätigten einen Grossteil der ausländischen Direktinvestitionen und bildeten eine Art Auffangbecken für kleinere, besonders leistungsfähige, aber international zu schwach positionierte Unternehmen.[61]

Die Zahl der Auslandsgesellschaften nahm im Unterschied zur Zahl der MNU während des hier betrachteten Zeitraums von 1910 bis 1953 stets zu: Bis zum Stichjahr 1937 trifft dies auch für die produzierenden Auslandsgesellschaften zu (Tabelle 2.1-10). Wie bereits erwähnt, nahm die Internationalisierung mittels Direktinvestitionen während der Zwischenkriegszeit, die generell als eine Periode der Deglobalisierung beschrieben wird, trotz oder möglicherweise gerade wegen des starken Einbruchs des Welthandels weiter zu.[62] Die Verteilung der Auslandsgesellschaften auf die verschiedenen Branchen vermittelt erste Hinweise auf die unterschiedliche Bedeutung dieser Internationalisierungsform. Steigende Anteile lassen auf eine zunehmende Auslandsorientierung der Unternehmen schliessen, die sowohl mit einem Rückgang wie mit einem Ausbau der Geschäftstätigkeit im Inland einhergehen konnte. Bei sinkenden Anteilen nahm die Auslandsorientierung einer Branche ab, und die Unternehmen konzentrierten sich vermehrt auf den Binnenmarkt. Deutlich niedrigere Anteile an den Produktionsgesellschaften als an den Auslandsgesellschaften insgesamt lassen den Schluss zu, dass die Produktion im Ausland einen geringeren Stellenwert hatte als der Verkauf und dass umgekehrt in Branchen mit deutlich höheren Anteilen der Produktionsstandort Schweiz an Bedeutung verloren hatte.

Im Folgenden wird unterschieden zwischen Industrien, deren Unternehmen in der grossen Depression der 1930er Jahre die Strategie einer Neupositionierung als Exportunternehmen wählten, in der Regel kombiniert mit dem Ausbau der Produktion im Ausland, und Industrien, deren Unternehmen sich mehrheitlich auf den Binnenmarkt zurückzogen und die nur wenige auslandsorientierte Firmen aufwiesen, die einen alternativen Wachstumspfad einschlugen, indem sie den Grossteil der Produktion ins Ausland verlagerten.

61 In dieser Hinsicht besteht eine auffallende Übereinstimmung zwischen dem Internationalisierungsprozess in der Schweiz und demjenigen in den Niederlanden. Auch dort expandierten die führenden MNU während der Zwischenkriegszeit weiterhin mit Direktinvestitionen ins Ausland und dieser Internationalisierungsprozess wurde von einigen wenigen führenden Unternehmen dominiert (Sluyterman 2005, 92–100).

62 Während der Zwischenkriegszeit lassen sich sowohl weltwirtschaftliche Ver- wie auch Entflechtungsprozesse feststellen. Zu solchen gegenläufigen Tendenzen und den damit verbundenen begrifflichen Herausforderungen siehe Fässler 2011, 321–325.

Tabelle 2.1-10: **Anzahl multinationaler Unternehmen (MNU) und Anteile der Auslandsgesellschaften nach Sektoren und Branchen (1910–1953)**

	1910		1919		1929		1937		1953	
Industrie	insgesamt	mit Prod.	insgesamt	mit Prod.	insgesamt	mit Prod.	insgesamt	mit Prod.	insgesamt	mit Prod.
Anzahl MNU	186	119	241	152	355	207	387	245	456	242
Chemikalien, Pharmazeutika	17 %	18 %	17 %	18 %	19 %	19 %	22 %	22 %	20 %	24 %
Nahrungsmittel	17 %	21 %	19 %	22 %	17 %	22 %	18 %	23 %	15 %	24 %
Metalle	10 %	8 %	8 %	7 %	7 %	9 %	9 %	11 %	6 %	10 %
Maschinen	23 %	16 %	23 %	18 %	28 %	19 %	27 %	17 %	33 %	19 %
Textilien	23 %	31 %	22 %	28 %	16 %	20 %	12 %	15 %	12 %	11 %
Uhren	2 %	1 %	3 %	1 %	2 %	0 %	1 %	0 %	1 %	0 %
andere Industrien	8 %	5 %	8 %	6 %	11 %	10 %	12 %	11 %	12 %	12 %
Dienstleistungen										
Anzahl MNU	40		53		92		119		192	
Banken	5 %		4 %		2 %		2 %		6 %	
Versicherungen	43 %		40 %		49 %		50 %		40 %	
Handel	25 %		25 %		27 %		30 %		33 %	
Transporte	23 %		17 %		7 %		8 %		11 %	
andere Dienstleistungen	5 %		15 %		15 %		11 %		10 %	

Quelle: Erhebungen von Martin Lüpold im Rahmen des SNF-Forschungsprojekts Müller/Hiestand/Lüpold 2013, integriert in die HSSO Tab. S.15a bis S.15e.
Bemerkung: Maschinen einschliesslich elektrische Anlagen und Ausrüstung.

2.1.2.3.2 Neupositionierung als Exportunternehmen

Im Industriesektor gehörten die Maschinenindustrie und die chemische Industrie zu den Branchen mit steigenden Exportanteilen (Tabelle 2.1-6) und gleichzeitig einer relativ grossen Zahl multinationaler Unternehmen und zunehmenden Anteilen an den Auslandsgesellschaften insgesamt und mit Produktion (Tabellen 2.1-9 und 2.1-10). Beide Exportindustrien konnten ihren komparativen Vorteil innerhalb der Weltwirtschaft wahren und im Fall der Chemieindustrie sogar deutlich steigern (Tabelle 2.1-6); trotzdem lassen sich einige markante Unterschiede in der Art und Weise feststellen, wie die Unternehmen auf die dramatischen Veränderungen im internationalen Umfeld reagierten.

Die *Unternehmen in der Maschinenindustrie* leisteten im hier betrachteten Zeitraum einen besonders grossen Beitrag zum erfolgreichen Strukturwandel der schweizerischen Exportindustrie. Maschinen gehörten neben Fahrzeugen zu den Gütern, deren Anteile am Welthandel am stärksten zunahmen; der Anteil der Maschinenexporte an den gesamten schweizerischen Exporten verdreifachte sich in der ersten Jahrhunderthälfte. Mit einem Anteil von 3 % bis 4 % an den Weltexporten konnte sich die schweizerische Maschinenindustrie auf dem expandierenden Weltmarkt halten, die RCA-Werte für Maschinenexporte nahmen in der Zwischenkriegszeit sogar leicht zu (Tabelle 2.1-6). Die grösseren Unternehmen waren oft auch in der Metallverarbeitung tätig und breit diversifiziert. So war etwa die Firma Saurer in Arbon nicht nur der grösste Hersteller von Stickmaschinen in der Schweiz, sondern auch von Fahrzeugen. Wie in allen Industriebranchen gab es in der Maschinenindustrie neben den wenigen Grossunternehmen viele KMU, von denen manche nicht selbst exportierten, sondern als Zulieferer tätig waren (→ Einleitung Teil 2).[63] Zu Beginn des 20. Jahrhunderts machte das Auslandskapital dieser Industrie etwa 11 % der gesamten Kapitalbestände im Inland aus, 1919 beinahe 70 %.[64] Der Anteil der Maschinenindustrie (einschliesslich der elektrotechnischen Industrie) am gesamten im Ausland investierten Kapital der MNU im Industriesektor stieg von 11.5 % zu Beginn des Jahrhunderts auf 45 % im Jahr 1919.[65]

Verglichen mit ihrem Anteil an der Gesamtzahl der Auslandsgesellschaften war der Anteil der Maschinenindustrie an den Produktionsgesellschaften niedriger. Die meisten Auslandsgesellschften waren Vertriebsgesellschaften, die in erster Linie zur Steigerung der Exporte aus der Schweiz beitragen sollten. Das traf vor allem für die Unternehmen mittlerer Grösse zu wie etwa die Firmen Rieter in Winterthur, Bühler in Uzwil oder die Maschinenfabrik Rüti, doch auch einige grössere Unternehmen wie die Schweizerische Lokomotiv- und Maschinenfabrik (SLM) in Winterthur produzierten weiterhin nur in der Schweiz. Die Unternehmen Brown, Boveri & Cie. (BBC), Escher Wyss, Sulzer, Schindler, Landis & Gyr gründeten hingegen bereits Ende des 19. oder Anfang des 20. Jahrhunderts erste Produktionsgesellschaften im Ausland. Doch auch diese Unternehmen blieben stark exportorientiert und behielten den Grossteil der Produktion sowie insbesondere Forschung und Entwicklung in der Schweiz (→ 1.3.2.2). Die meisten Auslandsgesellschaften befanden sich zu dieser Zeit in den Nachbarländern, in Grossbritannien, Belgien und Spanien, einige wenige in den USA und in weiteren Überseeregionen.[66] In der Zwischenkriegszeit versuchten

63 HSSO Tab. K.28, mit Bezug auf Glatthard 1987.

64 Himmel 1922 teilt die Unternehmen ein in Unternehmen der Maschinenindustrie, der elektrotechnischen Industrie und der elektrochemischen Industrie. Martin Lüpold unterscheidet in seinen Erhebungen zwischen Metallindustrie, Maschinenindustrie sowie Industrie der elektrischen Apparate und Anlagen und teilt die elektrochemischen Firmen entweder der Metallindustrie oder der chemischen Industrie zu. Mehrere bedeutende Familienunternehmen, wie etwa Landis & Gyr oder Schindler, die Anfang des 20. Jahrhunderts ebenfalls Auslandsgesellschaften errichtet hatten, wurden von Himmel nicht berücksichtigt. Siehe zu den Erhebungen von Ernst Himmel HSSO Q.13a bis Q.13l und zu denen von Martin Lüpold HSSO S.15a bis S.15e.

65 HSSO Tab. Q13.b und Q13c.

66 Die Standorte der Unternehmen in der Elektrotechnikbranche waren geographisch etwas breiter gestreut, doch befanden sich die meisten Auslandsgesellschaften ebenfalls in den Nachbarländern, in Grossbritannien, Belgien und Spanien.

die Unternehmen, ihre Produkte in neuen, weiter entfernten Märkten abzusetzen, um ihre Abhängigkeit von den stark schwankenden Absatzmöglichkeiten in den grossen Nachbarländern Frankreich und Deutschland zu reduzieren.[67] Ende der 1920er Jahre machte der Anteil der grossen europäischen Länder, Deutschland, Frankreich, Grossbritannien und Italien, am gesamten Maschinenexport 87 % aus, 1937 waren es noch 73 %, während sich die Zahl der Länder mit einem Exportanteil von nur wenigen Prozent mehr als verdreifacht hatte.[68]

Im Konjunktureinbruch der 1930er Jahre waren die Unternehmen bestrebt, die Kosten mittels Rationalisierung der Produktionsprozesse zu senken. Dass dies kein einfaches Unterfangen war, verdeutlichen mehrere Fallstudien.[69] Die Unternehmen orientierten sich an den neuen amerikanischen Methoden einer wissenschaftlichen Betriebsführung – dem Taylorismus und Fordismus –, die in der Schweiz bereits in den frühren 1920er Jahren breit rezipiert wurden, doch blieb die tatsächliche Umsetzung solcher Konzepte im Produktionsprozess eher begrenzt.[70] Eine erfolgreiche Anwendung der Massenproduktionstechnologie hätte die Herstellung grosser Mengen normierter und standardisierter Produkte vorausgesetzt, doch das entsprach nicht der traditionellen Erfolgsstrategie dieser Unternehmen. Sie war auf eine Spezialisierung in technologisch hochstehenden, «massgeschneiderten» und innovativen Produkten ausgerichtet, mit denen die unterschiedlichsten Ansprüche einer in alle Weltregionen verstreuten Kundschaft befriedigt werden sollten.[71] Diese Strategie entsprach dem, was die Unternehmen für ihren komparativen Vorteil im internationalen Wettbewerb hielten, während sie eine Konkurrenzfähigkeit in der Produktion von Massengütern teils wegen des beschränkten Zugangs zu ausländischen Märkten, teils wegen der höheren Produktionskosten für unmöglich bzw. wegen der verfügbaren, hochqualifizierten Arbeitskräfte wohl auch für unzweckmässig hielten.

Der Verein Schweizerischer Maschinen-Industrieller (VSM) setzte sich stark für wirtschaftspolitische Massnahmen ein, welche die Neupositionierung der Maschinenindustrie als Exportindustrie unterstützten, und konnte sich mit seinen Forderungen im Rahmen des Dachverbands, dem Schweizerischen Handels- und Industrieverein (SHIV), auch durchsetzen. Beide in der Depression der 1930er Jahre ergriffenen wirt-

67 Zur Veränderung der Anteile wichtiger Länder (Deutschland, Frankreich, Grossbritannien, USA) am Gesamtexport der Schweiz nach Gütergruppen in den Stichjahren 1912, 1928 und 1937 siehe David/Etemad 1999, 44–56.

68 1927–1930 gingen zwischen 2.3 % und 3.5 % in 7 Länder, 1937–1938 zwischen 0.5 % und 3.5 % in 22 Länder. HSSO Tab. L.28a bis L.43b.

69 Jaun 1986, 189–371; Müller 2001, 307–314.

70 Jaun 1986, 86–123, beschreibt, wie sich in der Schweiz etwa im Rahmen der «Swiss Missions of Economic Studies» oder der «Schweizer Freunde Amerikas» Gruppierungen bildeten, die sich zum Ziel setzten, aus dem anlässlich von Arbeitsaufenthalten und Geschäftsreisen festgestellten amerikanischen Vorsprung zu lernen und die Rationalisierungsbewegung in der Schweiz zu fördern. Ähnliche Rationalisierungsbewegungen formierten sich auch in anderen europäischen Ländern, siehe dazu Schröter 2005, 24–30.

71 Müller 2001, 307–310.

schaftspolitschen Massnahmen zur Förderung der Exportindustrie – die «Produktive Arbeitslosenbeihilfe» und die «Exportrisikogarantie» – dienten in erster Linie der Unterstützung der Maschinenindustrie. Diese Vorzugsbehandlung lässt sich mit der grossen Zahl Beschäftigter und der breiten Verteilung dieser aus einer Vielzahl von KMU und wenigen Grossunternehmen bestehenden Industrie innerhalb der Schweiz erklären (→ 3.3.4). Die Zolltarife für Metalle, Maschinen und Apparate wurden in Abhängigkeit zur Tarifpolitik in anderen Ländern teils erhöht, teils vermindert, doch im Durchschnitt blieb die Zollbelastung niedrig (siehe oben Tabelle 2.1-8). Die Versuche einzelner Unternehmen, die Konkurrenz im Binnenmarkt mittels Absprachen einzuschränken, waren weitgehend erfolglos, weil die von ihnen hergestellten Produkte zu heterogen und die Vorstellungen der Unternehmen über die adäquaten Massnahmen zur Überwindung der Krise zu unterschiedlich waren.[72] Einige Unternehmen beteiligten sich an internationalen Kartellen, wodurch wie in anderen kartellierten Branchen der Preiszerfall gestoppt und grössere Verluste vermieden weden konnten.[73]

Die *Unternehmen in der Chemieindustrie,* deren Anteil an den schweizerischen Exporten vor dem Ersten Weltkrieg noch marginal war, expandierten stark. Ihr Exportanteil stieg von knapp 5 % im Jahr 1923 auf 15 % zu Beginn der 1950er Jahre, ihr Anteil an den Weltexporten von 2.7 % auf 7.5 % und ihr komparativer Vorteil von 1.1 auf 2.8, dem höchsten in Tabelle 2.1-6 ausgewiesenen Wert. Gleichzeitig blieb die schweizerische Volkswirtschaft, weil sich diese Industrie auf bestimmte Güterkategorien und stärker auf Fertigprodukte als auf Halbfabrikate spezialisierte, in hohem Mass auf den Import chemischer Produkte angewiesen. Die grossen Unternehmen in dieser Branche etablierten schon früh Tochtergesellschaften im Ausland, wobei wegen ihrer Konzentration im Raum Basel den Standorten auf der anderen Seite des Rheins eine ganz besondere Bedeutung zukam.[74] Die Kapitalbestände der von Ernst Himmel berücksichtigten Chemieunternehmen im Ausland machten bereits um 1900 etwa drei Viertel der Kapitalbestände im Inland aus, 1919 waren es etwa 90 %, wobei allerdings ihr Anteil am Gesamtbestand des im Ausland investierten Kapitals nur 2.3 % Prozent ausmachte.[75] Im Zeitraum von 1910 bis 1953 nahmen die Anteile der chemisch-pharmazeutischen Industrie an der Gesamtzahl der Auslandsgesellschaften zu, wobei die Anteile an den Produktionsgesellschaften in allen Stichjahren etwa gleich hoch oder höher waren (Tabelle 2.1-10).[76] Die meisten Auslandsgesellschaften befanden sich in den Nachbarländern Deutschland, Frankreich und Italien; in Osteuropa waren ebenfalls bereits vor dem Ersten Weltkrieg Produktionsbetriebe gegründet worden, und

72 Fretz 1923, 68–69, 98; Lüthi 1947, 56.

73 Zu diesen Unternehmen gehörte etwa der Textilmaschinenhersteller Rieter (Müller 2001, 315–317).

74 Zur Internationalisierung als Wachstumsstrategie der Ciba im Krisenkontext der 1930er Jahre siehe Müller 2002, 246–248.

75 HSSO Tab. Q.13e.

76 Neben den grossen Farbstoffproduzenten Ciba, Geigy und Sandoz sowie dem Pharmaunternehmen Roche expandierten auch mehrere kleinere Unternehmen mittels Auslandsgesellschaften. Zur Auslandsexpansion von Wander siehe Häusler 1998.

dieser Standort blieb attraktiv, trotz der hohen Verluste in Russland nach der Oktoberrevolution 1917. Eine Expansion in die USA wagten nur die grossen Basler Unternehmen sowie der Nährmittelhersteller Wander. Nach dem Zweiten Weltkrieg wurden neue Auslandsgesellschaften in weiteren Ländern innerhalb und ausserhalb Europas aufgebaut, doch die Auslandsgesellschaften in Osteuropa gingen allesamt verloren. Auch in dieser Industrie gab es eine Vielzahl von KMU, die teils ebenfalls Auslandsgesellschaften betrieben und stark exportorientiert waren, teils als Zulieferer auf den Binnenmarkt ausgerichtet blieben. Im Selbstverständnis der Branche war die chemische Industrie ganz klar eine Exportindustrie, die etwa 90 % ihrer Produktion im Ausland absetzte (→ Einleitung Teil 2, Tabelle 2-1).[77]

Die Unternehmen der chemisch-pharmazeutischen Industrie setzten somit ihre Expansion im Ausland während der ersten Hälfte des Jahrhunderts fort; die Zahl der MNU und der Auslandsgesellschaften nahm zu, die Zahl der MNU mit Produktionsgesellschaften im Ausland blieb hingegen konstant. In dieser Branche hatte sich schon sehr früh eine Kerngruppe multinationaler Unternehmen gebildet, die den grössten Teil der Direktinvestitionen dieser Branche im Ausland tätigten. Zu dieser Kerngruppe gehörten die vier grossen Basler Unternehmen Ciba, Geigy, Sandoz und Roche. Sie besassen wenige grosse Produktionsgesellschaften, einige kleinere Produktionsbetriebe und eine grosse Zahl von Verkaufsgesellschaften im Ausland. Die Farbenproduzenten Ciba, Geigy und Sandoz führten einige der Auslandsgesellschaften gemeinsam innerhalb der von ihnen am Ende des Ersten Weltkriegs gegründeten «Interessengemeinschaft» (IG), mit dem Zweck, die Produktion und den Verkauf von Farbstoffen zu koordinieren und den Aufbau neuer Produktlinien zu regulieren. 1929 trat die IG eher zögerlich dem bereits zwei Jahre zuvor gebildeten Deutsch-Französischen Farbstoffkartell bei. Mit Ausbruch des Zweiten Weltkriegs löste sich das internationale Kartell auf; die Interessengemeinschaft der Basler Unternehmen, welche die Expansion in neue Geschäftsbereiche hätte beeinträchtigen können, verlor ihre bindende Wirkung bereits in den frühen 1930er Jahren.[78] Das internationale Farbstoffkartell begünstigte hingegen die Diversifikation in nichtkartellierte Geschäftsbereiche und damit die erfolgreiche Neupositionierung der schweizerischen Chemieindustrie auf dem Weltmarkt, weil der Preiszerfall des Hauptprodukts Farben gestoppt, grössere Verluste vermieden und hinreichend Mittel für Forschung und Entwicklung in den neuen Bereichen verfügbar wurden.[79]

Auf die zunehmende Verschlechterung der internationalen Wettbewerbsfähigkeit in den 1930er Jahren reagierten die Chemieunternehmen, indem sie die Herstellung von Massenprodukten ins Ausland verlagerten und sich in der Schweiz auf hochwer-

77 Zu den Ausfuhrwerten nach den wichtigsten Vebrauchsländern in einigen Stichjahren, siehe HSSO Tab. L.28b. bis L.43b.

78 Metzler 2004, 35–64.

79 Zu den verschiedenen Gründen der relativen Krisenfestigkeit der chemischen Industrie siehe Roth 1952, 111–122.

tige und innovative Produkte konzentrierten. Einige Auslandsgesellschaften waren bereits in den 1930er und 1940er Jahren nicht nur im Verkauf und in der Produktion, sondern auch in Forschung und Entwicklung tätig.[80] Für die Basler Unternehmen blieben die Produktionsbetriebe in und um Basel – einschliesslich derjenigen im benachbarten Frankreich und Deutschland – am bedeutendsten. Trotz ihres raschen Aufstiegs zur drittstärksten Exportindustrie hatte die chemische Industrie wegen ihrer regionalen Konzentration und den eher niedrigen Anteilen an der Gesamtbeschäftigung (→ Einleitung Teil 2, Tabelle 2.1-3) einen für die Wirtschaftspolitik des Bundes viel geringeren Stellenwert als die Maschinenindustrie. Zudem war die chemische Industrie von der Krise der 1930er Jahre weniger betroffen als die anderen Exportindustrien (→ 1.1.3.2.2, Grafik 1.1-A1).

Die *Uhrenindustrie* blieb mit ihrer fast ausschliesslich auf Exporte setzenden Wachstumsstrategie eine Ausnahme. Unter den von Ernst Himmel in seinen Erhebungen berücksichtigten Unternehmen befinden sich denn auch keine Uhrenproduzenten. Einige wenige Firmen hatten zwar Auslandsgesellschaften in Frankreich, Grossbritannien und Österreich sowie in den USA oder in Argentinien, doch handelte es sich um Verkaufsgesellschaften.[81] Die Uhrenindustrie gehörte mit etwa 15 % Exportanteil in der Zwischenkriegszeit und etwa 20 % um 1950 zu den wichtigsten schweizerischen Exportindustrien. Die Uhrenexporte nach den wichtigsten Absatzmärkten in Europa schwankten besonders stark, und die Unternehmen reagierten darauf mit der Suche nach neuen, auch weiter entfernten Märkten.[82] Ähnlich wie die Unternehmen der Chemie- und Maschinenindustrien investierten die Uhrenproduzenten vermehrt in Forschung und Entwicklung und spezialisierten sich auf technisch anspruchsvolle, innovative Produkte.[83]

Zentrale Probleme im Konjunktureinbruch der 1930er Jahre waren die starke Erhöhung der Importzölle in wichtigen Absatzmärkten sowie die damit einhergehende Gefahr einer Verlagerung der Produktion insbesondere in die USA, dem damals wichtigsten Absatzmarkt. Die Interessenvertreter der Uhrenindustrie unternahmen

80 Ausführlich beschrieben wird die Bedeutung der Auslandsgesellschaften für die ausgesprochen erfolgreiche Entwicklung des Roche-Konzerns während der Zwischenkriegszeit in Peyer 1996, 106–154. In dieser überaus gehaltvollen Unternehmensgeschichte werden keine Quellen zitiert, was leider den wissenschaftlichen Wert der Darstellung erheblich schmälert; teilweise konnten die Aussagen zum Internationalisierungsprozess anhand der Jahresberichte dieses Unternehmens bestätigt werden.

81 Die Unternehmen mit der grössten Anzahl Auslandsgesellschaften waren Zénith, mit Verkaufsgesellschaften in Frankreich, den USA, Grossbritannien und Argentinien, SSIH und Obrecht.

82 Vor dem Ersten Weltkrieg waren Deutschland und Grossbritannien die wichtigsten Absatzmärkte mit einem Anteil von 20 % und 15 % gegenüber den USA und Frankreich mit etwa 5 % bzw. 4 %. In den 1920er Jahren stieg der Anteil der USA auf 20 % und in den 1930er und 1940er Jahren auf über 30 %. Der Anteil von Deutschland, Frankreich, Grossbritannien und Italien machte in unterschiedlicher Zusammensetzung insgesamt je etwa 50 % aus (HSSO Tab. L.28b. bis L.43b). Eine Übersicht über die stark schwankenden Exporte nach Deutschland, Frankreich, Grossbritannien, Italien und den USA im Zeitraum von 1923 bis 1953 vermittelt die Tabelle in Koller 2001, 418.

83 Perret 2001; Veyrassat 2003; Pasquier 2008.

enorme Anstrengungen, damit dieser Industriezweig in der Schweiz verankert blieb.[84] Das in den 1920er Jahren zur Kostensenkung und damit als Rationalisierungsmassnahme eingeführte Kartell wurde auf alle Produktionszweige ausgedehnt und durch weitere Regulierungen verstärkt (→ 2.3.1.1.3). Zentrale Krisenmassnahme war es, die Produktion im Inland zu beschränken, um sie an den starken Nachfragerückgang anzupassen, aber auch, eine Verlagerung von Produktionskapazitäten oder eine Abwanderung von technischem Know-how ins Ausland zu verhindern. So wurden etwa der Export von Spezialmaschinen und die Anwerbung von qualifiziertem Personal durch ausländische Unternehmen verboten, trotz hoher Arbeitslosigkeit in den stark auf diesen Industriezweig ausgerichteten Regionen. Die Bedeutung dieser mit Unterstüzung der kantonalen Behörden und des Bundes durchgesetzten Massnahmen sollte jedoch nicht überbewertet werden, weil deren Wirksamkeit begrenzt war und der Transfer von Technologie und Know-how nicht generell verhindert werden konnte.[85] Es scheint plausibler anzunehmen, dass die Uhrenproduzenten auf die Verlagerung von Produktionskapazitäten ins Ausland deshalb verzichteten, weil ihre firmenspezifischen Vorteile stark mit standortspezifischen Vorteilen in der Form von Netzwerkexternalitäten verknüpft waren, Vorteile die nicht beliebig ins Ausland verlagert oder dort neu aufgebaut werden konnten. Eine wichtige Rolle dürfte dabei die besondere Struktur dieser Industrie gespielt haben, die sich aus einer Vielzahl von auf einzelne Teilprozesse in der Fertigungskette spezialisierten KMU zusammensetzte, die häufig selbst keinen Export betrieben bzw. nach den neuen Regeln gar nicht betreiben durften. Die starken wechselseitigen Abhängigkeiten zwischen den inländischen Uhrenherstellern, ihren einheimischen Zulieferern und den an der Erhaltung der Beschäftigung in dieser Branche interessierten Behörden begünstigten einen in der Schweiz eher unüblichen Zusammenschluss von Wirtschaft und Politik zwecks Strukturerhaltung. Diese Strategie war insofern vorerst erfolgreich, als die Schweizer Uhrenhersteller ihre bereits zu Beginn des 20. Jahrhunderts führende Position auf dem Weltmarkt erhalten und ihren hohen komparativen Vorteil eher noch ausbauen konnten.[86]

2.1.2.3.3 Rückzug auf den Binnenmarkt oder Verlagerung der Produktion ins Ausland

Zu den Branchen, die ihre internationale Wettbewerbsfähigkeit einbüssten und sich vermehrt auf den Binnenmarkt zurückzogen, gehörten die Nahrungsmittelindustrie, die Textilindustrie, die Metallindustrie und die Automobilindustrie. Den Unternehmen, die ihre Auslandsorientierung beibehalten wollten, blieb nur die Option,

84 Koller 2003; Donzé 2009, 101–148.

85 Koller 2003; Donzé 2009,138–148. Zum relativen Misserfolg der Massnahmen gegen eine Verhinderung des Technologietransfers siehe zudem Donzé 2011.

86 Siehe zur starken Position der schweizerischen Uhrenindustrie auf dem Weltmarkt Bairoch 1996, 225–228.

einen Grossteil ihrer Produktion ins Ausland zu verlagern. Bei einigen Industrien setzte der Rückzug auf den Binnenmarkt erst in der Grossen Depression der 1930er Jahre ein, bei anderen bereits zu Beginn des 20. Jahrhunderts. Die Abschirmung der Binnenmärkte vor ausländischer Konkurrenz war sowohl Ursache als auch Folge des Verlustes der internationalen Wettbewerbsfähigkeit am Standort Schweiz. Sie führte nicht nur zur Einbusse der Wettbewerbsfähigkeit der direkt geschützten, sondern auch der indirekt davon betroffenen Branchen. Aufzeigen lassen sich diese Zusammenhänge am Beispiel der Lebensmittel- und der Textilindustrie.

Gemäss den Untersuchungen von Ernst Himmel und Harm Schröter verfügten die Unternehmen der *Lebensmittelindustrie* (Konservenindustrie und Schokoladenindustrie) über besonders hohe Direktinvestitionen im Ausland.[87] Ihr Anteil an den gesamten Kapitalbeständen im Ausland betrug 1910 20 % und 1919 bereits 39 %. Das Verhältnis zwischen dem Kapitalbestand im Ausland und demjenigen im Inland stieg in diesem Zeitraum von 1.4 auf 4.2. Die MNU der Konservenindustrie hatten somit bereits zu Beginn des 20. Jahrhunderts ihren Produktionsschwerpunkt im Ausland. Das traf insbesondere auch für Nestlé zu, dem grössten Unternehmen in dieser Branche:[88] Die Produktionskapazitäten im Inland gingen während und nach dem Ersten Weltkrieg weiter zurück, und auch in den 1930er Jahren wurden Fabriken in der Schweiz geschlossen, während die Produktion im Ausland immer weiter ausgebaut wurde. Ein wichtiger Grund für diese relativ früh einsetzende Verlagerungspolitik waren die Milchknappheit während des Ersten Weltkriegs und die protektionistischen Massnahmen zur Stützung des inländischen Milchmarkts. In den 1920er Jahren stieg die Zollbelastung auf Agrarprodukten von einem besonders tiefen Niveau von 3 %–4 % auf zunächst 9 % und dann auf über 20 % in den 1930er Jahren (siehe Tabelle 2.1–8). Lebensmittelexporte aus der Schweiz wurden dabei gleich doppelt mit Zöllen belastet: Diese fielen zum einen auf den zur Weiterverarbeitung importierten Agrarprodukten an, weil die Eigenproduktion nicht ausreichte, um den Bedarf der Unternehmen zu decken, zum anderen auf dem Export der verarbeiteten Nahrungsmittel im Ausland. Für die grösseren MNU und insbesondere für Nestlé verlor der inländische Produktionsstandort dadurch stark an Bedeutung. Die Auslandsstandorte wurden im Gegenzug aufgewertet, und auch Nestlé begann bereits in den 1930er Jahren, ähnlich wie die grossen Basler Chemieunternehmen, Forschung und Entwicklung im Ausland zu betreiben.[89] Von Seiten der Politik wurde – im Unterschied etwa zu den Niederlanden oder zu Dänemark – keinerlei Anstrengung unternommen, die Wettbewerbsfähigkeit der Nahrungsmittelindustrie als Exportindustrie am Produktions-

87 HSSO Tab. Q.13h und Q.13i; etwas mehr als ein Viertel aller Auslandsgesellschaften gehörte um 1910 zur Lebensmittelindustrie (Schröter 1993, 82).

88 Zur Entwicklung von Nestlé im Zeitraum 1920–1950 und insbesondere zur Auslandsexpansion als Krisenreaktionsstrategie in den 1930er Jahren siehe Lüpold 2003.

89 Das Unternehmen expandierte bereits vor dem Ersten Weltkrieg in die USA und setzte diese Expansion in den 1920er und 1930er Jahren fort, und zwar trotz des weitgehenden Verlustes des Amerikageschäfts in der Krise der frühen 1920er Jahre (Fenner 2008, 326–337; Lüpold 2003).

standort Schweiz wiederherzustellen (→ 2.3.5.3.1). Die landwirtschaftlichen Interessenorganisationen setzten sich zwar für die Förderung des Käseexports ein, allerdings wegen der fehlenden internationalen Wettbewerbsfähigkeit mittels Subventionierung.

Ähnliche Auswirkungen von zum Schutz der Inlandsproduktion eingeführten Zollerhöhungen auf die internationale Wettbewerbsfähigkeit lassen sich in der *Textilindustrie* feststellen, nur dass diese ihre Wirkung bereits um einiges früher entfalteten. Textilien machten zu Beginn des 20. Jahrhunderts fast die Hälfte der gesamten schweizerischen Exporte aus, Ende der 1920er Jahre waren es immer noch 30 %, doch bis Ende der 1930er Jahre sank der Exportanteil auf etwa 15 %. Bereits zu Beginn des 20. Jahrhunderts waren in der Schweiz zum Schutz der inländischen Baumwollspinnereien und -webereien höhere Importzölle eingeführt worden. Dadurch stiegen die Kosten der nachfolgenden Produktionsstufen und erschwerten wiederum deren Exporte. Diese Zollerhöhungen waren eine Reaktion auf die protektionistischen Massnahmen, die Frankreich und Deutschland zum Schutz ihrer einheimischen Textilindustrien unternommen hatten. In der Zwischenkriegszeit zogen dann auch die USA, Grossbritannien und einige der kleineren europäischen Länder nach und schützten ihre Binnenmärkte vor Textilimporten.

Die verschiedenen Produktionszweige der schweizerischen Textilindustrie reagierten unterschiedlich: Die Baumwollindustrie konzentrierte sich stärker auf den Binnenmarkt und verlangte, wie andere Inlandsindustrien, einen verstärkten Schutz vor Importen; die Seidenindustrie und die Stickereiindustrie widersetzten sich diesen Forderungen vorerst und blieben, weil die Binnennachfrage für diese Art von Produkten viel zu klein war, zwangsläufig exportorientiert. Nach dem Ersten Weltkrieg wurde in der Schweiz der Zolltarif für Stickereien heraufgesetzt mit dem Ziel, die Beschäftigten im Inland vor ausländischer Billiglohnkonkurrenz zu schützen. In der Folge brach der traditionelle kostensparende Veredelungsverkehr mit deutschen und österreichischen Produktionszentren zusammen.[90] Das war zwar nicht der einzige, aber doch ein weiterer Grund, dass die Stickereiindustrie ihre internationale Wettbwerbsfähigkeit in den 1920er Jahren weitgehend einbüsste. Im Durchschnitt blieb die Zollbelastung für Textilprodukte jedoch während der gesamten Periode niedrig und erreichte nur 1932 ausnahmsweise 10 % (siehe Tabelle 2.1-8).[91] Einigen Unternehmen gelang es denn auch, sich auf innovative, qualitativ hochwertige Produkte zu spezialisieren und die internationale Wettbewerbsfähigkeit wiederherzustellen.[92]

Im Bereich der Massenprodukte zogen sich die Unternehmen auf den Binnenmarkt zurück oder verlagerten ihre Produktion ins Ausland. Der Anteil der Textilindustrie an den gesamten von Ernst Himmel ausgewiesenen Kapitalbeständen im

90 Head-König 2008, 221–224; Fretz 1923, 51–53 und 66–67; Lüthi 1947, 102–105.

91 HSSO Tab. L.3.

92 Nur Unternehmen, die fähig waren, neue Produkte oder neue Technologien (z. B. Kunstseide oder neue Einfärbungsverfahren) zu entwickeln, vermochten zu überleben (Schweizerisch-Amerikanische Stickerei-Industrie-Gesellschaft, Sastig) oder sogar zu expandieren (Heberlein, Abegg).

Ausland (Seidenindustrie in Klammern) betrug 1900 4.4% (15.8%) und im Jahr 1919 10.3% (6.2%). Das Verhältnis zwischen den Kapitalanlagen im Ausland und denjenigen im Inland (Seidenindustrie in Klammern) stieg von 0.7 (1.4) um 1900 auf 5.3 (2.6) im Jahr 1919.[93] Im gesamten Zeitraum von 1910 bis 1953 verfügte die Textilindustrie über die grösste Zahl multinationaler Unternehmen, und fast alle hatten auch Produktionsstätten im Ausland (Tabelle 2.1-9).[94] Die hohen Anteile dieser Industrie an der Gesamtzahl der Auslandsgesellschaften gingen jedoch ab den 1920er Jahren deutlich zurück. Auch hinsichtlich der Direktinvestitionen im Ausland lässt sich bereits zu Beginn des Jahrhunderts ein deutlicher Unterschied zwischen der Baumwollindustrie (Spinnereien, Webereien und Stickereibetriebe) und der Seidenindustrie feststellen. Die Baumwollindustrie bestand aus vielen kleinen und mittleren Familienunternehmen; Grossunternehmen gab es nur wenige, und auch diese Unternehmen hatten selten mehr als ein bis zwei Produktionsstätten im Ausland, meistens in den Nachbarländern nahe der Schweizer Grenze und (bis zur Revolution 1917) in Russland. Einige wenige Stickereiwerke unterhielten allerdings Produktionsbetriebe in den USA.[95] In der Seidenindustrie gab es dagegen mehr grosse Unternehmen, aber ein Unternehmen wie Schwarzenbach/AGUT mit Tochtergesellschafen in vier Ländern (Deutschland, Frankreich, Italien, USA) blieb auch in dieser Industrie eine Ausnahme.[96] Bestrebungen zur Kartellierung der Baumwollindustrien setzten relativ früh ein, waren jedoch wenig erfolgreich, sieht man von einigen Kartellbildungen in den Krisenjahren zu Beginn der 1920er Jahre und in den 1930er Jahren ab.[97]

Vom Niedergang der Textilindustrie war ein grosser Teil der Bevölkerung insbesondere in den Regionen Ostschweiz und Nordwestschweiz betroffen (→ 3.3.4). Die staatlichen Eingriffe beschränkten sich weitgehend auf Massnahmen zur Anpassung des Produktion an die sinkende Nachfrage, mit denen Produktionskapazitäten abgebaut und der Aufbau neuer eingeschränkt werden sollten.[98] Verglichen mit anderen europäischen Ländern blieb die Abschirmung des Binnenmarkts vor ausländischen Importen schwach, wohl auch deshalb, weil allen Beteiligten klar war – den Unternehmern wie den Arbeitnehmern, ihren Interessenorganisationen und den staatlichen

93 HSSO Tab. Q.13f und Q.13g.

94 Gemäss Schröter 1993, 82–83, wurden im Zeitraum von 1890 bis 1914 die meisten Auslandsgesellschaften von MNU der Textilindustrie betrieben (1880: 48%, 1910: 47%, 1914: 37% aller Auslandsgesellschaften).

95 Stickereiwerke Arbon/Heine, Sastig, Heberlein, Sefar, Stoffel. Das grösste Unternehmen der Stickereibranche war Sastig, das zweitgrösste Unternehmen, die Stickereiwerke Arbon, wurde 1926 liquidiert. Gemäss Head-König 2008, 24, trug Sastig mit seinen drei riesigen Fabriken in den USA massgeblich dazu bei, dass die Stickereien «Made in Switzerland» vom amerikanischen Markt verdrängt wurden.

96 Schwarzenbach gehörte zu den grössten Unternehmen in der Schweiz und hielt sich um 1929 für eines der grössten Textilunternehmen weltweit. 1910 wurden die Betriebe der Familie Schwarzenbach unter dem Dach der Aktiengesellschaft für Unternehmungen der Textil-Industrie (AGUT) vereinigt (Schwarzenbach 2008, 64).

97 Fretz 1923, 29, 51, 67; Lüthi 1947, 57–58; Jaccard 1925, 35–37.

98 Head-König 2008 zu Massnahmen zur Einschränkung der Produktion in der Stickereiindustrie während der frühen 1930er Jahre.

Behörden –, dass eine Neupositionierung als Exportindustrie am Standort Schweiz nur für die besonders innovativen Unternehmen, nicht jedoch für das Gros der Branche in Frage kam und dass der Strukturwandel wegen der sich abzeichnenden Verschiebung der komparativen Vorteile zugunsten osteuropäischer Länder, der Balkanländer und der Türkei, nicht verhindert werden konnte.

Mit einem Anteil der Exporte am Bruttoproduktionswert von 15 % bis 25 % gehörte die *Metallindustrie* während der gesamten Periode zu den Binnenindustrien mit starker Importabhängigkeit. Die Anteile der Metallexporte am gesamten Warenexport machten bis in die 1920er Jahre wenige Prozente aus und nahmen in der Folge nur leicht zu; die Importe waren hier stets höher als die Exporte. Auch in dieser Branche gab es einige Unternehmen wie die Aluminium Industrie Aktiengesellschaft (AIAG), einen wichtigen Akteur im internationalen Aluminiumkartell, die bereits zu einem frühen Zeitpunkt über eine beachtliche Zahl von Auslandsgesellschaften verfügten, dies jedoch vorwiegend in europäischen Ländern. Eine Expansion in die USA wurde in den späten 1930er Jahren von der AIAG zwar diskutiert, jedoch als zu riskant verworfen.[99] Der wichtigste Stahlhersteller, Von Roll in Gerlafingen, produzierte praktisch ausschliesslich im und für den Binnenmarkt. Die Unternehmen der Metallindustrie waren daran interessiert, ihren Markt mit Zollerhöhungen und verschiedenen Formen der Marktregulierung im Rahmen von nationalen wie internationalen Kartellen vor in- und ausländischer Konkurrenz zu schützen. Die stärkste Opposition gegen eine Erhöhung der Importzölle auf Metallen und Metallwaren kam von den exportorientierten Unternehmen der Maschinen- und Metallindustrie. Zwar gelang es der Eisenindustrie, einen erheblichen Zollschutz zu erhalten – der Markt für Eisenwaren wurde auf nationaler und internationaler Ebene eng kartelliert –, doch die exportorientierten Unternehmen konnten ihre Interessen an preisgünstigen Bezügen aus dem Ausland erfolgreich verteidigen und die benötigten Eisenimporte zu besseren Bedingungen beziehen als die binnenorientierten Unternehmen. Durch diese Differenzierung der Abnehmer konnten offenbar nachteilige Auswirkungen auf die internationale Konkurrenzfähigkeit der schweizerischen Maschinenindustrie vermieden werden.[100]

Die *Automobilindustrie* gehörte in den grossen europäischen Ländern zu den am stärksten vor ausländischer Konkurrenz geschützten Industrien. In der Schweiz war dies jedoch anfangs nicht der Fall, und die in den 1920er Jahren eingeführten Importzölle blieben relativ niedrig. Die schliesslich mit der Krise der 1930er Jahre eingeführten Zollerhöhungen kamen zu spät, als dass sie die Branche im Inland hätten stärken können.[101] Die ausländische Konkurrenz war der schweizerischen vor allem in der Massenfertigung von Personenwagen überlegen. Der grösste Automobilproduzent

99 Zum Aufstieg der AIAG zu einem multinationalen Konzern sowie zu den Unternehmensstrategien in den 1920er und 1930er Jahren siehe Rauh 2009, 21–58 und 176–204; zur AIAG im internationalen Aluminiumkartell siehe Rauh 2011.

100 Rahm 1964.

101 Simeon 2010.

in der Schweiz, Saurer in Arbon, spezialisierte sich denn auch bereits vor dem Ersten Weltkrieg auf die Produktion von Lastwagen und Bussen, die für Massenproduktionsverfahren weniger geeignet waren, und setzte sich in den 1920er Jahren für Massnahmen zum Schutz des Binnenmarkts vor ausländischer Konkurrenz ein.[102] Die Zollbelastung auf importierte Fahrzeuge stieg Anfang der 1930er Jahre auf etwa 40 %, teils als Folge einer Erhöhung des Zolltarifs, teils wegen der fortschreitenden Deflation. Nach der Abwertung im Herbst 1936 sank die Zollbelastung auf unter 20 % (siehe Tabelle 2.1-8).[103] Die Inlandnachfrage für Personenwagen wurde durch importiere Autos gedeckt oder durch Autos, die von ausländischen Unternehmen in Montagewerken in der Schweiz hergestellt wurden. Diese Art von Produktion war für einige US-Unternehmen attraktiv, weil der Einfuhrzoll auf Fahrzeugteilen viel niedriger war als auf Fahrzeugen (siehe 2.1.2.4).[104]

In den übrigen, stark auf den Binnenmarkt ausgerichteten Industrien gab es ebenfalls einige besonderes innovative Unternehmen, denen es gelang, ihre Exportorientierung am Standort Schweiz aufrechtzuerhalten; andere etablierten sich erfolgreich als multinationale Unternehmen mit Auslandsgesellschaften in einer Vielzahl von Ländern. Dazu gehörten die in der Tabelle 2.1-9 unter «andere Industrien» aufgeführten MNU der Baumaterialien- (Zement, Ziegel), Papier- und Schuhindustrie. In diesen Branchen konzentrierten sich die meisten Unternehmen ausschliesslich auf den zunehmend kartellierten und vor Importkonkurrenz geschützten Binnenmarkt. Neben hohen Zöllen und Transportkosten bildeten nationale Kartelle in den Nachbarländern erhebliche Handelsbarrieren. Der Anteil der Exporte am Bruttoproduktionswert der *Baumaterialien* machte nur etwa 10 % aus, sieht man von den Jahren 1913–1921 ab, als der Exportanteil auf durchschnittlich etwa 30 % stieg, mit Spitzenwerten bis zu 40 % während des Ersten Weltkriegs; gegen Ende der 1920er Jahre sank der Exportanteil wieder unter 10 %. Nur einzelne Schweizer Unternehmen der Baumaterialienbranche vermochten sich erfolgreich mittels Produktionsgesellschaften im Ausland zu platzieren. Mit wenigen Ausnahmen gehörten denn auch bereits in den 1930er Jahren die Auslandsgesellschaften zu Holderbank, einem der international operierenden Unternehmen in dieser Branche.[105] Die meisten Auslandsgesellschaften befanden sich in Europa (in Frankreich, Österreich und Belgien), doch investierte das Unternehmen auch in Zementwerke im mittleren Osten, in Ägypten und Südafrika.[106] Der Zement-

102 Asséo 1990, 37–56; Jacquemart 1997.

103 HSSO Tab. L.3.

104 Eine weitere Industrie, die vor dem Ersten Weltkrieg zu den exportorientierten Industrien gezählt werden konnte und die sich dann völlig auf den Binnenmarkt zurückzog, war die *Kautschuk- und Kunststoffindustrie*; doch gibt es dazu kaum Informationen, ausser dass die Exporte seit dem Ersten Weltkrieg stark einbrachen und dass die Zollbelastung in den 1920er Jahren niedrig blieb.

105 Holderbank fusionierte 1930 mit Likonia, dem zweitgrössten Unternehmen in dieser Branche, mit damals sechs Auslandsgesellschaften. Pollux 1946.

106 Pollux 1946, 35–36. Zu Beginn der 1950er Jahre expandierte Holderbank nach Südamerika, Kanada und in die USA.

markt in der Schweiz wiederum blieb stark kartelliert, die Konkurrenz ausländischer Unternehmen war hier praktisch ausgeschaltet.[107]

In der *Papierindustrie* hatten nur wenige Unternehmen ausländische Produktionsgesellschaften und dies überwiegend in Deutschland, Frankreich und Italien. Diese Industrie hatte sich bis in die 1880er Jahre stark auf den Export ausgerichtet, mit Exportanteilen am Bruttoproduktionswert zwischen 30 % und 40 %, doch wurde sie gegen Ende des Jahrhunderts auf den Binnenmarkt zurückgedrängt, vermutlich wegen Zollbarrieren in den wichtigsten ausländischen Absatzmärkten. In der Folge begünstigten Zollschutz und Kartellierung im Inland eine besonders straffe Regulierung des nationalen Papier- und Kartonmarktes. Die Exporte sanken von durchschnittlich etwa 12 % des Produktionswertes Ende der 1920er Jahre auf lediglich 4 % in den 1930er und 1940er Jahren.[108] In der *Schuhindustrie* war Bally in der Lage, seine Konkurrenzfähigkeit als exportorientiertes Unternehmen am Standort Schweiz mittels umfangreicher Restrukturierungs- und Rationalisierungsprozesse zu erhalten.[109]

2.1.2.3.4 Internationale Verflechtung im Dienstleistungssektor

Die wichtigsten international tätigen Unternehmen des Dienstleistungssektors waren Versicherungen und Banken. Der Tourismus wird in der Regel ebenfalls zum Exportsektor gezählt, doch wegen der Besonderheiten dieses Wirtschaftszweigs, der stets auch stark auf die Inlandnachfrage ausgerichtet war, wird der Tourismus hier in Kapitel 2.3.4 und damit im Rahmen der Binnenwirtschaft thematisiert. Zudem gab es in der Schweiz, traditionell ein Land mit starkem Transitverkehr, auch bedeutende international tätige Grosshandels- und Transportunternehmen, doch über deren Entwicklung ist zu wenig bekannt, als dass sie hier einbezogen werden könnten.[110]

Einige *Versicherungsunternehmen* gründeten bereits im späten 19. Jahrhundert Auslandsgesellschaften und bauten diese in der Zwischenkriegszeit weiter aus.[111] In der Literatur wird häufig darauf hingewiesen, dass die Schweizer Versicherer dieses

107 Hiestand 2010, 77–80.

108 Jaccard 1925, 41–64.

109 Jaun 1986, 202–239. Zu Krisenmassnahmen in der Schuhindustrie (1931: Erhöhung der Zölle, 1932: Einfuhrkontingentierung, 1934: Verbot der Erweiterung und der Errichtung neuer Fabriken) siehe Linder 1983, 280.

110 Guex 1998, 150–172. Einen Einblick in die nur in Ansätzen erforschte Geschichte der Schweizer Handelsfirmen samt Literaturüberblick vermittelt Dejung 2010. International tätige Schweizer Handelsfirmen spielten bereits im frühen Industrialisierungsprozess des 19. Jahrhunderts eine wichtige Rolle. Zu den Folgen des Zusammenbruchs des Welthandels in der Zwischenkriegszeit für die stark im schweizerischen Transithandel engagierten Grosshandelsfirmen siehe Bammatter 1958. Einige Informationen über international tätige Transportunternehmen finden sich in Breiding/Schwarz 2011, 286–307. Die Autoren verzichten leider bei ihren Fallstudien auf einen Anmerkungsapparat und verweisen stattdessen auf einige Publikationen sowie auf umfangreiche Nachforschungen eines Rechercheteams, das die Faktenbasis für dieses Buch erarbeitet habe. Ein solch pauschaler Verweis genügt jedoch nicht und mindert den wissenschaftlichen Wert der Darstellung.

111 Karlen et al. 2002; Inglin 2008; Bach 2008.

starke Wachstum der Tatsache verdankten, dass sie nach dem Krieg einen grossen Teil des deutschen Versicherungsgeschäfts übernehmen konnten. Ein solches Argument greift insofern zu kurz, als nur wenige Schweizer Versicherer wie die Schweizerische Rückversicherungsgesellschaft oder die Zürich Versicherungs-Gesellschaft, die seit langem im Ausland tätig waren und über grosse Erfahrung sowie eine gute Reputation im internationalen Versicherungsgeschäft verfügten, überhaupt in der Lage waren, sich mit Erfolg in diesem überaus kompetitiven internationalen Umfeld zu behaupten. In den 1920er Jahren – einer für diese beiden Unternehmen starken Wachstumsperiode – expandierten sie in neue ausländische Märkte und diversifizierten ihr Versicherungsangebot.[112] Die Zürich setzte den Expansionskurs nach einer kurzen Unterbrechung in den ersten Krisenjahren zwischen 1931 und 1933 in den 1930er Jahren fort, während für die Schweizer Rück die Zeit des raschen Wachstums nach 1930 sowohl im Inland wie im Ausland vorüber war. Das Unternehmen konzentrierte sich darauf, seine bereits starke Position in den ausländischen Märkten zu festigen.

Im Vergleich zur Versicherungsbranche war die Internationalisierung des *Bankensektors* mittels Auslandsgesellschaften äusserst schwach. Die Banken beschränkten sich weitgehend auf die Betreuung der Finanzgeschäfte ihrer ausländischen Kunden am Standort Schweiz. Zentral war dabei die Vermögensverwaltung mittels internationaler Diversifikation der Finanzanlagen (→ 2.2.2.2). Die grossen Vermögen blieben nicht in der Schweiz, sondern wurden zum grössten Teil im Ausland angelegt, doch Niederlassungen im Ausland waren für diese Art von Auslandsgeschäft nicht nötig und wurden deshalb nur ausnahmsweise eingerichtet.[113] In den 1930er Jahren verschoben die Schweizer Grossbanken einen Grossteil ihrer Kapitalanlagen von Europa (vor allem von Deutschland und Frankreich) in die USA. Einige Banken gründeten knapp vor Ausbruch des Zweiten Weltkriegs Niederlassungen in den USA (→ 2.2.2.3).[114] Diese ersten Schritte in Richtung einer neuen Form der Internationalisierung bezweckten den Schutz der Vermögensanlagen ausländischer und inländischer Kunden und waren daher nicht das Ergebnis einer neuen Wachstumsstrategie. Die zentrale Bedeutung der instabilen Geld- und Währungsverhältnisse in der Zwischenkriegszeit und insbesondere in den frühen 1930er Jahren für die Stärkung des schweizerischen Finanzplatzes wird in Kapitel 2.2 beschrieben.

112 Feldmann 1998 und Folini 1999. Die Internationalisierung der Winterthur Versicherung wird in Jung 2000, 116–123, knapp beschrieben. Das Unternehmen baute seine Aktivitäten im Ausland nach dem Ersten Weltkrieg stark aus und etablierte bereits 1936 eine Niederlassung in den USA (Jung 2000, 82–87).

113 Der Schweizerische Bankverein (SBV) errichtete 1898 eine erste Auslandsniederlassung in London und blieb auch während der Zwischenkriegszeit die am stärksten internationalisierte Schweizer Bank. Vgl. dazu Egger 2006, 69–76, und Mazbouri 2008.

114 Fior 2003, 251–62; Perrenoud et al. 2002.

2.1.2.4 Die Auswirkungen der beiden Weltkriege auf die internationale Verflechtung

Auf die langfristig ausgerichteten Internationalisierungsstrategien der Schweizer Unternehmen hatten die beiden Weltkriege – als ausserordentliche Perioden – einen eher geringen Einfluss. Im Ersten Weltkrieg bestand das Hauptproblem der Exportindustrie darin, die benötigten Rohstoffe und Halbfabrikate zu beschaffen, um die erheblichen Chancen, die auf der Absatzseite bestanden, überhaupt ergreifen zu können. Insgesamt blieben die Eingriffe des Staates und der ausländischen Regierungen in die Exportindustrien auf Teilbereiche beschränkt. Nach dem Krieg veränderten sich die Beschaffungs- und Absatzverhältnisse überaus rasch, was zu erheblichen Anpassungsproblemen führte und für einzelne Unternehmen mit hohen Verlusten verbunden war.[115] Aufgrund der relativ kontinuierlichen Expansion im Ausland sowie des in mehreren Branchen bereits vor dem Ersten Weltkrieg oder erst während der Grossen Depression der 1930er Jahren einsetzenden Rückzugs auf den Binnenmarkt ist jedoch davon auszugehen, dass die direkten Auswirkungen der beiden Weltkriege die internationale Verflechtung der schweizerischen Wirtschaft nicht grundlegend bzw. nur in Teilbereichen wie der Finanzwirtschaft, der Agrarproduktion und in der Folge auch der Lebensmittelindustrie nachhaltig verändert haben. Auch die geographische Ausrichtung veränderte sich nur wenig, mit Ausnahme der Wirtschaftsbeziehungen mit Osteuropa nach dem Zweiten Weltkrieg, wobei der Anteil dieser Region am gesamten Export ziemlich stabil blieb, hingegen alle Auslandsgesellschaften aufgelöst werden mussten.[116] Im Vorfeld des Zweiten Weltkriegs verstärkte sich die Bereitschaft der multinationalen Unternehmen, ihre Direktinvestitionen in den USA auszubauen, doch auch dabei handelte es sich nicht um eine völlig neue Wachstumsstrategie, denn die USA waren bereits in den 1920er Jahren ein Wunschstandort für Direktinvestitionen mancher Schweizer MNU. Nur war es häufig bei der blossen Absicht geblieben, weil es sich um ein für die meisten Unternehmen wenig vertrautes und in verschiedener Hinsicht, trotz der grossen Bewunderung, die man den US-Firmen entgegenbrachte, eher befremdliches Umfeld handelte. In Schweizer Unternehmen, die in den USA erfolgreich expandierten, führte der Machtzuwachs der US-Tochtergesellschaft für die Muttergesellschaft nicht selten zu erheblichen Führungsproblemen.

Schon im Vorfeld des Zweiten Weltkriegs, ab etwa 1938, waren die Entscheidungen der auslandsorientierten Unternehmen von den politischen Ereignissen und der drohenden Kriegsgefahr geprägt.[117] Einige Banken gründeten, wie erwähnt, Nieder-

115 Rossfeld/Straumann 2008.

116 Zu den Auswirkungen der Aufteilung Europas nach dem Krieg für die Firma Roche siehe Ammann/Engler 2007.

117 Mit den internationalen Wirtschaftsbeziehungen vor und während des Zweiten Weltkriegs mit Schwerpunkt Deutschland befassen sich die Unternehmens- und Branchenstudien, die im Rahmen der Untersuchungen der «Unabhängigen Expertenkommission Schweiz – Zweiter Weltkrieg» (UEK) erstellt wurden, insbesondere Ruch/Rais-Liechti/Peter 2001; Straumann/Wildmann 2001; Hug 2002.

lassungen in den USA, um die Vermögensanlagen ihrer Kunden besser schützen zu können; in der chemischen Industrie und in der Lebensmittelindustrie gründeten namentlich Nestlé, Ciba und Roche Holdinggesellschaften im Ausland, um ihre ausländischen Tochtergesellschaften in den Überseegebieten von der Muttergesellschaft in der Schweiz zu trennen und so im Kriegsfall abzusichern.[118] Der Krieg dürfte die noch bestehenden Vorbehalte gegenüber einer weiteren Expansion in diesem anspruchsvollen und unter dem Aspekt der Nutzung von Lernchancen mittels Direktinvestitionen besonders attraktiven Markt stark reduziert haben.

Die Auswirkungen des Zweiten Weltkriegs auf die schweizerische Wirtschaft waren schwerwiegender als jene des Ersten Weltkriegs, und die regulierenden Eingriffe des Schweizer Staates ebenso wie die Eingriffe der ausländischen Regierungen bedeutend einschneidender (→ 5.1.4.4, 2.2.2.3).[119] Bereits während des Ersten Weltkriegs war beispielsweise die Einführung neuer Regeln diskutiert worden, die ausländischen Regierungen ermöglichen sollte, die Nationalität eines Schweizer Unternehmens (d.h. nach Schweizer Rechtsverständnis jedes Unternehmens mit Sitz in der Schweiz) nach ihrem eigenen Rechtsverständnis zu ermitteln, doch waren diese anschliessend nicht eingeführt worden.[120] Als Folge desselben Problems kam es während des Zweiten Weltkriegs zu weitreichenden Veränderungen der Corporate Governance, die es der Geschäftsführung eines Unternehmens erlaubten, den Einfluss des ausländischen Kapitals einzuschränken und nichterwünschte Übernahmen durch ausländische Unternehmen zu verhindern.[121] Damit hatte der Zweite Weltkrieg einschneidende Auswirkungen auf die Eigentums- und Führungsverhältnisse in den Unternehmen und insbesondere auf die Direktinvestitionen ausländischer Unternehmen in der Schweiz (siehe 2.1.4).

2.1.2.5 Fazit

In der von Kriegen und Wirtschaftskrisen geprägten ersten Hälfte des 20. Jahrhunderts waren die Aussenhandelsbeziehungen sehr instabil (Grafiken 2.1-4 bis 2.1-7). Die Veränderung der Struktur der Exporte und Importe sowie die mit den RCA-

Siehe zudem Rauh 2009, zu den schwierigen Beziehungen der Schweizer Unternehmensleitung des AIAG-Konzerns mit ihren deutschen Werken, die im Kriegsverlauf zunehmend in den deutschen Rüstungsapparat integriert wurden.

118 Lüpold 2003, 217–218.

119 Siehe die Literaturübersicht in Müller 2010, 125–126.

120 Zu diesem Aspekt siehe Lüpold 2008a, 100–104. Im Ersten Weltkrieg wurden die engen Beziehungen zu Deutschland für jene Schweizer Unternehmen zum Problem, die auch im Entente-Raum tätig waren. Sie sahen sich mit Sequestrierungen oder Boykotten konfrontiert.

121 Siehe Lüpold 2008b, 701–894, zur Veränderung der Corporate Governance im Zweiten Weltkrieg und den Auswirkungen auf die Eigentums- und Führungsverhältnisse in Schweizer Unternehmen bis zu den 1960er Jahren. Die dort beschriebenen Institutionen, im Sinne von Regeln, prägten die Unternehmensentwicklung in der Schweiz noch bis zu den 1980er Jahren.

Werten gemessene Exportspezialisierung lässt auf eine markante Verschiebung der Position schliessen, welche die schweizerische Wirtschaft innerhalb der Weltwirtschaft einnahm: ein Aufstieg zu Spitzenpositionen bei Chemikalien und «übrigen Industriegütern» bzw. Uhren, ein knappes Halten der Position bei Maschinen sowie ein insgesamt gutes Abschneiden bei den «modernen» Güterkategorien mit steigenden Welthandelsanteilen, ausgenommen in der Gruppe der Fahrzeuge. Innerhalb dieser Güterkategorien verlagerte sich der komparative Vorteil auf höhere Fertigungsstufen oder auf Endprodukte. Diesen positiven Tendenzen steht ein deutlicher Rückgang der komparativen Vorteile bei Textilien und Nahrungsmitteln sowie generell in tieferen Fertigungsstufen und eine nur leichte Verbesserung in der Gütergruppe «Metalle» gegenüber.

Die relative Wettbewerbsfähigkeit der verschiedenen Industrie- und Dienstleistungsbranchen wurde durch externe Entwicklungen und Ereignisse beeinflusst, auf welche die Schweiz kaum Einfluss hatte, auf die jedoch unterschiedlich reagiert werden konnte. Den Absatzschwierigkeiten in der Zwischenkriegszeit, insbesondere den starken Schwankungen der Exporte nach Deutschland, begegneten die Unternehmen, indem sie ihren Absatz geographisch diversifizierten und ihre Auslandsmärkte intensiver bearbeiteten. Das verdeutlicht etwa die zunehmende Zahl von Auslandsgesellschaften in den traditionellen Absatzmärkten wie auch in neuen Regionen, die nicht in der Produktion und somit primär als Verkaufsgesellschaften tätig waren (siehe Tabelle 2.1-4). Zudem wurden zur Umgehung von Importrestriktionen (Importquoten und -zölle) in wichtigen Absatzmärkten neue Produktionsgesellschaften etabliert oder bereits bestehende ausgebaut.

Die Untersuchung der Anpassungsprozesse auf Branchenebene zeigt, dass die Wahl zwischen einer Neupositionierung als Exportindustrie und einem Rückzug auf den Heimmarkt nicht nur von den Handelsbarrieren im Ausland beeinflusst wurde, sondern auch von Marktregulierungen im Inland und von den Voraussetzungen, über die ein Unternehmen verfügen musste, um international konkurrenzfähig zu bleiben. Die Strategie der Neupositionierung als Exportindustrie war anspruchsvoll; sie setzte nicht nur Innovationsfähigkeit und damit einen hohen Stand in Forschung und Entwicklung voraus, sondern auch gute Marktkenntnisse in einer Vielzahl von Ländern sowie adäquate Vermarktungsstrategien. Sie war in expandierenden, technologieintensiven Gütergruppen mit steigenden Anteilen am Welthandel (Maschinen, Fahrzeuge, Chemikalien, Uhren) eher angezeigt als in Branchen, deren Anteile am Welthandel schrumpften, weil sie, um die Versorgungssicherheit zu gewährleisten, oder zum Schutz der eigenen Wirtschaft vor ausländischer Konkurrenz zunehmend reguliert wurden (Nahrungsmittel, Textilien, Metalle). Schweizer Unternehmen verfügten nicht in allen dafür geeigneten Branchen über solche Voraussetzungen. Zudem ging diese Strategie wegen des gegenüber dem Ausland tendenziell höheren Kostenniveaus mit einer Fokussierung auf technologieintensivere Produktionsstufen einher, welche die Abhängigkeit von Importen erhöhte. Es galt deshalb, niedrige Importzölle nicht nur für Rohstoffe, sondern auch für Halbfabrikate durchzusetzen, anderenfalls war die preisliche Wettbewerbsfähigkeit am Standort Schweiz gefährdet.

Ein wichtiger Beitrag zur erfolgreichen Neupositionierung als Exportindustrie war die auch von breiten Bevölkerungskreisen geteilte Überzeugung, dass Investitionen in Forschung und Entwicklung und die Förderung der wissenschaftlichen Forschung einen grossen volkswirtschaftlichen Nutzen hätten und andere Wettbewerbsnachteile am Standort Schweiz kompensieren könnten (→ 1.3.3.1). Die «erfinderische Aktivität» wurde in der Krise der 1930er Jahre nicht in Frage gestellt, sondern intensiviert.[122] Neben der Innovation waren die Produktdiversifikation, die Expansion in neue Geschäftsbereiche und der Ausbau von Produktionskapazitäten im Ausland adäquate Mittel zur Verteidigung der Konkurrenzfähigkeit der Unternehmen in ausländischen Märkten. Wenn Auslandsgesellschaften mit dem Ziel errichtet wurden, die Exporte zu fördern, so war die Beziehung zwischen der Produktion im Ausland und der Produktion am Standort Schweiz komplementär, wo hingegen die Verlagerungsstrategie dominierte, handelte es sich um eine substitutive Beziehung, und der Standort Schweiz verlor an Bedeutung.

Ein Rückzug auf den Binnenmarkt kam für Unternehmen in den technologieintensiven Industrien «Maschinen» und «Chemikalien» nicht in Frage, weil die Inlandsnachfrage für die von ihnen hergestellten hochspezialisierten Güter viel zu klein war. Eine Neuausrichtung der Maschinenindustrie auf die Inlandsnachfrage wurde in den 1920er Jahren und vor allem während der Grossen Depression der 1930er Jahre von verschiedenen Kreisen zwar gefordert, doch hätte sie einen weitgehenden Verzicht auf die im internationalen Markt aufgebauten Wettbewerbsvorteile bedeutet, und das über Jahre hinweg akkumulierte unternehmensspezifische Fähigkeitskapital wäre verlorengegangen. Wenn eine Rückzugsstrategie ergriffen wurde, ging sie einher mit Massnahmen, die den Binnenmarkt abschirmten, den Wettbewerb im Inland einschränkten und schliesslich zum Verlust der internationalen Wettbewerbsfähigkeit am Standort Schweiz führten. Allerdings gab es stets besonders innovative Unternehmen, denen es trotzdem gelang, sich als Exportunternehmen zu behaupten; andere etablierten sich erfolgreich mit Tochtergesellschaften in ausländischen Märkten. Wenn diese MNU wichtige Funktionen in der Schweiz aufrechterhielten, blieben sie bedeutende, politisch einflussreiche Schweizer Unternehmen; doch die Art der Standortvorteile, an denen sie interessiert waren, unterschieden sich deutlich von jenen der exportorientierten Unternehmen (siehe 2.1.3.3). Eine nichtintendierte Folge des vor

122 Siegenthaler 1973 stellt eine «erhebliche Resistenz erfinderischer Aktivität gegenüber Einflüssen der Depression» fest (175); siehe zudem Veyrassat 2010. Ein besonders eindrückliches Beispiel für die Innovations- und Risikobereitschaft der Unternehmen war die Entscheidung der Unternehmensleitung von Sulzer, mitten in der Krise der 1930er Jahre in die Entwicklung und Produktion einer neuartigen Webmaschine einzusteigen, eines für das Unternehmen völlig neuen Produktionszweigs (Adank 1999). Es dauerte allerdings zwanzig Jahre, bis die Produktion aufgenommen werden konnte, doch dann wurde die Innovation mit grossem Erfolg im Markt durchgesetzt.

Importen geschützten Binnenmarktes war die teils willkommene, teils wegen der unerwünschten Konkurrenz heftig bekämpfte Gründung ausländischer Unternehmen in der Schweiz (2.1.4).

Auch wenn der Rückzug auf den Binnenmarkt nur für wenige Industrien in Frage kam, wirkte sich diese Strategie besonders stark auf die weitere wirtschaftliche Entwicklung aus, weil dadurch die in der Einleitung zu Teil 2 thematisierte duale Wirtschaftsstruktur verstärkt wurde. Die Interessenkonflikte zwischen Export- und Binnenwirtschaft verschärften sich denn auch im Konjunktureinbruch nach dem Ersten Weltkrieg und insbesondere während der Grossen Depression. Schliesslich kam es jedoch zu einem von der Krisenerfahrung und den Versorgungsschwierigkeiten im Ersten und Zweiten Weltkrieg geprägten, breit abgestützten Konsens zwischen Binnenwirtschaft und Exportwirtschaft, etwa in Bezug auf den notwendigen Schutz der Landwirtschaft, die Zulässigkeit von Kartellen oder die Aufgabenteilung zwischen Privatwirtschaft und öffentlichem Sektor. Eigentliche Konfliktfelder zwischen dem Finanzsektor und den anderen Wirtschaftszweigen im Inland sind in diesem Zeitraum kaum auszumachen, vermutlich vor allem deshalb, weil das Gros der Geschäftstätigkeit der Banken auf das Inland beschränkt blieb, und nur wenige Grossbanken ihre Geschäftstätigkeit im Ausland stark ausweiteten.

2.1.3 Internationalisierung im Kontext von Liberalisierung, Globalisierung und europäischer Integration: zweite Hälfte des 20. Jahrhunderts

In der zweiten Hälfte des 20. Jahrhunderts war der weltwirtschaftliche Kontext ein völlig anderer als während der Zwischenkriegszeit. Zwar bestanden nach dem Zweiten Weltkrieg noch zahlreiche Handelshemmnisse, und die Handelsbeziehungen mit Osteuropa blieben stark eingeschränkt, doch fiel dies angesichts der schrittweisen und anhaltenden Öffnung der Märkte innerhalb Westeuropas, in Nordamerika sowie den übrigen Weltregionen kaum ins Gewicht. Voraussetzungen für die stetige Ausweitung der internationalen Wirtschaftsbeziehungen waren die durch die Europäische Zahlungsunion vorangetriebene Liberalisierung im internationalen Handel und Zahlungsverkehr sowie der Abbau von Handelsbeschränkungen im Rahmen der GATT-Verhandlungen (→ 5.1.5.1). Der Welthandel dehnte sich aus, und die Aussenhandelsquoten stiegen kontinuierlich an (siehe Grafik 2.1-1). Im Zug der Liberalisierung der Kapitalmärkte in den 1970er Jahren nahmen auch die Direktinvestitionen stark zu. Alle hochentwickelten Volkswirtschaften waren in diesen Prozess der Multinationalisierung involviert.[123] Die USA konnten ihre Stellung als führende Wirtschaftsmacht ausbauen, und die grossen US-Unternehmen waren mehr denn je die Vorbil-

123 Amatori/Colli 2011, 209–211.

der für ein erfolgreiches Wirtschaften. Sichtbares Zeichen ihrer Überlegenheit war die zunehmende Präsenz von US-Firmen in Westeuropa. Ihr direkter Einfluss dürfte in der Schweiz jedoch eher geringer gewesen sein als in anderen westeuropäischen Staaten (siehe 2.1.4).

Die neuen Technologien revolutionierten ab den 1980er Jahren den Umfang wie auch die Geschwindigkeit der Informationsverarbeitung und -übermittlung; die Kommunikationskosten sanken massiv, und dies wiederum ermöglichte eine Internationalisierung von bisher standortgebundenen Dienstleistungen. Damit wurden weitere Wirtschaftszweige in den Globalisierungsprozess einbezogen, und die internationale Arbeitsteilung, insbesondere auch innerhalb der weltweit tätigen Grossunternehmen, nahm völlig neue Formen an.[124] Zudem schaffte die von den USA und Grossbritannien ausgehende Deregulierung und Privatisierung im öffentlichen Sektor Anreize zur internationalen Expansion von Unternehmen, die sich bisher ausschliesslich auf ihren nationalen Markt konzentriert hatten. Der Zusammenbruch der Sowjetunion, der Reformprozess in China und die Schaffung des europäischen Wirtschaftsraums (EWR) führten zu einer generellen Ausweitung und Intensivierung der internationalen Verflechtung, wobei sich im Gefolge der Liberalisierung der Kapitalmärkte auch eine neue Form grenzüberschreitender Direktinvestitionen durchsetzte: Ab Mitte der 1980er Jahre, im europäischen Raum vor allem seit den 1990er Jahren, häuften sich die transnationalen Unternehmensfusionen und -übernahmen.[125]

Für die Weltwirtschaft waren die letzten zwei Jahrzehnte des 20. Jahrhunderts eine Periode besonders starker Veränderungen, die zwangsläufig zu weitreichenden Verschiebungen in der internationalen Arbeitsteilung führen mussten. Hier stellt sich nun die Frage, wie die schweizerische Wirtschaft von diesen verschiedenen Stufen und Formen der Marktöffnung betroffen wurde. Welche Branchen konnten ihre internationale Wettbewerbsfähigkeit erhalten oder gar steigern, welche fielen hingegen zurück? Aufgrund der im internationalen Vergleich deutlichen Wachstumsschwäche der Schweizer Wirtschaft seit den 1970er Jahren und dem besonders starken Wachstum der Direktinvestitionen im Ausland ist davon auszugehen, dass es für den Wirtschaftsstandort Schweiz selbst schwieriger wurde, seine internationale Wettbewerbsfähigkeit aufrechtzuerhalten (→ 1.1.2.1, 1.1.4.3), ganz im Gegensatz zu den grossen Schweizer MNU, die aufgrund ihrer langjährigen Auslandserfahrung über ausgesprochen gute Voraussetzungen verfügten, die sich weltweit bietenden Wachstumschancen zu ergreifen.

124 Amatori/Colli 2011, 218–222.
125 Jones 2008, 150–152; Amatori/Colli 2011, 212–216; Müller 1998, 71–80.

2.1.3.1 Internationale Wettbewerbsfähigkeit im expandierenden Weltmarkt

2.1.3.1.1 Die Entwicklung des Aussenhandels

Im Unterschied zur Zwischenkriegszeit entwickelten sich die Exporte nach Branchen kontinuierlich und ohne grössere strukturelle Verschiebungen (Grafik 2.1-11). Insgesamt erreichten jedoch sowohl die Export- wie die Importquoten nicht mehr das Niveau von vor dem Ersten Weltkrieg (siehe Grafik 2.1-1). Die Anteile der Exportindustrien an der Bruttowertschöpfung und an der Beschäftigung nahmen ebenfalls zu, blieben jedoch bis zu den 1990er Jahren niedriger als der Anteil der Binnenindustrien (→ Einleitung Teil 2, Tabellen 2-2 und 2-3). Vom Konjunktureinbruch Mitte der 1970er Jahre waren die Exporte der Chemieindustrie überhaupt nicht und die der anderen Exportindustrien nur wenig betroffen. Die starken Schwankungen der Uhrenexporte in den 1980er Jahren waren hingegen die Folge eines Verlusts der internationalen Wettbewerbsfähigkeit, die jedoch nach einem einschneidenden Restrukturierungsprozess rasch wiedererlangt werden konnte.[126] Ab den 1990er Jahren ver-

Grafik 2.1-11: **Exporte von Waren und Dienstleistungen nach Branchen (1960–2004)**

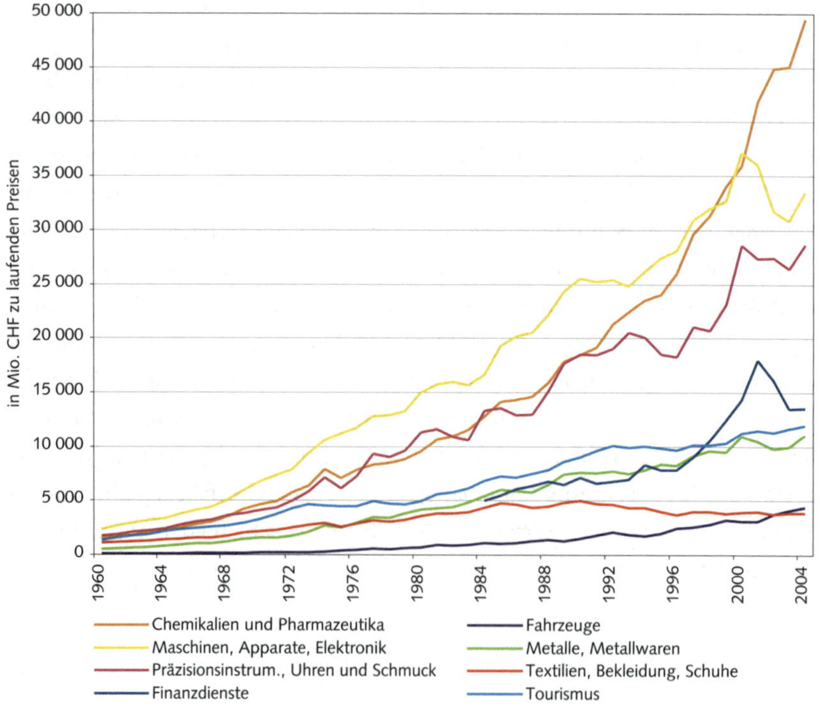

Quelle: Waren: BFS online Tab. 6.05.02.03.02; Dienstleistungen: SNB 2007, Zahlungsbilanz der Schweiz.

126 Siehe zu den Krisen in der Uhrenindustrie und der darauffolgenden Entwicklung Karrer-Rüedi 1992, 95–173, sowie Donzé 2009, 149–172.

liefen die Exporte der verschiedenen Branchen unterschiedlich, nur die Exporte der Chemieindustrie nahmen weiter kontinuierlich zu. Ab Mitte der 1990er Jahre ist ein starker Aufschwung der Exporte des Finanzsektors zu verzeichnen, doch bereits zu Beginn des 21. Jahrhunderts folgte ein Abschwung, ebenso bei den Exporten der Gütergruppen «Maschinen, Apparate, Elektronik», und die Exporte der «Uhren und Präzisionsintrumente» stagnierten. Nur die Exporte der chemisch-pharmazeutischen Industrie nahmen weiterhin stark zu.

Gemäss den nach Gütergruppen standardisierten Statistiken der OECD hatte die Schweiz in immer weniger Gütergruppen eine positive Aussenhandelsbilanz (Grafik 2.1–12). Sogar der traditionelle Exportüberschuss der «Maschinen und Transportmittel» verschwand Mitte der 1980er Jahre; trotzdem wies die Handelsbilanz seit den 1990er Jahren insgesamt ständig Überschüsse auf (→ 1.1.4.3, Grafik 1.1-47), dies allerdings nur wegen der stark wachsenden Exportüberschüsse in den beiden Gütergruppen «Chemikalien und Pharmazeutika» und «diverse Industriegüter» (in der Schweiz vor allem Uhren). Den grössten Exportüberschuss erzielte jedoch der Aussenhandel mit Dienstleistungen. Die Verdoppelung der Aussenhandelsquoten der Dienstleistungen von etwa 7 % Anfang der 1950er Jahre auf 14 % in den 1980er Jah-

Grafik 2.1-12: **Handelsbilanz nach Gütergruppen und Dienstleistungsbilanz (1961–2006)**

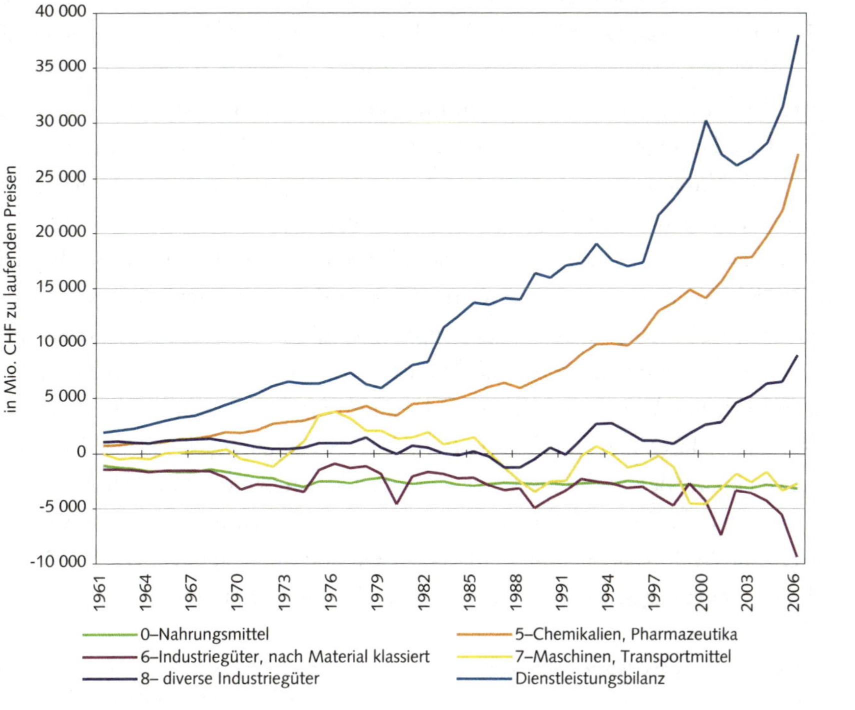

Quellen: OECD online, International Trade and Balance of Payments, International Trade by Commodity Statistics (ITCS), Level SITC 2; SNB, Dienstleistungsbilanz: SNB 2007, Zahlungsbilanz der Schweiz.

ren und dann nochmals um ein Drittel auf 20 % im Jahr 2005 (siehe Grafik 2.1-1) verdeutlicht die zunehmende Bedeutung dieses Exportsektors.[127]

2.1.3.1.2 Relative Exportspezialisierung und Importneigung

In dieser von der schrittweisen Liberalisierung der Weltmärkte geprägten Periode umfasst die für die Berechnung der relativen Exportspezialisierung (RCA) und Importneigung (RMA) verfügbare Datenbasis alle OECD-Staaten. Die OECD umfasste zum Zeitpunkt ihrer Gründung 1961 18 und am Ende des 20. Jahrhunderts 30 Mitgliedstaaten.[128] Die Vergleichbarkeit des relativen Spezialisierungsmusters im Zeitverlauf wird dadurch jedoch kaum beeinträchtigt, weil die gesamten Weltexporte und -importe durch die neu der OECD beitretenden Staaten nur wenig erhöht wurden. Ein die Vergleichbarkeit stärker beeinträchtigender Unterschied zur ersten Hälfte des 20. Jahrhunderts besteht hingegen darin, dass sich die Spezialisierung der Exportwirtschaft verstärkte. In Tabelle 2.1-11 werden deshalb zuerst alle Hauptgütergruppen berücksichtigt und anschliessend in Tabelle 2.1-12 auf der nächsttieferen Gliederungsstufe nurmehr die Entwicklung der RCA- und RMA-Werte jener Güterkategorien aufgezeigt, die in einem Stichjahr mindestens 5 % der schweizerischen Exporte oder Importe und insgesamt den grössten Teil des schweizerischen Aussenhandels ausmachten.

In einer geographisch sich ausdehnenden und stark wachsenden Weltwirtschaft nahm der Anteil der schweizerischen Exporte am «Weltexport» erwartungsgemäss ab (siehe Grafik 2.1–2). Die höchsten Anteile wurden in den Gütergruppen «Chemikalien und Pharmazeutika» und «diverse Industriegüter» erzielt. Gemessen am Gesamtexport der Schweiz entfielen bis gegen Ende des Jahrhunderts die höchsten Exportanteile auf die Gütergruppe «Maschinen und Transportmittel». Wie in der ersten Hälfte des 20. Jahrhunderts handelte es sich dabei um Gütergruppen, deren Anteile am Weltexport zunahmen. Die RCA-Werte waren jedoch nur in den beiden Gütergruppen «Chemikalien und Pharmazeutika» sowie «diverse Industriegüter» besonders hoch. Die mit den RMA-Werten gemessene relative Importneigung war stets etwas niedriger und blieb weitgehend stabil. In der Gütergruppe «Chemikalien und Pharmazeutika» sind in den Stichjahren 2000 und 2005 eine deutliche Zunahme der RCA- und RMA-Werte und die höchsten Anteile am Schweizer Gesamtexport zu verzeichnen. Die RCA-Werte der Gruppe «Maschinen und Transportmittel» waren durchwegs kleiner als 1, d.h. der in der ersten Hälfte des Jahrhunderts noch bestehende komparative Vorteil hatte sich in einen vorerst nur leichten Nachteil verwandelt, der sich jedoch verstärkte. Die Anteile der Schweiz am Weltexport nahmen zwischen 1990 und 2000 stark ab. Die RMA-Werte und die Anteile der Schweizer Importe an den Weltimporten waren stets etwas höher,

127 International vergleichbare Statistiken der OECD über den Aussenhandel mit Dienstleistungen sind ab Mitte der 1980er Jahre verfügbar. OECD online, Industry and Services, Structural Analysis (STAN) Database.

128 OECD online, Home.

zeigen jedoch ebenfalls eine abnehmende Tendenz. Der Exportanteil der Gütergruppe von «nach Materialien klassierten Industriegütern» war bereits Anfang der 1960er Jahre ziemlich hoch und nahm bis 1980 noch zu, halbierte sich dann jedoch bis zur Jahrhundertwende, auch waren die RCA-Werte stets deutlich niedriger als die RMA-Werte. Diese Gütergruppe setzte sich aus so unterschiedlichen Gütern wie Textilien oder Stahl zusammen und lässt sich mit keiner der in der ersten Jahrhunderthälfte ausgewiesenen Gütergruppen vergleichen. Zu beachten ist vor allem das Zusammentreffen von hohen Export- und Importanteilen in allen vier Gütergruppen, eine Folge der zunehmenden Spezialisierung, wobei nur in der Gruppe «Chemikalien und Pharmazeutika» während der gesamten Periode ein deutlicher Exportüberschuss erzielt wurde.

Die Anteile aller anderen Gütergruppen am Weltexport nahmen ab, mit Ausnahme der Gruppe «Brennstoffe und Schmiermittel», deren Anteile im Zeitverlauf variierten. Am gesamten schweizerischen Export machte diese Gütergruppe jeweils nur wenige Prozent aus, hingegen war der Anteil an den gesamten Importen beträchtlich bzw. die Importabhängigkeit hier besonders ausgeprägt. Bei den Nahrungsmitteln (Gütergruppen 0 und 1) gingen, wie bereits in der ersten Hälfte des Jahrhunderts, niedrige RCA-Werte mit niedrigen RMA-Werten einher. Um 2005 betrug der Anteil der Nahrungsmittelexporte am schweizerischen Gesamtexport weniger als die Hälfte ihres Anteils im Jahr 1961, und der Anteil der Importe am Gesamtimport sank um etwa zwei Drittel. In den 1990er Jahren nahm das Verhältnis der Nahrungsmittelexporte zu den -importen etwas zu, ein Hinweis darauf, dass in diesem Sektor ein Anpassungsprozess in Gang gekommen war, der die Exporte begünstigte, jedoch ohne gleichzeitig die Importe zu steigern. In der Gütergruppe «Rohstoffe ohne Brennstoffe» übertrafen die Importe erwartungsgemäss die Exporte, die RMA-Werte waren deutlich höher als die RCA-Werte, jedoch stets kleiner als 1, was darauf schliessen lässt, dass die relative Importneigung niedriger war als im OECD-Durchschnitt.[129]

Die Gütergruppe «5 Chemikalien und Pharmazeutika» weist konstant hohe, gegen Ende des Jahrhunderts sogar steigende RCA-Werte auf. Dieses Ergebnis wurde mittels einer zunehmenden Spezialisierung weg vom Traditionsprodukt «53 Farbstoffe» und hin zu den «54 medizinischen und pharmazeutischen Produkten» sowie zu den «51 organischen Chemikalien» erzielt: Die Exportanteile der «organischen Chemikalien» nahmen zwischen 1970 und 2005 um die Hälfte zu; sie verdreifachten sich für die «medizinischen und pharmazeutischen Produkte», gingen aber für «Farbstoffe» stark zurück (Tabelle 2.1-12).[130] Der Exportanteil der Pharmazeutika am gesamten schweizerischen Güterexport stieg im gleichen Zeitraum von 4.8% auf 16.6%. Die

129 Nicht aufgeführt sind die von der OECD ebenfalls erhobenen Daten zur Gütergruppe «4-Öle, Fette und Wachse» und zur Restgruppe «9-nicht klassierte Güter und Transaktionen», deren Export- und Importanteile am schweizerischen Gesamtexport meistens weniger als 1% und maximal 2% ausmachten.

130 Gemäss einer differenzierteren Statistik, die RCA-Werte nur für Pharmazeutika ausweist, waren die RCA-Werte hier im Zeitraum von 1988 bis 2004 mit 4.7 und 5.2 ausgesprochen hoch. OECD online, International Trade and Balance of Payments, International Trade by Commodity Statistics (ITCS), Harmonised System 1988.

Tabelle 2.1-11: **Exportspezialisierung und Importneigung sowie Export- und Importanteile wichtiger Gütergruppen (1961–2005)**

Gütergruppe	Jahr	RCA	RMA	Anteil CH-Exporte	Anteil CH-Importe	CH-Exporte/ CH-Importe	CH-Exporte/ Weltexporte	CH-Importe/ Weltimporte	Anteil der Gütergruppe am Weltexport
0 Nahrungsmittel	1961	0.39	0.71	4.6 %	13.0 %	0.27	1.0 %	2.6 %	11.9 %
	1970	0.43	0.79	4.0 %	10.1 %	0.31	1.0 %	2.4 %	9.4 %
	1980	0.29	0.74	2.6 %	6.4 %	0.33	0.7 %	2.1 %	9.1 %
	1990	0.31	0.62	2.2 %	4.8 %	0.41	0.8 %	1.7 %	7.1 %
	2000	0.37	0.74	1.9 %	4.0 %	0.46	0.7 %	1.3 %	5.1 %
	2005	0.41	0.76	2.1 %	4.1 %	0.54	0.8 %	1.3 %	5.2 %
1 Getränke, Tabak	1961	0.35	0.95	0.7 %	2.1 %	0.26	0.9 %	3.4 %	2.1 %
	1970	1.54	1.64	2.3 %	2.3 %	0.80	3.8 %	4.9 %	1.5 %
	1980	0.45	1.32	0.6 %	1.3 %	0.36	1.1 %	3.7 %	1.2 %
	1990	0.40	1.21	0.6 %	1.3 %	0.40	1.1 %	3.4 %	1.4 %
	2000	0.58	1.45	0.6 %	1.3 %	0.45	1.0 %	2.5 %	1.0 %
	2005	0.49	1.26	0.5 %	1.1 %	0.44	1.0 %	2.2 %	1.0 %
2 Rohstoffe ohne Brennstoffe	1961	0.19	0.52	1.9 %	8.9 %	0.16	0.5 %	1.9 %	10.2 %
	1970	0.24	0.39	1.9 %	4.9 %	0.31	0.6 %	1.2 %	8.2 %
	1980	0.27	0.44	1.7 %	3.4 %	0.40	0.7 %	1.2 %	6.4 %
	1990	0.25	0.51	1.1 %	2.7 %	0.38	0.7 %	1.4 %	4.3 %
	2000	0.43	0.58	1.2 %	2.0 %	0.59	0.8 %	1.0 %	2.7 %
	2005	0.33	0.56	0.9 %	1.8 %	0.56	0.6 %	1.0 %	2.9 %
3 Brennstoffe, Schmiermittel	1961	0.01	0.61	0.1 %	6.9 %	0.01	0.0 %	2.2 %	4.4 %
	1970	0.05	0.52	0.2 %	5.5 %	0.03	0.1 %	1.6 %	3.5 %
	1980	0.02	0.41	0.1 %	11.2 %	0.01	0.0 %	1.1 %	7.0 %
	1990	0.03	0.42	0.1 %	4.6 %	0.03	0.1 %	1.2 %	4.7 %
	2000	0.08	0.44	0.4 %	4.6 %	0.09	0.2 %	0.7 %	5.0 %
	2005	0.32	0.51	2.2 %	7.2 %	0.32	0.6 %	0.9 %	6.8 %
5 Chemikalien, Pharmazeutika	1961	2.34	1.65	19.0 %	8.5 %	1.69	6.3 %	6.0 %	8.2 %
	1970	2.43	1.51	21.2 %	10.1 %	1.66	5.9 %	4.5 %	8.7 %
	1980	1.96	1.50	19.3 %	10.1 %	1.56	4.9 %	4.2 %	9.8 %
	1990	2.03	1.34	20.3 %	11.2 %	1.67	5.5 %	3.7 %	10.0 %
	2000	2.50	1.79	27.1 %	16.3 %	1.62	4.5 %	3.1 %	10.9 %
	2005	2.65	1.97	34.3 %	21.5 %	1.65	5.2 %	3.4 %	12.9 %
6 Industriegüter, nach Material klassiert	1961	0.82	1.28	18.0 %	26.0 %	0.52	2.2 %	4.6 %	21.9 %
	1970	0.75	1.22	16.2 %	24.8 %	0.52	1.8 %	3.7 %	21.5 %
	1980	1.16	1.67	22.6 %	26.2 %	0.71	2.9 %	4.6 %	19.5 %
	1990	1.19	1.37	19.0 %	21.7 %	0.80	3.2 %	3.8 %	16.0 %
	2000	1.19	1.44	16.6 %	19.3 %	0.84	2.2 %	2.5 %	14.0 %
	2005	0.85	1.20	11.8 %	15.7 %	0.77	1.7 %	2.1 %	13.8 %

Gütergruppe	Jahr	RCA	RMA	Anteil CH-Exporte	Anteil CH-Importe	CH-Exporte/ CH-Importe	CH-Exporte/ Weltexporte	CH-Importe/ Weltimporte	Anteil der Gütergruppe am Weltexport
7 Maschinen, Transportmittel	1961	0.96	1.36	30.3 %	23.5 %	0.97	2.6 %	4.9 %	31.5 %
	1970	0.86	1.06	31.0 %	26.6 %	0.92	2.1 %	3.2 %	36.1 %
	1980	0.90	1.07	32.1 %	24.0 %	1.09	2.3 %	3.0 %	35.8 %
	1990	0.74	0.91	31.5 %	31.5 %	0.92	2.0 %	2.5 %	42.4 %
	2000	0.65	0.81	30.6 %	33.2 %	0.90	1.2 %	1.4 %	47.5 %
	2005	0.60	0.79	25.4 %	28.4 %	0.93	1.2 %	1.4 %	42.7 %
8 diverse Industriegüter	1961	3.45	1.79	25.0 %	10.0 %	1.88	9.2 %	6.5 %	7.2 %
	1970	2.51	1.73	22.5 %	14.8 %	1.20	6.1 %	5.2 %	9.0 %
	1980	2.24	1.85	20.7 %	17.0 %	0.99	5.6 %	5.1 %	9.2 %
	1990	2.12	1.54	23.5 %	21.0 %	1.02	5.8 %	4.3 %	11.1 %
	2000	1.97	1.41	21.3 %	18.9 %	1.10	3.6 %	2.4 %	10.8 %
	2005	2.14	1.51	22.6 %	19.2 %	1.21	4.2 %	2.6 %	10.5 %

Quellen: Berechnungen von Mattia Regi im Rahmen des SNF-Forschungsprojekts, siehe Müller/Hiestand/Lüpold 2013. Datenbasis: OECD online, International Trade and Balance of Payments, International Trade by Commodity Statistics (ITCS), Level SITC 2.

Bemerkung: Die «Welt» besteht aus allen OECD-Staaten.

RCA-Werte der Gütergruppen mit steigenden Exportanteilen blieben ziemlich stabil, allein der traditionell ausserordentlich hohe komparative Vorteil bei den Farbstoffen nahm stark ab. Die Spezialisierung innerhalb der Gütergruppe «Chemikalien und Pharmazeutika» wird durch die – ausser im Fall der Farbstoffe – ebenfalls steigenden Importanteile noch unterstrichen. Tatsächlich verdoppelte sich zwischen 1990 und 2005 der Anteil der Chemieimporte, wobei diese Zunahme erstaunlicherweise hauptsächlich auf die Untergruppe «medizinische und pharmazeutische Produkte» zurückzuführen ist. Deren Importanteil stieg von etwas über 1 % auf über 10 %. Die RMA-Werte blieben bis 1990 ziemlich stabil, erreichten im Jahr 2005 jedoch ausserordentlich hohe Werte. Eine derart massive Zunahme der relativen Importneigung lässt sich kaum mit einem Mehrverbrauch von Pharmazeutika im Inland erklären und legt den Schluss nahe, dass ein grosser Teil der importierten Pharmazeutika reexportiert wurde bzw. dass es sich dabei um Halbfabrikate handelte.

Eine eher schwer zu interpretierende Entwicklung ist bei der Gruppe «7 Maschinen und Transportmittel» festzustellen: Der zunehmende komparative Nachteil (RCA < 1) ging hier zwar mit abnehmenden Anteilen an den Gesamtexporten einher, doch blieb dieser Anteil mit rund einem Viertel im Jahr 2005 ausgesprochen hoch (Tabelle 2.1-11). Die mit der relativen Exportspezialisierung gemessene Wettbewerbsfähigkeit der in dieser Gruppe zusammengefassten Güter entwickelte sich sehr unterschiedlich (Tabelle 2.1-12). In den Untergruppen «72 Spezialmaschinen» und «73 Metallverarbeitungsmaschinen» wurden ausgesprochen hohe RCA-Werte erzielt, bei ebenfalls

Tabelle 2.1-12: **Exportspezialisierung und Importneigung in verschiedenen Industriezweigen (1970–2005)**

		1970	1990	2005	CH	1970	1990	2005
51 Organische Chemikalien	RCA	2.7	2.4	2.6	EXP	5.2 %	5.8 %	7.5 %
	RMA	2.1	1.6	2.2	IMP	3.4 %	3.4 %	5.6 %
53 Farbstoffe	RCA	6.3	3.8	2.7	EXP	4.5 %	2.7 %	1.7 %
	RMA	1.8	2.2	1.8	IMP	0.8 %	1.2 %	0.8 %
54 Medizinische und pharmazeutische Produkte	RCA	5.6	4.6	5.2	EXP	6.4 %	6.2 %	19.8 %
	RMA	1.6	1.5	3.1	IMP	1.2 %	1.5 %	10.3 %
65 Textilien und Textilwaren	RCA	1.6	1.6	0.7	EXP	6.9 %	4.0 %	1.2 %
	RMA	1.2	1.1	0.9	IMP	4.3 %	2.8 %	1.3 %
72 Spezialmaschinen für bestimmte Industrien	RCA	2.0	2.1	1.6	EXP	10.5 %	9.2 %	5.8 %
	RMA	1.1	1.1	1.1	IMP	3.5 %	3.2 %	2.3 %
73 Metallverarbeitungsmaschinen	RCA	3.3	4.0	3.3	EXP	5.0 %	4.7 %	2.5 %
	RMA	1.3	1.6	1.7	IMP	1.3 %	1.3 %	0.8 %
74 Allgemeine Industriemaschinen, Geräte und Bestandteile	RCA	1.1	1.2	1.0	EXP	5.3 %	6.2 %	4.7 %
	RMA	1.4	1.2	1.1	IMP	4.4 %	4.4 %	3.9 %
77 Elektrische Maschinen, Apparate und Ausrüstungen	RCA	1.1	1.0	0.7	EXP	4.0 %	6.1 %	5.6 %
	RMA	1.2	0.8	0.7	IMP	3.5 %	4.5 %	4.5 %
87 Technische und wissenschaftliche Instrumente	RCA	2.3	2.0	1.5	EXP	3.5 %	4.0 %	3.8 %
	RMA	1.3	1.1	1.1	IMP	1.5 %	1.7 %	2.0 %
88 Photoapparate, optische Geräte, Uhren	RCA	8.3	6.3	7.7	EXP	12.7 %	8.3 %	7.9 %
	RMA	1.6	1.6	1.9	IMP	1.9 %	1.8 %	1.5 %

Quellen: Berechnungen von Mattia Regi im Rahmen des Forschungsprojekts Müller/Hiestand/Lüpold 2013. Datenbasis: OECD (SITC 2).

hohen RMA-Werten. Der schwache komparative Vorteil in der Untergruppe «74 Allgemeine Industriemaschinen, Geräte und Bestandteile» blieb stabil, in der Kategorie «77 Elektrische Maschinen, Apparate und Ausrüstungen» ging der komparative Vorteil jedoch bis zum Ende des Jahrhunderts verloren.[131] Die Güterkategorien, die am stärksten von den neuen Kommunikationstechnologien beeinflusst wurden – die Gütergruppen «75 Büromaschinen und Datenverarbeitungsgeräte» sowie «76 Telekommunikation und Tonaufzeichnungsgeräte» –, sind in der Tabelle 2.1–12 gar nicht erst aufgeführt, weil die RCA-Werte hier ausserordentlich niedrig waren und die Exportanteile ebenfalls.[132] Von den in der heterogenen Gruppe 6 enthaltenen Gütern ge-

131 Das war auch für die in Tabelle 2.1-12 nicht aufgeführten Gruppen «71 Elektrizität generierende Maschinen und Anlagen» und «78 Strassenfahrzeuge» der Fall. In Letzterer hatte die Schweiz ihren komparativen Vorteil bereits vor dem Ersten Weltkrieg verloren, und es dominierten ganz klar die Importe.

132 Die Exportanteile schwankten um 1 % und die RCA-Werte waren deutlich kleiner als 1 (im Jahr 2005 für die Gütergruppe 75 bei 0.2 und für 76 bei 0.3). Die Importanteile und die RMA-Werte waren durchwegs höher, doch Letztere waren in den Jahren 1990 und 2005 ebenfalls kleiner als 1.

hörte nur die Untergruppe «65 Textilien und Textilwaren» ab den 1970er Jahren wieder zur schweizerischen Exportindustrie. Ihr anfangs noch beachtlicher Exportanteil schrumpfte auf wenig mehr als 1%, und ihr komparativer Vorteil verwandelte sich in einen Nachteil.

Um 1960 erzielte die Gruppe «8 diverse Industriegüter» die höchsten RCA-Werte, doch gingen diese bald darauf stark zurück und erholten sich gegen Ende des Jahrhunderts nur geringfügig. Das liegt vor allem daran, dass nur in den Untergruppen «87 Technische und wissenschaftliche Instrumente» sowie «88 Photoapparate, optische Geräte, Uhren» hohe komparative Vorteile erzielt wurden. Gemäss einer differenzierteren Statistik, welche die RCA-Werte für Uhren und Uhrenbestandteile ausweist, stiegen der RCA-Werte von 13 im Jahr 1988 sogar auf 32 im Jahr 2004.[133] Diese RCA-Werte bestätigen den ausserordentlichen komparativen Vorteil, den die Schweiz trotz der wiederholten Krisen in den 1970er und 1980er Jahren in dieser Güterkategorie hatte. Laut Schätzungen sank der Anteil der Schweiz an der wertmässigen Weltproduktion von Uhren von 47% im Jahr 1975 auf 33% im Jahr 1985. Die schweizerische Uhrenindustrie spezialisierte sich in der Folge im Hochpreissegment, und ihr Anteil an der Weltproduktion machte 1990 bereits 55% aus.[134] Im Vergleich dazu erzielte das Schweizer Traditionsprodukt Schokolade nur RCA-Werte von knapp über 1 und einen Anteil von 0.3% am Weltexport: Die im Ausland verkaufte «Schweizer Schokolade» wurde also zum grössten Teil auch im Ausland produziert.

Ab 1980 lässt sich die Wettbewerbsposition einer Volkswirtschaft im Hochtechnologiebereich wie auch im Niedrigtechnologiebereich abschätzen, indem die Exportanteile in diesen Güterkategorien mit den Exportanteilen anderer Länder verglichen werden. Der Exportanteil der Schweiz im Hochtechnologiebereich (HT-Gruppe) stieg im Zeitraum 1980–2003 von 22% auf 38% (Tabelle 2.1-13). Das waren, verglichen mit einigen anderen, in Tabelle 2.1-A4 berücksichtigten europäischen Ländern, die höchsten Anteile am Gesamtexport. Auch wenn der Exportanteil im mittleren Technologiebereich in die Berechnung einbezogen wird (MHT-Gruppe), befand sich die Schweiz an erster Stelle. Im Bereich der Informations- und Kommunikationstechnologien (ICT-Gruppe) war die Position der Schweiz hingegen eine völlig andere: Der Exportanteil blieb auf hohem Niveau konstant, während er in allen Vergleichsländern, insbesondere in Finnland und den Niederlanden, stark zunahm. Die Aufteilung in weitere Untergruppen (C30, C32, C33) lässt erkennen, woran das lag. Während in den anderen Ländern starke Zunahmen in mindestens einer oder mehreren dieser Güterkategorien zu verzeichnen waren, vermochte die Schweiz, ihre Exportanteile lediglich in der Gruppe C33 geringfügig zu steigern, und dabei handelte es sich um ihren traditionellen Schwerpunkt «Uhren», erweitert lediglich um die neue Kategorie «medizinische und

133 OECD online, International Trade and Balance of Payments, International Trade by Commodity Statistics (ITCS), Harmonised System 1988.

134 Karrer-Rüedi 1992, 108, mit Bezug auf Schätzungen der Fédération horlogère 1991. Der Anteil der Schweiz an der produzierten Menge sank von 34% im Jahr 1975 auf 13% in den Jahren 1985 und 1990.

optische Geräte». In den vom Technologiesprung hauptsächlich profitierenden Güterkategorien C30 «Büro- und Rechenmaschinen, Computer» und C32 «Radio, Fernsehen, Kommunikationsgeräte», deren Anteile am Weltmarkt besonders stark zunahmen, war die relative Wettbewerbsfähigkeit der Schweizer Wirtschaft somit deutlich geringer als die anderer europäischer Länder. Wirtschaftliche Entwicklung ist pfadabhängig, und einmal eingeschlagene Richtungen lassen sich später nur schwer ändern, weil der Vorsprung der anderen kaum noch aufzuholen ist. Der deutliche Rückstand der Schweizer Unternehmen in diesen neuen Güterkategorien zeichnete sich bereits in den 1930er Jahren ab, und zwar als eine Innovationsschwäche, messbar anhand der niedrigen Zahl angemeldeter Patente im Bereich der zur «Mikrotechnik» gezählten Produkte (mit Ausnahme der Uhren), den mechanischen Vorstufen für die sich nach dem Zweiten Weltkrieg durchsetzende Elektronik.[135] Aufschlussreich ist in diesem Zusammenhang auch eine Studie über den schweizerischen Telekommunikationssektor, der im Gegensatz zur relativ früh deregulierten finnischen oder schwedischen Fernmeldeindustrie von der weltweiten Liberalisierung der Telekommunikation kaum zu profitieren vermochte. Die Ursachen für diese klar verpassten Wachstumschancen sind im fehlenden Wettbewerbs- und Innovationsdruck in der Schweiz zu verorten.[136]

Tabelle 2.1-13: **Zusammensetzung der Schweizer Industrieexporte nach Technologiestufen (1980–2003)**

Jahr	HT und MHT	Hohe Technologiestufe HT	Mittlere bis hohe Technologiestufe MHT	TT und MTT	Tiefe Technologiestufe TT	Mittlere bis tiefe Technologiestufe MTT	ICT	C30 – Büro- und Rechen-maschi-nen, Computer	C32 – Radio, Fernsehen, Kommuni-kationsgeräte	C33 – Mediz. Geräte, Präzisions- und optische Instrumente, Uhren
1980	64 %	22 %	42 %	30 %	18 %	13 %	15 %	1 %	1 %	13 %
1985	66 %	23 %	42 %	29 %	17 %	12 %	15 %	1 %	1 %	13 %
1990	66 %	24 %	41 %	28 %	17 %	11 %	16 %	1 %	2 %	13 %
1995	70 %	28 %	42 %	27 %	15 %	12 %	17 %	1 %	2 %	13 %
2000	71 %	33 %	38 %	27 %	13 %	14 %	18 %	2 %	2 %	14 %
2003	73 %	38 %	36 %	23 %	13 %	11 %	17 %	1 %	1 %	15 %

Quelle: Berechnungen von Mattia Regi im Rahmen des SNF-Forschungsprojekts Müller/Hiestand/Lüpold 2013. Datenquelle: OECD online, Industry and Services, Structural Analysis (STAN) Database.

Bemerkungen: ICT: Informations- und Kommunikationstechnologien.

Die Kategorie «Energie produzierende Industrien» mit Exportanteilen von wenigen Prozenten wurde hier nicht berücksichtigt; die Summe der Exportanteile ergibt deshalb weniger als 100 %.

135 Diese Innovationsschwäche war bei den Rechenmaschinen, den Photoapparaten und elektrischen Messgeräten besonders ausgeprägt, etwas weniger bei den akustischen und optischen Geräten. Es überwogen bei weitem die Patentanmeldungen von ausländischen Unternehmen. Veyrassat 2010, 103–106.

136 Ischer 2009.

In Studien über die Entwicklung der Exportstruktur und der Exportspezialisierung während der letzten Jahrzehnte wird stets die Frage nach der technologischen Wettbewerbsfähigkeit der Schweizer Industrie gestellt. Bernard Beck vergleicht für den Zeitraum zwischen 1964 und 1987 die Schweizer Anteile am OECD-Export (differenziert nach Branchen und Gütergruppen sowie nach Absatzländern) mit der Struktur der OECD-Exporte insgesamt und kommt zum Schluss: «Die Wettbewerbsfähigkeit, definiert als relatives Abschneiden gegenüber der Konkurrenz, ist für die schweizerische Industrie insgesamt in den letzten zwei Jahrzehnten intakt gewesen.»[137] Zudem sei die schweizerische Exportindustrie im Vergleich mit sechs grossen Industrieländern stärker auf höhertechnologische und somit weniger standardisierte Branchen umgestiegen. Dies wird als besonders positiv eingeschätzt, weil solche Branchen vor der Abwanderung in Niedriglohnländer eher geschützt wären und höhere Wachstumschancen hätten. Diese höheren Wachstumschancen hat die Schweizer Industrie jedoch nur sehr selektiv genutzt, denn Spyros Arvanitis et al. stellen anhand der prozentualen Anteile der Schweiz an den OECD-Industriegüterexporten für den Zeitraum 1964–2002 Marktanteilsverluste fest.[138] Gemäss dieser Studie ist ein wichtiger Grund für das unterdurchschnittliche Wachstum der schweizerischen Industriegüterexporte in den 1990er Jahren die unterdurchschnittliche Präsenz der Schweizer Industrie in den damaligen Wachstumsmärkten Computer und Elektronikprodukte. Die Untersuchung analysiert u.a. die Exportspezialisierung nach Hauptgruppen und Untergruppen von Hightechgütern der Schweiz im Vergleich zu mehreren anderen europäischen Ländern, den USA und Japan. Die Autoren gelangen zum Schluss, dass die schweizerische Industrie im internationalen Technologiewettbewerb, gemessen an der Exportspezialisierung auf Sektorebene, sehr gut dasteht und dass sie die technologische Konkurrenzfähigkeit zwischen 1989 und 2002 durch eine Verschiebung der Spezialisierung vom Medium-Hightech- in Richtung Hightech-Sektor noch leicht verbessern konnte. Auf der Produkteebene («product approach») werden die Hightechprodukte in acht Hauptgruppen unterteilt; die Schweiz weist mit drei ersten und einem zweiten Platz in den vier Hauptgruppen «Pharma», «wissenschaftliche Instrumente», «Chemikalien» und «nichtelektrische Maschinen» ausgeprägte Spezialisierungsvorteile auf, in den anderen, in technologischer Hinsicht an der Spitze stehenden Bereichen (dazu gehören «Computer» und «Elektronik») liegt die Schweiz dagegen weit hinten: Die schweizerische Industrie sei im Hightechbereich «durch ein stark polarisiertes Spezialisierungsmuster gekennzeichnet».[139]

137 Beck 1990, 112–130, Zitat 121.
138 Arvanitis/Hollenstein/Marmet 2005, 119–144.
139 Arvanitis/Hollenstein/Marmet 2005, 142, siehe zudem Tabelle 7-7: Rangierung der Länder anhand von RSCA-Indizes für die Hightech-Hauptgütergruppen, 144.

Seit 1986 erfassen die OECD-Aussenhandelsstatistiken auch Daten über Exporte und Importe von Dienstleistungen, anhand derer die relative Exportspezialisierung und die Importneigung im Dienstleistungssektor berechnet werden können. Für die Schweiz sind solche Daten leider erst ab 1994 verfügbar. Aussenhandelsdaten von Dienstleistungen sind zwar weniger verlässlich als die von Waren, doch die in der Tabelle 2.1-14 zusammengestellten Daten verdeutlichen immerhin die besonderen Stärken und Schwächen des schweizerischen Dienstleistungssektors. Die Transport- und Tourismusleistungen machten im Zeitraum von 1994 bis 2005 zwischen einem Drittel und einem Viertel aller Dienstleistungsexporte aus; die RCA-Werte und damit die Exportspezialisierung im Vergleich zum OECD-Durchschnitt waren jedoch in beiden Branchen eher niedrig. Besonders hoch waren die RCA-Werte und die Exportanteile für Versicherungs- und Finanzdienstleistungen, wobei die RCA-Werte für Finanzdienstleistungen zu Beginn höher waren als die für Versicherungsleistungen, jedoch mit der Zeit zurückgingen, während jene für Versicherungsleistungen anstiegen.

Die Versicherungen konnten denn auch ihren Anteil am gesamten Dienstleistungsexport fast verdoppeln, während der Anteil der Finanzleistungen um weniger als 10 % zunahm. Die RCA-Werte für «andere Unternehmensdienstleistungen» und deren Anteile am Gesamtexport nahmen ebenfalls zu, jedoch weniger als die entsprechen-

Tabelle 2.1-14: **RCA- und RMA-Werte sowie Anteile an den Dienstleistungsexporten und -importen (1994–2005)**

		1994	1998	2002	2005		1994	1998	2002	2005
Transporte	RCA	0.57	0.69	0.52	0.42	Exporte	14.1 %	15.8 %	11.0 %	9.3 %
	RMA	0.93	1.06	0.74	0.50	Importe	25.6 %	26.5 %	17.3 %	12.3 %
Tourismus	RCA	1.19	0.96	0.95	0.96	Exporte	36.0 %	29.0 %	26.0 %	23.4 %
	RMA	1.86	1.73	1.55	1.47	Importe	57.4 %	51.5 %	43.4 %	39.8 %
Kommunikation	RCA		1.06	1.32	1.15	Exporte	2.0 %	2.3 %	2.8 %	2.5 %
	RMA		2.10	2.42	1.82	Importe	5.2 %	5.9 %	5.7 %	4.1 %
Versicherungen	RCA	2.19	3.16	2.89	4.34	Exporte	5.5 %	6.1 %	9.3 %	9.6 %
	RMA	0.05	0.17	0.13	0.28	Importe	0.2 %	0.5 %	0.6 %	1.1 %
Finanzdienste	RCA		4.72	3.67	2.82	Exporte	20.6 %	25.0 %	24.0 %	22.1 %
	RMA		1.24	1.18	1.17	Importe		3.8 %	3.9 %	4.4 %
andere «Business-Services»	RCA	0.98	0.88	1.02	1.31	Exporte	18.5 %	18.4 %	22.8 %	30.3 %
	RMA	0.52	0.49	1.24	1.67	Importe	9.9 %	10.3 %	27.9 %	37.3 %
staatliche Leistungen	RCA	0.72	0.97	1.41	1.03	Exporte	3.2 %	3.5 %	4.1 %	2.8 %
	RMA	0.30	0.34	0.23	0.18	Exporte	1.1 %	1.0 %	0.8 %	0.6 %

Quellen: Berechnungen von Mattia Regi im Rahmen des SNF-Forschungsprojekts Müller/Hiestand/Lüpold 2013, Datenbasis: OECD online, Industry and Services, Structural Analysis (STAN) Database.

Bemerkung: Bei den von der OECD ebenfalls unter «Services» erfassten Exporten und Importen der Kategorien «computer and information services», «royalties and license fees» sowie «construction services» fehlen Angaben für die Schweiz.

den RMA-Werte und Importanteile. Im Bereich der Kommunikationsleistungen bestand nur ein schwacher komparativer Vorteil, ihr Anteil an den Dienstleistungsexporten blieb niedrig und die RMA-Werte in diesem Bereich waren deutlich höher als die RCA-Werte. Die Dienstleistungsimporte waren somit einseitiger verteilt als die -exporte und konzentrierten sich auf lediglich drei Branchen: «Transporte», «Tourismus» und «andere Unternehmensdienstleistungen»; insbesondere bei den Finanzleistungen- und noch ausgeprägter bei den Versicherungsleistungen waren die Importanteile äusserst gering. Ein grosser Teil des schweizerischen Dienstleistungssektors war für ausländische Unternehmen noch wenig offen bzw. stark von den inländischen Unternehmen dominiert.

Eine Studie über die Entwicklung der Exporte und des Spezialisierungsmusters von Dienstleistungen im Zeitraum 1994–2002 zeigt, dass die Schweiz stärker auf den Export von Dienstleistungen spezialisiert war als die OECD insgesamt.[140] Verglichen mit anderen europäischen Ländern, den USA und Japan lagen ihre Spezialisierungsvorteile bei den modernen Dienstleistungen, Banken- und Versicherungsleistungen sowie der Kommunikation. Im Finanzsektor (Banken und Versicherungen) wies die Schweiz von allen Vergleichsländern den grössten komparativen Vorteil auf. Bei den traditionellen Dienstleistungsbereichen hatte die Schweiz hingegen entweder ihre Vorteile verloren – z.B. im Tourismus –, oder sie hatte ausgeprägte komparative Nachteile (Transporte, andere unternehmensnahe Dienstleistungen, persönliche Dienstleistungen). Eine besondere Kategorie bildeten allerdings die «anderen unternehmensnahen Dienstleistungen», die sich aus traditionellen und in beträchtlichem Umfang aus modernen Dienstleistungen wie Informatik oder Engineering zusammensetzen; womit sich die Aussage über den hohen komparativen Vorteil der Schweiz bei den modernen Dienstleistungen stark relativiert.

2.1.3.1.3 Fazit

Die mit den RCA- und RMA-Werten gemessene Veränderung der relativen Exportspezialisierung und der Importneigung, die Zusammensetzung der Exporte und Importe sowie die Verteilung der Exporte auf die verschiedenen Technologiestufen zeigen, dass die bereits für die Vorperiode festgestellte Tendenz zur Spezialisierung und die damit einhergehende Verengung der Güterkategorien, in denen die Industrie am Standort Schweiz über einen komparativen Vorteil verfügte, sich in der zweiten Hälfte des 20. Jahrhunderts fortsetzte und in den 1980er und 1990er Jahren noch verstärkte. Nur in einigen wenigen Untergruppen innerhalb der wichtigsten Exportbranchen gelang es, im verschärften globalen Wettbewerb die Position einigermas-

140 Vgl. Arvanitis/Hollenstein/Marmet 2005, 149–165, zur Entwicklung der Exporte im Dienstleistungssektor und dem Spezialisierungsmuster der Schweiz im Vergleich mit anderen europäischen Ländern, den USA und Japan im Jahr 2002 sowie zur preislichen Wettbewerbsfähigkeit des Gastgewerbes und der Banken.

sen zu halten oder zu verbessern, während in den meisten Kategorien abnehmende komparative Vorteile zu verzeichnen waren; Güterkategorien, deren RCA-Werte um die Jahrhundertwende deutlich höher waren als um 1970 dürften nur in einer tieferen Gliederungsstufe auszumachen sein (z.B. Uhren). Zudem lässt sich gegen Ende des 20. Jahrhunderts eine im internationalen Vergleich ausgesprochen einseitige Spezialisierung im Hochtechnologiebereich feststellen, eine Folge der im Unterschied zu anderen europäischen Ländern fehlenden und in den 1990er Jahren sich stärker auswirkenden Exportspezialisierung in den Bereichen Computer und Telekommunikationsgeräte. Im Dienstleistungssektor war die Spezialisierung der Schweiz eher breit abgestützt. Eine deutliche Zunahme der RCA-Werte und damit eine Verbesserung der relativen Wettbewerbsfähigkeit verzeichneten jedoch nur die Versicherungsleistungen; eine leichte Verbesserung ist in den Kategorien «Kommunikation» und «andere Business-Services» zu verzeichen, während in den übrigen Kategorien die relative Exportspezialisierung zurückging.

Generell lässt sich eine deutliche Schwäche der Schweizer Wirtschaft im Bereich der neuen Technologien ausmachen. Seit den 1990er Jahren konnte die Schweizer Wirtschaft an den sowohl im Industrie- wie im Dienstleistungssektor besonders rasch wachsenden ICT-basierten Wirtschaftszweigen nur unterdurchschnittlich partizipieren, wobei sich allerdings nach der Jahrhundertwende eine gewisse Verbesserung ihrer Position im Dienstleistungsbereich abzeichnete.

2.1.3.2 Die Prioritäten der Wirtschaft und der Wirtschaftspolitik

Während der langen Wachstumsperiode nach dem Zweiten Weltkrieg setzten die auslandsorientierten Unternehmen ihren in der Krise der 1930er Jahren eingeschlagenen Wachstumspfad fort. Die neue, von der Drohkulisse des Kalten Krieges geprägte Weltordnung erschien anfangs wenig stabil, und die Möglichkeit eines dritten Weltkriegs liess die Zukunft noch lange unsicher erscheinen. Strategien der Risikoverteilung, die sich im schwierigen Umfeld der Zwischenkriegszeit bewährt hatten, wurden beibehalten: Diversifikation der Produkte, der Geschäftsbereiche und der Märkte, gekoppelt mit Innovation und Spezialisierung auf höhere Fertigungsstufen und hochwertige Produkte. Die nach Krisen und Kriegen übliche rasche Wiederausrichtung der Exporte auf die grossen Nachbarländer war weniger ausgeprägt, was sich im Konjunktureinbruch der 1970er Jahre günstig auswirkte. Die breite Diversifikation auf verschiedene, mehr oder weniger verwandte Produktlinien erschwerte zwar die Rationalisierung der Produktionsprozesse,[141] doch im internationalen Vergleich blieb die Arbeitsproduktivität bis in die 1970er Jahre hoch (→ 1.1.4.1.2). Fortgesetzt und intensiviert wurde zudem die Strategie, Wachstumschancen ausserhalb der Schweiz mittels Direktinvestitionen zu nutzen, obwohl das in der Zwischenkriegszeit zent-

141 Müller 2008, 137–140; Müller 2007, 206–214.

rale Motiv für derartige Expansionsschritte, der eingeschränkte Marktzugang zu den grossen Absatzmärkten, infolge des stetigen Abbaus nationaler Handelsbeschränkungen eine immer geringere Rolle spielte.[142] Andere Motive traten nun vermehrt in den Vordergrund, insbesondere die Arbeitskräfteknappheit in der Schweiz samt den relativ hohen Löhnen, aber auch die Vorteile der Nähe zu den Absatzmärkten. Hinzu kamen je nach Branche und Standort weitere Vorteile wie die Anbindung an einen besonders leistungsfähigen ausländischen Forschungsstandort oder der direktere Wettbewerb mit der ausländischen Konkurrenz.

Die schweizerischen Exporte stiegen nach dem Zweiten Weltkrieg rasch an, und exportfördernde Massnahmen schienen keinerlei wirtschaftspolitische Priorität mehr zu haben. Zwar wird in der Literatur auf die Exportoffensive verwiesen, die durch Handels- und Kreditverträge mit den europäischen Staaten nach Kriegsende begann,[143] doch bereits 1946 wurde die Zweckmässigkeit der Exportrisikogarantie angezweifelt und diese Versicherung nur unter der Bedingung weitergeführt, dass auf die staatliche Unterstützung verzichtet werde.[144] Die meisten der im Ausland mit dem Ziel der Exportförderung gegründeten Handelsgesellschaften, die in den 1930er Jahren noch kaum dazu gekommen waren, den Export zu fördern, weil sie sich während des Krieges primär für die Beschaffung der Importe eingesetzt hatten, wurden 1947 aufgelöst.[145] Eine Zunahme des internationalen Handels resultierte hingegen aus der Liberalisierung des Zahlungsverkehrs im Rahmen der OEEC (→ 5.1.5.1). Aus Sicht der inlandsorientierten, den bedeutend grösseren Teil der Bruttowertschöpfung und der Beschäftigung generierenden Branchen führte das rasche Wachstum der Exportindustrien zu einer unerwünschten, die Arbeitsnachfrage und damit die Lohnkosten steigernden Konkurrenz im Arbeitsmarkt (→ 1.1.4.1.1).

Mochte die Schweiz nach dem Krieg auch über besonders günstige wirtschaftliche Verhältnisse verfügen; international befand sich das Land in einer völlig ungewohnten Aussenseiterposition, die sich nicht nur auf die aussenpolitischen, sondern auch auf die aussenwirtschaftlichen Beziehungen auswirkte (→ 5.1.5.1). Die im Neutralitätsverständnis der Schweiz unterstellte Möglichkeit einer strikten Trennung dieser beiden Kategorien von Aussenbeziehungen führte dazu, dass das Land von wichtigen internationalen Organisationen und Vereinbarungen ausgeschlossen blieb oder sich nur im Beobachterstatus und unter Anwendung von Sonderklauseln daran betei-

142 Noch in den 1970er Jahren wurde die Auffassung vertreten, der Protektionismus der Zwischenkriegszeit sei die zentrale Ursache der Multinationalisierung der Unternehmen und werde im Zug der Liberalisierung der Märkte eher zurückgehen (Niehans 1977).

143 Dirlewanger/Guex/Pordenone 2004, 253–255.

144 Schweizerische Handelskammer, Vorortprotokoll vom 27.5.1946, 12–14; Protokoll vom 22.11.1946, 11–12.

145 Bis 1965 wurden alle Handelsgesellschaften im Ausland geschlossen: Bogotá 1953, Havanna 1962, Beirut, Algier, Elisabethville und Bombay 1965. Schweizerische Zentrale für Handelsförderung (SZH), Jahresberichte 1947, 1953, 1962, 1965.

ligen konnte.[146] In den Nachkriegsjahrzehnten entwickelte sich die Schweiz so zu einem Sonderfall innerhalb Europas. Im Inland dürfte diese aussenpolitische Konstellation die engen Beziehungen zwischen den organisierten Wirtschaftsinteressen und den staatlichen Entscheidungsgremien weiter gestärkt haben.[147] Mit der Annahme der Wirtschaftsartikel zwei Jahre nach Kriegsende wurde die gängige politische Praxis des Vernehmlassungsverfahrens institutionalisiert (→ 5.1.5.3).[148] Das breite Spektrum der in dieses Verfahren einbezogenen Wirtschaftsverbände erlaubte jedoch nur ausnahmsweise eine Interessenpolitik zugunsten einzelner Wirtschaftszweige.[149] Bevorzugt wurden Kompromisslösungen, wobei in der Regel die Exportwirtschaft auf die Interessen der Binnenwirtschaft Rücksicht nehmen musste: Die Einwanderungspolitik mit ihrem Fokus auf unqualifizierte Arbeitskräfte kam vor allem den Bedürfnissen der Binnenwirtschaft entgegen, Kartelle und somit im Vergleich zum Ausland tendenziell höhere Preise wurden weiterhin toleriert. Der unter dem Einfluss der USA in den umliegenden europäischen Staaten ausgeübte Druck zur Einführung von Kartellverboten wirkte sich in der Schweiz nur insofern aus, als die Kartellpraxis etwas genauer untersucht und deren Zulassung von einem in einem allfälligen Kartellverfahren nachzuweisenden volkswirtschaftlichen Nettonutzen abhängig gemacht wurde.[150]

Mit Ausnahme der Massnahmen zur Beschränkung der Arbeitsimmigration in den 1960er Jahren blieben die Einflüsse der Wirtschaftspolitik auf die Wirtschaft marginal. Die nach wie vor bestehende und durch die Interventionen während der Zwischenkriegs- und Kriegszeit eher noch verstärkte Abneigung der Unternehmen gegenüber staatlichen Eingriffen bestärkte die traditionelle Haltung der politischen Behörden, grundsätzlich nur dann einzugreifen, wenn Wirtschaftszweige von nationaler Bedeutung gefährdet waren. Zu diesen Branchen zählte im Exportsektor nach wie vor, wenn auch nicht in demselben Ausmass wie in den 1930er Jahren, die Uhrenindustrie.

Die enge Verflochtenheit von Politik und Wirtschaft und das von beiden Führungsgruppen mehrheitlich geteilte besondere Neutralitätsverständnis dürften wesentliche Gründe dafür gewesen sein, dass in der Schweiz ein Beitritt zur Europäi-

146 Jost 1999, 143–159, kommt zu dem Schluss, dass die Schweiz mit der Schaffung der Kategorien «wirtschaftlich» (gleich neutralitätskonform) und «politisch» (gleich neutralitätswidrig) ein Argument gegen die Beteiligung an nichtgenehmen internationalen Organisationen gefunden hatte. War eine Teilnahme an solchen Organisationen oder Vereinbarungen dennoch erwünscht, so wurden diese als «technisch» qualifiziert und so vom Neutralitätsvorbehalt ausgenommen. Das Primat hatte nicht die Neutralität, ein Prinzip das oft sehr dehnbar gehandhabt wurde, sondern die Nützlichkeit der Vereinbarung für die Wirtschaft.

147 Linder 1983, 285–287; Gees 1999.

148 *Historisches Lexikon der Schweiz*, «Vernehmlassungsverfahren».

149 Eine Übersicht über die Literatur zur Aussenhandelspolitik, zu den zentralen Akteuren und Entscheidungsprozessen vermittelt Humair 2010. Er verweist auf den starken Einfluss der Wirtschaftsverbände, insbesondere des «Vororts» des Schweizerischen Handels- und Industrievereins. Humair betont die Konzessionsbereitschaft des primär die Interessen der Exportindustrien vertretenden Dachverbands gegenüber anderen kollektiven Akteuren.

150 Schröter 2005, 67–71.

schen Wirtschaftsgemeinschaft (EWG) – ein erklärtermassen nicht nur wirtschaftliches, sondern auch politisches Integrationsprojekt – nie ernsthaft diskutiert wurde (→ 5.3.3.2). Es gab bis in die 1980er Jahre keine einzige starke wirtschaftliche Gruppierung, die sich für einen EWG-Beitritt eingesetzt hätte. Die Nichtteilnahme am europäischen Integrationsprozess hatte vorerst keine gravierenden wirtschaftlichen Nachteile zur Folge. Die anfängliche Befürchtung der Exportwirtschaft, die Gründung der Europäischen Wirtschaftsgemeinschaft 1958 könnte zu neuen Handelsbarrieren innerhalb Europas führen und damit ihre Konkurrenzfähigkeit in diesem Markt massiv schmälern, erwies sich bald als unbegründet, allerdings auch deshalb, weil mehrere europäische Länder sich in einer ähnlichen Lage befanden wie die Schweiz und gemeinsam die EFTA gründeten (→ 5.1.5.2). Die Tendenz zur Liberalisierung der Märkte innerhalb Europas und weltweit wurde auf der Basis der Verträge zwischen EFTA und EWG sowie im Rahmen der GATT- und später der WTO-Verträge fortgesetzt. Die Beziehungen innerhalb Europas und insbesondere der Schweiz zur EU änderten sich jedoch mit der Bildung des Europäischen Wirtschaftsraums (EWR) in den frühen1990er Jahren grundlegend.

Die Einführung flexibler Wechselkurse zu Beginn der 1970er Jahre hatte eine starke Aufwertung des Schweizer Frankens zur Folge, die sich auf die internationale Wettbewerbsfähigkeit der schweizerischen Exportwirtschaft jedoch vorerst weniger gravierend auswirkte als befürchtet (→ 1.1.3.3). Längerfristig veränderte sich die internationale Wettbewerbsfähigkeit des Wirtschaftsstandorts Schweiz hingegen deutlich. Neben der im Abschnitt 2.1.3.1 aufgezeigten Tendenz zur Spezialisierung verstärkte sich der Trend zum Auf- und Ausbau der Geschäftstätigkeit im Ausland. Unternehmen, die darin wenig Erfahrung hatten, waren im sich verschärfenden internationalen Wettbewerb vorerst klar benachteiligt. Deshalb blieben die bereits seit längerem international tätigen Firmen, d.h. die im Abschnitt 2.1.2.3.3 erwähnte Kerngruppe multinationaler Unternehmen, bis in die 1990er Jahre führend, was diese Form der wirtschaftlichen Verflechtung betrifft. Gegen Ende der 1990er Jahre wurde die Multinationalisierung dann zur generellen Wachstumsstrategie auslandsorientierter Unternehmen aller Grössenklassen, und mit der Deregulierung und Öffnung des Binnenmarktes richteten sich immer mehr Firmen nicht nur auf den Export, sondern auch auf die Etablierung von Produktionsstätten im Ausland aus. Diese besondere Form der internationalen Verflechtung und ihre Auswirkungen auf die Entwicklung der Unternehmen einerseits sowie auf den Wirtschaftsstandort Schweiz andererseits stehen deshalb im Zentrum des folgenden Abschnitts.

2.1.3.3 Die führenden Schweizer MNU und ihre Interessenorganisationen

In den 1960er Jahren wurde die Geschäftstätigkeit multinationaler Unternehmen im Ausland generell wieder stärker beachtet. In der Entwicklungspolitik engagierte Organisationen griffen das Thema auf und stellten die Frage, wie sich die Investitionen multinationaler Konzerne in den Empfängerstaaten der «dritten Welt» auswirkten. Leisteten diese Direktinvestitionen einen Beitrag zur wirtschaftlichen Entwicklung in diesen Ländern oder wurden lediglich Rohstoffquellen und billige Arbeitskräfte ausgenutzt und die erarbeiteten Gewinne wieder in die Herkunftsländer ausgeführt? Die damals geführten Diskussionen über die positiven oder negativen Auswirkungen von Direktinvestitionen in den Gastländern bzw. Empfängerstaaten konzentrierten sich auf die von einem starken Gefälle zwischen armen und reichen Ländern geprägten Wirtschaftsbeziehungen. Die statistischen Erhebungen der 1970er und frühen 1980er Jahre ergaben hingegen, dass etwa drei Viertel des weltweiten Direktinvestitionsbestandes auf die entwickelten Staaten entfielen.[151] Und die Frage, wie sich Direktinvestitionen auf die Herkunftsländer auswirkten, wurde kaum gestellt.

In der Schweiz wurden die Direktinvestitionen schweizerischer Unternehmen im Ausland in den 1960er Jahren durchaus positiv bewertet. Es gab zwar nur wenige konkrete Zahlen,[152] doch die Tatsache, dass der Geschäftsumfang der grossen multinationalen Unternehmen wie Nestlé oder Alusuisse im Ausland viel bedeutender war als in der Schweiz, war allgemein bekannt. Zudem verfügten die grossen Schweizer Unternehmen seit längerem über Tochtergesellschaften im Ausland, insbesondere in den Nachbarländern. Man machte sich deswegen keine Sorgen um die Zukunft des Produktionsstandorts Schweiz, ganz im Gegenteil. In der Zwischenkriegszeit war noch befürchtet worden, dass Direktinvestitionen im Ausland zu einem Abbau von Arbeitsplätzen im Inland führen könnten.[153] In den frühen 1960er Jahren war die Situation hingegen eine völlig andere: Knapp war das Angebot an Arbeitskräften, nicht an Arbeitsplätzen. Investitionen im Ausland waren willkommen, weil sie den Nachfrageüberhang und den Lohndruck im Inland dämpften. Der Schweizerische Handels- und Industrieverein (SHIV) empfahl den Schweizer Unternehmen geradezu, ihre Produktion im Ausland auszubauen, nicht ohne hinzuzufügen, dass die Verlagerung des Wachstumsdrucks vom engen Inlandsmarkt ins aufnahmefähigere Ausland auch von Seiten der Gewerkschaften unterstützt werde.[154]

Im Folgenden wird gezeigt, wie sich die Geschäftstätigkeit der führenden Schweizer MNU im Industrie- und Dienstleistungssektor im In- und Ausland entwickelte, in welchen Ländern investiert und welche Tätigkeiten im Ausland ausgeübt wurden. Dabei interessiert wie sich die Auslandsexpansion des Unternehmens auf die Geschäftstätigkeit im Inland auswirkte: Wurde diese ebenfalls ausgebaut oder eher reduziert? Die Erhebungen decken den Zeitraum zwischen 1970 und 2000 ab und stützen sich hauptsächlich auf die Jahresberichte einer Gruppe ausgewählter, als Core Com-

151 Beispielsweise Krägenau 1982, 40.

152 Iklé 1970 schätzte die ausländischen Direktinvestitionen von sieben schweizerischen Grosskonzernen des Industriesektors in den Jahren 1964 bis 1968; offizielle Daten über den Umfang, die Branchenaufteilung oder die Zielländer der Direktinvestitionen schweizerischer Unternehmen im Ausland wurden in der Schweiz erst in den 1990er Jahren publiziert.

153 Masnata 1924.

154 Industrie-Holding, Jahresbericht 1964.

panies (CC) bezeichneter Unternehmen. Bei den CCs handelt es sich um Industrieunternehmen, die mehrere Produktionsgesellschaften im Ausland unterhielten, oder um Dienstleistungsunternehmen, die über eine grössere Zahl von Niederlassungen im Ausland verfügten (Tabelle 2.1-15 und 2.1-A5).[155] Für den Industriesektor lässt sich eine auffallende Übereinstimmung zwischen der Zusammensetzung der als Kerngruppe bezeichneten multinationalen Unternehmen im Stichjahr 1953 und den Core Companies im Zeitraum von 1970 bis 2005 feststellen. Deren Anzahl war zwar im Vergleich zu den frühen 1950er Jahren deutlich geringer, hauptsächlich jedoch deshalb, weil mehrere der Unternehmen inzwischen fusioniert hatten bzw. weil kleinere Unternehmen von den grösseren, auf Auslandsmärkten erfahreneren Unternehmen übernommen worden waren.[156] Im Dienstleistungssektor beschränkt sich die Aus-

Tabelle 2.1-15: **Anzahl der Core Companies im Industrie- und Dienstleistungssektor (1953–2000)**

	1953	1970	1980	1990	2000
Chemische und pharmazeutische Produkte	5	2	3	3	4
Maschinen, Präzisionsinstrumente	9	7	8	8	6
Lebensmittel	5	1	2	2	1
Baumaterialien	3	2	2	2	2
Metallverarbeitung	3	1	1	1	1
Elektrizität	1	1	1	1	1
Textilien	2	–	–	–	–
Uhren	–	–	–	–	–
andere Industrien (Schuhe, Papier)	2	–	–	–	–
Industrieunternehmen insgesamt	30	14	17	17	15
Versicherungen	5		3	3	3
Banken	–		3	3	2
Handelsunternehmen	6		–	–	–
andere (Transporte, Warenkontrolle)	1		–	–	–
Dienstleistungsunternehmen insgesamt	12		6	6	5

Quellen: Erhebungen von Martin Lüpold und Rolf Leu im Rahmen des NF-Forschungprojekts Müller/Hiestand/Lüpold 2013.

155 Tabelle 2.1-A5 im Anhang zu diesem Kapitel vermittelt eine Übersicht über die hier berücksichtigten Core Companies. Die Beschreibung des Internationalisierungsprozesses stützt sich auf die Erhebungen von Rolf Leu im Rahmen des SNF-Forschungsprojekts Müller/Hiestand/Lüpold 2013 (siehe für Teilergebnisse Leu 2008). Die für die Analyse des Internationalisierungsprozesses in der ersten Hälfte des 20. Jahrhunderts verwendeten Publikationen (Finanz-Jahrbuch, Manuel des bourses suisses) wurden zu Beginn der 1960er Jahre eingestellt.

156 In der Uhrenindustrie gab es weiterhin kein Unternehmen mit bedeutenden Direktinvestitionen im Ausland, und die Textilindustrie war in den 1970er Jahren nicht mehr unter den Core Companies vertreten.

wahl auf einige Unternehmen des Finanzsektors (Banken und Versicherungen); allerdings gab es im Bankensektor 1953 noch kein einziges Unternehmen, das den Kriterien der Core Companies entsprochen hätte, und die in den frühen 1950er Jahren zur Kerngruppe gehörenden multinationalen Handels- und Transportunternehmen waren mehrheitlich Familienunternehmen, die kaum Informationen über ihre Geschäftstätigkeit publizierten und die deshalb mangels Informationsbasis nicht in diese Untersuchung einbezogen werden konnten.[157]

Die zu den Core Companies im Industriesektor gehörenden Unternehmen traten alle der Industrie-Holding (IH) bei, der Vereinigung Schweizerischer Industrie-Holdinggesellschaften, wenn auch zu unterschiedlichen Zeitpunkten. Spätestens in den frühen 1970er Jahren gehörten jedoch die meisten von ihnen dazu. Die IH wurde 1942, mitten im Zweiten Weltkrieg, gegründet, und zwar von acht Unternehmen der Metall-, Schuh-, Baumaterialien- und Lebensmittelindustrie. Alle grossen chemisch-pharmazeutischen Unternehmen in Basel traten dem Verband zwischen 1945 und 1950 bei, die grossen Unternehmen der Maschinenindustrie folgten in den 1960er Jahren, einige weitere erst in den 1980er und 1990er Jahren (siehe Tabelle 2.1-A5 im Anhang zu diesem Kapitel).[158] Die Kriterien für die Mitgliedschaft betonten trotz ihrer multinationalen Ausrichtung den schweizerischen Charakter der Unternehmen. Dazu gehörten die Besitzverhältnisse (Schweizer Hauptaktionäre), aber auch die Forderung, dass sich das industrielle Zentrum in der Schweiz befinden sollte, obwohl die Mitgliedsfirmen mehrere ausländische Produktionseinheiten betreiben und ihr Auslandsgeschäft einen grossen Teil ihrer gesamten Geschäftstätigkeit ausmachen mussten.[159] Die Unternehmen der Maschinenindustrie blieben vorerst ausgeschlossen: Die Industrie-Holding ging offenbar davon aus, dass diese Firmen primär exportorientiert waren und dass wegen ihrer starken Bindung an den Produktionsstandort Schweiz ihre Interessen nicht denjenigen der IH-Mitgliedsfirmen entsprachen.

Während der Landesausstellung in Lausanne, der EXPO 1964, präsentierten die grossen multinationalen Unternehmen ihre Geschäftstätigkeit im In- und Ausland. Etwa 750 000 Personen besuchten den Ausstellungspavillon. Dass die ausländischen Direktinvestitionsbestände pro Kopf in der Schweiz grösser waren als in den USA, scheint die Besucher besonders beeindruckt zu haben.[160] Zu jener Zeit wurden ausländische Holdingfirmen kritisiert, weil sie von den tiefen Steuern in der Schweiz

157 Bei den Core Companies der Industrieunternehmen trifft dieser Ausschlussgrund nur für zwei Unternehmen zu; zu den Schweizer Handelsfirmen siehe Dejung 2010. Anfang der 1990er Jahre war die Schweiz hinter Grossbritannien das weltweit zweitwichtigste Zentrum für den Rohstoffhandel (Dejung 2010, 139, mit Verweis auf Guex 1998). Eine Übersicht über wichtige, global tätige Transport- und Logistikunternehmen vermitteln Breiding/Schwarz 2011, 286–307.

158 BBC wird 1964 erstmals unter den Mitgliedfirmen aufgeführt; Sulzer, das nach BBC grösste Unternehmen der Maschinenindustrie erst 1967.

159 Industrie-Holding, 35. Jahresbericht 1977, 4.

160 Industrie-Holding, 22. Jahresbericht 1964. Die IH kalkulierte einen Betrag von CHF 2050 für die Schweiz, 790 für Grossbritannien, 760 für die USA, 100 für Deutschland und 80 für Dänemark.

profitieren wollten (ein Aspekt, der damals auch von ausländischen Regierungen kritisiert wurde), jedoch wenig zur Wirtschaftsleistung in der Schweiz beitrugen. An der EXPO wollten sich die Schweizer MNU von den in der Schweiz niedergelassenen ausländischen Holdings distanzieren und den Besuchern klarmachen, dass es sich bei den Mitgliedsfirmen der Industrie-Holding um alteingesessene Schweizer Unternehmen handelte, die einen wichtigen Beitrag zur Volkswirtschaft leisteten. Mehrere Publikationen, die in den 1980er Jahren über die Geschäftstätigkeit der Schweizer Unternehmen im Ausland erschienen, bestärkten die vorherrschende Auffassung, dass die grossen MNU entscheidend zum Erfolg der schweizerischen Wirtschaft beitrügen.[161] Wie bereits einleitend zu diesem Kapitel erwähnt, war die empirische Basis, auf die sich solche Aussagen stützten, äusserst schwach, doch empirisch-historische Forschung war zu jener Zeit auch nicht gefragt, denn die positive Beziehung schien hinreichend gut begründet zu sein.

In der Schweiz waren Wirtschaftsverbände in der Regel Branchenverbände, die Unternehmen aller Grössenklassen umfassten (→ Einleitung Teil 2). Als branchenübergreifender Industrieverband war die IH somit eine spezielle Interessenorganisation: Das gemeinsame Interesse der Mitgliedsfirmen war deren Geschäftstätigkeit im Ausland bzw. umfangreiche, in Produktionsanlagen gebundene ausländische Vermögensbestände. Der Gründungszweck der IH mitten im Zweiten Weltkrieg war denn auch die Unterstützung politischer Massnahmen, die den Bestand dieser Vermögen und generell die finanziellen Interessen der Mitgliedsfirmen und ihrer Aktionäre schützen sollten. In den 1950er und 1960er Jahren standen günstige Steuersysteme für Schweizer Holdinggesellschaften und Doppelbesteuerungsabkommen mit anderen Staaten auf der politischen Agenda des Verbands. Aus Sicht der IH war die Tatsache, dass dadurch von Ausländern kontrollierte Holdinggesellschaften angezogen wurden, die ebenfalls in den Genuss solcher Steuervorteile gelangten, ein höchst unwillkommener Nebeneffekt. Zu den weiteren Themen, mit denen sich die Vereinigung regelmässig beschäftigte, gehörten die Tätigkeiten internationaler Organisationen, insbesondere der OECD, beispielsweise deren Untersuchungen über die Art und Weise, wie multinationale Unternehmen in Entwicklungsländern ihre Geschäfte tätigten.[162] Doch Fragen über die Besteuerung internationaler Konzerne und Probleme im Zusammenhang mit internationalen Abkommen, welche die finanziellen Aspekte ausländischer Direktinvestitionen betrafen, blieben die wichtigsten Anliegen.

161 Borner/Wehrle 1984; Borner 1986.

162 Für die Zeit ab 1967 konnten die Jahresberichte im Archiv der IH eingesehen werden. Für die Periode 1945–1954 waren Jahresberichte in Archiven von Mitgliedsfirmen verfügbar.

2.1.3.4 Von der Exportorientierung zur Multinationalisierung

Gemäss Grafik 2.1-3 nahmen die Direktinvestitionsbestände im Ausland in den 1990er Jahren stark und kontinuierlich zu. Die ab Mitte der 1980er Jahre verfügbaren Daten zur sektoralen Verteilung dieser Auslandsinvestitionen zeigen, dass dabei allerdings der Anteil der Industrieunternehmen stark zurückging, während sich derjenige des Dienstleistungssektors mehr als verdoppelte (Tabelle 2.1-16): Der Dienstleistungssektor holte damit den Rückstand, den er im Internationalisierungsprozess gegenüber der Industrie hatte, auf.

Dass sich bereits in den 1970er Jahren Veränderungen abgezeichnet hatten und der Internationalisierungsprozess in den 1990er Jahren dann von einem eigentlichen Umbruch geprägt war, wird erst ersichtlich, wenn die Entwicklung auf Branchen- und

Tabelle 2.1-16: **Direktinvestitionsbestände (OFDI) und Beschäftigte von Schweizer Unternehmen im Ausland (1986–2006)**

	Industrie	Chemikalien, Pharmazeutika	Metalle, Maschinen	Elektronik, Uhren, optische Instrumente, Energie	übrige Industrien, Baugewerbe	Dienstleistungen	Banken	Versicherungen	Handel	übrige Dienstleistungen	Finanz- und Holdinggesellschaften		Insgesamt
											CH	ausl.	
	Direktinvestitionsbestände												Mrd. CHF
1986	70 %	24 %	10 %	8 %	28 %	15 %	5 %	7 %	1 %	2 %	2 %	14 %	55.6
1990	59 %	20 %	10 %	9 %	19 %	25 %	8 %	11 %	3 %	3 %	2 %	15 %	85.6
1995	50 %	19 %	7 %	10 %	14 %	31 %	9 %	14 %	5 %	3 %	2 %	17 %	163.9
2000	33 %	15 %	5 %	4 %	9 %	43 %	14 %	23 %	3 %	4 %	8 %	16 %	379.9
2003	34 %	15 %	5 %	3 %	11 %	39 %	14 %	20 %	3 %	3 %	6 %	21 %	422.2
2006	41 %	19 %	6 %	3 %	13 %	36 %	14 %	15 %	3 %	3 %	5 %	19 %	632.2
	Beschäftigte												Anzahl
1986	80 %	16 %	20 %	14 %	30 %	15 %	1 %	6 %	1 %	7 %	1 %	5 %	683 035
1990	80 %	13 %	16 %	23 %	27 %	16 %	1 %	7 %	1 %	7 %	0 %	4 %	969 747
1995	64 %	12 %	10 %	18 %	24 %	19 %	2 %	5 %	5 %	7 %	1 %	15 %	1 211 226
2000	56 %	13 %	10 %	14 %	19 %	23 %	4 %	6 %	4 %	8 %	3 %	17 %	1 457 785
2003	58 %	14 %	11 %	10 %	23 %	25 %	4 %	5 %	7 %	9 %	2 %	15 %	1 533 870
2006	53 %	13 %	11 %	8 %	21 %	26 %	4 %	4 %	8 %	9 %	2 %	19 %	1 763 730

Quelle: SNB, Statistisches Monatsheft, Mai 2008.
Bemerkung: Beschäftigung im Ausland ohne ausländisch beherrschte Finanz- und Holdinggesellschaften.

Unternehmensebene analysiert und das Wachstum der MNU im Ausland mit der Entwicklung im Inland verglichen wird.

Im Industriesektor war der Anteil der chemisch-pharmazeutischen Unternehmen an den gesamten Direktinvestitionen am grössten, an zweiter Stelle folgte die Maschinenindustrie. Die Geschäftstätigkeit der Core Companies dieser beiden Branchen im In- und Ausland wird deshalb im Folgenden etwas ausführlicher beschrieben.[163] Die verfügbaren Informationen sind teilweise lückenhaft, weil in den Jahresberichten der Unternehmen nicht stets die gleichen Informationen publiziert wurden.[164] Am aufschlussreichsten sind die Angaben zur Beschäftigung sowie zur Anzahl und zu den Aktivitäten der Auslandsgesellschaften an den verschiedenen Standorten. In Fallstudien über die Entwicklung einzelner Unternehmen findet sich eine Vielzahl ergänzender Informationen über die Motive und Zielsetzungen für Direktinvestitionen im Ausland sowie zu den damit gemachten Erfahrungen. Solche Studien können hier aus Platzgründen nur vereinzelt einbezogen werden; meistens muss es deshalb bei einem Verweis auf die entsprechende Literatur bleiben.[165]

2.1.3.4.1 Multinationalisierung der Unternehmen im Industriesektor

Die von den Core Companies der *Chemie- und der Maschinenindustrie* publizierten Beschäftigtenzahlen zeigen seit etwa Mitte der 1970er Jahre einen deutlich schwächeren Anstieg in der Schweiz als im Ausland (Tabelle 2.1-17), wobei die Core Companies der Maschinenindustrie in den 1970er und bis Mitte der 1980er Jahren mit einem Beschäftigungsanteil von etwas über 30 % deutlich stärker in der Schweiz verankert blieben. Umso drastischer war hier der Abbau in den 1990er Jahre: Der Personalbestand im Ausland verdoppelte sich innert weniger Jahren, während der Anteil der Beschäftigten in der Schweiz auf unter 20 % sank und im Jahr 2000 nur noch 11 % ausmachte. Mit einem Rückgang von beinahe 60 % der Beschäftigten in der Schweiz war die Entwicklung bei den CCs der Maschinenindustrie in den 1990er Jahren weit drastischer als bei den CCs der chemisch-pharmazeutischen Industrie.

Besonders eindrückliche Beispiele für diese Entwicklung sind die Unternehmen BBC (ab 1987 ABB), Sulzer sowie Oerlikon-Bührle. In der Schweiz beschäftigte BBC 1980 etwa 21 800, 1990 noch etwa 15 000 und 2004 etwa 5 600 Personen; bei Sulzer waren es in den entsprechenden Jahren 20 200, 15 800 und am Ende nurmehr 960 Mitarbeitende. Das gemessen an den Beschäftigtenzahlen drittgrösste Unternehmen in dieser Branche, die Oerlikon-Bührle, verzeichnete in den 1970er Jahren im Unterschied zu den beiden anderen Unternehmen eine starke Zunahme der in der

163 Eine Übersicht über die Core Companies nach Branchen vermittelt Tabelle 2.1-A5 im Anhang zu diesem Kapitel.

164 Zu den erhobenen Daten siehe Leu 2008, 19–23.

165 Ausführlicher werden solche Fallstudien in der Publikation der Ergebnisse des SNF-Forschungsprojekts, Müller/Hiestand/Lüpold 2013, einbezogen.

Tabelle 2.1-17: **Beschäftigte der Core Companies der Chemie- und Maschinenindustrie in der Schweiz und im Ausland (1970–2001)**

	Schweiz		Ausland		Anteil in der Schweiz		Anzahl CC	
	Chemie	Maschinen	Chemie	Maschinen	Chemie	Maschinen	Chemie	Maschinen
1970	28 686	65 977	70 168	121 253	29 %	35 %	2	5
1975	31 256	74 092	79 128	137 216	28 %	35 %	2	6
1980	40 647	82 896	119 639	153 969	25 %	35 %	3	7
1985	39 742	72 435	126 913	150 544	24 %	32 %	3	8
1990	42 966	67 679	156 500	291 392	22 %	19 %	3	8
1995	38 129	48 343	154 737	284 937	20 %	15 %	4	8
2000*	28 236	28 211	155 184	229 223	15 %	11 %	4	6

*Chemie: Zahlen von 2001.

Quellen: Erhebungen von Rolf Leu im Rahmen des SNF-Forschungsprojekts Müller/Hiestand/Lüpold 2013; Datenbasis: Jahresberichte der Core Companies. Siehe Leu 2008, 24–34.

Schweiz Beschäftigten von etwa 10 000 im Jahr 1974 auf knapp 17 000 1980; zwischen 1990 und 2004 sank die Zahl der Beschäftigten in der Schweiz dann von etwa 13 800 auf 2 400. Die Gesamtzahl der Beschäftigten in dieser Branche nahm zwischen 1970 und 1990 um 12 % ab und zwischen 1990 und 2005 um ein Viertel.[166] Die Zahl der im Ausland Beschäftigten war um die Jahrhundertwende bereits mehr als acht Mal so gross wie die der im Inland Tätigen.

In den Core Companies der chemisch-pharmazeutischen Industrie sank zwischen 1970 und 2001 der Anteil der in der Schweiz Beschäftigten von etwa 30 % auf 15 %. Die Anzahl der in der Schweiz beschäftigten Personen ging ebenfalls zurück, doch hatte sie zunächst noch leicht zugelegt. Ein deutlicher Abbau der Beschäftigten in der Schweiz setzte erst in den 1990er Jahren ein. In diesem Jahrzehnt nahm die Zahl der in der Schweiz Beschäftigten um etwa ein Drittel ab. Im Unterschied zur Maschinenindustrie war die Gesamtbeschäftigung in der chemisch-pharmazeutischen Industrie in der Schweiz, nach einem Rückgang im Verlauf der 1990er Jahre, wieder etwas höher als Anfang der 1970er Jahre.[167] Der Beschäftigungsabbau bei den Core Companies wurde somit durch das Wachstum der anderen Unternehmen kompensiert, insbesondere in den aus dem Restrukturierungsprozess der Core Companies hervorge-

166 HSSO Tab. F.30, Beschäftigte in der Branche «Maschinen, Fahrzeuge und Apparate»; BFS, Erwerbstätigenstatistik (ETS).

167 Die Zahl der Beschäftigten in der chemisch-pharmazeutischen Industrie umfasste 1970 rund 65 000 Personen, stieg bis 1991 auf etwa 76 000 Personen, erreichte 1999 ein Minimum von 60 700 Personen und nahm dann bis 2006 wieder auf 67 600 Personen zu (BFS, Erwerbstätigenstatistik ETS).

gangenen Spin-off-Firmen.[168] Die Zahl der Beschäftigten der chemischen Industrie im Ausland war um die Wende zum 21. Jahrhundert mehr als fünf Mal so gross wie die der im Inland Beschäftigten.

Die wenigen, von einigen Core Companies der chemischen Industrie publizierten Daten zur geographischen Verteilung der Beschäftigten lassen auf eine starke Expansion in den USA schliessen, während die Bedeutung der Standorte in Europa seit den 1970er Jahren abnahm. Gemäss einer Untersuchung der Schweizerischen Gesellschaft der Chemischen Industrie (SGCI) waren die Beschäftigten der zehn grössten Chemieunternehmen im Jahr 2000 wie folgt verteilt: 14 % in der Schweiz, 36 % in Europa, 33 % in Amerika und 17 % in Asien, Afrika und Australien.[169] Mit einem Anteil von 20 % der Beschäftigten in der Schweiz war Novartis, das grösste Unternehmen dieser Branche, stärker in der Schweiz verankert als die Core Companies im Durchschnitt. In absoluten Zahlen ging das rasche Beschäftigungswachstum im Ausland bis 1990 mit einem etwas langsameren Wachstum in der Schweiz einher, anschliessend setzte sich die Expansion im Ausland fort, doch die Beschäftigtenzahlen in der Schweiz gingen zurück.

Im Unterschied zu den nur vereinzelt in den Jahresberichten auftauchenden Informationen über die geographische Verteilung der Beschäftigten werden die Standorte und die Geschäftsfelder der Auslandsgesellschaften in den Jahresberichten jeweils ziemlich gut dokumentiert (Tabelle 2.1-18). Aufgrund der Entwicklung der Zahl der Auslandsgesellschaften sind natürlich keine Aussagen über die Bedeutung dieser Gesellschaften an den verschiedenen Lokalitäten und für das Gesamtunternehmen möglich. Doch lässt sich immerhin die Konzentration oder Diversifikation der Standorte und die zu- oder abnehmende Bedeutung der verschiedenen Weltregionen aufzeigen. Die Zahl der Länder, in denen die Unternehmen der chemisch-pharmazeutischen Industrie Auslandsgesellschaften unterhielten, nahm während der gesamten Periode zu. Doch Europa blieb der wichtigste Standort für Auslandsgesellschaften, und die Verteilung innerhalb Europas veränderte sich kaum. Auffällig ist die zunehmende Bedeutung der Standorte in Asien und die starke Reduktion der Anzahl an Auslandsgesellschaften zwischen 2000 und 2005, und zwar in den meisten Ländern und Regionen, ein deutlicher Hinweis auf umfassende Restrukturierungs- und Konzentrationsprozesse. Eine solche Reduktion der Auslandsgesellschaften lässt sich in früheren Jahren nicht feststellen: Die Zahl der Auslandsgesellschaften wurde bis dahin schrittweise erweitert, jedoch nur äusserst selten wieder abgebaut. Die Auslandsgesellschaften der Core Companies der Maschinenindustrie befanden sich mehrheitlich in Europa. BBC war bereits in der Zwischenkriegszeit das am stärksten international aktive Unternehmen der Maschinenindustrie, blieb jedoch ebenfalls in der Schweiz und in Europa verankert. Nach der Fusion mit ASEA nahm der Anteil der Beschäftigten in Europa mit

168 Müller 2007, 223.
169 *The Swiss Chemical-Pharmaceutical Industry,* Swiss Society of Chemical Industries, Zürich 2000, 21.

Tabelle 2.1-18: **Geographische Verteilung der Auslandsgesellschaften der Core Companies der Chemie- und Maschinenindustrie (1970–2005)**

	1970		1980		1990		2000		2005	
	Chemie	Maschinen	Chemie	Maschinen	Chemie	Maschinen	Chemie	Maschinen	Chemie	Maschinen
Insgesamt	182	311	355	414	467	554	487	742	347	374
im Ausland	160	211	310	310	411	434	437	632	318	325
Europa	53 %	77 %	50 %	72 %	50 %	72 %	48 %	64 %	51 %	61 %
Schweiz	12 %	32 %	13 %	25 %	12 %	22 %	10 %	15 %	8 %	13 %
Deutschland	4 %	15 %	5 %	13 %	5 %	13 %	5 %	13 %	6 %	13 %
Frankreich	7 %	6 %	6 %	5 %	6 %	5 %	3 %	5 %	4 %	3 %
Italien	3 %	6 %	4 %	5 %	3 %	6 %	2 %	4 %	3 %	3 %
Grossbritannien	4 %	5 %	4 %	6 %	3 %	7 %	5 %	6 %	4 %	3 %
Niederlande	2 %	3 %	3 %	3 %	3 %	3 %	2 %	3 %	3 %	2 %
übriges Europa	20 %	11 %	16 %	16 %	17 %	16 %	20 %	18 %	24 %	24 %
Nordamerika	5 %	5 %	11 %	8 %	7 %	10 %	10 %	12 %	9 %	5 %
Südamerika	18 %	10 %	17 %	9 %	18 %	4 %	17 %	5 %	12 %	8 %
Asien	13 %	3 %	14 %	7 %	17 %	10 %	21 %	14 %	22 %	20 %
Afrika	5 %	4 %	5 %	3 %	4 %	2 %	2 %	2 %	3 %	3 %
Ozeanien	4 %	1 %	3 %	1 %	3 %	2 %	3 %	2 %	4 %	2 %

Quellen: Erhebungen von Rolf Leu im Rahmen des SNF-Forschungsprojekts Müller/Hiestand/Lüpold 2013; Datenbasis: Jahresberichte der Core Companies. Siehe auch Leu 2008, 38–44.

nun 80% sogar leicht zu gegenüber jenem von BBC vor der Fusion.[170] Zum «Global Player» entwickelte sich ABB erst im Verlauf der 1990er Jahre, allerdings verzeichnete der Konzern dabei auch massive Rückschläge.[171] Die Hauptstandorte in Europa blieben Schweden und Deutschland, der Standort Schweiz fiel, gemessen an der Zahl der Beschäftigten, bereits 1999 hinter Finnland zurück.[172] Auch die anderen Core Companies der Maschinenindustrie beschäftigten zwischen 80% und 90% ihrer Belegschaft in Europa. Nur wenige Unternehmen waren bereits zu Beginn der 1970er Jahre mit Tochtergesellschaften in Asien und in Nord- und Südamerika präsent; erst in den 1990er Jahren expandierten weitere Unternehmen in die Überseeregionen, vor allem

170 ABB verstand sich als europäisches Unternehmen (ABB, Jahresbericht 1988).

171 Möller 2007, beschreibt den spektakulären Aufstieg und den umso drastischeren Fall der ABB um die Wende zum 21. Jahrhundert, er rekapituliert die verschiedenen Erklärungsversuche und untersucht die Gründe für das Scheitern einer Innovation, die den Konzern an den Rand des Zusammenbruchs führte.

172 Leu 2008, 59.

nach Asien.[173] Die Ausweitung des Globalisierungsprozesses zeigt sich nun vor allem an der Zunahme der Auslandsgesellschaften in den verschiedenen europäischen Ländern, in Nordamerika und insbesondere in Asien.

Bei den meisten Auslandsgesellschaften der chemisch-pharmazeutischen Industrie handelte es sich um Produktionsgesellschaften, Forschung und Entwicklung (F&E) konzentierten sich hingegen stark auf einzelne Standorte: Etwa 20 % aller Auslandsgesellschaften mit F&E-Einheiten befanden sich in Nordamerika und etwa 60 % in Europa. In den übrigen Weltregionen gab es nur vereinzelt Niederlassungen mit F&E-Einheiten, wobei nationale Regulierungen, welche die Zulassung des Vertriebs von Pharmazeutika an die Etablierung von F&E-Einheiten koppelten, eine gewisse Rolle spielten. Die Schweiz und die USA waren bei weitem die wichtigsten Standorte für F&E.[174] In den letzten drei Jahrzehnten lässt sich in dieser Branche somit einerseits eine markante geographische Diversifikation der Produktions- und F&E-Standorte feststellen, doch gleichzeitig blieb der Schwerpunkt von F&E auf einige wenige Standorte in der Schweiz und in den USA konzentriert. Erhebungen über die Ausgaben der Unternehmen für F&E im In- und Ausland zeigen, dass die chemisch-pharmazeutische Industrie mit Abstand die höchsten Ausgaben tätigte; dabei übertrafen die Ausgaben im Ausland erstmals Anfang der 1990er Jahre die Forschungsausgaben in der Schweiz. Mitte der 1990er Jahre gingen die Ausgaben für F&E in der Schweiz zurück, die im Ausland dagegen stiegen weiter an (→ 1.3.2.1, Grafik 1.3-4).[175]

Über die Geschäftstätigkeit der zu den Core Companies der Maschinenindustrie gehörenden Auslandsgesellschaften wird in den Jahresberichten nicht regelmässig informiert. Häufig werden nur die wichtigsten Auslandsgesellschaften erwähnt, bei denen es sich meistens um Produktionsgesellschaften gehandelt haben dürfte. F&E waren in dieser Branche stets eng an die Produktion gekoppelt und deshalb waren die Standorte für F&E hier stärker dezentralisiert als in der chemisch-pharmazeutischen Industrie. In den Jahresberichten der frühen 1980er Jahre wurden für BBC zwar nur zwei F&E-Standorte (in der Schweiz und in Deutschland) erwähnt, im Jahr 1990 für Sulzer hingegen 34 und im Jahr 2000 38 Auslandsgesellschaften, die F&E betrieben; Oerlikon-Bührle gab 16 und SIG 17 an; die meisten befanden sich in der Schweiz, im übrigen Europa sowie in den USA und nur einige wenige in Asien und Südamerika. Die Erhebungen über Aufwendungen für F&E seitens der Privatwirtschaft im In- und

173 Zu den Unternehmen mit Auslandsgesellschaften in Asien zu Beginn der 1970er Jahre gehörten Oerlikon-Bührle, Schindler sowie Sulzer, hinzu kam bis 1980 noch Georg Fischer.

174 Einige Zahlen illustrieren das Verhältnis zwischen den verschiedenen Forschungseinheiten: In den 1970er Jahren machte der Anteil der Forschungsausgaben in der Schweiz bei Sandoz und Ciba-Geigy etwa 60 % aller Forschungsausgaben aus; dieser Anteil sank bis 1985 bei Sandoz auf etwa die Hälfte und schwankte bei Ciba-Geigy zwischen 50 % und 60 %. Der Anteil der USA machte bei Ciba-Geigy in den 1970er Jahren etwa 20 % aus und stieg in den 1980er Jahren auf ein Viertel (Jahresberichte von Sandoz und Ciba-Geigy). Roche und Ciba begannen schon in den 1930er Jahren F&E im Ausland, insbesondere in den USA zu betreiben; beide Firmen bauten diese Forschungsstandorte nach dem Krieg weiter aus.

175 Zur Exportabhängigkeit der chemischen Industrie und der Internationalisierung der grossen Chemieunternehmen in der zweiten Hälfte des 20. Jahrhunderts siehe Müller 2007.

Ausland unterscheiden zwischen «Maschinen und Metalle» sowie «Elektrotechnik». In ersterer Gruppe war der Anteil der Aufwendungen für F&E im Ausland im Vergleich zum Inland eher klein (→ 1.3.2.1, Grafik 1.3-4). Während die Aufwendungen im Inland zwischen 1992 und 2005 stark zunahmen, blieben die Aufwendungen im Ausland eher niedrig und ihr Anteil sank von etwa einem Viertel auf 10 %. In der Gruppe «Elektrotechnik» waren die Aufwendungen im Ausland bereits Ende der 1980er Jahre höher als im Inland, die Aufwendungen im Inland sanken zwischen 1992 und 2000 von zwei Drittel auf 13 %. Im Jahresbericht 2004 werden für diese Branche in der Schweiz keine Aufwendungen mehr ausgewiesen: Der Forschungsschwerpunkt war offenbar vollständig ins Ausland abgewandert. Hingegen wurden neue Branchen aufgeführt, die Hochtechnologieinstrumente sowie die Informations- und Kommunikationstechnik, die IKT–Herstellung und IKT–Dienstleistungen umfassten und einen starken Forschungsschwerpunkt in der Schweiz hatten; die Forschungsaufwendungen im Ausland machten hier weniger als ein Viertel der Aufwendungen in der Schweiz aus.

Die Unternehmen der *Uhrenindustrie* tätigten bis zu den 1990er Jahren keine nennenswerten Direktinvestitionen im Ausland. Die ersten, in den 1970er Jahren einsetzenden Versuche einiger Uhrenproduzenten, ihre internationale Wettbewerbsfähigkeit mittels der Produktion von Halbfabrikaten in Billiglohnländern Asiens zu verbessern, waren wenig erfolgreich.[176] Die grosse Krise der Uhrenindustrie in den 1980er Jahren führte dann jedoch zu weitreichenden strukturellen Anpassungen. Eine Vielzahl spezialisierter Kleinbetriebe musste ihre Produktion einstellen; im besten Fall wurden sie von grösseren Unternehmen übernommen.[177] Die Anzahl Auslandsgesellschaften nahm in diesem Zeitraum zu, doch handelte es sich mehrheitlich um Verkaufs- und nicht um Produktionsgesellschaften. Erst in den 1990er Jahren begann das grösste Unternehmen, die Swatch Group, Zulieferbetriebe im Ausland, insbesondere in Europa und Asien, zu betreiben.[178] Mehrere renommierte Uhrenhersteller wurden von ausländischen Unternehmen übernommen, behielten jedoch ihren Produktionsschwerpunkt und damit wohl auch Forschung und Entwicklung in der Schweiz.[179]

In den übrigen, bis zu den 1990er Jahren hauptsächlich auf den Binnenmarkt ausgerichten Industriebranchen gibt es ebenfalls mehrere grosse Unternehmen, die global ausgerichtet waren und zu den hier berücksichtigten Core Companies gehörten: drei Unternehmen der *Lebensmittelindustrie* (Nestlé, Suchard und Hero), zwei Unternehmen der *Baustoffindustrie* (Holcim, Sika) und je ein Unternehmen der *Aluminiumindustrie* (Alusuisse) und der *Elektrizitätswirtschaft* (Elektrowatt). Nestlé war bereits in den 1920er Jahren das grösste multinationale Schweizer Industrieunternehmen. Gemessen an der Beschäftigung expandierte Nestlé kontinuierlich im Ausland und stag-

176 Donzé 2012, 52.

177 Donzé 2009, 159–168.

178 Zu diesem Zweck wurden in Europa verschiedene Zulieferer übernommen und in China ein Produktionszentrum aufgebaut (Donzé 2012, 51–57).

179 Donzé 2012, 117–121.

nierte im Inland: Im Zeitraum zwischen 1981 und 2005 sank der Anteil der in der Schweiz Beschäftigten von knapp 5% auf unter 3%; im Jahr 2000 waren das 8 563 Beschäftigte von weltweit insgesamt 276 000. Nestlé war das einzige global ausgerichtete Unternehmen der Lebensmittelindustrie, Hero und Suchard konzentrierten sich weitgehend auf den europäischen Markt.[180] Die beiden Firmen wurden bereits 1989 von ausländischen Unternehmen übernommen,[181] traten aus der Industrie-Holding aus und gehörten ab diesem Zeitpunkt zu den im nächsten Abschnitt thematisieren in der Schweiz tätigen Auslandsgesellschaften.[182]

Die beiden Unternehmen der Baustoffindustrie – Holcim und die bedeutend kleinere Sika – waren ebenfalls bereits in der Zwischenkriegszeit stark internationalisiert.[183] Beide Unternehmen bauten ihre Geschäftstätigkeit im Ausland in den 1990er Jahren weiter aus. Bei Holcim sank der Anteil der Beschäftigten in der Schweiz von etwa 6% in den 1990er Jahren auf noch 2% im Jahr 2007, bei Sika machten die entsprechenden Anteile immerhin noch 17% und 15% aus.[184] Zu den Core Companies, die Ende der 1990er Jahre von ausländischen Unternehmen übernommen wurden, gehörte auch die Alusuisse mit etwa 27 000 Beschäftigten im Jahr 1970, wovon 21% in der Schweiz tätig waren. In den 1980er Jahren wurde das Unternehmen restrukturiert und die Belegschaft halbiert, dabei stieg der Anteil der in der Schweiz Beschäftigten bis 1990 auf etwa 30% an. Nach einer raschen Expansion im Ausland Anfang der 1990er Jahre wurde das Unternehmen schliesslich von der kanadischen Firma Alcan übernommen.[185] Die Firma Elektrowatt beschäftigte 1987 noch 44% der Belegschaft in der Schweiz. In den 1990er Jahren expandierte das Unternehmen ebenfalls im Ausland, wodurch der Anteil der Beschäftigten in der Schweiz auf 28% zurückfiel; 1998 wurde das Unternehmen von der deutschen Firma Siemens übernommen. Sowohl Alusuisse wie Elektrowatt waren stark auf den europäischen Markt ausgerichtet, mit nur einem bedeutenden Standbein in Nordamerika. Die Aktivitäten der ausländischen Tochtergesellschaften werden in den Jahresberichten dieser Unternehmen selten erwähnt, doch dürfte es sich in den meisten Fällen um Produktionsgesellschaften gehandelt haben, während Forschung und Entwicklung auf den Standort Schweiz

180 Pfiffner/Renk 2007, 141–183. Analysiert wird die Expansionsphase der 1990er und frühen 2000er Jahre.

181 Suchard wurde 1982 von Jacobs übernommen und gehört seit 1993 zum US-Lebensmittelkonzern Kraft Foods (siehe Tabelle 2.1-A5 im Anhang zu diesem Kapitel).

182 Zur Geschichte der Hero siehe Koellreuter/Lüpold/Schürch 2011.

183 Verschiedene Jahresberichte, siehe Müller/Hiestand/Lüpold 2013; zur Expansion der Sika in der Zwischenkriegszeit siehe Hiestand/Motz/Steigmeier 2010, 36–53.

184 Zur Expansion der Sika in Asien, Osteuropa und Lateinamerika in den 1990er Jahren siehe Hiestand/Motz/Steigmeier 2010, 124–141.

185 Verschiedene Jahresberichte, siehe Müller/Hiestand/Lüpold 2013. Zur Entwicklung des Unternehmens in der zweiten Hälfte des 20. Jahrhunderts und insbesondere zu der «wilden Diversifikation» (108) in den späten 1970er und frühen 1980er Jahren, siehe Knoepfli 2010. Es folgte der unaufhaltsame Niedergang bis zur Übernahme durch einheimische Financiers Ende der 1990er Jahre, welche die rentablen Geschäftsbereiche herauslösten; im Jahr 2000 wurde die Alusuisse schliesslich an die kanadische Alcan verkauft.

konzentriert blieben. Die Ausnahme war hier Nestlé mit 24 F&E betreibenden Auslandsgesellschaften im Jahr 1990 bzw. 20 im Jahr 2000; trotzdem behielt auch dieses Unternehmen den Schwerpunkt von Forschung und Entwicklung in der Schweiz. Gemessen an der Anzahl der Gesellschaften waren die USA jedoch für den Konzern wichtiger als die Schweiz, und innerhalb Europas hatte auch Frankreich an Bedeutung gewonnen. Die verschiedenen Forschungszentren wurden von einer Holdinggesellschaft am schweizerischen Hauptsitz in Vevey koordiniert.[186] In der Nahrungsmittelindustrie schwankte der Anteil der Aufwendungen für F&E in der Schweiz zwischen 40 % und 59 %; ihr Anteil an den gesamten F&E-Aufwendungen der Schweizer Wirtschaft machte in den 1990er Jahren etwa 5 % aus.[187]

2.1.3.4.2 Multinationalisierung im Dienstleistungssektor

Die Intensivierung des Internationalisierungsprozesses in den 1990er Jahren zeigt sich besonders deutlich in den bis anhin im Inland stark regulierten Branchen des Dienstleistungssektors, insbesondere im Bankensektor und im Transport- und Kommunikationswesen. Gemäss Tabelle 2.1-16 stieg der Anteil der Dienstleistungsunternehmen am Gesamtbestand der Direktinvestitionen im Ausland von lediglich 15 % im Jahr 1986 auf 43 % im Jahr 2000 und ging anschliessend wieder etwas zurück, doch während die Anteile des Bankensektors und der Versicherungen sich etwa verdreifachten, stagnierten jene der übrigen Dienstleistungen bei etwa 6 %. In den meisten Dienstleistungsbranchen beteiligten sich die Unternehmen somit nur in geringem Ausmass an dieser Internationalisierungsform. Dabei dürfte die starke Orientierung auf den Binnenmarkt bzw. die im europäischen Vergleich eher späte Öffnung des Binnenmarktes eine gewisse Rolle gespielt haben. Die geringere Auslandserfahrung dieser Unternehmen gegenüber ihren ausländischen Konkurrenten mag dazu beigetragen haben, dass Expansionen im Ausland öfters scheiterten.[188]

Die Core Companies der Versicherungsbranche waren bereits in der Zwischenkriegszeit multinationalisiert. Der schon zu Beginn der 1980er Jahre ziemlich niedrige Anteil der in der Schweiz Beschäftigten sank bis 2005 um etwa ein Drittel. Die Schweizer Banken gründeten hingegen relativ spät Niederlassungen im Ausland. Im Kapitel 2.2 zum Schweizer Finanzplatz wird diese neuartige Form der Expansion, die

186 Pfiffner/Renk 2007, 193–223. Von den beiden Zentren, die sich mit Grundlagenforschung befassten, befand sich im Jahr 2000 eines in der Schweiz und das andere in Frankreich (Leu 2008, 70–71).

187 HSSO Tab. Z.39ab.

188 Biondelli 2005 untersucht die Gründe für das Swissair-Grounding unter Einbezug der Vorgeschichte in den 1990er Jahren. Er stützt sich dabei vor allem auf verschiedene zwischen 2000 und 2004 publizierte Studien zur Swissair und interessiert sich insbesondere für die Rolle der Banken bei Unternehmenszusammenbrüchen. Ischer 2003 untersucht die Gründe für das Scheitern der Internationalisierungsstrategien der Swisscom in den 1990er Jahren. In einem sich rasch wandelnden Umfeld vermochte die Swisscom keine stabilen Allianzen mit ausländischen Partnerfirmen zu bilden. Ein zentrales Problem war offenbar der Mangel an Erfahrung im Umgang mit internationalen Beteiligungen (331).

Gründung von Niederlassungen im Ausland oder die Übernahme ausländischer Institute, als dritte strategische Stossrichtung der Grossbanken bezeichnet, die erst mit der Liberalisierung der Kapitalmärkte in den 1970er Jahren einsetzte (→ 2.2.2.5). Noch in den 1980er Jahren beschäftigten die Schweizer Grossbanken SBG 96% und SBV 88% ihrer Belegschaft in der Schweiz (Tabelle 2.1-19). Die Gesamtzahl der Beschäftigten nahm sowohl im Inland wie im Ausland zu. Doch erst in den 1990er Jahren nahm die Beschäftigung im Ausland deutlich stärker zu als in der Schweiz. Im Jahr 1997 fusionierten der SBG mit 70% und der SBV mit 62% Beschäftigungsanteil in der Schweiz; sie gründeten zusammen die UBS, die im Jahr 2000 noch knapp 42% ihrer Beschäftigten in der Schweiz hatte. Das Jahr 2000 war für beide Grossbanken – UBS und Credit Suisse – mit starken Veränderungen verbunden: Beide Banken expandierten mittels Übernahmen ausländischer Gesellschaften. Die UBS erhöhte ihre Beschäftigtenzahl von etwa 49 000 auf 71 000, wobei das gesamte Wachstum im Aus-

Tabelle 2.1-19: **Beschäftigte der Core Companies des Finanzsektors im In- und Ausland (1976–2005)**

	Beschäftigte CH	Beschäftigte im Ausland	Gesamtbeschäftigung	Anteil Beschäftigte CH	Anzahl CC
Banken					
1976	23 555	1 510	25 065	94 %	2
1980	24 989	2 159	27 148	92 %	2
1986	32 726	3 039	35 765	92 %	2
1990	53 182	10 662	63 844	83 %	3
1995	64 381	26 236	90 617	71 %	3
2000	51 549	71 647	123 196	42 %	2
2005	46 184	65 804	111 988	41 %	2
Versicherungen					
1980*	11 786	31 653	46 069	26 %	3
1986	15 962	35 314	51 276	31 %	3
1990**	16 845	59 366	76 211	22 %	3
1995	16 332	53 626	69 958	23 %	3
2000	16 737	86 913	103 650	16 %	3
2005***	15 430	76 913	92 343	17 %	3

*Zürich 1984; **Swiss Re und Zürich 1991; ***Winterthur 2003.

Quellen: Erhebungen von Rolf Leu im Rahmen des SNF-Forschungsprojekts Müller/Hiestand/Lüpold 2013; Datenbasis: Jahresberichte der Core Companies. Siehe auch Leu 2008.

Bemerkung: CC Banken: 1976–1986: SBG, BV (für die Kreditanstalt fehlen Informationen zur Beschäftigung im In- und Ausland); 1990 und 1995: SBG, SBV, Kreditanstalt; 2000 und 2005: UBS, Credit Suisse; CC Versicherungen: 1980 und 1986: Rückversicherung, Winterthur und Zürich; 1990–2005: Swiss Re, Winterthur, Zürich.

land erfolgte. Der Anteil der Beschäftigten in der Schweiz sank weiter und machte im Jahr 2005 nur noch knapp 39 % aus. Auch die Credit Suisse wuchs vor allem im Ausland: Der Anteil der Beschäftigten in der Schweiz entsprach im Jahr 2000 etwa demjenigen der UBS, war jedoch im Jahr 2005, nach einem stärkeren Rückgang der Gesamtbeschäftigung als bei der UBS, mit 45 % wieder etwas höher.

In Tabelle 2.1-20 können die Verteilung der Auslandsgesellschaften der CC der Industrie und der beiden wichtigsten Dienstleistungsbranchen miteinander verglichen werden. Die Zahl der Tochtergesellschaften der Core Companies nahm in allen Regionen zu, doch während der Anteil der Auslandsgesellschaften bei den Industriefirmen in Europa leicht zurückging, in Nordamerika und insbesondere in Asien hingegen stark zunahm, expandierten die Grossbanken vor allem in Europa und die Versicherungen in Lateinamerika bzw. in der Karibik, wobei kaum der dortige Markt für die Versicherungen interessant gewesen sein dürfte.

Die Zahl der Auslandsgesellschaften sagt eben nichts aus über den Geschäftsumfang oder die Art der getätigten Geschäfte, aber immerhin lässt sich abschätzen, welche Regionen als Standorte für Auslandsgesellschaften auf- oder eher abgewertet wurden. Bis zu den 1970er Jahren hatten die Schweizer Grossbanken nur wenige Aus-

Tabelle 2.1-20: **Geographische Verteilung der Tochtergesellschaften der Core Companies der Industrie, Banken und Versicherungen (1970–2000)**

	1970	1980	1990	2000	1980	1990	2000	1980	1990	2000
	Industrie				**Banken**			**Versicherungen**		
Anzahl TG im Ausland	489	953	1 200	1 699	58	104	265	111	120	267
Anzahl TG in der Schweiz	181	250	271	275	57	63	80	10	10	21
Schweiz*	27.0 %	20.8 %	18.4 %	13.9 %	49.6 %	37.7 %	23.2 %	8.3 %	7.7 %	7.3 %
Europa (ohne die Schweiz)	58.9 %	50.8 %	53.8 %	51.9 %	12.2 %	29.9 %	40.9 %	42.1 %	43.8 %	42.0 %
Nordamerika	6.7 %	10.9 %	11.0 %	11.0 %	14.8 %	14.4 %	12.5 %	28.1 %	27.7 %	19.4 %
Lateinamerika*	17.2 %	18.8 %	13.6 %	11.7 %	9.6 %	6.6 %	9.3 %	5.0 %	8.5 %	17.7 %
Asien	7.4 %	11.0 %	14.3 %	19.2 %	12.2 %	8.4 %	9.3 %	5.0 %	5.4 %	10.1 %
Afrika und Ozeanien	9.8 %	8.5 %	7.3 %	6.2 %	1.7 %	3.0 %	4.9 %	11.6 %	6.9 %	3.5 %
Anteil im Ausland insgesamt	73.0 %	79.2 %	81.6 %	86.1 %	50.4 %	62.3 %	76.8 %	91.7 %	92.3 %	92.7 %

*Banken und Versicherungen: Schweiz und Liechtenstein.
** In der Karibik: Banken 1980: 9.6 %; 1990: 6.6 %, 2000: 6,7 %; Versicherungen 1990: 3.8 %, 2000: 12.5 %.

Quellen: Erhebungen von Rolf Leu im Rahmen des SNF-Forschungsprojekts Müller/Hiestand/Lüpold 2013; Datenbasis: Jahresberichte der Core Companies. Siehe auch Leu 2008.

landsgesellschaften und davon befanden sich die meisten in Nordamerika.[189] In den 1970ern nahm die Zahl der Auslandsgesellschaften zwar zu, ein eigentlicher Internationalisierungsschub setzte jedoch erst in den 1980er Jahren ein. Die 1990er Jahre waren wie in anderen Branchen von Fusionen und Übernahmen geprägt. Die Credit Suisse übernahm die Volksbank und die SBG und der SBV fusionierten zur UBS. Beide Banken bauten ihr Auslandsgeschäft rasch aus, und die Zahl der Auslandsgesellschaften explodierte geradezu. Beide Banken waren mit ihren Auslandsgesellschaften nun rund um den Globus präsent, doch Europa und vor allem Nordamerika waren nach wie vor die wichtigsten Märkte. Auch bei der Swiss Re und bei der Zürich nahm die Zahl der ausländischen Tochtergesellschaften rasch zu. Bei der Zürich war die Expansion ähnlich explosiv wie bei den Grossbanken, allerdings war die Zahl der Auslandsgesellschaften bereits zu Beginn der 1970er Jahre viel grösser.

2.1.3.5 Die 1990er Jahre: ein Jahrzehnt des Umbruchs

Bis Mitte der 1990er Jahre bildete eine gleichbleibende, relativ kleine Zahl grosser Schweizer Industrieunternehmen den Kern des Schweizer MNU-Sektors. Danach fallen drei neue Phänomene besonders auf: die deutliche Veränderung in der Zusammensetzung dieses Sektors, die abnehmende Bedeutung der Unternehmen der Industrie-Holding und der Core Companies innerhalb der schweizerischen Volkswirtschaft sowie die zunehmende Zahl von Schweizer Traditionsfirmen, die von ausländischen Unternehmen übernommen wurden.

In den 1990er Jahren trat eine grössere Zahl von Unternehmen der Industrie-Holding bei, während andere wieder austraten, oft nach nur wenigen Jahren der Mitgliedschaft, und in einigen Fällen, weil sie von ausländischen Unternehmen übernommen wurden.[190] Insgesamt nahm die Zahl der Mitgliedsfirmen stark zu (Grafik 2.1-13). Auch früher war es vorgekommen, dass Firmen aus der Industrie-Holding austraten, doch geschah dies in der Regel, weil sie von einem anderen Schweizer Unternehmen, das bereits IH-Mitglied war, übernommen wurden. Auffällig ist zudem, dass sich in den 1990er Jahren Änderungen von Firmennamen, Akquisitionen und Entflechtungen häuften, und in einem Fall konnte sogar ein von einem ausländischen Konzern übernommenes Schweizer Unternehmen Mitglied der Industrie-Holding bleiben. Schliesslich änderte die Industrie-Holding, wie sie in ihrem Jahresbericht 2005/2006 mitteilte, ihren Namen zu SwissHoldings,[191] und gleichzeitig wurden die Mitgliedschaftskriterien so angepasst, dass sowohl Unternehmen des Dienstleistungs-

189 Der SBV hatte vier, die SKA drei und die SBG zwei Auslandsgesellschaften (4 in den USA, 3 in Kanada und 2 in der Karibik).
190 Jahresberichte der Industrie-Holding und der SwissHoldings.
191 SwissHoldings, Jahresbericht 2005/2006, 3.

Grafik 2.1-13: **Mitgliedsfirmen der Industrie-Holding (1970–2006)**

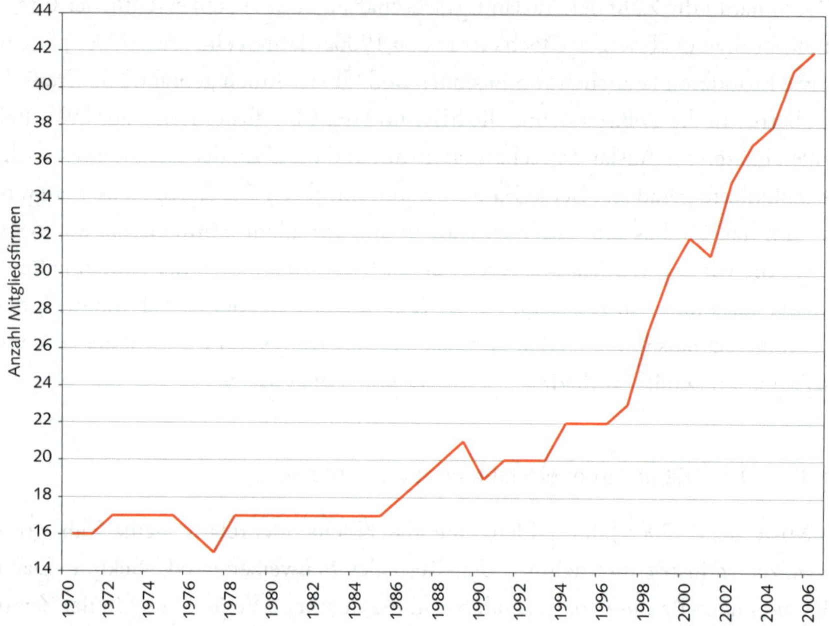

Quelle: Jahresberichte der Industrie-Holding.

sektors (Banken und Versicherungen blieben allerdings weiterhin ausgeschlossen) wie auch Tochtergesellschaften ausländischer Unternehmen der SwissHoldings beitreten konnten.[192]

Die Voraussetzungen für eine Mitgliedschaft hatten sich somit radikal verändert. Musste in den 1970er Jahren ein die Mitgliedschaft in der IH beantragendes Unternehmen mehrheitlich im Besitz von Schweizer Bürgern sein und sein industrielles Zentrum in der Schweiz haben, so reichte es nach der Revision im Jahr 2006, wenn das entsprechende Unternehmen international tätig war und seinen Sitz in der Schweiz hatte. Der mittels Eigentumsverhältnissen und Produktionsschwerpunkt gewährleistete «nationale Charakter» des Unternehmens – als Unterscheidungsmerkmal gegenüber den «ausländischen MNU» – spielte offensichtlich keine Rolle mehr. Im Zentrum stand nun das gemeinsame Interesse global tätiger Unternehmen an günstigen Standortbedingungen für ihren Hauptsitz in der Schweiz.

Ein weiterer bemerkenswerter Aspekt ist die grosse Zahl neuer Firmen, die seit den 1990er Jahren der IH beitraten, während in den Jahrzehnten zuvor die Zusammensetzung der Mitgliedsfirmen ausserordentlich stabil geblieben war. Allerdings blieb die Zahl der von den IH-Firmen in der Schweiz beschäftigten Personen unge-

192 Die Zulassung ausländischer Tochtergesellschaften dürfte eine Reaktion auf die Übernahme langjähriger IH-Mitgliedsfirmen durch ausländische Unternehmen gewesen sein.

fähr gleich, weil – wie oben aufgezeigt – mehrere der Core Companies die Beschäftigung in der Schweiz reduzierten. Gemessen an ihrem Anteil an den Direktinvestitionen und der Beschäftigung im In- und Ausland nahmen die IH-Firmen innerhalb der schweizerischen Volkswirtschaft bis Mitte der 1990er Jahre eine führende Stellung ein. In der Periode 1990–2005 lag ihr Anteil an der gesamten Börsenkapitalisierung bei etwa 50% und ihr Anteil an der Börsenkapitalisierung des Industriesektors machte bis 1995 sogar um die 80% aus.[193] Dass die IH-Firmen bis Mitte der 1990er Jahre auch den grössten Teil der ausländischen Direktinvestitionen tätigten, zeigt ein Vergleich der Direktinvestitionsbestände und der Auslandsbeschäftigung dieser Unternehmen mit den von der SNB publizierten Zahlen für die gesamte Schweiz (Tabelle 2.1-21). In der zweiten Hälfte der 1990er Jahre verloren die IH-Firmen jedoch rasch ihre dominante Stellung, einerseits weil zunehmend kleinere Industrieunternehmen, die nicht zur IH gehörten, ins Ausland expandierten, andererseits weil in diesem Jahrzehnt vor allem Dienstleistungsunternehmen des ebenfalls nicht in der Industrie-Holding vertretenen Finanzsektors einen grossen Teil der ausländischen Direktinvestitionen tätigten.

Der Umbruch, der etwa Mitte der 1980er Jahre einsetzte, wird durch die Tatsache unterstrichen, dass für den Standort Schweiz die IH-Firmen und verstärkt noch die Core Companies an Bedeutung verloren: Der Anteil der CC an der Gesamtzahl der Beschäftigten in der Chemie- und Maschinenindustrie ging stark zurück, ebenso

Tabelle 2.1-21: **Anteile der IH-Firmen an der Beschäftigung und den Direktinvestitionsbeständen im Ausland (1987–2005)**

	Beschäftigte im Ausland				OFDI-Bestände (in Mio. CHF)			
	IH-Firmen	alle Firmen (SNB)	Anteil der IH-Firmen	Anteil der IH-Firmen im Industriesektor	IH-Firmen	alle Firmen (SNB)	Anteil der IH-Firmen	Anteil der IH-Firmen im Industriesektor
1987	469 910	726 566	65 %	81 %	35 078	57 858	61 %	89 %
1990	656 756	971 186	68 %	84 %	44 907	85 154	53 %	89 %
1995	762 185	1 437 791	53 %	83 %	55 653	164 308	34 %	67 %
2000	803 935	1 763 022	46 %		81 445	381 910	21 %	
2005	838 192	2 002 174	42 %		150 145	560 148	27 %	

Quellen: Erhebungen von Rolf Leu im Rahmen des SNF-Forschungsprojekts Müller/Hiestand/Lüpold 2013; Datenbasis: Jahresberichte der Industrie-Holding; SNB, Statistisches Monatsheft, Dezember 2007.

193 Jahresberichte der Industrie-Holding.

die Zahl der Beschäftigten der CC insgesamt und der IH-Firmen in der Schweiz, obwohl die Zahl der Mitgliedsfirmen zunahm (Grafik 2.1-14).

In allen Core Companies fanden im Verlauf der 1990er Jahren grössere Restrukturierungen und Redimensionierungen statt, vor allem in der Schweiz und in etwas geringerem Ausmass auch im Ausland. Gleichzeitig richteten sich die meisten Unternehmen globaler aus: Der Anteil von Auslandsgesellschaften wurde in Europa ab- und in Nordamerika sowie Asien ausgebaut. Fallstudien über die Core Companies lassen erkennen, dass sich die Wachstumsstrategien und die Motive für das Verlagern von Aktivitäten ins Ausland seit den späten 1980er Jahren ebenfalls stark verändert hatten.[194] In den Jahrzehnten nach dem Zweiten Weltkrieg setzten die Unternehmen jene Wachstumsstrategien fort, die sie sich in der protektionistischen Periode der Zwischenkriegszeit angeeignet hatten, um ihre Abhängigkeit von einzelnen Absatzmärkten zu reduzieren: Diversifikation in neue Geschäftsbereiche, Produktdiversifikation und -innovation kombiniert mit geographischer Expansion. Seit den 1980er

Grafik 2.1-14: **Anzahl der von den CC des Industriesektors und den IH-Firmen in der Schweiz Beschäftigten sowie Beschäftigungsanteile der CC in der Chemie-, der Maschinenindustrie und im Finanzsektor (1970–2005)**

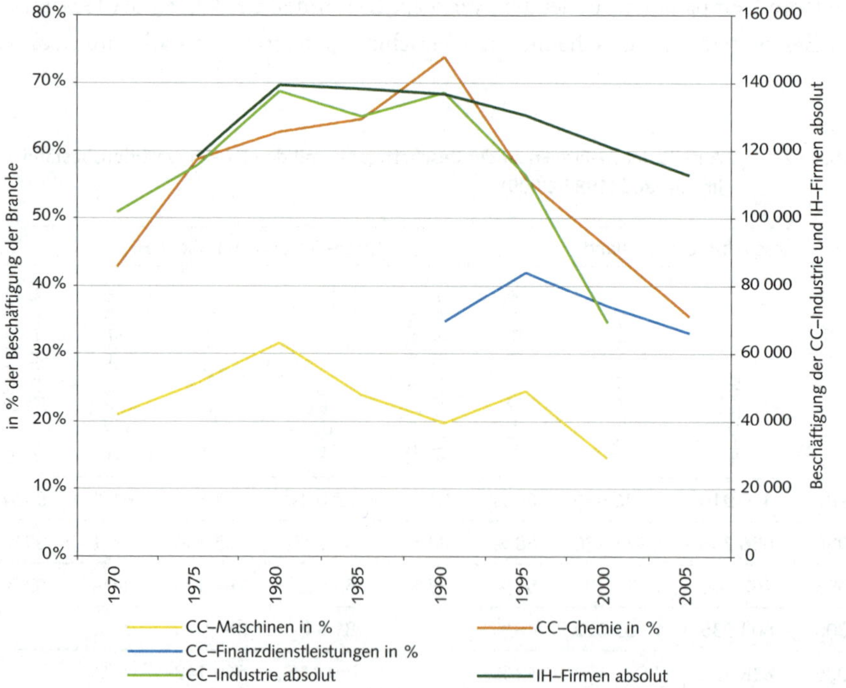

Quellen: Erhebungen von Rolf Leu im Rahmen des SNF-Forschungsprojekts Müller/Hiestand/Lüpold 2013, basierend auf den Jahresberichten der Core Companies und der Industrie-Holding sowie HSSO Tab. F.28 und F.30.
Bemerkung: Beschäftigte der CC der Chemieindustrie im Jahr 2007 statt 2005.

194 Vgl. dazu Müller 2007 und 2008 sowie Müller/Hiestand/Lüpold 2013.

Jahren wurde die für die schweizerischen Grossunternehmen in der Chemie- und Maschinenindustrie typische breite Diversifikation zu einer Belastung: Die Unternehmen begannen, sich vermehrt auf ihre zentralen Geschäftsbereiche – nun «core competencies» genannt – zu konzentrieren. Hingegen erwies sich die geographische Diversifikation der Märkte als überaus erfolgreiche Strategie der Risikoverteilung im Konjunktureinbruch der 1970er Jahre, und so wurde sie denn auch weiter vorangetrieben. In den 1990er Jahren setzte häufig ein noch radikalerer Restrukturierungsprozess ein. Direktinvestitionen im Ausland wurden nun hauptsächlich in der neuen Form transnationaler Fusionen und Übernahmen getätigt, in der Regel kombiniert mit dem Verkauf oder der Verselbständigung von Geschäftsbereichen insbesondere in der Schweiz. Die grossen MNU finanzierten sich vermehrt über die Kapitalmärkte und hoben die internen Abwehrmassnahmen gegen den Einfluss ausländischer Aktionäre in der Unernehmensführung auf, mit weitreichenden Auswirkungen auf die Corporate Governance dieser Unternehmen.[195] Zudem wurden Unternehmen des Dienstleistungssektors, die sich bisher vor allem auf den Binnenmarkt konzentriert hatten, zu multinational tätigen Unternehmen und auch kleinere Firmen gründeten vermehrt Produktionsgesellschaften im Ausland. Die MNU verzichteten in ihren Jahresberichten zunehmend auf die Unterscheidung zwischen der Entwicklung in der Schweiz und in anderen Ländern: Die Geschäftsergebnisse für die Schweiz, die nun offensichtlich im Konzern nicht mehr als «besonderer Standort» wahrgenommen wurde, wurden in die Zahlen für Europa integriert. Die regionale Diversifikation, gemessen am Anteil der Beschäftigten und an der Anzahl Tochtergesellschaften im Ausland variierte von Industrie zu Industrie. Die grossen chemisch-pharmazeutischen Unternehmen waren in besonderem Mass global ausgerichtet, die meisten Unternehmen der Maschinenindustrie hingegen noch stark in Europa verankert, wenn auch andere Weltregionen, insbesondere Nordamerika und Asien, hier wichtiger wurden. Das trifft gleichermassen für die multinationalen Unternehmen der übrigen Industrien zu, mit Ausnahme von Nestlé, das seit langem von allen Core Companies am stärksten globalisierte und deshalb vom Umbruch der 1990er Jahre weniger betroffene Unternehmen.

Die bereits für die Zwischenkriegszeit in einigen Branchen festgestellte Tendenz der Multinationalisierung bei gleichzeitiger Lockerung der Bindungen zum Standort Schweiz verallgemeinerte sich somit gegen Ende des 20. Jahrhunderts. Seit den späten 1990er Jahren wurden mehrere Untersuchungen über die Auswirkungen der Internationalisierung mittels Direktinvestitionen für die Schweizer Volkswirtschaft publiziert. Spyros Arvanitis et al. kommen aufgrund einer breit angelegten, Unternehmen des Industrie- wie des Dienstleistungssektors berücksichtigenden Umfrage zu dem Schluss, dass sich der Anteil der Unternehmen mit Auslandsaktivitäten im Zeitraum 1989–1997 verdoppelte und die Zunahme bei den Kleinunternehmen so-

195 David/Mach/Straumann 2008, 465–471, sowie → 4.1.4.

gar leicht überdurchschnittlich war. Sie unterscheiden zwischen verschiedenen Formen der Auslandspräsenz entsprechend der Unternehmensfunktionen: Distribution, Beschaffung, Fertigung, F&E sowie spezifische Leistungsverträge. Distribution war mit 73 % die häufigste Form von Auslandspräsenz, gefolgt von der Fertigung mit einem Anteil von 57 %. Im Bereich Forschung und Entwicklung war die Schweiz verglichen mit anderen Ländern besonders stark internationalisiert. Die zentrale Frage, die diese Studie zu beantworten versucht, ist jedoch, ob die Internationalisierung der schweizerischen Unternehmen die Wirtschaftsaktivität in der Schweiz schwächt oder stärkt. Die Autoren kommen zum Schluss, dass die Auslands- und Inlandsaktivitäten schweizerischer Firmen insgesamt eher komplementär sind, d. h., dass sie sich gegenseitig stärken, auch deshalb, weil ein grosser Teil der Unternehmen im Ausland lediglich mit Distributionsaktivitäten präsent ist. Im Zusammenhang mit der Auslandsfertigung im Fall von Grossunternehmen stellen sie hingegen starke Substitutionseffekte fest. Diese negativen Beschäftigungseffekte werden jedoch durch die positiven Effekte der Internationalisierung für andere Unternehmenskategorien, inbesondere für die stark ansteigende Zahl von KMU mit Auslandspräsenz, kompensiert. Diese Studie sowie einige weitere Untersuchungen[196] konzentrieren sich auf Direktinvestitionen schweizerischer Unternehmen im Ausland, vernachlässigen jedoch die Investitionen ausländischer Unternehmen in der Schweiz. Im Vergleich zu den 1960er Jahren hatte sich die Einstellung gegenüber Direktinvestitionen im Ausland in den 1990er Jahren grundlegend gewandelt: Direktinvestitionen wurden nun mit der befürchteten Deindustrialisierung der Schweiz in Verbindung gebracht und als Exodus schweizerischer Unternehmen ins Ausland thematisiert. Dass vermehrt auch kleinere, bisher stark im Heimmarkt verankerte und primär exportorientierte Unternehmen Direktinvestitionen im Ausland tätigten, verstärkte die Sorge um den Verlust von Arbeitsplätzen. Die Fragen, wie sich die internationale Wettbewerbsfähigkeit der KMU am Standort Schweiz fördern und wie die Standortbedingungen besser auf die besonderen Bedürfnisse der grossen Schweizer MNU abgestimmt werden könnten, wurden wichtige Themen, und – mit einiger Verspätung – erhielt nun auch der im folgenden Abschnitt thematisierte und im Vergleich zu anderen europäischen Ländern eher niedrige Bestand ausländischer Direktinvestitionen in der Schweiz mehr Aufmerksamkeit.

196 Arvanitis et al. 2001, 115–123; Arvanitis et al. 2011 befassen sich ebenfalls, im Gegensatz zum Titel der Publikation, mit der Häufigkeit und den Motiven der Auslandspräsenz schweizerischer Unternehmen des Industrie- und Dienstleistungssektors, wobei sowohl die Exporte wie die direkten Auslandsaktivitäten (Tochtergesellschaften usw.) berücksichtigt werden. Die Resultate Beruhen weitgehend auf einer im Jahr 2010 durchgeführten Unternehmensbefragung. Demnach war die direkte Auslandspräsenz stark grössenabhängig und hatte sich bei den kleinen Firmen enorm beschleunigt: 50 % dieser Unternehmenskategorie investierten erst nach 1990 erstmals im Ausland (167). Diese Studie kommt ebenfalls zu dem Schluss, dass die Komplementaritätseffekte die Substitutionseffekte dominierten (178–179). Arvanitis/Hollenstein 2001 stellen eine starke Zunahme von F&E-Niederlassungen im Ausland seit Beginn der 1990er Jahre fest. Die Auslandsaktivitäten verhalten sich zu den inländischen tendenziell komplementär, die Bedeutung von Standortvorteilen der F&E im Ausland für die Verlagerung von Forschungsaktivitäten wird im Rahmen dieser Studie jedoch nicht untersucht.

2.1.4 Ausländische Unternehmen in der Schweiz

Wie einleitend zu diesem Kapitel erwähnt, wurde die Tätigkeit ausländischer Unternehmen in der Schweiz bislang wenig beachtet. Als «Forgotten Sector» bezeichnete sie die Schweizerisch-Amerikanische Handelskammer in einer vor wenigen Jahren erstellten Studie.[197] Auch die ökonomische und historische Forschung interessierte sich bisher kaum für diese Form der internationalen Verflechtung, sondern fokussierte stets auf die umgekehrte Expansionsrichtung, auf Direktinvestitionen schweizerischer Unternehmen im Ausland.[198] Der am Anfang des 20. Jahrhunderts noch ziemlich grosse Einfluss ausländischer, insbesondere deutscher Konzerne in Schweizer Unternehmen ging mit Ausbruch des Ersten Weltkriegs stark zurück und nahm in der Zwischenkriegszeit infolge der Abwehrmassnahmen der Unternehmen und des geringen Bedarfs an ausländischem Kapital in der Schweiz kaum noch zu. Es gab jedoch im Unterschied zu manchen europäischen Ländern keinerlei gesetzliche Einschränkungen für die Gründung von Tochtergesellschaften ausländischer Unternehmen in der Schweiz oder für den Kauf inländischer Firmen, die sich diesem Eigentumstransfer nicht widersetzten.[199] Die Schweiz blieb somit offen für ausländische Direktinvestitionen, und wir können davon ausgehen, dass solche Investitionen dann getätigt wurden, wenn der Standort Schweiz in Konkurrenz mit anderen Standorten dem ausländischen Unternehmen bestimmte Vorteile verschaffte.[200] Im Folgenden wird ein knapper Überblick über die Präsenz ausländischer Unternehmen in der Schweiz im Verlauf des 20. Jahrhunderts vermittelt. Aufgrund der verfügbaren Informationen liegt der Schwerpunkt dabei auf den letzten beiden Jahrzehnten des 20. Jahrhunderts. In diesem Zeitraum nahmen die Direktinvestitionsbestände ausländischer Unternehmen in der Schweiz stark zu (siehe Tabelle 2.1-3).

2.1.4.1 Die Präsenz ausländischer Unternehmen in der Schweiz im Zeitraum 1900–1970

Für den Zeitraum von 1900 bis 1970 vermittelt eine Erhebung über die Auslandsgesellschaften der weltweit grössten multinationalen Industrieunternehmen einige Einsichten über deren Präsenz in einer Vielzahl von Ländern (Tabelle 2.1-22).[201] Die

197 Swiss-American Chamber of Commerce/The Boston Consulting Group 2006.

198 Eine Ausnahme ist hier die Studie von Peyer 1971. Sie untersucht den Umfang der ausländischen Direktinvestitionen in der Schweiz, aufgeschlüsselt nach Branchen, sowie deren Auswirkungen auf die schweizerische Wirtschaft in den 1960er Jahren, ergänzt durch einen Rückblick auf die Bedeutung des Auslandskapitals vor dem Zweiten Weltkrieg.

199 Jones 2008, 155.

200 Siehe Dunning 1977 und die Ausführungen am Anfang dieses Kapitels 2.1.

201 Vaupel/Curhan 1969; Vaupel/Curhan 1974; Curhan/Davidson/Suri 1977. Erhoben wurden Daten über die Auslandsgesellschaften von 413 multinationalen Industrieunternehmen aus 20 Staaten: USA 187, Japan 67, United Kingdom 48, Deutschland 32, Frankreich 21, Kanada 1, Schweden 9, Italien 8, Niederlande 8, Schweiz 7, Belgien/Luxemburg 7 und je 1 bis 2 Unternehmen aus Argentinien, Australien, Indien und Afrika. Multinationale Dienstleistungskonzerne wurden jedoch nicht berücksichtigt.

Anzahl Auslandsgesellschaften bewegte sich in der Schweiz in einem ähnlichen Rahmen wie in den Niederlanden und in Belgien. In der Schweiz waren diese ausländischen Tochtergesellschaften jedoch überwiegend in der Distribution und im Bereich der Serviceleistungen tätig und nicht in der industriellen Fertigung. Der Umfang der Geschäftstätigkeit und damit der Direktinvestitionsbestände und der Beschäftigten dürften deshalb, trotz einer vergleichbaren Anzahl Firmen, bedeutend niedriger gewesen sein als in den Niederlanden oder in Belgien, wo vermehrt ausländische Produktionsbetriebe errichtet wurden.[202] Gleichartig waren hingegen die kontinuierliche Zunahme ausländischer Tochtergesellschaften in der Zwischenkriegszeit und der starke Aufschwung während der langen Wachstumsperiode nach dem Zweiten Weltkrieg. Wie bereits bei den Direktinvestitionen schweizerischer Unternehmen im Ausland festgestellt, lässt sich auch für die umgekehrte Richtung der Direktinvestitionen kein Rückgang oder Stillstand dieser Form der internationalen Verflechtung während der Deglobalisierungsperiode der Zwischenkriegszeit feststellen.[203]

Die meisten der Auslandsfirmen in der Schweiz entstanden durch Neugründung oder Kauf, nur einige wenige waren das Ergebnis von Fusionen oder Entflechtungen. Die Besitzverhältnisse waren ausgesprochen stabil: Die meisten Tochtergesellschaften (TG) waren entweder gänzlich im Besitz der Muttergesellschaft oder diese besass eine Mehrheit des Aktienkapitals. Verkäufe oder Liquidationen kamen eher selten vor. Etwa ein Drittel der Unternehmen war im jeweiligen Stichjahr der Erhebung

Tabelle 2.1-22: **Auslandsgesellschaften der weltweit grössten MNU in kleinen europäischen Ländern (1901–1970)**

	Schweiz		Norwegen		Belgien		Schweden		Niederlande		Dänemark	
	MNU	TG	MNU	TG	MNU	TG	MNU	TG	MNU	TG	MNU	TG
1901	4	4	4	6	2	2	2	2	4	7	3	3
1919	6	9	8	10	12	12	4	6	9	12	10	11
1929	18	37	12	19	26	38	12	16	20	36	17	20
1939	28	58	16	33	32	54	15	22	34	57	22	33
1953	32	55	15	33	41	73	19	34	35	52	25	39
1967	83	198	39	79	94	246	52	124	80	208	51	115
1970	104	318	49	120	114	398	64	181	103	348	57	132

Quellen: Darstellung von Manuel Hiestand im Rahmen des SNF-Forschungsprojekts Müller/Hiestand/Lüpold 2013, basierend auf Vaupel/Curhan 1969; Vaupel/Curhan 1974; Curhan/Davidson/Suri, 1977.
Bemerkung: Unternehmen ohne Eintritts- und Austrittsjahr im jeweiligen Gastland wurden nicht berücksichtigt.

202 Zu US-Direktinvestitionen in der Schweiz siehe Müller 2009, ferner de Goey/Wubs 2009 zu den US-Firmen in den Niederlanden sowie Wilkins 2009 zu den US-Direktinvestitionen in Europa aus amerikanischer Sicht; zu den US-Direktinvestitionen in Europa nach dem Ersten Weltkrieg zudem Schröter 2005, 22–24.

203 Zur anhaltenden Bereitschaft amerikanischer und europäischer Unternehmen, trotz weltwirtschaftlicher Desintegration Direktinvestitionen im Ausland zu tätigen, siehe Jones 2008, 147–148.

seit mehr als zehn Jahren in der Schweiz ansässig.[204] Dabei handelte es sich zum Teil auch um Firmen, die sich bereits im frühen 20. Jahrhundert in der Schweiz niedergelassen hatten, die während Jahrzehnten hier tätig blieben und die sich zunehmend den Gepflogenheiten in ihrem Umfeld anpassten. Dazu gibt es jedoch leider kaum Fallstudien, und in den Unternehmensgeschichten der ausländischen Muttergesellschaften sind die Tochtergesellschaften in der Schweiz in der Regel ebenfalls kein Thema.

Aufgrund der verfügbaren Informationen liess sich nur die Branchenzugehörigkeit der Tochtergesellschaften von US-Firmen ermitteln: Sie waren in den Bereichen «Nahrungsmittel», «chemische und verwandte Produkte», «Erdölraffinerien» sowie «industrielle und kommerzielle Maschinen» tätig, d.h. in Bereichen, in denen die US-Firmen über besonders starke Positionen auf dem Weltmarkt verfügten. Bei den meisten Firmen dürfte es sich jedoch um Vertriebs- und Servicegesellschaften gehandelt haben und nicht um Produktionsbetriebe.[205] Führende multinationale Unternehmen wie das US-Unternehmen IBM oder die niederländische Philipps gründeten so beispielsweise in den 1920er Jahren Verkaufs- und Servicezentren in der Schweiz. Nur ausnahmsweise errichteten die grossen ausländischen MNU in der Schweiz Betriebe mit industrieller Fertigung. Ein spezieller Grund hierfür waren Importrestriktionen, wie die Erhöhung der Importzölle in den 1930er Jahren, insbesondere auf Fertigfabrikaten (siehe Tabelle 2.1-8). Die Reaktionen auf solche Firmengründungen im Inland waren zwiespältig: Zwar schufen die ausländischen Unternehmen an ihrem jeweiligen Standort Arbeitsplätze und wurden entsprechend von den politischen Behörden umworben und willkommen geheissen; für die einheimischen Industrieunternehmen handelte es sich jedoch um eine unerwünschte Konkurrenz. Hinzu kam, dass die ausländischen Grossunternehmen hinsichtlich Technologie und Produktionsmethoden den einheimischen Unternehmen oft überlegen waren. Beispiele sind die Errichtung eines mit modernster Massenproduktionstechnologie ausgestatteten Montagewerks von General Motors in Biel (Kanton Bern) oder einer Schuhfabrik des tschechischen Konzerns Bata in Möhlin (Kanton Aargau), wo in Fliessbandproduktion preisgünstige Schuhe hergestellt wurden; beide Firmen eröffneten ihre Produktionsstätten in den frühen 1930er Jahren.[206] Für ausländische Unternehmen war der Schweizer Stand-

204 Von vier im Jahr 1901 erfassten Auslandsgesellschaften waren zwei noch am Ende des Jahrhunderts in der Schweiz präsent. Etwa ein Viertel der über 100 zwischen 1976 und 2004 ständig anwesenden Tochtergesellschaften von US-Firmen waren bereits in der Zwischenkriegszeit oder zu Beginn des 20. Jahrhunderts etabliert worden, und die Hälfte entstand zwischen 1950 und 1960 (Müller 2009, 115). Mehrere in den 1920er Jahren gegründete Tochtergesellschaften von MNU aus anderen Ländern waren ebenfalls zu Beginn der 1980er Jahre und teilweise auch noch im Jahr 2000 in der Schweiz anwesend (Müller/Hiestand/Lüpold 2013).

205 Müller 2009, 111–114.

206 General Motors kam vor allem wegen der Zollerhöhungen auf den Import von Autos in die Schweiz und wurde zu einem wichtigen Arbeitgeber in Biel. Mitte der 1970er Jahre wurde der Montagebetrieb eingestellt, weil mit dem Abschluss der GATT-Verhandlungen die Zölle verschwanden und damit auch die Standortvorteile in der Schweiz (Müller 2009, 120–121); zu der Expansion von Bata in die Schweiz und zum erbitterten Kampf der schweizerischen Schuhproduzenten und -händler gegen diesen Eindringling siehe Gadient 1991.

ort zudem wegen der stabilen finanziellen Verhältnisse und den niedrigen Kapitalkosten attraktiv. In der Zwischenkriegszeit zogen diese generellen Standortvorteile vor allem deutsche (Schein-)Firmen an, deren Ansiedlung in der Schweiz wiederum als Gefahr der Überfremdung thematisiert und mit verschiedenen Massnahmen bekämpft wurde.[207]

Insgesamt überwog in der Schweiz im protektionistischen Umfeld der Zwischenkriegszeit und insbesondere in den 1930er Jahren eine ablehnende Haltung gegenüber den ausländischen Unternehmen. Hinzu kam, dass die einheimischen Unternehmen durchaus in der Lage und auch gewillt waren, die verfügbaren Ressourcen und begrenzten Wachstumschancen im Inland selbst auszuschöpfen. Wenn an sich leistungsfähige Betriebe in Schwierigkeiten gerieten oder die Nachfolge nicht mehr gesichert war, wurden sie meistens von anderen einheimischen Unternehmen übernommen. Die grossen Unternehmen verfolgten zwecks Risikostreuung eine Strategie der Produktdiversifikation und waren deshalb an solchen Übernahmen im Inland durchaus interessiert, während sie gleichzeitig weitere Teile ihrer Produktion ins Ausland verlegten, um den Beschränkungen im internationalen Handel auszuweichen (siehe 2.1.3.3). Eine solche, die einheimischen Firmen gegenüber den ausländischen Einflüssen abschottende Wachstumsstrategie war jedoch nur möglich, weil die Schweizer Unternehmen im hier betrachteten Zeitraum nicht auf ausländisches Kapital angewiesen waren. Die meisten nutzten denn auch den Spielraum des schweizerischen Aktienrechts und schlossen in den 1930er und frühen 1940er Jahren die Mitbestimmung ausländischer Aktionäre im Unternehmen aus (siehe 2.1.3.4).

Nach dem Zweiten Weltkrieg nahm die Zahl ausländischer Tochtergesellschaften in der Schweiz zwar zu, doch handelte es sich weiterhin um kleinere Unternehmen, die sich vor allem in den Kantonen Genf und Zürich niederliessen. In den 1960er Jahren war die starke Zunahme der Niederlassungen amerikanischer Grossfirmen in Genf ein Thema in den Zeitungen.[208] In der Tat reagierten mehrere grosse US-Unternehmen auf den europäischen Integrationsprozess mit der Gründung von Holdinggesellschaften oder der Etablierung ihrer europäischen Headquarters in der Genferseeregion. Und wiederum waren die ausländischen Unternehmen für die einheimischen Firmen eine unerwünschte Konkurrenz. Anlass für die Besorgnis war damals offenbar, dass die amerikanischen Firmen ihren Mitarbeitern höhere Löhne bezahlten als die inländischen Unternehmen. In einer Zeit, als schweizerischen Unternehmen wegen der knappen Arbeitskräfte empfohlen wurde, vermehrt im Ausland zu produzieren (siehe 2.1.3.3), war diese zusätzliche Konkurrenz im Arbeitsmarkt höchst unerwünscht. Nachdem jedoch einige US-Firmen ihre Headquarters von Genf nach Brüssel, dem Sitz der Europäischen Wirtschaftsgemeinschaft EWG, verlegt hatten, änderte sich die Haltung gegen-

207 Dazu Lüpold 2008b.
208 Z.B. Kansas-City am Genfersee, *Der Schweizerische Beobachter*, Basel, Nr. 2, 31. Januar 1961; Mehr Anpassung an unsere Verhältnisse, *St. Galler Tagblatt*, No. 58, 3. Februar 1961.

über den US-Firmen ziemlich rasch.[209] Umfragen in den späten 1960er Jahren ergaben, dass die Mehrzahl der in den ausländischen Unternehmen Beschäftigten Schweizer waren, auch in Führungspositionen, und dass diese Unternehmen gut in die schweizerische Wirtschaft und Gesellschaft integriert waren. Befriedigt nahm man zur Kenntnis, dass die Zahl der niedergelassenen US-Firmen wieder gestiegen war.

Die US-Unternehmen, die in der Schweiz vor allem Dienstleistungsfunktionen ausübten, dürften hier einen eher geringeren Einfluss gehabt haben als in anderen europäischen Ländern, wo sie vermehrt auch in der Industrieproduktion tätig waren. Für die Schweiz war dies möglicherweise mit gewissen Nachteilen verbunden, denn US-Firmen waren in Europa in fast allen Wirtschaftszweigen präsent, in denen sie über einen ausgeprägten Vorsprung im technologischen und organisatorischen Bereich verfügten. Durch die Etablierung von Tochtergesellschaften wurden diese Kenntnisse an die Empfängerstaaten weitergegeben; die US-Direktinvestitionen waren «important vehicles for the Americanization of Europe».[210] Federführend waren die US-Firmen etwa im Bereich der Büromaschinen, d.h. in einem Wirtschaftszweig, der nach dem Zweiten Weltkrieg durch die neuen Technologien der Datenverarbeitung und Informationsvermittlung revolutioniert wurde. Ein eindrückliches Beispiel dieser weit zurückreichenden Überlegenheit liefert IBM: Das Unternehmen errichtete bereits in den 1920er Jahren Verkaufsstellen für Büromaschinen in der Schweiz und gründete 1956 sein erstes Forschungszentrum ausserhalb der Vereinigten Staaten in der Nähe von Zürich und somit der ETH.[211] Im Bereich der elektronischen Datenverarbeitung verfügte die Schweiz mit der ETH über einen beachtlichen Standortvorteil im Bereich der Forschung, doch es fehlten Unternehmen, die diesen Standortvorteil zum Aufbau eines neuen Industrieschwerpunkts zu nutzen vermochten (→ 1.3.3.4). In den 1950er und 1960er Jahren war der amerikanische Einfluss auf westeuropäische Unternehmen besonders gross, insbesondere im Bereich des Marketings und des Vertriebs, in der Unternehmensführung und -organisation sowie in der betriebswirtschaftlichen Ausbildung.[212] Ein gutes Beispiel für den damals über die Tochtergesellschaften, insbesondere durch McKinsey, stattfindenden Transfer von Geschäftspraktiken samt dem damit verbundenen Entwicklungspotential von den USA nach Europa, war die Begründung der Unternehmensberatung, eines auch für die Schweiz völlig neuen Dienstleistungszweigs.[213]

209 Nachlassendes Gründungsfieber, *Schweizerische Handels-Zeitung,* Zürich, No. 36, 7. September 1961; Die amerikanischen Unternehmungen in der Schweiz. Tatsachen und Legenden, *Neue Zürcher Zeitung,* No. 68, 31. Januar 1968; Wie bedeutend sind Auslandsfirmen in der Schweiz? Volkswirtschaftliche Aspekte der ausländischen Unternehmen in der Schweiz, *Schweizerische Handels-Zeitung,* Zürich, No. 30, 20. Juli 1971.

210 Amatori/Colli 2011, 210.

211 Schär 2005; siehe auch Müller 2009, 121–124.

212 Schröter 2005, 61–123.

213 Schröter 2005, 66 und 110.

2.1.4.2 Der Aufstieg des «vergessenen Sektors» seit den 1980er Jahren

Seit den späten 1980er Jahren nahmen in der Schweiz wie auch in anderen europäischen Ländern die Direktinvestitionen ausländischer Unternehmen stark zu.[214] Die Schweiz gehörte zu den Ländern mit einem im Verhältnis zum Bruttoinlandprodukt besonders hohen Bestand an Direktinvestitionen im Ausland (OFDI); bei den Direktinvestitionen ausländischer Unternehmen in der Schweiz (IFDI) war das hingegen nicht der Fall (siehe 2.1.1.2, Tabellen 2.1-2). Deutliche Unterschiede zwischen OFDI- und IFDI-Beständen sind auch bei der sektoralen Verteilung der Direktinvestitionen festzustellen: Bis Mitte der 1990er Jahre wurde der grösste Teil der OFDI von Industrieunternehmen getätigt, die Dienstleistungsunternehmen holten ihren Rückstand in dieser Internationalisierungsform erst im Laufe der 1990er Jahre, dann aber rasch auf (Grafik 2.1-15). Die sektorale Verteilung der IFDI veränderte sich hingegen kaum: Der Standort Schweiz blieb während des gesamten Zeitraums für Dienstleistungserbringer deutlich attraktiver als für Industrieunternehmen.

Grafik 2.1-15: **Anteile des Industrie- und Dienstleistungssektors an den OFDI- und IFDI-Beständen (1985–2006)**

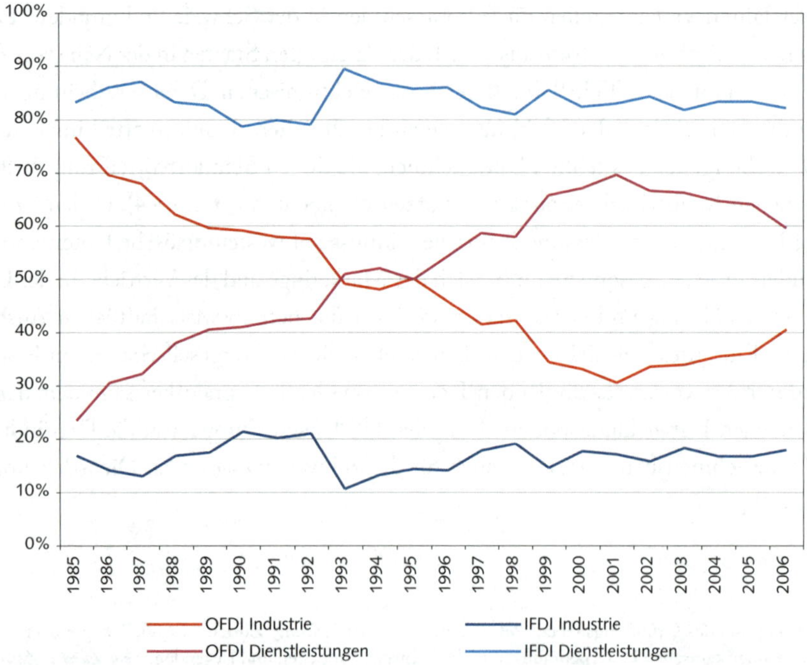

Quelle: SNB, Statistisches Monatsheft Mai 2008.

214 Gemäss Oxelheim/Ghauri 2004 war diese starke Zunahme der Direktinvestitionen die Folge der «global abolition of capital controls [...] borders were opened up and inward FDI was no longer restricted in most countries» (3). Zwischen den EU-Staaten kam es geradezu zu einem Wettrennen um ausländische Direktinvestitionen.

Um die wirtschaftliche Bedeutung der ausländischen Unternehmen abzuschätzen, sind die Beschäftigungszahlen aufschlussreicher als die Direktinvestitionsbestände, auch deshalb, weil der Erhebungskreis der Schweizerischen Nationalbank bei den Beschäftigten die kleineren ausländischen Unternehmen ebenfalls mitberücksichtigt, deren Zahl seit Beginn der 1990er Jahre stark zugenommen hat.[215] Leider sind jedoch Daten der SNB zu den in ausländischen Unternehmen Beschäftigten erst ab dem Jahr 2003 verfügbar (Tabelle 2.1-23). Insgesamt beschäftigten die ausländischen Unternehmen im Jahr 2005 rund 324 000 Personen in der Schweiz. Das entsprach zwar nur etwa einem Fünftel der Beschäftigten schweizerischer Unternehmen im Ausland, doch waren es gemessen an der Gesamtzahl der Beschäftigten von etwa 4.2 Millionen immerhin knapp 8 %, mit steigender Tendenz: Vier Jahre später waren es bereits rund 420 000 Personen bzw. etwa 10 % aller Beschäftigten. Etwa 15 % aller Beschäftigten in ausländischen Unternehmen arbeitete im Industriesektor, d. h., der Anteil der von ausländischen Unternehmen im Industriesektor Beschäftigten war deutlich höher als deren Anteil an der Gesamtbeschäftigung.[216] Die ausländischen Industriefirmen waren vor allem in den Branchen Chemie und verwandte Produkte sowie

Tabelle 2.1-23: **Ausländische Direktinvestitionsbestände und Beschäftigte ausländischer Unternehmen in der Schweiz (IFDI) nach Sektoren und Branchen (1985–2005)**

	Industrie insgesamt	Chemikalien, Pharmazeutika	Metalle, Maschinen	Elektronik, Uhren, optische Instrumente, Energie	übrige Industrien, Baugewerbe	Dienstleistungen insgesamt	Banken	Versicherungen	Handel	übrige Dienstleistungen	Finanz- und Holdingges.	in Mio. CHF
Verteilung der Direktinvestitionsbestände												
1985	17 %	3 %	6 %	3 %	5 %	52 %	35 %	1 %	15 %	0 %	32 %	39698
1990	21 %	3 %	5 %	7 %	7 %	44 %	29 %	1 %	13 %	2 %	35 %	44364
1995	14 %	4 %	1 %	7 %	2 %	39 %	21 %	2 %	14 %	2 %	46 %	65651
2000	18 %	5 %	2 %	7 %	3 %	38 %	15 %	4 %	14 %	5 %	45 %	142055
2005	17 %	8 %	3 %	4 %	2 %	37 %	13 %	3 %	15 %	6 %	46 %	224529
Verteilung der Beschäftigten												Anzahl
2005	38 %	7 %	12 %	11 %	9 %	62 %	6 %	2 %	2 %	23 %	5 %	323993

Quelle: Schweizerische Nationalbank, Statistisches Monatsheft, Mai 2008.

215 Im Unterschied zu den Erhebungen über Direktinvestitionen ab 10 Mio. CHF werden auch die Beschäftigten in ausländischen Unternehmen mit Investitionsbeständen von weniger als 10 Mio. CHF berücksichtigt (SNB 2008 Direktinvestitionen 2007).

216 SNB, Statistisches Monatsheft, Januar 2010; BFS online, Tab. 3.02.01.08.

Elektronik und Uhren tätig, die Dienstleistungsfirmen im Bankwesen und im Handel. Die in der Öffentlichkeit häufig im Zentrum stehenden ausländischen Finanz- und Holdinggesellschaften, die etwa 45 % aller Direktinvestitionsbestände ausmachten, beschäftigten hingegen nur etwa 5 % aller in ausländischen Unternehmen Beschäftigten. Wenn die Finanz- und Holdinggesellschaften ausgeklammert werden, entspricht die sektorale Verteilung der Direktinvestitionsbestände – etwa ein Drittel im Industrie- und zwei Drittel im Dienstleistungssektor – der Verteilung der Beschäftigten.

Im ersten Jahrzehnt des 21. Jahrhunderts scheinen sich die Standortvorteile für ausländische Unternehmen im Bereich der industriellen Fertigung in der Schweiz deutlich verbessert zu haben, und es stellt sich die Frage, worauf diese Entwicklung zurückgeführt werden kann. Da der Erhebungskreis der SNB nur Unternehmen mit Direktinvestitionsbeständen im Umfang von mehr als 10 Millionen Franken umfasst, wird die ziemlich grosse und seit den 1990er Jahren stark wachsende Zahl kleinerer Auslandsgesellschaften in der Schweiz nicht berücksichtigt. Nicht verfügbar sind zudem differenzierte Daten zu den Leistungsbereichen, in denen diese Unternehmen tätig sind, oder in welchen Kantonen sie sich ansiedelten. Im Rahmen des bereits mehrmals erwähnten Forschungsprojekts wurden auf der Basis einer jährlichen Publikation über die Eigentumsverhältnisse aller Unternehmen in der Schweiz in drei Stichjahren (1983, 1989 und 2000) die ausländischen Tochtergesellschaften erfasst und die Daten statistisch nach Herkunftsländern der Muttergesellschaften, Branchen und Standorten in der Schweiz ausgewertet.[217] Gemessen am Aktienkapital waren die meisten Auslandsgesellschaften ziemlich klein: 1983 hatten etwas mehr als die Hälfte ein Aktienkapital zwischen 1 und 10 Millionen CHF, 1989 waren es bereits zwei Drittel und im Jahr 2003 knapp drei Viertel. Beinahe die Hälfte dieser Firmen war im vollständigen Besitz der ausländischen Muttergesellschaft, und ihr Anteil nahm im Verlauf der Untersuchungsperiode weiter zu.[218]

Tabelle 2.1-24 zeigt anteilig die Herkunftsländer der ausländischen Tochtergesellschaften in der Schweiz und vergleicht diese mit der geographischen Verteilung der

217 Dobler 2008, 31–54. Erfasst wurde in den Jahrbücher Who Owns Whom 1983, 1989 und 2000 folgende Anzahl an Tochtergesellschaften (Muttergesellschaften in Klammern): 1983: 662 (595); 1989: 1690 (1485); ((2000:)) 3899 (3472). Siehe dazu die Ausführungen in Dobler 2008, 31–53, zur Datenquelle, zur Aufbereitung der Daten und zur verwendeten Datenbasis 55–57. Die starke Zunahme ist teilweise darauf zurückzuführen, dass die verwendeten Jahrbücher zu Beginn der Erhebungen Anfang der 1980er Jahre noch ziemlich unvollständig waren. Zudem wurde zwischen 1989 und 2000 die bislang als Erhebungskriterium geltende Höhe des minimalen Aktienkapitals halbiert (von 1 Million auf 500 000 CHF). Werden nur die Tochtergesellschaften mit einem Aktienkapital: > 1 Millionen CHF berücksichtigt, so stieg ihre Zahl zwischen 1989 und 2000 lediglich auf 2424.

218 Dobler 2008, 70–75. Dass die meisten ausländischen Unternehmen in der Schweiz auch gemessen an den Beschäftigtenzahlen klein waren, wird von einer Untersuchung über die Anzahl Mitarbeitender von Tochtergesellschaften deutscher Firmen in der Schweiz im Jahr 1991 bestätigt bestätigt. Etwa 30 % hatten 1–10 Mitarbeiter, etwa 50 % 11–100, 11 % 101–500 und nur 4 Unternehmen (1,1 %) beschäftigten mehr als 500 Personen (Dobler 2008, 74–75). Eine Untersuchung über die US-Unternehmen in der Schweiz ergab für das Jahr 1993 eine ähnliche Grössenverteilung, allerdings mit einem etwas höheren Anteil von Unternehmen mit mehr als 500 Mitarbeitern (Müller 2009).

Direktinvestitionsbestände. Über 70 % der Tochtergesellschaften hatten Muttergesellschaften in europäischen Ländern; Tochtergesellschaften deutscher Unternehmen bildeten die Mehrheit, gefolgt von denjenigen aus den USA, Frankreich, Grossbritannien, den Niederlanden und Italien. Tochtergesellschaften von Unternehmen aus Asien und anderen Weltregionen (Südamerika, Afrika, Ozeanien) machten hingegen nur einen äusserst geringen Anteil aus. Verglichen mit der Verteilung der Direktinvestionsbestände waren die Anteile der Tochtergesellschaften aus Europa höher und jene aus Nordamerika entsprechend tiefer; über zwei Drittel der IFDI waren Investitionen von Unternehmen aus EU-Staaten (siehe zur geographischen Verteilung der IFDI 2.1.1.3, Tabellen 2.1-3 und 2.1-5). Das dürfte vor allem daran liegen, dass ein grosser

Tabelle 2.1-24: **Tochtergesellschaften (TG) und Direktinvestitionsbestände (IFDI-Bestände) ausländischer Unternehmen in der Schweiz nach Herkunftsländern (1983–2000)**

Herkunftsland	Anzahl TG			TG nach Herkunftsländern			IFDI-Bestände nach Herkunftsländern		
	1983	1989	2000	1983	1989	2000	1983	1989	2000
Europa	471	1 220	2 969	71 %	72 %	76 %	53 %	69 %	60 %
Deutschland	145	418	1 016	22 %	25 %	26 %	10 %	13 %	14 %
Frankreich	69	158	379	10 %	9 %	10 %	12 %	18 %	10 %
Italien	32	87	185	5 %	5 %	5 %	14 %	15 %	5 %
Österreich	14	36	140	2 %	2 %	4 %			0 %
Nachbarländer	260	699	1 720	39 %	41 %	44 %	37 %	46 %	29 %
Belgien	19	41	73	3 %	2 %	2 %			1 %
Dänemark	9	26	53	1 %	2 %	1 %			1 %
Grossbritannien	67	123	300	10 %	7 %	8 %	7 %	4 %	3 %
Luxemburg	22	45	86	3 %	3 %	2 %	2 %	2 %	3 %
Niederlande	45	133	349	7 %	8 %	9 %	5 %	6 %	20 %
Schweden	26	59	100	4 %	3 %	3 %			0 %
andere europäische Länder	23	94	288	3 %	6 %	7 %			1 %
Nordamerika	142	307	681	21 %	18 %	17 %	40 %	25 %	37 %
USA	136	285	652	21 %	17 %	17 %	40 %	23 %	35 %
Kanada	6	22	29	1 %	1 %	1 %	0 %	2 %	2 %
Asien	18	73	112	3 %	4 %	3 %			
Japan	16	64	53	2 %	4 %	1 %	3 %	4 %	1 %
weitere Länder	2	9	59	0 %	1 %	2 %			
Lateinamerika, Afrika, Ozeanien	31	90	137	5 %	5 %	4 %	6 %	6 %	3 %
TG insgesamt	662	1 690	3 899	100 %	100 %	100 %	100 %	100 %	100 %
IFDI-Bestände in Millionen CHF							20 959	39 698	142 055

Quellen: Erhebungen von Anita Dobler im Rahmen des SNF-Forschungsprojekts Müller/Hiestand/Lüpold 2013, basierend auf Who Owns Whom 1983, 1989, 2000; SNB: Statistisches Monatsheft, Mai 2008.

Teil der kleineren, in den SNB-Statistiken nicht erfassten Auslandsgesellschaften aus europäischen Ländern stammte, insbesondere aus den Nachbarländern der Schweiz.

Die ausländischen Unternehmen waren in einer Vielzahl von Branchen tätig, wobei sich die entsprechende Verteilung im Untersuchungszeitraum generell kaum veränderte (Grafik 2.1–16), trotz einiger auffälliger Spitzen im ersten Stichjahr, die in den folgenden etwas abflachten (chemisch-pharmazeutische Industrie, Lebensmittelindustrie, Finanzintermediäre), und einiger Branchen, deren Anteile deutlich zunahmen (Maschinenindustrie, Präzisionsinstrumente, Computer und damit verbundene Tätigkeiten, unternehmensnahe Dienstleistungen, Forschung und Entwicklung).[219] In mehreren Branchen gab es keine oder nur ganz wenige ausländische Unternehmen.

Grafik 2.1-16: **Branchenverteilung der in der Schweiz tätigen Auslandsgesellschaften (1983, 1989, 2000)**

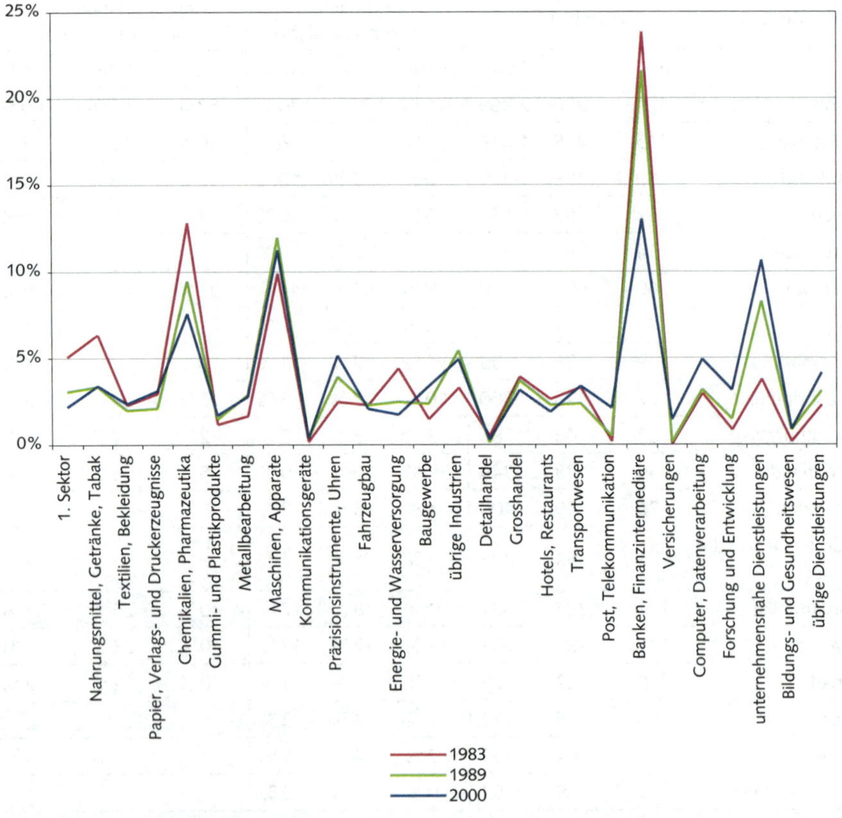

Quellen: Erhebungen von Anita Dobler im Rahmen des SNF-Forschungsprojekts Müller/Hiestand/Lüpold 2013, basierend auf Who Owns Whom 1983, 1989, 2000.

219 Die in den Who Owns Whom-Publikationen angegebenen Tätigkeitsbereiche wurden standardisiert. Da eine grössere Zahl dieser Auslandsgesellschaften in mehr als einer Branche tätig war, ist die Anzahl Auslandsgesellschaften nach Branchen grösser als die Gesamtzahl der Auslandsgesellschaften (Dobler 2008, 38–54).

Der Detailhandel, Post und Telekommunikation, Kommunikationsgeräte, Versicherungen, Bildungs- und Gesundheitswesen sind alles Wirtschaftszweige, in denen die inländischen Unternehmen dominierten.

Wie bereits im Zeitraum 1900–1970 waren manche der Firmen, die den verschiedenen Industriebranchen zugeordnet wurden, nicht in der industriellen Fertigung tätig. Im Jahr 2000 beispielsweise konnte für 40% der Unternehmen im Industriesektor der Tätigkeitsbereich ermittelt werden: Davon war ein Viertel in der Produktion und etwa die Hälfte im Verkauf tätig.[220] Aufgrund der von der SNB seit 2003 erhobenen Daten über die Beschäftigten in ausländischen Unternehmen in der Schweiz ist jedoch davon auszugehen, dass die Zahl der ausländischen Firmen, die in der Schweiz Produktionsstätten betrieben, deutlich zunahm. Dies wiederum dürfte auf die Übernahmen schweizerischer Unternehmen durch ausländische Konzerne zurückzuführen sein (siehe 2.1.3.4.3).

Um die beidseitige Verflechtung der Schweiz mit ihren grossen Nachbarländern mittels Direktinvestitionen aufzeigen zu können, wurde auf Basis der gleichen Quelle auch die Anzahl der Tochtergesellschaften schweizerischer Unternehmen in den grossen Nachbarländern Deutschland, Frankreich und Italien (Tabelle 2.1-25) sowie deren Branchenzugehörigkeit erfasst. Die Zahl der schweizerischen Tochtergesellschaften in den Nachbarländern war in der Regel grösser als die der ausländischen Tochterfirmen in der Schweiz. Doch tendenziell verringerte sich diese zahlenmässige Differenz, und im Jahr 2000 war die Zahl der deutschen Tochtergesellschaften in der Schweiz fast so hoch wie jene der Schweizer Unternehmen in Deutschland.

Tabelle 2.1-25: **Tochtergesellschaften ausländischer Unternehmen in der Schweiz (IFDI) und schweizerischer Unternehmen im Ausland (OFDI) (1983–2000)**

	1983		1989		2000	
	Anzahl TG		Anzahl TG		Anzahl TG	
	(IFDI)	(OFDI)	(IFDI)	(OFDI)	(IFDI)	(OFDI)
CH ↔ Deutschland	145	417	418	605	1 016	1 134
CH ↔ Frankreich	69	263	158	351	379	639
CH ↔ Italien	32	148	87	247	185	439

Quellen: Erhebungen von Anita Dobler im Rahmen des SNF-Forschungsprojekts Müller/Hiestand/Lüpold 2013, basierend auf Who Owns Whom 1983, 1989, 2000.

Eine genauere Analyse der Verteilung nach Sektoren und Branchen verdeutlicht die unterschiedlichen standortspezifischen Vor- und Nachteile. Der stets höhere Anteil ausländischer Tochtergesellschaften in der Schweiz im Bereich «Finanzintermediäre» bestätigt zwar die erwarteten Standortvorteile für den schweizerischen Finanzplatz, doch schwächte sich dieser gegen Ende der Periode etwas ab, während für Schweizer

220 Dobler 2008, 128–131.

Unternehmen dieser Branche die Standorte in den Nachbarländern attraktiver wurden. Für Schweizer Unternehmen der Maschinenindustrie waren alle drei Nachbarländer attraktive Standorte, doch nur die deutschen Unternehmen hatten in dieser Branche einen hohen Anteil von Tochtergesellschaften in der Schweiz. Die aufgrund der Verteilung der Auslandsgesellschaften erstellten Branchenprofile sind für deutsche Firmen in der Schweiz und Schweizer Firmen in Deutschland auffallend ähnlich.[221]

Die meisten ausländischen Unternehmen wählten als Standort für ihre Tochtergesellschaften in der Schweiz die Kantone Zürich und Genf, gefolgt von Zug. Allerdings nahm der Anteil der beiden erstgenannten, zunächst bevorzugten Standorte ab, während Zug und einige weitere Kantone in der Lage waren, ihren Anteil an ausländischen Tochtergesellschaften zu erhöhen (Grafik 2.1-17). Von den restlichen Kantonen hatten im Jahr 2000 nur zwei – Waadt und Bern – Anteile von über 5 %. Analy-

Grafik 2.1-17: **Regionale und kantonale Verteilung der Tochtergesellschaften ausländischer Firmen (1983, 1989, 2000)**

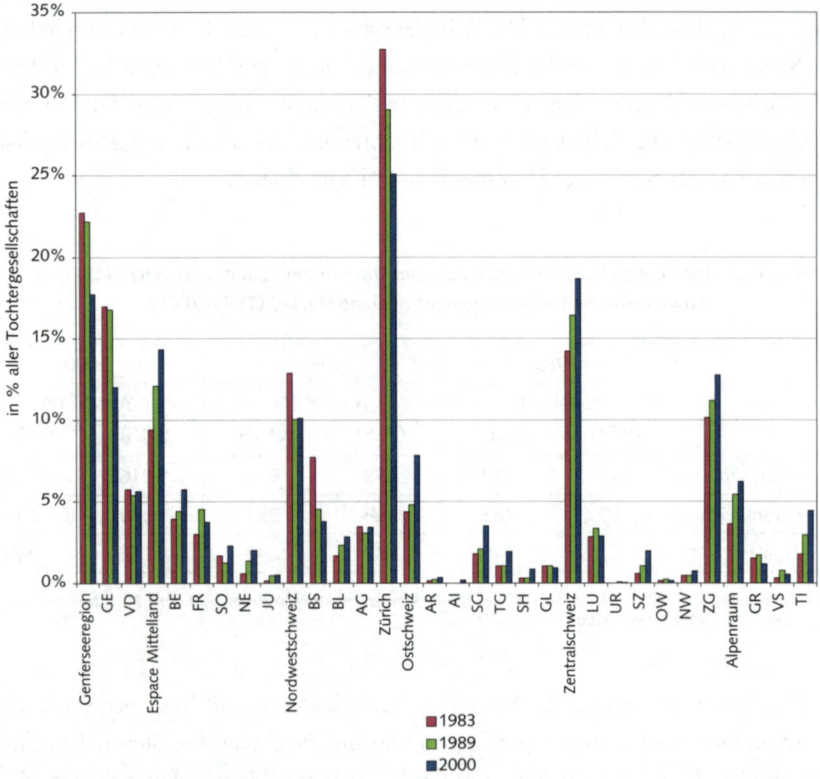

Quellen: Erhebungen von Anita Dobler im Rahmen des SNF-Forschungsprojekt Müller/Hiestand/Lüpold 2013, basierend auf Who Owns Whom 1983, 1989, 2000.

221 Eine ausführliche Darstellung dieser Cross-Country-Analyse unter Berücksichtigung der Beziehungen Schweiz–USA erfolgt in Müller/Hiestand/Lüpold 2013.

siert man die Standorte nach der Herkunft der ausländischen Tochtergesellschaften, so zeigt sich, dass die deutschen Unternehmen eine klare Präferenz für die deutschsprachigen Kantone hatten und die französischen Firmen für Standorte in der Westschweiz (Genf, Waadt, Freiburg).[222] Die Standortwahl der italienischen Firmen ist weniger einseitig, jedoch hat sich ein besonders grosser Teil im Tessin, d.h. im italienischsprachigen Kanton angesiedelt. Die geographische Nähe kann diese länderspezifische Standortwahl bis zu einem gewissen Grad erklären, doch dürfte die gemeinsame Sprache stärker ins Gewicht gefallen sein. Die bevorzugten Standorte der amerikanischen Unternehmen waren im untersuchten Zeitraum Zürich, Genf und Zug,[223] wobei Genf bereits in den 1960er Jahren ein bevorzugter Standort für amerikanische Unternehmen war.

2.1.4.3 Fazit

Die bis in die 1980er Jahre eher geringe Bedeutung ausländischer Direktinvestitionen in der Schweiz lässt sich einerseits mit den für ausländische Unternehmen nicht besonders attraktiven Standortbedingungen im Bereich der industriellen Fertigung erklären und andererseits mit der Fähigkeit und der Bereitschaft der einheimischen Unternehmen, ihre internen Wachstumschancen selbst zu nutzen und sich und ihren Binnenmarkt vor dem Zugriff ausländischer Firmen zu schützen. Ausländische Unternehmen etablierten sich in der Schweiz vor allem mit Neugründungen und in Leistungsbereichen, in denen sie Schweizer Unternehmen kaum konkurrenzierten. Das blieb teilweise bis in die 1990er Jahre so, insbesondere im Bankensektor, wo ausländische Banken noch stärker als bisher die traditionellen Vorteile für Finanzgeschäfte am Standort Schweiz nutzten und damit den Finanzplatz insgesamt stärkten (→ 2.2). Ein weiteres Beispiel für komplementäre Beziehungen zwischen in- und ausländischen Unternehmen ist das rasch expandierende Forschungs- und Entwicklungszentrum von Google in Zürich. Das US-Unternehmen nutzte die vorhandenen guten Bedingungen im Bereich von Ausbildung, Forschung und Entwicklung und trug selbst in erheblichem Mass zum Ausbau dieses, von den einheimischen Unternehmen eher vernachlässigten Standortvorteils in der Schweiz bei.

Ein in den 1990er Jahren neues Phänomen war die zunehmende Zahl transnationaler Fusionen und Übernahmen. Der rasche Anstieg der ausländischen Direktinvestitionen in der Schweiz steht denn auch in einem engen Zusammenhang mit den im Abschnitt 2.1.3.3 beschriebenen Veränderungen im schweizerischen MNU-Sektor sowie mit den Deregulierungen im Bereich der Binnenwirtschaft. Seit den 1950er

222 Dobler 2008, 84–95; angeführt werden zudem die wichtigsten kantonalen Standorte der Tochtergesellschaften aus weiteren Herkunftsländern (Österreich, Niederlande, Grossbritannien, USA und Japan).

223 So hatten 1983 und 2000 fast 40% der US-Tochtergesellschaften ihren Standort in Zürich; Genf wurde 1983 in 22% und 2003 in 17% der Fälle als Standort gewählt; bei Zug waren es 1983 10% und 2003 noch 7%.

Jahren bildete eine beschränkte Zahl grosser, diversifizierter Industrieunternehmen den stabilen Kern des Schweizer MNU-Sektors. In den 1980er Jahren verstärkte sich der internationale Konkurrenzdruck, und die breite Diversifikation erwies sich zunehmend als Wettbewerbsnachteil. Die grossen MNU strebten nun danach, sich im Markt klarer zu positionieren. Sie mussten zu diesem Zweck Firmenteile ausgliedern, die häufig von ausländischen Unternehmen übernommen wurden, weil sich in der Schweiz selbst kaum geeignete Käufer fanden. Zudem lösten sich die vielen nationalen Kartelle nach und nach auf und wurden schliesslich gesetzlich verboten.[224] Damit waren Unternehmen der internationalen Konkurrenz ausgesetzt, die den richtigen Zeitpunkt zur Internationalisierung längst verpasst hatten und kaum über Auslandserfahrung verfügten. Mehrere Schweizer Traditionsfirmen in früher stark kartellierten Branchen (Papier, Zement, Bier, Uhren) verloren in der Folge ihre Selbständigkeit und werden seither als Tochtergesellschaften ausländischer Konzerne weitergeführt. Ausländische Firmen übernahmen vermehrt auch erfolgreiche, auf dem internationalen Markt etablierte Unternehmen, um deren internationales Wachstumspotential besser auszuschöpfen. Das zumindest waren jeweils die Erwartungen, die häufig auch erfüllt wurden. Mehrere der führenden Unternehmen in der Medizintechnikbranche, ein in der Schweiz besonders stark wachsender Industriezweig, wurden in den letzten Jahren von ausländischen Konzernen übernommen, wobei am Standort Schweiz die Produktion weiter ausgebaut wurde.[225]

Man könnte diese Entwicklung auch als Niedergang der Schweizer Industrie beschreiben und die Führung der einzelnen Unternehmen dafür verantwortlich machen.[226] Doch eine solche Erklärung trifft den Sachverhalt nicht, weil es sich ja keineswegs um ein spezifisch schweizerisches Phänomen handelt, sondern um eine auch in anderen westlichen Industriestaaten festzustellende Veränderung der Wachstumsstrategien multinationaler Unternehmen, die mit der starken Zunahme transnationaler Fusionen und Übernahmen zusammenhängt.[227] Schweizer Unternehmen reduzierten ihre breite Diversifikation im Inland und expandierten vermehrt mittels Firmenkäufen im Ausland, während die Wachstumschancen am Wirtschaftsstandort Schweiz zunehmend auch von ausländischen Unternehmen genutzt wurden, die schweizerische Firmen aufkauften und weiterentwickelten.[228] Die Höhe der ausländischen Direktinvestitionsbestände in der Schweiz, die Anzahl der von diesen Firmen beschäftigten Personen und ihr Beitrag zur Stärkung des Forschungsplatzes und zur Innovation sind wichtige Indikatoren für die Stellung der Schweiz im Standortwettbewerb

224 David/Mach/Straumann 2008, 454–461.

225 Zur Entwicklung der Medizintechnikbranche in der Schweiz siehe Breiding/Schwarz 2011, 240–260.

226 Dazu besonders eindrücklich über den Verlust der industriellen Basis in der Metall- und Maschinenindustrie Bärtschi 2011, 178–215.

227 Jones 2008, 150–152; siehe zudem Sluyterman 2005, 222–235.

228 In den Niederlanden entwickelten sich die IFDI, was die sektorale Struktur, die Grösse und die Internationalisierungsformen betrifft, sehr ähnlich wie in der Schweiz. Siehe zu den «Foreign Masters» in den Niederlanden Sluyterman 2005, 235–239.

der Nationen. Für die meisten ausländischen Muttergesellschaften ist die Schweiz jedoch nur ein Standort unter mehreren anderen, und für Schweizer Unternehmen mit Auslandsgesellschaften lockert sich zwangsläufig die Bindung an ihren Standort in der Schweiz. Der internationale Wettbewerb wird intensiver, während die Bereitschaft der Unternehmen, sich für die Erhaltung und Weiterentwicklung der Standortvorteile in der Schweiz einzusetzen, tendenziell abnimmt.

2.1.5 Schlussbetrachtungen

Die meisten Darstellungen wirtschaftlicher Internationalisierungsprozesse konzentrieren sich entweder auf die Entwicklung der Exporte oder auf die Direktinvestitionen der schweizerischen Unternehmen im Ausland; die Importe und die Direktinvestitionen ausländischer Unternehmen im Inland werden hingegen vernachlässigt. Doch wie in diesem Kapitel aufgezeigt wird, bestehen zwischen den verschiedenen Formen und Richtungen der Internationalisierung enge Zusammenhänge. In diesem Beitrag zur Wirtschaftsgeschichte der Schweiz standen die Auswirkungen der Internationalisierungsprozesse auf die schweizerische Volkswirtschaft im Zentrum und nicht die Entwicklung der Unternehmen selbst. Manche Themen, die aus unternehmensgeschichtlicher Perspektive von besonderem Interesse gewesen wären, wurden daher weitgehend ausgeblendet. Zudem interessierten die wirtschaftspolitischen Massnahmen im Inland sowie die Ausgestaltung der nationalen und internationalen Regeln für grenzüberschreitende Transaktionen, weil sich diese Institutionen im Verlauf des 20. Jahrhunderts mehrmals radikal veränderten und damit auch die Vor- und Nachteile der verschiedenen Formen der internationalen Verflechtung.

Bereits zu Beginn des Jahrhunderts verfügte die Schweiz im Vergleich zu anderen kleinen europäischen Ländern über eine besonders starke internationale Verflechtung, sowohl gemessen am Aussenhandel wie auch an den Direktinvestitionen im Ausland und den ausländischen Direktinvestitionen in der Schweiz. In verschiedenen Branchen konnten Unternehmen des Industrie- und des Dienstleistungssektors die Wachstumschancen der offenen Märkte ausserordentlich gut nutzen und ihre Position in ausländischen Märkten festigen. In der Folge prägten Kriege, Krisen und nationalstaatlicher Protektionismus die für die Schweizer Wirtschaft besonders wichtigen aussenwirtschaftlichen Beziehungen mit den europäischen Staaten und den USA. Im Unterschied zu den grossen Staaten haben kleine Länder kaum Einfluss auf die Ausgestaltung der weltwirtschaftlichen Regimes. Doch auch Unternehmen aus kleinen Ländern konnten auf neue Märkte und andere Formen der Internationalisierung ausweichen und waren gegenüber Unternehmen aus grossen Staaten nicht unbedingt benachteiligt. Für die Schweizer Unternehmen waren die Bedingungen in der Zwischenkriegszeit besonders vorteilhaft, weil viele bereits über Markterfahrung in aussereuropäischen Märkten verfügten und weil, im Unterschied zu den meisten anderen europäischen Ländern, keine Beschränkungen für Kapitalexporte und -importe bestanden. Diese Voraussetzungen erleichterten die geographische Diversifikation der Absatzmärkte, begünstigten die anhaltende Multinationalisierung der auslandsorientierten Unternehmen und liessen auch Direktinvestitionen ausländischer Unternehmen in der Schweiz zu. Schliesslich begründete der in der Grossen Depression der 1930er Jahre eingeschlagene Wachstumspfad, der auf einer Neupositionierung der Exportindustrie in technisch und qualitativ anspruchsvollen Gütern beruhte, eine starke und dauerhafte internationale Wettbewerbsfähigkeit der Schweizer Industrie in einigen wenigen, jedoch besonders wachstumsträchtigen Branchen. Zudem konnten sich auch in Branchen, in denen die internationale Wettbewerbsfähigkeit verlorenging und die meisten Unternehmen sich auf den Binnenmarkt zurückzogen, einzelne multinationale Unternehmen mit einer starken Produktionsbasis in der Schweiz auf dem Weltmarkt behaupten. Der schweizerische Finanzsektor blieb trotz der Bankenkrise in den 1930er Jahren intakt und konnte nach dem Zweiten Weltkrieg seine Wachstumschancen auf den internationalen Finanzmärkten nutzen. In der langen Wachstumsperiode nach dem Zweiten Weltkrieg setzten die exportorientierten Unternehmen die auf Risikoverteilung ausgerichteten Wachstumsstrategien der Diversifikation und der Multinationalisierung fort. Die Annahme, das Wachstum und die Wettbewerbsfähigkeit der grossen multinationalen Unternehmen verlaufe parallel zum Wachstum und zur Wettbewerbsfähigkeit ihres Herkunftslandes, traf in diesem Zeitraum für die Schweiz durchaus zu: Die grossen MNU expandierten sowohl im Inland wie im Ausland, und sie waren die führenden Unternehmen in ihren jeweiligen Branchen.

In den 1970er Jahren veränderten sich im Zuge der Liberalisierung der Kapitalmärkte und des Übergangs zu flexiblen Wechselkursen die weltwirtschaftlichen Verhältnisse nochmals radikal. Der Anpassungsdruck auf die Schweizer Wirtschaft blieb jedoch vorerst eher gering, obwohl es zu Restrukturierungen im Bereich der Exportwirtschaft, insbesondere in der Maschinenindustrie kam, und in einigen Unternehmen der Ausbau der Geschäftstätigkeit im Ausland bereits zu einem Abbau der Beschäftigten im Inland führte. Deutlicher begann sich die Veränderung der internationalen Wettbewerbsverhältnisse bei der relativen Exportspezialisierung abzuzeichnen. Neben einer Verbesserung der Position in den traditionellen Schwerpunkten der schweizerischen Exportindustrie – pharmazeutische Produkte und Uhren – lässt sich eine deutliche Schwäche der Schweizer Wirtschaft im Bereich der neuen Informations- und Kommunikationstechnologien ausmachen. Im Unterschied zur Zwischenkriegszeit konnten die Unternehmen in der Schweiz an den in diesem Zeitraum besonders rasch wachsenden technologieintensiven Wirtschaftszweigen kaum partizipieren.

Im Globalisierungsschub der 1990er Jahre liess die Bedeutung der grossen Schweizer MNU für die schweizerische Volkswirtschaft stark nach. Gleichzeitig beteiligten sich kleinere, exportorientierte Unternehmen sowohl des Industrie- als auch des Dienstleistungssektors vermehrt am Prozess der Multinationalisierung. Schliesslich führten Deregulierungsmassnahmen im Inland dazu, dass eine Vielzahl von Firmen, die bislang stark auf den geschützten Binnenmarkt konzentriert waren, sich neu auf ausländische Märkte ausrichteten und erste Internationalisierungsschritte wagten. Diese Unternehmen hatten wenig Erfahrung im Auslandsgeschäft und mussten mit Unternehmen konkurrieren, die über einen deutlichen Internationalisierungsvorsprung verfügten. Eine Folge dieser ungleichen Wettbewerbsverhältnisse war die steigende Zahl von Firmen, die sich für den Alleingang im globalen Umfeld als zu schwach erwiesen und von ausländischen Unternehmen aufgekauft wurden. Im Verlauf des letzten Jahrzehnts des 20. Jahrhunderts und insbesondere im ersten Jahrzehnt des 21. Jahrhunderts nahm die Bedeutung ausländischer Direktinvestitionen in der Schweiz deutlich zu. Der grösste Teil wurde von Unternehmen aus der EU getätigt, womit diesem Wirtschaftsraum hinsichtlich dieser Form der internationalen Verflechtung ein besonderes Gewicht zukommt.

Ein positiver Aspekt der neuen Vielfalt von Akteuren, die den Internationalisierungsprozess der schweizerischen Volkswirtschaft vorantreiben, besteht darin, dass damit das Potential für wirtschaftliche Neuerungen erheblich erweitert wurde. Standortvorteile sind entscheidend dafür, welche Tätigkeiten ein Unternehmen im In- oder im Ausland ausübt; doch ob ein einheimisches oder ein ausländisches Unternehmen das vorhandene Potential in der Schweiz nutzt und wie es dieses weiterentwickelt, ist abhängig von der jeweiligen Kapazität und den Zielsetzungen der beteiligten Unternehmen. Wir können somit unterscheiden zwischen einer langen Periode der «Internationalisierung Chandler'scher Prägung», die bis in die 1970er Jahre andauerte und von einigen wenigen, in ihren Branchen führenden Unternehmen des Industriesektors dominiert wurde, und einer neuen Form «evolutiver Internationalisierung» im Schumpeter'schen Sinn, mit stark abnehmender Bedeutung der etablierten MNU und zunehmendem Gewicht der Dienstleistungsunternehmen sowie der kleineren Unternehmen in- und ausländischer Herkunft.

Damit erweiterte sich allerdings auch das Interessenspektrum dieser Unternehmen, und das Potential für Interessenkonflikte nahm ebenfalls zu. Die ausländischen Finanzholdinggesellschaften sind an niedrigen Steuern und sonstigen Vergünstigungen interessiert. Niedrige Steuern sind auch im Interesse der grossen Schweizer MNU, nur stellen diese auch Ansprüche an den Forschungsstandort und insbesondere hinsichtlich günstiger Immigrationsbestimmungen für hochqualifizierte ausländische Mitarbeiter. Die in der Schweiz für den Export produzierenden Schweizer KMU sind vor allem an der Ausbildung von Fachkräften im Inland interessiert, und sie sind auf einigermassen stabile Währungsverhältnisse angewiesen, während der Finanzsektor vom Zufluss der diese Währungsverhältnisse störenden Kapitalien profitieren kann. Für die schweizerische Wirtschaftspolitik dürfte es schwieriger werden, die vielfältigen und nicht immer kompatiblen Ansprüche an den Wirtschaftsstandort Schweiz angemessen zu berücksichtigen. Doch dies wiederum wäre die Voraussetzung dafür, dass die hier angesiedelten Unternehmen auch zukünftig zur Erhaltung und Weiterentwicklung dieser Standortvorteile beitragen und nicht an für sie günstigere Standorte abwandern. Die Bindung der Unternehmen an ihre jeweiligen Standorte hat sich generell stark gelockert, und diese im Vergleich zum letzten Jahrhundert völlig neuartige Instabilität der internationalen Verflechtung wird den weiteren Internationalisierungsprozess stark prägen.

Die Auswirkungen der skizzierten Entwicklung auf die schweizerische Volkswirtschaft sind in ihrer Tragweite noch kaum absehbar, doch einige Problembereiche zeichnen sich bereits deutlich ab. Trotz des Nichtbeitritts zur EU lassen sich gesetzliche Bestimmungen, die spezielle Wettbewerbsvorteile des Standorts Schweiz begründen, immer weniger durchsetzen. Dazu gehören so spezifische Regeln wie das Bank(kunden)geheimnis oder die ausserhalb der Schweiz kaum verständliche Unterscheidung zwischen Steuerhinterziehung und Steuerbetrug. Aber auch allgemeinere institutionelle Besonderheiten wie das spezifisch schweizerische Verständnis von Neutralität oder die Autonomie der Kantone beim Setzen von Regeln, etwa in der Besteuerung ausländischer Unternehmen, müssen hinterfragt werden. Die damit einhergehenden Konflikte verweisen auf die Internationalisierung von Institutionen, und diese vollzieht sich nicht nur in den Beziehungen zur EU, sondern auch innerhalb der OECD und anderen internationalen Organisationen. Diese Entwicklung betrifft nicht nur die Schweiz, sie stellt für die Schweiz jedoch wirtschaftlich und politisch eine grössere Herausforderung dar als für andere europäische Staaten, die im Rahmen der EU oder des EWR diese spezielle Form der internationalen Verflechtung für ihre jeweiligen Staaten bereits institutionalisiert haben.

2.1.6 Bibliographie

Online-Datenbanken

BFS: Bundesamt für Statistik, www.bfs.admin.ch/
GGDC: The Groningen Growth and Development Centre, Maddison Historical Statistics, www.ggdc.net
HSSO: Historische Statistik der Schweiz Online, Kammerer, Patrick et al. (Hg.), www.fsw.uzh.ch/histstat/main.php
OECD: http://stats.oecd.org/
SNB: Schweizerische Nationalbank, www.snb.ch/
UNSTATS: United Nations Statistics Divisions, http://unstats.un.org/
WTO Statistics Database, http://stat.wto.org/

Unveröffentlichte Quellen

Industrie-Holding (IH), Vereinigung schweizerischer Industrie-Holdinggesellschaften

Jahresberichte 1945–1954: in Archiven der Mitgliedsfirmen.
Jahresberichte 1967–1997: Archiv der Industrie-Holding in Bern.

Veröffentlichte Quellen und amtliche Publikationen

ABB: Jahresbericht 1988.
Industrie-Holding, Vereinigung schweizerischer Industrie-Holdinggesellschaften, Jahresberichte 1998–2004/2005, www.swissholdings.ch/en/publications/annual-reports.html
SwissHoldings, Verband der Industrie- und Dienstleistungskonzerne in der Schweiz, Jahresbericht 2005/2006, www.swissholdings.ch/en/publications/annual-reports.html
Sandoz und Ciba-Geigy: Jahresberichte, verschiedene Jahrgänge.
Schweizerische Handelskammer: Protokolle, im Vorort-Archiv des Schweizerischen Handels- und Industrievereins, Archiv für Zeitgeschichte, Zürich, verschiedene Daten.
Schweizerische Zentrale für Handelsförderung (SZH): Jahresberichte, verschiedene Jahrgänge.
SNB: Schweizerische Nationalbank (Hg.), Statistisches Monatsheft, verschiedene Ausgaben.
SNB: Schweizerische Nationalbank (Hg.), Zahlungsbilanz der Schweiz, verschiedene Jahrgänge.
SNB: Schweizerische Nationalbank (Hg.) 2008, Direktinvestitionen 2007.

Literatur

Adank, Florian 1999: *Die Unternehmensführung einer «Exportfirma par Excellence» im Ersten Weltkrieg und in zwei Wirtschaftskrisen: Die Sulzer Unternehmungen AG in Winterthur von 1914–1936,* Lizentiatsarbeit, Universität Zürich.
Amatori, Franco / Colli, Andrea 2011: *Business History. Complexities and Comparisons,* London / New York: Routledge.
Amman, Klaus / Engler, Christian 2007: *Husten, Schmerz und Kommunismus. Das Basler Pharma-Unernehmen F. Hoffmann-La Roche in Osteuropa, 1896–1957,* Zürich: Chronos.
Arvanitis, Spyros / Hollenstein, Heinz 2001: Technologiestandort Schweiz im Zuge der Globalisierung: Eine explorative Analyse der F&E-Aktivitäten schweizerischer Industrieunternehmen im Ausland, *Schweiz. Zeitschrift für Volkswirtschaft und Statistik,* Vol. 137 (2), 129–148.
Arvanitis, Spyros / Hollenstein, Heinz / Marmet, David 2005: *Internationale Wettbewerbsfähigkeit: Wo steht der Standort Schweiz? Eine Analyse auf sektoraler Ebene,* Konjunkturforschungsstelle Eidgenössische Technische Hochschule Zürich, Zürich: Hochschulverlag ETH.
Arvanitis, Spyros et al. 2001: *Die Internationalisierung der Schweizer Wirtschaft. Ausmass, Motive, Auswirkungen,* Konjunkturforschungsstelle Eidgenössische Technische Hochschule Zürich, Zürich: Hochschulverlag ETH.
Arvanitis, Spyros et al. 2011: *Exportpotentiale im Dienstleistungssektor. Die Internationalisierung des Dienstleistungssektors und der Industrie der Schweizer Wirtschaft,* Strukturberichterstattung Nr. 47/1. Studie im Auftrag des Staatssekretariats für Wirtschaft, www.seco.admin.ch/dokumentation/publikation/00004/04640/index.html

Asséo, David 1990: La place de la Suisse dans l'industrie automobile mondiale d'avant 1914, in: Bairoch, Paul / Körner, Martin (éd.), *La Suisse dans l'économie mondiale (15e–20e s.)*, Zürich: Chronos, 37–56.

Bach, Raffael C. 2008: Die Schweizerische Rückversicherungs-Gesellschaft. Ein Dienstleistungsunternehmen im Ersten Weltkrieg, in: Rossfeld, Roman / Straumann, Tobias (Hg.), *Der vergessene Wirtschaftskrieg. Schweizer Unternehmen im Ersten Weltkrieg*, Zürich: Chronos, 63–87.

Bairoch, Paul 1978: Le volume des exportations de la Suisse de 1851 à 1975, *Revue Suisse d'Histoire* 28 (1978), 29–50.

Bairoch, Paul 1990: La Suisse dans le contexte international aux XIXe et XXe siècles, in: Bairoch, Paul / Körner, Martin (éd.), *La Suisse dans l'économie mondiale (15e–20e s.)*, Zürich: Chronos, 103–140.

Bairoch, Paul 1996: Les exportations d'articles manufacturés de la Suisse dans le contexte international (1840–1994), in: Körner, Martin / Walter, François (éd.), *Quand la montagne aussi a une histoire*, Bern / [etc.]: Haupt, 205–234.

Baldwin, Robert E. 1958: The commodity composition of trade: selected industrial countries, 1900–1954, *The Review of Economics and Statistics* 40/1, Part 2. Problems in International Economics, 50–68.

Bammatter, Emil M. 1958: *Der schweizerische Transithandel. Eine Darstellung seiner Struktur und ein Überblick seiner Entwicklung in den Jahren 1934–1954*, Lörrach: Buchdruckerei Karl Schahl.

Bärtschi, Hans-Peter 2011: *Die industrielle Schweiz vom 18. bis ins 21. Jahrhundert. Aufgebaut und ausverkauft*, Baden: hier + jetzt.

Beck, Bernhard 1990: *Die internationale Wettbewerbsfähigkeit der schweizerischen Exportindustrie*, Bern / Stuttgart: Haupt.

Biondelli, Franceso 2005: *Corporate Crisis, Causes, Turnaround and Bank Relations with Reference to the Case of Swissair Group*, Tesi die laurea, Università Commerciale Luigi Bocconi, Milano.

Borner, Silvio 1986: *Internationalization of Industry. An Assessment in the Light of a Small Open Economy (Switzerland)*, Berlin: Springer.

Borner, Silvio / Wehrle, Frank 1984: *Die sechste Schweiz. Überleben auf dem Weltmarkt*, Zürich: Orell Füssli.

Breiding, James R. / Schwarz, Gerhard 2011: *Wirtschaftswunder Schweiz. Ursprung und Zukunft eines Erfolgsmodells*, Zürich: NZZ Verlag.

Buillard, Pascal 1998: La position du Vorort face aux relations économiques de la Suisse avec l'Europe orientale (1944–1954), in: Favez, Jean-Claude / Jost, Hans Ulrich / Python, Francis (éd.), *Les relations internationales de la Suisse: actes du colloque du 3e Cycle Romand d'Histoire Moderne et Contemporaine, Lausanne, 24–28 février 1997*, Lausanne: Antipodes, 143–162.

Cantwell, John 1991: The changing form of multinational enterprise expansion in the twentieth century, in: Teichova, Alice / Lévy-Leboyer, Maurice / Nussbaum, Helga (eds.), *Historical Studies in International Corporate Business*, Cambridge / [etc.]: Cambridge University Press, 15–28.

Cantwell, John 1992: Innovation and technological competitiveness, in: Buckley, Peter J. / Casson, Mark (eds.), *Multinational Enterprises in the World Economy. Essays in Honour of John Dunning*, Aldershot / Vermont: Edward Elgar, 21–40.

Curhan, Joan P. / Davidson, William H. / Suri, Rajan 1977: *Tracing the Multinationals*, Cambridge, Mass: Harvard University Press.

David, Thomas / Etemad, Bouda 1999: Les relations commerciales de la Suisse avec les grandes puissances durant l'entre-deux-guerres. Un survol chiffré, in: Guex, Sébastien (éd.), *La Suisse et les grandes puissances: 1914–1945. Relations économiques avec les Etats-Unis, la Grande-Bretagne et la France*, Genève: Droz, 31–58.

David, Thomas / Mach, André / Straumann, Tobias 2008: The questioning of selective protectionism in Switzerland: cartel law reform and corporate governance changes in the 1990s, in: Müller, Margrit / Myllyntaus, Timo (eds.), *Pathbreakers. Small European Countries Responding to Globalisation and Deglobalisation*, Bern / [etc.]: Lang, 449–476.

de Goey, Ferry / Wubs, Ben 2009: US multinational in the Netherlands in the 20th century – «The open gate to Euorpe», in: Bonin, Hubert / de Goey, Ferry (eds.), *American Firms in Europe 1880–1980. Strategy, Identity, Perception and Performance*, Genève: Droz, 149–184.

Dejung, Christof 2010: Unbekannte Intermediäre. Schweizerische Handelsfirmen im 19. und 20. Jahrhundert, *Traverse. Zeitschrift für Geschichte* (2010/1). *Wirtschaftsgeschichte in der Schweiz: eine historiographische Skizze*, 139–155.

Dirlewanger, Dominique / Guex, Sébastien / Pordenone, Gian-Franco 2004: *La politique commericale de la Suisse de la Seconde Guerre mondiale à l'entrée au GATT (1945–1966)*, Zürich: Chronos.

Dobler, Anita 2008: *Die Schweiz als Standort für Tochtergesellschaften ausländischer Unternehmen 1989–2000: Eine Analyse ihrer Herkunftsländer, Standortkantone, Branchen und Tätigkeiten*, Zürich: Lizentiatsarbeit im Fachgebiet Wirtschaftsgeschichte der Neuzeit, Universität Zürich.

Donzé, Pierre-Yves 2009: *Histoire de l'industrie horlogère Suisse. De Jacques David à Nicolas Hayek (1850–2000)*, Neuchâtel: Alphil.

Donzé, Pierre-Yves 2011: Un cartel contre les transferts de technologie: l'horlogerie suisse (1900–1970), in: Cortat, Alain (éd.), *Contribution à une histoire des cartels en Suisse*, Neuchâtel: Alphil, 137–163.

Donzé, Pierre-Yves 2012: *Histoire du Swatch Group*, Neuchâtel: Alphil.

Dreher, Axel / Gaston, Noel / Martens, Pim 2008: *Measuring Globalisation – Gauging its Consequences*, New York: Springer.

Dunning, John H. 1977: Trade, location of economic activity and the MNE: a search for an ecclectic approach, in: Ohlin, Bertil / Hesselborn, Per-Ove / Wijkman, Per Magnus (eds.), *The International Allocation of Economic Activity*, London: The Macmillan Press.

Dunning, John H. 2001: Resolving some paradoxes of the emerging global economy: small nations as trailblazers, in: Van Den Bulcke, Daniel / Verbeke, Alain (eds.), *Globalization and the Small Open Economy*, Cheltenham / Northampton: Edwar Elgar, 13–53.

Egger, Daniel 2006: *Der Schweizerische Bankverein im Kontext der Internationalisierung: 1896–1939*, Zürich: Lizentiatsarbeit der Philosophischen Fakultät, Universität Zürich.

Eurostat 2010: Europa in Zahlen, *Eurostat Jahrbuch*.

Fässler, Peter E. 2011: Das internationale Kartell der Graphitelektrodenhersteller im Umfeld ökonomischer Deglobalisierung (1929–1939), in: Müller, Margrit / Schmidt, Heinrich R. / Tissot, Laurent (Hg.): *Regulierte Märkte. Zünfte und Kartelle*, Zürich: Chronos, 321–339.

Feldman, Gerald D. 1989: Foreign penetration of German enterprises after the First World War: the problem of «Überfremdung», in: Teichova, Alice / Lévy-Leboyer, Maurice / Nussbaum, Helga (eds.), *Historical Studies in International Corporate Business*, Cambridge / [etc.]: Cambridge University Press, 87–110.

Feldmann, Lars 1998: *Die Schweizerische Rückversicherungsgesellschaft in der Zwischenkriegszeit 1918–1938*, Zürich: Lizentiatsarbeit der Philosophischen Fakltät, Universität Zürich.

Fenner, Thomas 2008: Nestlé & Anglo-Swiss. Vom Schweizer Milchimperium zum multinationalen Nahrungsmittelkonzern, in: Rossfeld, Roman / Straumann, Tobias (Hg.), *Der vergessene Wirtschaftskrieg. Schweizer Unternehmen im Ersten Weltkrieg*, Zürich: Chronos, 317–343.

Fior, Michel 2003: Globalisation et place financière. Les banques suisses et les Etats-Unis, 1931–1940, in: Gilomen, Hansjörg / Müller, Margrit / Veyrassat, Béatrice (éd.), *La globalisation – chances et risques. La Suisse dans l'économie mondiale (18e–20e siècles)*, Zürich: Chronos, 251–262.

Folini, Elena 1999: *Die Zürich Versicherungs-Gesellschaft in der Zwischenkriegszeit, 1918–1939*, Zürich: Lizentiatsarbeit der Philosophischen Fakultät, Universität Zürich.

Fretz, Max 1923: *Die Wechselbeziehungen zwischen der modernen Kartellbewegung und der herrschenden Schutzzollpolitik*, Innsbruck: Wagner'sche Universitäts-Druckerei.

Gadient, Andrea R. 1991: *Bata in der Schweiz. Die Gründung und Entwicklung der Bata Schuh Aktiengesellschaft in der Schweiz 1928 bis 1936*, Zürich: Lizentiatsarbeit der Philosophischen Fakultät, Universität Zürich.

Gees, Thomas 1999: Interessenclearing und innere Absicherung. Zur Zusammenarbeit zwischen Verwaltung und Privatverbänden in der schweizerischern Aussenwirtschaft, in: Hug, Peter / Kloter, Martin (Hg.), *Aufstieg und Niedergang des Bilateralismus. Schweizerische Aussen- und Aussenwirtschaftspolitik 1930–1960: Rahmenbedingungen, Entscheidungsstrukturen, Fallstudien*, Lausanne: Payot / Zürich: Chronos, 141–172.

Gerardi, Dario 2007: *La Suisse et l'Italie, 1923–1950: commerce, finance et réseaux*, Neuchâtel: Alphil.

Glatthard, Alexander 1987: *Unternehmenskonzentration in der Schweiz: Stand und Entwicklung von 1919 bis 1983*, Bern: Lang.

Göldi, Hans 1949: *Der Export der schweizerischen Hauptindustrien während der Kriegszeit 1939–45*, Zürich: Juris.

Grimm, Robert / Rothpelz, Ferdinand 1934: *Krisenbekämpfung; Arbeitsbeschaffung. Gutachten dem Eidgen. Volkswirtschaftsdepartement erstattet*, Bern: A. Francke.

Guex, Sébastien 1998: The development of Swiss trading companies in the twentieth century, in: Jones, Geoffrey (ed.), *The Multinational Traders*, London: Routledge, 150–172.

Gürtler, Hans 1931: *Der Einfluss der Handelspolitik auf die Schweizer Inlandindustrie und deren Entwicklung seit Anfang der 1890er Jahre*, Liestal: Lüdin & Co.

Halbeisen, Patrick / Müller, Margrit 1998: Ökonomische Motive und Erwartungen – ihr Einfluss auf die Bundesstaatsgründung, in: Ernst, Andreas / Tanner, Albert / Weishaupt, Matthias (Hg.), *Revolution und Innovation. Die konfliktreiche Entstehung des schweizerischen Bundesstaates von 1948*, Zürich: Chronos, 117–136.

Handbuch der schweizerischen Volkswirtschaft, Schweizerische Gesellschaft für Statistik und Volkswirtschaft (Hg.) 1955: 2 Bände, Bern: Benteli.

Häusler, Jacqueline 1998: *Die Wander AG Bern im Krisenkontext der 1930er-Jahre. Handlungsspielräume eines Familienunternehmens*, Lizentiatsarbeit der philosophischen Faklultät, Universität Zürich.

Head-König, Anne-Lise 2008: The process of globalisation in the Swiss labour market viewed in the context of three major export industries (1880–1939), in: Müller, Margrit / Myllyntaus, Timo (eds.), *Pathbreakers. Small European Countries Responding to Globalisation and Deglobalisation,* Bern / [etc.]: Lang, 209–239.
Hiestand, Manuel 2010: Ein cleveres Zusammenspiel – Die Cement- und Kalkfabriken R. Vigier AG und das Zementkartell 1910–1928, in: Cortat, Alain (éd.), *Contribution à une histoire des cartels en Suisse,* Neuchâtel: Alphil, 65–87.
Hiestand, Manuel / Motz, Roger / Steigmeier, Andreas 2010: *Dicht und dauerhaft. 100 Jahre Sika,* Baar: Sika AG.
Himmel, Ernst 1922: *Industrielle Kapitalanlagen der Schweiz im Ausland,* Langensalza: Hermann Beyer & Söhne.
Historisches Lexikon der Schweiz, Basel: Schwabe
Hug, Peter 2002: *Schweizer Rüstungsindustrie und Kriegsmaterialhandel zur Zeit des Nationalsozialismus. Unternehmensstrategien – Marktentwicklung – Politische Überwachung,* hg. von der Unabhängigen Expertenkommission Schweiz – Zweiter Weltkrieg, Band 11, Zürich: Chronos.
Humair, Cédric 2010: Commerce extérieur et politique commerciale aux 19ᵉ et 20ᵉ siècles, *Traverse. Revue d'Histoire* (2010/1). *L'histoire économique en Suisse: une esquisse historiographique,* 184–202.
Iklé, Max 1970: *Die Schweiz als internationaler Bank- und Finanzplatz,* Zürich: Orell Füssli.
İnal Arzu G. 2003: *A Study into Competitiveness Indicators,* http://ref.sabanciuniv.edu/sites/ref.sabanciuniv.edu/files/inal_makale_0.pdf
Inglin, Thomas 2008: Die «Zürich» Versicherungs-Gesellschaft, 1907–1925, in: Rossfeld, Roman / Straumann, Tobias (Hg.), *Der vergessene Wirtschaftskrieg. Schweizer Unternehmen im Ersten Weltkrieg,* Zürich: Chronos, 63–87.
Ischer, Philipp 2003: Kein Anschluss ohne internationale Allianzen. Die ersten Schritte der Telecom PTT im offenen, internationalisierten Telekommunikationsmarkt, in: Gilomen, Hansjörg / Müller, Margrit / Veyrassat, Béatrice, *Globalisierung – Chancen und Risiken. Die Schweiz in der Weltwirtschaft 18.–20. Jahrhundert,* Zürich: Chronos, 317–337.
Ischer, Philipp 2009: Das schleichende Ende eines Monopols. Die Folgen der Modularisierung von Branchenstrukturen für den schweizerischen Telekommunikationssektor (1970–1998), in: Donzé, Pierre-Yves / Fior, Michel (éd.), *Transitions historiques et construction des marchés. Mutations et contre-mutations dans l'économie suisse aux XIXᵉ et XXᵉ siècles,* Neuchâtel: Alphil, 41–63.
Jaccard, Robert 1925: *Les Syndicats industriels en Suisse. Contribution à l'étude des coalitions d'industriels,* Lausanne: Vaney.
Jacquemart, Charlotte 1997: *Die Strukturbrüche in der Adolph Saurer AG in den 30er und 70er Jahren – Eine theoriegeleitete Unternehmensgeschichte,* Zürich: Lizentiatsarbeit der Philosophischen Fakultät, Universität Zürich.
Jaun, Rudolf 1986: *Management und Arbeiterschaft. Verwissenschaftlichung, Amerikanisierung und Rationalisierung der Arbeitsverhältnisse in der Schweiz 1873–1959,* Zürich: Chronos.
Jerusalmi, René 1995: *Les relations économiques franco-suisses (1939–1945): un aspect insoupçonné de la Seconde Guerre mondiale,* Bern / [etc.]: Lang.
Jones, Geoffrey 2008: Globalization, in: Jones, Geoffrey / Zeitlin, Jonathan, *The Oxford Handbook of Business History,* Oxford: Oxford University Press, 141–168.
Jost, Hans Ulrich 1999: *Europa und die Schweiz 1945–1950. Europarat, Supranationalität und schweizerische Unabhängigkeit,* Lausanne: Payot / Zürich: Chronos.
Jung, Joseph 2000: *Die Winterthur: eine Versicherungsgeschichte,* Zürich: NZZ Verlag.
Karlen, Stefan et al. 2002: *Schweizerische Versicherungsgesellschaften im Machtbereich des «Dritten Reichs»,* hg. von der Unabhängigen Expertenkommission Schweiz – Zweiter Weltkrieg, Band 12/1, Zürich: Chronos.
Karrer-Rüedi, Erna E. 1992: *Der Trend zum Wirtschaftsstil der flexiblen Spezialisierung. Eine Diskussion am Beispiel der Region der Schweizer Uhrenindustrie,* Bern / [etc.]: Lang.
Killias, Lorenz 1947: *Die Export-Risikogarantie des Bundes als Mittel der Exportförderung; eine Orientierung für Exporteure,* Zürich, Gropengiesser.
Klemann, Hein A. M. 2009: Wirtschaftliche Verflechtung im Schatten zweier Kriege 1914–1940, in: Klemann, Hein A. M. / Wielenga, Friso (Hg.), *Deutschland und die Niederlande. Wirtschaftsbeziehungen im 19. und 20. Jahrhundert,* Münster: Waxmann, 19–44.
Knoepfli, Adrian 2010: *Im Zeichen der Sonne. Licht und Schatten über der Alusuisse 1930–2010,* Baden: hier + jetzt.
Koellreuter, Isabel / Lüpold, Martin / Schürch, Franziska 2011: *Hero – seit 1886 in aller Munde: von der Konserve zum Convenience Food,* Baden: hier + jetzt.
Koller, Christophe 2001: *L'industrialisation et l'Etat au pays de l'horlogerie. Contribution à l'histoire économique et sociale d'une région suisse,* Berne: Editions CJE.
Koller, Christophe 2003: L'affaire Bulova Watch et les Etats-Unis au temps du protectionnisme. Stratégie d'entreprise et «migrations» de l'industrie horlogère suisse, in: Gilomen, Hans-Jörg / Müller, Margrit /

Veyrassat, Béatrice (éd.), *Globalisation – chances et risques. La Suisse dans l'économie mondiale (18e–20e siècles)*, Zürich: Chronos, 235–250.

Krägenau, Henry 1975, 1977, 1979, 1982, 1987: *Internationale Direktinvestitionen*, Hamburg: Verlag Weltarchiv.

Laursen, Keld 1998: Revealed comparative advantage and the alternatives as measures of international specialisation, *DRUID Working Paper No. 98–30*, IDEAS, Economic Research Division of the Federal Reserve Bank of St. Louis, http://ideas.repec.org/p/aal/abbswp/98-30.html.

Leu, Rolf 2008: *Internationalisierungstendenzen der schweizerischen industriellen Unternehmen seit den 1970er Jahren*, Zürich: Diplomarbeit der Wirtschaftswissenschaftlichen Fakultät, Universität Zürich.

Linder, Wolf 1983: Entwicklung, Strukturen und Funktionen des Wirtschafts- und Sozialstaats in der Schweiz, in: Riklin, Alois (Hg.), *Handbuch Politisches System der Schweiz*, Band 1, Bern [etc.]: Haupt, 259–298.

Lüpold, Martin 2003: Globalisierung als Krisenreaktionsstrategie. Dezentralisierung und Renationalisierung bei Nestlé, 1920–1950, in: Gilomen, Hansjörg / Müller, Margrit / Veyrassat, Béatrice, *Globalisierung – Chancen und Risiken. Die Schweiz in der Weltwirtschaft 18.–20. Jahrhundert*, Zürich: Chronos, 211–234.

Lüpold, Martin 2008a: *Der Ausbau der «Festung Schweiz»: Aktienrecht und Corporate Governance in der Schweiz, 1881–1961*, Zürich: Dissertation, Universität Zürich, www.zora.uzh.ch/46634/

Lüpold, Martin 2008b: Wirtschaftskrieg, Aktienrecht und Corporate Governance. Der Kampf der Schweizer Wirtschaft gegen die «wirtschaftliche Überfremdung» im Ersten und Zweiten Weltkrieg, in: Groebner, Valentin / Guex, Sébastien / Tanner, Jakob (Hg.), *Kriegswirtschaft und Wirtschaftskriege*, Zürich: Chronos, 99–115.

Lüthi, Paul 1947: *Der Staat und die Kartelle in der Schweiz – Eine Untersuchung der wirtschaftspolitischen Einwirkungen des Staates auf die Kartellierung*, Biel: Graphische Anstalt Schüler AG.

Luxbacher, Günther 2003: *Massenproduktion im globalen Kartell, Glühlampen, Radioröhren und die Rationalisierung der Elektroindustrie bis 1945*, Berlin, Deipholz: GNT-Verlag.

Maizels, Alfred 1963: *Industrial Growth and World Trade*, Cambridge: Cambridge University Press, 426–516.

Marbach, Fritz 1937: *Über das Kartell und die Kartellierung in der Schweiz*, Bern: Kommissionsverlag A. Francke AG.

Masnata, Albert 1924: *L'émigration des industries suisses*, Lausanne: Imprimerie G. Vaney-Burnier S.A.

Mazbouri, Malik 2008: Der Aufstieg des Finanzplatzes im Ersten Weltkrieg. Das Beispiel des Schweizerischen Bankvereins, in: Rossfeld, Roman / Straumann, Tobias (Hg.), *Der vergessene Wirtschaftskrieg. Schweizer Unternehmen im Ersten Weltkrieg*, Zürich: Chronos, 63–87.

Meier, Martin et al. 2002: *Schweizerische Aussenwirtschaftspolitik 1930–1948. Strukturen – Verhandlungen – Funktionen*, hg. von der Unabhängigen Expertenkommission Schweiz – Zweiter Weltkrieg, Band 10, Zürich: Chronos.

Metzler, Marco 2004: *Wachstum, institutionelles Umfeld und Internationalisierung der CIBA von 1929 bis 1951. Internationalisierungsstrategien in Kartell-, Kriegs- und Nachkriegswirtschaft*, Zürich: Lizentiatsarbeit der Philosophischen Fakultät, Universität Zürich.

Mitchell, Brian R. 52003: *International Historical Statistics. The Americas 1750–2000*, Basingstoke: Palgrave Macmillan.

Möller, Uwe 2007: *Wenn eine Innovation fehlschlägt… Untersuchung von Aufstieg und Fall des vermeintlichen Markteroberers ABB*, unveröffentlichte Dissertation der Philosphisch-naturwissenschaftlichen Fakultät der Universität Bern.

Müller, Margrit 1998: Fusionen und Übernahmen aus historischer Sicht, in: Siegwart, Hans / Neugebauer, Gregori (Hg.), *Mega-Fusionen. Analysen – Kontroversen – Perspektiven*, Bern / [etc.]: Haupt.

Müller, Margrit 2001: Patterns of technical innovation, market relationships, and institutional change during the interwar period, in: Tissot, Laurent / Veyrassat, Béatrice (eds.), *Technological Trajectories. Markets, Institutions. Industrialized Countries, 19th–20th Centuries. From Context Dependency to Path Dependency*, Bern / [etc.]: Lang, 297–329.

Müller, Margrit 2002: Coping with barriers to trade: internationalisation strategies of Swiss firms in the interwar period, in: Bonin, Hubert et al. (eds.), *Transnational Companies (19th–20th Centuries)*, Paris: Edition P.L.A.G.E., 239–254.

Müller, Margrit 2007: The export-dependence of the Swiss chemical industry and the internationalization of Swiss chemical firms (1950–2000), in: Galambos, Louis / Hikino, Takashi / Zamagni, Vera, *The Global Chemical Industry in the Age of the Petrochemical Revolution*, Cambridge / [etc.]: Cambridge University Press, 193–223.

Müller, Margrit 2008: From protectionism to market liberalisation: patterns of internationalisation in the main Swiss export sectors, in: Müller, Margrit / Myllyntaus, Timo (eds.), *Pathbreakers. Small European Countries Responding to Globalisation and Deglobalisation*, Bern / [etc.]: Lang, 113–149.

Müller, Margrit 2009: The case of US companies in Switzerland, in: Bonin, Hubert / de Goey, Ferry (eds.), *American Firms in Europe 1880–1980. Strategy, Identity, Perception and Performance,* Genève: Droz, 105–128.

Müller, Margrit 2010: Die Exportindustrien im Verlauf des 20. Jahrhunderts, *Traverse. Zeitschrift für Geschichte* (2010/1). *Wirtschaftsgeschichte in der Schweiz: eine historiographische Skizze,* 119–138.

Müller, Margrit / Myllyntaus, Timo (eds.) 2008: *Pathbreakers. Small European Countries Responding to Globalisation and Deglobalisation,* Bern / [etc.]: Lang.

Müller, Margrit / Hiestand, Manuel / Lüpold, Martin 2013: *Changing competitiveness during the 20th century: Switzerland's openness for trade, direct investments and multinational enterprise.* Forthcoming.

Niehans, Jürg 1977: Die Bedeutung multinationaler Unternehmungen für ein kleines Mutterland: Das Beispiel der Schweiz, *Schweizerische Zeitschrift für Volkswirtschaft und Statistik* 113 (1977), 371–406.

North, Douglas C. 1990: *Institutions, Institutional Change and Economic Performance,* Cambridge / [etc.]: Cambridge University Press.

OECD Directorates for Science, Technology and Industry 2005 ed.: STAN INDICATORS, 1980–2003, 10–12, www.oecd.org/dataoecd/3/33/40230754.pdf

Oxelheim, Lars / Ghauri, Pervez N. 2004: The race for FDI in the European Union, in: Oxelheim, Lars / Ghauri, Pervez N. (eds.), *European Union and the Race for Foreign Direct Investment in Europe,* Oxford: Elsevier, 3–58.

Pasquier, Hélène 2008: *La «recherche et développement» en horlogerie. Acteurs, stratégies et choix technologiques dans l'arc jurassien suisse (1900–1970),* Neuchâtel: Alphil.

Penrose, Edith T. 1956: Foreign investment and the growth of the firm, *The Economic Journal* 66 (1956), No. 262, June, 220–235.

Perrenoud, Marc et al. 2002: *La place financière et les banques suisses à l'époque du national-socialisme. Les relations des grandes banques avec l'Allemagne (1931–1946),* édité par la Commission Indépendante d'Experts Suisse – Seconde Guerre mondiale, Volume 13, Zürich: Chronos.

Perret, Thomas 2001: Un institut de recherche communautaire entre industrie et Etat. Le Laboratoire Suisse de Recherches Horlogères (LSRH) de Neuchâtel, 1921–1984, in: Gilomen, Hans-Jörg / Jaun, Rudolf / Müller, Margrit / Veyrassat, Béatrice (éd.), *Innovations. Incitations et résistances – des sources de l'innovation à ses effets,* Zürich: Chronos, 385–402.

Peyer, Kurt 1971: *Ausmass und Bedeutung des Auslandkapitals in der Schweiz,* Zürich: Juris.

Peyer, Hans Conrad 1996: *Roche: Geschichte eines Unternehmens: 1896–1996,* Basel: Editiones Roche.

Pfiffner, Albert / Renk, Hans-Jörg 2007: *Wandel als Herausforderung. Nestlé 1990–2005,* Cham / Vevey: Nestlé AG.

Pollux 1946: *Der Zement- und Baumaterialien-Trust,* Schriften des Vereins für wirtschaftliche Studien, Nr. 5, Zürich: Genossenschaftsdruckerei.

Porter, Michael E. 1990: *The Competitive Advantage of Nations,* London: McMillan.

Preisbildungskommission des Eidgenössischen Volkswirtschaftsdepartements 1957: *Kartell und Wettbewerb,* Bern: Eidgenössisches Volkswirtschaftsdepartement.

Rahm, Werner 1964: *Le marché suisse du fer et la construction de l'Europe,* Lausanne: Centre de recherches européennes.

Rauh, Cornelia 2009: *Schweizer Aluminium für Hitlers Krieg? Zur Geschichte der «Alusuisse» 1918–1950,* München: C.H. Beck.

Rauh, Cornelia 2011: «Ein Faktor der Sicherheit». Kartelle in der Schweizer Aluminiumindustrie der Zwischenkriegszeit, in: Müller, Margrit / Schmidt, Heinrich R. / Tissot, Laurent (Hg.): *Regulierte Märkte. Zünfte und Kartelle,* Zürich: Chronos, 307–319.

Rossfeld, Roman / Straumann, Tobias 2008: Zwischen den Fronten oder an allen Fronten? Eine Einführung, in: Rossfeld, Roman / Straumann, Tobias (Hg.), *Der vergessene Wirtschaftskrieg. Schweizer Unternehmen im Ersten Weltkrieg,* Zürich: Chronos, 11–59.

Roth, Hans 1952: *Die chemische Industrie der Schweiz als Exportindustrie unter besonderer Berücksichtigung der Farbstoffausfuhr zwischen den beiden Weltkriegen,* Basel: Buchdruckerei E. Hoenen.

Ruch, Christian / Rais-Liechti, Myriam / Peter, Roland 2001: *Geschäfte und Zwangsarbeit. Schweizer Industrieunternehmen im Dritten Reich,* hg. von der Unabhängigen Expertenkommission Schweiz – Zweiter Weltkrieg, Band 6, Zürich: Chronos.

Schaad, Hans 1943: *Die Schweiz im internationalen Clearing-Verkehr,* Zürich: Verlag des Schweizerischen kaufmännischen Vereins.

Schär, Pascal 2005: *Die Internationalisierung von F&E am Beispiel des «IBM Forschungslaboratorium Rüschlikon» (1955–2005),* Zürich: Diplomarbeit der Wirtschaftswissenschaftlichen Fakultät, Universität Zürich.

Schaufelbuehl, Janick Marina 2009: *La France et la Suisse ou la force du petit. Evasion fiscale, relations commerciales et financières (1940–1954),* Paris: Presses de Sciences Po.

Schmid, Hanspeter 1983: *Wirtschaft, Staat und Macht. Die Politik der schweizerischen Exportindustrie im Zeichen von Staats- und Wirtschaftskrise (1918–1929),* Zürich: Limmat Verlag Genossenschaft.

Schröter, Harm G. 1990: Etablierungs- und Verteilungsmuster der schweizerischen Auslandsproduktion von 1870 bis 1914, in: Bairoch, Paul / Körner, Martin (Hg.), *Die Schweiz in der Weltwirtschaft,* Zürich: Chronos, 391–407.

Schröter, Harm G. 1993: *Aufstieg der Kleinen. Multinationale Unternehmen aus fünf kleinen Staaten vor 1914,* Berlin: Duncker & Humblot.

Schröter, Harm G. 2005: *Americanization of the European Economy. A Compact Survey of American Economic Influence in Europe since the 1880s,* Dordrecht: Springer.

Schwarzenbach, Alexis 2008: Die Seidenfirma Schwarzenbach im Zeitalter der Extreme, 1910–1925, in: Rossfeld, Roman / Straumann, Tobias (Hg.), *Der vergessene Wirtschaftskrieg. Schweizer Unternehmen im Ersten Weltkrieg,* Zürich: Chronos, 63–87.

Siegenthaler, Hansjörg 1973: Grosse Depression und erfinderische Aktivität in der Schweiz, in: Winkel, Harald (Hg.), *Finanz- und wirtschaftspolitische Fragen der Zwischenkriegszeit,* Berlin: Duncker & Humblot, 175–208.

Simeon, Christophe 2010: Transfert de technologie et conditions cadres. Le rôle de la politique commericale dans l'échec de l'industrie automobile suisse, *Traverse. Revue d'Histoire* (2010/3). *Transferts de technologie,* 85–96.

Sluyterman, Keetie E. 2005: *Dutch Enterprise in the Twentieth Century. Business Strategies in a Small Open Economy,* Routledge International Studies in Business History, London / New York: Routledge.

Smits, Jan-Pieter / Horlings, Edwin / van Zanden, Jan Luiten 2000: *Dutch GNP and its Components, 1800–1913,* GGDC Monograph No. 5, January, www.ggdc.net/index-publ.html.

Straumann, Lukas / Wildmann, Daniel 2001: *Schweizer Chemieunternehmen im «Dritten Reich»,* hg. von der Unabhängigen Expertenkommission Schweiz – Zweiter Weltkrieg, Band 7, Zürich: Chronos.

Svennilson, Ingvar 1954: *Growth and Stagnation in the European Economy,* Geneva: United Nations Economic Commission for Europe.

Swiss-American Chamber of Commerce / The Boston Consulting Group 2006: *The Forgotten Sector. Foreign Companies in Switzerland.* Joint Study, Zürich: www.amcham.ch/publications/.../20060101_bcg_amcham_study.pdf

Swiss Society of Chemical Industries 2000: *The Swiss Chemical-Pharmaceutical Industry,* Zürich.

UNCTAD: World Investment Report 2006; www.unctad.org/fdistatistics.

Vaupel, James W. / Curhan, J. P. 1969: *The Making of Multinational Enterprise,* Cambridge, Mass.: Harvard University Press.

Vaupel, James W. / Curhan, J. P. 1974: *The World's Multinational Enterprises,* Cambridge, Mass.: Harvard University Press.

Veyrassat, Béatrice 2003: De la protection de l'inventeur à l'industrialiation de l'invention. Le cas de l'horlogerie suisse de la fin 19e siècle à la Seconde Guerre mondiale, in: Gilomen, Hans-Jörg et al., *Innovations. Incitations et résistances – des sources de l'innovation à ses effets,* Zürich: Chronos, 367–383.

Veyrassat, Béatrice 2010: La place de l'industrie suisse dans l'échange international de technologies. Une approche par les brevets, fin 19e–milieu du 20e siècles, *Traverse. Revue d'Histoire* (2010/3). *Transferts de technologie,* 97–111.

Weber, Max 1936: *Existenzfragen der schweizerischen Maschinenindustrie.* Gewerkschaftliche Schriften, Zürich: Schweizerischer Gewerkschaftsbund.

Wehrli, Bernard 1970: *Aus der Geschichte des Schweizerischen Handels- und Industrie-Vereins 1870–1970. Zum hundertjährigen Bestehen des Vorortes,* Erlenbach / Zürich: Rentsch.

Who Owns Whom 1983: Saager, Hansjürg et al. (Hg.), *Der Schweizerische Beteiligungsatlas,* Zürich: U. Bär.

Who Owns Whom 1989: Saager, Hansjürg et al. (Hg.), *Der Schweizerische Beteiligungsatlas,* Zürich: U. Bär.

Who Owns Whom 2000: Bär, Ulrich / Saager, Hansjürg / Sigrist, Christa (Hg.), *Der Schweizerische Beteiligungsatlas,* Zürich: Orell Füssli.

Wilkins, Mira 2009: US business in Europe: an American perspective, in: Bonin, Hubert / de Goey, Ferry (eds.), *American Firms in Europe 1880–1980. Strategy, Identity, Perception and Performance,* Genève: Droz, 35–67.

2.1.7 Anhang

Tabelle 2.1-A1: **Importe und Exporte der kleinen europäischen Länder in Prozent des BIP (1900–2006)**

	Schweiz		Belgien*		Dänemark		Finnland		Niederlande**		Norwegen		Österreich*		Schweden	
	Imp/BIP	Exp/BIP	Imp/BIP	Exp/BIP	Imp/BIP	Exp/BIP	Imp/BIP	Exp/BIP	Imp/BIP	Exp/BIP	Imp/BIP	Exp/BIP	Imp/BIP	Exp/BIP	Imp/BIP	Exp/BIP
	Waren															
1900	34 (2)	26 (2)	–	–	31	21	28	20	68	65	28	16	–	–	23	17
1913	34 (2)	26 (3)	–	–	34	28	31	25	81	59	30	21	–	–	22	21
1928	25 (4)	20 (4)	–	–	30	28	29	23	42	31	24	16	–	–	19	17
1938	16 (6)	14 (5)	–	–	22	20	22	22	27	20	20	14	–	–	18	16
1958	23 (5)	20 (4)	30	29	28	26	16	18	39	34	33	18	20	17	20	17
1966	25 (5)	21 (4)	39	37	28	23	19	17	39	33	31	20	22	16	19	18
	Waren und Dienstleistungen															
1974	31 (7)	31 (6)	59	60	35	32	30	26	49	53	43	40	32	31	33	32
1982	33 (6)	35 (5)	67	66	37	37	29	29	53	57	36	41	34	34	33	33
1990	35 (4)	36 (6)	68	69	33	37	24	23	53	56	34	40	37	38	30	30
1998	36 (4)	41 (5)	70	75	36	38	30	38	58	63	36	38	40	42	36	43
2006	45 (5)	52 (4)	85	88	49	52	39	45	66	73	28	47	50	56	43	51

* 1958–1966: Importe und Exporte in Prozent des BNP; ** 1928–1938: Importe und Exporte in Prozent des NNP.

Quellen: 1900–1970: Schweiz: HSSO Tab. Q.16a und Q.16b; übrige Länder: Mitchell 2003; Aussenhandel und BIP Niederlande 1900 und 1913: Smits/Horlings/van Zanden 2000; 1970–2006: OECD, National Account Statistics, 2008.

Tabelle 2.1-A2: **RCA der Schweiz verglichen mit ihren wichtigsten Konkurrenten (1900–1952)**

Gütergruppe	Jahr	**Rang**	**Schweiz**	Belgien/ Luxemburg	Deutschland	Frankreich	Grossbritannien	Italien	Schweden	USA
Lebensmittel Getränke Tabak	1900	**4**	**0.6**	0.8	0.6	1.0	0.2	1.3	0.6	2.0
	1913	**3**	**1.0**	0.9	0.7	0.9	0.4	1.9	0.8	1.5
	1928	**4**	**0.7**	0.6	0.4	0.8	0.5	1.5	0.6	1.2
	1938	**7**	**0.5**	0.4	0.1	1.1	0.6	2.6	0.6	1.5
	1952	**5**	**0.5**	0.3	0.2	1.0	0.5	1.7	0.3	1.3
Rohmaterilaien	1900	**9**	**0.4**	1.4	0.8	0.9	0.7	1.6	1.9	1.3
	1913	**9**	**0.3**	0.9	0.7	0.8	0.6	1.3	1.9	1.7
	1928	**9**	**0.3**	0.6	0.6	0.7	0.5	0.9	1.8	1.5
	1938	**9**	**0.2**	1.2	0.6	1.0	0.7	0.6	2.3	1.2
	1952	**9**	**0.3**	0.8	0.8	0.9	0.4	0.8	2.5	1.0

Gütergruppe	Jahr	**Rang**	**Schweiz**	Belgien/ Luxemburg	Deutsch-land	Frankreich	Gross-britannien	Italien	Schweden	USA
Metalle	1900	**8**	**0.3**	1.2	1.3	0.4	1.4	0.3	1.7	1.0
	1913	**7**	**0.4**	1.3	1.4	0.4	1.1	0.1	1.2	1.1
	1928	**7**	**0.7**	2.2	1.6	1.0	1.1	0.1	1.1	0.9
	1938	**5**	**0.8**	1.8	1.4	1.0	0.8	0.3	0.9	0.8
	1952	**5**	**1.0**	3.2	1.5	1.2	0.8	0.5	0.8	0.6
Maschinen	1900	**2**	**1.4**	0.7	1.1	0.4	1.6	n.a.	0.6	1.1
	1913	**2**	**1.3**	0.4	1.6	0.3	1.3	0.2	1.2	1.0
	1928	**3**	**1.5**	0.4	1.7	0.5	1.2	0.2	1.8	1.1
	1938	**2**	**1.6**	0.3	1.6	0.4	1.2	0.3	1.0	1.1
	1952	**3**	**1.1**	0.4	1.5	0.6	1.1	0.8	0.8	1.3
Fahrzeuge	1900	**3**	**1.7**	2.0	0.8	0.5	2.0	n.a.	n.a.	0.5
	1913	**7**	**0.4**	1.3	0.8	1.3	1.6	0.6	0.2	0.8
	1928	**7**	**0.4**	0.5	0.3	0.7	1.0	0.6	0.5	2.0
	1938	**9**	**0.3**	0.4	1.0	0.5	1.1	0.8	0.5	1.7
	1952	**9**	**0.1**	0.5	1.0	0.8	1.9	0.8	0.9	1.0
Chemikalien	1900		**–**	1.8	1.8	0.8	1.1	0.9	n.a.	0.5
	1913	**3**	**1.1**	1.2	2.0	1.0	1.0	0.5	0.3	0.3
	1928	**2**	**1.5**	1.0	2.6	1.0	0.9	0.6	0.2	0.6
	1938	**2**	**2.0**	1.3	2.1	1.2	0.8	0.4	0.2	0.6
	1952	**1**	**2.8**	1.2	1.5	1.1	1.0	1.1	0.3	0.9
Textilien	1900	**1**	**2.3**	0.6	1.0	1.1	1.9	0.9	0.0	0.1
	1913	**1**	**2.1**	1.5	0.7	1.2	1.9	1.1	0.0	0.1
	1928	**5**	**1.7**	1.1	0.7	1.6	2.0	1.9	0.1	0.2
	1938	**4**	**1.4**	0.9	0.7	1.2	1.8	2.2	0.1	0.2
	1952	**4**	**1.6**	1.2	0.7	1.5	1.8	2.5	0.1	0.5
verschiedene Güter	1900	**4**	**1.5**	1.0	1.7	1.6	0.8	0.6	1.6	0.5
	1913	**3**	**1.3**	0.7	1.5	1.4	0.8	0.8	1.2	0.8
	1928	**1**	**1.8**	1.6	1.5	1.1	0.9	0.8	1.4	0.7
	1938	**1**	**2.1**	1.4	1.3	1.1	1.1	0.8	1.1	0.7
	1952	**1**	**2.0**	0.7	0.9	1.0	1.2	0.7	1.0	1.2
Anteile an den Weltexporten (in %)										
	1900		**2.8**	6.3	18.2	13.8	24.6	4.4	1.8	23.8
	1913		**2.4**	6.2	21.9	12.1	23.2	4.4	2.0	22.1
	1928		**2.2**	4.8	15.9	11.3	19.4	4.2	2.3	27.8
	1938		**2.5**	6.1	18.0	7.4	19.0	4.6	3.9	25.6
	1952		**2.7**	5.7	9.4	9.1	17.2	3.3	3.7	35.3

Quelle: Berechnungen von Mattia Regi im Rahmen des SNF-Forschungsprojekts Müller/Hiestand/Lüpold 2013; Datenbasis: Baldwin 1958.

Bemerkung: Die «Welt» besteht aus Belgien/Luxemburg, Frankreich, Deutschland, Italien, Schweden, Schweiz, Grossbritannien (inkl. Nordirland), Kanada, USA, Japan. Die Werte von Japan sind in der Tabelle nicht enthalten, deshalb und wegen Rundungsdifferenzen ergibt die Summe der Anteile an den Weltexporten weniger als 100 %.

Tabelle 2.1-A3: **Zollbelastung wichtiger Warengruppen in % des Importwertes in der Schweiz und in acht europäischen Staaten (Mitte der 1920er Jahre)**

	Schweiz	Belgien	Dänemark	Deutsches Reich	Frankreich*	Italien	Österreich	Polen	Tschechoslowakei
Landw. Produkte, Lebensmittel	**17.0**	8.6	21.4	26.9	13.3	27.4	16.6	27.5	34.1
Chemische Produkte	**14.1**	9.1	8.9	15.5	24.1	28.1	22.8	29.3	42.9
Textilwaren	**12.5**	14.1	14.3	24.0	21.2	18.6	14.6	49.6	28.6
Waren aus Kautschuk	**9.2**	10.5	11.4	19.5	16.6	16.0	14.2	39.5	20.9
Leder und Lederwaren	**29.7**	9.6	10.9	13.5	17.9	18.7	10.8	34.5	20.9
Holz und Holzwaren	**26.5**	7.2	15.8	13.2	16.4	8.9	10.9	38.6	20.3
Papierstoff, Papier	**10.9**	8.7	12.2	19.4	18.4	25.6	16.1	63.1	31.9
Stein- und Tonwaren	**17.0**	7.5	23.8	31.0	25.7	42.6	18.8	77.6	44.8
Glas und Glaswaren	**7.5**	13.5	28.5	51.1	65.5	39.8	18.2	70.2	31.5
Eisen und Eisenwaren	**37.1**	12.4	8.8	16.9	40.1	60.7	30.8	56.2	53.3
Waren aus unedlem Metall	**10.6**	10.0	9.3	13.2	18.2	13.0	18.2	28.8	27.9
Maschinen und Apparate	**37.4**	13.2	7.1	10.9	40.4	25.4	25.6	41.6	46.2
Fahrzeuge	**45.7**	19.2	12.8	43.5	34.6	43.0	43.9	10.6	50.5
Instrumtente und Uhren	**24.0**	22.6	12.6	24.1	29.9	50.5	22.6	55.8	32.4

*Minimaltarif.

Quelle: Gürtler 1931, 83, Tabelle 11.

Tabelle 2.1-A4: **Zusammensetzung der Industrieexporte verschiedener europäischer Länder nach Technologiestufen (1980–2003)**

Jahr	HT und MHT	Hohe Technologiestufe HT	Mittlere bis hohe Technologiestufe MHT	TT und MTT	Tiefe Technologiestufe TT	Mittlere bis tiefe Technologiestufe MTT	ICT	C 30 – Büro- und Rechenmaschinen, Computer	C 32 – Radio, Fernsehen, Kommunikationsgeräte	C 33 – Mediz. Geräte, Präzisions- und optische Instrumente, Uhren
Deutschland										
1980	60 %	11 %	49 %	35 %	15 %	20 %	7 %	2 %	3 %	3 %
1985	62 %	13 %	49 %	33 %	16 %	17 %	9 %	3 %	3 %	3 %
1990	65 %	13 %	51 %	32 %	16 %	16 %	9 %	2 %	3 %	4 %
1995	64 %	14 %	49 %	30 %	15 %	15 %	10 %	2 %	4 %	4 %
2000	68 %	19 %	49 %	28 %	13 %	14 %	13 %	3 %	6 %	4 %
2003	67 %	18 %	49 %	26 %	13 %	14 %	11 %	3 %	5 %	4 %

Jahr	HT und MHT	Hohe Technologiestufe HT	Mittlere bis hohe Technologiestufe MHT	TT und MTT	Tiefe Technologiestufe TT	Mittlere bis tiefe Technologiestufe MTT	ICT	C 30 – Büro- und Rechenmaschinen, Computer	C 32 – Radio, Fernsehen, Kommunikationsgeräte	C 33 – Mediz. Geräte, Präzisions- und optische Instrumente, Uhren
Grossbritannien										
1980	48 %	14 %	33 %	35 %	15 %	20 %	7 %	ß2 %	2 %	3 %
1985	47 %	18 %	29 %	30 %	13 %	17 %	11 %	5 %	3 %	3 %
1990	56 %	23 %	33 %	30 %	16 %	14 %	13 %	6 %	4 %	4 %
1995	62 %	26 %	34 %	29 %	16 %	13 %	18 %	8 %	7 %	3 %
2000	64 %	32 %	31 %	24 %	13 %	11 %	22 %	8 %	10 %	4 %
2003	63 %	29 %	33 %	26 %	14 %	12 %	16 %	5 %	7 %	4 %
Frankreich										
1980	46 %	9 %	36 %	47 %	22 %	25 %	6 %	2 %	2 %	2 %
1985	48 %	13 %	35 %	43 %	22 %	21 %	8 %	3 %	3 %	3 %
1990	52 %	15 %	37 %	39 %	23 %	17 %	8 %	3 %	3 %	3 %
1995	56 %	18 %	38 %	38 %	22 %	15 %	10 %	3 %	4 %	2 %
2000	62 %	24 %	37 %	33 %	19 %	14 %	13 %	3 %	7 %	3 %
2003	62 %	21 %	40 %	34 %	19 %	14 %	10 %	2 %	5 %	3 %
Finnland										
1980	24 %	3 %	17 %	77 %	56 %	21 %	3 %	0 %	2 %	1 %
1985	32 %	5 %	21 %	71 %	47 %	23 %	4 %	1 %	2 %	1 %
1990	38 %	9 %	27 %	63 %	45 %	18 %	8 %	1 %	5 %	2 %
1995	42 %	15 %	25 %	58 %	40 %	18 %	14 %	3 %	9 %	2 %
2000	52 %	27 %	23 %	48 %	31 %	17 %	26 %	1 %	23 %	2 %
2003	51 %	23 %	24 %	50 %	30 %	21 %	22 %	1 %	19 %	3 %
Niederlande										
1980	34 %	8 %	24 %	50 %	24 %	27 %	6 %	1 %	3 %	2 %
1985	35 %	10 %	25 %	49 %	24 %	25 %	8 %	3 %	2 %	2 %
1990	40 %	14 %	26 %	44 %	26 %	18 %	11 %	6 %	3 %	2 %
1995	45 %	18 %	26 %	41 %	26 %	15 %	14 %	8 %	4 %	3 %
2000	55 %	30 %	25 %	36 %	21 %	16 %	26 %	13 %	8 %	5 %
2003	58 %	29 %	28 %	37 %	22 %	15 %	25 %	13 %	7 %	5 %
Schweden										
1980	41 %	10 %	30 %	49 %	27 %	22 %	8 %	2 %	4 %	2 %
1985	44 %	13 %	30 %	46 %	25 %	21 %	10 %	3 %	5 %	2 %
1990	48 %	14 %	33 %	42 %	25 %	18 %	11 %	3 %	5 %	3 %
1995	51 %	19 %	32 %	39 %	23 %	16 %	14 %	1 %	9 %	3 %
2000	59 %	27 %	31 %	35 %	20 %	15 %	21 %	1 %	17 %	3 %
2003	56 %	20 %	35 %	36 %	21 %	16 %	13 %	1 %	8 %	3 %

Quelle: Berechnungen von Mattia Regi im Rahmen des SNF-Forschungsprojekts Müller/Hiestand/Lüpold 2013; Datenquelle: OECD online, Industry and Services, Structural Analysis (STAN) Database.

Bemerkungen: ICT: Informations- und Kommunikationstechnologien.Die Kategorie «Energie produzierende Industrien» mit Exportanteilen von wenigen Prozenten wurde hier nicht berücksichigt; die Summe der Exportanteile ergibt deshalb weniger als 100 %.

Tabelle 2.1-A5: **Die Core Companies des Industrie- und Dienstleistungssektors (1970–2000)**

Core Companies im Industriesektor	IH-Beitritt		
	vor 1953	nach 1953	IH-Beitritt und -Austritt, Fusionen / Übernahmen / Spin-offs
Maschinen, elektr. Geräte und Anlagen			
Rieter		x	IH-Beitritt 1987
Schindler		x	IH-Beitritt 1986
SIG			
Sulzer		x	IH-Beitritt 1967
Oerlikon-Bührle / Unaxis / Oerlikon OC		x	IH-Beitritt 1977
BBC/ABB		x	IH-Beitritt 1964; Fusion von BBC und Asea zu ABB 1987
Landis & Gyr		x	1995 übernommen durch Elektrowatt, später KKR und Siemens 2004; IH-Austritt 1995; übernommen von Bayard Capital durch Toshiba Corporation 2011.
Metallverarbeitung			
AIAG/Alusuisse	x		Übernahme durch Alcan 2000; IH-Austritt der Alusuisse und Beitritt der Alcan Holdings Switzerland Limited zur IH 2000/2001
Georg Fischer		x	IH-Beitritt 1994
Chemisch-pharmazeutische Produkte			
Roche	x		
Sandoz	x		Fusion mit Ciba-Geigy zu Novartis 1996; Austritt aus der IH 1995.
Ciba	x		Fusion mit Geigy 1970; Austritt aus der IH 1969.
Geigy	x		Fusion mit Ciba zu Ciba-Geigy 1970; Austritt aus der IH 1969.
Ciba-Geigy			Fusion mit Sandoz zu Novartis 1996; Austritt aus der IH 1995.
Novartis			Fusion von Sandoz und Ciba-Geigy 1996; Beitritt zur IH 1996.
Ciba SC			Spin-off von Novartis 1996; Beitritt zur IH 1996; Übernahme durch BASF 2009.
Clariant			Spin-off von Novartis und AstraZeneca, gegründet 2000; Beitritt zur IH 2000/2001.
Syngenta			Spin-off von Sandoz, gegründet 1995

Core Companies im Industriesektor

	IH-Beitritt vor 1953	IH-Beitritt nach 1953	IH-Beitritt und -Austritt, Fusionen / Übernahmen / Spin-offs
Lebensmittel			
Conservenfabrik Lenzburg / Hero	x		Ab 1989 Kreuzbeteiligungen mit der Schwartau-Gruppe; Austritt aus der IH 1989
Nestlé	x		
Suchard / Interfood / Jacobs-Suchard	x		1970 Fusion mit Tobler zu Interfood, 1981 übernommen von Jacobs und 1998 von Kraft; Austritt aus der IH 1998
Baumaterialien			
Holderbank / Holcim	x		
Sika	x		
Elektizität			
Elektrowatt	x		Aufgeteilt 1998; der industrielle Teil wurde von Siemens übernommen; Austritt aus der IH 1997 und IH-Beitritt von Siemens 1998

Core Companies im Dienstleistungssektor

	Übernahmen und Fusionen
Versicherungsunternehmen	
Schweizerische Rückversicherung / Swiss Re	
Winterthur Versicherungen	Übernommen von Axa 2006
Zürich Versicherungen / Zurich	
Banken	
SBG	Fusion mit SBV zur UBS 1998
SBV	Fusion mit SBG zur UBS 1998
UBS	Fusion von SBG und SBV 1998
SKA / CS	

Quellen: Verzeichnisse der Core Companies 1953 und Jahresberichte der Industrie Holding.
Bemerkung: Blau markiert sind die Unternehmen, die bereits 1953 zu den Core Companies gehörten.

2.2 Finanzplatz Schweiz

Malik Mazbouri, Sébastien Guex und Rodrigo Lopez

Im Laufe des 20. Jahrhunderts entwickelte sich der Finanzplatz Schweiz zu einer der wichtigsten Drehscheiben des internationalen Kapitalverkehrs und erreichte in mehreren Geschäftsfeldern eine weltweite Marktstellung, die in keinem Verhältnis zur Grösse des Landes, seinem demographischen Gewicht oder seiner wirtschaftlichen Bedeutung stand. Er etablierte sich als zentraler Sektor der Volkswirtschaft, zu deren Entwicklung er als Erbringer von unentbehrlichen Dienstleistungen für die anderen Wirtschaftsteilnehmer wie auch durch das beträchtliche Einkommen aus dem Verkauf seiner Dienstleistungen beitrug. Aus einem politischen und sozialen Blickwinkel kann schliesslich ohne Übertreibung gesagt werden, dass der Schutz seiner Interessen schon bald zu einer Staatsangelegenheit wurde und dass sein Einfluss auf die Behörden und die öffentlichen Finanzen (→ 5.2) mit seiner Konzentration und der Internationalisierung seiner Tätigkeiten beständig zunahm. Die Geschichte ihres Finanzplatzes ist daher ein zentrales Element der wirtschaftlichen, sozialen und politischen Gegenwartsgeschichte der Schweiz.

Im engeren, räumlichen Sinn versteht man unter dem Begriff Finanzplatz einen Ort, in der Regel ein städtisches Zentrum, an dem unterschiedliche Finanz- und Zahlungstransaktionen koordiniert werden, deren Volumen, Vielfalt und gegenseitige Ergänzung erst die Rolle ausmachen, die der Finanzplatz im weiteren Sinne auf regionaler, nationaler oder internationaler Ebene spielt.[1] In der Schweiz war er auf mehrere Zentren verteilt, deren wachsende Verflechtung zu Beginn des 20. Jahrhunderts zum Entstehen eines Finanzraumes von nationaler Geltung führte.

Dank ihrer Rolle als treibende Kraft für die Integration dieses Raumes auf nationaler Ebene und wegen ihres entscheidenden Beitrags zu seiner internationalen Entwicklung prägten die Schweizer Grossbanken die Geschichte des Finanzplatzes Schweiz ganz wesentlich mit. Sie waren der Eckstein der Schweizer Finanzarchitektur im 20. Jahrhundert und dienen daher als roter Faden für dieses Kapitel. Das bedeutet allerdings keineswegs, dass sie allein die Marktmacht der Schweizer Finanzinstitutionen ausmachten. Die Börsen, andere Banktypen, wie zum Beispiel die Kantonalbanken, die Schweizerische Nationalbank (SNB), die Finanzholdinggesellschaften, die grossen Versicherungsgesellschaften oder auch die internationalen Handelshäuser waren weitere Akteure, die schon lange zur effektiven Bedeutung des komplexen und undurchsichtigen Schweizer Finanzsystems beitrugen. Ebenfalls dazu zählen könnte man die zahlreichen Anbieter von Dienstleistungen, die in einem engen Zusammenhang mit dem Finanzplatz standen wie die Treuhand- und Buchhaltungsgesellschaften, die Beratungsfirmen und spezialisierten Rechtskanzleien, aber auch Institutionen, die Infrastrukturen wie

1 Dufey/Giddy 1978, 35; Cassis 2005, 12.

Kommunikationsmittel bereitstellten, internationale Luxushotels, renommierte Tourismusdestinationen, Luxuskliniken und Privatschulen für besonders Vermögende sowie nicht zuletzt verwandte Märkte wie der Kunstmarkt, in dem die Schweiz im 20. Jahrhundert ebenfalls zu den weltweit führenden Akteuren gehörte. Zwar sind diese ganz verschiedenen Aktivitäten nur schwer quantifizierbar, doch ist die Rolle, die ein Finanzplatz bei der internationalen Arbeitsteilung spielt und von der seine relative Stellung in der Hierarchie der grossen internationalen Finanzzentren abhängt, zu einem wesentlichen Teil auf die Gesamtheit, die Tradition und die Verflechtung dieser Tätigkeiten zurückzuführen. Obwohl der Finanzplatz Schweiz seine gegenwärtige internationale Ausstrahlung weitgehend den Aktivitäten verdankt, die auf die Vermeidung von Steuern ausgerichtet sind, unterscheidet er sich in dieser Hinsicht massgeblich von den in jüngster Zeit geschaffenen Offshore-Finanzzentren, die den grossen internationalen Finanzplätzen in erster Linie als Tarnung oder zur Steuerflucht dienen sollen.[2]

Dieses Kapitel gliedert sich in drei Teile. Zunächst (2.2.1) wird der Finanzplatz Schweiz kurz beschrieben; es folgt eine Beschreibung der quantitativen Entwicklung des Bankensektors im 20. Jahrhundert, wobei seine Struktur sowie der internationale Vergleich im Vordergrund stehen. In einem zweiten Teil (2.2.2) erfolgt eine qualitative Analyse der wichtigsten Entwicklungsphasen des Finanzplatzes Schweiz. Zum Schluss (2.2.3) werden die wichtigsten Phasen und Aspekte der Internationalisierung des Schweizer Finanzplatzes aufgezeigt und dabei die hauptsächlichen komparativen Vorteile zusammengefasst, denen er seine Entwicklung zu einem Akteur von weltweiter Bedeutung verdankte.

2.2.1 Struktur, internationales Gewicht und Bedeutung des Schweizer Bankensektors: Überblick und quantitative Entwicklung 1890–2000

Zwischen dem Ende des 19. Jahrhunderts und dem Ausbruch des Zweiten Weltkriegs bildeten sich die charakteristischen Züge des Schweizer Finanzplatzes heraus, die sich im Verlauf des 20. Jahrhunderts kaum mehr ändern sollten (→ III.i.4).[3] Der Finanzplatz Schweiz ist auch noch zu Beginn des 21. Jahrhunderts durch einen gewissen Dualismus gekennzeichnet. Dieser ist das entfernte Erbe des «doppelten Bankensystems»[4] aus der Zeit vor der Gründung des modernen Bundesstaats (1848), dessen Bezeichnung auf die Unterscheidung zwischen den – häufig öffentlichen – im Binnenmarkt verankerten Akteuren und den vor allem international tätigen Privatbankiers zurückzuführen ist. Bei den Banken, die für das Funktionieren des Finanzplatzes wesentlich waren, gingen zwei Arten von Institutionen dauerhaft gestärkt aus den grundlegenden Reformen hervor, die zwi-

2 Guex 2002, 62–64.
3 Ritzmann 1964, 243.
4 Bergier 1983, 310.

schen 1880/1890 und 1910 die Entstehung des Finanzplatzes geprägt hatten: die Kantonalbanken und die Grossbanken.

Auf lokaler und regionaler Ebene traten die Kantonalbanken, von denen viele während der zweiten Hälfte des 19. Jahrhunderts gegründet worden waren (gegen 1900 bestanden 25), die Nachfolge der sogenannten Sparkassen an und dominierten in der Folge den Binnenmarkt. Einige von ihnen unterschieden sich zu diesem Zeitpunkt kaum von kleinen lokalen Einrichtungen, andere, wie die Zürcher Kantonalbank, gehörten bereits zu den grössten Bankinstituten des Landes. Sie wurden vom jeweiligen Kanton begünstigt, der in der Regel ihre Verpflichtungen garantierte, ihre Gewinne einkassierte und an ihrer Verwaltung beteiligt war. Diese Banken mit starkem öffentlichem Charakter kamen den Bedürfnissen der kleinen und mittleren lokalen Kundschaft nach, deren wirtschaftliches Fortbestehen sie lange Zeit unterstützten, indem sie insbesondere für niedrige Zinssätze sorgten. Sie waren vorwiegend auf dem Gebiet ihres Kantons aktiv und tätigten alle Formen von Bankgeschäften, wobei das Hypothekarkreditgeschäft im Vordergrund stand. Bis zur Gründung der SNB im Jahr 1907 funktionierten die Kantonalbanken mit wenigen Ausnahmen auch als Emissions- und Diskontbanken. Obwohl die Zentralisierung der Notenausgabe ihnen als Emissionsinstitute schadete, wurde ihre Vorherrschaft auf dem Binnenmarkt dadurch nicht in Frage gestellt und dauerte bis in die 1970er Jahre fort.

Auf dem Gebiet der internationalen Geschäfte und Auslandsbeziehungen dominierten traditionell die Privatbankiers; sie mussten allerdings nach und nach den sogenannten Grossbanken einen wesentlichen Platz einräumen. Die Vorherrschaft dieser neuen Konkurrenten bestätigte sich im letzten Viertel des 19. Jahrhunderts, als sie losgelöst von den Projekten zum Eisenbahnbau, für dessen Finanzierung die meisten von ihnen zwischen 1850 und 1870 ins Leben gerufen worden waren, zu agieren begannen. Mit der Entwicklung von auf Kredite und Kapitalmarktgeschäfte spezialisierten Handelsbanken zu allgemeinen «Geschäftsbanken» praktizierten diese grossen Institute nach und nach jede Art von Transaktionen nach dem kontinentaleuropäischen Modell der «alle Bankdienstleistungen aus einer Hand anbietenden»[5] Universalbank. Im 20. Jahrhundert waren sie die federführenden Akteure bei der Konzentration und der Internationalisierung des Schweizer Finanzplatzes. Vor dem Ersten Weltkrieg zählte man acht von ihnen, die mit nur einer Ausnahme ihren Hauptsitz jeweils in einer Deutschschweizer Stadt hatten. Nach der Höhe ihrer Bilanzsumme im Jahr 1913 klassiert, handelt es sich um die folgenden Institute: *Schweizerischer Bankverein* (SBV, Basel), *Schweizerische Kreditanstalt* (SKA, Zürich), *Schweizerische Volksbank* (SVB, Bern), *Bank Leu* (Zürich), *Eidgenössische Bank* (Zürich), *Schweizerische Bankgesellschaft* (SBG, Winterthur), *Basler Handelsbank* (Basel), *Comptoir d'Escompte de Genève* (CEG, Genf).

Vor den 1890er Jahren lässt sich kaum von einem einheitlichen Finanzmarkt in der Schweiz sprechen. Die regionale Segmentierung war immer noch bedeutend, ob-

5 Tilly 1995.

wohl die Börsenplätze Genf, Basel und Zürich dominierten. Die vollständige Vereinheitlichung der Regeln für das Funktionieren des Sekundärmarktes (Börsen) erfolgte erst 1995 mit dem Bundesgesetz über die Börsen und den Effektenhandel, welches das vielfältige System der kantonalen Gesetzgebungen ablöste. Im Unterschied zum angelsächsischen Bankensystem beruhte das schweizerische ebenso wie das deutsche auf dem Prinzip der Universalbank, die alle Leistungen anbot und sich nicht auf bestimmte Geschäftsarten spezialisierte. Dies verlieh den Banken ein entscheidendes Gewicht auf dem Kapitalmarkt. Durch den Aufbau eines Filialnetzes weiteten die Schweizer Grossbanken ihre Tätigkeiten ab dem Ende des 19. Jahrhunderts auf die wichtigsten Zentren des Landes aus und leisteten so, wie noch zu zeigen ist, einen entscheidenden Beitrag zur Strukturierung eines auf nationaler Ebene besser integrierten Kapitalmarkts.

In geographischer Hinsicht allerdings führte die Vereinheitlichungsbewegung, die das Aufkommen des Schweizer Finanzplatzes begleitete, nicht zu einer Konzentration der Finanztätigkeiten und der damit verbundenen Dienstleistungen in einem einzigen städtischen Zentrum. Als Wirtschaftsmetropole des Landes wurde Zürich zwar allmählich zum wichtigsten Standort, doch Basel und Genf, zwei jeweils im Grenzgebiet gelegene Bankzentren mit einer langen Tradition, spielten weiterhin eine wesentliche Rolle auf regionaler wie internationaler Ebene. Die starke Stellung der Schweiz im Bereich der Vermögensverwaltung und, ab der Zeit vor dem Ersten Weltkrieg, bei den Finanzholdings rief zudem das Entstehen neuer Plätze hervor, die sich aufgrund ihrer Steuervorteile oder ihrer besonderen geographischen Lage entwickeln konnten: dazu gehörten unter anderem Schaffhausen oder Glarus in den ersten Jahrzehnten sowie das Tessin und Zug in den letzten Jahrzehnten des 20. Jahrhunderts.

Der Finanzplatz Schweiz, wie er kurz vor dem Ersten Weltkrieg entstanden war und wie er sich im Laufe des 20. Jahrhunderts weiterentwickelte, erweist sich also als ein hierarchisierter und polyzentrischer Raum unter Vorherrschaft der Banken. Die Kantonalbanken und die Grossbanken, die einander ergänzten und zugleich konkurrierten, waren die dominanten Akteure dieser Bankenstruktur, auch wenn andere Formen von Bankinstituten – lokale und mittelgrosse Banken, Hypothekarbanken, Privatbankiers und Auslandbanken – mit ihnen im Wettbewerb standen. Weitere Finanzdienstleister wie Versicherungen oder Holdingsgesellschaften waren ebenfalls von Bedeutung, trugen zur Ausstrahlung des Systems bei und verstärkten seinen internationalen Charakter.

2.2.1.1 Die Entwicklung der Bilanzen von Banken und privaten Versicherungen

Mit Blick auf die Entwicklung der Bilanzen sämtlicher in der Schweiz angesiedelter Banken sowie der privaten Versicherungsgesellschaften (einschliesslich der Einrichtungen in ausländischem Besitz) lässt sich die Geschichte des Schweizer Finanzsektors, wie Grafik 2.2-1 zeigt, in fünf grosse Perioden gliedern.

In der ersten Phase von 1890 bis 1913, einer Art «Vingt Glorieuses» im Bankwesen, wuchs die Bilanzsumme der Schweizer Banken mit einem jährlichen Anstieg von durchschnittlich 4.9% real deutlich schneller als das BIP (3.1%). Die Bilanzen der Versicherungsgesellschaften wuchsen ihrerseits zwischen 1900 und 1913 um 5.9% pro Jahr. Dieser lange Anstieg während der Belle Epoque wurde durch den Ersten Weltkrieg unterbrochen, mit dem eine deutlich unausgeglichenere Phase begann, die bis Anfang der 1930er Jahre andauerte. Der Krieg führte zu einem Einbruch des Bilanzvolumens der Banken und der Versicherungsgesellschaften von 38% (zwischen 1913 und 1919). Dagegen war in den 1920er Jahren ein starkes Wachstum zu verzeichnen, das durch die Wirtschaftskrise von 1921 bis 1922 kaum gebremst wurde: Im Zeitraum zwischen 1919 und 1932 wuchsen die Bilanzen der Banken und Versicherungen mit einer durchschnittlichen Jahresrate von 7.8%. In dieser Periode erreichte die Bedeutung dieses Sektors einen ersten Höhepunkt, der erst zwanzig Jahre später wieder egalisiert wurde. Mit dem Ausbruch der Weltwirtschaftskrise begann eine dritte Phase, die durch massive Probleme der Banken gekennzeichnet war, die erst nach dem Zweiten Weltkrieg ein Ende fanden. Das Bilanzvolumen der Banken und Versicherungen ging zwischen 1932 und seinem Tiefpunkt im Jahr 1943 um ganze 24% zurück. Allerdings verlief die Entwicklung für die Banken und die Versicherungen unterschiedlich: Während die Wirtschaftskrise Erstere mit voller Wucht traf, verschonte

Grafik 2.2-1: **Bilanzsumme der Banken und Privatversicherungen (1890–2000)**

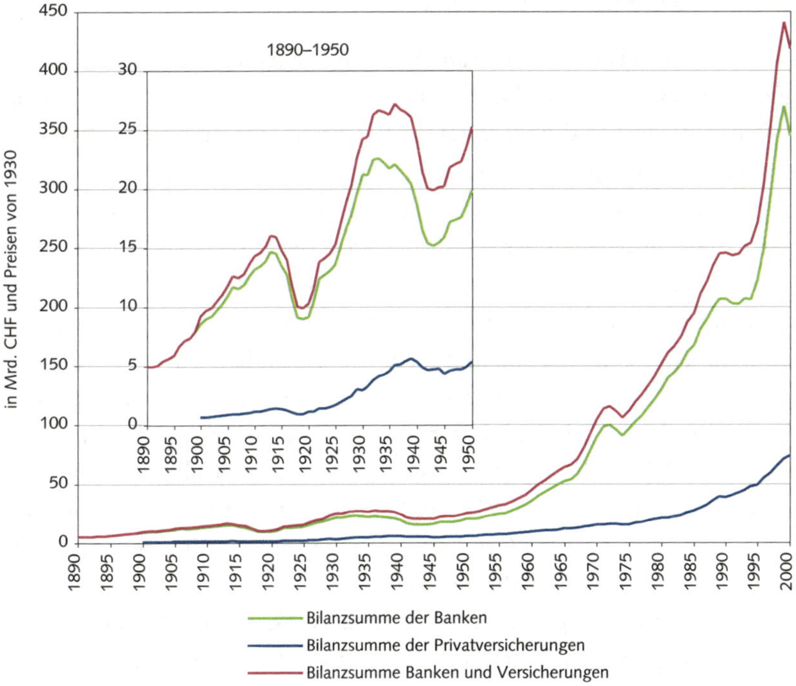

Quellen: Bilanzsumme: Jahresberichte der Banken, entsprechende Jahrgänge; Wechselkurse: 1890–1942: SNB 1944, 46–49; 1943–1970: HSSO Tab. O.22a.

Bemerkung: Die Bilanzen der ausländischen Banken wurden anhand der jährlichen Wechselkurse in CHF konvertiert und anschliessend mit dem Schweizer KPI deflationiert.

sie die Versicherungen, die nur – geringfügig – vom Krieg beeinträchtigt wurden. So gingen die Bilanzen der Banken zwischen 1932 und 1943 um 33% zurück, während diejenigen der Versicherungen im selben Zeitraum um 24% stiegen. Gesamthaft betrachtet machte während dieser Periode der gute Geschäftsgang der Versicherungen die Schwierigkeiten der Banken teilweise wett.

Die vierte Phase begann nach dem Zweiten Weltkrieg und erstreckte sich bis zur Rezession von 1973 bis 1976. Das Bilanzvolumen des Finanzsektors stieg in diesem Zeitraum mit einem rasanten Tempo von jährlich durchschnittlich 6.2%, die Wachstumsrate lag damit allerdings nicht wesentlich höher ist als diejenige des BIP (5.0%). Die Rezession läutete schliesslich eine neue Phase ein, die bis zum Ende des Jahrhunderts andauerte. Zwischen 1974 und 2000 setzte der Bankensektor, mit Ausnahme der Schwierigkeiten infolge der Immobilienkrise und des Konjunktureinbruchs Anfang der 1990er Jahre, sein Wachstum mit einer hohen durchschnittlichen Wachstumsrate von 5.4% pro Jahr fort. Das Wachstum lag damit nahe bei demjenigen der vorhergehenden Phase, war jedoch völlig abgekoppelt vom BIP, das während dieser Periode nur um 1.2% jährlich zunahm. Daran zeigt sich der ausgeprägte Internationalisierungsprozess, den die Banken und Versicherungen der Schweiz in dieser Phase durchliefen.

2.2.1.2 Grossbanken und Kantonalbanken

Die Grossbanken und die Kantonalbanken waren, wie erwähnt, die beiden wichtigsten Akteure des Schweizer Bankensystems im 20. Jahrhundert. Es sind auch die einzigen Bankentypen, die während des gesamten 20. Jahrhunderts ausreichend gemeinsame Züge aufwiesen, sodass ihre Bezeichnung in der amtlichen Statistik unverändert blieb.

Bis zum Beginn der 1930er Jahre stieg der kumulierte Anteil der Grossbanken und der Kantonalbanken an der Summe der Schweizer Bankbilanzen unaufhörlich an (Grafik 2.2-2). In dieser Phase wiesen die Grossbanken bei weitem das markanteste Wachstum auf, der Anteil der Kantonalbanken wuchs dagegen deutlich weniger schnell. Einerseits lag dies daran, dass die Grossbanken besser von der Ausdifferenzierung und Internationalisierung des Schweizer Finanzplatzes profitieren konnten als die Kantonalbanken, andererseits hatte der Erste Weltkrieg die Kantonalbanken mehr in Mitleidenschaft gezogen als die Grossbanken. Schliesslich kam nach der Wirtschaftskrise vom Anfang der 1920er Jahre die von einem noch nie dagewesenen Wachstum der internationalen Geschäfte geprägte zweite Hälfte des Jahrzehnts vor allem dem Wachstum der Grossbanken zugute.

Die Krise der 1930er Jahre und der Zweite Weltkrieg unterbrachen auf längere Zeit das überproportionale Wachstum der Kantonalbanken und der Grossbanken. Zwei Phasen zeichneten sich hier ab: Die erste begann unmittelbar nach der grossen Krise und setzte sich bis zum Ende des Zweiten Weltkriegs fort. Sie liess das absolute wie relative Gewicht der Grossbankbilanzen unvermittelt einbrechen, eine zögerliche

Grafik 2.2-2: **Anteil der Kantonal- und Grossbanken an der Bilanzsumme des Schweizer Bankensektors (1890–2000)**

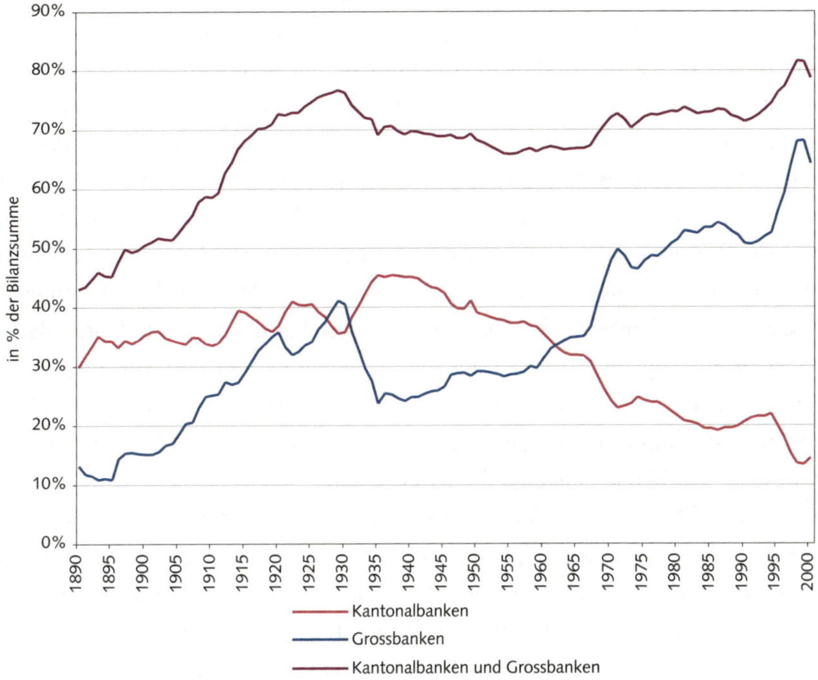

Quellen: HSSO Tab. O.8 und O.13; SNB 2001.

Erholung setzte erst um 1943 ein. Dieser deutliche Rückgang macht den Rückzug auf den Binnenmarkt deutlich und kam den Kantonalbanken zugute, deren Bedeutung im Gegenzug anstieg. Die zweite Phase setzte mit dem Ende des Zweiten Weltkriegs ein und zog sich über die ganzen «Trente Glorieuses» hin. Sie war durch einen erneuten Aufschwung der Grossbanken gekennzeichnet. Wie in der zweiten Hälfte der 1920er Jahre, und sogar noch stärker, widerspiegelte das Wachstum der Grossbanken, deren Bilanzsumme ab 1962 erneut diejenige der Kantonalbanken überstieg, die Internationalisierung ihrer Geschäfte; der Schweizer Finanzplatz selbst erlangte in den 1960er Jahren weltweit den dritten Rang unter den Finanzzentren.

Anfang der 1970er Jahre festigte sich die Vorherrschaft der Grossbanken im Schweizer Bankensystem, und diese Dominanz nahm auf Kosten der Kantonalbanken dauerhaft zu. Der kumulierte Anteil der Bilanzen dieser beiden Bankengruppen an der gesamten Bilanzsumme des Bankensektors erhöhte sich zwischen 1970 und 2000 zwar deutlich, doch war dies ausschliesslich das Verdienst der Grossbanken. Zusammen mit dem massiven Einbruch der Regionalbanken setzte die Erosion der Kantonalbanken dem alten Dualismus des Schweizer Banksektors ein Ende. Der Binnenmarkt wie die internationalen Aktivitäten wurden nun klar von den Grossbanken dominiert.

2.2.1.3 Die Schweizer Grossbanken im internationalen Vergleich

Die Geschichte der Grossbanken vermittelt besser als andere Indikatoren, zu denen keine durchgängigen Statistiken vorliegen, einen Eindruck von der Entwicklung des Schweizer Finanzplatzes. In diesem Abschnitt vergleichen wir die Entwicklung ihrer Bilanzsummen mit jener der grössten Bankinstitute in den drei wichtigsten europäischen Finanzzentren: London, wegen seiner weltweiten Bedeutung, und Paris bzw. Berlin und Frankfurt am Main, aufgrund deren historisch bedeutsamen Beziehungen zum Schweizer Finanzplatz. Für den Vergleich der Bankengruppen haben wir in jedem dieser Zentren die jeweils wichtigsten Institute ausgewählt, die das Zentrum der jeweiligen Finanzplätze bildeten und daher eine vergleichbare Rolle spielten wie die Grossbanken im Schweizer Finanzsystem. Angesichts der Besonderheiten der verschiedenen Finanzplätze scheinen uns die folgenden nationalen Bankkategorien am meisten ähnliche Züge mit der Gruppe der Schweizer Grossbanken aufzuweisen und daher am besten mit ihnen vergleichbar zu sein: Die *Big Five* für Grossbritannien, die wichtigsten Geschäftsbanken für Frankreich und die sogenannten *Grossbanken* für Deutschland.[6] Der Grundstock der Institute, aus denen sich diese Stichproben zusammensetzen, blieb zudem stabil genug, um einen gültigen Vergleich ziehen zu können, zumindest gilt dies für die Periode von 1890 bis 1970, an deren Ende der Schweizer Finanzplatz ein Zentrum von weltweiter Bedeutung geworden war.

Wie Grafik 2.2-3 zeigt, konnten die Schweizer Grossbanken hinsichtlich der Volumen ihrer Bilanzen in den 1920er Jahren in etwa zu den französischen und deutschen Instituten aufschliessen. Der Erste Weltkrieg ermöglichte es den Grossbanken, einen entscheidenden Schritt vorwärts zu tun. Während ihre Bilanzen vor dem Krieg schneller wuchsen als diejenigen der britischen und französischen Banken, jedoch im gleichen Rhythmus wie diejenigen der deutschen Banken,[7] entwickelten sie sich noch im Dunstkreis der grossen Pariser und Berliner Institute und hatten während dieser

6 Folgende Banken wurden ausgewählt: *Grossbritannien:* Barclays Bank Ltd. (1896–1970); London & County Bank (1890–1908); Lloyds Bank (1890–1970); Midland Bank (1890–1970); National Provincial Bank (1890–1970); Westminster Bank (1890–1970). *Frankreich:* Banque de Paris et des Pays-Bas (1890–1970); Banque de l'Union Parisienne (1904–1970); Banque Nationale de Crédit (1913–1931); Banque Nationale pour le Commerce et l'Industrie (1932–1965); Banque Nationale de Paris (1966–1970); Banque Suisse et Française (1895–1917); Comptoir National d'Escompte de Paris (1890–1966); Crédit Commercial de France (1895–1970); Crédit Industriel et Commercial (1890–1970); Crédit Lyonnais (1890–1970); Société Générale (1890–1970). *Deutschland:* Bank für Handel und Industrie in Darmstadt (1890–1930); Berliner Handels-Gesellschaft (1890–1944; 1952–1970); Commerzbank (1890–1944; 1951–1970); Deutsche Bank (1890–1944; 1952–1970); Disconto-Gesellschaft (1890–1929); Dresdner Bank (1890–1944; 1951–1970); Reichs-Kredit-Gesellschaft AG (1924–1944). *Schweiz:* Bank in Winterthur (1890–1911); Basler Handelsbank (1890–1944); Comptoir d'Escompte de Genève (1913–1933); Eidgenössische Bank (1890–1944); Bank Leu & Co (1890–1970); Schweizerische Bankgesellschaft (1912–1970); Schweizerischer Bankverein (1890–1970); Schweizerische Kreditanstalt (1890–1970); Schweizerische Volksbank (1890–1970).

7 Die durchschnittlichen Wachstumsraten der Bilanzsummen zwischen 1890 und 1914 betrugen im Falle der deutschen und der schweizerischen Banken 6.8%, während diejenigen der britischen Banken um 4.87% und diejenigen der französischen Banken um 3.82% wuchsen.

Grafik 2.2-3: **Bilanzsumme der Grossbanken nach Ländern (1890–1970)**

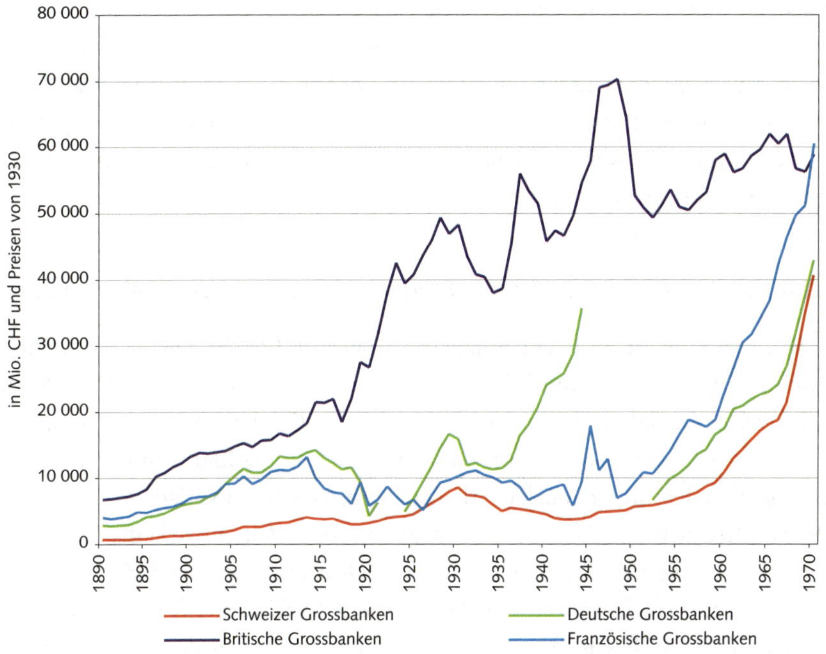

Quellen: Bilanzsumme: Jahresberichte der Banken, entsprechende Jahrgänge; Wechselkurse: 1890–1942: SNB 1944, 46–49; 1943–1970: HSSO Tab. O.22a.

Bemerkung: Die Bilanzen der ausländischen Banken wurden anhand der jährlichen Wechselkurse in CHF konvertiert und anschliessend mit dem Schweizer KPI deflationiert.

Periode auch sehr enge Geschäftsbeziehungen mit diesen. Der Erste Weltkrieg beeinträchtigte die Situation der beiden wichtigsten kontinentaleuropäischen Finanzzentren stark, was sich in einer Schwächung der französischen und deutschen Banken ausdrückte, er bot jedoch den Schweizer Grossbanken Aufholmöglichkeiten, dank derer sie sich definitiv von ihrer Position unter «ferner liefen» verabschieden konnten. Ende der 1920er Jahre waren ihre Bilanzsummen nicht mehr weit von denen der deutschen und besonders der französischen Institute entfernt. Zudem profitierten sie nach den grossen Bankinstituten der City of London, die einen kometenhaften Aufstieg verzeichneten, am meisten von dieser bewegten Zeit, die es der Schweiz ermöglichte, sich als ein internationales Finanzzentrum zu etablieren, das mit Paris oder Berlin konkurrenzieren konnte. Die Weltwirtschaftskrise setzte diesem Aufschwung ein abruptes Ende, da die Schweizer Banken, die sich seit der zweiten Hälfte der 1920er Jahre stark in Deutschland engagiert hatten, stärker von der Krise getroffen wurden als ihre Berliner, Pariser und Londoner Konkurrenten. In der Zeit nach dem Zweiten Weltkrieg profitierten die Schweizer Banken, die erneut vom Krieg verschont geblieben waren, stärker als die anderen von der Wiederaufnahme der internationalen Geschäftstätigkeit. Während die Bilanzen der britischen Banken, die sich zwar nach wie vor in der Spitzenposition befanden, in dieser Periode nur um 12 % wuchsen, versechsfachten sich die Bilanzen der Schweizer Banken, gefolgt von denen der französischen Banken, die sich verfünffachten, und denen der deutschen Banken, die um den Faktor 4.5 zunahmen. Am Ende der Periode hatten die Bilanzen der Schweizer Banken rund 60% der Bilanzen der britischen Institute erreicht bzw. 64% der Bilanzen der französischen Banken und 92% der Bilanzen der deutschen Banken. Die «Trente Glorieuses» machten den Schweizer Finanzplatz zu einer der wichtigsten Drehscheiben des internationalen Kapitalverkehrs.

2.2.1.4 Die Vermögensverwaltung: Flaggschiff des Schweizer Bankensektors

Die Bilanzsumme ist zwar ein nützlicher Indikator für das relative Gewicht der Schweizer Finanzwelt, sie reflektiert jedoch nur bedingt die tatsächliche Bedeutung der Schweizer Bankdienstleister, deren Ausserbilanztätigkeiten – in erster Linie die Vermögensverwaltung – volumenmässig schon bald die veröffentlichte Bilanzsumme überstiegen. In der internationalen Arbeitsteilung, die sich im Verlauf des 20. Jahrhunderts zwischen den verschiedenen Finanzplätzen der Welt entwickelte, war die Vermögensverwaltung angesichts vieler ursprünglich deutlich stärkerer Zentren die bevorzugte Nische der Schweizer Bankdienstleister.[8] Trotz starker Konkurrenz konnten sie ihre Stellung in diesem Bereich festigen, sodass dieser aus der Tradition der Privatbanken des Ancien Régime hervorgegangene Bereich im Laufe der Jahrzehnte zu einem zentralen Geschäftszweig wurde, der wesentlich zur Internationalisierung und zur Stärke des Schweizer Finanzplatzes in der zweiten Hälfte des 20. Jahrhunderts beitrug. Im Verlauf des Jahrhunderts sicherten sich die Schweizer Grossbanken einen wachsenden Anteil dieses lukrativen Marktes, entweder direkt oder durch die Übernahme spezialisierter Institute. Diese Entwicklung wirkte sich stark auf die Konzentration der inländischen Bankenstruktur aus und führte dazu, dass eine der Grossbanken, die UBS, sich zu Beginn des 21. Jahrhunderts als der grösste Verwalter von Privatvermögen weltweit durchsetzen konnte.[9]

Dank bedeutender und gleichzeitig regelmässiger Einnahmen funktionierte der stark umworbene Markt der Vermögensverwaltung in Krisenzeiten als ein Puffer; er war ein Garant der Stabilität, der in Jahren der Rezession willkommene Umsätze generierte und sich während der Hochkonjunkturphasen zu einer regelrechten Cash Cow entwickelte. So wird geschätzt, dass zwischen der Hälfte und zwei Dritteln der in der Schweiz erzielten Kommissionen aus der Vermögensverwaltung stammen, wobei sich der Anteil dieser Kommissionen am Nettoertrag der Schweizer Banken zwischen Anfang der 1930er Jahre und Ende der 1990er Jahre fast verdoppelt hat.[10] Die Fähigkeit, sich eine sehr reiche Kundschaft zu sichern, führte dazu, dass 1971 beispiels-

8 Landmann 1916b; Blattner/Gratzl/Kaufmann 1996.
9 Rogge 1997, 156–168.
10 Guex 2002, 59.

Grafik 2.2-4: **Vermögensverwaltung in der Schweiz (1907–2000)**

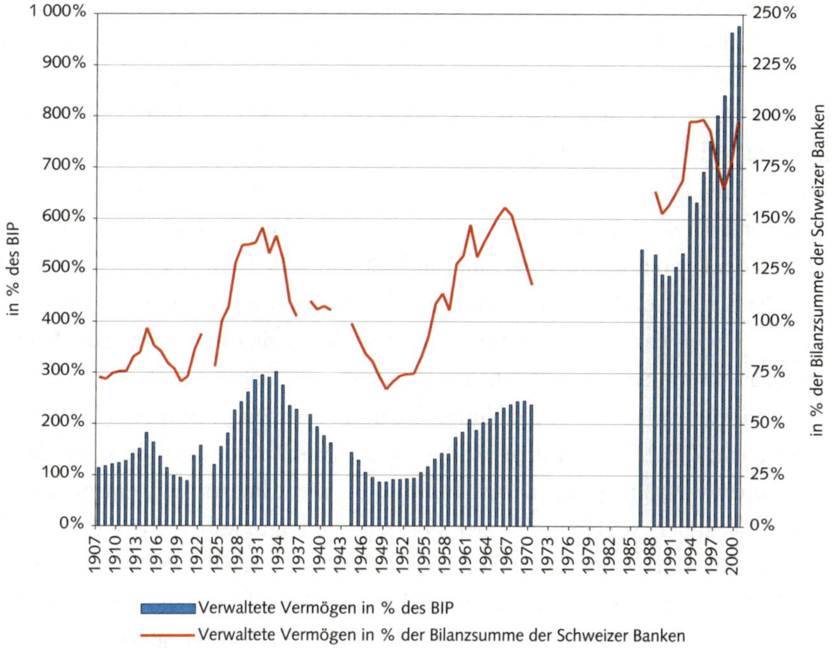

Quellen: Verwaltete Vermögen: Schätzungen der Autoren aufgrund von Blattner/Gratzl/Kaufmann 1996, 31; Jung 2000a, 93; Perrenoud et al. 2002, 620–626 und SNB, Die Banken in der Schweiz, Jg. 1998–2003; BIP: HSSO Tab. Q.16a und Q.16b.

weise der durchschnittliche Wert eines von der Schweizerischen Kreditanstalt verwalteten Wertschriftendepots mit 253 000 Franken rund vier Mal höher war als eines bei der Deutschen Bank (CHF 65 000), auch wenn diese beiden Institute mit 49 Milliarden Franken in etwa dasselbe Volumen an Wertpapieren verwalteten.[11] Die Schweizer Grossbanken hatten gegenüber ihren Mitbewerbern den Vorteil, dass sie die Verwaltungskosten relativ niedrig hielten, wodurch sie in diesem Geschäftszweig höhere Gewinne erzielen konnten.[12] Schliesslich ist noch hinzuzufügen, dass die Finanzkraft und die Ausstrahlung der reichen und sehr reichen Kundschaft, die diese Art von Dienstleistungen in Anspruch nahm, ganz wesentlich zur Bedeutung der Institute beitrug, denen diese Kundschaft jeweils die Verwaltung ihrer Vermögen anvertraute, oder wie dies der Präsident einer Schweizer Grossbank 1940 ausdrückte: «Je grösser der [verwaltete] Depotbestand, um so grösser ist auch die Placementkraft einer Bank.»[13] Dasselbe gilt für die Aufnahmefähigkeit des Schweizer Kapitalmarkts als Ganzem, denn es war zum Teil der starken Position im Bereich der Vermögensverwaltung – die ihrerseits weitgehend von der Attraktivität für die grossen ausländischen Anleger abhän-

11 Perrenoud et al. 2002, 99; Deutsche Bank, Geschäftsbericht für das Jahr 1971, 34.
12 Cocca/Geiger 2007, 7, 26–28; Weber/Meier 2009, 14.
13 Jöhr 1940, 65.

gig war – zu verdanken, dass der Schweizer Finanzmarkt in der zweiten Hälfte des 20. Jahrhunderts eines der wichtigsten Zentren für die Ausgabe internationaler Anleihen wurde. Grafik 2.2-4 zeigt eine Schätzung des Volumens der in der Schweiz durch den Schweizer Bankensektor zwischen 1907 und 2000 verwalteten Wertpapiere.

Zunächst ist festzuhalten, dass sich das reale BIP zwischen 1907 und 2000 verzehnfachte und dass, ebenfalls zu konstanten Werten, die Bilanzsumme der Schweizer Banken um den Faktor 30 zunahm. Die verwalteten Vermögenswerte stiegen in diesem Zeitraum auf das über Achtzigfache, während sich der Wert der verwalteten Vermögen zu Beginn der Periode (1907–1909) auf rund 120 % des BIP bzw. über 70 % der Bilanzsumme der Schweizer Banken belief und am Ende der Periode (1998–2000) rund neun Mal höher war als das BIP und fast doppelt so hoch wie die Bilanzsumme des Schweizer Bankensektors. Ende des 20. Jahrhunderts waren die Schweizer Banken mit einem Marktanteil von 25 % bis 30 % die Nummer eins im Offshore-Vermögensverwaltungsgeschäft (siehe 2.2.2.5). Allerdings erfolgte dieser Anstieg, wie auch derjenige der anderen in diesem Kapitel präsentierten Indikatoren, nicht linear: Nach einem massiven Aufschwung in der zweiten Hälfte der 1920er Jahre folgte während der 1930er Jahre ein relativer Rückgang, der bis Anfang der 1950er Jahre anhielt. Die 1950er Jahre waren dann der Auftakt zu einer markanten Erholung, die auch während der 1970er Jahre kaum gebremst wurde. Der massive Anstieg der verwalteten Vermögen während des letzten Jahrzehnts des 20. Jahrhunderts war für den Finanzplatz umso bedeutungsvoller, als auch die Bankbilanzen, insbesondere diejenigen der Grossbanken, während dieser Zeit stark anstiegen (siehe Grafiken 2.2-1 und 2.2-2). Eine Entwicklung, die auch darum bemerkenswert ist, weil gewisse traditionelle Vorteile, die einst zur internationalen Attraktivität des Schweizer Finanzplatzes beigetragen haben, während des letzten Viertels des 20. Jahrhunderts relativ an Bedeutung verloren.

2.2.2 Eine Geschichte in fünf Akten: Phasen und zentrale Themen der Entwicklung des Schweizer Finanzplatzes

Die wichtigsten Wachstumsphasen des Schweizer Finanzplatzes fielen also grösstenteils mit denjenigen der Grossbanken zusammen, die sich aus den weiter oben angeführten Gründen und in den erwähnten Grenzen zunehmend im Zentrum des Schweizer Finanzsystems etablieren konnten. Die bisher skizzierte Periodisierung legt eine Darstellung der Entwicklung in fünf Akten nahe, von denen die ersten vier sozusagen Teil der Erfolgsgeschichte des Schweizer Finanzplatzes sind. Der Schweizer Finanzplatz entwickelte sich in dieser Phase von einem abhängigen Zentrum zu einem Zentrum von sekundärer Bedeutung, um schliesslich in einigen Tätigkeitsbereichen eine Marktmacht von Weltrang zu erreichen. Der fünfte Akt, der Anfang der 1970er Jahre begann, entspricht der Sicherung und dem Ausbau der starken Stellung. Zum Schluss werden die wichtigsten Entwicklungen während des ersten Jahrzehnts des 21. Jahrhunderts beschrieben. Dieser Teil ist als Exkurs zu verstehen, der eine sehr junge Geschichte betrifft, aus der sich noch kaum eine definitive Bilanz ziehen lässt. Im Folgenden gehen wir näher auf jede dieser Phasen ein und versuchen, die zentralen Aspekte herauszuarbeiten. Wie in der Einführung dieses Kapitels erwähnt, bilden die Grossbanken den roten Faden der Analyse, dort, wo es das Verständnis erfordert, werden auch andere Akteure des Finanzplatzes thematisiert.

2.2.2.1 Aufkommen und Struktur des Finanzplatzes: 1890–1914

Die Herausbildung des Schweizer Finanzplatzes erfolgte zwischen Mitte der 1890er Jahre und dem Ersten Weltkrieg. Die Entwicklung war einerseits durch die wachsende Bedeutung der Grossbanken für die Binnenwirtschaft und andererseits durch die Integration des Kapitalmarkts auf nationaler Ebene gekennzeichnet, wobei Zürich sich allmählich als dominierendes Zentrum durchsetzte. Während die Gründung des Bankenkartells 1897 und die der Schweizerischen Bankiervereinigung 1912 Meilensteine am Anfang und am Ende dieses entscheidenden Ausdifferenzierungsprozesses waren, erwiesen sich der Rückkauf der grossen privaten Eisenbahngesellschaften durch den Bund ab 1898 und die Errichtung der Schweizerischen Nationalbank zwischen 1905 und 1907 als die beiden zentralen politischen Ereignisse, welche die Herausbildung des Schweizer Finanzplatzes bestimmten. In diesem Zeitraum gelang es dem Bankensektor, zukunftsträchtige Strukturen zu schaffen, seine Unabhängigkeit gegenüber dem Staat zu wahren und zugleich seinen Handlungsspielraum gegenüber den historischen Partnern und Konkurrenten, Frankreich und Deutschland, zu erweitern.

Bis zur Eröffnung der SNB im Jahr 1907 war die Banknotenausgabe Sache von rund dreissig konkurrierenden Einrichtungen, vorwiegend Kantonalbanken, die nicht über grosse eigene Mittel verfügten und notorisch unfähig waren, sich auf eine gemeinsame Politik festzulegen. Dieses System, das den Geldverkehr regelmässig störte, trug auch zur Schwächung des Schweizer Frankens auf dem Devisenmarkt bei und machte die Eidgenossenschaft im Rahmen der Lateinischen Münzunion, der die Schweiz seit 1865 angehörte, zu einer «monetären Provinz» Frankreichs. Das dezentrale, von den Kantonalbanken dominierte System festigte zugleich deren Vorherrschaft auf dem Binnenmarkt und erlaubte es einer ganzen Reihe von lokalen und regionalen Banken, den Grossbanken gegenüber konkurrenzfähig zu bleiben, denn dank der leicht zu erhaltenden Refinanzierung seitens der Emissionsbanken mussten diese ihr Kreditangebot hoch halten und schadeten damit der Liquidität und der Qualität ihrer Aktiven. Das lange Fortdauern dieses Systems, das eine Quelle von Anfälligkeiten und systemischen Abhängigkeiten war, hatte vor allem politische Gründe – namentlich föderale –, und seine späte Aufhebung führte dann zu einer tiefgreifenden Umwälzung des Bankensektors.[14]

14 Zimmermann 1987, 20–49; Guex 1993, 20–39.

Die restriktivere Diskontpolitik der Nationalbank trug einerseits zur Schwächung der Wettbewerbsfähigkeit der lokalen und regionalen Banken bei. Andererseits zwang die Abschaffung des Emissionsprivilegs als lukrativem Geschäftszweig die früheren Emissionsbanken dazu, den Gewinnausfall durch die Intensivierung ihrer Geschäfte in anderen Tätigkeitsbereichen zu kompensieren. So nahm der Wettbewerb zwischen den Banken generell zu und führte noch vor der Eröffnung der SNB zu einigen entscheidenden Fusionen, hauptsächlich im Rahmen der Übernahmepolitik der Grossbanken. Die Schweizerische Nationalbank wurde als spezialgesetzliche Aktiengesellschaft des Bundesrechts gegründet: Zwei Fünftel des Kapitals wurde den Kantonen, ein Fünftel den früheren Emissionsbanken reserviert, der Rest wurde zur öffentlichen Zeichnung angeboten. Die SNB scheint dem Schweizer Finanzkapital, aus dem die Grossbanken hervorgegangen sind, deutlich näher gestanden zu haben als den politischen Kräften auf Kantons- oder Bundesebene.[15] So verfolgte sie in den ersten Jahren eine rigoros auf Stabilität ausgerichtete Politik, die den Grossbanken eine Position verschaffte, die sie unter dem dezentralen Emissionssystem nicht hatten erlangen können. Während die Diskontpolitik zu einer Bereinigung auf dem Binnenmarkt führte, bei der die schwächsten Institute verschwanden, verminderten die sinkenden Zinssätze die Wettbewerbsfähigkeit der französischen Konkurrenz in der Schweiz. Ausserdem trug eine geschickte Devisenpolitik gleichzeitig zur Stärkung des Wechselkurses des Frankens und zur Befreiung der Schweiz aus der geldpolitischen Abhängigkeit von Frankreich bei.[16]

Die Verstaatlichung des Eisenbahnnetzes, die 1891 angestrebt und in einer Volksabstimmung sieben Jahre später gutgeheissen wurde, bildete den Auftakt zur Modernisierung des Kapitalmarkts. Diese Verstaatlichung mobilisierte letztendlich nahezu 1.5 Milliarden Franken, d.h. über 40% des durchschnittlichen BIP, und führte zur – späten – Bildung einer echten Staatsschuld auf Bundesebene, deren Umfang sich praktisch verzehnfachte. Um den neu entstandenen Kapitalmarkt für sich zu reservieren, bildeten die Schweizer Banken sofort Kartelle. Auch hier ging es darum, der Konkurrenz der grossen Pariser Kreditinstitute zu begegnen, die als einzige ausländische Institute über ein Netz von Sitzen, Agenturen und Filialen in der Schweiz verfügten, und das in einer Situation, in der sich ohnehin ein Grossteil der Schweizer Staatsschuld in französischen Händen befand.[17] Ein entscheidender Schritt in diese Richtung wurde bereits Anfang 1897 mit der Bildung des Bankenkartells (BK) gemacht, das bald die Kräfte aller Grossbanken sowie der Berner Kantonalbank vereinte. Als Gegenpol zum wachsenden Einfluss dieses Kartells vereinigten sich die Kantonalbanken zum Verband Schweizerischer Kantonalbanken (VSKB), der 1907, im Eröffnungsjahr der SNB, gegründet wurde.[18] Die Konkurrenz zwischen dem Kartell und dem Verband

15 Banque Nationale Suisse 1932, 35–36; Guex 1993, 45–60.
16 Guex 1993, 60.
17 Moos 1922, 20–26.
18 Matter 1958, 78–79.

erwies sich jedoch bald als verheerend und kam den französischen Banken zugute, sodass sich das BK und der VSKB Anfang 1911 annäherten, um gemeinsam das Emissionssyndikat der Schweizer Banken zu bilden. Die Mitglieder des BK und des VSKB verpflichteten sich zusammenzuarbeiten, sobald eine öffentliche Körperschaft der Schweiz eine Anleihe ausgab, die einen gewissen Betrag überstieg, der mit 2 Millionen Franken relativ niedrig angesetzt war. Die beiden Organisationen stärkten die Stellung der Schweizer Bankenwelt und insbesondere diejenige der Grossbanken gegenüber der öffentlichen Hand und verliehen ihren Mitgliedern bald ein effektives Monopol auf dem Schweizer Markt für Staatsanleihen. Die Kartelle führten auch zu einer gewissen Konzentration, da die Institute, die nicht zum BK oder zum VSKB gehörten, von zahlreichen bedeutenden Emissionen ausgeschlossen waren und die Syndikatsbanken für eine weniger lukrative Unterbeteiligung anfragen mussten.[19]

Als letztes Element der neuen Struktur ist die Gründung der Vereinigung von Vertretern des schweizerischen Bankgewerbes, der zukünftigen Schweizerischen Bankiervereinigung (SBVg), 1912 in Basel zu erwähnen. Dieser vom 1901 gegründeten Zentralverband des deutschen Bank- und Bankiergewerbes inspirierte, mächtige Verband wurde von den Grossbanken und den Privatbankiers dominiert und verfolgte zwei wesentliche Ziele. Erstens sollten die Wettbewerbsbedingungen zwischen den Banken durch den Abschluss von Vereinbarungen in gewissen Tätigkeitsbereichen geregelt und zweitens die Interessen des Berufsstands auf nationaler Ebene aggregiert werden, um Letztere effizient gegenüber dem eidgenössischen Gesetzgeber zu vertreten.[20] Damit holten die Schweizer Banken den organisatorischen Rückstand auf, den sie gegenüber anderen Wirtschaftssektoren aufwiesen. Dies bedeutete einen wesentlichen Fortschritt, denn das politische System der Schweiz gestand den Wirtschaftsverbänden eine entscheidende Rolle in der Bundespolitik zu.

Die Interessenpolitik der Verbände bestätigte die Vorherrschaft der drei wichtigsten Finanzplätze des Landes, Zürich, Basel und Genf, die um 1910 zusammen rund 40% aller auf Schweizer Territorium tätigen Bankangestellten versammelten.[21] Zürich, das in der zweiten Hälfte des 19. Jahrhunderts zum Motor der Schweizer Wirtschaftsentwicklung geworden war, blieb zwar als Börsenmarkt weniger kosmopolitisch als die an der Grenze gelegenen Standorte Genf und Basel, wo die Privatbanken eine wichtige, in der Calvin-Stadt sogar dominierende Rolle spielten. Doch das Limmat-Athen, Hauptsitz dreier von acht Grossbanken, Schweizer Hauptstadt des Versicherungsgeschäfts und Hauptort des Kantons mit der bedeutendsten Kantonalbank des Landes, setzte sich zu Beginn des 20. Jahrhunderts allmählich auch als wichtigstes Finanz- und Bankzentrum der Schweiz durch. Diese Stellung wurde 1907 bekräftigt, als die Schweizerische Nationalbank einen ihrer beiden Sitze dort errichtete.[22]

19 Plucer-Sarna 1911, 160–161.
20 Schweizerische Bankiervereinigung 1962, 13–16; Lehmann 1956.
21 Frey/Vogel 1997, 194.
22 Jöhr 1928.

Das starke Wachstum der Grossbanken auf nationaler Ebene beruhte nicht nur auf der Emission öffentlicher Anleihen, sondern auch auf den Beziehungen zur Schweizer Exportindustrie und den starken internationalen Beziehungen, insbesondere zu Deutschland. Unter den verfügbaren Indikatoren ist besonders die Entwicklung der Kontokorrentkonti zu erwähnen, die diese Banken für ihre grossen Industrie- und Handelskunden eröffneten. Zwischen 1895 und 1913 verfünffachte sich real das Gesamtvolumen der Kontokorrentkonti von fünf der acht als Grossbanken klassierten Institute. Die Bankbeziehungen mit dem Ausland entwickelten sich entsprechend, wie der Anstieg der ausländischen Emissionen auf dem Schweizer Kapitalmarkt zeigt, von denen ein Grossteil seitens der Grossbanken platziert wurde. Wenn man nur die offiziellen Emissionen zählt, stieg die Anzahl solcher Ausgaben von durchschnittlich 28 pro Jahr zwischen 1895 und 1900 auf einen Durchschnitt von 83 pro Jahr zwischen 1910 und 1913.[23] Am Vorabend des Ersten Weltkriegs war die Schweiz das Land, das pro Einwohner weltweit am meisten Kapital exportierte. Die schweizerische Quote lag sogar noch weit vor derjenigen Grossbritanniens.[24] Der auf nationaler Ebene immer besser integrierte Kapitalmarkt und die zunehmenden internationalen Transaktionen veranlassten die Grossbanken, ein Filialnetz zu entwickeln, um ihre Platzierungskapazität zu verbessern und ihr Portfolio der Industrie- und Handelsbeziehungen auszubauen.[25] Zwischen 1900 und 1913 übernahmen die Grossbanken 25 lokale und regionale Institute, breiteten sich damit in an die vierzig neue Standorte aus und verfügten über ein Netz von rund achtzig Vertretungen in der Schweiz.[26] Diese «Binnenkolonialisierung», mit der die Grossbanken an den Schlüsselstellen des in Entstehung begriffenen Finanzplatzes vertreten sein wollten, machte jedoch noch nicht ihr ganzes Gewicht aus. Dazu kamen deren mehr oder weniger sichtbare Beteiligungen, die ein undurchsichtiges Geflecht spezialisierter Tochtergesellschaften bildeten, insbesondere auf dem Gebiet der Versicherung, aber auch auf dem des Hypothekarkredits und der Steuerberatung.[27]

Die Schweizer Grossbanken spielten zudem eine entscheidende Rolle bei der Gründung bedeutender Finanzierungsgesellschaften, deren Zahl in der Schweiz seit Anfang der 1890er Jahre stark zunahm (→ III.i.4).[28] Die wichtigsten dieser Unternehmen, die aufgrund des langfristigen Kreditbedarfs infolge der enormen Infrastrukturausgaben im Zusammenhang mit der zweiten industriellen Revolution entstanden, wie die in Zürich 1895 gegründete Elektrobank und die Indelec, die ihre Tätigkeit 1896 in Basel aufnahm, waren Gesellschaften nach Schweizer Recht. Sie wurden jedoch in enger Partnerschaft mit dem deutschen Finanzkapital gegründet, das für die

23 Meier 1931, 81.
24 Bairoch 1976, 278–279; Bairoch 1984, 481–482.
25 Plucer-Sarna 1911, 96.
26 Kurz/Bachmann 1928, 304–309.
27 Mazbouri 2005, 352–357.
28 Liefmann 1920.

steuerlichen und rechtlichen Vorteile der Schweiz sowie für diejenigen der politischen Neutralität des Landes empfänglich war.[29] Viele dieser Gesellschaften waren durch Personen- oder Kapitalverflechtungen mit den Schweizer Grossbanken verbunden und obwohl deutsche Interessen, zumindest bis zum Ersten Weltkrieg, oft vorherrschend waren, bildeten sie ein wichtiges Relais zur Industriepolitik der Grossbanken und leisteten einen wesentlichen Beitrag zur Internationalisierung des Schweizer Finanzplatzes.

2.2.2.2 Der Erste Weltkrieg und der internationale Aufstieg in den 1920er Jahren

Die Periode vom Ersten Weltkrieg bis Anfang der 1930er Jahre war eine entscheidende Phase in der Geschichte des Schweizer Finanzplatzes. Zwar spielte dieser schon vor dem Krieg eine bedeutende Rolle im internationalen Kapitalverkehr,[30] doch mit dem Krieg und den daraus hervorgehenden politischen und monetären Wirren wurde die Attraktivität des Schweizer Finanzzentrums gefestigt, während gleichzeitig die Schwächung der europäischen Grossmächte weiten Entfaltungsspielraum auf dem Kontinent eröffnete. Die wichtigsten Akteure des Banken- und Finanzwesens in der Schweiz profitierten umso mehr von den Schwierigkeiten ihrer Konkurrenten, als trotz der Kosten und Konflikte, die der Krieg auch in der Schweiz verursacht hatte, mehrere komparative Vorteile, vor allem im Steuerbereich, bewahrt werden konnten. Insbesondere hatten die Neutralität und der Schweizer Franken, der inzwischen zu einer der solidesten Währungen der Welt geworden war, ihre Feuertaufe bestanden. Zusammen mit der raschen Beherrschung der Inflation schufen diese Elemente die Voraussetzungen für den Aufstieg des Schweizer Finanzplatzes während der 1920er Jahre, im Verlauf derer die Grossbanken ein noch nie dagewesenes Wachstum auf nationaler wie auch auf internationaler Ebene erlebten.

In der Schweiz, wie in anderen Ländern, beeinträchtigte der Erste Weltkrieg die Bedingungen für Bankgeschäfte stark. Doch obwohl die wirtschaftlichen und sozialen Probleme, mit denen die Schweiz während der vier Kriegsjahre konfrontiert war, beträchtlich waren, nahmen sie nicht das Ausmass derjenigen in den kriegführenden Staaten an. Zweifellos waren die Wochen um Ende Juli und Anfang August 1914 kritisch. Der Einbruch der Werte an den Börsen, der Run auf die Bankschalter und der weitgehende Zusammenbruch des Zahlungsverkehrs liessen das Chaos der ersten Monate des Deutsch-Französischen Krieges von 1870/71 wieder lebendig werden. Doch auch andere Finanzzentren, wie London, Paris und Berlin, wurden hart getroffen. Die Schweiz war besser gerüstet denn je, um dem Schock standzuhalten. Obwohl die SNB selbst wenig vorbereitet war, bestand sie ihre Reifeprüfung: Ihre Aktivitäten konnten, zusammen mit weiteren Massnahmen, verhindern,

29 Paquier 1998.
30 Hertner 1987, 341–355.

dass die Krise ein systemisches Ausmass annahm.[31] Der Grad an Mindestmetalldeckung wurde nicht gesenkt, und es musste kein Bankenmoratorium erlassen werden, was einiges zum Ruf der Solidität des Schweizer Finanzplatzes beitrug – einer Solidität, die sich zu einer seiner wesentlichen Stärken entwickeln sollte.[32] Den internationalen Zahlungsverpflichtungen kam man nach, und nachdem die heikle Phase des Kriegsanfangs einmal überwunden worden war, profitierte der Schweizer Finanzplatz sogar vom Krieg.

Trotz des politischen Drucks der einen oder anderen Kriegspartei erlaubt es die Neutralität des Landes nämlich, während des Konflikts auf sämtlichen europäischen Märkten präsent zu bleiben, und der Schweizer Franken setzte sich zum ersten Mal in seiner Geschichte als Fluchtwährung von internationalem Rang durch. Anstatt dass die Kapitalexporte unter den Feindseligkeiten litten, wurden sie dadurch noch gefördert: Ihr durchschnittliches jährliches Volumen wird zwischen 1914 und 1919 auf 400 Millionen Franken geschätzt, was eine Verdoppelung gegenüber der Vorkriegsperiode bedeutet.[33] In Verbindung mit den Wechselkursschwankungen ermöglichte die Schwächung der konkurrierenden grossen Zentren den Schweizer Akteuren, neue Geschäftsbereiche zu erobern und sich dort eine Position aufzubauen, die sie zumindest teilweise auch nach dem Konflikt behaupten konnten, unter anderem in den Bereichen des Devisen- und Banknotenhandels sowie der Rembourskredite.[34] Ab 1915 fanden massive Ströme kurzfristiger ausländischer Mittel auf der Flucht vor Inflation und nationalen Steuerämtern Asyl bei den Schweizer Banken und trugen zur Liquidität des Geldmarktes bei. Der Kauf von Schatzanweisungen (Reskriptionen) des Bundes, dessen schwebende Schuld seit 1914 explodierte, stellte eine ideale Verwendung für diese volatilen Depots dar. Dazu kamen ab 1916 halboffizielle Bankdarlehen, die allen Kriegsparteien gewährt wurden und die ein Gesamtvolumen von nahezu 10% des BIP von 1918 erreichten.[35]

Aufgrund der relativ geringen Kriegskosten, die nur zu einem kleinen Teil mittels Steuern gedeckt wurden, blieb die Steuerbelastung in der Schweiz im internationalen Vergleich bescheiden (→ 5.2.2.1).[36] Dafür vervierfachte sich die Verschuldung des Bundes. Der Krieg hinderte die öffentliche Hand in der Schweiz weitgehend, sich an ausländische Geldgeber zu wenden, wodurch die inländischen Finanzintermediäre über eine Monopolstellung auf dem Schweizer Kapitalmarkt verfügten, der nun von jeglicher französischer Konkurrenz befreit war. Daraus resultierte eine merkliche und dauerhafte Stärkung des politischen Einflusses der Banken auf den Staat. Die Versenkung des ersten Entwurfs für ein Bundesgesetz über die Banken ist vor diesem Hin-

31 Banque Nationale Suisse 1932, 103–118.
32 Guex 1993, 205–208.
33 Guex 1993, 235–237.
34 Jöhr 1956, 275.
35 Mazbouri 1999.
36 Guex 1994.

tergrund zu sehen. Er wurde auf Druck der SBVg zurückgezogen, noch bevor er dem Parlament vorgelegt worden war.[37] Der unter anderem auf die Inflation zurückzuführende, schnell wieder beendete Streik der Zürcher Bankangestellten (30. September bis 1. Oktober 1918) und der anschliessende Generalstreik vom November 1918 markierten eine schwere Legitimitätskrise der Schweizer Eliten. Doch im Vergleich zu den sozialen und revolutionären Bewegungen, welche die grossen Nachbarländer erschütterten, waren die letzten Kriegsmonate und die Zeit unmittelbar danach nur unbedeutende Flecken auf der ansonsten weissen Weste des Schweizer Finanzplatzes.

Nach dem Ende des Krieges zogen die Schweizer Banken allgemein eine zufriedene Bilanz: Ein grosses Basler Institut hielt fest, dass «die Geschäftsbanken besonders gut gearbeitet haben und ihr Wirkungsfeld stark ausdehnen konnten».[38] Natürlich erlitt der Schweizer Finanzplatz in der Folge spürbare Verluste. Die Schwierigkeiten der unmittelbaren Nachkriegszeit waren der Auslöser für eine neue Konzentration, von der wiederum die Schweizer Grossbanken profitierten, die ihr nationales Netz erweitern konnten: Zwischen 1918 und 1922 wurden 30 Institute entweder von den Grossbanken oder den Kantonalbanken übernommen.[39] Es wurden aber auch rechtliche Massnahmen getroffen, um die Auswirkungen der Währungskrise zu mildern: Sie reichten von einer Anpassung der Bestimmungen über die Bilanzierung der ausländischen Vermögenswerte, die stark an Wert verloren hatten, bis hin zur Verabschiedung von Staatsverträgen mit Deutschland, wo sich die Schweizer Hypothekarbanken und Versicherungen während des Krieges stark engagiert hatten.[40] Insgesamt war die Situation des Schweizer Finanzplatzes jedoch deutlich günstiger als diejenige in den grossen Nachbarländern, und das umso mehr, als er von der politischen Stabilität, den vorteilhaften steuerlichen Bedingungen und vom stabilen Franken profitieren konnte. Der Franken etablierte sich nach dem Ersten Weltkrieg als eine der stärksten Währungen der Welt, während die Reichsmark, der französische Franc oder die italienische Lira einbrachen.

Zwischen 1920 und 1929 wuchs der Nominalwert des kurz- und langfristigen Fremdkapitals der Schweizer Grossbanken real um nahezu 140 %; ein zeitgenössischer Beobachter schätzte, dass rund die Hälfte des im Jahr 1929 verzeichneten Wachstums auf Depots von Ausländern zurückzuführen war.[41] Und der Völkerbund, in dem sich die Schweizer Delegierten mit Erfolg den verschiedenen Initiativen zur Förderung des Austausches von Steuerinformationen zwischen den Staaten widersetzten,[42] schätzte, dass 1929 die Gesamtsumme der Depots bei den Schweizer Geschäftsbanken 580 Dollar pro Einwohner betrug, ein weltweiter Rekord, der seiner Ansicht

37 Guex 1995.
38 Société de Banque Suisse 1920, 130.
39 Jung 2000a, 34.
40 Frey 1920; Weckherlin 1927, 67–104.
41 Erb 1931, 15.
42 Farquet 2009.

nach auf «die beträchtliche Anhäufung ausländischen Kapitals»[43], zurückzuführen war, das bei den Schweizer Banken Schutz gesucht hatte. 1920 zählte die Schweiz 94 Holdinggesellschaften unterschiedlicher Natur mit einem Gesamtkapital von rund 450 Millionen Franken. 1930 betrug die Anzahl dieser Gesellschaften 1287 und das Gesamtkapital rund 3 Milliarden Franken.[44] Auch bei den Holdinggesellschaften waren sich die Beobachter einig, dass der Anteil ausländischen Kapitals, das in der Schweiz Schutz gesucht hatte, dominierte. Bis zur Stabilisierung des Franc durch Finanzminister Raymond Poincaré zwischen Dezember 1926 und Juni 1928 war der französische Anteil an diesem Zustrom zweifellos sehr gross. Aber auch andere Länder, insbesondere Deutschland, waren stark beteiligt.[45] Im November 1930 kam der Deutsche Konsul in Zürich zum Schluss, dass seit 1927 an die 4 Milliarden Franken von der anderen Seite des Rheins in die Schweiz geflossen waren, von denen 3 Milliarden direkt bei den Schweizer Banken deponiert wurden.[46]

Diese Kapitalzuflüsse trugen zur Verbesserung der Liquidität des Schweizer Geldmarkts bei, was zu einem allmählichen Rückgang des offiziellen Diskontsatzes seit Beginn der 1920er Jahre führte, sodass der Diskontsatz der Schweiz ab Ende 1925 zusammen mit demjenigen der Niederlande einer der niedrigsten der Welt war.[47] Die mittel- und langfristigen Zinsen erfuhren ab 1921 ebenfalls eine merkliche Entspannung und kamen dauerhaft unter denjenigen der Nachbarländer zu liegen. Dadurch drängten auch ausländische Schuldner in die Schweiz, was den Banken einträgliche Geschäfte ermöglichte: Um 1925 wurden die erstrangigen Hypothekardarlehen in Deutschland um 15 % gehandelt, während die italienischen und französischen Effekten in der Schweiz zu 9 % die Ersteren bzw. zwischen 6 % und 8 % die Letzteren diskontiert wurden. Da die Verzinsung der von den Schweizer Banken ausgegebenen Kassenobligationen für die Beschaffung stabiler Mittel von 5.5 % 1920 auf 4 % 1930 sank und der private Diskontsatz zwischen 2.5 % und 3 % schwankte, ergaben sich so beträchtliche Margen. Ernst Weber, der Präsident des Direktoriums der SNB fasste diesen Mechanismus treffend zusammen: «Der anhaltende Zustrom fremder Kapitalien schuf die Vorbedingungen des schweizerischen Kapitalexportes.»[48]

Die Frage des Kapitalexports und seiner eventuellen Auswirkungen auf die Höhe der inländischen Zinssätze, namentlich der Hypotheken, war während des Ersten Weltkriegs und in der Zwischenkriegszeit Gegenstand wiederholter Diskussionen in der Öffentlichkeit. Der hochverschuldete Bauernstand forderte eine Plafonierung der Zinssätze und eine rechtliche Kontrolle der Kapitalexporte, die Exportindustrie dagegen hoffte, im Gegenzug für die dem Ausland zur Verfügung gestellten Kreditfazili-

43 SDN 1931, 9–10.
44 Eidgenössisches Statistisches Amt 1934, 37.
45 Wulfsohn/Wernlé 1923; Brown 1988, 140.
46 Zitiert in Guex 1999, 284.
47 Kellenberger 1939, 227.
48 Weber 1944, 199.

täten Aufträge zu erhalten. Das 1927 mündlich zwischen den Schweizer Banken und der SNB abgeschlossene Gentlemen's Agreement führte, obwohl es den Handlungsspielraum der Banken nur wenig einschränkte, zu einer Beruhigung der Lage und verhinderte, dass der Staat in diesem Bereich gesetzgebend eingreifen musste.[49] Zwischen 1921/1924 und 1930 erreichte das Volumen der ausländischen Anleihen, die offiziell auf dem Schweizer Kapitalmarkt platziert wurden, laut den verfügbaren Schätzungen zwischen 1.3 und 1.7 Milliarden Franken.[50] Deutschland nahm den Spitzenrang unter den Schuldnern ein (rund 34% der Anleihen), Frankreich lag an zweiter Stelle (26%), gefolgt von Belgien (9%) gleichauf mit den Ländern Osteuropas und des Balkans, danach kam Österreich (6%); der Rest verteilte sich zwischen Brasilien und Chile (insgesamt 6%), Italien (2%) und verschiedenen skandinavischen Ländern.[51] Einberechnet ist hier allerdings nur der sichtbare Kapitalexport, zu dem noch die ohne öffentliche Emission bei den Bankkunden platzierten Anleihen und die an der Börse oder ausserbörslich erworbenen ausländischen Wertpapiere kamen. Laut dem Präsidenten der SNB betrug das Volumen dieser Geschäfte zwischen 1923 und 1930 rund 1.5 Milliarden Franken, also praktisch nochmals gleich viel wie das der öffentlich aufgelegten Anleihen.[52] 1930 erreichten die Vermögenswerte der Grossbanken im Ausland den enormen Betrag von 3.6 Milliarden Franken; Deutschland hatte daran einen Anteil von rund 60%.[53]

Diese bislang wohl unterschätzten Werte haben nur einen indikativen Wert. Mehr als die exakten Summen ist vor allem bemerkenswert, dass sich die Kräfteverhältnisse im Banken- und Finanzsektor zwischen der Schweiz und ihren beiden grossen Nachbarn im Westen und Norden umkehrten. Während der Regierungszeit des Linkskartells erhielt Frankreich, das die grossen Schweizer Bankiers zwischen 1924 und 1925 um Hilfe anging, nicht die Kredite, die der Regierung Poincaré ab 1926 gewährt wurden.[54] Deutschland, das bei der Gründung der Schweizer Grossbanken und anschliessend bei der Entwicklung der mächtigen, auf Schweizer Gebiet gegründeten Finanzgesellschaften des 19. Jahrhunderts eine wichtige Rolle gespielt hatte, verlor im Zuge des Krieges die Verwaltungsratssitze, die seine Staatsangehörigen während der Belle Epoque in zahlreichen bedeutenden Schweizer Finanzinstituten innehatten. Dagegen spielten die Schweizer Bankiers wie auch manche ihrer Kollegen aus kleinen neutralen Ländern mit einer starken Währung gelegentlich eine Schiedsrichterrolle in hochgradig konfliktären Fragen wie der Höhe der Reparationszahlungen, der Emission internationaler Anleihen zur Stabilisierung der Reichsmark oder auch bei der Organisation

49 Sancey 2004, 123–204.
50 Duttweiler 1983, 51.
51 Meier 1931, 133.
52 Bachmann 1930.
53 Diplomatische Dokumente der Schweiz 1982 (Vol. 10), 110: Lettre du Président du Directoire de la Banque nationale, G. Bachmann, au Chef du Département politique, G. Motta, 27 octobre 1930; Loepfe 2006, 40.
54 Guillen 1982.

der neuen Reichsbank.[55] Die Ansiedlung des Völkerbunds und seines Finanzausschusses in Genf zu Beginn der 1920er Jahre und die 1930 erfolgte Gründung der Bank für internationalen Zahlungsausgleich in Basel bezeugen dieses neue symbolische Prestige, das die Schweiz und ihre Bankiers genossen.[56]

Zum Schluss dieses kurzen Überblicks ist in Erinnerung zu rufen, dass die Grossbanken nicht die einzigen Akteure des Finanzplatzes waren, die ihre Position auf nationaler Ebene sowie international gegenüber der ausländischen Konkurrenz stärken konnten. Auch die Versicherungsgesellschaften, Finanzgesellschaften oder der internationale Grosshandel vermochten sich zu behaupten.[57] So leitete der Erste Weltkrieg im Versicherungsbereich einen noch nie dagewesenen internationalen Aufschwung ein.[58] Während sich die Versicherungsunternehmen der Länder mit stark geschwächten Währungen nur schlecht von den Problemen der Nachkriegszeit erholten oder gar daran zugrunde gingen, war in der Schweiz eine neue Gründungswelle zu beobachten, und die Zahl der konzessionierten Schweizer Gesellschaften stieg von 29 im Jahr 1913 auf 45 Ende der 1920er Jahre. Auf dem Schweizer Lebensversicherungsmarkt war der Rückgang der ausländischen, insbesondere deutschen, Unternehmen, der durch eine Serie von Konkursen genährt wurde, spektakulär: Ihr Marktanteil sank von 55 % vor dem Krieg auf 2 % im Jahr 1929. Nun verfügten die Schweizer Lebensversicherer, unter denen die Rentenanstalt und die Basler Versicherungen dominierten, über eine Monopolstellung, die sie ab Anfang der 1920er Jahre durch den Zusammenschluss in einem Kartell noch weiter festigten.[59] Die gesamten Einnahmen der Schweizer Gesellschaften, die schon lange Zeit im Ausland sehr aktiv waren, verdoppelten sich real zwischen 1913 und 1929, und 1929 stammte mehr als die Hälfte davon aus ihrer internationalen Tätigkeit. Im Sachversicherungsbereich nahmen die Zürich und die Winterthur eine klare Spitzenstellung ein. Dank der Schweizerischen Rückversicherungs-Gesellschaft wurde die Schweiz gerade in den 1920er Jahren – um mit den Worten von Jean Halpérin zu sprechen – auch zum «grössten Exporteur von Rückversicherungen weltweit».[60]

2.2.2.3 Krise, Krieg und Restrukturierungen: 1931–1945

Die Weltwirtschaftskrise der 1930er Jahre zog die Schweizer Grossbanken stark in Mitleidenschaft, was zur Verabschiedung eines Bankengesetzes im November 1934 führte. Erst die späte Abwertung des Frankens im September 1936 verlieh der Schweizer Wirtschaft neuen Schwung und erlaubte es den Banken, das Tief hinter

55 Mazbouri 2005, 489–490.
56 Worner 1931, 158–161; Toniolo 2005, 24–60.
57 Guex 1998; Imwinkelried 1999.
58 Halpérin 1946, 193–194.
59 Bösch 2008, 53 und 255.
60 Halpérin 1946, 197.

sich zu lassen (→ 5.1.4.3). Während des Zweiten Weltkriegs erbrachten die Schweizer Banken eine ganze Reihe von Finanzdienstleistungen für Nazideutschland, was zu Kritik und Druck seitens der angelsächsischen Alliierten führte. Als einziges von den Zerstörungen bewahrtes europäisches Finanzzentrum, das über eine starke und frei konvertierbare Währung verfügte und seine Geschäftsbeziehungen mit den Kriegsparteien wahren konnte, ging der Finanzplatz Schweiz jedoch ohne grössere Schäden aus dem Weltkrieg hervor und profitierte davon noch während der Phase des wirtschaftlichen Aufschwungs der Nachkriegszeit.

Die Grossbanken waren besonders stark von der Wirtschaftskrise der 1930er Jahre getroffen, und zwar vor allem aufgrund der bedeutenden Deutschland und anderen mitteleuropäischen Ländern gewährten Kredite, die vorab höhere Renditeaussichten boten als Ausleihungen in andere Länder. Ende 1931 lagen die Schweizer Banken hinter denjenigen Grossbritanniens und der USA mit einem Kreditvolumen von beinahe 1.2 Milliarden Franken auf dem dritten Rang der wichtigsten kurzfristigen Gläubiger Deutschlands. Der Anteil der Schweizer Banken an der kurzfristigen Auslandsverschuldung Deutschlands betrug zu dieser Zeit 16 %, derjenige der britischen Banken 28 % und derjenige der US-Banken 36 %. Im September 1931 wurde zwischen Deutschland und den ausländischen Gläubigerstaaten ein Stillhalteabkommen hinsichtlich dieser Schulden abgeschlossen. Dieses wurde bis 1944 jährlich erneuert und sah die Weiterführung der Kreditlinien vor, die schliesslich nur mittels hoher Währungsverluste repatriiert werden konnten.[61] Während dieser Krisenperiode setzten sich die Schutzkomitees der Schweizerischen Bankiervereinigung, unter anderem das Komitee Deutschland, für den Schutz der Interessen der Inhaber von Schuldtiteln ein, deren Vermögenswerte in Ländern eingefroren waren, die eine Devisenbewirtschaftung oder ein Moratorium auf ihre Auslandsverschuldung eingeführt hatten. Die Schweizer Bankiers waren dabei mit einem doppelten Interessenkonflikt konfrontiert: Zunächst waren sie es gewesen, die diese Titel empfohlen und bei Schweizer Anlegern platziert hatten, was nun unweigerlich heftige Kritik hervorrief. Zudem mussten sie bei Verhandlungen mit den anderen Ländern zugleich die Interessen der Bankinstitute, die ebenfalls blockierte Kredite hielten, und diejenigen der privaten Titelinhaber verteidigen. So endeten die Verhandlungen oftmals mit einer stärkeren Berücksichtigung der finanziellen Interessen der Banken zu Lasten der anderen Gläubiger.[62]

Die in Deutschland und in den anderen Moratoriumsländern blockierten Kredite sowie der allgemeine Rückgang der Einnahmen infolge der Krise erschütterten den Schweizer Finanzplatz. Die Schweiz zählte zu dieser Zeit acht Grossbanken. Eine davon, der Comptoir d'Escompte de Genève, die einzige Grossbank der Romandie, ging trotz beträchtlicher Staatshilfe Konkurs. Die Schweizerische Volksbank überlebte ihrerseits nur dank einer massiven Unterstützung des Bundes in Höhe von 100 Millio-

61 Perrenoud et al. 2002, 153–196.
62 Perrenoud et al. 2002, 116–118, 147–148.

nen Franken, d.h. von fast einem Viertel seines Budgets. Vier weitere Grossbanken – die SBG, die Bank Leu, die Eidgenössische Bank und die Basler Handelsbank – mussten stark auf ihre Reserven zurückgreifen und ihr Kapital beträchtlich reduzieren, um ihre Verluste wettzumachen. Den beiden letztgenannten Instituten, die sich besonders stark in Deutschland engagiert hatten, gelang es allerdings nicht, sich von ihrer Schwäche nachhaltig zu erholen, und sie wurden 1945 von der SBG bzw. dem SBV übernommen. Letztendlich waren nur die beiden grössten Institute, der SBV und die SKA, in der Lage, ihre Aktivitäten ohne grössere Restrukturierung fortzuführen. Auch die anderen Finanzinstitute, vor allem die lokalen und regionalen Banken, waren von der Krise betroffen: Zwischen 1930 und 1938 gingen rund 60 Finanzinstitute, d.h. ein Sechstel aller in der Schweiz niedergelassenen Banken, Konkurs oder sahen sich gezwungen, mit einem anderen Institut zu fusionieren.[63]

Diese Krise veranlasste den Staat, in den Bankensektor einzugreifen, der bisher von einer fast völligen Autonomie bei der Führung seiner Geschäfte profitiert hatte. Im November 1934 wurde das Bundesgesetz über die Banken und Sparkassen vom Parlament verabschiedet. Es legte Liquiditäts- und Reservevorschriften für die Banken fest, um Gläubiger und Aktionäre im Falle eines Konkurses zu schützen, und übertrug der Schweizerischen Nationalbank ein gewisses Mass an Kontrolle über den Bankensektor, wozu insbesondere ein Vetorecht bei Kapitalexporten von über 10 Millionen Franken gehörte. Ferner wurde eine Eidgenössische Bankenkommission ins Leben gerufen, deren Auftrag darin bestand, die Anwendung der gesetzlichen Bestimmungen zu überwachen. Die Kontrolle blieb allerdings sehr locker und liess den Bankiers viel Handlungsspielraum.[64] Als Kompensation für die Überwachung und um ihre ausländische Kundschaft zu beruhigen, die von gewissen Massnahmen der Nachbarstaaten, insbesondere Frankreichs, verunsichert war, mit denen die Kapitalflucht in die schweizerische Steueroase vermieden werden sollte, wurde das Bankgeheimnis im Gesetz verankert. Laut dem berühmten Artikel 47 wurde eine Verletzung dieses Geheimnisses nun als Offizialdelikt strafrechtlich und nicht mehr nur zivilrechtlich verfolgt. Eine solche Verletzung zog hohe Bussen oder sogar Gefängnis nach sich und war grundsätzlich von Amts wegen durch die Justizbehörden zu verfolgen. Die Schweiz war zu diesem Zeitpunkt das einzige Land der Welt, in dem eine solche Bestimmung rechtsgültig war. Sie war während Jahrzehnten ein bedeutender Trumpf des Schweizer Finanzplatzes auf internationaler Ebene.[65]

Im Verlauf der Jahre 1934 und 1935 war die Krise für die Grossbanken, deren Bilanzsummen sich seit ihrem Höhepunkt 1930 praktisch halbiert hatten, am stärksten spürbar. Der Schweizer Franken wie auch der niederländische Gulden und der französische Franc wurden von den Investoren aus Angst vor einer Abwertung abgestos-

63 Ehrsam 1985; Halbeisen 1998; Baumann 2007.
64 Eidgenössische Bankenkommission (Hg.) 1985; Bänziger 1986.
65 Guex 2000 und 2006; Vogler 2005.

sen. Die erwartete Abwertung der drei Währungen erfolgte im September 1936 und sollte die einzige Abwertung der Schweizer Währung in ihrer ganzen Geschichte bleiben. Im Gegensatz zu den von einem grossen Teil der Schweizer Industrie- und Bankenkreise geäusserten Befürchtungen war der Abwertung ein unerwarteter Erfolg beschieden. Sie verlieh den Exporten neuen Schwung und führte zur Repatriierung der in Form von Gold thesaurierten oder in Fremdwährungen angelegten Vermögenswerte.[66] Parallel dazu fanden bedeutende französische Mittel auf der Flucht vor der Volksfrontregierung Unterschlupf in der Schweiz. Die Schweizer Banken erlebten somit eine massive Zunahme ihrer Geschäfte, die fast an einen Boom grenzte.[67] Aufgrund der Instabilität der internationalen wirtschaftlichen und politischen Lage waren die zuströmenden Vermögenswerte allerdings sehr volatiler Natur. Der Zustrom von solchem «hot money» in die Schweiz rief daher einige Besorgnisse hervor, denen die SNB 1937 mit dem Abschluss eines Gentlemen's Agreement mit den Banken begegnen wollte. Es sollte für eine Eindämmung dieser Ströme sorgen, doch hatte diese vorübergehende Massnahme nur bescheidene Auswirkungen.[68]

Mit der zunehmenden Wahrscheinlichkeit eines bewaffneten Konflikts in Europa stieg die Attraktivität der Vereinigten Staaten als Zufluchtsort auch für ausländisches Kapital. Daher begannen die Schweizer Finanzinstitute, ihre Geschäftspolitik zunehmend auf dieses Land auszurichten. So machten 1939 die Vermögenswerte der Schweizer Banken in den USA 46 % ihrer gesamten Auslandsanlagen aus. Im gleichen Jahr eröffnete der SBV eine Filiale in New York, gefolgt von der SKA, die dort im Jahr 1940 einen Sitz errichtete. Die ausländischen Niederlassungen jenseits des Atlantiks waren eine Premiere in der Schweizer Bankengeschichte; zuvor hatte einzig der SBV 1898 eine Filiale in London gegründet. Die Summe der unter Schweizer Flagge in den Vereinigten Staaten verwalteten Vermögenswerte war gigantisch: Am Ende des Zweiten Weltkriegs hatte sie annähernd 4.8 Milliarden Franken erreicht, von denen rund 40 % französischer Herkunft waren.[69]

Wie die Grossbanken waren auch die Finanzgesellschaften besonders stark von der Krise betroffen; sie führte insbesondere zu einem Einbruch bei den Renditen ihrer ausländischen Beteiligungen. Zwischen 1931 und 1939 nahm die Kapitalisierung der Finanzgesellschaften massiv ab, real von 3 033 auf 2 344 Millionen Franken, während der Wert des Aktienkapitals der Schweizer Industrieunternehmen im selben Zeitraum nur leicht zurückging, von 2 394 auf 2 221 Millionen Franken.[70] Die Lage der Versicherungsgesellschaften blieb dagegen während der 1930er Jahre insgesamt ziemlich

66 Müller 2010, 645–734.
67 Bauer 1976, 81–91; Schmid/Meier 1977.
68 Sancey 2004, 321–353.
69 Perrenoud 1988, 34–35; Castelmur 1992, 156–157; Schaufelbühl 2009, 237.
70 HSSO Tab. S.4; deflationiert mit dem KPI (1931 = 100) HSSO Tab. H.39.

gut. Sie konnten die Schwierigkeiten auf dem Binnenmarkt durch Geschäfte im Ausland und insbesondere in Nazideutschland kompensieren.[71]

Der Zweite Weltkrieg führte zu einer Festigung der finanziellen Beziehungen zwischen dem Bund und den Banken, die mangels Anlagemöglichkeiten einen grossen Teil – insgesamt rund 5 Milliarden Franken – der umfangreichen und lukrativen Bundesanleihen übernahmen. Die Anleihen waren insbesondere für die Deckung der Landesverteidigungsausgaben bestimmt. Auch die Versicherungsgesellschaften spielten hier eine wesentliche Rolle und zeichneten zwischen 1940 und 1945 auf eigene Rechnung einen Anteil von 18 % der Bundesanleihen.[72] Bei den Darlehen an andere Länder, die sich insgesamt auf rund 3 Milliarden Franken beliefen – darunter über 1.1 Milliarden für Nazideutschland –, übernahm der Bund im Gegensatz zum Ersten Weltkrieg einen grossen Teil und hatte somit die sich daraus ergebenden hohen Risiken zu tragen; der Bankensektor blieb im Hintergrund und sorgte lediglich für die Refinanzierung des Bundes.

Wie in den meisten europäischen Ländern so wurden auch in der Schweiz die Börsen im Mai 1940 mit dem Angriff Deutschlands auf Frankreich geschlossen. Doch bereits im Juli 1940 öffneten sie wieder und blieben während des ganzen Konflikts aktiv, wenn auch mit einem rückläufigen Transaktionsvolumen.[73] Nach der Niederlage Frankreichs befand sich der Schweizer Finanzplatz in der Position eines privilegierten Partners, der für sämtliche kriegführende Parteien sowie für die neutralen Länder attraktiv war. Der Schweizer Franken entwickelte sich nämlich zu einer der wenigen – und ab Dezember 1941 mit dem Kriegseintritt der USA praktisch zur einzigen – frei konvertierbaren Währung der Welt, sodass er für zahlreiche internationale Transaktionen genutzt wurde.

Unter diesen Voraussetzungen nahm die Zusammenarbeit mit dem faschistischen Italien[74] und mit Nazideutschland enge und zugleich vielschichtige Formen an. Manche Schweizer Finanzinstitute gingen gar soweit, ihre Geschäftsleitungen zu «arisieren», um den Machthabern des Dritten Reichs zu gefallen.[75] Die Schweizer Institute und insbesondere die Grossbanken spielten bei der Aufrechterhaltung des internationalen Zahlungsverkehrs Deutschlands eine so wichtige Rolle, dass deutsche Unterhändler die Schweiz als die «Wechselstube des Dritten Reichs» bezeichneten.[76] Während sich die Schweizer Banken, gebrannt von den während der 1930er Jahre erlittenen Verlusten, bei der Gewährung neuer Kredite in Deutschland selbst eher zurückhaltend zeigten, tätigten sie beträchtliche Devisen- und Banknotengeschäfte mit der Reichsbank, übernahmen von den Nazis in den von diesen besetzten Gebieten

71 Karlen et al. 2002, 61–101.

72 König 1947, 400–509.

73 Lussy et al. 2001, 185–195; Frey/Waldenström 2004.

74 Gerardi 2007.

75 Karlen et al. 2002, 171–259; Perrenoud et al. 2002, 441–486; Spuhler et al. 2002, 55–180; Commission Indépendante d'Experts Suisse-Seconde Guerre Mondiale 2002, 306–328.

76 Perrenoud et al. 2002, 281.

beschlagnahmte oder geraubte Wertpapiere und waren auch bereit, als Vermittlerinnen bei Tarnoperationen deutscher Gesellschaften im Ausland zu fungieren.[77] Die Versicherungsunternehmen, die von den materiellen Schäden und menschlichen Verlusten in Deutschland wenig getroffen wurden, profitierten vom Ausscheiden der britischen und amerikanischen Gesellschaften und konnten neue Marktanteile im Reich oder in den von ihm besetzten Gebieten, insbesondere in Frankreich, gewinnen, was ihnen streckenweise zu ausgezeichneten Geschäften verhalf.[78]

Mehr noch spielte die Schweiz aber als «Golddrehscheibe»[79] eine zentrale Rolle für das Deutsche Reich. Um in den neutralen Ländern die Rohstoffe kaufen zu können, die für die deutschen Kriegsanstrengungen unentbehrlich waren, erwarb die Reichsbank im Verlaufe des Krieges 1.5 Milliarden wertvoller Schweizer Franken, indem sie Gold in der Schweiz verkaufte – zunächst sowohl an die Handelsbanken als auch an die SNB, danach, ab Dezember 1941, fast ausschliesslich an die SNB (→ 5.1.4.4). Ein Grossteil dieses Goldes stammte aus den von Deutschland beschlagnahmten Reserven der belgischen und niederländischen Zentralbanken, was den Direktoren der Schweizerischen Nationalbank durchaus bekannt war. Letztere planten sogar, die Goldbarren einzuschmelzen, da sie ein politisches und rechtliches Problem darstellten und Gegenstand von Rückforderungen werden konnten. Schlimmer noch, einige der in die Schweiz gelieferten Goldbarren enthielten – insgesamt 119.5 kg – Gold, das die Nazis den Opfern der Konzentrations- oder Vernichtungslager geraubt hatten.[80] Ab 1943 verfügte die SNB über einen ausreichenden Handlungsspielraum, der ihr ermöglicht hätte, die Goldkäufe von der Reichsbank zu reduzieren oder gar einzustellen, ohne dass dies zu gravierenden monetären Problemen in der Schweiz geführt hätte.[81]

Trotz der äusserst zweifelhaften Natur ihrer Geschäfte mit dem Deutschen Reich, deren sich viele Führungskräfte in den Banken bewusst waren, bemühten sich die Schweizer Finanzkreise, die Transaktionen bis in die letzten Kriegstage hinein fortzuführen, und versteckten sich dabei hinter dem Deckmantel der Neutralität. Diese Haltung bot nicht nur den Vorteil, beträchtliche Gewinne erzielen zu können, sondern ermöglichte auch, die seit Jahrzehnten geknüpften guten Beziehungen mit den deutschen Partnern und den daraus verbliebenen Goodwill zu pflegen, in der Hoffnung, dass diese Beziehungen nach dem Krieg schnell wieder hergestellt werden konnten.[82]

Während sich die Geschäfte mit dem Deutschen Reich in einem Rahmen gut etablierter und beidseitig wohlwollender Zusammenarbeit abspielten, waren die Beziehungen mit Grossbritannien und den USA von Reibungen geprägt. Die Spannungen mit London nahmen ab Frühling 1940 zu, als die Schweizer Banken Grossbritannien

77 Jung 2001; Perrenoud et al. 2002, 277–439; Uhlig et al. 2001.
78 Karlen et al. 2002, 537–734.
79 Unabhängige Expertenkommission Schweiz-Zweiter Weltkrieg 2002, 38.
80 Unabhängige Expertenkommission Schweiz-Zweiter Weltkrieg 2002, 66–81 und 190–191.
81 Crettol/Halbeisen 1999.
82 Bähr 2006, 440–448.

einen Kredit verweigerten. Auch in den folgenden Jahren gewährten sie die Schweizer Franken, die Grossbritannien insbesondere für die Beschaffung strategischer Produkte in der Schweiz dringend benötigte, nur spärlich, während die Schleusen in Richtung der Achsenmächte weit offen standen.[83] Die Beziehungen mit Washington erhielten einen massiven Dämpfer, als die amerikanischen Behörden im Juni 1941 entschieden, die umfangreichen Vermögenswerte der Schweiz in den USA zu blockieren, die sich zu dieser Zeit, einschliesslich der Goldreserven der SNB, die nach New York in Sicherheit gebracht worden waren, auf rund 6.4 Milliarden Franken beliefen. Die Amerikaner befürchteten, dass die Werte in den Dienst der deutschen Kriegsanstrengungen gestellt würden.[84] Die Konflikte mit den Alliierten verschärften sich ab 1943, als sich nach Stalingrad und dem Fall von Mussolini deren Sieg deutlich abzeichnete. Zwar zeigten sich die Schweizer Behörden und Finanzkreise in der Folge gegenüber den Alliierten wesentlich grosszügiger, was die Gewährung von Krediten in Schweizer Franken betraf, doch versuchten sie, wie gezeigt, die wirtschaftlichen Beziehungen mit dem Deutschen Reich trotz der Drohungen und dem zunehmenden Druck der beiden angelsächsischen Alliierten so lange wie möglich aufrechtzuerhalten.

2.2.2.4 Ein beinahe goldenes Zeitalter: 1945–1973

In der Nachkriegszeit verfügte der Schweizer Finanzplatz über eine einzigartige Kombination von Standortvorteilen: Das Land war vom Krieg verschont geblieben, es verfügte über eine stabile Währung, einen bescheidenen Fiskus, der nicht allzu genau hinschaute, ein bedeutendes Reputationskapital als vor Kriegen gefeites Zufluchtsland, und es bestanden intakte Geschäftsbeziehungen zu allen kriegführenden und neutralen Ländern. Verbunden mit dem kräftigen Wachstum der Weltwirtschaft, das die «Trente Glorieuses» ganz allgemein kennzeichnete, löste die Attraktivität des Finanzplatzes einen massiven Zustrom ausländischer Vermögen in die Schweiz aus, was seine Stellung als Drehscheibe des internationalen Kapitals festigte und es ihm erlaubte, unter die wichtigsten Finanzzentren der Welt aufzusteigen.[85]

Allerdings verlief dieser Aufstieg keineswegs reibungslos. Insbesondere die unmittelbare Nachkriegszeit war eine der heikelsten Phasen in der Geschichte des Schweizer Finanzplatzes. Aufgrund der wertvollen Dienste, die man Deutschland während des Krieges geleistet hatte, waren die Schweizer Behörden und Geschäftskreise isoliert und gegenüber den Siegermächten diskreditiert, und es bestand die Gefahr, dass sie vom sich abzeichnenden wirtschaftlichen Aufschwung ausgeschlossen wurden. Die Schweizer Diplomatie sah sich gezwungen, die Position der Schweiz auf dem internationalen Parkett mit einer Politik zu verteidigen, die auf Verzögerungstaktiken be-

83 Paccaud 2003; Wylie 2003.
84 Durrer 1984, 19–48; Cerutti 1999.
85 Iklé 1970, 186.

ruhte und auf der Verwendung finanzieller Waffen in Form von umfangreichen Krediten an Frankreich und Grossbritannien, welche die Front der Alliierten schwächen sollten, aber auch auf spitzfindiger Juristerei und, last but not least, auf einer humanitären Offensive zur Wiederherstellung des guten Rufes. So gelang es ihr, die Schweiz aus ihrer Isolation herauszuführen und in die neue internationale Ordnung unter der Vormacht der USA zu integrieren, ohne dabei die weiter oben erwähnten Trümpfe in Frage zu stellen. Dies geschah manchmal gegen den Willen der Banken, die an weniger Subtilität und mehr Arroganz gewöhnt waren. In dieser Hinsicht war das im Mai 1946 mit den Vereinigten Staaten, Grossbritannien und Frankreich geschlossene Abkommen von Washington entscheidend. Zwar verpflichtete es die Eidgenossenschaft zur Bezahlung einer Art Busse von 250 Millionen Franken in Gold; im Gegenzug erhielt der Finanzplatz Schweiz jedoch einen Persilschein der Westmächte, namentlich für die von der SNB während des Krieges getätigten Nazigoldkäufe. Mit dem Abkommen wurden auch die «Schwarzen Listen» aufgehoben und der Weg für die Deblockierung der schweizerischen Guthaben in den USA geebnet, welche die Diplomatie und die Banken der Schweiz schliesslich ohne eine merkliche Beeinträchtigung des Bankgeheimnisses erreichten.[86] Das Abkommen sah allerdings vor, dass die Schweizer Banken die bei ihnen deponierten nachrichtenlosen Vermögen der Opfer des Nationalsozialismus identifizieren mussten, doch liessen es die Banken dabei derart an gutem Willen fehlen, dass die Frage ein halbes Jahrhundert später mit grosser Wucht wieder auftauchte.[87] Auch im Falle der bedeutenden in der Schweiz blockierten französischen Vermögen wurde schliesslich eine Lösung gefunden, die das Bankgeheimnis nicht in Frage stellte.[88]

Ab Mitte der 1950er Jahre und vermehrt nach der in Westeuropa 1958 erfolgten Liberalisierung des Kapitalverkehrs strömten ausländische Gelder in die Schweiz. Die Vermögenswerte, die sich im Besitz von Ausländern befanden, nahmen schneller zu als die Mittel schweizerischen Ursprungs. So stieg der Anteil der Vermögenswerte im Besitz von Ausländern bei den Grossbanken von 25 % im Jahr 1950 auf 27 % 1960 und auf 38 % im Jahr 1970.[89] Wie bereits vor dem Zweiten Weltkrieg stammte ein Grossteil der bei den Schweizer Banken angelegten ausländischen Mittel aus den grossen europäischen Ländern – Frankreich, Italien, Deutschland und Grossbritannien.[90] Typisch war auch, dass diese Gelder in ihrem jeweiligen Ursprungsland den Steuerämtern mehrheitlich nicht deklariert wurden.

Der immer massivere Zufluss an ausländischen Geldern in die Schweiz schuf zunehmend Probleme für die politischen und monetären Behörden der Eidgenossenschaft. Die bereits hohe Inflation wurde zusätzlich angeheizt, und es bestand die Ge-

86 Durrer 1984, 224–306; Castelmur 1992; Guex 2000; Perrenoud 2003.
87 Bonhage et al. 2001.
88 Schaufelbühl 2009.
89 SNB 1981; Kleinewefers 1972, 67; Speck 1974.
90 Archiv SNB, Auslandanlagen und Auslandverpflichtungen der Banken 1945–1971; Peyer 1971.

fahr, dass die Schweizer Währung mit der Zeit eine derartige internationale Verbreitung fand, dass die Nationalbank die Kontrolle über sie verlieren und ihre Stabilität nicht mehr gewährleisten könnte (→ 5.1.5.2). Daher wurde eine Reihe administrativer Massnahmen getroffen, meistens im Rahmen von Gentlemen's Agreements, um den Zustrom ausländischen Kapitals in die Schweiz zu erschweren: eine Nichtverzinsung von kurzfristigen ausländischen Guthaben, eine Beschränkung von ausländischen Anleihen sowie Auslandskrediten, eine Festlegung von Mindestreserven, die bei der SNB für neue kurzfristige Anlagen aus dem Ausland gehalten werden mussten, Negativzinsen auf ausländischen Depots sowie ein Verbot, diese in Schweizer Wertpapieren oder auf dem Hypothekarmarkt anzulegen.[91] Aus den gleichen Gründen sah man davon ab, die sich in den 1960er Jahren rapide entwickelnden Euromärkte in die Schweiz zu holen. Diese siedelten sich schliesslich in London und Luxemburg an.[92] Fritz Leutwiler, der damalige Präsident des Nationalbankdirektoriums, soll die Politik der SNB 1974 gegenüber einem seiner Mitarbeiter folgendermassen zusammengefasst haben: «Das einzige, mit dem ich mich in meinem Leben beschäftigt habe, ist die Frage, wie können wir die Kapitalzuflüsse bekämpfen, wie können wir verhindern, dass zu viel Geld in die Schweiz hineinkommt.»[93]

Der Zustrom ausländischer Gelder ermöglichte es dem Schweizer Finanzplatz, eine immer wichtigere Stellung auf der internationalen Bühne einzunehmen. So war die Schweiz in den 1950er und 1960er Jahren die grösste Käuferin von Wertpapieren in den USA und lag dabei weit vor den anderen Ländern.[94] 1974 erreichte ihr Bestand an US-Aktien 21 Milliarden Schweizer Franken, was demjenigen Grossbritanniens, Frankreichs und der Niederlande zusammen entsprach.[95] 50 % der deutschen Obligationen in ausländischem Besitz wurden 1970 von Schweizer Finanzkreisen gehalten.[96] Die Schweizer Banken spielten zudem eine entscheidende Rolle bei der Ausweitung des Eurobond-Marktes. Ende der 1960er Jahre erwarben sie für ihre Kundschaft zwischen 30 % und 40 % des Gesamtvolumens dieser Märkte, und ab 1968 gründeten sie Niederlassungen in den Offshore-Zentren der Karibik, um ihre Präsenz auf diesem Markt zu erhöhen.[97] Die Schweizer Banken verzichteten zwar, wie erwähnt, auf die Einrichtung eines Euromarktes in der Schweiz, behielten im Gegenzug jedoch das Monopol auf die umfangreichen Emissionen von auf Schweizer Franken lautenden ausländischen Anleihen, die besonders hohe Einnahmen auf Kommissionen und Gebühren generierten.[98] Ein Zeichen des beeindruckenden Status, den der Finanzplatz Schweiz Ende der 1960er Jahre erlangt hatte, sind die Nettoeinnahmen aus seinem

91 Schiltknecht 1970; Schweizerische Nationalbank 1982, 439–448.
92 Christensen 1986, 1; Straumann 2005.
93 So erinnerte sich Kurt Schiltknecht im Jahr 2004, zitiert in Bernholz 2007, 184.
94 Board of Governors of the Federal Reserve Bank 1976, 967–975 und 1002–1007; Iklé 1970, 136.
95 Leber 1983, 31.
96 Deutsche Bundesbank 1971, 11–18.
97 Iklé 1970, 137.
98 Schweizer/Mattle 1978; Christensen 1986, 231.

Auslandsgeschäft, die mit 2.1 Milliarden Franken in der Nähe derjenigen Londons (2.7 Milliarden) lagen.[99]

Der Aufschwung des Schweizer Finanzplatzes führte zu einer Verschärfung der Rivalitäten mit den anderen Zentren und insbesondere mit der City of London. Im November 1956 warf Harold Wilson, Vorstandsmitglied der Arbeiterpartei und zukünftiger Premierminister, vor dem britischen Parlament den Schweizer Bankiers vor, sie spekulierten gegen das britische Pfund und gefährdeten damit seine Stabilität. Bei dieser Gelegenheit zögerte er nicht, die eidgenössischen Bankiers als «little gnomes in Zurich»[100] zu verunglimpfen, eine Bezeichnung, die ihnen in der Folge bleiben sollte. Die Rivalität mit London betraf vor allem den Goldmarkt. Im März 1968 profitierten der SBV, die SBG und die SKA von den durch die Schwäche des Pfundes und die Spekulationen auf einen Anstieg des Goldpreises hervorgerufenen Schwierigkeiten des Londoner Goldmarkts, der sogar für zwei Wochen geschlossen wurde. Sie gründeten den Pool von Zürich, der London zu ersetzen vermochte, indem er die südafrikanischen Behörden veranlasste, einen Grossteil ihrer Goldverkäufe über Zürich abzuwickeln. Diese Stellung auf dem Goldmarkt konnten die Schweizer Grossbanken zumindest bis Ende der 1970er Jahre halten.[101] Trotz der Rivalitäten zwischen London und Zürich waren die Beziehungen zwischen den beiden Märkten von einer informellen Allianz geprägt, welche die Schaffung eines grossen integrierten Finanzmarkts der Länder der Europäischen Wirtschaftsgemeinschaft verhindern sollte, denn dessen Konkretisierung hätte den Interessen beider Finanzplätze geschadet.

Auch mit den Vereinigten Staaten herrschte ein intensiver Wettbewerb. Die USA attackierten immer wieder das Bankgeheimnis, das sie als einen wesentlichen komparativen Vorteil des Schweizer Finanzplatzes betrachteten. So forderte Washington 1968 die Aufnahme von Verhandlungen mit der Eidgenossenschaft, um ein bilaterales Rechtshilfeabkommen zu schliessen. Dieses Abkommen, das sowohl auf schweizerischer wie auch auf amerikanischer Seite das erste mit einem anderen Land abgeschlossene Abkommen seiner Art war, trat 1974 in Kraft. Aus amerikanischer Sicht war es allerdings unbefriedigend, da es die Aufhebung des Bankgeheimnisses im Fall eines Rechtshilfegesuchs im Steuerbereich sehr schwierig machte. Da das Prinzip der beidseitigen Strafbarkeit anerkannt wurde, erlaubte es den Schweizer Behörden, solchen Gesuchen nur dann stattzugeben, wenn ein Vergehen nach Schweizer Recht vorlag, d.h. nur bei einem Steuerbetrug (Fälschung von Dokumenten) und nicht bei einer blossen Steuerhinterziehung (Nichtangabe von Vermögenswerten).[102]

Auf dem inländischen Bankenmarkt der Schweiz nahmen in den 1960er Jahren mehrere Entwicklungen ihren Anfang, die in den folgenden Jahrzehnten beträchtlich an Bedeutung gewinnen sollten. So entwickelten die Banken neue Finanzakti-

99 Iklé 1970, 180.
100 Zitiert in *The Times*, 13. November 1956.
101 Bott et al. 2005, 219–306; Bott 2008, 237–266, 327–381.
102 Schultz 1976.

vitäten, unter anderem das Angebot von Anlagefonds, die den kleinen und mittleren Anlegern den Zugang zu den Wertpapiermärkten ermöglichten.[103] Daneben war eine – zunächst noch langsame – Konzentrationsbewegung im Banksektor zu beobachten; die Anzahl der Lokal- und Regionalbanken beispielsweise nahm von 290 im Jahr 1950 auf 254 im Jahr 1970 ab. Hauptursache dieser Entwicklung war der Wettbewerb, mit dem die Grossbanken einen wachsenden Teil der nationalen Spargelder an sich zu ziehen versuchten und der sie veranlasste, die Zahl ihrer Filialen zu erhöhen.[104] Insbesondere die SBG erweiterte ihr Filialnetz im ganzen Land mit einer derart aggressiven Expansionsstrategie, dass die Zahl ihrer Standorte 1970 diejenigen ihrer wichtigsten Konkurrenten SKA und SBV deutlich übertraf.[105] Die von der SBG sowohl im Inland wie im Ausland verfolgte aggressive Politik sowie der für sie glückliche Ausgang der «Interhandel-Affäre» erlaubten es ihr Mitte der 1960er Jahre, hinsichtlich Bilanzsumme und Eigenkapital den ersten Rang unter den Schweizer Banken einzunehmen.[106]

Weitere wesentliche Bereiche des Schweizer Finanzplatzes erlebten in der Nachkriegszeit ein bemerkenswertes Wachstum und trugen so zur Festigung seines internationalen Status und zur Diversifizierung seiner Einkommensquellen aus dem Ausland bei. Die Holding- und Finanzgesellschaften steigerten in der weltweiten Hochkonjunkturphase ihre Tätigkeiten. Nachdem die Summe ihres Aktienkapitals 1953 mit 1.5 Milliarden Franken auf dem tiefsten Stand gefallen war, stieg sie auf einen Nominalwert von über 10.7 Milliarden im Jahr 1970, während gleichzeitig die Zahl der Gesellschaften von 1531 auf 11481 zunahm.[107] Die Versicherungsgesellschaften als weitere wichtige Akteure des Finanzplatzes durchliefen ebenfalls eine Expansionsphase in der Schweiz wie im Ausland. Zwischen 1950 und 1973 stiegen die Bruttoprämien von 2.1 auf 15.3 Milliarden Franken, von denen mindestens zwei Drittel aus dem Ausland stammten.[108] Auch die Umsätze der Börsen wuchsen stark, und der Zürcher Börse gelang es, einen Platz in der weltweiten Spitzengruppe einzunehmen.[109] Die Kotierung wichtiger ausländischer Titel erlaubte es den Schweizer Börsen, eine entscheidende Rolle bei den Arbitragegeschäften mit Aktien multinationaler Gesellschaften zu spielen. Zudem verfügten sie über beträchtliche Wettbewerbsvorteile: Unter anderem waren ihre Courtagegebühren häufig niedriger als an anderen Börsenplätzen, und die Börsengeschäfte selbst fielen unter das Bankgeheimnis. Die zentrale Rolle, welche die Schweiz in den internationalen Finanzbeziehungen spielte, führte zur Ansiedlung einer wachsenden Zahl von Banken und Finanzinstituten, die von ausländischem Kapital kontrolliert wurden, wie die diskrete und mächtige Renault

103 Iklé 1970, 148–153.
104 Lehmann 1973.
105 Jung 2000a, 121–122.
106 König 2001, 183–231.
107 Oesch 1976.
108 Eidgenössisches Versicherungsamt 1950 und 1973; Iklé 1970, 155.
109 Schmid/Meier 1977; Iklé 1970, 140.

Finance, die ihre Tätigkeit in der Schweiz 1969 aufnahm. Diese Institute wollten ihre Aktivitäten auf dem Gebiet des Devisen-, Kapital- und Kreditmarkts, der Vermögensverwaltung oder der internationalen Handelsfinanzierung ausbauen.[110] Ab Mitte der 1950er Jahre liessen sich schliesslich auch neue, auf den internationalen Rohstoffhandel spezialisierte Gesellschaften in der Schweiz nieder, insbesondere in Genf und in Zug, und verstärkten so die von der Eidgenossenschaft seit dem Ende des 19. Jahrhunderts auf diesem Gebiet erlangte Stellung.[111]

2.2.2.5 Konzentration, Internationalisierung und Verteidigung der Stärken: 1973–2000

Die Periode, die mit der «Erdölkrise» und der Rezession von 1973 bis 1976 begann, zeichnete sich durch die Kombination einer Reihe von wirtschaftlichen, sozialen und politischen Phänomenen aus, die einen tiefgreifenden Einfluss auf den Schweizer Finanzplatz ausübten. Die Weltwirtschaft nahm einen deutlich chaotischeren Verlauf und war geprägt von einem langsamen Wachstum, das von massiven Rezessionen und mehreren Finanzkrisen unterbrochen wurde. Die soziale Ungleichheit verstärkte sich. Politiken zur Liberalisierung und Deregulierung wurden in allen Bereichen – Produktion, Handel und Finanz – beschlossen und in einem immer rasanteren Rhythmus umgesetzt. Und 1973 wurden die festen Wechselkurse durch flexible abgelöst.

Auf finanzieller Ebene lösten diese Phänomene eine Revolution aus. Der Globalisierungsprozess der Finanzmärkte, der in den 1960er Jahren mit der Einrichtung des Eurodollarmarktes begonnen hatte, erlebte eine gewaltige Beschleunigung. Das Volumen der abgewickelten Finanztransaktionen wuchs explosionsartig, einerseits dank des Zustroms umfangreicher Mittel seitens der Pensionskassen und der Eigentümer privater Vermögen, andererseits stimuliert durch die Verbreitung neuer Finanzprodukte. Zugleich erfolgte eine immer stärkere finanzielle Disintermediation, welche die Banktätigkeiten stark veränderte, da das Investment-Banking (Emissionen und Börsengeschäfte, Derivate, Eigenhandel usw.) ab den 1980er Jahren das übliche Kreditgeschäft zunehmend verdrängte. Schliesslich nahmen die Gewinn-, aber auch die Verlustmöglichkeiten an den globalisierten und immer spekulativeren Finanzmärkten massiv zu, der Wettbewerb wurde intensiver und brutaler. In diesem auch für den Schweizer Finanzplatz gegenüber den «Trente Glorieuses» deutlich unruhigeren und schwierigeren Umfeld – sieht man von der unmittelbaren Nachkriegszeit einmal ab – bestand die Herausforderung darin, die traditionelle Stellung als Vermögensverwalter und Drehscheibe des Kapitals, die sich im Rahmen der internationalen Arbeitsteilung zwischen den Finanzzentren herausgebildet hatte, zu wahren und, wenn möglich, noch auszubauen, um neue Märkte, insbesondere im Investment-Banking, zu erobern.

110 Burkhalter 1969; Meyer 1975.
111 Guex 1998.

Die Grossbanken als wichtigste Akteure des Schweizer Finanzplatzes begegneten diesen Herausforderungen mit einer vier Stossrichtungen aufweisenden Strategie. Erstens waren sie bestrebt, ihren Einfluss im Schweizer Markt stärker zu verankern, indem sie insbesondere das Massengeschäft weiter ausbauten, das bisher eher vernachlässigt worden war, d.h., sie erhöhten auf der Passivseite der Bilanz die Spargelder der Kleinanleger und auf der Aktivseite die Hypotheken.[112] Dank einer systematischen Werbepräsenz und der Verdichtung ihrer Filialnetze im ganzen Land gelang es den Grossbanken, den Anteil der bei ihnen angelegten Schweizer Spargelder von 15 % im Jahr 1970 auf 30 % im Jahr 2000 zu erhöhen, während derjenige der Kantonalbanken von 45 % auf 34 % und derjenige der Regionalbanken und Sparkassen von 31 % auf 13 % zurückging. Im Hypothekarkreditgeschäft steigerten die Grossbanken ihren Marktanteil zwischen 1970 und 2000 von 11 % auf 35 %, und zwar auf Kosten der Kantonalbanken, deren Anteil von 50 % auf 36 % sank, und der Regionalbanken sowie Sparkassen, die ihren Anteil von 32 % auf 12 % schwinden sahen.[113]

Die Offensive der Grossbanken zur «Kolonialisierung» des Binnenmarktes erreichte Ende der 1980er Jahre das angestrebte Ziel, nämlich eine massive Konzentration im Schweizer Finanzsektor. Verstärkt wurde diese einerseits durch die massive Immobilienkrise, welche die Schweiz zu Beginn der 1990er Jahre erschütterte – die Immobilienpreise sanken allein während des Jahres 1991 um nahezu 20 % – und die den Banken schwere Verluste bescherte, insbesondere den Kantonal- und Regionalbanken. Andererseits wurden zur gleichen Zeit verschiedene Kartellabsprachen aufgehoben, die unter der Schirmherrschaft der SBVg abgeschlossen worden waren und die lange Zeit den Wettbewerb auf dem Binnenmarkt eingeschränkt hatten.[114] So ging zwischen 1990 und 2000 die Zahl der in der Schweiz etablierten Bankinstitute von 495 auf 375 zurück. Die Hälfte der 1990 auf Schweizer Gebiet angesiedelten 204 Regionalbanken und Sparkassen verschwand, wobei die meisten von den Kantonalbanken und mehr noch von den Grossbanken übernommen wurden, wie etwa die Neue Aargauer Bank, die grösste Regionalbank der Schweiz, die 1994 in der CS Holding aufging.[115] Die Kantonalbanken selbst wurden zwar weniger stark getroffen, kamen jedoch auch in ernsthafte Schwierigkeiten, die zweien von ihnen die Existenz raubte: Die Solothurner Kantonalbank wurde 1995 vom SBV übernommen und die Appenzell-Ausserrhodische Kantonalbank 1996 von der UBS geschluckt. Das vorherrschende neoliberale Klima ebnete zudem der Weg zu einer Teilprivatisierung mehrerer Kantonalbanken.[116] Die Antriebskräfte des Konzentrationsprozesses – die SBG, der SBV und die SKA – veränderten auch die Konfiguration unter den Grossbanken massgeblich. 1990 kaufte die CS Holding die Bank Leu und 1993 übernahm sie die

112 Rogge 1997, 203–205.
113 SNB 1970, 49; SNB 2000, A84–A91.
114 Birchler 2007, 427–429.
115 Jung 2000a, 142–144.
116 *Verband 2007*, 116–128.

Schweizerische Volksbank nach einem harten Kampf mit der SBG, die ebenfalls an der Schweizerischen Volksbank interessiert war.[117] Doch die bei weitem wichtigste Zäsur stand zu diesem Zeitpunkt noch bevor: Da die SBG an Schwung verloren hatte und unter dem Druck einer Gruppe von Financiers um Martin Ebner und einen der einflussreichsten Politiker der Schweiz, den nationalkonservativen zukünftigen Bundesrat Christoph Blocher, stand, entschloss sich ihre Geschäftsleitung nach der Ablehnung eines Angebots der Credit Suisse – wie die SKA seit 1997 genannt wurde –, 1998 zur Fusion mit dem SBV.[118] So entstand unter dem Namen UBS ein Koloss – der grösste Vermögensverwalter und eine der bedeutendsten Banken der Welt, deren Bilanzsumme allein im Jahr 2000 44 % der Summe aller in der Schweiz niedergelassenen Banken ausmachte.

Die zweite Stossrichtung der Grossbanken war eng mit der ersten verbunden und bestand darin, sogenannte Allfinanztätigkeiten zu entwickeln, in deren Rahmen die Beziehungen zu den Versicherungsgesellschaften deutlich verstärkt wurden. Seit den 1970er Jahren erschienen Letztere nämlich als immer stärkere Konkurrenten und damit auch als immer attraktivere Partner, was den Zufluss von Spargeldern und die Vermögensverwaltung anbelangte. Die Versicherungen waren insbesondere aufgrund des explosionsartigen Wachstums der Vorsorgeprodukte interessant. Nach zögerlichen Anfängen in den 1980er Jahren beschleunigte sich die Annäherung im Verlauf des folgenden Jahrzehnts. So ging der SBV 1991 eine Partnerschaft mit der grössten Schweizer Versicherungsgesellschaft, der Zürich Versicherung, ein, und die Credit Suisse übernahm 1997 die Winterthur.[119]

Im Rahmen der dritten strategischen Stossrichtung vollzogen die wichtigsten Grossbanken eine beeindruckende Internationalisierung, die einerseits durch die Aufnahme von Onshore-Tätigkeiten, also durch die Verwaltung der Vermögen im Herkunftsland der Kunden,[120] ihre Stellung in der Vermögensverwaltung stärken und andererseits ihre Position im stark wachsenden Bereich des Investment-Bankings sichern sollte. Die Schweizer Grossbanken waren bemüht, sich durch weltweite Präsenz in der globalen Elite der Finanzinstitute zu behaupten. So stieg die Zahl ihrer ausländischen Niederlassungen von 7 im Jahr 1970 auf 37 im Jahr 2000.[121] Ab Ende der 1970er Jahre engagierten sich die Grossbanken zudem in einem breit angelegten Programm zum Aufkauf ausländischer Institute, vor allem an den beiden wichtigsten Finanzplätzen der Welt, New York und London. 1978 erwarb die SKA eine Beteiligung an der First Boston, die zur Spitzengruppe der amerikanischen Investmentbanken gehörte, und 1990 übernahm sie die Kontrolle der bedeutenden New Yorker Invest-

117 Jung 2000a, 132–133, 137–140.
118 Schütz 1998; Jung 2000a, 149–152.
119 Rogge 1997, 188–190; Jung 2000a, 218–232.
120 Die wichtigsten Privatbankiers engagieren sich ebenfalls in der Onshore-Vermögensverwaltung, allerdings erst später.
121 SNB 1970, 156; SNB 2000, A202.

mentbank Donaldson, Lufkin & Jenrette, die sie dann im Jahr 2000 erwarb. Der SBV kaufte mehrere gewichtige amerikanische Institute – O'Connor (1989), Brinson Partners (1992), Dillon, Read & Co. (1997) – und 1995 gelang ihm ein fulminanter Coup in London mit der Übernahme der renommierten S.G. Warburg Plc., einer der grössten Handelsbanken weltweit. Die SBG erwarb ihrerseits 1985 die bedeutende Londoner Bank Phillips & Drew und im Jahr 2000 die grosse amerikanische Handels- und Vermögensverwaltungsbank PaineWebber. Auch die Versicherungsgesellschaften und die Börse folgten dieser Internationalisierungsstrategie: Zwischen 1970 und dem Ende des 20. Jahrhunderts ging die Winterthur Minderheits- wie auch Mehrheitsbeteiligungen in über 40 ausländischen Gesellschaften aus rund 20 verschiedenen Ländern ein, und die Zürich beteiligte sich an über 20 Gesellschaften aus etwa 15 Ländern. Die Schweizer Börse gründete in einer Partnerschaft mit der Frankfurter Börse 1998 die Eurex, die sich rasch zu einem der beiden wichtigsten Terminmärkte der Welt entwickelte.[122] Die Schweiz blieb zudem ein bevorzugtes Land für die internationalen Handelsaktivitäten und ihre Finanzierung: Ende des 20. Jahrhunderts machte der Anteil der in Genf etablierten Handelsgesellschaften zwischen 10 % und 30 % des weltweiten Erdöl-, Getreide-, Baumwoll- und Zuckerhandels aus.[123]

Um die erwähnten drei strategischen Stossrichtungen, insbesondere den beeindruckenden Expansionsprozess im Ausland, zu verfolgen, waren die Banken auf die beträchtlichen Gewinne aus dem rentablen Vermögensverwaltungsgeschäft angewiesen. So war die Verteidigung der traditionellen Stärken des Schweizer Finanzplatzes in diesem Bereich die vierte Stossrichtung und der entscheidende Pfeiler, auf den sich die Banken während des letzten Viertels des 20. Jahrhunderts mehr denn je stützten.

In dieser Hinsicht knüpften die 1970er Jahre an die vorhergehende Periode an. Aufgrund der starken internationalen Währungsschwankungen und des anhaltenden Wertanstiegs des Schweizer Frankens war der Zustrom ausländischer Gelder – insbesondere aus den Erdölländern des Nahen Ostens – so stark, dass die in den 1960er Jahren zur Eindämmung dieser Ströme eingeführten Massnahmen noch verschärft und bis 1979/80 beibehalten wurden.[124] Dagegen zeichnete sich ab den 1980er Jahren eine gewisse Erosion mehrerer anderer Standortvorteile ab: Die in den Industrieländern sinkende Inflation, die grössere Stabilität der Währungen sowie der Rückgang der politischen Spannungen in Europa nahmen dem Schweizer Finanzplatz einen Teil seiner Anziehungskraft. Diese Entwicklung wurde allerdings mehr als wettgemacht durch die ausserordentliche Zunahme der privaten Vermögen und infolge der weltweiten Verlagerung der sozialen und politischen Kräfteverhältnisse zugunsten des Kapitals – das gesamte bewegliche Vermögen der natürlichen Personen, die mindestens über eine Million Dollar in flüssigen Mitteln verfügten, stieg zwischen 1986 und

122 Rogge 1997, 128–138; Lüönd 1998, 256–259; Jung 2000a, 174–206; Jung 2000b, 425–429; Meier/Sigrist 2006, 159f.

123 *Le négoce international à Genève* 1998, 6; *Le Temps*, 24. November 2007.

124 Schweizerische Nationalbank 1982, 453–455; Christensen 1986, 34–35.

2000 von 7 200 auf 25 500 Milliarden Dollar.[125] Dieses Wachstum verlieh genau den Tätigkeiten gewaltigen Auftrieb, in denen sich die Schweizer Institute seit über einem Jahrhundert spezialisiert hatten.

Die Kehrseite der Medaille war eine Vielzahl von Skandalen und eine Zunahme von internationaler Kritik und politischem Druck. Verantwortlich dafür waren die Intensivierung des Wettbewerbs zwischen den Banken und die damit verbundenen höheren Risiken sowie die Tatsache, dass ein hoher oder gar sehr hoher Anteil der in den Schweizer Instituten angelegten Mittel – die Schätzungen liegen zwischen 30 % und 80 %[126] – zweifelhaften oder gar kriminellen Ursprungs (Steuerbetrug, schmutzige Gelder, von Diktatoren geraubte Gelder) war. Der auffälligste unter den vielen Skandalen (Affären um die Gelder von Marcos, Mobutu oder Abacha, Finanzbeziehungen mit dem Apartheid-Regime Südafrikas, Affäre Kopp usw.) war zweifellos derjenige, von dem die SKA 1977 betroffen war: Damals wurde eine lange Serie von Veruntreuungen aufgedeckt, die seit Jahren in der Filiale von Chiasso begangen und von der Generaldirektion toleriert worden war, wenn diese nicht sogar dazu ermutigt hatte. Der Kanton Tessin, der dabei war, sich zum drittwichtigsten Bankenplatz der Schweiz hinter Zürich und Genf zu entwickeln, gab hier eine moderne Wild-West-Darbietung, in die italienische Fluchtgelder, Scheingesellschaften mit Sitz im liechtensteinischen Steuerparadies, Geldwäsche, fiktive Anlagen, Steuerbetrug sowie hohe politische Persönlichkeiten involviert waren.[127] Die Affäre, die für die SKA mit einem Verlust von rund 1.2 Milliarden Franken endete, dem grössten Verlust ihrer bisherigen Geschichte, trug zur weiteren Schädigung des angeschlagenen Rufs der Schweizer Finanzwelt bei; dieses Image, das Romane sowie Kriminal- und Spionagefilme zusätzlich bestärkten, wurde der Finanzplatz Schweiz in der Folge nicht mehr los.[128]

In der Folge des Chiasso-Skandals von 1977 wurden die ernsthaftesten politischen Angriffe auf die Schweizer Banken lanciert, die es im Inland bislang gab. Die Sozialdemokratische Partei der Schweiz reichte 1979 eine Volksinitiative «gegen den Missbrauch des Bankgeheimnisses und der Bankenmacht» ein, die eine teilweise Aufhebung des Bankgeheimnisses, die Verbesserung der internationalen Rechtshilfe und eine etwas engere Aufsicht des Staates über die Banken vorsah. Als diese im Mai 1984 endlich zur Abstimmung kam, wurde sie jedoch von 72 % der Stimmberechtigten klar abgelehnt.[129] Infolge dieser Ohrfeige, aber auch, weil sich die Sozialdemokratische Partei zunehmend in Richtung linksliberaler Positionen entwickelte, liessen die Kritiken deutlich nach, ohne jedoch ganz aufzuhören.

Was die Infragestellungen und den Druck aus dem Ausland betrifft, so kamen die schärfsten Kritiken aus den USA, vermehrt aber auch aus Europa, wo die Länder,

125 Capgemini/Merrill Lynch, *World Wealth Report* 1998, 3 und 2003, 3.
126 *Le Temps*, 24. Februar 2001 und 5. Juli 2010; *Bilan*, 11. März 2009; Thorne 2009, 3–12.
127 Weck/Mabillard 1977; Jung 2000a, 245–287; Segreto 2001, 201–234.
128 Guex/Haver 2007.
129 Bundesblatt (BBl) 1982/II, 1201–1241 und 1984/II, 989.

die sich am Aufbau der Europäischen Union beteiligten, ihre Geld- und Fiskalpolitik sowie die Wettbewerbsregeln immer stärker harmonisierten. Die Angriffe, von denen einer der massivsten zwischen 1995 und 1997 von der Affäre um die sogenannten nachrichtenlosen Vermögen ausging,[130] zielten hauptsächlich auf drei Trümpfe des Schweizer Finanzplatzes: das Bankgeheimnis, die Verweigerung von Amtshilfe bei Steuerhinterziehung und den Steuerwettbewerb.

In dieser Situation, die aufseiten der Angegriffenen ein Klima der «heiligen Union» um das Bankgeheimnis hervorrief und dazu führte, dass das Bankgeheimnis in den Rang eines nationalen Reduits oder gar einer «Garantie» der «Menschenrechte»[131] erhoben wurde, verfolgten die Schweizer Behörden zwei Leitlinien, die ihnen bis zum Anbruch des 21. Jahrhunderts erlaubten, diese wertvollen Vorzüge des Finanzplatzes Schweiz praktisch intakt zu halten. Einerseits entschieden sie mehrheitlich, dem Aufbau der Europäischen Union fern zu bleiben. Während den nahezu permanenten bilateralen Verhandlungen, die ab Mitte der 1990er Jahre mit der EU geführt werden, versuchten sie, das Lager der Gegner zu spalten, und machten Zugeständnisse in anderen Bereichen, um bei den zentralen Fragen der Ablehnung des automatischen Informationsaustausches in Steuersachen und der Wahrung des Bankgeheimnisses hart bleiben zu können.[132] Andererseits erliessen sie eine Reihe von Bestimmungen, die den Ruf der Schweizer Banken verbessern und insbesondere verhindern sollten, dass sich diese im Zusammenhang mit internationalen Verbrechen allzu häufig in Affären verwickelten. Dazu gehörten die als Folge des SKA-Skandals von 1977 unterzeichnete Sorgfaltspflichtvereinbarung, ein Gentlemen's Agreement zwischen der SBVg und der SNB, sowie das 1997 verabschiedete Bundesgesetz über die Bekämpfung der Geldwäscherei.[133]

Dass es dem Finanzplatz Schweiz gelang, seine privilegierte Stellung in der Vermögensverwaltung zu wahren, zeigt den Erfolg dieser Taktik. Im Jahr 2000 verwalteten die eidgenössischen Banken allein in der Schweiz Wertschriftendepots im gewaltigen Umfang von 3 700 Milliarden Franken. Rund 2 100 Milliarden stammten aus dem Ausland, mehr als die Hälfte davon von Privatpersonen, was die Schweiz zur weltweit wichtigsten Offshore-Plattform für die private Vermögensverwaltung machte mit einem Marktanteil zwischen 25 % und 30 %. Nicht berücksichtigt sind dabei die von den Schweizer Banken im Ausland verwalteten Vermögen sowie die in der Schweiz oder im Ausland von den Versicherungsgesellschaften und anderen Vermögensverwaltern verwalteten Vermögen, deren Summe wahrscheinlich ebenfalls in der oben genannten Grössenordnung lag. So gehörte der Finanzplatz Schweiz am Ende des 20. Jahrhunderts zum Spitzentrio oder -quartett der weltweit grössten Vermögensverwalter, weit

130 Maissen 2005.
131 Aubert 1997, 2.
132 Guex 2002, 171–182; Schwok 2002; Schweiz. Bundesrat 2004, 5965–6300.
133 Schweiz. Bundesrat 1996, 1101–1177, und Schweiz. Bundesrat 1997, 790–801.

hinter dem amerikanischen, aber etwa gleichauf mit dem britischen und dem japanischen Konkurrenten.[134]

2.2.2.6 Hochmut kommt vor dem Fall: Exkurs zu den Jahren 2000–2010

Das erste Jahrzehnt des 21. Jahrhunderts war zweifellos das turbulenteste, das der Schweizer Finanzplatz und insbesondere die beiden Grossbanken seit dem Zweiten Weltkrieg erlebt haben. Zwar begann das neue Jahrtausend ziemlich gut, doch mangelte es nicht an Problemen. Mit dem Platzen der New-Economy-Blase, die auf den neuen Informations- und Kommunikationstechnologien gründete, kam es zwischen 2000 und 2002 zu einem Einbruch an den Börsenmärkten, der den Banken einige Verluste zufügte, mit Ausnahme der Credit Suisse blieben diese aber bescheiden. Auch die Allfinanzstrategie erwies sich als Problem und trug nicht die erhofften Früchte. Sie wurde daher schrittweise aufgegeben; die Credit Suisse verkaufte die Winterthur 2006 an den französischen Versicherungskonzern AXA.[135] Dieser Rückschlag hatte jedoch keine schwerwiegenden Folgen, ausser für die Credit Suisse selbst, die sich am weitesten in diese Richtung vorgewagt hatte. Die enttäuschende Entwicklung der Winterthur von 2001 bis 2003 führte zusammen mit den Auswirkungen sinkender Börsenkurse zu mittelmässigen Ergebnissen der Zürcher Grossbank und kulminierten im hohen Verlust von 4.4 Milliarden Franken in der Jahresrechnung 2002.

In den Bereichen Steuern und Bankgeheimnis liess der ausländische Druck nicht nach, ganz im Gegenteil, doch das Verteidigungsdispositiv der Schweiz hielt stand. Washington verschärfte zwar die Bekämpfung des Steuerbetrugs von US-Bürgern, indem die Kontrolle über ausländische Banken verstärkt wurde. Den Schweizer Instituten gelang es aber nach intensiven Verhandlungen, im Jahr 2001 ein Qualified Intermediary Agreement zu unterzeichnen, dank dem sie einem grossen Teil ihrer US-Kundschaft weiterhin den Schutz des Bankgeheimnisses und damit umfangreiche Möglichkeiten zur Steuerflucht anbieten konnten.[136] An der europäischen Front war der politische Kampf vielleicht noch härter, er endete aber auch hier mit einem klaren Erfolg. Im Rahmen der 2002 aufgenommenen Verhandlungen mit der Europäischen Union, die eine Vielzahl für die Schweiz zentraler Fragen betrafen, forderte die Mehrheit der EU-Mitglieder, dass die Schweiz in Zukunft einen automatischen Informationsaustausch in Steuersachen gewähre und, mit anderern Worten, dass sie auf die Kernpunkte des Bankgeheimnisses verzichte.[137] Indem die Schweiz auf die Differenzen zwischen ihren Ansprechpartnern setzte – so wollten Österreich, Belgien und Luxemburg zum Beispiel ihr eigenes Bankgeheimnis wahren – und indem sie in anderen Bereichen Zugeständnisse machte, konnte sie die mit vielen

134 SNB 2003, A152; Donzé 2007, 5–11; Schweiz. Bundesrat 2009.
135 *Le Temps*, 15. September 2004; Credit Suisse: *Annual Report* 2007, 185.
136 Geschäftsprüfungskommissionen des Nationalrates und des Ständerates 2010, 138–141.
137 Schwok 2002, 145–192; Braillard/Schwamm 2006, 155–173.

grossen Worten vorgebrachte unnachgiebige Haltung – «das Bankgeheimnis ist nicht verhandelbar»[138] – schliesslich durchsetzen. Das im Juni 2004 ratifizierte Abkommen war letztendlich günstig für den Schweizer Finanzplatz. Es legte fest, dass natürliche Personen mit Wohnsitz in einem Mitgliedstaat der Europäischen Union, die Gelder in Schweizer Banken deponiert hatten und ihre Anonymität gegenüber den Steuerbehörden ihres Herkunftslandes wahren wollten, dies unter der Voraussetzung tun konnten, dass die Schweizer Institute eine Quellensteuer auf Zinsen dieser Guthaben erhoben. Der Satz sollte schrittweise von 15 % auf 35 % erhöht und diese Steuereinnahmen dem betroffenen Staat überwiesen werden. Dieses Abkommen, das leicht zu umgehen war und nur einen Teil der Anlagen betraf – gewisse Kategorien von Wertpapieren waren davon ausgenommen –, wahrte das System des Schweizer Bankgeheimnisses praktisch vollumfänglich. So wurde zum Beispiel im Bereich der direkten Steuern der in der Schweiz gemachte Unterschied zwischen Steuerbetrug und Steuerhinterziehung nicht in Frage gestellt. Beim Abschluss des Abkommens, das bis 2013 gelten sollte, zeigten sich die Schweizer Finanzkreise zufrieden. Der Präsident der Schweizerischen Bankiervereinigung freute sich: «Wir haben das Bankgeheimnis mindestens für die nächsten 15 Jahre betoniert.»[139] Zweifellos trug dieser Erfolg gegenüber der EU zu einem übertriebenen Optimismus der Finanzkreise hinsichtlich ihrer Macht und ihrer Expansionsmöglichkeiten bei.

Gestützt auf die starke Stellung, die sie im Verlauf der stürmischen Internationalisierungsbewegungen der letzten Jahrzehnte insbesondere in den USA erworben hatten, setzten die beiden Grossbanken UBS und Credit Suisse mehr denn je auf eine Wachstumsstrategie, bei der die Vermögensverwaltung und vielleicht noch mehr das Investment-Banking im Mittelpunkt standen. Während die von den Misserfolgen zwischen 2001 und 2003 gebrannte Credit Suisse mit einer gewissen Zurückhaltung vorging, war dies bei ihrer Konkurrentin, der UBS, nicht der Fall. Die UBS verfolgte eine äusserst aggressive Politik, um ihren Marktanteil insbesondere in den USA zu erhöhen, wo sie nicht zögerte, sehr vermögende Kunden durch aktive Unterstützung beim Steuerbetrug anzuziehen.[140] Auch das Handels- und Anlagegeschäft wurde stark ausgebaut. Während mehrerer Jahre war diese Politik von Erfolg gekrönt. Die Credit Suisse erzielte 2004 bis 2006 ausgezeichnete Ergebnisse. Die UBS stürmte ihrerseits von Gipfel zu Gipfel. Ihre Bilanzsumme multiplizierte sich zwischen Ende 2000 und Juni 2007 um den Faktor 2.5 und wuchs von 1 087 auf 2 540 Milliarden Franken. Mit einem verwalteten Vermögen, das zwischen Ende 2000 und Ende 2007 um 29 %, von 2 445 auf 3 189 Milliarden Franken, anstieg, blieb sie der grösste Verwalter privater Vermögen weltweit.[141] 2005 erzielte sie höhere Einnahmen aus dem Investment-

138 *Neue Zürcher Zeitung*, 22. und 28. April 2002; *Le Temps*, 25. April und 1. Mai 2002.

139 Zitiert in *Le Temps*, 29. Mai 2004.

140 Zaki 2008, 75–138; Frei 2009, 16–24; Hässig 2009, 166–176; Geschäftsprüfungskommissionen des Nationalrates und des Ständerates 2010, 213–216.

141 UBS 2000, 7; UBS 2007, 61; UBS 2002, 2, und 2007, 9.

Banking-Geschäft (43%) als aus ihrem traditionellen Paradepferd, der Vermögensverwaltung (40%).[142] Die Gewinne explodierten: 2005 verkündete die UBS den höchsten Gewinn ihrer Geschichte (14 Milliarden Franken), ein Anstieg von 75% gegenüber dem Gewinn von 2004, der bereits ein Rekordniveau erreicht hatte. Berauscht von diesem gewaltigen Erfolg schien die Spitze der Grossbank jegliches Mass verloren zu haben. In einer Medienmitteilung zur Bekanntgabe des Gewinns für das Jahr 2005 erläuterte die Bank, dass sie auch bei sich verändernden Marktverhältnissen «von 2006 an eine Steigerung des Unternehmenswertes anstreben [wird], indem sie eine nachhaltige Eigenkapitalrendite nach Steuern von mindestens 20% erreicht» – die bisherige Zielspanne betrug 15–20%![143]

Die Folgen dieser Überheblichkeit waren für die UBS wie auch generell für den Schweizer Finanzplatz äusserst brutal. Im Sommer 2007 löste das Platzen der Immobilienblase in den USA die schwerste weltweite Finanzkrise seit den 1930er Jahren aus. Im Moment, in dem diese Zeilen verfasst werden, ist die Krise noch nicht völlig überwunden, sodass ihre Folgen noch nicht abschliessend beurteilt werden können. Sicher ist jedoch, dass sie den Schweizer Finanzplatz direkt und indirekt in seinen Fundamenten erschütterte.

Die direkten Auswirkungen der Finanzkrise unterschieden sich stark je nach den Kategorien der Finanzinstitute. Die Kantonal- und Regionalbanken waren nur geringfügig betroffen, ebenso die Privatbankiers und die Versicherungsgesellschaften. Selbst die Credit Suisse zog sich recht gut aus der Affäre. Sie war zwar auf dem amerikanischen Markt stark im Bereich der durch Hypotheken abgesicherten Wertpapiere (subprime) und der Leveraged-Finance-Geschäfte engagiert, hatte jedoch bereits Ende 2006 damit begonnen, ihre Engagement abzubauen.[144] Auch sie erlitt 2008 einen hohen Verlust. Dieser blieb jedoch im internationalen Vergleich relativ bescheiden und konnte mit eigenen Mitteln wettgemacht werden. 2009 wies sie bereits wieder einen ansehnlichen Gewinn auf.

Die UBS dagegen missachtete alle Alarmsignale und versuchte erst viel zu spät, ihre riskanten Aktivitäten zu reduzieren. Sie gehörte daher zu den weltweit am stärksten von der Krise betroffenen Instituten. Trotz wiederholten Rekapitalisierungen bei privaten Investoren in einem Gesamtumfang von 28 Milliarden Franken gelang es ihr bei weitem nicht, ihre gewaltigen Verluste zu kompensieren, und sie befand sich im Oktober 2008 nahe dem Konkurs. Nur das Eingreifen des Bundes und der Schweizerischen Nationalbank, die ihr eine Summe von annähernd 70 Milliarden Franken in Aussicht stellten, rettete sie. Diese Summe entsprach rund 13% des Schweizer BIP

142 Zaki 2008, 196.

143 UBS, Medienmitteilung vom 14. Februar 2006, www.ubs.com/1/g/media_overview/media_global/search1/search10.html?newsId=89885 (Zugriff: 29. Januar 2011).

144 Zaki 2008, 23, 107; Hässig 2009, 103; Geschäftsprüfungskommissionen des Nationalrates und des Ständerates 2010, 51, 59.

oder 58% der Bruttoschulden des Bundes.[145] Aufgrund der enormen Schwächung der UBS – ihre Bilanzsumme halbierte sich zwischen Juni 2007 und März 2010 und das von ihr verwaltete Vermögen nahm zwischen Ende 2007 und Ende 2009 um rund 30% ab[146] – war ihr Schicksal am Ende des ersten Jahrzehnts im 21. Jahrhundert noch ungewiss.

Der Schweizer Finanzplatz wurde durch die Krise auch indirekt erschüttert. Sie verschärfte den Wettbewerb zwischen den internationalen Bankenzentren und zwang die öffentliche Hand in vielen Staaten, die Bekämpfung von Steuerbetrug und Steuerhinterziehung zu intensivieren. Dadurch stieg der Druck auf die Schweizer Finanzkreise und ihre Vertreter so stark, dass sie schon bald von den führenden Weltmächten in die Zange genommen wurden.

Die UBS war aufgrund der Geständnisse eines ihrer in den USA tätigen Vermögensverwalter bereits Ende 2007 ins Visier von Washington geraten. Die Justiz und die Steuerbehörden der USA verfügten über erdrückende Beweise dafür, dass die Schweizer Grossbank ihrer Kundschaft half, das Qualified Intermediary Agreement zu verletzen, um sich der Besteuerung zu entziehen. So verlangten die USA von der UBS die Aushändigung sämtlicher Daten einer grossen Zahl – bis zu 52000 – ihrer in den USA niedergelassenen Kunden. Daraus ergab sich eine lange Kraftprobe zwischen Bern und Washington, in deren Verlauf die US-Verwaltung die Drohung einer Strafklage gegen die UBS laut werden liess. Diese hätte angesichts der übrigen Probleme wohl das Ende für die UBS bedeutet.[147]

Angeregt von den einflussreichsten Mitgliedern der Europäischen Union wie auch von den Vereinigten Staaten drohte dann Anfang 2009 die OECD, die Schweiz auf eine Liste der Steuerparadiese zu setzen – mit gravierenden Sanktionen als Folge –, wenn sie nicht innert kurzer Frist mindestens zwölf Doppelbesteuerungsabkommen revidierte. Insbesondere sollte sie dabei Artikel 26 des OECD-Musterabkommens übernehmen, der die Gewährung internationaler Amtshilfe bei Steuerhinterziehung vorsah.[148] Der Druck auf den Schweizer Finanzplatz wurde zusätzlich verstärkt, als 2008 und 2009 die deutschen und französischen Behörden in Schweizer wie auch liechtensteinischen Banken entwendete Listen erwarben, welche die Namen und Konten Tausender ausländischer Kunden enthielten, die in ihren Ländern Steuerbetrug ausübten. Hinzu kam, dass auch Italien eine Reihe von Massnahmen traf – äusserst grosszügige Steueramnestie, Durchsuchung der Filialen von Schweizer Instituten usw. –, die dem Finanzplatz Schweiz schadeten.[149]

145 SNB 2008, 77–85, und SNB 2009, 83–90; SNB, *Bericht zur Finanzstabilität*, August 2009, 21; Geschäftsprüfungskommissionen des Nationalrates und des Ständerates 2010, 36–133.
146 UBS 2007, 61; UBS 2009, 354; UBS 2010, 4.
147 Frei 2009, 11–56; Hässig 2009, 156–180; Schweiz. Bundesrat 2010, 2965–3000.
148 *Neue Zürcher Zeitung*, 3. April 2009; Gurtner 2010, 36–45; Schaufelbuehl 2010, 46–58.
149 *Neue Zürcher Zeitung*, 16. und 17. Februar 2008; 1. und 9. Februar, 31. August, 24. September, 3. und 28. Oktober sowie 10. Dezember 2009; *Le Temps*, 16. Februar 2008, 5. und 28. Oktober sowie 10. Dezember 2009.

Zum ersten Mal seit dem Zweiten Weltkrieg war die Schweiz also mit einer von den mächtigsten Staaten der Welt gemeinsam geführten Offensive konfrontiert. Das Kräfteverhältnis war für die Schweiz noch ungünstiger als zu jener Zeit. So waren die Produkte, die Dienstleistungen und die Währung der Schweiz nicht mehr unersetzlich, auch gelang es den Schweizer Unterhändlern diesmal nicht, ihre Gegner zu spalten. Und schliesslich wurde das grösste Institut des Landes, das allein mindestens ein Drittel der Bilanzsumme aller Banken ausmachte, just zu dem Zeitpunkt, als es einen Schritt vor dem Konkurs stand, bei der Beihilfe zum Steuerbetrug erwischt. Zudem erwiesen sich die Führungskreise bei den Banken und in der Politik – zweifellos von einem Gefühl des Selbstvertrauens getragen, das an Überheblichkeit grenzte – als wenig vorausschauend, sie reagierten zu spät und häufig konfus und ungeschickt.[150]

Während die Schweizer Behörden dem Druck in den vergangenen Jahrzehnten nur wenig nachgegeben hatten, sah es diesmal anders aus. Gegenüber Washington gelang es zwar, das Schlimmste zu vermeiden und die Einreichung einer Strafklage gegen die UBS abzuwenden. Im Gegenzug mussten den US-Steuerbehörden jedoch in zwei aufeinanderfolgenden Etappen, eine im Februar 2009, die andere im Sommer 2010, die Daten von rund 4500 amerikanischen Kunden der Zürcher Grossbank ausgehändigt werden.[151] Damit wurde dem Ruf der Unverletzbarkeit des Schweizer Bankgeheimnisses, der sich seit dem letzten Weltkrieg so fest etabliert hatte, dass er zur Visitenkarte, ja zum Markenzeichen des Schweizer Finanzplatzes geworden war, ein harter Schlag versetzt.

Was die Doppelbesteuerungsabkommen anbelangt, so willigte Bern im März 2009 ein, mehrere Dutzend neu zu verhandeln und den Artikel 26 des OECD-Musterabkommens darin aufzunehmen. Im Gegenzug wurde darauf verzichtet, die Drohung wahrzumachen und die Schweiz auf die schwarze Liste der Steuerparadiese zu setzen. Doch wurde damit eine weitere Lücke in die Festung des Schweizer Bankgeheimnisses geschlagen, da dieses ausländischen Behörden nun nicht mehr entgegengehalten werden kann, selbst wenn deren Amtshilfegesuche nur Fälle von Steuerhinterziehung und nicht von Steuerbetrug betreffen.

Bedeuten diese Konzessionen das Ende des Schweizer Bankgeheimnisses? Zum Zeitpunkt der Abfassung dieses Beitrags ist dies nicht der Fall, und zwar aus drei Gründen.[152] Erstens gab die Schweizer Regierung bei der zentralen Forderung der Europäischen Union, dem automatischen Informationsaustausch in Steuersachen, nicht nach. Zweitens blieb die Unterscheidung zwischen Steuerhinterziehung und Steuerbetrug in der Schweiz erhalten, sodass das Bankgeheimnis gegenüber den Schweizer Steuerbehörden in seiner umfassenden Form beibehalten werden konnte. Drittens schliesslich ist der Kampf bei Weitem nicht zu Ende. Je nach Entwicklung

150 *Le Temps*, 23. Juni 2008; Geschäftsprüfungskommissionen des Nationalrates und des Ständerates 2010, 133–316.

151 Schweiz. Bundesrat 2010, 2965–3000; *Neue Zürcher Zeitung* und *Le Temps*, 18. Juni 2010.

152 Longchamp 2010, 21–35.

der Wirtschaftslage und der internationalen Kräfteverhältnisse werden die Führungskreise der Schweiz möglicherweise gezwungen sein, weitere Konzessionen einzugehen. Vielleicht gelingt es ihnen aber auch, gewisse Lücken zu stopfen oder gar verlorenes Terrain wiedergutzumachen?

Lassen sich die Auswirkungen der während der Jahre 2009 und 2010 erfolgten Rückschläge auf den Schweizer Finanzplatz beziffern? Es ist noch zu früh, um eine Antwort auf diese abschliessende Frage zu geben, doch kann man schon heute festhalten, dass die von den Schweizer Finanzkreisen im Falle einer Schwächung des Bankgeheimnisses angekündigte Katastrophe – manch einer prognostizierte gar, man müsse wahrscheinlich «Genf schliessen»[153] – *nicht* eingetreten ist.

2.2.3 Schlussbetrachtungen

Hier noch einige grundsätzliche Überlegungen zur Internationalisierung, zu den komparativen Vorteilen und zur parasitären Dimension des Schweizer Finanzplatzes im 20. Jahrhundert. Zieht man die lange Geschichte des Schweizer Kapitalexports in Betracht, so scheint bereits der Begriff «Internationalisierung» nicht wirklich angemessen: Schon seit Mitte des 17. Jahrhunderts umfasste das Tätigkeitsfeld der Schweizer Finanzdrehscheibe per definitionem einen internationalen Raum. «Die Schweiz ist nördlich der Alpen das älteste Kapitalexportgebiet Europas und die älteste Stätte bankmässiger Vermittlung im internationalen Kapitalienverkehr»,[154] hob bereits 1916 Julius Landmann, einer der besten Kenner der älteren Schweizer Finanzgeschichte, hervor. Diese traditionelle Rolle als Drehscheibe des Kapitals war in Verbindung mit der Funktion als Steuerfluchtort und als Ort für die Verwaltung internationaler Vermögen eine grundlegende Voraussetzung für den Aufstieg des Schweizer Finanzplatzes im 20. Jahrhundert und prägte auch die Formen seiner Internationalisierung, die sich zumindest bis in die 1950er oder 1960er Jahre stark von derjenigen der Finanzplätze grosser Industrieländer unterschied.

Im Wesentlichen folgte die Internationalisierung des Schweizer Finanzplatzes im 20. Jahrhundert zwei grossen Ausrichtungen: Auf der einen Seite einer kontinentalen, die noch vor dem Entstehen des modernen Schweizer Finanzplatzes begann und auf den Beziehungen mit den grossen unmittelbaren Nachbarstaaten, insbesondere Frankreich und Deutschland, gründete. Auf der anderen Seite kam es kurz vor dem Zweiten Weltkrieg zu einer transatlantischen Orientierung, bei der dann in der zweiten Hälfte des 20. Jahrhunderts die Vereinigten Staaten und London als Basis für die multinationalen Tätigkeiten der Schweiz dienten und die nun klassischeren und daher besser sichtbaren Formen der Internationalisierung entsprach.

153 Lambelet/Mihailov 2001, 50.
154 Landmann 1916a, 390.

In der ersten Phase gingen die Schweizer Finanzakteure und insbesondere die Grossbanken wie ihre deutschen bzw. italienischen Pendants vor und bauten ein System von Korrespondenten, Beteiligungen und Interessengemeinschaften auf. Dies lag gewiss daran, dass die meisten Grossbanken in Zusammenarbeit mit bedeutenden ausländischen Gruppen oder durch Privatbankiers mit einer langen, in die Netze der internationalen Finanz eigebetteten Tradition gegründet worden waren, wodurch sie über ausreichende Beziehungen verfügten, um ihre Verbindungen im Ausland zu nutzen, ohne physisch im Land präsent sein zu müssen. Ein Vorteil, der noch 1928 vom Deutschen Generalkonsulat in Zürich hervorgehoben wurde: «Alle [Schweizer] Grossbanken unterhalten [...] so gute Beziehungen mit den Finanzkreisen von New York, London oder Amsterdam, dass sie bei der Wahrnehmung und der Entwicklung ihrer internationalen Tätigkeiten auf Filialen verzichten können.»[155] Zweifellos half diese Vorgehensweise den Schweizer Banken, die direkte Konfrontation mit offensichtlich stärkeren Partnern zu vermeiden oder die Konkurrenten im Gastland zu stören: Der «Auftritt einer Bank unter ihrem eigenen Namen ruft Neid und Widerstand seitens der anderen Banken hervor und bringt für sie und für die Geschäfte, die sie vertritt, oft mehr Schaden als Nutzen»,[156] erläuterte 1906 der Generaldirektor des SBV in London.

Es mag allerdings auch sein, dass die Schweizer Akteure während dieser Zeit der Internationalisierung zwar auf ausländischen Plätzen tätig sein wollten, es jedoch wegen ihrer traditionellen Rolle als Kapitaldrehscheibe und als Steuerfluchtort vermieden, sich dort niederzulassen. Einer der Kaderleute der Bank of England wies in einem Bericht vom September 1930 auf dieses scheinbare Paradox hin: «Die Organisation der meisten Schweizer Banken ist vollständig auf die Umgehung des (ausländischen) Fiskus ausgerichtet [...]. Der Londoner Sitz des SBV ist die *einzige* Niederlassung, die eine Schweizer Bank im Ausland unterhält. Der SBV hat festgestellt, dass dieser Sitz in gewisser Hinsicht einen Nachteil bedeutet, da die Steuerbetrüger denken, es sei sicherer für sie, mit einer Bank zu arbeiten, die keine Niederlassungen im Ausland unterhält.»[157]

Während der zweiten Phase, die *grosso modo* nach dem Zweiten Weltkrieg begann, nahm die Internationalisierung des Schweizer Finanzplatzes, wie erwähnt, eine klassischere und besser sichtbare Form an, ohne dabei jedoch die in der vorhergehenden Periode verfolgten Strategien aufzugeben. Die Schweizer Grossbanken hatten eine Grösse erreicht, die es ihnen erlaubte, mit ihren Mitbewerbern in mehreren Marktsegmenten in direkte Konkurrenz zu treten, und sie bauten ihre internationale Präsenz, namentlich in den beiden vorherrschenden Zentren, New York und London, in aufeinanderfolgenden Wellen aus; gleichzeitig nahm aber auch die Zahl der ausländischen Institute, die von der Schweiz aus tätig waren, stetig zu. Sie fanden in der Schweiz

155 Auswärtiges Amt. Politisches Archiv, Berlin. R 8804 (Bankwesen/Schweiz), Bericht von Heilbronn, Deutsches Generalkonsulat an Auswärtiges Amt vom 13.4.1928.

156 Archiv des SBV, Protokoll des Central-Auschusses 14, Sitzung vom 3.9.1906.

157 Archiv der Bank of England, Notiz von Frederic G. Conolly vom 29.9.1930, OV 63/21, CBP 241 v 3 (Hervorhebung im Original).

einerseits einen internationalen Finanzmarkt, der immer mehr weltweite Statur annahm, und profitierten zugleich von schlecht zu transferierenden komparativen Vorteilen wie dem Bankgeheimnis, die aus diesem Zentrum den weltweit grössten Offshore-Verwalter privater Vermögen machten.

Abgesehen von der Kompetenz der Schweizer Marktteilnehmer erlaubte es die Kombination von fünf Elementen dem Schweizer Finanzplatz, sich in die ersten Ränge der globalen Finanzzentren aufzuschwingen. Zentrale Voraussetzungen, die in der Regel erwähnt werden, waren die Neutralität und die politische Stabilität der Schweiz. Dadurch konnte der Finanzplatz Schweiz dem ausländischen Kapital einen sicheren Zufluchtsort bieten und dies weit über den langen Zeitraum der militärischen Konflikte, wirtschaftlichen Krisen und politischen Umwälzungen hinaus, welche die erste Hälfte des 20. Jahrhunderts kennzeichneten. Vorteilhaftere Steuerkonditionen als im Ausland, bei denen Firmen und Privatpersonen nicht nur von den günstigen Bedingungen profitierten, sondern ihnen zudem noch ein solider rechtlicher Schutz gegenüber ihren eigenen nationalen Behörden gewährleistet wurde, waren die beiden anderen Komponenten eines parasitären Systems. Letzteres wurde ab 1935 noch dadurch verstärkt, dass die Verletzung des Bankgeheimnisses von nun an ein Offizialdelikt war. Dieses System, das zu Beginn des 20. Jahrhunderts der Kompensation struktureller Schwächen des Schweizer Finanzplatzes diente, ermöglichte ihm eine Situationsrente schon zu Beginn seines Aufstiegs, und das umso mehr, als das fünfte und letzte Element, der Schweizer Franken, sich während der beiden Weltkriege und der inflationären Wellen, die das letzte Jahrhundert erschüttert haben, als klassische Fluchtwährung bewährte. Wenn man an das Ausmass der schädlichen Auswirkungen für die von der Kapital- und Steuerflucht betroffenen Länder denkt, kann man nur hoffen, dass sich diese Konstellation, wie profitabel sie für den Schweizer Finanzplatz auch immer sein mag, im 21. Jahrhundert nicht mehr wiederholt.

Aus dem Französischen übersetzt von Christoph Rüegger

2.2.4 Bibliographie

Online-Datenbank

HSSO: Historische Statistik der Schweiz Online, Kammerer, Patrick et al. (Hg.), www.fsw.uzh.ch/histstat/main.php

Unveröffentlichte Quellen

Archiv der Bank of England, London

Archiv der Schweizerischen Nationalbank (SNB), Zürich

Archiv des Schweizerischen Bankvereins (SBV), Basel

Auswärtiges Amt. Politisches Archiv, Berlin

Veröffentlichte Quellen

Bundesblatt der Schweizerischen Eidgenossenschaft (BBl): Bundeskanzlei (Hg.), Bern, www.admin.ch/ch/d/ff/

Schweiz. Bundesrat 1996: Botschaft zum Bundesgesetz zur Bekämpfung der Geldwäscherei im Finanzsektor, 17. Juni 1996, BBl 1996/III, 1101–1177.
Schweiz. Bundesrat 1997: Bundesgesetz zur Bekämpfung der Geldwäscherei im Finanzsektor, 10. Oktober 1997, BBl 1997/IV, 790–801.
Schweiz. Bundesrat 2004: Botschaft zur Genehmigung der bilateralen Abkommen zwischen der Schweiz und der Europäischen Union, einschliesslich der Erlasse zur Umsetzung der Abkommen («Bilaterale II»), 1. Oktober 2004, BBl 2004/Nr. 44, 5965–6300.
Schweiz. Bundesrat 2009: Strategische Stossreichtung für die Finanzmarktpolitik der Schweiz. Bericht in Beantwortung des Postulats Graber, 16. Dezember 2009, 11–12. www.efd.admin.ch/dokumentation/zahlen/00578/01622/index.html?lang=de/.
Schweiz. Bundesrat 2010: Botschaft zur Genehmigung des Abkommens zwischen der Schweiz und den Vereinigten Staaten von Amerika über ein Amtshilfegesuch betreffend UBS AG sowie des Änderungsprotokolls, 14. April 2010, BBl 2010/Nr. 19, 2965–3000.

Diplomatische Dokumente der Schweiz (DDS), Bern: Benteli, www.dodis.ch.

Geschäftsprüfungskommissionen des Nationalrates und des Ständerates 2010

Die Behörden unter dem Druck der Finanzkrise und der Herausgabe von UBS-Kundendaten an die USA. Bericht der Geschäftsprüfungskommissionen des Nationalrates und des Ständerates vom 30. Mai 2010, Bern, www.parlament.ch/d/dokumentation/berichte.

Literatur

Aubert, Maurice 1997: *Le secret bancaire suisse*, Genève: Fondation Genève Place Financière.
Bachmann, Gottlieb 1930: Die Schweiz als internationales Finanzzentrum, in: Neue Helvetische Gesellschaft (Hg.), *Die Schweiz. Ein nationales Jahrbuch 1931*, Erlenbach / Zürich: E. Rentsch, 29–38.
Bähr, Johannes 2006: *Die Dresdner Bank in der Wirtschaft des Dritten Reichs*, München: Oldenbourg.
Bairoch, Paul 1976: *Commerce extérieur et développement économique de l'Europe au XIXe siècle*, Paris / La Haye: Mouton.
Bairoch, Paul 1984: L'économie suisse dans le contexte européen 1913–1939, *Revue Suisse d'Histoire* 34 (1984), 468–497.
Banque Nationale Suisse 1932 (BNS) (éd.): *La Banque Nationale Suisse 1907–1932*, Zürich: Orell Füssli.
Bänziger, Hugo 1986: *Die Entwicklung der Bankenaufsicht in der Schweiz seit dem 19. Jahrhundert*, Bern: Haupt.
Bauer, Hans 1976: *Die Basler Börse 1876–1976*, Basel: Birkhäuser.

Baumann, Jan 2007: *Bundesinterventionen in der Bankenkrise, 1931–1937. Eine vergleichende Studie am Beispiel der Schweizerischen Volksbank und der Schweizerischen Diskontbank*, [s.l.] [s.n.].

Bergier, Jean-François 1983: *Histoire économique de la Suisse*, Lausanne: Payot.

Bernholz, Peter 2007: Die Nationalbank 1945–1982: Von der Devisenbann-Wirtschaft zur Geldmengensteuerung bei flexiblen Wechselkursen, in: Abegg, Werner et al., *Die Schweizerische Nationalbank 1907–2007*, Zürich: NZZ Verlag, 119–211.

Birchler, Urs W. 2007: Die Entwicklungen im Bankensektor, in: Abegg, Werner et al., *Die Schweizerische Nationalbank 1907–2007*, Zürich: NZZ Verlag, 422–433.

Blattner, Niklaus / Gratzl, Benedikt / Kaufmann, Tilo 1996: *Das Vermögensverwaltungsgeschäft der Banken in der Schweiz*, Bern / Stuttgart / Wien: Haupt.

Board of Governors of the Federal Reserve Bank 1976, *Banking and Monetary Statistics, 1941–1970*, Washington: Federal Reserve Bank.

Bonhage, Barbara et al. 2001: *Nachrichtenlose Vermögen bei Schweizer Banken. Depots, Konten und Safes von Opfern des nationalsozialistischen Regimes und Restitutionsprobleme in der Nachkriegszeit*, Zürich: Chronos.

Bösch, Lukas 2008: *L'assurance sur la vie en Suisse de 1910 à 1930: de la domination étrangère à l'hégémonie des compagnies suisses*, Lausanne, Mémoire de licence, Faculté des Lettres, Université de Lausanne.

Bott, Sandra 2008: *La Suisse et l'Afrique du Sud, 1945–1990. Commerce, finance et achats d'or durant l'apartheid*, Lausanne: Thèse de doctorat, Université de Lausanne, manuscrit.

Bott, Sandra et al. 2005: *Les relations économiques entre la Suisse et l'Afrique du Sud durant l'apartheid (1945–1990)*, Lausanne: Antipodes.

Braillard, Philippe / Schwamm, Henri 2006: *Place financière suisse. L'autre stratégie*, Genève: Slatkine.

Brown, Brendan 1988: *Monetary Chaos in Europe*, London / New York / Sidney: Croom Helm.

Burkhalter, Eduard F. 1969: *Die Bedeutung, das Wesen und die Struktur der von der Schweizerischen Nationalbank als «Übrige Banken» bezeichneten Institute*, Thun: Weibel.

Capgemini / Merrill Lynch, *World Wealth Report*, 1998 und 2003.

Cassis, Youssef 2005: *Les Capitales du Capital. Histoire des places financières internationales 1780–2005*, Genève: Pictet/Slatkine.

Castelmur, Linus von 1992: *Schweizerisch-alliierte Finanzbeziehungen im Übergang vom zweiten Weltkrieg zum kalten Krieg*, Zürich: Chronos.

Cerutti, Mauro 1999: Le blocage des avoirs suisses aux Etats-Unis en 1941 et ses conséquences, in: Guex, Sébastien (éd.), *La Suisse et les Grandes puissances 1914–1945*, Genève: Droz, 185–235.

Christensen, Benedicte Vibe 1986: Switzerland's Role as an International Financial Center, Washington DC: International Monetary Fond, *IMF Occasional Paper* No. 45 (1986), 1–40.

Cocca, Teodoro D. / Geiger, Hans 2007: *The International Private Banking Study*, Zurich: Swiss Banking Institute.

Commission Indépendante d'Experts Suisse-Seconde Guerre Mondiale 2002: *La Suisse, le national-socialisme et la Seconde Guerre mondiale. Rapport final*, Zurich: Pendo.

Crettol Vincent / Halbeisen, Patrick 1999: *Die währungspolitischen Hintergründe der Goldtransaktionen der Schweizerischen Nationalbank im Zweiten Weltkrieg*, Zürich: Schweizerische Nationalbank.

Deutsche Bank 1971: *Geschäftsbericht für das Jahr 1971.*

Deutsche Bundesbank 1971: Die Kapitalertragsbilanz der Bundesrepublik im Aussenwirtschaftsverkehr, *Monatsberichte der Deutschen Bundesbank*, 3. März 1971, 11–18.

Donzé, Steve 2007: *Wealth Management in Switzerland. Industry, Trends and Strategies*, Basel: Swiss Bankers Association.

Dufey, Gunter / Giddy, Ian H. 1978: *The International Money Market*, Englewood Cliffs: Prentice-Hall.

Durrer, Marco 1984: *Die schweizerisch-amerikanischen Finanzbeziehungen im Zweiten Weltkrieg. Von der Blockierung der schweizerischen Guthaben über die «Safehaven»-Politik zum Washingtoner Abkommen 1941–1946*, Bern: Haupt.

Duttweiler, Adolf 1983: *Die Schweizerische Nationalbank und das Deutschlandgeschäft der Grossbanken 1924 bis 1933*, Zürich: Lizentiatsarbeit, Universität Zürich.

Ehrsam, Paul 1985: Die Bankenkrise der 30er Jahre in der Schweiz, in: Eidgenössische Bankenkommission (Hg.), *50 Jahre eidgenössische Bankenaufsicht*, Zürich: Schulthess, 83–118.

Eidgenössische Bankenkommission (Hg.) 1985: *50 Jahre eidgenössische Bankenaufsicht*, Zürich: Schulthess.

Eidgenössisches Statistisches Amt (Hg.) 1934: *Schweizerische Aktiengesellschaften 1921 bis 1933*, Bern: Eidgenössisches Statistisches Amt.

Eidgenössisches Versicherungsamt (Hg.), *Die privaten Versicherungsunternehmen in der Schweiz*, div. Jahrgänge.

Erb, Rudolf 1931: *Die Stellungnahme der schweizerischen Grossbanken zu den bank- und währungspolitischen Problemen der Kriegs- und Nachkriegszeit*, Zürich: Leemann & Co.

Farquet, Christophe 2009: Lutte contre l'évasion fiscale: l'échec de la SDN durant l'entre-deux-guerres, *L'Economie politique* 44 (2009), 93–112.
Frei, Pierre-Yves 2009: *La chute du secret bancaire. Ce que cela va changer concrètement,* Lausanne / Paris: Favre.
Frey, Bruno S. / Waldenström, Daniel 2004: Markets Work in War: World War II reflected in the Zurich and Stockholm Bond Markets, *Financial History Review* (2004), 51–67.
Frey, Julius 1920: *Bewertung der Auslandaktiven in den Bilanzen der Aktiengesellschaften und Genossenschaften,* Zürich: NZZ Verlag.
Frey, Thomas / Vogel, Lukas 1997: *Und wenn wir auch die Eisenbahn mit Kälte begrüssen … Verkehrsintensivierung in der Schweiz 1870–1910. Ihre Auswirkungen auf Demographie, Wirtschaft und Raumstruktur,* Zürich: Chronos.
Gerardi, Dario 2007: *La Suisse et l'Italie, 1923–1950: commerce, finance et réseaux,* Neuchâtel: Alphil.
Guex, Sébastien 1993: *La politique monétaire et financière de la Confédération suisse 1900–1920,* Lausanne: Payot.
Guex, Sébastien 1994: L'introduction du droit de timbre fédéral sur les coupons 1919–1921, in: Guex, Sébastien et al. (Hg.), *Staatsfinanzierung und Sozialkonflikte (14.–20. Jh.),* Zürich: Chronos, 209–239.
Guex, Sébastien 1995: «Est-il encore possible de vivre heureux dans notre patrie?» Splendeurs et misères d'un expert financier du Conseil fédéral: l'éviction de Julius Landmann (1914–1922), *Revue Suisse d'Histoire* 45 (1995), 398–414.
Guex, Sébastien 1998: The development of Swiss trading companies in the twentieth century, in: Jones, Geoffrey (ed.), *The Multinational Traders,* London / New York: Routledge, 150–172.
Guex, Sébastien (éd.) 1999: *La Suisse et les Grandes Puissances 1914–1945,* Genève: Droz.
Guex, Sébastien 2000: The Origins of the Swiss Banking Secrecy Law and Its Repercussions for Swiss Federal Policy, *Harvard Business History Review* 74 (2000), 237–266.
Guex, Sébastien 2002: Place financière suisse et secret bancaire au XXe siècle: ombres et pénombres und Le secret bancaire a-t-il un avenir?, in: Froidevaux, Dominique (éd.), *La Suisse dans la constellation des paradis fiscaux,* Lausanne / Genève: En Bas/COMTEC, 54–79 und 171–182.
Guex, Sébastien 2006: Le scandale des fraudes fiscales et de la Banque Commerciale de Bâle. De l'une des causes possibles de la chute du Gouvernement Herriot en décembre 1932, in: Bourillon, Florence et al. (éd.), *Des économies et des hommes. Mélanges offerts à Albert Broder,* Paris: Editions Bière, 45–55.
Guex, Sébastien / Haver, Gianni 2007: James Bond contre – ou pour? – les gnomes de Zurich. L'image de la place financière suisse dans la série 007, in: Hache-Bissette, Françoise et al. (dir.), *James Bond (2)007. Anatomie d'un mythe populaire,* Paris: Belin, 330–338.
Guillen, Pierre 1982: Les relations financières franco-suisses après la Première Guerre mondiale, in: Poidevin, Raymond / Roulet, Louis-Edouard (dir.), *Aspects des rapports entre la France et la Suisse de 1843 à 1939,* Neuchâtel: Baconnière, 155–171.
Gurtner, Bruno 2010: L'agonie du secret bancaire suisse, *L'Economie politique* 46 (2010), 36–45.
Halbeisen, Patrick 1998: Bankenkrise und Bankengesetzgebung in den 30er Jahren, in: Guex, Sébastien et al. (Hg.), *Krisen und Stabilisierung. Die Schweiz in der Zwischenkriegszeit,* Zürich: Chronos, 61–79.
Halpérin, Jean 1946: *Les assurances en Suisse et dans le monde,* Neuchâtel: La Baconnière.
Hässig, Lukas 2009: *Der UBS-Crash. Wie eine Grossbank Milliarden verspielte,* Hamburg: Hoffmann und Campe.
Hertner, Peter 1987: Les sociétés financières suisses et le développement de l'industrie électrique jusqu'à la Première Guerre mondiale, in: Cardot, Fabienne (éd.), *1880-1980. Un siècle d'électricité dans le monde,* Paris: PUF, 341–355.
Iklé, Max 1970: *Die Schweiz als internationaler Bank- und Finanzplatz,* Zürich: Orell Füssli.
Imwinkelried, Daniel 1999: Die Auswirkungen des Ersten Weltkrieges auf die Beziehungen der Schweizer Banken zur deutschen Industrie: Die Schweizerische Gesellschaft für elektrische Industrie (Indelec) und der Siemens-Konzern, in: Guex, Sébastien (éd.), *La Suisse et les Grandes Puissances 1914–1945,* Genève: Droz, 301–325.
Jöhr, Adolf 1928: *Zürich als Bank- und Börsenplatz,* Zürich: H. Schatzmann.
Jöhr, Adolf 1940: *Die schweizerischen Grossbanken und Privatbankiers,* Zürich: Polygraphischer Verlag.
Jöhr, Walter Adolf 1956: *Schweizerische Kreditanstalt 1856–1956. Hundert Jahre im Dienste der schweizerischen Volkswirtschaft,* Zürich: Schweizerische Kreditanstalt.
Jung, Joseph 2000a: *Von der Schweizerischen Kreditanstalt zur Credit Suisse Group. Eine Bankengeschichte,* Zürich: NZZ Verlag.
Jung, Joseph 2000b: *Die Winterthur. Eine Versicherungsgeschichte,* Zürich: NZZ Verlag.
Jung, Joseph (Hg.) 2001: *Zwischen Bundeshaus und Paradeplatz: die Banken der Credit Suisse Group im Zweiten Weltkrieg: Studien und Materialien,* Zürich: NZZ Verlag.

Karlen, Stefan et al. 2002: *Schweizerische Versicherungsgesellschaften im Machtbereich des «Dritten Reichs»*, Zürich: Chronos.

Kellenberger, Eduard 1939: *Kapitalexport und Zahlungsbilanz*, Bern: Francke.

Kleinewefers, Henner 1972: *Das Auslandsgeschäft der Schweizer Banken*, Zürich: Schulthess.

König, Mario 2001: *Interhandel. Die schweizerische Holding der IG Farben und ihre Metamorphosen – eine Affäre um Eigentum und Interessen (1910–1999)*, Zürich: Chronos.

König, Peter 1947: Der Anteil der Lebensversicherungsgesellschaften an der Finanzierung des Geldbedarfes des Bundes 1939–1945, *Schweizerische Zeitschrift für Volkswirtschaft und Statistik* (1947), 500–509.

Kurz, Hermann / Bachmann, Gottlieb 1928: *Die schweizerischen Grossbanken. Ihre Geschäftstätigkeit und wirtschaftliche Bedeutung*, Zürich / Leipzig: Orell Füssli.

Lambelet, Jean-Christian / Mihailov, Alexander 2001: *Le poids des places financières suisse, genevoise et lémanique*, Lausanne: Institut Créa.

Landmann, Julius 1916a: Der schweizerische Kapitalexport, *Zeitschrift für Schweizerische Statistik und Volkswirtschaft* (1916), 389–415.

Landmann, Julius 1916b: *Projet d'une loi fédérale concernant l'exploitation et la surveillance des banques avec exposé des motifs à l'appui*, Berne: Département de l'Economie Publique.

Le négoce international à Genève 1998: Genève place financière (éd.), Genève: Fondation Genève Place Financière.

Leber, Hendrik 1983: *Schweizerische Banken im US-Effektengeschäft*, St. Gallen / Karlsruhe: Paul Fröscher.

Lehmann, Georg 1956: *Das Verbandswesen im schweizerischen Bankgewerbe*, Bern: Vögeli Buchdruck Horw.

Lehmann, Heinz A. 1973: *Die Konkurrenzlage im schweizerischen Bankgewerbe*, Bern: Haupt.

Liefmann, Robert 1920: Beteiligungs- und Finanzierungsgesellschaften in der Schweiz, *Zeitschrift für Schweizerische Statistik und Volkswirtschaft* (1920), 335–357.

Loepfe, Willi 2006: *Geschäfte in spannungsgeladener Zeit. Finanz- und Handelsbeziehungen zwischen der Schweiz und Deutschland 1923 bis 1946*, Weinfelden: Wolfau-Druck, C. Mühlemann.

Longchamp, Olivier 2010: La reconfiguration du secret bancaire suisse, *L'Economie politique* 46 (2010), 21–35.

Lüönd, Karl 1998: *Neugierig auf Morgen. 125 Jahre Zürich. Geschichte und Vision eines Weltkonzerns*, Zürich: NZZ Verlag.

Lussy, Hanspeter et al. 2001: *Schweizerische Wertpapiergeschäfte mit dem «Dritten Reich». Handel, Raub und Restitution*, Zürich: Chronos.

Maissen, Thomas 2005: *Verweigerte Erinnerung: nachrichtenlose Vermögen und Schweizer Weltkriegsdebatte, 1989–2004*, Zürich: NZZ Verlag.

Matter, Albert 1958: *Union des banques cantonales suisses 1907–1957*, Bâle: Kreis.

Mazbouri, Malik 1999: Place financière suisse et crédits aux belligérants durant la Première Guerre mondiale, in: Guex, Sébastien (éd.), *La Suisse et les Grandes Puissances 1914–1945*, Genève: Droz, 59–90.

Mazbouri, Malik 2005: *L'émergence de la place financière suisse (1890–1913). Itinéraire d'un grand banquier*, Lausanne: Antipodes.

Meier, Richard T. / Sigrist, Tobias 2006: *Der helvetische Big Bang. Die Geschichte der SWX Swiss Exchange*, Zürich: NZZ Verlag.

Meier, Wilhelm 1931: *Die Emission ausländischer Anleihen in der Schweiz. Ein Beitrag zur schweizerischen Kapitalexportpolitik*, Zürich: A. Gutzwiller.

Meyer, Max 1975: *Die ausländischen Banken in der Schweiz*, Aarau: Keller.

Moos, Robert von 1922: *Die korporative Organisation des Bankgewerbes in der Schweiz (Bankenverbände)*, Zürich: Selbstverlag des Verfassers.

Müller, Philipp 2010: *La Suisse en crise (1929–1936). Les politiques monétaire, financière, économique et sociale de la Confédération helvétique*, Lausanne: Antipodes.

Oesch, Richard 1976: *Die Holdingbesteuerung in der Schweiz*, Zürich: Schulthess.

Paccaud, Isabelle 2003: Les relations financières entre la Suisse et la Grande-Bretagne durant la Deuxième Guerre mondiale (1940–1944), in: Müller, Philipp et al., *Franc suisse, finance et commerce*, Lausanne: Antipodes, 147–240.

Paquier Serge 1998: *Histoire de l'électricité en Suisse. La dynamique d'un petit pays européen 1875–1939*, Vol. II, Genève: Passé Présent.

Perrenoud, Marc 1988: Banques et diplomatie suisses à la fin de la Deuxième Guerre mondiale. Politique de neutralité et relations financières internationales, *Etudes et Sources* 13–14 (1988), 7–128.

Perrenoud, Marc 2003: Secret bancaire et politique étrangère de la Suisse (1932–1962), *Relations internationales* 113 (2003), 27–40.

Perrenoud, Marc et al. 2002: *La place financière et les banques suisses à l'époque du national-socialisme. Les relations des grandes banques avec l'Allemagne (1931–1946)*, Lausanne: Payot / Zürich: Chronos.

Peyer, Kurt 1971: *Ausmass und Bedeutung des Auslandskapitals in der Schweiz,* Zürich: Juris.
Plucer-Sarna, Nussen 1911: *Die Konzentration im schweizerischen Bankwesen,* Zürich: E. Speidel.
Ritzmann, Franz 1964: Die Entwicklung des schweizerischen Geld- und Kreditsystems, in: Schweizerische Gesellschaft für Statistik und Volkswirtschaft (Hg.), *Ein Jahrhundert schweizerischer Wirtschaftsentwicklung. Festschrift zum hundertjährigen Bestehen der SGSV 1864–1964,* Bern, 235–272.
Rogge, Peter G. 1997: *Die Dynamik des Wandels. Schweizerischer Bankverein 1872–1997: Das fünfte Vierteljahrhundert,* Basel: Reinhardt.
Sancey, Yves 2004: *Un capitalisme de Gentlemen. Emergence et consolidation de l'autorégulation bancaire en Suisse et en Angleterre (1914–1960),* Lausanne: Thèse de doctorat, Université de Lausanne, manuscrit.
Schaufelbuehl, Janick Marina 2009: *La France et la Suisse ou la force du petit. Evasion fiscale, relations commerciales et financières (1940–1954),* Paris: Presses de la Fondation nationale des sciences politiques.
Schaufelbuehl, Janick Marina 2010: L'évasion fiscale: une longue tradition entre la France et la Suisse, *L'Economie politique* 46 (2010), 46–58.
Schiltknecht, Kurt 1970: *Beurteilung der Gentlemen's Agreements und Konjunkturbeschlüsse der Jahre 1954–1966 unter besonderer Berücksichtigung der Auslandgelder,* Zürich: Polygraphischer Verlag.
Schmid, Hans Rudolf / Meier, Richard T. 1977: *Die Geschichte der Zürcher Börse,* Zürich: Effektenbörsenverein.
Schütz, Dirk 1998: *La chute de l'UBS. Les raisons du déclin de l'Union de Banques Suisses,* Zürich: Bilanz.
Schultz, Hans 1976: *Le secret bancaire et le traité d'entraide judiciaire en matière pénale conclu entre la Suisse et les Etats-Unis d'Amérique,* Bâle: Société de Banque Suisse.
Schweizer, B. / Mattle, A. J. 1978: *Euromarkt: Geld- und Kapitalmarkt ohne nationale Grenzen* (SBG-Schriften zu Wirtschafts-, Bank- und Währungsfragen, 62).
Schweizerische Bankiervereinigung (Hg.) 1962: *50 Jahre Schweizerische Bankiervereinigung. Jubiläumsbericht und 50. Jahresbericht über das Geschäftsjahr vom 1. April 1961 bis 31 März 1962,* Basel: [s. n].
Schweizerische Bankiervereinigung (Hg.) 2001: *Die Banken – ein wichtiger Pfeiler der Schweizer Wirtschaft,* Basel: SBVg.
Schweizerische Nationalbank (SNB) (Hg.) 1970: *Das schweizerische Bankwesen im Jahre 1970,* Zürich: Orell Füssli.
Schweizerische Nationalbank (SNB) (Hg.) 1981: *Beiheft zum «Bankenwesen»: Struktur und Entwicklung der Auslandaktiven und Auslandpassiven: mit einem finanzstatistischen Anhang,* Zürich: Orell Füssli.
Schweizerische Nationalbank (SNB) (Hg.) 1982: *75 Jahre Schweizerische Nationalbank. Die Zeit von 1957 bis 1982,* Zürich: NZZ Verlag.
Schweizerische Nationalbank (SNB) (Hg.) 2000: *Die Banken in der Schweiz,* Zürich: Orell Füssli.
Schweizerische Nationalbank (SNB) (Hg.) 2003: *Die Banken in der Schweiz,* Zürich: Orell Füssli.
Schweizerische Nationalbank (SNB) (Hg.) 2008, 2009: *Geschäftsberichte.*
Schweizerische Nationalbank (SNB) (Hg.) 2009: *Bericht zur Finanzstabilität,* August 2009.
Schwok, René (éd.) 2002: *Place financière suisse, évasion fiscale et intégration européenne,* Genève: Euryopa.
SDN 1931: *Mémorandum sur les banques commerciales 1913–1929,* Genève: Société des Nations.
Segreto, Luciano 2001: Le relazioni finanziarie tra l'Italia e la Svizzera (1945–1971), *Rivista di storia economica* 2 (2001), 201–234.
Société de Banque Suisse (SBS) 1920: *La situation économique et financière de la Suisse 1919,* Bâle: Kreis.
Speck, Kurt 1974: *Strukturwandlungen und Entwicklungstendenzen im Auslandsgeschäft der Schweizerbanken,* Zürich: Juris.
Spuhler, Gregor et al. 2002: *«Arisierungen» in Österreich und ihre Bezüge zur Schweiz. Beitrag zur Forschung,* Zürich: Chronos.
Statistisches Handbuch des schweizerischen Geld- und Kapitalmarktes (Manuel statistique du marché financier suisse), Reihe: Mitteilungen der volkswirtschaftlichen und statistischen Abteilung der Schweizerischen Nationalbank: Heft 26, Zürich: Schulthess, 1944.
Straumann, Tobias 2005: Finanzplatz und Pfadabhängigkeit: Die Bundesrepublik, die Schweiz und die Vertreibung der Euromärkte (1955–1980), in: Merki, Christoph Maria (Hg.), *Europas Finanzzentren. Geschichte und Bedeutung im 20. Jahrhundert,* Frankfurt / New York: Campus, 245–268.
Thorne, Peter 2009: *Swiss banking secrecy and taxation. Paradise Lost?,* Genève: Helvea.
Tilly, Richard 1995: How to Write the History of a Bank – Belgium, Holland, Germany, Luxemburg, Switzerland, in: Feldman, Gerald et al. (eds.), *How to Write the History of a Bank,* Cambridge: Scholar Press, 68–85.
Toniolo, Gianni 2005: *Central bank cooperation at the Bank for International Settlements, 1930–1973,* Cambridge: Cambridge University Press.
UBS (Hg.) 2000: *Financial Report.*

UBS 2006: Medienmitteilung vom 14. Februar 2006, www.ubs.com/1/g/media_overview/media_global/search1/search10.html?newsId=89885 (Zugriff: 29. Januar 2011).
UBS (Hg.) 2007: *Financial Reporting*. Second Quarter.
UBS (Hg.) 2002: *Jahresbericht.*
UBS (Hg.) 2007: *Jahresbericht.*
UBS (Hg.) 2008: *Geschäftsbericht.*
UBS (Hg.) 2009: *Geschäftsbericht.*
UBS (Hg.) 2009: *Annual Report.*
UBS (Hg.) 2010: *First Quarter Report.*
Uhlig, Christiane et al. 2001: *Tarnung, Transfer, Transit. Die Schweiz als Drehscheibe verdeckter deutscher Operationen (1938–1952),* Zürich: Chronos.
Unabhängige Expertenkommission Schweiz-Zweiter Weltkrieg 2002: *Die Schweiz und die Goldtransaktionen im Zweiten Weltkrieg,* Zürich: Chronos.
Verband 2007: *Verband Schweizerischer Kantonalbanken 1907–2007,* Basel: VSK.
Vogler, Robert Urs 2005: *Das Schweizer Bankgeheimnis: Entstehung, Bedeutung, Mythos,* Zürich: Verein für Finanzgeschichte.
Weber, Ernst 1944: Das Kreditgeschäft der Schweizerischen Nationalbank, in: *Geld- und Kreditsystem der Schweiz. Festgabe für Gottlieb Bachmann,* Zürich: Schulthess, 193–211.
Weber, Heinrich / Meier, Stephan 2009: *The Ultra High Net Worth Banker's Handbook,* Petersfield: Harriman House.
Weck, Roger de / Mabillard, Max 1977: *Scandale au Crédit Suisse,* Genève: Tribune éditions.
Weckherlin, Peter 1927: *Die ausländischen Anlagen der schweizerischen Hypothekenbanken,* Zürich: Conzett & Cie.
Worner, Bernard 1931: *La Suisse, centre financier européen,* Argenton: Langlois.
Wulfsohn, Leo / Wernlé, Gabriel 1923: *L'évasion des capitaux allemands*, Paris: SA d'Editions.
Wylie, Neville 2003: *Britain, Switzerland, and the Second World War,* Oxford: Oxford University Press.
Zaki, Myret 2008: *UBS, Les dessous d'un scandale. Comment l'empire aux trois clés a perdu son pari,* Lausanne / Paris: Favre.
Zimmermann, Rolf 1987: *Volksbank oder Aktienbank? Parlamentsdebatten, Referendum und zunehmende Verbandsmacht beim Streit um die Nationalbankgründung, 1891–1905,* Zürich: Chronos.

2.3 Binnenwirtschaft, Tourismus und Landwirtschaft

Laurent Tissot (2.3.1–2.3.4) und Peter Moser* (2.3.5)

2.3.1 Beziehungen zwischen Binnen- und Exportwirtschaft

In der historischen Forschung wurde den auf den Binnenmarkt ausgerichteten Wirtschaftszweigen der Industrie und des Handels, dem Handwerk und Gewerbe, dem «secteur public» und der Landwirtschaft bisher wenig Aufmerksamkeit geschenkt. Man ging davon aus, dass sie das Wachstum der Schweizer Wirtschaft im 20. Jahrhundert nicht entscheidend prägten. Weil vom Binnenmarkt ausgehende Wachstumsimpulse fehlten, wurde die Schweiz gemäss dieser Vorstellung gleichsam gezwungen, einen Teil ihrer Produktion auf die ausländischen Märkte auszurichten und sich mit ihren Exporten und Importen in die Weltwirtschaft zu integrieren.

Seit den 1980er Jahren wurde diese These eines vom Export angetriebenen Wirtschaftswachstums weiterentwickelt, nuanciert und auch in Frage gestellt. Zu den wichtigsten Beiträgen über die Entwicklung im 19. Jahrhundert gehören die Hypothesen von Hansjörg Siegenthaler und die auf neuen Daten zum BIP (1850–1913) beruhenden Interpretationen von Michael Bernegger.[1] Entgegen der traditionellen Auffassung zeigte Bernegger, dass die auf den Binnenmarkt ausgerichteten wirtschaftlichen Aktivitäten durchaus nicht unbedeutend waren, sondern – auf jeden Fall bis in die 1890er Jahre – als die eigentliche Triebkraft des starken Wachstums in der Schweiz gelten müssen. Den grössten Beitrag leisteten neben der Landwirtschaft die Lebensmittelindustrie und die Bauwirtschaft. Diese neue Lesart rief nach einer Überprüfung und einer genaueren Beschreibung der komplexen Zusammenhänge zwischen Binnen- und Exportwirtschaft. Die dabei gewonnenen Erkenntnisse konnten sich in der Folge durchsetzen.[2] Heute wird bei der Untersuchung der wirtschaftlichen Entwicklung kleiner Länder die Rolle des Binnenmarkts nicht mehr unterbewertet, sondern – im Gegenteil – als eine ihrer Stärken verstanden.

Zunächst einmal geht es jedoch um eine Begriffsklärung und um die Frage, welche Verbindungen mit der Exportwirtschaft bestanden. Anschliessend wird die tiefgreifende Krise der 1970er Jahre und deren Auswirkungen auf das Funktionieren der Binnenwirtschaft erörtert.

* Ich danke Juri Auderset für seine wertvollen Hinweise und Anregungen.

1 Siegenthaler 1985, 460; Siegenthaler 1987, 507; Bernegger 1990, 460–462. Siehe u. a. die Darstellung von Katzenstein 1984 über kleine Volkswirtschaften und → III.i.6.

2 David 1995.

2.3.1.1 Definition und Funktionsweise der Binnenwirtschaft

Der Begriff «Binnenwirtschaft» ist diskussionswürdig, und es ist durchaus lohnend, sich Gedanken darüber zu machen, was er genau umfasst. Welche Branchen zur Binnenwirtschaft gehören – eine für das Thema dieses Beitrags entscheidende Frage –, wurde in der Einleitung zu Teil 2 behandelt und kommentiert. Aufgrund der Offenheit der Schweiz waren zahlreiche Aktivitäten, die sich dem freien Spiel der Marktwirtschaft aussetzten, stark in die internationale Wirtschaft integriert. Funktionierte die Binnenwirtschaft auf denselben Grundlagen? War die Bildung eines nationalen Marktes, wie er ab 1848 im neu entstandenen Bundesstaat Gestalt annahm, die Voraussetzung für die Existenz und die Lebensfähigkeit der Binnenwirtschaft? Mit anderen Worten: Reichte die Grösse des nationalen Marktes aus, um eine Binnenwirtschaft aufrechtzuerhalten, oder war seine Bedeutung auf andere Faktoren zurückzuführen, die im ausserwirtschaftlichen Bereich zu suchen sind? Diese Frage ist entscheidend, denn sie führt uns zu der Überlegung weiter, wie stark die einzelnen Bereiche – Wirtschaft, Soziales, Politik, Ideologie – die Entwicklung mitbestimmten. Um den Schutz bestimmter Wirtschaftszweige zu begründen, wurden die unterschiedlichsten Argumente vorgebracht, die alle wegen der soziohistorischen, institutionellen und kulturellen Vielfältigkeit der Schweiz als grundlegend für eine ausgewogene Entwicklung des gesamten Landes gelten wollten. Als schützenswert galt nicht nur die Landwirtschaft, sondern auch gewisse gewerbliche und industrielle Aktivitäten in den Bereichen Lebensmittelindustrie, Bekleidung, Baugewerbe, Rüstungsproduktion sowie allgemein alles, was unter dem Begriff Service public zusammengefasst werden kann. Dazu zählten der Verkehr, die Kommunikation, die Energie usw.[3] Aufgrund protektionistischer Argumente wurden diese Aktivitäten dem als für sie verheerend erachteten internationalen Wettbewerb entzogen und teilweise so reguliert, dass sie auch nicht mehr den Marktkräften im Inland ausgesetzt waren. Die Vielfältigkeit der Branchen, etwa hinsichtlich ihrer wirtschaftlichen Bedeutung und regionalen Verankerung, führte dazu, dass sich die Argumente zur Begründung der regulierenden Eingriffe ganz unterschiedlich entwickelten, und die daraus abgeleiteten Massnahmen wurden derart flexibel und pragmatisch gehandhabt, dass generalisierende Aussagen kaum möglich sind. Die Umsetzung der entsprechenden Massnahmen erforderte das Eingreifen verschiedenster Akteure.

Allerdings wurden nicht alle auf den Binnenmarkt ausgerichteten Wirtschaftszweige reguliert. Die komplexe Marktsituation führte vielmehr zu einem Gewirr aus Einzelfällen, zu einem riesigem Netz mit Verknüpfungen und Verzweigungen. Ein Sektor, der geschützt oder koordiniert wurde, musste nicht zwangsläufig verstaatlicht sein. Umgekehrt war ein staatlicher Betrieb auch nicht in jedem Fall und unter allen Umständen geschützt, er konnte teilweise oder vollständig mit privaten, nationalen

3 *Historisches Lexikon der Schweiz*, «Binnenmarkt».

oder internationalen Unternehmen im Wettbewerb stehen. So kam es, dass über einen längeren Zeitraum gesehen gewisse Wirtschaftszweige freiwillig oder gezwungenermassen, aus ganz unterschiedlichen Gründen und zuzeiten stärker, zuzeiten schwächer vom Binnenmarkt abhingen. Je nach Situation und Interessenlage waren einzelne Branchen bestrebt, ihren Binnenmarkt stärker zu regulieren, und forderten entsprechende Massnahmen, während andere zu mehr Liberalisierung neigten. (→ 2.1.2.2).

Der Begriff duale Wirtschaft lässt sich deshalb nicht auf eine Unterscheidung zwischen einer «nach innen» und einer «nach aussen» orientierten Wirtschaft reduzieren. Da die beiden Wirtschaftsbereiche ständig interagierten, war die Binnenwirtschaft stark wechselnden Einflüssen ausgesetzt, die zu sehr unterschiedlichen und manchmal auch widersprüchlichen Beziehungen führten und die besondere Ausprägung des *kooperativen Kapitalismus* in der Schweiz ausmachten.[4] So gesehen darf man weder die regionale Dimension noch die föderalistische Struktur der Schweiz ausser Acht lassen, wenn man den Schweizer Besonderheiten Rechnung tragen will (→ 3.3). Die Schweiz, die historisch gesehen durch eine langsame Integration von sehr unterschiedlichen politischen und kulturellen Einheiten entstanden ist, setzte sich stets aus heterogenen Wirtschaftsstrukturen zusammen, die bei weitem kein nationales Gebilde ergaben. Ohne in einen oberflächlichen Determinismus verfallen zu wollen: Die Geographie und die Topographie des Landes sowie die institutionellen Rahmenbedingungen waren für diese Entwicklung elementar. Sie bedienen nicht nur abgegriffene Klischees, sondern erklären Verhaltensweisen und Entwicklungsmuster, die anders nicht erfasst werden können.

Ein wesentliches Merkmal für das Funktionieren der dualen Wirtschaft der Schweiz ist die Einbindung der Wirtschaftsvertreter in die politischen und institutionellen Strukturen des Landes und umgekehrt. Diese Tatsache stützt die Auffassung, dass die Durchlässigkeit der beiden Bereiche zur Stabilität des dualen Systems beitrug oder zumindest zu einer Art Gleichgewicht zwischen Binnenwirtschaft und Exportwirtschaft führte.

2.3.1.1.1 Service public, Regulierung und Ausweitung der Binnenwirtschaft

Beim Service public werden die engen Beziehungen zwischen Wirtschaft, Politik und institutionellen Rahmenbedingungen besonders deutlich. Denn das Konzept des Service public wird vielfach von Akteuren vertreten, die bestrebt sind, einerseits das Allgemeinwohl zu fördern, indem etwa eine technische Innovation zur Bereitstellung unentbehrlicher Leistungen der gesamten Bevölkerung zugutekommt (Wasser- und Gasversorgung, Verkehr, Post usw.), und dieses andererseits mit den Interesssen des privaten Sektors an wirtschaftlichen Neuerungen in Einklang zu bringen, dessen Dy-

4 Schröter 1999, 192.

namik und Riskobereitschaft durchaus anerkannt werden.[5] Die strategische Komponente war, wie Serge Paquier sehr gut zeigt, nicht die einzige Triebfeder bei der Übernahme von wirtschaftlichen Aktivitäten durch die öffentliche Hand. Der Staat war dabei auch mit technischen und betriebswirtschaftlichen Zwängen konfrontiert, die nicht unbedingt in seine Kompetenz fielen.[6] Gefragt war die Bildung oder Aneignung von Wissen und Know-how, was in Bezug auf die Mobilisierung von Ressourcen und unter Rentabilitätsgesichtspunkten erhebliche Schwierigkeiten, langfristig aber auch echte finanzielle und strategische Vorteile mit sich bringen konnte.

In dieser Hinsicht spielte die Eisenbahn eine besonders wichtige Rolle, weil sie sich zu einem Zeitpunkt auf die Funktionsweise von Wirtschaft und Gesellschaft auswirkte, als der Verkehr das gesamte Wirtschaftsleben veränderte. Auch wenn die grosse Phase der Verstaatlichung von Eisenbahnen am Ende des 19. Jahrhunderts durchaus mit deren mangelnder Rentabilität zusammenhing, war sie nicht nur eine Folge des privatwirtschaftlichen Versagens (→ III.ii.6 und 1.3.3.3). Die Tatsache der Verstaatlichung liess keinen Zweifel daran, dass der Staat als wirtschaftlicher Akteur künftig eine gewichtigere Rolle spielen würde, für die Länder mit ähnlichen Erfahrungen, wie Italien und Belgien, ein gutes Beispiel boten. Die Schaffung einer «Verkehrswissenschaft» macht deutlich, dass sowohl private Kreise als auch die Öffentlichkeit in ökonomischer, militärischer und administrativer Hinsicht effiziente und rationelle Verkehrsnetze anstrebten. Aus dieser Perspektive wurde das Konzept des Service public entwickelt. Hinzu kamen technische und organisatorische Faktoren, welche die Kontrolle des Verkehrsnetzes zu einer existenziellen Aufgabe des Staates machten. An dieser Stelle darf daran erinnert werden, dass sich die grossen Eisenbahnverstaatlichungen in Frankreich (1936) und in Grossbritannien (1945) am *Schweizer Modell* orientierten. Obwohl der Service public eine erhebliche Bürokratisierung mit sich brachte und deren Gewicht auch in der Gesamtwirtschaft zunahm, muss man zugeben, dass die staatlichen Stellen durchaus in der Lage waren, sich die nötigen Kompetenzen für die Verwaltung der Betriebe anzueignen, und dass die Allgemeinheit beträchtlichen Nutzen daraus ziehen konnte. Der Anteil des auf Bundesebene geregelten Eisenbahn-, Post- und Telefonverkehrs sowie der zum Zuständigkeitsbereich der Kantone und Gemeinden gehörenden Strom- und Wasserversorgung, des öffentlichen Nahverkehrs sowie der Bereiche Gesundheit und Bildung an der Gesamtwirtschaft nahm im Lauf des 20. Jahrhunderts beträchtlich zu. Der wirtschaftliche Aufschwung wurde dadurch nicht beeinträchtigt, trotzdem stellte man im letzten Drittel des 20. Jahrhunderts die Funktionsweisen des Service public grundsätzlich in Frage. Doch waren es gerade die Zunahme des öffentlichen Sektors, seine strategische und politische Bedeutung und auch sein Wandel, die zur Ausweitung der Binnenwirtschaft führten.

5 Tissot 2007, 179–185. Für Frankreich: Margairaz 2005, 10–32.
6 Paquier 2007.

2.3.1.1.2 Protektionismus

Der Aufschwung der Binnenwirtschaft beruhte aber nicht allein auf einem mehr oder weniger akzeptierten Eingreifen staatlicher Stellen. Die Binnenwirtschaft wurde auch bestimmt durch wirtschaftspolitische Massnahmen, die privaten Akteuren die Möglichkeit liessen, ihre Geschäfte miteinander abzusprechen. Unter Protektionismus zum Schutz der Binnenwirtschaft ist denn auch ein Bündel von Massnahmen zu verstehen, die Rahmenbedingungen für gewisse Aktivitäten festlegen, und nicht etwa die Verstaatlichung dieser Aktivitäten. Dass sich der Protektionismus auf die Wirtschaftspolitik der Staaten auswirkte, braucht hier nicht gesondert betont zu werden.[7] Der Protektionismus wird allzu oft bezichtigt, das freie Spiel des Marktes zu verfälschen und langfristig mehr Schaden als Nutzen zu bringen, doch sollten seine positiven wirtschaftlichen, sozialen und strategischen Aspekte nicht ausser Acht gelassen werden, wie etwa die Bewahrung der Ernährungssicherheit des Landes und seiner Versorgung mit Rohstoffen oder die Erhaltung von Arbeitsplätzen in strukturschwachen Regionen, die Unterstützung zukunftsträchtiger Wirtschaftszweige, die Beherrschung neuer Technologien usw. So gesehen ist die Landwirtschaft der Sektor, bei dem die positiven Aspekte des Protektionismus am stärksten zum Tragen kommen und der daher besonders aufmerksam analysiert werden muss. Die Sonderstellung der Landwirtschaft erklärt die ständigen finanziellen Leistungen, denen die Politiker immer wieder zustimmten, um einen Sektor am Leben zu erhalten, der im Vergleich mit anderen Wirtschaftszweigen mehr und mehr von seiner menschlichen und materiellen Substanz verlor (siehe 2.3.5).

2.3.1.1.3 Marktregulierung und Kartelle

Im Kontext der zunehmenden Globalisierung konnte der Protektionismus jedoch nicht alle Bedrohungen und Unsicherheiten aus der Welt schaffen, die der wirtschaftliche Wettbewerb unter den Industriestaaten und zwischen den Wirtschaftszweigen mit sich brachte: Während sich Erstere bisweilen vom Untergang bedroht sahen, waren Letztere bestrebt, ihren Fortbestand über die materiellen Voraussetzungen hinaus zu sichern. Unter diesem Gesichtspunkt erschien eine gewisse Kontrolle der Marktmechanismen als vorstellbares und akzeptables Mittel. Verschiedene Massnahmen, die auch in früheren Zeiten nicht unbekannt waren – man denke an die Zünfte oder die Gilden –, schienen hier möglich. Die Wirtschaftsverbände beteiligten sich an der Anpassung des aus den Revolutionen Ende des 18. Jahrhunderts hervorgegangenen Wirtschaftsmodells, dessen negative Folgen durch Kooperationen, Abkommen und Vereinbarungen auf öffentlicher oder privater, auf lokaler, regionaler, nationaler oder internationaler Ebene begegnet werden sollte. Die Beteiligten fanden sich in einem

7 Bairoch 1995, Kapitel 4.

dichten Netzwerk von Übereinkommen wieder, die je nachdem die Preise und Löhne, die Zahl der Unternehmen oder der Beschäftigten, die Produktionsquoten, Marktanteile, Produktnormen usw. festlegten. Die Billigung von Kartellen ermöglichte es einzelnen Wirtschaftszweigen, die «natürlichen» Marktgesetze zu beeinflussen, ohne sie dabei zwangsläufig ganz aussser Kraft zu setzen.[8]

Die Kartellierung gewisser Branchen bringt uns zu einem weiteren Aspekt der Regulierung einzelner Märkte in der Binnenwirtschaft des 20. Jahrhunderts. Auch wenn sich in der Rechts- und Wirtschaftsliteratur keine eindeutige und verbindliche Definition findet,[9] kann man sich doch – ohne in eine Exegese des Begriffs abzugleiten oder seinen Inhalt zu verzerren – auf folgende Definition eines Kartells einigen: «Vereinbarung zwischen grundsätzlich frei bleibenden Unternehmen bzw. Unternehmungen gleicher oder ähnlicher Branche mit dem Zweck, mittels Konkurrenzbeschränkung den Ertrag zu erhalten, zu erhöhen oder seinen Zerfall abzuschwächen.»[10] Diese Definition beschreibt das angestrebte Ziel (Verteidigung der Position), die zu seiner Erreichung eingesetzten Mittel (gemeinsames Handeln) und das dafür vorgesehenen Verfahren (Kontrolle des Wettbewerbs). Sie lässt Raum für Diskussionen und für die Art der Abkommen (privat/öffentlich) und bietet dadurch den Vorteil, dass sie sowohl für Verkaufskartelle als auch für Einkaufskartelle gilt, die in der Schweiz eine besondere Stellung einnahmen. Sie berücksichtigt zudem die mögliche sektorielle Ausweitung des Kartells auf ähnliche oder verwandte Branchen, ein für Industriezweige, die auf eine Vielzahl von Leistungen angewiesen sind, wesentlicher Punkt. Etliche private Akteure konnten dank des Fehlens von Rechtsvorschriften, welche die Bildung von Zusammenschlüssen untersagten, ganze Wirtschaftszweige auf der Grundlage von je nach Fall mehr oder weniger komplexen vertraglichen Regelungen organisieren und autoritär gestalten, ohne dass dafür ein Landesinteresse oder eine soziale Notwendigkeit bestand.

Langfristig gesehen hat die Kartellisierung seit dem letzten Drittel des 19. Jahrhunderts zugenommen, sie beschleunigte sich zu Beginn des 20. Jahrhunderts und insbesondere während des Ersten Weltkriegs. Die Kartelle erlebten ihren Höhepunkt während der Krise der 1930er Jahre; auch in der Kriegs- und Nachkriegszeit ging das Phänomen nicht ganz zurück.[11] Zwar kann man nicht von einer Schweizer Kartellpolitik sprechen, doch die Entwicklung zeigt eindeutig, dass derartige Massnahmen für die Beteiligten durchaus attraktiv waren. Die Preisbildungskommission des Eidgenössischen Volkswirtschaftsdepartements machte 1957 diesbezüglich die aufschlussreiche Feststellung: «Gerade unsere Erfahrungen in jenen Kartellerhebungen, bei denen die Kartellbindungen nicht nur auf nationaler, sondern auch auf regionaler und lokaler Organisationsstufe erfasst wurde, haben den Eindruck verstärkt, *die schweizerische*

8 Cortat 2010.
9 Tapernoux 1929; Preisbildungskommission 1957.
10 Preisbildungskommission 1957, 22.
11 Gruner 1956.

Grafik 2.3-1: **Verteilung der Wirtschaftsverbände mit Kartellcharakter im Jahr 1953 nach ihren Gründungsjahren**

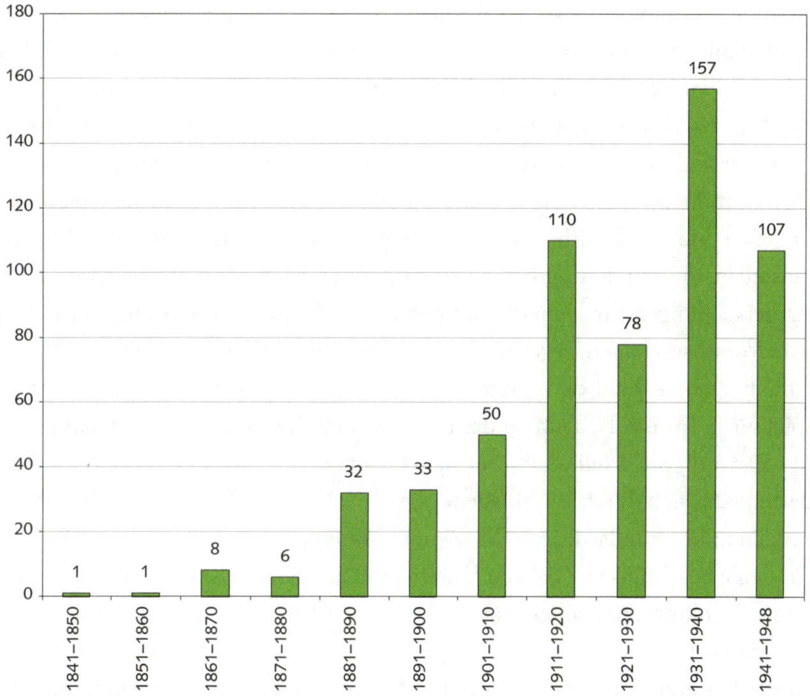

Quelle: Preisbildungskommission 1957, 52.

Wirtschaft sei im Rahmen des marktmässig Möglichen weitgehend ‹durchorganisiert›».[12] Sie deckt sich mit der Einschätzung anderer Autoren, die nicht ohne Grund behaupten, dass die Schweiz eines der am stärksten kartellierten Länder, wenn nicht das höchstkartellierte war.[13] Die angeführten Zahlen sind unmissverständlich: 1953 waren von den 1 013 befragten Berufs- und Wirtschaftsverbänden 647 (also 64 %) durch Kartellvereinbarungen reguliert. Industrie, Handel, Landwirtschaft und Gewerbe bekamen die zunehmende Stärke von kartellistischen Organisationen zu spüren, die sowohl auf lokaler als auch auf regionaler und nationaler Ebene tätig waren.[14]

Eine genaue Chronologie der Kartellbildung zu erstellen ist schwierig, weil zuverlässige Daten fehlen. Wie aus Grafik 2.3-1 ersichtlich, liefert die Umfrage von 1953 jedoch einige Anhaltspunkte.[15]

Eines scheint jedoch sicher: International gesehen gehörte die Schweiz nicht zu den Pionieren in Bezug auf Kartellbildungen. Die Kartellierung erfolgte hier später

12 Preisbildungskommission 1957, 51 (Hervorhebung im Original); (→ 5.1.5.2).
13 *Historisches Lexikon der Schweiz*, «Kartelle».
14 Jaccard 1925; Golay 1961, 119–134; Golay 1965.
15 Preisbildungskommission 1957, 51; Cortat 2009, 204–206.

als beispielsweise in Deutschland.[16] Kartelle blühten ab 1880 insbesondere in den Sektoren Bau, Zement,[17] Eisen,[18] Papier,[19] Käse,[20] Textilien,[21] Kabelherstellung,[22] Bier,[23] Schokolade[24] und im Buchhandel.[25] Anfang des 20. Jahrhunderts waren gewisse Kartelle gut etabliert und blieben bis zum Inkrafttreten des Kartellverbots (1996) bestehen. Andere wurden mehrmals gebildet und wieder aufgelöst oder konnten sich erst im Kontext des Krieges bzw. der Krise der 1930er Jahre festigen. Aufgrund der Kartelle veränderten sich die Wirtschaftszweige grundlegend, sie wurden mehr oder weniger stark monopolistisch organisiert, um den als ruinös empfundenen Wettbewerb zu umgehen und gleichzeitig eine regelmässige Versorgung des Marktes zu Preisen sicherzustellen, die von den Verbrauchern bald für zu hoch befunden wurden.

Untersuchungen für Deutschland bestätigen, dass für die Bildung von Kartellen gewisse Voraussetzungen gegeben sein müssen, wie die Homogenität der Produkte oder die begrenzte Zahl der Anbieter.[26] In der Schweiz ist die Zementindustrie ein Beispiel für die grosse Bedeutung der Homogenität des Produkts. Die mehr oder weniger vollständige Kartellierung bei den Halbfabrikaten in der Baumwollindustrie wiederum lässt sich durch verschiedene, die Kartellbildung begünstigende Bedingungen erklären: die standardisierte Massenproduktion, die Konzentration der Produktion auf eine beschränkte Zahl von Unternehmen, die hohe Kapitalintensität, die wenige neue Konkurrenten zuliess, sowie die starke Ausrichtung der Produktion auf den Binnenmarkt.[27]

Kartelle waren allerdings nicht nur in Wirtschaftszweigen verbreitet, die auf den Binnenmarkt ausgerichtet waren. Die Uhrenindustrie ist hier ein interessanter Fall, denn ihre Kartellierung entsprach zwar einem klassischen protektionistischen Schema, doch war diese Industrie exportorientiert. Die Kartellbemühungen intensivierten sich in der für die Exportindustrien und insbesondere für die Uhrenindustrie sehr bewegten Zwischenkriegszeit. Zuerst erfolgte die Kartellierung in den Produktionszweigen, die standardisierte Produkte herstellten, und weitete sich dann, nicht ohne Schwierigkeiten, auf andere Produktionszweige aus. Diese historische Entwicklung ging natürlich nicht ganz ohne frühere, je nach Periode unterschiedliche und je nach Region mehr oder weniger ausgeprägte Formen des Interventionismus vonstatten.[28] Die Neu-

16 Cortat 2010.
17 Hiestand 2010.
18 Rahm 1964.
19 Gürtler 1931, 58.
20 Jost 1996.
21 Schiess 1922.
22 Cortat 2009.
23 Pasquier 2001; Wiesman (im Erscheinen).
24 Jordan 2001.
25 Dahinden 1987.
26 Hiestand 2010; Jürgens 1980.
27 Cortat 2010, Einführung.
28 Schaller 1962, 58–66; Flury 1919.

enburger Revolution von 1848, die vor allem von der Uhrenindustrie ausging, führte zu einer neuen Verfassung, die ein staatliches Eingreifen in diesen bedeutenden Wirtschaftszweig zuliess.[29] Daneben war die Gründung des Branchenverbands «Schweizerische Uhrenkammer» im Jahr 1876 eines der bedeutsamsten Ereignisse in der Geschichte der aufstrebenden Uhrenindustrien im 19. Jahrhundert.[30] Die Entwicklung in den 1920er Jahren hingegen war Ausdruck eines tiefgreifenderen Malaises. Die Unfähigkeit der Branche, sich schnell auf die nach dem Ersten Weltkrieg nötigen Veränderungen einzustellen und die Erschütterungen der Nachkriegskrise aufzufangen, führte zur Errichtung eines Kartells, das die Struktur der Branche während fast vierzig Jahren prägte. Die Uhrenindustrie erhielt den Rang eines Wirtschaftszweigs «von nationalem Interesse», was einen nie dagewesenen staatlichen Interventionismus legitimierte. Massnahmen zur Einschränkung der Konkurrenz – etwa die Bewilligungspflichten für Geschäftseröffnungen und -erweiterungen, für den Export von Einzelteilen usw. – wurden geschaffen und 1931 gesetzlich verankert. Die «schwarzen Schafe», also diejenigen, die sich nicht an die gesetzlichen Auflagen hielten, wurden verfolgt, um die Branche und ihre zahlreichen Lieferanten vor jeglicher Störung zu bewahren, die das «normale Spiel» des Kartells hätten beeinträchtigen können. Es dauerte jedoch etwa zehn Jahre, bis alle Regelungen etabliert waren.[31]

Müssen wir daraus schliessen, dass eine duale Wirtschaft nicht denkbar war, ohne dass in der Binnenwirtschaft die unsichtbare Hand des Marktes zunehmend von mehr oder weniger sichtbaren Regulierungen verdrängt wurde? Wesentlich ist, dass es sich um völlig unterschiedlich funktionierende Wirtschaftsformen handelte, deren Akteure ihre Rolle jeweils so gewissenhaft wie möglich wahrnahmen.[32] Wegen der nicht unbedingt immer *sichtbaren* Hand des Kartells und des deutlicher spürbaren Einflusses der staatlichen Stellen war die Funktionsweise der Binnenwirtschaft meilenweit entfernt von den orthodoxen liberalen Vorstellungen. Bei einer genaueren Betrachtung der Absprachen stösst man unweigerlich auf Akteure, die zur Binnenwirtschaft gehörten, was aber nicht ausschliesslich der Fall war; die Uhrenindustrie ist hierfür das frappierendste Beispiel.

Die Tendenz der Schweiz zur Kartellierung – im Rahmen einer Wirtschaftspolitik nota bene, die *urbi et orbi* als liberal gepriesen wird – lässt sich mit ihrer historischen Entwicklung erklären.[33] Erich Gruner hält das schweizerische Vereinsrecht, auf dem die Kartelle im 20. Jahrhundert gründeten, im Vergleich mit den Nachbarstaaten für einzigartig.[34] Man kann darin eine institutionelle Besonderheit der Schweiz sehen,

29 Barrelet 2000, 143–159.

30 Die Bezeichnung stammt von 1900; gegründet wurde sie unter dem Namen *Société intercantonale des industries du Jura* (siehe Ledermann 1941, 19–20).

31 Boillat 2010 und 2011.

32 Zudem wurde der Wettbewerb nicht ausgeschaltet, sondern verschob sich in Richtung «Qualität», was die Innovationskraft eines Sektors sogar noch stärken konnte. Vgl. Cortat 2009.

33 Bickel 1973, 61–79.

34 Gruner 1956.

die in der extremen Dichte von Vereins- und Genossenschaftsbewegungen zum Ausdruck kommt, die das Fundament des Schweizer Staates vor allem im 19. Jahrhundert bildeten.[35] Dass dabei das Ineinandergreifen von privaten Interessen und öffentlichen Angelegenheiten verstärkt wurde, ist auch Ausdruck des Willens, den Verbänden die nötige Autonomie zu geben, um geeignete Massnahmen – insbesondere kartellistischer Art – zu treffen und damit die wirtschaftliche Entwicklung in ruhigere Bahnen zu lenken und allfällige Konflikte friedlich zu lösen.[36] Dies kann nicht losgelöst von der föderalistischen Struktur der Schweizer Demokratie und von den regionalen wirtschaftlichen Unterschieden gesehen werden, die mit der geographischen Zersplitterung einherging.[37] Am deutlichsten tritt dies in der Verfassung von 1874 zu Tage, die in Artikel 31 die Freiheit von Handel und Gewerbe garantierte und zugleich Absprachen erlaubte, die den Wettbewerb einschränkten.[38]

2.3.1.1.4 Merkmale und Besonderheiten der dualen Wirtschaft

Die Tatsache, dass viele auf den Binnenmarkt ausgerichtete Aktivitäten den Marktkräften entzogen wurden, wurde oftmals aus taktischen, ideologischen oder wahlstrategischen Gründen akzeptiert, blieb aber nicht ohne Auswirkungen auf die Funktionsweise der schweizerischen Volkswirtschaft insgesamt. Das heisst, dass für die duale Wirtschaft und insbesondere für die Verbindungen zwischen Exportwirtschaft und Binnenwirtschaft sowie zwischen Privatwirtschaft und staatlichen Stellen auch komplexe Faktoren eine Rolle spielten, die noch detaillierter zu analysieren sind. Damit die duale Wirtschaft funktionieren konnte, mussten – unter Berücksichtigung der weltweiten konjunkturellen und technologischen Entwicklung – unvermeidliche wirtschaftliche, politische und ideologische Konflikte gelöst und der kleinste gemeinsame Nenner zwischen Partnern mit unterschiedlichen Interessen gefunden werden. Der Dualismus blieb nur dann ausgewogen, wenn – manchmal gezwungenermassen – Kompromisse akzeptiert wurden, bei denen nicht die wirtschaftlichen Aspekte ausschlaggebend waren. Doch der Liberalismus ist keine beliebige Vorzeigewirtschaftsdoktrin, die man wie Knetmasse nach Gutdünken formen kann. In Bezug auf seinen ideologischen Gehalt sind etliche Wirtschaftakteure nicht bereit, Zugeständnisse zu machen.

Wenn Kompromisse zur Marktregulierung ausgehandelt wurden, waren strategische Erwägungen durchaus verbreitet. Hier konnte die duale Wirtschaft durch den Interessenausgleich beträchtlich an Kohärenz gewinnen. Unter diesem Aspekt betrachtet lassen sich die Wachstumsstrategien gewisser Schweizer Unternehmen besser

35 Jost 1986 und 1991, 23; vgl. ferner Sombart 1932, 504.

36 Rebmann 2006, 21.

37 Lüthi 1947; Lenz 1942; Schmid 1983, 63.

38 Auf diesen Artikel stützte sich eine umfangreiche Rechtsprechung, die daraus das Recht ableitete, Verträge und Abkommen zur Einschränkung des Wettbewerbs abzuschliessen. Siehe Cortat 2009, 207.

verstehen, die nur über eine Kartellierung des Binnenmarktes in der Lage waren, sich frühzeitig zu internationalisieren. Da sie sich dem Wettbewerb auf dem Binnenmarkt nicht zu stellen brauchten, konnten sie alle ihre Kräfte für die Eroberung internationaler Absatzmärkte einsetzen. Zwar gilt diese Feststellung nicht überall und zu allen Zeiten, sie räumt aber mit der verbreiteten Vorstellung auf, die vermeintlich nur für kleine und mittlere Unternehmen interessanten Kartellvereinbarungen hätten für die grossen internationalisierten Unternehmen keine Rolle gespielt.[39] Eine weitere Konsequenz dieses «Kartell-Liberalismus» war die aktive Beteiligung mehrerer Schweizer Unternehmen an der Bildung von internationalen Kartellen.[40]

Ein gutes Beispiel hierfür ist erneut die Uhrenindustrie. Dadurch, dass diese Branche zu einem Wirtschaftszweig «von nationalem Interesse» erhoben wurde, konnten kartellistische Massnahmen gerechtfertigt werden, obwohl der grösste Teil der Produkte auf die ausländischen Märkte ging.[41] Im Gegensatz zu anderen Exportbranchen konzentrierte die Uhrenindustrie ihre Produktion in der Schweiz und weigerte sich – oder es war ihr untersagt –, sie ins Ausland zu verlegen, wenngleich diese Beschränkungen nur teilweise funktionierten, wie Pierre-Yves Donzé zeigt.[42] Mit dem Segen des Staates konnte das Uhrenkartell auf diese Weise eine sehr aggressive Politik verfolgen, indem es Druck auf die einheimischen Produzenten ausübte und sich gleichzeitig eine Vormachtstellung auf den internationalen Märkten sicherte (→ 2.1.2.3). Auch wenn solche Konstellationen durch die Depression der 1930er Jahre begünstigt wurden, gelang es der Uhrenindustrie doch in bemerkenswerter Weise, ihre Interessen als Exportbranche mit Schutzmassnahmen im Binnensektor zu verbinden. Das hatte allerdings ein Einfrieren der herausgebildeten Strukturen zur Folge und bremste eine frühzeitige Konzentration der Unternehmen und damit auch die Voraussetzung für einen Produktivitätszuwachs.

In der Schokoladenindustrie liegt der Fall ganz ähnlich, mit dem einen Unterschied, dass die grossen Produzenten hier eine Marktregulierung ohne Unterstützung des Staates allein durch das Spiel der Kräfte durchsetzen konnten. Die Befriedung des Binnenmarktes diente der Schokoladeninudstrie als Sprungbrett für die Internationalisierung der Schokoladenherstellung und führte in der Folge zu einem grösseren Einfluss auf den ausländischen Märkten.[43] Die Internationalisierung erfolgte jedoch auf Kosten der kleineren Betriebe, die auf den Binnenmarkt angewiesen waren und deren Marktanteil durch die Grossunternehmen nun stark eingeschränkt wurde. Die exportorientierten Käseproduzenten wiederum hätten ihren Absatz im Ausland ohne die beträchtlichen Subventionen des Bundes kaum ausweiten können.

39 Katzenstein 1984, 91–92.
40 Dubois 1961; Cortat 2005, 85–106.
41 Koller 2003.
42 Donzé 2010.
43 Nussbaum 2005.

Zum Abschluss dieser Überlegungen zu den Merkmalen und Besonderheiten der dualen Wirtschaft sollen auch die negativen Auswirkungen der Schutzmassnahmen für gewisse Branchen der Binnenwirtschaft angesprochen werden. Die mit der protektionistischen Politik verbundenen Subventionen belasteten die Schweizer Steuerzahler. Kartelle verteuerten die Konsumprodukte, hatten Monopolrenten zur Folge und hemmten den Strukturwandel (→ 5.1.4.3). Zudem führte die Kartellierung in der Schweiz in vielen Fällen zu einem Verlust an Wettbewerbsfähigkeit gegenüber der ausländischen Konkurrenz und begünstigte so die Verlagerung der Produktion ins Ausland (→ 2.1.2.3.3).

2.3.1.2 Die Krise der 1970er Jahre

Die Krise Mitte der 1970er Jahre kann mit Fug und Recht als Zäsur in der Geschichte des binnenwirtschaftlichen Sektors betrachtet werden. Denn obwohl der Druck in Richtung einer Liberalisierung der Weltwirtschaft bereits nach dem Zweiten Weltkrieg eingesetz hatte, wurden die Auswirkungen in der Schweiz erst mit dieser sowohl strukturellen als auch konjunkturellen Krise richtig spürbar. Vor 1975 wurde der Schutz der Binnenwirtschaft beim Service public und der gewerblichen und industriellen Produktion kaum in Frage gestellt, und wenn dies doch geschah, dann konnte zwischen den von den Weltkriegen und den Wirtschaftskrisen der Zwischenkriegszeit gebeutelten Beteiligten rasch ein Konsens gefunden werden. Alles in allem wurden Sonderregelungen in einem angeblich liberalen System hingenommen und lediglich als Konsequenz periodischer Störungen betrachtet, denen die Volkswirtschaft ausgesetzt war.[44]

Mit den zunehmenden Veränderungen der Weltwirtschaftsordnung wurden derartige Sonderregelungen immer stärker in Frage gestellt.[45] Denn das Problem bestand nun nicht mehr darin, einen Zusammenhalt zu wahren, der alle nationalen Partner zufrieden stellte. Es ging vielmehr darum, auf die internationale Konkurrenz und die zunehmende Infragestellung von innen zu reagieren.[46] Die neuen marktwirtschaftlichen Überzeugungen verbreiteten sich über politische Grenzen und vermeintliche Interessen zum Schutz gewisser Branchen hinweg. In dieser Hinsicht ging dem Globalisierungsschub der 1990er Jahre eine ideologische Flutwelle mit verschiedenen geographischen Ursprüngen voraus.

Deshalb kann man sagen, dass das für die ersten beiden Drittel des 20. Jahrhunderts gültige Konzept der dualen Wirtschaft mit der neuen Konstellation im letzten Drittel des Jahrhunderts zerfiel. Es gab zwar zahlreiche Inseln des Widerstands, doch deutet die Kartellgesetzgebung darauf hin, dass die Wirtschaftskreise bestrebt waren,

44 Rebmann/Ginalski 2010.
45 Mach 2006.
46 Pury/Hauser/Schmid 1996.

auf die Marktregulierungsmassnahmen zumindest teilweise zu verzichten.[47] Die Angriffe gegen den Service public waren so heftig, dass mehrere Sektoren ihrer Substanz beraubt wurden.[48] Eisenbahn, Post, Telekommunikation, der Strommarkt und die Wasserversorgung waren drauf und dran, vollständig liberalisiert zu werden. Die Angriffe gegen jegliche Art von Absprachen – kartellarischer, protektionistischer oder anderer Art – haben auch zu Beginn des 21. Jahrhunderts nicht aufgehört. Der Status der Landwirtschaft als geschützter Sektor wurde zwar erst später – Anfang der 1990er Jahre mit der Bildung der Europäischen Union – in Frage gestellt, aber die Landwirtschaft ist das nächste Ziel, und wenn sie dereguliert wird, bleibt von der dualen Wirtschaft nur ein inhaltsleeres Konzept.

In den folgenden Abschnitten 2.3.2 (1914–1975) und 2.3.3 (1975–2010) werden die angesprochenen Fragen nochmals aus chronologischer Sicht behandelt; dadurch kann den Besonderheiten der einzelnen Wirtschaftszweige Rechnung getragen werden und auch der Tatsache, dass sie sich nicht linear und in gleicher Weise entwickelt haben. Zu Beginn wird es erneut um den Anteil des binnenwirtschaftlichen Sektors am Gesamtvolumen der Wirtschaftstätigkeit der Schweiz gehen. Da historische Untersuchungen zu manchen Bereichen der Binnenwirtschaft fehlen, muss auf eine umfassende Analyse verzichtet werden, zugunsten exemplarischer Studien einzelner Branchen.[49] Der öffentliche Sektor wird anhand der Eisenbahn und der Post (2.3.2.2), der private Sektor lediglich anhand des Baugewerbes (2.3.2.3) behandelt. Der Tourismus, der in der Regel der Exportwirtschaft zugeordnet ist, wird hier wegen seiner besonderen regionalen Bedeutung thematisiert (2.3.4). Auch die Landwirtschaft wird aufgrund ihrer spezifischen Merkmale und ihres hohen Stellenwerts auf der Skala der politischen und ökonomischen Prioritäten der Schweiz gesondert abgehandelt (2.3.5). Aus Platzgründen verzichten wir auf die Analyse gewisser Sektoren, die eine ausführliche Abhandlung verdient hätten, wie etwa den Energiesektor (Wasser, Gas, Strom), der zu einem grossen Teil aus den Elektrizitäts-, Gas- und Wasserwerken von Gemeinden und Kantonen bestand und Elemente einer Mischwirtschaft aufweist, oder die Rüstungsindustrie.[50] Die Entwicklung des Detailhandels wird im Kapitel 3.1.4 thematisiert und die Beziehungen zwischen Landwirtschaftsproduktion und Nahrungsmittelindustrie im Kapitel 2.3.5. Zudem vermitteln die Tabellen 2-2 bis 2-4 in der Einleitung zum zweiten Teil einen guten Überblick über die Entwicklung der binnenwirtschaftlich ausgerichteten Branchen in Bezug auf die gesamte Bruttowertschöpfung und Beschäftigung sowie hinsichtlich der Arbeitsproduktivität im Verlauf des 20. Jahrhunderts.

47 Rebmann/Ginalski 2010. Zur Entwicklung der Kartellgesetzgebung: → 5.1.5.2.
48 Toninelli 2000.
49 Zum Stand der Forschung vgl. Rossfeld 2010.
50 Zu diesem Thema siehe *Historisches Lexikon der Schweiz*, «Waffenproduktion und -handel»; Vautravers 2001 und 2005.

2.3.2 1914–1975: Expansion der Binnenwirtschaft

2.3.2.1 Die volkswirtschaftliche Bedeutung der Binnenwirtschaft

Das Kapitel 1.1.2, das sich mit der Analyse des Wirtschaftswachstums befasst, enthält Daten zur Struktur der Schweizer Wirtschaft, die für unser Thema von zentraler Bedeutung sind und die hier noch einmal in Erinnerung gerufen werden (→ 1.1.2.4, Tabellen 1.1-7 und 1.1-8). In der ersten Hälfte des 20. Jahrhunderts war der auf den Binnenmarkt ausgerichtete Anteil der landwirtschaftlichen, industriellen und diensleistungsbezogenen Aktivitäten beträchtlich. Er betrug im Zeitraum von 1922 bis 1929 mehr als drei Viertel (77.4 %) des realen Bruttoinlandprodukts und zwischen 1929 und 1939 sogar durchschnittlich 80.7 %. Allein der Dienstleistungssektor trug im Zeitraum zwischen 1922 und 1929 über einen Drittel zum BIP bei (33.5 %), und zwischen 1929 und 1939 waren es im Durchschnitt 39.1 %. In der zweiten Hälfte des 20. Jahrhunderts konnte die Binnenwirtschaft vorerst ihre Position halten. Der Höhepunkt war nach dem Zweiten Weltkrieg erreicht (ein Anteil von 84.5 % am BIP zwischen 1945 und 1950 und immer noch etwa von 82.1 % zwischen 1950 und 1970). Anschliessend nahm der Anteil der Binnenwirtschaft am Bruttoinlandprodukt ab und erreichte zwischen 1990 und 2005 nur noch 70 %. Der gewichtige Anteil des Dienstleistungssektors allein machte nach 1973 mehr als die Hälfte des BIP aus. In den Wachstumsperioden des 20. Jahrhunderts trugen Binnenwirtschaft und Exportwirtschaft gleichermassen, aber in unterschiedlichem Ausmass zum gesamtwirtschaftlichen Wachstum bei. In den Rezessions- und Stagnationsphasen lassen sich hingegen deutliche Unterschiede feststellen. In der Grossen Depression der 1930er Jahre waren die meisten auf den Binnenmarkt ausgerichteten Industrien wenig betroffen, einzig die Bauwirtschaft verzeichnete einen starken Einbruch, der allerdings erst 1933 einsetzte und damit deutlich später als in der bereits zu Beginn der Weltwirtschaftskrise stark betroffenen Exportindustrie (→ 1.1.3.2.2). Der Konjunktureinbruch Mitte der 1970er Jahre und die Rezession der 1990er Jahren wirkten sich hingegen in der gesamten Binnenindustrie stärker aus als in der Exportindustrie (→ 1.1.3.3.2). Die auf den Binnenmarkt ausgerichteten Dienstleistungen waren vom konjunkturellen Abschwung jeweils kaum betroffen.

Zwischen 1910 und 1970 schwankte der Anteil der auf den Inlandsmarkt ausgerichteten Industriebranchen an der Gesamtbeschäftigung im Industriesektor zwischen etwa 62 % und 75 % (Einleitung zu Teil 2, Tabelle 2-3), zwischen 1990 und 2005 verharrte er (in Vollzeitäquivalenten) bei 51 %. Im Dienstleistungssektor machte der Anteil der Beschäftigung in den auf den Binnenmarkt ausgerichteten Branchen während des gesamten 20. Jahrhunderts etwas über 80 % aus. Die Anteile der verschiedenen Wirtschaftssektoren am BIP und an der Gesamtbeschäftigung lassen keinen Zweifel an der Bedeutung der Binnenwirtschaft, die zwar auf ein kleines Gebiet beschränkt war, aber dank hohem Lohnniveau von einer beträchtlichen Kaufkraft profitierte (→ 1.1.1.2). Sie spiegeln allerdings auch die Auswirkungen der Krise der 1970er Jahren wider, die ihr Gewicht deutlich verringert hat.

In Anbetracht der Grösse der Binnenwirtschaft und ihrer Rolle innerhalb der schweizerischen Volkswirtschaft ist besonderes Augenmerk auf die quantitativen Auswirkungen der verschiedenen Regulierungen zu richten, weil sie wichtige Triebkräfte der Wirtschaft des Landes tangierten. Wie bereits weiter oben dargelegt, galt das Postulat einer durch die neutralen Marktkräfte bestimmten Schweizer Wirtschaft seit dem Ende des 19. Jahrhunderts immer weniger und es wurde mehr und mehr zur Regel, dass vertragliche Zwänge die Handlungsfreiheit einschränkten, sei es durch staatliche Regelungen, sei es durch eine Vereinbarung zwischen privaten Partnern innerhalb einer Branche oder eines Sektors. Es stellt sich die Frage, ob sich die Auswirkungen der Regulierungen nicht nur in Bezug auf die Gesamtwirtschaft, sondern auch im Hinblick auf die Dynamik der einzelnen auf den Binnenmarkt ausgerichteten Branchen messen lassen. Lässt sich zudem feststellen, welche Branchen über ausreichende Kapazitäten verfügten, um der gesamten Schweizer Wirtschaft Impulse für Investitionen und neue Arbeitsplätze zu geben? Welche Rolle spielten Wissen, Know-how und Ausbildung? Kurzum, kann man den Wachstumsimpuls der einzelnen Branchen des binnenwirtschaftlichen Sektors abschätzen und beurteilen, inwieweit er jeweils demjenigen des erfolgreichen Bankensektors oder der exportorientierten Maschinenindustrie entsprach? Die Aufrechterhaltung von Wirtschaftszweigen mittels wirksamer protektionistischer oder kartellarischer Massnahmen bedeutet nicht zwangsläufig, dass nur dem Untergang geweihte Aktivitäten ohne Innovationspotential und wirtschaftliche Dynamik künstlich am Leben erhalten wurden. Alain Cortat zeigt in seiner Untersuchung der Kabelindustrie, dass man von einer Rentenökonomie weit entfernt war.[51] Doch Vorsicht ist geboten, und voreilige Verallgemeinerungen sind zu vermeiden. Die sektoriellen Besonderheiten sorgten für vollkommen unterschiedliche Verhaltensweisen. Die Erstellung eines Gebäudes lässt sich nicht mit der Herstellung und dem Verkauf von Bier vergleichen. Dasselbe gilt für das Transport- und das Telekommunikationswesen oder verschiedene Formen des Gewerbes. Die Dynamik eines Unternehmens hat weder etwas mit seiner Rechtsform (Familienunternehmen oder Aktiengesellschaft) noch mit seiner Grösse oder mit seinem Standort zu tun. Auch die Unternehmenskultur findet jeweils ganz unterschiedliche Ausprägungen. Bernhard Beck und Jutta Schwarz zeigen sehr schön, dass nach 1885 zahlreiche Bauherren und Handwerker den Mut hatten, im Bauwesen und in Betriebe zu investieren, und damit den Impuls für weitreichende Entwicklungen auf lokaler, regionaler und sogar nationaler Ebene gaben.[52] Die Häufung solcher Initiativen, seien sie im Einzelnen auch noch so geringfügig, wird immer bedeutende Auswirkungen haben, auch wenn diese nicht so leicht zu analysieren sind. Dennoch lassen sich einige Schlussfolgerungen ziehen.

51 Cortat 2009.
52 Beck 1983; Schwarz 1981.

2.3.2.2 Der öffentliche Sektor: Eisenbahn, Post und Telekommunikation

Das Konzept des Service public geht auf die Französische Revolution zurück, wo erstmals zwischen privatem und öffentlichem Bereich unterschieden wurde; es etablierte sich im 19. Jahrhundert im Zuge des Baus der grossen Energieversorgungs-, Telekommunikations- und Verkehrsnetze.[53] Allerdings schieden sich die Geister bei der Frage, was dem «normalen» Spiel des Marktes zu überlassen sei, und was im allgemeinen Interesse zu den Aufgaben des Staates gehöre. Neben ideologischen und politischen Argumenten spielten dabei auch wirtschaftliche und technologische Erwägungen eine Rolle (→ III.ii.6). Bei der Debatte über die Verstaatlichung der Eisenbahngesellschaften im letzten Drittel des 19. Jahrhunderts ging es im Grunde darum, eine verbesserungsfähige technische Errungenschaft, die Teil eines Systems war und extrem grosse finanzielle Ressourcen verschlang, zur Erschliessung des gesamten Landes einzusetzen, selbst wenn dies, wo es um die Versorgung von Randregionen ging, nicht unbedingt lukrativ war. Ähnlich gelagert war die Problematik bei der Verstaatlichung zu Beginn des 20. Jahrhunderts und erneut in der zweiten Jahrhunderthälfte, als sich durch die Automatisierung und den Anschluss an das Netz der Hochgeschwindigkeitszüge neue technologische Zwänge bemerkbar machten.[54] Bei Post, Telegrafie und (Tele-)Kommunikation ging es letztlich um dieselbe Problematik.

Für die Übertragung gewisser wirtschaftlicher Aktivitäten an den Staat gab es unterschiedliche Gründe. Im Folgenden wird allerdings nur die Politik des Bundes behandelt; die Frage der kantonalen Verwaltung etwa von Eisenbahnlinien wird dagegen nicht angespochen. In Bezug auf die Schweizer Eisenbahnen wurden in der Fachliteratur vor allem die Schwachstellen eines privaten Betriebs hervorgehoben, der nicht in der Lage war, auf die zahlreichen Zwänge zu reagieren, mit denen die Eisenbahngesellschaften in der zweiten Hälfte des 19. Jahrhunderts zunehmend zu kämpfen hatten. Die Profitlogik schloss hier die Berücksichtigung gesamtwirtschaftlicher Interessen aus. Doch lässt sich das Ganze auch aus der entgegengesetzten Perspektive betrachten: Durch die politischen, militärischen und technischen Erfordernisse wurden den Privatbahnen im nationalen Rahmen Grenzen gesetzt.[55] Dies erklärt zum grossen Teil die Schwierigkeiten bei der Verwaltung der Schweizerischen Bundesbahnen (SBB). Auf der Betriebsebene kann man ohne weiteres behaupten, dass die Voraussetzungen, unter denen die Verstaatlichung Ende des 19. Jahrhunderts durchgeführt wurde, eine harmonischere Entwicklung von vornherein behinderten. Nicht nur die aufgelaufene Schuld, das heisst, die von den früheren privaten Gesellschaften übernommenen Anleihen und diejenigen, die für die eigentliche Übernahme emittiert werden mussten, sondern auch die für den Betrieb notwendigen Investitionen, insbesondere im Zusammenhang mit der Elektrifizierung des Netzes in den ersten zwanzig Jahren des

53 Tissot 2007, 180.
54 Hürlimann 2007.
55 Paquier 2007.

20. Jahrhunderts, waren eine grosse finanzielle Belastung für die SBB. Zwischen 1913 und 1925 stieg deren Verschuldung nominal von 1.4 Milliarden auf 2.5 Milliarden Franken.[56] Zu diesem finanziellen Druck kam noch der Beschluss des Bundes, den Regiebetrieb finanziell vollkommen autonom und unabhängig zu führen, ohne ihn dafür mit einem entsprechenden Startkapital auszustatten. Mit anderen Worten, den SBB wurde zwar ein Transportmonopol zugestanden, der Betrieb musste sich jedoch selbst finanzieren, wobei die Betriebseinnahmen sowohl für die Finanzierung der hohen Schulden als auch für die laufenden Betriebskosten verwendet werden mussten. 1918 beschloss das Parlament allerdings, von nun an zusätzlich zu der Finanzierung von Baumassnahmen durch den Bund aus regionalökonomischen Gründen auch Betriebssubventionen zu gewähren (→ 3.2.2.2). Mit dem Organisationsgesetz von 1923 wurde dann versucht, mit Rationalisierungsmassnahmen eine erhebliche Kostensenkung zu erreichen (Reduktion der Anzahl Bezirke, Direktoren und Beschäftigte); erst das Gesetz über die Bundesbahnen von 1944 sollte jedoch eine echte Sanierung des Regiebetriebs bringen, indem der Bund Schulden der SBB in Höhe von 900 Millionen Franken übernahm.[57]

Eingezwängt in ein gesetzliches und administratives Korsett waren die SBB bald mit der Zunahme des Strassenverkehrs konfrontiert. Während der Schienenverkehr bis zum Zweiten Weltkrieg nicht allzu stark von dieser Konkurrenz betroffen war, änderte sich das in der zweiten Hälfte des 20. Jahrhunderts grundlegend (→ 3.2.1.3 und 3.2.3.1). Die Konkurrenz durch die Strasse war nun der entscheidende Punkt, mit dem die SBB während vierzig Jahren zu kämpfen hatten, was möglicherweise dazu geführt hat, dass das Konzept des Service public in Frage gestellt wurde. Die Zahlen zur Verteilung des Verkehrs sprechen eine eindeutige Sprache: 1950 betrug der Anteil der Bahnen am Personenreiseverkehr noch 52 %, 1955 waren es 40 %, 1960 30 %, 1965 20 %, 1970 15 % und 1980 schliesslich etwas mehr als 10 %. In der Folge stabilisierte sich der Anteil der Bahnen auf diesem Niveau. Umgekehrt nahm der Anteil des privaten Strassenverkehrs im gleichen Masse zu und erreichte im Jahr 2000 einen Anteil von 80 %.[58]

Diese Entwicklung lässt sich ganz deutlich an den Investitionen ablesen.[59] Von den 1960er Jahren an wurde massiv in den Strassenbau investiert, zwischen 1975 und 1985 gingen die Investitionen vorübergehend zurück, um anschliessend umso stärker zuzunehmen, bis um die Jahrhundertwende, als das Autobahnnetz weitgehend fertiggestellt war, ein Umschwung einsetzte. Die Investitionen in die Bahn hielten bis in die 1990er Jahre, als die politischen Bestrebungen nach einem Ausgleich zwischen den beiden Verkehrsmitteln begannen, Wirkung zu zeitigen, kaum mit.[60] Die starke Zunahme des privaten Verkehrs spiegelt sich zudem in der Entwicklung der von den SBB transportierten Personen und Waren wider (Grafik 2.3-2).

56 Müller 2010, 254.
57 Bauer 1949, 182–185.
58 Hürlimann 2007, 26, Abb. 1.
59 Litra, Informationsdienst für den öffentlichen Verkehr: www.litra.ch/Infrastruktur_Investitionen.html.
60 Steinmann 2009, 69–79.

Grafik 2.3-2: **Aufkommen Personen- und Warenverkehr sowie Personalentwicklung der SBB (1903–1987)**

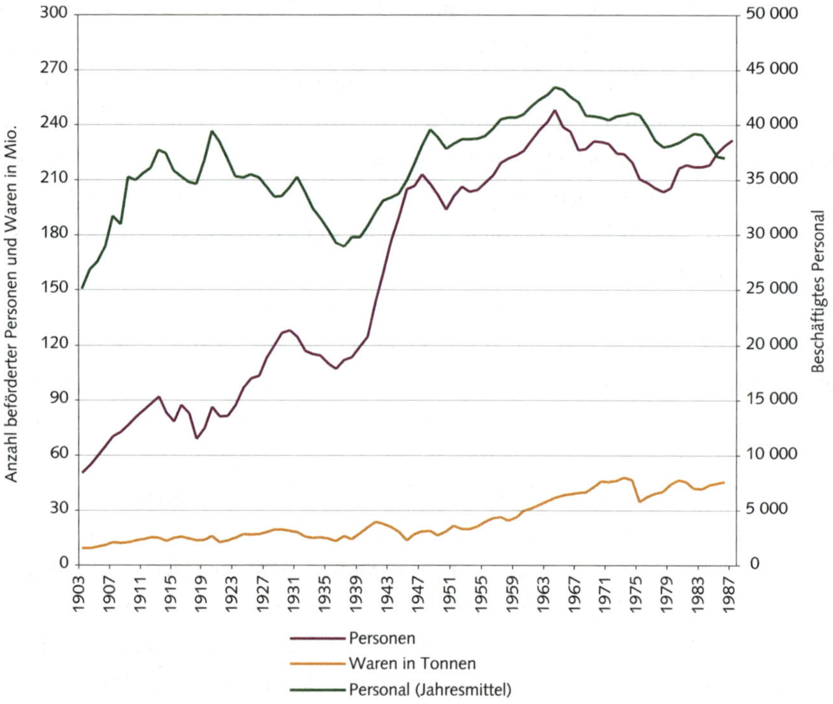

Quelle: HSSO Tab. N.8.

Die Auswirkungen der Konkurrenz durch die Strasse machten sich von den 1960er Jahren an bemerkbar, als der Privatverkehr sich so stark entwickelt hatte, dass der Personenverkehr der SBB direkt betroffen wurde. Dieser ging ab 1964 über einen Zeitraum von fünfzehn Jahren drastisch zurück, bevor er Anfang der 1980er Jahre wieder leicht zunahm. Beim Warenverkehr, dessen Umfang bis zu Beginn der 1970er Jahre ständig wuchs, erfolgte die Zäsur erst mit der damaligen Krise; danach stabilisierte sich die Entwicklung. Legt man über diese beiden Kurven die Entwicklung des SBB-Personals, so wird deutlich, dass die Personalpolitik der Entwicklung des Warenverkehrs und der Passagierzahlen entsprach. Lässt sich daraus aber schliessen, dass der Regiebetrieb relativ gut in der Lage war, auf die Entwicklung zu reagieren oder zumindest die Entwicklung der Kosten an die der Einnahmen anzupassen?

Die Gewinn- und Verlustrechnung (Grafik 2.3-3) zeigt, dass die Reaktion auf die Entwicklungen tendenziell verzögert eintrat. Der Erste Weltkrieg und die Krise der 1930er Jahre, die neue Verluste mit sich brachten, mussten so schnell wie möglich bewältigt werden. Diese Defizite erhöhten die bereits durch die Übernahme der Privatbahnen hohen Schulden, was – wie schon erwähnt – massive politische und betriebswirtschaftliche Interventionen auslöste. Diese trugen nicht nur zur Sanierung der Finanzen und zu Kosteneinsparungen bei, sondern auch zu einer Anpassung der Tarife,

Grafik 2.3-3: **Gewinn- und Verlustrechnung der SBB (1903–1983)**

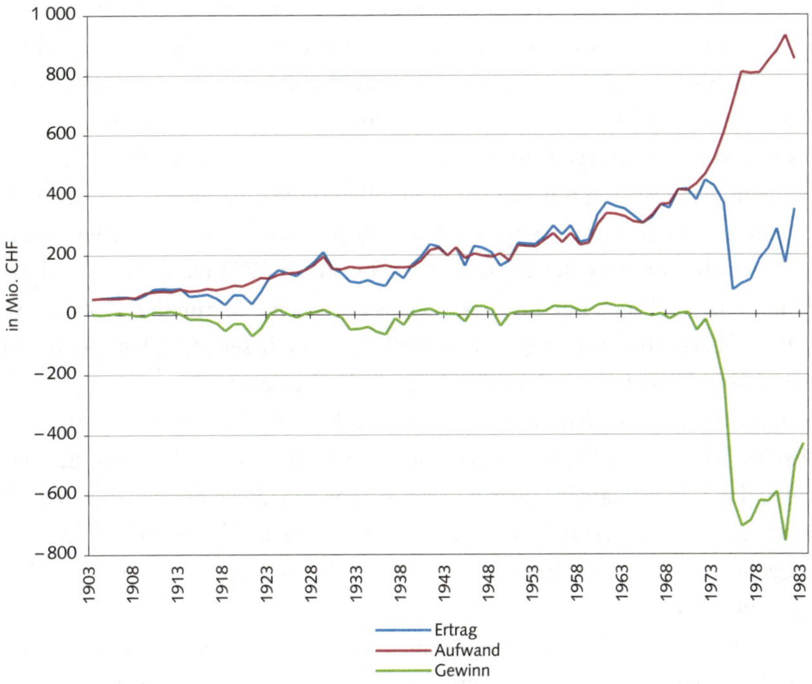

Quelle: HSSO Tab. N.8.

um der Konkurrenz durch das Auto entgegenzutreten. Mit dem Gesetz von 1957 wurde dann versucht, im Grundsatz zu umreissen, welche Arten von Verkehr unterstützt bzw. welche als rentabel eingestuft und den Gesetzen des Marktes überlassen werden sollten. Als subventionsbedürftig wurden der Regionalverkehr, der Langsamverkehr und gewisse Abonnemente eingeschätzt, als konkurrenzfähig der nationale und internationale Personenverkehr, der Stückgutverkehr und der Ladungsverkehr. Die Auswirkungen dieser Massnahmen auf die Gewinn- und Verlustrechnung lassen sich in der Grafik 2.3-3 deutlich ablesen. Während des Zweiten Weltkriegs und der anschliessenden Wirtschaftsboomjahre blieb das Gleichgewicht zwischen Ertrag und Aufwand mit wenigen Ausnahmejahren aufrechterhalten.[61]

Die Krise der 1970er Jahre liess die Erträge im Personen- und Warenverkehr regelrecht einbrechen, was sich in einer erheblichen Verschlechterung der Rechnungsabschlüsse und steigenden Defiziten niederschlug. Unter diesen Umständen ist es nicht verwunderlich, dass der Anteil der Fixkosten tendenziell anstieg und folglich der Kostendeckungsgrad abnahm, sodass mehr und mehr auf staatliche Hilfe zurückgegriffen werden musste. Besonders niedrig war der Kostendeckungsgrad beim Regionalver-

61 Steinmann 2009, 44-52.

kehr, wo er im Jahr 1976 unter 50 % sank.[62] In der Folge dienten Argumente zum Umweltschutz als Begründung für staatliche Hilfen zugunsten eines Verkehrsmittels, das man für veraltet und fast überholt hielt. Trotzdem konnte die Tendenz zur Verlagerung vom Schienen- auf den Strassenverkehr nicht umgedreht werden. Hatten die bis dahin relativ ausgeglichenen Rechnungsabschlüsse gewissermassen als Rechtfertigung für Rahmenbedingungen gedient, die auf den scheinbar widersprüchlichen, aber kurzfristig nicht zwangsläufig unvereinbaren Verpflichtungen basierten, sowohl den Service public zu gewährleisten als auch sich den Regeln des Marktes zu stellen, so wurde mit der Verschlechterung der Rechnungsergebnisse ab 1973 dann deutlich, dass der konjunkturelle Einbruch nur ein Aspekt eines grösseren strukturellen Problems war.

Ohne Abschnitt 2.3.3 vorgreifen zu wollen, sei an dieser Stelle betont, dass diese Zahlen in den Diskussionen über die Zukunft des Regiebetriebs, mit der sich politische und wirtschaftliche Kreise bereits Ende der 1960er Jahre und vermehrt ab Mitte der 1970er Jahre beschäftigten, ein erhebliches Gewicht hatten.[63] Doch die Neubeurteilung der SBB erfolgte in einem äusserst komplexen ideologischen und politischen Kontext. Zu den konjunkturellen Erschütterungen kam das Konzept des New-Public-Managements, dessen Auswirkungen mit der zunehmenden Unsicherheit der Märkte, der Konkurrenz durch das Auto und dem steigendem politischen Druck immer deutlicher zu spüren waren. Im Grunde brachte die Krise der 1970er Jahre ans Licht, was zahlreiche Beobachter schon einige Jahre zuvor festgestellt hatten: Die politischen und wirtschaftlichen Rahmenbedingungen, in denen die SBB sich mehr schlecht als recht bewegten, konnten den Bundesbahnen keine strahlende Zukunft mehr sichern. Auch an der Entwicklung der Investitionen (→ 3.2.4.2, Grafik 3.2-6) lässt sich dieser konzeptionelle Wandel ablesen. In den 1980er Jahren wollte man den Regiebetrieb mit der Ausarbeitung eines Gesamtkonzepts, aus dem später ein neuer Leistungsauftrag hervorgehen sollte, so aufstellen, dass die Konkurrenz und die Wahlfreiheit der Konsumenten besser zum Tragen kommen konnten.[64]

Die PTT (Post, Telegraf und Telefon)[65] entwickelte sich ganz ähnlich wie die SBB, sowohl was die Art der Aufgaben als auch ihren Platz in der Wirtschaft angeht. Auch bei diesem Regiebetrieb wurde das Konzept des Service public in den 1970er Jahren nach und nach in Frage gestellt. Hier sind die zunehmenden Vorbehalte in einem politischen, technischen und institutionellen Kontext begründet, den Philipp Ischer ausführlich analysiert hat.[66] Im Gegensatz zu den SBB, die seit den 1930er Jahren mit dem Aufkommen des Automobils zu kämpfen hatten, gab es im Tätigkeitsbereich der PTT lange Zeit keine Konkurrenten, die in der Lage gewesen wären, auf

62 Hürlimann 2007, 27.
63 Hürlimann/Ischer 2007, 238–239.
64 Steinmann 2009, 239–250.
65 Die Bezeichnung änderte sich mehrmals. Aus Gründen der Klarheit und der Kohärenz wird hier durchgängig nur das Kürzel PTT verwendet.
66 Ischer 2007.

nationaler Ebene nennenswerte Marktanteile zu erobern und die Position der PTT zu erschüttern. In allen Bereichen – Briefpost, Postscheck, Postauto, Telekommunikation usw. – konnte der Regiebetrieb sein Monopol bis in die 1990er Jahre halten. Das Monopol der PTT sollte das Angebot der Grundleistungen in all diesen Bereichen ungeachtet ihrer Kosten gewährleisten. In finanzieller Hinsicht rechtfertigte diese Vorstellung die Quersubventionierung der einzelnen Bereiche, das heisst, die Defizite in einem Bereich wurden durch Gewinne der anderen ausgeglichen.[67] So waren seit den 1920er Jahren die Verwaltungen der Post-, Telegrafie- und Telefonbetriebe je einem Generaldirektor unterstellt, und diese Organisationsform wurde durch den Bundesbeschluss von 1946 und das Gesetz von 1960 noch gestärkt.[68] Jede Analyse muss deshalb dieser langfristigen und starken Monopolstellung Rechnung tragen, denn im Gegensatz zu den SBB hatte die PTT auf nationalem Gebiet keine mächtigen Rivalen zu fürchten.

Doch wie in anderen Bereichen wurde auch hier der ideologische Druck mit der Zeit stärker. Nach den grossen Deregulierungswellen in den Vereinigten Staaten von Amerika ab Mitte der 1980er Jahre wirkte die Liberalisierung des Telekommunikationsmarkts, die in der Europäischen Union am 1. Januar 1998 in Kraft trat, als kräftiger Katalysator. Die Kritik, die anfangs die Funktion des Service public durchaus berücksichtigte, setzte vor allem bei den strukturellen und organisatorischen Verhältnissen an und befand, dass das Unternehmen PTT trotz seiner Anstrengungen nicht in der Lage war, mit den Veränderungen in seinem Umfeld zurechtzukommen, sodass eine Aufrechterhaltung der Monopolstellung aus ökonomischer Sicht nicht länger gerechtfertigt schien. Mit einer gewissen Verzögerung gegenüber dem Richtungswechsel bei den SBB manifestierte sich ab 1960 die Dynamik in der digitalen Revolution und der Digitalisierung der Betriebsnetze (→ 1.3.3).[69] Die Inbetriebnahme von Swissnet 1 war die Geburtsstunde des ersten digitalen Übertragungsnetzes in der Schweiz, der sogenannten ISDN-Technologie (Integrated Services Digital Network). Die darauffolgende Kaskade von Innovationen warf nicht nur die Frage auf, ob das Monopol der PTT noch zu rechtfertigen, sondern ob es überhaupt geeignet sei, die rasante technologische Entwicklung zu bewältigen.

Auch das Postmonopol blieb von diesen Veränderungen nicht verschont. Auf internationaler Ebene entstanden in der zweiten Hälfte der 1980er Jahre die ersten multinationalen Postunternehmen: Federal Express, TNT, DHL und UPS boten jenseits der jeweiligen nationalen Grenzen vielfältige Dienstleistungen an, die schnell auf die Bedürfnisse der Grossunternehmen reagierten und den jüngsten technologischen Entwicklungen, vor allem bei der Brief- und Paketsortierung, Rechnung trugen. In diesem Zusammenhang sind auch die bahnbrechenden Initiativen der niederländischen Post

67 Hürlimann/Ischer 2007, 230.
68 Finger 2001, 3.
69 Ischer 2007, 37.

im Bereich des Remailing zu nennen,[70] die das – trotz Einhaltung der internationalen Abkommen über den Postverkehr – stark veränderte Verhalten ehemaliger Staatsbetriebe widerspiegeln. Die konventionellen Aufgaben der Post erhielten zudem Konkurrenz durch die neuen technischen Errungenschaften und Medien wie Fax oder später E-Mail. Durch all diese Entwicklungen wurde auf internationaler Ebene eine einschneidende Liberalisierung immer notwendiger, und so erhöhte sich der äussere Druck, den «Schweizer Riegel» aufzubrechen.

Die Geschwindigkeit der Veränderungen im technologischen Umfeld der Telekommunikation und die starke Zunahme von multinationalen Unternehmen im Postbereich führten auch in der Schweiz selbst zu Überlegungen, ob es angebracht sei, die reinen Postaktivitäten und den expandierenden Bereich der Telekommunikation weiterhin unter einem Dach zu führen. Das Inkrafttreten des neuen Telekommunikationsgesetzes im Jahr 1992, das die bislang herrschende Praxis einer Quersubventionierung der Post durch die Telekommunikation verbot, ist Ausdruck dieser Neuorientierung. Im Jahr 1991 hatten die entsprechenden Übertragungen mehr als 800 Millionen Franken betragen.[71] 1993 wurden die verschiedenen Geschäftsbereiche mit der Gründung der Post PTT (nach der Auflösung der PTT im Jahr 1998 dann: Die Post) auf der einen und der Telecom PTT auf der anderen Seite vollständig getrennt. Die Post wurde ein autonomer Betrieb öffentlichen Rechts zur Erbringung von Dienstleistungen, die im Gesetz über das Postwesen festgelegt waren. Sie erhielt auch strategische Befugnisse, insbesondere bei der Gründung von Gesellschaften und Niederlassungen, dem Erwerb von Beteiligungen usw. Im Bereich Telekommunikation verabschiedete das Parlament 1997 zwei Gesetze: das neue Fernmeldegesetz (FMG) und das Telekommunikationsunternehmensgesetz (TUG), die zu einer vollständigen Liberalisierung des Telekommunikationsmarktes und zur Bildung der Swisscom als spezialgesetzlicher Aktiengesellschaft führten.[72]

Diese Veränderungen, die innerhalb weniger Jahre vonstatten gingen, stellten den Schweizer Telekommunikationsmarkt völlig auf den Kopf. Langfristig betrachtet lassen sich jedoch Ausdifferenzierungen feststellen, welche die getroffenen Entscheidungen, vor allem die Trennung der einzelnen Geschäftsbereiche der PTT sowie deren abweichende Rechtsnatur, besser verständlich machen. Die einzelnen Tätigkeitsbereiche, die lange in einem gemeinsamen Monopol zusammengefasst gewesen waren, entwickelten sich mit der Zeit ganz unterschiedlich, was die Vorstellung von einem monolithischen Regiebetrieb zunichte machte. Das Nebeneinander der Geschäftsbereiche verlief, gemessen an ihrer Rentabilität, keineswegs reibungslos und störungsfrei.

Die zahlenmässige Entwicklung der Poststellen spiegelt die Verbreitung im Land sowie die Nähe der Postdienstleistung zum Kunden wider (Grafik 2.3-4). Die ten-

70 Bei einem Remailing werden Inlandsbriefe im Ausland aufgegeben, um Porto zu sparen (www.postsitter.de/post/remailing.htm, 24.06.2011); Finger 2001, 6.

71 Finger 2001, 7.

72 Syz 1998, 11.

Grafik 2.3-4: **Anzahl Poststellen (1900–1997)**

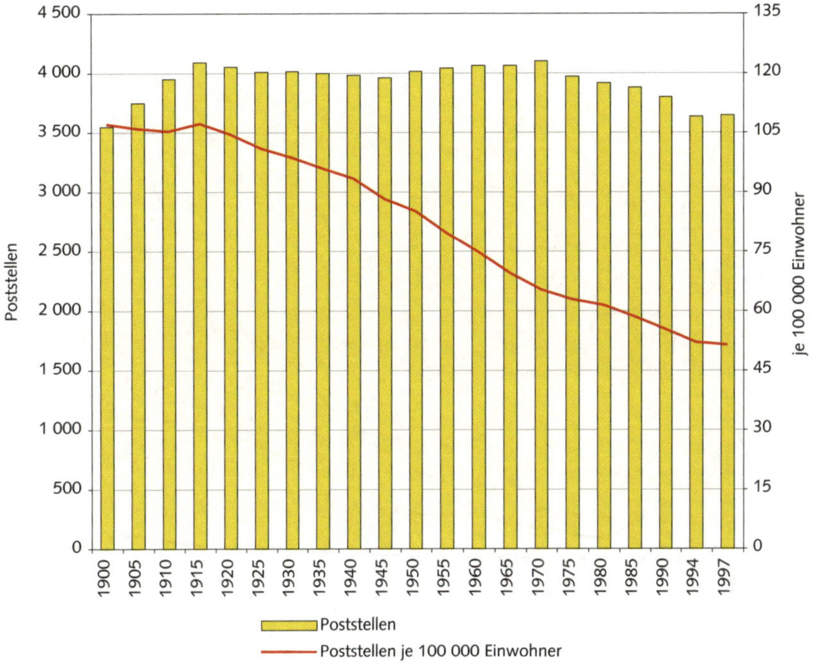

Quellen: 1900–1985: HSSO Tab. N.20; 1990–1997: Statistisches Jahrbuch der Schweiz, div. Jahrgänge.

denzielle Abnahme folgte einem allgemeinen Trend, der auf allmähliche Rationalisierungsmassnahmen, vor allem aber auf die Verstädterung zurückzuführen ist, die eine Konzentration der Poststellen begünstigte, die im urbanen Raum einer grösseren Zahl von Kundinnen und Kunden leichter zugänglich waren. International gesehen war die Schweiz auch Ende des 20. Jahrhunderts immer noch das Land mit der grössten Dichte an Postfilialen. 1985 entsprachen die 3 880 in der Schweiz erfassten Poststellen einem Durchschnitt von einer Poststelle auf 1 713 Einwohner gegenüber 3 880 Einwohnern pro Poststelle in der Bundesrepublik Deutschland, 3 149 in Frankreich, 3 951 in Italien, 2 857 in Österreich, 2 569 in Grossbritannien, 3 708 in Schweden und 5 934 in den Vereinigten Staaten.[73]

Die zahlenmässige Abnahme der Poststellen führte allerdings nicht zu einem Rückgang der Geschäfte im Allgemeinen (Grafik 2.3-5). Vor allem bei der Briefpost, die innerhalb des Regiebetriebs eine besonders wichtige Rolle spielte, war die Entwicklung im Gegenteil eher positiv. Sowohl beim Briefverkehr als auch bei den Zeitungen und Paketen war über das ganze Jahrhundert hinweg eine deutliche Zunahme zu verzeichnen; ein leichter Rückgang zeichnete sich einzig in den 1960er Jahren und dann

73 Wyss 1987, 303.

Grafik 2.3-5: **Postverkehr (1890–2010)**

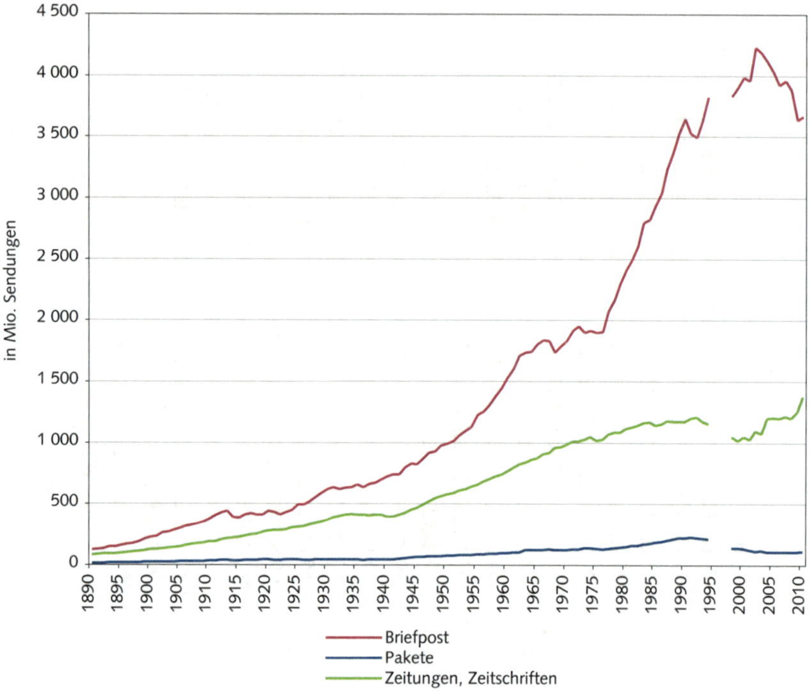

Quellen: BFS online Tab. 11.05.01.02, 11.05.01.03 und 16.05.04.

sehr viel deutlicher in den 1990er Jahren ab, als die neuen Technologien (Fax, E-Mail) aufkamen. Doch die Zunahme an Dienstleistungen ging nicht mit einer wachsenden Rentabilität einher. Zwar stiegen die Einnahmen von 156 Millionen Franken im Jahr 1938 auf 267 Millionen Franken 1948, doch nahmen die Betriebsaufwendungen zunächst noch stärker zu, was sich später dann änderte.[74] 1985 waren erhebliche Defizite zu verzeichnen: über 220 Milllionen Franken bei Zeitungen und Zeitschriften, 143 Millionen Franken bei den Paketen und knapp 19 Millionen Franken bei Briefen und Postkarten. Zu diesen kamen noch die Verluste bei den Postautos (95.3 Millionen Franken), womit sich das Gesamtdefizit auf 479.9 Millionen Franken belief. 1990 verzeichneten die genannten Dienstleistungen ein Defizit von 810 Millionen Franken.

Ein Argument, das gegen die Aufrechterhaltung des PTT-Monopols ins Feld geführt und auch in anderen Bereichen vorgebracht wurde, lautete, dass ein monopolistischer Betrieb nicht in der Lage sei, die Kosten zu stabilisieren und mit einer auf Rentabilität ausgerichteten Betriebsführung in Einklang zu bringen. Die Relevanz dieser Überlegung zeigt sich, wenn man das Verhältnis zwischen der Entwicklung des Postpersonals und den damit verbundenen Kosten betrachtet (Grafik 2.3-6). Nach dem

74 Bonjour 1949, 247.

Grafik 2.3-6: **Personal und Personalkosten der Post und der PTT (1900–1997)**

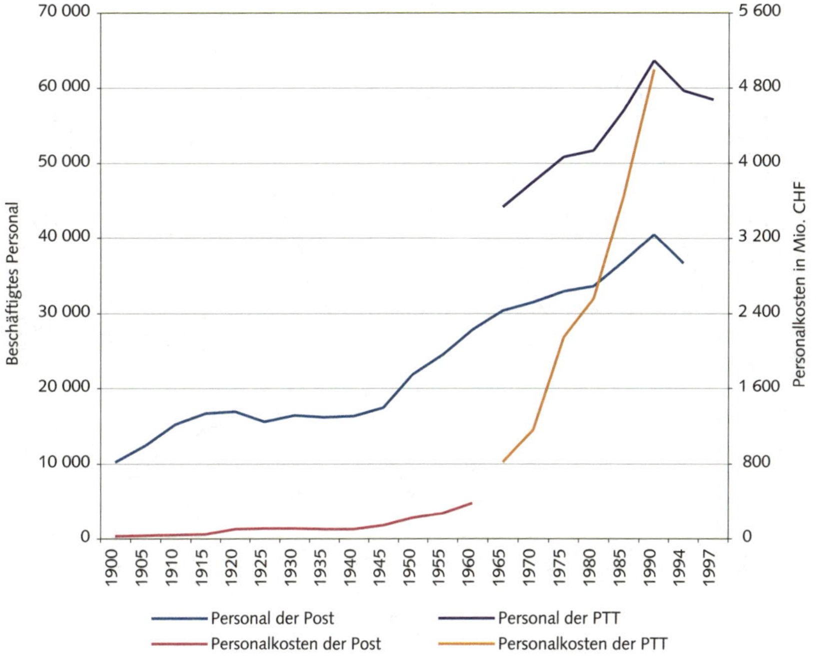

Quellen: 1900–1980: HSSO Tab. N.20; 1985–1997: Statistisches Jahrbuch der Schweiz, div. Jahrgänge.

Krieg kam es zu einem Kostenanstieg, der in keinem Verhältnis zum Personalzuwachs stand. Die zunehmende Diskrepanz, die auf den Wohlstand der Boomjahre und den dadurch entstandenen Lohndruck zurückzuführen war, schadete dem Regiebetrieb und gefährdete langfristig seinen Auftrag, den Service public sicherzustellen, weil er offensichtlich unfähig war, eine akzeptable Rentabilität zu gewährleisten. Konnte man dieser Argumention in Zeiten voller Kassen mit höflicher Nichtbeachtung begegnen, so wurde sie mit dem konjunkturellen Umschwung der 1970er Jahre zu einer schlagkräftigen Waffe in der politischen Auseinandersetzung.

Anhand der Geschäftsbereiche Finanzdienstleistungen und Telekommunikation lässt sich die Entwicklung genauer analysieren. In der Telekommunikation gab es zwar beträchtliche technologische Umwälzungen, die innerhalb kürzester Zeit Kommunikationsmittel aufkommen und wieder verschwinden liessen, doch finanziell blieb der Bereich durchweg attraktiv. Wie Grafik 2.3-7 zeigt, war die Entwicklung des Telegrammverkehrs in dieser Hinsicht allerdings sehr unstet und wies bereits in den 1930er Jahren einen deutlichen Rückgang auf. Doch der endgültige Niedergang setzte erst in den 1970er Jahren ein, bedingt sowohl durch den Siegeszug von Telefon (Grafik 2.3-8) und Telex als auch durch das Aufkommen neuer Informationstechnologien im Informatikbereich wie Fax und E-Mail.

Grafik 2.3-7: **Telex- und Telegrammverkehr (1900–1996)**

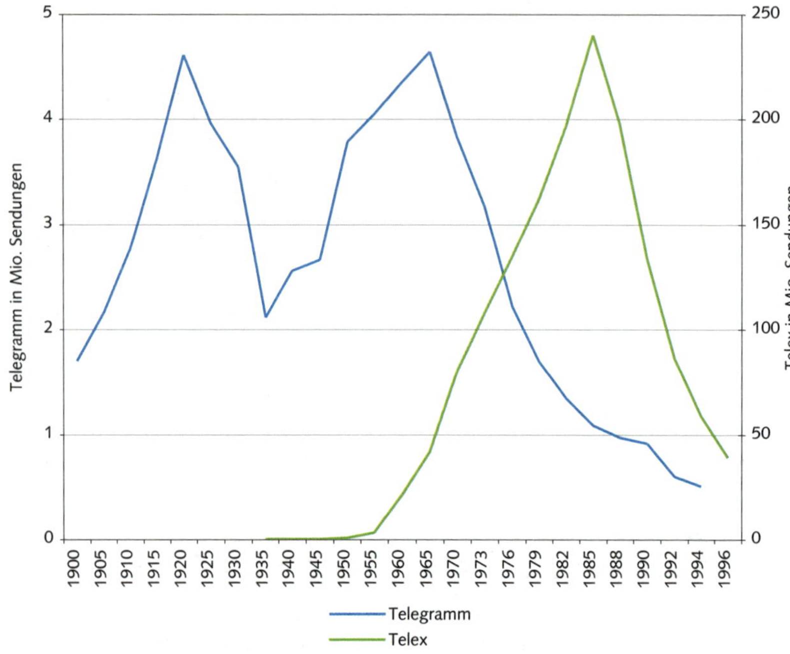

Quellen: Telegramm: BFS online Tab. 11.05.02.01; Telex: BFS online Tab. 11.05.02.02.

Grafik 2.3-8: **Telefonverkehr (1885–1996)**

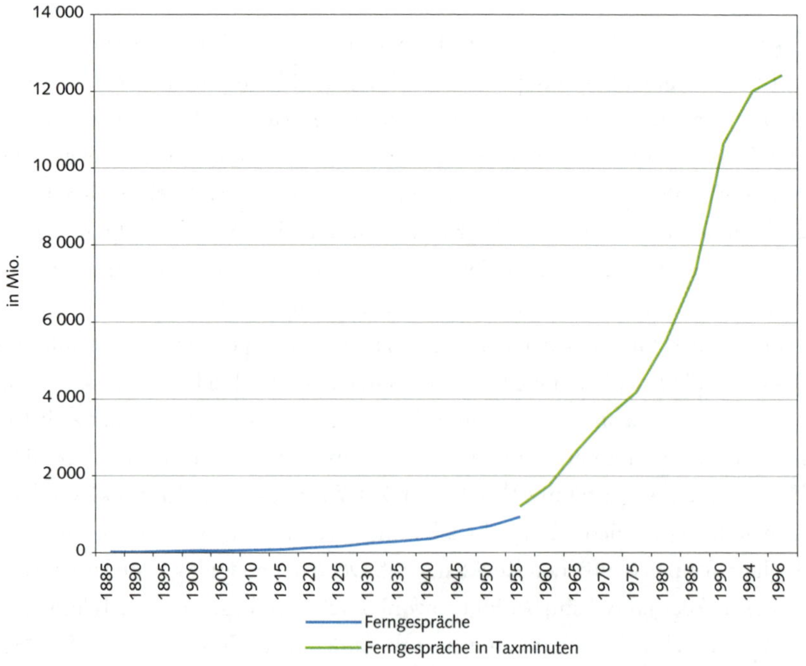

Quellen: BFS online Tab. 11.05.02.03.

Grafik 2.3-9: **Entwicklung von Postkonten und Guthaben (1906–1980)**

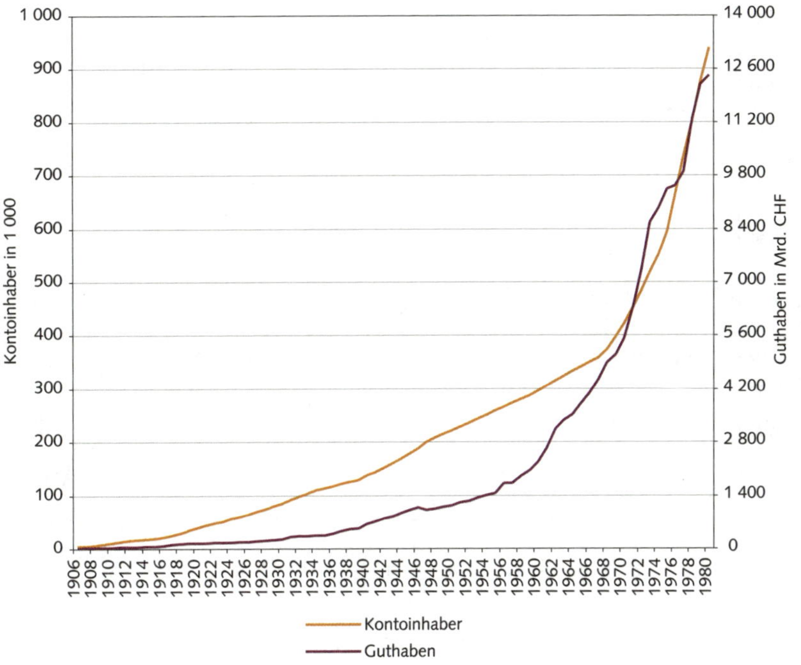

Quelle: BFS online Tab. 11.05.01.04.

Mit dem Einstieg der Post in die Finanzdienstleistungen im Jahr 1905 wurde die Schweiz zum ersten Land, das einen Scheckdienst in die Postdienstleistungen integrierte.[75] Wie aus der Grafik 2.3-9 zu ersehen ist, schnellte die Nutzung dieser Dienstleistungen rasch in die Höhe, sowohl was die Zahl der Kontoinhaber als auch was die Höhe der Guthaben angeht. Zwischen 1945 und 1948 wurden jährlich 10 000 Konten eröffnet.

Mit der Entwicklung neuer Zahlungsmittel in den 1960er Jahren begann die Post, die Grenzen zwischen Service public und Privatwirtschaft zumindest mittelfristig neu zu definieren. So änderte sich durch die Schaffung von Postscheckkonten, auf welche die Löhne der Beschäftigten nun anstelle der bislang üblichen Barauszahlung überwiesen wurden, nicht nur das Verhalten der Nutzer, sondern zugleich die Rolle der Post. Der sehr starke Zuwachs dieser neuen «Post»-Dienstleistung wirft die Frage auf, ob der Regiebetrieb in einen Bereich eindringen durfte, der bis dahin den Banken vorbehalten war. Die einst klare Aufgabenteilung: Fürs Sparen waren die Banken zuständig, für die Lohnzahlungen die Post, wurde durch die Verzinsung der Postkonten gefährdet. Die bis 1970 vorherrschende Gleichgültigkeit der Banken gegenüber dem späteren Retail Banking war Ausdruck ihrer Blindheit gegenüber den Verhaltensän-

75 Bonjour 1949, 316.

Grafik 2.3-10: **Gewinn- und Verlustrechnung der Post und der PTT (1885–1997)**

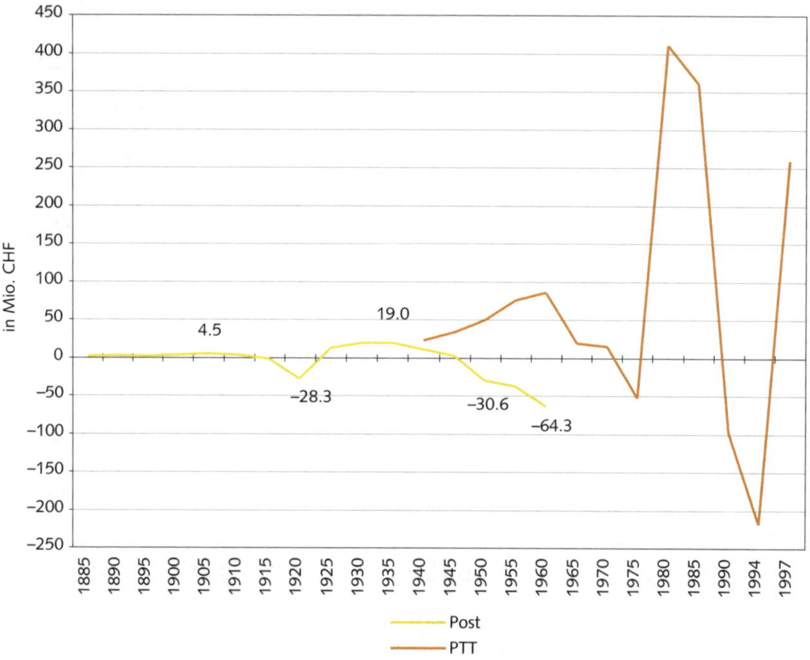

Quellen: BFS online Tab. 11.05.01.01.

derungen der Konsumenten und der Gesellschaft im Allgemeinen. Dies führte zu der paradoxen Situation, dass Betriebe des Service public in Geschäftsbereichen des privaten Sektors tätig wurden und dort die privatwirtschaftlichen Unternehmen konkurrenzierten. Der Banksektor gelangte schliesslich zu der Überzeugung, das Retail Banking zu integrieren, hatte aber starke Vorbehalte gegenüber dem Vorgehen der Post, da diese mit der Verzinsung von Konten in den ureigensten Bereich der Banken eingedrungen war.[76]

Letztlich wirkten sich all diese Veränderungen innerhalb der PTT jedoch in keiner Weise negativ auf deren Finanzgleichgewicht aus. Ganz im Gegenteil: Es gelang dem Telekommunikationsbereich nicht nur, die schlechten Ergebnisse des Postgeschäfts auszugleichen, wie aus der Grafik 2.3-10 zu ersehen ist, sondern er konnte darüber hinaus Gewinne erwirtschaften, die der Bundeskasse zufielen. Die Auswirkungen der technologischen Veränderungen waren in gewissen Fällen durchaus spürbar, vor allem als sich in den 1990er Jahren mit dem Aufkommen der Personalcomputer und des Internets die Kommunikationsformen revolutionierten.

Der in den 1980er Jahren von vielen Seiten ausgehende Druck und das Zögern des Bundesrats, die Einheit der Post, die den Schweizerinnen und Schweizern so lieb

76 Bonhage 2007.

und teuer war, zu zerstören, liessen Skepsis aufkommen, ob dem Staat so nicht seine rentabelsten Geschäfte, nämlich die Telekommunikation, im Namen der Liberalisierung entzogen würden, während ihm einzig die finanziell weniger sicheren Postgeschäfte in abgeschwächter Form blieben. Ging es also um eine Privatisierung der Gewinne und eine Verstaatlichung der Verluste? Diese damals gestellte Frage spiegelte das Gefühl des Malaises wider, das die Umwälzungen in diesen Wirtschaftszweigen begleitete.

2.3.2.3 Die Bauwirtschaft

Bei der Untersuchung der Bauwirtschaft hat man den Eindruck, in ein Gewirr aus lauter Einzelaktivitäten und verschieden grosser Unternehmen einzutauchen: Hersteller von Zement, Ziegeln und sonstigem Baubedarf, Bauunternehmen, Architekturbüros und private wie öffentliche Bauherren sind hier in sehr unterschiedlicher Weise beteiligt, je nach ihrer Tätigkeit und Positionierung in der Produktionskette. Zu dieser extrem starken Gliederung des Sektors kommt noch das für seine Funktionsweise charakteristische «Nomadentum». Was ist eine Baustelle anderes als eine wandelnde Fabrik, die bei jedem neuen Auftrag aufgebaut und nach Fertigstellung des Baus wieder aufgelöst wird? Bedenkt man dann noch den saisonalen Aspekt einer Tätigkeit, die sich vor allem auf den Frühling und den Herbst konzentriert, so leuchtet ein, dass es schwierig ist, all ihre Facetten auf einmal zu erfassen. Der Versuch, ein umfassendes und auf lange Sicht hin konzipiertes Bild von diesem Sektor zu zeichnen, ist also besonders heikel. Der Mangel an Untersuchungen erschwert eine wissenschaftliche Analyse zusätzlich. Alle vorliegenden Studien heben jedoch einen Umstand hervor: die ausserordentliche Konjunkturanfälligkeit. Die Aussage, dass der gesamte Bausektor sensibel auf die Konjunktur reagierte, bedeutet nicht, dass er nicht auch in der Lage gewesen wäre, seinerseits auf die Konjunktur Einfluss zu nehmen. Neben der konjunkturellen Entwicklung, wo kleinste Veränderungen, wie die der Zinsen, ohne weiteres die Überlebensfähigkeit der Unternehmen beeinflussen können, spielt jedoch auch die Entwicklung verschiedener anderer Faktoren eine Rolle, etwa die demographische Entwicklung, deren Auswirkungen sich, besonders in Regionen mit starker Zuwanderung und in Zeiten der Hochkonjunktur, rasch bemerkbar machten. Zu berücksichtigen sind zudem die politische und die soziale Entwicklung in Form staatlicher Massnahmen zu einem erleichterten Zugang zu Wohnraum, zur Bauförderung, zum Ausbau der Infrastruktur usw. Die Folgen solcher Massnahmen werden vom Baugewerbe antizipiert und steigern so den Investitionsfluss. Staatliche Eingriffe in die Baubranche haben denn auch dazu beigetragen, mittels antizyklischer Massnahmen die Konjunktur zu beleben oder zu dämpfen. Die Wirtschaftspolitik orientierte sich an deren kurz- und mittelfristige Auswirkungen auf die gesamte Wirtschaftstätigkeit, und der Binnenmarkt bildete in gewisser Weise eine solide Basis, auf die sich eine Wiederbelebung stützen konnte.

Grafik 2.3-11: **Nominale Bruttowertschöpfung im Baugewerbe (1890–2005)**

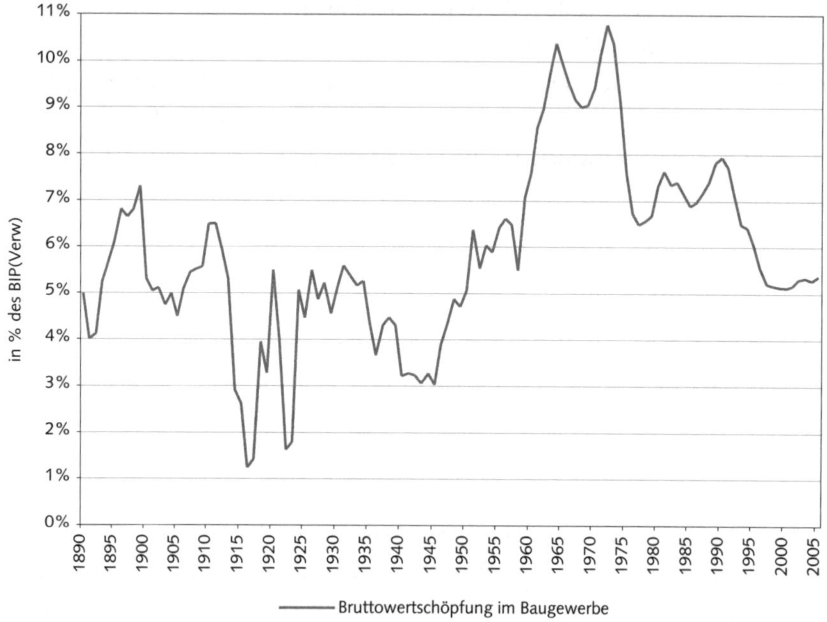

Quellen: BIP(Verw): HSSO Tab. Q.16a, Q.16b; Bruttowertschöpfung: HSSO Tab. Q.2, Q.17a und Q.18a.

Die Entwicklung der Bruttowertschöpfung im Baugewerbe macht deutlich, dass die Branche tendenziell solide aufgestellt war (Grafik 2.3-11). Zwar wurde der über das ganze Jahrhundert verlaufende Anstieg durch einen sehr ausgeprägten Einbruch im Ersten Weltkrieg und einen geringeren während der Krise der 1930er Jahre und des Zweiten Weltkriegs gebremst, doch brachte die zweite Hälfte des 20. Jahrhunderts ein deutliches Wachstum dieser Branche im Verhältnis zum BIP. Die inflationäre Entwicklung während der Boomjahre nach dem Zweiten Weltkrieg schlug sich in einer Überhitzung des Baugewerbes nieder, deren verheerende Auswirkungen auf die Beschäftigung sich dann während der Krise in den siebziger Jahren zeigten (Grafik 2.3-12). Die Beschäftigung im Baugewerbe ging sowohl absolut wie in ihrem Anteil an der Gesamtbeschäftigung stark zurück, erholte sich jedoch in den 1980er Jahren rasch. Auffallend ist die starke Zunahme des prozentualen Anteils der Bauwirtschaft an der Beschäftigung im Industriesektor.

Die Erfahrungen des Ersten Weltkriegs hatten einen nachhaltigen Einfluss auf alle Akteure in der Bauwirtschaft, und die ausserordentlich grosse Konjunkturanfälligkeit der Branche bestärkte sie in ihrer Überzeugung, dass Massnahmen ergriffen oder beibehalten werden müssten, um die unvorhersehbaren Auswirkungen von Konjunktureinbrüchen abzumildern. Das galt vor allem für die dem Bau selbst vorgelagerten Stufen, die direkt der ausländischen Konkurrenz ausgesetzt waren, d.h. für die Kalk- und Ze-

Grafik 2.3-12: **Beschäftigung im Baugewerbe (1888–2005)**

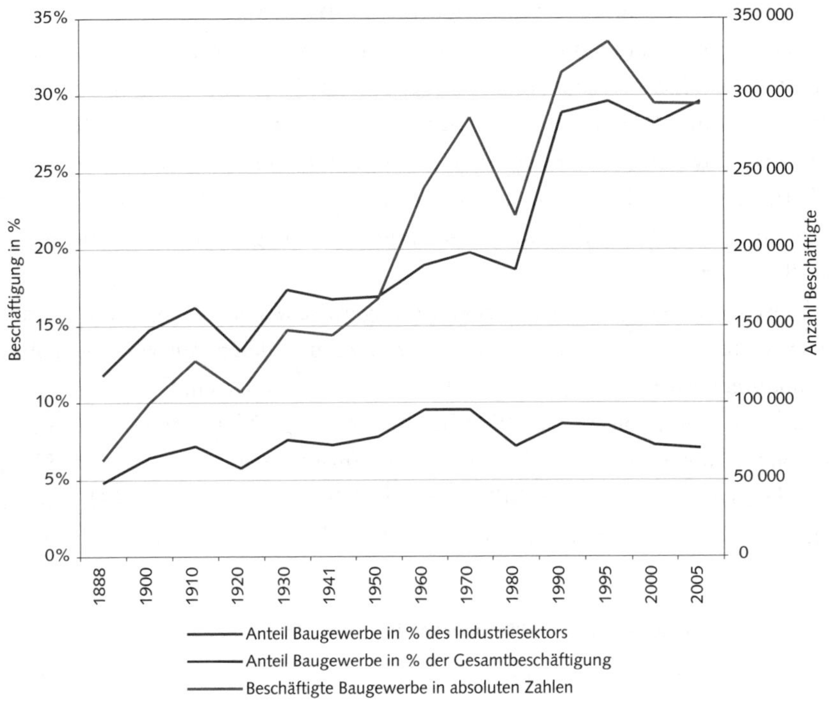

Quellen: HSSO Tab. F.28 und F.30.

mentlieferanten, aber auch für die Ziegeleien. Diese Abschirmung wurde auf die nachgelagerten Branchen ausgeweitet, das heisst auf alle Aktivitäten im Zusammenhang mit der eigentlichen Bautätigkeit. Neben Grossunternehmen mit ausgeprägt internationaler Ausrichtung (Losinger, Marti, Stuag, Zschokke), die vor allem in Grossprojekten (Staudämme, öffentliche Bauten, Fabriken, Infrastrukturprojekte, Tunnel usw.) tätig waren, gab es eine Reihe von kleinen lokalen, auf den Bau von weniger umfangreichen Bauten spezialisierten Betrieben, deren Bedarf an personellen, finanziellen und technischen Ressourcen eher gering war. Der Bau von Einfamilienhäusern und anderer kleiner oder mittelgrosser Gebäude sowie Instandsetzungs- und Renovationsarbeiten füllten die Auftragsbücher etlicher Unternehmen. Diese Aufsplitterung des Gewerbes in eine Vielzahl von Kleinbetrieben war zwar wenig produktiv und erhöhte die Kosten des Bauens, doch je nach Art der Baustellen und im Hinblick auf eine ausreichende kritische Masse wurden Konsortien gebildet, in denen sich mehrere Betriebe punktuell zur Leitung von Baustellen mit besonderen Erfordernissen zusammenschlossen.

In der Kalk- und Zementindustrie zeichnete sich bereits Ende des 19. Jahrhunderts eine Form der Kartellierung ab. Aufgrund des Konkurrenzdrucks aus Frankreich und Deutschland sowie der heterogenen Unternehmensstruktur wurde 1910, nachdem entsprechende Versuche zwischen 1895 und 1900 sowie zwischen 1901 und 1909 gescheitert waren, ein Abkommen zwischen 18 Unternehmen unterzeichnet und damit ein erstes Kartell gegründet: die Eingetragene Genossenschaft Portland (EGP).[77] Der Erste Weltkrieg und die Schwierigkeiten im Baugewerbe lieferten gute Gründe für die Aufrechterhaltung und den Ausbau dieses Abkommens. Als das Kartell dann im Jahr 1994 aufgelöst wurde, führte dies deshalb nicht zu einer Fragmentierung des Marktes, weil die 1992 gegründete Holderbank Cement und Beton (HCB) allein die Hälfte des Schweizer Marktes beherrschte. Während es in der Schweiz 1959 noch 35 Baubetriebe gegeben hatte, waren es 1988 nur noch 11 und 2003 lediglich 7.[78] Über das gesamte 20. Jahrhundert war diese Industrie geprägt von einer zunehmenden Marktkonzentration.

Es ist schwierig, die interne Strukturierung zwischen den grossen, mittleren und kleinen Unternehmen des Kartells zu beschreiben und deren Auswirkungen auf die konjunkturelle Entwicklung des gesamten Sektors abzuschätzen. Für die erste Hälfte des 20. Jahrhunderts, bis ins Jahr 1932, beschreibt Philipp Müller dessen Vielfältigkeit und konjunkturelle Widerstandsfähigkeit: Die Investitionen stiegen von 1 273 Millionen Franken 1928 auf 1 546 Millionen zwei Jahre später und auf 1 731 Millionen im Jahr 1932; danach gingen sie zurück. In den Jahren 1935 und 1936 gab es einen

Grafik 2.3-13: **Zementproduktion und Bautätigkeit (1929–1991)**

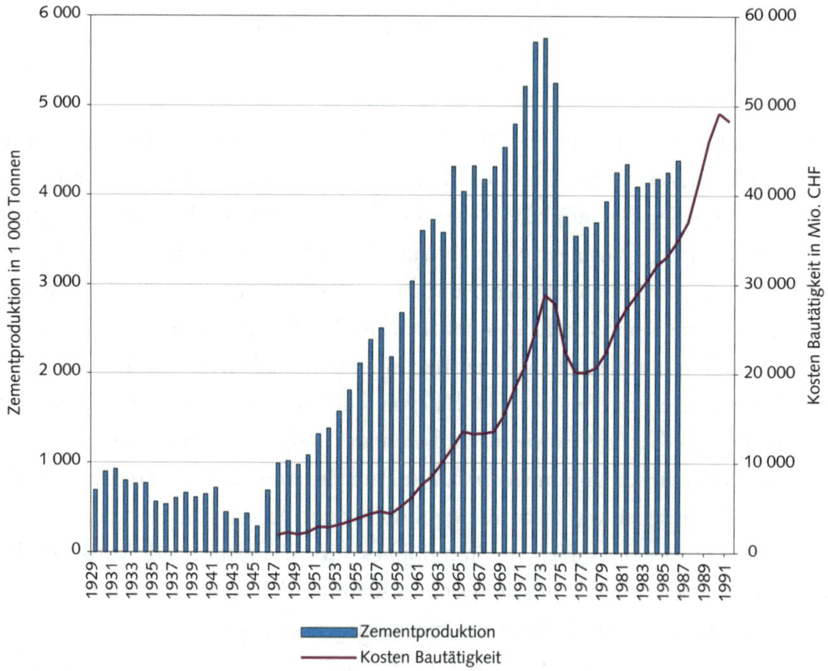

Quellen: Zementproduktion HSSO Tab. K.6; Bautätigkeit: BFS online Tab. 9.04.01.01.

77 Hiestand 2010.

78 *Dictionnaire historique de la Suisse*, «Chaux et ciments».

regelrechten Einbruch.[79] An den Daten zur Entwicklung der Zementherstellung lässt sich die Stärke des Sektors ablesen (Grafik 2.3-13).

Die Zementherstellung und die Bautätigkeit verliefen im gesamten Zeitraum parallel, was darauf schliessen lässt, dass die einheimische, in einem sehr effizienten Kartell organisierte Zementproduktion dem Zementverbrauch auf öffentlichen wie auch privaten Baustellen entsprach. Durch die harte Krise der 1970er Jahre wurde das Kartell als solches nicht in Frage gestellt; erst als der Druck stärker wurde, erleichterte die Sanierung des Marktes durch Unternehmenskonzentration die Auflösung des Kartells im Jahr 1994.

2.3.3 1975–2010: Destabilisierung und Reformen

Die Krise Mitte der 1970er Jahre war ganz unbestritten ein entscheidender Wendepunkt in der Geschichte der Weltwirtschaft. Abgesehen davon, dass mit ihr das beispiellose Wachstum der Boomjahre zu Ende ging, markierte sie eine grundlegende Zäsur, nicht nur in der wirtschaftlichen Substanz der Gesellschaften, sondern auch in der ihnen zugrundeliegenden ideologischen Dimension. Denn als das wirtschaftliche Wachstum, das man für grenzenlos gehalten hatte, einbrach, standen sich bei der Diagnose zwei entgegengesetzte Lager gegenüber: kritische Ökonomen, die ein kapitalistisches System, dessen Schwächen nun deutlich wurden, bedingungslos verurteilten, und diejenigen Wirtschaftswissenschaftler, die das vorherrschende System aus liberaler Sicht ebenso entschieden brandmarkten. Es sei durch unverhältnismässige Interventionen des Staates «verunreinigt» worden, der mit seiner Wirtschaftspolitik das Funktionieren der Märkte beeinträchtigt habe. Eben diese Haltung trug dazu bei, die allmähliche institutionelle und bürokratische Verkrustung eines Systems deutlich zu machen, das durch die vielen Interventionen verschiedener Interessengruppen und deren heftigen Widerstand gegen jegliche Veränderung blockiert war.

Wie auch andernorts kennzeichneten diese Positionen in der Schweiz die kritische Auseinandersetzung mit der wirtschaftlichen Entwicklung nach der Krise der 1970er Jahre und sie beherrschten die Debatten über den Platz und die Rolle der Binnenwirtschaft, wie sie sich während der ersten zwei Drittel des 20. Jahrhunderts herausgebildet hatten. Doch in dieser Auseinandersetzung waren die Kräfte sehr ungleich verteilt: Zusätzlich zur technologischen Revolution, welche die Wirtschaftsstrukturen umso stärker destabilisierte, je mehr sie in alle Bereiche des Alltags vordrang, überschwemmte die neoliberale Flutwelle, die mit der grossen Globalisierungsphase einherging, alle Bereiche einer Welt, die 1989 dann den Zusammenbruch der sozialistischen Wirtschaftssysteme erlebte. Liberalisierung, Deregulierung, Marktkräfte und Rationalisierung waren die Schlagworte einer neuen Weltordnung, in der das öffentliche Interesse kaum noch Bedeutung und eine Intervention des Staates keinerlei Da-

79 Müller 2010, 65–68.

seinsberechtigung mehr hatte. Die Gegenkräfte – von der neuen Linken bis zu den Globalisierungsgegnern – malten das Schreckgespenst vom gesellschaftlichen Zerfall an die Wand, sie vermochten sich jedoch mit ihren Argumenten nicht durchzusetzen angesichts der von den Börsenkursen bestimmten Gewissheiten und der vorherrschenden Überzeugung, eine Welt der Aktionäre sei besser als eine Welt der Arbeiter. Die Zufriedenheit der Gemeinschaft definierte sich vor allem über die Befriedigung der Bedürfnisse des Einzelnen.

In diesem allgemeinen Kontext erst sind die Angriffe gegen die verschiedensten Einrichtungen zu verstehen, welche die Binnenwirtschaft der Schweiz in ihren unterschiedlichen Gestaltungsformen bislang gestützt hatten. In der Analyse können nicht alle angesprochenen Sektoren berücksichtigt werden; sie konzentriert sich vielmehr auf die Sektoren Transport und Kommunikation.[80]

Die SBB sind aus dieser Perspektive ein sehr interessanter Fall. 1977, nach den Erschütterungen durch die heftige Finanzkrise, beschlossen die SBB in Anlehnung an das Ausland, vor allem an die Niederlande, aber auch unter dem Druck europäischer Richtlinien, ihre Leistungen aufzuteilen in solche, die dem freien Markt überlassen werden konnten, und in solche, bei denen ein gemeinnütziges Interesse bestehen bleiben und der Staat in Form von effektiven Stützmassnahmen intervenieren sollte, um Defizite zu verhindern und das Angebot zu sichern.[81] Eine vollständige Liberalisierung des Eisenbahnverkehrs lief gemäss dieser Auffassung dem Landesinteresse zuwider, obwohl diese Option von vielen bevorzugt wurde, die darin die beste Möglichkeit sahen, die Probleme definitiv zu lösen. Der Konsens, zu dem man schliesslich fand, bekräftigte ausdrücklich die unternehmerische Dimension der SBB, die künftig das ganze Handeln bestimmen sollte. Der sogenannte «Leistungsauftrag» von 1982 steckte den Rahmen ab, in dem die SBB von da an zu agieren hatten. Die Entwicklung einer regelrechten *Marketing*strategie war denn auch eine seiner markantesten Auswirkungen in den 1980er Jahren. Sie führte unter anderem zur Einführung des Taktfahrplans. Das Projekt «Bahn 2000» zielte in dieselbe Richtung, enthielt aber eine weitere Dimension, die von den 1980er Jahren an in einer neuen Sensibilität für Umweltfragen sichtbar wurde. Der Eisenbahnverkehr bekam wieder einen gesellschaftlichen Wert, während sein «Feind», der Autoverkehr, zur gleichen Zeit mit der Erstickung und der Gefährdung der gesamten Umwelt assoziert wurde. Als umweltfreundliches Verkehrsmittel anerkannt, gewann die Bahn in politischen Kreisen erneut das notwendige Ansehen, um angemessene finanzielle Unterstützung zu erhalten.[82] Der Service public, der so über den Umweg des Umweltschutzes wieder zu Ehren kam, veränderte sich indessen, denn Mobilitätsbedürfnisse und Umweltbedürfnisse stimmten nicht unbedingt überein.

80 Näheres über die grossen Tendenzen der Kartellierung: → 5.1.5.2 und 5.1.6.2.
81 Steinmann 2009, 191–193.
82 Kirchhofer 2008, 349.

Im Fall der PTT bedeutete die 1998 in einem neuen gesetzlichen Rahmen umgesetzte Trennung von Post- und Telekommunikationsbereich nicht, dass der Staat nun völlig aus dem Spiel gewesen wäre. Während bei der Swisscom der Staat als Mehrheitsaktionär eine strategisch entscheidende Rolle spielte, hatte Die Post innerhalb ihres Leistungsauftrags die Freiheit, ihre strategischen Ziele selbst festzulegen. Diese Situation zeitigte auch im Hinblick auf die Zahlen unterschiedliche Ergebnisse. Die Swisscom sah sich veranlasst, ausländische Beteiligungen zu erwerben, allerdings in einem Kontext, der sich als sehr ungünstig erwies. Der Versuch, im Jahr 2004 Telekom Austria zu kaufen, missglückte, vor allem aufgrund des politischen Widerstands in Österreich. In anderen Fällen lehnte der Bundesrat den Erwerb von ausländischen Unternehmen durch die Swisscom ab, so unter anderen die Übernahme der irischen Eircom. 2005 brachte der Versuch, die deutsche Debitel zu übernehmen, einen Verlust von 3.3 Milliarden Franken. Diese schlechten Erfahrungen nährten die politischen Befürchtungen, das Unternehmen könnte vor allem auf Expansion statt auf die Verbesserung des inländischen Netzes setzen. Die Post dagegen erwirtschaftete, obwohl sie durch einen Leistungsauftrag gebunden war, erhebliche Gewinne: Im Jahr 2010 erreichte sie mit einem Plus von 910 Millionen Franken einen neuen Rekord.[83] Infolge der Finanzkrise von 2008 und der Probleme der UBS, der zahlreiche Kontoinhaber den Rücken kehrten, stieg die Zahl der Kunden bei der PostFinance, die von einer (impliziten) Staatsgarantie profitierte, beträchtlich: 2009 konnte die PostFinance 126 000 neue Kunden verzeichnen, 2010 waren es 119 000.[84]

2.3.4 Der Tourismusstandort Schweiz

2.3.4.1 Definitionen und Messbarkeit

Die Weltorganisation für Tourismus setzt sich dafür ein, Tourismus über seine Funktionen kenntlich zu machen und zu definieren, und zwar, indem Entwicklung, Produktion, Vertrieb und Kommerzialisierung von Produkten und Dienstleistungen zur Deckung der Bedürfnisse nach Freizeitreisen zusammengefasst werden. Die Initiative kann dabei sowohl von privaten als auch von öffentlichen Organisationen ausgehen.[85] In Anbetracht der Stellung des Tourismus innerhalb der schweizerischen Volkswirtschaft muss jede Untersuchung ein Geflecht von Akteuren, Initiativen, Praktiken sowie räumlichen und zeitlichen Faktoren berücksichtigen. Sie verlangt eine breite Definition, die geeignet ist, langfristig nicht nur alle anerkannten und etablierten Formen des Tourismus (einfacher Tourismus, Sporttourismus, Festivaltourismus usw.) einzuschliessen, sondern auch alle touristischen Aktivitäten zu berücksichtigen, die im Rahmen einer Reise oder eines Aufenthalts (Geschäftsreisen, Kolloquien, Pilgerreisen usw.) eine

83 www.hebdo.ch/la_poste [Zugang 2.11.2011].

84 www.postfinance.ch [Zugang 6.11.2011].

85 *International Tourism* 1997, 391.

Rolle spielen können und einen einfachen Reisenden zum «Instanttouristen» («touriste à la minute») machen. Neben den herkömmlichen Touristen gibt es so auch verkappte Touristen, die in andere Aktivitäten eingebunden sind und deren räumliche und zeitliche Bewegungen als Touristen nur schwer zu erfassen sind. Es ist davon auszugehen, dass der Tourismus für die schweizerische Volkswirtschaft gerade wegen der Heterogenität seiner Leistungen eine besonders wichtige Rolle spielt. 2005 entfielen 18% des gesamten touristischen Konsums auf die Unterkunft, 14% auf Mahlzeiten in Hotels oder Restaurants und 18% auf Transportdienstleistungen, weitere 14% auf tourismusverwandte Produkte, 3% auf Freizeit und Unterhaltung, 7% auf die Dienstleistungen von Reisebüros, Reiseveranstaltern und Reiseleitern, 1% schliesslich auf verschiedene tourismusspezifische Dienstleistungen, 1% auf kulturelle Dienstleistungen und 24% auf nichttourismusspezifische Produkte.[86] Es leuchtet ein, dass bei einer solchen Vielfalt von konsumierten Leistungen auch die Vielfalt der Anbieter gross ist.

Der Tourimus ist somit ein bedeutender Wirtschaftszweig, dessen Bruttowertschöpfung sich aus den Leistungen ganz verschiedener Branchen zusammensetzt. Dem Gastgewerbe zurechenbare Leistungen (Beherbergung, Verpflegung in Gaststätten und Hotels) machen mit etwa einem Drittel den grössten Teil aus, etwa ein Viertel entfällt auf Reiseverkehr, Reisebüros und Tourismusvereine, der Rest auf verschiedene weitere Dienstleistungen. Für das Gastgewerbe sind Daten zur Bruttowertschöpfung und zur Beschäftigung während des gesamten Jahrhunderts verfügbar (Grafiken 2.3-14 und 2.3-15). Daten zur touristischen Bruttowertschöpfung und Beschäftigung wurden hingegen erstmals für das Jahr 2005 in einem Satellitenkonto ausgewiesen. Nur ein Teil der im Gastgewerbe erwirtschafteten Bruttowertschöpfung und der in dieser Branche Beschäftigten werden als tourismusrelevant erfasst. 2005 sind beispielsweise etwa 6% aller Beschäftigten im Gastgewerbe tätig, in allen tourismusrelevanten Dienstleistungsbranchen insgesamt hingegen 4.4%.[87]

Die gesamtschweizerischen Statistiken zum Tourismus setzen 1934 ein; Schätzungen für frühere Perioden, die sich allerdings nicht durch besondere Genauigkeit auszeichnen, liegen nur für Graubünden und das Berner Oberland vor.[88] Offizielle Statistiken gibt es ohne Unterbruch von 1934 bis 2003, doch Ende 2003 war das Bundesamt für Statistik wegen der Budgetkürzungen des Bundesrats gezwungen, die Beherbergungsstatistik einzustellen. In einer weniger ausführlichen Variante wurde die Tourismusstatistik dann 2005 dank der Mitfinanzierung durch Kantone, Regionen und Tourismusverbände wieder eingeführt.[89] In einem 2008 veröffentlichten Satellitenkonto wird der Anteil der Wertschöpfung aus Tourismusaktivitäten an der gesam-

86 *Schweizer Tourismus in Zahlen* 2008, 9.

87 *Schweizer Tourismus in Zahlen* 2008, 10–12. Das Satellitenkonto Tourismus weist nur die tourismusrelevante Beschäftigung der einzelnen Wirtschaftszweige aus.

88 Cruchon 1932, 6.

89 *Schweizer Tourismusstatistik* 2008, 5.

Grafik 2.3-14: **Nominale Bruttowertschöpfung im Gastgewerbe (1890–2005)**

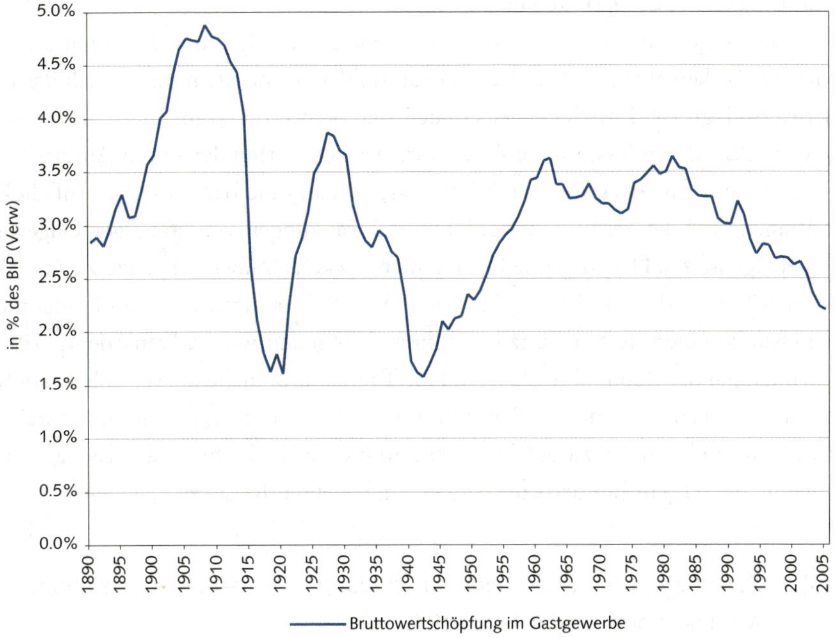

Quellen: BIP(Verw): HSSO Tab. Q.16a, Q.16b; Bruttowertschöpfung: HSSO Tab. Q.2, Q.17a und Q.18a.

Grafik 2.3-15: **Beschäftigung im Gastgewerbe (1888–2005)**

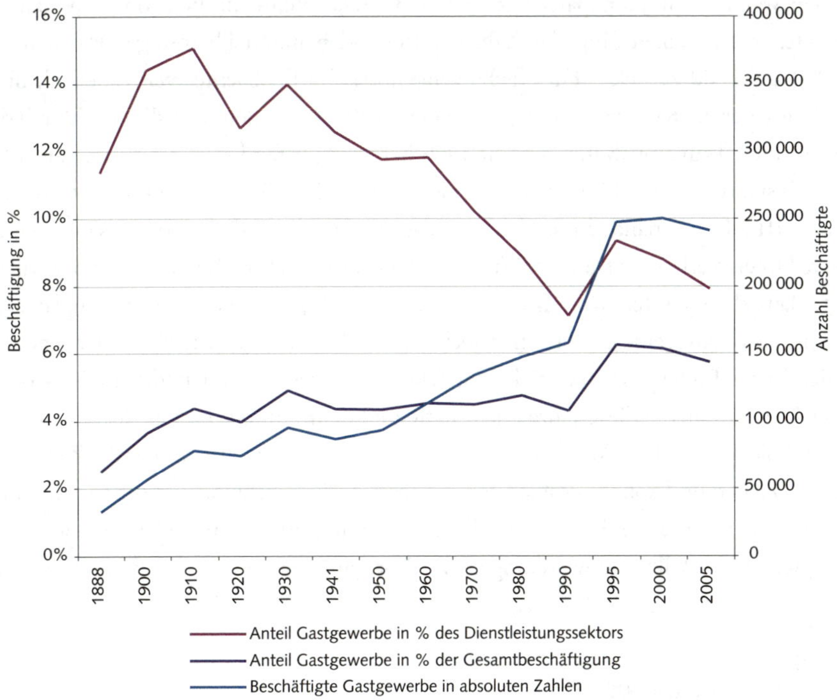

Quelle: HSSO Tab. F.28 und F.30.

ten Wertschöpfung der Schweizer Wirtschaft für das Jahr 2001 auf 3.1 % des BIP und für 2005 auf 2.9 % des BIP geschätzt.[90]

Trotz einiger Informationslücken vermitteln die siebzig Jahre, die durch die offiziellen Statistiken abgedeckt sind, ein Gesamtbild, das, vor allem im Bereich der Hotellerie, zwei grosse Entwicklungsperioden der Schweizer Tourismusbranche zeigt. Die erste Periode umfasst die dunklen Jahre des 20. Jahrhunderts vom Ausbruch des Ersten bis zum Ende des Zweiten Weltkriegs, die aufgrund der extremen Anfälligkeit der Branche für die geringsten Konjunkturschwankungen von ständiger Ungewissheit geprägt waren. Der folgende Zeitraum erstreckt sich über die ganze zweite Jahrhunderthälfte, als der Tourismus, ohne diese Anfälligkeit zu verlieren, für immer mehr Menschen zu einem festen Bestandteil ihrer Aktivitäten wurde. Dank den positiven Auswirkungen der Boomjahre überstand die Tourismusbranche die verschiedenen Rezessionsphasen ab Mitte der 1970er Jahre. Obwohl der Tourismusstandort Schweiz im internationalen Vergleich zurückfiel, blieben ihm wichtige Trümpfe, die das Land auch zu Beginn des 21. Jahrhunderts noch zu einem beliebten Reiseziel machten.

2.3.4.2 Zwischen Krisen und Wiederaufschwung – Festhalten am traditionellen Modell in den Jahren 1914–1950

Man kann ohne Übertreibung sagen, dass der Schweizer Tourismussektor mit dem Ersten Weltkrieg in Brüche ging. Während im August 1913 73 786 Reisende nach Luzern kamen, waren es ein Jahr später nur noch 8 937, was einen Einbruch von rund 90 % bedeutete. In Interlaken ging die Zahl der Reisenden innerhalb weniger Wochen von 50 000 auf 3 000 zurück.[91] Für etliche zeitgenössische Beobachter war es jedoch nicht der Krieg, der die Krise verusachte; er fungierte lediglich als deren Auslöser.[92] Durch den regelrechten Tourismuswahn, der seit 1880 herrschte, befand sich der Tourismus in einem Zustand der Überhitzung, der ihn anfällig machte für den geringsten Zwischenfall (→ III.i.4). Niemand ahnte allerdings, dass ein Weltkrieg diese Krise auslösen würde. Leere Hotels, verlassene Berge, stillstehende Seilbahnen, ratlose Bauunternehmer, stillgelegte Baustellen, geschlossene Kasinos, schweigende Musikpavillons: Die Schauplätze des Tourismus zeugten eine Zeitlang nur noch von den Erinnerungen an ein vergangenes Paradies. In der Tat geisterte fortan die Vorstellung vom verlorenen Paradies in den Köpfen jener Generation, die diese Jahre erlebt hatte und dann mit der harten Realität des sich wiederholenden Unheils konfrontiert war. Diese Generation hatte immer die Belle Epoque vor Augen und konnte deshalb von der späteren Entwicklung nur enttäuscht sein.

Mit Widrigkeiten hatten die Tourismusunternehmer in vielen Bereichen zu kämpfen: Wechselkursschwankungen, Zollformalitäten und -schikanen, Steuerfor-

90 BFS 2008, 7.
91 Zahlen in Barberini 1929, 28.
92 Für die Hotellerie vgl. Gurtner 1918, 144.

derungen, Transporttarife, unvorhersehbares Verhalten der Kundschaft usw. All diese Beeinträchtigungen schufen nicht gerade ein günstiges Klima für Eigeninitiative. Doch wie der Direktor des Bundesamtes für Tourismus am Ende des Ersten Weltkriegs vor der Schweizerischen Bankiervereinigung festhielt: «Sobald unsere Tourismusorte ihre Vorkriegskundschaft wiederhaben, werden die Schutzmassnahmen des Staates zugunsten der Hotels keine Daseinsberechtigung mehr haben.»[93] In der Tat wurden die Schutzmassnahmen bei der geringsten Aufhellung eingestellt, und die privaten Initiativen bekamen wieder Auftrieb, was sich in der Ausarbeitung von neuen Finanzplänen und der Errichtung von neuen Bauten äusserte. Dass im Kanton Graubünden die finanzielle Lage der Tourismusbranche in den dreissiger Jahren ebenso besorgniserregend war wie vor dem Krieg, lag daran, dass in den 1920er Jahren eine neue Investitionswelle zur Modernisierung von Hotels, zum Ausbau bestehender Einrichtungen und zum Bau von neuen Betrieben und damit zu Überkapazitäten geführt hatte. Die Überkapazitäten und Überinvestitionen waren nach Ansicht Richard Meulis die Folge einer «unvorsichtigen Politik», und so kam es bei den ersten Krisenanzeichen zu einem ebenso heftigen Einbruch wie im Jahr 1914.[94]

Grafik 2.3-16: **Zahl der erfassten Hotel- und Kurbetriebe und Anzahl Betten (1890–2005)**

Quellen: Betriebe: BFS online Tab. 10.01.01 und 10.03.01.08; Betten: BFS online Tab. 10.01.01 und 10.01.02.

93 Zitat in Barberini 1929, 78.
94 Meuli 1940, 180–182.

Auf der Angebotsseite spiegelt, für die Schweiz, die Zahl der Hotelbetriebe und der vorhandenen Bettenkapazität am besten diese wechselnden Konjunturlagen wider (Grafik 2.3-16).

Im Jahr 1912 gab es in der Schweiz 7500 Hotels, 1929 waren es 7772. Doch welche Realität verbirgt sich hinter diesen Zahlen? An den Zahlen für 1912 und 1929 lässt sich zwar ein schwacher Aufschwung ablesen; weil jedoch Daten für die vorhergehenden Jahre fehlen, lässt sich die Zahl der Betriebsschliessungen nicht abschätzen. Beispielsweise wissen wir, dass in Lausanne die Zahl der Hotels der 1. und 2. Kategorie zwischen 1917 und 1921 von 68 auf 57 zurückging, was erheblich ist.[95] Die Entwicklung der Bettenzahl spricht hier aufgrund der lückenloseren Zahlen eine deutlichere Sprache. Sie zeigt nicht nur den Geschäftsrückgang im Hotelgewerbe vor 1922, sondern auch, dass die Geschäfte wieder anzogen, sobald sich die Konjunktur wendete. 1929 setzte eine neuerliche Abwärtsbewegung ein, die mehr als zwanzig Jahre anhielt, 1950 endete und sich mit dem wiedererlangten Wohlstand der «Trente Glorieuses» in einen kräftigen Aufschwung verwandelte. Erst 1962 wurde der einstige Höhepunkt von 1913 überschritten.

Die geographische Verteilung der Unterkünfte weist keine grossen Unterschiede auf (Tabelle 2.3-1). Hält man sich an die Nachkriegsdaten, die am vollständigsten sind, stellt man fest, dass der Anteil der grossen Tourismusregionen in Bezug auf die Zahl der Betriebe etwa gleich gross ist; Ausnahmen bilden der touristische Süden mit Graubünden, Tessin und Oberwallis – die Region mit der grössten Dichte – und der Norden als Region mit der geringsten Dichte.[96]

Tabelle 2.3-1: **Zahl der Betriebe nach Regionen 1946, 1970 und 2000 (in %)**

	1946	1970	2000
Zentralschweiz (LU, UR, SZ, OW, NW, ZG)	15.3 %	12.4 %	11.2 %
Nordwestschweiz (BL, SO, BE, JU)	18.3 %	17.8 %	18.6 %
Suisse romande (FR, VD, NE, GE)	13.8 %	14.8 %	12.1 %
Südschweiz (GR, TI, VS)	28.6 %	34.7 %	37.4 %
Ostschweiz (GL, AR, AI, SG, TG)	16.7 %	11.6 %	11.1 %
Nordschweiz (AG, SH, BS, ZH)	7.4 %	8.6 %	9.6 %

Quelle: BFS online Tab. 10.02.02.01.
Bemerkung: Die Regionen entsprechen nicht denjenigen im Kapitel 3.3.

95 Tissot 1999, 86.
96 www.bfs.admin.ch/bfs/portal/fr/index/infothek/lexikon/bienvenue___login/blank/zugang_lexikon.Document.81918.xls.

Wie sieht es mit der Nachfrage aus? Gab es dort einen ähnlichen Verlauf? Die Statistik der Anzahl Ankünfte und Logiernächte gibt einen ziemlich genauen Überblick über die Situation, obschon erst ab 1934 eine regelmässige schweizweite Statistik geführt wurde (Grafik 2.3-17 und 2.3-18).[97] Zwar finden sich insgesamt dieselben Tendenzen, doch das Verhalten der Kundschaft unterstreicht die Besonderheit der Branche, das heisst, ihre extreme Konjunkturanfälligkeit, die sich in einer unmittelbaren Anpassung des Angebots niederschlug. Der Tourismus war jedoch von weiteren, ebenfalls sehr veränderlichen – politischen, kulturellen, militärischen, klimatischen – Entwicklungen abhängig, welche die Anfälligkeit der Branche zusätzlich verstärkten, sodass die Situation im Tourismusbereich zweifellos noch prekärer war als in anderen Branchen.[98]

Vom Beginn des Ersten Weltkriegs an gab es verstärkt Zeiten der Depression, doch blühte der an etlichen Orten völlig niedergegangene Tourismus vereinzelt wieder auf, sobald die Konjunktur sich erholte.[99] In den Jahren 1919, 1922–1924,

Grafik 2.3-17: **Hotelgäste nach Nationalität (1894–2002)**

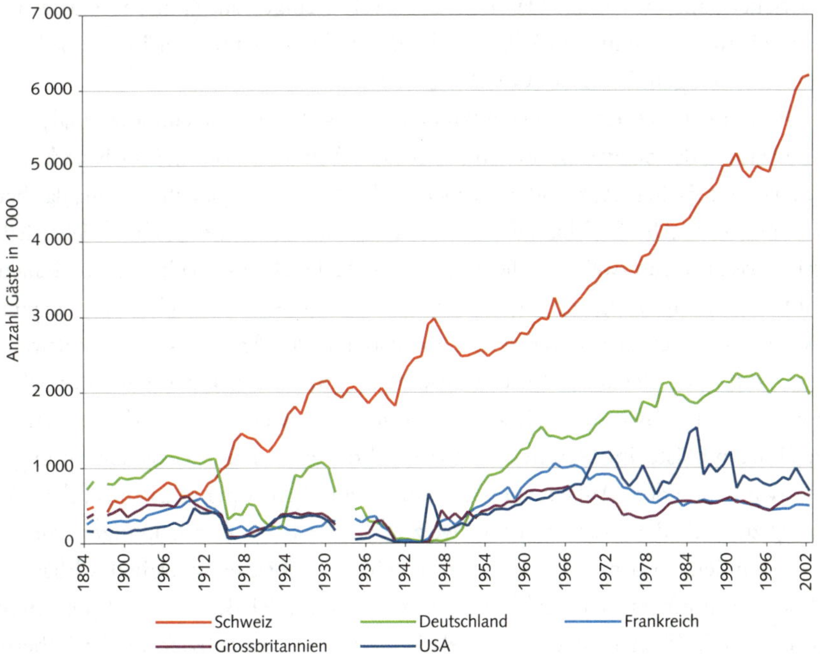

Quelle: BFS online Tab. 10.02.01.06.

97 Die Daten für die Jahre von 1894 bis 1933 sind Schätzungen, die auch die Kurbetriebe einbeziehen. Von 1939 bis 1945 schliessen die Daten für Deutschland Österreich mit ein. Von 1894 bis 1973 sind die Daten für Irland in denen für Grossbritannien enthalten. Von 1894 bis 1931 beinhalten die Daten für die Vereinigten Staaten diejenigen von Kanada.

98 Tissot 2003, 31.

99 Cruchon 1932, 13–15.

1926–1929 und 1936–1939 kamen erneut Scharen von Touristen: Ausländer, aber vor allem Schweizer, die nicht nur die Berge oder die Seen in den Sommermonaten geniessen wollten, sondern auch verschneite Landschaften, die immer häufiger auch im Winter zugänglich waren. Schnee- und Eissportarten stiessen in der Zwischenkriegszeit auf verstärktes Interesse und ermöglichten eine Verlängerung der Saison, die sich bis dahin auf nur drei oder vier Sommermonate beschränkt hatte. Ab 1918 ersetzten die Schweizer insbesondere die deutschen Touristen, die seit dem letzten Drittel des 19. Jahrhunderts die grösste Gästegruppe gebildet hatten, und hielten die Branche in akzeptablen Dimensionen. Die Deutschen kehrten zwar in der zweiten Hälfte der 1920er Jahre zurück und zwar im selben Ausmass wie vor dem Krieg, doch ausschlaggebend für die Entwicklung der Branche war nun bis zum Ende des Zweiten Weltkriegs die einheimische Nachfrage (Grafik 2.3-17).[100]

Anhand der Zahlen zu den Logiernächten liesse sich die Analye verfeinern, doch da leider die Angaben zur Herkunft der Gäste fehlen, lässt sich nicht feststellen, ob, wie anzunehmen ist, die Aufenthalte der ausländischen Touristen länger waren als die der Einheimischen. Während des Zweiten Weltkriegs war auf jeden Fall der «Schweizer-Effekt» ganz eindeutig. Dadurch, dass weit weniger ausländische Gäste in die Schweiz kamen, entstand ein Vakuum, das durch die Zunahme der Logiernächte von Einheimischen gefüllt wurde (Grafik 2.3-18).

Diese Situation veranlasste Paul Bairoch zur Feststellung, dass international gesehen die Bedeutung der Schweiz zwischen den beiden Weltkriegen immer noch stark war, da die Schweiz zwischen 19% und 23% aller Ausländer in Europa beherbergte, das heisst, pro Einwohner 17 bis 21 Mal mehr als das übrige Europa oder doppelt so viele wie Österreich, das gleich an zweiter Stelle folgte, und 6 Mal mehr als Frankreich und Italien.[101]

Diese Einschätzung führt jedoch etwas in die Irre; um dem Tourismus gerecht zu werden, muss er auch unter dem Gesichtspunkt des Angebots betrachtet werden. Ein genauerer Vergleich mit Österreich verdeutlicht die Besonderheiten der Schweizer Entwicklung. In Österreich gab es bei den sehr wichtigen, als «Privatquartiere» bezeichneten Gästezimmern in den 1920er Jahren einen eindrucksvollen Sprung, der im Wesentlichen dem Aufschwung des österreichischen Alpentourismus (Tirol, Vorarlberg) zu verdanken war. In der Schweiz waren derartige Entwicklungen, vor allem in Graubünden, zwar nicht unbekannt, sie blieben jedoch ein marginales Phänomen und fanden in professionellen Tourismuskreisen keinerlei Beachtung.[102] Das Besondere am Fall Österreich ist also, dass relativ rasch eine Diversifizierung der Beherbergungsbetriebe stattfand. Die «klassische» Hotellerie wich zu einem grossen Teil einer Hotellerie «der Nähe», die sich auf ein grosses Angebot an Gästezimmern bei Privaten stützte. 1925 standen hier knapp 65 000 Betten zur Verfügung, was 35% der Ge-

100 Schumacher 2002.
101 Bairoch 1990, 123–124.
102 Meuli 1940.

Grafik 2.3-18: **Logiernächte in Hotel- und Kurbetrieben nach Herkunft der Gäste (1890–2005)**

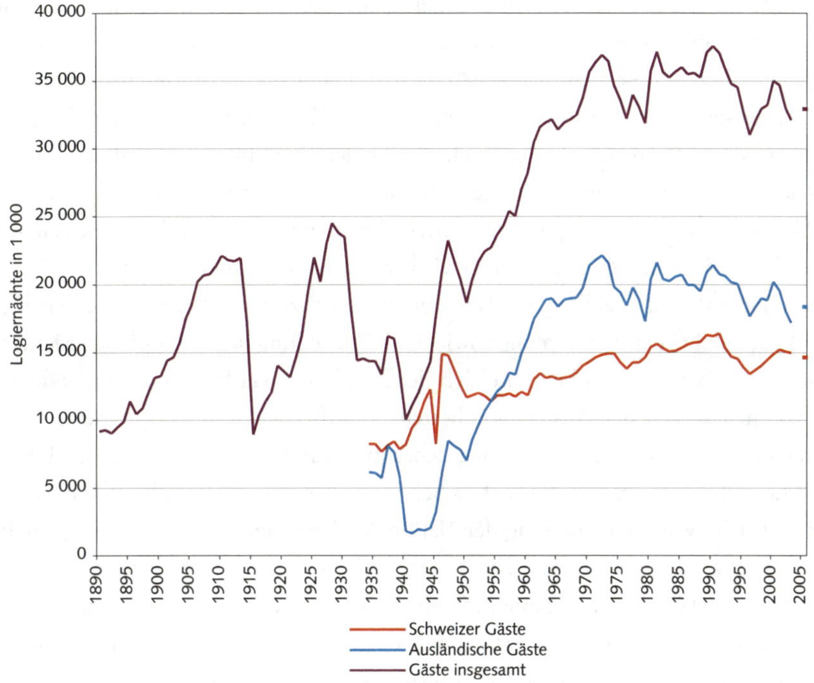

Quellen: BFS online Tab. 10.01.01 und 10.03.02.01.04.

samtzahl entsprach. 1937 machten die 145 700 in diesem Bereich verfügbaren Betten mehr als die Hälfte der Gesamtkapazität aus.[103] Während Österreich also auf eine Diversifizierung des touristischen Angebots setzte, die ihren Niederschlag in den Beherbergungsformen fand, die stark in das lokale Gefüge integriert und offener für Kundschaft aus der – vor allem deutschen – Mittelschicht waren, entschied sich die Schweiz für den Ausbau der klassischen Hotellerie auf der Grundlage ihrer historischen Erfahrung und der Reputation, die sie sich in diesem Bereich bereits in den 1880er Jahren aufgebaut hatte. Rucksacktourismus versus Luxustourismus: Diese Unterscheidung hat gewiss die Wettbewerbsposition der österreichischen Alpen, vor allem beim Wintersport, begünstigt. Die Art der Unterkünfte dort war eher geeignet, Kundschaft aus der Mittelschicht oder sogar aus bescheidenen Verhältnissen aufzunehmen, als dies in der Schweiz der Fall war. Obwohl die Schweiz über eine moderne und dichte touristische Infrastruktur und über grosse Erfahrung verfügte, passten sich ihre Tourismusorte langsamer an, was es fast unmöglich machte, die Kundschaft zu diversifizieren, die sich im engen Rahmen des wohlhabenden Bürgertums bewegte.

Das Bild ist also sehr unterschiedlich. In der Schweiz neigte man eher zur Reaktivität als zur Innovation, keinesfalls aber zu Immobilismus. Man orientierte sich wei-

103 Tissot 1998, 286–297.

terhin an jenen Werten, auf denen die Schweiz ihren Tourismus aufgebaut hatte. Die Rückkehr zu den schönen Zeiten erschien lange wie jene Krete, die man verzweifelt noch einmal auf denselben Pfaden zu erklimmen sucht und die, trotz aller Anstrengungen, in dem Moment zurückweicht, in dem man glaubt, sie erreicht zu haben.

Ein wesentliches Merkmal dieser turbulenten Zeit war wiederum das Eingreifen des Staates. Im 19. Jahrhundert entwickelte sich der Tourismus ohne jegliche Intervention der staatlichen Stellen, abgesehen von der lokalen oder Gemeindeebene, die etwa auf Druck der Tourismusbüros aktiv wurden. Während des Ersten Weltkriegs und der Wirtschaftskrisen der Zwischenkriegszeit kam es dann zu Interventionen des Bundes, die vor allem darauf abzielten, die Betriebe finanziell zu entlasten, und die den Hoteliers Aufschub bei der Zinszahlung sowie der Rückzahlung des grundpfandgesichterten Kapitals gewährten. Auch bemühte sich der Bund, den Markt zu sanieren, indem der Bau von neuen oder der Ausbau von bestehenden Betrieben untersagt wurde – hehre Absichten, die mit Füssen getreten wurden, sobald die Konjunktur umschlug. Die einzige Massnahme, die geeignet war, dem Schweizer Tourismus eine allgemeine Ausrichtung zu geben, war die Gründung der Nationalen Vereinigung zur Förderung des Reiseverkehrs 1917, heute Schweiz Tourismus.[104] Diese Einrichtung befasste sich vor allem mit dem Marketing und bemühte sich, die Werbemethoden zu harmonisieren und zu perfektionieren. Zu keiner Zeit wurde jedoch die Art und Weise der Entwicklung in Frage gestellt, die dem Schweizer Tourismus bis 1914 zum Aufschwung verholfen hatte. Zwar wurden die beruflichen Kompetenzen der Hoteliers und die Werbeinstrumente verbessert, doch mehr noch setzte man auf die Sanierung der Finanzen und die Rationalisierung der Betriebsführung. Zu den betriebsinternen Massnahmen (Personalabbau, Einsparungen usw.) kamen Initiativen zur Verbesserung der Ausbildung, insbesondere mittels einer Intensivierung der Berufsausbildung, der Veröffentlichung eines Leitfadens zur kaufmännischen Buchführung usw. Die Frage, ob ein Tourismus, der auf einer kapitalintensiven, schwerfälligen und auf eine relativ kleine Zielgruppe ausgerichteten Hotellerie «im grossen Stil» basierte, noch zeitgemäss sei, stellte man sich nicht. Der Schweizer Tourismus nach dem Ersten Weltkrieg baute somit auf den alten Konzepten auf und nährte sich von der Illusion, zu einem Wachstum wie in den Zeiten der Belle Epoque zurückkehren zu können. Es darf behauptet werden, dass die Schweiz damit ihre Rolle als touristisches Vorbild, die sie bis 1914 innegehabt hatte, verlor.[105]

2.3.4.3 Vom Aufschwung in den «Trente Glorieuses» zur «kreativen Instabilität»

Nach einer kurzen Anpassungsphase begann nach dem Ende des Zweiten Weltkriegs eine Zeit nie dagewesenen Wohlstands, von dem auch der Tourismus während fast dreissig Jahren erheblich profitierte. Der touristische Boom war, wie die Grafiken

104 Barberini 1929.
105 Larique 2006, 398.

2.3-16, 2.3-17 und 2.3-18 zeigen, von der Krise Mitte der 1970er Jahre dann ebenfalls betroffen, doch anders als befürchtet, folgte auf die «Trente Glorieuses» keine ebenso lange währende Zeit des Unheils. Die Widerstandskraft der Branche während des Zeitraums vom Ende der 1970er Jahre bis zum Ende des 20. Jahrhunderts, in dem es wiederholt zu Einbrüchen kam, ist in Anbetracht ihrer Besonderheiten recht erstaunlich. Man kann sogar sagen, dass ihre Anpassungsfähigkeit mit der Veränderung des sozialen und kulturellen Verhaltens, das der Freizeit und insbesondere dem Tourismus einen immer höheren Stellenwert einräumte, wuchs. Der Tourismus war auf der Konsumentenseite nicht mehr der Ausgabenposten, der als erster gestrichen wurde, wenn die Einnahmen sanken oder die berufliche Zukunft sich verdüsterte. In dieser Hinsicht fand im Verlauf des Jahrhunderts eine «Revolution in den Köpfen» statt, welche die Entstehung und die Verbreitung neuer Konsummuster mit sich brachte (→ 3.1.3).

Von 1950 an war der Aufschwung des Tourismus in der Schweiz so kräftig wie nie zuvor und übertraf in den 1960er Jahren sogar die Zeit vor dem Ersten Weltkrieg. Die Zahl der Touristen, deren Finanzkraft und die Dauer der Aufenthalte wirkten sich positiv auf die Stärke der Branche aus. Bis 1972 schien nichts die wachsenden Bedürfnisse zu bremsen. Diese Dynamik litt zunächst auch nicht unter dem erwähnten, sehr einheitlichen Profil der Hotellerie, das sich auf eine traditionelle Kundschaft mit eher hohem Einkommen stützte. Doch den Tendenzen in den Nachbarländern folgend, wo diese Entwicklung bereits in der Zwischenkriegszeit eingesetzt hatte, erreichte die Demokratisierung des Tourismus auch die Schweiz, wenngleich mit gewissem Verzug und nur sehr zögerlich: Die Parahotellerie – Privatunterkünfte, Campingplätze, Gemeinschaftsunterkünfte und Ferienwohnungen – wurde in der Schweiz erst ab den 1960er Jahren zu einer beliebten Beherbergungsart.

Die Zahl der angebotenen Betten ging insgesamt zwar zurück, blieb aber durchaus bedeutend. Sie spiegelt eine strukturelle Veränderung der Hotellerie wider, denn die zahlenmässige Abnahme der Hotels ist nicht auf den Rückgang der Geschäfte, sondern auf eine Sanierung des Bestands zurückzuführen (Grafik 2.3-16). Tatsächlich verzeichneten die Hotels ab den 1950er Jahren eine stark ansteigende Tendenz bei den Gästezahlen (Grafik 2.3-17), vor allem bei Gästen aus dem Inland. Die Zahl der Logiernächte lag, obwohl es seit 1973 beim Tourismus mehrere Einbrüche gab, im letzten Drittel des 20. Jahrhunderts auf hohem Niveau (Grafik 2.3-18).

Die gute Verfassung der Tourismusbranche bestätigt sich, wenn man die Zahlen zur sogenannten Parahotellerie (Privatunterkünfte, Campingplätze usw.) mitberücksichtigt, die von den 1960er Jahren an, als diese Art von Dienstleistungen Eingang in die amtlichen Statistiken fand, beträchtlich ausgebaut wurde. 1975 übertraf die Zahl der Logiernächte in der Parahotellerie diejenige der Hotellerie (Grafik 2.3-19). Erstere litt kaum unter der Krise, was darauf hindeutet, dass die Touristen nicht unbedingt ihre Reiselust zügelten, sondern vielmehr ihre Ausgaben entsprechend zurückschraubten.

Grafik 2.3-19: **Logiernächte in der Parahotellerie (1967–2001)**

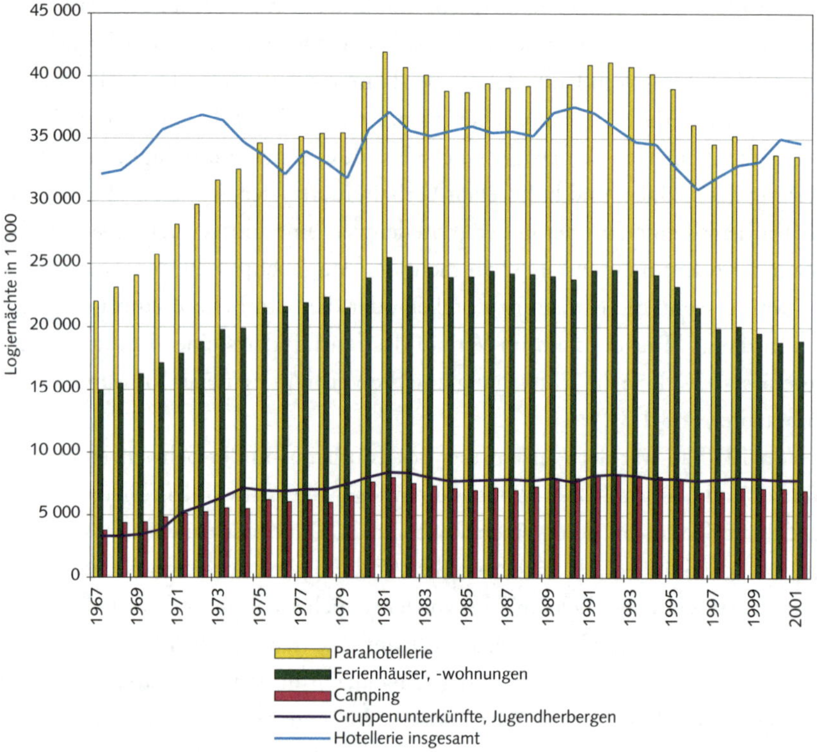

Quelle: BFS online Tab. 10.02.01.10.

Weist man den Beitrag der ausländischen Gäste an der Dynamik des Tourismus gesondert aus, so wird eine Differenzierung deutlich (Grafik 2.3-20). Dass die Hotellerie unter der Krise der 1970er Jahre stärker litt als die Parahotellerie, lag daran, dass der Gästerückgang vor allem Gäste aus dem Ausland betraf, die eher und länger Hotels aufsuchten als andere, günstigere Unterkünfte, die vor allem bei den Schweizern beliebt waren. Anscheinend war das relativ gute Abschneiden des Tourismus seit der Krise von 1973 mehr auf das Verhalten der Einheimischen als auf die Attraktivität der Schweiz für Ausländer zurückzuführen. Die Hochpreisinsel Schweiz mit ihrem starken Franken war ausserhalb ihrer Grenzen kein besonders attraktives Ziel oder höchstens für wohlhabende Kreise. Allgemein blieb die Belegungsquote der Hotels in etwa konstant und schwankte zwischen 1967 und 2001 zwischen 31 % und 35 %.

Bei allen Unterkunftsarten gab es immer wieder Rückgänge und Zunahmen, was im Ganzen ein sehr unruhiges, aber mittelfristig keineswegs beunruhigendes Bild ergibt. Auch die Tourismusbilanz, d. h. die Ausgaben der ausländischen Touristen in der Schweiz (Exporte) abzüglich der Ausgaben der inländichen Touristen im Ausland (Importe), bietet ein Bild von ständigen Ab- und Aufschwüngen, die den Akteuren wenig Raum liessen, sich über die langfristige oder wenigstens mittelfristige Ent-

Grafik 2.3-20: **Belegungsquote in der Hotellerie und Anteil der ausländischen Gäste an den Logiernächten (1967–2002)**

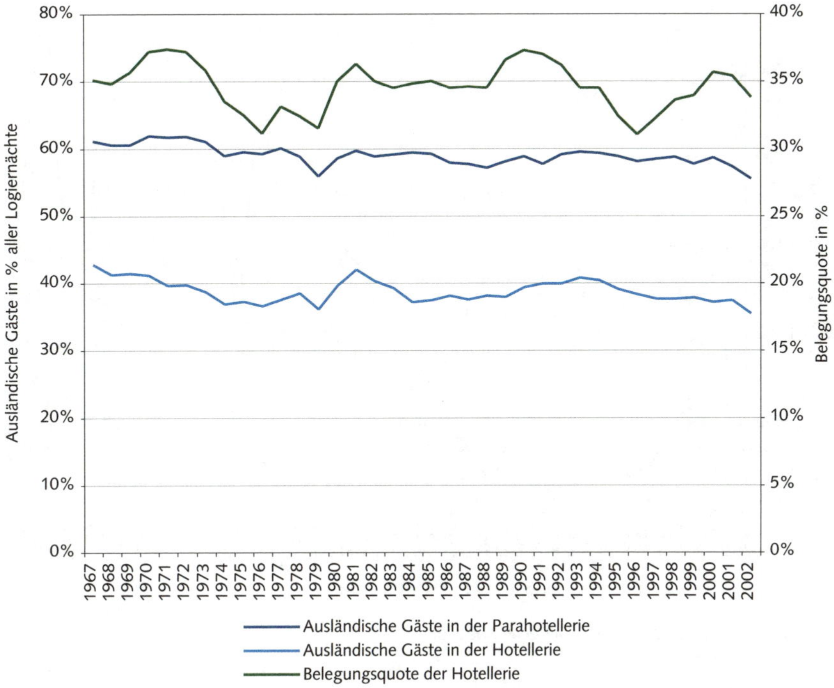

Quellen: Ausländische Gäste: BFS online Tab. 10.02.01.07 und 10.02.01.10; Belegungsquote: Statistisches Jahrbuch der Schweiz, 1965–1988; Tourismus in der Schweiz, 1974–2002.

Bemerkung: Vor 1973: Hotellerie- und Kurbetriebe; ab 1973: Hotellerie.

wicklung Gedanken zu machen (Grafik 2.3-21). Diese Schwankungen machen einmal mehr deutlich, dass die Branche für die geringsten Konjunkturschwankungen anfällig war, aber auch, dass sie in der Lage war, die Möglichkeiten zu nutzen, die sich in besseren Zeiten boten.

International gesehen war die Schweiz am Aufschwung des Tourismus, wie er auf weltweiter Ebene festzustellen war, nur relativ beteiligt. Relativ deshalb, weil ihr anteilsmässiges Gewicht beständig abnahm, obwohl die Entwicklung nicht eindeutig rückläufig war und die Ergebnisse nicht schlecht waren. Im Jahr 1988 flossen 4.1% der Bruttoeinnahmen der westlichen Länder aus dem Tourismus in die Schweiz. Bei den Bruttoeinnahmen pro Einwohner stand sie damit noch an erster Stelle: Diese waren um das 1.8-fache grösser als die des nächstklassierten Landes, Spanien, und 3.8 Mal grösser als bei den vier darauffolgenden Ländern Frankreich, Griechenland, Italien und Portugal.[106] Das heisst, wenn die Schweiz gegen Ende des 20. Jahrhunderts immer noch ein beliebtes Reiseziel war, so hatte sie doch zahlreiche Konkurrenten, deren Attraktivität proportional zu den sinkenden Kosten im Luftverkehr und den

106 Bairoch 1989, 125–126.

Grafik 2.3-21: **Tourismusbilanz (1921–2005)**

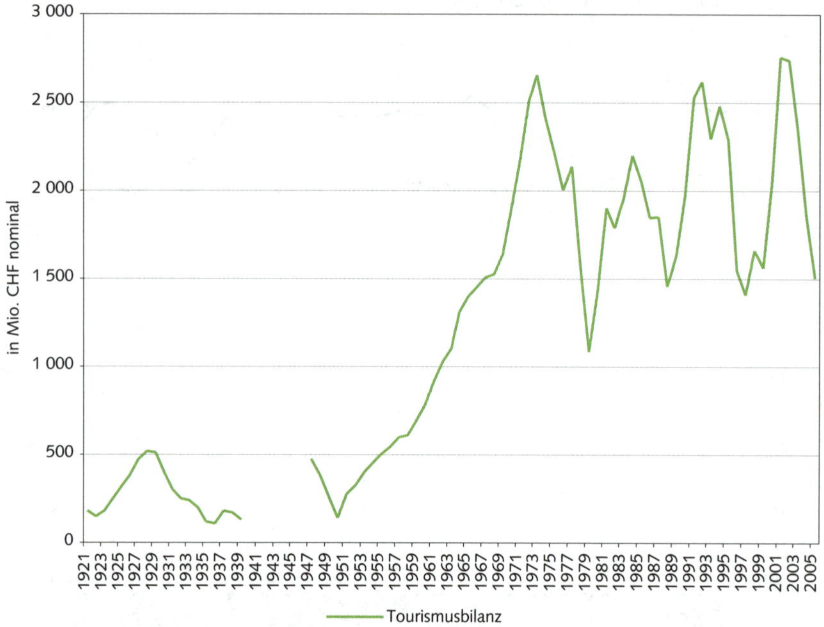

Quellen: 1921–1939: HSSO Tab. Q.14ab; 1947–2005: SNB 2007.

Produktivitätssteigerungen bei der Erstellung der touristischen Angebote zunahm, aber auch vom Wandel der Vorlieben und des Verhaltens der Touristen abhing. Exotik fand man zunehmend in anderen Regionen als in den Alpen oder in den Hotelpalästen der Belle Epoque. Im Jahr 1999 belegte die Schweiz weltweit den 16. Rang bei der Zahl der Ankünfte, was 1.6% der Gesamtzahl entsprach, und den 12. Rang bei den Einnahmen, was 1.6% der weltweiten Einnahmen ausmachte.[107] Trotz einer grossen Steigerung fiel die Schweiz 2006 bei den Ankünften auf den 27. Rang und bei den Einnahmen auf den 19. Rang zurück.[108] Österreich zum Beispiel lag dagegen bei den Einnahmen in diesem Jahr auf dem 9. Rang. Der Tourismus blieb jedoch ein bedeutender Wirtschaftszweig, der 2004 Rang 5 unter den Exportbranchen einnahm – nach den Branchen Chemie, Maschinen, Uhren und Finanzdienstleistungen (→ 2.1.3.1.1 Grafik 2.1-11).

Insgesamt hatte sich der Tourismus in der zweiten Hälfte des 20. Jahrhunderts erheblich verändert. Er profitierte nicht nur von der Zunahme der Privatautos (→ 3.2.2.2) und des Flugverkehrs sowie von ganz neuen Formen und Ausprägungen, sondern vor allem von einem Anstieg des Lebensstandards bei einer breiten Gruppe

107 *Schweizer Tourismus in Zahlen* 2000.
108 *Schweizer Tourismus in Zahlen* 2008, 43.

von Konsumentinnen und Konsumenten. Diesen standen Aufenthalte in Gaststätten offen, die sich ihre Eltern nicht hatten leisten können, ebenso wie Reiseziele, die lange Zeit ein paar Abenteurern vorbehalten gewesen waren. Während also die Generationen von Anbietern, die zwischen 1914 und 1945 Weltkriege und Wirtschaftskrisen miterlebt hatten, ihre Illusion von einer Rückkehr zur Belle Epoque endgültig aufgeben mussten, konnten ihre Nachfolger trotz des Auf und Abs nach dem Ende der Hochkonjunktur sehr gute Zeiten erfahren.

Viele orientierten sich am *American way of life,* der sich als Leitbild durchsetzte. Der Zustrom amerikanischer Touristen nach Westeuropa war ein entscheidender Auslöser des Tourismusbooms in der Schweiz nach dem Zweiten Weltkrieg (Grafik 2.3-17). Obwohl ihre Zahl relativ begrenzt war, hatten sie einen enormen Einfluss. Diese sehr stark an Landschaften und Events interessierte Kundengruppe reiste auf recht unkonventionelle Art. Sie diente dabei als Referenz für den neuen Lebensstil und die Hotelbetriebe waren gezwungen, sich an die neuartigen Bedürfnisse anzupassen, die geprägt waren von einer regelrechten «Technologisierung» der Privatsphäre und des privaten Raums, wie sie die Hotellerie eigentlich bewahren wollte.[109] Die Amerikanisierung des Lebensstils beeinflusste auch künftige Generationen von Touristen, die weltoffener und finanzkräftig waren, grosse Emotionen suchten und sich nicht mit verschneiten Feldern oder glänzenden Seen begnügten. Die Tourismusbranche reagierte auf diese Globalisierung der Geschmäcker und Gepflogenheiten mit Musik-, Theater- oder Filmfestivals, mit Sportereignissen oder Wellnessarrangements bis hin zu Angeboten, die es Geschäftsreisenden ermöglichten, kurze Erholungspausen zu nutzen. Sie bestärkte und legitimierte damit die nach Gütern, Erlebnissen und nach Unmittelbarkeit hungrige Konsumgesellschaft. Indirekt hatte sie auch entscheidenden Einfluss auf die Schweizer Bevölkerung, die sich diese Normen – wenn auch vielleicht nicht im Alltag, so doch zumindest in ihren Träumen – zu eigen machte.

Indem der Tourismus – in der Schweiz vielleicht weniger schnell als andernorts – allen Bevölkerungsschichten offenstand, wurde er zu einem Massenphänomen. Einerseits führten diese allmähliche «Vermassung» und die daraus resultierende vertikale Integration der Anbieter zu einer Vereinheitlichung und Standardisierung – ganz abgesehen davon, dass der Run auf einzelne Destinationen grösser, die Zahl neuer Reiseziele jedoch kleiner wurde. Andererseits ging diese Tendenz aber mit einer starken Differenzierung einher: Bei aller Vereinheitlichung war nicht nur der deutliche Wille der Anbieter zu erkennen, die Masse von Touristen dazu zu bringen, die Vielfalt der Angebote zu nutzen, sondern auch die Fähigkeit der Branche, das touristische Angebot zu ergänzen, indem sie die Wünsche von Kunden einbezogen, die der bestehenden Angebote überdrüssig waren oder bisher vernachlässigt wurden. Das Aufkommen von Funsportarten beispielsweise half etlichen Wintersportorten wieder auf die Beine, die in den 1980er Jahren die Sättigung und das Desinteresse der neuen, von

109 Tissot 2009, 72.

den traditionellen Skiern ihrer Eltern gelangweilten Generation zu spüren bekamen. Die «Neuerfindung des Kunden» erforderte ständige Anstrengungen der Tourismusanbieter, die Herausforderung bestand darin, auf der einen Seite die Einzigartigkeit des Kunden hervorzuheben und dies auf der anderen Seite mit seiner Gewöhnlichkeit in Einklang zu bringen.

Die Geschichte des Tourismus in der Schweiz im 20. Jahrhundert macht deutlich, wie eine Entwicklung, die sehr schnell Eingang in die gängigen Wertesysteme der Industriegesellschaften fand, diese veränderte und ihnen eine neue Ausrichtung gab. Die Gestaltungsmöglichkeiten der im Verlauf von Industrialisierung und Modernisierung geschaffenen «freien Zeit» sind auch zu Beginn des 21. Jahrhunderts noch nicht erschöpft. Doch der Tourismus gibt mit seiner Erneuerung der Lebensformen und der kulturellen Orientierung gewisse Normen vor, nach denen immer mehr Menschen ihre Lebensweise ausrichten. Langfristig geben diese Tendenzen der These vom Aufeinanderfolgen touristischer Zyklen Auftrieb. Die strukturelle Anfälligkeit der Branche gehorcht einer Dynamik der «kreativen Zerstörung» oder der «kreativen Instabilität», welche die periodisch auftretenden Störungen kompensiert und diesen Sektor immer wieder auf die Beine bringt.

2.3.5 Die Agrarproduktion: Ernährungssicherung als Service public

2.3.5.1 Erkenntnisleitende Perspektiven und Periodisierungen

Der Agrarsektor gehört weder ausschliesslich zur Binnenwirtschaft noch ist er eindeutig exportorientiert. Im 20. Jahrhundert wurden auf praktisch allen Landwirtschaftsbetrieben Nahrungsmittel für die Selbstversorgung der auf den Höfen lebenden Menschen, für die Konsumentinnen und Konsumenten im Inland sowie für die teilweise exportorientierte Nahrungsmittelindustrie produziert. Gleichzeitig importierten die Landwirte immer auch Produktionsmittel wie Saatgut, Dünger, Futtermittel, Maschinen, Motoren, Treibstoffe und Tiere; viele beschäftigten zudem Arbeitskräfte aus dem Ausland und partizipierten an einem Wissensaustausch auf internationaler Ebene. Das ist ein Grund, weshalb eine klare Zuordnung zu den in der wirtschaftshistorischen Terminologie gängigen Kriterien wie der Export- oder Binnenwirtschaft schwierig ist. Ein weiterer liegt buchstäblich in der Natur der Sache: Weil die Landwirtschaft seit der industriellen Revolution auf einer anderen Ressourcengrundlage als die Industrie basiert, ist ihre Produktion durch Potentiale und Grenzen charakterisiert, die sich von denjenigen in der Industrie signifikant unterscheiden.

Der Agrarsektor ist ein vielschichtiger Gegenstand, der einen offenen konzeptuellen Zugang und eine multiperspektivische Betrachtungsweise erfordert, damit die komplexen Transformationsprozesse – die innerhalb der Landwirtschaft im 20. Jahrhundert neben gewollten Ergebnissen immer auch nichtintendierte Resultate hervorbrachten – verstanden und erklärt werden können. Deshalb werden zuerst die erkenntnisleitenden Perspektiven skizziert, die hier zur Analyse und Darstellung der Landwirtschaftsgeschichte im 20. Jahrhundert gewählt worden sind. Es geht dabei erstens um die Ressourcengrundlage, auf der die agrarische Produktion beruht; zweitens um die Wahrnehmungen und Erfahrungen, die den agrarpolitischen Paradigmen im 20. Jahrhundert jeweils zugrunde lagen; drittens um die Erweiterung der Energiegrundlage der agrarischen Produktion in der Mitte des 20. Jahrhunderts und viertens um den Wandel in der gesellschaftlichen Wahrnehmung der Bäuerinnen und Bauern als soziale Gruppe.

2.3.5.1.1 Ressourcenbedingte Eigenheiten der landwirtschaftlichen Produktion

Bis in die 1950er Jahre basierte die agrarische Produktion noch weitgehend auf betriebseigenem Boden, auf dem mit Hilfe der *Photosynthese*[110] innerhalb der *Biosphäre* lebende Ressourcen (Pflanzen, Tiere und menschliche Arbeitskraft) *genutzt* wurden. Im landwirtschaftlichen *Produktionsprozess* entstanden Lebensmittel. Gleichzeitig wurden Kulturlandschaften geprägt und Biodiversität geschaffen, erhalten oder zerstört. Dabei wurden die benötigten Tiere, Pflanzen und menschlichen Arbeitskräfte in einem *zyklisch* verlaufenden Produktionsprozess immer wieder *reproduziert*. Die seit der thermoindustriellen Revolution auf dem *Verbrauch* mineralischer Ressourcen (Erdöl, Kohle, Uran, Metalle) aus der *Lithosphäre* (dem Innern der Erde) beruhende Industrieproduktion hingegen ist im Unterschied zur Landwirtschaft weder durch biologische und ökologische *Erneuerungszyklen* bestimmt noch *standortgebunden*.[111]

Dieser grundsätzliche Unterschied in den Ressourcengrundlagen von Industrie und Landwirtschaft blieb trotz der schon in der Mitte des 19. Jahrhunderts einsetzenden und in den 1950er und 1960er Jahren einen massiven Durchbruch erlebenden Bestrebungen zur «Industrialisierung» der Nahrungsmittelproduktion bestehen: Auch «industrialisierte» Landwirtschaften, die zu einem grossen Teil mit Hilfe fossiler Energieträger Nahrungsmittel produzieren, müssen die Tiere und Pflanzen im Nutzungsprozess *reproduzieren*.[112] Das Rationalisierungspotential moderner Landwirtschaften bewegt sich deshalb in einem mit dem Bildungs- und Gesundheitswesen vergleichbaren Rahmen: Dem Bestreben, menschliche Arbeitskraft durch mineralische Ressourcen zu ersetzen, sind bei der Pflege und Betreuung von Menschen, Pflanzen und Tieren engere Grenzen gesetzt als bei der Produktion industrieller Güter.

110 Im Folgenden werden diejenigen Begriffe kursiv gesetzt, die zur sachlich korrekten Beschreibung der Vorgänge in der agrarischen Produktion von zentraler Bedeutung sind.

111 Georgescu-Roegen 1976; Wrigley 2010.

112 Konkret: Eine Kuh gibt erst dann Milch, wenn sie ein Kalb geboren hat, das einen Teil der Milch der Kuh zum eigenen Überleben benötigt, dafür aber nach der Aufzucht selbst als Arbeitstier bzw. als Fleisch- und Milchlieferantin genutzt werden kann. Erdöl, Uran und Kohle hingegen werden in einem einmaligen Prozess verbraucht – aus einem Autopneu wird nie wieder Erdöl.

Die thermoindustrielle Revolution machte die Landwirtschaft in den Industriegesellschaften definitionsgemäss «zum Anderen der Industriegesellschaft».[113] Seither ist die Landwirtschaftsgeschichte untrennbar verknüpft mit den an der Verbrauchslogik der Industriegesellschaften entwickelten «Zuschreibungen, Konstruktionen und Bildern»[114], welche die Bauern – ähnlich wie die Fremden – zu einer Projektionsfläche machen, die sich für Wunschvorstellungen und Ängste besonders gut eignet. In der Regel sagt der gängige Diskurs über die Landwirtschaft in modernen Gesellschaften fast ebenso viel über industriell geprägte Norm- und Normalitätsvorstellungen aus wie über die zur Diskussion stehenden agrarisch-industriellen Phänomene.

Ein wesentlicher Grund für diese Wahrnehmung der Landwirtschaft liegt in der Art der Thematisierung bzw. der Nichtthematisierung des Agrarsektors durch die Sozialwissenschaften. Die Wissenschaften versuchten seit der Mitte des 19. Jahrhunderts, die meisten Lebensbereiche mit ihren Theorien und Modellvorstellungen zu erfassen, zu deuten und zu beeinflussen.[115] Obwohl die Landwirtschaft dabei immer wieder auch ins Blickfeld rückte, blieben Agrarphänomene für die Sozialwissenschaften letztlich «unmögliche» Themen.[116] Im Zentrum des Erkenntnisinteresses standen eindeutig die bürgerlich-städtischen Schichten.[117] Seit den 1960er Jahren wurden die sozialwissenschaftlichen Entwicklungstheorien praktisch ausschliesslich an einer industriellen Realität erarbeitet und anschliessend auf den Agrarsektor übertragen. Die bis in die Nachkriegszeit zumindest partiell in die Theorie- und Modellbildung einfliessenden *ressourcenbedingten* agrarischen Eigenlogiken werden im Wissenschaftsbetrieb seither weitgehend ignoriert. Auch die Sozialwissenschaften thematisieren die «rurale Realität» nun «mit einem sehr selektiven, industriell-urbanen Blick»[118], der mit seiner an einer industriellen Realität abgeleiteten Begrifflichkeit kaum in der Lage ist, die Eigenlogiken der landwirtschaftlichen Produktion sachgerecht zu benennen und die untrennbar mit ihr verbundene, von der Industriegesellschaft mitgeprägte Agri-Kultur zu verstehen. Deshalb ist es besonders wichtig, dass in der Geschichtsschreibung den weitgehend *ressourcenbedingten* Eigenheiten der Landwirtschaft in ihren Wechselwirkungen mit politischen Prozessen der Entscheidungsfindung in den Industriegesellschaften Rechnung getragen wird. Aus diesem Grund soll hier die ökonomische Entwicklung des Agrarsektors im 20. Jahrhundert aus einer Perspektive thematisiert werden, die sowohl die industrielle wie auch die agrarische Realität erfasst.

113 Moser 2000.
114 Fliege 1998, 415.
115 Raphael 1996; Sarasin 1996.
116 Hettlage 1984.
117 Anderson 1968.
118 Giordano 1989, 11.

2.3.5.1.2 Vergesellschaftung der Landwirtschaft

Konstitutiv für die Entwicklung des Agrarsektors im 20. Jahrhundert ist zudem, dass parallel zur numerischen Schrumpfung und gesellschaftlichen Marginalisierung der bäuerlichen Bevölkerung die Landwirtschaft als Bezüger von Vorleistungen aus dem Industrie- und Dienstleistungssektor immer wichtiger und zugleich immer stärker in die Politik integriert wurde. Das führte dazu, dass auch die Erwartungen an den Agrarsektor immer vielfältiger und widersprüchlicher wurden. Die rückläufige Zahl der im Agrarsektor tätigen Menschen kontrastierte also mit der anhaltend hohen gesellschaftlichen Bedeutung der Landwirtschaft. Die in der Gesellschaft dominierende Vorstellung, was «gute», «gesunde», «energiespendende» oder «umwelt- und tiergerecht produzierte» Nahrung sei und wie diese produziert, verarbeitet und als solche kenntlich gemacht werden solle, hat sich im Verlaufe des 19./20. Jahrhunderts mehrfach radikal verändert.[119] Deshalb war die landwirtschaftliche Produktion immer viel stärker von der Esskultur der Konsumentinnen und Konsumenten beeinflusst als die primär über die Produktion thematisierte Agrar- und Ernährungspolitik auf den ersten Blick suggeriert.[120]

Der Wandel in den Vorstellungen, was Landwirtschaft ist oder sein sollte, hat sich teils schleichend, teils schubweise vollzogen. Die Eigen-Art der Landwirtschaft wurde von Akteuren der Industriegesellschaft schon im 19. Jahrhundert erkannt und war in der Folge ein wichtiger Impuls für die umfassenden Bestrebungen zur Umgestaltung der landwirtschaftlichen Produktion nach dem Vorbild der Industrie. Dabei wurden die Differenzen zwischen der Landwirtschaft und der Industrie zusehends nicht mehr nur als Andersartigkeit wahrgenommen, sondern vor allem als Defizit des Agrarsektors, das es zu beheben galt.[121] Mit technischen Innovationen, industriell hergestellten Produktionsmitteln, betriebswirtschaftlichen Organisationsmodellen, einer die Investitionen fördernden und die Verschuldung begünstigenden Kreditpolitik sowie einem dichten Netz landwirtschaftlicher Organisationen und Institutionen wurde versucht, die Bauernhöfe im ländlichen Raum in landwirtschaftliche Betriebe zu verwandeln, in denen Betrieb und Haushalt wenn auch nicht realiter, so doch zumindest analytisch mittels einer doppelten Buchhaltung getrennt werden konnten.[122]

Diese Art des Zugriffs auf die Landwirtschaft, die sich teilweise von anderen Modernisierungsvorstellungen wie denjenigen der Sozialdemokratie oder der Bauernbünde unterschied,[123] wurde im Verlauf des Ersten Weltkriegs auf der organisatorisch-politischen Ebene vertieft. Fortan war die Agrarpolitik nicht mehr auf Teilaspekte des Wirtschaftslebens begrenzt, sondern wurde als umfassende Gesellschafts-

119 Tanner 1992.
120 Moser 2005.
121 Moser 2000.
122 Laur 1911.
123 Baumann 1993, 60, 72.

politik konzipiert. Die Krisenerfahrungen am Ende des Ersten Weltkriegs führten sowohl bei den Agrarpolitikern ganz unterschiedlicher ideologischer Ausrichtung als auch bei der agronomisch-naturwissenschaftlichen Forschung und dem landwirtschaftlichen Vereins- und Verbandswesen sowie bei zahlreichen Akteuren ausserhalb des Agrarsektors zu einer signifikanten Veränderung der agrar- und ernährungspolitischen Ordnungsvorstellungen.[124] Die 1917/18 durchlebte Erfahrung des Mangels legte es nahe, die Landwirtschaft zu einer «Sache des ganzen Volkes» zu machen, um sie in den Dienst der Ernährungssicherung der Industriegesellschaft stellen zu können. Das verlieh dem Sektor zeitweilig eine politische Relevanz, die weit über seine volkswirtschaftliche Bedeutung hinausging. Doch selbst zu Beginn des 21. Jahrhunderts, als die Ernährung kurzfristig wahrscheinlich vollumfänglich mit Importen hätte sichergestellt werden können, war der Agrarsektor ökonomisch noch relevant: Als substantieller Nachfrager nach Waren und Dienstleistungen sowie als Produzent von Frischprodukten für den unmittelbaren Konsum und von Rohstoffen für die Nahrungsmittelindustrie. Dazu kam die Bedeutung der Landwirtschaft für die Pflege der Kulturlandschaften und die Schaffung und Erhaltung von Biodiversität. Entsprechend vielfältig, oft auch in sich widersprüchlich, waren die politischen Steuerungsversuche.

2.3.5.1.3 Erweiterung in der Energiegrundlage

Das 20. Jahrhundert war also geprägt durch die im Ersten Weltkrieg verstärkt einsetzende Ausrichtung der agrarischen Produktion auf den wachsenden Nahrungsmittelkonsum im Inland. Die im Zuge des Wohlstandswachstums nach dem Zweiten Weltkrieg massiv steigende Nachfrage nach tierischen Produkten konnte ab den 1950er Jahren jedoch immer weniger durch die Produktion auf der inländischen Bodengrundlage allein befriedigt werden, sondern beruhte zunehmend auf dem Import von Nahrungs- und Produktionsmitteln. So emanzipierten sich in den 1950/60er Jahren sowohl die Agrarproduktion als auch der Lebensmittelkonsum zunehmend von der erneuerbaren Bodengrundlage der Schweiz – und wurden gleichzeitig immer abhängiger vom Zugriff auf mineralische Vorräte der Lithosphäre sowie landwirtschaftliche Nutzflächen im Ausland.

Die Erweiterung der energetischen Grundlagen von Produktion und Konsum spiegelt sich, allerdings zeitlich verzögert, auch in der gesellschaftlichen Modellierung des Agrarsektors. Bis weit in die Nachkriegszeit hinein gingen sowohl die landwirtschaftliche Ausbildung als auch die Agrargesetzgebung noch klar von der Vorstellung komplexer, die Produktion wie die Re-Produktion berücksichtigender Verhältnisse in der Landwirtschaft aus; gleichzeitig bereiteten sie jedoch auch deren Integration in den Prozess der Industrialisierung der Nahrungsmittelkette vor. So wurden im Landwirt-

124 Auderset/Moser 2012.

schaftsgesetz von 1951 zwar noch einmal explizit die nach dem Ersten Weltkrieg aufgekommenen Bestrebungen zur Sicherstellung der Ernährung der Bevölkerung auf der inländischen Bodengrundlage festgehalten,[125] aber zugleich auch die Rahmenbedingungen festgelegt, aufgrund derer der historisch einmalige Transformationsprozess des Ernährungssektors in der Nachkriegszeit dann stattfinden sollte. Ab den 1950er Jahren wurden die – für einzelne Betriebszweige schon in der zweiten Hälfte des 19. Jahrhunderts gültigen – Bedingungen industriell hergestellter Produktionsmittel für den gesamten Produktionsprozess zentral, allerdings ohne dass dadurch die kurzfristig an relativ enge Grenzen gebundene Nutzung lebender Ressourcen ganz hätte überwunden werden können. So wurde aus der *Urproduktion* innerhalb weniger Jahrzehnte ein Wirtschaftszweig, der zur Produktion seiner Güter und Dienstleistungen auf den Märkten mehr Vorleistungen einkaufte als die Bruttowertschöpfung ausmachte.[126]

2.3.5.1.4 Gesellschaftliche Stellung der Bauern als soziale Gruppe

Im 20. Jahrhundert veränderten sich nicht nur die Ressourcengrundlage, die agrarpolitischen Rahmenbedingungen und die ökonomische Funktion des Agrarsektors massiv, sondern auch dessen gesellschaftliche Wahrnehmung sowie das Sozialprofil der Bäuerinnen und Bauern. Stand die Landwirtschaft zu Beginn des Jahrhunderts noch ganz im Zentrum der oft leidenschaftlich geführten gesellschaftlichen Auseinandersetzungen um die Ernährung, so wurde sie vor, während und nach dem Ersten Weltkrieg zu einem wichtigen Laboratorium für die Entwicklung neuer, in der Tendenz konsensorientierter Ordnungsvorstellungen, die organisierte Produzenten, Konsumenten, Verarbeiter und Händler integrieren wollten. Aus diesen Strukturen ausgeschlossen wurden vor allem Akteure, die sich am Rand der jeweiligen Gruppierungen befanden. Die in den frühen 1970er Jahren kurz aufgekommen Grundsatzdiskussion über den Sinn und die Funktionen einer bäuerlichen Landwirtschaft in der schweizerischen Konsumgesellschaft mündeten in den 1990er Jahren in eine politisch erfolgreiche Agrarreform, deren Resultate jedoch so disparat waren wie die politisch-gesellschaftlichen Vorstellungen, die im Verlaufe der Umsetzung dieser Reformen geltend gemacht wurden.

125 Die «Offenheit» des Landwirtschaftsgesetzes ist auch daran abzulesen, dass sich zeitgenössische Kritiker der staatlichen Agrarpolitik in der Nachkriegszeit während Jahrzehnten (erfolglos) darauf beriefen, der Gesetzgeber verstehe unter Landwirtschaft ausschliesslich eine an die betriebs- und landeseigenen Bodengrundlagen gebundene Tätigkeit, während Kritiker der damaligen staatlichen Agrarpolitik zu Beginn des 21. Jahrhunderts umgekehrt davon ausgingen, dass das Landwirtschaftsgesetz die Ursache zur Industrialisierung der Landwirtschaft und damit zur Zerstörung einer als ästhetisch schön empfundenen Kulturlandschaft gewesen sei. Vgl. dazu Lüthi 2003; Ewald/Klaus 2010.

126 2009 betrug die Bruttowertschöpfung der Landwirtschaft 4 112 Mio. Franken; für Vorleistungen (Waren und Dienstleistungen, die während des Produktionsprozesses verwendet wurden) bezahlten die Bauern 6 617 Mio. Franken. Vgl. dazu Bundesamt für Statistik: Landwirtschaftliche Gesamtrechnung.

Eine ähnlich wandlungsreiche und widersprüchliche Entwicklung ist auf der Ebene der Akteure zu beobachten. Aus einer zu Beginn des Jahrhunderts bedeutsamen und politisch zuweilen wirkungsmächtigen sozialen Gruppe ist am Ende des Jahrhunderts eine verschwindende Minderheit geworden, aus der zwar noch überdurchschnittlich viele Politiker stammen, die selbst aber weitgehend jegliches agrarpolitisches Gestaltungspotential verloren hat. Die Vergesellschaftung, die ressourcenbedingte Andersartigkeit sowie die Veränderungen in der Energiegrundlage der Landwirtschaft bestimmten und veränderten nicht nur die ökonomischen Bedingungen der Produktion, sondern auch die gesellschaftliche Wahrnehmung und das Sozialprofil von Bäuerinnen und Bauern. Diese wurden im Verlauf des 20. Jahrhunderts tendenziell zu «Arbeitern im öffentlichen Dienst»[127], denen aber der Boden, den sie bewirtschaften, nach wie vor als Eigentümer gehörte.

Aus dieser Perspektive betrachtet, unterscheiden sich die Entwicklungen in der Schweiz nicht grundlegend von denjenigen in anderen westeuropäischen Ländern. Der sowohl von den Kritikern als auch den Verfechtern der Schweizer Agrarentwicklung zuweilen beschworene helvetische Sonderweg erweist sich bei näherer Betrachtung als lokale Variante des westeuropäischen Musters.[128] So augenfällig die nationalstaatlichen Unterschiede auf der Ebene einzelner Phänomene auch waren (und zu Beginn des 21. Jahrhunderts noch sind, wie das Beispiel der Regelung beim Anbau gentechnisch veränderter Pflanzen illustriert), so synchron verlief die Entwicklung in Bezug auf die Ressourcengrundlage, die agrarische Praxis, die Wissensgenerierung und Wissensvermittlung, die gesetzliche Regelung, die Industrialisierung der Nahrungsmittelkette und die gesellschaftliche Wahrnehmung der Bäuerinnen und Bauern.[129] Die Arbeitsproduktivität stieg in der schweizerischen Landwirtschaft der Nachkriegszeit so stark an, dass hierzulande wie überall in Westeuropa eine immer geringere Zahl von Menschen immer mehr produzieren konnte (→ Einleitung Teil 2, Tabelle 2-4). Wenn die Agrarpolitik sowohl in der Europäischen Union als auch in der Schweiz ein politisch umstrittenes Thema blieb, so primär wegen der Bodenabhängigkeit der Produktion, die zunehmend in Konflikt geriet mit dem wachsenden Zugriff der Konsumgesellschaft auf die nicht ausdehnbaren Bodenflächen zu Bau-, Infrastruktur- und Erholungszwecken (→ 3.1 und 3.2).[130]

2.3.5.1.5 Periodisierungen

Angesichts der Tatsache, dass in der landwirtschaftlichen Entwicklung ökologische, ökonomische und politische Gesichtspunkte untrennbar verbunden sind, drängt sich für das 20. Jahrhundert eine Periodisierung auf, die sowohl die agrarpolitischen Para-

127 Mooser 2000, 27.
128 Baumann/Moser 1999, 433; Gees 2006.
129 Vgl. dazu etwa Federico 2005; Koning 1994; Vivier 2008; Uekötter 2010.
130 Sieferle et al. 2006.

digmenwechsel und die damit zusammenhängenden gesellschaftlichen Funktionszuschreibungen an die Landwirtschaft als auch die Erweiterung der Ressourcengrundlagen und der energetischen Zusammenhänge berücksichtigt und diese aufeinander bezieht: Der technisch ab den 1950er Jahren möglich gewordene Zugriff auf fossile Energieträger und die daraus resultierende Motorisierung und Chemisierung der agrarischen Produktion in einem bisher unbekannten Ausmass legt eine relativ klare Zweiteilung des Jahrhunderts nahe. Aus Gründen der (agrar)politischen Einflüsse auf die Landwirtschaft wird der gleiche Zeitraum hingegen sinnvollerweise nicht in zwei, sondern in drei Perioden unterteilt: die Zeit vor dem Ersten Weltkrieg, die Periode von 1914/18 bis Anfang der 1990er Jahre sowie die Zeit nach 1992.

Die Zeit bis 1914 war sowohl durch heftige Auseinandersetzungen charakterisiert als auch durch erste Ansätze zur Herausbildung neuer Marktordnungen und Agrarräume. Während des Ersten Weltkriegs folgte eine Rückkehr zur Binnenmarktorientierung sowie eine zunehmende staatliche Sanktionierung der nun tendenziell durch Verhandlungslogiken charakterisierten Beziehungen zwischen den Repräsentanten der Produzenten, Verarbeiter, Händler und Konsumenten. Daran änderten weder die wirtschaftlichen und gesellschaftlichen Verwerfungen am Ende des Ersten Weltkriegs noch die Krise in der Zwischenkriegszeit oder die Hochkonjunktur nach dem Zweiten Weltkrieg etwas Grundsätzliches. Auf die enormen Produktivitätsfortschritte in den 1950er Jahren reagierte der Bund 1959/60 mit einer «Neuorientierung» der staatlichen Agrarpolitik, in der fortan die schon bisher propagierte Rationalisierung der Produktion noch stärker ins Zentrum rückte.[131] Dabei wurde ein wesentlicher Teil der in der Verfassung und im Landwirtschaftsgesetz explizit festgeschriebenen agrarpolitischen Ordnungsvorstellungen von den erdölbasierten Produktivitätssteigerungen buchstäblich unterspült. Das Ziel der «Erhaltung eines gesunden Bauernstands» wurde weitgehend diskussionslos zugunsten der Realisierung einer «leistungsfähigen Landwirtschaft» aufgegeben. Die bäuerliche Protestwelle gegen die «neue», den Druck zur Rationalisierung fördernde Preispolitik der Behörden stiess in den 1960/70er Jahren ausserhalb der Landwirtschaft auf wenig Echo und blieb politisch folgenlos. Erst mit den Agrarreformen der 1990er Jahre wurden wieder grundlegend neue Marktordnungen geschaffen, die jenen des 19. Jahrhunderts nicht unähnlich waren.

Signifikant abweichend vom 19. Jahrhundert war jedoch der zu Beginn des 21. Jahrhunderts vorherrschende Wunsch, dass die Landwirtschaft nicht nur «gleich» wie die übrige Wirtschaft funktionieren sollte, sondern dass sie gleichzeitig auch das «Andere», jetzt vor allem verstanden als eine «bedrohte» Natur, erhalten und für die Gesellschaft «konsumreif»[132] machen sollte. Dementsprechend setzte sich die neue Agrarpolitik seit den 1990er Jahren aus einem «liberalen» Handels- und einem «interventionistischen» Produktionsteil zusammen.

131 Baumann/Moser 1999, 366.
132 Kleinewefers 1972.

Im Folgenden wird versucht, die Entwicklung des Agrarsektors sowohl entlang der sich verändernden politischen Zielsetzungen und Steuerungsmechanismen als auch entlang des wachsenden Zugriffs der Landwirtschaft auf fossile Energieträger ab der Mitte des Jahrhunderts zu skizzieren.

2.3.5.2 Integration in die Industriegesellschaft: Politisierung und Reorientierung der Landwirtschaft zu Beginn des 20. Jahrhunderts

Am Ende des 19. Jahrhunderts rückte die Landwirtschaft mit den Debatten zur Zollpolitik auch in der Schweiz ins Zentrum der gesellschaftlichen Auseinandersetzungen (→ III.i.6). Letztlich ging es um die Frage, wer für die prekären Lebensverhältnisse der Industriearbeiterschaft verantwortlich sei und wie diese verbessert werden könnten. Was in Deutschland in eine Debatte über «Agrar- oder Industriestaat?» mündete, führte in der Schweiz zu den nicht minder heftigen, aber konkreter geführten Auseinandersetzungen um die Frage, wo, wie und durch wen die Preise festgelegt würden für die von der Landwirtschaft produzierten Güter, die oft weitgehend unverarbeitet konsumiert wurden und teilweise fast die Hälfte der Haushaltsausgaben der Arbeiterschaft ausmachten (→ 3.1.3). Im ersten Jahrzehnt des 20. Jahrhunderts plädierte sowohl die im Verband Schweizerischer Konsumvereine (VSK) organisierte Konsumentenschaft als auch die Nahrungsmittelindustrie noch weitgehend dafür, dass, solange genügend Nahrungsmittel auf dem Markt waren, die Preise durch Angebot und Nachfrage bestimmt werden sollten. Die organisierte Bauernschaft hingegen argumentierte seit den 1890er Jahren zunehmend geschlossener und bestimmter dafür, dass die Preisbildung für Agrarprodukte von den Sozial- und Geschäftspartnern auf der Grundlage von wissenschaftlich erhobenen Daten zu den Produktionskosten, den Qualitätsstandards und der Kaufkraft der Konsumentenschaft ausgehandelt werden sollten. Weil das aber nur möglich war, wenn die Importe reguliert werden konnten, setzte sich der Schweizerische Bauernverband (SBV) als Dachorganisation der Landwirtschaft für eine Zollpolitik ein, die nicht eine Abkoppelung der Landwirtschaft vom Weltmarkt anstrebte, sondern eine schrittweise Anpassung des Agrarsektors an die sich seit der Transportrevolution der 1860er Jahre herausbildende internationale Arbeitsteilung. Die zuweilen auch als «selektiver Protektionismus»[133] (→ III.i.6 und 5.1.3) bezeichnete (Zoll-)Politik behinderte in der Folge weder den Strukturwandel im Agrarbereich (der Brotgetreideanbau beispielsweise wurde bis 1914 praktisch ganz aufgegeben), noch führte sie zu einer gegenüber dem Import von Industrieprodukten überdurchschnittlichen Zollbelastung der Importe von Nahrungsmitteln[134] (→ 2.1.2.2 Tabelle 2.1-8). Diese Politik trug viel dazu bei, dass die Bauern im schon seit den 1880er Jahren zu beobachtenden Übergang von einer «gelben», ackerbautrei-

133 David/Mach/Straumann 2008.

134 Für eine andere Sichtweise vgl. Humair 2008.

benden zu einer «grünen», auf die Viehwirtschaft setzenden Landwirtschaft begannen, den unrentabel werdenden Brotgetreideanbau durch eine Intensivierung des Futteranbaus, eine Weiterentwicklung der Viehzucht und Milchwirtschaft sowie einen Ausbau der Schweineproduktion zu ersetzen, anstatt die Agrarproduktion ganz aufzugeben. Diese Verlagerung der Produktion schuf wiederum die Voraussetzungen, die den Aufschwung sowohl vieler binnenwirtschaftlich ausgerichteter gewerblich-industrieller Verarbeitungsbetriebe (Metzgereien, Molkereien usw.) ermöglichten als auch den eines wesentlichen Teils der exportorientierten Nahrungsmittelverarbeiter (Kondensmilch, Hartkäse, Schokolade usw.).[135]

So stark sich binnen- und exportorientierte Tätigkeiten im Ernährungsbereich zu Beginn des Jahrhunderts überlagern, ergänzen oder gar bedingen konnten, so verschränkt und flexibel waren auch die wirtschaftspolitischen Positionen der an diesen Schnittstellen tätigen Akteure. Die seit der Mitte des 19. Jahrhunderts primär zu Aus- und Weiterbildungszwecken sowie zur Selbsthilfe erfolgte Organisationstätigkeit der Bauern erfuhr ihre eigentliche Politisierung und gesellschaftliche Repräsentation auf der nationalen Ebene erst mit den Aktivitäten des 1897/98 entstandenen Schweizerischen Bauernverbands (SBV). Mit der Gründung eines Dachverbands konnte die organisatorische Zersplitterung der Bauernschaft überwunden werden, sodass die Behörden nach der Industrie, dem Gewerbe und der Arbeiterschaft nun auch im Agrarbereich über einen repräsentativen Ansprechpartner verfügten. Die Existenz einer modernisierungswilligen, die ganze Landwirtschaft repräsentierenden Organisation war eine zentrale Bedingung für die volkswirtschaftliche und politische Integration des Agrarsektors in die sich nun immer deutlicher manifestierende Industriegesellschaft. Allerdings verlief dieser Integrationsprozess keineswegs linear, sondern wies vielfältige, oft auch widersprüchliche Facetten auf. So war es ausgerechnet der Agronom Ernst Laur, der als Direktor des Bauernverbands zu Beginn des Jahrhunderts in der öffentlichen Wahrnehmung die aggressive Gangart der bürgerlichen Befürworter einer die Inlandsproduzenten stützenden Zollpolitik gegenüber der oppositionellen Sozialdemokratie geradezu verkörperte, der schliesslich zum erfolgreichen Vorkämpfer staatlich regulierter, von den Sozialpartnern mitgetragenen Marktordnungen wurde. Von nun an wurden die Produzentenpreise ausgehandelt und nicht mehr einfach – wie mit der Ausdehnung des Hartkäseexports im 19. Jahrhundert üblich geworden – vom Endverkaufspreis auf den ausländischen Märkten abgeleitet. «Nicht die wilde Konkurrenz und die Hungerpeitsche sollen die Landwirte zum Fortschritt treiben, sondern die Fachbildung, die Erkenntnis, die staatliche Wohlfahrtspflege und die bäuerlichen Organisationen», schrieb Laur.[136] Ansatzweise durchgesetzt hatte sich dieses Verhandlungsprinzip, das im Agrarbereich zum konstitutiven Merkmal der Marktordnungen im «kurzen 20. Jahrhundert» (Hobsbawm) werden sollte, bereits vor dem Ersten Welt-

135 Fenner 2007; Rossfeld 2007.
136 Zit. nach Baumann 1993, 265.

krieg im Milchbereich. Zwischen 1908 und 1913 führten die um die Jahrhundertwende neu entstandenen Regionalverbände der Milchproduzenten unter der Führung Laurs mit den Verarbeitern, Exporteuren und Konsumenten von Milch und Milchprodukten derart heftige Kämpfe, dass die Auseinandersetzungen unter dem Begriff «Milchkriege» in die Geschichte eingingen, den Akteuren aber gleichzeitig auch den Sinn von Verhandlungslösungen deutlich machten.[137]

Zusammenfassend kann man sagen, dass schon am Vorabend des Ersten Weltkriegs die Konturen der drei Phänomene zu beobachten waren, die für die Entwicklung von 1914/18 bis 1992 besonders wichtig wurden: erstens die Reorientierung der Produktion und zugleich die partielle Reintegration des Agrarsektors in die internationale Arbeitsteilung im Ernährungsbereich, zweitens die Herausbildung von verbandlich geprägten und vom Staat legitimierten Marktordnungen und drittens die Entstehung eines neuen, die bisherige Zweiteilung der Landwirtschaft zwischen Berg und Tal partiell überwindenden, sowohl binnen- als auch exportorientierten Agrarraums im höheren Mittelland, der sich ab den 1940er Jahren auf das Gebiet der ganzen Schweiz ausdehnte. Wegen der sich stark ausweitenden staatlich-gesellschaftlichen Interventionen im Agrarsektor wirkte der Erste Weltkrieg als Katalysator für die flächendeckende Durchsetzung und gesamtgesellschaftliche Prägekraft dieser Entwicklungstendenzen.

2.3.5.3 Die Landwirtschaft als Service public zur Ernährungssicherung: 1914/18–1992

Der Erste Weltkrieg führte im Agrarsektor in mancher Hinsicht zu einem Paradigmenwechsel. Insbesondere der wachsende Einfluss des Staates auf die Gestaltung der Agrarpolitik, die zwischen der Umsetzung staatlicher Massnahmen und der Vertretung der Interessen ihrer Mitglieder oszillierenden Verbände und die eine wachsende Deutungsmacht gewinnenden agronomischen Wissenschaften prägten die Landwirtschaft, die sich immer stärker von derjenigen der Vorkriegszeit zu unterscheiden begann. Dass die im Wesentlichen von Akteuren aus diesen drei Bereichen (Staat, Verbände, Agrarwissenschaft) ausgestalteten Marktordnungen während des ganzen kurzen 20. Jahrhunderts ohne grössere Verwerfungen überlebten, hatte auch viel mit den grundsätzlichen Lernprozessen zu tun, die am Ende des Ersten Weltkriegs gemacht wurden. Die Not, der Hunger und die im Landesstreik eskalierenden sozialen Konflikte rückten nach 1918 jene Bestrebungen in den Vordergrund, die die Landwirtschaft in den Dienst der Ernährungssicherung der nichtlandwirtschaftlichen Bevölkerungsmehrheit zu stellen versuchten. Diese Bemühungen, die in eine eigentliche Vergesellschaftung des Agrarsektors mündeten, werden im Folgenden anhand von vier

137 Zu den Milchkriegen und den sich herausbildenden neuen Marktordnungen vor dem Ersten Weltkrieg vgl. Moser/Brodbeck 2007, 91–110.

Phänomenen diskutiert: zuerst ein deskriptiver Überblick über die Entwicklung entlang des Konzeptes der Marktordnungen; danach die analytische Perspektive, die mit den sich verändernden Agrarräumen, der Industrialisierung der Nahrungsmittelkette sowie der Generierung, Ausbreitung, Transformation und zuweilen Zerstörung des agrarisch-industriellen Wissens drei charakteristische, stets aber auch brüchige Entwicklungstendenzen diskutiert.

2.3.5.3.1 Marktordnungen: Lernprozesse, Konfliktrationalisierungen und Neuausrichtungen

Auch landwirtschaftliche Märkte sind – ob im Binnen- oder Exportbereich – nie freie, sich selbst regulierende Mechanismen, sondern soziale Institutionen, die historischen Veränderungen unterliegen. Sie funktionieren nach von Akteuren geschaffenen, veränderbaren Regelwerken und gehorchen zeit- und ortsabhängigen Funktionslogiken.[138] Es ist deshalb sinnvoller und präziser, von *Marktordnungen* als von *Märkten* zu sprechen. Der Begriff der Marktordnung umfasst sowohl die ökonomisch wirksamen Mechanismen als auch die politischen Steuerungsinstrumente und die dahinterstehenden sozialen Ordnungsvorstellungen, die alle für die Entwicklung der Landwirtschaft im 20. Jahrhundert prägend wirkten.

Die landwirtschaftlichen Marktordnungen illustrieren besonders deutlich, dass das populäre Konstrukt eines Gegensatzes von Staat und Markt mit der sozialen Realität wenig gemein hat. Die meisten Akteure bewegten sich nicht alternierend zwischen Markt und Staat. Beobachten lässt sich vielmehr eine «Transformation» ihres marktorientierten, ökonomischen Verhaltens. Signifikant, die Marktordnungen des kurzen 20. Jahrhunderts gewissermassen charakterisierend, war, dass staatliches Ordnungshandeln und industriegesellschaftliche Gestaltungsabsichten gleichzeitig wirkungsmächtig wurden – und zwar nicht nur auf den Agrarmärkten im Inland, sondern auch in Bezug auf die Stellung des Agrarsektors innerhalb der Industriegesellschaft und der internationalen Wirtschaftsordnung.

Agrarmärkte sind praktisch immer oligopsonistische Märkte, auf denen eine Vielzahl von Anbietern *lebender*, naturfrischer Produkte, die wegen des Klimas und der Zyklizität der Produktion unregelmässig anfallen und oft gar nicht oder nur beschränkt lagerfähig sind, einer kleinen Zahl von Abnehmern gegenüberstehen. Eine vielfältige, den Wünschen der Konsumentinnen und Konsumenten nach Frischprodukten nachkommende Nahrungsmittelproduktion kann deshalb nur mit Marktordnungen aufrechterhalten werden, welche die unterschiedlichen gesellschaftlichen Präferenzen strukturieren und zur Geltung bringen.[139]

138 Bluhm/Malowitz 2007.
139 Binswanger 2009.

Nach dem Ersten Weltkrieg erblickten die aus den Agrar-, Konsum-, Industrie- und Wissenschaftsbereichen stammenden Verfechter der «neuen» Ernährungs- und Agrarpolitik im Agrarsektor die unabdingbare Grundlage für eine krisenresistente, gut funktionierende Volkswirtschaft. Für sie hatte der ländliche Raum noch weit umfassendere Funktionen zu erfüllen als lediglich die Bereitstellung möglichst billiger Lebensmittel zur Senkung der Produktionskosten der Exportindustrie. Der ländliche Raum und die Landwirtschaft schien ihnen die Grundlage einer Wohlstand schaffenden Wirtschaft, die sich ebenso aus binnen- wie aus exportorientierten Branchen zusammensetzte (→ 3.2.1).

Die vom Staat autorisierten, im Alltag im Wesentlichen von Verbandsfunktionären und Experten ausgestalteten Marktordnungen, welche die Interessen der landwirtschaftlichen Produzenten, der inländischen Konsumenten, des Handels sowie der exportorientierten Nahrungsmittelindustrien zu integrieren versuchten, wurden zu einem Charakteristikum, das die Landwirtschaft während des gesamten 20. Jahrhunderts formte. Ihre Entwicklung wird deshalb sinnvollerweise an den konkreten, von der Gesellschaft selbst formulierten Ansprüchen gemessen.

1908–1914/18: Lernprozesse und Konfliktrationalisierungen. Das bei Produzenten, Verarbeitern, Händlern und Konsumenten zwischen dem Ersten Weltkrieg und den 1980er Jahren im Grundsatz gleichermassen akzeptierte Prinzip, nach dem (auch) die Preise für Agrarprodukte über Verhandlungen und unter Berücksichtigung mehrerer Zielsetzungen festzulegen seien, hatte im Milchbereich punktuell schon vor dem Ersten Weltkrieg einen kleinen Durchbruch erlebt. Und zwar in erster Linie durch den schon Ende des 19. Jahrhunderts einflussreichen Ernst Laur.[140] Der junge Direktor des 1897/98 gegründeten Schweizerischen Bauernverbands wurde wegen seiner gleichzeitigen Funktion als Vorsteher des Schweizerischen Bauernsekretariats (SBS), d.h. der wissenschaftlichen Abteilung des SBV, in der Öffentlichkeit auch als «Bauernsekretär» bekannt. In den zwei Jahrzehnten vor dem Ersten Weltkrieg, also in der zweiten Phase der umfassenden Selbstorganisation der Akteure des Agrarsektors, spielte Laur eine entscheidende Rolle sowohl bei der organisatorischen Reformierung als auch bei der betriebswirtschaftlichen Modernisierung und der strategisch-politischen Neupositionierung der Bauernschaft innerhalb der Industriegesellschaft. Der international renommierte, konfliktfreudige, 1908 zum Professor für landwirtschaftliche Betriebslehre an der ETH Zürich berufene Laur positionierte die Bauern vorübergehend innenpolitisch weit stärker im Gegensatz zur Arbeiterschaft als klar auf der Seite des Bürgertums. Wegen seines kompromisslosen, einem an sich «linken» Anliegen entsprechenden Einsatzes für verhandlungsorientierte, gesellschaftlich sanktionierte Marktordnungen wurde Laur von den politisch rechtsstehenden, das Prinzip «freier» Märkte hochhaltenden Exporteuren und Nahrungsmittelverarbeitern vor

140 Zu Laur vgl. Baumann 1993; Gruner 1988, 1391–1410.

dem Ersten Weltkrieg denn auch mindestens so bekämpft wie von der organisierten Arbeiterschaft.[141]

In seinem Kampf um die Etablierung verhandlungsorientierter Marktordnungen kam Laur zugute, dass er seine Modernisierungsstrategie, mit der er aus Bauern Unternehmer machen wollte,[142] innerhalb der Landwirtschaft kompromisslos durchzusetzen versuchte. Im Gegensatz zu den in der ersten Hälfte der 1890er Jahren erfolgreichen *Bauernbünden* wollte der *Bauernverband* die Bauern nicht aus dem industriekapitalistischen System herausführen, sondern den wachstumswilligen und wachstumsfähigen Betrieben zu einem Platz an der Sonne der Industriegesellschaft verhelfen. Die Fortschritte, welche die Milchverbände im Zusammenhang mit der Neukonzeptionierung der Marktordnungen bei den organisierten Konsumenten im Inland kurz vor dem Ersten Weltkrieg erzielt hatten, nutzte Laur nach Ausbruch des Krieges, um das Verhandlungsprinzip auch auf die Geschäftsbeziehungen mit den Exporteuren auszudehnen.[143] Er war entscheidend daran beteiligt, dass schon im Herbst 1914 eine (Teil-)Integration der im Verband Schweizerischer Konsumvereine (VSK) organisierten Konsumenten in diese Ernährungsordnung möglich wurde. Darauf aufbauend stellte die Bundesverwaltung 1915/16 sicher, dass die organisierte Konsumentenschaft nicht nur bei der Inlandproduktion und deren Verteilung, sondern auch beim Export von Zuchtvieh und Käse ein Mitspracherecht erhielt. Bei all den bäuerlichen Organisationen, die vom Bund für diese Tätigkeiten mandatiert wurden, wurden VSK-Vertreter in die entsprechenden Gremien aufgenommen.[144] Mit dieser Politik, die für die Produzenten auch Anbauverpflichtungen, Preisbeschränkungen und Ablieferungspflichten beinhaltete, konnten der Mangel und die Entbehrungen der Arbeiterschaft 1917/18 zwar nicht verhindert werden, aber sie trug wesentlich dazu bei, dass das Ausmass der Not nicht noch viel grösser ausfiel. Jedenfalls stand nach dem Krieg, als die Losung «Nie mehr ein 1918» ausgegeben wurde, eine Rückkehr zur Vorkriegspolitik nicht mehr ernsthaft zur Diskussion.[145]

1914/18–1939: Neuausrichtungen. Es war also Laur, der den epochalen Wandel in den Beziehungen zwischen den Konsumenten, Verarbeitern, Händlern und Produzenten von Nahrungsmitteln vorspurte und damit auch die Herausbildung der dann im Wesentlichen von seinen Schülern entwickelten Politik einer Ausrichtung der Agrarproduktion auf die Binnennachfrage einleitete. Der weltanschaulich fest im 19. Jahrhundert verwurzelte Laur,[146] der auch nach dem Ersten Weltkrieg noch überzeugt war, «dass das kommende Jahrhundert das Jahrhundert der internationalen Organisation

141 Moser/Brodbeck 2007, 54–71.
142 Laur 1907, 3.
143 Moser 2007; Moser/Brodbeck 2007, 91–110.
144 Für den Käsebereich vgl. Moser/Brodbeck 2007, 93; für den Zuchtviehexport vgl. Archiv der Arbeitsgemeinschaft Schweizerischer Rinderzüchter (AfA Nr. 125).
145 Baumann/Moser 1999, 5.
146 Schmidt 1931.

und der staatlichen Mitwirkung im internationalen Warenaustausch» sein werde,[147] stand der neuen Ernährungs- und Agrarpolitik zuweilen skeptisch gegenüber und verlor innenpolitisch – nicht jedoch auf der internationalen Ebene – viel von seiner Gestaltungskraft.[148] Seine Schüler, die sich wie Hans Bernhard oder Max Kleiber für neue Siedlungs- und Ernährungsprojekte mit sozialutopischem Charakter einsetzten[149] oder wie Oskar Howald, sein Nachfolger an der Spitze des SBV, nach dem Ersten Weltkrieg dazu aufriefen, jetzt am «Ausbau des Sozialstaates»[150] mitzuwirken, waren besser geeignet, zur Ausgestaltung einer «aufbauenden Politik der Volksgemeinschaft»[151] im Ernährungsbereich beizutragen. An dieser Politik beteiligten sich ab der zweiten Hälfte der 1920er Jahre auch Sozialdemokraten und Gewerkschafter wie Fritz Marbach, Max Weber oder Ernst Nobs.[152] Hatte Laur in den Jahren vor dem Ersten Weltkrieg die Bauern zu Unternehmern machen und sie durch eine betriebswirtschaftliche Modernisierungslogik, durch Bildung, eine umfassende Organisationsstruktur und eine differenzierte, aber griffige Zollpolitik in die Industriegesellschaft integrieren wollen, so stellte sich für seine Schüler diese Frage nach dem Ersten Weltkrieg unter ganz anderen Vorzeichen. Für sie waren die Bauern (nicht zuletzt Dank Laurs Wirken) bereits ein selbstverständlicher Teil der schweizerischen Industriegesellschaft. Neben der Fortführung der betriebswirtschaftlichen Rationalisierungen und der wirtschaftlich-politischen Integration der Bauern als Betriebsleiter ging es den Schülern Laurs deshalb explizit um eine Indienstnahme der bäuerlichen Bevölkerung zur Sicherstellung der Ernährung der Industriegesellschaft. Die Landwirtschaft «dient dem Staat, der Allgemeinheit und der Volkswirtschaft», stellte der liberale Luzerner Regierungsrat Adolf Käch 1959 fest, deshalb sorge «der Staat in kluger Voraussicht für die Festigung eines gesunden, beweglichen und leistungsfähigen Bauernstandes»[153].

Die zuerst von den Agronomen innerhalb der Behörden sowie den Produzenten- und Konsumentenorganisationen getragene, von industriellen Kreisen unterstützte und auch innerhalb der politischen Linken punktuell befürwortete neue Ernährungs- und Agrarpolitik[154] bezog ihre sachliche Rechtfertigung im Wesentlichen aus dem Potential zur Nutzung der vor Ort vorhandenen Ressourcen, ihre politische Legitimation dagegen aus den sozialen und politischen Verwerfungen, welche die Schweiz 1918 auch wegen der Nahrungsmittelteuerung und -knappheit erfasst hatten. Bis zum Vorabend des Zweiten Weltkriegs bildete sich so eine zwar nicht konfliktfreie, aber doch klar mehrheitsfähige Grundlage zur Ausgestaltung der neuen Agrar- und Ernährungspolitik heraus.

147 Zit. nach Graevenitz 2011, 1.
148 Baumann/Moser 1999, 198–202; zu Laurs internationaler Wirkungsmächtigkeit vgl. Graevenitz 2011.
149 Auderset/Moser 2012.
150 *Der Staatsbürger*, Organ der freisinnig-demokratischen Jugend in der Schweiz, 1.11.1919.
151 So beispielsweise Oskar Howald, zit. nach Moser 2010, 330.
152 Baumann/Moser 1999, 188–197.
153 Käch 1959, 13.
154 Zum Netzwerkcharakter der neuen Ernährungspolitik vgl. Auderset/Moser 2012.

1939–1945: Verstaatlichung anstelle der Vergesellschaftung. In der Produktion von Nahrungsmitteln und in den vielfach Produzenten, Konsumenten und Händlern gemeinsam gehörenden Verarbeitungsbetrieben wurden die Verbände in den 1930er und 1940er Jahren zunehmend auf ihre Funktion als Vollzugsorgane der staatlichen Politik reduziert.[155] 1938 erklärte Friedrich T. Wahlen, damals Leiter der staatlichen Forschungsanstalt Zürich-Oerlikon, dass zur Vermeidung einer neuerlichen Ernährungskrise wie der von 1917/18 «das Landeswohl» einen «zahlenmässig starken und wirtschaftlich gesicherten» Bauernstand erfordere, um so mit einer «zielbewussten Produktionsleitung» jene Nahrungsmittel herstellen zu können, die zur Versorgung der Bevölkerung nötig seien. Das bedinge eine Preispolitik, die dafür sorge, dass «der Bauer zu einem Lohn arbeiten» könne, der ihm seine Existenz ermögliche.[156]

Die primär am Konsum orientierte Ernährungs- und Agrarpolitik[157] leistete mit ihrer Fokussierung der *Ernährungsdiskussionen* auf den Bereich der Produktion einen doppelten Beitrag zum relativ wenige offene Konflikte auslösenden Ernährungsregime im Zweiten Weltkrieg: Auf der einen Seite trug die Integration der Produzenten und Konsumenten in das von parastaatlichen Institutionen dominierte «Ernährungskartell», die zuweilen autoritäre Formen annahm, wesentlich dazu bei, dass nun primär das angebaut wurde, was zur Versorgung der in der Schweiz lebenden Menschen als nötig erachtet wurde. Auf der anderen Seite bereitete die ideologische Überhöhung der landwirtschaftlichen Produktion in der Öffentlichkeit eine Tabuisierung der unvermeidlichen Veränderungen im Konsumverhalten vor.[158] Die inhaltliche Fokussierung auf die Produktion und deren ideologische Überhöhung änderten jedoch weder an der Auslandsabhängigkeit der landwirtschaftlichen Produktion noch am Ernährungsverhalten etwas Grundsätzliches. Auch während der Jahre des Mehranbaus im Zweiten Weltkrieg konnten nie mehr als zwei Drittel der in der Schweiz konsumierten Nahrungsmittel auf landeseigener Futterbasis produziert werden.[159] Die bereits 1917/18 einsetzende, von den Produzenten, der Verwaltung und einem wesentlichen Teil der Konsumentenschaft gleichermassen angestrebte Steigerung der Inlandproduktion, die dann in der «Anbauschlacht» während des Zweiten Weltkriegs ihre bekannteste Verkörperung erfuhr,[160] war in der Praxis denn auch nie vom Phantasma einer Autarkie geleitet,[161] sondern eine relativ pragmatische Mischung von Lehren, die aus dem Mangel im Ersten Weltkrieg gezogen worden waren, der weitgehend realistischen Einschätzung, wie viele Arbeitskräfte zur Sicherstellung der Ernährung nötig waren und einer Strategie des Interessenausgleichs zwischen Industrie und Landwirtschaft, zwischen Produktion und Konsum

155 Moser 2003, 117–123.
156 Baumann/Moser 1999, 137.
157 Moser 2005.
158 Tanner 1986.
159 Tanner 1986; diese Zahlen sind allerdings nicht unumstritten, vgl. dazu: Brugger 1986.
160 Maurer 1985.
161 Baumann 1998.

sowie zwischen Binnen- und Exportwirtschaft. Dass diese Politik in den 1930/40er Jahren nicht von der Exportindustrie und der politischen Linken, sondern von Vertretern der Bergbauern in Frage gestellt wurde, illustriert sowohl die soziale Zusammensetzung des schweizerischen «Ernährungskartells» als auch die marginale Stellung der erst während und nach dem Zweiten Weltkrieg in die «nationale Schweiz» integrierten Berglandwirtschaft.[162]

1945–1970: die dritte Agrarrevolution. Verhandlungsorientierte Marktordnungen waren ein Kernelement der neuen Ernährungs- und Agrarpolitik, die in den 1930er Jahren mehrheitsfähig geworden war, bevor sie im Zweiten Weltkrieg ihre grösste Legitimation erfuhr, 1947 in der Verfassung verankert und 1951 auch auf Gesetzesebene festgeschrieben wurde. Diese im Kern noch ganz auf die rationelle Nutzung lebender Ressourcen und deren betriebs- und landeseigene Bodengrundlage ausgerichtete, inhaltlich aus der Zeit des «ancien régime écologique» (Christian Pfister) stammende Politik, erwies sich in der Nachkriegszeit noch lange Zeit als flexibel genug, um die Umsetzung der grundlegenden Neuerungen, die mit der Industrialisierung der Nahrungsmittelkette einhergingen, nicht zu behindern.

Neben den politisch-institutionellen Voraussetzungen erwiesen sich auch die Mittel zur Realisierung der dritten Agrarrevolution als geradezu ideal. Die *Motorisierung* und *Chemisierung* führte zu einer starken Ausweitung der Produktion und machte zugleich ein Gros der bislang benötigten Arbeitskraft in der Nahrungsmittelproduktion überflüssig. Sie setzte so wesentliche Teile der bäuerlichen Bevölkerung frei. Die aus der Landwirtschaft ausscheidenden Arbeitskräfte fanden in den wachsenden Industrie- und Dienstleistungsbereichen problemlos ein neues, in der Regel erst noch wesentlich lukrativeres Auskommen. Die spektakulären Produktivitätsfortschritte in der Landwirtschaft wirkten auf alle Beteiligten derart überzeugend, dass die von einer breiten Koalition aus Wissenschaftlern, Behörden, Politikern sowie Produzenten- und Konsumentenvertretern praktizierte «liberale» Interpretation der Agrargesetzgebung weitgehend unumstritten war; was unter Landwirtschaft zu verstehen und damit zu fördern war, stiess in Theorie und Praxis nur auf wenig wirksamen Widerstand.[163]

In Bezug auf die Entwicklungsperspektive des Agrarsektors bestand trotz der jährlich wiederkehrenden, im Parlament und in den Medien zuweilen in schrillen Tönen geführten Debatten um die Höhe der vom Bundesrat festzusetzenden Milch- und Getreidepreise der Produzenten – bei den Konsumentenpreisen gab es die in der Öffentlichkeit kaum je thematisierten Höchstpreisvorschriften – ein weitgehender gesellschaftlicher Konsens: Die Rationalisierung sollte gefördert und der Strukturwandel geordnet und sozialverträglich gestaltet werden. Die Absicht, modernisierungswil-

162 Moser 2010.
163 Baumann/Moser 1999, 366–380.

ligen Bauern in der von den Ökonomen der 1950er Jahren als «unterentwickelter Teil der eigenen Wirtschaft»[164] wahrgenommenen, gleichzeitig aber auch als «entwicklungsfähig» eingestuften Landwirtschaft günstige Investitionskredite zuzuhalten, damit sie ihre Betriebe so reorganisierten, dass sie noch mehr tierische und menschliche Arbeitskräfte freisetzen konnten, stiess bis in die 1960er Jahre bei allen politischen Gruppierungen praktisch vorbehaltlos auf Zustimmung.[165]

1970–1992: Druck auf die Marktordnungen und widersprüchliche Bewältigungsstrategien. Die ersten Risse erlitt dieser Konsens zur Förderung der Produktion, als Nahrungsmittel wieder im Überfluss vorhanden waren. Schon Ende der 1950er Jahre begannen Behörden und Verbände, die Produzenten an den steigenden Verwertungskosten zu beteiligen. Das führte jedoch dazu, dass die jeweiligen Betriebsleiter, die ein mit den übrigen Erwerbstätigen vergleichbares Einkommen erzielen wollten, ihre Produktion noch weiter ausdehnen mussten und damit noch mehr Verwertungskosten verursachten. So wurde Anfang der 1970er Jahre der nach dem Ersten Weltkrieg entstandene Konsens, dass mit den landwirtschaftlichen Marktordnungen die Probleme im Agrarsektor gelöst werden könnten, erstmals wieder radikal in Frage gestellt wurde. Die von einzelnen Ökonomen geforderte massive Einschränkung, wenn nicht gar Aufgabe der Nahrungsmittelproduktion im Inland[166] fand bei den Behörden vorerst nur wenig Anklang. Das hing auch damit zusammen, dass, völlig unerwartet, 1973/74 Nahrungsmittel auf den internationalen Märkten (vorübergehend) wieder knapp und teurer wurden.[167] Dennoch wurden in der Folge auf der Ebene des einzelnen Betriebs Produktionseinschränkungen bei der Milch (Milchkontingentierung), beim Fleisch (Begrenzung der Tierbestände) sowie beim schon vorher kontingentierten Anbau von Zuckerrüben und Raps eingeführt.

Die Produktionseinschränkungen bei den tierischen Erzeugnissen führten dazu, dass die strukturell unter einem immer grösseren Wachstumszwang stehenden Kleinbetriebe kaum mehr expandieren konnten. Vor diesem Hintergrund entstanden in den 1960er Jahren neue bäuerliche Oppositionsgruppierungen, die sich gegen die staatliche «Wachse-oder-weiche-Politik» zu wehren begannen. Sie verschmolzen in den 1970er Jahren mit den an Bedeutung gewinnenden, ökologisch motivierten Kritikern, welche die Auswirkungen des Einsatzes der mineralischen Energieträger in der Landwirtschaft zu hinterfragen begannen. Überlagert wurde diese sozial und ökologisch motivierte Opposition gegen die staatlich-verbandliche Agrarpolitik von der wachsenden Kritik neoliberaler Ökonomen sowie der Exportindustrie, die nun verstärkt eine Ausdehnung des Imports von Agrarprodukten forderten. Als diese in sich wider-

164 Senn 1958, 256.
165 Das Bundesgesetz über Investitionskredite etwa wurde vom Parlament oppositionslos verabschiedet. Vgl. Baumann/Moser 2000, 162–171.
166 Kleinewefers 1972.
167 Gerlach 2005.

sprüchliche, aber immer stärker werdende Opposition gegen die offizielle Agrarpolitik in den 1980er Jahren noch um die Kritik der grossen Agrarexportländer innerhalb der OECD und der WTO erweitert wurde, erhielt sie schliesslich jene Sprengkraft, die in den 1990er Jahren zu einer Auflösung der meisten der bis anhin sieben Jahrzehnte geltenden Marktordnungen führte.[168]

2.3.5.3.2 Marktordnungen als Ordnungs- und Rationalisierungsinstrumente: Zollpolitik, Produktionslenkung und Preisgestaltung

Den landwirtschaftlichen Marktordnungen des kurzen 20. Jahrhunderts lagen sowohl ökonomische Rationalisierungserwartungen als auch gesellschaftliche Ordnungsvorstellungen zugrunde. Konstitutiv waren die staatliche Produktionslenkung mit ihren Ablieferungspflichten, Preisgarantien und Produktionseinschränkungen im Innern sowie die Zollpolitik zur Regelung der Ein- und Ausfuhren von Produktions- und Nahrungsmitteln.

Ende des 19. Jahrhunderts wurde, weitgehend als Reaktion auf die durch die Transportrevolution möglich gewordene Einfuhr grosser Mengen von Getreide aus Übersee und auf die sich verändernde Wirtschaftspolitik der umliegenden Staaten, auch im Agrarsektor das zollpolitische Instrumentarium eines selektiven Protektionismus entwickelt, das dann zu Beginn des 20. Jahrhunderts in der Abstimmung über den Zolltarif referendumspolitisch legitimiert wurde. Die danach mit einzelnen Staaten ausgehandelten und in Handelsverträgen festgeschriebenen Tarife umfassten sogenannte Schutz- und Erziehungszölle für *Schlachtvieh*, *Fleisch* und *Wein*. War der Weinzoll weitgehend regionalpolitisch (Romandie) motiviert, so dienten die *Erziehungszölle* beim Vieh- und Fleischimport zur Stärkung der seit den 1870er Jahren verstärkt laufenden Umstellung auf die teilweise exportorientierte Milchproduktion. Der Getreide- und Kartoffelanbau hingegen erhielt keinen Zollschutz.[169] Nach dem Zweiten Weltkrieg wurde die Zollpolitik mit nichttarifären, auf die Saisonalität der pflanzlichen Produktion Rücksicht nehmenden Massnahmen wie dem Dreiphasenmodell[170] verfeinert und zugleich an die sich verändernden Konsumgewohnheiten angepasst.[171] So umstritten die Zollpolitik in den tagespolitischen Auseinandersetzungen vor und kurz nach dem Ersten Weltkrieg auch war,[172] von den 1930er bis in die 1970er Jahre wurde sie weder in der Schweiz noch seitens der internationalen Handelsorganisationen grundsätzlich in Frage gestellt. Auch das General Agreement on Tariffs and Trade

168 Zur Entwicklung der Kritik an der staatlichen Agrarpolitik ab den 1970er Jahren vgl. Bieri/Moser/Steppacher 1999; Sciarini 1995; Moser 1994.

169 Baumann 1993, 147–158.

170 Bei nichtlagerfähigen Früchten wie beispielsweise reifen Aprikosen oder Erdbeeren wurde der Import während der inländischen Erntezeit mengenmässig limitiert oder gar ausgeschlossen, kurz vor der Ernte erschwert und sonst ganz freigegeben.

171 Baumann/Moser 1999, 359–366.

172 Schmid 1983; Baumann 1993; Humair 2004.

(GATT) respektierte die staatlichen Beschränkungen im Handel mit Nahrungsmitteln, solange die Produktion im Innern reglementiert wurde.[173] Erst als die westlichen Industriestaaten ihre Agrarexporte subventionierten und die Wachstumsraten des Handels mit Industriegütern in den 1980er Jahren nachliessen, wurden die Ein- und Ausfuhrregelungen von Nahrungsmitteln im Rahmen der Verhandlungen der sogenannten Uruguay-Runde zu einem heissumstrittenen Verhandlungsgegenstand auf nationaler wie internationaler Ebene.

Eine im Agrarbereich nicht auf den Schutz einzelner Branchen, sondern auf die Anpassung und Reorientierung der Produzenten ausgerichtete Zollpolitik war allerdings nur dann sinnvoll, wenn sie mit einer Lenkung der Produktion im Innern abgestimmt wurde. Die von der Verwaltung und teilweise auch den Verbänden bereits vor dem Ersten Weltkrieg in die Wege geleitete Produktionslenkung erfuhr mit den angesichts der Nahrungsmittelknappheit 1916/17 eingeführten Ablieferungs- und Anbauverpflichtungen im Milch- und Getreidebereich eine Konkretisierung, die in der Zwischenkriegszeit folgerichtig lediglich gelockert, dann aber auch mittels zusätzlicher Massnahmen auf den Acker- und Obstbau ausgedehnt wurde.[174] Die im Zweiten Weltkrieg erneut verschärften Eingriffe in die Produktionsfreiheit wirkten ihrerseits bis in die Nachkriegszeit hinein. Schon 1943 hatten die Bundesbehörden den Delegierten des Bauernverbands erklärt, dass «die vielleicht hier und dort vorhandene Ansicht», nach dem Krieg würden die Bauern über «eine volle Produktionsfreiheit» verfügen, «völlig unhaltbar» sei und «ins Reich der Illusionen» gehöre; «ohne Produktionsordnung» seien keine Marktordnungen denkbar. Und die Marktordnungen wiederum seien eine Voraussetzung, um eine Landwirtschaft aufrechtzuerhalten, die einen wesentlichen Beitrag zur Ernährung der Bevölkerung leisten könne.[175]

Die Lenkung der Produktion schränkte die Freiheit der landwirtschaftlichen Produzenten stark ein, aber sie verlieh ihnen gleichzeitig auch Sicherheit, weil sie mit einer Preispolitik verknüpft war, deren explizites Ziel seit den späten 1930er Jahren war, dass «der Bauer zu einem Lohn arbeiten» konnte, der «ihm eine Existenz» ermöglichte.[176] Die Preispolitik wurde denn auch in der Nachkriegszeit neben der Anbauregelung zum wichtigsten Instrumentarium der staatlichen Agrarpolitik, die darauf ausgerichtet wurde, gut ausgebildeten, rationell wirtschaftenden Betriebsleitern zu ermöglichen, mit ihrer landwirtschaftlichen Tätigkeit einen «Paritätslohn» zu erzielen, d.h. ein Einkommen, das mit demjenigen gelernter Arbeiter im ländlichen Raum vergleichbar war.[177] Diese primär versorgungs- und sozialpolitisch motivierte, im Alltag oft als Einkommensgarantie für die Bauernschaft missverstandene Politik führte dazu, dass Produzenten, deren Produktionskosten – aus was für Gründen auch immer –

173 Koning 2012.
174 Baumann/Moser 1999.
175 So Friedrich T. Wahlen, zit. nach Baumann/Moser 1999, 338.
176 So Friedrich T. Wahlen im Jahr 1938, zit. nach Baumann/Moser 1999, 137.
177 Vgl. dazu *Historisches Lexikon der Schweiz*, «Paritätslohn».

Grafik 2.3-22: **Entwicklung der Bundessubventionen an die Landwirtschaft (1921–1990)**

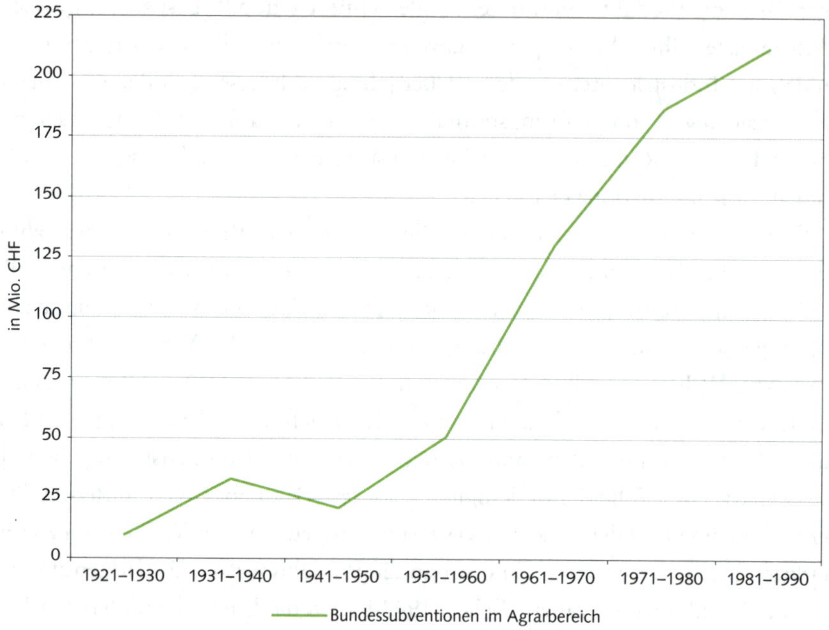

Quelle: Brugger 1992, 18, 27, 40, 49, 59, 69, 82 und 90.

über dem Durchschnitt lagen, tendenziell aus der Landwirtschaft verdrängt wurden. Gleichzeitig stiegen, wie aus Grafik 2.3-22 ersichtlich wird, die Bundessubventionen stark an, weil mit der Verdrängung lokaler Marktbeziehungen die nun stark steigende Produktion immer ausschliesslicher innerhalb der nationalen Marktordnungen organisiert wurde.

Solange die produzierte Menge die Nachfrage nicht kontinuierlich, sondern – der agrarischen Logik entsprechend – lediglich saisonal-periodisch überstieg, gab es wenig grundsätzliche Kritik an dieser ernährungs- und sozialpolitisch motivierten Wachstumspolitik – auch weil gleichzeitig sichergestellt werden konnte, dass die bäuerliche Produktion rationalisiert wurde und das Ausscheiden von Arbeitskräften aus der Landwirtschaft sozialverträglich vonstattenging. In Frage gestellt wurde diese an der Entwicklung des Konsumentenpreisindexes orientierte Preispolitik erstmals in der zweiten Hälfte der 1950er Jahre, als bei der Milch strukturell bedingte Überschüsse auftraten, was weitgehend eine Folge des durch den Strukturwandel verursachten Minderkonsums auf den Höfen selbst war sowie der Ersetzung der Gras fressenden Pferde durch Erdöl getriebene Motoren (Grafik 2.3-23). Hier wird deutlich, wie das Zusammenspiel von gesellschaftlichem Gestaltungswillen, Veränderungen in der Energiegrundlage und agrarischen Eigenlogiken zuweilen nichtintendierte Resultate bewirkte, die man dann auch aus Mangel an genauen Kenntnissen über die wah-

Grafik 2.3-23: **Einsatz von Pferden und Motoren in der Landwirtschaft (1929–1980)**

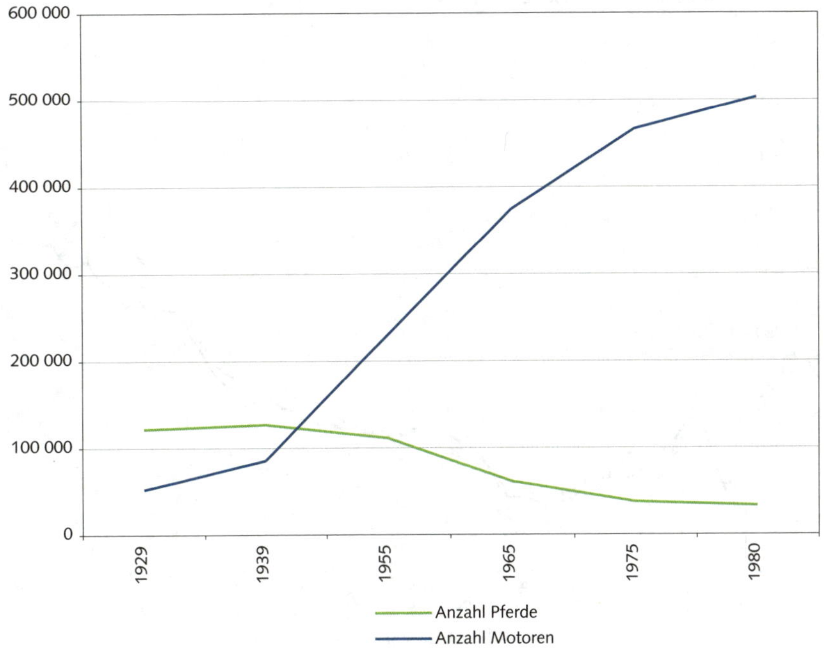

Quelle: Brugger 1985, 95–103.

ren Ursachen und Zusammenhänge mit letztlich inadäquaten Massnahmen zu korrigieren versuchte.

So versprachen sich Politiker und Behörden von der 1959/60 eingeleiteten «Neuorientierung der Agrarpolitik» [178], die im Wesentlichen eine Beschleunigung der schon in den 1950er Jahren praktizierten Politik darstellte, die Lösung mittels betriebswirtschaftlicher Modernisierungen: Günstige Darlehen und zusätzliche Investitionshilfen sollten rationell wirtschaftende Betriebe ermächtigen, auch dann ein «paritätisches» Einkommen zu erwirtschaften, wenn die Produzentenpreise für Milch, Getreide und Zuckerrüben vom Landesindex der Konsumentenpreise abgekoppelt wurden. Das Resultat war jedoch, dass es zu einer noch grösseren Ausdehnung der Produktion und damit zu einem weiteren Anstieg der staatlichen Leistungen kam, ohne dass der Einkommensrückstand dadurch ausgeglichen werden konnte.

Mit der Abkoppelung der landwirtschaftlichen Produzentenpreise vom Landesindex der Konsumentenpreise, die in der zweiten Hälfte der 1960er Jahre umgesetzt wurde (Grafik 2.3-24), sollte die seit dem Ersten Weltkrieg als Service public organisierte Agrarproduktion durch eine forcierte «Gesundschrumpfung»[179] wettbewerbs-

178 Baumann/Moser 1999, 366–380.
179 Moser 1994.

Grafik 2.3-24: **Landwirtschaftlicher Produzentenpreisindex (PPI-L) und Landesindex der Konsumentenpreise (LIK) (1914–1992)**

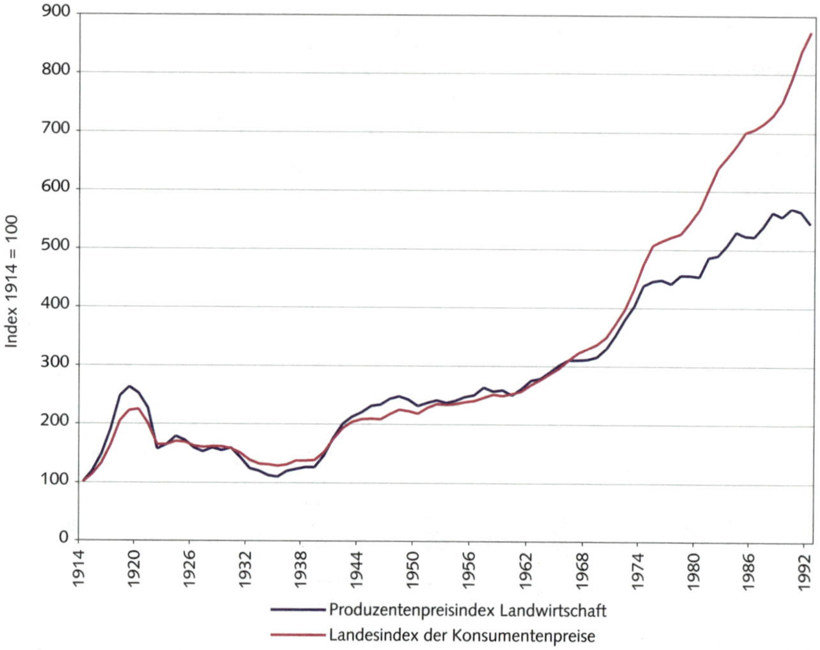

Quelle: Agristat-News 1/2008, 3.

fähiger gemacht werden. Die gleichzeitig neu aufgekommenen umweltpolitisch motivierten Erwartungshaltungen führten zur Genese jener neuen Agrarpolitik, die ab den 1990er Jahren mit der einprägsamen, produktive Missverständnisse geradezu fördernden Formel von «mehr Markt» und «mehr Ökologie» wirkungsmächtig wurde.

Eine «produktivistische»[180] Landwirtschaft ist unter anderem dadurch gekennzeichnet, dass immer weniger Menschen mit immer mehr Hilfsstoffen eine ständig wachsende Menge Nahrungsmittel auf einer beständig reduzierten Bodenfläche herstellen – also genau das, was auch für die schweizerische Landwirtschaft ab den 1950er Jahren zu beobachten war. Ein Hauptgrund, weshalb das in der Schweiz so umfassend gelang, liegt in der Erweiterung der Ressourcengrundlage der agrarischen Produktion im Lauf der Nachkriegszeit; ein anderer in der flächendeckenden Aus- und Weiterbildung der zivilgesellschaftlichen Akteure sowie der staatlich-verbandlichen Regulierung der Produktion, Verarbeitung und Vermittlung.

Teile der Produzenten und Konsumenten, die sich am Rand oder gar ausserhalb des «Ernährungskartells» befanden und bestimmte Aspekte der getroffenen Regelungen nicht mittragen konnten oder wollten, revoltierten wiederholt gegen diese im

180 Ilbery/Bowler 1998; Langthaler 2006.

Abbildung 2.3-1: **Akteure, Konfliktmuster und Marktordnungen im Milchbereich**

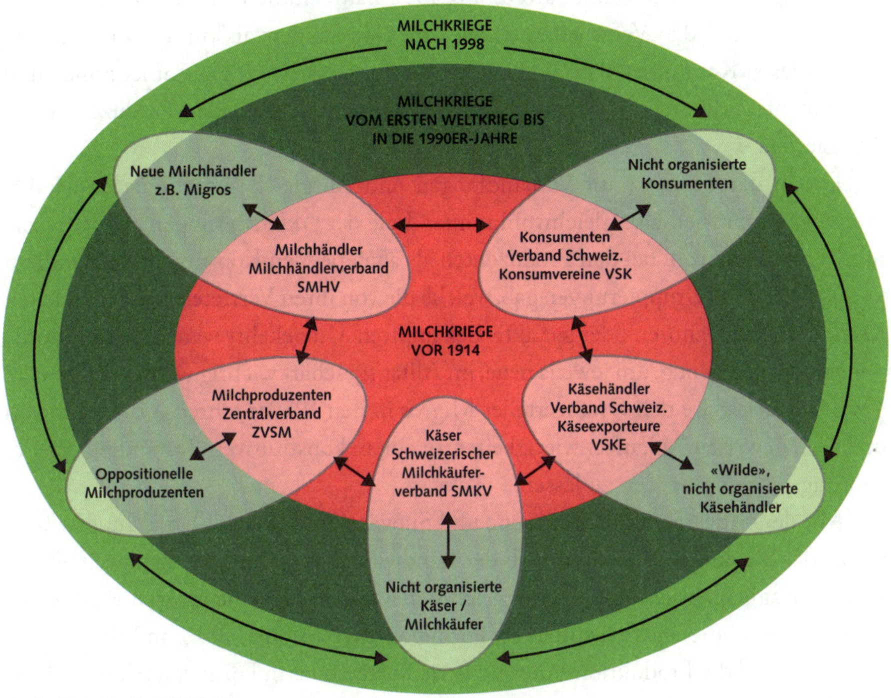

Quelle: Moser/Brodbeck 2007, 88.

Wesentlichen durch die Marktordnungen und betrieblichen Anpassungen zusammengehaltene Form der Modernisierung. «Milchkriege» und andere, die Grenzen der politischen Debatte sprengende Massnahmen, die vor dem Ersten Weltkrieg noch zwischen den Produzenten, Verarbeitern und Konsumenten ausgetragen wurden, verschwanden mit den neuen, kooperativen Marktordnungen nicht, aber sie wurden nun innerhalb der jeweiligen Gruppierungen ausgetragen. Deshalb bestreikten zwischen 1914/18 und den 1990er Jahren Milchproduzenten ihre eigenen Abnehmer, unterstützten Konsumvereine private Milchhändler gegen aufbegehrende Hausfrauen oder boykottierten Produzentenorganisationen und Konsumvereine gemeinsam neue Handelsketten (Abbildung 2.3-1).[181]

Die Grundstrukturen der landwirtschaftlichen Marktordnungen sind hier dargestellt am Beispiel der Milch: Vor 1914 und nach 1998 wurden die Interessengegensätze zwischen den einzelnen Akteursgruppen ausgetragen (also etwa zwischen Produzenten und Händlern). In den sieben Jahrzehnten dazwischen handelten die beteiligten Akteursgruppen in der Regel einen Kompromiss aus, den sie dann gegenüber ihren Mitgliedern vertraten und auch durchsetzten. In dieser Zeit wurden die Kon-

181 Moser/Brodbeck 2007, 88.

flikte also gewissermassen ins Innere der einzelnen Gruppierungen verlegt. Seit der Aufhebung der alten Milchmarktordnung 1998 nahmen die Konflikte zwischen den Produzenten und den Verarbeitern wieder zu. Ganz anders als vor 1914 artikulierte sich in diesen Konflikten aber die Haltung der (organisierten) Konsumentinnen und Konsumenten, die sich im Milchstreik vom Sommer 2008 mit den Produzenten solidarisierten.

Die in der Tendenz auf Verhandlungen und Ausgleich ausgerichteten Marktordnungen schlossen also gleichwohl immer Teile der Akteursgruppen aus, was dazu führte, dass es sowohl bei den Produzenten als auch bei den Konsumenten, Händlern und Verarbeitern Gruppierungen gab, welche die von ihren Vertretern ausgehandelten Kompromisse ablehnten oder gar aktiv bekämpften. Umgekehrt waren die Marktordnungen flexibel genug, um jeweils neue, im Alltagsgeschäft wichtig werdende Akteure – wie beispielsweise den Grossverteiler Migros in den 1950er Jahren – zu integrieren und nach gewissen Anlaufschwierigkeiten zu einem konstitutiven Bestandteil der Ernährungsordnung werden zu lassen.

Mit der umfassenden Regulierung und Subventionierung des Ernährungssektors wurde der Strukturwandel innerhalb der Landwirtschaft vorangetrieben, weitgehend sozialverträglich ausgestaltet und zugleich sichergestellt, dass die grossen Produktivitätsfortschritte, die erzielt wurden, in Form von Investitionen der Landwirte in den Bausektor und die Produktionsgüterindustrie flossen oder in Form von relativ sinkenden Preisen an die Verarbeiter und Händler weitergegeben wurden. Weil die Nachfrage nach der Agrarproduktion weitgehend unelastisch war, bedeutete die Subventionierung der Produktion «in Wirklichkeit eine Subventionierung der Konsumenten durch die Steuerzahler», wie der Ökonom und zugleich heftigste Kritiker der staatlichen Agrarpolitik Henner Kleinewefers bemerkte. Die Produzenten wurden zu einer «reinen Durchgangsstation, bei der sich Kosten und Erlöse»[182] jeweils um gleich viel änderten, sodass die Nahrungsmittelpreise für die Konsumenten trotz immer aufwendigerer Verarbeitungsverfahren relativ gesehen immer billiger wurden. Im Gegensatz zur populären Deutung, wonach die Regulierung und Subventionierung des Agrarsektors die Produzenten auf Kosten der Konsumenten privilegierte, zeigt diese Interpretation, dass die Politik einen massiven Strukturwandel innerhalb des Agrarsektors zur Folge hatte (Grafik 2.3-25).

Bezeichnenderweise regulierten und subventionierten im 20. Jahrhundert alle westlichen Industriestaaten, unabhängig von der jeweiligen parteipolitischen Zusammensetzung der Regierungen, die Agrarproduktion. Und zwar nicht, um den Rationalisierungsprozess innerhalb der Landwirtschaft aufzuhalten, sondern um ihn zu fördern und in die gewünschten Bahnen zu lenken. «Ces politiques n'entendent pas se substituer au jeu du marché. Au contraire, leur sens est de s'appuyer sur son mouvement, mais en corrigeant les à-coups conjoncturels et en régulant les transferts des

182 Kleinewefers 1972, 302.

Grafik 2.3-25: **Entwicklung der in der Landwirtschaft Beschäftigten im Vergleich mit den Haushaltsausgaben für Nahrungsmittel (1910–2000)**

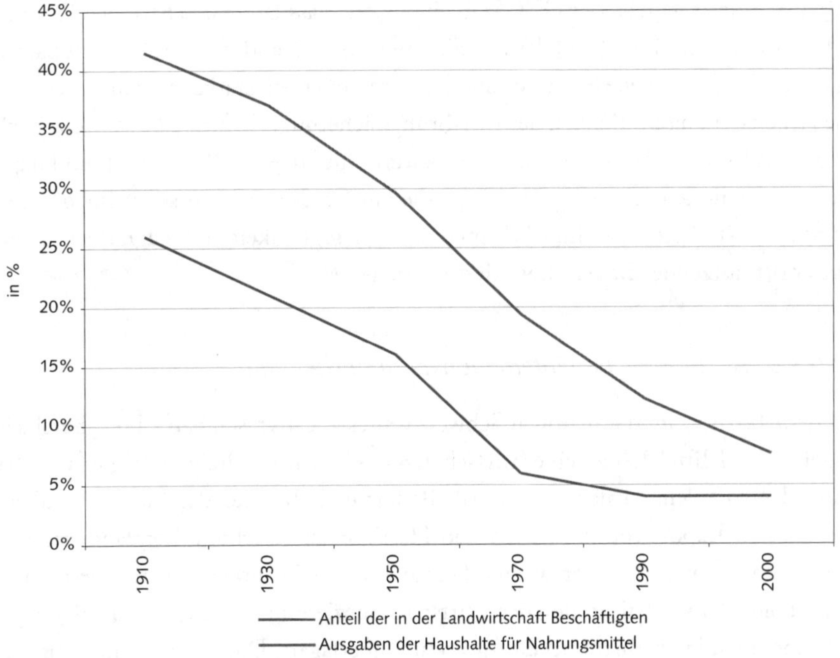

Quellen: Tanner 1999, 113; Baumann/Moser 1999, 477.

gains de productivité pour permettre l'investissement, soutenu lui aussi par des aides économiques particulières. Par là, ces politiques sont fondamentalement anticorporatistes dans la mesure où elles cherchent à préserver les bienfaits de la concurrence et les baisses de prix que celle-ci garantit. L'agriculteur ‹productiviste› qu'elles créent ou suscitent en est la preuve.»[183]

Auch in der Schweiz führte die Zoll-, Anbau- und Preispolitik zu einem massiven innerlandwirtschaftlichen Strukturwandel. «Hätte man einen Plan gemacht, um den Bauernstand zu dezimieren», sagte Gottlieb Duttweiler 1960 im Nationalrat, «so hätte das den Auswirkungen nach nicht viel anders aussehen können als das, was seit Jahrzehnten vorgekehrt wurde».[184] Und Henner Kleinewefers hielt 1972 fest: «Das heutige System der Agrarpolitik zwingt die Bauern zur höchstmöglichen Produktivität.»[185] Dass sich die Zollzuschläge bei den Nahrungsmitteln nicht als die Teuerung anheizend, sondern lediglich als «Preisfallbremsen» auswirkten, anerkannten Vertreter der Arbeiter- und Konsumentenschaft schon in den 1920er Jahren.[186] Und in

183 Tavernier et al. 1972, 22.
184 Zit. nach Baumann/Moser 1999, 374.
185 Kleinewefers 1972.
186 *Rote Revue*, November 1929, 85.

der Tat führte die Zollpolitik volumenmässig nicht zu einer besonderen Abschottung gegenüber Einfuhren von aussen. Die Schweiz importierte in der zweiten Hälfte des 20. Jahrhunderts gemäss der OECD in einem Ausmass landwirtschaftliche Produkte und Nahrungsmittel pro Kopf der Bevölkerung wie kein anderes Land in Europa; einzig asiatische Staaten wie Südkorea und Japan setzten noch stärker auf eine internationale Arbeitsteilung im Bereich der Ernährungssicherung.[187] Kurz: Die schweizerische Agrarpolitik sorgte dafür, dass «im Wettbewerb um knappen Boden und um knappe Arbeitskraft die Grenzbetriebe verdrängt, die mittlere Betriebsgrösse erhöht, die Leistungsfähigkeit überdurchschnittlich innovativer, Möglichkeiten des agrartechnischen Fortschritt nutzender Bauern honoriert wurden».[188]

2.3.5.3.3 Agrarräume und internationale Arbeitsteilung

Auf dem Territorium der heutigen Schweiz war es, idealtypisch betrachtet, bereits im ausgehenden Mittelalter zu einer wirtschaftsräumlichen Zweiteilung in ein Ackerbau treibendes, vor allem lokale und regionale Bedürfnisse abdeckendes Talgebiet und eine eher auf den Export von Zuchtvieh und Hartkäse ausgerichtete Berglandwirtschaft gekommen.[189] Im Verlauf der zweiten Hälfte des 19. Jahrhunderts wurde diese Struktur als Folge der Globalisierung der Wirtschaftsbeziehungen weitgehend aufgehoben und zunehmend von einem neuen Agrarraum überlagert. Dieser Agrarraum entstand in dem von der Agrargeschichtsschreibung zum Ancien Régime als *Misch-* oder *Feldgraszone* identifizierten Grenzgebiet zwischen dem *Kornland* und dem *Hirtenland*.[190] Vor allem im höheren Mittelland, wo in der zweiten Hälfte des 19. Jahrhunderts die exportorientierte Hartkäseproduktion und die Kondensmilchherstellung stark zunahm, schob sich ein vom östlichen Teil der Waadt über Freiburg, weite Teile Berns und Luzerns bis in die Ostschweiz reichender Agrarraum zwischen die stagnierende Berglandwirtschaft und den seit den 1870er Jahren zwar krisengeschüttelten, aber insgesamt doch expandierenden Agrarsektor im eigentlichen Mittelland. Hier entstand jene partiell exportorientierte, im Wesentlichen aber auf die steigende Inlandnachfrage ausgerichtete Landwirtschaft, die nach dem Zweiten Weltkrieg dann auf das Gebiet der ganzen Schweiz ausgedehnt wurde.

Die Berglandwirtschaft war in der zweiten Hälfte des 19. Jahrhunderts gegenüber der agrarischen Entwicklung im Mittelland und im Voralpengebiet auch deshalb so stark ins Hintertreffen geraten, weil die Intensivierung und Spezialisierung der Vieh- und Milchproduktion im Mittelland die Landwirtschaft in den Berggebieten direkt

187 Binswanger 2007, 3.
188 Siegenthaler 1987, 506.
189 Braun 1984.
190 Zu der von Markus Mattmüller und seinen Schülern geprägten Terminologie der *Agrarzonen* in der alten Schweiz vgl. Schluchter 1989.

konkurrenzierte.[191] Der Eisenbahnbau war für beide Gebiete von entscheidender, jedoch ganz unterschiedlicher Bedeutung: Im Flachland trug er stark dazu bei, dass die Landwirtschaft umfassend in den Weltmarkt integriert werden konnte. Der durch die Dampfeisenbahn und die Dampfschiffe möglich gewordene regelmässige Import von billigem Getreide aus Übersee drängte zwar den Brotgetreideanbau an den Rand, erleichterte aber den Export von Käse und Kondensmilch. Zudem beflügelte der Eisenbahnbau selbst das Wirtschafts- und Bevölkerungswachstum im Mittelland entlang der grossen Verkehrsachsen und trug so zur Steigerung der Inlandnachfrage nach Gemüse, Milch und Fleisch bei. Die Berggebiete hingegen wurden durch den Eisenbahnbau buchstäblich von den stark wachsenden Agrarmärkten abgekoppelt. In vielen Gegenden ging die Bevölkerung ab den 1860er Jahren massiv zurück. Anders als im Flachland und im Voralpengebiet, wo Viehzucht, Milchverarbeitung und Fleischproduktion den rückläufigen Getreideanbau mehr als ersetzten, stagnierte nun die von den Konsumzentren zunehmend abgeschnittene, auf extensiver Weidewirtschaft basierende Berglandwirtschaft. Im ganzen Alpenraum, vom Wallis über die Inner- bis in die Südostschweiz, nahmen sowohl die Viehbestände[192] als auch der Umfang des Ackerbaus ab.

Charakteristisch für den neu entstandenen Agrarraum war, dass die landwirtschaftliche Produktion mit einer flächendeckenden Ausdehnung der Hartkäse- und Kondensmilchherstellung durch sich genossenschaftlich organisierende Produzenten und private Milchsiedereien stark auf die Nachfrage auf dem Weltmarkt ausgerichtet wurde, ohne dass deshalb der Ackerbau, der hier im Zuge der Agrarmodernisierung in der ersten Hälfte des 19. Jahrhunderts zugenommen hatte,[193] aufgegeben worden wäre. Komplementär und in enger Verbindung mit der Exportorientierung wurden neue, auf die Befriedigung der wachsenden Inlandnachfrage ausgerichtete Betriebszweige wie die Schweinehaltung und der Feldobstbau aufgebaut und in die bisherige Wirtschaftsweise integriert.[194] Die stark von der volatilen internationalen Konjunktur abhängige Milchproduktion und die auf die stabilere Binnennachfrage ausgerichtete Schweinehaltung führten auf den mittelgrossen Höfen zu einer Verstetigung und Stabilisierung der Einkommenslage[195] – und sie ergänzten sich auch auf der Ebene der Stoffflüsse: Die bei der Käseproduktion anfallende Schotte konnte den Schweinen verfüttert werden und der mit der steigenden Tierzahl immer reichlicher anfallende Hofdünger diente zur Ausdehnung des Futterbaus für die Milchproduktion. Die am Ende des 19. Jahrhunderts europaweit zu beobachtende Tendenz zur «Verbäuerli-

191 Wobei sich gleichzeitig auch neue Kooperationsmuster zwischen der Landwirtschaft in Berg- und derjenigen in Talregionen entwickelten wie die Aufzucht von aus dem Tal stammenden Rindern und Stieren in den Berggebieten.
192 Frey 2008.
193 Pfister 1989, 46.
194 Frey 2008; Lemmenmeier 1983.
195 Laur 1939, 526–614.

chung der Landwirtschaft»[196] in Form einer zunehmenden Dominanz bäuerlicher Familienbetriebe mittlerer Grösse, welche die kleinsten und grössten Betriebseinheiten verdrängten, wurde in der Schweiz zu Beginn des 20. Jahrhunderts durch die nationale Vereinheitlichung des bäuerlichen Erbrechts noch verstärkt. Das 1912 in Kraft getretene ZGB schränkte die Verfügungsgewalt der Eigentümer von Landwirtschaftsland über ihren Boden massiv ein und bevorzugte damit die bäuerlichen Selbstbewirtschafter. Diese verfügten nun nicht nur über einen gesetzlichen Anspruch darauf, ihre Produktionsgrundlage zum Ertragswert erwerben zu können, sondern machten diesen in der Praxis zunehmend auch geltend.[197]

Nach dem Zweiten Weltkrieg dehnte sich die bäuerlich dominierte Form einer intensiv betriebenen Agrarproduktion in die Berggebiete aus, und zwar vor allem aus drei Gründen: Erstens waren die Berggebiete auf der ideologischen Ebene schon in den 1930er und 1940er Jahren in die – in der sozioökonomischen und politischen Realität allerdings heterogene – schweizerische «Volksgemeinschaft»[198] integriert worden; zweitens bestanden in der unmittelbaren Nachkriegszeit mit der Motorisierung endlich die Möglichkeiten zu einer verkehrsmässigen Erschliessung der Berggebiete; und drittens begannen ausgebildete Agronomen während und vor allem nach dem Zweiten Weltkrieg auch in den Behörden und Verbänden der Berggebiete wichtige Funktionen zu übernehmen. Laurs Nachfolger Oskar Howald etwa, der noch 1942 von Vertretern der Berggebiete zum Rücktritt aufgefordert worden war, erklärte 1946, dass die «technische Aufrüstung unserer Bergdörfer» jetzt ein «Werk von säkularer Bedeutung» sei und «im Zeichen des allgemeinen Neuaufbaus und der Neugestaltung der Wirtschaft in Angriff genommen» und «zu Ende geführt werden sollte».[199]

So begann sich das agrarische Erscheinungsbild in den Berggebieten rasch den Verhältnissen im Tal anzupassen. Auch im Alpenraum wurden jetzt Silos zur Grünfutterkonservierung aufgestellt. Der Ausbau der Tierhaltung erforderte hier jedoch noch mehr als im Tal den Zukauf von Futtermitteln; hinzu kam der Bau grösserer Ställe, die sich architektonisch kaum mehr von denjenigen im Flachland abhoben. Und die jetzt auch im Berggebiet massenhaft erworbenen Traktoren, Motormäher, Ladewagen, Melkmaschinen und Jauchefässer unterschieden sich nur durch ihre Hangtauglichkeit von den europaweit gängigen Standardmodellen (Grafik 2.3-26). Die «technische Aufrüstung» der Berglandwirtschaft führte zu mehr Bauten für mehr Tiere und damit auch zu mehr Hofdünger – ähnlich wie vor über einem halben Jahrhundert im höheren Mittelland, als dort der neue Agrarraum entstanden war, der sich nun in die Berggebiete ausdehnte.

Die ökonomisch-ökologische Integration der Berggebiete in den nun praktisch die ganze Schweiz umfassenden Agrarraum war ein zentrales Anliegen der staatlichen Agrar- und Regionalpolitik. Das Landwirtschaftsgesetz von 1951 postulierte

196 Koning 1994.
197 Degiorgi 1988; Head-König 2010.
198 Mooser 1997, 701.
199 Zit. nach *Agrarpolitische Revue* 1947/48, 148.

Grafik 2.3-26: **Ausstattung der Betriebe mit Silobehältern für Grünfutter und Melkmaschinen sowie Anzahl Traktoren (1955–1990)**

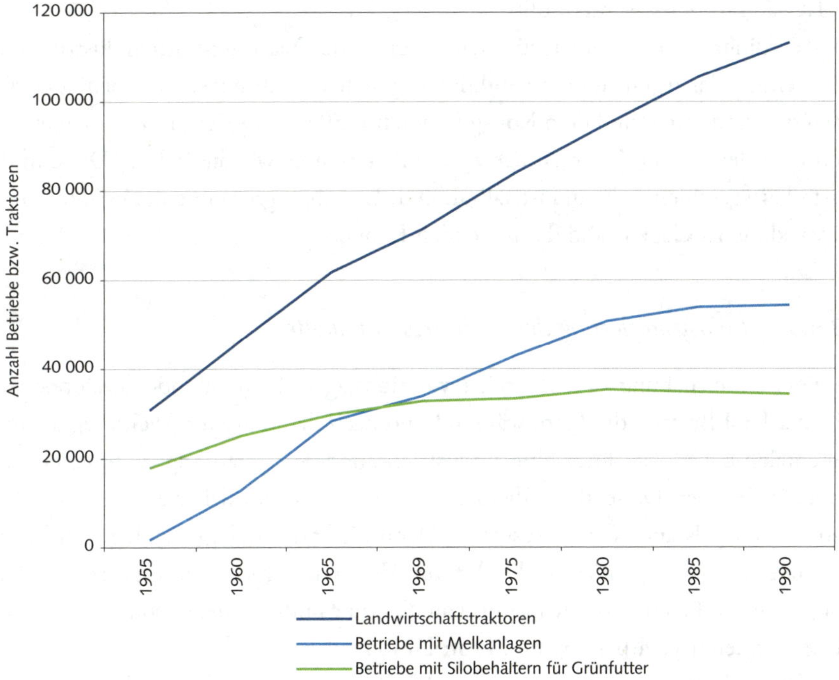

Quelle: HSSO Tab. I.41.

an erster Stelle eine gezielte Förderung der Berggebiete. Und ab 1957 wurden erstmals auch die Alp- und Weidegebiete in den landwirtschaftlichen Produktionskataster einbezogen. Zudem dominierte in Bezug auf die Berggebiete die – in den 1950er Jahren gegenüber der Landwirtschaft insgesamt vorherrschende – Einschätzung, dass diese zwar rückständig, aber zugleich auch entwicklungsfähig seien und dementsprechend durch eine «technische Aufrüstung» in eine erfolgreiche Zukunft geführt werden könnten. Die Überzeugung, dass mit einer Integration der Berglandwirtschaft in die industrielle Wachstumswirtschaft auch Letztere gestärkt werde, wurde in den 1950/60er Jahren noch einmal wirkungsmächtig. Denn Wachstum, so die dieser Strategie zugrunde liegende Vorstellung, konnte nicht nur über die Expansion ins Ausland, sondern, komplementär dazu, auch über eine Modernisierung der Binnenwirtschaft in Gang gesetzt werden.

Weil fast parallel zu den Bestrebungen einer ökonomischen Integration der Berglandwirtschaft auch die ersten grösseren Verwertungsprobleme entstanden, begann die staatliche Agrar- und Regionalpolitik praktisch zeitgleich mit der «technischen Aufrüstung» nach berggebietsspezifischen Massnahmen zur Produktionslenkung zu suchen – und damit die angestrebte Integration gleich wieder zu relativieren. Mit den Ende der 1950er Jahre eingeführten *Direktzahlungen* zur Lenkung der Tierproduktion im Berggebiet wurde interessanterweise bereits jenes Instrument entwickelt, das in den 1990er Jahren zu einem Grundpfeiler der gesamtschweizerischen, später auch der EU-Agrarpolitik werden sollte.

Allerdings leisteten die drastischen Eingriffe der Nahrungsmittelindustrie in die Verarbeitung der Agrarprodukte und damit in den Vermittlungszusammenhang zwischen der Produktion und dem Konsum in den 1950 und 1960er Jahren einen ebenso wichtigen Beitrag zur *Homogenisierung* der Agrarräume wie die Politik. Diese in der Wirtschaftsgeschichte als «industrialisation de la chaîne agro-alimentaire»[200] bekannte Entwicklung ist Gegenstand des folgenden Kapitels.

2.3.5.3.4 Industrialisierung der Nahrungsmittelkette

In seiner Untersuchung zu den «trois révolutions agricoles du monde développé» bezeichnet Paul Bairoch die Jahre während und nach dem Zweiten Weltkrieg als fundamentalen Bruch, der durch eine «industrialisation de la chaîne agro-alimentaire»[201] charakterisiert sei. Diese Begrifflichkeit beschreibt sowohl den Kern der Transformationskräfte als auch deren Resultate. Denn die Industrielogik schlug sich in den 1950/60er Jahren nicht nur auf die Art und Weise der Produktion und der Beschaffung sowie auf die Form des Konsums von Nahrungsmitteln nieder, sondern noch viel stärker auf deren Verarbeitung und Distribution.

Mit der Industrialisierung der Nahrungsmittelkette veränderte sich auch die gesellschaftliche Bedeutung der Landwirtschaft. Die rasch wachsende Nachfrage der Bauern nach Produktionsmitteln aus dem gewerblich-industriellen Bereich (Pflanzenschutzmittel, Kunstdünger, Maschinen, Bauten usw.) und Dienstleistungen staatlich-privater Herkunft (Kredite, Versicherungen sowie Beratungs- und Buchhaltungsdienste) machte den Agrarsektor für die Unternehmen der Industrie- und Dienstleistungsbereiche zu einem besonders interessanten Kunden – und die staatliche Verwaltung zu einem Laboratorium, um planerische Eingriffe in einem neuen Wachstumsbereich zu erproben.

Sowohl der wachsende Einsatz industriell hergestellter Hilfsmittel im landwirtschaftlichen Produktionsprozess als auch die Verarbeitung, Verpackung und Konservierung dieser Produkte (Kühlschränke, Gefriertechnik, Pasteurisierung, chemische Konservierungsstoffe, Plastikhüllen), deren Vermittlung (Transporte von den Produzenten über den Lebensmitteldetailhandel zu den Konsumenten) sowie der Konsum selbst (Selbstbedienung, Fertigprodukte) gehorchten immer mehr der Logik einer Raum und Zeit umfassenden Industrialisierung.[202] Eine Grundvoraussetzung dieser Entwicklung war der nahezu unbeschränkte Zugriff auf die ab den 1950er Jahren im-

200 Bairoch 1989, 328.
201 Bairoch 1989, 328.
202 Tanner 2003, 36.

Grafik 2.3-27: **Einsatz von körperlicher und maschineller Arbeitskraft in der agrarischen Produktion (1941–1973)**

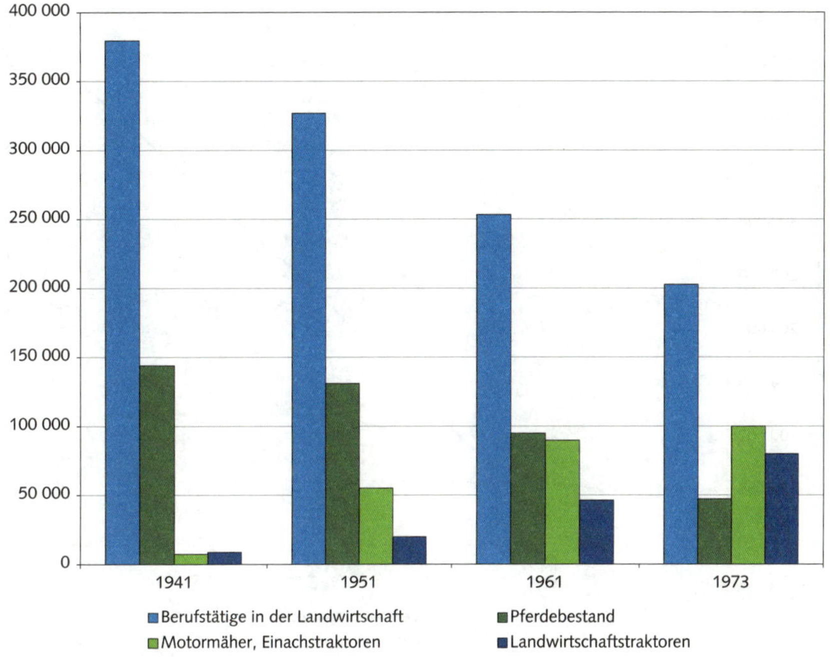

Quellen: HSSO Tab. I.8, I.41; Brugger 1985, 97–103; Popp 1983, 13.

mer billiger werdenden fossilen Energieträger.[203] Was in der ökonomischen Literatur als Ersetzung von Arbeit durch Kapital beschrieben wird, war in der agrarischen Praxis eine partielle Ersetzung lebender Ressourcen durch mineralische, in Grafik 2.3-27 dargestellt an der Entwicklung der Traktoren und Motormäher sowie der menschlichen und tierischen Arbeitskräfte.

Noch zu Beginn des 20. Jahrhunderts waren die Möglichkeiten zur Anwendung von (Elektro-)Motoren auf den Hof- und Haushaltsbereich beschränkt. Erst ab den 1940er Jahren ermöglichten neuartige Geräte wie Motormäher, Ladewagen und Mähdrescher, die alle auf dem Antrieb durch Verbrennungsmotoren basierten, eine flächendeckende Motorisierung vieler Feldarbeiten (Grafik 2.3-28).

Entscheidend ist, dass diese Prozesse der Chemisierung, Mechanisierung und Motorisierung mit ihren Möglichkeiten zur langfristigen Konservierung sowie zum beschleunigten und immer raumgreifenderen Transport ebenso wie die wachsende Bedeutung der Kommunikation im Zusammenhang mit dem Vertrieb und der Vermarktung agrarischer Produkte eng ineinandergriffen und sich wechselseitig verstärkten: Deshalb konnten nun immer weniger Menschen auf einer reduzierten Bodenflä-

203 Pfister 1995.

Grafik 2.3-28: **Einsatz von Elektro- und Verbrennungsmotoren auf den landwirtschaftlichen Betrieben (1929–1980)**

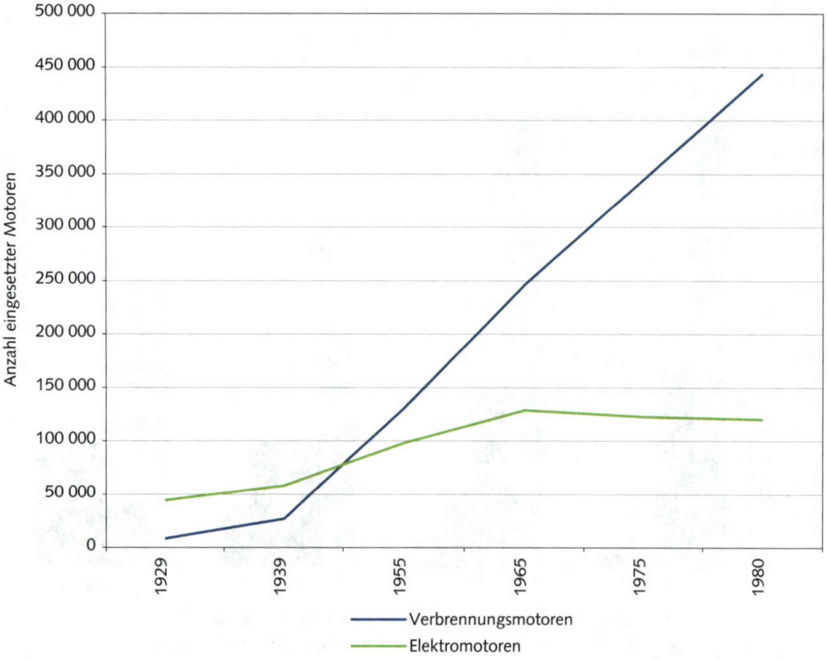

Quelle: Brugger 1985, 95–103.

che mit zunehmend hoffremden Hilfsstoffen immer grössere Mengen weitgehend homogener Nahrungsmittel produzieren. Diese wurden zu einem immer grösseren Teil verarbeitet und gesondert verpackt, bevor sie auf den beständig anwachsenden Verkaufsflächen von einigen wenigen Detaillisten angeboten und von einer immer häufiger motorisierten und daher immer mehr versiegelten Boden benötigenden Käuferschaft zu immer günstigeren Preisen gekauft wurden.

Sowohl die Verarbeitung als auch der Handel mit und die Distribution von Nahrungsmitteln erwiesen sich als relativ gut geeignet, um sie entlang der Industrielogik zu modellieren. Neben Verarbeitungsbetrieben wie Molkereien und Schlachthäusern, die sich oft im gemeinsamen Besitz von Produzenten, Händlern, Gemeinden und Konsumenten befanden,[204] spielten in diesem Prozess vor allem die beiden Grossverteiler Migros und Coop (bis 1968: Verband Schweizerischer Konsumvereine VSK) eine ganz zentrale Rolle (→ 3.1.4). War der VSK schon im Ersten Weltkrieg zu einem konstitutiven Teil der schweizerischen Ernährungsordnung geworden, so erfolgte die Integration der 1925 entstandenen und 1941 ebenfalls in einen Genossenschaftsbund

204 Für den Milchbereich vgl. Moser/Brodbeck 2007.

umgewandelten Migros in den 1950er Jahren.[205] Dass Coop mit der Gründung der Schweizerischen Genossenschaft für Gemüsebau (SGG) 1918 in die Nahrungsmittel*produktion*[206] und die Migros zehn Jahre später in die Nahrungsmittel*verarbeitung*[207] einstiegen, war eine wichtige Voraussetzung für die umfassende Integration der Grossverteiler in die landwirtschaftlichen Marktordnungen, und zwar nicht nur, weil sie damit teilweise die gleichen Interessen hatten wie die Produzenten, sondern weil sie sich damit Wissen und Erfahrungen über die Produktion von Tieren und Pflanzen aneigneten, die nur in der Praxis gewonnen werden konnten. Die Rechtsform der Genossenschaft, die viele Betriebe der Nahrungsmittelbranche gewählt hatten, unterstützte die Tendenz zur vertikalen Integration der Ernährungsbranche – und wurde von dieser ihrerseits stark gestützt, sodass die Konsumgenossenschaften in der Schweiz im Gegensatz zu praktisch allen anderen europäischen Ländern[208] in der Nachkriegszeit nicht an Bedeutung verloren, sondern zu den dominanten Akteuren im Ernährungsbereich und sogar zu den grössten Schweizer Unternehmen überhaupt wurden.[209] Erleichtert wurde die relativ enge Zusammenarbeit von Produzenten und Händlern in der Schweiz dadurch, dass beide Bereiche schon im ausgehenden 19. Jahrhundert genossenschaftlich organisiert und um die Jahrhundertwende für kurze Zeit im Schweizerischen Genossenschaftsbund organisatorisch zusammengeschlossen waren.[210]

Anders als die Verarbeitung und der Handel, die sich rasch, umfassend und tiefgreifend entlang der Industrielogik modellieren liessen, entzogen sich sowohl die *Produktion* als auch der *Konsum* von Nahrungsmitteln dieser Tendenz bis zu einem gewissen Grad. Die begrenzten Wachstumsmöglichkeiten und naturbedingt hohen Produktionsrisiken machten den landwirtschaftlichen Produktionsprozess selbst nur beschränkt attraktiv für Versuche, ihn vollständig der industriellen Produktionsweise zu unterwerfen. Der in den USA schon um die Jahrhundertwende verbreitete Traum, aus jeder Farm eine Fabrik zu machen,[211] wurde in der Schweiz selbst in der Nachkriegszeit nie in wirklich umfassendem Sinne zu einem agrarwirtschaftlichen Projekt. Die – aus einer Industrieperspektive betrachtet – zuweilen groteske Formen annehmende «Übermechanisierung» vieler Landwirtschaftsbetriebe illustriert jedoch die Push- und Pull-Faktoren, die in dieser Hinsicht dennoch auf die Schweizer Landwirtschaft einwirkten. Selbst ein generelles Wachstum der Betriebe konnte das durch die Zyklizität und Saisonalität der Produktion bedingte Problem der nur temporär auszulastenden Maschinen nicht lösen; das wird auch anhand der nach dem Ersten Welt-

205 Girschik et. al. 2003; Moser/Brodbeck 2007, 116–121.
206 Moser 2007.
207 Schrade 2007.
208 Brazda/Schediwy 1989.
209 Im Lebensmittelbereich dominierten Migros und Coop den Markt praktisch nach Belieben, kauften sie doch zusammen mehr als drei Viertel aller landwirtschaftlichen Produkte. Zur Bedeutung der Genossenschaften als Gesellschaftsform (→ Einleitung Teil 2, Grafik 2-1).
210 Moser 2007.
211 Fitzgerald 2003.

krieg geschaffenen Grossbetriebe der Schweizerischen Genossenschaft für Gemüsebau deutlich. Sie wurden in den 1990er Jahren von Coop aus Rentabilitätsgründen wieder aufgelöst und ihr Land an Private verkauft oder in Golfplätze umgewandelt.[212]

Die Versuche, die industrielle Produktionsweise auf den Ernährungsbereich zu übertragen, lösten unter den Akteuren sowohl im Konsum- wie auch im Produktionsbereich – bei aller Faszination für die neuen Möglichkeiten – immer ein tiefes Unbehagen aus. Durch die Industrialisierung der Nahrungsmittelkette wurde der Zusammenhang zwischen Produktion und Konsum kaum mehr kommunizierbar. Die wachsende Kommerzialisierung verschleierte das Wissen darüber, woher die Nahrung stammte, unter welchen Bedingungen sie von wem wie produziert, verarbeitet und vertrieben wurde. Ausdruck dieses zunehmenden Nichtwissens war die Verbreitung einer vagen, mehr an Wunschvorstellungen als an Fakten orientierten Begrifflichkeit, die mit Adjektiven wie «nachhaltig», «industriell», «fair», «fabrikmässig» und «sozial» die ernährungspolitischen Diskussionen ab den 1970er Jahren durchzog. Ambivalent waren auch die Resultate der dritten Agrarrevolution: Einerseits ermöglichten die Produktivitätssteigerungen ein weit über die physischen Bedürfnisse hinausreichendes Angebot an Nahrungsmitteln für eine stetig wachsende Bevölkerung zu immer günstigeren Preisen; andererseits verursachte genau dieses imposante Wachstum eine Reihe nichtintendierter Folgen wie etwa ökologische Degradierungen, ein Schwinden der Biodiversität, neuartige Tierseuchen, Nahrungsmittelskandale, Essstörungen, widersprüchliche Körperregimes (Fitnessboom, Schlankheitswahn usw.) und – gewissermassen als ohnmächtiger Ersatzreaktion darauf – eine im Alltag zuweilen groteske Formen annehmende Kontrolldichte landwirtschaftlicher Produktionsprozesse.

Die schon in den 1970er Jahren einsetzende lebensweltliche Konfrontation mit dioxinhaltigen Eiern, antibiotikadurchsetztem Fleisch und später auch BSE-befallenen Tieren machte zwar in aller Deutlichkeit und sinnlich erfahrbar, dass die Bestrebungen zur Versorgung immer grösserer Bevölkerungsteile mit einem ständig wachsenden Anteil an tierischen Nahrungsmitteln ungewollte, ja fatale Auswirkungen haben konnte. Weil jedoch das Wissen über die ökologischen Grundlagen und Zusammenhänge sowie die Eigenlogiken der agrarischen (Re-)Produktionsprozesse immer lückenhafter wurde, beschränkten sich die nach den jeweiligen Nahrungsmittelskandalen ergriffenen Korrekturmassnahmen in der Regel auf eine Perfektionierung des eingeschlagenen Pfades der Industrialisierung der Nahrungsmittelkette. Und die an den Rändern des Systems entstehenden grundsätzlichen Neuorientierungen oder Rückbesinnungen wurden, wie das Beispiel des Biolandbaus illustriert, rasch mit der gleichen industriellen Wachstumslogik konfrontiert wie die bäuerliche Landwirtschaft schon seit dem 19. Jahrhundert.

212 Moser 2007.

2.3.5.3.5 Agrarisch-industrielles Wissen

Die kulturelle Dimension der historisch einmaligen ökonomischen und ökologischen Veränderungen nach dem Zweiten Weltkrieg liegt in der Entwicklung, Zirkulation, Verbreitung, Verdichtung und zuweilen auch Zerstörung agrarisch-industriellen Wissens. Die wirtschaftliche Entwicklung des Agrarsektors im 20. Jahrhundert lässt sich anhand der Etablierung der Marktordnungen, der Ausprägung neuer Agrarräume und der Industrialisierung der Nahrungsmittelkette beschreiben, aber kaum erklären. Denn möglich wurden die tiefgreifenden Veränderungen erst mit der Herausbildung und kontinuierlichen Weiterentwicklung einer *agrarisch-industriellen Wissensgesellschaft*, die aus unterschiedlichen Formen des Wissens – wissenschaftlichem Wissen, bäuerlichem Praxiswissen, lokalem Wissen – laufend neues «nützliches»[213] und gesellschaftlich relevantes Wissen generierte.

Die im Nachhinein als «selbstverständlich», «logisch» oder gar «natürlich» wahrgenommenen, der Notwendigkeit einer Erklärung sich scheinbar entziehenden Entscheidungen unterschiedlichster historischer Akteure beruhen auf kulturellen Voraussetzungen, die klärungsbedürftig sind. Am Beispiel der Landwirtschaft zeigt sich geradezu exemplarisch, dass und wie das Handeln einzelner Akteure abhängig ist von einem Wissenssystem, in dem immer wieder neu entschieden wird, was wünschenswert und machbar ist – und was nicht. Der weitgehend, aber nie vollständig vollzogene Transformationsprozess von der bäuerlichen Agri-Kultur zu einer industrialisierten Land-Wirtschaft liefert reichhaltiges Anschauungsmaterial darüber, was zuweilen «rohe», unverarbeitete Information bleibt und was «gekochtes», gedanklich verarbeitetes, systematisiertes und dann in der Praxis angewandtes Wissen wird.[214]

Die *agrarisch-industrielle Wissensgesellschaft* entstand Mitte des 19. Jahrhunderts und differenzierte sich im 20. Jahrhundert zunehmend aus. Die zuerst von wissenschaftlichen Gesellschaften, landwirtschaftlichen Vereinen und den Kantonen, später auch vom Bund sowie bäuerlichen Organisationen unterstütze Ausdehnung und Systematisierung der landwirtschaftlichen Bildung und Ausbildung erwies sich dabei als besonders wirkungsmächtig. Die landwirtschaftlichen Bildungsinstitutionen und die innerhalb der bäuerlichen Bevölkerung schon lange vorher praktizierte Kultur der permanenten Beobachtung und Weiterbildung im Arbeitsprozess mit lebenden Ressourcen schufen zusammen sowohl ein Interesse an der Weiterentwicklung bestehender Praktiken als auch eine Offenheit gegenüber Veränderungen, die von aussen kamen.[215] Mit den in den 1850er und 1860er Jahren entstehenden landwirtschaftlichen Jahresschulen, der 1871 gegründeten landwirtschaftlichen Abteilung an der ETH sowie den sich in den 1890er Jahren ausbreitenden Winterschulen (zuerst für junge Bauern, dann auch für Bäuerinnen) hatte sich bis zu Beginn des 20. Jahrhunderts eine agrarwirtschaftliche

213 Mokyr 2002.
214 Burke 2001, 20.
215 Moser 2010.

Bildungslandschaft etabliert, die sowohl den Ansprüchen der wissenschaftlichen Ausbildung als auch der praktischen bäuerlichen Fortbildung Rechnung trug.

Parallel zur Entstehung des landwirtschaftlichen Ausbildungswesens entstand ein engmaschiges Netz agrarischer Publikationsorgane, das die Zirkulation und Transformation landwirtschaftlich relevanten Wissens begünstigte und vorantrieb. Oft gekoppelt an regionale und kantonale Vereine und Gesellschaften boten diese Zeitungen, Zeitschriften und Mitteilungsorgane Wissenschaftlern, Lehrern, Funktionären, Beamten, Bäuerinnen und Bauern die Möglichkeit, sich an den agrarischen Wissensdiskursen zu beteiligen, Erfahrungen im Umgang mit technologischen Innovationen zu gewinnen und auszutauschen sowie betriebswirtschaftliche Modernisierungsvorschläge zu diskutieren.

Einen wichtigen sozialen Akteur innerhalb der neu entstehenden agrarisch-industriellen Wissensgesellschaft rief der Bund mit der relativ kompakten, (natur)wissenschaftlich ausgebildeten Berufsgruppe der *Agronomen* auf den Plan, die nicht nur einen massgeblichen Beitrag zur Diffusion neuer natur- und sozialwissenschaftlicher Kenntnisse in die agrarische Praxis leisteten, sondern der agrarischen Praxis auch zu einem höheren Stellenwert in der agronomischen Ausbildung verhalfen. Weil bis in die 1970er Jahre der weitaus grösste Teil der exklusiv und zentral an der ETH ausgebildeten Agronomen herkunftsmässig aus der landwirtschaftlichen Praxis stammte, verfügten diese, etwa im Unterschied zu den meisten französischen, irischen, britischen oder amerikanischen Agronomen,[216] über ausgesprochen gute Voraussetzungen, um zwischen den Entwicklungsvorstellungen der Industriegesellschaft und den lebensweltlichen Realitäten und Perspektiven der bäuerlichen Landwirtschaft zu vermitteln. So wie die staatlich-verbandlich regulierten Marktordnungen die Rationalisierung der Agrarproduktion in einem industriewirtschaftlichen Sinne nicht verhinderten, sondern vielmehr erst möglich machten, so erwies sich auch der direkte Bezug der Wissenschaftler zur bäuerlichen Praxis nicht als Verzögerung, sondern als Beschleunigung der flächendeckenden Umsetzung neuer Erkenntnisse naturwissenschaftlichen Ursprungs. Die gegenseitige «Vertrautheit» von Praktikern und Wissenschaftlern erleichterte sowohl die punktuelle Integration von bäuerlichem Praxiswissen in die agronomische Modellbildung als auch die flächendeckende Verwissenschaftlichung der landwirtschaftlichen Praxis. Die soziale Nähe von Agronomen und Bauern in der Schweiz illustriert auch der Umstand, dass die Söhne der beiden letzten Direktoren des Bundesamts für Landwirtschaft nicht die beruflichen Karrierewege ihrer Väter (beides Agronomen bäuerlicher Herkunft) einschlugen, sondern – wie ihre Grossväter – wieder die Bewirtschaftung eines Hofes übernahmen und damit gewissermassen in jene mittlerweile allerdings stark veränderte Lebenswelt zurückkehrten, aus der ihre Väter stammten.[217] Die Professionalisierung der Agrarwissenschaften und

216 Bonneuil/Denis/Mayaud 2008; Fitzgerald 2003; Brassley 2008.

217 Zu Jean-Claude Piot, Hans Burger und deren Söhnen vgl. das Online-Portal *Personen der ländlichen Gesellschaft:* www.agrararchiv.ch.

die damit einhergehende theoretisch-technische Durchdringung der Landwirtschaft stand in einem kontinuierlichen, immer auch konfliktträchtigen Wechselverhältnis mit der bäuerlichen Praxis und dem empirischen Wissen, das in den alltäglichen Arbeitszusammenhängen auf den Höfen buchstäblich erarbeitet und erprobt wurde.

Eng verzahnt mit der Professionalisierung der agronomischen Wissenschaften und deren wachsender Deutungsmacht innerhalb der landwirtschaftlichen Praxis war die Reisetätigkeit von Bauern und Agronomen zu Studienzwecken im In- und Ausland. Zur Systematisierung der bäuerlichen Bildung in Schulen und Labors, bei Maschinendemonstrationen, Viehschauen und Flurbegehungen sowie in sich oft situativ bildenden Gesprächsforen auf dem Dorf oder auf dem Feld trat der systematische Austausch mit Praktikern, Forschern und Wissenschaftsinstitutionen im Ausland. Die Sozialtopographie der agrarisch-industriellen Wissensgesellschaft war denn auch nie durch die Grenzen des Nationalstaats definiert. Transnationale Beziehungen von Bauern, Bäuerinnen und Agronomen waren im ganzen 20. Jahrhundert eher die Regel als die Ausnahme und trugen viel bei zur Aufnahme, Verarbeitung und Anwendung von bisher unbekannten sozialen und agronomischen Kenntnissen in der landwirtschaftlichen Praxis. Die vielfältigen Formen der Wissensaneignung und des Wissenstransfers über Landesgrenzen und Kontinente hinweg machten Agronomen und Bauern oft mit neuen und nicht selten auch mit alten, ihnen bisher aber unbekannten Technologien, betriebswirtschaftlichen Eigenheiten oder naturwissenschaftlichen Kenntnissen vertraut, die sich schleichend und oft wenig spektakulär, in den Resultaten, aber nicht unbedeutend auf die sozialen, ökonomischen und ökologischen Verhältnisse in der Schweiz auswirkten.

Dabei beschränkte sich das Lernen nicht einfach auf eine Praxis der Adaption, sondern umfasste ebenso sehr Prozesse der reflektierten Ablehnung und der selektiven Übernahme. So besuchten nach dem Ersten Weltkrieg viele junge Agronomen Länder, in denen die Behörden und Agrarverbände *keinen* Paradigmenwechsel von der Exportorientierung der Agrarproduktion hin zur Ernährungssicherung der inländischen Bevölkerung vollzogen hatten wie in der Schweiz. Die Besucher aus der Schweiz, welche die Verhältnisse in Dänemark, den Niederlanden, Grossbritannien oder Belgien jeweils vor Ort studierten, entwickelten in der Regel ein Sensorium nicht nur für die Gemeinsamkeiten und feinen Unterschiede der landwirtschaftlichen Praxis in den verschiedenen Ländern, sondern auch für deren gesamtwirtschaftliche und geographisch-topographische Eigenheiten. Aus ihrer Wahrnehmung der Verhältnisse in den exportorientierten Ländern, die alle über einen direkten Zugang zu den Weltmeeren verfügten, schlossen nicht wenige Reisende, dass in der Schweiz in vielen Fällen zwar die gleiche Technik sinnvoll, aber eine andere Organisation notwendig sei, um beim Aufbau einer stabilen Ernährungsordnung das gleiche Resultat zu erzielen.[218] Sogar

218 Vgl. dazu etwa den «nicht für eine weitere Öffentlichkeit» bestimmten Reisebericht der Studienreise, die Oskar Howald vom 7. August bis 15. Oktober 1922 nach Deutschland, Dänemark und in die Niederlande unternahm, in: Archivbestand Oskar Howald (AfA Nr. 719).

Ernst Laur, welcher der Ausgestaltung des Paradigmenwechsels in der Schweiz nach dem Ersten Weltkrieg zuweilen skeptisch gegenüberstand und auf dem internationalen Parkett vielleicht mehr Wirkung erzielte als in der Schweiz,[219] stellte fest: «Bewundern dürfen und wollen wir die dänische Landwirtschaft; aber bewirtschaften müssen wir den schweizerischen Boden [...].»[220]

Ein Besuch von Kongressen und Ausstellungen, Studienreisen zur Besichtigung und Analyse von «fortschrittlichen» Produktions-, Verarbeitungs- und Handelsbetrieben sowie der intellektuelle Austausch über das international weitverzweigte agrarische Publikationswesen gehörte im 20. Jahrhundert für viele Agrarwissenschaftler (und nicht wenige Praktiker) zum Alltag.[221] Es sei Aufgabe der landwirtschaftlichen Organisationen, «die Landwirte zu internationaler Arbeit zu erziehen», postulierte Laur.[222] Das Reisen in andere Länder und die Beobachtung der dortigen Verhältnisse und Produktionsmethoden wurde bei den Agronomen zu einem festen Bestandteil der Weiterbildung nach dem Studium. Dabei erwarben sich viele auch praktische Kenntnisse «anderer» Landwirtschaften, wenn sie nach dem Studium an der ETH längere Zeit im Ausland lebten und arbeiteten.[223] Das landwirtschaftliche Publikationswesen, die Schulen und die zahllosen Organisationen innerhalb der Schweiz fungierten als Foren, auf denen die Eindrücke und Analysen über die Verhältnisse in anderen Ländern vorgetragen, diskutiert, publiziert und damit verbreitet wurden.[224] Was den transnationalen Wissensaustausch betrifft, so lassen sich auch in der Zwischenkriegszeit und im Kalten Krieg keine nennenswerten Einbrüche feststellen. Dass Laur auch in den 1930er Jahren noch nach Deutschland reiste und Friedrich T. Wahlen in den 1920er Jahren in Kanada Karriere machte, ist bekannt; weniger geläufig ist hingegen, dass die ebenfalls an der ETH lehrenden Professoren Georg Wiegner und Ambrosius Schmid zusammen mit Funktionären des Bauernverbandes in den 1930er Jahren die Sowjetunion besuchten und dass in alle Erdteile ausgewanderte Bauern und Agronomen über einen institutionalisierten Wissensaustausch zeitlebens mit den schweizerischen Verhältnissen verbunden blieben.[225] Max Kleiber beispielsweise, ein aus dem religiös-sozialistischen Milieu stammender und an der ETH ausgebildeter Agronom,

219 Zu Laurs internationalem Engagement vgl. Graevenitz 2011.

220 Laur 1931, 23.

221 Vgl. hierzu auch Aldenhoff-Hübinger 2002, 32–70.

222 Vgl. Manuskript der Rede «Internationaler Zusammenschluss der Landwirtschaft» (1927), in: Archiv Schweizerischer Bauernverband (AfA Nr. 110), Dossier 161.1-02.

223 Vgl. das Online-Portal *Personen der ländlichen Gesellschaft:* www.agrararchiv.ch.

224 So berichteten in den Versammlungen der Gesellschaft Schweizerischer Landwirte regelmässig Wissenschaftler und Praktiker über ihre auf Reisen ins Ausland gewonnenen Erkenntnisse. Diese Berichte wurden, zusammen mit den ausführlich protokollierten Diskussionen, in den *Schweizerischen Landwirtschaftlichen Monatsheften* publiziert, die in mehr als dreissig Länder verschickt wurden.

225 Viele publizierten regelmässig in den von Theoretikern wie Praktikern gelesenen Periodika wie den *Schweizerischen Landwirtschaftlichen Monatsheften* oder der *Agrarpolitischen Revue* und orientierten ihre ehemaligen Lehrer und Bildungsinstitutionen auf dem Korrespondenzweg. Vgl. dazu beispielsweise die Archivbestände der Schulen Rütti und Schwand oder die Vereine der ehemaligen Schüler. Für eine Übersicht über die erschlossenen Bestände vgl. www.agrararchiv.ch.

wirkte ab den 1930er Jahren als Professor an der *University of California*. Gleichzeitig nahm er über das landwirtschaftliche Pressewesen und seine Mitgliedschaften in entsprechenden Organisationen bzw. über persönliche Netzwerke an den agrarwissenschaftlichen Diskussionen in der Schweiz teil.

Nach dem Zweiten Weltkrieg stiessen die Verhältnisse in Osteuropa bei jungen Bauern und Agronomen auf ein grosses Interesse, wobei die Letzteren, auch wenn sie sich in der Schweiz als «Kalte Krieger» betätigten, nicht selten wehmütig an die aus ihrer Sicht schier unbeschränkten Möglichkeiten zur radikalen Umgestaltung einer «veralteten» Bauernschaft hinter dem Eisernen Vorhang erinnerten.[226] Bauern, deren Höfe dem Strukturwandel zum Opfer fielen, stellten nun illusionslos fest: «Was der Osten tun will, tut also auch der Westen.»[227]

Die in der Schweiz besonders intensive Durchdringung von bäuerlicher Praxis und Agrarwissenschaften hatte im ganzen 20. Jahrhundert einen beträchtlichen Einfluss auf die Durchsetzung und Legitimation agrarpolitischer Richtungsentscheide. Für den nach dem Ersten Weltkrieg vollzogenen Paradigmenwechsel von der Exportorientierung der Landwirtschaft hin zu einer «Sache des ganzen Volkes»[228] beispielsweise erwies sich die Nähe zwischen Agronomen und Bauern ebenso hilfreich wie bei der Umsetzung der agrarpolitischen Reformen in den 1990er Jahren. Die gegenseitige Durchdringung von Theorie und Praxis entwickelte eine Integrationsdynamik, die bäuerliche Skeptiker an der jeweiligen Neuorientierung der Agrarpolitik zwar vielleicht nicht zu überzeugen vermochte, sie aber doch wenigstens nicht marginalisierte. Nach dem Ersten Weltkrieg waren es besonders die Bergbauernvertreter aus der Innerschweiz, die wenig begeistert waren von der mit der Neuausrichtung einhergehenden Vergesellschaftung des Agrarsektors, die neben Sicherheiten auch viele Vorschriften und Einschränkungen mit sich brachte. Dass es der jungen Generation von Agronomen trotzdem gelang, das Projekt der Ernährungssicherung nicht nur in der wirtschaftlichen und politischen Elite mehrheitsfähig zu machen, sondern auch unter den stimmberechtigten Männern und bei der (berg)bäuerlichen Bevölkerung selbst, hing stark mit ihrer sozialen Nähe zur bäuerlichen Praxis zusammen.

Ähnlich wirkungsmächtig – wenn auch ganz andere Resultate produzierend – wurde die Verbindung von Agronomie und bäuerlicher Praxis nach dem Zweiten Weltkrieg. Jetzt gelang es den Agronomen, innerhalb der in den 1950er Jahren sich organisierenden, auch formal immer umfassender ausgebildeten Landjugend ein Interesse am Umgang mit und an der Applikation von chemischen Hilfsmitteln, Motoren und Marktordnungen zu wecken.[229] Bereits in der Zwischenkriegszeit war bei

226 Einen Hinweis, wie umfassend die von der Forschung bislang noch nicht thematisierten transnationalen Beziehungen von Bauern, Bäuerinnen und zuweilen auch Dienstboten waren, liefern die in den letzten Jahren vom Archiv für Agrargeschichte (AfA) erschlossenen Archivbestände.

227 *Schweizerische Landwirtschaftliche Monatshefte* 1960, 92.

228 Moser 2000.

229 Stuber et al. 2009, 227–230.

jungen, sich in der Ausbildung befindenden Bauern eine Bereitschaft zur Modernisierung der Betriebsweise und zur Integration neuer Kenntnisse und Verfahrensweisen in die landwirtschaftlichen Produktionsprozesse vorhanden.[230] Diese Bereitschaft war in den 1950er und 1960er Jahren entscheidend, um neben der Verarbeitung und dem Handel auch die Produktion von Nahrungsmitteln so weit der Logik der Industrieproduktion zu unterwerfen, dass die rasant steigende Nachfrage nach tierischen Produkten befriedigt werden konnte – wenn auch nur in Kombination mit den Importen.

Bei den Agronomen als sozialer Gruppierung ist in der Nachkriegszeit eine Fokussierung und damit auch Beschränkung ihres Interesses auf die Umsetzung technisch-naturwissenschaftlicher Verfahren zu beobachten. So wie die Besuche im Ostblock primär im Banne der produktionstechnischen Umsetzung neuer Haltungsformen von Tieren oder Anbaumethoden von Pflanzen standen und nicht der Suche nach gesellschaftspolitischen Alternativen galten, so war man auch in der Schweiz selbst nicht geneigt, sich auf grundlegend neue, die bisherigen Entwicklungspfade in Frage stellende Sichtweisen einzulassen. Jean Vallats Vorschlag[231] für eine einmalige, umfassende Entschuldung der Landwirtschaft, um so die Grundlage zur Verbesserung der unbefriedigenden Einkommenslage vieler Landwirte zu schaffen, wurde in den 1950er Jahren ebenso als «Verwirrung stiftend»[232] interpretiert und weitgehend diskussionslos abgelehnt wie Karl Steiners «Fünf-Punkte-Plan zur Gesundung der schweizerischen Agrarwirtschaft»[233]. Und die ebenfalls von Jean Vallat Anfang der 1970er Jahre erhobene Forderung nach einem Paradigmenwechsel – «vom Rohertragsdenken weg zum Absatzdenken» – wurde als «Utopie Vallat» abgetan. Durchgesetzt hat sich dann auch nicht sein Vorschlag einer Produktionslenkung durch die Produzenten selbst, sondern die staatliche Kontingentierung der Milchproduktion.[234]

In der Nachkriegszeit nahmen die Agronomen die vorherrschenden Zielsetzungen zunehmend als gegeben und damit per se als sinnvoll an. Man konzentrierte sich darauf, die Abläufe zu optimieren und die agrarpolitischen Vorgaben mit Hilfe der technologischen Mittel und energetischen Ressourcen umzusetzen, die neu zur Verfügung standen. Es ging nun vor allem darum, jene Kenntnisse zu vermitteln, die zur Realisierung des neuen Gestaltungspotentials nötig waren. Ohne die umfassende Vorarbeit und Begleitung durch die Agronomen wäre es beispielsweise nie möglich gewesen, dass in der landwirtschaftlichen Praxis die biologisch-mechanische Schädlingsbekämpfung derart schnell durch chemisch-synthetische Verfahren zuerst überlagert und dann fast ganz ersetzt wurde. So halfen die Agronomen innerhalb der Landwirtschaft nicht nur mit, einen (zumindest kurzfristig) besseren Wirkungsgrad zu erzielen, sondern sie trugen

230 Baumann 1998; Flückiger 2012.

231 Vallat 1959.

232 So etwa in einem internen Gutachten des Schweizerischen Bauernverbandes vom 7.12.1959, in: Archivbestand Schweizerischer Bauernverband (AfA Nr. 110).

233 Steiner 1959.

234 Archivbestand Jean Vallat (AfA Nr. 725).

Grafik 2.3-29: **Entwicklung der Anzahl künstlicher Besamungen beim Rindvieh (1960/61–1983/84)**

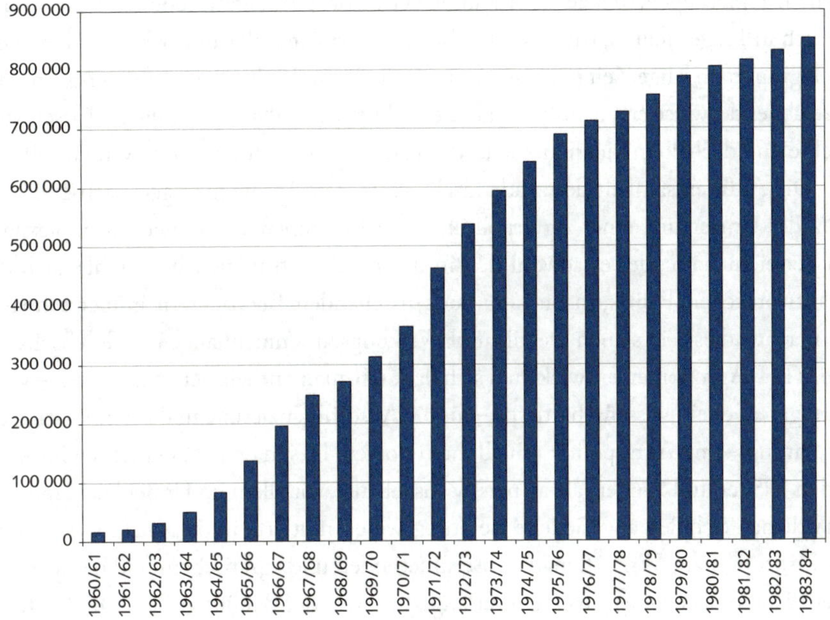

Quelle: Archivbestand Swissgenetics (AfA Nr. 148).

auch viel dazu bei, dass die bäuerliche Landwirtschaft umfassend in den wissenschaftlich-industriellen Komplex eingebunden und damit verändert werden konnte.[235] Ähnliche Entwicklungen sind auch bei der Tierproduktion zu beobachten, wo sich beim Rindvieh die von einzelnen Bauern, Agronomen und Tierärzten schon in den 1940er und 1950er Jahren propagierte künstliche Besamung sowie die Kreuzung der Rassen in den 1960/70er Jahren innert kürzester Zeit flächendeckend durchsetzte (Grafik 2.3-29). Eine Folge der Durchsetzung neuer Zuchtziele und der Ausbreitung neuer Reproduktionstechnologien war beispielsweise, dass das Freiburger Schwarzfleckvieh, das sich zur Milch- und Fleischproduktion ebenso eignete wie als Zugtier, innert zehn Jahren vollständig durch die farblich gleichen, anatomisch und genetisch jedoch grundlegend verschiedenen, einseitig milchbetonten Holstein-Kühe verdrängt wurde.

Die mit solch umfassenden Transformationsprozessen einhergehende Veränderung des Wissens über bäuerlich-handwerkliche Fertigkeiten, Tier- und Pflanzenarten, spezifische Verhaltensweisen von Tieren oder soziale Lebensformen wurde selten schriftlich dokumentiert und kaum je öffentlich diskutiert. In einem industriewirtschaftlichen Sinne «modern» zu sein, wurde für die meisten Bauern und fast alle Agronomen zum entscheidenden Code, mit dem sie ihre Zugehörigkeit zu der sich neu formierenden, von der agrarischen Realität jedoch in vieler Hinsicht grundsätzlich unterscheidenden

235 Straumann 2005.

Industrie-, Konsum- und Freizeitgesellschaft manifestieren konnten. Bei jenen bäuerlichen Gruppierungen, welche die erdölinduzierte Form der Agrarmodernisierung grundsätzlich in Frage stellten, wie etwa die Biobauern, spielten die an der ETH ausgebildeten Agronomen lange Zeit praktisch keine Rolle.[236] Im Biolandbau wurden Agronomen bezeichnenderweise erst dann aktiv, als dieser Mitte der 1990er Jahre einen Aufschwung erlebte und deshalb in die industrielle Wachstumswirtschaft integriert werden sollte.

Die Aufmerksamkeit der akademisch geschulten Agronomen galt nach 1945 also ganz der Umsetzung einer Agrarpolitik, deren Instrumentarium einen Komplexitätsgrad erreicht hatte, der es sowohl den in der Praxis betroffenen Bauern als auch den verantwortlichen Politikern und den aussenstehenden Beobachtern immer schwieriger machte, dieses in seinen Details und Wirkungszusammenhängen zu durchschauen. Die ETH-Agronomen entwickelten sich dadurch zu unentbehrlichen Experten – wenn nicht gar «Geheimwissenschaftlern» – für die Ausdifferenzierung und Interpretation der Ernährungs- und Agrarpolitik mit all ihren Folgen. Das in den 1920er Jahren initiierte, in den 1950er und 1960er Jahren massiv ausgebaute, vor allem im Umfeld der landwirtschaftlichen Schulen angesiedelte Beratungswesen mutierte in diesem Prozess von einer Institution zur Vermittlung von Lernmethoden und agrarischem und betriebswirtschaftlichem Sachwissen zu einem verlängerten Arm der Behörden, der dazu diente, die zunehmend komplexe und widersprüchliche Gesetzgebung im Agrarbereich umzusetzen. Gleichzeitig ermöglichte es der flächendeckende Ausbau der Betriebsberatung den Bauern, sich einen kontinuierlichen Zugang zu Information und Wissen zu verschaffen, was wiederum verhinderte, dass sie zu abhängigen Befehlsempfängern wurden.

Der Umfang des Personals, das zur Exegese und Weiterentwicklung der Agrarpolitik benötigt wurde, entwickelte sich im Verlaufe der zweiten Hälfte des 20. Jahrhunderts umgekehrt proportional zur Anzahl der Beschäftigten in den landwirtschaftlichen Produktionsbetrieben (Grafik 2.3-30). Auf Anregung der Berufsorganisation der ETH-Agronomen, des Schweizerischen Verbandes der Ingenieur-Agronomen und der Lebensmittel-Ingenieure (SVIAL), schufen die Kantone deshalb in den 1960er Jahren mit dem landwirtschaftlichen Technikum in Zollikofen eine zusätzliche Ausbildungsstätte für eine neue Art von Agronomen: die sogenannten Agro-Techniker, die nach den Absichten ihrer «Väter» weder in der agronomischen Forschung noch als Lehrer an den landwirtschaftlichen Schulen tätig sein sollten, sondern ausschliesslich für die technische Umsetzung von Massnahmen zuständig. In der Praxis vermischten sich die Tätigkeitsfelder der beiden Arten von Agronomen jedoch relativ rasch und mit der Umwandlung des Technikums in eine Fachhochschule wurden die ETH-Agronomen sogar zunehmend aus der Beratung und aus dem Unterricht an landwirtschaftlichen Schulen verdrängt.

236 Eine bemerkenswerte Ausnahme in dieser Hinsicht war Otto Buess, der den Gutsbetrieb der landwirtschaftlichen Schule Ebenrain in Sissach (BL) schon 1972 auf Biolandbau umstellte. Mehr zu Otto Buess auf dem Online-Portal *Personen der ländlichen Gesellschaft*: www.agrararchiv.ch.

Grafik 2.3-30: **Ausbildung von Agronomen an der ETH Zürich (1872–2004)**

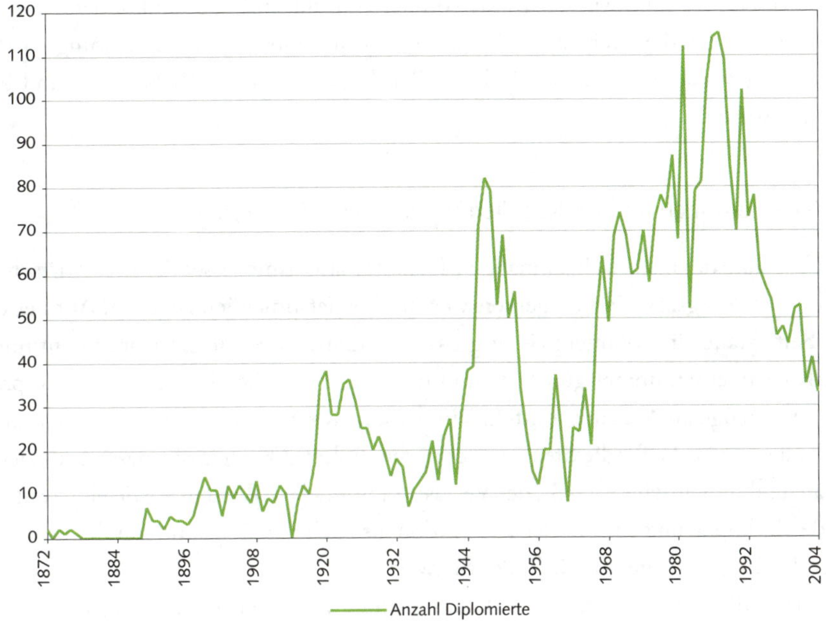

Quelle: Flückiger 2012.

Die an der ETH selbst sowie an den landwirtschaftlichen Schulen, im Beratungswesen und in der Verwaltung wirkenden Agronomen spielten auch bei der Überwindung der staatlich-verbandlich geprägten Marktordnungen und der Umsetzung der Agrarreform der 1990er Jahre eine zentrale Rolle. Sie erläuterten den Bauern nicht nur die Motive des Paradigmenwechsels von Wissenschaft und Politik, sondern leiteten die Produzenten auch dazu an, sich im neuen System zurechtzufinden. Zugleich informierten und berieten sie auch die Behörden, welche Reformen in der Praxis wie und in welchem Zeitraum umsetzbar waren. Es gehört zur Ironie der Geschichte, dass sich die ökonomische und vor allem politisch-soziale Marginalisierung der Landwirtschaft, die mit diesen Reformen eng verknüpft war, schon bald in einem dramatischen Bedeutungsverlust der Agronomenschaft selbst niederschlug. Bezeichnenderweise ging seit Beginn der Agrarreformen 1992 die Zahl der Agronomiestudenten an der ETH – im Gegensatz zu derjenigen der Ingenieurberufe insgesamt – so stark zurück, dass das 1871 geschaffene Departement für Agrar- und Lebensmittelwirtschaft im Jahr 2011, also genau 140 Jahre nach seiner Gründung, stillschweigend und ohne Aufsehen zu erregen, aufgelöst wurde.

Beinahe parallel zur Marginalisierung der Agronomieausbildung an der ETH erfolgte 1997 die Umwandlung des Technikums in Zollikofen in eine Fachhochschule, an der nun immer mehr Studierende eine Ausbildung in Agronomie, Waldwirtschaft oder der für die Freizeitgesellschaft wieder wichtiger werdenden Pferdehaltung aufnahmen. Auch dieser Trend illustriert die Veränderungen der gesellschaftlichen Erwartungen an die Landwirtschaft, die von der Nahrungsmittelproduktion zur Landschaftspflege für die Freizeitgesellschaft führte und von einer Verlagerung in der Sozialtopographie der agrarisch-industriellen Wissensgesellschaft begleitet und beeinflusst wurde.

2.3.5.4 Reformen und Re-Regulierungen in den 1990er Jahren

Die Resultate des historisch einmaligen Transformationsprozesses der Landwirtschaft in der Nachkriegszeit sind bemerkenswert und widersprüchlich zugleich. Auf der einen Seite stand die volumenmässig grosse, qualitativ gute, für die Konsumentinnen und Konsumenten immer günstiger und trotzdem weitgehend sozialverträglich produzierte Menge an Nahrungsmitteln; auf der anderen Seite standen die ökologischen Degradierungen, die für die Steuerzahler immer höheren Kosten, die massiv reduzierte soziale und biologische Vielfalt, der Verlust traditionellen Wissens sowie eine weitgehende Entkoppelung sowohl der Produktion als auch des Konsums von der erneuerbaren Bodengrundlage innerhalb der Schweiz.

Bis in die 1960er Jahre gab es kaum grundsätzliche Kritik an dem in der Zwischenkriegszeit etablierten System, das die bäuerliche Landwirtschaft nicht nur in die Industriegesellschaft integrierte, sondern auch dazu führte, dass sie einen wesentlichen Beitrag zum Wohlstand und hohen Lebensstandard in der Nachkriegszeit leistete. Die Unzufriedenheit bei Produzenten, Verarbeitern, Exporteuren und Konsumenten war selten grundsätzlicher Art: Kritiker bemängelten lediglich das Tempo, nicht aber die Richtung der Transformation. Erstmals radikal in Frage gestellt wurde die Agrarpolitik und damit auch die Ernährungsfunktion der Landwirtschaft Anfang der 1970er Jahre. Für Henner Kleinewefers war es unsinnig geworden, in der Schweiz überhaupt noch Nahrungsmittel zu produzieren. Er schlug vor, künftig anstelle der Nahrungsmittelproduzenten Landschaftsgärtner zu beschäftigen, um die Umwelt «konsumreif» zu machen.[237]

So wie in der Zwischenkriegszeit die Regelung der Produktion und des Konsums von Nahrungsmitteln ein wichtiges Laboratorium für die Bestrebungen zur Herausbildung einer «schweizerischen Volksgemeinschaft» waren, wurde die Landwirtschaft nun erneut zu einem Übungsfeld für die Entwicklung neuer Ordnungsvorstellungen, die man kurze Zeit später auch auf andere Bereiche auszudehnen versuchte. Kleinewefers radikaler Vorschlag stiess zwar unmittelbar auf wenig politische Zustimmung, aber in seinem Windschatten entwickelte sich eine ökologisch, ökonomisch und politisch motivierte Kritik, auf welche die staatliche Agrarpolitik und die sie verkörpernden Akteure fast ausschliesslich defensiv reagierten. Mit Optimierungsversuchen wie immer weiter gehenden Eingriffen in die Marktordnungen oder einzelbetrieblich ver-

237 Kleinewefers 1972.

ordneten Produktionseinschränkungen versuchten die Verbände in ihrer Funktion als Vollzugsorgane der Behörden, die sich zuspitzenden Probleme in den Griff zu bekommen – allerdings weitgehend erfolglos. So entwickelte die vielfältige, in sich widersprüchliche Kritik im Inland in Kombination mit der Offensive der grossen Agrarexportländer innerhalb der WTO bereits während der 1980er Jahre eine Sprengkraft, welche die Landwirtschaft dann ab den 1990er Jahren mit der Parole von «mehr Ökologie» und «mehr Markt» zu einem politisch erfolgreichen Experimentierfeld für verschiedene Reformen machte, die schliesslich in eine Re-Regulierung der Landwirtschaft mündeten. Bemerkenswert an diesem Prozess ist die Rolle jener Agronomen, die in den 1970er und 1980er Jahren noch massgeblich an der Perfektionierung der «alten» Ordnung beteiligt waren, sich in den 1990er Jahren jedoch an die Spitze der Kritik stellten und so einen zentralen Beitrag zur Negation und Ablösung der einst von ihnen verfochtenen Ordnung durch die neue Agrarpolitik leisteten.

Die sukzessive Abkoppelung der Produzentenpreise von der Entwicklung des Landesindexes der Konsumentenpreise Ende der 1960er Jahre illustriert das langsame Schwinden der Vorstellung, dass es Aufgabe des Staates sei, zur Sicherstellung der Ernährung die landwirtschaftliche Produktion auf der inländischen Bodengrundlage zu erhalten und zu steuern. Diese in den 1990er Jahren sich zu einem eigentlichen Paradigmenwechsel verdichtende Tendenz führte jedoch nicht zu einem Rückzug des Staates aus dem Agrarsektor. Im Gegenteil: Die Behörden leiteten jetzt umfassende Verbots- und Anreizmassnahmen in die Wege, die dazu beitrugen, dass die Landwirte erstmals begannen, die Landschaft teilweise auch ausserhalb der eigentlichen Produktionsprozesse zu pflegen und die Biodiversität mit konservatorischen Massnahmen zu erhalten. Weil es für diese Formen der Landschaftsgestaltung jedoch keine zahlungsbereite private Nachfrage gab, versuchte der Staat, die entsprechenden landwirtschaftlichen Tätigkeiten mit – theoretisch – produktionsunabhängigen Direktzahlungen statt mit Preisregulierungen zu steuern. Weil die Verwaltung diese Eingriffe nun teilweise selbst durchführte oder private Vollzugsstellen aus dem Umwelt- und Tierschutzbereich damit beauftragte, verloren viele landwirtschaftliche Organisationen in den 1990er Jahren einen wesentlichen Teil ihrer bisher ausgeübten, parastaatlichen Funktionen. Viele verwandelten sich von Genossenschaften in Aktiengesellschaften, andere suchten neue Aufgabenbereiche oder lösten sich ganz auf.[238]

Es sind im Wesentlichen drei Gründe, weshalb die bei aller tagespolitischen Kritik lange Zeit doch solide Zustimmung zum Modell der Ernährungssicherung so rasch in eine noch breitere Zustimmung zu den Reformen der 1990er Jahre geführt hat: erstens die Verwertungsprobleme, die sich im Zusammenhang mit der beispiellosen Ausweitung des Produktionsvolumens ergaben, zweitens der aussenpolitische Druck durch die grossen Agrarexportländer und drittens die ökologisch motivierte Kritik im Inland. Weil aus handelspolitischen Rücksichtnahmen und zur Steigerung

238 Moser 2003; Moser/Brodbeck 2007.

der betrieblichen Effizienz der Import von Futtermitteln in der Nachkriegszeit eher gefördert als beschränkt wurde, übertraf ab den späten 1950er Jahren die Produktion in einzelnen Bereichen sogar die enorm wachsende Nachfrage nach Nahrungsmitteln. Das führte zu Überschüssen, die – meist in Form von Exportbeihilfen durch die öffentliche Hand unterstützt – exportiert werden mussten. Diese als «subventionierte Unvernunft»[239] wahrgenommene Politik wurde in den 1980er und 1990er Jahren an der Urne verschiedentlich zurückgewiesen.[240] Zunehmend unter Beschuss genommen wurde die Subventionierung der Nahrungsmittelproduktion in der Schweiz und in Europa während der 1980er Jahre auch von den grossen Agrarexportländern wie Brasilien, Neuseeland und Australien, deren Agrarsektoren in einem ganz anderen politökonomischen Umfeld operierten als die Produzenten in Nahrungsmittel importierenden Staaten wie der Schweiz, Norwegen oder Japan. Der dritte Strang der Kritik war naturschützerisch-ökologisch motiviert und zielte neben der Reduktion des Einsatzes von Hilfsstoffen punktuell auch auf die Schaffung eines «Biolandes Schweiz»[241]. Politisch setzte sich jedoch keine dieser in den 1970er und 1980er Jahren entstehenden Konzeptionen durch, sondern ein Kompromiss, der von allem etwas enthielt und dementsprechend schon bald von den vielen Akteuren als gleichermassen widersprüchlich kritisiert wurde.

Basierte die «alte» Agrarpolitik bis in die 1980er Jahre noch auf dem Prinzip der *flächendeckenden* Erhaltung einer mit Hilfsstoffen mineralischer Herkunft auf der inländischen Bodengrundlage produzierenden Landwirtschaft, so gründeten die in den 1990er Jahren in Gang gesetzten Reformen auf einem ganz anderen funktionalen Verständnis der Landwirtschaft. Nicht mehr ihr Beitrag zum nach wie vor steigenden Nahrungsmittelkonsum in der Schweiz oder ihre Funktion innerhalb der Binnenwirtschaft stand von nun an im Zentrum der Bemühungen, sondern die wettbewerbsfähige Produktion von Rohstoffen für die Nahrungsmittelindustrie sowie die flächendeckende Erbringung von Dienstleistungen im Umweltbereich. Deshalb zog sich der Staat weitestgehend von seinem Engagement in den Marktordnungen zurück und konzentrierte sich auf den Erlass von Vorschriften, Kontrollen und Abgeltungen zur teilweisen Kompensation des Preiszerfalls und der Erbringung ökologischer Dienstleistungen. Das ist auch der Grund, weshalb die Bundesausgaben für Landwirtschaft und Ernährung in der ersten Phase der Agrarreform insgesamt stark anstiegen, danach jedoch im Verhältnis zu den Gesamtausgaben des Bundes wieder zurückgingen (Grafik 2.3-31).

Auf den oligopsonistischen Agrarmärkten führte der Rückzug des Staates aus den Marktordnungen dazu, dass die Händler und Verarbeiter auf Kosten der Produzenten signifikante Preissenkungen durchsetzen konnten. Dass die Konsumentenpreise für Nahrungsmittel nominal gleichzeitig deutlich stiegen, illustriert sowohl die Macht-

239 Priebe 1985.
240 Moser 1994.
241 Bieri/Moser/Steppacher 1999.

Grafik 2.3-31: **Entwicklung der Bundesausgaben für Landwirtschaft und Ernährung (1990–2005)**

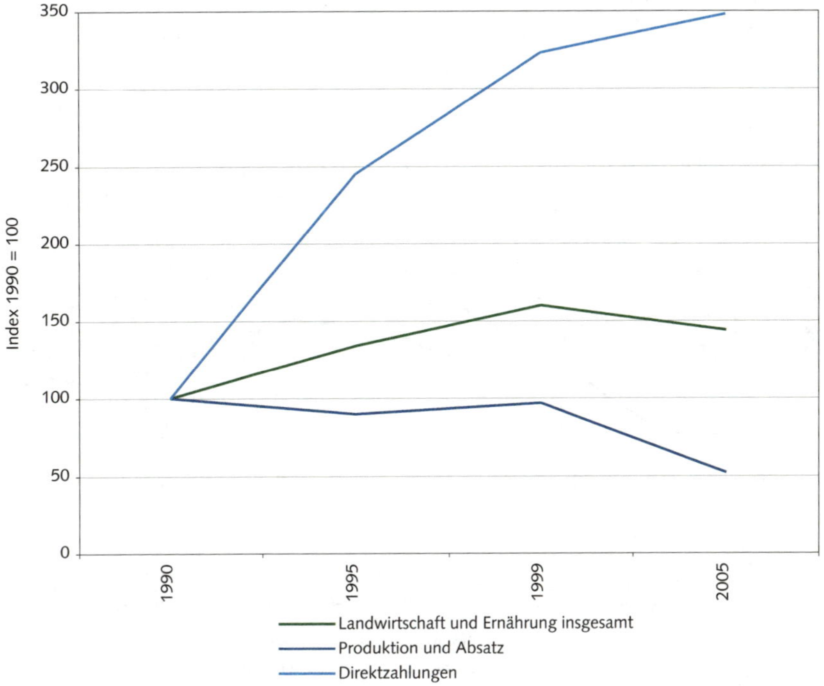

Quelle: BFS online Tab. 7.03.07.01.01.

verhältnisse innerhalb der neuen Marktordnungen als auch den Umstand, dass die bei der Verarbeitung und dem Handel mit den Produkten anfallenden Kosten mittlerweile viel wichtiger geworden waren als die Produktionskosten (Grafik 2.3-32). Von den rund 30 Milliarden Franken, die 2002 in der Schweiz für Nahrungsmittel ausgegeben wurden, gingen 60 % an den Handel, 20 % an die Importeure und nur 20 % an die Produzenten. Berücksichtigt man noch die Vorleistungen (10 %) und Abschreibungen (5 %), so waren lediglich 5 % der Nahrungsmittelausgaben der Konsumenten einkommensrelevant für die Bauern.[242] Bei Produkten des täglichen Bedarfs wie Joghurt oder Brot betrug der Anteil des Produzentenpreises 2010 weniger als 10 % des Verkaufspreises im Laden. Dass die Produzentenpreise trotzdem als Hauptursachen für die Hochpreisinsel Schweiz wahrgenommen wurden, war wohl ebenso stark eine Folge des rudimentären Wissens über die konkreten Verhältnisse im agrarisch-industriellen Produktions-, Handels- und Verarbeitungsbereich als auch eine der Pfadabhängigkeit der agrarpolitischen Diskussionen, die sich wegen der umfassenden staatlichen Regulierung des Agrarsektors in der Öffentlichkeit jahrzehntelang auf die alljährlich vom Bund neu festgelegten Produzentenpreise konzentrierten.

242 Binswanger 2007, 3.

Grafik 2.3-32: **Landwirtschaftlicher Produktionspreisindex (PPI–L) und Landesindex der Konsumentenpreise (LIK) (1966–2006)**

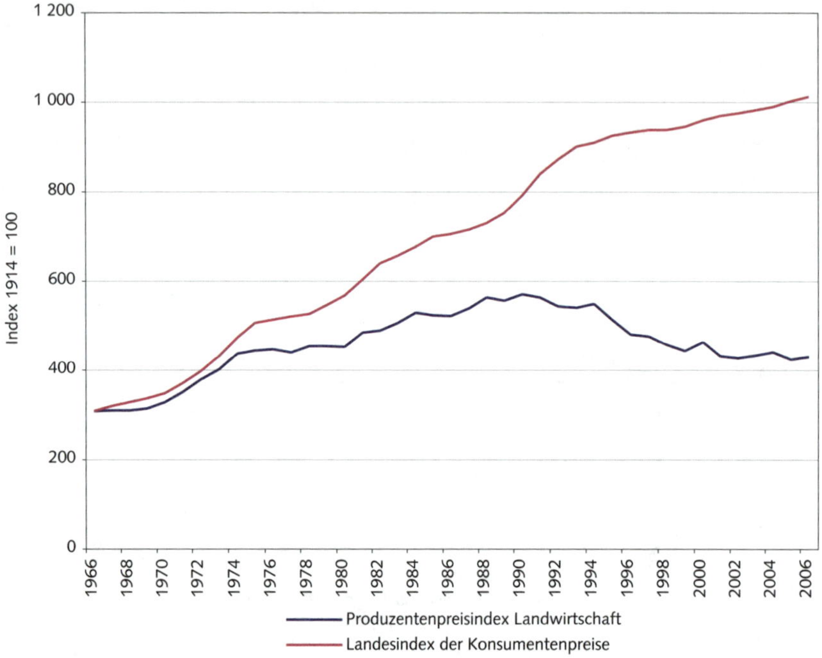

Quelle: Agristat-News 1/2008, 4.

Wie die monetären Kosten der Ernährung immer weniger über die landwirtschaftlichen Produzentenpreise zu steuern waren, so waren auch die Auswirkungen der Reform im Bereich der Ökologie völlig unabwägbar: Da «Ökologie» weder ein mess- oder wägbares Gut noch ein genau definierbares Produkt ist, konnte nicht genau festgestellt werden, ob die Agrarreform tatsächlich zu mehr Ökologie in der Landwirtschaft führte. Zweifellos hatte die Reduktion des Produktionsvolumens innerhalb der Landesgrenzen eine geringere Belastung der Umwelt in der Schweiz zur Folge. Dafür vergrösserte sich der ökologische Fussabdruck des schweizerischen Konsums im Ausland. Der Selbstversorgungsgrad mit Nahrungsmitteln in der Schweiz blieb zwar nach offizieller Lesart fast gleich gross wie vor der Reform.[243] Weil jedoch zu Beginn des 21. Jahrhunderts eine doppelt so hohe Menge an Futtermitteln importiert wurde wie zu Beginn der 1990er Jahre, betrug der Anteil der auf der inländischen Bodengrundlage erzeugten Nahrungsmittel am Gesamtbedarf nur noch rund ein Drittel.[244] Innerhalb der Schweiz ging die landwirtschaftliche Ackerfläche von 1994 bis 2006 um rund 25 000 Hektar zurück. Bei einer stark wachsenden Bevölkerung und einem dadurch steigenden Nahrungsmittelbedarf wurde in der Schweiz landwirtschaftlich

243 Bundesamt für Landwirtschaft: Agrarbericht 2009.
244 Bosshard/Jenny/Schläpfer 2010.

produktives Acker- und Gartenland in der Grösse des Murtensees in Golfplätze und Siedlungsflächen umgewandelt oder – im Berggebiet – der passiven Verwaldung überlassen, weil sich die landwirtschaftliche Nutzung nicht mehr lohnte.[245]

Massiv verringerte sich auch die Zahl der Bauernbetriebe und der Vollerwerbstätigen in der Landwirtschaft: von rund 100 000 Höfen Mitte der 1980er Jahre auf nur noch 60 000 im Jahr 2010.[246] Dafür nahm die schon zuvor grosse Vielfalt an Erwerbskombinationen der Bauernfamilien ebenso zu wie die Zahl der saisonal beschäftigten familienfremden Lohnarbeiter, die immer häufiger aus Zentral- und Osteuropa stammten. Dank einer hohen Flexibilität, überdurchschnittlich langen Arbeitszeiten und Konsumverzicht gelang es allerdings immer noch wesentlich mehr Bauernfamilien, in der Landwirtschaft zu überleben, als Wissenschaft und Politik für erstrebenswert hielten.[247]

Die für Produzentinnen wie Konsumenten gleichermassen widersprüchlichen Auswirkungen sowohl der Industrialisierung der Nahrungsmittelkette in der Nachkriegszeit als auch der «Agrarreformen ohne Ernährungsreformen»[248] seit den 1990er Jahren trugen dazu bei, dass Konsumentinnen und Produzenten zu Beginn des 21. Jahrhunderts – wie schon am Ende des Ersten Weltkriegs[249] – gemeinsam nach neuen Kooperationsformen zur Organisation der Nahrungsmittelproduktion suchten. Beispiele sind die Bauernmärkte oder die Direktvermarktung auf Höfen, aber auch die in der Romandie entstandene «agriculture contractuelle de proximité», die später unter dem Namen «regionale Vertragslandwirtschaft» in der Deutschschweiz Fuss fassen konnte. In diesen Kooperationsmodellen schlossen sich Produzenten und Konsumentinnen zusammen, um das Produktionsrisiko zu teilen und gemeinsam zu bestimmen, was von wem unter welchen Bedingungen wie angebaut werden sollte.[250] Die «regionale Vertragslandwirtschaft» ist eine lokale Variante der international zu beobachtenden Reaktion von Konsumenten und Produzenten auf die zunehmende Unübersichtlichkeit der Warenströme, die durch die Industrialisierung der Nahrungsmittelkette in der Nachkriegszeit und vor allem durch die Globalisierung der Agrarmärkte seit den 1980er Jahren entstanden ist.[251]

2.3.5.5 Fazit

Der Erste Weltkrieg führte auch in der Schweiz zu einem grundlegenden Umdenken in ernährungs- und agrarpolitischen Fragen. Hatte sich in der zweiten Hälfte des 19. Jahrhunderts die Vorstellung durchgesetzt, dass Hunger und Mangel «vormoderne» Erscheinungen seien, die dank den schon im 18. Jahrhundert einsetzen-

245 Bundesamt für Statistik 2010.
246 Bundesamt für Landwirtschaft: Agrarbericht 2010.
247 Der Agrarbericht 2009 etwa porträtiert ausschliesslich Betriebsleiter, die ihr Ausscheiden aus der Landwirtschaft als «Erfolg» deuten.
248 Moser 2006.
249 Auderset/Moser 2012.
250 Zur Organisation der regionalen Vertragslandwirtschaft vgl. www.acpch.ch.
251 Ploeg 2009.

den Agrarrevolutionen sowie der Industrialisierung mit ihren neuen Wissensformen, Technologien und Marktordnungen der Vergangenheit angehörten, so rückte die Ernährungskrise der Jahre 1917/18 die Fragilität einer auf dem Funktionieren des internationalen Handels basierenden Ernährungsordnung ins Bewusstsein vieler Zeitgenossen. Die unmittelbare Mangelerfahrung sowie die zu Recht damit in Verbindung gebrachte soziale und politische Konfliktbereitschaft der Arbeiterschaft führten in breiten Kreisen der politischen, wirtschaftlichen und wissenschaftlichen Elite zu einem Reflexionsprozess, der in die Schaffung einer neuen Ernährungsordnung mündete. Diese war in ihrer Grundausrichtung nun auf die Sicherstellung des inländischen Konsums ausgerichtet und nicht mehr, wie dies vor dem Krieg noch der Fall war, auf die Förderung der internationalen Wettbewerbsfähigkeit der Agrarproduktion.

In den sieben Jahrzehnten nach dem Ersten Weltkrieg hatte die Landwirtschaft in der Schweiz im Wesentlichen die Funktion, auf der konzeptionell als «Bundeshof»[252] modellierten landwirtschaftlichen Nutzfläche, die eigentumsrechtlich jedoch weiterhin Privaten gehörte, und unter der Führung von Verwaltung, Wissenschaft und Verbänden jene Lebensmittel zu produzieren, die zur Ernährungssicherung der nichtbäuerlichen Bevölkerungsmehrheit benötigt wurden. Der technologisch ab den 1950er Jahren auch im Agrarbereich im grossen Stil möglich gewordene Zugriff auf mineralische Ressourcen sowie die steigenden Importe von Futtermitteln hatten Produktionsausweitungen zur Folge, die zu einer Erschütterung der neuen ernährungspolitischen Architektur führten. Im Alltag begannen sich Produktionsförderung und Überflussbewältigung zu überlagern. Institutionelle und mentale Pfadabhängigkeiten sowie die periodisch immer wieder neu gemachte Erfahrung, dass sich im Ernährungsbereich Mangel und Überfluss unerwartet schnell ablösen können,[253] hatten zur Folge, dass das agrarpolitische Grundgerüst der Ernährungssicherung trotzdem bis in die 1990er Jahre bestehen blieb. Erst die ab den 1950er Jahren im Alltag sich verstetigende Wahrnehmung, dass die Versorgung mit Nahrungsmitteln auch bei einer wesentlich geringeren Inlandproduktion sichergestellt werden könnte, führte dazu, dass die Ernährungsfunktion der Landwirtschaft in den 1980er und 1990er Jahren an politischer Bedeutung verlor, zuweilen sogar grundsätzlich in Frage gestellt und durch ökologische Erwartungen überlagert wurde.

Mit den agrarpolitischen Reformen der 1990er Jahre ging jedoch keine Liberalisierung des Agrarsektors im Sinne einer Deregulierung einher. Was sich teilweise radikal veränderte, waren vielmehr die gesellschaftspolitischen Erwartungen sowie die Methoden und Massnahmen, mit denen versucht wurde, diese zu realisieren. In den 1980er und 1990er Jahren wurde zunehmend der Wunsch laut nach einer international wettbewerbsfähigen Landwirtschaft, die zugleich die «natürliche» Umwelt im Inland

252 Moser 2003, 122.
253 Gerlach 2005; deutlich wird dieses Phänomen aber auch an den nach 2007/08 wieder massiv schwankenden Preisen für Nahrungsmittel auf den Weltmärkten, die in Agrarexportländern zuweilen zu Ausfuhrbeschränkungen führten.

«konsumreif» machen sollte. Unverändert bestehen blieb der Wille zur staatlichen Regulierung und Reglementierung der Verteilungs-, Schutz- und Entsorgungsprobleme.

Konkret wollte man seit den 1990er Jahren eine *multifunktionale* Landwirtschaft mit *monofunktionalen* Betrieben, die zur Sicherstellung der internationalen Wettbewerbsfähigkeit von immer weniger Menschen bewirtschaftet werden sollten. Auch hier werden die Kontinuitäten im Wandel sichtbar: Versuchte die «alte» Agrarpolitik mit einer Homogenisierung der in der Regel noch eine Vielzahl von Produkten herstellenden Höfe die Ernährungssicherung zu erreichen, so sollten die auseinanderdriftenden Zielsetzungen nun mit hochspezialisierten Betrieben realisiert werden. In Bezug auf das Postulat einer «Gesundschrumpfung» der Landwirtschaft wirkte sich die neue Agrarpolitik auf die bäuerliche Bevölkerung gleich aus wie die alte, vom «Wachse-oder-weiche-Prinzip» geprägte Politik, in der ein umfassender Einsatz von Motoren, Maschinen, Kunstdünger, synthetischen Pflanzenschutzmitteln und importierten Futtermitteln auf den Höfen Menschen und Tiere als Arbeitskräfte im grossen Ausmass zu ersetzen begann. Mit diesem umfassenden Transformationsprozess ging eine partielle Befreiung der in der Landwirtschaft tätigen Menschen von schwerer körperlicher Arbeit und sozialer Kontrolle einher, aber auch der Verlust vielfältiger Arbeitsplätze und eine Atomisierung der übriggebliebenen Betriebsleiter. Und diese blieben wegen der Zyklizität und Saisonalität der Agrarproduktion trotz des immer grösseren Einsatzes von Maschinen und Motoren auf die punktuelle Mitarbeit von Familienmitgliedern und auf saisonal zur Verfügung stehende Arbeitskräfte angewiesen, sodass sich im Alltag auch hier das Alte und das Neue vielfältig überlagerten. Was fachkundige Beobachter auf den Höfen als hohe Flexibilität und erstaunliche Erwerbskombinationen wahrnahmen,[254] erschien Aussenstehenden alternierend als «Übermechanisierung» oder «Unterbeschäftigung».

In diesem Prozess der weitgehenden Auflösung der sozialen Klasse der Bauernschaft veränderte sich auch die gesellschaftliche Wahrnehmung des Sozialtypus «Bauer» grundlegend. Für Ernst Laur war «der Bauer» vor dem Ersten Weltkrieg noch in erster Linie ein politisch mündiger Bürger, den es mit dem Ausbau des landwirtschaftlichen Bildungswesens und der Schaffung von wirtschaftspolitisch günstigen Rahmenbedingungen für den Agrarsektor in einen *Landwirt* zu verwandeln galt, der innerhalb der internationalen Arbeitsteilung vor allem das produzieren sollte, wofür er über die besten komparativen Vorteile verfügte.[255] Für Laurs Schüler hingegen waren «die Bauern» im kurzen 20. Jahrhundert vor allem die zentralen Akteure des Service public im Ernährungssektor. Für die von der Ernährungskrise 1917/18 geprägte Agronomen- und Politikergeneration stand nicht mehr *der* Bauer als Unternehmer im Vordergrund, sondern *die* Bauern, die als rechtlich selbständige Produzenten innerhalb des «Bundeshofs» vor allem jene Nahrungsmittel zu produzieren hatten, welche

254 Ploeg 2009; Fliege 1998.
255 Laur 1907.

die Gesellschaft zur Ernährung der inländischen Bevölkerung als notwendig, gesund und sinnvoll erachtete. Nach dem Zweiten Weltkrieg wurden die Bauern zu «Arbeitern im öffentlichen Dienst»[256] und als Landwirte immer konsequenter in den Prozess der Industrialisierung der Nahrungsmittelkette integriert. Dadurch verloren viele von ihnen den direkten Kontakt zu den Konsumenten, der auch mit den Agrarreformen der 1990er Jahre nicht wieder hergestellt werden konnte, versuchten diese Reformen doch aus den Bauern entweder *Rohstoffproduzenten* für die Nahrungsmittelindustrie oder *Gastwirte* zur Versorgung der Freizeitgesellschaft (oder beides zugleich) zu machen. Den Verlust des unmittelbaren Kontakts zu den Konsumenten wollten Bauern und Agrarpolitiker lange mit einem immer bedingungsloseren Engagement bei der Umsetzung der staatlichen Agrarpolitik kompensieren – was sie auf der politischen Ebene in einen Gegensatz zu den Konsumenten brachte, für welche die Landwirtschaft ja eigentlich produzierte.

Neben der ökonomischen Funktion der *Bauern* wandelte sich im 20. Jahrhundert also auch die politische Bedeutung und soziale Stellung der *Bauernschaft*. War die bäuerliche Bevölkerung zu Beginn des 20. Jahrhunderts noch eine bedeutsame, zuweilen auch politisch einflussreiche soziale Klasse, so wurden die Bauern mit dem Verschwinden der mitarbeitenden Familienangehörigen und Dienstboten sogar innerhalb der ländlichen Gesellschaft zu einer kleinen, randständigen Minderheit. Der Umstand, dass sie als Eigentümer des landwirtschaftlich nutzbaren Bodens jedoch weiterhin über die zentrale Ressource verfügten, mit der eine nachhaltige Ernährungssicherung organisiert werden konnte, machte sie allein schon aus rechtlichen Gründen zu einer auch zu Beginn des 21. Jahrhunderts höchst relevanten gesellschaftlichen Gruppierung. Das gegen Ende des 20. Jahrhunderts auch in der Schweiz punktuell wiedererwachende Interesse von Konsumentinnen und Konsumenten an einer von ihnen unmittelbar mitzugestaltenden Ernährungsorganisation führte erneut zu Entwicklungen, die illustrieren, dass es für Bäuerinnen und Bauern trotz der fortschreitenden Industrialisierung der Nahrungsmittelkette immer wieder Alternativen gab zur «Integration durch Unterordnung»[257], wie sie in Form von staatlicher Hilfe und Bevormundung oder durch industrielle Abhängigkeiten zum Ausdruck kommt.[258]

Kapitel 2.3.1 bis 2.3.4 wurden aus dem Französischen übersetzt von Kerstin Martinez Griese

256 Moser 2000, 27.
257 Moser/Varley 2012.
258 Ploeg 2009.

2.3.6 Bibliographie

Online-Datenbanken

BFS: Bundesamt für Statistik, www.bfs.admin.ch/
HSSO: Historische Statistik der Schweiz Online, Kammerer, Patrick et al. (Hg.), www.fsw.uzh.ch/histstat/main.php

Unveröffentlichte Quellen

Archiv für Agrargeschichte (AfA), Bern, www.agrararchiv.ch

Archivbestand Schweizerischer Bauernverband (AfA Nr. 110)
Archivbestand Arbeitsgemeinschaft Schweizerischer Rinderzüchter (AfA Nr. 125)
Archivbestand Swissgenetics (AfA Nr. 148)
Archivbestand Oskar Howald (AfA Nr. 719)
Archivbestand Jean Vallat (AfA Nr. 725)

Veröffentlichte Quellen und amtliche Publikationen

Bundesamt für Landwirtschaft: *Agrarberichte* 2000f.

Bundesamt für Statistik (BFS)

BFS (Hg.): Statistisches Jahrbuch der Schweiz (Stat. Jb.), Zürich: NZZ Verlag, 1891–; Bern: Francke, 1891–; Neuchâtel: BFS.
BFS (Hg.) 2008: *Satellitenkonto Tourismus der Schweiz, 2001 und 2005. Grundlagen, Methodik und Ergebnisse,* Bundesamt für Statistik; Staatssekretariat für Wirtschaft, Statistik der Schweiz, Neuchâtel, www.bfs.admin.ch/bfs/portal/de/index/themen/10/22/publ.html?publicationID=3405.
BFS (Hg.) 2010: *Neue Resultate der Aerztestatistik* der Schweiz, Neuchâtel: BFS.
Schweizer Tourismusstatistik, Neuchâtel: Bundesamt für Statistik (Hg.), div. Jahrgänge.
Schweizer Tourismus in Zahlen, Neuchâtel: BFS, Fédération suisse du tourisme.

Litra, Informationsdienst für den öffentlichen Verkehr, www.litra.ch/Infrastruktur_Investitionen.html

Literatur

Agristat-News: www.sbv-usp.ch/ (herausgegeben vom Schweizerischen Bauernverband/Union Suisse des Paysans)
Aldenhoff-Hübinger, Rita 2002: *Agrarpolitik und Protektionismus. Deutschland und Frankreich im Vergleich 1879–1914,* Göttingen: Vandenhoeck & Ruprecht.
Anderson, Perry 1968: Components of the National Culture, *New Left Review* 50 (1968), 3–57.
Auderset, Juri / Moser, Peter 2012: Krisenerfahrungen, Lernprozesse und Bewältigungsstrategien. Die Ernährungskrise von 1916/18 als nachhaltiger «Lehrmeister», in: David, Thomas et al. (Hg.), *Krisen – Ursachen, Deutungen und Folgen,* Zürich: Chronos, 65–80.
Bairoch, Paul 1989: Les trois révolutions agricoles du monde développé. Rendements et productivité de 1800 à 1985, *Annales E. S. C.* 44 (1989), 317–353.
Bairoch, Paul 1990: La Suisse dans le contexte international aux XIXe et XXe siècles, in: Bairoch, Paul / Körner, Martin (éd.), *La Suisse dans l'économie mondiale (15e–20e s.),* Zürich: Chronos, 103–140.
Bairoch, Paul 1995: *Mythes et paradoxes de l'histoire économique,* Paris: La Découverte.
Barberini, Emma 1929: *L'industrie hôtelière et le tourisme en Suisse de 1914 à 1925. Situation en 1914. La crise provoquée par la guerre et les remèdes qui y ont été apportés,* St-Maurice: Impr. de l'Œuvre St-Augustin.
Barrelet, Jean-Marc 2000: Agir ou laisser faire? L'économie neuchâteloise avant 1848, in: Barrelet, Jean-Marc / Henry, Philippe (éd.), *1848–1998. Neuchâtel, la Suisse, l'Europe,* Fribourg: Editions universitaires, 143–159.
Bauer, Hans: L'histoire des chemins de fer suisses, in: Thiessing, René / Paschoud, Maurice (éd.), *Les chemins de fer suisses après un siècle, 1847–1947. Tome premier: Généralités – Histoire – Finances – Statistique – Personnel,* Neuchâtel / Paris: Delachaux & Niestlé S.A., 18–199.

Baumann, Werner 1993: *Bauernstand und Bürgerblock. Ernst Laur und der schweizerische Bauernverband 1897–1918,* Zürich: Orell Füssli.

Baumann, Werner 1998: Mehr bäuerliche Selbstversorgung. Eine agrarpolitische Strategie der Zwischenkriegszeit, in: Siegrist, Hannes et al. (Hg.), *Geschichte der Konsumgesellschaft. Märkte, Kultur und Identität (15.–20. Jahrhundert),* Zürich: Chronos, 49–61.

Baumann, Werner / Moser, Peter 1999: *Bauern im Industriestaat. Agrarpolitische Konzeptionen und bäuerliche Bewegungen in der Schweiz 1918–1968,* Zürich: Orell Füssli.

Baumann, Werner / Moser, Peter 2000: Subventionen für eine mächtige Bauernlobby?, *Studien und Quellen* (2000), 157–177.

Beck, Bernard 1983: *Lange Wellen wirtschaftlichen Wachstums in der Schweiz 1814–1913. Eine Untersuchung der Hochbauinvestitionen und ihrer Bestimmungsgründe,* Bern / [etc.]: Haupt.

Bernegger, Michael 1990: Die Schweiz und die Weltwirtschaft. Etappen der Integration im 19. und 20. Jahrhundert, in: Bairoch, Paul / Körner, Martin (Hg.), *Die Schweiz in der Weltwirtschaft (15.–20. Jh.),* Zürich: Chronos, 429–464.

Bickel, Wilhelm 1973: *Die Volkswirtschaft in der Schweiz: Entwicklung und Struktur,* Aarau / Frankfurt a. M.: Sauerländer.

Bieri, Hans / Moser, Peter / Steppacher, Rolf 1999: *Die Landwirtschaft als Chance einer zukunftsfähigen Schweiz – oder Dauerproblem auf dem Weg zur Industrialisierung der Ernährung?,* Zürich: SVIL.

Binswanger, Mathias 2007: Wieviel Markt verträgt der Bauer?, *dlz Agrarmagazin, Teil Schweiz* 12 (2007/2), 1–4.

Binswanger, Mathias 2009: *Globalisierung und Landwirtschaft. Mehr Wohlstand durch weniger Freihandel,* Wien: Picus.

Bluhm, Harald / Malowitz, Karsten 2007: Märkte denken, *Berliner Debatte Initial* 18 (2007/6), 4–25.

Boillat, Johann 2010: Cartel horloger et interventions législatives fédérales entre 1921 et 1951, in: Cortat, Alain (éd.), *Contribution à une étude des cartels en Suisse,* Neuchâtel: Alphil, 89–136.

Boillat, Johann 2011: Contrôler la dissidence: naissance et évolution du cartel horloger suisse (1931–1941), in: Müller, Margrit / Schmidt, Hainer / Tissot, Laurent (éd.), *Marchés régulés: Corporations et cartels,* Zürich: Chronos, 261–274.

Bonhage, Barbara 2007: Die Einführung der bargeldlosen Lohn- und Gehaltszahlung. Der schweizerische Zahlungsverkehr zwischen öffentlicher und privater Dienstleistung, in: Gilomen, Hans-Jörg / Müller, Margrit / Tissot, Laurent (Hg.), *Dienstleistungen. Expansion und Transformation des «dritten Sektors» (15.–20. Jahrhundert),* Zürich: Chronos, 249–265.

Bonjour, Ernest 1949: *Histoire des Postes suisses, 1849–1949. Les Postes fédérales,* Berne: Direction générale des PTT.

Bonneuil, Christophe / Denis, Gilles / Mayaud, Jean-Luc 2008: Pour une histoire des acteurs et des institutions des sciences et techniques de l'agriculture et de l'alimentation, in: Bonneuil, Christophe / Denis, Gilles / Mayaud, Jean-Luc (éd.), *Sciences, chercheurs et agriculture. Pour une histoire de la recherche agronomique,* Paris: Editions Quæ, 5–44.

Bosshard, Andreas / Jenny, Markus / Schläpfer, Felix 2010: *Weissbuch Landwirtschaft Schweiz. Analysen und Vorschläge zur Reform der Agrarpolitik,* Bern: Haupt.

Brassley, Paul 2008: Agricultural Education, Training and Advice in the UK 1850–2000, in: Vivier, Nadine (ed.), *The State and Rural Societies. Policy and Education in Europe 1750–2000,* Turnhout: Brepols, 259–278.

Braun, Rudolf 1984: *Das ausgehende Ancien Régime in der Schweiz. Aufriss einer Sozial- und Wirtschaftsgeschichte des 18. Jahrhunderts,* Göttingen: Vandenhoeck & Ruprecht.

Brazda, Johann / Schediwy, Robert 1989: Consumer Cooperatives on the Defensive. A Short Overview, in: Brazda, Johann / Schediwy, Robert (eds.), *Consumer Co-operatives in a Changing World. Comparative Studies on Structural Changes of some Selected Consumer Cooperative Societies in Industrialized Countries,* Geneva: International Co-operative Alliance, 13–42.

Brugger, Hans 1985: *Die schweizerische Landwirtschaft 1914 bis 1980. Agrarverfassung, Pflanzenbau, Tierhaltung, Aussenhandel,* Frauenfeld: Huber.

Brugger, Hans 1986: Buchbesprechung von Tanner, Jakob, Bundeshaushalt, Währung und Kriegswirtschaft. Eine finanzsoziologische Analyse der Schweiz zwischen 1938 und 1953, *Schweizerische Landwirtschaftliche Monatshefte* 64 (1986), 307–310.

Brugger, Hans 1992: *Agrarpolitik des Bundes,* Frauenfeld: Huber.

Burke, Peter 2001: *Papier und Marktgeschrei. Die Geburt der Wissensgesellschaft,* Berlin: Klaus Wagenbach.

Cortat, Alain 2004: Les fabricants de câbles helvétiques et les cartels suisses et internationaux. Du contrôle des marchés à la gestion de l'innovation, in: Daumas, Jean-Claude (dir.), *Les systèmes productifs dans l'Arc jurassien. Acteurs, pratiques et territoires (XIXe–XXe siècles),* Besançon: Presses Universitaires de Franche-Comté, 85–105.

Cortat, Alain 2009: *Un cartel parfait. Réseaux, R&D et profits dans l'industrie suisse des câbles,* Neuchâtel: Alphil.

Cortat, Alain 2010 (éd.): *Contribution à une histoire des cartels en Suisse,* Neuchâtel: Alphil.

Cruchon, Amédée 1932: *La balance du tourisme de la Suisse et l'industrie hôtelière depuis 1914,* Lausanne: Payot.

Dahinden, Martin 1987: *Das Schweizerbuch im Zeitalter von Nationalsozialismus und geistiger Landesverteidigung,* Bern: Lang.

David, Thomas 1995: Un indice de la production industrielle de la Suisse durant l'entre-deux-guerres, *Revue Suisse d'Histoire* 45 (1995), 109–130.

David, Thomas / Mach, André / Straumann, Tobias 2008: The questioning of selective protectionism in Switzerland. Cartel law reform and corporate governance changes in the 1990s, in: Müller, Margrit et al. (eds.), *Pathbreakers: Small European Countries responding to Globalisation and Deglobalisation,* Bern: Lang, 449–476.

Degiorgi, Dino 1988: *Verfügungsbeschränkungen im bäuerlichen Bodenrecht,* Basel: Helbing & Lichtenhahn.

Dictionnaire historique de la Suisse, Neuchâtel: Attinger.

Donzé, Pierre-Yves 2010: Un cartel contre les transferts de technologie: l'horlogerie suisse (1900–1970), in: Cortat, Alain (éd.), *Contribution à une étude des cartels en Suisse,* Neuchâtel: Alphil, 137–164.

Dubois, Gilbert 1961: *Les ententes internationales en Suisse,* Neuchâtel: La Baconnière.

Ewald, Klaus Christoph / Klaus, Gregor (Hg.) 2010: *Die ausgewechselte Landschaft. Vom Umgang der Schweiz mit ihrer wichtigsten natürlichen Ressource,* Bern: Haupt.

Federico, Giovanni 2005: *Feeding the World. An Economic History of Agriculture 1800–2000,* Princeton: Princeton University Press.

Fenner, Thomas 2007: *Die Milchwelle. Aufstieg und Niedergang der Berneralpen Milchgesellschaft 1892–1971,* Bern: Historischer Verein des Kantons Bern.

Finger, Matthias 2001: *La Poste Suisse de 1848 à 2000, Working paper de l'Institut de Hautes Etudes en Administration Publique (IDHEAP),* Chavannes-près-Renens, nº 8.

Fitzgerald, Deborah 2003: *Every Farm a Factory. The Industrial Ideal in American Agriculture,* New Haven: Yale University Press.

Fliege, Thomas 1998: *Bauernfamilien zwischen Tradition und Moderne. Eine Ethnografie bäuerlicher Lebensstile,* Frankfurt a. M.: Campus.

Flückiger, Daniel 2012: Mediators between industrial society and agriculture: the social profile and professional activities of agronomists in Switzerland, 1871–2007, in: Moser, Peter / Varley, Tony (eds.), *Integration through Subordination. The Politics of Agricultural Modernisation in Industrial Europe,* Turnhout: Brepols, 237–261.

Flury, Max 1919: *Kartelle und Fusionen in der schweizerischen Uhrenindustrie,* Zürich: Gebrüder Leemann & Co.

Frey, Thomas 2008: Der Strukturwandel der schweizerischen Landwirtschaft nach 1850 im Licht der Thünen'schen Kreise, *Traverse. Zeitschrift für Geschichte* (2008/1), 31–48.

Gees, Thomas 2006: *Die Schweiz im Europäisierungsprozess. Wirtschafts- und gesellschaftspolitische Konzepte am Beispiel der Arbeitsmigrations-, Agrar- und Wissenschaftspolitik 1947–1974,* Zürich: Chronos.

Georgescu-Roegen, Nicholas 1976: *Energy and Economic Myths. Institutional and Analytical Economic Essays,* New York: Pergamon Press.

Gerlach, Christian 2005: Die Welternährungskrise 1972–1975, *Geschichte und Gesellschaft* 31 (2005), 546–585.

Giordano, Christian 1989: Die vergessenen Bauern. Agrargesellschaften als Objekt sozialwissenschaftlicher Amnesie, in: Giordano, Christian / Hettlage, Robert (Hg.), *Bauerngesellschaften im Industriezeitalter. Zur Rekonstruktion ländlicher Lebensformen,* Berlin: Dietrich Reimer, 9–27.

Girschik, Katja et al. (Hg.) 2003: *Der Migros-Kosmos. Zur Geschichte eines aussergewöhnlichen Schweizer Unternehmens,* Baden: hier + jetzt.

Golay, Paul 1961: Les cartels en Suisse et l'intégration économique, *Revue économique et sociale* (1961), 119–134.

Golay, Paul 1965: *Cartels, trusts et organismes analogues,* Neuchâtel: La Baconnière.

Graevenitz, Georg von 2011: *Internationalismus in der Zwischenkriegszeit. Deutschland und Frankreich in der globalen Agrarkrise,* Florenz: unveröffentlichte Diss., European University Institute.

Gruner, Erich 1956: Werden und Wachsen der schweizerischen Wirtschaftsverbände im 19. Jahrhundert, *Schweizerische Zeitschrift für Geschichte* 26 (1956), 33–101.

Gruner, Erich 1988: *Arbeiterschaft und Wirtschaft in der Schweiz 1880–1914,* Band 2, Zürich: Chronos.

Gürtler, Hans 1931: *Der Einfluss der Handelspolitik auf die Schweizer Inlandindustrie und deren Entwicklung seit Anfang der 1890er Jahre,* Liestal: Buchdruckerei Lüdin & Co. AG.

Gurtner, Hermann Arnold 1918: *Zur Verschuldung des schweizerischen Hotelgewerbes. Eine Untersuchung der Verhältnisse in Interlaken,* Bern: Stämpfli.

Head-König, Anne-Lise 2010: La dévolution des biens en pays d'ultimogéniture. Obstacles parades des pratiques familiales en Allemagne du sud (Forêt Noire) et en Suisse (Emmental) aux XVIIIe et XIXe siècles, in: Derouet, Bernard et al. (éd.), *Pratiques familiales et sociétés de montagne, XVIe–XXe siècles* (= *Itinera* 29), Basel: Schwabe, 115–132.

Hettlage, Robert 1984: Bauerngesellschaften. Die bäuerliche Lebenswelt als Exotikon?, *Schweizerische Zeitschrift für Soziologie* 8 (1984), 5–25.

Hiestand, Manuel 2010: Ein cleveres Zusammenspiel – Die Cement- und Kalkfabriken R. Vigier AG und das Zementkartell 1910–1928, in: Cortat, Alain (éd.), *Contribution à une histoire des cartels en Suisse,* Neuchâtel: Alphil, 65–88.

Historisches Lexikon der Schweiz, Basel: Schwabe.

Humair, Cédric 2004: *Développement économique et Etat central 1815–1914. Un siècle de politique douanière suisse au service des élites,* Bern: Lang.

Humair, Cédric 2008: Qui va payer la guerre? Luttes socio-politiques autour de la politique douanière suisse, 1919–1923, in: Groebner, Valentin / Guex, Sébastien / Tanner, Jakob (Hg.), *Economie de guerre et guerres économiques,* Zürich: Chronos, 157–176.

Hürlimann, Gisela 2007: *Die Eisenbahn der Zukunft. Automatisierung, Schnellverkehr und Modernisierung bei den SBB, 1955 bis 2005,* Zürich: Chronos.

Hürlimann, Gisela / Ischer, Philipp 2007: Kontinuität im Wandel. Das Gemeinwohl als zentrale normative Instanz bei den SBB und den PTT, in: Gilomen, Hans-Jörg / Müller, Margrit / Tissot, Laurent (Hg.), *Dienstleistungen. Expansion und Transformation des «dritten Sektors» (15.–20. Jahrhundert),* Zürich: Chronos, 229–247.

Ilbery, Brian / Bowler, Ian 1998: From agricultural productivism to post-productivism, in: Ilbery, Brian (ed.), *The Geography of Rural Change,* London: Longman, 57–84.

Indicateurs importants du tourisme: évolution 1970–2008, Neuchâtel: Office fédéral de la statistique / *Wichtige Indikatoren für den Tourismus: Entwicklung 1970–2008* / www.bfs.admin.ch/bfs/portal/fr/index/themen/10/22/lexi.html.

International Tourism 1997: World Tourism Organization, *International Tourism: a Global Perspective,* Madrid: WTO.

Ischer, Philipp 2007: *Umbau der Telekommunikation. Wechselwirkungen zwischen Innovationsprozessen und institutionnellem Wandel am Beispiel der schweizerischen PTT (1970–1998),* Zürich / [etc.]: LIT-Verlag.

Jaccard, Robert 1925: *Les syndicats industriels en Suisse. Contribution à l'étude des coalitions d'industriels,* Lausanne: G. Vaney-Burnier S.A.

Jordan, Samuel 2001: *Chocolats Villars S.A. (1901–1954). Le parcours d'une entreprise atypique,* Fribourg: Chaire d'Histoire contemporaine de l'Université de Fribourg.

Jost, Hans Ulrich 1986 (dir.): Société et sociabilité en Suisse, in: *Société et sociabilité au XIXe siècle.* Colloque à l'Université de Lausanne, 13–14 juin 1986 (Etudes et mémoires de la section d'histoire de l'Université de Lausanne, t.5).

Jost, Hans Ulrich 1991: Sociabilité, faits associatifs et vie politique en Suisse au XIXe siècle, in: Jost, Hans Ulrich / Tanner, Albert (Hg.), *Geselligkeit, Sozietäten und Vereine,* Zürich: Chronos, 7–29.

Jost, Hans Ulrich 1996: Au royaume du fromage, *Page2,* n° 4 (septembre 1996), 16–17.

Jürgens, Ulrich 1980: *Selbstregulierung des Kapitals: Erfahrungen aus der Kartellbewegung in Deutschland um die Jahrhundertwende: zum Verhältnis von Politik und Ökonomie,* Frankfurt a.M. / New York: Campus.

Käch, Adolf 1959: Die Beziehungen der Landwirtschaft zum Staat und zur Volkswirtschaft, in: Bauernverein des Kantons Luzern (Hg.), *100 Jahre Bauernverein des Kantons Luzern,* Luzern, 7–13.

Katzenstein, Peter 1984: *Corporatism and Change: Austria, Switzerland, and the Politics of Industry,* Ithaca / London: Cornell University Press.

Kirchhofer, André 2008: *Stets zu Diensten – gezwungenermassen!: die Schweizer Bahnen und ihre «Gemeinwirtschaftlichkeit» für Staat, Wirtschaft und Bevölkerung,* Basel: Schwabe.

Kleinewefers, Henner 1972: Wirtschaftspolitische Konzeption und Umweltproblematik: Das Beispiel der Agrarpolitik, *Zeitschrift für Schweizerische Statistik und Volkswirtschaft* 108 (1972), 283–328.

Koller, Christophe 2003: *L'industrialisation et l'Etat au pays de l'horlogerie. Contribution à l'histoire économique et sociale d'une région suisse,* Courrendlin: Editions Communication jurassienne et européenne.

Koning, Niek 1994: *The Failure of Agrarian Capitalism. Agrarian Politics in the UK, Germany, the Netherlands and the USA 1848–1919,* London / [etc.]: Routledge.

Koning, Niek 2012: The evolution of farm policies: a long-term global perspective, in: Moser, Peter / Varley, Tony (eds.), *Integration through Subordination. The Politics of Agricultural Modernisation in Industrial Europe,* Turnhout: Brepols, 3–29.

Langthaler, Ernst 2006: Agrarsysteme ohne Akteure? Sozialökonomische und sozialökologische Modelle in der Agrargeschichte, in: Dix, Andreas / Langthaler, Ernst (Hg.), *Grüne Revolutionen. Agrarsysteme und Umwelt im 19. und 20. Jahrhundert* (= *Jahrbuch für Geschichte des ländlichen Raumes* 2006), Innsbruck / [etc.]: StudienVerlag, 216–238.

Larique, Bertrand 2006: *L'économie du tourisme en France des années 1890 à la veille de la Seconde Guerre mondiale. Organisation et développement d'un secteur socio-économique,* Thèse de doctorat d'histoire non publiée, Université Bordeaux III.

Laur, Ernst 1907: *Landwirtschaftliche Buchhaltung für bäuerliche Verhältnisse,* Aarau: Wirz.

Laur, Ernst 1911: *Grundlagen und Methoden der Bewertung, Buchhaltung und Kalkulation in der Landwirtschaft,* Berlin: Parey.

Laur, Ernst 1931: *Die dänische Landwirtschaft,* Basel: Buchdruck zum Basler Berichthaus.

Laur, Ernst 1939: *Der Schweizerbauer, seine Heimat und sein Werk. Eine Darstellung der Verhältnisse und der Entwicklung der schweizerischen Landwirtschaft im zwanzigsten Jahrhundert,* Bern: Verbandsdruckerei.

Ledermann, Bernard 1941: *Du rôle de l'Etat dans la réorganisation de l'industrie horlogère,* La Chaux-de-Fonds: Editions La Fédération horlogère suisse.

Lemmenmeier, Max 1983: *Luzerns Landwirtschaft im Umbruch. Wirtschaftlicher, sozialer und politischer Wandel in der Agrargesellschaft des 19. Jahrhunderts,* Luzern: Rex-Verlag.

Lenz, Charles 1942: *Les interventions de la Confédération en faveur des industries d'exportation. Contribution à l'étude de l'interventionnisme,* Genève: Imprimerie du Journal de Genève.

Lüthi, Andreas 2003: *«Eigentlich müsste man die Verfassung revidieren». Das Scheitern der Bemühungen um ein neues Gesetz für die schweizerische Eier- und Geflügelwirtschaft 1961–1965,* Bern: Lizentiatsarbeit, Universität Bern.

Lüthi, Paul 1947: *Der Staat und die Kartelle in der Schweiz: Eine Untersuchung der wirtschaftspolitischen Einwirkungen des Staates auf die Kartellierung,* Biel: Schüler AG.

Mach, André 2006: *La Suisse entre internationalisation et changements politiques internes. La législation sur les cartels et les relations industrielles dans les années 1990,* Zürich: Rüegger.

Margairaz, Michel 2005: L'invention du «service public»: entre «changement matériel» et «contrainte de nommer», in: Margairaz, Michel, *Les services publics, l'économie, la République (1780–1960),* numéro spécial de la *Revue d'histoire moderne et contemporaine,* 10–32.

Maurer, Peter 1985: *Anbauschlacht. Landwirtschaftspolitik, Plan Wahlen, Anbauwerk 1937–1945,* Zürich: Chronos.

Meuli, Richard 1940: *Le tourisme grison et son rôle dans l'économie cantonale des Grisons,* Genève: Imprimerie de La Tribune de Genève.

Mokyr, Joel 2002: *The Gifts of Athena. Historical Origins of the Knowledge Economy,* Princeton: Princeton University Press.

Mooser, Josef 1997: Die «Geistige Landesverteidigung» in den 1930er Jahren. Profile und Kontexte eines vielschichtigen Phänomens der schweizerischen politischen Kultur in der Zwischenkriegszeit, *Schweizerische Zeitschrift für Geschichte* 47 (1997), 685–708.

Mooser, Josef 2000: Das Verschwinden der Bauern. Überlegungen zur Sozialgeschichte der «Entagrarisierung» und Modernisierung der Landwirtschaft im 20. Jahrhundert, in: Münkel, Daniela (Hg.), *Der lange Abschied vom Agrarland. Agrarpolitik, Landwirtschaft und ländliche Gesellschaft zwischen Weimar und Bonn,* Göttingen: Wallstein, 23–38.

Moser, Peter 1994: *Der Stand der Bauern,* Frauenfeld: Huber.

Moser, Peter 2000: Eine «Sache des ganzen Volkes»? Überlegungen zum Prozess der Vergesellschaftung der bäuerlichen Landwirtschaft in der Industriegesellschaft, *Traverse. Zeitschrift für Geschichte* (2000/1), 64–78.

Moser, Peter 2003: *Züchten, säen, ernten. Agrarpolitik, Pflanzenzucht und Saatgutwesen in der Schweiz 1860–2002,* Baden: hier + jetzt.

Moser, Peter 2005: Am Konsum orientiert, über die Produktion thematisiert. Schweizer Agrarpolitik als Ernährungspolitik 1914/18–1960, in: Langthaler, Ernst / Redl, Josef (Hg.), *Reguliertes Land. Agrarpolitik in Deutschland, Österreich und der Schweiz 1930–1960 (Jahrbuch für Geschichte des ländlichen Raumes* 2005), Innsbruck / [etc.]: StudienVerlag, 192–204.

Moser, Peter 2006: Agrarreformen ohne Ernährungsreformen? Möglichkeiten und Grenzen der staatlichen Agrarpolitik, in: Neunteufel, Marta / Pfusterschmid, Sophie (Hg.), *Esskultur – Agrikultur. Beiträge des Symposiums über Essen und Landwirtschaft in unserem heutigen Schlaraffenland,* Wien: Bundesanstalt für Agrarwirtschaft, 175–185.

Moser, Peter 2007: Ein Dienstleister als Produzent. Der Verband Schweizerischer Konsumvereine und die Schweizerische Genossenschaft für Gemüsebau als Teil des Ernährungsprojekts im 20. Jahrhundert, in: Gilomen, Hans-Jörg / Müller, Margrit / Tissot, Laurent (Hg.), *Dienstleistungen. Expansion und Transformation des «dritten Sektors» (15.–20. Jahrhundert),* Zürich: Chronos, 63–78.

Moser, Peter 2010: Hilfe zur Selbsthilfe? Die Bergbevölkerung im Fokus von Agronomen, Staat und Gemeinnützigkeit, 1917–1950, in: Schumacher, Beatrice (Hg.): *Freiwillig verpflichtet. Gemeinnütziges Denken und Handeln in der Schweiz seit 1800,* Zürich: NZZ Verlag, 313–335.

Moser, Peter / Brodbeck, Beat 2007: *Milch für alle. Bilder, Dokumente und Analysen zur Milchwirtschaft und Milchpolitik in der Schweiz im 20. Jahrhundert,* Baden: hier + jetzt.

Moser, Peter / Varley, Tony (eds.) 2012: *Integration through Subordination. The Politics of Agricultural Modernisation in Industrial Europe,* Turnhout: Brepols.

Müller, Philipp 2010: *La Suisse en crise (1929–1936). Les politiques monétaire, financière, économique et sociale de la Confédération helvétique,* Lausanne: Antipodes.

Nussbaum, Claire-Aline 2000: *L'émergence d'une multinationale suisse: Suchard, 1880–1930,* Neuchâtel: Mémoire de licence, Université de Neuchâtel, Faculté des lettres et sciences humaines.

Nussbaum, Claire-Aline 2005: *Suchard: Entreprise familiale de chocolat, 1826–1938. Naissance d'une multinationale suisse,* Neuchâtel: Alphil.

Paquier, Serge 2007: Naissance et développement des services publics en Suisse. Les cas des deux réseaux charbonniers au 19e siècle, in: Gilomen, Hans-Jörg / Müller, Margrit / Tissot, Laurent (éd.), *Les services. Essor et transformation du ‹secteur tertiaire› (15e–20e siècles),* Zürich: Chronos, 201–213.

Pasquier, Hélène 2001: *«La chasse à l'hectolitre»: la brasserie Müller à Neuchâtel (1885–1953),* Neuchâtel: Alphil.

Pfister, Christian 1989: Metaquellen als Grundlagen zur Abgrenzung und Typisierung historischer Agrarzonen. Das Beispiel des Kantons Bern im späten 18. und 19. Jahrhundert, in: Schluchter, André (Hg.), *Die Agrarzonen der Alten Schweiz* (= *Itinera* Nr. 10), Basel: Schwabe, 28–57.

Pfister, Christian 1995: *Das 1950er Syndrom. Der Weg in die Konsumgesellschaft,* Bern: Haupt.

Ploeg, Jan Douwe van der 2009: *The New Peasantries. Struggles for Autonomy and Sustainability in an Era of Empire and Globalization,* London: Earthscan.

Popp, Hans 1983: *Agrarökonomie. Grundlagen der Agrarpolitik,* Zürich: Lehrmittelzentrale.

Preisbildungskommission 1957: *Kartell und Wettbewerb,* Preisbildungskommission des Eidgenössischen Volkswirtschaftsdepartements, Bern: EVD.

Priebe, Hermann 1985: *Die subventionierte Unvernunft. Landwirtschaft und Naturhaushalt,* Berlin: Sieder.

Pury, David de / Hauser, Heinz / Schmid, Beat (éd.) 1996: *Ayons le courage d'un nouveau départ: un programme pour la relance de la politique économique de la Suisse,* Zürich: Orell Füssli.

Rahm, Werner 1964: *Le marché suisse du fer et la construction de l'Europe,* Lausanne: Centre de recherches européennes.

Raphael, Lutz 1996: Die Verwissenschaftlichung des Sozialen als methodische und konzeptionelle Herausforderung für eine Sozialgeschichte des 20. Jahrhunderts, *Geschichte und Gesellschaft* 22 (1996), 165–193.

Rebmann, Frédéric 2006: *Une économie autogérée sans intervention de l'Etat? Le rôle et la position du Vorort dans le processus de législation sur les cartels (1950–1962),* Lausanne: Mémoire de licence en Sciences politiques, Université de Lausanne.

Rebmann, Frédéric / Ginalski, Stéphanie 2010: Le rôle du Vorort dans le processus de législation sur les cartels (1950–1962), in: Cortat, Alain (éd.), *Contribution à une histoire des cartels en Suisse,* Neuchâtel: Alphil, 27–43.

Rossfeld, Roman 2007: *Schweizer Schokolade. Industrielle Produktion und kulturelle Konstruktion eines nationalen Symbols 1860–1920,* Baden: hier + jetzt.

Rossfeld, Roman 2010: Handwerk, Gewerbe und Industrie. Die schweizerische Binnenwirtschaft im 19. und 20. Jahrhundert, *Traverse. Zeitschrift für Geschichte* (2010/1), 75–102.

Sarasin, Philipp 1996: Arbeit, Sprache – Alltag. Wozu noch «Alltagsgeschichte»?, *Werkstatt Geschichte* 15 (1996), 72–85.

Schaller, François 1962: L'intervention du pouvoir au sein de l'industrie horlogère, in: *Strukturwandlungen der schweizerischen Wirtschaft und Gesellschaft. Festschrift für Fritz Marbach zum 70. Geburtstag,* Bern: Stämpfli, 58–66.

Schiess, Jakob 1922: *Die Kartelle in der schweizerischen Textil-Veredlungsindustrie,* Weinfelden: A.G. Neuenschwander'sche Verlagsbuchh.

Schluchter, André (Hg.) 1989: *Die Agrarzonen der Alten Schweiz* (= *Itinera* Nr. 10), Basel: Schwabe.

Schmid, Hanspeter 1983: *Wirtschaft, Staat und Macht. Die Politik der schweizerischen Exportindustrie im Zeichen von Staats- und Wirtschaftskrise (1918–1929),* Zürich: Limmat Verlag.

Schmidt, Franz 1931: Ernst Laur, *Gewerkschaftliche Rundschau* (1931/7), 223–228.

Schrade, Martin 2007: Integration von Dienstleistung und Produktion bei der Migros, in: Gilomen, Hans-Jörg / Müller, Margrit / Tissot, Laurent (Hg.), *Dienstleistungen. Expansion und Transformation des «dritten Sektors» (15.–20. Jahrhundert),* Zürich: Chronos, 79–106.

Schumacher, Beatrice 2002: *Ferien: Interpretationen und Popularisierung eines Bedürfnisses. Schweiz 1890–1950,* Wien: Böhlau.

Schröter, Harm G. 1999: Small European Nations: Cooperative Capitalism in the Twentieth Century, in: Chandler, Alfred / Amatori, Franco / Hikino, Takashi (eds.), *Big Business and the Wealth of Nations,* Cambridge: Cambridge University Press, 176–204.

Schwarz, Jutta 1981: *Bruttoanlageinvestitionen in der Schweiz von 1850 bis 1914. Eine empirische Untersuchung zur Kapitalbildung,* Bern / [etc.]: Haupt.
Schweizerische Nationalbank (SNB) (Hg.) 2007: Zahlungsbilanz der Schweiz.
Sciarini, Pascal 1995: Réseau politique interne et négociations internationales: le GATT, levier de la réforme agricole suisse, *Revue suisse de science politique* 1 (1995/2–3), 225–252.
Senn, Emil 1958: *Die gegenwärtige schweizerische Agrarpolitik. Eine nationalökonomische Auseinandersetzung mit ihren Zielen und Mitteln,* Winterthur: Keller.
Sieferle, Rolf Peter et al. 2006: *Das Ende der Fläche. Zum gesellschaftlichen Stoffwechsel der Industrialisierung,* Köln / Weimar / Wien: Böhlau.
Siegenthaler, Hansjörg 1985: Die Schweiz 1850–1914, in: Fischer, Wolfram et al. (Hg.), *Handbuch der europäischen Wirtschafts- und Sozialgeschichte,* Band 5, Stuttgart: Klett-Cotta, 443–473.
Siegenthaler, Hansjörg 1987: Die Schweiz 1914–1984, in: Fischer, Wolfram et al. (Hg.), *Handbuch der europäischen Wirtschafts- und Sozialgeschichte,* Band 6, Stuttgart: Klett-Cotta, 482–512.
Sombart, Werner 1932: *L'apogée du capitalisme,* t.2, Paris: Payot.
Steiner, Karl 1959: *Ein Fünf-Punkte-Plan zur Gesundung der schweizerischen Agrarwirtschaft,* Winterthur: Keller.
Steinmann, Jonas 2009: *Weichenstellungen. Die Eisenbahnpolitik in der Schweiz (1944–1982),* [s.l.]: [s.n.].
Straumann, Lukas 2005: *Nützliche Schädlinge. Angewandte Entomologie, chemische Industrie und Landwirtschaftspolitik in der Schweiz 1874–1952,* Zürich: Chronos.
Stuber, Martin et al. (Hg.) 2009: *Kartoffeln, Klee und kluge Köpfe. Die Oekonomische und gemeinnützige Gesellschaft des Kantons Bern OGG (1759–2009),* Bern: Haupt.
Syz, Dieter (éd.) 1998: *L'histoire de la réforme des PTT: l'évolution d'une régie d'Etat vers deux entreprises de communication autonomes et compétitives,* Berne: Département présidentiel PTT.
Tanner, Jakob 1986: *Bundeshaushalt, Währung und Kriegswirtschaft. Eine finanzsoziologische Analyse der Schweiz zwischen 1938 und 1953,* Zürich: Limmat Verlag.
Tanner, Jakob 1992: Ernährungswissenschaft, Esskultur und Gesundheitsideologie. Konzepte und Strategien in der Schweiz im 20. Jahrhundert, in: Schaffner, Martin (Hg.), *Brot, Brei und was dazugehört. Über sozialen Sinn und physiologischen Wert der Nahrung,* Zürich: Chronos, 67–92.
Tanner, Jakob 1999: Lebensstandard, Konsumkultur und American Way of Life seit 1945, in: Leimgruber, Walter / Fischer, Werner (Hg.), *«Goldene Jahre». Zur Geschichte der Schweiz seit 1945,* Zürich: Chronos, 101–131.
Tanner, Jakob 2003: Modern Times: Industrialisierung und Ernährung in Europa und den USA im 19. und 20. Jahrhundert, in: Escher, Felix / Buddeberg, Claus (Hg.), *Essen und Trinken zwischen Ernährung, Kult und Kultur,* Zürich: vdf-Hoschschulverlag, 27–52.
Tapernoux, Benjamin 1929: *Les cartels,* St-Maurice: Imprimerie de l'Œuvre St-Augustin.
Tavernier, Yves et al. (éd.) 1972: *L'Univers politique des paysans,* Paris: Presses de la Fondation nationale des sciences politiques.
Tissot, Laurent 1998: Tourism in Austria and Switzerland: Models of development and crises, 1880–1960, in: Myllyntaus, Timo (ed.), *Economic Crises and Restructuring in History. Experiences of Small Countries,* St. Katharinen: Scripta Mercaturae, 285–302.
Tissot, Laurent 1999: Hôtels, pensions, pensionnats et cliniques: fondements pour une histoire de «l'industrie des étrangers» à Lausanne, 1850–1920, in: Studer, Brigitte / Tissot, Laurent (éd.) *Le passé du présent. Mélanges offerts à André Lasserre,* Lausanne: Payot, 69–87.
Tissot, Laurent 2003: Storia del turismo e storia economica: consideriazioni metodologiche ed epistemologiche, in: Leonardi, Andrea / Heiss, Hans (a cura di), *Turismo e sviluppo in area alpina. Secoli XVIII–XX,* Innsbruck: StudienVerlag, 23–41.
Tissot, Laurent 2007: Les frontières indécises des services publics, in: Gilomen, Hans-Jörg / Müller, Margrit / Tissot, Laurent (éd.), *Les services. Essor et transformation du «secteur tertiaire» (15ᵉ–20ᵉ siècles),* Zürich: Chronos, 179–185.
Tissot, Laurent 2008: Le Beau-Rivage Palace. Son évolution économique et sociale 1861–1976, in: Maillard, Nadja (dir.), *Beau-Rivage Palace: histoire(s),* [Gollion]: Infolio, 62–81.
Toninelli, Pier (ed.) 2000: *The Rise and Fall of State-Owned Enterprise in the Western World,* Cambridge: Cambridge University Press.
Uekötter, Frank 2010: *Die Wahrheit ist auf dem Feld. Eine Wissensgeschichte der deutschen Landwirtschaft,* Göttingen: Vandenhoeck & Ruprecht.
Vallat, Jean 1959: *Le maintien de l'exploitation agricole Suisse face à l'essor industriel,* Delémont: Imprimerie du Démocrate.

Vautravers, Alexandre 2001: L'innovation dans le secteur de l'armement en Suisse. Marchés publics – sociétés mixtes, in: Gilomen, Hans-Jörg et al., *Innovations. Incitations et résistances – des sources de l'innovation à ses effets,* Zürich: Chronos, 347–365.

Vautravers, Alexandre 2005: Secteurs de pointe, mais secteurs d'Etat. Le financement et le dynamisme des secteurs publics en question, in: *Technikforschung: zwischen Reflexion und Dokumentation,* Bern: SAGW, 117–139.

Vivier, Nadine (ed.) 2008: *The State and Rural Societies. Policy and Education in Europe 1750–2000,* Turnhout: Brepols.

Volkswirtschaft [Die], Bern: Eidgenössisches Volkswirtschaftdepartement, 1932f.

Wiesman, Matthias 2009: Die verschleppte Reorganisation einer Brauerei. Das Kartellmitglied und Familienunternehmen Hürlimann in der Wirtschaftskrise der 1970er Jahre, in: Müller, Margrit / Tissot, Laurent (Hg.). *Unternehmen in den wirtschaftlichen Krisen des 20. Jahrhunderts* (im Erscheinen).

Wrigley, Edward Anthony 2010: *Energy and the English Industrial Revolution,* Cambridge: Cambridge University Press.

Wyss, Arthur 1987: *La Poste en Suisse: 2000 ans d'histoire,* Lausanne: Payot.

Teil 3: Wohlstandsverteilung und regionale Entwicklung

Einleitung

Ueli Haefeli, Margrit Müller, Brigitte Studer und Jakob Tanner

Die Schweiz gehörte im 20. Jahrhundert – gemessen am Bruttoinlandprodukt je Einwohner – zu den Ländern mit einem besonders hohen Wohlstandsniveau (→ 1.1.1). Ein zentraler Mangel bei der Verwendung des BIP pro Kopf als Wohlstandsmass besteht jedoch darin, dass es sich dabei um eine Durchschnittsgrösse handelt. Nicht berücksichtigt wird die unterschiedliche Verteilung des Wohlstands, wie die Verteilung der Einkommen und Vermögen auf die verschiedenen Bevölkerungsgruppen und Landesteile oder der Ressourcenverbrauch auf Kosten nachfolgender Generationen. In diesem dritten Teil stehen deshalb die Partizipation am wachsenden Wohlstand sowie die Wohlstandseffekte der damit einhergehenden Umweltnutzung und Raumerschliessung im Mittelpunkt. Wie veränderten sich im Verlauf des 20. Jahrhunderts der Lebensstandard und die Lebensqualität für die verschiedenen Bevölkerungsgruppen (→ 3.1), auf welchen natürlichen und geschaffenen Voraussetzungen gründete der langfristige Wachstumsprozess (→ 3.2) und in welchem Ausmass waren die verschiedenen Regionen und Kantone daran beteiligt (→ 3.3)? Entwickelten sich die Wohlstandsverhältnisse in der Schweiz ähnlich wie in anderen europäischen Staaten oder gab es auffallende Vorsprünge oder Rückstände?

Einkommens- und Vermögensverteilung im internationalen Vergleich

Die für die Mehrheit der Bevölkerung wichtigste Form des Einkommens, die Arbeitslöhne, waren im internationalen Vergleich relativ hoch, allerdings gab es starke Unterschiede zwischen den Sektoren und Branchen. Das vor allem seit den 1960er Jahren ebenfalls deutlich höhere Preisniveau im Inland reduzierte diesen Einkommensvorteil im Vergleich mit anderen europäischen Ländern (→ 1.1.4.2). Die stabilen wirtschaftlichen und politischen Verhältnisse begünstigten die Bildung privater Ersparnisse, die im In- und Ausland investiert wurden und zu erheblichen Vermögenseinkommen führten (→ 1.1.1.3). Einigermassen zuverlässige und international vergleichbare Daten zur Einkommensverteilung sind erst ab den späten 1970er Jahren verfügbar. Das am häufigsten verwendete Verteilungsmass ist der Gini-Koeffizient.[1]

1 Der Gini-Koeffizient ist ein statistisches Mass zur Darstellung von Ungleichverteilungen und wird in der Wohlfahrtsökonomie als Kennzahl für die Ungleichverteilung von Einkommen und Vermögen verwendet. Ein Wert von Null bedeutet absolute Gleichverteilung, d. h. jede Person würde über dasselbe Einkommen bzw. über das Durchschnittseinkommen verfügen, ein Wert von Eins ist mit maximaler Ungleichverteilung gleichzusetzen, wobei theoretisch eine einzige Person über das gesamte Einkommen verfügen würde.

Die verfügbaren Werte zur Einkommensverteilung zeigen, dass die Schweiz in den 1980er und 1990er Jahren mit Grossbritannien und den USA zu den Ländern mit den höchsten Gini-Koeffizienten gehörte.[2] In anderen europäischen Ländern waren die Einkommen in diesem Zeitraum somit ausgeglichener verteilt. Im Jahr 2000 war der Gini-Koeffizient für die Schweiz hingegen zurückgegangen und vergleichbar mit den Werten für Deutschland, Frankreich und Belgien. Die traditionell tiefen Werte für Schweden, Norwegen und Finnland waren hingegen merklich angestiegen. Diese gegenläufige Entwicklung dürfte vor allem mit dem in der Schweiz verspätet einsetzenden und deshalb in den 1990er Jahren relativ stärkeren Ausbau des Sozialstaates zusammenhängen (→ 4.3.2.3).

Der Gini-Koeffizient weist als Verteilungsmass einige Mängel auf, u.a. weil nicht ersichtlich wird, welche Einkommensklassen in welchem Ausmass vom Durchschnittseinkommen abweichen. Einbezogen werden deshalb zusätzliche Indikatoren, die das Ausmass der Armut im Verhältnis zur Bevölkerung insgesamt und innerhalb bestimmter Bevölkerungsgruppen (Kinder, ältere Personen) oder die Einkommens- und Vermögenskonzentration (Anteil der reichsten Bevölkerungsgruppe am gesamten Einkommen und Vermögen) aufzeigen. Die wenigen Studien zur Verteilung des Vermögens und der damit erzielten Vermögenseinkommen lassen den Schluss zu, dass das Vermögen in der Schweiz sehr ungleich verteilt war.[3] Die Einkommens- und Vermögenskonzentration gemessen als Anteil der reichsten 1–10% der Bevölkerung am Gesamteinkommen und Gesamtvermögen, ist denn auch relativ hoch.[4] Der Einkommensanteil der reichsten Bevölkerungsgruppe blieb jedoch im Verlauf des 20. Jahrhunderts ziemlich konstant, während er in anderen Ländern stark schwankte und insbesondere im letzten Jahrzehnt des 20. Jahrhunderts deutlich anstieg.[5]

Konsum sowie Zugang zu Gütern und Dienstleistungen als Wohlstandsindikatoren

Ein anderer Ansatz zur Erfassung der Wohlstandsverteilung und des Lebensstandards setzt nicht beim Einkommen, sondern bei den Ausgaben bzw. beim Konsumverhalten an. Armut wird als Mangelsituation definiert, wobei der Mangel daran gemessen wird, ob man sich die innerhalb einer Gesellschaft als notwendig erachteten Güter leisten kann.[6] Damit wird der Konsum bzw. die Teilhabe am Konsum zum Massstab

2 Der Gini-Koeffizient für die Schweiz lautete wie folgt: 1982: 0.309, 1992: 0.307, 2000: 0.28; für Deutschland 1981: 0.244, 2000: 0.275; für Schweden 1992: 0.229, 2000: 0.252 (LIS, Key Figures, 2010).

3 Gemäss Leu/Buhmann/Frey 1988, 50, war im Jahr 1982 der Gini-Koeffizient für die Verteilung des Haushaltsvermögens in der Schweiz viel höher (0.813) als der für die Verteilung des Haushaltseinkommens (0.337).

4 Dell/Piketty/Saez 2007; vgl. zudem Kissling 2008 zur Vermögensverteilung im Kanton Zürich im Zeitraum 1991–2003.

5 Schaltegger/Gorgas 2011.

6 Für Wohlstandsvergleiche zwischen Gesellschaften mit sehr unterschiedlichem Entwicklungsstand und für weiter zurückliegende Perioden, zu denen kaum Informationen über das Konsumverhalten

der Wohlstandsverteilung (→ 3.1). Ähnlich wie in andern Industrieländern bildeten sich auch in der Schweiz im Verlaufe des 20. Jahrhunderts und in steter Interaktion mit andern Ländern und Wirtschaftsregionen konsumgesellschaftliche Strukturen heraus. Die vor allem seit den 1920er Jahren steigenden Reallöhne und eine Vielzahl konsumbezogener Indikatoren weisen darauf hin, dass die Kaufkraft breiter Bevölkerungsschichten etwa ab diesem Zeitpunkt stieg. Um die Mitte des 20. Jahrhunderts waren in der Schweiz breitere Bevölkerungsschichten am steigenden Lebensstandard beteiligt als in anderen Ländern (→ 3.1.3). Das mit dem BIP pro Kopf gemessene im internationalen Vergleich höhere Wohlstandsniveau der Schweiz spiegelt sich somit in einem höheren und relativ breit verteilten Konsumniveau.[7] Auch die ab den 1980er Jahren verfügbaren Daten zur Armutsrate und die zu dieser Thematik verfassten Studien lassen den Schluss zu, dass die Schweiz hinsichtlich der relativen Armut ziemlich gut abschneidet.[8] Das gilt vor allem für die Altersarmut. Das Zwangssparen im Rahmen des Pensionskassenobligatoriums bzw. die dadurch erzwungene Verschiebung von Einkommen von der Erwerbszeit in den Ruhestand führte sogar zu einem völlig neuen Phänomen: dem relativen Altersreichtum.[9]

Nach dem Zweiten Weltkrieg formierte sich auch in der Schweiz eine zunehmend motorisierte Massenkonsumgesellschaft. Arbeiterinnen und Arbeiter verfügten über mehr «freie Zeit», also Zeit, die von bezahlter Erwerbstätigkeit befreit war. Auch in der Schweiz reduzierte sich die Arbeitszeit, doch bezüglich der durchschnittlichen wöchentlichen Arbeitszeit lag die Schweiz während des ganzen 20. Jahrhunderts hinter europäischen Standards zurück. Bei Frauen wurde dieser Zugewinn an Freizeit zudem häufig wieder durch andere Arbeitsverpflichtungen reduziert. Die in der Schweiz besonders ausgeprägte ungleiche Stellung von Frauen und Männern im Arbeitsmarkt und in der familiären Arbeitsteilung prägte auch die ambivalente Einstellung gegen-

verfügbar sind, wird als Wohlstandsmass der biologische Lebensstandard verwendet, wobei die Körpergrösse als Mass für den relativen Mangel dient. Vgl. zur Körpergrösse als Wohlstandsmass allgemein Steckel 1995 und zur Schweiz Rühli/Henneberg/Woitek 2008 sowie Broadberry/O'Rourke 2010 zur Körpergrösse als Wohlstandsindikator für den Zeitraum von 1914 bis 1945 im europäischen Vergleich.

7 Eine Studie von Suter/Iglesias 2005 über relativen Mangel und Wohlbefinden in der Schweiz im Vergleich zu anderen Ländern kommt ebenfalls zu dem Schluss, dass der hohe Lebensstandard in der Schweiz mit einem niedrigen Niveau des relativen Mangels einhergeht. Festgestellt wird zudem ein damit eng korreliertes hohes subjektives Wohlbefinden.

8 Armut wird grundsätzlich relativ zum durchschnittlichen Wohlstandsniveau eines Landes definiert. Somit ist auch in Ländern mit einem besonders hohen Durchschnittseinkommen wie der Schweiz stets ein Teil der Bevölkerung arm. Die Armutsrate der Schweiz (13.5 %) entsprach im Jahr 2000 etwa derjenigen von Deutschland, Dänemark und Österreich. Sie war etwas höher als die Armutsrate in den skandinavischen Ländern (etwa 12 %) und den Niederlanden (11.1 %), jedoch bedeutend niedriger als die Armutsraten in Italien und Spanien (rund 20 %), in Grossbitannien (22 %) und in den USA (23.8 %) (LIS Key Figures, 2010). Vgl. zum Forschungsstand über die Wohlstandsverteilung und das Ausmass von Niedrigeinkommen und Armut in der Schweiz der 1980er Jahre Buhmann 1988.

9 Engler 2009 untersucht die Umverteilungswirkungen durch den Staat im Zeitraum 1990–2005 unter Berücksichtigung sowohl der intrapersonellen wie der interpersonellen Einkommensumverteilung. Durch die Umverteilung des Einkommens im Lebensverlauf konnte der Lebensstandard im Alter gehalten und oft sogar gesteigert werden.

über den neuen Formen des Konsums und der Freizeitgestaltung, die mit tiefgreifenden gesellschaftlichen Umwälzungen einhergingen. Konsum und Konsumverhalten, aber auch der Zugang zu Schul- und Berufsbildung und zu den Möglichkeiten der Lebensgestaltung ganz generell waren stark geschlechtsspezifisch geprägt.

Wohlfahrtseffekte der Umweltnutzung und der Raumerschliessung

Ein Aspekt der Konsumgesellschaft, der erst in den letzten Jahrzehnten des 20. Jahrhunderts zunehmend thematisiert wurde, sind die nicht intendierten negativen Folgen des wachsenden Wohlstands. Wachstum geht stets mit dem Verbrauch und der Gefährdung von Ressourcen einher, die einen wesentlichen Teil der Lebensqualität ausmachen, wie sauberes Wasser, gesunde Luft, eine natürliche Umgebung usw. Die natürliche Umwelt ist die grundlegende Voraussetzung jeder Wirtschaftstätigkeit. Die wirtschaftliche Dynamik des 20. Jahrhunderts formte die um 1900 noch stark ländlich geprägte Schweiz in einem vorher nie gekannten Ausmass um. Im Mittelland entstand ein urbaner Industrie- und Dienstleistungsraum, der durch eine vom Tourismus geprägte Erholungs- und Erlebniszone im Berggebiet ergänzt wurde. Im Kapitel 3.2 werden die vielgestaltigen Wirkungszusammenhänge zwischen der Wirtschaftsentwicklung, der Erschliessung des Raumes und den Auswirkungen der neuen Nutzungsformen auf die Umwelt dargestellt.

Eine zentrale Voraussetzung für die Entwicklung einer hochgradig arbeitsteiligen, funktional differenzierten Wirtschaft war die zunehmende Erreichbarkeit entfernter Ziele und die relativ sinkenden Transportkosten für Personen und Güter aller Art. Industrialisierung, Städtewachstum und Eisenbahnbau setzten bereits in der zweiten Hälfte des 19. Jahrhunderts ein. In diese Jahre fielen Entscheide über zentrale Infrastrukturnetze, die in der Folge einen wichtigen Einfluss auf die Landschaftsentwicklung im 20. Jahrhundert ausübten. Städte wurden zu Zentren und Katalysatoren des wirtschaftlichen und gesellschaftlichen Wandels, eine Entwicklung, die allerdings von der stark an ländlichen Leitbildern orientierten Schweizer Bevölkerung immer höchst ambivalent bewertet wurde. Nach der Mitte des 20. Jahrhunderts kam es im Zeichen der zunehmenden Autodominanz und der steigenden Nachfrage nach mehr Wohnraum zu einer neuen Form der Verstädterung, dem weiten Ausgreifen der Kernstädte in ihr Umland. Die Ausdehnung der Agglomerationen ging mit einer starken Zersiedelung der Landschaft und der Nivellierung der Unterschiede zwischen Stadt und Land einher.

Die wirtschaftliche Expansion führte in den Bereichen Umwelt, Raum und Verkehr zu einem äusserst starken Einsatz von nicht oder nur schwer erneuerbaren Ressourcen. Der Zugang zu und die Rechte an diesen natürlichen Ressourcen spielten sowohl bei der Verteilung des Eigentums als auch bei den Möglichkeiten der politischen Steuerung eine wichtige Rolle. Insbesondere im Verkehrsbereich fällt die Tendenz auf, aufwendige Infrastrukturausbauten als Mittel des regionalpolitischen Ausgleichs einzusetzen. Die Frage nach den Möglichkeiten und dem sinnvollen Ausmass staatlicher Steuerung in den Bereichen Verkehr, Raum und Umwelt gehörte während des ganzen 20. Jahrhunderts zu den Konstanten schweizerischer Politik.

Die Partizipation der Regionen und Kantone am wachsenden Wohlstand

Subjektives Wohlbefinden ist stets auch abhängig vom Verhältnis, in dem Ansprüche und verfügbares Einkommen zueinander stehen. In dieser Hinsicht bestanden in der von verschiedenen topographischen Gegebenheiten, Wirtschaftsstrukturen und Kulturräumen geprägten Schweiz erhebliche Unterschiede. Im Kapitel 3.3 werden verschiedene Grenzziehungen innerhalb des Landes thematisiert und die politischen Institutionen und Praktiken beschrieben, die das Verhältnis zwischen den Kantonen und dem Bund prägten. Die regionale und kantonale Entwicklung wird anhand der Verteilung der Bevölkerung, der Beschäftigung und des wirtschaftlichen Strukturwandels beschrieben, Entwicklungs- und Wohlstandsunterschiede zwischen den Kantonen werden anhand des Wachstums und der Verteilung des Bruttoinlandprodukts und des Volkseinkommens aufgezeigt. Das Ergebnis zeigt eine auffallende Parallelität der wirtschaftlichen Entwicklung, wobei allerdings relativ starke Wohlstandsunterschiede zwischen den Kantonen erhalten blieben, die nur in der langen Wachstumsperiode nach dem Zweiten Weltkrieg etwas kleiner wurden. Weil jedoch immer wieder andere Kantone zu den relativen Gewinnern oder Verlierern des wirtschaftlichen Strukturwandels gehörten, konnten zunehmende Rückstände einzelner Kantone und Regionen vermieden werden.

Die spezifisch schweizerische Form des Föderalismus förderte eine ausgesprochene Toleranz bzw. Indifferenz von Politik und Gesellschaft gegenüber kantonalen Wohlstandsunterschieden. In den interkantonalen Beziehungen dominierten die Prinzipien Autonomie und Konkurrenz, während Reformbestrebungen, welche die interkantonale Solidarität verstärken und zu mehr Verteilungsgerechtigkeit führen sollten, wiederholt scheiterten. Dies lag wohl daran, dass die Ungleichverteilung vor allem bei den Kapitaleinkommen besonders markant war, während die für den Grossteil der Bevölkerung wichtigeren Arbeitseinkommen weniger stark variierten. Diese besondere Ausprägung der Ungleichheit dürfte – zusammen mit der relativ hohen Stabilität der Einkommens- und Vermögensverhältnisse – dazu beigetragen haben, dass der soziale Frieden nur in Ausnahmesituationen (beispielsweise am Ende des Ersten Weltkriegs oder während der Depression der 1930er Jahre) ernsthaft in Frage gestellt wurde. Auch im interkantonalen Vergleich war die Disparität der Kapitaleinkommen viel grösser als die Disparität der Arbeitseinkommen. Zudem gab es eben doch Bereiche, in denen das Prinzip der Solidarität zum Tragen kam; hierzu gehört insbesondere die flächendeckende Bereitstellung einer leistungsfähigen Infrastruktur.

Für die Sicherstellung des Zugangs zu Gütern und Dienstleistungen aller Art spielte der stetige, alle Kantone einbeziehende Ausbau der Transportmöglichkeiten für Güter, Personen und Informationen eine zentrale Rolle. Damit wurde einerseits die gleichberechtigte Versorgung der Bevölkerung in allen Landesteilen gewährleistet und andererseits die Voraussetzung für die möglichst eigenständige Partizipation der Kantone am wirtschaftlichen Wachstumsprozess geschaffen. Umso schwieriger fiel es denn auch, trotz wachsender Einsicht in die Notwendigkeit, mit den verfügbaren Ressourcen sparsamer umzugehen, eine grundlegende Neuorientierung dieser allzu expansiven Politik einzuleiten, die den Beitrag der natürlichen Umwelt zur Lebensqualität stärker gewichtet.

Bibliographie

Online-Datenbank

LIS Luxembourg Income Study, Key Figures, www.lisproject.org/key-figures/key-figures.htm, 13.2.2010.

Literatur

Broadberry, Stephen / O'Rourke, Kevin 2010: *The Cambridge Economic History of Modern Europe,* Volume 2: *1870 to the Present,* Cambridge / [etc.]: Cambridge University Press.

Buhmann, Brigitte I. 1988: Wohlstand und Armut in der Schweiz, *Basler Sozialökonomische Studien* Band 32, Grüsch: Rüegger.

Dell, Fabian / Piketty, Thomas / Saez, Emmanuel 2007: Income and Wealth Concentration in Switzerland over the 20th Century, in: Atkinson, Anthony B. / Piketti, Thomas (eds.), *Top Incomes Over the Twentieth Century: A Contrast Between Continental European and English-Speaking Countries,* Oxford: Oxford University Press, 472–500.

Engler, Monika 2009: *An In-depth Look at the Distribution and Redistribution of Welfare,* Dissertation der Universität St. Gallen, www1.unisg.ch/www/edis.nsf/SysLkpByIdentifier/3682/$FILE/dis3682.pdf

Kissling, Hans 2008: *Reichtum ohne Leistung: Die Feudalisierung der Schweiz,* Zürich: Rüegger.

Leu, Robert E. / Buhmann, Brigitte / Frey, René L. 1988: Einkommens- und Vermögensverteilung: Die Begüterten und die weniger Begüterten, in: Frey, René L. / Leu, Robert E. (Hg.), *Der Sozialstaat unter der Lupe,* Basel / Frankfurt a.M.: Helbing & Lichtenhahn, 35–73.

Rühli, Frank / Henneberg, Maciej / Woitek, Ulrich 2008: Variability of Height, Weight, and Body Mass Index in a Swiss Armed Forces 2005 Census, *American Journal of Physical Anthropology* 137 (2008), 457–568.

Schaltegger, Christoph A. / Gorgas, Christoph 2011: The Evolution of Top Incomes in Switzerland over the 20th Century, *Schweizerische Zeitschrift für Volkswirtschaft und Statistik* 147(2011), 479–519.

Steckel, R. H. 1995: Stature and the Standard of Living, *Journal of Economic Literature* XXXIII (1995), 1903–1940.

Suter, Christian / Iglesias, Katia 2005: Relative Deprivation and Well-being: Switzerland in a comparative Perspective, in: Kriesi, Hanspeter et al. (eds.), *Contemporary Switzerland. Revisiting the Special Case,* Houndmills / [etc.]: Palgrave Macmillan, 9–37.

3.1 Konsum und Distribution

Jakob Tanner und Brigitte Studer
(unter Mitarbeit von Manuel Hiestand)

In der Historiographie des Konsums herrschte lange Zeit eine Zweiteilung in sozialstatistische und kulturalistische Ansätze vor. Auf der einen Seite dominierten also quantifizierende Ansätze, die von sozialhistorischen Fragestellungen ausgingen und auf Haushaltsrechnungen, Detailhandelsumsätzen sowie Daten der volkswirtschaftlichen Gesamtrechnungen aufbauten. Auf der andern Seite wurden qualitative Analysen gemacht, welche die Konsumwelt als symbolisches Universum begriffen und nach der Wirkungsweise «feiner Unterschiede», der Bedeutung von Konsumprodukten sowie der «materiellen Kultur» fragten.

In den Wirtschaftswissenschaften fand die Analyse des Konsums lange Zeit wenig Beachtung, was sich auch auf die Wirtschaftsgeschichte auswirkte. Mikroökonomisch wird das Wahlhandeln von «souveränen» Konsumenten untersucht, die Budgetrestriktionen unterliegen und deren Präferenzen als konstant vorausgesetzt werden. Die Makroökonomie wiederum geht davon aus, dass die Haushalte nur konsumieren und dass die gesamte Produktion in den Unternehmen erfolgt. Weder der Präferenzenwandel der Konsumenten noch die Wertschöpfung in Haushalten – also Vorgänge, die aus historischer Perspektive von grosser Bedeutung sind – können auf diese Weise angemessen thematisiert werden. Die neue Haushaltstheorie und die neue Institutionenökonomie haben diese Mängel nur teilweise beheben können. In der Schweiz fristete die Wirtschaftsgeschichte des Konsums lange Zeit ein Randdasein, sodass sich das ganze Untersuchungsfeld weitgehend als ein Panorama von Forschungslücken präsentiert.[1]

Inzwischen hat sich das Forschungsfeld verändert, es wurde thematisch ausgeweitet und transnationalisiert.[2] Strebten Sozialhistoriker vor einigen Jahrzehnten noch Ländervergleiche an, so stehen heute Prozesse des Kulturaustausches, der Transkul-

1 So gibt es für die Schweiz kaum historisch angelegte Untersuchungen, die Konsumfunktionen, wie sie in der ökonomischen Theorie vorgeschlagen wurden, empirisch überprüfen. Ansätze finden sich in: Menges 1958; Zweifel 1974; Snella 1976; Doungous 1990; Carlevaro et al. 1994. John Maynard Keynes bezog die Konsumentwicklung und -strukturen eng auf Einkommenssteigerungen. Keynesianer gingen davon aus, dass der Konsum massgeblich durch das jeweils aktuell verfügbare (laufende) Einkommen bestimmt würde. Seit den 1950er Jahren wurde diese makroökonomische Konsumfunktion allerdings kritisiert. Mitte der 1960er Jahre formulierte Milton Friedman die «permanente Einkommenshypothese», die gegenüber den reinen Regelzusammenhängen, die Keynes unterstellt hatte, die Erwartungen der Konsumentinnen und Konsumenten über ihr Lebenseinkommen in die theoretische Modellierung einbezieht, was ein weit dynamischeres Erklärungsmodell ergibt. Vgl. u. a. Bombach et al. 1978; Tanner 2009. Zur Geschichte der neueren Haushaltstheorie vgl. Tanner 2009, 348f. Zur Neuen Institutionenökonomik vgl. u.a. Richter/Furubotn 2003; North 1990.

2 Grundlegend dazu: Brewer/Porter 1994. Einen Überblick über die Diskussion in Deutschland geben Haupt/Torp 2009.

turation und der Aneignung von Konsumformen im Zentrum des Interesses. Länderübergreifende Tendenzen können so im Rahmen einer *shared history*, einer *entangled history* oder einer *histoire croisée* als Resultat von Beziehungsgeschichten verstanden werden. Wie in anderen kapitalistischen Industrieländern bildeten sich auch in der Schweiz im Verlaufe des 20. Jahrhunderts und in steter Interaktion mit andern Ländern und Wirtschaftsregionen konsumgesellschaftliche Strukturen heraus. In der Nachkriegszeit formierte sich eine zunehmend technisierte Massenkonsumgesellschaft, für deren Benennung auch alternative Begriffe wie Freizeit- und Erlebnisgesellschaft, Konsummoderne oder Konsumkapitalismus vorgeschlagen wurden.[3] Was die Herausbildung moderner Konsummuster betrifft, so bewegte sich die Schweiz im Vergleich mit andern westeuropäischen Industrienationen im Mittelfeld; sie wies jedoch verschiedene avancierte Züge auf: So ging der Anteil der Ausgaben für Nahrungs- und Genussmittel in den Haushaltsbudgets schon in den 1920er Jahren – ähnlich wie in den Niederlanden – besonders markant zurück, um sich dann ab den 1970er Jahren wieder an das europäische Mittel anzugleichen.[4] Nach 1945 bewegte sich die Ausstattung schweizerischer Haushalte mit einzelnen langlebigen Konsumgütern (v.a. Waschmaschinen) auf hohem Niveau.[5] Hinzu kam die beträchtliche Resonanz, auf die «amerikanische» Konsumpraktiken in der Schweiz stiessen, wobei der «American way of life» als Diskurskategorie in einem prägnanten Gegensatz zur nationalen Selbststilisierung der Geistigen Landesverteidigung stand.

Im folgenden ersten Teil werden wichtige Aspekte der Konsum- und Freizeitentwicklung im 20. Jahrhundert im Kontext des allgemeinen Wandels der schweizerischen Wirtschaft dargestellt und dabei auch einige der Forschungsdesiderata benannt.[6] Es folgt ein zweiter Teil, der die Zunahme der Kaufkraft und der verfügbaren erwerbsfreien Zeit, der «Freizeit», schildert. Ein dritter Teil stellt anschliessend, ausgehend von Haushaltsrechnungen und Konsumstatistiken, Überlegungen zur Sozialstruktur und zur räumlichen Differenzierung des Konsums an. Teil vier befasst sich mit dem Auf- und Ausbau eines effizienten Distributionssystems sowie mit der konfliktbehaften Rationalisierung und Reorganisation des Detailhandels. In Teil fünf werden geschlechtsspezifische Muster der Arbeitsteilung und die symbolische Degradierung der Haus- und Familienarbeit durch ein rein industriewirtschaftliches Konsumverständnis thematisiert. Ein sechster Teil geht auf die Rolle des Marketings und das Zusammenspiel von Werbung und Medien ein. Zum Schluss zeigt Teil sieben auf, wie sich Konsumentinnen und Konsumenten im Verlaufe des 20. Jahrhunderts organisierten, wie Konsumentenschutz und Konsumentenpolitik zustande kamen.

3 Zur Diskussion dieser Begriffe vgl. Girschik 2010; Prinz 2003 und Siegrist/Kaelble/Kocka 1997; König 2000.

4 Haustein 2007, 56–57; Ambrosius/Hubbard 1986, 224–227.

5 Vgl. Ambrosius/Hubbard 1986, 224–227.

6 Für diese Untersuchung sind die Datensätze der Historischen Statistik der Schweiz sowie des Bundesamtes für Statistik grundlegend. Vgl. Ritzmann-Blickenstorfer 1996 sowie die entsprechenden Internetadressen dieser Institutionen, insbesondere die Historische Statistik der Schweiz online (HSSO).

3.1.1 Von der industriellen Klassengesellschaft zur Konsumgesellschaft

In einer Gesellschaft, die sich – nicht ohne Brüche und Rückschläge – auf eine moderne Massenkonsumgesellschaft zubewegte, veränderten sich über die Stadt-Land-Differenzen hinweg bäuerliche und proletarische Milieus sowie bürgerliche Lebensweisen, und es wandelten sich die Geschlechterbeziehungen und das soziale Klassengefüge. Dies geschah in steter Wechselwirkung mit der Wahrnehmung von Einkommensunterschieden und Lebensstilen. Mit der – anfänglich noch sehr verhalten – zunehmenden Kaufkraft in breiten Bevölkerungsschichten verschoben sich seit der Zeit um 1900 Distributionsstrukturen, Konsummuster und gesellschaftliche Selbstbeschreibungskategorien. Seit den 1960er Jahren bildeten sich jene «nachfrageorientierte, rechnergestützte Warenwirtschaft» und jene neuen Methoden einer marketingorientierten Unternehmensführung heraus, die auch das 21. Jahrhundert noch prägen.[7]

Die Vorstellung von dem, was Konsum ist, hatte sich schon vor Beginn des 20. Jahrhunderts stark verändert. Im Sinne des Gebrauchens, Verbrauchens und Verzehrens weist «Konsum» eine historische Tiefendimension auf, die weit hinter die kapitalistische Wirtschaftsweise und die moderne Industriegesellschaft zurückgeht. Letztere schufen allerdings die Voraussetzung für eine Gesellschaft, in der das Verhältnis von Menschen zu Dingen und Dienstleistungen auf eine neue Grundlage gestellt wurde. Zum einen wich nun statusabhängiger Konsum, der im Sozialgefüge des Ancien Régime bis ins 18. Jahrhundert vorherrschend war, einem konsumabhängigen Status. Die soziale Position von Menschen bemass sich zunehmend an dem, was sie wo und wie konsumierten. Dabei wurde die Unterscheidung zwischen Notwendigem und Luxus,[8] die sich schon in der Aufklärung des 18. Jahrhunderts zugespitzt hatte, immer wichtiger. Die Gegenüberstellung von «Zwangsbedarf» und «Wahlbedarf», die sich seit dem ausgehenden 19. Jahrhundert in vielen, auch wissenschaftlichen Abhandlungen findet, war eine Reaktion auf das wahrgenommene Problem der «Konsumfreiheit». Zum andern bildeten sich moderne Formen des Konsums heraus, die mit dem Angebot von Massengütern und Freizeitdienstleistungen verbunden waren und sich von älteren Gebrauchs- und Verzehrformen abhoben. Damit verschob sich nicht nur die Bedeutung des Konsums, sondern dieser wurde auch zum Gegenstand von moralischen Kontroversen und politischen Konflikten. Die Konsumkritik erweist sich sowohl als integraler Bestandteil der Konsumgesellschaft selbst wie auch als Instrument ihrer Definition und Analyse.[9]

Konsum ist ambivalent: Er wird gewünscht und abgelehnt, er fasziniert und bedroht, er stellt eine zentrale politische Zielvariable dar und fungiert zugleich als Zielscheibe für Kulturkritik. Konsumaufwand galt für viele als Gefahr für die sittliche Ord-

7 Girschik 2010.

8 Siehe das zwischen 1786 und 1827 erschienene, auch in der Schweiz Beachtung findende *Journal des Luxus und der Moden*.

9 Brewer 1994.

nung; gleichzeitig sahen nicht wenige Beobachter darin einen Weg aus materieller Not und Armut und zugleich einen Anreiz für wirtschaftliche Innovationen. Diese Debatte wurde im 19. Jahrhundert von den sich verschärfenden Klassenauseinandersetzungen überlagert. Im Zuge der Industrialisierung und der Durchsetzung der kapitalistischen Produktionsweise profilierten sich die «Proletarier» innerhalb der aufstrebenden Arbeiterbewegung kontrastierend als «Helden der Arbeit» und als «ausgebeutete Kreaturen»; die bildlichen Klassenkampfkorrelate dazu waren der asketische, investitionsfixierte Bürger und der verschwenderisch prassende Bourgeois, die es beide auf die Ausbeutung der Arbeiterfamilien abgesehen hatten. Es gibt gerade in der Schweiz mit ihrer Tradition direktdemokratischer Auseinandersetzungen und häufiger Volksabstimmungen, eine reichhaltige Ikonographie der Klassengesellschaft, in der die Polarität von Armut und Reichtum, von Unterdrückung und Beherrschung visuell Ausdruck findet. Konsumfragen wurden in der Perspektive des Klassenkampfes gedeutet. Der entwürdigende materielle Lebensstandard der arbeitenden Klassen wurde ebenso skandalisiert wie die Konsumexzesse der Eliten. Mit der politisch verstandenen Kategorie «Konsum» konnte die ungleiche Verteilung knapper Ressourcen zum Thema gemacht werden. In der Erfahrung der Arbeiterbewegung waren Lohnerhöhungen weitgehend das Resultat von Streikbewegungen und Arbeitskämpfen, und so wurde versucht, Handlungsfähigkeit und Verhandlungsmacht durch die verbandsmässige Organisation der Interessen zu steigern. Die Geschichte der Beziehungen zwischen Arbeit und Kapital (→ 4.2) lässt sich nicht ablösen von der Frage, wie das Konsumniveau der arbeitenden Klassen erhöht und gesichert werden konnte. Im ersten Drittel des 20. Jahrhunderts wurde der Klassenkampf zu einem Verteilungskonflikt – und als solcher schien er innerhalb eines reformierten kapitalistischen Systems lösbar. Produktivitätszuwächse sollten den Spielraum für Kaufkraftsteigerungen breiter Bevölkerungsschichten öffnen und einen Konsumaufstieg der Lohnabhängigen ermöglichen.[10]

Die Erfahrung einer Teilhabe am – allerdings noch bescheidenen – Wohlstand lässt sich bis ins ausgehende 19. Jahrhundert zurückverfolgen. Ab den 1880/90er Jahren begannen die Reallöhne und damit die verfügbare Kauf- und Sparkraft der Arbeiterschaft von einem sehr niedrigen Niveau aus, aber dafür anhaltend zu steigen (→ III.i.6, Grafik III-1). Und dies trotz zunehmender Klagen über eine kaufkraftkomprimierende Teuerung, die im Jahrzehnt vor dem Ersten Weltkrieg einsetzte, jedoch bereits im zumeist deflationären letzten Viertel des 19. Jahrhunderts als ein theoretisch noch kaum zu fassendes Phänomen auftauchte.[11] Parallel zu dieser Entwicklung wurde der Detailhandel reorganisiert. Zum einen zeichneten sich hier, unterstützt durch das Aufkommen der Markenartikel und der Einführung fester Preise, Rationalisierungstendenzen ab, zum andern festigten sich die schon seit den 1860er

10 Vgl. dazu Müller/Tanner 1988.
11 Sekretariat des Schweizerischen Gewerkschaftsbundes 1910; zur historischen Zeitreihenanalyse vgl. HSSO Tab. H.39; Gruner 1987, Band 1, 358.

Jahren erkennbaren Ansätze einer sozial breit abgestützten Konsumbewegung. Auch die rechtlichen Rahmenbedingungen änderten sich: Seit 1880 existierte ein schweizerisches Markenregister, 1905 wurde – im europäischen Kontext relativ spät – ein schweizerisches Lebensmittelgesetz erlassen und 1909 in Kraft gesetzt. Nahrungsmittelfälschungen und -verschlechterungen konnten damit rechtlich eingeklagt werden. Solche Massnahmen unterstützten den Auf- und Ausbau eines fein verästelten Distributionssystems, das die Transaktionsketten zwischen Produzenten und Konsumenten verlängerte und auf Kontrollen angewiesen war. Die Herausbildung eines rationellen Klein- oder Detailhandels, wie er in der Schweiz genannt wird, gehört zu den unterschätzten Faktoren wirtschaftlicher Entwicklung. Er war Ausdruck einer fortschreitenden Kommerzialisierung der Versorgung und das unverzichtbare Gegenstück zur rasch vonstattengehenden Industrialisierung und Urbanisierung.[12]

Nicht nur Produktion, Distribution und Konsum veränderten sich in enger Wechselwirkung, sondern auch der Umgang mit der Zeit, der einen zentralen Aspekt der Konsumtätigkeit darstellt und im Zusammenhang steht zu der neuen Konzeption von «Freizeit». Um 1900 hatte sich im Fabriksystem nach teilweise heftigen Auseinandersetzungen ein neues Zeitregime durchgesetzt. Die mechanisierte Fabrikproduktion brachte eine Veränderung in das «Bezugsverhältnis zwischen Zeit und Arbeit [...]: Zeiteinteilung wird termingemäss fixiert und die Arbeitszeit in ihrer Dauer festgelegt».[13] Auf dieser Grundlage entstand das Konstrukt des «Normalarbeitstages», das durch das europaweit bahnbrechende Eidgenössische Fabrikgesetz von 1877 rechtlich reguliert wurde. In allen europäischen Ländern setzte sich die Arbeiterbewegung für Tarifverträge und eine gesetzliche Reduktion der exorbitant hohen Arbeitszeiten ein. Ende der 1880er Jahre spitzte sich diese Auseinandersetzung international zum Kampf um den Achtstundentag zu. Mit der Forderung nach «acht Stunden Freizeit» (neben acht Stunden Fabrikarbeit und acht Stunden Schlaf) kündigte sich auch eine neue Praxis der «Freizeit» an, die über jene des «Feierabends» hinausging. Arbeiterinnen und Arbeiter verfügten über zunehmend mehr «freie Zeit», Zeit also, die von bezahlter Erwerbstätigkeit befreit war. Bei Frauen wurde dieser Zugewinn an zeitlichen Spielräumen allerdings häufig wieder reduziert durch andere (familiäre, hauswirtschaftliche) Arbeitsverpflichtungen. In der Schweiz wurde nach dem Landesstreik von 1918 zwar die 48-Stunden-Woche (wenn auch mit vielen Ausnahmebestimmungen) durchgesetzt; 1958 und 1976 wurden allerdings Volksinitiativen zur Einführung der 44-Stunden- bzw. der 40-Stunden-Woche an der Urne abgelehnt. Was die durchschnittliche wöchentliche Arbeitszeit betrifft, so lag die Schweiz während des ganzen 20. Jahrhunderts hinter europäischen Standards zurück (→ 4.2.3.2 und 4.2.7) dennoch wurde auch hier die Arbeitszeit reduziert, und die so geschaffenen zeitlichen Spielräume konnten für den Aufbau neuer Formen proletarischer bzw. dörflicher oder

12 Spiekermann 1999.
13 Braun 1999, 187.

urbaner Soziabilität genutzt werden. Der Sozialhistoriker Rudolf Braun arbeitet in seiner Studie zur Industrieregion des Zürcher Oberlands den langfristigen Trend zu einer «vereinsmässigen Institutionalisierung der Freizeitgestaltung und des geselligen Lebens» heraus.[14] Es dauerte allerdings bis in die Zeit nach dem Zweiten Weltkrieg hinein, bis die Kleinfamilie als «Konsumeinheit» die neue Form der Ferien in ihr Zeitnutzungsrepertoire einzubauen verstand.[15]

Die Unterhaltungs-, Vergnügungs- und Erholungsindustrie entwickelte sich in enger Wechselwirkung mit einem vorgeformten, organisierten und standardisierten Angebot, das wiederum die soziale Formenvielfalt erhöhte und gleichzeitig die politisch-kulturellen Spannungen verstärkte.[16] Die neuen Zerstreuungssektoren und Unterhaltungsformen, die vielfältigen Vereinsaktivitäten, Sportereignisse, Jahrmärkte, Ausstellungs-, Zirkus-, Kino-, Theater- und Variétébesuche sowie verschiedene Fahrten, Rennen, Wetten und Spiele, die sich in den Jahren um 1900 und danach beobachten lassen, wurden hochgradig kontrovers beurteilt. Sahen konservative Kräfte darin einen Sittenzerfall, auf den sie mit einer vehementen Abwehr von «Schmutz und Schund» (z.B. Kino, Variétés, Groschenhefte, Comics, Spielhöllen usw.) reagierten, ortete die organisierte Arbeiterbewegung in diesen neuen Betätigungsmöglichkeiten eine Konkurrenz. Mit dem Aufbau eigener Arbeiterkultur- und -sportorganisationen trachtete sie danach, die neuen Bedürfnisse so weit wie möglich in ihre Bewegung zu integrieren; vor andern Formen des Freizeitvergnügens wurde, z.T. in merkwürdiger Übereinstimmung mit der konservativen Kulturkritik, gewarnt. So sehr die verschiedenen sozialmoralischen Milieus – und besonders die sozialdemokratische Linke – sich darum bemühten, die Freizeitaktivitäten unter ihre Kontrolle zu bringen und als Ressource für die eigene Organisation zu nutzen, so wenig vermochten sie den Gebrauch von neuen Medien oder die Nutzung neuer Artefakte in Unterhaltung, Sport und Verkehr zu steuern. Auch in der Schweiz schuf «die Kommerzialisierung der Freizeit [...] neue Industrien und förderte wiederum die Ausweitung der kapitalistischen Produktionsweise».[17]

Diese Entwicklung verlief keineswegs gradlinig. Während des Ersten Weltkriegs herrschten für die lohnabhängigen Bevölkerungsschichten, vor allem in den Städten, noch einmal akuter Mangel, Entbehrung, Hunger und Not. Es kam auch in der vom Kriegsgeschehen verschonten Schweiz zu sogenannten «Konsumdesastern».[18] Zu langen Arbeitszeiten kamen – bedingt durch die rasch zunehmende Teuerung – stark, d.h. bis zu einem Drittel schrumpfende Reallöhne hinzu. Erst nach der politischen Krise des Landesstreiks vom November 1918 begann sich die Einkommenslage zu stabilisieren (→ 4.2.3). Zu Beginn der 1920er Jahre setzten die politischen und ideo-

14 Braun 1999.
15 Schumacher 2002.
16 Braun 1999, 157.
17 Fulcher 2007, 18
18 Barro/Ursùa 2008.

logischen Auseinandersetzungen um die Ausgestaltung des Detailhandels und der ganzen Konsumsphäre wieder ein; sie wurden auch durch die erstmals breit rezipierten amerikanischen Vorbilder beeinflusst. Schlagworte wie «Taylorismus» und «Fordismus», «efficiency craze» und «Amerikanisierung» bezogen sich nicht nur auf rationelle Produktionsmethoden, sondern auch auf Effizienzsteigerungen und Service-mentalität im Distributionssektor, auf steigende Massenkaufkraft, Technisierung des Haushalts und zunehmende Wahlmöglichkeiten für Konsumentinnen und Konsumenten. Die Erfahrung und diskursive Problematisierung des Mangels, die durch die Arbeiter- und auch die Genossenschaftsbewegung zum Dauerthema gemacht worden war, schwächte sich ab und verschwand in den 1920er Jahren weitgehend aus Konsumzeitungen. Der Zweite Weltkrieg kehrte diesen Trend nochmals um, doch diesmal konnte der Mangel an Lebensmitteln mittels eines umfassenden Systems abgestufter Rationierung eingeschränkt und für die Legitimation sowohl der staatlichen Politik wie auch von Konsumforderungen genutzt werden. In der Politik hatten allerdings die organisierten Produzenteninteressen (Bauern und Arbeiterschaft) weiterhin das Übergewicht, sodass die bis in die 1960er Jahre hinein fast ausschliesslich über entsprechende Einkaufsgenossenschaften organisierten Konsumenten ihre Interessen kaum durchsetzen konnten.

Dies darf allerdings nicht darüber hinwegtäuschen, dass der Konsum eine wichtige politische Funktion hatte und die Konsumentin bzw. der Konsument zu einer bedeutenden und vieldiskutierten Figur des öffentlichen Lebens wurde. Die Definition von Konsumenteninteressen blieb in der Schweiz auf eine sehr spezifische Weise mit den Rechten der Staatsbürger und Staatsbürgerinnen verbunden. Sie unterschied sich gerade in dieser Beziehung von andern Ländern, insbesondere von den USA, deren Konsumkultur im Zuge der Debatte um eine «Amerikanisierung» zum transnationalen Konsumleitbild aufstieg, in dem «die Frau» eine eigenständige und aktive Rolle spielte. Aber selbst vom «free trade citizen-consumer», der in Grossbritannien dominierte, hob sich die Schweiz ab.[19] Dies hatte primär geschlechterpolitische Gründe: Den Schweizer Frauen wurden die politischen Rechte auf nationaler Ebene bis 1971 vorenthalten, und erst 1990 war der Prozess der Gleichstellung auch in den Kantonen abgeschlossen. Mit dieser lang anhaltenden politischen Diskriminierung korrespondierte eine Unterrepräsentation von Konsumentinneninteressen in der verbandsdominierten Verhandlungsdemokratie. In allen Ländern wurden Frauen mit Konsum assoziiert, was einerseits die Folge einer bereits im ausgehenden 19. Jahrhundert einsetzenden «Hausfrauisierung des Einkaufens» war und andererseits mit der Vorstellung verbunden, Konsum sei volatil und von emotionalen Entscheidungen geprägt, was wiederum mit einem zeitgenössischen weiblichen Stereotyp übereinstimmte. Insgesamt wurde die Arbeit der alltäglichen Güterbeschaffung in dieser Phase der zunehmenden Kaufkraft und der Organisation der Arbeiterbewegung immer mehr zur

19 MacLachlan/Trentmann 2004.

Domäne der Frauen, die zugleich dafür zu sorgen hatten, dass für die familiären Bedürfnisse genügend finanzielle Ressourcen zur Verfügung standen.[20] In dem Masse, in dem die Frauen innerhalb der familiären Arbeitsteilung zu «Finanzministerinnen» des Haushalts wurden, sahen Unternehmer und Volkspädagogen in ihnen wichtige Ansprechpartnerinnen. Dies bedeutete einen innerfamiliären Machtzuwachs, denn es waren in erster Linie die Frauen zuständig für die zunehmend als wichtig erkannten gesundheits- und ernährungspolitischen Fragen sowie für alle Bereiche der Hygiene. Hierüber fanden Frauen eine Möglichkeit, sich in der öffentlichen Sphäre zu profilieren, und Frauenvereine, die sich schon früh für das Frauenstimmrecht einsetzten, fanden wichtige Betätigungsfelder. Parallel zu dieser Entwicklung stellte das aufstrebende Marketing in der Zwischenkriegszeit einen engen Zusammenhang zwischen Konsum und Werbung her. Dabei war die Vorstellung stilbildend, dass, wer am Markt erfolgreich sein wollte, «die Herzen der Frauen» erobern musste. In den imaginären Welten der Werbung rückte das weibliche Geschlecht ins Zentrum der Aufmerksamkeit, dies auch dann, wenn sich der Kaufappell an Männer richtete. *Gagnez la femme* etablierte sich als Motiv der sich herausbildenden Konsumgesellschaft.

Die Wirtschaftskrise der 1930er Jahre verstärkte einmal mehr die Arbeitsplatzunsicherheit und die Kriegsinflation erhöhte ab 1940 den Druck auf die Kaufkraft, wenn auch weit weniger ausgeprägt als während des Ersten Weltkriegs. Amerikanisierte Konsumleitbilder büssten ihre Wirkung selbst in den Kriegsjahren nicht ein, in denen vielfach Schmalhans Küchenmeister war. Nach 1945 koexistierte das unter Knappheitsbedingungen über Generationen hinweg eingeübte Sparparadigma, das unter dem Diktat der Kriegswirtschaft nochmals gestärkt worden war, mit dem Versuch, an den erweiterten Kaufmöglichkeiten und damit an der Konsummoderne teilzuhaben. Sparmentalität – das «Markenzeichen» der «Schweizer Hausfrau» – und Konsumorientierung – das Zeichen für familiären Erfolg – gingen eine widersprüchliche, jedoch synergetische Verbindung ein. Der Kauf jener langlebigen Konsumgüter, die den Haushalt verändern sollten und ein neues Statusgefühl vermittelten, musste durch die umsichtig kalkulierende, die knappen finanziellen Ressourcen klug verwaltende Mutter und Hausfrau «erspart» werden. Mit den zunehmenden (Teilzeit-)Erwerbsmöglichkeiten für Frauen stiegen in der Nachkriegszeit allerdings auch die Opportunitätskosten für deren Haus- und Familienarbeit. Diese wurde nun ihrerseits immer stärker rationalisiert durch eine ganze Reihe von langlebigen «Konsum»-Gütern wie Waschmaschine, Staubsauger, Elektrobügeleisen, Kühlschrank, Tiefkühltruhe usw.[21]

In den Anschaffungsradius von Angestellten- und schliesslich auch Arbeiterhaushalten gerieten solche Güter erst Mitte der 1950er Jahre, als der Lebensstandard allgemein zunahm. Nun stellte sich ein neues Gefühl des konsumgesellschaftlichen Aufbruchs ein, mit dem sich die kulturellen Ausdrucksformen der schweizerischen

20 Vgl. dazu Halbwachs 2001.
21 Vgl. dazu Andersen/Tanner 1994; Andersen 1998.

Nachkriegsgesellschaft veränderten.[22] Der Tendenz nach löste sich ein vergleichsweise übersichtliches gesellschaftliches Erscheinungsbild, das mehrheitlich mit dem Begriff der «Proletarität»[23] charakterisiert werden konnte und das einen elitären bürgerlichen Lebensstil zum Gegenstück hatte, in «Normalhaushalte» und eine bunte, raschem Wechsel ausgesetzte Gemengelage von Lifestylegruppen auf. Einem europäischen Trend entsprechend ging die Ausdifferenzierung der Konsumgesellschaft in verschiedene Lebensstile einher mit einem Niedergang traditioneller sozialmoralischer Milieus wie den katholisch-konservativen, liberalen oder proletarischen Lebenszusammenhängen, die sich durch Vereine, eigene Medien und Versammlungsorte festigten.[24] Die 68er-Bewegung wirkte trotz klassenkämpferischer Rhetorik katalytisch auf diesen Vorgang und kann auch als eine seiner Ausdrucksformen verstanden werden. Die Lockerung von Normen, aber auch neue kulturelle Praktiken (Musik, Kleidung, Mobilität usw.) lösten einen Kommerzialisierungsschub aus. Das Modekarussell drehte sich aufgrund immer kürzerer ästhetischer Verfallszeiten schneller, das «Gesicht» urbaner Zonen wurde durch Kleidergeschäfte und Modeboutiquen ebenso verändert wie durch eine grosse Zahl von Läden, die Pflegeprodukte, Freizeitutensilien und Accessoires verkauften. Der Körper wurde noch stärker als bisher zum begehrtesten Objekt des Konsums.

Die Auswirkungen dieser Entwicklung auf die Machtverhältnisse der Familie waren zweischneidig. Zum einen entstanden nun überhaupt erst die materiellen Voraussetzungen für eine geschlechtsspezifische Arbeitsteilung, die Frauen auf den Konsum «drinnen» festlegte, während die Männer «draussen» einen «anständigen» Lohn verdienten. War die Komplementarität von «Familienernährer» und «Hausfrau» bisher eine Geschlechterideologie, die sich nur sehr beschränkt umsetzen liess, so wurde sie nun gleichsam finanzierbar. Zum andern wurde diese polare Struktur durch die zunehmende Integration von Frauen in den Arbeitsmarkt, wenn auch meistens nur auf der Basis von Teilzeitarbeit, in Frage gestellt. Das Frauenbild wurde nach und nach von «Kinder, Küche, Kirche» auf «Konsum, Karriere, Kosmetik» umgepolt. In beiden K-Triples sind Klischees im Spiel – doch ist die Geschichte der Konsumgesellschaft ebenso wie jene der «Lohnarbeitsgesellschaft»[25] von solchen Stereotypen geprägt. Die Ikonographie der Frau auf politischen Plakaten wie in Werbeannoncen zeigt deutlich den Übergang von einer gefassten Mutter, die sorgenvoll auf ihre Kinderschar blickt und über die gerechte Verteilung knapper Mittel wacht, hin zu einer attraktiven Ehefrau, welche die emotionalen Bindungen zu Kindern und Mann betont, sich die Zeit mit interessanten Beschäftigungen vertreibt und sich am Konsum freut. In der Phase der Hochkonjunktur mit präzedenzlosen Kaufkraftsteigerungen wurde das vielfältige und erschwingliche Warenangebot aber auch auf neue Weise zum Problem. Der «Ame-

22 Leimgruber/Fischer 1999.
23 Mooser 1984.
24 Goch 2003, 436.
25 Castel 2003.

rican way of life», der gerade in der Tourismusdrehscheibe Schweiz eine starke kulturelle Prägekraft entfaltete und den «neutralen Kleinstaat» für internationale Trends und Tendenzen öffnete, kontrastierte merkwürdig mit der Reduitmentalität und der «Geistigen Landesverteidigung», die das nationale Selbstbild der Schweiz beschränkten und einen emotional intensiven Bedrohungskomplex schufen. Diese Problemkonstellation schwächte sich seit den ausgehenden 1960er Jahren ab, blieb jedoch auch in den darauffolgenden Jahrzehnten – und in neuen Ausformungen bis heute – virulent.

Die Konsumfreiheit erzeugte auch weiterhin ihr Gegenstück, nämlich die Konsumkritik. Im hedonistischen Konsumverhalten, wie es durch die Werbung modelliert wurde, sahen viele eine Unterwanderung echter staatspolitisch-republikanischer Gesinnung. Oder aber der Konsum wurde – durch Exponenten der 68er-Bewegung – als «Konsumterror» gebrandmarkt. Diese Kritik richtete sich vor allem gegen Standardisierung, Normierung und Vermassung. Sie verstärkte dadurch allerdings gerade die Differenzierung nach Lebensstilgruppen und die Individualisierung, was den Stellenwert des Konsums noch erhöhte. Damit blieb sie in ihren Auswirkungen zweischneidig. Parallel zur und beeinflusst durch die Konsumkritik wurde der Konsum auch im Hinblick auf Gesetzgebungsprozesse politisiert. Die Frage, ob die Preise für angebotene Güter und Dienstleistungen angemessen, ob die angekündigte Qualität vorhanden sei, ob eine Täuschung vorliege oder ob die Werbung die Käuferinnen und Käufer irreführe, wurde nun als beständiges und akutes Problem wahrgenommen. In der Schweiz blieb die daraus erwachsende Konsumentenpolitik allerdings stark auf den «Konsumentenschutz» ausgerichtet und organisatorisch schwach. So fand auch die grundlegende Umgestaltungg des Einzelhandels im letzten Drittel des 20. Jahrhunderts nur wenig öffentliche Beachtung. Mit der Einführung der Computertechnik im Einzelhandel, wie sie seit den 1960er Jahren durch die marktführenden Grossverteiler forciert wurde, veränderten sich Unternehmensstrategien, Steuerungsinstrumente, Distributionslogistiken und Kontrolltechniken in enger Wechselwirkung. Nun entfaltete die datengestützte, technisierte Massenkonsumgesellschaft ihr gesellschaftsgestaltendes Potential und transformierte die Rolle der Konsumentinnen und Konsumenten ebenso wie das Einkaufserlebnis.

3.1.2 Reallöhne und Zeitallokation, Kaufkraft und Konjunktur

In diesem Kapitel wird gezeigt, wie sich der Industrialisierungsprozess und die Konsum- und Freizeitgesellschaft gegenseitig bedingten. Produktivitätssteigerungen, welche die kapitalistische Industrialisierung vorantrieben und ihrerseits aus ihr resultierten, konnten den Beschäftigten als Reallohnsteigerungen oder als Arbeitszeitverkürzung weitergegeben werden. Die moderne Industrie- und Massenkonsumgesellschaft entfaltete sich auf der Grundlage von Reallohnsteigerungen. Damit wuchs die Kaufkraft. Parallel dazu nahm die durchschnittliche Arbeitszeit ab, was die individuellen Zeitspielräume – auch jene für zeitintensiven Konsum – ausweitete. Diese Entwicklung lässt sich sowohl mittels quantitativer Makrodaten (Einkommensverteilung, Reallohn- und Arbeitszeitentwicklung) nachzeichnen als auch mit Hilfe einer qualitativen Auswertung von Quellen in der Analyse von Lebensstilen, Verbrauchsmustern, Alltagspraktiken und Konsumpräferenzen.

Die Anfänge einer auf dem Erwerb standardisierter, industriell hergestellter Massengüter basierenden Konsumgesellschaft reichen weit zurück – bis wann ist Gegenstand einer Debatte, in der sehr unterschiedliche Periodisierungsvorschläge zur Diskussion stehen. Umgekehrt ist erwiesen, dass es auch in der Schweiz bis ins 19. Jahrhundert hinein dauerte, bis die Agrar- und Hungerkrisen verschwanden und sich die Versorgungslage stabilisierte. Um die Mitte des 19. Jahrhunderts war Armut noch weitverbreitet. In dieser Zeit wurde die gesamtwirtschaftliche Konjunktur allerdings bereits nicht mehr durch die landwirtschaftlichen Produktionszyklen, sondern durch den Rhythmus des industriellen Wachstums und vor allem der Investitionstätigkeit bestimmt. Gegen Ende des 19. Jahrhunderts war die Tatsache, dass der Industrialisierungsprozess das Angebot an Lebensmitteln und Gebrauchsgütern vergrösserte, erstmals für breitere Bevölkerungsschichten erfahrbar. Mit den Spielräumen, welche die gestiegene Kaufkraft gewährte, konnten einige der ehedem chronischen Mangelerscheinungen überwunden werden. Zwischen 1890 und 1914 stiegen die Reallöhne in den meisten europäischen Ländern an. Auch in der Schweiz wuchsen sie im besagten Zeitraum um durchschnittlich etwa ein Drittel, wobei sich hier beträchtliche Unterschiede zeigten, die einer «arbeiterinternen Klassenschichtung gleichkommen».[26] Die damit einhergehende Verbesserung der Arbeitsbedingungen fand in der Schweiz allerdings kein Pendant in Arbeitszeitverkürzungen; es ist davon auszugehen, dass die damals dominierenden Konsumformen noch keine substantielle Ausweitung freier Zeit erzwangen, weil sie entweder weniger zeitintensiv waren oder weil die geschlechtsspezifische Arbeitsteilung, welche die «Konsumarbeit» den Frauen aufbürdete, noch weitgehend unangefochten war. Jedenfalls verfügten die Arbeitgeber in der Lohnfrage über «ein wirkungsvolles Korrektiv gegen Begehren nach Arbeitszeitreduktion».[27] Wenn man die Entwicklung der erwerbsfreien Zeit, die zunehmend als «Freizeit» bezeichnet wurde,[28] im Verhältnis zur Arbeitszeit über das ganze 20. Jahrhundert hinweg analysiert, so ergibt sich folgendes Bild (Grafik 3.1-1).

In dem Vierteljahrhundert vor dem Ersten Weltkrieg und dann wieder in den Jahren nach 1918 verkürzte sich die durchschnittliche Arbeitszeit, wobei die Jahre nach dem Landesstreik entscheidend waren. In dieser Phase, an die sich keine vergleichbaren Veränderungen mehr anschlossen, wurden die zeitökonomischen Grundlagen für

26 Gruner 1987, Band 1, 354.

27 Gruner 1987, Band 1, 341.

28 Die Freizeit wurde anhand folgender Formel berechnet: Freizeit = maximale Wochenstunden (7 x 24 = 168) minus Schlafzeit (7 x 7 = 49) minus wöchentliche Arbeitsstunden; 1942–1972: exklusive Dienstleistungssektor.

Grafik 3.1-1: **Entwicklung von Arbeitszeit und Freizeit (1890–1995)**

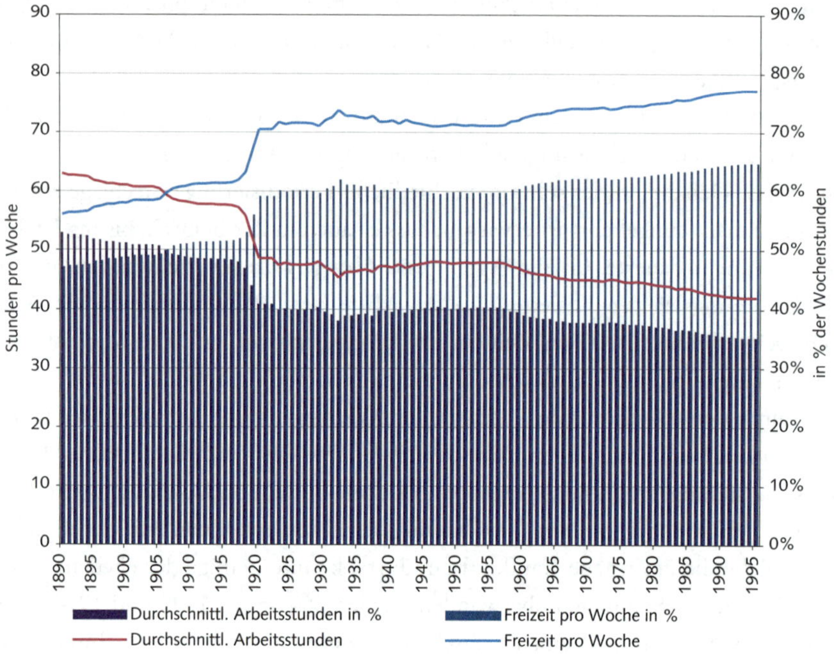

Quelle: HSSO Tab. F.29a.

ein neues Konsumverhalten gelegt. In den 1960er Jahren lassen sich nochmals leichte Freizeitgewinne feststellen; die Schweiz wies allerdings im internationalen Vergleich immer sehr hohe durchschnittliche Wochenarbeitszeiten auf.

Was die Reallöhne betrifft, so gingen sie zu Beginn des Ersten Weltkriegs massiv zurück; der Abbau von etwa einem Viertel, in einigen Branchen bis zu einem Drittel sowie verschiedene Versorgungsengpässe verursachten vielerorts Hunger, Not und Entbehrung. Diese Zustände konnten durch ein erst 1917 verspätet eingeführtes, schlecht improvisiertes Rationierungssystem nicht behoben werden. Nach dem Ersten Weltkrieg stiegen die Reallöhne wieder an – vor allem während der deflationären Depression nach 1919 –, wobei die Versorgungslage aufgrund der hohen Arbeitslosigkeit prekär blieb. In der zweiten Hälfte der 1920er Jahre setzte sich der Anstieg der Reallöhne fort. Die mit der Weltwirtschaftskrise der 1930er Jahre einhergehende Deflation (mit allgemein sinkenden Preisen) hatte disparate Auswirkungen auf die gesamtwirtschaftliche Nachfrage. Die Zahl der Arbeitslosen stieg erneut an. Unterstützt durch die Deflationspolitik des Bundesrats, welche die Wettbewerbsfähigkeit der schweizerischen Industrie durch allgemeine Kostensenkungen verbessern wollte, versuchten Unternehmer, das Lohnniveau nach unten zu korrigieren (→ 1.1.4.1.1 und 2.1.2.2). Jene Arbeiterinnen und Arbeiter, die ihren Beschäftigungsgrad und ihren Nominallohn halten konnten, verbuchten Reallohngewinne. Während die potentielle

Kaufkraft also anstieg, wurden Kaufentscheide in Erwartung weiter sinkender Preise hinausgeschoben, mit negativen Auswirkungen auf die Nachfrageentwicklung. Ein grundlegender Umschwung fand in den ausgehenden 1930er Jahren nicht mehr statt. Für die Jahre des Zweiten Weltkriegs lässt sich wiederum eine Reallohnsenkung feststellen; sie machte jedoch nur etwa die Hälfte der massiven Einbussen aus, zu denen es während des Ersten Weltkriegs gekommen war. Die Lohn- und Erwerbsersatzordnung, die 1939/40 eingeführt wurde, sorgte für eine gewisse Kompensation von militärdienstbedingten Einkommensausfällen und auch das System der abgestuften Rationierung entfaltete eine ausgleichende, weithin akzeptierte Wirkung.[29] Nach 1945 wurde, analog zu den Jahren nach 1918, eine Krise befürchtet. Faktisch begann die Konjunktur allerdings schnell anzuziehen, die Löhne nahmen stark zu und erreichten, wie Grafik 3.1-2 zeigt, 1946 bereits wieder den Vorkriegsstand. Die stetigen Reallohnerhöhungen setzten sich nach einer leichten Abschwächung zu Beginn der 1950er Jahre und bis in die Wirtschaftskrise der 1970er Jahre fort. Bis zu diesem Zeitpunkt hatten sie sich gegenüber 1939–1946 nahezu verdoppelt. Mit dem Konjunkturbruch Mitte der 1970er Jahre verloren die Reallohnsteigerungen sichtlich an Dynamik und

Grafik 3.1-2: **Entwicklung der Monatsgehälter (1939–2001)**

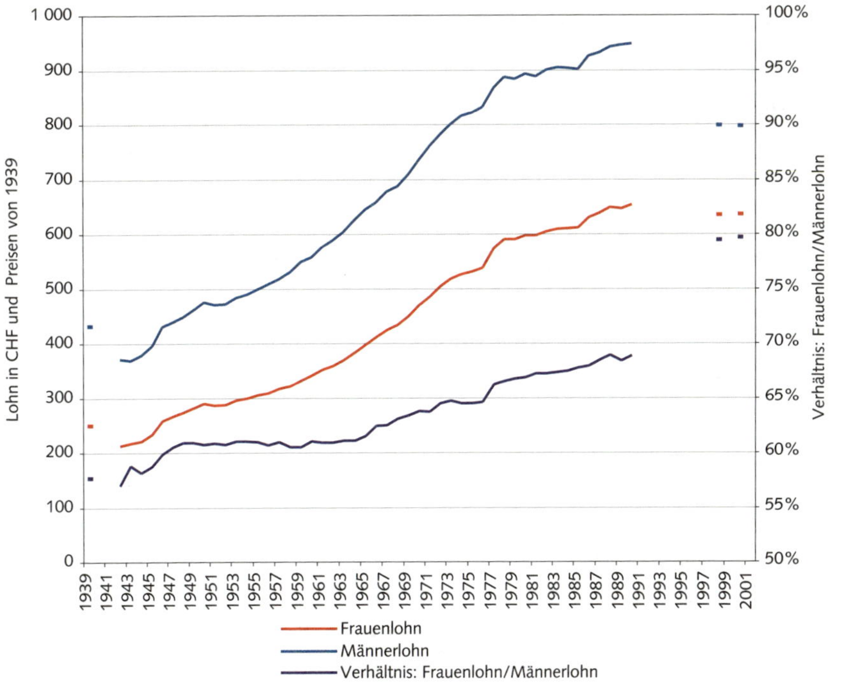

Quellen: 1939–1990: HSSO Tab. G.12 und G.13; 1990–2000: BFS, Lohnstrukturerhebung (LSE).

29 *Kriegswirtschaft* 1950.

brachen dann in der Stagnationsphase der 1990er Jahre, die in der Schweiz vergleichsweise lange andauerte, massiv ein. Grafik 3.1-2 zeigt, dass die Frauenlöhne gegenüber jenen der Männer leicht aufholten, wenngleich die Diskrepanz – vor allem aufgrund von Bildungsunterschieden und unterschiedlichen Karrieremöglichkeiten – bis in die Gegenwart hinein beträchtlich bleibt, auch wenn der bei Männern weit stärker ausfallende Reallohnrückgang der 1990er Jahre die Schere zwischen den Geschlechtern etwas geschlossen hat. Stiegen die Frauenlöhne gemessen an jenen der Männer in der Nachkriegszeit von 60 % auf 70 % an, so erreichten sie an der Jahrhundertwende 80 %.

Was die Entwicklung der Nachkriegszeit betrifft, so fällt auf, dass das Ziel einer produktivitätsorientierten Reallohnpolitik nicht erreicht wurde (Grafik 3.1-3): Zwar orientierte sich die Reallohnentwicklung insgesamt an den Produktivitätszuwächsen, doch blieb sie zwischen den beginnenden 1950er und dem Anfang der 1990er Jahre deutlich dahinter zurück, wenn auch – seit den 1970er Jahren – mit abnehmender Tendenz.[30] Von 1990 an lässt sich unter den Bedingungen einer wirtschaftlichen Stagnation ein Trendwechsel beobachten, der einige Jahre andauerte, ab Mitte der 1990er Jahre hob die Produktivitätsentwicklung allerdings wieder ab gegenüber den Reallöhnen.

Grafik 3.1-3: **Entwicklung von Arbeitsproduktivität und Reallohnindex (1950–2005)**

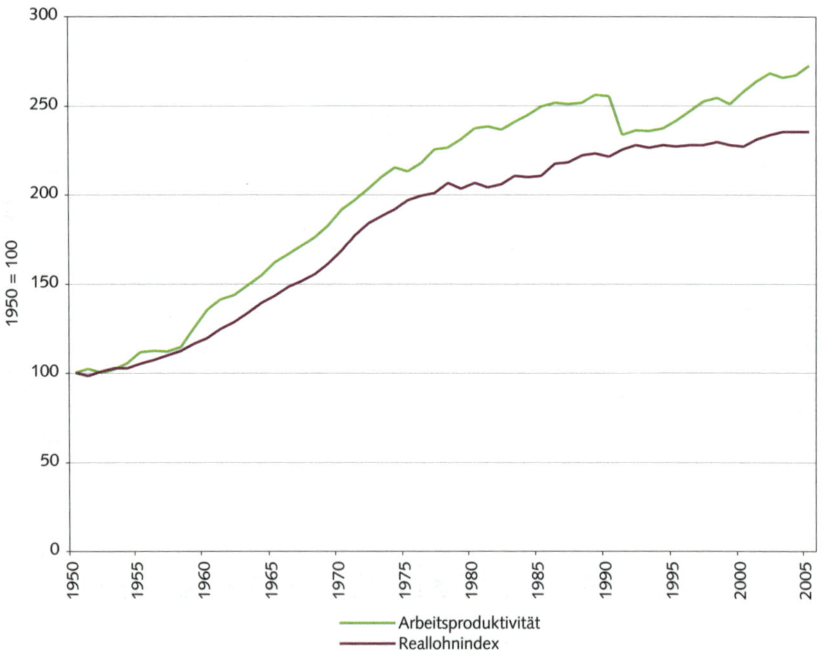

Quellen: HSSO Tab. Q.2, Q.17b, Q.18b, G.1 und G.17; eigene Berechnungen.

30 Dass die Arbeitslöhne in der Schweiz von 1950 bis 1990 zwar stark stiegen, jedoch hinter der durchschnittlichen Arbeitsproduktivität zurückblieben betonen Kleinewefers/Pfister/Gruber 1993, 244–245.

Reallöhne werden häufig als wichtigster Indikator für die Versorgung der Haushalte mit lebensnotwendigen Ressourcen betrachtet. Über das 20. Jahrhundert hinweg gingen die Einkommenssteigerungen allerdings einher mit Kommerzialisierungprozessen, die den Aussagewert der Zeitreihen zur Kaufkraftentwicklung in Frage stellen. Wenn nämlich in der Substitutionsbeziehung von Lohneinkommen und Eigenversorgung ein signifikantes Merkmal der «Grossen Transformation» in Richtung einer industriellen Marktgesellschaft gesehen wird,[31] dann stellt der Reallohnzuwachs keinen valablen Indikator für die Verfügung über Güter und Dienstleistungen dar. Vielmehr wird die Kaufkraftsteigerung durch einen Rückgang von Wertschöpfungsprozessen im Rahmen der Haus- und Familienwirtschaft kompensiert, sodass die Ressourcenausstattung konstant bleiben kann oder doch weniger zunimmt, als dies in kaufkraftbereinigten Lohndaten zum Ausdruck kommt. Dies ist vor allem in Bauern- und Arbeiterfamilien der Fall, die über Zusatzressourcen verfügten, sei es in Form von Gärten, von Kleinviehhaltung, durch die Selbstanfertigung von Kleidern und Küchenkonserven, durch das Backen von Brot oder verschiedene Formen familiärer Lagerhaltung («Notvorrat» und saisonale Einkäufe). Es besteht die Vermutung, dass das Ausmass der familienbasierten Produktionsprozesse von den Opportunitätskosten dieser Aktivitäten abhängt und dann zurückgeht, wenn sich – vor allem für Frauen – neue, bezahlte Erwerbsmöglichkeiten ausserhalb der familiären «Privatsphäre» bieten. Es gibt Hinweise, dass die Verdrängung hauswirtschaftlicher Tätigkeiten durch Marktproduktion und Monetarisierung in den Jahrzehnten um 1900 besonders ausgeprägt war. Auch in der Wachstumsphase nach dem Zweiten Weltkrieg fand eine rasche Marktexpansion statt; die Einkommenszuwächse stellen auch in dieser Phase die Schlussfolgerung in Frage, es habe sich ausschliesslich um Mehrkonsum gehandelt. Vielmehr kann ein Kommerzialisierungsschub konstatiert werden, d.h. eine Rückdrängung der Subsistenzproduktion durch marktorientierte Angebote, eine stärkere Abhängigkeit von Geldeinkommen, aber auch eine erhöhte Wahlfreiheit.

Es erweist sich für den Fall Schweiz als schwierig, die konjunkturelle Dynamik des wirtschaftlichen Wachstumsprozesses in der ersten Hälfte des 20. Jahrhunderts zu desaggregieren und die Entwicklung einzelner Komponenten zu analysieren (→ 1.1.3.2.3).[32] Die Konsumausgaben wirken im Konjunkturverlauf als ein «automatischer Stabilisator». Sie reagieren insgesamt weniger elastisch auf die Schwankungen des Volkseinkommens als die Investitionen, bei denen die Ausschläge nach oben und unten vergleichsweise heftig sind. In Krisenphasen wirkt sich also die relative Konstanz des Konsums als ein konjunkturstabilisierendes Moment aus. So hatten die deflationären Tendenzen der Weltwirtschaftskrise der 1930er Jahre zunächst eine die Massenkaufkraft unterstützende Auswirkung; die Einkommensentwicklung trug

31 Polanyi 1978.

32 Für diese Periode sind die Nachfragekomponenten Konsum (Privat- und Staatskonsum), Investitionen, Importe und Exporte geschätzt worden. Der private Konsum der Haushalte lässt sich nicht ermitteln, weil der Staatskonsum nicht bekannt ist. Für die zweite Hälfte des 20. Jahrhunderts sind durchgehend Daten zu allen Komponenten während der gesamten Periode verfügbar.

mit zur Verzögerung des krisenhaften Abschwungs bei. Die bürgerliche Deflationspolitik unterminierte allerdings diesen Effekt und hatte eine prozyklische, krisenverschärfende Wirkung. Für die Nachkriegszeit lassen sich diese Zusammenhänge besser quantifizieren (→ 1.1.3.3.3). Für den Zeitraum ab den 1950er Jahren liegen Daten vor, die eine genauere Berechnung der Schwankungsbreite ermöglichen. Grafik 3.1-4 zeigt, dass die Konsumentwicklung ebenfalls leicht oszillierte, jedoch auch für diesen Zeitraum weit weniger als die Investitionen. In Jahren raschen Wirtschaftswachstums konnte die jährliche Wachstumsrates des Konsums schon einmal auf über 6 % steigen, so 1961/62. Nachdem bis Anfang der 1970er Jahre immer wieder hohe Zuwachswerte verzeichnet wurden, fielen diese nach 1972 allgemein ab und erreichten nie mehr über 3 %, 1974/75 und 1993 waren sie sogar negativ. Die Investitionskurve zeigt dagegen weit stärkere Ausschläge nach oben und nach unten, wenngleich in abnehmendem Ausmass. Wurden Ende der 1940er Jahre noch erratische Werte von –27.6 % (1949) und +42.7 % (1950) erreicht, so moderierte sich der Investitionszyklus zunehmend. Im Krisenjahr 1975 kam es indessen erneut zu einem massiven Einbruch von 23.8 %.[33] Laut OECD ging die Investitionstätigkeit in der Schweiz im Krisenjahr 1975 um volle 28 % zurück, ein Rekordwert innerhalb der OECD. 1992 war ein Einbruch von mehr als 10 % festzustellen. In Phasen einer anziehenden Konjunktur hin-

Grafik 3.1-4: **Konsumverhalten und Investitionen (1949–2005)**

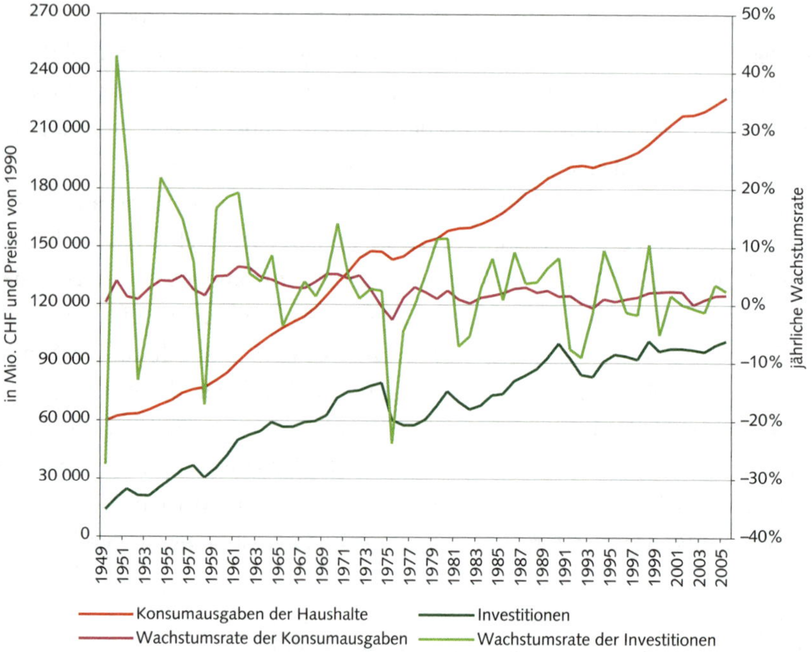

Quelle: HSSO Tab. Q.16b.

33 Vgl. OECD 1978, 6.

gegen lagen die Zuwachsraten für Investitionen bei etwa 15% (so für die Jahre 1970, 1979/80 und 1986). Die relative Beständigkeit des Konsums im Vergleich zu den Investitionen hängt mit der schlechten Substituierbarkeit von Konsumausgaben zusammen. Es gibt zwar Produkte und Dienstleistungen, deren Kauf auf (etwas) später verschoben werden kann, für die meisten Güter trifft dies aber nicht zu.

3.1.3 Haushaltsrechnungen, Konsummuster, Sozialstruktur und Regionalverteilung

Die realen Einkommen nahmen im Verlauf des 20. Jahrhunderts stark zu. Damit verbunden waren signifikante Veränderungen in der Ausgabenstruktur der Haushalte. Zu Beginn des 20. Jahrhunderts beanspruchten die Nahrungsmittelausgaben einen Grossteil der Einkommen. So ergab eine im Auftrag des Schweizerischen Arbeitersekretariats durchgeführte Untersuchung für das Jahr 1912, dass Familien mit einem niedrigen Einkommen über 50% ihrer gesamten Ausgaben für Nahrungsmittel einsetzen mussten. Die statistische Zusammenstellung bestätigt das sogenannte Engel'sche Gesetz, nach dem die absoluten Ausgaben für Ernährung mit steigendem Einkommen zwar zunehmen, allerdings unterproportional, sodass ihr relativer Anteil am Budget sinkt.[34] Während am unteren Ende der Lohnskala (Jahreseinkommen unter 2000 Franken) 55% des Einkommens in die Nahrungsmittel flossen, waren es am oberen Ende (Jahreseinkommen von mehr als 5000 Franken) nur noch knapp über 30%.[35]

In den Anfängen der sozialstatistischen Exploration, in den Jahrzehnten um 1900, richtete sich die Aufmerksamkeit allgemein auf die Arbeiterhaushalte. Das Interesse der Statistiker war beschränkt, gesellschaftsübergreifende Untersuchungen, die einen systematischen Vergleich der Konsummuster in begüterten Bürgerfamilien und in materiell knapp dotierten Arbeitermilieus erlaubt hätten, wurden nicht in Angriff genommen. Denn mit der Entwicklung der kapitalistischen Industriegesellschaft geriet die «Ernährungsweise der arbeitenden Klassen» – so der Titel einer Broschüre des Eidgenössischen Fabrikinspektors Fridolin Schuler aus dem Jahre 1884 – ins Zentrum der Aufmerksamkeit. Hier sahen Sozialreformer, Volkspädagogen und bürgerliche Philanthropen gleichermassen ein neuralgisches Problem. Sie verfolgten das Ziel, mit einer «rationellen Ernährungsweise» die Nutzung knapper Nahrungsressourcen zu optimieren. Aber auch die Gewerkschaften und das Schweizerische Arbeitersekretariat sammelten Informationen über die sozialen Verhältnisse von Arbeiterinnen und Arbeitern. Sie zielten darauf ab, die Kargheit des Lebensstandards und die Notwendigkeit von Lohnerhöhungen aufzuzeigen. Auch wenn die Haushaltsrechnungen später

34 Das Engel'sche Gesetz wurde aus empirischen Untersuchungen abgeleitet und gilt als eines der am besten belegten empirischen Gesetze der Volkswirtschaftslehre. 1857 durch den deutschen Statistiker Ernst Engel formuliert, beschreibt es die relative Abnahme der Nahrungsausgaben bei zunehmenden Einkommen und lässt sich nicht nur für Erhebungen, die zu einem bestimmten Stichjahr gemacht wurden, sondern auch im Zeitverlauf belegen.

35 Rossfeld 2009; Tanner 1999, 152.

– ab den 1920er Jahren – im Dienste der Errechnung eines schweizerischen Landesindexes der Konsumentenpreise standen, wo sie die Gewichtung der Preisindices nach Massgabe ihres Stellenwerts in der Konsumstruktur ermöglichten, ging es anfänglich vor allem um Fragen der Volksgesundheit und des «richtigen Essens» im Hinblick auf staatliche und privatwirtschaftliche Anforderungen wie die Verbesserung der Resultate von Rekrutenaushebungen oder die Erhöhung der Arbeitsproduktivität in Industriebetrieben. Diese Fokussierung auf Arbeiterfamilien hat zur Folge, dass wir heute über diese Bevölkerungsklasse vergleichsweise gut informiert sind.

Für die Zeit um 1900 lässt sich die Entwicklung der Haushaltsausgaben mittels zweier Erhebungen dokumentieren: zum einen mit der Untersuchung von Carl Landolt über zehn Basler Familien aus dem Jahre 1890, zum andern mit der Zusammenstellung des Sekretariats des Schweizerischen Metallarbeiterverbands, die 61 Haushaltsrechnungen von Metallarbeitern in der Schweiz aus dem Jahre 1910 umfasst.[36]

Grafik 3.1-5: **Vergleich der Konsumausgaben von 10 Basler Haushalten (1890) und 61 Metallarbeiterhaushalten (1910)**

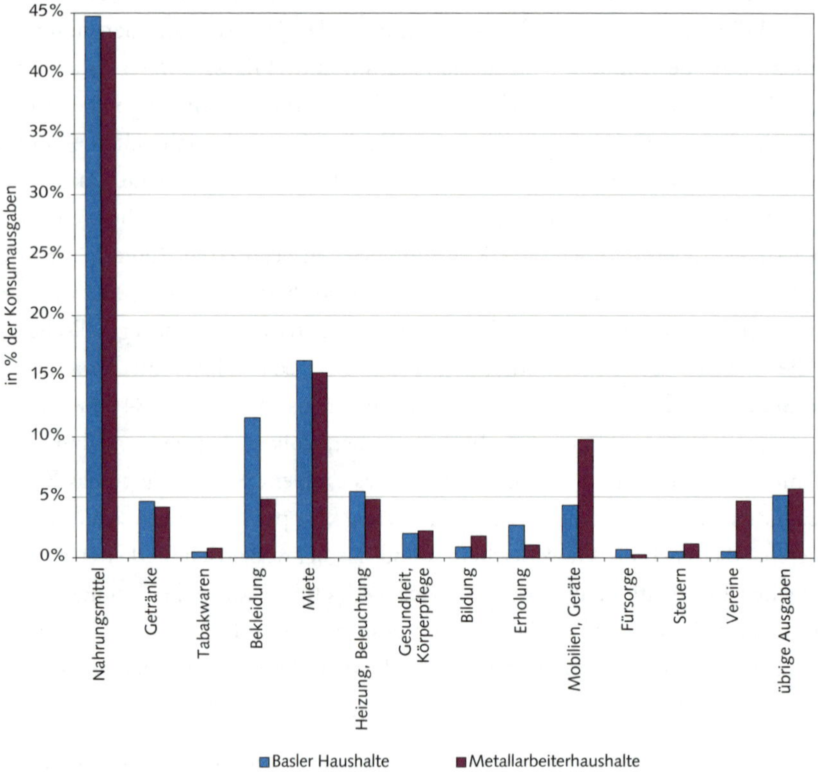

Quelle: HSSO Tab. T.12–T.22 und T.23.

36 Verglichen wird der Mittelwert der Ausgaben von 10 Haushalten in Basel mit demjenigen der 61 Metallarbeiterhaushalte.

Bei einem Vergleich dieser beiden Forschungsarbeiten über die Struktur der Haushaltsausgaben (Grafik 3.1-5) ist zu beachten, dass die Untersuchung von Landolt sich nur auf die Stadt Basel bezieht, die 61 Haushalte der Metallarbeiter jedoch über die ganze Schweiz verteilt sind. Der Vergleich macht die höheren Ausgaben der urbanen Bevölkerung für Kleider deutlich, andererseits werden die wesentlich grösseren Ausgaben der Metallarbeiter für Möbel und Geräte sowie für Vereinsaktivitäten sichtbar.

Diese sozialgeschichtlich spezifizierten Daten sind deshalb interessant, weil sich zeigt, dass Angestelltenhaushalte bei gleichem Einkommensniveau eine andere Ausgabenstruktur aufwiesen. Arbeiter gaben in aller Regel mehr für Ernährung, für Essen und Genussmittel aus als Angestellte, die sich die Kleidung (etwas) mehr kosten liessen und die auch andere Posten des Repräsentationsaufwands (vor allem die Wohnungseinrichtung) in ihren Konsumausgaben stärker gewichteten. Nachweisen lässt sich zudem, dass die Streuung der Ausgaben um den Mittelwert bei der Nahrung und der Miete am geringsten sind, was bedeutet, dass der Spielraum für Wahlentscheidungen bei diesen Kategorien am kleinsten war.[37]

Für die Zeit bis nach dem Ersten Weltkrieg existieren neben den beiden empirischen Erhebungen über Haushaltsrechnungen (Grafik 3.1-5) noch drei weitere Schätzungen über die Konsumausgaben von Arbeitern. Grafik 3.1-6 gibt deren Resultate wieder, von denen sich eine auf zwei Jahre bezieht.[38]

Sämtliche Daten des Schweizerischen Arbeitersekretariats weisen auf dieselben Trends hin.[39] Es sind dies erstens die bereits festgestellten sinkenden Ausgabenanteile für Nahrungs- und Genussmittel, aber auch für Wohnen. Zweitens zeigt sich, dass die Aufwendungen für Bekleidung und für Heizung sowie Beleuchtung relativ zugenommen haben. Drittens blieben die Ausgabenanteile der übrigen Kategorien relativ konstant, obwohl es leichte Verschiebungen nach oben und unten gegeben hat.[40]

Zur Erklärung dieser Entwicklungen kann wiederum das Engel'sche Gesetz dienen. Mit zunehmenden Realeinkommen sank über das ganze 20. Jahrhundert hinweg der Anteil, den Arbeiter- und Angestelltenfamilien für Nahrung einsetzen. Einzig Krisen- und Kriegszeiten, also die Zeit zwischen dem Einsetzen der Weltwirtschafts-

37 Tanner 1999, 159.

38 Für die Jahre 1890 und 1920: Schätzung Homberger (Bearbeitung H. Ritzmann), wobei unterschiedlich viele Haushalte erfasst wurden: 1890 = 17, 1910 = 288, 1920 = 237. Für 1912: grobe Schätzung aufgrund der Angaben des Schweizerischen Arbeitersekretariates (Bearbeitung H. Ritzmann). Für 1921: Schätzungen des Schweizerischen Arbeitersekretariats (Bearbeitung E. Gruner); erfasst wurden hier 791 Haushalte, die sich kantonal wie folgt verteilen: ZH 235, BE 113, BS 77, SG 83, übrige 283. Es gilt zu beachten, dass die Schätzung von Homberger (1890 und 1920) die Ausgaben für Versicherung und Steuern nicht enthält und daher nur bedingt mit den anderen beiden Schätzungen zu vergleichen ist. Die anderen beiden Schätzungen (1912 und 1921) basieren auf derselben Quelle.

39 So die Analyse und Bearbeitung von Ritzmann und Gruner: 1890 verglichen mit 1920 und 1912 mit 1921. Vgl. auch die Schätzungen von Homberger 1980.

40 Der Vergleich des Jahres 1912 mit 1921, für die jeweils die Ausgabenanteile der Steuern und Versicherungen ausgewiesen sind, zeigt bei diesen eine Zunahme von über 50%. Es wird hier jedoch ein konjunkturstarkes Vorkriegsjahr mit einem schwachen Nachkriegsjahr verglichen, was zu erheblichen Verzerrungen führt.

Grafik 3.1-6: **Verteilung der Ausgaben von Arbeitern (1890, 1912, 1920, 1921)**

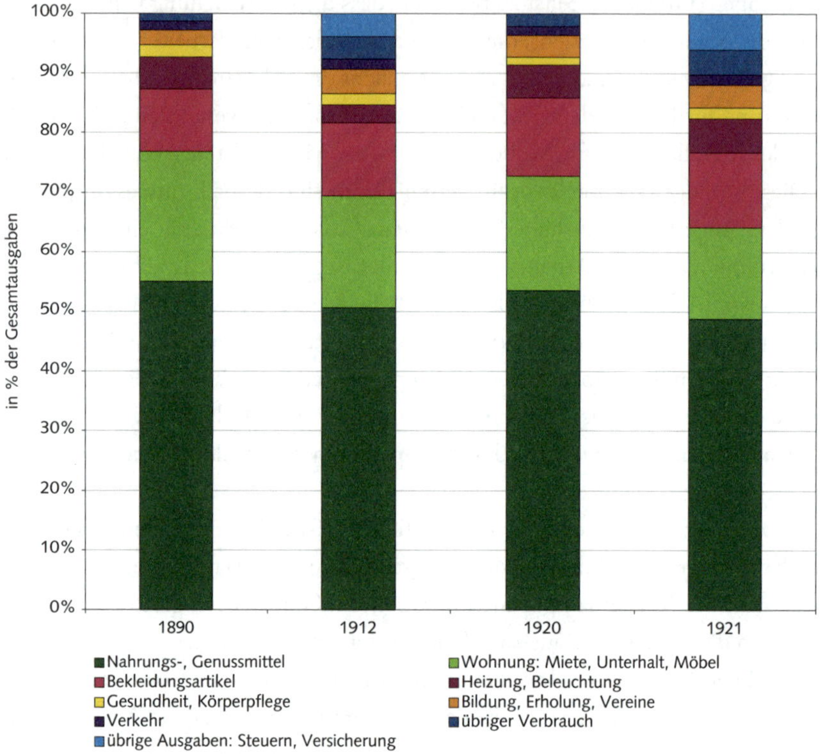

Quelle: HSSO Tab. T.1.

krise zu Beginn der 1930er Jahre und dem Ende des Zweiten Weltkriegs im Jahr 1945, führten vorübergehend zu einer gegenläufigen Entwicklung. Die Ausgaben für Verkehr und Reisen, für Steuern und Versicherungen sowie für Bildung und Erholung nahmen demgegenüber stetig zu. Die Ausgaben für Gesundheit und Körperpflege stiegen nur leicht, während sich die Ausgaben für Wohnung anteilmässig kaum veränderten, obwohl sich in einer ersten Phase ein Trend nach unten abzeichnete. Grafik 3.1-7 gibt diese Entwicklungen auf Grundlage von Daten für Unselbständigerwerbende für einen längeren Zeitraum (1910–1988) wieder.[41]

Für die drei Wachstumsjahrzehnte nach dem Zweiten Weltkrieg zeigt sich ein starker relativer Rückgang der Ausgaben für Nahrungs- und Genussmittel. Ebenso klar rückläufig, wenn auch von einem niedrigeren Niveau ausgehend, entwickelten sich die Ausgaben für Bekleidung, wobei das Verlaufsmuster in den ausgehenden

41 Nach dem Zweiten Weltkrieg verzeichneten insbesondere die Versicherungsausgaben einen zunächst massiven Anstieg, um dann in den folgenden Jahren weiterhin kontinuierlich zuzunehmen. Die Aufwendungen für Steuern und Gebühren weisen eine erste frappante Zunahme Mitte der 1960er Jahre aus. Zudem legten sie jeweils in den konjunkturschwachen Jahren nochmals leicht zu.

Grafik 3.1-7: **Verteilung der Ausgaben von unselbständig Erwerbstätigen (1910–1988)**

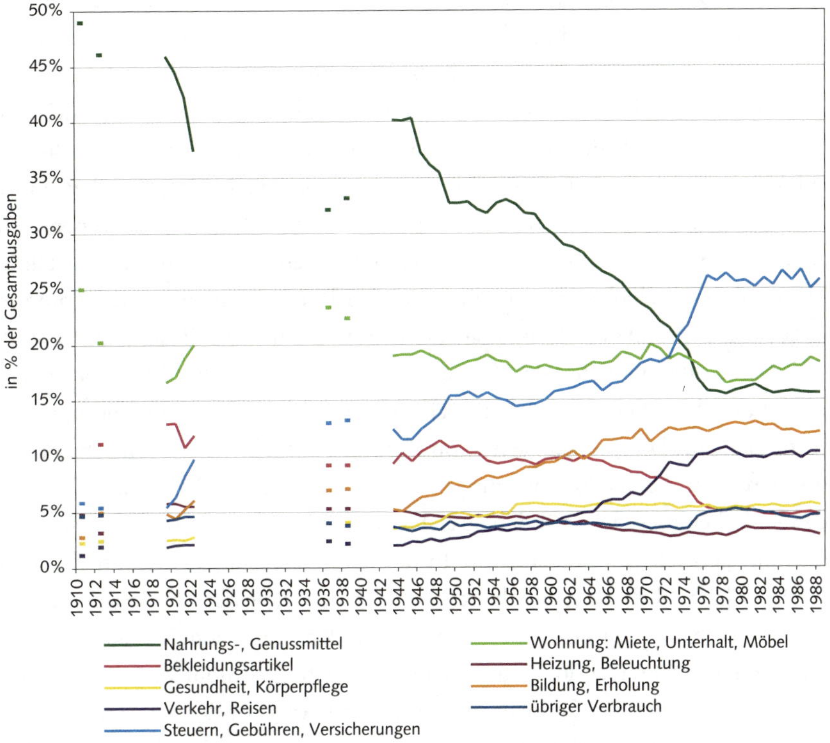

Quelle: HSSO Tab. T.4.

1940er Jahren noch gegenläufig war, sich dann aber den 1960er Jahren an jenes der Nahrungsausgaben anglich. Ausgaben für Bildung und Erholung sowie für Verkehr und für Reisen nahmen demgegenüber zu. Die steigenden Kosten des Gesundheitssystems sind in der Rubrik «Gesundheit, Körperpflege» deswegen nicht mit einbezogen und abgebildet, weil sie Teil der – vor allem nach Mitte der 1960er Jahre und bis 1974 stark ansteigenden – Ausgaben für «Steuern, Gebühren, Versicherungen» sind. Die Darstellung dieser allgemeinen Tendenzen sagt allerdings nichts über die sozialen Unterschiede der Konsumformen aus. Für die Unterscheidung von Klassen, Schichten und Lebensstilgruppen ist der Konsum jedoch ein wichtiger Aspekt. Seit dem ausgehenden 19. Jahrhundert hatte die organisierte Arbeiterbewegung volkswirtschaftliche Verteilungsfragen ins Zentrum des Sozialkonflikts gerückt und dabei die Hebung des proletarischen Lebensstandards anvisiert. Arbeitskämpfe und Streikbewegungen zielten meistens auf Lohnsteigerungen. In der Zwischenkriegszeit tauchten dann politisch kontrovers diskutierte Modelle einer «Mittelstandsgesellschaft»[42] auf, welche

42 Marbach 1933.

die polarisierte Klassenkonstellation durch die Ausweitung eines mittleren Bereiches aufweichen wollten. Das Wirtschaftswachstum der Nachkriegszeit setzte schliesslich einen sogenannten Fahrstuhleffekt frei: Unterstützt durch die Unterschichtung des Arbeitsmarktes mit ausländischen Arbeitskräften, die zu deutlich niedrigeren Löhnen beschäftigt wurden und auch keine politischen Rechte hatten, stellte sich in der Schweizer Gesellschaft die Gefühlslage eines kollektiven Aufstieges ein. Es liess sich eine breite individuelle Aufwärtsmobilität feststellen, die allerdings darüber hinwegtäuschte, dass die Strukturen sozialer Ungleichheit trotz dieser «Konsumdemokratisierung» äusserst abnutzungsresistent waren. Die These einer wohlstandsnivellierten Mittelstandsgesellschaft stiess allerdings bei den Promotoren einer auf Kompromiss und Konsens gegründeten Konkordanzdemokratie weithin auf Resonanz.

Unter den Bedingungen der Konsumdemokratisierung schliff sich der proletarische Habitus der arbeitenden Klassen ab, es formierten sich Lebensstilgruppen und es setzte sich eine kommerzialisierte, vom Angebot her schichtunspezifische Populärkultur durch, für die der Aufstieg moderner Massenmedien – Radio und Illustrierten in der Zwischenkriegszeit, seit den ausgehenden 1950er Jahren vor allem Boulevardpresse und Fernsehen – prägend war. In der Massenkonsumgesellschaft der 1960er und 1970er Jahre blieb die schichtbezogene Selbstverortung der Arbeiterfamilien trotz dieser konsumbedingten Veränderungen noch stark bestimmend. Mit der zunehmenden Betonung der Freizeit lockerte sich aber zugleich die Bindung an das Arbeitsmilieu. Das Versprechen auf Teilhabe am materiellen Angebot der Konsumgesellschaft wurde eingelöst. In einer Wahlbroschüre der Sozialdemokratischen Partei der Schweiz von 1963 drückte sich dieser Stolz auf das Erreichte in der Formulierung aus: «Der einst erniedrigte Arbeiter ist zum selbstbewussten Bürger unseres Landes geworden. Er hat mit seiner Familie teil am Wohlstand.»[43]

Es gab allerdings einige dauerhafte Unterschiede in den Konsumleitbildern und Verbrauchsmustern, in denen sich die Gewohnheiten der Arbeiter- bzw. Angestelltenmilieus fortschrieben. Daraus resultierten widersprüchliche Tendenzen. Einerseits zeichnete sich die erwähnte Angleichung ab. Mit der These eines «Abschieds von der ‹Proletarität›»[44] wird ein Prozess lebensgeschichtlicher und alltagskultureller Neuorientierung gefasst, der in enger Wechselwirkung mit einer tendenziellen Homogenisierung und einer Entdifferenzierung der Einkommenshierarchie bei den Unselbständigerwerbenden verlief.[45] Kulturelle Klassenlinien, die sich während des ersten Drittels des 20. Jahrhunderts als erstaunlich robust erwiesen hatten, wurden nun poröser. Der Trend zur Schliessung der Lohnschere zwischen Arbeitern und Angestellten, der schon während des Zweiten Weltkriegs festzustellen gewesen war, setzte sich, wenn auch vorerst nur zögernd, fort. Zwischen 1949 und 1960 stiegen die Löhne für Arbeiterinnen

43 Zit. nach Müller/Tanner 1988, 354. Vgl. auch Hessler 2004.
44 Mooser 1984, 228.
45 Diese Tendenz setzte nach einer Phase zunehmender Einkommenspolarisierung seit dem Ersten Weltkrieg bereits in den ausgehenden 1930er Jahren ein (vgl. Vilimovska 1959, 134).

und Arbeiter um 40 %, jene der Angestellten um 38 %, wobei zwischen Frauen und Männern eine beachtliche Kluft von ungefähr einem Drittel bestehen blieb.[46] Gleichzeitig zeigten sich andererseits anhaltende Differenzen. Ein Blick auf Konsumstatistiken und Haushaltsrechnungen zeigt, dass es vor allem bei Bekleidung, Miete, Wohnungseinrichtung, Heizung und Beleuchtung, Reinigung und Gesundheitspflege eine Konvergenz von Arbeiter- und Angestelltenausgaben gab. Bei der Ernährung lässt sich hingegen ein eindrückliches Beharrungsvermögen klassenspezifischer Gewohnheiten erkennen. In Übereinstimmung mit Thesen, wie sie in Fortsetzung von Maurice Halbwachs vor allem Pierre Bourdieu vertritt,[47] erwiesen sich Essen und Trinken als retardierende Momente im Prozess des sozialen Wandels. Hier wurde ein kultureller Habitus konserviert, für den es keine Rolle im Erwerbssystem und keine Position in der Einkommensskala mehr gab. «Die Arbeiter essen besser als Angestellte und Beamte und die Angestellten und Beamten wohnen und kleiden sich besser als die Arbeiter.» Diese (auf ein jeweils gleich hohes Einkommen bezogene) Feststellung, die Libuse Vilimovska für die Schweiz der Zwischenkriegszeit macht, gilt ebenso für die Nachkriegszeit.[48] Umgekehrt zeigte sich bei den Bildungs- und Erholungsausgaben sowie bei den Auslagen für Mobilität ein anhaltender deutlicher Vorsprung der Angestellten.[49]

In den 1950er Jahren gelangte eine ganze Reihe von Gütern erstmals in Reichweite eines durchschnittlichen Familienbudgets. Wirtschaftswachstum war aus dieser Sicht auf ein umfassendes Konzept von «Demokratisierung» bezogen, das nicht mehr auf die Politik beschränkt blieb, sondern auch die ökonomische Sphäre und die Gesellschaft insgesamt umfasste. Nivellierung erschien in diesem Kontext nicht negativ als undifferenzierte Gleichmacherei. Als Verallgemeinerung der Konsumchancen wurde sie vielmehr positiv gewertet und mit einer Überwindung der schroffen Klassenschranken gleichgesetzt, die sich in der kapitalistischen Industriegesellschaft bisher manifestiert hatten. Reklameagenturen und Werbeabteilungen interessierten sich nicht für politische Einstellungen, sondern für verfügbare Kaufkraft und Konsumpräferenzen.

Die Einkommensunterschiede blieben dennoch beträchtlich. Die Tatsache, dass die Unternehmer relativ reicher wurden, war in einer Zeit, in welcher «der Kuchen» immerzu grösser wurde und es somit allen besser ging, kein Thema. Die öffentliche Aufmerksamkeit konzentrierte sich auf die Situation des «breiten Durchschnitts». Auch Arbeiter neigten verstärkt dazu, sich dem «Mittelstand» zuzurechnen, wie eine Untersuchung französischer Soziologen im Vorfeld der Expo 64 – der schweizerischen Landesausstellung, die damals in Lausanne stattfand – aufzeigte.[50] Diese Aufweichung einer Klassengesellschaft durch Zuteilungen, die nicht mehr auf Arbeits-

46 Statistisches Jahrbuch (Stat. Jb.) 1965, 373.
47 Halbwachs 1970; Bourdieu 1984, 292–298.
48 Vilimovska 1959, 133.
49 Stat. Jb. 1944–1974. Eine Zusammenstellung der Daten für die ersten zwei Jahrzehnte der Nachkriegszeit findet sich bei Imobersteg 1967, 100.
50 Boltanski 1966.

marktkategorien oder Beschäftigungsweisen rekurrierten, setzte unmittelbar mit dem Nachkriegsaufschwung ein. Daten dazu liefert «Der Schweizerische Beobachter», eine 1927 in der Deutschschweiz gegründete Monatszeitschrift, die bereits 1945 – als europaweit erstes Magazin – eine Marktanalyse und Leserbefragungen durchführte.[51] In einer «Untersuchung über Lebensstandard und Konsumgewohnheiten» des «Beobachters» von 1950[52] wurde die Bevölkerung ohne Berücksichtigung der Beschäftigungsstruktur in drei Kaufkraftklassen (KKK) eingeteilt. Es dominierte klar der «Mittelstand» (KKK II = 73 %) gegenüber den «Wohlhabenden» (KKK I = 6 %) und den «Minderbemittelten» (KKK III = 21 %). Die Gruppe KKK II wurde charakterisiert als eine von Leuten «ohne wirkliche finanzielle Schwierigkeiten, die sich von Zeit zu Zeit auch etwas ‹Überflüssiges› leisten können».[53] Als «Minderbemittelte» wurden hingegen jene bezeichnet, die «wirklich mit jedem Rappen rechnen müssen».

Die Marktforscher interessierten sich primär für langlebige Konsumgüter und stellten fest, dass auch bei diesem materiellen Substrat des «American way of life» der «Appetit beim Essen» komme: «Wer sich überhaupt für Maschinen interessiert, besitzt gleich mehrere.»[54] Bis 1950 war die Massenkonsumgesellschaft über Anfänge nicht hinausgekommen: Ausser bei den Radios und den Staubsaugern, die sich bereits im Besitz von 91 % bzw. 63 % der Familien fanden, war erst eine Minderheit von Haushalten an den maschinellen Segnungen des materiellen Wohlstands beteiligt. Eine Waschmaschine besassen etwas mehr als ein Drittel der Haushalte, eine elektrische Nähmaschine 19 %. Beim eigenen Auto, Bügeleisen und Kühlschrank betrugen die Werte je 11 %, bei den Mixern 5 %.[55] Wenn davon ausgegangen wird, dass Kühlschrank und Waschmaschine wichtige Indikatoren für eine Konsummodernisierung kleinfamiliärer Haushalte darstellen, zeigt sich allerdings ein ausgeprägter Vorsprung der Schweiz vor anderen Länder.[56]

Tabelle 3.1-1: **Ausstattung mit langlebigen Konsumgütern, 1950–1960**

Ausstattung von Haushalten mit	**Kühlschränken**		**Waschmaschinen**	
	1950	1960	1950	1960
Schweiz	11	55	36	73
BRD	2**	41	9**	29
Frankreich	6	27	3	26
Grossbritannien	6	24	9*	41

Quelle: Schweizerischer Beobachter 1961. *1951, **1952

51 Andersen 1998, 101.
52 Schweizerischer Beobachter 1951, 8. Vgl. auch Andersen 1998.
53 Schweizerischer Beobachter 1951, 17.
54 Schweizerischer Beobachter, zit. nach Tanner 1994, 32.
55 Schweizerischer Beobachter 1951, 16, 28–32.
56 Tanner 1994, 31; Andersen 1998, 50; Haustein 2007, 98f.; Reckendrees et al. 2007.

1960 führte der «Beobachter» eine weitere Untersuchung durch, die nachwies, dass die Schweiz im Vergleich mit Deutschland, Frankreich und Grossbritannien noch immer die höchste Versorgungsdichte auswies (Tabelle 3.1-1). Eine flächendeckende Ausstattung mit den wichtigsten Küchen- und Haushaltsmaschinen lässt sich erst für die Jahre um 1970 konstatieren. Was die innerschweizerischen Unterschiede betrifft, so zeigen sich vor allem solche zwischen Stadt und Land, die allerdings im Zeitraum zwischen 1950 und 1965 abgebaut wurden. Während 1950 bei der Kühlschrank- und Waschmaschinenausstattung noch markante Unterschiede zwischen städtischen, halbstädtischen und ländlichen Milieus auszumachen waren, unterschied sich die Ausstattung 1965 nur noch minim: Bei Kühlschränken reduzierte sich die Verhältniszahl zwischen Stadt und Land von 3:1 auf 1.2:1; bei den Waschmaschinen von 5:6 auf 1:1.[57]

In der Umfrage des «Beobachters» von 1960 fällt auf, dass die Kategorie «Minderbemittelte» (KKK III) auf 28 % angestiegen war. Dies wurde allerdings nicht als statistische Aussage über die Einkommensverteilung gewertet, sondern vielmehr betont, die Kaufkraftklasseneinteilung sei relativ und die Rubrizierung bleibe ausschliesslich dem «gesunden Menschenverstand unserer wohltrainierten Mitarbeiter» überlassen.[58] Offenbar hatten aber die Konsumerwartungen im Verlauf der 1950er Jahre die Einkommensentwicklung überholt, und mehr Leute fühlten sich budgetmässig am Limit, sodass sie als «minderbemittelt» wahrgenommen wurden. Am andern Ende des Spektrums hatte sich der Anteil der «Wohlhabenden» (KKK I) von 6 % auf 12 % verdoppelt.[59] Das sich in der schweizerischen Gesellschaft ausbreitende Gefühl des Arriviertseins hatte also zwiespältige Auswirkungen. Zum einen lässt sich eine Schrumpfung der mittleren Kaufkraftklasse beobachten. Zum andern rührte die Attraktivität des «American way of life» nach wie vor aus seiner Middle-Class-Orientierung her. Als stilprägend erwiesen sich jene Lebensweisen, die in diesem breiten mittleren Segment der Gesellschaft im Zuge eines kollektiven Aufstiegs erprobt wurden. Zu diesem neuen, an einem höheren materiellen Lebensstandard orientierten Lifestyle gehörte auch ein Mehr an freier Zeit. Im Allgemeinen war zu Beginn der 1960er Jahre, als die erwähnte Gruppe französischer Soziologen im Umfeld der Expo ihre Enquête durchführte, das Bewusstsein für «Freizeit» noch wenig entwickelt. Der Hauptakzent der Konsumanstrengungen lag auf Haus und Wohnung, auf Hausgeräten und Transportmitteln. Fast ein Siebtel der Befragten gab an, sie hätten gerade «nichts», was sie einkaufen wollten. Dies kann auch als Indiz dafür gewertet werden, dass die erwünschten langlebigen Konsumgüter nur durch temporären Konsumverzicht angeschafft werden konnten und dass solche Käufe keine alltäglichen Ereignisse waren.

57 Die Daten sind einer weiteren Studie von «Der Beobachter» entnommen. Vgl. Andersen 1998, 52.
58 Schweizerischer Beobachter 1961, 81.
59 Schweizerischer Beobachter 1961, 79.

Je stärker das Zusammenspiel von Massenkonsum und Individualisierung im Laufe der 1960er Jahre um sich griff und je mehr sich die «Freizeit» als aktive Zeit durchsetzte, die mit verschiedenen sportlichen und kulturellen Beschäftigungen gefüllt wurde, desto mehr rückten nun emotionale Formen der Identifikation und Erlebniskategorien ins Zentrum.[60] Konsum- und freizeitsoziologische Untersuchungen setzen die Herausbildung einer erlebnisorienterten Lebensweise im Allgemeinen auf die 1980er Jahre an. Dies lässt sich auch für die Schweiz beobachten. In einer auf Individualisierung basierenden Gesellschaft mit einer steigenden Zahl von Singlehaushalten entsteht eine grosse Formenvielfalt, wobei der Erlebnismarkt als Generator ständig neuer Konsumformen wirkt. Diese Entwicklung wurde durch eine Personalisierung der Medienberichterstattung verstärkt. Erlebnisanbieter erarbeiteten in Auseinandersetzung und Wechselwirkung mit den Nachfragenden, wie sie über deren Konsumträume vermittelt wurde, unablässig neue Gestalten des Wünschenswerten, die durch neue statistische Erhebungsstrategien (Robotbilder von Konsumententypen) und visuelle Repräsentations- und Interaktionsformen aufeinander eingespielt wurden. Erst in dieser Phase änderte sich die Differenzsemantik der kapitalistischen Gesellschaft mit ihrer Unten-Oben-Zuordnung; das neue Leitmotiv lautete weniger «Oben-», als vielmehr «Anderssein». In der politischen Wahrnehmung und in der Ästhetik des öffentlichen Raums lösten sich die Konsumstrukturierung nach Klassen («Arbeiterschaft» versus «Bürgertum») bzw. professionellen Grossgruppen (Arbeiter, Angestellte usw.) in die «kleinen Unterschiede» von Lebensstilgruppen auf.

Gleichzeitig führten neue Formen der Armut, des Verarmens und des Armseins dazu, dass die «soziale Frage» wieder auftauchte. Sie wurde primär mit dem Begriffspaar Inklusion/Exklusion analysiert und verbunden mit der Forderung nach «Zugang» – zu Erwerb, zu Einkommen, zu sozialstaatlichen Leistungen. Dabei wandelte sich auch der Begriff und die Konzeption von Arbeit. Waren bisher Arbeitslosigkeit und gesundheitlich bedingte Erwerbslosigkeit das hauptsächlich untersuchte Risiko, so richtete sich die Aufmerksamkeit nun auf die Gruppe der Working Poor. Darunter werden Einwohnerinnen und Einwohner verstanden, die arbeiten und in einem armen Haushalt leben. Sie gehen zwar einer bezahlten Beschäftigung nach, bleiben jedoch einkommensmässig unter der Armutsschwelle, weil sie eine sogenannte «Tieflohnstelle» haben.[61] Eine Studie aus dem Jahre 2001 zeigt, dass die Zahl dieser Working Poor in den 1990er Jahren deutlich zunahm. Lag die Quote bis 1995 bei 5 %, so stieg sie bis 1999 auf 7.5 % der Erwerbstätigen (das sind rund 250 000 Personen). Zwischen 2000 und 2002 ging die Zahl auf 3.9 % zurück, um dann wieder leicht anzusteigen. Dabei sind doppelt so viele Migrantinnen und Migranten von dieser neuen

60 Erst Anfang der 1990er Jahre kam der Begriff der «Erlebnisgesellschaft» in Umlauf, der 1992 vom Kultursoziologen Gerhard Schulze lanciert wurde. Dieser Autor geht davon aus, dass in den 1970er Jahren die Auswirkungen eines tiefgreifenden Kulturbruchs sichtbar wurden, der sich auf die Formel «Vom weltbezogenen Subjekt zur subjektbezogenen Welt» bringen lässt (Schulze 2000).

61 BFS 2008, 7–8.

Form der Arbeitsarmut betroffen.[62] Working Poor sind Teil der allgemeinen Armutsproblematik; deren intensivere Diskussion seit den 1990er Jahre macht deutlich, dass es entgegen der Erwartung, die im langen Konjunkturaufschwung der Nachkriegszeit gehegt wurde, und trotz des sozialpolitischen Instrumentariums nicht gelungen ist, das Phänomen Armut nachhaltig zum Verschwinden zu bringen. Um die Armut in der Schweiz insgesamt zu messen, erstellt das Bundesamt für Statistik ein «gesellschaftliches Profil der Armutsgefährdung» und errechnet die sogenannte «Armutsgefährdungsschwelle für verschiedene Haushaltstypen».[63] Für die empirische Erforschung der Ressourcenausstattung und Lebenslage der von Armut betroffenen Bevölkerung in der Schweiz war 1997 die nationale Studie von Robert E. Leu, Stefan Burri und Tom Priester bahnbrechend.[64] Seither werden Erhebungen in engem Austausch mit der Abteilung «Living Conditions» von Eurostat und mit der Sozialberichterstattung anderer europäischer Länder unternommen. Werden 60 % des Medianwerts für verfügbare (Äquivalenz-)Einkommen eingesetzt, so waren Ende der 1990er Jahre in der Schweiz 14.6 %, d.h. ein Siebtel der Bevölkerung, von Armut bedroht; wird das Armutskriterium auf 50 % des nationalen Medianeinkommens festgelegt, so waren es 8.3 %. Das Bundesamt für Statistik (BFS) berechnet zusätzlich eine «absolute Schwelle», nach der zu dieser Zeit 6.7 % arm waren. 2009 waren diese Zahlen vergleichbar und betrugen 14.6 %, (60 % des Medianwerts), 8 % (50 % des Medianwerts) und 6.9 % («absoluter Schwelle»).[65] Dabei besteht die Hauptgefährdung für 43 % dieser Armen, wie es das BFS ausdrückt, im «Nicht in der Lage sein, unerwartete Ausgaben zu tätigen», sie verweist also auf einen wichtigen Aspekt der Konsumgesellschaft.[66] Die Spanne zwischen den verschiedenen Schätzungen, die aus einer Neudefinition des (quantitativen) Armutskriteriums resultiert, zeigt, dass sich die Vorstellungen darüber, wer «arm» ist, immer wieder ändern. So hat die Neudefinition von Armut durch die Schweizerische Konferenz für Sozialhilfe (SKOS) im Jahr 2005 dazu geführt, dass der Anteil der Armen an der Bevölkerung, wie er in Darstellungen von Hilfswerken und Non-Governmental Organizations (NGOs) ausgewiesen wird, um fast die Hälfte zurückging.[67] Untersuchungen des BFS zeigen, dass die Selbsteinschätzung von Menschen, die in armen Haushalten leben, keineswegs nur vom verfügbaren Einkommen abhängt, dass dieses jedoch eine wichtige Rolle spielt bei der objektiven Beurteilung der eigenen Situation.[68] Es wird darauf hingewiesen, dass die entsprechenden Daten nicht ohne weiteres aufeinander bezogen werden können, da in Städten ganz an-

62 Streuli/Bauer 2001; BFS 2008.
63 Zitate aus: BFS 2010, 4.
64 Leu/Burri/Priester 1997.
65 BFS 2002, 11 und 2010, 10.
66 BFS 2010, 6.
67 Siehe dazu die SKOS-Richtlinien 2005, www.skos.ch/de/?page=richtlinien [8.8.2011]; ein Beispiel für die Übersicht eines Hilfswerks: YoungCaritas: *Armut in der reichen Schweiz (Infomappe)*, o.J. www.youngcaritas.ch/media_features/pdf/school/Armut_Infomappe.pdf.
68 BFS 2002, 72–93.

dere Lebensbedingungen herrschen als in ländlichen Gebieten. Auch innerhalb der Stadt-Land-Differenzierung gibt es für die Beurteilung des Armseins relevante Unterschiede.[69] Im internationalen Vergleich weisen arme Haushalte in der Schweiz einen ansehnlich hohen materiellen Lebensstandard auf. Dies gilt selbst dann, wenn die hohen Lebenskosten in Betracht gezogen werden.[70] Die Diskussion um die «reichen Armen» in der Schweiz zeigt erstens, dass sich historisch ein relatives Konzept von Armut durchgesetzt hat. Es gelang zu keinem Zeitpunkt, die Definition von kontrovers diskutierten normativen Fragen zu entkoppeln und sie aus den politischen Auseinandersetzungen um den Sozialstaat herauszulösen. Zweitens wird deutlich, dass die Diskussion über «Armut» immer auch eine über die Wünsch- und Erreichbarkeit gesellschaftlicher Integration ist. Dabei steht allerdings nicht mehr der konsumierende Staatsbürger, der «citizen-consumer», im Zentrum. Vielmehr richtet sich die Aufmerksamkeit auch auf die Stellung der ausländischen Wohnbevölkerung und damit auf alle Einwohnerinnen und Einwohner und des Landes.

Dieselben Probleme wie bei der Armut zeigen sich bei der Interpretation lokaler, kantonaler und regionaler Differenzen und Divergenzen im Konsum. Zwei Punkte sind besonders hervorzuheben: Erstens hat sich mit der seit den 1960er Jahren einsetzenden Agglomerationenbildung der Stadt-Land-Gegensatz abgeschliffen (wie dies am Beispiel der langlebigen Konsumgüter schon gezeigt wurde). Zweitens gab es Unterschiede, die mit den markanten Abstufungen des Pro-Kopf-Einkommens verschiedener Kantone zu tun haben (→ 3.3.6.2). Diese verminderten sich seit den 1960er Jahren etwas, nahmen jedoch seit Ende der 1990er Jahre aufgrund eines zunehmenden Standortwettbewerbs wieder zu.

3.1.4 Distributionssystem, Geldgebrauch und Zahlungsmodalitäten

Mit der Herausbildung einer Konsumgesellschaft korreliert in besonderem Masse die Entwicklung und Rationalisierung des Distributionssektors sowie der Auf- und Ausbau einer auf transport- und datenverarbeitungstechnischen Innovationen basierenden Vertriebslogistik. Die kapitalistische Arbeitsgesellschaft könnte ohne Gross- und Kleinhandel gar nicht funktionieren.[71] Hier geht es vor allem um den «Detailhandel», wie in der Schweiz diejenigen Orte, an denen Konsumenten und Konsumentinnen ihre Einkäufe tätigen – Ladenlokale, Einkaufsgeschäfte und Shoppingzentren – zusammenfassend genannt werden. Die bereits angesprochene rückläufige Subsistenz und fortschreitende Kommodifizierung machen die Menschen abhängig von Verkauf und Einkauf. Diese Schnittstelle zwischen Angebot und Nachfrage wird also immer wichtiger. Schon im ausgehenden 19. Jahrhundert hatte sich ein weitverzweigtes System

69 Für die Working Poor vgl. BFS 2008.
70 Milanović 2011.
71 Zusammenfassend: Spiekermann 1999.

von Detailhandelsgeschäften und Konsumgenossenschaften etabliert; entgegen einem gängigen Bild war dieser Sektor keineswegs generell rückständig, sondern verzeichnete eine enorme Anpassungsfähigkeit und mobilisierte beträchtliche Produktivitätsreserven. Der Detailhandel war gleichsam die Kehrseite der Fabrikproduktion; ohne ein weitverzweigtes Absatznetz für Nahrungs- und andere Lebensmittel wäre es gar nicht möglich gewesen, den subsistenzwirtschaftlichen Brotnexus durch einen erwerbswirtschaftlichen Lohnnexus zu ersetzen. Kleinräumige Verteilungsnetze, viele, auch kleine Verkaufsstellen und eine zunehmend flächendeckende Logistik zur engmaschigen Bereitstellung von marktgängigen Lebensmitteln waren eine wichtige, wenn auch unspektakuläre Vorbedingung für das Gelingen der «Grossen Transformation».[72]

Ein brauchbarer Indikator für die Entwicklung dieses Sektors sind die sogenannten Detailhandelsumsätze (DHU),[73] in denen sich der Verlauf des Gesamtkonsums der Bevölkerung spiegelt. Grafik 3.1-8 zeigt den Verlauf der nominalen und realen DHU sowie die um die Zunahme der Wohnbevölkerung bereinigten realen und nominalen DHU-Indexwerte im Zeitraum 1925–2000.[74]

Die massive Steigerung der Preise – historisch vor allem nach der Ölpreiskrise von 1973/74 zu verorten – wird gut ersichtlich anhand der rechts skalierten nominellen Reihen. Der Vergleich der Anfangs- mit den Endwerten des realen DHU zeigt während des Dreivierteljahrhunderts eine Steigerung um das 3.1-fache.[75] Der mit der Zunahme der ständigen Wohnbevölkerung bereinigte reale DHU, nimmt jedoch in der gleichen Periode nur um das 1.7-fache zu.[76] Beide realen Reihen erreichen 1972 ihren Höchstwert. Daran lässt sich ablesen, dass die Wirtschaftskrise Mitte der 1970er Jahre einen Trendbruch markierte. Nach Jahrzehnten der Expansion des Detailhandels ging dieser nun erstmals stark zurück, um dann während der 1980er Jahre in eine Phase der Stagnation überzugehen, gefolgt von einer weiteren Rückbildung der realen Detailhandelsumsätze in den krisenhaften 1990er Jahren. In dieser Entwicklung findet zum einen die Verschiebung der Ausgabenstruktur privater Haushalte ihren Niederschlag. Ausgaben, die, wie etwa Ferien oder Weiterbildung, nicht über den Detail-

72 Polanyi 1978.

73 Im Detailhandelsumsatz ist der Wert aller Warenverkäufe an Endverbraucher (private Haushalte) sowie der Reparaturen für Endverbraucher (private Haushalte) zu Verkaufspreisen, inklusive Mehrwertsteuer, abzüglich Rabatte, Skonti und anderer Preisreduktionen enthalten. Vgl. hierzu: BFS online, Definitionen/Glossar.

74 Die Daten stammen vom BFS, wobei der Index 1949 = 100 gesetzt wurde. Leider bietet das BFS keine realen Daten an bzw. nur Wachstumsraten, die sich jedoch zur Interpretation der Verhältnisse im Detailhandel nicht eignen. In diesem Kapitel wurden deshalb zur Berechnung der realen Detailhandelsumsätze die nominellen DHU mit dem KPI deflationiert. Das Preisniveau – gemessen am KPI – ist zwischen 1925 und 2000 um das 5.7-fache angestiegen. Die Veränderung der Konsumentenpopulation spielt für die Entwicklung des DHU ebenfalls eine zentrale Rolle. Die ständige Wohnbevölkerung wuchs in der Periode von 1925 bis 2000 von 3970 Mio. auf 7204 Mio. an. Zur Berechnung der mit der ständigen Wohnbevölkerung bereinigten DHU wurde die Wachstumsrate der Bevölkerung von der Wachstumsrate der DHU abgezogen.

75 Steigerung der nominellen DHU um das 17.8-fache.

76 Steigerung der nominellen DHU (bereinigt mit der ständigen Wohnbevölkerung) um das 9.9-fache.

Grafik 3.1-8: **Indizierter Detailhandelsumsatz (1925–2000)**

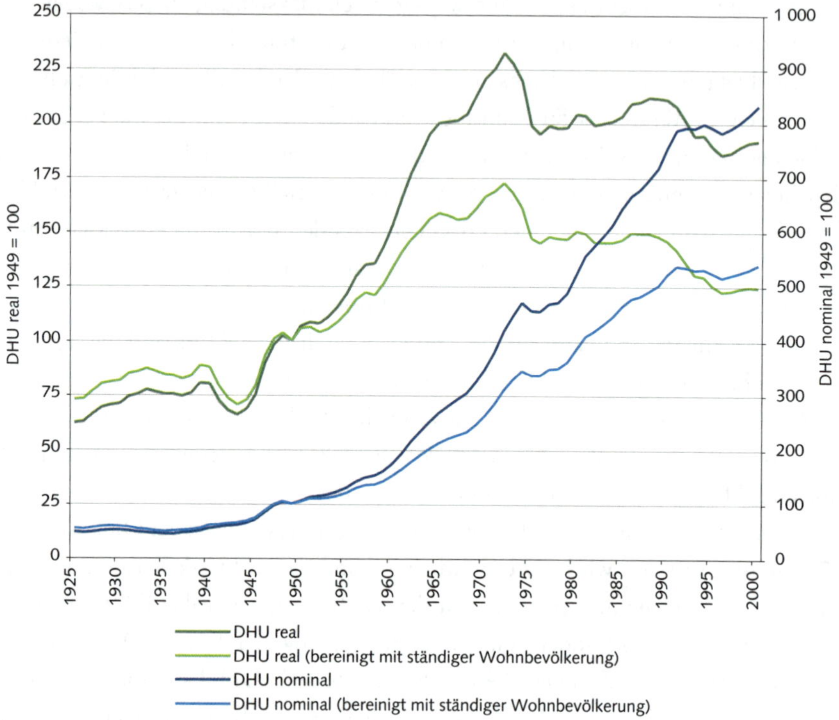

Quelle: HSSO Tab. B.42, H.39 und S.13.

handel realisiert wurden, nahmen – wie Kapitel 2.3.4.3 und 1.3.4 zeigen – zu. Zum andern zeigt sich hier ein Zeitreihenproblem. Gerade im Bereich der für den Konsum wichtigen langlebigen Konsumgüter tauchten völlig neue Produkte auf wie in den 1960er Jahren Fernseher und in den seit den 1980er Jahren Personal Computers. Diese Produkte werden im Index der Konsumentenpreise, der für die Deflationierung verwendet wurde, unterschiedlich gewichtet. Die Ausstattung von Haushalten mit Geräten und Apparaten ist – verglichen mit den Jahren um 1960, in denen der mit dem Bevölkerungswachstum bereinigte reale DHU ungefähr gleich hoch lag wie im Jahr 2000 – viel reichhaltiger geworden.

Der DHU lässt sich in Teilkomponenten der Nachfrage nach Konsumgütern desaggregieren. Grafik 3.1-9 stellt die auf 1949 = 100 indexierten nominalen Detailhandelsumsätze der Nahrungs- und Genussmittel, der Bekleidungsartikel und Textilwaren, der chemischen Produkte, der Brenn- und Treibstoffe sowie der Metallwaren, Apparate und Instrumente dar.[77] Der Umsatz der Nahrungs- und Genussmittel hat ei-

77 Nominale Grössen sind hier angemessen, weil später die Zu- und Abnahme der Umsätze mit Preissteigerungen bzw. -senkungen erklärt wird. Ausserdem misst der KPI die allgemeine Teuerung und ist deshalb zur Deflationierung bestimmter Teilreihen nicht geeignet.

Grafik 3.1-9: **Detailhandelsumsätze (1925–2000)**

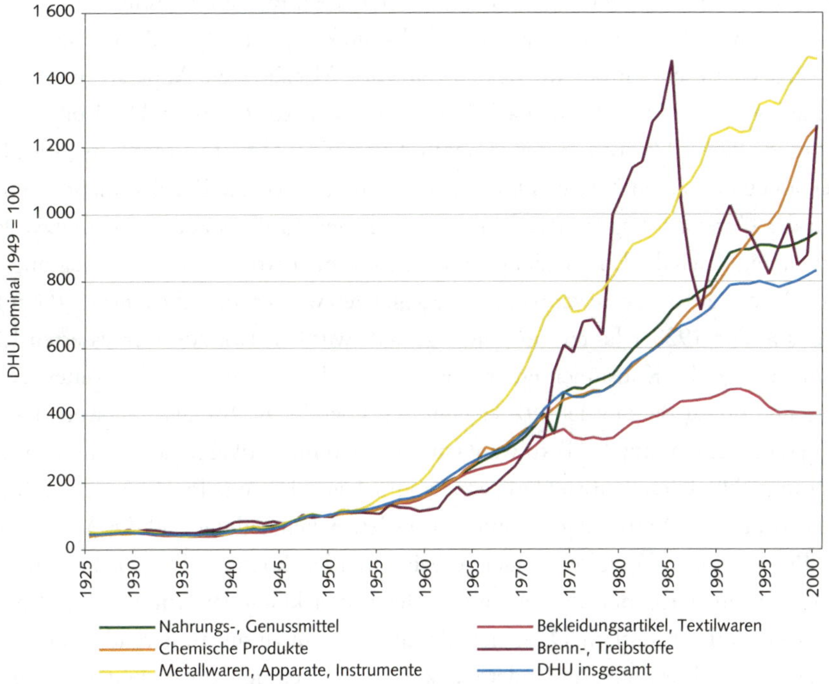

Quelle: HSSO Tab. S.13.

nen moderaten, durchschnittlichen Anstieg. Insgesamt vermittelt der Verlauf der Detailhandelsumsätze den Eindruck, dass der Ausstattungsgrad zu Beginn der Untersuchungsperiode einen wesentlichen Einfluss auf den Verlauf der einzelnen Detailhandelsumsatzkategorien hatte. Das heisst, je geringer der Ausstattungsgrad zu Beginn war, umso mehr nahm der Umsatz in den folgenden Jahren zu. Der Vergleich der Anfangs- und Endwerte zeigt auf, dass der Umsatz bei den Nahrungs- und Genussmittel um das 3.5-fache, bei den Bekleidungsartikel und Textilwaren um das 1.5-fache, bei den (von der Verwendung her sehr heterogenen) chemischen Produkten um das 5.4-fache, bei den Brenn- und Treibstoffen um das 4.4-fache sowie bei den Metallwaren, Apparaten und Instrumenten um das 4.8-fache zugenommen hat.[78]

Die Gegenüberstellung der realen Detailhandelsumsätze mit den um die Wohnbevölkerung bereinigten Umsätzen macht deutlich, dass die Steigerungen nicht allein

78 Bereinigt man den realen DHU mit der Wohnbevölkerung, die selbst um das 1.8-fache zunahm, verringern sich diese Werte stark. Die Zunahme der mit der ständigen Wohnbevölkerung bereinigten Werte liegt bei folgenden Werten: Nahrungs- und Genussmittel um das 1.9-fache; Bekleidungsartikel und Textilwaren um das 0.8-fache; chemische Produkte um das 3-fache; Brenn- und Treibstoffe um das 2.4-fache sowie bei den Metallwaren, Apparaten und Instrumenten um das 2.6-fache.

auf die Zunahme der Wohnbevölkerung zurückzuführen sind. Der Umsatz der Nahrungs- und Genussmittel ist zwischen 1925 und 2000 real durchschnittlich um 1.8% gestiegen, was eher einem moderaten Wachstum entspricht.[79] Ähnlich verlaufen die Umsätze chemischer Produkte. Bei der Kategorie Metallwaren, Apparate und Instrumente konnte der Umsatz erst nach 1945 massiv gesteigert werden. Der Konjunktureinbruch 1974–1976 stoppte den rasanten Anstieg; der Umsatz dieser Kategorie blieb aber auf einem hohen Niveau. Dass die Ausstattung sowie die Bezugssituation zu Beginn der Untersuchungsperiode einen wesentlichen Einfluss auf den Umsatzverlauf hatten, zeigt auch die Entwicklung des Umsatzes mit Textilwaren und Bekleidungsartikel. Bei dieser Kategorie kann davon ausgegangen werden, dass die meisten Produkte bereits in den 1920er Jahren im Laden gekauft wurden. Trotz der verbesserten Einkommenslage der Konsumenten erhöhte sich der Umsatz nach dem Zweiten Weltkrieg und bis zu Beginn der 1970er Jahre nur noch leicht. Im anschliessenden Zeitraum sank der Umsatz der Textilwaren und Bekleidungsartikel sogar bis unter das Niveau von 1949. Diese Entwicklung ist vermutlich auf sinkende Preise zurückzuführen, wie sie durch die Vertiefung der internationalen Arbeitsteilung und die Auslagerung der Produktion in Billiglohnländer realisiert werden konnten. Umgekehrt wird die Wirkung von steigenden Preisen anhand der Entwicklung des Umsatzes der Brenn- und Treibstoffe ersichtlich. Da es sich hier um schlecht zu substituierende Güter handelt, geht eine Preissteigerung oder -senkung zu Lasten des Konsumenten, wofür die massive Umsatzzunahme nach dem ersten Ölpreisschock (1973/74) bis Mitte der 1980er Jahre ein Beispiel ist.[80]

Was das Vertriebssystem, die Absatzorganisation und die Differenzierung von Verkaufsstellen betrifft, so reichen die Entwicklungen bis ins ausgehende 19. Jahrhundert zurück. Damals war die Distribution von Lebensmitteln in der Schweiz durch die Genossenschaftsbewegung geprägt. 1851 hatten einige Mitglieder des Grütlivereins den «Konsumverein Zürich» gegründet. Dieser Konsumverein wurde rasch überrundet durch die zahlreichen, vor allem in der Deutschschweiz entstehenden Konsum-Kooperativen. Nach mehreren erfolglosen Anläufen schlossen sich diese 1890 zum Verband schweizerischer Konsumvereine (VSK) zusammen, der sich ab 1969 Coop nannte und zu Beginn des 21. Jahrhunderts der zweitgrösste Detailhändler in der Schweiz ist.[81] Da der VSK immer auf Distanz zur organisierten sozialistischen Arbeiterbewegung blieb und seine Funktion vor allem in der Armutsbekämpfung sah, geriet er mit seinem Reformansatz nicht in Gegensatz zur kapitalistischen Wirtschaftsform. Neben den Konsumvereinen breiteten sich auch vereinzelt landwirtschaftliche

79 Um die Zunahme der ständigen Wohnbevölkerung bereinigt liegt das durchschnittliche jährliche Wachstum bei 1%.

80 Durchschnittliches Wachstum 1925–2000: 2.8%; bereinigt um die Zunahme der ständigen Wohnbevölkerung: 2%. Der Rohölpreis erhöhte sich von 1970 an bis Mitte der 1980er Jahre kontinuierlich. Die nachfolgende Periode zeichnete sich durch sinkende Preise aus.

81 Degen 2005. Zu den Marktanteilen 2006: Coop: Food: 21.0%, total: 15.4%; Migros: Food: 24.1%, total: 17.8%.

Genossenschaften wie der Volg (1892) aus, und zu Beginn des 20. Jahrhunderts einige wenige Einkaufsgenossenschaften wie die USEGO (um 1908).[82] Zugleich entstanden mit Jelmoli (1899, Zürich), Maus (1902; später Nordmann, Luzern) und Globus (1907, Zürich) die ersten Warenhäuser.[83] Weniger durch diese Konkurenz als vielmehr durch andere, innerhalb des Detailhandels selbst spielende Verdrängungsmechanismen geriet der überkommene Detailhandel im 20. Jahrhundert unter zunehmenden Rationalisierungsdruck. Durch den Aufstieg der Grossverteiler wurde dieser Druck noch verstärkt, wobei die neuen grossen Ketten aufgrund ihrer hohen Visibilität und ihres grossen Bekanntheitsgrads die idealen Zielscheiben für eine von Abstiegsängsten verursachte Kritik waren. Unter zunehmendem Wettbewerbsdruck kam es zu einer beträchtlichen (Selbst-)Rationalisierung der «kleinen Läden» und der genossenschaftlichen Strukturen – dies entgegen dem weitverbreiteten Vorurteil, die Kleinhändler seien ein Hort des Strukturkonservatismus gewesen.[84]

Der geschilderte feinverästelte Kleinhandel bzw. Einzel- oder Detailhandel hatte zusammen mit den Konsumgenossenschaften die Versorgung der Haushalte mit Lebensmitteln, Kleidern und verschiedensten anderen Alltagsgegenständen sicherzustellen.[85] Die urbanen Verdichtungszonen wurden nach 1900 und insbesondere nach dem Ersten Weltkrieg zu Experimentierfeldern für Innovationen im Distributionssystem. Diese Massnahmen setzten vor allem bei den hohen Preisen im Detailhandel an, in denen sich Defizite in der Organisation und kartellistische Tendenzen der Markenartikelhersteller reflektierten. Insgesamt gab es ein beträchtliches Potential für arbeitssparende, produktivitätssteigernde Neuerungen und so erstaunt es nicht, dass die Rationalisierungstendenzen im Detailhandel seit den 1920er Jahren besser zur Wirkung kamen als im Bereich der Industrieproduktion. Unternehmens- und wirtschaftsgeschichtliche Untersuchungen haben inzwischen gezeigt, dass der im Zeichen von Fordismus und Taylorismus stehende «efficiency craze» nach dem Ersten Weltkrieg noch keine durchschlagenden Auswirkungen auf die industriellen Fertigungsmethoden hatte und dass eine flächendeckende Verbreitung «amerikanischer» Methoden erst im langen Konjunkturaufschwung der Nachkriegszeit erfolgte. Im Bereich der Kleinhandelsorganisation war die Rationalisierungsidee demgegenüber schon in der Zwischenkriegszeit erfolgreich. Hier liessen sich nämlich mit wenigen arbeitsorganisatorischen

82 1990 ging die Usego-Trimerco Holding AG (UTH; Leitung: Hofer & Curti) mit dem Denner eine strategische Allianz ein, um die Marktdominanz von Coop und Migros zu brechen. 1993 stieg Denner wieder aus. 1994 wurde Pick Pay integriert und 1996 fusionierten die beiden Unternehmen unter dem Namen Usego Hofer Curti AG (UHC). 1999 schloss sich die UHC mit der Bon appétit Holding AG zusammen, woraus die Bon appétit Group (BAG) entstand. 2003 wurde die BAG an die deutsche Rewe Group verkauft; 2005 wurden die Pick-Pay-Filialen an die Rast Holding Tochter Denner verkauft.

83 Vgl. die entsprechenden Einträge im *Historischen Lexikon der Schweiz* (HLS). Globus wurde 1997 von der Migros übernommen.

84 Für Deutschland zeigt dies Spiekermann 1999. Für die Schweiz betont Gutersohn 1955, 348 die «Modernisierung» und die «Hebung der Leistungen des klein- und mittelbetrieblichen Detailhandels».

85 Eine Fallstudie für Basel liefert Keller 2001.

Massnahmen und rationelleren Vertriebssystemen direkte Einsparungen für die Konsumentinnen und Konsumenten erzielen.[86]

Exemplarisch lässt sich der Auf- und Ausbau eines neuen Distributionssystems anhand der Entwicklung der Migros darstellen.[87] Ende August 1925 fuhren die ersten fünf Verkaufswagen der neu gegründeten Aktiengesellschaft Migros zum ersten Mal zu 178 Verkaufsstellen im Zürcher Stadtgebiet. Dass der Firmengründer Gottlieb Duttweiler Zürich als Ausgangspunkt wählte, hatte unter anderem damit zu tun, dass diese Stadt einer der teuersten Orte des Landes war. Nach dem vom VSK berechneten Index lag das Preisniveau der Limmatstadt durchschnittlich 5 % über dem schweizerischen Mittel. Die Migros setzte auf strenge Vereinfachung und Standardisierung. Verkauft wurden bloss sechs Artikel: Reis, Zucker, Teigwaren, Kokosfett, Kaffee und Seife, zu Preisen, die zwischen 22 % und 45 % niedriger waren als im traditionellen Detailhandel. Das war neben dem rationellen Produktsortiment auch auf eine Handelsmarge von bloss 8 % zurückzuführen. Die Rationalisierungsstrategie der Migros bestand in der konsequenten Umsetzung einiger arbeits- und kostensparender Grundsätze: 1. strikte Barzahlung; 2. grosse Quantitäten (kg, 2 kg); 3. Nettopreise, d.h. keine Rabattmärkli und sonstige Rückvergütungen; 4. abgepackte Waren mit runden Preisen und ungeraden Gewichten; 5. keine Hauslieferungen; 6. fahrender Laden, d.h. die Kundschaft musste den Wagen zur bestimmten Zeit aufsuchen und der Chauffeur wirkte zwischenzeitlich als Verkäufer; 7. strikt beschränkte Sortenzahl; und 8. möglichst grosser Umsatz, d.h. keine langen Lagerzeiten. Duttweiler wollte also die «Grundsätze des Grosshandels im Kleinverkauf» anwenden, d.h. Engrosprinzipien im Kleinhandel einführen – deshalb der Name «Migros», der sich als Bezeichnung für diese Zwischenzone schon eingebürgert hatte und der später auch mit *migrare*, wandern, in Verbindung gebracht wurde. Das Migros-Unternehmen setzte auf die Reallokation von Zeitressourcen und Kaufkraft: Die Zeit wird dort eingespart, wo sie im Unternehmen als Kostenfaktor anfällt (Grundprinzip des «cash and carry»). Zugleich wurde davon ausgegangen, dass jene, die kein Geld haben, sich mehr Zeit nehmen können. Duttweiler vertrat diese Grundsätze selbstbewusst. Im ersten Migros-Flugblatt vom August 1925 wurde appelliert «an die Hausfrau, die rechnen muss, an die intelligente Frau, die rechnen kann».[88] Zur Geschäftsphilosophie gehörte auch der Verzicht auf das Angebot von Tabak und Alkohol. In einer Zeit, in der die meisten Haushalte einer permanenten Mangelbewirtschaftung aufgrund knapper Ressourcen unterlagen, galt der Kauf solcher Genussmittel als Verschwendung. Dass diese Haltung während der ganzen Nachkriegszeit, als sich die soziale und moralische Bewer-

86 Tanner 1999; Girschik/Ritschl/Welskopp 2003.
87 Vgl. für die folgenden Ausführungen: Girschik/Ritschl/Welskopp 2003; Jenni 1978.
88 Jenni 1978, 64.

tung von Trinken und Rauchen veränderte, nicht revidiert wurde, ist ein Beispiel für die normative Pfadabhängigkeit von Unternehmen auch im Distributionssektor.[89]

Im etablierten Detailhandel stiess die Migros zunächst auf Widerstand. Die politischen Behörden wurden durch aufgebrachte Detaillisten zum Handeln gezwungen. Zunächst unterstellte man die fahrenden Wagen dem Markt- und Hausiergesetz; die Verkaufswagenchauffeure hatten aber kantonale Hausiererpatente gelöst. Anschliessend kam es zu gewerbehygienischen Einsprachen. Kleinhändler warfen dem neuen Vertriebssystem vor, es sei unhygienisch, da es sich auf offener Strasse abspiele. Der ETH-Hygieneprofessor Willi Gonzenbach attestierte der Migros jedoch Unbedenklichkeit – im Gegenteil böten die Wagen «erhebliche gesundheitliche Vorteile». Der «fahrende Laden» sei in sozialhygienischer Hinsicht «im höchsten Grade begrüssenswert», weil er armen Leuten den Zugang zu billigen Grundnahrungsmitteln verschaffe, weil er dank hoher Umsätze immer frische Waren böte und weil er durch die Gewerbepolizei ganz einfach kontrolliert werden könne.[90]

Der Aufstieg der Migros kam einer Besitzergreifung des öffentlichen Raums gleich. Es handelte sich um einen neuen Gebrauch des städtischen Ambientes für akustisch-visuelle Demonstrationen von Präsenz. So revolutionär die rationellen Verkaufsmethoden der Migros waren, so sozialkonservativ erwies sich das geschlechtsspezifische Rollenverständnis. Duttweiler nahm auf ein konventionelles Kleinfamilienmodell mit traditioneller Arbeitsteilung Bezug und baute das Geschäftsmodell der Migros auf dieser Haushaltsform auf. Dabei eröffnete er einen offensiven Preiskampf gegen Markenartikel. Als die Schweizer Regierung mit dem Bundesratsbeschluss vom 23. Februar 1926 ein gesamtschweizerisches Hausierverbot für die Migros-Wagen erliess, schien Duttweilers Traum zunächst ausgeträumt. Der Migros-Gründer erklärte, seiner Firma würde «mit Bomben und Granaten der Krieg gemacht. Nachdem unsere Gegner aber festgestellt, dass sie uns damit nur Gratisreklame machten, gingen sie zum Gaskrieg über. Unter den giftigen Gasen erschien ihnen das wirksamste das ‹Verbot›, nicht ein die Migros direkt untersagendes Verbot – das hätte in Zürich zuviel Lärm gemacht –, sondern subtile, indirekte, tödlich wirkende Pillen in Form von Hausierverboten gekleidet.»[91]

Als Antwort auf diese Verbote hatte die Migros Ende 1926 eine erste feste Verkaufsstelle eröffnet; 1929 waren es bereits acht, 1930 deren 70 und später um die 100 feste Lokale. Das war mehr als das Doppelte ihrer damals 45 Verkaufswagen. 1929/30

89 Die neuen Verkaufsarrangements in den grossen Einkaufszentren entschärften allerdings das Problem. Auch wenn die Migros den entsprechenden Umsatz nicht selbst machen konnte, gab es doch immer mehr Möglichkeiten, die gewünschten Tabakwaren und Alkoholika *on the spot* zu erwerben. Mit der Übernahme von Denner 2007 kam eine Kette zur Migros, die um die 40% des Umsatzes mit Tabakwaren und Alkoholika erzielte.

90 Jenni 1978, 80.

91 Jenni 1978, 84. Schliesslich kam mit der Unterscheidung zwischen «Hausieren» und «Verkauf im Umherziehen» eine Einigung zustande. Indem man die Migros der letzteren Kategorie zuteilte, verlor sie das diskriminierende «Hausierschild».

kaufte die Migros das Areal einer alten Seidenfärberei beim Zürcher Limmatplatz; in der durch diesen Kauf realisierten Verschiebung vom zweiten zum dritten Sektor schlugen sich der wirtschaftliche Strukturwandel und die Krise der Textilindustrie nieder. 1932 hatte sich die Migros in mehreren Prozessen wegen Verletzung des Markenrechts zu verantworten, so zum Beispiel gegen Sunlight.[92] Zudem missglückte die Expansion ins Ausland: Die 1932 in Berlin gegründete Migros Verteilungs GmbH geriet in Konflikt mit dem nationalsozialistischen Regime und zog sich zurück. 1933 erliess die Schweiz ein massgeblich antisemitisch motiviertes, an das «Dritte Reich» angelehntes und bis 1945 aufrechterhaltenes Verbot, aufgrund dessen grosse Warenhäuser und mithin auch die Migros keine neuen Filialgeschäfte eröffnen konnten.[93]

Duttweiler zog drei Schlussfolgerungen aus dieser Entwicklung: Erstens stärkte er die vertikale Integration und baute die Fertigungsanlagen für migroseigene Produkte aus. Der Anteil der Eigenproduktionen am Einzelhandelsumsatz stieg stark, eine Strategie, die auch in der Nachkriegszeit durchgehalten wurde, sodass das Unternehmen Mitte der 1960er Jahre 28% bzw. 22% des Einzelhandelsumsatzes durch in eigenen Firmen produzierte Güter bestritt.[94] Zweitens gründete er 1935 das Reisebüro «Hotelplan» und warb trotz Wirtschaftskrise für den billigen Inlandtourismus in der Schweiz. So wie er der «kleinen Hausfrau» ein Jahrzehnt zuvor den Zugang zu billigen Nahrungsmitteln verschafft hatte, wollte er nun breiten Bevölkerungsschichten den Einstieg in bisher unbekannte Ferienparadiese ermöglichen: «Der ‹kleine Mann› aller Schichten ist der Reisegast der Zukunft», lautete der Werbeslogan der Migros, mit dem Duttweiler der krisengeschüttelten Hotellerie eine neue Kundschaft zutreiben wollte. Auch wenn vorerst die grosse Mehrheit in den Ferien noch daheim blieb, war damit das Modell eines rationellen Low-Budget-Tourismus geschaffen, das dann in der Nachkriegszeit zum Erfolgsrezept werden sollte; wobei Hotelplan in dieser Phase vor allem Auslandmärkte bewirtschaftete.[95] Drittens entschloss sich Duttweiler, eine neue Partei zu gründen und damit zum Spieler in der politischen Arena zu werden. Im September 1935 erzielte er mit seinem «Landesring der Unabhängigen» (LdU) einen beträchtlichen Wahlerfolg: In Zürich mit 5 Mandaten, in Bern und St. Gallen mit je 1. Das gab auf Anhieb eine Fraktion von 7 Nationalräten. Anschliessend setzte eine politische Stagnation ein; die Zahl der Sitze des LdU betrug 1939: 9, 1943: 7, 1947: 9, 1951 bis 1963: 10, 1967: 16. Wie seine Partei blieb auch Duttweiler in der sich konsolidierenden Konkordanzdemokratie ein Aussenseiter. Zweifelhafte Berühmtheit erlangte er 1948, als er zwei Steine aus der Aare gegen das Bundeshaus warf, um damit gegen die Nichtbehandlung einer seiner unzäh-

92 Sunlight gehört heute zu Unilever.

93 Zur antisemistischen Stossrichtung des Kampfes gegen «Warenhäuser» in der Schweiz vgl. Kamis-Müller 2000, 158–178. Der Autor zeigt auch, wie stark die Volksabstimmung über das Getreidemonopol des Bundes von 1926 (das knapp verworfen wurde) von antisemitischen Stereotypen bestimmt wurde. Vgl. weiter: Picard 1994, 102–105.

94 Schrade 2007, 99.

95 Schumacher 2002. Analog verlief der Aufbau der Klubschule Migros und Kulturengagements. Vgl. hierzu Girschik/Ritschl/Welskopp 2003.

ligen Motionen durch das Parlament zu protestieren. Immerhin brachte ihm dieser polternde Politstil den nötigen Support, um 1949 in den Ständerat gewählt zu werden. Die politische Karriere des LdU ist aber in keiner Weise zu vergleichen mit der fulminanten Expansion des von Duttweiler gegründeten Unternehmens, das 1941 in eine Genossenschaft umgewandelt worden war. 1948 eröffnete die Migros in Zürich den ersten Selbstbedienungsladen der Schweiz. Die Konsumentinnen und Konsumenten wurden in diesem distributionstechnisch avanciertesten Bereich des Detailhandels direkt in die Rationalisierungsmassnahmen einbezogen und damit selbst zu einem aktiven Moment der Kostensenkungs- und Rationalisierungsstrategien.[96]

So speziell sich die Migros profilierte, so allgemein setzten sich die Prinzipien durch, auf denen sie beruhte. Während des in den 1950er Jahren einsetzenden Konjunkturaufschwungs wuchs der schweizerische Detailhandel in neue Dimensionen und auch in neue Vertriebstypen hinein. Grosse Lebensmittelverteiler, neben der Migros insbesondere Coop,[97] verzeichneten ein überproportionales Wachstum. Eine mit dem Durchbruch der Migros in der Zwischenkriegszeit vergleichbare Situation schuf in den 1960er Jahren der Markteintritt von Denner.[98] 1967 konnte Denner mit einer Discounterstrategie die Eintrittsbarrieren erfolgreich überwinden.[99] Wie hoch die Hürden dennoch blieben, zeigen andere Beispiele, so der Austritt der weltweit tätigen Carrefour-Gruppe aus dem Schweizer Markt.

Beim Vergleich des Coop mit der Migros (Grafik 3.1-10) wird ersichtlich, dass Letztere den traditionellen Rivalen, gemessen am Umsatz, 1967 überholte, obwohl sie damals sechs Mal weniger Läden besass als der Coop. Die Umsatzdifferenz der beiden Unternehmen war zu Beginn der 1990er Jahre am grössten. Coop konnte seinen Umsatz aber in jüngster Vergangenheit stärker steigern als die Migros. Ein wesentlicher Unterschied zwischen beiden Unternehmen bestand in Bezug auf die Anzahl Verkaufsstellen oder Läden. Coop baute sein Filialnetz laufend aus bis zum Höchststand von 2215 Läden, der 1959 erreicht wurde. Nach 1960 kam genau die gegensätzliche Strategie zum Zuge, sodass der zu Beginn des 21. Jahrhunderts erreichte Stand von

96 Brändli 2000.

97 Ab 1969 nannte sich das Unternehmen Coop Schweiz, ab 2000 Coop.

98 Die Gründung von Denner geht auf das Jahr 1860 zurück. Damals gründete Heinrich Reiff in Zollikon bei Zürich die Firma «Reiff-Schwarz, Mercerie und Spezereihandel». 1881 wurde der Schwiegersohn Cäsar Denner Teilhaber und das Geschäft in «Consumgesellschaft Denner & Co.» umbenannt. 1935 erfolgte die Umwandlung des Unternehmens in eine Aktiengesellschaft. 1946 übernahm die «Import- und Grosshandels AG» (IGA), an der Karl Schweri beteiligt war, die «Consumgesellschaft Denner und Co. AG» sowie drei weitere Detailhandelsunternehmen. Nach einem fünfjährigen Machtkampf erlangte 1951 Karl Schweri die Aktienmehrheit an der IGA. Nachdem das System der gebundenen Endverkaufspreise auch für Lebensmittel gefallen war, eröffnete die IGA 1967 in Zürich den ersten Lebensmitteldiscountladen. 1994 übernahm Denner die Waro-Gruppe und verkaufte sie dann 2002 an Coop. 2007 übernahm schliesslich die Migros die Denner-Filialen (Angaben von http://de.wikipedia.org/wiki/Denner; vgl. auch *Historisches Lexikon der Schweiz*, «Denner»).

99 Die Strategie des Discounters besteht aus einem schmalen Warenangebot kombiniert mit einer einfachen Präsentation auf möglichst kleiner Verkaufsfläche, was zu tieferen Kosten und damit niedrigeren Preisen führt.

Grafik 3.1-10: **Coop und Migros – Detailhandelsumsatz und Läden (1900–2005)**

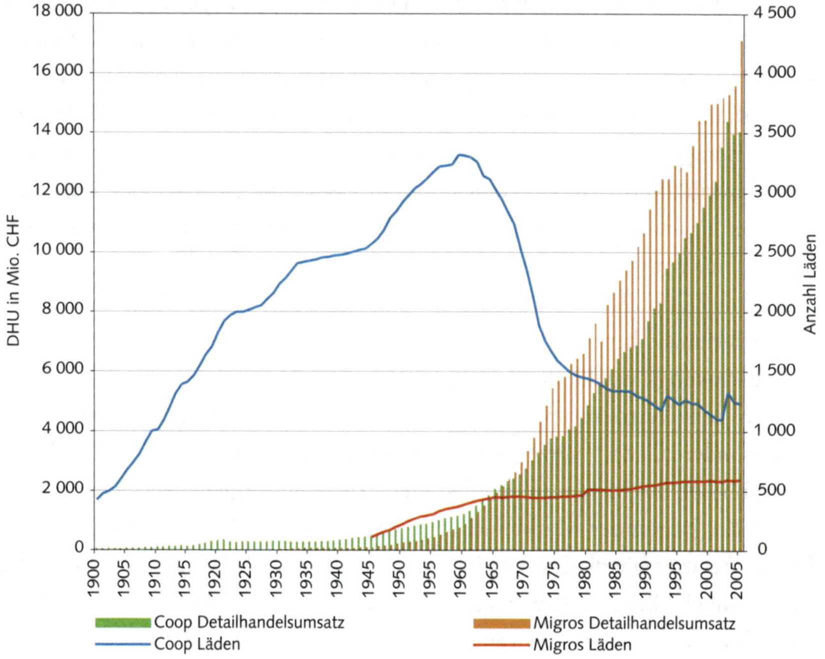

Quellen: 1900–1989: HSSO Tab. S.10 und S. 11; 1990–2006: Geschäftsberichte des Coop und der Migros.

1237 Läden etwa dem von 1912 entspricht. Die Migros hingegen setzte auf Konzentration und Grösse; aber auch sie baute ihr Ladennetz kontinuierlich aus und führte zu Beginn des 21. Jahrhunderts 590 Filialen unter ihrem Label. Die Anzahl Verkaufsstellen wirkt sich konsequenterweise direkt auf den Umsatz pro Laden aus, weshalb hier auf einen Vergleich dieser Kenngrösse verzichtet wird.

Ein weiterer Unterschied zwischen den beiden Unternehmen besteht in der Anzahl der Mitarbeiter (Grafik 3.1-11). Nach 1945 liegen die Wachstumsraten bei der Migros über jenen des Coop; seit den frühen 1970er Jahren integrierte die Migros-Genossenschaft die eigenen Produktionsbetriebe (allerdings nicht das Banken- und Versicherungsgeschäft) in die Statistik und distanzierte damit den Coop. Letzerer vermochte seit Mitte der 1990er Jahre die Zahl der Genossenschaftsmitglieder sehr stark zu steigern und die Migros zu überrunden.

Die Schweiz gilt im europäischen Detailhandel als Hochpreisinsel; empirische Untersuchungen für die Jahre um 2000 zeigen, dass die schweizerischen Preise im Vergleich mit den Nachbarländern Deutschland, Frankreich, Österreich und Italien nach Abzug der Mehrwertsteuerdifferenz noch um etwa ein Sechstel höher liegen.[100] Ein Grossteil der Konsumentenpreisunterschiede kann mit Kostendifferenzen erklärt werden, insbe-

100 BAK Basel Economics 2006, 7–10.

Grafik 3.1-11: **Coop und Migros – Angestellte und Genossenschaftsmitglieder (1900–2005)**

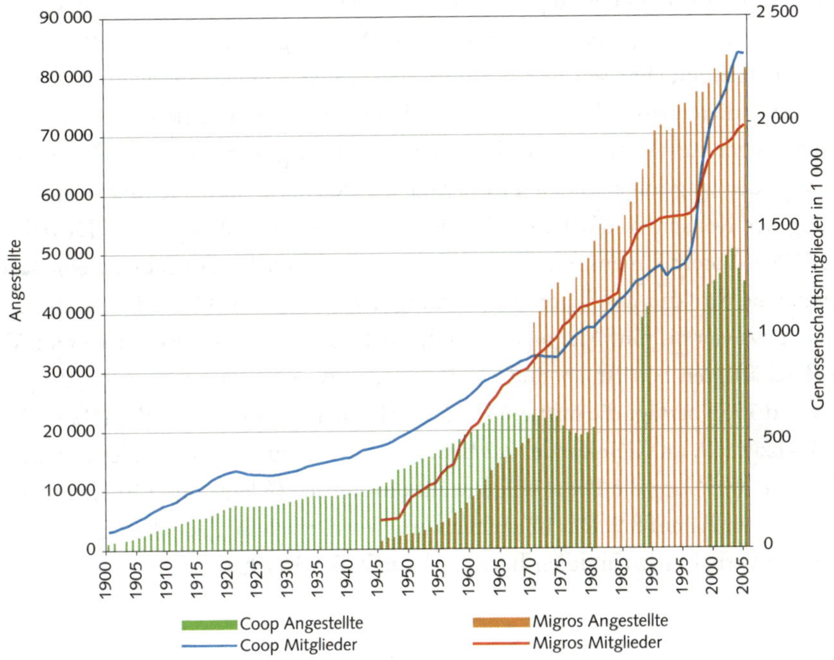

Quellen: 1900–1989: HSSO Tab. S.10 und S.11; 1990–2006: Geschäftsberichte des Coop und der Migros.

sondere mit den höheren Beschaffungskosten im Inland und im Ausland. Preissteigernd wirkte sich insbesondere die starke Regulierung und Kartellisierung des Binnensektors aus – vor allem in der Landwirtschaft und im Energiebereich (→ 2.3.1.1.3). Kaum ins Gewicht fallen die höheren Arbeitskosten, weil diese durch Rationalisierungsmassnahmen und eine hohe Produktivität im schweizerischen Detailhandel fast ausgeglichen werden. 2005 sorgte die Ankündigung zweier grosser deutscher Discountketten – Aldi und Lidl –, sie würden in wenigen Jahren auf dem schweizerischen Markt präsent sein, für Schlagzeilen. In semantischer Anspielung auf diese neuen Anbieter lautete eine Presseschlagzeile: «Eine Lidl Aldinative kann nicht schaden.»[101] Diese Einschätzung geht davon aus, dass die Auslandskonkurrenz die Produktivitätsentwicklung im schweizerischen Detailhandel weiter vorantreiben wird. Vorerst reagierten die grossen schweizerischen Anbieter auf die Herausforderung einerseits mit Preissenkungen und Billig-Produkt-Aktionen, andererseits mit Zusammenschlüssen – und absolvieren punkto Grösse Quantensprünge. Bei Coop wurde 2001 die Fusion von 14 regionalen Coop-Genossenschaften und Coop Schweiz formell vollzogen und so der neue Coop geschaffen; 2002 kam die Kette EPA zu Coop. Die Migros hat 2007 die Kette Denner mit über 400 Filialen und gegen 300 Pick-Pay-Satelliten übernommen.

101 *Neue Zürcher Zeitung* vom 18. 12. 2004.

Grafik 3.1-12 zeigt, dass der Anteil der im Handel Tätigen an der Gesamtbeschäftigung im Verlauf des 20. Jahrhunderts von etwa 5 % auf etwa 15 % zunahm. Dabei gab es Rückschläge während des Zweiten Weltkriegs sowie in den 1980er Jahren und eine Trendumkehr seit den beginnenden 1990er Jahren. Innerhalb des – selbst rasch expandierenden – dritten Sektors sank der Anteil des Handels an der Beschäftigung wieder auf Werte wie vor dem Ersten Weltkrieg. Dazwischen, und vor allem während der lang anhaltenden Prosperität der Nachkriegszeit, in welche die Entfaltung der Konsumgesellschaft fiel, wuchs dieser Anteil auf gegen ein Drittel (im Jahr 1970). Unternehmensorganisatorisch weist der Handel in der Schweiz eine kleinbetriebliche Struktur auf. Unter Auswertung der verfügbaren Daten lässt sich sagen, dass es etwa vier bis fünf Mal mehr Kleinhandels- als Grosshandelsbetriebe gibt. Was die Beschäftigten betrifft, so sind die Relationen weniger ausgeprägt. Für die Jahre 1929 und 1955 beträgt die mittlere Zahl der Beschäftigten pro Betrieb im Grosshandel 4.4 bzw. 5.9, im Kleinhandel 2.2 bzw. 2.7. Im Verlauf des Jahrhunderts zwischen 1905 und 2005 stieg die Beschäftigtenzahl pro Betrieb (Klein- und Grosshandel zusammen) von 2.1 auf 8.9. Das ist mehr als eine Vervierfachung, jedoch vergleichsweise wenig im Verhältnis zu anderen Bereichen der Volkswirtschaft.

Grafik 3.1-12: **Beschäftigung im Handel (1888–2007)**

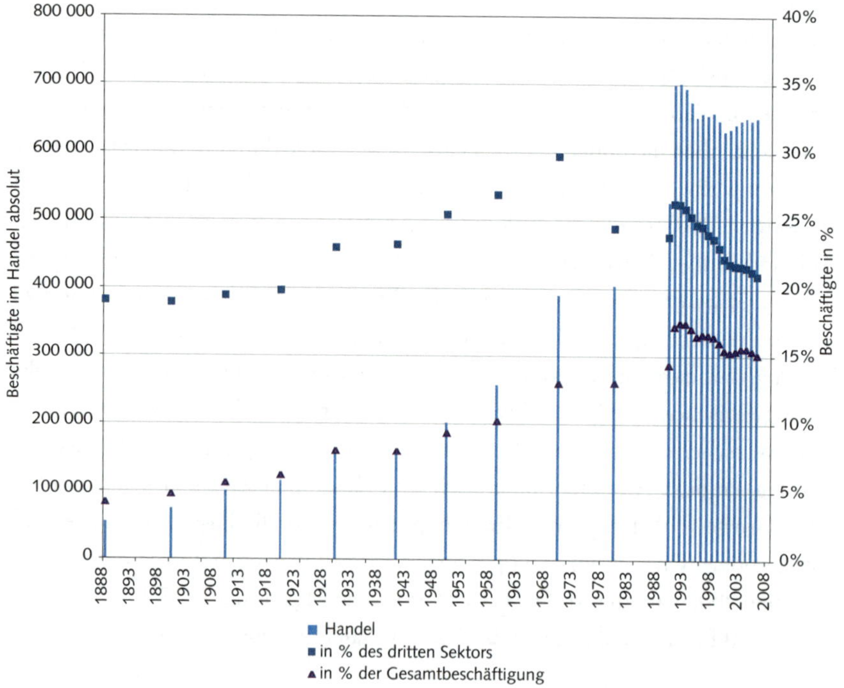

Quelle: HSSO Tab. F.28 und F.30.

Seit den 1960er Jahren verwandelte sich der Detailhandel von einem arbeitsintensiven Low-Tech-Dienst am Kunden zu einer technologisch und arbeitsorganisatorisch avancierten Branche. Mit der Expansion der Selbstbedienung stellten sich zwei Probleme, mit denen die Innovatoren nicht gerechnet hatten: erstens die Ausdifferenzierung des Sortiments sowie die damit rasch steigenden Anforderungen an die Distributionslogistik und zweitens der organisatorisch-personelle Flaschenhals bei der Kasse. Diese Probleme konnten nur durch die rasche Computerisierung der Branche seit den 1960er Jahren gelöst werden. Die Datenverarbeitungstechnologien veränderten zunächst vor allem das Bestellwesen als «Schnittstelle zwischen der Verkaufsfront und den Lagerhallen»; dieser Automatisierungsschub, der auch durch die Vision des «gläsernen Kunden» vorangetrieben wurde, hatte allerdings eine nicht intendierte Wirkung: Der Computer wurde von einem Hilfsmittel zur Beschleunigung betrieblicher Abläufe zu einem Instrument der Entscheidungsfindung von Unternehmensführungen. Der Aufstieg des Internets seit Mitte der 1990er Jahre hat ICT-Kapital im Detailhandel zum zentralen Faktor der Sektorentwicklung werden lassen. Investitionen in Organisations- und Humankapital einerseits und ein verändertes Kaufverhalten (vor allem Online-Bestellungen) andererseits haben im Zuge dieser Entwicklung einen drastisch höheren Stellenwert erhalten.[102]

Mit diesen Veränderungsprozessen ging ein Wandel des Zahlungsverhaltens und des Umgangs mit Geld einher. Noch weit ins 20. Jahrhundert hinein wurde der Lohn zunächst wöchentlich, dann zweiwöchentlich und schliesslich monatlich bar ausbezahlt. Die Arbeiter und Angestellten erhielten ein Lohncouvert mit den entsprechenden Noten und Münzen; vor der Abwertung des Schweizer Frankens anno 1936 waren nicht selten auch Goldvreneli darunter. Seit den 1960er Jahren boten Schweizer Banken Lohnkonten an, die den Umgang mit dem Salär vereinfachten, indem sie die Bargeldtransaktionen auf Kontenbewegungen umstellten. Dieser neue Umgang mit Geld musste von den Beteiligten erlernt werden; auch die Aufteilung des Monatssalärs in das «Haushaltungsgeld» der Hausfrau und die im Verfügungsbereich des Mannes verbleibende Summe wurde neuen Regeln unterworfen. In den Jahren um 1970 begannen die Bancomatkarten an Bedeutung zu gewinnen. Waren 1968 erst 4000 Karten im Verkehr, so erhöhte sich deren Zahl bis 1978 auf 50000, um bis 1988 auf weit über eine Million (1330000) anzusteigen. 1998 lag die Zahl bei weit über drei Millionen (3348000).[103] Als allgemeiner Trend lässt sich feststellen, dass die zu Beginn des 20. Jahrhunderts bereits gut eingebürgerten und durch die Schweizerische Nationalbank seit ihrer Gründung im Jahr 1907 im Monopol emittierten Banknoten in den letzten Jahrzehnten des 20. Jahrhundert zunehmend durch Plastikgeld zurückgedrängt wurden. Auch wenn die Schweiz zu den Ländern gehört, in denen der Bargeldumlauf vergleichsweise hoch ist, lässt sich Geld doch zunehmend als das Zu-

102 Girschik 2010, 227–234.
103 Klein/Palazzo 2003, 131.

sammenwirken von effizienten Datenverarbeitungs- und Informationssystem mit einem bargeldlosen Zahlungsverhalten des Publikums definieren.[104] Im Zuge dieser einschneidenden Umstellung des Geldsystems haben sich auch die Formen und Funktionen des Klein- bzw. Konsumkredits verschoben. In der Schweiz nie besonders populär, hatte er doch im «Anschreiben» beim Kleinhändler seinen Ausgangspunkt. Mit der zunehmenden Verbreitung von «Kreditkarten» wurde das Schuldenmachen seit den 1970er Jahren gleichsam normalisiert in die Operation eines blossen «Überziehens». Damit wurden neue gesetzliche Regelungen des «Konsumkredits» notwendig. 2000 führten die grossen Verteiler – Coop und Migros – neue Kundenkarten ein, welche die Informationsbasis für eine Revolutionierung der Vertriebslogistik legten. Die Kunden, die ihre Einkäufe registrieren lassen, erhalten Vergünstigungen; das Unternehmen verfügt dafür über Datensätze, aus denen sich Robotbilder von Konsumenten und Konsumentinnen sowie Aussagen über Trendverhalten auf Absatzmärkten machen lassen.

Wichtig war die Unterstützung durch die Massenmotorisierung, welche die Voraussetzung für eine zunehmende Angebotskonzentration schuf (→ 3.2.3.1). Die Fahrt ins Einkaufszentrum bzw. Shopping Center wurde vom Konsumerlebnis zur Gewohnheit. Gleichzeitig entstanden Nischen für spezialisierte Anbieter. Eine zunehmende Bedeutung wurde der «Einkaufsatmosphäre» beigemessen. Auch in der Schweiz lassen sich seit den 1980er Jahren spezifische Adaptationen der Shopping-Malls amerikanischen Zuschnitts feststellen. Insgesamt zeigen neuere Untersuchungen, dass der schweizerische Detailhandel nach einer Phase rückläufiger Wertschöpfung um die Mitte der 1990er Jahre wieder überdurchschnittliche Produktivitätszuwächse erzielte und – zu Beginn des 21. Jahrhunderts auch gezwungen durch kompetitive Discountanbieter aus Deutschland – strukturelle Schwächen zu kompensieren versuchte.[105]

3.1.5 Einkaufen, Hauswirtschaft und Geschlechterordnung

Konsum und Konsumverhalten waren stark geschlechtsspezifisch geprägt. Die Komplementarität von «male breadwinner» und «miss consumer» ist häufig dargestellt worden. Für das ausgehende 19. und den grössten Teil des 20. Jahrhunderts wurde jedoch auch nachgewiesen, dass diese Ideologie polarisierter Geschlechtscharaktere den Arbeits- und Lebensalltag kaum lückenlos durchzogen hat. Frauen waren im sozialen Raum und über die Zeit hinweg mit unterschiedlicher Gewichtung sowohl in der Erwerbs- als auch der häuslichen Sphäre präsent. Zu Beginn des Jahrhunderts waren die meisten Arbeiterfamilien auf einen (Zu-)Verdienst der Frauen angewiesen, und diese Situation änderte sich auch in der Zwischenkriegszeit kaum. Erst in der zweiten Hälfte des 20. Jahrhunderts wurde es aufgrund der Reallohnsteigerungen der Unter-

104 Bonhage 2007 beschreibt die Einführung bargeldloser Lohn- und Gehaltszahlungen in der Schweiz als eine wichtige Voraussetzung für das Kreditkartengeschäft.

105 BAK Basel Economics 2010.

schichten auch für diese möglich, ein duales Rollenmodell praktisch umzusetzen.[106] Kaum hatte sich die Norm weiblicher Häuslichkeit durchgesetzt, integrierten sich – vorwiegend auf Basis von Teilzeitarbeit – Frauen verstärkt in den Arbeitsmarkt, sodass die Kontrolle der Kaufkraft nie zu einem männlichen Monopol wurde. Zeitökonomisch wird die Einkaufstätigkeit der Frauen, die auch im beginnenden 21. Jahrhundert primär dafür zuständig sind, als Arbeit betrachtet. Von den Wirtschaftswissenschaften und der Statistik wurden die Aktivitäten im Haus- und Familienzusammenhang jedoch lange ignoriert. Obschon Vertreterinnen der Schweizer Frauenbewegung bereits nach dem Ersten Weltkrieg eine den Konsum bzw. die Reproduktionsarbeit berücksichtigende Theorie der Volkswirtschaft formulierten und die Geschlechterforschung seit den 1970er Jahre regelmässig auf die ökonomische Relevanz der weiblichen Arbeit im Haus hinwies, dauerte es bis in die 1990er Jahre, bevor im Rahmen der Schweizerischen Arbeitskräfteerhebung (SAKE) eine erste Befragung zum Thema Haus- und Familienarbeit durchgeführt wurde.[107] International wird nun seit einigen Jahren über den Wertschöpfungsbeitrag der sogenannten Care-Ökonomie debattiert.

Die anhaltende Kluft zwischen Männer- und Frauenlöhnen für den langen Zeitraum zwischen 1890 und 2000 ist ein Indiz dafür, dass die Opportunitätskosten der Hausarbeit für Frauen immer niedriger waren als jene für Männer. Das heisst, das Einkommen, auf das Frauen verzichten, wenn sie keiner Erwerbsarbeit nachgehen, ist kleiner als dies bei Männern der Fall wäre. Dennoch stiegen die Opportunitätskosten längerfristig auch für Frauen an. Solange es für Frauen ausserhalb der strukturell krisenhaften Sektoren der Textilindustrie kaum Beschäftigungsmöglichkeiten gab und die «Doppelverdiener»-Propaganda weibliche Erwerbsarbeit stigmatisierte, war der Bereich der Haus- und Familienarbeit nahezu konkurrenzlos. Dies änderte sich, als in der Nachkriegszeit neue Formen der Teilzeitbeschäftigung geschaffen wurden und die Löhne stiegen. Damit wurde das traditionelle Geschlechtermodell ökonomisch in Frage gestellt. Paradoxerweise stärkten die «Trente Glorieuses» aber primär die Rolle des männlichen Familienernährers, denn zwischen 1945 und 1975 stiegen die Männerlöhne, wie gezeigt, dermassen substantiell, dass es auch in der Arbeiterschicht dem «Familienvater» nun zum ersten Mal überhaupt möglich war, Frau und Kindern ohne deren Zusatzverdienst einen steigenden materiellen Lebensstandard zu bieten.

Daneben hatte in der Nachkriegszeit die von der Frauenbewegung mitinitiierte Bewegung für die Rationalisierung und Professionalisierung der Hausarbeit die lange mehr postulierte denn realisierte Familienorientierung der Frau sozial und subjektiv festgesetzt und die Erwartungen an eine gute Haushaltsführung in die Höhe ge-

106 Châtelain 1975.

107 Für die Thematisierung dieser Frage in der Schweizer Frauenbewegung siehe Mesmer 2007, 115–127, in der deutschsprachigen Geschlechtergeschichte: Bock/Duden 1977. Das BFS führte zwar 1979 bereits eine erste Zeitverwendungsstudie durch, die danach aber aus Budgetgründen vorerst nicht weitergeführt wurde.

schraubt.[108] Der Werbetopos des Zeitgewinns und der Arbeitsersparnis durch Technisierung wurde immer wieder durch gestiegene Qualitätsansprüche unterlaufen. Die im Konsumparadies durch moderne Haushaltsapparate vermeintlich befreite Hausfrau blieb in Wirklichkeit im Fegefeuer der neuen Erwartungen an die Haushaltsführung und Kindererziehung und der aufwendigen Technikaneignung gefangen. Was im 19. Jahrhundert als Bewegung zur Erfüllung des bürgerlichen Familienideals («bessere» Hausfrau und Mutter) begonnen hatte, avancierte in den 1920er Jahren für die bürgerliche Frauenbewegung unter dem Schlagwort «Beruf: Hausfrau» zum Mittel sozialer Anerkennung der weiblichen Tätigkeitsfelder und zur Legitimationsstrategie, um Frauen zu gesellschaftspolitischen Akteurinnen werden zu lassen. Besonders der Schweizerische Gemeinnützige Frauenverein mit Bertha Trüssel an der Spitze, der 1891 die Haushaltungsschule Bern und 1897 das erste schweizerische Haushaltungslehrerinnenseminar gründete, setzte sich für die Schaffung von öffentlich anerkannten Ausbildungsinstitutionen ein.[109] Eine eigene politische Organisation in Hausfrauenverbänden nach deutschem und österreichischem Vorbild blieb in der Schweiz indessen aus. Selbst die Sozialistinnen, die bis in die Zwischenkriegszeit noch programmatisch den Weg aus der «dumpfen Enge» des Haushalts in die Erwerbstätigkeit und in den Klassenkampf beschworen hatten, schwenkten allmählich auf das Weiblichkeitsmodell der Hausfrau um. Gefördert wurde die hauswirtschaftliche Erziehung aber auch von konservativen, sozialhygienischen und unternehmerischen Kreisen.[110] So stellten grössere Unternehmen in der Zwischenkriegszeit vereinzelt eine Sozialarbeiterin an, die den angeblich schlecht haushaltenden Unterschichtsfrauen Anweisungen zur Aufstellung eines Haushaltsbudgets gab, damit die Mütter nicht die billige, vermeintlich minderwertige Kaufhausware kaufen mussten.[111] 1948 erlaubte die Gründung des Schweizerischen Instituts für Hauswirtschaft an der ETHZ zwar die Institutionalisierung der technischen Prüfung von Haushaltsgeräten, doch stand das Institut unter männlicher Ägide.

Vieles weist darauf hin, dass in der Schweiz eine soziale wie subjektive Überhöhung der Hausfrauenrolle, die Frauen emotional an ihre häusliche Tätigkeit band und aus der sie vermeintlich ihre Identität ableiten konnten, besonders ausgeprägt war. «Frauenzeitschriften» halfen mit, die neuen Weiblichkeitsstandards dank Einkaufsberatung, Schminktipps und Stilratgebern zu produzieren und zu diffundieren. Der Forschungsstand ist allerdings noch lückenhaft. Die Zeitschrift «Annabelle» mag hier dennoch als Illustration dienen. Sie richtete sich an eine kaufkräftige und profilierte weibliche Leserschaft; ihr Zielpublikum lag schwerpunktmässig im oberen Mittelstand, der an einer Konsumenteninformation, -beratung und -erziehung interessiert war. Dementsprechend attraktiv war die Zeitschrift als Werbeträgerin. Bereits 1938

108 Berrisch 1984; Bähler 1996; Glatzer et al. 1991.
109 Mesmer 1988; Bühler 1997.
110 Siehe dazu Joris 1990.
111 Billeter 1985, 30.

von Karl von Schumacher und Manuel Gasser gegründet, die vier Jahre vorher mit der «Weltwoche» bereits ein innovatives Medienprodukt lanciert hatten, erlebte die «Annabelle» nach 1943 ihren Durchbruch und avancierte zur führenden Deutschschweizer Frauenzeitschrift. Während zweier Jahrzehnte konnte ihre Auflage imposante Zuwachsraten vorweisen; in den 1960er Jahren erreichte sie sogar die 100 000er-Marke. Nach einer Krise erfolgte in den 1970er Jahren eine Neupositionierung unter Einbeziehung von Themen der Frauenbewegung. Neben politischen Anliegen wie dem Frauenstimmrecht oder der Fristenlösung wurden auch soziale Themen wie Fabrikreportagen, Wohnungsprobleme und Umweltfragen behandelt.[112] Die Frauenzeitschriften vermittelten keineswegs ein eindimensionales statisches Frauenbild, wenn sie auch auf der Basis eines postulierten Ideals der Schweizer Frau gemeinsame Normen schufen. Sie waren sowohl Echoraum und Sprachrohr emanzipatorischer Ansprüche als auch Promotoren des Warencharakters weiblicher Körper (die solcherart zum Objekt des konsumierenden und wählenden männlichen Blicks wurden) sowie Disziplinierungsinstanz zur Weiblichkeit.

Die Diffusion grosser Haushaltsgeräte im Schweizer Alltag, die weitgehend erst ab den 1950er Jahren stattfand, war eng verschränkt mit einem sozialen Egalitäts- und Demokratisierungsdiskurs. Es sollte allerdings noch bis weit in die 1970er Jahre hinein dauern, bis technische Geräte und Einrichtungen (Gas- oder Elektroherd, Warmwasserversorgung usw.) zum Minimalstandard auch billiger Miet- oder Sozialwohnungen gehörte. Ein weiterer Faktor für die Einführung «moderner» Haushaltstechniken ist ihre Abhängigkeit von der Verfügbarkeit zentraler Versorgungssysteme, wie insbesondere die Elektrizitätswirtschaft, für welche die Haushalte wachsende Absatzmärkte darstellten.[113]

Der tatsächliche Nutzen der Haushaltstechnisierung für die weibliche Emanzipation erscheint eher zweifelhaft; wahrscheinlicher ist, dass sie in erster Linie Männer und Kinder von der Mithilfe im Haushalt befreite. Trotz der Technik, die sich die Hausarbeit anverwandelte, blieb diese weiterhin weiblich kodiert. «Mrs. Modern Woman» stand immer noch allein am Herd.[114] Auch ein direkter Zusammenhang von technischer Rationalisierung des Haushalts und weiblicher Erwerbstätigkeit scheint eher fragwürdig. Eine Zürcher Untersuchung für das Jahr 1965 kommt jedenfalls zum Ergebnis, dass nichterwerbstätige Ehefrauen den grössten Gerätebestand aufwiesen, und zwar deutlich mehr als Teilzeit- und Vollerwerbstätige.[115]

Die Haushaltsökonomie zeigt, dass Unterschichtsfamilien weit davon entfernt waren, eine «Konsumeinheit» zu bilden. Frauen haben in diesem Milieu meist weniger konsumiert als der «Familienernährer», dem oft das grösste Stück Fleisch zustand und der sich von seinem Lohn Luxusartikel wie Alkohol und Tabak leisten durfte.

112 Christen/Gisler/Heller 1992.
113 Orland 1996.
114 Hessler 2001.
115 Wartenweiler 1967.

Auch ist der Haushalt selbst keine geschlossene Konsumsphäre, sondern er funktioniert wie eine «kleine Fabrik», in der laufend Waren als Vorleistungen in wunscherfüllende bzw. bedürfnisbefriedigende Endprodukte transformiert werden. In diese informellen Wertschöpfungsprozesse sind vor allem Frauen integriert, die dabei auch langlebige Konsumgüter wie Staubsauger, Waschmaschinen und andere Haushaltsgeräte zur Anwendung bringen, die nicht nur physische Kräfte sparen, sondern durch erhöhte Qualitätsstandards auch wieder neue Arbeit verursachen. Gerade diese gestiegenen Normen wurden in den 1950er und 1960er Jahren zum Zeichen des familiären Wohlstands. Der «American way of life» ging einher mit einer nichterwerbstätigen Ehefrau und Mutter. Anders als in den Mittelschichten wurden damals in den oberen Einkommensklassen noch verschiedene Tätigkeiten an Haushaltshilfen delegiert oder es wurden bereits kommerzielle Dienstleistungen beansprucht. In der Umfrage des «Beobachters» von 1950 besorgte in der obersten Kaufkraftklasse in rund der Hälfte der Fälle eine Waschfrau die Wäsche, in sieben Prozent ein Dienstmädchen und in fünf Prozent eine Waschanstalt.[116] Diese Möglichkeit, der «Haushaltsfron» (Iris von Roten) zu entkommen, bot jedoch den Desperate Housewives der Hochkonjunktur und den «grünen Witwen» der wachsenden Agglomerationen keine Lösung für ihre existentielle Leere, dieses «Problem ohne Namen» (Betty Friedan).

Andererseits war die seit den 1960er Jahren wachsende weibliche Erwerbsbeteiligung nicht gleichbedeutend mit einer Befreiung vom Haushalt; Frauen erledigten auch noch zu Beginn des 21. Jahrhunderts den Hauptteil der Hausarbeit. Wenn sie auch zunehmend kommodifiziert wurde – und zwar vor allem in urbanen Räumen –, so blieb die Hausarbeit doch weitgehend eine wenig anerkannte weibliche Gratisleistung. Laut Schweizer Haushalt-Panel 2000 verfügten 13 Prozent aller Haushalte über eine externe Hilfe für die Hausarbeit.[117] Die Dunkelziffer dürfte allerdings höher sein. Doch ob als Schwarzarbeit oder nicht, es waren vorwiegend Ausländerinnen und damit wiederum Frauen, die diese Tätigkeiten ausführten. Frauen, die neben dem Haushalt keiner anderen beruflichen Tätigkeit nachgingen, fanden sich seit den 1960er Jahren zwar praktisch nur noch unter der Kategorie der Mütter mit Kleinkindern; dennoch blieb die innerfamiliäre Arbeitsteilung erstaunlich konstant. Indikatoren dafür sind nicht nur der deutlich unterschiedliche Zeitaufwand, der von Frauen und Männern für Haus- und Familienarbeit aufgewendet wurde, sondern auch die jeweiligen Zuständigkeiten: In Familienhaushalten mit Kindern unter 15 Jahren beteiligte sich nur jeder fünfte Mann an den Putzarbeiten und sogar nur jeder zehnte am Waschen, bei den Paarhaushalten ohne weitere Haushaltsmitglieder waren es zu Beginn des 21. Jahrhunderts immerhin jeder vierte bzw. jeder fünfte.[118]

116 Schweizerischer Beobachter 1951, 84.
117 BFS 2003, 80–81.
118 BFS 2003, 76–79.

Unter geschlechtergeschichtlichen Aspekten ist zu fragen, inwieweit auch in der Schweiz ein Gesellschaftsmodell vorherrschte, das politische Partizipationsrechte und Nationalgefühl mit einem Konsumentenstatus korreliert. Das «prototypical model of the new consuming citizen», in dem sich wertschöpfende weibliche Konsumarbeit und politische Aspirationen verschränken (wie es Erica Carter für den deutschen Wiederaufbau in der BRD der Nachkriegsjahre identifiziert hat), kann auch für den Fall der Schweiz produktiv angewendet werden.[119] Das fehlende Frauenstimmrecht macht es allerdings nicht tel quel übertragbar. Schon die Zeitgenossen sahen darin einen Erklärungsfaktor für die referendumspolitische Schwäche der Konsumentinnen.[120] Doch bereits gegen Ende der 1950er Jahre begannen Schweizer Frauen, über Konsumentenpositionen ebenfalls politische Ansprüche zu formulieren. Frühere Ansätze zu einer politischen Aktivität als Konsumentinnen – im Ersten Weltkrieg und auf lokaler Ebene in den 1930er Jahren, im sogenannten Bieler Milchkrieg, als Frauen gegen die Teuerung bzw. gegen eine Verschlechterung des Milchvertriebssystems protestierten – liefen noch nicht auf eine Organisationsbildung hinaus.[121] Im Zweiten Weltkrieg wurde zwar die weibliche Konsumexpertise von der Nation in die Pflicht genommen, doch politische Rechte liessen sich daraus nicht ableiten. Schon Anfang 1939 wurden einige Frauen vom Kriegsernährungsamt mit der Redaktion einer Aufklärungsschrift für Hausfrauen betraut. Sie trug den sprechenden Titel: «Die Schweizer Frau im Dienste der Landesversorgung».[122] Über die Hauswirtschaft wurden die Frauen somit in den kriegswirtschaftlichen Apparat eingebunden.[123] Die Hausfrauen wurden gehalten, das Kochen und die Essgewohnheiten an die Kriegsbedingungen anzupassen, um einen sparsamen Umgang mit dem raren Gut der einheimischen Produkte zu gewährleisten. Zu diesem Zeck wurden auch Ernährungsspezialisten und Diätetiker für die Rationierung und vor allem für deren Popularisierung und Legitimierung beigezogen, womit im Übrigen diese Berufe die lang erstrebte Anerkennung erhielten.[124] Der Patriotismus der Hausfrauen wurde nun daran gemessen, ob sie unter den Bedingungen der Kriegsrationierung ein «gesundes» Essen auf den Tisch zu bringen vermochten, ohne dass die Familie dabei hungrig blieb. Inwiefern dieses Ideal der Schweizer Hausfrau, die stets sowohl die Vorschriften der ernährungswissenschaftlichen Korrektheit wie des Sparethos einhielt, mit der sozialen Realität korrelierte, bleibt angesichts der Existenz von Schwarzmärkten und den Anstrengungen vieler Mütter, durch den Arzt Extracoupons zu erhalten, noch nachzuweisen.

Ähnliche Forschungsdefizite bestehen auch für die Nachkriegszeit. Trotz des Status der Schweiz als Musterland des «propre en ordre» äusserten die Gegner und Geg-

119 Carter 1997.

120 Schweizerische Studienkommission für Konsumentenfragen 1964. Siehe dazu auch den Abschnitt 3.1.7.

121 Ziegler 2007, 322–341.

122 *Kriegswirtschaft* 1950, 177; Tanner 1999, 393–410, 433–436.

123 Stämpfli 2002.

124 Droux 2006.

nerinnen des Frauenstimmrechts bis zu dessen Einführung 1971 immer wieder den Verdacht, dass das Hausfrauenideal schon lange am Schwinden sei.[125] Ein solches Ergebnis brachte indessen selbst die Neue Frauenbewegung nicht zustande! Ob als Berufung oder als Pflicht, Frauen in der Schweiz leisteten im Jahr 2000 durchschnittlich 31 Stunden pro Woche unbezahlte Arbeit im Haushalt und in der Familie, Männer dagegen durchschnittlich nur 17 Stunden, für Frauen mit Kindern unter 14 Jahren waren es sogar rund 54 Stunden.[126] Das Volumen der unbezahlten Care-Arbeit im Haushalt, bei der Kinderbetreuung und der Pflege Kranker und Alter zu Hause überstieg dasjenige der bezahlten deutlich. Gemäss Hochrechnungen wurden insgesamt 8 032 Millionen Stunden unbezahlte und 6 888 Millionen Stunden bezahlte Arbeit geleistet, Ersteres mehrheitlich von Frauen, Letzteres mehrheitlich von Männern.[127]

3.1.6 Positionale Ökonomie, Werbung und Medienkonsum

Konsumverhalten ist ohne eine Berücksichtigung der Konsumleitbilder und der Projektion von Erwartungshaltungen in die Zukunft nicht zu verstehen. Die Vorstellung einer Demokratisierung des Konsums hatte nach dem Zweiten Weltkrieg eine grosse Attraktivität, zugleich wurden immer wieder Ängste geäussert vor einer Beeinflussung oder gar Manipulation der Konsumentinnen und Konsumenten durch Werbung und Marketing, welche die Motoren der Entfaltung der Konsumgesellschaft waren. Insgesamt bildete sich in der öffentlichen Meinung ein Bewusstsein für die engen Zusammenhänge zwischen den Bildern, welche die Werbung von den Konsumentinnen und Konsumenten schuf, und der Ausdifferenzierung von Lebensstilen heraus. Güter erhielten ein neues semiotisches Profil. Markenprodukte zeichneten sich nicht nur durch immaterialgüterrechtlichen Schutz, sondern auch dadurch aus, dass sie ihre eigenen Werbeträger waren und als solche zu einem wichtigen Faktor der visuellen und semiotischen Strukturierung der Konsumgesellschaft aufstiegen. Neben einer von konkurrierenden Anbietern geprägten Markenidentität wurde im Verlaufe des 20. Jahrhunderts auch eine Nationalisierung der Zuschreibung wichtig. Die Herkunftsbezeichnung, das «Made in Switzerland» oder das «Swiss Made», bedeutete mehr als die Bezeichnung des geographischen Produktionsorts, sie wurde gleichsam ein Qualitätsmerkmal. Dies galt von der nationalen Warenpropaganda der 1920er und 1930er Jahre, die mit den Schlagworten «Schweizer Präzision» und «Schweizer Qualität» konnotiert war, bis hin zu der Anfang des 21. Jahrhunderts propagierten «Swissness» von Produkten, die sich ins Verhältnis setzten zu den internationalen Marken mit ihrem «Duft der grossen, weiten Welt». Bei der Analyse von Markenartikeln und Produktdesign ist dann auch die Frage zu stellen, inwieweit sich die Konsumleitbilder mit dem Begriff der «Amerikanisierung» fassen lassen.

125 Studer 1996.
126 BFS 2003, 78–79.
127 Madörin 2007.

Der Übergang in die Massenkonsumgesellschaft nach dem Zweiten Weltkrieg stützte sich laut der Formulierung des amerikanischen Ökonomen Fred Hirsch auf Güter, die der Logik einer «materiellen Ökonomie» gehorchten.[128] Damals richtete sich das Kaufinteresse auf Kühlschränke, Waschmaschinen, Staubsauger, Ölheizungen, Warmwasseranlagen usw. Heizten etwa 1950 noch nahezu 90% der Schweizer Haushalte mit Kohle oder Holz, verdrängte die Zentralheizung bis 1990 die Einzelofenfeuerung fast vollständig.[129] Auch die Ausstattung der Haushalte mit technischen Geräten nahm, wie bereits erwähnt, signifikant zu.[130] Diese Güter sind dadurch definiert, dass die kollektiven Nutzungsbedingungen nicht auf den subjektiven Konsum einwirken: Die Waschmaschine eines Ein- oder Mehrfamilienhauses funktioniert unabhängig von der Verbreitung solcher Geräte, deren Ziel die Einsparung mühsamer Arbeit ist. In den 1950er Jahren haben sich die «sozialen Grenzen des Wachstums» noch kaum bemerkbar gemacht. Doch, wie Hirsch plausibel argumentiert, je mehr die Versorgung mit Gütern und Dienstleistungen einer «positionalen Ökonomie» in den Vordergrund rückte, in der sich die Stellung in der Gesellschaft widerspiegelt, desto stärker akzentuierte sich das «Problem der Umsetzung von Verbesserungen der individuellen wirtschaftlichen Lage in eine Verbesserung der Gesamtlage».[131] Wenn sich alle ein eigenes motorisiertes Fortbewegungsvehikel leisten können, so kann dieses, vor allem wenn es sich um ein Auto handelt, im Stau zum Stillstandsmittel werden. Die kollektiven Nutzungsbedingungen schlagen hier auf den individuellen Gebrauchswert zurück. Dasselbe Phänomen zeigt sich auch in der symbolischen Interaktion: Solange ein Pullover nur funktional warm geben soll, können alle einen tragen. Wenn jedoch der exklusive Auszeichnungswert von Kleidungsstücken im Vordergrund steht, so leidet dieser, je weiter die Mode um sich greift. Solche positionalen Güter begannen sich mit dem Konsumschub der 1960er Jahre allgemein zu verbreiten.

Vor der ernüchternden Einsicht, dass das, was alle haben, an subjektivem Gebrauchswert und an individuellem Grenznutzen verlieren kann, blieb das erste Jahrzehnt des lang anhaltenden Konjunkturaufschwungs noch weitgehend verschont. In einer «materiellen Ökonomie» nutzen sich Gebrauchswerte viel weniger rasch ab als in einer «positionalen Ökonomie». Während dieses Jahrzehnts stiftete das Glück der neuen Besitzerinnen und Besitzer eine positive Identifikation mit der Massenkonsumgesellschaft. Für eine Weile schienen Wirtschaftswachstum, sozialer Wohlstand und individuelle Wohlfahrt Hand in Hand zu gehen; weder die in der ökonomischen Expansion strukturell angelegte Enttäuschung und Frustration noch die ökologischen Probleme, die der durch die Technosphäre steigende Ressourcen- und Energieverbrauch in der Biosphäre unvermeidlich hervorrufen musste, gerieten damals in den

128 Hirsch 1980.
129 Brogini et al. 1996.
130 Angaben dazu finden sich in Andersen 1998.
131 Hirsch 1980, 25.

kollektiven Wahrnehmungshorizont.[132] In den 1960er Jahren verschärfte sich der positionale Wettbewerb um die (trotz Wachstum oben knappen) Plätze in der sozialen Statushierarchie. Der «Begriff der Bedarfsdeckung» verlor an Bedeutung; die «gedeckten Bedürfnisse» mutierten in «geweckte Bedürfnisse».[133] Josef Bennemann erklärte 1962 in seiner wirtschaftswissenschaftlichen Dissertation, aus den Bedürfnissen seien «Wunschträume» geworden, «wobei die Sehnsucht nach Erfüllung dieser Wunschträume oft ebenso zunimmt, wie die Erkenntnis ihrer Unerfüllbarkeit wächst». Der Autor beschrieb eindringlich das neue «Gefühl eines Mangels», das sich einstellte. Die soziale Produktion von Knappheit modernisierte auf einem steigenden Versorgungsniveau die subjektiven Eindrücke der Entbehrung und verstetigte das Gefühl des Mangels.[134] Auch in der Schweiz liess sich ein solches «paradox of plenty»[135] erkennen, das zur Signatur dieser Übergangsphase vom materiellen Mangel in den gesellschaftlichen Wohlstand gehörte. Augenfälliges Beispiel dieser Entwicklung ist das Auto: Wenn es zu einem Artikel des Massenkonsums wird, so verliert es seinen Charakter als exklusives Statussymbol. Eine vergleichbare Verschiebung lässt sich auch bei den zunehmenden Ferienreisen erkennen, die nach dem Zweiten Weltkrieg für breitere Bevölkerungsschichten erschwinglich wurden. Die Zahl der Flüge nahm in dem halben Jahrhundert nach 1950 enorm zu. Fliegen wurde von einem Privileg der Reichen zu einer Massenveranstaltung, das Sozialprestige verlagerte sich von der Tatsache des Fliegens hin zur Reisedestination.[136]

Besserverdienende reagierten auf die durch die Konsumdemokratisierung ausgelöste Infragestellung ihrer sozial privilegierten Position mit der Erfindung neuer, kostspieliger und gerade deswegen statusrelevanter Konsumformen und Verhaltensattitüden. Die Ästhetisierung und Stilisierung trivialer Bedürfnisse – des Essens, Kleidens, Wohnens, Sichfortbewegens, des Bildungsniveaus und der Geschmacksorientierung – bildeten ein unerschöpfliches Reservoir der Distinktion. Es lassen sich zwei Problemdimensionen unterscheiden: Zum einen sind die von Pierre Bourdieu beschriebenen «feinen Unterschiede» auch in der Schweiz zu erkennen. Sie reproduzierten und verstetigten sich nicht nur entlang materieller Abstufungen, sondern gründeten auch auf die ungleiche Verteilung von sozialem, kulturellem und symbolischem Kapital. So waren – wie etwa die Schweizerischen Gesundheitsberichte zeigen – das Bewusstsein für gesunde Ernährung, die Einkommenslage und der Bildungsstand positiv korreliert. Zum andern geht es um einen kulturellen Wertwandel, mit dem sich die Wahrnehmung und Bewertung von Unterschieden verändern. Die materiell grundierten Lebensstile wurden seit den ausgehenden 1960er Jahren durch eine «stille Re-

132 Vgl. dazu Andersen/Tanner 1994.
133 Grützner 1958, 6.
134 Bennemann 1962, 213; vgl. auch Imobersteg 1967. Einen Überblick gibt ferner Tanner 1997.
135 Levenstein 1993.
136 Schumacher 2002.

volution» infiltriert, deren Ausdruck und deren Promotor die 68er-Bewegung war.[137] Die «Psychodynamik der Sehnsucht» verband sich in der Konsumgesellschaft mit der materiellen Dingwelt. Der Symbolcharakter der Waren kann von den Konsumenten und Konsumentinnen zur Austragung von Kulturkonflikten und zur Demonstration von politischen Einstellungen genutzt werden. Rauchen zum Beispiel wurde in den 1920er Jahren von Frauen als Zeichen ihrer Emanzipation verstanden und von empörten konservativen Zeitgenossen auch in diesem Sinn interpretiert. Gleichzeitig – und gegenläufig dazu – entstand eine Gefühlslage des «Das-kann-es-dann-doch-nicht-gewesen-Sein».

Dabei waren die Erwartungen und Erfahrungen nicht nur geschlechts-, sondern auch generationenspezifisch geprägt. Die krisengeprüfte Aktivdienstgeneration bewegte sich mit dem Blick in den Rückspiegel der Grossen Depression und des Zweiten Weltkriegs in eine bessere Gesellschaft und in eine Wohlstandszukunft. Güter waren nach dem Krieg so populär, weil sie vorher so knapp waren. Materielle Anschaffungen hatten für die ältere Generation vor dem Hintergrund durchlebten Mangels einen spezifischen emotionalen Selbstwert. Die folgende Generation hingegen hatte keine Mangelerfahrung, sie kannte nichts anderes als Prosperität und materiell gute Bedingungen. Dinge wurden nun weit stärker zum Vehikel für soziale Beziehungen und kulturelle Praxisformen – auch in der Fluchtperspektive eines von materiellen Zwängen befreiten Lebens. Das Sich-unterscheiden-Können und -Wollen erhielt einen höheren Stellenwert. Während «demonstrativer Konsum» gemäss Thorstein Veblen im ausgehenden 19. Jahrhundert als Unterscheidungsmerkmal der Oberschichten ausreichte, wobei den Frauen der «stellvertretende Müssiggang» für die beschäftigten Ehemänner zufiel, demokratisierte sich in der zweiten Hälfte des 20. Jahrhunderts die Nutzungsmöglichkeit von Konsum zur sozialen Distinktion sowie zur generationellen und subkulturellen Differenzierung.[138] Mit diesen Abgrenzungsbedürfnissen entfaltete sich eine neue Ingroup-Outgroup-Dynamik, die auch zum Aufbau jenes konfliktreichen Spannungsfeldes zwischen den Generationen beitrug, aus dem schliesslich die Rebellion der Jugend und die 68er-Bewegung resultierte. «1968» ist unter diesem Gesichtspunkt die Überlagerung eines Generationenkonflikts mit einem allgemeinen Kulturkonflikt. Materiellen wurden nun postmaterielle Werte entgegengesetzt. Die materiell gesättigte Generation dachte zwar durchaus auch materiell, wehrte sich aber gegen die Gängelung durch Waren und Werbung. Sie war frustriert durch die normierenden Zwänge des Konsums und die damit verbundene Zeitverausgabung. Die Warenwelt wurde im Anschluss an die Frankfurter Schule und die Situationisten (insbesondere Guy Debord) mit Sinnentleerung, Verdinglichung und Entfremdung gleichgesetzt.[139] «Weniger-Wollen» erschien unter diesen Zeichen als ein

137 Inglehart 1977.
138 Veblen 1987.
139 Debord 1967. Vgl. auch Baudrillard 1970.

Mehr an Lebensqualität und Autonomie. Konsumkritik mutierte damit zum politischen Akt. Eine ihrer Äusserungsformen war es, die den Blick im öffentlichen Raum kolonisierenden Werbebotschaften durch die teils ironische, teils wütende Beschriftung und Besprayung zu subvertieren.[140]

Werbung interveniert aber nicht nur in die Ökonomie der Aufmerksamkeit, sie ist ein integraler Bestandteil moderner Konsumkultur und nicht zuletzt einer der wichtigen Wertschöpfungsfaktoren. Um die Wirkungsweise von Werbung zu verstehen, entstand in der sich entfaltenden Konsumgesellschaft eine wissenschaftliche Marktforschung, die als «moderne Sozialtechnik» interpretiert werden kann. Das aus ihr resultierende Marketing bringt durch Verhaltensbeeinflussung Produktion und Konsum in eine neue und engere Beziehung.[141] Werbestrategien basieren seither verstärkt auf Wirtschaftspsychologie. Entsprechende Bemühungen haben auch in der Schweiz Tradition, wenngleich zu diesem Aspekt – nicht nur hier – Daten und darauf fussende empirische Studien fehlen. Eine Marketing- und Werbebranche konstituierte sich in der Schweiz der Zwischenkriegszeit.[142] Auftraggeber, Werber und Medien sind seit 1925 gemeinsam im Verband Schweizer Werbung VSW organisiert (ursprünglich Schweizer Reklame-Verband SRV). In der Romandie existiert seit 1929 die Fédération Romande de Publicité (FRP). 1941 gründeten Unternehmen und staatliche Stellen zudem die Gesellschaft für Marktforschung, die sich 1975 in Schweizerische Gesellschaft für Marketing umbenannte. Sie versammelte bald die Crème de la Crème des Schweizer Unternehmertums, das in der wissenschaftlichen Beobachtung der Absatzmärkte und in der Werbung wichtige Gestaltungsfaktoren des Konsumsektors sah. Die Bedeutung der Psychologie für die Aktivierung und Modellierung von Kaufwünschen wurde erkannt. Dies förderte die Abkehr von einer schrill-lauten Reklame und einem volkspädagogischen Stil und die Hinwendung zum Storytelling, das die Gebrauchsobjekte mit Geschichten verband. Ikonographische Identifikationsangebote – die enge Verbindung von Produkten und Bildern, die Koppelung von Traumlandschaften an den Tourismus und anderes mehr – nahmen, zusammen mit einer professionellen Gebrauchsgraphik, schon in der Zwischenkriegszeit ihren Aufschwung.[143] Die Schweiz war in diesem Bereich am internationalen Trendsetting beteiligt und regte mit ihrer Plakatkunst, die bis ins erste Jahrzehnt des 20. Jahrhunderts zurückgeht, internationale Innovationen in der kommerziellen Präsentation von Gegenständen und Gegenden an.[144] Es waren neue Reproduktionstechniken und das Aufkommen des Grossformats, die dem Künstlerplakat – angeführt von Ferdinand Hodler – und dem graphischen Gewerbe zum Durchbruch verhalfen. Der neue Wirtschaftszweig hatte seine

140 Richard/Ruhl 2008; Gasteiger 2010.

141 Berghoff 2007.

142 Siehe dazu Brändli 2000. Zu Deutschland, wo kleinere und grössere Unternehmen schon früh Abteilungen für Marktforschung unterhielten, die IG Farben beispielsweise seit den 1920er Jahren: Conrad 2004.

143 Wyl 2007; Ratmoko 2002.

144 Margadant 1983.

wichtigsten Stützpunkte zuerst in der Westschweiz, bald aber in Zürich. Mit der 1900 gegründeten Allgemeinen Plakatgesellschaft (APG), die über ein Quasimonopol im Bereich des öffentlichen Raums verfügte, und dem offiziellen Entscheid der Schweizerischen Landesausstellung 1914 zugunsten des Weltformats setzte sich dieses als Standard für Schweizer Plakate durch. Ab 1941 wurde die Qualität der Erzeugnisse unter der Ägide des Eidgenössischen Departements des Innern auch amtlich durch eine jährliche Auszeichnung der besten Plakate gefördert.

Die audiovisuellen Medien Radio und Fernsehen mussten auf Werbeeinnahmen lange Zeit weitgehend verzichten. Mehr Gewicht als in Amerika fiel in Europa und in der Schweiz bis weit in die Nachkriegszeit hinein der öffentlich-politischen gegenüber der kommerziellen Nutzung dieser Medien zu. Erst in den 1980er Jahren wurden sie der Konkurrenz von Privatanbietern ausgesetzt. Nachdem das System des Lokalrundfunks, das sich in den 1920er Jahren entwickelt hatte, versagt hatte und das Radio zunehmend zum politischen Thema wurde, entstand 1931 mit der SRG, der Schweizerischen Rundspruchgesellschaft (1960 Schweizerische Radio- und Fernsehgesellschaft, 1999 SRG SSR idée suisse), nach britischem Modell eine nationalisierte Service-public-Lösung mit Finanzausgleich zwischen den Sprachregionen, Monopolstellung und öffentlicher (aber nicht staatlicher) Kontrolle.[145] Bis in die 1960er Jahre blieb die politische Berichterstattung stark gouvernemental geprägt, ihre Qualität erlaubte es dem Schweizer Radio jedoch, im Krieg eine weit über die Landesgrenzen hinausgehende Hörerschaft zu gewinnen.[146] 1937 waren bereits eine halbe Million Konzessionen gelöst, 1949 war dann die Million erreicht. Nach ersten Tests und einem mehrjährigen Versuchsprogramm nahm das schweizerische Fernsehen 1958 den regulären Sendebetrieb in deutscher und französischer Sprache auf; 1961 folgten italienischsprachige Sendungen.

Seit den 1950er Jahren stieg der Medienkonsum rasant und fast kontinuierlich an, begünstigt nicht nur durch die Explosion der Radio-, sondern auch der Fernsehkonzessionen und ab Anfang der 1980er Jahren durch die Liberalisierung der elektronischen Medien (Grafiken 3.1-13 und 3.1-14). Mit dem Programmangebot nahmen auch die Stunden zu, die in der Schweiz mit dem Konsum von elektronischen Medien verbracht wurden. In den drei Jahrzehnten zwischen 1975 und 2005 waren dies täglich je über zwei Stunden pro Einwohner. Konnte das Fernsehen seinen Anteil kontinuierlich erhöhen, fällt der starke Rückgang des Radiokonsums seit dem Jahr 2000 auf, wobei dieser vor allem in der deutschsprachigen Schweiz markant einbrach. Er war bis dahin im Vergleich zur lateinischen Schweiz allerdings überdurchschnittlich hoch gewesen. Vor allem beim Fernseher sagt jedoch die Anzahl Minuten pro Tag, die das Gerät angestellt ist, noch nichts über die Intensität des Konsums aus.

145 Schade 2000; Mäusli/Steigmeier 2006.
146 Dussel 2001.

Grafik 3.1-13: **Anzahl Radio- und Fernsehkonzessionen je 1000 Einwohner (1925–1996/97)**

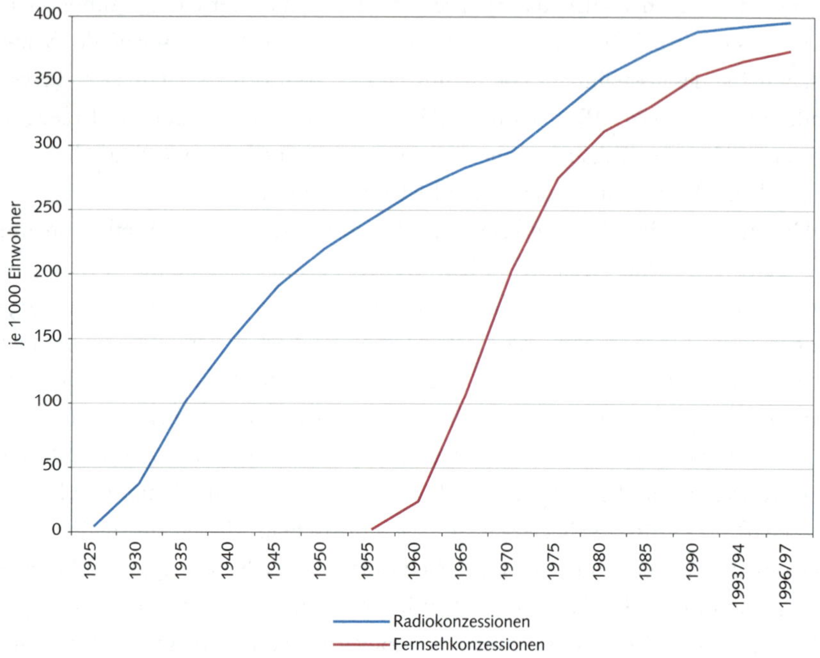

Quellen: Statistisches Jahrbuch der Schweiz, div. Jahrgänge.

Die im Vergleich zu ihren ausländischen Schwestergesellschaften kleine SRG engagierte sich früh für den internationalen Programmtausch; so spielte sie eine führende Rolle bei der Bildung der Eurovision News Exchange 1961 und betätigte sich in den 1960er und 1970er Jahren vor allem in der Westschweiz als wichtige Förderinstitution des Schweizer Films, wovon namentlich die Groupe des Cinq, die Cineasten Alain Tanner, Claude Goretta, Michel Soutter, Jean-Louis Roy und Jean-Jacques Lagrange, profitierten.[147] Als wichtige politische Deutungsinstanz war das Fernsehen stets, ganz besonders in den 1970er Jahren, Gegenstand intensiver Beobachtung und der Intervention politischer Parteien, Interessengruppen und selbsternannter Kontrollvereinigungen ausgesetzt. Mit der Tagesschau, ab 1954 an sechs Abenden pro Woche zentral von Zürich aus gesendet, wenig später dann mit je einem französisch- und einem italienischsprachigen Kommentar, wurde das Fernsehen bald zum Taktgeber der Nation, der die Familie regelmässig zur selben Zeit vor dem Bildschirm versammelte – eine gesellschaftliche Homogenisierungsfunktion, die seit der Jahrtausendwende durch die Individualisierung der Lebensformen, die Flexibilisierung der Arbeitszeiten, die Kon-

147 Gysin 2006, 258–262.

Grafik 3.1-14: **Konsum von Radio- und Fernsehprogrammen (1975–2005)**

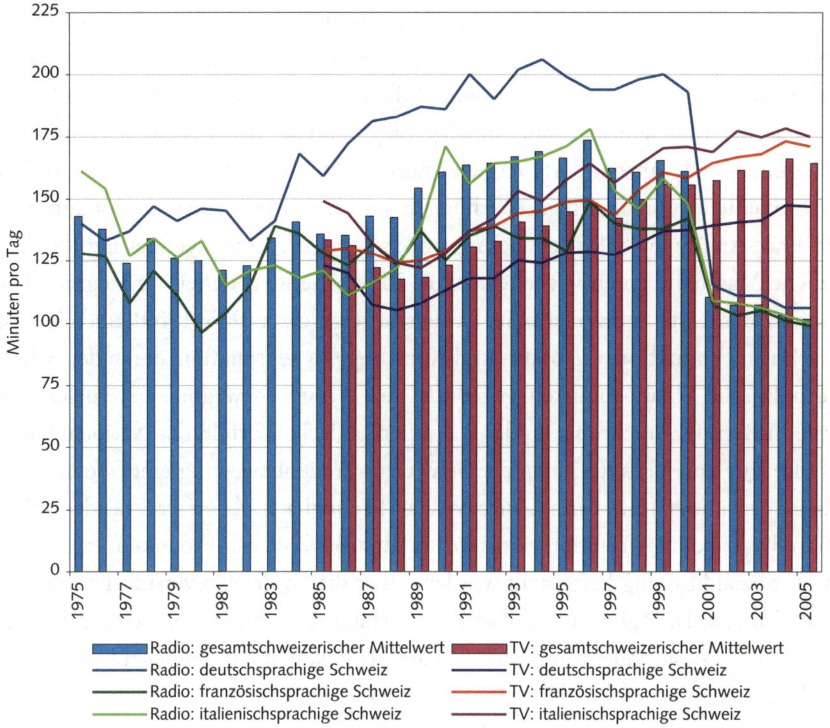

Quelle: SRG SSR Forschungsdienst (Medienstudie und Telecontrol), erhoben durch SRG SSR, publiziert durch das BFS.

kurrenz der privaten und ausländischen Sender und nicht zuletzt die vom Zeitplan unabhängige Verfügbarkeit der Sendungen über das Internet beschleunigt aufgebrochen wurde. Bei der Programmleitung führte der Wettbewerb um Zuschauer seit den 1980er/90er Jahren zur Formatierung des Angebots nach Zielgruppen und zu einer steigenden Zahl von Unterhaltungssendungen.

Die modernen Medien sind aber als komplexe elektronische Geräte nicht nur selbst langlebige Konsumgüter, deren Erwerb im 20. Jahrhundert massenhaft zunahm, vielmehr fungieren sie auch als massenwirksame Proliferationsagenturen für Konsumleitbilder. Nicht allein in Werbesendungen, die im Fernsehen erst ab 1965 und im Radio sogar erst 1983 erlaubt waren, sondern ebenso im «Normalprogramm» wurden Vorstellungen eines konsum- und energieintensiven individuellen bzw. familiären Lebensstils vermittelt, der die Produkteensembles der Konsumgesellschaft mit spezifischem Sinn auflud und ihnen im Reich der Wünsche ihren Platz zuwies. Als Beispiel sei hier nur die ab 1962 täglich ausgestrahlte, dreisprachige Sendung «Im Auto durch die Schweiz» erwähnt. Der Fall in die harte materielle Realität der erworbenen Ware mit ihren Konstruktionsfehlern, Funktionsdefiziten und ihren potentiellen Gesundheitsgefährdungen konnte sich demgegenüber als umso härter erweisen.

3.1.7 Konsumentenschutz und -politik

Für die Schweiz charakteristisch ist eine Zeitverschiebung mit einem im europäischen Vergleich frühen Auftreten professioneller Marktforschung und dem späten Beginn einer ernstzunehmenden Konsumentenpolitik. Die Konsumentenpolitik wurde durch sehr viele, heterogene Interessengruppen geprägt, und der Konsumentenschutz war bis zu Beginn des 21. Jahrhunderts vergleichsweise schwach organisiert und institutionalisiert. Staatliche Regulierungsbemühungen standen in permanenter Konkurrenz zu Soft-Law-Ansätzen (Selbstregulierungsmechanismen). Eine Regulierung durch gesetzliche Massnahmen entwickelte sich im 20. Jahrhundert daher nur langsam. Dazu gehörten das erste schweizerische Lebensmittelgesetz (1905–1909) und der Vormarsch von Produktions-, Absatz- und Konsumgenossenschaften, die in der Schweiz eine politische Unabhängigkeit gegenüber der Arbeiterbewegung bewahrten. 1906 wurde in Bern in Anlehnung an das US-amerikanische Vorbild der National Consumers League von Vertreterinnen der Schweizer Frauenbewegung eine «Soziale Käuferliga» gegründet (mit Emma Pieczynska-Reichenbach als erster Präsidentin), die sich in der Labeling-Tradition verortete und den Boykott von Produkten empfahl, die mittels Sozialdumping hergestellt wurden. Über die an der Universität Freiburg lehrenden Vorstandsmitglieder und ihre Frauen stand sie in engem Kontakt mit der Pariser Liga.[148] Diese philanthropische Organisation sprach vor allem Frauen an, blieb allerdings eher marginal. 1934, mitten in der Wirtschaftskrise, gab sie ihren Anstrengungen um konsumpolitischen Einfluss durch die Schaffung eines Labelsekretariats einen neuen Impuls. Das Label versprach in Abstimmung mit den Produzenten einen gewissen Lohn- und Preisschutz. Erfolge wurden vor allem in der Nahrungs- und Genussmittel- sowie in der Textilindustrie erzielt. 1942 verselbständigte sich die Labelbewegung als Organisation mit einem eigenen Periodikum.

Erst nach dem Zweiten Weltkrieg begannen sich Gewerkschaften, Labelorganisationen und Frauenverbände wieder mit Konsumfragen zu befassen, häufig unter dem Aspekt der Arbeitsplatzsicherheit und der Beschäftigungsqualität. Die Phase, in der sich die wichtigsten Schweizer Konsumentenschutzorganisationen und eine genuine Konsumentenpolitik formierte, verlief parallel zur Etablierung der Massenkonsumgesellschaft. Dieser Prozess weckte auch in der Schweiz entsprechende Informations- und Schutzbedürfnisse, zumal die zunehmend manipulative Ausrichtung der Werbemethoden durch den Rückgriff auf angeblich oder auch tatsächlich «subliminale» oder unterschwellige Techniken, wie sie Vance Packard 1957 in seinem Buch «The Hidden Persuaders» darstellte, immer stärker in den Blick geriet.[149] Deren Wirkung wurde sicherlich überschätzt, doch liessen sie die Zeitgenossen auch deshalb umso eher erschaudern, als der Kalte Krieg ganz allgemein die Vorstellung einer Meinungsmanipulation durch verdeckt handelnde Kräfte stärkte. Die Konsumentenorganisationen

148 Chessel 2003; Wolff 1908; Platzhoff-Lejeune [1911].
149 Packard 1957.

verteidigten aber durchaus reale Interessen. Sie kritisierten schlecht oder falsch etikettierte Produkte, zu hohe Gewinnmargen, gesundheitsschädigende Additive, teure Verpackungen und unlautere Werbung. Sie forderten Verbraucheraufklärung in der Schule, standardisierte Warendeklarationen, Produkthaftpflicht und zunehmend menschen-, tier- und umweltgerechte Produktionsweisen. Sie nahmen dabei die im Begriff des «citizen-consumer» enthaltene Aufforderung an die Rolle ernst und wurden politisch aktiv. In den 1960er Jahren wurde ein eklatanter Zusammenhang von Konsumentenschutz und Demokratisierung bemerkt, dem der amerikanische Präsident John F. Kennedy 1962 mit der Formulierung der «vier Grundrechte des Verbrauchers» auf Sicherheit, Information, Auswahl und Anhörung von offizieller Seite Ausdruck gab.

Die ab Mitte der 1950er Jahre entstandenen Schweizer Konsumentenorganisationen trachteten – anders als der VSK – nicht danach, mit einem eigenen, an sozialen Parametern ausgerichteten Warenangebot Konkurrenz aufzubauen, sondern sie versuchten mit einem gezielten Lobbying der Nachfrage auf das Angebot einzuwirken. 1952 bildete sich die von Einzelpersonen getragene Studiengruppe für Konsumentenfragen, die eine soziale Marktwirtschaft verfocht. 1955 folgte die von gewerkschaftlicher Seite geschaffene Aktionsgemeinschaft der Arbeitnehmer und Konsumenten. Für die noch nicht stimmberechtigten Schweizer Frauen eröffnete der Konsumentenschutz politische Partizipationsmöglichkeiten auf einem Feld, in dem sie zugleich als Verwalterinnen des Haushaltsgelds, Zuständige für das Einkaufen und Verantwortliche für die Produktverwertung als Expertinnen tätig waren. Ihre erste Organisation entstand bereits 1959 mit der Fédération romande des consommatrices (FRC).[150] In der deutschsprachigen Schweiz folgte 1961 das Konsumentinnenforum (heute Konsumentenforum), das von verschiedenen Frauenverbänden gemeinsam gegründet wurde. 1964 kam die Stiftung für Konsumentenschutz hinzu, die von den Konsumgenossenschaften (später Coop) und der sozialdemokratischen Linken getragen war. Mit dem Schweizerischen Konsumentenbund formierte sich 1964 ein zweiter, eher bürgerlicher Dachverband, dem neben den Frauenorganisationen (FRC, Konsumentinnenforum) auch die Migros und der Angestelltenverband angehörten.[151] Wie weit diese politisch-organisatorische Aufteilung die Durchsetzung von Konsumentenanliegen behinderte, ist noch aufzuarbeiten. Im Tessin dauerte es bis 1974, bis sich die Associazione Consumatrici della Svizzera Italiana bildete. In den 1970er Jahren entdeckte auch das Fernsehen das Thema Konsumentenschutz als neuen Publikumsmagnet und begann, entsprechende Sendungen auszustrahlen (Kassensturz 1974, A bon entendeur 1976, A conti fatti 1978).

Wenn der Zeitpunkt der Schweizer Verbandsgründungen im europäischen Vergleich etwa der allgemeinen Entwicklung entsprach und entsprechend im Mittelfeld lag, erfolgten gesetzliche Verankerungen und staatliche Einrichtungen des Konsu-

150 Schmitt 1979.
151 Neuenschwander 2005.

mentenschutzes, wie bereits erwähnt, verspätet.[152] Eine politische Intervention in das freie Kräftespiel des Marktes, um die grundlegenden Interessen der Konsumierenden zu sichern, wurde auf der Bundesebene zwar bereits mit der 1964 gegründeten Studienkommission für Konsumfragen institutionalisiert. Ein von ihr ausgearbeiteter Vorschlag für einen Verfassungsartikel stiess 1974 aber auf den harten Widerstand der Wirtschaft. Dass 1973 im Volkswirtschaftsdepartement die Stelle eines Preisüberwachers eingeführt wurde, war konjunkturpolitisch motiviert und zunächst zeitlich befristet. 1981 schaffte dann nach langwierigen parlamentarischen Verhandlungen und unter dem Druck der Konsumentenorganisationen ein auch im internationalen Vergleich wenig wirksamer «Konsumentenartikel» die Abstimmungshürde, der zudem explizit den «Interessen der schweizerischen Wirtschaft und der Handels- und Gewerbefreiheit» Rechnung trug. Immerhin wurden die Konsumentenorganisationen in puncto unlauterem Wettbewerb den Berufs- und Wirtschaftsverbänden gleichgestellt. Seitdem ist der Konsumentenschutz ein offizielles schweizerisches Verfassungsziel; die Konkretisierung dieses Auftrags blieb allerdings in verschiedener Hinsicht unterentwickelt. Erst im Herbst 1990 wurde das Bundesgesetz über die Information der Konsumentinnen und Konsumenten (KIG) verabschiedet, das sich indessen weitgehend darauf beschränkt, die Finanzhilfe an Konsumentenorganisationen zu regeln, eine für den Schweizer Föderalismus typische Lösung in Form eines Subventionsgesetzes. Verbraucherschutzbestimmungen wie die Festlegung eines Grenzwerts für Nitrat im Fleisch oder eine klare Deklarationspflicht von gentechnisch veränderten Lebensmitteln wurden auch in den folgenden Jahren immer nur stückweise errungen.[153]

Etwas früher wurde der Schweizer Gesetzgeber im Bereich des Klein- oder Konsumkredits aktiv.[154] Am 23. März 1962 wurde das Bundesgesetz über den Abzahlungs- und den Vorauszahlungsvertrag verabschiedet, das am 1. Januar 1963 in Kraft trat.[155] Kantonale Regelungen gegen missbräuchliche Kreditbedingungen waren – teilweise schon sehr viel früher – vorausgegangen, etwa 1902 in Schwyz, 1912 in Luzern und 1935 in der Waadt durch gewerbepolizeiliche Verordnungen. Vor dem Zweiten Weltkrieg kannten die Kantone Freiburg, Genf, Waadt und Zürich gesetzliche Verordnungen, die das Abzahlungsgeschäft regelten. Unter anderem wurden darin Höchstzins- und Gebührenansätze sowie die Beaufsichtigung der Kreditgeber durch spezielle Amtsstellen festgeschrieben.[156]

Die Konsumfinanzierung mittels Krediten wurde zuerst durch ausländische Institute angeregt, die sich nach dem Ersten Weltkrieg in der Schweiz zu etablieren begannen. 1926 entstand in Zürich mit der Auto-Kredit-Bank AG das erste schweizerische Kreditinstitut. Aber erst mit Ende des Zweiten Weltkriegs erlebte das Kredit-

152 Brändli 2000, 162–165.
153 Nast 2004; Vigneron-Maggio-Aprile 2004.
154 Greyerz 1998.
155 Schweiz. Bundesrat 1960, 528–529.
156 Stofer 1963.

geschäft eine fulminante Entwicklung. Von 1945 bis 1970 versiebenfachte sich das Konsumkreditvolumen von 200 auf 1 400 Millionen Franken, parallel dazu verlief ein Konzentrationsprozess zugunsten der Grossbanken als Anbieter dieser Dienstleistung. Der Kritik an der Kleinkreditwerbung begegnete die Branche mit Selbstregulierung. Im August 1945 gründeten acht schweizerische Kreditinstitute den Verband der Schweizerischen Kreditbanken und Finanzierungsinstitute (VSKF), der sich das Ziel gab, ein seriöses Geschäftsgebaren innerhalb der Kreditbranche durchzusetzen.[157] Die Verschuldung durch Konsumkredite blieb aber auch in der Folge ein sozialpolitisches Problem und ein Werbeverbot ein politischer Dauerbrenner. 1993 wurde das Konsumkreditgesetz in Kraft gesetzt, das die Kreditfähigkeitsprüfung verstärkte und im Gegenzug den Kreditmarkt liberalisierte. Die neue Sorgfaltspflicht seitens der Kreditgeber führte zu einer Verschiebung von den klassischen Fest- und Barkrediten mit fixem Schuldenbetrag und Rückzahlungsplan hin zu Kontokorrentkrediten mit variabler Kreditlimite. Für 2004 wurde das Volumen der Konsumkredite in der Schweiz auf insgesamt 6.6 Milliarden Franken geschätzt.[158] Die Angaben sind allerdings insgesamt unsicher. Banken und Sozialwerke publizieren sehr unschiedliche Daten. International vergleichbare Zeitreihen sind nicht verfügbar. Die Haushaltsbudgeterhebungen des BFS weisen nur laufende Ausgaben aus; es gibt Haushaltsgruppen, für die ein Negativsaldo errechnet wird, ob dieser durch Entsparen oder durch Kreditaufnahme gedeckt wird, bleibt unklar.

3.1.8 Schlussbetrachtungen

Die stets ambivalente Position des Konsumenten und der Konsumentin zwischen Kaufkraftinhaber und Konsumkritiker, als Objekt von Marktstrategen und Werbeindustrie und als politisches Subjekt hat durch die Entwicklungen in jüngerer Zeit noch an Komplexität gewonnen. So erfuhr der Konsumentenstatus eine Ausdehnung auf gesellschaftliche Bereiche, in denen bislang die Logik des Verhältnisses Kunde-Produzent nicht adäquat erschien, etwa im Bildungsbereich, in der medizinischen Versorgung oder in der sozialen Fürsorge, wo nun von «Klienten» die Rede ist, aber auch in der Politik, die Marketingprinzipien anwendet. In globaler Perspektive droht zudem in Zeiten des Umbaus oder gar Rückgangs des Wohlfahrtsstaats der Zugang zu den sogenannten Basics (Wasser, Bildung) von der Kaufkraft abhängig gemacht zu werden. Das Vorwärtsschreiten des Marktes als Legitimations- und als Verteilungsinstanz scheint somit ungebrochen, obschon mit dem letzten Viertel des 20. Jahrhunderts wieder mehr Menschen durch Armut aus dem Erwerbs-Konsum-Zyklus hinauskatapultiert wurden. Hingegen muss es sich noch weisen, welchen Einfluss ein möglicher

157 Hinterkircher 1951; Saxer 1978; Verband Schweizerischer Kreditbanken und Finanzierungsinstitute 1970.
158 Kehrli/Knöpfel 2006, 100–102.

Wandel des «citizen-consumer» zum «cosmopolitan-consumer» haben würde – ein politischer Akteur, der sein Konsumverhalten nach Prinzipien von «consumers human rights» und «fairem Handel» richtet, wie Frank Trentmann festhält.[159] In der Schweiz ist der Anteil der Ausgaben für Bio-Produkte zwischen 1998 und 2008 zwar von vier auf durchschnittlich acht Prozent gewachsen. Der Absatz von Max-Havelaar-zertifiziertem Kaffee ist seit der Einführung des Labels 1992 jedoch ziemlich konstant geblieben. Erste Ansätze, dem Konsum moralische Kriterien zugrundezulegen, gehen jedenfalls bis in die Anfänge des 20. Jahrhunderts zurück: Schon die Soziale Käuferliga hatte sich zum Ziel gesetzt, die Konsumenten oder damals eher die Konsumentinnen zum sozial bewussten Kaufen anzuleiten. Diese sollten zu kritischen, entscheidungsfähigen Agentinnen im Reich der Waren erzogen werden, die sich vom Wettlauf um Billigprodukte nicht blenden lassen. Darüber hinaus sollten ihre Kaufentscheide aber auch denjenigen, die fabrizierten und verkauften, gerechte Arbeitsbedingungen garantieren. Sochle Jahrhundertpostulate spielen in der aktuellen Diskussion wiederum eine wichtige Rolle.

159 Trentmann 2006.

3.1.9 Bibliographie

Online-Datenbanken

BFS: Bundesamt für Statistik, www.bfs.admin.ch/
EUROSTAT: epp.eurostat.ec.europa.eu/portal/page/portal/eurostat/home
HSSO: Historische Statistik der Schweiz Online, Kammerer, Patrick et al. (Hg.): www.fsw.uzh.ch/histstat/main.php

Veröffentlichte Quellen und amtliche Publikationen

Amtsdruckschriften der schweizerischen Eidgenossenschaft, Bundesarchiv, www.amtsdruckschriften.bar.admin.ch

Bundesamt für Statistik (BFS)

BFS (Hg.): Statistisches Jahrbuch der Schweiz (Stat. Jb.), Zürich: NZZ Verlag, 1891–; Bern: Francke, 1891–; Neuchâtel: BFS.
BFS (Hg.): Schweizerische Lohnstrukturerhebung (LSE), verschiedene Jahrgänge.
BFS (Hg.) 2002: *Wohlstand und Wohlbefinden. Lebensstandard und soziale Benachteiligung in der Schweiz*, Neuenburg: BFS.
BFS (Hg.) 2003: *Auf dem Weg zur Gleichstellung? Frauen und Männer in der Schweiz.* Dritter statistischer Bericht (Sozialberichterstattung Schweiz), Neuenburg: BFS.
BFS (Hg.) 2008: *Tieflöhne und Working Poor in der Schweiz. Ausmass und Risikogruppen auf der Basis der Lohnstrukturerhebung 2006 und der Schweizerischen Arbeitskräfteerhebung 2006*, Neuenburg: BFS.
BFS (Hg.) 2010: *Lebensbedingungen in der Schweiz 2009. Resultate der Erhebung über die Einkommen und die Lebensbedingungen (SILC)*, Neuenburg.

Bundesblatt der Schweizerischen Eidgenossenschaft (BBl): Bundeskanzlei (Hg.), Bern, www.admin.ch/ch/d/ff/index.html

Schweiz. Bundesrat 1960: Botschaft des Bundesrates an die Bundesversammlung betr. den Entwurf zu einem Bundesgesetz über den Abzahlungsvertrag und Vorauszahlungsvertrag, 26. Januar 1960, BBl 1960/I, 523–598.

Geschäftsberichte Coop Schweiz

Geschäftsberichte Migros

Literatur

Ambrosius, Gerold / Hubbard, William H. 1986: *Sozial- und Wirtschaftsgeschichte Europas im 20. Jahrhundert*, München: Beck.
Andersen, Arne 1998: *«... und so sparsam!» – Der Massenkonsum und seine Auswirkungen. Veränderung und Mentalitätswandel, dargestellt am «Schweizerischen Beobachter»*, Zürich: Chronos.
Andersen, Arne / Tanner, Jakob 1994: Die Gleichzeitigkeit von Sparsinn und Wegwerfmentalität. Die 1950er Jahre als Auftakt zur Umweltkrise der Gegenwart, in: Andersen, Arne (Hg.), *Perlon, Petticoats und Pestizide. Mensch-Umwelt-Beziehung in der Region Basel der 50er Jahre*, Basel: F. Reinhardt, 134–139.
Bähler, Anna 1996: Die Veränderung des Arbeitsplatzes Haushalt durch das Eindringen der Haushalttechnik, 1930–1980, in: Pfister, Ulrich / Studer, Brigitte / Tanner, Jakob (Hg.), *Arbeit im Wandel. Deutung, Organisation und Herrschaft vom Mittelalter bis zur Gegenwart*, Zürich: Chronos, 171–192.
BAK Basel Economics (Hg.) 2006: *Internationaler Vergleich der Kosten und Preis bestimmenden Faktoren im Detailhandel*, Basel: BAK.
BAK Basel Economics (Hg.) 2010: *Perspektiven Detailhandel Schweiz: Analysen und Prognosen für den Schweizer Detailhandel*, Basel: BAK.
Barro, Robert J. / Ursùa, José F. 2008: Consumption Disasters in the Twentieth Century, *American Economic Review, Papers & Proceedings* 98/2 (2008), 58–63.
Baudrillard, Jean 1970: *La société de consommation. Ses mythes, ses structures*, Paris: Denoël.

Bennemann, Josef 1962: *Verbrauch und Verbrauchswandlungen. Die Bestimmungsfaktoren des Verbrauchs als Basis der Motive struktureller Verbrauchswandlungen,* Dissertation, Universität Erlangen-Nürnberg.

Berghoff, Hartmut (Hg.) 2007: *Marketinggeschichte. Die Genese einer modernen Sozialtechnik,* Frankfurt a.M.: Campus.

Berrisch, Lisa 1984: Rationalisierung der Hausarbeit in der Zwischenkriegszeit, *Schweizerische Zeitschrift für Geschichte* 34 (1984), 385–397.

Billeter, Geneviève 1985: *Le pouvoir patronal. Les patrons des grandes entreprises suisses des métaux et des machines (1919–1939),* Genève: Droz.

Bock, Gisela / Duden, Barbara 1977: Arbeit aus Liebe – Liebe als Arbeit. Zur Entstehung der Hausarbeit im Kapitalismus, in: *Frauen und Wissenschaft. Beiträge zur Berliner Sommeruniversität für Frauen. Juli 1976,* Berlin: Courage, 118–199.

Boltanski, Luc 1966: *Le bonheur suisse. D'après une enquête réalisée par Isac Chiva, Ariane Deluz, Nathalie Stern,* Paris: Les éditions de minuit.

Bombach, Gottfried et al. (Hg.) 1978: *Neuere Entwicklungen in der Theorie des Konsumentenverhaltens,* Tübingen: Mohr.

Bonhage, Barbara 2007: Die Einführung der bargeldlosen Lohn- und Gehaltszahlung. Der schweizerische Zahlungsverkehr zwischen öffentlicher und privater Dienstleistung, in: Gilomen, Hans-Jörg / Müller, Margrit / Tissot, Laurent (Hg.), *Dienstleistungen. Expansion und Transformation des «dritten Sektors» (15.–20. Jahrhundert),* Zürich: Chronos, 249–264.

Bourdieu, Pierre 1984: *Die feinen Unterschiede. Kritik der gesellschaftlichen Urteilskraft,* Frankfurt a.M.: Suhrkamp.

Brändli, Sibylle 2000: *Der Supermarkt im Kopf. Konsumkultur und Wohlstand in der Schweiz nach 1945,* Wien: Böhlau.

Braun, Rudolf 1999: *Sozialer und kultureller Wandel in einem ländlichen Industriegebiet (Zürcher Oberland) unter Einwirkung des Maschinen- und Fabrikwesens im 19. und 20. Jahrhundert,* Zürich: Chronos.

Brewer, John / Porter, Roy (eds.) 1994: *Consumption and the World of Goods,* London / New York: Routledge.

Brogini, Giulia et al. 1996: Die Entwicklung von Wohnen und Heizen, in: Pfister, Christian (Hg.), *Das 1950er Syndrom. Der Weg in die Konsumgesellschaft,* Bern: Haupt, 411–414.

Bühler, Caroline 1997: *Die Geschichte des Schweizerischen Gemeinnützigen Frauenvereins SGF. Vereinstätigkeit, Selbstverständnis und das Verhältnis zu Frauenbewegung, Politik und Staat von 1888 bis 1996,* Bern: Lizentiatsarbeit, Universität Bern.

Carlevaro, Fabrizio et al. 1994: *La consommation des ménages en Suisse,* [Berne]: [Office fédéral des questions conjoncturelles].

Carter, Erica 1997: *How German is She? Postwar West German Reconstruction and the Consuming Woman,* Ann Arbor: The University of Michigan Press.

Castel, Robert 2003: *L'insécurité sociale. Qu'est-ce qu'être protégé?,* Paris: Seuil.

Châtelain, Dominique-Christiane 1975: *Le travail à domicile en Suisse entre 1900 et 1955,* Genève: Mémoire de licence, Université de Genève.

Chessel, Marie-Emmanuelle 2003: Aux origines de la consommation engagée. La Ligue sociale d'acheteurs (1902–1914), *Vingtième Siècle. Revue d'histoire* 77 (2003), 95–108.

Christen, Mariana / Gisler, Johanna / Heller, Martin (Hg.) 1992: *Ganz Annabelle. Eine Zeitschrift als Freundin,* Zürich: Chronos.

Conrad, Christoph 2004: Observer les consommateurs. Etudes de marché et histoire de la consommation en Allemagne, des années 1930 aux années 1960, *Le Mouvement Social* 206 (2004), 17–39.

Debord, Guy 1967: *La Société du spectacle,* Paris: Buchel-Castel.

Degen, Bernard 2005: *Consumerism in Capitalism. The Swiss Consumers Co-operatives and Politics,* Ghent: Amsab-Institute of Social History.

Doungous, Youssouf 1990: *Comparaison de différents modèles d'allocation sur la base des données statistiques de la Suisse,* Bern: Lang.

Droux, Joëlle 2006: The Enemy Within. Food, Nutrition Experts and Consumers in French-Speaking Switzerland, 1900–1946, in: Chatriot, Alain / Chessel, Marie-Emmanuelle / Hilton, Matthew (eds.), *The Expert Consumer. Associations and Professionals in Consumer Society,* Aldershot: Ashgate, 89–103.

Dussel, Konrad 2001: Kulturkonzepte im Konflikt. Britische, deutsche und schweizerische Hörfunkprogramme während des Zweiten Weltkriegs, *Vierteljahreshefte für Zeitgeschichte* 49 (2001), 441–463.

Fulcher, James 2007: *Kapitalismus,* Stuttgart: Reclam.

Gasteiger, Nepomuk 2010: *Der Konsument. Verbraucherbilder in Werbung, Konsumkritik und Verbraucherschutz 1945–1989,* Frankfurt a.M.: Campus.

Girschik, Katja 2010: *Als die Kassen lesen lernten. Eine Technik- und Unternehmensgeschichte des Schweizer Einzelhandels 1950–1975*, München: Beck.
Girschik, Katja / Ritschl, Albrecht / Welskopp, Thomas (Hg.) 2003: *Migros-Kosmos*, Baden: hier + jetzt.
Glatzer, Wolfgang et al. 1991: *Haushalttechnisierung und gesellschaftliche Arbeitsteilung*, Frankfurt a.M.: Campus.
Goch, Stefan 2003: Aufstieg der Konsumgesellschaft – Niedergang der Milieus? Viele Fragen, in: Prinz, Michael (Hg.), *Der lange Weg in den Überfluss. Anfänge und Entwicklung der Konsumgesellschaft seit der Vormoderne*, Paderborn: Schöningh, 413–436.
Greyerz, Bettina von 1998: *«Prompt, diskret, kulant, sozial». Der Konsumkredit als treibende Kraft der Konsumentwicklung zu Beginn der zweiten Hälfte des 20. Jahrhunderts*, Bern: Lizentiatsarbeit, Universität Bern.
Gruner, Erich (Hg.) 1987: *Arbeiterschaft und Wirtschaft in der Schweiz 1880–1914. Soziale Lage, Organisation und Kämpfe von Arbeitern und Unternehmern, politische Organisation und Sozialpolitik*, 3 Bde, Zürich: Chronos.
Grützner, Sabine 1958: *Aufgabenstellung und Arbeitsmethoden der Gesellschaft für Konsumforschung und ihre volkswirtschaftliche Bedeutung*, Dissertation Universität Bonn.
Gutersohn, Alfred 1955: Detailhandel (Einzelhandel), mittelständischer. Artikel, in: Schweizerische Gesellschaft für Statistik und Volkswirtschaft, *Handbuch der schweizerischen Volkswirtschaft (2 Bde)*, Bern: Benteli, 348–350.
Gysin, Nicole 2006: Qualität und Quote – Der Kulturauftrag der SRG, in: Mäusli, Theo / Steigmeier, Andreas (Hg.), *Radio und Fernsehen in der Schweiz. Geschichte der Schweizerischen Radio- und Fernsehgesellschaft SRG 1958–1983*, Baden: hier + jetzt, 239–292.
Halbwachs, Maurice 1970: *La classe ouvrière et les niveaux de la vie*, Paris / London / New York: Gordon & Breach.
Halbwachs, Maurice 2001: *Klassen und Lebensweisen. Ausgewählte Schriften*, hg. von Egger, Stephan, Konstanz: Universitätsverlag Konstanz.
Haupt, Heinz-Gerhard / Torp, Claudius (Hg.) 2009: *Die Konsumgesellschaft in Deutschland*, Frankfurt a.M.: Campus.
Haustein, Sabine 2007: *Vom Mangel zum Massenkonsum. Deutschland, Frankreich und Grossbritannien im Vergleich 1945–1970*, Frankfurt a.M.: Campus.
Hessler, Martina 2001: *«Mrs. Modern Woman». Zur Sozial- und Kulturgeschichte der Haushaltstechnisierung*, Frankfurt a.M.: Campus.
Hessler, Martina 2004: Visionen des Überflusses. Entwürfe der zukünftigen Massenkonsumgesellschaft im 20. Jahrhundert, in: Berghoff, Hartmut / Vogel, Jakob (Hg.), *Wirtschaftsgeschichte als Kulturgeschichte. Dimensionen eines Perspektivenwechsels*, Frankfurt a.M.: Campus, 455–480.
Hinterkircher, Heinz 1951: *Konsumfinanzierung in der Schweiz*, Zürich: Schulthess.
Hirsch, Fred 1980: *Die sozialen Grenzen des Wachstums. Eine ökonomische Analyse der Wachstumskrise*, Reinbek b. Hamburg: Rowohlt.
Historisches Lexikon der Schweiz, Basel: Schwabe.
Homberger, Ruedi 1980: *Haushaltsrechnungen schweizerischer Industriearbeiter 1890–1920*, Zürich: Lizentiatsarbeit, Universität Zürich.
Imobersteg, Markus 1967: *Die Entwicklung des Konsums mit zunehmendem Wohlstand. Bestimmungsgründe und Auswirkungen*, Zürich: Keller.
Inglehart, Ronald 1977: *The Silent Revolution. Changing Values and Political Styles among Western Publics*, Princeton: Princeton University Press.
Jenni, Manuel 1978: *Gottlieb Duttweiler und die schweizerische Wirtschaft. Die Entwicklung der Persönlichkeit und des Werks bis zum Eintritt in den Nationalrat (1935)*, Bern: Lang.
Joris, Elisabeth 1990: Die Schweizer Hausfrau. Genese eines Mythos, in: Brändli, Sebastian et al. (Hg.), *Schweiz im Wandel. Studien zur neueren Gesellschaftsgeschichte. Festschrift für Rudolf Braun zum 60. Geburtstag*, Basel / Frankfurt a.M.: Helbing und Lichtenhahn, 99–116.
Kamis-Müller, Aron 2000: *Antisemitismus in der Schweiz, 1900–1930*, Zürich: Chronos.
Kehrli, Christin / Knöpfel, Carlo 2006: *Handbuch Armut in der Schweiz*, hg. von der Caritas Schweiz, Luzern: Caritas-Verlag.
Keller, Barbara 2001: *Von Speziererinnen, Wegglibuben und Metzgern. Lebensmittelhandwerk und -handel in Basel 1850–1914*, Zürich: Chronos.
Klein, Fritz / Palazzo, Guido 2003: *Kulturgeschichte des Geldflusses. Die Entwicklung des Zahlungsverkehrs mit Fokus Schweiz*, Zürich: Verlag SKV.
Kleinewefers, Henner / Pfister, Regula / Gruber, Werner 1993: *Die schweizerische Volkswirtschaft. Eine problemorientierte Einführung in die Volkswirtschaftslehre*, Frauenfeld: Huber.
König, Wolfgang 2000: *Geschichte der Konsumgesellschaft*, Stuttgart: Steiner.

Kriegswirtschaft 1950 – Die Schweizerische Kriegswirtschaft 1939/1948. Bericht des Eidg. Volkswirtschaftsdepartementes, Bern.

Landolt, Carl 1891: Zehn Basler Arbeiterhaushaltungen, *Zeitschrift für Schweizerische Statistik* 27 (1891), 281–372.

Leimgruber, Walter / Fischer, Werner (Hg.) 1999: *«Goldene Jahre». Zur Geschichte der Schweiz seit 1945*, Zürich: Chronos.

Leu, Robert E. / Burri, Stefan / Priester, Tom 1997: *Lebensqualität und Armut in der Schweiz*, Bern: Haupt.

Levenstein, Harvey 1993: *Paradox of Plenty. A Social History of Eating in Modern America*, New York: Oxford University Press.

MacLachlan, Patricia / Trentmann, Frank 2004: Civilizing Markets. Traditions of Consumer Politics in Twentieth-Century Britain, Japan and the United States, in: Bevir, Mark / Trentmann, Frank (eds.), *Markets in Historical Contexts. Ideas and Politics in the Modern World*, Cambridge: Cambridge University Press, 170–201.

Madörin, Mascha 2007: Neoliberalismus und die Reorganisation der Care-Ökonomie. Eine Forschungsskizze, in: Denknetz (Hg.), *Zur politischen Ökonomie der Schweiz. Eine Annäherung. Analysen und Impulse zur Politik* (Jahrbuch/Denknetz 2007), Zürich: edition 8, 141–162.

Marbach, Fritz 1933: *Gewerkschaft, Mittelstand, Fronten. Zur politischen und geistigen Lage der Schweiz*, Bern: Francke.

Margadant, Bruno 1983: *Das Schweizer Plakat. The Swiss Poster. L'affiche suisse 1900–1983*, Basel: Birkhäuser.

Mäusli, Theo / Steigmeier, Andreas (Hg.) 2006: *Radio und Fernsehen in der Schweiz. Geschichte der Schweizerischen Radio- und Fernsehgesellschaft SRG 1958–1983*, Baden: hier + jetzt.

Menges, Günther 1958: Die touristische Konsumfunktion der Schweiz 1929–1956, *Schweizerische Zeitschrift für Volkswirtschaft und Statistik* 94 (1958), 329–334.

Mesmer, Beatrix 1988: *Ausgeklammert – eingeklammert. Frauen und Frauenorganisationen in der Schweiz des 19. Jahrhunderts*, Basel: Helbing & Lichtenhahn.

Mesmer, Beatrix 2007: *Staatsbürgerinnen ohne Stimmrecht. Die Politik der schweizerischen Frauenverbände 1914–1971*, Zürich: Chronos.

Milanović, Branko 2011: *The Haves and the Have-Nots. A brief and idiosyncratic history of global inequality*, New York: Basic Books.

Mooser, Josef 1984: *Arbeiterleben in Deutschland 1900–1970*, Frankfurt a.M.: Suhrkamp.

Müller, Felix / Tanner, Jakob 1988: «… im hoffnungsvollen Licht einer besseren Zukunft». Zur Geschichte der Fortschrittsidee in der schweizerischen Arbeiterbewegung, in: Lang, Karl et al. (Hg.), *Solidarität, Widerspruch, Bewegung. 100 Jahre Sozialdemokratische Partei der Schweiz*, Zürich: Limmat Verlag, 325–367.

Nast, Matthias 2004: *40 Jahre und kein bisschen leise: Konsumentenschutz von 1964 bis heute*, hg. von der Stiftung für Konsumentenschutz SKS, Bern: SKS.

Neuenschwander, Sabine 2005: *König Kunde oder schlafender Riese? Konsumentenpolitik in der Schweiz 1960–1981*, Zürich: Lizentiatsarbeit, Universität Zürich.

North, Douglass C. 1990: *Institutions, Institutional Change and Economic Performance*, Cambridge: Cambridge University Press.

OECD (Hg.), Suisse, April 1978.

Orland, Barbara 1996: Geschlecht als Kategorie in der Technikhistoriographie, in: Meinel, Christoph / Renneberg, Monika (Hg.), *Geschlechterverhältnisse in Naturwissenschaft, Medizin und Technik*, Stuttgart: Verlag für Geschichte der Naturwissenschaft und Technik, 30–43.

Packard, Vance 1957: *The Hidden Persuaders*, New York: Mc Kay.

Picard, Jacques 1994: *Die Schweiz und die Juden 1933–1945*, Zürich: Chronos.

Platzhoff-Lejeune, Dr. Ed. [1911]: Soziale Käuferliga, in: Reichesberg, Naum (Hg.), *Handwörterbuch der Schweizerischen Volkswirtschaft, Sozialpolitik und Verwaltung*, Band 3/1, Bern: Verlag Encyklopädie, 665–667.

Polanyi, Karl 1978: *The Great Transformation. Politische und ökonomische Ursprünge von Gesellschaften und Wirtschaftssystemen*, Frankfurt a.M.: Suhrkamp.

Prinz, Michael (Hg.) 2003: *Der lange Weg in den Überfluss. Anfänge und Entwicklung der Konsumgesellschaft seit der Vormoderne*, Paderborn: Schöningh.

Ratmoko, Christina 2002: *Das Bild der Frauen in der Schweizer Wirtschaftswerbung der Zwischenkriegszeit. Eine Analyse von Zeitschriftenanzeigen der «Schweizer Illustrierten Zeitung» 1919–1939*, Zürich: Lizentiatsarbeit, Universität Zürich.

Reckendrees, Alfred et al. (Hg.) 2007: *Die bundesdeutsche Massenkonsumgesellschaft 1950–2000*, Berlin: Akademie Verlag.

Richard, Birgit / Ruhl, Alexander (Hg.) 2008: *Konsumguerilla: Widerstand gegen Massenkultur?* Frankfurt a.M.: Campus.

Richter Rudolf / Furubotn, Eirik 2003: *Neue Institutionenökonomik. Eine Einführung und kritische Würdigung*, Tübingen: Mohr Siebeck.
Ritzmann-Blickenstorfer, Heiner (Hg.) 1996: *Historische Statistik der Schweiz*, Zürich: Chronos.
Rossfeld, Roman 2009: Ernährung im Wandel. Lebensmittelproduktion und -konsum zwischen Wirtschaft, Wissenschaft und Kultur, in: Haupt, Heinz-Gerhard / Torp, Claudius (Hg.), *Die Konsumgesellschaft in Deutschland, 1890–1990. Ein Handbuch*, Frankfurt a.M.: Campus, 27–45.
Saxer, Lydia 1978: *Das schweizerische Konsumkreditgeschäft*, Bern: Haupt.
Schade, Edzard 2000: *Herrenlose Radiowellen. Die schweizerische Radiopolitik bis 1939 im internationalen Vergleich*, Baden: Verlag für Kultur und Geschichte.
Schmitt, Ariane 1979: *La Fédération romande des consommatrices. Un partenaire majeur, 1959–1979*, Genève: FRC.
Schrade, Martin 2007: Integration von Dienstleistungen und Produktion bei der Migros, in: Gilomen, Hans-Jörg / Müller, Margrit / Tissot, Laurent (Hg.), *Dienstleistungen. Expansion und Transformation des «dritten Sektors» (15–20. Jahrhundert)*, Zürich: Chronos, 79–106.
Schulze, Gerhard 2000: *Die Erlebnisgesellschaft. Kultursoziologie der Gegenwart*, Frankfurt a.M.: Campus.
Schumacher, Beatrice 2002: *Ferien. Interpretationen und Popularisierung eines Bedürfnisses. Schweiz 1890–1950*, Wien: Böhlau.
Schweizerische Studienkommission für Konsumentenfragen 1964: *Konsumentenfragen in der Schweiz. Bericht der Studienkommission für Konsumentenfragen an den Vorsteher des Eidgenössischen Volkswirtschaftsdepartements* (Volkswirtschaft. Sonderhefte 74) Bern: Schweizerisches Handelsamtsblatt.
Schweizerischer Beobachter 1951: *Wie sie leben. Eine Untersuchung über Lebensstandard und Konsumgewohnheiten der Abonnenten des Schweizerischen Beobachters, durchgeführt vom Befragungsdienst der Gesellschaft für Marktforschung*, Zürich, Basel.
Schweizerischer Beobachter 1961: *Wie sie leben … 10 Jahre später. Lebensstandard und Konsumgewohnheiten der Abonnenten des Schweizerischen Beobachters heute und im Vergleich zu 1950*, Basel.
Sekretariat des Schweizerischen Gewerkschaftsbundes (Hg.) 1910: *Teuerung in der Schweiz*, Bern: Unionsdruckerei.
Sekretariat des Schweizerischen Metallarbeiterverbands (Hg.) 1911: *61 Haushaltsrechnungen von Metallarbeitern in der Schweiz. Aufgenommen im Jahre 1910*, Bern: Unionsdruckerei.
Siegrist, Hannes / Kaelble, Hartmut / Kocka, Jürgen (Hg.) 1997: *Europäische Konsumgeschichte. Zur Gesellschafts- und Kulturgeschichte des Konsums (18. bis 20. Jahrhundert)*, Frankfurt a.M.: Campus.
Snella, Jean-Jacques 1976: *Théorie des choix et approches empiriques dans l'étude de la consommation privée, analyse et expériences*, Bern: Lang.
Spiekermann, Uwe 1999: *Basis der Konsumgesellschaft. Entstehung und Entwicklung des modernen Kleinhandels in Deutschland 1850–1914*, München: Beck.
Stämpfli, Regula 2002: *Mit der Schürze in die Landesverteidigung. Frauenemanzipation und Schweizer Militär, 1914–1945*, Zürich: Orell Füssli.
Stofer, Hellmut 1963: *Kommentar zum Schweizerischen Bundesgesetz über den Abzahlungs- und Vorauszahlungsvertrag*, Basel: Helbing und Lichtenhahn.
Streuli, Elisa / Bauer, Tobias (Büro für arbeits- und sozialpolitische Studien BASS) 2001: *Working poor in der Schweiz. Eine Untersuchung zu Ausmass, Ursachen und Problemlage*, Neuenburg: Info social Nr. 5, Bundesamt für Statistik.
Studer, Brigitte 1996: «L'Etat c'est l'homme». Politique, citoyenneté et genre dans le débat autour du suffrage féminin après 1945, *Schweizerische Zeitschrift für Geschichte* 46 (1996), 356–382.
Tanner, Jakob 1994: Die Schweiz in den 50er Jahren. Prozesse, Brüche, Widersprüche, Ungleichzeitigkeiten, in: Blanc, Jean-Daniel / Luchsinger, Christine (Hg.), *Achtung: die 50er Jahre! Annäherungen an eine widersprüchliche Zeit*, Zürich: Chronos, 19–50.
Tanner, Jakob 1997: Industrialisierung, Rationalisierung und Wandel des Konsum- und Geschmacksverhaltens im europäisch-amerikanischen Vergleich, in: Siegrist, Hannes / Kaelble, Hartmut / Kocka, Jürgen (Hg.), *Europäische Konsumgeschichte. Zur Gesellschafts- und Kulturgeschichte des Konsums (18. bis 20. Jahrhundert)*, Frankfurt a.M.: Campus, 583–613.
Tanner, Jakob 1999: *Fabrikmahlzeit. Ernährungswissenschaft, Industriearbeit und Volksernährung in der Schweiz 1890–1950*, Zürich: Chronos.
Tanner, Jakob 2009: Konsumtheorien in der Wirtschaftswissenschaft, in: Haupt, Heinz-Gerhard / Torp, Claudius (Hg.), *Die Konsumgesellschaft in Deutschland*, Frankfurt a.M.: Campus, 335–354.
Trentmann, Frank (ed.) 2006: *The Making of the Consumer. Knowledge, Power and Identity in the Modern World*, London / New York: Berg.

Veblen, Thorstein B. 1987: *Theorie der feinen Leute. Eine ökonomische Untersuchung der Institutionen,* Frankfurt a.M.: Fischer Taschenbuch.

Verband Schweizerischer Kreditbanken und Finanzierungsinstitute (VSKF) (Hg.) 1970: *25 Jahre Verband Schweizerischer Kreditbanken und Finanzierungsinstitute – 1945–1970,* Zürich: VSKF.

Vigneron-Maggio-Aprile, Sandra 2006: *L'information des consommateurs en droit européen et en droit suisse de la consommation,* Bruxelles: Bruylant.

Vilimovska, Libuse 1959: *Die Verschiebungen in der Verbrauchsstruktur in der Schweiz seit 1912,* Schwelm: Scherz & Co.

Volkswirtschaft, Die: Eidgenössisches Volkswirtschaftsdepartement (Hg.), div. Jahrgänge.

Wartenweiler, Oskar 1967: *Haushaltsführung und hauswirtschaftliche Ausbildung der Zürcher Frauen. Ergebnisse einer Frauenbefragung im Kanton Zürich* (Statistische Mitteilungen des Kantons Zürich. Dritte Folge 60), Zürich.

Wolff, Hellmuth 1908: Die Soziale Käuferliga. Zur Einführung in ihre Aufgaben, *Schweizerische Blätter für Wirtschafts- und Sozialpolitik* 16 (1908), 226–230.

Wyl, Eva von 2007: *Euphorie einer widersprüchlichen Zeit. Massenkonsumgesellschaft und Massenkonsumkultur in der Schweiz der 1950er und 1960er Jahre. Untersucht anhand Reklamen aus der Schweizer Illustrierten und der katholischen Zeitschrift Der Sonntag,* Fribourg: Lizentiatsarbeit, Universität Fribourg.

Ziegler, Beatrice 2007: *Arbeit – Körper – Öffentlichkeit. Berner und Bieler Frauen zwischen Diskurs und Alltag (1919–1945),* Zürich: Chronos.

Zweifel, Peter 1974: *Empirische Untersuchungen zur Konsumnachfrage in der Schweiz,* Zürich: Schulthess.

3.2 Umwelt, Raum, Verkehr

Ueli Haefeli

Die wirtschaftliche Dynamik des 20. Jahrhunderts formte eine um 1900 noch stark ländlich geprägte Schweiz in einem vorher nie gekannten Ausmass um. Im Mittelland entstand ein weitgehend neuer urbaner Industrie- und Dienstleistungsraum, der durch eine vom Tourismus geprägte Erholungs- und Erlebniszone im Berggebiet und in den mittelalterlichen Innenstädten ergänzt wurde. Diese Entwicklung erhöhte zweifellos die Handlungsspielräume in wirtschaftlicher und sozialer Hinsicht, nicht intendierte negative Nebenwirkungen des sozioökonomischen Wandels schränkten sie aber wieder ein. In diesem Kapitel werden die vielgestaltigen Wirkungszusammenhänge zwischen der Wirtschaftsentwicklung und den Themen Umwelt, Raum und Verkehr in einem problemorientierten Aufriss dargestellt. Dank einer grossen Zahl qualitativ überzeugender jüngerer Forschungsarbeiten konnten in den letzten Jahren viele punktuell wertvolle Erkenntnisse zusammengetragen werden. Gleichzeitig gilt es anzumerken, dass die Lücken nach wie vor gross sind, besonders was die erste Hälfte des 20. Jahrhunderts betrifft, und dass aktuelle Gesamtdarstellungen fehlen. Hier wird nun in einem ersten Abschnitt (3.2.1) das Terrain abgesteckt; die dabei vorgenommene Bezeichnung einiger Schlüsselprozesse und Grundfragen wird sodann in den folgenden drei Teilen (3.2.2 bis 3.2.4) entlang des chronologischen Ablaufs verdeutlicht und in die allgemeine Wirtschaftsentwicklung eingebettet. Das Kapitel schliesst mit einer Reihe von synthetisierenden und bilanzierenden Gedanken (3.2.5).

3.2.1 Schlüsselprozesse und Grundfragen

Betrachtet man die Entwicklung von Umwelt, Raum und Verkehr in der Schweiz aus dem Blickwinkel einer Wirtschaftsgeschichte des 20. Jahrhunderts, so führt dies rasch in eine komplexe Gemengelage verschiedenster dynamischer Wirkungszusammenhänge. Es lassen sich (zumindest) die folgenden Zusammenhänge unterscheiden:

- Zunächst einmal beeinflusst die natürliche Umwelt die grundlegenden Voraussetzungen jeder Wirtschaftstätigkeit durch die Art und Weise, in der zentrale Ressourcen wie Boden, Wasser, Bodenschätze usw. zur Verfügung stehen. Die wichtigsten natürlichen Ressourcen der Schweiz waren das Wasser, das sowohl als Trinkwasser wie auch zur Energieerzeugung diente, die Landschaft, welche die wichtigste Grundlage des Tourismus darstellte (→ 2.3.4), sowie der Boden, der im 20. Jahrhundert besonders als Bauland, nach wie vor aber auch als Ernährungsgrundlage wertvoll war (→ 2.3.5). Daneben waren selbstverständlich auch Ressourcen wie saubere Luft oder eine ruhige Umgebung wichtig für die Standortqualität. Bodenschätze in nennenswertem Ausmass fehlten dagegen, und ein grosser Teil der landwirtschaftlichen Flächen eignete sich unter den Bedingungen der internationalen Arbeitsteilung mehr zur Viehzucht als zum Ackerbau. Als natürliche Ressourcen im weiteren Sinne können auch das Klima und die Wahrscheinlichkeit von Naturkatastrophen betrachtet werden. Diesbezüglich kann für das 20. Jahrhundert von einer eher günstigen Konstellation gesprochen werden: Die Zahl der Naturkatastrophen lag deutlich unter dem Durchschnitt der vorangegangenen Jahrhunderte. Erst gegen Ende des 20. Jahrhunderts häuften sich klimatische Extremereignisse wieder. Die Erkenntnisse verdichten sich, dass es sich dabei um Vorboten eines anthropogen bedingten Klimawandels handelt.[1]

- Zweitens spielen der Zugang zu und die Rechte an diesen natürlichen Ressourcen sowohl bei der Verteilung des Eigentums als auch bei den Möglichkeiten der politischen Steuerung einer Gesellschaft eine wichtige Rolle. Dies gilt nicht nur für traditionelle, sondern in einem oft unterschätzten Ausmass auch für industrialisierte Gesellschaften. Die Gewässer gehörten ebenso wie die Nutzungsrechte daran grossmehrheitlich der öffentlichen Hand (v.a. Kantonen und Gemeinden) (→ III.ii.6), während sich der Boden zu einem bedeutenden Teil in Privatbesitz befand, was weitreichende raumordnerische Steuerungsmassnahmen des Staates immer wieder verhinderte.[2] Eine Ausnahme bildete der kaum rentabel zu bewirtschaftende Wald, der mehrheitlich im Besitz verschiedener Institutionen der öffentlichen Hand war.[3]
- Drittens war der Verkehr durch die zunehmende Erreichbarkeit entfernter Ziele und die sinkenden Transportkosten für Personen und Güter aller Art eine zentrale Voraussetzung für die Entwicklung einer hochgradig arbeitsteiligen, funktional differenzierten Wirtschaft.
- Viertens führte die enorme Bedeutungszunahme von Verkehr und Mobilität dazu, dass die Verkehrswirtschaft zu einem eigenständigen Wirtschaftsbereich mit einer einflussreichen Lobby wurde. Die Verkehrsausgaben beliefen sich um das Jahr 2000 insgesamt auf etwa 80 Milliarden Franken.[4] Alles in allem gehörten in der Schweiz Ende des 20. Jahrhunderts rund 300 000 Arbeitsplätze zum Autogewerbe, beispielsweise bei Zulieferfirmen für die – in erster Linie deutsche – Autoindustrie, im Transportgewerbe oder im Bereich Handel und Reparatur von Motorfahrzeugen.[5] Dazu kamen etwa 60 000 Arbeitsplätze bei Unternehmen des öffentlichen Verkehrs.[6]
- Fünftens gilt es, neben der Verkehrswirtschaft im engeren Sinn auch den Tourismus im Blick zu behalten als eine wichtige Einnahmequelle mit einem Anteil von 2.9% am BIP (2005) und 4.4% an der Beschäftigung (→ 2.3.4.1). Wichtig war insbesondere der Anteil des Tourismus an den gesamten Exporten: Während der zweiten Hälfte des 20. Jahrhunderts kam der Tourismus hier lange an vierter Stelle (nach Maschinen,

1 Pfister 2002; Müller et al. 2005; Walter 2008.
2 Koll-Schretzenmayr 2008; Knoepfel et al. 2001.
3 2006 waren es 71% der Waldfläche (Quelle: BAFU online, www.bafu.admin.ch/wald/01198/01199/index.html?lang=de [Zugriff 14.11.2011]).
4 Bundesamt für Raumentwicklung und Bundesamt für Umwelt 2008.
5 Merki 2006, 50.
6 Litra 2010, 16.

Chemie und Uhren), erst gegen Ende der 1990er Jahre übertrafen die Exporte der Finanzdienstleistungen die Exporte des Tourismus (→ 2.1.3.1.1, Grafik 2.1–11).

- Sechstens führte die im 20. Jahrhundert in globalem Ausmass wie nie zuvor gestiegene Energie- und Materialintensität der Wirtschaft zu einer Reihe von teilweise gravierenden Umweltproblemen. Dazu gehörten in der Schweiz vor allem die Gewässer- und Luftverschmutzung, die Landschaftszerstörung und der Lärm, aber auch die Gefährdung der Artenvielfalt. Eine wichtige Rolle bei der Entstehung dieser Probleme spielte der Umstand, dass die Kosten der Umweltbeanspruchung häufig nicht bei den Verursachern anfielen, sondern im Sinne externer Kosten von der Allgemeinheit getragen werden mussten oder an die kommenden Generationen weitergeben wurden.[7]
- Siebtens zeigte sich gegen Ende des 20. Jahrhunderts immer deutlicher, dass die Umweltprobleme ihrerseits zu einer Gefährdung der Wirtschaftstätigkeit werden konnten. Es ereigneten sich Umwelt- und Naturkatastrophen auf lokaler bzw. regionaler Ebene in Form von Verschmutzungen durch Industriebetriebe, Überschwemmungen, Lawinen und Bergstürzen. Auf globaler Ebene standen der Klimawandel und die Zerstörung der Ozonschicht mit all ihren Folgen im Vordergrund.
- Achtens und letztens veränderte die wirtschaftliche Entwicklung das räumliche Erscheinungsbild und die Landschaft der Schweiz im 20. Jahrhundert grundlegend. Wie die von Paul Krugman geprägte «ökonomischen Geographie» gezeigt hat, waren bei der Herausbildung der modernen Industrie- und Dienstleistungsgesellschaften häufig weniger naturräumliche Standortvorteile entscheidend, sondern ein komplexes Zusammenspiel von verschiedenen zentrifugalen und zentripetalen Kräften, von Skaleneffekten, verfügbaren Arbeitskräften und Transportkosten.[8] Besondere Bedeutung hatte für die industrielle Schweiz die sich im Verlauf des 19. Jahrhunderts herausbildende Konzentration der Textil- und Maschinenindustrie in der Ostschweiz, der Uhrenindustrie im Jura und der chemischen Industrie im Raum Basel (→ 3.3.4).[9] Zum wichtigsten Dienstleistungszentrum entwickelte sich im 20. Jahrhundert Zürich (→ 2.2.1). Der Hauptstadt Bern kam vor allem als Sitz des grössten Teils der Bundesverwaltung eine gewisse Bedeutung zu, während sich Genf als Sitz verschiedener internationaler Organisationen (→ 5.3) profilieren konnte.

3.2.1.1 Verstädterung

Keine Wirtschaftsgeschichte der Schweiz kann die Verstädterung ausser Acht lassen.[10] Stärker denn je wirkten Städte im 20. Jahrhundert als Zentren und Katalysatoren der

7 Zu den externen Kosten des Verkehrs vgl. Ochsenbein 2000 sowie Kirchhofer 2006; zu den Externalitäten bei der Zersiedlung: Bundesamt für Raumentwicklung 2000.

8 Fujita/Krugman/Venables 2001.

9 *Historischer Strukturatlas der Schweiz* 2001, 120–135.

10 In der Schweizer Statistik werden Gemeinden mit einer Bevölkerung von über 10 000 Einwohnern als Städte, mit über 100 000 als Grossstädte bezeichnet. Als Grossstädte gelten demnach im 20. Jahrhundert Basel, Bern, Genf, Lausanne und Zürich. Die statistische Definition von Agglomeration hat sich

wirtschaftlichen und gesellschaftlichen Entwicklung.[11] In einem diskursiven Umfeld, in dem nationale Identität lange Zeit in erster Linie durch ländliche und agrarische Bilder geprägt war, wurde diese Entwicklung allerdings immer auch höchst ambivalent bewertet. Einerseits war die Rede von den Städten als unattraktiven «Wasserköpfen», andererseits verloren die Schweizer Innenstädte ihre Anziehungskraft nie in dem Masse, wie dies etwa in den USA der Fall war, wo die traditionell antiurbanistisch eingestellte Oberschicht schon ab der ersten Hälfte des 19. Jahrhunderts in die luxuriösen Vororte zog und in vielen Innenstädten eine Verslumung stattfand.[12]

Das Tempo und die räumlichen Züge der Verstädterung hingen wesentlich vom Wirtschaftswachstum und von der Verbreitung neuer Verkehrstechnologien ab. Wirtschaftswachstum, Bevölkerungswachstum und vor allem die steigenden Einkommen beeinflussten die pro Person beanspruchte Wohnfläche, die sich allein im Zeitraum zwischen 1950 und 1993 von 25 auf 54 Quadratmeter mehr als verdoppelte.[13] Das Verkehrssystem war in der ersten Jahrhunderthälfte für die radiale Entwicklung entlang von Schienensträngen verantwortlich, in der zweiten Hälfte für das flächige Siedlungswachstum im Zeichen der Autodominanz.

Schon bald hielten sich die verstädternden Gebiete nicht mehr an die Grenzen der politischen Stadtgemeinden; das Wachstum verlagerte sich in das vormals agrarische Umland (Sub- und Periurbanisierung), während die Bevölkerung in den meisten Kernstädten sogar leicht abnahm.

Die ländliche Bevölkerung blieb bis 1970 konstant, sodass die Zunahme der verstädterten Räume als Resultat des Bevölkerungswachstums und der Immigration in die Städte verstanden werden kann. Nach 1970 schrumpfte die Bevölkerung auf dem Land, wodurch sich die Urbanisierung noch beschleunigte. Im Jahr 2000 wohnten ungefähr zwei Drittel der Schweizer Bevölkerung in urbanen Räumen.[14]

Da das politische System der Schweiz die Entität Agglomeration nicht kannte und weil sich die Interessen der verschiedenen Gemeinden in einer Agglomeration (Kerngemeinde, sehr unterschiedlich strukturierte Aussengemeinden) selten auf einen Nenner bringen liessen, wurde der zentralen wirtschaftlichen Stellung der Agglomerationen politisch oft nur ungenügend Rechnung getragen. Anders als etwa in Deutschland kam es in der Schweiz auch zu relativ wenigen Eingemeindungen. Diese beschränkten sich auf die Zeit vor dem Zweiten Weltkrieg und betrafen fast ausschliesslich arme Gemeinden. Grössere Eingemeindungen gab es in Zürich 1893 und 1934, wodurch die Stadt um gut 100 000 Personen anwuchs, sowie in Bern 1919. Mit dem zunehmenden Auseinanderklaffen der politischen und räumlichen Stadtgrenzen trugen die Kernstädte auf-

im 20. Jahrhundert mehrfach geändert (vgl. dazu Haefeli 1998a). Gemäss der Volkszählung 2000 zählte die Schweiz 50 Agglomerationen und fünf isolierte Städte, in denen insgesamt 73 % der schweizerischen Bevölkerung wohnten.

11 Fritzsche 1986.
12 Haefeli 1998a, 106–107.
13 Flückiger 1995, 341.
14 Cunha/Both 2004.

Abbildung 3.2-1: **Pendlerverflechtungen nach Gemeinden zwischen den Agglomerationen 1970 und 2000**

Wichtigstes Wegpendlerziel jeder Gemeinde (falls über 50 Personen) sowie Wegpendleranteil, in %

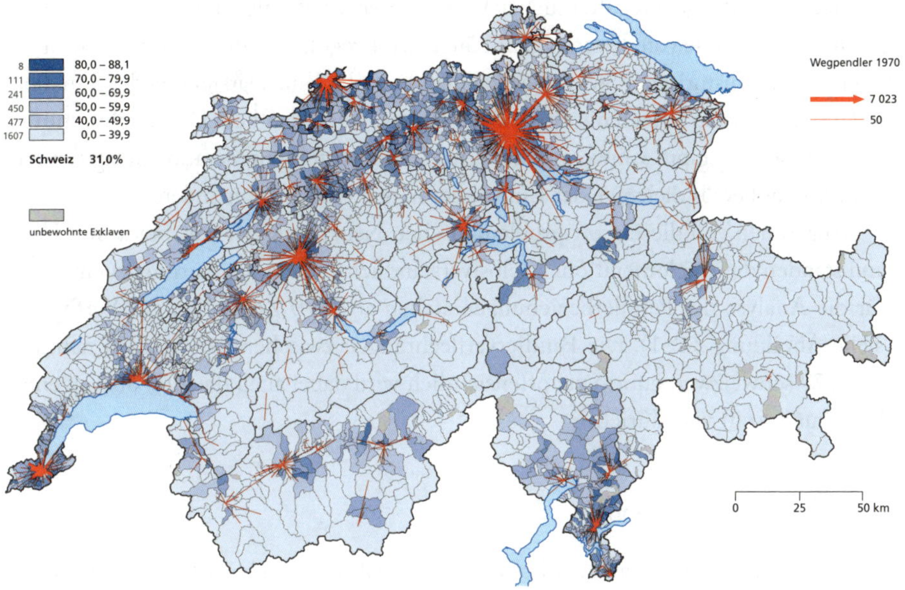

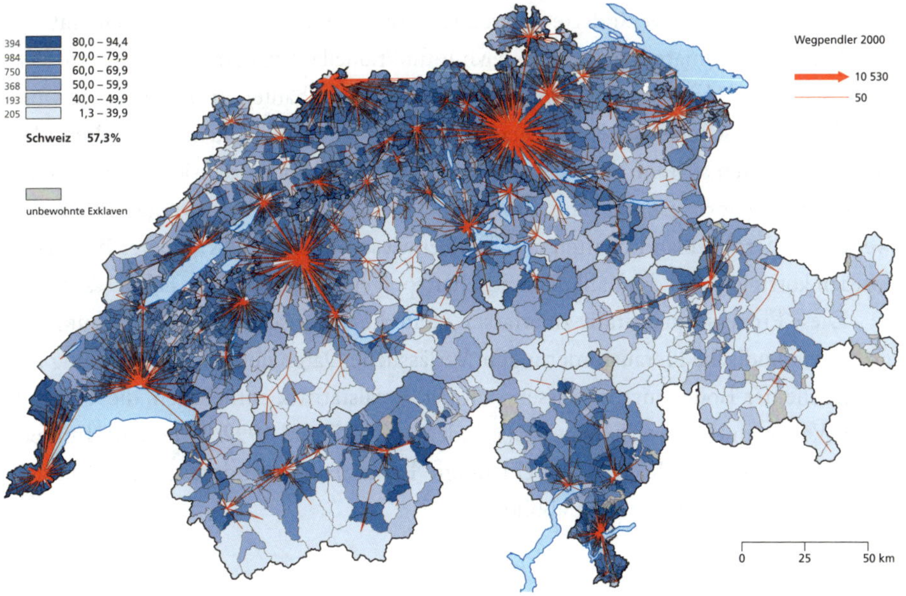

Quelle: BFS, Volkszählung 1970 und 2000.
Bemerkung: Die ausländischen Pendler, die insbesondere in Genf und Basel wichtig sind, fehlen.© EPFL-Chôros / K10.7

grund ihrer zentralörtlichen Funktionen und ihrer spezifischen soziodemographischen Struktur vermehrt höhere Kosten pro Einwohner als die Gemeinden der Agglomerationsgürtel. Zum Teil hatte die Kernstadt für Leistungen aufzukommen, die direkt oder indirekt den umliegenden Gemeinden bzw. deren Einwohnern zugute kamen (wie Kultur- und Freizeitangebote, öffentlicher Verkehr, Sicherheitsaufgaben oder soziale Aufgaben), ohne dass sie von diesen (vollumfänglich) abgegolten wurden.[15] Die Zentrumslasten sind aus historischer Sicht noch kaum untersucht. Eine Darstellung der Situation im Jahr 2002 macht jedoch die Brisanz der Fragestellung deutlich: Die durchschnittliche Nettobelastung pro Einwohner der Gross- und Mittelagglomerationen lag fast um die Hälfte höher als diejenige der Einwohner in den Umlandgemeinden.[16]

Abgesehen von diesem oft problematischen Nebeneinander von Stadt und Umland standen die Agglomerationen selbstverständlich auch in Konkurrenz zueinander. Für die Analyse der Pendlerbeziehungen stehen ab 1970 Zeitreihen zur Verfügung (siehe Abbildung 3.2-1). Die Pendlerverflechtungen zwischen den Städten nahmen seit 1970 schweizweit enorm zu; offensichtlich wird dabei auch die alles überragende Anziehungskraft von Zürich.[17]

3.2.1.2 Landschaftswandel

Die wirtschaftliche Dynamik der Schweiz im 20. Jahrhundert bewirkte eine historisch einzigartige Umgestaltung der Landschaft. Augenfälligstes Phänomen dieses Landschaftswandels war die Ausdehnung des Siedlungsgebiets. Aber auch innerhalb der bestehenden Siedlungen veränderte sich die Landschaft in einem schleichenden, mit der Zeit jedoch oft dramatischen Ausmass: Multifunktionelle Aussenräume wandelten sich zu einseitig dem Auto vorbehaltenen Flächen, aus Wohnbauten in Innenstädten wurden Büros, Heuschober wurden zu Ferienwohnungen. Auch die nicht besiedelten Flächen veränderten sich im Zuge der Mechanisierung und Industrialisierung der Landwirtschaft vielerorts grundlegend. Zwischen 1951 und 1985 verschwanden beispielsweise 90 % der Auenlandschaften und Trockenwiesen, über 2 500 Kilometer Bachläufe wurden korrigiert und die Zahl der landschaftsprägenden Obstbäume nahm stark ab.[18]

Diese Prozesse quantitativ zu erfassen, stellt die historische Umweltforschung vor grosse methodische Herausforderungen. Verlässliche Daten über die Entwicklung auf der Ebene der Bodennutzung lassen sich der Arealstatistik entnehmen, die aber nur einen Vergleich der zwei Erhebungsperioden 1979/85 und 1992/97 erlaubt. Immerhin dürfte dieser Vergleich die beschleunigte Landschaftsveränderung der Zeit nach 1950 in ihren Grundzügen gut abbilden.

15 Frey 2008.
16 Bundesamt für Raumentwicklung (ARE) 2005.
17 Frick et al. 2004.
18 Ewald 1978; Weiss 1981; Broggi/Schlegel 1988 und Bundesamt für Raumplanung/Bundesamt für Umwelt, Wald und Landschaft 1994.

Tabelle 3.2-1 zeigt, dass die Siedlungsflächen auch am Ende des 20. Jahrhunderts nur einen geringen Anteil des schweizerischen Bodens beanspruchten (6.8%). Der grösste Teil entfiel auf die landwirtschaftlichen Flächen (36.9%), gefolgt von den Wäldern und Gehölzen (30.8%) und den sogenannten unproduktiven Flächen, die vor allem das Hochgebirge und die Gewässer umfassen (25.5%). Die Dynamik des Bodennutzungswandels war allerdings bei den Siedlungsflächen am grössten. Sie nahmen in den nur etwa 12 Jahren zwischen den beiden Erhebungen auf Kosten der Landwirtschaftsflächen um 13.3 % zu. Leicht grösser wurden auch die Waldgebiete, vor allem weil im Berggebiet vielerorts die Bewirtschaftung marginaler Wiesen und Weiden aufgegeben wurde, was zu einer Verbuschung und Verwaldung führte.

Tabelle 3.2-1: **Zustand und Entwicklung der Bodennutzung 1992/99 (Vergleichsdaten 1979/85)**

	Landwirtschafts-flächen	Wald und Gehölze	Unproduktive Flächen	Siedlungs-flächen
Zustand 1992/97 (in % der Gesamtfläche)	36.9	30.8	25.5	6.8
Veränderung gegenüber dem Zustand 1979/85 (in %)	−3.1	+1.4	−0.1	+13.3

Quelle: BFS 2005, 16.

Einen genaueren Blick auf die Bodennutzung innerhalb der Siedlungen ermöglicht die Tabelle 3.2-2: Fast die Hälfte der genutzten Flächen entfiel seit den 1980er Jahren auf Gebäudeareale (ohne Industrieareale), etwa ein Drittel auf Verkehrsflächen. Interessanterweise wuchsen in der Untersuchungsperiode auch die Industrieareale stark an. Vor allem seit 1980 entwickelte sich die Siedlungsfläche deutlich schneller als die Zahl der Einwohner, es fand also eine Entkoppelung von Siedlungs- und Bevölkerungswachstum statt.[19]

Tabelle 3.2-2: **Zustand und Entwicklung der Siedlungsflächen 1992/97 (Vergleichsdaten 1979/85)**

	Gebäude-areal	Verkehrs-flächen	Industrie-areal	Erholungs- und Grünflächen	Besondere Siedlungs-flächen
Zustand 1992/97 (in % der Gesamtfläche)	49.3	32.0	7.2	5.7	5.8
Veränderung gegenüber dem Zustand 1979/85 (in %)	+16.5	+9.6	+24.4	+16.8	–5.0

Quelle: BFS 2005, 28.

19 Haefeli 1996.

Abbildung 3.2-2: **Gemeinde Airolo – erste Aufnahme im Zeitraum 1910–1928, zweite Aufnahme 1985**

Quelle: Haefeli 1997.

Neben diesen wenigen statistischen Angaben zum Landschaftswandel bieten Bildanalysen und insbesondere Rekonstruktionen historischer Fotografien die Möglichkeit, zumindest den lokalen Landschaftswandel in all seinen Fassetten zu erfassen. Dies soll im Folgenden anhand eines Vergleichs zweier Bilder aus dem Gotthardgebiet gezeigt werden. Die Fotos entstanden auf der alten Tremolastrasse des Gotthardpasses und lassen sich auf den Zeitraum zwischen 1910 und 1928 (erstes Bild) und 1985 (zweites Bild) datieren.[20] Sie zeigen die Gemeinde Airolo mit Blick talabwärts. Fünf Aspekte fallen bei dem Bildvergleich ins Auge:[21]

1. Die ursprünglich aufgrund der haushälterischen Bodennutzung und der stets präsenten Lawinengefahr äusserst kompakte Siedlung franste vor allem nach Süden aus. Der Flächenverbrauch hatte sich offensichtlich vom Bevölkerungswachstum abgekoppelt, nahm doch die Bevölkerung der Gemeinde Airolo zwischen 1920 und 1990 um etwa 100 Personen auf 1 734 Einwohnerinnen und Einwohner ab.
2. Am stärksten veränderte die enorm ausgebaute Strasseninfrastruktur die Landschaft in der oberen Leventina. Am rechten Bildrand liegt (verdeckt) das Portal des 1980 eröffneten Gotthardstrassentunnels der Autobahn A2. Rechts darüber ist das grosszügige Anschlusswerk der ausgebauten Nufenenpassstrasse sichtbar. Im Vordergrund drückt die in den 1970er Jahren ausgebaute neue Gotthardpassstrasse der kargen Gebirgslandschaft ihren Stempel auf.
3. In Bezug auf die Landnutzung überlagerten sich zwei Phänomene: Erstens fielen beträchtliche Teile des Kulturlandes im attraktiven, weil ebenen Talbereich der gesteigerten Bautätigkeit zum Opfer. Zweitens wichen die Bauern aber nicht in die Bergflanken aus, sondern verzichteten im Gegenteil mehr und mehr auf die Bewirtschaftung steiler und unzugänglicher Landstücke, die in der Folge vergandeten und teilweise bereits verwaldet sind.
4. Der stark verbesserte Zustand des Bannwaldes am Nordhang über Airolo zeigt, dass die Bestrebungen für einen verbesserten Schutz der Ortschaft nach den Lawinenkatastrophen von 1923 und 1951 Früchte getragen haben.
5. Als Symbol für die landschaftsverändernde Wirkung der Wasserkraftnutzung im Alpengebiet steht das kleine, Anfang der 1970er Jahre erstellte Staubecken (rechter Bildrand), dem die Auen des Flusses Ticino zum Opfer gefallen sind.

3.2.1.3 Verkehrswachstum: schneller und weiter

Überblickt man das gesamte 20. Jahrhundert, so wird deutlich, wie sich im Zusammenspiel verschiedener, sehr langlebiger Trends eine verkehrsgeschichtliche Systemlogik herausgebildet hat, die das Verkehrssystem noch am Ende des 20. Jahrhunderts prägte.

20 Eigentümerin des Bildes war die Stiftung Documenta Natura, die ihre Arbeit 2010 eingestellt hat. Die Bildbibliothek wurde der ETH-Sammlung anvertraut.

21 Nach Haefeli 1997.

Einerseits gingen mit der Entwicklung und Durchsetzung neuer Verkehrssysteme häufig sprunghafte Reisezeitreduktionen einher. Andererseits veränderten sich die im Verkehr verbrachte Zeit (täglich durchschnittlich 60 bis 80 Minuten) und die Anzahl der dabei zurückgelegten Wege (durchschnittlich 3 bis 4) im Laufe des 20. Jahrhunderts kaum.[22] Als Konsequenz zeigt sich ein stabiler Trend zu immer weiter entfernten Reisezielen. Damit wird die raumstrukturierende Funktion des Verkehrs deutlich.

Aus wirtschaftshistorischer Sicht ist die Erreichbarkeit der Arbeitsplätze besonders bedeutsam. Eine Analyse der Pendlerstatistiken zwischen 1970 und 2000 zeigt den erwarteten Zusammenhang: Je mehr gut erreichbare Arbeitsplätze ausserhalb einer Zone vorhanden sind, desto eher verlassen die Erwerbstätigen ihre Wohnzone zum Arbeiten. Es fällt allerdings auf, dass sich die Wirkung der Erreichbarkeit mit der Zeit verringert hat. 1970 reagierte die Nachfrage, gemessen als Auspendleranteil der Erwerbstätigen, weit stärker auf Erreichbarkeit als im Jahr 1990 oder 2000. Der Grenznutzen von Investitionen im Verkehrswesen nahm also in Bezug auf Erreichbarkeitsverbesserungen zwischen 1970 und 2000 ab.[23]

In der ersten Hälfte des 20. Jahrhunderts standen die Reisezeitgewinne durch die Schienenwege (Eisenbahn und Strassenbahn) im Vordergrund, wobei sich aber bereits ab den 1920er Jahren die Anfänge der Motorisierung (Motorfahrrad und Automobil) bemerkbar machten. In der zweiten Jahrhunderthälfte spielten im Zuge der Massenmotorisierung die Autobahnen eine zentrale Rolle, sekundiert von vor allem organisationellen Verbesserungen der Eisenbahn (Taktfahrplan) (→ 2.3.2.2) und einer zunehmenden Bedeutung des Flugverkehrs.

Sowohl das Angebot von Mobilitätsoptionen wie auch die Nachfrage danach wuchsen im Laufe des 20. Jahrhunderts enorm. Boten die schweizerischen Bahnen 1900 im Personenverkehr 23 Millionen Zugkilometer an, waren es hundert Jahre später über 140 Millionen; im Güterverkehr stieg das Angebot im gleichen Zeitraum um das Fünffache. Auch das Strassennetz wurde stark ausgebaut. Zunächst wuchs vor allem das Netz von kommunalen und kantonalen Strassen, nach der Jahrhundertmitte kamen bis ins Jahr 2000 1 638 Kilometer Autobahnen hinzu; die Schweiz verfügte damit im weltweiten Vergleich über ein sehr dichtes Netz von Autobahnen.

Nachfrageseitig erlauben die statistischen Grundlagen vor allem Aussagen über die Zeit nach 1960. Die Aufteilung der Verkehrsleistungen (Personenkilometer) auf die verschiedenen Verkehrsmittel (Modalsplit) zeigt erstens die Dominanz des Strassenverkehrs (privater und öffentlicher motorisierter Verkehr sowie Fahrradverkehr) mit einem Anteil von über 85 %. Zweitens wird aber deutlich, dass sich das Verhältnis zwischen 1970 und 2000 nur wenig verändert hat: Nachdem die Bahn in der zweiten Jahrhunderthälfte bis 1970 rasch und stark sowie zwischen 1970 und 1980 noch leicht an Bedeutung verloren hatte, blieb ihr Anteil in den folgenden Jahrzehnten stabil. Ins-

22 Gather/Kagermeiner/Lanzendorf 2008.
23 Fröhlich 2008.

gesamt erhöhten sich die zurückgelegten Distanzen im untersuchten Zeitraum von 59 auf 102 Milliarden Personenkilometer (siehe Tabelle 3.2-3).

Tabelle 3.2-3: **Verkehrsaufwand (Verkehrsleistungen) Strasse und Schiene (in Mio. Personenkilometer) (1950–2000)**

	Strasse	%-Anteil	Schiene	%-Anteil	Jnsgesamt
1950			6427		
1960	20609	75	7045	25	27654
1970	49664	84	9632	16	59296
1980	71815	87	10367	13	82182
1990	84205	86	13238	14	97443
2000	89658	88	12620	12	102378

Quelle: BFS 1995, 80; BFS online, Tab. 11.03.02.02.

Tabelle 3.2-4 zeigt die Entwicklung der individuellen Tagesmobilität, zu der erst ab 1984 Angaben vorliegen. Dabei fällt das starke Wachstum der zurückgelegten Distanzen auf: In nur 15 Jahren stiegen diese um fast 30% an, was zum grössten Teil auf die zunehmende Autonutzung zurückzuführen ist.

Tabelle 3.2-4: **Tagesmobilität km/Person und deren Verteilung auf Verkehrsmittel (Modalsplit) (1984–1999)**

Jahr	Insgesamt	Motorisierter Individualverkehr	Fuss- und Fahrradverkehr	Öffentlicher Verkehr	Übrige
1984	29.4	20.1	1.8	5.5	2.0
1989	33.1	22.2	1.8	6.5	2.6
1994	34.1	23.7	1.4	6.2	2.8
1999	38.2	26.4	1.7	6.8	3.3

Quelle: BFS online, Tab. 11.03.01.01.

Auch für den Güterverkehr erlauben die Daten nur Aussagen für die Zeit nach 1950. Grafik 3.2-1 illustriert vor allem die Zunahme der beförderten Tonnagen. Sie zeigt aber auch, dass die Strasse die Bahn in den frühen 1980er Jahren überholte, was sich zum Teil durch die Eröffnung des Gotthardstrassentunnels erklären lässt. Im Vergleich zu den Nachbarländern war die Bedeutung der Schiene in der Schweiz aber auch zu Beginn des 21. Jahrhunderts noch hoch. Der Anteil des alpenquerenden Transitverkehrs war entgegen seiner grossen Bedeutung im politischen Diskurs gering; er machte um das Jahr 2000 lediglich etwa 5% der beförderten Tonnagen aus.[24]

24 BFS online, www.bfs.admin.ch/bfs/portal/de/index/themen/11/07/04/blank/02/02.html (Zugriff: 27. Juli 2009).

Grafik 3.2-1: **Entwicklung des Güterverkehrs, Transportleistung nach Verkehrsträgern (1950–2005)**

Quelle: BFS online, Tab. 11.03.04.02.

Grafik 3.2-2: **Anteil der Ausgaben für Verkehr und Nachrichtenübermittlung am privaten Konsum (1920–2000)**

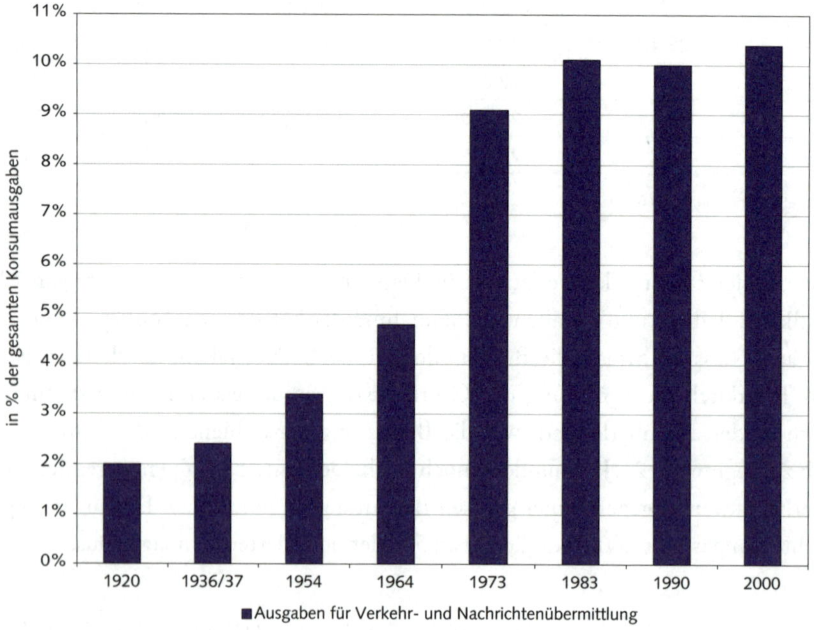

Quellen: BFS, Statistische Jahrbücher der Schweiz, div. Jahrgänge.

Verkehr und Mobilität waren den Schweizerinnen und Schweizern im 20. Jahrhundert lieb und teuer. Der prozentuale Anteil, den die Ausgaben der Schweizer Haushalte für Verkehr und Nachrichtenübermittlung[25] am privaten Konsum ausmachten, hat sich im 20. Jahrhundert etwa verfünffacht (Grafik 3.2-2). Der Anstieg der absoluten Ausgaben für Verkehr und Nachrichtenübermittlung war noch bedeutend grösser, weil die Haushaltsbudgets in diesem Zeitraum ebenfalls stark wuchsen (→ 3.1.2 und 3.1.3).

3.2.1.4 Energieverbrauch als umweltgeschichtlicher Bezugsrahmen

Die Energieversorgung spielt für die Umweltgeschichte seit deren Anfängen eine Schlüsselrolle. Immer wieder wurde dabei die grosse Bedeutung der Erschliessung fossiler Energieträger für die Industrialisierung betont.[26] Früh schon haben auch Ökonomen jenseits des neoklassischen Mainstreams gefordert, Energie müsse neben Arbeit und Kapital als dritter eigenständiger Produktionsfaktor betrachtet werden.[27] Was die geschichtliche Entwicklung der Energieträger im 20. Jahrhundert betrifft, so lässt sich eine eigentliche Trendwende in den 1950er Jahren ausmachen. In dieser Zeit wurde die Kohle als bislang zentraler Energieträger von erdölbasierten Brenn- und Treibstoffen – und in geringerem Ausmass von der Wasser- und Kernkraft – abgelöst. Gleichzeitig setzte in diesen wirtschaftlichen Boomjahren ein enormes Wachstum des Energieverbrauches ein; zwischen den frühen 1950er Jahren und dem Jahr 2000 stieg der Verbrauch um mehr als das Fünffache (siehe Grafik 3.2-3).

Parallel zum steigenden Erdölverbrauch stiegen auch die Produktion und Emission einer Vielzahl umweltschädlicher Stoffe an. Beispiele sind die auf Kunststoff beruhenden Verpackungsmaterialien, die in den Autoabgasen enthaltenen Luftschadstoffe oder gewässerbelastende Stoffe aus der Landwirtschaft und den Haushalten. Christian Pfister hat die Gesamtheit dieser Phänomene unter dem Schlagwort «1950er Syndrom» zusammengefasst und als entscheidende umweltgeschichtliche Epochenschwelle des 20. Jahrhunderts bezeichnet: «Von den 1950er Jahren an erfuhren der Energieverbrauch, der Flächenbedarf von Siedlungen und die Schadstoffbelastung von Luft, Wasser und Boden den für die heutige Situation entscheidenden Wachstumsschub. Die Gesamtheit der damit einhergehenden tiefgreifenden Veränderungen der Lebensweise wird als 1950er Syndrom bezeichnet.»[28] In seiner weiteren Argumentation äussert sich Pfister zu den Ursachen dieser Wachstumsbeschleunigung und befasst sich insbesondere mit der Frage, wieso sie in einer ökologisch so bedenklichen, weil ressourcenverschwendenden und schadstoffintensiven Art und Weise erfolgte. Als entscheidende Ursache sieht er den Rückgang der rela-

25 Die beiden Kategorien sind in den frühen Jahrbüchern nur zusammen ausgewiesen, der Anteil der Nachrichtenübermittlung ist allerdings gering.

26 Sieferle 1982; Radkau 2000.

27 Möller 1986. Da die Energie in der gesamtwirtschaftlichen Produktionsfunktion nicht als eigenständiger Produktionsfaktor behandelt wird, ist deren Beitrag zum Wachstum im Beitrag des Residualfaktors «technischer Fortschritt» enthalten.

28 Pfister et al. 1996, 23.

Grafik 3.2-3: **Endenergieverbrauch nach Energieträgern (1910–2005)**

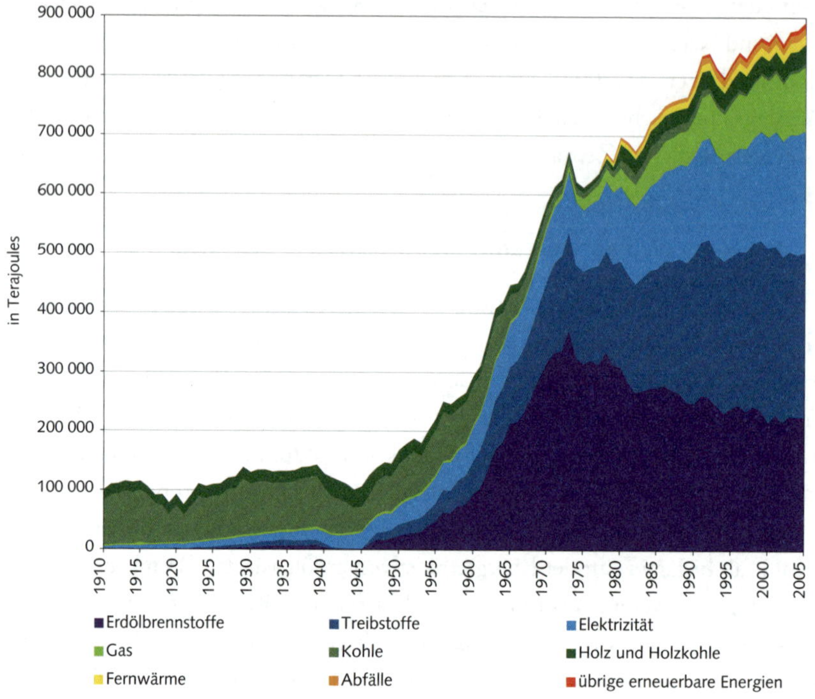

Quelle: BFS online, Tab. 8.03.01.01.

tiven Preise für fossile Brennstoffe, der den Ersatz von Arbeitskraft durch nichterneuerbare Energie begünstigte. Von Bedeutung war auch, dass gerade Benzin im Vergleich zur «saubereren» Elektrizität immer billiger wurde. Diese umweltgeschichtlichen Aspekte sind weitgehend unbestritten; kein Konsens besteht dagegen bezüglich der darüber hinausgehenden Tragweite der «1950er These». War billiges Erdöl ein zentraler Faktor für die allgemeine wirtschaftliche Entwicklung nach 1950? Ökonometrische Untersuchungen könnten möglicherweise den jeweiligen Stellenwert wachstumsbedingter und energiepreisbedingter Effekte klären. In diesem Zusammenhang steht auch die Frage, inwieweit billige Energie eine Voraussetzung für Wirtschaftswachstum ist, wie dies beispielsweise die Entwicklung der USA in der Vergangenheit suggerieren könnte, oder ob eine Entkoppelung von Energieverbrauch und Wirtschaftswachstum möglich ist: So beträgt im Fall der USA der Korrelationskoeffizient zwischen der Entwicklung des Bruttoinlandprodukts und dem Energieaufwand im Zeitraum zwischen 1890 und 1980 0.99, was als Hinweis auf einen kausalen Zusammenhang gedeutet werden kann.[29] Dagegen zeigen international vergleichende Studien vor allem am Beispiel Japan, dass hohe Energiepreise und hohes Wirtschaftswachstum – bei einer vergleichsweise tiefen Energieintensität der

29 Pfister 2003, 64.

Produktion – durchaus einhergehen können.[30] Für die Schweiz ist in diesem Zusammenhang ein Blick auf die durchschnittlichen Wachstumsraten des BIP real und des Endenergieverbrauchs in den beiden Perioden 1950–1973 und 1973–2005 interessant (Grafik 3.2-9). In der ersten Periode ist die Wachstumsrate des Energieverbrauchs höher als die Wachstumsrate des BIP, in der zweiten ist es genau umgekehrt.

3.2.2 Die Entwicklung bis 1945

3.2.2.1 Im Zeichen der Schiene: vom Ende des 19. Jahrhunderts bis zum Ausbruch des Ersten Weltkriegs

Die für die räumliche und verkehrliche Entwicklung entscheidenden Impulse gingen in der Schweiz vor dem Ersten Weltkrieg von schienengebundenen Verkehrsmitteln aus: in den Städten von den Trams, im Regional- und Fernverkehr von der Eisenbahn. Wenden wir uns zuerst den Städten zu. Das kräftige Wirtschaftswachstum vom Ende des 19. Jahrhunderts bis 1913 (→ 1.1.2.3, Tabelle 1.1-6) war in den Städten am augenfälligsten. Nie im 19. und 20. Jahrhundert wuchsen die Schweizer Städte so schnell wie in der Zeit von 1888 bis 1914, nachdem die Urbanisierung im internationalen Vergleich relativ spät eingesetzt hatte, was gemeinhin in einem Zusammenhang mit dem in der Schweiz ebenfalls verspäteten Eisenbahnbau gesehen wird (Tabelle 3.2-5).[31]

Tabelle 3.2-5: **Bevölkerung und durchschnittliche jährliche Wachstumsraten der fünf grössten Städte (1888–1910)**

	Zürich	Genf	Basel	Bern	Lausanne
Anzahl Einwohner 1888	103 862*	75 709	71 131*	48 605**	33 340
Jährliches durchschnittliches Wachstum 1888–1900	4.93 %	2.11 %	4.37 %	2.78 %	2.85 %
Anzahl Einwohner 1900	168 021	97 359	109 161	67 550	46 732
Jährliches durchschnittliches Wachstum 1900–1910	2.52 %	1.70 %	1.94 %	3.02 %	3.27 %
Anzahl Einwohner 1910	215 488	115 243	132 276	90 937	64 446

* Gebietsstand 1990,
** inkl. Bümpliz.

Quelle: HSSO Tab. B.37.

Eine wichtige Rolle bei der Entstehung von Grossstädten spielten die Strassenbahnen. Erst sie erlaubten das nun weit über die mittelalterliche Stadt ausgreifende Wachstum, und gleichzeitig waren sie als erstes Massenverkehrsmittel auf grosse Verkehrsströme

30 Rechsteiner 1993.
31 Fritzsche 1986.

angewiesen, um rentabel betrieben werden zu können. Bedingung für den Durchbruch der Trams, die ursprünglich als Pferdetrams ausgesprochenen Luxuscharakter besassen, war deren Elektrifizierung. Nachdem sich alternative Antriebskonzepte mit Dampf, Gas oder Druckluft nicht hatten durchsetzen können, schritt die Elektrifizierung in der Schweiz nach 1890 wie überall in Europa rasch fort. Das erste elektrische Tram der Schweiz fuhr 1888 allerdings nicht in einer Stadt, sondern auf der Linie Montreux–Chillon entlang des Genfersees vornehmlich für Touristen. Die ersten elektrischen Trams in grösseren Schweizer Städten nahmen 1894 in Zürich und Genf ihren Betrieb auf, weitere Städte folgten bald darauf. Bis 1910 entstanden in der Schweiz auf einer Strecke von 436.6 Kilometern elektrische Strassenbahnlinien.[32]

Die Tramunternehmen befanden sich mehrheitlich im Besitz der Stadtgemeinden bzw. wurden kurz nach ihrer Betriebsaufnahme verstaatlicht. Die Kommunalisierung setzte damit vor allem in der Deutschschweiz früher ein als etwa in Grossbritannien und Deutschland. Hans-Rudolf Galliker hat am Beispiel der Stadt Zürich eindrücklich gezeigt, dass das Tram sehr bewusst als Instrument liberaler Stadtplanung eingesetzt wurde, wobei sich die Eingriffe vorab an den Interessen der Wirtschaft und der wohlhabenden Bevölkerung orientierten und einen wichtigen Beitrag zur räumlichen Segregation der verschiedenen Bevölkerungsschichten leisteten. Damit widerlegt er auch die Vorstellung eines generell planungsfeindlichen Liberalismus.[33]

Noch wenig erforscht ist die Bedeutung des Fahrrads für den Verstädterungsprozess.[34] Einiges spricht dafür, dass die Rolle dieses in der Stadt häufig schnellsten und sehr wirtschaftlichen Fahrzeugs bisher unterschätzt worden ist. Bereits 1904 war jeder zehnte Einwohner des Kantons Genf mit einem Fahrrad ausgerüstet. Gesamtschweizerisch wurde dieser Wert 1920 erreicht.[35]

Die Entstehung der Grossstädte brachte aber nicht nur verkehrstechnische Herausforderungen mit sich, sondern auch weit dringendere infrastrukturelle Probleme.[36] Im Vordergrund stand die Versorgung der Bevölkerung mit sauberem Trinkwasser und damit zusammenhängend die unbedenkliche Entsorgung des Abwassers. Joachim Radkau hat den Kampf der Hygienebewegung um sauberes Wasser als das zentrale Umweltthema des 19. Jahrhunderts bezeichnet und den Streit um die Schwemmkanalisation als «wohl grösste umweltrelevante Technikkontroverse des 19. Jahrhunderts».[37] Es waren vor allem Cholera- und Typhusepidemien sowie Brandkatastrophen in den sehr dicht bewohnten Innenstädten, die zu einer solch hohen emotionalen Aufladung der Diskurse geführt hatten – ein Beispiel für die Verknüpfung von Umwelt- und Gesundheitspolitik, dem später viele weitere folgen sollten. Gleichzeitig ging es bei die-

32 Galliker 1997, 60–61; Huguenin 2007; Jemelin 2008.
33 Galliker 1997, 44.
34 Seewer 2000.
35 *Historisches Lexikon der Schweiz*, «Fahrrad».
36 Humair/Jost 2008; Paquier 2008.
37 Radkau 2000, 281.

sen Fragen aber auch um bedeutende und für die kommunale Bauwirtschaft attraktive Infrastrukturinvestitionen.

Ruth Stalder hat am Beispiel der Stadt Bern anschaulich beschrieben, wie sich nach heftigen Auseinandersetzungen die Schwemmkanalisation durchsetzte.[38] Das seit dem Mittelalter bestehende Entsorgungssystem stiess um die Mitte des 19. Jahrhunderts an seine Kapazitätsgrenzen. Durch versickerndes Abwasser verunreinigtes Trinkwasser war mehrmals die Ursache für Typhusepidemien. Nach der Einführung einer neuen Trinkwasserversorgung 1869 verschärfte sich das Problem der Abwasserentsorgung. Dass sich in dieser Situation die Schwemmkanalisation für die Stadt als vorteilhafteste Lösung erwies, hatte mehrere Gründe: Zum einen hatten aufgrund des Aufkommens alternativer Düngemittel Fäkalien für die Landwirtschaft an Bedeutung verloren. Zum anderen war die Einführung der Hochdruckwasserleitung entscheidend, denn das künftige Abwasserentsorgungssystem musste mit einem hohen Wasserverbrauch kompatibel sein und sollte diesen, wenn möglich, noch steigern, da die Gemeinde als Betreiberin des Wasserwerks an einem hohen Verbrauch interessiert war. Die Gemeinde handelte als Betreiberin der Hochdruckwasserleitung also ähnlich wie im Fall Strassenbahnen aus einer primär betriebswirtschaftlichen Logik. Funktionierende alternative Entsorgungssysteme – etwa basierend auf dem sogenannten Tonnensystem mit lokaler Entsorgung – hätte es durchaus gegeben. Sie wären aber auch für die Bauwirtschaft, die nun ein entsprechendes Kanalisationsnetz erstellen durfte, weniger attraktiv gewesen.

Bei ihrer Verkehrs- und Infrastrukturpolitik lieferten sich die Städte teilweise heftige Kämpfe um Standortvorteile. Dabei spielten in der zweiten Hälfte des 19. Jahrhunderts bekanntlich die neu entstehenden Eisenbahnnetze eine wichtige Rolle, wobei sich vor allem Zürich wichtige Vorteile im schweizerischen Städtesystem verschaffen konnte.[39] Aber auch ausserhalb der grossen Städte kämpften Lokal- und Regionalpolitiker erbittert um die Linienführung der Eisenbahn und dies, wie sich im Nachhinein zeigte, mit gutem Grund: Die Eisenbahn prägte die schweizerische Wirtschaftsgeographie des 20. Jahrhunderts entscheidend. Dies zeigte sich nicht zuletzt im Alpenraum, wo sich einzelne Talschaften aufgrund der durch die Eisenbahn neu verteilten Standortvorteile regelrecht entleerten.[40] Tabelle 3.2-6 zeigt, wie sich durch diese Entwicklung und den Wettbewerb unter den Bahnen die Reisezeit zwischen 1850 und 1910 um 80% verkürzte. Die im Inlandverkehr bedeutsamsten Reisezeitverkürzungen wurden also in diesen Jahrzehnten erzielt. Neben der Eisenbahn spielte bei der Erschliessung der Fläche die Pferdepost eine wichtige Rolle. Sie war durch das Aufkommen der Eisenbahn zwar einem Funktionswandel unterworfen worden, weil sie auf den Hauptlinien nicht mehr konkurrenzfähig war, konnte sich aber in ihrer neuen Rolle als Feinverteilerin der Passagierströme behaupten. Weil diese insgesamt wuchsen, stieg auch

38 Stalder 2002.
39 Galliker 1997; Bärtschi 1983.
40 Balthasar 1993, 37.

das Angebot der Pferdepost an und erreichte erst 1910 seinen Höhepunkt; nach dem Ersten Weltkrieg wurde die Pferdepost dann zunehmend durch das Postauto ersetzt.[41] Damit zeigt sich auch an diesem Beispiel der Systemcharakter des Verkehrs, dem eine Fokussierung auf einen einzelnen Verkehrsträger nicht gerecht wird.

Tabelle 3.2-6: **Die Verkürzung der Reisezeit 1850–1910 (1850 = 100)**

	1850	1870	1888	1910
Städte*	100	44	28	20
Kantons-hauptorte**	100	42	30	20

* Städte: Mittelwert aller 24 Gemeinden mit über 10 000 Einwohnern;
** Mittelwert aller 26 Kantonshauptorte.

Quelle: Frey 2006, 40.
Bemerkung: Die Angaben verstehen sich jeweils als Durchschnitte der Reisezeiten von einer Gemeinde zu allen anderen.

Organisatorisch erhielt das schweizerische Eisenbahnwesen 1902 seine bis heute gültige Form: Neben den durch die Verstaatlichung neu entstandenen «Schweizerischen Bundesbahnen» (SBB), die rund die Hälfte der Strecken betrieben, blieb eine grosse Zahl von sogenannten Privatbahnen bestehen; an der Wende zum 21. Jahrhundert gab es immer noch über 40 solcher Gesellschaften, die zwar aktienrechtlich konstituiert waren, sich aber mehrheitlich im Besitz der jeweiligen Kantone befanden. Eine dieser Bahnen, die Bern–Lötschberg–Simplon-Bahn, sorgte mit der Eröffnung der Lötschberglinie 1913 für die wichtigste Netzerweiterung des frühen 20. Jahrhunderts. Dieses Projekt ist auch deshalb erwähnenswert, weil hier erstmals von Anfang an auf Elektrizität gesetzt wurde. Das war allerdings nur möglich, weil die beteiligten Akteure sehr langfristige Abschreibungshorizonte für die Investitionen zuliessen und weil sich die ebenfalls kantonalen «Bernischen Kraftwerke» (BKW) eine Behebung von anfänglichen Absatzschwierigkeiten versprachen. Es zeigen sich also gewisse Parallelen zur Abwasserpolitik der Stadt Bern.[42]

Trotz der Dominanz der Eisenbahn entwickelte sich auch das Strassennetz weiter. Nach dem Hauptstrassenboom der 1830er und 1840er Jahre gingen neue Impulse an der Wende zum 20. Jahrhundert vor allem von den Städten aus. Langfristig wurden Strassen mehr und mehr zum Träger anderer technischer Systeme wie Abwasserentsorgung, Wasserversorgung, Elektrizität, Telegrafie und Telefon.[43] Und es begann sich abzuzeichnen, dass die Erfindung des Automobils das Verhältnis von Schiene und Strasse neu definierte.[44]

41 Frey 1999.
42 Amacker 2007.
43 Schiedt 2006, 17.
44 Merki 2002.

Die Folgen der industriegesellschaftlich geprägten, städtischen Lebensweise führten vor allem in der deutschsprachigen Schweiz zur Entstehung von «präökologischen» Einstellungen (François Walter), die sich deutlich abhoben von den weiter oben geschilderten rationalistischen Bestrebungen bei der Lösung der Abwasserfrage. Besonders verbreitet waren diese Einstellungen in Teilen des Bildungsbürgertums, die im Sinne einer konservativen Kapitalismuskritik die Vorstellung einer organischen Geschlossenheit und Einheit von Natur und Gesellschaft propagierten. Aus diesen Kreisen entstanden 1905 die Schweizerische Vereinigung für Heimatschutz und 1906 die Schweizerische Naturschutzkommission, aus der 1909 der Schweizerische Bund für Naturschutz hervorging. Die bildungsbürgerliche Prägung dieser Organisationen und ihre Blindheit gegenüber sozioökonomischen Problemen verhinderten, dass daraus eine eigentliche Fundamentalopposition gegen die Industriegesellschaft entstand. Immerhin gelang mit der Errichtung des Schweizerischen Nationalparks 1914 ein langfristig auch für den Tourismus in den Berggebieten bedeutsamer Erfolg.[45]

Gerade die Berggebiete konnten ansonsten wenig vom wirtschaftlichen Aufschwung profitieren, im Gegenteil: Die ländlichen Gemeinden im Alpenraum und im Jura verzeichneten zwischen 1880 und 1910 einen Bevölkerungsschwund von 4%. Auch die langsam einsetzende Nutzung der Wasserkraft zur Produktion von Elektrizität vermochte diese Entwicklung nicht aufzuhalten.[46]

Ebenfalls eher langfristige Folgen hatte das Forstpolizeigesetz von 1876 zum Schutz der Gebirgswälder, das 1902 auf alle Schweizer Wälder ausgedehnt wurde. Der brisante Entstehungsprozess verdient unsere Aufmerksamkeit, weil er in mancherlei Hinsicht typisch ist für die Regional- und Umweltpolitik des 20. Jahrhunderts. Das Gesetz «verdankte» seine Entstehung einerseits einer Häufung von Überschwemmungskatastrophen um die Mitte des 19. Jahrhunderts und andererseits einer erfolgreichen Professionalisierungsstrategie der aufstrebenden Forstwissenschaft. Letztere führte die Überschwemmungen im Mittelland in teilweise bewusster Verzerrung der naturwissenschaftlichen Zusammenhänge auf die Abholzung von Gebirgswäldern zurück und erreichte so unter anderem, dass im Gesetz Bundessubventionen zur Erhaltung und Wiederaufforstung von Gebirgswäldern vorgesehen wurden. Es handelt sich somit um ein frühes Beispiel für einen regionalpolitisch motivierten Ausgleich, dem viele weitere folgen sollten. International gilt das Gesetz vor allem aufgrund seiner ursprünglich nicht intendierten Hauptwirkung als Vorzeigebeispiel: Der Schutz der Waldflächen wurde zu einer der wohl wirksamsten raumplanerischen Massnahmen überhaupt.[47]

45 Walter 1990, 114–131; Bachmann 1999.
46 Gugerli 1996.
47 Pfister/Brändli 1999.

3.2.2.2 Kontinuität trotz Krisen: 1914–1945

Trotz der gewaltigen Zäsur durch die beiden Weltkriege und der damit verbundenen Verlangsamung der wirtschaftlichen Entwicklung waren die Bereiche Umwelt, Raum und Verkehr in der ersten Hälfte des 20. Jahrhunderts überwiegend von Kontinuitäten geprägt. Im Vordergrund stand dabei der Aufstieg des Automobils: Auch wenn die eigentliche Massenmotorisierung erst nach dem Zweiten Weltkrieg einsetzte, war in der Schweiz die Verdrängung der pferdegezogenen Verkehrsmittel durch Motorfahrzeuge um 1930 absehbar, die gesellschaftlichen, politischen und rechtlichen Voraussetzungen dazu geschaffen. Zwischen 1914 und 1929 verzehnfachte sich die Zahl der Personenwagen in der Schweiz, ehe sie kriegsbedingt wieder zurückging (Tabelle 3.2-7). Die Motorisierung verlief dabei nach dem grundsätzlich gleichen Muster wie in Frankreich und Deutschland, allerdings konnte sich in der Schweiz der Widerstand gegen das Auto besonders gut artikulieren, weil der Föderalismus eine Zentralisierung der Strassenverkehrspolitik bis 1932 verhinderte. Langfristig sollte sich die daraus resultierende Verzögerung aber als bedeutungslos erweisen.[48]

In den ersten Jahren des 20. Jahrhunderts entwickelte sich in der Schweiz eine eigenständige Fahrzeugindustrie, wobei der Schwerpunkt der Personenwagenherstellung in der Romandie, derjenige der Lastwagenproduktion dagegen in der Deutschschweiz lag. Vor dem Ersten Weltkrieg konnte die Schweizer Fahrzeugindustrie auch auf dem Weltmarkt bestehen und die Hälfte der Produktion – vor allem Luxuswagen – wurde exportiert.[49] Die Umstellung auf Massenproduktion erwies sich unter den in der Schweiz geltenden Rahmenbedingungen – hohe Arbeitskosten, Fokussierung auf andere Branchen wie die Maschinen- oder die chemische Industrie – jedoch als nicht lukrativ. Lediglich bei der Herstellung von Lastwagen und Bussen konnte sich die schweizerische Autoindustrie über den Zweiten Weltkrieg hinaus halten.[50]

Tabelle 3.2-7: **Zugelassene Motorfahrzeuge in der Schweiz (1902–1998)**

Jahre	Motorräder (inkl. Dreiräder, Roller und Mofas)	LKW und Busse	PKW (inkl. Taxis und Kombiwagen)	PKW/1 000 Einwohner
1902	126	17	370	0.1
1914	5504	920	5411	1.4
1929	42306	15905	55149	14
1945	4148	21673	18279	4
1960	291326	82323	509279	95
1980	808813	180489	2246752	353
1998	717792	283000	3383273	475

Quelle: Merki 2006.

48 Merki 2002, 417.
49 Asseo 1990.
50 Simeon 2010; Wipf/König/Knoepfli 2003; Steigmeier 1995.

Der Siegeszug des Automobils lässt sich aus rein ökonomischer Perspektive nur ungenügend erklären. Christoph Maria Merki betont daher vor allem den emotionalen und sozialen Mehrwert, den das Auto mit sich brachte, und spricht vom Automobilismus als einer sozialen Bewegung, die eine richtige Autoindustrie überhaupt erst entstehen liess.[51] Eine wichtige Rolle spielten dabei die Verkehrsclubs, die um die Jahrhundertwende in den Fussstapfen ihrer französischen Vorgänger zuerst in der Romandie entstanden: Der Touring Club Schweiz (TCS) wurde 1896, der Automobilclub Schweiz (ACS) 1898 gegründet. Erst als Folge dieser Bewegung wurden Autos allmählich auch als günstigere Massenprodukte angeboten: 1912 musste ein Genfer Bauarbeiter für ein Model T von Ford 4.2 Jahre arbeiten, 1952 für einen vergleichbaren, wenn auch selbstverständlich technisch weiterentwickelten Citroën nur noch 0.7 Jahre.[52]

Wichtige Voraussetzung für den Durchbruch des Autos war das Strassennetz, das es in den ersten Jahrzehnten des 20. Jahrhunderts zu verbessern und auszubauen galt.[53] Hoch zu veranschlagen ist in diesem Zusammenhang zudem die Steuerungsleistung der Politik beziehungsweise der Autolobby. Schon 1920 gelang es, einen Teil der Treibstoffabgaben zweckgebunden für den Strassenbau einzusetzen. Dieser zweckgebundene Anteil wurde in den 1950er Jahren bis auf 60% (1958) erhöht. Damit entstand eine aus heutiger Sicht nicht unproblematische Finanzierungsautomatik, die neue Sachzwänge schuf, indem die Zweckgebundenheit der Mittel zu einem Ausbau der Strassen über den eigentlichen Bedarf hinaus verleitete.[54]

Parallel zum Aufstieg des Automobils – wenn auch nur teilweise dadurch verursacht – verdüsterte sich der ökonomische Horizont der Bahnen (→ 2.3.2.2). Mit Ausbruch des Ersten Weltkrieges brach das Auftragsvolumen der Eisenbahnen europaweit ein. In der Schweiz gerieten viele Bahngesellschaften in eine finanzielle Schieflage und gegen Kriegsende verzinsten nur noch die wenigsten Unternehmen ihr Schuldkapital oder richteten gar Dividenden aus. In dieser Situation änderte das Parlament 1918 seine Politik grundlegend und ermöglichte neben der seit langem bestehenden Unterstützung von Baumassnahmen erstmals die Ausrichtung von Betriebssubventionen an die Eisenbahnen. Bei der Einführung dieser Subventionen standen regionalökonomische Argumente im Vordergrund. Zur Legitimation wurde von da an eine industrielle und demographische Impulswirkung behauptet; die Eisenbahn galt für die Entwicklung der Randregionen als unentbehrlich: Nur sie ermögliche dank der vier im Gesetz verankerten Grundvorschriften der Tarif-, Transport-, Betriebs- und Fahrplanpflicht jederzeit und allerorts Mobilität zu erschwinglichen Preisen. Damit erbringe sie «gemeinwirtschaftliche» Leistungen, die von der Allgemeinheit abzugelten seien. Das aufstrebende private Lastwagengewerbe war dagegen von den erwähn-

51 Merki 2002, 199.
52 Girod 1956, vgl. dazu auch Merki 2002, 420–421.
53 Schiedt 2004.
54 Merki 2006, 53–54; Merki 1995; Ochsenbein 2000.

ten vier Grundpflichten befreit und konnte sich auf rentable Transporte konzentrieren.[55] Die eigentliche Frage in diesem sogenannten Schiene-Strasse-Konflikt war demnach, wie der Gegensatz zwischen marktökonomisch organisiertem LKW-Betrieb und gemeinwirtschaftlicher Bahn politisch angegangen werden könne. In ihren Bestrebungen, den freien Markt im Güterverkehr einzuschränken und sich weiterhin den Vorrang zu sichern, scheiterten die Bahnen in der Zwischenkriegszeit mehrmals und dann endgültig 1951, als die Weiterführung der interventionistischen und kriegswirtschaftlich geprägten Autotransportordnung (ATO) vom Volk abgelehnt wurde.[56] Damit etablierte sich auch in der Schweiz das für Europa typische Modell der Doppelförderung: Die Bahnen wurden im Sinne der «Gemeinwirtschaftlichkeit» mit immer höheren Subventionen bedacht, während gleichzeitig der Ausbau der Strassen beschleunigt wurde. Neben den zweckgebundenen Mitteln wurden dabei bis mindestens in die 1960er Jahre auch bedeutende Mittel aus der allgemeinen Staatskasse eingesetzt. In der Schweiz blieb der Stellenwert der Eisenbahn allerdings höher als in den meisten Nachbarländern, wo nach dem Zweiten Weltkrieg ein tatsächlicher Rückzug aus

Abbildung 3.2-3: **Eisenbahnnetz der Schweiz 2009**

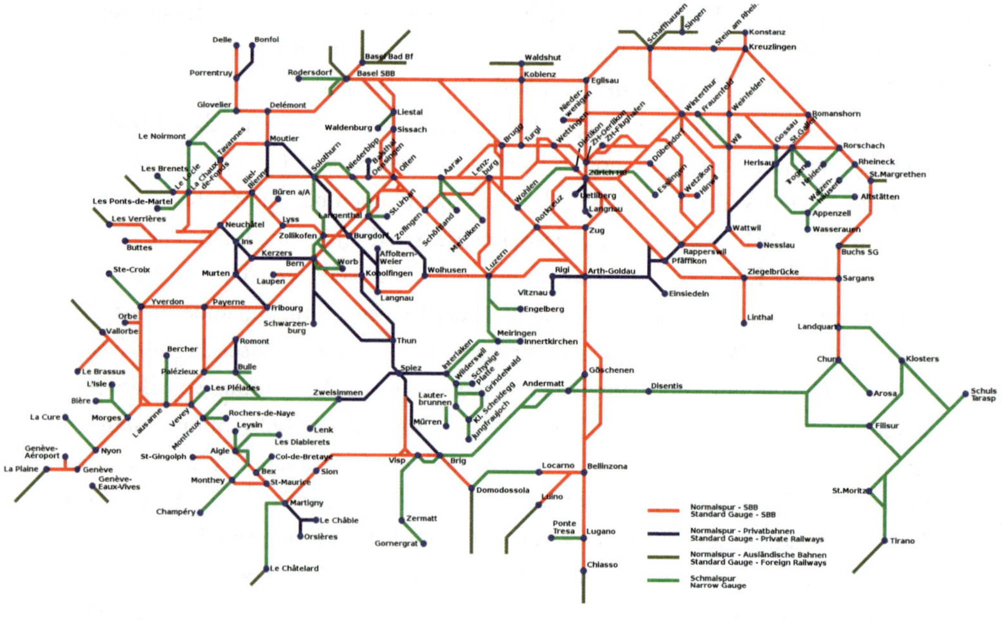

Quelle: Bundesamt für Verkehr.

55 Kirchhofer 2006.

56 Sager 1999. Die ATO brachte unter anderem eine Bewilligungspflicht für Güter- und Personentransporte auf der Strasse. Die Inbetriebnahme neuer Lastwagen wurde dabei abhängig vom Nachweis der wirtschaftlichen Notwendigkeit gemacht und damit dem Markt entzogen. Transporte über grössere Distanzen waren den Bahnen vorbehalten.

der Fläche festzustellen ist. In der Schweiz kam es dagegen kaum zur Stilllegung von Bahnlinien,[57] wobei wieder regionalpolitische Faktoren und föderalistische Strukturen eine wichtige Rolle spielten (siehe Abbildung 3.2-3).[58]

Ein weiterer Grund für die vergleichsweise starke Stellung der Bahn in der Schweiz ist ein gelungener Modernisierungsschritt: Trotz der instabilen Konjunkturlage der Zwischenkriegszeit und der wachsenden Schulden wurde die Elektrifizierung früh vorangetrieben: Bahneigene Kraftwerke wurden ab den 1920er Jahren erstellt, die Entwicklung neuer Lokomotivtypen in Auftrag gegeben und der Fahrleitungsbau forciert. Um die Jahrhundertmitte wies das SBB-Netz den weltweit einzigartigen Elektrifizierungsgrad von 99.5 % auf.[59]

Welche volkswirtschaftlichen Folgen die Politik der Doppelförderung zeitigte, ist bisher wenig untersucht; einiges deutet aber darauf hin, dass aus Sicht der Gesamtverkehrsplanung eine optimale Allokation der öffentlichen Ressourcen bei weitem verfehlt worden ist.

Auch im Bereich der Abwasserpolitik dominierten die Kontinuitäten. In Bern blieb die Kloakenverordnung von 1876 bis 1956 in Kraft, zu einer grundsätzlichen Änderung der Abwasserentsorgung kam es erst 1967 mit der Inbetriebnahme der Abwasserreinigungsanlage ARA Neubrück. Bis dahin war die direkte Entsorgung des Abwassers in die Aare nicht grundsätzlich hinterfragt worden. Noch 1930 hielt der zuständige Stadtingenieur an der Vorstellung der Selbstreinigungskraft des Aarewassers fest und sah keinen Bedarf für eine Kläranlage.[60] Andere Kommunen reagierten allerdings etwas früher. In St. Gallen, wo kein wichtiger Wasserlauf zur Verdünnung der Fäkalien zur Verfügung stand, wurde bereits zwischen 1913 und 1916 die erste Kläranlage der Schweiz erbaut. In Zürich nahm die Kläranlage Werdhölzli 1926 den Betrieb auf, und ab 1932 mussten die Häuser obligatorisch an die Kläranlage angeschlossen werden.[61]

Auch wenn dies im Einzelnen noch wenig untersucht worden ist, so lässt sich doch sagen, dass der Kurswechsel in der schweizerischen Landwirtschaftspolitik nach 1918 (→ 2.3.5.3) als nicht intendierte Nebenwirkung im Sinne einer Raumplanung avant la lettre die Landschaft der Schweiz wesentlich prägte.[62] Die Versorgungsengpässe im Ersten Weltkrieg führten dazu, dass die von Ernst Laur vor dem Krieg geprägte Politik der Weltmarktorientierung des Agrarsektors immer weniger Unterstützung fand. Eine neue Generation von Agronomen propagierte stattdessen in enger Zusammenarbeit mit Industrie- und Konsumentenvertretern eine Politik, welche die Selbstversorgung der

57 Der Rückgang des Schienennetzes betrug in der Schweiz zwischen 1950 und 2005 2.4 %, in Frankreich 16.9 %, in Deutschland 19.5 %, in Grossbritannien 47.1 % (Zahlen aus Mitchell 2003).

58 Steinmann 2006.

59 *Historisches Lexikon der Schweiz*, «Schweizerische Bundesbahnen»; Steinmann 2003; Buchli 2003.

60 Stalder 2002.

61 Walter 1990, 131–132.

62 Einzelne Vertreter der «neuen» Ernährungs- und Agrarpolitik wie Hans Bernhard von der «Schweizerischen Vereinigung für Innenkolonisation und industrielle Landwirtschaft» dachten sehr stark raumplanerisch (vgl. Bernhard 1920).

Schweiz stärker in den Vordergrund stellte. Hatte der in der zweiten Hälfte des 19. Jahrhunderts eingeleitete Strukturwandel dazu geführt, dass der Brotgetreideanbau zugunsten der Viehwirtschaft an Bedeutung verloren und sich das landschaftliche Erscheinungsbild von einer «gelben» zu einer «grünen» Schweiz gewandelt hatte, so versuchte man nun, diesen Prozess zumindest teilweise wieder rückgängig zu machen. Dies gelang zwar nur im Mittelland, der Gedanke der Versorgungssicherheit prägte aber die Landwirtschaftspolitik bis in 1990er Jahre. Er führte dazu, dass die Politik, gute Ackerböden vor der Überbauung zu schützen, in der Bevölkerung stark verankert blieb.[63]

Die Berggebiete wandelten sich mit dem Ausbau der Wasserkraft, dem allerdings vielerorts auch Widerstand entgegengebracht wurde, wobei sehr unterschiedliche Motive zu Tage traten. Im Kanton Graubünden wurden nach 1890 und über Jahrzehnte hinweg immer neue Pläne zur Nutzung der Engadiner Seen präsentiert; diese scheiterten an landschaftsschützerischen Bedenken, die nicht zuletzt von touristischen Kreisen geäussert wurden. Die Überflutung des Urserentals im Kanton Uri scheiterte dagegen vor allem am Widerstand der betroffenen Bauern, die ihre Existenz bedroht sahen. Ganz anders auf der Bannalp im Kanton Obwalden, wo die Landsgemeinde gegen den Willen der Kantonsregierung ein Staudammprojekt durchsetzte, um damit Unabhängigkeit gegenüber den Stromtarifen einer luzernisch-obwaldnerischen Stromgesellschaft zu erlangen.[64] Der gemeinsame Nenner dieser sehr unterschiedlichen Entscheide waren die zugrundeliegenden ökonomischen Interessen; ihnen räumte die lokale Bevölkerung offensichtlich Priorität vor landschaftsschützerisch-ästhetischen Motiven ein. Ähnlich gelagert ist ein früher Fall der Luftverschmutzung durch die chemische Industrie. Die Fluoremissionen der Walliser Aluminiumindustrie schädigten die Landwirtschaft ganz offensichtlich in erheblichem Ausmass, insbesondere betroffen waren die Aprikosenkulturen. Als einer der wichtigsten Arbeitgeberin im ganzen Kanton gelang es der Industrie aber über Jahrzehnte, den neuesten Stand der Technik zur Verminderung der schädlichen Gase gar nicht anwenden zu müssen und damit die Produktionskosten zu Lasten der Umwelt und der Bauern niedrig zu halten.[65]

3.2.3 Jahre des Booms: 1945–1970

Aus Sicht der Umwelt-, Raum- und Verkehrsentwicklung waren die 25 Jahre nach dem Ende des Zweiten Weltkriegs die für das ganze 20. Jahrhundert entscheidende Phase. Angetrieben vom starken Wirtschaftswachstum und befeuert durch einen gewaltigen Zustrom billigen Erdöls entwickelte sich der Massenkonsum mit hoher Geschwindigkeit (→ 3.1.1). Seine unerwünschte Nebenwirkungen auf Mensch und Natur wurden vorerst nur von einer kleinen Minderheit wahrgenommen und thematisiert.

63 Moser 2003.
64 Walter 1990, 119–124.
65 Gasche 1981.

3.2.3.1 Massenmotorisierung und Autobahnbau

Wohl den deutlichsten Ausdruck fanden die Boomjahre nach dem Zweiten Weltkrieg in der sich nun rasch durchsetzenden Massenmotorisierung (→ 3.1.4). Zwischen 1945 und 1960 wuchs der Bestand an Automobilen von 18 279 auf 509 279. Die Geschichte der schweizerischen Autobahnen zeigt, wie die Autobahnbefürworter taktisch geschickt und unter Berücksichtigung der Eigenheiten des politischen Systems ihre Interessen durchzusetzen verstanden.[66] Insbesondere gelang es ihnen, mit dem Schielen auf die Situation in einigen (wenigen) Nachbarländern Druck aufzubauen: Es sei wichtig, nun rasch zu bauen, um nicht noch weiter in Rückstand zu geraten. Angesichts der Rahmenbedingungen herrschte unter den involvierten Akteuren von Anfang an Klarheit darüber, dass weder die bisher im Strassenbau federführenden Kantone noch Private dieses grosse Infrastrukturwerk erstellen konnten, sondern einzig und allein der Bund. Die 1954 eingesetzte Eidgenössische Planungskommission trieb die Planungsarbeiten denn auch zügig voran und plädierte unter Berücksichtigung föderalistischer Interessen für ein im internationalen Vergleich sehr engmaschiges Netz u.a. mit drei (A1, A5, A12) fast parallelen Autobahnen zwischen der deutsch- und der französischsprachigen Schweiz. Die Schweizer Wähler stimmten am 6. Juli 1958 mit grosser Mehrheit dem Verfassungsartikel über die Nationalstrassen zu, und schon zwei Jahre später folgte das Bundesgesetz über die Nationalstrassen vom 8. März 1960. Im gleichen Jahr und noch bevor die Referendumsfrist für das Nationalstrassengesetz abgelaufen war, legte das Parlament das zu erstellende Nationalstrassennetz ohne grundlegende Modifikationen fest (Abbildung 3.2-4).[67] Michael Ackermann bezeichnet dieses Tempo zu recht als atemberaubend.[68] Auch im Verlaufe der Umsetzung wurde grundsätzlich am ursprünglichen Netz festgehalten, mit nur wenigen Ergänzungen wie beispielsweise dem Beschluss, den neuen Kanton Jura ans Autobahnnetz anzuschliessen. Der Bau des Nationalstrassennetzes von über 1 600 Kilometern benötigte allerdings weit mehr Zeit als ursprünglich gedacht, und er wurde viel teurer als geplant: Statt der budgetierten 5.7 Milliarden Franken beliefen sich die Investitionen bis 1999 auf rund 76 Milliarden Franken.[69]

Angesichts derart hoher Kosten drängt sich die Frage nach dem volkswirtschaftlichen Nutzen dieser Investitionen auf. Dazu lässt sich Folgendes sagen: Bei den politischen Debatten über den Autobahnbau wurde allgemein unterstellt, der volkswirtschaftliche Nutzen des Autobahnnetzes sei sehr hoch. In den folgenden Jahrzehnten kamen ökonomische Analysen – sowohl ex ante als auch ex post – mehrheitlich zu anderen Schlüssen. Der Nutzen von Autobahnen ist demnach vor allem dann klein, wenn bereits ein gutes Basisnetz (Eisenbahn, Hauptstrassen) zur Verfügung steht, was

66 Ackermann 1991; Bassand et al. 1986.

67 Der Begriff «Autobahn» wurde in der Schweiz mit dem Dritten Reich assoziiert, weshalb nach 1945 bald nur noch von «Nationalstrassen» gesprochen wurde. Erst in den 1990er Jahren wurde dieser Begriff wieder offiziell durch «Autobahn» ersetzt.

68 Ackermann 1991, 15.

69 Pfister 2006, 2.

Abbildung 3.2-4: **Autobahnnetz, Stand der Realisierung im Jahr 2000**

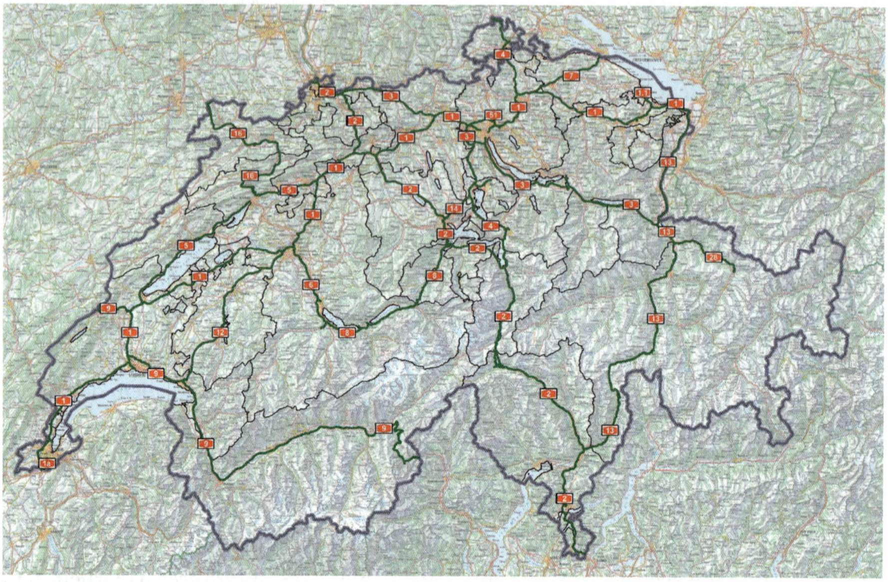

Quelle: Bundesamt für Strassen (ASTRA).

in der Schweiz ja mehrheitlich der Fall war. Unter diesen Bedingungen ist beim weiteren Ausbau der Verkehrsinfrastruktur ein stark sinkender Grenznutzen zu erwarten.[70] Besonders schlecht sieht die Bilanz in der Regel bei peripheren Räumen aus. Stefan Rieder kommt aus ökonomischer Sicht zu der Erkenntnis, «dass in peripheren Regionen mit guter Basiserschliessung keine wesentlichen wirtschaftlichen Impulse vom Bau der Autobahnen ausgehen und unter Umständen sogar negative Wirkungen in Form von Entleerungseffekten auftreten».[71]

Der Bau der Autobahnen traf bei aller Euphorie immer auch auf Widerstand. Auch wenn in einigen Fällen die Linienführung in wenig bewohnten Gebieten zu heftigen Kontroversen um Fragen des Landschaftsschutzes führte – beispielsweise am Sempachersee –,[72] so lag der Schwerpunkt der Konflikte doch ganz eindeutig in den Innenstädten. Die bestehenden Pläne sahen vor, die Autobahnen als sogenannte Expressstrassen mitten in die Innenstädte zu führen. Dafür waren vor allem zwei Gründe ausschlaggebend: Erstens die verkehrsplanerische Logik, nach der das Verkehrsaufkommen dort am höchsten war, die Staus am häufigsten und die zu erwartende Entlastung somit am grössten. Zweitens spielte es für die Städte eine entscheidende Rolle, dass Autobahnen im Gegensatz zu allen anderen Strassen mit Bundesmitteln finanziert wurden. Die Städte hofften also, ihre lokalen Verkehrsprobleme mit Bundesmit-

70 Gather/Kagermeier/Lanzendorf 2008, 97–98.
71 Rieder 1999, 196. Vgl. auch: Marti/Sommer/Maggi 2007.
72 Merki 1999, 44.

teln lösen zu können. Die Führung der Autobahnen in die Innenstädte stiess aber bald auf heftigsten Widerstand, vor allem deshalb, weil bedeutende Eingriffe in die historische Bausubstanz vorgesehen waren. Als Resultat der Proteste wurde in der Folge entweder eine weniger zentrale Linienführung gewählt (Bern) oder die Ausführung des Autobahnbaus verzögerte sich dramatisch, sodass beispielweise das Autobahnnetz in Zürich und Basel um 2000 noch grosse Lücken aufwies.[73]

Dass der Ausbau der Verkehrsinfrastruktur in den schweizerischen Städten während der Boomjahre – anders als etwa in Deutschland – im Wesentlichen ohne Bundesmittel finanziert werden musste, erwies sich langfristig allerdings als volkswirtschaftlicher Segen. Die Pläne für aus heutiger Sicht wenig geeignete oder überdimensionierte Infrastrukturen, wie beispielsweise Stadtautobahnen oder U-Bahnen in Mittelstädten, konnten oftmals nicht realisiert werden. Daher verfügen die schweizerischen Städte heute dank einer relativ effizienten Kombination von individuellem und kollektivem Verkehr über wesentlich leistungsfähigere Verkehrssysteme als fast alle anderen europäischen Länder.[74]

3.2.3.2 Bauboom und zaghafte Anfänge der Raumplanung

Nicht nur der Verkehr wuchs in den Nachkriegsjahrzehnten, auch das Bevölkerungswachstum intensivierte sich wieder. Und weil der zunehmende ökonomische Handlungsspielraum der Haushalte die Nachfrage nach Wohnfläche anheizte, expandierte der Wohnungsbau in einem bis dahin unbekanntem Ausmass.[75] Das Wachstum konzentrierte sich vor allem auf die Umlandgemeinden der Städte, deren Ausdehnung nun zu eigentlichen Agglomerationen führte. Diese Entwicklung widersprach ganz offensichtlich den Zielen der offiziellen Planung, die das Leitbild einer «dezentralen Konzentration» propagierte – grossräumig wird dabei eine Dezentralisierung angestrebt, kleinräumig dagegen eine Konzentration –, und die damit gerade ein ungeplantes Wuchern der Städte vermeiden wollte. Die reale Entwicklung wurde von Baukonzernen wie der Ernst Göhner AG, aber auch von nicht gewinnorientierten Wohnbaugenossenschaften vorangetrieben. Diese orteten – nicht zu Unrecht, wie sich bald herausstellen sollte – eine Präferenz der Bevölkerung für zentrumsnahe Lagen mit guten Pendelmöglichkeiten in die Innenstädte. Sie kauften häufig bewusst billiges Land ausserhalb der Bauzonen und spekulierten (meist erfolgreich) auf eine Einzonung. Die so erzielten Gewinne waren spektakulär. Ein Vergleich der Freihandverkäufe unüberbauten Bodens im Kanton Zürich – ohne die Städte Zürich und Winterthur – zeigt zwischen 1950/52 und 1960/62 einen durchschnittlichen Preisanstieg von 265 %; in Einzelfällen waren die erzielten Gewinne noch um ein Vielfaches höher. Der Kampf

73 Blanc 1993; Kammann 1990; Haefeli 2001.
74 Haefeli 2008.
75 Vgl. zur Geschichte des Städtebaus: Walter 1994; Koch 1992; Eisinger 2004.

gegen diese und andere Arten der Bodenspekulation scheiterte immer an der Frage der Eigentumsgarantie. Im Kontext des Kalten Krieges liessen sich Vorschläge, das Eigentumsrecht einzuschränken, besonders leicht als politisch unerwünscht diffamieren.[76]

Die Frage nach der politischen Steuerung der räumlichen Entwicklung stellte sich in diesem Kontext verschärft. Obwohl einige Kantone während des Zweiten Weltkriegs die rechtlichen Voraussetzungen dazu geschaffen hatten, scheiterten in den 1950er und 1960er Jahren alle Bemühungen, dem Bund auf dem Gebiet der Raumplanung rechtliche Kompetenzen zu übertragen. Föderalistische Bedenken und die Angst vor staatlichen Eingriffen in das private Bodeneigentum verhinderten eine konsistente nationale Planung. Immerhin beschäftigten sich die rasch wachsenden Gemeinden in den 1950er und 1960er Jahren ernsthaft mit Fragen der Ortsplanung. Dabei standen die räumliche Trennung der Wohn- und Arbeitsgebiete, die soziale Segregation der verschiedenen Haushaltstypen, die Minimierung der Erschliessungskosten neuer Baugebiete sowie die Erhaltung der historischen Dorfkerne im Vordergrund. Verhängnisvoll war, dass die Bauzonen bei den meisten Ortsplanungen viel zu gross dimensioniert wurden, weil die überwiegende Mehrheit der lokalen Landbesitzer ihren Boden aus Renditeüberlegungen zu Bauland machen wollte. Es gelang ihnen häufig, ihren politischen Einfluss erfolgreich geltend zu machen, was sich in den nächsten Jahrzehnten als grösster Hemmschuh der Raumplanung erweisen sollte. Rückzonungen in Landwirtschaftsland liessen sich in der Regel nicht durchsetzen. Dass dem Bund 1969 schliesslich die verfassungsmässige Grundlage für raumplanerische Massnahmen übertragen wurde und dass 1979 ein recht zahnloses Raumplanungsgesetz angenommen wurde, konnte an dieser ungenügenden Bilanz nicht mehr viel ändern. Zudem war das Instrument der Mehrwertabschöpfung in diesem zweiten Anlauf zum Raumplanungsgesetz wieder fallengelassen worden, in der ersten 1975 knapp abgelehnten Vorlage war es noch enthalten gewesen. Heute kennen immerhin die Kantone Basel-Stadt und Neuenburg diese Abgabe.[77]

3.2.3.3 Gewässerschutz

Grossen Einfluss auf die räumliche Entwicklung hatte nicht nur die bereits erwähnte Wald- und Agrarpolitik, sondern auch – und möglicherweise sogar noch mehr – der Verfassungsartikel von 1953 und das Gewässerschutzgesetz von 1955, denn sie schrieben zur Reinigung der Abwässer den Anschluss der Wohnbauten an ein Kanalisationsnetz und eine Abwasserreinigungsanlage vor. Damit konnte einer noch weitergehenden Zersiedlung unverbauter Flächen letztlich mehr Widerstand entgegengesetzt werden als mit den eigentlichen Raumplanungsmassnahmen.

Der Hauptgrund für die Verschärfung des Gewässerschutzes lag aber selbstverständlich woanders. Nachdem die dezentrale Siedlungsstruktur und ihre Lage als

76 Koll-Schretzenmayr 2008, vor allem 62–63; Lendi 1996; Nahrath 2003.
77 Koll-Schretzenmayr 2008; Blanc 1994; Haefeli 1996.

Oberlieger der grossen Flüsse die Schweiz lange vor gravierenden Gewässerschutzproblemen bewahrt hatte, verschlechterte sich der Zustand einiger Mittellandseen in den 1930er Jahren. Dies war vor allem eine Folge der zunehmenden Einleitung von Siedlungsabwässern aus Schwemmkanalisationen, stand aber auch im Zusammenhang mit der intensivierten Landwirtschaft. Bereits 1941 und 1942 wurden beispielsweise der Greifensee wie auch der Hallwylersee als stark belastet bezeichnet, was durch Schaumbildung und Algenteppiche sichtbar zutage trat. Es reifte die Einsicht, dass die bislang postulierte Selbstreinigungskraft der Gewässer erschöpft war und auch aus gesundheitspolitischer Perspektive ein neues Regime der Abwasserreinigung Not tat. Die Umsetzung der neuen Vorschriften wurde typischerweise den Kantonen übertragen, bei denen sich bald riesige Unterschiede im Vollzug zeigen sollten.[78]

1963 waren in Zürich – auf kantonaler Ebene Pionier bei der Umsetzung des Gewässerschutzes – bereits über 80 % der Haushalte an Kläranlagen angeschlossen, in den meisten anderen Kantonen lag dieser Wert noch unter 5 %. Dieser gravierende Vollzugsnotstand konnte erst behoben werden, als bei der Gesetzesänderung von 1971 mit stark erhöhten Bundessubventionen die Anreize zum Bau von Kläranlagen verstärkt wurden. Sie brachten den eigentlichen Durchbruch: Im Jahr 2005 lebten gesamtschweizerisch über 97 % der Bevölkerung in Wohnungen, die an Kläranlagen angeschlossen

Grafik 3.2-4: **Phosphorbelastung in vier Schweizer Seen (1950–2005)**

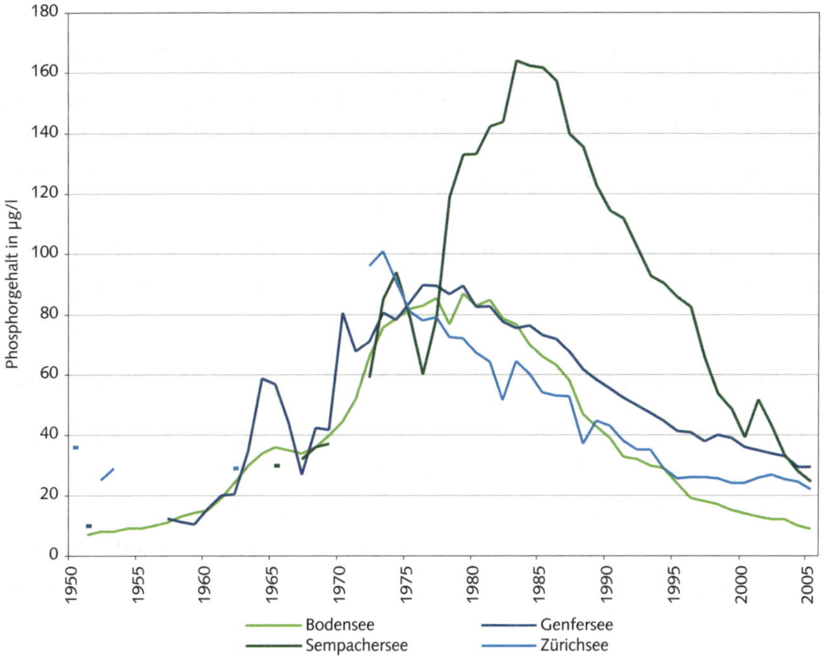

Quellen: Bundesamt für Umwelt (BAFU) und BFS, unveröffentlichte Daten.

78 Bussmann 1981; Walter 1990.

Grafik 3.2-5: **Nitratgehalt in vier Schweizer Flüssen (1977–2007)**

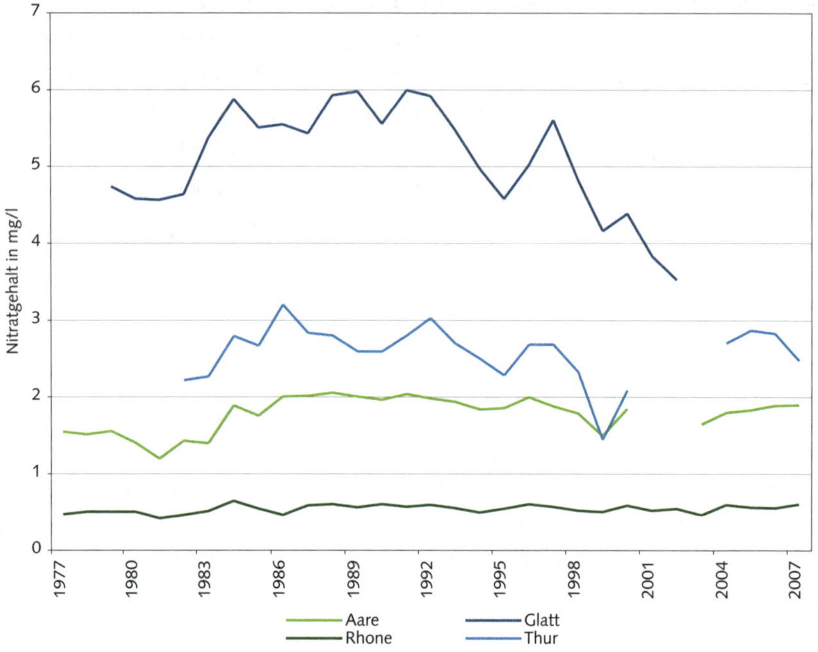

Quelle: Bundesamt für Umwelt (BAFU) und BFS, unveröffentlichte Daten.

waren, im internationalen Vergleich einer der höchsten Werte.[79] Die Grafiken 3.2-4 und 3.2-5 zeigen anhand der Beispiele Nitrat und Phosphor, dass ab der zweiten Hälfte der 1970er Jahre die Schadstoffbelastung der Gewässer teilweise stark gesenkt werden konnte, ohne dass das grundsätzliche Problem der Wasserverschmutzung damit abschliessend gelöst worden wäre. Zudem wurden laufend neue, beispielsweise hormonaktive Substanzen synthetisiert, vor denen das Trinkwasser mit den um die Jahrhundertwende verwendeten Klärmethoden nur ungenügend geschützt werden konnte.

3.2.4 Krisendiskurse und Trendwende: von 1970 bis zum Ende des Jahrhunderts

Die Zeit um 1970 stellt vor allem eine diskursive Wende dar: Die ökologisch negativen Begleiterscheinungen der Boomjahre wurden nun von einer Mehrheit der Bevölkerung wahrgenommen und als schwerwiegendes Problem anerkannt. Auf der Sachebene blieb die Kontinuität zu den vorangegangenen Jahren aber weitgehend gewahrt, die Politik tat sich schwer, einen umsichtigeren Umgang mit den natürlichen Ressourcen einzuleiten.

79 BAFU online, www.bafu.admin.ch/gewaesserschutz/01295/01296/01297/index.html?lang=de (Zugriff 14.11.2011).

3.2.4.1 Umweltfragen im Zentrum der Krisendiskurse

Die gegen Ende der 1960er Jahre einsetzende gesellschaftliche Destabilisierung der Schweiz führte in kürzester Frist zu einem fundamentalen Lernprozess im Sinne Hansjörg Siegenthalers – auch und besonders in Bezug auf die Wahrnehmung des Umgangs mit natürlichen Ressourcen.[80] Problematische Entwicklungen, die zuvor – wenn überhaupt – als isolierte Phänomene (Gewässerverschmutzung, Landschaftszerstörung) wahrgenommen worden waren, interpretierten weite Teile der Bevölkerung nun in einem grösseren Kontext als «Umweltprobleme», welche die Errungenschaften der Boomjahre grundsätzlich gefährdeten und diskreditierten. Als wie gravierend die Thematik wahrgenommen wurde, zeigte beispielsweise die Abstimmung über den Verfassungsartikel zum Umweltschutz, der am 6. Juni 1971 mit der überwältigenden Mehrheit von 93 % Jastimmen angenommen wurde. Im Dezember des gleichen Jahres bezeichneten knapp 80 % der Bevölkerung den Umweltschutz als wichtigstes Gegenwartsproblem.[81] François Walter spricht in diesem Zusammenhang vom «tournant des années 1970», Patrick Kupper in Anlehnung an das «1950er Syndrom» von der «1970er Diagnose».[82]

Vor allem die Frage der wirtschaftlichen Verhältnismässigkeit von Umweltschutzmassnahmen erwies sich bei der Umsetzung des Verfassungsauftrags zum Umweltschutz immer wieder als Stolperstein, nicht zuletzt aufgrund der deutlichen Verschlechterung der Wirtschaftslage. Die neu entstandene und noch stark fragmentierte Umweltbewegung als eine typische Spielart der «neuen sozialen Bewegung» konzentrierte sich vorerst auf verschiedene Formen des ausserparlamentarischen Protests.[83] Am meisten Widerhall fand die (auch) umweltpolitisch motivierte Opposition gegen neue Atomkraftwerke, die mit der Besetzung des Baugeländes des geplanten Kernkraftwerks in Kaiseraugst bei Basel 1975 ihren ersten Höhepunkt erreichte. Letztlich konnte der organisierte Protest den Bau des Kernkraftwerks verhindern.[84] Die Umweltbewegung verzeichnete darüber hinaus auf lokaler Ebene und vor allem bei städtischen Verkehrsprojekten Erfolge.[85] Ihr Versuch, mit einer grossen Zahl gegen den Individualverkehr gerichteter Volksinitiativen auf Bundesebene Druck auszuüben, scheiterte jedoch immer wieder an der Urne. Dabei mag auch eine Rolle gespielt haben, dass die umweltpolitische Wende keineswegs mit einem sprunghaften Anstieg der Umweltprobleme einherging, vielmehr verschärften sich diese kontinuierlich und im Einzelnen relativ unspektakulär. Dies sollte sich erst in den 1980er Jahren ändern, als eine Reihe aufsehenerregender Ereignisse den öffentlichen Druck anwachsen liess: Das verschärft diskutierte Waldsterben ab 1983 und das Reaktorunglück in Tschernobyl sowie die Brandkatastrophe in den Chemiewerken bei Schweizerhalle/Basel 1986

80 Siegenthaler 1993; Wanzek 1996; Niederer-Schmidli 1992.
81 Wanzek 1996, 13.
82 Walter 1990, 250; Kupper 2003a.
83 Giger 1981; Zwicky 1993.
84 Kupper 2003b.
85 Haefeli 2008.

hatten eine katalytische Wirkung.[86] 1983 gelang nach zwölf langen Verhandlungsjahren der Durchbruch für ein erstes Umweltschutzgesetz und in den darauf basierenden Verordnungen schlug die Schweiz den Weg einer im internationalen Vergleich relativ konsequenten Umweltpolitik ein.[87] Im Vordergrund stand die Reinhaltung der Luft: Das Luftreinhaltekonzept von 1986 beispielsweise formulierte als Zielsetzung, dass bei den Schwefeldioxidemissionen bis 1990 der Stand von 1950 erreicht werden sollte und bei den Stickoxid- und Kohlenwasserstoffemissionen bis 1995 der Stand von 1960. Aber auch bei anderen Umweltproblemen wurden Fortschritte erzielt. Ebenfalls 1986 trat ein Verbot von Phosphaten in Textilwaschmitteln in Kraft. Im gleichen Jahr verzichtete die Elektrizitätswirtschaft endgültig auf das umstrittene Wasserkraftwerk in der bündnerischen Hochgebirgsebene der Greina. Die überraschende und nicht nur umweltpolitisch motivierte Annahme der Rothenthurm-Initiative zum Schutze der Moore und Moorlandschaften Ende 1987 gebot erstens dem uneingeschränkten Ausbau des Wintertourismus Einhalt und stand zweitens am Anfang einer Trendwende in der Landwirtschaftspolitik (→ 2.3.5). In den kommenden Jahren wurde eine Reduktion der in der Agrarwirtschaft eingesetzten Hilfsstoffe angestrebt und teilweise auch umgesetzt, motiviert durch den Landschafts- und Artenschutz.

3.2.4.2 Aufbruchstimmung im öffentlichen Verkehr

Die umweltpolitische Wende beeinflusste auch die Verkehrsentwicklung stark. Auf der nationalen Ebene schufen die umfangreichen Arbeiten der Gesamtverkehrskommission von 1972 bis 1977 die konzeptionellen Grundlagen für die Verkehrspolitik der kommenden Jahrzehnte.[88] Im Vordergrund stand dabei eine verstärkte Förderung der Schiene durch neue Investitionen. Das Verhältnis der Investitionen der öffentlichen Hand für Strasse und Schiene veränderte sich daraufhin tatsächlich stark: Wurden 1980 noch fünfmal mehr Investitionen in die Strasse als in die Schiene getätigt, so übertrafen im Jahr 2000 die Investitionen in Strassen diejenige in Schienen nur noch um weniges (Grafik 3.2-6).

Das Volk stützte diese Politik an der Urne. Ein erstes Mal 1986 bei der Abstimmung über die Bahn 2000 mit dem Kernstück der 45 Kilometer langen Neubaustrecke Mattstetten–Rothrist auf der Hauptlinie Zürich–Bern. 1992 stimmte die Bevölkerung im Rahmen der sogenannten Neuen Alpentransversale NEAT dem Bau zweier Schienenbasistunnel am Lötschberg und am Gotthard zu. Die Finanzierung wurde zu einem beträchtlichen Teil durch Abgaben des Strassengüterverkehrs gewährleistet. Damit sollte auch unterstrichen werden, dass insbesondere der alpenquerende Güterverkehr in erster Linie über die Schiene abzuwickeln sei, ein Kernanliegen der 1994 überraschend angenommenen Alpeninitiative. Die tatächliche Entwicklung zeigte jedoch seit der Er-

86 Zum Brand in Schweizerhalle: Tanner 1988; Wenger 2007; zum Waldsterben: Zierhofer 1999; Haefeli 1998b.

87 Haefeli 1999.

88 Haefeli 2006.

Grafik 3.2-6: **Infrastrukturinvestitionen von Bund, Kantonen und Gemeinden (1950–2005)**

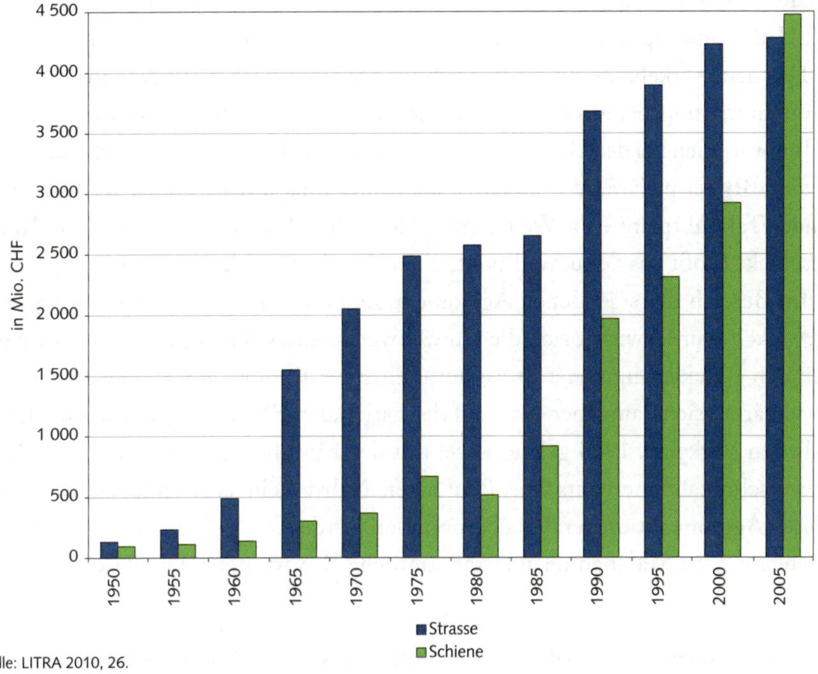

Quelle: LITRA 2010, 26.

öffnung des Gotthardstrassentunnels 1980 eine entgegengesetzte Tendenz: Der Anteil der Strasse am alpenquerenden Güterverkehr war zwar in der Schweiz im internationalen Vergleich noch immer klein, die Strasse gewann aber gegenüber der Schiene stark an Bedeutung und erhöhte ihren Anteil von 8 % (1970) auf 30 % (2000) (Tabelle 3.2-8).

Tabelle 3.2-8: **Alpenquerender Güterverkehr, Binnen-, Export- und Transitverkehr in Mio. Nettotonnen (1970–2000)**

	1970	1980	1990	2000
Schiene insgesamt	21.7	26.5	37.1	44.4
Schiene Schweiz	10.4	11.3	17.9	20.7
Strasse insgesamt	6.1	22.9	46.0	88.7
Strasse Schweiz	0.9	1.3	4.2	8.9

Quelle: LITRA 2010, 16.

Namentlich die Entwicklung im Schwerverkehr zeigte, wie sehr die schweizerische Verkehrspolitik der letzten Jahrzehnte auch das Verhältnis der Schweiz zu ihren europäischen Nachbarn beeinflusst hatte. Einerseits verstärkte sich der Druck der EU auf die Schweiz, im Zusammenhang mit den bilateralen Verträgen Zugeständnisse im Schwerverkehr zu machen, wie es dann beispielsweise bei der im Landverkehrsabkommen von

1999 geregelten Preisgabe der LKW-Gewichtsbeschränkung von 28 Tonnen geschah. Andererseits wurde die Schweizer Politik einer Verlagerung in Richtung Schiene von der EU aus umweltpolitischer Sicht als durchaus vorbildlich wahrgenommen.[89]

Das neue verkehrspolitische Gewicht der Schiene nach 1970 erhöhte aber nicht nur die Investitionsbereitschaft des politischen Systems, es stimulierte auch betriebliche Innovationen bei den Bahnen, insbesondere bei den SBB. Gisela Hürlimann zeigt, wie die SBB beispielsweise 1982 durch die Einführung des integralen und flächendeckenden Taktfahrplans – die Weiterentwicklung eines Konzepts aus den Niederlanden – geschickt Profit aus der umweltpolitischen Wende zu schlagen wussten.[90]

Im Bereich der städtischen Agglomerationen, wo der grösste Teil des Verkehrs abgewickelt wurde, wirkte sich die Umweltwende zuerst hauptsächlich in einer plebiszitären Blockierung neuer Strassenverkehrsinvestitionen aus. In den 1980er Jahren verstärkte sich dann aber – wie auf der nationalen Ebene – die Förderung des öffentlichen Verkehrs. 1984 gelang Basel mit der Einführung eines stark verbilligten Umweltschutzabonnements im öffentlichen Nahverkehr eine Innovation, die von anderen Agglomerationen rasch übernommen wurde. Der Erfolg der vergleichsweise kostengünstigen Massnahme übertraf sämtliche Erwartungen. Die Baselstädtischen

Grafik 3.2-7: **Motorisierung von deutschen und schweizerischen Städten (1950–1990)**

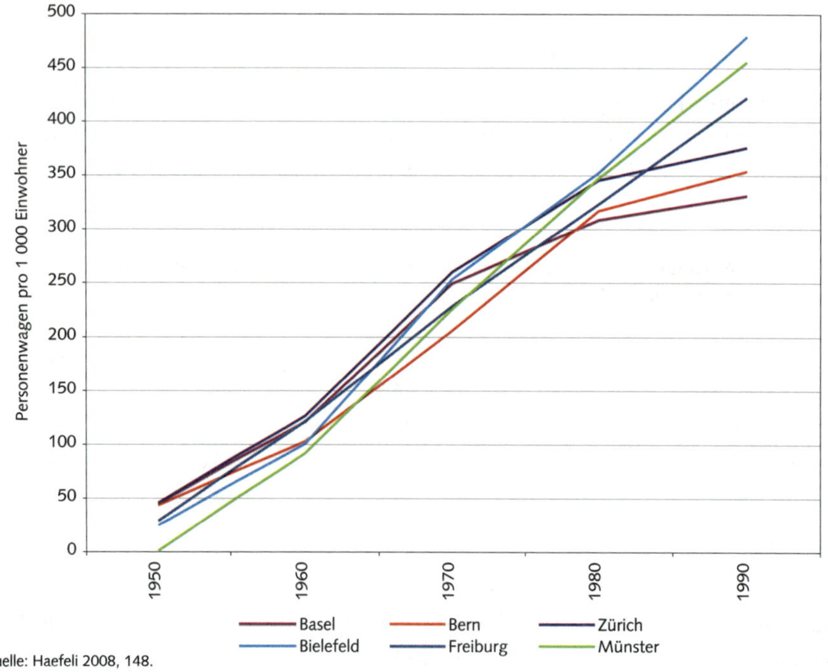

Quelle: Haefeli 2008, 148.

89 Höschen 2007; Sager 1999.
90 Hürlimann 2007.

Verkehrsbetriebe verzeichneten einen Zuwachs an Fahrgästen von einem Viertel, die Basellandschaftlichen Verkehrsbetriebe sogar von einem Drittel. Viel aufwendiger, aber ähnlich erfolgreich war die Einführung der S-Bahnsysteme. Die Vorreiterrolle spielte Zürich, wo 1990 das erste und bis heute weitaus grösste S-Bahnsystem der Schweiz in Betrieb genommen wurde. Darüber hinaus wurde eine ganze Reihe von betrieblichen Fördermassnahmen für den öffentlichen Verkehr konsequent umgesetzt, was der Stadt Zürich in ganz Europa den Ruf einer ÖV-Hochburg eintrug. Im internationalen Vergleich war der Anteil des öffentlichen Verkehrs in den Schweizer Städten gegen Ende des 20. Jahrhunderts sehr hoch; gleichzeitig gelang es, die Motorisierung in den urbanen Gebieten zu drosseln (Grafik 3.2-7).

Aus betriebs- wie aus volkswirtschaftlicher Sicht schnitt die verstärkte Förderung des öffentlichen Verkehrs deutlich besser ab als eine auf stärkere Autodominanz ausgerichtete Verkehrspolitik. Insbesondere war der Kostendeckungsgrad im öffentlichen Stadtverkehr in der Schweiz viel höher, und der Anteil der Ausgaben für Verkehr an den gesamten Haushaltsausgaben war in der Schweiz generell viel tiefer als in Deutschland.[91]

Die Bestrebungen zur Förderung des öffentlichen Verkehrs erreichten aber letztlich nicht ihr immer wieder postuliertes Ziel, die Erhöhung des Marktanteils; in ei-

Grafik 3.2-8: **Relative Preise im Verkehr (1977–2000)**

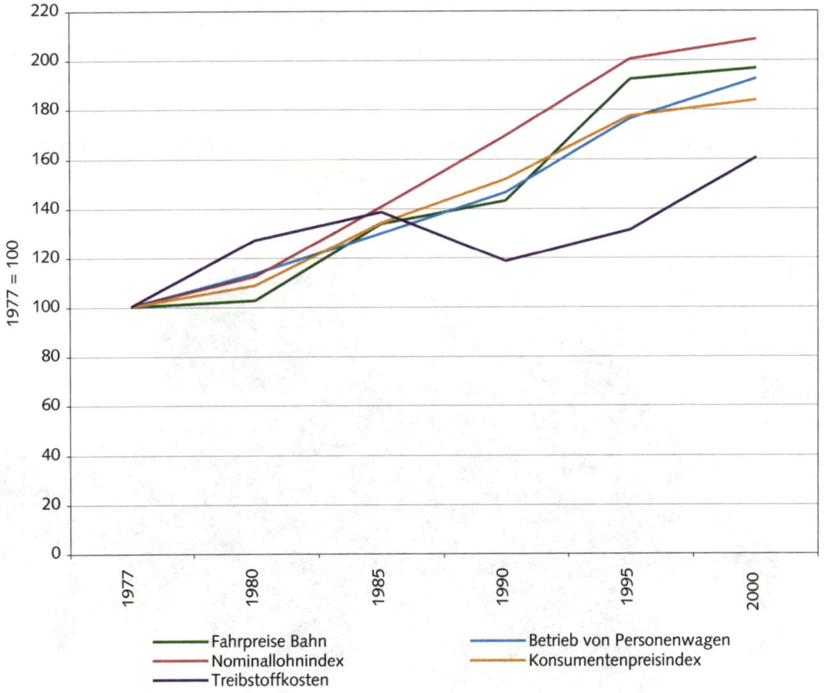

Quelle: LITRA, unveröffentlichte Daten.

91 Haefeli 2008; Haefeli 2005; Kaufmann 2003; Kaufmann 1998.

nem sich insgesamt verdoppelnden Markt blieb der Abstand gegenüber dem Auto von 1970 bis 2000 fast konstant. Während dieses ganzen Zeitraums entfielen zwischen 75 % und 80 % der zurückgelegten Personenkilometer auf das Auto. Auch wenn der Blick auf das Ausland zeigt, dass selbst die Bewahrung dieses Status quo als Erfolg für den öffentlichen Verkehr zu werten ist, bleibt festzuhalten, dass der Verkehr in der Schweiz auch nach der Umweltwende vom Auto geprägt wurde. Die Investitionstätigkeit der öffentlichen Hand (siehe Grafik 3.2-6) wurde hier von Investitionsneigungen der privaten Haushalte unterlaufen. Diese zogen das Auto weiterhin mehrheitlich dem öffentlichen Verkehr vor und gaben dafür viel höhere Summen aus, als insgesamt in den öffentlichen Verkehr flossen. Eine wichtige Rolle dürften dabei die relativen Preise gespielt haben (Grafik 3.2-8). Insbesondere die Treibstoffkosten, welche die Kosten der Autohaltung in der Wahrnehmung vieler Automobilisten dominieren, stiegen zwischen 1985 und 2000 bedeutend langsamer an als beispielsweise die Preise der SBB oder die Löhne und Konsumentenpreise.

3.2.4.3 Fortschreitende Zersiedelung und Bildung von Metropolitanräumen

Ein weiterer wichtiger Grund für das starke Verkehrswachstum und die Kontinuität der Autodominanz lag in der auch nach 1970 ungebrochenen Tendenz zur Zersiedelung der Landschaft und in der hohen Bereitschaft der Bevölkerung, zum Arbeitsplatz zu pendeln. Belief sich 1950 der Anteil der Erwerbstätigen, die ausserhalb der Wohngemeinde arbeiteten, auf bescheidene 16.9 %, so befanden sich die Pendler im

Abbildung 3.2-5: **Wegpendler nach Gemeinden 1950, 1970 und 1990. Anteil Erwerbstätige, die ausserhalb ihrer Wohngemeinde arbeiten, in %**

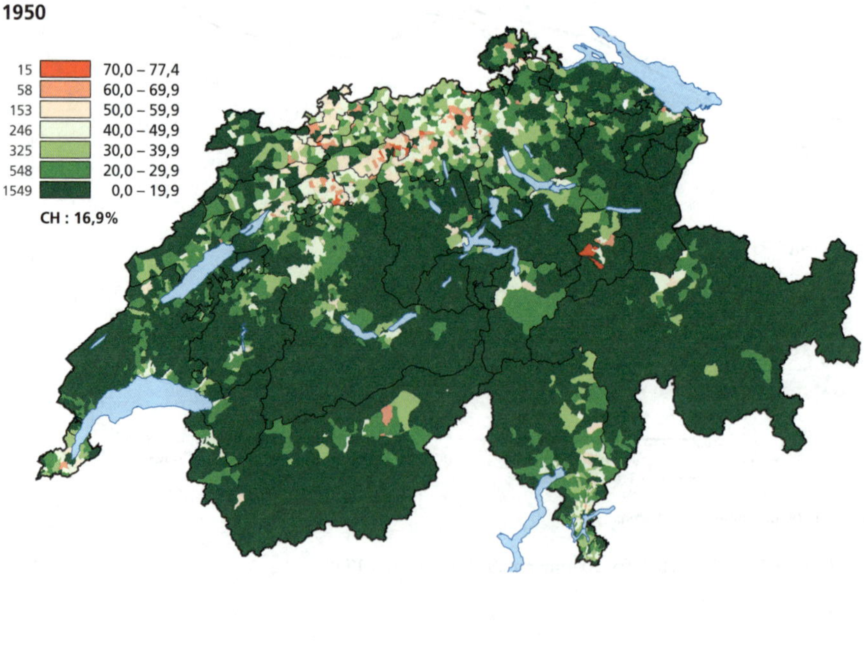

1970

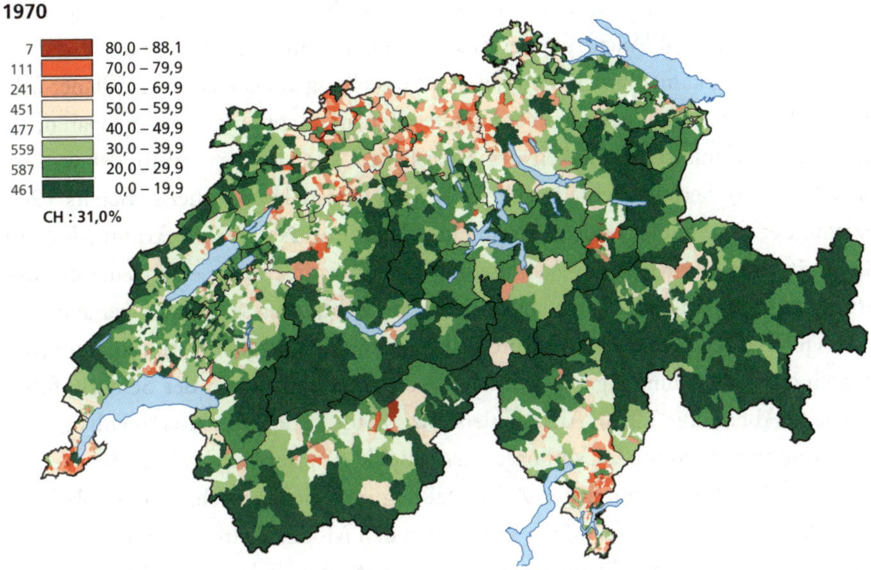

1990

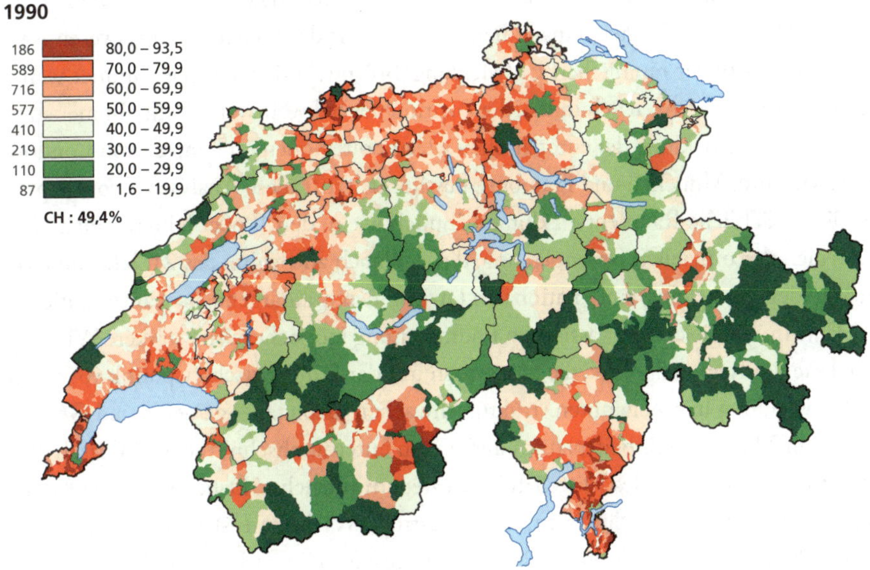

Quelle: © EPFL-Chôros / K10.1/10.6; Schuler et al. 2007, 268.

Jahr 2000 bereits klar in der Mehrheit (57.3 %). Die Abbildung 3.2-5 macht deutlich, wie sich das Pendeln zuerst in den städtischen Umlandgemeinden verbreitete, gegen Ende des 20. Jahrhunderts aber dank der stetig verbesserten Erreichbarkeit auch im Alpenraum und im Jura vorherrschend war.[92]

92 Schuler/Kaufmann 2005.

Die oben erwähnten schwachen Instrumente der Raumplanung führten dazu, dass Ausdehnung und Wachstum der Städte wenig planmässig verliefen und es zu einer Zersiedelung kam, die sich nicht an den Vorstellungen der staatlichen Planer orientierte. Diese bevorzugten lokal verdichtetes Bauen, sowohl um Land zu sparen, als auch um die Konkurrenzfähigkeit des öffentlichen Verkehrs zu stärken, der von einer hohen Bevölkerungsdichte im Umkreis der Haltestellen profitierte. Bereits 1967 beklagte der führende Schweizer Architekt, Planer und Nationalrat Armin Meili, es wüte weiterhin «der Krebs der ‹Verhüselung›».[93] Er argumentierte – für seine Berufsgattung typisch – in erster Linie aus ästhetischer Sicht; interessant sind aber auch die in diesem Blick eingefangenen Faktoren einer verstärkten Agglomerationsbildung, die letztlich zur Entstehung eigentlicher Metropolitanräume auch in der Schweiz führten (siehe Abbildung 3.2-6). Alain Thierstein spricht in diesem Zusammenhang von einer «Raumentwicklung im Verborgenen».[94] Beide Autoren beschreiben eine Veränderung der funktional-räumlichen Arbeitsteilung im Zeichen wachsender Globalisierung. Diese werde einerseits immer stärker von den Möglichkeiten der modernen Informations- und Kommunikationstechnologien bestimmt, andererseits wirkten zunehmend die Anforderungen «wissensintensiver Wirtschaftstätigkeiten» – dazu zählen die Autoren High-Tech-Firmen, Finanzdienstleister sowie das höhere Bildungswesen – als treibende Kräfte der räumlichen Entwicklung. Solche Aktivitäten seien immer weniger an nationale Grenzen gebunden, die Position der Schweiz werde daher immer stärker von der Entwicklung der europäischen Metropolregionen im Fünfeck von London, Paris, Mailand, München und Hamburg bestimmt. Trifft diese Analyse zu, so entspräche die tatsächliche Raumentwicklung – ähnlich wie in den 1960er Jahren – nicht den Strategien der offiziellen Raumplanung, die sich auch zu Beginn des 21. Jahrhunderts stark an der Vorstellung einer nationalen territorialen Solidargemeinschaft orientierte.

Eine im Vergleich zur klassischen Raumplanung möglicherweise stärkere Wirkung entfaltete die Regionalpolitik, die zusammen mit der Landwirtschaftspolitik vor allem die Entwicklung in sogenannten strukturschwachen Gebieten – gemeint sind Gebiete mit einem Mangel an Arbeitsplätzen und einem unterdurchschnittlichen Wirtschaftswachstum – ausserhalb des Mittellandes zu steuern versuchte. Dabei wurde die Erhaltung der dezentralen Siedlungsstruktur angestrebt. Wichtige Instrumente der Regionalpolitik waren der 1959 eingeführte Finanzausgleich zwischen Bund und Kantonen sowie die auf der Basis des Bundesgesetzes über Investitionshilfe für Berggebiete (IHG) von 1974 entstandenen Investitionshilfeprogramme.[95] Vor allem die Bedeutung des Finanzausgleichs war für Randregionen enorm; um 2000 stammte in einzelnen Kantonen fast die Hälfte der Einnahmen aus dieser Quelle.[96] Aussagen über die Wirkung dieser Instrumente lässt die Literatur nur sehr begrenzt zu, zumal sich der Fi-

93 Zitiert nach Koll-Schretzenmayr 2008, 19; vgl. auch Jaeger 2008.
94 Thierstein et al. 2008.
95 Frey 2008.
96 Simmen et al. 2005.

Abbildung 3.2-6: **Agglomerationen und Metropolitanräume in der Schweiz 2000**

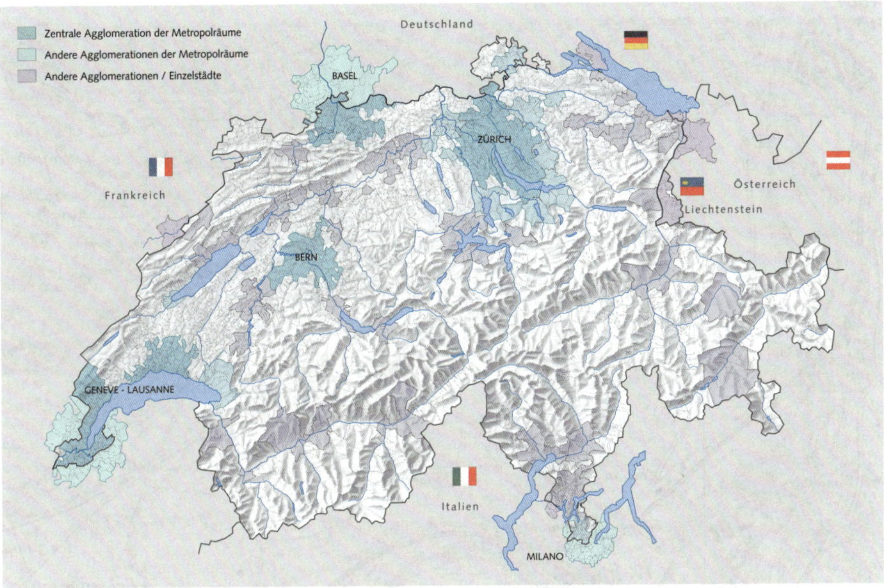

Quelle: Bundesamt für Raumentwicklung (ARE) online; Relief swisstopo, Wabern/K0029; Eidg. Volkszählung 2000, BFS, EPFL-INTER-CHOROS / PD, MS, 2004. Stand: 5. Dezember 2000.

nanzausgleich bis zu seiner Neukonstitution Anfang des 21. Jahrhunderts zu einem unsystematischen und unsteuerbaren Geflecht von Finanzströmen entwickelt hatte. Unbestritten ist, dass die Abwanderung aus den Alpentälern in viel geringerem Ausmass erfolgte als beispielsweise in Italien oder Frankreich. Eine Evaluation der IHG-Programme seit 1975 kam zum Schluss, dass es ihnen gelungen sei, die Wohnattraktivität der peripheren Gebiete zu verbessern, ohne dass damit ein signifikanter Anstieg von unternehmerischer Tätigkeit im Berggebiet verbunden gewesen wäre.[97]

3.2.5 Schlussbetrachtungen

Im Sinne einer Gesamtschau und eines Fazits sollen nun noch einige zentrale Charakteristika herausgearbeitet werden, die den vielfältigen Wechselwirkungen zwischen der Wirtschaftsentwicklung und den Veränderungen von Umwelt, Raum und Verkehr eignen. In einem ersten Schritt wird dies am Beispiel der räumlichen Entwicklung eines typischen Mittellandraums durchgespielt, wie sie sich aus dem Blickwinkel der schweizerischen Kartographie manifestiert. In einem zweiten, daran anschliessenden Schritt werden auf der Basis der vorangegangenen Abschnitte generalisierende und bilanzierende Aussagen formuliert.

97 Bieger et al. 2004. Zur regionalen Entwicklung der Bevölkerung und der Beschäftigung während des gesamten Jahrhunderts → 3.3.3.

Abbildung 3.2-7: **Wettingen, Kartenausschnitte 1881–2000**

1881

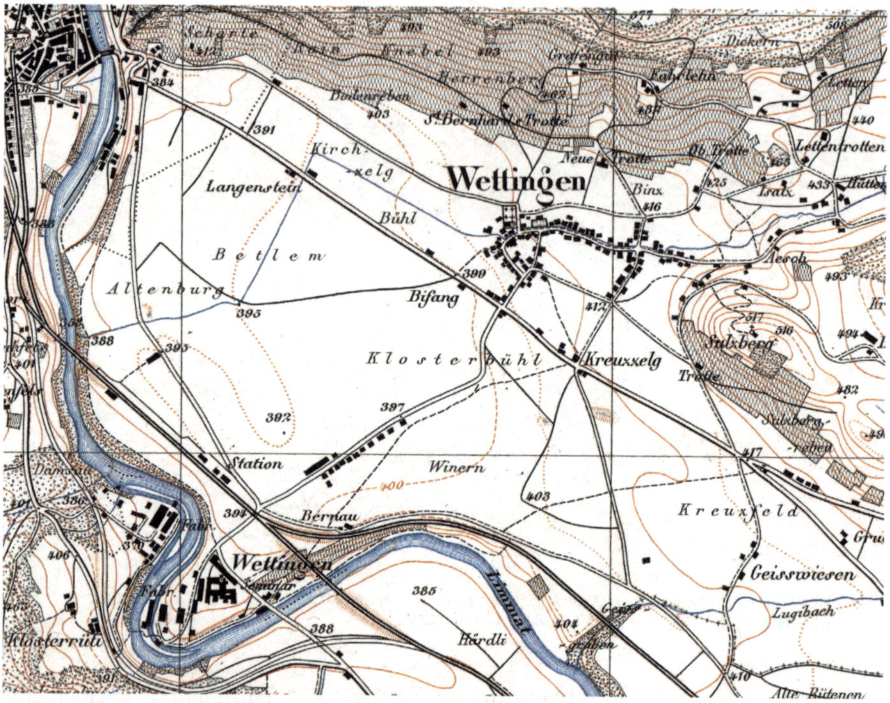

1931

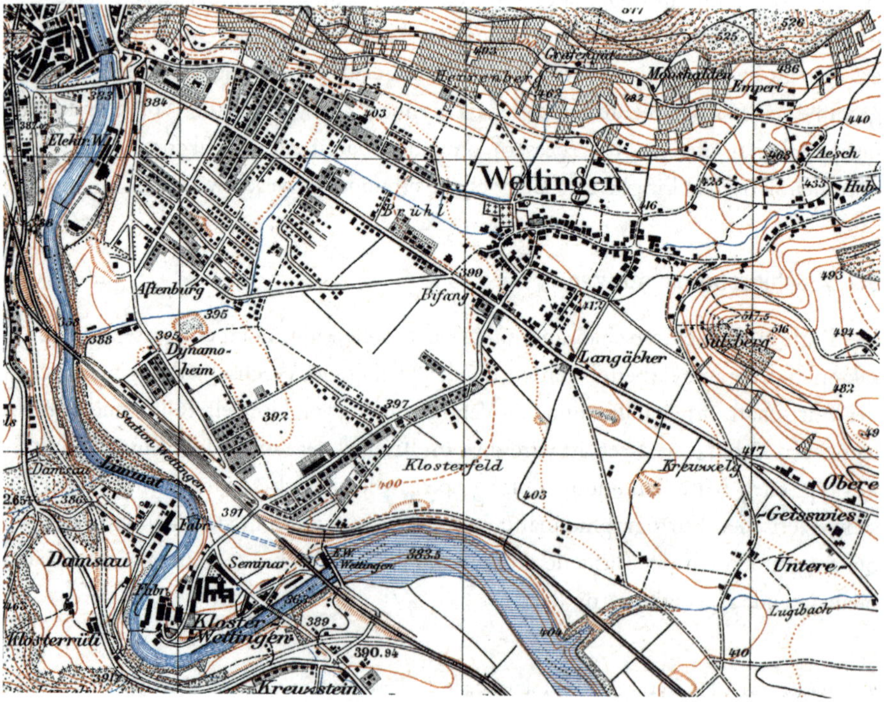

1955

2000

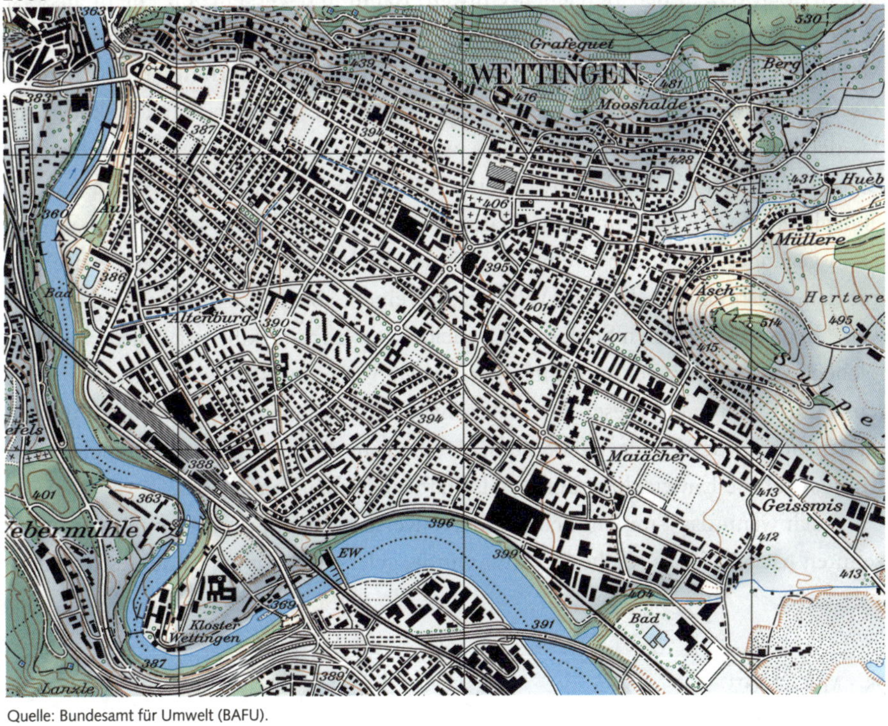

Quelle: Bundesamt für Umwelt (BAFU).

Exemplarisch lassen sich an der aargauischen Gemeinde Wettingen im unteren Limmattal die räumlichen Transformationen des 20. Jahrhunderts zeigen (Abbildungen 3.2-7). Wie eine grosse Zahl schweizerischer Gemeinden hat sich Wettingen in diesem Zeitraum von einem agrarisch geprägten Dorf zu einer Stadt innerhalb eines Agglomerationsgürtels (hier: Zürich) entwickelt. Während 1888 die landwirtschaftlich nutzbaren Flächen noch deutlich überwogen, konnten gemäss dem Kartenausschnitt vom Jahr 2000 um die Jahrtausendwende nur mehr wenige Parzellen landwirtschaftlich genutzt werden. Die Bevölkerung wuchs in dieser Zeit von 1 991 auf 17 870 Personen. Des Weiteren veranschaulicht der Vergleich der vier Kartenausschnitte die raumprägende Kraft des Verkehrs: Der Schwerpunkt der Gemeinde verlagerte sich weg vom Talrand hin zu den neuen Verkehrswegen, zur Hauptstrassenverbindung von Baden nach Zürich (oberhalb der Bildmitte), zu den Eisenbahnlinien nach Baden, Kloten und Niederglatt und zur Autobahn. Schliesslich illustrieren die Karten auch, wie sehr die natürliche und die vom Menschen geschaffene Umwelt in diesem Zeitraum transformiert wurden – nicht nur durch den Bau von Wohn- und Geschäftshäusern, sondern beispielsweise auch durch das 1908 in Betrieb genommene Flusskraftwerk (Signatur E.W.). Und sie zeigen, wo sich die natürliche Umwelt am ehesten behaupten konnte: in den verschiedenen Waldflächen.

Das Beispiel Wettingen verdeutlicht die Dynamik, die der Entwicklung im 20. Jahrhundert innewohnte. Wie sieht nun aber eine generalisierende Bilanz am Ende dieses Jahrhunderts aus? Zunächst ist festzuhalten, dass die wirtschaftliche Expansion der Schweiz in den Bereichen Umwelt, Raum und Verkehr mit einem äusserst starken Einsatz von nicht oder nur schwer erneuerbaren Ressourcen einherging. John McNeills Diktum vom diesbezüglich «verschwenderischen Jahrhundert» trifft ohne Zweifel auch auf die Schweiz nach 1950 zu.[98] Ähnlich wie dies Frank Uekötter für das deutsche Kaiserreich diagnostiziert, war der im Rückblick alles dominierenden Zeit nach 1950 auch in der Schweiz eine frühere, nicht minder bedeutsame Expansionsphase im Zeichen von Industrialisierung, Städtewachstum und Eisenbahnbau vorausgegangen, die in der zweiten Hälfte des 19. Jahrhunderts eingesetzt hatte und mit dem Ausbruch des Ersten Weltkriegs zu einem abrupten Abschluss gekommen war.[99] In diese Jahre fielen Schlüsselentscheide über Infrastrukturnetze, die in den Bereichen Wasser, Abwasser und Entsorgung sowie Verkehr das ganze Jahrhundert prägten. Zudem wurden in dieser Zeit die rechtlichen Voraussetzungen für einen umfassenden Schutz des Waldes geschaffen; sie übten in der Folge einen entscheidenden Einfluss auf die Entwicklung der Landschaft im 20. Jahrhundert aus.

Auch wenn das Problem der Ressourcenverschwendung spätestens in den Jahrzehnten nach 1970 als solches erkannt wurde, gelang es bis zum Ende des Jahrhun-

98 McNeill 2003.
99 Uekötter 2007.

derts nicht, eine Entwicklung in Richtung Nachhaltigkeit einzuleiten.[100] Die wissenschaftsseitig oft angemahnten Entkoppelungsprozesse zwischen Wirtschaftswachstum und Verbrauch natürlicher Ressourcen blieben weitgehend aus. Dennoch wuchs der Energieverbrauch nach 1973 etwas langsamer als das BIP (Grafik 3.2-9).[101] Im Bereich der zentralen Ressource Boden lässt sich hingegen sogar eine unerwünschte Entkoppelung feststellen: Die Bevölkerung wuchs langsamer als die Siedlungsfläche. Mit diesem eher pessimistischen Fazit soll nicht bestritten werden, dass auf vielen Gebieten des Umwelt-, Natur- und Landschaftsschutzes in den letzten Jahrzehnten bedeutende Fortschritte verzeichnet wurden. Dies gilt etwa für die Erhaltung der Waldfläche, für den Gewässerschutz und teilweise auch für die Luftreinhaltung. Doch muss auch betont werden: Es handelt sich um Erfolge im Bereich der Feinsteuerung, während für die Grobsteuerung entsprechende Weichenstellungen ausblieben. Dies zeigt die Entwicklung zentraler Parameter wie etwa der kontinuierlich zunehmenden CO_2-Emissionen.

Grafik 3.2-9: **Wirtschaftswachstum, Endenergieverbrauch und Verkehrsleistungen (1948–2000)**

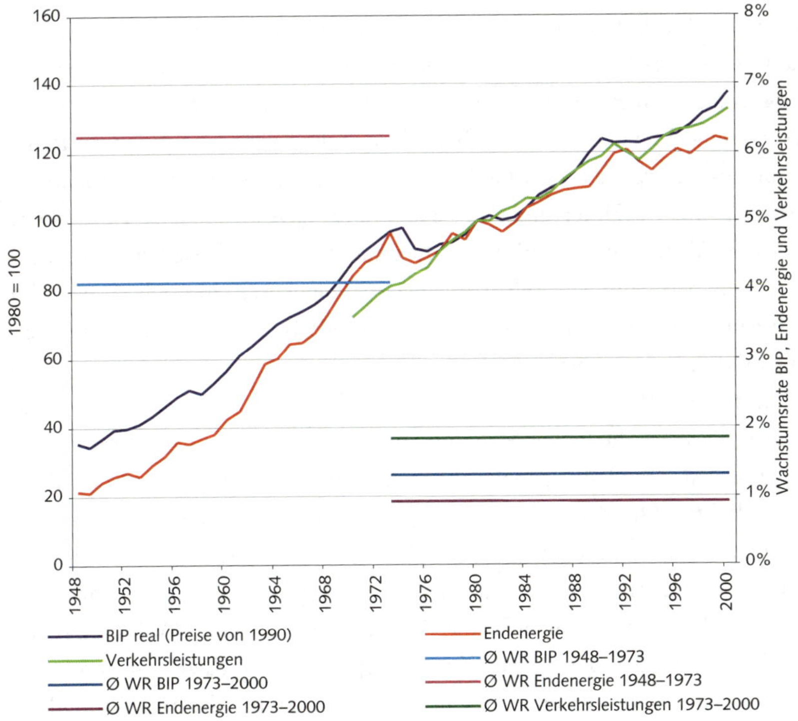

Quellen: HSSO Tab. Q. 16b; BFS online, Tab. 11.03.02.02 und 8.03.01.01.

100 Mauch Consulting et al. 2001.
101 Der Import von «grauer Energie» ist nicht berücksichtigt, ebenso wenig die Verkehrsleistungen im Ausland, die in den letzten Jahren stärker gewachsen sind als diejenigen im Inland.

Die ökologische Bilanz am Ende des 20. Jahrhunderts ist also wenig erfreulich. Zu fragen ist aber auch, ob und inwieweit die ökonomischen Kriterien der Nachhaltigkeit als erfüllt gelten können. Insbesondere im Verkehrsbereich fällt die Tendenz auf, den anstehenden Problemen mit aufwendigen Infrastrukturlösungen zu begegnen. Eine verhängnisvolle Rolle spielte dabei die Neigung des schweizerischen Politsystems zu einem komplizierten regionalpolitischen Ausgleich. Als Belege können sowohl die Dichte des Autobahnnetzes als auch der Bau gleich zweier alpenquerender Eisenbahnbasistunnels gelten. Nicht zuletzt deshalb warnen neuere Untersuchungen davor, dass der sinkende Grenznutzen neuer Verkehrsinfrastrukturen bereits eingetreten sei. Ganz allgemein stellt sich die Frage, ob nicht der volkswirtschaftliche Nutzen von Verkehrsinfrastrukturen von den politischen Entscheidungsträgern überschätzt wurde.[102] Verkehrspolitische Ansätze, die auf eine Steuerung und Beschränkung der Nachfrage zielten, konnten sich gegenüber dem beinahe paradigmatisch verfolgten Infrastrukturausbau nur punktuell durchsetzen.[103] Eine Ausnahme bildeten die grösseren Städte, weil sie beim Bereitstellen und Betreiben des Verkehrssystems weitgehend auf sich allein gestellt blieben und nicht – wie vielerorts im Ausland – auf Subventionen der politisch übergeordneten Ebenen zählen konnten. Zwangsläufig betrieben diese Städte eine weniger infrastrukturlastige Verkehrspolitik. Dass die Schweiz zu Beginn des 21. Jahrhunderts im internationalen Vergleich über ein sehr konkurrenzfähiges Verkehrssystem verfügte, erklärt sich zu einem wesentlichen Teil aus diesem Umstand.

Noch schlechter als im Verkehrsbereich sieht die Bilanz im Bereich der Raumentwicklung aus. Staatliche Steuerung konnte hier kaum greifen, weil der Raumplanung griffige Instrumente fehlten und weil sie in ihren Analysen der realen Entwicklung oft mit grossem Abstand hinterherhinkte. Die unkontrollierte Zersiedelung brachte hohe und zu einem beträchtlichen Teil externalisierte Folgekosten mit sich, sie bedrohte darüber hinaus den Wert intakter Kulturlandschaft als Tourismusressource und den Boden als Produktionsgrundlage der Landwirtschaft.

Damit ist die Rolle des Staates ganz generell angesprochen. Die Frage nach dem sinnvollen Ausmass staatlicher Steuerung in den Bereichen Umwelt, Raum und Verkehr gehörte während des ganzen 20. Jahrhunderts zu den Grundfragen schweizerischer Politik. Die Auseinandersetzungen darüber waren erstens geprägt von einer pragmatischen Herangehensweise; ideologische Positionen wurden in der Regel gegenüber pragmatischen Ansätzen als zweitrangig betrachtet, was sowohl für die Schweiz des Freisinns als auch für die sich nach dem Zweiten Weltkrieg herausbildende Konkordanzdemokratie galt. Zweitens spielte in den einzelnen Konflikten, wie schon beim Aufbau der Eisenbahnen in der zweiten Hälfte des 19. Jahrhunderts, der Föderalismus meist eine entscheidende Rolle. Auch wenn sich im Verlauf des 20. Jahrhunderts in den hier thematisierten Bereichen eine wachsende Bedeutung des Bun-

102 Siegenthaler/Eisinger 2008.
103 Kobi 1996.

desstaates feststellen liess, blieb dieser vergleichweise schwach und war insbesondere bei der Umsetzung seiner Massnahmen stark von der Kooperation der Kantone abhängig beziehungsweise musste sich diese mit Subventionen erkaufen. Da die einzelnen Kantone in diesem Umfeld sehr unterschiedlich agierten, ist es nicht immer leicht, Aussagen auf einem gesamtschweizerischen Niveau zu machen.

Im Bereich der Erstellung und des Unterhalts grosser Infrastrukturnetze (Eisenbahn, Strassen, Wasser und Abwasser, Elektrizität usw.) blieb der Einfluss Privater im Allgemeinen gering; letztlich wohl aus dem Grund, dass ein so beträchtlicher und erst über sehr lange Zeiträume abzuschreibender Kapitaleinsatz als zu grosses unternehmerisches Risiko angesehen wurde.[104] Eine Ausnahme bildeten im 20. Jahrhundert die Elektrizitätsnetze, die wesentlich von Privaten aufgebaut wurden, wobei auch hier im weiteren Verlauf eine Kommunalisierung und Kantonalisierung einsetzte: 1995 besass der öffentliche Sektor drei Viertel des Gesamtkapitals aller Elektrizitätsgesellschaften.[105]

Selbstverständlich umfasst das Instrumentarium staatlicher Steuerungsmassnahmen weit mehr als nur die Bereitstellung von Infrastrukturen. Im Bereich der regulativen Massnahmen blieb der Staat, von wenigen Ausnahmen abgesehen, aber wenig erfolgreich; vor allem die dornenvolle Geschichte der Raumplanung belegt, dass der Schutz des Privateigentums in der Regel höher gewertet wurde als kohärente Steuerungsmodelle. Letztlich konnte der Staat nur dort regulativ eingreifen, wo erstens neben umwelt- und raumpolitischen Motiven auch gesundheitspolitische Erwägungen zum Tragen kamen, und zweitens die konkrete Massnahme als ökonomisch verkraftbar betrachtet wurde. Immer wieder zeigte sich, dass sehr öffentlichkeitswirksame und teilweise katastrophale Ereignisse wie das Waldsterben, die Chemiekatastrophe in Schweizerhalle 1986, Überschwemmungskatastrophen usw. regulativen Massnahmen zu politischen Mehrheiten verhelfen konnten.

Viel erfolgreicher war der Staat in der Regel dann, wenn er auf finanzielle Massnahmen setzte. Vor allem Bundessubventionen leisteten oft den entscheidenden Beitrag zur Implementierung von Steuerungsmassnahmen, so beispielsweise im Bereich der Abwasserreinigung.

Ingesamt zeigt sich die Schweiz als ein Land, das im letzten Drittel des 20. Jahrhunderts die Problematik des verschwenderischen Umgangs mit natürlichen Ressourcen sehr wohl erkannte, dem es aber nicht gelang, das Ruder herumzureissen und der mittlerweile in der Bundesverfassung verankerten Zielvorstellung einer Entwicklung in Richtung Nachhaltigkeit nachzuleben.

104 Kellerhals/Tanner 1997.

105 *Historisches Lexikon der Schweiz*, «Elektrizitätswirtschaft». Zur Elektrifizierung der Schweiz vor 1914: Gugerli 1996.

3.2.6 Bibliographie

Online-Datenbanken

ASTRA: Bundesamt für Strassen, www.astra.admin.ch

BFS: Bundesamt für Statistik, www.bfs.admin.ch/

HSSO: Historische Statistik der Schweiz Online: Kammerer, Patrick et al. (Hg.), www.fsw.uzh.ch/histstat/main.php

Veröffentlichte Quellen und amtliche Publikationen

Bundesamt für Raumentwicklung (ARE) 2000: Raumplanung, Informationshefte (2000/4), Hohe Infrastrukturkosten durch die Zersiedelung, Bern.

Bundesamt für Raumentwicklung (ARE) 2005: Monitoring urbaner Raum, Themenkreis A9: Zentrumslasten, Version 01.05, Bern.

Bundesamt für Raumentwicklung (ARE) und Bundesamt für Umwelt (BAFU) 2008: Externe Kosten des Verkehrs in der Schweiz. Aktualisierung für das Jahr 2005 mit Bandbreiten, Bern.

Bundesamt für Raumplanung (ARE) und Bundesamt für Umwelt Wald und Landschaft (BUWAL) 1994: Landschaft unter Druck. Fortschreibung – Zahlen und Zusammenhänge über Veränderungen in der Landschaft Schweiz, Bern.

Bundesamt für Statistik (BFS)

BFS (Hg.): Statistisches Jahrbuch der Schweiz (Stat. Jb.), Zürich: NZZ Verlag, 1891–; Bern: Francke, 1891–; Neuchâtel: BFS.

BFS (Hg.): Eidgenössische Volkszählungen.

BFS (Hg.) 1995: Schweizerische Verkehrsstatistik 1993, Bern.

BFS (Hg.) 2005: Arealstatistik: Zahlen – Fakten – Analysen, Neuchâtel.

Literatur

Ackermann, Michael 1991: *Konzepte und Entscheidungen in der Planung der schweizerischen Nationalstrassen von 1927 bis 1961,* Bern/Berlin/Frankfurt a.M.: Lang.

Amacker, Anna 2007: Dynamische und risikofreudige Berner. BLS und BKW auf dem Weg zur Pioniertat 1902–1914, *Berner Zeitschrift für Geschichte und Heimatkunde* (2007), 77–150.

Asseo, David 1990: La place de la Suisse dans l'industrie automobile mondiale d'avant 1914, in: Bairoch, Paul / Körner, Martin (éd.): *La Suisse dans l'économie mondiale (15e–20e s.),* Zürich: Chronos, 141–164.

Bachmann, Stefan 1999: *Zwischen Patriotismus und Wissenschaft. Die schweizerischen Naturschutzpioniere (1900–1938),* Zürich: Chronos.

Balthasar, Andreas 1993: *Zug um Zug. Eine Technikgeschichte der Schweizer Eisenbahn aus sozialhistorischer Sicht,* Basel: Birkhäuser.

Bärtschi, Hans-Peter 1983: *Industrialisierung, Eisenbahnschlachten und Städtebau. Die Entwicklung des Zürcher Industrie- und Arbeiterstadtteils Aussersihl – ein vergleichender Beitrag zur Architektur- und Technikgeschichte,* Basel: Birkhäuser.

Bassand, Michel et al. 1986: *Politique des routes nationales. Acteurs et mise en œuvre,* Lausanne: Presses polytechniques romandes.

Bernhard, Hans 1920: *Die Förderung der Innenkolonisation durch den Bund. Grundlagen zu einem eidgenössischen Siedlungsgesetz. Gutachten erstattet an das Schweizerische Volkswirtschaftsdepartement,* Zürich (SVIL-Schrift Nr. 9).

Bertho Lavenir, Catherine 2008: Développement des transports et transformations du tourisme. Du bateau à vapeur à l'automobile, *Traverse. Revue d'histoire* (2008/1), 79–93.

Bieger, Thomas et al. 2004: *Evaluation der Investitionshilfe für Berggebiete (IHG), im Auftrag des Staatsekretariats für Wirtschaft (SECO),* St. Gallen / Lausanne.

Blanc, Jean Daniel 1993: *Die Stadt – ein Verkehrshindernis? – Leitbilder städtischer Verkehrsplanung und Verkehrspolitik in Zürich 1945–1975,* Zürich: Chronos.

Blanc, Jean-Daniel 1994: Planlos in die Zukunft? Zur Bau- und Siedlungspolitik in den 50er Jahren, in: Blanc, Jean-Daniel / Luchsinger, Christine (Hg.): *Achtung: die 50er Jahre! Annäherungen an eine widersprüchliche Zeit,* Zürich: Chronos, 71–93.
Broggi, Mario F. / Schlegel, Heiner 1988: Mindestbedarf an naturnahen Flächen in der Kulturlandschaft. *Bericht 31 des Nationalen Forschungsprogramms «Boden»,* Liebefeld-Bern: [s.n.].
Buchli, Felix 2003: Schweizer, steh zu deinen Bahnen! Die Sanierung der Schweizerischen Bundesbahnen (1920–1945), *Berner Forschungen zur Regionalgeschichte* 6 (2003).
Bussmann, Werner 1981: *Gewässerschutz und kooperativer Föderalismus in der Schweiz,* Bern / [etc.]: Haupt.
Cunha, Antonio da / Both, Jean-François 2004: *Metropolisierung, Städte und Agglomerationen: soziodemografische Strukturen und Dynamik von urbanen Räumen,* Neuenburg: Bundesamt für Statistik.
Eisinger, Angelus 2004: *Städte bauen. Städtebau und Stadtentwicklung in der Schweiz 1940–1970,* Zürich: gta-Verlag.
Ewald, Klaus 1978: *Der Landschaftswandel. Tätigkeitsbericht der Naturforschenden Gesellschaft Baselland* 30 (1978), 55–308.
Flückiger, Hans 1995: Raumplanung im Spannungsfeld zwischen Trend und Steuerung, in: Pfister, Christian et al. (Hg.), *Das 1950er Syndrom. Der Weg in die Konsumgesellschaft,* Bern/Stuttgart/Wien: Haupt, 333–350.
Frey, René Leo 2008: *Starke Zentren – Starke Alpen: Wie sich die Städte und ländlichen Räume der Schweiz entwickeln können,* Zürich: NZZ Libro.
Frey, Thomas 1999: Eine funktionale Bestandesaufnahme der Pferdepost 1850–1920, *Traverse. Zeitschrift für Geschichte* (1999/2), 89–105.
Frey, Thomas 2006: Die Beschleunigung des Schweizer Verkehrssystem 1850–1910, *Schweizerische Zeitschrift für Geschichte* 56 (2006), 38–45.
Frick, Roman et al. 2004: *La pendularité en Suisse,* Neuchâtel: Office fédéral de la statistique.
Fritzsche, Bruno 1986: Eisenbahnbau und Stadtentwicklung in der Schweiz, in: Borscheid, Peter / Teuteberg, Hans-Jürgen (Hg.), *Stadtwachstum, Industrialisierung, Sozialer Wandel,* Berlin: Duncker & Humblot, 175–194.
Fröhlich, Philipp 2008: *Änderungen der Intensitäten im Arbeitspendlerverkehr von 1970 bis 2000,* [s.l.]: [s.n.], Diss. ETHZ, Zürich.
Fujita, Masahisa / Krugman, Paul / Venables, Anthony J. [2]2001: *The Spatial Economy: Cities, Regions, and International Trade,* Cambridge, Mass: The MIT Press.
Galliker, Hans-Rudolf 1997: *Tramstadt: Öffentlicher Nahverkehr und Stadtentwicklung am Beispiel Zürichs,* Zürich: Chronos.
Gasche, Urs P. 1981: *Bauern, Klosterfrauen, Alusuisse. Wie eine Industrie ihre Macht ausspielt, Beamte den Volkswillen missachten und ihre Umwelt kaputt geht. Eine wahre Schweizer Geschichte,* Gümligen: Zytglogge-Verlag.
Gather, Matthias / Kagermeier, Andreas / Lanzendorf, Martin 2008: *Geografische Mobilitäts- und Verkehrsforschung,* Berlin: Gebrüder Borntraeger Verlagsbuchhandlung.
Giger, Andreas 1981: Umweltorganisationen und Umweltpolitik, *Schweizerisches Jahrbuch für politische Wissenschaft* 21 (1981), 49–77.
Girod, Roger 1956: *Un aspect de l'évolution du niveau de vie. Le progrès de l'automobilisme selon les milieux, de 1900 environ à aujourd'hui. Le cas de Genève,* Genève: Alliance internationale de tourisme: Imprimerie vaudoise.
Gugerli, David 1996: *Redeströme. Zur Elektrifizierung der Schweiz, 1880–1914,* Zürich: Chronos.
Haefeli, Ueli 1996: *Ein Dorf wird Vorstadt. Suburbanisierung am Beispiel der bernischen Agglomerationsgemeinde Münchenbuchsee,* Zürich: Chronos.
Haefeli, Ueli 1997: Rekonstruktionen historischer Landschaftsfotografien. Der Beitrag einer neuen Methode zum umweltgeschichtlichen Diskurs, *Traverse. Zeitschrift für Geschicht*e (1997/2), 69–82.
Haefeli, Ueli 1998a: Die Vorortsperspektive – Suburbanisierung im Raum Bern am Beispiel der Gemeinde Münchenbuchsee, in: Lüthi, Christian / Meier, Bernhard (Hg.), *Bern – eine Stadt bricht auf. Schauplätze und Geschichten der Berner Stadtentwicklung zwischen 1798 und 1998,* Bern/Stuttgart/Wien: Haupt, 105–122.
Haefeli, Ueli 1998b: Der lange Weg zum Umweltschutzgesetz. Die Antwort des politischen Systems auf das neue gesellschaftliche Leitbild «Umweltschutz», in: König, Mario et al. (Hg.), *Dynamisierung und Umbau. Die Schweiz in den 60er und 70er Jahren,* Zürich: Chronos, 241–249.
Haefeli, Ueli 1999: Luftreinhaltepolitik im Strassenverkehr in den USA, in Deutschland und in der Schweiz. Ein Vergleich der Entwicklung nach 1945, *Traverse. Zeitschrift für Geschichte* (1999/2), 171–191.
Haefeli, Ueli 2001: Stadt und Autobahn – eine Neuinterpretation, *Schweizerische Zeitschrift für Geschichte* 51 (2001), 181–202.

Haefeli, Ueli 2005: Public Transport in Bielefeld (Germany) and Bern (Switzerland) since 1950: A comparative analysis of efficiency, effectiveness and political background, *European Journal for Transport and Infrastructure* 5 (2005), 193–214.

Haefeli, Ueli 2006: Die schweizerische Gesamtverkehrskonzeption, *Schweizerische Zeitschrift für Geschichte* 56 (2006), 86–95.

Haefeli, Ueli 2008: Verkehrspolitik und urbane Mobilität: deutsche und Schweizer Städte im Vergleich 1950–1990, *Beiträge zur Stadtgeschichte und Urbanisierungsforschung* 8 (2008), Stuttgart: Franz Steiner Verlag.

Historischer Strukturatlas der Schweiz 2001: Fritzsche, Bruno et al., *Historischer Strukturatlas der Schweiz. Die Entstehung der modernen Schweiz,* Baden: hier + jetzt.

Historisches Lexikon der Schweiz (HLS), Basel: Schwabe.

Höschen, Markus 2007: *Nationaler Starrsinn oder ökologisches Umdenken? Politische Konflikte um den Schweizer Alpentransit im ausgehenden 20. Jahrhundert,* München: M-Press.

Huguenin, Régis 2007: *L'émergence des transports publics en ville de Neuchâtel: urbanisation et mobilité, 1890–1922,* Neuchâtel: Alphil.

Humair, Cédric / Jost, Hans Ulrich (dir.) 2008: *Prométhée déchaîné: technologies, culture et société helvétiques à la Belle Epoque* (Les Annuelles 11/2008), Lausanne: Antipodes.

Hürlimann, Gisela 2007: *Die Eisenbahn der Zukunft: Modernisierung, Automatisierung und Schnellverkehr bei den SBB im Kontext von Krisen und Wandel (1965–2000),* Zürich: Chronos.

Jaeger, Jochen et al. 2008: *Landschaftszersiedelung Schweiz – Quantitative Analyse 1935 bis 2002 und Folgerungen für die Raumplanung.* Wissenschaftlicher Abschlussbericht, Nationales Forschungsprogramm 54 «Nachhaltige Siedlungs- und Infrastrukturentwicklung» des Schweizerischen Nationalfonds, Zürich.

Jemelin, Christophe 2008: *Transports publics dans les villes: leur retour en force en Suisse,* Lausanne: Presses polytechniques et universitaires romandes.

Kammann, George 1990: *Mit Autobahnen die Städte retten? Städtebauliche Ideen der Expressstrassen-Planung in der Schweiz 1954–1964,* Zürich: Chronos.

Kaufmann, Vincent 1997: *Sociologie de la mobilité urbaine: la question du report modal,* Lausanne: Thèse de doctorat, Ecole Polytechnique Fédérale.

Kaufmann, Vincent 2003: *Coordonner transports et urbanisme,* Lausanne: Presses polytechniques et universitaires romandes.

Kellerhals, Andreas / Tanner, Albert 1997: *Netze: Verkehr – Telekommunikation – Energie: der Staat zwischen Laisser-faire und Intervention,* Publikation zur Ausstellung im Schweizerischen Bundesarchiv Bern, 14. Mai – 18. Juli 1997, Bern: Bundesarchiv-Dossier 5.

Kirchhofer, André 2006: Wettrennen um Verlustabschlüsse? Zur «Gemeinwirtschaftlichkeit» der Schweizer Bahnen und ihrer Abgeltung, *Schweizerische Zeitschrift für Geschichte* 56 (2006), 57–66.

Knoepfel, Peter et al. 2001(Hg.): *Institutionelle Regime für natürliche Ressourcen; Boden Wasser und Wald im Vergleich,* Basel / [etc.]: Helbing & Lichtenhahn.

Kobi, Fritz 1996: Angebotsorientierte Verkehrsplanung. Das «Berner Modell», *Strasse und Verkehr* 82 (1996), 162–166.

Koch, Michael 1992: *Städtebau in der Schweiz 1800–1990. Entwicklungslinien, Einflüsse und Stationen,* Zürich / Stuttgart: Verlag der Fachvereine, B.G. Teubner.

Koll-Schretzenmayr, Martina 2008: *Gelungen – misslungen? Die Geschichte der Raumplanung Schweiz,* Zürich: NZZ Verlag.

Kupper, Patrick 2003a: Die «1970er Diagnose», Grundsätzliche Überlegungen zu einem Wendepunkt der Umweltgeschichte, *Archiv für Sozialgeschichte* (2003), 325–348.

Kupper, Patrick 2003b: *Atomenergie und gespaltene Gesellschaft. Die Geschichte des gescheiterten Projektes Kernkraftwerk Kaiseraugst,* Zürich: Chronos.

Lendi, Martin 1996: Zur Geschichte der Raumplanung in der Schweiz, *DISP* 127 (Oktober 1996), 24–26.

Litra 2010: Informationsdienst für den öffentlichen Verkehr (Hg.), *Verkehrszahlen,* Ausgabe 2010, Bern.

Marti, Michael / Sommer, Heini / Maggi, Rico 2007: Erreichbarkeit und regionalwirtschaftliche Entwicklung, *Schweizerische Verkehrswirtschaft* (Jahrbuch 2007), St. Gallen, 223–233.

Mauch Consulting, INFRAS, Ernst Basler und Partner AG 2001: *Politik der nachhaltigen Entwicklung in der Schweiz: Standortbestimmung und Perspektiven.* Entwurf Hauptbericht, Zürich.

McNeill, John R. 2003: *Blue Planet. Die Geschichte der Umwelt im 20. Jahrhundert,* Frankfurt a.M.: Campus.

Merki, Christoph Maria 1995: Der Treibstoffzoll aus historischer Sicht: von der Finanzquelle des Bundes zum Motor des Strassenbau, in: Pfister, Christian et al. (Hg): *Das 1950er Syndrom. Der Weg in die Konsumgesellschaft,* Bern / Stuttgart / Wien: Haupt, 311–332.

Merki, Christoph Maria 1999: Unterwegs in unwegsamem Gelände. Historische Strassenverkehrsforschung in der Schweiz, *Traverse. Zeitschrift für Geschichte* (1999/2), 37–54.

Merki, Christoph Maria 2002: *Der holprige Siegeszug des Automobils 1895–1930. Zur Motorisierung des Strassenverkehrs in Frankreich, Deutschland und der Schweiz*, Wien: Böhlau.

Merki, Christoph Maria 2006: Vom «Herrenfahrer» zum «Balkanraser». Zur Geschichte des Automobilismus in der Schweiz, *Schweizerische Zeitschrift für Geschichte* 56 (2006), 46–56.

Mitchell, Brian R. 2003: *International Historical Statistics 1750–2000*, Vol. 2: Europe. Basingstoke: Palgrave Macmillan.

Möller, Thomas 1986: *Energie im gesamtwirtschaftlichen Produktionsmodell. Ein dritter Produktionsfaktor und sein Einfluss auf die langfristige Entwicklung einer energieabhängigen Wirtschaft*, [s.l.]: [s.n.], Dissertation Wirtschaftswissenschaften, St. Gallen.

Moser, Peter 2003: *Züchten, säen, ernten: Agrarpolitik, Pflanzenzucht und Saatgutwesen in der Schweiz 1860–2002*, Baden: hier + jetzt.

Müller, Reto et al. 2005: Die Not als Lehrmeisterin. Auswirkungen von Naturkatastrophen auf staatliches Handeln am Beispiel von sechs ausgewählten Krisensituationen im 19. und 20. Jahrhundert, *Schweizerische Zeitschrift für Geschichte* 55 (2005), 257–284.

Nahrath, Stéphane 2003: *La mise en place du régime institutionnel de l'aménagement du territoire en Suisse entre 1960 et 1990*, Lausanne: [s.n.].

Niederer-Schmidli, Susanne 1992: Umweltschutz – Schlagwort der 70er Jahre, *Verhandlungen der Naturforschenden Gesellschaft Basel* 102 (1992), 175–210.

Ochsenbein, Gregor 2000: *Strassenbau und Strassenkosten ohne Ende. Eine systemtheoretische Analyse eines sich selbst verstärkenden Prozesses im 20. Jahrhundert*, Bern: Lizentiatsarbeit, Historisches Institut, Universität Bern.

Paquier, Serge 2008: Développement international des industries de réseaux et construction d'une identité nationale: les cheminements technologiques et institutionnels des villes suisses vers un système stabilisé au XIXe siècle, *FLUX Cahiers scientifiques internationaux, Réseaux et Territoires* 72/73 (2008), 13–26.

Pfister, Christian 2002: *Am Tag danach – Zur Bewältigung von Naturkatastrophen in der Schweiz 1500–2000*, Bern: Haupt.

Pfister, Christian 2003: Energiepreis und Umweltbelastung. Zum Stand der Diskussion über das «1950er Syndrom», in: Siemann, Wolfram (Hg.), *Umweltgeschichte. Themen und Perspektiven*, München: C. H. Beck, 61–86.

Pfister, Christian 2006: Voraussetzungen und Zielsetzungen einer Verkehrsgeschichte der Schweiz, *Schweizerische Zeitschrift für Geschichte* 56 (2006), 2–6.

Pfister, Christian / Brändli, Daniel 1999: Rodungen im Gebirge – Überschwemmungen im Vorland. Ein Deutungsmuster macht Karriere, in: Sieferle, Rolf Peter et al. (Hg.): *Natur-Bilder. Wahrnehmungen von Natur und Umwelt in der Geschichte*, Frankfurt a.M.: Campus, 297–323.

Pfister, Christian et al. (Hg.) 1996: *Das 1950er Syndrom. Der Weg in die Konsumgesellschaft*, Bern / Stuttgart / Wien: Haupt.

Radkau, Joachim 2000: *Natur und Macht: Eine Weltgeschichte der Umwelt*, München: C.H. Beck.

Rechsteiner, Rudolf 1993: Sind hohe Energiepreise volkswirtschaftlich ungesund? *GAIA* (1993), 310–327.

Rieder, Stefan 1999: Randregionen in der Autobahnfalle, *Traverse. Zeitschrift für Geschichte* (1999/2), 192–210.

Sager, Fritz 1999: Spannungsfelder und Leitbilder in der schweizerischen Schwerverkehrspolitik 1932 bis 1998, *Schweizerische Zeitschrift für Geschichte* 49 (1999), 307–332.

Schiedt, Hans-Ulrich 2004: Der Ausbau der Hauptstrassen in der ersten Hälfte des 20. Jahrhunderts, *Wege und Geschichte* (2004/3), 12–25.

Schiedt, Hans-Ulrich 2006: Chausseen und Kunststrassen: Der Bau der Hauptstrassen zwischen 1740 und 1910, *Schweizerische Zeitschrift für Geschichte* 56 (2006), 13–21.

Schuler, Martin et al. 2007: *Atlas des räumlichen Wandels der Schweiz*, Zürich: NZZ Libro.

Schuler, Martin / Kaufmann, Vincent 2005: Les transports publics à l'épreuve des mutations de la pendularité: comparaisons diachroniques sur la base des résultats des recensements fédéraux de 1970, 1980, 1990 et 2000, *disP – The Planning Review* 161 (2005), 40–50.

Schweizerische Politik: Institut für Politikwissenschaft, Universität Bern, 1965f.

Seewer, Ulrich 2000: Fussgängerbereiche im Trend? Strategien zur Einführung grossflächiger Fussgängerbereiche in der Schweiz und in Deutschland im Vergleich in den Innenstädten von Zürich, Bern, Aachen und Nürnberg, *Geographica Bernensia* G65 (2000), Bern: Geographisches Institut, Universität Bern.

Sieferle, Rolf Peter 1982: *Der unterirdische Wald. Energiekrise und industrielle Revolution*, München: C.H. Beck.

Siegenthaler, Hansjörg 1993: *Regelvertrauen, Prosperität und Krisen. Die Ungleichmässigkeit wirtschaftlicher und sozialer Entwicklung als Ergebnis individuellen Handelns und sozialen Lernens*, Tübingen: J.C.B. Mohr.

Siegenthaler, Hansjörg / Eisinger, Angelus 2008: Zur Wirkungsgeschichte des motorisierten Individualverkehrs (?) in der Schweiz im 20. Jahrhundert, *Traverse. Zeitschrift für Geschichte* (2008/1), 94–117.

Simeon, Christophe 2010: Transfert de technologie et conditions cadres. Le rôle de la politique commerciale dans l'échec de l'industrie automobile suisse, *Traverse. Revue d'histoire* (2010/3), 85–96.

Simmen, Helen et al. 2005: *Die Alpen und der Rest der Schweiz: Wer zahlt – wer profitiert,* Zürich: vdf, Hochschulverlag AG, ETH.

Stalder, Ruth 2002: Von der «Cloakenfrage» zur Schwemmkanalisation. Die Abwasserentsorgung in der Stadt Bern 1850–1900, *Berner Zeitschrift für Geschichte und Heimatkunde* (2002), 161–197.

Steigmeier, Andreas 1995: *Zehndergeschichte,* Gränichen: Zehnder Holding AG.

Steinmann, Jonas 2003: *Bahnen unter Strom! Die Elektrifizierung der Schweizerischen Bundesbahnen in historischer Perspektive,* Bern: Lizentiatsarbeit, Historisches Institut, Universität Bern.

Steinmann, Jonas 2006: Solidarität statt Effizienz? Die Kontroverse um die Sanierung oder Stilllegung der Stansstad–Engelberg-Bahn, *Schweizerische Zeitschrift für Geschichte* 56 (2006), 67–75.

Tanner, Jakob 1988: Die Chemiekatastrophe von «Schweizerhalle» und ihr Widerhall in der schweizerischen Umweltpolitik, *Österreichische Zeitschrift für Politikwissenschaft* 16 (1988), 17–23.

Thierstein, Alain et al. 2008: *Raumentwicklung im Verborgenen: die Entwicklung der Metropolregion Nordschweiz,* Zürich: NZZ Libro.

Uekötter, Frank 2007: *Umweltgeschichte im 19. und 20. Jahrhundert,* München: R. Oldenbourg.

Walter, François 1990: *Les Suisses et l'environnement: une histoire du rapport à la nature du XVIIIe siècle à nos jours,* Carouge-Genève: Editions Zoé.

Walter, François 1994: *La Suisse urbaine: 1750–1950,* Carouge-Genève: Editions Zoé.

Walter, François 2008: *Catastrophes. Une histoire culturelle, XVIe–XXIe siècle,* Paris: Editions du Seuil.

Wanzek, Jürg 1996: *Komplexe Natur – Komplexe Welt. Zum Aufkommen des modernen Umweltbewusstseins in der Schweiz in den Jahren 1968–1972,* Zürich: Lizentiatsarbeit, Historisches Institut, Universität Zürich.

Weiss, Hans 1981: *Die friedliche Zerstörung der Landschaft und Ansätze zu ihrer Rettung in der Schweiz,* Zürich: Orell Füssli.

Wenger, Nick 2007: *Die Katastrophe managen. Der Einfluss des Brandes von Schweizerhalle auf die Systematisierung der Katastrophenvorsorge in der Schweiz zwischen 1945 und 1995,* Bern: Lizentiatsarbeit, Historisches Institut, Universität Bern.

Wipf, Hans Ulrich / König, Mario / Knoepfli, Adrian 2003: *Saurer: vom Ostschweizer Kleinbetrieb zum internationalen Technologiekonzern,* Baden: hier + jetzt.

Zierhofer, Wolfgang 1999: Die Ruhe nach dem Sturm. Die Evaluation der Verarbeitung des Waldsterbens in der Forschung und in den Massenmedien der Schweiz, *GAIA* (1999), 8–18.

Zwicky, Heinrich 1993: *Umwelt als Aktivierungsgrund. Politische Aktivierungsereignisse zu Umwelt-, Verkehrs- und Wohnfragen in der Schweiz 1945–1989,* Zürich: Programmleitung, Nationales Forschungsprogramm 25.

3.3 Partizipation der Kantone und Regionen

MANUEL HIESTAND, MARGRIT MÜLLER UND ULRICH WOITEK

Die Schweiz ist ein vielgestaltiges Land, sowohl hinsichtlich der geographischen Lage und der topographischen Verhältnisse im Innern wie auch bezüglich der Zugehörigkeit zu verschiedenen europäischen Sprach- und Kulturräumen. Zentral ist deshalb die Frage, ob und in welchem Ausmass diese Gegensätze die wirtschaftliche Entwicklung und die Wohlstandsverteilung im Inland beeinflussten. In den ersten beiden Unterkapiteln werden einige der für die wirtschaftliche Entwicklung besonders relevanten politischen, räumlichen und kulturellen Grenzziehungen sowie die spezifisch schweizerische, die kantonale Autonomie stärkende Form des Föderalismus thematisiert. Anschliessend wird das Ausmass der Partizipation der Kantone und Regionen am wirtschaftlichen Entwicklungsprozess und am wachsenden Wohlstand auf zwei Raumebenen beschriebenen: auf kantonaler und auf regionaler. Die Analyse stützt sich auf quantitative Daten, die regelmässig im Abstand von etwa fünf bis zehn Jahren im Rahmen von Volks- und Betriebszählungen erhoben wurden. Zentral sind die Statistiken zur Entwicklung der Wohnbevölkerung und der Beschäftigung sowie die Schätzungen des kantonalen Bruttoinlandprodukts in der ersten und die offiziellen Erhebungen zum kantonalen Volkseinkommen in der zweiten Hälfte des 20. Jahrhunderts. Wie unterschiedlich oder gleichläufig entwickelte sich die Bevölkerung und die Beschäftigung in den Kantonen und Regionen? Sind auffallende Parallelen oder Unterschiede in Bezug auf die Wirtschaftsstruktur festzustellen, und wie wirkten sich diese auf die wirtschaftliche Leistungsfähigkeit und die Wohlstandsverteilung aus? Nahmen die Divergenzen im Verlauf des 20. Jahrhunderts zu oder ab, und welches sind die möglichen Ursachen für solche Entwicklungen?

Langfristige, das gesamte 20. Jahrhundert abdeckende Studien über die regionale Entwicklung innerhalb der Schweiz sind bisher keine erstellt worden. Ähnlich wie in anderen europäischen Ländern dominierte in der wirtschaftshistorischen Forschung die nationale Perspektive. Zwar wurden in den letzten beiden Jahrzehnten mehrere neue Kantonsgeschichten verfasst, die jeweils auch die ökonomische Entwicklung thematisieren, doch übergreifende Darstellungen fehlen.[1] Im «Strukturatlas der Schweiz» wird das umfangreiche statistische Datenmaterial zur räumlichen Entwicklung kartographisch auf einer Vielzahl von Raumebenen dargestellt und kommentiert. Der damit abgedeckte Zeitraum variiert in Abhängigkeit der verfügbaren Datenbasis, konzentriert sich jedoch vor allem auf die letzten drei Jahrzehnte des 20. Jahrhunderts.[2]

1 Einen Einblick in die neuere Kantonsgeschichtsschreibung vermittelt der Beitrag von Schumacher 2011.
2 Schuler et al. 1986; Schuler et al. 1997 und 2007. Zur räumlichen Entwicklung innerhalb der Schweiz im 19. und frühen 20. Jahrhundert vgl. Fritzsche et al. 2001. Eine Übersicht über regionalgeschichtlich

Daten zur regionalen Entwicklung werden auch innerhalb der EU-Mitgliedstaaten systematisch erhoben, ausgewertet und publiziert.[3] Ein wesentlicher Unterschied zur Datenlage in der Schweiz besteht darin, dass in allen EU-Staaten Daten zur regionalen Entwicklung des Bruttoinlandprodukts (BIP) verfügbar sind, in der Schweiz hingegen werden wegen ungelöster methodischer Probleme keine offiziellen regionalisierten Daten des BIP ausgewiesen.[4]

3.3.1 Kantonale, regionale und andere Grenzziehungen

3.3.1.1 Kantone, Regionen und ihre Beziehungen zu den Nachbarländern

Die zentrale Gliederungseinheit im Landesinnern sind die mit weitgehender politischer Autonomie ausgestatteten Kantone. Die kantonalen Grenzen blieben seit der Gründung des Bundesstaates 1848 unverändert, mit Ausnahme der Abspaltung des französischsprachigen Juras vom Kanton Bern und der Gründung eines neuen Kantons im Jahr 1979.[5] Neben der wirtschaftlichen Entwicklung der Kantone interessiert auch die Entwicklung von Grossregionen, im Folgenden als «Regionen» bezeichnet. Die Regionen sind im Unterschied zu den Kantonen keine politischen Gebietskörperschaften; sie sind vielmehr ein theoretisches Konstrukt basierend auf einer zu definierenden Art von räumlicher Nähe. Das Bundesamt für Statistik (BFS) unterscheidet sieben Grossregionen, wobei die Zentrumsfunktion der Grossstädte Zürich, Genf-Lausanne, Basel, Bern, Luzern, St. Gallen und Lugano die regionalen Grenzen bestimmen.[6] Dieses Gliederungskriterium ist für eine langfristige historische Analyse nicht geeignet, weil es sich bei dieser grossstädtischen Zentrumsfunktion um ein relativ neues Phänomen handelt (→ 3.2.1.1).[7] Bis weit ins 20. Jahrhundert hinein war die unterschiedliche wirtschaftliche Spezialisierung für die Grenzziehung der Regionen relevanter, und diese wurde stark von der geographischen Lage (an der Landesgrenze oder im Landesinnern) und der Topographie (Alpenraum, Mittelland) geprägt. Die

relevante Studien vermitteln die Literaturverzeichnisse in Schuler et al. 2007, 412–515, und Fritzsche et al. 2001, 204–207.

3 Vgl. insbesondere die Publikationen zur Regionalstatistik der Europäischen Union, http://epp.eurostat.ec.europa.eu/portal/page/portal/eurostat/home/. Das Jahrbuch 2007 enthält erstmals auch Daten zur regionalen Entwicklung in den EFTA-Staaten.

4 Gemäss Schuler et al. 2007, 352. Dass es in der Schweiz nicht möglich ist, zuverlässige regionale und kantonale BIP-Daten zu berechnen und damit auch verlässliche Aussagen über die regionale Entwicklung zu machen, ist schwer zu verstehen.

5 Es handelte sich dabei um die einzige Sezessionsbewegung innerhalb eines gemischtsprachigen Kantons seit der Gründung des Bundesstaates. Bern wurde bereits vor der Gründung des Kantons Jura zu den deutschsprachigen Kantonen gezählt, da die französisch sprechende Minderheit nie mehr als 10% ausmachte. Fritzsche 2000, 88 und 102. Eine Folge dieser Kantonsgründung war schliesslich 1994 der Anschluss des vom Kanton Bern isolierten und zu einer Exklave gewordenen Laufentals an den Nachbarkanton Basel-Landschaft.

6 Schuler et al. 2007, 58.

7 Zur zunehmenden Bedeutung von Grossstadtgebieten (Metropolitan Areas) in der Schweiz seit den 1960er Jahren vgl. Kübler 2005, 264.

Mobilität der Beschäftigten zwischen den Kantonen war hingegen eher gering.[8] Dies trifft insbesondere für die Kantone Wallis und Graubünden zu, die gemäss Gliederung des BFS zur Genferseeregion bzw. zur Region Ostschweiz gezählt werden. Im Unterschied zur Gliederung des BFS haben wir diese beiden Kantone und den Kanton Tessin zur Region Alpenraum zusammengefasst und unterscheiden zwischen den in Abbildung 3.3-1 dargestellten sieben Regionen.

Abbildung 3.3-1: **Regionen und Kantone**

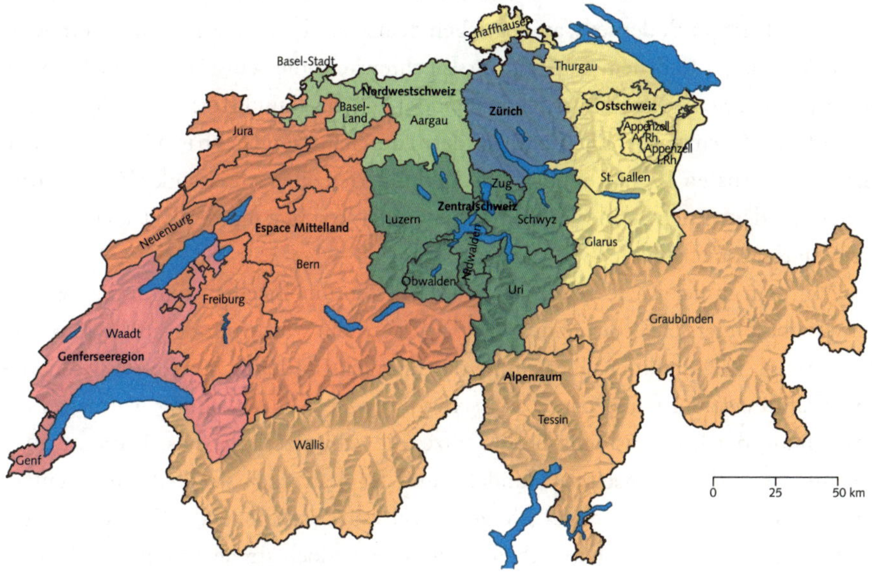

Quelle: BFS, GEOSTAT, eigene Darstellung.

Die Schweiz gehörte zu den früh industrialisierten Ländern, und wie in anderen europäischen Staaten etablierten sich die neuen Industriezweige anfangs nur in bestimmten Regionen des Landes.[9] Bereits im 19. Jahrhundert bestanden zudem enge Verflechtungen mit den angrenzenden Regionen in Deutschland, Frankreich, Österreich und Italien (Abbildung 3.3-2).[10] Für die wirtschaftliche Entwicklung im 20. Jahrhundert blieben diese Beziehungen mit den Nachbarländern wichtig, messbar insbesondere aufgrund ihres hohen Anteils am schweizerischen Aussenhandel (Exporte und

8 Fritzsche 2000, 90–91, mit Hinweis auf Urs Rey, *Demographische Strukturveränderungen und Binnenwanderung in der Schweiz 1850–1910* (nicht publizierte Lizentiatsarbeit), Zürich 1990; zum Arbeitsverkehr um 1910, der sich auf Tagwanderungen im urbanen Nahbereich beschränkte: Fritzsche et al. 2001, 69; zum Arbeitspendeln 1970–2000: Schuler et al. 2007, 266–278.

9 Pollard 1981; zur Schweiz insbesondere 101–102, 145–146, 161, 191, 249.

10 Zu den engen wirtschaftlichen Beziehungen der Regionen Zürich, Nordwestschweiz und Ostschweiz mit den jeweiligen Nachbarregionen Elsass, Baden und Vorarlberg zwischen 1800 und 1830 verfasste Kurosawa (2002) eine Studie, die leider nur in japanischer Sprache vorliegt. Vgl. dazu die Besprechung von Donzé 2007.

Importe) und an den Direktinvestitionen (→ 2.1.1) sowie an der Migration. Die immigrierenden Ausländer stammten zum grössten Teil aus den Nachbarländern, und die Schweizerinnen und Schweizer emigrierten, so weit sich dies aufgrund der verfügbaren statistischen Erhebungen überhaupt feststellen lässt, ebenfalls mehrheitlich in die Nachbarstaaten.[11] Zudem bestanden vielfältige Austauschbeziehungen im Bereich von Bildung, beruflicher Ausbildung und Forschung, die jedoch noch wenig erforscht sind. In den 1990er Jahren wurden neue transnationale Regionen gebildet wie beispielsweise die «RegioTriRhena», die Gebiete in Frankreich, Deutschland und der Schweiz umfasst (Südbaden, Oberelsass und Nordwestschweiz), oder die 1997 gegründete «Euregio Bodensee», an der neben deutschen Landkreisen, dem österreichischen Vorarlberg und dem Fürstentum Liechtenstein die schweizerischen Kantone Schaffhausen, St. Gallen, Thurgau, die beiden Appenzell und Zürich beteiligt sind.[12] Die offenen Grenzen im EU-Raum fördern, durchaus vergleichbar mit den offenen Grenzen im späten 19. Jahrhundert, die Bildung grenzüberschreitender Wirtschaftsgebiete, an denen sich auf der Basis der bilateralen Verträge mit der EU auch schweizerische Kantone beteiligen.

Mit dem in der Karte gelb markierten Fürstentum Liechtenstein unterhielt die Schweiz besonders enge Beziehungen.[13] Liechtenstein wurde mit dem Abschluss des Zollvertrags 1924 und der Übernahme des Frankens in den Schweizer Wirtschafts- und Währungsraum einbezogen: Die schweizerische Zollverwaltung übernahm die Bewachung der liechtensteinischen Grenze, die schweizerische Post bediente auch Liechtenstein, die gegenseitige Handels- und Kapitalverkehrsfreiheit wurde eingeräumt, und Liechtenstein musste die gesamtschweizerisch geltenden indirekten Verbrauchssteuern einführen. Der Arbeitsmarkt blieb jedoch streng reguliert, sodass die Liechtensteiner sich nicht einfach in der Schweiz niederlassen oder dort arbeiten konnten, wie umgekehrt der Zuzug von Schweizern in Liechtenstein begrenzt und re-

11 Die Ausländer stammten zu Beginn des Jahrhunderts zu 95% aus den Nachbarstaaten, 1960 zu fast 90% und 1975 noch zu 75%. Um 1990 war dieser Anteil auf unter 50% gesunken (HSSO Tab. F.21). Im 20. Jahrhundert befasste sich die Migrationsforschung in der Schweiz fast ausschliesslich mit der zahlenmässig bedeutend wichtigeren Immigration. Die Auswanderungswellen im 18. und 19. Jahrhundert sind hingegen relativ gut erforscht. Eine Übersicht über den Stand der Forschung zur Emigration vermitteln Schönenberger/Efionayi-Mäder 2010. Gemäss EDA lebten im Jahr 2010 über 10% der Schweizerinnen und Schweizer im Ausland, davon knapp 60% in der Europäischen Union (www.news.ch/Jeder+zehnte+Schweizer+lebt+im+Ausland/478995/detail.htm, Zugriff 9.6.2011 13:59), während jede fünfte in der Schweiz lebende Person eingewandert war (www.gfsbern.ch/Publikationen/Dossiers/Migration.aspx, Zugriff: 9.6.2011 13:57).

12 Zu den transnationalen Regionalprogrammen der EU siehe: ec.europa.eu/regional_policy/index_en.cfm, sowie mit der Schweiz: www.regiosuisse.ch/etz/interreg. Vgl. zudem Schuler et al. 2007, 52 zur unterschiedlichen Dynamik der Nachbarregionen Ende der 1990er Jahre. Festgestellt wird eine weitgehende Übereinstimmung der Wachstumsdynamik zwischen Genf-Lausanne und dem französischen Umland, Basel und dem Oberrheingebiet, im gesamten Bodenseegebiet sowie zwischen dem Schweizer Jura und der französischen Franche-Comté.

13 Diese Ausführungen verdanken wir Christoph Merki, der sich in seinen Forschungen, insbesondere in seinem Buch zur Geschichte Liechtensteins, auch mit den Beziehungen Liechtensteins zur Schweiz befasst (Merki 2007).

Abbildung 3.3-2: **Die Schweiz und ihre Nachbarregionen**

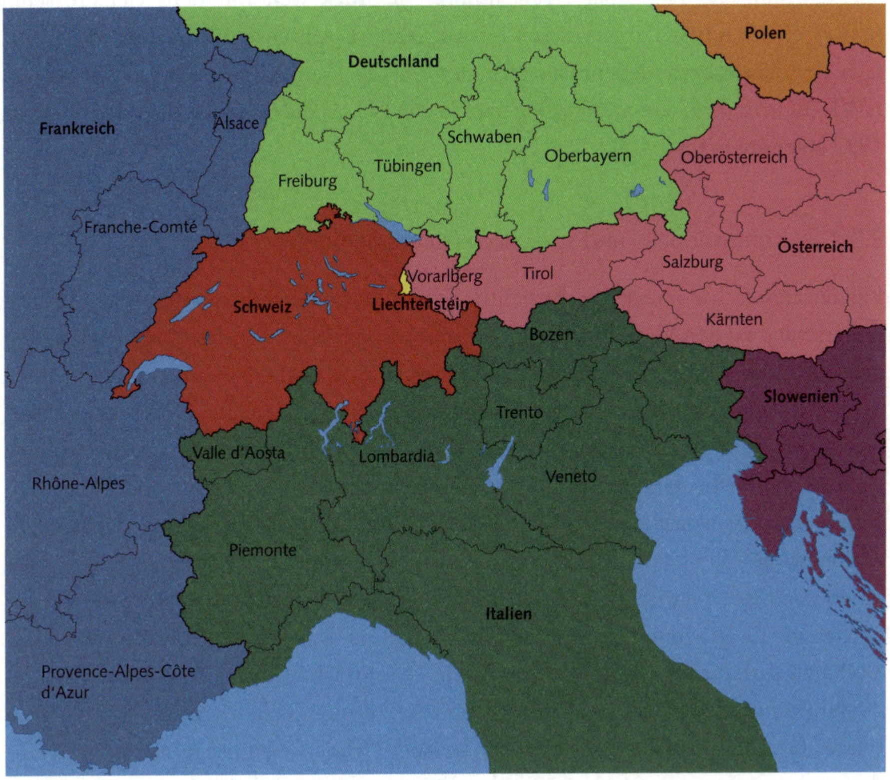

Quelle: EuroGeographics: www.alpine-space.eu, eigene Darstellung.

guliert blieb.[14] In den letzten Jahrzehnten des 20. Jahrhunderts nahm die wirtschaftliche Verflechtung zwischen Liechtenstein und der Schweiz zu. Sowohl die liechtensteinische Exportindustrie als auch der Finanzsektor waren von ausländischen Pendlern, in erster Linie von solchen aus Vorarlberg und aus der Ostschweiz abhängig.[15] Regionalwirtschaftlich gesehen, wurde Liechtenstein im ausgehenden 20. Jahrhundert ein eigentlicher Wachstumspol, der das angrenzende Rheintal (Kanton St. Gallen)

14 Bis zum Ersten Weltkrieg richtete sich Liechtenstein auf Österreich aus. Für die Schweiz hatte Liechtenstein vorerst wirtschaftlich keine grosse Bedeutung. Die Schweizer Textilindustrie produzierte in Liechtenstein, um – zollbefreit – in die Donaumonarchie exportieren zu können. Zu den Wirtschaftsbeziehungen zwischen der Schweiz und Liechtenstein während des Zweiten Weltkriegs vgl. Geiger et al. 2009; zu den Finanzbeziehungen Lussy 2001; zu den Beziehungen zwischen dem Liechtensteinischen Gesellschaftswesen (ausländische Sitzunternehmen und Holdinggesellschaften) mit den Schweizer Banken seit den 1920er Jahren vgl. Merki 2007, 136–172.

15 Ende 2008 waren 8 600 von 33 400 Beschäftigten in Liechtenstein Schweizer Zupendler, dazu kamen noch einige Tausend Schweizer, die in Liechtenstein wohnten und meist dort erwerbstätig waren, www.llv.li/llv-as-statistisches_jahrbuch.

aufwertete und attraktiver machte.[16] Der kleine und auf Spezialfälle ausgerichtete liechtensteinische Finanzplatz verschmolz ein Stück weit mit dem viel grösseren schweizerischen bzw. zürcherischen Finanzplatz.[17] Liechtenstein ist jedoch nicht einfach ein kleiner, besonders prosperierender Teil des Frankenraums, es hat seit seinem EWR-Beitritt 1995 ein anderes Verhältnis zur EU als die Schweiz, die einen Beitritt 1992 ablehnte (→ 5.3.4.3).

3.3.1.2 Konfessionelle und sprachliche Grenzziehungen

Für die innerschweizerischen Beziehungen von besonderer Bedeutung war, dass im Unterschied zu den Verhältnissen in anderen europäischen Ländern wie Belgien oder den Niederlanden die wirtschaftlichen Entwicklungs- und die damit einhergehenden Wohlstandsunterschiede nicht auf konfessionelle oder sprachliche Differenzen bezogen waren.[18] Für den Industrialisierungsschub des 19. Jahrhunderts lässt sich zwar eine gewisse räumliche Übereinstimmung zwischen Entwicklungsstand und Religionszugehörigkeit ausmachen, diese entsprach jedoch nicht der Verteilung der Sprachräume, sodass sich beide überlagerten und nicht verstärkten.[19] Die Spannungen zwischen den beiden christlichen Konfessionen prägten die politischen Auseinandersetzungen im 19. Jahrhundert, insbesondere im Vorfeld der Gründung des Bundesstaates 1848 und in den ersten Jahrzehnten danach, sie schwächten sich jedoch im Verlauf des 20. Jahrhunderts stark ab. Im späten 19. und Anfang des 20. Jahrhunderts lässt sich ein starkes Gefälle feststellen zwischen den prosperierenden, sich rasch industrialisierenden und institutionell modernisierenden Kantonen im mehrheitlich protestantischen Osten, Norden und Westen des Landes und den wirtschaftlich eher stagnierenden, in den traditionellen Wirtschaftszweigen verharrenden, mehrheitlich katholischen Kantonen in der Zentralschweiz und im Alpenraum. Die protestantischen Kantone förderten die allgemeine Schulbildung stärker, sie waren offener für Immigranten und für die in manchen Fällen damit einhergehende Ansiedlung neuer Industrien. Diese schon früh, bereits im 18. Jahrhundert sich bemerkbar machenden Unterschiede wirkten im Industrialisierungsprozess lange nach, denn die regionale Wirtschaftsentwick-

16 Das Rheintal profitierte auch stark vom grenzüberschreitenden Markt mit Süddeutschland und dem österreichischen Vorarlberg.

17 Bis Ende der 1980er Jahre blieb die Anzahl Banken in Liechtenstein eng begrenzt. In den 1990er errichteten Banken und Versicherungen aus der Schweiz Filialen in Liechtenstein, wie umgekehrt liechtensteinische Banken nach Zürich expandierten (Merki 200, 177–179).

18 In Belgien verschärfte gemäss Buyst 2000 die unterschiedliche wirtschaftliche Entwicklung in den beiden Sprachregionen Wallonien und Flandern die Konflikte zwischen diesen Regionen. Vgl. zu neuen Schätzungen des regionalen BIP in Belgien (1896–2000) und der dabei angewandten Geary-and-Stark-Methode Buyst 2009. Vgl. zudem Freiburghaus/Gehl 2002 zu den unterschiedlichen Beziehungen zwischen Föderalismus und Mehrsprachigkeit in der Schweiz und in Belgien.

19 Fritzsche (2000, 89) betont: «Seeing that, generally speaking, the confessional, ideological and social distinctions do not follow the linguistic boundaries, the differences of linguistic culture do not usually pose any serious problems in the business of politics.»

lung war ein ausgesprochen pfadabhängiger, d.h. ein an die bisherige Entwicklung anschliessender und durch sie eingeschränkter Prozess.[20] Die Beziehungen zwischen der verzögerten Industrialisierung, der späteren Einführung der allgemeinen Schulbildung und der mehrheitlichen Zugehörigkeit der Bevölkerung zu einer der beiden christlichen Religionen sind jedoch alles andere als eindeutig.[21] Die aufgrund der geographischen Lage und der Topographie erschwerte Zugänglichkeit dürfte für den später einsetzenden Industrialisierungsprozess in der Zentralschweiz und im Alpenraum und damit möglicherweise auch für die verspätete Förderung der Schulbildung in diesen Regionen entscheidender gewesen sein als die vorherrschende Religionszugehörigkeit.[22] In der zweiten Hälfte des 20. Jahrhunderts war nur noch in wenigen Kantonen das Übergewicht von einer der beiden christlichen Hauptreligionen prägend.[23] Mit der zunehmenden Immigration aus weiter entfernten Ländern verbreiteten sich in den letzten Jahrzehnten des 20. Jahrhunderts andere Religionen, und ein relativ grosser Teil der Bevölkerung in der Schweiz hing keiner Religion mehr an.[24]

Die Grenzen der Sprachregionen veränderten sich im 20. Jahrhundert kaum. Bezogen auf die gesamte Schweiz blieb die Verteilung der Bevölkerung nach Sprachgruppen bis 1950 ziemlich stabil (Tabelle 3.3-1). Die an Frankreich angrenzenden Kantone mit mehrheitlich französischer Muttersprache waren im Jahr 2000 die gleichen wie Ende des 19. Jahrhunderts: Genf, Waadt und Neuenburg, seit 1979 gehörte ferner der neugegründete Kanton Jura dazu. Die Kantone Freiburg und Wallis überlagerten die Sprachgrenzen zwischen Deutschschweiz und Romandie. In diesen gemischtsprachigen Kantonen nahm der Anteil der Bevölkerung mit französischer Muttersprache zwar etwas ab, jedoch nicht, weil die deutsche Sprache sich ausbreitete, sondern weil der Anteil der Bevölkerung mit anderen Sprachen anstieg. Im an Norditalien

20 Zum Konzept der «Pfadabhängigkeit» mit Bezug auf die wirtschaftliche Entwicklung in der Zwischenkriegszeit und zur damit verbundenen Gefahr, wegen des Lock-in-Effekts in den gegebenen Strukturen zu verharren und an Innovationsfähigkeit einzubüssen, vgl. Müller 2001 und die dort zitierte Literatur.

21 Vgl. zu den unterschiedlichen kantonalen Bildungsausgaben, den Ergebnissen der Rekrutenprüfungen und der Verteilung der Lehrkräfte im Zeitraum von etwa 1880 bis 1910 Fritzsche et al. 2001, 164–171. Fritzsche betont, dass andere Gegensätze, etwa zwischen Stadt und Land bzw. zwischen den unterschiedlichen Bildungsmöglichkeiten in städtischen und ländlichen Gebieten, ebenfalls eine Rolle spielten. Die Höhe der Bildungsausgaben stimmt auch nicht immer mit den Ergebnissen der Rekrutenprüfungen überein, doch der positive Zusammenhang zwischen Schulbildung und Wirtschaftswachstum scheint eindeutig zu sein. Zum Zusammenhang zwischen Schulbildung, wirtschaftlicher Entwicklung und Religionszugehörigkeit vgl. Wössmann/Becker 2009.

22 Zu diesem Schluss gelangen auch die Autoren der quantitativen Studie auf Distriktebene (Boppart et al. 2008), die sich mit dem Einfluss der Religion auf das Bildungsniveau, die Schulbesuchsquote und die politische Einstellung (progressiv, konservativ) in der Schweiz im letzten Viertel des 19. Jahrhunderts beschäftigt. Die Religion spielte nur dann eine Rolle, wenn konservative politische Einstellungen vorherrschten. Sobald progressive politische Einstellungen dominierten, verschwand der Einfluss der Religion.

23 Einen überwiegenden Anteil von Katholiken an der Wohnbevölkerung (mehr als 70%) hatten die Kantone Freiburg, Jura, Wallis, Tessin sowie mehrere Kantone der Zentralschweiz und Appenzell Innerrhoden (Schuler et al. 2007, 129).

24 Schuler et al. 2007, 131–132. Vgl. auch die Publikationen im Rahmen des NFP «Religionsgemeinschaften, Staat und Gesellschaft», www.nfp58.ch/d_index.cfm.

angrenzenden Tessin, dem einzigen Kanton mit mehrheitlich italienischsprachiger Bevölkerung, nahm der Anteil der Bevölkerung mit deutscher Muttersprache bis etwa 1950 zu, stabilisierte sich jedoch anschliessend bei 9 % bis 11 %. Innerhalb der gesamten Schweiz stieg der Anteil der Bevölkerung mit italienischer Muttersprache vor allem wegen der starken Immigration aus dem südlichen Nachbarland in den 1950er und 1960er Jahren.[25] Die Bevölkerung aller übrigen Kantone war mehrheitlich deutscher Muttersprache. Das galt seit etwa 1920 auch für den Kanton Graubünden mit seinen relativ grossen Minderheiten rätoromanischer oder italienischer Muttersprache. Der Anteil der rätoromanischsprachigen Bevölkerung, die im Unterschied zu der anderer Landessprachen nicht Teil eines grösseren Sprachraums war, nahm kontinuierlich ab.

Tabelle 3.3-1: **Verteilung der Bevölkerung nach Muttersprache (1880–2000)**

	Deutsch	Französisch	Italienisch	Rätoromanisch	andere	insgesamt
1880	71.4 %	21.4 %	5.7 %	1.4 %	0.2 %	100.0 %
1910	69.1 %	21.1 %	8.1 %	1.1 %	0.6 %	100.0 %
1950	72.1 %	20.3 %	5.9 %	1.0 %	0.7 %	100.0 %
1980	64.9 %	18.4 %	9.8 %	0.8 %	6.1 %	100.0 %
2000	63.7 %	20.4 %	6.5 %	0.5 %	9.0 %	100.0 %

Quelle: HSSO Tab. B.32; BFS online, Tab. 1.06.01.01.

Die Einsicht, dass sich die verschiedenen Sprachregionen in mancherlei Hinsicht unterscheiden und dass sich daraus schwerwiegende politische Spannungen ergeben könnten, prägte die politischen Verhältnisse in der Schweiz ausserordentlich stark. Der Minderheitenschutz, verstanden als die angemessene Beteilung der (Sprach-) Minderheiten in den politischen Gremien des Bundes, war zwar nicht in der Verfassung verankert, jedoch allgemein akzeptierte politische Praxis.[26] Auffallende oder auch ausbleibende Unterschiede im politischen Abstimmungsverhalten der beiden grossen Sprachregionen – Deutschschweiz und Romandie – waren Gegenstand ständiger Diskussionen. Keine Abstimmung, ohne dass die Existenz oder Nichtexistenz des «Röstigrabens» in den Medien diskutiert worden wäre. Andere Gegensätze überlagerten den «Röstigraben» und provozierten ebenfalls Divergenzdiskurse, etwa über das un-

25 Fritzsche 2000, 92; die Immigranten aus Italien waren seit den späten 1930er Jahren mit Anteilen von bis zu 60 % (1960) stets die grösste Ausländergruppe in der Schweiz, HSSO Tab. B.21.

26 Fritzsche (2000, 88) erwähnt das ungeschriebene, seit der Gründung des Bundesstaates 1848 geltende Gewohnheitsrecht, wonach mindestens zwei der sieben Bundesräte entweder aus der Romandie oder dem Tessin stammen mussten. Ein anderes Beispiel für die Berücksichtigung der Sprachminderheiten in wichtigen Führungsgremien findet sich bei der SNB, wo stets eines der drei Direktoriumsmitglieder aus der Romandie oder aus dem Tessin stammte.

terschiedliche Abstimmungsverhalten von «Stadt und Land» oder das vom Abstimmungsverhalten in der Romandie abweichende Votum des Tessins.[27]

Der wirksamste Minderheitenschutz bestand wohl darin, dass Mehrsprachigkeit vorwiegend als positiver Wert thematisiert wurde, als kultureller Reichtum und wirtschaftlicher Wettbewerbsvorteil. Sprachkompetenz sollte die Schweizerinnen und Schweizer auszeichnen, ihnen individuell den Zugang zu den anderen Landesteilen und zum angrenzenden Ausland erleichtern. Zwar lernten alle Kinder in der Schule mindestens eine zweite Landessprache, in den letzten Jahren zusätzlich noch Englisch.[28] Für den Grossteil der Bevölkerung – und insbesondere für das Gros der ausländischen Bevölkerung – blieb das politische Postulat des Beherrschens einer zweiten Landessprache dennoch ein kaum zu erfüllendes und auch nicht besonders erstrebenswertes Ziel. Zwischen dem sprachenpolitischen Leitbild auf Bundesebene und der realen Sprachkompetenz klafften stets Welten, doch führte dies nur sporadisch zu bildungspolitischen Auseinandersetzungen, weil das Bildungswesen zum Kompetenzbereich der Kantone gehörte. Wer sich Sprachkompetenzen aneignen wollte oder aus beruflichen Gründen dazu gezwungen war, befand sich jedenfalls in einem dafür günstigen Umfeld, und zwar nicht in erster Linie wegen der Sprachenvielfalt innerhalb der Schweiz, sondern wegen der engen wirtschaftlichen und kulturellen Kontakte zu den angrenzenden grösseren Sprachräumen, aber auch zu Grossbritannien sowie zu den im Verlauf des 20. Jahrhunderts immer wichtiger werdenden Vereinigten Staaten. In Bezug auf Mehrsprachigkeit blieb der Diskurs in der Schweiz positiv besetzt, und dies verhinderte, dass die individuell sicher spürbaren Behinderungen in den wirtschaftlichen, politischen, kulturellen und persönlichen Beziehungen zum Gegenstand politischer Auseinandersetzungen wurden.[29] Eine Ausnahme bildete in dieser Beziehung die Periode des Ersten Weltkriegs, doch wurden gerade aus den in dieser Zeit überaus starken, den Zusammenhalt des Landes gefährdenden Spannungen zwischen französischem und deutschem Sprachraum Lehren gezogen, die eine ähnliche Spaltung im Vorfeld und während des Zweiten Weltkriegs verhinderten.[30] Ob sich diese positive Einstellung gegenüber Mehrsprachigkeit und deren Interpretation als erwünschte Kompetenz und wichtiger Teil der Ressourcenausstattung auf die zunehmende Spra-

27 Das zum italienischen Sprachraum gehörende Tessin wurde nur in Ausnahmefällen als politisch eigenständig agierender Kanton wahrgenommen, und die rätoromanisch (offiziell die vierte Landessprache) Sprechenden im Kanton Graubünden wurden allenfalls im Kanton selbst, jedoch nicht innerhalb der Schweiz als politisch sich abweichend verhaltende Minderheit thematisiert.

28 In einigen stark international ausgerichteten Wirtschaftszentren (Zürich, Zug, Basel-Stadt, Genf) und in den Tourismusdestinationen im Wallis, im Berner Oberland, in Graubünden und in der Zentralschweiz sprachen im Jahr 2000 zwischen 20% und 55% der Beschäftigten im Erwerbsleben englisch (Schuler et al. 2007, 144).

29 Zum Streitpunkt wurde hingegen sporadisch die Verwendung des schweizerdeutschen Dialekts oder des Hochdeutschen in der Schule und in den Medien. Doch blieben diese Auseinandersetzungen auf einen Sprachraum begrenzt und tangierten nicht die Beziehungen zwischen den Sprachräumen.

30 Fritzsche 2000, 91–95.

chenvielfalt innerhalb des Landes ausdehnen lässt, ist eine offene Frage, doch Ansätze dazu sind zumindest vorhanden.[31]

3.3.2 Konkurrenz und Solidarität im föderalistischen System

Die schweizerische Variante des Föderalismus, insbesondere das für die Ausgestaltung der politischen Institutionen zentrale *Subsidiaritätsprinzip* und die weitgehende *Fiskalautonomie,* liessen den Kantonen einen besonders grossen politischen Handlungsspielraum.[32] Nach dem Subsidiaritätsprinzip sollen staatliche Aufgaben soweit wie möglich von der unteren Ebene, den Kantonen und Gemeinden, wahrgenommen werden. Die Kantone entscheiden über die in ihrem Gebiet geltenden Steuersätze und damit auch über den grössten Teil ihrer Einnahmen.[33] Zudem können die Gemeinden ihre Steuersätze innerhalb kantonaler Vorgaben variieren. Auch die Schulsysteme samt den dazu gehörenden Bildungsausgaben und die meisten Sozialleistungen wie Kinderzulagen, Krankenkassenprämien, Studienstipendien usw. divergieren von Kanton zu Kanton. Nur wenige Sozialleistungen wurden von Beginn an auf Bundesebene eingeführt und damit für alle Einwohner gleich geregelt. Im Bereich der sozialen Sicherheit nahmen allerdings in den letzten Jahrzehnten des 20. Jahrhunderts die Vereinheitlichungsbestrebungen zu (→ 4.3.2.3). Nach und nach setzte sich die Auffassung durch, dass ein allzu eklatantes Ungleichgewicht zwischen den zu erfüllenden öffentlichen Aufgaben und den zur Verfügung stehenden Steuereinnahmen vermieden werden sollte, da es die Autonomie der Kantone in Frage stellte. Vorerst sollte der Bund, später auch die wirtschaftlich leistungsfähigeren Kantone die wirtschaftlich schwächeren Kantone unterstützen. Die damit einhergehenden Eingriffe in die kantonale Autonomie führten jedoch immer wieder zu heftigen politischen Auseinandersetzungen.[34]

31 Vgl. dazu die Schlusssynthese des NFP 56: Haas 2010, und www.nfp56 ch/d.dfm. Im Rahmen dieses Projekts wird der ökonomische Wert des Plurilinguismus auf 10% des BIP geschätzt (Grin/Vaillancourt 2010, 87). Andererseits wird in mehreren Zusammenhängen auf die damit einhergehenden Schwierigkeiten in der alltäglichen Kommunikation verwiesen und aufgezeigt, wie in der Verwaltung, in der Armee und in multinationalen Unternehmen damit umgegangen wird. Vgl. zudem Tendon 2004 zum Umgang mit der Mehrsprachigkeit in Unternehmen in Sprachgrenzgebieten.

32 Zur Entwicklung des Föderalismus und zur Föderalismusdiskussion in der Schweiz vgl. Freibughaus 2002 und Freiburghaus/Buchli 2003.

33 Im Vergleich zum Anteil der «sub-central tax revenues» an den gesamten Steuereinnahmen der OECD-Staaten (ohne die USA) im Jahr 2002 war der Anteil von 43.1% der Kantone und Gemeinden in der Schweiz ausgesprochen hoch. Einen leicht höheren Anteil hatte lediglich Kanada mit 44.1%, gefolgt von Dänemark mit 35.6%, Schweden mit 32.1%, Australien mit 31.4% und Deutschland mit 28.7%. Zu den Ländern mit den niedrigsten Anteilen gehörten Griechenland mit 0.9%, die Niederlande mit 3.6% und Grossbritannien mit 4.5%. Vgl. dazu Blöchliger 2008, 60–62, mit Bezug auf Daten des Jahres 2002.

34 Die folgenden Ausführungen zum Finanzausgleich zwischen Bund und Kantonen verdanken wir Gisela Hürlimann, die sich im Rahmen ihres Forschungsprojekts «Die Sozialpolitik des Steuerstaats: Umverteilungsentwicklung der schweizerischen Steuerpolitik 1959–1993» mit dieser Thematik befasst.

In der Bundesverfassung von 1848 wurden die Steuereinnahmen zwischen Bund und Kantonen nach der Formel verteilt: die indirekten Steuern (einschliesslich der Zolleinnahmen) dem Bund, die direkten Steuern den Kantonen (→ 5.2.1.4).[35] Wegen der zunehmenden Aufgaben und insbesondere im Kriegskontext und in der schweren Wirtschaftskrise der 1930er Jahre bauten Bund und Kantone ihre Steuern allmählich aus oder führten neue Steuern ein. Im Zuge solcher Änderungenn wurde die historische Kompromissformel wiederholt in Frage gestellt (→ 5.2.2.1). Es gelang grundsätzlich nur dann, zusätzliche Einnahmen für den Bund zu erwirken – sei es durch neue indirekte Steuern auf den Verbrauch oder durch direkte Steuern auf Einkommen und Vermögen –, wenn die Kantone daran beteiligt wurden.[36] Umgekehrt auferlegte der Verteilungsschlüssel für die Beteiligung der öffentlichen Hand an der AHV-Finanzierung 1946 den Kantonen, ein Drittel der öffentlichen Beiträge für den AHV-Fonds aufzubringen. Angesichts der unterschiedlichen finanziellen Situation der Kantone wurde für deren AHV-Beiträge ein Lastenausgleichsmodell eingeführt, das die Kantone in finanzkräftigere und finanzschwächere unterteilte und als erster Schritt in Richtung eines interkantonalen Finanzausgleichs verstanden werden kann.[37] In der nach langwierigen Auseinandersetzungen schliesslich angenommenen Bundesfinanzvorlage von 1958 wurde ebenfalls die Verpflichtung des Bundes festgeschrieben, den Finanzausgleich unter den Kantonen zu fördern und dabei besondere Rücksicht auf das Berggebiet zu nehmen.[38] Die verfassungsmässige Verankerung erlaubte in der Ausführungsgesetzgebung von 1959 damit erstmals die rechtliche Regelung eines *einnahmenseitigen vertikalen und horizontalen Finanzausgleichs*: Die Bundesbeiträge an die Kantone wie auch die Beiträge der Kantone an den Bund wurden auf die Finanzkraft der Kantone abgestimmt.[39]

Der *ausgabenseitige Finanzausgleich* kam jedoch deutlich früher zum Tragen und war quantitativ bedeutender (→ 5.2.1.1). Seit der Gründung des Bundesstaates 1848 bestand die Tendenz, kantonale Aufgaben, insbesondere im Bereich von Verkehr und

35 Zu den verschiedenen Arten des Finanzausgleichs vgl. Mächler 2010, 74–75. Der einnahmenseitige Finanzausgleich bezweckt einen Ausgleich des Ressourcenpotenzials bzw. der Steuereinnahmen der Gliedstaaten eines föderativ gegliederten Staates, der ausgabenseitige Finanzausgleich eine Angleichung der Ausgabenlast (Steuerbelastung, Abgeltung konkreter Lasten).

36 Beispiele sind die hälftige Beteiligung der Kantone am Militärpflichtersatz nach 1874, am 1907 von den Kantonen an die Nationalbank abgetretenen Recht zur Notenausgabe (→ 5.1.3) und an der 1917 beschlossenen Stempelabgabe. Die Kantone wurden auch an den vom Bund neu erhobenen direkten Steuern auf Einkommen und Vermögen beteiligt: an der im Ersten Weltkrieg eingeführten Kriegs- und Kriegsgewinnsteuer sowie an der Krisensteuer, die in den 1930er Jahren eingeführt und im Zweiten Weltkrieg durch die eidgenössische Wehrsteuer ersetzt wurde. Die Wehrsteuer wurde auch nach dem Krieg beibehalten, und die Kantone blieben mit 30 % am Steuerertrag beteiligt.

37 Grundlage für diese Einteilung war die kantonale Finanzkraft aus dem Wehrsteueraufkommen. Vgl. Ergänzungsbotschaft zur AHV-Finanzierung vom 24.9.1946.

38 In Art. 42ter der Bundesverfassung der Schweizerischen Eidgenossenschaft. Eine erste Bundesfinanzvorlage wurde 1950 in der Volksabstimmung genauso abgelehnt wie 1953 eine überarbeitete Vorlage. Angenommen wurde schliesslich die Bundesfinanzvorlage vom 31.1.1958 (Abstimmung am 11.5.1958).

39 Im Bundesgesetz über den Finanzausgleich vom 19.6.1959.

Kommunikation, an den Bund zu delegieren und dadurch einheitlich zu regeln oder zumindest durch den Bund zu subventionieren. Um 1900 entfielen von den gesamten Ausgaben der öffentlichen Haushalte in der Schweiz etwa 20% auf den Bund, 1938 fast ein Drittel und 1952 bereits 47%.[40] Bis in die späten 1960er Jahre erfolgten mehr als die Hälfte aller Bundessubventionen an die Kantone im Rahmen eines ausgabenseitigen Finanzausgleichs. Darunter fielen an die Kantone ausbezahlte Subventionen für Landwirtschaft, Strassenbau und Verkehr, Kranken- und Unfallversicherung, Forschung und Unterricht oder für die AHV. Vor allem bei der Finanzierung des Nationalstrassenbaus war der Anteil der Kantone allerdings schon früh auch nach ihrer Finanzkraft geregelt.[41]

Bereits in den frühen 1970er Jahren wurde eine grundsätzliche Reform des Finanzausgleichs gefordert. Dabei ging es einerseits um die seit Beginn umstrittenen Berechnungsgrundlagen.[42] Andererseits sind die damaligen Diskussionen auch im Kontext einer parteiübergreifend gewünschten Steuerharmonisierung zu verstehen, ein Anliegen, das in den reformfreudigen 1970er Jahren angepackt werden sollte.[43] Während eine Vorlage für eine weitgehend aufs Formale beschränkte Steuerharmonisierung im Juni 1977 die Hürde der Volksabstimmung passierte, wurde ein Ausbau des Finanzausgleichs infolge der neuerlichen Ablehnung einer Bundesfinanzvorlage weiter verzögert. Ende der 1980er Jahre gelangten die Akteure von Bund und Kantonen dann zum Schluss, das System des Finanzausgleichs solle umfassend analysiert und bilanziert werden. Im 1991 erstellten Bericht zur Finanzausgleichsbilanz (für die Jahre 1970, 1976, 1982 und 1988) wurden die Systemmängel aufgezeigt.[44] Ein institutionalisierter Finanzausgleich wurde schliesslich nach jahrzehntelangen Debatten Ende November 2004 mit der Neuregelung von Finanzausgleich und Aufgabenteilung (NFA) in der Volksabstimmung angenommen.[45]

40 Bickel 1956, 767. Im Ersten Weltkrieg stieg der Anteil der Bundesausgaben auf 45% und im Zweiten Weltkrieg auf fast 60% (HSSO Tab. U.45).

41 Laut Nationalstrassengesetz von 1958 und einem Bundesratsbeschluss von 1962. Gleichzeitig blieb der (National-)Strassenbau ein im Rahmen von Steuerkraft, Subventionen und Finanzausgleich in den 1960er und 1970er Jahren ständig debattiertes Thema.

42 So wurde etwa gefordert, das kantonale Volkseinkommen solle zur Basis für den Ausgleichsschlüssel werden.

43 Am weitesten ging dabei eine Initiative des Landesrings der Unabhängigen von 1974 (abgelehnt 1976), welche die Einkommens- und Vermögenssteuern der Kantone und Gemeinden durch eine (ausgebaute) direkte Bundessteuer ersetzen und einen Teil dieser Bundessteuer für den Finanzausgleich einsetzen wollte. Einen Eindruck über die stark variierenden Steuersätze in der Schweiz in den Jahren 1938, 1970, 1983 und 2001 vermittelt Schuler et al. 2007, 207–212. Vgl. zudem HSSO Tab. U.37a und U.37b zu den kantonalen Steuersätzen auf Einkommen und Vermögen im Zeitraum 1914–1989.

44 Eidg. Finanzverwaltung 1991. In der einschlägigen Literatur, z.B. Rey 1999, wird die relativ geringe Wirkung des Finanzausgleichs betont. Vgl. dazu *Historisches Lexikon der Schweiz*, «Finanzausgleich».

45 Entgegen den Abstimmungsparolen linker und grüner Parteien sowie von Behindertenorganisationen. Diese befürchteten, dass die Kantonalisierung von Staatsaufgaben zu eine stärkeren Diskriminierung von sozial Benachteiligten führen könnte. Sie plädierten für einen stärkeren Ressourcenausgleich und einen Abbau der interkantonalen Steuerunterschiede. Ebenfalls gegen den NFA stellte sich eine Reihe von Nettozahlerkantonen wie Zug, die durch den NFA stärker zur Kasse gebeten wurden. Eidg. Abstimmung über den Bundesbeschluss vom 3.10.2003 zur Neugestaltung des Finanzausgleichs und

Der 1959 eingeführte Finanzausgleich zwischen Bund und Kantonen und das Bundesgesetz über Investitionshilfe für Berggebiete (IHG) von 1974 waren zentrale Instrumente der *Regionalpolitik* und spielten für die strukturschwachen Berggebiete, auf die solche Unterstützungsmassnahmen beschränkt waren, eine bedeutende Rolle (→ 3.2.4.3).[46] Die finanzkraftabhängigen Bundesbeiträge hatten gemäss Umverteilungsbilanz die stärkste Umverteilungswirkung. 80 % der Bundesbeiträge verteilten sich auf die Bereiche Unterricht und Forschung, Sozialpolitik und Wohnungsbau, Verkehr, Fortwirtschaft und Verbauungen.[47] Doch insgesamt blieben die Auswirkungen des Finanzausgleichs beschränkt und umstritten. Der Umverteilungsgrad nahm vor allem zwischen 1970 und 1976 zu. Danach trat eine Sparphase ein, in der zahlreiche Subventionen an die Kantone gekürzt wurden, was vor allem die finanzschwachen Kantone traf. 1970 machten die Finanzausgleichszahlungen insgesamt 1.6 % und 1988 2.5 % der kantonalen Haushalte aus, und auch bei der Gruppe der finanzschwachen Kantone waren es nie mehr als 9 %.[48] In den 1990er Jahren nahmen die Disparitäten zwischen den Kantonen deutlich zu, und zwar insbesondere aufgrund der kantonalen Autonomie bei der Festlegung der Steuersätze. Der Ausbau des interkantonalen Finanzausgleichs ging nämlich einher mit einem sich verstärkenden Standortwettbewerb zwischen den Kantonen (siehe unten 3.3.6.2), was wiederum zu einer Intensivierung der verteilungspolitischen Auseinandersetzungen zwischen den Kantonen führte. Dass schliesslich das Prinzip der Standortförderung und damit der interkantonale Standortwettbewerb zum Leitbild der Neuen Regionalpolitik (NRP) avancierte, bedeutete jedoch keine völlige Abkehr von der traditionellen, auf die Solidarität zwischen den wirtschaftlich stärkeren und schwächeren Kantonen setzenden Subventionspolitik. Unterstützung erhielten nur Projekte zur Förderung des Strukturwandels im Berggebiet, im ländlichen Raum oder in Grenzregionen.[49]

Die Bestrebungen politischer Parteien, das Ausmass an Ungleichheit zwischen den Kantonen mittels der Festlegung gleicher Regeln, gleicher Leistungen oder gleicher Steuersätze zu reduzieren, scheiterten in Abstimmungen wiederholt am Widerstand der Kantone und der Stimmbevölkerung.[50] Die eingeführten Ausgleichs-

der Aufgabenteilung zwischen Bund und Kantonen (NFA), 28.11.2004, www.admin.ch/ch/d/pore/va/20041128/det514.html.

46 Eine erste Evaluation der Erfolge und Schwächen der schweizerischen Regionalpolitik sowie eine Übersicht über die Regionalprobleme in der Schweiz vermitteln Frey 1985 und Brugger/Frey 1985.

47 Eidg. Finanzverwaltung 1991, 21.

48 Eidg. Finanzverwaltung 1991, 14.

49 Mit der NRP wurde ein Paradigmenwechsel vollzogen, weg von der Strukturförderung und damit eben auch von der Strukturerhaltung, hin zu mehr Wettbewerbsfähigkeit und Innovation. Vgl. dazu regiosuisse – Netzwerkstelle Regionalentwicklung des Staatssekretariats für Wirtschaft (SECO).

50 Beispielsweise die von der Sozialdemokratischen Partei der Schweiz lancierte Steuergerechtigkeitsinitiative, die in der Abstimmung vom 28. November 2010 von 58.5 % der Stimmenden abgelehnt wurde, und zwar am deutlichsten (mit 70 % bis 80 % Neinstimmen) in Kantonen mit niedrigen Steuersätzen für hohe Einkommen wie Zug, Nidwalden, Obwalden, Appenzell Innerrhoden und Uri. Angenommen wurde die Initiative nur in den Kantonen Jura, Neuenburg, Genf und Basel-Stadt, also in

massnahmen waren für einzelne Kantone zwar ein wichtiger Beitrag zur Haushaltsfinanzierung, blieben aber in ihrer Umverteilungswirkung relativ beschränkt. In demokratischen Staaten sollte eine Mehrzahl der relativ ärmeren Bevölkerung in der Lage sein, Einkommenstransfers von der Minderheit mit überdurchschnittlichen Einkommen zu erzwingen. Umverteilungen dieser Art sind jedoch erschwert, wenn die Staaten föderalistisch aufgebaut sind und die relativ reicheren Regionen Einkommenstransfers an die relativ ärmeren verhindern können. In der Schweiz variierte die Grösse der Kantone gemessen an der Bevölkerungszahl beträchtlich: Lebten in den bevölkerungsstärksten Kantonen Bern und Zürich zwischen 13 % und 18 % der Gesamtbevölkerung, so waren es in den kleinsten Halbkantonen Appenzell Innerrhoden und Nidwalden zwischen 0.2 % und 0.5 % (siehe Anhang Tabelle 3.3-A1).[51] Das stimmenmässige Übergewicht der grossen Kantone wird jedoch stark eingeschränkt durch die Notwendigkeit des «Ständemehrs», d.h. einer mehrheitlichen Zustimmung der Kantone (2 Stimmen) und Halbkantone (1 Stimme) bei allen Abstimmungen, die Verfassungsänderungen zur Folge haben. Obwohl in der Schweiz die Mehrzahl der Kantone über unterdurchschnittliche Einkommen verfügte (siehe unten 3.3.5 und 3.3.6), blieb das Ausmass der unter solchen Bedingungen theoretisch zu erwartenden Umverteilung von den reichen zu den ärmeren Kantonen sehr beschränkt. Entscheidend dafür war das Beharren der Kantone auf ihrer weitgehenden politischen Autonomie. Gegenüber Eingriffen des Bundes waren die Kantone – ob klein oder gross, wirtschaftlich stark oder schwach – grundsätzlich negativ eingestellt. Trotz der völlig anderen Grössenverhältnisse gleicht der schweizerische Föderalismus deshalb stark dem US-amerikanischen und unterscheidet sich entsprechend von dem anderer europäischer Staaten, insbesondere von Deutschland und Spanien, wo das interne Ausgleichssystem die regionalen Einkommensunterschiede stark reduziert.[52] Im Bereich der öffentlichen Infrastrukturleistungen (Verkehr, Post, Telefon) dominierte allerdings auch in der Schweiz das Ziel einer gleichartigen Versorgung aller Landesteile. Sie dürften, indem sie die Zugänglichkeit weniger zentral gelegener Gebiete gewährleisteten und damit die Ansiedlung neuer und die Weiterentwicklung traditioneller Branchen insbesondere in den Berggebieten förderten, erheblich zum Ausgleich kantonaler Wohlstandsunterschiede beigetragen haben (→ 3.2.4.3). Sie begünstigten beispielsweise die Erhaltung eines im Vergleich zu anderen europäischen Ländern ausgesprochen weitverzweigten Eisenbahnnetzes (→ 3.2.2.2). Als gewichtiger interkantonaler Umverteilungsmechanismus erwies sich seit den späten 1970er Jahren das Pendeln zwischen

Kantonen mit niedrigsten und höchsten Einkommen je Einwohner im Vergleich zum schweizerischen Durchschnitt (vgl. unten 3.3.6.2).

51 HSSO Tab. B.18a und B.43.

52 Rodden 2009 vergleicht die föderalistischen Systeme mit geringer interregionaler Umverteilung (die USA, Argentinien, Brasilien, Indien und die EU) mit Systemen, die ein hohes Ausmass an interregionaler Umverteilung aufweisen (Australien, Kanada, Deutschland und Spanien). Der wesentliche Unterschied besteht in der Ausgestaltung der Institutionen, und diese Unterschiede wiederum sind die Folge historischer Entwicklungsprozesse.

Wohn- und Arbeitsort, das sich mit dem Ausbau des öffentlichen Nahverkehrs für immer mehr Personen und über immer längere Strecken ausdehnte (→ 3.2.4.3).

Nach dem schweizerischen Föderalismusverständnis waren kantonale Unterschiede in Bezug auf Abgaben an den Staat und Leistungen vom Staat grundsätzlich eine Folge der kantonalen Fiskalautonomie und damit politisch allenfalls zu mildern, jedoch keinesfalls zu beheben.[53] Dank dieses Grundkonsenses konnten Auseinandersetzungen über interkantonale Verteilungsfragen vermieden oder zumindest erheblich entschärft werden. Die Auseinandersetzungen blieben weitgehend auf den innerkantonalen Raum bzw. auf den Finanzausgleich zwischen den Gemeinden und – in den letzten Jahrzehnten des Jahrhunderts – zwischen den Gemeinden der Agglomeration und der Kernstadt beschränkt. Die Schweiz nahm im Rahmen der international vergleichenden Glücksforschung stets einen der vordersten Plätze ein. Begründet wird dies u. a. mit der Regierungsform der direkten Demokratie.[54] Hinzuzufügen wäre, dass neben der bürgernah institutionalisierten Mitbestimmung auch die mit dem Autonomiestreben einhergehende Toleranz gegenüber Ungleichheit den Grad an Zufriedenheit stark beeinflusst haben dürfte.

Beim Standortwettbewerb, ein zwar nicht neuer, jedoch in den beiden letzten Jahrzehnten vermehrt praktizierter Bereich der kantonalen und kommunalen Wirtschaftspolitik, geht es im Gegensatz zu den verschiedenen Varianten des Finanzausgleichs primär um die Steigerung der wirtschaftlichen Attraktivität eines Kantons bzw. einzelner Gemeinden und Städte. Standortförderung betrieben die Kantone und Gemeinden unabhängig voneinander und nur ausnahmsweise im Verbund.[55] Die weitgehende wirtschafts- und finanzpolitische Autonomie liess jedem Kanton und jeder Gemeinde innerhalb eines Kantons einen verhältnismässig grossen Handlungsspielraum, um sich für die eigenen wirtschaftlichen Interessen einzusetzen und relative Nachteile (geographische Lage, verfügbare Ressourcen) mit kompensierenden Massnahmen (Ausbau der Infrastruktur, Senkung der Steuern) auszugleichen, teilweise mit Unterstützung des Bundes und, seit der Institutionalisierung des Neuen Finanzausgleichs, auch der Kantone. Die Kantone verfügten im Verbund mit Nachbarkantonen über Industrie- und Handelskammern, und diese waren Mitglieder des wichtigsten wirtschaftlichen Dachverbandes, des Schweizerischen Handels- und Industrievereins (seit 2000 Economiesuisse). Die Rolle der kantonalen Interessenvertretungen in diesem einflussreichen Wirtschaftsverband wurde allerdings noch nie untersucht. Die kantonalen und lokalen Behörden nutzten seit jeher ihren Handlungsspielraum zur

53 Für den Abbau allzu eklatanter Unterschiede, insbesondere im Bereich der Sozialleistungen, setzte sich zwar die Sozialdemokratische Partei mittels Initiativen immer wieder ein, jedoch meistens ohne Erfolg.

54 Frey 2010, 93–94; mit Hinweis auf die Untersuchungen zum Zusammenhang zwischen Demokratie, Föderalismus und Glück in der Schweiz: Frey/Stutzer 2000.

55 Verschiedene Formen der gemeindeübergreifenden Zusammenarbeit innerhalb eines Kantons, insbesondere zwischen den Grossstädten und ihren Agglomerationen, etablierten sich seit den 1990er Jahren im Bereich der Infrastruktur (Wasser, öffentlicher Verkehr), Drogenbekämpfung und Kultur. Vgl. dazu Kübler 2005, 267–274.

Wahrung der Interessen «ihrer» Unternehmen. Standortwettbewerb wirkt sich dann ausgleichend aus, wenn in wirtschaftlich schwächeren Regionen Standortnachteile verringert werden können. Wenn hingegen bereits bestehende Standortvorteile verstärkt und die relativen Nachteile anderer Kantonen vergrössert werden, nehmen die Divergenzen zu. Dabei spielt es natürlich eine grosse Rolle, womit Standortwettbewerb betrieben wird, und es stellt sich die Frage, ob sich in dieser Hinsicht im Verlauf des 20. Jahrhunderts Veränderungen feststellen lassen.

Der grosse politische Handlungsspielraum der Kantone ging zwangsläufig mit einer Beschränkung des Handlungsspielraums des Bundes einher und erschwerte die Durchsetzung politischer Massnahmen und institutioneller Reformen.[56] In Kriegsperioden und schweren Wirtschaftskrisen liessen sich wirtschaftspolitische Eingriffe des Bundes nur mittels Dringlichkeitsrecht, d.h. unter Ausserkraftsetzung der demokratischen Spielregen rasch einführen (→ 5.1.3 und 5.1.4). Neuerungen scheiterten häufig an der Mehrheit nicht reformwilliger Kantone; sie wurden dann zunächst in den reformbereiten Kantonen und erst später, nachdem weitere Kantone nachgezogen hatten, auf Bundesebene eingeführt.[57] Wenn die Entscheidung nicht an die Kantone delegiert werden konnte, wie beispielsweise beim Beitritt zum Internationalen Währungsfond (IWF) oder zur UNO, dauerte es besonders lange, bis eine Mehrheit von Volk und Kantonen zustimmte (→ 5.3.3.3).

Die spezifisch schweizerische Form des Föderalismus begünstigte zudem eine besondere Form von Marktregulierung und Marktsegmentierung im Inland: den kantonalen Protektionismus. Kantonale Zulassungsbeschränkungen spielten vor allem im öffentlichen Sektor eine grosse Rolle, wirkten sich jedoch auch auf den privaten Sektor aus, insbesondere in der stark von öffentlichen Aufträgen abhängigen Bauwirtschaft. Ob und allenfalls wie sich diese besonderen Marktbeschränkungen auf die Entwicklung dieser Wirtschaftsbereiche auswirkten, ist nicht erforscht. Der seit der Bundesstaatsgründung 1848 mit der Abschaffung der Zölle im Innern angestrebte einheitliche Binnenmarkt blieb jedenfalls wegen der vielfältigen formellen und informellen kantonalen Regeln ein Programm, das noch zu Beginn des 21. Jahrhunderts nicht vollständig verwirklicht war.[58]

56 Die föderalistischen Strukturen verhinderten bis in die 1930er Jahre eine Zentralisierung der Strassenverkehrspolitik (→ 3.2.2.1), und die Vorbehalte der Kantone gegenüber bundesstaatlichen Eingriffen in das private Bodeneigentum liessen keine konsistente nationale Raumplanung zu (→ 3.2.3.2). Weitere Beispiele sind die im Vergleich zu anderen europäischen Ländern späte Institutionalisierung des Konsumentenschutzes auf Bundesebene und die etwas rascher realisierte Gesetzgebung im Bereich des Konsumkredits, die einige Kantone bereits Jahrzehnte früher eingeführt hatten (→ 3.1.7).

57 Ein Beispiel für einen solchen schrittweisen Reformprozess «von unten nach oben» ist die Einführung des Frauenstimmrechts nach einer ersten verlorenen eidgenössischen Abstimmung 1959 zuerst in einigen Kantonen und schliesslich 1971, in einer zweiten eidgenössischen Abstimmung, auf Bundesebene. *Historisches Lexikon der Schweiz*, «Frauenstimmrecht».

58 Eine Übersicht über die vielfältigen Beschränkungen zu Beginn der 1990er Jahre (eingeschränkte Freizügigkeit ausländischer Arbeitskräfte, Beschränkungen in der Niederlassungs- und Dienstleistungsfreiheit, im öffentlichen Beschaffungswesen, im Bildungswesen) vermittelt die Studie von Seni/Baltensperger 1991. Dabei ging es um eine Bestandsaufnahme und Evaluation wettbewerbsverzerrender Effekte analog zu ähnlichen Untersuchungen in den Europäischen Gemeinschaften. Die Studie sollte zur Stär-

Nicht zu übersehen war dies beispielsweise, als aufgrund der neu abgeschlossenen bilateralen Verträge mit der EU Marktzugangsbeschränkungen für Personen und Unternehmen aus EU-Ländern aufgehoben werden mussten, während Personen und Unternehmen aus anderen Schweizer Kantonen noch ausgeschlossen werden konnten.[59] Die Annäherung an die EU veränderte nicht nur die Aussenbeziehungen der Schweiz, sie brach auch verkrustete Strukturen im Innern auf, förderte den Wettbewerb im Binnenmarkt und erhöhte die Attraktivität des Wirtschaftsstandorts Schweiz.

3.3.3 Verteilung der Bevölkerung und der Beschäftigung

Die regionale Verteilung der Bevölkerung veränderte sich seit Ende des 19. Jahrhunderts nur geringfügig. Nach der Jahrhundertwende und bis zu Beginn der 1970er Jahre gab es leichte Verschiebungen der Bevölkerungsanteile zugunsten der Regionen im Westen und Nordwesten des Landes einschliesslich der Region Zürich (Grafik 3.3-1). Am stärksten war die Bevölkerungszunahme in der Region Zürich, mit Zürich als grösster und Winterthur als sechstgrösster Schweizer Stadt, während die Genferseeregion, mit den Städten Genf und Lausanne, und die Nordwestschweiz, mit der Stadt Basel, nur wenig zulegten.[60] Im Espace Mittelland und in der Region Ostschweiz, mit den Städten Bern und St. Gallen, nahmen hingegen die Bevölkerungsanteile über den gesamten Zeitraum ab, und zwar in der Ostschweiz etwa doppelt so stark wie im Espace Mittelland. Ab den 1970er Jahren blieben, trotz beschleunigtem Strukturwandel, Deregulierung und Globalisierung, die Bevölkerungsanteile aller Regionen ziemlich stabil. Am bemerkenswertesten jedoch ist, dass sich die Bevölkerungsanteile in den wirtschaftlich eher benachteiligten Regionen Zentralschweiz und Alpenraum kaum veränderten.

Der Anteil der ausländischen Wohnbevölkerung an der Gesamtbevölkerung machte 1910 im schweizerischen Durchschnitt bereits 10% aus und sank anschliessend, bis er in den 1940er Jahren auf das Niveau von 1888 fiel (Grafik 3.3-2).[61] Auffällig sind die markanten und anhaltenden Unterschiede zwischen den Regionen bei gleichartigem Verlauf: In allen Regionen lässt sich ein starkes Anwachsen der ausländischen Wohnbevölkerung zu Beginn des 20. Jahrhunderts und nach dem Zweiten Weltkrieg bis etwa 1970 feststellen, unterbrochen von einem Einbruch während des Ersten Weltkriegs und in der Zwischenkriegszeit. Auf die Abnahme des Anteils der ausländischen Bevölkerung

kung der schweizerischen Ausgangsposition in Brüssel in den anstehenden Integrationsverhandlungen beitragen. Es ging aber auch um eine Stärkung des Inlandwettbewerbs, unabhängig davon, ob sich die Schweiz den Europäischen Gemeinschaften annähern werde oder nicht.

59 Vgl. dazu McQuillen/Niklaus 2006. Mit dem am 1.7.2006 in Kraft getretenen überarbeiteten Binnenmarktgesetz sollte die Öffnung des schweizerischen Binnenmarktes endlich zum Durchbruch gelangen.

60 Zu den Grossstädten mit über 100 000 Einwohnern gehören in dieser Reihenfolge: Zürich, Genf, Basel, Bern, Lausanne.

61 Zur Definition der ständigen Bevölkerung vgl. BFS online, Definitionen/Glossar. Zur ständigen Wohnbevölkerung gehören alle Personen, deren Wohnsitz ganzjährig in der Schweiz liegt, einschliesslich aller ausländischer Staatsangehörigen mit einer Anwesenheitsbewilligung für mindestens 12 Monate, die Niedergelassenen und die Aufenthalter (inkl. die anerkannten Flüchtlinge).

Grafik 3.3-1: **Regionale Verteilung der Wohnbevölkerung (1888–2005)**

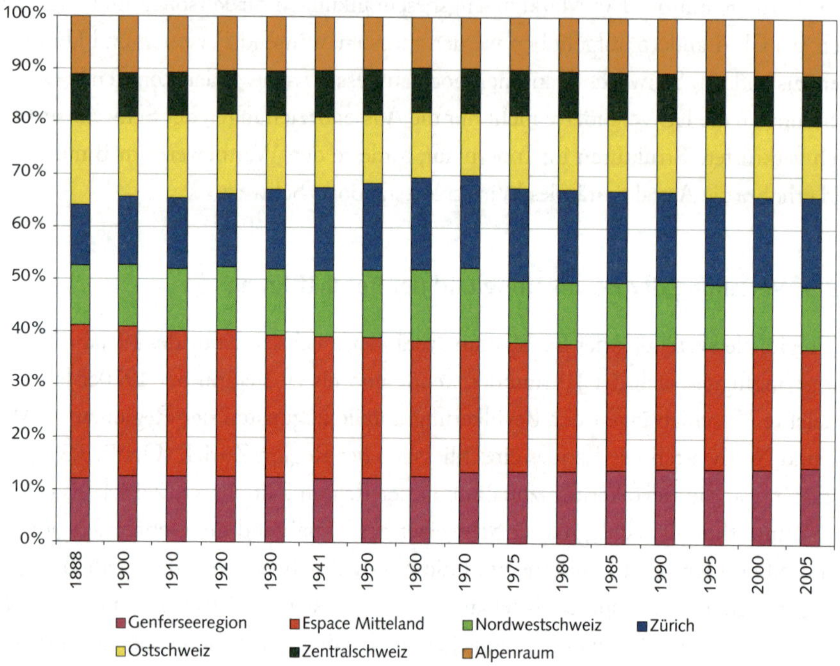

Quelle: HSSO Tab. B.18a und B.43.

infolge des neuen Immigrationsregimes und des Konjunktureinbruchs Mitte der 1970er Jahre folgte ab den 1980er Jahren eine Periode mit leicht ansteigenden Anteilen. Während der Rezession der 1990er Jahre nahm der Anteil der ausländischen Wohnbevölkerung in allen Regionen mit Ausnahme des Espace Mittelland weiter zu.

Keine Region weist im Zeitraum von 1900 bis 2005 ein negatives Bevölkerungswachstum auf, trotz des starken Rückgangs der ausländischen Wohnbevölkerung in der Periode zwischen 1920 und 1950 (Tabelle 3.3-2). Im letzten Viertel des 20. Jahrhunderts sind sogar dem vorherigen Trend entgegengesetzte Tendenzen festzustellen: Regionen, die bis Mitte der 1970er Jahre überdurchschnittliche Wachstumsraten aufwiesen wie Zürich oder die Nordwestschweiz gehörten in der letzten Periode zu den Regionen mit unterdurchschnittlichem Bevölkerungswachstum. Die Regionen Ostschweiz, Zentralschweiz und Alpenraum verzeichneten hingegen in dieser Periode erstmals überdurchschnittliche Wachstumsraten, in der Genferseeregion war dies bereits ab 1950 der Fall. Lediglich der Espace Mittelland verzeichnete während des gesamten Zeitraums unterdurchschnittliche Wachstumsraten.

Vergleicht man die Bevölkerungsverteilung mit der Verteilung der Beschäftigten, so fällt auf, dass sie etwa parallel verlaufen, wobei jedoch einige Regionen leichte Beschäftigungsüberschüsse und andere -defizite aufweisen (Grafik 3.3-3; zur kantonalen

Grafik 3.3-2: **Entwicklung der ausländischen Wohnbevölkerung in den Regionen (1888–2005)**

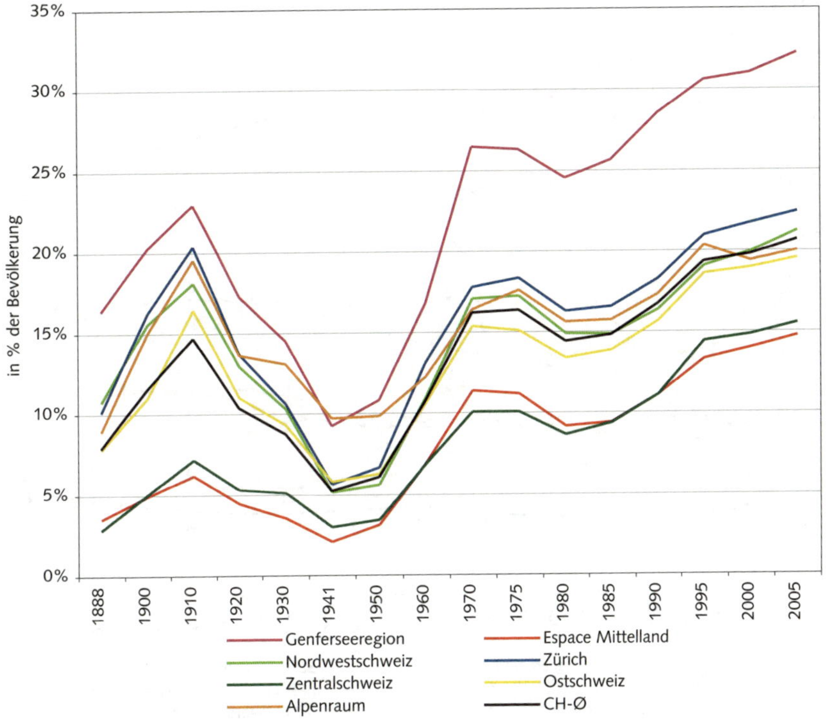

Quelle: HSSO Tab. B.18a und B.43.

Tabelle 3.3-2: **Durchschnittliche jährliche Wachstumsrate der Wohnbevölkerung (1900–2001)**

		Schweiz	Genfer-see-region	Espace Mittel-land	Nord-west-schweiz	Zürich	Ost-schweiz	Zentral-schweiz	Alpen-raum
1900–1920	**insgesamt**	**0.8 %**	0.8 %	0.7 %	0.9 %	1.1 %	0.7 %	0.8 %	0.6 %
	CH	**0.9 %**	1.0 %	0.7 %	1.1 %	1.3 %	0.7 %	0.8 %	0.6 %
	Ausl.	**0.2 %**	0.0 %	0.2 %	0.0 %	0.3 %	0.7 %	1.1 %	0.1 %
1920–1950	**insgesamt**	**0.7 %**	0.6 %	0.5 %	0.9 %	1.2 %	0.2 %	0.8 %	0.5 %
	CH	**0.8 %**	0.8 %	0.6 %	1.2 %	1.5 %	0.3 %	0.8 %	0.7 %
	Ausl.	**–1.1 %**	–1.0 %	–0.7 %	–1.9 %	–1.2 %	–1.7 %	–0.7 %	–0.5 %
1950–1975	**insgesamt**	**1.2 %**	1.6 %	0.8 %	1.5 %	1.5 %	0.7 %	1.2 %	1.2 %
	CH	**0.7 %**	0.8 %	0.5 %	1.0 %	0.9 %	0.3 %	0.9 %	0.8 %
	Ausl.	**5.3 %**	5.3 %	6.2 %	6.2 %	5.7 %	4.3 %	5.7 %	3.6 %
1975–2001	**insgesamt**	**0.5 %**	0.7 %	0.3 %	0.5 %	0.4 %	0.6 %	0.9 %	0.8 %
	CH	**0.4 %**	0.6 %	0.2 %	0.4 %	0.2 %	0.5 %	0.8 %	0.9 %
	Ausl.	**1.6 %**	1.7 %	1.5 %	1.4 %	1.3 %	1.9 %	3.1 %	1.4 %

Quelle: HSSO Tab. B.18a und B.43.

Grafik 3.3-3: **Regionale Verteilung der Bevölkerung und der Beschäftigten (1890–2000)**

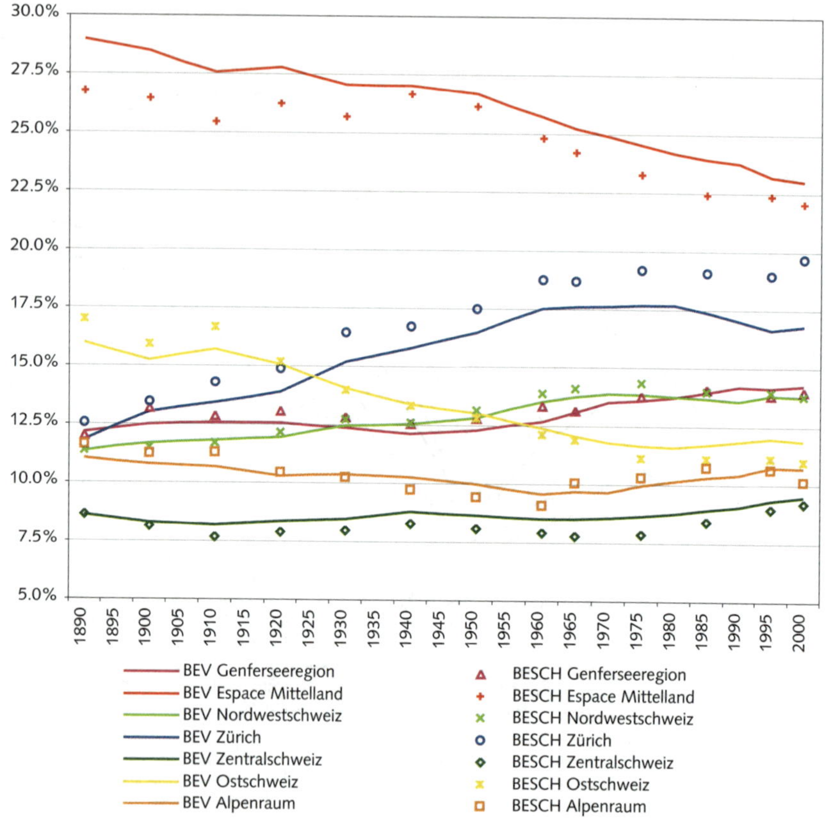

Quellen: Bevölkerung: HSSO Tab. B.18a, B.43; Beschäftigung 1870–1960 (exkl. Teilzeitbeschäftigte): HSSO Tab. F.10b; 1965, 1975: BFS Stat. JB 1985, 179; 1985–2001: BFS Betriebszählung (BZ), Beschäftigung in Vollzeitäquivalenten (hier Beschäftigungswerte von 2001 für 2000 verwendet).

Verteilung der Bevölkerung und der Beschäftigten vgl. Anhang Tabelle 3.3-A1). Die Region Zürich hatte während des gesamten Jahrhunderts und seit Mitte der 1970er Jahre einen relativ starken Beschäftigungsüberschuss, der Espace Mittelland hingegen Beschäftigungsdefizite. Die früh industrialisierte Ostschweiz gehörte zu Beginn des Jahrhunderts ebenfalls zu den Regionen mit einem Beschäftigungsüberschuss. In den Regionen Genfersee, Nordwestschweiz, Zentralschweiz und Alpenraum stimmten die Beschäftigtenanteile weitgehend mit den Bevölkerungsanteilen überein.

Tabelle 3.3-3 zeigt die regionalen Beschäftigungsquoten (Verhältnis zwischen Beschäftigten und Wohnbevölkerung) für die gesamte Bevölkerung und für die Frauen im Vergleich zum schweizerischen Durchschnitt. Ausgesprochene Zentralisierungstendenzen sind nicht feststellbar. Die Beschäftigungsquote in der Region Zürich liegt zwar gegen Ende des Jahrhunderts deutlich über dem schweizerischen Durchschnitt, doch in den anderen Regionen machen die positiven und negativen Abweichungen vom Durchschnitt selten mehr als 5 % aus. Am geringsten sind die Abweichungen vom schweizerischen Durchschnitt in der Nordwestschweiz und in der Genferseeregion. Auffallend ist, dass auch der Alpenraum an den meisten Stichjahren überdurchschnittliche Beschäftigungsquoten aufweist.

Tabelle 3.3-3: **Beschäftigungsquote nach Regionen CH = 100 (1900–2001)**

		1900	1910	1930	1950	1975	1985	1995	2001
Genferseeregion	insgesamt	106	102	104	104	101	101	98	98
	Frauen	106	98	105	109	108	106	105	
Espace Mittelland	insgesamt	93	92	95	98	95	94	96	96
	Frauen	86	85	89	92	98	99	99	
Nordwestschweiz	insgesamt	99	99	102	103	104	102	101	100
	Frauen	101	102	105	103	102	103	101	
Zürich	insgesamt	104	107	108	106	109	110	114	116
	Frauen	109	112	115	116	109	112	111	
Ostschweiz	insgesamt	104	106	100	98	95	95	93	93
	Frauen	110	115	103	100	99	97	96	
Zentralschweiz	insgesamt	98	94	94	94	91	95	96	97
	Frauen	88	82	87	86	86	90	97	
Alpenraum	insgesamt	104	106	99	94	103	104	99	95
	Frauen	112	113	102	89	88	87	88	

Quellen: Bevölkerung: HSSO Tab. B.18a und B.43; Beschäftigung: HSSO Tab. F.31; Frauenquote: HSSO Tab. F.9, Werte von 1995 entsprechen den Werten von 1990. Daten vor 1960 exkl. teilzeitbeschäftigte Personen; 1985–2001 Beschäftigung in Vollzeitäquivalenten.

Über- oder unterdurchschnittliche Beschäftigungsquoten können mit verschiedenen Einflüssen in Verbindung gebracht werden. Für die Zeit vor den 1960er Jahren verwenden wir die im Rahmen der Volkszählung am Wohnort erfasste Zahl der Erwerbstätigen. Ab den 1960er Jahren stützen wir uns hingegen auf die Betriebszählungen, welche die Zahl der Beschäftigten am Standort des Betriebs erfassen.[62] Die Bevölkerungszahlen werden hingegen stets im Rahmen der Volkszählungen am Wohnort erhoben. Das Arbeitspendeln über Kantonsgrenzen oder regionale Grenzen hinweg erhöht die Beschäftigungsquote am Arbeitsort und senkt sie am Wohnort. Ein solcher interkantonaler Mobilitätseffekt dürfte mit dem starken Ausbau des Verkehrsnetzes (Autobahnen und öffentlicher Nahverkehr) in den letzten Jahrzehnten des 20. Jahrhunderts eine zunehmende Rolle gespielt haben (→ 3.2.4.2). Die kantonalen Beschäftigungsquoten variieren denn auch generell stärker als vor den 1970er Jahren (siehe Anhang Tabelle 3.3-A2).

62 In diesem Kapitel verwenden wir den Begriff «Beschäftigte» für die gesamte Periode, obwohl es sich vor 1960 um «Erwerbstätige» handelt. Der Begriff «Beschäftigte» bedeutet «besetzte Stellen» und deren Zahl wird im Rahmen von Betriebszählungen am Standort des Betriebs erfasst. Der Begriff «Erwerbstätige» hingegen bezeichnet «erwerbstätige Personen», unabhängig vom Ort, an dem die Tätigkeit ausgeführt wird, und deren Zahl wird im Rahmen von Volkszählungen am Wohnort erfasst. Eine erwerbstätige Person kann mehrere Stellen besetzen. Die Beschäftigung in Vollzeitäquivalenten ergibt sich aus der Umrechnung des Arbeitsvolumens in Vollzeitbeschäftigte. Vgl. dazu BFS online, Definitionen/Glossar.

Ein weiterer möglicher Grund für regional und kantonal über- oder unterdurchschnittliche Beschäftigungsquoten sind die unterschiedlichen Erwerbsquoten der Frauen (Grafik 3.3-4). Die Beschäftigungsquoten der Männer dürften hingegen kaum stark variiert haben. Regionen mit überdurchschnittlichen Erwerbsquoten, haben in der Regel auch überdurchschnittlich hohe Frauenerwerbsquoten und umgekehrt (Tabelle 3.3-3).[63] In der ersten Hälfte des 20. Jahrhunderts war die Erwerbstätigkeit von Frauen eng mit der je spezifischen Form der Industrialisierung verknüpft, so beschäftigte etwa die Textilindustrie in der Ostschweiz viele Frauen und ebenso die Uhrenindustrie im Espace Mittelland, insbesondere im Kanton Neuenburg.[64] In einigen Kantonen war die Erwerbsquote der Frauen um 1900 höher (Appenzell Innerrhoden, Tessin) oder nur wenig niedriger (Genf, Appenzell Ausserhoden, St. Gallen, Glarus) als um 1990 (Grafik 3.3-4). Es fällt auf, dass die Frauenerwerbsquote zwischen 1900 und 1950 in fast allen Kantonen und allen Regionen zurückging, am stärksten in der Zentralschweiz, dem Alpenraum und der Ostschweiz (dort allerdings auf einem relativ hohen Niveau). Die Frauenerwerbsquote in der Zentralschweiz und im Alpenraum lag noch um 1990, mit Ausnahme des Kantons Zug, deutlich unterhalb des schweizerischen Durchschnitts.

Ein überdurchschnittlicher Ausländeranteil könnte ebenfalls dazu beigetragen haben, die Beschäftigungsquoten zu erhöhen, weil die Erwerbsquote der ausländischen Bevölkerung stets höher war als jene der inländischen Bevölkerung (→ 1.1.2.2, Tabelle 1.1-5). Überdurchschnittliche regionale Beschäftigungsquoten gehen in der Regel, wie bereits erwähnt, mit einem überdurchschnittlich hohen Anteil der ausländischen Bevölkerung an der gesamten Wohnbevölkerung einher und umgekehrt. Während des gesamten 20. Jahrhunderts wiesen etwa der Espace Mittelland und die Zentralschweiz, beides Regionen mit einem Beschäftigungsdefizit, markant niedrigere Ausländeranteile auf als alle anderen Schweizer Regionen (siehe oben Grafik 3.3-2). Der Zusammenhang ist allerdings nicht überall besonders eng. In der Genferseeregion waren die Ausländeranteile besonders hoch, die Beschäftigungsquoten hingegen nur leicht über dem Durchschnitt, und der relativ hohe Beschäftigungsüberschuss der Region Zürich ging mit einem nur leicht überdurchschnittlichem Ausländeranteil einher. Die ausgesprochen hohe Beschäftigungsquote der Region Zürich dürfte somit vor allem auf die höhere Erwerbsquote der Frauen und die zunehmende Beschäftigung von Personen vorerst aus den Nachbarkantonen und – mit zunehmender Mo-

63 Die Erwerbsquoten der Frauen korrelierte in einigen Kantonen stark mit der Beschäftigungsquote: so im Kanton Waadt, in allen Kantonen des Espace Mittelland, in den Kantonen Schwyz und Nidwalden, in allen Kantonen der Ostschweiz, ausgenommen im Kanton Thurgau, sowie in den Kantonen Tessin und Wallis. Berechnungen auf der Basis von HSSO Tab. B.18a, B.43, F.31 und F.9.

64 Zu den besonderen Problemen der statistischen Erfassung der Frauenarbeit vgl. Kap. 1.2.2.3, Fussnote 31. Zur Verteilung der Frauenarbeit und zur unvollkommenen Erfassung der Frauenarbeit in den Volks- und Betriebszählungen vgl. Fritzsche et al. 2001, 94–95 und 96. Die Frauenarbeit wurde in den Volkszählungen regional sehr unterschiedlich erfasst und zwar vor allem in der Landwirtschaft, im Dienstleistungssektor und in der Heimindustrie. Eine Darstellung der Verteilung der Frauenerwerbstätigkeit in den Stichjahren 1970 und 2000 und der Entwicklungstendenzen in diesem Zeitraum findet sich in Schuler et al. 2007, 193–197.

Grafik 3.3-4: **Regionale und kantonale Frauenerwerbsquote (1900, 1950, 1990)**

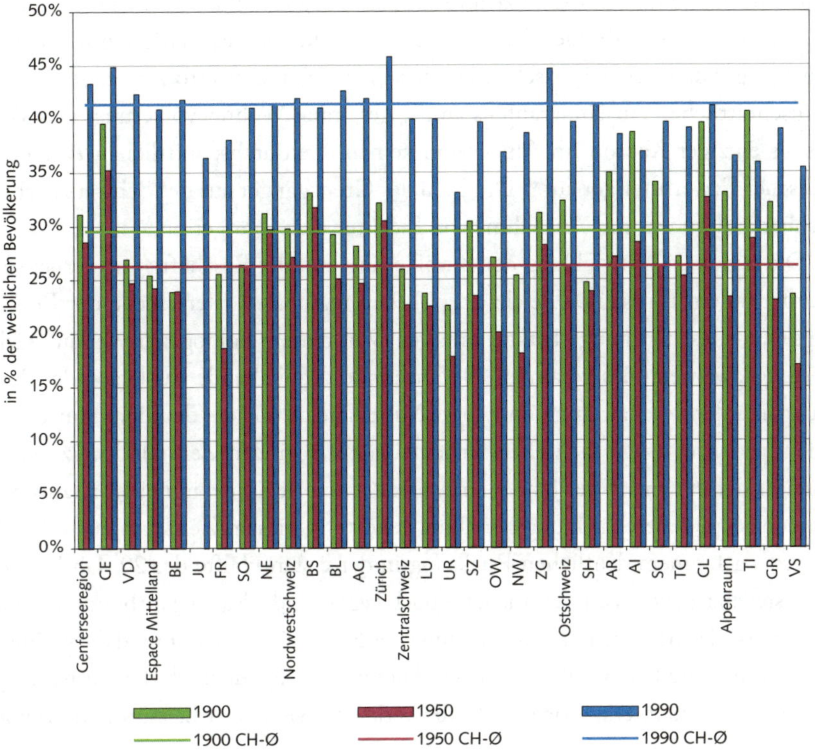

Quelle: HSSO Tab. F.9.
Bemerkung: 1990 inkl. Teilzeitbeschäftigte; Frauenerwerbsquote = Anteil erwerbstätiger Frauen an der weiblichen Bevölkerung.

bilität der Beschäftigten – auch aus anderen Regionen zusammenhängen. Ab Mitte der 1970er Jahre sind Daten zur kantonalen Verteilung der ausländischen Erwerbstätigen verfügbar.[65] Im Verhältnis zur Gesamtzahl der Erwerbstätigen weisen vor allem die Grenzkantone Basel-Stadt, Genf und Tessin, aber auch Schaffhausen und Graubünden überdurchschnittliche Anteile ausländischer Erwerbstätiger auf. Basel-Stadt und Genf sind Stadtkantone, die eine grosse Zahl von Grenzgängern beschäftigten. Im Jahr 2000 machten die Grenzgänger 3.5% aller in der Schweiz Beschäftigten aus (gemessen in Vollzeitäquivalenten). Je knapp ein Fünftel arbeiteten in den Kantonen Genf, Basel-Stadt und Tessin.[66] Am niedrigsten waren die Anteile der ausländischen

65 Die ausländischen Erwerbstätigen umfassen die Niedergelassenen, die Jahresaufenthalter, Saisonarbeiter und Grenzgänger, d. h. Personen, die in der Schweiz arbeiten, jedoch im grenznahen Ausland wohnen. Deren Zahl nahm ab den 1970er Jahren wegen der Einwanderungsbeschränkungen und der Abschaffung des Saisonnierstatuts stark zu.

66 Weitere 10% der Grenzgänger in Basel-Landschaft, 6% im Kanton Waadt und je etwa 5% in den Kantonen Aargau und St. Gallen. Einen Anteil von über 2% hatten dann nur noch die Kantone Zürich (2.4%), Jura (2.3%), Neuenburg (2.6%), Schaffhausen (2.4%) und Graubünden (2.2%). BFS online, Grenzgängerstatistik, Tab. 3.02.01.40.

Erwerbstätigen in der Zentralschweiz, in Appenzell Innerrhoden, und im Espace Mittelland mit Ausnahme der Grenzkantone Neuenburg und Jura. Im Jura näherten sich die Anteile der ausländischen Erwerbstätigen wegen der Beschäftigung relativ vieler Grenzgänger dem schweizerischen Durchschnitt an, und das trotz eines stark unterdurchschnittlichen Ausländeranteils an der gesamten Wohnbevölkerung. Das Wallis wies als einziger Kanton im Alpenraum keinen überdurchschnittlichen Anteil ausländischer Erwerbstätiger auf.[67] Die Zahl der Grenzgänger aus der Schweiz nach den Nachbarländern war mit Ausnahme von Liechtenstein sehr gering.[68]

Die regionale Entwicklung der Bevölkerung und der Beschäftigung verlief somit in auffallendem Einklang. Gleichzeitig blieben regionale Unterschiede der Bevölkerungs- und Beschäftigungsstruktur erhalten. Von diesem homogenen Verlauf wichen der stetige, während des gesamten 20. Jahrhunderts anhaltende Rückgang der Bevölkerung und der Beschäftigung im Espace Mittelland ab und der deutliche Aufschwung in den beiden wirtschaftlich eher benachteiligten Regionen Zentralschweiz und Alpenraum, der in den 1970er Jahren einsetzte. Zu den Regionen mit einer relativen Bevölkerungs- und Beschäftigungszunahme gehörte in diesem Zeitraum auch die Ostschweiz, nach einem deutlichen Rückgang in der ersten Hälfte des 20. Jahrhunderts. Festzustellen ist zudem ein schwacher, jedoch gegen Ende des 20. Jahrhunderts zunehmender Sog der Beschäftigung in Richtung der Region Zürich, während die regionalen Bevölkerungsanteile etwa gleich blieben. Hier zeigen sich deutlich die Auswirkungen des zunehmenden interkantonalen Pendlerverkehrs zwischen Arbeitsort und Wohnort.

3.3.4 Wirtschaftsstruktur und Strukturwandel

Da keine BIP(BWS)-Daten nach Sektoren und Branchen erhoben bzw. geschätzt wurden, können wir die Entwicklung der Wirtschaftsstruktur auf regionaler und kantonaler Ebene nur aufgrund der Beschäftigung beschreiben. Dadurch erhalten die arbeitsintensiven Branchen eine grössere Bedeutung (vgl. dazu die Anteile der Sektoren und Branchen am BIP(BWS) und an der Gesamtbeschäftigung in der Einleitung Teil 2, Tabellen 2-2 und 2-3). Für eine Analyse der Wirtschaftsstruktur die Beschäftigung an Stelle der Bruttowertschöpfung zu verwenden ist jedoch durchaus sinnvoll, weil die Beschäftigungsstruktur die regionale Entwicklung besonders stark prägt.[69]

Die sektorale Verteilung der Beschäftigten in den Regionen verlief auffallend gleichförmig (Grafiken 3.3-5 bis 3.3-7). Die Beschäftigtenanteile des Primärsektors (Land-

67 HSSO Tab. F.17e und F.31.

68 In Liechtenstein arbeiteten im Jahr 2000 5 200 der insgesamt 7 700 Grenzgänger aus der Schweiz, 1 200 waren in Deutschland tätig, 540 in Italien, 340 in Frankreich und 140 in Österreich. Zu den Grenzgängerbeziehungen in die Schweiz und umgekehrt vgl. für das Jahr 2000 Schuler et al. 2007, 284–286.

69 Die in der Periode 1888 bis 1964 verfügbaren Beschäftigtenzahlen, die auf Basis der Fabrikstatistiken erhoben wurden, konnten wir nicht verwenden, weil in der Fabrikstatistik (im Unterschied zu den ab den 1960er Jahren erhobenen Beschäftigtenzahlen in den Betriebstatistiken) nur die Beschäftigten im Industriesektor erfasst wurden, und zwar nur in Betrieben, die als Fabriken definiert waren.

Grafik 3.3-5: **Beschäftigte im Primärsektor (1890–2001)**

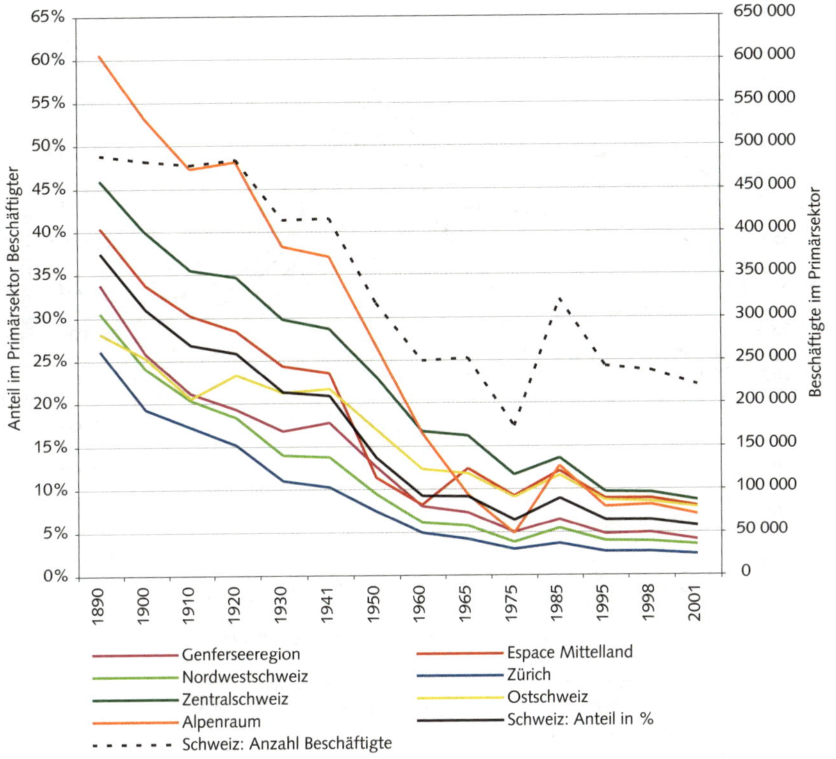

Quellen: HSSO Tab. F.10b und F.31.

wirtschaft, Fortwirtschaft, Fischerei) nahmen im Verlauf des 20. Jahrhunderts kontinuierlich ab. Bei der starken Zunahme der Beschäftigtenanteile im Espace Mittelland (in den frühen 1960er Jahren) und im Alpenraum (in den späten 1970er Jahren) handelt es sich vermutlich um eine statistische Korrektur.[70] Damit wird lediglich der ausserordentlich starke Rückgang der Beschäftigtenzahlen zwischen 1940 und 1965/1975 ausgeglichen. In allen Regionen lässt sich eine starke Zunahme des industriellen Sektors bis Mitte der 1970er Jahre und ein anschliessender Rückgang feststellen. Bereits 1888 waren die meisten Beschäftigten im Industriesektor tätig. Der Anteil des Dienstleistungssektors nahm hingegen in allen Regionen ab den 1970er Jahren rasch zu. In den letzten Jahrzehnten des 20. Jahrhunderts war mehr als die Hälfte der Beschäftigten im Dienstleistungssektor tätig, doch Regionen, die zu Beginn des Jahrhunderts relativ niedrige bzw. hohe Anteile aufwiesen, befanden sich noch hundert Jahre später in derselben Position.

Neben dem unterschiedlich hohen Beschäftigtenanteil im Primärsektor, der in allen Regionen nach dem Zweiten Weltkrieg rasch sank (1890: Anteile zwischen

70 Vgl. zu den besonderen Problemen bei der Erfassung der in der Landwirtschaft Beschäftigten Fritzsche et al. 2001, 97 und 102. Viele agrarische Tätigkeiten wurden nebenberuflich ausgeübt und die Frauenarbeit wurde von den Volkszählungen regional sehr unterschiedlich erfasst.

Grafik 3.3-6: **Beschäftigte im Sekundärsektor (1890–2001)**

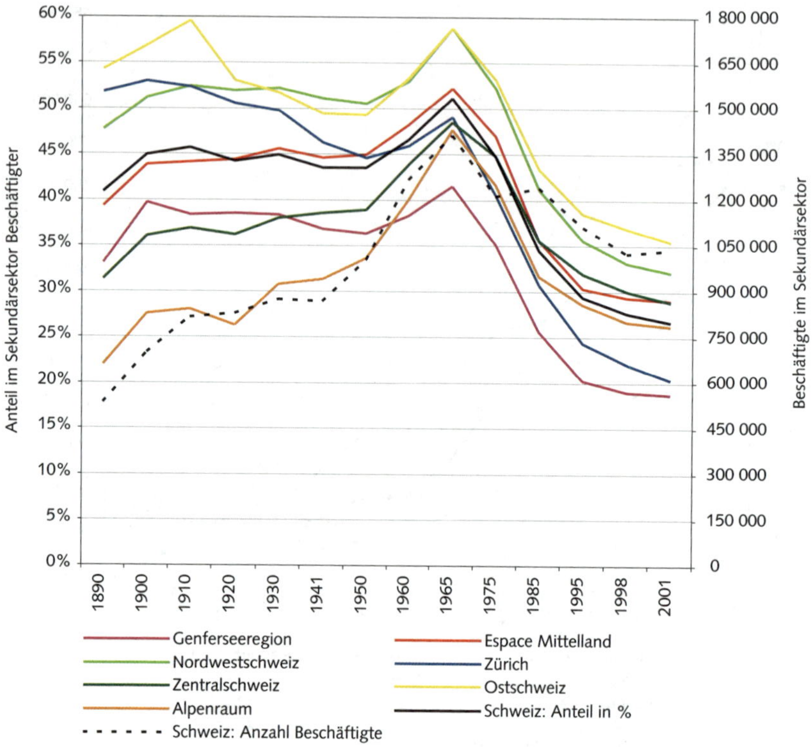

Quellen: HSSO Tab. F.10b und F.31.

25% und 60%; 1941: Anteile zwischen 10% und 37%; 2001: Anteile zwischen 3% und 9%), wichen die Regionen vor allem bezüglich ihrer Beschäftigtenanteile im Industriesektor voneinander ab. Die höchsten Anteile hatten während des gesamten 20. Jahrhunderts die Nordwestschweiz und die Ostschweiz. Zürich verzeichnete Anfang des 20. Jahrhunderts den nach der Ostschweiz zweithöchsten Beschäftigtenanteil im Industriesektor, verlor diese Position jedoch bereits Mitte des 20. Jahrhunderts und gehörte an dessen Ende zusammen mit der Genferseeregion zu den Regionen mit den niedrigsten Beschäftigtenanteilen in diesem Sektor. Die Genferseeregion und Zürich hatten denn auch während des gesamten 20. Jahrhunderts die höchsten Beschäftigtenanteile im Dienstleistungssektor, die Ostschweiz hingegen die niedrigsten. Die Region Alpenraum gehörte zwar zu Beginn des 20. Jahrhunderts zu den Regionen mit relativ geringer Beschäftigungsrate im Industriesektor, holte dann aber rasch auf und näherte sich in den 1960er Jahren dem schweizerischen Durchschnitt.[71]

71 Lorenzetti 2010 beschreibt in komparativer Perspektive die zwar später einsetzenden, aber insgesamt doch beachtlichen Modernisierungsprozesse im Alpenraum (in den Kantonen Tessin und Wallis in der Schweiz und in der Region Valtellina in Italien).

Grafik 3.3-7: **Beschäftigte im Tertiärsektor (1890–2001)**

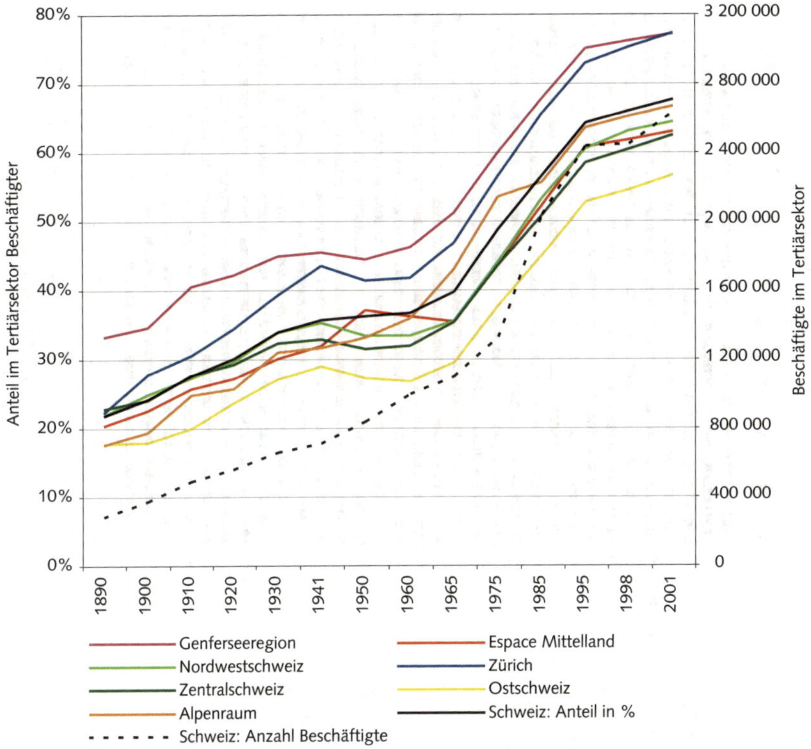

Quellen: HSSO Tab. F.10b und F.31.

Im Folgenden wird die wirtschaftliche Entwicklung anhand der regionalen und kantonalen Branchenstruktur, d.h. anhand der branchenspezifischen Verteilung der Beschäftigten innerhalb der Regionen und Kantone entlang der drei Stichjahre 1910, 1950 und 2000 aufgezeigt. Zusätzlich wird, in einer zweiten Grafik, die Verteilung der Gesamtbeschäftigung einer Branche mittels der absoluten Beschäftigtenzahlen in den einzelnen Regionen ausgewiesen.[72] Die Branchenstruktur zeigt Parallelen und Unterschiede der wirtschaftlichen Entwicklung in den Regionen bzw. Kantonen, die regionale Verteilung der Gesamtbeschäftigung macht hingegen deutlich, wo sich der wirtschaftliche Schwerpunkt einer Branche befindet bzw. ob es solche regionalen Schwerpunkte überhaupt gibt.

Zwischen 1890 und 1910 veränderte sich die regionale und kantonale Branchenstruktur im Industriesektor trotz einer Zunahme der Beschäftigten um ein Viertel (1890: 1.41 Mio.; 1910: 1.78 Mio.) kaum.[73] Um 1910 waren die meisten Indus-

72 HSSO Tab. F.10b und F.31 enthalten Daten zur regionalen und kantonalen Verteilung der Beschäftigten zwischen 1890 und 1960 sowie 1965 und 1995 in 10-Jahres-Schritten und für die Stichjahre 1998 und 2001.

73 Zum Strukturwandel in der Landwirtschaft im Zeitraum 1850–1910 und zu den regionalen Disparitäten am Beispiel der Kantone Zürich, Luzern und Graubünden vgl. Frey 2008.

Grafik 3.3-8: **Regionale und kantonale Wirtschaftsstruktur, Beschäftigte nach Branchen (1910)**

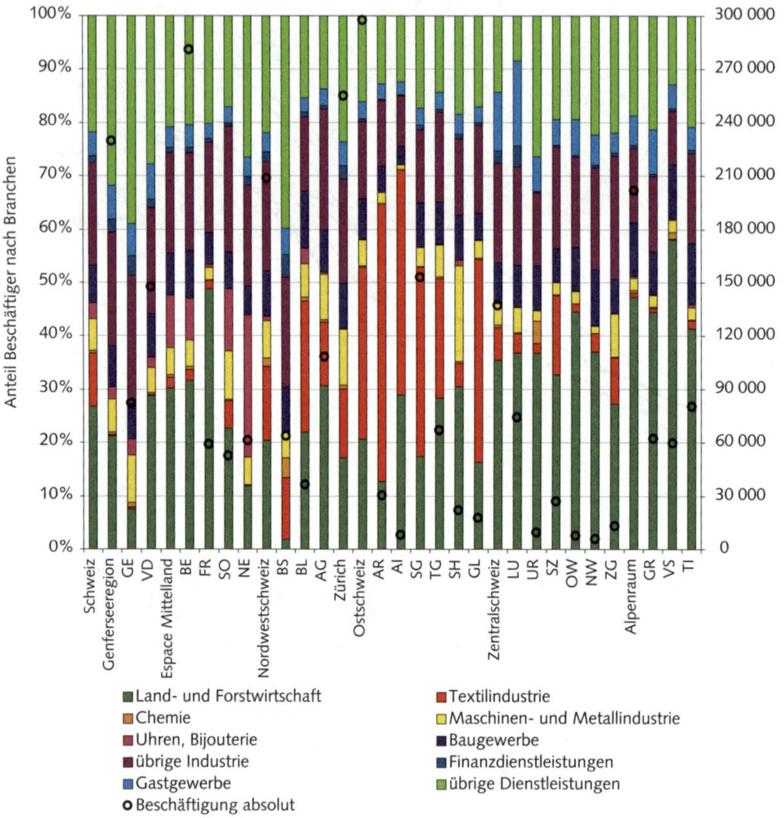

Quelle: HSSO Tab. F.10b.

triebranchen wie bereits um 1890 auf alle Regionen verteilt, nur die Textilindustrie[74], in der Schweiz der eigentliche Leitsektor der frühen Industrialisierung, und die Uhrenindustrie wiesen eine starke regionale Konzentration auf (Grafik 3.3-9). Die Textilindustrie prägte den Industrialisierungsprozess wegen ihres Einflusses auf die Zulieferindustrien (Maschinen- und Chemieindustrie) besonders stark. Sie hatte ihren Schwerpunkt in der Region Ostschweiz (fast ein Drittel der Gesamtbeschäftigung)[75] sowie – etwas weniger ausgeprägt – in Zürich und in der Nordwestschweiz. Die Uhrenindustrie hingegen konzentrierte sich im Espace Mittelland auf die Kantone Neu-

74 Zu den Standorten der Textilindustrie insgesamt sowie zur Stickerei, Baumwoll- und Seidenindustrie im späten 19. und zu Beginn des 20. Jahrhunderts vgl. Fritzsche et al. 2001, 122–129.

75 In den beiden Halbkantonen Appenzell Ausserrhoden und Appenzell Innerrhoden sind um 1910 52% bzw. 42% der Beschäftigten in der Textilindustrie tätig (vgl. Grafik 3.3-9). Vgl. zur Entwicklung der Textilindustrie in Appenzell Ausserrhoden Tanner 1982 und in der Ostschweiz Tanner 1985.

Grafik 3.3-9: **Verteilung der Beschäftigten auf die Regionen nach Branchen (1910)**

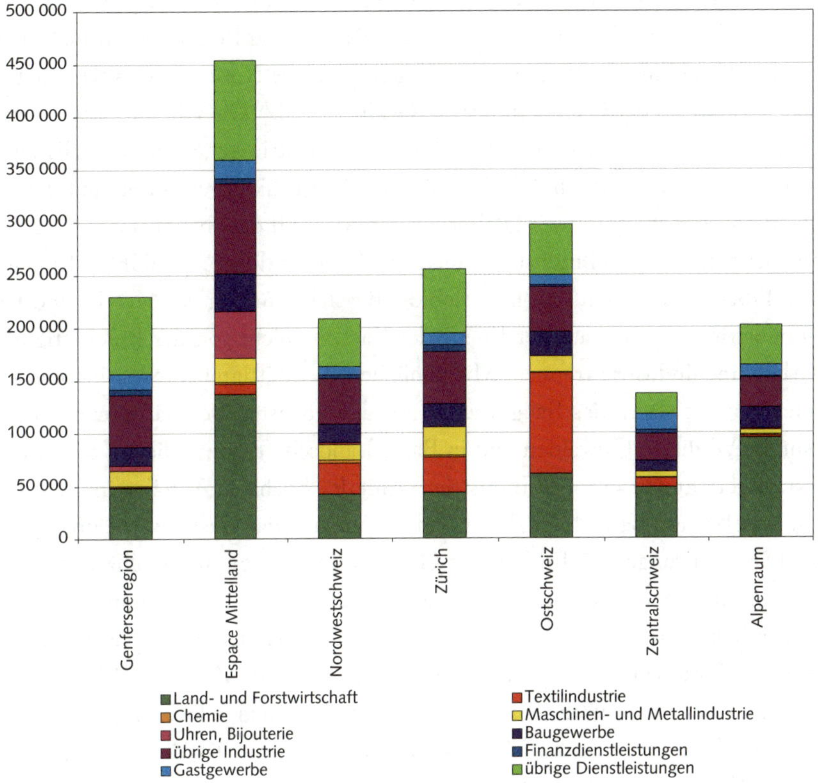

Quelle: HSSO Tab. F.10b.

enburg (28% der Gesamtbeschäftigung), Solothurn und Bern.[76] Beide Branchen setzten ihre Produkte vor allem im Ausland ab und waren stark auf Importe (Baumwolle, Metalle) angewiesen. Zudem war die Produktion bis zum Ersten Weltkrieg eng mit den grenznahen ausländischen Regionen verflochten, die eine ähnliche Spezialisierung aufwiesen.[77] Die Maschinen- und Metallindustrie war in allen Kantonen verortet, doch nur in den Kantonen Genf, Solothurn, Aargau, Zürich, Schaffhausen und Zug waren die Beschäftigtenanteile um 1910 höher als im gesamtschweizerischen Durchschnitt (Grafik 3.3-8).[78] Etwa die Hälfte der Beschäftigten in der Maschinen-

76 Die Uhrenindustrie im Kanton Bern konzentrierte sich auf den Berner Jura, angrenzend an Neuenburg. Zu den Zentren der Uhrenindustrie im späten 19. und zu Beginn des 20. Jahrhunderts vgl. Fritzsche et al. 2001, 134–135.

77 Zum intensiven grenzüberschreitenden Veredelungsverkehr in der Textil- und Uhrenindustrie vor dem Ersten Weltkrieg vgl. Head-König 2008, 219–228.

78 Zu den Zentren der Metall- und Maschinenindustrie im späten 19. und zu Beginn des 20. Jahrhunderts vgl. Fritzsche et al. 2001, 132–133.

und Metallindustrie arbeitete in den beiden Regionen Zürich und Espace Mittelland. Auch die Chemieindustrie verteilte sich auf eine Vielzahl von Kantonen, machte jedoch nur in Basel-Stadt, Uri und Wallis mehr als 3.5 % der Beschäftigten aus. Gemessen an der Verteilung der Gesamtbeschäftigung war die Nordwestschweiz bereits um 1910 das Zentrum der Chemieindustrie (Grafik 3.3-9).[79] Die Chemie- und in einem etwas geringeren Ausmass auch die Maschinenindustrie gehörten ebenfalls zu den exportorientierten Branchen. Die Metallindustrie war hingegen primär auf den Binnenmarkt ausgerichtet und wird daher – zusammen mit der ebenfalls zu dieser Branche zählenden Automobilindustrie – nicht zur Exportindustrie gezählt (→ Einleitung Teil 2, Tabelle 2-1). Allerdings lässt sich die Beschäftigung in der Metall- und Fahrzeugindustrie statistisch auf der Ebene der Kantone nicht von der Beschäftigung in der Maschinenindustrie trennen. Mit ähnlichen Beschäftigtenanteilen in allen Kantonen verankert waren das Baugewerbe (mit den höchsten Beschäftigtenanteilen im Tessin, im Wallis, in Obwalden und in Basel-Landschaft) sowie die auf den Binnenmarkt ausgerichteten «übrigen Industrien» (mit den höchsten Anteilen in Genf, Solothurn, Basel-Stadt, Basel-Landschaft und im Aargau), das Gastgewerbe und die «übrigen Dienstleistungen».[80] Im Fall des Gastgewerbes waren die Beschäftigtenanteile nur in einzelnen Kantonen der Innerschweiz (Luzern) und im Alpenraum (Graubünden) deutlich höher. Bei den Finanzdienstleistungen (Banken und Versicherungen) wiesen die Kantone Genf, Waadt, Neuenburg, Basel-Stadt, Zürich und Luzern überdurchschnittliche Beschäftigtenanteile auf. Betrachtet man jedoch die Verteilung der Gesamtbeschäftigung (Grafik 3.3-9), so waren bereits um 1910 die meisten Beschäftigten im Finanzsektor im Kanton Zürich tätig.

Analysiert man die Zahlen für 1950, so zeigt sich, dass vier Jahrzehnte später die Beschäftigung in der Landwirtschaft stark gesunken und im Industriesektor deutlich stärker gewachsen war als im Dienstleistungssektor. Die regionale Beschäftigungsstruktur (Grafiken 3.3-6 bis 3.3-8) zeigt eine auffallend parallele Entwicklung, doch innerhalb des Industriesektors fand ein starker Strukturwandel statt (→ Einleitung Teil 2; 2.1.2).[81] In der Textilindustrie ging die Beschäftigung stark zurück, vor allem in der

79 In der Nordwestschweiz arbeitete etwa ein Drittel von insgesamt 10 176 Beschäftigten in der Chemieindustrie, davon 2 386 in Basel-Stadt. Vgl. zur Bedeutung der Chemieindustrie in Basel Baumgartner 1947.

80 Zur breiten Verteilung der Beschäftigung im Baugewerbe und in der Nahrungs- und Genussmittelindustrie vgl. Fritzsche et al. 2001, 136–139. Zu den «übrigen Industrien» gehören: Nahrungs- und Genussmittel; Bekleidung und Schuhe; Leder, Kautschuk und Kunststoff; Papier und Karton; graphisches Gewerbe; Holz und Möbel; Steine, Erden, Bergbau und Steinbrüche; Elektrizität, Gas und Wasser. Studien zu diesen Branchen gibt es nur wenige und sie konzentrieren sich in der Regel auf einzelne Kantone, Städte oder Unternehmen (vgl. dazu Rossfeld 2010). Zu den «übrigen Dienstleistungen» gehören: Handel; Eisenbahnen, Spedition und Fuhrwerkerei; Post, Telefon, Telegraph; Gesundheits- und Krankenpflege; Lehrtätigkeit; Kultus, Kirchen, Klöster. Zur breiten Verteilung des Dritten Sektors allgemein und der wichtigsten Branchen vgl. Fritzsche et al. 2001, 144–162. Aufgezeigt wird die Verteilung der Beschäftigten in den folgenden Dienstleistungsbranchen: Verwaltungstätigkeiten, medizinische Versorgung, Sicherheit und Recht, Handel und Banken, Gastgewerbe und Tourismus.

81 Zur Veränderung der Standorte der verschiedenen Industrien (ohne Baugewerbe) zwischen 1895 und 1949 aufgrund der Beschäftigtenzahlen vgl. Lehmann 1952, 129–155, insbesondere Tab. 12, 136. In den

Grafik 3.3-10: **Regionale und kantonale Wirtschaftsstruktur, Beschäftigte nach Branchen (1950)**

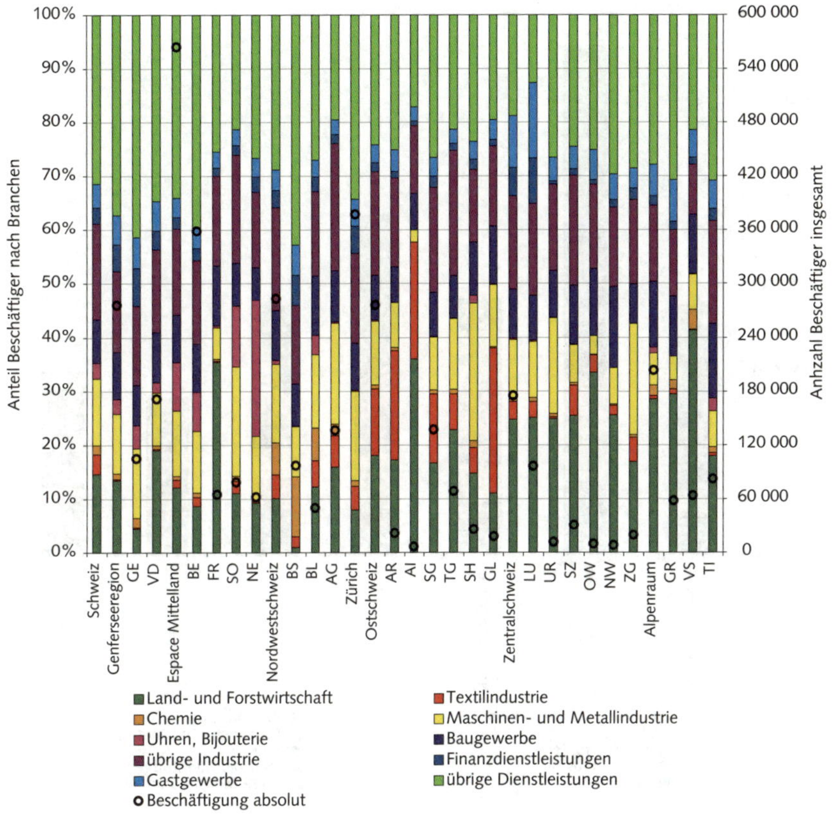

Quelle: HSSO Tab. F.10b.

Region Ostschweiz.[82] Diese Region war denn auch die klare Verliererin des Strukturwandels. Sie wies als einzige Region um 1950 insgesamt weniger Beschäftigte auf als um 1910 und fiel unter das Niveau der Nordwestschweiz zurück (Grafik 3.3-11). Zwar nahm die Bedeutung der Maschinen- und Metallindustrie in der Ostschweiz zu, doch vermochte diese, den Beschäftigungsrückgang in der arbeitsintensiveren Textilindustrie nicht zu kompensieren.[83] Am niedrigsten waren die Beschäftigtenanteile in der Maschinen- und Metallindustrie in einigen Kantonen der Zentralschweiz (Schwyz, Ob-

meisten Kantonen nahm die Dominanz einzelner Industrien gemessen an ihrem Anteil an der Gesamtzahl der Fabrikarbeiter in diesem Zeitraum ab. Ausnahmen sind der Kanton Neuenburg und der Berner Jura mit einem Anteil der Fabrikarbeiter in der Uhrenindustrie von über 50%.

82 Zur Krise in der Stickereiindustrie und den besonderen Schwierigkeiten, neue Industrien in der Ostschweiz anzusiedeln, vgl. Häuptli 1929 und Küng 1937; Tanner (1985, 181–205) behandelt den schweren Einbruch in der Zwischenkriegszeit und die weitere Entwicklung der Textilindustrie in der Ostschweiz bis 1970.

83 Um 1950 machte die Textilindustrie in den meisten Kantonen der Ostschweiz immer noch einen relativ grossen Beschäftigtenanteil aus. Vgl. zur Entwicklung der Textilindustrie Baumgartner 1942; Bébié 1939; Bodmer 1960. Für weitere Literatur zur Textilindustrie in dieser Periode vgl. Müller 2010, 124.

Grafik 3.3-11: **Verteilung der Beschäftigten auf die einzelnen Regionen nach Branchen (1950)**

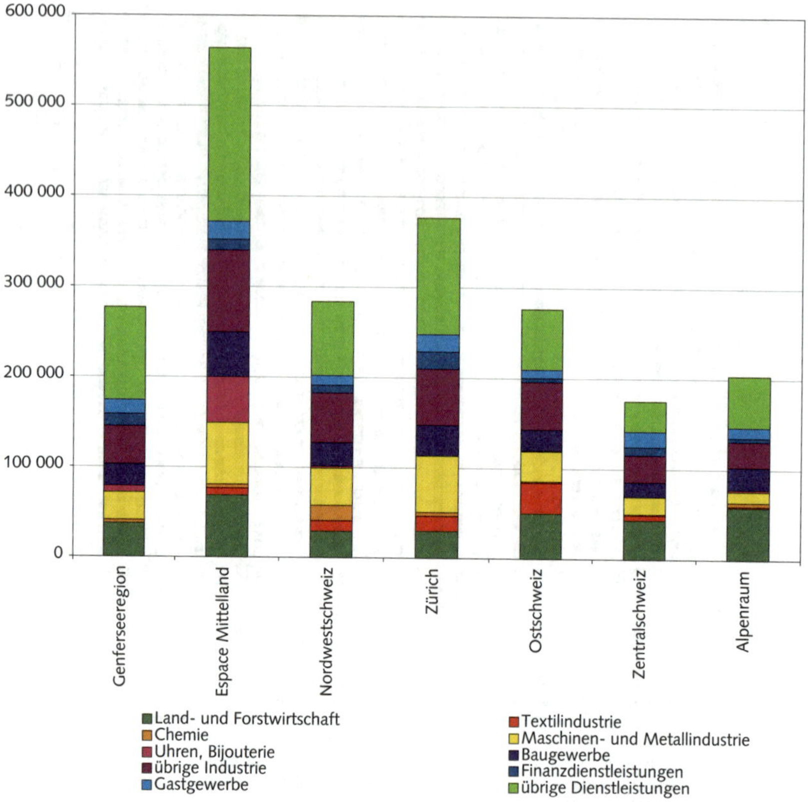

Quelle: HSSO Tab. F.10b.

walden und Nidwalden), in den Kantonen Appenzell Innerrhoden und Freiburg sowie im Alpenraum (Grafik 3.3-10). Doch auch in diesen Regionen hatte sich der Beschäftigtenanteil der Maschinen- und Metallindustrie im Vergleich zu 1910 mehr als verdoppelt.[84] Die Uhrenindustrie war nach wie vor im Espace Mittelland verankert, und zwar mit den höchsten Beschäftigtenanteilen in den Kantonen Neuenburg, Solothurn und im Berner Jura.[85] Die Beschäftigung in der Chemieindustrie, mit Schwerpunkt in der Nordwestschweiz, nahm zu, insbesondere in den Kantonen Basel-Stadt und Basel-Landschaft, wo der Anteil der Beschäftigten in der Textilindustrie stark zurückgegangen war. Die Anteile der Beschäftigten im Baugewerbe waren im Vergleich zu 1910 in den meisten Regionen und Kantonen etwas höher und diejenigen der «übrigen Indus-

84 Für Literaturhinweise zur Entwicklung der Maschinen- und Metallindustrie sowie zur Automobilindustrie vgl. Müller 2010, 124.

85 Zu Struktur und regionaler Entwicklung der Uhrenindustrie mit Schwerpunkt in Neuenburg und im Berner Jura vgl. insbesondere Koller 2003, 132–209; zu den Standorten der Uhrenindustrie und deren Verlagerung in andere Kantone um 1950 vgl. die Karte auf S. 152. Für weitere Literaturhinweise zur Entwicklung der Uhrenindustrie in dieser Periode vgl. Müller 2010, 124.

trien» etwas niedriger. Es ist davon auszugehen, dass in diesen primär auf das Inland ausgerichteten, zunehmend kartellierten und mehrheitlich aus kleinen und mittleren Unternehmen bestehenden Branchen Konzentrationsprozesse vermieden oder zumindest verzögert wurden (→ Einleitung Teil 2, Tabelle 2-9; 2.3.2.3). In der Baubranche dürfte der kantonale Protektionismus entscheidend dazu beigetragen haben, dass jeder Kanton über einen gewichtigen Beschäftigtenanteil in dieser Branche verfügte. Im Dienstleistungssektor wiederum lassen sich nur geringfügige Verschiebungen feststellen. Die Kantone mit relativ hohen Beschäftigtenanteilen im Gastgewerbe waren 1950 die gleichen wie zu Beginn des Jahrhunderts (Luzern, Graubünden). Dasselbe trifft für die Finanzdienstleistungen zu, mit relativ hohen Anteilen in Genf (7 %), Basel-Stadt (6 %), Zürich (5 %) und Luzern (8 %). Gemessen an der Verteilung der Gesamtbeschäftigung konzentrierte sich der Finanzsektor jedoch bereits klar auf die Region Zürich, wo 29 % der insgesamt 65 774 Beschäftigten dieser Branche tätig waren (Grafik 3.3-11).

Zwischen 1950 und 2000 fand der markanteste Strukturwandel im Dienstleistungssektor statt, in dem der Anteil Beschäftigter stark zunahm.[86] Am Ende des 20. Jahrhunderts dominierte dieser Sektor in allen Kantonen, mit Beschäftigtenanteilen zwischen maximal 81 % in Genf und minimal 45 % im Jura (Grafik 3.3-12). Dabei ist jedoch zu berücksichtigen, dass dieser Anstieg erst in den 1970er Jahren einsetzte (siehe oben Grafik 3.3-6). Noch Mitte der 1980er Jahre machte der Anteil der Beschäftigten im Industriesektor in vielen Kantonen mehr als 45 % aus (Jura, Solothurn, Neuenburg, Basel-Stadt, Basel-Landschaft, Aargau, St. Gallen, Thurgau, Schaffhausen und Glarus). Die niedrigsten Anteile wiesen zu diesem Zeitpunkt die Kantone Genf (23 %), Graubünden (30 %) sowie Zürich, Wallis und Appenzell Innerrhoden (je 33 %) auf. Die Maschinen- und Metallindustrie gewann in den meisten Kantonen nochmals an Bedeutung (mit Ausnahme der Kantone Genf, Waadt, Zürich, Zug, Graubünden und Wallis). Die Uhrenindustrie, die nun auch die Bereiche Präzisionsinstrumente und medizinische Geräte umfasste, dehnte sich auf viele Kantone aus, jedoch arbeitete etwa ein Viertel aller in dieser Branche Beschäftigten in den Kantonen Neuenburg und Jura.[87] Auch die Chemieindustrie war in weiteren Kantonen präsent, der Schwerpunkt befand sich jedoch nach wie vor in der Nordwestschweiz.[88] Die «übrigen Industrien» verloren

86 Für eine Darstellung der gemeindespezifischen Arbeitsplatzverteilung in der Industrie, in verschiedenen Industriezweigen, im Baugewerbe, im dritten Sektor und in den wichtigsten Dienstleistungsbranchen für einzelne Stichjahre zwischen 1965 und 2001 vgl. Schuler et al. 2007, 300–347.

87 Von insgesamt 73 550 Beschäftigten in dieser Branche (gemessen in Vollzeitäquivalenten) arbeiteten 12.7 % im Kanton Jura und 12.5 % im Kanton Neuenburg. Vgl. zu den Veränderungen in der Uhrenindustrie seit den 1950er Jahren die beiden Studien mit regionalgeschichtlichem Schwerpunkt von Garufo 2010 und Donzé 2010. Garufo beschreibt den insgesamt wenig erfolgreichen Versuch, die Uhrenproduktion ins Wallis zu verlagern und damit die Industrialisierung der Bergregionen zu fördern. Gleichzeitig versuchten die Unternehmen, möglichst auf ausländische Arbeitskräfte zu verzichten, um eine Diffusion des technischen Wissens zu verhindern. Schliesslich löste die Uhrenindustrie das Problem der knappen Arbeitskräfte mit der Beschäftigung von Grenzgängern.

88 Von insgesamt 61 962 Beschäftigten (gemessen in Vollzeitäquivalenten) arbeiteten 12.4 % im Kanton Aargau, 9.9 % im Kanton Basel-Stadt und 9.1 % im Wallis.

Grafik 3.3-12: **Regionale und kantonale Wirtschaftsstruktur, Beschäftigte nach Branchen (2001)**

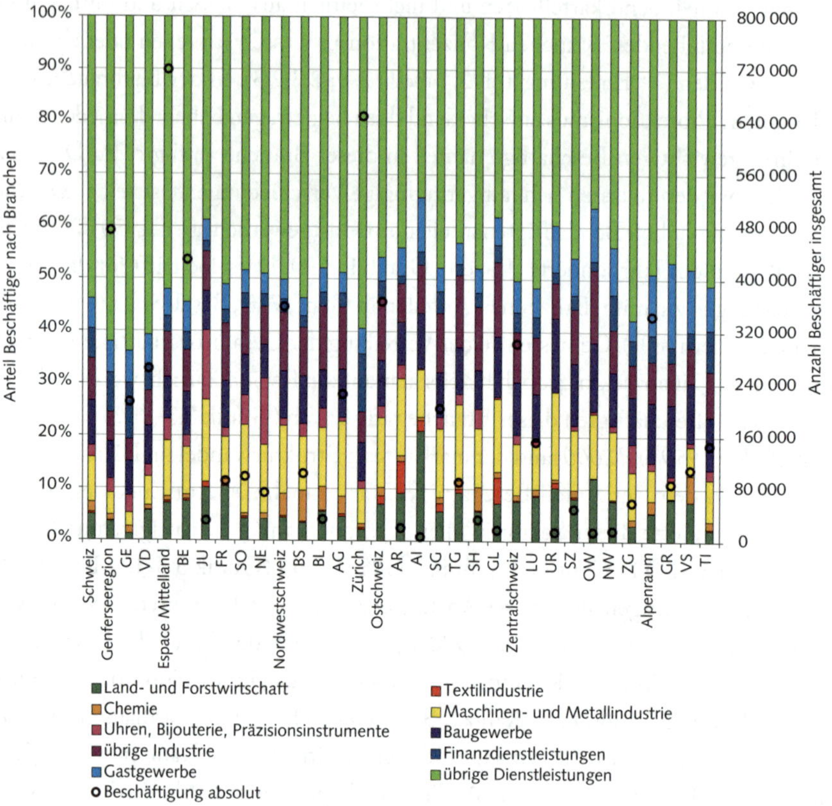

Quelle: HSSO Tab. F.30.

hingegen beschäftigungsmässig stark an Bedeutung, und bis auf wenige Ausnahmen waren nun alle vorwiegend exportorientiert.[89] Das nach wie vor primär auf das Inland ausgerichtete Baugewerbe war weiterhin in allen Kantonen verankert.

In den exportorientierten Dienstleistungsbranchen veränderte sich die kantonale Verteilung hingegen markant. Die höchsten Beschäftigtenanteile im Bereich der Finanzdienstleistungen wiesen am Ende des Jahrhunderts die Kantone Zürich und Genf auf, relativ hohe Anteile hatten die Kantone Tessin, Zug und Nidwalden, Basel-Stadt und Luzern büssten hingen an Bedeutung ein. Gemessen an ihrem Anteil an der Gesamtbeschäftigung dominierte klar die Region Zürich mit 72 379 oder 38.1 % aller in dieser Branche Beschäftigten (gemessen in VZÄ, Grafik 3.3-13). Überdurchschnittliche Beschäftigtenanteile im Gastgewerbe hatten nur noch wenige Kantone in der Ostschweiz (Appenzell Innerrhoden), in der Zentralschweiz (Uri, Schwyz, Obwal-

89 Binnenmarktorientierte Industrien waren: Baugewerbe; Nahrungsmittel; grafisches Gewerbe; Holz und Möbel; Steine, Erden, Bergbau und Steinbrüche; Elektrizität, Gas und Wasser (→ Einleitung Teil 2, Tabelle 2-2).

Grafik 3.3-13: **Verteilung der Beschäftigten auf die einzelnen Regionen nach Branchen (2001)**

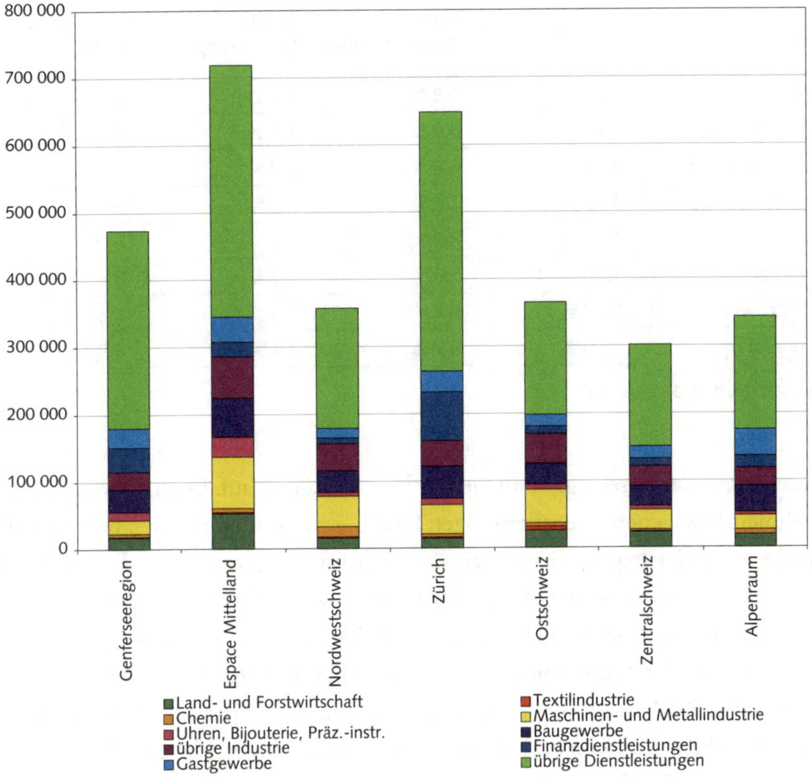

Quelle: HSSO Tab. F.30.

den, Nidwalden) sowie alle Kantone im Alpenraum und in der Genferseeregion. Legt man die Verteilung der Gesamtbeschäftigung in dieser Branche zugrunde, so dürfte die Region Alpenraum als Tourismuszentrum stark zugelegt haben (→ 2.3.4.2, Tabelle 2.3-1). In der Landwirtschaft machte der Beschäftigtenanteil nur noch in Appenzell Innerrhoden mehr als 20 % aus und in den Kantonen Obwalden, Freiburg und Jura immerhin um die 10 %.

Tabelle 3.3-4 zeigt die prozentualen Anteile an der Gesamtbeschäftigung für den Dienstleistungssektor insgesamt und für die verschiedenen Dienstleistungsbranchen innerhalb der Schweiz und in den einzelnen Regionen im Jahr 2001.[90] Deutliche regionale Schwerpunkte sind nur im Gastgewerbe, bei den Finanzdienstleistungen sowie den unternehmensbezogenen Dienstleistungen auszumachen. Letztere dürften eng mit den Finanzdienstleistungen verknüpft sein und weisen eine ähnliche Konzen-

90 Diese Aufteilung entspricht der Gliederung gemäss BFS 2008. Die hier verwendeten Beschäftigungszahlen entsprechen Vollzeitäquivalenten, die im Rahmen der ETS (Erwerbstätigenstatistik), BESTA (Beschäftigungsstatistik) und der BZ (Betriebszählungen) erhoben werden.

Tabelle 3.3-4: **Beschäftigung im Dienstleistungssektor in % der regionalen Gesamtbeschäftigung (2001)**

	Handel	Verkehr, Kommunikation	Öffentl. Verwaltung	Gesundheitswesen	Bildung, Wissens…
Schweiz	15.2 %	6.8 %	3.8 %	9.0 %	5.2 %
Genferseeregion	16.3 %	6.9 %	4.1 %	11.0 %	6.8 %
Espace Mittelland	13.8 %	6.8 %	5.7 %	9.5 %	5.0 %
Nordwestschweiz	14.9 %	7.2 %	3.0 %	9.0 %	5.2 %
Zürich	16.1 %	8.5 %	3.0 %	8.0 %	5.6 %
Ostschweiz	13.8 %	5.0 %	2.9 %	8.4 %	4.8 %
Zentralschweiz	16.7 %	5.1 %	3.3 %	7.5 %	4.5 %
Alpenraum	15.0 %	6.7 %	3.7 %	8.9 %	4.1 %

Quelle: HSSO Tab. F.33, Beschäftigung in VZÄ.

tration in der Genferseeregion und in der Region Zürich auf. Deshalb werden die unternehmensbezogenen Dienstleistungen häufig – zusammen mit den beiden anderen Branchen – zu den exportorientierten Dienstleistungen gezählt.[91] Im Bereich Verkehr und Kommunikation ist der Anteil des Kantons Zürich mit der grössten schweizerischen Agglomeration besonders hoch. Auffällig sind zudem die hohen Anteile der Genferseeregion im Gesundheitswesen und in Bildung und Wissenschaft.

Grafik 3.3-14 zeigt die Beschäftigtenanteile der exportorientierten Branchen für die einzelnen Kantone und Regionen zu Beginn, in der Mitte und am Ende des 20. Jahrhundert. Die Unterschiede waren um 1900 am grössten (Wallis 5 %, Appenzell Innerrhoden 54.5 %). Die mit einem starken Rückgang der Exportorientierung einhergehende Kriegs- und Zwischenkriegszeit wirkte sich in den Kantonen uneinheitlich aus. Der durchschnittliche Beschäftigtenanteil der exportorientierten Branchen war um 1950 nur wenig höher als um 1900, doch die Schwankungsbreite war geringer (Minimum Appenzell Innerrhoden 6 %, Maximum Neuenburg 44 %). Der drastische Rückgang der Exportorientierung in Appenzell Innerrhoden ist darauf zurückzuführen, dass sich nach dem Zusammenbruch der Stickereiindustrie die Textilindustrie auf den Binnenmarkt ausrichtete und somit im Jahr 1950 nicht mehr zu den exportorientierten Branchen gezählt wird.[92] Zu den Kantonen mit überdurchschnittlichen Anteilen gehörten neu die Kantone Genf, Waadt, Bern, Aargau, Luzern und Uri; nicht mehr dazu gehörten hingegen alle Kantone der Ostschweiz, mit Ausnahme von Schaffhausen, und der Kanton Schwyz. Im Jahr 2001 war der durchschnittliche Anteil der Be-

91 So z.B. in Arvanitis 2005, insbesondere 14–17.

92 Für die Zuteilung der Branchen zur Export- und Binnenwirtschaft vgl. Einleitung Teil 2. Zur Umstellung der Industrie in den Kantonen St. Gallen, Appenzell und Thurgau und die Ansiedlung neuer Industrien vgl. Küng 1937, insbesondere die Tabellen zur Anzahl Fabriken und Arbeiter nach Industriegruppen, 151–157. Im Appenzell waren 1911 (Zahlen für 1936 in Klammern) 68 (8) von 100 Fabrikarbeitern in der Stickereiindustrie beschäftigt und 13 (62) in der Textil- und Bekleidungsindustrie.

iverse Dienst- istungen	Unternehmens- bezogene DL	Gast- gewerbe	Finanzdienst- leistungen	Dienstleistungs- Sektor	Beschäftigung (VZÄ) im DL-Sektor insgesamt
2 %	9.6 %	5.8 %	5.7 %	65.4 %	2161324
8 %	11.1 %	5.9 %	7.6 %	75.6 %	357440
8 %	7.4 %	5.2 %	3.0 %	60.3 %	433123
.9 %	9.9 %	3.8 %	4.4 %	61.3 %	280254
.6 %	13.4 %	4.9 %	11.2 %	75.4 %	488783
.1 %	7.8 %	4.6 %	3.3 %	53.7 %	195980
.7 %	9.5 %	6.0 %	3.9 %	60.0 %	180805
2 %	6.3 %	11.5 %	5.1 %	65.6 %	224938

schäftigten in den exportorientierten Branchen gleich gross wie um 1950, doch die kantonalen und regionalen Beschäftigtenanteile variierten nur noch zwischen 18.6 % (Freiburg) und 36 % (Jura).

Grafik 3.3-14: **Beschäftigte in den exportorientierten Branchen (1900, 1950, 2001)**

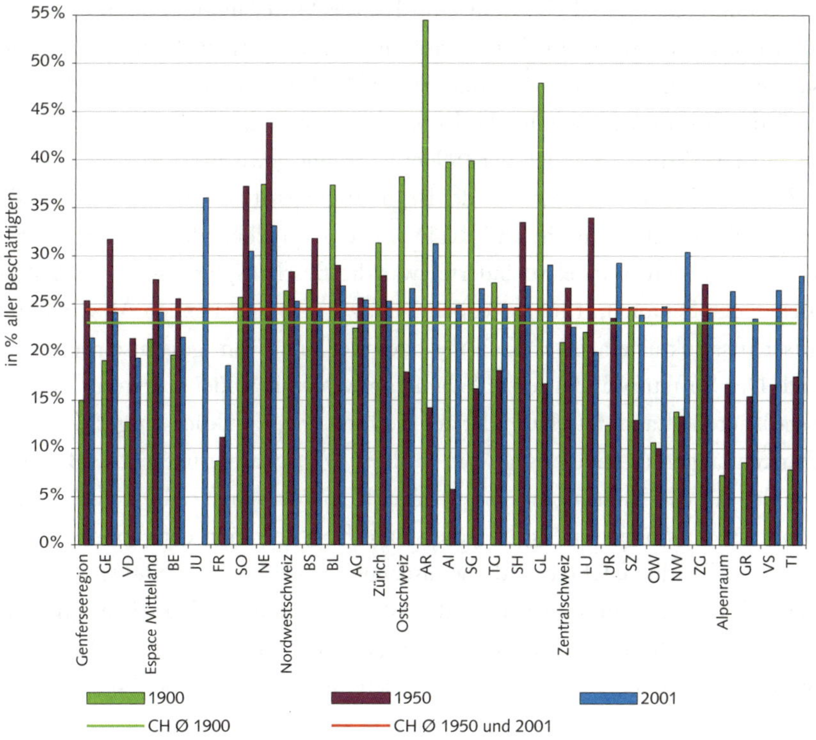

Quellen: HSSO Tab. F.10b und F.30.

Die Exportorientierung einer Region wird in der Literatur häufig mit besonderer Krisenanfälligkeit in Verbindung gebracht; wie im Kapitel 1.1.3 aufgezeigt, besteht jedoch kein genereller und für das gesamte 20. Jahrhundert gültiger Zusammenhang. Die Regionen mit einem hohen Anteil Beschäftigter in den exportorientierten Industrien waren im protektionistischen Umfeld der 1930er Jahre deutlich stärker von der Grossen Depression betroffen (Grafik 3.3-15). Und die am stärksten betroffenen Kantone (mit Arbeitslosenquoten über 4%) hatten alle relativ grosse Beschäftigtenanteile in exportorientierten Industrien: Genf und Neuenburg in der Uhrenindustrie, Basel-Stadt und Zürich in der Maschinen-, Textil- und Chemieindustrie sowie die beiden Appenzell in der Textilindustrie.[93] Das Baugewerbe war zwar ebenfalls stark vom Konjunktureinbruch betroffen, aber dieser Einbruch wirkte sich, wegen der breiten Verankerung der Bauwirtschaft, in allen Kantonen aus.

Ein völlig anderes Bild zeigt sich beim Konjunktureinbruch der 1970er Jahre und in der Stagnationsphase der 1990er. Mitte der 1970er Jahre lag die Arbeitslosenquote auch in den am stärksten betroffenen Kantonen Solothurn, Neuenburg und Schaffhausen nie höher als 1%. Betroffen war vor allem die Bauwirtschaft, doch der relativ hohe Verlust an Arbeitsplätzen wurde durch die Rückkehr vieler ausländischer Arbeitnehmer in ihre Heimatländer weitgehend kompensiert (→ 1.1.3.1.2). Im Jahr 1998, dem Jahr mit der höchsten Arbeitslosenquote während der Stagnationsphase der 1990er, hatten nur die beiden Kantone Genf und Waadt in der Genferseeregion, die Kantone Freiburg und Neuenburg im Espace Mittelland und die Kantone Wallis und Tessin im Alpenraum überdurchschnittlich hohe Arbeitslosenquoten. Wie im folgenden Abschnitt anhand der Analyse der Wachstumsraten noch deutlicher werden wird, scheint die geographische Lage für die unterschiedlichen regionalen Auswirkungen des Strukturwandels der 1990er Jahre eine gewisse Rolle gespielt zu haben.

Zentrales Ergebnis der Analyse der Beschäftigungsstruktur ist, dass sich die Wirtschaftsstrukturen der Kantone und Regionen ausgesprochen gleichförmig entwickelt haben. Der Strukturwandel veränderte zwar die Beschäftigtenanteile innerhalb und zwischen den Sektoren, er führte jedoch nicht zu einer anhaltenden Abweichung der Wirtschaftsstruktur einzelner Kantone oder Regionen vom gesamtschweizerischen Trend. Der Strukturwandel setzte lediglich etwas früher oder später ein. Regionen, die stark auf die Landwirtschaft oder auf die Industrieproduktion ausgerichtet waren, verharrten länger als andere Regionen in ihrer Wirtschaftsstruktur. Die Beschäftigten in den auf den Binnenmarkt orientierten Branchen waren während des gesamten 20. Jahrhunderts breit verteilt, und die starke Konzentration der exportorientierten Branchen – Textilien, Uhren und chemisch-pharmazeutische Produkte – in einigen wenigen Kantonen nahm im Verlauf des Jahrhunderts deutlich ab. Diese Industrien spezialisierten sich auf neue Industriezweige (→ 2.1.2.3 und 2.1.3.4) und konnten sich in weiteren Kantonen etablieren. Eine stärkere und im Verlauf des 20. Jahrhunderts

93 Ritzmann-Blickenstorfer 1997.

Grafik 3.3-15: **Regionale und kantonale Arbeitslosenquote (1935, 1975, 1998)**

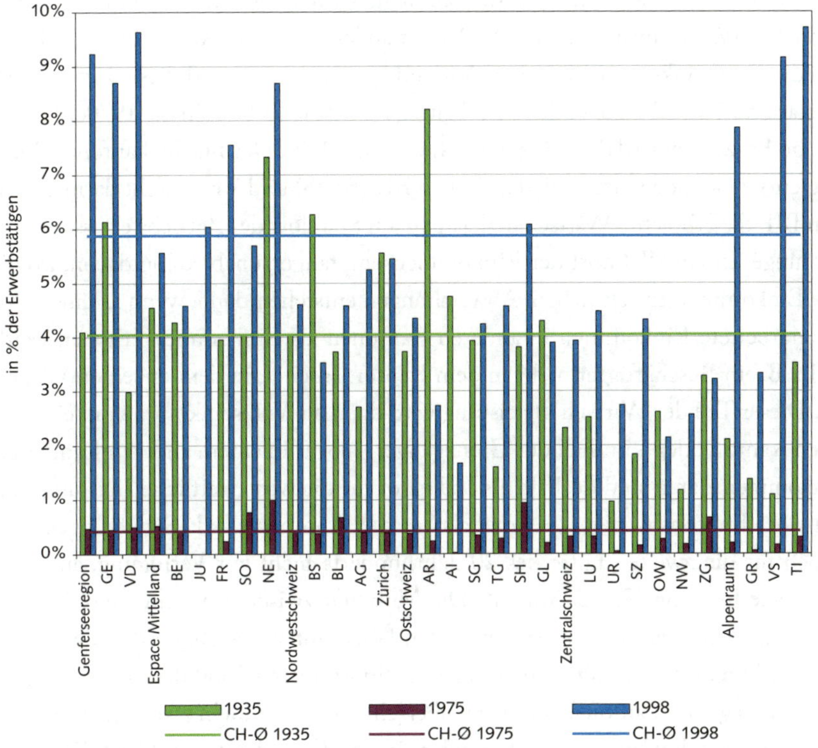

Quelle: Eigene Berechnungen auf Basis HSSO Tab. F.20a und F.29a.

zunehmende Konzentration auf einzelne Kantone lässt sich nur im Gastgewerbe, bei den Finanzdienstleistungen und bei den seit Beginn der 1990er Jahren neu ausgewiesenen unternehmensnahen Dienstleistungen feststellen.

3.3.5 Beitrag der Kantone und Regionen zum gesamtwirtschaftlichen Wachstum

Entsprechend ihrer Grösse und Wirtschaftskraft leisteten die Kantone unterschiedliche Beiträge zum gesamtwirtschaftlichen Wachstum. Ihr Beitrag wird für die Periode zwischen 1890 und 1950 auf Grundlage der Schätzungen des BIP(BWS) analysiert.[94] In der Periode von 1950 bis 2000 sind auf kantonaler Ebene nur Daten zum Volkseinkommen (VE) verfügbar. Das VE ist einerseits niedriger als das BIP(BWS), weil die

94 Als Quellen für die Periode 1890–1950 verwenden wir die Schätzungen des kantonalen BIP(BWS) von Ritzmann/David nach Sektoren und Branchen (vgl. Anhang A.2.7). Die Daten liegen in Fünfjahresschritten vor.

Abschreibungen nicht enthalten sind.[95] Dieser Abzug, der kantonal nicht stark variiert haben dürfte, wirkt sich kaum auf die kantonale Verteilung und die auf dieser Basis berechneten Wachstumsraten aus. Das VE ist andererseits aber auch höher als das BIP, weil die Nettoeinkommen aus dem Ausland hinzukommen, und diese dürften kantonal stark variiert haben. Der Auslandsbeitrag machte jedoch bis in die 1970er Jahre nur wenige Prozent des BIP aus (→ 1.1.1.4, Grafik 1.1-9), Der für die kantonale Verteilung entscheidende Unterschied zwischen BIP(BWS) und VE besteht darin, dass mit dem BIP die erbrachte Wirtschaftsleistung am Standort des Betriebs erfasst wird, das VE hingegen am Wohnort der Einkommensempfänger, unabhängig davon, wo diese ihre Einkommen erzielt haben. Abweichungen entstehen dann, wenn in einem Kanton erarbeitete Einkommen in anderen Kantonen als Einkommen erhoben werden, weil z.B. ein Beschäftigter nicht in dem Kanton arbeitet, in dem er seinen Wohnsitz hat. Dieser Teil der Wirtschaftsleistung wird dann als Volkseinkommen in einem anderen Kanton oder – im Fall der Grenzgänger – sogar in einem anderen Land erfasst. Einkommensdaten sind deshalb als Indikator für die wirtschaftliche Leistungsfähigkeit eines Kantons weniger geeignet als das BIP. Kantonale BIP-Schätzungen stehen jedoch für die zweite Hälfte des 20. Jahrhunderts nicht zur Verfügung, auch wenn sie gerade hier von Nutzen wären[96] Die Mobilität zwischen Wohn- und Arbeitsort dürfte sich vor allem in den letzten beiden Jahrzehnten des 20. Jahrhunderts stärker ausgewirkt haben, weil mit dem Ausbau des Strassennetzes und des öffentlichen Verkehrs das tägliche, kantonale Grenzen überschreitende Pendeln zwischen Wohn- und Arbeitsort zunahm und weil insbesondere in den Grenzkantonen Genf, Basel-Stadt und Tessin die Zahl der Grenzgänger stark anstieg (→ 3.2.4.3).[97] Zudem ist seit den 1990er Jahren ein starker Anstieg der Nettoeinkommen aus dem Ausland zu verzeichnen (→ 1.1.1.4).

95 Das Konzept des Volkseinkommens stammt aus der alten Nationalen Buchhaltung. Es ist die einzige Kennziffer der volkswirtschaftlichen Gesamtrechnung, die vom BFS auf Kantonsebene unter der Bezeichnung Netto-Volkseinkommen zu Faktorkosten berechnet wird. Es besteht aus dem Arbeitnehmerentgelt und dem Betriebsüberschuss (in älteren Statistiken aufgeteilt in Arbeitnehmereinkommen, Einkommen der Selbständigerwerbenden und Kapitaleinkommen) sowie, gemäss neuer Gliederung, aus dem primären Einkommen der privaten Haushalte, den Einkommen der öffentlichen Haushalte und Sozialversicherungen (die hier vernachlässigt werden) und dem Einkommen der Kapitalgesellschaften (→ Anhang A.1.1.4).

96 Gemäss BFS ist die Berechnung von kantonalen Bruttoinlandprodukten nicht möglich, weil nur Wertschöpfungsdaten der Gesamtunternehmen zur Verfügung stehen, die nicht den einzelnen Betrieben an ihren kantonalen Standorten zugerechnet werden können. In den Mitgliedstaaten der Europäischen Union werden solche Daten regelmässig ausgewiesen und zwar auf verschiedenen Gliederungsstufen. Am gebräuchlichsten ist die Stufe der NUTS-3, die der Gliederung des BFS nach Grossregionen entspricht (NUTS = Nomenclature of Territorial Units for Statistics).

97 Im Jahr 2009 ermittelte Zürich erstmals das in der Stadt und in der Agglomeration erwirtschaftete BIP. Betont wird, dass Zürich seine wirtschaftliche Bedeutung (ein Fünftel des nationalen BIP) den vielen Zupendlern verdankt. Die Stadt Zürich trage zwar knapp 11 % zum nationalen BIP bei, jedoch wohne nur knapp ein Zwanzigstel der schweizerischen Bevölkerung in Zürich (*Neue Zürcher Zeitung*, «Handfeste Argumente». Zürich beziffert den städtischen und regionalen Anteil am Bruttoinlandprodukt der Schweiz, 28. Januar 2011, 17).

Während wir in der ersten Hälfte des 20. Jahrhunderts aufgrund der begrenzten Mobilität und des geringen Anteils der Nettoeinkommen aus dem Ausland von der kantonalen Verteilung des BIP(BWS) auf die Verteilung des VE schliessen können und umgekehrt, beschreiben wir in der zweiten Hälfte und insbesondere in den letzten beiden Jahrzehnten des 20. Jahrhunderts weniger die Verteilung der Wirtschaftsleistung als der damit erzielten Einkommen. Dem Bruch in der Datenbasis wird in den folgenden Analysen dadurch Rechnung getragen, dass für das Jahr 1950 jeweils beide Werte ausgewiesen werden. Sowohl die BIP(BWS)- wie auch die VE-Daten wurden mit dem Konsumentenpreisindex (1990 = 100) deflationiert, damit der Wachstumsbeitrag nicht durch die Preisentwicklung verzerrt wird.[98]

Grafik 3.3-16 zeigt den Beitrag der Regionen und Kantone zu der in der Grafik ebenfalls eingetragenen durchschnittlichen realen Wachstumsrate der schweizerischen Wirtschaft.[99] Den höchsten Wachstumsbeitrag erbringen in der ersten Periode der Espace Mittelland vor der Region Zürich, in der zweiten und dritten Periode rückt Zürich in die Spitzensposition. Auf der Ebene der Kantone trägt ebenfalls Zürich in allen Perioden den grössten Beitrag zum gesamtwirtschaftlichen Wachstum bei, den zweithöchsten Beitrag erbringen in der ersten und zweiten Periode der Kanton Bern und in der dritten Periode die Kantone Waadt und Aargau. Auffallend sind die niedrigen Wachstumsbeiträge der Grenz- und Stadtkantone Basel-Stadt und Genf in der Periode 1980–2001. Beide dürften grössere Teile ihrer Wertschöpfung in der Form von Einkommen an die Nachbarkantone Waadt und Basel-Landschaft sowie an das angrenzende Ausland abgegeben haben.

Der anhaltende Vorsprung Zürichs verleitet dazu, in diesem Kanton den eigentlichen Motor der schweizerischen Volkswirtschaft zu sehen. Wie dies bei internationalen Vergleichen üblich ist, so sollten jedoch auch innerhalb eines Landes die unterschiedlichen Grössenverhältnisse der Regionen und Kantone berücksichtigt werden. In Grafik 3.3-17 werden auf der Basis des BIP(BWS) bzw. des VE je Einwohner die durchschnittlichen regionalen und kantonalen Wachstumsraten ausgewiesen. Zürich nimmt nun keine Sonderstellung mehr ein. Am geringsten sind die Abweichungen der regionalen und kantonalen Wachstumsraten in der ersten Periode (1890–1950). Die Wachstumsraten der meisten Kantone liegen innerhalb einer Bandbreite von ± 0.5 %, nur Appenzell Innerrhoden hat eine deutlich niedrigere Wachstumsrate. Zu den Regionen mit einer unterdurchschnittlichen Wachstumsrate je Einwohner gehören die Ostschweiz, die Zentralschweiz und der Alpenraum.

98 Da in diesem Kapitel regionale Wohlstandsvergleiche im Zentrum stehen, ist der KPI der für die Deflationierung der nominalen Werte am besten geeignete Deflator. Die Daten zu den in der anschliessenden Periode verwendeten kantonalen Nettovolkseinkommen wurden ab 1950 ebenfalls alle fünf Jahre und ab 1978 jährlich erhoben (VE: HSSO Tab. Q.19; KPI: HSSO Tab. H.39).

99 Die Summe der Wachstumsbeiträge der Kantone und der Regionen entspricht der gesamtwirtschaftlichen Wachstumsrate.

Grafik 3.3-16: **Wachstumsbeitrag der Regionen und Kantone (1890–2001)**

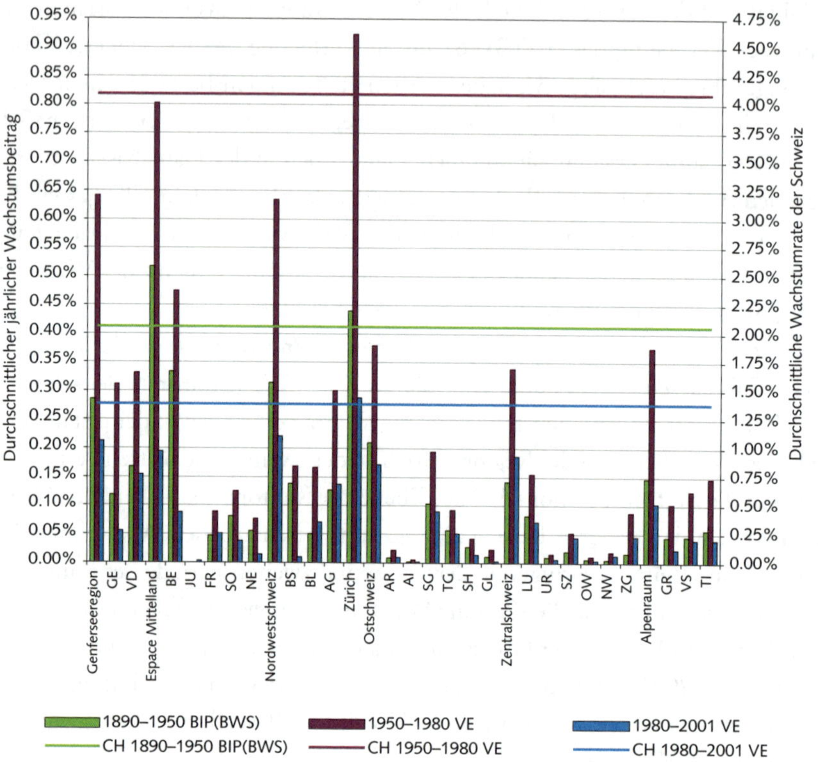

Quellen: HSSO Tab. Q.19; eigene Berechnungen in Preisen von 1990, deflationiert mit dem KPI (HSSO Tab. H.39).

In der zweiten Periode von 1950 bis 1980 sind die Abweichungen von einer inzwischen doppelt so hohen durchschnittlichen Wachstumsrate bedeutend grösser, sie variieren zwischen einem Maximum von 4.7% im Kanton Zug und einem Minimum von 1.9% im Kanton Neuenburg. Dabei muss berücksichtigt werden, dass in dieser Periode die Wachstumsraten des Volkseinkommens und nicht des BIP ausgewiesen werden. Die Wachstumsraten aufgrund des BIP wären in all jenen Kantonen grösser, die einen Beschäftigungsüberschuss bzw. eine überdurchschnittliche Beschäftigungsquote aufweisen, dies betrifft also insbesondere die Wachstumsraten der Kantone Zürich, Zug, Basel-Stadt, Genf und Tessin (siehe Anhang Tabelle 3.3-A2). Auffällig sind die überdurchschnittlichen Wachstumsraten einiger Kantone in der Region Ostschweiz (die beiden Appenzell und Glarus), in der Zentralschweiz (Schwyz, Obwalden, Nidwalden, Zug) und im Espace Mittelland (Freiburg). Auch die Kantone im Alpenraum schneiden in dieser Periode besonders gut ab. Sehr niedrige Wachstumsrate weisen hingegen die Kantone Neuenburg und Solothurn aus.

In der dritten Periode von 1980 bis 2000 sind die Abweichungen ebenfalls ziemlich gross, allerdings nun auf einem deutlich tieferen Niveau. Sie schwanken zwi-

Grafik 3.3-17: **Wachstumsraten des BIP(BWS) bzw. des Volkseinkommens je Einwohner (1890–2001)**

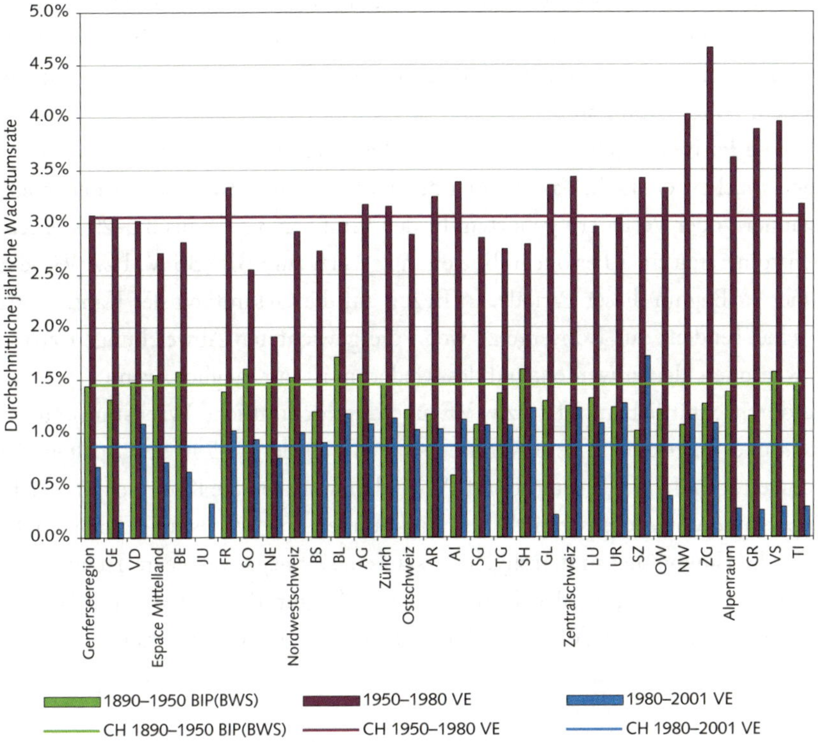

Quelle: HSSO Tab. Q.19; eigene Berechnungen in Preisen von 1990, deflationiert mit dem KPI (HSSO Tab. H.39).

schen einem Maximum von 1.7% (Schwyz) und einem Minimum von 0.1% (Genf). Im Unterschied zu den früheren Perioden ist ein deutliches Gefälle zwischen den Landesteilen festzustellen: Die West- und Südschweiz (Espace Mittelland, Genferseeregion, Alpenraum) weist unterdurchschnittliche und die Nord-, Ost- und Zentralschweiz überdurchschnittliche Wachstumsraten auf. Dabei dürfte die Intensivierung der Wirtschaftsbeziehungen zu den angrenzenden ausländischen Regionen eine Rolle gespielt haben, die sich für die West- und Südschweiz weniger günstig entwickelten als in den anderen Landesteilen. So fallen denn auch die in allen Kantonen des Alpenraums besonders niedrigen Wachstumsraten auf. Innerhalb der Regionen sind ebenfalls markante Unterschiede festzustellen: In der Genferseeregion hat Genf eine der niedrigsten und Waadt eine überdurchschnittliche Wachstumsrate; der neue Kanton Jura verfügt im Espace Mittelland über eine besonders niedrige Wachstumsrate; in der Zentralschweiz weist Schwyz die höchste und Obwalden eine der tiefsten Wachstumsraten auf; zudem hat der Kanton Glarus als einziger Kanton in der Ostschweiz eine unterdurchschnittliche Wachstumsrate. Aufgrund der Wachstumsrate müsste man Glarus zum Alpenraum zählen, während die übrigen Kantone der

Region Ostschweiz ebenso gut abschneiden wie Zürich oder die Kantone der Nordwestschweiz. Auch die Zentralschweiz gehört in dieser Periode zu den wachstumsstarken Kantonen, mit Ausnahme des bereits erwähnten Kantons Obwalden. Zug gehört hingegen nicht mehr dazu, sondern weist wie Zürich eine Wachstumsrate leicht über dem Durchschnitt auf.

Diese Positionswechsel von Periode zu Periode, zwischen und innerhalb der Regionen machen deutlich, dass nicht immer die gleichen Kantone zu den relativen Gewinnern oder Verlierern gehörten. In den Grafiken 3.3-18 bis 3.3-20 werden die Wachstumsraten einer Periode in Beziehung gesetzt zum BIP(BSW) bzw. VE je Einwohner zu Beginn dieser Periode. In Bezug auf die Gesamtheit der Kantone ergibt sich eine Tendenz zur Konvergenz, wenn die gewichteten Abweichungen zwischen den Kantonen kleiner werden, und das wiederum ist nur möglich, wenn Kantone mit unterdurchschnittlichem BIP bzw. VE überdurchschnittliche Wachstumsraten aufweisen und umgekehrt. Diese Kantone sind in Tabelle 3.3-5 in den Spalten II und III eingetragen. In den Spalten I und IV werden hingegen die Kantone mit gleichzeitig über- und unterdurchschnittlichen Einkommen und Wachstumsraten aufgeführt, welche die Einkommensunterschiede verstärken. Der negative lineare Trend zwischen der Verteilung der kantonalen Einkommen zu Beginn der Periode und den durchschnittlichen jährlichen Wachstumsraten zeigt eine leichte Konvergenz in der ersten

Grafik 3.3-18: **Konvergenz des BIP der Kantone (1890–1950)**

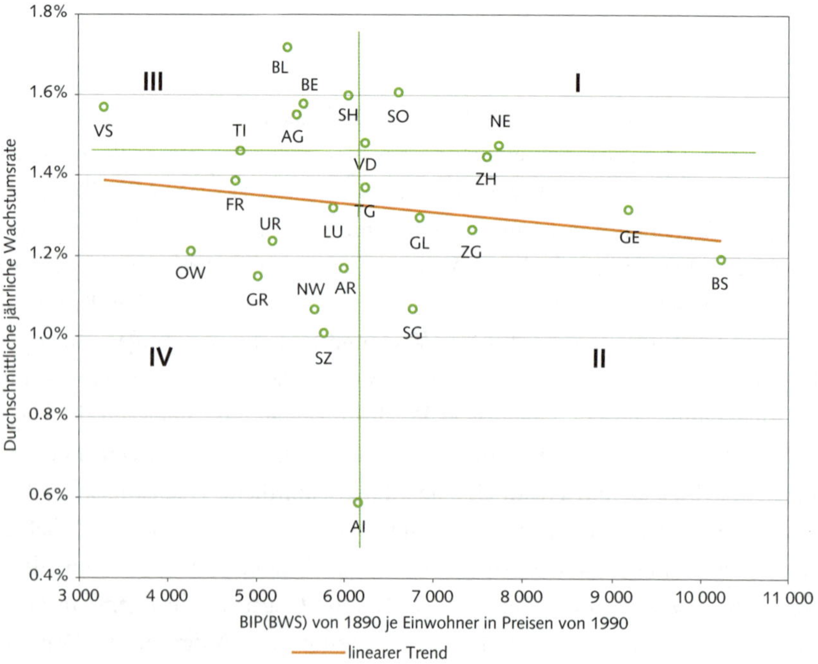

Quellen: HSSO Tab. Q.19; eigene Berechnungen.

Grafik 3.3-19: **Konvergenz der kantonalen Einkommen (1950–1980)**

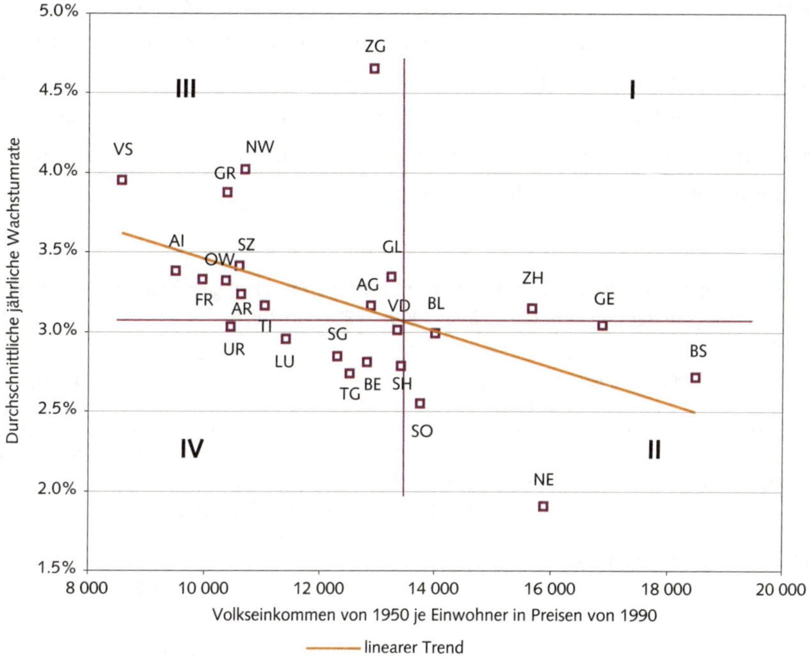

Quellen: HSSO Tab. Q.19; eigene Berechnungen.

Grafik 3.3-20: **Konvergenz der kantonalen Einkommen (1980–2001)**

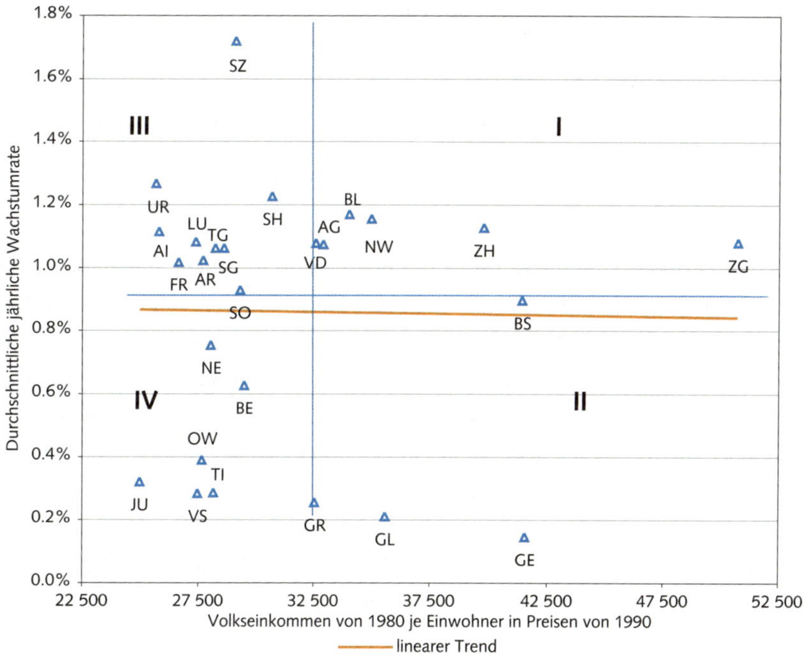

Quellen: HSSO Tab. Q.19; eigene Berechnungen.

und eine deutlich stärkere in der zweiten Periode. Die Anzahl Kantone, welche die Divergenz verstärken (Quadranten I und IV), ist in der zweiten Periode denn auch am niedrigsten. Die relativ grosse Zahl von Kantonen mit unterdurchschnittlichen Einkommen und überdurchschnittlicher Wachstumsrate in der zweiten Periode dürfte am meisten zur auffallenden Konvergenz in dieser Periode beigetragen haben. In der dritten Periode verläuft der lineare Trend fast horizontal, und es besteht nur noch eine schwache Konvergenz der kantonalen Einkommen.

Tabelle 3.3-5: **Position der Kantone im Vergleich zum schweizerischen Durchschnitt, jeweils zu Beginn der drei Perioden (1890, 1950, 1980) und 2001**

	I VE+, WR+	**II** VE+, WR–	**III** VE–, WR+	**IV** VE–, WR–
1890–1950	NE, SO, VD	BS, GE, GL, SG, TG, ZG, ZH	AG, BE, BL, SH, TI, VS	AI, AR, FR, GR, LU, NW, OW, SZ, UR
1950–1980	ZH	BL, BS, GE, NE, SH, SO,VD	AG, AI, AR, FR, GL, GR, NW, OW, SZ, TI, VS, ZG	BE, LU, SG, TG, UR
1980–2001	AG, BL, BS, NW, ZH, ZG	GE, GL	AI, AR, FR, LU, SG, SO, SZ, SH, TG, UR, VD	BE, GR, JU, NE, OW, TI, VS
	VE +		VE –	
VE 2001	AG, BL, BS, GE, NW, SH, SZ, VD, ZG, ZH		AI, AR, BE, FR, GL, GR, JU, LU, NE, OW, SG, SO, TG, TI, UR, VD, VS	
	Aufsteiger: von VE–/WR+ zu VE+		Absteiger: von VE+/WR– zu VE–	
	III → I	**III → II**	**II → III**	**II → IV**
1950		BL, SH	GL, ZG	SG, TG
1980	AG, NW, ZG	GL	SH	NE, SO, VD
	III → I oder II		**II → III oder IV**	
2001	SH, SZ, VD		GL	

In allen drei Perioden sind die Kantone mit überdurchschnittlichem Einkommen klar in der Minderzahl, nur Zürich, Basel-Stadt und Genf befinden sich jeweils zu Beginn der drei Perioden (1890, 1950 und 1980) und am Ende der dritten (2001) in dieser Position. Die Gruppe mit unterdurchschnittlichem Einkommen ist in allen Perioden deutlich grösser. Vergleicht man die Verteilung der Kantone aufgrund der Wachstumsraten und der Einkommen je Einwohner in den drei Perioden 1890–1950, 1950–1980 und 1980–2001, so wird deutlich, dass zwar immer andere Kantone zu den relativen Gewinnern oder Verlierern gehörten, dass jedoch nur wenige Kantone mit unterdurchschnittlichen Einkommen in eine Position mit überdurchschnittlichen Einkommen oder Kantone mit überdurchschnittlichen Einkommen in eine Position mit unterdurchschnittlichen Einkommen wechselten. Möglichkeiten, in die Gruppe mit überdurchschnittlichen Einkommen aufzusteigen, bestehen nur für die in Spalte III aufgeführten Kantone, während wiederum nur für die in Spalte II aufgeführten die Gefahr besteht, in die Gruppe mit unterdurchschnittlichen Einkommen abzusteigen. Die Kantone Thurgau, Zug, Glarus und St. Gallen, die beiden letzteren Zentren der Textilindustrie, die um 1890 zur abstiegsgefährdeten Gruppe gehörten, haben ihre Position mit überdurchschnittlichen Einkommen um 1950 verloren, wobei Glarus den Zusammenbruch der Textilindustrie besser bewältigte als St. Gallen und, mit positiven Wachstumsraten in der zweiten Periode, Anfang der dritten bereits wieder zur Gruppe mit überdurchschnittlichen Einkommen aufholte. Eine Position, die Glarus dann allerdings im Verlauf der dritten Periode wieder verlor. Zug schaffte in der zweiten Periode sogar den Sprung in die Spitzengruppe und verfügte um 1980 über das mit Abstand höchste Durchschnittseinkommen je Einwohner. Dieser rasante Aufstieg lässt sich damit erklären, dass Zug als einer der ersten Kantone in der Schweiz den Standortwettbewerb mittels Steuerkonkurrenz forcierte (siehe unten 3.3.6.2). Die Kantone Basel-Landschaft und Schaffhausen schafften bis 1950 ebenfalls den Aufstieg in die Gruppe mit überdurchschnittlichen Einkommen, Basel-Landschaft blieb in dieser Position, während Schaffhausen 1980 abstieg, aber 2001 bereits wieder dazu gehörte. Zu den Absteigern der zweiten Periode gehören neben Schaffhausen auch die Kantone Neuenburg, Solothurn und Waadt. Nur der Kanton Waadt schaffte bis 2001 wieder den Aufstieg in die Gruppe mit überdurchschnittlichen Einkommen. Neuenburg und Solothurn waren von der Uhrenkrise der 1970er Jahre und dem Strukturwandel vom Industrie- zum Dienstleistungssektor besonders stark betroffen. Der Aufstieg in die Gruppe mit überdurchschnittlichen Einkommen gelang in der zweiten Periode auch den Kantonen Aargau und Nidwalden, und um 2001 gehörte dann erstmals der Kanton Schwyz mit dazu. Die Kantone Nidwalden und Schwyz schafften den Aufstieg in die Spitzengruppe vor allem aufgrund ihres Steuerstandortwettbewerbs und wegen ihrer Nähe zu den Wirtschafszentren Zürich und Zug (siehe unten 3.3.6.2). Die Nähe zu Zürich dürfte auch für den Kanton Aargau eine wichtige Rolle gespielt haben.

In der ungünstigsten Position befinden sich die Kantone im Quadranten IV. Aus dieser Position gelang es nur dem Kanton Nidwalden zur Gruppe mit überdurchschnittlichen Einkommen aufzurücken, aus dem Quadranten III waren es immerhin vier Kantone (Aargau, Basel-Landschaft, Nidwalden und Zug), wobei Zug bereits zu Beginn der ersten Periode zu den Kantonen mit überdurchschnittlichen Einkommen gehörte. Bemerkenswert ist vor allem, dass kein einziger Kanton sich in allen drei Perioden in der ungünstigsten Position befindet. Auch bei der günstigsten Position mit überdurchschnittlichen Einkommen und Wachstumsraten gab es mehrere Wechsel. Nur Zürich befindet sich von 1950 an ständig in dieser Position. Im folgenden Abschnitt 3.3.6 wird die kantonale Verteilung der Einkommen je Einwohner an verschiedenen Stichjahren miteinander verglichen. Insbesondere geht es darum festzustellen, wie sich die Konvergenz in der zweiten Periode und das Fehlen einer solchen klaren Tendenz in den beiden anderen Perioden auf die Verteilung der kantonalen Einkommen auswirkten.

3.3.6 Wohlstandsverteilung

In diesem Abschnitt beschreiben wir die Entwicklung der regionalen und kantonalen Wohlstandsverteilung aufgrund der bereits im Abschnitt 3.3.5 verwendeten BIP(BWS)- und VE-Daten, jedoch zu laufenden Preisen, da hier nicht die Entwicklung über die Zeit, sondern die Verteilung der Einkommen zu bestimmten Stichjahren aufgezeigt werden soll.[100] Da wir, wie im obigen Abschnitt erläutert, davon ausgehen können, dass die Verteilung des kantonalen BIP(BWS) in der ersten Hälfte des Jahrhunderts wegen der eingeschränkten Mobilität und dem relativ niedrigen Anteil der Nettoeinkommen aus dem Ausland annähernd der Verteilung der Einkommen entspricht, werden wir im Folgenden nur noch den Begriff «Einkommensverteilung» verwenden. Es wird jedoch ausdrücklich betont, dass die kantonal unterschiedliche Steuerbelastung und die unterschiedlichen Lebenshaltungskosten nicht berücksichtigt werden.[101]

3.3.6.1 Regionale Disparitäten

Die Dispersionsrate misst die Ungleichverteilung der regionalen und kantonalen Einkommen als Differenz zum nationalen Durchschnittseinkommen, gewichtet mit dem regionalen bzw. kantonalen Bevölkerungsanteil. Ausgedrückt wird die Dispersionsrate in Prozent des nationalen Einkommens je Einwohner: Der Wert ist Null, wenn die Durchschnittseinkommen in allen Regionen bzw. Kantonen identisch sind, und er steigt, wenn die Abweichungen vom nationalen Durchschnitt zunehmen. Ein Wert von 20% bedeutet beispielsweise, dass das regionale Einkommen je Einwohner gewichtet mit den Bevölkerungsanteilen um 20% vom nationalen Durchschnitt abweicht.[102] Die Ungleichverteilung der Einkommen auf der Ebene der Kantone ist stets grösser als auf der Ebene der Regionen, doch die höheren Dispersionswerte verlaufen ähnlich wie die regionalen Werte (Grafik 3.3-21). Die Ungleichverteilung war um 1910 und 1915 deutlich niedriger als zuvor, nahm in der Wachstumsperiode der 1920er Jahre etwas zu und sank während der Depression der 1930er Jahre und insbesondere während der Kriegsjahre auf Tiefstwerte. Im raschen Aufschwung nach dem Zweiten Weltkrieg nahmen die Einkommensunterschiede dann schnell zu. Abgesehen von den ausserordentlichen Werten am Ende des Zweiten Weltkriegs blieb die Bandbreite der Dispersionswerte relativ schmal.

100 Für den Vergleich der Einkommensverteilungen in verschiedenen Stichjahren sind die nominalen Einkommen besser geeignet als deflationierte Werte, weil das Konstanthalten der Preise über einen längeren Zeitraum die Verteilung verzerren kann.

101 Vgl. zu den verschiedenen Einkommenskonzepten Jeitziner/Peters 2009, 62–63. Diese Studie untersucht die regionale Einkommens- und Vermögensverteilung und vergleicht die kantonale Verteilung der Primäreinkommen und der Reineinkommen (steuerbare Einkommen) der privaten Haushalte zwischen 1998 und 2003. In den Kantonen ist das Pro-Kopf-Reineinkommen der Haushalte zwischen etwa 8% und 31% niedriger als das Primäreinkommen (Jeitziner/Peters 2009, 65).

102 Eurostat regional yearbook 2010, 87.

Grafik 3.3-21: **Dispersion des nominalen BIP(BWS) (bis 1945) bzw. des Volkseinkommens (ab 1950) je Einwohner (1890–2005)**

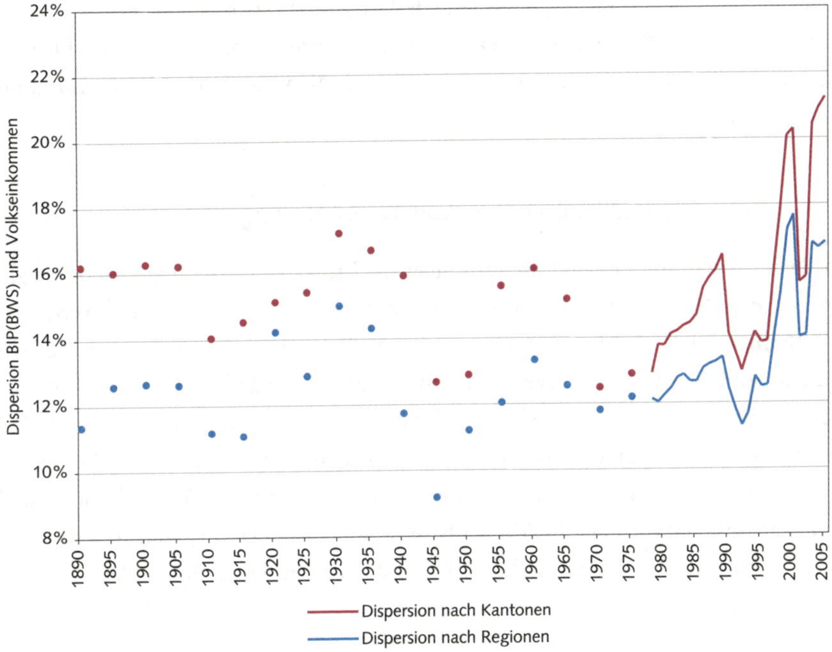

Quellen: HSSO Tab. Q. 19; eigene Berechnungen.

Nach dem Übergang vom BIP zum VE im Jahr 1950 blieb die Schwankungsbreite der Dispersionswerte im Vergleich zur Vorperiode bis Mitte der 1990er Jahre in etwa gleich und stieg erst dann auf Werte, wie sie während des gesamten 20. Jahrhunderts zuvor nie erreicht wurden. Parallelen zwischen den beiden Perioden sind in Bezug auf die Zunahme der Ungleichverteilung in den Wachstumsperioden der 1950er Jahre und der 1980er Jahre und den Rückgang während des Konjunktureinbruchs Mitte der 1970er Jahre sowie während der Stagnationsphase der 1990er Jahre festzustellen. Zu den Ausnahmeperioden gehören neben der ausserordentlich starken Zunahme der Ungleichverteilung in den späten 1990er Jahren auch die 1960er Jahre, eine Wachstumsperiode, während der die Ungleichverteilung im Unterschied zu den anderen Wachstumsperioden abnahm.[103] Ein Vergleich mit der regionalen Dispersion des BIP in den EU-Staaten zeigt, dass die für die Schweiz berechneten Dispersionsraten der regionalen Einkommensverteilung von etwa 17% in den Jahren 2000 und 2005 deutlich höher war als die auf der Basis des BIP berechneten Dispersionsraten in den Nie-

103 Fischer (1981, 73) kommt in seiner Studie zur Entwicklung der kantonalen Volkseinkommen zwischen 1965 und 1978 ebenfalls zum Ergebnis, dass das interkantonale Wohlstandsgefälle in der Wachstumsperiode kontinuierlich abnahm.

derlanden (11 %) und auch etwas höher als in Schweden (15 %). Wenn wir unterstellen, dass der Wert der effektiven, aber leider nicht ermittelbaren BIP-Dispersionsrate in der Schweiz etwas höher wäre als jene des VE, dürfte sie etwa der Dispersionsrate von Deutschland (18 %) entsprochen haben. Im Vergleich dazu waren die Dispersionsraten von Belgien (25 %), Frankreich (21 %), Italien (24 %) oder Grossbritannien (22 %) bedeutend höher.[104]

3.3.6.2 Regionale und kantonale Einkommensverteilung

Tabelle 3.3-6 vermittelt einen Überblick über die Entwicklung der regionalen Einkommen im Verlauf des gesamten Jahrhunderts. In Zürich, in der Nordwestschweiz, in der Zentralschweiz und im Alpenraum waren die relativen Einkommen am Ende des Jahrhunderts höher, in der Genferseeregion, im Espace Mittelland und in der Ostschweiz hingegen niedriger. Im Espace Mittelland nahmen die relativen Einkommen bis 1950 zu und gingen erst anschliessend zurück. Der Alpenraum hat in allen Stichjahren erwartungsgemäss das niedrigste Pro-Kopf-Einkommen, doch sank der Abstand zum Durchschnittseinkommen von über 30 % in der Kriegs- und Zwischenkriegszeit auf knapp 12 % im Jahr 1980 und stieg dann zwischen 1990 und 2001 wieder auf über 20 %.

Tabelle 3.3-6: **Regionales BIP (1890–1950) bzw. VE (1950–2001) je Einwohner (im Verhältnis zum schweizerischen Durchschnitt = 100) zu laufenden Preisen**

	Genferseeregion	Espace Mittelland	Nordwestschweiz	Zürich	Zentralschweiz	Ostschweiz	Alpenraum
1890	114.4	93.5	105.6	122.0	93.9	104.3	70.6
1910	117.9	92.7	107.5	118.1	92.2	97.5	76.2
1920	113.8	91.6	117.7	123.4	87.2	97.4	67.8
1930	115.5	94.2	114.1	125.2	84.8	88.8	70.5
1940	108.4	98.8	112.9	120.3	82.8	95.7	66.5
1950	113.4	98.6	109.7	121.2	83.0	90.1	67.4
1950	109.5	96.8	111.9	117.7	84.6	92.6	75.2
1970	107.2	90.0	112.0	118.4	89.1	89.7	87.3
1980	109.9	87.5	107.4	121.1	94.4	88.1	88.4
1990	109.3	85.3	106.4	123.1	99.4	89.6	86.3
2001	105.6	84.8	110.3	127.7	101.7	91.0	77.9

Quelle: HSSO Tab. Q.19.

104 Eurostat regional yearbook 2010, 82.

Gemessen an der Dispersionsrate nahm die Ungleichverteilung sowohl der regionalen wie der kantonalen Einkommen zwischen 1910 und 1950 deutlich zu, zwischen 1950 und 1980 hingegen deutlich ab, und von Mitte der 1990er Jahre an ausserordentlich stark zu. Wie wirkten sich diese Tendenzen auf die relativen Einkommen der Kantone aus? Die Beschreibung der Einkommensverteilung erfolgt mittels der Einteilung der Kantone in fünf Einkommensklassen in ihrem Verhältnis zum schweizerischen Durchschnitt = 100 (vgl. Abbildungen 3.3-3 bis 3.3-6). Tabelle 3.3-A3 im Anhang enthält die entsprechenden regionalen und kantonalen Werte in Zehnjahresschritten.

Vergleich der Einkommensverteilung 1910 und 1950

Zunächst zu den Auswirkungen der zunehmenden Ungleichverteilung auf die relativen kantonalen Einkommen im Zeitraum zwischen 1910 und 1950 (Abbildungen 3.3-3 und 3.3-4). Die Kantone mit dem höchsten (Basel-Stadt) und dem niedrigsten Einkommen (Wallis) sind in beiden Stichjahren die gleichen, zudem bleibt sich der Abstand von 85 Indexpunkten zwischen dem höchsten und dem niedrigsten Einkommen gleich. Der Kanton Genf gehörte in beiden Stichjahren zur Gruppe mit Einkommen von über 125 % des Durchschnittseinkommens, und 1950 gehörte auch der Kanton Neuenburg zu dieser Spitzengruppe. Am unteren Ende der Einkommensskala ist die Zahl der Kantone mit Einkommen von weniger als 80 % hingegen 1950 mehr als doppelt so hoch wie um 1890. Insgesamt überwiegen zwar die Kantone, die sich am Ende der Periode in der gleichen Einkommensklasse befanden wie zu Beginn, doch die Anzahl Kantone, die in eine höhere Klasse aufstiegen ist deutlich kleiner als die Zahl jener, die in eine tiefere Klasse abstiegen. Zu Letzteren gehörten St. Gallen und Appenzell Innerrhoden in der Ostschweiz, der Kanton Waadt in der Genferseeregion sowie alle Kantone der Zentralschweiz, mit Ausnahme von Zug, und der Kanton Graubünden im Alpenraum. Zu den Aufsteigern gehörten hingegen nur die Kantone Bern, Basel-Landschaft, Neuenburg und Solothurn. Die regionalen Einkommen blieben im Zeitraum zwischen 1890 und 1950 ziemlich stabil. Die zunehmende Ungleichverteilung wirkte sich somit vor allem in der Ostschweiz und in der Zentralschweiz aus (siehe oben Tabelle 3.3-6). Im Verlauf dieser Periode gab es relativ viele Auf- und Absteiger in höhere oder tiefere Einkommensklassen innerhalb der gleichen Region, ein Hinweis auf die Auswirkungen des Strukturwandels, bei dem es einigen Kantonen besser als anderen gelang, ihre Wirtschaftsstruktur an die neuen Wachstumschancen anzupassen. Am unterschiedlichsten war die Entwicklung der Einkommen in der Region Ostschweiz, wo der relative Abstieg mit dem Niedergang der Textilindustrie bereits zwischen 1920 und 1930 einsetzte (siehe Anhang Tabelle 3.3-A3). Der Kanton Appenzell Innerrhoden war davon am stärksten betroffen.

Gemessen am Volkseinkommen je Einwohner ist die kantonale Einkommensverteilung um 1950 ausgeglichener als die Verteilung aufgrund des BIP(BWS). Die Dispersionsrate ging von 16.5 % auf 12.9 % zurück, die Einkommensobergrenze in Basel-

Abbildung 3.3-3: **BIP(BWS) je Einwohner 1910 (CH = 100)**

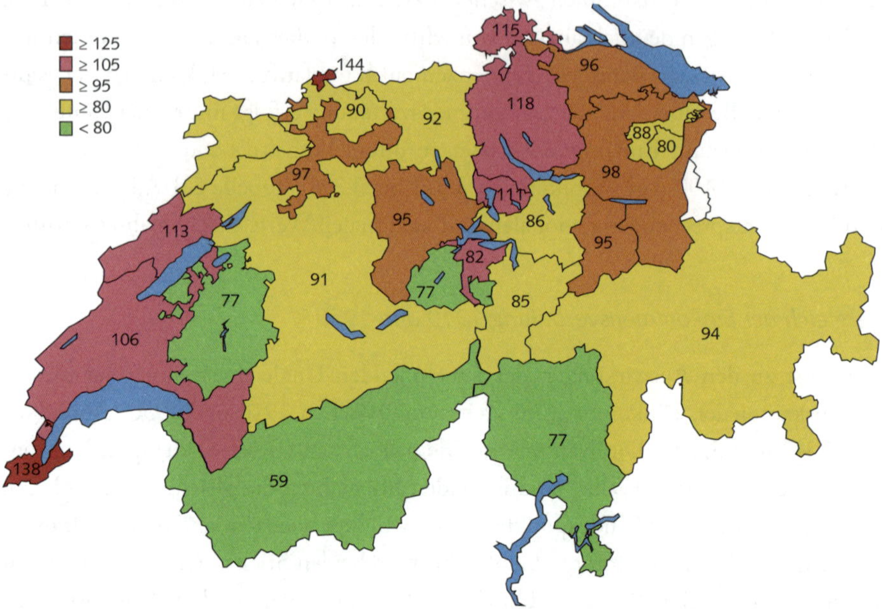

Quelle: Eigene Darstellung auf der Basis von HSSO Tab. Q.19.

Abbildung 3.3-4: **BIP(BWS) je Einwohner 1950 (CH = 100)**

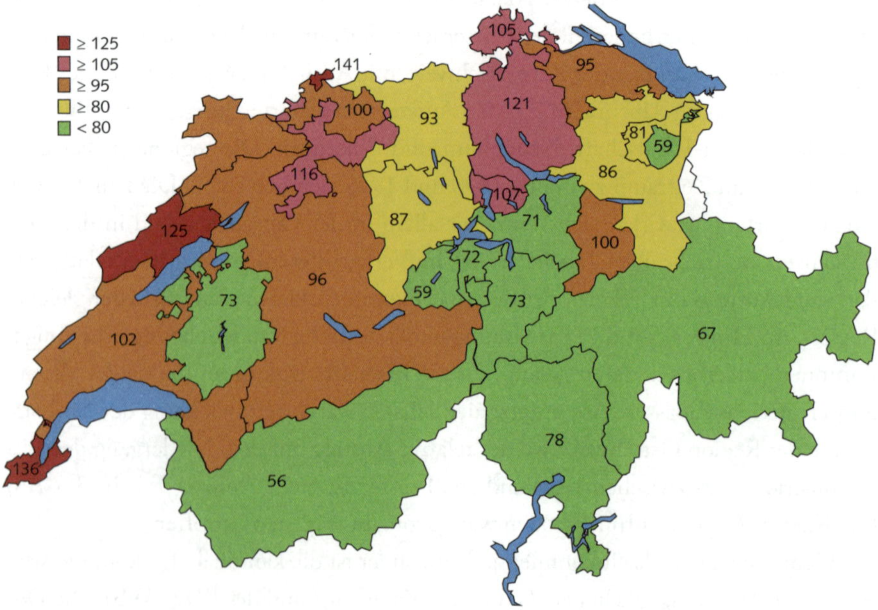

Quelle: Eigene Darstellung auf der Basis von HSSO Tab. Q.19.

Stadt nahm etwas ab (von 141 % auf 139 %), die untere im Kanton Wallis stieg etwas an (von 56 % auf 64 %), und die Spannweite zwischen diesen Einkommensgrenzen sank von 85 auf 75 Indexpunkte. Nur noch sechs statt neun Kantone wiesen Einkommen von unter 80 % des Durchschnittseinkommens auf. Die Kantone Schwyz, Nidwalden und Tessin gehörten knapp nicht mehr zu dieser Gruppe (siehe Anhang Tabelle 3.3-A3).

Vergleich der Einkommensverteilung 1950 und 2000

In der zweiten Hälfte des 20. Jahrhunderts war die mit der Dispersionsrate gemessene Ungleichverteilung im Jahr 1970 am niedrigsten. Zwischen 1950 und 1970 sank die Differenz zwischen der Region mit dem höchsten Durchschnittseinkommen (Zürich) und der Region mit dem niedrigsten Durchschnittseinkommen (Alpenraum) um etwa ein Viertel (von 43 auf 31 Indexpunkte). Im Jahr 2001 betrug die Differenz dagegen knapp 50 Indexpunkte und war damit etwa gleich gross wie um 1890 (siehe oben Tabelle 3.3-6). Die 1960er Jahre können als eine Periode charakterisiert werden, während der alle Kantone am wachsenden Wohlstand partizipierten. Im Vergleich zur Einkommensverteilung 1950 (Abbildung 3.3-4) fielen 1970 nur noch drei Kantone (Appenzell Innerrhoden, Obwalden und Uri) unter das Niveau von 80 % des Durchschnittseinkommens (Abbildung 3.3-5). Zudem stieg das Minimum von 64 % im Wallis auf 70 % in Appenzell Innerrhoden. Basel-Stadt machte einen starken Einkommenssprung, und Glarus rückte in die Einkommensklasse über 105 % vor. Den grössten Aufstieg verzeichnete der Kanton Zug, der aus einer Position etwas unterhalb des schweizerischen Durchschnitts an die Spitze knapp hinter Basel-Stadt rückte. Insgesamt überwogen die Kantone, die ihre Position halten oder in eine höhere Einkommensklasse aufsteigen konnten. Nur die Kantone Neuenburg und Bern befanden sich 1970 in einer tieferen Einkommensklasse.

Bis zum Ende des 20. Jahrhunderts nahm die Ungleichverteilung hingegen wieder markant zu (Abbildung 3.3-6). Zug überholte Basel-Stadt an der Spitze aller Kantone, der Abstand zum schweizerischen Durchschnittseinkommen stieg auf 71 und gegenüber dem tiefsten Einkommen im Kanton Jura auf ganze 104 Indexpunkte. Zürich gehörte erstmals zur Spitzenklasse, während Genf diese Position erstmals verlor. Neben einigen wenigen Aufsteigern (Schwyz, Nidwalden, Appenzell Innerrhoden, Uri), befinden sich mehrere Kantone in einer tieferen Einkommensklasse (Genf, Tessin, Wallis, Freiburg). Der starke wirtschaftliche Einbruch Mitte der 1970er Jahre und die Wachstumsschwäche der 1990er Jahre hatten zwar den Effekt, dass sich die mit der Dispersion gemessene Ungleichverteilung reduzierte (siehe oben Grafik 3.3-21), doch ab Mitte der 1990er Jahre lief die kantonale Einkommensentwicklung auseinander. Während die Dispersionswerte im Zeitraum von 1950 bis 1997 zwischen 12 % und 16 % schwankten, nahmen sie in den folgenden Jahren deutlich zu und stiegen bis 2005, mit einem kurzen Absturz während des Konjunktureinbruchs 2001/2002, auf über 20 %. Die regionalen Dispersionswerte waren zwar niedriger, nahmen jedoch ebenfalls deutlich zu.

Abbildung 3.3-5: **Volkseinkommen je Einwohner 1970 (CH = 100)**

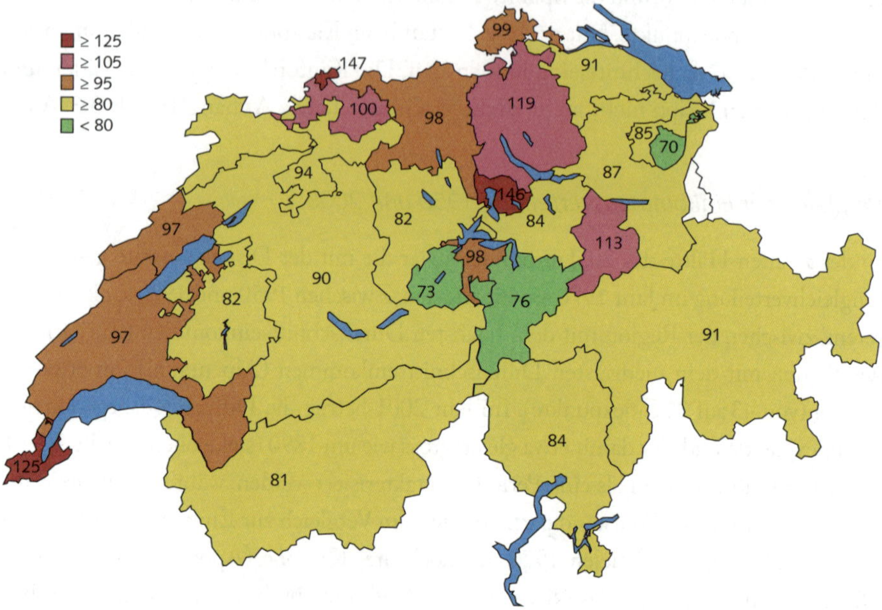

Quelle: Eigene Darstellung auf der Basis von HSSO Tab. Q.19.

Abbildung 3.3-6: **Volkseinkommen je Einwohner 2000 (CH = 100)**

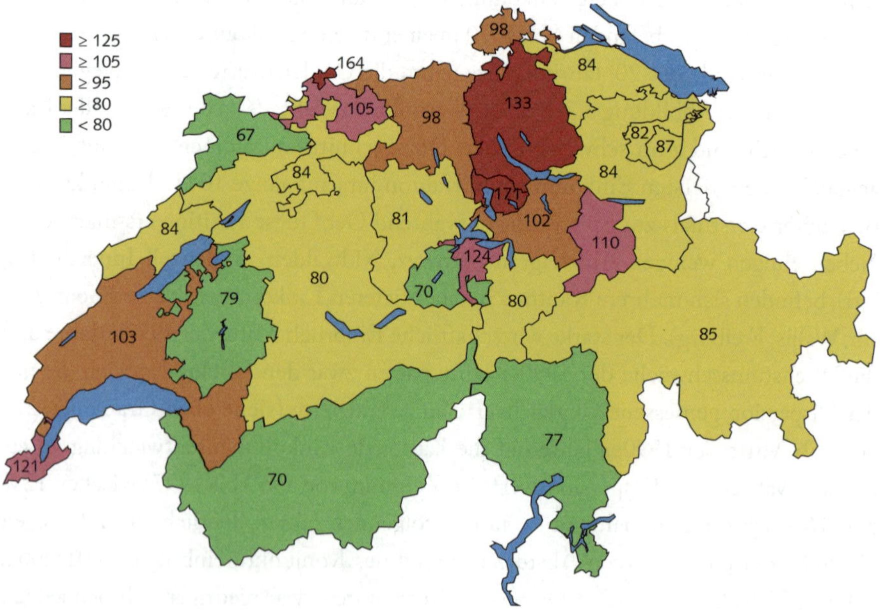

Quelle: Eigene Darstellung auf der Basis von HSSO Tab. Q.19.

Die 1990er Jahre waren eine Zeit, die von einem besonders starken Strukturwandel geprägt wurde und gleichzeitig, im Unterschied zur Zwischenkriegszeit, mit einer verstärkten Exportorientierung einherging (→ 2.1.3.5 und 2.3.3). Doch die Entwicklung der Branchenstruktur zeigte keine auffälligen regionalen oder kantonalen Sonderwege. Zwar lässt sich eine gewisse Konzentration der Beschäftigung in der Region Zürich feststellen, doch wirkte der zunehmende interkantonale Pendlerverkehr zwischen Wohn- und Arbeitsort der Einkommenskonzentration in dieser Region entgegen. Zürich gehörte zwar zusammen mit Basel-Stadt und Zug im Jahr 2000 erstmals zur Spitzengruppe, doch die Durchschnittseinkommen in den beiden anderen Kantonen waren bedeutend höher. Eine Differenzierung der Einkommensverteilung und der Dispersionsraten nach Einkommenskategorien – Haushaltseinkommen und Einkommen der Kapitalgesellschaften – macht deutlich, dass der starke Anstieg der Dispersionswerte in den 1990er Jahren auf die hohen und stark schwankenden Dispersionsraten bei den Einkommen der Kapitalgesellschaften zurückzuführen ist, während die Dispersionsraten der Haushaltseinkommen nur moderat anstiegen und bis 2005 sogar abnahmen (Grafik 3.3-22).

Grafik 3.3-22: **Dispersion des Volkseinkommens, der Primäreinkommen der Haushalte und der Kapitalgesellschaften (1990–2005)**

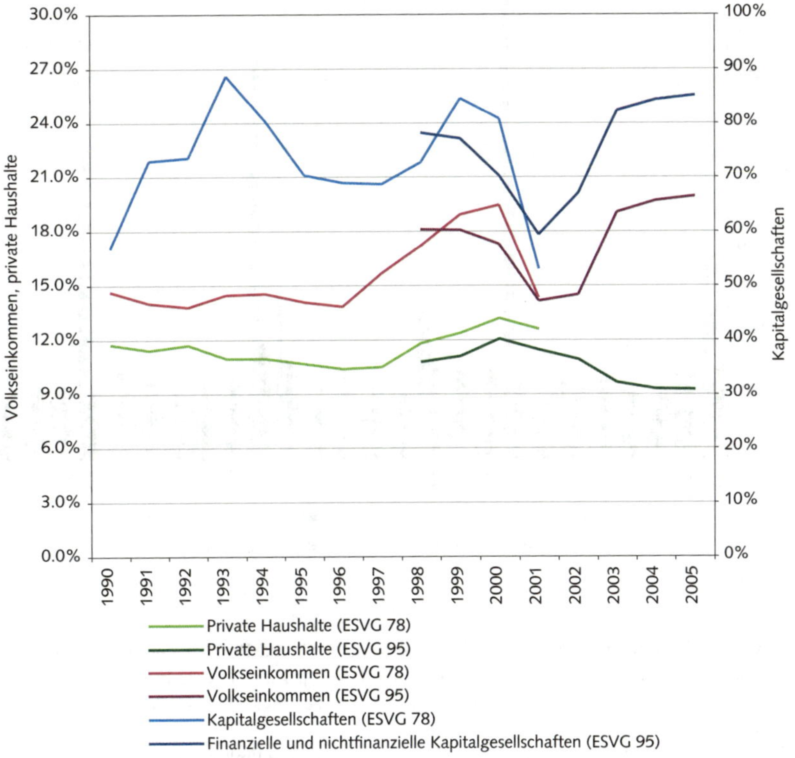

Quellen: HSSO Tab. Q.21 und Q.22; eigene Berechnungen.

Die Spanne zwischen den Abweichungen der höchsten und tiefsten kantonalen Haushaltseinkommen vom schweizerischen Durchschnitt nahm zu, sie variierte 1990 zwischen 74% und 123% und zehn Jahre später zwischen 74% und 137%.[105] Die Spanne zwischen den Abweichungen der höchsten und tiefsten Einkommen der Kapitalgesellschaften vom schweizerischen Durchschnitt war noch bedeutend grösser und variierte 1990 zwischen 23% und 484%, 2000 sogar zwischen 5% und 628% (Grafik 3.3-23). Doch nur wenige Kantone konnten in den beiden Stichjahren 1990 und 2000 überdurchschnittliche Einkommen der Kapitalgesellschaften verzeichnen, und es waren jeweils die gleichen sieben Kantone: Zug, Basel-Stadt, Glarus, Genf, Zürich, Nidwalden und Waadt. Völlig aus dem Rahmen fiel der starke Einkommensanstieg der Kapitalgesellschaften in Basel-Stadt, beachtlich war auch der starke Anstieg in Nidwalden und Genf, während in allen anderen Kantonen nur ein schwacher Anstieg oder – wie im Fall von Zug und Glarus – sogar ein Rückgang zu verzeichnen war.[106]

Grafik 3.3-23: **Primäreinkommen der Haushalte und Kapitalgesellschaften je Einwohner (1990, 2000)**

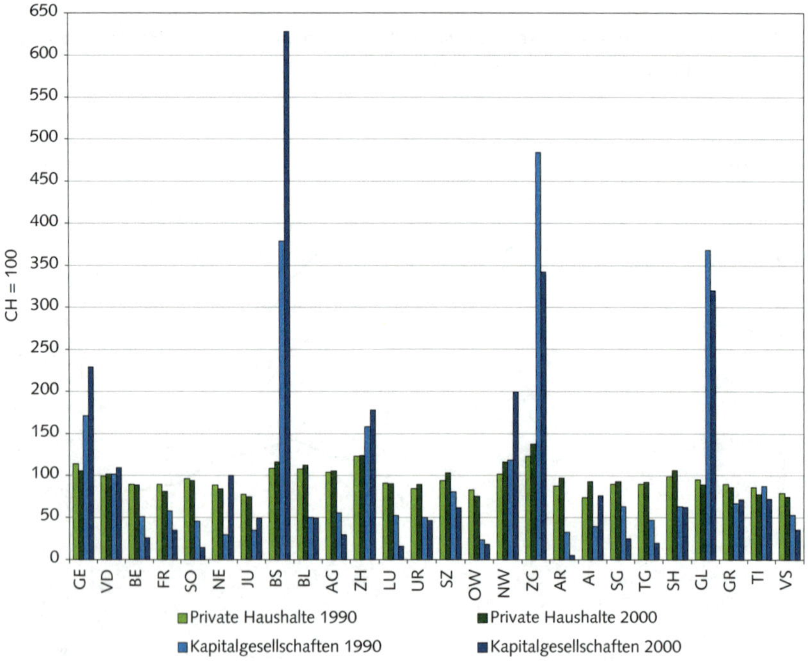

Quelle: HSSO Tab. Q.21.

105 Schuler et al. (2007, 202–207) enthält für die Jahre 1971/72 und 1997/98 eine Analyse der Verteilung der mittleren Nettoeinkommen (steuerbares Einkommen) je Einwohner in Privathaushalten nach Gemeinden. Demnach haben für alle räumlichen Niveaus die Ungleichheiten der Haushaltseinkommen abgenommen.

106 Im Jahr 1998 wurde die Statistik revidiert. Die Spitzenwerte der Einkommen der Kapitalgesellschaften nahmen bis 2005 nur noch wenig zu und in den Kantonen Glarus und Zug weiter ab. Spitzenwerte im

Bei der Verteilung der Einkommen der Kapitalgesellschaften zeigen sich die Auswirkungen der Standortkonkurrenz im Kontext der Globalisierung, wobei einige Standorte – wie Basel-Stadt, Genf und Zürich – deutlich bevorzugt werden, insbesondere auch von ausländischen Unternehmen (→ 2.1.4). Dass die Kantone Zug, Glarus und Nidwalden zu den beliebten Standorten für Kapitalgesellschaften gehörten, ist primär auf Steuervorteile bei gleichzeitiger Nähe zum Wirtschaftszentrum Zürich zurückzuführen. Steuervorteile dürften auch die Ursache gewesen sein für die markante Einkommenserhöhung der Kapitalgesellschaften in einigen weiteren Kantonen (Neuenburg, Jura, Appenzell Innerrhoden, Graubünden); in allen anderen Kantonen jedoch waren die Einkommen der Kapitalgesellschaften im Jahr 2000 gleich hoch wie oder niedriger als um 1990.

In Bezug auf die Verteilung verschiedener Einkommenskategorien bestanden bereits zu Beginn der 1970er Jahre grosse kantonale Unterschiede. Analysiert man die Verteilung der Arbeitnehmereinkommen, der Einkommen der Selbständigerwerbenden sowie der Unternehmens- und Vermögenseinkommen zwischen 1965 und 1995, so ergeben sich bei den Unternehmens- und Vermögenseinkommen deutlich höhere Dispersionsraten als bei den beiden anderen Einkommenskategorien (Grafik 3.3-24). Die Kantone mit stark überdurchschnittlichen Unternehmens- und Vermögenseinkommen waren 1970 die gleichen wie im Jahr 1990 (Zug, Basel-Stadt, Glarus, Genf, Zürich, Nidwalden, Waadt), und die gleichen Kantone hatten im Jahr 2001 überdurchschnittliche Einkommen der Kapitalgesellschaften.[107]

Die in der Einleitung dieses Teils erwähnte Studie zur Einkommenskonzentration von Christoph Schaltegger und Christoph Gorgas betont ebenfalls, dass die Einkommen der reichsten 10 % der Bevölkerung kantonal sehr ungleich verteilt waren und zwar während des gesamten 20. Jahrhunderts.[108] Die höchsten Anteile verzeichneten stets die Kantone mit wirtschaftlich besonders bedeutenden Städten wie Zürich, Genf oder Basel-Stadt sowie einige Kantone der Zentralschweiz. Vor dem Zweiten Weltkrieg nahm die Einkommenskonzentration in fast allen Kantonen zu. Einen Spitzenwert erreichte der Kanton Glarus mit 47 % im Jahr 1933, einen Tiefstwert von 17 % der Kanton Genf in den frühen 1920er Jahren. In den 1940er und 1950er Jahren blieb der Anteil der reichsten 10 % der Bevölkerung am Gesamteinkommen konstant oder ging leicht zurück. Doch auch in dieser Periode variierten die Anteile in den Kantonen ausserordentlich stark, mit einem Maximum von mehr als 60 % im Jahr 1948 in Appenzell Innerrhoden und einem Minimum von weniger als 20 % im Kanton Neuenburg Ende der 1950er Jahre. Die 1960er Jahre können auch in dieser Analyse als Periode charakterisiert werden, in der die Einkommenskonzentration nur ge-

Jahr 2005: Basel-Stadt 714 %, Zürich 181 %, Nidwalden 204 %, Glarus 312 %, Genf 230 %, Zug 350 % (HSSO Tab. Q.22). Vgl. dazu auch die Analyse der Entwicklung der Einkommens- und Vermögensverteilung auf Kantonsebene im Zeitraum zwischen 1995/96 und 2003 in Jeitziner/Peters 2009, 24–35.

107 Im Verhältnis zum Durchschnittseinkommen betrug das Unternehmens- und Vermögenseinkommen im Jahr 1970 (1990 in Klammern) in Zug 270 (434) %, Basel-Stadt 256 (209) %, Glarus 186 (140) %, Genf 148 (169) %, Zürich 135 (148) %, Nidwalden 139 (139) %.

108 Schaltegger/Gorgas 2011.

Grafik 3.3-24: **Dispersionsrate des Volkseinkommens und verschiedener Einkommenskategorien (1965–1995)**

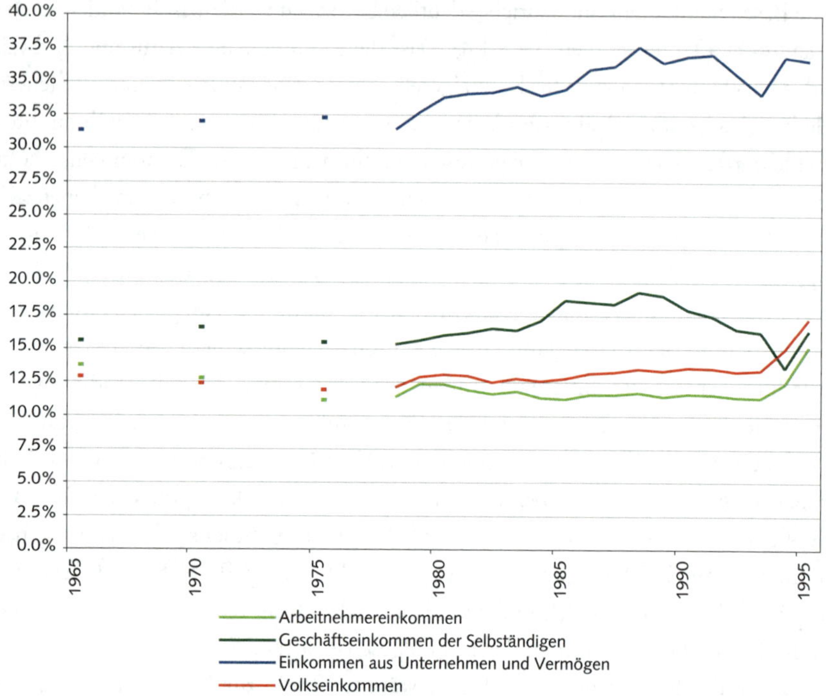

Quellen: HSSO Tab. Q.20; eigene Berechnungen.

ringfügig zunahm und gleichzeitig die Einkommen je Einwohner in den Kantonen weniger variierten. Dies bestätigt unsere Vermutung, dass die Dispersionsrate in den 1960er Jahren deshalb zurückging, weil die Arbeitnehmer stärker von den wachsenden Einkommen profitieren konnten als die anderen Einkommensgruppen.[109] Vom Beginn der 1970er Jahre an ging der Anteil der reichsten 10% der Bevölkerung etwas zurück, bis zum Beginn der 1980er Jahre, und nach Mitte der 1990er Jahre lässt sich wiederum eine starke Zunahme dieses Anteils sowie eine viel stärkere Variation in den Kantonen feststellen. Besonders ausgeprägt war die Zunahme in den Kantonen Schwyz, Zug, Nidwalden Basel-Stadt und Genf. Die Kantone Schwyz, Zug und Nidwalden gehörten bereits vor dem Zweiten Weltkrieg zu den Kantonen mit besonders hoher Einkommenskonzentration. Es waren auch diese Kantone, die sich in den letzten Jahrzehnten des 20. Jahrhunderts stark in der Steuerstandortkonkurrenz profi-

109 Vgl. dazu den starken Anstieg der realen Monatsgehälter in den 1960er Jahren (→ 3.1.2, Grafik 3.1-2) und der Reallöhne (→ 4.2.5.2, Grafik 4.2-9).

lierten.[110] Es handelte sich dabei somit nicht um eine neue wirtschaftspolitische Strategie, sondern lediglich um die Fortsetzung einer die hohen Einkommen und Vermögen begünstigenden Politik.

3.3.7 Schlussbetrachtungen

Im Zentrum dieses Kapitels stand die Frage nach der Partizipation der Regionen und Kantone am wirtschaftlichen Entwicklungsprozess und am wachsenden Wohlstand. Festgestellt wurde ein ausgeprägter Gleichverlauf der regionalen Bevölkerungs- und Beschäftigungsentwicklung. Eine etwas stärkere Konzentration der Beschäftigung im Raum Zürich war erst in den letzten Jahrzehnten des 20. Jahrhunderts auszumachen und wurde vor allem auf das zunehmende Arbeitspendeln von Beschäftigten aus den Nachbarkantonen zurückgeführt. Ein Teil der im Wirtschaftszentrum Zürich generierten Wertschöpfung fiel in anderen Kantonen als Einkommen an und trug zum Ausgleich von Einkommensunterschieden infolge unterschiedlicher Wirtschaftsleistung bei. Der sektorale Strukturwandel erfolgte ebenfalls auffallend parallel, in einzelnen Regionen verlief er nur zeitlich etwas verzögert. Die zu Beginn des 20. Jahrhunderts starke kantonale Konzentration einiger Branchen der Exportindustrie war bereits Mitte des Jahrhunderts weniger ausgeprägt. Am Ende des 20. Jahrhunderts war die Wirtschaft in allen Kantonen ausgesprochen breit diversifiziert. Lokale Schwerpunkte waren zwar noch vorhanden, doch hatten sie sich abgeschwächt. Eine stärkere Konzentration auf bestimmte Standorte liess sich nur bei den Finanzdienstleistungen und in der neuen Kategorie der unternehmensnahen Dienstleistungen ausmachen.

Der Vergleich der Wachstumsraten und der Einkommen je Einwohner in den drei Perioden, 1890–1950, 1950–1980 und 1980–2001, machte deutlich, dass jeweils andere Kantone zu den relativen Gewinnern oder Verlierern gehörten, dass kein Kanton ständig in der günstigsten oder ungünstigsten Position verharrte, jedoch nur wenige Kantone mit unterdurchschnittlichen Einkommen in eine Position mit überdurchschnittlichen Einkommen rückten. Die zentrale Leistung der spezifischen Form des schweizerischen Föderalismus bestand darin, trotz unterschiedlicher und im Verlauf des 20. Jahrhunderts sich wiederholt stark verändernder Standortbedingungen zunehmende Disparitäten und anhaltende Rückstände einzelner Kantone oder Regionen zu vermeiden. Die relativ grosse Autonomie der Kantone spielte dabei sicher eine wichtige Rolle, wenn sich auch deren Einfluss mangels einschlägiger Forschungsarbeiten und hinreichender statistischer Grundlagen nicht klar belegen lässt. Die Ausgleichsmassnahmen des Bundes und insbesondere der in den 1950er Jahren eingeführte Fi-

110 Schaltegger/Gorgas 2011, 10–16. Die Kantone Appenzell Innerrhoden, Basel-Stadt, Nidwalden, Schwyz, Zug gehörten zu den Kantonen mit U-förmiger Einkommenskonzentration, Genf und Waadt verzeichneten einen steigenden Trend, die Anteile von Appenzell Ausserrhoden, Basel-Landschaft, Jura, Neuenburg, Tessin und Zürich blieben ziemlich konstant, alle anderen Kantone verzeichneten eine abnehmende Einkommenskonzentration.

nanzausgleich zwischen Bund und Kantonen mögen für zu viele nicht kompatible Ziele eingesetzt und insgesamt vermutlich zu teuer bezahlt worden sein, doch dürften gerade diese Massnahmen ihren Teil zur Vermeidung allzu grosser Entwicklungsunterschiede beigetragen haben.

Die Abstände zwischen den höchsten und tiefsten kantonalen Durchschnittseinkommen und die Anzahl Kantone in den mittleren Einkommensklassen zwischen 80% und 105% des Durchschnittseinkommens blieben in etwa gleich, und zwar vor allem, weil nur wenige Kantone besonders hohe oder tiefe Einkommen erzielten. Der grösste Unterschied zwischen der Einkommensverteilung zu Beginn und jener am Ende des 20. Jahrhunderts bestand wohl darin, dass sich die Kantone, deren Einkommen weniger als 80% des Durchschnitts betrugen, Anfang des 20. Jahrhunderts im Alpenraum und in der Zentralschweiz häuften, während sie sich am Ende des 20. Jahrhunderts breiter auf verschiedene Regionen verteilten. Darin könnte man wiederum einen vorteilhaften Effekt der föderalen Struktur erkennen, die es jedem Kanton ermöglichte, seine wirtschaftliche Entwicklung mit je eigenen und anderen Mitteln zu fördern und so zumindest anhaltende Phasen des wirtschaftlichen Niedergangs zu vermeiden. Voraussetzung dafür war allerdings eine Infrastruktur, welche die Zugänglichkeit der verschiedenen Landesteile zu vertretbaren Kosten gewährleistete.

Lediglich drei Regionen – die Genferseeregion, die Nordwestschweiz und Zürich – erzielten in allen Stichjahren ein Einkommen je Einwohner von über 105% des Durchschnittseinkommens (siehe Anhang Tabelle 3.3-A3), und auch das nur in den Kantonen Basel-Stadt, Genf und Zürich. Sie waren die eigentlichen Wirtschaftszentren des Landes mit vielfältigen Standortvorteilen. Wesentlich dabei ist, dass sie sich in verschiedenen Landesteilen befanden und dass auch in dieser Hinsicht die föderale Struktur des Staates die Konzentration in einem Landesteil verhinderte. Zur Gruppe der Kantone mit einem Einkommen je Einwohner von über 105% gehörten zu Beginn des 20. Jahrhunderts als Zentren der Textilindustrie allerdings auch St. Gallen und Glarus sowie, bis in die 1960er Jahre, die Industriekantone Neuenburg, Solothurn, Schaffhausen und Zug. Seit den 1970er Jahren intensivierte sich der kantonale Standortwettbewerb und nahm neue Formen an. Neben Basel-Stadt, Genf und Zürich gehörten nun noch die Kantone Glarus, Nidwalden und Zug zur Gruppe mit Einkommen über 105%, und dabei dürften die von diesen drei Kantonen gewährten Steuervorteile eine wichtige Rolle gespielt haben.

Im Zuge von Deregulierung und Globalisierung intensivierten sich auch die Bestrebungen zur Eindämmung kantonaler Disparitäten. Der nur langsam vorankommende interkantonale Finanzausgleich ging jedoch mit dem sich verstärkendem Standortwettbewerb zwischen den Kantonen einher, was zu einer Intensivierung der verteilungspolitischen Auseinandersetzungen führte. Schliesslich trat, mit der Integration der Standortförderung in das Konzept der Neuen Regionalpolitik (NRP), auch in diesem Bereich vermehrt das Prinzip der Konkurrenz an die Stelle des traditionellen, wenn auch in einem relativ bescheidenen Ausmass praktizierten Prinzips der Solidarität mittels Einkommensumverteilung zugunsten der wirtschaftlich benachteiligten Kantone. Gleichzeitig nahm seit Ende der 1990er Jahre die Ungleichverteilung der regionalen und kantonalen Einkommen je Einwohner ausserordentlich stark zu, allerdings vor allem wegen der ungleich verteilten Einkommen der Kapitalgesellschaften.

Die kantonale Einkommensverteilung wurde von der Abfolge der Wachstums- und Krisenphasen geprägt. Wirtschaftliche Rezessions- und Stagnationsphasen reduzierten die Ungleichverteilung, während diese in Wachstumsperioden zunahm, allerdings mit Ausnahme der 1960er Jahre. Nur in dieser Wachstumsperiode konnten wir eine deutliche Tendenz zur Konvergenz und damit zum Abbau der Ungleichverteilung feststellen. Sie dürfte damit zusammenhängen, dass die Arbeitseinkommen während der langen Wachstumsperiode nach dem Zweiten Weltkrieg zunehmend am Gesamteinkommen partizipierten. Die Dispersionsraten der verschiedenen Einkommenskategorien zeigten denn auch klar, dass die kantonale Verteilung der Arbeits- und Haushaltseinkommen ausgeglichener und stabiler war als die Verteilung der Unternehmens- und Vermögenseinkommen oder der Einkommen der Kapitalgesellschaften. Regionale und kantonale Disparitäten sind nicht unabhängig von der Verteilung der verschiedenen Einkommenskategorien (→ Einleitung Teil 3). Die Einkommen der Kapitalgesellschaften und die Vermögenseinkommen waren in der Schweiz extrem ungleich verteilt. Die Steuerstandortkonkurrenz einiger Kantone kann als Versuch verstanden werden, diese Kapitaleinkommen gleichmässiger zu verteilen. Ob allerdings der Standortwettbewerb der Kantone zusammen mit dem Neuen Finanzausgleich (NFA) und der ebenfalls auf Standortförderung setzenden Neuen Regionalpolitik (NRP) der anhaltenden Tendenz zur Ungleichverteilung als Folge der im globalen Standortwettbewerb vorherrschenden Präferenz für grosse Zentren etwas entgegensetzen können, ist schwer abzuschätzen.

3.3.8 Bibliographie

Online-Datenbanken

BFS: Bundesamt für Statistik, www.bfs.admin.ch/
HSSO: Historische Statistik der Schweiz Online, Kammerer, Patrick et al. (Hg.) www.fsw.uzh.ch/histstat/main.php

Veröffentlichte Quellen

Amtsdruckschriften der schweizerischen Eidgenossenschaft, www.amtsdruckschriften.bar.admin.ch

BFS (Hg.): Eidgenössische Betriebszählungen verschiedene Jahrgänge.
BFS 2008: NOGA 2008, Allgemeine Systematik der Wirtschaftszweige, Neuchâtel: BFS.

Literatur

Arvanitis, Spyros / Hollenstein, Heinz / Marmet, David 2005: *Internationale Wettbewerbsfähigkeit: Wo steht der Standort Schweiz? Eine Analyse auf sektoraler Ebene,* Konjunkturforschungsstelle ETH Zürich, Zürich: Hochschulverlag AG an der ETH.

Baumgartner, Richard 1942: *Wandlungen in der ostschweizerischen Textilindustrie,* Zürich: Lang.

Baumgartner, Rudolf 1947: *Die wirtschaftliche Bedeutung der chemischen Industrie in Basel,* Basel: Francke.

Bébié, Olga 1939: *Der Zusammenbruch der Stickereiindustrie und der Aufbau der neuen Industrien in der Ostschweiz,* Zürich: Leemann.

Bickel, Wilhelm 1956: Der Finanzausgleich, in: *Handbuch der Finanzwissenschaft,* hg. von Gerloff, Wilhem / Neumark, Fritz, Tübingen: J.C.B. Mohr (Paul Siebeck), Band 2, 730–788.

Blöchliger, Hansjörg 2008: Tax assignment and tax autonomy in OECD countries, in: Bosch, Núria / Durán, José M. (eds.), *Fiscal Federalism and Political Decentralization. Lessons from Spain, Germany and Canada,* Cheltenham, UK / Northampton/MA, USA: Edward Elgar, 56–73.

Bodmer, Walter 1960: *Schweizerische Industriegeschichte. Die Entwicklung der schweizerischen Textilwirtschaft im Rahmen der übrigen Industrien und Wirtschaftszweige,* Zürich: Verlag Berichthaus.

Boppart, Timo et al. 2008: Qualifying Religion: The Role of Plural Identities for Educational Production, *CESIFO Working Paper No. 2283* (April 2008), Category 5, Fiscal Policy, Macroeconomics and Growth, www.cesifo-group.de/link/CESIFOWP.

Brugger, Ernst A. / Frey, René L. 1985: *Regionalpolitik Schweiz. Ziele, Probleme, Erfahrungen, Reformen. Folgerungen für Politik und Praxis aus dem NFP Regionalprobleme,* Bern / Stuttgart: Haupt.

Buyst, Erik 2000: Economic aspects of the nationality problem in nineteenth- and twentieth-century Belgium, in: Teichova, Alice / Matis, Herbert / Pátek, Jaroslav, *Economic Change and the National Question in Twentieth-Century Europe,* Cambridge: Cambridge University Press, 33–47.

Buyst, Erik 2009: Reversal of Fortune in a Small, Open Economy: Regional GDP in Belgium, 1896–2000, *Vives discussion paper* 8 (September 2009), www.econ.kuleuven.be/vives.

Donzé, Pierre-Yves 2007: Besprechung von Takafumi Kurosawa: Kindau Suisu Keizai no Keisei, Chiikisuken to Kourain Chiiki no Sagyo Kakumei (La formation de l'économie suisse moderne. Régionalisme et révolution industrielle dans la région du Haut-Rhin), Kyoto: Kyoto University Press, 2002, siehe *Schweizerische Zeitschrift für Geschichte* 57 (2007), 367–368.

Donzé, Pierre-Yves 2010: Le district industriel horloger suisse de la cartellisation à la globalisation. L'exemple de l'industrie de la boîte de montre au cours du XXe siècle, in: Tissot, Laurent et al. (éd.), *Histoires de territoires. Les territoires industriels en question XVIIIe–XXe siècle,* Neuchâtel: Alphil, 327–354.

Eidg. Finanzverwaltung Mai 1991: *Finanzausgleichsbilanz. Bilanz des bundesstaatlichen Finanzausgleichs, Rechnungsjahre 1970, 1976, 1982, 1988. Bericht, Ereignistabellen, Methodik, Gesetzmässigkeiten,* Bern.

Eurostat regional yearbook, http://epp.eurostat.ec.europa.eu/portal/page/portal/publications/regional_yearbook, Jahrgänge 2007 und 2010.

Fischer, Georges 1981: *Die Entwicklung der kantonalen Volkswirtschaften seit 1965,* Bern / Stuttgart: Haupt.

Freiburghaus, Dieter 2002: Politikwissenschaftliche Föderalismusforschung in der Schweiz, in: Freiburghaus, Dieter (Hg.), *Auf den Spuren des Föderalismus – in der Schweiz und in Europa,* Bern: Haupt, 89–112.

Freiburghaus, Dieter / Gehl, Fabian 2002: Föderalismus und Mehrsprachigkeit – Belgien und die Schweiz im Vergleich, in: Freiburghaus, Dieter (Hg.), *Auf den Spuren des Föderalismus – in der Schweiz und in Europa,* Bern: Haupt, 89–112.

Freiburghaus, Dieter / Buchli, Felix 2003: Die Entwicklung des Föderalismus und der Föderalismusdiskussion in der Schweiz von 1874 bis 1964, *Swiss Political Science Review* 9 (2003/1), 29–56.

Frey, Bruno S. / Frey Marti, Claudia 2010: *Glück – die Sicht der Ökonomie,* Zürich: Rüegger.

Frey, Bruno S. / Stutzer, Alois 2000: Happiness, Economy and Institutions, *The Economic Journal* 110 (2000), 918–938.

Frey, René L. 1985: *Regionalpolitik: eine Evaluation,* Bern / Stuttgart: Haupt.

Frey, Thomas 2008: Der Strukturwandel der schweizerischen Landwirtschaft nach 1850 im Licht der Thünen'schen Kreise, *Traverse. Zeitschrift für Geschichte* (2008/1). *Verkehr und Wirtschaftsentwicklung,* 31–48.

Fritzsche, Bruno 2000: Unequal regional development in Switzerland: a question of nationality?, in: Teichova, Alice / Matis, Herbert / Pátek, Jaroslav, *Economic Change and the National Question in Twentieth-Century Europe,* Cambridge: Cambridge University Press, 85–110.

Fritzsche, Bruno et al. 2001: *Historischer Strukturatlas der Schweiz,* Baden: hier + jetzt.

Garufo, Francesco 2010: Les politiques de main-d'œuvre dans l'horlogerie de l'Arc jurassien suisse – Entre immigration et décentralisation (1945–1975), in: Tissot, Laurent et al. (éd.), *Histoires de territoires. Les territoires industriels en question XVIII*[e]*–XX*[e] *siècle,* Neuchâtel: Alphil, 169–191.

Geiger, Peter et al. 2009: *Questions concerning Liechtenstein during the National Socialist period and the Second World War: refugees, financial assets, works of art, production of armaments. Final report of the Independent Commission of Historians Liechtenstein / Second World War,* Zürich: Chronos.

Grin, François / Vaillancourt, François 2010: La valeur économique du plurilinguisme, in: Haas, Walter et al. (Hg.), *Do you speak Swiss? Sprachenvielfalt und Sprachkompetenz in der Schweiz,* Zürich: NZZ Verlag, 87–89.

Häuptli, Hermann 1929: *Die Krisis der schweizerischen Stickereiindustrie mit besonderer Berücksichtigung der staatlichen Intervention. Ein Beitrag zur Geschichte der Stickereiindustrie,* Herisau: Gmünder-Zahner.

Head-König, Anne-Lise 2008: The Process of Globalisation in the Swiss Labour Market viewed in the Context of Three Major Export Industries (1880–1939), in: Müller, Margrit / Myllyntaus, Timo (eds.), *Pathbreakers. Small European Countries Responding to Globalisation and De-globalisation,* Bern / [etc.]: Lang, 209–239.

Haas, Walter et al. (Hg.) 2010: *Do you speak Swiss? Sprachenvielfalt und Sprachkompetenz in der Schweiz,* Zürich: NZZ Verlag.

Historisches Lexikon der Schweiz, Basel: Schwabe.

Jeitziner, Bruno / Rudi, Peter 2009: *Regionale Einkommens- und Vermögensverteilung in der Schweiz, Untersuchungen der Steuerdaten 2003 und der Entwicklung seit 1995/1996,* Bern: Eidgenössisches Finanzdepartement und Eidgenössische Steuerverwaltung.

Koller, Christoph 2003: *L'industrialisation et l'Etat au pays de l'horlogerie. Contribution à l'histoire économique et sociale d'une région suisse,* Courrendlin: Editions Communication jurassienne et européenne (CJE).

Kübler, Daniel 2005: The Lost Dimension of Swiss Federalism: Democray Problems of New Regionalism in Metropolitan Areas, in: Kriesi, Hanspeter et al., *Contemporary Switzerland. Revisiting the Special Case,* Houndmills / Basingstoke / New York: Palgrave Macmillan, 256–280.

Küng, Nicolas 1937: *Die industrielle Umstellung im schweizerischen Stickereigebiet,* Bern: Buchdruckerei Bargezzi & Lüthy.

Lehmann, Wolfgang 1952: *Die Entwicklung der Standorte der schweizerischen Industrie seit dem Ende des 19. Jahrhunderts,* Zürich: Juris-Verlag.

Lorenzetti, Luigi 2010: *Destini Periferici. Modernizzazione, risorse e mercati in Ticino, Valtellina e Vallese, 1850–1930,* Studies on Alpine History (SAH), vol. VII, Udine: Editrice Universitaria Udinese.

Lussy, Hanspeter 2001: *Effektenhandel, Vermögensannahme und -verwaltung der Schweizer Banken in Krise und Krieg: Geschäfte mit Vermögen der Verfolgten des «Dritten Reiches» 1933–1945,* Zürich: Chronos.

Mächler, August 2010: *Finanzrecht, Recht der öffentlichen Finanzen,* Zürich, www.rwi.uzh.ch/lehreforschung/tp/tit-maechler/vorlesung/Finanzrecht.pdf (Zugriff 5.8.2011).

McQuillen, Monika / Niklaus, Jürg 2006: Der Schweizer Binnenmarkt wäre nun offen, *Neue Zürcher Zeitung* 21.9.2006, 31.

Merki, Christoph Maria 2007: *Wirtschaftswunder Liechtenstein. Die rasche Modernisierung einer kleinen Volkswirtschaft im 20. Jahrhundert,* Zürich: Chronos.

Müller, Margrit 2001: Patterns of Technical Innovation, Market Relationships, and Institutional Change during the Interwar Period, in: Tissot, Laurent / Veyrassat, Béatrice (eds.), *Technological Trajectories, Markets, Institutions. Industrialized Countries, 19th–20th Centuries. From Context dependency to path dependency,* Zürich / [etc.]: Lang, 297–329.

Müller, Margrit 2010: Die Exportindustrien im Verlauf des 20. Jahrhunderts, *Traverse. Zeitschrift für Geschichte* (2010/1), *Wirtschaftsgeschichte in der Schweiz: eine historiographische Skizze,* 119–138.

Pollard, Sidney 1981: *Peaceful Conquest. The Industrialization of Europe 1760–1970,* Oxford / [etc.]: Oxford University Press.

Rey, Alfed (Hg.) 1999: *Der neue Schweizer Finanzausgleich,* Solothurn: Verlag der FkF.

Ritzmann–Blickenstorfer, Heiner 1997: Kantone und Städte im Zeichen der grossen Depression, *Traverse. Zeitschrift für Geschichte* (1997/1), 68–79.

Rodden, Jonathan 2009: Federalism and inter-regional Redistribution, Documents de Travail de l'IEB 2009/3, to appear as a book chapter in: Bosch, Espasa M./Solé-Ollé, A. (eds.), *The political economy of inter-regional fiscal flows.*

Rossfeld, Roman 2010: Handwerk, Gewerbe und Industrie. Die schweizerische Binnenwirtschaft im 19. und 20. Jahrhundert, *Traverse. Zeitschrift für Geschichte* (2010/1), *Wirtschaftsgeschichte in der Schweiz: eine historiographische Skizze,* 75–102.

Schaltegger, Christoph A. / Gorgas, Christoph 2011: The Evolution of Top Incomes in Switzerland over the 20th Century, *Schweizerische Zeitschrift für Volkswirtschaft und Statistik 147(2011), 479–519.*

Schönenberger, Silvia / Efionayi-Mäder, Denise 2010: *Die Fünfte Schweiz: Auswanderung und Auslandschweizergemeinschaft,* Neuchâtel: Schweizerisches Forum für Migrations- und Bevölkerungsstudien.

Schuler, Martin et al. 1986: *Strukturatlas Schweiz / Atlas structurel de la Suisse,* Zürich: Ex Libris Verlag.

Schuler, Martin et al. 1997: *Strukturatlas der Schweiz / Atlas structurel de la Suisse,* Zürich: NZZ Verlag.

Schuler, Martin et al. 2007: *Atlas des räumlichen Wandels der Schweiz,* Bundesamt für Statistik (BFS), Zürich: NZZ Verlag.

Schumacher, Beatrice 2011: Sozialgeschichte für alle? Ein Blick auf die neuere Kantonsgeschichtsschreibung, *Traverse. Zeitschrift für Geschichte* (2011/1), *Sozialgeschichte der Schweiz – eine historiographische Skizze,* 270–299.

Senti, Richard / Baltensperger, Jürg 1991: *Binnenmarkt Schweiz: wettbewerbsverzerrende Bestimmungen im öffentlichrechtlichen Bereich,* Bern: Bundesamt für Konjunkturfragen.

Tanner, Albert 1982: *Spulen, Weben, Sticken. Die Industrialisierung in Appenzell Ausserrhoden,* Zürich: im Selbstverlag.

Tanner, Albert 1985: *Das Schiffchen fliegt, die Maschine rauscht: Weber, Sticker und Unternehmer in der Ostschweiz,* Zürich: Unionsverlag.

Tendon, Stéphane 2004: *«Von Roll à Choindez, Ciba-Geigy à Marly». Des Romands et des Alémaniques à la frontière des langues,* Courrendlin: Editions Communication jurassienne et européenne.

Wössmann, Ludger / Becker, Sascha O. 2009: «Was Weber Wrong? A Human Capital Theory of Protestant Economic History», *Quarterly Journal of Economics* 124 (2009), 531-596

3.3.9 Anhang

Tabelle 3.3-A1: **Bevölkerungs- und Beschäftigungsentwicklung in den Regionen und Kantonen (1900–2001)**

	1900		1950		1985		2001	
	Bevölkerung	Beschäftigung	Bevölkerung	Beschäftigung	Bevölkerung	Beschäftigung	Bevölkerung	Beschäftigung
Schweiz	3 315 443	1 555 247	4 714 992	2 308 500	6 484 834	3 597 657	7 255 653	3 890 625
Genferseeregion	12.5%	13.2%	12.3%	12.8%	14.0%	14.1%	14.3%	14.0%
GE	4.0%	4.7%	4.3%	4.9%	5.6%	6.3%	5.7%	6.1%
VD	8.5%	8.5%	8.0%	8.0%	8.4%	7.8%	8.6%	7.9%
Espace Mittelland	28.5%	26.5%	26.7%	26.2%	24.0%	22.5%	23.0%	22.1%
BE	17.8%	16.2%	17.0%	16.6%	14.2%	13.7%	13.0%	13.3%
JU					1.0%	0.9%	1.0%	0.9%
FR	3.9%	3.7%	3.4%	3.0%	3.0%	2.6%	3.3%	2.8%
SO	3.0%	2.8%	3.6%	3.6%	3.4%	3.1%	3.4%	3.0%
NE	3.8%	3.8%	2.7%	2.9%	2.4%	2.2%	2.3%	2.2%
Nordwestschweiz	11.7%	11.5%	12.8%	13.2%	13.7%	14.0%	13.8%	13.8%
BS	3.4%	3.5%	4.2%	4.5%	3.0%	4.5%	2.6%	4.0%
BL	2.1%	2.1%	2.3%	2.3%	3.5%	2.8%	3.6%	3.1%
AG	6.2%	6.0%	6.4%	6.3%	7.2%	6.7%	7.6%	6.7%
Zürich	13.0%	13.5%	16.5%	17.5%	17.4%	19.1%	16.9%	19.7%
Ostschweiz	15.3%	15.9%	13.1%	12.8%	11.7%	11.1%	11.9%	11.0%
AR	1.7%	1.8%	1.0%	1.0%	0.8%	0.6%	0.7%	0.6%
AI	0.4%	0.4%	0.3%	0.3%	0.2%	0.2%	0.2%	0.2%
SG	7.5%	8.0%	6.6%	6.4%	6.2%	6.0%	6.2%	6.1%
TG	3.4%	3.4%	3.2%	3.2%	2.9%	2.7%	3.1%	2.7%
SH	1.3%	1.2%	1.2%	1.2%	1.1%	1.1%	1.0%	1.0%
GL	1.0%	1.1%	0.8%	0.8%	0.6%	0.6%	0.5%	0.5%
Zentralschweiz	8.3%	8.1%	8.6%	8.1%	8.9%	8.4%	9.5%	9.2%
LU	4.4%	4.3%	4.7%	4.5%	4.7%	4.5%	4.8%	4.7%
UR	0.6%	0.6%	0.6%	0.5%	0.5%	0.5%	0.5%	0.4%
SZ	1.7%	1.7%	1.5%	1.4%	1.6%	1.3%	1.8%	1.5%
OW	0.5%	0.5%	0.5%	0.4%	0.4%	0.4%	0.5%	0.4%
NW	0.4%	0.4%	0.4%	0.4%	0.5%	0.4%	0.5%	0.5%
ZG	0.8%	0.8%	0.9%	0.9%	1.2%	1.3%	1.4%	1.8%
Alpenraum	10.8%	11.3%	10.0%	9.4%	10.3%	10.8%	10.7%	10.2%
GR	3.2%	3.3%	2.9%	2.7%	2.6%	2.7%	2.6%	2.6%
VS	3.5%	3.4%	3.4%	3.0%	3.5%	3.7%	3.8%	3.4%
TI	4.2%	4.6%	3.7%	3.8%	4.2%	4.4%	4.3%	4.2%

Quellen: Bevölkerung: HSSO Tab. B.18a und B.43; Beschäftigung: HSSO Tab. F.31.

Tabelle 3.3-A2: **Regionale und kantonale Beschäftigungsquote (1900–2001)**

	1900	1910	1930	1950	1975	1985	1995	2001
Schweiz	**46.9%**	**47.5%**	**47.7%**	**48.9%**	**42.9%**	**55.5%**	**53.7%**	**53.6%**
Genferseeregion	**49.5%**	**48.5%**	**49.5%**	**50.9%**	**43.5%**	**56.0%**	**52.5%**	**52.6%**
GE	54.9%	52.9%	54.4%	55.3%	48.6%	62.2%	57.1%	57.8%
VD	47.0%	46.4%	47.0%	48.6%	40.2%	51.9%	49.5%	49.1%
Espace Mittelland	**43.6%**	**43.8%**	**45.3%**	**48.0%**	**40.8%**	**52.0%**	**51.8%**	**51.5%**
BE	42.6%	43.5%	45.4%	47.9%	43.9%	53.3%	54.3%	54.6%
JU						48.6%	48.6%	50.0%
FR	44.5%	42.2%	41.0%	43.7%	35.5%	48.6%	47.0%	44.8%
SO	43.6%	44.9%	46.3%	49.3%	42.9%	50.9%	48.3%	46.8%
NE	47.1%	45.9%	48.4%	51.9%	43.0%	51.9%	50.6%	51.0%
Nordwestschweiz	**46.2%**	**47.0%**	**48.8%**	**50.2%**	**44.4%**	**56.6%**	**54.2%**	**53.9%**
BS	47.9%	46.8%	52.6%	53.0%	62.6%	83.0%	81.8%	83.3%
BL	46.6%	47.6%	47.5%	49.5%	34.0%	45.0%	45.6%	45.9%
AG	45.2%	46.9%	46.9%	48.6%	40.4%	51.1%	48.1%	47.6%
Zürich	**48.5%**	**50.6%**	**51.7%**	**51.9%**	**46.6%**	**60.9%**	**61.2%**	**62.4%**
Ostschweiz	**48.9%**	**50.4%**	**47.5%**	**48.1%**	**40.8%**	**52.7%**	**49.8%**	**49.9%**
AR	50.1%	52.3%	47.7%	47.6%	33.4%	44.0%	42.5%	43.8%
AI	51.1%	54.1%	50.9%	48.9%	36.9%	50.2%	43.3%	44.5%
SG	49.7%	50.4%	46.6%	47.4%	41.1%	54.2%	52.3%	52.3%
TG	46.9%	49.5%	47.5%	48.8%	39.7%	50.8%	46.6%	46.2%
SH	44.6%	47.5%	48.6%	47.8%	45.8%	55.0%	50.9%	51.4%
GL	52.2%	52.7%	51.7%	51.6%	44.2%	55.0%	50.5%	49.8%
Zentralschweiz	**45.9%**	**44.6%**	**45.1%**	**46.0%**	**39.1%**	**52.5%**	**51.6%**	**52.1%**
LU	45.7%	44.3%	45.7%	46.3%	39.4%	53.2%	52.0%	51.8%
UR	44.2%	42.6%	40.8%	43.1%	40.8%	49.5%	47.9%	46.0%
SZ	46.7%	46.4%	44.6%	46.5%	34.9%	47.1%	44.4%	43.7%
OW	45.9%	43.6%	43.4%	43.5%	37.9%	53.6%	50.2%	48.9%
NW	43.4%	41.5%	41.6%	42.3%	38.4%	48.6%	46.7%	50.8%
ZG	48.4%	46.2%	47.6%	48.5%	42.9%	59.2%	63.4%	68.0%
Alpenraum	**49.0%**	**50.2%**	**47.3%**	**46.2%**	**44.3%**	**57.8%**	**53.2%**	**51.0%**
GR	49.5%	53.2%	47.0%	45.0%	45.5%	59.6%	58.0%	54.7%
VS	45.6%	46.3%	41.7%	42.9%	38.7%	57.6%	48.9%	47.1%
TI	51.3%	51.2%	52.4%	50.2%	48.3%	57.0%	54.1%	52.2%

Quellen: Bevölkerung: HSSO Tab. B.18a, B.43; Beschäftigung: HSSO Tab. F.31.

Tabelle 3.3-A3: **BIP(BWS) und VE je Einwohner zu laufenden Preisen (1890–2005)**

	1890	1910	1920	1930	1950	1950	1960	1970	1985	1995	2000	2005
	BIP(BWS) je Einwohner					VE je Einwohner						
Schweiz	100	100	100	100	100	100	100	100	100	100	100	100
Genfersee-region	114	118	114	116	113	110	113	107	112	105	110	108
GE	147	138	139	139	136	127	129	123	128	112	121	120
VD	100	108	100	103	102	100	103	97	101	101	103	101
Espace Mittelland	93	93	92	94	99	97	95	90	87	85	80	82
BE	89	91	91	94	96	96	91	96	89	86	80	82
JU									75	66	67	66
FR	76	77	74	71	73	75	74	82	86	87	79	76
SO	106	97	96	103	116	103	115	94	88	93	84	84
NE	124	113	110	111	125	119	117	97	83	76	84	90
Nordwest-schweiz	106	108	118	114	110	112	113	112	108	110	113	115
BS	164	144	157	160	141	139	147	147	136	131	164	206
BL	86	90	102	88	100	105	100	101	101	110	105	97
AG	88	92	100	96	93	97	97	98	98	102	98	91
Zürich	122	118	123	125	121	118	118	118	120	122	133	131
Ostschweiz	104	98	97	89	90	93	85	90	88	91	86	85
AR	96	88	95	79	81	80	74	85	84	79	82	76
AI	99	80	94	61	59	71	59	71	81	78	87	81
SG	109	98	99	88	86	92	77	86	87	90	84	82
TG	100	96	92	90	95	94	93	91	85	90	84	82
SH	97	115	102	110	105	101	113	98	93	99	98	98
GL	110	95	105	87	100	99	100	114	111	118	110	127
Zentralschweiz	94	92	87	85	83	85	84	89	95	104	99	100
LU	94	95	92	90	87	86	89	82	82	91	81	80
UR	83	85	76	73	73	78	69	77	76	89	80	79
SZ	93	86	81	74	71	80	70	83	89	99	102	94
OW	69	77	61	66	59	78	60	74	80	80	70	72
NW	91	82	68	74	72	80	73	100	101	112	124	134
ZG	119	111	104	102	107	97	105	135	167	172	171	180
Alpenraum	71	76	68	70	67	75	76	87	87	84	76	78
GR	81	94	71	80	67	78	76	95	96	94	85	90
VS	53	59	58	59	56	64	67	83	81	77	70	71
TI	77	77	73	73	78	83	84	85	85	85	77	76

Quelle: Eigene Berechnungen auf der Grundlage von HSSO Tab. Q. 19. Rot ≥125; pink ≥105 und <125; schwarz ≥95 und <105; blau ≥80 und <95, grün <80.

Teil 4: Die schweizerische Variante des Kapitalismus

Einleitung

Thomas David, Bernard Degen, André Mach und Brigitte Studer

Auch wenn die Literatur der letzten Jahre die Rolle und die Bedeutung von Institutionen für die Organisation und das Wachstum der Wirtschaft einzelner Länder aufzeigt,[1] gibt es bisher nur wenige Studien, die sich mit der Schweiz befassen. Wie aus den Arbeiten von Ulrich Menzel[2] und Peter Katzenstein[3] hervorgeht, die den Stellenwert der Institutionen bei der Entwicklung der kleinen europäischen Länder unterstreichen, zeichnet sich die Schweizer Volkswirtschaft durch spezifische Wechselwirkungen zwischen Institutionen, wirtschaftlicher Regulierung und Wachstum aus.[4] Der bescheidene Umfang des Binnenmarkts erklärt zumindest teilweise die frühe Integration des Landes in die Weltwirtschaft. Allerdings beruht die wirtschaftliche Entwicklung der Schweiz nicht einfach auf einer Öffnung für den Handel und für ausländische Investitionen oder auf einer ganz allgemein liberalen Ausrichtung ihrer Aussenwirtschaftspolitik. Vielmehr wurden als Gegengewicht zu den gelegentlich verheerenden Auswirkungen der Abhängigkeit von einem sich ständig wandelnden internationalen Umfeld und zur Milderung der Anfälligkeit von Unternehmen und Arbeiterschaft gegenüber den Kräften von aussen im Inland Institutionen geschaffen, die keineswegs liberal waren, sondern gerade die mit der wirtschaftlichen Entwicklung verbundenen Unsicherheiten reduzieren sollten. Im Fokus standen dabei die Corporate Governance, der Arbeitsmarkt und auch die soziale Sicherung mittels Versicherungen.[5] In diesem Zusammenhang werden hier unter anderem die starken Spannungen analysiert, welche die Kräfteverhältnisse zwischen den wirtschaftlichen und sozialen Akteuren prägten, und so handelt dieser Teil auch von der Bedeutung kooperativer Verhaltensweisen und strategischen Handelns für das Funktionieren der Schweizer Wirtschaft.

Der von verschiedenen Ökonomen und Politologen entwickelte vergleichende Ansatz, der «Varianten des Kapitalismus» untersucht, zeigt gerade die Bedeutung institutioneller Spezifika für das Funktionieren der nationalen Volkswirtschaften auf.[6] Dabei werden fünf hauptsächliche Bereiche unterschieden: die Corporate Governance, die sich mit den Finanzierungs- und Kontrollmechanismen der Firmen ausei-

1 North 1991.
2 Menzel 1988 und 1992.
3 Katzenstein 1985.
4 David/Mach 2007; Weder/Weder 2009.
5 Diese Massnahmen eines «selektiven Protektionismus» (→ 4.1) umfassen auch Subventionen für gewisse Branchen (zum Beispiel die Landwirtschaft) oder Praktiken wie eine grosse Toleranz gegenüber den Kartellen (→ 5.1).
6 Hall/Soskice 2001; Amable 2005. Für eine historische Anwendung siehe insbesondere Dore/Lazonick/O'Sullivan 1999; Abelshauser 2001; sowie Höpner 2005.

nandersetzt; die Beziehungen zwischen Gewerkschaften und Arbeitgeberverbänden, die eine zentrale Rolle bei der Regulierung des Arbeitsmarkts und der Festsetzung der Löhne spielen; der Bereich der Berufsbildung und des gesamten Bildungswesens; die Beziehungen zwischen den Unternehmen, welche die Intensität des Wettbewerbs auf den Produktmärkten widerspiegeln, sowie Formen der Zusammenarbeit zwischen den Unternehmen im Bereich von technischen Normen, Forschung und Entwicklung; und schliesslich das Feld der sozialen Sicherheit mit seinen verschiedenen Bereichen der Sozialpolitik, die greifen, wenn das Erwerbseinkommen ausbleibt.

Ausgehend von der Organisation dieser fünf Bereiche und ihren Verknüpfungen unterscheiden die Autoren mehrere Formen des Kapitalismus, insbesondere die «koordinierte Marktwirtschaft», die sich durch Koordinationsmechanismen «ausserhalb des Marktes» auszeichnet (mit Deutschland als typischem Beispiel), und die «liberale Marktwirtschaft», die durch die Vorherrschaft der Wettbewerbslogik geprägt wird (mit den USA als typischem Beispiel). Der Ansatz hebt zudem das Bestehen «institutioneller Komplementaritäten» der verschiedenen Bereiche hervor, durch welche die Kohärenz der nationalen «Produktionssysteme» gefördert wird.

Unter diesem Blickwinkel wird die Schweiz in der Regel als «koordinierte Marktwirtschaft»[7] klassiert, insbesondere aufgrund des hohen Kooperationsgrades zwischen den Wirtschaftseliten (Kreuzbeteiligungen zwischen den Unternehmen, Kartellabsprachen, Berufsbildungssystem usw.). Allerdings weist sie gleichzeitig Eigenschaften auf, die besonders für liberale Länder kennzeichnend sind: die Schwäche der Gewerkschaften und die Flexibilität der arbeitsmarktlichen Regulierungen, aber auch die späte Entwicklung des Sozialstaates sowie die starke Beteiligung privater Akteure an dessen Organisation.

In den drei folgenden Kapiteln werden die Einrichtung, die Konsolidierung und die Änderungen der Regulierungsmechanismen und der öffentlichen Eingriffe in den Bereichen der Corporate Governance (4.1), der Beziehungen zwischen Arbeit und Kapital (4.2) und der sozialen Sicherheit (4.3) untersucht, wie sie sich im Verlauf des 20. Jahrhunderts entwickelt haben. Im internationalen Vergleich zeichnet sich die Schweiz durch die Bedeutung der privatwirtschaftlichen Akteure und den moderaten Interventionismus des Staates aus. Das Modell funktionierte dank des Zusammenspiels verschiedener Formen der Gouvernanz: private Selbstregulierung, öffentlich-private Zusammenarbeit sowie Delegation von Aufgaben an den Staat und umgekehrt von staatlichen Aufgaben an private Akteure und zivilgesellschaftliche Organisationen.

Selbstregulierung kann als ein System definiert werden, in dem soziale Probleme prioritär von den privaten Akteuren selbst gelöst werden, ohne Eingriff des Staates. Selbstregulierung bedeutet jedoch nicht, dass keine Gesetzgebung besteht; vielmehr ergänzt sie staatliche Regelungen, die offen gehalten und wenig einschränkend sind. Die Mechanismen privater Gouvernanz, die zwischen der Wettbewerbslogik des

7 Hall/Soskice 2001, 19; zur Schweiz siehe Mach 2006; Trampusch/Mach 2011.

Marktes und der öffentlichen Regulierung angesiedelt sind, wurden häufig von Wirtschaftsverbänden geprägt. Die gesetzlichen Regelungen wiederum wurden oft durch Formen der Selbstregulierung privater Akteure «vorstrukturiert». Der Ursprung der Gesetzgebung und des staatlichen Interventionismus bei der Lösung sozialer und wirtschaftlicher Probleme wurde von Beat Hotz[8] ausführlich untersucht, der dabei ein «liberales Verlaufsmuster der Funktionsverlagerung an den Staat» ausmacht. Der staatliche Interventionismus erfolgte somit nicht in einem «sozialen Vakuum»; im Allgemeinen etablierten Verbände zunächst Regulierungsformen auf ausschliesslich privater Ebene, um gewisse Aufgaben von öffentlichem Interesse wahrzunehmen (insbesondere Versicherungen, Berufsbildung, Marktregulierung), wobei oft eine gewisse «Pfadabhängigkeit» bestimmend war. Der Impuls für eine «Funktionsverlagerung» an den Staat kam dann in einem Umfeld wirtschaftlichen Wandels von den Verbänden selbst, die das Eingreifen der staatlichen Behörden in einem bestimmten Bereich forderten. Allerdings legten die Wirtschaftsverbände stets grossen Wert auf das Subsidiaritätsprinzip, um zu verhindern, dass der Staat sich zu sehr einmischte und sie ihre Macht verlören. Dies erklärt zumindest teilweise, weshalb der Rückgriff auf staatliche Interventionen nicht eine klare Delegation von Kompetenzen an staatliche Behörden bedeutete, sondern nur die Verlagerung eines Teils der Funktionen, die zuvor von den privaten Verbänden wahrgenommen wurden. Ebenso erklärt die starke Dominanz des Subsidiaritätsprinzips, weshalb die seit den 1970er Jahren entwickelten neoliberalen Strategien, mit denen der Einfluss des Staates auf die Wirtschaft eingedämmt werden sollte, in der Schweiz praktisch nicht zu einem ähnlich radikalen Bruch führten wie in anderen Ländern (→ 2.3.3).

Diese spezifische Dynamik begünstigte Formen der institutionalisierten und langfristigen öffentlich-privaten Zusammenarbeit, um bestimmte wirtschaftliche und soziale Probleme zu lösen. Parallel dazu bestanden aber rein private Mechanismen der Selbstregulierung weiter, bei denen gar keine Intervention der öffentlichen Hand erfolgte. Eine öffentlich-private Zusammenarbeit findet sich mehr oder weniger ausgeprägt in den verschiedensten Bereichen wie bei der Regulierung des Arbeitsmarkts, bei der Sozialpolitik, der Berufsbildung, der Regulierung des Finanzsektors und der Corporate Governance, in der Agrarpolitik, der Wirtschaftsförderung sowie bei Interventionen in gewissen Wirtschaftssektoren (zum Beispiel der Uhrenindustrie).

Für die Wirtschaftsverbände brachten die Selbstregulierung sowie die Formen der öffentlich-privaten Zusammenarbeit zwei grosse Vorteile: Sie ermöglichten ihnen, in der Verwaltung eine gewisse Autonomie zu bewahren sowie eine grössere Flexibilität bei der Problemlösung. Zudem konnte dadurch die «Politisierung» verschiedener Bereiche vermieden und die Organisation der Wirtschaft der demokratischen Kontrolle weitgehend entzogen werden. Natürlich unterscheidet sich die jeweilige Bedeutung der Gouvernanzformen in den verschiedenen Bereichen ganz beträchtlich.

8 Hotz 1979.

Allgemein lassen sich drei politische und institutionelle Faktoren unterscheiden, welche die Praxis in den Bereichen Corporate Governance, Beziehungen zwischen Arbeitnehmern und Arbeitgebern und Sozialpolitik sowie deren langfristige Entwicklung massgeblich beeinflusst haben. Ein erster Faktor waren die beschränkten Interventionskapazitäten des Bundes. Diese grundlegende institutionelle Eigenheit ist auf die föderalistische Struktur der Schweiz und die dem eidgenössischen Entscheidungsprozess eigenen politisch-institutionellen Strukturen zurückzuführen. Was den letzten Punkt angeht, schränkte das Bestehen verschiedener «Vetomöglichkeiten» (vorparlamentarische Phase, Zweikammersystem, obligatorisches und fakultatives Referendum) die Reformkapazitäten des politischen Systems und damit die Ausweitung der Kompetenzen des Bundes stark ein. Zudem begünstigte das fakultative Referendum die Einbindung der wichtigsten Akteure aus Politik und Wirtschaft in den Entscheidungsprozess – insbesondere in der vorparlamentarischen Phase – und stärkte damit die enge Zusammenarbeit zwischen öffentlichen und privaten Akteuren noch mehr.[9]

Zu diesem institutionellen Faktor kommen als zweites die bedeutende Rolle der Wirtschaftsverbände und die Tradition der Selbstregulierung durch die privaten Akteure hinzu. Eine Zahl zur Erläuterung: 1954 zählte das Bundesamt für Industrie, Gewerbe und Arbeit (BIGA) insgesamt 1351 Wirtschaftsverbände von nationaler Bedeutung, also ohne Berücksichtigung kantonaler und lokaler Verbände.[10] Die wichtigsten Wirtschaftsverbände waren schon im 19. Jahrhundert ins Leben gerufen worden, und einige erhielten vom Bund Subventionen, um Aufgaben von allgemeinem Interesse wahrzunehmen (→ III.ii.2, III.ii.3 und Einleitung Teil 5). Diese traditionell wichtige Rolle der privaten Akteure begünstigte das Fortbestehen privater Selbstregulierungsmechanismen in vielen Bereichen. Ihre wirtschaftlichen und sozialen Funktionen ermöglichten diesen Verbänden, dank des politischen Einflusses Vorteile für ihre Mitglieder zu erzielen. Entsprechende Beispiele gibt es viele unter den Arbeitgeberverbänden, aber auch unter den Gewerkschaften, die für qualifizierte männliche Schweizer Arbeitnehmer hohe Löhne und eine gewisse Sicherheit der Arbeitsplätze gewährleisten konnten, allerdings oft auf Kosten von ausländischen Arbeitnehmern und Frauen.

Schliesslich erklären – als ein dritter zu berücksichtigender Faktor – die Kräfteverhältnisse, die sowohl auf politischer Ebene als auch in der «Wirtschaftsarena» durch die Dominanz von Arbeitgeberkreisen und Rechtsparteien gekennzeichnet waren, die institutionelle Entwicklung und politische Praxis in den drei genannten Bereichen. Obwohl die politische Linke und die Gewerkschaften ab den 1920er Jahren und 1940 als Juniorpartner in die Entscheidungsprozesse integriert wurden – zuerst innerhalb der neokorporatistischen Strukturen einer öffentlich-privaten Zusammenarbeit und dann auch im Bundesrat –, blieben die Kräfteverhältnisse während des

9 Neidhart 1970.
10 *Handbuch der schweizerischen Volkswirtschaft* 1955, 488.

ganzen 20. Jahrhunderts ausserordentlich stabil. Die politische Schwäche der Linken kommt insbesondere im Krankenversicherungsmodell zum Ausdruck, an dessen Finanzierung die Arbeitgeberkreise nicht beteiligt sind, oder bei der Regulierung der Corporate Governance, wo die Linke im 20. Jahrhundert praktisch keine Rolle spielte.

Die Berücksichtigung aller drei genannten Faktoren erlaubt ein besseres Verständnis der Schweizer Besonderheiten. Zusammen waren sie für die späte Entwicklung des Sozialstaates und für das grosse Gewicht der privaten Akteure bei der Umsetzung gewisser Sozialpolitiken verantwortlich, und sie erklären auch weitgehend die grosse politische Stabilität des Landes, trotz eines vergleichsweise schwachen und spät realisierten Sozialversicherungssystems.

Dem politischen Gewicht der liberalen und konservativen Rechten, die dem Interventionismus des Staates, insbesondere des Bundes, zugunsten der Marktkräfte und einer subsidiären sozialen Hilfe stets abgeneigt waren, stand das Interesse der Gewerkschaften und der Sozialdemokratischen Partei gegenüber, soziale Sicherheit und Vollbeschäftigung mit Kriterien des Geschlechts und der Nationalität zu verknüpfen.[11] Die am wenigsten geschützten und in die Arbeitswelt integrierten sozialen Schichten waren auch auf der politischen Bühne kaum vertreten. Der – von den Wirtschaftseliten bevorzugte – sehr allgemein gehaltene Rechtsrahmen im Bereich der Corporate Governance (insbesondere im Gesellschaftsrecht und in der Börsengesetzgebung) ermöglichte die Entstehung zahlreicher Formen privater Selbstregulierung, so etwa die Gentlemen's Agreements, Verhaltenskodizes und Weisungen, die von den privaten Akteuren erarbeitet wurden. Auch der Arbeitsmarkt und die industriellen Beziehungen wurden vergleichsweise flexibel und schwach reguliert. In vielen Branchen wurden die gesetzlichen Bestimmungen jedoch durch Tarifverträge ergänzt, die zwischen den Gewerkschaften und den Arbeitgeberverbänden ohne Eingriff des Staates ausgehandelt wurden.

Angesichts der starken strukturierenden Auswirkungen der institutionellen Faktoren, die das liberal-korporatistische System des Schweizer Kapitalismus kennzeichnen, darf jedoch nicht vergessen werden, dass in diesem wie in jedem historischen Kontext auch weitere Faktoren – Politik, Umfeld, transnationale Dimension – eine Rolle spielten. Als Anregung für die Forschung sollen hier drei davon erwähnt werden. Als erstes stellt sich die Frage nach der Beziehung zwischen der wirtschaftlichen Wettbewerbsfähigkeit und den sozialen Kosten für die Reproduktion einer qualifizierten Arbeitskraft. Die Frage, ob Sozialausgaben das Wirtschaftswachstum bremsen, wird vom Wirtschaftshistoriker Peter Lindert auf der Grundlage britischer, niederländischer und amerikanischer Vergleichsdaten verneint.[12] Die Wirtschaft profitiere vielmehr von qualifizierten und produktiven Arbeitskräften. Es bestehen keine vergleichbaren Studien für die Schweiz, und es wäre interessant zu erfahren, wer die Re-

11 Arlettaz/Arlettaz 2006; Studer 1997.
12 Lindert 2004.

produktion der Arbeitskraft bezahlt, nicht nur, was die Sozialausgaben angeht, sondern auch hinsichtlich der «Care», der Pflegeleistungen, der Erziehung der Jugendlichen und der häuslichen Arbeiten. Ein zweiter Faktor, der die Regulierungsformen der Corporate Governance, der industriellen Beziehungen und der sozialen Sicherheit beeinflusst, sind die internationalen Normen. Zwar ratifizierte die Schweiz nur wenige Vereinbarungen der Internationalen Arbeitsorganisation (IAO) im Bereich internationaler Rechte der Arbeitnehmer und ihrer sozialen Sicherheit, und sie gehört nicht der Europäischen Union an (→ 5.3). Dennoch konnte sie sich dem Einfluss, den die Diskussion und Umsetzung der Menschenrechte in der Nachkriegszeit ausübte, nicht vollständig entziehen, ebenso wenig wie demjenigen der sozialen Rechte nach der Erklärung von Philadelphia der IAO von 1944 und der europäischen Charta von 1961 oder dem der Grundrechte in der Charta von Nizza von 2000. Ferner passten die grossen Schweizer Firmen ihre Corporate Governance in den 1990er Jahren grundlegend an und übernahmen internationale Standards, um den Anforderungen ausländischer Investoren hinsichtlich der geforderten Transparenz zu genügen. Schliesslich waren die Regulierungsformen der nationalen Wirtschaft teilweise das Produkt der demokratischen Beteiligung und der sozialen Mobilisierungen. Auch wenn sie in der vom Arbeitsfrieden geprägten Schweiz eine geringere Rolle spielten als in manchen Nachbarländern, stellten die sozialen Bewegungen – namentlich die Frauenbewegung – seit den 1960er Jahren doch gewisse Prinzipien der nationalen Marktwirtschaft in Frage und wirkten so nachhaltig auf Veränderungen hin.

Aus dem Französischen übersetzt von Christoph Rüegger

Bibliographie

Literatur

Abelshauser, Werner 2001: Umbruch und Persistenz: Das deutsche Produktionsregime in historischer Perspektive, *Geschichte und Gesellschaft* 27 (2001), 503–523.

Amable, Bruno 2005: *Les cinq capitalismes. Diversité des systèmes économiques et sociaux dans la mondialisation*, Paris: Seuil.

Arlettaz, Gérald / Arlettaz, Silvia 2006: L'Etat social national et le problème de l'intégration des étrangers 1890–1925, *Etudes & Sources* 31 (2006), 191–217.

David, Thomas / Mach, André 2007: Institutions and Economic Growth: the Successful Experience of Switzerland (1870–1950), in: Chang Ha-Joon (ed.), *Institutional Change and Economic Development*, New York: United Nations University Press, 219–239.

David, Thomas et al. 2012: *De la «Forteresse des Alpes» à la valeur actionnariale: histoire de la gouvernance d'entreprise suisse au 20e siècle*, Zürich: Seismo.

Dore, Ronald / Lazonick, William / O'Sullivan, Mary 1999: Varieties of Capitalism in the Twentieth Century, *Oxford Review of Economic Policy* 15 (1999/4), 102–120.

Hall, Peter / Soskice, David (eds.) 2001: *Varieties of Capitalism: The Institutional Foundations of Comparative Advantage*, Oxford: Oxford University Press.

Handbuch der schweizerischen Volkswirtschaft 1955: Bd. II, Bern: Benteli.

Höpner, Martin 2005: Sozialdemokratie, Gewerkschaften und organisierter Kapitalismus in Deutschland (1880–2002), *Kölner Zeitschrift für Soziologie und Sozialpsychologie* (Sonderheft 2005).

Hotz, Beat 1979: *Politik zwischen Staat und Wirtschaft*, Diessenhofen: Rüegger.

Katzenstein, Peter 1985: *Small States in World Markets. Industrial Policy in Europe*, Ithaca: Cornell University Press.

Lindert, Peter H. 2004: *Growing Public. Social Spending and Economic Growth since the Eighteenth Century*, Volume I: *The Story*, New York: Cambridge University Press.

Mach, André 2006: *La Suisse entre internationalisation et changements politiques internes: législation sur les cartels et relations industrielles dans les années 1990*, Zürich: Rüegger.

Menzel, Ulrich 1988: *Auswege aus der Abhängigkeit. Die entwicklungspolitische Aktualität Europas*, Frankfurt a.M.: Suhrkamp.

Menzel, Ulrich 1992: The Experience of Small European Countries with late Development. Lessons from History, in: Mjøset, Lars (ed.). *Contributions to the Comparative Study of Development*, Oslo: Institute for Social Research, Report 92/2, 44–95.

Neidhart, Leonhard 1970: *Plebiszit und pluralitäre Demokratie*, Bern: Francke.

North, Douglass C. 1991: *Institutions, Institutional Change and Economic Performance*, New York: Cambridge University Press.

Studer, Brigitte 1997: Familienzulagen statt Mutterschaftsversicherung? Die Zuschreibung der Geschlechterkompetenzen im sich formierenden Schweizer Sozialstaat, 1920–1945, *Schweizerische Zeitschrift für Geschichte* 47 (1997), 151–170.

Trampusch, Christine / Mach, André (eds.) 2011: *Switzerland in Europe. Continuity and Change in the Swiss Political Economy*, London: Routledge.

Weder, Beatrice / Weder, Rolf 2009: *Switzerland's rise to wealthy nation: competition and contestability as key success factors*, Working Paper, UNU-WIDER Research Paper, World Institute for Development Economic Research (UNU-WIDER).

4.1 Corporate Governance

Thomas David und André Mach*

4.1.1 Problemstellung und Bedeutung

Die Fachliteratur zu Schweizer Unternehmen ist umfangreich, aber es gibt keine zusammenfassende Studie über die Entwicklung der Unternehmensführung und -kontrolle im 20. Jahrhundert. Um diese Lücke zu füllen, behandelt dieses Kapitel die Geschichte der Corporate Governance in der Schweiz. Seit Mitte der 1990er Jahre ist das Thema von hoher Aktualität, wie die zahlreichen Artikel zum Thema in wissenschaftlichen Publikationen und in anderen Medien zeigen. Meistens wird darin die ungenügende Transparenz der Schweizer Unternehmen hervorgehoben.[1] Dieser Mangel an Transparenz und seine mediale Thematisierung brachten die Wirtschaft dazu, im Jahr 2002 zwei Verhaltenskodizes anzunehmen: Den «Swiss Code of Best Practice» im Bereich der Corporate Governance, der von der Economiesuisse, dem wichtigsten Dachverband der Schweizer Wirtschaft, verabschiedet wurde, sowie die «Corporate-Governance-Richtlinie» der Schweizer Börse.

Was ist nun aber unter Corporate Governance zu verstehen? In ihrem Verhaltenskodex von 2002 definiert die Economiesuisse den Begriff wie folgt: «Corporate Governance ist die Gesamtheit der auf das Aktionärsinteresse ausgerichteten Grundsätze, die unter Wahrung von Entscheidungsfähigkeit und Effizienz auf der obersten Unternehmensebene Transparenz und ein ausgewogenes Verhältnis von Führung und Kontrolle anstreben.»[2] Diese normative Definition stellt den effizienten Einsatz der Ressourcen in den Mittelpunkt und versucht gegenüber den Aktionären zu gewährleisten, dass die Interessen der Führungskräfte und der anderen Akteure ihre Eigentumsrechte nicht beeinträchtigen. Dieses Verständnis, das dem Interesse der Aktionäre den Vorrang einräumt, ist in der entsprechenden juristischen und ökonomischen Literatur der Schweiz vorherrschend.

Wir schlagen hier jedoch einen Ansatz vor, der sich nicht nur auf die Beziehungen zwischen Aktionären und Managern beschränkt, denn wir sind der Ansicht, dass die Analyse der Corporate Governance, definiert als die Gesamtheit der mehr oder weniger formalisierten Regeln für das Verhalten der verschiedenen Akteure (hauptsächlich Aktionäre, Manager und Mitarbeiter), die am Funktionieren der Unternehmen

* Dieses Kapitel ist weitgehend der Studie von David et al. (2012) entnommen, die im Rahmen eines vom Schweizerischen Nationalfonds zur Förderung der wissenschaftlichen Forschung finanzierten Projekts veröffentlicht wurde (Nr. 1214-068112.02/1). Wir danken Martin Lüpold und Gerhard Schnyder für ihre Mitarbeit an diesem Forschungsprojekt.

1 Siehe zum Beispiel *Neue Zürcher Zeitung* 2001.

2 Economiesuisse 2002, 6.

teilhaben, auch das soziale und politische Umfeld berücksichtigen muss, in dem diese Akteure tätig sind. Dieser Ansatz befasst sich besonders mit den Praktiken und der sozialen Einbindung der Unternehmen – Konzentration des Eigentums, Aktionärsstruktur, Stellung der Banken, Netzwerke zwischen den Verwaltungsräten der grossen Konzerne. Er betont die Notwendigkeit, die politische Dimension der Unternehmensorganisation zu berücksichtigen, indem das Beziehungsgeflecht und die Machtverhältnisse aufgezeigt werden, die deren Funktionsweise beeinflussen. Ein solcher Ansatz betrachtet die Unternehmen im Rahmen der institutionellen und sozialen Strukturen der jeweiligen Volkswirtschaften.[3]

Die diesem Ansatz verpflichteten Untersuchungen unterscheiden in der Regel zwei Modelle der Corporate Governance: das angelsächsische und das kontinentaleuropäische Modell.[4] Das angelsächsische Modell weist die folgenden Eigenschaften auf: ein Finanzsystem, das auf entwickelten und leistungsfähigen Börsen beruht; eine breitgestreute Aktionärsbasis; eine Trennung von Eigentum und Führung des Unternehmens; wenige Kreuzbeteiligungen und Verflechtungen zwischen den Verwaltungsräten der Unternehmen und ein rechtlicher Rahmen, der den Interessen der Minderheitsaktionäre einen starken Schutz bietet. Das kontinentaleuropäische Modell hat dagegen eine ganz andere Konfiguration: ein weitgehend von den Universalbanken dominiertes Finanzsystem; eine schwache und konzentrierte Aktionärsbasis; enge Beziehungen zwischen den Eigentümern und den Managern; ein relativ dichtes und komplexes System von Kreuzbeteiligungen und Verflechtungen sowie einen rechtlichen Rahmen, der den Insidern in den Unternehmen (hauptsächlich Grossaktionären und Geschäftsleitung) den Vorrang gibt.[5]

Bis Mitte der 1980er Jahre gehörte die Schweiz ganz eindeutig dem «kontinentaleuropäischen Modell» an.[6] Eine erste Besonderheit der Corporate Governance in der Schweiz lag nämlich in der zentralen Rolle der grossen Universalbanken, die sich auf zwei Arten zeigte: Einerseits spielten diese Institute eine Rolle bei der Finanzierung

3 Roe 1994; Lazonick/O'Sullivan 2000; O'Sullivan 2000; Cioffi/Cohen 2000; Jackson 2001; Herrigel 2007a und 2007b.

4 Manche Autoren sprechen im Fall Europas auch von einem bankzentrierten Modell und von einem finanzmarktzentrierten Modell für die angelsächsischen Länder (siehe Becht/Röell 1999). Andere wiederum unterscheiden zwischen dem «Insider-Modell» in den europäischen Ländern, wobei die Betonung auf den zentralen Platz der Grossaktionäre und der Manager gelegt wird, und dem «Outsider-Modell» für die angelsächsischen Länder, womit der bessere Schutz der Minderheitsaktionäre hervorgehoben wird.

5 La Porta et al. 1999; Becht/Barca 2001; Dore et al. 1999; Orléan 1999; Kobrak/Saussois 1999; Aguilera/Jackson 2003.

6 Dieses Kapitel konzentriert sich auf die grossen Unternehmen, obwohl die Schweizer Industrielandschaft von den kleinen und mittleren Unternehmen (KMU) dominiert wird (→ Einleitung Teil 2). Dieser Entscheid hat zwei Gründe: Einerseits gleicht das Studium der KMU in der Schweiz einer historiographischen Wüste. Studien auf diesem Gebiet sind extrem selten, und es ist daher sehr schwierig, die Corporate Governance der KMU zu beschreiben. Andererseits zeigen die wenigen verfügbaren Untersuchungen, die auf einzelnen Fallstudien beruhen, dass die oft in Familienbesitz befindlichen und nicht an der Börse kotierten KMU von den Insidern dominiert werden. So sind die Eigenschaften des Governancemodells der grossen Unternehmen – Selbstfinanzierung und Unabhängigkeit von den Börsen, Konzentration des

der Firmen, insbesondere durch die Gewährung von Krediten, sowie bei der Organisation der Börsen. Andererseits unterhielten sie enge Beziehungen zu den Industrieunternehmen über das System der Depotstimmrechte,[7] die Präsenz ihrer Vertreter in den Verwaltungsräten der anderen Gesellschaften sowie, in geringerem Masse, durch den Erwerb von Aktien. Eine zweite, in der Schweiz besonders ausgeprägte Eigenheit waren die engen Verflechtungen zwischen den Verwaltungsräten der grossen Schweizer Unternehmen. Die hohe Dichte dieser Verflechtungen, insbesondere zwischen dem Bank- und dem Industriesektor, begünstigte gegenseitige Abhängigkeiten der Firmen, aber auch den Informationsfluss, die Zusammenarbeit und das Vertrauen innerhalb der Wirtschaftselite.[8] Die hohe Konzentration des Eigentums, eng verbunden mit der Bedeutung des Familien- oder Privateigentums,[9] war ein drittes Charakteristikum der Corporate Governance in der Schweiz. Bis Mitte der 1990er Jahre wurden noch viele grosse Unternehmen von einem Grossaktionär oder einer kleinen Gruppe von Eigentümern beherrscht.[10] Diese Konzentration wurde durch den Ausschluss anderer Gruppen von den Entscheidungsprozessen verstärkt. So genossen die Minderheitsaktionäre im Vergleich zu den angelsächsischen Ländern nur wenige Rechte.[11] Auch die Beteiligung der Mitarbeiter an den Unternehmen und ihr direkter Einfluss auf die Verwendung der Ressourcen waren weniger verbreitet als in den anderen europäischen Ländern, insbesondere in Deutschland (→ 4.2.1).[12] Eine vierte Besonderheit bestand schliesslich darin, dass sich das Regulierungsumfeld der Corporate Gover-

Eigentums, Namenaktien und Vinkulierung – auch bei den KMU vorhanden (Cortat 1998; Jordan 2001; Müller 1996). Diese haben auf lokaler und regionaler Ebene ebenfalls Netzwerke gebildet (Donzé 2007). Daher kann die Untersuchung der grossen Firmen als relativ repräsentativ für die Governanceformen der KMU betrachtet werden, obwohl sich bei den verschiedenen Revisionen des Aktienrechts, insbesondere bei derjenigen von 1991, Unterschiede gezeigt haben zwischen den Vertretern der Multinationalen und der Grossfirmen auf der einen und den Vertretern der KMU auf der anderen Seite. Siehe David et al. 2012. Es ist hervorzuheben, dass in der Schweiz die Gesellschaften mit beschränkter Haftung (GmbH) erst nach der Revision des Aktienrechts von 1991 einen wesentlichen Aufschwung erfuhren (→ Einleitung Teil 2, Grafik 2-1), im Gegensatz etwa zu Frankreich oder Deutschland, wo sie sich schon viel früher entwickelt hatten (Guinnane/Rosenthal 2009; Guinnane et al. 2007). Das späte Aufkommen der GmbHs hat verschiedene Gründe (Lüpold 2010). Einerseits war die Regulierung der Aktiengesellschaft sehr liberal und flexibel, sodass sich kleine Firmen leicht als AG eintragen lassen konnten; andererseits wurde die Aktiengesellschaft als solider und kreditwürdiger erachtet als die GmbH: «Die GmbH gilt zudem als AG des kleinen Mannes und erscheint deshalb als nicht besonders kreditwürdig.» (Meier-Hayoz/Forstmoser 1989, 329.)

7 Mit diesem System können die Banken Einzelaktionäre, die ihre Aktien bei ihnen deponiert haben, an den Generalversammlungen der Unternehmen vertreten, was den Einfluss der Finanzinstitute zusätzlich stärkt. Siehe Schaad 1972.

8 Schreiner 1984; Rusterholz 1985; Nollert 1998 und 2005; Loderer/Peyer 2002, sowie Schnyder et al. 2005.

9 Windolf/Nollert 2001.

10 Bank Bär 1991 und 1996; Müller 1996; Ginalski 2011.

11 Ehrat 1997.

12 Aus Platzgründen werden wir diesen letzten Punkt nicht behandeln. Die Unterstützungskassen (oder Pensionskassen) waren eine der hauptsächlichen Forderungen der Linksparteien und der Gewerkschaften während der 1920er und 1930er Jahre (→ 4.2.3.3). Ihre Gründung änderte allerdings nichts an den Kräfteverhältnissen innerhalb der Unternehmen, da die Verwaltung dieser Kassen meistens im Zuständigkeitsbereich der Geschäftsleitung lag, was die Macht der Insider noch verstärkte. Siehe David et al. 2012.

nance (Gesellschafts-, Börsen-, Rechnungslegungs- und Steuerrecht; Beteiligung der Angestellten im Unternehmen) bis Anfang der 1990er Jahre durch einen sehr allgemeinen rechtlichen Rahmen auszeichnete, der einen weiten Auslegungsspielraum zuliess und der durch Selbstregulierungsmechanismen der privaten Akteure ergänzt wurde. Dieser rechtliche Rahmen, insbesondere das Aktienrecht, das die Aktiengesellschaft als am weitesten verbreitete Rechtsform unter den Schweizer Unternehmen regulierte, gewährte der Geschäftswelt umfassende Freiheiten, sich nach eigenem Gutdünken zu organisieren.[13] In der Regel wurde es durch eine Art «Private Governance» in Form von Vereinbarungen zwischen den Wirtschaftsteilnehmern ergänzt, oft innerhalb sehr repräsentativer Arbeitgeberverbände (wie der Schweizerischen Bankiervereinigung oder dem Vorort des Schweizerischen Handels- und Industrievereins).[14]

Der letzte Punkt ist insofern wichtig, als die Berücksichtigung des Regulierungsumfelds es erlaubt, die – in der Literatur zur Corporate Governance nur allzu häufig vernachlässigte – Rolle des Staates hervorzuheben. Dieser ist durch seine Gesetzgebungstätigkeit ein zentraler Akteur bei der Organisation und dem Funktionieren der Unternehmen; seine Bedeutung variiert allerdings von Land zu Land. Seit etwa zehn Jahren betonen einige Autoren gerade den Einfluss des rechtlichen Rahmens, um die nationalen Unterschiede bei der Corporate Governance zu erklären.[15] Laut diesen Forschern kann die «Qualität des Gesellschaftsrechts» («Quality of corporate law») die wichtigsten Besonderheiten und das Funktionieren der Corporate Governance eines Landes erklären, insbesondere die Aktionärsstruktur der Firmen (konzentriert oder verstreut). Die angelsächsischen Länder mit ihrer Tradition des «Common law» bieten gemäss dieser Überlegungen einen besseren Schutz für die Minderheitsaktionäre und begünstigen damit eine grössere Streuung des Eigentums, während das «Civil law» der kontinentaleuropäischen Länder tendenziell die historischen Grossaktionäre begünstigt. In der Schweiz trug das Regulierungsumfeld in der Tat zur Konzentration des Eigentums bei, indem den Insidern des Unternehmens – Direktoren und Verwaltungsräten der Grossfirmen und Banken, langjähre Aktionäre mit wesentlichen Beteiligungen – ein grosser Handlungsspielraum eingeräumt wurde.[16] In diesem Kapitel werden wir allerdings auf das Regulierungsumfeld nicht im Detail eingehen, denn die verschiedenen Gesetzesrevisionen kodifizierten meistens nur die vorgängigen Entwicklungen bei den Schwei-

13 Ebenso wurde das Fehlen einer eidgenössischen Börsengesetzgebung (Überwachung der Transaktionen, Transparenzregeln zur Zusammensetzung des Aktionariats, präzise Rechnungslegungsnormen) durch das Bestehen privater Regulierungsinstanzen wie etwa der Vereinigung der Schweizer Börsen kompensiert.

14 Siehe Weber 1987; Sancey 2004; Mach et al. 2007 oder auch David et al. 2009b.

15 Siehe insbesondere La Porta/Lopez-de-Silane/Schleifer 1999; La Porta et al. 1998, 1999 und 2000, dessen Arbeiten repräsentativ für diese neue Strömung sind, die oft als «Law and Finance» bezeichnet wird. Für eine anregende Reflexion des rechtlichen Rahmens der Corporate-Governance-Prinzipien in Europa und in den USA siehe die Sonderausgabe von Dezember 2009 der Zeitschrift *Entreprises et histoire* (No 57/4), mit dem Titel «Quelles normes pour l'entreprise?».

16 Es gibt eine Fülle an Literatur, welche die unterschiedlichen Interessen der Manager und der (Gross-) Aktionäre hervorhebt (siehe Berle/Means 1932). In der Schweiz haben die Manager sich jedoch der Sache der Aktionäre angenommen und sie verteidigt (siehe Lüpold 2010; Cortat 2009; Schnyder 2008).

zer Firmen, was die wenig einschränkende Natur des Rechtsrahmens für die Corporate Governance nochmals unterstreicht. Die Kritik des «juristischen Determinismus», die manche Autoren gegenüber dem «Law and Finance»-Ansatz äussern – «[...] rechtliche Entwicklungen folgen tendenziell eher den wirtschaftlichen Änderungen, als dass sie diesen vorangehen»[17] – ist im Fall der Schweiz durchaus zutreffend.[18]

Die ersten Studien zur Corporate Governance haben mit ein paar wenigen Ausnahmen die historische Perspektive ausser Acht gelassen. Seit rund zehn Jahren interessieren sich Historiker jedoch für das Entstehen und die Umsetzung nationaler Systeme der Corporate Governance.[19] Mit diesem Kapitel sollen diese Arbeiten weitergeführt werden. Dazu legen wir einen besonderen Schwerpunkt auf die beiden Elemente, die in der Schweiz des 20. Jahrhunderts im Zentrum der Corporate Governance stehen: die Verflechtung zwischen den Verwaltungsräten der Grossfirmen und die Vinkulierung. Netzwerke bieten Hinweise zur Organisation und zur Funktionslogik einer Volkswirtschaft, zum Grad des Wettbewerbs oder der Kooperation zwischen den Unternehmen, zur Konzentration der Macht in den Händen einer zahlenmässig begrenzten Wirtschaftselite, aber auch zur Finanzierungsweise der Unternehmen, etwa durch den Rückgriff auf Bankkredite und damit auf die Verbindungen zwischen dem Bank- und dem Industriesektor. Die Rollen und die Funktionen solcher Verbindungsnetzwerke sind vielfältig. Die Literatur zu den *interlocking directorates* enthält zahlreiche Interpretationsansätze zu den Verbindungen, die durch gemeinsame Verwaltungsräte zwischen Unternehmen geschaffen werden. So können derartige Verflechtungen als Mittel zur Kontrolle eines Unternehmens durch ein anderes oder als gut funktionierende Informationskanäle zwischen den Firmen genutzt werden.[20]

Die allgemein als Vinkulierung bezeichnete Regelung ist ihrerseits das hauptsächliche Steuerungsinstrument für einen «selektiven Protektionismus» im Bereich der Unternehmenskontrolle.[21] Der Begriff, der im Aktienrecht von 1937 kodifiziert wurde (die Praxis ist allerdings älter), bezieht sich auf das «Vinkulieren» von Namenaktien, d.h. auf die Einschränkung ihrer Übertragungsmöglichkeiten dadurch, dass sie für die neuen Erwerber an gewisse Bedingungen geknüpft werden. So konnte die Geschäftsleitung oder der Verwaltungsrat eines Unternehmens die Eintragung eines neuen Käufers im Aktionärsregister auf der Grundlage oftmals willkürlicher Kriterien (insbesondere

17 Coffee 2000, 8.
18 Für weitere Informationen zur Entwicklung des Regulierungsumfelds im 20. Jahrhundert siehe Lüpold 2010 und Schnyder 2008.
19 Herrigel 2007a und 2007b enthält eine ausgezeichnete Übersicht.
20 Mizruchi 1996.
21 Der Begriff des «selektiven Protektionismus» verweist auf all die Regulierungen und Politiken, die das Ziel haben, die ausländische Konkurrenz einzuschränken. Diese Massnahmen begünstigen in erster Linie die Unternehmen, die für den Binnenmarkt produzieren, aber auch die am stärksten auf das Ausland ausgerichteten Branchen der Schweizer Wirtschaft. Sie beschränken sich also nicht auf den engen Bereich der Corporate Governance, sondern umfassen auch Praktiken wie eine grosse Toleranz gegenüber Kartellen, grosszügige Agrarsubventionen oder spezifische nationale Regelungen, die eine teilweise Abschottung des Schweizer Marktes ermöglichen. Siehe David/Mach 2007 sowie David et al. 2008.

seiner Nationalität) verweigern.[22] Diese Praxis trug dazu bei, die Konzentration des Eigentums zu stärken und zu stabilisieren, und ermöglichte es einer kleinen Gruppe langjähriger Eigentümer, auch nachdem sie ihr Unternehmen an der Börse kotiert hatte, die Kontrolle darüber zu bewahren und ebenso das Recht wie auch die Möglichkeit, seine Strategie unabhängig festzulegen. Die Vinkulierung war während vielen Jahren das gängige Instrument, um den Einfluss ausländischer Investoren auf Schweizer Firmen zu reduzieren.[23] Ausserdem erlaubte sie den Insidern, ihre Unabhängigkeit gegenüber den externen Investoren zu bewahren und sich vor den Kontrollmechanismen der Finanzmärkte wie der Drohung einer unfreundlichen Übernahme zu schützen. Als Steuerungsinstrument läuft die Vinkulierung somit eindeutig der Marktlogik zuwider, die das angelsächsische Modell der Corporate Governance kennzeichnet.

Massnahmen zugunsten eines selektiven Protektionismus, der eine dauerhafte Kontrolle der Unternehmen durch Schweizer Aktionäre und den Erhalt einer starken Machtkonzentration unter diesen Aktionären begünstigt, sind jedoch nicht nur für die Schweiz typisch, sondern lassen sich auch in anderen kleinen europäischen Industrieländern (z.B. in den Niederlanden oder in Skandinavien) beobachten. Die Ähnlichkeiten sind nicht überraschend; einige Studien beleuchten die Besonderheiten der wirtschaftlichen Entwicklungsstrategien dieser Länder: Das Gefühl der Verwundbarkeit im Zusammenhang mit der kleinen Fläche des jeweiligen Landes habe dort zu einem hohen Kooperationsgrad zwischen den wirtschaftlichen und politischen Eliten geführt, der sich entweder in neokorporatistischen Strukturen oder in einem hohen Kartellisierungsgrad der Wirtschaft ausdrückt.[24]

Die Einführung von Steuerungsinstrumenten des selektiven Protektionismus im Bereich der Corporate Governance erklärt sich weitgehend durch den starken Zusammenhalt der Eliten, welche die wirtschaftliche Unabhängigkeit ihres Landes von den internationalen Einflüssen bewahren wollten. Die protektionistischen Instrumente nahmen dabei verschiedene Formen an wie etwa komplexe Kapitalstrukturen, die zu Stimmrechtsverzerrungen führten, oder «Kontrollpyramiden», und sie ermöglichten es den kleinen europäischen Ländern, den «nationalen Charakter» ihrer Grossfirmen zu bewahren.[25] In dieser Hinsicht ist es interessant, dass die Schweiz von der internatio-

22 Siehe Kaufmann/Kunz 1991a und 1991b; Lambelet 1993 (Kap. 11) und Kläy 1997.

23 Weitere Regelungen wie die Verpflichtung, dass Schweizer Staatsbürger die Mehrheit im Verwaltungsrat haben müssen, gehören ebenfalls zu dieser Art von «selektivem Protektionismus».

24 Katzenstein 1984, 1985 und 2003; Schnyder/Heemskerk 2008. Schröter (1999, 192) unterstreicht, dass der «kooperative Kapitalismus» dieser kleinen Länder tendenziell zur Stärkung der wirtschaftlichen Konzentration beiträgt: «In jedem Land entwickelten sie eine ‹manière de voir›, eine kollektive Vorstellung, wie Geschäfte angemessen zu führen sind und einen sozialen Konsens, wie in Wirtschaftsfragen vorzugehen ist […]. Diese Zusammenarbeit förderte die wirtschaftliche Konzentration und die Kartellbildung.» Während Schröter hier die Ansicht vertritt, dass der kooperative Kapitalismus in den 1930er Jahre seinen Höhepunkt erreichte, da sich seine Analyse auf die Kartelle konzentriert, sind wir der Meinung, dass der kooperative Kapitalismus während des ganzen 20. Jahrhunderts fortbestand, sich jedoch nach dem Zweiten Weltkrieg auf andere Instrumente als die Kartelle gestützt hat.

25 David/Mach 2004.

nalen Finanzgemeinschaft[26] oft als «Alpenfestung» bezeichnet wurde, was einen wesentlichen Zug des Schweizer Corporate-Governance-Modells zusammenfasst, nämlich eine sehr konservative Einstellung der Unternehmensleitungen gegenüber ausländischen Investoren.

In diesem Kapitel konzentrieren wir uns auf die Entwicklung des Unternehmensnetzwerks und die Entstehungsgeschichte vinkulierter Namenaktien durch die Firmen. Dabei können chronologisch drei Phasen der Corporate Governance in der Schweiz des 20. Jahrhunderts unterschieden werden.

1. Zwischen dem Ende des 19. Jahrhunderts und den 1930er Jahren wurden zahlreiche Familienunternehmen in Aktiengesellschaften umgewandelt und öffneten ihr Aktionariat aussenstehenden Investoren. Dank eines sehr allgemeinen Regulierungsumfelds (des Aktienrechts von 1881) und der Einrichtung eines dichten Unternehmensnetzwerks legten die Insider die Fundamente des Schweizer Modells. Das 1936 revidierte Gesellschaftsrecht, das über 20 Jahre in Kraft bleiben sollte, ermächtigte und legitimierte diese Praktiken.
2. Von den 1930er Jahren bis in die Mitte der 1980er Jahre erstreckte sich eine Phase der Konsolidierung der Corporate Governance: Das Unternehmensnetzwerk verdichtete sich, und die Vinkulierung verbreitete sich, was den Insidern ermöglichte, den Einfluss der ausländischen Investoren und, in geringerem Masse, auch den der Schweizer Minderheitsaktionäre einzuschränken. Diese Periode war das goldene Zeitalter der «Alpenfestung». Die Einrichtung und die Konsolidierung des Schweizer Modells von Corporate Governance verlief allerdings nicht ohne Konflikte und Widerstand. Mehrfach unterbreiteten politische Parteien oder Gesellschaftsakteure – insbesondere die Gewerkschaften und die Linksparteien, aber auch gewisse Verwaltungsstellen und Rechtsexperten – Alternativen, mit denen die Macht der Insider in den Firmen beschnitten und/oder den Minderheitsaktionären mehr Rechte verliehen werden sollten. Jedoch scheiterten diese Versuche stets.[27] Ein typisches Beispiel: Im Jahr 1970 lancierten die Gewerkschaften eine Volksinitiative, mit der den Mitarbeitenden eine bessere Vertretung und Beteiligung an den Unternehmen verschafft werden sollte. Unter anderem infolge einer aktiven Kampagne der Arbeitgeberkreise wurde diese Initiative 1975 von über 60% der Stimmberechtigten deutlich abgelehnt.[28]
3. Ab Mitte der 1980er Jahre erlebte das traditionelle Modell der Corporate Governance eine Reformdynamik. Aufgrund des Wandels im internationalen Wirtschaftsumfeld – insbesondere aufgrund des zunehmenden Drucks der Finanzmärkte – und unter dem Impuls nationaler Akteure löste sich das bestehende Unternehmensnetzwerk auf, und mehr und mehr Unternehmen gaben ihre pro-

26 Monks/Minow 1995, 320.
27 Für weitere Informationen siehe Lüpold 2010 und Schnyder/Mach/Lüpold 2005.
28 Zu diesem Punkt siehe Meuron 1972; Rey 1979.

tektionistischen Massnahmen preis, wie die schrittweise Einführung der Einheitsaktie anstelle der Vinkulierung im Verlauf der 1990er Jahre zeigt. Die Reformen des Regulierungsumfelds, die sich seit der zweiten Hälfte der 1980er Jahre beschleunigten – besonders zu erwähnen sind in dieser Hinsicht die Revision des Aktienrechts, die das Parlament 1991 nach über 30 Jahren wiederkehrender Diskussionen verabschiedete, und insbesondere das Börsengesetz von 1995 –, widerspiegeln teilweise die Praxisänderungen der Firmen.[29]

Im Rahmen dieses Kapitels kann die Problematik der Finanzierung und Verteilung der Firmengewinne in der Schweiz nur am Rande behandelt werden; stellt doch dieses Thema eine der hauptsächlichen historiographischen Lücken der Unternehmensstudien dar. Daten sind zwar verfügbar, aber nur schwer zu nutzen, da sie die Gewinne lediglich unvollkommen widerspiegeln. Einerseits verfolgten die Schweizer Unternehmen eine Politik konstant niedriger Dividenden;[30] andererseits verteilten sie gelegentlich «Extras» in Form von Kapitalerhöhungen oder Gratisaktien an ihre Aktionäre, die nicht als Dividenden verbucht wurden. Die Geschäftsleitung des Unternehmens *Les câbleries et tréfileries de Cossonay* rechtfertigte diese Praxis 1917 mit den folgenden Worten: «Seit unsere Aktien an der Basler Börse kotiert sind (1909), interessieren sich die Zeitungen und Zeitschriften für unsere Bilanzen und veröffentlichen ihre Ergebnisse. Diese Veröffentlichung unserer Dividenden, die zu den höchsten in der Schweiz zählen, weist mehrere Nachteile auf. Sie droht bei einem erneuten Aufschwung die Gründung neuer konkurrierender Unternehmen hervorzurufen. Zudem dient sie als Argument für Agitatoren unter den Arbeitskräften, schliesslich fühlen sich unsere Kunden, die unsere Finanzlage nicht kennen, angesichts dieser Gewinne, die ihnen übermässig scheinen […] schlecht behandelt.»[31] Die Praxis, einen Teil der Gewinne zu verbergen, wurde durch die mangelnde Transparenz der Unternehmensrechnungen ermöglicht, insbesondere aufgrund der Option, stille Reserven zu bilden. Letztere erlaubten es den Geschäftsleitungen der Schweizer Gesellschaften, vor allem während Krisenzeiten (1920–1922, Depression der 1930er Jahre, Rezession Mitte der 1970er Jahre) ihre Verluste zu verschleiern und/oder ihre Gewinne nicht auszuweisen.[32] Die stillen Reserven trugen zur hohen Bedeutung der Selbstfinanzierung in der Schweiz[33] bei und begünstigten damit die Konzentration der Macht in den Händen der Insider.[34]

29 Mach et al. 2007; Schnyder 2008.
30 Boemle 1998.
31 Zitiert in Cortat 2009, 384.
32 Als Beweis der Bedeutung dieser Praktiken wurden die stillen Reserven sogar im Aktienrecht von 1936 erwähnt und die diesbezüglichen Bestimmungen bei der Revision von 1991 nur geringfügig geändert.
33 Boemle 2003; Cortat 2009; Lüpold 2010.
34 In seiner Studie zu zwei Schweizer Unternehmen im 20. Jahrhundert hebt Cortat (2009, 425) Folgendes hervor: «Die Strategie der Gewinnverteilung und der Selbstfinanzierung wird nie von der Generalversammlung diskutiert, diese folgt systematisch den Vorschlägen des Verwaltungsrates. Der Verwaltungsrat diskutiert selbst nur wenig darüber, und es ist hauptsächlich der Verwaltungsratsausschuss, der sich aus dem Präsidenten, dem Vizepräsidenten und dem Sekretär zusammensetzt, der die Politik

4.1.2 Corporate Governance und Unternehmensnetzwerke im ersten Drittel des 20. Jahrhunderts

Das Aktienrecht, das zum Obligationenrecht (OR) gehört, ist der zentrale Pfeiler des Rechtsrahmens für die Corporate Governance in der Schweiz. Die erste Kodifizierung des Aktienrechts auf nationaler Ebene erfolgte mit dem Bundesgesetz über das Obligationenrecht von 1881, das häufig als «liberal» bezeichnet wird.[35] Es bot den privaten Akteuren einen breiten Handlungsspielraum und betrachtete die Aktionäre als die zentralen Akteure des Unternehmens.[36] Und es überliess die Organisation der Aktiengesellschaft praktisch vollständig der Selbstregulierung durch die Wirtschaftsakteure. Damit lässt sich das Schweizer Modell der Corporate Governance, das die Insider be-

Grafik 4.1-1: **Verflechtung der Verwaltungsräte der 110 grössten Schweizer Unternehmen (1910–2000)**

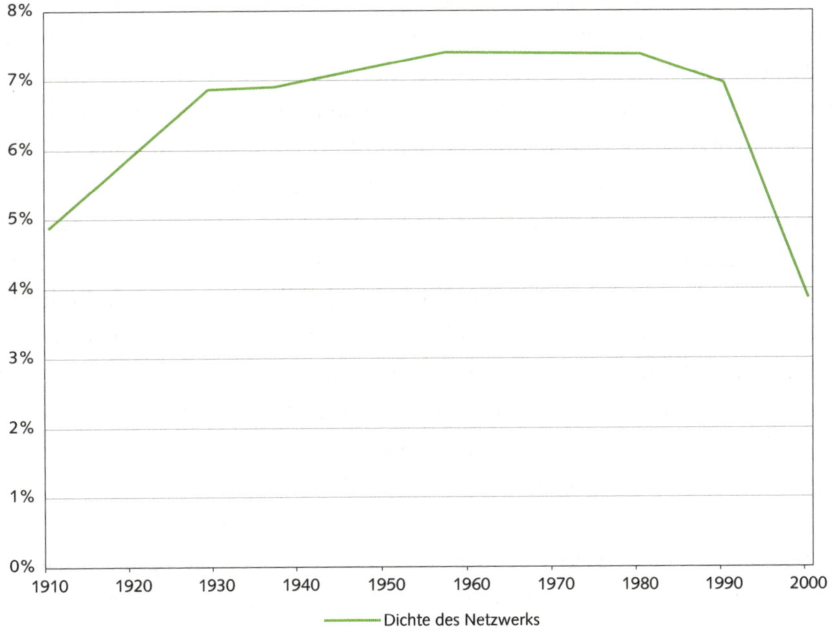

Quelle: Schnyder et al. 2005.
Bemerkung: Die Netzwerkdichte berechnet sich als Verhältnis zwischen der Anzahl beobachteter und der Anzahl theoretisch möglicher Verbindungen. Je höher die Zahl desto grösser ist der Zusammenhalt des Netzwerks.

der Dividendenausschüttung zusammen mit dem Direktor gestaltet. Den Vorschlägen des Ausschusses wird stets Folge geleistet.»

35 Zwanzig Jahre nach seinem Inkrafttreten war das Aktienrecht Gegenstand von Reformvorschlägen. Jedoch startete der Revisionsprozess erst 1911 und endete 25 Jahre später mit der Annahme des neuen Gesetzes 1936 (siehe David et al. 2012).

36 Im Gesetz von 1881 wurde die Generalversammlung als höchstes Organ der Gesellschaft betrachtet (siehe Binder 1988, 14–15 und 19–20).

vorzugt, in seinen Ursprüngen also bis zum Ende des 19. Jahrhunderts zurückverfolgen. Eine der Neuerungen, die mit dieser liberalen Gesetzgebung aufkamen, ist das Entstehen eines Netzwerks zwischen den Verwaltungsräten der wichtigsten Schweizer Unternehmen. Für das erste Drittel des 20. Jahrhunderts lässt sich eine starke Zunahme der Verflechtungen beobachten: Die Dichte des Netzwerks zwischen den 110 grössten Schweizer Unternehmen[37] stieg zwischen 1910 und 1929 deutlich von 4.9% auf 6.9% an, und stabilisierte sich dann in den 1930er Jahren (Grafik 4.1-1).[38] Auch aus langfristiger Sicht war die Erhöhung zwischen 1910 und 1929 äusserst markant: Diese Periode kann als Phase der Netzwerkbildung betrachtet werden.

Wie lässt sich die wachsende Netzwerkdichte im ersten Drittel des 20. Jahrhunderts erklären? Zunächst war die zunehmende Integration der Schweizer Firmen in einem nationalen Netzwerk eine Folge der Autonomie, die sie nach dem Ersten Weltkrieg gegenüber ihren deutschen Konkurrenten erworben hatten. Betrachten wir zum Beispiel die Finanzgesellschaften: Vor 1914 arbeiteten sie in erster Linie mit ausländischen Unternehmen zusammen (→ III.i.4 und 2.2.2.1).[39] Nach dem Krieg waren die deutschen Konzerne, die sich mit wesentlichen Finanz- und Devisenproblemen konfrontiert sahen, gezwungen, ihre Verflechtungen mit den Schweizer Finanzgesellschaften einzuschränken oder ganz aufzulösen, und Letztere suchten zunehmend die Kooperation mit schweizerischen Finanz- und Industrieunternehmen. Luciano Segreto charakterisiert diese Entwicklung mit der Formel: «From made in Germany to made in Switzerland.»[40] In diesen neuen Zusammenhängen spielten die Schweizer Banken und insbesondere die Schweizerische Kreditanstalt (SKA) eine zentrale Rolle. Während die deutschen und französischen Finanzinstitute im Ersten Weltkrieg und in der unmittelbaren Nachkriegszeit gravierende Wirtschaftsprobleme zu bewältigen hatten, etablierte sich in dieser Zeit der Schweizer Finanzplatz auf der nationalen und internationalen Bühne (→ 2.2.2.2). Die Änderung des Gesellschaftsrechts von 1919 führte ebenfalls zu einem Rückgang der Anzahl ausländischer Verwaltungsräte und damit zu einer weiteren Stärkung des nationalen Netzwerks. Dieser dringliche Bundesbeschluss enthielt nämlich eine Klausel, laut der die Mehrheit der Verwaltungsratsmitglieder in der Schweiz wohnen musste. Seine Einführung war vor allem eine Reaktion auf die von der Entente (Frankreich und Grossbritannien) während des Ersten Weltkriegs aus-

37 Die 110 grössten Unternehmen wurden anhand einer Kombination verschiedener Kriterien ausgewählt: Umsatz, Börsenkapitalisierung und Anzahl der Beschäftigten. Für mehr Details zur Bildung der Stichprobe siehe Schnyder et al. 2005, 6–8; für die Liste der Unternehmen zu den verschiedenen Daten siehe David et al. 2012.

38 Zum Vergleich – obwohl die Daten nicht deckungsgleich sind, da sie Stichproben von unterschiedlichem Ausmass betreffen – lag 1914 die Dichte des Netzwerks in den USA bei 3.34% (242 Unternehmen) und in Deutschland bei 4.23% (323 Firmen). 1938 war sie jenseits des Atlantiks stark zurückgegangen (1.64%; 409 Gesellschaften), während sie in Deutschland massiv angestiegen war (7%; 361 Unternehmen), siehe Windolf 2009, Tabelle 1. Die Entwicklung des Unternehmensnetzwerks in der Schweiz ist also durchaus mit derjenigen in Deutschland vergleichbar.

39 Siehe Hertner 1987.

40 Segreto 1992.

gesprochenen Drohungen, Schweizer Unternehmen zu beschlagnahmen, die mit den Deutschen Geschäfte tätigten (oder von ihnen finanziert wurden). Diese Drohungen stärkten das Gefühl – der Begriff *Überfremdung* wurde von den Zeitgenossen oft verwendet –, die Schweizer Gesellschaften müssten vor jeglicher ausländischer Beeinflussung geschützt werden.[41] Der dringliche Beschluss hatte wesentliche Auswirkungen auf das Unternehmensnetzwerk: Die Zahl der Schweizer Verwaltungsräte stieg, was auch die Anzahl Verflechtungen erhöhte. Die Zusammensetzung der Verwaltungsräte der 110 grössten Schweizer Gesellschaften widerspiegelt diese wachsende Präsenz von Schweizern: Der Anteil der ausländischen (vorwiegend deutschen und französischen) Verwaltungsräte in Schweizer Firmen ging stark zurück – während es 1910 noch mindestens 95 waren, waren es 1937 nur noch 45 und 1957 lediglich 29.[42]

Die steigende Grösse der Unternehmen, der Börsengang einer wachsenden Zahl von Firmen[43] und die geographische Ausweitung ihrer Tätigkeiten sind der zweite erklärende Faktor für die zunehmende Integration des nationalen Netzwerks im ersten Drittel des 20. Jahrhunderts. Vor 1914 gab es verschiedene Gruppen von Unternehmen, die keine rechtliche Einheit im engeren Sinn bildeten, sondern sich aus unabhängigen Gesellschaften zusammensetzten, die wirtschaftlich und personell verflochten waren. Derartige Firmenkonstellationen waren zwar sehr aktiv auf internationaler Ebene, wiesen jedoch eine starke regionale Verankerung auf: So hatte sich eine Gruppe in Zürich um die SKA herum gebildet, eine weitere in Winterthur um die Schweizerische Bankgesellschaft (SBG) und Sulzer und eine Gruppe schliesslich war mit Genf und seinen Privatbankiers verbunden. Zudem bestanden mehrere Gruppen in Basel um die Basler Handelsbank (BHB) und den Schweizerischen Bankverein (SBV). Diese verschiedenen regionalen Netzwerke waren auf übergreifender Ebene kaum miteinander verbunden (Grafik 4.1-2). Eine Situation, die sich nach dem Ersten Weltkrieg beträchtlich verändern sollte: Die verschiedenen regionalen Gruppen intensivierten nun ihre Verflechtungen, wodurch ein wirklich nationales Netz entstand. Diese Entwicklung lässt sich durch die wachsende Bedeutung des Finanzsektors erklären, der

41 Zum Begriff der *Überfremdung* siehe Kury 2003 und Lüpold 2010.

42 Lüpold 2010. Um nur ein Beispiel zu nennen: Kurz vor Anbruch des Ersten Weltkriegs waren die Hälfte der Verwaltungsräte der Elektrobank Deutsche. 1929 war nur noch ein Deutscher im Verwaltungsrat vertreten, während die Schweizerische Kreditanstalt vier Vertreter zählte.

43 Zuvor als Kommandit- oder als Kollektivgesellschaften organisierte Unternehmen wurden in Aktiengesellschaften umgestaltet: Über 40% der 1910 zu den 100 grössten Unternehmen zählenden Industriefirmen waren zwischen 1900 und 1910 als AG gegründet oder in eine AG umgewandelt worden (siehe Lüpold 2010). Diese Statusänderung führte zur Einsetzung von Verwaltungsräten, die sich nicht mehr nur aus den traditionellen Partnern oder aus Vertretern der jeweiligen Gründerfamilie zusammensetzten, sondern auch aus externen Direktoren. In gewissen Fällen nahm der Einfluss der Familien ab, während derjenige der Banken, die Sitze in den Verwaltungsräten erhielten, wuchs (für den exemplarischen Fall von Georg Fischer siehe Wipf 2001). Auch die Krisen beschleunigten die Öffnung der Gesellschaften. Nach dem Ersten Weltkrieg geriet eine Reihe von Firmen in grosse Finanzschwierigkeiten (zum Beispiel Roche oder Nestlé). Die Bankiers kamen diesen Konzernen zur Hilfe und nahmen gleichzeitig Einsitz in deren Verwaltungsräte. Siehe Peyer 1996, Müller-Lhotska 2003 und Heer 1991, 118–141.

immer zahlreichere Beziehungen mit der Schweizer Industrie knüpfte.[44] Die wichtigsten Dachverbände der Wirtschaft – der Schweizerische Handels- und Industrieverein (SHIV) und die Schweizerische Bankiervereinigung (SBV) – sowie die Schweizerische Nationalbank spielten ebenfalls eine nicht zu vernachlässigende Rolle bei der nationalen Integration der regionalen Führungskräfte in der Zwischenkriegszeit und gaben die Strukturen vor für eine Aggregierung der Interessen der Schweizer Wirtschaftseliten.[45]

Grafik 4.1-2: **Verflechtung der Verwaltungsräte von 62 Unternehmen im Jahr 1910**

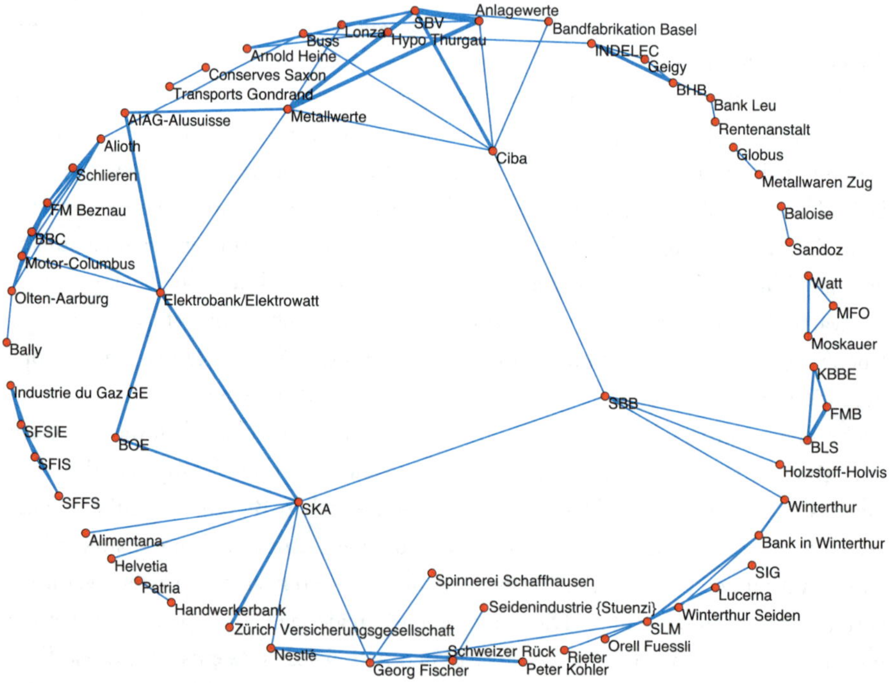

Quelle: Datenbank der schweizerischen Eliten im 20. Jahrhundert.
Bemerkung: Unternehmen unserer Stichprobe, die mindestens zwei Verflechtungen untereinander haben, gelten als 2m-cores. Das bedeutet, dass die Verwaltungsräte der beiden Gesellschaften mindestens zwei gemeinsame Mitglieder haben. 62 Unternehmen von den 110 unserer Stichprobe haben mindestens zwei Verwaltungsräte mit einer anderen Gesellschaft der Stichprobe gemeinsam. Dickere Linien: drei und vier Verflechtungen (3m-cores und 4m-cores).

Schliesslich hängt die Dichte des Netzwerks auch damit zusammen, wie der Wettbewerb reguliert wird. Unternehmensnetzwerke, Kartelle und Trusts bildeten drei institutionelle Formen, mittels derer die Akteure ihre Handlungen koordinieren und den Wettbewerb auf den Märkten kontrollieren konnten. Aufgrund eines toleranten Rechtsrahmens konsolidierten sich im Deutschland der Zwischenkriegszeit die Kartelle – im Gegensatz etwa zu den USA. Während dieser Zeit stieg die Netzwerk-

44 Segreto 1992.
45 David et al. 2009a.

dichte in Deutschland parallel zur wachsenden Kartellisierung der Wirtschaft.[46] Die Entwicklung in der Schweiz glich derjenigen in Deutschland. Dabei lässt sich historisch weiter ausgreifend zeigen, dass gleichzeitig mit der Organisation der wirtschaftlichen Interessen in der zweiten Hälfte des 19. Jahrhunderts (→ III.ii.2) auch die ersten Kartelle entstanden (→ 2.3.1.2.3). Zu den ersten Kartellabsprachen kam es während der Depression im letzten Drittels des 19. Jahrhunderts, zu einem Zeitpunkt, als in verschiedenen Wirtschaftsbereichen protektionistische Massnahmen eingeführt wurden.[47] Trotz der Rückkehr einer günstigen Konjunkturlage wurden die Kartelle in der Folge nicht nur toleriert, sondern durch verschiedene Entscheide des Bundesgerichts sogar noch verstärkt.[48] Die Periode 1910–1920 und insbesondere die Zeit des Ersten Weltkriegs verlieh der Bildung von Industrieabsprachen einen neuen Impuls. Die Kartellisierung der Wirtschaft und die Bildung eines Netzwerks von Kreuzverflechtungen begünstigten sich gegenseitig insofern, als dieses das Vertrauen, den Zusammenhalt und die soziale Kontrolle innerhalb der Eliten erhöhte.[49]

Als Instrument zur Bekämpfung ausländischer Einflüsse wurden auch vinkulierte Namenaktien verwendet, allerdings vor Ende der 1920er Jahre nur selten. Die Vinkulierung war vor allem bei den Familienunternehmen oder bei Unternehmen mit einem eingeschränkten Aktionariat verbreitet. In anderen Bereichen waren Namenaktien durch technische oder rechtliche Gründe motiviert. Versicherungen waren von Rechts wegen dazu verpflichtet, vinkulierte Namenaktien zu haben. Für staatsnahe Firmen wie die Nationalbank oder die Swissair wurden Gesetze erlassen, die verlangten, dass eine Mehrheit der Aktionäre Schweizer waren.[50]

Die erste Welle der Verbreitung der Vinkulierung erfolgte Ende der 1920er Jahre: Einige Unternehmen wie die Aluminium Industrie-Aktiengesellschaft (AIAG, ab 1963 Alusuisse), Brown, Boveri & Cie (BBC) oder Georg Fischer gaben Aktien mit Mehrfachstimmrechten aus, bei denen es sich gleichzeitig um vinkulierte Namenaktien handelte. Die AIAG war 1928 die erste grosse Schweizer Firma, die diese Art von Aktien einführte. Zwei Punkte sind dabei besonders interessant: Einerseits führte sie diese Aktien aufgrund von Übernahmedrohungen seitens amerikanischer Aluminiumproduzenten ein. Insofern war die Massnahme also präventiv. Andererseits integrierte die Firma ausdrücklich die Schweizer Kleinaktionäre in das Schutzdispositiv, indem sie ihnen die Gelegenheit bot, die neuen Aktien zu zeichnen. Damit

46 Siehe dazu Windolf 2006 und 2009.
47 Siehe Humair 2004, Kapitel 4.
48 Gruner 1960.
49 Pollux 1946; Cortat 2009 und 2010.
50 Von den Unternehmen mit einem eingeschränkten Aktionariat im Jahr 1910 seien folgende gesondert erwähnt: Sandoz, Bally, Maggi, Longines, Omega, Rieter, Suchard, Von Roll. Die Winterthur Versicherungen, Zürich Versicherungen und die Schweizerische Rückversicherungs-Gesellschaft zählten zu den Versicherungen, die vinkulierte und teilweise liberierte Namenaktien aufwiesen. Die SNB und die (1931 gegründete) Swissair hatten vinkulierte Namenaktien eingeführt, nachdem spezielle Gesetze für die Garantie ihrer Schweizer Nationalität verabschiedet worden waren (siehe das Nationalbankgesetz von 1905 und das Luftfahrtgesetz von 1948).

versuchte die AIAG, Vorwürfe zum Schweigen zu bringen, laut denen das Mehrfachstimmrecht nicht in erster Linie der Verhinderung einer ausländischen Übernahme diente, sondern einer Machtsteigerung der Insider (Geschäftsleitung und bestehende Aktionäre).[51] Die Verwendung der Vinkulierung als Instrument für das Mehrfachstimmrecht wurde in den 1930er Jahren aufgegeben. Wie weiter unten gezeigt wird, erfuhr diese Praxis erst mit dem Zweiten Weltkrieg eine allgemeine Verbreitung.

4.1.3 Das goldene Zeitalter der Alpenfestung (1937–1980)

4.1.3.1 Die Konsolidierung des Netzwerks

Während sich im ersten Drittel des 20. Jahrhunderts das Unternehmensnetzwerk auf nationaler Ebene bildete, stabilisierte und konsolidierte es sich in der Zeit zwischen den 1930er und den 1980er Jahren. Dabei widerspiegelt sich in der langfristigen beständigen Entwicklung des Netzwerks im Laufe des 20. Jahrhunderts gerade das Fehlen grosser Brüche infolge von Kriegen oder politischen Umwälzungen in der Schweiz.

Das Netzwerk wurde dichter und fester in dieser Phase, die als goldenes Zeitalter der «Alpenfestung» oder des «organisierten Kapitalismus» bezeichnet werden kann. Kennzeichnend war die zentrale Stellung der Grossbanken im Unternehmensnetzwerk der wichtigsten Firmen des Landes. In seiner Anfang der 1980er Jahre entstandenen Studie zur Analyse dieses Netzwerks hebt Jean-Paul Schreiner hervor, dass «die dominierende Stellung der Grossbanken [...] diejenige eines Finanzsektors (und insbesondere Banksektors) zu sein scheint, der die Rolle eines Katalysators im Bereich der Informationsflüsse, der Organisation des Netzwerks und des Kontrollpotenzials im zentralen Kern der Schweizer Wirtschaft spielt».[52] Die Bankinstitute spielten bei den zunehmenden Verflechtungen eine entscheidende Rolle, ebenso bei der Verabschiedung von Massnahmen zur Selbstregulierung und insbesondere bei der Vereinbarung, die 1961 zwischen der Schweizerischen Bankiervereinigung (SBVg) und den wichtigsten Schweizer Firmen getroffen wurde (siehe 4.1.3.3).

Die grossen Schweizer Universalbanken hatten vier Instrumente, um ihren Einfluss im Bereich der Corporate Governance geltend zu machen: die Kreditvergabe an die Firmen, das Depotstimmrecht, die Vertretung in den Verwaltungsräten und die Beteiligung am Aktienkapital. Zudem kontrollierten sie dank ihrer direkten Vertretung in den Führungsorganen weitgehend das Funktionieren der Schweizer Börsen und übten einen grossen Einfluss auf die wichtigsten Börsentätigkeiten aus wie etwa die Emission von Aktien und Obligationen oder die Börsentransaktionen. Schliesslich

51 Da das Recht der neuen Aktien auf eine Dividende eingeschränkt war, scheint es jedoch, dass die Schweizer Kleinaktionäre am Erwerb dieser Aktien wenig interessiert waren.

52 Schreiner 1984, 88. Siehe auch Rusterholz 1985; Nollert 1998; Loderer/Peyer 2002; Schnyder et al. 2005. In dieser Hinsicht war die Schweiz mit Ausnahme Deutschlands zweifellos das einzige Land, in dem die Stellung der Grossbanken in den Unternehmensnetzwerken so zentral war (siehe Stokman et al. 1985).

waren sie eng mit den wichtigsten Revisionsgesellschaften verbunden, die sie häufig gegründet hatten und die dann oft eine entscheidende Rolle bei den von den Firmen gelieferten Finanzinformationen spielten.

Aufgrund dieser verschiedenen Interventionsmöglichkeiten waren die Grossbanken unvermeidbare Akteure der Corporate Governance in der Schweiz. Sie waren sowohl bei den Aktionärsversammlungen (durch die Depotstimmrechte) als auch in der Unternehmensführung (durch ihre Vertretung in zahlreichen Verwaltungsräten) an der Kontrolle der Unternehmen beteiligt. Dieser massive Einfluss auf verschiedene Bereiche der Volkswirtschaft rief im Verlauf der 1970er und 1980er Jahre zahlreiche Kritiken, insbesondere bezüglich der «Macht der Banken» auf den Plan.[53]

Allerdings ist die Vorstellung einer solchen einseitigen Dominanz zugunsten einer ausgewogeneren Sicht der Beziehungen zwischen den Banken und der Industrie zu relativieren.[54] Die zentrale Stellung der Finanzinstitute bei der Corporate Governance bedeutete nicht, dass sie die anderen Branchen dominierten. Um die Stellung der Grossbanken während des goldenen Zeitalters der «Alpenfestung» richtig zu verstehen, ist es wichtig, das soziale Umfeld und die Beziehungen, die sie mit den nichtfinanziellen Unternehmen unterhielten, zu berücksichtigen. Zwei Elemente erlauben eine bessere Einschätzung der Rolle der Banken und ihres Verhaltens bei der traditionellen Corporate Governance: die «gegenseitigen Kontrolle» von Grossbanken und anderen Konzernen und die «relative Autonomie» der Industriegesellschaften gegenüber den grossen Finanzinstituten.

Zum einen lässt sich nicht von einem unilateralen Einfluss der Banken sprechen. Die Analyse des Netzwerks macht ja gerade deutlich, dass die Industriellen ihrerseits sehr gut in den Führungsinstanzen der Banken vertreten waren. Es wäre eher angebracht, von einer «gegenseitigen Kontrolle» als von der «Vorherrschaft der Banken» zu sprechen, denn die Verflechtungen zwischen den Verwaltungsräten gingen in beide Richtungen. Diese engen Beziehungen trugen auch dazu bei, die Vertreter der Finanzwelt für die Probleme und Strategien der Industrie zu sensibilisieren. In dieser Hinsicht ist es nicht falsch, von einer in der Schweiz bestehenden «Finanz- und Industriegemeinschaft» zu sprechen, wie man sie auch für Deutschland nachgewiesen hat.[55]

Zum anderen ist die finanzielle Abhängigkeit der Industriegesellschaften von den Grossbanken in mehrerer Hinsicht zu relativieren. Obwohl die Daten zu diesem

53 Siehe insbesondere Kartellkommission 1979.

54 Tanner 1994.

55 Siehe für den Fall Deutschlands Albert 1991. Georg Heberlein, Vertreter einer Industriefirma, meinte in dieser Hinsicht 1975: «Die Beziehungen zwischen Industrie und Grossbanken liegen im gegenseitigen Interesse der Partner; man könnte beinahe von einer Symbiose sprechen. Die Verflechtung ist dabei solcher Art, dass keine Seite die andere beherrscht. Beide haben die Möglichkeit einer eigenständigen Geschäftspolitik gewahrt. […] Da offenbar von beiden Seiten die Bereitschaft besteht, flexibel zu bleiben und den Bedürfnissen der Gegenseite Rechnung zu tragen, darf wohl darauf gezählt werden, dass die Zusammenarbeit auch in Zukunft gleich erfreulich und fruchtbar bleiben wird, wie dies in den verflossenen Jahrzehnten der Fall war.» (Heberlein 1975, 101).

Thema sehr lückenhaft und ungenau sind, scheinen die Schweizer Unternehmen in der Regel eher wenig von Bankkrediten abhängig gewesen zu sein[56] und mehrheitlich auf Selbstfinanzierung zurückgegriffen zu haben.[57] Das Fehlen zwingender Rechnungslegungsnormen sowie eine «Politik der kleinen Dividenden» – zwischen dem Ende der 1920er Jahre und dem Anfang der 1950er Jahre war die Entwicklung der Dividenden in Prozent des Volkseinkommens rückläufig und stabilisierte sich anschliessend bis Ende der 1980er Jahre auf einem relativ niedrigen Niveau (Grafik 4.1-3) – erlaubten es den Gesellschaften, in bedeutendem Umfang stille Reserven zu bilden, um so ihre Entwicklung zu finanzieren. Ausserdem hielten die Schweizer Banken im Gegensatz zu den deutschen keine grossen Beteiligungen am Aktienkapital der Grossfirmen.[58] Der direkte Besitz grosser Aktienpakete war äusserst selten, und die Beteiligung am Kapital einer Gesellschaft erfolgte in der Regel während Krisenperioden.[59]

Grafik 4.1-3: **Entwicklung der Unternehmensdividenden (1924–1990)**

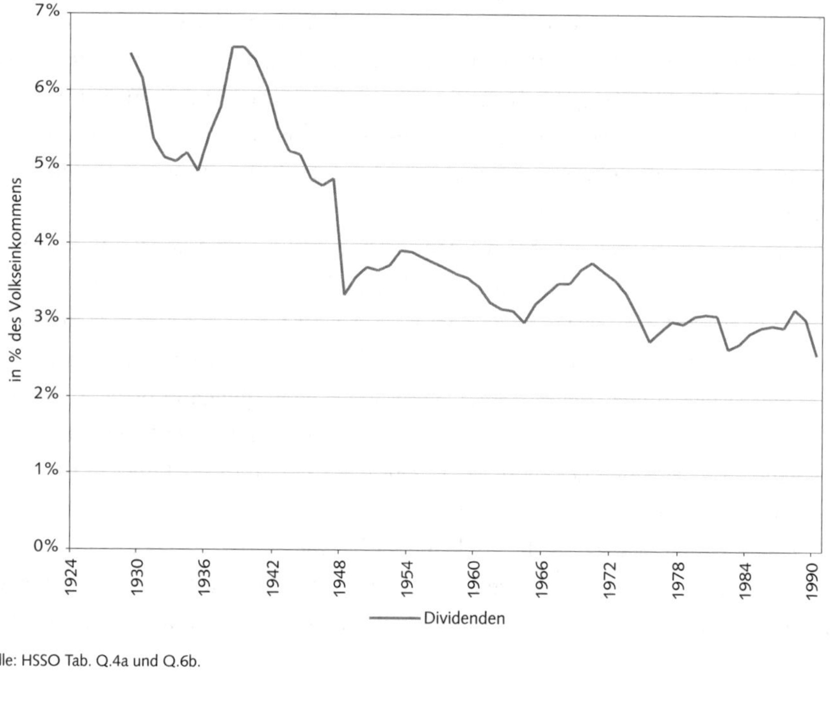

Quelle: HSSO Tab. Q.4a und Q.6b.

56 Lüpold 2010.
57 Boemle 1998.
58 Für die Schweiz: Kartellkommission 1979. Für Deutschland: Jackson 2001; Höpner/Krempel 2003; Beyer 2002.
59 Während der Krise der 1970er Jahre, insbesondere in der Uhren- und der Textilbranche, spielten die wichtigsten Bankinstitute eine aktive Rolle, indem sie die Gewährung von Krediten und Liquidität von Massnahmen zur Restrukturierung der Unternehmen abhängig machten. Siehe Strehle et al. 1987, 136–137; Katzenstein 1985 sowie zur Beteiligung der SBG an der Restrukturierung der Uhrenbranche Gross 2003.

4.1.3.2 Zunehmende Verbreitung der Vinkulierung

Nach der Revision des Aktienrechts von 1936,[60] bei der die traditionellen Grundsätze der Schweizer Corporate Governance bestätigt wurden, zeichnete sich während des Zweiten Weltkriegs eine neue Etappe der Konsolidierung dieses Systems ab. Im Verlauf des Krieges begannen die Schweizer Grossfirmen mit der Vinkulierung der Namenaktien. Damit hatten sie die Möglichkeit, unerwünschte Aktionäre abzulehnen, indem ihnen die Eintragung ins Aktienregister aufgrund ihrer Nationalität oder ohne Angabe von Gründen verweigert wurde. Die Inhaberaktie, die durch ihre freie Übertragbarkeit und durch die Anonymität, die sie ihrem Besitzer verlieh, gekennzeichnet war, dominierte bis in die 1930er Jahre und wurde dann allmählich durch die Namenaktie ersetzt, die es den Firmen ermöglichte, die Identität ihrer Aktionäre zu erfassen.[61] Während in Italien oder in Frankreich Firmen manchmal gezwungen wurden, Namenaktien einzuführen – aus Steuergründen oder weil der Staat darin ein Mittel sah, wirtschaftliche Einflüsse aus dem Ausland abzuwehren –, führten die Schweizer Gesellschaften diese Aktien freiwillig ein.

Diese Massnahme des «selektiven Protektionismus» ist auf drei eng miteinander verbundene Gründe zurückzuführen. Erstens war die Schweizer Industrie stark internationalisiert, ein Prozess, der sich im Verlauf der 1920er und 1930er Jahre verstärkt hatte (→ 2.1.2.3). Obwohl die Kontrolle der Unternehmen vorwiegend in den Händen von Schweizern lag, führte die starke Abhängigkeit von den internationalen Märkten dazu, dass die Insider die Vinkulierung als ein Mittel zur Bekämpfung unfreundlicher Übernahmeversuche durch grosse ausländische Mitbewerber betrachteten. Dies umso mehr, als während des Zweiten Weltkriegs die Gefahr einer Übernahme durch deutsche Firmen (wieder) zu einer echten Bedrohung wurde. In den Jahrzehnten nach dem Krieg nahm dann das amerikanische Kapital diese Rolle ein.

Zweitens war der selektive Protektionismus auch Ausdruck eines Zeitgeistes, der in den 1930er Jahren und während des Zweiten Weltkriegs von Nationalismus oder gar Fremdenfeindlichkeit geprägt war.[62] Hinweise dafür sind die häufigen Bezugnahmen auf das Image eines «echt schweizerischen Unternehmens» oder die immer wieder betonte Notwendigkeit, den nationalen Charakter der Firmen zu bewahren. Die Vorstellung der drohenden «Überfremdung» wurde nicht nur zur Rechtfertigung einer restriktiven Migrationspolitik verwendet, sondern auch zur Legitimierung von Abwehrmassnahmen der Unternehmen.

Drittens sahen sich die Schweizer Unternehmen während des Zweiten Weltkriegs durch die politischen Umstände und den durch das Völkerrecht sowie die ausländischen Gesetzgebungen ausgeübten Druck dazu gezwungen, ausländische Aktionäre abzulehnen. Der von Grossbritannien und den USA geführte Wirtschaftskrieg betraf nämlich

60 Zur Revision des Aktienrechts siehe David et al. 2012, Kap. II.1.
61 Krafft 1963, 18–19.
62 Kury 2003.

auch die neutralen Länder.[63] Die Alliierten interessierten sich unter anderem deshalb besonders für die Nationalität der Aktionäre, weil die Tarninstrumente raffinierter geworden waren.[64] Die Kenntnis der «Endbegünstigten», denen die Aktiven der Gesellschaft gehörten, hatte den Zweck, die Gründung von durch Strohmänner geführten Scheinfirmen zu verhindern. Mit anderen Worten, man ging von der Überlegung aus, dass nicht die Direktoren, sondern die am Gesellschaftsvermögen Berechtigten dieses kontrollierten.[65] So gesehen war die Nationalität eines Unternehmens nicht durch die Verteilung der Stimmrechte bestimmt, sondern durch die Aufteilung des Aktienkapitals. Um den nationalen Charakter einer Gesellschaft garantieren zu können, reichte es daher nicht aus, die Nationalität der Aktionäre zu kennen, sondern die Geschäftsleitung musste auch eingreifen können, um dieses Aktionariat zu ändern. Die Namenaktie bot diese Möglichkeit,[66] wie für die Schweiz die Beispiele von Ciba und Sulzer illustrieren (siehe Kasten).

Die Einführung der Vinkulierung bei Ciba und Sulzer während des Zweiten Weltkriegs[67]

1942 verdoppelte die Ciba, eine der grössten Chemie- und Pharmafirmen der Schweiz, ihr Aktienkapital von 20 auf 40 Millionen Franken. Diese Kapitalerhöhung diente in erster Linie der Einführung vinkulierter Namenaktien, da die Ciba eigentlich kein zusätzliches Kapital benötigte. Sie wollte die Ausgabe der neuen Aktien nutzen, um den Anteil der ausländischen Aktionäre zu beschränken bzw. zu reduzieren. Man rechnete damit, dass sich die Mehrheit von ihnen aufgrund der in mehreren Ländern angewandten Restriktionen im Bereich des Devisentransfers nicht an der Emission beteiligen konnte.

Die Ursache für dieses Vorgehen der Ciba war der Wirtschaftskrieg der Alliierten. 1941 musste das Basler Unternehmen dem britischen und dem US-Konsulat einen Nachweis der Schweizer Identität vorlegen, und bei dieser Gelegenheit wiesen die britischen Direktoren der Ciba darauf hin, dass es nötig sein würde, Namenaktien einzuführen, denn «nothing short of change to fully registered shares will be helpful here». Diese Sichtweise unterstützte

63 Oppikofer 1959; Kläy 1997, 28–32; Cerutti 1999; Credit Suisse Group 2001; König 2001; Uhlig et al. 2001.

64 Kobrak/Wüstenhagen 2006.

65 Oppikofer 1959, 31–40.

66 Die Schweizer Vermögenswerte in den USA wurden im Frühjahr 1941 anlässlich der deutschen Offensiven gesperrt. 1946 wurde die Freigabe der Schweizer Vermögenswerte vereinbart. Der Bundesrat beauftragte die «Schweizerische Verrechnungsstelle» mit der Zertifizierung der freizugebenden Vermögenswerte (Cerutti 1999; Schaufelbuehl 2009). Während des Zertifizierungsprozesses 1947/48 mussten die Schweizer Eigentümer nachweisen, dass die betreffenden Vermögenswerte ihnen wirklich gehörten: Offengelegt werden musste der sog. «ultimate beneficial owner». Diese Problematik betraf nicht nur die Banken, sondern auch Unternehmen sowie Versicherungen, die Beteiligungen in den USA aufwiesen.

67 Dieser Kasten, der auf einer Auswertung der beiden Unternehmensarchive basiert, wird in David et al. 2012 weiter ausgeführt.

auch Jacques Brodbeck, der Sohn des Ciba-Präsidenten, der für das Unternehmen in den USA tätig war. Die Einführung einer Namenaktie war also mit der Notwendigkeit verbunden, sich an die angelsächsischen Gesetze anzupassen, da das Unternehmen grosse Beteiligungen in den USA und in Grossbritannien aufwies. Nach der Emission der neuen Aktien konnte die Ciba 1943 feststellen, dass über 90% ihrer Aktien im Besitz von Schweizer Staatsangehörigen waren. An der Generalversammlung von 1946 kommentierte Ciba-Präsident Max Staehelin – ehemaliger Präsident des SBV, der Hausbank der Ciba – die Politik von 1942 rückblickend mit den folgenden Worten: «Es lag in der Natur der Sache und wurde ausdrücklich vorgesehen, dass die neuen Aktien nur von Schweizern erworben wurden.»[68]

Kurz nach der Einführung von vinkulierten Namenaktien durch die Ciba wandte die Maschinenbaufirma «Gebrüder Sulzer» aus Winterthur im Frühjahr 1943 eine noch radikalere Lösung an: Sie wandelte alle ihre Aktien in vinkulierte Namenaktien um. Die Geschäftsleitung wollte damit einerseits die Eigenkapitalbasis verstärken und andererseits Präventivmassnahmen gegen eine eventuelle Übernahme durch ausländische Interessen treffen und die Kontrolle des Unternehmens in den Händen der Geschäftsleitung bzw. der Familie konzentrieren. In dieser Hinsicht unterschied sich die Situation des Winterthurer Unternehmens ein Stück weit von jener der Ciba, denn für Letztere hatten die USA eine deutlich grössere wirtschaftliche Bedeutung. Obwohl sich der Winterthurer Konzern seit 1943 (und bis März 1944) als Rüstungsfirma auf der britischen Schwarzen Liste befand[69], fürchteten die Direktoren von Sulzer in erster Linie eine Übernahme ihres Unternehmens durch die Deutschen, denen sie 1941 bereits die bedeutende Niederlassung in Ludwigshafen verkauft hatten. Für Ciba und Sulzer galt jedoch gleichermassen, dass die eingeführten Massnahmen den Ausschluss ausländischer Aktionäre, die Stärkung des Einflusses der Insider auf das Unternehmen und die Integration der Schweizer Aktionäre in das Verteidigungsdispositiv zur Folge hatten.

Während der Periode von 1930 bis 1980 lassen sich drei Phasen in der Verbreitung der Vinkulierung unterscheiden (Tabelle 4.1-1). Die erste Phase – wenn man das kurze Intermezzo vom Ende der 1920er Jahre ausser Acht lässt (siehe oben) – hing direkt mit dem Zweiten Weltkrieg zusammen. Während dieser bewegten Zeit wandelten an der Börse kotierte Unternehmen ihre Inhaberaktien in vinkulierte Namenaktien um, um Übernahmen durch – insbesondere deutsche – Konkurrenten zu vermeiden und um ihre Schweizer Nationalität nachzuweisen (siehe Kasten). Während der zweiten

68 *Neue Zürcher Zeitung*, 16.4.1946.
69 Inglin 1991, 172–181.

Phase Anfang der 1950er Jahre ist eine Einführung der Vinkulierung nur sporadisch zu beobachten. Die Bedeutung dieser Zwischenperiode liegt darin, dass einige Firmen wie die Schweizerische Industrie-Gesellschaft (SIG) oder die Maschinenfabrik Oerlikon (MFO) die Vinkulierung nicht zum Nachweis ihrer Nationalität, sondern zur Verteidigung gegen Übernahmen durch Schweizer Konkurrenten (Oerlikon-Bührle oder BBC) anwandten.[70] In der dritten Phase von 1959 bis 1961, die durch die Hochkonjunktur und den Kalten Krieg geprägt war, beschleunigte sich die Verbreitung der vinkulierten Namenaktien. Die multinationalen Unternehmen der Schweiz waren weiterhin vom Wunsch (oder von der Notwendigkeit) getrieben, ihre Nationalität unter Beweis zu stellen; jedoch wurde die Vinkulierung zunehmend zu einem Instrument der Verteidigung gegen unfreundliche Übernahmeversuche, die, wie die Beispiele von AIAG und Nestlé zeigen, von ausländischen ebenso wie von Schweizer Konkurrenten ausgehen konnten.

Tabelle 4.1-1: **Die Einführung vinkulierter Aktien bei Schweizer Firmen seit 1942**

Erste Phase (während und unmittelbar nach dem Zweiten Weltkrieg)	
1942	Ciba
1943	Sulzer
1943	SIP (Société des Instruments de Physique)
1945	Interhandel (ex-I.G. Chemie)
1946	Sandoz
1947	Suchard
Zweite Phase (Anfang der 1950er Jahre)	
1951	SIG (Schweizerische Industrie-Gesellschaft)
1951	MFO (Maschinenfabrik Oerlikon)
1955	SWS (Schweizerische Wagons- und Aufzügefabrik Schlieren)
Dritte Phase (1959–1961)	
1959	AIAG (ab 1963: Alusuisse)
1959	Nestlé
1960	SLM (Schweizerische Lokomotiv- und Maschinenfabrik)
1960	C. F. Bally
1960	Chocolats Tobler
1961	Lindt & Sprüngli

Quelle: Lüpold 2004.

70 Lüpold 2010.

Die 1888 von Investoren aus Deutschland und der Schweiz gegründete AIAG wurde rasch zu einer der grössten Schweizer Firmen, mit Produktionsstätten in Neuhausen am Rheinfall und im Wallis sowie mit Filialen im Ausland. Nach dem Ersten Weltkrieg wurde die Geschäftsleitung der Gesellschaft helvetisiert.[71] Ende der 1950er Jahre, infolge der Schaffung der Europäischen Gemeinschaft für Kohle und Stahl (EGKS) und später der Europäischen Wirtschaftsgemeinschaft (EWG), begannen sich amerikanische Unternehmen für den europäischen Metallsektor zu interessieren. 1958 machte die Geschäftsleitung der AIAG auf diese Gefahr aufmerksam,[72] und an einer ausserordentlichen Generalversammlung wurden die Inhaberaktien in vinkulierte Namenaktien umgewandelt.[73] Der Verwaltungsratspräsident der Gesellschaft, Ernst Wetter, erklärte, der Vorschlag der Geschäftsleitung sei motiviert gewesen durch die kurz zuvor nach erbittertem Kampf erfolgte Übernahme der Firma British Aluminium durch einen amerikanischen Konkurrenten. Obwohl einige Aktionäre ihre Unzufriedenheit äusserten, stimmte die Generalversammlung den Plänen der Geschäftsleitung im Januar 1959 zu.

Im darauffolgenden Jahr führte Nestlé, seinerzeit der grösste multinationale Konzern der Schweiz, die Vinkulierung ein. Aufgrund des ausserordentlichen Umfangs dieser Operation verursachte dieses Vorgehen einigen Aufruhr.[74] Nach der Reform hatte die Geschäftsleitung die Garantie, dass die Mehrheit der Aktien in Zukunft in Schweizer Händen bleiben würde. Mit der Vinkulierung war nämlich die Auflage verbunden, dass die Namenaktien nur von Schweizern erworben werden durften, während die Ausländer sich auf den Kauf der alten Inhaberaktien beschränken mussten. Diese Massnahme war beschlossen worden, nachdem man im März 1957 festgestellt hatte, dass die Zahl der ausländischen Aktionäre stark gestiegen war und zwar insbesondere infolge des Zustroms französischen Kapitals in die Schweiz; auf der Flucht vor der Inflation war ein nicht zu vernachlässigender Anteil dieses Kapitals in Nestlé-Aktien angelegt worden. Die Geschäftsleitung konstatierte, dass «[...] kein Zweifel besteht, dass die vorsichtigen Schätzungen von 1947 hinsichtlich der ausländischen Beteiligung inzwischen deutlich überholt sind. Die verschiedenen Umfragen, die wir nie umfassend durchführen konnten, die jedoch durch die Ansichten von Experten bestätigt werden, zeigen, dass die ausländische Beteiligung stark ist, und dass sie, unter gewissen Gesichtspunkten, gefährlich werden kann.» Die Gefahr betraf insbesondere die

71 Lüpold 2010, 211–212.

72 Siehe Widmer 1969, 46. Wie wir gesehen haben, hat sich die Gesellschaft bereits Ende der 1920er Jahre gegen eine eventuelle Übernahme durch einen amerikanischen Konkurrenten gewehrt, indem sie Aktien mit Mehrfachstimmrechten eingeführt hat. Nach der Abschaffung dieser Aktien in den 1930er Jahren setzte sich das Kapital der AIAG erneut vollständig aus Inhaberaktien zusammen.

73 Neue vinkulierte Namenaktien wurden auch im Rahmen einer Kapitalerhöhung ausgegeben (*Neue Zürcher Zeitung*, 30.1.1959). Siehe dazu Knöpfli 2010, 62–63.

74 Mit einer Kapitalerhöhung um 130.4 Mio. Franken steigerte Nestlé ihr Gesellschaftskapital von 65.2 Mio. auf 195.6 Mio. Franken. Zu den 652 000 Inhaberaktien mit einem Nennwert von 100 Franken kamen 1 304 000 neue vinkulierte Namenaktien mit demselben Nennwert. Ein Drittel der Aktien war somit frei übertragbar und zwei Drittel unterlagen der Vinkulierung.

«Sicherheitspolitik» von Nestlé.[75] Das Unternehmen hatte nämlich 1936 einen Notfallplan ausgearbeitet, der die Weiterführung der internationalen Aktivitäten des Konzerns im Fall von Konflikten sicherstellen sollte.[76] Der Nachweis der Schweizer Nationalität des Unternehmens war wichtig, damit die Bundesbehörden «den nationalen Charakter in der Schweiz und eventuell auch im Ausland garantieren und schützen können und wollen».[77] Kurz gesagt, präsentierte sich das Dilemma von Nestlé wie folgt: Die Aktie hatte den Ruf, ein sicherer und solider Titel zu sein, was ausländische Anleger anzog. Indem sie Aktien erwarben, gefährdeten sie jedoch die Neutralität des Unternehmens. Daher wurden die vinkulierten Namenaktien eingeführt, was die Generalversammlung von Nestlé ohne grösseren Widerstand akzeptierte.

Mit dem Aufkommen der vinkulierten Namenaktie nahm eine wesentliche Säule des Schweizer Corporate-Governance-Systems Form an. Sie wurde jedoch Ende der 1950er Jahre durch einen Entscheid des Bundesgerichts in Frage gestellt, der die Banken und die Unternehmen dazu veranlasste, 1961 eine Selbstregulierungsvereinbarung zum Schutz dieser Praxis abzuschliessen.

4.1.3.3 Das Gentlemen's Agreement von 1961: die Reaktion der Wirtschaftseliten auf die Bedrohung der Vinkulierung

Der Entscheid des Bundesgerichts zur «Spaltung der Rechte von Namenaktien» stellte 1957 die Einschränkungen der Übertragbarkeit von Aktien in Frage. Laut dem Bundesgerichtsentscheid konnte ein Erwerber von vinkulierten Namenaktien Eigentümer der Vermögensrechte aus dieser Aktie (insbesondere des Anrechts auf die Dividende) werden, selbst wenn er die statutarischen Bedingungen des Unternehmens nicht erfüllte; er konnte hingegen nicht ins Aktienregister eingetragen werden und blieb somit von den Mitgliedschaftsrechten (insbesondere Stimmrecht und Recht zur Stellung von Anträgen an die Generalversammlung) ausgeschlossen. Der Entscheid barg das Risiko immer grösserer Beteiligungen ausländischer Aktionäre an Schweizer Firmen. Als präventive Massnahme gegen diese Gefahr verabschiedeten die Schweizerische Bankiervereinigung und die wichtigsten Unternehmen 1961 ein «Abkommen

75 Ein Beweis für die Bedeutung, welche die Sicherheitspolitik beim Entscheid von Nestlé, vinkulierte Namenaktien einzuführen, spielte, war bereits die Tatsache, dass das Unternehmen aus Vevey sich die Mühe machte, die Bundesbehörden über die geplante Operation zu informieren. Die Geschäftsleitung erklärte dem Bundesrat, dass sie den zunehmenden Erwerb von Aktien durch ausländische Anleger im Interesse ihrer Sicherheitspolitik einschränken und langfristig die Infiltrierung amerikanischer Konkurrenten verhindern wollte. Bundesrat Max Petitpierre, zukünftiges Mitglied des Verwaltungsrats von Nestlé, sandte wenig später einen Brief an die Geschäftsleitung des Konzerns, in dem er ihr versicherte, dass der Nachweis eines «überwiegenden Schweizer Interesses» (d.h. einer Mehrheit von Schweizer Aktionären) ausreiche, um den Sitztransfer und den diplomatischen Schutz zu gewährleisten.

76 Andere Industriefirmen wie Ciba oder aber Versicherungen führten ähnliche Pläne ein (siehe Lüpold 2003).

77 Archives Historiques Nestlé (AHN), Secrétariat Direction Générale, Verwaltungsrat, Dossier für die Sitzung vom 13.3.1959, Trakt. 3.

über die Übertragung vinkulierter Namenaktien», in der die Handelbarkeit dieser Aktien kodifiziert wurde.[78]

In diesem Abkommen verpflichteten sich die Banken trotz einiger Vorbehalte, «im Namen des übergeordneten nationalen Interesses» Kaufaufträge von Personen, welche die statutarischen Bedingungen der Gesellschaften nicht erfüllten, gar nicht erst auszuführen. So garantierten sie den Schweizer Firmen die Kontrolle über die Zusammensetzung ihres Aktionariats. Im Gegenzug versprachen die Unternehmen, den Banken regelmässig die für den Erwerb ihrer Aktien geltenden Bedingungen mitzuteilen.

Am Abkommen von 1961, das die Lücken der gesetzlichen Bestimmungen zur Vinkulierung füllte, wird die Bedeutung dieses Instruments für das Corporate-Governance-System in der Schweiz deutlich. Dabei ist hervorzuheben, dass der Abschluss dieser Vereinbarung nicht ohne Reibungen innerhalb der Wirtschaft zustande kam: Die Banken hatten die Vinkulierung eher widerwillig akzeptiert, und die Industrie kritisierte die negative Haltung der Banken gegenüber der verbreiteten Anwendung dieser Praxis. Liest man die Vereinbarung jedoch genau, so zeigt sich, dass keine der Parteien benachteiligt wurde. Die Industrieunternehmen erhielten Garantien für das Funktionieren der Vinkulierung und zeigten sich über die Lösung des Problems der Spaltung der Aktienrechte zufrieden. Die Banken wiederum erhielten Konzessionen zugunsten ihrer Kundschaft: Ihre Absicht war dabei nicht nur, die Industrie zu unterstützen, sondern auch die Verbreitung der vinkulierten Namenaktien zu beschränken, da für gewisse Banken das Vermögensverwaltungsgeschäft für ausländische Kunden seit dem Kriegsende eine nicht zu vernachlässigende Bedeutung angenommen hatte (→ 2.2.2). Das Gentlemen's Agreement hatte zur Folge, dass die Industrieunternehmen und Versicherungen nun für eine effiziente Anwendung der Vinkulierung von den Banken abhängig waren. Letztere waren also zu Garanten dieses Instruments des selektiven Protektionismus geworden und trugen damit entscheidend zum Erhalt des traditionellen Corporate-Governance-Systems bei.

Neben dem Schutz der Firmen vor den sehr spezifischen Gefahren ausländischer Einflüsse und Beteiligungen erlaubte das Abkommen von 1961 auch die Blockade der parlamentarischen Diskussionen über eine Revision des Aktienrechts. In der Folge bezogen sich die Banken nämlich auf dieses Gentlemen's Agreement, um eine solche Revision abzulehnen. So richtete die SBVg am 30. Januar 1968 ein Schreiben an Bundesrat von Moos, in dem sie betonte, eine Gesetzesreform sei aufgrund der Effizienz der Selbstregulierung überflüssig:

> «Einem guten schweizerischen Grundsatz entsprechend soll über Fragen nicht legiferiert werden, für die auf freiwilligem Wege Lösungen getroffen werden. […] Die Banken – und wie ich weiss auch die übrigen Wirtschaftskreise – sind sicher immer bereit, denjenigen Beitrag an freiwillige Lösungen zu leisten, der von ihnen gerechter Weise erwartet werden darf. Wir wissen zu gut, dass Gesetzesmass-

78 Veröffentlicht in Dufour/Hertig 1990, 789–790.

nahmen in der Regel der Nachteil anhaftet, dass sie den vielfältigen Formen des Wirtschaftslebens nur ungenügend Rechnung tragen können und sich nur schwer an veränderte Verhältnisse anpassen lassen.»[79]

In diesem Schreiben unterstrich die SBVg die Effizienz der Selbstregulierung in den Bereichen der Vinkulierung (illustriert durch das Gentlemen's Agreement von 1961), der Stimmrechtsvertretung durch die Banken (die in einer Richtlinie der SBVg von 1967 geregelt wurde) sowie der Transparenz.[80] Das Abkommen von 1961 blieb mit einer leichten Änderung im Jahr 1989[81] bis zur Verabschiedung des neuen Aktienrechts im Jahr 1991 in Kraft.

4.1.4 Infragestellung des traditionellen Modells (1980–2000)

Von den ersten Jahrzehnten des 20. Jahrhunderts bis Mitte der 1980er Jahre wies die Corporate Governance in der Schweiz vier hauptsächliche Eigenschaften auf: den hohen Grad an Zusammenhalt der Eliten, der durch ein dichtes Unternehmensnetzwerk gekennzeichnet war, in dem die Banken eine vorherrschende Rolle spielten; eine starke Machtkonzentration in den Händen der Insider bei gleichzeitiger Marginalisierung der (ausländischen und Schweizer) Minderheitsaktionäre sowie der Angestellten; das Bestehen von Instrumenten des selektiven Protektionismus, insbesondere der Vinkulierung, die den bestehenden Eigentümern ermöglichte, die Kontrolle über ihr Unternehmen zu bewahren; und schliesslich die grosse Bedeutung privater Selbstregulierungsmechanismen.

Ab Mitte der 1970er Jahre erhöhte die zunehmende Liberalisierung der Märkte und die immer ausgeprägtere Internationalisierung der Schweizer Grossfirmen den Druck auf Letztere, sich den internationalen Finanzpraktiken anzupassen. Dieses Umfeld begünstigte während des folgenden Jahrzehnts das Aufkommen von Raidern, die Etablierung institutioneller Investoren sowie den wachsenden Einfluss von neuen «Transparenzunternehmern» wie Finanzanalysten, Wirtschaftsprüfern und Ratingagenturen. Unter dem Einfluss der internationalen Märkte und dieser neuen inländischen Akteure begannen die wichtigsten Schweizer Firmen, ihre Praktiken grundlegend zu ändern: Die schrumpfende Bedeutung der Vinkulierung, die wachsende Transparenz der Unternehmen, der zunehmende Rückgriff auf die Finanzmärkte sowie die Abnahme der Verflechtungen zwischen den Firmen kennzeichneten das Aufkommen einer neuen Form der Corporate Governance, die auf eine bessere Berücksichtigung der Interessen der (Klein-)Aktionäre ausgerichtet war. So griffen die Unternehmen immer weniger auf die traditionellen Abwehrmassnahmen der «Alpenfestung» zurück und unterlagen zunehmend dem Druck der Börsen.[82]

79 Bundesarchiv (BAR): Schreiben der SBVg an L. von Moos, E 4110 (B); 1989/197; Vol. 34.
80 Zirkular der SBVg von 1964, siehe Mach et al. 2007 zu diesen beiden letzten Bestimmungen.
81 Dufour/Hertig 1990, 793–795.
82 Für weitere Informationen siehe David et al. 2012.

4.1.4.1 Die Bedrohung durch öffentliche Übernahmeangebote: Aufkommen einer neuen Art von Investoren

Die ersten Anzeichen einer Destabilisierung des «Schweizer Modells» der Corporate Governance gingen mit der Gefahr von unfreundlichen Übernahmen einher, wie sie Ende der 1970er Jahre aufkamen. Bis zu diesem Zeitpunkt waren unfreundliche öffentliche Übernahmeangebote in der Schweiz nicht bekannt. Eine der ersten erfolgreichen öffentlichen Übernahmen war diejenige des Schuhhersteller Bally durch den Financier Werner K. Rey im Jahr 1977. Allerdings blieb diese Episode ein isoliertes Ereignis, und es dauerte noch fast zehn Jahre, bis mehrere Übernahmeversuche gegenüber Schweizer Firmen erfolgten.[83] Trotz bestehender protektionistischer Massnahmen wie der Vinkulierung waren diese Unternehmen besonders attraktiv für die Raider: Einerseits war ein Grossteil von ihnen aufgrund der geringen Liquidität ihrer Titel, der bedeutenden stillen Reserven und der vinkulierten Namenaktien an der Börse unterbewertet, andererseits gab es keine Verpflichtung für Investoren, Beteiligungen an einem Unternehmen, die eine gewisse Schwelle überschritten, bekannt zu geben. So konnten wesentliche Anteile einer Gesellschaft erworben werden, ohne dass deren Geschäftsleitung darüber informiert war.

Die Übernahmeversuche lösten in einer ersten Phase beim wirtschaftlichen Establishment sehr negative Reaktionen aus. Im Gegensatz zu den USA, wo die während der 1980er Jahre sehr zahlreichen unfreundlichen Übernahmen oft als ein Mechanismus der Unternehmenskontrolle durch den Markt betrachtet wurden, mit dem ein schlechtes Management diszipliniert und – gegebenenfalls – sanktioniert werden konnte, wurden die Übernahmeangebote in der Schweiz als ein gefährliches Phänomen verstanden, sowohl für die Firmen selbst wie auch für die Wirtschaft im Allgemeinen.[84] Die unfreundliche Übernahme eines Konzerns verstiess nämlich gegen den starken Zusammenhalt, der unter der Wirtschaftselite vorherrschte. So vertrat ein Jurist zu Beginn der 1990er Jahre die Ansicht, dass «[...] ein unfreundliches Übernahmeangebot als Angriff auf die etablierte Wirtschaftsordnung betrachtet würde. Selbst im Fall eines Erfolgs würde sich der ‹Raider› einem Boykott oder zumindest einer Marginalisierung von Seiten des sehr zentralisierten ‹Establishments› aussetzen und damit Gefahr laufen, zu einem besonders heiklen Zeitpunkt – in der Phase der Verdauung seiner Beute – gelähmt zu werden.»[85] Der Widerstand einer grossen Mehrheit der politischen und wirtschaftlichen Eliten der Schweiz führte 1989 zur Verabschiedung des Übernahmekodex durch die Vereinigung der Schweizer Börsen (VSB). Dieser Kodex bezweckte nicht nur eine Regulierung der Übernahmen im Interesse der

83 Zwei Fälle machten hier Schlagzeilen: Der Kauf des Unternehmens Ateliers de Charmilles SA durch die Investitionsgesellschaft Incentive Investment des Financiers René Braginsky und das unfreundliche Übernahmeangebot des Denner-Chefs Karl Schweri an die Usego-Trimerco Holding AG (UTH) (siehe Steinmann 1989; Kaiser/Meier 2007, 33–34).

84 Steinmann 1989.

85 Peter 1990, 154.

Minderheitsaktionäre (Gleichbehandlung), sondern auch – und vor allem – einer Erschwerung der Übernahmen. Infolge der Annahme des Kodex ging die Zahl der unfreundlichen Übernahmen zurück.[86]

Obwohl während der 1980er Jahre nur wenigen dieser unfreundlichen Übernahmeversuche Erfolg beschieden war, ist ihr Einfluss auf die Corporate Governance nicht zu unterschätzen. Das Aufkommen dieser neuen Art von Investoren schwächte die traditionellen Verteidigungsinstrumente der Geschäftsleitungen, da es ihre Ineffizienz und ihre mangelnde Eignung für das neue Wirtschaftsumfeld ans Licht brachte. Die Schweizer *corporate raiders*[87] trugen somit in den 1980er Jahren massgeblich dazu bei, das traditionelle Corporate-Governance-System zu destabilisieren. Als Fortsetzung der Methoden der ersten Raider hatten die Strategien von Martin Ebner im folgenden Jahrzehnt beträchtliche Auswirkungen.

Mitte der 1980er Jahre gründete Ebner die BZ Bank und in der Folge ihre verschiedenen, «Visionen» genannten Investitionsgesellschaften. Er spielte rasch eine wesentliche Rolle in der Schweizer Wirtschaft und bei der Metamorphose der Corporate Governance, da er eine neue Form von Aktionären verkörperte. Über seine Investitionsgesellschaften ging er bedeutende Beteiligungen an Schweizer Grosskonzernen ein – Schweizerische Bankgesellschaft (SBG), Asea Brown Boveri (ABB), Algroup, Roche u.a. – und forderte daraufhin von ihrer jeweiligen Geschäftsleitung einen Strategiewechsel, der auf der Steigerung des Shareholder Value der Unternehmen basierte.[88] Man kann ohne Übertreibung sagen, dass Martin Ebner im Laufe der 1990er Jahre in der Schweiz eine neue Denkweise prägte und eine neue Art, «Geschäfte zu machen», die zu grossen Diskussionen Anlass gab.[89] Im Gegensatz zu den USA[90] hatten die anderen institutionellen Investoren – insbesondere die Pensionskassen, Anlagefonds und Versicherungen – keinen Einfluss auf die Geschäftspraktiken der Firmen, obwohl ihre wirtschaftliche Bedeutung während der 1990er Jahre laufend zunahm.[91]

86 Mach et al. 2007.

87 Der in den USA verwendete Begriff *corporate raider* («Unternehmensplünderer», in deutschsprachigen Medien oft mit «Heuschrecke» wiedergegeben) spricht für sich: Damit wird ein Investor bezeichnet, der seine Unternehmensbeteiligung aus rein finanziellen Motiven eingeht. Diese Investoren wenden oft sehr aggressive Methoden an und kümmern sich in der Regel nicht um die Zukunft des Unternehmens. So gibt es zum Beispiel beim Verkauf eines Unternehmens die Technik des *asset stripping*, des Verkaufs in einzelnen Teilen (Maschinen, Immobilien), um damit einen Ertrag zu erzielen, der über dem Kaufpreis des Unternehmens an der Börse liegt.

88 Becher 1996; FTMH 1999. Zum Konzept des Shareholder Value siehe Lazonick/O'Sullivan 2000.

89 Loderer/Zgraggen (1999, 101) fassten seine Rolle wie folgt zusammen: «Bis vor kurzem wurde die Schweizer Wirtschaft von Kartellen mit eng miteinander verflochtenen Verwaltungsräten dominiert. Unfreundliche Übernahmen waren praktisch unbekannt, und die Kritik des Managements durch Aktionäre war höchst unüblich und wurde keineswegs geschätzt. Die Tätigkeiten Martin Ebners hatten den Verdienst, die öffentlichen Diskussionen über Aktionärsrechte und Aktionärsaktivismus anzuregen. Ausserdem haben sie dazu beigetragen, den Aktionärswert zu einem politisch korrekten Ziel für Unternehmen zu machen und die Akzeptanz von Kritik des Managements durch Aktionäre zu fördern.»

90 Useem 1996.

91 Die verwalteten Vermögen der institutionellen Investoren nahmen während dieses Jahrzehnts stark zu. Verlässliche Zahlen sind selten, doch Spillmann (2004) schätzt, dass sich diese Vermögenswerte zwi-

Ihre Passivität erklärt sich vor allem durch die häufigen Kontakte mit den Geschäftsleitungen der Firmen, in die sie investierten. Dies trifft insbesondere für die privaten Pensionskassen zu: Obwohl sie formell unabhängig waren, setzten sich ihre Führungsorgane – neben den Arbeitnehmervertretern – vorwiegend aus Geschäftsleitungsmitgliedern anderer ins Netzwerk eingebundener Firmen zusammen. Diese Situation schränkte den Handlungsspielraum der Pensionskassen bei der Ausübung ihrer Stimmrechte ein.[92] Mit der von den öffentlichen Pensionskassen initiierten Gründung der Stiftung *Ethos* im Jahr 1997 veränderte sich die Lage zu Beginn des 21. Jahrhunderts etwas. Diese Stiftung verfolgte den Zweck, in Unternehmen zu investieren, die ökologische und soziale Kriterien erfüllten. Sie begann rasch, die Stimmrechte der Pensionskassen, deren Vermögen sie verwaltete, aktiv auszuüben. Im Jahr 2005 kümmerte sie sich um die Vermögen von rund 80 Pensionskassen mit Anlagen im Wert von insgesamt rund 1 Mrd. Franken. Die Stiftung verteidigte auch die Grundsätze einer «guten Corporate Governance» und war bestrebt, diese Prinzipien bei Generalversammlungen durchzusetzen. Ausserdem veröffentlichte sie von 2002 an einen jährlichen Bericht zur Corporate Governance der 100 grössten an der Schweizer Börse kotierten Aktiengesellschaften. Mit dieser Publikation versuchte man, Druck auf die Firmen auszuüben, um sie zu veranlassen, die Interessen der Aktionäre stärker zu respektieren.[93]

4.1.4.2 Wandel der Banktätigkeiten und Druck der Börsen

Die Destabilisierung des traditionellen Schweizer Corporate-Governance-Modells erklärt sich auch durch einen Wandel der Praktiken bei zentralen Akteuren, insbesondere bei den Banken. Ab den 1980er Jahren richteten die Schweizer Finanzinstitute ihre Strategien neu aus, eine Entwicklung, die auch in Bezug auf andere Industrieländer festgestellt werden kann.[94] Zwei Faktoren verursachten diese Neuorientierung: einerseits die wachsende Bedeutung der internationalen Finanzmärkte und die grossen Ertragschancen in diesem Sektor, andererseits die zunehmende Konkurrenz der Banken untereinander, vor allem auf internationaler Ebene.[95]

Mit der Liberalisierung der Finanzmärkte ergaben sich neue Ertragsmöglichkeiten für die Banken. Daher konzentrierten sie ihre Tätigkeiten zunehmend auf die Börsen (Börseneinführung, Fusionen und Übernahmen, Anlagefonds, Investment Banking)

schen 1992 und 2000 (von 288.1 Mrd. US-Dollar auf 603.1 Mrd. US-Dollar) mehr als verdoppelten. Die Hälfte dieser Vermögenswerte wurde von den Pensionskassen verwaltet (Spillmann 2004). Die Höhe der Zahlen erklärt sich durch das Bestehen der sogenannten zweiten Säule des Vorsorgesystems, die 1985 obligatorisch wurde (→ 4.3.2.3).

92 So meinte ein leitendes Mitglied einer Pensionskasse: «Wenn beispielsweise die Pensionskasse von Nestlé versucht, gegen den Verwaltungsrat der CS Group zu stimmen, bekommt Nestlé als Unternehmen möglicherweise Probleme. Es gibt Interessenkonflikte. So kann die CS Group der Nestlé beispielsweise Kredite verweigern.» (Interview mit Christoph Auckenthaler, in: *Schweizerische Handelszeitung*, 16.5.2001).

93 David et al. 2012.

94 Davis/Mizruchi 1999 für die USA und Beyer 2002 für Deutschland.

95 Für weitere Erläuterungen siehe Schnyder et al. 2005.

sowie auf die Vermögensverwaltung, die hohe Gewinnmargen versprach, und zogen sich aus dem traditionellen Kreditgeschäft zurück (→ 2.2.2.5). Dadurch kam es zur zunehmenden Handelbarkeit von Schulden, namentlich von Krediten, aber auch zu einer Umwandlung von Krediten, die durch die Ausgabe von Wertpapieren (Obligationen oder Aktien) ersetzt wurden. Dieser Wandel der Finanzintermediation führte dazu, dass die Schweizer Banken sich zunehmend wie Broker und Marktoperateure verhielten und nicht wie traditionelle Kreditinstitute.[96] Für die Banken war die Gewährung von Krediten weit weniger attraktiv als früher, da die Handels- und Börsentätigkeiten immer höhere Erträge generierten.[97] Die strategische Neuausrichtung spiegelt sich in der Erfolgsrechnung der Banken wider: Ab Mitte der 1970er Jahre wuchs der Anteil an Erträgen, die mit den Finanzmarktgeschäften verbunden waren (Dienstleistungen und Kommissionen, Erträge aus der Handelstätigkeit), während der Anteil der Erträge aus dem Kreditgeschäft (Zinserträge) stark zurückging (Grafik 4.1-4). Diese Neuorientierung ist wiederum keine Besonderheit der Schweiz, sondern entspricht einer allgemeinen Entwicklungstendenz im internationalen Bankengeschäft.[98]

Grafik 4.1-4: **Ertragsentwicklung der Schweizer Banken (1955–2002)**

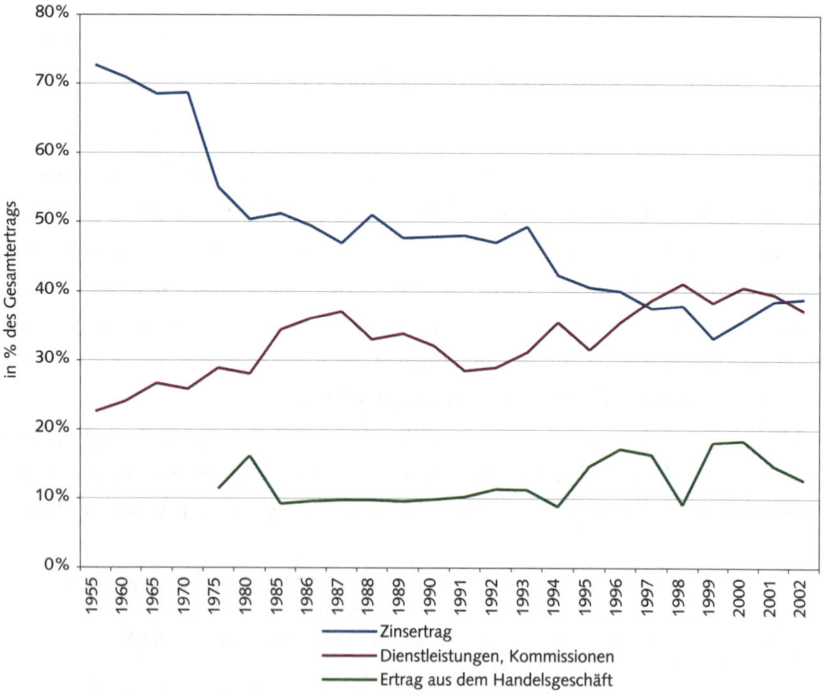

Quelle: SNB, Die Banken in der Schweiz (diverse Jahre).

96 Rogge 1997.
97 Plihon 1999.
98 Für die Vereinigten Staaten siehe Davis/Mizruchi 1999, 220.

Die europäische Integration und insbesondere die zunehmende Deregulierung nach der Schaffung eines europäischen Binnenmarkts zwangen die Schweizer Banken, eine kritische Grösse zu erlangen, um international wettbewerbsfähig zu bleiben bzw. um als Global Players zu agieren. Das interne Wachstum reichte nicht mehr aus, Fusionen und Übernahmen sowie Allianzen waren daher die zentrale Stossrichtung der neuen Bankstrategien.[99] Durch den Erwerb ausländischer Banken[100] begannen die Schweizer Grossbanken ab Ende der 1980er Jahre, ihr Anlagegeschäft *(Asset Management)* auszubauen (→ 2.2.2.5). So wurden sie zu bedeutenden Akteuren in den Bereichen der Derivate und des Investment Banking. Zwar waren sie in einigen dieser Bereiche schon lange tätig (insbesondere mit der Emission von Wertschriften), neu war in den 1980er und 1990er Jahren jedoch, dass das Auslandsgeschäft allmählich den Vorrang über die Tätigkeit in der Schweiz gewann.[101]

4.1.4.3 Vermehrte Ausrichtung an den Aktionärsinteressen

Ab den 1980er Jahren verbreiteten sich in den Schweizer Unternehmen neue Praktiken, die eine stärkere Berücksichtigung der Aktionärsinteressen bezweckten. Verschiedene Indikatoren illustrieren diese Neuausrichtung, darunter die wachsende Rolle der Börse bei der Finanzierung und der Evaluation von Unternehmen oder die Vereinfachung der Kapitalstruktur.[102]

Das traditionelle Corporate-Governance-System ging einher mit einer bestimmten Form, die Unternehmenstätigkeit zu finanzieren. Bis in die 1980er Jahre basierte die Finanzierung der Schweizer Firmen in der Regel auf folgenden Elementen:[103] Priorität der Selbstfinanzierung, beschränkte Aufnahme von Bankkrediten und geringe Bedeutung der Finanzierung über die Finanzmärkte (Aktienemission). Diese Finanzierungsweise führte zu einer weitgehenden Unabhängigkeit der Schweizer Konzerne von den Finanzmärkten, was wesentliche Auswirkungen auf die – restriktiven – Praktiken der Unternehmen hinsichtlich des Schutzes von Minderheitsaktionären und der Transparenz hatte und den Erhalt der Machtkonzentration innerhalb der Firmen förderte. Mitte der 1980er Jahre begannen sich die Unternehmen jedoch zuneh-

99 Schaub 1992, 243.

100 Ab Ende der 1980er Jahre kauften die Schweizer Grossbanken verschiedene auf Börsentätigkeiten spezialisierte amerikanische Institute oder übernahmen deren Kontrolle (Morrison/Wilhelm 2007).

101 Ein weiterer Faktor trug zur Internationalisierung der Aktivitäten der Grossbanken bei: Vom Anfang des 20. Jahrhunderts und bis zum Anfang der 1990er Jahre hatten sie die Konkurrenz bei gewissen Arten von Finanzaktivitäten durch Richtlinien, Empfehlungen und Vereinbarungen (Konventionen) eingeschränkt. Unter dem Druck der Kartellkommission verzichteten die Banken zunehmend auf diese kartellartigen Praktiken. Der Wettbewerb auf dem Binnenmarkt nahm zu, was die Margen der Banken verringerte und sie veranlasste, ihre Tätigkeiten auf die ausländischen Märkte auszurichten (Mazbouri 2005; Schluep/Corazza 1988, 406–408; Winzeler 2002, 642).

102 Weitere Indikatoren belegen diese Entwicklung: eine grössere Transparenz in der Buchführung der Unternehmen, eine höhere Priorität der Aktionäre bei der Gewinnverteilung sowie Massnahmen zur Restrukturierung und zur Reduktion der Kosten. Siehe David et al. 2012.

103 Boemle 2003, 906.

mend auf die Finanzmärkte hin auszurichten, und die Bedeutung der zurückbehaltenen Gewinne oder der Bankkredite nahm ab. Dieser Wandel wird durch die beeindruckende Entwicklung der Börsenkapitalisierung seit 1980 illustriert (Tabelle 4.1-2).

Tabelle 4.1-2: **Entwicklung der Börsenkapitalisierung in der Schweiz (in Milliarden Franken und in % des BIP) (1980–2005)**

	1980	1985	1990	1995	1996	1997	1998	1999	2000	2001	2002	2003	2004	2005
Mrd. CHF	76	175	212	458	540	839	963	1 110	1 283	1 039	764	899	939	1 237
% des BIP				126	144	220	247	279	309	246	177	207	210	272

Quelle: Meier/Sigrist 2006, 225.
Bemerkung: 1995 und früher ausschliesslich Zürcher Börse.

Dass zunehmend auf die Finanzmärkte zurückgegriffen wurde, erklärt sich durch mehrere Faktoren. O'Sullivan erwähnt drei, die ihm für die Industrieländer besonders relevant scheinen:[104] 1. Kapitalbedarf (Aktienemission); 2. besondere Bedeutung der Aktie als «Austauschwährung» bei Fusionen und Übernahmen, die in den letzten beiden Jahrzehnten des 20. Jahrhunderts aufgrund der Expansion der Unternehmen im Ausland stark zugenommen haben;[105] 3. zunehmende Bedeutung der Aktien im Vergütungssystem der Unternehmen. Da ein wachsender Anteil der Entschädigungen (insbesondere der Kader) an die Börsenentwicklung des Unternehmens gekoppelt und somit in Aktien oder in Optionen ausbezahlt wurde, war es für die Firma unabdingbar, Aktien auszugeben.

Diese international relevanten Faktoren gelten auch in Bezug auf die Schweiz. So nahm der Finanzierungsbedarf durch die Börse stark zu, da die Rezession Mitte der 1970er Jahre das Eigenkapital zahlreicher Schweizer Firmen zum Schmelzen gebracht hatte. Dieser Rückgang an Eigenkapital verbunden mit einer Zunahme des Fremdkapitals, stellte aufgrund der Zinsschwankungen ein zusätzliches Risiko dar. Er hatte zur Folge, dass die Banken den Unternehmen weniger günstige Kreditbedingungen gewährten (höhere Zinssätze), da die Kreditwürdigkeit einer Firma massgeblich von ihrem Eigenkapital bestimmt wurde. Um am Konjunkturaufschwung der 1980er Jahre teilhaben zu können, brauchten viele Gesellschaften neues Eigenkapital.[106] Das bevorzugte Mittel für die Beschaffung dieses Kapitals war es, durch Aktienemissionen auf die Finanzmärkte zurückzugreifen.[107]

104 O'Sullivan 2003.
105 Immer mehr Übernahmen werden nicht mehr in Cash bezahlt, sondern durch Aktien-Swaps (Austausch der Aktie des übernommenen Unternehmens gegen Aktien der übernehmenden Gesellschaft).
106 Rogge 1997.
107 Da systematische Daten fehlen, kann die Beteiligung ausländischer Aktionäre an den 100 grössten Schweizer Firmen leider nicht genau bestimmt werden. Auf der Grundlage nichtveröffentlichter Daten der Schweizerischen Nationalbank schätzte Urs Birchler, dass Mitte der 1990er Jahre ausländische

Die Fusionen und Übernahmen, die aufgrund der Internationalisierung der Schweizer Firmen ab Mitte der 1980er Jahre stark zunahmen, beschleunigten den Rückgriff auf die Börsen. Für viele Firmen war es inzwischen unabdingbar, eine gewisse Grösse zu erlangen und auf den ausländischen Märkten präsent zu sein, um zu überleben.[108] Die geographische Diversifizierung erfolgte meist durch Übernahmen im Ausland. Um die dafür nötigen Transaktionen zu finanzieren, brauchten die Unternehmen ebenfalls neue Mittel, und die Aktienemissionen waren dabei wiederum die bevorzugte Finanzierungsquelle.[109]

Neben der wachsenden Rolle der Börse bei der Finanzierung und der Evaluation der Unternehmen sind die Entwicklung der Kapitalstruktur und die Zusammensetzung des Aktionariats der jeweiligen Firmen weitere Indikatoren, welche die zunehmende Ausrichtung auf den Shareholder Value illustrieren. Obwohl sich die Finanzierung der Gesellschaften veränderte und diese zunehmend auf die Börsen ausgerichtet waren, behielten die bestehenden Aktionäre dank der traditionellen protektionistischen Instrumente zu Beginn der 1990er Jahre oft die Kontrolle über «ihr» Unternehmen. Da diese Instrumente jedoch zu einer Unterbewertung der Firmen führten, waren die Aktionäre vermehrt gezwungen, Lösungen zu finden, um den Börsenwert der Unternehmen zu steigern. So ersetzte eine wachsende Zahl von Unternehmen ihre komplexe Kapitalstruktur (oftmals mit vinkulierten Namenaktien, Inhaberaktien und Partizipationsscheinen) durch eine Einheitsaktie (Grafik 4.1-5). 1997 hatte mehr als die Hälfte der an der Börse kotierten Konzerne eine vereinfachte Kapitalstruktur angenommen, und eine nicht geringe Zahl hatte die Vinkulierung aufgegeben. Nur noch 10 % der kotierten Gesellschaften wiesen stimmrechtslose Aktien (Partizipationsscheine) auf. Ausserdem passten die Schweizer Unternehmen auch ihre Rechnungslegungspraxis an und übernahmen die internationalen Standards IAS oder US-GAAP,[110] um die internationalen Investoren zufriedenzustellen, die eine gewisse Transparenz verlangten.

Investoren rund einen Drittel der Aktien von Schweizer Firmen besassen (siehe Birchler 1995). Man kann sich vorstellen, dass dieser Anteil seither stark gestiegen ist.

108 Bank Bär 1991.

109 Der dritte von O'Sullivan (2003) erwähnte Faktor – die Verwendung von Aktien für die Vergütung der Angestellten – spielte in der Schweiz eine weniger wichtige Rolle. Optionsprogramme und andere Formen von performanceabhängigen Vergütungen fanden in der Schweiz erst ab der zweiten Hälfte der 1990er Jahre allgemeine Verbreitung.

110 Diese Normen wurden durch das International Accounting Standard Committee in London erarbeitet. Im Februar 2001 wurde der Hauptsitz nach Delaware verschoben und die IAS-Normen von da an International Financial Reporting Standards (IFRS) genannt. Die US-GAAP (General Accepted Accounting Principles) sind eigentlich keine internationalen Normen, sondern sie wurden von der US-Behörde Financial Accounting Standard Board erarbeitet und von der Aufsichtsbehörde der US-Börse Securities and Exchange Commission (SEC) anerkannt. Sie sind für die an US-Börsen kotierten Unternehmen obligatorisch und haben aufgrund der herausragenden Bedeutung des Finanzplatzes New York auch eine wichtige Stellung auf internationaler Ebene erlangt.

Grafik 4.1-5: **Wandel der Kapitalstruktur der börsenkotierten Unternehmen (1989–1997)**

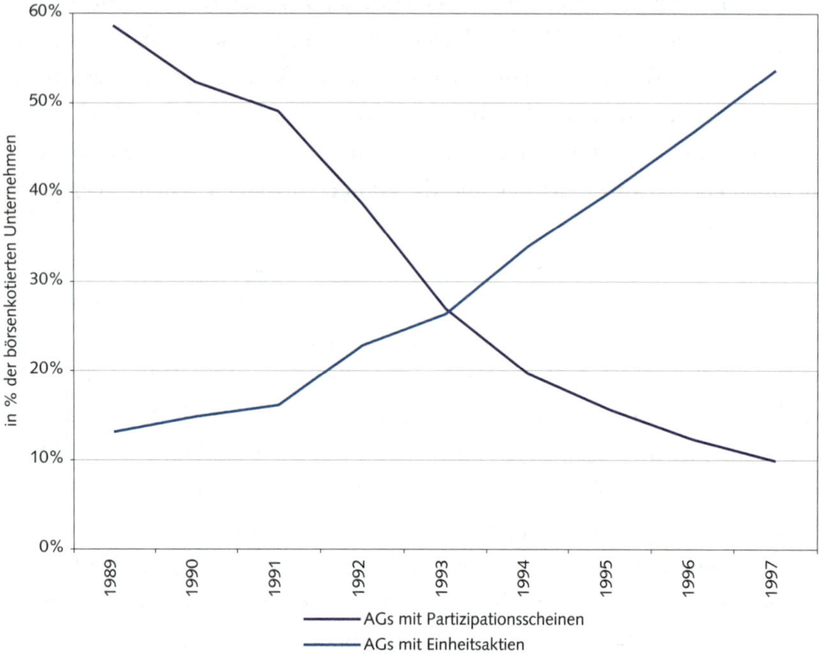

Quelle: Kunz 1998.

Nestlé schaffte als erstes Schweizer Unternehmen im November 1988 die statutarische Klausel ab, die den Ausländern den Erwerb von Namenaktien untersagte. Gleichzeitig wurde eine Bestimmung eingeführt, mit der die Anzahl Namenaktien, die ein einzelner Investor besitzen durfte, auf 3% beschränkt wurde. Damit behielt das Unternehmen einen Schutz gegen unfreundliche Übernahmeversuche bei. Der Verwaltungsrat erklärte diese Massnahme unter anderem mit dem internationalen Image des Konzerns. Die von Nestlé während der 1980er Jahre verfolgte Strategie der Auslandsakquisitionen war nämlich von anderen Marktteilnehmern kritisiert worden, da sie im Gegensatz zur ansonsten protektionistischen Politik des Konzerns stand. Diese widersprüchliche Haltung stiess insbesondere nach der Übernahme von Rowntree im Jahr 1988 auf harsche Kritik in der britischen Presse. Aus Furcht vor Vergeltungsmassnahmen entschied Nestlé noch im selben Jahr, das Unternehmen für ausländische Investoren zu öffnen.[111] Allerdings war dieser Entscheid noch durch einen gewichtigeren Faktor motiviert: Die Expansion des Konzerns im Ausland erforderte neues Eigenkapital. Angesichts des beschränkten Umfangs des Schweizer Finanzmarktes war es daher nötig, neue Investoren anzuziehen. In diesem Zusammenhang drohte die Unterbewertung der Namenaktien zudem, Raider anzulocken. Die Abschaffung der Ein-

111 Loderer/Jacobs 1995, 320–322.

schränkungen in Verbindung mit der Einführung einer Höchstgrenze für den Aktienbesitz (maximal 3 % des Aktienkapitals pro Aktionär) sorgte für einen besseren Schutz des Unternehmens als die vinkulierten Namenaktien.[112]

4.1.4.4 Die Auflösung des Unternehmensnetzwerks

Betrachtet man die Verflechtungen zwischen den Verwaltungsräten über das 20. Jahrhundert hinweg, so zeigt sich, dass das Netzwerk am Ende des 20. Jahrhunderts deutlich weniger dicht und kohärent war als vor 1990. Innerhalb von zehn Jahren ging die absolute Zahl der Verflechtungen, die als konkrete personale Überschneidungen auf Verwaltungsratsebene zwischen den 110 grössten Unternehmen ermittelt werden konnten, von 432 auf 242 zurück und die Dichte des Netzwerks fiel damit relativ gesehen von 7.0 % 1990 auf 3.6 % im Jahr 2000 (siehe oben Grafik 4.1-1). Ebenso ging die Zahl der Unternehmen, die mindestens zwei gemeinsame Verwaltungsräte aufwie-

Grafik 4.1-6: **Verflechtung der Verwaltungsräte von 58 Unternehmen im Jahr 1980**

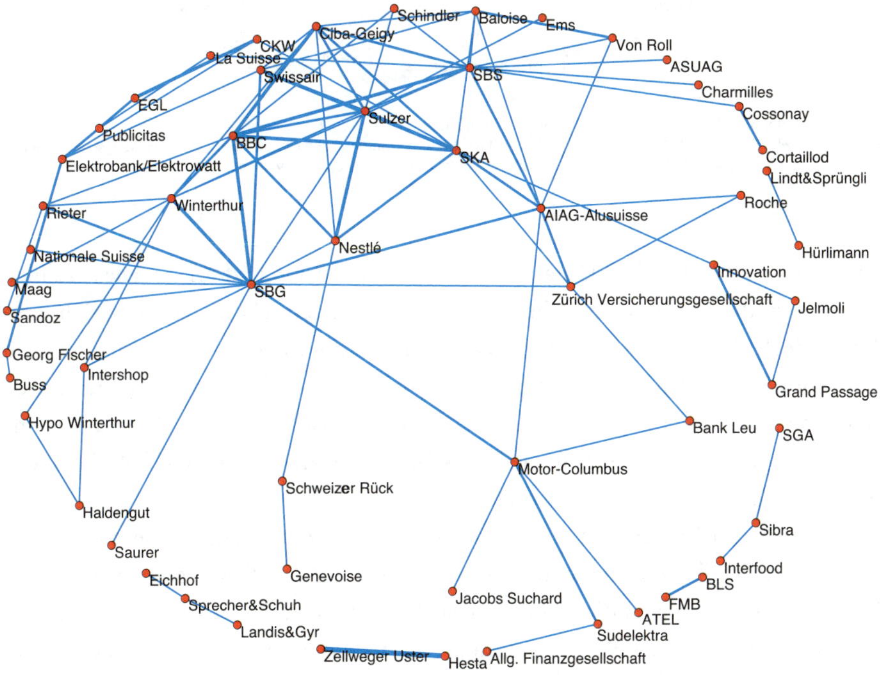

Quelle: Datenbank der schweizerischen Eliten im 20. Jahrhundert.
Bemerkung: Siehe Grafik 4.1-2. 58 Unternehmen von den 110 unserer Stichprobe haben mindestens zwei Verwaltungsräte mit einer anderen Gesellschaft der Stichprobe gemeinsam. Dickere Linien: drei und vier Verflechtungen (3m-cores und 4m-cores).

112 Dieser Entscheid verursachte eine Baisse der anderen an der Zürcher Börse kotierten Titel, die in der Folge als «Nestlé Crash» bezeichnet wurde (siehe Loderer/Jacobs 1995, 316).

Grafik 4.1-7: **Verflechtung der Verwaltungsräte von 29 Unternehmen im Jahr 2000**

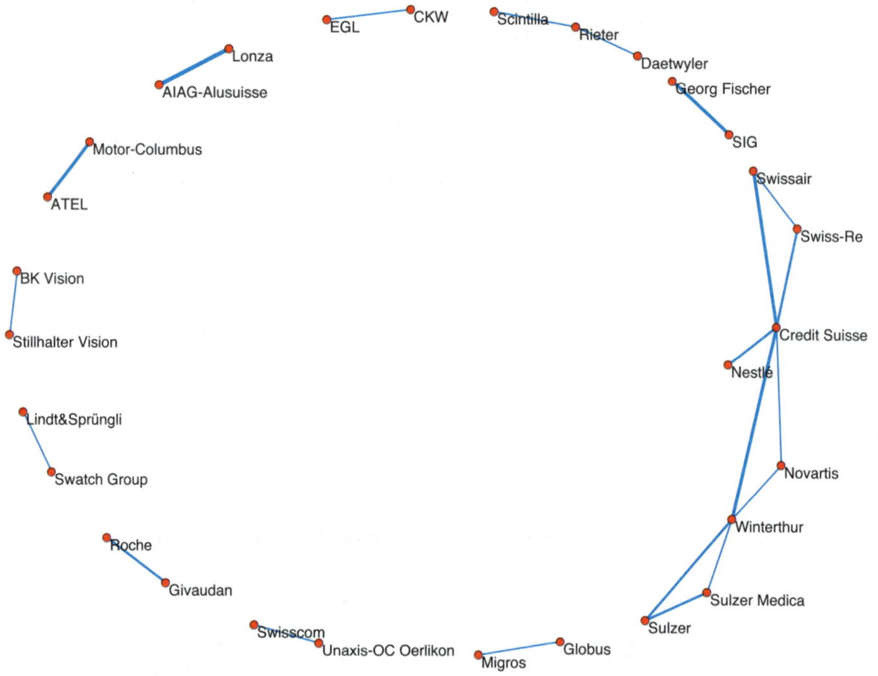

Quelle: Datenbank der schweizerischen Eliten im 20. Jahrhundert.
Bemerkung: Siehe Grafik 4.1-2. 29 Unternehmen von den 110 unserer Stichprobe haben mindestens zwei Verwaltungsräte mit einer anderen Gesellschaft der Stichprobe gemeinsam. Dickere Linien: drei und vier Verflechtungen (3m-cores und 4m-cores).

sen, zwischen 1980 und 2000 stark zurück (Grafiken 4.1-6 und 4.1-7). Diese Zahlen zeigen, dass das Netzwerk zwischen 1980 und 1990 noch relativ stabil war, sich nach 1990 jedoch allmählich aufzulösen begann. Diese Auflösung kann zwei Phänomenen zugeschrieben werden, die wiederum eng mit den oben beschriebenen Entwicklungen verbunden sind: einer Reduktion der Beziehungen zwischen dem Bank- und dem Industriesektor auf der einen Seite und rückläufigen Beziehungen der Nichtfinanzunternehmen untereinander auf der anderen.

Da sich den Banken mit dem Aufschwung der Finanzmärkte wesentlich rentablere Ertragsquellen eröffnet hatten, als es das Kreditgeschäft war, gingen sie bei der Vergabe von Krediten an die Industrie restriktiver und selektiver vor. Durch die Präsenz von Bankiers in den Verwaltungsräten der Schuldnerfirmen konnten die Finanzinstitute traditionellerweise sicherstellen, dass diese gut verwaltet wurden (These des *credit monitoring*). Ausserdem galt die Gewährung von Krediten als eine Entscheidung, die auf langfristigen Vertrauensbeziehungen zwischen der Bank und den Kundenfirmen basierte; die gemeinsamen Verwaltungsräte trugen zum Erhalt dieser Beziehungen bei. Die Tätigkeiten der Investmentbanken, die in der Regel auf einmaligen Transaktionen beruhten, erforderten dagegen keine längerfristigen stabilen Beziehungen zwischen den Banken und ihren Kunden.[113] Daher nahm die Bedeutung, die den persönlichen Beziehungen zwischen den Bankiers und den Industriellen beigemessen wurde, ab. Ein weiterer Faktor kommt noch hinzu: Da sie zunehmend Investmentbanken glichen, zogen sich die Grossbanken auch deshalb aus dem Netzwerk zurück, um ihre Glaubwürdigkeit im Bereich der Anlagefonds zu behalten, die durch das Bestehen bevorzugter Beziehungen mit einzelnen Firmen in Frage gestellt war. Die Präsenz von Bankiers in den Verwaltungsräten anderer Gesellschaften konnte nämlich von den Investoren als eine Quelle von Interessenkonflikten gedeutet werden. Der zahlenmässige Rückgang der Verflechtungen Schweizer Banken mit dem Industriesektor ist also auch eine Folge dieser strategischen Neuausrichtungen.

Auch die Abnahme der Verflechtungen zwischen den einzelnen Industrieunternehmen erklärt sich weitgehend durch die Tatsache, dass die Finanzmärkte für sie eine ganz neue Bedeutung erlangten und ihr unternehmerisches Handeln immer mehr prägten. So wurde die Ausrichtung auf den Shareholder Value zu einem wichtigen Anhaltspunkt für die Geschäftsleitungen der Firmen und beeinflusste direkt ihre Organisation. Sie wirkte sich auch auf das Unternehmensnetzwerk aus. So betraf eines der Postulate, das die Verfechter des Shareholder Value aufstellten, die Grösse der Verwaltungsräte. In der Fachliteratur besteht weitgehende Einigkeit, dass die «ideale» Grösse eines funktionsgerechten und effizienten Verwaltungsrates bei sieben oder acht Mitgliedern liegt.[114] Diese Empfehlungen scheinen von den Schweizer Unternehmen befolgt worden zu sein, da die durchschnittliche Grösse der Verwaltungsräte der 110 grössten Schweizerfirmen zwischen 1990 und 2000 von 11.14 auf 9.46 Mitglieder zurückging. Die Verkleinerung der Verwaltungsräte schränkte die Gelegenheiten für Verflechtungen ein und wirkte sich damit direkt auf das Netzwerk aus. Fusionen waren ebenfalls ein nicht zu vernachlässigender Faktor bei der Reduktion der Verflechtungsmöglichkeiten. Während zum Beispiel Sandoz und Ciba-Geigy 1990 zusammen noch 29 Verflechtungen aufwiesen, zählte Novartis, das aus der Fusion der beiden Firmen 1996 entstandene neue Unternehmen, im Jahr 2000 nur noch deren 4. Dieser Rückgang ist zu markant, um nur durch einen statistischen Effekt im Zusammenhang mit der Abnahme der möglichen Verflechtungen erklärt zu werden, der darauf beruhte, dass der Verwaltungsrat von Novartis kleiner war als die beiden Verwaltungsräte von Sandoz und Ciba-Geigy zusammen. Viele der grossen Fusionen, die während der 1990er Jahre in der Schweiz erfolgten, resultierten aus einer Restrukturierungspolitik, mit der die Rentabilität der Unternehmen gesteigert werden sollte. Da diese ein zentrales Anliegen auch zur der Erhöhung des Shareholder Value war, erstaunt es keineswegs, dass die neuen, aus Fusionen hervorgegangenen Unternehmen ihre Verflechtungen radikal abbauten.[115]

113 Rogge 1997.
114 Jensen 1993.
115 David et al. 2012; Widmer 2009.

Schliesslich erklären auch die zunehmende Transnationalisierung der Schweizer Unternehmen und die immer geringere Bedeutung des Binnenmarktes den Rückzug der grossen Bank- und Industriekonzerne aus dem Schweizer Netzwerk (→ 2.1.3.4). Eine immer grössere Zahl von Verwaltungsräten wurde mit ausländischen Fachleuten/Managern besetzt und war daher tendenziell weniger stark ins nationale Netzwerk integriert. Denn hier fehlten verbindende soziologische Faktoren wie gemeinsame Universitätsstudien, freundschaftliche Beziehungen oder der Besuch von gleichen Orten der Geselligkeit (Militär und v.a. Klubs wie *Rotary*), die den Zusammenhalt unter der Wirtschaftselite stärken und bei der Entstehung von Verflechtungen eine Rolle spielten. Die Aussagen von Philippe de Weck, von 1976 bis 1980 Verwaltungsratspräsident der UBS, sind sehr aufschlussreich in Bezug auf diese Form von «Geselligkeit», die zu Beginn der 1980er Jahre vorherrschte: «Es trifft zu, dass in der menschlichen Natur eine gewisse Tendenz zu Klubs enthalten ist, und diese Tendenz ist in der Schweiz vielleicht ausgeprägter als in anderen Ländern. [...] Wir haben auch Klubs von Verwaltungsräten. Der Trend dazu ist in der deutschen Schweiz möglicherweise stärker als in der Romandie. In mehreren Orten der Deutschschweiz ist die Mentalität der Bevölkerung noch stark durch Berufsverbände geprägt, man spürt dahinter die Jahrhunderte alte Tradition der Zünfte. Eine natürliche Tendenz von Klubs ist es, sich ein wenig auf sich selbst zu konzentrieren. Dies ist meiner Meinung nach der Grund, weshalb in der ruhigen, sich ohne grössere Zwischenfälle entwickelnden Wirtschaft der 1950er bis 1970er Jahre, was die Verwaltungsräte betrifft – bestimmt ohne Absicht – eine gewisse Klubmentalität entstanden ist. Ich treffe dich hier, weshalb kommst du nicht auch dahin, ich kenne dich, ich weiss wie du denkst, wenn wir einen anderen wählen, kenne ich ihn nicht, und vielleicht klappt es nicht mit ihm usw.»[116] Ausländische Verwaltungsräte, die nicht über solche persönlichen Beziehungen zur Wirtschaftselite des Landes verfügten, hatten daher weniger Chancen, in die Führungsspitze auch anderer Schweizer Unternehmen gewählt zu werden. Gleichzeitig tendierten die Grosskonzerne dazu, den europäischen und/oder transnationalen Netzwerken immer grössere Bedeutung beizumessen, was auf Kosten ihrer Verflechtungen mit anderen Schweizer Firmen ging.[117]

4.1.5 Schlussbetrachtungen

In der wissenschaftlichen Literatur löst die gegenwärtige Anpassung der Corporate Governance der europäischen Länder an das angelsächsische Modell lebhafte Debatten aus. Auf der einen Seite steht die These, dass die Annäherung der Nationen des alten Kontinents an die angelsächsischen Praktiken eine unausweichliche Folge der Libera-

116 Weck 1983, 93.

117 Allgemeiner zur Transnationalisierung der Führungskräfte schweizerischer Unternehmen siehe David et al. 2009a und Bühlmann/David/Mach 2012.

lisierung der Finanzmärkte sei.[118] Auf der anderen Seite wird der Blick auf verschiedene «Arten von Kapitalismus» betont und eher die Trägheit der nationalen Modelle und die geringfügigen Veränderungen der Corporate Governance hervorgehoben. Für die Vertreter letzterer Richtung überwiegt die Logik der «Pfadabhängigkeit» und die Verteidigung bestehender Interessen, um das Ausmass der Reformen zu minimieren.[119]

Die Resultate unserer Analyse liegen in der Mitte zwischen diesen beiden Sichtweisen. Obwohl wir die nationale Verankerung der Corporate Governance der Schweiz sehen und ihre Besonderheiten betonen, scheint das Ausmass der Reformen, die im Verlauf der zwanzig letzten Jahre des 20. Jahrhunderts stattgefunden haben, auf eine Annährung an das angelsächsische Modell hinzudeuten. Denn die *Kontrollmechanismen* veränderten sich stark. Aus einem Modell, das auf die Kontrolle durch die Insider und eine enge Koordination zwischen den wirtschaftlichen Eliten ausgerichtet war, entwickelte sich ein System, das immer mehr der Logik und dem Druck der Börsen unterliegt. Von einer internen Kontrolle durch Gleichgestellte verlief die Entwicklung zu einer externen Kontrolle durch Investoren. Diese entscheidenden Neuerungen in der Corporate Governance der Schweizer Grossfirmen bedeuteten einen Bruch gegenüber dem traditionellen Modell. Jedoch blieben die Insider, insbesondere die Manager, zentrale Akteure der Corporate Governance. Während sie sich die neuen Anforderungen hinsichtlich Entschädigung und Information der Aktionäre zu eigen machten, behielten sie grossen Einfluss bei vielen wichtigen Fragen, insbesondere bei der Festlegung ihrer eigenen Vergütungen.

Diese Änderungen und Anpassungen der Corporate Governance erfolgten im Verlauf der 1990er Jahre sehr rasch. Die Anpassungsfähigkeit der Schweizer Wirtschaftsakteure an den inländischen wie auch den internationalen Druck – insbesondere der Finanzmärkte – wurde durch die grosse Flexibilität und die geringen Zwänge des Regulierungsumfelds möglich gemacht, die den privaten Akteuren einen breiten Handlungsspielraum überliessen. Diese Flexibilität ermöglichte einen sanften und allmählichen Wandel der Governance der grossen Schweizer Unternehmen, die sich so an die Etablierung neuer Akteure (institutionelle Investoren, Ratingagenturen, Buchprüfer und Finanzanalysten),[120] an das Aufkommen einer neuen Managergeneration und an die Neudefinition der materiellen Interessen der traditionellen Akteure (Grossbanken und historische Grossaktionäre) anpassen konnten. Die Änderungen betrafen hauptsächlich die grossen, an der Börse kotierten Unternehmen. Die kleinen und mittelgrossen Unternehmen scheinen von dieser Entwicklung deutlich weniger betroffen worden zu sein.

Aus dem Französischen übersetzt von Christoph Rüegger

118 Hansmann/Kraakman 2001.
119 Cioffi/Cohen 2000; Hall/Soskice 2001.
120 Zum Aufkommen dieser neuen Akteure, siehe David et al. 2012.

4.1.6 Bibliographie

Online-Datenbanken

Datenbank der schweizerischen Eliten im 20. Jahrhundert, David, Thomas und Mach, André (Hg.), www.unil.ch/elitessuisses

HSSO: Historische Statistik der Schweiz Online, Kammerer, Patrick et al. (Hg.), www.fsw.uzh.ch/histstat/main.php

Unveröffentlichte Quellen

Archives Historiques Nestlé (AHN), Vevey

Schweizerisches Bundesarchiv (BAR), Bern / E 4110 (B)

Literatur

Aguilera, Ruth / Jackson, Gregory 2003: The Cross-National Diversity of Corporate Governance. Dimensions and Determinants, *Academy of Management Review* 28 (2003), 447–466.

Albert, Michel 1991: *Capitalisme contre capitalisme*, Paris: Edition du Seuil.

Bank Julius Bär 1991: *Besitzverhältnisse von Schweizer Aktien. Marktübersicht Schweiz* (1), 1–43.

Bank Julius Bär 1996: *Besitzverhältnisse von Schweizer Aktien. Marktübersicht Schweiz* (2), 22–34.

Becher, Jörg 1996: *Das schnelle Geld: Martin Ebners Weg zur Macht*, Zürich: Bilanz ABC-Verlag.

Becht, Marco / Barca, Fabrizio 2001: *The Control of Corporate Europe*, Oxford: Oxford University Press.

Becht, Marco / Röell, Alisa 1999: Blockholdings in Europe. An International Comparison, *European Economic Review* 43 (1999), 1049–1056.

Berle, Adolf / Means, Gardiner 1932: *The Modern Corporation and Private Property*, New York: McMillan.

Beyer, Jürgen 2002: Deutschland AG a.D: Deutsche Bank, Allianz und das Verflechtungszentrum grosser deutscher Unternehmen, *MPIfG Working Paper 02 (4).*

Binder, Andreas 1988: *Die Verfassung der Aktiengesellschaft*, Grüsch: Rüegger.

Birchler, Urs 1995: Aktionärsstruktur und Unternehmenspolitik – Bedeutung für die Sicherheit des Bankensystems, *Quartalsheft SNB* 95 (3), 265–277.

Boemle, Max 1998: *Unternehmungsfinanzierung*, Zürich: Verlag des Schweizerischen Kaufmännischen Verbandes.

Boemle, Max 2003: Unternehmensfinanzierung im Wandel der letzten 50 Jahre, *L'Expert-comptable* 11, 905–910.

Bühlmann, Felix / David, Thomas / Mach, André 2012: The Swiss Business Elite (1980–2000): How the Changing Composition of the Elite Explains the Decline of the Swiss Company Network, *Economy and Society* 41,1–28.

Cerutti, Mauro 1999: Le blocage des avoirs suisses aux Etats-Unis en 1941 et ses conséquences, in: Guex, Sébastien (éd.), *La Suisse et les grandes puissances, 1914–1945 relations économiques avec les Etats-Unis, la Grande-Bretagne, l'Allemagne et la France*, Genève: Droz, 185–235.

Cioffi, John / Cohen, Stephen 2000: The State, Law and Corporate Governance. The Advantage of Forwardness, in: Boyd, Gavin / Cohen, Steven (eds.), *Corporate Governance and Globalization*, Cheltenham: Matthew Elgar, 307–349.

Coffee, John 2000: Convergence and its critics. What are the preconditions to the seperation of ownership and control, Columbia Law School, *Working Paper 179.*

Cortat, Alain 1998: *Condor. Cycles, motocycles et construction mécanique 1890–1980. Innovation, diversification et profits*, Delémont: Alphil.

Cortat, Alain 2009: *Un cartel parfait: Réseaux, R&D et profits dans l'industrie suisse des câbles*, Neuchâtel: Alphil.

Cortat, Alain (éd.) 2010: *Contribution à une histoire des cartels en Suisse*, Neuchâtel: Alphil.

Credit Suisse Group (Hg. von Joseph Jung) 2001: *Zwischen Bundeshaus und Paradeplatz. Die Banken der Credit Suisse Group im Zweiten Weltkrieg*, Zürich: NZZ Verlag.

David, Thomas / Mach, André 2004: The specificity of corporate governance in small states. Institutionalisation and questioning of ownership restrictions in Switzerland and Sweden, in: Aguilera, Ruth / Federowicz, M. (eds.), *Corporate Governance in a Changing Economic and Political Environment. Trajectories of Institutional Change on the European Continent*, London: Palgrave, 220–246.

David, Thomas / Mach, André 2007: Institutions and Economic Growth. The Successful Experience of Switzerland (1870–1950), in: Chang, Ha-Joon (ed.), *Institutional Change and Economic Development*, London: Anthem Press, 219–238.
David, Thomas / Mach, André / Straumann, Tobias 2008: The questioning of selective protectionism in Switzerland during the 1990s: Cartel law reform and corporate governance changes, in: Muller, Margrit / Myllyntaus, Timo (eds.), *Pathbreakers. Small European Countries Responding to Globalisation and Deglobalisation*, Bern: Lang, 449–476.
David, Thomas et al. 2009a: The Swiss Business Elite between 1980–2000. Declining Cohesion, Changing Educational Profile and Growing Internationalization, in: Boyer Christoph / Sattler, Friederike (eds.), *European Business Elites between the Emergence of a "New Spirit of Capitalism" and the "Erosion of State Socialism"*, Berlin: Duncker & Humblot, 197–220.
David, Thomas et al. 2009b: Networks of Coordination. Swiss Business Associations as an Intermediary between Business, Politics and Administration during the 20th Century, *Business and Politics* 11 (2009), Article 4.
David, Thomas et al. 2012: *De la «Forteresse des Alpes» à la valeur actionnariale: histoire de la gouvernance d'entreprise suisse au 20e siècle,* Zürich: Seismo.
Davis, Gerald / Mizruchi, Mark 1999: The Money Center Cannot Hold. Commercial Banks in the U.S. System of Corporate Governance, *Administrative Science Quarterly* 44 (1999), 215–239.
Donzé, Pierre-Yves 2007*: Les patrons horlogers de la Chaux-de-Fonds. Dynamique sociale d'une élite industrielle (1840–1920),* Neuchâtel: Alphil.
Dore, Ronald et al. 1999: Varieties of Capitalism in the Twentieth Century, *Oxford Review of Economic Policy* 15 (1999/4), 102–120.
Dufour, Alfred / Hertig, Gérard (éd.) 1990: *Les prises de participation. L'exemple des offres publiques d'achat,* Lausanne: Payot.
Economiesuisse 2002: *Swiss Code of Best Practice for Corporate Governance,* Dielsdorf: Lichtdruck AG.
Ehrat, Felix 1997: Switzerland, in: Stecher, M. (ed.), *Protection of Minority Shareholders*, London: Kluwer Law International, 223–239.
FTMH 1999: *Shareholder Value. Cinq cas dans l'industrie des machines. Stratégies syndicales contre le démantèlement industriel,* Bern: FTMH.
Ginalski, Stéphanie 2011: Du capitalisme familial au capitalisme financier. Le cas des grandes entreprises suisses de l'industrie des machines et métaux au XXe siècle, in: Müller, Margrit / Schmidt Heinrich R. / Tissot, Laurent (éd.), *Marchés régulés: Corporations et cartels*, Zürich: Chronos, 275–292.
Gross, Peter 2003: Ein Geheimtreffen im Victoria-Jungfrau rettete die Schweizer Uhrenindustrie, *Finanz und Wirtschaft*, 24.5.2003.
Gruner, Erich 1960: Die Handels- und Gewerbefreiheit und die Staatsordnung von 1874–1914, *Wirtschaft und Recht* (1960), 149–155.
Guinnane, Timothy W. et al. 2007: Putting the Corporation in its Place, *Enterprise and Society* 8 (2007), 687–729.
Guinnane, Timothy W. / Rosenthal, Jean-Laurent 2009: Making do with imperfect law: small firms in France and Germany, 1890–1935, *Entreprises et histoire* 57 (2009/4), 79–95.
Hall, Peter / Soskice, David 2001: *Varieties of Capitalism: the Institutional Foundations of Comparative Advantage,* Oxford: Oxford University Press.
Hansmann, Henry / Kraakman, Reinier 2001: The end of history for corporate law, *Georgetown Law Journal* 89 (2001), 439–468.
Heberlein, Georg 1975: Die Grossbanken aus der Sicht eines Industriellen, in: Schweizerische Bankgesellschaft (Hg.). *Dr. Alfred Schaefer, Präsident des Verwaltungsrates der Schweizerischen Bankgesellschaft. Festschrift zum 70. Geburtstag*. Zürich: Schweizerische Bankgesellschaft, 89–101.
Heer, Jean 1991: *Nestlé. Hundertfünfungzwanzig Jahre von 1866 bis 1991,* Vevey: Nestlé.
Herrigel, Garry 2007a: A New Wave in the History of Corporate Governance, *Enterprise and Society* 8 (2007), 474–488.
Herrigel, Gary 2007b: Corporate governance, in: Jones, Geoffrey / Zeitlin, Jonathan (eds.), *The Oxford Handbook of Business History*, Oxford: Oxford University Press, 470–500.
Hertner, Peter 1987: Les sociétés financières suisses et le développement de l'industrie électrique jusqu'à la Première Guerre mondiale, in: Cardot, Fabienne (éd.), *Un siècle d'électricité dans le monde*, Paris: PUF, 341–355.
Höpner, Martin / Krempel, Lothar 2003: The Politics of the German Company Network, *MPIfG Working Paper 9.*
Humair, Cédric 2004: *Développement économique et Etat central (1815–1914). Un siècle de politique douanière suisse au service des élites,* Bern: Lang.

Inglin, Oswald 1991: *Der stille Krieg: der Wirtschaftskrieg zwischen Grossbritannien und der Schweiz im Zweiten Weltkrieg*, Zürich: NZZ Verlag.

Jackson, Gregory 2001: The Origins of Nonliberal Corporate Governance in Germany and Japan, in: Streeck, Wolfgang / Yamamura, Koso (eds.), *The Origins of Nonliberal Capitalism. Germany and Japan in Comparison*, Ithaca: Cornell University Press, 121–170.

Jensen, Michael 1993: The Modern Industrial Revolution, Exit, and the Failure of Internal Control Systems, *Journal of Finance* 48 (1993), 831–880.

Jordan, Samuel 2001: *Chocolat Villars S.A. (1901–1954): le parcours d'une enterprise atypique*, Fribourg: Université de Fribourg.

Kaiser, Peter / Meier, Bruno 2007: *100 Jahre Usego. Eine Spurensuche*, Baden: hier + jetzt.

Kartellkommission 1979: *Die Konzentration im schweizerischen Bankgewerbe*, Zürich: Orell Füssli.

Katzenstein, Peter 1984: *Corporatism and Change. Austria, Switzerland and the Politics of Change*, Ithaca: Cornell University Press.

Katzenstein, Peter 1985: *Small States in World Markets: Industrial Policy in Europe*, Ithaca: Cornell University Press.

Katzenstein, Peter 2003: Small States and Small States Revisited, *New Political Economy* 8 (2003), 9–30.

Kaufmann, Hans / Kunz, Beat 1991a: *Shareholder Restrictions in Switzerland*, Zurich: Bank Julius Bär.

Kaufmann, Hans / Kunz, Beat 1991b: *Vinkulierung von Schweizer Aktien Teil 1*, Zürich: Bank Julius Bär.

Kläy, Hanspeter 1997: *Die Vinkulierung. Theorie und Praxis im neuen Aktienrecht*, Basel/Frankfurt a.M.: Helbing u. Lichtenhahn.

Knöpfli Adrian 2010: *Im Zeichen der Sonne. Licht und Schatten über der Alusuisse 1930–2010.* Baden: hier+jetzt.

Kobrak, Christopher / Saussois, J.-M. 1999: Europe, America and the History of Corporate Governance, *Entreprise et histoire* 21 (1999), 4–28.

Kobrak, Christopher / Wüstenhagen, Jana 2006: International Investment and Nazi Politics: The Cloaking of German Assets Abroad: 1936–1945, *Business History* 48 (2006), 399–427.

König, Mario 2001: *Interhandel die schweizerische Holding der IG Farben und ihre Metamorphosen. Eine Affäre um Eigentum und Interessen (1910–1999)*, Zürich: Chronos.

Krafft, Mathias-Charles 1963: *La dissociation des droits de l'action nominative*, Lausanne: Thèse de doctorat, Université de Lausanne.

Kunz, Roger 1998: *Shareholder Value durch Financial Engineering. Stimmrechte, Einheitsaktien und Aktiensplits*, Bern / Stuttgart / Wien: Haupt.

Kury, Patrick 2003: *Über Fremde reden. Überfremdungsdiskurs und Ausgrenzung in der Schweiz 1900–1945*, Zürich: Chronos.

Lambelet, Jean-Christian 1993: *L'économie suisse. Un essai d'interprétation et de synthèse*, Paris: Economica.

La Porta, Rafael et al. 1998: Law and Finance, *Journal of Politcal Economy* 106 (1998), 1113–1155.

La Porta, Rafael et al. 1999: Investor Protection. Origins, Consequences, Reform, *NBER Working Paper Series*, Cambridge, MA, w 7428.

La Porta, Rafael et al. 2000: Investor protection and corporate governance, *Journal of Financial Economics* 58 (2000), 3–27.

La Porta, Rafael / Lopez-de-Silane, Florencio / Shleifer, Andrei 1999: Corporate Ownership Around the World, *Journal of Finance* 54 (1999), 471–517.

Lazonick, William / O'Sullivan, Mary 2000: Maximizing shareholder value. A new ideology for corporate governance, *Economy and Society* 29 (2000), 13–35.

Loderer, Claudio / Jacobs, Andreas 1995: The Nestlé crash, *Journal of Financial Economics* 37 (1995), 315–339.

Loderer, Claudio / Peyer, Urs 2002: Board Overlap, Seat Accumulation and Share Prices, *European Financial Management* 8 (2002), 165–192.

Loderer, Claudio / Zgraggen, Pius 1999: When Shareholders Choose Not to Maximize Value: The Union Bank of Switzerland's 1994 Proxy Fight, *Journal of Applied Corporate Finance* 12 (1999), 91–102.

Lüpold, Martin 2003: Globalisierung als Krisenreaktionsstrategie. Dezentralisierung und Renationalisierung bei Nestlé, 1920–1950, in: Gilomen, Hans-Jörg / Müller, Margrit / Veyrassat, Béatrice (Hg.), *Globalisierung – Chancen und Risiken. Die Schweiz in der Weltwirtschaft, 18.–20. Jahrhundert*, Zürich: Chronos, 211–234.

Lüpold, Martin 2004: *Schutz vor wirtschaftlicher Überfremdung oder Abwehr unfreundlicher Übernahmen? Die Vinkulierung von Namenaktien in der Praxis der Unternehmen und die Veränderungen des rechtlichen Rahmens (1929–1961)*, Zürich: Lizenziatsarbeit, Universität Zurich.

Lüpold, Martin 2010: *Der Ausbau der «Festung Schweiz». Aktienrecht und Corporate Governance in der Schweiz, 1881–1961*, Zürich: Dissertation, Universität Zürich.

Mach, André et al. 2007: Transformations of Self-Regulation and New Public Regulations in the Field of Swiss Corporate Governance (1985–2002), *World Political Science Review* 13 (2007), article 4.
Mazbouri, Malik 2005: *L'émergence de la place financière suisse, 1890–1913. Itinéraire d'un grand banquier*, Lausanne: Antipodes.
Meuron, Denis 1972: *Etude sur l'émergence de l'initiative sur la participation des travailleurs dans l'entreprise*, Lausanne: Mémoire de licence, Université de Lausanne.
Meier, Richard T. / Sigrist, Tobias 2006: *Der helvetische Big Bang. Die Geschichte der SWX Swiss Exchange*, Zürich: NZZ Verlag.
Meier-Hayoz, Arthur / Forstmoser, Peter [6]1989: *Grundriss des schweizerischen Gesellschaftsrechts*, Bern: Stämpfli.
Mizruchi, Mark 1996: What Do Interlocks Do? An Analysis, Critique, and Assessment of Research on Interlocking Directorates, *Annual Review of Sociology* 22 (1996), 271–298.
Monks, Robert / Minow, Nell 1995: *Corporate Governance*, Cambridge: Blackwell Publishers.
Morrison, A.D. / Wilhelm, W.J. 2007: *Investment Banking: Institutions, Politics, and Law*, Oxford: Oxford University Press.
Müller, Margrit 1996: Good Luck or good management? Multigenerational familiy control in two Swiss entreprises since the 19th century, *Entreprises et histoire* 12 (1996), 19–47.
Müller-Lhotska, Urs 2003: *Rudolf Albert Koechlin-Hoffmann 1859–1927. Ein Basler Bankier für Europa*, Meilen: Verein für wirtschaftshistorische Studien.
Neue Zürcher Zeitung: *Corporate governance: Kompetenz, Kontrolle und Verantwortung in den Unternehmen*, Zürich: AG für die NZZ.
Nollert, Michael 1998: Interlocking Directorates in Switzerland. A Network Analysis, *Revue suisse de sociologie* 24 (1998), 31–58.
Nollert, Michael 2005: *Unternehmensverflechtungen in Westeuropa. Nationale und transnationale Netzwerke von Unternehmen, Aufsichtsräten und Managern*, Münster: Lit Verlag.
O'Sullivan, Mary 2000: *Contests for Corporate Control. Corporate Governance and Economic Performance in the United States and Germany*, Oxford: Oxford University Press.
O'Sullivan, Mary 2003: The Political Economy of Comparative Corporate Governance, *Review of International Political Economy* 10 (2003), 23–72.
Oppikofer, Ulrich 1959: *Der Schutz der schweizerischen Auslandinvestitionen*, Winterthur, Zürich: Polygraphischer Verlag.
Orléan, André 1999: *Le pouvoir de la finance*, Paris: O. Jacob.
Peter, Henry 1990: Les OPA en Suisse. Analyse et évolution, en particulier depuis l'entrée en vigueur du nouveau «Code suisse des OPA», *Revue suisse de droit des affaires* (1990), 153–170.
Peyer, Hans Conrad 1996: *Roche. Geschichte eines Unternehmens. 1896–1996*, Basel: Editions Roche.
Plihon, Dominique 1999: *Les banques. Nouveaux enjeux, nouvelles stratégies*, Paris: La Documentation française.
Pollux 1946: *Der Zement- und Baumaterialien-Trust*, Zürich: Genossenschaftsdruckerei.
Rey, Jean-Noël 1979: *Le syndicalisme suisse à la recherche de nouvelles voies. Contribution à l'étude du syndicalisme en Suisse*, Bern: Lang.
Roe, Mark 1994: *Strong Managers, Weak Owners. The Political Roots of American Corporate Finance*, Princeton: Princeton University Press.
Rogge, Peter 1997: *Die Dynamik des Wandels. Schweizerischer Bankverein 1972–1997. Das fünfte Vierteljahrhundert*, Basel: Schweizerischer Bankverein.
Rusterholz, Peter 1985: The Banks in the Centre: Integration in Decentralized Switzerland, in: Stokman, Franz et al. (eds.), *Networks of Corporate Power*, Cambridge: Cambridge University Press, 131–147.
Sancey, Yves 2004: *Un capitalisme de Gentlemen. Emergence et consolidation de l'autorégulation bancaire en Suisse et en Angleterre (1914–1960)*, Lausanne: Thèse de doctorat, Université de Lausanne.
Schaad, Hans-Peter 1972: *Das Depotstimmrecht der Banken nach schweizerischem und deutschem Recht*, Zürich: Schulthess.
Schaub, Vera 1992: *Konzernpolitik im Schweizer Bankbereich. Eine Darstellung der Determinanten und Ausgestaltungsmöglichkeiten unter Berücksichtigung ausgewählter Schweizer Bankkonzerne*, Bern: Haupt.
Schaufelbuehl, Janick Marina 2009: *La France et la Suisse ou la force du petit. Evasion fiscale, relations commerciales et financières (1940–1954)*, Paris: Presses de Sciences Po.
Schluep, W.R. / Corazza, R. 1988: Kartelle im Bankensektor, in: Albisetti, Emilio et al. (Hg.), *Handbuch des Geld-, Bank- und Börsenwesens der Schweiz*, Thun: Ott Verlag, 406–408.
Schnyder, Gerhard 2008: *Comparing Corporate Governance Reforms. Law, Politics and the Social organisation of Business in the Case of Switzerland, 1965–2005*, Lausanne: Thèse de doctorat, Université de Lausanne.

Schnyder, Gerhard et al. 2005: The Rise and Decline of the Swiss Company Network during the 20th Century, *Travaux de science politique* No 22, Lausanne: Institut d'Etudes Politiques et Internationales.

Schnyder, Gerhard / Heemskerk, Eelke 2008: Small States, International Pressures, and Interlocking Directorates: The Cases of Switzerland and the Netherlands, *European Management Review* (2008), 41–54.

Schnyder, Gerhard / Mach, André / Lüpold, Martin 2005: Le «Rapport Gautschi». Epreuve de force entre deux visions contradictoires de l'entreprise, *Traverse. Revue d'histoire* (2005/3), 140–150.

Schreiner, Jean-Paul 1984: Le capital financier et le réseau des liaisons personnelles entre les principales sociétés en Suisse, *Revue d'économie industrielle* 29 (1984), 78–95.

Schröter, Harm G. 1999: Small European Nations. Cooperative Capitalism in the Twentieth Century, in: Chandler, Alfred et al. (eds.), *Big Business and the Wealth of Nations,* Cambridge: Cambridge University Press, 176–204.

Segreto, Luciano 1992: Du Made in Germany au Made in Switzerland. Les sociétés financières suisses pour l'industrie électrique dans l'entre-deux-guerres, in: Trédé, Monique (éd.), *Electricité et électrification dans le monde,* Paris: PUF, 347–367.

SNB (Hg.) Schweizerische Nationalbank, *Die Banken in der Schweiz*, div. Jahrgänge.

Spillmann, Till 2004: *Institutionelle Investoren im Recht der (echten) Publikumsgesellschaften,* Zürich: Schulthess.

Steinmann, Markus 1989: *Präventive Abwehrmaßnahmen zur Verhinderung unfreundlicher Übernahmen mit Mitteln des Aktienrechts,* Grüsch: Rüegger.

Stokman, Frans et al. 1985: *Networks of corporate power: a comparative analysis of ten countries,* Cambridge: Polity Press.

Strehle, Res et al. 1987: *Ganz oben – 125 Jahre Schweizerische Bankgesellschaft,* Zürich: Limmat Verlag.

SWX Swiss Exchange 2002: *Directive concernant les informations relatives à la Corporate Governance* (DCG).

Tanner, Jacob 1994: «Macht der Banken». Analytisches Konzept oder politischer Topos? Zum Bedeutungswandel einer kontroversen Kategorie, in: Ernst, A. et al. (Hg.), *Kontinuität und Krise. Sozialer Wandel und Lernprozess. Festschrift für Hansjörg Siegenthaler*, Zürich: Chronos, 219–342.

Uhlig, Christiane et al. 2001: *Tarnung, Transfer, Transit: die Schweiz als Drehscheibe verdeckter deutscher Operationen (1939–1952),* Zürich: Chronos.

Useem, Michael 1996: *Investor Capitalism. How Money Managers Are Changing the Face of Corporate America,* New York: BasicBooks.

Weber, Rolf 1987: Bedeutung, Möglichkeiten und Grenzen der Selbstregulierung, in: *Empfehlungen zur Rechnungslegung und zur Revision, Schriftenreihe der Treuhand-Kammer* 75, Zürich, 21–39.

Weck, Philippe de 1983: *Un banquier suisse parle. Entretiens avec François Gross,* Fribourg: Ed. Martin Michel.

Widmer, Frédéric 2009: *La coordination des dirigeants économiques face à la financiarisation. Gouvernance d'entreprise, relations industrielles et élites dirigeantes dans l'industrie suisse des machines, de l'électrotechnique et de la métallurgie (1970–2008),* Lausanne: Thèse de doctorat, Université de Lausanne.

Widmer, Nikolaus Carl 1969: *Die Abspaltung der Aktionärrechte*, St. Gallen: Dissertation, Hochschule St. Gallen.

Windolf, Paul 2006: Unternehmensverflechtung im organisierten Kapitalismus. Deutschland und die USA im Vergleich 1896–1938, *Zeitschrift für Unternehmensgeschichte* 51 (2006), 191–222.

Windolf, Paul 2009: Coordination and Control in Corporate Networks: United States and Germany in Comparison, 1896 – 1938, *European Sociological Review* 25 (2009), 443–457.

Windolf, Paul / Nollert, Michael 2001: Institutionen, Interessen, Netzwerke. Unternehmensverflechtung im internationalen Vergleich, *Politische Vierteljahresschrift* 42 (2001), 51–78.

Winzeler, Christoph 2002: Kartelle im Bankensektor, in: Boemle, Max et al. (Hg.), *Geld-, Bank- und Finanzmarkt-Lexikon der Schweiz,* Zürich: Verlag SKV, 642.

Wipf, Hans Ulrich 2001: *Georg Fischer AG, 1930–1945: ein Schweizer Industrieunternehmen im Spannungsfeld Europas,* Zürich: Chronos.

4.2 Arbeit und Kapital

BERNARD DEGEN

4.2.1 Konzepte, Theorien und Geschichtsschreibung

Im Zentrum der Ausführungen dieses Kapitels stehen die industriellen Beziehungen. Unter diesem etwas irreführenden Begriff werden ganz allgemein die Austauschbeziehungen zwischen Arbeit und Kapital verstanden, das heisst die Gesamtheit der Beziehungen zwischen unselbständig Erwerbstätigen – Arbeitern, Angestellten und Beamten – und Unternehmern beziehungsweise einem im 20. Jahrhundert zunehmend ebenfalls im Lohnverhältnis beschäftigten Management.[1] Erfasst werden nicht nur Industrie und verarbeitendes Gewerbe, sondern auch der Dienstleistungssektor. Die Landwirtschaft mit ihrer weitgehend familienwirtschaftlichen Ausrichtung entfällt dagegen praktisch vollständig. Auch im Gewerbe – nicht zuletzt im Dienstleistungssektor – zählte man immer viele familienwirtschaftlich geführte Betriebe.

Bei der Analyse der industriellen Beziehungen gilt es unterschiedliche Ebenen zu unterscheiden, auf der Mikroebene eine Abteilung oder einen Betrieb, auf der Mesoebene einen Wirtschaftszweig und auf der Makroebene schliesslich die gesamte Volkswirtschaft. Als Akteure kommen Personen oder Gruppen verschiedenster Art in Frage. Die industriellen Beziehungen umfassen ein breites Themenspektrum, zu dem neben Lohn und Arbeitszeit ein Bündel von weiteren Aspekten des Arbeitsverhältnisses gehört. Sie haben eine soziale (Kooperation und Konflikt), eine wirtschaftliche (Austausch von Arbeitskraft gegen Lohn) und eine politische (Beziehung zwischen Interessenorganisationen) Dimension.[2] Die marxistische Theorie deutet den zugrunde liegenden Konflikt als Klassenkonflikt, handlungstheoretische Ansätze als Verteilungskonflikt.[3] Beide Theorien gehen aber davon aus, dass die Arbeitsbedingungen im 20. Jahrhundert nicht als naturwüchsige Produkte eines anonymen Marktes entstanden sind, sondern durch Verhandlungen zwischen Arbeit und Kapital geprägt wurden. Gemäss diesen Vorstellungen erzielen Arbeitnehmer durch Organisation ein besseres Ergebnis als durch individuelles Vorgehen. Von John Richard Hicks stammt das einflussreichste Modell, das diesen Zusammenhang verdeutlicht. Dabei wird der Gleichgewichtslohn als Ergebnis der Streikneigung der Gewerkschaften und des Widerstandsverhaltens der Arbeitgeber erklärt.[4]

Die schweizerische Geschichtsschreibung behandelte die industriellen Beziehungen nie als ein zentrales Thema. Nur ausnahmsweise stand die Mikroebene im

1 Müller-Jentsch 1986, 10–22.
2 Müller-Jentsch 1986, 17–18.
3 Schienstock 1985.
4 Hicks 1963, 143.

Zentrum historischer Studien.[5] Eine höhere Informationsdichte besteht auf der Mesoebene, wo neben speziellen Arbeiten zum Verhältnis von Kapital und Arbeit auch Verbandsgeschichten wertvolle Hinweise auf Löhne, Arbeitszeiten und einige andere Arbeitsbedingungen liefern.[6] Weitaus am häufigsten wurde aber die Makroebene thematisiert, wobei vor allem die Frage des Arbeitsfriedens, meist bezogen auf das sogenannte Friedensabkommen in der Maschinen- und Metallindustrie von 1937, behandelt wurde.[7] Der Arbeitsfrieden gilt in den meisten Publikationen als wesentliches Merkmal der industriellen Beziehungen in der Schweiz. Er wird auf jahrhundertelang eingeübte Kompromissbereitschaft zurückgeführt und zu einer entscheidenden Bedingung für den relativ hohen Wohlstand erklärt. In dieser Sichtweise leitete das Friedensabkommen 1937 eine neue, auf einer Ethik von Treu und Glauben aufbauende Phase der Sozialpartnerschaft ein. Es wurde sogar als nachzuahmendes Modell für andere Länder angepriesen.[8]

Trotz der hohen Bedeutung, die der Sozialpartnerschaft im politischen Diskurs in der Schweiz seit den 1950er Jahren zugewiesen wird, erreichte sie nie den Stellenwert wie in andern kleinen europäischen Staaten. Die betriebliche oder gar unternehmensweite Mitbestimmung der Arbeitnehmerschaft blieb gering, Angestellte wurden erst spät in kollektive Verhandlungen einbezogen und tripartite Institutionen – in denen in Systemen ausgebauter Sozialpartnerschaft Vertreter von Kapital, Arbeit und Staat die Kompromisse aushandelten – fristeten ein bescheidenes Dasein. Zudem weigerte sich die Exportindustrie bis 1945, Tarifverträge abzuschliessen. In seiner Beschreibung der Pionierrolle der kleinen europäischen Staaten beim Ausbau sozialpartnerschaftlicher Beziehungen nimmt Peter J. Katzenstein die Schweiz deshalb ausdrücklich aus.[9]

Im Folgenden werden die industriellen Beziehungen vor allem anhand der Entwicklung von Löhnen, Streiks und Tarifverträgen dargestellt. Dabei bleiben Themen wie programmatische Debatten, innerbetriebliche Prozesse oder die Rolle einzelner Persönlichkeiten weitgehend ausgeklammert.

4.2.2 Die Akteure und ihre Beziehungen

4.2.2.1 Strukturelle Voraussetzungen: Erwerbsquoten und duale Wirtschaftsstruktur

Die industriellen Beziehungen prägen das Erwerbsleben in mannigfacher Hinsicht. In der Schweiz war im 20. Jahrhundert rund die Hälfte der Bevölkerung erwerbstätig; die Bruttoerwerbsquote blieb bis 1980 erstaunlich stabil zwischen 46 % und 51 % und stieg erst in den letzten Jahrzehnten auf 57 % an. Dabei bestand ein deutlicher Un-

5 Jaun 1986; Vetterli 1978.
6 Z.B. Gerlach 1995; Eisinger 1996; Tschudi 1979.
7 Z.B. Degen 1987; Gallati 1976; Hossli 1958; Humbel 1987a.
8 Hettlage 1997.
9 Katzenstein 1985, 53.

terschied zwischen den Geschlechtern: Bei den Männer gingen zwischen 64% und 69% einer Erwerbstätigkeit nach, bei den Frauen zwischen 26% und 34%. Als man 1960 begann, die Teilzeitbeschäftigung zu erfassen, wirkte sich dies vor allem bei den Frauen aus. Ihre Erwerbsquote stieg bis Ende des Jahrhunderts auf 48%, die der Männer erreichte ihr Maximum 1990 mit 71% (→ 1.1.2.2, Tabelle 1.1-5).

Das Erwerbsleben weist in der Schweiz einige Besonderheiten auf. So gingen Binnenwirtschaft und Exportindustrie oft eigene Wege. Während Erstere staatliche Regulierung in vielen Bereichen billigte oder sogar forderte, leistete Letztere – allerdings mit gewichtigen Ausnahmen – mehrheitlich Widerstand dagegen (→ 2.1.2.2 und 2.3.1). Dieser Dualismus prägte auch die industriellen Beziehungen, indem etwa auf den Inlandsmarkt ausgerichtete Wirtschaftszweige wesentlich früher Tarifverträge abschlossen. Überdies fehlten in der Schweiz weitgehend Wirtschaftszweige mit hoher Konzentration der Arbeiterschaft und langen eigenständigen Traditionen wie der Bergbau oder die Schwerindustrie. Ein grosser Anteil an Erwerbstätigen verfügte zudem nicht über die schweizerische Staatsbürgerschaft. Bei diesen lag die Erwerbsquote fast immer deutlich höher als bei der einheimischen Bevölkerung, 1960 etwa betrug das Verhältnis 87% zu 47%. Erst Ende des 20. Jahrhunderts erfolgte eine deutliche Annäherung auf 68% zu 54% (→ 1.1.2.2, Tabelle 1.1-5).

4.2.2.2 Arbeitnehmerschaft, Unternehmerschaft und Management

Industrielle Beziehungen setzen zwei Gruppen von Akteuren voraus: Unternehmer oder Management auf der einen, die Arbeitnehmerschaft auf der andern Seite. Beide bilden auch betriebsübergreifende Organisationen zur Wahrnehmung ihrer Interessen: Arbeitgeberverbände und Gewerkschaften.

Auf der Arbeitnehmerseite dominierten bis in die 1970er Jahre die Arbeiter und Arbeiterinnen klar; dann verloren sie gegenüber den Angestellten zunehmend an Boden.[10] Die schweizerische Arbeiterschaft bildete nie eine homogene Klasse. Sie differenzierte sich nach Kriterien wie Geschlecht, regionale und soziale Herkunft, Sprache, Religion, Beruf, Qualifikation, Wirtschaftszweig usw.

Die einst wichtigste Kategorie, die Heimarbeiterschaft, behielt bis zum Ersten Weltkrieg eine gewisse Bedeutung. Die früheste systematische Erhebung, die Betriebszählung von 1905, registrierte 92 162 Personen, also knapp 5% der Erfassten. Zu fast drei Vierteln handelte es sich um Frauen, die vor allem in der Stickerei (35 087), der Seiden- (22 454), der Uhren- (12 071) und der Bekleidungsindustrie (9 221) tätig waren.[11] Die effektive Verbreitung von Heimarbeit schätzten zeitgenössische Beobachter zum Teil wesentlich höher, weil sich nicht zuletzt die Teilzeitbeschäftig-

10 Eidg. Volkszählung 1980, Band 9, 216–217.
11 Eidg. Betriebszählung 1905, Band 3, 171.

ten unter anderen Kategorien wie Hausfrau oder Bauer einreihten.[12] Wenn es auch in Zweigen wie der Stickerei, der Uhrenindustrie und der Seidenbandweberei gut situierte Heimarbeitende gab, wurden sie doch nach 1900 im Allgemeinen als äusserst schlechtgestellte Schicht bezeichnet. Tatsächlich blieben sie von der Sozialgesetzgebung in vielerlei Hinsicht – etwa bei der Arbeitszeitregelung – ausgeklammert. Zudem erschwerten die individualisierte Arbeitsweise sowie die oft bescheidene Qualifikation die Kommunikation und damit die Möglichkeit zum kollektiven Handeln. Seit dem Ersten Weltkrieg ging es mit der Heimarbeit wegen der Modernisierung der Uhrenindustrie und vor allem wegen des Niedergangs von Stickerei und Seidenindustrie rasch bergab. Die Volkszählung erfasste 1930 gerade noch 25 865 Heimarbeitende, 1941 nurmehr 12 154.[13]

Den weitaus grössten Teil der industriellen Arbeiterschaft beschäftigten die dem Fabrikgesetz unterstellten Betriebe. Die Fabrikzählungen erfassten zwischen 1911 und 1964, als sie zum letzten Mal auf traditionelle Weise durchgeführt wurde, eine von 328 841 auf 768 563 steigende Zahl von Arbeitern, davon waren – mit leicht sinkender Tendenz – rund ein Drittel Frauen.[14] Die aufsteigende Maschinenindustrie mit ihrer überwiegend männlichen Arbeiterschaft löste in der Zwischenkriegszeit die von Arbeiterinnen geprägte Textilindustrie als wichtigsten Arbeitgeber ab. Ebenfalls eine Männerdomäne blieb die Metallindustrie, die sich in der Schweiz hauptsächlich auf die Metallbearbeitung konzentrierte und nur vereinzelt schwerindustrielle Grossbetriebe kannte. Weitgehend ausgeglichen gestaltete sich das Geschlechterverhältnis in der Nahrungsmittelindustrie und in zunehmendem Masse auch in der Uhrenindustrie. Die Bekleidungsindustrie, die im Gegensatz zur Textilindustrie aufblühte, blieb dagegen eine Frauendomäne. Weil der Bergbau nur geringe Bedeutung erreichte, fehlte dessen spezifische Kultur in der schweizerischen Arbeiterschaft. Die Industriearbeiterschaft bezog ihren Lohn vorwiegend in kleinen und mittleren Betrieben. Nicht ganz die Hälfte arbeitete in der ersten Jahrhunderthälfte in Betrieben mit bis zu 100 Arbeiterinnen und Arbeitern, während der Anteil derer, die in Unternehmen mit über 500 Beschäftigten tätig waren, mit leicht steigender Tendenz etwa ein Fünftel erreichte. Einen Überblick über die Anteile der Beschäftigung nach Betriebs- und Unternehmensgrösse im Verlauf des gesamten Jahrhunderts vermittelt die Einleitung zum Teil 2 (→ Tabellen 2-6 und 2-7).

Neben der industriellen existierte während des gesamten 20. Jahrhunderts eine bedeutende gewerbliche Arbeiterschaft. Ihr unbestrittenes Schwergewicht hatte sie immer im fast ausschliesslich den Männern vorbehaltenen Baugewerbe; ebenfalls bedeutend blieb das stark von Frauen geprägte Gastgewerbe. Bei der gewerblichen Arbeiterschaft dominierte der gelernte Handwerker, der weitgehend über die gleiche

12 Z.B. Lorenz 1911, 1697.
13 Eidg. Volkszählung 1980, Band 9, 216–217.
14 Gruner 1987, 112; *Volkswirtschaft* 38 (1965), 186.

Ausbildung und Fähigkeiten verfügte wie sein Arbeitgeber. Weil in den überwiegend kleinen und kleinsten Betrieben der Arbeitgeber selbst zumindest teilweise mitarbeitete, beruhte das Verhältnis zu den Gesellen nicht selten auf persönlichen Beziehungen. Letztere verfügten zudem oft über Fähigkeiten und finanzielle Mittel, um sich selbständig zu machen. Die Zeiten, in denen ein Handwerksgeselle nach einer angemessenen Frist fast automatisch selbst Meister wurde, waren allerdings bereits zu Beginn des 20. Jahrhunderts vorbei. Die ungelernten gewerblichen Arbeiter standen nicht selten in einem engen Verhältnis zu den Handwerkern, was sich in zahlreichen Berufen in ihrer Bezeichnung als Handlanger ausdrückte.

Im Verlauf des 20. Jahrhunderts gewannen die Angestellten in der Arbeitnehmerschaft zusehends an Bedeutung. Ihr Anteil stieg von 1900 bis 1980 von 12% auf 44%.[15] Die Abgrenzung zur Arbeiterschaft bot allerdings immer Schwierigkeiten, da die rechtlichen Regelungen unscharf blieben. Als in den 1920er Jahren infolge zahlreicher Arbeitskonflikte die Arbeitgeberseite eine klarere Unterscheidung anstrebte, führten ihre Bemühungen zu einem entmutigenden Ergebnis. Zwar behandelte das Arbeitsrecht die beiden Statusgruppen in mehrerlei Hinsicht unterschiedlich, jedoch ohne sie dabei eindeutig zu unterscheiden. Der mächtigste Arbeitgeberverband konnte als Kriterium nur den Stundenlohn bei Arbeitern und das Monatsgehalt bei Angestellten akzeptieren.[16] Als sich in den 1960er Jahren der Monatslohn für alle Kategorien und die rechtliche Gleichstellung in vielen Bereichen durchzusetzen begannen, lösten sich die definitorischen Grenzen endgültig auf. Die Betriebszählung verzichtete ab 1975, die Volkszählung ab 1990 auf die Unterscheidung.

Die Tätigkeit der Angestellten lässt sich ebenfalls nicht eindeutig abgrenzen, selbst wenn sie ganz allgemein mit der Bearbeitung von Information sowie der Aufsicht und Kontrolle umschrieben werden kann. Obwohl Angestellte in der Regel mehr verdienten, galt auch dieses Kriterium nur beschränkt.[17] So wurde zum Beispiel das vorwiegend weibliche Verkaufspersonal im Detailhandel seit dem Ersten Weltkrieg aus politischen Gründen der Angestelltenschaft zugeordnet, obwohl zahlreiche Arbeiterberufe deutlich besser bezahlt waren.[18]

Trotz der Abgrenzungsprobleme besteht kein Zweifel, dass die Angestellten gesamthaft gesehen in der ersten Hälfte des 20. Jahrhunderts über einen besseren Status als die Arbeiter verfügten. Nebst dem Monatslohn, der auch im Falle von Krankheit fortgezahlt wurde, gehörten längere Kündigungsfristen und die Gewährung von Ferien dazu. Im internationalen Vergleich spät erfolgte bei den Angestellten die Ablösung der Einzelarbeitsverträge durch kollektive Tarifverträge.

In Bezug auf die Beamtenschaft ergaben sich keine Abgrenzungsprobleme. Ihre Funktion blieb auf den öffentlichen Dienst beschränkt und war rechtlich definiert. Die

15 Eidg. Volkszählung 1990, 191.
16 Arbeitgeberverband schweizerischer Maschinen- und Metallindustrieller (ASM) 1923, 58–59.
17 König/Siegrist/Vetterli 1985, 448–457.
18 König/Siegrist/Vetterli 1985, 219–224.

schweizerische Beamtenschaft war nie eine durch zahlreiche Privilegien ausgezeichnete Kaste und hob sich wenig von der Angestelltenschaft ab. Einer der Hauptunterschiede zu anderen Angestellten war die feste Wahl für jeweils eine Amtsperiode, zum Beispiel für fünf Jahre. Auf der Ebene der Anstellungsbedingungen begannen die öffentlichen Arbeitgeber seit den 1960er Jahren zunehmend die Differenzen zwischen Arbeitern, Angestellten und Beamten einzuebnen. Seit den 1990er Jahren fingen auch die öffentlichen Verwaltungen an, den Beamtenstatus aufzuheben.

Auf der Arbeitgeberseite gab es ebenfalls verschiedene Kategorien. Die grösste Gruppe bildeten die gewerblichen Meister, die in ihren kleinen und mittleren Betrieben jeweils einige wenige Arbeitnehmer beschäftigten. Bei grösseren und grossen Betrieben wurden die Unternehmer zunehmend durch ein Management abgelöst. Ab einer bestimmten Betriebsgrösse bildete dieses eine auf die Ausgestaltung der industriellen Beziehungen spezialisierte Personalabteilung heraus. Das Management der öffentlichen Verwaltung und der staatlichen Betriebe war bei Grundsatzentscheidungen – zum Beispiel in Bezug auf das Lohnsystem oder allgemeine Lohnerhöhungen – von der Politik abhängig. Solche Fragen mussten von der Exekutive, der Legislative oder gar durch eine Volksabstimmung sanktioniert werden.

4.2.2.3 Arbeitgeberverbände und Gewerkschaften

Sowohl Arbeitnehmer als auch Arbeitgeber organisierten sich in einer Vielzahl von Verbänden, die ihre Mitglieder nach verschiedensten Kriterien rekrutierten.[19] Als zentral erwies sich jedoch die Unterscheidung zwischen Arbeit und Kapital; paritätische Organisationen blieben äusserst selten und waren zudem wegen innerer Differenzen instabil. Verbände entstanden in der Regel im Rahmen eines Berufes oder eines Wirtschaftszweiges. Auf Arbeitnehmerseite, selten auf Arbeitgeberseite, kamen als wichtige Dimensionen die Ideologie – sozialistisch, christlich, liberal – und der Status – Arbeiter, Angestellte, Beamte – dazu.

Aufseiten des Kapitals bestanden seit Mitte des 19. Jahrhunderts Verbände, die sich mit wirtschaftspolitischen Fragen beschäftigten. Dazu gehörte seit Ende des 19. Jahrhunderts auch der Umgang mit Forderungen der Arbeitnehmerschaft. Das hiess vor dem Ersten Weltkrieg vor allem Streikabwehr und nur selten Verhandlungen mit Gewerkschaften. Als Arbeitnehmerfragen in der Streikwelle nach der Jahrhundertwende zunehmend mehr Kapazitäten beanspruchte, erfolgte allerdings eine Differenzierung. Vorab im Gewerbe begannen sich Verbände Strukturen zur Bewältigung kollektiver Arbeitskonflikte zu geben. Als Vorbild diente der 1896/97 gegründete Schweizerische Baumeisterverband, der bei seiner Reorganisation 1905 ein Schwergewicht auf die Funktion als Arbeitgeberverband legte.[20] Weitere folgten, zum

19 Mach 1999.
20 Kulemann 1913, 264.

Beispiel der Schweizerische Spenglermeister- und Installateurverband, der 1910 eine eigene Streikkasse einrichtete.[21] In der Exportindustrie dagegen entstanden spezielle Organisationen, die sich ausschliesslich Arbeitnehmerfragen widmeten. Der seit 1883 bestehende Verein schweizerischer Maschinenindustrieller (VSM) als Pionier lagerte die Pflege der industriellen Beziehungen 1905 in den neu geschaffenen Arbeitgeberverband schweizerischer Maschinenindustrieller (ASM) aus.[22] Dieser sollte sich während des ganzen 20. Jahrhunderts als bedeutendster Arbeitgeberverband auf Branchenebene behaupten. Der 1906 gegründete Verband der Arbeitgeber der Textilindustrie (VATI) hatte seine Basis in der Baumwoll- und Wollindustrie. Versuche, die Seidenindustrie und die Stickerei zu integrieren, scheiterten in den folgenden Jahren.[23] Weil sich die wichtigsten Firmen auf engstem Raum konzentrierten, entstand in der Chemischen Industrie keine gesamtschweizerische Organisation, sondern 1909 der regionale Verband Basler Chemischer Industrieller (VBChI).[24] Anfang 1908 schlossen sich die bestehenden Arbeitgeberverbände sowie gewerbliche Branchenverbände mit ausgebauter Arbeitgeberfunktion zum Zentralverband schweizerischer Arbeitgeber-Organisationen (ZSAO) zusammen. Der ZSAO umfasste im folgenden Jahr bereits 15 Verbände, die etwa 4500 Firmen mit über 160000 Arbeiterinnen und Arbeitern repräsentierten.[25] Eine ähnliche Entwicklung war damals auch im Ausland zu beobachten. In Deutschland etwa bildeten die Schwerindustrie und die verarbeitende Industrie 1904 je eigene Dachorganisationen, die sich 1913 in der Vereinigung der Deutschen Arbeitgeberverbände fanden.

Bereits vor dem Ersten Weltkrieg bestand auf Arbeitgeberseite im Wesentlichen die Verbandsstruktur, die das gesamte 20. Jahrhundert über prägend bleiben sollte (→ III.ii.2). Im Laufe der Jahre stiessen mehrere, meist kleinere Organisationen zum ZSAO, sodass er im Jubiläumsjahr 1983 insgesamt 35 Branchenverbände zählte.[26] Von den wichtigsten Wirtschaftszweigen blieb nur die Uhrenindustrie noch über Jahrzehnte ohne umfassenden Arbeitgeberverband. Zwar bildete sich im Rahmen der staatsnahen Uhrenkammer 1937 die *Convention patronale de l'industrie horlogère suisse*; sie erlangte aber erst 1971 juristische Selbständigkeit.[27] Im Dienstleistungssektor bestand keine Notwendigkeit zur Bildung von Arbeitgeberverbänden, weil die Gewerkschaften abgesehen vom öffentlichen Dienst von vornherein schwach waren. Gegen Ende des 20. Jahrhunderts verloren aber auch Unternehmer- und Arbeitgeberverbände an Integrationskraft und Durchsetzungsfähigkeit gegen innen und aussen. Um die Ressourcen zu bündeln, wurde die jahrzehntelang bewährte funktionale Differenzierung zum Teil wieder aufgehoben, in der Maschinenindustrie etwa 1999 mit der

21 Kulemann 1913, 265.
22 Kulemann 1913, 262–268.
23 Steinmann 1926.
24 *Schweizerische Arbeitgeber-Zeitung* 1983, 117.
25 Kulemann 1913, 266–267.
26 *Schweizerische Arbeitgeber-Zeitung* 1983, 75.
27 *Schweizerische Arbeitgeber-Zeitung* 1983, 167.

Fusion von VSM und ASM zu Swissmem. Auf der Ebene der Dachverbände scheiterte ein Jahr später ein solcher Zusammenschluss, da im Schweizerischen Handels- und Industrieverein (SHIV) die multinationalen Grosskonzerne und die Grossbanken dominierten, beim ZSAO, der seit 1996 als Schweizerischer Arbeitgeberverband auftrat, aber mittelständische Unternehmen über erhebliches Gewicht verfügten.

Die Herausbildung einer breiten Gewerkschaftsbewegung begann in den letzten beiden Jahrzehnten des 19. Jahrhunderts.[28] Zwar bestanden einige ältere Organisationen wie die der Typographen, der Lokomotivführer, der Schneider und der Spengler. Nun kamen aber zahlreiche neue dazu, die sich als stabil erweisen sollten. Langfristig erfolgreichste Gründung war diejenige des Schweizerischen Gewerkschaftsbunds (SGB) von 1880, der allerdings erst nach der Jahrhundertwende zu einer bedeutenden Organisation aufstieg. Die Verbreitung weiterer stabiler, vorerst auf beruflich begrenzte Teilarbeitsmärkte ausgerichteter Zentralverbände folgte kurz darauf. Den Anfang machte 1883 mit den Federmachern jener für die Uhrenbranche. Es folgten die Eisenbahnen mit dem Zugspersonal (1885), die Holzbranche mit den Schreinern (1886), die Metallbranche mit den Giessern (1886), die Baubranche mit den Steinhauern (1888) und die Lebensmittelbranche mit den Müllern (1889). In den 1890er Jahren wurden Verbände in der Textilindustrie und mit den Depeschenträgern auch bei den bundeseigenen Post-, Telephon- und Telegraphenbetrieben (PTT) gegründet. Nach der Jahrhundertwende fusionierten Berufsverbände zu grösseren Einheiten, so 1903 bzw. 1908 zum Textilarbeiterverband, 1904 zum Verband der Lebens- und Genussmittelarbeiter, 1905 zum Verband der Gemeinde- und Staatsarbeiter und 1912 zum Uhrenarbeiterverband. Die um die Jahrhundertwende einsetzende Debatte um die Vor- und Nachteile von Industriegewerkschaften gegenüber Berufsgewerkschaften wurde nach dem Ersten Weltkrieg zugunsten Ersterer entschieden. Durch Wachstum und Fusionen erreichten einige Gewerkschaften bereits um die Jahrhundertwende die nötige Grösse zur Einrichtung ständiger Sekretariate.

Zu Beginn des 20. Jahrhunderts entstand zudem eine katholische Gewerkschaftsbewegung. Die Kirche wollte auf der Enzyklika «Rerum Novarum» von 1891 aufbauend die Arbeiterschaft dem Einfluss klassenkämpferischer Strömungen entziehen. Die überregionale Organisation begann 1901 bei den Holzarbeitern und kulminierte 1907 in der Dachorganisation des Christlichsozialen Gewerkschaftsbunds der Schweiz. Neben dieser ideologischen Spaltung bestanden innerhalb des SGB Spannungsfelder, die teilweise bis in die zweite Hälfte des 20. Jahrhunderts weiter wirkten. So spielten Ausländer in den frühen Jahrzehnten und dann wieder im letzten Viertel des 20. Jahrhunderts eine wichtige Rolle. Für sie waren die Gewerkschaften fast die einzige Möglichkeit, ihre sozialen und politischen Anliegen vorzubringen, weil sie hier die gleichen Rechte besassen wie die Einheimischen. Zwischen Gewerkschaften in der Binnenwirtschaft und in der Exportindustrie kam es ebenfalls immer wieder zu Dif-

28 Zum Folgenden Degen 2006, 99–115.

ferenzen, vor allem bezüglich ihres Verhältnisses zur Marktregulierung. Letztere neigten eher dazu, die von Unternehmerverbänden vorgebrachten Vorbehalte wegen der internationalen Wettbewerbsfähigkeit zu akzeptieren. Auch die Statusunterschiede zwischen Arbeitern, Angestellten und Beamten konnten Spannungen erzeugen, wobei allerdings der SGB die letzten beiden Statusgruppen nur im öffentlichen Dienst gut zu organisieren vermochte. Schliesslich erwies sich das Geschlechterverhältnis als dauerhaftes Problem, da die Gewerkschaften lange nur wenige Frauen organisierten.

4.2.2.4 Spannungen, Arbeitskonflikte und kollektive Regelungen

Unterschiedliche Auffassungen von Arbeitgebern und Arbeitnehmern über Löhne, Arbeitszeit und andere Arbeitsbedingungen sowie über die Anerkennung von Gewerkschaften als Verhandlungs- und Vertragspartner führten zu Auseinandersetzungen, die vom passiven Widerstand (Dienst nach Vorschrift) über Kundgebungen bis hin zu Streiks reichten.

Ab der zweiten Hälfte des 19. Jahrhunderts begannen in zunehmendem Masse die Gewerkschaften Arbeitskonflikte zu organisieren. Sie vernetzten die Arbeiter zahlreicher Betriebe und konnten dadurch die Arbeitsbedingungen wie auch die Erfolgsaussichten besser einschätzen und die Forderungen klarer formulieren. Sie boten den Beteiligten Rückhalt, indem sie ihnen aus der Streikkasse Taggelder zahlten, indem sie ihre Sicht des Konfliktes in der Öffentlichkeit verbreiteten und indem sie etwa in Form von Solidaritätsaktionen moralische oder in Form von – gelegentlich sogar internationalen – Geldsammlungen materielle Unterstützung organisierten. Weiter versuchten sie, durch Sperren und Streikposten andere Arbeitnehmer von einem bestreikten Betrieb fernzuhalten. Schliesslich verfügten sie über Erfahrungen in Verhandlungen mit den Arbeitgebern und boten sich auch als Vertragspartner an.

Die Arbeitgeber ihrerseits hofften, dass die Streikenden aus materiellen Gründen aufgäben. Zudem konnten sie versuchen, den Betrieb mit höheren Angestellten, Vorarbeitern, Lehrlingen und Unorganisierten aufrechtzuerhalten. In den letzten Jahrzehnten des 19. und in den ersten Jahrzehnten des 20. Jahrhunderts bestand ferner die Möglichkeit, Streikbrecher zu verpflichten. Mit Aussperrungen strebten Arbeitgeber eine Belastung der Streikkasse der Gewerkschaft an. Allerdings fällt es in der Praxis oft schwer zu unterscheiden, ob ein Streik oder eine Aussperrung vorlag. Deshalb werden beide Formen in der Streikstatistik gleich behandelt. Arbeitgeberverbände führten ebenso wie die Gewerkschaften Streikkassen, mit denen die bestreikten Firmen einen Teil des durch den Produktionsausfall entstandenen Schadens deckten.[29]

Für den Zeitraum zwischen 1880 und 1914 sind insgesamt 2426 Streiks bekannt (Grafik 4.2-1). Während die Streiktätigkeit in den 1880er Jahren relativ gering blieb, nahm sie in den 1890er Jahren spürbar zu, und nach 1900 explodierte sie geradezu.

29 Vgl. z. B. ASM, *Jahresbericht* 1923, 41–42.

Der Höhepunkt wurde zwischen 1905 und 1907 – vor dem Hintergrund einer günstigen Wirtschaftslage – erreicht.[30] Im frühen 20. Jahrhundert kam es zu ersten lokalen Generalstreiks in Genf, Neuenburg, Vevey, Lausanne, Montreux, Hochdorf und in Arosa sowie schliesslich 1912 in Zürich. Angesichts dieser Entwicklung begannen sowohl die Sozialdemokratische Partei (SP) als auch der SGB, die kollektiven Arbeitskonflikte ausdrücklich als Klassenkampf zu deuten.

Grafik 4.2-1: **Streiks und Streikende (1880–1914)**

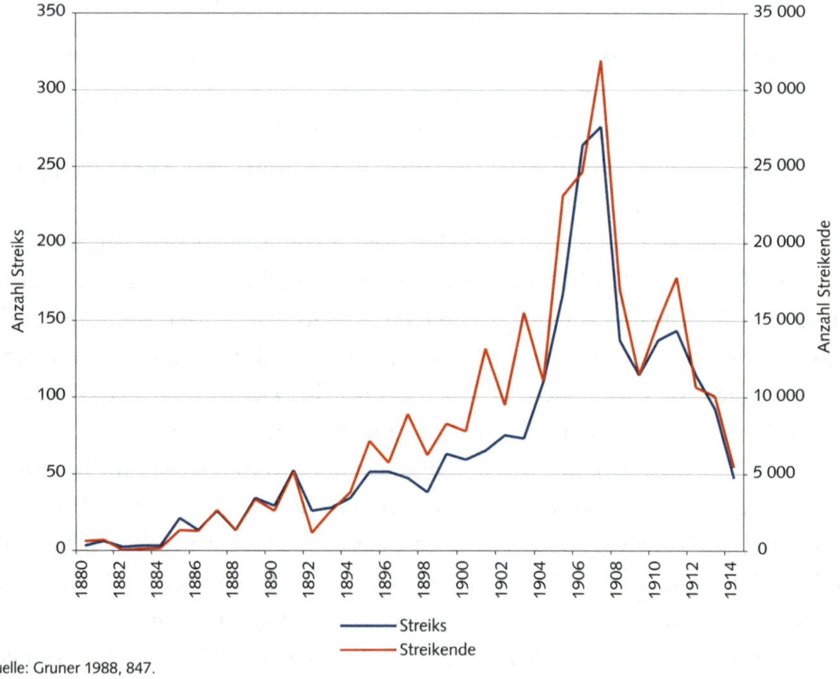

Quelle: Gruner 1988, 847.

Streiks beschränkten sich keineswegs auf grosse Städte. Zwar lagen Zürich, Basel und Genf zwischen 1880 und 1914 statistisch klar an der Spitze. Setzt man aber die Streikenden in Beziehung zu den ausserhalb der Landwirtschaft Erwerbstätigen, ergibt sich ein völlig anderes Bild: Mit Abstand an der Spitze steht dann der obere Teil des Tessins – die Bezirke Riviera und Leventina mit ihren Steinbrüchen –, gefolgt von den Bezirken Solothurn/Lebern, Vevey, Orbe und Arbon, also ländliche und kleinstädtische Gegenden. Erst dann folgen Basel und Zürich.[31] Die meisten Streikenden – fast ein Drittel – stellten die Maurer und Handlanger, mit beträchtlichem Abstand

30 Gruner 1988, 847; ferner → III.i.6.
31 Gruner 1988, 861.

gefolgt von Steinhauern und Schreinern. Reine Frauenstreiks blieben selten. In gewissen Branchen, vor allem in der Textil- und Bekleidungsindustrie, beteiligten sich zweifellos viele Frauen an den Arbeitsniederlegungen. Ihr Anteil an der Gesamtzahl der Streikenden dürfte aber 10 % kaum überstiegen haben.[32]

Vor dem Ersten Weltkrieg verfügten Arbeitgeber und Arbeiterschaft über geringe Erfahrung bei einer kollektiven Regelung von Arbeitsbedingungen. So brachen Konflikte oft aus geringfügigem Anlass aus. Weil Errungenschaften der Arbeiter meist nicht langfristig festgeschrieben wurden, kam es überdies nicht selten in der nächsten Saison zu einem Konflikt um die gleichen Forderungen. Diesem Übel sollten Tarifverträge abhelfen, denen allerdings vor dem Ersten Weltkrieg sowohl auf Arbeitgeber- als auch auf Arbeitnehmerseite mit Misstrauen begegnet wurde. Zwar gehörte die Schweiz bei der gesetzlichen Regelung der Arbeitsverhältnisse zu den Pionieren. Bereits das revidierte Obligationenrecht von 1911 skizzierte die Grundlinien des Tarifvertrags und führte die nur hierzulande gebräuchliche Bezeichnung *Gesamtarbeitsvertrag* ein. Ein solcher musste sowohl normative Bestimmungen über Lohn, Arbeitszeit und weitere Bedingungen enthalten als auch schuldrechtliche über die Rechte und Pflichten beider Parteien. Erst das revidierte Obligationenrecht von 1956 liess rein schuldrechtliche Verträge zu.[33] Diese Herabsetzung der Anforderungen erfolgte allerdings aus ideologischen Gründen, da ausser den Verbänden in der Maschinen- und Metallindustrie keine Gewerkschaft am Abschluss eines Tarifvertrags ohne normativen Teil interessiert war. Trotz der frühen rechtlichen Regelung blieben Tarifverträge aber äusserst selten. Gewerkschaftliche Statistiken registrierten zwar von 1910 bis 1912 insgesamt 412 Abschlüsse; sie betrafen aber nur gegen 45 000 Arbeiter, was knapp 7 % der Arbeiterschaft entsprach.[34] Die ältesten und umfassendsten Tarifverträge bestanden in der Druckindustrie.

Neben dieser privaten Regelung im Rahmen des Tarifwesens trug der Staat durch die Bildung von Einigungsinstanzen zur gütlichen Beilegung von kollektiven Arbeitskonflikten bei. Seit den 1890er Jahren entstanden in Städten und Kantonen Einigungsämter oder ähnliche Institutionen mit dem Ziel, Streitigkeiten zwischen Arbeitgebern und Arbeitnehmern zu schlichten. Das revidierte Fabrikgesetz von 1914 schrieb den Kantonen die Einrichtung ständiger Einigungsstellen vor, was diese in der Folge in unterschiedlicher Weise umsetzten. Einige erachteten sich nur für die dem Fabrikgesetz unterstellten Betriebe als zuständig, die meisten schlossen jedoch alle kollektiven Arbeitskonflikte ein. Fast alle Kantone sahen vor, dass das Einigungsamt im Bedarfsfalle von sich aus einschreiten konnte. In der Regel arbeitete es einen unverbindlichen Schiedsspruch zuhanden der Parteien aus. Eine verbindliche Schiedsgerichtsbarkeit setzte dagegen das vorgängige Einverständnis beider Parteien voraus.[35]

32 Gruner 1988, 870–879.
33 Jaeger 1981, 117–118.
34 Gruner 1988, 1242.
35 Saxer 1928, 3–8.

Für Konflikte, die Kantonsgrenzen überschritten, wurden interkantonale Einigungsstellen eingerichtet. 1949 trat an ihre Stelle eine Eidgenössische Einigungsstelle.

Die umfassende bundesgesetzliche Regelung der Arbeitsverhältnisse war in der Schweiz ein langwieriger Prozess, der mit dem Fabrikgesetz von 1877 seinen Anfang nahm und bis 1964 dauern sollte. Das Fabrikgesetz enthielt Bestimmungen zur Arbeitszeit, zum Sonderschutz von Frauen und Jugendlichen, zur Betriebshygiene und zur Unfallverhütung. Der Vollzug oblag den Eidgenössischen Fabrikinspektoraten. Im Juni 1914 kam eine Totalrevision des Gesetzes zum Abschluss, die unter anderem einen Kündigungsschutz bei unverschuldeter Erwerbsunfähigkeit infolge von Unfall, Krankheit und Militärdienst sowie neue Bestimmungen zur Gesundheitsvorsorge, Unfallverhütung und zum Lohnschutz enthielt.[36] Als Folge des Generalstreiks vom November 1918 wurde im nächsten Jahr noch die 48-Stunden-Woche eingefügt. Der Dienstvertrag – seit 1971 Einzelarbeitsvertrag genannt – wurde erstmals im Obligationenrecht von 1881 geregelt und dann 1911 und 1957 bis 1971 wesentlich verändert und erweitert. Seit 1918 waren Bestrebungen im Gange, die im Fabrikgesetz festgelegten Rechte auch auf Arbeitnehmer im Kleingewerbe und im Dienstleistungssektor auszudehnen. Entsprechende Entwürfe von 1918, 1935 und 1945 scheiterten allerdings. Erst mit dem Arbeitsgesetz von 1964 wurden bisher verstreute und verschiedenartige gesetzliche Vorschriften zusammengefasst und über den Fabrikbereich hinaus auf fast alle Arbeitsverhältnisse ausgedehnt.[37]

Das Arbeitsrecht gliedert sich in drei Teile:[38] Das *Arbeitsvertragsrecht* regelt die Beziehungen zwischen einzelnen Arbeitgebern und Arbeitnehmern. Es beeinflusst das Vertragsverhältnis zurückhaltend und enthält bis heute nur einen bescheidenen Kündigungsschutz. Die Beziehungen der Verbände untereinander bzw. diejenigen zwischen Verbänden und Arbeitgebern, Arbeitnehmern und dem Staat (zum Beispiel Streiks und Tarifverträge) ordnet das *kollektive Arbeitsrecht.* Schliesslich legt das *Arbeitsschutzrecht* Arbeitgebern und Arbeitnehmern Pflichten auf zur Vermeidung gesundheitsgefährdender Arbeitsbedingungen und zur Ermöglichung eines menschenwürdigen Lebens. Mit dem *Gleichstellungsgesetz* von 1995 schliesslich erfolgte ein Verbot von Diskriminierung aufgrund des Geschlechts, insbesondere in den Bereichen Anstellung, Aufgabenzuteilung, Gestaltung der Arbeitsbedingungen, Lohn, Aus- und Weiterbildung sowie Beförderung und Entlassung. Insgesamt blieben die Regelungen des schweizerischen Arbeitsrechts in den meisten Punkten bis heute zurückhaltend. Zentrale Fragen, vor allem bezüglich der Arbeitszeit, wurden hauptsächlich in Tarifverträgen geregelt.

36 Geiser/Müller 2009, 20–23.
37 Tschudi 1987, 54–58.
38 Tschudi 1985, 2.

4.2.3 Erster Weltkrieg, Generalstreik und die Folgen (1914–1930)

4.2.3.1 Kriegswirtschaft, Teuerung und soziale Unrast

Obwohl die Schweiz nicht direkt in die Kriegshandlungen verwickelt wurde, zeitigte der Erste Weltkrieg für die industriellen Beziehungen einschneidende Folgen. Bei Kriegsbeginn ergab sich zuerst eine starke Veränderung in der Zusammensetzung der Arbeitnehmerschaft. Jüngere Deutsche und Franzosen wurden mobilisiert und reisten daher ab; viele Italiener kehrten angesichts der unsicheren Lage in den Süden zurück. Die Schweizer erhielten ebenfalls ein militärisches Aufgebot. Für die Handwerksgesellen brachte der Erste Weltkrieg einen nachhaltigen Umbruch im Berufsleben, da die Grenzschliessung dem jahrhundertealten Brauch der Wanderschaft schlagartig ein Ende bereitete. Nach dem Krieg blieben die Grenzen dichter als zuvor, sodass nur noch wenige in die Fremde zogen. Damit verloren Handwerksgesellen ihre zuvor beträchtliche internationale Erfahrung und ihre Netzwerke. Sie orientierten sich zunehmend wie die Fabrikarbeiterschaft ausschliesslich an schweizerischen Verhältnissen.

Nachdem in einer ersten Phase wegen der desorganisierten Märkte weniger Arbeitskräfte gebraucht worden waren, füllten sich die durch die Einberufung aufgerissenen Lücken zunehmend mit Frauen. Deren Lage blieb aber prekär, weil in der Schweiz der Truppenbestand bei abnehmender Gefahr reduziert wurde und zeitweise nur einige 10 000 Mann unter Waffen standen. Den demobilisierten Soldaten mussten ihre Arbeitsplätze weitestmöglich gesichert werden, zumal sie während des Militärdiensts keine Lohnausfallentschädigung erhielten. So erwies sich die Zunahme der Frauenarbeit nicht als nachhaltig, was sich u. a. daran ablesen lässt, dass die Frauenerwerbsquote 1920 gegenüber der Vorkriegszeit unverändert war. Trotz Produktionseinschränkungen wegen eines Mangels an Rohstoffen und Transportkapazitäten gegen Ende des Krieges meldeten die Arbeitsämter mit Ausnahme des ersten Kriegsjahres durchweg günstigere Beschäftigungszahlen als in der Vorkriegszeit.

Zu Kriegsbeginn stellte die Arbeiterbewegung ihre Forderungen in den Hintergrund und hielt sich an den sogenannten Burgfrieden.[39] Einerseits wollte sie damit ihren Beitrag zur Abwendung der äusseren Bedrohung leisten, wie der Sprecher der SP im Nationalrat betonte. Andererseits waren die Gewerkschaften anfänglich weitgehend aktionsunfähig, weil zahlreiche Mitglieder ins Ausland zurückgewandert waren und andere in der Schweizer Armee Dienst leisteten. In den ersten beiden Kriegsmonaten verloren die Verbände des SGB im Mittel ein Drittel ihrer Mitgliedschaft, die Bauarbeiter sogar vier Fünftel. Zahlreiche Sektionen erwiesen sich unter solchen Bedingungen als nicht mehr handlungsfähig.

Indessen verschlechterte sich die Lage der Arbeitnehmerschaft zusehends. Die Bundesbehörden hatten keine Vorkehren getroffen, um die Versorgung der Bevölkerung sicherzustellen; erst im Sommer 1917 richteten sie eine bescheidene Abteilung

39 Zum Folgenden Degen 2006, 125–165.

für industrielle Kriegswirtschaft ein. Eine Rationierung der knappen Grundnahrungsmittel erfolgte im Herbst, die Entscheidung für ein eidgenössisches Ernährungsamt knapp vor Kriegsende. Die Finanzierung des Bundes durch die Schweizerische Nationalbank mittels Diskontierung von Reskriptionen sowie der allgemeine Mangel führten zu einer enormen Preishausse, die sich von 1914 bis 1918 in einer Steigerung des Lebenskostenindexes von 100 auf 204 Punkte niederschlug (→ 5.1.4.1).[40] Die Ernährungslage verschlechterte sich vorab in den Städten dermassen, dass viele nur dank staatlicher Stützungsmassnahmen den ärgsten Hunger stillen konnten.[41] Trotz der in einigen Wirtschaftszweigen über weite Strecken guten Lage hinkten die Löhne hinter der galoppierenden Teuerung her. Sie lagen 1918 etwa um ein Fünftel tiefer als bei Kriegsbeginn.

Grafik 4.2-2: **Streiks und Streikende (1914–1930)**

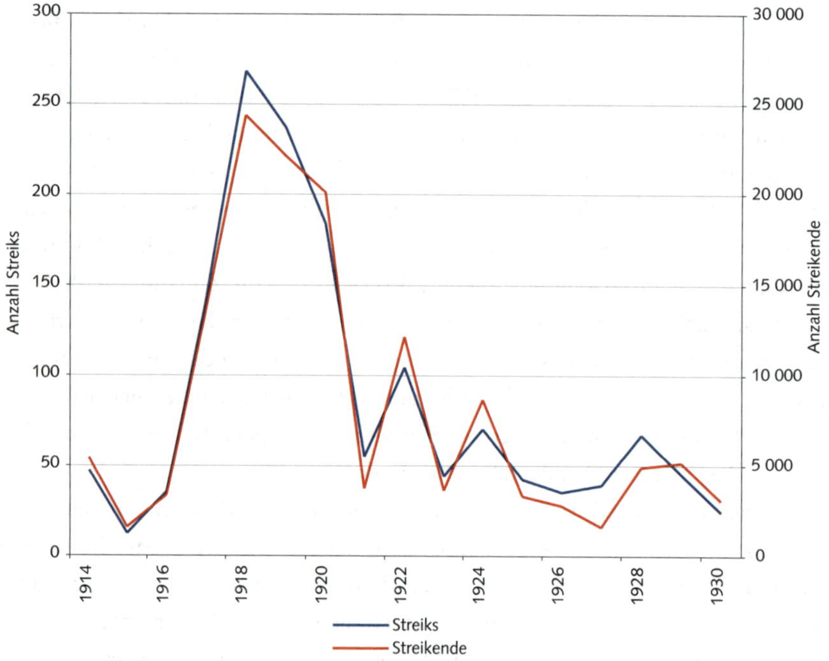

Quelle: HSSO Tab. V.18.

Als die Gewerkschaften den schweren Rückschlag von 1914 verdaut hatten und der Konjunkturaufschwung die Erfolgsaussichten verbesserte, schlugen sie zur Durchsetzung ihrer Forderungen nach Lohnerhöhungen und Arbeitszeitverkürzungen wieder einen härteren Kurs ein. Streiks und Streikende erreichten erneut die Grössenordnung

40 HSSO Tab. H.39.
41 Gautschi 1968, 31–33.

der Vorkriegsjahre (Grafik 4.2-2). Die Arbeiterschaft und zunehmend auch die Angestelltenschaft befanden sich in einer zwiespältigen Lage. Unter Kriegsbedingungen wurde ihnen nicht zuletzt als Rückgrat der Armee grössere Bedeutung beigemessen. Andererseits gingen die Behörden kaum auf die Forderungen nach einer Beseitigung der sozialen Missstände vor allem in der Lebensmittelversorgung ein. Nicht zuletzt die Erfolge bei wirtschaftlichen Streiks, aber auch die seit 1917 massiv einsetzenden sozialen Unruhen in den kriegführenden Staaten förderten die Ansicht, nur eine allgemeine Arbeitsniederlegung könne ihren Anliegen bei Arbeitgebern und Staat zum Durchbruch verhelfen. Das Anfang 1918 gegründete Oltener Aktionskomitee, das die Spitzen von Sozialdemokratie und Gewerkschaften vereinigte, erreichte mit seinen Generalstreikdrohungen tatsächlich mehr Entgegenkommen bei den Bundesbehörden.[42] Eine radikale Minderheit deutete die soziale Unrast gar als Niedergang des Kapitalismus, den sie mit einem revolutionären Generalstreik endgültig überwinden zu können glaubte.

Im bürgerlichen Lager herrschte Uneinigkeit darüber, ob die zunehmenden Aktivitäten der Arbeiterbewegung als Angriff auf das wirtschaftliche und politische System oder als Zuspitzung des Verteilungskampfs zu verstehen waren. Bei der Regelung konkreter Konflikte erwies sich die zweite Auffassung jeweils als die naheliegendere. Zudem begannen erste Arbeitgeberverbände einzusehen, dass sich Absprachen mit den Gewerkschaften zumindest in einem thematisch beschränkten Rahmen aufdrängten. So einigten sich zum Beispiel der Schweizerische Metall- und Uhrenarbeiterverband (SMUV) und der ASM Ende 1917 nach einem hartnäckigen Streik auf die 54-Stunden-Woche.[43] Daneben verbreitete sich im bürgerlichen Lager Revolutionsangst. Streiks wie derjenige der Zürcher Bankangestellten im Herbst 1918, den die städtische Arbeiterunion mit einem Aufruf zum lokalen Generalstreik unterstützte, liessen diese Ängste berechtigt erscheinen.[44] Namentlich die Armeeführung stützte ihre Lagebeurteilung auf von der russischen Oktoberrevolution abgeleitete Szenarien.

Als die Armee Anfang November 1918 unter dem Vorwand, einem Umsturz zuvorzukommen, Zürich besetzte, verbreitete sich selbst in gemässigten Kreisen der Arbeiterschaft tiefe Empörung. Eine spontane Protestbewegung drohte vor allem in den grösseren Städten der Deutschschweiz. Um die Kontrolle nicht zu verlieren, rief das zögerliche Oltener Aktionskomitee zu einem kurzen Proteststreik auf. Dieser weitete sich zu einem Generalstreik aus, der am 12. November auf die gesamte Schweiz übergriff. In den Industriezentren war die Beteiligung umfassend; ländliche Regionen, vor allem im Tessin und in der Westschweiz, standen dagegen eher abseits. Eine Erhebung des SGB erfasste insgesamt 250 000 Streikende. Mit fortschreitender Dauer des Ausstandes formierten sich Gegenkräfte. So traten verschiedenenorts Bürgerwehren

42 Gautschi 1968, 115–139.
43 Degen 1991, 32–33.
44 Gautschi 1968, 225–226.

auf den Plan.[45] Bundesrat und Kantonsregierungen, die in der ersten Überraschung Konzessionsbereitschaft gezeigt hatten, verhärteten ihre Haltung zusehends. Unter dem Druck eines bundesrätlichen Ultimatums und aus Angst vor dessen militärischer Durchsetzung beschloss das Oltener Aktionskomitee am 14. November, den Generalstreik abzubrechen.[46]

4.2.3.2 Arbeitszeitregelung und Lohnentwicklung nach Kriegsende

Oberflächlich betrachtet triumphierte mit dem Abbruch des Generalstreiks im bürgerlichen Lager die harte Linie. Die Lage beruhigte sich aber keineswegs. Im ersten Nachkriegsjahr registrierte der SGB 237 Streiks mit insgesamt über 22 000 Beteiligten (siehe Grafik 4.2-2). Dazu kam Ende Juli ein regionaler Generalstreik, der Basel und Zürich erfasste. Vor diesem Hintergrund bahnte sich auch bei den vermeintlichen Siegern ein Umdenken an. Den Arbeitgeberverbänden wurde klar, dass sie die Gewerkschaften als Verhandlungspartner nicht länger ignorieren konnten. Zentraler Verhandlungsgegenstand war – wie in verschiedenen anderen europäischen Ländern auch – die unter den Generalstreikforderungen ganz oben rangierende 48-Stunden-Woche. Ende März 1919 unterzeichnete der ASM eine entsprechende Vereinbarung, bald darauf folgten der VATI sowie die Arbeitgeberverbände der Druckindustrie und einiger kleinerer Wirtschaftszweige.[47] Die Landesregierung bereitete eine Revision des Fabrikgesetzes vor und versprach die 48-Stunden-Woche auch für die Post und die Eisenbahnen. Die Holzarbeiter erreichten die entsprechende Verkürzung mit einem landesweiten Streik; im Baugewerbe dagegen scheiterten die Verhandlungen. In der Uhrenindustrie einigten sich Arbeitgeber in der Deutschschweiz Ende Mai auf die 48-Stunden-Woche, in der französischen Schweiz erst nach einer Intervention des Volkswirtschaftsdepartements im September 1919. Mit der vom Bundesparlament erlassenen Gesetzesnovelle von Ende Juni 1919 galt in der gesamten Schweizer Industrie, nicht aber im Gewerbe, die 48-Stunden-Woche.

In den konfliktreichen Jahren zwischen 1917 und 1920 erreichte der Tarifvertrag mit insgesamt 931 Abschlüssen eine bis dahin nie gekannte Verbreitung.[48] Sie beschränkte sich allerdings weitgehend auf das Gewerbe und einen kleinen Teil der Arbeiterschaft, während die Industrie weiterhin darauf beharrte, nur im Notfall und zu einzelnen Fragen Vereinbarungen einzugehen. Eine Ausnahme machte die Uhrenindustrie im Oktober 1919. Weil sie aber bald wieder von den Verträgen Abstand nahm, entwickelte sich daraus keine Tradition. Der wichtigste landesweit gültige Abschluss kam im Holzgewerbe zustande.

45 Gautschi 1968, 316, 365–367.
46 Gautschi 1968, 225–340.
47 Degen 1991, 37–81.
48 Die Gewerkschaftsverbände der Schweiz im Jahre 1929, Beilage zur *Gewerkschaftlichen Rundschau* 7 (1930), 12.

Die erste umfassende amtliche Erhebung des Bundesamtes für Industrie, Gewerbe und Arbeit (BIGA) vom Frühling 1929 machte deutlich, dass die Verbreitung von Tarifverträgen bereits wieder stark zurückgegangen war. Das BIGA zählte nur 303, die insgesamt 65 000 Beschäftigte umfassten. Fast die Hälfte der Verträge betraf das Bau- und Holzgewerbe.[49] Zu einer institutionalisierten Zusammenarbeit auf gesamtwirtschaftlicher Ebene wie etwa in der im November 1918 in Deutschland gebildeten Zentralarbeitsgemeinschaft, die ohne staatliche Eingriffe Fragen wie Arbeitszeitverkürzung, Arbeiterausschüsse usw. regelte, kam es in der Schweiz nicht.

Die gute Konjunktur, welche die Verteilungsprobleme für kurze Zeit entschärft hatte, brach gegen Ende 1920 zusammen. Ein massiver Beschäftigungsrückgang setzte ein und erreichte seinen Höhepunkt im Februar 1922 mit 99 541 registrierten Arbeitslosen, was einer Quote von 5.3 % entsprach. Hinzu kam noch eine bedeutende Zahl Arbeitsloser, die keiner Arbeitslosenkasse angehörten und daher keine Veranlassung hatten, sich registrieren zu lassen.

Die seit 1914 gewaltig gestiegenen Preise auf dem Weltmarkt zerfielen wieder. Die Arbeitgeber in der Exportindustrie wollten der Deflation mit (Nominal-)Lohnabbau begegnen. Obwohl Landwirtschaft und Gewerbe, die für den Binnenmarkt produzierten, wenig Interesse an einem niedrigeren Erlös für ihre Produkte zeigten, sanken die Preise beträchtlich.[50]

Da nur vage Vorstellungen über einen Reallohn bestanden, verwendeten Arbeitgeber und Gewerkschaften den Begriff «Lohnabbau» wie selbstverständlich. Zur Bestimmung der Reallohnentwicklung benötigt man dagegen einen anerkannten Massstab, einen Konsumentenpreisindex, und über einen solchen stritt man sich damals noch heftig. In Perioden der Inflation zeigten vor allem die Gewerkschaften Interesse an einer entsprechenden Kennzahl, in solchen der Deflation eher die Unternehmer. Die Gegenseite argumentierte jeweils mit besonders eindrücklichen Preisbeispielen. Es sollte noch bis 1926 dauern, bis ein für allen Seiten einigermassen akzeptabler Landesindex der Konsumentenpreise veröffentlicht werden konnte.[51] Weil sich die Preise damals jedoch wieder stabilisiert hatten, war das Interesse bereits abgeflaut. In der Weltwirtschaftskrise entzündete sich der Streit um das Mass der Teuerung bzw. des Preisabbaus erneut, und erst im lang anhaltenden Aufschwung nach dem Zweiten Weltkrieg erfuhr der Landesindex der Konsumentenpreise breite Anerkennung.

Eine Analyse der Lohnentwicklung unter Verwendung des Landesindexes der Konsumentenpreise zeigt, dass die Reallöhne, gemessen am Stundenverdienst, zwischen 1918 und 1922 weiter stiegen (Grafik 4.2-3). Da in dieser Zeit die Arbeitszeit zum Teil massiv verkürzt wurde, führten die gestiegenen Stundenlöhne jedoch nicht zu einem entsprechenden Einkommenszuwachs. Diejenigen, die über ein regelmässiges Einkom-

49 *Volkswirtschaft* 3 (1930), 126.
50 Degen 1991, 130–139.
51 Barmettler 1985.

Grafik 4.2-3: **Durchschnittlicher Stundenverdienst (1913–1930)**

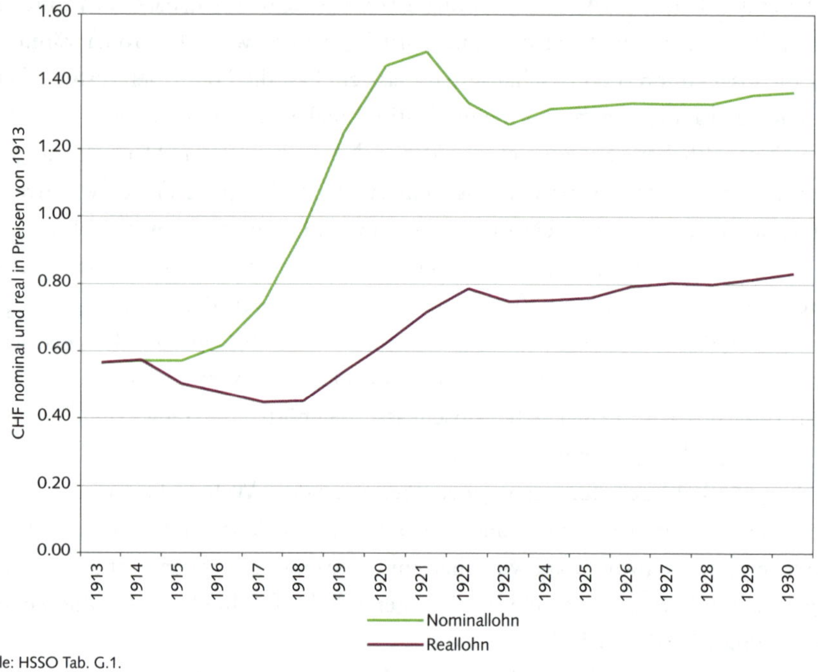

Quelle: HSSO Tab. G.1.

men verfügten, erlitten keine realen finanziellen Einbussen. Viele hatten aber die während der Kriegszeit entstandenen Einkommensrückgänge noch nicht aufgeholt, und die Krise bescherte ihnen oftmals Kurzarbeit oder zumindest vorübergehende Arbeitslosigkeit und damit weitere Einkommenseinbussen. Vor diesem Hintergrund wird verständlich, dass sich die Gewerkschaften gegen den Nominallohnabbau wehrten.

Noch vor dem Tiefpunkt der Wirtschaftskrise eröffneten die Arbeitgeber im Herbst 1921 eine zweite Front. Den Auftakt gab die «Motion Abt», ein parlamentarischer Vorstoss, der erneut die 54-Stunden-Woche ermöglichen wollte. Die Motion genoss allerdings nicht die Unterstützung aller Arbeitgeber, da viele davon ausgingen, dass eine grosszügige Auslegung der Ausnahmeklausel des Fabrikgesetzes, welche die 52-Stunden-Woche ermöglichte, schneller und vor allem weniger konfliktträchtig zum Ziel führte. Dennoch verabschiedete das Parlament im Sommer 1922 die «Lex Schulthess», die in Krisenzeiten eine 54-Stunden-Woche ermöglichen sollte. Die Gewerkschaften brachten innert kürzester Zeit über 200000 Referendumsunterschriften zusammen, eines der herausragendsten Ergebnisse in der Geschichte dieses Volksrechts. Unter diesen Umständen verschob die Landesregierung die Abstimmung über das angeblich so dringliche Gesetz um 16 Monate. Trotzdem lehnten die Stimmberechtigten die Lex Schulthess nach einer eindrücklichen Kampagne im Februar 1924 ab.[52]

52 Degen 1991, 214–255.

Der Erfolg an der Urne blieb aber symbolisch: Als die Konjunktur wieder anzog, trafen immer mehr Ausnahmegesuche beim Wirtschaftsministerium ein. Von 1924 bis Ende der 1920er Jahre erteilte dieses im Durchschnitt jährlich 1 700 Ausnahmebewilligungen. Über solche Bewilligungen verfügten rund zwei Fünftel aller Fabriken. Erst in der folgenden Weltwirtschaftskrise setzte sich die 48-Stunden-Woche erneut durch.[53]

4.2.3.3 Neustrukturierung und Aufschwung der Gewerkschaftsbewegung

Die starken wirtschaftlichen Schwankungen, die zahlreichen Arbeitskonflikte und nicht zuletzt der Generalstreik von 1918 zeitigten Auswirkungen auf die Struktur der Gewerkschaftsbewegung, während die Arbeitgeber an ihrer in der Vorkriegszeit gefundenen Organisationsform festhielten. Bereits die Abwanderung der ausländischen Arbeitskräfte zu Beginn des Ersten Weltkriegs hatte zu neuen Strukturen geführt. So schlossen sich Mitte 1915 der Metallarbeiter- und der Uhrenarbeiterverband zum Schweizerischen Metall- und Uhrenarbeiterverband (SMUV) zusammen, ferner vereinigten sich der Lebens- und Genussmittelarbeiter- und der Handels- und Transportarbeiterverband zum Verband der Handels-, Transport- und Lebensmittelarbeiter (VHTL).

Grafik 4.2-4: **Mitgliederzahlen gewerkschaftlicher Dachverbände (1914–1930)**

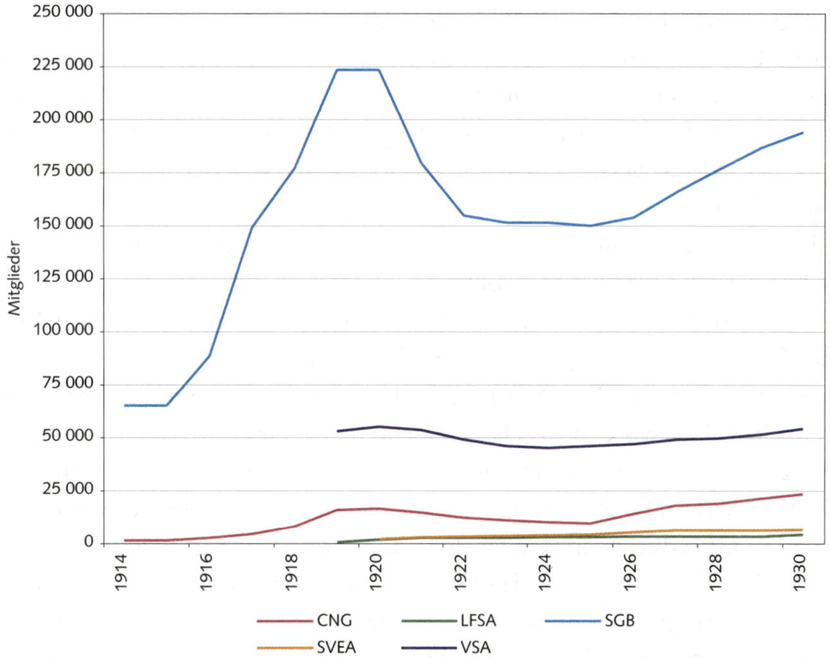

Quellen: SGB: Stat. Jb. der Schweiz 1931, 303; VSA: König/Siegrist/Vetterli 1985, 601; CNG: Schweizerisches Wirtschaftsarchiv B. Verb. C 31, CNG-Statistik vom 27.2.1932; SVEA: HSSO Tab. V.13b; LFSA: LFSA 1994, 123.

53 Degen 1991, 280–281.

1917 setzte ein gewaltiger, allerdings kurzfristiger Aufschwung der Gewerkschaftsbewegung ein (Grafik 4.2-4). Gewerkschaftliches Bewusstsein verbreitete sich selbst unter Angestellten, was sich in der Radikalisierung bestehender und in der Gründung neuer Verbände äusserte. So erfolgte 1917 die Gründung des Zentralverbands des Staats- und Gemeindepersonals; 1918 folgten die Verbände der Angestellten der Maschinenindustrie und des Bankpersonals, vor allem aber die Dachorganisation Vereinigung schweizerischer Angestelltenverbände (VSA).[54] Auch bei älteren Gewerkschaften erfolgte eine weitgehende Neustrukturierung. So vereinigten sich 1919 die zuvor stark zersplitterten, grösstenteils autonomen Organisationen der Eisenbahner im Schweizerischen Eisenbahnerverband (SEV) und schlossen sich dem SGB an. Weitere Fusionen führten 1922 zum Schweizerischen Bau- und Holzarbeiterverband, 1923 zum Verband der Bekleidungs- und Lederarbeiter und 1928 zur PTT-Union, die den Grossteil der zuvor verstreuten Organisationen des Personals der Post-, Telephon- und Telegraphenbetriebe (PTT) vereinte.

In Abgrenzung zum SGB entstanden 1919 der freisinnige Landesverband freier Schweizer Arbeiter (LFSA) und 1920 der Schweizerische Verband evangelischer Arbeitnehmer (SVEA), die trotz ihres geringen Gewichts den Status von Dachorganisationen beanspruchten und diesen mit Unterstützung der Arbeitgeber auch durchsetzen konnten. Die katholische Gewerkschaftsbewegung dehnte sich in den öffentlichen Dienst aus und nannte ihre Dachorganisation ab 1921 zur deutlicheren ideologischen Positionierung nicht mehr Christlich-sozialer, sondern Christlich-nationaler Gewerkschaftsbund (CNG). In grösseren Betrieben der Metall-, Maschinen-, Nahrungsmittel- und chemischen Industrie sowie in Banken und Versicherungen bildeten sich Hausverbände. Diese erlangten, weil sich die Arbeitgeber gerade in diesen Bereichen kollektiven Vereinbarungen energisch widersetzten, vorerst nur geringe Bedeutung. Mit den Neugründungen und Umgruppierungen erreichte die Gewerkschaftsbewegung eine Struktur, die sie im Wesentlichen während fast des gesamten 20. Jahrhunderts beibehalten sollte.

Die Gewerkschaften verloren ihren Schwung in der Krise der frühen 1920er Jahre. Dazu trugen auch Spaltung der SP Ende 1920 und die Gründung der Kommunistischen Partei (KP) im folgenden Frühling bei. Letztere erreichte nur in wenigen Städten ein gewisses politisches Gewicht. In den Gewerkschaften selbst kam es zu langwierigen Auseinandersetzungen zwischen dem gemässigten und dem radikaleren Flügel, wobei Letzterer keineswegs mit den Kommunisten gleichgesetzt werden darf.[55] Die Gewerkschaften konnten den Mitgliederbestand von 1920 erst wieder im Jahr 1932 erreichen. Vorab bei den Frauen fanden sie während mehrerer Jahrzehnte nicht mehr den gleichen Rückhalt wie um das Ende des Ersten Weltkriegs. Nicht nur Streiks, auch gütlich beigelegte Lohnbewegungen wurden deutlich seltener. Die

54 König/Siegrist/Vetterli 1985, 471–479.
55 Degen 1980.

Gewerkschaften erfuhren zudem eine starke Hierarchisierung. In ihrer Buchhaltung zeigte sich eine beträchtliche Umschichtung der Ausgaben von den durch Konflikte beanspruchten hin zu solchen für Dienstleistungen, namentlich für Kranken-, Arbeitslosen- und andern Unterstützungsleistungen. Die Hierarchisierung und das beträchtliche Gewicht der Unterstützungskassen – die teilweise von staatlichen Subventionen abhängig waren – führten ferner zu einer Disziplinierung der Basis. Welch geringe Bedeutung Kampfmassnahmen noch zugemessen wurden, zeigten verschiedene Entscheide im Jahr 1927. So stimmten die Gewerkschaften nach erfolgloser Gegenwehr sogar einem Beamtengesetz zu, das für das Bundespersonal neben andern umstrittenen Bestimmungen eine Einschränkung der Koalitionsfreiheit und ein Streikverbot vorsah. Das Basler Gewerkschaftskartell, das seit dem Krieg einen radikaleren Kurs verfolgt hatte, wurde aus dem SGB ausgeschlossen. Dieser strich zudem die Verpflichtung auf den «proletarischen Klassenkampf» aus seinen Statuten und verlangte von seinen Mitgliedsverbänden nurmehr die Anerkennung des pragmatischen Programms.[56]

4.2.3.4 Das amerikanische Vorbild

Die Arbeitgeber begannen, die Erfahrungen aus den heftigen Auseinandersetzungen vom Ende des Ersten Weltkriegs in längerfristige Strategien umzusetzen. Auf beträchtliches Interesse stiess die aus den USA kommende «wissenschaftliche Betriebsführung», die neben höheren Erträgen durch eine Optimierung der Produktion den Abbau der Interessensgegensätze zwischen Kapital und Arbeit versprach. Diesem Ziel sollten der Aufbau einer unternehmensorientierten Arbeiteridentität sowie der durch den Produktivitätsfortschritt erweiterte Verteilungsspielraum dienen.[57] Die sogenannte Rationalisierungsbewegung erlebte in den späten 1920er Jahren einen kurzen Höhepunkt, bevor ihr die Weltwirtschaftskrise ein Ende bereitete.[58]

Die Beschäftigung mit den neuen Managementmethoden blieb nicht reine Theorie. Die Arbeitgeber versuchten mit unterschiedlichsten Massnahmen, die Arbeiterschaft enger an den Betrieb zu binden. Bereits bei der Rekrutierung kamen industriepsychologische Erkenntnisse zur Anwendung. Ein zunehmend dichteres Netz betrieblicher Fürsorgetätigkeit förderte die Firmentreue. Das Spektrum reichte vom Ausbau der – teilweise älteren – Vorsorgeeinrichtungen über die Einrichtung von Kantinen bis hin zur Beschäftigung einer Fabrikfürsorgerin. Dank steuerlicher Begünstigungen begannen einzelne Unternehmen, Pensionskassen aufzubauen, vorab in den Branchen Maschinen und Metall, Chemie, Banken und Versicherungen. Unverbindliche Arbeiterkommissionen erfuhren eine stärkere Verbreitung, aber noch kei-

56 Degen 1991, 291–305.
57 Jaun 1986, 67–85.
58 Jaun 1986, 16; Leimgruber 2001. Nach dem Zweiten Weltkrieg erlebte sie unter der Bezeichnung «Produktivitätsbewegung» einen neuen Aufschwung.

nen Durchbruch. Betriebs- und Branchenzeitungen bildeten ein ideologisches Gegengewicht zur Arbeiterpresse. Soziale Aktivitäten wie Feiern, Firmensport usw. festigten den Zusammenhalt zwischen Betriebsangehörigen.[59] Verbindliche Abmachungen etwa in Form von Tarifverträgen lehnte die Industrie aber nach wie vor ab. Die Kontakte mit Gewerkschaften blieben auf das Nötigste beschränkt, vor allem im Falle von drohenden oder bereits akuten Arbeitskonflikten.

4.2.4 Die Weltwirtschaftskrise und der schweizerische Weg zum Arbeitsfrieden (1930–1950)

4.2.4.1 Massenarbeitslosigkeit und politische Offensive der Gewerkschaften

Die heraufziehende Weltwirtschaftskrise entfremdete Arbeitgeber und Gewerkschaften zunächst weiter. Bis 1930 setzten Letztere noch beträchtliche Lohnerhöhungen, Ferienverbesserungen und andere Zugeständnisse durch. 1931 registrierten sie sogar stattliche Arbeitszeitverkürzungen, doch diese ergaben sich nicht zuletzt infolge des Auftragsmangels vieler Betriebe. Die nominalen Stundenlöhne stiegen bis 1931, um dann bis 1936 um über 12 % zurückzugehen (Grafik 4.2-5). Weil die Krise wiederum

Grafik 4.2-5: **Durchschnittlicher Stundenverdienst (1930–1950)**

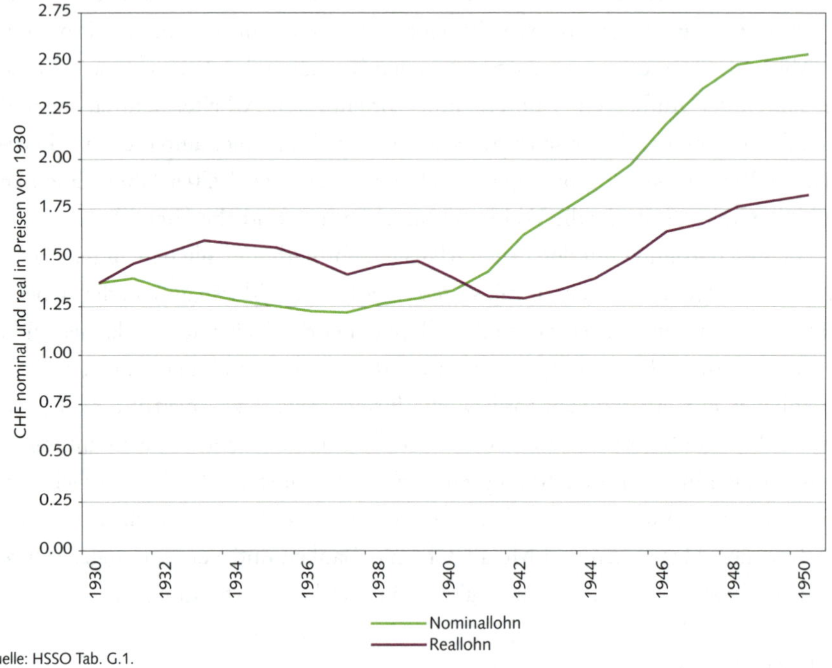

Quelle: HSSO Tab. G.1.

59 Billeter 1985, 23–30; Jaun 1986, 124–159.

mit einer starken Deflation einherging, erreichten die Reallöhne ihr Maximum erst 1933 und fielen anschliessend bis zum Krieg fast wieder auf den Stand von 1930. Das Einkommen der einzelnen Arbeiter folgte allerdings oft nicht der Reallohnentwicklung, weil es durch die Rückkehr zur 48-Stunden-Woche sank und im Falle der verbreiteten Kurzarbeit oder bei vorübergehender Arbeitslosigkeit teilweise bzw. ganz ausblieb. So ging etwa die Zahl der Beschäftigten in den dem ASM angeschlossenen Unternehmen von 1929 bis 1935 von über 61 000 auf 41 000 zurück, und von den Verbliebenen erreichte 1932/33 nicht einmal die Hälfte die Normalarbeitszeit von 48 Wochenstunden.[60]

Weil sich die Binnenwirtschaft, vor allem die Bauwirtschaft, vorerst günstig entwickelte (→ 1.1.3.2.2), setzte der steile wirtschaftliche Niedergang erst im Herbst 1931 ein. Er dauerte während des Jahres 1932 an und liess die Zahl der registrierten Arbeitslosen im Januar 1933 erstmals auf über 100 000 steigen (→ 1.1.3.1.2, Grafik 1.1-17). Es folgte eine bis 1936 andauernde Stagnation, in der sich die Beschäftigungslage weiter verschlechterte. Der Tiefpunkt wurde im Januar 1936 mit 124 008 registrierten Arbeitslosen erreicht, was einer Quote von 5.7 % entspricht. Wie in der Krise der frühen 1920er Jahre lag die effektive Arbeitslosigkeit jedoch beträchtlich höher als die registrierte, da sich in der Regel nur diejenigen einschrieben, die Unterstützungsleistungen erwarten konnten.[61]

Eine allgemeine Arbeitslosenversicherung existierte damals nicht. 1930 zählten alle Arbeitslosenkassen zusammen 315 075 Mitglieder. Den öffentlichen (kantonalen und kommunalen) hatten sich 62 430 Personen angeschlossen, den privaten einseitigen (gewerkschaftlichen) 186 652 und den privaten paritätischen (von Arbeitgebern und Arbeitnehmern gemeinsam verwalteten) 65 993.[62] Bis zum Tiefpunkt der Krise 1936 stieg die Gesamtzahl auf 551 087, davon waren 175 463 bei den öffentlichen Arbeitslosenkassen eingeschrieben, 267 132 bei den gewerkschaftlichen und 108 492 bei den paritätischen.[63] Die gewerkschaftlichen Kassen verloren trotz ihres beträchtlichen Wachstums Boden an die öffentlichen, vereinigten aber noch immer fast die Hälfte der Versicherten. Selbst als die Arbeitslosigkeit am höchsten war, war somit nur gut ein Drittel der Arbeitnehmerschaft versichert. Der Bund subventionierte die Arbeitslosenversicherung, wobei das Gesetz von 1924 gewerkschaftliche Kassen diskriminierte, indem es ihnen nur bis zu 30 % – ab 1936 dann 35 % – der Taggelder ersetzte, während den andern Kassen bis zu 40 % rückerstattet wurden. Während der Krise zeigte sich, dass diese Ansätze in keiner Weise genügten: Zwischen 1930 und 1934 zahlten die Gewerkschaften 125.5 Mio. Franken an Taggeldern aus, die nur zu einem Fünftel durch Prämien gedeckt waren. Fast 100 Mio. Franken steuerten Bund, Kantone und

60 Müller 2010, 99, 102.
61 Müller 2010, 89–104.
62 Statistisches Jahrbuch (Stat. Jb.) 1935, 291.
63 Stat. Jb. 1940, 289.

Gemeinden als Subventionen bei. Ausserdem beanspruchte die Betreuung der Arbeitslosen die Funktionäre in einem erheblichen Masse.

Unter solchen Bedingungen verfügten die Gewerkschaften nur über begrenzte Widerstandskraft. Die Streiks nahmen gegenüber den späten 1920er Jahren ab, erfassten allerdings jeweils deutlich mehr Beschäftigte als zuvor, und es gingen durchschnittlich doppelt so viele Arbeitstage verloren. Die heftigsten Konflikte fielen ins Jahr 1930, als die Krise noch wenig spürbar war. Zum Teil wurden sie gegen den Willen der etablierten Gewerkschaften von einer kleinen revolutionären Gewerkschaftsopposition geführt.[64] In der Regel ging es bei diesen Auseinandersetzungen um die Abwehr von Nominallohnabbau. Weil aber angesichts der Massenarbeitslosigkeit die Ergebnisse bescheiden ausfielen, wurde von 1934 bis zum Herbst 1936 kaum mehr gestreikt. Erst während des folgenden leichten Konjunkturaufschwungs versuchten die Gewerkschaften erneut, mit Arbeitsniederlegungen bessere Arbeitsbedingungen zu erreichen. Neben dem Baugewerbe stand vor allem die Uhrenindustrie im Zentrum (Grafik 4.2-6).

Grafik 4.2-6: **Streiks und Streikende (1930–1950)**

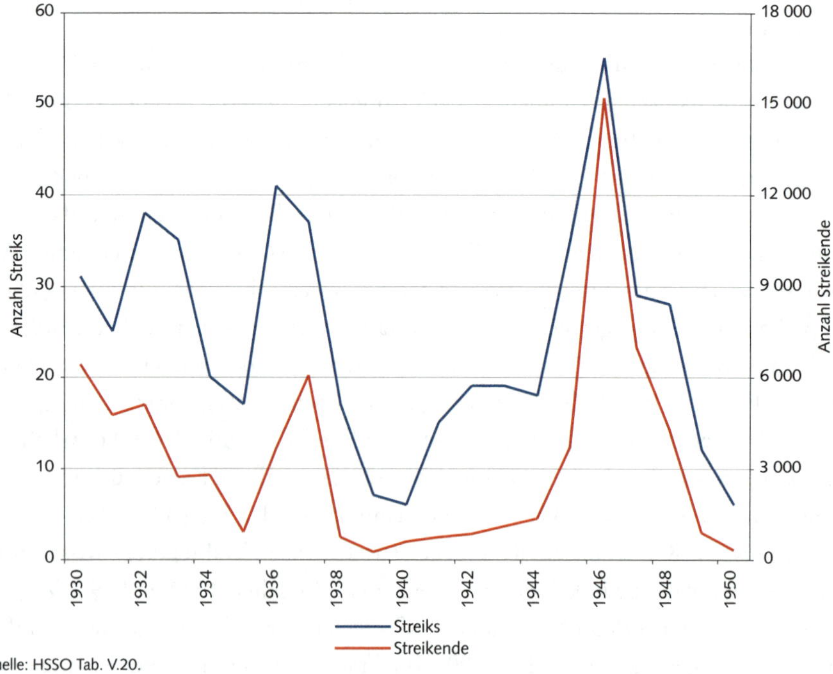

Quelle: HSSO Tab. V.20.

64 Wandeler 1978.

Da die Erfolgsaussichten auf betrieblicher Ebene schlecht waren, stellten die Gewerkschaften politische Forderungen. Im Falle des öffentlichen Personals gelang ihnen auf diesem Wege einiges. Der SGB versuchte aber vor allem, eine wirtschaftspolitische Wende in Richtung einer aktiven Konjunkturpolitik zu erwirken. Zusammen mit Angestellten- und Bauernorganisationen bereitete er zu diesem Zweck die Kriseninitiative vor. Sie richtete sich gegen die von der Landesregierung betriebene Spar- und Deflationspolitik und verlangte unter anderem die Erhaltung der Kaufkraft sowie einen Lohn- und Preisschutz (→ 5.1.4.3). Die aufwendige Abstimmungskampagne brachte eine der heftigsten ideologischen Auseinandersetzungen zwischen der Arbeiterbewegung, verstärkt durch bäuerliche und gewerbliche Kreise, und der bürgerlichen Mehrheit, für welche die Interessen der Exportindustrie eine zentrale Rolle spielten. Anfang 1935 lehnten die Stimmberechtigten die Kriseninitiative mit 55 % überraschend knapp ab.[65] Im bürgerlichen Lager begann man sich trotz des Abstimmungserfolgs Überlegungen für eine Neuorientierung der Wirtschaftspolitik zu machen.

4.2.4.2 Vom Aufschwung der Tarifverträge im Binnenmarkt zum «Friedensabkommen» in der Maschinen- und Metallindustrie

Viele für den Binnenmarkt produzierende Arbeitgeber trugen die Abbaupolitik des Bundes nicht mit und verlangten auf lokaler und kantonaler Ebene eine aktive Konjunkturpolitik. Staatliche Aufträge, vor allem im Bausektor, sollten den Beschäftigungsgrad erhöhen. Um dies zu erreichen, fehlte den gewerblichen Arbeitgebern aber in der Regel die politische Durchschlagskraft. Nicht selten taten sie sich deshalb mit der SP und den Gewerkschaften zusammen, um in den Parlamenten oder in Volksabstimmungen Arbeitsbeschaffungsprojekten zum Durchbruch zu verhelfen. Bei solchen gemeinsamen Vorstössen entstanden vielerorts Vertrauensverhältnisse, die Absprachen über die Arbeitsbedingungen ermöglichten und nicht selten zu einer verbindlichen Form von Tarifverträgen führten. Letztere begannen, sich deshalb nach langer Flaute 1936 wieder stärker zu verbreiten. Gleichzeitig gelang es, für öffentliche Aufträge Mindeststandards bei den Arbeitsbedingungen festzulegen, was auch im Interesse der Arbeitgeber war, weil sie damit Dumpingangebote ausschalten konnten. Am weitesten gedieh die Zusammenarbeit im Projekt des sogenannten Basler Arbeitsrappens. Es verband eine einprozentige, von allen Lohnbezügern zu leistende Steuerabgabe mit einem Arbeitsbeschaffungsprogramm und einer zehnjährigen Garantie für die Tarifverträge.[66]

Den nachhaltigsten Erfolg auf Bundesebene zeitigte die Zusammenarbeit im Baugewerbe, das der am stärksten von Arbeitskonflikten erschütterte Wirtschaftszweig war – allerdings erst nach Intervention des Volkswirtschaftsdepartements. In

65 Müller 2010, 570–600; Prader 1981, 99–105; Baumann/Moser 1999, 209–217.
66 Degen 1996.

einem ersten Schritt einigten sich Baumeister und Gewerkschaften 1937 auf eine regional abgestufte Arbeitszeitregelung und auf eine generelle Lohnerhöhung. Gestützt auf diese Ergebnisse handelten die Parteien bis zum Frühling 1938 den Landesmantelvertrag für das schweizerische Maurergewerbe aus. Dieser war allerdings kein detaillierter, für die gesamte Schweiz gültiger Tarifvertrag, sondern ein Rahmenvertrag, der Richtlinien für lokale Vereinbarungen festschrieb. So wurden zwar die Lohnerhöhungen beziffert, nicht aber die Grundlöhne, auf denen sie aufbauten. Zudem wurden Regelungen in Bezug auf verschiedene andere Fragen – darunter gemeinsame Massnahmen gegen die «Schmutzkonkurrenz» – festgeschrieben.[67] Mit dem Landesmantelvertrag gingen die Streikaktivitäten in dem bis dato weitaus konfliktreichsten Wirtschaftszweig stark zurück.

In der Exportindustrie dagegen beharrten die Arbeitgeber auf ihrem Herr-im-Hause-Standpunkt. Tarifverträge lehnten sie weiterhin strikt ab. Punktuelle Vereinbarungen kamen dagegen zustande, so etwa nach einem Streik der Uhrenarbeiter im Mai 1937 durch Vermittlung der Landesregierung: In einem Schlichtungsabkommen (keinem Tarifvertrag!) wurden höhere Löhne und mehr Ferien vereinbart.[68] Überlegungen der Landesregierung zur staatlichen Zwangsschlichtung hatten in der Maschinen- und Metallindustrie Bewegung in die Verhandlungen gebracht. Der SMUV schlug dem ASM ein neues System gegenseitiger Beziehungen vor, und beide Parteien hielten die diesbezüglichen Grundsätze Mitte Juli 1937 in einem schlicht «Vereinbarung» genannten Dokument fest, das bald einmal als «Friedensabkommen» bezeichnet wurde. Auf Arbeitnehmerseite unterschrieben auf Verlangen der Unternehmer nicht nur der SMUV, sondern auch die kleinen katholischen, evangelischen und freisinnigen Verbände. Die Vereinbarung betraf knapp 50 000 Arbeiter in 156 Betrieben. Sie sah den absoluten Arbeitsfrieden vor und enthielt ein vierstufiges Verfahren zur Beilegung von Konflikten. Ein normativer Teil – Bestimmungen über Löhne und andere Arbeitsbedingungen – fehlte.[69] Obwohl damit nicht einmal die gesetzlichen Mindestanforderungen für einen Tarifvertrag erfüllt waren, begann man in der Hochkonjunktur nach dem Zweiten Weltkrieg in diesem «Friedensabkommen» den Ausgangspunkt für die schweizerische Form der Sozialpartnerschaft zu sehen.

Solche Vereinbarungen waren damals allerdings keine Schweizer Besonderheit. Das international bekannteste ist das schwedische Hauptabkommen von Saltsjöbaden, in dem die Dachorganisationen von Arbeitgebern und Arbeitnehmern 1938 festschrieben, dass Verhandlungen stärker zentralisiert werden sollten und Streiks und Aussperrungen zu unterbleiben hätten. Wenn keine materielle Einigung zustande

67 Tschudi 1979, 7–30. Unter «Schmutzkonkurrenz» verstand man Betriebe, die sich nicht an die branchenüblichen Gepflogenheiten hielten oder gar gesetzliche Bestimmungen missachteten.

68 Vertragstext in Humbel 1987b, 58–60. Nicht selten wird der Vertrag unzutreffend als Tarifvertrag oder als erstes Friedensabkommen bezeichnet (u.a. Kohler 2007, 27). Selbst gemäss der SMUV-Festschrift glich er aber «eher einem bei Streiks üblichen Schlichtungsabkommen» (SMUV 1987, 93).

69 Degen 1987, 17–21.

käme – so hiess es hier im Gegensatz zum schweizerischen Friedensabkommen –, sollten Kampfmassnahmen weiterhin möglich sein. In Norwegen war bereits 1935 ein ähnliches Hauptabkommen über Verhandlungs- und Schlichtungsverfahren geschlossen worden.[70] Im Schweizerischen Gewerkschaftsbund äusserten sich gerade die über die internationale Entwicklung am besten informierten Funktionäre wenig begeistert über das Vorgehen des SMUV und das «Friedensabkommen».

Zusammenfassend kann festgehalten werden, dass Tarifverträge in den 1930er Jahren einen Aufschwung erlebten, der jenem aus der Zeit um den landesweiten Generalstreik vergleichbar ist. Die erzielten Fortschritte beschränkten sich erneut weitgehend auf das Gewerbe. Hinzu kamen einige Inlandindustrien wie die Brauereien, die bereits auf eine längere Vertragstradition zurückblickten. Weitere Industriezweige waren gewerblichen Arbeitgeberverbänden angeschlossen und deshalb in deren Vertragspolitik einbezogen, so die Möbelfabriken im Rahmen des Schreinergewerbes oder die Eisenkonstruktionswerkstätten im Rahmen des Schlossergewerbes. Ein Durchbruch erfolgte lediglich 1938 in der Schokoladenindustrie, die allerdings infolge der Krise nur noch für den Binnenmarkt produzierte. Die zuständige Gewerkschaft, der Verband der Handels-, Transport- und Lebensmittelarbeiter (VHTL), legte übrigens Wert auf die Feststellung, dass es sich nicht um ein reines Friedensabkommen handelte wie in der Maschinen- und Metallindustrie.[71] Die Erhebung des BIGA von 1938 ergab im Vergleich mit 1929 einen Zuwachs von 303 auf 417 Tarifverträge; leider wurden diesmal die unterstellten Arbeiter nicht erfasst. Die Tarifverträge mehrten sich hauptsächlich im Baugewerbe, in der Nahrungs- und Genussmittelherstellung sowie im Handel, wo namentlich bei Konsumgenossenschaften eine gute Abdeckung bestand. Auch lässt sich ein Trend hin zu grösseren Reichweiten der Verträge feststellen; so stieg die Zahl der landesweit gültigen Verträge von 8 auf 17.[72]

4.2.4.3 Ideologien und Formen der entstehenden «Sozialpartnerschaft»

Der Abbau der sozialen Spannungen, der sich in den späten 1930er Jahren abzeichnete, machte zu Beginn des Zweiten Weltkriegs rasche Fortschritte. Die Vorstellung, Sonderinteressen müssten zugunsten einer wie auch immer gearteten Gemeinschaft zurückgestellt werden, fand breite Zustimmung. Der ideologische Hintergrund reichte von korporatistischen – von Nationalsozialismus und italienischem Faschismus beeinflussten – Varianten bis zur Konzeption einer Zusammenarbeit aller demokratischen Kräfte unter dem Vorzeichen des sozialen Ausgleichs. Weitgehende Einigkeit herrschte jedoch darüber, dass die Sozial- und Wirtschaftspolitik Missständen, wie sie im Ersten Weltkrieg auftraten, vorbeugen und ein versöhnlicheres Klima schaf-

70 Armingeon 1994, 37–40.
71 Müller 1938.
72 *Volkswirtschaft* 11 (1938), 387.

fen sollte. Eine entscheidende Rolle spielte dabei die gut vorbereitete Lebensmittelrationierung. Zudem wurden diesmal Vertreter der Arbeiterorganisationen in politische Entscheidungsprozesse einbezogen und diese damit breiter abgestützt.

Die Zeitströmung schlug sich auch in den industriellen Beziehungen nieder. «Betriebsgemeinschaft» und «Berufsgemeinschaft» hiessen die sich rasch verbreitenden Schlüsselbegriffe.[73] Vor allem in der Exportindustrie stiessen Erörterungen über die Betriebsgemeinschaft auf breites Interesse. Der Begriff blieb schillernd, liess er sich doch sowohl auf die amerikanische Betriebswirtschaftslehre als auch auf die nationalsozialistische Arbeitsverfassung zurückführen. Aber das Konzept schien eine Alternative zum Tarifvertrag zu bieten, indem nicht mehr unabhängige Gewerkschaften, sondern betriebsinterne Arbeiterkommissionen als Gesprächspartner dienten. Diese erlebten einen nie gekannten Aufschwung. Von den rund 400 Kommissionen, deren Gründungsdatum 1944 bekannt war, war die Hälfte erst nach 1939 entstanden. Auch Personalvorsorgestiftungen erlebten einen Aufschwung, der ihre bisherige Entwicklung weit übertraf. Die Arbeitgeber-Zeitung veröffentlichte regelmässig Massnahmen, um die Verbundenheit mit dem Betrieb zu festigen. Der Katalog reichte von zahlreichen Schriften über Kurse, gemeinsame Anlässe, Ehrungen, Feste, Vorschlagswesen usw. bis hin zur Fabrikfürsorgerin und zur Arbeiterkommission.[74] Gewerkschaften kamen in diesem Konzept allerdings nicht mehr vor.

Auch die Gewerkschaften selbst konnten sich dem Zeitgeist nicht entziehen. Für sie stand jedoch nicht der Betrieb, sondern der Beruf im Vordergrund. Die Grundlage der von den Gewerkschaften verfochtenen Berufsgemeinschaften sollte der Tarifvertrag bilden, also das Verhältnis zwischen Gewerkschaft und Arbeitgeberverband und nicht das zwischen Management und Belegschaft. Die Anliegen der Berufsgemeinschaft sollten sich aber nicht auf die Arbeitsbedingungen beschränken, sondern auch andere beide Seiten interessierende Fragen behandeln, z. B. die Berufslehre, Massnahmen gegen die sogenannte Schmutzkonkurrenz, Arbeitsvermittlung, Arbeitsbeschaffung usw. Als Vorbild diente die Berufsordnung, wie sie von 1917 bis 1922 im Buchdruckergewerbe bestanden hatte.[75] Solche Vorstellungen pflegten vorab die Sektionen des SMUV in der westschweizerischen Uhrenregion, die mit ihrer Forderung nach einer «communauté professionnelle» sogar bei einigen Uhrenindustriellen auf offene Ohren stiessen.

Berufsgemeinschaft und Betriebsgemeinschaft beschäftigten auch die Politik. Der Genfer Parteitag der Freisinnig-demokratischen Partei verabschiedete 1943 ein Sofortprogramm zur Sozialpolitik, das unter anderem ein Rahmengesetz für die Einführung und den Ausbau von Betriebsgemeinschaften verlangte. Im Parlament forderte ein Postulat aus den Reihen des SMUV die Förderung der Berufsgemeinschaften. Der

73 Jaun 1986, 349–361; Kistler 1953.
74 *Schweizerische Arbeitgeber-Zeitung*, Nr. 2, 1945, 22.
75 Weber 1941, 275–278.

Bundesrat setzte 1947 eine Expertenkommission zur Behandlung der Probleme der Berufs- und Betriebsgemeinschaft ein. Diese legte jedoch keinen grossen Eifer an den Tag und kam 1955 in ihrem bloss sechs Seiten umfassenden Bericht zum Schluss, dass das Problem nicht mehr aktuell sei.[76]

Die Entwicklung hatte längst einen anderen Weg genommen. Nach einem kurzen Einbruch zu Beginn des Zweiten Weltkriegs erlebten die Gewerkschaften wie schon gegen Ende des Ersten einen gewaltigen Aufschwung (Grafik 4.2-7).[77] Die Mitgliederzahlen erreichten jährlich neue Höchstwerte, und die Beteiligung an Lohnbewegungen lag bereits 1943 über dem bisherigen Maximum von 1919. Von den insgesamt 3 665 Verfahren, welche die Einigungsämter zwischen 1927 und 1946 eröffneten, fielen 1 426 in die Jahre 1942 bis 1946.[78] Streiks waren gemäss der offiziellen Statistik in der Kriegszeit selten. Allerdings blieb diese auch aus politischen Gründen unvollständig. So wurde etwa 1940 der zweiwöchige Streik von etwa 1 700 Beschäftigten der Werkzeugmaschinenfabrik Bührle, der wichtigsten Waffenschmiede des Landes, nicht berücksichtigt.[79] Unter diesen Umständen drängte sich eine engere Zusammenarbeit mit den Arbeiterorganisationen auf, wollte man eine ähnliche Konfrontation wie 1918 vermeiden. Die Zahl der Tarifverträge stieg daher von 417 (1938) auf 843 (Ende 1945) stark an.

Wichtiger als die quantitative war aber die qualitative Entwicklung der Tarifverträge. Der entscheidende Durchbruch gelang in der Chemischen Industrie in Basel. Weil sich die Arbeitgeber hier nie mit einer stabilen Gewerkschaft auseinanderzusetzen hatten, legten sie eine ausgeprägte Herr-im-Hause-Haltung an den Tag. Bereits zu Beginn des Zweiten Weltkriegs gelang es jedoch einer kleinen, aber äusserst aktiven Kerngruppe von Arbeitern trotz drohender Repressalien, eine Industriearbeitergewerkschaft aufzubauen, die sich dem Schweizerischen Textil- und Fabrikarbeiterverband (STFV) anschloss und im Herbst 1941 erstmals an die Öffentlichkeit trat. Sie erlebte zuerst in den Werken in Schweizerhalle, dann auch in denen in Basel einen mächtigen Aufschwung. Mit einer von den übrigen Gewerkschaften in der Exportindustrie stark abweichenden Mobilisierungsstrategie und wiederholten Streikdrohungen erzielte sie rasch erste Erfolge. Bereits im Oktober 1942 konnte sie in einer kleinen chemischen Fabrik einen Tarifvertrag abschliessen. Gleichzeitig erhöhte sie den Druck in den Basler Stammhäusern. In einer ersten Phase versuchte der Verband Basler Chemischer Industrieller (VBChI) mit einseitigen Konzessionen, die Lage zu entschärfen. Nachdem die Gewerkschaften im Februar 1943 das Einigungsamt eingeschaltet hatten, planten die Firmen, durch die Einrichtung von betriebsinternen Arbeiterkommissionen gefügigere Gesprächspartner zu gewinnen. Weil der Druck anhielt und die Arbeiterbewe-

76 *Volkswirtschaft* 28 (1955), 326–331.

77 Die Mitgliederzahl des SGB stieg zwischen 1913 und 1919 von 89 400 auf 223 600 und zwischen 1938 und 1946 von 225 600 auf 367 200. HSSO Tab. V.14.

78 *Volkswirtschaft* 23 (1950), 336.

79 Koller 2009, 412–426.

gung sich nach der Kriegswende in fast ganz Europa auf dem Vormarsch befand, liess sich eine Nichtanerkennung des STFV als Verhandlungspartner nicht aufrechterhalten. Nun schlugen die Arbeitgeber ein Friedensabkommen nach dem Vorbild der Maschinen- und Metallindustrie vor. Ein solches fand jedoch nur beim SMUV sowie bei der freisinnigen Splittergewerkschaft LFSA Anerkennung. Der STFV und die beiden kleinen christlichen Gewerkschaften beharrten auf einem Tarifvertrag. Einen solchen akzeptierten die Firmen in Schweizerhalle nach zwei weiteren Streiks im Sommer 1944. Danach trat der VBChI in Verhandlungen für die Basler Grosskonzerne ein, die Anfang 1945 mit einem Tarifvertrag abgeschlossen wurden.[80] Damit unterstanden erstmals die wichtigsten Betriebe einer der bedeutendsten Exportindustrien einem Tarifvertrag, der sich zudem als nachhaltig erweisen sollte.

Grafik 4.2-7: **Mitgliederzahlen der gewerkschaftlichen Dachverbände (1930–1950)**

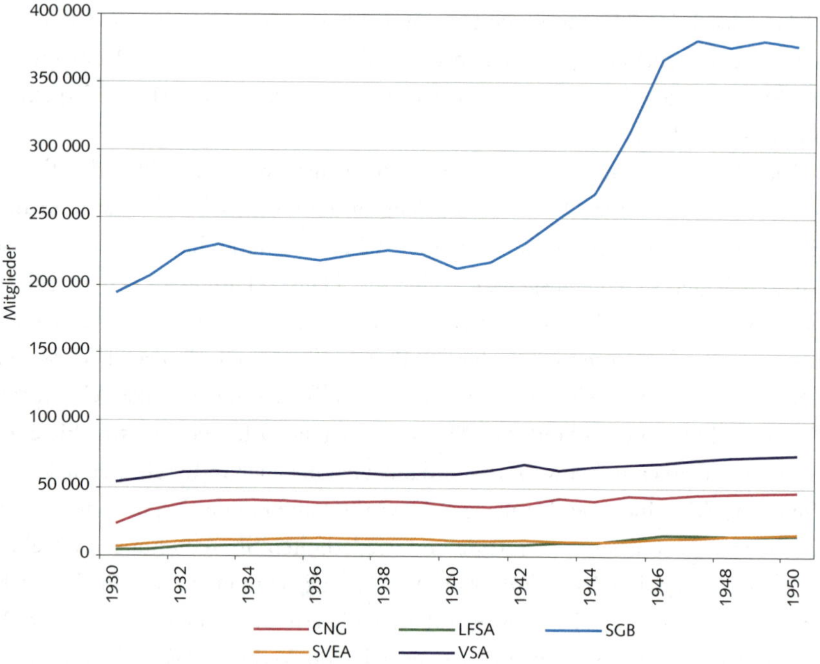

Quellen: SGB: Die schweizerischen Gewerkschaftsverbände im Jahre 1938, 3; Gewerkschaftliche Rundschau 1949, 272; Fluder et al. 1991, 730; VSA: König/Siegrist/Vetterli 1985, 601; CNG, SVEA und LFSA: HSSO Tab. V.13b.

Wie in der chemischen Industrie mussten gegen Ende des Zweiten Weltkriegs und in der unmittelbaren Nachkriegszeit auch in anderen Branchen viele Arbeitgeber die Gewerkschaften als Vertragspartner anerkennen. Nachdem sie sich etwa in der Textilindustrie nur punktuell zu kollektiven Regelungen herabgelassen hatten, entsprachen

80 Degen 1986, 158–166.

sie nun den gewerkschaftlichen Forderungen in vielen Fällen ohne nennenswerten Widerstand. Wo dies nicht der Fall war, kam es des Öfteren zu Streiks. Die Streikaktivitäten erreichten in den Jahren 1945 bis 1948 einen für lange Zeit letzten Höhepunkt (siehe Grafik 4.2-6). Betroffen waren weniger die gewerkschaftlichen Hochburgen als hinter der allgemeinen Entwicklung herhinkende Betriebe. Die Zahl der Tarifverträge stieg von 843 (Ende 1945) auf über 1066 (Ende 1946) und schliesslich auf 1349 (Ende 1948). Zur Zahl der den Verträgen Unterstellten liegt für 1946 eine grobe Schätzung des BIGA vor, die sie mit etwas mehr als einem Drittel der Arbeiterschaft bezifferte.[81] Kollektive Vereinbarungen erfassten selbst Wirtschaftszweige mit schwacher gewerkschaftlicher Tradition wie das Gastgewerbe, das Reinigungsgewerbe oder die Bekleidungsindustrie.

Die neuen Beziehungen zwischen Arbeitgebern und Gewerkschaften hatten sich kaum eingespielt, als sie bereits zum schweizerischen Selbstverständnis gehörten. In einer 1948 veröffentlichten Umfrage bezeichneten fast 90% der Antwortenden die Zusammenarbeit zwischen Arbeitgebern und Arbeitnehmern als beste Möglichkeit, ihre Lage zu verbessern. Zusammenarbeit, Arbeitsfrieden und schiedsgerichtliche Streiterledigung wurden als traditionelle schweizerische Methoden bezeichnet.[82] Was kaum erreicht worden war, galt bereits als langjährige Tradition. So ist es auch nicht verwunderlich, dass die Streikwelle der Jahre 1945 bis 1948 rasch in Vergessenheit geriet.

4.2.5 Die Hochkonjunktur (1950–1973)

4.2.5.1 Das institutionelle und quantitative Gewicht der Gewerkschaften

In der Phase des andauernden wirtschaftlichen Aufschwunges änderte sich die Position der Gewerkschaften, die sich zunehmend als Ordnungsfaktor verstanden. Ihre seit dem Generalstreik von 1918 ausgebaute politische Rolle erfuhr wie die der andern Wirtschaftsverbände durch die sogenannten Wirtschaftsartikel der Bundesverfassung von 1947 eine Aufwertung, da der Bund nun verpflichtet war, sie bei die Arbeitnehmerschaft betreffenden Entscheiden anzuhören und gegebenenfalls am Vollzug der beschlossenen Massnahmen zu beteiligen. Sie waren in der Folge in den ausserparlamentarischen Kommissionen gut vertreten, vor allem in denen des Eidgenössischen Volkswirtschaftsdepartements. Alle Gewerkschaften zusammen kamen Mitte der 1970er Jahre auf 100 Kommissionssitze, etwa halb so viele wie die Unternehmerverbände.[83] Der SGB intervenierte bevorzugt in der vorparlamentarischen Phase. Nicht

81 *Volkswirtschaft* 20 (1947), 381 und 26 (1953), 221.
82 Verein Volksumfrage 1948, 158–159.
83 Germann 1981, 88–90.

zuletzt aufgrund dieser Mitwirkung ergriff er während der gesamten Hochkonjunktur nie das Referendum. Auch wurden nur acht Volksinitiativen eingereicht.[84]

In einer ersten Phase nahm die Mitgliedschaft der Gewerkschaften bis 1963 noch deutlich zu (Grafik 4.2-8). Dann setzte sowohl beim SGB als auch beim CNG eine bis zur Krise der 1970er Jahre währende Stagnation ein. Vor allem bei der wachsenden Angestelltenschaft, bei den Immigranten und bei der weiblichen Arbeitnehmerschaft gelang es den traditionellen Verbänden lange nicht, Fuss zu fassen.

Grafik 4.2-8: **Mitgliederzahlen der gewerkschaftlichen Dachverbände (1950–1980)**

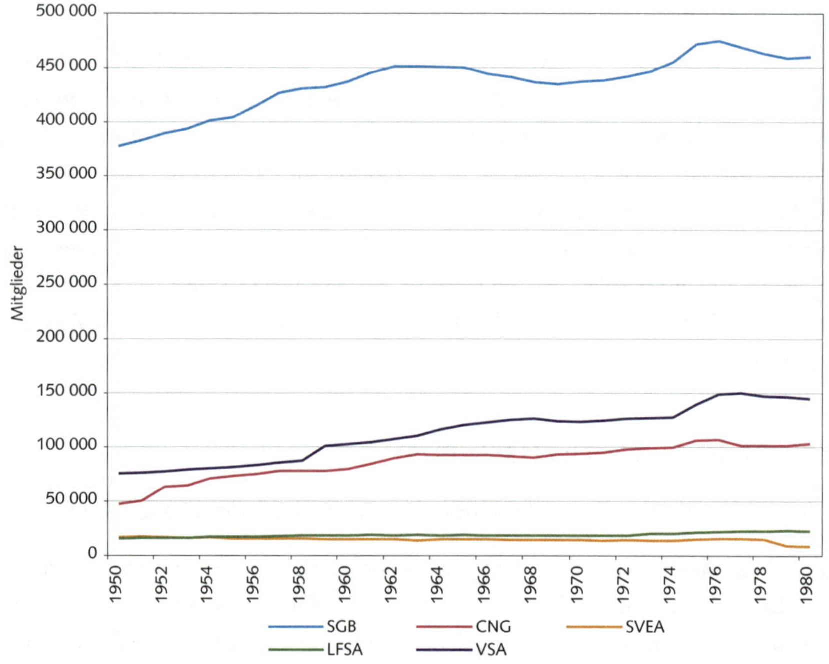

Quelle: Fluder et al. 1991, 730, 732, 734.

Während sich die Dachverbände der allgemeinen Wirtschafts- und Sozialpolitik widmeten, befassten sich die Berufs- und Industriegewerkschaften zunehmend mit der Verwaltung und dem Ausbau der Tarifverträge. In einer Erhebung vom Frühling 1951 erfasste das BIGA 1 367 Tarifverträge, die insgesamt 774 703 Arbeitnehmer einschlossen. Die meisten von ihnen waren, allerdings unter Berücksichtigung des die gesetzlichen Mindestanforderungen noch nicht erfüllenden Friedensabkommens, mit 112 000 in der Maschinenindustrie beschäftigt, gefolgt vom Baugewerbe mit 108 000 und dem – wahrscheinlich durch Doppelzählungen verzerrt dargestellten – Gastgewerbe mit

84 Ayberk/Rey 1980, 208, 224.

97 000 Arbeitnehmenden.[85] Gesamthaft waren also etwa 45 % der Arbeitnehmer tarifvertraglich abgesichert.

Die Zahl der Tarifverträge stieg in der Folge noch leicht an und erreichte 1960 mit 1 667 ihr Maximum. Danach ging sie bis zur letzten systematischen Erfassung durch das BIGA 1971 wieder zurück auf 1 389. Dieser Rückgang wird allerdings durch den Trend zu umfassenderen Verträgen relativiert. So stieg die Zahl der landesweit gültigen Tarifverträge von 88 im Jahr 1950 auf 104 im Jahr 1960 und 111 im letzten Jahr der BIGA-Statistik. Der Abdeckungsgrad erreichte im internationalen Vergleich keinen Spitzenwert. Er übertraf in der gesamten Nachkriegszeit nie die Marke von 50 % der Beschäftigten.[86] Dazu trug nicht zuletzt die Tatsache bei, dass die kollektiven Vereinbarungen vor den 1970er Jahren kaum Angestellte erfassten.

4.2.5.2 Der Ausbau des Tarifvertragsmodells

Trotz später Verbreitung und geringer Abdeckung galt der Tarifvertrag für eine breite Öffentlichkeit als typisch schweizerisches Instrument zur Regelung der Arbeitsbedingungen. Immer wieder wurden seine institutionellen Vorteile hervorgehoben, so der Umstand, dass die Beteiligten die Arbeitsbedingungen autonom regelten, dass er im Gegensatz zu einem Gesetz auch die Löhne festlegte, dass er berufliche oder gar betriebliche Gegebenheiten angemessen berücksichtigte, dass er sich leichter anpassen liess und schliesslich, dass er den Arbeitsfrieden besser sicherte. Auf weit weniger Interesse stiessen ausserhalb des Kreises der direkt Betroffenen die jeweiligen materiellen Regelungen. Das Arbeitsgesetz von 1964 brachte deshalb wenige Neuerungen. Es enthielt Mindestvorschriften zum allgemeinen Gesundheitsschutz, zur Plangenehmigung und Betriebsbewilligung bei industriellen bzw. besonders gefährlichen Betrieben, zur Arbeits- und Ruhezeit, zum Sonderschutz von Jugendlichen sowie von schwangeren Frauen und stillenden Müttern. Das Nachtarbeitsverbot für Frauen wurde anlässlich der Revision 1998 gestrichen.[87] Immerhin dehnte es das bisher nur im Fabrikgesetz verankerte Arbeitnehmerschutzrecht auf weitere Bereiche der Wirtschaft aus. Statt wie bisher nur 776 000 waren neu 2 Mio. Arbeitnehmer dem Gesetz unterstellt. Ausgeklammert blieben wenige Bereiche wie die Landwirtschaft, private Haushaltungen, Heimarbeit sowie die öffentliche Verwaltung und der öffentliche Verkehr.[88]

Löhne waren bei allen Tarifverhandlungen ein zentrales Thema. Sie stiegen dank der guten Konjunkturlage und des damit einhergehenden Arbeitskräftemangels stetig an (Grafik 4.2-9). Zudem verlangte die beträchtliche Teuerung fortlaufend Anpassungen. 1975 waren die Nominallöhne über viereinhalb Mal, die Reallöhne über doppelt so hoch wie 1950. Bei Frauen fiel der Lohnzuwachs – allerdings von einem deutlich

85 *Volkswirtschaft* 25 (1952), 41–43.
86 Oesch 2007, 339.
87 Geiser/Müller 2009, 305–306.
88 Tschudi 1987, 54–58.

Grafik 4.2-9: **Durchschnittlicher Stundenverdienst (1950–1980)**

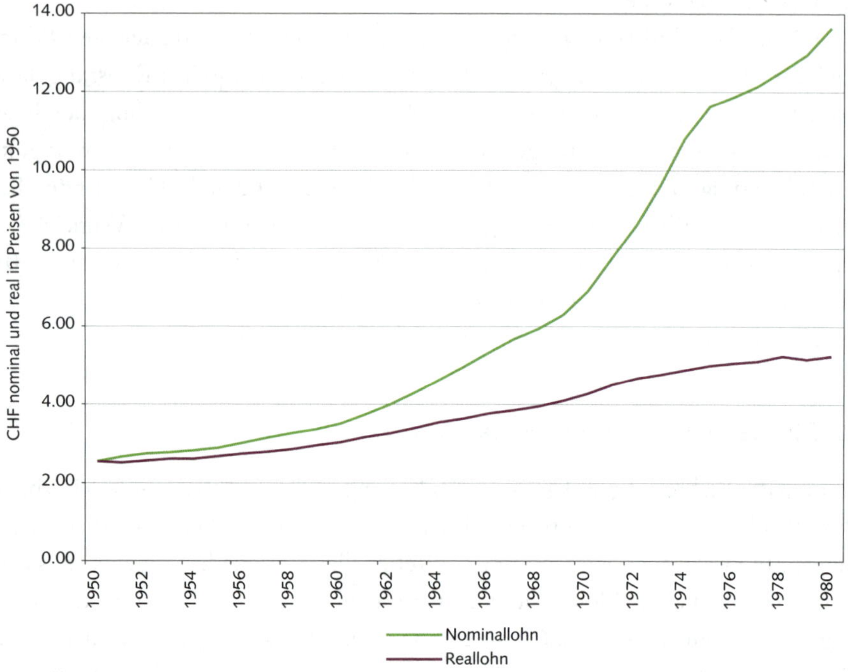

Quelle: HSSO Tab. G.1.

niedrigeren Niveau ausgehend – eine Spur höher aus als bei Männern; bei Arbeitern war der Anstieg deutlich höher als bei Angestellten. Die Verbesserungen beschränkten sich nicht auf den Grundlohn, sondern erstreckten sich auch auf Nebenleistungen wie Zuschläge für Nacht-, Sonntags-, Überzeitarbeit, Kinderzulagen, Arbeitgeberbeiträge an freiwillige Unterstützungsinstitutionen oder Militärdienstentschädigungen. Die Gewerkschaften konnten die Erhöhungen nicht einfach auf ihre Aktivitäten zurückführen, denn statistisch lässt sich eine sogenannte Lohndrift feststellen, das heisst, die effektiven Löhne lagen klar über den Tariflöhnen.[89] Die Löhne stiegen jedoch weniger als die Geschäftseinkommen der selbständig Erwerbenden und die Arbeitsproduktivität.[90] Ein deutlicher Rückstand des Lohnwachstums gegenüber dem Wachstum der Arbeitsproduktivität lässt sich allerdings nur in den 1920er und 1950er Jahren feststellen (→ 1.1.4.1.2, Tabelle 1.1-18). Die ständig steigenden Preise erforderten laufend neue Lohnverhandlungen, weshalb die Gewerkschaften zunehmend die Aufnahme von Teuerungsklauseln verlangten. 1957 enthielten 17 % der Verträge eine solche, 1975 waren es 57 %. In der Regel sahen diese Klauseln Verhandlungen vor; ein

89 Marti 1979, 212–219.
90 Siegenthaler 1980, 252–253; Kleinewefers/Pfister 1977, 433; Katzenstein 1984, 103.

automatischer Teuerungsausgleich, der sich meist auf den Konsumentenpreisindex stützte, blieb dagegen selten.[91]

Wesentlich schwieriger als Lohnerhöhungen liessen sich Arbeitszeitverkürzungen durchsetzen. Weil die Gewerkschaften sich auf die Einkommensverbesserung konzentrierten, lancierte 1955 eine linksliberale Partei, der Landesring der Unabhängigen, eine Volksinitiative zur Einführung der 44-Stunden-Woche. Dieses Vorgehen stiess auf den gemeinsamen Widerstand der Arbeitgeber und der meisten Gewerkschaften, die sich eine staatliche Einmischung in ihre Tarifautonomie verbaten. Um dem politischen Anliegen den Wind aus den Segeln zu nehmen, einigten sich die Tarifparteien noch vor der Volksabstimmung von 1958 im Druckgewerbe und in der chemischen Industrie auf die 44-, in der Maschinen- und Metallindustrie auf die 46-Stunden-Woche. In der Folge verbreitete sich die 44-Stunden-Woche auf vertraglichem Wege weiter, sodass sie Ende der 1960er Jahre für etwa die Hälfte der Arbeiterschaft galt. Die Arbeitszeitverkürzungen ermöglichten den Übergang zur 5-Tage-Woche.

Daneben fanden in den Tarifverträgen zahlreiche weitere Anliegen der Gewerkschaften eine Regelung. So beinhaltete etwa der Chemievertrag von 1969 eine Gleichstellung von Arbeitern und Angestellten, indem Erstere nun ebenfalls einen Monatslohn und volle Lohnfortzahlung bei Krankheit und Unfall erhielten. In manche Verträge wurden ausserdem Massnahmen zum Schutze der Gesundheit, zur Bekämpfung von Schwarzarbeit oder Ähnliches aufgenommen. Besonders umstritten blieben die Solidaritätsbeiträge, also Fonds, zu deren Äufnung auch unorganisierte Trittbrettfahrer auf Arbeitnehmerseite beitragen mussten und aus denen Massnahmen zum Vollzug der Verträge finanziert wurden. Sie wurden 1970 im Baugewerbe eingeführt, 1972 in der chemischen Industrie und 1974 in der Maschinen- und Metallindustrie.

Die Maschinen- und Metallindustriellen meldeten noch lange Vorbehalte gegenüber den Tarifverträgen an. Als Hauptargumente nannten sie die starke Ausdifferenzierung der Branche sowie Wettbewerbsnachteile gegenüber dem Ausland im Falle langfristiger Bindungen.[92] Bei der Revision des Obligationenrechts kam ihnen der Gesetzgeber 1956 entgegen, indem er die Mindestanforderungen an Tarifverträge herabsetzte. Damit konnte das rein schuldrechtliche Friedensabkommen nach fast zwei Jahrzehnten nun auch de jure als Tarifvertrag gelten. Schliesslich entschieden sich die Vertragsparteien 1974, ihr Abkommen weiter der in andern Wirtschaftszweigen üblichen Form anzupassen und zahlreiche arbeitsvertragliche Bestimmungen aufzunehmen. Beibehalten wurde allerdings die Übereinkunft, dass die Löhne auf Unternehmensebene ausgehandelt wurden.

Die Möglichkeit, einen Tarifvertrag innerhalb einer Branche für allgemeinverbindlich zu erklären, bestand aufgrund eines unter dem Vollmachtenregime erlassenen Beschlusses seit 1941. Eingang in die ordentliche Gesetzgebung fand diese Re-

91 1975 kannten ihn 9% der Verträge siehe Hess/Schwab 1992, 37.
92 Hossli 1958, 76–78.

gelung dann 1956. Die Hürde erwies sich allerdings als hoch, denn in der jeweiligen Branche musste bereits die Hälfte aller Arbeitgeber und Arbeitnehmer am zugrundeliegenden Tarifvertrag beteiligt sein. In den Jahrzehnten der guten Konjunktur wurde deshalb von diesem Instrument nur spärlich Gebrauch gemacht. Die Zahl der durch einen allgemeinverbindlich erklärten Tarifvertrag zusätzlich erfassten Arbeitnehmer stieg von 1950 bis 1970 von knapp 60 000 auf rund 145 000, was einem bescheidenen Anstieg von 3.5 % auf 5.5 % entsprach.[93]

Grafik 4.2-10: **Streiks und Streikende (1950–1980)**

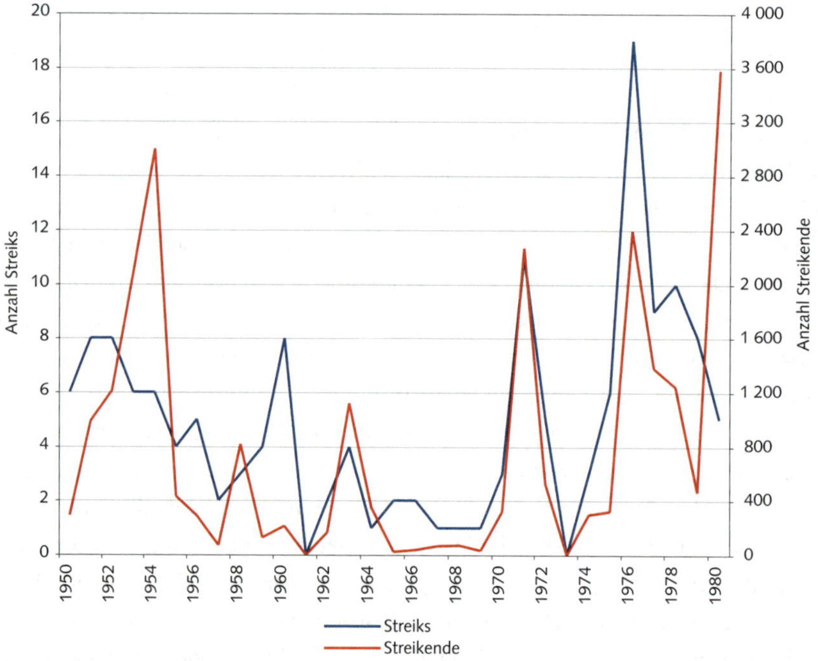

Quelle: HSSO Tab. V.20.

Parallel zum Ausbau der Tarifverträge verschwanden Streiks weitgehend aus dem schweizerischen Alltag (Grafik 4.2-10). Bis Mitte der 1950er Jahre kam es zwar noch regelmässig zu Arbeitsniederlegungen; dann nahmen diese aber rasch ab. 1961 gab es erstmals seit dem Bestehen einer brauchbaren Streikstatistik überhaupt keinen Eintrag. Für das gesamte Jahrzehnt sind nur 22 Streiks mit insgesamt 2 067 Beteiligten festgehalten, von denen über die Hälfte auf den Zürcher Gipserstreik von 1963 zurückgeführt werden können. Als in den späten 1960er Jahren in andern Ländern Millionen von Arbeitnehmern streikten und zeitweise die Gesellschaft in ihren Grundfesten erschütterten, blieb es in der Schweiz ruhig. Von 1967 bis 1969 registrierte die Statistik

93 Sonderegger 1979, 197.

insgesamt drei Streiks mit 168 Beteiligten. In dieser Zeit festigte sich das Bild, nach dem der Arbeitsfrieden in der Schweiz zu den festen Bestandteilen der industriellen Beziehungen gehörte. Der aus der internationalen Debatte importierte Begriff der Sozialpartnerschaft verbreitete sich seit den 1950er Jahren rasch und genoss als ein angeblich der schweizerischen Wesensart angemessenes Beziehungssystem höchste Wertschätzung. Allerdings erreichte die Sozialpartnerschaft in der Praxis nie die gleiche Bedeutung wie in den Pionierländern, etwa in Skandinavien oder Österreich. Die Mitbestimmung blieb marginal, Angestellte wurden erst spät in kollektive Vereinbarungen einbezogen und tripartite Institutionen fristeten ein bescheidenes Dasein.

4.2.5.3 Die ausländischen Arbeiterinnen und Arbeiter

Zu einem zentralen Problem der industriellen Beziehungen entwickelte sich während der Hochkonjunktur die Einwanderung von Erwerbstätigen aus dem Ausland (→ 1.2.3.2). Ihre Zahl überschritt im Sommer 1961 erstmals eine halbe Million und erreichte 1964 mit 720 000 ein vorläufiges Maximum. Die Arbeitsimmigration gewann vor allem in der Arbeiterschaft zunehmend an Bedeutung, wo sich die ausländischen Arbeitnehmer in den weniger qualifizierten Berufen konzentrierten, sodass eine eigentliche Unterschichtung eintrat.[94] Nach einer kurzen Stagnation in der zweiten Hälfte der 1960er Jahre folgte ein weiterer steiler Anstieg auf ein neues Maximum von fast 900 000 Arbeitsimmigranten im Sommer 1973. Wegen ihrer Herkunft aus dem südlichen Europa standen auch die Gewerkschaften vor dem Problem, dass sprachliche und kulturelle Barrieren die Verständigung behinderten.[95] Weil die Anwesenheit der Ausländer von Arbeitgebern und Arbeitnehmern als vorübergehend angesehen wurde, scheuten beide Seiten den Aufwand zu ihrer Integration. Es herrschte weitgehend Konsens darüber, dass sie im Krisenfalle das Land wieder zu verlassen hätten.[96] Als sich das Wachstum als stabil erwies, löste auch bei den Gewerkschaften die Sorge um die kulturellen Auswirkungen der Immigration jene um die Arbeitsplätze ab. Der Begriff «Überfremdung» fand Eingang in ihr Vokabular. Dies wiederum erschwerte die Rekrutierung von ausländischen Mitgliedern erheblich. Als dann fremdenfeindliche Kräfte das Überfremdungsargument aufnahmen und radikalisierten, standen die Gewerkschaften mit ihrer Ausländerpolitik vor einem Scherbenhaufen. Gemeinsam mit den Arbeitgebern bekämpften sie zwar 1970 die Radikalkur der sogenannten Schwarzenbach-Initiative, die einen massiven «Ausländerabbau» verlangte. Die Basis folgte ihnen aber mehrheitlich nicht.[97]

94 Hoffmann-Nowotny 1973, 51–57.
95 Braun 1970.
96 Braun 1965, 103.
97 Steinauer/von Allmen 2000, 70–83.

4.2.6 Krise, Neoliberalismus und Globalisierung (1973–2000)

4.2.6.1 Die Gewerkschaften zwischen Anerkennung und Infragestellung

Trotz des schweren wirtschaftlichen Einbruchs Mitte der 1970er Jahre, der von 1973 bis 1976 zu einem Verlust von über 10 % der Arbeitsplätze führte, registrierte man in der Schweiz vorerst keine Massenarbeitslosigkeit. Das durch einen breiten Konsens getragene Konzept, ausländische Arbeitskräfte als «Konjunkturpuffer» einzusetzen, funktionierte wie erwartet. Bis 1977 mussten fast 250 000 von ihnen in ihre Heimatländer zurückkehren.[98] Auch schlecht geschützte Schweizerinnen und Schweizer gaben die Erwerbsarbeit einfach auf. Damit verzeichnete die Schweiz im internationalen Vergleich gleichzeitig eine der schwersten Krisen und eine der niedrigsten Arbeitslosenquoten. Da die Gewerkschaften weitgehend die Interessen der Einheimischen vertraten und die Arbeitgeber die Möglichkeit zum reibungslosen Stellenabbau schätzten, belastete die Krise nur in Ausnahmefällen die industriellen Beziehungen als solche.

Für die Gewerkschaften zeitigte die krisenhafte Wirtschaftsentwicklung eine zwiespältige Wirkung. Einerseits verbreitete sich unter der Arbeitnehmerschaft Unsicherheit und das Bedürfnis nach Rückhalt. Gewerkschaften erfuhren bei vielen eine neue Wertschätzung, sei es, weil sie sich bei Behörden und Unternehmern gegen Entlassungen wehrten oder zumindest für bessere Sozialpläne eintraten, oder sei es, weil sie ihre Mitglieder gegen Arbeitslosigkeit versicherten. Andererseits verschob sich angesichts der schlechten Beschäftigungslage das Kräfteverhältnis auf dem Arbeitsmarkt zu Ungunsten der Arbeitnehmerschaft. Die Gewerkschaften konnten nur bis Mitte der 1970er Jahre einen Mitgliederzuwachs verzeichnen. Die folgenden wirtschaftlichen Einbrüche führten dann sogar zu einem Rückgang. Die sinkenden Mitgliederzahlen der etablierten gewerkschaftlichen Dachverbände (Grafik 4.2-11) repräsentieren allerdings nur einen Teil der Entwicklung. Daneben existierten zahlreiche autonome Verbände, die teils über eine längere gewerkschaftliche Tradition verfügten, teils erst in jüngerer Zeit von einer reinen Standespolitik abgekommen waren. Wenn man in Rechnung stellt, dass einerseits die klar zu identifizierende Arbeitnehmerschaft zwischen den Volkszählungen von 1970 und 2000 leicht ab- und andererseits die Mitgliedschaft der statistisch erfassten autonomen Verbände in einigen Bereichen beträchtlich zunahm, ergibt sich für das Ende des 20. Jahrhunderts ein gewerkschaftlicher Organisationsgrad der Arbeitnehmerschaft von etwas über 30 %, was in der Grössenordnung der frühen 1960er Jahre liegt.

Wirtschaftliche Rückschläge und Strukturwandel verlangten von den Gewerkschaften in vielerlei Hinsicht eine Neuorientierung. Neben den Bemühungen um höhere Löhne und bessere Arbeitsbedingungen beanspruchte vor allem die Verteidigung bestehender Errungenschaften einen beträchtlichen Teil der Kräfte. In aufstrebenden Sektoren wie der Elektronik, Informatik und Telekommunikation sowie im Finanzbe-

98 Schmidt 1985, 18–31.

Grafik 4.2-11: **Mitgliederzahlen der gewerkschaftlichen Dachverbände (1980–2000)**

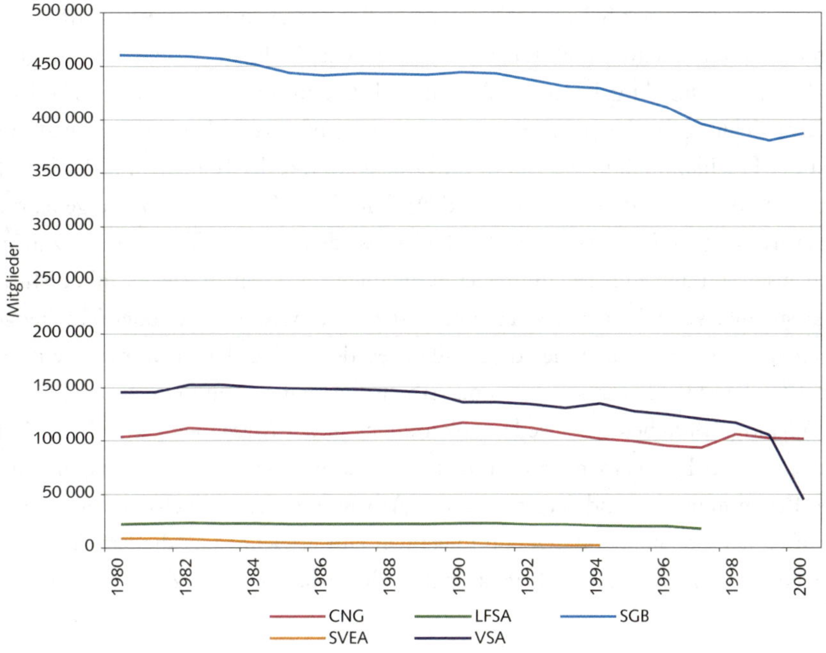

Quelle: BFS online Tab. 3.05.02.01.

reich versuchten Firmen durch geschicktes Personalmanagement, Arbeitnehmerorganisationen von ihren Unternehmungen fernzuhalten. Bei Arbeitnehmenden in neuen Arbeitsverhältnissen wie Temporär- oder Teilzeitarbeit, die seit den 1970er Jahren erkennbar an Bedeutung gewannen, konnten die Gewerkschaften ebenfalls kaum Fuss fassen. Die Fabrik als Ort der Vergesellschaftung, der Einordnung in eine koordiniert ihre Interessen vertretende Gruppe büsste an Bedeutung ein. Die Arbeitnehmer verteilten sich entweder auf kleinere Einheiten oder verloren durch die Flexibilisierung der Arbeitszeiten ihren Zusammenhalt. Zudem erfuhr das Phänomen des Trittbrettfahrens unter dem Aspekt einer Kosten-Nutzen-Rechnung neu eine positivere Bewertung.[99] Trotz dieser Schwierigkeiten konnten die Gewerkschaften in breiten Kreisen der Bevölkerung eine hohe Glaubwürdigkeit behalten. In einer vom Unternehmerverband Economiesuisse 2009 in Auftrag gegebenen Meinungsumfrage zu wirtschafts- und finanzpolitischen Ansichten wurden sie von 71% der Befragten als «sehr glaubwürdig» eingeschätzt, womit die Gewerkschaften unter den abgefragten Institutionen die höchste Zustimmung erreichten.[100]

99 Olson 1992, 75–87.
100 *work. Die Zeitung der Gewerkschaft* 28.8.2009.

4.2.6.2 Löhne und Tarifverträge unter Druck

Im Zeichen der in der Schweiz besonders stark vertretenen neoliberalen Strömungen wurden Gewerkschaften und Tarifverträge vermehrt in Frage gestellt. Ein möglichst flexibler Arbeitsmarkt galt den Neoliberalen als Garant für eine günstige wirtschaftliche Entwicklung. Bei Vertragserneuerungen kam es öfter zu Nebengeräuschen als während der Hochkonjunktur. So gab es im Druckgewerbe, der Branche mit der längsten Vertragstradition, Mitte der 1970er und Anfang der 1980er Jahre vorübergehend sogar tarifvertragslose Phasen. In vielen Fällen wurden aber die Tarifverträge zunächst noch ausgebaut und zum Teil mit neuen Regelungen zu Themen wie bezahlter Mutterschaftsurlaub, Vereinbarkeit von Familie und Beruf, Weiterbildung oder Krankengeld angereichert. Auch wurden die Angestellten seit den 1970er Jahren vermehrt einbezogen. 1987 feierten Gewerkschaften und Arbeitgeber gemeinsam mit grossem Aufwand das 50jährige Bestehen des Friedensabkommens in der Maschinen- und Metallindustrie. Über Wochen wurden dessen schlanke Struktur – die bis 1974 fehlenden materiellen Bestimmungen – und der sich aus dem Arbeitsfrieden angeblich ergebende Standortvorteil hervorgehoben. Bereits im folgenden Jahr erreichte aber die Erneuerung des Friedensabkommens bei den Gewerkschaften die bisher knappste Zustimmung.[101]

Grafik 4.2-12: **Durchschnittlicher Stundenverdienst (1980–2008)**

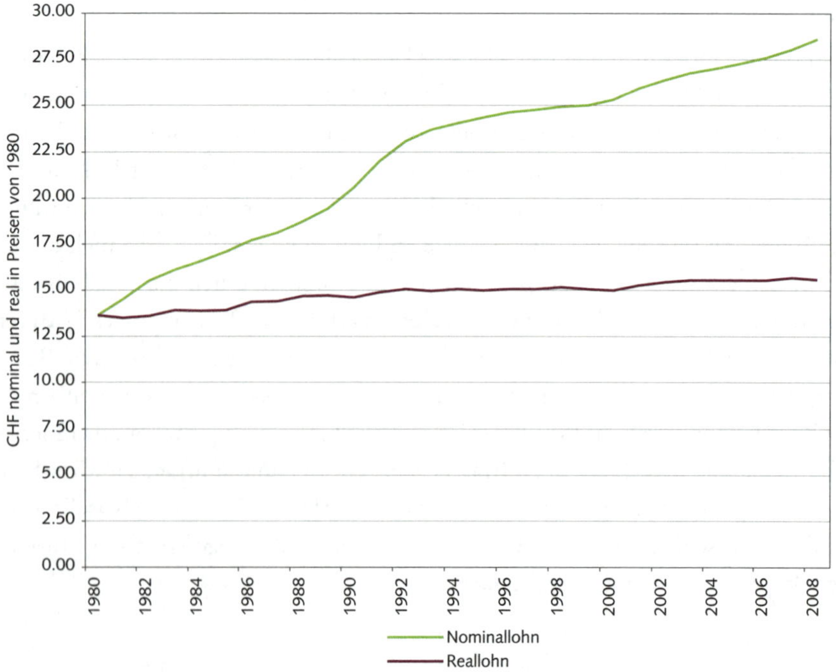

Quelle: HSSO Tab. G.1 (1980–1995); BFS online Tab. 3.04.02.01.01 (1996–2008).

101 SMUV 1988, 161.

Angesichts der ungünstigen Lage auf dem Arbeitsmarkt waren Lohnerhöhungen seit der zweiten Hälfte der 1970er Jahre weit schwerer zu erreichen als in den Jahren der Hochkonjunktur. Die Reallöhne stiegen von 1980 bis 2000 nur noch um rund einen Zehntel (Grafik 4.2-12). Mehrmals gab es sogar Phasen mit Reallohnverlusten, so von 1992 bis 1995 und von 1998 bis 2000. Seit den 1990er Jahren wurden Lohnerhöhungen zudem immer häufiger individuell gewährt, nach sogenannten leistungsorientierten Kriterien. Nur etwa ein Zehntel der Firmen machte keinen Gebrauch davon.[102] Die Mindestlöhne gerieten zunehmend unter Druck, und Einsteiger mussten mit geringerer Bezahlung rechnen. Die Teuerung war bis Anfang der 1990er in einzelnen Jahren noch erheblich und ging erst danach zurück. Die Teuerungsklauseln in den Tarifverträgen nahmen deshalb zunächst weiter zu, und der Anteil derer, die einen automatischen Teuerungsausgleich erhielten, stieg bis 1991 auf 24 % an. Dann setzte eine Trendwende ein und Gleitlohnklauseln wurden gestrichen, so 1993 in der Chemie und 1995 im Bauhauptgewerbe.[103] Über teuerungsbedingte Lohnerhöhungen musste wieder gestritten werden, zunehmend sogar auf Betriebsebene. In der zweiten Hälfte der 1990er Jahre lag der generell ausbezahlte Ausgleich stets tiefer als die Teuerung.

In den 1990er Jahren gestalteten sich die Vertragsverhandlungen immer harziger. Die meisten Arbeitgeber zielten allerdings nicht auf eine Abschaffung der Tarifverträge, sondern auf die Beschränkung ihres Inhaltes und ihrer Reichweite. Betriebsverträge nahmen auf Kosten der Branchenverträge zu, und in Letzteren fanden vor allem Lohnfragen oft keine abschliessende Regelung mehr. Verhandelt wurde nun meist auf drei Stufen: Zuerst betriebsintern, im Falle eines Scheiterns unter Einbezug der Verbände, und wenn auch dann kein Ergebnis zustande kam, trat entweder ein Schiedsgericht auf den Plan wie in der Maschinen- und Metallindustrie oder der Arbeitsfrieden wurde relativiert wie in der chemischen Industrie.[104]

Die quantitative Entwicklung der Tarifverträge lässt sich leider nur grob abschätzen, weil die regelmässigen Zählungen des BIGA zu Beginn der 1970er Jahre eingestellt worden waren. Die Datenlage verbesserte sich erst wieder, als 1995 das Bundesamt für Statistik die Auswertung übernahm.[105] Eine Schätzung von Arbeitgeberseite ging 1977 von rund 1.5 Mio. tarifvertraglich erfassten Arbeitnehmern aus, eine offizielle Erhebung rechnete 1999 mit fast 1.3 Mio. und 2005 – nach Abschlüssen bei den ausgelagerten ehemaligen Bundesbetrieben SBB, Post und Swisscom – mit über 1.5 Mio.[106] Mitte der 1990er Jahre lag der Deckungsgrad bei den Männern bei 58 %, bei den Frauen gerade mal bei 38 %.[107] Um 2000 war etwa die Hälfte der Arbeitnehmer einem Tarifvertrag unterstellt. Mit dieser geringen Abdeckung lag die Schweiz

102 Oesch 2001.
103 Oesch 2001.
104 Oesch 2001.
105 Lopreno 1995, 62.
106 Oesch 2007, 345.
107 Lopreno 1995, 62.

im Jahr 2000 in der Rangliste der OECD-Länder nur auf Rang 16. Weil aber einige grosse Länder noch wesentlich schlechter abschnitten, übertraf sie immerhin den gewichteten Durchschnitt.[108]

Grafik 4.2-13: **Streiks und Streikende (1970–2000)**

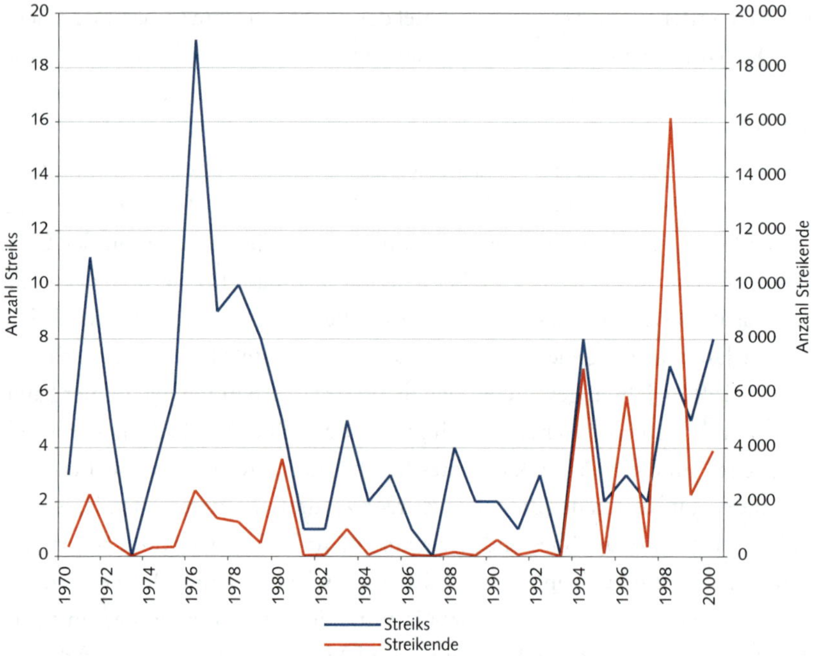

Quellen: HSSO Tab. V.20 (1970–1986); Volkswirtschaft 2004, Nr. 11, 49 (1987–2000).

Zwar führte die Krise von 1976 bis 1980 zu einer kleinen Streikwelle (Grafik 4.2-13), die vor allem die Westschweiz und das Tessin betraf. Sie blieb aber mit durchschnittlich 1 800 Streikenden pro Jahr bescheiden. Danach festigte sich der Arbeitsfrieden erneut bis Mitte der 1990er Jahre, wobei 1987 und 1993 als streikfreie Jahre herausragten. In der Folge nahm die Streiktätigkeit wieder deutlich zu. Die 1998 erreichte Zahl von über 16 000 Streikenden war letztmals 1920 übertroffen worden, und mehr als 24 000 Streikende wie 2004 hatte es überhaupt nur 1906, 1907 und 1918 gegeben.[109] Allerdings ist beim Vergleich dieser Zahlen zu berücksichtigen, dass die Arbeitnehmerschaft zu Beginn des Jahrhunderts noch bedeutend kleiner und die Streikneigung somit grösser war. Auch branchenspezifisch hatte sich eine Verschiebung der Streikenden ergeben. Zwischen 1995 und 2004 stand die öffentliche Verwaltung mit insgesamt

108 OECD 2004, 144–146.

109 Die schweizerische Streikstatistik ist allerdings lückenhaft. In den Jahren 1918 und 1919 wurden zudem die Generalstreiks nicht erfasst.

über 51 000 Streikenden klar an der Spitze. Hier beteiligten sich nun Berufsgruppen, die früher in den Streikstatistiken nicht zu finden waren wie Lehrer oder Angestellte im Gesundheitswesen. Das Streikrecht fand 1999 erstmals ausdrücklich Verankerung in der Bundesverfassung. Mit dem Bundespersonalgesetz von 2000 entfiel zudem das seit 1927 bestehende Streikverbot für das Bundespersonal. Und schliesslich wurden im Gefolge des 2002 in Kraft getretenen Freizügigkeitsabkommens mit der EU zur Verhinderung von Lohn- und Sozialdumping flankierende Massnahmen ergriffen, mit denen mehrere Normen auch für in die Schweiz eingewanderte Arbeitnehmer für verbindlich erklärt wurden, so in den Bereichen Arbeits- und Ruhezeit, Feriendauer, Entlöhnung, Arbeitssicherheit, Sonderschutz für schwangere Frauen und Wöchnerinnen sowie für Jugendliche.[110]

4.2.7 Schlussbetrachtungen

Versuche, die industriellen Beziehungen in der Schweiz in Typologien einzuordnen, die für den internationalen Vergleich konstruiert wurden, stiessen auf beträchtliche Hindernisse. Schon während der intensiven Debatte über den Neokorporatismus in den frühen 1980er Jahren wurde das Land in unterschiedlichste Kategorien eingereiht, die von schwachem bis zu starkem Korporatismus reichten.[111] Peter J. Katzenstein berichtete rückblickend, dass seine Charakterisierung der Schweiz als liberale Version des demokratischen Korporatismus zu heftigen Reaktionen geführt habe, ja sogar als blasphemisch angesehen wurde.[112] Er hatte 1985 argumentiert, die Schweiz gehöre zu den kleinen, offenen Volkswirtschaften, die sich gegen den starken Druck des Weltmarkts durch die Regulierung zahlreicher Märkte im Innern schützten. Dazu gehöre auch die Einbindung der Gewerkschaften in gewisse Entscheidungsprozesse.[113] Die daraus entstandene Kontroverse dauert bis heute an. Peter Farago stellte schon 1986 fest, dass er *den* Korporatismus empirisch nicht ausmachen könne, dagegen verschiedene Elemente organisierter Interessenvertretung sowie unterschiedlichste Formen von Verflechtung staatlicher und privater Akteure.[114] Daniel Oesch beschrieb den schweizerischen Korporatismus als hinkend, mit einem starken Bein im Bereich der Politikeinbindung und einem schwächeren im Bereich der industriellen Beziehungen.

Im Schweizer System lassen sich zahlreiche Elemente finden, die in der Regel zur Charakterisierung des Korporatismus gehören. Andere dagegen fehlen, blieben nur schwach ausgeprägt oder sind in sich widersprüchlich.[115] Politisch ermöglicht die halbdirekte Demokratie organisierten Arbeitnehmern und Arbeitgebern, Themen

110 Geiser/Müller 2009, 322–326.
111 Kriesi 1986, 13.
112 Katzenstein 2003, 19–20.
113 Katzenstein 1985, 39–79; zur aktuellen Debatte vgl. auch Mach 2006, 94–106.
114 Farago 1986, 282.
115 Oesch 2007, 338; Farago 1986, 281.

selbst zur Abstimmung zu bringen. Ihre Organisationen wurden zudem im Verlauf des 20. Jahrhunderts immer stärker in politische Entscheidungs- und Vollzugsmechanismen eingebunden, ein Zustand, der seit 1947 durch die sogenannten Wirtschaftsartikel in der Bundesverfassung eine rechtliche Absicherung erhielt. Ganz allgemein bestanden enge Bindungen zwischen der Verwaltung und dem Verbandssystem.[116] Die Jahrzehnte eines weitgehenden Arbeitsfriedens weisen zudem auf die Bedeutung von Absprachen hin.

In andern Bereichen wichen die schweizerischen Verhältnisse erheblich von denen in stark korporatistischen Ländern ab. So blieben die Verhandlungssysteme relativ stark dezentralisiert, in vielen Fällen sogar auf Unternehmens- oder Betriebsniveau. In verschiedenen Bereichen ergab sich ein Nebeneinander von pluralistischen und korporatistischen Verbandssystemen. Vielerorts verhinderte die organisatorische Zersplitterung das Entstehen von hochentwickelten Verbänden. Dies gilt insbesondere für die Gewerkschaftsbewegung, die während beinahe des gesamten 20. Jahrhunderts nicht nur beruflich, sondern auch statusmässig und weltanschaulich fragmentiert blieb.[117] Schliesslich kamen die Bemühungen um eine konzertierte makroökonomische Steuerung nie über schwache Ansätze hinaus. Obwohl die Tarifverträge in der zweiten Jahrhunderthälfte für die Gestaltung der Arbeitsbedingungen grosse Bedeutung gewannen, blieb der Abdeckungsgrad verglichen mit dem stark korporatistischer Länder relativ bescheiden. Dabei spielte der lange anhaltende Ausschluss der Angestellten von solchen kollektiven Vereinbarungen ebenso eine wichtige Rolle wie die lange Zeit schwache Verbreitung im Dienstleistungssektor.[118] Als Folge der Tarifverträge existierten zahlreiche bipartite Strukturen, die sich allerdings meist auf einen Berufs- oder einen Wirtschaftszweig beschränkten. Tripartite Strukturen, vor allem auf gesamtwirtschaftlicher Ebene, fehlten dagegen in der Schweiz weitgehend. Gewichtige Ausnahmen waren etwa die Verwaltung der Schweizerischen Unfallversicherungsanstalt, die Beschickung der Internationalen Arbeitskonferenzen oder seit kurzem die Institutionen zur Kontrolle der Arbeitsbedingungen im Rahmen der flankierenden Massnahmen zur Freizügigkeit mit der Europäischen Union.

Streiks waren in der Schweiz im 20. Jahrhundert durchweg seltener als in vergleichbaren Kleinstaaten (Grafik 4.2-14). Dabei gilt es allerdings zu beachten, dass Belgien und die Niederlande in der ersten Jahrhunderthälfte rund doppelt so viele und auch Schweden anderthalb Mal so viele Einwohner zählten. Einzig Norwegen hatte immer eine kleinere Bevölkerung als die Schweiz. Die Streikkonjunktur verlief in den europäischen Kleinstaaten lange Zeit ähnlich. Namentlich die Streikwellen zwischen 1904 und 1909 und um das Ende des Ersten Weltkriegs sind in fast allen Ländern zu beobachten. Selbst die Hausse um das Ende des Zweiten Weltkriegs lässt sich –

116 Kriesi 1980, 313–383; Germann 1981; Mach 1999.
117 Degen 2006.
118 Mach 2006, 252; OECD 2004, 145.

wenn auch stark abgeschwächt – in der Schweiz noch erkennen. Danach gingen die Streikaktivitäten international zurück, was zu einer wissenschaftlichen Debatte über das absehbare Ende dieser Form des kollektiven Arbeitskonflikts führte.[119] Ende der 1960er Jahre folgte dann allerdings eine der grössten Streikwellen, die auch einige kleine Staaten erfasste. In der Schweizer Streikstatistik hinterliess sie jedoch keinerlei Spuren. Erst ab Mitte der 1990er Jahre nahm auch hier die Streiktätigkeit wieder nachhaltig zu, was sich aber weniger in der Zahl der Streiks als in der Anzahl der beteiligten Personen niederschlug.

Grafik 4.2-14: **Häufigkeit von Streiks in verschiedenen europäischen Ländern (1888–1998)**

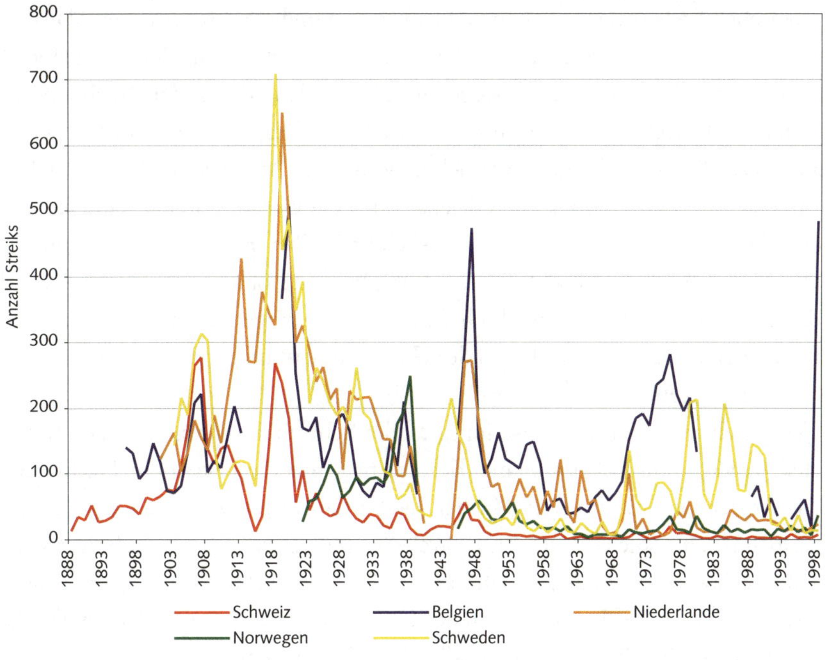

Quelle: Mitchell 2003, Tab. B3, 172–186; Schweiz vor 1930: Daten gemäss Grafiken 4.2-1 und 4.2-2.

Der direkte Einfluss der Gewerkschaften auf die Entwicklung der Löhne ist schwer abzuschätzen. Er dürfte in der ersten Hälfte des 20. Jahrhunderts grösser gewesen sein als in der zweiten. Der grösste Schub in der Reallohnentwicklung fällt in die frühen 1920er Jahre, wobei allerdings die oben erwähnten Vorbehalte betreffend kürzere Arbeitszeit und Arbeitslosigkeit zu berücksichtigen sind. Die Zunahme der Reallöhne in den 1930er Jahren war hauptsächlich eine Folge der Deflation. Die Verteidigung bestehender Nominallöhne namentlich im öffentlichen Dienst darf dabei nicht übersehen werden. In der zweiten Jahrhunderthälfte spielte dann lange der Mangel an Ar-

119 Vgl. z.B. Ross/Hartman 1960.

beitskräften eine wichtige Rolle. Die Immigrantinnen und Immigranten unterschichteten auf dem Arbeitsmarkt die schweizerische Arbeiterschaft.[120] Dadurch erlebte diese einen relativen Aufstieg.

Der stärkste Einfluss der Gewerkschaften ist sicher im qualitativen Bereich der industriellen Beziehungen zu verorten. So standen Arbeitszeitverkürzungen fast immer im Zusammenhang mit gewerkschaftlichen Aktivitäten, und in Tarifverträgen wurden schwache Regelungen des Arbeitsrechts ergänzt und verbessert. Die Gewerkschaften brachten zudem eine gewisse Stabilität in die industriellen Beziehungen, sodass etwa in Krisenphasen die Löhne nicht sofort zurückgingen. Auch lieferten sie mehr oder weniger klare Vorgaben für den Umgang mit der Teuerung, die in der zweiten Jahrhunderthälfte fast immer ein drückendes Problem war. Trotz des hohen ideologischen Stellenwerts erreichten Tarifverträge in der Schweiz nie annähernd den gleichen Deckungsgrad wie in den kleinen Staaten Österreich, Belgien, Dänemark, Finnland, den Niederlanden, Norwegen und Schweden oder in den Nachbarländern Frankreich, Deutschland und Italien.[121] Im letzten Viertel des 20. Jahrhunderts bemühten sich die Gewerkschaften zunehmend um die Arbeitsverhältnisse der Immigrantinnen und Immigranten. Die Gleichstellung der Geschlechter gewann laufend an Boden. Auch wenn früher fast ausschliesslich und selbst in neuester Zeit immer wieder Tarifverträge mit geschlechtsspezifisch abgestuften Löhnen unterzeichnet wurden, ist die Lohnschere bei den gewerkschaftlichen Forderungen in der Regel doch signifikant kleiner als bei den Angeboten der Unternehmer und bei den schliesslich erzielten Kompromissen.

Vergleicht man den Organisationsgrad der Schweiz im internationalen Rahmen, so stellen sich zahlreiche Probleme. Bezieht man nur die bekannten Dachverbände ein, so ist der Organisationsgrad in den letzten Jahrzehnten zweifellos stark gesunken. Doch ist eine solche Betrachtungsweise zu statisch, weil sie nicht berücksichtigt, dass die schweizerischen Arbeitnehmerorganisationen schon immer stark fragmentiert waren. Die klassische Definition der Gewerkschaft meint eine dauerhafte Vereinigung von Lohnbezügern mit dem Ziel, ihre Arbeitsbedingungen zu verbessern.[122] Sie traf Ende des 20. Jahrhunderts oder zu Beginn des 21. Jahrhunderts auf zahlreiche ehemalige Standes- und Berufsorganisationen zu. Wann eine solche als Gewerkschaft bezeichnet werden kann, blieb – vor allem wenn sie selbst dies ablehnte – umstritten. Es spricht aber vieles dafür, dass der Organisationsgrad unter Berücksichtigung solcher Überlegungen in den letzten Jahrzehnten des 20. Jahrhunderts nicht oder zumindest nicht stark zurückging.

Die Organisationen der Unternehmer und Arbeitgeber nahmen in der modernen Schweiz traditionell eine starke Stellung ein. Nicht nur gehörten sie zu den ältesten

120 Hoffmann-Nowotny 1973.
121 OECD 2004, 144.
122 Webb 1896, 1.

Verbänden. Sie waren zudem auf allen Ebenen eng mit dem politischen System vernetzt. Zwar kam es auch in diesem Lager immer wieder zu Differenzen, so zwischen kleinen und grossen Unternehmen oder zwischen der Export- und der Binnenwirtschaft. Letztere fand auf dem Gebiet der Marktregulierung wiederholt Übereinstimmungen mit den Gewerkschaften, sei es bei der Arbeitsbeschaffung in der Weltwirtschaftskrise oder bei den flankierenden Massnahmen zu den bilateralen Verträgen mit der Europäischen Union. Schwere Konflikte entbrannten erst Ende des 20. Jahrhunderts, als namentlich der Schweizerische Handels- und Industrieverein von den multinationalen Grosskonzernen und Grossbanken dominiert wurde. In deren Kampagnen für eine schrankenlose Globalisierung sahen selbst wichtige Exportindustrien wie die Maschinenindustrie eine Bedrohung ihrer Interessen.

4.2.8 Bibliographie

Online-Datenbanken

BFS: Bundesamt für Statisitik, www.bfs.admin.ch/
HSSO: Historische Statistik der Schweiz Online, Kammerer, Patrick et al. (Hg.), www.fsw.uzh.ch/histstat/main.php

Unveröffentlichte Quellen

Schweizerisches Wirtschaftsarchiv (SWA), Basel, www.ub.unibas.ch/wwz-bibliothek-swa

Veröffentlichte Quellen und amtliche Publikationen

Bundesamt für Statistik (BFS)

BFS (Hg.): Statistisches Jahrbuch der Schweiz (Stat. Jb.), Zürich: NZZ Verlag, 1891–; Bern: Francke, 1891–; Neuchâtel: BFS.
Eidgenössische Betriebszählung 1905.
Eidgenössische Volkszählungen 1980, 1990.

Literatur

Arbeitgeberverband schweizerischer Maschinen- und Metallindustrieller (ASM), *Jahresberichte.*
Armingeon, Klaus 1994: *Staat und Arbeitsbeziehungen. Ein internationaler Vergleich,* Opladen: Westdeutscher Verlag.
Ayberk, Ural / Rey, Jean-Noël 1980: Le mouvement syndical dans une société industrielle. L'exemple de la Suisse, *Revue européenne des sciences sociales* 18 (1980), No 51, 193–334.
Barmettler, Stefan 1985: *Der Landesindex der Konsumentenpreise als Gegenstand und Ausdruck sozialer Verständigung im Zeitalter des Ersten Weltkrieges,* Kloten: Lizenziatsarbeit, Universität Zürich.
Baumann, Werner / Moser, Peter 1999: *Bauern im Industriestaat. Agrarpolitische Konzeptionen und bäuerliche Bewegungen in der Schweiz 1918–1968,* Zürich: Orell Füssli.
Billeter, Geneviève 1985: *Le pouvoir patronal. Les patrons des grandes entreprises suisses des métaux et des machines (1919–1939),* Genève: Droz.
Braun, Rudolf 1965: Die ausländischen Arbeitskräfte als Streitgegenstand der schweizerischen Politik, *Schweizerisches Jahrbuch für politische Wissenschaft* 5 (1965), 100–107.

Braun, Rudolf 1970: *Sozio-kulturelle Probleme der Eingliederung italienischer Arbeitskräfte in der Schweiz*, Zürich: Eugen Rentsch.

Degen, Bernard 1980: *Richtungskämpfe im Schweizerischen Gewerkschaftsbund. Zur Organisationsdebatte zwischen Landesstreik und Lausanner Kongress (1918–1924)*, Zürich: Reihe W.

Degen, Bernard 1986: *Das Basel der andern. Geschichte der Basler Gewerkschaftsbewegung*, Basel: Z-Verlag.

Degen, Bernard 1987: Der Arbeitsfrieden zwischen Mythos und Realität, in: *Arbeitsfrieden – Realität eines Mythos* (Widerspruch Sonderband), Zürich: Widerspruch, 11–30.

Degen, Bernard 1991: *Abschied vom Klassenkampf. Die partielle Integration der schweizerischen Gewerkschaftsbewegung zwischen Landesstreik und Weltwirtschaftskrise (1918–1929)*, Basel: Helbing & Lichtenhahn.

Degen, Bernard 1996: Arbeitsbeschaffung, sozialer Frieden und Denkmalpflege. Der Basler Arbeitsrappen (1936–1984), *Traverse. Zeitschrift für Geschichte* (1996/2), 64–83.

Degen, Bernard 2006: Historischer Bericht, in: Boillat, Valérie et al. (Hg.), *Vom Wert der Arbeit. Schweizer Gewerkschaften – Geschichte und Geschichten*, Zürich: Rotpunktverlag.

Eisinger, Angelus 1996: *«Die dynamische Kraft des Fortschritts». Gewerkschaftliche Politik zwischen Friedensabkommen, sozioökonomischem Wandel und technischem Fortschritt. Der SMUV 1952–1985*, Zürich: Chronos.

Farago, Peter 1986: Formen organisierter Interessenvertretung und die Schweizer Politik, in: Farago, Peter / Kriesi, Hanspeter (Hg.), *Wirtschaftsverbände in der Schweiz. Organisation und Aktivitäten von Wirtschaftsverbänden in vier Sektoren der Industrie*, Grüsch: Rüegger, 273–282.

Fluder, Robert et al. 1991: *Gewerkschaften und Angestelltenverbände in der schweizerischen Privatwirtschaft. Entstehung, Mitgliedschaft, Organisation und Politik seit 1940*, Zürich: Seismo.

Gallati, Renatus 1976: *Der Arbeitsfriede in der Schweiz und seine wohlstandspolitische Bedeutung im Vergleich mit der Entwicklung in einigen anderen Staaten*, Bern / Frankfurt a.M: Lang.

Gautschi, Willi 1968: *Der Landesstreik 1918*, Zürich: Benziger.

Geiser, Thomas / Müller, Roland 2009: *Arbeitsrecht in der Schweiz*, Bern: Stämpfli.

Gerlach, Thomas 1995: *Ideologie und Organisation. Arbeitgeberverband und Gewerkschaften in der Schweizer Textilindustrie 1935 bis 1955*, Stuttgart: Klett-Cotta.

Germann, Raimund E. 1981: *Ausserparlamentarische Kommissionen. Die Milizverwaltung des Bundes*, Bern: Haupt.

Gruner, Erich (Hg.) 1987: *Arbeiterschaft und Wirtschaft in der Schweiz, 1880–1914*. Band 1: *Demographische, wirtschaftliche und soziale Basis und Arbeitsbedingungen*, Zürich: Chronos.

Gruner, Erich (Hg.) 1988: *Arbeiterschaft und Wirtschaft in der Schweiz, 1880–1914*. Band 2: *Gewerkschaften und Arbeitgeber auf dem Arbeitsmarkt*, Zürich: Chronos.

Hess, Walter / Schwab, Beat 1992: Gesamtarbeitsvertragliche Teuerungsklauseln und Teuerungsausgleichspraxis 1991, *Volkswirtschaft* (1992), Nr. 9, 35–40.

Hettlage, Manfred / Hettlage, Robert (Hg.) 1997: *Schlichten statt streiken. Das Schweizerische Friedensabkommen als Modell für Deutschland*, München: Aktuell.

Hicks, John Richard 1963: *The Theory of Wages*, London: Macmillan.

Hoffmann-Nowotny, Hans-Joachim 1973: *Soziologie des Fremdarbeiterproblems. Eine theoretische und empirische Analyse am Beispiel der Schweiz*, Stuttgart: Ferdinand Enke.

Hossli, Ulrich J. 1958: *Die Beziehungen der Sozialparteien in der schweizerischen Maschinen- und Metallindustrie mit besonderer Berücksichtigung der Friedensvereinbarung von 1937/54*, Zürich: [s.n].

Humbel, Kurt 1987a: *Treu und Glauben. Entstehung und Geschichte des Friedensabkommens in der schweizerischen Maschinen- und Metallindustrie*, Bern: Partnerschaftsfonds der Maschinen- und Metallindustrie.

Humbel, Kurt (Hg.) 1987b: *Das Friedensabkommen in der schweizerischen Maschinen- und Metallindustrie. Dokumente zur Vertragspolitik 1899–1987*, Bern: Lang.

Jaeger, Hans-Peter 1981: *Beiträge der Rechtsordnung zur Sicherung des Arbeitsfriedens*, Bern: Stämpfli & Cie.

Jaun, Rudolf 1986: *Management und Arbeiterschaft. Verwissenschaftlichung, Amerikanisierung und Rationalisierung der Arbeitsverhältnisse in der Schweiz, 1873–1959*, Zürich: Chronos.

Katzenstein, Peter J. 1984: *Corporatism and Change. Austria, Switzerland, and the Politics of Industry*, Ithaca: Cornell University Press.

Katzenstein, Peter J. 1985: *Small States in World Markets. Industrial Policy in Europe*, Ithaca: Cornell University Press.

Katzenstein, Peter J. 2003: Small States and Small States Revisited, *New Political Economy* 8 (2003/1), 9–30.

Kistler, Lothar 1953: *Die Betriebsgemeinschaft. Ein Beitrag zum Mitspracherecht der Arbeitnehmer in der Schweiz mit rechtsvergleichenden Hinweisen auf andere Staaten*, Freiburg: Universitätsverlag.

Kleinewefers, Henner / Pfister, Regula 1977: *Die schweizerische Volkswirtschaft. Eine problemorientierte Einführung in die Volkswirtschaftslehre*, Frauenfeld: Huber.

Kohler, François 2007: La convention de paix sociale du 15 mai 1937: genèse et évolution, in: *La Convention collective de travail de l'horlogerie*, Lausanne: L'Evénement syndical, 26–45.
Koller, Christian 2009: *Streikkultur. Performanzen und Diskurse des Arbeitskampfes im schweizerisch-österreichischen Vergleich (1860–1950)*, Wien: LIT.
König, Mario / Siegrist, Hannes / Vetterli, Rudolf 1985: *Warten und aufrücken. Die Angestellten in der Schweiz 1870–1950*, Zürich: Chronos.
Kriesi, Hanspeter 1980: *Entscheidungsstrukturen und Entscheidungsprozesse in der Schweizer Politik*, Frankfurt: Campus.
Kriesi, Hanspeter 1986: Einleitung, in: Farago, Peter / Kriesi, Hanspeter (Hg.), *Wirtschaftsverbände in der Schweiz. Organisation und Aktivitäten von Wirtschaftsverbänden in vier Sektoren der Industrie*, Grüsch: Rüegger, 1–16.
Kulemann, Wilhelm 1913: Die Schweiz, in: Kulemann, Wilhelm (Hg.), *Die Berufsvereine*, Band 5, Berlin: Leonhard Simion, 183–282.
Leimgruber, Matthieu 2001: *Taylorisme et management en Suisse romande (1917–1950)*, Lausanne: Antipodes.
LFSA 1994: *75 Jahre LFSA 1919–1994*, Zürich: Landesverband freier Schweizer Arbeiter.
Lopreno, Dario 1995: Gesamtarbeitsverträge (GAV) in der Schweiz 1994, *Volkswirtschaft* (1995), Nr. 10, 62–68.
Lorenz, Jakob 1911: Heimarbeit, in: Reichesberg, Naum (Hg.), *Handwörterbuch der Schweizerischen Volkswirtschaft, Sozialpolitik und Verwaltung*, Band 3, Bern: Verlag Encyklopädie, 1696–1711.
Mach, André 1999: Associations d'intérêts, in: Klöti, Ulrich et al. (Hg.), *Handbuch der Schweizer Politik*, Zürich: NZZ Verlag, 299–335.
Mach, André 2006: *La Suisse entre internationalisation et changements politiques internes. La législation sur les cartels et les relations industrielles dans les années 1990*, Zürich: Rüegger.
Marti, Peter 1979: *Lohndrift in ausgewählten Branchen der schweizerischen Industrie 1970–1976*, Zürich: [s.n.].
Mitchell, B. R. 2003: *International Historical Statistics, Europe 1750–2000*, Fifth Edition, Houndmills, Basingstoke: Palgrave Macmillan.
M[üller], J[osef] [1938]: *Das Landesabkommen in der schweizerischen Schokoladenindustrie*, Zürich: VHTL.
Müller, Philipp 2010: *La Suisse en crise (1929–1936). Les politiques monétaire, financière, économique et sociale de la Confédération Helvétique*, Lausanne: Antipodes.
Müller-Jentsch, Walther 1986: *Soziologie der industriellen Beziehungen. Eine Einführung*, Frankfurt a.M.: Campus.
OECD 2004: *OECD Employment Outlook*, Paris: OECD.
Oesch, Daniel 2001: *Kollektive Lohnverhandlungen. Neue Herausforderungen für die Gewerkschaften. Eine empirische Untersuchung aus 10 Branchen*, Bern: SGB-Dossier.
Oesch, Daniel 2007: Weniger Koordination, mehr Markt? Kollektive Arbeitsbeziehungen und Neokorporatismus in der Schweiz seit 1990, *Swiss Political Science Review* 13 (2007), 337–368.
Olson, Mancur 1992: *Die Logik des kollektiven Handelns. Kollektivgüter und die Theorie der Gruppen*, Tübingen: Mohr.
Prader, Gaudenz 1981: *50 Jahre schweizerische Stabilisierungspolitik. Lernprozesse in Theorie und Politik am Beispiel der Finanz- und Beschäftigungspolitik des Bundes*, Zürich: Schulthess.
Ross, Arthur M. / Hartman, Paul T. 1960: *Changing Patterns of Industrial Conflict*, New York: J. Wiley.
Saxer, Arnold 1928: *Vereinheitlichung und Ausbau des industriellen Einigungswesens*. Sonderdruck aus: Politische Rundschau (1928/3), Willisau: Buchdr. Willisauer Volksblatt.
Schienstock, Gerd 1985: Sozialwissenschaftliche Theoriebildung im Bereich der Arbeitsbeziehungen, in: Endruweit, Günter et al. (Hg.), *Handbuch der Arbeitsbeziehungen*, Berlin: Walter de Gruyter, 305–326.
Schmidt, Manfred G. 1985: *Der Schweizerische Weg zur Vollbeschäftigung. Eine Bilanz der Beschäftigung, der Arbeitslosigkeit und der Arbeitsmarktpolitik*, Frankfurt a.M.: Campus.
Schweizerische Arbeitgeber-Zeitung 1983 [August]: *Schweizerische Arbeitgeberverbände 1908–1983*, Zürich: Zentralverband schweizerischer Arbeitgeber-Organisationen.
SGB: *Die schweizerischen Gewerkschaftsverbände im Jahre 1938 / 3. Gewerkschaftliche Rundschau*, Bern: Gewerkschaftsbund (Hg.), 1934–1973.
Siegenthaler, Hansjörg 1980: Schweiz 1910–1970, in: *Die europäischen Volkswirtschaften im zwanzigsten Jahrhundert. Europäische Wirtschaftsgeschichte*, Band 5, Stuttgart: Gustav Fischer.
SMUV (Hg.) 1988: *Unsere Zukunft hat Geschichte. Ein Jahrhundert Gewerkschaftskampf gegen materielle Not, für Gerechtigkeit und Menschenwürde*, Bern: Schweizerischer Metall- und Uhrenarbeitnehmerverband.
Sonderegger, Alfons 1979: *Mitbestimmung als Gewerkschaftsforderung. Die wirtschaftspolitische Rolle der Schweizer Gewerkschaften am Beispiel der Mitbestimmung*, Diessenhofen: Rüegger.
Steinauer, Jean / von Allmen, Malik 2000: *Weg mit den Baracken! Die Immigranten in den schweizerischen Gewerkschaften 1945–2000*, Lausanne: Editions d'en bas.

Steinmann, Arthur 1926: *Zwanzig Jahre Verband der Arbeitgeber der Textilindustrie 1906–1926,* Zürich: Verband der Arbeitgeber der Textilindustrie.

Tschudi, Hans-Martin 1979: *Die Gestaltung der Arbeitsverhältnisse durch die Sozialpartner des schweizerischen Baugewerbes. Dargestellt an der Entwicklung des Landesmantelvertrages für das schweizerische Hoch- und Tiefbau-, Zimmer-, Steinhauer- und Steinbruchgewerbe, 1938–1976,* Zürich: Schulthess Polygraphischer Verlag.

Tschudi, Hans Peter 1985: *Schweizerisches Arbeitsschutzrecht,* Bern: Schweizerischer Gewerkschaftsbund.

Tschudi, Hans Peter 1987: *Geschichte des schweizerischen Arbeitsrechts,* Basel: Helbing und Lichtenhahn.

Verein Volksumfrage (Hg.) 1948: *Die Schweiz hält durch. Buch der Volksumfrage unter dem Patronat der Neuen Helvetischen Gesellschaft,* Zürich: Verein Volksumfrage.

Vetterli, Rudolf 1978: *Industriearbeit, Arbeiterbewusstsein und gewerkschaftliche Organisation, dargestellt am Beispiel der Georg Fischer AG (1890–1930),* Göttingen: Vandenhoeck und Ruprecht.

Volkswirtschaft, Die: Eidgenössisches Volkswirtschaftdepartement (Hg.), div. Jahrgänge.

Wandeler, Josef 1978: *Die KPS und die Wirtschaftskämpfe 1930–1933. Bauarbeiterstreik Basel, Schuharbeiterstreik Brüttisellen, Heizungsmonteurenstreik Zürich, Sanitärmonteurenstreik Zürich,* Zürich: Reihe W.

Webb, Sidney / Webb, Beatrice 1896: *The History of Trade Unionism,* London: Longmans, Green & Co.

Weber, Max 1941: Berufsgemeinschaft, *Gewerkschaftliche Rundschau* 33 (1941), Nr. 8, 275–278.

4.3 Ökonomien der sozialen Sicherheit

Brigitte Studer*

4.3.1 Problemstellung, Definitionen und Forschungsansätze

Die Sozialversicherungen, der Kernbereich der sozialen Sicherheit, sind strukturell auf die Erwerbstätigkeit zugeschnitten, doch gerade daraus ergeben sich auch Probleme. Diese grundlegende Feststellung verweist zuallererst auf die Genealogie dieser Sicherungsmechanismen als Produkt der frühen Industriegesellschaften, in denen einerseits zahlreiche Menschen pauperisiert, andererseits immer mehr Menschen lohnabhängig wurden: Nicht nur, dass die traditionelle Armenpflege überfordert war, im letzten Viertel des 19. Jahrhunderts etablierte sich auch eine neue Wahrnehmung von Armut: Sie war weder ein individuelles Unglück noch ein persönliches Verschulden. Armut wurde nun verstanden als Effekt einer unkontrollierbaren strukturellen Entwicklung. Durch eine Kollektivierung der sozialen Risiken des Lohnarbeitsstatus (Unfall, Arbeitslosigkeit, Krankheit, Alter und Invalidität) sollte dem Absturz in eine materielle Notlage entgegengewirkt werden.[1] Damit vollzog sich laut Robert Castel ein Übergang zur «Lohnarbeitsgesellschaft», ein fundamentaler gesellschaftlicher Wandel: Der durch Versicherung verbriefte Sozialbesitz gewährte den Lohnarbeitenden diejenigen existentiellen Sicherheiten, die in der liberalen Gesellschaft früher der Privatbesitz garantiert hatte.[2] Der Zugang zur «sozialen Staatsbürgerschaft» (T. H. Marshall) verlief nun über Lohnarbeit, deren Status wiederum materielle Sicherheit und soziale Anerkennung mit sich brachte. Im Unterschied zur traditionellen Armenunterstützung musste der Schutz nicht mehr mit dem Verlust der bürgerlichen Rechte und mit gesellschaftlicher Stigmatisierung bezahlt werden, er beruhte auf «sozialen Rechten». Die kollektiv vermittelte Sicherung des Individuums hatte direkte gesellschaftliche Rückkoppelungseffekte: Sie förderte soziale Gerechtigkeit und politische Stabilität, ausserdem die materielle Wohlfahrt und die Gesundheit der Bevölkerung. Nach dem Zweiten Weltkrieg wurde soziale Sicherheit auch in den Normenkatalog der Menschenrechte aufgenommen. Auf Schweizer Verfassungsebene besteht seit 1999 ein Recht auf Existenzsicherung.

Die Vielschichtigkeit des Gegenstands lässt sich bereits an der Begrifflichkeit ablesen. In der gegenwärtigen offiziellen Terminologie der EU und der Schweizer Bundesverwaltung hat sich der Begriff «Soziale Sicherheit» etabliert. Gemeint ist damit die Gesamtheit der Massnahmen des Staates und der privaten Institutionen, die

* Mein Dank geht an Matthieu Leimgruber, Martin Lengwiler und Sonja Matter für ihre Anregungen und kritischen Kommentare.

1 Evers/Nowotny 1987; Esping-Andersen/Palier 2008. Für die Schweiz siehe Gruner 1968.

2 Castel 2003, 31.

der Existenzsicherung der Einwohnerinnen und Einwohner und insbesondere dem Schutz vor sozialen Risiken dienen. Zu diesen zählen gemäss dem Europäischen System der integrierten Sozialstatistik (ESSOSS) der Schutz bei Krankheit/Gesundheitspflege, Invalidität, Alter, dem Überleben Hinterbliebener, Familie/Kinder, Erwerbslosigkeit, Wohnen und soziale Ausgrenzung.[3] Wissenschaftlich wie alltagssprachlich fest etabliert und unverzichtbar, allerdings nicht deckungsgleich sind die älteren Termini «Wohlfahrtsstaat» und «Sozialstaat».[4] Während sich im Gefolge des Beveridge-Plans[5] von 1942 in der angelsächsischen Welt der Begriff «welfare state» durchgesetzt hat, der als «Wohlfahrtsstaat» ins Deutsche rücktransportiert wurde und die in der Regel steuerfinanzierte soziale Sicherung aller «citizens» meint, bezieht sich «Sozialstaat» enger auf beitragsfinanzierte Sozialversicherungen und sozialstaatliche Einrichtungen, die nur dem Kreis der Versicherten selbst Anspruch auf Leistungen gewähren (Bismarck-Modell). In der Schweiz ist weiterhin der Terminus «Sozialstaat» gebräuchlich, obschon das Land wohlfahrtsstaatliche Einrichtungen kennt, die im Prinzip unabhängig von der Leistungsfähigkeit und dem Leistungsausweis des Einzelnen ein Minimalmass an Wohlstand garantieren.

Das System sozialer Sicherheit ist heute ein bedeutender Wirtschaftsfaktor. Seine einzelnen Zweige gewähren nicht nur Existenzsicherheit, sie sind auch wichtige Arbeitsmärkte.[6] Nimmt man die Zahlen für 1991–2006 umfasst allein schon das Schweizer Gesundheits- und Sozialwesen rund ein Zehntel der Erwerbstätigen.[7] Hinzu kommen die in der öffentlichen Verwaltung mit diesem Bereich Beschäftigten, diejenigen, die im Versicherungsmarkt mit den Sozialversicherungen zu tun haben, sowie je nach Rechnungsbasis die rund 6% Erwerbstätigen des Unterrichtswesens.[8] Vier Fünftel der Erwerbstätigen in diesen Kategorien sind Frauen. Deutlich wird die volkswirtschaftliche Bedeutung dieses Bereichs auch an der Zahl der Nutzniesserinnen und Nutzniesser des Systems, was sich am besten am Beispiel der AHV als ältester obligatorischer und universalistisch angelegter Sozialversicherung illustrieren lässt: Während nach dem Zweiten Weltkrieg erst rund 150000 Personen eine Rente bezogen, waren es Ende des 20. Jahrhunderts (1998) mehr als 1.2 Millionen oder rund ein Sechstel der Bevölkerung. Unterstrichen wird die ökonomische Relevanz der sozia-

3 BFS 2003, 15. Das Bundesamt für Statistik (BFS) definiert die Sozialversicherungen über die folgenden sechs Merkmale: Sie unterstehen der Oberaufsicht des Staates, sind zumindest für Teile der Bevölkerung obligatorisch, müssen gesetzlichen Mindestleistungen genügen, schliessen eine Gewinnorientierung aus, haben Elemente der Umverteilung zugunsten wirtschaftlich Schwacher eingebaut und werden vor allem von den Versicherten und den Unternehmen selbst sowie von der öffentlichen Hand finanziert.

4 Zu den Definitionen Wohlfahrtsstaat und Sozialstaat siehe Marti 2008; Merrien/Parchet/Kernen 2005, 4 und 7.

5 Der Bericht skizzierte die Konturen eines umfassenden Systems sozialer Sicherheit, um die fünf «Übel», Armut, Elend, Krankheit, Unwissenheit und Arbeitslosigkeit, zu bekämpfen.

6 Tabelle 2-3 in der Einleitung von Teil 2 vermittelt einen Überblick über die vor allem seit den 1950er Jahren stark wachsenden Beschäftigungsanteile dieser Wirtschaftsbranchen.

7 BFS online, Tab. 03.02.01.06.

8 Nach Rechnungsbasis des BFS gehört das Unterrichtswesen nicht dazu.

len Sicherheit schliesslich durch die aufgewendeten Gesamtausgaben: Nach der Jahrtausendwende näherte sich die Sozialausgabenquote der 30-Prozent-Marke an (2004 waren es 29.3 % des BIP; für die Zeitreihe vor 2000 siehe Grafik 4.3-2).[9] Trotz des in den 1970er Jahren einsetzenden «Krisendiskurses des Wohlfahrtsstaats» und der teils düsteren finanziellen Prognosen ist dieser volkswirtschaftliche Bereich weiter gewachsen. Und angesichts neuer gesellschaftlicher Herausforderungen (demographische Alterung, Zunahme der Arbeitslosigkeit, atypische, prekäre Arbeitsverhältnisse in einem flexibilisierten Arbeitsmarkt, soziale Exklusion und Familienarmut) ist seine Bedeutung grösser denn je.[10]

Das Schweizer System der sozialen Sicherheit hat eine über hundertjährige Geschichte. Die Entwicklung verlief dabei keineswegs linear, sondern in Etappen. Zählte die Schweiz im 19. Jahrhundert im Bereich des Arbeiterschutzes mit dem Fabrikgesetz von 1877 im internationalen Vergleich zu den Pionieren sozialpolitischer Massnahmen, so erwies sie sich im Sozialversicherungsbereich als Spätzünder. Der Weg dahin war von Fehlstarts, widersprüchlichen Entscheidungen und Improvisationen, der Konkurrenz der Leistungsanbieter, von politischen Konflikten und nicht zuletzt Kompromissen gesäumt. Die Implementierung sämtlicher grossen Sozialversicherungszweige als nationale, obligatorische Einrichtungen fällt mit Ausnahme der Militärversicherung (1901) und der ersten (freiwilligen) Kranken- und (teilobligatorischen) Unfallversicherung (KUV, 1912; ab 1984 Obligatorische Unfallversicherung OUV) in die Zeit des Zweiten Weltkriegs und vor allem die Jahrzehnte danach. Das gilt für das Inkrafttreten der Lohn- und Erwerbsersatzordnung (LVEO) 1940 (später Erwerbsersatzordnung, EO), der Alters- und Hinterbliebenenversicherung (AHV) 1948, der Invalidenversicherung (IV) 1960, der Arbeitslosenversicherung (ALV) 1984, der beruflichen Altersvorsorge (BVG) 1985, der Obligatorischen Krankenpflegeversicherung (OKPV) 1996, der Mutterschaftsversicherung 2005 und des Bundesgesetzes zur Harmonisierung der Familienzulagen 2006.[11] Doch bei allen diesen Versicherungszweigen datieren die ersten politischen Auseinandersetzungen über die Schaffung einer entsprechenden Bundeskompetenz und/oder die Realisierung eines Gesetzes aus der Zeit vor 1945.

9 BFS 2009. Die Sozialausgabenquote misst das Verhältnis zwischen den Ausgaben für die soziale Sicherheit und dem BIP. Die soziale Sicherheit umfasst gemäss BFS sämtliche Massnahmen (mit Ausnahme der Bildungsausgaben) des Staates und privater Institutionen zur Sicherung der Existenz und insbesondere zum Schutz der Bevölkerung vor sozialen Risiken. Neben den Leistungen der Sozialversicherungen werden auch Subventionen, die saldierten Freizügigkeitsleistungen und die Barauszahlungen der Pensionskassen sowie die Lohnfortzahlungen bei Krankheit und Mutterschaft, die Subventionierung der Spitäler und die Sozialhilfe als Sozialleistungen berücksichtigt.

10 Generell zum Reformbedarf siehe Bertozzi/Bonoli/Gay-des-Combes 2005.

11 Bei der Mutterschaftsversicherung handelt es sich in Wirklichkeit um eine Erwerbsausfallentschädigung, die in die Erwerbsersatzordnung integriert ist. Nichterwerbstätige Mütter sind teilweise ausgeschlossen.

Den flächendeckenden obligatorischen und zentralstaatlichen Versicherungen gingen vielfältige kommunale, kantonale, private, betriebliche, kirchliche, kommerzielle und partielle Sicherungsinstrumente voraus, deren praktische Hilfsmassnahmen später nicht selten von den sich verdichtenden Staats- und Verwaltungsstrukturen übernommen und in das System der sozialen Sicherheit integriert wurden. Und wenngleich sich letztlich Sozial- oder Wohlfahrts*staaten* herausgebildet haben, so standen am anderen Ende der skalierten Handlungsebenen vielfach transnationale Prozesse grenzüberschreitender Kooperation, Wissenstransfers und supranationaler Normierungen dahinter, aber auch ein Wettstreit zwischen den Nationen. Von der Berner Konvention der Internationalen Vereinigung für Arbeiterschutz zum Nachtarbeitsverbot für Frauen 1906 bis zu den EU-Normen über die Sozialabkommen der International Labour Organisation (ILO) und der UNO-Menschenrechtskonvention haben sich die Schutzstandards im Lauf des 20. Jahrhunderts immer stärker internationalisiert.[12]

Die oft heftigen politischen Auseinandersetzungen drehten sich nicht nur um Finanzierungsprobleme, sondern auch um die prinzipielle Ausgestaltung des Verhältnisses von Staat, Markt und Gesellschaft. Konzepte wie «institutionelle Wohlfahrtsarrangements» und «Ökonomien der sozialen Sicherheit» («welfare economies») tragen der Vielzahl der Akteure und institutionellen Rahmenbedingungen mit ihren je eigenen wirtschaftlichen und funktionalen Logiken Rechnung. Denn im Zusammenhang mit der sozialen Sicherheit sind neben den staatlichen auch die marktwirtschaftlichen, freiwilligen und informellen Dimensionen zu berücksichtigen, also der arbeits- und funktionsteilige «public-private mix»,[13] der gerade im Fall der Schweiz historisch eine wichtige Rolle gespielt und eine national spezifische Konfiguration des sozialen Sicherheitssystems mit seinen nur schwer veränderbaren institutionellen und kulturellen Spielregeln produziert hat.

Der Forschungsstand zur Schweizer Entwicklung weist noch etliche Defizite auf, zumal das Interesse der Geschichtsschreibung für dieses Themenfeld erst vor einigen Jahren gewachsen ist – von einzelnen historisch orientierten sozialwissenschaftlichen Pionierleistungen wie der grossen deskriptiven Studie von Jürg Sommer einmal abgesehen.[14] Bis in die 1980er Jahre äusserten sich vor allem zeitgenössische Akteure aus der Bundesverwaltung, der Politik und der Versicherungsbranche sowie die Rechts- und Politikwissenschaftler zu diesem Thema.[15] Neue Impulse kamen in den 1990er Jahren in erster Linie von der Geschlechterforschung.[16] Es folgten kürzere zusammen-

12 Vgl. mit weiterführenden Literaturhinweisen *Geschichte und Gesellschaft:* «Sozialpolitik transnational» 32 (2006/4). Eine knappe Übersicht über die zwischenstaatlichen Sozialabkommen, welche die Schweiz unterschrieben hat, bietet Piller 2006, 175–184.

13 Unter den kaum mehr zu überblickenden Beiträgen immer noch wichtig: Katz/Sachsse 1996.

14 Sommer 1978. Siehe auch Lasserre 1972.

15 Exemplarisch für beteiligte Akteure: Binswanger 1986; Saxer 1970; Tschudi 1986; für die Sozial- und Rechtswissenschaften: Gagg 1925; Zimmermann 1948; Bürgi 1952; Furrer 1952; Knüsel/Zurita 1979; Erni 1980; Maurer 1982.

16 Luchsinger 1995; Studer 1997; Wecker/Studer/Sutter 2001.

fassende Darstellungen, monographische Studien zu einzelnen Sozialversicherungszweigen, teilweise mit Fokus auf bestimmte politische Kräfte, sowie Kollektivpublikationen.[17] In jüngster Zeit richtete die Forschung den Blick auch auf die «andere» Seite des dualen öffentlichen Wohlfahrtssystems: die Armenfürsorge und Sozialhilfe.[18] Ferner bieten neuere Nachschlagewerke nützliche Informationen und Daten.[19]

Die folgenden Abschnitte zeigen die wichtigsten Entscheidungsmomente dieses säkularen Formationsprozesses, die dahinterstehenden interessegeleiteten politischen Konstellationen und die daraus entstehende Konfiguration von Staat, Markt und Gesellschaft oder, anders formuliert, die sich wandelnden «Ökonomien der sozialen Sicherheit» in der Schweiz, in denen Marktlogiken mit staatlichen, gesellschaftlichen und privaten Solidarlogiken in wechselndem Ausmass konkurrierten. Dabei werden sozialpolitische Grundsatzentscheide und Akteursgruppen ebenso berücksichtigt wie wissenschaftliche Deutungsmuster und gesellschaftliche Praktiken. Im letzten Teil wird den Fragen nachgegangen, wie sich die Gesamtausgaben der sozialen Sicherheit in der Schweiz entwickelt haben, weshalb das Wachstum in den letzten Jahren derart stark ausfiel, ob dadurch Sozialtransfers ausgelöst wurden und für welche sozialen Kategorien sich Absicherungsdefizite zeigen.

4.3.2 Von den industriegesellschaftlichen Risiken zum postindustriellen Umbau

Karl Polanyi hat den Bruch hervorgehoben, der sich im Zusammenhang mit der Grossen Depression der 1870er und 1880er Jahre und der Landwirtschaftskrise bei den sozialpolitischen Paradigmata ereignete. Verantwortlich waren sowohl der strukturelle Wandel, der die Gesellschaft destabilisierte, als auch veränderte Wahrnehmungen und Vorstellungen des Sozialen.[20] Mit der Erschütterung des Glaubens an die Selbstregulierung des Marktes wurde dem Staat die Aufgabe zugewiesen, die Ökonomie gesellschaftlich und politisch neu einzubetten. Damit setzte ein langwieriger Wandel ein, der von einer Ökonomie individualisierter Risiken und sich bald als ungenügend erweisender Selbsthilfe zu einer Ökonomie kollektivierter Sicherung führte. Wie der konservative Lorenz von Stein bereits Mitte des 19. Jahrhunderts scharfsinnig analysiert hatte, sollte durch staatliche Interventionen nicht zuletzt den Konflikten

17 Als Überblicksdarstellungen siehe Studer 1998; Degen 2006a. Zur Arbeitslosenversicherung siehe Degen 1995; Togni 2009; zur Haftpflicht Degen 1997; zur Invalidenversicherung Germann 2008; zur AHV Luchsinger 1995; Ischer 2002 und 2006; zu den Pensionskassen siehe Leimgruber 2008; zur Suva Lengwiler 2006; zur Krankenversicherung Lengwiler 2009. Für einschlägige Sammelbände siehe Gilomen/Guex/Studer 2002; Geschichte der Sozialversicherungen/L'histoire des assurances sociales 2006; Leimgruber/Lengwiler 2009.

18 Matter 2006 und 2011; Schnegg 2007; Tabin et al. 2008; Conrad/von Mandach 2008; Hauss/Ziegler 2010. Noch kaum erforscht sind hingegen der «dritte» Sektor, die Freiwilligentätigkeit (siehe dazu *Traverse. Zeitschrift für Geschichte* 2006) und die familiäre Unterstützung.

19 Besonders zu erwähnen: *Historisches Lexikon der Schweiz*; Fragnière/Girod 1998. Neben Zahlen vermitteln Gilliand/Rossini 1997 auch einen kurzen historischen Überblick.

20 Polanyi 1944.

zwischen Kapital und Arbeit ein Ende gesetzt werden. Ältere Traditionen und historische Vorläufer in der Armenfürsorge wurden dabei abgelöst, ohne dass die historischen Kontinuitäten vollends untergingen. Hatte das britische «Poor Law» von 1834 noch durch ein dissuasives Fürsorgedispositiv mit dem Zwang zur Arbeitsaufnahme auf Disziplinierung abgezielt, so etablierte sich allmählich eine neue Vorstellung vom sozialen Charakter der Armut, und zwar in einem Prozess, der sich im Wettstreit um die Deutungsmacht der «sozialen Frage» zwischen Arbeiteröffentlichkeit und -bewegungen, Sozialreformern und religiös-philanthropischen Kreisen abspielte. Not war nicht selbst verschuldet und Ergebnis von Arbeitsscheu, sondern Produkt der Erfindung neuer Maschinen und Technologien, der Transformation der Produktionsprozesse, der Entwicklung der internationalen Konkurrenz, der Disqualifizierung alter Berufe und der defizitären sozialen Integration im urbanen Umfeld. Durch diese Entwicklungen wurden Menschen im grossen Stil arbeitslos, die erworbenen Qualifikationen entwertet und die sozialen Bande gelöst. All dies erzeugte gesellschaftliche Ängste und verlangte nach politischen Massnahmen. Die Sprache der Sozialreform, in der die unterschiedlichen Problemwahrnehmungen und Lösungsvorschläge konvergierten, lieferte dafür den gemeinsamen Orientierungsrahmen.

4.3.2.1 Das Aufkommen der «Sozialen Frage» und neue Problemwahrnehmungen: die Formationsphase 1877 bis zum Ende der 1930er Jahre

Vor dem Ersten Weltkrieg konzentrierte sich das gesellschaftliche Problembewusstsein für Armut und soziale Sicherheit in der Schweiz nicht nur auf die Kategorie der bedürftigen, nichterwerbsfähigen Personen, die weiterhin der kommunalen Armenfürsorge, der katholischen «Caritas» und der Philanthropie protestantischer Kreise überlassen wurden, sondern auch auf das Risiko der Arbeitslosigkeit und auf die Gefahren der Fabrikarbeit. «Arbeitslose» wurden mit der Grossen Depression als neue soziale Kategorie wahrgenommen, für die ebenso die Schweizer Sozialreformer im Verbund mit den entstehenden Sozial- und Wirtschaftswissenschaften und der Sozialstatistik wie die transnationalen Expertengremien um die Jahrhundertwende ein Modell der objektivierten Norm zu definieren suchten. Doch ein solch wissenschaftlich-abstraktes «Humanklassifikationsraster» scheiterte letztlich am *moral hazard,* an der Schwierigkeit, zwischen einer im Wissen um die Versicherung selbst verschuldeten oder einer sozial bedingten Arbeitslosigkeit zu unterscheiden. Erst auf der Basis des Lohnarbeiterstatus und der Zugehörigkeit zu einer Sozialversicherung gelang es zwischen denjenigen Personen zu trennen, die soziale Rechte beanspruchen konnten, und jenen, die weiterhin der philanthropischen Praxis überlassen werden sollten.[21] In der Schweiz scheiterten die ersten Versuche zur Einführung einer Arbeitslosenversicherung allerdings nicht an Klassifikationsfragen, sondern an der politischen Auseinandersetzung.

21 Topalov 1994. Für die Schweiz siehe Degen 1995.

Als Hauptbetroffene wurden zuerst einzelne Städte aktiv. Den verschiedenen politischen Stufen, den «jeux d'échelles» der Sozialpolitik ist in der Tat gerade angesichts der föderalistischen Struktur der Schweiz Rechnung zu tragen, denn die lokalen Behörden übten in vielen Sozialbereichen eine Pionierrolle aus. Die Wohlfahrts*stadt* ging vielfach dem Wohlfahrts*staat* voraus.[22] So führte die Gemeinde Bern 1893 als Antwort auf eine Initiative des Arbeitersekretärs Nikolaus Wassilieff die erste öffentliche Arbeitslosenkasse Europas ein. Das Modell erregte international grosses Interesse, doch scheiterte es an der ungünstigen Risikostruktur (zeitweise mussten über zwei Drittel der Mitglieder unterstützt werden), vor allem aber am Widerstand der konservativen Kräfte, die sich weigerten, ein Obligatorium einzuführen, und an der Angst der ländlichen Arbeitgeber vor einer Abwanderung der Arbeitskräfte in die Stadt.[23]

Neben Armut und Arbeitslosigkeit, die vor allem in Grossbritannien oberste Priorität hatten, galten in vielen Ländern, darunter auch in der Schweiz und in Frankreich, Arbeitsunfälle und Gesundheitsschädigungen durch die Fabrikarbeit als zentrale Probleme, wobei Arbeiterinnen als besonders verletzlich und daher schutzbedürftig galten. Die erste gesamtschweizerische Regelung zur Fabrikarbeit im Fabrikgesetz vom 23. März 1877 bildete den vorläufigen Abschluss langjähriger Kampagnen.[24] Ab Mitte des 19. Jahrhunderts war die Hygienebewegung zu einer Chiffre für die staatliche Gesundheits- und Sozialpolitik geworden.[25] Zu deren einflussreichsten Protagonisten zählte die Schweizerische Gemeinnützige Gesellschaft (SGG) im Verein mit progressiven Ärzten und einzelnen Unternehmern.[26] Die Gewerbehygiene stellte als Spezialdisziplin der Hygiene die Grundlage für den Arbeiterschutz dar (ab den 1920er Jahren als Arbeitsschutz bezeichnet). Sie umfasste im weiteren Sinne Massnahmen zum Gesundheitsschutz der Arbeiter und Arbeiterinnen sowie deren Nachbarschaft, im engeren Sinn den Schutz vor Berufskrankheiten und die Unfallprävention.[27] Vor allem die chemische Industrie führte schon früh ärztliche Kontrollen ein. So stellte die Ciba bereits 1874 einen Fabrikarzt an. Doch bestand der «Schutz» bis zu Beginn des 20. Jahrhunderts (und teilweise darüber hinaus) weniger in einer therapeutischen Behandlung oder einer medizinischen Prophylaxe als vielmehr in selektiven Eintrittsuntersuchungen von vermeintlich nicht zu Krankheiten «disponierten» Arbeiterinnen und Arbeitern sowie in der lediglich ambulanten Behandlung von Unfällen und Krankheiten.[28]

Mit dem im Fabrikgesetz festgeschriebenen elfstündigen Normalarbeitstag, den Bestimmungen zur Fabrikhygiene, dem Sonderschutz der Jugendlichen und Frauen und der behördlichen Überprüfung der Fabrikreglemente begann der Staat, in die innerbetrieblichen Arbeitsverhältnisse einzugreifen. Die Kausalhaftung des

22 Conrad 2006. Für Basel siehe Mooser 2000.
23 Teuscher 1929, 24; Tögel 2004, 187–205; Adamek 2005.
24 Siegenthaler 1997.
25 Mesmer 1982, 471.
26 Mesmer 1997; Sarasin 2001; Schumacher 2010.
27 Sarasin/Tanner 1998.
28 Siehe dazu Schaad 2003.

Betriebsinhabers für Unfallschäden (Körperverletzung oder Tod) schrieb dessen Verantwortung für die physische Integrität seiner Arbeiterinnen und Arbeiter erstmals gesetzlich fest. Das Prinzip der Kausalhaftung hatte mit dem Bundesgesetz betreffend Haftbarkeit von Eisenbahngesellschaften bei Verletzungen 1875 Eingang in das Schweizer Rechtssystem gefunden. Wenngleich die Kausalhaftung strenger war als die Verschuldenshaftung des deutschen Reichshaftpflichtgesetzes von 1871, das als Modell diente, blieb das Schutzdispositiv löchrig.[29] Auch das Haftpflichtgesetz von 1881, das zwar in einigen Industrien neu Berufskrankheiten einschloss, brachte keinen nennenswerten Fortschritt, blieb doch die Beweislast bei den Arbeitnehmenden, die in der Regel nicht einmal die entsprechenden Anwaltskosten tragen konnten. Der damalige Zürcher Fabrikinspektor wies mit folgenden Worten auf die enttäuschenden Erfahrungen hin: «Obwohl das Haftpflichtgesetz von 1881 das fortschrittlichste genannt werden durfte, das irgendwo in der Welt bestand, erfüllte es seinen Zweck doch nicht. Der Arbeiter kam nicht zu seiner Sache.»[30] Abhilfe sollte eine allgemeine obligatorische Arbeiterunfallversicherung schaffen; dieser parlamentarische Vorschlag wurde vom Bundesrat mit einer Krankenversicherung verknüpft, die auch leichte Unfälle übernehmen sollte, da sich die Unterscheidung in vielen Fällen als schwierig erwies.

In seiner vieldiskutierten Studie bewertet François Ewald die Arbeitsunfallversicherung als ersten Schritt des Übergangs vom Primat des Individuums zum Primat der Gesellschaft im «Vorsorgestaat».[31] Gemäss Gaston Rimlinger förderte die aus Deutschland stammende Vorstellung, dass Sozialversicherungen zu einem Produktivitätsgewinn führten, im angelsächsischen Raum die frühe Einrichtung von Unfallversicherungen.[32] Der Nachweis von profitsteigernden Produktivitätseffekten wurde bei der Unfallversicherung als am ehesten erfolgreich erachtet. Insbesondere in den USA (und etwas weniger in Grossbritannien) wurde die bei Bismarck auf paternalistischer Protektion und disziplinierender Intention basierende Haltung in eine rationalisierte betriebswirtschaftliche Effizienzsemantik transformiert. Auf die Ökonomisierung des arbeitenden Körpers und die zunehmende Bedeutung der «Ressource Mensch» wird auch aus biopolitischer Perspektive (Michel Foucault) verwiesen. Für das weibliche Geschlecht hatte die staatliche «Verwaltung und Bewirtschaftung des Lebens» jedoch nicht dieselben Konsequenzen wie für Männer. Die Vorstellung, dass die Gesellschaft für Reproduktionsfragen zuständig sei, führte dazu, dass die Arbeitsmöglichkeiten von Frauen durch zahlreiche Schutzgesetze eingeschränkt wurden.[33]

29 Degen 1997.
30 Zit. nach Jäger 1986, 123.
31 Ewald 1986. Seine Interpretation blieb nicht unumstritten. Zur Kritik siehe Baldwin 1990; Lengwiler 2006a.
32 Rimlinger 1973, 122. Investitionen in den Faktor Arbeit seien später auch im Bereich der Erziehung und Berufsausbildung sowie im öffentlichen und privaten Gesundheits- und Sozialwesen rentabel geworden.
33 Neben dem eidgenössischen Fabrikgesetz schränkten auch kantonale und kommunale Schutzgesetze den weiblichen Zugang zum Arbeitsmarkt ein (Wecker/Studer/Sutter 2001). Für Frankreich siehe Accampo/Fuchs/Stewart 1995.

Im Falle der Schweiz hatten die bundesstaatlichen Sozialversicherungen auch staatspolitische Funktionen. Sie wirkten materiell und symbolisch kohäsionsfördernd und sollten dazu dienen, die als oppositionelle Kraft sich formierende Arbeiterbewegung zu integrieren. Staatliche Sicherungsstrukturen bildeten im ausgehenden 19. Jahrhundert ein wichtiges Element des Nation-State-Building.[34] Um das erste schweizerische Sozialversicherungsgesetz zu Unfall und Krankheit der Arbeiterschaft auszuarbeiten, eignete sich die Bundesverwaltung entsprechende «Sicherheitstechniken» (Michel Foucault) an. Sie griff dazu einerseits auf externe Gutachten zurück, andererseits erstellte sie eine eigene aktuarische Expertise dank der Anstellung eines Versicherungsmathematikers 1890.[35] Diese «Verwissenschaftlichung des Sozialen» (Lutz Raphael), also der wachsende Beizug von sozial- und humanwissenschaftlichen Experten in der politischen Entscheidungsfindung und parallel dazu die verwaltungsinterne Anstellung von Fachleuten sowie die Schaffung neuer Amtsstellen zeigt, dass der Streit um politische Lösungen nun mit angeblich neutralen und objektiven Zahlen bzw. Fakten gefochten wurde.[36]

Trotz der wissenschaftlichen Fundierung wurde die erste Vorlage zu einem Kranken- und Unfallversicherungsgesetz, die vom damaligen freisinnigen Nationalrat Ludwig Forrer geprägt worden war (Lex Forrer), in der Volksabstimmung vom 20. Mai 1900 massiv verworfen. «Politics matter»[37]: Neue Entwicklungen sind, wie dieses Beispiel zeigt, nicht einfach Ergebnis technischer Lösungsangebote, sondern der Einflussmacht der an den Aushandlungsprozessen beteiligten Akteure und ihrer institutionellen Interventions- und Handlungsmöglichkeiten unterworfen. Die Lex Forrer hätte für die Arbeiterschaft eine obligatorische, über Lohnprozente finanzierte Kranken- und Unfallversicherung eingeführt und damit rund ein Drittel der Schweizer Bevölkerung abgedeckt.[38] Gegner waren in erster Linie die Hilfskassen, die um ihre Zukunft fürchteten, sowie die Katholiken und Westschweizer Föderalisten, welche die bundesstaatliche Intervention aus prinzipiellen Gründen ablehnten, und schliesslich Teile der organisierten Arbeiterschaft selbst, die ihre eigenen Kassen schützen wollten, aber auch Angst vor der finanziellen Belastung hatten.[39] Einzig die mittlerweile aus dem Gesetz ausgegliederte Militärversicherung, die in analoger Weise Krankheit

34 Studer 1998c.

35 Hingegen war schon 1886 ein Eidgenössisches Versicherungsamt zur Ausführung des seit dem 1. November 1885 in Kraft stehenden Aufsichtsgesetzes über Privatversicherungen eingerichtet worden.

36 Raphael 1996; Gugerli/Kupper/Speich 2005, 184–195. Für Beispiele des frühen Expertenbeizugs siehe Koller 1997; Lengwiler 2002 und 2006b.

37 Gemäss Lindert 2004 sind sie sogar entscheidend.

38 Spahr 1976; Muheim 1998 und 2003.

39 Auch in der Nachkriegszeit galt eine staatliche und obligatorische Krankenversicherungsregelung vielen Gewerkschaften als Gefahr, da sie damit ein Rekrutierungsmittel zu verlieren fürchteten. So lehnte der Schweizerische Metall- und Uhrenarbeiterverband (SMUV) 1960 den Vorschlag der Genfer Sektion für das schweizweite Obligatorium einer Krankenversicherung aller Lohnempfänger scharf ab (Greuter 1972, 81). Zur rückläufigen Entwicklung der Gewerkschaftskassen des SMUV siehe Fluder 1991, 327–331. Zur (neo-)korporatistischen Haltung der schweizerischen Gewerkschaften in der Sozialpolitik siehe Trampusch 2008.

und Unfall während des Militärdienstes versicherte, wurde gutgeheissen. Damit war der erste Versuch, in der Schweiz eine Sozialversicherung einzurichten, gescheitert.

Es dauerte weitere elf Jahre, bis am 13. Juni 1911 ein revidiertes Kranken- und Unfallversicherungsgesetz (KUVG) verabschiedet werden konnte. Bei der Krankenversicherung etablierte es eine Subventions- und Aufsichtsregelung, während die Unfallversicherung im Wesentlichen der Lex Forrer entsprach. Anders als in der noch nach deutschem Modell konzipierten Lex Forrer konnte sich nun jedoch die Gesamtbevölkerung, wenn auch freiwillig, gegen Krankheit versichern, während die Unfallversicherung für einen grossen Teil der Arbeitnehmer des Sekundärsektors obligatorisch wurde. Im Krankenversicherungsteil wurden die Arbeitgeberbeiträge fallengelassen und durch Bundessubventionen ersetzt. Die Versicherten zahlten eine Einheitsprämie und nicht, wie noch in der Lex Forrer vorgesehen, nach dem Lohn abgestufte Beiträge. Die Unfallversicherung führte ein im Vergleich zu Deutschland und Österreich einzigartiges Prämienmodell ein, das die Beteiligung der Arbeitnehmerschaft an der Versicherungsprämie vorsah.[40] Das Gesetz stützte sich auf die bestehenden Krankenkassen. Deren Rechtsform blieb entsprechend heterogen (privat, betrieblich, öffentlich, genossenschaftlich), dem Bund kam nur eine Regulierungsfunktion zu.[41] Auf einen zentral verwalteten Bundesfonds wurde verzichtet, dafür wurden aber grosse Unterschiede im Prämien-Leistungs-Verhältnis in Kauf genommen.[42]

Es gilt in der Forschung als unbestritten, dass sich die schweizerische Sozialgesetzgebung anfänglich primär am Modell Deutschlands orientierte. Die schweizerischen Gesetzgebungsdebatten spielten sich zu Beginn praktisch im Gleichtakt mit den deutschen ab. So erfolgten 1885, zwei Jahre nach der Verabschiedung des deutschen Krankenversicherungsgesetzes, die ersten Vorstösse im eidgenössischen Parlament.[43] Auch die politischen Argumente spiegelten diejenigen des korporatistischen Bismarck'schen Sozialversicherungsmodells wider: Angst vor dem Klassenkampf und Versuch einer Integration der Arbeiterschaft durch die Sozialversicherung. Ab 1900 beschritt die helvetische Sozialstaatsentwicklung gegenüber der deutschen aber eigene Wege. Die Krankenversicherung entfernte sich von einer reinen Erwerbstätigenversicherung und entwickelte sich in Richtung Volksversicherung, in der sich auch nichterwerbstätige Frauen und Kinder versichern konnten. Damit wurden die Weichen für nahezu das ganze 20. Jahrhundert gestellt: Zur Normalform der Krankenversicherung wurde die freiwillige Versicherung, in der Regel in einer vom Bund anerkannten und subventionierten Krankenkasse. Die Kosten lagen allerdings hauptsächlich bei den Versicherten, die Arbeitgeber wurden von Beiträgen verschont.

40 Lengwiler 2006, 104.

41 Zu diesem Zweck wurde durch Bundesratsbeschluss vom 19. Dezember 1912 das Bundesamt für Sozialversicherung geschaffen (Bundesamt für Sozialversicherung 1988).

42 Das Gesetz legte jedoch Mindestleistungen fest, die von den anerkannten subventionierten Kassen eingehalten werden mussten. Für die gewerkschaftlichen Kassen siehe Reinacher 1929, 123–149.

43 Lengwiler 2007; Maurer 1982, 407–408.

Bereits vor der Annahme des KUVG war die soziale und individuelle Notwendigkeit, sich vor den Risiken Krankheit und Unfall zu schützen, so ausgeprägt, dass sich immer mehr Menschen einer Kasse anschlossen. Gemäss einer Enquete von 1906 hatte sich die Zahl der Krankenversicherungsmitglieder seit 1880 mit inzwischen 420 000 Versicherten nahezu verdoppelt. 1914 waren gleichwohl erst 10 % der Bevölkerung versichert, Frauen machten sogar nur ein Viertel davon aus.[44]

Anders als in Deutschland handelte es sich bei den Krankenversicherern, die um die Wende vom 19. zum 20. Jahrhundert den Schweizer Markt beherrschten, um private Anbieter und dabei vor allem um gegenseitige Hilfsgesellschaften, nur in Einzelfällen um kommerziell organisierte. Das Krankenversicherungsgesetz betraute sie mit der Durchführung der Versicherung, und sie erhielten zudem öffentliche Subventionen für Minderbemittelte, wenn die Gemeinden oder Kantone für diese Schichten eine Versicherungspflicht vorsahen, was bald etwa bei der Hälfte der Kantone der Fall war. 1935 waren bereits 48 % der Bevölkerung in einer Krankenkasse versichert, drei Viertel davon in einer privaten Kasse. Parallel zum Anstieg der Versicherten erfolgte ein Konzentrations- und Professionalisierungsprozess bei den Kassen, die sich zu einem (gesamtschweizerischen) Konkordat zusammenschlossen, das auch als Lobbyinstrument diente.[45] Der Systemwettbewerb zwischen öffentlichen, privaten und genossenschaftlichen Leistungsanbietern wurde selbst 1996 im neuen Krankenversicherungsgesetz beibehalten, jedoch wurden nun klarere Regeln vorgegeben. So dürfen in der (obligatorischen) Grundversicherung keine Gewinne erzielt werden; dies ist einzig bei den Zusatzversicherungen möglich.[46]

Trotz des intensiven Beizugs wissenschaftlicher Expertisen zur Vertrauensbildung und Legitimation im Vorfeld der Abstimmung von 1912 über ein neues Kranken- und Unfallversicherungsgesetz wurde hart um die Rolle der Privatversicherer gekämpft, allerdings weniger bei der Kranken- als vielmehr bei der Unfallversicherung. Ein wichtiger Streitpunkt war die mit der Durchführung beauftragte Schweizerische Kranken- und Unfallversicherungsanstalt (Suva).[47] Sie hatte die Form eines selbständigen, öffentlich-rechtlichen Unternehmens unter der Oberaufsicht des Bundes. Der Verwaltungsrat als oberstes Entscheidungsgremium der Suva war von Anfang an paritätisch zusammengesetzt, analog zum korporatistischen Modell, wie es Bismarcks Konzeption der Sozialversicherungen als Mittel zur Einbindung der Arbeiterschaft ins politische System vorsah.[48] Das partielle Monopol der Suva erstreckte sich auf die obligatorisch versicherten Branchen. Neben den Fabrikbetrieben gehörten dazu Transportunternehmen und Gewerbe, die besonderen Gefahren ausgesetzt waren.

44 Lengwiler 2009, 168.
45 Zum Konzentrationsprozess der Kassen 1915–1960 finden sich Zahlen bei Lengwiler 2009, 169. Der Prozess beschleunigte sich mit dem KVG ab 1996.
46 Zu den jeweiligen Volumen der Zusatz- und Grundversicherung bis 2001 siehe Spycher 2004.
47 Lengwiler 2006a.
48 Zu Deutschland siehe Ritter 1989, 75–77.

Das Unfallversicherungsgeschäft war eine Wachstumsbranche und hatte damals bei den grossen Lebensversicherungsgesellschaften, der Zürich, Winterthur, Helvetia und Mutuelle Vaudoise, bereits Geschäftsanteile von 50 bis über 80 %. Diese befürchteten die staatliche Konkurrenz und lancierten daher über die Zürcher Handelskammer das Referendum. Sie verloren zwar die Abstimmung, aber auf ihren Druck hin und wegen des Krieges konnte die Suva ihre Tätigkeit erst 1918 aufnehmen.[49] Die Bundesbehörden trugen den Interessen der Privatversicherer und der Arbeitgeberseite bei der Umsetzung der Unfallgesetzgebung Rechnung. So wurde ein politischer Gegner des Kranken- und Unfallversicherungsgesetzes erster Direktor der Suva.[50] Seine Managementkompetenzen brachte der ausgebildete Maschineningenieur Alfred Tzaut aus der Privatwirtschaft mit. Als vormaliger Direktor einer privaten Versicherungsgesellschaft repräsentierte er ein in der Schweizer Bundesverwaltung typisches Anstellungsprofil. Auch das Ausmass der auf die genannten Branchen beschränkten sozialstaatlichen Versicherungspflicht, die insgesamt nur rund die Hälfte der Lohnsumme der unselbständig Erwerbstätigen erfasste, liess den privaten Versicherern etlichen Spielraum.[51] Als 1984 die erste Totalrevision des KUVG die allgemeine Unfallversicherungspflicht für alle unselbständig Beschäftigten einführte, wurde gleichzeitig auch das Suva-Monopol im industriellen Bereich aufgehoben, womit sich den Privatversicherungen dieser Markt wieder öffnete.

Das KUVG von 1911 berücksichtigte neben den Interessen der Privatassekuranz jene der Ärzteschaft, einer weiteren wichtigen Lobby im Sozialstaat, die sich im Zuge der Lex Forrer auf nationaler Ebene zusammengeschlossen hatte. Ganz im Unterschied zu Deutschland behielt die Schweiz den Grundsatz der freien Arztwahl bei.[52] Auch besass die Suva bis Ende der 1960er Jahre kein eigenes Unfallspital wie die deutschen oder österreichischen Unfallversicherungen, und ihre medizinische Abteilung wuchs nur sehr langsam.[53] Entsprechend konnte sich die Arbeitsmedizin, die sich nach dem Ersten Weltkrieg aus den Zweigen der Gewerbehygiene und der Unfallmedizin formiert hatte, in der Schweiz bis heute nur vergleichsweise schwach etablieren. Im Bereich der Unfallprävention und der Berufskrankheiten war die Suva jedoch führend. Der Präventionsgedanke wurde mit einem finanziellen Prämienanreiz verschränkt: Wer in die Unfallverhütung investierte, sparte einen Teil der Versicherungsprämie.

49 Lengwiler 2006a; Leimgruber 2006.

50 Was sich allerdings gemäss Martin Lengwiler als falsches Kalkül erwies, um die Suva-Gegner zum Schweigen zu bringen. Die politische Opposition gegen die neu errichtete Unfallversicherung lancierte in der Zwischenkriegszeit eine Missbrauchsdebatte, während die Arbeitgeberseite die Höhe der Versicherungsprämien und das Ausgabenvolumen kritisierte. Die Suva reagierte darauf mit einer restriktiven Entschädigungspolitik (siehe Lengwiler 2006a, 239–243).

51 Lengwiler 2006a, 104, 432.

52 Zur Rolle der Ärzteschaft als politischer Interessenorganisation in der Krankengesetzgebung siehe Immergut 1992, 129–178; Riedmatten 1995; Holliger 2001.

53 In der Gründungszeit hatte einzig der Abteilungsleiter, der Oberarzt, eine volle Stelle, während die wenigen ärztlichen Mitarbeiter der medizinischen Abteilung und das gute Dutzend dezentral arbeitender Kreisärzte nebenamtlich für die Suva arbeiteten und als Privatärzte praktizierten.

In der Periode des *Ersten Weltkriegs und der Zwischenkriegszeit* lassen sich zwei Phasen deutlich unterscheiden: Auf einen kurzen sozialpolitischen Aufbruch (1914–1925) folgten Jahre der Stagnation (1925–1938), während der alle grösseren sozialpolitischen Projekte scheiterten und sich der eingeschlagene Schweizer Pfad einer relativ schwachen und dezentralen Sozialstaatlichkeit unter Beizug von Privatakteuren konsolidierte. Während des Ersten Weltkriegs war das Fabrikgesetz teilweise ausser Kraft gesetzt worden, womit deutlich wurde, wie leicht der Arbeiterschutz wieder Produktivitätsimperativen weichen konnte. Auf die ungenügende kriegswirtschaftliche Vorbereitung, die Versorgungsengpässe und die Verarmung breiter Bevölkerungsschichten vermochten die Behörden nur mit ungenügenden und improvisierten Subventions- und Fürsorgemassnahmen zu reagieren. Es waren vor allem die Städte, die sozialpolitische Lücken schlossen und die Möglichkeit des KUVG nutzten, um ein obligatorisches Krankenversicherungssystem zu implementieren. Auf eidgenössischer Ebene trat am 24. März 1917 ein Bundesratsbeschluss (BRB) zur Schaffung eines Fonds für Arbeitslosenfürsorge in Kraft, der aus Bundesmitteln gespeist wurde und Beiträge an Kantone, Gemeinden und gemeinnützige Institutionen verteilte. Zahlungen wurden nur bei unfreiwilliger und unverschuldeter Arbeitslosigkeit geleistet und wenn die finanzielle Lage des Arbeitslosen es erforderlich erscheinen liess. 1917 entstand auf Initiative der Schweizerischen Gemeinnützigen Gesellschaft auch die Stiftung Pro Senectute – Für das Alter, die sich rasch zur Hauptträgerin der philanthropischen Fürsorge bei dieser Kategorie Bedürftiger entwickelte und ab 1929 vom Bund subventioniert wurde. Im Ersten Weltkrieg und insbesondere im Rahmen der Grippepandemie von 1918 hatten sich ferner Defizite im Bereich der Sanitätspolitik gezeigt; Anfänge einer besseren Koordination, die sich allerdings an die Grenzen der föderalistischen Kompetenzordnung halten musste, sind in den 1919 initiierten Sanitätsdirektorenkonferenzen zwischen Kantonen und Bund zu erblicken.

Unmittelbar nach dem Krieg erfuhr die Sozialpolitik eine Beschleunigung. Diese Dynamisierung wurde von endogenen wie exogenen Kräften bewirkt: einerseits die rapide Zunahme sozialer Konflikte, die im Generalstreik vom November 1918 mit seinen sozialpolitischen Forderungen kulminierten, aber auch Folgen für die politischen Spielregeln sowie die industriellen Beziehungen hatten (→ 4.2.3); andererseits die an die Schaffung des Völkerbunds und der International Labour Organisation (ILO) im Jahr 1919 geknüpfte Erwartung, dass sozialpolitische Massnahmen zur Sicherung des Weltfriedens nötig seien.[54]

Von der durch den Generalstreik ausgelösten Dynamik profitierte die Alters-, Invaliditäts- und Hinterlassenenversicherung (AIHV) am meisten. Der Bundesrat

54 Die ILO führte nun offiziell, mit umfassenderem sozialpolitischem Anspruch und auf tripartiter Ebene (Staat – Arbeitgeber – Arbeitnehmer) gewisse Aspekte einer Politik fort, wie sie die 1900 geschaffene Internationale Vereinigung für Arbeiterschutz begonnen hatte, auf deren Konto vor allem die Konventionen zum Nachtarbeitsverbot für Frauen und zum Schutz gegen Phosphatvergiftungen zu verbuchen sind.

legte dem Parlament schon im Sommer 1919 einen entsprechenden Bericht vor, und die Freisinnige Partei plädierte für eine «rasche und umfassende Durchführung».[55] Zur Debatte standen damals in der Folge der Washingtoner Arbeitskonferenz der ILO aber auch die Einführung einer Arbeitslosenversicherung und einer Mutterschaftsversicherung. Gleichzeitig wurde wegen des fehlenden Obligatoriums eine Revision des KUVG in Angriff genommen.

Das ambitionierte sozialpolitische Programm erfuhr allerdings schon 1923 mit der Formierung des Bürgerblocks und im Rahmen der restriktiven Finanzpolitik von Bundesrat Jean-Marie Musy eine drastische Reduktion, wenn auch noch keinen Abbruch. Die intensiven verwaltungsinternen und ausserparlamentarischen Revisionsarbeiten zur Kranken- und Mutterschaftsversicherung wurden noch während der Nachkriegskrise eingestellt; statt allgemeiner Gewerbeschutznormen begnügte man sich mit solchen für Frauen und Jugendliche.[56] Der Bundesrat setzte die verschiedenen Versicherungszweige nun in Konkurrenz zueinander.[57] Der Arbeitslosenversicherung wurde zwar Priorität eingeräumt, doch hielt man das Budget für soziale Massnahmen schon durch die Arbeitslosenfürsorge und die Arbeitsbeschaffungsprogramme für überfordert. Als am 17. Oktober 1924 ein Subventionsgesetz für die bestehenden Kassen nach dem «Genter System» verabschiedet wurde, fehlte eine Versicherungspflicht und die gewerkschaftlichen Kassen wurden explizit benachteiligt, obschon sie vier Fünftel aller Mitglieder auf sich vereinigten. Daneben zeigte sich ein auffälliger Wandel in der politischen Argumentation: Galt die Sozialversicherung bis dahin als positiv für die Wirtschaft, da sie eine Aussöhnung der Klassen anstrebe und die ökonomische Lage der Unterschichten verbessere, wurden nun die ökonomischen Nachteile betont. Die Sozialversicherung belaste die nationale Produktion und verlange Opfer von der arbeitenden Bevölkerung.

Der politische Gesinnungswandel der bürgerlichen Mehrheit zeigte sich am deutlichsten bei der Frage der Altersversicherung und der IV.[58] Vor der Verabschiedung einer neuen Verfassungskompetenz zur Einführung der AIHV (Art. 34^{quater} BV) am 6. Dezember 1925 erodierte der ursprünglich grosszügige Versicherungsgedanke in den langwierigen politischen Diskussionen drastisch. Ein erster Vorschlag der kantonalen Finanzdirektoren wollte mit Unterstützung von Bundesrat Jean-Marie Musy die IV ganz fallen lassen. Auf Druck der Linken wurde sie im Verfassungsartikel schliesslich beibehalten, doch nur als eine Option für die Zukunft. Bei der Altersversicherung stellte sich, anders als bei der Unfallversicherung, nicht die Frage der Verantwortung, die im Schadensfall für die Haftung relevant war, und anders als bei der IV gab es

55 Zit. nach Steinmann 1955, 364.

56 Im Unterschied zu den Vorarbeiten zum KUVG waren nun auch Frauenverbände an der ausserparlamentarischen Expertenarbeit beteiligt. Zur Mutterschaftsversicherung siehe Studer 1997; Studer/Sutter/Wecker 1998. Zur Mutterschaftsversicherung und zum Gewerbegesetz von 1922 Wecker/Studer/Sutter 2001.

57 Bundesarchiv (BAR): E 3340 (A) 1, Band 153, Bericht des Bundesrats vom 9. November 1923.

58 Lasserre 1972; Sommer 1978, 127–139; Pellegrini 2006; Leimgruber 2008.

nicht die Schwierigkeit der Risikoberechnung. Alter war (und ist) kein Zufallsrisiko, es ist absehbar und unverschuldet. Eine Entschädigung kann daher nicht zivilrechtlich begründet werden, die Legitimationslogik der Altersversicherung beruht allein auf der Anerkennung von sozialen Rechten. War eine solche Sicht 1919 noch unangefochten, verlor sie in der folgenden politischen Auseinandersetzung rapide an Terrain. Der Grundsatzkonflikt wurde sowohl über die Definition des Versichertenkreises und der Versicherungsform als auch über die Frage der Finanzierung ausgetragen. So schlug eine Expertenkommission die Beschränkung der Versicherung auf Schweizer Bürger vor, eine andere, die verheirateten Frauen oder gar alle Frauen davon auszuschliessen. Katholisch-konservative Kreise wollten nur die Kantone, Gemeinden und Berufsorganisationen, nicht aber den Bund mit der Durchführung der Versicherung beauftragen. Eine Zeitlang fasste der Bundesrat in geheimen Vorarbeiten eine Lösung in Form einer Privatversicherung ins Auge, verwarf diese aber angesichts des von den beigezogenen Versicherungsvertretern geforderten Versicherungsmonopols. Was die Finanzierung betrifft, sah die Bundesratsbotschaft vom Juni 1919 betreffend der Einführung einer obligatorischen Versicherung noch eine Reihe neuer indirekter und direkter fiskalischer Einnahmen vor (Steuern auf Tabak, gebrannten Wassern und Bier sowie eine eidgenössische Nachlass-, Erbschafts- und Schenkungssteuer), doch wurden mit Ausnahme einer Konsumsteuer auf Tabak und gebrannten Wassern sukzessive alle fiskalischen Finanzierungsquellen verworfen (→ 5.2.2.2). Besonders heftig tobte die Auseinandersetzung um eine entsprechende Reichtumssteuer: Die sozialdemokratische Vermögensinitiative wurde 1922 nach einer äusserst intensiven Abstimmungskampagne mit grossem Mehr abgelehnt. Schliesslich scheiterte 1924 auch das Finanzierungsmodell der Initiative Rothenberger (Ausschüttung von 250 Millionen Franken aus der Kriegsgewinnsteuer) vor dem Souverän (→ 5.1.4.2). Als der Bund 1925 die Verfassungskompetenz zur Einführung der AIHV erhielt, fehlten ihm die für die Umsetzung nötigen finanziellen Mittel.

Die Ebene inter- und transnationaler Regulative des Sozialen blieb von der sozialpolitischen Wende nicht verschont. Zeigte die Schweiz im ausgehenden 19. Jahrhundert, als sie mit ihrem Arbeiterschutz noch eine internationale Vorreiterrolle einnahm, und direkt nach der Gründung der ILO auch aus Konkurrenzgründen (im Sinne einer «strategy of raising rival's costs») Interesse an einer internationalen Regulierung, verhielt sie sich solchen Massnahmen gegenüber für den Rest des Jahrhunderts zurückhaltend bis ablehnend. Eine zunehmende diskursive Abgrenzung vom Ausland seit den 1930er Jahren, die strukturellen Reformbremsen des politischen Systems und die politischen Mehrheitsverhältnisse behinderten in der Schweiz die Übernahme internationaler Standards, was im Übrigen die intensive Beteiligung von Schweizer Vertretern der Wissenschaft, Politik und Verwaltung an transnationalen Expertenmilieus wie der Internationalen Vereinigung für Soziale Sicherheit, am Wissenstransfer und an der Aneignung von sozialpolitischen Technizitäten nicht unterband. In der Zwischenkriegszeit zählte die Schweiz zu den Ländern, die im Rahmen der ILO immer wieder gegen die Implementierung von Sozialversicherungen sprachen, also gegen jenes Sicherungsmodell, das damals in der stark vom Bismarck'schen Modell beeinflussten ILO dominant war.[59] Obschon die ILO von Anfang an in Genf und damit im eigenen Lande etabliert war, ratifizierte die Schweiz bis Ende 1974 lediglich 34 von insgesamt 138 Konventionen. Rund die Hälfte der ratifizierten Konventionen verlangte zudem keine Gesetzesänderung, da die Schweiz den Anforderungen bereits entsprach.[60] Auffällig ist hingegen die Bereitschaft zu Schutzbestimmungen für «marginale» Arbeitnehmerkategorien wie Frauen, Jugendliche und Kinder sowie für Arbeiter in der Landwirtschaft, im Schiffs- oder Bergbau, während qualifizierte männliche Arbeitnehmergruppen kaum berücksichtigt wurden.

Die prinzipiell ablehnende bürgerliche Haltung gegenüber der Einführung zusätzlicher Steuern zur Finanzierung des Sozialausbaus prägte in dieser Zeit der Klassenkonfrontationen auch die 1931 zur Abstimmung vorgelegte Lex Schulthess, die trotz starker Widerstände von rechts ein Obligatorium für die Altersvorsorge beinhaltete.[61] Ihr Finanzierungsmodell beruhte allein auf der Besteuerung von Alkohol und Tabak. Während sich die Sozialdemokraten mit diesen Konsumsteuern abgefunden hatten, lancierten die Kommunisten das Referendum. Auf dem rechten Spektrum reichten föderalistisch-liberale Kreise ein Referendum ein; die AHV-Vorlage wurde aber auch von katholisch-konservativer Seite bekämpft. Unterstützung erhielt die Lex Schulthess von den Gewerkschaften und der SPS, obschon die IV wieder gestrichen worden war, was angesichts der tieferen Lebenserwartung der Unterschichten einem Rückschlag für die Arbeitnehmerseite gleichkam, und zudem für sämtliche Arbeitnehmer und Arbeitgeber gleich hohe Beiträge vorgesehen waren. Nach Einkommens- und Vermögensverhältnissen abgestufte Beiträge hätten nämlich laut Bundesrat einen «stark steuerrechtlichen Charakter» gehabt. Die Lex Schulthess bot folglich nur eine «Mindestfürsorge», wie die Regierung selbst zugab.[62] Sie wurde mit rund 60 % der Stimmen abgelehnt; nur die Kantone Zürich, Basel-Stadt und Neuenburg befürworteten sie.[63]

Negative Volksabstimmungen ebneten sukzessive einer weiteren Ausdehnung der betrieblichen Vorsorge und den privaten Versicherungsgesellschaften den Weg.[64] Nachdem sie die Suva nicht hatte verhindern können, reagierte die Privatassekuranz

59 Rodgers et al. 2009, 161.

60 Dähler 1976, 195; Kneubühler 1982.

61 Die Bundesverwaltung berechnete 1927 in der Ausarbeitungsphase des Gesetzes, dass die Einführung der Alterssozialversicherung die gesetzliche Armenpflege der Kantone um etwa ein Achtel entlasten würde. Armenstatistische Erhebung, BAR E 3340 (A), 1, Bände 71–72.

62 Vorgesehen waren Altersrenten für jede Person über 65 sowie Witwen- und Waisenrenten. Auch verheiratete (erwerbstätige) Frauen mit eigenständigen Rentenansprüchen wären individuell versichert gewesen.

63 Einzelne Kantone hatten bereits eine Alters- und Hinterbliebenenversicherung eingeführt, so Glarus mit einem Gesetz von 1916, Appenzell A.-Rh. 1925 und Basel-Stadt 1931. Städte wie Bern, Biel, Luzern, Schaffhausen und Zürich kannten in der Zwischenkriegszeit bedarfsabhängige Altersbeihilfen. Daneben unterstützten etwa die Kantone Waadt und Neuenburg die Prämien von minderbemittelten Personen in Privatversicherungen. *Handbuch der schweizerischen Volkswirtschaft (HSVW)* 1939, Band I, 34.

64 Leimgruber 2008; Leimgruber 2006.

mit einer rapiden Diversifizierung und Expansion ins Ausland, insbesondere durch ein Drängen auf den amerikanischen Markt.[65] Der Kriegskontext hatte 1914–1918 bereits einen ersten Entwicklungsschub bei den Pensionskassen ermöglicht. Mit der Einführung der Kriegssteuer 1915 und vor allem der Kriegsgewinnsteuer 1917, die den Unternehmen für eigene Wohlfahrtseinrichtungen Steuerbefreiung einräumte, wurden betriebliche Pensionskassenfonds aus fiskalischen Gründen lukrativ. Es waren die privaten Lebensversicherer, welche die Lücke in den sozialen Dienstleistungen mit dem Angebot von Gruppenversicherungen füllten.[66] Zu diesem Zweck richtete die Rentenanstalt, die bis zur Errichtung der Suva eine besonders aktive Strategie entfaltet hatte, um einer staatlichen Altersversicherung zuvorzukommen, 1918 eine Spezialabteilung ein, die den Unternehmen entsprechende Kollektivversicherungen anbot. Daneben wurde von 1922 an im Schweizerischen Verband der Unterstützungskassen und Stiftungen für Alter und Invalidität (SVUSAI) eine Interessenvertretung der betrieblichen Vorsorge institutionalisiert, deren Mitgliederliste bald einem Who's Who der wichtigsten Schweizer Lebensversicherer, Grossbanken und Industrieunternehmen sowie der Grossverteiler des Detailhandels gleichkam. Die Lobbyarbeit konzentrierte sich vorerst auf die Altersversicherung und die Fiskalpolitik. Die neue Strategie hiess «Komplementarität» – insbesondere im Fall der Rentenanstalt, die über ausgezeichnete Beziehungen zu den Bundesbehörden verfügte. Eine staatliche Lösung galt in der Zwischenkriegszeit als umumgänglich, sollte aber auf ein Minimum beschränkt bleiben und höchstens eine Grundversicherung bieten. Angestrebt wurde eine gemeinsame öffentlich-private Altersvorsorge. Dabei sollten die AHV auf dem Umlageverfahren und die berufliche Vorsorge auf dem Kapitaldeckungsverfahren beruhen, was einem Zwei-Säulen-Prinzip entsprach.[67]

Die berufliche Vorsorge wuchs zwar rasch an, aber viele Arbeitnehmende blieben davon ausgeschlossen: 1900 noch nahezu inexistent, erfasste die berufliche Vorsorge 1920 bereits 11 % der Lohnabhängigen, 1930 waren es 18 % und 1941 22 %. Zur Zeit der Einführung der AHV 1948 war rund ein Viertel der Erwerbstätigen einer öffentlichen oder privaten Pensionskasse angeschlossen, vorwiegend in der öffentlichen Verwaltung sowie in der Maschinen- und Metallindustrie. Allein, die Leistungen und die finanziellen Reserven der betrieblichen Einrichtungen für Alter, Invalidität und Tod blieben unzulänglich.[68] Vorsorgeeinrichtungen in Form von betrieblichen Wohlfahrtsfonds und Pensionskassen dienten dem Arbeitgeber als personalpolitisches Instrument zur Stabilisierung der Belegschaft. Erst mit der Revision des Obligationenrechts 1935

65 Leimgruber 2008. Siehe auch Winterthur 1951.

66 Ähnlich in den USA, siehe Klein 2003. Eine Verwendung der Kriegsgewinnsteuererträge für die Äufnung des AHV-Fonds (Initiative Rothenberger) wurde jedoch, wie erwähnt, abgelehnt.

67 Die Versicherungsgesellschaften hielten aber stets auch das Angebot individueller Pensionsversicherungen bereit (Leimgruber 2006 und 2008).

68 Statistik der schweizerischen Versicherungskassen für Alter, Invalidität und Tod, 9. April 1929 (Analyse der Hilfskassenerhebung von 1925/26 mit Stichtag 31. Dezember 1925), BAR E 3340 (A) 1, Band 153. Umfassend Leimgruber 2008, 295, 299.

behielten Arbeitnehmer bei einem Stellenwechsel das Anrecht auf die eigenen Pensionskassenbeiträge – wobei die volle Freizügigkeit aber noch weit entfernt lag und erst mit dem Bundesgesetz 1995 ermöglicht wurde.

In diesem Zusammenhang ist auch die Ausdehnung anderer Formen betrieblicher Sozialpolitik in der Zwischenkriegszeit zu erwähnen.[69] So vielfältig diese waren, so vielschichtig war der Nutzen: Zu den sozialen Leistungsträgern, zu denen auch Betriebskrankenkassen zählten,[70] gesellten sich vorwiegend in Grossunternehmen nicht selten verschiedene direkte Hilfeleistungen (wie Krankenpflege, Kinderbetreuung, Fabrikfürsorge, Bibliotheken, Werkzeitungen und anderes). Dazu kamen materielle Privilegien und Gratifikationen (in erster Linie ein Wohnrecht in betriebseigenen Liegenschaften, diverse Zulagen, Gewinnbeteiligungen oder Dienstaltersgeschenke). Sie blieben aber in der Regel den qualifizierten Arbeitern vorbehalten.

Für die Arbeitgeber hatten diese gezielten Investitionen in die Arbeitskraft neben der Stärkung der betrieblichen Loyalität auch die Funktion, staatlichen Sozialversicherungen zuvorzukommen, die Gewerkschaften vom Betrieb fernzuhalten und generelle Lohnerhöhungen zu unterbinden. Letzteres zeigte sich besonders deutlich an den in den 1930er Jahren von der Westschweiz her sich etablierenden Familienzulagen.[71] Diese waren von verschiedenen gesellschaftlichen Kräften forciert worden, konzentrierten sich doch auf dem sozialen Feld Familie in der Zwischenkriegszeit unterschiedliche gesellschaftspolitische Interessen, die von bevölkerungspolitischen über die erwähnten unternehmerischen bis hin zur «moralischen Erneuerung» reichten. Neben der vor allem in protestantischen Kantonen etablierten Schweizerischen Gemeinnützigen Gesellschaft und der 1923 im Kanton Waadt entstandenen «Ligue vaudoise pour la protection de la famille» engagierten sich katholische Milieus, Organisationen und Politiker sowie korporatistisch orientierte Westschweizer Unternehmer, die den französischen Diskussionen folgten und schon vor dem Zweiten Weltkrieg Ausgleichkassen eingerichtet hatten. Das Modell hatte in den Westschweizer Kantonen Erfolg und so war 1944 der Anschluss an eine Ausgleichkasse im Wallis teilweise obligatorisch, in den Kantonen Waadt und Genf bestand sogar ein allgemeines Obligatorium.

Ab den 1920er Jahren richteten zahlreiche Kantone und Gemeinden Fürsorgeinstitutionen für alte Menschen ein, die mit Bundesbeiträgen unterstützt wurden.[72] Daneben gab es weiterhin freiwillige sozialreformerische, philanthropische und religiös-karitative Initiativen. In der Zwischenkriegszeit entwickelte sich parallel zur öffentlichen Sozialhilfe ein weit verzweigtes, diversifiziertes, aber letztlich ungenügendes Netz an Fürsorgeleistungen (für Kranke, Mütter, Schwangere, Tuberkulöse, Alko-

69 Für Beispiele: Ermatinger 1936; Feurer 1941, 282–283; Bamert et al. 1942; Baumann Püntener 1996; Maurer 2001.

70 1938 existierten 346 vom Bund anerkannte Betriebskrankenkassen und rund 200 nichtanerkannte, vorwiegend in der Maschinen- und in der Textilindustrie (*HSVW* 1939, Band I, 565–566).

71 Studer 1997; Schumacher 2009 und 2010.

72 Zur Arbeitslosenfürsorge siehe Togni 2009.

holkranke, «Irre», Invalide, Gebrechliche usw.), die meist örtlich begrenzt von privaten, gemeinnützigen und kirchlichen Akteuren angeboten wurden. Viele der sozialpolitischen Initiativen und Interventionsfelder sind historisch auf die ehrenamtliche Tätigkeit von Frauen zurückzuführen.[73] Zivilgesellschaftliche Thinktanks debattierten in der Zwischenkriegszeit neu aufgetretene soziale Probleme und Lösungsangebote. Dazu gehörten die Pro Familia (1925 gegründet), die Schweizerische Vereinigung für Sozialpolitik (1926 aus einem Zusammenschluss von zwei Organisationen entstanden) und die von ihr angeregte Familienschutzkommission der SGG, die 1933 ihre Tätigkeit aufnahm.

Vor der Einführung der AHV im Jahr 1948 waren nahezu 40% der Alten von der Sozialhilfe und Fürsorge abhängig.[74] Während in den USA die Grosse Depression der 1930er Jahre die Einrichtung neuer Sozialversicherungen förderte (New Deal), war dies in der Schweiz nicht der Fall. Der Bund engagierte sich für die Alters- und Hinterlassenenfürsorge nur zögerlich, indem er, wie erwähnt, ab 1929 die Stiftung Pro Senectute – Für das Alter subventionierte. Die knappen Bundesmittel wurden zunächst zur Stützung der Privatwirtschaft eingesetzt. Davon profitierten zwar in einzelnen Fällen indirekt auch die Arbeitnehmer, etwa durch die 1932 eingeführten Massnahmen zur Produktionsverbilligung in der Exportindustrie, mit denen Entlassungen verhindert werden sollten, doch war dies nur ein Tropfen auf den heissen Stein.[75] Ab Mitte der 1930er Jahre verstärkte der Bund hingegen sein Engagement im Sozialbereich mit der Subventionierung des Fürsorgewesens und der privaten, kantonalen und verbandlichen Sozialhilfe. Ab 1934 erhielten auch die Kantone Beiträge zur Unterstützung bedürftiger Greise, Witwen und Waisen.

4.3.2.2 Gezielte soziale Sicherung im Krieg und begrenzter Ausbau in der Hochkonjunktur: die Take-off-Phase 1938–1973/74

Die Kriegswirtschaft der Jahre 1938 bis 1948 ging mit erhöhter Staatsintervention einher und förderte gleichzeitig den liberalen Korporatismus. Sie setzte eine Dynamik in Gang, die den Anteil der Sozialausgaben an den Gesamtausgaben von Bund, Kantone und Gemeinden tendenziell, aber diskontinuierlich erhöhte (Grafik 4.3-1). Erst ab Mitte der 1960er Jahre ist ein andauernder, in den 1990er Jahren sich verstärkender Anstieg des Anteils der Ausgaben für soziale Sicherheit an den gesamten Staatsausgaben zu verzeichnen. Trotzdem blieben diese Ausgaben im internationalen Vergleich lange bescheiden. Die Mobilisierung hatte den politischen Konsens zugunsten der sozialen Sicherheit gefördert: Die 1939 eingeführte Lohn- und Verdienstersatz-

73 *HSVW* 1939, Band 1, 474. Zur Rolle von Frauen in der Genese und Entwicklung der sozialen Sicherheit siehe Thane 1992. In Bezug auf die Schweiz siehe insbesondere Mesmer 1988, 180–195; Matter 2006 und 2011; Schumacher 2010.

74 Ammann 1940/41, 147. Dies ist eine Schätzung, die sich auf Zahlen der eidgenössischen Steuerverwaltung von 1922 (34.8%) und einer Erhebung des Kantons Zürich von 1930 (40%) stützen. Vgl. auch Luchsinger 1995, 23.

75 Müller 2008, 129–130.

ordnung (LVEO) zur sozialen Sicherung der Aktivdienstleistenden wirkte als Initialzündung nationaler Sozialversicherung und löste die jahrelange sozialpolitische Stagnation.[76] Das Prinzip des Kassenausgleichfonds wurde 1942 auf die Arbeitslosenkassen übertragen und sollte wie auch das Finanzierungsmodell später von der AHV übernommen werden.[77] Mit dem Zweiten Weltkrieg gelang es zudem, die Familien- und Bevölkerungspolitik – ein seit den 1920er Jahren von Expertenkreisen und Vereinen formuliertes Anliegen – auf die politische Agenda zu setzen. Das alte Reformanliegen der Krankenversicherung blieb hingegen auf der Strecke.

Grafik 4.3-1: **Ausgaben von Bund, Kantonen und Gemeinden nach Aufgabengebieten (1913–2000)**

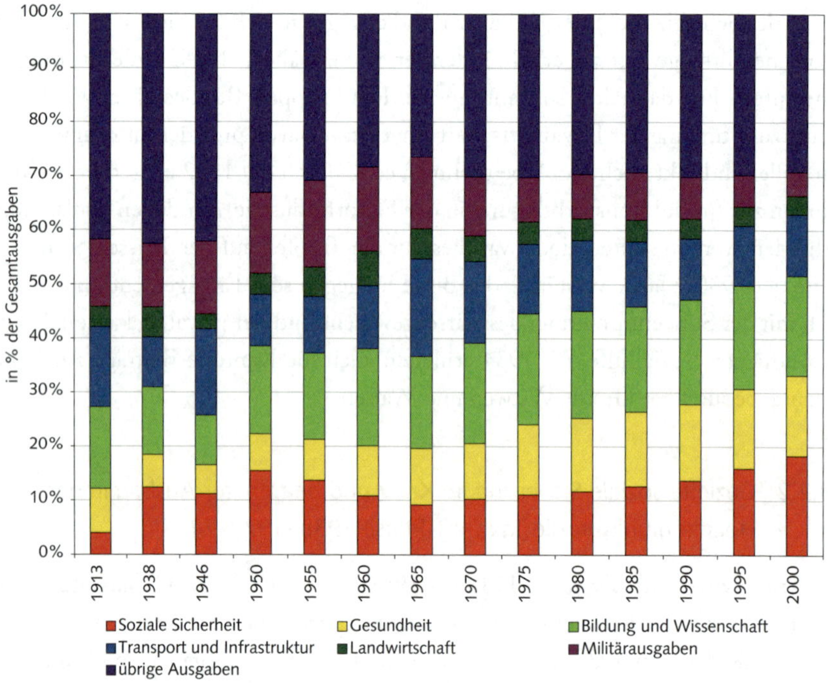

Quelle: HSSO Tab. U.44.

Mit der Übergangsordnung des Bundesfinanzhaushalts von 1938 traten eine jährliche Erhöhung der Subventionen und die Ausdehnung der Fürsorge auf ältere Arbeitslose in Kraft.[78] Wie Grafik 4.3-1 zeigt, verdreifachte sich der Anteil der Ausgaben für soziale Sicherheit zwischen 1913 und 1938 von knapp 4% auf rund 12%. Der Schritt

76 So Sommer 1978, 178. Ähnlich Saxer 1970, 156. Saxer war von 1938–1961 Direktor des Bundesamts für Sozialversicherung.

77 Verheiratete Frauen wurden damals von den Leistungen der Arbeitslosenversicherung ausgeschlossen. Togni 2009; Saxer 1952.

78 Diese Regelung hatte Gültigkeit bis zum 31. Dezember 1941.

zur Kriegswirtschaft im selben Jahr und die mit Kriegsbeginn einsetzenden ausserordentlichen Vollmachtenrechte des Bundesrats förderten zwar eine nominale Hebung der Beiträge an die Alters- und Hinterlassenenfürsorge der Kantone sowie an die Stiftung Pro Senectute und die Stiftung Pro Juventute, doch real wurden diese Erhöhungen von der Inflation weggefressen.[79] Im Bereich der Kranken- und Unfallversicherung wurde der Versichertenkreis dank Kollektivverträgen für die Beschäftigten im Arbeitseinsatz vorübergehend erheblich erweitert.[80] Die wichtigste Neuerung war die vom Bundesrat am 20. Dezember 1939 beschlossene Lohnersatzordnung für Aktivdienstleistende, der mit BRB vom 14. Juni 1940 eine Verdienstersatzordnung folgte (LVEO). Sie sollte den sozialen Missständen und damit Unruhen vorbeugen, wie sie der Erste Weltkrieg befördert hatte.[81] Die Organisation dieser Sozialversicherung brachte zwei wegleitende Neuerungen für die Zukunft, denn zum einen wurde sie über Lohnprozente finanziert, zum anderen wurde ihre Verwaltung einem gesamtschweizerischen Ausgleichskassensystem übertragen. Die Arbeitgeber konnten mit diesem Verwaltungssystem, das sie präventiv in die Wege geleitet hatten, um der Staatsintervention und Gewerkschaftsinitiativen zuvorzukommen, prägenden Einfluss auf die Ausgestaltung der Schweizer Sozialversicherungen nehmen, zumal sie das Ausgleichskassensystem durch ihre Vertreter weitgehend kontrollierten.[82] Das System wurde 1944 in die mit der Aufsichtskompetenz betraute Unterabteilung Wehrmannschutz des Bundesamts für Industrie und Arbeit (BIGA) integriert und mit je einem Vertreter des Schweizerischen Gewerkschaftsbundes, des Zentralverbandes der schweizerischen Arbeitgeberorganisationen, der Vereinigung schweizerischer Angestellten-Verbände und des Schweizerischen Bauernverbandes ergänzt. 1946 machte der Anteil der Ausgaben für soziale Sicherheit an den Gesamtausgaben von Bund, Kantonen und Gemeinden 11 % aus, er stieg dann bis zu Beginn der 1950er Jahr auf 15 % und ging anschliessend wieder zurück (siehe Grafik 4.3-1).

Die LVEO schützte den (verheirateten) Bürger-Soldaten und wirkte zugleich familien- und geschlechterpolitisch.[83] Belief sich die Entschädigung für Familienväter mit Kinder- und Unterstützungszulagen für weitere Familienangehörige in manchen Fällen auf bis zu 80 % oder gar 90 % des ausgefallenen Lohns, war sie für Alleinstehende (Le-

79 Gemäss *Kriegswirtschaft* 1950, 942–943: gesamtschweizerisch von 13 Millionen 1939 auf 23 Millionen 1942 und 27 Millionen 1945.

80 Lengwiler 2009. Bei Bauarbeiten von nationalem Interesse und Bergwerksarbeiten wurden die Arbeitgeber zu einem Versicherungsabschluss verpflichtet. Die Hälfte der Prämien war von den Arbeitgebern zu tragen (siehe Furrer 1952, 65).

81 Leimgruber 2009; Attinger 1946; Holzer 1941 und 1950.

82 Die Verbandskassen waren zwar lediglich Ausführungsorgan des Bundes, doch unterliess es dieser, klare Ausführungsbestimmungen zu verabschieden, sodass er de facto nur über geringe Kontrollmöglichkeiten verfügte (Attinger 1946; Sommer 1978, 183).

83 Detailliert in Leimgruber 2009. Hinweise schon in Studer 1998a und 1998b. Die Familienorientierung ging dem Freisinn aber eigentlich zu weit (siehe Zimmermann 1948, 106). Allgemein zur Geschlechterpolitik in der Schweiz während der beiden Weltkriege siehe Stämpfli 2003 und 2002.

dige, Verwitwete, Getrennte oder Geschiedene) nur minimal. Die LVEO stabilisierte also die traditionelle Geschlechterordnung mit der männlichen Familienernährernorm. Sie war zwar eine sozialintegrative Massnahme, doch ihr Finanzierungssystem, das auch weibliche und ausländische Erwerbstätige in die Pflicht nahm, leitete eine soziale Umverteilung auf Basis der drei Kategorien Geschlecht, Nationalität und Zivilstand ein, die zugunsten von (verheirateten) Schweizer Männern ging.[84] Darüber hinaus diente sie der Erhaltung der Kaufkraft und damit der Nachfrage nach Konsumgütern, wobei die komplementären Leistungen vieler Unternehmen einen Multiplikatoreffekt zeitigten.[85] Die Bundesbehörden schrieben der LVEO auch bevölkerungspolitische Auswirkungen zu.[86] In der Tat nahm die Zahl der Ehen und Geburten während des Zweiten Weltkriegs und im Unterschied zum Ersten deutlich zu, doch ein Kausalzusammenhang ist insofern fraglich, als selbst in kriegführenden Ländern die Geburtenrate ab 1942 stieg (→ 1.2.1, Grafik 1.2-1).[87] Familien- und bevölkerungspolitisch motiviert war auch der 1945 verankerte Verfassungsartikel zum Schutz der Mutterschaft, zur Einführung von Familienzulagen und zur Wohnbauförderung, der auf Druck der 1942 von den Katholiken und rechtskonservativen Kräften eingereichten Initiative «Für die Familie» zustandekam.[88] Wurde die konservative ständestaatliche Orientierung dieser Initiative auch durch den sozial- und familienpolitischen Kompromiss der Linken (sie wurde 1943 mit der Wahl des ersten Sozialdemokraten in die Regierung politisch integriert) und des Freisinns abgeschwächt, so gilt dies weniger für die dadurch vollzogene Stärkung der traditionellen Familienordnung.[89] Noch deutlicher kam der politische Repatriarchalisierungsanspruch in den Bestimmungen der Arbeitslosenversicherung zum Ausdruck, die verheiratete Frauen seit den 1930er Jahren mehr und mehr diskriminierten und sie 1942 sogar ganz von den Versicherungsleistungen ausschlossen.[90]

Die Nachkriegszeit wird in der politischen Rückschau dank der Einführung der Alters- und Hinterbliebenenversicherung gemeinhin als Durchbruch für die Sozialversicherung oder, wie es in der zeitgenössischen und auch späteren Gemeinschaftssemantik hiess, für die «Volksversicherung» gefeiert. Die Vorlage zur AHV wurde am 6. Juli 1947 bei einer Stimmbeteiligung von 80 % von rund vier Fünfteln der Stimmbürger angenommen und dieser sozialpolitische Schritt erfolgte zudem zeitgleich mit der mehr oder weniger allgemeinen Implementierung des Wohlfahrtsstaats in Westeuropa, die durch die Ausdehnung des begünstigten Personenkreises, den Ausbau individueller Rechtsansprüche (etwa bezüglich der Dauer von Leistungen), die Erweiterung des gesetzlichen Leistungskatalogs und das Wachstum der Sozialleistungsquote

84 Militärangehörige Frauen hatten zwar ebenfalls Anspruch auf die Leistungen, ihre Zahl war jedoch minimal und sie waren meist ledig.
85 Leimgruber 2009.
86 *Kriegswirtschaft* 1950, 1053–1054.
87 Kritisch: Hättenschwiler 1992.
88 Studer 1997; Studer/Sutter/Wecker 1998; Wecker/Studer/Sutter 2001, 107–147.
89 Studer 1997. Aus der Perspektive der SGG: Schumacher 2009.
90 Guex/Studer 2002; Togni 2009.

im Allgemeinen gekennzeichnet war (Grafik 4.3-2). Nicht nur im Nachhinein, sondern schon zu ihrer Entstehungszeit wurde die AHV zur Chiffre für eine schweizerische Zusammengehörigkeit, die jede Form von Klassenkonflikt ausschloss.

Grafik 4.3-2: **Ausgaben, Einnahmen und Leistungen der sozialen Sicherheit (1928–2000)**

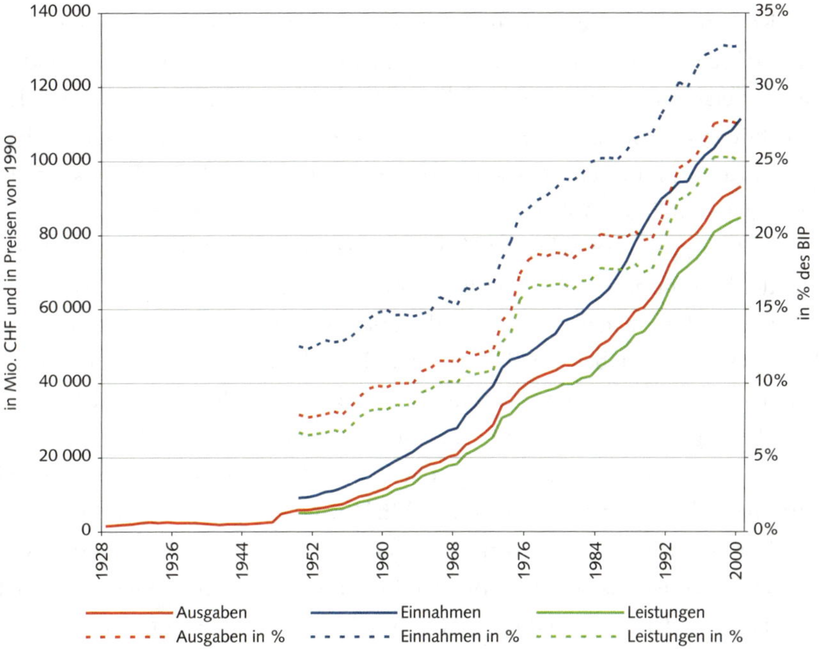

Quellen: Ausgaben: 1928–1949: HSSO Tab. P.1b; alle übrigen Daten: BFS 2003, Tab. 1, 82–85.

Die Deutung der AHV als verzögerter, doch letztlich konsensualer Durchbruch des Wohlfahrtsstaats ist allerdings eine Konstruktion ex post, welche die institutionellen und politischen Blockierungen im Vorfeld ausblendet. Die Einführung der AHV ist das Ergebnis eines doppelten sozialpolitischen Drucks, der sich angesichts der Angst vor dem Kommunismus und des Wunsches, den sozialen und politischen Frieden durch soziale Redistribution zu sichern, im Landesinnern, aber auch international manifestierte. Die ILO-Deklaration von Philadelphia 1944 und die partielle Umsetzung des Beveridge-Plans in Grossbritannien nach 1945 waren Ausdruck dieses Willens. Die im Ausland gängigen sozialpolitischen Modelle wurden in der Schweiz sehr wohl rezipiert, wenngleich teilweise negativ. Der Beveridge-Plan mit seiner umfassenden sozialen Sicherung aller Staatsbürger und einem über Steuern finanzierten nationalen Gesundheitsdienst wurde als zu etatistisch abgelehnt.[91] Auf dieser Folie und sich

91 Luchsinger 1995; Ischer 2002; Monachon 2002. Zur Geschichte der AHV aus der Perspektive eines historischen Akteurs aufseiten der Privatversicherer siehe Binswanger 1986.

von ihr abhebend wurde eine eigene nationalstaatliche Lösung entwickelt und im sozialen Kompromiss der politisch überfälligen Altersrente gefunden, ohne dass dabei ein Gesamtsystem der sozialen Sicherheit eingeführt worden wäre. Mit dem universalistischen Charakter der neuen Sozialversicherung eignete sich die Schweizer Politik die ausländischen Erfahrungen gleichwohl ein Stück weit an. Trotz Kompromissen wurde die Vorlage aber von der Bauernschaft, dem Gewerbe und Westschweizer Föderalisten mit einem Referendum bekämpft. Opposition kam anfänglich auch von den Katholisch-Konservativen, die der Familienpolitik den Vorzug gaben, und teilweise von Versicherungen sowie Betrieben mit Pensionskassen, welche die neue Konkurrenz fürchteten. Auf bürgerlichen Druck hin verzichtete der Bundesrat erneut auf eine Finanzierung durch eine Erbschaftssteuer. Und die Wirtschaft schwenkte erst auf das sozialdemokratische Anliegen einer staatlichen Altersversicherung ein, als sich der von ihr mit Argwohn betrachtete LVEO-Kompensationsfonds schnell äufnete.[92] So musste der Vorschlag, eine Erbschaftssteuer einzuführen, auf Druck der Arbeitgeber, die überhaupt die Finanzierung durch die öffentliche Hand kritisierten, wieder zurückgezogen werden. Überdies blieben die ausbezahlten Renten auch in den folgenden Jahren der Hochkonjunktur sehr niedrig,[93] waren sie doch nur als *ein* Element der Alterssicherung konzipiert, zu dem neben der staatlichen die betriebliche und die private individuelle Vorsorge treten sollten. Die Renten der Übergangsgeneration wurden bis 1955 nach dem Bedarfsprinzip ausbezahlt. Wie Grafik 4.3-2 zeigt, erfolgte erst in den 1970er und dann wieder in den 1990er Jahren ein deutlicher Anstieg der Sozialleistungen im Verhältnis zum BIP. Bei den Beratungen zum AHV-Gesetz wurde explizit auf die seit den 1920er Jahren rapid gewachsene private Vorsorge verwiesen und die AHV als Zusatz oder als soziales Korrektiv bezeichnet.[94] Die Zersplitterung zwischen öffentlichen und privaten Institutionen und der bereits vor dem Ersten Weltkrieg eingeschlagene Pfad, den privaten Anbietern grosse Spielräume zu lassen, wurden nicht mehr in Frage gestellt. Verliererinnen bzw. Verlierer waren in erster Linie das weibliche Geschlecht und die unqualifizierten Arbeitnehmer. Verheiratete Frauen wurden in der AHV dem Ehemann subsumiert; anders als das bei der Lex Schulthess für erwerbstätige Frauen noch vogesehen war, fielen die weiblichen Individualrenten nach dem Zweiten Weltkrieg der Ernährernorm oder der «patriarchalen Solidarität» (Christine Luchsinger) zum Opfer.[95] Schlechter gestellt waren auch die Ausländer, deren Renten anfänglich um ein Drittel gekürzt wurden und die zudem keine Übergangsrenten erhielten.

92 Im Erbschaftsstreit um die LVEO-Gelder zwischen Familienschutz, Arbeitslosen- und Altersversicherung erhielt die AHV mit 540 Millionen den grössten Anteil.

93 Anfänglich deckten sie höchstens 20% eines Durchschnittslohns (Leimgruber 2008, 158).

94 Brühwiler 1989.

95 Für die detaillierte Rekonstruktion der weiblichen Benachteiligung in der AHV siehe Luchsinger 1995, in der zweiten Säule siehe Leimgruber 2010.

Am Ende des Zweiten Weltkriegs bestand de facto ein Zwei-Säulen-System. Die berufliche Vorsorge in Form von Gruppenversicherungen und autonomen Pensionskassen hatte dank weiteren, in eine Semantik der «Betriebsgemeinschaft» eingebetteten fiskalischen Entlastungen im Krieg einen neuen Boom erlebt und stellte den Löwenanteil aller Schweizer Sozialleistungen dar (Grafik 4.3-3). 1955 waren bereits 32% der Lohnabhängigen einer Pensionskasse angeschlossen. Unqualifizierte Arbeitnehmer und vor allem Arbeitnehmerinnen konnten jedoch die normative Erwartung nicht erfüllen, dass existenzsichernde Renten durch die berufliche Vorsorge zu decken waren, da sie oft in Branchen arbeiteten, die gar nicht über entsprechende Vorsorgeeinrichtungen verfügten. Die Ausbreitung der Pensionskassen verlief in den einzelnen Branchen sehr unterschiedlich; schnell vonstatten ging sie vor allem in männerdominierten und exportorientierten Industriebranchen, im Banken- und Versicherungssektor sowie im öffentlichen Dienst. Aber selbst dort war der Deckungsgrad für weibliche Angestellte geringer als für männliche. Bei Verheiratung mussten Frauen oft aus der Kasse austreten. Wegen fehlender oder mangelhafter Freizügigkeitsregelungen waren Personen mit wechselnden Anstellungsverhältnissen bis in die 1980er Jahre deutlich benachteiligt und sind es teilweise noch immer. Mit der Einführung der obligatorischen beruflichen Vorsorge 1985 wurden zwar etliche Benachteiligungen aufgehoben, doch auch nach der Jahrtausendwende hatten laut parlamentarischer Subkommission 44% aller berufstätigen Frauen und 16% der Männer keine zweite Säule, weil sie zu wenig verdienten.[96] So schloss das Mindesteinkommen als Voraussetzung der zweiten Säule vor allem Frauen aus. Als Effekt musste sich fast die Hälfte der Rentnerinnen (2002 und 2005 rund 47%) mit der AHV begnügen, bei den Männern waren es mit 18.6% bzw. 15.3% deutlich weniger.[97] Frauen zählten dementsprechend in erheblichem Masse zu denen, die Ergänzungsleistungen- und Sozialhilfe empfingen.[98]

Wie Grafik 4.3-3 zeigt, war die Bedeutung der Altersrenten (AHV und BV) im Schweizer Sozialversicherungshaushalt herausragend. Mit der Einführung der AHV 1948 nahm der Anteil der BV zwar relativ im Verhältnis zu den wachsenden Leistungen der AHV ab, in absoluten Zahlen stiegen die Geldleistungen jedoch stark an: von 300 Millionen Franken im Jahr 1950 auf 1980 Millionen im Jahr 1975. Die Geldleistungen der AHV stiegen allerdings viel stärker und machten 1975 mehr als das Fünfzigfache der Leistungen im Jahr 1950 aus. Die IV wurde erst 1960 eingeführt. Im Vergleich zu den nicht bedarfsabhängigen machen die bedarfsabhängigen Leistungen (Einkommen für Bedürftige, Ergänzungsleistungen, Familienzulagen des Bundes usw.) nur einen sehr kleinen Teil der Sozialleistungen aus. In der zweiten Hälfte des 20. Jahrhunderts sank ihr Anteil von rund 20% im Jahr 1950 auf knapp 8% im Jahr 1970, und schwankte anschliessend zwischen 5% und 7%.

96 Schaffhauser 2005, 10.

97 BFS 2005, 6.

98 BFS 2006 und 2007. Dies im Übrigen nicht nur in der Schweiz (Gordon 1992, 47).

Grafik 4.3-3: **Bedarfsunabhängige Geldleistungen nach Ausgabentyp (1950–2000)**

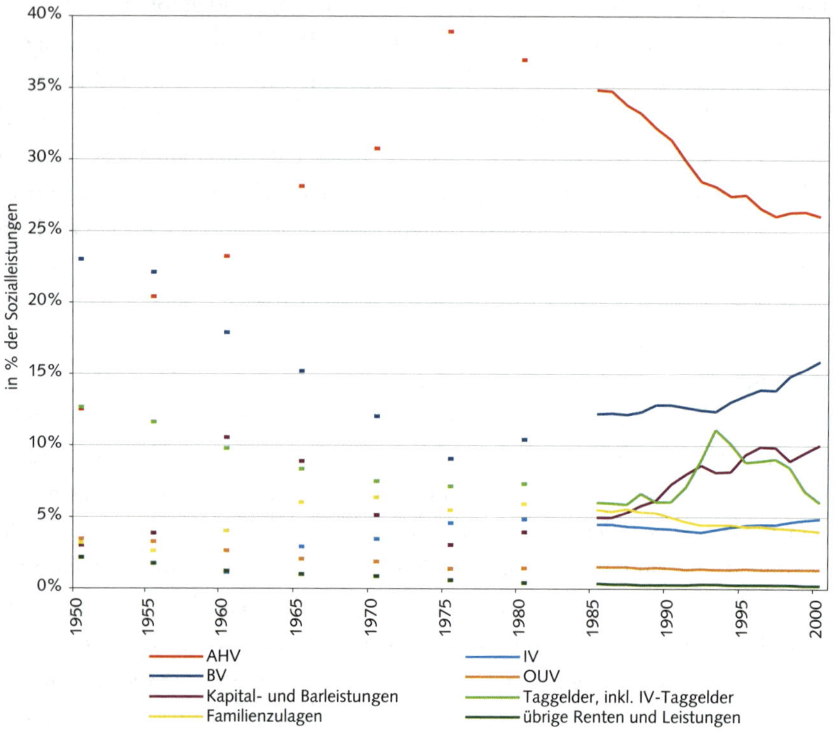

Quelle: BFS 2003, Tab. 8, 102–105.

Die 1950er Jahre waren trotz des Höhenflugs der volkswirtschaftlichen Wachstumsraten aus der Perspektive der Sozialpolitik, insbesondere der Sozialversicherung, eine Zeit der Stagnation, die 1960er Jahre dann eine Zeit des Ausbaus und der Umgestaltung der Altersvorsorge. Parallel dazu setzte ein Paradigmenwechsel in der Sozialarbeit ein, der zur Ausdehnung des Hilfsangebots führte, zur vermehrten Berücksichtigung der Personenrechte und zur Einführung der individualisierten und professionalisierten Betreuungsformen eines «Social Casework» bzw. später «Case Management». Damit kam auch auf der «anderen» Seite des dualen Wohlfahrtssystems ein Reformprozess in Gang, der den Empfängerinnen und Empfängern der Sozialhilfe mehr soziale Rechte und weniger administrative Kontrolle gewähren sollte – eine Entwicklung, die sich allerdings nicht als unumkehrbar erweisen sollte.[99] Im Vergleich zu den Kriegsjahren ging der Anteil der Ausgaben für soziale Sicherheit an den gesamten Staatsausgaben zwischen 1950 und Mitte der 1960er Jahre sogar zurück, um erst dann wieder zu steigen (siehe Grafik 4.3-1). Der Beitrag der Sozialpolitik zur Erhöhung von Konsumchancen und zur Sta-

99 Siehe dazu Matter 2011. Zur Bedeutung der Menschenrechte im Hinblick auf die administrative Zwangsversorgung von «Verwahrlosten» siehe Rietmann 2010.

bilisierung des Wohlstands blieb in der Schweiz somit zunächst gering. Erreicht wurde eine solche Absicherung des Wohlstands vielmehr durch die Vollbeschäftigung, die in den 1960er Jahren in der Schweiz wie in anderen west- und nordeuropäischen Ländern ihren Höhepunkt erreichte. Die ersten vier Revisionen der AHV bis 1957 fielen höchst bescheiden aus, bestimmend war jeweils die Sorge um die gesicherte Finanzierung. Die Sozialausgabenquote (Sozialausgaben im Verhältnis zum BIP) stieg zwischen 1950 und 1970 nur moderat von knapp 8 % auf 12 % (siehe Grafik 4.3-2). Strukturelle Neuerungen blieben bis zur Einführung der Invalidenversicherung 1960 aus.

Das alte sozialpolitische Desiderat einer Invalidenversicherung konnte im Rahmen eines neuen diskursiven Kontexts sowie auf Druck einzelner Vertreter des Freisinns und der Linken – 1955 wurde je eine Initiative der Sozialdemokratischen Partei (SPS) und der Partei der Arbeit (PdA) lanciert – verwirklicht werden.[100] In der Nachkriegzeit und besonders in den 1950er Jahren erhielten berufliche Eingliederungsmassnahmen gegenüber dem Rentenausbau Priorität – ein Gedanke, der zuerst von mehrheitlich privaten Eingliederungs- und Rehabilitationsinitiativen propagiert wurde und den sowohl die ILO 1955 mit der Empfehlung über die berufliche Eingliederung Behinderter wie Pro Infirmis vertraten. 1951 war aus einer Arbeitsgruppe der Pro Infirmis die Arbeitsgemeinschaft für die Eingliederung Behinderter (SAEB) hervorgegangen, die dank ihres Präsidenten, Altbundesrat Walther Stampfli, dem «Vater» der AHV und selbst Vater einer cerebral gelähmten Tochter, über politisches Gewicht verfügte.[101] Die SAEB bildete ein engmaschiges Netzwerk, an dem Behindertenorganisationen, Behörden, Arbeitgeberorganisationen, Gewerkschaften und die Standesorganisation der Ärzte partizipierten. Entsprechend wählte die neue Versicherung eine «Kombinationslösung»: Sie bezahlte nicht nur Renten (deren Modell technisch und finanziell an die AHV gekoppelt war), sondern unterstützte prioritär die Eingliederung in den Arbeitsmarkt durch gezielte berufliche Ausbildung, medizinische Massnahmen zur Wiederherstellung der Erwerbsfähigkeit und die Abgabe von technischen Hilfsmitteln. Somit konnten gleich zwei Zielsetzungen erfüllt werden: das Prinzip, die sozialen Teilhaberechte behinderter Menschen vom Erbringen ökonomisch verwertbarer Leistungen abhängig zu machen, und die Mobilisierung von Humanressourcen für die florierende Wirtschaft.

Mit dem Sozialdemokraten Hans-Peter Tschudi wurde 1959 ein aktiver Befürworter des Ausbaus der sozialen Sicherheit in den Bundesrat gewählt. Im «Tschudi-Tempo» wurden in der Folge vier AHV-Revisionen durchs Parlament gepeitscht, die mehr soziale Umverteilung anvisierten, eine Entwicklung, die Arbeitgeber und Lebensversicherer im Vorfeld der 7. Revision durch die Forderung nach einer Einheitsrente verbunden mit der Abschaffung der Ergänzungsleistungen zu bekämpfen suchten.[102] Trotz des Ausbaus bestand das Phänomen der Altersarmut auch in den

100 Zur Entstehung der IV siehe Germann 2008.
101 Hafner 1986, 439–447.
102 Luchsinger 1995, 121–122.

1960er Jahren fort. Erst die 8. Revision, die in zwei Stufen 1973 und 1975 in Kraft trat, brachte eine substantielle Erhöhung der Renten. Innerhalb von vier Jahren wurden diese nominal verdoppelt, was wegen der hohen Inflation real einer Erhöhung um rund 50 % entsprach; die Sozialausgabenquote stieg binnen dreier Jahre (1970–1973) von 12.1 % auf 14.2 %. Auch frauenspezifischen Anliegen wurde endlich Rechnung getragen: Eine getrennte Auszahlung der halben Ehepaarrente an die Ehefrau war nun ohne Begründung möglich, die Ansprüche der geschiedenen Frau wurden verbessert. Bereits 1965 waren zudem auf Vorschlag des Gewerkschafters und früheren sozialdemokratischen Bundesrats Max Weber Ergänzungsleistungen eingeführt worden, die damals noch als «Übergangslösung» galten. Obwohl ein Rechtsanspruch auf diese Leistungen bestand, wurden die nötigen Voraussetzungen wie bei der Fürsorge von Amtes wegen regelmässig kontrolliert. Schon bald zeigte sich, dass auf die Ergänzungsleistungen nicht mehr verzichtet werden konnte. 1967 bezog sie bereits jede(r) sechste Rentenberechtigte. Die Ergänzungsleistungen läuteten den definitiven Verzicht auf das Prinzip existenzsichernder Renten zugunsten von «Basisrenten» ein – ein Begriff, der Ende der 1950er Jahre in die Diskussion eingebracht worden war. Andererseits waren sie auch Ausdruck des europäischen Konvergenzprozesses in den Nachkriegsjahrzehnten, in dem die beitragsfinanzierten Rentensysteme in den einzelnen Ländern durch die Institutionalisierung von Mindestrenten zur Sicherung des Existenzminimums ergänzt wurden und umgekehrt, ohne dass dabei aber die grundlegenden Unterschiede aufgelöst worden wären.[103]

Damit war auch vonseiten der Sozialdemokratie ein erster wichtiger Schritt zur Verabschiedung der Idee einer Volkspension und zur definitiven Umgestaltung der Altersvorsorge hin zum Drei-Säulen-Modell (universelle Basissicherung in der AHV, obligatorische einkommensbezogene Zusatzversicherung in der beruflichen Vorsorge und private Formen der Altersvorsorge durch individuelles Sparen) vollzogen. Noch 1961 hatte der Gewerkschafter Giacomo Bernasconi, der im Schweizerischen Gewerkschaftsbund (SGB) für die Sozialpolitik zuständig war, festgestellt, es sei «das Fernziel der Gewerkschaften, die AHV nach und nach und unter Berücksichtigung der gegebenen Möglichkeiten zu einer *bescheidenen* Volkspension auszubauen, deren Renten die Bestreitung eines minimalen Lebensbedarfs sicherstellen».[104] Die Gewerkschaften und ihre Klientel waren seit den Kollektivverhandlungen im Zweiten Weltkrieg und dem Ausbau der betrieblichen Vorsorgekassen in der Nachkriegszeit auch an der Förderung der Pensionskassen interessiert. Hier trafen sich die Strategien eines grossen Teils der gouvernementalen sozialdemokratischen Linken und der Gewerkschaften mit denjenigen der Lebensversicherer. Letztere hatten Anfang der 1960er Jahre unter der Führung von Peter Binswanger, der 1955 vom Bundesamt für Sozialversicherung, wo er Leiter der Sektion AHV gewesen war, zur Winterthur-Leben gewechselt hatte, und zusam-

103 Kern/Theobald 2004.

104 *Gewerkschaftliche Rundschau* 1961, 137, zit. nach Luchsinger 1995, 116 (Hervorhebung BS).

men mit den Arbeitgeberorganisationen die Studienkommission für die Probleme der Alters- und Hinterbliebenenvorsorge in der Schweiz (SPAHS) gegründet. Aufgrund des Drucks der Kommission bezog sich die bundesrätliche Botschaft zur 6. AHV-Revision von 1963 erstmals explizit auf die Drei-Säulen-Doktrin.[105] Diese «Schweizer Lösung», die «neben der AHV noch zahlreiche andere Vorsorge-Institutionen umfasst[e]», wie Binswanger formulierte,[106] wurde von ihm gar zu einer weltanschaulichen Weichenstellung stilisiert. Die Versicherer waren aus verschiedenen Gründen an einer solchen «Gesamtkonzeption» interessiert. Erstens hatten die Rentenanstalt, die VITA, die Winterthur und die Basler Lebensversicherungsgesellschaft bereits Ende 1947 von insgesamt 2880 Gruppenversicherungsverträgen 2348 in ihren Händen.[107] Zusammen mit der kleineren Helvetia/Patria belief sich der Anteil dieser Versicherungsgesellschaften am Pensionskassenmarkt zwischen 1935 und 2005 stets auf durchschnittlich 85–90%.[108] Zweitens erreichte das Vermögen der Pensionskassen in den 1950er Jahren bereits mehr als ein Drittel des BIP, Mitte der 1970er Jahre lag es bei 50% des BIP und im Jahr 2000 überstieg es dieses um mehr als ein Zehntel. Drittens deckten die Gruppenversicherungen zwischen 1955 und 1978 30–40% aller in einer Pensionskasse Versicherten ab.[109] Viertens waren die Pensionsversicherungen ein Wachstumssektor.

1966 reichte der Christlich-Nationale Gewerkschaftsverband eine Initiative ein, welche die Pensionskassenversicherung für obligatorisch erklären wollte. Der Bundesrat lehnte das Begehren als unnötig und unrealisierbar ab, leitete aber Revisionsschritte für einen Ausbau der Basisleistungen der AHV ein, die zu existenzsichernden Renten führen sollten, woraufhin die Initiative zurückgezogen wurde. Als die PdA im Dezember 1969 eine Initiative für eine «Volkspension» auf der Basis des Ein-Säulen-Konzepts lancierte, reagierte die unter Zugzwang geratene SPS im März 1970 mit einer Zwei-Säulen-Initiative. Ein bürgerliches Komitee folgte im April desselben Jahres mit einer dritten Initiative, diesmal auf der Basis des Drei-Säulen-Konzepts, auf dem auch der bundesrätliche Gegenvorschlag beruhte. Er sah vor, dieses Prinzip in der Verfassung zu verankern und die berufliche Vorsorge (die zweite Säule) für obligatorisch zu erklären. Im Gegenzug sollte die AHV künftig existenzsichernd werden. Ein Teil der Arbeitgeber zeigte sich vorerst skeptisch, lenkte aber schliesslich aus Angst vor dem Volkspensionsmodell ein. Der Gewerbeverband und der Schweizerische Handels- und Industrieverein (SHIV) befürchteten eine Erhöhung der Lohnnebenkosten. Am 3. Dezember 1972 wurde die PdA-Initiative mit 83% Neinstimmen massiv verworfen, der Gegenvorschlag des Bundesrats mit 77-prozentiger Zustimmung angenommen. Damit wurde die «AHV-Eindämmungsstrategie der Versicherer» (Leimgruber) recht-

105 Zur Genese und Etablierung des Konzepts siehe Leimgruber 2008.

106 Binswanger 1962, 124–125, zit. nach Luchsinger 1995, 116.

107 Eidg. Versicherungsamt, Bestände der Lebensversicherungsgesellschaften. Vorläufige Ergebnisse 1947, 6/7, zit. nach Müller 1949, 118. Zur finanziellen Entwicklung der Privatversicherung siehe auch Brennwald 1966 und vor allem Leimgruber 2008.

108 Leimgruber 2008, 81 (Grafik).

109 Leimgruber 2008, 296–297.

lich verankert, womit auch der Ausbau dieser Basisversicherung zu existenzsichernden Renten wieder fallengelassen werden konnte – ein Ziel, das trotz der 8. AHV-Revision nicht erreicht wurde, zumal es vom Bundesrat explizit von der Stärke der Wirtschaft abhängig gemacht worden war. Auch blieben die Privatversicherer weiterhin im Geschäft.[110] Der massive Ausbau des Finanzplatzes Schweiz und die Begünstigung der institutionellen Investoren durch das Zwangssparen wurde verschiedentlich kritisiert, von linker Seite grundsätzlich wegen der fehlenden sozialen Umverteilung sowie wegen des Preisauftriebs auf dem Wohnungsmarkt, von bürgerlicher Seite etwa wegen der aktienrechtlichen Machtballung der Vorsorgeeinrichtungen, seit der Jahrtausendwende auch allgemein wegen der Anlagerisiken und der fehlenden Transparenz sowie der ungenügenden Deckungsbeiträge eines Teils der Bevölkerung.[111]

Vor einem Scherbenhaufen stand der Gesetzgeber Mitte der 1960er Jahren bei der Krankenversicherung. Die Einführung eines Obligatoriums war seit 1919 ein Dauerthema, das auf Druck der Krankenkassen immer wieder zurückgestellt wurde. Sie befürchteten Einschränkungen ihrer Handlungsfreiheit, befürworteten jedoch staatliche kontrollierte Ärztetarife, was die Ärzte wiederum ablehnten.[112] So versandeten 1923 und 1938 Revisionsversuche – auch weil Bund und Kantone vor den zusätzlichen Kosten zurückschreckten. 1949 scheiterte die Einführung einer obligatorischen Tuberkuloseversicherung für Geringverdienende am Referendum, wodurch einem eidgenössischen Krankenversicherungsobligatorium vorerst der Weg versperrt war. 1964 kam nach fast zwanzigjährigen Vorarbeiten nur eine Teilrevision zustande, erneut ohne Mutterschaftsversicherung. 1974 scheiterte die sozialdemokratische Initiative für eine obligatorische Krankenpflegeversicherung (inklusive Zahnbehandlung), die über Lohnprozente hätte finanziert werden sollen, in der Volksabstimmung an der kumulierten Opposition von Krankenkassen, Ärzten, Zahnärzten und Behörden. Ebenfalls verworfen wurde der vom Krankenkassenkonkordat formulierte Gegenvorschlag.[113]

4.3.2.3 Konsenszerfall, Konsolidierung mit Aufholbewegung und Krisendiskurs: die Transformationsphase nach 1974

Die Wirtschaftskrise der Jahre 1974/75 zeitigte kurz- und langfristige Folgewirkungen für die Schweizer Gesellschaft. Das darauffolgende Jahrzehnt war geprägt vom einsetzenden Spardiskurs und von einer Reformagenda zur Redimensionierung der Sozialversicherungen. Der starke Schweizer Nachholbedarf erzwang gleichwohl nach und nach die Schaffung einer Reihe weiterer Sozialversicherungszweige, wodurch die Schweiz

110 Leimgruber 2006.

111 Rechsteiner 1984; Steiger 1977; Interpellation von Ständerat Maximilian Reimann 21. Juni 2000; Kommission für soziale Sicherheit und Gesundheit des Nationalrats (SGK-N) 2002; Hafner 2004; Schaffhauser 2005. Zum Rückgang des privaten Sparens zugunsten von Kollektivversicherungen in Pensionskassen und Lebensversicherungen siehe Hepp 1998, 541.

112 Vuagniaux 2002.

113 Immergut 1992. Zur Opposition der Zahnärzte siehe Schär 2008.

teilweise gegenläufig zum internationalen Trend ein sozialstaatliches Wachstum aufwies (siehe Grafik 4.3-5).[114] Exemplarisch lässt sich die klaffende Lücke in der sozialen Absicherung bei der Arbeitslosenversicherung zeigen. Ende Dezember 1974, in einer Zeit als erstmals seit den 1930er Jahren die Arbeitslosenzahlen hochschnellten, war nur rund ein Fünftel aller Erwerbstätigen versichert, von den weiblichen sogar nur etwa ein Achtel; wegen der restriktiven Aufnahmebedingungen für Ausländer war auch diese Kategorie unterversichert.[115] In relativ kurzer Zeit wurde ein Verfassungsartikel für die Einführung einer obligatorischen Arbeitslosenversicherung formuliert, dem Volk und Kantone am 13. Juni 1976 zustimmten. Ein entsprechendes Gesetz trat nach einer 1977 geschaffenen Übergangslösung rund acht Jahre später, auf den 1. Januar 1984 in Kraft.

Die Sozialausgabenquote stieg zwischen 1974 und 1976 noch auf 18.3% an, danach folgte eine Periode längerer Stagnation (siehe Grafik 4.3-2). 1974 klagte Peter Binswanger, dass es für einen Parlamentarier aus wahltaktischen Gründen nicht opportun sei, sich im Bereich der Sozialpolitik als Sparer und finanzkonservativer Reformer profilieren zu wollen,[116] doch noch im selben Jahr begann sich diese Regel zu ändern. Nach der 8. AHV-Revision gab sich die FDP die Marschrichtung: Ausbaustopp der AHV durch Konsolidierung der zweiten und dritten Säule. Bereits in der Frühjahrssession beschloss der Nationalrat das Nichteintreten auf die vom Bundesrat mit der 9. AHV-Revision vorgeschlagene Anbindung der Renten an die Preis- und Lohnentwicklung (Volldynamisierung). Von Arbeitgeberseite wurde der staatliche Interventionismus in die Wirtschaft, die «makroökonomische Stabilisierungsfunktion durch antizyklisches Verhalten»,[117] als störend empfunden, wobei konkret moniert wurde, dass die Lohnbeiträge die indirekten Arbeitskosten erhöhten, vor allem wurde aber von dieser Seite grundsätzlich am Prinzip der Umverteilung gerüttelt und eine Drosselung der Staatsausgaben verlangt. Wirtschaftkreise, der Freisinn, aber auch Wissenschaftler wie der Freiburger Ökonomieprofessor Walter Wittmann forderten nun einen «Marschhalt» in den Sozialversicherungen und mehr Eigenfinanzierung. Seitens der FDP und der parlamentarischen Rechten sprach man auch erstmals von der Erhöhung des Rentenalters für Frauen.[118] In diese Richtung zielten schliesslich die Sofortmassnahmen des Bundesrats 1976/77, die eine Reduktion der Bundesbeiträge und mehr Eigenfinanzierung der Sozialwerke (allerdings noch ohne Erhöhung des Rentenalters für Frauen) vorsahen.[119] Anvisiert war die Implementierung einer an monetaristischen

114 Cattacin 2006.

115 *Historisches Lexikon der Schweiz*, «Arbeitslosigkeit». Zur Situation der Ausländer ab den 1970er Jahren siehe Tabin 1999, 164–170.

116 AHV: Prioritäten setzen! *Politische Rundschau. Zeitschrift für Kultur, Politik und Wirtschaft* 53 (1974/1-2), zit. in Ischer 2006, 145.

117 Flückiger/Suarez Cordero 1995.

118 Wittmann 1980; siehe auch Borner/Sommer 1977. Besonders aktiv war der Freisinnige Nationalrat Andreas Brunner. Kritisch zu den damaligen Interventionen Müller/Schäppi/Tanner 1976, 184, sowie auch Rey 1983.

119 Luchsinger 1995, 171. Sie wurden dann aber nur schrittweise herabgesetzt.

Kriterien orientierten Geldpolitik und einer restriktiven Fiskalpolitik, deren Zweck die Rückführung der Teuerung sowie die Stabilisierung der während der 1960er Jahre stark angewachsenen Staatsquote und der Ausgleich des Bundesbudgets war.[120] Trotz des Verzichts auf die Volldynamisierung der Renten zugunsten eines Mischindexes und trotz des Abbaus von «ursprünglich patriarchalischen Privilegien für Frauen» (Luchsinger) wie der Kürzung der Zusatzrentenberechtigung für Männer mit jüngeren Ehefrauen oder der Erhöhung des Rentenalters für verheiratete Frauen, ergriff 1977 ein rechtsbürgerliches Komitee das Referendum gegen die 9. AHV-Revision. Letztere schaffte zwar die Abstimmungshürde, doch richteten sich sämtliche weiteren Revisionen nach der Doktrin, dass die Grenze der sozialstaatlichen Belastbarkeit erreicht sei und es nur noch um die Konsolidierung des bereits Erreichten gehen könne. Gleichzeitig mehrte sich die Kritik am «Giesskannenprinzip» der Sozialversicherungen. Peter Binswanger zum Beispiel forderte eine Beschränkung der Leistungen auf die sozial Schwachen.[121] Die 10. Revision erschien wegen des Vorrangs der zweiten Säule nicht mehr so dringlich und erfolgte in zwei Etappen in den Jahren 1993/94 und 1997. Sie ersetzte zwar die Ehepaarrente durch zwei Individualrenten und führte das Splitting (Einkommensteilung) während der Ehezeiten sowie Erziehungs- und Betreuungsgutschriften ein; aus Gründen grösstmöglicher Kostenneutralität wurde gleichzeitig aber eine Erhöhung des Frauenrentenalters auf 64 Jahre beschlossen.

Auch die Konkretisierung der obligatorischen beruflichen Vorsorge in der zweiten Säule war Gegenstand harter Auseinandersetzungen. Eine erste Gesetzesvorlage von 1975 wurde drei Jahre später im Ständerat wegen der Kritik an den angeblich zu hohen Leistungen und dem zentralen Ausgleichsfonds zersaust.[122] 1985 wurde schliesslich das BVG-Obligatorium in Kraft gesetzt. Ihm wurden alle Arbeitnehmerinnen und Arbeitnehmer unterstellt, die schon in der ersten Säule versichert waren und ein Mindesteinkommen erzielten. Dies machte es möglich, den Anteil der Versicherten deutlich zu erhöhen; allerdings liessen sich nicht sämtliche Lohnabhängigen auf diese Weise in eine Pensionskasse integrieren.[123] Das Obligatorium verpflichtete die Arbeitgeber, ihr Personal entweder in einer betriebseigenen Kasse oder kollektiv in einer privaten oder öffentlichen Vorsorgeeinrichtung zu versichern. Das Finanzierungsprinzip beruhte auf dem Kapitaldeckungsverfahren. Um die Jahrtausendwende gerieten die zugesicherten Sicherungsstandards jedoch zunehmend ins Wanken. Die im Jahr 2000 im Vergleich zum ursprünglichen Fahrplan mit fünfjähriger Verspätung vorgelegte Bundesratsbotschaft zur ersten BVG-Revision sah eine Senkung des Umwandlungssatzes von 7.2 % auf 6.65 % innert 13 Jahren vor bzw. gemäss Parlament auf 6.8 % innert zehn

120 Bernegger 1988, 5–6.
121 Gezielte Hilfe statt Giesskannenprinzip, *Neue Zürcher Zeitung* 6. Juli 1983, zit. in. Luchsinger 1995.
122 Leimgruber 2008, 264–269.
123 Ein parlamentarischer Kommissionsbericht von 2002 kam zum Ergebnis, dass 85 % der Lohnabhängigen über eine Pensionskasse verfügten (SGK-N 2002). Zu den Lücken der zweiten Säule siehe auch Schweizerischer Gewerkschaftsbund 2006.

Jahren, was aber den Lebensversicherern zu wenig weit ging.[124] Im überobligatorischen Versicherungsteil, der dem Gesetz nicht untersteht, lag der Satz bedeutend tiefer, insbesondere bei den Privatversicherern. Später kam noch die Flexibilisierung des Mindestzinssatzes hinzu. Als Konsequenz der Revision, zumal im Zusammenhang mit der vorübergehenden Reduktion des BVG-Zinsfusses, könnte es durchaus sein, dass etliche Kohorten zukünftig nicht die verfassungsmässig vorgeschriebenen 60% des versicherten Gehalts erhalten werden.[125] Ferner sind immer mehr Kassen vom Leistungsprimat zum Beitragsprimat übergegangen, bei dem die Rente vom angesparten Kapital und nicht mehr vom letzten versicherten Lohn abhängt. 2007 unterstanden lediglich noch 20% aller Versicherten in der beruflichen Vorsorge dem Leistungsprimat (mehrheitlich in den öffentlichen Kassen), 1978 war es noch rund die Hälfte gewesen. Das Langlebe- und Anlagerisiko wurde damit individualisiert.[126] Schliesslich wurde auch das politische Versprechen der Freizügigkeit nicht ganz erfüllt, denn 1995 wurde es nur für den obligatorischen Bereich realisiert. Die anfänglich gewollten «Goldenen Ketten» behinderten somit die Mobilität auf dem Arbeitsmarkt und wurden im Zuge der Deregulierung auch von Unternehmerseite kritisiert. Es lässt sich hier eine Rückzugsstrategie der Privatversicherer zugunsten von individualisierten Lösungen in der dritten Säule konstatieren, einem Markt, der vom Gesetzgeber steuerlich begünstigt wird und auf dem auch die Banken als neue Player aufgetreten sind.

In den 1990er Jahren zeitigten die Krisenwahrnehmung und die schärferen Spardiskurse Effekte.[127] Gleichzeitig gab es einen neuen starken Wachstumsschub der Sozialausgabenquote. Im letzten Jahrzehnt des 20. Jahrhunderts nahm diese um die Hälfte zu und stieg auf 27.4%. Der Konkordanzkompromiss aus der Hochkonjunkturphase wurde aufgelöst und der Arbeitsmarkt entsprechend transformiert: Die Flexibilisierung kündigte oder kürzte soziale Sicherheiten, die mit dem Status des Vollerwerbstätigen einhergegangen waren. Parallel dazu schloss die Schweiz die zwei grössten Lücken im Sozialversicherungsnetz, die Mutterschafts- und die Krankenversicherung. Mit der Steigerung der weiblichen Erwerbsquote seit den 1970er Jahren, sei es aus emanzipatorischen und/oder aus wirtschaftlichen Gründen, stellte sich immer dringender die Frage der über das ganze Jahrhundert verschleppten Mutterschaftsversicherung, welche die für viele Frauen üblich gewordene Verbindung von Mutterschaft und Erwerbstätigkeit durch die materielle Absicherung auch symbolisch anerkannte. Erst 2004 gelang nach wiederholten Fehlanläufen die Einführung einer landesweiten obligatorischen Versicherung, nachdem sich Gewerbe- und Wirtschaftsvertreter mit der SPS auf den Kompromiss einer finanziell schlanken Lösung der Erwerbsersatzordnung geeinigt hat-

124 Schweiz. Bundesrat 2000, 2637–2712; Schaffhauser 2005, 14.
125 Bonoli 2007, 240.
126 Wechsler 2007.
127 Leutwiler et al. 1991; Pury et al. 1992; Pury/Hauser/Schmid 1995; Interdepartementale Arbeitsgruppe «Finanzierungsperspektiven der Sozialversicherungen» IDA FiSo1 1996 und Interdepartementale Arbeitsmappe «Analyse der Leistungen der Sozialversicherungen» IDA FiSo2 1997.

ten. Bis dahin galt in vielen Fällen die minimale Regelung gemäss Obligationenrecht mit acht Wochen Mutterschaftsurlaub, allein bei der öffentlichen Hand und in grösseren privatwirtschaftlichen Unternehmen herrschte schon früher eine grosszügigere Praxis. Auch im Bereich der Krankenversicherung war der Problemdruck zu Beginn der 1990er Jahre so gross, dass das Parlament dringliche Bundesbeschlüsse gegen die Kostensteigerung und gegen die Entsolidarisierung verabschiedete.[128] 1996 trat ein neues Krankenversicherungsgesetz in Kraft, das als wichtigste Neuerungen ein Versicherungsobligatorium mit im internationalen Vergleich relativ grosszügigem Leistungskatalog (jedoch ohne Zahnpflegekosten) sowie regional einheitlichen Prämien für Erwachsene brachte. Die erstrebte Wirtschaftlichkeit scheiterte allerdings bislang an der Beibehaltung der alten Systemparameter.[129] Seitdem erhöhten sich die Prämien stark. Dies nicht nur wegen der Schliessung bisheriger Leistungslücken, sondern auch weil der staatsfinanzierte Kostenanteil des Gesundheitswesens in den 1990er Jahren von knapp 20 auf 15 % sank.[130]

Die strukturellen Veränderungen auf dem Arbeitsmarkt haben die Partizipation etlicher sozialer Gruppen, vor allem der geringer Qualifizierten, der jungen und der älteren Erwerbstätigen, bedeutend erschwert, zumal sich auch in der Schweiz ein nicht reduzierbarer Sockel der Arbeitslosigkeit gefestigt hat. Die Arbeitslosenquote konnte zwar durch die Einführung der «aktiven arbeitsmarktlichen Massnahmen» 1996 zugunsten der Kategorie der nichtarbeitslosen Stellensuchenden verringert werden. Es handelte sich dabei aber in erster Linie um eine buchhalterische Korrektur. Den taxonomischen Einfluss auf die Ergebnisse verdeutlichen die Unterschiede zwischen den Zahlen des Staatssekretariats für Wirtschaft (SECO) und denjenigen der Schweizerischen Arbeitskräfteerhebung (SAKE) des Bundesamts für Statistik (BFS). Letztere wird seit 1992 durchgeführt und erfasst, vereinfachend gesagt, alle Arbeitswilligen und nicht nur diejenigen Personen, die bei einem der Regionalen Arbeitsvermittlungszentren (RAV)[131] eingeschrieben sind. Während das SECO beispielsweise im 2. Quartal 2002 92 371 Arbeitslose zählte, waren es beim BFS 120 000 Personen.[132]

Überproportional gestiegen sind seit Anfang der 1990er Jahre auch die Anzahl Renten der IV und entsprechend deren Kosten (1991: 1.9 % des BIP, 2000: 3.3 %) und die damit einhergehende Verschuldung.[133] Die Gründe für diesen Anstieg liegen so-

128 1987 wurde eine Revision des KUVG noch abgelehnt.

129 Es waren die bisherigen Krankenversicherer, die für die Durchführung zuständig blieben. Tarife für Leistungen wurden zwischen den Verbänden der Versicherer und der Leistungserbringer ausgehandelt. Ausserdem fiel es der Politik schwer, die Spitalpolitik, die in kantonaler Kompetenz liegt, zu vereinheitlichen.

130 Gärtner/Flückiger 2005, 92, 95.

131 Eine Untersuchung von Claudia Honegger und Chantal Magnin kommt zum Schluss, dass die RAV eine doppelte Funktion erfüllen: Kontrolle und Beratung; sie spricht daher von «sanktionierender Beratung» (Magnin 2005).

132 Gärtner/Flückiger 2005, 26–27.

133 Gärtner/Flückiger 2005, 72–75 mit detaillierteren Zahlen, Erklärungsfaktoren und internationalem Vergleich.

wohl beim flexibilisierten Arbeitsmarkt als auch beim System der sozialen Sicherheit, das in der Schweiz zum Beispiel die Möglichkeit einer vorzeitigen Pensionierung aus gesundheitlichen Gründen nicht kennt, sodass die IV zum Auffangbecken für solche und ähnliche versicherungspolitisch ungedeckten Situationen wird. Die markante Zunahme der Anzahl Renten bei der IV, die seit den 1990er Jahren um über 50 % gestiegen ist, reflektiert das Zusammenfallen von medizinischen, sozialen und beruflichen Problemen, die nur über die Invalidenversicherung gedeckt werden können. Die 5. IV-Revision 2007 reagierte mit einer grösseren Restriktion bei der Rentenvergabe, die 6. plant den Rentenbestand sogar aktiv zu reduzieren. Wird jedoch der Wandel des Arbeitsmarkts mit seinen gesteigerten Leistungsanforderungen und den verminderten Sicherheiten berücksichtigt, dürften solche Massnahmen zu Spill-over-Effekten auf die Sozialhilfe oder andere Auffangnetze führen.

Derzeit international diskutierte Lösungen wie eine «flexi-security» sind in erster Linie als Regulierungsventile des Arbeitsmarkts gedacht. Andere greifen gar auf disziplinierende Muster aus jener Zeit zurück, in der Armut als selbstverschuldet galt. So hat in den letzten Jahren die Idee des «least eligibility»-Prinzips der britischen Poor-Law-Reform von 1834 starken Auftrieb gehabt: Sozialhilfe sollte danach nicht «lukrativ» sein. Das heisst konkret, die Höhe der Unterstützungsbeiträge sollte stets niedriger sein als die am schlechtesten bezahlte Erwerbsarbeit – eine Politik, die am konsequentesten bei Asylsuchenden in die Praxis umgesetzt worden ist. Vordergründig wird in der Sozialhilfe- und Fürsorgepraxis wieder vermehrt auf die bis zum Zweiten Weltkrieg üblichen Kontroll- und Überwachungspraktiken zurückgegriffen. Konformitätsansprüche und Sanktionen beschränken sich aber nicht mehr auf die «andere» Seite des dualen Sozialstaats (die Sozialhilfe), sie erfassen in den Industrieländern seit der zweiten Hälfte der 1970er Jahre und in der Schweiz mit Verzögerung tendenziell auch die Sozialversicherungen, angefangen bei der Arbeitslosenversicherung.

4.3.3 Gesamtrechnung, Redistributionseffekte und Residualkategorien

Im Vergleich zu anderen Ländern weist die Finanzierung der Schweizer Sozialversicherungen eine Reihe von Besonderheiten auf. Wie Grafik 4.3-2 für die Jahre 1950–2000 zeigt, waren die Einnahmen während des gesamten Zeitraums bedeutend höher als die Ausgaben. Die Schweizer Sozialversicherungen wiesen im 20. Jahrhundert somit insgesamt einen Überschuss aus, mit dem Kapitalreserven gebildet werden konnten. Insbesondere wurden damit im Rahmen der beruflichen Vorsorge die Kapitalanlagen geäufnet, welche die zukünftigen Rentenzahlungen sicherstellen. Im internationalen Vergleich für das Jahr 2000 rangiert die Schweiz mit einem staatlichen Beitragsanteil an die soziale Sicherheit von lediglich 21 % zusammen mit Belgien, den Niederlanden, Spanien und der Slowakei am Ende des Feldes. In Dänemark liegt der staatliche Anteil beispielsweise bei 65 %. Beim Arbeitergeberanteil rangiert die Schweiz mit 28 % im Mittelfeld (in Dänemark sind es weniger als 10 %, in Schweden und Finnland hingegen 35–40%). In erster Linie sind es die geschützten Personen selbst, die mit ihren Beiträgen als Arbeitnehmer und Selbständige und mit den Kopfprämien für die Krankenversicherung einen grossen Anteil der Sozialbeiträge leisten. Mit einem Anteil von 31.3% situiert sich die Schweiz diesbezüglich auf Platz 3 (hinter Slowenien und den Niederlanden), wohingegen Italien, Schweden, Norwegen und Finnland hier Anteile von lediglich 10% bis 15% aufweisen. Inbegriffen sind bei den Schweizer Beiträgen auch die in anderen europäischen Ländern unbekannten Prämienzahlungen der privaten Haushalte an die Obligatorische Krankenpflegeversicherung (OKPV), an der die Arbeitgeber in der Regel keine Beiträge bezahlen.[134] Die Krankenversicherung wird zu rund zwei Dritteln über einkommensunabhängige Kopfprämien und nur zu einem Drittel über Steuern finanziert. Überdies sind die Out-of-Pocket-Zahlungen pro Einwohner mit rund einem Drittel der Gesamtausgaben die höchsten aller OECD-Staaten (siehe auch Grafik 4.3-4).[135] Die Kran-

Grafik 4.3-4: **Einnahmen für die soziale Sicherheit nach Arten (1950–2000)**

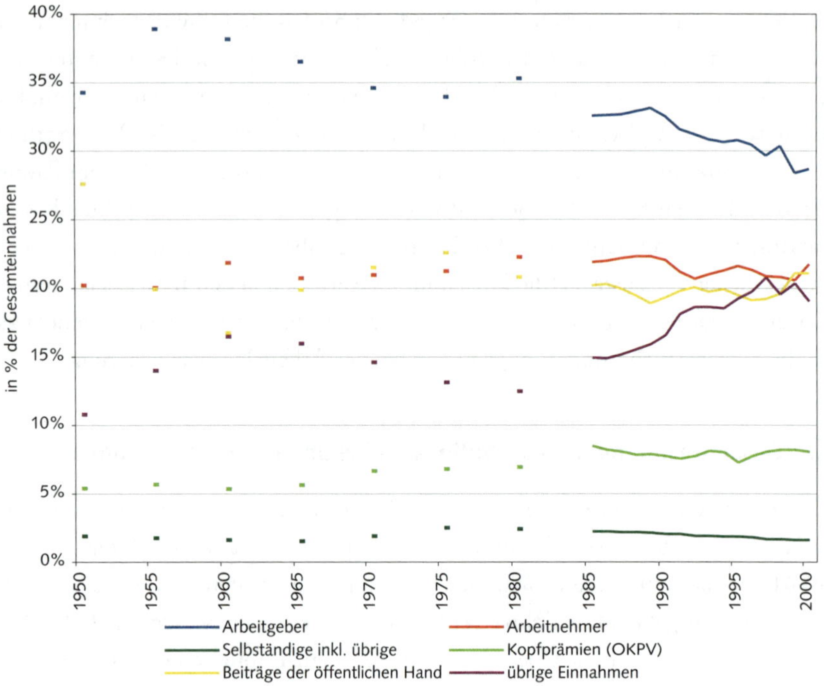

Quelle: BFS 2003, Tab. 9, 106–109.

134 Ausnahmen finden sich in einzelnen Gesamtarbeitsverträgen.

135 2005 trugen die Privathaushalte 30% der Kosten des Gesundheitssystems. Die Zahnpflegekosten wurden zu rund 90% von den Patientinnen und Patienten selbst bezahlt. Angesichts dieses Phänomens spricht der Politikwissenschaftler Philip Manow von einem neuen Wohlfahrtstypus, den er «puritanisches Wohlfahrtsregime» nennt und zu dem er neben der Schweiz auch die Niederlande und teilweise Grossbritannien zählt (Manow 2004).

kenkassenprämien sind für rund ein Drittel der Versicherten ohne staatliche Subventionen nicht mehr tragbar. 2008 wurden von der öffentlichen Hand nicht weniger als 3.4 Milliarden Franken als Prämienunterstützung für Familien und Einzelpersonen gezahlt, womit indirekt eine fiskalische Umverteilung stattfindet – dies allerdings nur, wenn der individuelle Unterstützungsbedarf ausgewiesen werden kann.

Die Schweizer *Sozialausgabenquote* weist seit den 1990er Jahren mit 0.76 Prozentpunkten pro Jahr ein überdurchschnittliches Wachstum auf (siehe Grafik 4.3-2 und Grafik 4.3-5). Im Verlauf der 1990er Jahre nahm die Sozialquote in der Schweiz um insgesamt 3 % zu, während diese Quote in den anderen Staaten stagnierte oder nur noch schwach anstieg und in Norwegen sogar abnahm. Einzig in Portugal ist mit 4.3 % ein stärkeres Wachstum zu verzeichnen.[136] Die Entwicklung gegen Ende des 20. Jahrhunderts ist dabei aber nicht als übermässiger Sozialausbau, sondern als eine Annäherung an den europäischen Durchschnitt zu interpretieren. Die Zunahme der

Grafik 4.3-5: **Öffentliche Sozialausgaben verschiedener OECD-Staaten (1980–2005)**

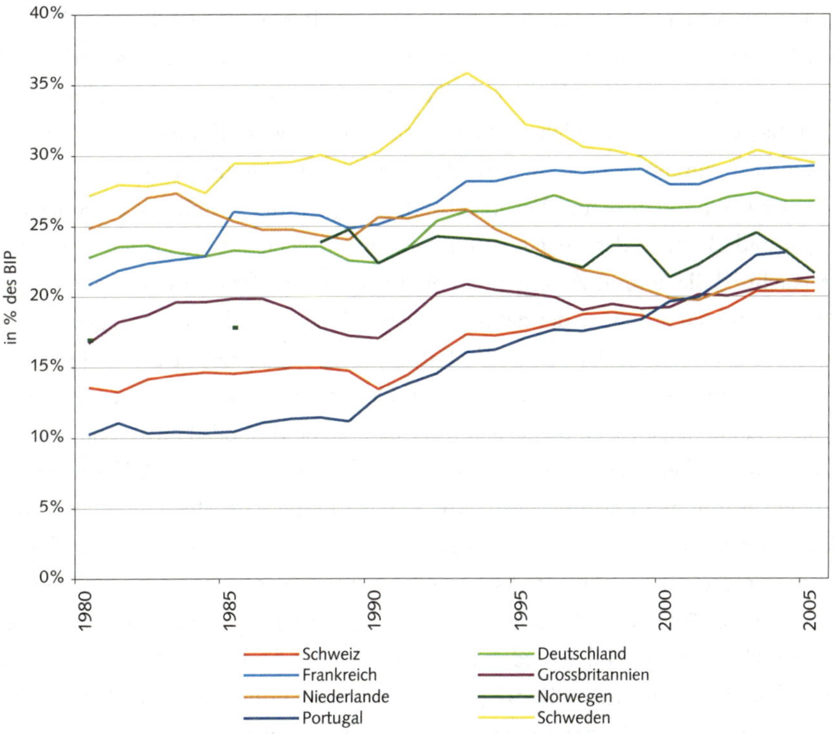

Quelle: OECD online, Social and Welfare Statistics, Social Protection, Social Expenditure – Aggregated data.

136 Das im Vergleich zu den in der EU und der EFTA zusammengeschlossenen Staaten aussergewöhnlich hohe Wachstum der schweizerischen Sozialausgabenquote zeigt auch der Ländervergleich für die Jahre 1990 und 2000 in der Studie des BFS, 2003. Die Schweiz mutierte in der letzten Dekade des 20. Jahrhunderts vom Aussenseiter zum Normalfall.

Soziallast- und -leistungsquote erklärt sich auch buchhalterisch durch den Einschluss der beruflichen Vorsorge und der Krankenversicherung in die Statistik der sozialen Sicherheit – zwei Versicherungszweige, die sich seit den 1970er Jahren stark entwickelt haben, die aber von privaten Akteuren beherrscht werden.[137] Von einem Schweizer Sonderweg in den 1990er Jahren zu sprechen, scheint gemäss der Studie des Bundesamts für Statistik zur Gesamtrechnung der sozialen Sicherheit noch aus weiteren Gründen als fragwürdig:[138] Dass die Zunahme der Sozialausgabenquote um ein Vielfaches grösser war als in den meisten EU-Staaten, ist nämlich vor allem darauf zurückzuführen, dass die Schweiz tiefgreifender und länger als das restliche Europa von der Wirtschaftskrise erfasst wurde, was nicht nur die sozialstaatlichen Ausgaben besonders stark erhöhte, sondern auch ein schwächeres Wachstum des schweizerischen BIP zur Folge hatte (→ 1.1.2, Tabelle 1.1-3).

Sozialversicherungen können mehr oder weniger solidarisch sein. Wer was finanziert und wer wieviel erhält, lässt sich in den hochkomplexen Systemen sozialer Sicherheit nicht einfach beantworten. Transferflüsse laufen durch zahlreiche Kanäle und nicht immer in die erwartete Richtung. Sie fliessen nicht nur zwischen Arm und Reich oder Arbeitgebern und Arbeitnehmern, sondern auch zwischen Ledigen und Verheirateten, Frauen und Männern, Schweizern und Ausländern, Jung und Alt, den Steuerzahlenden einzelner Kantone und Gemeinden, arbeits- und unfallintensiven Wirtschaftssektoren und solchen, die es nicht sind. Eine im Rahmen des Nationalen Forschungsprogramms 45 «Probleme des Sozialstaats» durchgeführte Studie auf der Basis der Einkommens- und Verbrauchserhebung hat die Verteilung 1998 der Leistungen und Beiträge der Sozialversicherungen zwischen verschiedenen Haushalten untersucht.[139] Sie kommt zu folgenden Schlüssen: Über 60 % der Haushalte bezogen 1998 Leistungen aus einer der zehn berücksichtigten Sozialversicherungen. Für Familien aus der untersten Dezile der Einkommensverteilung machte dieser Betrag 42 % des Primäreinkommens aus, in der obersten Dezile weniger als 1 %. Trotzdem konnte für das System der sozialen Sicherheit insgesamt keine vertikale Umverteilung festgestellt werden. Allerdings finden sich erhebliche Unterschiede je nach Versicherungsart oder spezifischen Leistungsbezügern: So bewirkt die ALV eine merkliche Umverteilung der Einkommen von Erwerbstätigen zu Arbeitslosen, während die Umverteilung von den Einkommensstärksten zu den Einkommensschwächsten bescheidener ausfällt. In der Altersversicherung variiert der Umverteilungsgrad: In der ersten Säule ist er im Unterschied zu den beiden anderen aufgrund der universellen Deckung und der einkommensabhängigen Beiträge hoch. Ausserdem findet eine deutliche Umverteilung zwischen den Generationen sowie zwischen Erwerbstätigen und Haushalten im Altersruhestand statt.[140] Die berufliche Vorsorge hat hingegen eine regressive In-

137 Obinger et al. 2005, 287; siehe auch Armingeon 2001.
138 BFS 2003, 70–71; Moser 2008.
139 Künzi/Schärrer 2004.
140 Vgl. auch Suter/Matthey 2002.

zidenz; aufgrund der Steuereinsparungen für geleistete Zahlungen und der Verwendungsmöglichkeit der Einlagen für Wohneigentum verschärft sie die Einkommens- und Vermögensdifferenzen.

Für Menschen, die keiner «normalen» Erwerbstätigkeit nachgehen können, erweist sich der Sozialversicherungsschutz als lückenhaft.[141] Schlecht oder nicht sozialversicherungsgeschützte Personen sind meist auf die soziale Fürsorge oder Sozialhilfe angewiesen, die weiterhin der kantonalen und kommunalen Kompetenz zugeordnet ist.[142] Das grösste Defizit liegt in der höchst mangelhaften Sicherung des Erwerbsausfalls bei Krankheit. Obligatorisch versichert sind in der Schweiz nur die Krankenpflegekosten, nicht aber das Tag- oder Krankengeld. Wenngleich die Mehrheit der Erwerbstätigen über den Arbeitgeber oder freiwillig über eine Zusatzversicherung verfügt, bleiben schätzungsweise mehr als 25 % bzw. über eine Million Erwerbstätige unversichert.[143] Allgemein einen schlechten Versicherungsschutz haben neben Langzeitarbeitslosen bzw. Ausgesteuerten auch Haushalte mit Kindern und tiefen Einkommen, Alleinerziehende und Ausländer mit geringer Qualifikation.

Der Schweizer Sozialstaat basiert auf einem ausgeprägt männlich orientierten Ernährerschutzmodell, was bis heute die Arbeitsmarktchancen und die Sozialversicherungsleistungen von Frauen beeinträchtigt.[144] So fehlte bis 2005 eine generelle Absicherung des Erwerbsausfalls bei Mutterschaft und erst 1996 wurde die seit den 1930er Jahren existierende Diskriminierung von Frauen durch höhere Krankenkassenprämien (aufgrund potentiell anfallender Geburtskosten) aufgehoben.[145] Werden Kriterien der Gleichberechtigung und der egalitären Pflichtenverteilung zwischen den Geschlechtern zum Massstab genommen, so gehört die Schweiz international zu den traditionalistischen Ländern. Gemessen am Beitrag der Frauen zum Familieneinkommen, der als ein Indikator der Unabhängigkeit betrachtet werden kann, stand die Schweiz in den 1980er Jahren im Vergleich von neun industrialisierten Ländern an letzter Stelle.[146] Auch bei anderen Vergleichen zwischen OECD-Ländern rangierte die Schweiz in den 1980er und 1990er Jahren jeweils am unteren Ende der Skala – sei dies nun in Bezug auf die familienpolitischen Ausgaben (insbesondere Mutterschafts- bzw. Elternurlaub und Kinderkrippen) oder bezüglich der Gleichstellung auf dem Arbeits-

141 Bei einer krankheitsbedingten Arbeits- und Vermittlungsunfähigkeit beginnt die Leistungspflicht der BVG-Auffangeinrichtung grundsätzlich erst dann, wenn ein entsprechender IV-Rentenentscheid vorliegt. Für arbeitslose Personen sind in der obligatorischen BVG-Vorsorge nur noch der Invaliditäts- und Todesfall abgedeckt, nicht hingegen das Alterssparen. Besonders schlecht geschützt sind Ausgesteuerte. Sie sind auf die minimalen Leistungen der Fürsorge angewiesen. Siehe Ruf 2002.

142 Schnegg 2007; Tabin et al. 2008.

143 SGK-N 2004.

144 Der in den westlichen Wohlfahrtsstaaten zu beobachtende Übergang vom «male breadwinner» zum «adult worker model» ist in der Schweiz vergleichsweise noch wenig ausgeprägt. Vgl. Leitner/Ostner/Schratzenstaller 2004. Auch in anderen Ländern handelt es sich de facto öfter um ein «one-and-a-half worker».

145 Zu den Defiziten im Wöchnerinnenschutz in der Zwischenkriegszeit siehe auch Gagg 1925; Schwarz-Gagg 1938; Bürgi 1952.

146 Hobson 1994.

markt.[147] Frauen sind in der Schweiz historisch immer unterversichert gewesen und bis heute in den verschiedenen Sozialversicherungen weniger gut abgedeckt als Männer. Dies trifft hauptsächlich für die Arbeitslosenversicherung,[148] die AHV[149] und die berufliche Vorsorge[150] zu. Gleichstellungspolitische Anpassungen wie jene im Rahmen der 10. AHV-Revision von 1995 mussten mit Leistungsrückschritten erkauft werden. Die Gründe des Gender Gap in der Schweizer Sozialversicherung liegen zum einen in der dominanten Erwerbsorientierung mit ihrem Zusammenhang zwischen Leistung und Lohntransaktion und der Ausrichtung auf den (männlichen) Normarbeiter, zum anderen im Ernährermodell mit seiner normativen Vorstellung, dass Frauen primär durch ihren Mann sozial abgesichert sein sollten.[151] Wenn Sozialpolitik als «institutionalisiertes Interpretationsmuster von Bedürfnissen» (Nancy Fraser)[152] betrachtet wird, zeigt sich im Fall der Schweiz, als wie wenig erwünscht die Vereinbarkeit von Familie und Beruf für Frauen galt.

Zugang zu und Leistungen der Sozialversicherungen sind von der Staatsbürgerschaft und vom Aufenthaltsstatus der Personen abhängig. Historisch unterschieden die meisten Schweizer Sozialversicherungen nicht nur zwischen Schweizern und Ausländern, sondern innerhalb der ausländischen Staatsangehörigen zwischen solchen mit Recht auf Niederlassung und den anderen Kategorien. Eine gewisse Gleichbehandlung wurde nur über bilaterale Verträge garantiert.[153] Generell galt dabei das Reziprozitätsprinzip: Ausländern wurden in der Regel nur diejenigen Leistungen gewährt, die ihr Heimatstaat auch den Schweizern zukommen liess. Selbst internationale Konventionen wie die ILO-Gleichbehandlungskonvention bei Betriebsunfall von 1929 fand nur auf diejenigen Arbeitskräfte Anwendung, deren Herkunftsland der Konvention ebenfalls beigetreten war. Die Schweizer Behörden behielten sich überdies stets Ausnahmen vor.[154] Vom Grundsatz der bilateralen Verträge wich man erst mit dem am 1. Juli 2002 in Kraft getretenen Freizügigkeitsabkommen mit der EU ab, das in den Sozialversicherungen den Grundsatz der Gleichbehandlung zwischen Schweizer Staatsbürgern und EU-Bürgern etablierte.

In den letzten fünfzig Jahren hat sich der Fürsorgeanteil an den gesamten Sozialleistungen dank des Ausbaus der Sozialversicherungen reduziert (von 10% in den

147 Siaroff 1994; Korpi 2000; Moser 2008.

148 Guex/Studer 2002; Togni 2009. Erst 1951 wurden die explizit diskriminierenden Bestimmungen gegenüber verheirateten Frauen wieder aufgehoben. Die Versicherungsnorm basierte jedoch weiterhin auf der Vollzeiterwerbstätigkeit, was dem bekannten männlichen Erwerbsmuster, nicht jedoch der zunehmenden weiblichen Teilzeitarbeit entsprach.

149 Luchsinger 1995.

150 Leimgruber 2009. Zur AHV und zweiten Säule siehe auch Leitner/Obinger 1996.

151 Die Frauenlobby, die sich schon früh formierte, hatte Mühe, ihre Interessen durchzusetzen. Studer 1998a; Mesmer 2007.

152 Fraser 1989.

153 Vgl. das Sozialversicherungsabkommen zwischen der Schweiz und Italien von 1962.

154 Arlettaz/Arlettaz 2006; als Überblick Kieser 2002; ältere Beispiele in Viret 1982. Zur Diskriminierung der Ausländer bei der Sozialhilfe siehe Tabin 2002.

1950er Jahren auf 2 % im Jahr 2000).[155] Doch seit den 1990er Jahren hat sich die Anzahl der Personen, die auf Sozialhilfe angewiesenen sind, mehr als verdoppelt.[156] Darunter befindet sich ein hoher Anteil Ausländer. Dies erklärt sich nicht nur durch ihre prekärere Lage auf dem Arbeitsmarkt, sondern auch durch ihre schlechtere soziale Sicherung. Denn Sozialhilfe ist immer subsidiär. Sie unterstützt nur dann, wenn der Lohn, die Arbeitslosenversicherung, die AHV, die IV, Alimente oder andere Institutionen das Existenzminimum nicht abdecken können. Die erste nationale Sozialhilfestatistik für 2004 hat eine Sozialhilfequote von 3 % errechnet, was rund 220 000 Personen entspricht, die Sozialhilfe beziehen.[157] Die Tendenz ist steigend. Zudem werden viele kantonale Sozialhilfeleistungen nicht erfasst. Das Sozialhilfesystem ist stark fragmentiert – eine OECD-Studie spricht für die Schweiz sogar von «archaischen Strukturen».[158] Das bedeutet, dass nicht nur die Leistungen und der Zugang zu ihnen je nach Wohnort und Professionalisierungsgrad der zuständigen Institutionen sehr unterschiedlich sein können; ebenso ist die steuerliche Belastung in den Kantonen für diesen Bereich höchst variabel.[159] Allerdings beziehen oder beantragen nicht sämtliche Personen, welche die Kriterien für eine Unterstützungsberechtigung erfüllen, Sozialhilfe.[160] Wenngleich die Bundesverfassung von 1999 neu ein Recht auf Existenzsicherung gewährt, sind es doch auch im modernen Wohlfahrtsstaat die traditionalen Auffangnetze Familie, Verwandtschaft und Freunde, die in manchen Fällen Hilfe bieten. Auch die Schweizer Variante der «mixed economy of welfare» kommt nicht ohne den informellen Sektor aus, der wiederum stark auf der in der Regel unbezahlten weiblichen Arbeit aufbaut.

4.3.4 Schlussbetrachtungen

Das Schweizer System der sozialen Sicherheit ist institutionell fragmentiert und nur schwach zentralisiert. Die Schweiz ist ein Fallbeispiel für soziale Absicherung als Produkt eines über Jahrzehnte ausgehandelten liberal-korporatistischen Regulationsmodells, das von der Logik der Eigenverantwortung und dem Subsidiaritätsprinzip geprägt ist. Im Unterschied zu vielen anderen Ländern gründete es auf beitrags- und nicht auf steuerfinanzierten Transfersystemen.[161] Da, wo bereits früh starke institutionelle Akteure wie die Krankenkassen oder die Pensionsversicherungen präsent waren, erwies sich die Formierung national und organisatorisch einheitlicher

155 BFS 2003, 44–45. Für die Zwischenkriegszeit siehe Matter 2011.
156 Siehe dazu allgemein Knöpfel 2006.
157 BFS 2006. Die Statistik entstand dank einheitlicher Erfassung aller Dossiers der Sozialhilfe in enger Zusammenarbeit zwischen Bund, Kantonen und Gemeinden. Kritisch dazu Regamey 2008.
158 Zitiert nach Gärtner/Flückiger 2005, 134. Zur Existenzsicherung Müller 1999.
159 Die Belastungen reichen von unter 3 % (NW, UR, VS und OW) über 7.58 % (BS) und 7.62 % (ZH) bis hin zu 9.43 % (GE) (Künzi/Schärrer 2004, 59).
160 Regamey 2008.
161 Lindert 2004.

Sozialversicherungsstrukturen als schwierig. Dem Bund waren zudem durch die fehlenden Verfassungskompetenzen die Hände gebunden. Seine Intervention beschränkte sich folglich in vielen Sicherungsbereichen auf eine Lenkungsfunktion durch Subventionsgesetze und auf die Förderung privatwirtschaftlicher, freiwilliger, verbandlicher oder betrieblicher Einrichtungen mittels steuerlicher Begünstigung. Strukturkonservative Effekte zeitigte ferner das politische System, insbesondere die Referendumsdemokratie. Das Ergebnis ist eine «mixed economy of welfare», die durch föderalistisch verteilte Zuständigkeiten mit viel Raum für den Markt und durch die Koexistenz von Umverteilungsmechanismen mit solchen der Profitlogik charakterisiert ist. Private Anbieter, Finanzierungsformen und Aufgabenzuteilungen spielen in der Schweiz nicht nur im Bereich der kommerziellen und betrieblichen Versicherungsformen sowie bei den eigenverwalteten korporatistischen Selbsthilfevereinigungen eine grosse Rolle, sondern auch im staatlich-öffentlichen Sozialversicherungsbereich. Jennifer Kleins auf den amerikanischen Markt bezogene These, dass die kommerzielle und diskursive Konkurrenzierung der staatlichen und gewerkschaftlichen Versicherungsprogramme einen Dynamisierungs- und Wachstumseffekt des Privatversicherungssektors zur Folge hatte, lässt sich auch auf die Schweiz übertragen.[162] Dies ist sowohl für die Krankenversicherung als auch für das Pensionskassensystem nachgewiesen worden.[163] Die Aufgabenverteilung und Konkurrenz zwischen diesen beiden Bereichen hat hingegen bremsend gewirkt, was die Einrichtung universalistischer und sozial umverteilender Systeme betrifft. In dieser Hinsicht ist es dem Zentralstaat nur im Bereich der AHV (mitsamt der Ergänzungsleistungen) gelungen, eine redistributive, die Existenzminima der Gesamtbevölkerung deckende Sozialversicherung mit äquivalenter finanzieller Beteiligung der Arbeitgeber einzurichten. Dank der AHV ist Altersarmut weitgehend ausgeschaltet, was sich nicht zuletzt daran zeigt, dass alte Menschen in der Sozialhilfe unterrepräsentiert sind. Es kommt daher nicht von ungefähr, dass der AHV im öffentlichen Diskurs regelmässig grosse symbolische Bedeutung zugesprochen wird als unantastbarer Kernbestand des Schweizer Sozialversicherungsnetzes.

Die lange Formationszeit des Sozialsystems brachte es mit sich, dass unterschiedliche gesellschaftliche Paradigmen ihre Spuren hinterlassen haben: So wirkten sozialhygienische Diskurse um die Jahrhundertwende, klassenkämpferische nach dem Ersten Weltkrieg und familienzentrierte in den 1930er und den Kriegsjahren. Gegen Kriegsende und in der unmittelbaren Nachkriegszeit breitete sich eine nationale Einheitssemantik und die Bezugnahme auf soziale Gerechtigkeit aus. Mit zeitlicher Verzögerung zu anderen Ländern waren es ab den 1950er/60er Jahren auch in der Schweiz die Menschenrechtsnormen, die den Ausbau sozialer Rechte unterstützten. Von den 1970er Jahren an wurden Forderungen nach einer Gleichstellung der

162 Klein 2000 und 2003. Zur bremsenden Rolle der Schweizer Gewerkschaften auf die Entwicklung der staatlichen Versicherungen siehe Trampusch 2008.

163 Lengwiler 2007; Leimgruber 2008; allgemeiner Lane 1999. Für die USA Hacker 2002.

Geschlechter laut und in den letzten Jahrzehnten dominierte die Rede von der «Krise» des Sozialstaats, von der Notwendigkeit vermehrter Eigenverantwortung[164] und von einem angeblich verbreitetem Missbrauch des Systems, mit der die Legitimation für einen noch laufenden Umbau des Sicherungsnetzes geschaffen wurde.

Das Schweizer System sozialer Sicherheit lässt sich wegen seiner langen historischen Entwicklungsdauer, der Vielfalt der Akteure sowie der vertikal aufgesplitteten politischen Kompetenzen des föderalistischen Systems nicht einfach einem der drei «Wohlfahrtsregimes» zuteilen, wie sie Gøsta Esping-Andersen ausmachte.[165] Gerade der Pluralismus des Schweizer Systems hat jedoch in den letzten Jahrzehnten internationale Aufmerksamkeit erregt. So avancierte das Drei-Säulen-Modell in der Alterssicherung mittlerweile bei der Weltbank und in der EU zum Leitbild für eine Rentenreform.[166] Das Schweizer System leidet indes an ähnlichen strukturellen Schwächen wie andere Wohlfahrtssysteme. Zum einen ist es auf die Lohnabhängigkeit zentriert. Das macht es für den Einzelnen zunehmend schwieriger, sich gegen die Standardrisiken zu versichern, denn die neue Norm beruflicher Mobilität und Flexibilität birgt die Gefahr, die an stabile Anstellungsverhältnisse und an etablierte Berufsgruppen gebundenen Sozialversicherungsnetze zu unterlaufen.[167] Zum anderen gehört die Schweiz wie etwa auch ihr Nachbarland Deutschland zu den Ländern mit einem «familiaristischen» Wohlfahrtsregime, das auf einem traditionellen Familienmodell basiert. Paradoxerweise ist gerade in diesen europäischen Ländern die Geburtenrate besonders niedrig.[168] Das hat allerdings seine Ursachen darin, dass wenig Betreuungsangebote für Kinder zur Verfügung stehen, die weibliche Erwerbstätigkeit jedoch tendenziell steigt und Frauen daher – oft gegen ihren Willen – auf Kinder verzichten. Eine Folge davon ist, dass Frauen und Kinder, die ausserhalb des Familienmodells mit seinem männlichen Ernährer leben, schlecht abgesichert sind, eine weitere, dass sich in diesen Ländern die Frage der Überalterung der Gesellschaft und damit der Finanzierung des Rentensystems besonders akut stellt.

164 Für eine historische Perspektivierung der Bedeutung dieses Begriffs siehe Degen 2006b.

165 Esping-Andersen (1990) unterscheidet zwischen einem Bismarck'schen oder Versicherungsmodell («industrial achievement-performance model», auch konservatives oder korporatistisches Modell), einem universalistischen oder sozialdemokratischen Modell («institutional redistributive mode of social policy») und einem Markt- oder Residualmodell (liberales Modell). Zur Kritik in Bezug auf die Schweiz siehe Studer 1998b; Magnin 2002.

166 Kaelble/Schmid 2004, darin insbesondere Kern/Theobald 2004; Ap Roberts 2007. Siehe dazu auch die laufende Forschung von Matthieu Leimgruber.

167 Castel 2003, 57.

168 Saraceno 2004.

4.3.5 Bibliographie

Online-Datenbanken

BFS: Bundesamt für Statistik, www.bfs.admin.ch/
HSSO: Historische Statistik der Schweiz Online, Kammerer, Patrick et al. (Hg.), www.fsw.uzh.ch/histstat/main.php
OECD: http://stats.oecd.org

Unveröffentlichte Quellen

Schweizerisches Bundesarchiv (BAR), Bern: Bestand E 3340 (A) (Bundesamt für Sozialversicherung 1888–1930)

Veröffentlichte Quellen und amtliche Publikationen

Amtliche Sammlung der Bundesgesetze und Verordnungen der schweizerischen Eidgenossenschaft, Neue Folge, Bern 1875.

Amtsdruckschriften des Schweizerischen Bundesarchivs, www.amtsdruckschriften.bar.admin.ch

Bundesamt für Statistik (BFS)

BFS (Hg.): Statistisches Jahrbuch der Schweiz (Stat. Jb.), Zürich: NZZ Verlag, 1891–; Bern: Francke, 1891–; Neuchâtel: BFS.
BFS (Hg.) 2003: *Gesamtrechung der Sozialen Sicherheit. Resultate für 2000 – Schätzungen für 2001 – Entwicklung seit 1950,* Neuchâtel [Autor H. Ritzmann].
BFS (Hg.) 2005: *Statistik Alterssicherung. Analyse der Vorsorgesituation der Personen rund um das Rentenalter anhand der Daten der Schweizerischen Arbeitskräfteerhebung (SAKE) 2002 und 2005,* Neuchâtel.
BFS (Hg.) 2006: *Die Schweizerische Sozialhilfestatistik. Erste gesamtschweizerische Resultate,* Neuchâtel.
BFS (Hg.) 2007: *Kosten und Finanzierung des Gesundheitswesens 2005,* Bern.
BFS (Hg.) 2009: *Die Gesamtrechnung der Sozialen Sicherheit 2007,* Neuchâtel.

Bundesblatt der Schweizerischen Eidgenossenschaft (BBl): Bundeskanzlei (Hg.), Bern, www.admin.ch/ch/d/ff/

Schweiz. Bundesrat 2000: Botschaft zur Revision des Bundesgesetzes über die berufliche Alters-, Hinterlassenen- und Invalidenvorsorge (1. BVG-Revision), vom 1. März 2000, www.admin.ch/ch/d/ff/2000/2637.pdf

Literatur

Accampo, Elinor / Fuchs, Rachel G. / Stewart, Mary Lynn 1995: *Gender and the Politics of Social Reform in France, 1870–1914,* Baltimore / London: Johns Hopkins University Press.
Adamek, Bernhard 2005: *Die Anfänge der öffentlichen Arbeitslosenversicherung in der Stadt und im Kanton Bern 1892–1901. Politische Motive und theoretische Konzepte der sozialpolitischen Akteure,* Bern: Lizentiatsarbeit, Universität Bern.
Ammann, Werner 1940/41: Warum brauchen wir eine Altersversicherung?, *Jahrbuch der Neuen Helvetischen Gesellschaft* (1940/41), 145–150.
Ap Roberts, Lucy 2007: Les logiques des systèmes de retraite en Europe, *Retraite et société* no 50 (2007), 9–33.
Arlettaz, Gérald / Arlettaz, Silvia 2006: L'Etat social national et le problème de l'intégration des étrangers 1890–1925, *Etudes & Sources* 31 (2006), 191–217.
Armingeon, Klaus 2001: Institutionalising the Swiss welfare state, *West European Politics* 24 (2001/2), 145–168.
Attinger, Karl 1946: *Les caisses de compensation militaires. Le régime des allocations pour perte de salaire institué par l'Arrêté du Conseil fédéral du 20 décembre 1939 et ses répercussions,* Zürich: Sihl.
Baldwin, Peter 1990: *The Politics of Social Solidarity. Class Bases of the European Welfare State, 1875–1975,* Cambridge: Cambridge University Press.

Bamert, Walther et al. 1942: *Mensch und Arbeit in Schweizer Betrieb. Anregungen und Beispiele betrieblicher Sozialpolitik,* Zürich: Fretz.

Baumann Püntener, Karin 1996: Wider die Fluktuation. Die Strategien des Unternehmens Bally zur Bildung einer Stammarbeiterschaft, in: Pfister, Ulrich / Studer, Brigitte / Tanner, Jakob (Hg.), *Arbeit im Wandel. Deutung, Organisation und Herrschaft vom Mittelalter bis zur Gegenwart,* Zürich: Chronos, 223–232.

Bernegger, Michael 1988: *Die Schweiz unter flexiblen Wechselkursen,* Bern / Stuttgart: Haupt.

Bertozzi, Fabio / Bonoli, Giuliano / Gay-des-Combes, Benoît 2005: *La réforme de l'état social en Suisse. Vieillissement, emploi, conflit travail-famille,* Lausanne: Presses polytechniques et universitaires romandes.

Binswanger, Peter 1986: *Geschichte der AHV. Schweizerische Alters- und Hinterlassenenversicherung,* Zürich: Pro Senectute.

Bonoli, Giuliano 2007: Switzerland: The Impact of Direct Democracy, in: Immergut, Ellen M. / Anderson, Karen M. / Schulze, Isabelle (eds.), *The Handbook of West European Pension Politics,* Oxford: Oxford University Press, 203–247.

Borner, Silvio / Sommer, Jürg 1977: Die AHV als Spielball von Experten und Interessen: Fallstudie zu den AHV-Revisionen 1948–1976, *Schweizerisches Jahrbuch für politische Wissenschaft* 17 (1977), 235–275.

Brennwald, Heinz Hermann 1966: *Die Entwicklung des schweizerischen Versicherungswesens in den Jahren 1930–1963 und Versuch einer Bestimmung der Prämieneinnahmen der privaten Versicherungsgesellschaften im Jahre 1970,* Zürich: Juris.

Brühwiler, Jürg 1989: *Die betriebliche Personalvorsorge in der Schweiz. Eine arbeits- und sozialversicherungsrechtliche Studie zum Rechtszustand nach Inkrafttreten des BVG unter besonderer Berücksichtigung des Verhältnisses zwischen Personalvorsorge und Arbeitsvertrag,* Bern: Stämpfli.

Bundesamt für Sozialversicherung (Hg.) 1988: *Geschichte, Aufgaben und Organisation des Bundesamtes für Sozialversicherung,* Bern.

Bürgi, Eduard 1952: *Der Mutterschutz in der schweizerischen Sozialpolitik,* Zürich: Brunner und Bodmer.

Castel, Robert 2003: *L'insécurité sociale: qu'est-ce qu'être protégé?* Paris: Seuil.

Cattacin, Sandro 2006: Retard, rattrapage, normalisation. L'Etat social face aux défis de transformation de la sécurité sociale, *Etudes & Sources* 31 (2006), 49–77.

Conrad, Christoph 2006: Vorbemerkung, *Geschichte und Gesellschaft «Sozialpolitik transnational»,* 32 (2006), 437–444.

Conrad, Christoph / Mandach, Laura von (Hg.) 2008: *Auf der Kippe. Integration und Ausschluss in Sozialhilfe und Sozialpolitik,* Zürich: Seismo.

Dähler, Emil 1976: *Die Sozialpolitik der Internationalen Arbeitsorganisation und ihr Einfluss auf die Sozialgesetzgebung der Schweiz,* St. Gallen: Kolb.

Degen, Bernard 1995: Aus Armen wurden Arbeitslose. Eine sozialpolitische Innovation am Beispiel Basels um die Jahrhundertwende, in: Batou, Jean et al. (éd.), *Pour une histoire des gens sans histoire. Ouvriers, exclues et rebelles en Suisse, 19e–20e siècles,* Lausanne: Editions d'en bas, 89–93.

Degen, Bernard 1997: «Haftpflicht bedeutet den Streit, Versicherung den Frieden». Staat und Gruppeninteressen in den frühen Debatten um die schweizerische Sozialversicherung, in: Siegenthaler, Hansjörg (Hg.), *Wissenschaft und Wohlfahrt. Moderne Wissenschaft und ihre Träger in der Formation des schweizerischen Wohlfahrtsstaates während der zweiten Hälfte des 19. Jahrhunderts,* Zürich: Chronos, 137–153.

Degen, Bernard 2006a: Entstehung und Entwicklung des schweizerischen Sozialstaates, *Studien & Quellen* 31 (2006), 17–48.

Degen, Bernard 2006b: Sozialversicherung zwischen individueller und staatlich gestützter gesellschaftlicher Verantwortung, *Sozialalmanach 2007. Das Caritas-Jahrbuch zur sozialen Lage der Schweiz. Trends, Analysen, Zahlen, Schwerpunkt: Eigenverantwortung,* Luzern: Caritas, 95–105.

Ermatinger, Gerold 1936: *Kapital und Ethos: Die sozialen und kulturellen Taten des schweizerischen Privatkapitals im 19. und 20. Jahrhundert,* Zürich / Leipzig: Rotapfel.

Erni, Tony 1980, *Die Entwicklung des schweizerischen Kranken- und Unfallversicherungswesen dargestellt anhand der Schaffung und Entwicklung des KUVG,* Fribourg: Universtätsverlag.

Esping-Andersen, Gøsta 1990: *The Three Worlds of Welfare Capitalism,* Cambridge: Polity Press.

Esping-Andersen, Gøsta / Palier, Bruno 2008: *Trois leçons sur l'Etat-providence,* Paris: Seuil.

Evers, Adalbert / Nowotny, Helga 1987: *Über den Umgang mit Unsicherheit. Die Entdeckung der Gestaltbarkeit von Gesellschaft,* Frankfurt a.M.: Suhrkamp.

Ewald, François 1986: *L'Etat providence,* Paris: Grasset.

Feurer, Willi 1941: *Betriebliche Sozialpolitik und Arbeitsvollzug im Grossbetrieb des Einzelhandels,* Zürich / Leipzig: Orell Füssli.

Flückiger, Yves / Suarez Cordero, Javier 1995: *Analyse économique des différentes propositions de réforme du financement des assurances sociales. Rapport no 2 de l'Observatoire universitaire de l'emploi,* Genève: Université.

Fluder, Robert et al. 1991: *Gewerkschaften und Angestelltenverbände in der schweizerischen Privatwirtschaft. Entstehung, Mitgliedschaft, Organisation und Politik seit 1940,* Zürich: Seismo.

Fragnière, Jean-Pierre / Girod, Roger (éd.) 1998: *Dictionnaire suisse de politique sociale*, Lausanne: Réalités sociales.

Fraser, Nancy 1989: *Unruly Practices: Power, Discourse and Gender in Contemporary Social Theory*, Minneapolis: University of Minnesota Press and Polity Press.

Furrer, Alfons 1952: *Entstehung und Entwicklung der schweizerischen Sozialversicherung,* [s.l]: [s.n.].

Gärtner, Ludwig / Flückiger, Yves 2005: *Probleme des Sozialstaats. Ursachen, Hintergründe, Perspektiven: Synthesebericht* (Nationales Forschungsprogramm 45. Probleme des Sozialstaats), Zürich: Rüegger.

Gagg, Margarita 1925: *Wesen und Aufgabe des Arbeiterinnenschutzes*, Frauenfeld: Huber.

Geschichte der Sozialversicherungen / L'histoire des assurances sociales 2006: *Studien & Quellen / Etudes & Sources* 31 (2006).

Germann, Urs 2008: «Eingliederung vor Rente». Behindertenpolitische Weichenstellungen und die Einführung der schweizerischen Invalidenversicherung, *Schweizerische Zeitschrift für Geschichte* 58 (2008), 178–197.

Gilliand, Pierre / Rossini, Stéfane 1997: *La protection sociale en Suisse. Recettes et dépenses, 1948–1997. Comparaisons avec les pays de l'Union Européenne,* Lausanne: Réalités sociales.

Gilomen, Hans-Jörg / Guex, Sébastien / Studer, Brigitte (Hg.) 2002: *Von der Barmherzigkeit zur Sozialversicherung. Umbrüche und Kontinuitäten vom Spätmittelalter bis zum 20. Jahrhundert,* Zürich: Chronos.

Gordon, Linda 1992: Social Insurance and Public Assistance: The Influence of Gender in Welfare Thought in the United States, 1890–1935, *American Historical Review* 97 (1992), 19–54.

Greuter, Dieter 1972: *Der Schweizerische Metall- und Uhrenarbeiterverband und die Industriegewerkschaft Metall für die Bundesrepublik Deutschland. Ein Vergleich,* Berlin: Duncker und Humblot.

Gruner, Erich 1968: *Die Arbeiter in der Schweiz im 19. Jahrhundert. Soziale Lage, Organisation, Verhältnis zu Arbeitgebern und Staat,* Bern: Francke.

Guex, Sébastien / Studer, Brigitte 2002: L'état social en Suisse aux XIXe et XXe siècles. Notes sur quelques pistes de recherche, in: Gilomen, Hans-Jörg / Guex, Sébastien / Studer, Brigitte (Hg.), *Von der Barmherzigkeit zur Sozialversicherung. Umbrüche und Kontinuitäten vom Spätmittelalter bis zum 20. Jahrhundert,* Zürich: Chronos, 201–211.

Gugerli, David / Kupper, Patrick / Speich, Daniel 2005: *Die Zukunftsmaschine. Konjunkturen der ETH Zürich 1855–2005,* Zürich: Chronos.

Hacker, Jacob S. 2002: *The Divided Welfare State: the Battle Over Public and Private Social Benefits in the United States,* Cambridge: Cambridge University Press.

Hafner, Georg, 1986: *Bundesrat Walther Stampfli (1884–1965). Leiter der Kriegswirtschaft im Zweiten Weltkrieg, bundesrätlicher Vater der AHV,* Olten: Dietschi AG.

Hafner, Wolfgang 2004: *Im Strudel der Finanzmärkte. Pensionskassen in der Schweiz,* Zürich: Rotpunkt.

HSVW: Handbuch der schweizerischen Volkswirtschaft 1939, 2 Bände, Bern: Benteli.

Hauss, Gisela / Ziegler, Béatrice (Hg.) 2010: *Helfen, Erziehen, Verwalten. Beiträge zur Geschichte der Sozialen Arbeit in St.Gallen,* Zürich: Seismo.

Hättenschwiler, Diego 1992: *Der Baby Boom in der Schweiz während des Zweiten Weltkrieges. Ein Versuch einer Verbindung von Demographie mit Geschlechter-, Familien- und Mentalitätsgeschichte,* Bern: Lizentiatsarbeit, Universität Bern.

Hepp, Stefan 1998: Mandatory Occupational Pension Schemes in Switzerland: The First Ten Years, *Annals of Public and Cooperative Economics* 69 (1998), 533–545.

Historisches Lexikon der Schweiz, Basel: Schwabe.

Hobson, Barbara 1994: Solo Mothers, Social Policy Regimes and the Logics of Gender, in: Sainsbury, Diane (ed.), *Gendering Welfare States,* London / [etc.]: Sage Publ., 170–187.

Holliger, Christian 2001: *«Il était de notre devoir d'appeler l'attention sur les intérêts matériels des médecins; nous croyons, en le faisant, avoir aussi travaillé pour l'intérêt général». Die Rolle der Schweizer Ärzteschaft im Kontext der Auseinandersetzungen um die Kranken- und Unfallversicherung zwischen 1885 und 1912,* Bern: Lizentiatsarbeit, Universität Bern.

Holzer, Max 1941: Die wirtschaftlichen und sozialen Grundlagen der Lohn- und Verdienstersatzordnung, in: Eidgenössisches Kriegswirtschaftsamt (Hg.), *Die eidgenössische Lohn- und Verdienstersatzordnung*, Bern, 39–46.

Holzer, Max 1950: Die Lohn- und Verdienstersatzordnung während des Krieges, in: *Die Schweizerische Kriegswirtschaft 1939/1948. Bericht des Eidg. Volkswirtschaftsdepartementes*, Bern: Bundesamt für Sozialversicherung, 1001–1069.

IDA FiSo1 1996: Interdepartementale Arbeitsgruppe, *Über die Finanzierungsperspektiven der Sozialversicherungen*, Juni.

IDA FiSo2 1997: Interdepartementale Arbeitsgruppe, *Zur Analyse der Leistungen der Sozialversicherungen*, Dezember.

Immergut, Ellen M. 1992: *Health Politics. Interests and Institutions in Western Europe,* Cambridge: Cambridge University Press.

Ischer, Philipp 2002: Die AHV-Diskussion in der FDP. Die Genese des Sozialliberalismus und die Bemühungen des Freisinns um Orientierung in den 1940er Jahren, in: Gilomen, Hans-Jörg / Guex, Sébastien / Studer, Brigitte (Hg.), *Von der Barmherzigkeit zur Sozialversicherung. Umbrüche und Kontinuitäten vom Spätmittelalter bis zum 20. Jahrhundert,* Zürich: Chronos, 331–342.

Ischer, Philipp 2006: Ausbau oder Konsolidierung? Der politische Diskurs der 1970er Jahre in der Schweiz im Bereich der AHV, *Studien & Quellen* 31 (2006), 141–166.

Jäger, Reto et al. (Hg.) 1986: *Baumwollgarn als Schicksalsfaden. Wirtschaftliche und gesellschaftliche Entwicklungen in einem ländlichen Industriegebiet (Zürcher Oberland) 1750–1920,* Zürich: Chronos.

Kaelble, Hartmut / Schmid, Günther (Hg.) 2004: *Das europäische Sozialmodell. Auf dem Weg zum transnationalen Sozialstaat,* Berlin: edition sigma.

Katz, Michael / Sachsse, Christoph (eds.) 1996: *The Mixed Economy of Social Welfare. Public/private relations in England, Germany and the United States, the 1870s to the 1930s,* Baden-Baden: Nomos.

Kern, Kristine / Theobald, Hildegard 2004: Konvergenz der Sozialpolitik in Europa? Transnationalisierung der Rentenversicherung und der Altenbetreuung, in: Kaelble, Hartmut / Schmid, Günther (Hg.), *Das europäische Sozialmodell. Auf dem Weg zum transnationalen Sozialstaat,* Berlin: edition sigma, 289–315.

Kieser, Ueli 2002: Ausländische Staatsangehörige und soziale Sicherheit, in: Uebersax, Peter et al. (Hg.), *Ausländerrecht. Ausländerinnen und Ausländer im öffentlichen Recht, Privatrecht, Steuerrecht und Sozialrecht der Schweiz,* Basel / Genf / München: Helbing & Lichtenhahn, 69–112.

Klein, Jennifer 2000: The Business of Health Security: Employee Health Benefits, Commercial Insurers, and the Reconstruction of Welfare Cpaitalism, 1945–1960, *International Labor and Working-Class History* 58 (2000), 293–313.

Klein, Jennifer 2003: *For All these Rights. Business, Labor and the Shaping of America's Public-Private Welfare State,* Princeton: Princeton University Press.

Kneubühler, Helen Ursula 1982: *Die Schweiz als Mitglied der Internationalen Arbeitsorganisation. Ihre unbefriedigende Ratifikationspolitik als Ergebnis strukturell erneuerungshemmender innerstaatlicher Entscheidungsprozesse,* Bern: Stämpfli & Co.

Knöpfel, Carlo 2006: Bericht über die wirtschaftliche und soziale Entwicklung der Schweiz 2005/2006, in: *Sozialalmanach 2007. Das Caritas-Jahrbuch zur sozialen Lage der Schweiz. Trends, Analysen, Zahlen,* Luzern: Caritas.

Knüsel, René / Zurita, Félix 1979: *Assurances sociales: une sécurité pour qui? La Loi Forrer et les origines de l'Etat social en Suisse*, Lausanne: Mémoires et documents de l'Institut de science politique.

Koller, Barbara 1997: Die Bedeutung der Wohnungsenqueten bei der Institutionalisierung der städtischen Wohnungsaufsicht in der Schweiz, in: Siegenthaler, Hansjörg (Hg.), *Wissenschaft und Wohlfahrt. Moderne Wissenschaft und ihre Träger in der Formation des schweizerischen Wohlfahrtsstaates während der zweiten Hälfte des 19. Jahrhunderts,* Zürich: Chronos, 175–202.

Korpi, Walter 2000: Faces of inequality. Gender, class, and patterns of inequalities in different types of welfare states, *Social Politics: International Studies in Gender, State & Society* 7 (2000), 127–191.

Kriegswirtschaft 1950 – Die Schweizerische Kriegswirtschaft 1939/1948. Bericht des Eidg. Volkswirtschaftsdepartementes, Bern 1950.

Künzi, Kilian / Schärrer, Markus 2004: *Wer zahlt für die soziale Sicherheit und wer profitiert davon? Eine Analyse der Sozialtranfers in der Schweiz,* Zürich / Chur: Rüegger.

Lane, Jan Erik 1999: The Public/Private Sector Distinction in Switzerland, *Schweizerische Zeitschrift für Politikwissenschaft* 5 (1999), 94–104.

Lasserre, André 1972: L'institution de l'assurance-vieillesse et survivants (1889–1947), in: Ruffieux, Roland (éd.), *La démocratie référendaire en Suisse au XXe siècle,* tome 1, Fribourg: Ed. universitaires, 259–326.

Leimgruber, Matthieu 2006: La politique sociale comme marché. Les assureurs vie et la structuration de la prévoyance vieillesse en Suisse (1890–1972), *Etudes & Sources* 31 (2006), 109–139.

Leimgruber, Matthieu 2008: *Solidarity without the State? Business and the Shaping of the Swiss Welfare State, 1890–2000,* Cambridge: Cambridge University Press.
Leimgruber, Matthieu 2009: Schutz für Soldaten, nicht für Mütter. Lohnausfallentschädigung für Dienstleistende und Sozialversicherungen in der Schweiz, in: Leimgruber, Matthieu / Lengwiler, Martin (Hg.), *Umbruch an der «inneren Front». Krieg und Sozialpolitik in der Schweiz 1938–1948,* Zürich: Chronos, 75–99.
Leimgruber, Matthieu 2010: Caisses de pension et rapports sociaux de sexe en Suisse au XXe siècle, in: David, Thomas et al. (Hg.): *Die Produktion von Ungleichheiten – La production des inégalités,* Zürich: Chronos, 49–64.
Leimgruber, Matthieu / Lengwiler, Martin (Hg.) 2009: *Umbruch an der «inneren Front». Krieg und Sozialpolitik in der Schweiz 1938–1948,* Zürich: Chronos.
Leitner, Sigrid / Obinger, Herbert 1996: Feminisierung der Armut im Wohlfahrtsstaat. Eine strukturelle Analyse weiblicher Armut am Beispiel der Alterssicherung in Österreich und in der Schweiz, *Swiss Political Science Review* 2 (1996/4), 189–221.
Leitner, Sigrid / Ostner, Ilona / Schratzenstaller, Margit (Hg.) 2004: *Wohlfahrtsstaat und Geschlechterverhältnis im Umbruch. Was kommt nach dem Ernährermodell?,* Wiesbaden: VS.
Lengwiler, Martin 2002: Expertise als Vertrauenstechnologie: Wissenschaft, Politik und die Konstitution der Sozialversicherungen (1880–1914), in: Gilomen, Hans-Jörg / Guex, Sébastien / Studer, Brigitte (Hg.), *Von der Barmherzigkeit zur Sozialversicherung. Umbrüche und Kontinuitäten vom Spätmittelalter bis zum 20. Jahrhundert,* Zürich: Chronos, 259–270.
Lengwiler, Martin 2006a: *Risikopolitik im Sozialstaat. Die schweizerische Unfallversicherung (1870–1970),* Köln: Böhlau.
Lengwiler, Martin 2006b: Expertenwissen im Sozialstaat: zwischen Verwissenschaftlichung, Bürokratisierung und Politisierung, *Studien & Quellen* 31 (2006), 167–190.
Lengwiler, Martin 2007: Transfer mit Grenzen: das «Modell Deutschland» in der schweizerischen Sozialstaatsgeschichte (1880–1950), *Itinera* (2007), 47–65.
Lengwiler, Martin 2009: Das verpasste Jahrzehnt. Krankenversicherung und Gesundheitspolitik (1938–1949), in: Leimgruber, Matthieu / Lengwiler, Martin (Hg.), *Umbruch an der «inneren Front». Krieg und Sozialpolitik in der Schweiz 1938–1948,* Zürich: Chronos, 165–183.
Leutwiler, Fritz et al. 1991: *Schweizerische Wirtschaftspolitik im internationalen Wettbewerb. Ein ordnungspolitisches Programm / La politique économique de la Suisse face à la concurrence internationale. Programme pour un ordre plus libéral,* Zürich: Orell Füssli.
Lindert, Peter 2004: *Growing Public. Social Spending and Economic Growth since the Eighteenth Century,* 2 vols., New York: Cambridge University Press.
Luchsinger, Christine 1995: *Solidarität, Selbständigkeit, Bedürftigkeit: der schwierige Weg zu einer Gleichberechtigung der Geschlechter in der AHV, 1939–1980,* Zürich: Chronos.
Magnin, Chantal 2002: Der Alleinernährer. Eine Rekonstruktion der Ordnung der Geschlechter im Kontext der sozialpolitischen Diskussion von 1945 bis 1960 in der Schweiz, in: Gilomen, Hans-Jörg / Guex, Sébastien / Studer, Brigitte (Hg.), *Von der Barmherzigkeit zur Sozialversicherung. Umbrüche und Kontinuitäten vom Spätmittelalter bis zum 20. Jahrhundert,* Zürich: Chronos, 387–400.
Magnin, Chantal 2005: *Beratung und Kontrolle. Widersprüche in der staatlichen Bearbeitung von Arbeitslosigkeit,* Zürich: Seismo.
Manow, Philip 2004: «The Good, the Bad, and the Ugly» – Esping-Andersen's Regime Typology and the Religious Roots of the Western Welfare State, *MPIfG Working Paper 04/3.*
Marshall, T. H. 1950: *Citizenship and Social Class and other essays,* Cambridge: Cambridge University Press.
Marti, Urs 2008: Soziale Sicherheit, in: Gosepath, Stefan / Hinsch, Wilfried / Rössler, Beate (Hg.), *Handbuch Politische Philosophie und Sozialphilosophie,* Berlin: de Gruyter, 1170–1173.
Matter, Sonja 2006: Wissenstransfer und Geschlecht. Die Rezeption «amerikanischer» Methoden in der Schweizer Sozialarbeit der 1950er Jahre, *Ariadne. Zeitschrift für Frauen- und Geschlechtergeschichte* 49 (2006), 49–57.
Matter, Sonja 2011: *Der Armut auf den Leib rücken. Die Professionalisierung der Sozialen Arbeit in der Schweiz (1900–1960),* Zürich: Chronos.
Maurer, Alfred 1982: Switzerland, in: Köhler, Peter A. / Zacher, Hans F. (eds.), *The Evolution of Social Insurance 1881–1981. Studies of Germany, France, Great Britain, Austria and Switzerland,* London: Frances Pinter.
Maurer, Emanuel 2001: Toblers Wohlfahrtseinrichtungen. Sozialer Fortschritt oder Bevormundung? in: Leimgruber, Yvonne et al. (Hg.), *Chocolat Tobler. Zur Geschichte der Schokolade und einer Berner Fabrik, Berner Zeitschrift für Geschichte und Heimatkunde* 63 (2001), 90–98.
Merrien, François-Xavier / Parchet, Raphaël / Kernen, Antoine 2005: *L'Etat social. Une perspective internationale,* Paris: Armand Colin.

Mesmer, Beatrix 1982: Reinheit und Reinlichkeit. Bemerkungen zur Durchsetzung der häuslichen Hygiene in der Schweiz, in: Bernard, Nicolai / Reichen, Quirinus (Hg.), *Gesellschaft und Gesellschaften. Festschrift zum 65. Geburtstag von Prof. Dr. U. Im Hof*, Bern: Wyss, 470–494.

Mesmer, Beatrix 1988: *Ausgeklammert – Eingeklammert. Frauen und Frauenorganisationen in der Schweiz des 19. Jahrhunderts*, Basel: Helbing & Lichtenhahn.

Mesmer, Beatrix (Hg.) 1997: *Die Verwissenschaftlichung des Alltags. Anweisungen zum richtigen Umgang mit dem Körper in der schweizerischen Populärpresse 1850–1900*, Zürich: Chronos.

Mesmer, Beatrix 2007: *Staatsbürgerinnen ohne Stimmrecht. Die Politik der schweizerischen Frauenverbände 1914–1971*, Zürich: Chronos.

Monachon, Jean-Jacques 2002: Le plan Beveridge et les débats sur la sécurité sociale en Suisse entre 1942 et 1945, in: Gilomen, Hans-Jörg / Guex, Sébastien / Studer, Brigitte (Hg.), *Von der Barmherzigkeit zur Sozialversicherung. Umbrüche und Kontinuitäten vom Spätmittelalter bis zum 20. Jahrhundert*, Zürich: Chronos, 321–329.

Mooser, Josef 2000: Konflikt und Integration – Wirtschaft, Gesellschaft und Politik in der «Wohlfahrtsstadt», in: Burghartz, Susanna / Kreis, Georg / Von Wartburg, Beat (Hg.), *Basel – Geschichte einer städtischen Gesellschaft*, Basel: Christoph Merian, 226–266.

Moser, Julia 2008: *Der schweizerische Wohlfahrtsstaat. Zum Ausbau des sozialen Sicherungssystems 1975–2005*, Frankfurt a.M.: Campus.

Muheim, David 1998: *Le mutualisme contre l'assurance sociale. La Fédération des Sociétés de secours mutuels de la Suisse romande et les premiers projets d'assurance maladie (1893–1912)*, Lausanne: Mémoire de licence, Université de Lausanne.

Muheim, David 2003: Caisses privées et assurances sociales: retour sur les premiers projets d'assurance maladie (1893–1912), *Aspects de la sécurité sociale* 2 (2003), 21–28.

Müller, Felix / Schäppi, Hans / Tanner, Jakob 1976: *Krise. Zufall oder Folge des Kapitalismus? Die Schweiz und die aktuelle Wirtschaftskrise*, Zürich: Limmat Verlag.

Müller, Hans 1949: *Die Pensions- und Gruppenlebensversicherungen privater Unternehmungen in der Schweiz*, [s.l.]: [s.n.].

Müller, Jörg Paul 1999: *Grundrechte in der Schweiz*, Bern: Stämpfli.

Müller, Margrit 2008: From Protectionism to Market Liberalisation: Patterns of Internationalisation in the Main Swiss Export Sectors, in: Müller, Margrit / Myllyntaus, Timo (eds.), *Pathbreakers. Small European Countries Responding to Globalisation and Deglobalisation*, Bern / [etc.]: Lang, 113–149.

Obinger, Herbert et al. 2005: Switzerland. The marriage of direct democracy and federalism, in: Obinger, Herbert / Leibfried, Stephan / Castles, Francis Geoffrey (eds.), *Federalism and the welfare state: New World and European experiences*, New York: Cambridge University Press, 263–306.

Pellegrini, Luca 2006: L'assurance-vieillesse, survivants et invalidité: ses enjeux financiers entre 1918 et 1925, *Etudes & Sources* 31 (2006), 79–107.

Piller, Otto 2006: *Die soziale Schweiz. Die schweizerischen Sozialwerke im Überblick*, Bern: Haupt.

Polanyi, Karl 1944: *The Great Transformation*, Boston: Beacon. (1977: The Great Transformation. Politische und ökonomische Ursprünge von Gesellschaften und Wirtschaftssystemen, Wien: Europaverlag.).

Pury, David de / Hauser, Heinz / Schmid, Beat (Hg.) 1992: *Ordnungspolitik*, Bern: EVWD.

Pury, David de et al. (Hg.) 1995: *Mut zum Aufbruch. Eine wirtschaftspolitische Agenda für die Schweiz*, Zürich: Orell Füssli.

Raphael, Lutz 1996: Die Verwissenschaftlichung des Sozialen als methodische und konzeptionelle Herausforderung für eine Sozialgeschichte des 20. Jahrhunderts, *Geschichte und Gesellschaft* 22 (1996), 165–193.

Rechsteiner, Rudolf 1984: *Das 200-Milliarden-Geschäft. Pensionskassen in der Schweiz – Eine Einführung für Versicherte und Stiftungsräte*, Zürich: Unionsverlag.

Regamey, Caroline 2008: La statistique de l'aide sociale, miroir et paravant, in: Conrad, Christoph / Mandach, Laura von (Hg.), *Auf der Kippe. Integration und Ausschluss in Sozialhilfe und Sozialpolitik*, Zürich: Seismo, 46–54.

Reinacher, Rudolf 1929: *Die Unterstützungsinstitutionen im schweizerischen Gewerkschaftsbund und in den ihm angeschlossen Verbänden*, Zürich: Gutzwiller.

Rey, Jean-Noël 1983: *Trop d'Etat? Essai sur la mise en cause de l'Etat-protecteur en Suisse*, Lausanne: Réalités sociales.

Riedmatten, Soun de / Rosetti, Daniel / Fussinger, Catherine 1995: La création de l'assurance maladie, un danger pour le corps médical? (1893–1911), *Revue historique vaudoise* (1995), 247–292.

Rietmann, Tanja [2012]: *«Liederlichkeit» und «Arbeitsscheu». Die administrative Anstaltsversorgung im Kanton Bern, 1884 – 1981, Zürich: Chronos* [im Druck].

Rimlinger, Gaston V. 1973: Sozialpolitik und wirtschaftliche Entwicklung: ein historischer Vergleich, in: Braun, Rudolf et al. (Hg.), *Gesellschaft in der industriellen Revolution,* Köln: Kiepenheuer und Witsch, 113–126.

Ritter, Gerhard A. 1989: *Der Sozialstaat. Entstehung und Entwicklung im internationalen Vergleich,* München: Oldenbourg.

Rodgers, Gerry et al. 2009: *L'OIT et la quête de justice sociale, 1919–2009,* Genève: Bureau International du Travail.

Ruf, Heinz 2002: Arbeitslosigkeit als Risiko beim Alterssparen, *Neue Zürcher Zeitung* Nr. 242, 18. Oktober 2002.

Saraceno, Chiara 2004: The Reproductive Paradox of «Weak» and «Strong» Families in Contemporary Europe, in: Kaelble, Hartmut / Schmid, Günther (Hg.), *Das europäische Sozialmodell. Auf dem Weg zum transnationalen Sozialstaat,* Berlin: edition sigma, 347–373.

Sarasin, Philipp 2001: *Reizbare Maschinen. Eine Geschichte des Körpers 1765–1914,* Frankfurt a.M.: Suhrkamp.

Sarasin, Philipp / Tanner, Jakob (Hg.) 1998: *Physiologie und industrielle Gesellschaft. Studien zur Verwissenschaftlichung des Körpers im 19. und 20. Jahrhundert,* Frankfurt a.M.: Suhrkamp.

Saxer, Arnold 1970: *Die soziale Sicherheit in der Schweiz. Eine Darstellung der Entstehung, des Aufbaus und des gegenwärtigen Standes aller Zweige der Sozialen Sicherheit,* Bern: Haupt.

Saxer, Peter 1952: *Die AHV-Ausgleichskassen als neue Organisationsform der schweizerischen Sozialversicherung,* Bern: Stämpfli, 57–65.

Schaad, Nicole 2003: *Chemische Stoffe, giftige Körper. Gesundheitsrisiken in der Basler Chemieindustrie, 1860–1930,* Zürich: Chronos.

Schaffhauser, René / Stauffer, Hans-Ulrich (Hg.) 2005: *Die 1. BVG-Revision. Neue Herausforderungen – praxisgerechte Umsetzung. Referate der Tagung vom 19. November 2004 in Luzern,* St. Gallen: Institut für Rechtswissenschaft und Rechtspraxis, Band 32.

Schär, Bernhard C. 2008: Karies, Kulturpessimismus und KVG. Zur Geschichte der Zahnmedizin in der Schweiz, *Traverse. Zeitschrift für Geschichte* (2008/2), 99–116.

Schnegg, Brigitte 2007: Armutsbekämpfung durch Sozialreform. Gesellschaftlicher Wandel und sozialpolitische Modernisierung Ende des 19. Jahrhunderts am Beispiel der Stadt Bern, *Berner Zeitschrift für Geschichte und Heimatkunde* 69 (2007), 233–258.

Schumacher, Beatrice 2009: Familien(denk)modelle. Familienpolitische Weichenstellungen in der Formationsphase des Sozialstaats (1930–1945), in: Leimgruber, Matthieu / Lengwiler, Martin (Hg.), *Umbruch an der «inneren Front». Krieg und Sozialpolitik in der Schweiz 1938–1948,* Zürich: Chronos, 134–163.

Schumacher, Beatrice (Hg.) 2010*: Freiwillig verpflichtet. Gemeinnütziges Denken und Handeln in der Schweiz seit 1800,* Zürich: NZZ Verlag.

Schwarz-Gagg, Margarita 1938: *Ausbau der Mutterschaftsversicherung in der Schweiz. Eine Studie zur Revision der Krankenversicherung bearbeitet im Auftrag der Schweizerischen Vereinigung für Sozialpolitik,* Zürich / Leipzig: Orell Füssli.

Schweizerischer Gewerkschaftsbund (Hg.) 2006: *Endlich existenzsichernde Renten. Erste Säule stärken – 3000 Franken Rente für alle. Dossier 34,* Bern: Schweizerischer Gewerkschaftsbund.

SGK-N 2002: *1. BVG-Revision. Bericht der Kommission für soziale Sicherheit und Gesundheit über den Vorsorgeschutz für Teilzeitbeschäftigte und Personen mit kleinen Einkommen, über die Anpassung des Umwandlungssatzes und über die paritätische Verwaltung der Vorsorgeeinrichtungen,* Bern, 21./22. Februar 2002.

SGK-N 2004: *KVG. Lücken und Unstimmigkeiten bei den Taggeldern. Bericht der Kommission für soziale Sicherheit und Gesundheit vom 16. Januar 2004,* www.parlament.ch/afs/data/d/bericht/2003/d_bericht_n_k6_0_20030301_0_20040116.htm [Zugriff 1. Juli 2009].

Siaroff, Alan 1994: Work, Welfare and Gender Equality: A New Typology, in: Sainsbury, Diane (ed.), *Gendering Welfare States,* London / [etc.]: Sage Publ., 82–100.

Siegenthaler, Hansjörg (Hg.) 1997: *Wissenschaft und Wohlfahrt. Moderne Wissenschaft und ihre Träger in der Formation des schweizerischen Wohlfahrtsstaates während der zweiten Hälfte des 19. Jahrhunderts,* Zürich: Chronos.

Sommer, Jürg H. 1978: *Das Ringen um soziale Sicherheit in der Schweiz. Eine politisch-ökonomische Analyse der Ursprünge, Entwicklungen und Perspektiven sozialer Sicherung im Widerstreit zwischen Gruppeninteressen und volkswirtschaftlicher Tragbarkeit,* Diessenhofen: Rüegger.

Spahr, Hansjürg 1976: *Lex Forrer 1899 und KUVG 1911. Zur Geschichte der schweizerischen Gesetzgebung über Kranken- und Unfallversicherung,* Dissertation Universität Bern (Ms.).

Spycher, Stefan 2004: Bürgerversicherung und Kopfpauschalen in der Krankenversicherung der Schweiz: Vorbild oder abschreckendes Beispiel? Nützliche Erfahrungen der Schweiz für die Diskussionen in Deutschland, *Gesundheit-und-Gesellschaft-Wissenschaft GGW* 4 (2004/1), 19–27.

Stämpfli, Regula 2002: Von der Grenzbesetzung zum Aktivdienst. Geschlechterpolitische Lösungsmuster in der schweizerischen Sozialpolitik (1914–1945), in: Gilomen, Hans-Jörg / Guex, Sébastien / Studer, Brigitte (Hg.), *Von der Barmherzigkeit zur Sozialversicherung. Umbrüche und Kontinuitäten vom Spätmittelalter bis zum 20. Jahrhundert,* Zürich: Chronos, 373–386.

Stämpfli, Regula 2003: *Mit der Schürze in die Landesverteidigung. Frauenemanzipation und Schweizer Militär 1914–1945,* Zürich: Orell Füssli.

Steiger, Jost 1977: *Zweite Säule: Sozialwerk oder Geschäft? Vollausbau der AHV/IV als Alternative zur «Drei-Säulen-Konzeption»,* Zürich: Limmat Verlag.

Steinmann, Ernst 1955: *Geschichte des schweizerischen Freisinns,* Bern: Haupt.

Studer, Brigitte 1997: Familienzulagen statt Mutterschaftsversicherung? Die Zuschreibung der Geschlechterkompetenzen im sich formierenden Schweizer Sozialstaat, 1920–1945, *Schweizerische Zeitschrift für Geschichte* 47 (1997), 151–170.

Studer, Brigitte 1998a: Der Sozialstaat aus der Geschlechterperspektive. Theorien, Fragestellungen und historische Entwicklung in der Schweiz, *Itinera* 20 (1998), 184–208.

Studer, Brigitte 1998b: Soziale Sicherheit für alle? Das Projekt Sozialstaat, in: Studer, Brigitte (Hg.), *Etappen des Bundesstaates. Staats- und Nationsbildung in der Schweiz, 1848–1998,* Zürich: Chronos, 159–186.

Studer, Brigitte (Hg.) 1998c, *Etappen des Bundesstaates. Staats- und Nationsbildung in der Schweiz, 1848–1998,* Zürich: Chronos.

Studer, Brigitte / Sutter, Gaby / Wecker, Regina 1998: Die unendliche Geschichte der Mutterschaftsversicherung. Zur Konstruktion von Geschlecht durch Sozialpolitik, in: Nadai, Eva / Ballmer-Cao, Thanh-Huyen (Hg.), *Grenzverschiebungen. Zum Wandel des Geschlechterverhältnisses in der Schweiz,* Chur / Zürich: Rüegger, 93–115.

Suter, Christian / Matthey, Marie-Claire 2002: Wirksamkeit und Umverteilungseffekte staatlicher Sozialleistungen, Bundesamt für Statistik (Hg.), *info:social* Nr. 3, Neuchâtel.

Tabin, Jean-Pierre 1999: *Les paradoxes de l'intégration. Essai sur le rôle de la non-intégration des étrangers pour l'intrégration de la société nationale,* Lausanne: Editions EESP.

Tabin, Jean-Pierre 2002: L'importance de la question des destinataires de l'assistance publique pour la construction de l'identité nationale, in: Gilomen, Hans-Jörg / Guex, Sébastien / Studer, Brigitte (Hg.), *Von der Barmherzigkeit zur Sozialversicherung. Umbrüche und Kontinuitäten vom Spätmittelalter bis zum 20. Jahrhundert,* Zürich: Chronos, 343–356.

Tabin, Jean-Pierre et al. 2008: *Temps d'assistance. L'assistance publique en Suisse de la fin du XIXe siècle à nos jours,* Lausanne: Antipodes.

Teuscher, Hugo 1929: *Die Arbeitslosenunterstützung in der Schweiz, insbesondere während des Weltkrieges und der Nachkriegszeit,* Lachen: Buchdr. «Gutenberg».

Thane, Pat 1992: Wohlfahrt und Geschlecht in der Geschichte: Ein partieller Überblick zu Forschung, Theorie und Methode, *L'Homme. Zeitschrift für feministische Geschichtswissenschaft* 5 (1992/2), 5–18.

Tögel, Bettina 2004: *Die Stadtverwaltung Berns. Der Wandel ihrer Organisation und Aufgaben von 1832 bis zum Beginn der 1920er Jahre,* Zürich: Chronos.

Togni, Carola 2009: Arbeitslosenversicherung. Der soziale Kompromiss für die Nachkriegszeit, in: Leimgruber, Matthieu / Lengwiler, Martin (Hg.), *Umbruch an der «inneren Front». Krieg und Sozialpolitik in der Schweiz 1938–1948,* Zürich: Chronos, 101–124.

Topalov, Christian 1994: *La naissance du chômeur, 1880–1910,* Paris: Michel.

Trampusch, Christine 2008: Von einem liberalen zu einem post-liberalen Wohlfahrtsstaat. Der Wandel der gewerkschaftlichen Sozialpolitik in der Schweiz, *Schweizerische Zeitschrift für Politikwissenschaft* 14 (2008), 49–84.

Traverse 2006: Traverse. Zeitschrift für Geschichte (2006/1). Philanthropie und Macht, 19. und 20. Jahrhundert, David, Thomas et al. (Hg.).

Tschudi, Hans Peter 1986: *Die Sozialverfassung der Schweiz (Der Sozialstaat),* Bern: Schriftenreihe des Schweizerischen Gewerkschaftsbundes.

Viret, Bernard 1982: L'assujettissement et le droit aux prestations des étrangers dans quelques assurances sociales suisses, in: *Les étrangers en Suisse. Recueil de travaux,* publié par la Faculté de droit à l'occasion de l'assemblée de la Société suisse des juristes, à Lausanne, du 1er au 3 octobre 1982, Lausanne, 97–111.

Vuagniaux, Rachel 2002: Le «médecin libre» contre le «bolchevisme médical»: le Bulletin professionnel des médecins suisses et les premières tentatives de révision de la LAMA (1920–1951), *Aspects de la sécurité sociale* 3 (2002), 2–9.

Wechsler, Martin 2007: Leistungsprimat ade, *Bilanz,* 23. 11. 2007.

Wecker, Regina / Studer, Brigitte / Sutter, Gaby 2001: *Die «schutzbedürftige Frau». Zur Konstruktion von Geschlecht durch Mutterschaftsversicherung, Nachtarbeitsverbot und Sonderschutzgesetzgebung,* Zürich: Chronos.

Winterthur (Hg.) 1951: *Société Suisse d'Assurance contre les Accidents à Winterthur, 1875–1950,* Winterthur: Impr. Winterthur S.A.
Wittmann, Walter 1980: *Bundesfinanzen und Sozialstaat*, Diessenhofen: Rüegger.
Zimmermann, Hans 1948: *Sozialpolitische Ideen im schweizerischen Freisinn 1914–1945,* Zürich: Juris.

Teil 5: Wirtschaft und Politik

Einleitung

Patrick Halbeisen

Unter Wirtschaftspolitik ist die politische Einflussnahme auf jene Strukturen einer Gesellschaft zu verstehen, die für die wirtschaftlichen Tätigkeiten relevant sind, wobei dazu nicht nur politische und wirtschaftliche Organisationen, sondern auch die Technologie, die Demographie und die Ideologie einer Gesellschaft zu zählen sind.[1] So gesehen gehören zur Wirtschaftspolitik nicht nur die Geld- und Währungspolitik, die Finanzpolitik, die Aussen- und Binnenwirtschaftspolitik, die Bildungs- und Forschungspolitik, die Sozialpolitik usw., sondern auch die entsprechenden institutionellen Rahmenbedingungen.

In diesem fünften Teil liegt das Hauptgewicht auf den Bereichen der Geld- und Währungspolitik, der Finanzpolitik sowie der Aussen- und Binnenwirtschaftspolitik.[2] Dargestellt werden zudem die Beziehungen der Schweiz zu internationalen Organisationen und ihre Beteiligungen an internationalen Abkommen, weil diese die Rahmenbedingungen für die schweizerische Wirtschaft entscheidend geprägt haben. Die Eingrenzung der Fragestellung auf diese drei Bereiche erfolgt, weil sie für die wirtschaftliche Entwicklung besonders wichtig sind und zudem stark von einander abhängen. Zudem sind die für die Politik verantwortlichen Stellen beim Bund und bei der Schweizerischen Nationalbank (SNB) überschaubar, die Entscheidungsprozesse können entsprechend gut nachvollzogen werden. Soweit einzelne Aspekte der in diesem Teil behandelten Fragen sowie andere zur Wirtschaftspolitik im weiteren Sinne gehörende Sachverhalte in anderen Kapiteln der vorliegenden Publikation thematisiert werden, finden sich entsprechenden Verweise im Text.

Im Kapitel 5.1 steht die Bedeutung des internationalen Währungssystems für die Wirtschaftspolitik im Vordergrund, weil dieses nicht nur den Spielraum der Geldpolitik absteckte, sondern auch den Handlungsspielraum für die Finanzpolitik und Aussenwirtschaftspolitik bestimmte. Michael Bordo und Lars Jonung weisen in ihrer einschlägigen Studie aus dem Jahr 2001 auf die Abhängigkeit der Finanzpolitik vom währungspolitischen Regime hin.[3] Barry Eichengreen und Harold James zeigen, wie sich die Währungsverhältnisse und das internationale Handelsregime gegenseitig beeinflussen.[4] Wenn der Konsens in Währungsfragen zerfällt, reagieren die Länder in

1 So lautet die Definition von Struktur gemäss Douglass C. North. Hansjörg Siegenthaler definiert Struktur als «Gesamtheit kognitiver Regelsysteme sowie externer und internalisierter Gebots- und Verbotsnormen». Zum Strukturbegriff von North und Siegenthaler siehe Siegenthaler 1993, 15.

2 Zum Forschungsstand im Bereich der schweizerischen Finanzpolitik, der Wirtschaftspolitik und der Handelspolitik siehe *Traverse. Zeitschrift für Geschichte* (2010/1), insbesondere Humair 2010; Hürlimann 2010; Perrenoud 2010.

3 Bordo/Jonung 2001.

4 Eichengreen/James 2003.

der Regel mit höheren Zöllen oder anderen protektionistischen Massnahmen. Umgekehrt ist eine Reform der internationalen Währungsordnung nur möglich, wenn die grossen Länder ein freiheitliches Handelssystem als wünschenswert ansehen.

Der Schweiz gelang es im 20. Jahrhundert im internationalen Vergleich aufgrund ihrer politischen und wirtschaftlichen Stabilität besonders gut, die Regeln des jeweiligen Währungssystems einzuhalten. Dies hatte zwar eine ausserordentliche monetäre Stabilität zur Folge, führte jedoch dazu, dass der konjunkturpolitische Spielraum in der Währungs- und Geldpolitik sehr eng war: Unter dem Goldstandard und den fixen Wechselkursen war die Währungspolitik hauptsächlich auf die Aufrechterhaltung der Gold- bzw. Dollarparität ausgerichtet, und nach dem Übergang zu flexiblen Wechselkursen lag das Hauptziel der schweizerischen Geldpolitik bis zum ausgehenden 20. Jahrhundert in der Aufrechterhaltung der Geldwertstabilität.

Deficit Spending war in der Schweiz unter fixen Wechselkursen keine konjunkturpolitische Option, weil substantielle Defizite der öffentlichen Hand, mit denen die Konjunktur merklich hätte stimuliert werden können, die Stabilität der Währung bedroht hätten. Die Möglichkeiten der staatlichen Politik waren in der Schweiz auch darum begrenzt, weil insbesondere dem Bund lange nur äusserst bescheidene Einnahmen zugestanden wurden. Im Unterschied zur Höhe der Defizite war das Niveau der finanziellen Einnahmen der öffentlichen Hand nicht vom Währungssystem abhängig, aber politischen Vorstössen, die dem Bund mehr Mittel zur Bewältigung zusätzlicher Aufgaben zukommen lassen wollten, war nur geringer Erfolg beschieden. Schon in der alten Eidgenossenschaft war es ein populäres Anliegen, dass der Staat möglichst «billig» sein sollte.[5] Dies änderte sich auch mit der Gründung des Bundesstaats nicht. Die Bundesverfassung von 1848, mit der ein föderaler Staat bestehend aus Gemeinden, Kantonen und dem Bund geschaffen worden war, sah nur wenige Aufgaben für den Bund vor. Die mit Abstand finanziell gewichtigste war die Landesverteidigung, die bis zum Ersten Weltkrieg immer mehr als die Hälfte des Bundesbudgets beanspruchte.[6] Ab Mitte der 1870er Jahre begann der Bund zwar, seinen Einfluss stärker zur Geltung zu bringen, aber die Massnahmen blieben auf einzelne Gesetze wie das Fabrikgesetz und den Service public (Verstaatlichung der Eisenbahnen, Schaffung eines Notenmonopols) beschränkt (→ III.ii.6). Die Kantone verteidigten ihre Aufgabengebiete zäh und waren nur bereit, Kompetenzen an den Bund abzugeben, wenn sie dafür finanziell entschädigt wurden.[7] Mit Hilfe von solchen Entschädigungen und der Vergabe von an Bedingungen geknüpften Subventionen gelang es dem Bund, einige Aufgaben zu zentralisieren bzw. Standards für kantonale Aufgaben – wie zum Beispiel bei den Primarschulen – zu setzen. Dieser Politik waren aber insofern Grenzen gesetzt, als dem Bund als Einnahmequelle praktisch nur

5 Suter 2005, 234–235.
6 Zur Entwicklung der öffentlichen Finanzen von 1850 bis 1913 siehe Halbeisen/Lechner 1990.
7 Halbeisen/Lechner 1994.

die Zollerträge zugestanden wurden.[8] Direkte Steuern waren den Kantonen und Gemeinden vorbehalten.

Das Kapitel 5.2 über die Finanzpolitik macht deutlich, dass die Schweiz an diesem Grundsatz, der nur vorübergehend in ausserordentlichen Zeiten (Weltkriege) aufgehoben wurde, trotz verschiedener politischer Vorstösse zu seiner Änderung bemerkenswert lange festhielt. Aufgrund neuer Zahlen lässt sich zeigen, dass trotz eines sprunghaften und später dauerhaften Anstiegs der staatlichen Ausgaben (Displacement-Effekt) im Gefolge der Weltkriege und des Staatsausbaus ab den 1960er Jahren der Anteil der Staatsausgaben und der Anteil der Steuern und Abgaben am BIP (Staats- bzw. Fiskalquote) auch am Ende des 20. Jahrhunderts deutlich unter dem europäischen Durchschnitt lagen. Neben der empirischen Darstellung dieser Entwicklung zeichnet das Kapitel die politischen Auseinandersetzungen nach, die zu diesem Ergebnis führten.

Die bis zum beginnenden 20. Jahrhundert geringen finanziellen Mittel des Bundes hatten zur Folge, dass dieser einen Teil seiner Aufgaben an die Wirtschaftsverbände delegierte (Aufbau von Wissensbeständen, Statistiken usw.). Damit bekamen Partikularinteressen ausserordentlich grosse politische Einflussmöglichkeiten.[9] Im Vordergrund stand der 1869 gegründete Schweizerische Handels- und Industrieverein, dessen Exekutivorgan – der sogenannte Vorort – ein vom Bund subventioniertes Sekretariat erhielt.[10] Später gründeten das Gewerbe und die Bauern ebenfalls Verbände; 1887 wurde ein Arbeitersekretariat geschaffen, das ebenfalls vom Bund unterstützt wurde. Es hatte allerdings aufgrund der fehlenden Regierungsbeteiligung der Linken einen weit geringeren Einfluss. Die Integration der politischen Linken in die Entscheidungsprozesse erfolgte erst ab Mitte der 1930er Jahre; 1943 wurde der erste Sozialdemokrat in die Regierung gewählt.

Die direktdemokratischen Elemente der schweizerischen Verfassung (Referendum und Initiative) stärkten den Einfluss der organisierten Interessen auf die Wirtschaftspolitik zusätzlich, indem sie die staatlichen Organe zwangen, die Interessenvertreter in den Gesetzgebungsprozess einzubeziehen, um das Risiko von Abstimmungsniederlagen an der Urne zu minimieren. Der Einfluss der Partikularinteressen ging aber über den Gesetzgebungsprozess hinaus, weil die Betroffenen oft auch noch in die Umsetzung der entsprechenden Gesetze einbezogen wurden.[11] Prominente Beispiele finden sich bei der Überwachung der Banken und der Regulierung des Wettbewerbs. Hier wurde die Umsetzung der entsprechenden Gesetze weitgehend Kommissionen übertragen, in denen die betroffenen Branchen mehr oder weniger direkt vertreten waren.

8 Trotz stark ansteigender Subventionen und zunehmenden kantonalen Anteilen an Bundeseinnahmen konnte der Bundeshaushalt bis 1913 einen kumulierten Überschuss erzielen, der in etwa einem damaligen Jahresbudget entsprach. Alle Kantonshaushalte zusammen waren zu dieser Zeit etwa doppelt so gross wie derjenige des Bundes.

9 Gruner 1964, 49–50.

10 Gruner 1964, 45. Im Jahr 2000 wurde der Name Vorort des SHIV in Economiesuisse geändert.

11 Hotz 1979, 88–89.

Da die verfassungsmässigen und gesetzlichen Grundlagen für eine Konjunkturpolitik bis in die 1970er Jahre fehlten oder der Konjunkturlage nicht angemessen waren, sah sich der Bund immer wieder gezwungen, auf die wirtschaftlichen Probleme mit Notrecht zu reagieren. Aus verfassungsrechtlicher Sicht war diese Entwicklung zwar problematisch, aber mittels des ordentlichen Rechts hätte die Politik wohl kaum rechtzeitig reagieren können. Die fehlende gesetzliche Basis führte zudem dazu, dass die Behörden auf freiwillige Vereinbarungen mit den Unternehmen und ihren Verbänden angewiesen waren (Gentlemen's Agreement).

Weil die Währungs- und Geldpolitik sowie die Finanzpolitik in den Zeiten fester Wechselkurse nur sehr bedingt zu konjunkturpolitischen Zwecken eingesetzt werden konnten, reagierte die Politik auf externe Schocks in erster Linie mit aussenwirtschaftlichen Massnahmen, die durch Regulierungen auf dem Binnenmarkt ergänzt wurden. So wurde die ursprünglich weitgehend freihändlerische, auf die Interessen der Exportindustrie ausgerichtete Zollpolitik gegen Ende des 19. Jahrhunderts zunehmend protektionistisch gefasst, um anfänglich die Landwirtschaft und später weitere Teile der Binnenwirtschaft vor der Konkurrenz aus dem Ausland zu schützen (→ 2.3.1; 2.3.5). Die Zollpolitik war für den Bund allerdings ein schwerfälliges wirtschaftspolitisches Instrument, weil ein neuer Generaltarif jeweils vom Parlament verabschiedet werden musste und dem Volksreferendum unterstellt war. Als kleines Land besass die Schweiz zudem keine politischen Druckmittel, um in Verhandlungen mit dem Ausland vorteilhafte Bedingungen erwirken zu können. Die aussenwirtschaftspolitischen Massnahmen wurden daher in der krisenhaften Zeit der beiden Weltkriege oftmals durch Regulierungen und Eingriffe in die Binnenwirtschaft ergänzt, zumal die Zollpolitik auch die Interessen der Exportpolitik berücksichtigen musste.

Nach dem Zweiten Weltkrieg wurden die Einfuhrbeschränkungen und die Schutzzölle abgebaut, und 1973 schloss die Schweiz gar ein Freihandelsabkommen mit der EWG. Die erleichterten Importe erhöhten die Konkurrenz auf dem Binnenmarkt; viele Regulierungen blieben jedoch bestehen. Sie gerieten aber ab den 1990er Jahren durch die Bemühungen der EU, einen gemeinsamen Binnenmarkt zu schaffen, zunehmend unter Druck und wurden durch die unilaterale Übernahme europäischen Rechts sowie im Rahmen bilateraler Abkommen immer weiter aufgehoben. Unter Druck gerieten zunehmend auch gesetzliche Regelungen, die der Schweiz Vorteile gegenüber dem Ausland verschafft hatten, wie etwa das Bankgeheimnis, das zunächst wegen der Problematik der Geldwäsche und der sogenannten Potentatengelder, später wegen der Steuerhinterziehung gelockert werden musste (→ 2.2.2.6).

Neben bilateralen staatlichen Einflüssen war die schweizerische Wirtschaftspolitik auch Einflüssen internationaler Organisationen ausgesetzt, wobei diese, wie in Kapitel 5.3 über die Beziehungen zu den internationalen Organisationen dargelegt wird, ihre Ursprünge im 19. Jahrhundert haben. Sie zielten auf eine Modernisierung der Wirtschaft ab, die sie mit den Mitteln der Normierung, der Standardisierung und des Informationstransfers befördern wollten. Während ursprünglich eine internationale Regelung der

Post, der Telegrafie, des geistigen Eigentums und der Eisenbahnen im Vordergrund stand, wurden im Laufe des 20. Jahrhunderts zunehmend auch sozial- und wirtschaftspolitische Fragen in internationalen Organisationen diskutiert und geregelt. Die Schweiz hatte ein grosses Interesse an diesen Organisationen und war daher einer ihrer bedeutendsten Sitzstaaten. In zahlreichen Kommissionen und Komitees wurden weitgehend unbemerkt von der Öffentlichkeit grenzüberschreitende Probleme diskutiert und gelöst. Während des Kalten Krieges konnte die Schweiz in internationalen Organisationen oft eine vorteilhafte Rolle spielen und dadurch die fehlende Mitgliedschaft in den supranationalen europäischen Gemeinschaften und der UNO kompensieren. Gegen Ende des 20. und zu Beginn des 21. Jahrhunderts begann die Schweiz, ihre Sonderstellung allerdings zu verlieren, und sie wurde vermehrt gezwungen, ihr Recht internationalen Regelungen anzupassen.

Bibliographie

Literatur

Bordo, Michael D. / Jonung, Lars 2001: A return to the convertibility principle? Monetary and fiscal regimes in historical perspective: the international evidence, in: Leijonhufvud, Axel (ed.), *Monetary Theory and Policy Experience*, London: Palgrave, 225–283.

Eichengreen, Barry / James, Harold 2003: Monetary and financial reform in two eras of globalization, in: Bordo, Michael D. / Taylor, Alan / Williamson, Jeffrey (eds.), *Globalization in Historical Perspective*, Chicago: University of Chicago Press, 515–548.

Gruner, Erich 1964: 100 Jahre Wirtschaftspolitik. Etappen des Interventionismus in der Schweiz, *Schweizerische Zeitschrift für Volkswirtschaft und Statistik* 100 (1964), 35–70.

Halbeisen, Patrick / Lechner, Roman 1990: *Öffentliche Finanzen in der Schweiz von 1850–1913. Finanzstatistik des Bundes, des Kantons Zürich und des Kantons Bern sowie Wertschöpfung des öffentlichen Sektors*, Zürich: Lizenziatsarbeit, Universität Zürich.

Halbeisen, Patrick / Lechner, Roman 1994: Politik im Föderalismus: Die Rolle der Finanzen in der schweizerischen Bundespolitik von 1848 bis 1913, in: Ernst, Andreas et al. (Hg.), *Kontinuität und Krise. Sozialer Wandel als Lernprozess. Beiträge zur Wirtschafts- und Sozialgeschichte der Schweiz. Festschrift für Hansjörg Siegenthaler*, Zürich: Chronos, 33–50.

Hotz, Beat 1979: *Politik zwischen Staat und Wirtschaft. Verbandsmässige Bearbeitung wirtschaftspolitischer Probleme und die daraus resultierenden Konsequenzen für die Aktivitäten des Staates im Falle der Schweiz*, Diessenhofen: Rüegger.

Humair, Cédric 2010: Commerce extérieur et politique commerciale aux 19e et 20e siècles, *Traverse. Revue d'histoire* (2010/1), *L'histoire économique en Suisse: une esquisse historiographique*, 184–202.

Hürlimann, Gisela 2010: Öffentliche Finanzen und Budgetkulturen im Wandel, *Traverse. Zeitschrift für Geschichte* (2010/1), *Wirtschaftsgeschichte in der Schweiz: eine historiographische Skizze*, 229–255.

Perrenoud, Marc 2010: Politique économique et relations extérieures, *Traverse. Revue d'histoire* (2010/1), *L'histoire économique en Suisse: une esquisse historiographique*, 171–183.

Siegenthaler, Hansjörg 1993: *Regelvertrauen, Prosperität und Krisen. Die Ungleichmässigkeit wirtschaftlicher und sozialer Entwicklung als Ergebnis individuellen Handelns und sozialen Lernens*, Tübingen: J.C.B. Mohr (Paul Siebeck).

Suter, Andreas 2005: Direkte Demokratie – historische Reflexion zur aktuellen Debatte, in: Adler, Benjamin, *Die Entstehung der direkten Demokratie. Das Beispiel der Landsgemeinde Schwyz 1789–1866*, Zürich: NZZ Verlag, 217–278.

5.1 Die Wirtschaftspolitik im internationalen Kontext

Patrick Halbeisen und Tobias Straumann

Der Handlungsspielraum in der Geld-, Finanz- und Aussenwirtschaftspolitik hängt zu einem wesentlichen Teil vom internationalen Währungssystem ab. Wir beginnen deshalb das Kapitel mit einem Überblick über die Abfolge der Währungsregimes. Es folgt eine Auseinandersetzung mit den strukturellen Voraussetzungen der schweizerischen Wirtschaftspolitik am Vorabend des Ersten Weltkriegs. Die darauffolgenden Abschnitte widmen sich dann *en détail* der Entwicklung der schweizerischen Wirtschaftspolitik. Zunächst wird die besondere monetäre Stabilität der Schweiz im Vergleich mit anderen europäischen Kleinstaaten aufgezeigt. Daran schliesst sich der chronologisch aufgebaute Hauptteil an, der die wichtigsten Entwicklungen in der Währungs- und Geldpolitik, der Finanzpolitik, der Aussenwirtschafts- wie auch der Binnenwirtschaftspolitik darstellt. Hier werden drei Phasen unterschieden: die Phase der Kriege und Krisen (1914–1945), die Zeit des Bretton-Woods-Systems (1945–1973) und die jüngste Periode, die mit der Einführung der flexiblen Wechselkurse begonnen hat.

5.1.1 Internationales Währungssystem und wirtschaftspolitische Handlungsspielräume

Historisch lassen sich zwei Typen von Währungsregimes unterscheiden.[1] Bei dem bis 1971 international dominanten konvertiblen Währungsregime, das jederzeit den Tausch von nationalen Währungen in eine bestimmte Menge Edelmetall bzw. in die Leitwährung (zu einem fixen Wechselkurs) garantierte, unterstand die Geldmenge nicht der Kontrolle der Währungsbehörde. Die Steuerung der Geldmenge und damit der Inflation wurde erst nach der Aufgabe der Konvertibilität unter dem Regime der Papierwährungen möglich. Beide Währungsregimes hatten also eine unterschiedliche Zielsetzung. Im einen Fall ging es um die Wahrung der Konvertibilität. Weil dieser Gold- bzw. Gold-Devisen-Standard für die meisten Länder galt, resultierten daraus fixe Wechselkurse oder sogenannte Paritäten (Wert einer Währungseinheit in Milligramm Feingold). Im anderen Fall stand die Gewährleistung der Preisstabilität im Vordergrund. Das in den 1960er und 1970er Jahren diskutierte «magische Vieleck» von Preisstabilität, Vollbeschäftigung, fixen Wechselkursen, ausgeglichener Zahlungsbilanz usw. erwies sich dabei insofern als magisch, weil es, wie Theorie und Praxis mit der Zeit zeigten, weder im Rahmen der Konvertibilität noch mittels einer Papierwährung und flexibler Wechselkurse zu erreichen war.

1 Grundlegend dazu Eichengreen 1996.

Um längerfristig Stabilität zu garantieren, waren sowohl die auf Konvertibilität als auch die auf Geldmengen- bzw. Inflationssteuerung ausgerichtete Geld- und Währungspolitik auf eine bezüglich dieser Zielsetzung konsistente Finanzpolitik angewiesen. Konvertibilität oder Preisstabilität konnte nur aufrechterhalten werden, solange die Behörden sich gemäss gewissen Regeln verhielten.[2] Unter dem Goldstandard mussten die Währungshüter etwa eine Zinspolitik betreiben, die sicherstellte, dass die Goldreserven ein gewisses Minimum nicht unterschritten (in der Regel 40% des Notenumlaufs). Im Rahmen der Papierwährung mussten sie eine Geldpolitik betreiben, die im Einklang mit dem Wirtschaftswachstum stand und Preisstabilität garantierte. Komplementär dazu oblag den Regierungen eine Steuerpolitik, die von der Bevölkerung akzeptiert und beispielsweise nicht mittels Steuerhinterziehung unterlaufen wurde; sie mussten ferner darauf verzichten, die Staatsausgaben über längere Zeit durch Geldschöpfung zu finanzieren. Wurden solche grundlegenden Regeln verletzt, konnte das Währungsregime nicht aufrechterhalten werden: Unter einem konvertiblen Währungsregime waren Goldabflüsse die Folge, und sobald die Währungsreserven ein bestimmtes Mass unterschritten, kam es zu spekulativen Angriffen auf die Währung mit dem Resultat, dass diese abgewertet oder ganz vom Gold gelöst werden musste. Unter dem Regime der Papierwährung führte eine Verletzung der wichtigsten Regeln zu Inflation, welche die Behörden mit der Zeit zwang, ihre Politik zu ändern, wobei dies prinzipiell entweder die Rückkehr zu den Regeln, d.h. eine restriktive Geldpolitik mittels Zinserhöhung und einen Abbau der Defizite der öffentlichen Hand, bedeuten konnte oder den Wechsel des Währungsregimes unter Einhaltung der neuen Regeln.

Die nationalen Behörden waren zwar für einen grossen Teil der Regeln verantwortlich, damit das jeweilige Regime funktionieren konnte, sie waren aber darauf angewiesen, dass sich die wichtigsten anderen Länder, mit denen sie Handels- und Finanzbeziehungen pflegten, ebenfalls an die Regeln hielten. Zu diesen Regeln gehörten zu Zeiten des «klassischen Goldstandards» neben der Einhaltung der Konvertibilität, der freie Kapitalverkehr zwischen den einzelnen Nationen sowie uneingeschränkte internationale Gold- und Devisentransaktionen.[3] Unter diesen Voraussetzungen bestimmte eine Veränderung des Saldos der Zahlungsbilanz in jedem Land die Entwicklung der Liquidität im Geldkreislauf.[4] Ein Überschuss führte zu Goldzuflüssen und damit zu einer Erhöhung der Metallreserven und der Liquidität, was mit der Zeit eine Erhöhung des Preisniveaus und damit den Rückgang des Zahlungsbilanzüberschusses zur Folge hatte. Die einzelnen Länder profitierten aufgrund dieses Mechanismus von stabilen Wechselkursen und einer vergleichbaren Preisentwicklung. Allerdings hatten sie keine Möglichkeit, die Währungspolitik an die spezifischen kon-

2 Bordo/Jonung 2001.

3 Zur Funktionsweise des Goldstandards in Theorie und Praxis vgl. beispielsweise Dam 1982; Drummond 1987; Eichengreen/Flandreau 1997.

4 Die weltweite Liquidität des Systems hing letztlich von der Menge des zutage geförderten Goldes ab.

junkturellen Bedürfnisse ihrer jeweiligen Volkswirtschaft anzupassen, weil die Zahlungsbilanz letztlich die Devisenreserven, die Liquidität und das Niveau der Zinssätze bestimmte. Nach der Lösung der Währungen vom Gold hatte eine nicht auf Preisstabilität ausgerichtete Wirtschaftspolitik in einem Land nicht nur Folgen für die nationale Teuerung, sondern sie wirkte sich auch auf den Wechselkurs aus. Von der Wechselkurswirkung waren dann die Handelspartner betroffen, deren Währungen sich im Verhältnis zu derjenigen des betreffenden Landes auf- bzw. abwerteten.

Solange grosse politische und wirtschaftliche Krisen ausblieben und die jeweiligen politischen Systeme den automatischen Anpassungsprozess der Wirtschaft an die Entwicklung des Zahlungsbilanzsaldos akzeptierten, funktionierte das auf Konvertibilität beruhende Währungssystem gut. Dies war zwischen 1880, als der Goldstandard zum dominanten Währungsregime wurde, und dem Beginn des Ersten Weltkriegs der Fall. Im 20. Jahrhundert mit seinen politischen und wirtschaftlichen Katastrophen und einer erstarkten Arbeiterbewegung waren die Voraussetzungen schwieriger. Obwohl es den meisten Ländern nach dem Ersten Weltkrieg zunehmend schwer fiel, sich den erforderlichen Regeln eines auf Konvertibilität beruhenden Währungsregimes zu unterziehen, fassten die für das internationale Währungssystem verantwortlichen Stellen bis in die 1960er Jahre keine grundsätzlichen Alternativen ernsthaft ins Auge.

Nach dem Ersten Weltkrieg, der die Aufgabe des Goldstandards erzwungen hatte, versuchte man auf internationaler Ebene, die Konvertibilität im Rahmen eines Gold-Devisen-Standards wieder einzuführen, indem die Zentralbanken ihre Reserven auch in goldkonvertiblen Devisen halten konnten. Wirtschaftspolitische Fehler – so zum Beispiel die Fixierung von wichtigen Währungen wie des britischen Pfundes und des französischen Francs auf einer falschen Parität – und das Problem der deutschen Reparationszahlungen führten dazu, dass sich das internationale Währungssystem nach dem Krieg nicht dauerhaft stabilisierte. Zudem zeigte sich, dass verschiedene Länder nicht mehr bereit waren, die volkswirtschaftlichen Kosten zu akzeptieren, die mit einer unausgeglichenen Zahlungsbilanz verbundenen waren. Anstatt vorübergehend Inflation bzw. Deflation und Arbeitslosigkeit in Kauf zu nehmen, versuchten die Zentralbanken dieser Länder angesichts zu- oder abnehmender Währungsreserven, mit Offenmarktoperationen (Kauf und Verkauf von Wertpapieren oder Gold) Gegensteuer zu geben. Einige Länder gingen gar zu einer auf Inflation und kompetitiven Abwertungen beruhenden Wirtschaftspolitik über, mit dem Ziel, Vollbeschäftigung und politische Stabilität zu sichern, was Gegenreaktionen in Form von Schutzzöllen auslöste. Es wurde deutlich, dass sich ein freihändlerisches Regime nur dann politisch behaupten konnte, wenn es einen Konsens in Währungsfragen gab.[5]

Die Weltwirtschaftskrise der 1930er Jahre beendete das auf Konvertibilität beruhende internationale Währungssystem für längere Zeit. Das ehemals homogene Währungssystem brach zusammen, und es entstanden verschiedene Systeme, die nach ei-

5 Eichengreen/James 2003, 523.

genen Regeln funktionierten. Deutschland und viele andere Länder gingen zu Beginn der 1930er Jahre aufgrund ihrer geringen Währungsreserven zu einer Art Tauschsystem (Clearing) über, in dem monetäre Transaktionen nur noch eine untergeordnete Rolle spielten. Der Ausgleich der Zahlungsbilanzen wurde nicht mehr den Marktkräften überlassen, sondern mittels Clearing-, Handels- und Zahlungsabkommen gesteuert, die zwischen den Staaten ausgehandelt werden mussten. Grossbritannien bildete mit seinem Kolonialreich und einigen anderen Staaten (u.a. Skandinavien, Portugal), die ihre Währungen ans Pfund banden, den sogenannten Sterlingblock, innerhalb dessen das Pfund nicht mehr konvertibel war, während es in seinem Aussenwert schwankte. Die USA hoben 1933 die Konvertibilität auf und fixierten den Dollar 1934 auf einer um rund 40% abgewerteten Parität. Die Länder des sogenannten Goldblocks, zu denen neben Frankreich, Belgien, den Niederlanden, Italien und Polen auch die Schweiz zählte, hielten am längsten an der Konvertibilität fest, mussten jedoch 1935 und 1936 ihre Währungen ebenfalls abwerten. In der Aussenwirtschaftspolitik wurde nun das Prinzip des Freihandels, das bereits in der zweiten Hälfte des 19. Jahrhunderts von einzelnen Ländern aufgegeben worden war, von allen Ländern fallengelassen, und die im Gefolge des Ersten Weltkriegs eingeführten Massnahmen zur Abschottung des Binnenmarktes wurden in Form von Schutzzöllen, Importbegrenzungen, Exportsubventionen usw. stark ausgebaut.

Das noch während des Zweiten Weltkriegs im US-amerikanischen Bretton Woods verabschiedete neue Währungssystem, das bis 1971/73 bestehen blieb und von einer historisch einzigartigen Wachstumsphase begleitet wurde («Trente Glorieuses»), basierte erneut auf der Konvertibilität, wobei es sich nun um einen Gold-Dollar-Standard handelte. Für die tonangebenden US-Amerikaner stand die Wiederherstellung eines möglichst freien Warenaustauschs im Vordergrund. Die Ausgestaltung des neuen Systems war von den Erfahrungen der Zwischenkriegszeit geprägt. Ein freier Kapitalverkehr wurde als destabilisierend und kompetitive Abwertungen sowie diskriminierende Handelspolitiken als gefährlich betrachtet.[6] Dementsprechend sah das System Einschränkungen im Kapitalverkehr vor, und Paritätsänderungen konnten nur unter bestimmten Bedingungen und im Einverständnis mit dem Internationalen Währungsfonds vorgenommen werden. Allerdings wurde das Bretton-Woods-System erst Ende der 1950er Jahre mit dem Übergang der europäischen Länder zur Konvertibilität wirklich effektiv. Seine Grundlagen waren prekär, sodass es erneut nur dank einer intensiven Kooperation der Zentralbanken am Leben erhalten werden konnte. Die Schweiz leistete mit Währungshilfekrediten und innovativen Ideen zur kurzfristigen Überbrückung von Währungsungleichgewichten mit Hilfe von Swaps einen wertvollen Beitrag (siehe 5.1.5). Auch waren die beteiligten Länder nicht bereit, die wirtschaftspolitischen Konsequenzen der grossen Unterschiede in den Zahlungsbilanzsalden zu ziehen und den automatischen Anpassungsmecha-

6 Eichengreen/James 2003, 535.

nismus spielen zu lassen oder ihre Währungen ab- bzw. aufzuwerten. Ob das System von Bretton Woods unter diesen Voraussetzungen zwangsläufig zum Scheitern verurteilt war oder mit dem entsprechenden politischen Willen hätte aufrechterhalten werden können, ist umstritten. Tatsache ist, dass die USA die Dollarkonvertibilität 1971 aufgaben und alle anschliessenden Versuche, ein neues globales Fixkurssystem einzuführen, scheiterten.

Ein Abbau von Handelsbeschränkungen wurde auf globaler Ebene im Rahmen der OEEC/OECD und des GATT/WTO angestrebt. Gleichzeitig wurde in Europa ab Ende der 1950er Jahre das Projekt eines gemeinsamen Binnenmarktes verfolgt, das zur Gründung der auch mit politischen Zielen verbundenen Europäischen Gemeinschaft und der sich auf aussenwirtschaftliche Fragen beschränkenden Europäischen Freihandelsassoziation führte.

Mit der Aufgabe der Konvertibilität Anfang der 1970er Jahre ergaben sich neue Möglichkeiten für wirtschaftspolitische Massnahmen. Aber auch unter dem neuen Währungsregime mussten Regeln eingehalten werden, sollte es auf Dauer stabil sein. So benötigte die Geld- und Währungspolitik einen nominellen Anker in Form eines Geldmengen- oder Inflationsziels, und das staatliche Budget musste wenigstens über einen Konjunkturzyklus hinweg mehr oder weniger ausgeglichen sein, andernfalls konnte die Inflation ein politisch nicht mehr zu tolerierendes Ausmass annehmen und die Behörden zwingen, ihre Wirtschaftspolitik zu ändern.[7] Die Konsequenzen der flexiblen Wechselkurse für den internationalen Handel waren weniger dramatisch als befürchtet. Mitte der 1980er Jahre führten grosse Schwankungen der wichtigsten Wechselkurse zu koordinierten Interventionen der Zentralbanken, und im Rahmen der Europäischen Wirtschaftsgemeinschaft wurden die Bemühungen zur Gründung einer Währungsunion intensiviert und fanden Ende des 20. Jahrhunderts mit der Einführung des Euro ihren Abschluss.

5.1.2 Die Geld- und Währungspolitik der Schweiz im europäischen Vergleich

Zieht man eine Bilanz über das gesamte 20. Jahrhundert, so war die Schweiz dasjenige Land, das die Regeln des jeweiligen Währungsregimes am striktesten einhielt. Die Suspendierung der Konvertibilität beim Ausbruch des Ersten Weltkriegs und die Einführung einer selektiven Devisenbewirtschaftung während des Zweiten Weltkriegs waren vorübergehende Notmassnahmen, die im Rahmen des Regimes des Goldstandards für solche Fälle vorgesehen waren. Die Schweiz trat zwar den Institutionen von Bretton Woods erst 1992 bei, führte aber bereits seit der Abwertung von 1936 eine Währungspolitik, die den Prinzipien von Bretton Woods weitgehend entsprach. Auch nach der Loslösung des Frankens vom Gold 1973 hielt sich die Schweiz besonders gut an die Regeln eines auf einer Papierwährung basierten Währungsregimes. Die Fi-

7 Bordo/Jonung 2001, 265–266.

nanzpolitik der Schweiz war im 20. Jahrhundert zudem durch grosse Stabilität gekennzeichnet. Selbst wenn es immer wieder Phasen mit Defiziten gab, gerieten die öffentlichen Finanzen nie fundamental aus dem Gleichgewicht. Der Staat blieb stets kreditwürdig und konnte sich jederzeit über Anleihen finanzieren. Die Stabilität der Währung wurde durch die Finanzpolitik nie in Frage gestellt. Nur in den Kriegsjahren und in der ersten Hälfte der 1990er Jahre fielen grössere Defizite an, die jedoch jeweils wieder abgebaut wurden (→ 5.2.1.3 und Grafik 5.2-4).

Wie die folgenden Grafiken zeigen, hatte diese Politik eine im Vergleich zu anderen europäischen Kleinstaaten äusserst grosse monetäre Stabilität zur Folge. Gemessen an der Preisentwicklung, dem Wechselkurs sowie den Gold- und Devisenreserven war die Schweiz im 20. Jahrhundert das wirtschaftlich stabilste Land. Dementsprechend waren die Zinsen in der Schweiz jeweils am niedrigsten (siehe Grafiken 5.1-1 bis 5.1-7).

Auffällig ist zudem, dass in der Schweiz bezüglich des Währungsregimes ein ausserordentlich grosser politischer Konsens herrschte. So kamen die Forderungen nach einer Abwertung des Frankens in den 1930er Jahren erstaunlich spät, und es bestand immer weitgehende Einigkeit darüber, dass strukturelle Defizite der öffentlichen Hand zu vermeiden seien.

Grafik 5.1-1: **Konsumentenpreisindex europäischer Kleinstaaten (1914–1939)**

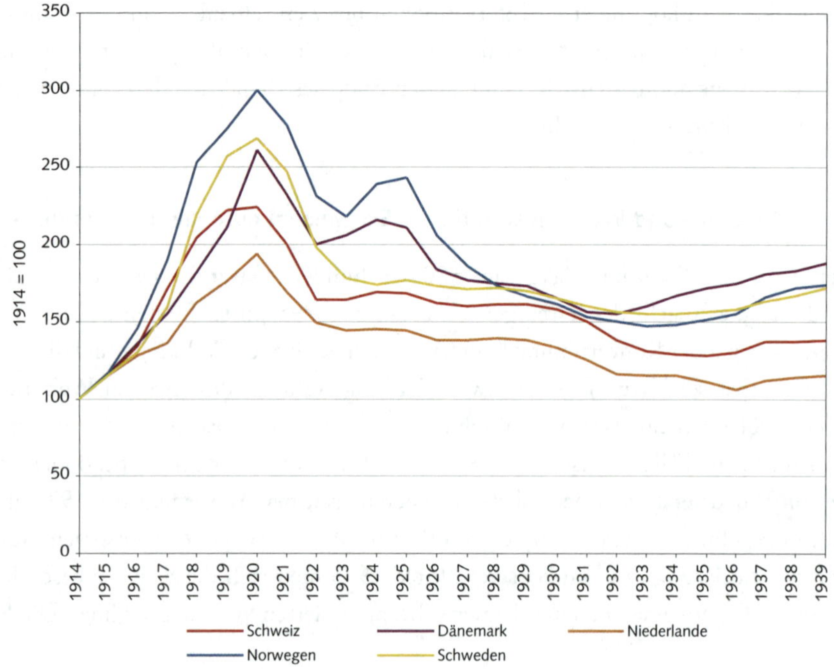

Quelle: Maddison 1991, Appendix E, 293–294.

Grafik 5.1-2: **Konsumentenpreisindex europäischer Kleinstaaten (1950–2005)**

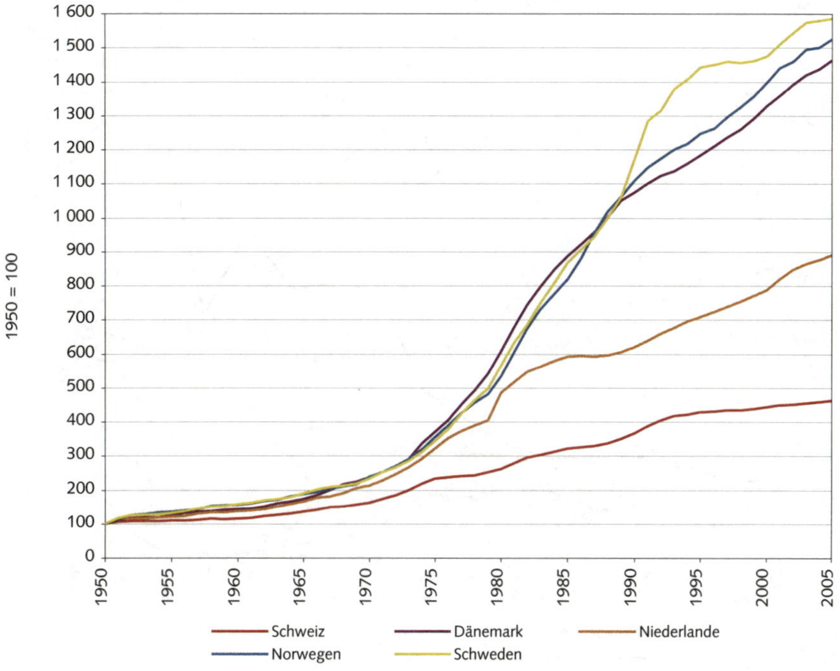

Quelle: Mitchell 2003, 863–866.

Grafik 5.1-3: **Dollarkurs von Währungen europäischer Kleinstaaten (1913–1998)**

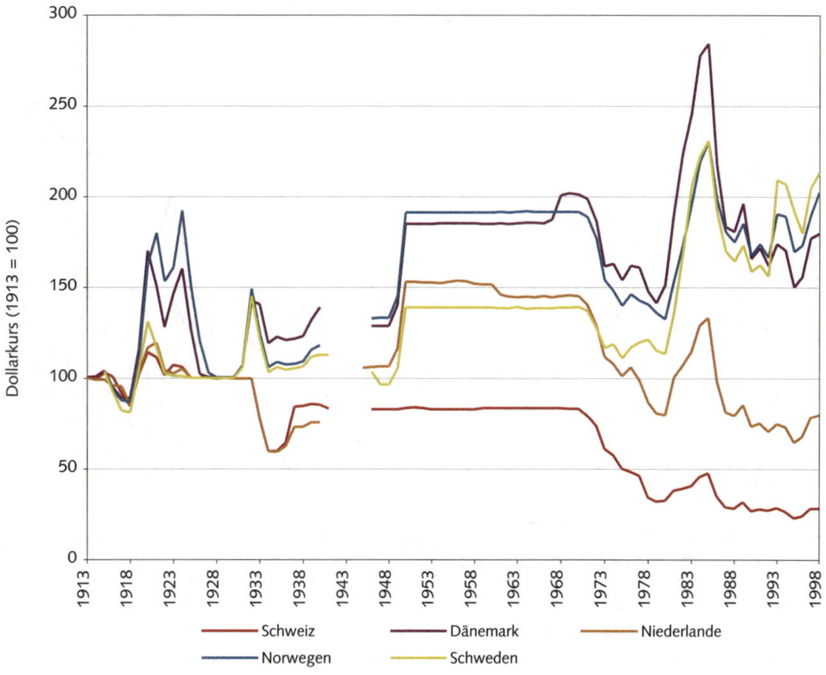

Quelle: Officer 2009.

Grafik 5.1-4: **Gold- und Devisenreserven europäischer Kleinstaaten (1922–1939)**

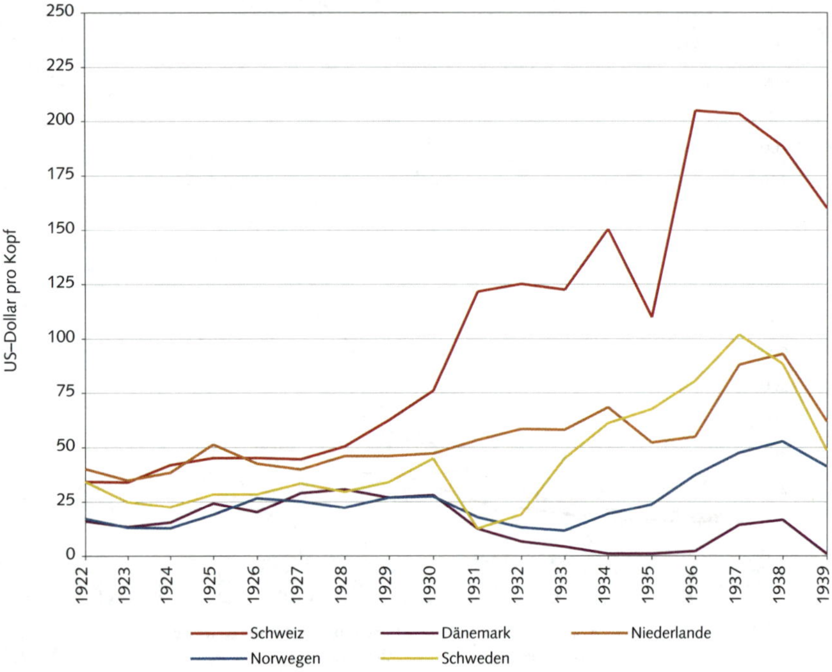

Quelle: Société des Nations, Annuaire statistique international.

Grafik 5.1-5: **Gold- und Devisenreserven europäischer Kleinstaaten (1950–1998)**

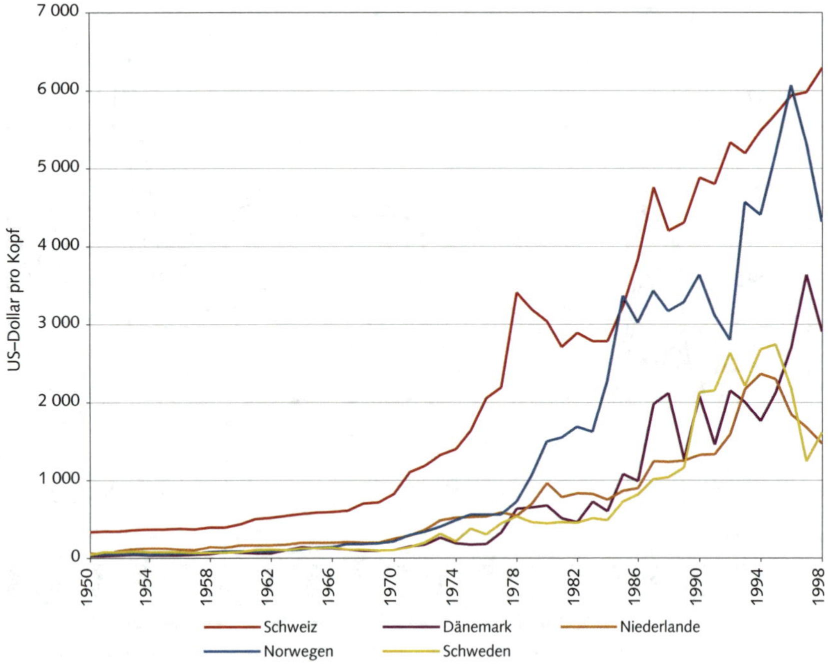

Quelle: IMF, International Financial Statistics.

Grafik 5.1-6: **Offizieller Diskontsatz europäischer Kleinstaaten (1907–2007)**

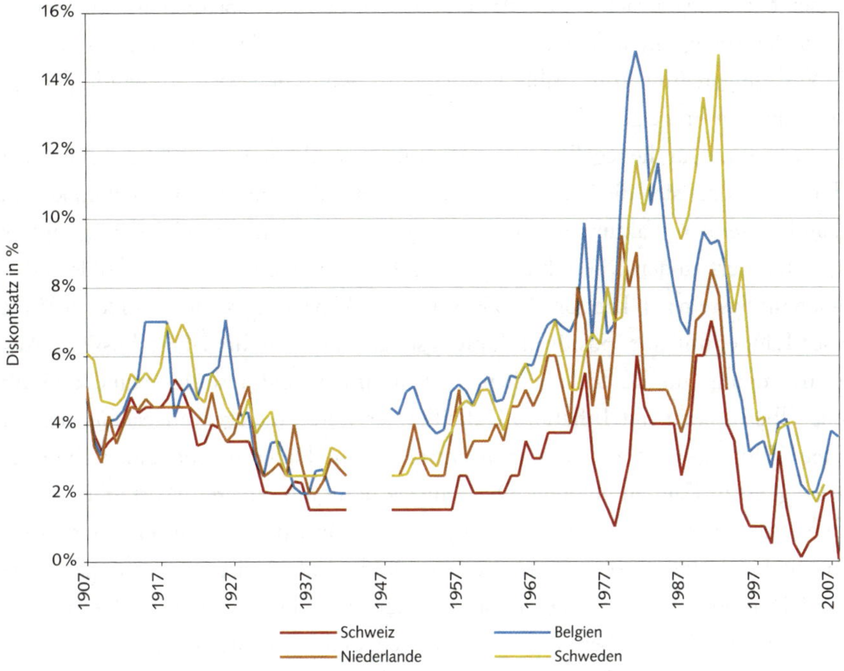

Quellen: Société des Nations, Annuaire statistique international (bis 1939); IMF, International Financial Statistics (ab 1948).

Grafik 5.1-7: **Staatsobligationenrendite europäischer Kleinstaaten (1950–2008)**

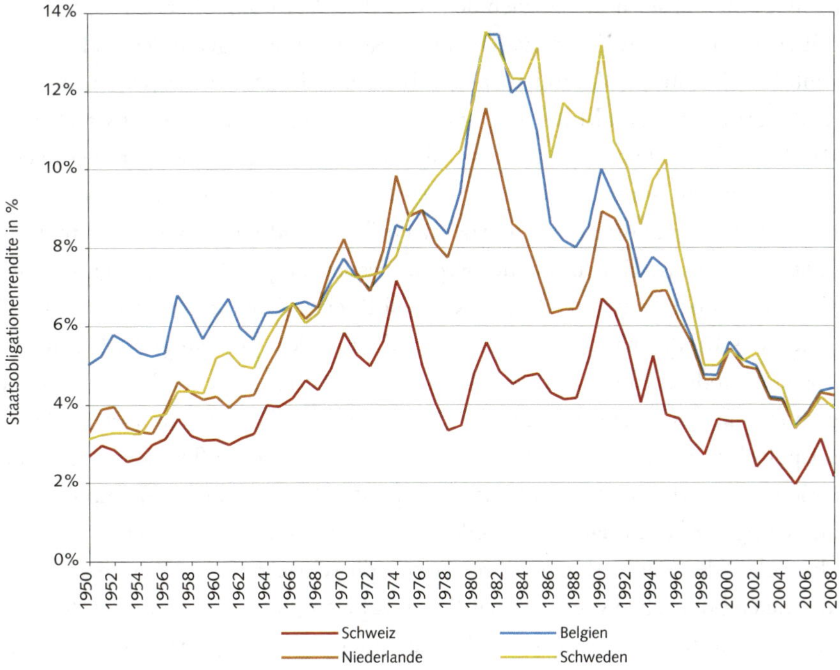

Quelle: IMF, International Financial Statistics.

Das bedeutet nicht, dass die Finanzpolitik unumstritten war, aber die Meinungsunterschiede bezogen sich auf die Art und den Umfang der staatlichen Aufgaben sowie auf die Frage, mit welchen Mitteln sie finanziert werden sollten. Dass eine mit dem Währungsregime kompatible Finanzpolitik wünschenswert sei, wurde dagegen nie ernsthaft in Frage gestellt.

Die Gründe für die regelkonforme Währungs- und Finanzpolitik liegen einerseits im Umstand, dass sich die Schweiz aus den beiden Weltkriegen heraushalten konnte, und andererseits im Faktum, dass die Schweiz, was die Zahlungsbilanz anbelangt, im 20. Jahrhundert zu den Überschussländern gehörte. Sowohl unter dem Goldstandard als auch im System von Bretton Woods waren die Anpassungskosten für Defizitländer grösser. Länder mit einer positiven Zahlungsbilanz konnten ihre Überschüsse im Ausland investieren und die Zölle senken, im schlimmsten Fall resultierte eine konjunkturelle Überhitzung mit Inflation. Defizitländer waren dagegen angesichts schwindender Währungsreserven gezwungen, entweder eine Deflation oder eine höhere Arbeitslosigkeit in Kauf zu nehmen. Die Schweiz hatte mit anderen Worten unter dem System fixer Wechselkurse gute Voraussetzungen, um bereits früh eine ausgesprochene Stabilitätskultur zu entwickeln. Die Gold- und Devisenreserven stiegen das ganze Jahrhundert über beinahe ununterbrochen an (siehe Grafiken 5.1-4 und 5.1-5).

Die anderen Länder bemühten sich zwar ebenfalls um eine dem jeweiligen Währungsregime angepasste Politik, die geopolitischen und strukturellen Gegebenheiten machten ihnen dies jedoch schwieriger. So mussten die meisten europäischen Kleinstaaten die Konvertibilität in den 1930er Jahren im Gegensatz zur Schweiz für längere Zeit aufgeben, und sie änderten auch den Kurs ihrer Währung öfters als die Schweiz. Damit waren sie nicht mehr an die Regeln der Konvertibilität gebunden und konnten eine interventionistische Wirtschaftspolitik betreiben. In den 1930er Jahren zum Beispiel griff Dänemark zum Mittel der kompetitiven Abwertung, um die Absatzchancen der landwirtschaftlichen Exporteure zu verbessern. Schweden wiederum vermochte sich in den 1970er Jahren, von der deutschen Hochzinspolitik abzuschirmen und die einheimische Konjunktur mit einer expansiven Geld- und Finanzpolitik zu stützen.

Die weitgehende Einhaltung der Regeln des jeweiligen Währungsregimes hatte zur Folge, dass der Schweizer Konjunkturpolitik enge Grenzen gesetzt waren. Die Kleinheit des Binnenmarkts und damit die Abhängigkeit von ausländischen Märkten sowie die föderale und direktdemokratische Staatsstruktur schränkten den Handlungsspielraum des Staates für eine konsistente, alle Teilbereiche umfassende Wirtschaftspolitik zusätzlich ein. Entsprechend gering war der Einfluss keynesianischer Theorien in der schweizerischen Wirtschaftspolitik. Eine expansive Fiskalpolitik zur Ankurbelung der Nachfrage gab es in der Schweiz nie in nennenswertem Ausmass.

Im Folgenden geht es darum, zu zeigen, wie die schweizerische Wirtschaftspolitik auf die vielen politischen wie wirtschaftlichen Katastrophen und Krisen des 20. Jahrhunderts reagierte und wie sie ihren beschränkten Handlungsspielraum zu nutzen vermochte.

5.1.3 Akteure und strukturelle Gegebenheiten am Vorabend des Ersten Weltkriegs

Die wirtschaftspolitischen Kompetenzen des Bundes waren zu Beginn des 20. Jahrhunderts bescheiden und lagen vor allem in der *Aussenwirtschaftspolitik*, die sich damals auf die Zollpolitik beschränkte. In der schweizerischen Zollpolitik dominierten bis in die 1890er Jahre die Interessen der Exportwirtschaft, die von tiefen Zöllen auf Rohstoffen und Vorleistungen direkt profitierte und auch im Hinblick auf die Lohnkosten niedrige Sätze für andere Produkte befürwortete. Die Zolltarife waren seit der Gründung des Bundesstaats so niedrig, dass es der Schweiz schwerfiel, sich in das ab 1870 entstehende Netz von Freihandel und Meistbegünstigung zu integrieren, weil sie in den Verhandlungen kaum Tarifsenkungen anbieten konnte.[8] Die Zollpolitik war für den Bund auch deshalb ein schwerfälliges wirtschaftspolitisches Instrument, weil jeder neue Generaltarif vom Parlament verabschiedet werden musste und dem Volksreferendum unterstellt war. Als kleines Land besass die Schweiz zudem keine politischen Druckmittel, um in den Verhandlungen mit dem Ausland vorteilhafte Bedingungen für den Gebrauchstarif aushandeln zu können, der sich aus dem Generaltarif ableitete.

Im letzten Viertel des 19. Jahrhunderts waren die wichtigsten Schweizer Handelspartner, Deutschland und Frankreich, zu einer Schutzzollpolitik übergegangen. Dies blieb nicht ohne Auswirkungen auf die Schweiz. Sie reagierte im Rahmen der Zolltarifrevision von 1878/1884 mit der Einführung von Kampfzöllen, mit denen man das Ausland zu Konzessionen zwingen wollte. Als Reaktion auf eine weitere europäische Schutzzollwelle führte die Schweiz 1891 einen neuen Generaltarif ein; der darauf beruhende Gebrauchstarif von 1892 markierte schliesslich die Abkehr von der bis dahin vorherrschenden Freihandelspolitik[9] und den Übergang zu einem selektiven Protektionismus, d.h. zu einer Zollpolitik, die zwar nach wie vor prinzipiell freihändlerisch und damit auf die Interessen der Exportindustrie ausgerichtet war, aber für einzelne Branchen Schutzzölle vorsah. Schrittmacherin war die Landwirtschaft, die wegen der besseren Dampfschiff- und Eisenbahnverbindungen die ausländische Konkurrenz für gewisse Produkte besonders stark zu spüren bekam. Im Windschatten der Landwirtschaft gelang es auch einigen Inlandindustrien, Schutzzölle für ausländische Konkurrenzprodukte durchzusetzen. Aufs Ganze gesehen gehörte die Schweiz zu dieser Zeit allerdings noch immer zu den Ländern mit den niedrigsten Zöllen (→ III.i.6). Schutzzölle und andere Importbeschränkungen begannen in der Schweiz erst nach dem Ersten Weltkrieg und vor allem während der Weltwirtschaftskrise eine grössere Rolle zu spielen, als sie mit Massnahmen zur Beschränkung der Konkurrenz im Inland zu einem liberalen Korporatismus kombiniert wurden.

Die Zollabgaben waren bis zum Ersten Weltkrieg praktisch die einzige Einnahmequelle des Bundes, was dessen finanziellen Spielraum stark einschränkte. Während

8 Humair 2004; *Historisches Lexikon der Schweiz*, «Freihandel».
9 Gürtler 1931, 27.

des Ersten Weltkriegs wurden dem Bund zwar neue Einnahmequellen zugestanden, allerdings waren sie befristet und wurden bis zu Beginn der 1930 Jahre wieder abgeschafft. Erst während des Zweiten Weltkriegs wurden neue Bundessteuern eingeführt, von denen sich die Warenumsatzsteuer als Verbrauchssteuer und die Wehrsteuer als direkte progressive Einkommens- und Vermögenssteuer dauerhaft halten konnten.

Für die *Geld- und Währungspolitik* war seit ihrer Geschäftsaufnahme im Jahr 1907 die Schweizerische Nationalbank (SNB) verantwortlich. Die Schweiz hatte mit dem Münzgesetz von 1860 eine Gold- und Silberwährung eingeführt und war 1865 Gründungsmitglied der Lateinischen Münzunion, die ebenfalls über eine Doppelwährung verfügte. Wegen des fixen Austauschverhältnisses zwischen Gold und Silber waren die Länder der Lateinischen Münzunion und damit auch die Schweiz faktisch von Anfang an in das internationale System des Goldstandards integriert.[10] Während das Münzwesen 1848 dem Bund übertragen worden war, oblag die Regulierung der Banknoten weiterhin den Kantonen. Mit der zunehmenden Verbreitung der Noten wurden ab den 1870er Jahren allerdings die Kompetenzen des Bundes in Bezug auf die Banknoten erhöht. Zunächst erhielt er das Recht, Vorschriften über die Ausgabe und Einlösung von Banknoten zu erlassen, 1891 wurde ihm auf Verfassungsebene dann das Notenmonopol zugestanden. Bis zur Verabschiedung des entsprechenden Ausführungsgesetzes, das die Gründung der SNB ermöglichte, dauerte es jedoch nochmals 14 Jahre, wobei sich die diesbezüglichen Auseinandersetzungen um den Einfluss des (Bundes-)Staates, um föderalistische Bedenken und nicht zuletzt um eine Entschädigung der Kantone drehte.[11] Der lange Gesetzgebungsprozess deutet darauf hin, dass die Emissionskonkurrenz keine allzu gravierenden Probleme verursachte. Aufgrund gewisser institutioneller Schwierigkeiten[12] neigte der Franken allerdings zur Schwäche gegenüber dem Franc, und die Zinsen waren in der Schweiz etwas höher als in Frankreich. Die Schweiz galt zu dieser Zeit in Bezug auf die Finanzmärkte als Anhängsel Frankreichs.[13]

Der Kompromiss zwischen einer Staats- und einer Privatbank, der die Gründung der Schweizerischen Nationalbank erst ermöglichte, schlug sich auch in deren Rechtsform nieder. Die SNB wurde als spezialgesetzliche Aktiengesellschaft gegründet und

10 Halbeisen/Müller 1998, 73–77 .

11 Zimmermann 1987.

12 Problematisch waren vor allem die Besteuerungsbestimmungen, die verlangten, dass nicht die zirkulierenden Banknoten, sondern die in Abhängigkeit vom einbezahlten Kapital maximal auszugebenden Noten besteuert wurden. Dies hatte zur Folge, dass die Banken immer möglichst viele Noten in Zirkulation bringen wollten, sodass das Geldangebot einerseits nicht flexibel auf die schwankenden Geldbedürfnisse der Wirtschaft reagieren konnte und es andererseits zu einer tendenziellen Überemission von Noten kam. Die Konkurrenz der Notenbanken führte ferner dazu, dass der Mechanismus, der in einem auf Edelmetall basierenden Währungssystem zu stabilen Wechselkursen führt, nicht griff. Die Silberabflüsse nach Frankreich, die durch den relativ zum Franc schwachen Schweizer Franken ausgelöst wurden, führten nicht zu einer Verknappung des Geldangebots in der Schweiz und damit zu einem Erstarken des Frankens, weil die Silber verlierenden Grenzbanken das Edelmetall wegen der Deckungsvorschriften zurückkaufen mussten, um weiterhin im lukrativen Emissionsgeschäft tätig bleiben zu können. Vgl. Halbeisen/Müller 1998, 80–82.

13 Bordo/James 2007, 31.

noch zu Beginn des 21. Jahrhunderts unter Mitwirkung und Aufsicht des Bundes verwaltet.[14] Die Mitwirkungs- und Vermögensrechte der Aktionäre, die mehrheitlich aus den Kantonen und den ehemaligen Emissionsbanken bestanden, waren stark eingeschränkt. Eine direkte Einflussnahme der Bundesbehörden auf die Politik der SNB sah das Gesetz nicht vor. Den Aufsichtsgremien – Bankrat (40 Mitglieder) und Bankausschuss (7 Mitglieder) – wurden hingegen weitreichende Kompetenzen eingeräumt: Der Präsident des Bankrats konnte an den Sitzungen des Direktoriums teilnehmen und der Bankausschuss, der aus dem Präsidenten und dem Vizepräsidenten sowie fünf weiteren Mitgliedern des Bankrats bestand, hatte sogar das Recht, beim wichtigsten geldpolitischen Instrument, der Festlegung des Diskontsatzes, begutachtend mitzuwirken. Die Rechtsform und die Organisation der Aufsicht können insofern als typisch für die Schweiz bezeichnet werden, als sie dem (Bundes-)Staat wenig direkte Einflussnahme gestattete, dafür aber den wirtschaftlichen und föderalen Interessen weitreichende Interventionsmöglichkeiten boten.

Die SNB betrieb eine auf dem Goldstandard beruhende Geld- und Währungspolitik, d.h., ihr wichtigstes Ziel war es, den Schweizer Franken auf seiner Parität zu halten. Sie vertrat mit grossem Nachdruck und gegen den anfänglichen Widerstand der Geschäftsbanken die auch von den wichtigsten anderen Notenbanken verfolgte Real-Bills-Doktrin.[15] Diese Doktrin verlangte, dass die Notenbanken grundsätzlich nur kurzfristige Wechsel, denen eine kommerzielle Transaktion zugrunde lag, diskontieren sollten (Handelswechsel). Eine solche Politik, so glaubten ihre Anhänger, führte automatisch zu einem dem jeweiligen Wirtschaftsgang entsprechenden Notenumlauf. Solange die Notenbanken eine auf der Real-Bills-Doktrin beruhende Diskontpolitik betrieben, sollte eine Inflation, welche die Notenbank aufgrund des Goldmechanismus zwang, die Zinsen zu erhöhen und damit die Wirtschaft zu bremsen, gar nicht erst entstehen können. Nicht erlaubt war in diesem Konzept dagegen die Diskontierung von Wechseln, denen kein kommerzielles Geschäft zugrunde lag (Finanzwechsel), weil dies angeblich zu einer Inflation bei den Vermögenswerten und später zu einer allgemeinen Inflation führte. Die Diskontierung von Staatspapieren war aus den gleichen Gründen verpönt.

Im Rahmen des Goldstandards war die Real-Bills-Doktrin grundsätzlich zweckmässig. Auch die SNB war vor dem Ersten Weltkrieg mit ihrer darauf beruhenden Politik erfolgreich; die Zinsdifferenz gegenüber Frankreich ging deutlich zurück.[16] Fehlte allerdings die Verankerung im Gold, so war unter der Voraussetzung, dass der Diskontsatz niedriger war als der erwartete Ertrag aus der mit dem Diskontkredit finan-

14 Der Einfluss des Bundes zeigte sich darin, dass der Bundesrat den Geschäftsbericht, die Jahresrechnung sowie die Geschäfts- und Besoldungsreglemente genehmigte und 25 Mitglieder des 40-köpfigen Aufsichtsgremiums (Bankrat), die Geschäftsleitung (Direktorium) und weitere Direktionskader wählte. Die 15 übrigen Mitglieder des Bankrats wurden von der Generalversammlung gewählt.

15 Bordo/James 2007, 38.

16 Bordo/James 2007, 31.

zierten Anlage, die Nachfrage nach Krediten theoretisch unbegrenzt und Geldschöpfung und Inflation konnten sich unbegrenzt aufschaukeln.[17]

Zusammenfassend lässt sich festhalten, dass die Schweiz am Vorabend des Ersten Weltkriegs zu denjenigen Ländern gehörte, die ihre Wirtschaftspolitik besonders stark auf das internationale Wirtschaftssystem ausrichteten. Die Trias von Goldstandard, Freihandel und Budgetdisziplin war fest verankert. Als kleine offene Volkswirtschaft mit einem hohen Anteil an Direktinvestitionen im Ausland war die Schweiz an einem möglichst reibungslosen Funktionieren des internationalen Systems interessiert. Die wirtschaftspolitischen Kompetenzen des Bundes waren begrenzt; er spielte nur im Infrastrukturbereich eine dominierende Rolle.

5.1.4 Wirtschaftspolitik im «Zeitalter der Katastrophen» (1914–1945)

Mit dem Ausbruch des Ersten Weltkriegs begann eine neue Phase in der Geschichte der Schweizer Wirtschaftspolitik. Das Wirtschaftswachstum verlief von nun an weniger gleichmässig als vor 1914. Im internationalen Vergleich zeigen sich dabei interessante Unterschiede (→ 1.1.2.1, Tabelle 1.1-3).[18] Als die Nachkriegsdepression der frühen 1920er Jahre überwunden war, erfuhr die schweizerische Wirtschaft ein überdurchschnittliches Wachstum. Zwischen 1922 und 1929 wuchs das Bruttoinlandprodukt pro Kopf (in 1990 Int. GK $) im Durchschnitt real um 4.17 %, während es sich in Westeuropa (Belgien, Dänemark, Frankreich, Deutschland, Italien, die Niederlande, Grossbritannien und Österreich) um durchschnittlich 1.39 % erhöhte. Nur die skandinavischen Länder (Finnland, Norwegen und Schweden) konnten mit 3.94 % ein vergleichbares Wachstum verzeichnen. Diese Entwicklung ist umso bemerkenswerter, als die Schweiz bereits zu Beginn des 20. Jahrhunderts ein höheres BIP pro Kopf aufwies als die genannten westeuropäischen Länder; der Abstand zu den skandinavischen Ländern war noch bedeutend grösser (→ 1.1.1, Grafik 1.1-1). Während der Weltwirtschaftskrise der 1930er Jahre war das Wachstum der Schweiz dagegen unterdurchschnittlich im Vergleich zum übrigen Westeuropa. Zwischen 1929 und 1939 ging das reale BIP pro Kopf um durchschnittlich 0.65 % zurück, während es in den genannten westeuropäischen Ländern um 1.39 % und in Skandinavien um 2.57 % anstieg. Wohl war der Einbruch zu Beginn der 1930er Jahre nicht so tief wie etwa in Deutschland, dafür dauerte die Krise länger als in vielen anderen westeuropäischen Ländern. Während sich die Konjunktur in Grossbritannien und den skandinavischen Ländern bereits 1933 wieder erholte, begann der Aufschwung in der Schweiz erst 1936. Auch der Zweite Weltkrieg brachte eine Phase der Stagnation. Die Wachstumsraten waren mit –1.31 % sogar leicht negativ. 1945 war das schweizerische BIP pro Kopf wieder höher als das der westeuropäischen Länder und bewegte sich auf dem Niveau desjenigen der USA.

17 Ruoss 1992, 23.
18 Zur europäischen Konjunktur in der Zwischenkriegszeit siehe Ritschl/Straumann 2010.

5.1.4.1 Erster Weltkrieg

Als der Erste Weltkrieg ausbrach, rechnete der Bundesrat wie alle europäischen Regierungen aufgrund des Verlaufs des Deutsch-Französischen Krieges 1870/71 mit einer kurzen Kriegsdauer und traf deshalb kaum kriegswirtschaftliche Vorbereitungen. Die Getreidevorräte reichten nur für 60 Tage.[19] Der unerwartet lang andauernde Krieg stellte die Wirtschaftspolitik deshalb vor ganz neuartige Probleme.[20]

Besonders dramatisch waren die Herausforderungen für die *Geld- und Währungspolitik*.[21] Der Kriegsausbruch führte auch in der Schweiz zu einem Run auf die Banken, die sich bei der SNB refinanzierten. Dies verursachte einen starken Anstieg des Notenumlaufs und eine rapide schwindende Metalldeckung, was die Behörden veranlasste, die Einlösepflicht am 31. Juli 1914 aufzuheben und die Banknoten zum gesetzlichen Zahlungsmittel zu erklären. Da die 40-prozentige Mindestmetalldeckung weiterhin Gültigkeit hatte, versuchte die SNB mittels Diskontsatzerhöhungen und Begrenzung der Notenabgabe, das Wachstum des Notenumlaufs zu bremsen. Diese Massnahmen führten noch im Sommer 1914 zu einer Zahlungskrise, die sich zu einer Bankenkrise zu entwickeln drohte. Mit ihrer restriktiven Politik verschärfte die SNB die Krise. Da die Einlösepflicht nicht mehr bestand, hätte die Nationalbank den Rückgang des Deckungsgrades besser hingenommen.[22] Mit der Aufgabe der Konvertibilität ging der Anker für ihre Währungspolitik verloren. Angesichts des nationalen Notstandes war die SNB bereit, die aufgrund des Krieges entstehenden bzw. steigenden Kosten zumindest teilweise mit der Notenpresse zu finanzieren. Von 1914 bis 1918 stieg der Notenumlauf fast um das Vierfache, von rund 260 auf fast 1 000 Millionen Franken, die Preise um mehr als das Doppelte.

Der Krieg führte zu einer massiven Verschuldung des Bundes, die zum grösseren Teil mittels Steuern und Anleihen gedeckt wurde. Mit der Diskontierung von kurzfristigen Schuldverschreibungen (Reskriptionen) trug aber auch die SNB direkt zur Finanzierung des Bundes bei. Da die Reskriptionen zum grössten Teil für Warenkäufe verwendet wurden, sah die Nationalbank gemäss der Real-Bills-Doktrin keine Probleme. In Tat und Wahrheit trug die Diskontierung der Reskriptionen aber zu einer Erhöhung der Geldmenge bei und war neben der importierten Teuerung, der Verknappung des Güterangebots und des Gold- und Silberzuflusses für die hohe Inflation verantwortlich. Um die Finanzierung des Staatsdefizits zu erleichtern, hielt die SNB zudem an tiefen Zinsen fest und schöpfte die Liquidität durch den Verkauf von Reskriptionen an den Markt nicht energisch und systematisch genug ab.

19 Ochsenbein 1971, 35.

20 Bereits im ersten Neutralitätsbericht (1. Dezember 1914) gestand der Bundesrat ein, dass er von falschen Voraussetzungen ausgegangen war, siehe Ochsenbein 1971, 15. Zu den Kriegsvorbereitungen vgl. auch Jöhr 1912.

21 Zur schweizerischen Geldpolitik während des Ersten Weltkriegs siehe Ruoss 1992; Guex 1993a; Bordo/James 2007; Straumann 2010.

22 Ruoss 1992, 85.

Die Inflation betrug zwischen 1914 und 1918 gut 100 % und führte zu einer massiven Kritik an der Nationalbank, die sich Anfang 1918 auch in Pressekampagnen äusserte. Zum ersten Mal auf den Plan traten als schärfste Kritiker die Anhänger der sogenannten Freigeldlehre, welche die Politik der SNB bis zum Übergang zu flexiblen Wechselkursen Anfang der 1970er Jahre immer wieder mit zum Teil heftiger Polemik begleiten sollten. Die SNB reagierte auf die Teuerung mit einer Erhöhung der Zinssätze und der Abgabe von Reskriptionen an den Markt. Sie stellte jedoch in Abrede, dass die Zunahme des Notenumlaufs einer der Hauptgründe für die Inflation gewesen war; als entscheidend wurde vielmehr die Verteuerung der Importe bezeichnet. Die Inflation führte zu Reallohnverlusten, da es zur damaligen Zeit keinen offiziellen Teuerungsindex, geschweige denn einen automatischen Teuerungsausgleich gab. Die Lohnentwicklung trug zusammen mit der kriegsbedingten Versorgungskrise massgeblich zu den sozialen Spannungen bei, die sich im Herbst 1918 in einem Generalstreik entluden (→ 4.2.3).

Die *Finanzpolitik* während des Ersten Weltkriegs war neben der teilweisen Finanzierung durch die Nationalbank durch eine enorme Zunahme der Schulden des Bundes gekennzeichnet. Die Strategie, die steigenden Defizite zum Teil mit der Notenpresse zu finanzieren, ergab sich ja auch dadurch, dass der Bund die Kosten der Landesverteidigung nicht durch Steuern decken konnte (→ 5.2.2.1). Nominal verzehnfachten sich die Schulden von 1914 bis 1918 (von 147 auf 1 449 Millionen Franken); real entsprach dies etwa einer Verfünffachung. Der Bund vermochte seine Einnahmen zu erhöhen, indem er bestehende Steuersätze heraufsetzte und neue Einnahmequellen erschloss. Insbesondere gelang es ihm zum ersten Mal, eine direkte Besteuerung von natürlichen und juristischen Personen einzuführen, wenn auch nur temporär. Im Juni 1915 stimmten Volk und Stände der Einführung einer einmaligen Kriegssteuer zu, im September 1916 beschloss der Bundesrat im Einvernehmen mit der Bundesversammlung die Erhebung einer auf den 1. Januar rückwirkenden Kriegsgewinnsteuer, die angesichts der sinkenden Reallöhne und der explodierenden Gewinne auch eine starke soziale Komponente aufwies.[23] In der Volksabstimmung vom Mai 1919 erhielt der Bund die Kompetenz, neuerlich eine ausserordentliche Kriegssteuer zu erheben, die in drei vierjährigen Perioden bis 1932 bezogen wurde.[24] Ferner führte der Bund im Mai 1917 Stempelabgaben auf Wertschriftentransaktionen ein. Allerdings waren die Steuererträge mit Ausnahme der Kriegsgewinnsteuer nicht sehr ergiebig,[25] sodass das Wachstum der Defizite damit nicht gebremst werden konnte. Mit einer Volksinitiative versuchte die Sozialdemokratische Partei, die direkte Bundessteuer in der Bundesverfassung zu verankern, scheiterte aber im Juni 1918 an der Urne (54 % Neinstimmen). Ganz offensichtlich war eine Mehrheit des Stimmvolks

23 Guex 1993a, 365.
24 SNB 1957, 57–58.
25 Der Ertrag der Kriegsgewinnsteuer war im Zeitraum zwischen 1915 und 1920 etwa gleich hoch wie derjenige der übrigen direkten und indirekten Bundessteuern. Siehe Guex 1993a, 362.

nicht zu einem dauerhaften Umbau des Steuersystems bereit und nahm stattdessen die steigenden Kriegsschulden in Kauf.

In der *Aussenwirtschaftspolitik* musste die Schweiz gegenüber den kriegführenden Staaten weitreichende Konzessionen eingehen. Auf diese Weise gelang es, das Land bis zum Kriegsende mit Rohstoffen und Lebensmitteln zu versorgen, obwohl der Import aus Übersee seit Februar 1917, als Deutschland zum uneingeschränkten U-Boot-Krieg übergegangen war, immer schwieriger wurde. Viel Spielraum blieb der Schweiz nicht, denn die Entente-Staaten Frankreich und Grossbritannien begannen bald nach Kriegsausbruch, die Blockadepolitik konsequent als Mittel der Kriegsführung einzusetzen. Sie wollten mit allen Mitteln verhindern, dass Produkte aus ihrem Einflussbereich vom Kriegsgegner verwendet werden konnten. Gegenüber den Neutralen übte vor allem Frankreich sehr früh Druck aus. Bereits Ende September 1914 erliess Paris ein Dekret, das den Handel mit einem verfeindeten Land verbot, auch wenn er indirekt über einen neutralen Staat lief. Der Schweiz wurde vorgeworfen, dass sie mit ihren Lieferungen an Deutschland den Krieg verlängerte.[26] Eine Kritik, die im Zusammenhang mit den Diskussionen um die Rolle der Schweiz während des Zweiten Weltkriegs Mitte der 1990er Jahre erneut laut wurde.[27]

Ende November 1914 begann Grossbritannien mit seiner umfassenden Blockadepolitik gegenüber den Mittelmächten, die auch den Aussenhandel der Neutralen stark beeinträchtigte. Im März 1915 beschloss die Entente, die Herkunft der neutralen Importe zu kontrollieren, im April erliess Frankreich ein scharfes Gesetz gegen den Handel mit dem Feind. Von nun an hatten die schweizerischen Exporteure anhand von Ursprungszeugnissen die neutrale Herkunft ihrer Waren zu beweisen.[28] Die Entente kontaktierte bald danach die Schweizer Behörden, um über die Umsetzung dieser Beschlüsse zu verhandeln. Der Druck der Entente war Mitte 1915 so gross, dass in Offizierskreisen (vor allem von General Wille und Generalstabschef von Sprecher) eine Allianz zwischen der Schweiz und Deutschland ventiliert wurde.[29]

Nach zähen Verhandlungen wurde im November 1915 die Société Suisse de Surveillance Economique (SSS) mit Sitz in Bern gegründet, die den Zwischenhandel mit den Mittelmächten unterbinden sollte.[30] Dazu kamen in der Schweiz rund 50 Zwangssyndikate, die für die einzelnen Industriezweige ein Einfuhrmonopol für die jeweiligen Rohstoffe besassen und denen die SSS die Waren zur Weiterleitung an die Fabrikanten überliess. Die Syndikate garantierten der SSS, dass die Importe ihrer Mitglieder für den Verbrauch im Inland verwendet und nicht an die Mittelmächte re-

26 Ochsenbein 1971, 295.
27 Eizenstat 1997.
28 Ochsenbein 1971, 60–61.
29 Ochsenbein 1971, 174.
30 Zum Vergleich: Die Niederlande reagierten schon früher (Geering 1928, 16): «Holland hatte in ähnlichem Falle seinen Import seewärts schon am 24. November 1914 ganz in die Kontrolle einer formell privaten, in Wirklichkeit aber doch in hohem Grade gouvernementalen Organisation seiner eigenen Regierung gelegt. Das war der N. O. T. = Nederland Overzee Trust.»

exportiert wurden. Die SSS hatte zudem ein weitgehendes Kontrollrecht in den Unternehmen und durfte sogar Einblick in die Bücher und Warenlager nehmen. Um die Schweizer Unternehmen gefügig zu machen, erstellte die Entente schwarze Listen, boykottierte schweizerische Produkte oder sequestrierte Schweizer Tochtergesellschaften, verweigerte die Zuteilung von Rohstoffen und annullierte Ausfuhrbewilligungen.

Auch die Mittelmächte (vor allem Deutschland, aber auch seine Verbündeten) versuchten, den Schweizer Aussenhandel zu kontrollieren. Im Juni 1915 schloss Deutschland ein Abkommen mit der Schweiz ab, das den Handel zwischen beiden Ländern auf der Basis von Kompensationsgeschäften regelte – mit Ausnahme der für die Schweizer Wirtschaft überlebenswichtigen Importe von Kohle und Eisen. Zur Überwachung des Abkommens riefen Deutschland und die Schweiz im Sommer 1915 die Treuhandstelle Zürich (STS) ins Leben. Im Unterschied zur SSS war die STS eine autonome schweizerische Prüfungs- und Kontrollstelle und beschränkte sich zunächst auf die Kontrolle kriegswichtiger Materialien. Erst vom Herbst 1917 an wurden auch andere Güterkategorien von der STS kontrolliert.[31]

1916 wurden die Beziehungen der Schweiz mit den Kriegskoalitionen auf das Kreditwesen ausgedehnt. Die Entente wie auch die Mittelmächte verzeichneten im Handel mit der Schweiz und anderen neutralen Staaten steigende Defizite, wollten aber gleichzeitig ihre Gold- und Devisenbestände nicht weiter reduzieren. Man kam deshalb überein, dass die Schweiz ihre Exporte durch grosszügige Kredite vorfinanzierte.[32] Die SNB schätzte, dass der Entente und den Mittelmächten Kredite im Umfang von 836 Millionen Franken zugesagt worden waren.[33] Diese Kredite wurden entweder von den Grossbanken gesprochen oder flossen von den Unternehmen über die Kohlenzentrale AG in Basel und die Schweizerische Finanzgesellschaft AG in Luzern, die 1917 gegründet wurden. Die SNB hielt einen Teil der von den Gesellschaften ausgegebenen Wechsel, sodass der Wechselbestand der Notenbank einen «ausgesprochen kriegsfinanziellen Einschlag» erhielt.[34]

Der Krieg zerstörte den Freihandel, den Kleinstaaten wie die Schweiz bevorzugten; der gesamte Aussenhandel beruhte nun auf Kompensationsgeschäften und Exportkrediten. Die Zollpolitik war damit weitgehend obsolet geworden. Obwohl die Schweiz stark von Rohstoffen und Vorleistungen abhängig war und vor allem die Entente Importe in die Schweiz im Rahmen ihrer wirtschaftlichen Kriegsführung stark einschränkte, konnte die Schweiz die wichtigsten Rohstoffe und Lebensmittel über die ganze Kriegszeit hinweg einführen. Dies war möglich, weil sie einerseits weitgehende Souveränitätseinbussen in Kauf nahm und andererseits ihre Exportprodukte und ihr Kapitalmarkt für die Entente und die Mittelmächte zu wichtig waren. Nach-

31 Geering 1928, 19.
32 Für die Hintergründe siehe Mazbouri 1999.
33 SNB 1932, 232.
34 SNB 1932, 207.

dem die Schweizer Exportfirmen dank dieser Arrangements 1915 und 1916 eine äusserst günstige Kriegskonjunktur erfahren hatten, häuften sich in den letzten beiden Kriegsjahren die Versorgungs- und Absatzprobleme, weil die internationalen Transportwege unsicher geworden waren. Die Versorgung der Bevölkerung und der Wirtschaft war allerdings nie vollständig unterbrochen.[35]

Der Übergang zum kontrollierten Aussenhandel veränderte das *Verhältnis zwischen Staat und Wirtschaft*. Bis zum Ersten Weltkrieg waren die wirtschaftspolitischen Kompetenzen des Bundes im Wesentlichen auf die Aussenwirtschaftspolitik beschränkt, doch dann erhielt er mit dem dringlichen Bundesbeschluss vom 3. August 1914 «unbeschränkte Vollmacht zur Vornahme aller Massnahmen, die für die Behauptung der Sicherheit, Integrität und Neutralität und zur Wahrung des Kredits und der wirtschaftlichen Interessen des Landes, insbesondere auch zur Sicherung des Lebensunterhaltes» nötig waren.[36] Um diese Ziele zu erreichen, baute der Bund jedoch nicht nur die staatlichen Behörden aus, sondern stärkte auch die Wirtschaftsverbände, indem er sie, wie zum Beispiel im Falle der SSS, in die kriegswirtschaftlichen Organisationen einband. Dabei konnte er sich auf eingespielte Beziehungen verlassen, die bereits seit dem 19. Jahrhundert bestanden.[37] Auch wichtige Verhandlungsmandate wurden von Vertretern der Privatwirtschaft übernommen.[38]

Im Unterschied zu den meisten anderen europäischen Ländern kam es in der Schweiz wegen der starken Stellung der Verbände nicht zu einer dauerhaften Verschiebung von Kompetenzen zugunsten des Staates. Auch wurden nicht alle Verbände gleichermassen in die Entscheidungsprozesse einbezogen. Während der Vorort, der Gewerbeverband und der Bauernverband weitreichende Kompetenzen erhielten, blieben die Gewerkschaften von den kriegswirtschaftlichen Organisationen weitgehend ausgeschlossen. Diese Einseitigkeit der Willensbildung dürfte dazu beigetragen haben, dass die soziale Sprengkraft der Inflation nicht in Betracht gezogen wurde. Während zum Beispiel die Bauern die steigenden Preise an die Konsumenten weitergeben konnten, sanken die Reallöhne der Arbeiterinnen und Arbeiter, weil die Unternehmen die Bedeutung der Inflation unterschätzten oder aus Angst vor einer drohenden

35 Rossfeld/Straumann 2008.

36 Schweiz. Bundesrat 1914. Siehe dazu Wetter 1938, 169: «Durch diese Vollmachtserteilung erhielten die Bundesratsbeschlüsse Gesetzeskraft und Gesetzescharakter. [...] Die Handels- und Gewerbefreiheit bestand somit praktisch von 1914 bis 1921 nur bedingt zu Recht, d.h. bis zum Widerruf der Vollmachten am 19. Oktober 1921.» Siehe auch Giacometti 1949, 20: «Obwohl die Bundesverfassung die Stürme der beiden Weltkriege überstanden hat, bedeutet zweifellos das Jahr 1914 einen grossen Einschnitt im Verfassungsleben der Eidgenossenschaft.»

37 Gruner 1964, 50–56; Neidhart 1970, 185–186.; Ochsenbein 1971, 68.

38 Die Verhandlungen mit der Entente, die zur Gründung der SSS führten, übernahm Alfred Frey, Zürcher FDP-Nationalrat und seit 1917 Präsident des Vororts, während ein zweiter prominenter FDP-Nationalrat, der St. Galler Industrielle Ernst Schmidheiny, die Interessen der Schweiz gegenüber den Mittelmächten vertrat. Präsident der SSS war Johann Hirter, der als Inhaber eines Kohlen- und Speditionsunternehmens, FDP-Nationalrat und Präsident des Bankrats der SNB sowie als Direktor der Lötschberg-Simplon-Bahn bestens in Politik und Wirtschaft integriert war. Für biographische Angaben zu Hirter siehe: www.snb.ch/de/mmr/reference/hist_bios_brp_hirter/source/hist_bios_brp_hirter.de.pdf.

Nachkriegskrise die Kostenstruktur nicht verändern wollten.[39] Hier zeigt sich klar, dass es den Behörden an Erfahrung mangelte. Der Staat versuchte zwar, seine Verantwortung auch in Kriegszeiten wahrzunehmen, aber er hatte weder die Mittel noch die strategischen Fähigkeiten, um tragfähige Kompromisse zwischen den verschiedenen Interessengruppen zu erzielen. Im Zweiten Weltkrieg sollte es den Behörden besser gelingen, die Bevölkerung zu versorgen und Interessengegensätze auf dem Verhandlungsweg zu lösen.

5.1.4.2 Rückkehr zum Goldstandard und zur Friedenswirtschaft

Die Rückkehr zur Friedenswirtschaft gestaltete sich zunächst schwierig. Der Erste Weltkrieg hatte die internationale Arbeitsteilung vollkommen verändert, und innenpolitische Spannungen, die sich in der zweiten Kriegshälfte aufgebaut hatten, erschwerten die Suche nach einem Kompromiss. Vergleicht man aber die Schweiz und andere neutrale Kleinstaaten mit den kriegführenden Mächten oder dem besetzten Belgien, so gelang die Umstellung gut. Die Deflationskrise der frühen 1920er Jahre fiel zwar heftig aus, aber die Erholung setzte recht schnell ein. Bereits 1923 befand sich die Schweizer Volkswirtschaft wieder auf einem soliden Wachstumskurs, der die Arbeitslosigkeit spürbar reduzierte.

Der europäische Vergleich zeigt, dass es der Schweiz, den Niederlanden und Schweden am besten gelang, die von den Experten empfohlenen wirtschaftspolitischen Grundsätze umzusetzen.[40] Das übergeordnete Ziel war, wieder zu den Verhältnissen der Vorkriegszeit zurückzukehren.[41] Allerdings stellte sich heraus, dass nicht alle europäischen Staaten willens oder in der Lage waren, die entsprechenden Vorgaben zu erfüllen. Belgien und Frankreich schafften es nicht, politische Lösungen für die Sanierung ihrer öffentlichen Finanzen zu finden. Diese Staaten konnten deshalb ihre Währungen auch nicht auf der Vorkriegsparität, sondern nur auf einem tieferen Niveau stabilisieren. Deutschland und Österreich erreichten die Stabilisierung erst nach einer Phase der Hyperinflation. Die Länder mit starken Währungen sahen sich gezwungen, ihre Volkswirtschaften mit protektionistischen Massnahmen gegen das «Valutadumping» zu schützen.

In der Schweiz standen nach dem Krieg vier wirtschaftspolitische Ziele im Vordergrund: eine Wiederherstellung der Konvertibilität und eine Fixierung der Währung auf der Vorkriegsparität, eine Sanierung des Staatshaushalts, die Rückkehr zu einer dem Freihandel verpflichteten Zollpolitik und der Abbau der kriegsbedingten staatli-

39 Rossfeld/Straumann 2008, 53–54.

40 Feinstein/Temin/Toniolo 1997, 45–48; Straumann 2010, 24–93.

41 1920 und 1922 fanden in Brüssel und Genua die ersten internationalen Konferenzen statt, die Vorschläge für den Wiederaufbau Europas machen wollten. Das Hauptgewicht der erörterten Vorschläge lag auf monetärem Gebiet: Wiederherstellung der Konvertibilität im Rahmen eines Gold-Devisen-Standards, Etablierung unabhängiger Zentralbanken, Förderung der Zusammenarbeit unter den Zentralbanken und Einhaltung der Haushaltsdisziplin. Siehe Eichengreen 1996, 62–63.

chen Regulierungen. Die politische Unterstützung schwankte allerdings je nach Ziel beträchtlich, sodass der Erfolg bei der Umsetzung entsprechend stark variierte. Während die Rückkehr zur Konvertibilität und zur Vorkriegsparität bezeichnenderweise politisch unbestritten blieb, waren sich die Parteien und Verbände bei der Aussenhandels- und Finanzpolitik sowie dem Abbau der Regulierungen uneins. Entsprechend blieb man auf halbem Weg stehen. Die Verschiebungen des Ersten Weltkriegs liessen sich nicht mehr ganz rückgängig machen, und es zeigte sich, dass 1914 auch in der Schweiz eine neue Epoche der Wirtschaftspolitik begonnen hatte.

Politische Parteien, Behörden und Verbände gingen davon aus, dass die *Währungspolitik* eine Wiederherstellung der Konvertibilität und eine Aufwertung des Frankens auf das Niveau der Vorkriegsparität anstreben müsse. Der Goldstandard wurde als unabdingbare Voraussetzung für Wachstum und Prosperität angesehen. Dazu gehörte auch die Vorstellung, dass der Kapitalexport möglichst frei sein müsse, weil die Schweiz zur Deckung des traditionellen Handelsbilanzdefizits auf die Kapitalerträge ihrer Auslandsinvestitionen angewiesen sei. Differenzen gab es nur bei der Frage, wie schnell der Franken wieder auf der Vorkriegsparität fixiert werden sollte. Eine Abwertung oder ein Papierstandard mit flexiblen Wechselkursen war nur unter Spezialisten und in der Freigeldbewegung ein Thema. Die Unterstützung der offiziellen Politik blieb auch dann noch intakt, als der reale Wechselkurs des Frankens 1921 in die Höhe schoss. Die Behörden zogen es vor, die Wirtschaft mit handelspolitischen Massnahmen zu schützen, statt währungspolitische Experimente durchzuführen, zumal die Grossmächte sich nach dem Krieg einige Zeit protektionistisch verhielten. Im Februar 1921 beschloss die Bundesversammlung auf Antrag des Bundesrats eine «vorläufige Abänderung des Zolltarifs».[42] Auch der dramatische Preiszerfall – von 1920 bis 1923 sanken die Konsumentenpreise um rund 30 % – führte nicht zu einer Revision der Währungspolitik. Da ein breiter Konsens darüber bestand, dass der Franken zur Vorkriegsparität zurückgebracht werden sollte, wurde eine expansive Geldpolitik erst gar nicht in Betracht gezogen. Zudem sah die SNB die Möglichkeit, Strukturanpassungen zu erzwingen. Die Deflation der Nachkriegszeit wurde als natürliche Folge der kriegsbedingten Inflation angesehen.[43]

Ganz ohne Konflikte ging die Rückkehr zum Goldstandard allerdings nicht über die Bühne. Für die Nationalbank standen der Abbau der Bundesschuld und die Rückkehr zur auf der Real-Bills-Doktrin beruhenden Diskontpraxis der Vorkriegszeit im Vordergrund. Der letzte Punkt führte zum Widerstand der Banken, die ihre Auslandkredite mit Finanzwechseln und Lombardpapieren refinanzieren wollten und argumentierten, dass es in der Schweiz gar nicht genug Handelswechsel gäbe. Schliesslich musste die SNB nachgeben. Auch mit dem Vorsteher des Finanzdepartements, dem Freiburger Katholisch-Konservativen Jean-Marie Musy, ergab sich ein Konflikt, weil

42 Zur Begründung des Beschlusses siehe Schweiz. Bundesrat 1921.
43 Bordo/James 2007, 48–51.

dieser bereits 1923 zur Vorkriegsparität zurückkehren wollte. Hier behielt jedoch die SNB die Oberhand. Im November 1924 konnte sie bekanntgeben, dass sie fortan den Dollar auf der Vorkriegsparität halten wolle.[44] Die Schweiz gehörte damit zu den ersten Ländern, die wieder zum Goldstandard zurückkehrten. Mit der Revision des Nationalbankgesetzes von 1929 und dem Münzgesetz von 1931 wurde dieser Schritt auch de jure vollzogen. Eine Goldumlaufswährung wie vor dem Krieg wurde zwar angestrebt, jedoch nicht verwirklicht; die SNB behielt sich das Recht vor, die Noten entweder in Goldmünzen, Goldbarren oder Golddevisen einzulösen (Gold-Devisen-Standard).

In der zweiten Hälfte der 1920er Jahre verlor die Diskontpolitik gegenüber Devisen- und Offenmarktgeschäften (Abgabe bzw. Kauf von Reskriptionen) an Bedeutung, und es begann sich bei den Währungsbehörden die Erkenntnis durchzusetzen, dass es einen Zusammenhang zwischen Notenumlauf und Volkseinkommen gab.[45] Fortan begann die Nationalbank, die Entwicklung des Notenumlaufs in ihre geldpolitischen Überlegungen mit einzubeziehen. Da die Schweiz in der zweiten Hälfte der 1920er Jahre keine Goldabflüsse, sondern nur noch -zuflüsse kannte, hatte die klassische Goldpolitik, die auf das Deckungsverhältnis zwischen Gold und Banknoten ausgerichtet war, immer weniger Relevanz. Im Zentrum standen nun der Wechselkurs mit einem Dollarziel und damit auch die Devisenpolitik.[46]

Die Schweiz wurde dank ihrer Neutralität und stabilen Währungsverhältnissen in den 1920er Jahren definitiv zu einer bedeutenden Finanzdrehscheibe (→ 2.2.2.2).[47] Sie konnte sich dadurch von der internationalen Zinsentwicklung abkoppeln und wies fortan niedrigere Realzinsen auf als Länder mit wichtigen Währungen wie Grossbritannien, Frankreich oder Deutschland.[48] Obwohl die SNB explizit eine Tiefzinspolitik verfolgte, führte der Kapitalexport zu einer Verpolitisierung der Zinssätze; Bauern- und Arbeitervertreter machten den Kapitalexport für die nach 1923 leicht steigenden Zinsen verantwortlich. Das Noteninstitut versuchte der Kritik mittels *moral suasion* bei den Banken zu begegnen, indem sie von ihnen Informationen zu bevorstehenden Kapitalexporten verlangte. In diesem Zusammenhang wurde das Gentlemen's Agreement institutionalisiert. Damit versuchte die SNB, die Banken zu einer Geschäftspolitik zu bewegen, welche die Währungspolitik nicht durchkreuzte. Obwohl der Erfolg der Vereinbarungen aus Sicht der SNB zuweilen fraglich war, hatte es von den 1940er bis in die 1970er Jahre für die Währungspolitik eine grosse Bedeutung, weil der gesetzliche Handlungsspielraum der SNB ansonsten sehr begrenzt war. Die SNB konnte nur Diskont-, Lombard- und Devisengeschäfte abschliessen, und diese waren streng reguliert. Devisentermingeschäfte waren ihr beispielsweise bis 1971 nicht gestattet. Auch der Kreis der Wertpapiere, welche die SNB für Offenmarktgeschäfte benutzen

44 Guex 1993b, 69.
45 Ruoss 1992, 178.
46 Bordo/James 2007, 51.
47 Halbeisen 2008, 243.
48 Kugler/Weder 2002, 60–61.

konnte, war so restriktiv definiert, dass dieses Instrument zur Steuerung der Liquidität nicht wirklich genutzt werden konnte. Zudem fehlte ihr die Kompetenz, bei den Banken Mindestreserven einzufordern.

In der *Finanzpolitik* bedeutete eine Rückkehr zu den Vorkriegsverhältnissen, den Bundeshaushalt wieder ins Lot zu bringen (→ 5.2.2.2). Dieses Ziel ergab sich direkt aus der Währungspolitik, die ja auf eine Rückkehr zur Konvertibilität ausgerichtet war. Länder wie Deutschland und Frankreich boten den Zeitgenossen Anschauungsmaterial, welche Folgen übermässige Defizite für eine Währung haben konnten. Über die Frage, auf welchem Niveau die Einnahmen, Ausgaben und Schulden stabilisiert werden sollten, bestand in der Schweiz allerdings kein Konsens. Die bürgerlichen Parteien versuchten, das Vorkriegsniveau zu erreichen und an indirekten Steuern festzuhalten, während die Linke, gestärkt durch den Generalstreik, eine sozialpolitische Offensive startete und die direkten Steuern auf Bundesebene dauerhaft verankern wollte. Keine der beiden Seiten konnte ihre Ziele vollumfänglich erreichen.

Den bürgerlichen Parteien gelang es, die finanzpolitischen Vorstösse der Linken zu bremsen. Die Einführung einer unbefristeten direkten Bundessteuer wurde im Juni 1918 in der Volksabstimmung zurückgewiesen.[49] 1922 lehnte eine überwältigende Mehrheit (87%) der Stimmberechtigten die sozialdemokratische Initiative «für die Einmalige Vermögensabgabe» ebenfalls ab. Den Grundsatzentscheid für die Einführung einer Alters- und Hinterbliebenenversicherung konnte die bürgerliche Mehrheit nicht verhindern. Mit der Schaffung einer Alters-, Hinterbliebenen- und Invalidenversicherung sollte der soziale Graben zugeschüttet werden, den der Krieg und der Generalstreik aufgerissen hatten.[50] Dieses Vorhaben hatte anfänglich einen breiten politischen Rückhalt, umstritten war allerdings seine Finanzierung. Weil sich das Parlament nicht einigen konnte, lancierte der linksfreisinnige Basler Nationalrat Christian Rothenberger eine Volksinitiative, die im Mai 1925 von 58% der Stimmenden abgelehnt wurde. Das bürgerliche Lager opponierte vor allem gegen die Finanzierung, welche die Äufnung eines Fonds von 250 Millionen Franken mit Hilfe der Kriegsgewinnsteuer vorsah. Im Dezember 1925 wurden gegen den bürgerlichen Widerstand die Bestimmung zur Schaffung einer Alters- und Hinterlassenenversicherung (AHV) sowie die Kompetenz zur Einrichtung einer Invalidenversicherung (IV) angenommen. Die sozialpolitische Offensive der Linken konnte also nicht ganz gestoppt werden (→ 4.3.2.1).

Obwohl die 1921 eingeführte, zweite ausserordentliche Kriegssteuer bis Anfang der 1930er Jahre erhoben wurde, konnte der Bund seinen Haushalt nur durch die Erhöhung der indirekten Steuern konsolidieren. Die Zolltarife mussten ohnehin an die neuen Verhältnisse angepasst werden, da die Einnahmen des in der Schweiz angewandten Gewichtszolls wegen der Inflation und der Schrumpfung des Welthandels

49 Guex 1993a, 400–401.
50 Schmid 1983, 215.

von 85 Millionen Franken im Jahr 1913 auf rund die Hälfte reduziert worden waren (1918 = 44 Millionen Franken). Im Juni 1920 genehmigte die Bundesversammlung die Erhöhung der Tabakzölle und ermächtigte den Bundesrat, vorübergehend weitere Zölle zu erheben.[51] Im Juni 1921 wurden die Tabakzölle ein weiteres Mal angehoben.[52] Der vom Bundesrat in der schweren Nachkriegsdepression mittels Vollmachten erlassene ausserordentliche Gebrauchstarif von 1921 hatte zunächst vor allem fiskalischen Charakter.[53]

Auch im Bereich der Finanzpolitik gelang es der Schweizer Wirtschaftspolitik relativ gut, zu den Vorkriegsverhältnissen zurückzukehren. Auf Bundesebene wurde mit der Stempelsteuer nur eine neue Steuer dauerhaft eingeführt. Die mit dem Krieg verbundenen ausserordentlichen Ausgaben konnten mit vorübergehenden Steuern, der Notenpresse,[54] Anleihen und einer Erhöhung der Fiskalzölle finanziert werden, sodass der Bundeshaushalt ab Mitte der 1920er Jahre wieder im Gleichgewicht war – und dies, obwohl es bei den Bundesausgaben auch in der Schweiz eine Niveauverschiebung gab (Displacement-Effekt). Der Preis für diese Politik war allerdings ein im Vergleich zu vielen europäischen Staaten geringerer Ausbau des Sozialstaats: Die AHV und IV sollten erst nach dem Zweiten Weltkrieg verwirklicht werden.

Am stärksten auf die Nachkriegsdepression und den Zerfall der Währungen in Deutschland, Frankreich, Italien, Belgien und Österreich reagierte die *Aussen- und Binnenwirtschaftspolitik.* Die Anpassung der Zolltarife erschien angesichts der Währungssituation, der Entwertung des schweizerischen Gewichtszolls und der Finanzbedürfnisse des Bundes als so dringend, dass die Bundesversammlung die Tarifrevision an den Bundesrat delegierte, der sie wiederum einer privatwirtschaftlich-amtlichen Kommission übertrug, die vom Vorort dominiert war.[55] Der neue Zolltarif war allerdings sehr umstritten. Auf der einen Seite verlangten die Vertreter der Landwirtschaft Schutzzölle und erinnerten dabei an ihre Unterstützung der Bürgerlichen während der kritischen Phase des Landesstreiks. Ebenfalls für Schutzzölle traten gewisse Branchen der traditionellen Binnenwirtschaft ein sowie Industrien, die früher hauptsächlich für den Export produziert hatten, sich nun aber wegen der internationalen Abschottungstendenzen verstärkt dem Binnenmarkt zuwandten. Auf der anderen Seite standen die traditionellen Verfechter des Freihandels, zu denen vor allem die Handelskammern in

51 Hotz 1938, 186.

52 Hotz 1938, 186.

53 Gürtler 1931, 28–29.

54 Die Umwandlung der von der Nationalbank finanzierten kurzfristigen Staatsschulden («schwebende Schulden») in durch Anleihen finanzierte langfristige Schulden verlief ohne Probleme. Bereits 1922 betrug der Anteil der Reskriptionen an den Gesamtschulden nur noch 6% (1918: 26%). Siehe Ruoss 1992, 125–131.

55 Diese bestand aus dem Präsidenten des Spitzenverbands der Wirtschaft (Vorort), dem Präsidenten des Bauernverbandes, dem Präsidenten der nationalrätlichen Zollkommission, zugleich Präsident der Chambre Suisse d'Horlogerie, sowie dem Chef der Handelsabteilung, dem Oberzolldirektor und dem Generalsekretär des Eidgenössischen Volkswirtschaftsdepartements (Schmid 1983, 303).

der Westschweiz[56] sowie die Grossverteiler und die Linke zählten, die eine Steigerung der Lebenshaltungskosten befürchteten. Da der Zolltarif dem Referendum entzogen war, lancierten im Juni 1921 die SPS, der Coop und der Verband schweizerischer Konsumvereine eine Zollinitiative. Sie wehrten sich gegen die Verteuerung der Lebensmittel. Die «plebiszitäre Verfassungsinitiative»[57] war jedoch chancenlos: Nur 27% der Stimmbeteiligten unterstützten die Vorlage. Mit dem ausserordentlichen Gebrauchstarif von 1921 und dem Generaltarif von 1925 wurde der selektive Protektionismus weiter ausgebaut.[58] Aufs Ganze gesehen blieb die Zollbelastung in der Schweiz jedoch moderat. Mit dem Tarif von 1921 wurden in Bezug auf die Gesamtbelastung die Vorkriegsverhältnisse wieder eingeführt. Die Inflation hatte es mit sich gebracht, dass die Gesamtbelastung 1919 gemessen am Einfuhrwert auf 1.8% zurückgegangen war. Mit dem neuen Tarif wurde sie auf 4.9% angehoben.[59] Der internationale Preiszerfall in den 1920er Jahren führte dann dazu, dass die Zollbelastung bis 1925 auf durchschnittlich 11% anstieg. Damit lag sie nun auf der Höhe der wichtigsten Handelspartner, Frankreich und Deutschland, die beide 1925 eine durchschnittliche Belastung von 12% kannten. Belgien, Dänemark und die Niederlande wiesen dagegen mit 8.6% und 4% deutlich niedrigere Zölle auf.[60]

Obwohl der selektive Protektionismus in den 1920er Jahren eine vermehrte Bedeutung bekam, hatte die Schweiz nach wie vor ein Interesse an einer multilateralen Welthandelsordnung. In den 1920er Jahren knüpfte sie nämlich ein Netz von Handelsverträgen mit Spanien (1922), Italien (1923), Österreich und Deutschland (1926), mit der Tschechoslowakei (1927), mit Frankreich (1928) und mit der belgisch-luxemburgischen Zollunion (1929). Im Gegensatz zu den Handels- und Niederlassungsverträgen aus der Vorkriegszeit waren diese neuen Abmachungen kurzfristiger Natur: Sie dauerten meist nur ein Jahr mit stillschweigender Erneuerung.[61] Rückenwind bekamen die schweizerischen (Export-)Interessen ferner durch die Weltwirtschaftskonferenz von 1927, die dem Meistbegünstigungsprinzip erneut zum Durchbruch verhalf.

Weil die Wirkung von Schutzzöllen angesichts des schweizerischen Gewichtszollsystems unberechenbar war – sinkende Belastung bei steigenden, stärkere Belastung bei sinkenden Preisen, Substitution durch höherwertige Produkte usw. –, wurden andere Massnahmen zur Diskriminierung von Importen ergriffen. Besonders wirksam waren die vorübergehend erlassenen mengenmässigen Importbeschränkungen

56 In Lausanne und Genf organisierten radikale und liberale Parteisektionen Demonstrationen gegen den neuen Tarif (vgl. Schmid 1983, 317).
57 Neidhart 1970.
58 Neben den landwirtschaftlichen Produkten war die Zollbelastung bei den Holzwaren, den Papierstoffen, den Stein- und Tonwaren, den Glaswaren, den Eisenwaren sowie den Fahrzeugen besonders gross (Gürtler 1931, 83).
59 Rutz 1970, 55–56.
60 World Trade Organization 2007, 41. Der Gewichtszoll der Schweiz lässt sich nicht direkt mit den Wertzöllen anderer Länder vergleichen.
61 Hug/Kloter 1999, 33.

als Antwort auf die «Valutakonkurrenz». Die aussenwirtschaftlichen Massnahmen zum Schutz der Schweizer Wirtschaft wurden durch gezielte staatliche Unterstützung einzelner Branchen ergänzt. Dazu zählten Subventionen und Produktionsprämien für die Landwirtschaft sowie die Tarifpolitik der SBB und das Submissionswesen der öffentlichen Hand, welche die schweizerischen Unternehmen gegenüber den ausländischen bevorzugten.[62] So schüttete der Bund in den Jahren 1921–1923 rund 10 Millionen Franken Produktionszuschüsse zugunsten der Uhrenindustrie aus. Des weiteren unterstützte er die Schweizerische Hotel-Treuhand-Gesellschaft und die Stickerei-Treuhand-Genossenschaft finanziell. Letztere erhielt 6 Millionen Franken zum Abbau von über 9 000 unrentablen Handstickmaschinen.[63]

Solche Unterstützungen liefen jedoch der Absicht zuwider, nach dem Krieg den Einfluss des Staates zurückzudrängen. Zwar wurden die 1914 vom Parlament erteilten Vollmachten an den Bundesrat im Oktober 1921 wieder aufgehoben, aber das Anwachsen der Steuerquote, der (beschränkte) Ausbau der Sozialpolitik und die Stützung der Exportindustrie wiesen darauf hin, dass eine neue Zeit angebrochen war.[64] Zudem vermochten die Verbände, ihre im Krieg erworbene starke wirtschaftspolitische Stellung teilweise zu bewahren. In den 1920er Jahren kam es zum Beispiel zu Allgemeinverbindlichkeitserklärungen von Verbänden der Uhren- und Stickereiindustrie, die mit einer liberalen Wirtschaftsordnung kaum zu vereinen waren. Typisch für diese Periode ist auch eine Novelle im Aktienrecht, die vorschrieb, dass die Verwaltungsräte ihren Wohnsitz mehrheitlich in der Schweiz haben mussten.[65] Schliesslich unternahm man auch bei der Einwanderungspolitik erste Schritte, um den Zugang zum Schweizer Arbeitsmarkt zu beschränken. Die Politik kam hier aber über erste Pläne nicht hinaus.[66]

Auch wenn einige der Massnahmen zur Unterstützung der Wirtschaft in der zweiten Hälfte der 1920er Jahre wieder aufgehoben wurden, so war die Bewältigung der Folgen des Ersten Weltkriegs insofern von Bedeutung, als dieses Reaktionsmuster auf aussenwirtschaftliche Krisen auch in späteren Fällen beibehalten wurde. Während die Währungspolitik und damit auch die Finanzpolitik weitgehend unverändert fortgesetzt wurden, versuchte die Wirtschaftspolitik, die negativen Folgen mit der Aussen- und Binnenwirtschaftspolitik und den dazugehörigen direkten Unterstützungsleistungen für besonders betroffene Branchen abzufedern. Dazu zählte auch die zunehmende Akzeptanz von Kartellen. So konnten die betreffenden Branchen nicht nur vor der ausländischen, sondern auch vor der inländischen Konkurrenz geschützt werden. Die partielle Neuorientierung der Wirtschaftspolitik war auch Ausdruck ei-

62 Gürtler 1931, 34–38.
63 Hug/Kloter 1999, 30.
64 Siehe Wetter 1938, 169–170: «Aber die Vollmachten hatte man wohl widerrufen [im Oktober 1921], die normalen Verhältnisse aber zögerten, zurückzukehren.»
65 Lüpold 2008, 103.
66 Gees 2006, 88–89.

ner gestiegenen Bedeutung der Binnenwirtschaft (→ Einleitung Teil 2). Ein weiteres Charakteristikum der schweizerischen Wirtschaftspolitik war der angesichts akuter Krisen mögliche Rückgriff auf Notrecht und die starke Stellung der Wirtschaftsverbände im Entscheidungsprozess. Die Exportindustrie wurde vor allem mit der Vergabe öffentlicher und privater Kredite an das Ausland gestützt. Wie wir im nächsten Kapitel zeigen, wurde dieses Reaktionsmuster in der Weltwirtschaftskrise der 1930er Jahre wiederholt und angesichts der weitaus grösseren Probleme stark ausgebaut. Mit einiger Verzögerung wurden dannzumal auch die linken Kräfte in den Entscheidungsprozess einbezogen.

5.1.4.3 Deflationspolitik in der Weltwirtschaftskrise

Ein zentrales Charakteristikum der schweizerischen Wirtschaftspolitik während der Wirtschaftskrise war das lange Festhalten an der Goldparität. Die Schweiz war mit dieser *Währungspolitik* allerdings nicht allein: Gemeinsam mit Belgien, Frankreich, Italien, Polen und den Niederlanden bildete sie 1933 den sogenannten Goldblock, der sich währungs- und handelspolitisch abgrenzte von den Abwertungsländern des Sterling- und Dollarblocks sowie von den Staaten, die wie Deutschland eine Devisenbewirtschaftung und im Warenverkehr Clearingsysteme eingeführt hatten. Statt den Franken abzuwerten und so mit den Abwertungsländern gleichzuziehen, setzte die Schweiz auf eine Deflationspolitik. Diese Strategie sollte jedoch nicht aufgehen. Die Preise und Löhne sanken zwar beträchtlich, aber es reichte bei weitem nicht, um die Wettbewerbsfähigkeit der Exportindustrie wiederherzustellen.[67] Als Belgien 1935 abgewertet hatte, gehörte die Schweiz zusammen mit Frankreich und den Niederlanden zu den letzten Ländern, die noch an der Parität festhielten. Als die französische Währung am 25. September 1936 abgewertet wurde, folgte die Schweiz einen Tag später, obwohl sich die Nationalbank dagegen ausgesprochen hatte. Bezeichnenderweise bedeutete die Abwertung im Falle der Schweiz nicht die Aufgabe der Konvertibilität; der Schweizer Franken war nach wie vor ans Gold gebunden, wenn auch zu einer tieferen Parität, und die SNB musste ihre Währungspolitik nicht ändern. Im Verkehr mit dem Ausland galt weiterhin das Regime der Konvertibilität.

Es gibt eine Anzahl von Erklärungsansätzen, die Gründe aufzeigen, warum die Schweiz so lange nicht abwertete und statt dessen versuchte, das allgemeine Preisniveau zu senken, und dabei auf aussen- wie binnenwirtschaftliche Massnahmen setzte, welche die Export- und Binnenindustrie gleichermassen stützen sollten.[68] Erstens

67 Seit kurzem verfügen wir über ökonometrische Simulationen, die darauf hindeuten, dass sowohl eine Anbindung des Frankens an das britische Pfund nach dessen Abwertung als auch eine Anbindung an den Dollar, nachdem die USA vom Goldstandard abgegangen waren, die Produktion erhöht und die Wende von der Deflation zur Inflation früher herbeigeführt hätten. Siehe Bordo/James 2007, 63.

68 Für eine international vergleichende Übersicht der verschiedenen Erklärungen siehe Straumann 2010, 129–142. Arlettaz 1982 betont die Interessen des Finanzplatzes; Baumann/Halbeisen 1999 unterstreichen den allgemeinen Konsens; Tanner 2000 die kulturgeschichtlichen Dimensionen der Währungs-

war der wirtschaftliche Einbruch in der Schweiz weniger tief als in anderen Ländern. Das hatte unter anderem damit zu tun, dass die schweizerische Exportwirtschaft schon im späten 19. Jahrhundert begonnen hatte, ausländische Filialen zu gründen und das Geschäft international zu diversifizieren (→ 2.1.2.3). Zudem exportierte die Schweizer Industrie weniger preiselastische Massenwaren, als vielmehr Qualitätsprodukte, bei denen der Preis eine untergeordnete Rolle spielte.[69] Zweitens verfügte die SNB über aussergewöhnlich hohe Goldreserven, sodass sie spekulative Attacken gegen den Franken abwehren konnte und sich noch bis zum September 1936 stark genug fühlte, an der Parität festzuhalten.[70] Die starke Position des Frankens erleichterte – im Verein mit den hohen Reserven der beiden grössten Banken – die Bewältigung der Bankenkrise. Die Schweiz konnte sich also im Gegensatz zu den meisten anderen Ländern dank ihrer positiven Zahlungsbilanz und ihrem vergleichsweise robusten Bankensystem das Festhalten am überkommenen Währungsregime leisten. Drittens war die politische Situation in der Schweiz der 1930er Jahre relativ stabil. Es gab zwar eine vorzeitige Demission eines Bundesrates, Demonstrationen der Arbeiterschaft und überraschende Wahlerfolge der extremen Rechten, doch herrschte nie Bürgerkriegsstimmung wie in den Nachbarländern Deutschland, Frankreich oder Österreich. Viertens waren die volkswirtschaftlichen Vorstellungen, die der Währungspolitik zugrunde lagen, noch sehr stark von den Modellen des 19. Jahrhunderts dominiert.[71] Wie in anderen Ländern des Goldblocks glaubte man, dass eine Senkung der Löhne und Preise um 30 % zwar schmerzhaft, aber durchaus möglich sei. Erst sehr spät sah ein Teil der bürgerlichen Entscheidungsträger ein, dass eine solche Deflationspolitik nicht nur unrealistisch war, sondern auch dazu führte, dass der Staat die Wirtschaft mit Subventionen, Kompensationen und Vorzugsregeln stützen musste, die dem liberalen Credo diametral widersprachen.[72] In den Quellen wird zudem oft die Befürchtung geäussert, dass eine Abwertung in der Schweiz einen allgemeinen Inflationsschub auslösen werde, der nicht nur die Exporte verteuere, sondern auch soziale Unrast hervorriefe. Selbst der Vorort, in dem die Interessen der Exportindustrie gut vertreten waren und der wahrscheinlich über genug politischen Einfluss verfügt hätte, um einen Wechsel in der Währungspolitik zu erzwingen, teilte diese Ansicht und unternahm keinen politischen Vorstoss zugunsten einer Abwertung. Dies ist insofern erstaunlich, als Teile der Exportindustrie durch den im Vergleich zu den Abwertungs-

stabilität; Allgoewer 2001 die Goldstandard-Mentalität der Entscheidungsträger; Bordo/Helbling/James 2006 betonen das Problem, öffentlich über eine Abwertung zu diskutieren, die Fragmentierung der wirtschaftlichen Interessen und die Rolle der staatlichen Stützungsmassnahmen zugunsten aller Branchen; Müller 2002 und 2008b rückt die Inflationsbefürchtungen und die Internationalisierungsstrategien der Exportindustrie in den Vordergrund.

69 Müller 2002; Guex 2003 und Müller 2003 verweisen auf die besondere Struktur der Schweizer Exportindustrie.

70 Für eine monetäre Analyse der Grossen Depression in der Schweiz siehe Zurlinden 2003.

71 Allgemein siehe Cesarano 2006, 67. Zum schweizerischen Konsens siehe Baumann/Halbeisen 1999; Tanner 2000; Allgoewer 2001 und Straumann 2010.

72 Bordo/Helbling/James 2006, 19.

ländern überhöhten Wechselkurs des Frankens zweifellos benachteiligt waren. Auch wenn das nur diejenigen Exporte betraf, die in den Sterlingblock (Commonwealth, Skandinavien und Portugal) und den Dollarraum gingen. Die Exporte nach Deutschland waren dagegen, weil der Handel über das Clearing lief, ebenso wenig betroffen wie diejenigen nach den Goldblockländern (→ 2.1.2.2). Da erwartet wurde, dass eine Abwertung mehr Schaden als Nutzen bringe, akzeptierten die meisten Politiker quer durch alle Parteien die Abwertung im September 1936 nur, weil sie sahen, dass die Deflationspolitik gescheitert war und Frankreich eine Abwertung vornahm. Entsprechend überrascht waren viele, dass die Abwertung so reibungslos verlief und sogar positive Auswirkungen hatte.[73] An der heftigen Polemik gegen den Freiwirtschaftsbund, der sich schon zu Beginn der Krise als einzige namhafte Gruppe konsequent für die Abwertung stark gemacht hatte, zeigt sich, wie gross der Konsens der Parteien und Verbände war. Erst 1935, vier Jahre nach der Abwertung des britischen Pfunds, begann der Konsens zu bröckeln.[74]

Das Festhalten an der Parität war nicht nur für die Exportindustrie ein Problem, sondern auch für den Finanzplatz Schweiz, da die kurzfristigen ausländischen Gelder («hot money») aufgrund politischer Ereignisse und Gerüchte ebenso schnell zu- wie abfliessen konnten und so die Liquidität der Banken bedrohten. Der Abfluss ausländischer Gelder war insbesondere für die international tätigen Banken gefährlich, die bereits durch die Krise angeschlagen waren. Sie litten unter ihren ausländischen Aktiven, die zum Teil infolge der Währungspolitik der betreffenden Länder blockiert waren oder wegen der Krise Einbussen zu verkraften hatten. Besonders schwer hatte es jene Institute getroffen, die sich vom Boom in der zweiten Hälfte der 1920er Jahre zu überrissenen Engagements hatten hinreisen lassen, im Auslandgeschäft zu unerfahren waren und über ungenügende Reserven verfügten.[75] Bei der Bewältigung der Krise arbeiteten der Bund, die Nationalbank und die (Gross-)Banken mit genügenden Reserven zusammen. Mit beträchtlicher staatlicher und in geringerem Umfang privatwirtschaftlicher Hilfe gelang es, den Ausbruch einer allgemeinen Bankenkrise und den Zusammenbruch des Finanzsystems zu verhindern, auch wenn einige Banken nicht gerettet werden konnten und Kunden sowie Aktionäre erhebliche Summen abschreiben mussten.[76] Im Falle der Schweizerischen Volksbank musste sich die Eidgenossenschaft 1933 mit 100 Millionen Franken engagieren, was einem guten Fünftel der damaligen Gesamtausgaben des Bundes entsprach – ein für damalige Verhältnisse enormer Betrag.[77]

Die Bankenkrise führte 1934 zu einem Bankengesetz, das den Gläubigerschutz verstärkte und mit dem Instrument des Fälligkeitsaufschubs die Banken vor einem Run schützen sollte. Die staatliche Aufsicht über die Banken blieb jedoch schwach,

73 Schweizerischer Handels- und Industrieverein 1937.
74 Müller 2003, 119–120.
75 Halbeisen 1998.
76 Zu den Verlusten siehe Ehrsam 1985, 90.
77 Zu den politischen Reaktionen auf die Bankenkrise siehe Baumann 2007.

und deren Privatautonomie wurde im Unterschied zu andern Ländern kaum eingeschränkt. Verantwortlich für die Aufsicht der Banken war die Eidgenössische Bankenkommission. Ihr fehlten jedoch die Ressourcen wie auch die Informationen, um ihrer Aufgabe effektiv nachkommen zu können.[78]

Obwohl die Abwertung zu einer Entspannung der wirtschaftlichen Situation führte, kam es in der Schweiz erstaunlicherweise weder zu einer Grundsatzdebatte über die gescheiterte Deflationspolitik noch zu einer Zäsur in der Währungspolitik. Dementsprechend wurde die Unabhängigkeit der Notenbank in der Schweiz im Gegensatz zu den meisten anderen Ländern nicht beschnitten, was für die Währungspolitik während des Krieges wie auch darüber hinaus bedeutsam war. Die Abwertung bedeutete zwar eine Aufhebung der Einlösepflicht der Banknoten, die Nationalbank blieb jedoch verpflichtet, die gesetzliche Notendeckung aufrechtzuerhalten. Im zwischenstaatlichen Verkehr blieb der Franken weiterhin ans Gold gebunden, allerdings mit einer 30% tieferen Parität. Die Schweiz trat kurz nach der Abwertung im September 1936 zusammen mit den Niederlanden und Belgien dem Dreimächteabkommen zwischen den Vereinigten Staaten, Grossbritannien und Frankreich bei. Dieses verpflichtete die beteiligten Notenbanken zu festen Goldankaufs- und -verkaufspreisen. Obwohl das Dreimächteabkommen nur kurzen Bestand hatte, blieben die Paritäten des Frankens und des Dollars und damit auch die Relationen zwischen den beiden Währungen bis Anfang der 1970er Jahre bestehen. Für die Schweiz galt also bereits nach der Abwertung im Jahr 1936 derselbe Gold-Dollar-Standard, wie er später im System von Bretton Woods massgeblich sein sollte.

Im Zentrum der schweizerischen Währungspolitik stand nach der Abwertung allerdings nicht die Dollar-, sondern die Goldparität des Frankens. In dieser Hinsicht war die Politik dieselbe wie unter dem «klassischen» Goldstandard. Jedoch war die Nationalbank nach dem Ende des Goldblocks weniger bereit zu akzeptieren, dass die Liquidität in der Schweiz letztlich durch die Entwicklung der Zahlungsbilanz bestimmt wurde. Wenn sich z. B. die Geldmenge aufgrund von Kapitalzuflüssen zu stark auszudehnen drohte, ergriff sie Massnahmen, die im Widerspruch zu den Regeln des Goldstandards standen. So schloss sie beispielsweise 1937 mit den Geschäftsbanken ein Gentlemen's Agreement ab zur Verminderung der bei den Banken deponierten ausländischen Guthaben und zur Bekämpfung der Notenthesaurierung. Bei dieser Gelegenheit wurde sogar eine teilweise Aufhebung der Konvertibilität diskutiert. Es ist bezeichnend für die Währungspolitik der Schweiz, dass dieser Schritt wie auch eine Paritätsänderung zwar gelegentlich erwogen, bis zum Ende der Goldkonvertibilität des Frankens aber nie vollzogen wurde. Massnahmen gegen den Zufluss ausländischer Gelder waren hingegen in der Nachkriegszeit und bis Ende der 1970er Jahre ein Charakteristikum der schweizerischen Währungspolitik (siehe 5.1.5.2).

78 Zur Tätigkeit der EBK in den ersten zehn Jahren ihres Bestehens siehe Giddey 2010.

Während die Währungspolitik der SNB bis kurz vor der Abwertung wenig Widerspruch hervorrief, kam es nach Ausbruch der Weltwirtschaftskrise schon bald zu politischen Auseinandersetzungen um die richtige *Finanzpolitik*. Wie in der Krise der frühen 1920er Jahre strebten die bürgerlichen Parteien einen ausgeglichenen Staatshaushalt an, mit dem Argument, dass ein Defizit das Vertrauen in die Stabilität des Frankens untergraben würde. Der Wettbewerbsnachteil, der sich durch die Abwertung im Ausland ergeben habe, so ihre Argumentation, könne nur durch eine konsequente Senkung der Preise und Löhne ausgeglichen werden («Anpassungspolitik»). Für den öffentlichen Sektor hiess dies Lohnabbau bei den Staatsangestellten und Sparprogramme.

Diese Sichtweise wurde von einer Mehrheit des Parlaments geteilt und zeigte Wirkung: Die Finanzpolitik hatte in den 1930er Jahren insgesamt eine restriktive Wirkung.[79] Um den Verlust der Wettbewerbsfähigkeit auszugleichen, hätte die Schweiz ihre Löhne und Preise um rund 30% reduzieren müssen. Dieses Ziel wurde aber weit verfehlt; der Widerstand gegen die Abbaupolitik war zu stark, sobald es um einschneidende Massnahmen ging.[80] Obwohl es dem Bund nicht gelang, die Ausgaben zu senken, waren seine Defizite 1933 und 1934 angesichts der Heftigkeit des wirtschaftlichen Einbruchs mit rund 0.1% bescheiden. Dank mit Notrecht eingeführter neuer Steuern konnte der Bund 1935 und 1936 sogar wieder Überschüsse erwirtschaften. Neu eingeführt wurden die zeitlich befristete Krisenabgabe (als allgemeine direkte Bundessteuer), eine Tabaksteuer, Preiszuschläge und ein Zollquittungsstempel; die Stempelabgaben, Couponsteuern und verschiedene Fiskalzölle wurden erhöht. Auch wenn die Fehlbeträge bei den Kantonen etwas grösser ausfielen, waren die jährlichen Defizite der öffentlichen Hand in der Schweiz während der Weltwirtschaftskrise mit maximal rund 1% des BIP sehr gering (→ 5.2.1.2, Grafik 5.2-4).

Im Gegensatz zu früheren Krisen versuchte die Linke in den 1930er Jahren, eine eigene Konjunkturpolitik zu entwickeln. Die Gegenvorschläge zur bürgerlichen Anpassungspolitik wurden in der sogenannten Kriseninitiative gebündelt, welche die Gewerkschaften im November 1934 einreichten. Die Initiative enthielt mehr als ein Dutzend Massnahmen zur Krisenbekämpfung. Sie umfassten unter anderem die Stärkung der Kaufkraft und die Gewährung eines «Lohn- und Preisschutzes», die planmässige Beschaffung von Arbeit und eine Arbeitslosenversicherung, die Entlastung unverschuldet in Not geratener Gewerbebetriebe und die Förderung von Export und Tourismus, die Regulierung des Kapitalmarktes und die Kontrolle des Kapitalexports so-

79 Die restriktive Wirkung der Finanzpolitik betonen sowohl Rutz 1970, 211 wie auch Prader 1981, 72–73. Ferner → 5.2.2.3.

80 Im Mai 1933 lehnten 55% der Stimmenden bei einer Stimmbeteiligung von 81% das Bundesgesetz über die vorübergehende Herabsetzung der Besoldungen, Gehälter und Löhne der im Dienste des Bundes stehenden Personen ab; fünf Monate später wurden die Löhne des Bundespersonals per Notrecht gekürzt. Der Freiburger Bundesrat und Finanzminister Jean-Marie Musy (Katholisch-Konservative Volkspartei) trat im April 1934 aus der Regierung zurück, weil der Bundesrat nicht bereit war, die Deflationspolitik weiter zu verschärfen.

wie die Kontrolle der Kartelle und Trusts. Die Forderungen waren ein Sammelsurium, das keynesianische Elemente enthielt, aber auch starke Eingriffe in die Wirtschaft vorsah. Vor allem sollte der Bund, «soweit es die Durchführung dieser Massnahmen erfordert», vom Verfassungsgrundsatz der Handels- und Gewerbefreiheit abweichen dürfen. Die Initiative sah allerdings vor, dass ein entsprechend geänderter Verfassungsartikel nur fünf Jahre gelten sollte.

Der Abstimmungskampf war äusserst heftig. Im Juni 1935 verwarfen die Stimmenden die Vorlage mit 57% und 15½ Ständen bei einer Stimmbeteiligung von 84%. Die grosse Schwäche der Kriseninitiative war, dass sie die währungspolitischen Konsequenzen verharmloste. Die Parole «Weder Devaluation noch Deflation» war ökonomisch unsinnig und zudem leicht angreifbar. Die expansive Politik hätte mit Sicherheit die Währung unter Druck gesetzt und schliesslich eine Abwertung herbeigezwungen, wie es in Frankreich nach der Machtübernahme durch die Volksfront im Frühling 1936 der Fall war.

Nach der Abwertung kam es auch bei den finanzpolitischen Vorlagen zu einem neuen Konsens (Richtlinienbewegung), was darauf hindeutet, dass die Kriseninitiative trotz ihres Scheiterns an der Urne Wirkung zeigte. Von einer Art keynesianischer Wende zu sprechen, wäre allerdings übertrieben.[81] Zwar wurde 1939 die Arbeitsbeschaffung in der Bundesverfassung verankert, aber der entsprechende Verfassungszusatz sah eine Koppelung an den Ausbau der Landesverteidigung vor und so wurde der dafür vorgesehene Kredit von 327.7 Millionen Franken zu mehr als der Hälfte für direkte Landesverteidigungsausgaben verwendet.[82] Überdies sparte die Botschaft des Bundesrates nicht mit Vorbehalten und betonte den vorübergehenden Charakter der Arbeitsbeschaffungsmassnahmen.[83] Zudem fehlte ein kohärentes makroökonomisches Programm, das auch die Währungspolitik mit eingeschlossen hätte.

Für die *Aussenwirtschaftspolitik* hatte die Weltwirtschaftskrise die weitreichendsten Folgen.[84] Hier begann in den 1930er Jahren eine neue Ära der staatlichen Eingriffe. Als kleines Land verfügte die Schweiz über wenig Handlungsspielraum. Sie musste sich mit den verschiedenen, zunehmend protektionistischen Handelsblöcken arrangieren, um der Exportindustrie Zutritt zu den ausländischen Märkten zu verschaffen und die Rohstoffeinfuhr zu sichern. Zu Beginn der Krise setzten die Bundesbehörden und der Vorort ihre Hoffnungen auf multilateral koordinierte Lösungsansätze im Rahmen von Weltwirtschaftskonferenzen, die der Völkerbund organisierte. Als andere Länder wie Deutschland 1931 zur Devisenbewirtschaftung übergingen, zeichnete sich aber ab, dass diese Hoffnungen vergebens waren. Die Schweiz musste im Verkehr mit diesen Ländern den freien Waren- und Kapitalverkehr aufgeben und Clearingabkommen schliessen, die darauf abzielten, den wirtschaftlichen Austausch

81 Zu dieser Einschätzung kommt auch Tanner 1986, 237.
82 Rutz 1970, 208–209.
83 Siehe Schweiz. Bundesrat 1938.
84 Hierzu grundlegend die Studie von Hug/Kloter 1999.

gegenseitig so zu verrechnen, dass zum Ausgleich der bilateralen Salden keine bzw. möglichst wenige Devisen benötigt wurden. Das bedingte allerdings einen schwerfälligen Verrechnungsapparat in den beiden jeweils beteiligten Ländern. Die Dienstleistungen und den Kapitalverkehr in das System zu integrieren war schwierig. Ein für die Schweiz besonders akutes Problem waren die in Deutschland und anderen mittel- und osteuropäischen Ländern blockierten Vermögenswerte, die insbesondere die Banken betrafen und der Hauptgrund für die Bankenkrise waren.

Die Verrechnungssysteme setzten voraus, dass nicht nur zwischen den Ländern, sondern auch in den Ländern selbst ein Interessenausgleich gefunden werden musste. Dabei galt es zu entscheiden, welche Produkte und Dienstleistungen in die Abkommen eingeschlossen werden sollten. Dies hatte langwierige interne und zwischenstaatliche Verhandlungen zur Folge, die im Falle der Schweiz von den Spitzenverbänden und staatlichen Stellen gemeinsam durchgeführt wurden. Ab 1939 war dafür die Ständige Wirtschaftsdelegation mit dem Ausland zuständig. Sie bestand aus hochrangigen Beamten des Volkswirtschaftsdepartements und des Politischen Departements sowie aus dem Direktor des Vororts und dem Sekretär des Bauernverbandes. Nötigenfalls wurden zusätzliche Experten beigezogen.

Auch die Beziehungen zu Nicht-Clearingländern änderten sich in den frühen 1930er Jahren. Die USA errichteten bereits 1930 Importbarrieren (Smoot-Hawley Tariff Act), Frankreich führte 1931 Importquoten ein, und Grossbritannien bildete 1932 an der Konferenz von Ottawa zusammen mit den Dominions und den Kolonien einen Handelsblock, der sich durch hohe Importzölle gegen aussen abschirmte.[85] Die Abwertung des britischen Pfunds im September 1931 verteuerte die schweizerischen Exporte in den Sterlingblock und verstärkte die Konkurrenzfähigkeit dieser Länder gegenüber der Schweiz in anderen Märkten.

Das Bundesparlament erliess bereits im Dezember 1931 seinerseits einen dringlichen Bundesbeschluss über die Beschränkung des Imports, um die Beschäftigung in der Schweiz zu sichern.[86] Die Schweiz beschränkte die Importe, um die einheimischen Unternehmen vor ausländischer Konkurrenz zu schützen und im Verkehr mit den Handelspartnern Einfuhrkontingente gegen Ausfuhrkontingente auszuhandeln, die der schweizerischen Exportindustrie zu Aufträgen verhelfen sollten. Ein weiterer Bundesbeschluss vom Oktober 1933 bekräftigte diese Handelspolitik. Von 1932 bis 1939 wurden insgesamt 55 Bundesratsbeschlüsse und ebenso viele Verfügungen des Volkswirtschaftsdepartements erlassen. Zudem wurden 32 Gebührentarife über die Erteilung von Einfuhrbewilligungen verabschiedet. Der Bundesrat, der durch den Bundesbeschluss vom Dezember 1931 in der Aussenwirtschaftspolitik ausserordentli-

85 James 2001, 121–133.

86 In der Botschaft des Bundesrates an die Bundesversammlung betreffend die Beschränkung der Wareneinfuhr wird der Smoot-Hawley-Tarif interessanterweise nicht erwähnt. Erst mit dem Auftreten der europäischen Finanzkrise im Sommer 1931 begann der Zollkrieg. Siehe dazu Eichengreen/Irwin 2009, 8–9.

che Vollmachten erhalten hatte, erläuterte seine Politik in 19 Berichten an die Bundesversammlung.[87] Anfänglich gab es seitens der Exportindustrie Widerstand gegen die Aufgabe freihändlerischer Prinzipien und staatlicher Lenkungsmassnahmen. So war der Vorort zunächst gegen die Einführung einer Exportrisikogarantie, weil er befürchtete, dass sie einzelne Branchen bevorzugte.[88] Der Meinungsumschwung kam erst mit der Vertiefung der Wirtschaftskrise und den steigenden Risiken im internationalen Zahlungsverkehr.[89] Zusätzlich zur quantitativ kaum ins Gewicht fallenden Exportrisikogarantie gewährte der Bund Zuschüsse an diejenigen Exportindustrien, die unter anderem aufgrund des überbewerteten Schweizer Frankens nicht mehr konkurrenzfähig waren (→ 2.1.2.2). Mit dieser «produktiven Arbeitslosenfürsorge» konnte die Exportförderung als sozialpolitische Massnahme dargestellt werden.[90]

Der starke Eingriff in die Handels- und Gewerbefreiheit veränderte die *institutionelle Ausgestaltung der Wirtschaftspolitik:* Die korporatistischen Tendenzen, die sich bereits im Ersten Weltkrieg und in den 1920er Jahren abgezeichnet hatten, wurden noch ausgeprägter. Die Politik beruhte zunehmend auf Absprachen zwischen dem Staat und der Privatwirtschaft, die durch dringliche Bundesbeschlüsse abgestützt wurden. Diese schwächten die direkte Demokratie, da sie dem Referendum entzogen waren, und verliehen den Wirtschaftsverbänden weitreichende Kompetenzen. Der Staatsrechtler Zaccaria Giacometti sprach 1938 von einem «autoritären Bundesstaatsrecht» und befürchtete, es entstehe allmählich eine «Parlamentsdiktatur». Der wirtschaftliche Liberalismus werde «schrittweise auf dem Notverordnungswege abgetragen».[91] In der Aussenwirtschaftspolitik dominierte der Vorort in enger Kooperation mit der Handelsabteilung. Erich Gruner bezeichnet deshalb die Wirtschaftspolitik der 1930er Jahre als «Kreuzung von Staatssozialismus mit dem Verbandsinterventionismus».[92]

Vor allem drei interventionistische Instrumente wurden verwendet, um die Wirtschaft zu stützen: die Bewilligungspflicht, die Bedürfnisklausel und die Preiskontrolle. Dazu wurden in bestimmten Sektoren (Uhrenindustrie, Hotellerie und Milchwirtschaft) die von den Verbänden beschlossenen Mindest- und Höchstpreise als allgemeinverbindlich erklärt – wie man es bereits in den 1920er Jahren bei der Stickereiindustrie getan hatte.[93] Damit zementierte die schweizerische Politik die vorherrschenden wirtschaftlichen Strukturen und bremste den Strukturwandel, vor allem in der Binnenwirtschaft. Diese Form der Selbstregulierung zur Beschränkung der Konkurrenz auf dem Binnenmarkt bestand auch nach dem Krieg in vielen Branchen noch

87 Rutz 1970, 163–166.
88 Zur Haltung einzelner exportorientierter Unternehmen gegenüber der Exportrisikogarantie siehe Müller 2008b, 129–130.
89 Meier et al. 2002, 81.
90 Meier et al. 2002, 82.
91 Giacometti 1937. Der Begriff «Parlamentsdiktatur» befindet sich auf S. 46, das nachfolgende Zitat auf S. 59.
92 Gruner 1964, 60. Zum Einfluss der Verbände siehe auch Gees 1999.
93 Gruner 1964, 61.

mehrere Jahrzehnte lang fort (→ 2.3.1.1). Der Korporatismus wurde weiter gestärkt durch die Annäherung von Arbeitgeberverbänden und Gewerkschaften. 1937 wurden in der Metall-, Uhren- und Maschinenindustrie ein Friedensabkommen zwischen dem Arbeitgeberverband und den Gewerkschaften geschlossen, das den vollständigen Verzicht auf Streiks mit einem Schiedsverfahren kombinierte. Bezeichnenderweise spielte der Staat dabei keine Rolle. Andere Branchen folgten bald danach (→ 4.2.4.2). Die 1930er Jahre sind deshalb eine Schlüsselphase in der institutionellen Entwicklung der schweizerischen Wirtschaftspolitik.

Gemäss Peter Katzenstein war der schweizerische Korporatismus jener Jahre vergleichbar mit dem anderer europäischer Kleinstaaten. Denn auch in den Beneluxstaaten sowie den skandinavischen Ländern übten Arbeitgeberverbände und Gewerkschaften den Schulterschluss; besonders bekannt wurde etwa das schwedische Abkommen in Saltsjöbaden im Jahr 1938.[94] Verschieden war lediglich die Färbung des Korporatismus. Im Unterschied zu den skandinavischen Länder, wo die sozialdemokratischen Parteien in den 1930er Jahren die politische Arena dominierten und infolgedessen die Rolle des Staates im Korporatismus stärken konnten, zeichnete sich der schweizerische Korporatismus durch eine starke Stellung der Wirtschaftsverbände aus. Der Staat blieb bei der Regulierung der Wirtschaft im Hintergrund. Das Bankengesetz ist diesbezüglich ein typischer Fall: Es schuf zwar eine Bankenaufsicht, aber deren Kompetenzen waren äusserst limitiert; im Vordergrund stand die Selbstregulierung der Banken.

Die auf die Stützung der Wirtschaft ausgerichtete Politik beinhaltete eine Erhöhung der Ausgaben zur Unterstützung der Landwirtschaft und der Arbeitslosen, eine Hilfe für notleidende Selbständigerwerbende, Hilfs- und Schutzmassnahmen zugunsten der Uhrenindustrie, des Tourismus, des Detailhandels, des Schuhmachergewerbes, der Schuhindustrie sowie der Stickereiindustrie. Neben finanziellen Bundesbeiträgen bestanden die Massnahmen in der Regel auch oder ganz aus Vorschriften, welche die Konkurrenz einschränkten.[95] Alle Massnahmen waren als vorübergehende gedacht, ihre Abschaffung gelang aber nach der Abwertung, mit der die Deflation beendet und eine gewisse Erholung eingeleitet wurde, nur teilweise. Konjunkturpolitisch waren sie wenig wirksam. Die währungspolitische Blockade verhinderte bis 1936 jeglichen Aufschwung; Interventionen und Protektionismus konnten daran nichts ändern.

5.1.4.4 Zweiter Weltkrieg

Der Zweite Weltkrieg verstärkte die Entwicklungen der 1930er Jahre und hatte ähnliche Wirkungen wie der Erste Weltkrieg. Diesmal aber waren die Behörden und die Politiker besser auf die kriegswirtschaftlichen Herausforderungen vorbereitet. Sie hat-

94 Katzenstein 1984 und 1985.
95 Zu den Hilfs- und Schutzmassnahmen im Einzelnen siehe Rutz 1970, 147–160.

ten aus den Fehlern der Vergangenheit gelernt und bemühten sich, den innenpolitischen Konsens durch eine ausgewogene Wirtschaftspolitik zu wahren.[96] Das letzte Kriegsjahr verlief denn auch weniger turbulent als 1918. Zwar kam es auch 1945 zu Streiks und zu bemerkenswerten Wahlerfolgen der kommunistischen Partei der Arbeit (PdA), aber die Auseinandersetzungen verliefen gemässigter.

Ein Schlüssel zum Erfolg war die gegenüber dem Ersten Weltkrieg veränderte *Geld- und Währungspolitik*.[97] Während alle anderen Länder von der Konvertibilität abrückten, blieb die Behauptung des in Franken fixierten Goldpreises im Verkehr mit den Zentralbanken Dreh- und Angelpunkt der schweizerischen Währungspolitik. Mit der Verankerung des Frankens im Gold wollte die Nationalbank das Vertrauen in die Währung und damit deren Stabilität aufrechterhalten. Überdies diente die Goldbindung des Frankens der Landesversorgung, weil die Beschaffung von Gütern im Ausland, sofern diese überhaupt gegen Geld erhältlich waren und nicht dem Clearingverkehr unterstanden, nur mittels Gold oder einer konvertiblen Währung möglich war. Allerdings wurde die SNB mit der Zeit gezwungen, den Goldmarkt zu regulieren. Die starke Nachfrage nach Franken aus dem Dollarraum machte es zudem nötig, eine Dollarbewirtschaftung einzuführen.

Das Festhalten an der Konvertibilität und einem freien Kapital- und Devisenverkehr war sowohl durch übermässige Kapitalabflüsse als auch durch -zuflüsse bedroht. Im ersten Fall wären die Goldreserven geschwunden, im zweiten Fall hätte die dadurch verursachte Zunahme der Geldmenge die Preisstabilität in Frage gestellt. Die SNB hatte aufgrund der Erfahrungen im Ersten Weltkrieg mit einem Kapitalabfluss gerechnet; tatsächlich war aber, abgesehen von einer Anfangsphase, die bis zur Niederlage Frankreichs dauerte, der Kapitalzufluss das Problem. Von diesem Zeitpunkt an entwickelte sich der Schweizer Franken zu einem internationalen Zahlungsmittel. Insbesondere Deutschland beschaffte sich bei der SNB Franken gegen unrechtmässig angeeignetes Gold.[98]

Die Goldpolitik der Nationalbank änderte sich mit der Blockierung der Schweizer Guthaben in den Vereinigten Staaten im Juni 1941; von da an war die Golddeckung des Notenumlaufs im Inland eine Sorge der SNB. Einerseits wollten einzelne Länder ihre Handelsüberschüsse mit der Schweiz mit Gold kompensiert haben und andererseits bezog Deutschland mit Schweizer Franken Waren aus Drittländern wie Portugal, das bis Herbst 1942 aus «juristischen» Gründen kein Gold direkt von Deutschland erwerben wollte. Die Gold-Franken-Geschäfte wickelte die Deutsche Reichsbank zunächst über schweizerische Geschäftsbanken ab. Da im Falle Portugals die Zentralbank die aus dem deutsch-portugiesischen Warenverkehr stammen-

96 Tanner 1986.

97 Zur Währungspolitik und den Goldtransaktionen der SNB mit der Deutschen Reichsbank während des Zweiten Weltkriegs siehe Crettol/Halbeisen 1999.

98 Die SNB verfügte entgegen ihren nach dem Krieg geäusserten Behauptungen bereits sehr früh über Hinweise, dass es sich um Raubgold handelte. Siehe Fior 1997.

den Franken jeweils bei der SNB gegen Gold umtauschte, kam es zu einer Abnahme der Goldreserven bei der SNB. Um dies zu verhindern, veranlasste die SNB im Oktober 1941, nachdem sie die Option der Einführung einer Devisenbewirtschaftung diskutiert und dann verworfen hatte, die Reichsbank, ihre Goldverkäufe nur noch über sie abzuwickeln.

Damit konnte zwar der Goldabfluss gestoppt werden, dem Markt wurde dafür aber eine bedeutende Quelle von Gold entzogen. Da die Schweiz als einziges Land in Europa über einen freien Goldmarkt verfügte, führte die grosse Nachfrage zusammen mit dem schrumpfenden Angebot zu einem starken Anstieg des Goldpreises im Inland. Um ihre Goldreserven nicht aufs Spiel zu setzen, befriedigte die SNB die Nachfrage nicht und liess den Goldpreis über die Parität steigen. Stattdessen reglementierte sie den Goldmarkt, indem sie für Gold einen Höchstpreis festsetzte sowie Ein- und Ausfuhren einer Bewilligungspflicht unterstellte. Als Reaktion darauf entwickelte sich ein bedeutender Schwarzmarkt, und die Geschäftsbanken wichen für ihre Goldgeschäfte teilweise ins Ausland aus.[99] Die Spaltung zwischen dem offiziellen und dem Schwarzmarktpreis konnte erst überwunden werden, als die SNB ab Sommer 1943 wieder über genügend Goldmünzen verfügte, um den Markt zu alimentieren.

Im Hinblick auf ihre inflatorische Wirkung betrachtete die SNB die Goldübernahmen von der Reichsbank als nicht so problematisch, weil sie davon ausging, dass die Franken nicht in der Schweiz nachfragewirksam wurden, sondern für Transaktionen in Drittländern verwendet wurden. Anders verhielt es sich mit den den Alliierten zur Verfügung gestellten Franken, da diese zu einem grossen Teil für den Kauf von Gütern in der Schweiz verwendet wurden. Dies zwang die SNB, eine zumindest partielle Devisenbewirtschaftung einzuführen. Der Beginn der Dollarbewirtschaftung im September 1941 war allerdings vor allem motiviert durch die Blockierung der schweizerischen Guthaben in den Vereinigten Staaten, die rund zwei Drittel aller Währungsreserven der SNB ausmachten. Um die Zunahme der blockierten Reserven in den USA möglichst gering zu halten, schloss die Nationalbank mit den Banken ein Gentlemen's Agreement, nach dem sie nur noch die aus der Verrechnung von Import und Export verbleibenden Dollars zum offiziellen Kurs übernehmen musste. Die Übernahme von Dollars aus Kapitalübertragungen und Kapitalerträgnissen lehnte die SNB fortan ab. Dadurch spaltete sich der Wechselkurs Franken zu Dollar in einen Kurs für Warendollars und in einen Kurs für Finanzdollars, der bedeutend tiefer lag.

Da sich die Einfuhrmöglichkeiten aus den USA immer weiter verschlechterten, die Exporte in die USA ab 1943 jedoch stark anstiegen, sah sich die SNB in Hinblick auf die Entwicklung der Geldmenge gezwungen, gegen den Widerstand der Exportwirtschaft weitere Verschärfungen in der Dollarbewirtschaftung einzuführen. Im Herbst 1943 begann die Nationalbank, die Umwandlung der aus dem Export stam-

99 Zu den Goldgeschäften der Geschäftsbanken siehe Unabhängige Expertenkommission Schweiz – Zweiter Weltkrieg (UEK) 2002, 233–283.

menden Dollars in Franken zu kontingentieren, wovon anfänglich hauptsächlich die Uhrenindustrie betroffen war. Es war dies der Beginn einer Vielzahl von Massnahmen, welche die Dollarübernahmen durch die SNB begrenzen sollten und in die auch der Bund einbezogen wurde. So übernahm der Bund ab 1944 im grossen Stil blockiertes Gold von der SNB, indem er sich die dazu benötigten Franken auf dem Kapitalmarkt beschaffte. Auf diese Weise konnten die durch die Dollarübernahmen der SNB geschaffenen Franken sterilisiert werden. Auch durch die Abgabe von Goldmünzen an das allgemeine Publikum konnte Liquidität abgeschöpft werden.

Die Dollarbewirtschaftung bedeutete einen erheblichen Eingriff in die Wirtschaft. Besonders betroffen waren Kapitaleinkommen sowie Dienstleistungen aus dem Dollarraum, die ihre Einnahmen auf dem Finanzdollarmarkt in Franken umtauschen mussten und im Vergleich zum offiziellen Dollarkurs teilweise erhebliche Einbussen hinnehmen mussten. Die Exportindustrie konnte nur über die Hälfte ihrer im Ausland erwirtschafteten Dollarguthaben frei verfügen, der Rest war auf einem Sperrkonto blockiert, und für importierte Güter musste der teurere offizielle Dollar statt des Finanzdollars verwendet werden. Darüber hinaus waren die Massnahmen mit bürokratischem Aufwand verbunden und führten zu Missbrauch. Das Gleiche gilt für die Regulierung des Goldmarkts.

Die auf der Goldparität des Frankens beruhende Währungspolitik während des Zweiten Weltkriegs und in den ersten Nachkriegsjahren war insgesamt recht erfolgreich. Das Vertrauen in die Währung konnte aufrechterhalten werden, und die Teuerung blieb im Gegensatz zur Entwicklung während des Ersten Weltkriegs unter Kontrolle. Entscheidend dafür war, dass die Nationalbank nur noch einen unbedeutenden Beitrag zur Kriegsfinanzierung leistete und im Rahmen der Dollarbewirtschaftung und der Sterilisierungsmassnahmen das Liquiditätswachstum begrenzen konnte. Die Lebenshaltungskosten stiegen zwischen 1939 und 1949 um 62%. Die Inflation erreichte 1941 mit 15.5% ihren Höhepunkt und sank dann bis 1945 auf 0.7%.[100] Überdies erleichterte die Konvertibilität den Bezug von Gütern aus Spanien, Portugal und den Balkanländern. Der Erfolg der Währungspolitik lag nicht nur in der Politik der SNB begründet, sondern auch in den durch vielfältige bilaterale Verträge geregelten Beziehungen mit dem Ausland, welche die potentiell destabilisierenden monetären Einflüsse stark reduzierten. Einen Schatten auf die damalige Politik werfen dagegen die politisch, juristisch und moralisch problematischen Ankäufe von Raub- und Opfergold der Deutschen Reichsbank durch die SNB.

In der *Finanzpolitik* hatte man ebenfalls aus der Vergangenheit gelernt.[101] Vor allem gelang es hier, die Defizite hauptsächlich über den Anleihenmarkt zu decken und auf die Notenpresse zu verzichten, sodass die Teuerung begrenzt blieb. Darüber hinaus reagierte der Bund entschlossener, um soziale Ungleichgewichte zu vermeiden. Er

100 HSSO Tab. 39.
101 Tanner 1986, 36–40.

setzte rund 1.5 Milliarden Franken für die wirtschaftliche Landesverteidigung ein, was auch im Verhältnis zur militärischen Landesverteidigung mit 7 Milliarden Franken eine bedeutende Summe darstellte.[102] Damit finanzierte der Bund Massnahmen zur Bekämpfung der Teuerung und zur Sicherstellung der Ernährung sowie Beiträge an die Lohn- und Verdienstersatzordnung. Im ersten Nachkriegsjahr erhöhte er diese Zahlungen sogar, um den Übergang zur Friedenswirtschaft zu erleichtern. Schliesslich vermochte der Bund, die hohen Kriegsausgaben zumindest teilweise durch neue Steuern zu finanzieren. Von grösster Bedeutung war dabei eine 1941 verankerte Verbrauchssteuer, die Warenumsatzsteuer (Wust), die neben den Zöllen bald zur wichtigsten Einnahmequelle des Bundes wurde. Hinzu kam 1943 die Verrechnungssteuer, die zwar keine grossen Erträge bescherte, aber als Massnahme gegen Steuerhinterziehung zumindest eine symbolische Wirkung hatte.

Was die Höhe der Defizite anbelangte, so war der Unterschied zum Ersten Weltkrieg kein fundamentaler. Die Finanzpolitik griff wiederum zum Mittel der provisorischen direkten Bundessteuern, um die Defizite zu verkleinern. Zweimal wurde ein sogenanntes Wehropfer auf das Vermögen beschlossen, und die Krisenabgabe wurde 1940 durch die Wehrsteuer ersetzt, d.h. durch eine progressive direkte Einkommens- und Vermögenssteuer. Im Unterschied zum Ersten Weltkrieg aber bestand diese provisorische direkte Bundessteuer weiter fort. Die zweite ausserordentliche Kriegssteuer nach dem Ersten Weltkrieg hatte hingegen nur rund elf Jahre gegolten (von 1921 bis 1932).

Der Umfang der Bundesausgaben nahm gewaltig zu. Sie erhöhten sich von 1938 bis 1944 von rund einer halben Milliarde auf etwa zweieinhalb Milliarden Franken. Real entsprach dies einer Zunahme um 100%. Damit fungierte der Bund als wirksame Konjunkturstütze: 1938 betrug der Anteil der Bundesausgaben am Bruttoinlandprodukt nur knapp 7%, während des Krieges rund 18% (→ 5.2.1.1, Grafik 5.2-1). Die Militärausgaben waren naturgemäss der wichtigste Grund für den starken Anstieg des Bundesbudgets. Ihr Anteil an den Ausgaben des Bundes stieg im Entscheidungsjahr 1940 auf mehr als 60% an, während er 1938 noch 36% betragen hatte. Die Bedeutung der Militärausgaben relativierte sich allerdings im Laufe des Krieges zugunsten der Ausgaben für die wirtschaftliche Landesverteidigung. In dieser Verschiebung drückte sich der Rückzug der Armee ins Reduit aus, der es erlaubte, die Armeeausgaben zu stabilisieren. Der Personalbestand wurde stark reduziert, was finanziellen Spielraum für den Ausbau der militärischen Landesverteidigung schuf, ohne die Bundeskasse zusätzlich zu belasten.[103]

Die kriegsbedingten Ausgaben und Einnahmen wurden im ausserordentlichen Haushalt verbucht, dessen Kontrolle dem Parlament entzogen war. Der Anteil des ordentlichen Haushalts sank in der Kriegszeit auf rund einen Fünftel des Gesamtbudgets. Die Finanzkommissionen beider Räte waren kaum informiert. Der Bundesrat,

102 Siehe auch für das Folgende SNB 1957, 64–67.
103 Siehe die Tabellen in Tanner 1986, 373–375.

der durch die vom Parlament verliehenen ausserordentlichen Vollmachten ohnehin eine starke Stellung innehatte, konnte die Finanzpolitik weitgehend in eigener Regie und einzig in Absprache mit den Wirtschaftsverbänden entscheiden.[104]

Auch in der *Aussenwirtschaftspolitik* war die Schweiz ungleich besser auf einen längeren militärischen Konflikt vorbereitet als vor dem Ersten Weltkrieg.[105] Bereits in den späten 1930er Jahren hatte der Bund eine kriegswirtschaftliche Organisation aufgebaut, die dazu dienen sollte, eine von den Kriegsmächten verlangte Kontrolle des Aussenhandels in eigener Regie durchzuführen.[106] Damit sollte und konnte verhindert werden, dass die Schweiz erneut zur Errichtung von Behörden wie der SSS oder STS gezwungen würde, in denen die kriegführenden Länder wie im Ersten Weltkrieg eine direkte Kontrolle über den schweizerischen Aussenhandel hätten ausüben können (siehe 5.1.4.1). An der schwierigen politisch-geographischen Konstellation änderte sich freilich wenig. Im Gegenteil war die Schweiz von 1940 bis 1943 vollständig umringt von den Achsenmächten, im Ersten Weltkrieg hingegen blieb über Frankreich und Italien immer eine direkte Verbindung zu den Alliierten bestehen. Dies schlug sich in den Handelsdaten nieder. Während die Schweizer Exportindustrie im Ersten Weltkrieg bis 1916 grosse Gewinne verzeichnen konnte, gestaltete sich die Ausfuhr im Zweiten Weltkrieg von Beginn an schwierig. Parallel verlief dagegen die Entwicklung in der zweiten Kriegshälfte: Sowohl 1917/18 als auch 1944/45 kam es zu einem dramatischen Zusammenbruch des Aussenhandels (→ 2.1.1.1, Grafik 2.1-1).

Die Aussenhandelspolitik während des Krieges war in vielerlei Hinsicht eine Fortsetzung der Praxis, die sich in der Weltwirtschaftskrise der 1930er Jahre herausgebildet hatte. Der Aussenhandel wurde hauptsächlich über den gebundenen bilateralen Zahlungsverkehr abgewickelt. Die Verhandlungen wurden von der Ständigen Wirtschaftsdelegation geführt. Der Korporatismus schweizerischer Prägung, der sich im Ersten Weltkrieg formiert und in den 1930er Jahren erneuert hatte, erfuhr im Zweiten Weltkrieg eine weitere Stärkung.

Angesichts der schwierigen Lage war die Schweiz gezwungen, den ihr Land umgebenden Achsenmächten nicht nur strategisch wichtige Güter zu liefern, sondern auch Kredite zu erteilen. Deutschland erhielt von der Schweiz sogenannte Clearingkredite im Umfang von 1.121 Milliarden Franken («Clearingmilliarde»), Italien 215 Millionen Franken sowie einen vom Bund garantierten privaten Bankkredit über 100 Millionen Franken.[107] Die Alliierten zeigten in den ersten Kriegsjahren für die starke Verflechtung der Schweizer Wirtschaft mit der deutschen Kriegswirtschaft durchaus Verständnis, mit der Kriegswende im Winter 1942/43 aber häuften sich die Kri-

104 Tanner 1986, 69–76.

105 Das Grundlagenwerk zur schweizerischen Aussenhandelspolitik während des Zweiten Weltkriegs ist Meier et al. 2002. Sehr instruktiv ist ausserdem der Rückblick des ehemaligen Vorort-Direktors Heinrich Homberger: Homberger 1970.

106 Homberger 1970, 17.

107 Unabhängige Expertenkommission – Zweiter Weltkrieg (UEK) 2002, 185–194. Zum Zahlungsverkehr der Schweiz mit den Achsenmächten siehe Frech 2001.

tik und die Warnungen. Die Schweizer Behörden reagierten auf den zunehmenden Druck, versuchten jedoch im Hinblick auf die Nachkriegszeit, die Beziehungen mit Deutschland aufrechtzuerhalten. Im Herbst 1944 stoppte der Bundesrat den Export von Rüstungsgütern, und im Rahmen von Verhandlungen, die im Februar/März 1945 in Bern stattfanden und nach dem amerikanischen Unterhändler Laughlin Currie benannt wurden, kamen die Schweizer Unterhändler den Alliierten weiter entgegen, indem sie sich verpflichteten, die deutschen Vermögenswerte und Guthaben in der Schweiz einzufrieren, den Gütertransit und den Handel mit Deutschland zu beschränken und die Goldkäufe einzustellen.[108] Indem der politische und wirtschaftliche Druck der Alliierten auf die Schweiz im letzten Kriegsjahr zugenommen hatte, erhielt die Handelspolitik vermehrt Spielraum, um sich aus der Umklammerung der Achse zu befreien. Dass eine grössere Versorgungskrise bis in die letzten Kriegsmonate ausblieb, hatte somit nicht nur mit der Ressourcenbewirtschaftung zu tun, sondern auch mit einer geschickten Handelspolitik und vor allem mit der plötzlich sehr flexiblen Haltung der deutschen Unterhändler. Der Erfolg gab den Schweizer Behörden damals und im Nachhinein die Gewissheit, in einer ausserordentlichen Situation das Beste für ihr Land herausgeholt zu haben. Die partiell geäusserte Kritik an der Kollaboration mit den Achsenmächten verstummte schnell, wurde aber seit den 1960er Jahren immer wieder in der Öffentlichkeit diskutiert.[109]

5.1.5 Wirtschaftspolitik in der Ära von Bretton Woods

Nach dem Krieg setzte auch in der Schweiz die längste Wachstumsphase des 20. Jahrhunderts ein, die knapp dreissig Jahre andauerte («Trente Glorieuses»). Die Schweiz konnte davon profitieren, dass ihr Produktionsapparat und ihre Infrastruktur intakt geblieben waren, und schloss gemessen am BIP pro Kopf bereits in der zweiten Hälfte der 1940er Jahre zu den Vereinigten Staaten auf. In den 1960er Jahren überflügelte sie die USA sogar und lag deutlich vor den anderen westeuropäischen Ländern und Skandinavien (→ 1.1.1, Grafik 1.1-1). Zwischen 1945 und 1950 entsprach das Wachstum mit 3.93% ungefähr demjenigen Westeuropas (3.86%), lag aber deutlich hinter demjenigen Skandinaviens (4.48%). Zwischen 1950 und 1960 lag es mit 3.23% gut 1% unter demjenigen Westeuropas, aber über demjenigen Skandinaviens (2.90%). In der Periode zwischen 1960 und 1973 betrug das durchschnittliche Wachstum des realen BIP pro Kopf in der Schweiz 2.96% und lag damit gut 0.7% unter demjenigen Westeuropas und Skandinaviens (→ 1.1.2.1, Tabelle 1.1-3). Die Schweiz

108 Ausführlich zu den Wirtschaftsverhandlungen mit den Achsenmächten, den Alliierten und den Neutralen siehe Meier et al. 2002, 159–290.

109 Die Debatte erreichte ihren Höhepunkt in der zweiten Hälfte der 1990er Jahre. Im Dezember 1996 wurde die Unabhängige Expertenkommission Schweiz – Zweiter Weltkrieg unter der Leitung von Jean-François Bergier eingesetzt, um die politischen und wirtschaftlichen Beziehungen der Schweiz mit Deutschland während des Zweiten Weltkriegs wissenschaftlich zu erforschen.

verzeichnete zwischen 1945 und 1973 im internationalen Vergleich eine der höchsten Produktivitätsraten (→ 1.1.4.1.2, Tabelle 1.1-17): Bis 1960 steuerte der zweite Sektor den grössten Beitrag zum Wachstum der Wertschöpfung bei; ab 1960 waren es die Dienstleistungen (→ 1.1.2.4, Tabelle 1.1-8). Die Schweiz konnte in der Ära von Bretton Woods von der Entwicklung der Terms of Trade profitieren, d.h., die Preise der schweizerischen Güterexporte entwickelten sich besser als diejenigen der Güterimporte, während die Terms of Trade der Dienstleistungen stagnierten (→ 1.1.4.4, Grafiken 1.1-48 und 1.1-49).

5.1.5.1 Rückkehr zur Konvertibilität im Rahmen des europäischen Wiederaufbaus und der Europäischen Zahlungsunion

Für die *Geld- und Währungspolitik* war in der Nachkriegszeit weiterhin die aktive Zahlungsbilanz mit dem Dollarraum ein Problem. Sie führte zu einer Erhöhung der Geldmenge und verstärkte so den durch die schlechte Versorgungs- und die gute Konjunkturlage verursachten Inflationsdruck zusätzlich. Für die SNB wurde die Situation noch dadurch erschwert, dass das Gold, das aus dem Umtausch der überschüssigen Dollars bei der amerikanischen Notenbank anfiel, auch nach Kriegsende zum grössten Teil in den USA blockiert war. Einer steigenden Geldmenge standen also nicht die entsprechenden Goldreserven im Inland gegenüber.

Unter diesen Umständen hielt die Nationalbank an der im Herbst 1941 nach der Blockade schweizerischer Vermögenswerte in den USA eingeführten Dollarbewirtschaftung fest. Im Mai 1945 wurden die Massnahmen sogar noch verschärft.[110] Die Dollarbewirtschaftung war ein schwerwiegender Eingriff in den Zahlungsverkehr und entsprechend unbeliebt.[111] Importeure und andere Kreise beklagten sich darüber, dass sie ihre Waren statt mit günstigen Finanzdollars mit Warendollars zum offiziellen Kurs bezahlen mussten.[112] Um die Inflation zu bekämpfen – 1947 und 1948 war die Teuerung auf 4.5 % bzw. 3 % gestiegen –, setzte die SNB neben der Dollarbewirtschaftung auch die bereits während des Krieges begonnenen Goldverkäufe an das Publikum fort. Der Bund unterstützte diese Politik – wegen der damit verbundenen Kosten allerdings widerwillig –, indem er weiterhin Gold von der SNB übernahm und damit Gelder sterilisierte.

Die Nationalbank hielt die Idee, den Franken aufzuwerten und «aus dem Fränkli wieder einen Franken» zu machen, wegen der unsicheren internationalen Währungslage

110 Der Umtausch von aus dem Warenverkehr mit den USA, Kanada und Argentinien stammenden Dollars war auf 50 % beschränkt, der Rest wurde einem Sperrkonto gutgeschrieben. Bei Exporten in Nicht-Dollarländern wurde der gesamte Betrag gesperrt. Siehe SNB 1957, 125.

111 Zu den marktverzerrenden Auswirkungen der Dollarbewirtschaftung und den mit der Erteilung von Bewilligungen verbundenen Problemen siehe Bernholz 2007, 131–134.

112 Besonderes Gewicht besass hier die Stimme von Nationalrat Gottlieb Duttweiler, der 1925 mit der Migros ein neues erfolgreiches Vertriebssystem im Detailhandel geschaffen hatte, das unter anderem auf mobilen Verkaufswagen beruhte. Zur Rationalisierungsstrategie Duttweilers (→ 3.1.4).

für einen Fehler.[113] Sie wartete stattdessen zu und begann ab 1946, die Dollarbewirtschaftung schrittweise aufzuheben. Dass die SNB mit ihrem Entscheid, noch keine Anpassung des Wechselkurses vorzunehmen, recht gehabt hatte, zeigte sich im September 1949, als das Pfund und viele andere Währungen abgewertet wurden. Die Schweiz musste die Abwertungswelle nicht mitmachen, was de facto zu einer Aufwertung des Frankens gegenüber den meisten Währungen ausser dem Dollar führte, der ebenfalls nicht abgewertet worden war. Nur fünf Tage nach der Abwertungsrunde wurden am 23. September 1949 sämtliche Massnahmen der Dollarbewirtschaftung aufgehoben.

Die Probleme in der *Aussenwirtschaftspolitik* änderten sich unmittelbar nach Kriegsende kaum. Während sich die Schweizer Exporte einer regen Nachfrage erfreuten, blieb die Versorgungslage im Land schwierig. Um den Aussenhandel, der sich während des Krieges immer stärker in den Dollarraum verschoben hatte, wieder nach Europa zu lenken, schloss die Schweiz 1945 mit Belgien, Luxemburg und den Niederlanden sowie 1946 mit Norwegen, Frankreich und Grossbritannien bilaterale Zahlungsabkommen. Da die genannten Länder ihre Produktionskapazitäten aber erst wieder aufbauen mussten, war dort die Nachfrage nach Gütern aus der Schweiz grösser als die Möglichkeiten für Exporte. Zudem verfügten sie nur über geringe Devisenreserven, sodass ihnen die Schweiz im Rahmen der Zahlungsabkommen Kredite gewährte. Die Kredite boten der Schweiz darüber hinaus die Möglichkeit, Güter des gehobenen Bedarfs *(non essentials)* wie Uhren oder Tourismusdienstleistungen, welche die Partnerländer im Rahmen des Wiederaufbaus nicht unbedingt brauchten, die aber einen wichtigen Teil der schweizerischen Exportwirtschaft ausmachten, in die Abkommen einzuschliessen. Mit Hilfe der Kredite versuchte die Schweiz ausserdem zu erreichen, dass die Kreditnehmer Schulden und sonstige Forderungen, die vor Kriegsende entstanden waren, anerkannten und in deren Rückzahlung einwilligten.[114] Diese Politik der Exportfinanzierung war das Pendant zum amerikanischen Marshallplan.[115]

Nach Kriegsende mussten die schweizerischen Behörden neben den angesprochenen währungspolitischen und aussenwirtschaftlichen Problemen auch solche lösen, die eine ausgeprägte *aussenpolitische Dimension* aufwiesen. Sie betrafen das Verhältnis der Schweiz zu den Westalliierten, insbesondere das zu den USA, das wegen der engen wirtschaftlichen Beziehungen der Schweiz zu den Achsenmächten stark gelitten hatte.[116]

113 Archiv SNB, Bericht über die Lage des Geldmarkts, Anhang zum Protokoll des Bankausschusses vom 25./26. Juli 1946. Im Gegensatz zur Schweiz wertete Schweden 1946 die Krone auf, war aber 1949 gezwungen, wieder abzuwerten.

114 Hug/Kloter 1999, 85.

115 Die im Rahmen dieser Zahlungsabkommen erteilten Kredite des Bundes erreichten bis Ende 1948 die Summe von 791 Millionen Franken, was 4.3 % des damaligen Nettosozialprodukts entsprach. Für den Umfang der Kredite siehe SNB 1957, 300. Die Leistungen des Wiederaufbauprogramms für Europa (European Recovery Program) machten im ersten Rechnungsjahr (Juli 1948 bis Juni 1949) «etwas mehr als» 2 % des amerikanischen Volkseinkommens aus. Siehe Hug/Kloter 1999, 85 und Bank für Internationalen Zahlungsausgleich 1949, 22.

116 Zur Entwicklung des schweizerisch-französischen Verhältnisses in dieser Übergangszeit siehe Schaufelbühl 2009.

Der Schweiz waren dagegen die im Rahmen des alliierten Wirtschaftskriegs geschaffenen schwarzen Listen sowie die Blockierung der schweizerischen Vermögenswerte in den USA ein Dorn im Auge. Die Vereinigten Staaten und Grossbritannien hatten ab Anfang 1943 verschiedentlich erklärt, dass sie die Enteignungsmethoden der feindlichen Regierungen nicht akzeptierten.[117] Anlässlich der internationalen Währungskonferenz von Bretton Woods im Sommer 1944, zu der die neutralen Staaten nicht eingeladen worden waren, wurde dieser Grundsatz mit der Resolution IV bestätigt und den Regierungen der Teilnehmerstaaten nahegelegt, die Neutralen aufzufordern, Massnahmen gegen unrechtmässige Eigentumsübertragungen zu ergreifen.[118] Die Schweiz nahm diese Beschlüsse, insbesondere jenen von Bretton Woods, wie der Vorsteher des III. Departements der SNB, Alfred Hirs, vor dem Bankausschuss erklärte, «kaum ernst» und «belächelte [...] sie sogar etwas».[119]

Als die Alliierten Anfang 1945 begannen, ihre Transportleistungen für die Schweiz als Druckmittel einzusetzen, wurde sich der Bundesrat des Ernsts der Lage jedoch schnell bewusst und willigte in die Currie-Verhandlungen ein. Die Schweizer Hoffnungen, mit dem Abkommen aus der politischen Isolation ausbrechen zu können, erwiesen sich als verfrüht, denn die Alliierten waren entschlossen, auch die in der Schweiz gesperrten deutschen Vermögenswerte für Wiedergutmachungszwecke heranzuziehen, und eine endgültige Lösung dieser Frage sollte sich noch lange hinziehen. Ein entscheidender Schritt hierzu war das Abkommen von Washington im Jahr 1946. Es sah die Liquidation der deutschen Vermögenswerte in der Schweiz vor und verpflichtete die Schweiz zur Zahlung von 250 Millionen Franken als Ausgleich für das seitens der SNB von Deutschland im Krieg erworbene Raubgold. Als Gegenleistung wurden die schweizerischen Guthaben in den USA freigegeben und die schwarzen Listen aufgehoben.[120]

Daneben war der unmittelbar nach Kriegsende einsetzende Kalte Krieg entscheidend für die Normalisierung des schweizerisch-amerikanischen Verhältnisses. Auf der institutionellen Ebene ging es für die Schweiz um die Frage ihrer Einbindung in die neu geschaffenen Institutionen von Bretton Woods, GATT und OEEC, die das internationale Wirtschafts- und Währungssystem nach Kriegsende regulieren sollten (→ 5.3.3.1).

Die Diskussion der Schweizer Behörden um den Beitritt zum Internationalen Währungsfonds (IWF) und der Weltbank setzte Mitte 1946 ein. Obwohl die Diplo-

117 Siehe z.B. Inter-Allied declaration against acts of dispossession committed in territories under enemy occupation or control, zit. in Durrer 1984, 136.

118 Castelmur 1992, 22.

119 Archiv SNB, Bericht über die Lage des Geldmarkts, Anhang zum Protokoll des Bankausschusses vom 23. März 1945.

120 Die Frage der Liquidation deutscher Vermögenswerte benötigte allerdings noch unzählige Verhandlungen und konnte erst 1952 gelöst werden. Nun verzichteten die Alliierten gegen eine Entschädigung von 121.5 Millionen Franken auf die Liquidation. Der Schweiz gelang es in hartnäckigen Verhandlungen, die deutschen Schulden aus dem Zweiten Weltkrieg, die sogenannte Clearing-Milliarde, in das Paket zu integrieren und so etwa zwei Drittel der bereits abgeschriebenen Forderung zurückzuerlangen. Siehe Halbeisen 2004, 171–178.

matie auf inoffiziellen Kanälen erfahren hatte, dass ein Beitritt der Schweiz zu den Institutionen von Bretton Woods «die volle Unterstützung Grossbritanniens und wahrscheinlich auch der Vereinigten Staaten hätte»,[121] lehnte der Bundesrat einen Beitritt 1947 ab. Die Behörden befürchteten, dass der Franken aufgrund der starken internationalen Nachfrage zu einer «knappen Währung» erklärt würde. Dadurch hätte die SNB verpflichtet werden können, dem Währungsfonds Franken gegen Gold abzutreten, wodurch ihr die Kontrolle über die Geldmenge erschwert worden wäre. Gemäss den Statuten des Fonds hätte zudem der Kapitalverkehr mit anderen Mitgliedern beschränkt werden können, was die Verwendung von Krediten im Rahmen der bilateralen Zahlungsabkommen gefährdet hätte. Weitere Gründe, den Beitritt zum IWF abzulehnen, waren die das Finanzsystem und die Banken betreffenden Informationspflichten gegenüber dem IWF, die als unvereinbar mit dem *ordre public* der Schweiz angesehen wurden.[122]

Obwohl das Ziel des Allgemeinen Zoll- und Handelsabkommens (GATT), mittels des Prinzips der Meistbegünstigung Handelsbeschränkungen, vor allem tarifärer Natur, abzubauen, prinzipiell der schweizerischen Konzeption der Aussenhandelspolitik entsprach, lehnte die Schweiz 1947 auch die Unterzeichnung des GATT ab. Sie wollte nicht akzeptieren, dass Länder mit Zahlungsbilanzdefiziten Einfuhrbeschränkungen autonom verfügen konnten, während Überschussländer wie die Schweiz in einem solchen Fall das Einverständnis der anderen Mitgliedstaaten einholen mussten. Die Schutzmassnahmen für die Schweizer Landwirtschaft und die nach wie vor bestehenden Einfuhrbeschränkungen standen einem Beitritt ebenfalls entgegen.[123] Die Nichtmitgliedschaft bei den Bretton-Woods-Institutionen und dem GATT hatte für die schweizerische Wirtschaftspolitik zunächst keine direkten Auswirkungen, da die entscheidenden Voraussetzungen für beide Konzeptionen, die Konvertibilität der Währungen bzw. der Multilateralismus, in den Wirtschaftsbeziehungen erst Ende der 1950er Jahre Realität werden sollten.

Auch die schweizerische Haltung gegenüber der im Rahmen der Marshallplanhilfe geschaffenen Institutionen war anfänglich eher skeptisch. Die Schweiz war zwar daran interessiert, den europäischen Wiederaufbau zu unterstützen, und teilte das Ziel, mittels multilateraler Verrechnung den Bilateralismus zu überwinden, befürchtete jedoch eine amerikanische Dominanz und wollte nicht in die mit der europäischen Integration verbundenen politischen Fragen hineingezogen werden.[124] Zudem wollte sie nicht auf die mit den bilateralen Zahlungsabkommen verbundenen Vorteile verzichten.

121 Brief des schweizerischen Gesandten in London, Paul Rüegger, vom 30. September 1946 an die Abteilung für Rechtswesen, Finanz- und Verkehrsangelegenheiten, zit. in: Frings 2001, 69–70.

122 Tanner 2003, 164.

123 1949 unterlagen noch 17% der Fertigwareneinfuhren Beschränkungen, 1956 waren es nurmehr 6%. Siehe Hug/Kloter 1999, 54 und 121f. Für einen Überblick über die Aussenwirtschaftspolitik nach 1945 siehe Dirlewanger/Guex/Pordenone 2003.

124 Hug/Kloter 1999, 117.

Allerdings zeigte sich Ende der 1940er Jahre, dass die auf bilaterale Zahlungsabkommen ausgerichtete Politik an ihre Grenzen stiess.[125] Wenn es auch zu einer erheblichen Ausdehnung des Warenaustausches mit den Partnerländern gekommen war, so waren doch die bilateralen Handelsbilanzen der Schweiz meist positiv und die Schweizer Kredite schnell aufgebraucht. Die Handelspartner reagierten auf die Defizite mit der Schweiz, indem sie entweder den Bezug von *non essentials* einschränkten oder ihre Waren vermehrt aus Ländern mit einer weichen Währung bezogen. Im Falle des Zahlungsabkommens mit Grossbritannien war es für die Schweiz von Anfang an sehr schwierig gewesen, die Diskriminierung von *non essentials* zu beseitigen, obwohl die Schweiz bei den Kreditmodalitäten auf eine Kurssicherungsklausel verzichtet hatte.[126] Um einer Benachteiligung der schweizerischen Exportwirtschaft und dem Rückfall in einen reinen, ohne Kredite operierenden Bilateralismus entgegenzuwirken, trat die Schweiz 1948 der Organisation für europäische wirtschaftliche Zusammenarbeit (OEEC) und 1950 der von dieser ins Leben gerufenen Europäischen Zahlungsunion (EZU) bei (→ 5.3.3.2). Die Schweiz hatte den Beitritt zur OEEC von drei Voraussetzungen abhängig gemacht: Erstens musste die Mitarbeit der Schweiz mit ihrer Neutralität vereinbar sein, zweitens durfte die Schweiz nicht an Entscheidungen gebunden werden, denen sie nicht selbst zugestimmt hätte, und drittens wollte sie weiterhin Handelsverträge mit ausserhalb der OEEC stehenden Staaten abschliessen können.[127]

Mit der EZU wurde nach zwei gescheiterten ähnlichen Versuchen ein multilaterales Verrechnungssystem geschaffen, das durch eine Vereinbarung der OEEC zum Abbau der bestehenden Einschränkungen im Austausch von Gütern und Dienstleistungen in Westeuropa ergänzt wurde.[128] Im Zentrum des neuen Systems stand die gegenseitige Verrechnung aller Salden des Zahlungsverkehrs der beteiligten Länder, sodass der wirtschaftliche Austausch zwischen zwei Ländern nicht mehr durch den Umfang der Ausfuhren des exportschwächeren Landes begrenzt war. Defizite oder Guthaben eines Landes bestanden somit nicht gegenüber einem anderen Land, sondern gegenüber der EZU. Defizitländern wurde bis zu einem gewissen Grad Kredit gewährt. Was darüber hinausging, musste mit Gold beglichen werden. Überschussländer erhielten einen Teil ihres positiven Saldos in Gold, den Rest mussten sie der EZU bevorschussen. Die Defizite bzw. Überschüsse waren durch sogenannte Quoten begrenzt, die für die meisten Länder auf 15 % ihres Waren- und Dienstleistungsumsatzes mit den anderen EZU-Ländern im Jahr 1949 festgesetzt wurden. Weil die Zahlungen der EZU an die Überschussländer die Leistungen der Defizitländer überschreiten konnten, benötigte sie ein Gründungskapital, das ihr die USA im Rahmen

125 Siehe auch für das Folgende: SNB 1957, 301.

126 Bei diesem Kredit, der dem Bund wegen der Pfundabwertung vom September 1949 79 Millionen Franken Verlust bescherte, spielten, wie auch bei anderen Währungskrediten, politische Überlegungen eine Rolle. Die Schweiz hoffte, dass sich Grossbritannien bei den Verhandlungen, die zum Washingtoner Abkommen führten, für die Schweiz verwenden würde. Siehe Maurhofer 1999, 461–469.

127 Schweiz. Bundesrat 1960, 853.

128 Kaplan/Schleiminger 1989, 91.

des Marshallplanes in Höhe von 350 Millionen Dollar zur Verfügung stellten. Obwohl die Schweiz nicht zu den Promotoren der ersten Stunde gehörte, gelang es ihr, gute Bedingungen auszuhandeln. Mit Paul Rossy konnte der Vizepräsident der SNB im nur sieben Mitglieder zählenden Direktionskomitee Einsitz nehmen und die Schweizer Quote auf 20% erhöht werden.

Die EZU führte zwar zu einer starken Ausdehnung des Handels zwischen den beteiligten Währungsräumen. Trotz ihres «genialen» Mechanismus[129] gab es aber weiterhin Probleme im westeuropäischen Zahlungsverkehr. Schwierigkeiten verursachten vor allem die extremen Schuldner- und Gläubigerländer, deren Salden zu einer Erhöhung der Quoten und Rallongen führen konnten.

Die schweizerische Ertragsbilanz gegenüber der EZU war bis Februar 1954 in zunehmendem Masse positiv. Dies hatte zur Folge, dass die Goldübernahmen und Kredite des Bundes zugunsten der EZU beständig anstiegen.[130] Neben den daraus resultierenden Kosten fürchtete der Bund die mit den Krediten verbundenen Risiken im Falle einer Auflösung der EZU.[131] Im Parlament, das die Krediterhöhungen jeweils gutzuheissen hatte, kam es daher zu Kritik an der öffentlichen Finanzierung der EZU, von der vor allem die Exportindustrie profitieren würde.[132] Auch innerhalb der Behörden führten die Bundeskredite zu unterschiedlichen Positionen und starken Spannungen. Es stellte sich daher die Frage, wie die Überschüsse der Schweiz abgebaut werden konnten. Die verschiedenen Massnahmen, welche die Schweiz autonom ergreifen konnte, wie der Austritt aus der EZU, die Erhöhung der Importe aus dem Wirtschaftsraum der EZU und die verstärkte Kanalisierung des privaten Kapitalexportes in die EZU, erwiesen sich als undurchführbar oder wenig effektiv. Wirksamer war dagegen die Teilkonsolidierung der Kredite innerhalb der EZU, die ab Juli 1954 zusammen mit einem zunehmenden Handelsbilanzdefizit und vermehrten Kapitalexporten im Rahmen der EZU zu einem substantiellen Abbau der Bundeskredite führte.[133] Hatten die Kredite der Eidgenossenschaft zugunsten der EZU im Februar 1954 noch einen Höchststand von 827 Millionen Franken betragen,[134] so gingen sie in den folgenden Jahren deutlich zurück, weil die Handelsbilanz der Schweiz mit den EZU-Ländern negativ geworden war.

129 Kaplan/Schleiminger 1989, 92.

130 Beides verursachte Kosten. Innerhalb der EZU wurde eine Recheneinheit verwendet, die dem amerikanischen Dollar entsprach. Dies hatte zur Folge, dass beim Umtausch in Gold ein höherer Kurs massgeblich war als bei einem allfälligen späteren Verkauf an die SNB. Verzichtete der Bund auf den Verkauf an die SNB, konnte er den Erlös nicht zinstragend anlegen, was ebenfalls (Opportunitäts-)Kosten verursachte. Zu den Auseinandersetzungen zwischen Bund und Nationalbank siehe Bernholz 2007, 152–153.

131 Max Iklé, damals noch Direktor der eidgenössischen Finanzverwaltung, wies in einer Notiz vom 3. Juli 1952 zuhanden von Bundesrat Max Weber darauf hin, dass die EZU keine eigene Rechtspersönlichkeit sei. Bei einer Liquidation müssten die Mitglieder für die Schuldner aufkommen. Es sei leicht voraussehbar, dass die Schuldnerländer dann von den Gläubigern im Zeichen der europäischen Solidarität Konzessionen verlangten. Siehe Schwerdtel 1992, 166 (Anmerkung 368).

132 Schwerdtel 1992, 118.

133 Schwerdtel 1992, 143–175.

134 SNB 1957, 307.

Neben den Bemühungen um die Liberalisierung des Handels unternahm die EZU auch Schritte zur Rückkehr zu konvertiblen Währungen. Wichtige Etappen waren die Zulassung der Devisenarbitrage im Mai 1953 und der Devisentermingeschäfte später im gleichen Jahr. Während Grossbritannien bereits 1954 Pläne für eine Wiedereinführung der Konvertibilität ausarbeitete, verfolgte die Schweiz in dieser Frage eine gradualistische Politik. Als Gläubigerland stand für sie die schrittweise Erhöhung der Goldquoten beim Saldenausgleich im Vordergrund. Dieser Forderung widersetzten sich die skandinavischen Länder, weil sie die Anpassungskosten nicht zu einseitig den Schuldnerländern überlassen wollten.[135] Trotz ihres Widerstands wurde der Anteil des Goldes beim Saldenausgleich im Sommer 1955 auf 75 % erhöht.

Obwohl mit dem Europäischen Währungsabkommen (EWA) bereits 1955 die institutionelle Voraussetzung für den Übergang zu einer allgemeinen Konvertibilität der Währungen der Mitgliedsländer geschaffen worden war, dauerte deren tatsächliche Einführung noch bis Ende 1958. Verantwortlich für die Verzögerung waren politische und wirtschaftliche Krisen. Die USA erlebten 1957 den bis zu diesem Zeitpunkt schwersten Konjunktureinbruch der Nachkriegszeit, und in Westeuropa kam es wegen der sich immer stärker gegenläufig entwickelnden Zahlungsbilanzsalden der Überschuss- und Defizitländer zu Spannungen auf den Devisenmärkten. Frankreich litt unter einer starken Inflation, einer defizitären Zahlungsbilanz sowie schwindenden Währungsreserven und musste den Franc abwerten. 1958 beruhigte sich die Währungssituation nachhaltig, sodass die westeuropäischen Länder das Europäische Wirtschaftsabkommen umsetzen und zur Konvertibilität ihrer Währungen übergehen konnten. Das EWA sah neben der Konvertibilität der Währungen einen Fonds von 600 Million Dollar vor, aus dem Ländern mit Zahlungsbilanzschwierigkeiten unter gewissen Bedingungen Kredit gewährt werden konnte. In der Schweiz wurde die Nachhaltigkeit des EWA zwar skeptisch beurteilt, eine Ablehnung war jedoch aus politischen Gründen ausgeschlossen.[136] Mit dem allgemeinen Übergang zur Konvertibilität waren die Voraussetzungen für das Funktionieren des Währungssystems von Bretton Woods und des GATT geschaffen worden. Fortan waren diese Institutionen sowie die EWG für die Aussenwirtschaft der Schweiz massgebend.

Auch wenn es in den ersten Jahren abwicklungstechnisch einige Schwierigkeiten gab, so wurden mit der EZU günstige Voraussetzungen für das wirtschaftliche Wachstum in Westeuropa geschaffen. Die Schweiz konnte von dieser Entwicklung profitieren, und so herrschte seit Kriegsende, von wenigen kleinen Einbrüchen abgesehen, Hochkonjunktur.

135 Schwerdtel 1992, 188.

136 In der Folge spielte das EWA tatsächlich keine wichtige Rolle, und es wurde Ende 1972 aufgelöst. Siehe Bernholz 2007, 156.

5.1.5.2 Kampf um die fixen Wechselkurse, um den Anschluss an die europäischen Märkte und gegen die konjunkturelle Überhitzung

Mit dem allgemeinen Übergang zur Konvertibilität waren die Voraussetzungen für das Funktionieren des Währungssystems von Bretton Woods Ende der 1950er Jahre endlich erfüllt. Neben der Konvertibilität beruhte es mit seinem Dollar-Gold-Standard auf fixen, jedoch anpassbaren Wechselkursen. Es sollte in erster Linie den internationalen Handel fördern, der Kapitalverkehr wurde als zweitrangig betrachtet. Hier war es den beteiligten Ländern gestattet, Einschränkungen vorzunehmen, um ihre Volkswirtschaften von externen Einflüssen abzuschirmen. Da die beteiligten Länder die Paritäten ihrer Währungen wegen der damit verbundenen Anpassungsprobleme aber nur im Notfall ändern wollten, war dem System eine gewisse Instabilität inhärent: Die Länder mit überbewerteten Währungen litten unter Zahlungsbilanzdefiziten und schwindenden Währungsreserven und diejenigen mit unterbewerteten Währungen verzeichneten Zahlungsbilanzüberschüsse, was im Fixkurssystem zu einer Ausdehnung der Geldmenge und damit tendenziell zu Inflation führte. Mit dem Dollar als Leitwährung war das System zudem von der amerikanischen Geldpolitik abhängig.

Gemäss der vorherrschenden Interpretation führte gerade die expansive Geldpolitik der Vereinigten Staaten zum Zusammenbruch des Systems: Der zur Schwäche neigende Dollarkurs habe diejenigen Länder, die eine restriktivere Politik verfolgten, gezwungen, Dollars aufzukaufen, um die Parität zu halten. Dies erhöhte tendenziell die Geldmenge in Ländern mit starken Währungen und heizte so auch dort die Inflation an. Um sich gegen eine mögliche Abwertung des Dollars abzusichern, seien zudem im grossen Stil Dollars in Gold getauscht worden, was wiederum zu einem Rückgang der amerikanischen Goldreserven führte und die USA 1971 schliesslich zwang, die Goldbindung des Dollars aufzuheben.

Diese Interpretation wird neuerdings in Frage gestellt, indem mit Blick auf die aktuellen Ungleichgewichte zwischen Überschuss- und Defizitländer die damaligen Schwierigkeiten relativiert werden und an ihre Stelle die Auffassung tritt, dass das System von Bretton Woods bemerkenswert stabil gewesen sei.[137] Nicht die Logik des Systems habe zu dessen Zusammenbruch geführt, sondern die unterschiedlichen Auffassungen der Amerikaner und der Europäer, was die Aufteilung der Rüstungsausgaben und die Ausgestaltung des internationalen Handelssystems betrifft. Die zunehmenden Differenzen hätten die Vereinigten Staaten schliesslich Anfang der 1970er Jahre dazu gebracht, in ihrer Wirtschaftspolitik auf eine Abwertung des Dollars zu setzen. Wie wir im Folgenden zeigen werden, war die SNB, was die Stabilität von Bretton Woods anbelangt, dieser Auffassung. Insbesondere Max Iklé, Vorsteher des III. Departements, betonte immer wieder, dass die Position der USA grundsätzlich solide sei und dass die Ungleichgewichte in der Zahlungsbilanz das System nicht wirklich gefährdeten.

137 James/Martinez 2008.

Als Überschussland sah sich die Schweiz in dieser Periode abgesehen von den Jahren 1965 und 1966 mit einer Hochkonjunktur und einer starken internationalen Nachfrage nach Franken konfrontiert; besonders während der zahlreichen politischen Krisen wurde der Finanzplatz Schweiz regelrecht mit Geldern aus dem Ausland überschwemmt.[138] Weil eine Aufwertung des Frankens für die Behörden bis Ende der 1960er Jahre undenkbar war, setzte die *Währungs- und Geldpolitik* auf administrative Massnahmen zur Kreditbegrenzung und zur Abwehr fremder Gelder. Daneben versuchte die Nationalbank, obwohl die Schweiz dem Abkommen von Bretton Woods nicht beigetreten war, zusammen mit anderen Notenbanken, den Ungleichgewichten im Währungssystem mit kooperativen Massnahmen zu begegnen.

Dass die Schweiz in den 1960er Jahren zu den Ländern gehörte, die sich am stärksten für das internationale Währungssystem einsetzten, lag neben den hohen Währungsreserven nicht zuletzt an der Persönlichkeit von Max Iklé.[139] Er ging vor dem Hintergrund der Erfahrungen in den 1950er Jahren davon aus, dass fixe Wechselkurse und ein inflationsfreies Wachstum bei Vollbeschäftigung möglich seien. In einem Brief vom 18. Februar 1961 an seinen Kollegen Charles Coombs von der Federal Reserve Bank of New York erklärte er, welche Faktoren dafür im Falle der Schweiz bisher verantwortlich gewesen seien.[140] Er betonte eine Beschränkung der Staatsausgaben während der Hochkonjunktur, eine Lohnpolitik der Gewerkschaften, die sich nach der Produktivitätsentwicklung richte und die Sterilisierungspolitik von Bund und SNB. Die Geldpolitik habe, so Iklé, überdies darauf gezielt, die Zinsen möglichst tief zu halten, um die Überschüsse der Zahlungsbilanz mittels Kapitalexport zu kompensieren.

Iklé glaubte, dass die amerikanische Politik grundsätzlich stabilitätsorientiert war. Er versuchte empirisch zu zeigen, dass die amerikanische Zahlungsbilanz wegen statistischer Besonderheiten defizitärer erschien, als sie dies in Tat und Wahrheit war.[141] Defizite hätten sich wegen der militärischen Ausgaben im Ausland, der Wirtschaftshilfe und der Kapitalexporte ergeben, die Position des Dollars sei «seit 1957 noch kaum je so stark […] wie heute».[142]

Bei der Überbrückung kurzfristiger Zahlungsbilanzdefizite spielte die Kooperation zwischen den Zentralbanken in den Augen Iklés eine entscheidende Rolle. Hier sah er eine wichtige Funktion der Schweiz und insbesondere der SNB, indem diese die überschüssigen Gelder aus der Schweiz in die USA lenkte, um die amerikanische Zahlungsbilanz aufzubessern. Eine solche Politik sei nicht nur im Interesse der beteiligten Länder, sondern auch im Interesse der «übrigen freien Welt».[143]

138 Zur Währungspolitik in dieser Periode siehe Bernholz 2007, 158–178.
139 Iklé, der vormalige Direktor der Eidgenössischen Finanzverwaltung, war von 1956 bis 1968 als Vorsteher des III. Departements im Direktorium der SNB für die Devisengeschäfte verantwortlich.
140 Archiv SNB, 2.3/2251, Brief von Iklé an Coombs vom 18. Februar 1961.
141 Iklé 1963.
142 Iklé 1963.
143 Archiv SNB, 2.3/2251, Brief von Iklé an Coombs vom 18. Februar 1961.

Ein Grund dafür, dass sich die Schweiz bei der Stützung des Währungssystems engagieren sollte, war für Iklé neben dem Beitrag, den sie so im Kalten Krieg leisten konnte, der internationale Ruf der Schweiz. 1962 erklärte er, dass die Schweiz eine Stärkung des internationalen Ansehens brauche, «ist doch nicht zu übersehen, dass unsere Banken mit ihrem grossen internationalen Geschäft von ihrer ausländischen Konkurrenz mit scheelen Augen angesehen werden und dass unser Bankgeheimnis, verbunden mit den anonymen Konti, von Zeit zu Zeit immer wieder einer heftigen Kritik begegnet.[144] Hinzu kommt, dass unsere Steuern, wenigstens verglichen mit dem Ausland, als niedrig gelten, sodass die Schweiz als sogenannter ‹tax haven› bezeichnet wird und sogar in den Reden des amerikanischen Präsidenten Erwähnung findet. Auch auf dem Gebiete der Währungspolitik gilt der Grundsatz, dass Reichtum verpflichtet und dass man nicht Währungsreserven aufstapeln kann, ohne denjenigen beizuspringen, die vorübergehend in Schwierigkeiten geraten. Vielleicht kommt einmal der Moment, wo wir eine Gegenrechnung präsentieren können. Wenn man an die enormen Schwierigkeiten denkt, die uns in den Integrationsverhandlungen [mit der Europäischen Wirtschaftsgemeinschaft] erwachsen, sind derartige Trümpfe nicht ganz ohne Bedeutung.»[145] Offenbar ging das politische Kalkül Iklés auf. Am 25. Oktober konnte er dem Bankausschuss berichten, dass der amerikanische Botschafter ihm die persönlichen Grüsse des Präsidenten der Vereinigten Staaten überbrachte habe, er «teilte uns», so Iklé, «in dessen Auftrag mit, wie sehr man im Weissen Haus die konstruktive Währungspolitik und die Haltung des Direktoriums zu schätzen wisse».[146]

Damit Iklé seine Vision von der währungspolitischen Rolle der Schweiz bei der Stützung des internationalen Währungssystems umsetzen konnte, musste er sich gegen die anfänglichen Bedenken seiner in Währungsfragen orthodoxen Kollegen durchsetzen. Ab 1961 begann die SNB dann eine auf internationale Kooperation ausgerichtete Politik, die innovative Finanzinstrumente und eine weite Auslegung des Nationalbankgesetzes einschloss.[147]

Die innovativen Ideen, die Iklé mit seinen Kollegen von der Federal Reserve Bank von New York und der Bank of England entwickelte, entstanden hauptsächlich im Rahmen der regelmässigen Treffen bei der Bank für Internationalen Zahlungsaus-

144 Nach seiner USA-Reise im Jahr 1962 präzisierte Iklé die Kritik am Bankgeheimnis, indem er den Bankausschuss wissen liess, dass nach Auffassung des schweizerischen Botschafters die Nummernkonti der schweizerischen Banken den dunkelsten Punkt im Verhältnis zu den Vereinigten Staaten darstellten: «Man wittert darunter zu Recht oder zu Unrecht ein System, das jedem Defraudanten und korrupten Diktator Unterschlupf gewähre, und immer wieder wird der Verdacht ausgesprochen, dass die Hilfsgelder, die die Vereinigten Staaten nach Südamerika leiten, über dunkle Wege schlussendlich auf schweizerischen Nummernkonti landen. Nichts könnte nach Ansicht unseres Vertreters das Ansehen der Schweiz [in den USA] mehr stärken als der Verzicht auf dieses System.» (Archiv SNB, Bericht über die Lage des Geldmarkts, Anhang zum Protokoll des Bankausschusses vom 20. Dezember 1962.)

145 Archiv SNB, Bericht über die Lage des Geldmarkts, Anhang zum Protokoll des Bankausschusses vom 19. Juli 1962.

146 Archiv SNB, Bericht über die Lage des Geldmarkts, Anhang zum Protokoll des Bankausschusses vom 25. Oktober 1962.

147 Bernholz 2007, 162–171.

gleich (BIZ). Im Vordergrund standen dabei Swapgeschäfte, Währungskredite, Interventionen zur Stützung des Goldpreises sowie die Schaffung zusätzlicher Fazilitäten beim IWF zur Stützung des Dollars.

Als beispielsweise 1961 erstmals Gold-Devisen-Swapgeschäfte durchgeführt wurden, verkaufte die SNB der amerikanischen Zentralbank Gold gegen Dollar, um es zu einem vereinbarten Termin zum gleichen Kurs zurückzukaufen. Dadurch erhielt sie für die Zeit zwischen den beiden Transaktionen kursgesicherte Dollarguthaben, die sie – ebenfalls auf Swapbasis – gegen Franken an die Banken im eigenen Land abgeben konnte. Auf diese Weise konnte vorübergehend ein Teil der überschüssigen Liquidität auf dem schweizerischen Geldmarkt abgeschöpft und gleichzeitig die amerikanischen Goldreserven erhöht werden. Aus solchen bilateralen Swapgeschäften ging ein internationales Swapnetz hervor, an dem acht europäische Zentralbanken, diejenigen der USA und Kanadas sowie die BIZ beteiligt waren.

Ebenfalls gegen das Misstrauen in den Dollar gerichtet war der im selben Jahr ins Leben gerufene Goldpool, an dem sich neben den amerikanischen Währungsbehörden und sechs europäischen Notenbanken auch die Schweizerische Nationalbank beteiligte. Der Goldpool bezweckte mit seinen Operationen am freien Goldmarkt, den Goldpreis in der Nähe des offiziellen Preises von 35 Dollar pro Unze zu halten.

Bei akuten Währungskrisen war die Schweiz bereit, sich mit namhaften Krediten an den internationalen Unterstützungsaktionen zu beteiligen. So stellte sie im Falle der Pfundkrise von 1961 mit rund 1.35 Milliarden Franken etwa einen Drittel der gesamten internationalen Hilfe.[148] Der Geschäftsführende Direktor des IWF, Per Jacobsson, entwickelte damals die Idee einer neuen Kreditfazilität für den Fall mangelnder Währungsreserven in den Vereinigten Staaten und Grossbritannien.[149] Der daraufhin 1962 eingeführte Kreditmechanismus wurde als Allgemeine Kreditvereinbarungen (AKV) bezeichnet; beteiligt waren die zehn führenden Industriestaaten, die man als Zehnerclub oder G10 bezeichnete. 1962 nahm Jacobsson[150] Kontakt zu den Schweizer Behörden auf und meinte, die Schweiz solle, selbst wenn sie nicht Mitglied des IWF werden wolle, doch den AKV beitreten.[151] Er wollte die Schweiz vor allem als potentielle Kreditgeberin gewinnen, zumal diese die Richtlinien des Währungsfonds weitgehend befolgte.[152] Weil die Schweiz weiterhin nicht Mitglied des Währungsfonds werden wollte, musste für ihre Beteiligung an den AKV ein Sonderstatus gefunden werden. Im Rahmen einer Vereinbarung mit dem IWF erklärte sich die

148 SNB 1982, 243.

149 James 1996, 161.

150 Jacobsson kannte die Schweiz und ihre massgeblichen Behörden bestens, war er doch vor dem Wechsel zum IWF im Jahr 1956 Mitglied der Wirtschafts- und Finanzabteilung des Sekretariats des Völkerbundes in Genf (1920–1928) und Leiter der Währungs- und Wirtschaftsabteilung der BIZ in Basel (1931–1956) gewesen. Siehe Jacobsson 1979.

151 Bernholz 2007, 167.

152 Jacobsson meinte einmal zu Iklé: «Wenn alle meine Mitglieder die Regeln des Fonds so gewissenhaft einhielten wie die Schweiz, hätte ich bedeutend weniger Sorgen.» (Iklé 1970, 49.)

Schweiz bereit, den teilnehmenden Ländern Kredite im Wert von höchstens 865 Millionen Franken (= 200 Millionen Dollar) und für maximal fünf Jahre zur Verfügung zu stellen.[153] Damit wurde die Schweiz 1964 als einziges Land, das nicht dem IWF angehörte, elftes (assoziiertes) Mitglied der exklusiven und einflussreichen G10, die über die Zukunft des internationalen Währungssystems bestimmte.[154]

In den Diskussionen der G10 Mitte der 1960er Jahre ging es in erster Linie um die Frage, wie das Währungssystem stabiler gemacht werden konnte. Die Meinungen gingen weit auseinander: Während Frankreich gegen weitere internationale Stützungsmassnahmen zugunsten des Dollars und für eine starke Rolle des Goldes im Währungssystem war, wollten die Vereinigten Staaten und Grossbritannien ihre Zahlungsbilanzdefizite nur langsam abbauen. Um die Dominanz des Dollars zu brechen, schlug Frankreich zudem die Schaffung einer künstlichen Reserveeinheit vor. Nach langen Diskussionen wurden schliesslich 1969 Sonderziehungsrechte eingeführt, an deren Verwendung jedoch so viele Bedingungen geknüpft waren, dass sie als internationale Währungsreserven nur eine marginale Rolle spielen konnten.[155] Die SNB war gegenüber der Schaffung einer künstlichen Reserveeinheit von Anfang an skeptisch eingestellt und befürchtete, sie würde zu einer Schwächung der monetären Disziplin führen. Sie plädierte für die Wiedereinführung der Goldkonvertibilität in den europäischen Industriestaaten und für eine verstärkte Kooperation unter den Notenbanken.[156]

Schon zu Beginn der 1960er Jahre zeigte sich, dass auch eine innovative Anwendung des gesetzlichen Instrumentariums der SNB nicht erlaubte, das Geldangebot in der Schweiz zu stabilisieren. Die wichtigsten Instrumente – Abschöpfungsswaps, die den Abfluss von Kapital ins Ausland begünstigende Tiefzinspolitik sowie die Ausgabe von Sterilisierungsreskriptionen – wurden durch zunächst freiwillige Massnahmen der Banken ergänzt. Im August 1961 einigte sich die SNB mit den Schweizer Banken auf ein Gentlemen's Agreement zur Abwehr und Verminderung ausländischer Gelder, dessen Kernstück ein Verzinsungsverbot für ausländische Guthaben war. 1962 begann die Inflation merklich anzusteigen, was die SNB auch deshalb stark beunruhigte, weil sie befürchtete, Grossbritannien könne der EWG beitreten, ohne dass die Assoziation der Neutralen geregelt würde.[157] Angesichts dieser möglichen Entwicklung sei es für die Schweiz «eine Lebensnotwendigkeit, der Lohn-Preis-Spirale [...] Einhalt zu gebieten». Nur so könne sie «die Zollbarrieren des Gemeinsamen Marktes überspringen und die Diskriminierung in Kauf nehmen». Um das Problem der Teuerung zu lösen, schlug die SNB in einer Studiengruppe des Bundes erfolgreich eine freiwil-

153 SNB 1982, 247.

154 Mit der Schaffung der G10 verlor der IWF seinen universalen Anspruch, was auch sofort zu Protesten von Ländern führte, denen man trotz Mitgliedschaft im IWF den Zutritt zur G10 verwehrte. Siehe James 1996, 161–164.

155 Zur Diskussion um die Einführung der Sonderziehungsrechte siehe James 1996, 165–174.

156 Zur Position der Schweiz siehe Ingold 2003.

157 Siehe auch für das Folgende Archiv SNB, Bericht über die Lage des Geldmarkts, Anhang zum Protokoll des Bankausschusses vom 25. Januar 1962.

lige Kreditplafonierung der Banken auf der Grundlage eines weiteren Gentlemen's Agreements vor. Diese Massnahme war verbunden mit einer ebenfalls auf Freiwilligkeit beruhenden Investitionskontrolle der Wirtschaft und der öffentlichen Hand. Das Abkommen über die Kreditbegrenzung zwischen der SNB und den Banken mit einer Bilanzsumme von über 10 Millionen Franken trat am 1. April 1962 in Kraft.[158]

Das auf Freiwilligkeit beruhende Programm erfüllte – wenig überraschend – die Erwartungen nicht, und der Bundesrat musste 1964 mit den dringlichen Bundesbeschlüssen über die Bekämpfung der Teuerung durch Massnahmen auf dem Gebiet der Bauwirtschaft (Baubeschluss) sowie durch Massnahmen auf dem Gebiet des Geld- und Kapitalmarktes und des Kreditwesens (Kreditbeschluss) ein auf Notrecht beruhendes Programm zur Konjunkturdämpfung erlassen. Die Hauptelemente des Kreditbeschlusses, der von der SNB umgesetzt werden musste, waren die als allgemeinverbindlich erklärten Vereinbarungen über die ausländischen Gelder und die Kreditbegrenzung von 1962.[159] Mit dem Baubeschluss, der auf eine Begrenzung der Bewilligung von Neubauten abzielte, sollte verhindert werden, dass die Kreditbegrenzung unterlaufen wurde. Die Wirkung der beiden Bundesbeschlüsse ist schwierig einzuschätzen. Max Iklé hielt die Umsetzung des Baubeschlusses für zu lax, während er dem Kreditbeschluss attestierte, dass er im Grossen und Ganzen die in ihn gesetzten Erwartungen erfülle.[160] In ihrer Festschrift zum 75-jährigen Bestehen im Jahr 1982 war die Nationalbank zurückhaltender. Sie schätzte den Beitrag der Kreditbegrenzung zur Konjunkturdämpfung als «eher bescheiden» ein.[161]

Obwohl die Bundesbeschlüsse zur Bekämpfung der Teuerung diese nicht zu senken vermochten – 1965 stieg die am Konsumentenpreisindex gemessene Teuerung um 0.3 Prozentpunkte auf 3.4% an, 1966 erreichte sie 4.8% –, änderte die SNB ihre auf administrative Massnahmen ausgerichtete Politik nicht. Angesichts der zeitlichen Begrenzung der notrechtlichen Massnahmen versuchte die SNB im Rahmen einer Revision des Nationalbankgesetzes, ihr Instrumentarium zu erweitern. Unter anderem ging es dabei um die Kompetenz zur Ausgabe eigener Schuldverschreibungen, um Liquidität abzuschöpfen, und zur Einführung einer Mindestreserveregelung sowie um Massnahmen zur Kreditbegrenzung. Der Kommission des Nationalrats, welche die Gesetzesvorlage vorab beriet, gingen diese Kompetenzen zu weit, und sie beauftragte den Bundesrat, mit den Banken einen Rahmenvertrag abzuschliessen, der die Ziele der Gesetzesrevision auf kooperativem Weg erreichen sollte.[162] Nachdem eine solche Vereinbarung zustande gekommen war, lehnte das Parlament im Herbst/Winter 1969 die Revision des Nationalbankgesetzes ab. Die Umsetzung des *soft law* erwies sich dann –

158 SNB 1982, 205.
159 SNB 1982, 131.
160 Archiv SNB, Bericht über die Lage des Geldmarkts, Anhang zum Protokoll des Bankausschusses vom 24. September 1964.
161 SNB 1982, 207.
162 SNB 1982, 136.

wenngleich durchaus erwartungsgemäss – als langwierig und schwierig, weil die Banken, teilweise unter Anwendung von Tricks, die Bestimmungen zu unterlaufen versuchten.[163]

Allerdings ist zu bezweifeln, dass eine geglückte Revision des Nationalbankgesetzes zu einer besseren Geld- und Währungspolitik geführt hätte. Denn mit Mindestreserven, Offenmarktpolitik und Kreditbegrenzungen liess sich das grundsätzliche Problem, dass nämlich der Franken unterbewertet war und sich die zunehmend expansive Geldpolitik der USA im Fixkurssystem auf die Länder mit einer restriktiveren Politik übertrug, nicht lösen. Die Schweiz war von dieser Entwicklung besonders betroffen, weil sie über einen bedeutenden Finanzplatz verfügte, der besonders in Zeiten politischer Krisen als *safe haven* für internationale Gelder diente. Sie ergriff zwar immer wieder Massnahmen gegen den Zufluss ausländischer Gelder, konnte sich jedoch im Gegensatz zu anderen Ländern nicht zu einer Devisenbewirtschaftung entschliessen. Nur mit einer solch drastischen Massnahme hätte das von aussen induzierte Wachstum der Geldmenge gestoppt werden können.[164] Im Unterschied zu anderen Ländern waren in der Schweiz weder die Behörden noch die Politik bereit, eine Änderung der Parität oder gar den Übergang zu flexiblen Wechselkursen in Betracht zu ziehen. Wie schon in den 1930er Jahren waren es wiederum in erster Linie die Vertreter der Freigeldbewegung, die eine andere Politik forderten. Bereits 1962 stellten sie auf der Generalversammlung der SNB einen «Antrag betreffend Einführung des Systems schwankender Wechselkurse». Der Präsident des Direktoriums der SNB, Walter Schwegler, ging in seinem Referat bei der GV auf den Antrag ein und bezeichnete die Theorie flexibler Wechselkurse als wirklichkeitsfremd.[165] Aus seiner Sicht war der Franken nicht unterbewertet, dies zeige die Ertragsbilanz, die in der zweiten Hälfte 1960 negativ geworden sei. Die Erhöhung der Währungsreserven habe keine wirtschaftlichen Gründe, und der Kapitalzufluss habe seine Ursache in der Angst vor kriegerischen Ereignissen, Enteignungsmassnahmen oder Währungsverlusten. Eine Aufwertung des Frankens würde «für die Exportwirtschaft und Hotellerie wie ein Schlag mit dem Holzhammer wirken» und müsse «als ein Akt wirtschaftlicher Unvernunft und als unerhörter Vertrauensbruch» bezeichnet werden.

Obwohl die Schweiz mit Friedrich Lutz über einen international anerkannten Ökonomen verfügte, der als einer der ersten für ein flexibles Währungssystem eintrat, gab es in den 1960er und frühen 1970er Jahren kaum Stimmen aus der Wissenschaft, welche die Währungspolitik in Frage stellten.[166] Eine der wenigen Ausnahmen war Hugo Sieber, der zwar auch nicht für flexible Wechselkurse plädierte, aber immerhin

163 SNB 1982, 137.
164 Schiltknecht 1970, 164.
165 Archiv SNB, 2.3/2251, Darlegung von Dr. W. Schwegler, Präsident des Direktoriums, an der Generalversammlung der Schweizerischen Nationalbank vom 24. März 1962 zum Antrag des Herrn W. Schmid und von 20 weiteren Unterzeichner betr. Einführung des Systems schwankender Wechselkurse.
166 Zur wirtschaftspolitischen Diskussion in der Schweiz in den 1960er Jahren siehe Schürmann 1976, 269.

den Zusammenhang zwischen festen Wechselkursen, Geldmengenpolitik und Inflationsbekämpfung thematisierte. Dass der Franken tatsächlich unterbewertet war, zeigte sich nach dem Übergang zum Floating, als sich der Franken gegenüber allen Währungen stark aufzuwerten begann. Eine frühere Aufwertung des Frankens hätte sicher dämpfend auf die Inflation gewirkt und die schweizerische Exportindustrie zu gewissen Rationalisierungen gezwungen und damit besser auf die Zeit nach dem Ende der fixen Wechselkurse vorbereitet.

Erst nachdem der Goldpool aufgelöst worden war und sich neben dem offiziellen Goldpreis der Zentralbanken ein Preis auf dem freien Goldmarkt bildete, begann die Nationalbank, mit dem Bundesrat eine Paritätsänderung zu diskutieren. Im November 1968 erklärte sie der bundesrätlichen Wirtschaftsdelegation, dass der Rekordüberschuss der Ertragsbilanz, die Exportsteigerung und der angespannte Arbeitsmarkt darauf hindeuteten, «dass notfalls ein gewisser Spielraum für eine Aufwertung bestehen könnte».[167] Das Direktorium ging aber davon aus, dass kein fundamentales Ungleichgewicht bestehe. Es empfahl dem Bundesrat, «an der Frankenparität nicht zu rütteln». Es sei insbesondere die Gradlinigkeit der schweizerischen Währungspolitik – eine einzige Wechselkursänderung in der 120-jährigen Existenz des Frankens –, die einen gewissen Schutz gegen Aufwertungsspekulation gewähre. Im Frühling 1969 begann das Direktorium angesichts einer bevorstehenden Aufwertung der D-Mark, die Frage erneut zu diskutieren.[168] Es behandelte das heikle Thema allerdings sehr vorsichtig und liess die diesbezüglichen Diskussionen nicht mehr im Direktoriumsprotokoll festhalten, sondern in Spezialberichten, die heute nicht mehr vorhanden sind.[169] Nachdem Deutschland am 28. September 1969 beschlossen hatte, seine Währung floaten zu lassen, sprach sich das Direktorium beim Bundesrat für eine «mässige» Aufwertung des Frankens aus, was vom Bundesrat jedoch abgelehnt wurde.[170] Auch mit dem Inkrafttreten des revidierten Münzgesetzes am 1. April 1971, das die Kompetenz zur Paritätsänderung vom Parlament an den Bundesrat übertrug, änderte sich an der offiziellen Haltung zur Frankenparität nichts Grundlegendes. Im Mai 1971 wurde der Franken um 7.07 % aufgewertet und zwischen August und Dezember desselben Jahres liess die SNB den Franken angesichts der unsicheren internationalen Währungsverhältnisse schwanken. Diese kurze Phase flexibler Wechselkurse wurde mit einem internationalen Währungsabkommen, dem Smithsonian Agreement, abgeschlossen, das erneut fixe Kurse vorsah. Im Rahmen dieses Abkommens wurde der Dollar durch eine Erhöhung des offiziellen Goldpreises von 35 auf 38 Dollar pro Unze um 7.9 % abgewertet. Die anderen Währungen erfuhren eine entsprechende Aufwertung. Auch der

167 Archiv SNB, Protokoll des Bankausschusses vom 29. November 1968, 252.
168 Archiv SNB, Protokoll des Direktoriums Nr. 454 vom 1. Mai 1969.
169 Archiv SNB, Protokoll des Direktoriums Nr. 489 vom 8. Mai 1969 und Protokoll des Direktoriums Nr. 596 vom 12. Juni 1969.
170 Archiv SNB, Protokoll des Direktoriums Nr. 1111 vom 9. Oktober 1969 und Protokoll des Bankausschusses vom 3. April 1970, 62.

Franken wurde nochmals etwas aufgewertet. Obwohl die USA die Konvertibilität des Dollars im August 1971 aufgegeben hatten, kam es zu keiner grundlegenden Änderung in der schweizerischen Währungspolitik. Diese setzte weiterhin auf feste Wechselkurse und angesichts des fehlenden Notenbankinstrumentariums auf Notrechtsbeschlüsse wie Mitte der 1960er Jahre. Im Vordergrund standen administrative Massnahmen gegen den Zufluss ausländischer Gelder.[171] Auch der am 23. Januar 1973 erfolgte Übergang zum Floaten war kein bewusster Strategiewechsel, sondern eine der Not gehorchende, als vorübergehend eingeschätzte Massnahme.

Nicht nur aus heutiger Sicht sind das Festhalten an der 1936 neu festgelegten Frankenparität und die fehlende Diskussion einer alternativen Währungspolitik bemerkenswert. Bereits relativ kurz nach dem Übergang zu flexiblen Wechselkursen begannen selbst beteiligte Institutionen und Personen wie die SNB oder Leo Schürmann (Nationalrat, Präsident der Kartellkommission, ab 1974 Mitglied des Direktoriums der SNB), von einem «Währungstabu» bzw. einem «dogmatisierten Grundsatz» zu sprechen. Hugo Sieber prägte zudem den Ausdruck von der «schweigenden Wissenschaft».[172] Hier zeigten sich die Schattenseiten der schweizerischen Ausprägung einer Stabilitätskultur, die alle massgebenden Kräfte in die Institutionen und Entscheidungen einzubinden wusste, sodass Kritik nur von Aussenseitern vorgetragen werden konnte, mit der entsprechenden Folge einer Stigmatisierung alternativer Konzepte.

Die *Aussenwirtschaftspolitik* der Schweiz stand ab Mitte der 1950er Jahre immer stärker unter Druck.[173] Zum einen führten die Bestrebungen der OEEC, Einfuhrbegrenzungen abzuschaffen und damit den Handel zu liberalisieren, dazu, dass Schutzzölle in der Handelspolitik verschiedener Länder an Bedeutung gewannen.[174] Zum andern erwies sich die fehlende Mitgliedschaft beim GATT für die Schweiz immer mehr als Nachteil, weil sie die für sie wichtigsten Zollpositionen nicht zum Gegenstand von Verhandlungen machen konnte.[175] Schliesslich drohte die Schweiz, durch die von der Montanunion verfolgten Pläne zur Errichtung einer Zollunion diskriminiert zu werden.

Die 1954/55 vorgenommenen Änderungen des GATT in Bezug auf den Schutz der Landwirtschaft ermöglichten es der Schweiz, in Verhandlungen über eine vorläufige Mitgliedschaft einzutreten.[176] Die Befürchtung, dass Länder mit Zahlungsbi-

171 Zu den Massnahmen im Einzelnen siehe SNB 1982, 140.

172 Zur Einschätzung der SNB siehe SNB 1982, 72 und zu den Aussagen Schürmanns und Siebers: Schürmann 1976, 275.

173 Für einen Überblick zur schweizerischen Aussenwirtschaftspolitik von 1945 bis 1966 siehe Dirlewanger/Guex/Pordenone 2003; ferner → 5.3.3.2.

174 Schweiz. Bundesrat 1960, 842–843.

175 Maurhofer 2001, 200.

176 In der Revisionssitzung des GATT vom Winter 1954/55 wurde der Beschluss gefasst, dass die Mitgliedstaaten unter erleichterten Abstimmungsbedingungen einen auf 5 Jahre befristeten Dispens für den Landwirtschaftsschutz erhalten konnten. Weil die Schweiz nicht in Beitrittsverhandlungen eintre-

lanzdefiziten gegenüber den Schweizer Einfuhren mengenmässige Beschränkungen festsetzen könnten, hatte an Bedeutung verloren, weil inzwischen 80 % der schweizerischen Exporte in Länder gingen, die keine Einfuhrquoten kannten oder dem Liberalisierungskodex der OEEC unterstanden. In den Beitrittsverhandlungen gelang es der Schweiz als einzigem Land, sich von der Verpflichtung zu befreien, im Landwirtschaftssektor bestehende Einfuhrbeschränkungen langfristig abzubauen. Bei schweren Lastwagen konnte die Importbeschränkung ebenfalls aufrechterhalten werden. Das zweite wichtige Zugeständnis war, dass die Schweiz nicht dem IWF beitreten musste. Abschliessend konnte der Bundesrat feststellen, «dass als Ergebnis der in Genf geführten Verhandlungen die GATT-Vertragsparteien unserm Land das grösstmögliche Entgegenkommen bezeugt haben».[177] Bevor die Schweiz mit dem GATT in konkrete Zollverhandlungen eintreten konnte, musste sie ihren aus dem Jahre 1921 stammenden Zolltarif revidieren. Er war in Bezug auf die Nomenklatur veraltet und enthielt aufgrund der Inflation keine Konzessionsmargen mehr. Trotz der mässigen Heraufsetzung der Zollbelastung gab es laut Bundesrat kein Land in der OEEC, das tiefere Zollansätze gekannt hätte als die Schweiz. Die Mehrheit der OEEC-Staaten erhob im Vergleich zur Schweiz ganz erheblich höhere Einfuhrzölle.[178]

Während das GATT mit seinem Meistbegünstigungsprinzip der universal ausgerichteten schweizerischen Handelspolitik entsprach, stand die von den sechs Ländern der Europäischen Gemeinschaft für Kohle und Stahl (EGKS) beabsichtigte regionale Präferenzzone im scharfen Gegensatz zur Schweizer Auffassung der internationalen Handelsbeziehungen.[179] Ein Beitritt der Schweiz war für die Schweizer Regierung aufgrund ihrer Interpretation der Neutralität ausgeschlossen. Eine Zollunion hätte die Autonomie in der Handelspolitik beschnitten und wäre darum neutralitätswidrig gewesen.[180] Die Schweiz gab den supranationalen Integrationsbestrebungen lange wenig Chancen und beurteilte sie einseitig aus einer ökonomischen Perspektive, ohne den politischen Implikationen Rechnung zu tragen. Dabei kam sie zum Schluss, dass die europäischen Einigungsbestrebungen interventionistisch bzw. dirigistisch seien. In den Augen des Bundesrates zielte die EWG auf die Errichtung eines europäischen «Überstaates».[181]

Um den Zollunionsplänen der Montanunion etwas entgegenzusetzen, unterstützte die Schweiz die ab Mitte 1956 einsetzenden britischen Bestrebungen zur Errichtung einer alle OEEC-Staaten umfassenden Freihandelszone. Frankreich, das unter Zahlungsbilanzkrisen litt, torpedierte jedoch diese Bemühungen. Im Herbst 1958 gelang es dem französischen Präsidenten de Gaulle, den deutschen Bundeskanzler

ten wollte, ohne die Gewissheit zu haben, ihren Landwirtschaftsschutz weiterführen zu können, strebte sie eine vorläufige Mitgliedschaft an. Siehe Schweiz. Bundesrat 1957a, 192.

177 Schweiz. Bundesrat 1957a, 197.

178 Schweiz. Bundesrat 1959, 728.

179 Maurhofer 2001, 444.

180 Maurhofer 2001, 121.

181 Schweiz. Bundesrat 1960, 859.

Tabelle 5.1-1: **Chronologie: die Schweiz und die europäische Einigung**

1951	Frankreich, Italien, die Bundesrepublik Deutschland und die Benelux-Länder unterzeichnen den Vertrag zur Errichtung der Europäischen Gemeinschaft für Kohle und Stahl (EGKS).
1957	In Rom rufen die sechs Gründungsstaaten durch zwei weitere Verträge die Europäische Wirtschaftsgemeinschaft (EWG) und die Europäische Atomgemeinschaft (EURATOM) ins Leben.
1960	Die Schweiz mit Liechtenstein, Österreich, Grossbritannien, Schweden, Dänemark, Norwegen und Portugal unterzeichnen das Übereinkommen zur Errichtung der Europäischen Freihandelszone (EFTA).
1967	Aus den drei Gemeinschaften EGKS, EWG und EURATOM wird die Europäische Gemeinschaft (EG).
1973	Dänemark, Grossbritannien und Irland treten der EG bei (Norwegen lehnt den Beitritt zur EG in einer Volkabstimmung ab). Die EG unterzeichnet ein Freihandelabkommen mit der EFTA.

Quellen: Grädel 2007; Freiburghaus 2009.

Konrad Adenauer zu überzeugen, dass die Festigung der Achse Bonn-Paris wichtiger sei als eine grosse Freihandelszone.[182] Die Schweiz wollte die «Spaltung» Westeuropas nicht akzeptieren und liess verbal die Muskeln spielen. Zunächst drohte sie mit dem Rückzug aus der EZU.[183] 1959 ging sie sogar so weit, den schweizerischen Kapitalmarkt für die EWG-Länder zu sperren.[184] Diese Massnahmen beindruckten die EWG allerdings ebenso wenig wie die britischen Vorstösse zur Errichtung einer alle OEEC-Staaten umfassenden Freihandelszone. Da seit 1956 zudem Ideen für die Schaffung einer Freihandelszone zwischen Grossbritannien und den skandinavischen Staaten zirkulierten, drohte die Schweiz zwischen zwei Handelsblöcke zu geraten.[185]

Der Bundesrat war nicht nur aufgrund der Neutralität gegen einen Beitritt zur EWG, sondern auch, weil er befürchtete, die Autonomie in der Handelspolitik zu verlieren, der er wegen der besonderen Bedeutung des Aussenhandels für die Schweiz eine grosse Wichtigkeit beimass. Eine Mitgliedschaft hätte zudem wegen der zu erwartenden hohen Zollansätze der EWG die Position der Schweiz als «Welthandelsstaat» gefährdet. Schliesslich bedeute der Beitritt, so der Bundesrat, die «Unterordnung unter eine gemeinsame Agrarpolitik».[186] Ein bilateraler Handels- und Zollvertrag mit der EWG kam ebenfalls nicht in Frage, weil die Konzessionen wegen des GATT auf alle EWG-Mitglieder hätten ausgedehnt werden müssen.[187] So blieb nur der Beitritt zur Europäischen Freihandelsassoziation EFTA, die neben der Schweiz Dänemark,

182 Maurhofer 2001, 298–301.
183 Maurhofer 2001, 296–298.
184 Maurhofer 2001, 363–364.
185 Maurhofer 2001, 388.
186 Zu den Argumenten des Bundesrates siehe Schweiz. Bundesrat 1960, 859.
187 Schweiz. Bundesrat 1960, 861.

Grossbritannien, Norwegen, Österreich, Portugal und Schweden als Gründungsmitglieder umfasste. Aus der Botschaft des Bundesrates zum Beitritt zur EFTA geht klar hervor, dass dieser vor allem als defensive Antwort auf die Gründung der EWG verstanden wurde. Der Bundesrat hoffte, dass die EFTA die «Grundlage für einen Brückenschlag zur EWG» bilden und das Interesse der EWG-Staaten an der «Überwindung der Spaltung Europas» wieder wecken könne.[188] Aus diesem Grund wurde der Zollabbau unter den EFTA-Ländern zeitlich mit demjenigen der EWG abgestimmt.

In der Schweiz befürchtete man nicht nur, durch die Zollpolitik der EWG benachteiligt zu werden, sondern man glaubte auch, dass der entstehende grosse europäische Wirtschaftsraum in den beteiligten Ländern zu Produktivitätssteigerungen führen würde. Weil die Schweiz wegen des grossen Anteils ausländischer Beschäftigter mit hohen Investitions- und Infrastrukturkosten sowie mit zunehmender internationaler Konkurrenz auf den Arbeitsmärkten konfrontiert sei, so die Argumentation, drohe sie an Konkurrenzfähigkeit zu verlieren.[189] Die Auswirkungen der europäischen Zollunion auf den Aussenhandel der Schweiz waren allerdings, wie sich im Laufe der 1960er Jahre herausstellen sollte, aus drei Gründen nicht dramatisch. Erstens konnten die durch die EWG verursachten Exporteinbussen durch die EFTA überkompensiert werden.[190] Zweitens hatte die sogenannte Kennedy-Runde im Rahmen des GATT 1967 zum Austausch wesentlicher Zollkonzessionen zwischen der Schweiz und der EWG geführt. Mit dem Abkommen von 1960 sank die Zollbelastung der EWG für Industriegüter aus der Schweiz von 11.4% auf 7.1%.[191] Gleichzeitig wurden Abkommen betreffend landwirtschaftlicher Exporte (Milchprodukte und Vieh) sowie Uhren abgeschlossen. Das Uhrenabkommen sah eine beidseitige Reduktion der Zollbelastung um 30% vor. Auch mit den USA konnten im Rahmen der Kennedy-Runde weitgehende Zollsenkungen vereinbart werden, die für wichtige schweizerische Exportprodukte, wie qualitativ hochwertige Uhren, Maschinen, Apparate und Präzisionsinstrumente sowie gewisse Nahrungsmittel (Käse, Schokolade, Süsswaren), 50% ausmachten.[192] Der dritte Grund, warum die schweizerische Exportindustrie nicht besonders unter einer Diskriminierung durch die EWG litt, lag in der Wechselkursentwicklung des Frankens, der, wie wir im Abschnitt über die Währungspolitik gezeigt haben, im Laufe der 1960er Jahre immer stärker unterbewertet wurde. Diese Entwicklung führte 1970 sogar dazu, dass ein Bundesbeschluss über die Erhebung eines Ex-

188 Schweiz. Bundesrat 1960, 868.

189 Prader 1981, 232–233.

190 Eine empirische Untersuchung der EFTA kam 1972 zum Schluss, dass sämtliche EFTA-Länder infolge ihrer Mitgliedschaft in der Assoziation Exportausweitungen erzielen konnten, welche die Exportminderungen durch die Diskriminierung der EWG übertrafen. Im Falle der Schweiz machten die Exporteinbussen gegenüber den EWG-Ländern aber mehr als die Hälfte der Zunahme der Schweizer Exporte in die EFTA-Länder aus. Damit hatte die Schweiz das schlechteste Verhältnis aller EFTA-Mitglieder. Siehe Europäische Freihandelsassoziation (EFTA) 1972, 59.

191 Schweiz. Bundesrat 1967, 621.

192 Schweiz. Bundesrat 1967, 623–624.

portdepots zur Dämpfung des Exportbooms zustande kam, der jedoch nie angewandt wurde.[193] Die mit der europäischen Integration zu Beginn der 1960er Jahre befürchteten Nachteile scheinen sich, so gesehen, nicht bewahrheitet zu haben.

Trotz Zollabbaurunden und Hochkonjunktur blieb der Wunsch der EFTA-Länder, stärker am Gemeinsamen Markt teilzunehmen, während der 1960er Jahre bestehen. Konkrete Vorstösse erfolgten anlässlich der Versuche Grossbritanniens, der EWG beizutreten. Einige Länder stellten zusammen mit Grossbritannien Beitrittsgesuche (Dänemark und Norwegen sowie das nicht zur EFTA gehörende Irland). Österreich, Schweden und die Schweiz, für die aus neutralitätspolitischen Gründen ein Beitritt nicht in Frage kam, suchten eine Assoziation, die es ihnen unter Wahrung der Neutralität ermöglichte, am europäischen Markt teilzunehmen.[194] Weil Frankreich sowohl 1963 als auch 1967 den britischen Beitritt ablehnte, kam es vorerst zu keiner Annäherung zwischen der EFTA und der EWG. Erst nach dem Rücktritt de Gaulles beschlossen die EWG-Länder an der Haager Gipfelkonferenz vom 1./2. Dezember 1969 nicht nur eine Vertiefung der Integration, sondern auch eine Erweiterung der Gemeinschaft. Dabei verstand die EWG unter Erweiterung sowohl die Aufnahme neuer Länder als auch die Schaffung besonderer Beziehungen mit anderen europäischen Staaten.[195] Der Erweiterungsbeschluss führte 1973 zum Beitritt Grossbritanniens, Dänemarks und Irlands, während die Schweiz und die übrigen EFTA-Länder mit der EWG Freihandelsabkommen über den Austausch von industriellen Erzeugnissen abschlossen.

Damit hatte die schweizerische Aussenwirtschaftspolitik nach über fünfzehn Jahren ihr Ziel erreicht, Teil einer westeuropäischen Freihandelszone zu sein, ohne dass die Schweiz dafür ihre Autonomie in der Handelspolitik, in der Landwirtschaftspolitik, in der Wettbewerbspolitik[196] und in der Arbeitsmigrationspolitik[197] aufgeben musste. Auch die Praktiken und Gesetzesvorschriften des öffentlichen Einkaufswesens sowie die nichttarifären Handelshemmnisse wurden aus dem Freihandelsabkommen ausgeklammert.[198] Artikel 32 bestätigte allerdings die Bereitschaft der Vertragsparteien, eine Ausdehnung ihrer Beziehungen über den Freihandel hinaus zu prüfen. Damit war ein Anknüpfungspunkt geschaffen worden, der bereits vor dem Inkrafttre-

193 SNB 1982, 72.

194 Schweiz. Bundesrat 1971, 665–667.

195 Schweiz. Bundesrat 1971, 675–676.

196 Das Freihandelsabkommen mit EWG enthielt zwar einen Artikel über Wettbewerbsregeln, der die Freiheit des Warenverkehrs vor Einschränkungen schützen sollte, er überliess es jedoch den Behörden der Vertragsparteien, den Sachverhalt abzuklären und «in autonomer Weise für Abhilfe zu sorgen, wenn die Gegenpartei eine Verletzung der Wettbewerbsregeln nachweist». Siehe Schweiz. Bundesrat 1972, 700–703.

197 Italien gelang es allerdings im Zusammenhang mit den Verhandlungen zum Freihandelsabkommen, für seine Landsleute Verbesserungen auf dem schweizerischen Arbeitsmarkt auszuhandeln. Siehe Abschnitt Arbeitsmigrationspolitik weiter unten.

198 Schweiz. Bundesrat 1972, 668.

ten des Freihandelsabkommens zu einem Abkommen über die forschungspolitische Zusammenarbeit führte.[199]

5.1.5.3 Die Konjunkturpolitik des Bundes im Zeichen der Hochkonjunktur

Dank der sogenannten Wirtschaftsartikel, die 1947 vom Volk gutgeheissen wurden, verfügte der Bund über eine neue verfassungsmässige Grundlage seiner Wirtschaftspolitik. Der Hauptzweck der Wirtschaftsartikel lag in der verfassungsrechtlichen Verankerung der meist mittels Notrecht erlassenen Strukturerhaltungsmassnahmen zugunsten der Landwirtschaft und anderer in ihrer Existenz gefährdeter Wirtschaftszweige oder wirtschaftlich bedrohter Landesteile.[200] Die Artikel brachten zudem mit der Allgemeinverbindlichkeitserklärung von Gesamtarbeitsverträgen und anderen gemeinsamen Vorkehrungen von Arbeitgeber- und Arbeitnehmerverbänden zur Förderung des Arbeitsfriedens eine weitere Stärkung der organisierten Interessen.[201] Weiter wurde dem Bund die Kompetenz zur Verhütung von Wirtschaftskrisen und zur Bekämpfung von Arbeitslosigkeit übertragen. Schliesslich erhielt der Bund die Befugnis, Vorschriften gegen volkswirtschaftlich oder sozial schädliche Auswirkungen von Kartellen und ähnlichen Bündnissen bzw. Organisationen zu erlassen. Da die Nachkriegszeit bis zu Beginn der 1970er Jahre weitgehend eine Periode der Hochkonjunktur war und die in den 1930er Jahren erlassenen Strukturerhaltungsmassnahmen mit Ausnahme derjenigen für die Landwirtschaft und die Uhrenindustrie[202] wieder abgebaut wurden, brachten die Wirtschaftsartikel für die Lösung der tatsächlichen wirtschaftspolitischen Probleme in dieser Zeit jedoch nur wenig.

Der Bundesrat ging im Zeichen einer antizyklischen *Finanzpolitik* ausgesprochen haushälterisch mit den Ausgaben um, wobei zunächst die Krisenvorsorge und ab den 1950er Jahren die Inflationsbekämpfung im Vordergrund standen.[203] Die Bundesausgaben wurden während der 1950er Jahre von den Militärausgaben dominiert, die zwischen 33 % und 41 % der Gesamtausgaben des Bundes ausmachten.[204] Ab 1948 stiegen die Ausgaben für bundeseigene Sozialwerke (vor allem die Alters- und Hinterbliebenenversicherung) stark an. Ihr relatives Gewicht erhöhte sich von rund 2 % (1947) auf rund 10 % (1956); danach begann ihr Anteil wieder etwas zu sinken. Die in enger Beziehung zum Wirtschaftswachstum stehenden Ausgabenposten wie Verkehr, Forschung und Unterricht blieben trotz starker Wachstumsraten quantitativ gering (→ 5.2.2.5). Eine deutliche Erhöhung erfuhren dagegen die Bundesbeiträge an die Landwirtschaft, vor allem für die Getreideversorgung und die Verwertung von Milch-

199 Gees 2006, 68.
200 Zu den Wirtschaftsartikeln siehe Huber 1976 und Gygi 1976.
201 Gruner charakterisierte die Wirtschaftsartikel als «seltsame Kreuzung von Staatssozialismus und Verbandsinterventionismus samt dem mitlaufenden Heimweh nach dem Liberalismus» (Gruner 1964, 63).
202 Christen 1970, 244.
203 Prader 1981, 153.
204 Siehe auch für das Folgende: Prader 1981, 135–142.

produkten (→ 2.3.5.3.2, Grafik 2.3-22). Sie erreichten 1959 rund 12 % des Bundeshaushaltes. In sehr engem Rahmen bewegten sich dagegen die Investitionsausgaben, die zwischen rund 2 % und 3 % schwankten.

Die Einnahmen gingen Ende der 1940er Jahre stark zurück, da ein Teil der kriegsbedingten Steuern (Kriegsgewinnsteuer, Wehropfer) nicht mehr erhoben wurden, verdoppelten sich jedoch in der Periode von 1949 bis 1960 aufgrund des starken Wirtschaftswachstums. Die Haupteinnahmequellen des Bundes waren die Verbrauchssteuern (Warenumsatzsteuer), die Einkommenssteuern (Wehrsteuer) und die Zölle. Während der Anteil der Wehrsteuer aufgrund verschiedener Senkungen in der zweiten Hälfte der 1950er Jahre deutlich von 39 % (1950) auf 28 % (1959) abnahm, blieb das Gewicht der Warenumsatzsteuer im selben Zeitraum in etwa gleich (32 % bzw. 35 %). Der Anteil der Zölle an den Einnahmen stieg dagegen im Verlauf der 1950er Jahre markant an von 29 % auf 37 % (→ 5.2.1.4, Grafik 5.2-7). Die skizzierte Entwicklung der Bundesfinanzen führte dazu, dass die Rechnung des Bundes ausser in den Jahren 1952 und 1953 (Korea-Krieg) immer mit einem positiven Saldo abschloss.

Die Überführung des während des Krieges geschaffenen Fiskalnotrechts ins ordentliche Recht gestaltete sich schwierig. Politisch umstritten waren die Weiterführung und die Höhe der direkten Bundessteuer sowie der Umfang der Sozialausgaben. Weil die Finanzordnungen von 1948 und 1953 vor dem Volke scheiterten, musste auf Übergangsordnungen zurückgegriffen werden.[205] Erst die Neuordnung auf Verfassungsebene von 1958 wurde gutgeheissen. Allerdings handelte es sich auch hierbei um keine definitive Lösung, weil mit der Warenumsatzsteuer und Wehrsteuer zwei der drei wichtigsten Einnahmequellen des Bundes befristet blieben. Zudem wurden die Steuersätze in der Verfassung verankert, sodass eine Änderung nur mittels Plebiszit möglich war.

Neben der Steuerung von Ausgaben und Einnahmen konnte der Bund auch mit seiner Liquiditätspolitik auf die Konjunktur einzuwirken versuchen. Über die Veränderung seines Schulden- bzw. Goldbestandes konnte er mehr oder weniger Mittel in Umlauf bringen. Ab 1954 benützte der Bund seine Rechnungsüberschüsse nicht mehr nur zur Schuldentilgung, sondern beliess sie auf einem Girokonto bei der SNB oder legte sie zinsbringend im Ausland an. Ausser konjunkturbezogenen Überlegungen waren dabei auch zins- und haushaltpolitische Gesichtspunkte ausschlaggebend.[206]

Auch bei der *Arbeitsmigrationspolitik* stand für den Bund die Konjunkturpolitik im Vordergrund. Die ausländischen Arbeitskräfte sollten als Konjunkturpuffer dienen, d.h., bei guter Konjunktur sollten sie in die Schweiz einreisen und arbeiten dürfen, bei einem Konjunkturabschwung sollten sie das Land wieder verlassen. Um dieses Ziel zu erreichen, wurden ihnen unterschiedliche Rechtsstatus zugewiesen. Grundsätzlich wurden nur befristete Aufenthalts- und damit auch Arbeitsbewilligungen erteilt.[207] Das schwei-

205 Nach der Abstimmungsniederlage 1953 trat Finanzminister Max Weber zurück. Siehe Weber 1969, 34–37.

206 Prader 1981, 158–160.

207 Siehe auch für das Folgende: Gees 2006, 91–93.

zerische System kannte für Ausländer die Niederlassungsberechtigung mit allen sozialen Rechten (Ausweis C), die befristete Aufenthaltsberechtigung mit eingeschränkten sozialen Rechten (Jahresaufenthalter, Ausweis B) und die kurzfristige saisonale Aufenthaltsberechtigung mit eingeschränkten sozialen Rechten (Saisonnier, Ausweis A). Nach einer gewissen Frist, die je nach Herkunftsland und Zeitraum variierte, war es möglich, die Aufenthalts- bzw. die Niederlassungsberechtigung zu erlangen.

Das wider Erwarten starke und lang anhaltende Wirtschaftswachstum stellte die antizyklische Politik des Bundes vor zwei Hauptprobleme. Erstens: Wie sollte auf die wachstumsbedingten Rechnungsüberschüsse reagiert werden? Zweitens: Welche Schlussfolgerungen ergaben sich für die Immigrationspolitik? Während der Bundesrat die Rechnungsüberschüsse, wie bereits erwähnt, sterilisieren wollte, forderte die Linke, der Sozialstaat müsse mittels Erhöhung der AHV-Renten und der Einführung einer Invaliditätsversicherung und einer Mutterschaftsversicherung ausgebaut werden. Die bürgerlichen Parteien und die Arbeitgeberverbände forderten Steuersenkungen oder sogar die Abschaffung der Wehrsteuer. In der politischen Auseinandersetzung setzte sich der Steuerabbau durch. 1955 und 1958 wurden zwei Vorlagen gutgeheissen, die, so die Schätzungen, zu einem Ausfall von rund 18 % der Bruttoeinnahmen des Bundes geführt haben dürften.[208]

Was die angesichts der Hochkonjunktur einzuschlagende Immigrationspolitik betrifft, so waren sich Bundesrat, bürgerliche Parteien und Arbeitgeberorganisationen einig.[209] Der praktisch unbegrenzte Zuzug ausländischer Arbeitskräfte sollte den Lohnauftrieb und damit die inflationären Tendenzen bremsen. Die Linke und die Gewerkschaften machten demgegenüber geltend, dass der bedeutende Zuzug ausländischer Arbeitnehmer zu einer strukturellen Verschiebung auf dem Arbeitsmarkt geführt und damit die Konjunkturpuffertheorie keine Gültigkeit mehr habe. Sie gingen davon aus, dass der Arbeitsmarkt inzwischen für gewisse Tätigkeiten auf die Ausländer angewiesen sei und deshalb künftige Konjunkturrückschläge zu Arbeitslosigkeit unter Schweizern führen werde. Bemerkenswerterweise übersahen beide Lager die sich aus der Immigration ergebenden Konsequenzen für die Infrastruktur (Wohnungen, Verkehr, Schulhäuser, Spitäler usw.) und die Investitionspolitik der öffentlichen Hand. Diese Zusammenhänge wurden erst zu Beginn der 1960er Jahre thematisiert.

Die Nationalbank unterstützte den Bund bei seiner antizyklischen Politik, allerdings standen ihr von Gesetzes wegen nur beschränkte Mittel zur Verfügung. Nachdem die Diskontpolitik stark an Bedeutung verloren hatte und die Stabilisierung des Frankenkurses gegenüber dem Dollar indirekt auch die Entwicklung der Geldmenge bestimmte, war neben der Sterilisierung von Überschüssen des Bundes die Offenmarktpolitik das wichtigste Mittel zur Abschöpfung von Liquidität. Zu diesem Zweck wurde in den Jahren 1949 und 1951 sogenannte Sterilisierungsreskriptionen an den

208 Siehe auch für das Folgende: Prader 1981, 167–183.
209 Siehe auch für das Folgende: Prader 1981, 184–202.

Markt abgegeben und deren Erlös auf ein Sperrkonto gutgeschrieben.[210] 1955 verkaufte die SNB für 75 Millionen Franken Gold;[211] für zusätzliche Massnahmen war die SNB – wie bereits weiter oben ausgeführt – auf die freiwillige Mitwirkung der Banken angewiesen. 1950 schloss sie mit den Banken ein Gentlemen's Agreement gegen den Zufluss ausländischer Gelder, das 1955 erneuert wurde und in dem sich die Banken verpflichteten, ausländische Gelder nicht zu verzinsen.[212] Ebenfalls gegen eine übermässige Liquidität gerichtet war die im Juni 1955 mit den Banken geschlossene Vereinbarung zur Haltung von Mindestguthaben bei der SNB.

Obwohl die antizyklisch ausgerichtete Politik des Bundes teilweise widersprüchlich und das Instrumentarium der SNB beschränkt waren, blieben die Inflationsraten trotz des starken und anhaltenden Wirtschaftswachstums unter Kontrolle und zählten zu den weltweit niedrigsten. Dies hing allerdings auch damit zusammen, dass der Kapitalverkehr in den 1950er Jahren in vielen Ländern noch nicht frei war und die USA, die mit dem Dollar über die Leitwährung verfügten, keine expansive Geldpolitik betrieben. Beide Voraussetzungen sollten sich in den 1960er Jahren ändern und die schweizerische Wirtschaftspolitik vor ernsthafte Probleme stellen.

In den 1960er Jahren stand die *Finanzpolitik* des Bundes vor einem Dilemma: Einerseits begünstigte die Währungspolitik die Teuerung, was eine zurückhaltende Ausgabenpolitik verlangt hätte, andererseits bestand aufgrund der sparsamen Ausgabenpolitik während der 1950er Jahre im Infrastrukturbereich (Nationalstrassenbau) und in der Sozialpolitik ein unumstrittener grosser Nachholbedarf. Zu Beginn der 1960er Jahre dominierten die Ausgaben für die Autobahnen die Entwicklung des Bundeshaushaltes. Ihr Anteil an den Gesamtausgaben stieg von 3.3% (1960) auf 18.7% (1963).[213] Ab 1964 führte der Ausbau der AHV-Leistungen (6. bis 8. Revision) zu einem starken Anstieg der Ausgaben für die bundeseigenen Sozialwerke. Die Ausgaben für soziale Wohlfahrt erreichten 1973 einen Anteil von 21.1% an den Gesamtausgaben des Bundes und hatten damit fast das gleiche Gewicht wie die Militärausgaben, die von 37.3% im Jahr 1960 auf 22% zurückgingen. Die Ausgaben für Unterricht und Forschung stiegen ab der zweiten Hälfte der 1960er Jahre ebenfalls an und konnten ihr Gewicht im Vergleich zum Beginn der 1960er Jahre in etwa verdoppeln (1973 = 10.3% der Gesamtausgaben). Eine Übersicht über die Entwicklung der Ausgaben nach Sachgruppen in Bund, Kantonen und Gemeinden vermittelt (→ 5.2.1.2, Grafik 5.2-3).

Bedeutende Zuwächse bei den Einnahmen brachten ab 1962 Treibstoffzollzuschläge zur Finanzierung der Nationalstrassen und ab 1966 die erhöhte Belastung des Tabaks im Zusammenhang mit der 6. AHV-Revision.[214] In die gleiche Richtung wirkte die kalte Progression infolge der zunehmenden Teuerung. Der Zollab-

210 SNB 1957, 211.
211 SNB 1957, 190.
212 SNB 1957, 242.
213 Siehe auch für das Folgende: Prader 1981, 214–219 und 337–343.
214 Prader 1981, 220–221 und 348–349.

bau im Rahmen der Kennedy-Runde und der EFTA führte dagegen zu einer markanten Abnahme der Zolleinnahmen, die jedoch durch die Fiskalzölle kompensiert werden konnte. Verschiedene Versuche des Bundesrats, die Bundeseinnahmen zu erhöhen bzw. im Hinblick auf eine konjunkturgerechte Finanzpolitik mittels variablen Steuersätzen zu flexibilisieren, scheiterten am politischen Widerstand des Parlaments bzw. des Volkes.[215] Es gelang dem Bundesrat auch nicht, die Abschaffung der Couponsteuern zu verhindern.

Zu Beginn der 1970er Jahre lösten die Verbrauchssteuern die Zölle als wichtigste Einnahmequelle ab. 1973 hatten sie einen Anteil von 38.5 %, die Zölle machten 30.5 % aus und die Einkommens- und Vermögenssteuern 31.1 %. Eine Übersicht über die Entwicklung der Einnahmen vermittelt Kapitel 5.2 (→ 5.2.1.4, Grafik 5.2-7). Hatte die Finanzrechnung in den 1960er Jahren mit Ausnahme des Jahres 1967 stets einen Überschuss ausgewiesen, so war sie ab 1971 bis Mitte der 1980er Jahre defizitär (→ 5.2.1.3, Grafik 5.2-4).

Angesichts des Nachholbedarfs an staatlichen Leistungen konnte mit finanzpolitischen Mitteln nicht viel gegen die konjunkturelle Überhitzung und die Teuerung ausgerichtet werden. Eine Massnahme war die stärkere Belastung des Konsums etwa durch die Einführung von Fiskalzöllen auf Treibstoffe. Weil hier der Spielraum aber sehr begrenzt war, konzentrierte sich der Bund auf die *Regulierung der Arbeitsmigration und der Bauwirtschaft*.

Während in den 1950er Jahren die ausländischen Arbeitskräfte als Mittel zur Eindämmung des Lohnauftriebs gesehen wurden und der Migration darum keine Schranken gesetzt worden waren, setzte sich in den 1960er Jahren eine differenzierte Betrachtungsweise durch. Neu wurden auch die aus der Migration resultierende Erhöhung der Nachfrage nach Konsum- und Investitionsgütern und ihre Auswirkungen auf die Konjunktur, das Wachstum und die Inflation thematisiert.[216] Der Bund versuchte mittels verschiedener Plafonierungsstrategien auf Betriebsebene, die Zahl der ausländischen Arbeitskräfte zu stabilisieren. Ab 1970 wurden die Plafonds durch kantonale Kontingente abgelöst.[217] Gleichzeitig setzte, wie Thomas Gees betont, ein konzeptioneller Wandel in der Arbeitsmigrationspolitik ein, der stark von der im Rahmen der OEEC bzw. ab 1961 OECD und der EWG diskutierten Regelungen beeinflusst war.[218] Erst der Druck der italienischen Regierung, die für eine Besserstellung der italienischen Arbeitnehmer in der Schweiz eintrat, führte jedoch de facto zur Ablösung des Rotations- durch das Niederlassungsmodell.[219] Das «Abkommen zwischen der Schweiz und Italien über die Auswanderung italienischer Arbeitskräfte nach der

215 Prader 1981, 253–255.
216 Siehe z.B. die bundesrätliche Argumentation in Schweiz. Bundesrat 1964, 205.
217 Prader 1981, 220–221 und 234–235.
218 Gees 2006, 112–121.
219 Da zu dieser Zeit etwa 70 % der ausländischen Arbeitskräfte aus Italien stammten, hatte das Abkommen eine wegweisende Wirkung für die Arbeitsmigrationspolitik der Schweiz.

Schweiz» von 1964 brachte Letzteren gegenüber anderen Ausländern insofern eine Vorzugsbehandlung, als sie nach einem ununterbrochenen Aufenthalt von bereits fünf Jahren wie die Niedergelassenen einer schweizerischen Arbeitslosenkasse beitreten konnten. Weitere Verbesserungen wurden im Bereich der Familien- und Kinderzulagen und beim Familiennachzug zugestanden.[220] 1972 konnte Italien im Kontext der Verhandlungen zwischen der Schweiz und der EWG über ein Freihandelsabkommen erreichen, dass der schweizerische Arbeitsmarkt für Italiener weiter dereguliert wurde.[221]

Mit den Plafonierungsmassnahmen ab 1963 konnte die Zuwanderung zwar nicht stabilisiert werden, aber die Zuwachsraten gingen zurück im Vergleich zu den 1950er und den frühen 1960er Jahren, als sie in einzelnen Jahren im zweistelligen Bereich lagen. Wegen des erleichterten Familiennachzuges reduzierte sich die Zahl der erwerbstätigen Ausländer stärker als die Zunahme der ausländischen Bevölkerung insgesamt. 1960 betrug die Anzahl Ausländer (ohne Saisonniers und internationale Funktionäre) 495 000, davon waren 337 000 erwerbstätig. 1973 war das Verhältnis 1 053 000 zu 596 000.[222] Thomas Gees geht sogar so weit, die Plafonierungsbeschlüsse als «wirkungslos» zu bezeichnen. Sie seien nicht in der Absicht erlassen worden, die Zuwanderung zu begrenzen, sondern es sei darum gegangen, die Gewerkschaften und die «Überfremdungsbewegung» zu beruhigen.[223] Wie man die Arbeitsmigrationspolitik auch immer bewerten will, es steht fest, dass sie für die Bekämpfung der konjunkturellen Überhitzung und der Teuerung untauglich waren. Das gleiche gilt für die Kontingentierungsmassnahmen in der Bauwirtschaft, die, wie bereits im Abschnitt zur Währungspolitik erwähnt wurde, zu wenig konsequent durchgeführt worden sind.

Angesichts der Hochkonjunktur waren direkte Strukturerhaltungsmassnahmen zugunsten einzelner Wirtschaftszweige seltener geworden, die der Landwirtschaft in den 1950er und 1960er Jahren einmal ausgenommen, aber gleichzeitig übte die gute Wirtschaftslage auch wenig Druck aus, um Wettbewerbseinschränkungen, die auf Absprachen und andere Massnahmen beruhten, abzubauen. Dafür machte sich mit dem Abbau der Handelsschranken im Rahmen der OEEC, des GATT und der EFTA eine zunehmende Importkonkurrenz auf dem Binnenmarkt spürbar.

Zwar war mit den Wirtschaftsartikeln 1947 die Verfassungsgrundlage für eine *Kartellgesetzgebung* geschaffen worden, doch sollte das Umsetzungsgesetz erst 1962 in Kraft treten. Um den Gesetzgebungsprozess zu beschleunigen, reichte der Landesring der Unabhängigen (LdU) als politische Vertretung der Migros 1955 eine Volksinitiative «gegen den Missbrauch wirtschaftlicher Macht» ein. Im Gegensatz zum Artikel von 1947, der lediglich die volkswirtschaftlich oder sozial schädlichen Kartelle und

220 Zum «Italienerabkommen» siehe Gees 2006, 121–129.
221 Gees 2006, 139–145.
222 Für die Zahlen siehe Prader 1981, 225–226.
223 Gees 2006, 156.

Monopole im Visier hatte, wollte die Initiative des LdU Kartelle generell verbieten.[224] Sie wurde allerdings 1958 deutlich mit 550 322 gegen 192 297 Stimmen verworfen.[225] Der Bericht des Bundesrates über die Initiative, die er zur Ablehnung empfahl, ist vor allem deshalb interessant, weil er ausführlich auf die kartellistischen und monopolistischen Praktiken in der Schweizer Wirtschaft eingeht.[226] Er betonte die sogenannte Preisbindung zweiter Hand, bei der dem Detaillisten vom Fabrikanten oder Grossisten der Detailpreis vorgeschrieben wird. Diese sei bei Markenartikeln wie Lebensmitteln, Waschmitteln, Medikamenten, Uhren, Radioapparaten oder Photoartikeln üblich. Vertikale Bindungen, die Wettbewerbsbeschränkungen mittels Sanktionen gegenüber Mitgliedern und Nichtmitgliedern von Kartellen durchsetzten, hätten eine «ziemlich weite Verbreitung gefunden». In der Industrie sei die Kartelldichte, so die Einschätzung des Bundesrates, beträchtlich. Namentlich erwähnte er unter anderen die Zementindustrie, die Käsefabrikation, die Fettindustrie, die Müllerei, die Teigwarenindustrie, die Brauereien, die Stickerei, die Zwirnerei, die Textilveredlung, die Giessereien, die Walzwerke, die Aluminiumindustrie und die Uhrenindustrie. Auch beim Handwerk ortete er eine weitreichende Kartellbildung, so im Baugewerbe, im Baunebengewerbe, im graphischen Gewerbe, bei den Metzgern, Bäckern, Wirten und Coiffeuren. Die gesamte übrige Wirtschaft weise ebenfalls zahlreiche Kartelle auf, «handle es sich um die Hotellerie, den Verkehr, den Handel, den Buch- und Zeitungsverlag, die Banken oder Versicherungen». Im Grosshandel beständen zum Teil starke vertikale Bindungen (Sanitärbranche, Handel mit Baumaterialien, Kohlen, Eisenwaren, Leder, Papier, Garn und Geweben).

Auch wenn das Bild, das der Bundesrat vom Kartellisierungsgrad der Schweizer Wirtschaft gezeichnet hat, tendenziell übertrieben gewesen sein mag, um damit die Folgen eines Kartellverbots möglichst drastisch aufzeigen zu können, so scheint der Wettbewerb in der Schweiz der 1950er Jahren nicht sehr ausgeprägt gewesen zu sein (→ 2.3.1.1). Aus heutiger Sicht ist es bemerkenswert, wie wenig Kredit marktwirtschaftliche Lösungen damals auch unter bürgerlichen Politikern und ihnen nahestehenden Zeitungen genossen, während zur gleichen Zeit andere westeuropäische Länder wie die Bundesrepublik Deutschland bereits eine Wettbewerbspolitik kannten. Das von Deutschland 1957 erlassene Gesetz gegen Wettbewerbsbeschränkungen (GWB) enthielt ein ausdrückliches Kartellverbot. Die Linke befand sich in einem Dilemma, weil sie zwar im Interesse der Konsumenten gegen Kartelle war, aber glaubte, auf die Gewerkschaften Rücksicht nehmen zu müssen, die befürchteten, die Löhne könnten mit der Umsetzung einer griffigen Kartellgesetzgebung unter Druck kommen.[227]

224 Zu den Motiven des Landesrings und anderer Organisationen, welche die Initiative unterstützten siehe Hotz 1979, 165–167.

225 Schweiz. Bundesrat 1961, 555.

226 Schweiz. Bundesrat 1957b. Die folgenden Ausführungen beziehen sich auf die Seiten 354–357.

227 Zu den verschiedenen Positionen siehe Hotz 1979, 159–199.

Mit dem 1962 in Kraft getretenen Bundesgesetz über die Kartelle änderte sich bezüglich des Wettbewerbs nichts Wesentliches. Es sollten damit nicht generell die Wettbewerbsbeschränkungen beseitigt werden. Der Bundesrat äusserte in seiner Botschaft zum Gesetz im Gegenteil Verständnis für das Bestreben, «auf privatem Wege Auswüchse der Konkurrenz zu beseitigen oder zu mildern».[228] Sofern sich die Beteiligten freiwillig Kartellverpflichtungen auferlegten, sei grundsätzlich nichts dagegen einzuwenden. Die Preisbildungskommission, die mit ihrem 1957 publizierten Bericht über *Kartell und Wettbewerb in der Schweiz* das Gesetz massgeblich beeinflusst hatte, ging von der klassischen ökonomischen Position aus, wonach auf Freiwilligkeit beruhende Kartelle keine allzu schädlichen Wirkungen entfalten konnten, weil Aussenseiter, Substitutionsprodukte und ausländische Konkurrenzprodukte diese einschränkten. Im Unterschied zur Zwischenkriegszeit spielte die Importkonkurrenz nun tatsächlich eine Rolle, wenn auch nichttarifäre Handelshemmnisse sie bei bestimmten Produkten wieder stark einschränkten. Schädlich seien, so die damals herrschende Vorstellung, Kartelle und andere den Wettbewerb einschränkende Praktiken nur, wenn zu ihrer Durchsetzung Zwang eingesetzt werden musste. Die nachteiligen Auswirkungen der Kartelle auf das Preisniveau und die Produktivität wurden zu dieser Zeit von den Behörden nicht erkannt.

Das Kartellgesetz sah vor, dass eine aus Vertretern der Wirtschaft, der Konsumenten und der Wissenschaft bestehende Kommission Gutachten verfasste, die in Zivilprozessen als Grundlage dienten, um festzustellen, ob das Persönlichkeitsrecht auf wirtschaftliche Betätigung verletzt wurde. Falls die Kartellkommission feststellte, dass der Wettbewerb in einer mit dem Gesamtinteresse nicht zu vereinbarenden Weise ausgeschlossen oder erheblich beeinträchtigt wurde, konnte das Eidgenössische Volkswirtschaftsdepartement beim Bundesgericht Klage einreichen. Hiess dieses die Klage gut, so konnte es die Kartellbestimmungen aufheben, ändern oder Vorkehrungen für Kartelle oder ähnliche Organisationen verbieten.[229] Beat Hotz kommt in seiner Untersuchung zum Schluss, dass die Arbeit der Kartellkommission, in der alle Interessen vertreten waren, durch Kompromisse gekennzeichnet war und die Rolle des Staates sehr bescheiden war. Auch in der Öffentlichkeit erhielt das Gesetz einige Jahre nach Inkrafttreten eine schlechte Beurteilung. Die Neue Zürcher Zeitung qualifizierte 1970 die schweizerische Kartellpolitik gar «als Kartellschutz- und Strukturpolitik».[230]

5.1.6 Wirtschaftspolitik unter flexiblen Wechselkursen

In den 1970er Jahren ging die stürmische Wachstumsphase der Nachkriegsjahrzehnte zu Ende. Die durchschnittliche jährliche Zunahme des realen BIP sank von knapp 4.3 % in den Jahren 1948 bis 1973 auf 1.3 % in der Periode von 1973 bis 2005

228 Schweiz. Bundesrat 1961, 559–561.
229 Hotz 1979, 247.
230 Zitiert nach Hotz 1979, 304.

(→ 1.1.3.1, Grafik 1.1-14). Verglichen mit den europäischen Nachbarstaaten verzeichnete die Schweiz ein besonders schwaches Wachstum, wenn man das reale BIP und nicht das Bruttonationaleinkommen (BNE), das noch die Nettoeinkommen aus dem Ausland berücksichtigt, als Massstab nimmt. Auch kurzfristig wich die Schweiz zweimal deutlich vom europäischen Mittel ab. Die Rezession von 1974 bis 1976 war mit einem Rückgang des BIP von 7.15 % ungewöhnlich tief und die Stagnation von 1991 bis 1996 ungewöhnlich lang (→ 1.1.3.3). In der Krise der 1970er Jahre ging der Vorsprung des BIP pro Kopf gegenüber den USA verloren; in den 1990er Jahren überholten einige skandinavische Länder die Schweiz in dieser Hinsicht (→ 1.1.1, Grafik 1.1-2). Begleitet wurde der Einbruch des Wachstumstrends von einem raschen Strukturwandel: 1970 arbeiteten 40 % der Beschäftigten in der Industrie und 54 % im Dienstleistungssektor, 2005 waren es 23 % und 73 % (→ Einleitung Teil 2, Tabelle 2-3).

5.1.6.1 Geldmengensteuerung, finanzpolitische Zurückhaltung und abwartende Handelspolitik

Die 1970er Jahre bremsten nicht nur den langfristigen Wachstumstrend, sondern veränderten auch die internationalen Rahmenbedingungen der schweizerischen Wirtschaftspolitik. Der Zusammenbruch des Währungssystems von Bretton Woods und der Übergang zu flexiblen Wechselkursen im Jahr 1973 erlaubten es der Nationalbank, eine unabhängige Geldpolitik zu verfolgen und sich vom internationalen Teuerungsdruck zu befreien. Die SNB reduzierte die Inflationsrate von 1974 bis 1976 von knapp 10 % auf unter 2 % und vermochte, sie mit Ausnahme einer kurzen inflationären Phase zwischen 1979 und 1982 bis Ende der 1980er Jahre auf diesem Niveau zu stabilisieren. Mit dieser auf Preisstabilität ausgerichteten Geldpolitik erneuerte und befestigte die Schweiz ihre Stellung als Hort der monetären Disziplin, während die meisten europäischen Länder in den 1970er Jahren auf kurzfristige Ankurbelungsmassnahmen zur Sicherung der Beschäftigung setzten und dafür höhere Inflationsraten in Kauf nahmen. Nur in der Bundesrepublik Deutschland und in den Niederlanden herrschte eine mit der Schweiz vergleichbare Ausrichtung der Geldpolitik vor.

Der Weg zur neuen, auf der Steuerung der Geldmenge basierten Politik verlief allerdings weniger gradlinig, als es im historischen Rückblick scheinen mag, denn der Abschied vom fixen Wechselkurs erfolgte nicht so sehr aus vorausschauender Einsicht in die Unhaltbarkeit des Fixkurssystems als vielmehr unter dem Druck der Ereignisse. Auch verfügten die Verantwortlichen über keinerlei theoretischen Kenntnisse im Umgang mit flexiblen Wechselkursen.[231] Die Einstellung der Dollarkäufe im Januar 1973 war nur als eine vorübergehende Massnahme ergriffen worden. Die SNB und der Bundesrat hofften, dass sich bald eine neue Parität gegenüber dem Dollar er-

231 Zum Folgenden siehe Bernholz 2007, 119–211; Halbeisen 2006, 99–117; Straumann 2010, 276–307.

geben und der Franken wieder in das alte Fixkurssystem zurückkehren würde. Aber da die Devisenmärkte unruhig blieben, verschoben die Behörden die Fixierung eines neuen Wechselkurses immer wieder. Gleichzeitig machten sie die Erfahrung, dass flexible Wechselkurse durchaus Vorteile brachten und bisher ungeahnte Optionen in der Inflationskontrolle eröffneten, wenn auch bisweilen mit einem schmerzhaften Lernprozess verbunden.

Die Tatsache, dass der Austritt aus dem Bretton-Woods-System ohne konzeptionelle Vorbereitung erfolgte, trug dazu bei, dass die Geldpolitik zunächst viel zu restriktiv ausfiel und die schweizerische Volkswirtschaft in eine besonders tiefe Rezession glitt.[232] 1975/76 schrumpfte das BIP real um ganze 7.15%, was einen internationalen Rekord darstellte. Die Beschäftigung im Industriesektor sank von 40% 1970 auf 32% 1980.[233] Unter heutigen Bedingungen wäre die Arbeitslosigkeit sprunghaft emporgeschnellt, was der SNB mit Sicherheit harsche Kritik eingetragen hätte. Dass sich damals kaum Arbeitslose auf den Ämtern meldeten, lag daran, dass keine obligatorische Arbeitslosenversicherung existierte und der Beschäftigungseinbruch vor allem erwerbstätige Frauen und ausländische Arbeitskräfte traf, die keine längere Aufenthaltsgenehmigung besassen.[234] Der europäische Vergleich zeigt, dass die ausländische Bevölkerung in der Schweiz zwischen 1975 und 1977 besonders stark abgenommen hat (siehe Tabelle 5.1-2). Der massive Rückgang ausländischer Arbeiter verstärkte nicht nur die momentane Rezession, sondern hatte auch längerfristige Auswirkungen auf die wirtschaftliche Entwicklung der Schweiz.

Angesichts der unübersichtlichen Situation nach dem Ende des Bretton-Woods-Systems hielt sich die Nationalbank mehrere Optionen offen. Einerseits versuchte sie, weiterhin mit administrativen Massnahmen die Liquidität zu begrenzen, anderseits liess der im Mai 1974 neu gewählte Präsident Fritz Leutwiler Grundlagen für eine monetaristisch geprägte Geldmengenpolitik erarbeiten. Die vor allem in Phasen der Dollarschwäche immer noch ausserordentlich grosse internationale Nachfrage nach Schweizer Franken äusserte sich nun nicht mehr in Inflations-, sondern in Aufwertungsschüben, welche die Konkurrenzfähigkeit der Exportwirtschaft bedrohten (siehe Grafik 5.1-8).

Als sich der Franken in der zweiten Jahreshälfte 1974 stark aufzuwerten begann, erwog Leutwiler daher als dritte Option den Beitritt zum europäischen Währungsverbund («Währungsschlange»). Die EWG-Länder sowie Schweden und Norwegen wollten mit diesem Vorläufer des Europäischen Währungssystems (EWS) die Schwankungen ihrer Währungen innerhalb einer bestimmten Bandbreite beschränken. Leutwiler, der den anfänglich skeptischen Bundesrat überzeugen konnte, war an einem Beitritt interessiert, weil er hoffte, dass sich die Schlange zu einer europäischen

232 Siehe das erste Gutachten der Expertengruppe: Bombach/Kleinewefers/Weber 1977, Band 1, 101, 109–111; Bernegger 1988, 109–113.

233 HSSO Tab. F. 28.

234 Bombach/Kleinewefers/Weber 1977, 108–109, 211–214.

Tabelle 5.1-2: **Nettomigration in Prozent der gesamten Bevölkerung**

	Schweiz	Belgien	Däne-mark	Deutsch-land	Nieder-lande	Norwe-gen	Öster-reich	Schwe-den
1970	–0.10	0.04	0.24	0.24	0.26	–0.03	0.23	0.61
1971	0.03	0.24	0.06	0.06	0.23	0.18	0.76	0.04
1972	0.31	0.12	0.10	0.10	0.12	0.10	0.04	–0.15
1973	0.12	0.17	0.24	0.24	0.13	0.08	0.30	–0.14
1974	0.03	0.24	–0.14	–0.14	0.24	0.10	–0.09	0.11
1975	–0.91	0.25	–0.18	–0.18	0.53	0.12	–0.18	0.21
1976	–0.85	0.07	0.06	0.06	0.15	0.12	0.03	0.24
1977	–0.36	0.05	0.12	0.12	0.17	0.12	0.05	0.28
1978	–0.11	–0.03	0.10	0.10	0.20	0.10	0.01	0.17
1979	0.06	0.02	0.10	0.10	0.32	0.07	–0.01	0.17
1980	0.27	–0.02	0.02	0.02	0.37	0.10	0.12	0.12
1981	0.37	–0.20	–0.04	–0.04	0.12	0.12	0.38	0.12
1982	0.32	–0.04	–0.02	–0.02	–0.01	0.15	–0.46	–0.08
1983	0.08	–0.08	0.04	0.04	0.03	0.10	0.03	0.02
1984	0.18	–0.01	0.08	0.08	0.06	0.10	0.07	0.11
1985	0.21	0.00	0.18	0.18	0.17	0.14	0.11	0.13

Quelle: Scharpf/Schmidt 2000, 352.

Stabilitätszone entwickelte. Frankreich verhinderte jedoch den Beitritt der Schweiz, weil es die Verstärkung der Gruppe der Hartwährungsländer verhindern wollte.[235] Ein Beitritt der Schweiz hätte möglicherweise zu einer stärkeren Integration der Schweiz in die EG geführt.

Nach dem gescheiterten Beitritt zur Währungsschlange hatte die SNB die Möglichkeiten, einseitig einen fixen Wechselkurs einzuführen oder die Geldmengenpolitik weiterzuführen in der Hoffnung auf stabilere internationale Währungsverhältnisse. Die SNB setzte auf die zweite Option; da aber eine Beruhigung bei den Wechselkursen nicht eintrat, drehte sich die Diskussion innerhalb der SNB bald um die Frage,

235 Halbeisen 2006, 106.

Grafik 5.1-8: **Exportgewichteter realer Wechselkursindex des Frankens gegenüber den 24 wichtigsten Handelspartnern (1973–1999)**

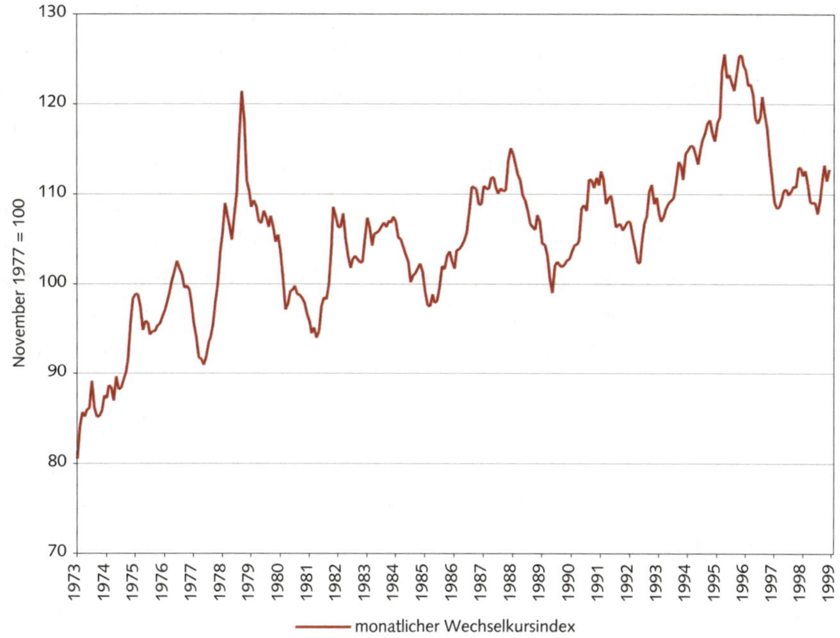

Quelle: SNB, www.snb.ch/de/iabout/stat/statpub/statmon/stats/statmon/statmon_G2a; deflationiert mit dem KPI.

ob man den Aufwertungsschüben des Frankens mit administrativen Massnahmen zur Begrenzung des Zuflusses ausländischer Gelder oder mit Interventionen am Devisenmarkt begegnen sollte. 1978, als der Franken eine besonders starke Aufwertung erfuhr (siehe Grafik 5.1-8), wurde die Frage zugunsten der letzteren Variante entschieden. Die SNB wich temporär von der Geldmengenpolitik ab und gab bekannt, dass sie (mittels massiver Interventionen) gegenüber der D-Mark einen Kurs «deutlich über 80 Franken für 100 DM» anstrebe. Die Operation war insofern erfolgreich, als sich der Wechselkurs auf dem gewünschten Niveau einpendelte. Die Ausweitung der Geldmenge führte aber zu einem Inflationsschub zu Beginn der 1980er Jahre, da die SNB es versäumte, die Liquidität rechtzeitig zurückzuführen.[236] Zu Beginn der 1980er Jahre trat die erhoffte Beruhigung der Devisenmärkte ein, weil das Federal Reserve und die Bank of England die Inflation reduzierten und auf tiefem Niveau stabilisierten. Die EG-Länder bemühten sich innerhalb des 1979 gegründeten Europäischen Währungssystems (EWS) ebenfalls um monetäre Disziplin. Dadurch verminderte sich die Funktion des Schweizer Frankens als internationale Fluchtwährung, was die Geldpolitik wesentlich erleichterte. Bis 1988 blieb die Inflationsrate stabil.

236 Kugler/Rich 2002, 241.

Ironischerweise erhielt die SNB mit dem revidierten Nationalbankgesetz von 1978/79 all jene Kompetenzen, die sie zu diesem Zeitpunkt nicht mehr benötigte. Wie erwähnt nahm sie 1978 Abschied von dem regulatorischen Abwehrdispositiv gegen den Zufluss ausländischer Gelder, das bis dahin auf Notrecht beruhte, und bekämpfte die Aufwertung mit Deviseninterventionen. Es zeigte sich einmal mehr, dass der langwierige schweizerische Gesetzesprozess dazu führen konnte, dass die vorgeschlagene Gesetzesrevision am Ende nicht mehr zur wirtschaftlichen Realität passte. Die Verhandlungen zu einem neuen Nationalbankgesetz hatten, wie geschildert, in den 1960er Jahren begonnen, als der Franken noch an den Dollar gebunden war und die SNB keine Möglichkeit hatte, die einheimische Geldmenge autonom zu steuern.

Der Übergang zu flexiblen Wechselkursen, die Wiederkehr von Rezessionen und die Verlangsamung des Wachstums veränderten nicht nur die Geldpolitik, sondern auch die *Finanzpolitik*. In den 1970er Jahren stieg die Schuldenquote der öffentlichen Haushalte von 36% (1970) auf 40% (1979) des BIP (→ 5.2.1.3, Grafik 5.2-5). Dieser Zuwachs war hauptsächlich auf Defizite des Bundes zurückzuführen, die durch die steigenden Sozialausgaben verursacht wurden.[237] Im europäischen Vergleich blieb das Ausmass der Neuverschuldung aber bescheiden. Zudem profitierten die öffentlichen Haushalte in den 1980er Jahren – ähnlich wie in der Geldpolitik – von einem günstigeren Umfeld. 1983 begann eine rund siebenjährige Hochkonjunktur, die steigende Einnahmen bescherte, ohne dass die Steuern erhöht werden mussten. Die Verschuldungsquote von Bund, Kantonen und Gemeinden sank in den 1980er Jahren deutlich von 38.6% auf 29.9% des BIP. 1986 und 1989 erzielte selbst der Bund Überschüsse (→ 5.2.1.3, Grafik 5.2-5). Seine Verschuldungsquote ging von 14% (1980) auf 11% (1990) des BIP zurück. Die Fiskalquote (gemäss OECD) stabilisierte sich bei rund 25% (→ 5.2.1.5, Grafik 5.2-8).

Der Hauptgrund, warum die finanzpolitischen Probleme des Bundes selbst in den schwierigen 1970er Jahren überschaubar blieben, ist bereits erwähnt worden: Die tiefe Rezession Mitte der 1970er Jahre verursachte fast keinen Anstieg der offiziell registrierten Arbeitslosen, weil sie überdurchschnittlich viele Ausländer betraf, die nur über zeitlich begrenzte Arbeitsbewilligungen verfügten. Hätte der Bund diesen ausländischen Arbeitskräften Mitte der 1970er Jahre Arbeitslosengelder auszahlen müssen, wären grosse Defizite unvermeidlich gewesen. Eine obligatorische Arbeitslosenversicherung wurde erst 1976 eingeführt und konnte bis Ende der 1980er Jahre über Lohnprozente finanziert werden. Ein weiterer Grund war, dass der Bund damals noch relativ geringe Beiträge an die Sozialversicherungen abführen musste. Die 8. AHV-Revision von 1972 sah eine Verdoppelung der Renten bis 1975 vor, doch die Finanzierung geschah hauptsächlich über Lohnprozente – der Beitrag der Sozialpartner an die Sozialversicherun-

237 Schweizerische Bankgesellschaft 1987, 124.

gen stieg in den 1970er Jahren von 3.2% auf 5.9% des BIP.[238] Auch die Einführung des Pensionskassenobligatoriums 1985 bedeutete, abgesehen von den Beiträgen für das eigene Personal, keine Belastung für den Bundeshaushalt. In den 1970er und 1980er Jahren bestand zudem noch kein Obligatorium für die Krankenversicherung, an welche die öffentliche Hand später ebenfalls Beiträge bezahlen sollte (→ 4.3.2.3).

Im Gegensatz zu einer ganzen Reihe von anderen westeuropäischen Ländern wurde die Finanzpolitik in der Schweiz kaum zur Stabilisierung der Konjunktur eingesetzt. Im Gegenteil wirkte sie oft prozyklisch. In den 1970er Jahren war dies hauptsächlich auf die föderalistische Struktur der öffentlichen Haushalte zurückzuführen. Während der Bund in der zweiten Hälfte der 1970er Jahre einen leicht expansiven Kurs verfolgte, indem er unter anderem 1975/76 drei Investitionsprogramme auflegte und Defizite von rund 1% des BIP schrieb, konsolidierten die Gemeinden ihre Haushalte. Auf die Rezession der frühen 1980er Jahre reagierten sogar alle drei Staatsebenen mit prozyklischen Massnahmen (→ 5.2.1.3, Grafik 5.2-4).[239]

Zwar gab es seit den 1960er Jahren durchaus Bemühungen, die schweizerische Finanzpolitik zu einem antizyklischen Kurs zu verpflichten. Damals galt jedoch das Augenmerk der konjunkturellen Überhitzung und der Teuerung, die es zu bekämpfen galt. Im Januar 1973, als noch immer Hochkonjunktur herrschte und die Inflation einen neuen Höchststand erreichte, überwies der Bundesrat dem Parlament eine Botschaft zur Verankerung eines sogenannten Konjunkturartikels in der Bundesverfassung, der neue Instrumente zur Konjunkturdämpfung vorsah.[240] Der Bund sollte unter anderem die Kompetenz erhalten, die Finanzpolitik der Kantone und Gemeinden mitzugestalten, wenn er es für notwendig erachtete. Als die Vorlage im März 1975 dem Volk vorgelegt wurde, war die konjunkturelle Situation eine völlig andere. Wie bei den Wirtschaftsartikeln und der Revision des Nationalbankgesetzes hatte der lange Gesetzgebungsprozess dazu geführt, dass die Vorlage zur Abstimmung gelangte, als sich der Kontext, dem sie sich verdankte, bereits wieder geändert hatte. Der Konjunkturartikel erzielte nur ein ganz knappes Mehr und scheiterte am ausgeglichenen Resultat der Stände, vor allem wegen der Opposition des Schweizerischen Gewerbeverbands.[241] 1978 wurde dann eine revidierte abgeschwächte Variante des Konjunkturartikels angenommen. Insbesondere verzichtete das Parlament darauf, dem Bund die Kompetenz zu geben, die Finanzpolitik der Kantone und Gemeinden mitzugestalten. Damit änderte sich trotz langjähriger politischer Debatten an den Grundkonstanten der schweizerischen Konjunkturpolitik praktisch nichts. Der Bund trug weiterhin die grösste Verantwortung bei der finanzpolitischen Stabilisierung, blieb aber aufgrund

238 Der Beitragssatz der AHV erhöhte sich von 5.2% (1969) auf 8.4% (1975). Direkter Beitrag an die Sozialversicherungen: Statistisches Jahrbuch der Schweiz (Stat.Jb.), 2001, 787, T18.1.1.1: Kennzahlen der öffentlichen Finanzen, in % des BIP.

239 Bombach/Kleinewefers/Weber 1977, 111–113; Prader 1981, 399–411; Schweizerische Bankgesellschaft 1987, 144–146.

240 Zur Debatte um die Konjunkturpolitik von 1950 bis 1975 siehe Birchler 1979.

241 Birchler 1979, 309–310, 418–419.

des relativ geringen Anteils der bundesstaatlichen Ausgaben am BIP ohne bestimmenden Einfluss.

Auch in der *Aussenwirtschaftspolitik* blieben die Verhältnisse bis Ende der 1980er Jahre im Grunde unverändert. Die Bemühungen der EG zur Vertiefung des Binnenmarkts führten erst Mitte der 1980er Jahre erneut zu einer Initiative, die auch die EFTA-Staaten betraf.[242] Erst die Tokyo-Runde des GATT (1973–1979) brachte Bewegung in das internationale Handelssystem, aber da im Wesentlichen nur Industriezölle abgebaut und Fragen der technischen Handelshemmnisse behandelt wurden, stellte sie den selektiven Protektionismus der Schweiz nicht in Frage.[243] Mit dem Beginn der Uruguay-Runde Mitte der 1980er Jahre, die auf die Öffnung von geschützten Binnenmärkten einschliesslich der Landwirtschaft zielte, mussten die Schweizer Behörden dann ihre bisherige Politik tatsächlich überdenken. Die Schweizer Handelsdiplomatie blieb jedoch trotz dieser unspektakulären Entwicklung auch nach 1973 nicht untätig. Sie intensivierte insbesondere die Beziehungen mit Erdölexportländern des Nahen Ostens, mit den Oststaaten und mit China.

Überblickt man die gesamte Periode von 1973 bis Ende der 1980er Jahre, so fällt trotz aller Umbrüche die grosse Kontinuität der schweizerischen Wirtschaftspolitik auf. Der Wechsel zur neuen, auf der Steuerung der Geldmenge beruhenden Politik muss zwar als historisch bezeichnet werden, aber die grundsätzliche Ausrichtung der schweizerischen Geldpolitik auf Stabilität wurde dadurch nicht in Frage gestellt, sondern vielmehr erneuert und bestärkt. Die Finanzpolitik war zwar zum ersten Mal seit den 1930er Jahren wieder mit eingeengten Spielräumen konfrontiert, wie sie Konjunktureinbrüche und Wachstumsverlangsamung verursachten, aber die Verschuldung hielt sich im Rahmen und konnte im Verlauf der 1980er Jahre wieder stark reduziert werden. In der Aussenwirtschaftspolitik schliesslich war die Kontinuität am grössten. Der Abschluss des Freihandelsabkommens der EFTA-Länder 1972 hatte das Verhältnis zur EG fürs Erste geklärt; die Liberalisierungsbemühungen des GATT blieben in den 1970er Jahren auf den Zollabbau für industrielle Güter beschränkt und schufen daher keine Probleme für die Binnenwirtschaft. Dementsprechend blieb auch die innenpolitische Situation äusserst stabil. Es dominierte noch immer der Korporatismus der Nachkriegszeit, und die Politik ging davon aus, dass sich die schweizerische Wirtschaftspolitik auch in absehbarer Zukunft in den gewohnten Bahnen fortbewegen würde.

5.1.6.2 Abschied vom Monetarismus, öffentliche Schulden und bilaterale Verträge

Die 1990er Jahre brachten eine umfassende Transformation der schweizerischen Wirtschaftspolitik, sodass man – ähnlich wie im Falle der 1930er Jahre – von einem Schlüsseljahrzehnt sprechen muss. Die Abkehr von der Geldmengenpolitik und der

242 Freiburghaus 2009, 124–129.
243 World Trade Organization (WTO) 2007, 185–189.

vorübergehende Anstieg der Inflation, die Zunahme der öffentlichen Schulden und die Neuordnung der europäischen Wirtschaftspolitik durch die EU machten es unmöglich, unbeirrt an den traditionellen Konzepten und Instrumenten festzuhalten. Zudem liessen die lang anhaltende Stagnation des Wirtschaftswachstums von 1991 bis 1996 und eine rekordhohe Arbeitslosigkeit das Gefühl aufkommen, dass die Schweiz ein Auslaufmodell geworden sei und grundlegend reformiert werden müsse. Viele Politikerinnen und Politiker, unterstützt von Managern und Verwaltungsräten der exportorientierten Sektoren, suchten deshalb eine stärkere Annäherung an die EU, um die empfundene wirtschaftspolitische Blockade im eigenen Land zu überwinden.[244]

Dass eine neue Zeit angebrochen war, hatte sich bereits durch innenpolitische Ereignisse der späten 1980er Jahre angedeutet. Der vorzeitige Rücktritt von Bundesrätin Elisabeth Kopp, die Auseinandersetzung um den schweizerischen Staatsschutz und die Wahlgewinne der linken und rechten Parteien waren untrügliche Zeichen des Umbruchs. Auch in der Wirtschaftspolitik zeigten sich Ende der 1980er Jahre Tendenzen, welche die traditionellen Grundsätze in Frage stellten. So wurden etwa 1989 die Kartellabsprachen der Banken (Konventionen) abgebaut. Die Instabilität war am deutlichsten bei der *Geld- und Währungspolitik* wahrzunehmen. Von 1988 bis Mitte 1991 schnellte die Inflationsrate von 2 % auf beinahe 6 % hoch. Zugleich, und eng verknüpft mit der Teuerung, wiesen die Immobilienpreise einen starken Anstieg auf. Von 1985 bis 1990 stiegen die nominalen Hypothekarforderungen der Banken um 80 %.[245] Es kam zu einer gefährlichen Verquickung einer Konsumentenpreis- mit einer Vermögenspreisinflation.

Mehrere Faktoren erklären den starken Anstieg der Teuerung. Das Hauptproblem war, dass die Nationalbank Ende der 1980er Jahre an der Geldmengenpolitik festhielt, obwohl die Geldmenge als Indikator und Anker weniger verlässlich geworden war. Die Geldnachfrage war hauptsächlich wegen der Einführung neuer Liquiditätsvorschriften und des elektronischen Interbankzahlungssystems SIC im Jahr 1987 instabil geworden. Erschwerend kam hinzu, dass der Börsencrash vom Oktober 1987 eine international koordinierte Lockerung der Geldpolitik erforderte, der sich die SNB nicht entziehen konnte. Die SNB rechnete zwar aufgrund der erwähnten Innovationen mit einer Senkung der Nachfrage nach Notenbankgeld, wurde aber vom Ausmass überrascht, sodass sie eine allzu expansive Geldpolitik verfolgte. Im Rückblick zeigt sich, dass es besser gewesen wäre, die SNB hätte sich am Zinsniveau und nicht an der Geldmenge orientiert.[246]

Gegen Ende des Jahres 1988 stiegen die Zinssätze, aber der Immobilienboom gewann weiter an Fahrt und die Inflationsrate stieg bis Mitte 1991 stark an. Die Teuerung

244 Siehe Mach 1999a, 1999b und 2006 für eine Übersicht über die veränderte politische Ökonomie der Schweiz in den 1990er Jahren.

245 SNB (Hg.), *Die Banken in der Schweiz*, Jahrgänge 1985–1990.

246 Baltensperger 2007, 631–633.

erreichte erst 1994 wieder ein Niveau, das die SNB für zulässig hielt. Wie die Erfahrung zeigte, war die Bekämpfung der Inflation kostspielig, zumal die SNB einen besonders restriktiven Kurs verfolgte. Insbesondere das allzu lange, vom Januar 1994 bis zum Januar 1995 andauernde Hochhalten der Zinsen auf 4% hatte eine deutlich negative Wirkung, die durch die markante reale Aufwertung des Frankens noch verstärkt wurde (siehe Grafik 5.1-8). Der Aufschwung, der 1994 eingesetzt hatte, wurde wieder gebremst. Die Arbeitslosigkeit stieg 1996/97 erneut an.[247] Die wachsenden Schwierigkeiten mit der Geldmengenpolitik führten zu einer Veränderung des geldpolitischen Konzepts. 1990 entschied die SNB, von den jährlichen Geldmengenzielen Abschied zu nehmen und sich an einem auf fünf Jahre ausgerichteten Wachstumspfad der Geldmenge zu orientieren. Ende der 1990er Jahre führte die SNB ein neues geldpolitisches Konzept ein, das aus drei Elementen bestand. Erstens strebte die SNB eine Inflationsrate von weniger als 2% an (basierend auf dem Konsumentenpreisindex). Zweitens erstellte sie vierteljährlich eine Inflationsprognose für die nächsten drei Jahre, die als Grundlage für die Geldpolitik diente. Drittens setzte sie für den Dreimonats-Libor ein operationelles Zielband fest.[248] Die SNB knüpfte dabei an die Erfahrungen Grossbritanniens, Neuseelands und Schwedens an, die in den frühen 1990er Jahren zum Inflation Targeting übergegangen waren.[249]

Die Einführung des Euro 1999 änderte in Bezug auf den Wechselkurs vorerst nichts. Zwischen Mitte 2001 und Mitte 2002 begann sich der Franken jedoch real deutlich aufzuwerten. Die SNB reagierte mit Zinssenkungen und einer offensiven Kommunikationsstrategie, in der die Aufwertung als übertrieben bezeichnet wurde.[250] Der Franken wertete sich in der Folge wieder ab. Davon abgesehen veränderte die europäische Einheitswährung die schweizerische Geld- und Währungspolitik bis zum Ausbruch der europäischen Staatsschuldenkrise im Jahr 2009 nicht grundlegend, da weder die Selbständigkeit der Nationalbank noch der schweizerische Zinsbonus beeinträchtigt wurden.[251] Die positive Bilanz der Geldpolitik zu Beginn des 21. Jahrhunderts trug nicht unwesentlich dazu bei, dass der Beitritt der Schweiz zur EU in breiten Kreisen nicht zur Diskussion stand.

Nicht nur die Geldpolitik war für den Spekulationsboom der späten 1980er Jahre verantwortlich. Auch die *Finanzpolitik* trug mit ihrem prozyklischen Kurs zur konjunkturellen Überhitzung bei. Statt die strukturellen Defizite zu beseitigen, nutzten Bund und Kantone die mit dem 1983 beginnenden Aufschwung reichlich fliessenden Einnahmen für Ausgabenerhöhungen und Steuersenkungen. Als der Abschwung in den 1990er Jahren einsetzte, mussten die öffentlichen Haushalte mit zahlreichen

247 Zur Wirkung der Nationalbankpolitik auf Konjunktur und Wachstum siehe die Debatte in Steinmann/Rentsch 2005.
248 Zur Entwicklung des neuen geldpolitischen Konzepts siehe Jordan/Peytrignet 2007.
249 Zur Entstehung und Entwicklung des Inflation Targeting siehe Bernanke et al. 1999.
250 Bei den Zinssenkungen vom 26. Juli 2002 nannte die SNB explizit den starken Franken als einen Grund für die Lockerung der Geldpolitik.
251 Zum Verhältnis von Euro zum Franken siehe Roth 2005.

Sparprogrammen saniert werden, was wiederum prozyklisch wirkte.[252] Um diese negativen Entwicklungen zu dämpfen, lancierten die Gewerkschaften und linken Parteien die Idee eines Investitionsprogramms. Das erste Programm wurde 1993 beschlossen, als die Schweizer Wirtschaft erneut in eine Rezession glitt, und beinhaltete einen sogenannten Investitionsbonus, mit dem der Bund die Kantone und Gemeinden zu bewegen versuchte, zusätzliche Investitionen zu tätigen oder bereits geplante Projekte vorzuziehen. Als sich im Herbst 1996 erneut eine Verschlechterung der wirtschaftlichen Lage abzeichnete, beschloss das Parlament im Frühling 1997 ein zweites Investitionsprogramm, das wiederum den Bausektor zu stärken versuchte. Die beiden Programme konnten allerdings das prozyklische Verhalten der öffentlichen Haushalte nicht kompensieren.[253]

Mit Beginn der 1990er Jahre nahmen die öffentlichen Defizite für schweizerische Verhältnisse dramatisch zu und erreichten 1993 mit knapp 5 % des BIP ein Ausmass, das nur noch während der beiden Weltkriege übertroffen wurde (→ 5.2.1.3, Grafik 5.2-4). Die Bruttoschulden der öffentlichen Hand stiegen von 28.6 % (1990) auf 48.3 % (2000) des BIP (→ 5.2.1.3, Grafik 5.2-5), die Staatsquote von 26.2 % auf 29.3 % im selben Zeitraum (→ 5.2.1.2, Grafik 5.2-1). Besonders markant erhöhten sich die Bundesausgaben für soziale Wohlfahrt, nämlich von 22 % der gesamten Bundesausgaben (1990) auf 29 % (1997). Während der Hochkonjunkturphasen (1997–2000, 2004–2007) sanken diese Anteile vorübergehend, blieben aber über 25 %. Auf Bundesebene verzeichneten die Ausgaben für Landesverteidigung den grössten relativen Rückgang. Ihr Anteil an den Bundesausgaben fiel von 19.1 % (1990) auf 8.4 % (2006).[254] Die Friedensdividende, die sich durch das Ende des Kalten Kriegs ergab, floss hauptsächlich in die soziale Wohlfahrt. Die finanzpolitischen Auseinandersetzungen wären wohl ungleich härter ausgefallen, wenn der Bund den Anstieg der Sozialausgaben nicht mit Sparmassnahmen im Militärbudget hätte kompensieren können. 2006 gaben Bund, Kantone und Gemeinden 35 % ihrer Mittel für Soziales (21 %) und Gesundheit (14 %) aus. Nur die Bildung erreichte ein ähnliches Niveau, nämlich 20 %. Die übrigen Ausgabenposten bewegten sich im einstelligen Prozentbereich.[255]

Der Bund und die Mehrzahl der Kantone versuchten nach den massiven Defiziten der 1990er Jahre mit der Einführung einer sogenannten Schuldenbremse, die Verschuldung der öffentlichen Haushalte in Grenzen zu halten. Das Bundesparlament beschloss im Juni 2001, dieses Instrument in der Verfassung zu verankern. Die Vorlage wurde vom Volk im Dezember 2001 mit grosser Mehrheit (85 %) angenommen. Damit verpflichteten sich die Bundesbehörden, über einen Konjunkturzyklus hinweg die Ausgaben nicht stärker ansteigen zu lassen als die Einnahmen. Obwohl dieses Ziel im

252 Zur prozyklischen Finanzpolitik siehe Lampart 2006.
253 Lampart 2006.
254 Stat. Jb. 2009, 413.
255 Stat. Jb. 2009, 413.

ersten Jahrzehnt des 21. Jahrhunderts nicht erreicht wurde, konnten die strukturellen Defizite reduziert werden.[256] Damit befand sich die Schweiz im internationalen Vergleich auch nach der Finanzkrise in einer ausserordentlich guten Position. Der Schuldenstand lag auf einem einmalig niedrigen Niveau, vor allem wenn man die längerfristigen Zahlungsverpflichtungen zugunsten der Sozialversicherungen in die Rechnung einschliesst (implizite Staatsschuld).[257]

Die späten 1980er Jahre waren auch in der *Aussenwirtschaftspolitik* die Zeit, in der sich die grossen Veränderungen anbahnten, welche die politische Diskussion der 1990er Jahre dominieren sollten. Erstens wurde 1986 in Uruguay eine neue GATT-Runde lanciert, die erstmals vorsah, nicht nur die Industriezölle zu reduzieren, sondern auch die Landwirtschaft und Dienstleistungen gegenüber dem internationalen Wettbewerb zu öffnen, die Wettbewerbspolitik der Mitgliedstaaten zu liberalisieren und das GATT als Institution zu stärken.[258] Zwei dieser Anliegen, die Öffnung der Agrarmärkte und die Stärkung der Wettbewerbsregeln, standen im diametralen Gegensatz zur traditionellen Wirtschaftspolitik der Schweiz. Zweitens verstärkte die EG ihre Bemühungen um die Vertiefung des Binnenmarktes und lud die EFTA-Staaten im Januar 1989 ein, sich an einem gemeinsamen europäischen Wirtschaftsraum (EWR) zu beteiligen.[259] Im Laufe der Verhandlungen, die bald darauf einsetzten, wurde klar, dass die Schweiz bei einem Beitritt zum EWR einen Teil ihrer Souveränität einbüssen würde. Die auf die Binnenwirtschaft ausgerichtete schweizerische Wirtschaftspolitik wurde damit nicht nur von den GATT-Verhandlungen, sondern auch von der EG fundamental in Frage gestellt. Während der Verhandlungen hatten zudem drei EFTA-Mitglieder – Österreich, Schweden und Finnland – EG-Beitrittsgesuche gestellt, was die Position der Schweiz weiter schwächte.[260]

Im Dezember 1992 kam die EWR-Vorlage zur Volksabstimmung. Die grossen Wirtschaftsverbände unterstützten die Vorlage. Auch der Spitzenverband Vorort sprach sich für die Annahme des EWR-Vertrags aus, und eine interne Umfrage im Anschluss an die Abstimmung zeigte, dass die Mehrheit der Mitglieder diese Position mittrugen. Insbesondere die schweizerischen Maschinen- und Chemieindustriellen befürworteten einen besseren Zugang zum EG-Binnenmark. Die Chemie sah den EWR-Vertrag zudem nur als Übergangsphase zum baldigen EU-Beitritt. Der Schweizerische Gewerbeverband war hingegen gespalten. Nur eine knappe Mehrheit der Delegierten (549 gegen 456 Stimmen) unterstützte die EWR-Vorlage. Die Binnenwirtschaft stand der wirtschaftlichen Öffnung zu einem grossen Teil skeptisch gegenüber.[261]

256 Für eine Einschätzung aus langfristiger Sicht siehe Frey 2007.
257 Stiftung Marktwirtschaft 2009, 9.
258 WTO 2007, 190–191.
259 Zum Folgenden siehe Freiburghaus 2009, 197–270. Müller 2008a zeigt, wie die Schweizer Wirtschaftsverbände auf die europäischen Einigungsbemühungen reagiert haben (siehe weiter unten).
260 Zum Verhältnis der Schweiz zu Norwegen, Österreich und Schweden siehe Grädel 2007.
261 Müller 2008a, 107. Ferner → 5.3.3.3.

Tabelle 5.1-3: **Chronologie: die Schweiz und die EG/EU**

1981	Griechenland wird zehntes Mitglied der EG.
1984	Erstmals treffen sich alle EG- und EFTA-Minister und vereinbaren eine stärkere Zusammenarbeit im «Europäischen Wirtschaftsraum».
1986	Mit dem Beitritt von Spanien und Portugal entsteht das «Europa der Zwölf». Die EG beschliesst, bis 1993 einen einheitlichen Binnenmarkt zu schaffen.
1989	Vorschlag von EG-Kommissionspräsident Jacques Delors zur Schaffung eines Europäischen Wirtschaftsraums (EWR), um den EG-Binnenmarkt auf die EFTA-Länder auszudehnen.
1991	Mit dem Beitritt von Liechtenstein zählt die EFTA sieben Mitglieder: Österreich, Schweden, Norwegen, Finnland, Island, Liechtenstein und die Schweiz. EG und EFTA einigen sich auf die Errichtung eines Europäischen Wirtschaftsraums (EWR).
1992	Februar: Maastrichter Verträge. Die Europäische Gemeinschaft wird ergänzt durch eine gemeinsame Aussen- und Sicherheitspolitik sowie eine Zusammenarbeit im Bereich Justiz und Inneres. Gemeinsames währungspolitisches Gebiet mit einer einheitlichen Währung (Euro). Mai: Unterzeichnung des EWR-Vertrages in Porto (Portugal). Dezember: Das Schweizer Volk lehnt den EWR-Vertrag ab.
1993	Am 1. Januar wird der EG-Binnenmarkt für 345 Mio. Menschen aus zwölf Ländern Wirklichkeit. Österreich, Schweden, Finnland, Norwegen beginnen Beitrittsverhandlungen mit der EG.
1994	Maastrichter Verträge treten in Kraft: Die EG wird zur Europäischen Union (EU). Inkraftsetzung des EWR mit den EFTA-Ländern (mit Ausnahme der Schweiz).
1995	Europa der 15. Beitrittsverträge mit Österreich, Schweden, Finnland abgeschlossen (Norwegen lehnt Beitritt zur EU in einer Volkabstimmung ab).
1999	12 Mitgliedstaaten nehmen ab 1. Januar an der Euro-Zone teil.
2000	Das Schweizer Volk stimmt für die bilateralen Verträge I der Schweiz mit der EU.
2004	EU-Erweiterung um 10 Länder: Zypern, Tschechische Republik, Estland, Ungarn, Lettland, Litauen, Malta, Polen, Slowakische Republik und Slowenien.
2005	Das Schweizer Volk stimmt für die bilateralen Verträge II der Schweiz mit der EU.
2007	EU-Erweiterung um Bulgarien und Rumänien.

Quellen: Grädel 2007; Freiburghaus 2009.

Trotz der Kampagne der Wirtschaftsverbände lehnte eine knappe Mehrheit der Schweizer Stimmbevölkerung (50.3 %) und eine deutliche Mehrheit der Kantone (14 Kantone und 4 Halbkantone) das Vertragswerk im Dezember 1992 ab, während Finnland und alle EFTA-Mitglieder (Island, Finnland, Liechtenstein, Norwegen, Österreich, Schweden) ihre Zustimmung gegeben hatten oder noch geben sollten; Finnland, Österreich und Schweden traten am 1. Januar 1995 der EU bei. Welche Faktoren beim knappen Resultat den Ausschlag gaben, ist umstritten. Aymo Brunetti, Markus Jaggi und Rolf Weder betonen die ökonomischen Umverteilungseffekte, die sich durch aussenwirtschaftspolitische Öffnungsschritte ergeben hätten und das Abstimmungsverhalten der Akteure prägten, während politologische Untersuchungen eher die sprachkulturelle Zugehörigkeit – die Westschweizer Kantone befürworteten den EWR-Vertrag – und die grundsätzlichen politischen Orientierungen hervorheben.[262] Entscheidend war, dass die Gegner mit dem Zürcher SVP-Nationalrat und Präsidenten der Aktion für eine unabhängige und neutrale Schweiz (AUNS), Christoph Blocher, ein politisches Ausnahmetalent an ihrer Spitze hatten. Sicher ist auch, dass das taktische Verhalten des Bundesrats ungeschickt war. Am 22. Mai 1992 beschloss er in einem knappen Entscheid (4 gegen 3), ein Beitrittsgesuch an die EG-Kommission einzureichen, womit er den Gegnern Auftrieb gab, die den EWR als eine Art Vorstufe zu einem EU-Beitritt empfanden.[263] Beflügelt von der gewonnenen Abstimmung über den Beitritt der Schweiz zum Internationalen Währungsfonds (IWF) und der Weltbankgruppe vom 17. Mai 1992, glaubte eine Mehrheit des Bundesrats, die Schweizer Bevölkerung sei bereit für eine aussenpolitische Offensive. Interessanterweise waren alle drei grossen Parteien gespalten: die Bundesräte Cotti (CVP), Delamuraz (FDP) und Felber (SPS) waren für das Beitrittsgesuch, während Koller (CVP), Stich (SPS) und Villiger (FDP) sich dagegen aussprachen. Den Ausschlag gab Adolf Ogi (SVP), der sich damit gegen die Mehrheit seiner Partei stellte.[264]

Nach der Ablehnung eines Beitritts zum EWR bemühte sich die Landesregierung, die Deregulierung und Liberalisierung des Binnenmarkts voranzutreiben. Der Bundesrat schlug ein hohes Tempo an, denn er war überzeugt, dass die Schweiz ansonsten den Anschluss an die Wirtschaftspolitik und die Wettbewerbsfähigkeit der EU verlieren würde. Diese Meinung war bereits im Vorfeld der Abstimmung von namhaften Ökonomen vertreten worden.[265] Der Erfolg der bundesrätlichen Offensive blieb begrenzt, doch die unter dem Namen Eurolex/Swisslex aufgelegten Gesetzesvorschläge brachten Veränderungen, die in den 1970er Jahren noch als politisch unrealisierbar gegolten hatten.[266] Der Bund stellte die Weichen für eine Teilprivatisierung von SBB und PTT sowie eine Liberalisierung der Telekommunikation (→ 2.3.3). Auch die Rolle des Staates als Regulator wurde neu definiert, indem er stärker als Garant des Wettbewerbs auftrat. Das Parlament beschloss ein Binnenmarktgesetz (1996, revidiert 2006), die Revision des Kartellrechts (1996) und das Bundesgesetz über die technischen Handelshemmnisse (1996). Die Strategie, die EU-Wirtschaftspolitik nachzuahmen, wurde von den Bundesbehörden als «autonomer Nachvollzug» bezeichnet. Man müsse, so for-

262 Brunetti/Jaggi/Weder 1999. Zur politologischen Sicht siehe Armingeon 1999.

263 Freiburghaus 2009, 265.

264 Gemäss dem Thurgauer FDP-Nationalrat Ernst Mühlemann war es der ehemalige Präsident der SNB, Fritz Leutwiler, der Bundesrat Ogi zum Einreichen eines EU-Beitrittsgesuchs ermunterte. Vor dem Hintergrund von Leutwilers Bestreben in den 1970er Jahren, den Franken wieder in ein fixes Wechselkurssystem zu integrieren (siehe oben 5.1.6.1), ist diese Darstellung durchaus plausibel. Siehe Mühlemann 2005, 212.

265 Borner/Brunetti/Straubhaar 1990.

266 Mach 1999b, 11.

mulierte es Staatssekretär Franz Blankart, «beitrittsfähig bleiben, um nicht beitreten zu müssen».[267] Diese Devise galt im ersten Jahrzehnt des 21. Jahrhunderts fort: Bundesrat und Parlament achteten stets darauf, dass neue Gesetze mit dem EU-Recht kompatibel waren. Allerdings hatten nicht alle Liberalisierungsvorlagen, die auf eine Harmonisierung mit der EU zielten, an der Urne Erfolg. Ein besonders wichtiges Signal war diesbezüglich die Ablehnung der Strommarktliberalisierung im September 2002.

Auch die aufgrund der Uruguay-Runde des GATT erforderlichen Anpassungen, die 1995 vom Parlament beschlossen wurden, führten zu wichtigen Änderungen im öffentlichen Beschaffungswesen, beim Schutz des geistigen Eigentums und der Bankengesetzgebung. In der Landwirtschaft kam es wegen der WTO zu einem grundlegenden Systemwechsel, da der Bund Subventionen nicht mehr nach dem Giesskannenprinzip ausschüttete, sondern den Bauernbetrieben Direktzahlungen ausrichtete, die an bestimmte Bedingungen geknüpft waren.

Trotz der Ablehnung des EWR-Beitritts konvergierte die schweizerische Wirtschaftspolitik mit derjenigen der EU. Verstärkt wurde dieser Prozess durch den Abschluss bilateraler Abkommen zwischen der Schweiz und der EU. Im Jahr 1994 konnten die bilateralen Verhandlungen I mit der EU aufgenommen werden und im Mai 2000 sprach sich eine klare Mehrheit für das Gesamtpaket von sieben Abkommen aus. Darunter befand sich auch das sogenannte Freizügigkeitsabkommen, das die schrittweise Einführung der Personenfreizügigkeit vorsah. Damit nahm die Schweiz einen fundamentalen Kurswechsel in der Migrationspolitik vor, denn das Saisonnierstatut für EU-Bürger, das ein konstitutives Element der schweizerischen Wirtschaftspolitik der Nachkriegszeit gewesen war, wurde aufgehoben. Im Juni 2005 bestätigte das Schweizer Volk das zweite bilaterale Paket, indem eine Mehrheit von 55 % das Assoziationsabkommen der Schweiz zu Schengen/Dublin befürwortete. Im September 2005 unterstützte eine Mehrheit von 56 % der Stimmenden die Ausdehnung des bilateralen Abkommens über die Personenfreizügigkeit auf die zehn Staaten, die zum 1. Mai 2004 der EU beigetreten waren. Im November 2006 befürworteten 53 % das Bundesgesetz über die Zusammenarbeit mit den Staaten Osteuropas, das unter anderem die Zahlung von Beiträgen zugunsten der neuen EU-Staaten vorsah. Und im Februar 2009 sprachen sich knapp 60 % für eine Weiterführung des Freizügigkeitsabkommens mit der EU sowie die Ausdehnung der bilateralen Verträge auf Bulgarien und Rumänien aus.

Durch die starke Annäherung an die EU und die Tätigkeit der WTO hatte sich die schweizerische Aussenwirtschaftspolitik im ausgehenden 20. Jahrhundert grundlegend verändert. Eine klare Trennung zwischen Aussenwirtschaftspolitik und Binnenwirtschaftspolitik war nicht mehr möglich. Im Vergleich zu den Nachkriegsjahrzehnten, als Bund und Kantone fast mühelos in der Lage gewesen waren, Kartelle zu schützen, die Arbeitsmigration zu regulieren, das öffentliche Beschaffungswesen gegenüber ausländischen Bewerbern abzuschotten, die Landwirtschaft vor der ausländischen Konkur-

267 Freiburghaus 2009, 354.

renz abzuschirmen, Staatsbetriebe zu führen oder das Bankgeheimnis zu verteidigen, schrumpfte der wirtschaftspolitische Handlungsspielraum stark. Auch bei der internationalen Kooperation änderte sich die Rolle der Schweiz, insbesondere durch den Beitritt zum Internationalen Währungsfonds (IWF) und zur Weltbankgruppe. Mit dem Beitritt zum IWF gehörte die Schweiz zum innersten Zirkel der führenden Finanzmächte, da sie mit Polen, Serbien (bis 2006 zusammen mit Montenegro), Aserbaidschan, Kirgistan, Usbekistan, Tadschikistan und Turkmenistan eine Stimmrechtsgruppe bildete.[268] 2009 erklärte sich die Schweiz zudem bereit, Artikel 26 des OECD-Musterabkommens zur Vermeidung von Doppelbesteuerung zu übernehmen und nun auch im Falle von Steuerhinterziehung internationale Rechtshilfe zu leisten (→ 2.2.2.6). Die zunehmende Verrechtlichung der internationalen Wirtschaftsbeziehungen scheint ein Prozess zu sein, dem sich die Schweiz immer weniger entziehen kann.

5.1.7 Schlussbetrachtungen

Der Rückblick auf das 20. Jahrhundert macht deutlich, dass in der schweizerischen Wirtschaftspolitik die Währungs- bzw. Geldwertstabilität immer Vorrang gegenüber anderen Zielen genossen hat. Die politische Stabilität und die in der Regel positive Zahlungsbilanz haben diese Politik erleichtert. Sie war insofern erfolgreich, als sie zu vergleichsweise niedrigen Inflationsraten und Realzinsen sowie einer starken Währung führte – eine Entwicklung, die eindrücklich in Tabelle 5.1-4 zum Ausdruck kommt. Die Währungsstabilität hatte zur Folge, dass der Kapitalexport kaum eingeschränkt werden musste, was sowohl dem Finanzplatz zugutekam als auch der Exportindustrie, welche die Vorteile von Direktinvestitionen nutzen konnte.

Tabelle 5.1-4: **Wechselkurse Schweizer Franken für eine Währungseinheit**

	Während des Goldstandards	1998 (Jahresmittel)
USD	5.18	1.4485
GBP	25.22	2.3984
FRF	1.00	0.0024
ITL	1.00	0.0008
SEK	1.38	0.1821
NLG	2.08	0.7306
BEF	1.00	0.0399

Quellen: SNB 1944, 43–45; SNB 1999, 72.

268 Die Schweiz vereinigt im IWF einen Stimmenanteil von 2.8 % (1.60 % Schweiz, 1.25 % übrige Mitglieder). Man nennt die Stimmrechtsgruppe auch «Helvetistan». Eine angestrebte IWF-Reform könnte in Zukunft die grossen Schwellenländer auf Kosten der Schweiz stärken.

Immer dann, wenn sich die Grundlagen des Währungssystems auflösten, führte das strikte Festhalten an den überkommenen währungs- und geldpolitischen Regeln zu Problemen. Das war im Ersten Weltkrieg der Fall, als die Nationalbank nicht realisierte, dass nach der Aufgabe des Goldstandards die Real-Bills-Doktrin ihre Funktion als Richtschnur für die Geld- und Währungspolitik verloren hatte. Die Folge war eine Inflation, welche die sozialen Gegensätze verschärfte. In der Grossen Depression wollte die Nationalbank auch dann noch an der Goldparität der Vorkriegszeit festhalten, als alle wichtigen Industrieländer bereits abgewertet hatten und das Ende des auf dem Goldstandard beruhenden Währungssystems besiegelt war. Diese Politik führte zu einer Deflation, welche die Wirtschaft lähmte, und zu einem Wechselkurs, der die Konkurrenzfähigkeit der Exportindustrie beeinträchtigte. Auch in der zweiten Hälfte der 1960er Jahre hielt die SNB zu lange an der Währungsparität zum Dollar fest. Diesmal war der Franken nicht über-, sondern unterbewertet. Anstelle einer Aufwertung versuchte die SNB mit einem ganzen Arsenal an administrativen Massnahmen vergeblich, die überhitzte Konjunktur abzukühlen, was ab den 1960er und vor allem in den frühen 1970er Jahren zu Inflationsraten führte, die für die Schweiz ungewöhnlich hoch waren. 1978, als die SNB angesichts einer dramatischen realen Aufwertung des Frankens vorübergehend ihr Geldmengenziel zugunsten eines Wechselkursziels aufgab, bewies sie, dass sie auch schnell auf eine neue Situation reagieren konnte. Bei der definitiven Umstellung der Geldmengen- auf eine Zinspolitik, welche die Inflation zu steuern versuchte, tat sich die SNB wieder schwerer, und es dauerte fast zehn Jahre von dem Moment an, als erste Zweifel an der Stabilität der Geldnachfrage aufgekommen waren, bis zur Einführung des neuen Konzepts. Möglicherweise ist eine gewisse Schwerfälligkeit bei der Anpassung an neue Umstände der Preis, der für eine auf Stabilität ausgerichtete Politik zu bezahlen ist.

Seit dem Übergang zu flexiblen Wechselkursen führte die stablitätsorientierte Geld- und Währungspolitik mit kurzfristigen Aufwertungsschüben immer wieder zu Schwierigkeiten für die in der Schweiz produzierende Exportindustrie und zwang sie, Teile der Produktion ins Ausland zu verlagern. Mit der Einführung des Euro entstand für die Schweiz ein währungspolitisches Klumpenrisiko, und wenn die europäische Währung längere Zeit zur Schwäche neigte, konnte gerade die Stabilität der Schweiz über die Aufwertung des Frankens zu einem wirtschaftspolitischen Problem werden. Trotz eigener Währung wurde in solchen Phasen die Unabhängigkeit der Geld- und Währungspolitik der Schweiz ein Stück weit relativiert.

Die Finanzpolitik unterstützte die Währungs- und Geldpolitik, indem sie Defizite zu vermeiden suchte, welche die Stabilität des Frankens gefährdet hätten. Während des Zweiten Weltkriegs und in der Phase der Hochkonjunktur wollte sie mittels Sterilisierung von Geldern und einer zurückhaltenden Ausgabenpolitik den inflationären Auftrieb dämpfen, allerdings führte dies zu einer Unterversorgung im Infrastrukturbereich, die in den 1960er Jahren beseitigt werden musste, was die Konjunktur zusätzlich anheizte. Ab den 1970er Jahren begannen die im internationalen Vergleich tiefen Sozialausgaben auch in der Schweiz anzusteigen. In der langen Stagnationsphase der ersten Hälfte der 1990er Jahre resultierten daraus gar kurzfristig Defizite, welche die im Maastrichter Wachstums- und Stabilitätspakt der EU definierte Grenze von 3% des BIP übertrafen. Entsprechend stieg die reale Bundesschuld pro Kopf steil an, wie nach dem Zweiten Weltkrieg scheint aber der politische Wille zu bestehen, diese wieder zurückzuführen (siehe Grafik 5.1-9). Die wieder anziehende Konjunktur sowie Sparanstrengungen der öffentlichen Hand führten jedoch dazu, dass die Staats- und Fiskalquote wieder auf ein Niveau gedrückt werden konnte, das deutlich unter demjenigen vergleichbarer Länder lag. Diejenigen Kräfte, die dem Staat ein stärkeres Gewicht geben wollten, konnten sich in der politischen Auseinandersetzung nie durchsetzen.

Auf externe Schocks wie Kriege und Weltwirtschaftskrisen reagierte die schweizerische Wirtschaftspolitik in erster Linie mit Hilfen an die Binnenindustrie und die Landwirtschaft in Form von Subventionen, Schutzzöllen und Regulierungen aller Art, welche die inländische Wirtschaft vor der Konkurrenz aus dem Ausland schützte. Dazu gehörte auch eine Arbeitsmarktpolitik, welche die ausländischen Arbeitskräfte als Konjunkturpuffer verstand. Mit der Umsetzung des Binnenmarktprogramms der EU ab den 1990er Jahren, der selektiven Integration der Schweiz mittels bilateraler Abkommen und den Liberalisierungs- und Harmonisierungsbestrebungen in internationalen Organisationen wie der OECD und der WTO wurde dieser

Grafik 5.1-9: **Reale Bundesschuld pro Kopf (1910–2008)**

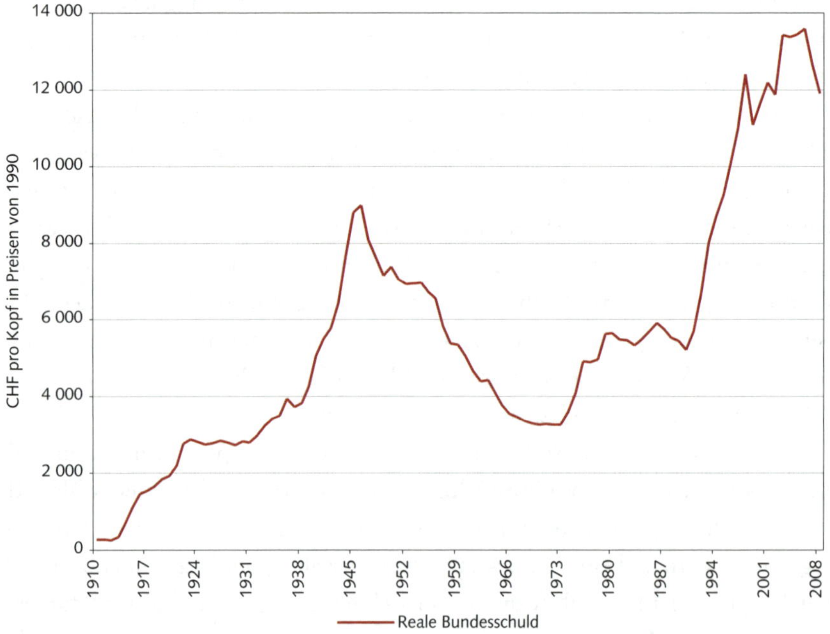

Quellen: Schulden: HSSO Tab. U.45 (1910–2000), BFS online Tab. 18.04.01.01 (2001–2008); Bevölkerung: HSSO Tab. B.42 (1910–2003); BFS online Tab. 1.01.01.04.02 (2004–2008); LIK HSSO Tab. H.39 (1910–2003); BFS online Tab. 5.02.17 (2004–2008).

Ausrichtung der schweizerischen Wirtschaftspolitik immer mehr die Grundlage entzogen. Damit zeigte sich auch immer deutlicher, dass die Wirtschaftspolitik externe Schocks nicht mehr mit binnenwirtschaftlichen Massnahmen abfedern konnte, sondern hauptsächlich mit geld- und währungs- sowie finanzpolitischen Instrumenten operieren musste.

5.1.8 Bibliographie

Online-Datenbanken

BFS: Bundesamt für Statistik, www.bsf.admin.ch/
HSSO: Historische Statistik der Schweiz Online, Kammerer, Patrick et al. (Hg.) www.fsw.uzh.ch/histstat/main.php

Unveröffentlichte Quellen

Archiv der Schweizerischen Nationalbank

Brief von Iklé an Coombs vom 18. Februar 1961; 2.3/2251.
Darlegung von Dr. W. Schwegler, Präsident des Direktoriums, an der Generalversammlung der Schweizerischen Nationalbank vom 24. März 1962 zum Antrag des Herrn W. Schmid und von 20 weiteren Unterzeichner betr. Einführung des Systems schwankenden Wechselkurse, 2.3/2251.
Protokolle des Bankausschusses, div. Jahrgänge.
Protokolle des Direktoriums, div. Jahrgänge.

Veröffentlichte Quellen und amtliche Publikationen

Bundesamt für Statistik (BFS)

BFS (Hg.): Statistisches Jahrbuch der Schweiz (Stat. Jb.), Zürich: NZZ Verlag, 1891–; Bern: Francke, 1891–; Neuchâtel: BFS.

Bundesblatt der Schweizerischen Eidgenossenschaft (BBl): Bundeskanzlei (Hg.), Bern, www.admin.ch/ch/d/ff/

Schweiz. Bundesrat 1914: Botschaft an die Bundesversammlung betreffend Massnahmen zum Schutze des Landes und zur Aufrechthaltung der Neutralität, vom 2. August 1914, BBl 1914/IV, 5. August, 1–5.
Schweiz. Bundesrat 1921: Bericht an die Bundesversammlung betreffend die vorläufige Abänderung des Zolltarifes gemäss Bundesbeschluss, vom 18. Februar 1921, BBl 1921/III, 15. Juli 1921, 737–748.
Schweiz. Bundesrat 1938: Botschaft an die Bundesversammlung über den Ausbau der Landesverteidigung und die Bekämpfung der Arbeitslosigkeit, vom 7. Juni 1938, BBl 1938/I, 857–922.
Schweiz. Bundesrat 1957a: 54. Bericht an die Bundesversammlung betreffend die gemäss den Bundesbeschlüssen vom 14. Oktober 1933 und 28. September 1956 erlassenen wirtschaftlichen Massnahmen gegenüber dem Ausland, vom 25. Januar 1957, BBl 1957/I, 165–197.
Schweiz. Bundesrat 1957b: Bericht an die Bundesversammlung über das Volksbegehren gegen den Missbrauch wirtschaftlicher Macht, vom 8. Februar 1957, BBl 1957/I, 347–371.
Schweiz. Bundesrat 1959: Botschaft an die Bundesversammlung zur Zolltarifrevision und den dazugehörigen internationalen Vereinbarungen, vom 20. März 1959, BBl 1959/I, 625–914.
Schweiz. Bundesrat 1960: Botschaft an die Bundesversammlung über die Beteiligung der Schweiz an der Europäischen Freihandels-Assoziation, vom 5. Februar 1960, BBl 1960/I, 841–1104.

Schweiz. Bundesrat 1961: Botschaft an die Bundesversammlung zum Entwurf eines Bundesgesetzes über Kartelle und ähnliche Organisationen, vom 18. September 1961, BBl 1961/II, 553–619.

Schweiz. Bundesrat 1964: Botschaft an die Bundesversammlung über Massnahmen auf dem Gebiete des Geld- und Kapitalmarktes und des Kreditwesens sowie über konjunkturpolitische Massnahmen auf dem Gebiete der Bauwirtschaft, vom 24. Januar 1964, BBl 1964/I, 181–232.

Schweiz. Bundesrat 1967: Botschaft an die Bundesversammlung über die Genehmigung der im Rahmen der sechsten Handels- und Zollkonferenz des GATT (Kennedy-Runde) abgeschlossenen Übereinkommen, vom 15. September 1967, BBl 1967/II, 605–864.

Schweiz. Bundesrat 1971: 83. Bericht an die Bundesversammlung über wirtschaftliche Massnahmen gegenüber dem Ausland und andere handelspolitische Fragen, vom 11. August 1971, BBl 1971/II, 621–778.

Schweiz. Bundesrat 1972: Botschaft an die Bundesversammlung über die Genehmigung der Abkommen zwischen der Schweiz und den Europäischen Gemeinschaften, vom 16. August 1972, BBl 1972/II, 653–914.

Literatur

Allgoewer, Elisabeth 2001: *Gold standard and gold standard mentality in Switzerland 1929–1936*, St. Gallen: Habilitationsschrift, Hochschule St. Gallen.

Arlettaz, Gérald 1982: Crise et déflation. Le primat des intérêts financiers en Suisse au début des années 1930, *Relations internationales* 30 (1982), 159–175.

Armingeon, Klaus 1999: «Die Mühen der Schweiz mit der EU». Eine Replik, *Neue Zürcher Zeitung*, Nr. 250, 27.10.1999, 25.

Baltensperger, Ernst 2007: The National Bank's monetary policy: evolution of policy framework and policy performance, in: Schweizerische Nationalbank (Hg.), *Die Schweizerische Nationalbank 1907–2007*, Zürich: NZZ Libro, 611–639.

Bank für Internationalen Zahlungsausgleich 1949: *Neunzehnter Jahresbericht*, 1. April 1948 –31. März 1949, Basel.

Baumann, Jan 2007: *Bundesinterventionen in der Bankenkrise 1931–1937. Eine vergleichende Studie am Beispiel der Schweizerischen Volksbank und der Schweizerischen Diskontbank,* [s.l.]: [s.n.] Dissertation Universität Zürich.

Baumann, Jan / Halbeisen, Patrick 1999: *Die Internationalisierung des Finanzplatzes Schweiz und ihre Folgen für die Währungspolitik: Konsens und Konflikte zwischen der Nationalbank und den Geschäftsbanken 1919–1939,* Beitrag für das Kolloquium «Switzerland as a financial centre in international perspective (1913–1965)», Lausanne, 1./2. Oktober 1999 (unpubliziertes MS).

Bernanke, Ben S. et al. (eds.) 1999: *Inflation Targeting. Lessons from the International Experience*, Princeton, NJ: Princeton University Press.

Bernegger, Michael 1988: *Die Schweiz unter flexiblen Wechselkursen,* Bern: Haupt.

Bernholz, Peter 2007: Die Nationalbank 1945–1982: Von der Devisenbann-Wirtschaft zur Geldmengensteuerung bei flexiblen Wechselkursen, in: Schweizerische Nationalbank (Hg.): *Die Schweizerische Nationalbank 1907–2007*, Zürich: NZZ Libro.

Birchler, Urs 1979: *Die Konjunkturpolitik in der Schweiz von 1950–1975 unter besonderer Berücksichtigung der wirtschaftspolitischen Träger,* Diessenhofen: Rüegger.

Bombach, Gottfried / Kleinewefers, Henner / Weber, Luc 1977: *Lage und Probleme der schweizerischen Wirtschaft 1977/78. Bericht der Expertengruppe «Wirtschaftslage»*, 2 Bände, Bern: Eidgenössisches Volkswirtschaftsdepartement und Schweizerische Nationalbank.

Bordo, Michael D. / Helbling, Thomas / James, Harold 2006: Swiss Exchange Rate Policy in the 1930s: Was the Delay in Devaluation Too High a Price to Pay for Conservatism? *NBER Working Paper 12491.*

Bordo, Michael D. / James, Harold 2007: Die Nationalbank 1907–1946: Glückliche Kindheit oder schwierige Jugend?, in: Schweizerische Nationalbank (Hg.), *Die Schweizerische Nationalbank 1907–2007*, Zürich: NZZ Libro, 29–118.

Bordo, Michael D. / Jonung, Lars 2001: A return to the convertibility principle? Monetary and fiscal regimes in historical perspective: the international evidence, in: Leijonhufvud, Axel (ed.), *Monetary Theory and Policy Experience*, London: Palgrave, 225–283.

Borner, Silvio / Brunetti, Aymo / Straubhaar, Thomas 1990: *Schweiz AG: Vom Sonderfall zum Sanierungsfall?*, Zürich: NZZ Verlag.

Brunetti, Aymo / Jaggi, Markus / Weder, Rolf 1999: *Die Schweiz in der europapolitischen Zwickmühle: Wirtschaftliche Umverteilung als entscheidender Faktor in der Aussenpolitik,* Zürich: NZZ Verlag.

Castelmur, Linus von 1992: *Schweizerisch-Alliierte Finanzbeziehungen im Übergang vom Zweiten Weltkrieg zum kalten Krieg. Die deutschen Guthaben in der Schweiz zwischen Zwangsliquidierung und Freigabe (1945–1952),* Zürich: Chronos.

Cesarano, Filippo 2006: *Monetary Theory and Bretton Woods: The Construction of an International Monetary Order*, Cambridge: Cambridge University Press.

Christen, Heinz Peter 1970: *Die Wirtschaftsverfassung des Interventionismus*, Zürich / St. Gallen: Polygraphischer Verlag AG.

Crettol, Vincent / Halbeisen, Patrick 1999: *Die währungspolitischen Hintergründe der Goldtransaktionen der Schweizerischen Nationalbank im Zweiten Weltkrieg*, Zürich: Schweizerische Nationalbank.

Dam, Kenneth W. 1982: *The Rules of the Game: Reform and Evolution in the International Monetary System*, Chicago: University of Chicago Press.

Dirlewanger, Dominique / Guex, Sébastien / Pordenone, Gian-Franco 2003: *La politique commerciale de la Suisse de la Deuxième Guerre mondiale à l'entrée au GATT (1945–1966)*, Zürich: Chronos.

Drummond, Ian M. 1987: *The Gold Standard and the International Monetary System 1900–1939, Studies in Economic and Social History*, Houndmills / [etc.]: MacMillan.

Durrer, Marco 1984: *Die schweizerisch-amerikanischen Finanzbeziehungen im Zweiten Weltkrieg. Von der Blockierung der schweizerischen Guthaben in den USA über die «Safehaven» Politik zum Washingtoner Abkommen (1941–1946)*, Bern / Stuttgart: Haupt.

Ehrsam, Paul 1985: Die Bankenkrise der 30er Jahre in der Schweiz, in: Eidgenössische Bankenkommission (Hg.), *50 Jahre eidgenössische Bankenaufsicht*, Zürich: Schulthess, 83–113.

Eichengreen, Barry 1996: *Globalizing Capital: A History of the International Monetary System*, Princeton: Princeton University Press.

Eichengreen, Barry / Flandreau, Marc (eds.) ²1997: *The Gold Standard in Theory and History*, London: Routledge.

Eichengreen, Barry / Irwin, Douglas 2009: The Slide to Protectionism in the Great Depression. Who Succumbed and Why?, *NBER Working Paper 15142*.

Eichengreen, Barry / James, Harold 2003: Monetary and financial reform in two eras of globalization, in: Bordo, Michael D. / Taylor, Alan / Williamson, Jeffrey (eds.), *Globalization in Historical Perspective*, Chicago: University of Chicago Press, 515–548.

Eizenstat, Stuart E. 1997: *U.S. and Allied Efforts To Recover and Restore Gold and Other Assets. Stolen or Hidden by Germany During World War II*, Preliminary Study, Washington DC.

Europäische Freihandelsassoziation (EFTA) 1972: *Die Auswirkungen der EFTA und der EWG auf den Handel 1959–1967*, Genf.

Feinstein, Charles H. / Temin, Peter / Toniolo, Gianni 1997: *The European Economy Between the Wars*, Oxford / [etc.]: Oxford University Press.

Fior, Michel 1997: *Die Schweiz und das Gold der Reichsbank. Was wusste die Schweizerische Nationalbank?*, Zürich: Chronos.

Frech, Stefan 2001: *Clearing. Der Zahlungsverkehr der Schweiz mit den Achsenmächten*, Veröffentlichungen der Unabhängigen Expertenkommission Schweiz–Zweiter Weltkrieg, Band 3, Zürich: Chronos.

Freiburghaus, Dieter 2009: *Königsweg oder Sackgasse? Sechzig Jahre schweizerische Europapolitik*, Zürich: NZZ Libro.

Frey, René 2007: *Finanzpolitik des Bundes seit 1960: Bericht im Auftrag der Kommission für Konjunkturfragen*, Basel und Zürich: Center for Research in Economics, Management and the Arts (CREMA). www.seco.admin.ch/dokumentation/publikation/02640/02642/index.html?download=NHzLpZeg7t,lnp6I0NTU042l2Z6ln1ae2IZn4Z2qZpnO2Yuq2Z6gpJCEeYB3gGym162epYbg2c_JjKbNoKSn6A--&lang=fr (10.03.2011)

Frings, Thomas 2001: *Entre différence et différé: Quand le Sonderfall pousse la Confédération à une stratégie dilatoire face aux institutions de Bretton Woods*, Lausanne: Mémoire de licence, Université de Lausanne.

Geering, Traugott 1928: *Handel und Industrie der Schweiz unter dem Einfluss des Weltkriegs*, Basel: Benno Schwabe.

Gees, Thomas 1999: Interessenclearing und innere Absicherung. Zur Zusammenarbeit zwischen Verwaltung und Privatverbänden in der schweizerischen Aussenwirtschaftspolitik, in: Hug, Peter / Kloter, Martin (Hg.), *Aufstieg und Niedergang des Bilateralismus. Schweizerische Aussen- und Aussenwirtschaftspolitik 1930–1960: Rahmenbedingungen, Entscheidungsstrukturen. Fallstudien*, Zürich: Chronos, 141–172.

Gees, Thomas 2006: *Die Schweiz im Europäisierungsprozess. Wirtschafts- und gesellschaftspolitische Konzepte am Beispiel der Arbeitsmigrations-, Agrar- und Wissenschaftspolitik, 1947–74*, Zürich: Chronos.

Giacometti, Zaccaria 1937: Verfassungsrecht und Verfassungspraxis in der schweizerischen Eidgenossenschaft. (Das autoritäre Bundesstaatsrecht), in: *Festgabe Fritz Fleiner zum 70. Geburtstag am 24. Januar 1937 dargebracht von der rechts- und staatswissenschaftlichen Fakultät der Universität Zürich*, Zürich: Polygraphischer Verlag, 45–84.

Giacometti, Zaccaria 1949: *Schweizerisches Bundesstaatsrecht*, Zürich: Polygraphischer Verlag.

Giddey, Thibaud 2010: *La genèse et les premières années d'activités de la Commission fédérale des banques (1931–1943),* Lausanne: Mémoire de Maîtrise, Université de Lausanne.

Grädel, Markus 2007: *Vereint marschieren – getrennt schlagen! Die Schweiz, Österreich, Norwegen und Schweden zwischen EWR und Beitritt zur Europäischen Union,* Bern: Haupt.

Gruner, Erich 1964: 100 Jahre Wirtschaftspolitik. Etappen des Interventionismus in der Schweiz, *Schweizerische Zeitschrift für Volkswirtschaft und Statistik* 100 (1964), 35–70.

Guex, Sébastien 1993a: *La Politique monétaire et financière de la Confédération suisse 1900–1920,* Lausanne: Payot.

Guex, Sébastien 1993b: Banque nationale et milieux bancaires entre 1922 et 1924: cris et chuchotements autour de la stabilisation du franc suisse, in: Cassis, Youssef / Tanner, Jakob (éd.), *Banque et crédit en Suisse (1850–1930),* Zürich: Chronos, 53–76.

Guex, Sébastien 2003: La politique de la Banque Nationale Suisse (1907–1939): modèles, références et spécificités, in: Feiertag, Olivier / Margairaz, Michel (dir.), *Politiques et pratiques des banques d'émission en Europe (XVIIe–XXe siècle). Le bicentenaire de la Banque de France dans la perspective de l'identité monétaire européenne,* Paris: Albin Michel, 526–548.

Gürtler, Hans 1931: *Der Einfluss der Handelspolitik auf die Schweizer Inlandindustrie und deren Entwicklung seit Anfang der 1890er Jahre,* Liestal: Buchdruckerei Lüdin & Co.

Gygi, Fritz 1976: Wirtschaftspolitik als Begriff des Verfassungsrechts, in: Tuchtfeldt, Egon (Hg.), *Schweizerische Wirtschaftspolitik zwischen gestern und morgen. Festgabe zum 65. Geburtstag von Hugo Sieber,* Bern / Stuttgart: Haupt, 73–83.

Halbeisen, Patrick 1998: Bankenkrise und Bankengesetzgebung in den 30er Jahren, in: Guex, Sébastien et al. (Hg.), *Krisen und Stabilisierung. Die Schweiz in der Zwischenkriegszeit* (Die Schweiz 1798–1998: Staat–Gesellschaft–Politik), Zürich: Chronos, 61–79.

Halbeisen, Patrick 2004: Die Finanzbeziehungen zwischen der Schweiz und der Bundesrepublik Deutschland in der Nachkriegszeit, in: Fleury, Antoine / Möller, Horst / Schwarz, Hans Peter (Hg.), *Die Schweiz und Deutschland 1945–1961,* München: R. Oldenbourg, 166–179.

Halbeisen, Patrick 2006: Cool Lover? Switzerland and the Road to European Monetary Union, in: Clement, Piet / Martinez Oliva, Juan Carlos (eds.), *European Central Banks and Monetary Cooperation after 1945,* Frankfurt a.M.: European Association for Banking and Financial History e.V., 99–117.

Halbeisen, Patrick 2008: Open Financial Markets in Switzerland and their Impact on Monetary and Financial Policy, in: Müller, Margrit / Myllyntaus, Timo (eds.), *Pathbreakers. Small European Countries Responding to Globalisation and Deglobalisation,* Bern / [etc.]: Lang, 241–270.

Halbeisen, Patrick / Müller, Margrit 1998: Die schrittweise Nationalisierung des Geldes: Von der Einführung der Schweizer Währung (Münzreform 1848) zur nationalen Kontrolle über das Geldwesen (Gründung der Nationalbank 1907), in: Mosser, Alois (Hg.), *Österreichs Weg zum Euro. Aspekte – Perspektiven – Handlungsspielräume,* Veröffentlichung der Österreichischen Gesellschaft für Unternehmensgeschichte (Band 20), Wien: Manzsche Verlagsbuchhandlung, 63–86.

Historisches Lexikon der Schweiz, Basel: Schwabe.

Homberger, Heinrich 1970: *Schweizerische Handelspolitik im Zweiten Weltkrieg: Ein Überblick auf Grund persönlicher Erlebnisse,* Erlenbach: Rentsch.

Hotz, Beat 1979: *Politik zwischen Staat und Wirtschaft. Verbandsmässige Bearbeitung wirtschaftspolitischer Probleme und die daraus resultierenden Konsequenzen für die Aktivitäten des Staates im Falle der Schweiz,* Diessenhofen: Rüegger.

Hotz, Jean 1938: Zur schweizerischen Zollpolitik der Nachkriegszeit, in: *Festgabe für Bundesrat Dr. h.c. Edmund Schulthess zum siebzigsten Geburtstag am 2. März 1938 dargebracht von Freunden und Mitarbeitern,* Zürich: Polygraphischer Verlag, 183–200.

Huber, Hans 1976: Rückblick auf die «neuen» Wirtschaftsartikel der Bundesverfassung, in: Tuchtfeldt, Egon (Hg.), *Schweizerische Wirtschaftspolitik zwischen gestern und morgen. Festgabe zum 65. Geburtstag von Hugo Sieber,* Bern / Stuttgart: Haupt, 57–72.

Hug, Peter / Kloter, Martin 1999: Der «Bilateralismus» in seinem multilateralen Kontext. Die Aussenpolitik der Schweiz zur Sicherung ihres Aussenhandels und Zahlungsverkehrs 1920/30–1958/60, in: Hug, Peter / Kloter, Martin (Hg.), *Aufstieg und Niedergang des Bilateralismus. Schweizerische Aussen- und Aussenwirtschaftspolitik 1930–1960: Rahmenbedingungen, Entscheidungsstrukturen, Fallstudien,* Zürich: Chronos, 13–139.

Humair, Cédric 2004: *Développement économique et Etat central 1815–1914. Un siècle de politique douanière suisse au service des élites,* Bern: Lang.

Iklé, Max 1963: *Die amerikanische Zahlungsbilanz und das Dollarproblem,* Referat gehalten am 2. Oktober 1963 in der Studiengesellschaft für Wirtschaftspolitik, in: Bibliothek der Schweizerischen Nationalbank.

Iklé, Max 1970: *Die Schweiz als internationaler Bank- und Finanzplatz*, Zürich: Orell Füssli.

Ingold, Evelyn 2003: Ungleichgewichte im Bretton-Woods-System. Die Mitwirkung der Schweiz an der internationalen Währungsreform in den 1960er Jahren, in: Gilomen, Hans Jörg / Müller, Margrit / Veyrassat, Béatrice (Hg.), *Globalisierung – Chancen und Risiken. Die Schweiz in der Weltwirtschaft, 18.–20. Jahrhundert*, Zürich: Chronos, 297–316.

International Monetary Fund (IMF): *International Financial Statistics*. Washington D.C.: IMF.

Jacobsson, Erin E. 1979: *A Life for Sound Money. Per Jacobsson. His Biography*, Oxford: Clarendon Press.

James, Harold 1996: *International Monetary Cooperation Since Bretton Woods*, Washington DC / Oxford: IMF / Oxford University Press.

James, Harold 2001: *The End of Globalization: Lessons from the Great Depression*, Cambridge (Mass.) / London: Harvard University Press.

James, Harold / Martinez Oliva, Juan Carlos 2008: Too Much for One Country. The United States and the Bretton Woods System, 1958–1971, in: James, Harold / Martinez Oliva, Juan Carlos (eds.), *International Monetary Cooperation across the Atlantic*, Frankfurt a.M.: European Association for Banking and Financial History e.V., 9–31.

Jöhr, Adolf 1912: *Die Volkswirtschaft der Schweiz im Kriegsfall*, Zürich: Kuhn und Schürch.

Jordan, Thomas J. / Peytrignet, Michel 2007: Der Weg zur Zinssteuerung und zur Inflationsprognose, in: Schweizerische Nationalbank (Hg.), *Die Schweizerische Nationalbank 1907–2007*, Zürich: NZZ Libro, 273–290.

Kaplan, Jacob J. / Schleiminger, Günther 1989: *The European Payments Union: Financial Diplomacy in the 1950s*, Oxford: Clarendon Press.

Katzenstein, Peter J. 1984: *Corporatism and Change: Austria, Switzerland and the Politics of Industry*, Ithaca / London: Cornell University Press.

Katzenstein, Peter J. 1985: *Small States in World Markets: Industrial Policy in Europe*, Ithaca / London: Cornell University Press.

Kugler, Peter / Rich, Georg 2002: Monetary Policy Under Low Interest Rates: The Experience of Switzerland in the Late 1970s, *Schweizerische Zeitschrift für Volkswirtschaft und Statistik* 138 (2002), 241–269.

Kugler, Peter / Weder, Beatrice 2002: The puzzle of the Swiss interest rate island: stylized facts and a new interpretation, *Aussenwirtschaft: Schweizerische Zeitschrift für Aussenwirtschaftsbeziehungen* 57 (2002), 49–63.

Lampart, Daniel 2006: *Handlungsspielräume und -restriktionen der Schweizer Konjunkturpolitik in der langen Stagnation der 1990er Jahre. Eine modellbasierte Evaluation,* [s.l]: [s.n.].

Lüpold, Martin 2008: Wirtschaftskrieg, Aktienrecht und Corporate Governance. Der Kampf der Schweizer Wirtschaft gegen die «wirtschaftliche Überfremdung» im Ersten und Zweiten Weltkrieg, in: Gröbner, Valentin / Guex, Sébastien / Tanner, Jakob (Hg.), *Kriegswirtschaft und Wirtschaftskriege*, Zürich: Chronos, 99–116.

Mach, André 1999a: Présentation générale et contexte socioéconomique des années 1990, in: Mach, André (éd.), *Globalisation, néolibéralisme et politiques publiques dans la Suisse des années 1990*, Zürich: Seismo, 11–50.

Mach, André 1999b: L'articulation entre facteurs externes et internes comme clef d'analyse des réformes économiques et sociales, in: Mach, André (éd.), *Globalisation, néolibéralisme et politiques publiques dans la Suisse des années 1990*, Zürich: Seismo, 419–454.

Mach, André 2006: *La Suisse entre internationalisation et changements politiques internes: La législation sur les cartels et les relations industrielles dans les années 1990,* Zürich: Rüegger.

Maddison, Angus 1991: *Dynamic Forces in Capitalism Development: A Long-Run Comparative View,* Oxford: Oxford University Press.

Maurhofer, Roland 1999: Zwischen Schadensbegrenzung und Solidarität. Schweizerisch-britische Verständigung am Beispiel des Zahlungsabkommens von 1946 und der Gründungsphase der OECE und EZU 1948–1950, in: Hug, Peter / Kloter, Martin (Hg.), *Aufstieg und Niedergang des Bilateralismus. Schweizerische Aussen- und Aussenwirtschaftspolitik, 1930–1960: Rahmenbedingungen, Entscheidungsstrukturen, Fallstudien*, Zürich: Chronos, 447–483.

Maurhofer, Roland 2001: *Die schweizerische Europapolitik vom Marshallplan zur EFTA 1947 bis 1960 – Zwischen Kooperation und Integration,* Bamberg: DifoDruck GmbH.

Mazbouri, Malik 1999: Place financière suisse et crédits aux belligérants durant la Première Guerre mondiale, in: Guex, Sébastien (éd.), *La Suisse et les Grandes puissances 1914–1945. Relations économiques avec les Etats-Unis, la Grande-Bretagne, l'Allemagne et la France*, Genève: Droz, 59–90.

Meier, Martin et al. 2002: *Schweizerische Aussenwirtschaftspolitik 1930–1948. Strukturen – Verhandlungen – Funktionen*, Veröffentlichungen der Unabhängigen Expertenkommission Schweiz–Zweiter Weltkrieg, Band 10, Zürich: Chronos.

Mitchell, Wesley C. [5]2003: *International Historical Statistics: Europe 1750–2000*, Basingstoke: Palgrave Macmillan.

Mühlemann, Ernst 2005: *Blick ins Bundeshaus*, Frauenfeld: Huber.

Müller, Margrit 2002: Coping with barriers to trade: internationalization strategies of Swiss firms in the interwar period, in: Bonin, Hubert / Lung, Yannick / Tolliday, Steven (eds.), *Transnational Companies: 19th–20th Centuries*, Paris: Page, 239–254.

Müller, Margrit 2008a: The Impact of European Integration on Institutional Change in Switzerland, in: Schröter, Harm (ed.), *The European Enterprise: Historical Investigation into a Future Species*, Berlin: Springer, 97–110.

Müller, Margrit 2008b: From Protectionism to Market Liberalisation: Patterns of Internationalisation in the Main Swiss Export Sectors, in: Müller, Margrit / Myllyntaus, Timo (eds.), *Pathbreakers. Small European Countries Responding to Globalisation and Deglobalisation*, Bern / [etc.]: Lang, 113–149.

Müller, Philipp 2003: La bataille pour le franc: la Suisse entre deflation et dévaluation (1931–1936), in: Müller, Philipp / Paccaud, Isabelle / Schaufelbuehl, Jannick Marina (éd.), *Franc suisse, finance et commerce. Politique monétaire helvétique 1931–1936. Les relations de la Suisse avec l'Angleterre (1940–1944) et la France (1944–1949)*, Lausanne: Antipodes, 7–145.

Neidhart, Leonhard 1970: *Plebiszit und pluralitäre Demokratie: eine Analyse der Funktion des schweizerischen Gesetzesreferendums*, Bern: Francke.

Ochsenbein, Heinz 1971: *Die verlorene Wirtschafsfreiheit 1914–1918. Methoden ausländischer Wirtschaftskontrollen über die Schweiz*, Bern: Stämpfli.

Officer, Lawrence H. 2009: Exchange Rates Between the United States Dollar and Forty-one Currencies, *Measuring Worth* [www.measuringworth.org/exchangeglobal/ (1.10.2010)].

Prader, Gaudenz 1981: *50 Jahre schweizerische Stabilisierungspolitik. Lernprozesse in Theorie und Politik am Beispiel der Finanz- und Beschäftigungspolitik des Bundes*, Zürich: Schulthess Polygraphischer Verlag.

Ritschl, Albrecht / Straumann, Tobias 2010: Business cycles and economic policy, 1914–1945, in: Broadberry, Stephen / O'Rourke, Kevin H. (eds.), *The Cambridge Economic History of Modern Europe, Vol. 2: 1870 to the Present*, Cambridge / New York: Cambridge University Press, 156–180.

Rossfeld, Roman / Straumann, Tobias 2008: Zwischen den Fronten oder an allen Fronten? Eine Einführung, in: Rossfeld, Roman / Straumann, Tobias (Hg.), *Der vergessene Wirtschaftskrieg. Schweizer Unternehmen im Ersten Weltkrieg*, Zürich: Chronos, 11–59.

Roth, Jean-Pierre 2005: *Perspektiven des Schweizer Frankens inmitten des Euro-Währungsgebiets*, Associazione Carlo Cattaneo, Lugano, 9.3.2005, in: Bibliothek der Schweizerischen Nationalbank.

Ruoss, Eveline 1992: *Die Geldpolitik der Schweizerischen Nationalbank 1907–1929. Grundlagen, Ziele und Instrumente*, [s.l.]: [s.n.].

Rutz, Wilfried 1970: *Die schweizerische Volkswirtschaft zwischen Währungs- und Beschäftigungspolitik in der Weltwirtschaftskrise: Wirtschaftspolitische Analyse der Bewältigung eines Zielkonflikts*, Zürich / St. Gallen: Polygraphischer Verlag AG.

Scharpf, Fritz W. / Schmidt, Vivien A. 2000 (eds.): *Welfare and Work in the Open Economy, Volume 1: From Vulnerability to Competitiveness*. Oxford: Oxford University Press.

Schaufelbühl, Janick Marina 2009: *La France et la Suisse ou la force du petit: évasion fiscale, relations commerciales et financières (1940–1954)*, Paris: Presse Sciences Po.

Schiltknecht, Kurt 1970: *Beurteilung der Gentlemen's Agreements und Konjunkturbeschlüsse der Jahre 1954–1966 unter besonderer Berücksichtigung der Auslandgelder*, Zürich: [s.n.].

Schmid, Hanspeter 1983: *Wirtschaft, Staat und Macht. Die Politik der schweizerischen Exportindustrie im Zeichen von Staats- und Wirtschaftskrise (1918–1929)*, Zürich: Limmat Verlag.

Schürmann, Leo 1976: Konjunkturpolitik und freie Wechselkurse, in: Tuchtfeldt, Egon (Hg.), *Schweizerische Wirtschaftspolitik zwischen gestern und morgen. Festgabe zum 65. Geburtstag von Hugo Sieber*, Bern / Stuttgart: Haupt, 265–277.

Schweizerische Bankgesellschaft 1987 (Hg.): *Schweizer Wirtschaft 1946–1986: Daten, Fakten, Analysen*, Zürich: SBG.

Schweizerischer Handels- und Industrie-Verein 1937: Bericht über Handel und Industrie der Schweiz im Jahre 1936, Zürich: Vorort.

Schweizerische Nationalbank (SNB) (Hg.): *Die Banken in der Schweiz*, Zürich: SNB, diverse Jahrgänge.

SNB 1932: Schweizerische Nationalbank (Hg.), *Die Schweizerische Nationalbank 1907–1932*, Zürich: [s.n.].

SNB 1944: Schweizerische Nationalbank (Hg.), *Statistisches Handbuch des schweizerischen Geld- und Kapitalmarktes (Mitteilungen der Volkswirtschaftlichen und Statistischen Abteilung der Schweizerischen Nationalbank, 26. Heft)*, Zürich: Schulthess.

SNB 1957: Schweizerische Nationalbank (Hg.), *Schweizerische Nationalbank 1907–1957*, Zürich: [s.n.].

SNB 1982: Schweizerische Nationalbank (Hg.), *75 Jahre Schweizerische Nationalbank. Die Zeit von 1957 bis 1982*, Zürich: NZZ Verlag.

SNB 1999: Schweizerische Nationalbank (Hg.): *Statistisches Monatsheft* 1 (74. Jahrgang).

Schweizerischer Handels- und Industrieverein 1937: *Bericht über Handel und Industrie der Schweiz im Jahre 1936*, Zürich: Vorort.

Schweizerischer Handels- und Industrieverein (Hg.): *Berichte*, Zürich: SHIV, div. Jahrgänge.

Schwerdtel, Gunter 1992: *The Swiss Participation in the European Payments Union 1950–1958,* Bern / [etc.]: Lang.

Société des Nations, *Annuaire statistique international*, Genève: Société des Nations.

Steinmann, Lukas / Rentsch, Hans (Hg.) 2005: *Diagnose: Wachstumsschwäche. Die Debatte über die fehlende Dynamik der schweizerischen Volkswirtschaft*, Zürich: NZZ Verlag.

Stiftung Marktwirtschaft 2009: Ehrbare Staaten? Die deutsche Generationenbilanz im internationalen Vergleich, *Argumente zu Marktwirtschaft und Politik* 107 (2009).

Straumann, Tobias 2010: *Fixed Ideas of Money: Small States and Exchange Rate Regimes in 20th Century Europe,* Cambridge / New York: Cambridge University Press.

Tanner, Jakob 1986: *Bundeshaushalt, Währung und Kriegswirtschaft. Eine finanzsoziologische Analyse der Schweiz zwischen 1938 und 1953,* Zürich: Limmat Verlag.

Tanner, Jakob 2000: Goldparität im Gotthardstaat: Nationale Mythen und die Stabilität des Schweizer Frankens in den 1930er und 1940er Jahren, *Studien und Quellen* 26 (2000), 45–82.

Tanner, Jakob 2003: Bretton Woods and the European neutrals, 1944–1973, in: Flandreau, Marc / Holtfrerich, Carl-Ludwig / James, Harold (eds.), *International Financial History in the Twentieth Century: System and Anarchy*, Washington D. C, Cambridge: German Historical Institute / Cambridge University Press.

Unabhängige Expertenkommission Schweiz–Zweiter Weltkrieg (UEK) 2002: *Die Schweiz und die Goldtransaktionen im Zweiten Weltkrieg*, Zürich: Chronos.

Weber, Max 1969: *Geschichte der schweizerischen Bundesfinanzen,* Bern: Haupt.

Wetter, Ernst 1938: Grundsätzliches zur Revision der Wirtschaftsartikel, in: *Festgabe für Bundesrat Dr. h.c. Edmund Schulthess zum siebzigsten Geburtstag am 2. März 1938 dargebracht von Freunden und Mitarbeitern,* Zürich: Polygraphischer Verlag, 163–182.

World Trade Organization (WTO) 2007: *World Trade Report 2007. Six decades of multilateral trade cooperation: What have we learnt,* Lausanne: WTO.

Zimmermann, Rolf 1987: *Volksbank oder Aktienbank? Parlamentsdebatten, Referendum und zunehmende Verbandsmacht beim Streit um die Nationalbankgründung 1891–1905,* Zürich: Chronos.

Zurlinden, Mathias 2003: Goldstandard, Deflation und Depression. Die schweizerische Volkswirtschaft in der Weltwirtschaftskrise, *Schweizerische Nationalbank, Quartalsheft 2* (2003), 86–116.

5.2 Öffentliche Finanzen und Finanzpolitik

Sébastien Guex

Finanzpolitik in einem engeren Sinn kann als jene Politik verstanden werden, die sich mit den Staatsfinanzen befasst, d.h. mit der Festlegung des Volumens und der Verwendung der staatlichen Ausgaben sowie mit der Beschaffung der Mittel für deren Deckung. Da die Einnahmen und Ausgaben der öffentlichen Hand jedoch wesentliche Auswirkungen auf die gesellschaftliche Entwicklung haben, und umgekehrt praktisch jede staatliche Tätigkeit den Staatshaushalt beeinflusst, kann Finanzpolitik auch in einem weiten Sinn verstanden und untersucht werden, wie dies in der Finanzsoziologie vorgeschlagen wird.[1] Ein solches Verständnis von Finanzpolitik umfasst ihr Verhältnis zur Wirtschaftspolitik (insbesondere zur Geld- und Kreditpolitik) sowie zur Sozial-, Handels- oder sogar zur Kulturpolitik. Das folgende Kapitel ist von diesem weiten Verständnis geprägt. Aus Platzgründen und mangels entsprechender historiographischer Vorarbeiten können nicht alle Perspektiven, die dieses Verständnis der Finanzpolitik bietet, ausgelotet oder gar erschöpfend behandelt werden.

In methodologischer Hinsicht ist es ergiebig, zwei Ansätze zu verbinden, um die Entwicklung der öffentlichen Finanzen und der Finanzpolitik speziell auf lange Sicht zu verstehen. Der erste Ansatz ist ein quantitativer. Er befasst sich mit den Daten aus der Staatsrechnung, insbesondere den Einnahmen, Ausgaben und Schulden. Sie sind das Ergebnis der Finanzpolitik, genauer gesagt: ihr konkretes rechnerisches Abbild. Auf diesem Weg können Konstanten herausgearbeitet und sowohl plötzliche als auch schleichende finanzpolitische Veränderungen erkannt und gemessen werden. So können auch einige soziopolitische Institutionen und Strukturen in die Untersuchung einbezogen werden – zum Beispiel die ausgeprägte föderalistische Struktur des politischen Systems der Schweiz –, welche die Finanzpolitik sowie die öffentlichen Finanzen der Schweiz im Verlauf des ganzen 20. Jahrhunderts massgeblich geprägt haben. Der zweite Ansatz ist qualitativer Natur. Er beschäftigt sich mit den Handlungen und dem Diskurs der Finanzpolitik, also mit der Frage, wie und warum in einem gegebenen historischen Kontext in der Konfrontation verschiedener gesellschaftlicher Akteure konkrete finanzpolitische Entscheidungen getroffen und umgesetzt wurden.

Das Kapitel fusst auf diesen beiden Ansätzen. In einem ersten, kürzeren Teil werden die «harten Fakten» untersucht. Dabei werden alle öffentlichen Haushalte berücksichtigt: Bund, Kantone und Gemeinden.[2] Der zweite Teil befasst sich mit den «weichen Faktoren». Hier steht die Finanzpolitik auf Bundesebene im Zentrum.

1 Mann 1959.
2 Nicht berücksichtigt werden dagegen die Schweizerischen Bundesbahnen und die Post-, Telefon- und Telegrafenbetriebe, da die Problematik der staatsnahen Betriebe weit über diejenige der öffentlichen Finanzen hinausgeht.

5.2.1 Die Entwicklung der öffentlichen Finanzen: ein quantitativer Überblick

5.2.1.1 Ausgaben der öffentlichen Hand (Staatsquote)

Die Untersuchung des Volumens der staatlichen Ausgaben bietet einen guten Ausgangspunkt, um die Entwicklung der Finanzpolitik zu analysieren. Die Messung dieses Volumens stützt sich zunächst auf die Staatsquote, d.h. auf das prozentuale Verhältnis zwischen den Staatsausgaben und dem Bruttoinlandprodukt (BIP), wie sie in Grafik 5.2-1 für jede staatliche Ebene – Bund, Kantone, Gemeinden (ohne Sozialversicherungsausgaben)[3] – und für den Zeitraum zwischen 1910 und 2000 abgebildet ist. Die in Grafik 5.2-1 verwendeten Daten zu den Ausgaben der öffentlichen Haushalte enthalten Doppelzählungen, d.h., die finanziellen Transfers zwischen den Haushalten, zum Beispiel zwischen dem Bund und den Kantonen, sind nicht konsolidiert. Das bedeutet, dass die gesamte Staatsquote in Wirklichkeit etwas weniger hoch ist, als in Grafik 5.2-1 ausgewiesen. Im Jahr 1950 beispielsweise ist sie 2.2 Prozentpunkte niedriger und im Jahr 2000 sogar 6 Prozentpunkte. Die aus der Staatsquote abgeleiteten Informationen lassen sich im Licht einer anderen, in Grafik 5.2-2 dargestellten Variablen diskutieren, für die zumindest ab den 1950er Jahren die Doppelzählungen abgezogen werden können: die Ausgaben der öffentlichen Haushalte der Schweiz (ohne Sozialversicherungsausgaben) in realen Werten, d.h. bereinigt mit dem Landesindex der Konsumentenpreise (1990 = 100). Im weiteren Verlauf des Kapitels sind mit realen Franken stets die um den Konsumentenpreisindex bereinigten Franken gemeint (1990 = 100).

Aus Grafik 5.2-1 ergibt sich folgende erste Feststellung: Während des ganzen 20. Jahrhunderts, mit Ausnahme der Zeit des Zweiten Weltkriegs, überwogen die Ausgaben der kantonalen und kommunalen Haushalte deutlich diejenigen des Bundes. Dieses Phänomen ist von grosser Bedeutung – es lohnt sich daher, sich einen Augenblick damit zu befassen. Von der Entstehung der modernen Schweiz im Jahr 1848 bis zum Ersten Weltkrieg führte die Abtretung immer weiterer Kompetenzen an den Bund zu einer finanziellen Zentralisierung: Der Anteil der Bundesausgaben an den gesamten Aufwendungen der öffentlichen Haushalte stieg von 8 % im Jahr 1850 auf 22 % im Jahr 1913, während derjenige der Kantone von 45 % auf 41 % und derjenige der Gemeinden von 47 % auf 37 % zurückging. Dieser Zentralisierungstrend setzte sich bis nach dem Zweiten Weltkrieg fort. 1950 betrug der Anteil des Bundes an den gesamten öffentlichen Ausgaben 37 %, gegenüber einem kantonalen Anteil von 34 % und einem kommunalen Anteil von 28 %. In den 1950er Jahren setzte dieser Trend aus, und es erfolgte sogar eine Trendwende zugunsten der Kantone. Im Jahr 2000 betrugen die jeweiligen Anteile 32 % (Bund), 40 % (Kantone) und 27 % (Gemeinden). Eine analoge Entwicklung ist auch bei den Einnahmen zu beobachten.

3 Die verfügbaren Daten zu den Ausgaben der Sozialversicherungen sind für die Zeit vor den 1970er Jahren zu lückenhaft und zu wenig verlässlich, um sie berücksichtigen zu können; siehe Gilliand/Rossini 1995, 19–62.

Grafik 5.2-1: **Ausgaben des Bundes, der Kantone und der Gemeinden inklusive Doppelzählungen (1910–2000)**

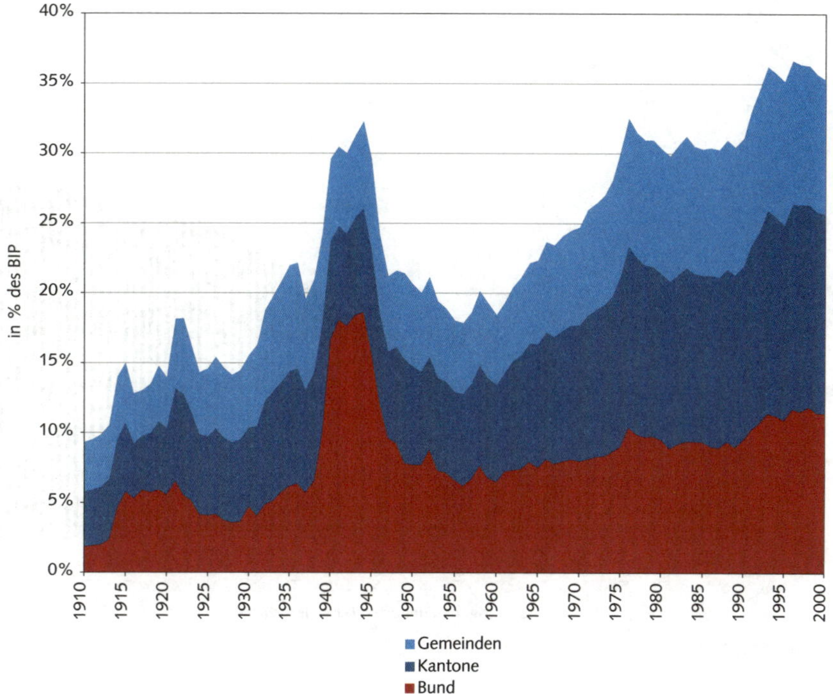

Quellen: Ausgaben: HSSO Tab. U.45; BIP: HSSO Tab. Q.16a und Q.16b.

Zwar widerspiegeln die erwähnten Zahlen die tatsächliche Entwicklung hinsichtlich der Zentralisierung und Dezentralisierung von Kompetenzen nur teilweise, da sich die Übertragung von Kompetenzen an den Bund nicht unbedingt finanziell niederschlug. Dennoch bezeugen sie, dass eine der wesentlichen Eigenschaften des Schweizer Staatswesens während des ganzen 20. Jahrhunderts die Wahrung einer ausgeprägten föderalistischen Struktur war. Dies zeigt sich insbesondere in der weitgehenden Autonomie, über welche die kantonalen wie auch kommunalen Behörden bei der Bestimmung ihrer Ausgaben und Einnahmen verfügten. Das hohe Mass an Föderalismus im institutionellen System der Schweiz ist im Hinterkopf zu behalten, da es tiefgreifenden Einfluss auf die Schweizer Finanzpolitik ausübte (→ 3.3.2).

Bei Betrachtung von Grafik 5.2-1 drängt sich eine zweite Feststellung auf: Die Ausgaben der öffentlichen Haushalte waren am Ende des Jahrhunderts wesentlich höher als am Anfang. Real lagen sie im Jahr 2000 etwa beim 30-fachen Wert von 1910, und während diese Aufwendungen zu Beginn des 20. Jahrhunderts rund 10% des BIP ausmachten, erreichten sie an dessen Ende etwa ein Drittel. Allerdings erfolgte dieses Wachstum, wie aus den Grafiken 5.2-1 und 5.2-2 ersichtlich ist, keineswegs linear, sondern erratisch, mit mehreren deutlichen Ausschlägen nach oben und nach unten, die mit ruhigen Phasen abwechselten. Aufgrund dieser Abfolge lässt sich

Grafik 5.2-2: **Gesamtausgaben der öffentlichen Haushalte ohne Sozialversicherungen, Doppelzählungen ab 1950 abgezogen (1910–2000)**

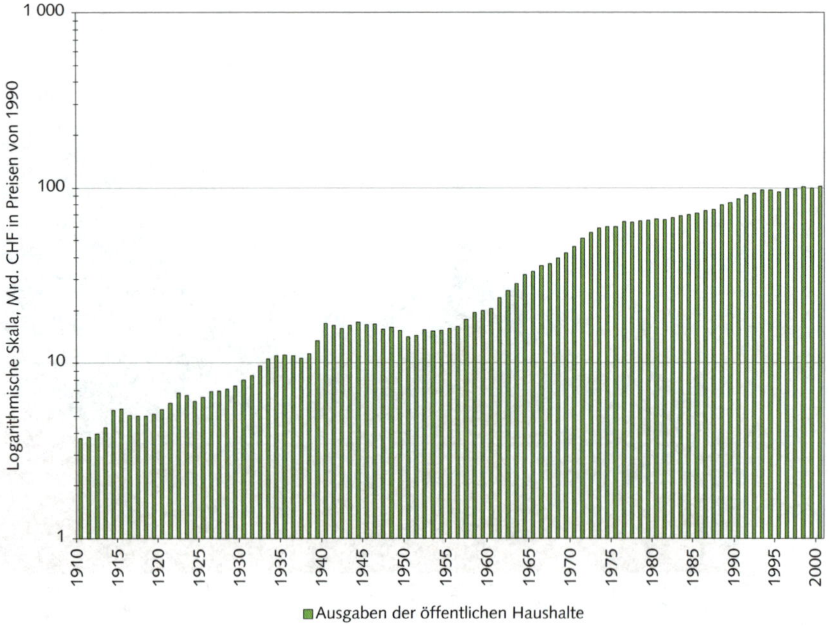

Quelle: HSSO Tab. U.45.

die Geschichte der öffentlichen Finanzen der Schweiz im 20. Jahrhundert in mehrere Abschnitte gliedern.

Der Erste Weltkrieg markierte einen ersten entscheidenden Wendepunkt: Die Aufwendungen der öffentlichen Haushalte stiegen zwischen der Vorkriegszeit (1910–1913) und dem Jahrzehnt von 1919 bis 1928 um 60%. Die Staatsquote erhöhte sich in einem ähnlichen Ausmass und wuchs von durchschnittlich 9.8% im Zeitraum von 1910 bis 1913 auf 15.3% in der Periode von 1919 bis 1928. Der Erste Weltkrieg verursachte somit in der Schweiz, wie in vielen anderen Ländern, einen sogenannten Displacement-Effekt, d.h. einen sprunghaften Anstieg der Staatsausgaben auf ein deutlich höheres Niveau. In der Schweiz, wie in anderen Staaten auch, war dieser anhaltende Anstieg der Ausgaben durch zwei Faktoren bedingt, mit denen die führenden Kreise – die Grossunternehmer aus Industrie, Finanz und Handel und ihre wichtigsten Verbände, der Vorort und die Schweizerische Bankiervereinigung, der Bundesrat und die höhere Verwaltung, die Spitzen der bürgerlichen Parteien sowie das Direktorium der Schweizerischen Nationalbank – konfrontiert waren. Erstens musste auf die äussere Bedrohung reagiert werden, was sich in umfangreichen Ausgaben zur Landesverteidigung niederschlug. Zweitens war gegen Ende des Krieges und insbesondere im Anschluss daran auch dem inneren Feind zu begegnen, dem drohenden Gespenst des Sozialismus bzw. des Kommunismus. Dies erforderte beträchtliche Sozialausgaben für die Entspannung und Stabilisierung der politischen Lage (Inspection-Effekt). Da die Schweiz zumindest militärisch vom Krieg verschont blieb, fiel der Displacement-Effekt allerdings wesentlich geringer aus als in den kriegführenden Staaten: In Frankreich stieg die Staatsquote von rund 12% vor dem Krieg auf etwa 30% in den 1920er Jahren, in Deutschland von etwa 14% auf 23% und in Grossbritannien von rund 13% auf 25%.[4]

Nach einer Stabilitätsphase in den 1920er Jahren liess die Wirtschaftskrise der 1930er Jahre die öffentlichen Finanzen der Schweiz in eine neue Phase eintreten, die von einer merklichen Erhöhung der Ausgaben geprägt war. Real stiegen diese zwischen den Jahren unmittelbar vor der Krise (1928–1930) und den Jahren, in denen die Schweiz von der Wirtschaftskrise betroffen war (1931–1937), um durchschnittlich 37% an. Auch die Staatsquote wuchs in einer ähnlichen Grössenordnung (35%) und stieg dabei von durchschnittlich 14.7% auf 19.8%. Grafik 5.2-1 zeigt auch, dass diesmal vor allem die Ausgaben der Kantone und der Gemeinden stiegen, während die Bundesausgaben nur geringfügig zunahmen. Die Übernahme der durch die Wirtschaftskrise hervorgerufenen Sozialkosten erfolgte also mehr auf regionaler und lokaler Ebene, was indirekt davon zeugt, dass die Bundesbehörden – Regierung, Parlament, höhere Bundesverwaltung und SNB – eine strikte deflationäre Finanzpolitik führen wollten und konnten als die kantonalen und kommunalen Behörden.

Der Zweite Weltkrieg rief neuerlich einen Displacement-Effekt hervor, der mit demjenigen des vorangegangenen Konflikts vergleichbar war.[5] Der sprunghafte Anstieg lässt sich in Grafik 5.2-1 nicht wirklich erkennen: Während die Staatsquote nämlich während des Krieges selbst einen plötzlichen und massiven Anstieg verzeichnete und mit 32.3% 1944 bereits ein mit dem letzten Drittel des 20. Jahrhunderts vergleichbares Niveau erreichte, sank sie nach Kriegsende genauso schnell wieder auf ein Niveau zurück (zwischen 1946 und 1955 durchschnittlich 19%), das demjenigen der 1930er Jahre entsprach (zwischen 1930 und 1938 durchschnittlich 19.4%). Jedoch kommt der Displacement-Effekt klar zur Geltung, wenn man Grafik 5.2-2 betrachtet, also die Entwicklung der gesamten Ausgaben der öffentlichen Haushalte zu realen Werten: Nachdem diese während des Krieges massiv angestiegen waren, gingen sie zwischen 1945 und 1950 zwar zurück, allerdings relativ geringfügig, sodass ihr durchschnittlicher Stand im Jahrzehnt nach dem Krieg (1946–1955) um 52% über demjenigen der Jahre 1930 bis 1938 lag.[6] Es dürfen also keine voreiligen Schlüsse aus Grafik 5.2-1 gezogen werden: Der massive Rückgang der Staatsquote ist nicht auf eine Abnahme der Ausgaben zurückzuführen, sondern vielmehr auf einen sprunghaften Anstieg des BIP am Ende des Krieges.

Das Ausmass des Displacement-Effekts war in der Schweiz geringer als in den kriegführenden Ländern, was den Abstand zwischen ihnen und der Eidgenossenschaft vergrösserte: Während die Schweizer Staatsquote zwischen 1946 und 1955 durch-

4 Flora 1983, 366–367, 385–386, 440–441.

5 Tanner 1986, 58–69.

6 Diese Zahl von 52% liegt sogar noch leicht unter der wirklichen Zunahme, da ab 1950 die Gesamtsumme der Ausgaben der öffentlichen Haushalte die Doppelzählungen nicht mehr enthält, die vorher miteingeschlossen waren.

schnittlich 19 % betrug, bewegte sie sich in Frankreich um 40 % und in Grossbritannien um 37 %.[7] Erwähnenswert ist ausserdem, dass der Zweite Weltkrieg, wie bereits der Erste, aus denselben Gründen einen deutlichen Concentration-Effekt – d.h. eine Erhöhung des Bundesanteils an den Gesamtausgaben des öffentlichen Sektors – auslöste.

Die zweite Hälfte des 20. Jahrhunderts lässt sich in zwei grosse Phasen unterteilen: Die erste dauerte vom Anfang der 1950er Jahre bis Mitte der 1970er Jahre und war durch ein starkes Wirtschaftswachstum geprägt; sie entspricht der Zeit des Wirtschaftswunders oder den «Trente Glorieuses». Die zweite Phase, die in der Schweiz durch die Rezession von 1974 bis 1976 eingeläutet wurde, hielt bis zum Ende des Jahrhunderts an.

Infolge des Ausbruchs des Korea-Krieges stiegen die öffentlichen Ausgaben der Schweiz ab 1951 wieder an. In einer ersten, bis 1960 dauernden Periode, wuchsen sie ungefähr gleich schnell wie das BIP, sodass die Staatsquote stabil blieb. Wie in den Grafiken 5.2-1 und 5.2-2 zu sehen ist, stieg die Wachstumsrate ab 1960 jedoch deutlich an: Real erreichte sie zwischen 1960 und 1975 einen Durchschnitt von 7.4 % pro Jahr, wodurch die Staatsquote von 18.5 % auf 30.1 % anstieg (durchschnittliches jährliches Wachstum von 3.3 %).[8] Die Krise von 1974 bis 1976, mit der eine Phase langsameren und von Rezessionen unterbrochenen Wirtschaftswachstums begann, eröffnete eine neue Periode in der Entwicklung der öffentlichen Finanzen der Schweiz, die durch ein wesentlich langsameres Wachstum der Ausgaben gekennzeichnet war. Während die reale Wachstumsrate zwischen 1950 und 1975 jährlich 5.9 % betrug, erreichte sie zwischen 1975 und 2000 nur noch 2.2 %. Die Staatsquote wies in diesem Zeitraum ihrerseits eine stagnierende Tendenz auf: Sie betrug im Jahr 2000 35.3 % gegenüber 30.1 % ein Vierteljahrhundert davor, das bedeutet eine durchschnittliche jährliche Wachstumsrate von 0.6 %.[9]

5.2.1.2 Verwendung der öffentlichen Ausgaben

Im Folgenden soll die Entwicklung der Ausgaben im 20. Jahrhundert entsprechend der verschiedenen Verwendungszwecke analysiert werden. Grafik 5.2-3 zeigt, dass vor dem Ersten Weltkrieg die Ausgaben des Bundes, der Kantone und der Gemeinden hauptsächlich in acht Aufgabengebiete flossen. An erster Stelle lagen die Ausgaben für Bildung und Forschung (Primar-, Sekundar-, Berufs- und Hochschulen), die 15.1 % der gesamten Aufwendungen ausmachten oder 1.6 % des damaligen BIP. Die Bereitstellung von Infrastrukturen durch den Staat, insbesondere im Verkehrsbereich, wie sie für die Entwicklung einer hochindustrialisierten Wirtschaft unabdingbar sind, hatte mit 14.7 % der gesamten Ausgaben oder 1.5 % des BIP fast die gleiche Bedeutung. Die Ausgaben für die Landesverteidigung, von denen 90 % durch den Bund getragen wurden, folgten auf dem dritten

7 Flora 1983, 376, 440.

8 Diese Zahlen enthalten Doppelzählungen, die sich nur auf der Stufe des Gesamtstaats, nicht aber bei den einzelnen Gebietskörperschaften eliminieren lassen. Ohne Doppelzählungen stieg die Staatsquote von 16 % 1960 auf 25.1 % 1975.

9 Zahlen ohne Doppelzählungen: 29.3 % im Jahr 2000 gegenüber 25.1 % im Jahr 1975.

Rang mit 12.4% der gesamten Ausgaben (1.3% des BIP). Mit einem geringen Abstand folgten sodann die Ausgaben für den Schuldendienst der öffentlichen Hand (10.4% der gesamten Ausgaben, 1.1% des BIP) und diejenigen für die allgemeine Verwaltung, die im Wesentlichen aus den Gehältern des Personals bestanden (9.7% der gesamten Ausgaben, 1% des BIP). Die Gesundheitsausgaben (Spitäler, Subventionen für die Krankenversicherung usw.) nahmen den sechsten Rang ein (8.2% der gesamten Ausgaben, 0.9% des BIP). Weit dahinter folgten schliesslich die Ausgaben für die soziale Wohlfahrt, vorwiegend in Form von Sozialhilfe (4% der gesamten Ausgaben, 0.4% des BIP) und diejenigen zur Unterstützung der Landwirtschaft (3.8% der gesamten Ausgaben, 0.4% des BIP).

Untersucht man die Ausgaben, wie sie in Grafik 5.2-3 dargestellt sind, so fallen einige einschneidende Unterschiede auf, wobei das Jahr 1938 einen Wendepunkt markiert. Es zeigt sich, dass die Änderungen in der Verwendung der öffentlichen Ausgaben der Schweiz zwischen 1913 und 1938 generell von grösserer Tragweite waren als diejenigen zwischen 1938 und dem Ende des 20. Jahrhunderts. Wenn man, wie Joseph Schumpeter, der Ansicht ist, dass «alles, was geschieht, sich in der Finanzwirtschaft ausdrückt»[10], so bedeutet dies, dass die Entwicklungen während des Ersten Weltkriegs und in der

Grafik 5.2-3: **Ausgaben von Bund, Kantonen und Gemeinden nach Funktionen, Doppelzählungen ab 1950 abgezogen (1913–2000)**

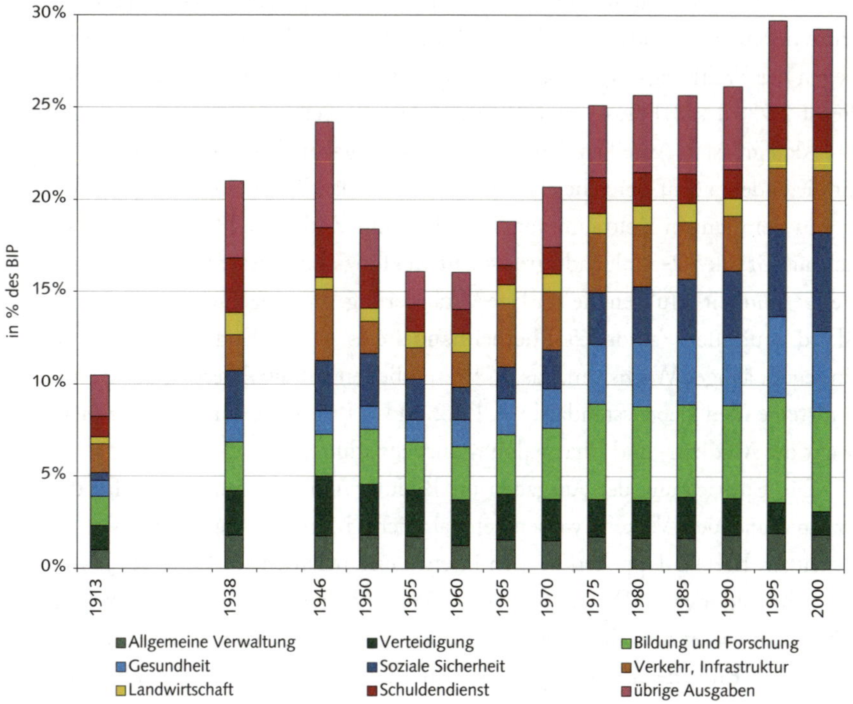

Quellen: Ausgaben: HSSO Tab. U.44; BIP: HSSO Tab. Q.16a und Q.16b.

10 Schumpeter 1918, 332.

Zwischenkriegszeit auf wirtschaftlicher, sozialer und politischer Ebene von besonderer Bedeutung waren und dass sie auf jeden Fall die Struktur der Staatsausgaben langfristig geprägt haben.

Am auffälligsten ist das spektakuläre Wachstum der Aufwendungen für die soziale Wohlfahrt: Mit 2.6 % des BIP im Jahr 1938, was dem Sechsfachen des Werts von 1913 entspricht, befanden sich diese nun in der Spitzengruppe der öffentlichen Ausgaben (12.4 % der gesamten Ausgaben). Dieser nachhaltige Anstieg erklärt sich vor allem durch zwei Faktoren, wobei der erste den zweiten beeinflusste: Die Häufigkeit und die Intensität der Wirtschaftskrisen (1920–1923 und 1930–1937) (→ 1.1.3), die breite Schichten der Bevölkerung in die Armut oder gar in die Not stürzten, verlangte ebenso nach einer politischen Antwort wie die daraus resultierenden sozialen und politischen Spannungen, die manchmal sehr massiv waren – man denke nur an den Generalstreik vom November 1918 – und die Schweiz zwischen 1914 und 1938 aufwühlten. Die zweite grössere Änderung betrifft die Ausgaben für die Landwirtschaft, die 1938 1.2 % des BIP ausmachten, was eine Verdreifachung gegenüber 1913 bedeutete. In dieser Erhöhung drückt sich das grössere politische Gewicht aus, das der Bauernstand erhielt, einerseits dank seiner Rolle in einer Schweiz, die den Blockaden und Gegenblockaden der kriegführenden Nationen während des Ersten Weltkriegs ausgesetzt war, und andererseits aufgrund des Anliegens der Schweizer Industrie- und Bankenkreise, sich der Loyalität dieses aufmüpfigen Partners innerhalb des «Bürgerblocks» zu versichern. Die dritte bedeutende Änderung schliesslich betrifft den Schuldendienst, da die Schulden wegen des Weltkriegs explosionsartig angestiegen waren. 1938 machte der Schuldendienst 2.9 % des BIP aus – eine Verdreifachung gegenüber 1913. Damit hatte er mit 14 % den grössten Anteil an den öffentlichen Ausgaben. Zwar variierten die Ausgaben für die anderen fünf Bereiche ebenfalls, jedoch in deutlich geringerem Ausmass.

In dem langen Zeitraum von 1938 bis zum Ende des 20. Jahrhunderts[11] lassen sich aus Grafik 5.2-3 folgende grosse Entwicklungslinien erkennen: Die Ausgaben für die Gesundheit erfuhren die stärkste Veränderung. Sie stiegen von 1.3 % auf 4.4 % des BIP, d.h. um den Faktor 3.5. Hierbei handelte es sich ab Ende der 1960er Jahre um ein regelmässiges Wachstum, das im Wesentlichen auf die Alterung der Bevölkerung, den steigenden Lebensstandard (→ 1.2.2 und 1.1.1) sowie auf das zunehmende Gewicht der Medizin- und Pharmalobby zurückzuführen ist.

Die Entwicklung der Ausgaben für Bildung und Forschung sowie für die Infrastruktur und den Verkehr weisen sehr ähnliche Merkmale auf. Gemessen an ihrem Anteil am BIP verdoppelten sie sich in etwa und machten am Ende des Jahrhunderts 5.5 % für Bildung und Forschung sowie 3.3 % für Infrastrukturen und Verkehr aus. Das Wachstum verlief hier allerdings nicht linear: Es erfolgte während einer relativ kurzen Phase vom Ende der 1950er Jahre bis Mitte der 1970er Jahre, danach blieben die An-

11 Als Zahlen für das Ende des 20. Jahrhunderts wird der Durchschnitt der Zahlen von 1995 und jener des Jahres 2000 verwendet.

teile ziemlich stabil. Diese Entwicklung ist darauf zurückzuführen, dass Ende der 1950er Jahre nach einer über ein Jahrzehnt dauernden abwartenden Haltung ein dringender Nachholbedarf in diesen Bereichen gegenüber den konkurrierenden Ländern bestand.

Auch das Niveau der Ausgaben für die soziale Wohlfahrt verdoppelte sich zwischen 1938 und dem Ende des 20. Jahrhunderts. Sein Anteil am BIP stieg von 2.6% auf 5.1%. Allerdings wiesen diese Ausgaben einen nicht linearen Verlauf auf: Nach einem Rückgang während den «Trente Glorieuses» war seit den 1970er Jahren, insbesondere aufgrund der Abkühlung des Wirtschaftsklimas, des Wiederaufkommens der Arbeitslosigkeit, der Armut eines wachsenden Teils der Bevölkerung und der demographischen Alterung, ein erneuter Anstieg zu beobachten, der sich tendenziell beschleunigte (→ 4.3.2.3).

In zwei Bereichen, der Unterstützung für die Landwirtschaft und der allgemeinen Verwaltung, blieb das Ausgabenniveau während der zweiten Hälfte des 20. Jahrhunderts erstaunlich konstant und bewegte sich in der Grössenordnung von 1% bzw. 1.8% des BIP. Der Anteil der Militärausgaben blieb bis zum Ende des Kalten Krieges hoch und relativ stabil, mit einem Rückgang von 3.3% auf 2.2% des BIP zwischen 1946 und 1985; erst mit dem Zusammenbruch der Sowjetunion und ihrer Satellitenstaaten gingen diese Ausgaben stark zurück. Der Umfang der Ausgaben für den Schuldendienst schliesslich machte eine ziemlich uneinheitliche Entwicklung durch: Nach dem starken Rückgang in den 1950er und 1960er Jahren setzte wieder ein Aufwärtstrend ein, ohne jedoch bis zum Ende des 20. Jahrhunderts das Niveau der 1930er und 1940er Jahre zu erreichen.

5.2.1.3 Haushaltssaldi und Verschuldung

Aus Grafik 5.2-4 geht hervor, dass, über das gesamte 20. Jahrhundert hinweg betrachtet, die Rechnungen der öffentlichen Haushalte in der Schweiz deutlich öfter mit Defiziten als mit Überschüssen abschlossen, und dass das Volumen der Defizite das der Überschüsse deutlich übersteigt. Mit anderen Worten: Ein Defizit war die Norm und ein Überschuss die Ausnahme, insgesamt eine Tendenz, die gewisse Autoren als «Finanzkrise des Staates» bezeichnen.[12] Wenn man für den Zeitraum zwischen 1910 und 2000 die Rechnungen der öffentlichen Haushalte aggregiert, so wurden durchschnittlich in zwei von drei Jahren rote Zahlen geschrieben. Insbesondere die Kantone (drei von vier Jahren) und die Gemeinden (drei von fünf Jahren) erzielten häufig negative Saldi. Dagegen wies der Bund bei weitem die höchsten Defizite auf, und die Schwankungen seiner Ergebnisse waren deutlich ausgeprägter als diejenigen der Kantone und der Gemeinden.

Wie zu erwarten ist, weist die Entwicklung der Schulden der öffentlichen Haushalte zahlreiche Gemeinsamkeiten mit der Entwicklung der Rechnungsabschlüsse auf, sie überrascht aber auch mit ein oder zwei bedeutenden Unterschieden. So führte der Erste Weltkrieg zu einer sprunghaft höheren Verschuldung der Haushalte. Real stieg sie zwischen der Vorkriegsperiode und dem Anfang der 1920er Jahre auf mehr als das

12 Zum Beispiel O'Connor 1973; Musgrave 1980.

Grafik 5.2-4: **Rechnungsabschlüsse von Bund, Kantonen und Gemeinden (1910–2000)**

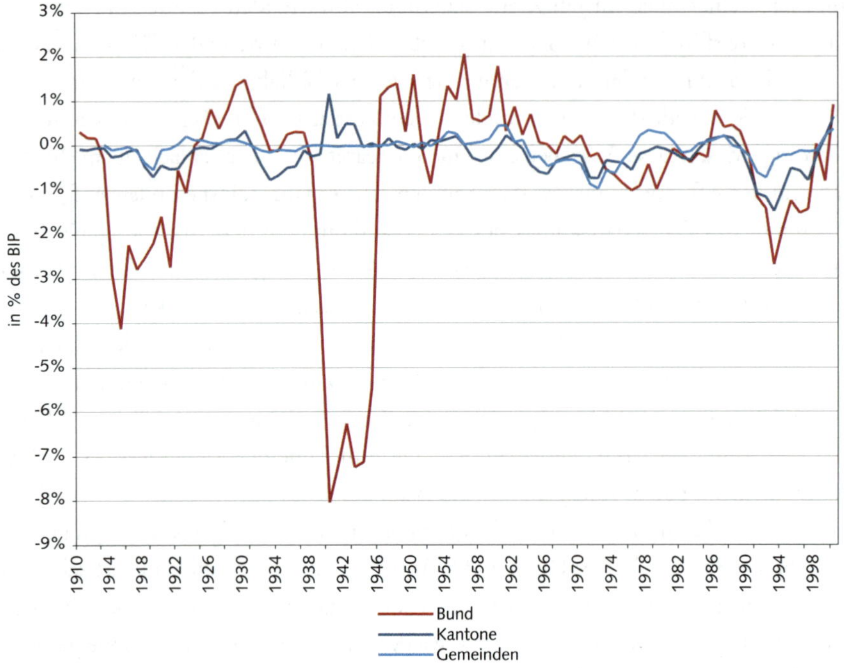

Quellen: Rechnungsabschlüsse: HSSO Tab. U.45; BIP: HSSO Tab. Q.16a und Q.16b.

Zweifache. Wie Grafik 5.2-5 zeigt, machte die Bruttoschuldenquote einen ähnlichen Sprung, von einem Durchschnittsstand von 31.4% zwischen 1910 und 1913 auf 58.1% zwischen 1919 und 1924. Allerdings ist hervorzuheben, dass vor allem die Verschuldung des Bundes explosionsartig anstieg.

Auch der Zweite Weltkrieg zeigte spürbare Auswirkungen, allerdings waren diese weniger ausgeprägt als im Ersten Weltkrieg. Das Volumen der Bundesschulden stieg zwar zwischen 1938 und 1945 real um den Faktor 2.5, dies war jedoch weit weniger als die Verzehnfachung, die der Erste Weltkrieg hervorgerufen hatte. Die Verschuldung der Kantone und der Gemeinden ging sogar zurück, sodass die Schuldenquote der öffentlichen Hand insgesamt nur ein relativ bescheidenes Wachstum aufwies. Sie stieg von 80.8% (1938) auf 103.9% (1945), gleichwohl den höchsten je in der Schweiz erreichten Stand. Hervorzuheben ist allerdings die massive Verlagerung, die diese beiden weltweiten Konflikte bei der internen Zusammensetzung der Verschuldung hervorriefen; am Ende des Zweiten Weltkriegs machte der Anteil des Bundes rund 66% an den Schulden der öffentlichen Haushalte insgesamt aus.

Die beiden Jahrzehnte, die auf den Zweiten Weltkrieg folgten, sind mit Vorsicht zu betrachten. Aus Grafik 5.2-5 könnte ein sehr rascher Rückgang der Verschuldung der öffentlichen Hand abgeleitet werden, da die Schuldenquote von 103.9% im Jahr 1945 auf

Grafik 5.2-5: **Bruttoschulden von Bund, Kantonen und Gemeinden (1910–2000)**

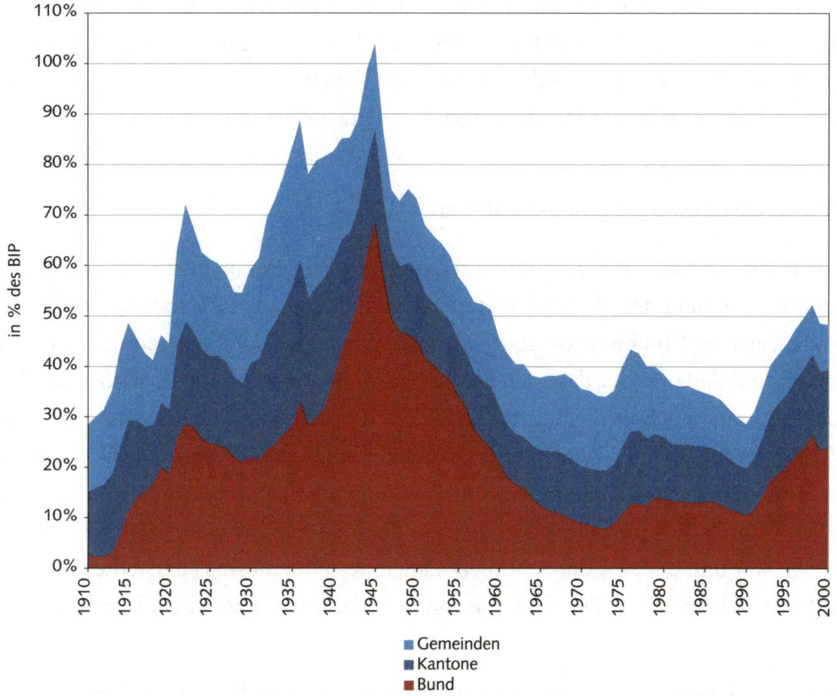

Quellen: Bruttoschulden: HSSO Tab. U.45; BIP: HSSO Tab. Q.16a und Q.16b.

37.9% in 1965 zurückging und sich in der Folge in etwa auf diesem Niveau stabilisierte. Der Rückgang der Verschuldung des Bundes scheint noch ausgeprägter, da die Schuldenquote während derselben Jahre von 68.8% auf 12.5% sank, was einem Rückgang von über 80% entspricht. Diese Entwicklung scheint auch zu derjenigen der Rechnungen der öffentlichen Haushalte zu passen, die bis Anfang der 1960er Jahre jeweils mit Überschüssen abschlossen. Das Bild, das die Variable «Schuldenquote» zeigt, wird allerdings teilweise durch den rapiden Anstieg des BIP dominiert. Betrachtete man die Entwicklung der realen Schulden für sich, so zeigt sich, dass die Schulden des Bundes zwischen 1945 und 1949 um 14% zurückgingen, danach bis 1956 stabil blieben und anschliessend bis 1965 erneut abnahmen (um 33%). Trotz der hohen Überschüsse des Bundes zwischen 1946 und 1965 nahm die Verschuldung des Bundes somit letztendlich nur um 43% ab; zwischen 1949 und 1956 wurden überhaupt keine Tilgungen getätigt. Die Summe der Schulden der Kantone und der Gemeinden verzeichnete, nach einem leichten Rückgang in der unmittelbaren Nachkriegszeit, seit 1949 einen regelmässigen Anstieg.

Ab Mitte der 1960er Jahre nahm die Verschuldung der öffentlichen Hand in der Schweiz einen Verlauf, der *grosso modo* dem Verlauf der Haushaltsabschlüsse entspricht. Die Entwicklung verlief ziemlich uneinheitlich: Auf eine Phase des Anstiegs, die bis zum Ende der Rezession von 1974 bis 1976 dauerte – die Schuldenquote stieg zwischen 1965 und 1976 von 37.9% auf 43.4% –, folgte eine Zeit des deutlichen Rückgangs bis 1990, als die Schuldenquote 28.6% ausmachte. Dass die Rechnungen der Gemeinden, der Kantone und insbesondere des Bundes zu Beginn der 1990er Jahre in die roten Zahlen abglitten, führte sodann zu einem starken Anstieg der Verschuldung, wobei die Schuldenquote bis auf 52.2% im Jahr 1998 anstieg. Darauf erfolgte ein erneuter Rückgang.

5.2.1.4 Struktur der Steuereinnahmen

Wie veränderte sich die Zusammensetzung der Steuereinnahmen der öffentlichen Hand im Verlaufe des 20. Jahrhunderts? Grafik 5.2-6 zeigt einerseits, dass die Einnahmen aus der Einkommens- und Vermögenssteuer bei den Steuereinnahmen dominierten, und andererseits, dass sich an dieser Dominanz während des ganzen 20. Jahrhunderts erstaunlich wenig änderte. Der Anteil betrug in den Jahren vor dem Ersten Weltkrieg rund 30% und lag 90 Jahre später auf demselben Niveau. Die Vorherrschaft der Besteuerung von Einkommen und Vermögen belegt, dass kaum an dem finanziellen Grundsatz gerüttelt wurde, auf dem die moderne Schweiz seit 1848 aufgebaut worden war und der eine der zentralen Säulen des Föderalismus darstellte: Die direkten Steuern kamen vor allem den Kantonen und die indirekten dem Bund zu.

Grafik 5.2-6: **Anteile der Verbrauchs-, Einkommens- und Vermögenssteuern an den Steuereinnahmen der öffentlichen Haushalte ohne Sozialversicherungsbeiträge (1913–2000)**

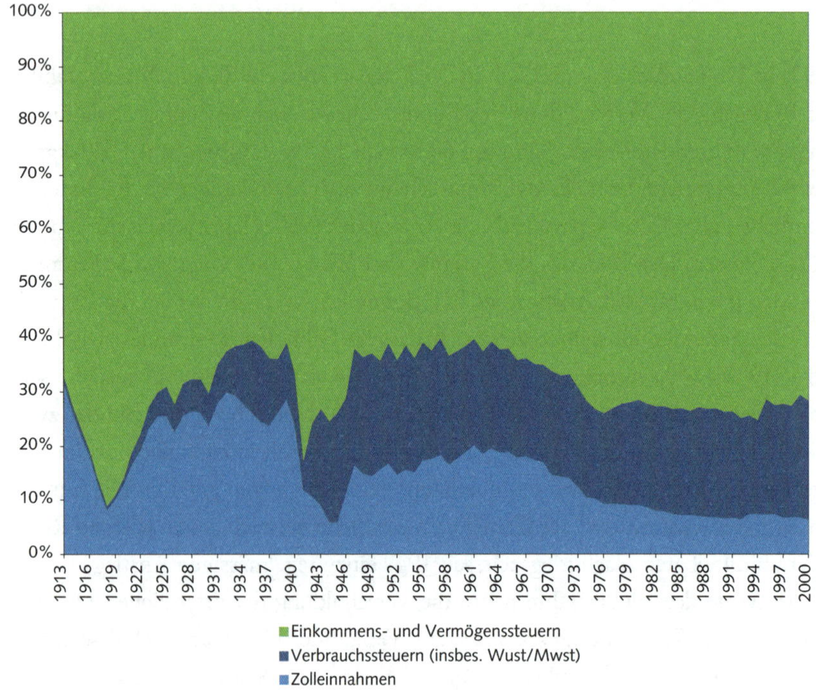

Quelle: HSSO Tab. U.46b.

Grafik 5.2-7: **Anteile der Verbrauchs-, Einkommens- und Vermögenssteuern an den Steuereinnahmen des Bundes (1913–2000)**

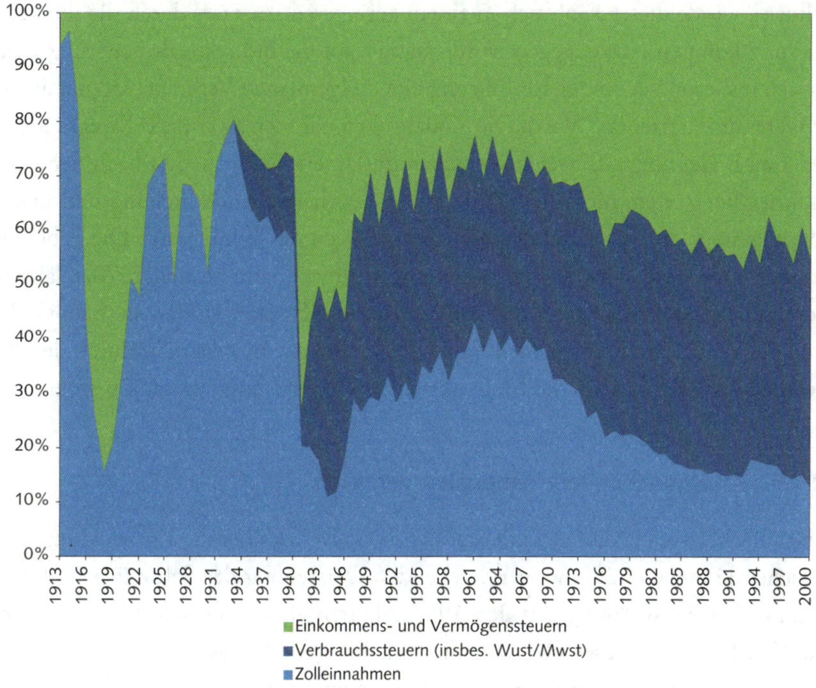

Quelle: HSSO Tab. U.46a.

Wenn das Schweizer Steuersystem im Verlauf des 20. Jahrhunderts einige Konstanten aufwies, so erfuhr es doch auch wesentliche Änderungen. Wie die Grafiken 5.2-6 und 5.2-7 deutlich zeigen, waren die hauptsächlichen Änderungen im Steuerbereich, wie die meisten Änderungen bei den bisher untersuchten Grössen, durch die beiden Weltkriege bedingt. Dies hebt einmal mehr hervor, dass die Kriegszeiten in der Geschichte der öffentlichen Finanzen der Schweiz eine Schlüsselrolle spielten.

Bis kurz vor dem Ersten Weltkrieg beschränkten sich die Bundessteuern auf die Zölle. Sie waren praktisch die ausschliessliche Steuerquelle des Bundes und machten rund 95 % seiner Steuereinnahmen aus, der Rest stammte aus der Militärpflichtersatzsteuer. Der Erste Weltkrieg führte hier zu einer ersten Zäsur. Der Einbruch der Zolleinnahmen, die bereits 1915 real fast um die Hälfte zurückgegangen waren, zwang die führenden Kreise, eine Ausnahme zum föderalistischen Prinzip von 1848 zu machen und auch auf Bundesebene – provisorisch – eine direkte Steuer einzuführen. Schon ab Anfang der 1920er Jahre nahmen die Abgaben auf den Einfuhren mit einer Grössenordnung von zwei Dritteln der Steuereinnahmen auf Bundesebene wieder den zentralen Platz ein, ihre Hegemonie war jedoch durchbrochen, denn die Einkommens- und Vermögenssteuern machten nun ein Drittel dieser Einnahmen aus.

Der Zweite Weltkrieg rief, indem er einen erneuten Einbruch der Zolleinnahmen verursachte, eine zweite wesentliche Änderung hervor. Denn im Vergleich zum Ersten Weltkrieg wurde dieser Einbruch in einem geringeren Ausmass durch die direkte Besteuerung kompensiert; dagegen wurde stärker auf die indirekte Besteuerung gesetzt, was sich insbesondere in der Einführung einer allgemeinen Verbrauchssteuer äusserte: der Warenumsatzsteuer (Wust). Die Zollabgaben nahmen zwar nach Kriegsende auch wieder an Bedeutung zu, erreichten jedoch im Unterschied zur Zeit nach dem Ersten Weltkrieg bei weitem nicht mehr ihre frühere vorherrschende Stellung und machten höchstens noch einen Drittel der Steuereinnahmen des Bundes aus. Die Liberalisierung der internationalen Handelsbeziehungen führte dann ab den 1970er Jahren zu einem anhaltenden Rückgang der Zolleinnahmen. Ersetzt wurden sie hauptsächlich durch die Wust, die zur tragenden Säule der indirekten Besteuerung durch den Bund geworden war und 1993 in die Mehrwertsteuer (Mwst.) umgewandelt wurde.

5.2.1.5 Fiskalquote im internationalen Vergleich

Es ist aufschlussreich, diesen zahlenmässigen Überblick über die Entwicklung der öffentlichen Finanzen mit einer vergleichenden Darstellung der Schweizer und der internationalen Entwicklung seit den 1950er Jahren abzuschliessen.[13] Die interessanteste Variable ist in dieser Hinsicht die Fiskalquote, d.h. das prozentuale Verhältnis zwischen der Gesamtsumme der Steuereinnahmen, einschliesslich der obligatorischen Sozialversicherungsbeiträge, und dem BIP.

Bei der Betrachtung von Grafik 5.2-8 springt eine erste Feststellung ins Auge: In der zweiten Hälfte des 20. Jahrhunderts nahm die Bedeutung der Steuerbelastung in der Schweiz zwar zu – von einem Anteil von rund 20% am BIP in den 1950er Jahren zu einem Durchschnitt von 27.3% für das Jahrzehnt von 1991 bis 2000 –, sie blieb jedoch im Vergleich zu derjenigen der OECD-Mitgliedstaaten bzw. der Industrieländer gering.[14] Von den 22 betrachteten Ländern wiesen in den 1950er Jahren nur drei (Japan, Portugal und Spanien) und am Ende des Jahrhunderts nur eines (Japan) – geringfügig – niedrigere Fiskalquoten auf als die Schweiz.

Die genauere Betrachtung macht deutlich, dass der Abstand zwischen dem Steuerniveau der Schweiz und demjenigen der OECD-Länder in der ersten Hälfte der 1960er Jahre zunahm und anschliessend bis 1972 mit rund 9.5 Prozentpunkten gleich

13 Mangels ausreichend homogener statistischer Daten ist es leider nicht möglich, weiter in der Zeit zurückzugehen.

14 Die in Grafik 5.2-8 betrachteten OECD-Mitgliedstaaten sind Australien, Belgien, Dänemark, Deutschland, Finnland, Frankreich, Griechenland, Grossbritannien, Irland, Italien, Japan, Kanada, Luxemburg, Neuseeland, die Niederlande, Norwegen, Österreich, Portugal, Schweden, die Schweiz, Spanien und die USA (mit Ausnahme der Jahre 1955 und 1960, für die keine Daten für Frankreich, Luxemburg und Griechenland verfügbar sind). Es muss erwähnt werden, dass der Vergleich der von der OECD errechneten Fiskalquoten aufgrund der unterschiedlichen Erstellungskriterien gewisse Schwierigkeiten aufweist. Siehe Chardonnens/Saurer 2002, 20–25.

Grafik 5.2-8: **Fiskalquote der OECD-Mitgliedstaaten und der Schweiz (1955–2000)**

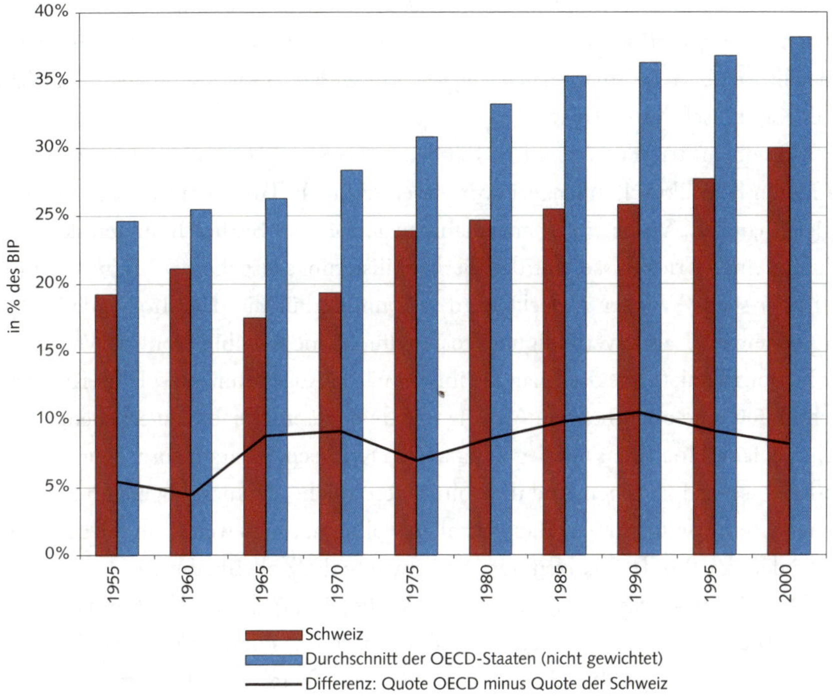

Quellen: OCDE 1996, 195 und 197; OCDE 2008, 94–95.

blieb. In den folgenden Jahren nahm er, namentlich im Zuge der Wirtschaftskrise, etwas ab, verzeichnete jedoch ab Ende der 1970er Jahre eine erneute Zunahme und blieb seit 1985 praktisch konstant, wobei er sich wieder bei einer Differenz von 9.5 Prozentpunkten einpendelte. Seit Mitte der 1960er Jahre behielt die Schweiz also ihre vorteilhafte Stellung im internationalen Steuerwettbewerb bei. Wenn man in der Zeit weiter zurückgeht, erkennt man sogar, dass sich diese Stellung verbessert hat: Während die Fiskalquote der Schweiz in den 1950er Jahren im Durchschnitt rund 5 Prozentpunkte unter derjenigen der anderen Industrieländer lag, verdoppelte sich dieser Abstand im letzten Jahrzehnt des 20. Jahrhunderts.

5.2.2 Finanzpolitik

5.2.2.1 Der Erste Weltkrieg: ein grundlegender Einschnitt (1914–1918)

Der Erste Weltkrieg markiert eine grundlegende Zäsur in der Schweizer Finanzgeschichte: Er rief einen starken und dauerhaften Anstieg der öffentlichen Ausgaben hervor sowie bedeutende Veränderungen bei der Verwendung der Haushaltsmittel, einen explosionsartigen Anstieg der Schulden der öffentlichen Hand und wesentliche Änderungen im Steuersystem. Doch eine weitere Folge war genauso wichtig. Da in der Schweiz die Ausgaben und Steuern zwar auch erhöht werden mussten, dies jedoch in einem wesentlich geringeren Ausmass als in den kriegführenden Ländern erfolgte, entstand eine Situation, welche die Schweiz während des gesamten Jahrhunderts prägen sollte: eine im internationalen Vergleich moderate Besteuerung, die für ausländisches Kapital sehr attraktiv war.

Wie die anderen europäischen Länder, so erwartete auch die Schweiz einen bewaffneten Konflikt schon lange, bevor dieser ausbrach. Trotzdem wurden nur geringfügige finanzielle Vorbereitungsmassnahmen getroffen.[15] Sie beschränkten sich auf die Bildung einer Kriegskasse, mit der die Mobilisierungsausgaben der Armee während fünf oder sechs Wochen gedeckt werden konnten. Für die darauffolgende Zeit war vorgesehen, die Landesverteidigungskosten durch eine Kombination von Vorschüssen der Nationalbank (ohne dass man die inflationären Auswirkungen solcher Kredite bedachte) und eine oder mehrere Anleihen zu finanzieren. Steuern zu erheben, war also nicht geplant. Höchstens überlegte man, nach Kriegsende darauf zurückzugreifen, um die Kriegsschuld zu tilgen, und dies, ohne wesentliche Veränderungen am Schweizer Steuersystem vorzunehmen. Hauptsächlich wollte man sich weiter auf die traditionellen Säulen der Bundesfinanzen seit 1848 stützen: die Zolleinnahmen.

Diese äusserst fragwürdige finanzielle Vorbereitung, die auf Kredite statt Steuern setzte, erklärt sich hauptsächlich durch die von den in Politik und Wirtschaft massgeblichen Kreisen geteilte Illusion, dass der bewaffnete Konflikt kurz sein würde.[16] Jedoch widerspiegelt sich darin auch eine Überlegung, die Adolf Jöhr, Generalsekretär der SNB und zukünftiger Chef der Schweizerischen Kreditanstalt, 1912 in einem Werk zur Vorbereitung der Schweizer Wirtschaft auf den Krieg erwähnt: «Gelingt es der Schweiz, ihre Neutralität zu behaupten, dann dürften aus den Grenzgebieten wiederum bedeutende Werte in die schweizerischen Banken geflüchtet werden, dürften die hieraus fliessenden Einnahmen eine hübsche Steigerung erfahren.»[17] Man hoffte mit anderen Worten, dass die Schweiz vom Krieg verschont blieb und so zu einem Hafen für ausländisches Kapital werden würde. Darum sollten die durch den Krieg verursachten Kosten auch besser durch Anleihen statt durch Steuern finanziert werden, was einen positiven Kreislauf in Gang setzen und die steuerliche Wettbewerbsfähigkeit der Schweiz verbessern sollte.

Der Erste Weltkrieg rief einen raschen, massiven und anhaltenden Anstieg der öffentlichen Ausgaben hervor, insbesondere derjenigen des Bundes, da dieser für die Mobilisierungskosten der Armee aufkam (siehe Grafik 5.2-1 und 5.2-2). Real erfuhren die Aufwendungen des Bundes zwischen 1913 und 1918 mehr als eine Verdoppelung. Die zusätzlichen Ausgaben des Bundes aufgrund des Krieges beliefen sich für die Jahre 1914–1918 auf rund 1.2 Milliarden Franken, was 23% des BIP von 1913

15 Guex 1993, 155–178.
16 Ochsenbein 1971, 22–24.
17 Jöhr 1912, 194.

ausmachte. Etwa 30% dieser Mehrausgaben wurden durch neue Steuereinnahmen gedeckt.[18] Rund 70% der zusätzlichen Ausgaben wurden durch Kredite finanziert, davon etwa 50% durch Anleihen und 20% durch die Ausgabe von Schatzanweisungen, welche die SNB diskontierte.

Seiner Vorkriegsplanung entsprechend, setzte der Bundesrat also stark auf Anleihen, um die Kriegskosten zu bewältigen. Bereits am 20. August 1914 wurde eine erste langfristige Anleihe von 30 Millionen Franken auf dem heimischen Markt lanciert, die mit einer attraktiven Verzinsung von 5% ausgegeben wurde, einem Zinssatz, wie er seit über 40 Jahren nicht mehr für solche Anleihen gewährt worden war. Kurz darauf folgte im Oktober 1914 eine zweite Anleihe von 50 Millionen Franken. Ab Juni 1915 wurden dann in regelmässigen Abständen von rund sechs Monaten sieben weitere Mobilisationsanleihen zu je 100 Millionen Franken[19] ausgegeben, die letzte davon im September 1918.

Dieser äusserst umfangreiche Rückgriff auf Anleihen zeitigte zwei Folgen. Zunächst führte er zu einem explosionsartigen Anstieg der Verschuldung des Bundes, die sich real zwischen 1913 und 1918 verfünffachte (siehe Grafik 5.2-5). Der Bund wurde so einerseits mit einer relativ schwerwiegenden Schuld belastet – von 1919 bis 1925 verschlang der Schuldendienst allein 30% der gesamten Einnahmen des Bundes[20] –, andererseits entstand dadurch eine willkommene Einnahmequelle für die Banken, Versicherungen und für die Börse. Ausserdem brachten diese goldenen Fesseln die öffentliche Hand in ein Abhängigkeitsverhältnis von den Schweizer Banken, das umso ausgeprägter war, als diese 1911 ein Emissionssyndikat geschaffen hatten, das über das Monopol bei Schweizer Staatsanleihen verfügte (→ 2.2.2.1). Zur Illustration dieses Abhängigkeitsverhältnisses folgende Episode: Im August 1914 wurde die erste Mobilisationsanleihe des Bundes ohne Festübernahme seitens des Syndikats ausgegeben. Als die Regierung im Oktober eine zweite Anleihe plante, wollte sie wiederum auf die Festübernahme durch die Banken verzichten. Diese drohten jedoch, das Geschäft zu verhindern. Die Machtprobe endete rasch mit einem totalen Sieg der Banken. Es gelang ihnen, die Festübernahme durchzusetzen und so auch die damit verbundenen beträchtlichen Kommissionen für sich zu verbuchen, wodurch ihr für einen Moment in Frage gestelltes Monopol wiederhergestellt wurde. Es sollte über dreissig Jahre dauern, bis der Bundesrat einen ähnlich gelagerten Versuch wagte, dem allerdings wiederum kein grosser Erfolg beschieden war.[21]

Als zweite Folge führte die massive Inanspruchnahme des inländischen Kapitalmarktes zu einer Verteuerung der Kredite. Diese Tendenz war umso ausgeprägter, als der Weltkrieg die Gewährung von Schweizer Krediten im Ausland, insbesondere an die kriegführenden Staaten, nicht etwa reduzierte, sondern sogar erhöhte. Mit ei-

18 Guex 1993, 190–191 und 460.
19 Eine Ausnahme war die vorletzte, die 150 Millionen Franken erreichte.
20 Guex 1993, 448.
21 Laepple 1923, 18–19; Guex 1993, 208–220; Longchamp 2009, 240–241.

ner durchschnittlichen jährlichen Summe von rund 600 Millionen Franken zwischen 1914 und 1919 verdoppelte sich der Bruttokapitalexport vermutlich real gegenüber den Vorkriegsjahren.[22] Auch die Zinssätze stiegen rasch: Der Finanzmarktsatz stieg von 4% im Juni 1914 auf gegen 5% im Winter 1914/15 und der private Diskontsatz erhöhte sich von 2.9% im Juni 1914 auf 5.3% im September. Diese Erhöhung schürte unverzüglich den traditionellen Konflikt zwischen den Finanzkreisen und jenen Sektoren, die besonders heikel auf Zinserhöhungen reagierten: in erster Linie die Landwirtschaft, aufgrund der hohen Verschuldung der Bauern, aber auch das Gewerbe, die Kleinunternehmen (Bau, Hotellerie, Einzelhandel) und sogar gewisse Kreise der Exportindustrie. Bereits im Oktober 1914 erhoben daher der mächtige Schweizerische Bauernverband (SBV) und der einflussreiche Schweizerische Gewerbeverband (SGV) erste gemeinsame Proteste. Mit der sehr ernst genommenen Drohung, Schritte zur gesetzlichen Festlegung eines Höchstzinssatz sowie zur Beschränkung der Kapitalexporte zu unternehmen, forderten sie von den Bundesbehörden, dass diese einen Anstieg der Zinssätze verhinderten. Der massive Druck von SBV und SGV sollte während des ganzen Kriegs und darüber hinaus aufrechterhalten werden.[23]

Diese politische Konstellation erklärt die grosszügige Verwendung der Kredite der SNB, d.h. der Notenpresse ab Februar 1915. Zudem war man sich, zumindest in diesen ersten Kriegsjahren, der Auswirkung einer solchen Praxis auf die Preise wenig bewusst. Die führenden Kreise in Politik und Wirtschaft sahen in der Ausgabe von Schatzanweisungen, die von der Nationalbank diskontiert wurden, das angemessene Mittel, um drei Ziele gleichzeitig zu verfolgen: eine Deckung der Kriegskosten hauptsächlich durch Anleihen, einen Kapitalexport in grossem Ausmass und zugleich die Verhinderung eines Ansteigens der Zinssätze über die für die Landwirtschaft, das Gewerbe, die Kleinunternehmen oder auch die Industrie tolerablen Grenzen, sodass keine Konflikte entstanden, welche die Einheit des «Bürgerblocks» gefährden konnten.

Eine solche Finanzpolitik konnte nicht ohne negative Folgen bleiben. Sie führte zu einer immer stärkeren Inflation: Die Konsumentenpreise stiegen 1915 um 13%, 1916 um 16%, 1917 um 24% und 1918 um 25%, was einer Verdoppelung im Zeitraum zwischen 1913 und 1918 gleichkommt.[24] Da die Einkommen nicht im selben Rhythmus stiegen, verringerte sich die Kaufkraft der Beschäftigten deutlich: Sie nahm zwischen 1913 und 1918 um 25% ab.[25] Dazu kam das Fehlen einer Entschädigung für die Einkommensausfälle während der oft langen Phasen der Mobilisierung sowie die anhaltende Untätigkeit der Behörden bei der Preiskontrolle und der Rationierung der Grundnahrungsmittel. So sah sich im Sommer 1918 fast ein Fünftel der Gesamtbevölkerung gezwungen, Sozialhilfe zu beanspruchen, um über die Runden

22 Stauffacher 1929, 117–158; Mazbouri 1999.
23 Guex 1993, 220–250.
24 HSSO Tab. H.39.
25 HSSO Tab. G.18.

zu kommen.[26] Auf der anderen Seite ermöglichte die Inflation, und allgemeiner die Kriegssituation, verschiedenen Gruppen, sich massiv zu bereichern.

Diese soziale Polarisierung bewirkte eine rasche Stärkung und Radikalisierung der Arbeiterbewegung und führte zwischen Ende 1917 und Sommer 1919 zu den schwersten sozialen und politischen Spannungen, welche die Schweiz im 20. Jahrhundert erfahren hatte. Sie gipfelten im November 1918 in einem Generalstreik, der weite Teile des Landes während dreier Tage lahmlegte (→ 4.2.3).[27] Die Furcht der führenden Kreise vor dem inneren Feind war besonders gross, da gleichzeitig eine revolutionäre Welle Europa erschütterte, insbesondere die drei Nachbarländer der Schweiz, Deutschland, Italien und Österreich.

Diese Situation wirkte sich tiefgreifend auf die Finanzpolitik aus. Um die Arbeitnehmer zu besänftigen, schlugen die Behörden auf der Ausgabenseite bei Kriegsende sowohl auf Bundesebene wie auch auf kantonaler und kommunaler Ebene einen «sozialpolitischen Galopp»[28] an, der mit beträchtlichen und dauerhaften Zusatzausgaben verbunden war, die den Rückgang der Landesverteidigungsausgaben weitgehend wettmachten. Subventionen wurden gewährt, um die Preise gewisser Lebensmittel zu stabilisieren, um den Arbeitslosen und den Armen zu helfen oder auch für den Bau von Sozialwohnungen. Die Gehälter der Staatsangestellten wurden deutlich erhöht. Als bedeutendes Zugeständnis an die Arbeiterbewegung, die dies schon seit über zwanzig Jahren forderte, wurde schliesslich ein Projekt für die Altersvorsorge lanciert (→ 4.3.2.1). Hinzu kamen beträchtliche Unterstützungsleistungen, die in erster Linie für die Landwirtschaft, aber auch für das Gewerbe und die Kleinbetriebe bestimmt waren, um diese fest im Schoss des «Bürgerblocks» zu halten.

Die Entwicklung der politischen Kräfteverhältnisse während des Krieges wirkte sich auch im Steuerbereich aus. Wie erwähnt, hofften die führenden Kreise bei Ausbruch des Krieges, diesen ohne substantielle Änderungen des Schweizer Steuersystems zu überstehen. Doch die unvorhergesehene Dauer des Weltkriegs, der gewaltige Anstieg der Ausgaben und der Verschuldung, ganz zu schweigen von der Inflation, zwangen sie ziemlich bald, ihre Haltung zu überdenken. Ab Ende 1916 ging es vor allem darum, dem gefährlich wachsenden Anklang zu begegnen, den die Steuerpostulate der Arbeiterbewegung fanden. So wurde zum Beispiel im Juni 1918 eine Volksinitiative der Sozialdemokratischen Partei (SPS) nur von einer knappen Mehrheit abgelehnt. Sie hatte die Einführung einer ständigen direkten Bundessteuer gefordert und hätte damit dem Bund das dauerhafte Recht übertragen, eine stark progressive Steuer auf das Einkommen und das Vermögen natürlicher wie juristischer Personen zu erheben. Noch alarmierender war, dass die Initiative in den beiden bevölkerungsreichsten Schweizer Kantonen, Bern und Zürich, angenommen wurde. Vor

26 Jost 1983, 124–125.
27 Gautschi 1988.
28 Ruffieux 1974, 85.

dem Hintergrund sozialer Spannungen und politischer Vorstösse im Fiskalbereich beschlossen die Schweizer Behörden im Laufe des Kriegs, vier Steuern auf Bundesebene einzuführen:[29]

1. Im Frühjahr 1915 wurde eine «Kriegssteuer» eingeführt, die nur ein einziges Mal, 1916, erhoben werden sollte. Besteuert wurde nur das Erwerbseinkommen, nicht aber das Einkommen aus Vermögen sowie das Vermögen selbst. Die Sätze waren sehr moderat und beruhten wie die für andere Steuern derselben Kategorie auf «Durchschnittssätzen». Begleitet von einer Massnahme, die einer Steueramnestie gleichkam, brachte sie dem Bund die bescheidene Summe von 100 Millionen Schweizer Franken ein.
2. Als zwölfte Regierung, die eine solche Besteuerung in Europa einführte, beschloss der Bundesrat im September 1916, also sehr spät, eine Steuer auf die Kriegsgewinne der privaten Unternehmen, d.h. die zusätzlichen Gewinne, die dank dem Krieg erzielt wurden.[30] Diese Kriegsgewinnsteuer wurde bis 1920 beibehalten. Trotz der vollständigen Befreiung der Landwirtschaft, einem niedrigeren Steuersatz als in den kriegführenden Ländern und grosszügigen Abzugsmöglichkeiten – die einen entscheidenden Impuls für die Gründung der privaten Pensionskassen in der Schweiz gaben[31] – brachte diese Steuer dem Bund rund 670 Millionen Franken ein, d.h. für sich allein genommen mehr als die Hälfte der gesamten Steuereinnahmen zwischen 1914 und 1920. Dies zeigt das enorme Ausmass der Gewinne vieler Sektoren der Schweizer Industrie während des Krieges.
3. 1917 wurden Stempelabgaben auf gewisse Finanztransaktionen eingeführt, insbesondere auf die Ausgabe von Wertpapieren sowie auf ihren Verkauf und ihren Erwerb an der Börse, eine Steuer, die vorwiegend die Banken und die Wirtschaftskreise traf. Wohl waren diese Steuern langfristig angelegt, doch wurde unter dem Druck der Finanzwelt sorgfältig darauf geachtet, dass sie niedrig blieben, um die Wettbewerbsfähigkeit des Schweizer Finanzplatzes, insbesondere im Bereich der Vermögensverwaltung, nicht zu schmälern. Ihr Ertrag blieb daher bescheiden und machte während den ersten Jahren ihrer Anwendung rund 5 % der gesamten Steuereinnahmen des Bundes aus.
4. Zwischen 1918 und 1920 erhoben die Bundesbehörden schliesslich eine zweite Kriegssteuer, die sich stark an der ersten orientierte. Ihre Merkmale waren: provisorische Natur, Besteuerung neben der Vermögen ausschliesslich des Erwerbseinkommens und ein sehr moderater Steuersatz (effektiver Maximalsatz für Einkommen: 5 %; für Vermögen: 0.625 %). Da mit dieser Steuer ein grosser Teil der Schulden getilgt werden sollte, war im Unterschied zur ersten Kriegssteuer eine mehrmalige Erhebung vorgesehen. Tatsächlich wurde sie jedoch nur drei Mal, für

29 Schär 1930, 71–106; Oechslin 1967, 77–92 und 108–115; Guex 1993, 327–417.
30 Koch 1922.
31 Leimgruber 2008, 66–71.

die Jahre 1921–24, 1925–28 und 1929–32, erhoben und erbrachte einen Gesamtbetrag von 560 Millionen Franken, der nicht einmal die Hälfte der Ausgaben für die Verzinsung der Bundesschuld in diesem Zeitraum deckte. Zudem verabschiedete die Parlamentsmehrheit, die sich aus Vertretern der bürgerlichen Parteien – Freisinnige Partei, Katholisch-Konservative Partei, Bauern-, Gewerbe- und Bürgerpartei – zusammensetzte, 1927 einen neuen Tilgungsplan, der die vollständige Rückzahlung der Bundesschuld innerhalb von 40 Jahren vorsah, jedoch basierend auf den üblichen Einnahmen des Bundes, d.h. vorwiegend Zolleinnahmen.[32]

Trotz der vom Krieg verursachten gravierenden Turbulenzen erfuhr das Schweizer Steuersystem also keine bedeutende strukturelle Änderung: Drei der vier auf Bundesebene eingeführten neuen Steuern waren nur temporärer Natur, und die einzige dauerhafte Änderung war die Einführung der eher bescheidenen Stempelabgaben. Mit dem Krieg erfolgte dennoch eine sehr wichtige Neuerung: Zum ersten Mal seit der Gründung der modernen Schweiz erhielt der Bund das Recht – wenn auch nur vorübergehend –, Einkommen und Vermögen zu besteuern. Damit bekam der Grundsatz, der seit 1848 das Fundament des Schweizer Steuersystems bildete und nach dem die direkten Steuern den Kantonen und die indirekten Steuern dem Bund zukommen, erste Risse. Zudem wurde die Einführung einer ständigen direkten Bundessteuer gefördert. Genau dies war jedoch das Schreckgespenst der führenden Wirtschaftskreise und der Verfechter des Föderalismus, die vor allem in den Westschweizer Kantonen und in den katholischen Regionen stark vertreten waren. Mindestens drei Gründe waren für die Ablehnung ausschlaggebend:[33] Man befürchtete, dass die direkte Bundessteuer zur Vereinheitlichung der direkten Steuern und der Besteuerungsverfahren der Kantone beitragen und so den Steuerwettbewerb einschränken würde und dass sie zudem der Steuerhinterziehung gewisse Grenzen setzen würde. Die Besteuerung der wohlhabenden Schichten wäre tendenziell ebenfalls gestiegen, und schliesslich wäre das Gewicht des Bundes gestärkt worden. So setzten sich die führenden Kreise und die Verfechter des Föderalismus in der Folge beharrlich dafür ein, weitere Risse im überkommenen Steuersystem zu verhindern oder sie, wenn möglich, wieder zu kitten.

Das beschränkte Ausmass der Änderungen am Schweizer Steuersystem erklärt sich unter anderem durch die trotz internen Spannungen herrschende Geschlossenheit des «Bürgerblocks» gegenüber den Vorstössen der Arbeiterbewegung sowie durch die Inkohärenzen und Widersprüche, die Letztere schwächten.[34] Vor allem jedoch ist es offensichtlich, dass die Schweiz, weil sie vom Krieg verschont blieb und sogar von ihm profitierte, deutlich weniger von finanziellen Problemen betroffen war als die meisten anderen Staaten Europas.

32 Schär 1930, 67; Weber 1969, 19; Wittmann 1971, 146.
33 Guex 1998, 105–126.
34 Meierhans 1922, 140–141.

Dies hatte eine weitreichende Folge. Die bürgerlichen Kreise der Schweiz sahen den weltweiten Konflikt ja als Gelegenheit, jenes Projekt zu realisieren, das Adolf Jöhr bereits 1912 skiziert hatte und das Hermann Obrecht, Grossindustrieller und zukünftiger Bundesrat, im April 1917 treffend umschrieb: «Vorausgesetzt, dass der Krieg uns weiterhin verschone, hat die Schweiz als Ganzes nach dem Kriege Gelegenheit, ein Lieblingsaufenthalt der Kapitalisten zu werden. Die Notwendigkeit, die ungeheuerlichen Kriegsschulden zu verzinsen und wieder abzutragen, wird in allen Kriegsstaaten die Steuerlast ins Ungemessene steigern. Je stärker der Unterschied der Steuerbelastung der Schweiz gegenüber dem Auslande zu unsern Gunsten spricht, desto mehr wird der Kapitalist sich veranlasst sehen, von den schweizerischen Steuerprivilegien zu profitieren.»[35] Diese Situation trat tatsächlich ein und dem Projekt war Erfolg beschieden: Vor Ausbruch des Weltkriegs lag die Steuerquote in der Schweiz mit 5.8% auf einem ähnlichen Niveau wie in den grossen Nachbarländern oder in Grossbritannien. Nach dem Krieg hatte die Steuerlast zwar zugenommen – die Steuerquote erreichte 8.2% im Jahr 1925 – doch war dies weit weniger als in Ländern wie Deutschland (14.8%), Frankreich (16.6%) oder Grossbritannien (18.2%).[36] In der Schweiz betrug der effektive Gesamtsteuersatz (d.h. direkte Steuern des Bundes, der Kantone und der Gemeinden kumuliert) der höchsten Einkommen für verheiratete Steuerzahler ohne Kinder zwischen 1919 und 1925 ungefähr 25%, während dieser Satz für dieselbe Klasse von Steuerpflichtigen in Frankreich bei rund 44% lag und in Grossbritannien fast 50% erreichte.[37] Hinzu kamen die Gewährung zahlreicher Steuerprivilegien an Unternehmen und reiche Privatpersonen sowie besonders kulante und grosszügige Praktiken der Steuerbehörden bei der Bestimmung des steuerpflichtigen Einkommens und bei den Methoden für die Steuererhebung. Diese Praktiken dauerten während des ganzen 20. Jahrhunderts und darüber hinaus an.

Nach dem Ende des Ersten Weltkriegs verfügte die Schweiz also über zwei gewichtige Standortvorteile – die Stärke des Schweizer Frankens, die ihn zu einer Fluchtwährung machte, und die moderate Besteuerung –, welche die Grundlage für die Entwicklung des Landes zu einem internationalen Finanzplatz und einem Steuerparadies bildeten. Die moderate Besteuerung bot aber insbesondere auch Schweizer Unternehmen einen wesentlichen Vorteil gegenüber den ausländischen Gesellschaften, da sie zum Beispiel ihre Selbstfinanzierung förderte (→ 4.1.1). Von jener Zeit an orientierten sich die Finanzpolitik sowie die Geldpolitik und teilweise sogar die Aussenpolitik stark am Erhalt dieser Vorteile. Das war zum Beispiel im Völkerbund der Fall, wo sich ab Anfang der 1920er Jahre die Schweizer Delegierten mit Erfolg den verschiedenen Initiativen zur Förderung des Austausches von Steuerinformationen zwischen den Staaten widersetzten (→ 2.2.2.2 und 5.3.2).[38]

35 Obrecht 1917, 17.
36 Flora 1983, 262 und 334.
37 Eidg. Statistisches Büro, *Schweizerische statistische Mitteilungen* 1922, 29–31; 1926, 34–36; Bircher 1950, 26–64; Flamant 1973, 301; Piketty 2001, 263; Shirras/Rostas 1942, 58.
38 Farquet 2007 und 2009.

5.2.2.2 Versuchte Rückkehr zur Vorkriegssituation (1919–1929)

Die Finanzpolitik der Nachkriegsjahre war massgeblich durch die Absicht bestimmt, im Bereich der Ausgaben und Einnahmen so weit wie möglich zur Vorkriegssituation zurückzukehren.

Die Wirtschaftskrise, welche die Schweiz zwischen Ende 1920 und 1923 durchmachte, erschwerte die Umsetzung dieses Vorhabens jedoch ausserordentlich. Die Rezession war zwar kurz, aber massiv: Sie führte zu einer hohen Arbeitslosigkeit, die über 8 % der aktiven Bevölkerung betraf; die gesamte Industrie war betroffen, da der hohe Kurs des Schweizer Frankens die Exporte behinderte und die Importe förderte; und schliesslich wurde auch die Landwirtschaft hart getroffen, die vor allem unter einer real zunehmenden Schuldenlast litt, weil das Preisniveau ab 1920 zu sinken begann.

Vor diesem Hintergrund versuchten die Bundesbehörden, angeführt vom neuen Vorsteher des Finanzdepartements, Jean-Marie Musy, einem ultrareaktionären Katholisch-Konservativen, der den Banken nahestand, die deflationäre Politik, die sie seit dem Ende des Krieges verfolgten, noch energischer voranzutreiben.[39] Es ging nicht mehr darum, die Preise lediglich zu stabilisieren, sondern darum, sie zu senken, um die Wettbewerbsfähigkeit der Schweizer Produkte zu wahren. Daher wurde der Wiederherstellung einer ausgeglichenen Rechnung des Bundes eine entscheidende Bedeutung zugemessen. In diesem Sinn vervielfachten die Schweizer Behörden ihre Anstrengungen zur Reduktion der Ausgaben. So beschnitten sie etwa die Gehälter des Bundespersonals und die Arbeitslosenunterstützung.[40] Allerdings konnte dieser Weg nicht so schnell und umfassend beschritten werden wie gewünscht. Man befürchtete zusätzliche Spannungen in einer politischen Situation, die bereits sehr heikel war, denn die deflationäre Politik rief nicht nur bei den Arbeitnehmern, sondern auch beim mächtigen und kritischen Partner, dem Schweizerischen Bauernverband (SBV), sowie beim Schweizerischen Gewerbeverband (SGV) einigen Widerstand hervor. So sah sich die Regierung sogar gezwungen, eine Reihe von Massnahmen zu ergreifen, welche die schwerwiegendsten Auswirkungen der Krise mildern sollten: Schaffung von Arbeitsplätzen durch die beschleunigte Elektrifizierung der SBB, Subventionen für die am stärksten von der Rezession betroffenen Branchen (Uhren, Textilien), Hilfe für die sozial Schwachen usw.[41] Daher gingen die Bundesausgaben erst von 1921 an zurück und erst noch nur geringfügig: Real erreichte die Abnahme zwischen 1920 und 1923 nur 5 %. Erst 1924, nach der Überwindung der Krise, ist eine starke Abnahme festzustellen (15 % in realen Werten), und die Bundesausgaben blieben anschliessend ziemlich stabil bis zum Ausbruch der Krise der 1930er Jahre (siehe Grafik 5.2-1).

Unter diesen Umständen fand sich die wirtschaftliche und die politische Elite damit ab, die Lösung hauptsächlich auf der Einnahmeseite zu suchen. Zwei Massnahmen wur-

39 Fahrni 1977, 96–123; Schmid 1983, 295–298.
40 Fahrni 1977, 155–171.
41 Fahrni 1977, 188–233.

den verabschiedet, von denen die erste ganz klar die wichtigere war. Im Juni 1921 verkündet der Bundesrat einen neuen Zolltarif. Wie viele der seit 1914 getroffenen finanziellen Bestimmungen wurde er unter dem Dringlichkeitsrecht erarbeitet und erlassen, d.h. ohne echte Beteiligung des Parlaments und ohne Referendumsmöglichkeit. Um seine Legitimität zu verbessern, wurde er als vorläufig qualifiziert, was jedoch nicht verhinderte, dass er bis 1959 in Kraft blieb.[42] Dank einer massiven Erhöhung der Zölle – derjenige auf Tabak wurden zum Beispiel verfünffacht[43] – führte der neue Tarif sofort zu einem starken Anstieg der Zolleinnahmen, was eine rasche Deckung des Haushaltsdefizits des Bundes ermöglichte. Zwischen 1921 und 1922 ging dieses um 80% zurück, und 1924 war die Rechnung des Bundes wieder ausgeglichen (siehe Grafik 5.2-4).

Hinsichtlich der Herkunft der Steuereinnahmen gelang den Führungskreisen somit die Wiederherstellung einer Situation, die derjenigen vor dem Krieg glich: Die finanzielle Basis des Bundesstaats beruhte erneut weitgehend auf den Zolleinnahmen, die ab 1923 zwei Drittel der gesamten Steuereinnahmen des Bundes ausmachten. In ihren Augen wies diese Situation einen doppelten Vorteil auf: Einerseits wurde der Hauptanteil der Steuerlast auf Bundesebene von der grossen Mehrheit der arbeitenden Bevölkerung getragen, denn die Zolleinnahmen stammten vorwiegend aus Abgaben auf Verbrauchsgüter, insbesondere auf die «Volksdrogen»[44] Tabak, Kaffee und alkoholische Getränke. Andererseits trug die Situation dazu bei, einen «armen Staat»[45] zu erhalten, indem laufend die freihandelsorientierte Arbeiterbewegung gegen die protektionistische Landwirtschaft ausgespielt wurde, was eine Allianz zwischen diesen beiden Akteuren und *a fortiori* jede soziale Reform von einer gewissen Tragweite äusserst schwierig machte. Gerade die Erhöhung der Zölle im Juni 1921 illustriert diese Tatsache: Der Schweizerische Gewerkschaftsbund (SGB) und die SPS antworteten auf die neuen Zölle mit der Lancierung einer Volksinitiative zu deren Annullierung, was tiefgreifende und dauerhafte Ressentiments seitens der Landwirtschaft auslöste. Nach einer intensiven Kampagne des SBV wurde die Initiative in der Abstimmung vom 15. April 1923 deutlich verworfen.

Die zweite zur Wiederherstellung des Haushaltsgleichgewichts getroffene Massnahme bestand in der Einführung einer Couponabgabe, d.h. einer Besteuerung des Einkommens (Dividenden, Zinsen usw.) aus dem Besitz von Wertpapieren, im Juni 1921. Die neue Abgabe zeichnete sich wie die früheren durch ihre geringe Höhe aus. Die von Ausländern bei Schweizer Banken gehaltenen Titel wurden von der Steuer befreit, und der Satz von 2% bis 3% wurde vom Gestalter der Steuer, Julius Landmann, als «idyllisch» bezeichnet, und er fügte hinzu, dass «die Schweiz dadurch auch weiterhin ein Steuerparadies bleibt»[46]. Die leichte Erhöhung der Couponabgabe im Jahr 1927 ändert nichts an der Stichhaltigkeit dieser Einschätzung. Neben ihrem be-

42 Humair 1990.
43 Merki 1994, 243.
44 Krätke 1984, 191.
45 Goldscheid 1926, 265–267.
46 Zitiert in Guex 1994a, 213, 221.

scheidenen Beitrag zur Wiederherstellung des Haushaltsgleichgewichts verfolgte die Einführung dieser Steuer, welche die vermögenden Kreise traf, klar politische Ziele. Es ging darum, die Arbeitnehmer dazu zu bringen, die Erhöhung der Zollabgaben leichter zu schlucken, auch angesichts der Tatsache, dass die zweite Kriegssteuer das Einkommen aus Vermögen nicht besteuerte. Zugleich sollte die Couponsteuer zwei hängigen Volksinitiativen den Wind aus den Segeln nehmen.

Die eine kam von der SPS und war die radikalste Initiative, die in der Schweiz im Steuerbereich je lanciert wurde. Sie wurde 1921 eingereicht und verlangte die Einführung einer einmaligen Abgabe auf die grossen Vermögen mit einem progressiven Satz von 8 % bis 60 % sowie auf das Unternehmenskapital mit einem Satz von 10 %; all dies begleitet von der Aufhebung des Bankgeheimnisses. Der Erlös aus dieser Steuer war insbesondere für die rasche Einführung einer Altersversicherung vorgesehen.[47]

Initiiert von Kreisen, die der Freisinnig-Demokratischen Partei nahestanden, aber dann allein von der Arbeiterbewegung getragen, wurde die andere Initiative, die «Initiative Rothenberger», bereits 1920 eingereicht. Sie sah die Schaffung eines Fonds von 250 Millionen Schweizer Franken vor, der für die Finanzierung der Alters- und Hinterbliebenenversicherung geplant war, was eine Verlängerung der Kriegsgewinnsteuer und/oder die Erhebung der zweiten Kriegssteuer bedeutet hätte.[48]

Nach einer beeindruckenden Propagandakampagne fügten der Bundesrat, die bürgerlichen Parteien und die Arbeitgeber der Initiative der SPS eine vernichtende Niederlage zu. Sie genossen dabei die bedingungslose Unterstützung der Landwirtschaft, die dank der Erhöhung der Zollabgaben wieder fest im «Bürgerblock» eingebunden war. Mit der höchsten in der Schweiz je bei einer Volksabstimmung erreichten Stimmbeteiligung (89 %) wurde die Initiative im Dezember 1922 mit neun von zehn Stimmen abgeschmettert; eine solche massive Ablehnung wurde seither nur noch ein einziges Mal erreicht. Der Schlag war umso härter, als Anfang 1925 auch die «Initiative Rothenberger» abgelehnt wurde. Bis zur Krise der 1930er Jahre getraute sich die Arbeiterbewegung nicht mehr, aktive Schritte in der Finanzpolitik zu unternehmen und beschränkte sich auf eine Politik der Abwehr. Die Einführung der Altersversicherung wurde auf viele Jahre hinaus blockiert (→ 4.3.2.1).

5.2.2.3 Die Antwort auf die Wirtschaftskrise: Deflation und Sparpolitik (1930–1938)

Die Wirtschaftskrise der 1930er Jahre war die schwerste, welche die Schweiz im 20. Jahrhundert durchmachte, sowohl hinsichtlich der Intensität als auch der Dauer (→ 1.1.3.2). Zunächst traf sie die Exportindustrie, weitete sich dann ab Ende 1932 auf alle Branchen aus und erreichte ihren Höhepunkt im Winter 1935/36. Sie führte

47 Guex 1994b.
48 Sigg 1978, 133–137.

zu einer hohen Arbeitslosigkeit – über 8 % der aktiven Bevölkerung waren betroffen – und einer starken Zunahme der Armut. Erst nach der Abwertung des Schweizer Frankens im September 1936 verbesserte sich die Lage. Unter dem Einfluss der langen Rezession, verstärkt durch die Machtübernahme der Nazis in Deutschland im Januar 1933, verschob sich die Achse des politischen Kräfteverhältnisses beträchtlich nach rechts: Faschistische Organisationen und Ideen verbreiteten sich und stiessen auch in weiten Kreisen der bürgerlichen Parteien auf offene Ohren. Zugleich kam es zu einer raschen institutionellen Integration der Arbeiterbewegung, deren Strategie immer weniger auf der Mobilisierung der Beschäftigten gründete und immer mehr auf der Suche nach Vereinbarungen mit gewissen Fraktionen der Führungskreise, die als «demokratisch» betrachtet wurden.

Angesichts der Krise wagten die Behörden eines oder zweier Kantone ein vorsichtiges protokeynesianisches Vorgehen.[49] Auf Bundesebene war dies jedoch nicht der Fall. In Kontinuität der Politik, die während der Rezession von 1920 bis 1923 befolgt worden war, orientierten sich die Schweizer Eliten an der kompromisslosen Verteidigung der Goldparität des Schweizer Frankens und an der Wahrung der Wettbewerbsfähigkeit der Schweizer Wirtschaft durch eine Senkung der Preise und Löhne. Kurz: Es wurde eine rigorose deflationistische Politik verfolgt, die zur Vertiefung und Verlängerung der Depression beitrug (→ 5.1.4).[50] In der Finanzpolitik konkretisierte sich diese Politik, indem ein striktes Haushaltsgleichgewicht angestrebt wurde, das soweit wie möglich durch eine Reduktion der Sozialausgaben im weitesten Sinn erreicht werden sollte und nicht durch eine Erhöhung des Steuerdrucks, insbesondere nicht derjenigen Steuern, welche die Besitzenden belasteten.

Als Reaktion auf die schlechte Lage der Staatsfinanzen verabschiedete der Bundesrat im Juni 1932 eine Art Finanzplan, der nach dem Namen seines Gestalters die Bezeichnung *Lex Musy* erhielt. Der Plan wurde im Dezember desselben Jahres ohne grosse Änderungen durch die bürgerliche Mehrheit der Räte angenommen. Er sah einen Lohnabbau beim Bundespersonal um 7.5 % sowie eine beträchtliche Reduktion der Subventionen des Bundes vor. Wenngleich die Erhebung der zweiten Kriegssteuer Ende 1932 beendet wurde, sah der Plan keine steuerliche Massnahme vor, mit der sich der daraus ergebende Einkommensverlust von rund 60 Millionen Schweizer Franken – 13 % der gesamten Bundeseinnahmen von 1932 – hätte kompensiert werden können. Diese Politik der leeren Kassen liess noch striktere Sparmassnahmen erwarten. Trotz der Krise verpflichtete sich die Regierung schliesslich, die Bundesschuld weiterhin genau nach dem 1927 verabschiedeten Programm zurückzuzahlen. Die Botschaft war klar: Es ging nach den Worten Musys darum, eine «unerbittliche»[51] deflationisti-

49 Degen 1996, 64–83.
50 Rutz 1970; Arlettaz 1982; Müller 2010.
51 Zitiert in Perrenoud 2000, 99.

sche Politik durchzusetzen und gleichzeitig den durch die direkte Bundessteuer während des Ersten Weltkriegs geöffneten Riss im Steuersystem zu kitten.

Zur Verteidigung des Frankens und der Wettbewerbsfähigkeit der Schweiz waren die Vorstände der Angestelltenorganisationen zwar zu vielen Konzessionen bereit, doch dies ging ihnen nun zu weit.[52] Der SGB, die SPS und der Föderativverband des Personals öffentlicher Verwaltungen und Betriebe lancierten ein Referendum gegen die *Lex Musy*, das von einer Reihe von Angestelltenorganisationen unterstützt wurde, insbesondere vom Schweizer Angestelltenverband. Zum ersten Mal seit der vernichtenden Niederlage von 1922 wagte die Arbeiterbewegung zudem aktive Schritte in der Steuerpolitik: Im April 1933 reichte der SGB mit der beträchtlichen Zahl von in vier Monaten gesammelten 237 000 Unterschriften eine Volksinitiative ein, welche die Einführung einer «Krisensteuer» auf Bundesebene forderte. Die Vorlage war deutlich moderater als diejenige von 1922, die geforderte Erhebung war vorläufig und glich der zweiten Kriegssteuer. So wurde sie über die SPS hinaus von einem breiten Spektrum von Arbeitnehmerorganisationen, einschliesslich der christlichen Gewerkschaften, unterstützt.

Aufgrund des Inhalts der *Lex Musy* war die entsprechende Abstimmung am 28. Mai 1933 von entscheidender Bedeutung, ging es doch um die Frage, ob eine Mehrheit der Bevölkerung eine rigorose Deflationspolitik unterstützte. Das Resultat war deutlich: 55 % der Stimmberechtigten lehnten das Gesetz ab. Wie bereits während der Krise 1920–1923 deutlich geworden war, rief eine solche Politik Vorbehalte und Widerstände hervor, die weit über die Arbeitnehmerkreise hinausgingen. Weite Teile des Gewerbes, der Kleinunternehmer und insbesondere der Landwirtschaft waren gegen die Preissenkungen oder auch gegen den Lohnabbau, was zahlreiche Spannungen, namentlich in der Freisinnig-Demokratischen Partei, hervorrief.[53] In der Landwirtschaft waren die Widerstände so gross, dass die Jungbauernbewegung sich abspaltete, an Einfluss gewann und während einiger Jahre mit der Linken sympathisierte.[54]

Aus ihrem Misserfolg zogen die führenden Kreise mehrheitlich die folgende Lektion: Um ihre deflationistische Politik durchzubringen, musste sie einerseits ein wenig gemildert und andererseits den traditionellen demokratischen Mechanismen entzogen werden. Diese Strategie führte im Oktober 1933 zur Verabschiedung eines «Krisenfinanzprogramms» durch die Räte, das 1934 in Kraft trat und im Prinzip 1937 enden sollte. Bei dieser Gelegenheit wurde das Notrecht wieder eingeführt, was der Regierung erlaubte, zahlreiche Bestimmungen mit Auswirkungen auf den Bundeshaushalt dem Referendum zu entziehen. Dieser finanzielle Autoritarismus stellte zweifellos einen der Hauptaspekte der «verschleierten Bundesratsdiktatur»[55] dar, den der Verfassungsrechtler Zaccaria Giacometti in einem berühmten Artikel von 1937 verurteilte, und der sich bis über den Zweiten Weltkrieg hinaus fortsetzte. Das auf diese

52 Kobelt 1987, 96–113; Müller 2010, 240, 396–435.
53 Müller 2010, 228–234.
54 Baumann/Moser 1999, 187–236.
55 Giacometti 1937, 63.

Weise durchgesetzte Programm, welches das Haushaltsgleichgewicht wiederherstellen sollte, wies ein Volumen von rund 130 Millionen Franken auf.[56] In diesem Betrag waren erstens Einsparungen von rund 40 Millionen enthalten: Unter Missachtung des fünf Monate zuvor gefällten Volksentscheids wurden die Löhne des Bundespersonals um rund 7 % gekürzt und die Bundessubventionen, insbesondere für die Sozialversicherungen, reduziert. Zweitens wies das Programm, diesmal unter Missachtung der Verfassung,[57] die Einnahmen von rund 30 Millionen Franken pro Jahr aus der Besteuerung von Tabak und gebrannten Wassern, die seit 1926 in einen Fonds für die Schaffung der Alters- und Hinterbliebenenversicherung einbezahlt werden sollten, den ordentlichen Einnahmen des Bundes zu. Drittens erhöhte es die Besteuerung des Tabaks und führte eine Getränkesteuer ein, insbesondere auf Bier und Wein, was insgesamt weitere rund 30 Millionen einbringen sollte. Allerdings rief die Steuer auf den Wein einen so wuchtigen Aufruhr bei den Weinbauern und Landwirten hervor, dass sie rasch wieder abgeschafft wurde.[58] Viertens schliesslich, und dabei handelt es sich um den Teil des Programms, der es bei den Arbeitnehmern legitimieren und die Initiative für eine «Krisensteuer» abwenden sollte, wurde die Couponabgabe auf Wertpapiere um die Hälfte erhöht (+10 Millionen Franken), und insbesondere eine «Krisenabgabe» eingeführt, dies allerdings nur vorläufig, da nur eine zweimalige Erhebung vorgesehen war, die weitere 20 Millionen Franken pro Jahr einbringen sollte. Diese «Abgabe» orientierte sich an der zweiten Kriegssteuer und wies ebenso moderate Sätze auf, jedoch mit dem wesentlichen Unterschied, dass das gesamte Einkommen besteuert wurde, einschliesslich des Einkommens aus Vermögen. Der effektive Maximalsatz auf Einkommen betrug 5 %, derjenige auf Vermögen 0.25 %.

Das Programm befriedigte die Befürworter einer sehr viel rigoroseren Deflationspolitik allerdings nicht. Sie waren entschlossen, das politische System der Schweiz in einem ultra-autoritären Sinn zu verändern, auch wenn damit eine heftige Konfrontation mit der Arbeiterbewegung drohte. So beschloss ihr Vertreter im Bundesrat, Jean-Marie Musy, im März 1934, angeregt vom Beispiel Österreichs, aufs Ganze zu gehen.[59] Unter Androhung seines sofortigen Rücktritts forderte er von seinen Kollegen die Annahme einer Plattform von sieben Punkten, die einen Frontalangriff auf die Arbeitnehmer und ihre Organisationen bedeutet hätte. Dieser versuchte «Kraftakt»[60] erwies sich als doppelter Misserfolg. Die anderen Mitglieder der Regierung weigerten sich, Musy zu folgen, der selbst in seiner eigenen Partei nur wenig Unterstützung genoss. Und was für ihn noch schlimmer war, es gelang ihm nach seinem Rücktritt aus dem Bundesrat nicht, die verschiedenen Strömungen der extremen Rechten um sich zu versammeln und so eine mächtige faschistische Organisation zu bilden.

56 Dickenmann 1983, 104–121; Müller 2010, 387–468.
57 Lasserre 1972, 320.
58 Gigon, 1988; Butikofer 1996, 187–207 und 253–259.
59 Sebastiani 2003, 375–473.
60 Sebastiani 2003, 377.

Auf der anderen Seite des politischen Spektrums führten das «Krisenfinanzprogramm» und die rasche Verschlechterung der wirtschaftlichen und sozialen Lage, insbesondere der schnelle Anstieg der Arbeitslosigkeit, die Arbeiterbewegung dazu, eine neue Initiative zu ergreifen. Die im November 1934 eingereichte «Kriseninitiative», die vom SGB, der SPS sowie einem breiten Spektrum von Organisationen bis hin zur Jungbauernbewegung unterstützt wurde, verstand sich als umfassende Alternative zur deflationistischen Politik. In einer protokeynesianischen Perspektive sah sie vor allem die Beendigung des Lohnabbaus und eine Politik zur Ankurbelung der Wirtschaft durch den Bundesstaat vor, die namentlich durch Inangriffnahme grösserer öffentlicher Arbeiten geschehen und durch neue Schulden finanziert werden sollten. Die innerhalb von knapp sieben Monaten von jedem vierten Wähler unterzeichnete Initiative übte einen starken Druck auf die Bundesbehörden aus. So wurde sie schnell der Abstimmung unterbreitet und, nach einer Kampagne, in welche die Arbeitgeberkreise und ihre Vertreter in der Politik ihre ganze Energie gesteckt hatten, am 2. Juni 1935 mit einer knappen Mehrheit abgelehnt.

Der knappe Entscheid liess das politische Gleichgewicht, das nach der Ablehnung der *Lex Musy* bestand, unverändert. Unter diesen Bedingungen setzte das von den Räten im Januar 1936 verabschiedete «zweite Krisenfinanzprogramm» zwar den deflationären Weg fort, erhöhte jedoch das Tempo nicht.[61] Es umfasste wiederum ein Ausgabenvolumen von rund 130 Millionen Franken, wovon ein Teil für die stark von der Krise getroffenen SBB bestimmt war, und galt für die Jahre 1936 und 1937. Die Einsparungen, die vorwiegend durch eine zusätzliche Lohnkürzung (um 8 %) und eine Reduktion der Bundessubventionen realisiert werden sollten, machten rund 40 Millionen Franken aus. Der Rest setzte sich aus neuen Einnahmen zusammen, von denen rund 80 % aus einer Erhöhung der Zölle sowie der Steuern auf Tabak und Bier kommen sollten und 20 % aus der Erhöhung – um einen Viertel bzw. um einen Drittel – der Sätze für die «Krisenabgabe» und die Couponabgabe. Als wesentliche Neuerung führten die Bundesbehörden bei dieser Gelegenheit die Pflicht ein, dass jeder Arbeitnehmer seiner Steuererklärung einen vom Arbeitgeber erstellten Lohnausweis beizulegen hatte, womit dieser Kategorie der Bevölkerung praktisch jede Möglichkeit zur Steuerhinterziehung genommen wurde.[62]

Die Reaktion der Arbeiterbewegung auf die neuen deflationistischen Massnahmen war ausgesprochen zurückhaltend. Es gab kein Referendum, höchstens einige Demonstrationen. Ein Grund dafür mag gewesen sein, dass sich Anfang 1936 innerhalb der Arbeitgeberkreise und der Regierung ein entscheidender Gesinnungswandel abzeichnete. Im Gegensatz zu vielen anderen Ländern, die ihre Währungen abgewertet hatten, hatte sich die Rezession in der Schweiz seit über fünf Jahren fortgesetzt und sogar noch verschlimmert. Daher wuchs eine gewisse Skepsis gegenüber der bis-

61 Rutz 1970, 216–219; Arlettaz 1977, 78–80; Müller 2010, 601–643.
62 Schweiz. Bundesrat 1936, 7–9.

her verfolgten Politik, die Krise zu überwinden, und man fand sich wohl oder übel mit einer Abwertung des Schweizer Frankens ab. Der definitive Impuls dafür folgte einige Monate später. Am 26. September 1936, einen Tag nach der französischen Regierung, entschied sich der Bundesrat, den Franken um 30% abzuwerten.

Die positiven Auswirkungen dieser Massnahme liessen nicht lange auf sich warten, umso mehr, als die Wirtschaft zusätzlich von einem bedeutenden Rüstungsprogramm stimuliert wurden, das ebenfalls im September 1936 lanciert und durch eine grosse Anleihe (335 Millionen Franken) finanziert wurde.[63] 1937 milderte der deutliche wirtschaftliche Aufschwung die Haushaltsprobleme der öffentlichen Hand erheblich. So beschränkten sich die Bundesbehörden im Oktober 1937 darauf, das «zweite Krisenfinanzprogramm» für ein weiteres Jahr fortzuführen, und gewährten zugleich eine Steueramnestie. Ab 1938 trat die Finanzpolitik, die bis dahin von der Krise bestimmt worden war, in eine neue Phase, da die Wahrscheinlichkeit eines Weltkriegs immer grösser wurde. Die Vorbereitung auf den Krieg drängte sich somit als bestimmender Faktor auf.

Einige Zahlen erlauben eine bessere Einschätzung der Schärfe der deflationistischen Finanzpolitik, die während der schwersten von der Schweiz durchgemachten Wirtschaftskrise geführt wurde. Der Bund durchquerte diese praktisch ohne rote Zahlen, die Rechnung schloss nur zweimal, in den Jahren 1933 und 1934, mit einem – geringfügigen – Defizit ab (siehe Grafik 5.2-4). Real blieben die Bundesausgaben zwischen 1930 und 1932 stabil und stiegen bis 1936 nur um 27% an. Der Grossteil der zusätzlichen Ausgaben floss in drei Richtungen. Zunächst in die Landwirtschaft, wo es nach wie vor darum ging, die Loyalität zum «Bürgerblock» zu festigen: Zwischen 1930 und 1935 stiegen die für die Landwirtschaft eingesetzten Beträge von 7.2% auf 22.2% der gesamten Bundesausgaben an.[64] Die Landwirtschaftssubventionen machten allein 31% der zusätzlichen Ausgaben aus, die der Bund zwischen 1930 und 1937 gegenüber den Jahren 1925–1929 hatte.[65] Sodann dienten die zusätzlichen Mittel der massiven Unterstützung in Schwierigkeiten geratener Banken: Beinahe 230 Millionen Franken, was der Hälfte des Bundeshaushalts von 1933 entspricht, wurden zwischen 1933 und 1935 zu diesem Zweck ausgegeben.[66] Schliesslich zahlte der Bund substantielle Subventionen an gewisse Industriezweige (Uhren, Textilien, Maschinen). Dagegen waren die Ausgaben zugunsten der Arbeitnehmer, zur Senkung der Arbeitslosigkeit und der Armut, extrem bescheiden: Die Subventionen an die Arbeitslosenversicherung und zur Arbeitsbeschaffung erreichten zwischen 1930 und 1937 nur 12% der Mehrausgaben des Bundes.[67] Damit überstiegen sie kaum den Betrag, den die Bun-

63 Degen 2000.
64 Baumann/Moser 2000, 168.
65 HSSO Tab. U.20.ab.
66 Baumann 2004, 147–289; Müller 2010, 664–666.
67 HSSO Tab. U.20.ab; Tanner 1986, 145.

desbehörden unerschütterlich für die Rückzahlung der Staatsschulden aufwandten. Der Interventionismus war also in der Tat sehr «selektiv».[68]

5.2.2.4 Der Zweite Weltkrieg: eine neue Wende (1939–1945)

Der Zweite Weltkrieg stellt einen zweiten Wendepunkt in der Geschichte der öffentlichen Finanzen der Schweiz dar, da er eine Reihe von Veränderungen auslöste, die teilweise allerdings schon während des vorangegangenen Konflikts eingeleitet worden waren. Der Krieg verursachte einen erneuten starken Anstieg der Ausgaben wie auch der Verschuldung. Er führte zu bedeutenden Änderungen im Schweizer Steuersystem, die diesem im Wesentlichen die Form verliehen, die es bis zu Beginn des 21. Jahrhunderts beibehielt. Schliesslich trug er auch zum Erhalt und gar zur Vergrösserung des Abstands bei, den das Schweizer Steuerniveau gegenüber den meisten Ländern hatte, und erhielt damit die Anziehungskraft der Schweiz für ausländisches Kapital aufrecht.

Auf Bundesebene wurde die Finanzpolitik während dieses neuen Konflikts von dem Bestreben geleitet, eine Wiederholung der gefährlichen politischen Spannungen zu vermeiden, die das Ende des Ersten Weltkriegs geprägt hatten. So war die Suche nach einer optimalen Verbindung zwischen den Massnahmen zur Verteidigung gegen den äusseren Feind und denen zum Erhalt der sozialen und politischen Stabilität im Innern das zentrale Anliegen, wobei gleichzeitig Sorge dafür getragen wurde, dass der Staat möglichst wenig in die Marktmechanismen und die Gewinnverteilung eingriff.[69] Insbesondere wurde angestrebt, eine übermässige Preiserhöhung zu vermeiden, die zusammen mit den Versorgungsschwierigkeiten und den langen Perioden, während derer die männliche arbeitstätige Bevölkerung aktiv Dienst leisten musste, zu einer massiven Verarmung der Arbeitnehmer hätte führen können.

Eine solche Ausrichtung führte zu einem Wachstum der Bundesausgaben, das noch deutlich höher war als während des Ersten Weltkriegs: In realen Werten wurden die Ausgaben zwischen 1938 und dem Ende des Krieges praktisch verdreifacht (siehe Grafik 5.2-1). Dieser Unterschied ist namentlich auf die Tatsache zurückzuführen, dass die Bundesbehörden früher und stärker als während des Ersten Weltkriegs Massnahmen zur «wirtschaftlichen Landesverteidigung»[70], ergriffen, die das gute Funktionieren der Wirtschaft und den sozialen Frieden im Inland erhalten sollten. So wurde relativ bald eine Lohn- und Verdienstersatzordnung eingeführt; die ersten Zahlungen wurden im Februar 1940 geleistet. Sie wurde paritätisch von Arbeitnehmern und Arbeitgebern sowie durch Subventionen des Bundes finanziert und deckte einen Anteil von 50% bis 80% des dem Soldaten aufgrund seiner Mobilisierung entgangenen Einkommens ab.[71] Neben einer früheren und strengeren Preiskont-

68 Müller 2010, 737.
69 Tanner 1986, 36–40.
70 Tanner 1986, 82–176.
71 Attinger 1946, 65–66; Sommer 1978, 178–186.

rolle und Rationierung der Grundnahrungsmittel als während des Ersten Weltkriegs führten die Bundesbehörden auch ein dichtes Versorgungssystem für das Land ein. In diesem Rahmen setzten sie immer grössere Summen für Preissenkungen bei gewissen Lebensmitteln, insbesondere Brot und Milch, sowie für den Wohnungsbau ein. Zu den Rüstungsausgaben kamen also umfangreiche und zunehmende Ausgaben für die «wirtschaftliche Landesverteidigung», die bis über das Ende des Krieges hinaus aufrechterhalten wurden. 1940 machten diese beiden Verwendungszwecke 62 % bzw. 18 % der Gesamtausgaben des Bundes aus; 1945 waren ihre Anteile praktisch gleich: 39 % bzw. 36 %.[72]

Die durch den Weltkrieg verursachten Mehrausgaben des Bundes betrugen allein für die Jahre 1939–1945 insgesamt rund 9.1 Milliarden Franken, was ungefähr dem BIP von 1938 entspricht. Diese Mehrausgaben wurden zu rund 30 % durch neue Steuereinnahmen gedeckt, also etwa durch den gleichen Anteil wie während des Ersten Weltkriegs. Ungefähr zwei Drittel wurden durch Anleihen finanziert. Der Rückgriff auf Kredite der SNB blieb mit unter 4 % nebensächlich, ein entscheidender Unterschied zum Ersten Weltkrieg, der das Anliegen widerspiegelt, die Inflation möglichst tief zu halten.[73] Auch wenn der Preisanstieg mit 50 % zwischen 1938 und 1945 beträchtlich war, so erreichte er doch nicht einmal die Hälfte des Anstiegs, der zwischen 1913 und 1918 verzeichnet wurde.[74] Die Arbeitnehmer erlitten zwar von 1939 bis 1944 eine Einbusse ihrer Kaufkraft, diese war jedoch weniger gravierend als während des Ersten Weltkriegs. Auch im Steuerbereich zog der Bundesrat die Lehren aus dem Ersten Weltkrieg und bereitete sich sorgfältiger auf den sich abzeichnenden Konflikt vor. So ergriff er 1938 eine Reihe von Vorbereitungsmassnahmen, die ihm die Möglichkeit geben sollten, mehr oder weniger kurzfristig Steuern einzuführen, die zur Deckung der Kosten eines zukünftigen Kriegs bestimmt waren. Die wichtigsten davon waren: eine Kriegsgewinnsteuer, eine Steuer auf die Einkommen und Vermögen natürlicher wie juristischer Personen, die als «Wehrsteuer» bezeichnet wurde; eine allgemeine Verbrauchssteuer, die «Warenumsatzsteuer» (Wust) und schliesslich eine einmalige Vermögenssteuer, das sogenannte «Wehropfer».[75]

Allerdings führten diese Massnahmen vor dem Kriegsausbruch zu keinem konkreten Ergebnis, da sie am – häufig gemeinsamen – Widerstand breiter Teile der Grossindustriellen und der im Schweizerischen Gewerbeverband organisierten Kreise sowie der Arbeiterbewegung scheiterten oder auch wegen föderalistischer Bedenken. So begnügten sich die Räte damit, ein weiteres Mal das «zweite Krisenfinanzprogramm» zu verlängern, d.h., für drei zusätzliche Jahre von 1939 bis 1941 einerseits die Sparmassnahmen und andererseits die Erhebung der «Krisenabgabe» fortzuführen.

72 Tanner 1986, 379.

73 Tanner 1986, 378–414.

74 Zwischen 1913 und 1918 stieg der Konsumentenpreisindex von 100 auf 213.4, zwischen 1938 und 1945 hingegen nur auf 152.5. HSSO Tab. H.39.

75 Schweiz. Bundesrat 1938a, 381–480; Schweiz. Bundesrat 1938b, 1157–1181.

Dieser Entscheid, der einer Volksabstimmung unterworfen wurde, erhielt nicht nur die Zustimmung der Regierungsparteien, sondern, was bemerkenswert ist, auch diejenige der SPS und des SGB, die sich vermehrt auf die Anerkennung durch die Regierungsparteien ausrichteten. Die Vorlage wurde am 27. November 1938 mit deutlicher Mehrheit angenommen.[76]

Der Ausbruch des Zweiten Weltkriegs veränderte die Lage jedoch rasch. Einerseits wurden der Regierung wie bereits 1914 ausserordentliche Vollmachten erteilt, sodass die Finanzpolitik noch autoritärer bestimmt wurde als zuvor.[77] Getrieben vom Willen, die Inflation zu kontrollieren, die Gläubiger hinsichtlich des Schuldendienstes zu beruhigen und schliesslich auch keinen Zweifel an der Solidität des Schweizer Frankens zu lassen, waren die führenden Kreise entschlossen, unverzüglich Massnahmen zugunsten der Ressourcen des Bundes zu ergreifen. So erwies sich die erste Hälfte des Jahres 1940 als eine Schlüsselphase in der Geschichte der Fiskalpolitik des Bundes. In diesem kurzen Zeitraum wurde nämlich das Steuersystem eingeführt, das nicht nur während des ganzen Kriegs aufrechterhalten wurde, sondern dessen wichtigste Bestandteile, die Wust und die direkte Bundessteuer, noch über das 20. Jahrhundert hinaus die Grundpfeiler der Bundeseinnahmen bildeten.

Im Januar 1940 führte der Bundesrat eine Kriegsgewinnsteuer ein, die bis 1946 erhoben wurde. Unter dem Einfluss des Vororts gestaltet, war sie noch moderater als ihre Vorgängerin. So waren deutlich höhere Abzüge erlaubt, namentlich für Einzahlungen in private Pensionskassen, deren Zahl sich zwischen 1939 und 1945 verdreifachte.[78] Ihr Ertrag blieb daher bescheiden: Sie brachte rund 13 % der Steuereinnahmen ein, die der Bund dank neuer Steuern während des Krieges erzielte.[79]

Am 30. April 1940 veröffentlichte die Regierung ein «erstes Kriegsfinanzprogramm», das im Wesentlichen die bereits 1938 geplanten Steuern umfasste. Da die Geltungsdauer des Programms auf Ende 1945 beschränkt war, wurden diese drei Steuern nur vorläufig eingeführt. Als erstes handelte es sich dabei um das sogenannte «Wehropfer», das einmalig erhoben wurde und in drei Jahresraten zu zahlen war, wodurch es «unerwartet bescheidene»[80] effektive Steuersätze (0.5 %–1.5 %) aufwies. Diese Steuer enthielt eine Massnahme – die Ermächtigung des Fiskus, beim Tod eines Steuerzahlers ein Inventar zu erstellen–, die sich gegen die Steuerhinterziehung richtete und zuvor von den Vermögensbesitzern erfolgreich bekämpft worden war. Im Gegenzug machte der Bundesrat diesen Kreisen ein grosszügiges Geschenk, indem er eine Steueramnestie erliess. Das «Wehropfer» brachte 24 % der neuen Steuereinnahmen des Bundes zwischen 1939 und 1945 ein.

76 Tanner 1986, 202–205; Morandi 1995, 381–382; Ceni 2002, 45; Guidotti 2002, 22.
77 Tanner 1986, 69–77.
78 Longchamp 2006, 130–145; Leimgruber 2008, 66 und 128–131.
79 Tanner 1986, 405.
80 Oechslin 1967, 155.

Als zweites enthielt das Programm die «Wehrsteuer». Sie war nach dem Vorbild der «Krisenabgabe» gestaltet und trat am 1. Januar 1941 in Kraft. Besteuert wurde hier das gesamte Einkommen und Vermögen natürlicher Personen sowie der Gewinn und das Kapital juristischer Personen. Die Maximalsätze waren fast dieselben wie bei der «Krisenabgabe» (6.5% gegenüber 6.25% für das Einkommen; 0.35% gegenüber 0.31% für das Vermögen); die Steuer wurde jedoch ab einem deutlich niedrigeren Einkommen und Vermögen erhoben und traf daher einen sehr grossen Teil der Arbeitnehmer.[81] Sie wurde von einer «Quellensteuer» ergänzt, welche die Steuerhinterziehung einschränken sollte und um die die Bundesbehörden viel Aufhebens machten, deren wirkliche Tragweite aber rein symbolisch war. Bis 1945 machten die Einnahmen aus der Wehrsteuer 23% des Ertrags der neuen, während des Krieges eingeführten Steuern aus.

Die letzte bedeutende Steuer im Krisenfinanzprogramm vom April 1940 war die Warenumsatzsteuer (Wust). Unter dem Druck der Arbeitgeberschaft entschieden sich die Bundesbehörden für eine Steuer, die auf der Ebene der Grossisten und Hersteller und nicht bei den Detailhändlern erhoben wurde. Aus Sicht der Wirtschaft bot dies den Vorteil, dass die Möglichkeiten des Fiskus zur Kontrolle der Besteuerung ihrer Einkommen durch Vergleiche reduziert wurden.[82] Diese Steuer wurde auf alle Produkte mit Ausnahme einiger Güter des täglichen Bedarfs erhoben und umfasste einen Satz von 2% des Verkaufspreises. Sie war also degressiv und belastete vor allem die Arbeitnehmer. Sie war bei weitem die einträglichste der während des Kriegs eingeführten Steuern: Zwischen ihrem Inkrafttreten im Oktober 1941 und 1945 generierte sie fast einen Drittel der neuen Steuereinnahmen des Bundes.

Das in der ersten Hälfte des Jahres 1940 verabschiedete Steuerdispositiv entsprach so deutlich den Vorstellungen und Interessen des Bürgertums, dass es eher einem Kuhhandel als einem «Kompromiss»[83] zwischen diesen und der Arbeiterbewegung gleichkam. Im Gegensatz zum Ersten Weltkrieg, wo nur Einkommens- und Vermögenssteuern eingeführt wurden, gelang es den bürgerlichen Kreisen, mit der Wust inmitten des Krieges, während die Preise stark anstiegen und die Arbeitnehmer beträchtliche Kaufkraftverluste hinnehmen mussten, eine allgemeine Verbrauchssteuer einzuführen. Verbrauchssteuern waren während der vorangegangenen Jahrzehnte stets auf so «schroffe Ablehnung»[84] der Arbeiterorganisationen und Konsumentenverbände gestossen, dass nicht einmal ein Versuch zu ihrer Einführung gewagt worden war. Die bürgerlichen Kreise vermieden auf diese Weise nicht nur die harten und ungewissen Kämpfe, die sie nach dem Ersten Weltkrieg um die Erhöhung der Zölle führen mussten, sondern die Wust war auch viel elastischer und anpassungsfähiger als jene, was ein beträchtlicher Vorteil war in einer Lage, in der niemand wusste, welchen Kurs die

81 Guidotti 2002, 75–145.
82 Ceni 2002, 67–115.
83 Tanner 1986, 209.
84 Oechslin 1967, 168.

internationalen Handelsbeziehungen nach dem Krieg nehmen würden. Damit «die Pille leichter geschluckt wird»,[85] präsentierte man die Wust gegenüber den Arbeitnehmern mit Nachdruck als vorläufig, strich ihre inflationshemmende Wirkung hervor und behauptete, dass sie in erster Linie zur Deckung der Sozialausgaben diene. In Tat und Wahrheit war diese neue Steuer von Anfang an als eine der zukünftigen Säulen der Bundesfinanzen konzipiert worden.[86] Die Teuerung wurde dadurch nicht bekämpft, sondern noch angeheizt, eine Tatsache, deren sich die Bundesbehörden durchaus bewusst waren.[87] In seinem Beschluss vom 30. April 1940 strich der Bundesrat jede Zweckbestimmung der Einnahmen aus der Wust.

Der Bundesrat war sich über den unausgewogenen Inhalt seines Programms absolut im Klaren. Da er im Fall einer Volksabstimmung ein schlechtes Resultat oder gar eine Ablehnung befürchtete, bevorzugte er daher den autoritären Weg. Während er Anfang April 1940 bei der Debatte in den Räten noch versprochen hatte, dieses Programm der Zustimmung des Volkes zu unterbreiten, profitierte er von der Unruhe und Besorgnis, welche die Blitzsiege Nazi-Deutschlands gegen Dänemark und Norwegen insbesondere bei der Arbeiterbewegung hervorriefen, um das Programm am 30. April auf der Grundlage der ihm erteilten ausserordentlichen Vollmachten in Kraft zu setzen.[88]

Da sich der Krieg in die Länge zog, wurde im November 1942 ein «zweites Kriegsfinanzprogramm» verabschiedet, das die erforderlichen Mittel für die wachsenden Ausgaben bereitstellen sollte. Dieses verlängerte die Erhebung der Wehrsteuer und der Wust bis 1949. Es verdoppelte ausserdem den Satz der Wust, der nun auf 4% festgelegt wurde. Als politische Kompensation wurden die Sätze der Wehrsteuer um die Hälfte angehoben, und es wurde bestimmt, dass das «Wehropfer» ein zweites Mal erhoben werden sollte, allerdings nicht vor 1945.

Nach der Niederlage der Wehrmacht in Stalingrad im Februar 1943 verschob sich das politische Kräfteverhältnis auf internationaler und auf nationaler Ebene zugunsten der politischen Linken. Diese Entwicklung veranlasste die Bundesbehörden, neben der Schaffung der Altersversicherung eine letzte bedeutende Massnahme auf Steuerebene zu ergreifen. Im September 1943 wurde die «Quellensteuer» durch die «Verrechnungssteuer» (VSt) ersetzt. Dabei handelte es sich um eine Steuer von 15% (bzw. 25% ab 1945) auf Kapitalerträge, die ebenfalls an der Quelle erhoben wurde, d.h. bei denjenigen Institutionen, die diesen Ertrag ausbezahlten, in der Regel also den Banken. Diese Steuer wurde den Kapitaleigentümern in der Folge zurückbezahlt, unter der Bedingung, dass sie die Vermögenswerte gegenüber dem Fiskus deklarierten. Die Verechnungssteuer, die Steuerhinterziehung verhindern sollte, hatte zum Hauptzweck, die beunruhigenden Kritiken am Bankgeheimnis im Innern des Landes, insbesondere aber auch diejenigen der zukünftigen Siegermächte, zu besänftigen. Die erstmalige

85 Longchamp 2009, 84.
86 Ceni 2002, 10–66.
87 Tanner 1986, 198; Schweiz. Bundesrat 1933, 251–252.
88 Weber 1969, 26; Guidotti 2002, 59–74.

Gewährung eines Regierungssitzes an ein Mitglied der SPS, nämlich Ernst Nobs, dem die Bundesfinanzen anvertraut wurden, zielte in dieselbe Richtung.[89] Die Einführung der Verechnungssteuer wurde zudem als Rechtfertigung für eine neue Steueramnestie verwendet, die vierte in dreissig Jahren, die es den glücklichen Eigentümern nichtdeklarierter Vermögen in der Höhe von insgesamt 6.5 Milliarden Franken (= 47 % des BIP von 1944) erlaubte, ihre Situation zu legalisieren.[90]

1943 nahm Walter Adolf Jöhr, der Sohn von Adolf Jöhr, die Überlegungen wieder auf, die sein Vater 1912 zu Papier gebracht hatte, und hielt in einer einflussreichen Wirtschaftszeitschrift fest: «Für ein Land wie die Schweiz ist eine zu hohe Steuerlast in der Nachkriegszeit [...] unerwünscht.»[91] Der Wunsch ging in Erfüllung. 1945 erreichte die Steuerquote in der Schweiz 13.3 % gegenüber 35.5 % in Grossbritannien.[92] 1948 betrug der effektive Gesamtsteuersatz der höchsten Einkommen für verheiratete Steuerzahler ohne Kinder in der Schweiz rund 40 %, während er in Frankreich, New York, Stockholm und Amsterdam in der Grössenordnung von 70 % lag und in London gar 80 % übertraf.[93] Drei Ökonomen fassen die Lage rückblickend, wie folgt, zusammen: «Da die Schweiz von den beiden Weltkriegen verschont geblieben ist, [...] ist die steuerliche Belastung der hohen Einkommen und grossen Vermögen weiterhin deutlich niedriger als in den anderen Ländern, wie den USA oder Frankreich.»[94] Die spezifischen Vorteile, von denen die Wirtschaft und besonders der Finanzplatz Schweiz seit den 1920er Jahren profitierten, hatten nach dem Zweiten Weltkrieg also Bestand oder gewannen sogar an Bedeutung. Die Besteuerung blieb moderat und der Schweizer Franken war eine der wenigen soliden und frei konvertierbaren Währungen. Diese Trümpfe wurden zusätzlich durch ein im Bankengesetz von 1934 verankertes Bankgeheimnis und eine sehr eingeschränkte Definition der Steuerhinterziehung ergänzt. So war die Schweiz mehr denn je ein Paradies für das Kapital und seine Besitzer.

5.2.2.5 Finanzieller Wohlstand, minimaler «Keynesianismus» und Kämpfe um die Verteilung der Steuerlast während der «Trente Glorieuses» (1945–1975)

Das markante Wirtschaftswachstum in der Schweiz während der «Trente Glorieuses», das die Steuereinnahmen in die Höhe trieb und für den Bund bis 1970 zu hohen Haushaltsüberschüssen führte (siehe Grafik 5.2-4), bildet den Hintergrund dieser Periode. In einem internationalen Umfeld, das durch das relativ hohe ideologische Gewicht des Keynesianismus geprägt war, der allerdings in der Schweiz, zumindest in

89 Guex 2000; Juvalta 2001, 35–79.
90 Gubler 1948.
91 Jöhr 1943, 395.
92 Flora 1983, 262.
93 Eidgenössische Steuerverwaltung, Steuerbelastung in der Schweiz 1948; Bundesarchiv (BAR): E J.1.4, 1000/1339, Band 7, Bericht von Paul Amstutz, Direktor der Eidgenössischen Steuerverwaltung an den Vorsteher des Eidgenössischen Finanzdepartements, Ernst Nobs, 13. Juni 1951; Piketty 2001, 295–302.
94 Dell/Piketty/Saez 2005, 3 und 10.

der Praxis, nur einen sehr beschränkten Einfluss ausübte, gingen auf Bundesebene die Bestrebungen in der Finanzpolitik in die folgenden zwei Richtungen: Einerseits sollte der Staat auf das notwendige Minimum beschränkt bleiben, was insbesondere für den sozialen Bereich galt, und andererseits sollte die Steuerlast von den Einkommens- und Vermögenssteuern auf die Verbrauchssteuern verschoben werden und damit vermehrt auf die grosse Masse der Arbeitnehmer.

Das Ende des Krieges führte zwar zu einer Reduktion der Staatsausgaben, diese fiel jedoch relativ bescheiden aus (real –36 % von 1945 bis 1949). Nach dem Krieg wurden durch die Stärkung der Arbeiterbewegung und die Zunahme der sozialen und politischen Auseinandersetzungen auf internationaler Ebene und – in geringerem Masse – auch in der Schweiz die Erinnerungen an die Streiks von 1918 wieder wach. So verzichteten die Bundesbehörden darauf, das während des Krieges errichtete Dispositiv abzubauen, um so die sozialen Spannungen zu reduzieren: Sie steigerten sogar die Subventionen für Preissenkungen von Grundnahrungsmitteln und hoben diese erst ab 1949 auf. Unter derselben Perspektive muss auch die Einführung der Alters- und Hinterbliebenenversicherung (AHV) im Jahr 1947 gesehen werden (→ 4.3.2.2). Allerdings wurde dieser eine bescheidenere Dimension verliehen, als schliesslich, obwohl diese zunächst vorgesehen war, auf die Schaffung einer Erbschaftssteuer auf Bundesebene für ihre Finanzierung verzichtet wurde. Die Aufnahme der «Wirtschaftsartikel» in die Verfassung, wo sie unter anderem – der «Bürgerblock» verpflichtet – die Erhaltung «eines gesunden Bauernstandes und einer leistungsfähigen Landwirtschaft»[95] garantierten, zementierte 1947 die hohen Landwirtschaftssubventionen.

Ab 1950 schossen die Bundesausgaben wieder in die Höhe. In einer ersten Phase wurden sie vorwiegend für sehr grosszügige Rüstungsvorhaben verwendet. Die Militärlobby erhielt aufgrund des Korea-Krieges und des Kalten Krieges im Allgemeinen, des militanten Antikommunismus der Bürgerlichen und selbst führender Mitglieder der SPS einen entscheidenden Einfluss auf die Bundesfinanzpolitik. Von 1949 bis 1952 wurden die Militärausgaben praktisch verdoppelt. Ihr Anteil an den gesamten Bundesausgaben wuchs von rund 20 % in der unmittelbaren Nachkriegszeit auf gegen 40 % zwischen 1950 und 1960 und ging in der Folge nur langsam zurück.

Vor allem ab Mitte der 1950er Jahre beschleunigte sich das Wachstum der Bundesausgaben und erreichte zwischen 1960 und 1975 real eine jährliche Wachstumsrate von 6.6 % (3.5 % von 1949 bis 1960). Die Beschleunigung betraf insbesondere zwei Bereiche: die Verkehrsinfrastrukturen, für welche die Ausgaben während dieser Periode um jährlich 13.8 % erhöht wurden, und die Ausgaben für Bildung und Forschung, insbesondere im Hochschulbereich, die einen jährlichen Anstieg um 12.9 % verursachten (→ 3.2.3 und 1.3.2.1).[96] Diese beiden Bereiche machten 1960 noch 11 % der Bundesausgaben aus, 1975 waren es bereits 27 %. Der relativ verspätete Ausbau der Infrastruk-

95 Bundesverfassung 1947, Art. 31bis.
96 Kirchgässner 2004, 23–24.

tur widerspiegelt die Tatsache, dass die Schweiz, die vom Krieg verschont geblieben war, über eine intakte und wettbewerbsfähige Wirtschaft verfügte. Hinzu kam, dass die führenden Kreise, die eine Währungskrise und die damit verbundenen sozialen und politischen Spannungen befürchteten, zahlreiche Investitionsprojekte aufschoben, um bei Bedarf die Nachfrage stimulieren zu können. Die Lage änderte sich in der zweiten Hälfte der 1950er Jahre. Einerseits nahm die Angst vor der Krise ab, andererseits machte sich ein wachsender Rückstand gegenüber konkurrierenden Ländern in den beiden oben genannten Bereichen bemerkbar. Der dringende Nachholbedarf wurde zusätzlich durch die massive Zunahme der Fremdarbeiter stimuliert (→ 1.2.3).[97] Zu ergänzen ist, dass die Ausgaben des Bundes für die soziale Wohlfahrt aufgrund der Revisionen des AHV-Gesetzes und der Schaffung einer Invalidenversicherung 1960 ebenfalls überdurchschnittlich anstiegen, allerdings blieb das Tempo hier deutlich hinter demjenigen der Entwicklung der Infrastrukturausgaben. Der Anteil der Sozialausgaben an den Bundesausgaben stieg von 13 % im Jahr 1960 auf 19 % für 1975.

Der Bundeshaushalt wies nach dem Zweiten Weltkrieg eine hohe Verschuldung auf. Allerdings war die Rückzahlungspolitik des Bundes unvergleichlich weniger rigoros als nach dem Ersten Weltkrieg und in der Zwischenkriegszeit. Keine neue Steuer wurde zu diesem Zweck eingeführt, wie dies mit der zweiten Kriegssteuer der Fall gewesen war, die zwischen 1921 und 1932 erhoben wurde. Und trotz der beträchtlichen Überschüsse in der Zeitspanne von 1946 bis 1970, die den kumulierten Betrag von 5 Milliarden Franken erreichten, nahm die Bundesverschuldung während derselben Jahre nur um 1.6 Milliarden Franken ab. Für diese Politik gab es mindestens drei Gründe.[98] Zunächst ging es darum, den Wünschen der Banken zu entsprechen und zu vermeiden, dass die Liquidität des Finanzmarktes zunahm. Daher musste verhindert werden, dass die schon eher niedrigen Zinssätze noch weiter nach unten gedrückt wurden. In einer durch die Anhäufung von Überschüssen geprägten Phase war eine beträchtliche Verschuldung aus Sicht der Bürgerlichen zudem ein willkommener Vorwand, um sich den sozialen Forderungen zu widersetzen und einen schlanken Staat zu wahren. Schliesslich reduzierte das starke Wirtschaftswachstum das relative Gewicht der Verschuldung des Bundes, sodass die Problematik an Bedeutung verlor: Der Schuldendienst beanspruchte zwischen 1946 und 1950 durchschnittlich 15 % der Bundeseinnahmen, aber nur noch 5 % in der Periode von 1971 bis 1975.

Da das Haushaltsgleichgewicht zumindest bis 1970 kaum Probleme bereitete, traten die Kämpfe um die Aufteilung der Steuerlast in den Vordergrund. In dieser Hinsicht lassen sich die Jahre von 1945 bis 1975 in drei Phasen unterteilen. Die erste begann 1948, zu einem Zeitpunkt, als das politische Pendel, das kurzfristig nach links ausgeschwungen hatte, sich mit dem Beginn des Kalten Krieges wieder nach rechts bewegte. Nachdem der Vorort, die Schweizerische Bankenvereinigung (SBVg), der

97 Piotet/Loertscher 1977, 10–42; Prader 1981, 211–313.
98 Prader 1981, 150–183; Tanner 1986, 260; Longchamp 2009, 50–54, 232–249, 362–369 und 482–494.

Schweizerische Gewerbeverband (SGV) und die bürgerlichen Parteien jede Anwandlung zur Weiterführung der Kriegsgewinnsteuer und des Wehropfers im Ansatz zerstört hatten, lancierten diese Kräfte, angeführt von den Katholisch-Konservativen, eine grosse Offensive zur Abschaffung der Wehrsteuer. So verabschiedeten die Räte im März 1950 eine Vorlage, die eine tiefgreifende Reform der Finanzordnung des Bundes bezweckte. Die wichtigsten vorgesehenen Massnahmen waren: Die Wust sollte definitiv institutionalisiert werden, sodass sie ohne zeitliche Begrenzung in die Verfassung aufgenommen worden wäre. Dagegen sollte die Wehrsteuer für natürliche Personen abgeschafft und nur eine moderate Besteuerung der Unternehmensgewinne beibehalten werden, die dem Bund vorbehalten gewesen wäre. Der wesentliche Ertragsausfall sollte teilweise durch «Geldkontingente der Kantone» ersetzt werden, d.h. durch eine – auf 70 Millionen Franken festgelegte – Summe, welche die Kantone an den Bund zu bezahlen gehabt hätten und die unter ihnen gemäss ihrer jeweiligen Steuerkraft aufgeteilt worden wäre. Dieses System stammte noch aus der vormodernen Schweiz und wurde nur ein einziges Mal, im Jahr 1849 angewandt. Zusammengefasst ging es darum, zu einer Situation zurückzukehren, in der die Finanzierung des Bundes praktisch ausschliesslich auf Verbrauchssteuern beruhte, welche die grosse Masse der arbeitenden Bevölkerung aufzubringen hatte; zugleich sollten durch das System der «Kantonskontingente» Anreize zum Steuerwettbewerb zwischen den Kantonen geschaffen werden.[99] Die Vorlage wurde im Juni 1950 der Volksabstimmung unterbreitet und von zwei Dritteln der Stimmberechtigten abgelehnt. Abgesehen von dem energischen Widerstand der Arbeiterbewegung ist davon auszugehen, dass die von den Föderalisten betriebene Wiedereinführung einer so «anachronistischen»[100] Bundesfinanzierung mittels Kantonskontingenten, die den Bund zu einem «Anhängsel der Kantone»[101] gemacht hätte, auch in anderen Kreisen beträchtliche Vorbehalte auslöste.

Mit diesem klaren Misserfolg begann eine zweite, lange Phase, die bis 1970 fortdauerte und während der die Politik der kleinen Schritte die Frontaloffensive ersetzte. Die führenden Kreise versuchten, nach und nach die Last abzubauen, welche die Wehrsteuer und die Stempelsteuern für die Besitzenden bedeuteten, indem sie teilweise auf die Besteuerung des Verbrauchs abgewälzt wurde. Insofern legten sie besonderen Wert darauf, den vorläufigen Charakter der Wehrsteuer zu bewahren, um sie zu schwächen und die Perspektive auf eine zukünftige Abschaffung beizubehalten. Als 1958 eine wesentliche Reform der Finanzordnung des Bundes in einer Volksabstimmung angenommen wurde und die Wehrsteuer sowie die Wust dem Dringlichkeitsrecht entzogen und in der Verfassung festgeschrieben wurden, schränkte man daher deren Geltungsdauer auf jeweils sechs Jahre ein. Der vorläufige Charakter wurde in der Folge sorgfältig beibehalten, und alle Versuche, ihn abzuschaffen, scheiterten.

99 Weckerle 1950, 78; Oechslin 1967, 182–185; Tanner 1986, 220–222; Longchamp 2009, 179–274.
100 Eisinger 1998, 67.
101 Eisinger 1998, 67.

Bei der Ermässigung der Wehrsteuer und der Stempelabgaben ging die wirtschaftliche und politische Elite der Schweiz, trotz zahlreicher warnender Stimmen auch aus den eigenen Reihen hinsichtlich der inflationären und prozyklischen Auswirkungen, mit derselben Hartnäckigkeit vor.[102] Zunächst gelang es ihr 1953 mittels eines Referendums, das vom SGV getragen, insgeheim jedoch vom Vorort und der SBVg gefördert worden war, die Annahme einer vom sozialdemokratischen Vorsteher des Finanzdepartements, Max Weber, gestalteten Finanzreform zu verhindern. Diese Reform versuchte, die Arbeitgeberkreise zur Annahme einer deutlichen Erhöhung des effektiven Maximalsatzes der Wehrsteuer für natürliche Personen von 9.65 % auf 15 % zu bewegen, wobei im Gegenzug die Besteuerung des Vermögens abgeschafft worden wäre. Nach einer 1955 erlangten ersten Senkung der Wehrsteuersätze um 10 % schafften es die politisch und wirtschaftlich dominierenden Kreise schliesslich 1958, wie oben erwähnt, trotz eines diesmal von der SPS und dem SGB lancierten Referendums, eine Reform durchzubringen, welche die Aufhebung der Wehrsteuer auf Vermögen und zugleich eine Reduktion des effektiven Maximalsatzes dieser Steuer für natürliche und juristische Personen auf 8 % sowie die Senkung der Couponabgabe von 5 % auf 3 % zum Inhalt hatte. Diese beträchtliche Entlastung wurde durch eine Erhöhung des Verrechnungssteuersatzes von 25 % auf 27 % nur leicht kompensiert. Zwischen 1963 und 1965 erlangten dieselben Kreise eine weitere Reduktion der Maximalsätze für die Wehrsteuer auf 7.2 % und die Abschaffung der Couponabgaben, die nur zu einem kleinen Teil durch den Anstieg des Verrechnungssteuersatzes auf 30 % wettgemacht wurde. 1968 gelang es ihnen schliesslich, in einer Volksabstimmung eine erneute Steueramnestie durchzubringen.

Eine völlig andere Stossrichtung herrschte bei der Besteuerung des Verbrauchs vor.[103] 1955 wurde zwar der Satz der Wust wie derjenige der Wehrsteuer um 10 % gesenkt. Dies sollte jedoch die einzige Senkung dieses Steuersatzes bleiben. Dagegen führte 1959 die Annahme eines neuen Zolltarifs zu einer beträchtlichen Erhöhung – durchschnittlich um 50 % – der Einfuhrabgaben und damit der Zolleinnahmen. Und in den 1960er Jahren erhöhten die Bundesbehörden die Zollabgaben und die internen Abgaben auf Tabak, Benzin und Heizöl massiv.

Die Senkung der Wehrsteuer und der Stempelabgaben bezweckte politisch nicht nur eine Entlastung der Besitzenden, sie hatte vielmehr ein umfassenderes Ziel, das auch durch die sehr beschränkte Tilgung der Staatsschuld verfolgt wurde. Indem die dem Staat zur Verfügung gestellten Mittel eingeschränkt wurden, sollte eine Ausweitung der öffentlichen Dienstleistungen und der Sozialversicherungen behindert werden. In dieser Hinsicht war die Festlegung der Maximalsätze für die Wehrsteuer und die Wust bei der Reform von 1958 mit den Worten von Max Weber «eine in der gan-

102 Oechslin 1967, 190–207; Prader 1981, 172–174; Degen 1993; Longchamp 2009, 412–565.
103 Oechslin 1967, 214–222; Longchamp 2009, 471–478 und 498–513.

zen Welt wohl einzigartige Erscheinung»[104], die den Willen und die Fähigkeit der führenden Kreise widerspiegelt, den Staat auszuhungern.

Ab 1971 glitt die Rechnung des Bundes in die roten Zahlen ab und wurde mit dem Ausbruch der Rezession von 1974 bis 1976 tiefrot. Damit begann eine dritte Phase, die zudem durch eine starke Inflation mit im Durchschnitt jährlich 7% zwischen 1970 und 1975 gekennzeichnet war sowie, im Fahrwasser von 1968, durch ein Aufflackern sozialer Konflikte auf weltweiter Ebene. Angesichts dieser Entwicklung und zu einer Zeit, als sich die Politik für einmal sehr kurz von einer Art Keynesianismus leiten liess, bezweckten die drei zwischen 1971 und 1975 verabschiedeten Bundesfinanzreformen nicht die schnelle Wiederherstellung des Haushaltsgleichgewichts durch eine strikte Einschränkung der Ausgaben. Stattdessen setzten sie auf eine massvolle Erhöhung der Steuern, die einerseits die weiter wachsenden Ausgaben ausgleichen und andererseits die Inflation bremsen sollten.[105] So wurde der Satz der Wust zwischen 1970 und 1975 von 3.6% auf 5.6% angehoben, der effektive Maximalsatz der Wehrsteuer von 7.2% auf 11.5% für natürliche Personen und von 7.2% auf 9.8% für juristische Personen, und schliesslich stieg der Satz der Verrechnungssteuer von 30% auf 35%.

Beim internationalen Steuerwettbewerb erlaubte es die während der «Trente Glorieuses» verfolgte Finanzpolitik der Schweiz, den während der beiden Weltkriege erlangten Vorteil weitgehend zu bewahren. Wie Grafik 5.2-8 zeigt, erreichte die Fiskalquote der Schweiz von 1974 bis 1976 durchschnittlich 23.8% gegenüber 31% für die OECD-Mitgliedstaaten, d.h., es bestand ein Unterschied von 7.2 Prozentpunkten zugunsten der Schweiz.[106] Wichtiger noch: Während derselben Zeit lag der effektive Gesamtsteuersatz der höchsten Einkommen für verheiratete Steuerzahler ohne Kinder in der Schweiz bei etwa 40%, in Frankreich dagegen bei rund 60%.[107]

5.2.2.6 Das Wiedererstarken des Liberalismus (1975–2000)

Das letzte Viertel des 20. Jahrhunderts, das von der Krise von 1974 bis 1976 eingeläutet wurde, war durch ein schwaches und von mehreren, manchmal einschneidenden Rezessionen unterbrochenes Wirtschaftswachstum (→ 1.1.3.3) sowie durch praktisch ständige und für eine Friedenszeit relativ hohe Defizite des Bundeshaushalts gekennzeichnet (siehe Grafik 5.2-4). In diesem Rahmen, der sich ausserdem durch einen von der Liberalisierung des Waren- und Kapitalverkehrs angeheizten internationalen Wettbewerb auszeichnete, vertraten die Schweizer Führungskreise, ähnlich wie ihre Kollegen in anderen Ländern, eine neoliberale Politik, d.h. eine deutlich offensivere Orientierung gegenüber den Arbeitnehmern, die mittels einer globalen Gegenreform

104 Weber 1969, 50; Eisinger 1998, 75.
105 Prader 1981, 283–479; die Ausgaben des Bundes wuchsen zwischen 1970/71 und 1975/76 real um 24%.
106 OCDE 2008, 94.
107 Eidgenössische Steuerverwaltung, Steuerbelastung in der Schweiz 1975, 10–15, 37 und 47; Piketty 2001, 295–302.

bestrebt war, die während des 20. Jahrhunderts von Letzteren erzielten Errungenschaften wieder abzubauen.

Im Bereich der öffentlichen Finanzen strebte ihre Politik daher nicht nur an, die bisher verfolgte Tendenz einer Erhöhung der Staatsausgaben und der Steuern zu stoppen, sondern sie sogar soweit wie möglich rückgängig zu machen. Es wurden zwei grosse Ziele verfolgt, die einander ergänzen und sich gegenseitig verstärken sollten: 1. die Reduktion der Steuerbelastung, vor allem für die Unternehmen und die Besitzenden; 2. die Reduktion der Staatsausgaben, insbesondere der Sozialausgaben sowie einer gewissen Zahl weiterer Ausgaben, zum Beispiel in den Bereichen Gesundheit oder Bildung.[108]

Auf Bundesebene entfaltete sich die Offensive im Wesentlichen entlang dreier Achsen, auf die sich die wichtigsten finanzpolitischen Debatten und Konflikte ab 1975 konzentrierten. Zunächst wurde mit mehreren Initiativen bezweckt, die Wehrsteuer, die Anfang der 1980er Jahre in «Direkte Bundessteuer» (dBSt) umbenannt worden war, sowie die Stempelabgaben zu reduzieren. Sodann wurde die Ersetzung der Warenumsatzsteuer (Wust) durch die Mehrwertsteuer (Mwst.) angestrebt, was im vierten Anlauf 1993 gelang. Schliesslich wurden auch die Anstrengungen, den Staat an der kurzen Leine zu halten, fortgesetzt und sogar noch intensiviert; die Mittel des Bundes sollten beschnitten werden, damit dieser in die roten Zahlen geriet bzw. nicht aus ihnen hinausfand. Dadurch sollte ein günstiges Klima für eine Einschränkung oder Reduktion der Staatsausgaben geschaffen werden. Im Folgenden werden diese drei Achsen etwas genauer analysiert.

Nachdem sie zwischen 1971 und 1975 unter dem Schock des erneuten Auftretens einer Rezession und vermehrter Defizite einer deutlichen Erhöhung der Wehrsteuer/dBSt zugestimmt hatten, änderten die bürgerlichen Kräfte ihre Haltung rasch. Ab der zweiten Hälfte der 1970er Jahre knüpften sie wieder an ihre übliche Taktik an, die darin bestand, diese Steuer zu schwächen, und sie wurden dabei immer aktiver. Sie lancierten nicht weniger als drei aufeinanderfolgende Volksinitiativen, um die zahlreichen gleichzeitig in den Räten unternommenen Vorstösse zu unterstützen. Die beiden ersten, die im Mai 1983 von einer Koalition kleiner Organisationen am rechten Flügel des politischen Spektrums und im Februar 1987 von der Freisinnig-Demokratischen Partei eingereicht wurden, begnügten sich damit, eine Ermässigung der dBSt zu fordern. Sie wurden zurückgezogen, nachdem die bürgerliche Parlamentsmehrheit den Initianten entgegengekommen war, indem sie im Oktober 1983 und danach im Oktober 1987 beträchtliche Ermässigungen verabschiedet hatten, insbesondere in Form starker Erhöhungen der bei der dBSt gewährten Abzüge.[109]

108 Moser 1991. Zu diesen beiden Zielen kam noch ein drittes: die Voll- oder Teilprivatisierung der staatlichen Unternehmen wie der SBB oder der PTT (→ 2.3.3).

109 Schweiz. Bundesrat 1983, 1072–1073; Schweiz. Bundesrat 1987, 256–258.

Die dritte Volksinitiative wurde im August 1993 durch den SGV eingereicht. Es war das erste Mal seit seiner Gründung 1879, dass sich der SGV dieses Instruments bediente. Die Initiative forderte nichts weniger als die Abschaffung der dBSt, wobei der Einkommensausfall – allerdings nur teilweise – durch die Erhöhung der Mehrwertsteuer hätte kompensiert werden sollen. Im Gegensatz zum Angriff auf die Wehrsteuer Ende der 1940er Jahre war das Ziel diesmal nicht eine direkte Konfrontation, deren Ausgang zweifelhaft und deren Folgen gefährlich erschienen. So warnte selbst der Bundesrat, dass die Umsetzung dieser Initiative eine solche Verschiebung in der Aufteilung der Steuerlast verursachen würde, dass «der soziale Frieden im Land unnötig gefährdet werden könnte».[110] Es ging also eher darum, ein «Damoklesschwert» über der dBSt zu platzieren, um ihre Senkung zu beschleunigen.[111] Daher wurde die Initiative im Dezember 1996 zurückgezogen, nachdem ein neues Entlastungspaket lanciert worden war und Aussicht auf Erfolg hatte. So verabschiedeten die Räte im Oktober 1997 eine erste Reihe von Bestimmungen – weitere folgten nach der Jahrtausendwende –, welche die Belastung der Unternehmen durch die dBSt deutlich reduzierten: Der progressive Satz auf Gewinne (maximal 9.8 %) wurde durch einen festen Satz ersetzt, der grosszügig auf 8.5 % festgelegt wurde. Die Kapitalsteuer wurde abgeschafft, die Besteuerung von Holding- und Domizilgesellschaften deutlich reduziert, und die Kantone erhielten zudem die Bewilligung, noch weiter in eine solche Richtung zu gehen. Von dieser Möglichkeit machten sie ausführlich Gebrauch, um die Ansiedlung entsprechender Gesellschaften in der Schweiz zu fördern.[112] Bei der Besteuerung der natürlichen Personen führten die Bundesbehörden ein umfangreiches Entlastungsprogramm ein, dessen Konkretisierung in der zweiten Hälfte der 1990er Jahre begann, jedoch vor allem in der Periode nach dem Jahr 2000 erfolgte.[113]

Parallel dazu arbeiteten dieselben Kräfte, diesmal unter Führung der Banken, daran, die Stempelabgaben zu senken, die den Schweizer Finanzplatz störten. Im Oktober 1991, nach einem äusserst speditiven Verfahren, verabschiedeten die Räte eine erste Reihe von Senkungen, obwohl diese in einer Volksabstimmung nur vier Monate zuvor abgelehnt worden waren. Drei weitere Runden folgten zwischen 1995 und 2000.[114] Insgesamt erreichten die gewährten Ermässigungen einen Betrag in der Grössenordnung von 0.9 Milliarden Franken pro Jahr, was mehr als einem Drittel der durchschnittlichen jährlichen Einnahmen entsprach, die während der zweiten Hälfte der 1990er Jahre aus dieser Steuer resultierten.

Ab Anfang der 1970er Jahre verlangten die Wirtschaftskreise, insbesondere die grossen Arbeitgeber der Industrie, mit Nachdruck die Ersetzung der Warenumsatzsteuer durch die Mehrwertsteuer – die zweite Achse ihrer Offensive. Da sie nur an ei-

110 Zitiert in Bureau d'information fiscale 2004, 67.
111 Guex 1998, 235–245.
112 Schweiz. Bundesrat 1997, 802–809.
113 Schweiz. Bundesrat 1999.
114 Guex 1998, 207–211.

ner Stelle der Handelskette, bei den Grossisten, erhoben wurde, hatte die Wust den Nachteil, die Schweizer Produkte mit einer sogenannten Schattensteuer («taxe occulte») zusätzlich zu belasten, die rund 1.5 % ausmachte und zum Nominalsatz der Steuer[115] dazukam. Diese zusätzliche Belastung behinderte die Wettbewerbsfähigkeit der Schweizer Produkte und reduzierte die Gewinnspanne der Unternehmen. Da die Wust die Dienstleistungen nicht betraf, ergaben sich ausserdem Wettbewerbsverzerrungen. Schliesslich wurde jede Erhöhung des Wust-Satzes im Sinne einer Verlagerung von der direkten zur indirekten Besteuerung dadurch erschwert, dass sich diese Nachteile noch verstärkten.

1977 lancierten die Bundesbehörden einen ersten Versuch zur Ersetzung der Wust. Da die Vorlage mitten in eine Zeit defizitärer Bundesfinanzen fiel, waren ein Mehrwertsteuersatz von 10 % sowie die Ausweitung der Besteuerung auf einen grossen Teil der Dienstleistungen vorgesehen. Dank den prognostizierten Mehreinnahmen von 2.9 Milliarden Franken sollte die Rechnung des Bundes von tiefroten Zahlen zu einem eher hohen Überschuss gelangen. Bei der Abstimmung vom 12. Juni 1977 scheiterte dieser Versuch jedoch klar: Die Vorlage wurde mit 59 % der Stimmen abgelehnt. Mehrerlei Widerstände kamen dabei zusammen.[116] Zunächst der jenes Teils der Arbeitgeber und der bürgerlichen Parteien, der sich für eine rigorosere Politik der Austrocknung der Bundeseinnahmen einsetzte. Sodann derjenige breiter Kreise des Handels und der Kleinunternehmen, welche die negativen Auswirkungen eines so hohen Mehrwertsteuersatzes auf die Nachfrage fürchteten. Und schliesslich, obschon die Führung der SPS zögernd die Annahme der Vorlage empfahl, folgten ihr die Arbeitnehmer nicht, die der Besteuerung des Verbrauchs mehrheitlich zurückhaltend oder gar ablehnend gegenüberstanden.

1979 wurde eine zweite Vorlage präsentiert. Sie glich der ersten, mit dem hauptsächlichen Unterschied eines niedrigeren Mehrwertsteuersatzes von 8 %, mit dem noch immer Mehreinnahmen von 1.7 Milliarden Franken erzielt werden sollten. Die Vorlage traf jedoch auf dieselben Widerstände. Zudem rief die SPS, die eine erneute Desavouierung durch ihre Basis befürchtete, diesmal zur Ablehnung auf.[117] Die zweite Vorlage erlitt daher eine noch deutlichere Niederlage als die erste: Am 20. Mai 1979 wurde sie mit 65 % der Stimmen abgelehnt.

Danach dauert es zwölf Jahre, bis die Bundesbehörden einen dritten Versuch wagten.[118] Der 1991 vorgelegte Entwurf enthielt einen Satz, der sich auf demselben Niveau befand wie der zu dieser Zeit geltende Wust-Satz von 6.2 %, wobei eine kurzfristige Erhöhung auf 7.5 % geplant war, die zur Finanzierung der AHV dienen sollte. Während der Vorstand der SPS die Vorlage guthiess, was den definitiven Übergang dieser Partei ins Lager der Mehrwertsteuerbefürworter bedeutete, waren die Arbeit-

115 5.6 % zwischen 1975 und 1981; 6.2 % seit 1982.

116 Piotet/Loertscher 1977, 62; Hosang 1978, 41–42; Nef 1992, 53.

117 Nef 1992, 54.

118 Guex 1998, 155–178.

geberkreise wiederum geteilter Meinung. Im Laufe der 1980er Jahre hatte nämlich unter ihnen ein Flügel an Stärke gewonnen, der insbesondere von der Schweizerischen Volkspartei – der ehemaligen der Bauern-, Gewerbe- und Bürgerpartei – vertreten wurde und der sich für eine deutlich aggressivere Ausrichtung gegenüber den Arbeitnehmern stark machte. In diesem Sinne forderte sie eine wesentlich drastischere Politik der leeren Kassen, die nicht zögerte, den Staat in tiefe Defizite zu stürzen. Zu einem Zeitpunkt, als für die kommenden Jahre Haushaltsüberschüsse des Bundes erwartet wurden, führte sie daher eine intensive Kampagne gegen diesen neuen Vorschlag einer Mehrwertsteuer. Trotz des moderaten Umfangs der prognostizierten Mehreinnahmen (unter einer Milliarde Franken) bezeichnete der *Leader* der SVP und zukünftige Bundesrat Christoph Blocher die Vorlage als ein typisches Beispiel einer «konzeptlosen Kompromisswurstelei».[119] Unter diesen Umständen verankerte das Abstimmungsergebnis vom 2. Juni 1991 – 54% Ablehnung – die Vorherrschaft des harten Flügels der Arbeitgeber auf der politischen Bühne der Schweiz. Es ist wohl kein Zufall, dass die Exponenten dieser Richtung ihr berühmtes Weissbuch, «Ein ordnungspolitisches Programm», unmittelbar nach der Abstimmung veröffentlichten.[120]

Bereits 1993 wurde eine neue Vorlage präsentiert.[121] Diese unterschied sich kaum von der vorhergehenden und sah einen Mehrwertsteuersatz von 6.2% bzw. 6.5% vor – die Wahl wurde den Stimmbürgern überlassen –, der für die Finanzierung der AHV bald auf 7.5% erhöht werden sollte. Inzwischen, und darin liegt der grosse Unterschied zur Vorlage von 1991, wies der Bundeshaushalt aus Gründen, die in der Folge noch erläutert werden, erneut tiefrote Zahlen auf. Der durch das Defizit auf die Ausgaben ausgeübte Druck sollte daher infolge der mageren Mehreinnahmen aus der Mehrwertsteuer von rund einer Milliarde Franken kaum nachlassen. Unter diesen Voraussetzungen erwies sich der vierte Versuch als erfolgreich. Dank der klaren Unterstützung durch die Arbeitgeberschaft und die bürgerlichen Parteien sowie durch die SPS wurde die Vorlage am 28. November 1993 von 67% der Stimmbürger angenommen.[122]

Die Haltung der führenden Wirtschaftskreise gegenüber den Steuern war Teil einer Strategie, welche die dritte Achse der seit Mitte der 1970er Jahre geführten Offensive bildete und die einer der Sekretäre des Vororts im März 1989 mit den folgenden Worten treffend zusammenfasste: «Das wirksamste Mittel zur Begrenzung des Staatshaushaltes und der Staatsquote, die nicht nur stabilisiert, sondern vermindert werden muss, ist nach aller Erfahrung eine Politik der knappen Einnahmen.»[123] Hinsichtlich dieser Strategie können zwei Phasen klar unterschieden werden. Ab 1976 erfolgte eine klare Wende weg von einer sehr bescheiden expansiven Haushaltspolitik, die von der

119 Zitiert in Letsch 1992, 172.
120 Leutwiler 1991; Mach 2006, 133–146.
121 Guex 1998, 211–216.
122 1998 wurde der Mehrwertsteuersatz effektiv auf 7.5% angehoben (von denen 1% für die AHV bestimmt war).
123 *Neue Zürcher Zeitung*, 7. März 1989.

wirtschaftlichen und politischen Elite während der Rezession von 1974 bis 1976 eingeschlagen worden war, hin zu zu einer Einschränkung der Ausgaben und der Einnahmen des Bundes. Im Verlauf dieser ersten Phase, die bis Ende der 1980er Jahre dauerte, ging diese Elite noch relativ zurückhaltend vor. Während sie rigorose Sparmassnahmen durchsetzte – eine lineare Senkung der Bundessubventionen um 10 %, eine Senkung der Beiträge an die AHV und die Krankenversicherung, eine Lohnreduktion für das Bundespersonal –, sorgte sie doch dafür, das Ausmass des Defizits des Bundes einzuschränken, indem sie einige Steuererhöhungen akzeptierte; natürlich handelte es sich dabei um die der indirekten Steuern.[124] Die Zurückhaltung erklärt sich vor allem durch die politischen Kräfteverhältnisse, die zumindest bis Anfang der 1980er Jahre aus bürgerlicher Sicht recht labil blieben. So wurde 1977 eine Initiative der SPS, die eine deutliche Erhöhung der Besteuerung von hohen Einkommen und grossen Vermögen forderte, nur mit einer geringen Mehrheit der Stimmberechtigten abgelehnt.[125]

Ab Ende der 1980er Jahre und besonders seit der Abstimmung von Juni 1991, welche die Vorherrschaft des kompromisslosesten Flügels der Arbeitgeberschaft festigte, nahm die Politik der leeren Kassen und ihre Konsequenz, die Sparpolitik, ein deutlich stärkeres Ausmass an. Sie wurde erleichtert durch die zahlenmässige Schwächung und den Rückgang der Aktivitäten der Arbeiterbewegung sowie durch die langsam wachsende Zustimmung der SPS zum sozialen Liberalismus, von der zum Beispiel ihre Unterstützung des «New Public Management» zeugt.[126] Einerseits setzten die Führungskreise, wie gezeigt wurde, den Weg der Steuererleichterungen fort und bauten diesen noch aus, als die Schweiz zwischen 1991 und 1993 eine schwere Rezession durchlief, auf die bis 1997 eine äusserst zögerliche Erholung folgte. In dieser Situation einer ausgeprägten Wirtschaftsflaute führte der zusätzliche Ausfall bei den Steuereinnahmen des Bundes zwangsläufig zu tiefroten Zahlen. So schloss die Rechnung des Bundes 1993 und 1994 mit Defiziten von bisher in Friedenszeiten nie erreichten Ausmassen: zehn bzw. sieben Milliarden Franken oder 2.7 % bzw. 1.9 % des BIP (siehe Grafik 5.2-4). Daraus ergab sich ein rapider Anstieg der Verschuldung, der den Banken in den relativ schwierigen Zeiten, die sie durchmachten, gerade recht kam.[127] Andererseits wurden zwischen 1992 und 1994 Schlag auf Schlag drei Sparprogramme von zunehmender Härte verabschiedet, deren Gesamtbetrag 10 % der Bundesausgaben ausmachte und dank derer ab 1998 das Haushaltsgleichgewicht wiederhergestellt werden konnte.[128] Parallel dazu waren ab 1991 neue Initiativen für die Gewährung einer Steueramnestie zu beobachten.

Um eine Gesamtbilanz der Rückkehr der liberalen Ausrichtung in der Finanzpolitik seit 1975 zu ziehen, ist ein weiterer Punkt zu präzisieren: Diese Politik wurde mit

124 Prader 1981, 388–398; Bureau d'information fiscale 2004, 34–56.
125 Nef 1992, 59–60.
126 Pelizzari 2001.
127 Guex 1998, 83; Longchamp 2008, 40–42.
128 *Volkswirtschaft*, Mai 1998, 16; Guex 1998, 181–207.

derselben oder gar noch grösserer Bestimmtheit auf Kantons- und Gemeindeebene angewandt. Auf regionaler und lokaler Ebene wurden die Steuersenkungen für die wohlhabenden und reichen Schichten sowie für die Unternehmen zusätzlich durch den Wettbewerb stimuliert, den sich die öffentlichen Körperschaften lieferten, um diese Schichten anzuziehen. Unter dem Einfluss des durch Kantone wie Zug und Schwyz ausgeübten Steuerdumpings nahm dieser Wettbewerb die Form eines Wettlaufs nach unten an.

Vor diesem Hintergrund wird ersichtlich, dass wesentliche Schritte in Richtung der beiden grossen von der wirtschaftlichen und politischen Elite verfolgten Ziele erreicht wurden:

- Bei den Ausgaben erfolgte zwischen 1975 und dem Anfang der 1990er Jahre noch ein Anstieg: Die Staatsquote stieg von 30.1% im Jahr 1975 auf 36.2% im Jahr 1993. Doch die Zunahme war deutlich langsamer als in der vorangegangenen Periode (siehe Grafik 5.2-1). Und vor allem: Infolge der Intensivierung der Sparpolitik im Zusammenhang mit der Politik der leeren Kassen seit Anfang der 1990er Jahre ist trotz der Zunahme von Arbeitslosigkeit, Armut und sozialen Problemen eine Abnahme der Staatsquote zu beobachten. 2000 erreichte sie nur noch 35.3%, und die rückläufige Bewegung setzte sich auch über dieses Datum hinaus fort.[129]
- Im Fiskalbereich nahmen die Steuern für die höchsten Einkommen zwischen 1975 und 2000 im Landesdurchschnitt um rund 10% ab. In einigen Kantonen war die Reduktion allerdings deutlich höher: Im Kanton Zug erreichte sie 19% und im Kanton Schwyz gar 21%. Der Rückgang der Steuerlast für die Unternehmen war sogar noch ausgeprägter: Die Besteuerung der Gewinne der Aktiengesellschaften ging in derselben Zeit um durchschnittlich 23% zurück.[130] Hinsichtlich der allgemeinen Steuerbelastung betonte selbst der Bundesrat die Änderungen durch die während des letzten Vierteljahrhunderts geführte Politik und schrieb im Jahr 2003 zufrieden: «Seit 1975 ist die Steuerquote bemerkenswert stabil.»[131]

So gelang es der Schweiz, ihre im internationalen Vergleich vorteilhafte Steuersituation zu bewahren und sogar noch auszubauen. Wie in Grafik 5.2-8 zu sehen ist, lag die Fiskalquote der Schweiz für den Durchschnitt der Jahre 1974–1976 um 7.2 Prozentpunkte unter derjenigen der OECD-Länder (23.8% gegenüber 31%), und dieser Abstand stieg für den Durchschnitt der Jahre 1998–2000 auf 8.9 Prozentpunkte an (29.1% gegenüber 37.9%).[132] Ende des 20. Jahrhunderts lag der effektive Gesamtsteuersatz für die höchsten Einkommen für verheiratete Steuerzahler ohne Kinder in

129 Diese Zahlen enthalten Doppelzählungen. Ohne Doppelzählungen stieg die Staatsquote von 27.2% im Jahr 1975 auf 32.3% 1993 und auf 30.5% im Jahr 2000.

130 Eidgenössische Steuerverwaltung, Steuerbelastung in der Schweiz 1975, 10–15, 37, 47 und 2000, 17; Schweiz. Bundesrat 2003, 40, 43 und 60.

131 Schweiz. Bundesrat 2003, 29.

132 OCDE 2008, 94–95.

der Schweiz bei rund 35 %, während er in Frankreich etwa 54 % betrug.[133] Die Steuerbelastung der Unternehmen war ebenfalls deutlich niedriger als in den Nachbarländern.[134] So erstaunt es angesichts zunehmender Wirtschaftskonflikte auf weltweiter Ebene nicht, dass von vielen Seiten, vor allem von den USA und der Europäischen Union, Kritik und Druck gegenüber dem von der Schweiz ausgeübten Steuerwettbewerb stark zunahmen. Sie zielten insbesondere auf das Bankgeheimnis und die sehr eingeschränkte Definition von Steuerhinterziehung, zwei Prämissen des Finanzplatzes Schweiz, die es sehr schwierig machten, von der Schweiz Amtshilfe zu erhalten, um die Plage der Steuerhinterziehung zu bekämpfen. Bis zum Beginn des 21. Jahrhunderts gelang es den führenden Kreisen der Schweiz, diese Angriffe abzuwehren, indem sie sich weigerten, am Aufbau eines vereinten Europa teilzuhaben, und indem sie mit der vollendeten Geschicklichkeit ihrer langen Tradition auf die Uneinigkeit der Gegner, auf Beschwichtigung und auf die Einräumung bescheidener Konzessionen setzten.

Aus dem Französischen übersetzt von Christoph Rüegger

133 Eidgenössische Steuerverwaltung, Steuerbelastung in der Schweiz 1998, 28–31, 37; Piketty 2001, 295–302.

134 Gutekunst/Schwager 2002.

5.2.3 Bibliographie

Online-Datenbank

HSSO: Historische Statistik der Schweiz Online, Kammerer, Patrick et al. (Hg.), www.fsw.uzh.ch/histstat/main.php

Unveröffentlichte Quellen

Schweizerisches Bundesarchiv (BAR), Bern / E J.1.4, 1000/1339

Veröffentlichte Quellen und amtliche Publikationen

Amtliche Sammlung der Bundesgesetze und Verodnungen, Bern: Stämpfli, 1927–1947.

Bundesblatt der Schweizerischen Eidgenossenschaft (BBl): Bundeskanzlei (Hg.), Bern, www.admin.ch/ch/d/ff/

Schweiz. Bundesrat 1933: Botschaft des Bundesrates an die Bundesversammlung betreffend die ausserordentlichen und vorübergehenden Massnahmen zur Wiederherstellung des Budgetgleichgewichts, 2. September 1933, BBl 1933/2, 197–294.

Schweiz. Bundesrat 1936: Bundesratsbeschluss betreffend Abänderung des Bundesratsbeschlusses vom 19. Januar 1934 über die eidgenössische Krisenabgabe, 18. Januar 1936, in: Amtliche Sammlung der Bundesgesetze und Verordnungen, Bern: Stämpfli, Band 52.

Schweiz. Bundesrat 1938a: Botschaft des Bundesrates an die Bundesversammlung über die verfassungsmässige Neuordnung des Finanzhaushaltes des Bundes, 18. März 1938, BBl 1938/1, 381–491.

Schweiz. Bundesrat 1938b: Bericht des Bundesrates an die Bundesversammlung über den Stand und die Verstärkung der Landesverteidigung, 27. Dezember 1938, BBl 1938/2, 1157–1181.

Schweiz. Bundesrat 1983: Bundesgesetz über den Ausgleich der Folgen der kalten Progression bei der direkten Bundessteuer, 7. Oktober 1983, BBl 1983/3, 1072–1073.

Schweiz. Bundesrat 1987: Bundesbeschluss über die direkte Bundessteuer, 9. Oktober 1987, BBl 1987/3, 256–258.

Schweiz. Bundesrat 1997: Bundesgesetz über die Reform der Unternehmensbesteuerung 1997, 10. Oktober 1997, BBl 1997/4, 802–809.

Schweiz. Bundesrat 1999: Finanzleitbild. Ziele, Grundsätze und Instrumente für die Finanzpolitik des Bundesrates, Bern, 4. Oktober 1999 (www.efd.admin.ch/dokumentation/grundlagenpapiere/00816/index.html. Zugriff: 22.6.2011).

Schweiz. Bundesrat 2003: Entwicklung der Abgaben- und Steuerbelastung in der Schweiz von 1970 bis 2000. Bericht in Erfüllung des Postulats Vallender vom 14. Dezember 1998, Bern: Eidgenössisches Finanzdepartement, 22. Januar 2003 (www.estv.admin.ch/dokumentation/00075/00803/index.html. Zugriff: 23.6.2011).

Bundesverfassung der Schweizerischen Eidgenossenschaft, Bern: Bundeskanzlei 1948.

Eidgenössische Finanzverwaltung

Finanzen und Steuern von Bund, Kantonen und Gemeinden, Bern, div. Jahrgänge.
Öffentliche Finanzen der Schweiz, div. Jahrgänge.
Staatsrechnung der Schweizerischen Eidgenossenschaft, Bern, div. Jahrgänge.

Eidgenössisches Statistisches Amt, Finanzen und Steuern von Bund, Kantonen und Gemeinden, 1956/57, Bern, 1958.

Eidgenössisches Statistisches Büro, Schweizerische statistische Mitteilungen, Bern, div. Jahrgänge.

Eidgenössische Steuerverwaltung

Die Finanzen von Bund, Kantonen und Gemeinden 1938–1971, Bern, 1974.
Finanzhaushalt der Kantone 1930–1971, Bern, 1973.
Steuerbelastung in der Schweiz. Kantonshauptorte, Bern, div. Jahrgänge.

Literatur

Arlettaz, Gérald 1982: Crise et déflation: le primat des intérêts financiers en Suisse au début des années 1930, *Relations internationales* 30 (1982), 159–175.

Arlettaz, Gérald 1977: Les finances de l'Etat fédéral de 1848 à 1939. Structures financières, administratives et documentaires, *Etudes et Sources* 3 (1977), 9–136.

Attinger, Karl 1946: *Les caisses de compensation militaires: le régime des allocations pour perte de salaire institué par l'Arrêté du Conseil Fédéral du 20 décembre 1939 et ses répercussions,* Zürich: Sihl.

Baumann, Jan 2004: *Bundesinterventionen in der Bankenkrise 1931–1937. Eine vergleichende Studie am Beispiel der Schweizerischen Volksbank und der Schweizerischen Diskontbank,* Zürich: Dissertation, Universität Zürich, Manuskript.

Baumann, Werner / Moser, Peter 1999: *Bauern im Industriestaat: agrarpolitische Konzeptionen und bäuerliche Bewegungen in der Schweiz 1918–1968,* Zürich: Orell Füssli.

Baumann, Werner / Moser, Peter 2000: Subventionen für eine mächtige Bauernlobby? Ursachen und Auswirkungen der staatlichen Agrarsubventionen 1880–1970, *Studien und Quellen* 26 (2000), 157–177.

Bircher, Hans 1950: *Die Entwicklung der Steuerbelastung natürlicher Personen in einigen schweizerischen Kantonshauptorten von 1919 bis 1938,* Basel: E. Keller.

Bureau d'information fiscale 2004 (Informationsstelle für Steuerfragen): Aperçu historique des impôts fédéraux, *Informations fiscales*, septembre 2004, 1–117.

Butikofer, Roland 1996: *Le refus de la modernité. La Ligue vaudoise: une extrême droite et la Suisse (1919–1945),* Lausanne: Payot.

Ceni, Monique 2002: *La politique financière durant la Deuxième Guerre mondiale: l'impôt sur les bénéfices de guerre,* Lausanne: Mémoire de licence, Université de Lausanne, manuscrit.

Chardonnens, Pierre / Saurer, Peter 2002: Fiskal-, Steuer- und Staatsquoten – eine Auslegeordnung, *Volkswirtschaft* (Februar 2002), 20–25.

Degen, Bernard 1993: *Sozialdemokratie: Gegenmacht? Opposition? Bundesratspartei? Die Geschichte der Regierungsbeteiligung der schweizerischen Sozialdemokraten,* Zürich: Orell Füssli.

Degen, Bernard 1996: Arbeitsbeschaffung, sozialer Frieden und Denkmalpflege: Der Basler Arbeitsrappen (1936–1984), *Traverse. Zeitschrift für Geschichte* (1996/2), 64–83.

Degen, Bernard 2000: «Plebiszit mit dem Portemonnaie» oder «Plebiszit des Portemonnaies»? Anmerkungen zur Wehranleihe 1936, *Studien und Quellen* 26 (2000), 123–156.

Dell, Fabian / Piketty, Thomas / Saez, Emmanuel 2005: Income and Wealth Concentration in Switzerland over the 20th Century, in: Atkinson, Anthony / Piketty, Thomas (eds.), *Top Incomes over the Twentieth Century: a Contrast Between Continental European and English-speaking Countries*, Oxford: Oxford University Press, 472–500.

Dickenmann, Heinz 1983: *Das Bundespersonal in der Wirtschaftskrise 1931–1939*, Zürich: Zentralstelle Studentenschaft.

Eisinger, Angelus 1998: Die Rolle des Föderalismus und der Referendumsdemokratie in den Debatten um die Bundesfinanzordnung zwischen 1948 und 1970, in: König, Mario et al. (Hg.), *Dynamisierung und Umbau. Die Schweiz in den 60er und 70er Jahren*, Zürich: Chronos, 65–80.

Fahrni, Dieter 1977: *Die Nachkriegskrise von 1920–1923 in der Schweiz und ihre Bekämpfung*, Basel: Lizentiatsarbeit, Universität Basel, Manuskript.

Farquet, Christophe 2007: *Aux sources de la défense du secret bancaire suisse: les débats sur l'évasion fiscale et la double imposition à la Société des Nations (1922–1928),* Lausanne: Mémoire de licence, Université de Lausanne, manuscrit.

Farquet, Christophe 2009: Lutte contre l'évasion fiscale: l'échec de la SDN durant l'entre-deux-guerres, *L'Economie politique* 44 (2009), 93–112.

Flamant, Maurice 1973: Remarques sur l'évolution de la composition du prélèvement fiscal en France depuis cinquante ans, in: Bouvier, Jean / Wolff, Jacques (éd.), *Deux siècles de fiscalité française: XIXe–XXe siècle. Histoire, économie, politique*, Paris / La Haye: Mouton, 284–307.

Flora, Peter et al. 1983: *State, Economy, and Society in Western Europe 1815–1975*, Frankfurt a.M.: Campus / London: Macmillan Press / Chicago: St. James Press.

Gautschi, Willi 1988: *Der Landesstreik 1918*, Zürich: Chronos.

Giacometti, Zaccaria 1937: Verfassungsrecht und Verfassungspraxis in der schweizerischen Eidgenossenschaft (Das autoritäre Bundesstaatsrecht), in: *Festgabe Fritz Fleiner*, Zürich: Polygraphischer Verlag, 45–84.

Gigon, Marie-Louise 1988: *La viticulture vaudoise durant l'entre-deux-guerres*, Lausanne: Mémoire de licence, Université de Lausanne, manuscrit.

Gilliand, Pierre / Rossini, Stéphane 1995: *Le budget social de la Suisse*, Lausanne: Editions Réalités sociales.

Goldscheid, Rudolf 1976: Staat, öffentlicher Haushalt und Gesellschaft. Wesen und Aufgabe der Finanzwissenschaft vom Standpunkte der Soziologie, in: Hickel, Rudolf (Hg.), *Die Finanzkrise des Steuerstaates. Beiträge zur politischen Ökonomie der Staatsfinanzen*, Frankfurt: Suhrkamp [1. Aufl. 1926], 253–316.

Gubler, Jakob 1948: *Die Steueramnestie in Bund und Kantonen unter besonderer Berücksichtigung des Bundesratsbeschlusses über die Steueramnestie bei Einführung der Verrechnungssteuer vom 31. Oktober 1944,* [s. l.]: [s. n.].

Guex, Sébastien 1993: *La politique monétaire et financière de la Confédération suisse 1900–1920,* Lausanne: Payot.

Guex, Sébastien 1994a: L'introduction du droit de timbre fédéral sur les coupons 1919–1921, in: Guex, Sébastien et al. (Hg.), *Staatsfinanzierung und Sozialkonflikte (14.–20. Jh.)*, Zürich: Chronos, 209–239.

Guex, Sébastien 1994b: L'initiative socialiste pour une imposition extraordinaire sur la fortune en Suisse 1920–1922, *Regards sociologiques* 8 (1994), 101–116.

Guex, Sébastien 1998: *L'argent de l'Etat. Parcours des finances publiques au XXe siècle,* Lausanne: Editions Réalités sociales.

Guex, Sébastien 2000: The Origins of the Swiss Banking Secrecy Law and Its Repercussions for Swiss Federal Policy, *Harvard Business History Review* 74 (2000), 237–266.

Guidotti, Mattia 2002: *La politique financière durant la Deuxième Guerre mondiale: l'impôt pour la défense nationale,* Lausanne: Mémoire de licence, Université de Lausanne, manuscrit.

Gutekunst, Gerd / Schwager, Robert 2002: *Steuerbelastung von Unternehmen im Alpenraum: Forschungsbericht für den Internationalen Benchmark Club,* BAK Konjunkturforschung Basel AG, Baden-Baden: Nomos.

Hosang, Balz 1978: *Die sieben mageren Jahre. Schweizer Finanzpolitik auf dem Buckel der Schwachen,* Zürich: Limmat Verlag.

Humair, Cédric 1990: *Politique douanière de la Confédération suisse: 1919–1925: «Les paysans montent aux barricades»,* Lausanne: Mémoire de licence, Université de Lausanne, manuscrit.

Jöhr, Adolf 1912: *Die Volkswirtschaft der Schweiz im Kriegsfall,* Zürich: Kuhn & Schürch.

Jöhr, Walter Adolf 1943: Zur Frage der kreislaufgerechten Kriegsfinanzierung», *Zeitschrift für Schweizerische Statistik und Volkswirtschaft* (1943), 389–418.

Jost, Hans Ulrich 1983: Menace et repliement 1914–1945, in: Favez, Jean-Claude et al. (dir.), *Nouvelle Histoire de la Suisse et des Suisses*, vol. 3, Lausanne: Payot, 683–770.

Juvalta, Steivan 2001: *La création de l'impôt anticipé en Suisse en 1944*, Lausanne: Mémoire de licence, Université de Lausanne, manuscrit.

Kirchgässner, Gebhard 2004: *Die langfristige Entwicklung der Bundesfinanzen, 1960–2002*, St. Gallen: Universität St. Gallen.

Kobelt, Eduard 1987: *Die Wirtschaftspolitik der Gewerkschaften 1920–1950. Der Einfluss einzelner Gewerkschaftsverbände und Persönlichkeiten auf die Wirtschaftspolitik des schweizerischen Gewerkschaftsbundes,* Zürich: Chronos.

Koch, Hugo 1922: *Darstellung und Kritik der schweizerischen Kriegsgewinnsteuer,* Calw: A. Oelschläger.

Krätke, Michael 1984: *Kritik der Staatsfinanzen. Zur Politischen Ökonomie des Steuerstaats,* Hamburg: VSA-Verlag.

Laepple, Victor 1923: *Das schweizerische Emissionsgeschäft*, Innsbruck: Buchdr. Wagner.

Lasserre, André 1972: L'institution de l'assurance-vieillesse et survivants (1889–1947), in: Ruffieux, Roland et al. (éd.), *La démocratie référendaire en Suisse au XXe siècle*, Fribourg: Editions universitaires, 259–326.

Leimgruber, Matthieu 2008: *Solidarity Without the State? Business and the Shaping of the Swiss Welfare State, 1890–2000,* Cambridge: Cambridge University Press.

Letsch, Hans 1992: *Soziale Marktwirtschaft als Chance. Die Schweiz auf dem Prüfstand,* Aarau: Sauerländer.

Leutwiler, Fritz et al. 1991: *Schweizerische Wirtschaftspolitik im internationalen Wettbewerb. Ein ordnungspolitisches Programm,* Zürich: Orell Füssli.

Longchamp, Olivier 2006: Profits de guerre et fiscalité. L'impôt sur les bénéfices de guerre durant la Deuxième Guerre mondiale, *Traverse. Revue d'histoire* (2006/1), 130–145.

Longchamp, Olivier 2008: La «crise financière de l'Etat»: davantage pour les riches, moins pour les pauvres, in: Longchamp, Olivier et al. (éd.), *Finances publiques: lutte des caisses, lutte des classes? Concurrence fiscale et service public*, Lausanne: Antipodes, 19–48.

Longchamp, Olivier 2009: *La politique financière fédérale (1945–1958)*, Lausanne: Thèse de doctorat, Université de Lausanne, manuscrit.

Mach, André 2006: *La Suisse entre internationalisation et changements politiques internes. La législation sur les cartels et les relations industrielles dans les années 1990,* Zürich / Chur: Rüegger.

Mann, Fritz Karl 1959: *Finanztheorie und Finanzsoziologie*, Göttingen: Vandenhoeck und Ruprecht.

Mazbouri, Malik 1999: Place financière suisse et crédits aux belligérants durant la Première Guerre mondiale, in: Guex, Sébastien (éd.), *La Suisse et les Grandes puissances 1914–1945*, Genève: Droz, 59–90.

Meierhans, Paul 1922: *Zur Steuerpolitik der schweizerischen Sozialdemokratie*, Wiesbaden: C. Ritter.

Merki, Christoph 1994: Interessen im blauen Dunst. Die Tabaksteuer in der Schweiz, in: Guex, Sébastien et al. (Hg.), *Staatsfinanzierung und Sozialkonflikte (14.–20. Jh.)*, Zürich: Chronos, 241–261.

Morandi, Pietro 1995: *Krise und Verständigung: die Richtlinienbewegung und die Entstehung der Konkordanzdemokratie, 1933–1939*, Zürich: Chronos.

Moser, Peter 1991: *Schweizerische Wirtschaftspolitik im internationalen Wettbewerb. Eine ordnungspolitische Analyse*, Zürich: Orell Füssli.

Müller, Philipp 2010: *La Suisse en crise (1929–1936). Les politiques monétaire, financière, économique et sociale de la Confédération helvétique*, Lausanne: Antipodes.

Musgrave, Richard A. 1980: Theories of Fiscal Crises: An Essay in Fiscal Sociology, in: Aaron, Henry J. / Boskin, Michael J. (eds.), *The Economics of Taxation*, Washington: The Brookings Institution, 361–390.

Nef, Rolf 1992: *Populärer Immobilismus dank rechtsbürgerlichem Populismus? Analysen zur Auseinandersetzung um die Neuordnung der Bundesfinanzen*, Zürich: Edition Cultur Prospectiv.

Obrecht, Hermann 1917: *Die Möglichkeiten auf dem Gebiete einer direkten Bundessteuer. Referat für die Konferenz der kantonalen Finanzdirektoren vom 23./24. April 1917*, Solothurn: Vogt-Schild.

Ochsenbein, Heinz 1971: *Die verlorene Wirtschaftsfreiheit 1914–1918*, Bern: Stämpfli.

O'Connor, James 1973: *The Fiscal Crisis of the State*, New York: St. Martin's Press.

Oechslin, Hanspeter 1967: *Die Entwicklung des Bundessteuersystems der Schweiz von 1848 bis 1966*, Einsiedeln: Etzel-Druck.

Organisation de coopération et de développement économiques (OCDE) 1996: *Statistiques des recettes publiques des pays membres de l'OCDE 1965–1995*, Paris: OCDE.

Organisation de coopération et de développement économiques (OCDE) 2008: *Statistiques des recettes publiques*, Paris: OCDE.

Pelizzari, Alessandro 2001: *Die Ökonomisierung des Politischen: new public management und der neoliberale Angriff auf die öffentlichen Dienste*, Konstanz: UKV.

Perrenoud, Marc 2000: Aspects de la politique financière et du mouvement ouvrier en Suisse dans les années 1930, *Etudes et Sources* 26 (2000), 83–121.

Piketty, Thomas 2001: *Les hauts revenus en France au XXᵉ siècle: inégalités et redistributions, 1901–1998*, Paris: Grasset.

Piotet, Georges / Loertscher, Clive 1977: *La crise fiscale en Suisse (Eléments pour une analyse de l'Etat)*, Lausanne: Institut de Science politique de l'Université de Lausanne, manuscrit.

Prader, Gaudenz 1981: *50 Jahre schweizerische Stabilisierungspolitik. Lernprozess in Theorie und Politik am Beispiel der Finanz- und Beschäftigungspolitik des Bundes*, Zürich: Schulthess Polygraphischer Verlag.

Ruffieux, Roland 1974: *La Suisse de l'entre-deux-guerres*, Lausanne: Payot.

Rutz, Wilfried 1970: *Die schweizerische Volkswirtschaft zwischen Währungs- und Beschäftigungspolitik in der Weltwirtschaftskrise – wirtschaftspolitische Analyse der Bewältigung eines Zielkonflikts*, St. Gallen: Polygraphischer Verlag.

Schär, Arnold 1930: *Aufwand- und Deckungsgrundsätze im schweizerischen Bundeshaushalt, insbesondere in der Kriegs- und Nachkriegszeit*, Basel: Eigenverlag.

Schmid, Hanspeter 1983: *Wirtschaft, Staat und Macht. Die Politik der schweizerischen Exportindustrie im Zeichen von Staats- und Wirtschaftskrise (1918–1929)*, Zürich: Limmat Verlag.

Schumpeter, Joseph 1976: Die Krise des Steuerstaats, in: Hickel, Rudolf (Hg.), *Die Finanzkrise des Steuerstaats. Beiträge zur politischen Ökonomie der Staatsfinanzen*, Frankfurt a.M.: Suhrkamp [1. Aufl. 1918], 329–379.

Sebastiani, Daniel 2003: *Jean-Marie Musy (1876–1952). Un ancien Conseiller fédéral entre rénovation nationale et régimes autoritaires*, Fribourg: Thèse de doctorat, Université de Fribourg, manuscrit.

Shirras, George Findlay / Rostas, Laszlo 1942: *The Burden of British Taxation*, Cambridge: Cambridge University Press.

Sigg, Oswald 1978: *Die eidgenössischen Volksinitiativen 1892–1939*, Einsiedeln: Benziger.

Sommer, Jürg H. 1978: *Das Ringen um soziale Sicherheit in der Schweiz*, Diessenhofen: Rüegger.

Stauffacher, Werner 1929: *Der schweizerische Kapitalexport unter besonderer Berücksichtigung der Kriegs- und Nachkriegsperiode*, Glarus: Tschudy.

Steiger, Jakob 1916: *Der Finanzhaushalt der Schweiz. Die Gemeinden*, Bern: Stämpfli.

Steiger, Jakob / Higy, Camille 1934: *Finanzhaushalt der Schweiz. Bund, Kantone, Gemeinden, 1913–1933*, Bern: Wyss.

Tanner, Jakob 1986: *Bundeshaushalt, Währung und Kriegswirtschaft. Eine finanzsoziologische Analyse der Schweiz zwischen 1938 und 1953,* Zürich: Limmat Verlag.

Volkswirtschaft, Die: Eidgenössisches Volkswirtschaftdepartement (Hg.), div. Jahrgänge.

Weber, Max 1969: *Geschichte der schweizerischen Bundesfinanzen,* Bern: Haupt.

Weckerle, Eduard 1950: *Der Leidensweg des Bundesfinanzreform*, Zürich: Kommissionsverlag der Genossenschaftsbuchhandlung.

Wittmann, Walter 1971: Die Finanzpolitik, in: Gruner, Erich (Hg.), *Die Schweiz seit 1945*, Bern: Francke, 137–153.

5.3 Die Schweiz und die internationalen Organisationen

Thomas Gees

Die im 19. Jahrhundert als Folge der internationalen Arbeitsteilung zunehmende wirtschaftliche Verflechtung erforderte grenzüberschreitende Absprachen unter den Nationalstaaten. Ab den 1860er Jahren kam es deshalb auf dem europäischen Kontinent zur Gründung zahlreicher internationaler Verwaltungsunionen, die primär die Vereinfachung der grenzüberschreitenden Kommunikation und des transnationalen Verkehrs zum Ziel hatten.

Dem Bundesrat gelang es bereits sehr früh und nicht zuletzt wegen der zentralen Lage der Schweiz in Europa, die Hauptstadt Bern als Standort der ersten Verwaltungsunionen zu etablieren. Die machtpolitische Ambitionslosigkeit der Schweiz war ein weiterer Faktor, der für Bern sprach. Hier siedelten sich die Büros von Weltpostverein (UPU) und Telegraphenunion (Internationale Fernmeldeunion) an, ebenso das Zentralamt für den internationalen Eisenbahnverkehr und die Vereinigten Büros für gewerbliches, literarisches und künstlerisches Eigentum. An Konferenzen erarbeiteten Diplomaten und Experten internationale Konventionen, die Regelungen des Frachtverkehrs, der Telekommunikation, aber auch der Gesundheit oder der Sozialpolitik langfristig absichern sollten.[1]

Die Schweiz verfolgte neben Belgien äusserst aktiv eine «modernisierungsorientierte Aussenpolitik» , die im Interesse der wirtschaftlichen Entwicklung Normenbildungsprozesse, Standardisierungsfragen und einen grenzüberschreitenden Informationstransfer vorantrieb.[2] Auch im 20. Jahrhundert hielt der Bundesrat konsequent an diesen Aktivitäten zugunsten der offenen Volkswirtschaft fest. Allerdings veränderten sich mit dem Ersten Weltkrieg die zwischenstaatlichen Rahmenbedingungen. Die Weltwirtschaftskrise der 1930er Jahre und der anschliessende Zweite Weltkrieg führten zu einer Fragmentierung der internationalen Beziehungen mit Auswirkungen auch auf die von der Schweiz betriebene «modernisierungsorientierte Aussenpolitik».

Nach dem Zweiten Weltkrieg präsentierte sich das internationale politische Gefüge für die Schweiz als äusserst komplex: Einerseits bot sich das UNO-System als Dach zahlreicher bereits existierender Standardisierungsorganisationen an, andererseits bildete sich innerhalb Westeuropas ein eigenständiger Wirtschafts- und Sozialraum aus, der ab 1960 unter dem zeitgenössischen Begriff der «europäischen Integrationsbestrebungen» zu heftigen Diskussionen in den Kreisen von Wirtschaftsdiplomatie und -verbänden Anlass gab. Ein besonders ambivalentes Verhältnis entwickelte die Schweiz zum Europäischen Wirtschaftsraum, der sich seit der Gründung der Eu-

1 Zur Frühgeschichte der internationalen Organisationen: Herren-Oesch 2009, 15–49.
2 Herren 2000, 11–12.

ropäischen Wirtschaftsgemeinschaft (EWG) ab 1958 herausbildete. Zwar begrüsste die Schweiz als offene und stark auf Europa ausgerichtete Volkswirtschaft sämtliche Liberalisierungsschritte im zwischenstaatlichen Handel, doch bedrohte der Integrationsprozess die wirtschaftspolitischen Souveränitätsvorstellungen der verantwortlichen Akteure in Politik und Wirtschaftsorganisationen. Allerdings, so muss hier ausdrücklich betont werden, handelte es sich bei der Europäischen Union nicht um eine internationale Organisation im klassischen Sinn, sondern um ein System *sui generis*.[3] Im Rahmen dieses Kapitels werden wir die schweizerische Europapolitik dennoch mitberücksichtigen, nicht zuletzt deshalb, weil sich die Schweiz nach 1945 lebhaft an europäischen Regierungsorganisationen ausserhalb der EU beteiligte und diese Teilnahme einen wichtigen Einfluss auf die schweizerische Wirtschafts- und Gesellschaftspolitik hatte.

Sollen die Beziehungen der Schweiz zu den internationalen Organisationen dargestellt werden, so muss zunächst das Subjekt *Schweiz* näher umschrieben werden. Der Begriff meint hier primär das Regierungssystem, bestehend aus der Exekutive (Bundesrat) und den zugehörigen administrativen Einheiten, vorab dem Volkswirtschaftsdepartement (EVD) und dem Departement für auswärtige Angelegenheiten (EDA). Ebenfalls zu berücksichtigen sind, sofern es diese knappe Übersicht erlaubt, die Einflüsse und Perspektiven der organisierten Wirtschaft (Branchen- und Dachverbände). Insbesondere in der Zeit nach 1945 ergaben sich nämlich im Zuge einer stärkeren Integration der internationalen Organisationen in regionalpolitische Systeme (UNO, OECD oder EWG/EFTA) teilweise abweichende Positionen zwischen den Wirtschaftsverbänden und dem Regierungssystem.

Die schweizerische Entwicklung seit Mitte des 19. Jahrhunderts lässt sich chronologisch in drei Perioden unterteilen: die Zeit von 1860 bis zum Ersten Weltkrieg mit der Gründung der ersten internationalen Organisationen (5.3.1); die Periode des Völkerbundes nach 1919 und der anschliessenden internationalen Fragmentierung durch Weltwirtschaftskrise und Zweiten Weltkrieg (5.3.2); schliesslich die Zeit nach 1945 (5.3.3), wobei hier zwischen den global ausgerichteten Organisationen (zumeist Sonderorganisationen der UNO) und den lediglich europaweit agierenden Organisationen im Kontext des europäischen Integrationsprozesses zu unterscheiden ist.

Die Distanz, welche die Schweiz nach 1945 gegenüber der UNO und nach 1957 gegenüber der europäischen Integration einnahm, besonders aber die Ablehnung des EWR von 1992 hat das Bild einer internatonalisierungsskeptischen Nation entstehen lassen.[4] Demgegenüber soll im Folgenden aufgezeigt werden, dass eine modernisierungsorientierte Aussenpolitik immer das Ziel der schweizerischen Diplomatie war: Allerdings gab es besonders nach 1945 unterschiedliche Einschätzungen, mit welchen Internationalisierungsstrategien der Schweizer Wirtschaft am besten gedient sei.

3 Bogdandy 1998.
4 Vgl. Kästli 2005; Kunz/Morandi 2000.

Der Begriff *Internationale Organisation* wird hier im wissenschaftlichen Sinne verwendet. Die Zeitgenossen sprachen im 19. Jahrhundert von «Verwaltungsvereinen», «Unionen», «Büros» oder «Kommissionen».[5] Im Rahmen dieses Kapitels werden zwei gewichtige Einschränkungen vorgenommen: Zum einen beschränken wir uns auf internationale Organisationen im Kontext der «industriewirtschaftlichen Expansion» (Rittberger/Zangl). Die zahlreichen Kongresse zu Fragen von Krieg und Frieden (internationales Kriegsrecht) werden hier vernachlässigt, ebenso Fragen des Menschenrechts- oder Umweltschutzes. Zum anderen vernachlässigen wir internationale Nichtregierungsorganisationen, also internationale Organisationen, die nicht durch ein zwischenstaatliches Abkommen begründet wurden,[6] wie beispielsweise die Internationale Handelskammer (1919), die Union der Industrie- und Arbeitgeberverbände (UNICE, 1958), der 1973 gegründete Europäische Gewerkschaftsbund (EGB) oder die Europäische Vereinigung nationaler Bauernverbände (COPA, 1958).[7]

5.3.1 Normen im Dienste der Globalisierung: 1860–1918

Auf die technologische Entwicklung im Bereich der Kommunikation (Post und Telegrafie) und des Verkehrs (Eisenbahnen) reagierten die Schweiz und andere Nationalstaaten Mitte des 19. Jahrhunderts zunächst im nationalen Rahmen. Der junge Bundesstaat hatte sich für die Herausbildung eines nationalen Wirtschaftsraumes die Kompetenzen im Bereich der Währung, Masse und Zölle ebenso erteilt wie auf dem Gebiet des Post- und später des Eisenbahnwesens.[8] Doch schon bald wuchs der Bedarf an einheitlichen Standards, die über die jeweiligen Nationalökonomien hinausgingen, insbesondere bei Kleinstaaten wie der Schweiz, die mit ihren Nachbarländern wirtschaftlich eng verflochten waren. Auf dem Gebiet der Telegrafie kam es 1865 zur Gründung der Internationalen Union der Telegraphenverwaltungen, die ihren Sitz im Internationalen Büro der Telegraphenverwaltungen in Bern hatte und bis 1947 unter der Oberaufsicht des Bundesrates, bis 1949 unter schweizerischer Leitung stand.[9] Die Übertragungstechnik und die Verrechnung von Gebühren mussten international koordiniert werden. Ebenfalls einem ökonomischen Interesse entsprach der 1874 ge-

5 Rittberger/Zangl 2003, 21.

6 Die internationalen Nichtregierungsorganisationen werden ebenfalls als internationale Organisationen bezeichnet; dabei wird der Begriff INGOs (engl.: *International Nongovernmental Organizations*) verwendet. Die entsprechende Abkürzung IGOs (engl.: *Intergovernmental Organizations*) für die zwischenstaatlichen Organisationen, von denen hier ausschliesslich die Rede ist, hat sich allerdings nicht durchgesetzt.

7 Es ist nicht immer einfach, zwischen (internationalen) Regierungs- und Nichtregierungsorganisationen zu unterscheiden. Häufig bildeten NGO den Ausgangspunkt für die spätere Gründung einer Regierungsorganisation, so etwa im Falle des internationalen Arbeiterschutzes: Hier gaben privatrechtlich organisierte Organisationen den Anstoss zu diversen Abkommen, bevor die Internationale Arbeitsorganisation (ILO) im Rahmen des Völkerbundes diese Arbeit fortsetzte, vgl. dazu auch Schulz 2004.

8 Vgl. Humair 2009, 91–112.

9 *Historisches Lexikon der Schweiz*, «Internationale Fernmeldeunion (ITU)».

gründete Allgemeine Postverein, der 1878 in Weltpostverein umbenannt wurde und seinen Sitz ebenfalls von Beginn weg in Bern hatte. Der Weltpostverein hatte zum Zweck, den grenzüberschreitenden Postverkehr zu beschleunigen und ihn sicherer und günstiger zu machen. Anlässlich der regelmässigen Zusammenkünfte der nationalen Postverwaltungen wurden 1878 ein Wertbriefabkommen und ein Postanweisungsabkommen sowie 1881 ein Postpaketvertrag ausgehandelt. Wie die Internationale Union der Telegraphenverwaltungen wurde auch der Weltpostverein nach dem Zweiten Weltkrieg zu einer UNO-Sonderorganisation.

Der Bundesrat übte über diese internationalen Organisationen die Oberaufsicht aus, so auch über das Zentralamt für den internationalen Eisenbahnverkehr. Diese Organisation entstand 1893 ebenfalls in Bern. Auf Basis des bereits 1890 abgeschlossenen internationalen Übereinkommens über den Eisenbahnfrachtverkehr erstellte es eine Liste der Eisenbahnlinien. In der Zwischenkriegszeit erweiterte sich das Aufgabengebiet des Zentralamtes dann um den internationalen Personen- und Reisegepäckverkehr. Aufgrund der neuen Konvention zum internationalen Eisenbahnverkehr von 1980 wurde das Zentralamt für den internationalen Eisenbahnverkehr 1985 durch die Zwischenstaatliche Organisation für den internationalen Eisenbahnverkehr ersetzt.[10]

Die Zunahme der internationalen wirtschaftlichen Verflechtungen liess den Schutz des geistigen und industriellen Eigentums als wünschenswert erscheinen. Ab 1873 beteiligte sich die Schweiz massgeblich an einer internationalen Konvention zum Schutze des industriellen Eigentums (Pariser Verbandsübereinkunft zum Schutz des gewerblichen Eigentums), die 1884 in Kraft trat, und sie arbeitete mit an der Schaffung des Copyright-Zeichens (©) zum Schutz des literarischen und künstlerischen Eigentums (Berner Konvention 1886). Die Schweiz beherbergte dann auch die 1893 vereinigten Büros für gewerbliches, literarisches und künstlerisches Eigentum.

Mit der Übereinkunft betreffend die internationale Eintragung der Fabrik- oder Handelsmarken sollten die «beträchtlichen Kosten und umständlichen Förmlichkeiten [reduziert werden], welche gegenwärtig denjenigen unserer Gewerbs- und Handelsleute auferlegt werden, welche ihre Marken in mehreren Ländern schützen lassen wollen», wie der Bundesrat in seiner Botschaft vom 1. Juni 1891 an die Bundesversammlung erläuterte. Weiter war der Bundesrat davon überzeugt, «die internationale Eintragung der Marken werde einen sehr werthvollen Gewinn an Geld und Zeit für eine grosse Zahl unserer Gewerbe- und Handeltreibenden mit sich bringen, und viele derselben, welche ihre Erzeugnisse in solche Länder schicken, wo ihre Marken nicht hinterlegt sind, werden dieses Mittel benutzen, um ihren Produkten in einer grossen Zahl von Staaten gesetzlichen Schutz zu sichern». Er betonte aber auch die einzigartige Chance einer solchen internationalen Konvention für die Schweiz, «indem dieselbe nämlich in unserem Lande eine Zentralverwaltung für den Schutz eines sehr wichtigen Theils des gewerblichen Eigenthums schafft, so daß die Rolle unseres Lan-

10 *Historisches Lexikon der Schweiz*, «Zentralamt für den internationalen Eisenbahnverkehr».

des, ein internationaler Mittelpunkt zu sein, noch schärfer hervortritt».[11] Im Jahr 1967 gingen die Berner Büros in der in Genf domizilierten Weltorganisation für geistiges Eigentum (WIPO) auf, die 1974 den Status einer Sonderorganisation der Vereinten Nationen erhielt.

Vor dem Ersten Weltkrieg rangierte die Schweiz als europäischer Sitzstaat in der Beherbergung internationaler Organisationen nach Belgien, Deutschland und Frankreich an vierter Stelle (noch vor Grossbritannien und den USA).[12] Frankreich entwickelte sich zum Zentrum für die Vereinheitlichung von Massen und Gewichten, eine Koordinationsaufgabe, die den internationalen wirtschaftlichen Austausch ebenfalls stark erleichtern sollte. An diesem Beispiel lässt sich zudem zeigen, dass die internationalen Organisationen und Konventionen nicht nur für den Aussenhandel nützlich waren, sondern dem Bundesrat auch die Harmonisierung innerhalb des schweizerischen Gebietes – eine interkantonale Vereinheitlichung – erleichtern sollten. Im Bereich der Masse und Gewichte herrschte nämlich ein Nebeneinander verschiedener Systeme, das trotz Bundeskompetenz – 1848 war die Regelung der Masse und Gewichte in die Kompetenz des Bundes gefallen – noch fast 30 Jahre fortdauerte. Erst mit dem Beitritt der Schweiz zur 1875 in Paris verabschiedeten Meterkonvention kam der Durchbruch für eine gesamtschweizerische Vereinheitlichung von Massen und Gewichten.[13] Das *Bureau International des Poids et Mesures* hat seinen Sitz seit der Gründung in Sèvres bei Paris. Es wurde anfänglich vom Neuenburger Charles-Edouard Guillaume geleitet, der 1920 den Nobelpreis in Physik erhielt.

Einen weiteren Schwerpunkt der Schweizer Internationalisierungsstrategien bildete die Sozialpolitik.[14] Bei internationalen Diskussionen im Rahmen von Arbeiterschutz- und Sozialversicherungskongressen war der Bundesrat mit dem Problem konfrontiert, dass der Bund für diesen Politikbereich gar nicht zuständig war. Ein Bundesamt für Sozialversicherung, das sich mit dem Ausbau und der Planung neuer Sozialversicherungsprojekte beschäftigen konnte, gab es erst ab 1913 (→ 4.3.2.1). Parallel zur innenpolitischen Formationsphase der ersten Sozialversicherungen zeigte sich der Bundesrat interessiert an den internationalen Entwicklungen. Für einmal sollten hier allerdings keine multilateralen Vereinbarungen, sondern bilaterale Abkommen angestrebt werden. Auf dem Gebiet der Sozialversicherungen kamen multilaterale Lösungen erst im europäischen Kontext und nach dem Zweiten Weltkrieg zustande.

Weiteren internationalen Abstimmungsbedarf auf dem Gebiet der Sozialpolitik erkannte der Bundesrat beim Arbeiterschutz. Diese Diskussionen liefen jedoch über private Vereinigungen. So fand 1897 beispielsweise in Zürich ein internationaler Arbeiterschutzkongress statt, aus dem 1901 die privatrechtlich organisierte Internationale Vereinigung für gesetzlichen Arbeiterschutz und das Internationale Arbeitsamt

11 Schweiz. Bundesrat 1891, 172–173.

12 Herren/Zala 2002, 27.

13 *Historisches Lexikon der Schweiz*, «Masse und Gewichte».

14 Herren 2000, 366.

(IAA) mit Sitz in Basel hervorgehen sollten. Das IAA war eine Art Dokumentationsstelle, die Material über die nationalen Arbeitsschutzregulative sammelte und aufbereitete. Der privaten Vereinigung gelang es, dass sich der Bundesrat diplomatisch mit Einladungen zu weiteren Konferenzen in Bern engagierte. 1906 resultierten daraus erste internationale Arbeiterschutzabkommen, welche die Frauennachtarbeit in der Industrie sowie die Verwendung von Phosphor in der Zündholzindustrie verboten. 1913 bereitete eine dritte Konferenz zwei weitere Abkommen vor, der Kriegsausbruch verhinderte jedoch deren für 1914 geplante Ausführung.

Diese originellen Ansätze einer öffentlich-privaten Regulierung und Standardisierung der internationalen Sozialpolitik verstetigten sich nach dem Ersten Weltkrieg in der Internationalen Arbeitsorganisation (ILO). Neuartig am Entscheidungsfindungs- und Beschlussfassungsprozess der ILO war die dreiseitige Repräsentation von Gewerkschafts-, Industrie- und Regierungsvertretern. Das Internationale Arbeitsamt wurde eine vom Völkerbund finanzierte Einrichtung mit Sitz in Genf. 1946 wurde die ILO zur ersten Sonderorganisation der Vereinten Nationen (UNO).

Neben der industriellen Expansion lösten auch die Veränderungen im Agrarbereich im 19. Jahrhundert einen Koordinations- und Informationsbedarf aus. Die Schweiz war hier gleichfalls äusserst interessiert und gehörte zu den Gründungsmitgliedern des 1905 in Rom geschaffenen Internationalen Landwirtschaftsinstituts. Dieses Institut sollte primär statistische, technische oder ökonomische Auskünfte über die tierische oder pflanzliche Produktion, den landwirtschaftlichen Handel und die Preisverhältnisse auf den verschiedenen Märkten sammeln und öffentlich zugänglich machen. Die schweizerische Landwirtschaft spielte zwar auf dem Weltmarkt lediglich eine bescheidene Rolle, so betonte der Bundesrat gegenüber dem Parlament, dennoch sei die Schweizer Beteiligung nicht nur den Gründen «internationaler Höflichkeit» geschuldet, sondern auch nützlich, sodass die Landwirtschaft wissenschaftliche und praktische Vorteile aus dieser Kooperation ziehen könne.[15]

Während des Ersten Weltkriegs bestanden die internationalen Unionen in der Schweiz fort: Auch wenn die jährlichen Zusammenkünfte von Weltpostkongress oder Telegraphenunion zwischen 1914 und 1918 nicht stattfanden, arbeiteten die internationalen Sekretariate doch weiter. Diese Kontinuität angesichts der kriegerischen Auseinandersetzungen ist bemerkenswert. Dem Bundesrat, dem die Oberaufsicht über diese Unionen oblag, eröffnete sich damit aussenpolitischer Handlungsspielraum, der das Mass eines Kleinstaats weit übertraf.

Wie dargestellt versorgten zahlreiche internationale Organisationen die Nationalstaaten ab der zweiten Hälfte des 19. Jahrhunderts mit Informationen und erleichterten die zwischenstaatliche Koordination.

15 Schweiz. Bundesrat 1905, 114–115.

5.3.2 Die Politisierung der internationalen Organisationen: 1919–1945

Die Zwischenkriegszeit begann in Bezug auf die internationalen Organisationen verheissungsvoll: Die bereits bestehenden Unionen funktionierten weiter und mit dem Völkerbund wurde die internationale Kooperation ausgebaut. Die Schweiz knüpfte mit der Beheimatung des Völkerbundes in Genf und mit ihrem Beitritt im Jahr 1920 nahtlos an die Strategie des Vorkriegsinternationalismus an. Die Zahl der in Genf niedergelassenen internationalen Organisationen stieg zwischen 1925 und 1938 von 56 auf 80 an.

Mit der Schaffung des Völkerbundes erhielten die internationalen Beziehungen zum ersten Mal ein wirkliches Gravitationszentrum; doch schon bald zeigte sich, dass sich die im 19. Jahrhundert geschaffenen «Unionen» und «Büros» einer Integration in das System des Völkerbundes erfolgreich entziehen konnten. Nur die Internationale Arbeitsorganisation wurde, wie bereits erwähnt, als bedeutende sozialpolitische Organisation Teil des Völkerbundes.

Die Entwicklung der Internationalisierung in der Zwischenkriegszeit kann hier nicht in ihrer ganzen Komplexität dargestellt werden; massgeblich ist jedoch die Kategorisierung von Madeleine Herren und Sacha Zala, die auf die dreiseitige Systemkonkurrenz in den internationalen Beziehungen hinweisen:[16] Erstens setzte sich der alte Vorkriegsinternationalismus in den Bereichen der Kommunikation, des Verkehrs, des geistigen Eigentums, der Gesundheit und der Landwirtschaft fort; zweitens entwickelte sich eine neue, am Völkerbund orientierte Form der Internationalisierung; drittens entstand in den 1930er Jahren ein faschistisches Geflecht von internationalen Organisationen mit den Zentren Berlin und Rom. Das NS-Regime baute nach seinem Austritt aus dem Völkerbund im Jahr 1933 systematisch europäische Konkurrenzorganisationen auf.[17]

Obwohl sie von den Konstrukteuren des Völkerbundes vorgesehen war, gelang die Integration der zahlreichen technischen Normierungsorganisationen nicht. Solange der Völkerbund nicht wirklich universal war (die USA fehlten gänzlich, Deutschland und Russland zeitweise), zeigten sich die bereits bestehenden Unionen in der Bewältigung technischer und ökonomischer Probleme weit überlegen. Nur internationale Regierungsorganisationen, die nach 1918 entstanden waren, hatten überhaupt eine Chance, sich im Rahmen des Völkerbundes zu konstituieren.[18] Im Artikel 24 der Völ-

16 Herren/Zala 2002, 107–190.

17 Herren/Zala weisen nachdrücklich auf die Existenz eines «totalitären Internationalismus» zwischen 1933 und 1945 hin. Dass internationale Organisationen immer auch Ausdruck politischer Machtkonstellationen sind und nicht bloss als technische und damit politisch-neutrale Standardisierungsstellen zu verstehen sind, soll an dieser Stelle keinesfalls negiert werden. Im Rahmen dieses wirtschaftsbezogenen Überblicks über internationale Organisationen verzichten wir allerdings auf weitere Ausführungen zu dieser in der Geschichte der internationalen Beziehungen besonderen Epoche. Vgl. dazu Herren/Zala 2002, 151–221.

18 Eine Ausnahme dieser Regel war die Internationale Arbeitsorganisation (ILO), die ausserhalb des Völkerbundes gegründet wurde.

kerbundssatzung wurden die bereits existierenden Unionen erwähnt, ohne allerdings deren Existenz ausserhalb des Völkerbundes in Frage zu stellen. Dem Bundesrat war dieses Nebeneinander durchaus willkommen, konnte die Schweiz so doch auf verschiedenen Klaviaturen spielen.

Diese doppelbödige Politik zeigte sich insbesondere bei der Etablierung der Bank für Internationalen Zahlungsausgleich (BIZ), für die sich der Bundesrat auf Ersuchen der Schweizerischen Bankiervereinigung bereits 1929 aktiv einsetzte. 1930 wurde die BIZ mit Sitz in Basel gegründet; sie ist heute die älteste internationale Finanzinstitution. Die Abwicklung der deutschen Reparationszahlungen gemäss dem Young-Plan von 1930 sowie die Förderung der Zusammenarbeit zwischen den Zentralbanken, insbesondere im Bereich der Geld- und Währungspolitik, waren die übergeordneten Aufgaben der BIZ. Nach Abschluss der Reparationszahlungen diente die BIZ bis 1939 als Informationsdrehscheibe der Zentralbankgouverneure. 1944 hätte die BIZ nach der Vorstellung der Bretton-Woods-Architekten liquidiert werden müssen, was allerdings nicht geschah. Sie diente den Zentralbankpräsidenten der wichtigsten Industrieländer weiterhin als Forum für die internationale Geldpolitik.[19]

Als 1924/25 die Voraussetzungen für die Aufnahme Deutschlands in den Völkerbund geschaffen wurden, gewann der Völkerbund in den Augen des Bundesrates vermehrt an Ansehen. «Was die Aufnahme Deutschlands betrifft, so kann sich die Schweiz nur freuen über diesen wichtigen Schritt auf dem Wege nicht nur zur Universalität, sondern auch zur Versöhnung», erklärte der Bundesrat nach dem Beitritt Deutschlands.[20] Die aufgrund der prominenten Abwesenheit der Vereinigten Staaten mangelnde Universalität des Völkerbundes konnte immerhin in wirtschaftlichen Fragen etwas kompensiert werden. Der Bundesrat begrüsste es deshalb, dass ab 1926 auch Nichtmitgliedstaaten in gewissen Bereichen aktiv mitarbeiten konnten. Wichtig waren beispielsweise die Teilnahmen der USA an der internationalen Wirtschaftskonferenz im Frühjahr 1927 in Genf[21] und an der Konferenz für Verkehrswege und Transit im Sommer 1927. Zwar brachten die grossen Schweizer Wirtschaftsverbände Vorbehalte beim Austausch von Wirtschaftsstatistiken an,[22] der Bundesrat hingegen setzte insbesondere in die Weltwirtschaftskonferenz des Völkerbundes grosse Hoffnungen, da sie ausdrücklich das Meistbegünstigungsprinzip aus der Zeit vor dem Ersten Weltkrieg wieder einführen wollte.[23] Im Rückblick wertete der Bundesrat aufgrund der Konferenz 1927 gar als «Jahr der Handelsverträge», in dem die wichtigsten Handelspartner ihre Sonderinteressen zugunsten der Allgemeininteressen zurückzustellen bereit waren, worauf sich die Schweizer Diplomaten in den Zolltarifverhandlungen abstützen sollten. Multilaterale

19 Toniolo 2005.

20 Schweiz. Bundesrat 1929, 834.

21 Auch Ägypten, die Türkei und die Union sozialistischer Sowjetrepubliken waren vertreten, Mexiko schickte einen Beobachter.

22 Mesmer 1980.

23 Hug/Kloter 1999, 20.

Lösungen würden zwar die eigene Bewegungsfreiheit einschränken, doch die Vorteile seien immer noch höher zu gewichten, erklärte der Bundesrat den Verbänden, die dem Völkerbund gegenüber skeptisch eingestellt waren.[24]

Man muss sich den Völkerbund denn auch als Plattform heterogener nationaler Interessen vorstellen und weniger als weltpolitischen Akteur mit Durchsetzungskraft. So kämpften beispielsweise in den 1920er Jahren französische und belgische Finanzpolitiker im Rahmen des Fiskalkomitees des Völkerbundes für eine internationale Konvention, die bei zwischenstaatlichen Steuerabkommen eine Amtshilfe zur Bekämpfung der Steuerflucht zum Standard machen sollte. Zunächst waren die Exponenten im Bundesrat diesem Ansinnen gegenüber positiv eingestellt, doch die Schweizer Bankenvertreter setzten sich bald durch, und so beauftragte der Bundesrat den Delegierten im Fiskalkomitee, Hans Blau, die Interessen des stark expandierenden Schweizer Finanzplatzes zu verteidigen (→ 2.2.2.2). Den Quellen des Völkerbunds lässt sich die heikle Gratwanderung des schweizerischen Vertreters in solch internationalem Gremium entnehmen: In den regelmässigen Diskussionen mit seinen Amtskollegen entwickelte der oberste Schweizer Steuerbeamte zunehmend Verständnis für die Anliegen seines französischen Amtskollegen. «Zu Hause» allerdings traf Blau auf einen kompromisslosen Bundesrat, der sich zum Sprecher der Bankiervereinigung gemacht hatte. Das Bankgeheimnis wurde, noch bevor es 1934 vom Gesetzgeber auch im strafrechtlichen Sinne verankert und damit verschärft wurde, auf internationaler Ebene eisern verteidigt. Blau konnte sich auf die fehlende Kompetenz des Bundes in Steuerfragen berufen, ein Argument, das häufig gebraucht wurde, wenn der Bund einer unerwünschten internationalen Harmonisierung entgehen wollte.[25] In keiner andern Frage sollte sich der Bundesrat so kompromisslos vor die privatwirtschaftlichen Interessen stellen wie in der Frage der internationalen Amtshilfe bei Steuerdelikten. Was in den 1920er Jahren im Völkerbund begann, wurde in den 1960er Jahren im Rahmen des Fiskalausschusses der OECD weitergeführt.[26] Dem Schweizer Finanzplatz gelang es bis in die jüngste Gegenwart, die spezifischen Steuerpraktiken zu erhalten; der Industrie war mit der Vermeidung einer doppelten Besteuerung gedient. Als durchsetzungskräftig erwiesen sich internationale Organisationen also nur in Kombination mit einflussreichen Staaten. Auf dem Gebiet der Amtshilfe waren dies seit den 1960er Jahren die USA, in der jüngeren Vergangenheit auch einzelne Mitglieder der Europäischen Union alleine oder mit Unterstützung der gesamten Europäischen Union.

Mit dem Ausbruch der Finanz- und Handelskrise 1929/30 kam es zu währungs- und handelspolitischen Alleingängen der USA und Grossbritanniens; damit verliessen zwei Handelsmächte den multilateralen Pfad in der Krisenbekämpfung (→ 5.1.4).

24 Hug/Kloter 1999, 20–21.
25 Farquet 2009.
26 Hug 2002.

Der Bundesrat verlor seinen Glauben an die Wirkungsmöglichkeiten des Völkerbunds. Die Weltwirtschaftskonferenzen des Völkerbunds in den Jahren 1930 und 1931 brachten keine Lösung der internationalen Finanzkrise, woraufhin der Direktor der Handelsabteilung, Walter Stucki, im Herbst 1931 vor dem Völkerbund bekannt gab, dass die Schweiz mit autonomen Massnahmen ihre Interessen wahren würde. Auch die anderen Regierungen suchten ihr Heil in einem autonomen Krisenmanagement. Dem Wirtschaftskomitee des Völkerbunds verblieb nur mehr die Rolle eines Warners vor protektionistischen Massnahmen der Mitgliedsländer. Der Völkerbund war besonders im Bereich der Finanz- und Handelspolitik noch zu jung und zu wenig breit abgestützt, um in den heftigen Turbulenzen der Grossen Depression die wichtigsten Akteure zu einem gemeinsamen Vorgehen veranlassen zu können.[27]

Die schweizerische Aussenwirtschaftspolitik war in der Folge durch bilaterale Lösungen im Rahmen eines gebundenen Zahlungsverkehrs geprägt (Clearing).[28] Die alten internationalen Organisationen aus der Zeit vor 1914 blieben von der Skepsis für internationale Lösungen zwar verschont, doch die neuen Ansätze einer internationalen Finanz- und Handelsordnung innerhalb des Völkerbunds wurden von den Schweizer Handelspolitikern nur belächelt. Dank der zahlreichen bilateralen Abkommen konnte der grösste Schaden für die Exportindustrie abgewendet werden; dass die Zuteilung knapper Devisen dann innerhalb des Verbandssystems ausgehandelt werden musste, öffnete allen möglichen Interessenorganisationen eine Tür in die internationale Handelspolitik. Als im Gefolge der Konferenz von Bretton Woods erste Ansätze einer multilateralen Weltwirtschaftsordnung für die Nachkriegszeit skizziert wurden, reagierten die mittlerweile bestens ins aussenwirtschaftspolitische «Interessenclearing» eingebundenen Kräfte in der Schweiz mit grosser Skepsis.[29]

5.3.3 Zwischen Globalisierung und Europäisierung: nach 1945

5.3.3.1 Die unmittelbare Nachkriegszeit

Nach dem Zweiten Weltkrieg sollten, so die Vorstellungen der siegreichen Alliierten, die internationalen Organisationen dauerhaft gestärkt werden, indem man die bestehenden internationalen Organisationen unter das Dach der UNO stellte. Eine Parallelstruktur wie zu Zeiten des Völkerbunds wurde nicht mehr toleriert. Die bestehenden Regierungsorganisationen wurden zu Sonderorganisationen der Vereinten Nationen erklärt, die auch Nicht-UNO-Mitgliedern offenstanden. Dieses Arrangement kam insbesondere Nichtmitgliedern der UNO wie der Schweiz entgegen, da diese am Vernetzungsprozess gleichwohl partizipieren konnten. Andererseits bedeutete es für die seit dem 19. Jahrhundert in der Schweiz beheimateten internationalen Verwal-

27 Herren-Oesch 2009, 69.
28 Frech 2001, 84–87.
29 Gees 1999.

tungsunionen, dass sie der schweizerischen Oberaufsicht entzogen wurden. Auch die Trennung von internationalen Nichtregierungs- und internationalen Regierungsorganisationen sollte im UNO-System ein für allemal sauber vollzogen werden. Die Alliierten nahmen in dieser Phase keine Rücksicht auf die althergebrachten Traditionen der bestehenden Berner Büros zur Regelung des internationalen Post-, Fernmelde- und Eisenbahnverkehrswesens.

In der Zwischenkriegszeit hatten sich als Folge einer zunehmenden Regulierung der Handels- und Finanzbeziehungen nachhaltige Mitwirkungsmöglichkeiten der Wirtschaftsverbände etabliert.[30] Auch in der politisch heiklen Phase des Übergangs zur Nachkriegsordnung liess sich die schweizerische Politik von Handels- und Finanzinteressen leiten. Dass der Dachverband der Schweizer Wirtschaft, der Schweizerische Handels- und Industrieverein, sowie die Schweizerische Bankiervereinigung Mühe mit der deutschlandfeindlichen Siegermentalität der Alliierten bekundeten, zeigte sich insbesondere gegen Ende des Krieges rund um die Currie-Mission vom Februar/März 1945 und die schwierigen Verhandlungen, die zum Washingtoner Abkommen von 1946 und zur Rückgabe deutscher Vermögenswerte führten.[31]

An der Schwelle zur Nachkriegszeit ging es der Schweizer Regierung darum, den Anschluss an die Neuordnung der internationalen Organisationen im Kontext der Vereinten Nationen nicht zu verpassen und gleichzeitig die Ansprüche der Alliierten bezüglich der deutschen Vermögenswerte aus dem Krieg abzuwehren. In dieser Situation stellte der Bundesrat seine Aussenpolitik als nichtpolitische technische Zusammenarbeit dar, wobei er an die Tradition des 19. Jahrhunderts erinnerte. Erstmals lässt sich diese Argumentation bei der Gründung der Weltgesundheitsorganisation (WHO) nachweisen, an der die Schweiz als Nichtmitglied der Vereinten Nationen zwar teilnahm – allerdings bloss als Beobachterin. Das zuständige Politische Departement (EPD) entsandte bereits im Juni 1946 einen Medizinprofessor und einen hohen Vertreter des Eidgenössischen Gesundheitsamtes an die vorbereitende Gesundheitskonferenz.[32] In seiner Botschaft zum Beitritt der Schweiz zur WHO betonte der Bundesrat später, Seuchen könnten durch den Flugverkehr zunehmend auch Binnenländer treffen; weiter hob er die Bekämpfung der Infektionskrankheiten und den Nutzen der Heilmittelstandardisierung hervor. Schliesslich argumentierte er, es liege «doch in seiner traditionellen Politik, alle Anstrengungen, die geeignet sind, Gegensätze zwischen den Völkern zu verringern, nach Kräften zu unterstützen. In der Verfassung der Weltgesundheitsorganisation kommt der Wille zum Ausdruck, die Verbesserung der gesundheitlichen Verhältnisse zu fördern, um damit auch wirtschaftliche und soziale Gegensätze nach Möglichkeit ausgleichen zu helfen und so einen Beitrag zur Vermeidung künftiger Konflikte zu liefern».[33]

30 Hug 1998.
31 Meier et al. 2002.
32 Protokoll des Bundesrates, 8. Juni 1946 (Nr. 1496), in DoDiS-123 (www.dodis.ch).
33 Schweiz. Bundesrat 1946, 717.

Neben dem Beitritt zur WHO von 1948 trat die Schweiz auch den andern neu gegründeten UNO-Sonderorganisationen bei: der Organisation für Ernährung und Landwirtschaft (FAO), der Internationalen Zivilluftfahrtorganisation (ICAO), der Zwischenstaatlichen Organisation für Seeschiffahrt (IMO), der Organisation der Vereinten Nationen für Erziehung, Wissenschaft und Kultur (UNESCO). Die seit dem 19. Jahrhundert bestehenden Organisationen wurden nach 1945 ins System der Vereinten Nationen integriert: der Fernmeldeverein (ITU; ehemals Internationale Union der Telegraphenverwaltungen), der Weltpostverein (UPU), die Meteorologische Weltorganisation (WMO) und die Weltorganisation für geistiges Eigentum (WIPO); auch die Internationale Arbeitsorganisation (ILO) wurde zur UNO-Sonderorganisation. Obwohl der Bundesrat 1946 entschied, der UNO fernzubleiben – das neutrale Schweden wurde im November 1946 bereits aufgenommen –, befürwortete er sämtliche Beitritte zu den Sonderorganisationen mit dem Verweis auf den traditionellen Schweizer Internationalismus des 19. Jahrhunderts und der Zwischenkriegszeit. Während die Schweiz sich bei der UNO mit dem Beobachterstatus zufrieden gab, war sie an den Sonderorganisationen als vollberechtigtes Mitglied beteiligt. Nicht zuletzt aus diesem Grund erwuchsen der Schweiz aus der bis ins Jahr 2002 andauernden Nichtmitgliedschaft in der UNO keine gravierenden Nachteile.

Ebenfalls im Umfeld der UNO angesiedelt waren die sogenannten Bretton-Woods-Institutionen (BWI), denen die Schweiz allerdings fernblieb.[34] Doch auch hier darf das Fernbleiben nicht mit einem Desinteresse an den internationalen Handels- und Finanzbeziehungen verwechselt werden. Auch ohne einen formellen Beitritt war die Schweiz in das Währungssystem von Bretton Woods integriert (→ 5.1.5). Gegen einen Beitritt zum Internationalen Währungsfonds (IWF) sprachen primär Gründe der aussenwirtschaftspolitischen Souveränität. Verwaltung und Wirtschaftsverbände befürchteten, ihre handelspolitischen Druckmittel zu verlieren. Gemäss den Bretton-Woods-Regeln waren Ländern ohne Devisennot (wie die Schweiz) mengenmässige Importbeschränkungen als taktisches Verhandlungsinstrument nicht gestattet. Schutzmassnahmen über Zollerhöhungen lehnten die Verbände ebenso wie die Behörden weiterhin ab.[35]

Die Liberalisierung des Zahlungs- und Handelsverkehrs im Rahmen der Europäischen Organisation für wirtschaftliche Zusammenarbeit (OEEC; Beitritt 1948) und der Europäischen Zahlungsunion (EZU; Beitritt 1951) waren für die Schweiz weit interessanter als die Zollsenkungsmethoden des Allgemeinen Handels- und Zollabkommens (GATT; provisorischer Beitritt 1958). Zwar setzte sich auch die Schweiz für einen Abbau nichttarifärer Handelshemmnisse ein – den Agrarhandel einmal ausgenommen –, aber gegen einen Beitritt zum GATT sprach die dort geltende Bestimmung, dass Länder mit Zahlungsbilanzdefiziten Einfuhrbeschränkungen autonom

34 Hauser/Gedult von Jungenfeld 2005.
35 Meier et al. 2002, 298–299.

verfügen konnten, während Überschussländer wie die Schweiz in einem solchen Fall das Einverständnis der anderen Mitgliedstaaten einholen mussten. Die Schweizer Schutzmassnahmen für die Landwirtschaft und die nach wie vor bestehenden Einfuhrbeschränkungen standen einem Beitritt ebenfalls entgegen (→ 5.1.5.1).

5.3.3.2 Die Entwicklung 1948–1980

Der Bundesrat, die Wirtschaftsverbände und die Nationalbank blieben der alliierten Neuordnung gegenüber skeptisch. Mit dem westeuropäischen Wiederaufbau im Zuge des Marshallplanes ergab sich für die Schweiz jedoch die Möglichkeit, im Rahmen einer internationalen Organisation zu kooperieren.[36] 1948 wurde die Organisation für wirtschaftliche Zusammenarbeit in Europa (OEEC) mit Sitz in Paris gegründet. Sie hatte den westeuropäischen Wiederaufbau intergouvernemental im Konsens zu koordinieren. Die OEEC war auch für die Schweiz Ausgangspunkt einer beginnenden Europäisierung. Die schweizerische Politik begann, sich primär bei der Regelung neu auftretender wirtschaftlicher oder gesellschaftlicher Probleme an den westeuropäischen Konzepten innerhalb der OEEC zu orientieren. Nicht alle Politikfelder waren gleichermassen von Europäisierungserscheinungen betroffen, doch insbesondere die Überlegungen zum internationalen Wirtschaftsverkehr (Handel und Finanzen) waren ab 1948 stark von einem gemeinsamen westeuropäischen Willen geprägt. Die OEEC (später in OECD umbenannt) wurde zur Schrittmacherin einer intensiven europäischen Zusammenarbeit. Auch hier gilt die Feststellung, die bereits am Beispiel des Beitritts der Schweiz zur Meterkonvention von 1875 gemacht wurde: Internationale Abstimmungen haben die Rolle des Zentralstaates nicht etwa geschwächt, im Gegenteil, mit der Einigung auf gemeinsame Konzepte hat der Bund gegenüber den Kantonen erheblich an Steuerungsmöglichkeiten gewonnen. Europäisierung bedeutete neben den konkreten Vereinbarungen – beispielsweise innerhalb der Europäischen Zahlungsunion – auch, dass sich Verwaltungsspezialisten verschiedener Länder gemeinsam mit europäischen Konzepten auseinandersetzten. Im öffentlichen Diskurs wurde dieser Europäisierungsprozess allerdings nicht thematisiert.[37]

In den 1950er Jahren war die OEEC das Gravitationszentrum einer öffentlichkeitswirksam kaum inszenierten westeuropäischen Kooperation. In der Pariser OEEC und der EZU sah der Bundesrat nicht nur seine aussenwirtschaftlichen Interessen gut aufgehoben, hier bot sich auch eine exzellente Möglichkeit, das etwas gespannte Verhältnis zu den USA zu normalisieren und gleichzeitig das innenpolitisch so wichtige Neutralitätsbild aufrechtzuerhalten.[38] OEEC und EZU waren von den (gleichwohl dominierenden) USA unabhängiger als die Bretton-Woods-Institutionen. In

36 Fleury 1986.
37 Ausführlicher zum Konzept der Europäisierung am Beispiel der Schweiz: Gees 2004.
38 Schiemann 1991.

der OEEC begegneten die Regierungen der schweizerischen Neutralitätspolitik mit mehr Verständnis.

Das erste Jahrzehnt des koordinierten westeuropäischen Wiederaufbaus fand fernab von jenen Verträgen, Institutionen und politischen Entscheidungsmechanismen statt, die heute dem europäischen Einigungsprozess zugeschrieben werden. Die wirtschaftspolitischen Grundlagen zu den diversen nationalen «Wirtschaftswundern» der 1950er Jahre hatten ihren Brennpunkt in den koordinierten Absprachen im Rahmen der OEEC.[39] Bevor 1957 in Rom Frankreich, Deutschland, Italien und die Benelux-Länder den Grundstein für einen Gemeinsamen Markt mit supranationalen Entscheidungsregeln legten, fand ein westeuropäischer Liberalisierungsprozess statt, den die Schweizer Wirtschaft sehr begrüsste und die Politik auch unterstützte. Ein koordiniertes wirtschaftspolitisches Vorgehen über nationale Grenzen hinweg schuf letztlich die Voraussetzungen für das ehrgeizige Projekt einer Europäischen Wirtschaftsgemeinschaft (EWG). Auch die Schweiz liess sich ab 1948 auf die westliche Formel einer Wirtschaftspolitik ein, die wirtschaftliches Wachstum mit einem koordinierten Abbau von Handels- und Finanzprotektionismus zu verbinden suchte.

Die OEEC war mindestens bis zur Auflösung der EZU 1958 *das* westeuropäische Netzwerk schlechthin und damit für die Schweiz mit Abstand die wichtigste internationale Wirtschaftsorganisation. Sie vereinigte zahlreiche vertikale und horizontale Ausschüsse. Die vertikalen umfassten einen bestimmten Marktsektor. Es gab 1948 Komitees für Kohle, Elektrizität, Öl, Eisen und Stahl, für Nahrungsmittel und Landwirtschaft (mit einem Unterausschuss zu «Landwirtschaftsmaschinen»), für Landverkehr, Schiffsverkehr, Textilien, Chemische Produkte, Holz, Papier, Nichteisenmetalle, Leder und Häute sowie Tourismus. Insbesondere für die Landwirtschaft wurden 1949 viele weitere Unterausschüsse gebildet: für Aus- und Einfuhrprogramme, Anbaupläne, Dünger, Insektizide und Fungizide sowie für Fischerei. Diese Ausschüsse ermittelten den jeweiligen Bedarf und die Produktionsmöglichkeiten, was im Zusammenhang mit den Versorgungsschwierigkeiten während des Korea-Kriegs sehr wichtig war. Darüber hinaus dienten sie den nationalen Delegierten als wichtige Informationsquelle: Hier konnte man statistische Daten und wichtige Marktinformationen beziehen.[40]

Die horizontalen Komitees befassten sich mit marktübergreifendenden Problemen: Das Wirtschaftskomitee prüfte jährlich die Berichte über die wirtschaftliche Lage und die wirtschaftspolitischen Massnahmen in den einzelnen Ländern; das Handelskomitee beobachtete den Wirtschaftsverkehr innerhalb der Mitgliedstaaten und mit Drittländern; das Komitee für innereuropäischen Zahlungsverkehr beschäftigte sich mit technischen Fragen im Kapital- und Zahlungsverkehr. Des Weiteren

39 Ludger Lindlar spricht von einem «missverstandenen Wirtschaftswunder». Das dem deutschen Wirtschaftsminister Ludwig Erhard zugeschriebene Wirtschaftswunder sei nicht aus dem Konzept der sozialen Marktwirtschaft, sondern aus der günstigen westeuropäischen Nachkriegsprosperität zu erklären (Lindlar 1997).

40 Organisation Européenne de Coopération Economique ^{3}1956, 77–82.

gab es den Ausschuss für Arbeitskräfte, der sich mit dem bestmöglichen Einsatz von Arbeitskräften innerhalb des OEEC-Raums befasste und damit auch Fragen der erleichterten Arbeitsmigration behandelte. Ferner gab es den Ausschuss für die Überseegebiete, in dem Fragen der technischen Hilfe (Entwicklungshilfe) erörtert wurden, und den Ausschuss für Produktivität und angewandte Forschung, der nach Wegen für einen ergiebigen Kapitaleinsatz suchte. In diesen Komitees wurde eher still und wenig öffentlichkeitswirksam gearbeitet. Die Ausschüsse ermöglichten dabei zudem einen permanenten Gedanken- und Informationsaustausch auf Regierungs- und Verwaltungsebene.

Die anfängliche Skepsis der Wirtschaftsverbände am schweizerischen OEEC-Engagement wich langsam einer positiven Einschätzung. Gegenüber anderen im Rampenlicht der Öffentlichkeit stehenden Integrationsprojekten zeigte sich Aussenminister Max Petitpierre ablehnend oder desinteressiert. So wurde etwa der Europarat, 1949 mit Sitz in Strassburg gegründet, von Petitpierre lange Zeit geringgeschätzt. Er sorgte dafür, dass die Schweiz vom französischen Aussenminister, Robert Schuman, nicht einmal eine Einladung zur Gründung des Europarates erhielt.[41] Petitpierre profilierte sich so als energischer Neutralitätspolitiker, der Europarat diente ihm dabei als rhetorische Abwehrfront. Gleichzeitig integrierte sich die Schweiz mehr und mehr in die OEEC, was neutralitätspolitisch keine Bedenken auslöste. Einzig als die US-Amerikaner die Nordatlantikpaktorganisation (NATO) näher an die OEEC heranführen wollten, war man in Bern um die neutralitätspolitische Verträglichkeit besorgt.

Die OEEC war auch deshalb von überragender Bedeutung für die Schweiz, weil sie für fast alle wirtschafts- und gesellschaftspolitischen Fragen ein geeignetes Forum zur Verfügung stellte. Sie war ferner wichtig, weil hier die Experten aus Verwaltung und Wissenschaft erfahren konnten, wie Probleme zu bewerten waren und wie nach entsprechenden gemeinsamen Lösungen zu suchen war. Die Schweiz fand die OEEC geeignet, weil die Beschlüsse des Ministerrates lediglich indirekt umzusetzen und daher weniger verbindlich waren. Diese Form internationaler Verbindlichkeit hatte viele Vorteile gegenüber der supranationalen Integration, welche die sechs EGKS-Länder in den 1950er Jahren anstrebten.

In der OEEC konnten fernab von öffentlichem Druck neue Konzepte entwickelt werden, die der Verwaltung einen gewissen Informationsvorsprung gegenüber der Legislative, aber auch gegenüber den skeptischen Wirtschaftsverbänden verschafften. Dass die OEEC nach dem Konsensprinzip funktionierte und über eine Opting-Out-Klausel verfügte, bedeutete noch lange nicht, dass die Schweiz diese Beschlüsse nicht ernst genommen hätte. Das Opting-out war ohnehin viel bedeutender in der innenpolitischen Vermittlung, gegenüber der OEEC wollte der Bundesrat hingegen die Schweiz als verlässliches und kooperatives Mitglied positionieren.

41 Jost 1999, 126–128.

Die Europäische Wirtschaftsgemeinschaft von 1957 (EWG) war in den Augen der Schweizer Wirtschaftsdiplomaten und Verbandsvertreter ein Spaltpilz der westeuropäischen Kooperation. Spätestens jetzt bekundete auch der Schweizerische Handels- und Industrieverein grosse Sympathien für den westeuropäischen Multilateralismus der OEEC und der EZU. Die EWG wurde hingegen als protektionistisches Kartell, als zentralistisch, interventionistisch und bürokratisch bewertet.[42] Die Verbindung des Handels- und Industrievereins mit der Handelsabteilung im Volkswirtschaftsdepartement war nun so stark, deren Einschätzung so deckungsgleich, dass das für die Europafrage eigentlich zuständige Aussendepartement (Eidg. Politisches Departement, EPD) kaum mehr Einfluss auf die Wahrnehmung des Integrationsprozesses nehmen konnte. Das EPD war der EWG gegenüber offener, hatte seine neutralitätspolitische Haltung sogar revidiert und sah kein Hindernis mehr für einen Schweizer Beitritt zu einer grossen europäischen Zollunion. Eine Zollunion im Schosse der OEEC war denn auch das letzte grosse Projekt, das die Pariser Organisation mit viel Engagement vertrat, doch die einzelnen Nationalstaaten konnten sich nicht darauf einigen. Mit dem Scheitern der «Grossen Freihandelszone» im Dezember 1958 und mit der Auflösung der EZU hatte die OEEC ihre Daseinsberechtigung weitgehend verloren.

Dennoch wollte man auf die Errungenschaften der OEEC nicht verzichten, so etwa auf die wertvollen Arbeiten des 1956 errichteten Economic Policy Committee (EPC), in dem die USA bereits mitwirkten. Dieses Komitee erarbeitete «Regeln für gutes wirtschaftspolitisches Verhalten». Hier mussten die Regierungen über ihre jeweilige Wirtschaftspolitik Auskunft erteilen.[43] Diese Methode der Zusammenarbeit wurde zum Modell für weitere Politikbereiche. Im Verlauf des Jahres 1960 kam man schliesslich überein, die OEEC in die Organisation für wirtschaftliche Zusammenarbeit und Entwicklung (OECD) zu überführen. Neben den bereits bestehenden OEEC-Mitgliedstaaten kamen neu die USA und Kanada hinzu. De jure war die OECD mit der OEEC identisch, der Rat der OECD übernahm die Rechtsakte der OEEC.[44] Übernommen wurden von der neuen Organisation ferner die wirtschaftspolitischen Ausschüsse, der Liberalisierungskodex im Kapitalverkehr, die Europäische Kernenergieagentur (mit den assoziierten Mitgliedern USA und Kanada), die Ausschüsse für Wissenschaft und Technologie, die Komitees auf den Gebieten Tourismus, Versicherungswesen, Arbeitskräfte, Steuerwesen und Transport. Neu kam der Ausschuss für Entwicklungshilfe hinzu, dem allerdings nicht alle Länder angehörten.[45] Die OECD bot zwar keinen Ersatz für die ausgebliebene Europäische Freihandelszone, aber sie bot zumindest ein ausgezeichnetes Forum, in dem Informationen über die Entwicklung der EWG verfügbar waren.

42 Freiburghaus 2009, 68.
43 Ausführlicher zum Reorganisationsprozess Griffiths 1997.
44 Für die völkerrechtliche Perspektive der Reorganisation vgl. Hahn/Weber 1976, 57–75.
45 Schweiz. Bundesrat 1961, 961–965.

Das Ziel der EWG war der schrittweise Abbau von Zöllen bis zur Realisierung einer Zollunion im Jahr 1959. Sieben OEEC-Länder bündelten als Reaktion darauf ihre Interessen in der Europäischen Freihandelsassoziation (EFTA): Neben der Schweiz (und Liechtenstein) waren dies Grossbritannien, Dänemark, Norwegen, Schweden, Österreich und Portugal, in Abgrenzung zu den «inner six» als «outer seven» bezeichnet. Die Handelsabteilung im Volkswirtschaftsdepartement beteiligte sich ebenfalls an den Vorarbeiten, weil sie sich mit der kleinen Präferenzzone Verhandlungsmacht gegenüber der EWG erhoffte.[46] Zusammen mit Grossbritannien, Schweden, Dänemark, Norwegen, Österreich und Portugal unterzeichnete die Schweiz am 4. Januar 1960 den Vertrag über die Errichtung der Europäischen Freihandelsassoziation (EFTA). Die EFTA-Konvention trat im Mai 1960 in Kraft, sie sah bis 1970 ebenfalls einen stufenweisen Abbau der Zölle auf Industriegüter vor – die Agrarzölle waren ausgenommen –, allerdings keine gemeinsame Handelspolitik gegenüber Drittstaaten. Ähnlich wie die EWG umfasste die EFTA-Konvention weitere wirtschaftspolitische Felder, darunter die Personenfreizügigkeit, die Dienstleistungen und Wettbewerbsregeln, nicht aber die Agrarpolitik. Die Zusammenarbeit sollte intergouvernemental, also im Stil der OEEC erfolgen.[47] Da die EFTA-Konvention kündbar war, bedurfte es keiner Volksabstimmung. Unter den Parlamentariern löste der Beitritt zur EFTA weder Euphorie noch Kritik aus.

Die EFTA diente auch der Schweiz als machtpolitisches Instrument gegenüber der EWG, solange eine Solidarität der sieben Staaten bestand. Doch kaum gegründet, wollten drei Regierungen bereits der EWG beitreten: Grossbritannien, Dänemark und Norwegen deponierten noch 1961 ein Beitrittsgesuch bei der Europäischen Wirtschaftsgemeinschaft. Es war ein Schock für die schweizerischen Handelsdiplomaten, dass mit Grossbritannien ausgerechnet der wichtigste und einflussreichste Verbündete der Integrationspolitik die Seiten wechseln wollte.[48] Mit diesem Signal war auch in der Schweiz dem letzten Beobachter klar geworden, dass früher oder später kein Weg an der EWG vorbeiführen würde. In Absprache mit den beiden anderen neutralen EFTA-Partnern, Schweden und Österreich, beantragte die Schweiz im Dezember 1961, mit der EWG Verhandlungen über eine wirtschaftliche Assoziation unter Wahrung der handelspolitischen Autonomie aufzunehmen. Dieses Assoziationsprojekt – eine Art Vorläufer zum EWR-Vertrag von 1991[49] – hätte weitreichende Folgen gehabt, weil laufend EWG-Recht hätte übernommen werden müssen. Der Gewerbeverband hatte bereits Opposition gegen die Assoziation angekündigt, und die Mei-

46 In den schweizerischen Darstellungen zur EFTA-Gründung wurde lange die zentrale Rolle des Direktors der Handelsabteilung, Hans Schaffner, hervorgehoben, der mit einer «Beamtenverschwörung» die Initiative zu Verhandlungen über die EFTA ergriffen habe, vgl. beispielsweise Zbinden 1992, 226–227; stark relativiert wird die Rolle von Schaffner bei Maurhofer 2001, 456.

47 Freiburghaus 2009, 76.

48 Zbinden 1992, 230.

49 Zbinden 1992.

nungen innerhalb des Schweizerischen Handels- und Industrievereins waren geteilt.[50] Als sich der französische Staatspräsident Charles de Gaulle gegen den Beitritt Grossbritanniens zur EWG aussprach, waren der Bundesrat und die Wirtschaftsverbände erleichtert, weil damit auch das schweizerische Assoziationsprojekt hinfällig wurde.

Um einer handelspolitischen Diskriminierung durch die EWG zu entgehen, wollte die Schweiz in den 1960er Jahren an Einfluss innerhalb der Zollsenkungsrunden des GATT gewinnen. 1966 wurde sie zum stimmberechtigten Mitglied an den GATT-Plenarsitzungen. Sie beteiligte sich bereits zu Beginn der 1960er Jahre an den Kompensationsverhandlungen mit der Europäischen Wirtschaftsgemeinschaft (EWG) anlässlich der Einführung des gemeinsamen Zolltarifs. Die GATT-Politik war ab Mitte der 1950er Jahre weitgehend bestimmt durch die Integrationspolitik der Europäischen Wirtschaftsgemeinschaft. Es ging hier nicht um eine Ausweichstrategie in Alternativmärkte, sondern – wie schon bei der EFTA-Mitgliedschaft – darum, den befürchteten Diskriminierungen gegenüber dem Gemeinsamen Markt der Sechs zu entgehen. Sogar im Beitritt zum Europarat 1962 kann man eine weitere solche «Auffanglösung»[51] erkennen. Um gegenüber der EWG die Interessen zu wahren, wurden innert Kürze neutralitäts- und souveränitätspolitische Grundsätze flexibel interpretiert.

Mit dem zweiten britischen Beitrittsgesuch von 1967 kam erneut Schwung in die schweizerische Integrationspolitik. Der Rücktritt des französischen Staatspräsidenten de Gaulle im Juni 1969 machte den Weg für den britischen Beitritt endlich frei; Dänemark, Irland und Norwegen wollten den Europäischen Gemeinschaften ebenfalls beitreten. Gleichzeitig erklärten die Regierungs- und Staatschefs der sechs EG-Länder an der Haager Gipfelkonferenz von 1969, dass sie mit den übrigen EFTA-Ländern Freihandelsabkommen für Industriegüter abschliessen wollten.[52] Dies war der gemeinsame Nenner zwischen allen EFTA- und allen EG-Regierungen. Mit einem besonderen Artikel im Freihandelsabkommen brachte die Europäische Wirtschaftsgemeinschaft allerdings zum Ausdruck, dass die Zusammenarbeit auch auf andere Gebiete ausgedehnt werden könne, wenn beide Vertragspartner dies wünschten. Mit dieser Evolutivklausel wurde der Grundstein für engere Beziehungen gelegt, die über den Zollabbau hinausgehen sollten.[53] Noch bevor das Freihandelsabkommen am 1. Januar 1973 in Kraft trat, unterzeichneten die Schweiz und die EG ein Abkommen über forschungspolitische Zusammenarbeit. Dieses Abkommen kann im Nachhinein als Beginn einer ganzen Serie von Abkommen mit den Europäischen Gemeinschaften, später mit der Europäischen Union (EU) angesehen werden. Am 3. Dezember 1972 stimmte eine deutliche Mehrheit des Volkes (72 %) dem Freihandelsabkommen mit den Europäischen Gemeinschaften zu. Mit dem Freihandelsabkommen konnten die wichtigsten Hemmnisse im Interesse der exportorientierten Wirtschaft be-

50 Freiburghaus 2009, 101–102.
51 Hug 1999, 93.
52 Kaiser 2000, 44–60.
53 Schweiz. Bundesrat 1972, 707–709.

hoben werden. Durch einen schrittweisen Abbau der Zölle auf Industrieerzeugnisse gelang der angestrebte Brückenschlag. Die Rede von der handelspolitischen Spaltung Westeuropas nahm 14 Jahre nach dem Scheitern der Grossen Freihandelszone ein Ende. In der Beurteilung der Integrationspolitik (Freihandel ja, EG-Beitritt nein) herrschte zwischen dem Bundesrat und den Wirtschaftsverbänden absolute Übereinstimmung.[54] Auch die an sich europäisch vernetzten Gewerkschaften waren gegen einen EG-Beitritt. Die Personenfreizügigkeit hätte den gewerkschaftlichen Konsens zu stark belastet.[55]

5.3.3.3 Die Phase nach 1980

Mitte der 1980er Jahre kam der Integrationsmotor ins Stottern; es gab zwar viele Pläne, die Gemeinschaften zu stärken, doch bis zur Proklamation des Binnenmarktprogramms war wenig Dynamik in der Schweizer Europapolitik zu spüren. Der Bundesrat schenkte in den 1980er Jahren den globalen Problemen vermehrt Beachtung und wollte seinen Einfluss in der UNO sowie im Internationalen Währungsfonds und der Weltbank verstärken. Zwar gab der Bundesrat dem UNO-Beitritt die Priorität, doch bereits ab Mitte der 1970er Jahre thematisierte er regelmässig einen Beitritt zum Internationalen Währungsfonds und zur Weltbank (erstmals 1946/47, dann 1958 bis 1960, 1967/68, 1974 und letztmals 1980 bis 1982). Bis 1982 überwogen die Unsicherheiten und Bedenken gegenüber einem solchen Beitritt, doch eine regelmässige Zusammenarbeit mit dem IWF existierte aufgrund konkreter Stützungsmassnahmen zugunsten schwacher Währungen seit den 1960er Jahren (→ 5.1.5). Durch die bilaterale Kooperation mit dem IWF in Währungsfragen und die Beteiligung an der Internationalen Entwicklungsagentur (International Development Association, IDA) konnte die Schweiz zwar ihre Solidarität in der Aussenpolitik unter Beweis stellen, allerdings fehlte es ihr an Mitspracherecht. Der Bundesrat wollte allerdings vor einem Beitritt zu IWF und Weltbank den Beitritt zur UNO vorantreiben. Vermutlich hängt dies mit der Tatsache zusammen, dass 1976 in einem Referendum die Beteiligung der Schweiz am vierten IDA-Kredit abgelehnt worden war. So machte der Bundesrat 1981 deutlich, dass er die Frage eines UNO-Beitritts von einem Beitritt zu den Bretton-Woods-Institutionen klar trennen wolle: «Der Beitritt der Schweiz zur UNO hat weder einen automatischen Beitritt zu den Institutionen von Bretton Woods zur Folge, noch greift er einem solchen vor.»[56] Der Bundesrat argumentierte, dass sich die Welt und die UNO verändert hätten, die schweizerische Aussenpolitik hingegen immer noch diejenige von 1945 sei. Statt den eigenen Wandel in der Aussenpolitik zu thematisieren, betonte der Bundesrat,

54 Freiburghaus 2009, 134–135. Der Vorort führte 1971 eine Untersuchung bei den Unternehmen durch; ein EG-Beitritt wurde dabei klar abgelehnt (Vorort 1971).

55 Wyler 2012 (im Erscheinen).

56 Schweiz. Bundesrat 1982, 577.

dass sich die Welt geändert habe.[57] Ein UNO-Beitritt wurde allerdings in der Abstimmung vom 16. März 1986 sehr klar abgelehnt (Neinstimmen: 75.7 %), deutlich stärker als zehn Jahre zuvor das Darlehen an die Internationale Entwicklungsagentur (Neinstimmen: 56.4 %). Die Aufbruchsstimmung des Bundesrats Ende der 1970er und zu Beginn der 1980er Jahre, sich fortan nicht nur an den wichtigsten globalen Organisationen zu beteiligen, sondern darüber hinaus ein Mitspracherecht zu erlangen, wurde mit diesem überaus deutlichen Verdikt gegen den UNO-Beitritt jäh gestoppt.

Ab Mitte der 1980er Jahre rückte die Europapolitik wieder in den Vordergrund. 1985 verabschiedeten die Staats- und Regierungschefs auf dem Mailänder Gipfel ein EG-Binnenmarktprojekt, das bis 1992 umgesetzt werden sollte. Den EFTA-Staaten bot man einen Europäischen Wirtschaftsraum in Form einer multilateralen Assoziation an. Die entsprechenden EWR-Verhandlungen wurden – im Gegensatz zum Freihandelsabkommen von 1972 – bereits multilateral, also zwischen der EG und der EFTA geführt. Dies hatte zur Folge, dass die Wirtschaftsverbände an diesen Verhandlungen nicht mehr direkt beteiligt waren. Im Januar 1989 stellte Kommissionspräsident Jacques Delors den EFTA-Staaten ein Mitspracherecht bei der Weiterentwicklung des «acquis communautaire» in Aussicht, damit der Europäische Wirtschaftsraum dynamisch vorangetrieben werden könne. In der Schweiz waren Verwaltung und Verbände skeptisch gegenüber diesem Versprechen und damit gegenüber der EWR-Konstruktion. Dies erscheint im Rückblick insofern tragisch, als es am Ende gerade die Schweiz war, die auf den EWR setzte, während Österreich, Schweden und Finnland ihre Europastrategie bald schon auf einen EU-Beitritt hin ausrichten sollten. Mit dem «Eurolex»-Projekt bereitete sich der Bundesrat parallel zu den EWR-Verhandlungen darauf vor, die zahlreichen Rechtsakte der EG in Schweizer Recht zu überführen.[58] In gewisser Weise erfolgte damit nichts anderes als eine Harmonisierung internationaler technischer Vorschriften, wie sie schon immer eine wichtige Aufgabe der Bundesverwaltung war. Neu war jedoch, dass sich diese technischen Harmonisierungen nicht mehr von grundsätzlichen souveränitätspolitischen Fragen trennen liessen. Anfang der 1990er Jahre ging der Bundesrat davon aus, dass sich die Einstellung der Bevökerung gegenüber den neuen Integrationsformen verändert hätte, eine Hoffnung, die er aufgrund der erfolgreichen Abstimmung (knapp 56 % Jastimmen) zugunsten des Schweizer Beitritts zu IWF und Weltbank im Mai 1992 hegte. In der Woche darauf beschloss der Bundesrat, ein EU-Beitrittsgesuch einzureichen. Ein halbes Jahr vor der EWR-Abstimmung kam es somit zur überraschenden Kehrtwende.

Die Sichtweise, dass der EWR keine dauerhafte Lösung sein könne, teilten auch die exportorientierten Wirtschaftsverbände, die seit langer Zeit einen privilegierten Zugang zum Entscheidungszentrum der Regierung hatten.[59] Zwei bedeutende Bran-

57 Kreis 2004, 362–363.
58 Freiburghaus 2009, 265–269.
59 Müller 2008.

chenverbände, der Verein Schweizerischer Maschinen-Industrieller (VSM) und die Schweizerische Gesellschaft der chemischen Industrie (SGCI), begrüssten den EWR zwar, forderten aber den nächsten Schritt zur vollwertigen EG-Mitgliedschaft. Eine ähnliche Position nahm auch der Dachverband der exportorientierten Branchen ein: Der Schweizerische Handels- und Industrieverein gab zunächst dem EWR den Vorzug gegenüber einem EG-Beitritt, revidierte dann aber im Verlauf der EWR-Verhandlungen seine Position zugunsten eines späteren EG-Beitritts. Seit Mitte der 1980er Jahre, vor allem aber nach der Ankündigung des Gemeinsamen Markts, wurden sich die dort zusammengeschlossenen Verbände – selbst Mitglieder in europäischen Industrieverbänden – der Bedeutung europäischer Regulierungen bewusst. Ganz anders verhielt sich dagegen der Schweizerische Gewerbeverband als Dachorganisation der binnenorientierten Branchen: Hier beschäftigte man sich erst sehr spät mit den Implikationen einer EWR- oder EG-Mitgliedschaft. Die Meinungen innerhalb des Gewerbeverbandes lagen dabei weiter auseinander als im Fall der exportorientierten Verbände. An einem ausserordentlichen Gewerbekongress im September 1992 sprachen sich immerhin 45 % der Delegierten gegen den EWR-Vertrag aus.

Eine knappe Mehrheit im Bundesrat war 1991/92 überzeugt, dass die Schweiz in allen wirtschaftlich relevanten globalen wie auch europäischen Organisationen gleichberechtigt integriert sein müsse. War die Regierung nach fast 40 Jahren konsequenter Ablehnung eines supranationalen Integrationsansatzes plötzlich gekippt? Den angestrebten EU-Beitritt muss man nicht unbedingt als radikalen Bruch interpretieren, ebenso sehr erscheint er als Fortsetzung einer Tradition. Denn die Europapolitik von Bundesrat und Verwaltung orientierte sich seit der Ära der OEEC immer an den Schritten der andern westeuropäischen Länder. Von 1959 an beteiligte sich die Schweiz an der Gründung der Kleinen Freihandelszone (EFTA), 1961 stellte sie zusammen mit andern ein Assoziationsgesuch an die EWG, 1972 schloss die Schweiz wie die andern EFTA-Staaten ein Freihandelsabkommen mit der EG, Ende der 1980er Jahre verhandelte die Schweiz – gemeinsam mit den EFTA-Staaten – den Vertrag über den Europäischen Wirtschaftsraum. Als die neutralen EFTA-Länder schliesslich den Schritt zum EG-Beitritt anstrebten, zog der Bundesrat unter Zustimmen der exportorientierten Wirtschaftsverbände ebenfalls nach. Alle europapolitischen Schritte waren daraufhin konzipiert, einen schweizerischen Alleingang gegenüber den Europäischen Gemeinschaften zu verhindern. Der Bundesrat wollte 1992 dieses koordinierte Vorgehen lediglich fortsetzen: zuerst in den EWR, um danach der EU beizutreten. In der politischen Kommunikation erlitt dieses Vorgehen aber Schiffbruch. Die jahrzehntelange Rede von der immerwährenden Neutralität und vom schweizerischen Sonderfall hatte zwar eine weitgehende Europäisierung in der Wirtschafts- und Gesellschaftspolitik nicht verhindert, für einen Betritt zur Europäischen Gemeinschaft hingegen war dieses Selbstverständnis zum Hindernis geworden, was die beitrittswilligen Mitglieder im Bundesrat wohl unterschätzt hatten. Die Diskussion um die EWR-Abstimmung vor dem denkwürdigen 6. Dezember 1992 war von einem EU-Beitritt nicht mehr zu entkoppeln, die Stimmbevölkerung lehnte den EWR-Beitritt knapp (50.3% Nein), die Kantone hingegen deutlich ab (14 Kantone und 4 Halbkantone).

Trotz EWR-Ablehnung war der Bundesrat bis in die Gegenwart nicht bereit, das EU-Beitrittsgesuch zurückzuziehen. Die Europapolitik verlagerte er allerdings auf bilaterale Arrangements mit der erweiterten Europäischen Union. Eine erste Serie von sektoriellen Abkommen in den Bereichen technische Handelshemmnisse, Personenfreizügigkeit, Verkehr, öffentliches Beschaffungswesen und Forschungspolitik erleichterten den Marktzugang; sie wurden 1999 unterzeichnet und traten 2002 in Kraft. Die zweite Serie war vielfältiger und hatte einen Schwerpunkt auf der dritten Säule der Europäischen Union, der Zusammenarbeit im Justiz- und Polizeiwesen. Diese Abkommen wurden 2004 unterzeichnet und traten 2009 in Kraft. Nach 1992 war weder ein EU-Beitritt noch ein zweiter Anlauf für einen Beitritt zum EWR eine Variante zur Politik des sogenannten Bilateralismus, die sich politisch hätte durchsetzen lassen.

Parallel zu den bilateralen Verhandlungen fanden auch auf internationaler Ebene Verhandlungen im Rahmen des GATT statt. 1995 trat die Schweiz der in Folge der Uruguay-Runde aus dem GATT entstandenen Welthandelsorganisation (WTO) mit Sitz in Genf bei. Die Uruguay-Runde (1986–1994) hatte erstmals eine Liberalisierung auch bei Dienstleistungen gebracht. Schliesslich wollte der Bundesrat noch eine Lücke im Verhältnis zu den internationalen Organisationen stopfen, denn es galt, die «Absonderlichkeit» der Nichtmitgliedschaft in der UNO aus dem Weg zu räumen. «Dieses Abseitsstehen wird angesichts der in den Neunzigerjahren erreichten Universalität der UNO je länger desto unverständlicher», hiess es im aussenpolitischen Bericht der Regierung aus dem Jahr 2000.[60] Zwar stand die UNO-Beitrittsdiskussion primär im Kontext einer neuen Sicherheitsarchitektur in der postkommunistischen Ära, doch gab es auch ökonomische Argumente für einen Beitritt. «Die UNO nimmt bei der Schaffung internationaler Rahmenbedingungen eine zentrale Rolle ein; solche Rahmenbedingungen kommen der global ausgerichteten schweizerischen Wirtschaft zugute.» Auffallend häufig betonte der aussenpolitische Bericht 2000 den Multilateralismus, der eine nachhaltige Interessenvertretung für die Schweiz garantiere, aber einen Beitritt zur UNO voraussetze. Mit den Diskussionen um die nachrichtenlosen Vermögen war die Schweiz mit ihrem starken Finanzplatz auch international unter Druck geraten. Ein UNO-Beitritt, so der Bundesrat, würde das Image der Schweiz stärken.[61] Der Dachverband der Schweizer Wirtschaft, der Vorort des Handels- und Industrievereins, hatte sich 1986 vornehm aus der UNO-Debatte herausgehalten. Ganz anders die Nachfolgeorganisation Economiesuisse, die den Bundesrat in der Beitrittskampagne 2002 stark unterstützte. Der Präsident der Economiesuisse, Ueli Forster, schrieb in der Neuen Zürcher Zeitung: «[…] eine Ablehnung würde in der Welt kaum auf Verständnis stossen und unserem Image und damit der Wirtschaft und uns allen schaden.

60 Schweiz. Bundesrat 2001, 271.
61 Schweiz. Bundesrat 2001, 315.

Denn der Erfolg der Schweizer Wirtschaft im Ausland wird nie losgelöst vom positiven Ruf unseres Landes in der Welt sein.»[62] 54.6 % der Stimmenden sowie 11 Kantone und 2 Halbkantone stimmten der Eidgenössischen Volksinitiative «für den Beitritt der Schweiz zur Organisation der Vereinten Nationen (UNO)» am 3. März 2002 zu.

5.3.4 Schlussbetrachtungen

Das Verhältnis der Schweiz – und damit auch der Schweizer Wirtschaft und Wirtschaftsverbände – zu den internationalen Organisationen durchlief im 19. und 20. Jahrhundert eine wechselvolle Geschichte. Im 19. Jahrhundert war es weitgehend unproblematisch: Bundesrat und Wirtschaftsverbände erkannten in den ersten internationalen Unionen ein wichtiges Mittel zur Kompensation der aussenpolitischen Schwäche einer mit dem Ausland stark verflochtenen Volkswirtschaft. Der aussenpolitisch kaum profilierte Bundesstaat nutzte die internationalen Organisationen immer auch, um ausserhalb des Mächtesystems Einfluss auf die Stabilität der internationalen Ordnung zu nehmen. Diese Strategie wurde von Madeleine Herren treffend als «Hintertür zur Macht» bezeichnet.

Nach dem Ersten Weltkrieg wurden die internationalen Verhältnisse komplizierter, weil bereits der Völkerbund nicht so universal konzipiert war, wie die parallel weiterbestehenden Unionen, Büros und Kommissionen aus dem 19. Jahrhundert. Der Erste Weltkrieg änderte an der «modernisierungsorientierten Aussenpolitik» der Schweiz vorerst wenig; die Schweiz unterstützte die Idee des Völkerbunds, bot allerdings nicht Hand dazu, die bestehenden internationalen Organisationen in den Völkerbund zu integrieren.

Erst mit den grossen weltwirtschaftlichen Verwerfungen ab 1930 und dem Rückzug der grossen Volkswirtschaften in regionale und protektionistische Grossräume rückte der Bundesrat von multilateralen Lösungen ab. Was zwischen 1933 und 1950 folgte, war das von Peter Hug und Martin Kloter beschriebene «bilaterale Zeitalter». Ziel war es nun, den Schaden des regionalen Protektionismus mit zweiseitigen zwischenstaatlichen Abkommen so gut wie möglich abzuwenden. Damit diese Politik überhaupt umgesetzt werden konnte, benötigte die ressourcenknappe Verwaltung eine gut funktionierende Zusammenarbeit mit und unter den Wirtschaftsverbänden. Letztere wiederum verlangten die Berücksichtigung ihrer partikularen Interessen. Die Vorstellung von der Schweiz als Sonderfall und die lange verzögerte Rückkehr in den Schoss der wichtigsten internationalen Wirtschaftsorganisationen täuscht darüber hinweg, dass spätestens seit Mitte der 1950er Jahre ein Prozess einsetzte, der auch in der Schweiz ein Bewusstsein dafür schuf, dass Probleme in Wirtschaft und Gesellschaft internationaler Lösungen bedürfen.[63] Natürlich blieben in gewissen Politik-

62 *Neue Zürcher Zeitung* (1.2.2002 / Nr. 26/2002): «Stabilität ist Voraussetzung für Erfolg».
63 Mach 2006.

feldern unüberbrückbare Differenzen zwischen der Schweiz beziehungsweise ihren massgeblichen Verbänden und dem europäischen oder internationalen Umfeld bestehen. Die Ausländerpolitik geriet in Widerspruch zur Personenfreizügigkeit der EU, alles andere hätte den Konsens mit den Gewerkschaften stark belastet; weiter geriet die Stützung des inländischen Agrarmarkts zunehmend in Konflikt mit den Forderungen nach einem Zollabbau, die im Rahmen von GATT/WTO und des Gemeinsamen Marktes in den Europäischen Gemeinschaften gestellt wurden. Auch das Bankgeheimnis und die Steuerpraktiken der Kantone bereiteten international zunehmend Probleme, forderten doch die Regierungen in Deutschland, Frankreich und den USA im Rahmen der OECD die Amtshilfe bei Steuerdelikten. So musste das Regierungssystem immer stärker als Vermittler zwischen den internationalen Wertvorstellungen und den nationalen Interessen der Schweizer Wirtschaft wie auch der Gewerkschaften agieren. Bei der Suche nach gemeinsamen europäischen und internationalen Konzepten zur Regelung von Kapital-, Arbeits- und Gütermärkten spielte nach 1945 und nochmals verstärkt nach 1989 der Bund eine Vorreiterrolle. Nicht immer gelang es dem Bundesrat und der Verwaltung, die Verbände von der zunehmenden Normierung internationaler Lösungsansätze zu überzeugen.

Die ersten internationalen Organisationen des 19. Jahrhunderts waren vorwiegend auf eine technische Standardisierung hin angelegt, die Bretton-Woods-Organisationen und später die EWG, EG und EU waren im Vergleich dazu stärker von wirtschafts- und gesellschaftspolitischen Ordnungsvorstellungen geprägt. Bei der Suche nach sozioökonomischen Standards gerieten die offiziellen Vertreter der Schweiz in einen intensiven Diskussionsprozess mit ihren ausländischen Kollegen. Die Wirtschaftsverbände standen diesem Konvergenzprozess kritisch gegenüber und häufig verzögerten sie ihn erfolgreich. Allerdings gelang es den Verbänden nicht, sämtliche ausländischen «Zumutungen» zurückzuweisen.

Seit dem epochalen Umbruch von 1989 wurde die Schweiz im Verhältnis zur internationalen Staatenwelt zunehmend als Sonderfall gesehen, vor allem da die schweizerische Aussenpolitik von den «europäischen Revolutionen» überrumpelt worden war und keine überzeugende Antwort in ihrer Europapolitik gefunden hatte. Seit 1989 wurde es zunehmend schwieriger, die Aussenpolitik von der Handelspolitik zu trennen. Dem Bundesrat gelang es an der Schwelle der 1990er Jahre nicht, unter Einbezug der Wirtschaftsverbände einen nationalen Konsens herzustellen. Aber auch die Wirtschaftsorganisationen sprachen nach 1989 nicht mehr geschlossen und mit einer Stimme gegenüber Bern. Besonders in der Frage des supranationalen Integrationsansatzes stiessen die traditionellen Entscheidungsmechanismen an ihre Grenzen. Das knappe Ja des Gewerbeverbands zum EWR zeigte bereits, dass nicht nur staatspolitische Argumente (Neutralität, direkte Demokratie, Föderalismus) gegen einen EG-Beitritt sprachen. Der Gemeinsame Markt betraf nicht mehr ausschliesslich handelspolitische Fragen; mit der voranschreitenden europäischen Integration wurde zunehmend auch die Sozial-, Verkehrs-, Agrar- und Kartellpolitik berührt. Weil im Zuge der EWR-Vorbereitung immer mehr nationales Wirtschaftsrecht europäisiert werden sollte, verlor der Dachverband der exportorientierten Branchenverbände seine Monopolstellung in der Europapolitik.[64]

Die Formalisierung der Beziehungen zu den Bretton-Woods-Institutionen gelang 1992. Die Beziehungen zur Europäischen Union behielten hingegen ihren provisorischen Charakter. Die zahlreichen Abkommen boten zwar einen weitgehend problemlosen Zugang zum Binnenmarkt, doch war dieses Verhältnis fragil und warf bei Streitigkeiten immer wieder fundamentale Auslegungsfragen auf; es fehlte vor allem an Rechtssicherheit bei den zahlreichen Abkommen zwischen der Schweiz und der Europäischen Union. Eine Klärung des Verhältnisses zum EU-Binnenmarkt (Beitritt oder aber Neuauflage der EWR-Mitgliedschaft) hätte eine Gesamtschau verlangt, weil sich der auf supranationalen Entscheidungsmechanismen basierende EU-Binnenmarkt je länger desto weniger in den Kategorien einer herkömmlichen internationalen Organisation begreifen liess. Doch der Bundesrat verstand sich eher als Mediator zwischen den Ansprüchen der europäischen Regierungsvertreter einerseits und den Wirtschaftsverbänden und den politischen Parteien auf nationaler Ebene andererseits. Dabei handelte der Bundesrat wenig programmatisch und konzeptgeleitet, sondern fallweise nach Rücksprache mit zahlreichen primär von partikularen Interessen geleiteten Interessenorganisationen. Wo der Bundesrat eine Kompensationsmöglichkeit sah, ging er auf die internationalen Vorschläge ein. Der Bundesrat schloss sich diesen Konzepten manchmal mit Verspätung an und häufig unter Verweis auf die Souveränität der Kantone.

Die grosse Herausforderung der Schweizer Aussenwirtschaftspolitik seit Ende des Kalten Krieges war und blieb die Wahrung der schweizerischen Interessen im internationalen Gefüge. Um den Sonderabsprachen im kleinen Kreis (G7/8, G10 oder G20) entgegenzuwirken, strebte der Bundesrat seit Mitte der 1980er Jahre schrittweise die Vollmitgliedschaft in sämtlichen Wirtschaftsorganisationen an und vollzog 2003 schliesslich auch den Beitritt zur UNO. Dabei handelte er aus einer ähnlichen Motivlage wie in der zweiten Hälfte des 19. Jahrhunderts: Es ging und geht darum, der Gefahr einer Absprache unter den Grossmächten zu entgehen, indem das Netz der internationalen Beziehungen im Bereich der Wirtschaft so eng wie möglich geknüpft wird.

64 Freiburghaus 2009, 256–259.

5.3.5 Bibliographie

Veröffentlichte Quellen

Bundesblatt der Schweizerischen Eidgenossenschaft (BBl): Bundeskanzlei (Hg.), Bern, www.admin.ch/ch/d/ff/

Schweiz. Bundesrat 1891: Botschaft des Bundesrates an die Bundesversammlung betreffend Ratifikation verschiedener Vereinbarungen zwischen den Staaten, welche der Union zum Schutze des gewerblichen Eigenthums angehören, vom 1. Juni 1891, BBl 1891/III, 169–193.

Schweiz. Bundesrat 1905: Botschaft des Bundesrates an die Bundesversammlung betreffend Teilnahme der Schweiz an einem internationalen landwirtschaftlichen Institut in Rom, vom 11. September 1905, BBl 1905/V, 105–117.

Schweiz. Bundesrat 1929: Bericht des Bundesrates an die Bundesversammlung über die siebente Session der Völkerbundsversammlung, vom 10. Dezember 1926, BBl 1929/II, 823–877.

Schweiz. Bundesrat 1946: Botschaft des Bundesrates an die Bundesversammlung über die Genehmigung der Verfassung der Weltgesundheitsorganisation und des Protokolls betreffend das Internationale Sanitätsamt in Paris, vom 30. September 1946, BBl 1946/III, 703–749.

Schweiz. Bundesrat 1961: Botschaft des Bundesrates an die Bundesversammlung über die Teilnahme der Schweiz an der Organisation für Wirtschaftliche Zusammenarbeit und Entwicklung, vom 5. Mai 1961, BBl 1961/I, 945–984.

Schweiz. Bundesrat 1972: Botschaft des Bundesrates an die Bundesversammlung über die Genehmigung der Abkommen zwischen der Schweiz und den Europäischen Gemeinschaften, vom 16. August 1972, BBl 1972/II, 653–999.

Schweiz. Bundesrat 1982: Botschaft über den Beitritt der Schweiz zur Organisation der Vereinten Nationen (UNO),vom 21. Dezember 1981, BBl 1982/I, 497–696.

Schweiz. Bundesrat 2001: Aussenpolitischer Bericht 2000. Präsenz und Kooperation: Interessenwahrung in einer zusammenwachsenden Welt, 13. Februar 2001, BBl 2001/1, 261–358.

Diplomatische Dokumente der Schweiz (DoDiS), www.dodis.ch.

Literatur

Bogdandy, Armin von 1998: Supranationale Union als neuer Herrschaftsträger: Entstaatlichung und Vergemeinschaftung in staatstheoretischer Perspektive, in: Hrbek, R. et al. (Hg.), *Die Europäische Union als Prozess. Verfassungsentwicklungen im Spiegel von 20 Jahren der Zeitschrift Integration*, Bonn: Publikationen des Instituts für Europäische Politik, 506–522.

Farquet, Christophe 2009: Le secret bancaire en cause à la Société des Nations (1922–1925), *Traverse. Revue d'histoire* (2009/1), 102–115.

Fleury, Antoine 1986: La situation particulière de la Suisse au sein de l'Organisation Européenne de Coopération Economique (OECE), in: Poidevin, Raymond (éd.), *Histoire des débuts de la construction européenne (Mars 1948 – Mai 1950)*, Baden-Baden: Nomos, 95–117.

Frech, Stefan 2001: *Clearing. Der Zahlungsverkehr der Schweiz mit den Achsenmächten,* Veröffentlichungen der Unabhängigen Expertenkommission Schweiz – Zweiter Weltkrieg, Band 3, Zürich: Chronos.

Freiburghaus, Dieter 2009: *Königsweg oder Sackgasse? Sechzig Jahre schweizerische Europapolitik,* Zürich: NZZ Verlag.

Gees, Thomas 1999: Interessenclearing und innere Absicherung. Zur Zusammenarbeit zwischen Verwaltung und Privatverbänden in der schweizerischen Aussenwirtschaftspolitik 1930–1960, in: Hug, Peter / Kloter, Martin (Hg.), *Aufstieg und Niedergang des Bilateralismus. Schweizerische Aussen- und Aussenwirtschaftspolitik*, Zürich: Chronos, 141–172.

Gees, Thomas 2004: *Die Schweiz im Europäisierungsprozess. Wirtschafts- und gesellschaftspolitische Konzeptionen am Beispiel der Arbeitsmigration-, Agrar- und Wissenschaftspolitik, 1947–1974,* Zürich: Chronos.

Griffiths, Richard T. 1997: «An Act of Creative Leadership». The end of the OEEC and the birth of the OECD, in: Griffiths, Richard T. (ed.), *Explorations in OEEC History*, Paris: OECD, 235–256.

Hahn, Hugo Joseph / Weber, Albrecht 1976: *Die OECD: Organisation für wirtschaftliche Zusammenarbeit und Entwicklung,* Baden-Baden: Nomos.

Hauser, Heinz / Gedult von Jungenfeld, Martin 2005: Die Schweiz und die Bretton-Woods-Institutionen (IMF und Weltbank), in: Senti, Richard / Ziegler, Andreas R. (Hg.), *Die Schweiz und die internationalen Wirtschaftsorganisationen*, Zürich: Schulthess, 75–106.

Herren, Madeleine 2000: *Hintertüren zur Macht. Internationalismus und modernisierungsorientierte Aussenpolitik in Belgien, der Schweiz, und den USA, 1865–1914* (Studien zur Internationalen Geschichte, Band 9), München: R. Oldenbourg.

Herren-Oesch, Madeleine 2009: *Internationale Organisationen seit 1865: eine Globalgeschichte der internationalen Ordnung*, Darmstadt: Wissenschaftliche Buchgesellschaft.

Herren, Madeleine / Zala, Sacha 2002: *Netzwerk Aussenpolitik. Internationale Kongresse und Organisationen als Instrumente der schweizerischen Aussenpolitik 1914–1950* (Schweizer Beiträge zur internationalen Geschichte, Band 5), Zürich: Chronos.

Historisches Lexikon der Schweiz, Basel: Schwabe.

Hug, Peter 1998: Innenansichten der Aussenpolitik – Akteure und Interessen, in: Studer, Brigitte (Hg.), *Etappen des Bundesstaates, Staats- und Nationsbildung in der Schweiz, 1848–1998*, Zürich: Chronos, 203–236.

Hug, Peter 1999: Vom Neutralismus zur Westintegration. Zur schweizerischen Aussenpolitik in der Nachkriegszeit, in: Leimgruber, Walter / Fischer, Werner (Hg.), *«Goldene Jahre». Zur Geschichte der Schweiz seit 1945*, Zürich: Chronos, 59–100.

Hug, Peter 2002: Steuerflucht und die Legende vom antinazistischen Ursprung des Bankgeheimnisses. Funktion und Risiko der moralischen Überhöhung des Finanzplatzes Schweiz, in: Tanner, Jakob / Weigel, Sigrid (Hg.), *Geld, Gedächtnis und Gesetz. Vom Umgang mit der Vergangenheit des Zweiten Weltkrieges*, Zürich: vdf, Hochschulverlag, 269–232.

Hug, Peter / Kloter, Martin 1999: Der «Bilateralismus» in seinem multilateralen Kontext. Die Aussenpolitik der Schweiz zur Sicherung ihre Aussenhandels und Zahlungsverkehrs 1920/30–1958/60, in: Hug, Peter / Kloter, Martin 1999 (Hg.), *Aufstieg und Niedergang des Bilateralismus. Schweizerische Aussen- und Aussenwirtschaftspolitik*, Zürich: Chronos, 13–140.

Humair, Cédric 2009: *1848. Naissance de la Suisse moderne*, Lausanne: Antipodes.

Jost, Hans Ulrich 1999: *Europa und die Schweiz, 1945–1950. Europarat, Supranationalität und schweizerische Unabhängigkeit* (Schweizer Beiträge zur internationalen Geschichte, Band 2), Zürich: Chronos.

Kaiser, Wolfram 2000: Neutral, nicht neutral, auch egal: Grossbritannien, die Neutralen und die europäische Integration, 1945–1972, in: Gehler, Michael / Steininger, Rolf (Hg.), *Die Neutralen und die europäische Integration 1945–1995*, Wien / [etc.]: Böhlau, 44–60.

Kästli, Tobias 2005: *Selbstbezogenheit und Offenheit – Die Schweiz in der Welt des 20. Jahrhunderts. Zur politischen Geschichte eines neutralen Kleinstaates*, Zürich: NZZ Verlag.

Kreis, Georg 2004: *Kleine Neutralitätsgeschichte der Gegenwart*, Bern: Haupt.

Kunz, Matthias / Morandi, Pietro 2000: *Die Schweiz und der Zweite Weltkrieg: zur Resonanz und Dynamik eines Geschichtsbildes anhand einer Analyse politischer Leitmedien zwischen 1970 und 1996* (NFP 42 Synthesis, Nr. 41), Bern: Schweizerischer Nationalfonds.

Lindlar, Ludger 1997: *Das missverstandene Wirtschaftswunder: Westdeutschland und die westeuropäische Nachkriegsprosperität*, Tübingen: J.C.B. Mohr.

Mach, André 2006: *La Suisse entre internationalisation et changements politiques internes: législation sur les cartels et relations industrielles dans les années 1990*, Chur: Rüegger.

Maurhofer, Roland 2001: *Die schweizerische Europapolitik vom Marshallplan zur EFTA 1947 bis 1960: zwischen Kooperation und Integration* (St. Galler Studien zur Politikwissenschaft, Band 25), Bern / [etc.]: Haupt.

Meier, Martin et al. 2002: *Schweizerische Aussenwirtschaftspolitik 1930–1948. Strukturen – Verhandlungen – Funktionen* (Veröffentlichungen der UEK, Band 10), Zürich: Chronos.

Mesmer, Beatrix 1980: Wirtschaftsbarometer und Unternehmerfreiheit. Eine Fallstudie zum Einfluss der Wirtschaftsverbände auf die schweizerische Völkerbundspolitik, in: Altermatt, Urs / Garamvölgyi, Judit (Hg.), *Innen- und Aussenpolitik, Primat oder Interdependenz? Festschrift zum 60. Geburtstag von Walter Hofer*, Bern: Haupt, 315–330.

Müller, Margrit 2008: The Impact of European Integration on Institutional Change in Switzerland, in: Schröter, Harm G. (eds), *The European Enterprise. Historical Investigation into a Future Species*, Berlin: Springer, 97–110.

Organisation Européenne de Coopération Economique ³1956: *L'OECE au service de l'Europe: Les activités de l'Organisation européenne de coopération économique*, Paris: OECD.

Rittberger, Volker / Zangl, Bernhard ³2005: *Internationale Organisationen – Internationale Geschichte. Europäische und weltweite Zusammenschlüsse*, Wiesbaden: VS Verlag für Sozialwissenschaften.

Schiemann, Catherine 1991: *Neutralität in Krieg und Frieden. Die Aussenpolitik der Vereinigten Staaten gegenüber der Schweiz 1941–1949: eine diplomatiegeschichtliche Untersuchung,* Chur: Rüegger.

Schulz, Matthias 2004: Netzwerke und Normen in der internationalen Geschichte. Überlegungen zur Einführung, *Historische Mitteilungen* 17 (2004), 1–13.

Toniolo, Gianni 2005: *Central Bank Cooperation at the Bank for International Settlements, 1930–1978,* Cambridge: Cambridge University Press.

Vorort des Schweizerischen Handels- und Industrie-Vereins 1971: *Wirtschaftspolitische Aspekte der Europäischen Integration aus schweizerischer Sicht,* Zürich: Vorort des Schweizerischen Handels- und Industrie-Vereins.

Wyler, Rebekka 2012: *Schweizer Gewerkschaften und Europa (1960–2005),* Münster: Westfälisches Dampfboot (im Erscheinen).

Zbinden, Martin 1992: Das EWR-Projekt: eine Wiederholung des Assoziationsversuchs von 1961 bis 1963?, *Schweizerisches Jahrbuch für Politische Wissenschaft* 32 (1992), 221–248.

Anhang

A.1 Statistische Grundlagen und Methoden

MANUEL HIESTAND, MARGRIT MÜLLER UND ULRICH WOITEK

A.1.1 Bruttoinlandprodukt (BIP) und Bruttonationalprodukt (BNP)

A.1.1.1 Übersicht über die verschiedenen Berechnungsarten des BIP und die Berechnung des BNP

Das Bruttoinlandprodukt entspricht der Summe der im Inland während eines Jahres erbrachten wirtschaftlichen Leistungen. In der volkswirtschaftlichen Gesamtrechnung wird das Bruttoinlandprodukt (BIP) auf drei verschiedene Arten berechnet:

(1) Nach dem *Produktionsansatz* wird die Entstehung der wirtschaftlichen Leistung insgesamt sowie gegliedert nach Sektoren (Landwirtschaft, Industrie, Dienstleistungen) und nach Branchen innerhalb dieser Sektoren ermittelt. Der Bruttoproduktionswert (BPW) umfasst den Betriebsumsatz und andere Betriebseinkommen (insbesondere die Produktion auf eigene Rechnung). Die von anderen Betrieben bezogenen Vorleistungen, d.h. die im Produktionsprozess verbrauchten, verarbeiteten oder umgewandelten Waren und Dienstleistungen, sind im BPW enthalten. Die Bruttowertschöpfung entspricht hingegen der aus dem Produktionsprozess hervorgegangenen Wertsteigerung der Güter und ergibt sich aus dem BPW abzüglich der Vorleistungen. Zählt man zur Bruttowertschöpfung die Gütersteuern (= indirekte Steuern) hinzu und die Gütersubventionen ab, erhält man das BIP.

Bruttoproduktionswert
– Vorleistungen
= **Bruttowertschöpfung (gegliedert nach Sektoren und Branchen)**
+ Gütersteuern
– Gütersubventionen
= **BIP**

(2) Der *Verwendungsansatz* zeigt hingegen, wie die verschiedenen Wirtschaftssubjekte das im Inland erwirtschaftete Einkommen in Form von Konsumausgaben, Bruttoinvestitionen, Exporten oder Importen verwenden.

Konsum (Staatskonsum und Privatkonsum)
+ Bruttoinvestitionen
+ Exporte
– Importe
= **BIP**

Die Nettoexporte (Exporte abzgl. Importe) sind Investitionen im Ausland und ergeben zusammen mit den Bruttoinvestitionen die volkswirtschaftliche Ersparnis. Diese kann aufgeteilt werden in das Sparen des Staates (Staatseinnahmen abzgl. Staatsausgaben) und das Sparen des privaten Sektors (Haushalte und Unternehmen).

Das Gesamtangebot besteht aus der Produktion eines Landes ergänzt um die Importe und entspricht der Gesamtnachfrage, die sich in drei Teile aufgliedern lässt: Konsum, Investitionen, Exporte (Nachfrage der übrigen Welt).

Gesamtangebot = Gesamtnachfrage
BIP + Importe = Konsum Haushalte + Konsum Staat + Investitionen + Exporte

(3) Die dritte Art der Berechnung des BIP basiert auf dem *Einkommensansatz* und zeigt auf, welcher Teil der gesamtwirtschaftlichen Leistung an die Produktionsfaktoren Arbeit (Personalkosten) und Kapital (Nettobetriebsüberschuss) ausbezahlt oder für Abschreibungen (Wertminderung des Anlagevermögens) und Nettozahlungen an den Staat (indirekte Steuern abzüglich der Subventionen) verwendet wird.

Arbeitnehmerentgelt
+ Nettobetriebsüberschuss
= **Volkseinkommen (VE)**
+ Abschreibungen
+ Produktions- und Importabgaben
– Subventionen
= **BIP**

Werden zum BIP das Arbeitnehmerentgelt und das Vermögenseinkommen, das die Einwohner eines Staates aus der übrigen Welt beziehen, hinzugezählt sowie das Arbeitnehmerentgelt und das Vermögenseinkommen, das sie an die übrige Welt auszahlen, abgezogen, gelangt man zum Bruttonationalprodukt (BNP), früher als Bruttosozialprodukt (BSP) bezeichnet. Das BNP umfasst das gesamte den Inländern verfügbare Einkommen, das BIP hingegen die gesamte im Inland erbrachte Wirtschaftsleistung.

Bruttoinlandprodukt
+ Kapitaleinkommen aus dem Ausland
– Kapitaleinkommen ans Ausland
+ Arbeitnehmereinkommen aus dem Ausland
– Arbeitnehmereinkommen ans Ausland
= **BNP**

Die Schweiz hat erst 1990 den OECD-Standard für die Erstellung der Volkswirtschaftlichen Gesamtrechnung übernommen und erstellt seither eine vollständige Nationale Buchhaltung. Für die Periode vor 1990 stützen wir uns auf verschiedene bereits vorliegende Schätzungen sowie auf eigene Berechnungen. Auf dieser Basis wurden für den Zeitraum zwischen 1890 und 2005 die Bruttowertschöpfung nach dem Produktionsansatz BIP(BWS) und das BIP nach dem Verwendungsansatz BIP(Verw) zu laufenden und zu konstanten Preisen berechnet.

In der Volkswirtschaftlichen Gesamtrechnung des Bundesamts für Statistik (BFS) verhalten sich diese verschiedenen Berechnungsmethoden des BIP konsistent, d.h., sie führen zum gleichen Wert des BIP zu laufenden Preisen. Die in der historischen Analyse verwendeten BIP-Reihen weichen hingegen leicht voneinander ab, weil die Grundlagen für die Schätzung verschieden sind. Solche Unterschiede werden im Folgenden aufgezeigt.

A.1.1.2 BIP nach dem Produktionsansatz: BIP(BWS)

Unsere Analyse der Entwicklung der Wirtschaftsleistung nach Sektoren und Branchen stützt sich auf Schätzungen und Erhebungen über die Bruttowertschöpfung (BWS). Die Differenz zum BIP besteht aus den Verbrauchssteuern abzüglich der Subventionen. Für den Zeitraum zwischen 1913 und 1987 sind einige Datenreihen dazu in der Historischen Statistik der Schweiz Online (HSSO) verfügbar, und seit 1990 werden die entsprechenden Daten vom BFS ausgewiesen, jedoch nur als Totalbeträge.[1] Verbrauchssteuern und Subventionen lassen sich den einzelnen Sektoren und Branchen nicht zuordnen und werden deshalb in der Sektoren- und Branchenanalyse nicht berücksichtigt. Seit in den 1990er Jahren offizielle Erhebungen vorliegen, beträgt die Differenz zwischen BIP und BWS stets um die 4% der BWS, wobei die Gütersubventionen etwa ein Drittel der Verbrauchssteuern ausmachen. Für weiter zurückliegende Perioden dürfte die Differenz eher geringer sein, weil die Verbrauchssteuern niedriger waren.

Die verwendeten BIP(BWS)-Reihen stammen aus drei Quellen:

1) 1890–1960: Schätzung von Heiner Ritzmann und Thomas David. Die dazu verwendeten Quellen und Schätzmethoden wurden bisher noch nicht publiziert.[2] Um diese Lücke zu schliessen, werden diese Schätzungen im Anhang A.2 detailliert beschrieben.

2) 1960–1990: Schätzung des Zentrums für Zukunftsforschung an der Universität St. Gallen. Zu den Schätzungen der BIP(BWS)-Reihen 1960–1990 hat das Zen-

1 HSSO Tab. U.20ab, U.22ab; BFS online, Tab. 4.03.02.

2 Diese Forschungsarbeiten wurden von Heiner Ritzmann-Blickenstorfer in den 1990er Jahren im Rahmen eines Nationalfondsprojekts durchgeführt. Die Ergebnisse wurden zu Beginn der 2000er Jahre in Zusammenarbeit mit Thomas David etwas modifiziert. Bisher sind nur einige Teilergebnisse ihrer Schätzungen veröffentlich worden (David 1995; Ritzmann 1990).

trum für Zukunftsforschung St. Gallen (ZfZ) mehrere Studien publiziert, welche die Schätzmethoden erklären.[3]

3) Ab 1990: Erhebungen des Bundesamtes für Statistik gemäss dem Europäischen System Volkswirtschaftlicher Gesamtrechungen von 1995 (ESVG 95).[4]

A.1.1.2.1 BIP(BWS) 1890–1960

Für diesen Zeitraum stützen wir uns auf die Schätzungen von Heiner Ritzmann und Thomas David (→ A.2). Dieser Datensatz enthält eine detaillierte Schätzung der Bruttowertschöpfung nach Sektoren und Branchen, wobei die Daten in nominellen Werten sowie in Preisen von 1926/29 vorliegen. Insgesamt stehen Daten für 32 Branchen zur Verfügung; im ersten Sektor sind es 4 Branchen (Landwirtschaft, Gartenbau, Forstwirtschaft und Fischerei), im zweiten Sektor 16 Branchen (Nahrungs- und Genussmittel; Textilien; Bekleidung und Schuhe; Leder, Kautschuk und Kunststoff; Papier und Karton; Graphisches Gewerbe; Holz und Möbel; Steine und Erden; Chemische Produkte; Metalle; Maschinen, Fahrzeuge und Apparate; Uhren und Schmuck; übrige Industrien wie Musikinstrumente, Tapeziererei usw.; Bergbau, Steinbrüche und Gruben; Bauwirtschaft; Elektrizität, Gas und Wasser) und im dritten Sektor 12 Branchen (Handel; Banken und Börsen; Private Versicherungen; Gastgewerbe; Verkehrs- und Nachrichtenwesen; Öffentliche Verwaltung im engeren Sinne; Gesundheit und Körperpflege; Unterrichtswesen und Wissenschaft; Seelsorge, Kirche, Kunst, Kultur, Sport, Erholung; Reinigungsgewerbe; Bezahlter Hausdienst; übrige Branchen).

A.1.1.2.2 BIP(BWS) 1960–1990

Die Bruttowertschöpfungsschätzungen des Zentrums für Zukunftsforschung liegen in nominellen Werten und in Preisen von 1985 nach Sektoren und Branchen vor.[5] Für den ersten Sektor wird nur eine Datenreihe ausgewiesen. Der zweite Sektor umfasst 15 Branchen (Nahrungs- und Genussmittel; Bekleidungsindustrie; Textilindustrie; Leder, Kautschuk und Kunststoffe; Chemische Industrie; Papierindustrie; Druck und Graphisches Gewerbe; Steine und Erden; Metallindustrie; Maschinenindustrie; Elektrotechnik; Uhrenindustrie und Bijouterie; sonstiges verarbeitendes Gewerbe; Baugewerbe; Gas und Elektrizität). Für den dritten Sektor werden 7 Branchen ausgewiesen (Handel; Banken; Versicherungen; Gastgewerbe; Transport, Verkehr und Kommunikation; Gesundheitswesen; übrige Dienstleistungen).

3 Vgl. insbesondere Meier 1983.
4 BFS 2004.
5 Vgl. HSSO Tab. Q.2.

A. 1. 1. 2. 3 BIP(BWS) 1990–2005

Für die Jahre 1990–2005 mussten wir auf verschiedene vom BFS erhobene Reihen zurückgreifen, da für den Zeitraum von 1990 bis 1996 keine detaillierten Branchendaten vorliegen. Um die Datenlücke zu schliessen, wurden drei Produktionskontenreihen kombiniert. Ein erster Datensatz für den Zeitraum 1990–2005 enthält Daten für insgesamt 16 Branchen (16-NOGA-Kategorien), der zweite Sektor wird dabei aber nur in Form einer Gesamtzahl ausgewiesen.[6] Um die branchenspezifischen Entwicklungen innerhalb des zweiten Sektors aufzeigen zu können, wurden für die Jahre 1997–2005 die Produktionskontenreihen der einzelnen Branchen verwendet[7] und durch die im Statistischen Jahrbuch der Schweiz publizierten Produktionskontenreihen für die Jahre von 1990 bis 1993 ergänzt.[8] Die Datenlücke für die Jahre 1994, 1995 und 1996 wurde mittels linearer Interpolation der Branchenanteile geschlossen (siehe HSSO Tab. Q.18a). Die branchenspezifischen Produktionskontendaten nach Branchen liegen zu laufenden Preisen vor. Zudem werden jeweils die Veränderungsraten gegenüber dem Vorjahr zu Preisen des Vorjahres publiziert.[9] Aus diesen Angaben liessen sich eine jährliche Inflationsrate und auf dieser Basis Werte zu konstanten Preisen mit den beiden Basisjahren 1990 und 1997 berechnen. Aus dem Verhältnis der realen zu den nominalen Werten wurden anschliessend die branchenspezifischen Deflatoren berechnet, wobei in der Periode 1990–1997, wegen der oben beschriebenen Datenlücke, für die einzelnen Branchen des zweiten Sektors der Deflator für den gesamten zweiten Sektor verwendet wurde; hiervon ausgenommen ist die Baubranche.

A. 1. 1. 2. 4 Vereinheitlichung der Branchenstruktur

Als Basis zur Erstellung einer BWS-Langzeitreihe zu laufenden Preisen liegen somit drei in sich konsistente Reihen (1890–1960, 1960–1990 und 1990–2005) mit gleichwohl unterschiedlicher Branchenstruktur vor. Diese Teilreihen mussten aufeinander abgestimmt werden. Ausgangspunkt der Anpassungen waren sowohl die Branchenstrukturen der Schätzung von Ritzmann/David (1890–1960) als auch die des St. Galler Zentrums für Zukunftsforschung (1960–1990). Dabei zeigte sich, dass auf eine Branchenunterscheidung im ersten Sektor verzichtet werden musste. Die in den Schätzungen von Ritzmann/David und des ZfZ im zweiten Sektor ausgewiesenen Werte für die Branchen Steine und Erden sowie Holz- und Möbelindustrie wurden zu den übrigen Industrien gezählt und die Branche Bergbau, Steinbrüche, Gru-

6 BFS online, Tab. 4.03.02 Produktionskonto nach A16-Branchenaufteilung. Zu den NOGA (Nomenclature Générale des Activités économiques)-Kategorien vgl. BFS 2002, Allgemeine Systematik der Wirtschaftszweige.

7 BFS online, Tab. 4.03.01 Produktionskonto nach Branchen (43 Branchen).

8 BFS (Hg.), Statistisches Jahrbuch der Schweiz, 1990–1994, T. 4.10 Bruttowertschöpfung 1990/1991, 1991/1992, 1992/1993.

9 Ausgenommen hiervon sind die Produktionskontendaten 1990–1993.

ben in die Branche Baugewerbe integriert. Die Branche Elektrotechnik wird erst seit 1960 ausgewiesen; in der Periode zwischen 1890 und 1960 zählte sie zur Maschinenindustrie. Innerhalb des zweiten Sektors weisen wir somit insgesamt 14 Branchen aus: Nahrungs- und Genussmittelindustrie; Textilindustrie; Bekleidungsindustrie; Leder- und Kautschukindustrie; Papierindustrie; Druck und graphisches Gewerbe; Chemische Industrie; Metallindustrie; Maschinenindustrie; Elektrotechnik (erst ab 1960); Uhrenindustrie, inkl. Bijouterie; Baugewerbe; Gas, Wasser und Elektrizität; übrige Industrie (Holz- und Möbelindustrie, Steine und Erden usw.). Im dritten Sektor gibt es wegen der unterschiedlichen Zuordnungskriterien grössere Abweichungen zwischen den Werten der ausgewiesenen Teilreihen. Die Branchenstruktur wurde deshalb vereinfacht und die Teilreihen in vier gut aufeinander abgestimmte Hauptbranchen zusammengefasst: Finanzdienstleistungen (Banken und Versicherungen), Gastgewerbe, Verkehrs- und Nachrichtenwesen sowie übrige Dienstleistungen (Handel, öffentliche Verwaltung, Gesundheitswesen usw.). Die nach NOGA-Kritierien erhobenen Datensätze des BFS (1990–2005) wurden an diese Branchenstruktur angepasst. Das BIP(BWS) nach Sektoren bzw. auf gesamtwirtschaftlicher Ebene ergibt sich aus der Addition der Branchenreihen.

A.1.1.2.5 Zuteilung der Branchen nach Marktorientierung: Exportwirtschaft und Binnenwirtschaft

Die Zuteilung zu den export- bzw. binnenorientierten Branchen erfolgte aufgrund der verfügbaren Literatur und der Anteile der Exporte am Bruttoproduktionswert (BPW) einer Branche (→ Einleitung Teil 2, Tabelle 2-1). Diese Anteile sind ein Mass für die relative Bedeutung des Inland- oder Auslandmarktes für einen bestimmten Industriezweig.[10]

- Der *erste Sektor* wird während der gesamten Periode zur Binnenwirtschaft gezählt.
- Im *zweiten Sektor* werden die chemische Industrie, die Maschinenindustrie, die Elektrotechnik (ab 1960) und die Uhrenindustrie (inkl. der Bijouterie sowie ab 1990 der optischen Geräte und Präzisionsinstrumente) während der gesamten Periode zwischen 1890 und 2005 zur Exportindustrie gezählt, die Nahrungsmittel- und Bekleidungsindustrie, Druck und graphisches Gewerbe, das Baugewerbe (einschl. Gas, Wasser und Elektrizität) sowie die übrigen Industrien (Holz- und Möbelindustrie; Steine und Erden usw.) zur Binnenwirtschaft. Die Textilindustrie wird in den Zeiträumen 1890–1939 und 1973–2005 zur Exportindustrie gezählt, zwischen 1939 und 1973 hingegen zur Binnenindustrie. Die Metallindustrie und die Papierindustrie gehören bis 1990 zur Binnenindustrie, ab 1990 zur Export-

10 Zu den Vorteilen dieses Zuordnungskriteriums im Vergleich mit der Identifikation der Exportindustrien aufgrund der Exportanteile sowie mit der entsprechenden Literatur siehe Einleitung Teil 2 und Müller 2010, 119.

industrie. Die Leder- und Kautschukindustrie gilt zwischen 1890 und 1914 und wieder ab 1990 als Exportindustrie, zwischen 1914 und 1990 als Binnenindustrie.

– Wegen ihrer starken Ausrichtung auf die ausländische Nachfrage werden im *dritten Sektor* die Finanzdienstleistungen (Banken und Versicherungen) sowie das Gastgewerbe zur Exportwirtschaft gezählt, alle übrigen Branchen zur Binnenwirtschaft.

A.1.1.2.6 Teilreihen BIP(BWS) 1890–1960 und 1960–2005 zu laufenden und zu konstanten Preisen

Die Schätzungen des BIP(BWS) nach Branchen und Sektoren von Heiner Ritzmann und Thomas David für die Periode 1890–1960 liegen in nominellen Werten (zu laufenden Preisen) und in realen Werten (zu konstanten Durchschnittspreisen 1926/29 = 100) vor. Für den Zeitraum zwischen 1960 und 2005 wurden die Schätzungen des ZfZ und des BFS miteinander verkettet. Die Schätzung des ZfZ weist Werte zu laufenden Preisen wie auch zu konstanten Preisen von 1985 aus, woraus sich für jede Teilreihe ein branchenspezifischer Deflator mit dem Basisjahr 1985 berechnen und auf das Jahr 1990 umbasieren lässt. Die vom BFS publizierten BWS-Reihen liegen dagegen zu laufenden Werten vor sowie zu Vergleichspreisen gegenüber dem Vorjahr. Auf dieser Basis konnten die jährlichen Inflationsraten berechnet, in Preisindizes 1990 = 100 umbasiert und mit den branchenspezifichen Preisindizes der Periode zwischen 1990 und 2005 verknüpft werden. Anschliessend wurden die Bruttowertschöpfungsreihen zu laufenden Preisen in Werte zu konstanten Preisen von 1990 umgerechnet. Zur Verkettung der BFS-Daten mit den Schätzungen des St. Galler Zentrums für Zukunftsforschung wurden die BFS-Reihen mit dem Wachstumsmuster der vom ZfZ geschätzten Reihen (in Preisen von 1990) bis 1960 zurück verlängert. Das BIP(BWS) der Periode von 1960 bis 2005 auf sektoraler und gesamtwirtschaftlicher Ebene zu laufenden Preisen wie auch in Preisen von 1990 ergibt sich aus der Addition der Teilreihen.

Nach demselben Verfahren, d.h. mittels Verketten der branchenspezifischen Deflatoren, könnten lange, den gesamten Zeitraum von 1890 bis 2005 abdeckende Bruttowertschöpfungsreihen zu konstanten Preisen (etwa zu Preisen von 1990) konstruiert werden. Das Problem bei sehr langen Reihen besteht jedoch darin, dass weder Sortimentswechsel noch Qualitätsveränderungen oder Produktionsanpassungen innerhalb einer Branche berücksichtigt werden können, denn durch die Verkettung der Deflatoren wird die Entwicklung einer Branche zu konstanten Preisen aufgrund der Güterkategorien im Basisjahr nachgezeichnet.[11] Dies führt bei einer Branchenanalyse über 115 Jahre hinweg zu Verzerrungen, insbesondere bei den Anteilen der einzelnen Branchen an der gesamten Bruttowertschöpfung, weshalb wir auf die Konstruktion von derart langen Bruttowertschöpfungsreihen auf Branchen- und Sektorenebene verzichtet haben.

11 Dieses statistische Problem tritt auch bei der Verkettung von Preisindizes auf (vgl. dazu Gross 1994, 494–495 und 1998, 91).

Grafik A.1-1: **Anteile der Sektoren am BIP(BWS) für den Zeitraum 1890–2005**

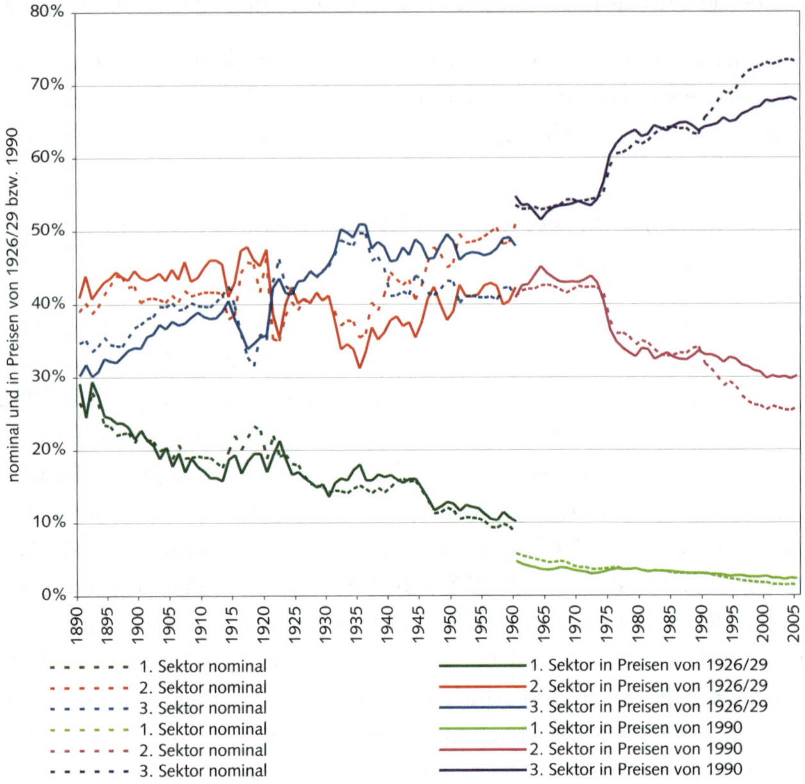

Quellen: 1890–1960: HSSO Tab. Q.17a, Q.17b; 1960-2005: HSSO Tab.Q.2, Q.18a, Q18b.

A.1.1.3 BIP nach Verwendungsarten BIP(Verw)

A.1.1.3.1 BIP(Verw) 1948–2005 zu laufenden und zu konstanten Preisen

Das Staatssekretariat für Wirtschaft (SECO) publiziert für den Zeitraum zwischen 1948 und 2005 Daten zum BIP(Verw) zu laufenden Preisen und zu Preisen des Vorjahres.[12] Ab 1980 handelt es sich dabei um Schätzungen nach ESVG 95. Das BIP(Verw) für die Periode vor 1980 wurde anhand von Veränderungsraten gemäss OECD 64 zurückgerechnet. Dabei werden die folgenden Kategorien unterschieden: Konsum (Konsum der Haushalte, Staatskonsum); Bruttoinvestitionen, aufgeteilt in Anlageinvestitionen (Bau- und Ausrüstungsinvestitionen) und Lagerveränderungen (einschl. statistische Abweichungen); Exporte und Importe (Dienstleistungen sowie Waren). Mittels der nominellen Wachstumsraten und der Wachstumsraten zu Preisen gegenüber dem Vorjahr kann die jährliche Inflationsrate berechnet werden. Aus der

12 SECO, Historische Reihen und Methode: Jahresdaten ab 1948, Quartalsdaten ab 1965: www.seco.admin.ch/themen/00374/00456/00458/index.html?lang=de.

jährlichen Inflationsrate lässt sich anschliessend ein Preisindex generieren, mit dem sich die nominellen Werte in Werte zu konstanten Preisen umrechnen lassen. Dieses Verfahren wurde für jede der ausgewiesenen Teilreihen angewandt. Als Basisjahr zur Deflationierung wurde wie bei der Reihe der Bruttowertschöpfung 1960–2005 das Jahr 1990 gewählt.

A.1.1.3.2 BIP(Verw) 1890–1948 zu laufenden und zu konstanten Preisen

Die Komponenten des BIP(Verw) vor 1948 wurden teils neu geschätzt, teils basieren sie auf vorhandenen Statistiken. Jährliche Daten zum Warenexport wie -import liegen seit 1892 in Form von Mengen- und Wertangaben vor.[13] Offizielle Daten über Exporte und Importe von Dienstleistungen sind für diese Periode dagegen nicht verfügbar. Wir konnten jedoch für den Zeitraum zwischen 1921 und 1939 auf die Schätzungen der Dienstleistungsbilanz (= Dienstleistungsexporte abzüglich Dienstleistungsimporte) von Eduard Kellenberger zurückgreifen.[14] Für die Periode vor 1921 wurde ein konstanter Wert eingesetzt, der mit 4% des BIP(BWS) leicht unter dem Mittelwert aus den Anteilen der Dienstleistungsbilanz am BIP(BWS) in den Jahren zwischen 1921 und 1939 (4.8%) liegt. Für die zwischen 1940 und 1946 bestehende Lücke in der Dienstleistungsbilanz wurde in den Jahren 1940–1944 der Wert von 1939 übernommen. Die noch fehlenden Werte für die Jahre 1945 und 1946 wurden aufgrund der jährlichen Wachstumsrate zwischen den Werten von 1944 und 1947 ergänzt.

– Bruttoinvestitionen: Schätzungen für die Bruttoanlageinvestitionen liegen im Zeitraum 1890–1948 nur für die Jahre zwischen 1900 und 1913 vor.[15] Eine in der Literatur oft verwendete Proxivariable ist der Verbrauch von Zement und Stahl.[16] Die Verbrauchszahlen liegen jedoch nicht als durchgehende Zeitreihe vor; die vollständigste Reihe ist jene von Ingvar Svennilson, die für den Zementverbrauch die Perioden 1920–1939 und 1946–1950, für den Stahlverbrauch die Perioden 1922–1938 und 1947–1950 abdeckt.[17] Die Korrelation zwischen den beiden Reihen ist mit 0.82 sehr hoch, daher wird hier nur der Stahlverbrauch berücksichtigt. Um die fehlenden Werte zu interpolieren, bietet sich der Import

13 HSSO Tab. L.10a1-a4, L.10b1-b4, L.11a1-a3, L.11b1-b3.

14 Kellenberger 1939–1942. Diese Schätzungen sind in HSSO Tab. Q.14ab erfasst worden.

15 HSSO Tab. R.1. Für die Periode 1900–1913 liegen auch Schätzungen der Ausrüstungsinvestitionen vor; wir haben diese jedoch nicht verwendet, da keine entsprechenden Schätzungen für die Anschlussperiode bis 1947 erstellt werden konnten. Im Zeitraum 1900–1947 sind somit die Ausrüstungsinvestitionen im Konsum enthalten.

16 Das Verfahren geht auf Spiethoff 1955 zurück. Vgl. dazu Borchardt 1976: «Ich stehe nicht an, diesen Kunstgriff genial zu nennen, denn mit Hilfe des Eisenverbrauchs suchte Spiethoff die für den Konjunkturverlauf seiner Meinung nach beherrschende Grösse, nämlich die Schwankungen der Investitionsaktivität, zu erfassen, die man seinerzeit nicht messen konnte.» Für eine aktuelle Anwendung siehe z. B. Rosés/Wolf 2009.

17 Svennilson 1954, 276–277, Tabellen A.41, 276–27, und A.45, 282–283.

von Eisen und Stahl an.[18] Mit den Wachstumsraten des Stahlverbrauchs lassen sich rückwirkend die Bruttoinvestitionen für den Zeitraum zwischen 1890 und 1948 berechnen.

- Konsum: Da Daten zum Staatskonsum in dieser Periode nicht verfügbar sind, musste auf eine Unterscheidung zwischen Konsum der Haushalte und Staatskonsum verzichtet werden. Die Konsumausgaben wurden als Residualgrösse berechnet: BIP(Verw) abzüglich der Nettoexporte (Güter und Dienstleistungen) und der Investitionen.

Zur Deflationierung wurden für die einzelnen Teilreihen verschiedene Preisindizes verwendet. Die Konsumausgaben sowie die Bilanz der Dienstleistungen wurden mit dem Konsumentenpreisindex bereinigt. Zur Berechnung der Exporte und Importe zu konstanten Preisen wurde aufgrund der für die gesamte Periode verfügbaren Export- und Importstatiken (Mengen- und Wertangaben) ein Export- und Importpreisindex mit dem Basisjahr 1929 generiert.[19] Die Investitionen wurden mit dem Preisindex für Baumaterialien (HSSO Tab. H.8) und ab 1921 kombiniert mit dem Preisindex für Metalle und Baustoffe (HSSO Tab. H.10) deflationiert. Das BIP(Verw) zu konstanten Preisen von 1929 ergibt sich aus der Summe der deflationierten Teilreihen Konsum, Investitionen, Exporte und Dienstleistungsbilanz abzüglich der Importe.[20]

A.1.1.3.3 Lange Reihe BIP(Verw) 1890–2005 zu laufenden und zu konstanten Preisen

Für die Berechnung einer langen BIP(Verw)-Reihe zu laufenden Preise, die den gesamten Zeitraum 1890–2005 abdeckt, wurde die BIP(Verw)-Reihe der Periode 1890–1948 ab 1948 mit dem Wachstumsmuster der BIP(BWS)-Reihe rückwärts bis 1890 verlängert.

Die lange BIP(Verw)-Reihe zu konstanten Preisen wurde wie folgt berechnet: Die Deflatoren der beiden Teilreihen – BIP(Verw) nominal dividiert durch BIP(Verw) real × 100 – wurden im Jahr 1948 miteinander verkettet und anschliessend umbasiert auf 1990 = 100. Mit diesem Deflator wurde die lange nominale BIP(Verw)-Reihe in eine reale Reihe in Preisen von 1990 umgerechnet.

18 HSSO Tab. L.10a4. Die Wahl erscheint akzeptabel: In der Periode 1940–1959, für die beide Reihen vorliegen, ergibt sich zwischen den Importwachstumsraten und den Wachstumsraten der realen Bruttoinvestitionen ein Korrelationskoeffizient von 0.85.

19 HSSO Einfuhr: Tab. L.10a1 bis L.10b4; Ausfuhr: L.11a1 bis L.11b3.

20 Aufgrund der Teilreihenaddition entspricht der Deflator für das Aggregat im Jahr 1929 nicht ganz 100 (99.3).

Grafik A.1-2: **BIP(Verw) nominal und real (1890–2005)**

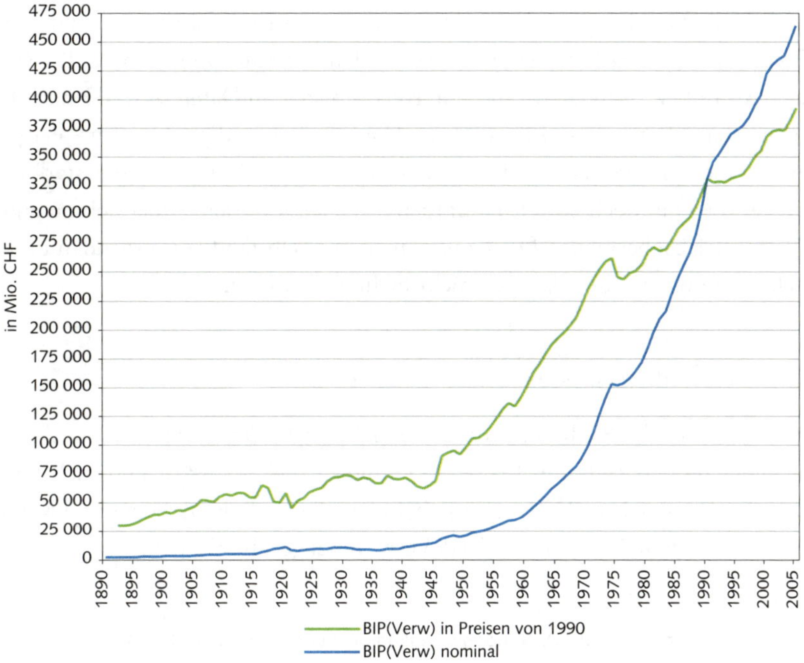

Quellen: HSSO Tab. Q.16a und Q.16b.

Grafik A.1-3: **Deflatoren BIP(BWS) und BIP(Verw) im Vergleich mit dem KPI (1890–2005)**

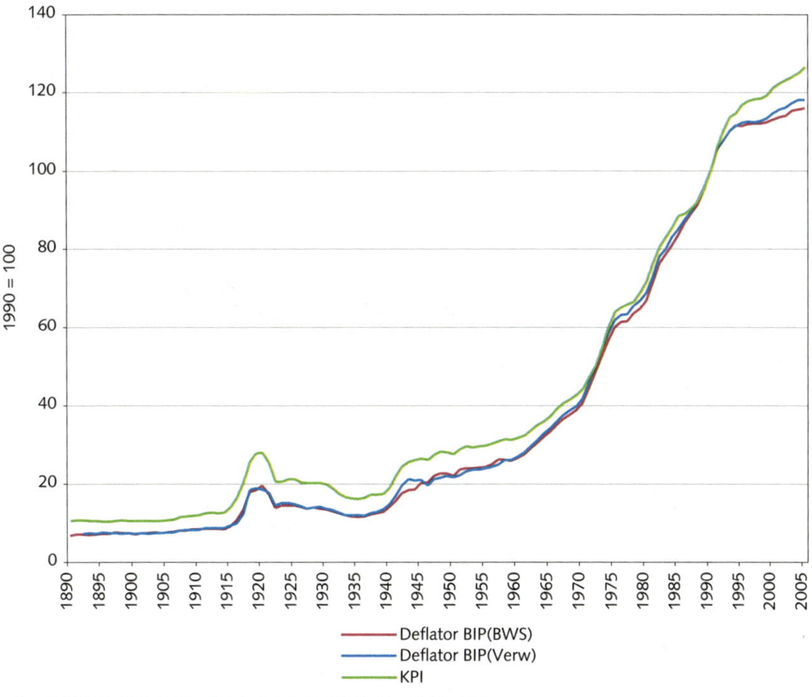

Quellen: HSSO Tab. Q.2, Q.16a, Q.16b, Q.17a, Q.17b, Q.18a, Q.18b, H.39.

A.1.1.4 Volkseinkommen

Daten über die Verteilung des Volkseinkommens nach Einkommensarten zu laufenden Preisen sind ab 1924 (mit einer Lücke für den Zeitraum von 1925 bis 1928) verfügbar.[21] Ab 1990 verwenden wir die vom BFS publizierten Daten zum BIP nach Einkommensarten (BFS online, Tab. 4.02.03) Die Gliederung des BFS ist im Vergleich zu den aufgeschlüsselten Daten, die für den Zeitraum vor 1990 vorliegen, stark reduziert. Es werden nur noch zwei Einkommensarten ausgewiesen: Arbeitnehmerentgelt und Nettobetriebsüberschuss. Die Einkommen der Selbständigerwerbenden und die Kapitaleinkommen werden dagegen nicht mehr ausgewiesen.

A.1.1.5 Bruttonationalprodukt (BNP)

Schätzungen über die Saldi der Arbeits- und Kapitaleinkommen aus dem Ausland sind lediglich für den Zeitraum 1921–1939[22] und ab 1947 verfügbar, und auch das nur zu laufenden Preisen. Das BNP ergibt sich, indem die Saldi der Arbeits- und Kapitaleinkommen aus dem Ausland zum BIP(Verw) hinzugezählt werden.

Grafik A.1-4: **BIP(Verw), BIP(BWS), Nettovolkseinkommen und BNP (1890–1960)**

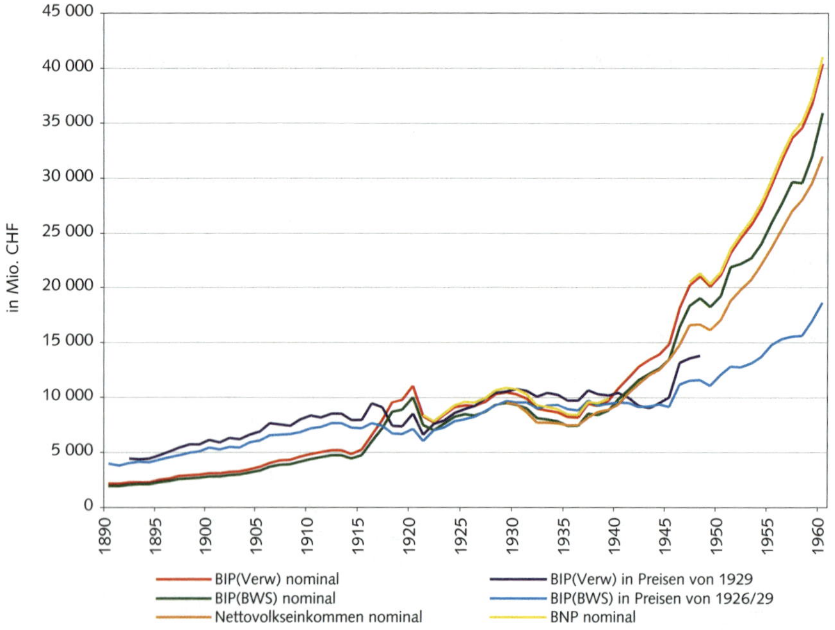

Quellen: HSSO Tab. Q.4a, Q.6b, Q.16a, Q.16b, Q.17a und Q.17b.

21 HSSO Q.4a und Q.6b.

22 Für den Zeitraum 1921–1939 vgl. Kellenberger 1939–1942 (HSSO Q.14ab) und für den Zeitraum ab 1947 die von der SNB publizierten Daten zur Zahlungsbilanz.

A.1.1.6 Vergleich der aggregierten Reihen 1890–2005

In den beiden Grafiken A.1-4 und A.1-5 wird der Verlauf der BIP(BWS)- und der BIP(Verw)-Reihen zu laufenden und zu konstanten Preisen miteinander verglichen. Ebenfalls abgebildet wird die nominale Reihe des Bruttonationalprodukts (BNP) und des Nettovolkseinkommens.

Grafik A.1-5: **BIP(Verw), BIP(BWS), Nettovolkseinkommen und BNP (1950–2005)**

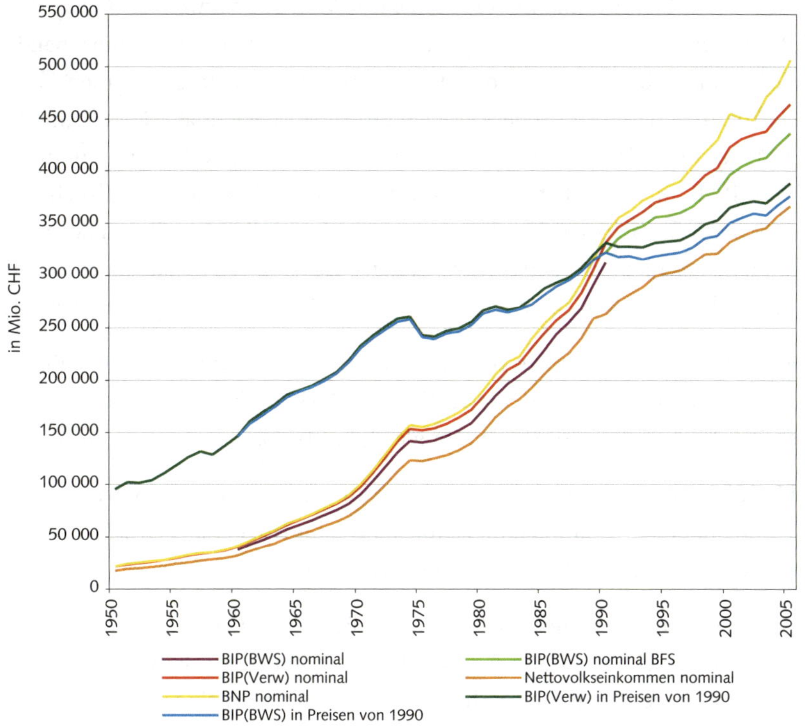

Quellen: HSSO Tab. Q.2, Q.4a, Q.6b, Q. 16b, Q.18a und Q.18b.

A.1.1.7 Internationale Wohlstandsvergleiche: BIP und BIP pro Kopf (in 1990 Int. GK $)

Internationale Wohlstandsvergleiche stützen sich häufig auf die von Angus Maddison und dem Groningen Growth and Development Centre (www.ggdc.net) publizierten BIP-pro-Kopf-Reihen. Wie Maddison ausführt, ist für den internationalen Wohlfahrtsvergleich die Verwendung von Kaufkraftparitäten den Wechelskursen vorzuziehen.[23] Der Grund liegt darin, dass Wechselkurse Kaufkraftparitäten von handelbaren Gütern widerspiegeln; die Preise nichthandelbarer Güter sind in relativ armen Län-

23 Maddison 1995, 162.

dern in der Regel niedriger, sodass Wechselkurse die Kaufkraft dieser Länder unterschätzen. Ausserdem werden Wechselkurse durch internationale Kapitalströme und Kapitalverkehrsbeschränkungen beeinflusst. Die Kaufkraftparitäten werden für ein Benchmarkjahr zunächst bilateral berechnet und zwar mit Hilfe des Laspeyres-Indexes (basierend auf den Mengengewichten des Basislandes), des Paasche-Indexes (basierend auf den Mengengewichten des jeweiligen Landes) und des Fisher-Indexes (geometrisches Mittel aus Laspeyres- und Paasche-Index).[24] Um für «Transitivität» zu sorgen, d. h., um multilaterale Vergleiche möglich zu machen, wird die von Roy C. Geary und Salem Hanna Khamis vorgeschlagene Methode verwendet (Geary-Khamis-Dollars), bei der es sich im Prinzip um einen gewichteten Durchschnitt handelt, wobei die jeweiligen Bruttoinlandprodukte als Gewicht herangezogen werden. Grosse Länder bekommen damit sinnvollerweise ein grösseres Gewicht als kleine Länder.

Die Maddison-BIP-Reihe für die Schweiz (in 1990 Int GK $) basiert für die Periode 1948–1990 auf verlässlichen Schätzungen und seit 1990 auf den Erhebungen des Bundesamtes für Statistik. Für die Zeit vor 1948 sind die Grundlagen der Schätzungen Maddisons nicht von derselben Qualität.[25] Die neueren Schätzungen des BIP nach dem Produktionsansatz sind hier präziser; es werden daher folgende verwendet:

1) 1890–1959: bisher noch nicht publizierte Schätzungen der Bruttowertschöpfung (zu konstanten Preisen 1926/29) von Thomas David und Heiner Ritzmann (siehe oben A.1.1.2.1 und A.2 sowie den Vergleich mit früheren Schätzungen A.2.6).

2) 1851–1890: Bruttowertschöpfung (zu konstanten Preisen von 1913) basierend auf den Ergebnissen des Nationalfondsprojekts «Geldmenge und Wirtschaftswachstum in der Schweiz, 1850–1913», HSSO Tab. Q.1a.

Auf der Basis dieser Schätzungen haben wir für die Schweiz eine neue BIP-Reihe in 1990 Int. GK $ berechnet (Grafik A.1-6). Dabei wurden zuerst die Wachstumsraten der beiden Reihen berechnet und miteinander verkettetet. In einem zweiten Schritt wurde der BIP-Wert der alten Maddison-Reihe im Jahr 1948 rückwärts extrapoliert. Die von uns revidierte BIP-Reihe findet im «Maddison Project» Berücksichtigung, das im Herbst 2012 startet. Im Rahmen dieses Projekts werden die Maddison-Daten auf den neuesten Stand gebracht, indem Aktualisierungen der nationalen BIP- und Bevölkerungsdaten vorgenommen sowie neue Schätzungen integriert werden.

24 Maddison 1995, 163.

25 Maddison 1995, 135: «The historical estimates are poor and weaker than for all other West European countries. 1899–1950 real product in international units was taken from C. Clark, Conditions of Economic Progress (3rd ed.), Macmillan, London, 1957, pp. 188–9. For 1870–99 it was assumed that per capita product moved as in Germany.»

Grafik A.1-6: **Schätzungen des Bruttoinlandprodukts der Schweiz (1851–1956)**

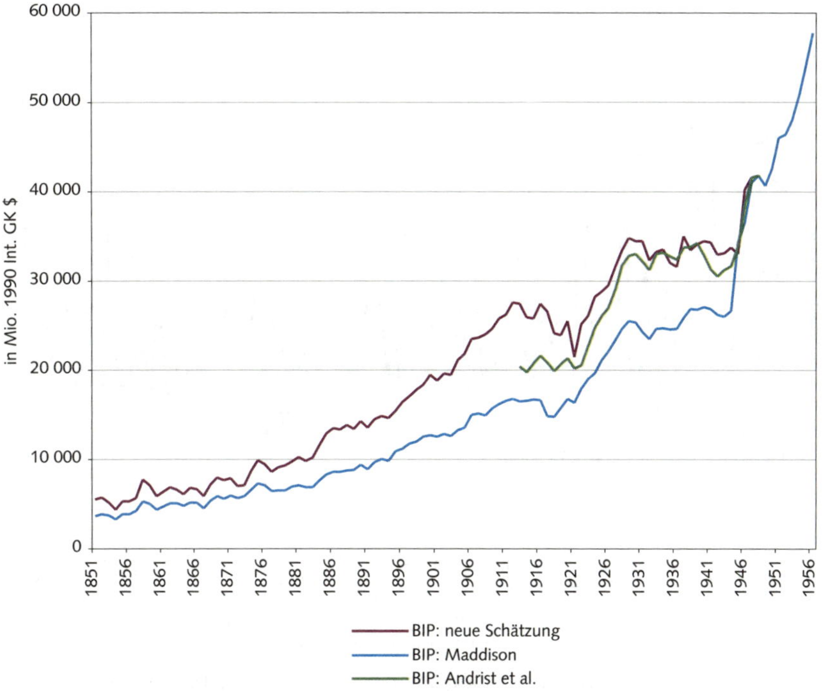

Quellen: GGDC, Maddison Historical Statistics; neue Schätzung 2010 basierend auf HSSO Tab. Q.17a und Q.17b; Andrist et al. 2000.

Die grössten Unterschiede zwischen unserer neuen Schätzung und der alten Maddison-Reihe zeigen sich in den Jahren unmittelbar nach dem Zweiten Weltkrieg: Der starke Aufschwung wird beinahe halbiert (siehe dazu auch den Vergleich der Wachstumsraten und die Indexwerte in den Grafiken A.1-7 und A.1-8).

Die von Felix Andrist, Richard G. Anderson und Marcel M. Williams kalkulierte BIP-Reihe (in 1990 Int. GK $) verläuft für den Zeitraum zwischen 1920 und 1947 ähnlich wie die von uns geschätzte, obwohl sich die Schätzung auf eine gänzlich andere Datenbasis bezieht.[26] Tatsächlich scheint die bei Maddison ausgewiesene ausserordentlich starke Zunahme des BIP ziwschen 1944 und 1947 (54%, im Vergleich zu 23% gemäss der neuen Schätzung) wenig plausibel, wenn der nach dem Zweiten Weltkrieg vorherrschende weltwirtschaftliche Kontext berücksichtigt wird, insbesondere auch im Vergleich mit dem BIP-Verlauf in Schweden, einem anderen neutralen und vom Krieg nicht verwüsteten Land (Grafik A.1-9).

Im Vergleich mit anderen europäischen Ländern verändert sich die Position der Schweiz durch die neue Schätzung beträchtlich. Verglichen selbst mit Grossbritannien und den USA, den beiden Staaten mit dem in diesem Zeitraum höchsten BIP

26 Andrist et al. 2000.

Grafik A.1-7: **Vergleich der jährlichen BIP-Wachstumsraten (1851–1956)**

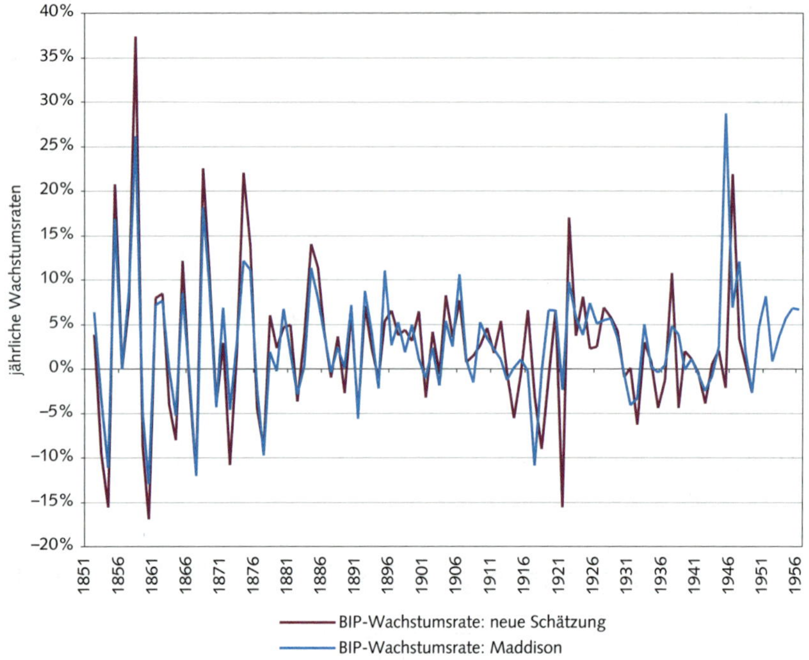

Quellen: GGDC, Maddison Historical Statistics; neue Schätzung 2010 basierend auf HSSO Tab. Q.17a und Q.17b.

Grafik A.1-8: **Indexvergleich der neuen und alten BIP-Schätzung (1851–1956)**

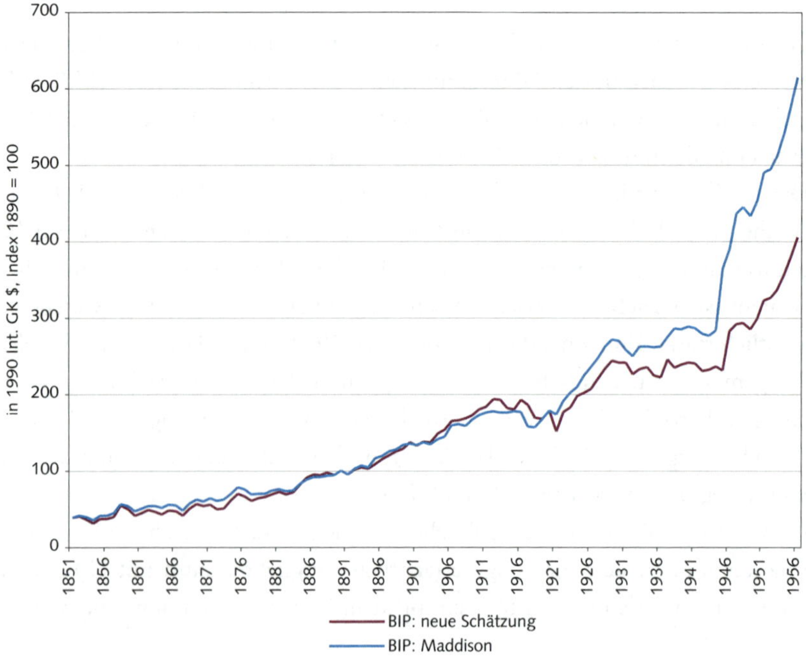

Quellen: GGDC, Maddison Historical Statistics; neue Schätzung 2010 basierend auf HSSO Tab. Q.17a und Q.17b.

Grafik A.1-9: **Bruttoinlandprodukt der Schweiz pro Kopf (alte und neue Schätzung) im internationalen Vergleich (1890–1950)**

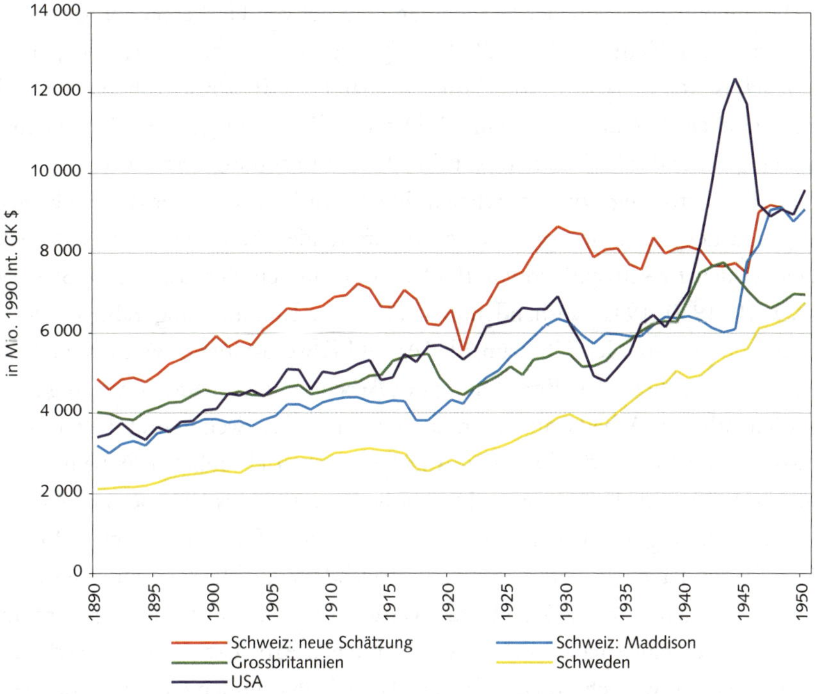

Quellen: GGDC, Maddison Historical Statistics (Grossbritannien inkl. Nordirland); neue Schätzung 2010 basierend auf HSSO Tab. Q.17a und Q.17b; siehe zudem Anhang A.2.

pro Kopf, war das BIP pro Kopf der Schweiz bereits im späten 19. Jahrhundert deutlich höher, und der Vorsprung vergrösserte sich bis zum Ersten Weltkrieg und nochmals in den 1920er Jahren.

A.1.2 Multifaktorproduktivität (MFP)

Für die Periode ab 1992 liegt eine vom Bundesamt für Statistik publizierte MFP-Zerlegung vor.[27] Offizielle Daten zum Kapitalstock liegen erst ab 1990 vor.[28] Die Periode zwischen 1948 und 1986 wird durch die Kapitalstockschätzungen von Zarin-Nejadan abgedeckt.[29] Für die Zeit vor 1948 war es aufgrund der Datenlage notwendig, eine eigene Reihe für den Kapitalstock zu erstellen. Um den Kapitalstock für die erste Hälfte des 20. Jahrhunderts zurückberechnen zu können, wurden die teils auf bestehenden

27 BFS online, Multifaktorproduktivität, Tab. 4.07.03.01.

28 Siehe dazu die Erläuterungen von Sturm/Meier 2007.

29 Zarin-Nejadan 1991. Diese Kapitalstockschätzung basiert auf der *Perpetual-Inventory*-Methode; die Daten zu Bruttoinvestitionen und Abschreibungen kommen aus der Volkswirtschaftlichen Gesamtrechnung, als Startwert wird die Schätzung von Goldsmith 1981 verwendet.

Schätzungen beruhenden, teils aufgrund der Proxivariable Stahl neu geschätzten Bruttoinvestitionen verwendet (siehe oben A.1.1.3.2). Unter der Annahme einer konstanten Abschreibungsrate von vier Prozent kann mit der von Harberger vorgeschlagenen Methode für den Zeitraum 1900–1948 ein Kapitalstock konstruiert werden, mit dem es möglich ist, die Schätzung von Zarin-Nejadan bis 1900 zurückzuberechnen.[30] Die Lücke zwischen 1986 und 1990 wird mit Daten zu Bruttoanlageinvestitionen und Abschreibungen aus der Volkswirtschaftlichen Gesamtrechnung geschlossen.[31]

Die Beschäftigung bzw. das Arbeitsvolumen wird aufgrund der Anzahl Erwerbstätiger und der von ihnen geleisteten Arbeitsstunden berechnet. Offizielle Schätzungen zu den Erwerbstätigen vor 1948 sind nur in den Zensusjahren (1888, 1900, 1910, 1920, 1930, 1941) vorhanden. Mit Hilfe der Einbürgerungszahlen[32], der Arbeitslosenquote[33] und der Schätzung der Anzahl Erwerbstätiger[34] wurden die fehlenden Jahre interpoliert. Zur Berechnung der Arbeitsstunden wurden die Angaben zu den wöchentlichen Arbeitsstunden in den Branchen des zweiten und dritten Sektors 1890–1921 und 1942–1995[35] mit den Angaben zur betriebsüblichen Arbeitszeit nach Branchen 1990–2005 kombiniert.[36] Die für die Jahre 1922 bis 1941 bestehende Lücke bei der Berechnung der Arbeitsstunden konnte für den Zeitraum zwischen 1924 und 1941 auf Grundlage der von Colin Clark verwendeten Zahlen[37] geschlossen werden. Die verbleibenden Jahre 1922 und 1923 wurden mit Hilfe des Endenergieverbrauchs interpoliert.[38] Daraus ergaben sich die wöchentlichen Arbeitsstunden je erwerbstätiger Person auf gesamtwirtschaftlicher Ebene. Das Arbeitsvolumen entspricht der Multiplikation dieser wöchentlichen Arbeitsstunden mit der Zahl der Erwerbstätigen; multipliziert mit 52 ergibt sich das jährliche Arbeitsvolumen.

Für den Zeitraum 1970–2005 liegen von der OECD publizierte Daten zum Arbeitsvolumen vor und ab 1990 zusätzlich Daten des BFS, die mit den OECD-Daten übereinstimmen.[39] Zudem lässt sich aufgrund der von Maddison publizierten jährlichen Arbeitsstunden pro Kopf und der Arbeitsproduktivität das von ihm verwendete gesamte Arbeitsvolumen für die Stichjahre 1913, 1950, 1973, 1990 und 1998 ermitteln.[40] Ein Vergleich dieser Daten mit den unsrigen zeigt, dass unsere Schätzungen bis 1941 und die OECD/BFS-Daten ab 1970 gut mit den von Maddison verwendeten

30 Harberger 1978.
31 HSSO Tab. Q.6a und Q.15.
32 HSSO Tab. E.30a, 1900–1929.
33 HSSO Tab. F.18, 1913–1950.
34 In Clark 1957, Tab. 38, 1924–1951. Dies ist auch die Quelle für die Anzahl der Erwerbstätigen und die Arbeitsstunden in Madsen 2007, der wiederum von Rosés/Wolf 2009 für die Zwischenkriegszeit verwendet wird.
35 HSSO Tab. F.25.
36 HSSO Tab. F.32.
37 Clark 1957, Tab. 38.
38 HSSO Tab. J.2: Endenergieverbrauch 1922–1923.
39 Vgl. hierzu BFS online, Tab. 3.02.03.01, und OECD online, Productivity, Labour Productivity, Total Economy.
40 Maddison 1995, Table J-5, 249, und 2001, Table E-4, 348.

übeinstimmen; das von uns geschätzte Arbeitsvolumen ist jedoch für den Zeitraum zwischen 1970 und 2005 im Vergleich zu den OECD/BFS-Daten zu hoch (Grafik A.1-10). Für die Berechnung des Arbeitsvolumens im Zeitraum 1941–1970 wurden deshalb die OECD-Daten mit dem Wachstumsmuster des von uns geschätzten Arbeitsvolumens rückwärts ergänzt. Im Stichjahr 1950 stimmt das so ermittelte Arbeitsvolumen mit den Maddison-Daten überein. Für die Zeit zwischen 1941 und 1950 wird mit dieser Berechnungsart das Arbeitsvolumen jedoch deutlich unterschätzt. Bezüglich dieses Zeitraums haben wir deshalb die beiden Reihen (1890–1941 und 1950–2005) einander angeglichen.

Die Methode der Wachstumsratenzerlegung geht auf Beiträge von Robert M. Solow (1957), Moses Abramovitz (1959), John W. Kendrick (1961), Edward F. Denison (1962) und Dale W. Jorgenson / Zvi Griliches (1967) zurück und basiert auf der Idee einer gesamtwirtschaftlichen Produktionsfunktion, zum Beispiel vom Cobb-Douglas-Typ. Schreibt man eine solche Produktionsfunktion in Wachstumsraten, erhält man die Formel $\hat{y}_t = \hat{\theta}_t + \alpha\hat{k}_t + \beta\hat{l}_t, t = 1, \ldots, T,$ wobei $\hat{y}_t$, $\hat{k}_t$ und $\hat{l}_t$ die Wachstumsraten von Bruttoinlandprodukt, Kapitalstock und Beschäftigung sind. Die Gewichte α und β sind die Produktionselastizitäten von Kapital und Arbeit. Zieht man die gewichteten Wachstumsraten der Inputfaktoren vom Bruttoinlandproduktswachstum ab, dann erhält man eine Restgrösse $\hat{\theta}_t$, das Multifaktorproduktivitätswachstum. Unter sehr

Grafik A.1-10: **Arbeitsvolumenvergleich (1890–2005)**

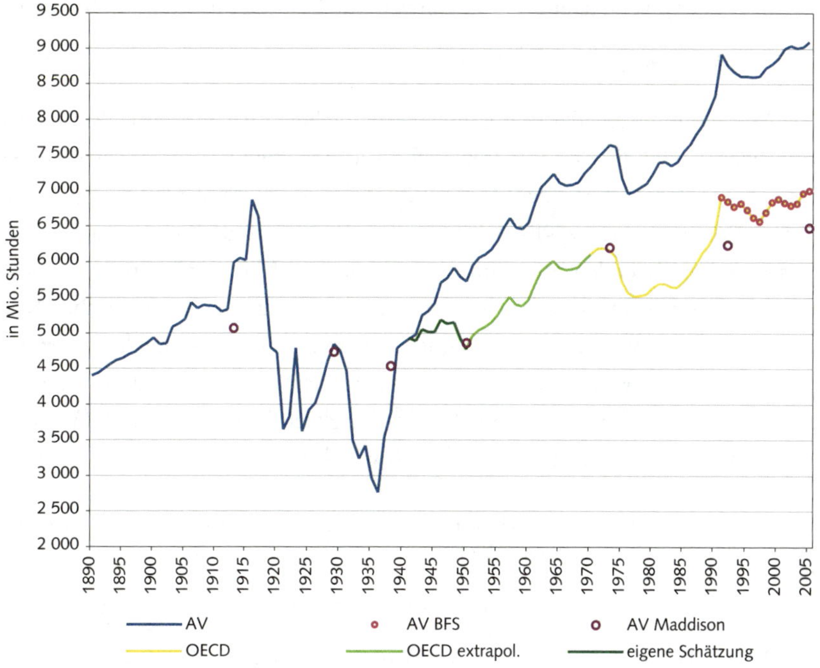

Quelle: HSSO Tab. F.29b.

restriktiven Annahmen ist MFP als technischer Fortschritt zu interpretieren, dann nämlich, wenn vollständige Konkurrenz herrscht und darüber hinaus eine zyklische Faktorvariation ausgeschlossen ist. Ist dies nicht der Fall, wird der Beitrag des «technischen Fortschritts» überschätzt und Änderungen der Nutzungsintensität von Produktionsfaktoren über den Konjunkturzyklus fälschlicherweise als technischer Fort- bzw. Rückschritt interpretiert. Growth Accounting ist nicht in der Lage, zwischen technischem Rückschritt und Unterauslastung zu unterscheiden. Alle Einflüsse auf die Outputwachstumsrate, die nicht auf Wachstum der Produktionsfaktoren Arbeit und Kapital zurückgeführt werden können, tauchen im MFP-Wachstum auf. Moses Abramovitz (1993) spricht deshalb von der «grab-bag»-Natur des Solow-Residuums. Es gibt Möglichkeiten, dieses Residuum zu korrigieren. Beispiele sind der Vorschlag von Robert Hall (1990) zur Bereinigung um Marktmacht oder das Alternativmass von Susanto Basu (1996), das zyklische Faktorvariation berücksichtigt. Alle diese Methoden sind sehr datenintensiv und damit für historische Untersuchungen kaum anzuwenden.

A.1.3 Internationaler Konjunkturzusammenhang

Um etwas über die Veränderung des Konjunkturphänomens sagen zu können, schätzen wir für die trendbereinigten Daten[41] vektorautoregressive Modelle (VARs) mit zeitvariierenden Parametermatrizen mit Hilfe des Kalman-Filters.[42] Der Vektor y_t enthält jeweils das BIP der Schweiz und das BIP des Vergleichslandes und wird als gewichteter Durchschnitt über ρ vergangene Werte von y_t modelliert. Der Störterm u_t folgt dabei den üblichen Annahmen: $\hat{y}_L = \sum_{i=1}^{\rho} \Lambda_{i,t} y_{t-i} + u_t$

Das Modell unterscheidet sich vom gebräuchlichen VAR insofern, als die Parametermatrizen A über die Zeit variieren, wobei die einzelnen Parameter jeweils einem Random-Walk folgen.[43] Für jeden Zeitpunkt impliziert dieses Modell ein Spektrum, das Informationen über die zyklische Struktur der beiden Zeitreihen zusammenfasst. Aus diesem zeitvariierenden Spektrum lassen sich zwei Masse ableiten: Das eine ist ein zyklenspezifisches Bestimmtheitsmass R^2, das den Zusammenhang zwischen Konjunkturzyklen in einem bestimmten Frequenzintervall misst (hier: Zyklenlängen von 3 bis 10 Jahren). Hier wird die anteilige Varianz der Schweizer Konjunkturzyklen gemessen, die durch die Varianz von Zyklen des Vergleichslandes im selben Frequenzintervall erklärt werden kann, also ganz ähnlich wie das Bestimmtheitsmass in der Re-

41 Alle Daten sind logarithmiert und trendbereinigt unter Verwendung des Hodrick-Prescott-Filters (Hodrick/Prescott 1997, Glättungsfaktor μ=100).

42 Z. B. Harvey 1992.

43 Die Kovarianzmatrix des Störterms wird als zeitkonstant angenommen. Für Anwendungen dieser Methode auf wirtschaftshistorische Fragestellungen und einen bayesianischen Ansatz siehe z. B. Straumann/Woitek 2009. Ähnlich wie in Mastromarco/Woitek 2007 werden hier die Parameter des Modells mit Hilfe von Maximum-Likelihood geschätzt.

gressionsanalyse, nur eben zyklenspezifisch. Das zweite Mass *Co* is ein Mass für «Comovement». Hier wird die anteilige Varianz der Schweizer Konjunkturzyklen gemessen, die durch die Varianz von Zyklen des Vergleichslandes im selben Frequenzintervall erklärt werden kann, welche die oberen und unteren Wendepunkte zur gleichen Zeit erreichen. Beide Masse liegen zwischen null und eins: Liegt R^2 nahe bei null, dann besteht kein Zusammenhang zwischen den Schweizer Konjunkturzyklen und der Auslandskonjunktur, liegt es bei eins, dann ist der Zusammenhang perfekt. Selbst bei einem hohen R^2 kann aber durchaus der Fall eintreten, dass Inlands- und Auslandskonjunktur ausser Phase sind, d.h., die oberen und unteren Wendepunkte nicht zur selben Zeit erreicht werden. Ein *Co* von null würde bedeuten, dass der Auslandszyklus antizyklisch zum Inlandszyklus verläuft, ein *Co* von eins bedeutet dagegen, dass die Zyklen perfekt in Phase sind.

A.1.4 Verlaufsvergleich

Das für den Verlaufsvergleich verwendete Mass ist ein zeitvariierender Korrelationskoeffizient und misst die Synchronisation des BIP-Zyklus mit den Zyklen seiner Komponenten. Bei einem Wert von eins würden die oberen und unteren Wendepunkte in beiden Reihen exakt zum selben Zeitpunkt erreicht, bei einem Wert von null besteht entweder überhaupt kein Zusammenhang oder die Reihen verhalten sich antizyklisch. Liegt das Mass über 0.5, dann ist der Anteil der Zyklen in der Phase mit dem BIP-Zyklus grösser. Das Mass ist somit ähnlich zu interpretieren wie ein Bestimmtheitsmass. Allerdings ist zu beachten, dass es sich hier um eine Korrelation handelt und dass kausale Aussagen damit nicht möglich sind. Alle Daten sind logarithmiert und trendbereinigt unter Verwendung des Hodrick-Prescott-Filters.[44] Die Standardabweichungen relativ zum Bruttoinlandprodukt vergleichen die Amplituden der Konjunkturzyklen. Ein Wert kleiner als eins bedeutet, dass der Konjunkturzyklus in der entsprechenden Reihe eine kleinere Amplitude ausweist als der BIP-Zyklus, ein Wert grösser als eins weist auf eine grössere Amplitude hin. Nimmt das Amplitudenverhältnis einen Wert kleiner als eins an, dann kann man die jeweilige Reihe als stabilisierend für den BIP-Zyklus ansehen. Eine Reihe, für die das Amplitudenverhältnis grösser als eins ist, würde den BIP-Zyklus destabilisieren.

Um etwas über die Veränderung des Konjunkturphänomens sagen zu können, schätzen wir für die trendbereinigten Daten mit Hilfe des Kalman-Filters vektorautoregressive Modelle mit zeitvariierenden Parametermatrizen.[45] Im Fall des Bruttoinlandprodukts BIP(Verw) und seiner Komponenten Konsum (privater Konsum, Staatskonsum), Bruttoinvestitionen, Exporte und Importe sind das fünf Modelle, die

44 Hodrick/Prescott 1997, Glättungsfaktor μ=100.

45 Für den Kalman-Filter siehe z.B. Harvey 1992. Details zur Schätzmethode finden sich in Mastromarco/Woitek 2007 und Süssmuth/Woitek 2005.

jeweils aus dem Bruttoinlandprodukt und der entsprechenden Komponente bestehen.[46] Im Fall der sektoralen Aufteilung der Bruttowertschöpfung BIP(BWS) sind es acht Modelle, bei denen die Bruttowertschöpfung im jeweiligen Sektor mit dem Gesamtwert verglichen wird: 1. Sektor, 2. Sektor, 2. Sektor (exportorientiert), 2. Sektor (binnenorientiert), 2. Sektor (Bau), 3. Sektor, 3. Sektor (exportorientiert), 3. Sektor (binnenorientiert). Für diese Modelle wird dann zu jedem Punkt in der Zeit das Spektrum berechnet, um den Zusammenhang zwischen den beiden Reihen im üblichen Konjunkturzyklenintervall (3–10 Jahre) aufzuzeigen.[47]

46 Es wäre wünschenswert, alle Komponenten des BIP gleichzeitig zu berücksichtigen. Aufgrund des relativ kurzen Beobachtungszeitraums ist dies aber nicht möglich.
47 Zur Spektralanalyse siehe z.B. Priestley 1981.

A.1.5 Bibliographie

Online-Datenbanken

BFS: Bundesamt für Statistik, www.bfs.admin.ch/
GGDC: The Groningen Growth and Development Centre, Maddison Historical Statistics, www.ggdc.net
HSSO: Historische Statistik der Schweiz Online, Kammerer, Patrick et al. (Hg.), www.fsw.uzh.ch/histstat/main.php
OECD: http://stats.oecd.org/
SECO: www.seco.admin.ch/themen/00374/00456/00458/index.html?lang=de

Veröffentlichte Quellen und amtliche Publikationen

Bundesamt für Statistik (BFS)

BFS (Hg.): Statistisches Jahrbuch der Schweiz (Stat. Jb.), Zürich: NZZ Verlag, 1891–; Bern: Francke, 1891–; Neuchâtel: BFS.
BFS 2004: Volkswirtschaftliche Gesamtrechnung Produktionskonto der Schweiz 1990–2002 (ESVG 95), Neuchâtel: BFS.
BFS 2008: NOGA 2008, Allgemeine Systematik der Wirtschaftszweige, Neuchâtel: BFS.

Literatur

Abramovitz, Moses 1959: Statement in U.S. Congress, Joint Economic Committee, in: *Hearings,* 411–466, 86th Cong., 1st Sess., Part 2, Washington.
Abramovitz, Moses 1993: The search for the sources of growth: Areas of ignorance, old and new, *Journal of Economic History* 53 (1993), 217–243.
Andrist, Felix et al. 2000: Real output in Switzerland: new estimates for 1914–47, *Federal Reserve Bank of St Louis Review* (May–June 2000), 43–69.
Basu, Susanto 1996: Procyclical Productivity: Increasing Returns or Cyclical Utilisation?, *Quarterly Journal of Economics* 111 (1996), 719–751.
Borchardt, Knut 1976: Wandlungen des Konjunkturphänomens in den letzten hundert Jahren, Bayerische Akademie der Wissenschaften, *Sitzungsbericht der Philosophisch-historischen Klasse 1.*
Clark, Colin 1957: *The Conditions of Economic Progress,* London: Macmillan.
David, Thomas 1995: Un indice de la production industrielle de la Suisse durant l'entre-deux-guerres, *Revue Suisse d'Histoire* 45 (1995), 109–130.
Denison, Edward F. 1962: *The Sources of Economic Growth in the United States and the Alternatives Before Us,* New York: Committee for Economic Development.
Goldsmith, Raymond W. 1981: A Tentative Secular National Balance Sheet for Switzerland, *Schweizerische Zeitschrift für Volkswirtschaft und Statistik* 117 (1981), 175–287.
Gross, Thomas 1994: Hat die traditionelle Preiserhebung ausgedient?, *Schweizerische Zeitschrift für Volkswirtschaft und Statistik* 130 (1994), 493–507.
Gross, Thomas 1998: Preisbewegungen in der Schweiz des 19. und 20. Jahrhunderts: Hinweise zur Datenlage, zur Methode und zu den Ergebnissen, *Geschichte und Informatik* 9 (1998), 85–102.
Hall, Robert 1990: Invariance Properties of Solow's Productivity Residual, in: Diamond, Peter (ed.), *Productivity and Unemployment,* Cambridge, Mass. / London: MIT Press.
Harberger, Arnold C. 1978: Perspectives on capital and technology in less developed countries, in: Artis, Michael / Nobay, Robert (eds.), *Contemporary Economic Analysis,* Vol. 15, London: Croom Helm, 1–69.
Harvey, Andrew C. 1992: *Forecasting, Structural Time Series Models and the Kalman Filter,* Cambridge: Cambridge University Press.
Hodrick, Robert J. / Prescott, Edward C. 1997: Postwar U.S. business cycles: An empirical investigation, *Journal of Money, Credit and Banking* 29 (1997), 1–16.
Jorgenson, Dale W. / Griliches, Zvi 1967: The explanation of productivity change, *Review of Economic Studies* 34 (1967), 249–280.
Kellenberger, Eduard 1939–1942: *Kapitalexport und Zahlungsbilanz,* Band I: ohne Titel; Band II: *Im Konjunkturzyklus der dreissiger Jahre;* Band III: *Geschichte und Kritik der Ideen und Theorien über den Kapitalexport – Theorie des Kapitalexports,* Bern: A. Francke.

Kendrick, John W. 1961: *Productivity Trends in the United States,* Princeton: Princeton University Press.

Maddison, Angus 1995: *Monitoring the World Economy 1820–1992,* Paris: Development Center Studies OECD.

Maddison, Angus 2001: *The World Economy. A Millenial Perspective,* Paris: Development Centre Studies.

Madsen, Jakob B. 2007: Technology spillover through trade and TFP Convergence: 135 years of evidence of the OECD countries, *Journal of International Economics* 72 (2007), 464–480.

Mastromarco, Camilla / Woitek, Ulrich 2007: Regional business cycles in Italy, *Computational Statistics & Data Analysis* 52 (2007), 907–918.

Meier, Peter 1983: *Aufbau, theoretische Fundierung und Ergebnisse des St. Galler Branchenmodelle.* Schlussbericht des NFP Nr. 4.359-0.79.09, im Rahmen des NFP Nr. 9, Mechanismen und Entwicklung der schweizerischen Wirtschaft.

Müller, Margrit 2010: Die Exportindustrien im Verlauf des 20. Jahrhunderts, *Traverse. Zeitschrift für Geschichte* (2010/1), Wirtschaftsgeschichte in der Schweiz: eine historiographische Skizze, 119–138.

Priestley, Maurice B. 1981: *Spectral Analysis and Time Series,* London: Academic Press.

Ritzmann, Heiner 1990: *Die Wertschöpfung im Ersten Sektor, 1837–1945,* Beitrag zum Nationalfondsprojekt «Geldmenge und Wirtschaftswachstum in der Schweiz 1851–1913», Zürich: Forschungsstelle für Schweizerische Sozial- und Wirtschaftsgeschichte der Universität Zürich.

Rosés, Joan R. / Wolf, Nikolaus 2009: Prosperity and depression in the European economy during the interwar years (1913–1950): An introduction, in: Broadberry, Stephen und O'Rourke, Kevin H. (eds.), *The Cambridge Economic History of Modern Europe,* Cambridge: Cambridge University Press.

Schweizerische Nationalbank (Hg.): Statistisches Monatsheft 2008, www.snb.ch/en/iabout/stat/statpub/statmon/stats/statmon.

Solow, Robert M. 1957: Technical change and the aggregate production function, *Review of Economics and Statistics* 39 (1957), 312–320.

Spiethoff, Arthur 1955: *Die wirtschaftlichen Wechsellagen. Aufschwung, Krise, Stockung,* Tübingen / Zürich: J.C.B. Mohr (Paul Siebeck).

Straumann, Tobias / Woitek, Ulrich 2009: A pioneer of a new monetary policy? Sweden's price level targeting of the 1930's revisited, *European Review of Economic History* 13 (2009), 251–282.

Sturm, Jan-Egbert / Meier, Ruth 2007: Neue Erkenntnisse zur Produktivitätsdiskussion – Erstmalige Berechnung des Kapitalstocks und der Kapitalleistungen für die Schweizer Volkswirtschaft, in: Bundesamt für Statistik, www, bfs.admin.ch/bfs/portal/de/index/themen/04/22/lexi.Dokument.89473.pdf.

Süssmuth, Bernd / Woitek, Ulrich 2005: Some new results on industrial sector mode – locking and business cycle formation, *Studies in Nonlinear Dynamics and Econometrics* 9 (2005), 1–33.

Svennilson, Ingvar 1954: *Growth and Stagnation in the European Economy,* Geneva: United Nations Economic Commission for Europe.

Zarin-Nejadan, Milad 1991: *L'incitation fiscale à l'investissement: le cas de la Suisse,* Thèse Université de Genève, [s.l.]: [s.n.].

A.2 Schätzung des Bruttoinlandprodukts nach Branchen und Kantonen 1890–1960

Heiner Ritzmann und Thomas David

A.2.1 Einleitung

Unsere retrospektive Schätzung zum schweizerischen Bruttoinlandprodukt (BIP) erstreckt sich auf den Zeitraum zwischen 1890 und 1960.[1] Sie basiert im Wesentlichen auf drei Methoden: dem Produktionsansatz, dem Einkommensansatz und mehr oder weniger groben Schätzungen. Massgebend dafür, wann auf welche Methode zurückgegriffen wurde, war die jeweilige Quellenlage. Im Zweifelsfall gaben wir dem ersten gegenüber dem zweiten und dem zweiten gegenüber dem dritten Ansatz den Vorzug. Des Öfteren sahen wir uns auch dazu gezwungen, den Produktions- oder Einkommensansatz mit einer Grobschätzung zu kombinieren. Im Mittelpunkt der nachfolgenden Ausführungen steht nicht die theoretische Diskussion dieser Ansätze, sondern deren Übertragung auf die Verhältnisse, die in der Schweiz während des Berichtszeitraums vorherrschten. Auf die einzelnen Arbeitsschritte kann allerdings lediglich anhand von Beispielen eingegangen werden – eine umfassende Dokumentation der Schätzungen würde den Rahmen dieses Beitrags bei weitem sprengen. Auch die verwendeten Quellen lassen sich aufgrund ihrer Fülle und Vielfalt auf knappem Raum nicht erschöpfend auflisten, beschreiben oder gar bewerten. Generell muss aber festgehalten werden, dass der Versuch, das schweizerische BIP der Jahre 1890–1960 retrospektiv zu schätzen, wohl von Vornherein zum Scheitern verurteilt gewesen wäre, hätte nicht die Möglichkeit bestanden, auf zahlreichen Vorarbeiten aufzubauen. Erwähnung verdient in diesem Zusammenhang insbesondere das Nationalfondsprojekt «Geldmenge und Wirtschaftswachstum in der Schweiz 1851–1913», das in den 1980er Jahren an der Forschungsstelle für schweizerische Sozial- und Wirtschaftsgeschichte unter der Leitung von Hansjörg Siegenthaler durchgeführt wurde. Der Schwerpunkt dieses Forschungsprojekts und der darauf aufbauenden Dissertationen und Lizentiatsarbeiten lag auf der Entwicklung der Produktion, der Preise und der Wertschöpfung in den drei verschiedenen Wirtschaftssektoren. Die von Jutta Schwarz, Thomas Steiger, Bernhard Beck, Michael Bernegger, Peter Dudzik, Heiner Ritzmann, Peter Püntener, Beat John, Patrick Halbeisen und Roman Lechner sowie von Nick Santschi verfass-

1 Um Vergleiche mit früheren Wertschöpfungsberechnungen für die erste Hälfte der 1960er Jahre zu ermöglichen, haben wir unsere Schätzreihen bis zum Jahr 1965 verlängert. Vgl. insbesondere die Branchenwertschöpfungsschätzungen des Eidg. Statistischen Amts (ESTA) 1969 für das Jahr 1964 und des St. Galler Zentrums für Zukunftsforschung für die Jahre 1960–1990: Meier 1983a; 1983b; 1984.

ten Beiträge boten sich sowohl in methodischer wie auch in empirischer Hinsicht als Ausgangspunkt für die Schätzung des BIP im Zeitraum 1890–1960 an.[2]

A.2.2 Produktionsansatz

Aus der Optik der Entstehungsseite des BIP repräsentiert die Wertschöpfung einer Branche ihren – theoretisch noch um die Veränderung der Lagerbestände zu korrigierenden – Bruttoproduktionswert abzüglich der für die Herstellung der Produkte eingesetzten Rohstoffe und anderer Vorleistungen. Hierbei stellt der Bruttoproduktionswert die Summe aus den Bruttowerten der hergestellten Produkte dar, die stets eine Mengen- und eine Preiskomponente aufweisen. Analog dazu stellt der Gesamtwert der von der Branche konsumierten Rohstoffe die Summe aus den Bruttowerten der einzelnen Rohstoffe dar, die sich ebenfalls in eine Mengen- und eine Preiskomponente zerlegen lassen. Dasselbe gilt für einige weitere Vorleistungen, etwa den Einsatz von Betriebsstoffen, die aus diesem Grund ebenfalls den Rohstoffen zugeordnet werden könnten. Doch gibt es daneben auch Vorleistungen wie z. B. die sogenannten Unkosten, die nur als Wertgrössen fassbar sind.

Im Kern geht es also beim Produktionsansatz darum, auf der tiefsten Erhebungsstufe die Produktmengen mit den Produktpreisen und die Rohstoffmengen mit den Rohstoffpreisen zu multiplizieren, um dann in einem zweiten Schritt die Werte der Produkte zum Bruttowert der Produktion und diejenigen der Rohstoffe zum Wert der Vorleistungen aufzusummieren. Wir haben uns dieses Verfahrens bei der Land- und Forstwirtschaft, bei einem Grossteil des zweiten Sektors, bei der Bauindustrie und beim Gross- und Detailhandel bedient, wobei wir allerdings stets auch Konzessionen an die Datenlage machen mussten. Beispielsweise konnte es vorkommen, dass nur die Mengen oder nur die Preise der Produkte bzw. der Vorleistungen bekannt waren. In solchen Fällen musste entweder auf Ersatzindikatoren ausgewichen oder aber der Wert der Produktion bzw. der Vorleistungen auf direktem Weg, d. h. unter Verzicht auf die Mengen-mal-Preise-Rechnung, geschätzt werden. Je nach der Beschaffenheit der Datenlage schien es unter Umständen sinnvoll, statt von einem absoluten Produktionswert von einem Produktionswert je Mengen- oder Flächeneinheit auszugehen.

A.2.2.1 Land- und Forstwirtschaft

A.2.2.1.1 Die Wertschöpfung der Landwirtschaft

Die Schätzung der landwirtschaftlichen Wertschöpfung für die Periode zwischen 1921 und 1960 basiert auf den Angaben, die das Schweizerische Bauernsekretariat (BSK) in den von ihm herausgegebenen *Statistischen Erhebungen und Schätzungen* zum

2 Schwarz 1981; Steiger 1982; Beck 1983; Bernegger 1983; Dudzik 1987; Projer 1989 und 1990; Ritzmann 1990; Püntener 1990; John 1990; Halbeisen/Lechner 1990 sowie Santschi 1999.

sogenannten Endrohertrag gemacht hat. Peter Meier definiert den Endrohertrag als Wertschöpfung des Agrarsektors zuzüglich der importierten Produktionsmittel; und auch die aus dem frühen 20. Jahrhundert stammende Umschreibung des Endrohertrags durch das BSK lässt eher an die Wertschöpfung als an den Bruttoproduktionswert denken.[3] Gleichwohl mussten wir das absolute Niveau der in den *Statistischen Erhebungen und Schätzungen* ausgewiesenen Endroherträge um ca. 11 % herabsetzen, um für das Jahr 1964 auf drei Milliarden Franken zu kommen. Denn laut einer Schätzung des Eidgenössischen Statistischen Amtes (ESTA) erreichte die Wertschöpfung im Agrarsektor damals diesen Betrag, was zwanzig Jahre später durch eine retrospektive Schätzung des St. Galler Zentrums für Zukunftsforschung bestätigt wurde.[4] Die jährliche Entwicklung der Wertschöpfung in den Teilsektoren und Produktionsrichtungen des Agarsektors konnten wir dagegen der Endrohertragsstatistik entnehmen.

Für die Periode zwischen 1890 und 1920 drängte sich der Rückgriff auf eine frühere Schätzung Heiner Ritzmanns auf, in der die Wertschöpfung des Agrarsektors allerdings ebenfalls um durchschnittlich 11 % zu hoch veranschlagt worden ist.[5] Diese Abweichung rührt wohl hauptsächlich daher, dass die damals von Ritzmann ermittelten Bruttoproduktionswerte auch den Eigenverbrauch der Landwirte enthalten, der definitionsgemäss keinen Bestandteil des BIP darstellt. Womöglich hatten auch einige der Buchhaltungsbetriebe, deren Jahresberichte von der Jahrhundertwende an die statistische Basis für die Endrohertragsstatistik des BSK abgaben,[6] trotz anderslautender Direktiven den Wert ihrer Produkte inklusive Eigenverbrauch berechnet. Zudem ist davon auszugehen, dass die zeitgenössische Agrarstatistik eher zu einer Überschätzung denn zu einer Unterschätzung des bäuerlichen Wertschöpfungsbeitrags neigte, ein Umstand, der sowohl den Endrohertragsberechnungen des BSK als auch den Wertschöpfungsschätzungen von Ritzmann seinen Stempel aufgedrückt haben dürfte. Davon abgesehen sprach jedoch nichts dagegen, die in der Schätzung von Ritzmann angewandten Methoden unverändert beizubehalten. Wie dabei konkret vorgegangen wurde, ist Gegenstand der nachfolgenden Ausführungen.

A.2.2.1.2 Die Wertschöpfung des Pflanzenbaus 1890–1920

Die erste gesamtschweizerische Arealstatistik datiert aus dem Jahr 1912; eine zweite folgte 1923/24. Beide Erhebungen grenzten beim ersten Sektor lediglich den produktiven land- und alpwirtschaftlichen Boden allgemein vom Waldareal ab. Um auch die

3 Brugger 1968, 374, Anm. 1: «Geldwert – berechnet nach den bei Verkauf ab Hof erzielten oder erzielbaren Preisen – aller landwirtschaftlichen Erzeugnisse, die den landwirtschaftlichen Betrieb verlassen, sei es an Nichtlandwirte oder durch Verbrauch im landwirtschaftlichen Haushalte. Der Wert von Erzeugnissen, die im Betrieb veredelt werden, z. B. Getreide zur Fütterung, Bruteier in der Geflügelhaltung usw., wird somit nicht zum Endrohertrag des betreffenden Betriebszweiges gerechnet.»

4 ESTA 1969 und Meier 1983b.

5 Ritzmann 1990.

6 *Landwirtschaftliches Jahrbuch der Schweiz*, 1901–1965.

Verteilung der landwirtschaftlichen Kulturfläche auf die einzelnen Produktionsrichtungen in Erfahrung zu bringen, ordnete der Bund 1917 und 1919 detaillierte gesamtschweizerische Anbauerhebungen an. Für die Hauptproduktionsrichtungen des Pflanzenbaus waren die Areale bereits im Rahmen der ersten landwirtschaftlichen Betriebszählung von 1905 ermittelt worden.

In neuerer Zeit ist es Werner Schlegel gelungen, durch die Auswertung verschiedener Quellen die Ausdehnung der schweizerischen Getreideareale im Jahr 1910 zu rekonstruieren.[7] Aus einzelnen Kantonen sind für das späte 19. und frühe 20. Jahrhundert überdies Angaben zum Kartoffel- und Rebareal sowie zum Obstbaumbestand überliefert, die später auf Landesebene hochgerechnet wurden.[8]

Die trendmässige Entwicklung der Hektarerträge beim Acker- und Weinbau wie auch der Baumerträge beim Obstbau liess sich der zeitgenössischen Literatur entnehmen. Was für das späte 19. und frühe 20. Jahrhundert hingegen fehlt, ist eine gesamtschweizerische Statistik der Ertragsschwankungen. Dieser Umstand veranlasste Heiner Ritzmann, ein Schätzmodell zu entwerfen, das einen engen Zusammenhang zwischen den Ertragsschwankungen und dem Witterungsverlauf in den Monaten zwischen Aussaat und Ernte postuliert.[9] Für die wichtigsten Getreidesorten, die Kartoffeln und den Rebbau bildete er komplexe Witterungsindizes, die ihm eine «Nachhersage» der landesweiten Erntefluktuationen ermöglichten. Er bezog die mit Hilfe dieses Modells kreierten Schätzwerte auf die in der zeitgenössischen Fachliteratur vorgefundenen Informationen und gelangte so zu einer Schätzung der gesamten mengenmässigen Produktion an Getreide, Kartoffeln und Wein. Beim Obstbau behalf er sich mit einem alternativen Modell, indem er die Ertragsschwankungen aus der Preisentwicklung ableitete. Eine Zusammenfassung der von Ritzmann zur Ermittlung der Ertragsschwankungen im Pflanzenbau angewandten Methoden findet sich in der Internetversion (www.fsw.uzh.ch/histstat/wg_ch/ritzmann_david) des vorliegenden Beitrags.

Dem von Hans Brugger verfassten statistischen Handbuch der schweizerischen Landwirtschaft und der vom gleichen Autor stammenden Monographie zur schweizerischen Landwirtschaft im Zeitraum von 1850 bis 1914 konnte Ritzmann die Preise für die Produkte des Pflanzenbaus entnehmen.[10] Der Anteil der Vorleistungen und der Verluste (Saatgut-, Futter- und Abfallmengen) bestimmte er anhand von Angaben in der zeitgenössischen Literatur.

Beim Gemüsebau und bei den übrigen Pflanzenkulturen (Runkeln, Rüben und Rüebli, Zuckerrüben, Tabak, Hanf und Flachs) liess sich die wertmässige Produktion bis 1920 nur in grober Weise schätzen. Dasselbe gilt für die bäuerlichen Privatwäl-

7 Schlegel 1974.

8 Zum Rebareal siehe Brugger 1968, zum Obstbaumbestand Howald 1924, zur Hochrechnung auf Landesebene Ritzmann 1990.

9 Ritzmann 1990.

10 Brugger 1968 und 1978.

der, die indessen nur einen verschwindend kleinen Beitrag an die landwirtschaftliche Wertschöpfung leisteten.

A.2.2.1.3 Die Wertschöpfung der Viehhaltung 1890–1920

Der Bestand an Gross- und Kleinvieh sowie an Geflügel und Bienenvölkern ist in den Ergebnisbänden der eidgenössischen Viehzählungen von 1886, 1896, 1901, 1906, 1911, 1916 und 1918–1921 dokumentiert. Für die dazwischenliegenden Jahre fertigte Heiner Ritzmann anhand der Resultate von kantonalen Jahreserhebungen einen Bewegungsindikator an, den er mit den Eckwerten der eidgenössischen Viehzählungen verband.[11]

Thomas Steiger hat die durchschnittliche Milchleistung der Kühe und den Fleischertrag der Rinder und Kälber für die Jahre zwischen 1851 und 1913 ermittelt.[12] Seine Berechnungsmethoden konnten im Massstab 1:1 auf die nachfolgenden zwei Jahrzehnte übertragen werden. In ähnlicher Weise schätzte Ritzmann die Produktion von Schweine-, Schaf-, Ziegen-, Pferde- und sonstigem Fleisch (Geflügel, Kaninchen und Wild) sowie diejenige von Ziegenmilch, Eiern, Honig und Tierhäuten.[13] Die Durchschnittserträge in den einzelnen Produktionszweigen der Viehhaltung bestimmte er anhand von Angaben, die er in der zeitgenössischen Spezialliteratur vorgefunden hatte. Zu welchen Preisen die tierische Produktion jeweils verkauft wurde, entnahm er den Publikationen von Hans Brugger.[14] Die Bruttoproduktionswerte der einzelnen Produktionszweige berechnete er, indem er jeweils die Mengen mit den Preisen multiplizierte und dem Ergebnis den mutmasslichen Wert der Aufzuchtleistungen und der Viehexporte hinzufügte. Vorleistungen brauchten bei der Viehhaltung nicht in Abzug gebracht zu werden.

A.2.2.1.4 Die Wertschöpfung der Forstwirtschaft

Für die Jahre von 1890 bis 1916 rekonstruierte Heiner Ritzmann den forstwirtschaftlichen Bruttoproduktionswert, indem er die gesamtschweizerischen Waldareale, die 1885 erstmals geschätzt und seit 1899 jährlich erhoben worden waren, mit den aus den kantonalen Erhebungen bekannten Bruttoeinnnahmen pro Hektar Waldareal multiplizierte.[15] Ab 1917 weist dann das *Statistische Jahrbuch der Schweiz* für die meisten und ab 1925 sogar für alle Kantone die forstwirtschaftlichen Bruttoeinnahmen sowie die Holzproduktion aus. Wie schon bei den früheren kantonalen Erhebungen beziehen sich diese Angaben jedoch nur auf die öffentlichen Wälder, d. h. auf die Staats-, Ge-

11 Ritzmann 1990.
12 Steiger 1982.
13 Ritzmann 1990.
14 Brugger 1968 und 1978.
15 Ritzmann 1990.

meinde- und Korporationswälder. Es musste daher vereinfachend unterstellt werden, dass in den Privatwäldern dieselben Erlöse pro Hektar erzielt wurden wie in den Gemeinde- und Korporationswälden. (Die von den Kantonsbehörden bewirtschafteten Staatswälder wurden hier rechnerisch nicht einbezogen, da sie überdurchschnittlich hohe Erträge abzuwerfen pflegten.)

Die Preisentwicklung beim Nutz- und beim Brennholz hat Erich Projer für das späte 19. und frühe 20. Jahrhundert rekonstruiert.[16] Die Vorleistungen waren in der Forstwirtschaft kaum der Rede wert und durften daher guten Gewissens vernachlässigt werden.

A.2.2.2 Industrie und Gewerbe

A.2.2.2.1 Schätzungen aufgrund statistischer Quellen

Die Nationale Buchhaltung und spätere Volkswirtschaftliche Gesamtrechnung ist ein Kind des 20. Jahrhunderts. Weil sie sich in der Schweiz jedoch langsamer als in anderen westlichen Ländern entwickelt hat, standen beim zweiten Sektor für den Berichtszeitraum keine nach Branchen gegliederten Produktionskonti und Mengenindizes zur Verfügung.[17] Dass es uns trotzdem geglückt ist, die Wertschöpfung der meisten industriellen und gewerblichen Branchen von der Entstehungsseite her zu berechnen, liegt daran, dass wir auf eine Vielzahl von Branchenstudien mit volkswirtschaftlichen Fragestellungen zurückgreifen konnten. Als Hauptquellen dienten die der Öffentlichkeit weitgehend vorenthaltenen Industriemonographien Rudolf Schwarzmanns, eines Adjunkten des Eidgenössischen Statistischen Amtes (ESTA), aus den Jahren 1928–1945, die am Schweizerischen Institut für Aussenwirtschafts- und Marktforschung der Handelshochschule St. Gallen in den Jahren zwischen 1949 und 1957 verfassten Untersuchungen zur Textilwirtschaft, die ebenfalls unveröffentlicht geblieben sind, und die wirtschaftspolitischen Mitteilungen der Gesellschaft zur Förderung der schweizerischen Wirtschaft aus den Jahren 1955–1974. Wertvolle Dienste leisteten ferner Alfred Furrer's *Volkswirtschaftslexikon*, Naum Reichesbergs *Handwörterbuch der schweizerischen Volkswirtschaft, Socialpolitik und Verwaltung*, Julius Landmanns Werk *Volkswirtschaft, Arbeitsrecht und Sozialversicherung in der Schweiz*, diverse Veröffentlichungen der 1926 ins Leben gerufenen Preisbildungskommission des Eidgenössischen Volkswirtschaftsdepartements, eine amtliche Darstellung der schweizerischen Kriegswirtschaft

16 Projer 1990.

17 Das erste offizielle schweizerische Produktionskonto datiert aus dem Jahr 1970, das zweite aus dem Jahr 1975 (ESTA 1978 und BFS 1983). Davor hatte das ESTA bereits einmal eine Schätzung der Branchenwertschöpfung vorgenommen, die sich auf das Jahr 1964 bezog (ESTA 1969). Die amtlichen Branchenindizes zur Industrieproduktion reichen bis ins Jahr 1958 zurück (vgl. Eidg. Volkswirtschaftsdepartement, Kommission für Konjunkturfragen 1965).

zwischen 1939 und 1948 und das in den Jahren 1939 und 1955 erschienene *Handbuch der schweizerischen Volkswirtschaft.*[18]

A.2.2.2.2 Neue Schätzungen: Schokoladen- und Uhreninindustrie

Die schweizerische *Schokoladenindustrie* hat immer schon einen Grossteil ihrer Rohstoffe aus dem Ausland bezogen, sodass der Importstatistik bei der Rekonstruktion der Wertschöpfung in dieser Branche eine zentrale Rolle zufällt. Von Ernst Laur, Traugott Geering, Alfred Gutzwiller und der Chocosuisse (vormals Chambre Syndicale des Fabricants suisses de Chocolat) stammen Schätzungen des Produktionsvolumens für einzelne Jahre, aber auch für längere Zeitabschnitte.[19] Die Lücken in dieser Mengenreihe liessen sich mit Hilfe der Bewegung bei den Kakaobohnen- und Kakaobutterimporten schliessen. Da die schweizerischen Schokoladefabrikanten ihre Produkte sowohl im Inland als auch im Ausland abgesetzt haben, ermittelten wir die Verkaufspreise anhand des arithmetischen Mittels zwischen den Export- und den Kleinhandelspreisen, wobei wir die Ersteren der Aussenhandelsstatistik und die Letzteren den Statistischen Jahrbüchern für die Städte Zürich, Bern und Basel entnahmen. Die aus der Multiplikation der Preise mit den Mengen gewonnene Schätzung der Bruttoproduktionswerte überprüften wir anhand von Angaben, auf die wir in der Sekundärliteratur sowie in den *Berichten über Handel und Industrie der Schweiz* und im *Handbuch der schweizerischen Volkswirtschaft* gestossen waren.[20] Anhaltspunkte zum jeweiligen Anteil der vier wichtigsten Rohstoffe – nämlich Kakaobohnen, Kakaobutter, Zucker und Milch – an der gesamtschweizerischen Schokoladenproduktion lieferten die Broschüren der Chocosuisse ebenso wie die reichhaltige, hauptsächlich Dissertationen umfassende Sekundärliteratur.[21] Um die punktuellen Schätzwerte miteinander verbinden zu können, zogen wir ein weiteres Mal die Importmengenstatistik heran. Die Preise für Kakaobohnen und Kakaobutter durften mit den aus der Aussenhandelsstatistik bekannten Mittelwerten für importierte Kakaobohnen und Kakaobutter gleichgesetzt, diejenigen von Zucker und Milch aus den Wertschöpfungsschätzungen für die Zuckerindustrie und die Milchproduktion übernommen werden. Wir multiplizierten nun bei jedem der vier Importprodukte die Mengen mit den Preisen. Den durch die Aufsummierung der Ergebnisreihen gewonnenen Gesamtwert erhöhten wir

18 *Volkswirtschaftslexikon der Schweiz* 1887–1892; *Handwörterbuch der schweizerischen Volkswirtschaft, Socialpolitik und Verwaltung* 1903–1911; Landmann 1925; Eidg. Volkswirtschaftsdepartement, Preisbildungskommission 1927–1953; Eidg. Zentralstelle der schweizerischen Kriegswirtschaft 1950 sowie *Handbuch der Schweizerischen Volkswirtschaft* 1939 und 1955. Eine ausführlichere Würdigung der Quellen, auf denen die Schätzung der industriellen und gewerblichen Wertschöpfung hauptsächlich basiert, enthält die oben erwähnte Internetversion des vorliegenden Beitrags.

19 Laur 1899; Geering 1928; Gutzwiller 1932 sowie diverse Kleinbroschüren der Chocosuisse.

20 Geering/Hotz 1910; Oetiker 1915; Howald 1923; Landmann 1925; *Berichte über Handel und Industrie der Schweiz*, 1910–1936, sowie *Handbuch der schweizerischen Volkswirtschaft* 1955.

21 Oetiker 1915; Hartmann 1919; Gutzwiller 1932; Van Hout 1933; Frei 1951 und Sulser 1975.

anschliessend noch um einen Fünftel, um auch die restlichen Rohstoffe – Haselnüsse, Mandeln, Marzipan usw. – sowie den Einsatz von Betriebstoffen und von Unkosten aller Art zu erfassen. Aus der Subtraktion der Vorleistungen von den Bruttoproduktionswerten resultierten die Wertschöpfungsreihen.

Den Wertschöpfungsbeitrag der *Uhrenindustrie* festzustellen war bedeutend schwieriger, als es auf den ersten Blick den Anschein machte. Rasch ermittelt war lediglich der Bruttoproduktionswert der Branche, die nach der einhelligen Meinung der zeitgenössischen Literatur fast ihre gesamte Produktion im Ausland absetzte.[22] Ihren Höchststand erreichte die Exportquote mit über 97% in der Zwischen- und in der Nachweltkriegszeit, wogegen sie einzig während des Zweiten Weltkriegs unter die Marke von 95% fiel. Während des Ersten Weltkriegs waren in schweizerischen Uhrenfabriken auch Munition und Granatzünder hergestellt worden, deren Wert zum Bruttoproduktionswert der Uhren hinzugezählt werden muss.[23]

Um den Wert der Vorleistungen eruieren zu können, übernahmen wir die Methode, die Rudolf Schwarzmann in seiner unveröffentlichten Studie von 1937/38 über die Produktionskosten in der Uhrenindustrie angewandt hatte. Demgemäss identifizierten wir zunächst Gold, Silber, Nickel, Messing und Stahl als die wichtigsten Rohstoffe der Branche. Da aber diese fünf Metalle damals auch von anderen Industrien eingesetzt wurden, fiel eine Schätzung der Rohstoffmengen auf Basis der Importstatistik ausser Betracht. In Anlehnung an Schwarzmann gingen wir stattdessen von der Exportstatistik aus, die bei der Uhrenindustrie eine sehr feine Untergliederung aufweist. Wir rechneten die in Stückzahlen ausgewiesenen Exporte, beispielsweise von goldenen Taschenuhren, Armbanduhren aus Silber oder Gehäusen aus Nickel, in Gewichtsmengen um, indem wir eine mit «Reduktionsfaktoren für die Umrechnung der nach Stückzahl deklarierten Waren in Meterzentner» betitelte Spezialübersicht in den Orginalbänden der Aussenhandelsstatistik auswerteten. Daraufhin ordneten wir den einzelnen Positionen der Uhrenexportstatistik die entsprechenden Positionen der Metallimportstatistik zu und erhielten so Schätzreihen für die eingesetzten Nettomengen an Gold, Silber, Nickel, Messing und Stahl. Den Bruttoinput an Rohstoffen schätzten wir, indem wir den Nettoinput um die in der Studie von Schwarzmann ausgewiesene Abfall- und Wiederverwertungsquote erhöhten. Die Bewertung der Bruttogewichte der fünf Metalle erfolgte mit den in der Importstatistik ausgewiesenen Mittelwerten für unbearbeitete Gold- und Silberbarren, Nickelplatten, Kupferblöcke und für Stahldraht. Anschliessend zählten wir die einzelnen Rohstoffwerte zusammen und erhöhten die Summe noch um mehrere Schätzwerte: einen für die eingesetzen Edelsteine und Uhrengläser, einen zweiten für die Vorleistungen, welche die Branche während des Ersten Weltkriegs für die Herstellung von Munition und Granatzündern

22 Pfleghart 1908; Geering/Hotz 1910; Landmann 1925; *Handbuch der Schweizerischen Volkswirtschaft* 1939 und 1955; Primault 1946 sowie *Wirtschaftspolitische Mitteilungen*, Nr. 1958/11–12 und Nr. 1970–71/3.

23 Landmann 1925.

benötigt hatte, einen dritten für die im Inland abgesetzten Uhren und einen vierten für die importierten vorgearbeiteten Uhrenbestandteile. Das so ermittelte Gesamttotal der Rohstoffkosten musste nur noch vom Bruttoproduktionswert abgezogen werden, um eine Wertschöpfungsreihe zu erhalten.

A.2.2.3 Dienstleistungen: Banken

Der Berechnung der von den Banken und anderen Finanzinstituten generierten Wertschöpfung liegen abgesehen von der neueren Arbeit Peter Pünteners zwei Hauptquellen zugrunde, nämlich die grundlegende Bankenstudie von Franz Ritzmann aus dem Jahr 1973 und die Bankenstatistik der Schweizerischen Nationalbank (SNB), die mit deren Gründungsjahr 1907 einsetzt, aber auch einen Rückblick auf die Jahre 1900, 1895 und 1890 bietet.[24] Franz Ritzmann hat bei sämtlichen Schweizer Banken die Bilanzsumme für ungefähr jedes zehnte Jahr recherchiert und Jahrestabellen angefertigt, die für den Zeitraum zwischen 1800 und 1965 über die Entwicklung der Bilanzsummen bei den verschiedenen Banktypen – Nationalbank, Kantonalbanken, Grossbanken, Regionalbanken, andere Banken und Finanzinstitute – unterrichten.[25] Die Bankenstatistik der SNB bildet die Bilanzsummen noch etwas genauer ab und gibt darüber hinaus die Bruttogewinne an, die mit dem Bruttoproduktionswert gleichgesetzt werden dürfen. Seit 1935 dokumentiert sie zudem den Aufwand für Büromaterial und einzelne Komponenten des Bruttogewinns wie den Zinsensaldo oder die Kommissionen. In den Jahren von 1906 bis 1934 berücksichtigt sie allerdings im Unterschied zu den historischen Tabellen von Ritzmann nicht die Gesamtheit der Bankinstitute.

Bei der Ermittlung der Wertschöpfung im Bankensektor führten wir die einzelnen Arbeitsschritte für jede Bankengruppe gesondert aus, um so nach Bankengruppen untergliederte Wertschöpfungsreihen zu erhalten. Zunächst ermittelten wir den Anteil der Bruttogewinne an der Bilanzsumme der Jahre von 1890 bis 1935, wobei wir die Lücken in den Jahren 1891–1894, 1896–1899 und 1901–1905, für die keine Angaben zum Bruttogewinn beigebracht werden konnten, mittels Interpolationen überbrücken mussten. Anschliessend übertrugen wir die errechneten Prozentwerte auf die Bilanzsummen sämtlicher Banken und Finanzinstitute, die in der Übersicht von Franz Ritzmann figurieren. Gegen diese Schätzmethode lässt sich zwar einwenden, dass die Bankiers der Öffentlichkeit zuweilen Zahlen vorsetzten, die der Wirklichkeit Gewalt antaten. «Sie wissen, dass die Jahresberichte einer Bank der Öffentlichkeit erst präsentiert werden, nachdem man sie ‹frisiert› hat, womit sie nicht immer ein getreuliches Abbild der Aktivitäten im abgelaufenen Berichtsjahr vermitteln» – diese inhaltsschweren Worte wurden 1938 von keinem Geringeren als Jean Golay, einem General-

24 Püntener 1990 und Ritzmann 1973. Die SNB hat die Reihe *Das schweizerische Bankwesen* erst 1920 begründet; davor waren die Tabellen unter demselben Titel von der *Schweizerischen Zeitschrift für Statistik und Volkswirtschaft* veröffentlicht worden, Bände 1910–1919.

25 Ritzmann 1973, Anhang.

direktor des Schweizerischen Bankvereins, ausgesprochen, und dies erst noch in einer Rede vor Vertretern der schweizerischen Bankenwelt.[26] Auf einem anderen Blatt steht indessen, ob sich durch solche Praktiken hervorgerufene Verzerrungen in der Statistik überhaupt nachweisen lassen, und wenn ja, wie damit bei der Datenauswertung umgegangen werden kann und soll.

Der nächste Arbeitsschritt bestand darin, für die sechs genannten Bankengruppen die Vorleistungen, d. h. den Anteil der Ausgaben für das Büromaterial an den Gesamteinnahmen, zu eruieren. Dabei mussten die Schätzwerte für die Jahre von 1890 bis 1934 auf der Basis der durchschnittlichen Vorleistungsanteile in den Jahren zwischen 1935 und 1950 festgelegt werden. Aus der Multiplikation der Vorleistungsanteile mit den Bruttoproduktionswerten resultierten die absoluten Werte der Vorleistungen, die zuletzt noch von den Bruttoproduktionswerten zu subtrahieren waren.

A.2.3 Einkommensansatz

Beim Einkommensansatz steht die Verteilung der von der Wirtschaft erbrachten Leistung auf die Produktionsfaktoren Arbeit und Kapital im Vordergrund; dabei muss aber auch die Wertverminderung des Anlagevermögens beachtet werden. Aus dieser Perspektive ist das BIP die Summe aus Personalkosten (bzw. Löhnen), Zinsen, Abschreibungen und Gewinne, die theoretisch noch um die Produktions- und Importsteuern erhöht und um die Subventionen vermindert werden sollte.

A.2.3.1 Industrie und Gewerbe: Stickerei und grafisches Gewerbe

Innerhalb des zweiten Sektors gelangte der Einkommensansatz einzig bei der Stickerei und beim grafischen Gewerbe zur Anwendung. Dies liegt daran, dass die Höhe der Vorleistungen bei diesen Branchen nicht festzustellen war. Wohl aber liessen sich die Personalkosten ermitteln, die in beiden Fällen die mit Abstand wichtigste Komponente des Bruttoproduktionswerts und der Wertschöpfung bildeten. Dass für die restlichen Einkommenskomponenten – Zinsen, Abschreibungen und Gewinne – nur grobe Schätzungen möglich waren, mussten wir in Kauf nehmen.

Bei der *Stickerei* konnten wir die Bruttoproduktionswerte auf der Basis der Aussenhandelsstatistik rekonstruieren, weil dieser auf die Herstellung von Luxuswaren spezialisierte Zweig der Textilbranche im Zeitraum zwischen 1890 und 1960 stets mindestens 90% seiner wertmässigen Gesamtproduktion exportiert hatte.[27] Die Lohnsummen konnten wir schätzen, indem wir auf die Resultatebände der eidge-

26 «Vous n'êtes pas sans savoir que les comptes annuels d'une banque tels qu'ils sont présentés au public sont dressés après avoir subi une ‹Frisur› dont le résultat ne représente pas toujours fidèlement l'activité de l'exercice écoulé» (zitiert in Perrenoud et al. 2002, 131).

27 Geering/Hotz 1910; Landmann 1925 sowie Stickerei-Treuhand-Genossenschaft, *Jahresberichte*, 1924–1965.

nössischen Volks- und Betriebszählungen, die 1929 einsetzende Jahresstatistik des Bundesamtes für Industrie, Gewerbe und Arbeit (BIGA) zu den Stundenlöhnen von Männern und Frauen in der Textilindustrie sowie auf die Angaben der Fachliteratur zum Maschinenbestand und zu den Stichpreisen rekurrierten.[28] Die von uns für das Jahr 1920 errechnete Wertschöpfungsquote kommt einer zeitgenössischen Schätzung sehr nahe.[29]

Beim *grafischen Gewerbe* stützten wir uns für das späte 19. und frühe 20. Jahrhundert auf Schätzungen zum Stundenlohn und zur wöchentlichen Arbeitszeit, die aus dem von Hansjörg Siegenthaler betreuten Nationalfondsprojekt «Reallöhne schweizerischer Industriearbeiter von 1890 bis 1921» stammen.[30] Ab 1918 konnten wir dann eine Tageslohnreihe des Eidgenössischen Arbeitsamts und ab 1929 eine Stundenlohnreihe des BIGA verwenden.[31] Da sich für den Zeitraum von 1890 bis 1960 in den zeitgenössischen Quellen keine Informationen zum Bruttoproduktionswert und zur Wertschöpfung des grafischen Gewerbes fanden, mussten diese beiden Grössen grob geschätzt werden. Hierbei diente uns die Lohnsummenreihe als Bewegungsindikator, während wir das absolute Niveau der Schätzwerte auf Basis der Branchenwertschöpfungsrechnung des ESTA für das Jahr 1964 festlegten.[32]

A.2.3.2 Dienstleistungen

A.2.3.2.1 Gastgewerbe

Beim Gastgewerbe konzentrierten sich unsere Recherchen auf die wichtigste Einnahmequelle der schweizerischen Tourismusindustrie, die Hotelbetriebe. Was die Periode zwischen 1890 und 1913 betrifft, konnten wir an die von Peter Püntener geleisteten Vorarbeiten anknüpfen.[33] Es war aber dennoch unumgänglich, zahlreiche Quellen sowie Beiträge der Fachliteratur zu konsultieren, darunter insbesondere die *Berichte über Handel und Industrie in der Schweiz*, die *Gastgewerbliche Betriebsstatistik* des Schweizerischen Wirtevereins, mehrere Umfragen des Schweizerischen Hotelier-Vereins im Zeitraum 1894–1939, die Geschäftsberichte desselben Vereins aus den Jahren 1937–1950, den *Luzerner Bericht* des Eidgenössischen Volkswirtschaftsdepartements zur Lage der schweizerischen Hotellerie um die Mitte des 20. Jahrhunderts, die Handbücher der schweizerischen Volkswirtschaft von 1939 und 1955 sowie die mit umfangreichem Datenmaterial versehenen Spezialuntersuchungen von Victor

28 *Volkswirtschaft*, 1934ff; Näf 1911; Beerli 1921; Häuptli 1929; Saxer 1932; Bébié 1939; Baumgartner 1942; Schweizerisches Institut für Aussenwirtschafts- und Marktforschung an der Handels-Hochschule St. Gallen 1949 sowie *Handbuch der schweizerischen Volkswirtschaft* 1955.

29 Nef 1920.

30 Gross et al. 1982, Bände 1–3.

31 *Volkswirtschaft*, 1934ff.

32 ESTA 1969.

33 Püntener 1990.

Egger, Franz Seiler, Eugen Böhler und Hans Böhi, Hubert Gölden, Hermann Gurtner und Bruno Maeder.[34]

Bei der Hotellerie entspricht der Bruttoproduktionswert den Gesamteinnahmen. Er umfasst erstens die Einnahmen der Hotellerie im engeren Sinn, d. h. die Aufwendungen der Gäste für Kost und Logis, zweitens die sich ebenfalls aus Kost und Logis zusammensetzenden Naturalentlöhnungen der Angestellten und drittens die von den Angestellten bezogenen Trinkgelder. An Quellen, die für den Berichtszeitraum Auskunft über die Einnahmen der Hotellerie im engeren Sinn erteilen, mangelt es nicht. Allerdings wurden nicht immer absolute Beträge angegeben, sondern teilweise auch die Einnahmen je Logiernacht, die im Fachjargon «Moyenne» heissen. Um die Werte der «Moyenne» in unsere Schätzung einbauen zu können, mussten wir die durchschnittliche Zahl der Logiernächte kennen. Ab 1934 wurde diese zentrale Kennziffer der Tourismusindustrie durch die neu eingeführte Fremdenverkehrsstatistik des ESTA erfasst; aus den Jahren zwischen 1910 und 1933 sind dagegen für eine ganze Reihe von Städten und Kurorten zuverlässige Angaben überliefert, die sich auf Landesebene hochrechnen liessen.[35] Für die Periode von 1890 bis 1909 behalfen wir uns mit Ersatzindikatoren wie dem Schiffsverkehr auf grösseren Seen, der Frequentierung von Bergbahnen und dem Postreiseverkehr über wichtige Alpenpässe.[36] Aus der Multiplikation der punktuellen zeitgenössischen Angaben zur «Moyenne» mit der Zahl der Logiernächte in den betreffenden Jahren resultierten zusätzliche Schätzwerte zu den Einnahmen der Hotellerie im engeren Sinn. Wo die Reihe nach wie vor lückenhaft war, verwendeten wir den Index der Logiernächte als Konjunkturindikator. Die vom ESTA berechneten Einnahmen aus dem übernachtenden Reiseverkehr im Jahr 1964 markieren den Endpunkt der Reihe.[37]

Um die Beiträge der einzelnen Wertschöpfungskomponenten zu ermitteln, mussten wir uns erneut in die zeitgenössischen Quellen vertiefen. Wir stiessen dort auf vielfältige Informationen zu den statistischen Relationen zwischen den Einahmen der Hotellerie im engeren Sinn und den Barlöhnen, Trinkgeldern, Naturallöhnen, Abschreibungen, Zinsen und Gewinnen.[38] Mit Hilfe dieser Kennziffern liessen sich die absoluten Werte der sechs Wertschöpfungkomponenten berechnen und zur Gesamtwertschöpfung der Hotellerie aufsummieren.

34 *Berichte über Handel und Industrie in der Schweiz*, 1890–1933; Schweizerischer Wirteverein, *Gastgewerbliche Betriebsstatistik*, 1936–1956; Guyer-Freuler 1895; Schweizerischer Hotelier-Verein 1915; Schweizer Hotel-Verein 1932; Schweizer Hotel-Verein 1939; Schweizer Hotel-Verein 1937–1950; Eidg. Volkswirtschaftsdepartement 1952; *Handbuch der schweizerischen Volkswirtschaft* 1939 und 1955; Cruchon 1932; Egger 1935; Seiler 1935; Böhler/Böhi 1940; Gölden 1939; Gurtner 1939 sowie Maeder 1971.

35 *Statistisches Jahrbuch der Schweiz*, 1910–1933, und *Berichte über Handel und Industrie in der Schweiz*, 1917–1965.

36 Püntener 1990.

37 ESTA 1969.

38 Schweizerischer Hotelier-Verein 1915; Egger 1935; Gölden 1939; Gurtner 1939; Kunz 1959; Asper 1955; Zünd 1969 sowie Maeder 1971.

Das restliche Gastgewerbe umfasst die Kurbetriebe, die Restaurants und Cafés sowie die sogenannte Parahotellerie (Campingplätze, Pensionen, Jugendherbergen usw.). Die Gesamtwertschöpfung dieser Subbranchen liess sich nur sehr grob und undifferenziert schätzen. Das absolute Niveau der Reihe konnte für einige wenige Jahre aufgrund von Hinweisen aus der Sekundärliteratur festgelegt werden. Um die kurz- und mittelfristige Bewegung der Reihe abbilden zu können, mussten wir unterstellen, dass zwischen der Wertschöpfung in der Hotellerie und im restlichen Gastgewerbe ein Zusammenhang bestanden hatte. Zugleich nahmen wir an, dass der Gang der weltwirtschaftlichen Konjunktur die Hotellerie stärker in Mitleidenschaft gezogen hatte als die Restaurants, die Cafes und die Parahotellerie. Daher setzten wir für das restliche Gastgewerbe das laufende Fünfjahresmittel der Wertschöpfungsreihe ein, die wir zuvor für die Hotelbetriebe berechnet hatten.

A.2.3.2.2 Verkehrs- und Nachrichtenübermittlungswesen

Die Branche des Verkehrswesens und der Nachrichtenübermittlung zeichnet sich durch ihre überaus heterogene Struktur aus. Da die Entwicklung der verschiedenen Subbranchen im Zeitraum von 1890 bis 1960 unterschiedlich gut dokumentiert ist, kamen wir nicht umhin, mehrere Schätzkonzepte auszuarbeiten. Ausserdem mussten wir uns ein weiteres Mal mit der Arbeit von Peter Püntener auseinandersetzen, der sich bei der Ermittlung der Wertschöpfung im Eisenbahnwesen seinerseits auf Vorarbeiten von Blandina Nuss-Kunz gestützt hatte.[39]

Hauptquellen für die Wertschöpfungsschätzung bei *Bahnen und Bussen* waren die einen Zeitraum von über hundert Jahren (1845–1947) abdeckende Schweizerische Eisenbahnstatistik, die Geschäftsberichte sowie das Statistische Jahrbuch der 1903 gegründeten Schweizerischen Bundesbahnen (SBB) und die Übersichten zur Betriebsrechnung der konzessionierten Autobus- und Trolleybuslinien (ab 1919 bzw. 1945) im *Statistischen Jahrbuch der Schweiz.*

Die Eisenbahnstatistik differenziert zwischen Normal- und Schmalspur-, Strassen-, Berg-, Seil- und Schwebebahnen. Sie orientiert über die Einnahmen und Ausgaben all dieser Bahntypen, ohne jedoch die einzelnen Einnahmen- und Ausgabenposten gesondert aufzuführen. Auch bei den in das *Statistische Jahrbuch der Schweiz* aufgenommenen Betriebsrechnungen der Auto- und Trolleybusse fehlt eine entsprechende Untergliederung. Genau umgekehrt verhält es sich mit den Betriebsrechnungen, die in den Geschäftsberichten und im Jahrbuch der SBB abgedruckt sind. Es bot sich daher an, die Kennzahlen für die SBB auf die Angaben in der Eisenbahnstatistik und im *Statistischen Jahrbuch der Schweiz* zu beziehen, um so eine Grundlage für die Schätzung der Wertschöpfungskomponenten bei den Bahnen und Bussen zu schaffen. Das Vorgehen im Einzelnen lässt sich wie folgt skizzieren:

39 Püntener 1990 und Nuss-Kunz 1975.

- Gesamteinnahmen: Übertragung der für die SBB berechneten Relation zwischen Gesamt- und Betriebseinnahmen auf die Betriebseinnahmen der Bahnen und Busse;
- Personalkosten/Lohnsumme: Übertragung der für die SBB berechneten Relation zwischen Lohnsumme und Gesamteinnahmen auf die Gesamteinnahmen der Bahnen und Busse; anschliessend Korrektur der Ergebnisreihen für den Busverkehr und die Zahnrad-, Drahtseil- und Luftseilbahnen, um nicht mit in der Sekundärliteratur vorgefundenen Angaben in Widerspruch zu geraten;
- Zinsen und Abschreibungen: Übertragung der für die SBB berechneten Relation zwischen dem Total aus Zinsen und Abschreibungen und den Gesamteinnahmen auf die Gesamteinnahmen der Bahnen und Busse;
- Gesamtausgaben: Erhöhung des Totals aller Ausgabenposten gemäss Betriebsrechnung um den Betrag der Zinsen und Abschreibungen;
- Gewinn (Ertrag, Einnahmenüberschuss): Bildung der Differenz zwischen den Gesamtausgaben und den Gesamteinnahmen;
- Wertschöpfung: Total aus Personalkosten/Lohnsumme, Zinsen, Abschreibungen und Gewinn.

Bei der *Schifffahrt* vermochten wir die Wertschöpfung nicht mit der gleichen Genauigkeit wie beim Bahn- und Busverkehr zu rekonstruieren. Zwar weist das *Statistische Jahrbuch der Schweiz* die Einnahmen und Ausgaben der schweizerischen Schiffsgesellschaften bereits ab 1889 aus, doch fehlt bei diesen «Betriebsrechnungen» eine Untergliederung nach Positionen. Der Sekundärliteratur liessen sich ebenfalls keine statistischen Informationen zu den Wertschöpfungskomponenten beim Schiffsverkehr entlocken. Zudem betreffen die im *Statistischen Jahrbuch der Schweiz* abgedruckten Zahlen allein die Seeschifffahrt – beim Flussverkehr mussten wir mit einer Grobschätzung der durch den Basler Rheinverkehr geschaffenen Wertschöpfung Vorlieb nehmen.

Die in der Schweiz seit den frühen 1920er Jahren durch die *Luftfahrt* generierte Wertschöpfung setzt sich aus dem reinen Flugverkehr und dem restlichen Flugwesen zusammen. Beim Flugverkehr vermochten wir die Wertschöpfungskomponenten relativ genau zu erfassen, da die Beträge der betreffenden Positionen in den Geschäftsberichten der ehemaligen Swissair aufgeführt sind. Mit der Anwendung eines groben Korrekturfaktors versuchten wir zudem, der wachsenden Bedeutung der Zulieferbetriebe gerecht zu werden.

Die Wertschöpfung der *Speditionen* und der *Fuhrhalter- und Taxibetriebe* liess sich infolge der mehr als dürftigen Datenlage nur annäherungsweise erfassen.

Beim *Nachrichtenübermittlungswesen* war die Datenlage hingegen hervorragend – es brauchten lediglich die in den Geschäftsberichten und im Statistischen Jahrbuch der PTT enthaltenen Betriebsrechnungen ausgewertet zu werden, die u. a. über die Personalkosten und die Gewinne der Post unterrichten. Bei den Zinsen und Abschreibungen mussten wir freilich unterstellen, dass ihr Anteil bei der PTT in der Berichtszeit stets demjenigen bei der SBB entsprochen hatte. Die Anwendung des Einkommensansatzes brachte es ausserdem mit sich, dass wir die Wertschöpfungsbeiträge der Subbranchen Briefpost, Paketpost, Telefon und Telegraf nicht gesondert ermitteln konnten.

A.2.4 Grobschätzungen

Branchen wie die *Fischerei*, die *Kunststoffindustrie* und die *persönlichen Dienstleistungen* waren in den zeitgenössischen Statistiken jeweils dermassen stiefmütterlich behandelt worden, dass sich ihre Wertschöpfung weder über die Entstehungsseite noch über die Einkommensseite rekonstruieren liess. In solchen Fällen behalfen wir uns damit, indirekte Schätzmethoden anzuwenden. War beispielsweise der Anteil der Wertschöpfung am Bruttoproduktionswert lediglich für einige Stichjahre bekannt, interpolierten und extrapolierten wir die Prozentwerte mit Hilfe von Plausibilitätskriterien. Bei einer zweiten Gruppe von Branchen liess es die Datenlage zwar zu, die Bewegung der Bruttoproduktionswerte abzubilden, nicht aber, auch nur einen einzigen absoluten Wert zu schätzen. Dies zwang uns dazu, ein aus branchenkonjunktureller Sicht «unauffälliges» Jahr auszuwählen und für dasselbe den Produktionswert je Beschäftigten in einer Nachbarbranche einzusetzen.[40] In analoger Weise verbanden wir – wenn für die Problembranche in einem Stichjahr die absoluten Werte der Produktion, nicht aber diejenigen der Vorleistungen bekannt waren – den Bewegungsindex für die Vorleistungen mit dem Anteil der Vorleistungen am Bruttoproduktionswert in einer Nachbarbranche. Konnten weder Mengen- noch Preisstatistiken, geschweige denn Gesamt- oder Anteilswerte beigebracht werden, blieb als letzter Ausweg nur die Annahme, dass die Wertschöpfung pro Beschäftigten in der betreffenden Branche während der gesamten Berichtszeit der Wertschöpfung pro Beschäftigten in einer verwandten Branche entsprochen hatte.

A.2.5 Deflationierung

A.2.5.1 Deflationierungskonzepte

Bei der Bildung realer Wertschöpfungsreihen fällt dem Deflationierungskonzept eine zentrale Rolle zu. Die schweizerischen Historikerinnen und Historiker hatten bisher die Wahl zwischen zwei Preisindizes, wenn sie nominale Wertreihen deflationieren wollten: dem Grosshandels- und dem Konsumentenpreisindex.[41]

40 Die Homogenisierung der Beschäftigungsstatistiken im Zeitraum 1890–1960 wird weiter unten im Abschnitt A.2.7: «Das BIP der Kantone» erläutert.

41 Siehe Guex 1993. Allgemein zum Fragenkomplex von Deflationierungen historischer Reihen in der Schweiz siehe Schuppli/Studer 2008 sowie Pfister/Studer 2010. Zu den konkreten Problemen bei der Preisbereinigung volkswirtschaftlicher Gesamtgrössen siehe BFS 1984 und Mottu 1989.

A.2.5.1.1 Grosshandelspreisindex

Der Grosshandelspreisindex (GPI) wurde erstmals im Jahr 1928 vom Eidgenössischen Arbeitsamt erstellt und auf der Basis Juli 1914 = 100 bis zum Jahr 1921 zurück berechnet.[42] Von 1930 an oblag es dem BIGA den GPI zu ermitteln, bis Mitte der 1980er Jahre das Bundesamt für Statistik (BFS) diese Aufgabe übernahm. Wer sich über die Entwicklung der Grosshandelspreise in der jüngsten Vergangenheit sachkundig machen will, wird feststellen, dass das BFS seit der Totalrevision von 1993 keinen GPI mehr ausweist, sondern zwischen einem Produzenten- und einem Importpreisindex (PPI und IPI) unterscheidet, die zum Preisindex für das Gesamtangebot (PGA) zusammengefasst werden. Der PPI wird zusätzlich noch in einen Exportpreisindex und einen Preisindex für den Inlandmarkt untergliedert.

Für den Zeitraum von 1806 bis 1928 hat Erich Projer einen Grosshandelspreisindex erstellt, dem er ein auf die damalige Struktur des Warenkorbs zugeschnittenes und der spezifischen Quellenlage angepasstes Klassifikations- und Berechnungskonzept zugrunde legte.[43] Eine Vergleichbarkeit mit dem späteren amtlichen GPI ist daher nur bedingt gegeben. Ausserdem ist in Rechnung zu stellen, dass in den Preisindex für das 19. und frühe 20. Jahrhundert nur wenige Preisreihen eingeflossen sind, die einen längeren Zeitraum abdecken (Verkettungsproblematik).[44]

A.2.5.1.2 Konsumentenpreisindex

Weitaus häufiger als der Grosshandelspreisindex wird der Konsumentenpreisindex (KPI) zur Deflationierung von Wertgrössen herangezogen. Berechnungen des KPI reichen in der Schweiz bis in die Mitte des 19. Jahrhunderts zurück, doch besitzt der KPI für die Jahrzehnte vor 1890 bestenfalls den Charakter einer Grobschätzung. Demgegenüber ist der KPI in der Periode von 1890 bis 1921 das Resultat gründlicher Recherchen, die an der Forschungsstelle für schweizerische Sozial- und Wirtschaftsgeschichte im Rahmen des Nationalfondsprojekts «Reallöhne schweizerischer Industriearbeiter von 1890 bis 1921» erfolgten.[45] Einen Schwachpunkt verzeichnet allerdings selbst diese Schätzreihe: Die Preisinformationen wurden ausnahmslos aus grösseren Städten und Industriezentren der Deutschschweiz zusammengetragen. Man muss sich jedoch bewusst sein, dass der bis 1914 zurückreichende amtliche Konsumentenpreisindex, für den von 1922 bis 1929 das Eidgenössische Arbeitsamt und in den nachfolgenden Jahrzehnten das BIGA verantwortlich zeichnete, ebenfalls noch

42 Gross 1998.
43 Projer 1990.
44 Näheres dazu siehe Projer 1990 und *Historische Statistik der Schweiz* 1996, Einleitung zu Kapitel H.
45 Gross et al. 1982, Bände 1, 4, 5.

lange mit dem Stigma einer mangelnden Repräsentativität behaftet war.[46] Der heutige, vom BFS berechnete und als Landesindex der Konsumentenpreise (LIK) bezeichnete KPI ist wesentlich breiter abgestützt.

A.2.5.1.3 Branchenspezifische Deflatoren

Theoretisch verfügt also die Schweiz mit dem GPI und dem KPI über zwei Deflatoren, die mehr als anderthalb Jahrhunderte überspannen. Praktisch hat man es dabei mit ausgesprochen heterogenen Konstrukten zu tun: Beide Indizes setzen sich aus verschiedenen Abschnitten von ungleicher Qualität zusammen, denen teilweise sogar unterschiedliche Schätzmethoden zugrunde liegen.[47] Die Problematik verliert nur wenig an Brisanz, wenn man sich auf den Zeitraum zwischen 1890 und 1960 beschränkt. Beide Indizes beschreiben zudem phasenweise Entwicklungen, die markant voneinander abweichen. Im Allgemeinen ist der Kurvenverlauf beim GPI volatiler, was damit zusammenhängt, dass er im Gegensatz zum KPI auch die Fluktuationen der Rohstoffpreise reflektiert. Gegen den Gebrauch dieser Indizes als Deflatoren von Branchenwertschöpfungsreihen spricht jedoch vor allem die Tatsache, dass sie Preisinformationen enthalten, die einen Grossteil des gesamtwirtschaftlichen Warenangebots und damit weit mehr als nur eine einzelne Branche abdecken.

All diese Überlegungen haben uns veranlasst, die Deflationierung der nominalen Wertschöpfung im ersten und zweiten Sektor weder mit dem GPI noch mit dem KPI vorzunehmen. Stattdessen gaben wir einem alternativen, von der Fachwelt anscheinend noch nicht abschliessend beurteilten Ansatz den Vorzug, bei dem der Deflationierungsprozess auf die Ebene der einzelnen Branchen verlagert wird. Wo es die Datenlage erlaubte, gingen wir noch einen Schritt weiter und deflationierten nur den Bruttoproduktionswert mit einem Produktpreisindex, die Vorleistungen hingegen mit einem Rohstoffpreisindex. Die Differenz zwischen den beiden Ergebnisreihen interpretierten wir als reale Branchenwertschöpfung. In den Wirtschaftswissenschaften und in der quantitativ orientierten Wirtschaftsgeschichte wird diese Methode als «doppelte Deflationierung» bezeichnet.[48]

Bei der Deflationierung von Grobschätzungen sahen wir uns mit der Schwierigkeit konfrontiert, dass hier kein entsprechender Produktpreisindex herangezogen werden konnte. Wir bedienten uns daher desselben Tricks wie bei der Bestimmung der nominalen Wertschöpfung und ordneten den Problembranchen die Anteile der realen an der nominalen Wertschöpfung zu, die wir für eine verwandte Branche ermittelt hatten.

46 BIGA 1985.
47 Gross 1998 und Andrist et al. 2000.
48 Zu den Vor- und Nachteilen der «doppelten Deflationierung» siehe Fenoaltea 1976.

A.2.5.2 Angewandte Deflationierungsmethoden

A.2.5.2.1 Land- und Forstwirtschaft

Der Bruttoproduktionswert des ersten Sektors umfasst nur wenige inländische und importierte Vorleistungen, weswegen hier keine Notwendigkeit bestand, mit einer doppelten Branchendeflationierung zu operieren.

Bei der Landwirtschaft hielten wir es für angebracht, zwischen der pflanzlichen und der tierischen Produktion zu unterscheiden. Den Produktpreisindex für die pflanzliche Produktion ermittelten wir, indem wir die Preisindizes für die vier Hauptproduktionszweige – Getreide-, Kartoffel-, Obst- und Weinbau – entsprechend ihrer Anteile an der Wertschöpfung des Pflanzenbaus gewichteten. In gleicher Weise fassten wir die Preisindizes für Kuhmilch, Rind-, Kalb- und Schweinefleisch zu einem Produktpreisindex für die Viehhaltung zusammen. Hierauf gewichteten wir die beiden Produktpreisindizes entsprechend ihrer Anteile an der gesamten landwirtschaftlichen Wertschöpfung und gelangten so zu einem Deflator für die nominale Wertschöpfung im Agrarsektor.

Die Wertschöpfung der Forstwirtschaft deflationierten wir mit einem Preisindex, der die Durchschnittserlöse für die in Kubikmetern gemessene Holzproduktion abbildet.

A.2.5.2.2 Industrie und Gewerbe

Bei den meisten Branchen des zweiten Sektors war es uns möglich, die Bewegung nicht nur der Verkaufs-, sondern auch der Rohstoffpreise zu ermitteln, sodass wir die reale Wertschöpfung mit der Methode der doppelten Deflationierung bestimmen konnten. Dadurch, dass wir stets den Gesamtwert der von der betreffenden Branche verkauften Produkte durch den Preisindex für die Gesamtheit dieser Produkte und den Gesamtwert der von ihr bezogenen Vorleistungen durch den Preisindex für die Gesamtheit dieser Vorleistungen dividierten, vermochten wir die Probleme zu umgehen, die durch die Deflationierung einzelner Produkte und Rohstoffe hervorgerufen worden wären. Dort, wo wir die nominale Wertschöpfung nach dem Einkommensansatz berechnet haben (Stickerei und grafisches Gewerbe), mussten wir allerdings auf die doppelte Deflationierung verzichten, weil es hier keine Preisindizes für die Vorleistungen gab.

A.2.5.2.3 Dienstleistungen

Eine der wenigen Gemeinsamkeiten zwischen dem ersten und dem dritten Sektor besteht darin, dass die Vorleistungen weitgehend zu vernachlässigen sind. Daher durften wir es auch in den Dienstleistungsbranchen bei einer einfachen Deflationierung der nominalen Wertschöpfungsreihe belassen, ohne befürchten zu müssen, uns damit bei der Berechnung der realen Wertschöpfungsreihe eine qualitativ schlechteres Ergebnis einzuhandeln. Allerdings sahen wir uns bei den meisten Dienstleistungsbranchen ausserstande, einen Produktpreisindex zu berechnen, was zur Folge hatte, dass wir entweder auf den KPI oder auf einen alternativen Preisindex zurückgreifen mussten.[49]

Bei den Banken und Versicherungen, der öffentlichen Verwaltung, dem Gesundheits- und Erziehungswesen, dem Reinigungsgewerbe und den persönlichen Dienstleistungen verwendeten wir den KPI, beim Grosshandel das arithmetische Mittel aus den Export- und Importwerten und beim Kleinhandel das arithmetische Mittel aus dem Gross- und dem Kleinhandelsindex. Die nominale Wertschöpfung im Tourismus deflationierten wir mit der «Moyenne», d. h. mit dem Index der durchschnittlichen Einnahmen pro Hotelübernachtung. Beim Verkehrs- und Nachrichtenwesen setzten wir die folgenden Preisindizes ein: für den Passagierverkehr der Bahnen, Busse und Schiffe die Betriebseinnahmen in Franken je 1 000 Personenkilometer, für den Güterverkehr der Bahnen, Busse und Schiffe die Betriebseinnahmen in Franken je Tonnenkilometer, für den Flugverkehr die Gesamteinnahmen in Franken je 1 000 Passagieretappen und für die Leistungen der PTT die Betriebseinnahmen je 1 000 versandte Briefe.

A.2.6 Qualität der neuen BIP-Reihe im Vergleich mit bisherigen Schätzungen

Die amtlichen Reihen der Volkswirtschaftlichen Gesamtrechnung setzen in der Schweiz erst nach dem Zweiten Weltkrieg ein. Im Zuge einer Totalrevision der Entstehungs-, Verteilungs- und Verwendungsrechnung berechnete das ESTA Mitte der 1970er Jahre eine Langzeitreihe zum BIP, die bis ins Jahr 1948 zurückreicht.[50]

Das mitunter auch als Nettosozialprodukt bezeichnete Nettovolkseinkommen (NVE) zu Marktpreisen hatte Julius Wyler, ein Adjunkt des ESTA, bereits 1924 ein erstes Mal provisorisch geschätzt.[51] 1941 gab das ESTA eine von Wyler verfasste 90-seitige Publikation heraus, die mit einer verbesserten Schätzung des NVE im Jahr 1924, mit einem Überblick über die Einkommensentwicklung zwischen 1929 und 1938 und mit einer konzisen Darstellung der methodischen Grundlagen aufwartete.[52] Kurze Zeit später ermittelte der Chefstatistiker des ESTA, Ulrich Zwingli, nach der von Wyler angewandten Methode das NVE der Jahre von 1939 bis 1942.[53] Nach dem Zweiten Weltkrieg unterzog Zwingli das Schätzkonzept allerdings einer Teilrevision, was dazu führte, dass sich das absolute Niveau der BIP-Reihe ab 1938 leicht erhöhte.[54] In den frühen 1960er Jahren druckte die *Volkswirtschaft* dann zwei neue, ebenfalls

49 Zu den Deflationierungsmethoden bei den Dienstleistungen siehe Krantz 1994.
50 ESTA 1977/78, Band 1.
51 Wyler 1927.
52 ESTA 1941.
53 ESTA 1943.
54 ESTA 1948.

bis 1938 zurückreichende Schätzungen des ESTA ab, von denen die erste etwas niedrigere Werte als Zwingli ausweist und die zweite praktisch nahtlos an die von Wyler für die Periode der Grossen Depression berechneten Werte anschliesst.[55]

Stellt man dem von uns retrospektiv geschätzten BIP das amtliche NVE zu Marktpreisen in der Version von Wyler bzw. der ESTA-Publikation von 1964 gegenüber, so wird deutlich, dass der Kurvenverlauf der beiden Reihen in der Periode zwischen 1929 und 1960, die vom Beginn der Grossen Depression über die Abwertung des Schweizer Frankens im September 1936, die danach einsetzende kurzfristige Erholung der Wirtschaft und die entbehrungsreichen Jahre des Zweiten Weltkriegs bis in die Hochkonjunkturphase der Nachkriegszeit reicht, nahezu identisch ist.[56] Dass hierbei für das BIP stets etwas höhere Werte als für das NVE angezeigt werden, hat nichts Überraschendes an sich, berücksichtigt das BIP doch im Gegensatz zum NVE auch die Kapitalabschreibungen. Das BIP von 1948 ist vom ESTA retrospektiv auf 18.8 (NVE: 18.0) Milliarden Franken veranschlagt worden, während unsere eigene Schätzung für dasselbe Jahr einen Wert von 19.0 Milliarden Franken ausweist.

Vergleicht man hingegen unsere Schätzung zum BIP mit der früheren, in der Historischen Statistik der Schweiz von 1996 abgedruckten Version, fällt für die Periode 1890–1913, in der sich die beiden Zeitreihen überlappen, eine Differenz im zweistelligen Prozentbereich auf.[57] Am weitesten, nämlich um 18 %, klaffen die beiden Schätzungen in der Periode von 1910 bis 1913 auseinander, wogegen die Abweichung in den 1890er Jahren knapp 11 % beträgt. Daraus ist zu schliessen, dass die frühere Schätzung erstens nicht das gesamte BIP zu erfassen vermochte und zweitens das Wachstum der schweizerischen Volkswirtschaft im späten 19. und frühen 20. Jahrhundert unterschätzte. Tatsächlich war damals bei der Metall- und bei der Bauwirtschaft nur der Wertschöpfungsbeitrag der Industriebetriebe berücksichtigt worden, nicht aber derjenige der volkswirtschaftlich genauso relevanten Gewerbebetriebe. Zudem hatte man massiv expandierende Branchen wie die Schokoladenindustrie und die chemisch-pharmazeutische Industrie aus der Wertschöpfungsschätzung ausgeklammert und den Aufschwung des Tourismus in den 1890er Jahren ignoriert.

Dass die neue Schätzung des BIP der Realität sehr viel näher kommt, geht allein schon daraus hervor, dass der Wert, den wir für das BIP von 1910 ermittelten, die 4.3 Milliarden Franken, auf die Ulrich Zwingli und Edgar Ducret das NVE in diesem Stichjahr veranschlagt haben, bloss geringfügig unterschreitet.[58] Gleiches gilt für die Abweichungen zwischen den Werten, die das von uns ermittelte BIP von 1895, 1900 und 1905 annimmt, und denjenigen des von Zwingli und Ducret auf Basis der

55 ESTA 1961 und ESTA 1964.

56 Zur Entwicklung der Gesamtkonjunktur zwischen 1929 und 1938/39 siehe Kneschaurek 1952 und Ritzmann 1997.

57 *Historische Statistik der Schweiz* 1996, Kapitel «Nationale Buchhaltung», Tabelle 1.

58 Dabei wurde die von Zwingli/Ducret 1964 zur Berechnung des NVE in den Jahren 1938–1947 gewählte Berechnungsmethode angewandt, die das Kapitaleinkommen vermutlich etwas zu hoch einschätzte.

Aussenhandelsstatistik für diese Jahre grob geschätzten NVE.[59] Ferner ist bemerkenswert, dass die neue Schätzreihe zwischen den beiden Schätzwerten des NVE zu Marktpreisen verläuft, die Julius Wyler für das Jahr 1924 berechnet hat.[60] Erwähnt zu werden verdient auch die gute Übereinstimmung zwischen unseren Schätzungen und denjenigen zeitgenössischer Autoren zur Wertschöpfung des zweiten Sektors in den Jahren 1899, 1906, 1934, 1960 und 1964.[61] Und schliesslich zeigt sich die qualitative Überlegenheit der neuen BIP-Reihe auch darin, dass eine an die alte Version anknüpfende, den Zeitraum zwischen 1913 und 2000 abdeckende Schätzung zum realen schweizerischen BIP um 1948 einen Wert annimmt, der denjenigen der retrospektiven amtlichen Schätzung für dieses Jahr um 27 % unterschreitet.[62]

A.2.7 Das BIP der Kantone

A.2.7.1 Festlegung von Struktur- und Standortfaktoren

Die Schweiz verfügt gegenwärtig noch nicht über eine amtliche Statistik zum BIP der Kantone, wohl aber führt sie seit Jahrzehnten eine Statistik des kantonalen Volkseinkommens.[63] Am Schweizerischen Institut für Aussenwirtschafts- und Marktforschung der Hochschule St. Gallen hatte Georges Fischer bereits in den frühen 1960er Jahren damit begonnen, das NVE der Kantone zu ermitteln. Die von ihm publizierten Werte beziehen sich auf die Jahre 1950, 1960, 1965, 1970 und 1975.[64] Parallel dazu suchte Gaston Godard mit Hilfe von ökonomischen, demographischen und sozialen Indikatoren das kantonale Prokopf-Bruttosozialprodukt (BSP) für die Jahre 1950, 1960 und 1968 zu eruieren.[65] Das BFS verfolgte den Ansatz von Godard nicht weiter, übernahm und verfeinerte aber später die von Fischer entwickelten Schätzmethoden, um eine Jahresstatistik des kantonalen NVE zu erstellen.[66]

Das wirtschaftliche Gefälle zwischen einzelnen Landesteilen hat der ökonomischen Literatur seit jeher Impulse verliehen, ganz besonders aber in der Blütezeit der Industrialisierung, die in der Schweiz gegen Ende des 19. Jahrhunderts einsetzte und bis etwa 1970 währte. Die Fachliteratur tendierte und tendiert noch immer dazu, das Phänomen auf zwei Hauptursachen zurückzuführen, die mit Struktur- und mit Stand-

59 Zwingli/Ducret 1964.

60 Wyler 1927 und ESTA 1941. Die erste Schätzung Wylers belief sich auf 8.55 Milliarden, die zweite auf 7.74 Milliarden Franken. Die neue Schätzung des BIP liegt mit 8.33 Milliarden Franken zwischen diesen beiden Werten.

61 Schweizerischer Gewerbeverein 1900; Geering/Hotz 1910; Sulzer 1935; Meier 1983b und ESTA 1969.

62 Andrist et al. 2000 und BFS 1983.

63 Die letzte Publikation zum kantonalen NVE datiert allerdings aus dem Jahr 2005. Das BIP der Kantone und Regionen wird seit ungefähr 10 Jahren von BAK Basel Economics geschätzt. Einem Wunsch von Bund und Kantonen nachkommend, wird das BFS 2012 erstmals eine eigene Schätzung des kantonalen BIP vornehmen.

64 Fischer 1964, 1969, 1980 und 1981.

65 Godard 1973.

66 BFS 1982, 1985 und 1988.

ortfaktoren umschrieben werden können.[67] Es erschien uns sinnvoll, diesen plausiblen Erklärungsansatz auch in die Ermitttlung des kantonalen BIP im Zeitraum zwischen 1890 und 1960 einzubeziehen. Wir assoziierten daher den Strukturfaktor mit der Beschäftigungsstruktur und definierten den Standortfaktor als Gesamteffekt von fünf Variablen, nämlich Bevölkerungsdichte (mit dem produktiven Areal als Bezugsgrösse), Verkehrslage (Schienen- und Strassendichte), Rentabilität des Agrarsektors (Betriebsgrösse, offenes Ackerland und Grossvieh), Industrialisierungsgrad (Beschäftigung im zweiten Sektor und Fabrikarbeiter) sowie Tertialisierungsgrad (Beschäftigung im dritten Sektor). Dies bedeutet, dass die Schätzung des kantonalen BIP im Zeitraum zwischen 1890 und 1960 auf drei Standbeinen ruht: den gesamtschweizerischen Langzeitreihen zur Branchenwertschöpfung, der nach Branchen untergliederten kantonalen Beschäftigungsstatistik und den kantonalen Indikatoren zur Standortqualität. Die Modellierung der Zusammenhänge geht von der Hypothese aus, dass der Struktur- und der Standortfaktor die Höhe des kantonalen BIP etwa gleich stark beeinflussten, wobei sich die beiden Variablen in Abhängigkeit von Raum (Kanton) und Zeit (Periode bzw. Stichjahr) gegenseitig entweder verstärken oder neutralisieren konnten.

Die wichtigsten Quellen, auf denen die Schätzung des gesamtschweizerischen BIP basiert, haben wir weiter oben bereits aufgeführt. Die Entwicklung des Beschäftigungsgrads in den Kantonen suchten wir anhand der Resultate der eidgenössischen Volks-, Betriebs- und Fabrikzählungen zu rekonstruieren. Die Indikatoren zur Standortqualität der Kantone errechneten wir auf der Grundlage zeitgenössischer Statistiken zu den Themenbereichen Bevölkerung, Beschäftigung, Areale, Eisenbahnwesen und Landwirtschaft. Weil die Erwerbstätigen und Beschäftigten in den verschiedenen Branchen zwischen 1888 und 1965 nur alle 10 bis 15 Jahre gezählt worden sind, verzichteten wir darauf, durchlaufende Reihen zum kantonalen BIP zu kreieren. Stattdessen berechneten wir Schätzwerte für jedes fünfte Jahr sowie für 18 Perioden, die jeweils vier Jahre umfassen. Die dazu notwendiegen Arbeitsschritte werden nachfolgend kurz zusammengefasst.

A.2.7.2 Homogenisierung der Beschäftigungsstatistiken

Die erste und bei weitem aufwendigste Aufgabe bestand darin, die Resultate der Volks-, Betriebs- und Fabrikzählungen zu homogenisieren. Das ESTA hat die Nomenklaturen laufend den neuen Verhältnissen angepasst und in der Zwischenkriegszeit auf den Detaillierungsgrad der für die Öffentlichkeit bestimmten Branchenübersichten herabgesetzt, sodass wir in einigen Fällen gezwungen waren, zu Schätzungen Zuflucht zu nehmen. Ein erheblich grösseres Problem wurde durch die ungleichen definitorisch-methodischen Grundlagen der drei Beschäftigungsstatistiken verur-

67 Oetiker 1915; Ullrich 1951; Lehmann 1952; Rotach/Wronsky 1967; Christoffel 1967; Doerig 1968 sowie BAK Basel Economics 2004, 2006a und 2006b.

sacht. Bekanntlich unterliegt ja das BIP dem Inlandkonzept, wodurch es mit den Betriebs- und Fabrikzählungen kompatibel ist, die alle Beschäftigten unabhängig davon erfassen, wo sich deren Wohnsitz befindet. Die Volkszählungen hingegen orientieren sich am Inländerkonzept und damit nicht am Arbeitsplatz, sondern am Wohnsitz der Beschäftigten. Bei Nachbarkantonen mit unterschiedlichem Urbanisierungsgrad wie Basel-Stadt und Basel-Landschaft oder Genf und Waadt weichen die Beschäftigungszahlen je nachdem, ob ihnen das Inland- oder das Inländerkonzept zugrunde liegt, bereits in der ersten Hälfte des 20. Jahrhunderts mitunter signifikant voneinander ab. Ein weiterer und keineswegs unwesentlicher Unterschied zwischen den beiden Erhebungstypen liegt darin, dass die Betriebszählungen die am jeweiligen Stichtag an ihren Arbeitsplätzen gezählten Personen ausnahmslos als Vollzeitbeschäftigte erfassten, während in den Volkszählungen auch die meisten Teilzeitbeschäftigten als Angehörige ihrer Berufsgruppe und mithin Berufstätige gezählt wurden. Im Rahmen der Volkszählungen wurden schon früh auch Zahlen für die Heimarbeit und die Nebenberufe erhoben. Im Rahmen der Betriebszählungen fanden jeweils separate Erhebungen zur Heimarbeit statt, während die Nebenberufe zwangsläufig unberücksichtigt blieben.

Wir sahen uns nun mit dem Dilemma konfrontiert, dass wir den definitorischen Grundlagen des BIP nur dann einigermassen gerecht werden konnten, wenn wir die Beschäftigungsstruktur in den Kantonen auf der Basis der Betriebs- und Fabrikzählungen rekonstruierten, wogegen es die Datenlage nahelegte, sich an den Resultaten der Volkszählungen zu orientieren. Dies gilt insbesondere für die ersten drei Jahrzehnte der Berichtszeit, für die wir uns auf die Ergebnisse von vier Volkszählungen, aber bloss auf eine einzige Betriebszählung stützten konnten. Die Betriebszählung von 1905 war zudem die erste ihrer Art und vermochte für den Dienstleistungssektor noch keine vollständigen Angaben zu liefern. Es dauerte fast ein Vierteljahrhundert, bis 1929 eine zweite Betriebszählung stattfinden konnte. 1939 folgte die dritte Zählung, nach der wieder mehr als anderthalb Jahrzehnte verstrichen, bis der Bund 1955 eine vierte Zählung anordnete. Dieser Nachteil überwog klar den Vorteil, dass die Kantonsübersichten seit Ende der 1920er Jahre in den Betriebszählungen feiner nach Subbranchen untergliedert waren als in den Volkszählungen. Das Fabrikpersonal wiederum wurde zwischen 1888 und 1950 neun Mal durch Vollerhebungen erfasst, deren Resultate auch auf Kantonsebene ausgezeichnet dokumentiert sind. Anders als die Volks- und Betriebszählungen bietet die Fabrikstatistik jedoch keinen umfassenden Überblick zur Beschäftigung. Ihre Angaben konnten uns daher lediglich dazu dienen, ein genaueres Bild von der Entwicklung in den typischen Industriebranchen des zweiten Sektors zu gewinnen.

Angesichts dieser Konstellation fällten wir den pragmatischen Entscheid, primär die Resultate der Volkszählungen auszuwerten, im Bedarfsfall aber auch Werte aus den Betriebs- und Fabrikzählungen einzubeziehen. Um die konjunkturellen Schwankungen nicht gänzlich auszublenden, bearbeiteten wir die drei Beschäftigungsstatistiken überdies so, dass für jedes fünfte Jahr ein Schätzwert abfiel. Beim Agrarsektor wurden wir mit einem Sonderfall konfrontiert, da dort die Resultate der Volks- und Betriebszählungen weit auseinanderklafften. Die zentrale Frage lautete hier, wie die Arbeit der Bäuerinnen eingestuft werden sollte, die in den Volkszählungen grösstenteils der nichterwerbstätigen Bevölkerung zugeordnet worden waren, in den landwirtschaftlichen Betriebszählungen hingegen als vollwertige Arbeitskräfte angesehen wurden. Beide Klassifikationen gehorchten einer gewissen Logik, da die Volkszählungen stets am Jahresende stattfanden, während die Betriebszählungen in der Regel auf einen Spätsommertag fielen. Die historische Wahrheit ungefähr in der Mitte der beiden Extreme vermutend, gingen wir davon aus, die Bäuerinnen hätten ihre Arbeiten jeweils zur Hälfte «drinnen» und zur Hälfte «draussen» verrichtet.[68]

A.2.7.3 Ermittlung des nominalen und des realen BIP der Kantone

Eine homogene feingegliederte Beschäftigungsstatistik war die Voraussetzung, um für jede Branche die wertmässige Arbeitsproduktivität, d. h. die Wertschöpfung pro Beschäftigtem, berechnen zu können. Auf Landesebene entsprach die wertmässige Arbeitsproduktivität dem Quotienten aus Wertschöpfung und Beschäftigung. Auf Kantonsebene bezogen wir zunächst die gesamtschweizerische Wertschöpfung auf die Zahl der Beschäftigten in den Kantonen, ohne den Standortfaktor einzubeziehen (unkorrigierte Arbeitsproduktivität). Die Wertschöpfung einer Branche in einem Kanton erhielten wir über die Multiplikation der in der betreffenden Branche des jeweiligen Kantons Beschäftigten mit der um die Gesamtwirkung der fünf Standortfaktoren korrigierten Arbeitsproduktivität, eine Rechnung, die für sämtliche Branchen aller Kantone wiederholt werden musste. Aufsummiert ergaben die Wertschöpfungsbeiträge der einzelnen Branchen eines Kantons dessen BIP.

Um von den nominalen zu den realen, absoluten Wertschöpfungsreihen zu gelangen, war es erforderlich, vorgängig die reale Arbeitsproduktivität festzustellen. Hierzu ersetzten wir auf der Landesebene die nominale durch die reale Wertschöpfungsreihe, beliessen jedoch die kantonalen Beschäftigungsreihen und die Werte der Standortfaktoren unverändert. Es war dies unter den gegebenen Umständen der einzig gangbare Weg, der freilich die nicht näher zu überprüfende Hypothese implizierte, dass der Anteil der Vorleistungen am Bruttoproduktionswert einer Branche an keinem Ort und zu keinem Zeitpunkt von den geographischen Gegebenheiten abhing.

Weil die absoluten Werte des kantonalen BIP aufgrund der unterschiedlichen Bevölkerungszahlen der Kantone nicht sehr aussagekräftig sind, rechneten wir sie auf der Basis der eidgenössischen Volkszählungen in Prokopfwerte um.

68 Zu den mit der Erstellung der homogenen Beschäftigungsstatistik verbundenen Problemen siehe Ritzmann 1998.

Für die Jahre 1950 und 1960 kann die Schätzung des nominalen kantonalen Prokopf-BIP den Werten gegenübergestellt werden, die Fischer für das kantonale NVE und Godard für das kantonale BSP ermittelt haben.[69] Aus dem Vergleich zwischen den Schätzungen zum BIP und denjenigen zum NVE resultiert sowohl für 1950 als auch für 1960 eine nahezu identische Rangliste mit den grossstädtisch und fachindustriell geprägten Kantonen auf den vordersten und den katholisch-konservativen Landkantonen auf den hintersten Plätzen. Allerdings ist das interkantonale Gefälle in unserer Schätzung erheblich steiler als in derjenigen von Fischer. In der Grundtendenz, wenn auch längst nicht in allen Einzelheiten, stimmen die retrospektiv ermittelten Werte des kantonalen BIP auch mit den seinerzeitigen Schätzungen Godards zum kantonalen BSP überein.

69 Fischer 1969 und 1981; Godard 1973.

A.2.8 Bibliographie

Veröffentlichte Quellen und amtliche Publikationen

Bundesamt für Industrie, Gewerbe und Arbeit (BIGA)

BIGA 1985: Der Landesindex der Konsumentenpreise. Grundlagen und Methoden der Neuberechnung auf der Basis 1977, Sonderheft Nr. 89 der Zeitschrift *Die Volkswirtschaft,* Bern.

Bundesamt für Statistik (BFS)

BFS (Hg.): Statistisches Jahrbuch der Schweiz (Stat. Jb.), Zürich: NZZ Verlag, 1891-; Bern: Francke, 1891-; Neuchâtel BFS.

BFS 1982: Die Volkseinkommen der Kantone von 1978 bis 1980, *Die Volkswirtschaft* (1982), 483–488.

BFS 1983: Langfristige Reihen der Nationalen Buchhaltung der Schweiz. Ausgewählte Aggregate 1949-1981, Tabellen und Konti 1967–1981, Produktionskonto 1975, *Beiträge zur schweizerischen Statistik,* Heft 100.

BFS 1984: *Die nationale Buchhaltung zu konstanten Preisen. Ein Querschnitt durch die Probleme der Preisbereinigung volkswirtschaftlicher Gesamtgrössen*, Bern.

BFS 1985: Die Volkseinkommen der Kantone von 1980–1983. Revidierte Ergebnisse, *Die Volkswirtschaft* (1985), 163–168.

BFS 1988: Das Volkseinkommen der Kantone. Analyse der Reihe 1965–1985, *Statistische Berichte, Amtliche Statistik der Schweiz,* Nr. 188).

BFS 1992: *Langfristige Reihen der Nationalen Buchhaltung der Schweiz. Haupttabellen 1948–1990; Detailtabellen und Konti 1970–1990*, Bern.

Eidgenössisches Statistisches Amt (ESTA)

ESTA: Viehzählungen von 1886, 1896, 1901, 1906, 1911 und 1916–1921.

ESTA: Volkszählungen von 1888, 1900, 1910, 1920, 1930, 1941, 1950, 1960 und 1970.

ESTA: Fabrikzählungen von 1888, 1896, 1901, 1911, 1923, 1929, 1936, 1944 und 1949.

ESTA: Betriebszählungen von 1905, 1929, 1939, 1955 und 1965.

ESTA: Arealstatistiken von 1912 und 1923-24.

ESTA: Anbaustatistiken von 1917 und 1919.

ESTA 1941: Schweizerisches Volkseinkommen 1924, 1929 bis 1938, *Beiträge zur schweizerischen Statistik,* Heft 9.

ESTA 1943: Schweizerisches Volkseinkommen 1939 bis 1942, *Zeitschrift für schweizerische Statistik und Volkswirtschaft* (1943) 465–477.

ESTA 1948: Das Volkseinkommen der Schweiz 1938–1947, *Beiträge zur schweizerischen Statistik,* Heft 20.

ESTA 1961: Das Volkseinkommen der Schweiz im Jahre 1960, *Die Volkswirtschaft* (1961), 464–467.

ESTA 1964: Volkswirtschaftliche Gesamtrechnung für die Schweiz 1938 und 1948-1963, *Die Volkswirtschaft* (1964), 388–394.

ESTA 1969: Versuch einer Erfassung des Sozialproduktes von der Entstehungsseite her, *Die Volkswirtschaft* (1969), 564–565.

ESTA 1977/78: Revidierte Reihen der nationalen Buchhaltung der Schweiz 1948–1976 sowie Produktionskonto 1970, Band 1: Statistischer Teil, Band 2: Konzepte und Methoden, *Beiträge zur schweizerischen Statistik,* Hefte 45 und 46.

Eidgenössisches Volkswirtschaftsdepartement (EVD)

Kommission für Konjunkturbeobachtung: *Mitteilungen* Nr. 12–34, *Die Volkswirtschaft*, Bände 1935–1938 (Produktionswert und Kostenaufbau diverser Branchen).

Kommission für Konjunkturfragen 1965: Der schweizerische Index der industriellen Produktion. Sonderheft Nr. 75 der Zeitschrift *Die Volkswirtschaft,* Bern.

Preisbildungskommission: Veröffentlichungen zu diversen Branchen in den Sonderheften der *Wirtschafts- und Sozialstatistischen Mitteilungen,* Bände 1927–1931, sowie der *Volkswirtschaft,* Bände 1932–1953.

1952: Die Schweizerische Hotellerie, ihre gegenwärtige Lage und die zu ihrer Stützung und Förderung notwendigen Massnahmen (Luzerner Bericht). Sonderheft Nr. 56 der Zeitschrift *Die Volkswirtschaft,* Bern.

Eidgenössische Zentralstelle für Kriegswirtschaft

1950: Die schweizerische Kriegswirtschaft 1939/1948. Bericht des eidgenössischen Volkswirtschaftsdepartements, Bern.

Schweizerische Bundesbahnen (SBB)

Geschäftsberichte, Bern, Bände 1902–1965.
Statistische Tabellen, Bern, Bände 1902–1933 / Statistisches Jahrbuch, Bern, Bände 1934–1965.

Schweizerische Bundespost (PTT)

Geschäftsberichte, Bern, Bände 1890–1965.
Statistisches Jahrbuch, Bern, Bände 1925–1965.

Schweizerisches Post- und Eisenbahndepartement

Eisenbahnstatistik, Bern, Bände 1869–1947.

Schweizerische Zollverwaltung / Eidg. Oberzolldirektion

Statistik des Warenverkehrs der Schweiz mit dem Auslande, Bern: S. Collin [dann] Benteli, Bände 1885–1959.

Literatur

Andrist, Felix et al. 2000: Real output in Switzerland: new estimates for 1914-1947, *Federal Reserve Bank of St Louis Review* (May–June 2000), 43–69.
Asper, Hans 1955: *Betriebsvergleiche in der Hotellerie, dargestellt an Beispielen aus den Jahren 1924–1951,* Zürich / St. Gallen: Polygraphischer Verlag
BAK Basel Economics 2004: *Regional growth factors*, Basel.
BAK Basel Economics 2006a: *Regionale Erreichbarkeit*, Basel.
BAK Basel Economics 2006b: *Die Erreichbarkeit als Standortfaktor*, Basel.
Baumgartner, Richard 1942: *Wandlungen in der ostschweizerischen Textilindustrie,* Zürich: E. Lang.
Bebié, Olga 1939: *Der Zusammenbruch der Stickereiindustrie und der Aufbau der neuen Industrien in der Ostschweiz,* Zürich: Gebrüder Leemann & Co.
Beck, Bernhard 1983: *Lange Wellen wirtschaftlichen Wachstums in der Schweiz 1814–1913. Eine Untersuchung der Hochbauinvestitionen und ihrer Bestimmungsgründe,* Bern: Haupt.
Beerli, Hans 1921: *Industrie und Handel des Kantons St. Gallen,* St. Gallen: Komm. Fehr'sche Buchh.
Berichte über Handel und Industrie der Schweiz, Vorort des Schweizerischen Handels- und Industrie-Vereins (Hg.), Zürich: SHIV, div. Jahrgänge.
Bernegger, Michael 1983 (unpubl.): *Die Schweizer Wirtschaft 1850 bis 1913: Wachstum, Strukturwandel und Konjunkturzyklen,* Zürich.
Böhler, Eugen / Böhi, Hans 1940: *Gutachten über die wirtschaftliche Lage der Schweizer Hotellerie,* Schweizer Hotelier-Verein (Hg.), Basel: SHV.
Brugger, Hans 1968: *Statistisches Handbuch der schweizerischen Landwirtschaft,* Bern: Komm. Verbandsdruckerei.
Brugger, Hans 1978: *Die schweizerische Landwirtschaft 1850–1914,* Frauenfeld: Huber.
Chocologie – ein Führer durch die schweizerische Schokoladeindustrie 1970, Diverse Kleinbroschüren aus den Jahren 1945–1975, Bern / Zürich: Chocosuisse.
Christoffel, Markus 1967: *Die industrielle Ballung in der Schweiz. Untersuchung über die Standortwahl schweizerischer Industrieunternehmungen seit 1952,* Dissertation Wirtschaftswissenschaften, St. Gallen.
Cruchon, Amédée 1932: *La balance du tourisme de la Suisse et l'industrie hôtelière depuis 1914,* Lausanne: Payot.
Doerig, Hans-Ulrich 1968: *Der staatliche Einfluss auf die regionale Verteilung von Bevölkerung und Wirtschaft. Unter besonderer Berücksichtigung der zentral- und gliedstaatlichen Industriestrukturpolitik im Kanton St. Gallen,* Zürich / St. Gallen: Polygraphischer Verlag.
Dudzik, Peter 1987: *Innovation und Investition. Technische Entwicklung und Unternehmerentscheide in der schweizerischen Baumwollspinnerei 1800 bis 1916,* Zürich: Chronos.
Egger, Victor 1935: *Strukturwandlungen in der Schweizer Hotellerie,* Bern: Buchdruck G. Grunau.

Fenoaltea, Stefano 1976: Real value added and the measurement of industrial production, *Annals of Economic and Social Measurements* 5 (1976/1), 111–137.

Fischer, Georges 1964: *Probleme regionaler Volkseinkommens- und Sozialproduktsschätzungen,* Zürich / St. Gallen: Polygraphischer Verlag.

Fischer, Georges 1969: *Berechnung und Vorausschätzung regionaler Volkseinkommenszahlen in der Schweiz 1950–1980,* St. Gallen: Schweizerisches Institut für Aussenwirtschafts- und Marktforschung an der Hochschule St. Gallen für Wirtschafts- und Sozialwissenschaften.

Fischer, Georges 1980: *Der Wohlstand der Kantone,* Bern / Stuttgart: Haupt.

Fischer, Georges 1981: *Die Entwicklung der kantonalen Volkswirtschaften seit 1965. Auswertung der Volkseinkommensrechnung nach Einkommensarten in den Jahren 1965, 1970, 1975 und 1978,* Bern / Stuttgart: Haupt.

Frei, René 1951: *Über die Schokolade im allgemeinen und die Entwicklung der bernischen Schokoladeindustrie,* Luzern: Buchdruckerei H. Studer.

Geering, Traugott 1928: *Die schweizerische Volkswirtschaft unter dem Einflusse des Weltkrieges,* Basel: Schwabe.

Geering, Traugott / Hotz, Rudolf 1910 und 1925: *Wirtschaftskunde der Schweiz,* Zürich: Schulthess.

Godard, Gaston 1973: *Les disparités économiques régionales en Suisse,* Fribourg: Editions universitaires Fribourg Suisse.

Gölden, Hubert 1939: *Strukturwandlungen des schweizerischen Fremdenverkehrs 1890–1935,* Zürich: H. Girsberger.

Gross, Thomas 1998: Preisbewegungen in der Schweiz des 19. und 20. Jahrhunderts: Hinweise zur Datenlage, zur Methode und zu den Ergebnissen, *Geschichte und Informatik* 9 (1998), 85–102.

Gross, Thomas et al. 1982 (unpubl.): *Reallöhne schweizerischer Industriearbeiter von 1890–1921,* Zürich.

Guex, Sébastien 1993: *La politique monétaire et financière de la Confédération suisse 1900–1920,* Lausanne: Payot.

Gurtner, Hermann 1939: *Die wirtschaftliche Bedeutung des schweizerischen Hotelgewerbes.* Bearbeitet im Auftrag des Schweizer Hotelier-Vereins, Basel: SHV.

Gutzwiller, Alfred 1932: *Die schweizerische Schokoladenindustrie und die Weltwirtschaft. Eine volkswirtschaftliche Studie,* Liestal: Buchdr. Landschäftler A.-G.

Guyer-Freuler, Eduard 1895: *Beiträge zu einer Statistik des Fremdenverkehrs in der Schweiz,* Zürich: Orell Füssli.

Halbeisen, Patrick / Lechner, Roman 1990: *Öffentliche Finanzen in der Schweiz von 1850–1913. Finanzstatistik des Bundes, des Kantons Zürich und des Kantons Bern sowie Wertschöpfung des öffentlichen Sektors,* Lizentiatsarbeit der Universität Zürich.

Handbuch der schweizerischen Volkswirtschaft 1939, Schweizerische Gesellschaft für Statistik und Volkswirtschaft (Hg.), Bern: Benteli.

Handbuch der schweizerischen Volkswirtschaft 1955, Schweizerische Gesellschaft für Statistik und Volkswirtschaft (Hg.), Bern: Benteli.

Handwörterbuch der schweizerischen Volkswirtschaft, Socialpolitik und Verwaltung, N. Reichesberg (Hg.), 3 Bände, 1903–1911, Bern: Verlag Encyclopädie.

Hartmann, Hans 1919: *Zur ökonomischen Theorie der schweizerischen Schokoladenindustrie, mit besonderer Berücksichtigung der Standortfrage,* Bern: Stämpfli.

Häuptli, Hermann 1929: *Die Krisis der schweizerischen Stickereiindustrie mit besonderer Berücksichtigung der staatlichen Intervention,* Herisau: E. Gmünder-Zahner.

Historische Statistik der Schweiz / Statistique historique de la Suisse / Historical Statistics of Switzerland, H. Ritzmann (Hg.), 1996, Zürich: Chronos.

Howald, Oskar 1923: Statistische Erhebungen und Schätzungen über den schweizerischen Obstbau, *Zeitschrift für Schweizerische Statistik und Volkswirtschaft* (1923), 70–87.

Howald, Oskar 1924: Die Verarbeitungs-, Veredlungs- und Verteilungskosten im Lebensmittelverkehr der Schweiz, *Zeitschrift für Schweizerische Statistik und Volkswirtschaft* (1924), 315–343.

John, Beat 1990 (unpubl.): *Die schweizerische Versicherungswirtschaft 1850–1913 unter besonderer Berücksichtigung der Wertschöpfung und der Nachfrage nach Lebensversicherung,* Zürich.

Kneschaurek, Francesco 1952: *Der schweizerische Konjunkturverlauf und seine Bestimmungsfaktoren. Dargestellt auf Grund der Periode 1929 bis 1939,* Zürich / St. Gallen: PolygraphischerVerlag.

Krantz, Olle 1994: Service production in historical national accounts, *Review of Income and Wealth* 40 (1994/1), 19–41.

Kunz, Beat R. 1959: Die Kostenstruktur des Hotelbetriebes, *Schweizerische Beiträge zur Verkehrswissenschaft,* Heft 54, Bern.

Landmann, Julius 1925: *Volkswirtschaft, Arbeitsrecht und Sozialversicherung in der Schweiz, (Teil I: Die Schweizerische Volkswirtschaft),* Einsiedeln: Benziger.

Landwirtschaftliches Jahrbuch der Schweiz, Eidg. Landwirtschaftsdepartement (später vom Eidg. Volkswirtschaftsdepartement) (Hg.), Bände 1901–1965.

Laur, Ernst 1899: *Enquête zur Vorbereitung der künftigen Handelsverträge. Bericht des Schweizerischen Bauernsekretariats an das eidg. Handels-, Industrie- und Landwirtschaftsdepartement auf Grundlage der Verhandlungen und Beschlüsse von Spezialkommissionen und der Vorstände*, Brugg: Verlag des Schweizerischen Bauernsekretariates.

Lehmann, Wolfgang 1952: *Die Entwicklung der Standorte der schweizerischen Industrien seit dem Ende des 19. Jahrhunderts*, Zürich: Juris.

Maeder, Bruno 1971: *Strukturwandlungen im Fremdenverkehr der schweizerischen Hotellerie in den Jahren 1948–1968*, Bern / Frankfurt a.M: Lang.

Meier, Peter 1983a (unpubl.): *Aufbau, theoretische Fundierung und Ergebnisse des St. Galler Branchenmodells*, Zürich / St. Gallen.

Meier, Peter 1983b (unpubl.): *Daten für Branchenmodelle der Schweizer Wirtschaft*, Zürich.

Meier, Peter 1984 (unpubl.): *Daten für den tertiären Sektor in der Schweiz. Wertschöpfung, Beschäftigung und Preise von 1960 bis 1982 für 18 Branchen*, Zürich / St. Gallen.

Mottu, Eric 1989: *La refonte de la statistique des prix en Suisse*, Genève: Faculté des Sciences économiques et sociales.

Näf, Adolf 1911: *Die Organisation eines Stickereibetriebes*, St. Gallen: Fehr'sche Buchh.

Nef, Victor 1920: *Untersuchungen zum Standort der schweizerischen Stickereiindustrie*, Weinfelden: A.-G. Neuenschwander'sche Verlagsbuchh.

Nuss-Kunz, Blandina 1975 (unpubl.): *Der Beitrag des Eisenbahnsektors zum schweizerischen Bruttosozialprodukt von 1847 bis 1913*, Zürich.

Oetiker, Karl 1915: *Die Standorte der schweizerischen Industrien der Lebens- und Genussmittel*, Bern: Stämpfli.

Perrenoud, Marc et al. 2002: *La place financière et les banques suisses à l'époque du national-socialisme. Les relations des grandes banques avec l'Allemagne (1931–1946)*, Lausanne: Payot / Zürich: Chronos.

Pfister, Christian / Studer Roman 2010: Swistoval. Der historische Geldwertrechner für die Schweiz ab 1800, *Traverse. Zeitschrift für Geschichte* (2010/1), 272–285.

Pfleghart, Adolf 1908: *Die schweizerische Uhrenindustrie*, Leipzig: Duncker & Hublot.

Primault, Edgar 1946: *L'industrie horlogère suisse*, La Chaux-de-Fonds: Chambre suisse de l'horlogerie.

Projer, Erich 1989 (unpubl.): *Schätzung der Bruttowertschöpfung im Zweiten Sektor*, Zürich.

Projer, Erich 1990 (unpubl.): *Die schweizerischen Grosshandelspreise von 1806 bis 1928*, Zürich.

Püntener, Peter 1990 (unpubl.): *Bruttowertschöpfung der Schweiz 1851–1913: Banken, Öffentlicher Verkehr, Post, Telephon, Telegraph, Tourismus*, Zürich.

Ritzmann, Franz 1973: *Die Schweizer Banken. Geschichte – Theorie – Statistik*, Bern: Haupt.

Ritzmann, Heiner 1990 (unpubl.): *Bruttoproduktionswert und Wertschöpfung des Ersten Sektors 1837–1945*, Zürich.

Ritzmann, Heiner 1997: Kantone und Städte im Zeichen der Grossen Depression, *Traverse. Zeitschrift für Geschichte* (1997/1), 68–80.

Ritzmann, Heiner 1998: Indikatoren zur regionalen Wirtschaftsentwicklung im Zeitraum 1888–1965, *Geschichte und Informatik* 9 (1998), 103–120.

Rotach, Martin / Wronsky, Dieter 1967: *Industriestandorte. Untersuchung zur räumlichen Ordnung der Industrie in der Schweiz. Gesamtbericht des Instituts für Orts-, Regional- und Landesplanung an der ETH Zürich*, Zürich: Institut für Orts-, Regional- und Landesplanung, ETH.

Santschi, Nick 1999 (unpubl.): *Wertschöpfung der privaten Versicherungen in der Schweiz 1910–1960*, Zürich.

Saxer, Arnold 1932: Das Lohnproblem in der Stickereiindustrie, *Zeitschrift für Schweizerische Statistik und Volkswirtschaft* (1932), 333–395.

Schlegel, Werner 1974 (unpubl.): *Das schweizerische Getreideareal 1875–1910. Ein Beitrag zur Schätzung des Nettoproduktionswerts der schweizerischen Landwirtschaft 1800–1913*, Zürich.

Schuppli, Pascal / Studer, Roman 2008: Deflating Swiss Prices Over the Last Five Centuries, *Historical Methods* 41 (2008/3), 137–156.

Schwarz, Jutta 1981: *Bruttoanlageinvestitionen in der Schweiz von 1850–1914. Eine empirische Untersuchung zur Kapitalbildung*, Bern / [etc.]: Haupt.

Schwarzmann, Rudolf / Eidg. Statistisches Amt 1928: Die volkswirtschaftliche Bedeutung schweizerischer Industrien, *Zeitschrift für Schweizerische Statistik und Volkswirtschaft* (1928), 576–585.

Schwarzmann, Rudolf / Eidg. Volkswirtschaftsdepartement, Kommission für Konjunkturbeobachtung (Mitteilungen Nr. 12–34): Diverse Artikel zum Produktionswert und Kostenaufbau industrieller Branchen in der Zeitschrift *Die Volkswirtschaft*, Bände 1935–1938.

Schwarzmann, Rudolf: Diverse unpublizierte Studien aus den Jahren 1934–1948 zum Produktionswert und Kostenaufbau industrieller Branchen (Schweizerisches Bundesarchiv, Bestände E 3320 [B] und E 9500.109) sowie Archiv der Schweizerischen Nationalbank (Titel einzelner Schriften siehe Ritzmann 1998: 107, Anm. 13).

Schweizerischer Hotelier-Verein (SHV) 1915: *Zur Erinnerung an die Landesausstellung Bern 1914*, Basel: Zentralbureau des SHV.

Schweizer Hotel-Verein (SHV) 1932: *Die schweizerische Hotellerie in Zahlen. Statistische Zusammenstellungen für das Jahr 1929,* Basel: SHV.

Schweizer Hotel-Verein (SHV) 1939: *Die schweizerische Hotellerie in Zahlen. Statistische Zusammenstellungen für das Jahr 1937,* Basel: SHV.

Schweizer Hotel-Verein (SHV) 1937–1950: *Geschäftsberichte*, Bände 1937–1950, Basel: SHV.

Schweizerische Nationalbank (SNB) (Hg.): *Das schweizerische Bankwesen*, Zürich: SNB, Bände 1920–1965.

Schweizerischer Gewerbeverein 1900: *20. Jahresbericht 1899 (Teil II: Über die Produktion und volkswirtschaftliche Bedeutung schweizerischer Industrien),* Bern.

Schweizerischer Wirteverein 1958: *Gastgewerbliche Betriebsstatistik*, Zürich: Bände 1936–1956.

Schweizerisches Bauernsekretariat, *Statistische Erhebungen und Schätzungen über Landwirtschaft und Ernährung,* Brugg: Bände 1899–1965.

Schweizerisches Institut für Aussenwirtschafts- und Marktforschung an der Handels-Hochschule St. Gallen 1949–1957 (unpubl.), *Untersuchungen über die Wettbewerbslage der schweizerischen Textilindustrie*, Bände I–IX, St. Gallen (Titel einzelner Schriften siehe Ritzmann 1998, 107, Anm. 14).

Seiler, Franz 1935: Die Lage der schweizerischen Hotellerie, *Zeitschrift für Schweizerische Statistik und Volkswirtschaft* (1935), 47–63.

Siegenthaler, Hansjörg 1985: Die Schweiz 1850–1914, *Handbuch der europäischen Wirtschafts- und Sozialgeschichte*, Band 5, Stutgart: Klett-Verlag, 443–473.

Siegenthaler, Hansjörg 1987: Die Schweiz 1914–1984, *Handbuch der europäischen Wirtschafts- und Sozialgeschichte*, Band 6, Stuttgart: Klett-Verlag, 482–512.

Steiger, Thomas 1982: *Die Produktion von Milch und Fleisch in der schweizerischen Landwirtschaft des 19. Jahrhunderts als Gegenstand bäuerlicher Entscheidungen. Das statistische Bild der Entwicklung der Rindviehhaltung und ihre ökonomische Interpretation,* Bern / [etc.]: Lang.

Stickerei-Treuhand-Genossenschaft, *Jahresberichte*, 1924–1965.

Sulser, Eric-André 1975: *Die Diversifikation in der schweizerischen Schokoladeindustrie,* Dissertation Wirtschafts- und Sozialwissenschaften Freiburg.

Sulzer, Hans 1935: Zur Lage der schweizerischen Exportindustrie, *Zeitschrift für Schweizerische Statistik und Volkwirtschaft* (1935), 250–280.

Ullrich, Peter 1951: *Der Standort der schweizerischen Industrie. Unter besonderer Berücksichtigung von Sinn und Möglichkeit einer schweizerischen Standortpolitik,* Bern: Francke.

Van Hout, Theodor 1933: *Entwicklung und volkswirtschaftliche Bedeutung der schweizerischen Schokoladen-Industrie,* Dissertation Freiburg.

Volkswirtschaftslexikon der Schweiz 1887–1892, A. Furrer (Hg.), Bern: Schmid, Francke.

Wirtschaftspolitische Mitteilungen, Gesellschaft zur Förderung der schweizerischen Wirtschaft (Hg.), Reihe «Stand und Probleme der schweizerischen Wirtschaft», Zürich, Hefte 1955–1974.

Wyler, Julius 1927: Das schweizerische Volkseinkommen im Jahre 1924, *Zeitschrift für Schweizerische Statistik und Volkswirtschaft* (1927), 41–53.

Zünd, René 1969: *Die Entwicklung des Fremdenverkehrs der Schweiz im allgemeinen wirtschaftlichen Wachstum,* Winterthur: Hans Schellenberg.

Zwingli, Ulrich / Ducret Edgar 1964: Das Sozialprodukt als Wertmesser des langfristigen Wirtschaftswachstums. Das schweizerische Sozialprodukt 1910 und in früheren Jahren, *Schweizerische Zeitschrift für Volkswirtschaft und Statistik* (1964), 327–368.

Abkürzungsverzeichnis

ABB	Asea Brown Boveri
ACS	Automobilclub Schweiz
AfA	Archiv für Agrargeschichte
AGVS	Autogewerbe-Verband der Schweiz
AHV	Alters- und Hinterbliebenenversicherung
AIAG	Aluminium Industrie Aktiengesellschaft
AIHV	Alters-, Invaliditäts- und Hinterlassenenversicherung
AKV	Allgemeine Kreditvereinbarungen
ALV	Arbeitslosenversicherung
APG	Allgemeine Plakatgesellschaft
ARE	Bundesamt für Raumentwicklung
ASEA	Allmänna Svenska Elektriska Aktiebolaget
ASM	Arbeitgeberverband schweizerischer Maschinen- und -Metallindustrieller
ASTRA	Bundesamt für Strassen
ATO	Autotransportordnung
AUNS	Aktion für eine unabhängige und neutrale Schweiz
BAFU	Bundesamt für Umwelt
BAG	Bon appétit Group
BAK	Basler Arbeitsgruppe für Konjunkturforschung
BAR	Bundesarchiv
BASS	Büro für arbeits- und sozialpolitische Studien
BBC	Brown, Boveri & Cie
BEF	Belgische Francs
BESTA	Beschäftigungsstatistik
BFS	Bundesamt für Statistik
BIGA	Bundesamt für Industrie, Gewerbe und Arbeit
BIP	Bruttoinlandprodukt
BIP(BWS)	Bruttoinlandprodukt nach dem Produktionsansatz
BIP(Verw)	Bruttoinlandprodukt nach Verwendungsarten
BIZ	Bank für internationalen Zahlungsausgleich
BK	Bankenkartell
BKW	Bernische Kraftwerke
BLS	Bern–Lötschberg–Simplon-Bahn
BNE	Bruttonationaleinkommen
BNP	Bruttonationalprodukt
BNS	Banque Nationale Suisse (siehe auch SNB)

BPW	Bruttoproduktionswert
BRB	Bundesratsbeschluss
BRD	Bundesrepublik Deutschland
BSP	Bruttosozialprodukt
BUWAL	Bundesamt für Umwelt, Wald und Landschaft
BV	Bundesverfassung
BVG	Bundesgesetz über die berufliche Alters-, Hinterlassenen- und Invalidenversorgung
BWI	Bretton-Woods-Institutionen
BWS	Bruttowertschöpfung
CEG	Comptoir d'Escompte de Genève (Genf)
CERN	Organisation européenne pour la recherche nucléaire
CHF	Schweizer Franken
CNG	Christlich-nationaler Gewerkschaftsbund
COPA	Europäische Vereinigung nationaler Bauernverbände
CREMA	Center for Research in Economics, Management and the Arts
CS	Credit Suisse
CVP	Christlichdemokratische Volkspartei
DDS	Diplomatische Dokumente der Schweiz
DM	Deutsche Mark
EAWAG	Eidgenössische Anstalt für Wasserversorgung, Abwasser-reinigung und Gewässerschutz
EBK	Eidgenössische Bankenkommission
EDA	Departement für auswärtige Angelegenheiten
EDI	Eidgenössisches Departement des Innern
EFTA	Europäische Freihandelszone
EG	Europäische Gemeinschaft
EGB	Europäischer Gewerkschaftsbund
EGKS	Europäische Gemeinschaft für Kohle und Stahl
EIR	Eidgenössische Institut für Reaktorforschung
EMPA	Eidgenössische Materialprüfungsanstalt
EO	Erwerbsersatzordnung
EPC	Economic Policy Committee
ERG	Exportrisikogarantie
ESPOP	Statistik des jährlichen Bevölkerungsstandes
ESSOSS	Europäisches System der integrierten Sozialstatistik
ESTA	Eidgenössisches Statistisches Amt
ESVG	Europäisches System Volkswirtschaftlicher Gesamtrechungen
ETH	Eidgenössische Technische Hochschule
ETS	Erwerbstätigenstatistik
EU	Europäische Union

EURATOM	Europäische Atomgemeinschaft
EVD	Volkswirtschaftsdepartement
EWA	Europäisches Währungsabkommen
EWG	Europäische Wirtschaftsgemeinschaft
EWR	Europäischer Wirtschaftsraum
EWS	Europäisches Währungssystem
EZU	Europäische Zahlungsunion
FAO	Organisation für Ernährung und Landwirtschaft
FDI	Foreign Direct Investments
FDP	Freisinnig-Demokratische Partei
FMG	Fernmeldegesetz
FRC	Fédération Romande des Consommateurs
FRF	Französische Francs
FRP	Fédération Romande de Publicité
G10	Zehnergruppe (Gremium des Internationalen Währungsfonds)
GATT	General Agreement on Tariffs and Trade / Allgemeines Zoll- und Handelsabkommen
GAV	Gesamtarbeitsverträge
GBP	Britisches Pfund
GDP	Gross Domestic Product
GGDC	Groningen Growth and Development Centre
GK $	Geary-Khamis Dollar
GPI	Grosshandelspreisindex
GV	Generalversammlung
GWB	Gesetz gegen Wettbewerbsbeschränkungen
HCB	Holderbank Cement und Beton
HLS	Historisches Lexikon der Schweiz
HSSO	Historische Statistik der Schweiz Online
I.G. Chemie	Internationale Gesellschaft für chemische Unternehmungen AG
IAA	Internationales Arbeitsamt
IAO	Internationale Arbeitsorganisation
ICAO	Internationale Zivilluftfahrtorganisation
IDA	International Development Association
IDHEAP	Institut de Hautes Etudes en Administration Publique
IFDI	Inward foreign direct investments
IFS	Integriertes Fernmeldesystem
IG	Interessengemeinschaft
IGA	Import- und Grosshandels AG
IH	Industrie-Holding
IHG	Bundesgesetzes über Investitionshilfe für Berggebiete
IKT	Infomations- und Kommunikationstechnologie (ICT)

ILO	International Labour Organisation
IMF	International Monetary Fund s. auch IWF
IMO	Internationale Seeschiffahrts-Organisation
Int. GK $	International Geary-Khamis Dollar
ISDN	Integrated Services Digital Network
ITL	Italienische Lira
ITU	Internationale Fernmeldeunion, gegründet als Internationaler Telegraphenverein
IV	Invalidenversicherung
IWF	Internationaler Währungsfonds
KIG	Bundesgesetz über die Information der Konsumentinnen und Konsumenten
KMU	Kleine und mittlere Unternehmen
KOF	Konjunkturforschungsstelle der ETH
KP	Kommunistische Partei
KPI	Konsumentenpreisindex
KUV	Kranken- und Unfallversicherung
KUVG	Kranken- und Unfallversicherungsgesetz
KVG	Krankenversicherungsgesetz
LdU	Landesring der Unabhängigen
LFSA	Landesverband freier Schweizer Arbeiter
LIK	Landesindex der Konsumentenpreise
LKW	Lastkraftwagen
LSE	Lohnstrukturerhebung
LVEO	Lohn- und Erwerbsersatzordnung
MFO	Maschinenfabrik Oerlikon
MFP	Multifaktorproduktivität
MNU	Multinationale Unternehmen
n.a.	not available (nicht verfügbar)
NATO	Nordatlantikpaktorganisation
NEAT	Neue Eisenbahn-Alpentransversale
NFA	Neuer Finanzausgleich
NFP	Nationales Forschungsprogramm (Schweizerischer Nationalfonds zur Förderung der wissenschaftlichen Forschung)
NGO	Non-Governmental Organization
NLG	Niederländischer Gulden
NNP	Net National Product
NOGA	Nomenclature Générale des Activités économiques / Allgemeine Systematik der Wirtschaftszweige
NRP	Neue Regionalpolitik
NUTS	Nomenclature of Territorial Units for Statistics

NVE	Nettovolkseinkommen
NZZ	Neue Zürcher Zeitung
OECD	Organisation for Economic Co-operation and Development / Organisation für wirtschaftliche Zusammenarbeit und Entwicklung
OEEC	Organization for European Economic Cooperation / Organisation für europäische wirtschaftliche Zusammenarbeit
OFDI	Outward foreign direct investments
OFS	Office fédéral de la statistique
OGG	Oekonomische und gemeinnützige Gesellschaft
OKPV	Obligatorische Krankenpflegeversicherung
OUV	Obligatorische Unfallversicherung
ÖV	Öffentlicher Verkehr
PdA	Partei der Arbeit
PGA	Preisindex für das Gesamtangebot
PKW	Personenkraftwagen
PPI	Produzentenpreisindex
PPI-L	Landwirtschaftlicher Produzentenpreisindex
PS	Pferdestärke
PTT	Post-, Telephon- und Telegraphenbetriebe
RAV	Regionale Arbeitsvermittlungszentren
RCA	Revealed Comparative Advantage
RMA	Revealed Import Propensity (Revealed Import Advantage)
SAEB	Schweizerische Arbeitsgemeinschaft zur Eingliederung Behinderter
SAKE	Schweizerische Arbeitskräfteerhebung
SBB	Schweizerische Bundesbahnen
SBG	Schweizerische Bankgesellschaft
SBS	Schweizerisches Bauernsekretariat
SBV	Schweizerischer Bankverein
SBV	Schweizerischer Bauernverband
SDN	Société des Nations / Völkerbund
SEC	Small European Countries
SECO	Secrétariat d'Etat à l'économie / Staatssekretariat für Wirtschaft
SEK	Schwedische Kronen
SEV	Schweizerischer Eisenbahnerverband
SEV	Schweizerischer Elektrotechnischer Verein
SFUSA	Swiss Friends of the United States of America
SGB	Schweizerischer Gewerkschaftsbund
SGCI	Schweizerische Gesellschaft für Chemische Industrie
SGF	Schweizerischer Gemeinnütziger Frauenverein

SGG	Schweizerische Gemeinnützige Gesellschaft
SGG	Schweizerische Genossenschaft für Gemüsebau
SGK-N	Kommission für soziale Sicherheit und Gesundheit des Nationalrats
SGSV	Schweizerische Gesellschaft für Statistik und Volkswirtschaft
SGV	Schweizerischer Gewerbeverband
SHIV	Schweizerischer Handels- und Industrieverein
SHV	Schweizerischer Hotelier-Verein
SIA	Schweizerischer Ingenieur- und Architektenverein
SIC	Swiss Interbank Clearing
SIG	Schweizerische Industrie-Gesellschaft
SKA	Schweizerische Kreditanstalt
SKOS	Schweizerische Konferenz für Sozialhilfe
SKS	Stiftung für Konsumentenschutz
SLM	Schweizerische Lokomotiv- und Maschinenfabrik
SMHV	Schweizerischer Milchhändlerverband
SMUV	Schweizerischer Metall- und Uhrenarbeiterverband
SMVK	Schweizerischer Milchkäuferverband
SNB	Schweizerische Nationalbank
SNF	Schweizerischer Nationalfonds zur Förderung der wissenschaftlichen Forschung
SPAHS	Studienkommission für die Probleme der Alters- und Hinterbliebenenvorsorge in der Schweiz
SPS	Sozialdemokratische Partei der Schweiz
SRG	Schweizerische Rundspruchgesellschaft; ab 1960 Schweizerische Radio- und Fernsehgesellschaft
SRG SSR idée suisse	Schweizerische Radio- und Fernsehgesellschaft
SRV	Schweizer Reklame-Verband
SSS	Société Suisse de Surveillance Economique
STFV	Schweizerischer Textil- und Fabrikarbeiterverband
STS	Schweizerische Treuhandstelle
SVB	Schweizerische Volksbank
SVEA	Schweizerischer Verband evangelischer Arbeitnehmer
SVIAL	Schweizerischer Verband der Ingenieur-Agronomen
SVP	Schweizerische Volkspartei
SVUSAI	Schweizerischer Verband der Unterstützungskassen und Stiftungen für Alter und Invalidität
SWA	Schweizerisches Wirtschaftsarchiv
SZH	Schweizerische Zentrale für Handelsförderung
TCS	Touring Club Schweiz
TG	Tochtergesellschaft

TUG	Telekommunikationsunternehmensgesetz
UEK	Unabhängige Expertenkommission Schweiz – Zweiter Weltkrieg
UHC	Usego Hofer Curti AG
UNESCO	Organisation der Vereinten Nationen für Erziehung, Wissenschaft und Kultur
UNICE	Union der Industrie- und Arbeitgeberverbände von Europa
UNO	United Nations Organization / Organisation der Vereinten Nationen
UPU	Weltpostverein
US	United States
USA	United States of America / Vereinigte Staaten von Amerika
USD	United States Dollar
USEGO	Union Schweizerische Einkaufsgesellschaft Olten (Detailhandelsunternehmen)
UTH	Usego-Trimerco Holding AG
VATI	Verband der Arbeitgeber der Textilindustrie
VAW	Versuchsanstalt für Wasserbau, Hydrologie und Glaziologie
VBChI	Verband Basler Chemischer Industrieller
VE	Volkseinkommen
VHTL	Verband der Handels-, Transport- und Lebensmittelarbeiter
VSA	Vereinigung schweizerischer Angestelltenverbände
VSK	Verband Schweizerischer Konsumvereine
VSKB	Verband Schweizerischer Kantonalbanken
VSKF	Verband der Schweizerischen Kreditbanken und Finanzierungsinstitute
VSM	Verein Schweizerischer Maschinen-Industrieller
VSW	Verband Schweizer Werbung
WHO	World Health Organization / Weltgesundheitsorganisation
WIPO	World Intellectual Property Organization / Weltorganisation für geistiges Eigentum
WMO	World Meteorological Organization / Meteorologische Weltorganisation
WTO	World Trade Organization / Welthandelsorganisation
ZGB	Schweizerisches Zivilgesetzbuch
ZSAO	Zentralverband schweizerischer Arbeitgeber-Organisationen
ZVSM	Zentralverband schweizerischer Milchproduzenten

Abbildungsverzeichnis

Verzeichnis der Grafiken

Verzeichnis der Tabellen

Autorinnen und Autoren

David, Thomas, Prof. Dr., Institut d'histoire économique et sociale, UNIL-Dorigny, 1015 Lausanne, thomas.david@unil.ch

Degen, Bernard, Dr., Departement Geschichte, Universität Basel, 4051 Basel, bernard.degen@unibas.ch

Gees, Thomas, Dr., Berner Fachhochschule, Fachbereich Wirtschaft, 3000 Bern 22, thomas.gees@bfh.ch

Guex, Sébastien, Prof. Dr., Faculté des lettres, Section d'histoire, UNIL-Dorigny, 1015 Lausanne, sebastien.guex@unil.ch

Gugerli, David, Prof. Dr., Institut für Geschichte, ETH Zürich, 8092 Zürich, gugerli@ethz.ch

Haefeli, Ueli, Prof. Dr., Interface Politikstudien Forschung Beratung, 6003 Luzern, haefeli@interface-politikstudien.ch

Halbeisen, Patrick, Dr., Schweizerische Nationalbank, Leiter Archiv, 8022 Zürich, patrick.halbeisen@snb.ch

Hiestand, Manuel, lic. phil. I, Institut für Volkswirtschaftslehre, Wirtschaftsgeschichte, Universität Zürich, 8032 Zürich, hiestand@fsw.uzh.ch

López, Rodrigo, lic. ès Lettres de l'Université de Lausanne, 1015, Lausanne, rodrigo.lopez@bluemail.ch

Lorenzetti, Luigi, Dr., Accademia di architettura, Laboratorio di Storia delle Alpi LabiSAlp, Università della Svizzera Italiana, 6850 Mendrisio, luigi.lorenzetti@usi.ch

Mach, André, Dr., Faculté des sciences sociales et politiques, Institut d'études politiques et internationales, UNIL-Dorigny, 1015 Lausanne, andre.mach@unil.ch

Mazbouri, Malik, Dr., Faculté des lettres, Section d'histoire, UNIL-Dorigny, 1015 Lausanne, malik.mazbouri@unil.ch

Moser, Peter, Dr., Archiv für Agrargeschichte, 3007 Bern, peter.moser@agrararchiv.ch

Müller, Margrit, Dr., Wirtschaftshistorikerin, Lehr- und Forschungstätigkeit an der Wirtschaftswissenschaftlichen Fakultät und am Historischen Seminar der Universität Zürich (bis Sommer 2007), 8122 Binz, marg_mueller@bluewin.ch

Ritzmann, Heiner, Dr., Bundesamt für Statistik, 2010 Neuchâtel, heiner.ritzmann@bfs.admin.ch

Straumann, Tobias, PD, Institut für Volkswirtschaftslehre, Wirtschaftsgeschichte, Universität Zürich, 8032 Zürich, tobias.straumann@econ.uzh.ch

Studer, Brigitte, Prof. Dr., Historisches Institut, Universität Bern, 3000 Bern 9, brigitte.studer@hist.unibe.ch

Tanner, Jakob, Prof. Dr., Forschungsstelle für Sozial- und Wirtschaftsgeschichte, Universität Zürich, 8001 Zürich, jtanner@hist.uzh.ch

Tissot, Laurent, Prof. Dr., Université de Neuchâtel, Institut d'histoire, 2000 Neuchâtel, laurent.tissot@unine.ch

Veyrassat, Béatrice, Dr., Lehr- und Forschungstätigkeit am Institut d'histoire économique Paul Bairoch, Faculté des sciences économiques et sociales (bis Sommer 2007), Uni Mail, 1211 Genève 4, bp.veyrassat@bluewin.ch

Woitek, Ulrich, Prof. Dr., Institut für Volkswirtschaftslehre, Wirtschaftsgeschichte, Universität Zürich, 8032 Zürich, ulrich.woitek@econ.uzh.ch

Das Signet des 1488 gegründeten
Druck- und Verlagshauses Schwabe
reicht zurück in die Anfänge der
Buchdruckerkunst und stammt aus
dem Umkreis von Hans Holbein.
Es ist die Druckermarke der Petri;
sie illustriert die Bibelstelle
Jeremia 23,29: «Ist nicht mein Wort
wie Feuer, spricht der Herr,
und wie ein Hammer, der Felsen
zerschmettert?»